DER BROCKHAUS Geschichte

DER BROCKHAUS

Geschichte

Personen, Daten, Hintergründe

2., überarbeitete und aktualisierte Auflage

Herausgegeben von der
Lexikonredaktion des Verlags
F. A. Brockhaus, Mannheim

F. A. BROCKHAUS
Mannheim · Leipzig

Bibliografische Information der Deutschen Bibliothek
Die Deutsche Bibliothek verzeichnet diese Publikation in der Deutschen Nationalbibliografie; detaillierte bibliografische Daten sind im Internet über http://dnb.ddb.de abrufbar.

Printed in Germany

ISBN 3-7653-0332-1

Projektleitung Jürgen Hotz M. A.
Redaktion Gabriele Beßler M. A., Wolfgang Dietz, Tobias Ewert, Claudia Hein, Guido Huß M. A., Frank J. Müller, Katrin Schmelzle M. A., Susanne Straub M. A., Androniki Tsilipakou, Ellen Weitbrecht M. A. (alle für red.sign GbR, Stuttgart), Jürgen Hotz M. A., Birgit Staude M. A.
Bildredaktion Tobias Ewert, Anja Knudsen (beide für red.sign GbR, Stuttgart), Jürgen Hotz M. A.
Autoren Wolfgang Dietz, Dr. Michael Schaaf, Prof. Dr. Holger Sonnabend, Dr. Norbert Wolf

Herstellung Eva Bordemann
Layout fliegendeTeilchen, Berlin
Umschlaggestaltung glas AG, Seeheim-Jugenheim
Umschlagabbildungen DIRECTMEDIA Publishing, Berlin: Delacroix; picture-alliance/akg-images, Frankfurt am Main: Reichskrone
Satz A–Z Satztechnik GmbH, Mannheim (PageOne, alfa Media Partner GmbH)
Druck Appl, Wemding
Bindung Thomas Müntzer GmbH, Bad Langensalza

VORWORT

Was waren die wichtigsten Wendepunkte der Weltgeschichte? Die Ermordung Caesars? Die Kaiserkrönung Karls des Großen? Die »Entdeckung« Amerikas? Die Unterzeichnung des Westfälischen Friedens? Der Ausbruch der Französischen Revolution? Die Gründung der Vereinten Nationen? Der Zerfall der Sowjetunion? Oder waren es die Neuerungen abseits der »großen Politik«: die Erfindung der Schrift und des Buchdrucks, die Nutzung der Elektrizität und der Narkose, die Erweiterung des menschlichen Horizonts durch Eisenbahnnetz und Mondlandung?

Von der Antike bis zur Gegenwart reicht das Spektrum des »Brockhaus Geschichte«, der nunmehr in 2., überarbeiteter und aktualisierter Auflage vorliegt: Rund 4000 Stichwörter erschließen die wichtigsten Personen und Sachbegriffe, Länder und Geschehnisse. 1000 Fotos und Grafiken, erläutert durch ausführliche Bildunterschriften, illustrieren die Artikel. Für den schnellen Überblick sorgen 60 Karten sowie 20 Tabellen und Stammtafeln. 134 Infokästen berichten so ausführlich wie lebendig von berühmten historischen Ereignissen, 116 weitere Infokästen lassen Menschen, die Geschichte machten, zu Wort kommen. Vom Wandel, dem Schlüsselbegriffe der Kultur- und Alltagsgeschichte wie »Arbeit« und »Kleidung«, »Liebe« und »Reisen« in den zurückliegenden Jahrhunderten unterworfen waren, berichten 24 umfangreiche Sonderartikel.

»Geschichte schreiben heißt Jahreszahlen ihre Physiognomie geben«, forderte Walter Benjamin einst. Wir hoffen, dass das vorliegende Lexikon diesem Anspruch gerecht wird – als Hilfsmittel zum schnellen Nachschlagen ebenso wie als Begleiter für Ihre Lesereise in die Vergangenheit.

Mannheim — Redaktion F.A. Brockhaus

DIE SONDERARTIKEL IM ÜBERBLICK

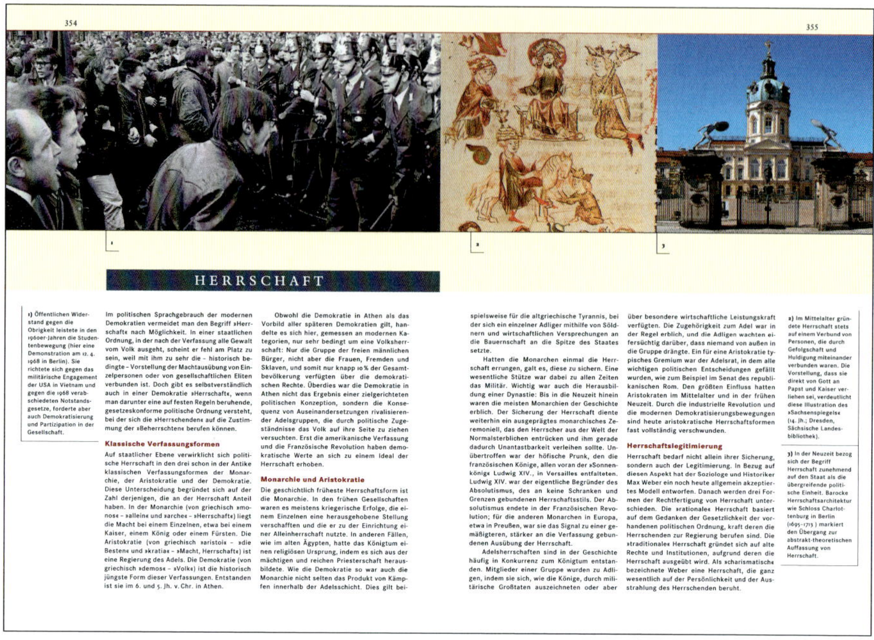

HERRSCHAFT

1) Öffentlichen Widerstand gegen die Obrigkeit leistete in den 1960er-Jahren die Studentenbewegung (hier eine Demonstration am 12. 4. 1968 in Berlin). Sie richtete sich gegen das militärische Engagement der USA in Vietnam und gegen die 1968 verabschiedeten Notstandsgesetze, forderte aber auch Demokratisierung und Partizipation in der Gesellschaft.

Im politischen Sprachgebrauch der modernen Demokratien vermeidet man den Begriff »Herrschaft« nach Möglichkeit. In einer staatlichen Ordnung, in der nach der Verfassung alle Gewalt vom Volk ausgeht, scheint er fehl am Platz zu sein, weil mit ihm zu sehr die – historisch bedingte – Vorstellung der Machtausübung von Einzelpersonen oder von gesellschaftlichen Eliten verbunden ist. Doch gibt es selbstverständlich auch in einer Demokratie »Herrschaft«, wenn man darunter eine auf festen Regeln beruhende, gesetzeskonforme politische Ordnung versteht, bei der sich die »Herrschenden« auf die Zustimmung der »Beherrschten« berufen können.

Klassische Verfassungsformen

Auf staatlicher Ebene verwirklicht sich politische Herrschaft in den drei schon in der Antike klassischen Verfassungsformen der Monarchie, der Aristokratie und der Demokratie. Diese Unterscheidung begründet sich auf der Zahl derjenigen, die an der Herrschaft Anteil haben. In der Monarchie (von griechisch »monos« – »allein« und »arche« – »Herrschaft«) liegt die Macht bei einem Einzelnen, etwa bei einem Kaiser, einem König oder einem Fürsten. Die Aristokratie (von griechisch »aristoi« – »die Besten« und »kratia« – »Macht, Herrschaft«) ist eine Regierung des Adels. Die Demokratie (von griechisch »demos« – »Volk«) ist die historisch jüngste Form dieser Verfassungen. Entstanden ist sie im 6. und 5. Jh. v. Chr. in Athen.

Obwohl die Demokratie in Athen als das Vorbild aller späteren Demokratien gilt, handelte es sich hier, gemessen an modernen Kategorien, nur sehr bedingt um eine Volksherrschaft: Nur die Gruppe der freien männlichen Bürger, nicht aber die Frauen, Fremden und Sklaven, und somit nur knapp 10 % der Gesamtbevölkerung verfügten über die demokratischen Rechte. Überdies war die Demokratie in Athen nicht das Ergebnis einer zielgerichteten politischen Konzeption, sondern die Konsequenz von Auseinandersetzungen rivalisierender Adelsgruppen, die durch politische Zugeständnisse das Volk auf ihre Seite zu ziehen versuchten. Erst die amerikanische Verfassung und die Französische Revolution haben demokratische Werte an sich zu einem Ideal der Herrschaft erhoben.

Monarchie und Aristokratie

Die geschichtlich früheste Herrschaftsform ist die Monarchie. In den frühen Gesellschaften waren es meistens kriegerische Erfolge, die einem Einzelnen eine herausgehobene Stellung verschafften und die er zu der Einrichtung einer Alleinherrschaft nutzte. In anderen Fällen, wie im alten Ägypten, hatte das Königtum einen religiösen Ursprung, indem es sich aus der mächtigen und reichen Priesterschaft herausbildete. Wie die Demokratie so war auch die Monarchie nicht selten das Produkt von Kämpfen innerhalb der Adelsschicht. Dies gilt beispielsweise für die altgriechische Tyrannis, bei der sich ein einzelner Adliger mithilfe von Söldnern und wirtschaftlichen Versprechungen an die Bauernschaft an die Spitze des Staates setzte.

Hatten die Monarchen einmal die Herrschaft errungen, galt es, diese zu sichern. Eine wesentliche Stütze war dabei zu allen Zeiten das Militär. Wichtig war auch die Herausbildung einer Dynastie: Bis in die Neuzeit hinein waren die meisten Monarchien der Geschichte erblich. Der Sicherung der Herrschaft diente weiterhin ein ausgeprägtes monarchisches Zeremoniell, das den Herrscher aus der Welt der Normalsterblichen entrücken und ihm gerade dadurch Unantastbarkeit verleihen sollte. Unübertroffen war der höfische Prunk, den die französischen Könige, allen voran der »Sonnenkönig« Ludwig XIV., in Versailles entfalteten. Ludwig XIV. war der eigentliche Begründer des Absolutismus, des an keine Schranken und Grenzen gebundenen Herrschaftsstils. Der Absolutismus endete in der Französischen Revolution; für die anderen Monarchen in Europa, etwa in Preußen, war sie das Signal zu einer gemäßigteren, stärker an die Verfassung gebundenen Ausübung der Herrschaft.

Adelsherrschaften sind in der Geschichte häufig in Konkurrenz zum Königtum entstanden. Mitglieder einer Gruppe wurden zu Adligen, indem sie sich, wie die Könige, durch militärische Großtaten auszeichneten oder aber über besondere wirtschaftliche Leistungskraft verfügten. Die Zugehörigkeit zum Adel war in der Regel erblich, und die Adligen wachten eifersüchtig darüber, dass niemand von außen in die Gruppe drängte. Ein für eine Aristokratie typisches Gremium war der Adelsrat, in dem alle wichtigen politischen Entscheidungen gefällt wurden, wie zum Beispiel im Senat des republikanischen Rom. Den größten Einfluss hatten Aristokraten im Mittelalter und in der frühen Neuzeit. Durch die industrielle Revolution und die modernen Demokratisierungsbewegungen sind heute aristokratische Herrschaftsformen fast vollständig verschwunden.

Herrschaftslegitimierung

Herrschaft bedarf nicht allein ihrer Sicherung, sondern auch der Legitimierung. In Bezug auf diesen Aspekt hat der Soziologe und Historiker Max Weber ein noch heute allgemein akzeptiertes Modell entworfen. Danach werden drei Formen der Rechtfertigung von Herrschaft unterschieden. Die »rationale« Herrschaft basiert auf dem Gedanken der Gesetzlichkeit der vorhandenen politischen Ordnung, kraft deren die Herrschenden zur Regierung berufen sind. Die »traditionale« Herrschaft gründet sich auf alte Rechte und Institutionen, aufgrund deren die Herrschaft ausgeübt wird. Als »charismatische« bezeichnete Weber eine Herrschaft, die ganz wesentlich auf der Persönlichkeit und der Ausstrahlung des Herrschenden beruht.

2) Im Mittelalter gründete Herrschaft stets auf einem Verbund von Personen, die durch Gefolgschaft und Huldigung miteinander verbunden waren. Die Vorstellung, dass sie direkt von Gott an Papst und Kaiser verliehen sei, verdeutlicht diese Illustration des »Sachsenspiegels« (14. Jh.; Dresden, Sächsische Landesbibliothek).

3) In der Neuzeit bezog sich der Begriff Herrschaft zunehmend auf den Staat als die übergreifende politische Einheit. Barocke Herrschaftsarchitektur wie Schloss Charlottenburg in Berlin (1695–1713) markiert den Übergang zur abstrakt-theoretischen Auffassung von Herrschaft.

Doppelseitige Sonderartikel behandeln in ausführlicher Form Schlüsselbegriffe der Kultur- und Sozialgeschichte.

DIE INFOKÄSTEN IM ÜBERBLICK

Hervorgehobene, durchgehend mit Abbildungen versehene Infokästen präsentieren **bedeutende Ereignisse der Weltgeschichte.** Die Übersicht listet alle im vorliegenden Lexikon enthaltenen Infokästen dieser Art in chronologischer Ordnung auf. Die Ziffern beziehen sich jeweils auf die Seitenangaben.

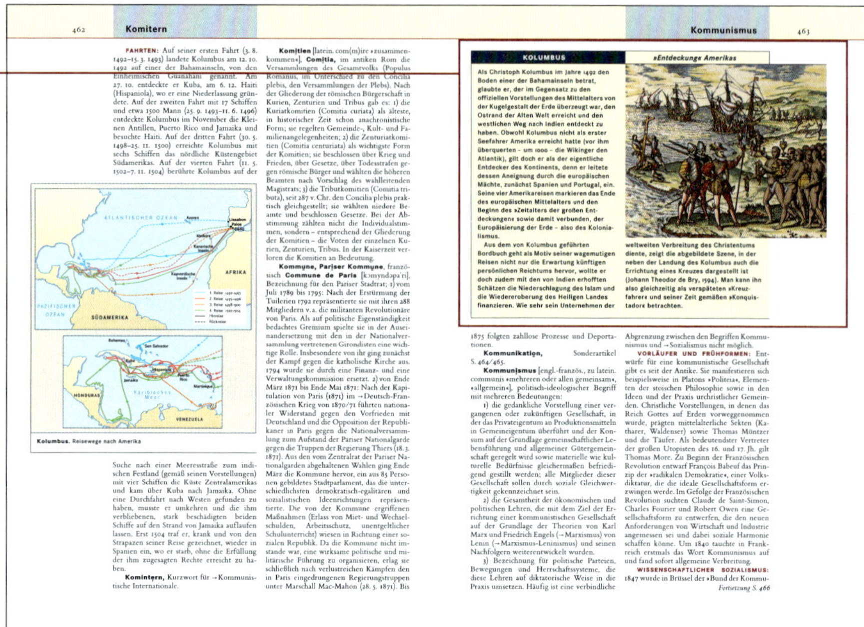

HOHES MITTELALTER (UM 1050 BIS UM 1250)

SPÄTES MITTELALTER (UM 1250 BIS UM 1500)

FRÜHE NEUZEIT (UM 1500 BIS 1648)

ZEITALTER DES ANCIEN RÉGIME (1648 BIS UM 1770)

ZEITALTER DER REVOLUTIONEN (UM 1770 BIS UM 1850)

ZEITALTER DES IMPERIALISMUS (UM 1850 BIS 1918)

ZEITALTER DES TOTALITARISMUS (1919 BIS 1945)

ZEITALTER DES KALTEN KRIEGES (1945 BIS 1991)

ZEITALTER DER GLOBALISIERUNG (SEIT 1991)

Benutzerhinweise

Reihenfolge und Schreibweise der Stichwörter

Die Stichwörter sind in alphabetischer Reihenfolge angeordnet. Alphabetisiert werden alle fett gedruckten Buchstaben des Hauptstichworts, auch wenn es aus mehreren Wörtern besteht. Umlaute (ä, ö, ü) werden wie einfache Vokale eingeordnet, Buchstaben mit diakritischen Zeichen (z. B. à, é) werden behandelt wie Buchstaben ohne dieses Zeichen. Gleich lautende Stichwörter werden in der Reihenfolge: Sachstichwörter, geografische Namen, Personennamen angeordnet.
Gleich lautende Stichwörter mit unterschiedlicher Bedeutung werden zu einem durch Ziffern untergliederten Artikelkomplex zusammengefasst.
Synonyme des Hauptstichworts werden diesem – durch Komma getrennt – als Nebenstichwörter nachgestellt.
Der »Brockhaus Geschichte« ist in neuer Rechtschreibung verfasst. Die Schreibweise richtet sich im Allgemeinen nach der Duden-Rechtschreibung. Fachbegriffe werden so geschrieben, wie es die jeweilige Nomenklatur vorsieht. Wörter aus Sprachen mit nichtlateinischer Schrift erscheinen als Stichwörter in einer der Aussprache der Wörter oder dem allgemeinen Sprachgebrauch angepassten Umschrift (Transkription). Die zeichengetreue Umsetzung (Transliteration) wird gegebenenfalls als Nebenstichwort gebracht.

Betonung, Aussprache und Etymologie der Stichwörter

Fremdwörtliche und fremdsprachliche Stichwörter (einschließlich Personennamen) erhalten – sofern die Aussprache unklar ist – als Betonungshilfe einen Punkt (Kürze) oder einen Strich (Länge) unter dem betonten Vokal. Weicht die Aussprache eines Stichworts von der deutschen ab – etwa bei fremdsprachigen Stichwörtern –, so wird in der dem Stichwort folgenden eckigen Klammer die korrekte Aussprache in phonetischer Umschrift angegeben. Diese folgt dem internationalen Lautschriftsystem der Association Phonétique Internationale:

a = helles a, dt. Bl*a*tt, frz. p*a*tte
ɑ = dunkles a, dt. w*a*r, engl. r*a*ther
ã = nasales a, frz. gr*an*d
ʌ = dumpfes a, engl. b*u*t
β = halboffener Reibelaut b, span. Ha*b*anera
ç = Ich-Laut, dt. mi*ch*
ɕ = sj-Laut (stimmlos), poln *S*ienkiẹwicz
ð = stimmhaftes engl. th, engl. *th*e
æ = breites ä, dt. *Ä*ther
ɛ = offenes e, dt. f*e*tt
e = geschlossenes e, engl. *e*gg, dt. B*ee*t
ə = dumpfes e, dt. all*e*
ɛ̃ = nasales e, frz. f*in*
ɣ = geriebenes g, span. Tarra*g*ona, niederländ. *G*ogh
i = geschlossenes i, dt. W*ie*se
ɪ = offenes i, dt. b*i*tte
ĩ = nasales i, port. *I*nfante
ʎ = lj, span. Sevi*ll*a
ŋ = ng-Laut, dt. Ha*ng*
ɲ = nj-Laut, Champa*gn*er
ɔ = offenes o, dt. K*o*pf
o = geschlossenes o, dt. T*o*r
ɔ̃ = nasales o, frz. b*on*
ø = geschlossenes ö, dt. H*ö*hle
œ = offenes ö, dt. H*ö*lle
œ̃ = nasales ö, frz. parf*um*
s = stimmloses s, dt. wa*s*
z = stimmhaftes s, dt. *s*ingen
ʑ = zj-Laut (stimmhaft), poln. *Zi*elona Gora
ʃ = stimmloses sch, dt. *Sch*uh
ʒ = stimmhaftes sch, Gara*g*e
θ = stimmloses th, engl. *th*ing
u = geschlossenes u, dt. K*u*h
ʊ = offenes u, dt. b*u*nt
ũ = nasales u, port. At*um*
v = stimmhaftes w, dt. *W*ald
w = halbvokalisches w, engl. *w*ell
x = Ach-Laut, dt. Kra*ch*
y = geschlossenes ü, dt. M*ü*tze
ʏ = konsonantisches y, frz. S*u*isse
ː = bezeichnet Länge des vorhergehenden Vokals
ˈ = bezeichnet Betonung und steht vor der betonten Silbe, z. B. ˈætlɪ = Attlee
̯ = unter Vokalen, gibt an, dass der Vokal unsilbisch ist

Angaben zur sprachlichen Herkunft eines Begriffs werden nur dann gebracht, wenn sie zum Verständnis eines Stichworts wesentlich beitragen; sie stehen dann nach dem Stichwort in eckiger Klammer, gegebenenfalls hinter der phonetischen Umschrift.

Verweise

Der Verweispfeil (→) zeigt an, dass unter dem dahinter stehenden Stichwort weiterführende Informationen zu finden sind.

Weiterführende Informationen

Aktuelle Links zu weiterführenden Internetsites finden sich unter der Adresse
www.brockhaus.de/sachlexika/geschichte

Aachener Frieden, Bezeichnung für zwei in Aachen unterzeichnete Friedensverträge: Der Aachener Friede vom 2. 5. 1668 beendete den vom französischen König Ludwig XIV. 1667 begonnenen →Devolutionskrieg. Der Aachener Friede vom 18. 10. 1748, vorausgegangen war der Aachener Vorfriede vom 30. 4., beendete den →Österreichischen Erbfolgekrieg.

Abbadiden, spanisch-islamische Dynastie (1023–91) in Sevilla, die durch den Kadi von Sevilla, Kasim Mohammed aus der Familie Abbad, begründet wurde. Kasim Mohammed erklärte Sevillas Unabhängigkeit von Córdoba und stellte sich an die Spitze des neuen Fürstentums, das er durch Unterwerfung benachbarter Gebiete vergrößerte. Sein Sohn Abbad al-Mutadid dehnte es bis Algeciras aus, sein Enkel Mohammed al-Mutamid eroberte 1068 Córdoba und das Land zwischen Guadalquivir und Guadiana. Als sich König Alfons VI. von Kastilien und León den Abbadiden entgegenstellte, riefen diese die →Almoraviden aus Nordafrika zu Hilfe, die selbst die Herrschaft übernahmen.

Abbas, Mahmud, zeitweiliger Deckname Abu Mazen, palästinensischer Politiker, *Safad 1935; war 1958 Mitbegründer der Guerillaorganisation Al-Fatah; wurde 1996 Generalsekretär des Exekutivkomitees der PLO; war 2003 Ministerpräsident der palästinensischen Autonomiebehörde; übernahm 2004 nach dem Tod Jasir Arafats die Führung der PLO; wurde 2005 zum palästinensischen Präsidenten gewählt.

Abbas, der Große, Schah von Persien (1588–1629), *27. 1. 1571, †Provinz Masenderan 19. 1. 1629; Enkel von Tahmasp I.; stammte aus der Dynastie der Safawiden. Reformen des Heeres und des Steuerwesens ermöglichten es Abbas, eine Zusammenfassung der Macht auf Kosten der regionalen Kräfte durchzusetzen. Dadurch konnte er zugleich das iranische Territorium erfolgreich gegen die Angriffe der Usbeken im Osten und der Osmanen im Westen verteidigen. 1598 machte er Isfahan (anstelle von Kaswin) zur neuen Hauptstadt des Safawidenreichs.

Abbasiden, Dynastie der Kalifen von Bagdad (749/750–1258). Das Geschlecht geht auf al-Abbas Ibn Abd al-Muttalib, den Onkel Mohammeds, zurück. Die beiden ersten Abbasidenkalifen waren Abu l-Abbas und Mansur, einer der bedeutendsten war Harun ar-Raschid (→Harun). Nach der Eroberung Bagdads durch die Mongolen (1258) lebte eine Zweiglinie der Abbasiden als Kalifen am Hof der Mamelucken in Kairo (1261–1517); ihr Kalifentitel wurde aber außerhalb Ägyptens kaum anerkannt (»Scheinkalifen«, →Kalif).

Abendländisches Schisma [auch 'sçısma], die Kirchenspaltung der lateinischen Kirche von 1378 bis 1417. Das Abendländische Schisma wurde durch die Doppelpapstwahl von 1378 (Urban VI. in Rom, Klemens VII. in Avignon) ausgelöst und hatte zur Folge, dass die abendländische Kirche durch zwei Päpste regiert wurde, die in Rom (Urban VI., Bonifatius IX., Innozenz VII., Gregor XII.) bzw. in Avignon (Klemens VII., Benedikt XIII.) residierten. Das 1409 zur Beendigung des Schismas einberufene Konzil von Pisa setzte Benedikt XIII. und Gregor XII. ab und wählte Alexander V. zum Papst, der sich jedoch nicht durchsetzen konnte. Zur Wiederherstellung der kirchlichen Einheit veranlasste König Siegmund 1414 die Einberufung des Konstanzer Konzils (→Konstanz, Konzil von). – Bild S. 14

Ablass, im katholischen Kirchenrecht der »Nachlass zeitlicher Strafen vor Gott für Sünden, deren Schuld schon getilgt ist«. Der Ablass entstand auf dem Boden der frühmittelalterlichen Bußpraxis in der lateinischen Kirche und wurde erstmals im 11. Jh. in Frankreich gewährt. Zunächst noch mit dem Bußsakrament verbunden, wurde er im 13. Jh. von diesem abgetrennt und in der Folge oft als »Bußersatz« missverstanden. Die Kommerzialisierung des Ablasses (Verkauf von Beichtbriefen) setzte im 14. Jh. ein und erreichte am Anfang des 16. Jh. ihren Höhepunkt. Luther trat 1517 mit seinen 95 Thesen gegen den Ablass auf; der Missbrauch wurde jedoch erst durch das Konzil von Trient (1545–63) abgestellt.

Ablass. Entrichte man eine bestimmte Geldsumme an die Kirche, sei man besser vor den Gefahren des Fegefeuers, des ewigen Gerichts, geschützt – so lautete die volkstümliche Auffassung der Ablasspraxis des 16. Jh. (Papst Klemens VII. und Ablasshändler, Holzschnitt von Hans Holbein dem Jüngeren, um 1524).

Absolutismus [von latein. absolutus »losgelöst«, »uneingeschränkt«], die monarchische Regierungsform, in der der Herrscher die unbeschränkte und ungeteilte Staatsgewalt ohne Mitwirkung ständischer oder parlamentarischer Institutionen beansprucht. Der Fürst steht dabei als Träger der Souveränität über den Gesetzen (latein. »princeps legibus solutus«), bleibt aber an die Gebote der Religion, das Naturrecht und die Staatsgrundgesetze gebunden. Durch diese moralische Bindung und das Gebot der Selbstbeschränkung unterscheidet sich der Absolutismus von Despotismus und Totalitarismus.

GESCHICHTE: Die absolute Monarchie des 17. und 18. Jh. setzte sich nach einer Phase

ABENDLÄNDISCHES SCHISMA | *Konstanzer Konzil*

Als König Siegmund 1414 die Initiative zur Beendigung der Kirchenspaltung ergriff und für die Einberufung des Konstanzer Konzils sorgte, währte das Abendländische Schisma bereits 36 Jahre. Eine Zusammenkunft der höchsten geistlichen Würdenträger schien die letzte Möglichkeit zu sein, sich auf einen gemeinsamen Papst zu einigen und die kirchliche Einheit wieder herzustellen. Ohne dass die strittige Frage nach der Überordnung von Papst oder Konzil entschieden war, begann am 5. 11. 1414 das Konzil mit der feierlichen Eröffnung durch Johannes XXIII. Im Jahr darauf erreichte man die volle Teilnehmerstärke, die Konstanz zur größten »internationalen Konferenz« des Mittelalters und kurzfristig auch zum politischen Mittelpunkt Europas werden ließ.

Verhandlungsgegenstände im Konstanzer Münster waren Glaubensfragen, die Wiederherstellung der Kircheneinheit und Fragen der Kirchenreform. Hatte bei den bisherigen Konzilien jeder Würdenträger noch eine Stimme gehabt, so erfolgten die Abstimmung im Plenum nun, angelehnt an universitäre Einrichtungen, nach »Nationen«: Italiener, Engländer, Franzosen und Deutsche (sowie später auch Spanier) besaßen jeweils nur noch eine Stimme; eine weitere Stimme erhielt das Kardinalskollegium. Ein Übergewicht des italienischen Klerus wurde mit dieser Neuerung vermieden.

Mit der Wahl Papst Martins V., die in den komplett umgebauten Räumlichkeiten des Konstanzer »Kaufhauses« (Fotografie um 1900) stattfand, unternahm das Konstanzer Konzil einen wesentlichen Schritt zur Beilegung des Schismas. In den Fragen der inneren Reform war man hingegen weniger erfolgreich: Dass die Amtskirche den tschechischen Reformator Jan Hus, der, geschützt durch einen Geleitbrief Siegmunds, zur Verteidigung seiner Ansichten nach Konstanz gereist war, gefangen setzen ließ, ihn verurteilte und schließlich auf dem Scheiterhaufen verbrannte, löste in Europa heftige Proteste und blutige Auseinandersetzungen aus.

des Frühabsolutismus (15./16. Jh.) angesichts der Erschütterung der staatlichen und gesellschaftlichen Ordnung in den Religionskriegen des 16. Jh. durch. Sie gründete sich auf das Vorbild des römischen Kaisertums (besonders in seiner Spätform), auf die Praxis der italienischen Stadttyrannen des 13.–15. Jh. und ihre theoretische Zusammenfassung durch Machiavelli sowie auf ein neu belebtes Gottesgnadentum. Seine Legitimation bezog der Absolutismus nicht zuletzt aus der Lehre vom →Gesellschaftsvertrag.

Die historische Bedeutung des Absolutismus besteht darin, dass er versuchte, die politische Macht der privilegierten Stände (Adel und Klerus) zu brechen, die von der Kirche beanspruchten weltlichen Herrschaftsrechte zu beseitigen und die feudale Sozialverfassung durch eine modernere Ordnung zu überwinden. In Frankreich hat der Absolutismus entscheidend zur nationalstaatlichen Einigung und Unabhängigkeit beigetragen. In Deutschland dagegen verband er sich mit der Landesherrschaft und trug dadurch zur Auflösung der Reichseinheit bei. Im 18. Jh. entwickelte der Absolutismus, besonders im Beamtentum und im Offizierskorps, ein spezifisches Staatsethos, das sich auf Aufklärung und Naturrecht stützte, zugleich aber auf unbedingte Gehorsamsbindung der Staatsdiener und der Untertanen gegenüber der monarchischen Obrigkeit gegründet war.

Dieser vorzugsweise in Mittel- und Südeuropa entwickelte aufgeklärte Absolutismus wollte alles für, aber nichts durch das Volk leisten. Der Fürst als »erster Diener des Staates« trieb eine am »gemeinen Wohl« orientierte Reformpolitik (Justizreformen wie Abschaffung der Folter, Bauernbefreiung, Einführung der Schulpflicht). Diesen Leistungen stehen Mängel von gleichem Gewicht gegenüber: die Mechanisierung des staatlichen und öffentlichen Lebens, die administrative Bevormundung der Bürger, die Privilegierung der staatstragenden Schichten, die weit gehende Reglementierung von Wissenschaft und Wirtschaft sowie die Übersteigerung des Macht- und Ordnungsgedankens.

In Frankreich brach der Absolutismus in der Revolution von 1789 zusammen, manche seiner Tendenzen wurden aber von den Jakobinern und von Napoleon I. wieder aufgenommen. In Preußen wurde er durch die →preußischen Reformen, dann durch den Übergang zum Verfassungsstaat im Jahr 1848 überwunden. In Österreich scheiterte 1859 der durch Felix Fürst zu Schwarzenberg 1849 eingeleitete »Neoabsolutismus«.

Achaimeniden, Achämeniden, auf Achaimenes (um 700 v. Chr.) zurückgeführtes altpersisches Herrschergeschlecht. Ausgehend von der Landschaft Parsa (heute Fars), erlangte es die Herrschaft über ganz Iran, Vorderasien und Ägypten. Die wichtigsten Achaimeniden waren Kyros II. und Dareios I.; die Dynastie erlosch 330 v. Chr. mit Dareios III.

Achse Berlin–Rom, propagandistische Bezeichnung für die durch die Absprache von Adolf Hitler und Benito Mussolini (25. 10. 1936) begründete Zusammenarbeit zwischen dem nationalsozialistischen Deutschland und dem faschistischen Italien; sie wurde ergänzt durch den Beitritt (1937) Italiens zum →Antikominternpakt sowie durch den →Stahlpakt (1939) und den →Dreimächtepakt (1940). Die »Achse Berlin–Rom« erlosch 1943 mit der Kapitulation Italiens.

Acht [althochdeutsch ahta »Verfolgung«], im engeren Sinne die mittelalterliche, allen germanischen Rechten bekannte Form der »Friedlosigkeit«. Durch Gerichtsspruch wurde der Rechtsbrecher aus dem Rechtsverband ausgestoßen, für vogelfrei, ehrlos und rechtlos erklärt. Jeder durfte ihn bußlos töten. Der Geächtete konnte sich aus der Acht lösen, indem er sich dem Gericht stellte und seinem Urteil unterwarf.

Die örtliche Wirkung der Acht erstreckte sich zunächst auf den Gerichtsbezirk des Gerichts, das die Acht ausgesprochen hatte, später auf das übrige Territorium. Mit Wirkung für das ganze Reich konnten nur solche Gerichte die Acht aussprechen, deren Gerichtsbarkeit vom Reich herrührte, z. B. die Femgerichte und das Reichshofgericht, später Reichskammergericht und Reichshofrat. Verschärft wurde die Reichsacht nach Jahr und Tag durch die unlösbare Aberacht (Oberacht). Die Formel »Acht und Bann« bedeutet, dass zu dem Spruch des weltlichen Richters der geistliche Bann (Exkommunikation) hinzutritt.

Bekannte Ächtungen in der deutschen Geschichte waren die Heinrichs des Löwen (1180), des Pfalzgrafen Otto von Wittelsbach (1208), Martin Luthers (1521) und des Kurfürsten Johann Friedrich von Sachsen (1546). Nach der Wahlkapitulation Karls VI. (1711) musste der Kaiser zur Reichsacht die Genehmigung des Reichstags einholen. Dies bedeutete praktisch die Abschaffung der Reichsacht, weil ihr Vollzug seitdem am Widerstand des Reichstags scheiterte, so auch bei dem von Maria Theresia 1756 gegen Friedrich II., den Großen, angestrengten Achtverfahren.

Achtzigjähriger Krieg, niederländisch **Tachtigjarige Oorlog** ['taxtəxjarıɣə 'o:rlox], Bezeichnung für den Aufstand der Niederlande gegen die spanische Herrschaft. Als Beginn des Krieges gilt der erste Versuch Wilhelms von Oranien, Herzog Alba aus den Niederlanden zu vertreiben (1568), als Abschluss der →Westfälische Frieden (1648).

Act of Settlement ['ækt əv 'setlmənt], englisches Gesetz von 1701, das u. a. die protestantische Thronfolge regelte und dadurch die Anwartschaft des Hauses Hannover (seit 1714) begründete.

Adalbert, Erzbischof von Hamburg-Bremen, *um 1000 (?), †Goslar 16. 3. 1072. Aus dem thüringischen Geschlecht der Grafen von Goseck stammend, wurde Adalbert 1043 zum Erzbischof gewählt. 1046 begleitete er Heinrich III. nach Italien und nahm an der Synode von Sutri teil. Mit dem Titel eines päpstlichen Legaten und (1053) eines Vikars für den Norden war er für die Christianisierung dieser Länder tätig; seine Missionare gelangten bis nach Island und Grönland. Um 1060 gründete er die Bistümer Ratzeburg und Mecklenburg. Seit 1062 häufig am Hof Heinrichs IV., war er 1063–66 Vormund des jungen Königs. 1066 wurde er von einer Fürstenopposition gestürzt.

Adams ['ædəmz],

1. John, zweiter Präsident der USA (1797–1801), *Braintree (heute Quincy, Mass.) 30. 10. 1735, †ebenda 4. 7. 1826, Vater von John Quincy Adams. Adams hatte sich als Führer des kolonialen Widerstandes gegen Großbritannien einen Namen gemacht und trat 1774–77 im Kontinentalkongress als Verteidiger der Unabhängigkeitserklärung (1776) hervor. Als Diplomat in verschiedenen europäischen Staaten (1778–88) war er wesentlich am Abschluss des Pariser Friedens beteiligt. Adams war 1789–97 erster Vizepräsident der USA. 1796 wurde er zum Nachfolger George Washingtons gewählt. Er versuchte, die Autorität der Bundesregierung zu stärken. Innenpolitisch glücklos, vermochte er den Konflikt mit Frankreich (»Quasi-War«, 1798–1800) beizulegen.

John Adams

2. John Quincy, sechster Präsident der USA (1825–29), *Braintree (heute Quincy, Mass.) 11. 7. 1767, †Washington 23. 2. 1848, Sohn von John Adams. Adams war seit 1794 Diplomat und beteiligte sich als Außenminister (1817–25) James Monroes wesentlich am Erwerb Floridas (1819) und an der Formulierung der Monroe-Doktrin (1823). Als Präsident vertrat er ohne Erfolg eine Politik der nationalen Konsolidierung. 1831–48 gehörte er als Unabhängiger dem Kongress an, wo er besonders die Sache der Abolitionisten unterstützte.

ADAV, Abk. für → Allgemeiner Deutscher Arbeiterverein.

Adel. Höfische Romane wie Wolfram von Eschenbachs »Parzival« (um 1200–1210) spiegelten die Lebenswelt der adligen Oberschicht im Mittelalter (Idealbildnis des Dichters in der »Manessischen Liederhandschrift«, erste Hälfte des 14. Jh.; Heidelberg, Universitätsbibliothek).

Adel [althochdeutsch adal »Geschlecht«, »Abstammung«], ein ehemals sozial, rechtlich und politisch privilegierter Stand, gegründet auf Geburt, Leistung oder Besitz und gekennzeichnet durch besondere Lebensformen und ein ausgeprägtes Standesethos.

ANTIKE UND MITTELALTER: Die Herausbildung einer durch größeren Besitz gekennzeichneten, herausragenden Schicht lässt sich in vielen Kulturen schon in frühester Zeit nachweisen, so in Vorderasien in der Zeit der entstehenden Hochkulturen und in der europäischen Bronze- und Eisenzeit. Im antiken Griechenland hatte der kriegerische Adel zunächst eine absolut beherrschende Stellung inne, die später im Zuge der Demokratisierung stark eingeschränkt wurde; im Rahmen der entwickelten Poliskultur behielt er jedoch prägendes Gewicht. Der römische Adel (Patrizier, Nobilität) spielte bei der Errichtung des Römischen Reiches eine entscheidende Rolle.

Im europäischen Mittelalter war der Adel aufgrund seiner wirtschaftlichen und politischen Macht der bestimmende Stand; er konnte Gewalt ausüben und Schutz gewähren, war in der Lage, umfangreiche Freiheitsrechte zu erringen und zu sichern, war Inhaber des Wahlrechts und staatlicher Funktionen und hatte oft die Staatsleitung in der Hand. Dem Adel gehörten die Monarchen an, ebenso die Kirchenführer. Die wirtschaftliche Macht lag beim Grund besitzenden Adel, solange die agrarische Wirtschaftsform vorherrschte. Erst mit dem Aufkommen des Fernhandels und arbeitsteiliger Produktion im Laufe des Hochmittelalters gewann das Bürgertum an Bedeutung. Der Adel des frühen Mittelalters kannte keine Rangunterschiede; sie ergaben sich später aus den hoheits- oder stammesrechtlich delegierten Funktionen und Ämtern der Grafen und Herzöge. Im Hochmittelalter entwickelten sich aus den alten Amtsbezeichnungen Adelstitel und Rangstufen, die v. a. in Deutschland meist auf die Gesamtfamilie übergingen. Unter den Grafen und den freien Herren standen die Ritter. Doch bildete sich erst in der Neuzeit das in den einzelnen Staaten unterschiedlich ausgeprägte System der Adelsprädikate aus.

NEUZEIT: Seit dem Ende des 15. Jh. vollzog sich ein grundlegender Wandel der sozialen und politischen Stellung des Adels durch seine Einordnung in den absolutistischen Fürstenstaat und die hiermit verbundene politische Entmachtung. Die Umsetzung adliger Herrschaftsrechte in Dienstfunktionen als Führungskräfte in Armee und Verwaltung war bei unangetasteter sozialer Bevorrechtung begleitet vom Entstehen der höfischen Adelskultur im 16.–18. Jahrhundert. Die auseinander strebenden Interessen des staatlich umfunktionalisierten Hofadels und des noch weit selbstständigeren und unabhängigeren Landadels schwächten die europäische Adelsgesellschaft erheblich. Den Adel des Kontinents lähmte zudem der Verzicht auf eine Betätigung in Handel und Gewerbe; dies galt als unvereinbar mit adliger Standesehre.

Im Zeitalter der Aufklärung verlor die Vorstellung vom adligen Geburtsrecht ihre Legitimation. Durch die großen Staats- und Verwaltungsreformen in Preußen und Österreich büßte der Adel im 18. Jh. viele seiner Rechte auf politische Mitwirkung ein, er wurde nun zum privilegierten ersten Stand der Gesellschaft. Der Abbau der Sonderstellung des Adels im 19. und 20. Jh. war schließlich die Folge der Demokratisierung des staatlichen und gesellschaftlichen Lebens und des Führungsanspruches der neuen Besitz- und Leistungseliten in der Industriegesellschaft.

Adelheid, Kaiserin, *um 931, † Kloster Selz (Elsass) 16. 12. 999; Tochter König Rudolfs II. von Hochburgund. 947 wurde Adelheid mit König Lothar II. vermählt, dem Sohn Hugos von Niederburgund und Italien. Nach Lothars Tod (950) wurde sie von dessen Rivalen Berengar II. von Ivrea gefangen gehalten. Sie konnte jedoch entkommen und rief Otto I. um Hilfe an, der sie zu seiner zweiten Gemahlin machte (951); damit kam es zu der Verbindung von Deutschland und Oberitalien im Mittelalter. Gemeinsam mit Otto I.

empfing Adelheid 962 die Kaiserkrone in Rom. Nach dem Tod Ottos I. beriet sie ihren Sohn Otto II., verlor aber bald durch seine Gemahlin Theophanu an Einfluss. Nach dem Tod von Sohn und Schwiegertochter übernahm sie 991–994 gemeinsam mit Erzbischof Willigis von Mainz die Regentschaft für den unmündigen Enkel Otto III. Als es mit diesem zum Bruch kam, zog sie sich in das Kloster Selz zurück. Schon von Zeitgenossen wurde sie »Mutter der Königreiche« genannt.

Adenauer, Konrad, deutscher Politiker, *Köln 5. 1. 1876, †Bad Honnef-Rhöndorf 19. 4. 1967. Adenauer stammte aus einfachem, katholisch geprägtem Haus. Nach dem Studium der Rechtswissenschaft und Volkswirtschaft arbeitete er ab 1905 als Richter am Kölner Landgericht. 1917–33 war er Oberbürgermeister von Köln. 1919/20 und 1923/24 sprach er sich für die Schaffung eines katholisch bestimmten Rheinlandes als Gliedstaat des Deutschen Reichs aus, um französischem Sicherheitsverlangen entgegenzukommen. 1920–33 war er Präsident des Preußischen Staatsrats; bis 1933 gehörte er dem Reichsvorstand des Zentrums an. 1933 enthoben ihn die Nationalsozialisten seiner Ämter und inhaftierten ihn 1934 sowie 1944 für einige Monate.

Von Mai bis Oktober 1945 war Adenauer erneut Oberbürgermeister von Köln. In der britischen Besatzungszone baute er die CDU mit auf und war ab März 1946 deren Zonenvorsitzender, 1950–66 deren Bundesvorsitzender. 1948/49 war er Mitglied und Präsident des Parlamentarischen Rats.

INNENPOLITIK: Am 15. 9. 1949 wählte der Bundestag Adenauer zum ersten Bundeskanzler der Bundesrepublik Deutschland. Gestützt auf eine Koalitionsregierung aus CDU/CSU, FDP und DP (1953–56 auch unter Beteiligung des GB/BHE), leitete er in diesem Amt den Wiederaufbau eines an den Grundsätzen der Rechtsstaatlichkeit und der parlamentarischen Demokratie orientierten deutschen Staats ein. Er unterstützte die an der sozialen Marktwirtschaft ausgerichtete Politik seines Wirtschaftsministers Ludwig Erhard. Unter seiner Führung errang die CDU 1957 die absolute Mehrheit im Bundestag und stellte bis 1961 allein die Regierung. Dank seiner zielbewussten Politik und konsequenten Anwendung seiner verfassungsrechtlichen

ADENAUER — ***Westintegration***

Am 11. 8. 1950 hatte Winston Churchill vor dem Europarat angesichts der Bedrohung Europas durch die Sowjetunion die Bildung einer »Europa-Armee« gefordert, an der neben den westeuropäischen Ländern auch die Bundesrepublik Deutschland beteiligt werden sollte. Bundeskanzler Konrad Adenauer – das Foto zeigt ihn 1963 bei seinem Abschiedsbesuch in Paris beim französischen Staatspräsidenten Charles de Gaulle – ergriff die ihm mit der westdeutschen Beteiligung an der Verteidigung Europas gebotene Chance, für die Bundesrepublik die Souveränität wiederzuerlangen und damit ein zentrales Ziel seiner Außenpolitik zu verwirklichen und zugleich die europäische Integration voranzutreiben.

Auf der Basis eines Plans des französischen Ministerpräsidenten René Pleven wurde am 27. 5. 1952 der Vertrag für eine Europäische Verteidigungsgemeinschaft (EVG) von den Vertretern Belgiens, Luxemburgs, der Niederlande, Frankreichs, Italiens und Deutschlands unterzeichnet. Der einen Tag zuvor von Adenauer unterzeichnete Deutschlandvertrag, der die Westbindung der Bundesrepublik vorschrieb und dessen Hauptziel die Wiedervereinigung darstellte, war durch ein Junktim an den EVG-Vertrag gebunden. Als dieser scheiterte, weil die französische Nationalversammlung ihn am 30. 8. 1954 ablehnte, konnte der Deutschlandvertrag erst am 5. 5. 1955 in revidierter Fassung in den Pariser Verträgen in Kraft treten. Gleichzeitig erfolgte, trotz erheblichen innenpolitischen Widerstands gegen die »Wiederbewaffnung«, die Aufnahme der Bundesrepublik in den am 4. 4. 1949 geschlossenen Nordatlantikpakt (North Atlantic Treaty Organization, NATO), da die anderen europäischen Staaten einen Beitrag der Bundesrepublik Deutschland zur europäischen Verteidigung weiterhin als nötig erachteten.

- war 1917–33 Oberbürgermeister von Köln
- wurde 1949 zum ersten Bundeskanzler der Bundesrepublik Deutschland gewählt
- wurde 1950 erster Bundesvorsitzender der CDU
- trat für die Westbindung der Bundesrepublik Deutschland ein

Vollmachten als Bundeskanzler gewann er große politische Autorität, zugleich aber auch eine starke Gegnerschaft.

AUSSENPOLITIK: Das besondere Interesse Adenauers, der 1951–55 auch Außenminister war, galt der Außenpolitik. In Verhandlungen mit den drei Alliierten Hohen Kommissaren schloss er im November 1949 das Petersberger Abkommen, das zum Ausgangspunkt einer eigenständigen deutschen Außenpolitik wurde, und 1952 den Deutschlandvertrag, der der Bundesrepublik Deutschland eingeschränkte Souveränität zusicherte. Gegen starke innenpolitische Widerstände schlug Adenauer unter Zustimmung v.a. der USA einen eigenen militärischen Beitrag Deutschlands zur Verteidigung des Westens vor. Nachdem die Europäische Verteidigungsgemeinschaft (EVG) 1954 am Widerspruch der französischen Nationalversammlung gescheitert war, erreichte Adenauer 1954 sein Ziel nach schwierigen Verhandlungen in den Pariser Verträgen, infolge deren die Bundesrepublik Deutschland die staatsrechliche Souveränität gewann und der NATO beitrat (1955 in Kraft getreten). Die »Europäisierung« des Saargebiets, die Adenauer v.a. unter dem Aspekt eines deutsch-französischen Interessenausgleichs sah, scheiterte an der Ablehnung des geplanten Saarstatuts durch die Bevölkerung des Saarlands. Mit anderen europäischen Staatsmännern legte Adenauer die Grundlagen der Europäischen Gemeinschaften (z.B. Vertrag über die Montanunion, 1951; Römische Verträge, 1957). 1963 schloss Adenauer mit Präsident Charles de Gaulle den Deutsch-Französischen Vertrag.

Vor dem Hintergrund des Kalten Kriegs erreichte Adenauer die Eingliederung der Bundesrepublik Deutschland in das westliche Bündnissystem als gleichberechtigter Partner. Mit Nachdruck setzte er sich für die deutsch-französische Verständigung als Grundvoraussetzung einer politischen Einigung Europas ein. Seine Deutschlandpolitik bemühte sich, einem wieder vereinigten Deutschland den Beitritt zur westlichen Staatengemeinschaft offen zu halten. Die Stalinnote (1952) blieb daher ohne Echo. Gegen die Zusage der Entlassung der letzten deutschen Kriegsgefangenen vereinbarte Adenauer 1955 mit der UdSSR die Aufnahme diplomatischer Beziehungen.

Wachsende Kritik an Adenauer nicht nur von der SPD, verbunden oft v.a. in der Öffentlichkeit mit Skepsis gegenüber seinem hohen Lebensalter, führte besonders nach dem Bau der Berliner Mauer (13. 8. 1961) und der Spiegelaffäre (1962) zu einem Verlust an Popularität. Nachdem die CDU bei den Bundestagswahlen von 1961 die absolute Mehrheit verloren hatte, sah sich Adenauer bei den Koalitionsverhandlungen mit der FDP, die seiner Deutschland- und Ostpolitik kritisch gegenüberstand, gezwungen, in die Begrenzung seiner Amtszeit einzuwilligen. Am 15. 10. 1963 trat er als Bundeskanzler zurück, blieb jedoch politisch aktiv.

ADGB, Abk. für →Allgemeiner Deutscher Gewerkschaftsbund.

Adler, Victor, österreichischer Politiker, *Prag 24. 6. 1852, †Wien 11. 11. 1918; entstammte einer großbürgerlichen Familie und wirkte in Wien als Armenarzt. Seine anfänglichen Verbindungen zu den Deutschnationalen (1882 Mitwirkung am »Linzer Programm«) gab Adler 1883 nach Begegnungen mit Friedrich Engels und August Bebel auf und schloss sich der Sozialdemokratischen Arbeiterpartei Österreichs an, deren verschiedenen Gruppierungen er auf dem Hainfelder Parteitag (30. 12. 1888–1. 1. 1889) einigte (Gründung der SPÖ). 1889 war er Gründer und bis 1918 Chefredakteur des Parteiorgans »Arbeiterzeitung«. Auch in der Zweiten Internationale errang er eine führende Stellung. Seit 1905 im Abgeordnetenhaus, setzte er sich 1914–18 für die Erhaltung Österreich-Ungarns als demokratischen Nationalbund ein. Am 30. 10. 1918 wurde er in der provisorischen Regierung der Republik Deutsch-Österreich Staatssekretär des Äußeren und setzte sich für den Anschluss an das Deutsche Reich ein.

Adolf von Nassau, König des Heiligen Römischen Reichs, *um 1250 oder 1255, †(gefallen) bei Göllheim 2. 7. 1298; stammte aus dem Geschlecht der Grafen von Nassau. Adolf wurde auf Betreiben der rheinischen Kurfürsten gegen bedeutende Zugeständnisse anstelle des Habsburgers Albrecht (I.) am 5. 5. 1292 zum König gewählt. In grausam geführten Feldzügen 1294 und 1295 suchte Adolf den Wettinern Thüringen und Meißen zu entziehen, um durch Aufbau einer Hausmacht selbstständiger zu werden. Allerdings gelang Albrecht eine Einigung mit den Kurfürsten, die Adolf am 23. 6. 1298 absetzten. In der Entscheidungsschlacht gegen Albrecht fiel er; zunächst begraben im Kloster Rosenthal (heute Donnersbergkreis), wurde er 1309 in den Dom zu Speyer überführt.

Adoptivkaiser, die römischen Kaiser des 2. Jh. von Trajan bis Mark Aurel, die alle auf dem Weg über die Adoption zur Herrschaft gelangten. Schon in der römischen Republik hatten einzelne Adlige Angehörige eines anderen Adelsgeschlechts adoptiert, um so den Fortbestand des eigenen Geschlechts zu sichern. Der an Sohnes statt Angenommene erhielt den Namen des Adoptivvaters und wurde rechtlich wie ein leiblicher Sohn behandelt. Das Fehlen geeigneter männlicher Leibeserben zwang auch Caesar, Augustus und Claudius, sich zur Sicherung ihrer Nachfolge der Adoption zu bedienen. Erst im 2. Jh. jedoch wurde die Adoption als »Auswahl des Besten« ideologisch aufgewertet, sollte aber nicht grundsätzlich die leibliche Erbfolge ersetzen. Zu den Adoptivkaisern zählen auch die nicht adoptierten Kaiser Nerva, Lucius Verus und Commodus.

Aetius, Flavius, weströmischer Feldherr und Staatsmann, *Durostorum (heute Silistra, Bulgarien) um 390, †(ermordet) 454; führte unter Kaiser Valentinian III. seit 433 als oberster Heermeister 20 Jahre lang faktisch die Regierung und wehrte dem drohenden Zerfall des Reiches. 451 errang er mithilfe der Westgoten, Alanen und Franken auf den →Katalaunischen Feldern den entscheidenden Sieg über Hunnenkönig Attila. 454 tötete Valentinian III. den ihm zu eigenmächtig gewordenen Aetius.

Afghanistan, Staat in Asien, der im Westen an Iran, im Norden an Turkmenistan, Usbekistan und Kirgistan, im Osten und Süden an Pakistan sowie am Ostende des Wakhanzipfels an China grenzt.

GESCHICHTE: Seit dem Mittelalter gehörte das Gebiet von Afghanistan zu verschiedenen Reichen iranischer, türkischer oder mongolischer Dynastien. Mit der Machtübernahme durch Ahmed Schah, den Begründer der Durrani-Dynastie (1747), beginnt die nationale Geschichte von Afghanistan. Im 19. Jh. konnte es nur mit Mühe seine Grenzen und seine Unabhängigkeit gegen Perser, Russen und Briten behaupten. 1863 wurde die heutige iranisch-afghanische Grenze, 1886 die russisch-afghanische Grenze festgelegt; nach Gebietsabtretungen 1890/91 und 1893 stand ungefähr die heutige, jedoch bis heute umstrittene afghanisch-pakistanische Grenze fest; seit 1947 fordert Afghanistan alle von afghanischen Stämmen bewohnten Gebiete Pakistans (Paschtunistan) zurück. 1919 wurde die politische Unabhängigkeit von Großbritannien sichergestellt.

Im 20. Jh. versuchten die Könige, Afghanistan politisch und sozial zu modernisieren. Außenpolitisch blieb das Land im Zweiten Weltkrieg neutral und verfolgte seitdem einen Kurs der Blockfreiheit. Nach dem Sturz von König Mohammed Sahir 1973 durch einen Militärputsch wurde die Republik Afghanistan ausgerufen. In der Folge eines weiteren Militärputsches 1978 wurde ein weit gehender Beistandspakt mit der Sowjetunion abgeschlossen, aufgrund dessen, nach inneren Unruhen in Afghanistan angeblich zu Hilfe gerufen, 1979 sowjetische Truppen in Afghanistan einmarschierten. Bei äußerst schmaler Basis in der Bevölkerung konnte die neue kommunistische Regierung auch mit massiver militärischer Unterstützung durch sowjetische Truppen die muslimischen Widerstandskämpfer (»Mujaheddin«) nicht völlig in die Defensive zwingen. Weltpolitisch führte die sowjetische Intervention zu einer Krise im Ost-West-Konflikt. 1988 unterzeichneten Afghanistan, Pakistan sowie die USA und die Sowjetunion ein Abkommen über den Abzug der sowjetischen Truppen aus Afghanistan und die Rückkehr von etwa 5 Millionen afghanischer Flüchtlinge in ihre Heimat; der Abzug der sowjetischen Soldaten wurde 1989 abgeschlossen.

Fortgesetzte militärische Offensiven der Mujaheddin führten 1992 zum Sturz von Staats- und Parteichef Mohammed Najibollah. Daraufhin kam es zu Machtkämpfen zwischen rivalisierenden Mujaheddinführern, in deren Verlauf die fundamentalistisch orientierten, von Pakistan unterstützten Taliban (»religiöse Studenten«) nach 1995 den größten Teil des Landes einschließlich der Hauptstadt Kabul eroberten und einen radikal-islamischen Staat ausriefen. Im Norden des Landes blieb mit der »Nordallianz« aber weiterhin eine militärische Opposition aktiv, die die Taliban nie ganz ausschalten konnten. Nach den Anschlägen auf die USA vom 11. 9. 2001, für die US-Präsident George W. Bush die Taliban mitverantwortlich machte, gelang der »Nordallianz« unter massiver militärischer Unterstützung durch die USA innerhalb weniger Wochen die Vertreibung der Taliban. Die von Hamid Karsai (2002 von der Loya Jirga zum Präsidenten gewählt) geleitete Übergangsregierung suchte seit 2001 mithilfe internationaler Unterstützung stabile Verhältnisse herzustellen.

African National Congress [ˈæfrɪkən næʃnl ˈkɔŋgres, engl.], Abk. ANC [ˈeɪenˈsiː, engl.], Afrikanischer Nationalkongress, 1912 als »South African Native National Congress« in Bloemfontain gegründete politische Bewegung in der Republik Südafrika, die, seit 1923 unter der Bezeichnung ANC, den Kampf der Schwarzafrikaner gegen die Apartheidgesetzgebung organisierte. 1952 wurde Albert Luthuli Präsident des ANC. Ein vom ANC getragener Volkskongress proklamierte am 25./26. 6. 1955 als Grundsatzprogramm eine »Freiheits-Charta«, in der die Gleichberechtigung aller Rassen in Südafrika gefordert wurde. Auseinandersetzungen, besonders über die Art des Kampfes gegen die Apartheid, führten 1959 zur Abspaltung des »Pan-African Congress« (PAC), der einen radikalen, nationalistischen Kurs verfolgte.

Nach dem Massaker von Sharpeville 1960 durch Polizeikräfte wurde der ANC verboten; seine Führer wurden verhaftet, gingen ins Exil oder in den Untergrund. Aus den Reihen des ANC, der nun zum bewaffneten Kampf überging, formierte sich 1961 die auf Sabotageunternehmen ausgerichtete Organisation »Umkonto we Sizwe« (»Speer der Nation«) unter Nelson Mandela. Im Exil (1960–90) übernahm Oliver Tambo die Führung des ANC, der in der Folgezeit zu einer auch international anerkannten politischen Kraft heranwuchs. So wurde er von der OAU als Befreiungsbewegung anerkannt, die UN gewährten ihm 1972 Beobachterstatus. Neben seiner Guerillatätigkeit, die hauptsächlich von Moçambique aus erfolgte, konnte der ANC über die 1985 gegründete, linksorientierte Gewerkschaft COSATU z.T. auch in der Legalität arbeiten.

1990 wurde das Verbot aufgehoben und der ANC als politische Partei zugelassen. Nach seiner Haftentlassung 1990 wurde Mandela Vizepräsident, 1991 Präsident des ANC. Die 1992 aufgenommenen Verfassungsgespräche zwischen Regierung und ANC führten zu den ersten freien Wahlen am 27. 4. 1994, bei denen der ANC 62,65% der Stimmen erhielt, zur bestimmenden politischen Kraft in Südafrika wurde und mit Mandela den ersten schwarzen Staatspräsidenten Südafrikas stellte.

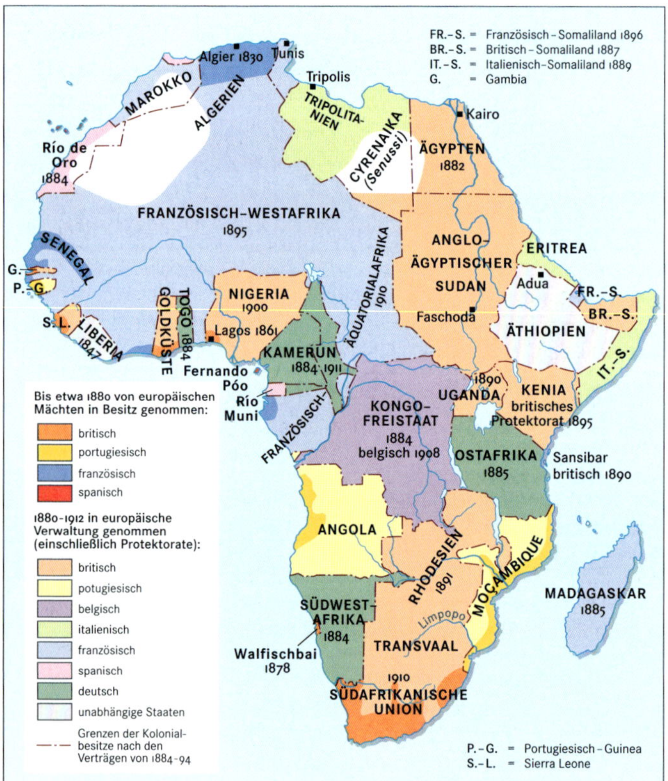

Afrika.
Koloniale Aufteilung im 19./20. Jh.

Afrika, der mit 30,3 Millionen km² zweitgrößte Erdteil. Der Name »Afrika« stammt von den Römern, die das Land um Karthago nach dem dort lebenden Stamm der Afri Africa nannten; später wurde der Name auf das ganze südliche Küstenland des Mittelmeers, im Zeitalter der Entdeckungen auf den ganzen Kontinent ausgedehnt. Die Geschichte der meisten Völker Afrikas kann bis in das 19. Jh. nicht aus eigenen schriftlichen Quellen erforscht werden, da sie sich (mit Ausnahme v.a. der Völker in Nordafrika und Äthiopien sowie der weißen Südafrikaner) keiner Schrift bedienten. Stellenweise lassen sich archäologische Funde und mündliche Überlieferungen auch aus ferner Vergangenheit als Geschichtsquellen erschließen; weithin ist die Wissenschaft jedoch auf außerafrikanische Schriften (z.B. Reiseberichte) angewiesen, die aber nur Bruchstücke des Geschehens (und überdies in fremder Sicht) wiedergeben. Daher lässt es sich bis heute auch nicht vermeiden, die Geschichte Afrikas entsprechend dem Ablauf der europäischen Geschichte zu periodisieren.

FRÜHGESCHICHTE UND ANTIKE: Afrika wird heute nicht selten als Wiege der Menschheit bezeichnet. In keinem anderen Erdteil kann die Menschheitsgeschichte anhand zahlreicher Funde menschlicher Überreste und Werkzeuge so tief in die Vergangenheit zurückverfolgt werden. Datierungen haben ergeben, dass es in großen Teilen Afrikas Menschen seit mehr als zwei Millionen Jahren gibt.

Im Niltal begann die Metallbearbeitung im 4. Jt. v.Chr. Mit der Vereinigung von Ober- und Unterägypten um 2900 v.Chr. beginnt die Geschichte des Pharaonenreiches (→Ägypten). Um 1500 v.Chr. dehnte sich die ägyptische Macht nilaufwärts bis etwa zum heutigen Khartum aus. Hier entstand das Reich Kusch (auch Nubien oder Meroë genannt), dessen Herrscher Ende des 8. Jh. v.Chr. ihrerseits Ägypten eroberten. Allmählich drang in der Folge die Eisentechnik in das Innere Afrikas vor, wahrscheinlich von Staatenbildung im Bereich der Nokkultur (Nigeria nördlich des Benue) begleitet. Das äthiopische Reich von Aksum entstand wohl im 3. Jh. v.Chr.

An der Nordküste Afrikas gründeten seit dem 12./11. Jh. v.Chr. Phöniker und später auch Griechen Kolonialstädte; unter ihnen ragte Karthago hervor, bis es 201 v.Chr. dem Römischen Reich unterlag. 146 v.Chr. annektierte Rom das karthagische Kernland als Provinz Africa und breitete seine Herrschaft bis 30 v.Chr. über ganz Nordafrika aus. Um 300 n.Chr. setzte sich in ganz Nordafrika das Christentum durch. König Ezana von Aksum (Nordäthiopien) nahm im 4. Jh. ebenfalls den christlichen Glauben an; er trug zur Zerstörung des Staates von Meroë bei.

MITTELALTER UND FRÜHE NEUZEIT: Bald nach dem Tod Mohammeds wurde der Islam durch arabische Heere nach Afrika getragen. 638–644 eroberten die muslimischen Araber Ägypten, 698 Karthago; 711 erreichten sie Spanien. Ab dem 11. Jh. breitete sich der Islam auch unter den schwarzen Völkern der westafrikanischen Savanne aus, während sich das christliche Nubien gegen ihn im Niltal bis ins 14. Jh., weiter südlich bis ins 16. Jh. behauptete. In die Zeit um 1000 reichen die Stadtstaaten der Hausa, der Staat der Mosi und die Staatenbildungen der Nupe und Yoruba zurück. Im 13. Jh. trat das Reich Mali die Vorherrschaft im westlichen Sudan an. Nach 1400 drängte Songhai Mali zurück und erlebte seinen Höhepunkt. Weiter östlich war das Reich Bornu aus Kanem hervorgegangen. Um 1500 bestanden ausgebildete Staaten an der Kongomündung (Reich der Kongo) und im heutigen Simbabwe (Reich des Monomotapa).

ZEITALTER DES KOLONIALISMUS: Seit dem 15./16. Jh. gründeten besonders die Portugiesen, Holländer und Engländer Handelsstützpunkte an den Küsten Afrikas. Seit dem 16. Jh. gewannen im Norden Afrikas Marokko und die »Barbareskenstaaten« (Algerien, Tunesien, Tripolitanien) eine beherrschende Stellung. In Ägypten zerfiel die 1517 errichtete osmanische Herrschaft. 1771 rissen dort die Mamelucken die Macht an sich. In Zentralafrika erreichten im 17. Jh. die Staaten der Luba und Lunda ihre Hochblüte. Vom 16. bis 19. Jh. entfaltete sich besonders an der Westküste der Negersklavenhandel. Noch im 19. Jh. gelang afrikanischen Herrschern die Gründung großer, doch kurzlebiger Reiche. Erst nach 1850 teilten die europäischen Kolonialmächte den Großteil Afrikas unter sich auf. Frankreich eroberte Algerien (seit 1830) und schuf sich seit 1881 (Tunesien) ein großes zusammenhängendes Kolonialreich in Westafrika und Äquatorialafrika; dazu kamen 1895/96 Madagaskar, seit 1911/12 Marokko. Der Vorstoß an den oberen Nil scheiterte am britischen Einspruch (Faschodakonflikt 1898/99).

Großbritannien hatte 1806–14 den Niederländern das Kapland entrissen; von hier aus gewann es ein großes Kolonialreich in Südafrika (1843 Natal, 1866–79 das Kaffernland, 1885 Betschuanaland, 1889/90 Rhodesien); im Krieg von 1899 bis 1902 unterwarf es die Buren, die 1835–38 im großen »Treck« das Kapland verlassen und am Vaal und Oranje unabhängige Staaten gebildet hatten. 1910 wurden die meisten britischen Besitzungen in Südafrika zur Südafrikanischen Union zusammengeschlossen. Von dem 1882 besetzten Ägypten aus eroberte Großbritannien durch Niederwerfung der Mahdisten 1896–99 den östlichen (angloägyptischen) Sudan; 1887–90 wurden Kenia, Sansibar und Uganda erworben, seit 1886 noch Nigeria. Portugal erweiterte seinen Küstenbesitz in Westafrika zur Kolonie Angola, in Ostafrika zur Kolonie Moçambique. Aus dem 1881–85 gegründeten Kongo-Staat wurde 1908 Belgisch-Kongo. Das Deutsche Reich erwarb 1884/85 Togo, Kamerun, Deutsch-Südwestafrika und Deutsch-Ostafrika (seit 1919/20 Völkerbundsmandate). Italien setzte sich 1881–85 in Eritrea und 1889 neben Großbritannien und Frankreich in Somalia fest. 1911/12 eroberte es das türkische Libyen, 1936 Äthiopien (1941 wieder verloren). Seit 1918 machten sich nationalistische Bewegungen, von den arabischen Ländern ausgehend, immer stärker geltend (Ägypten 1922).

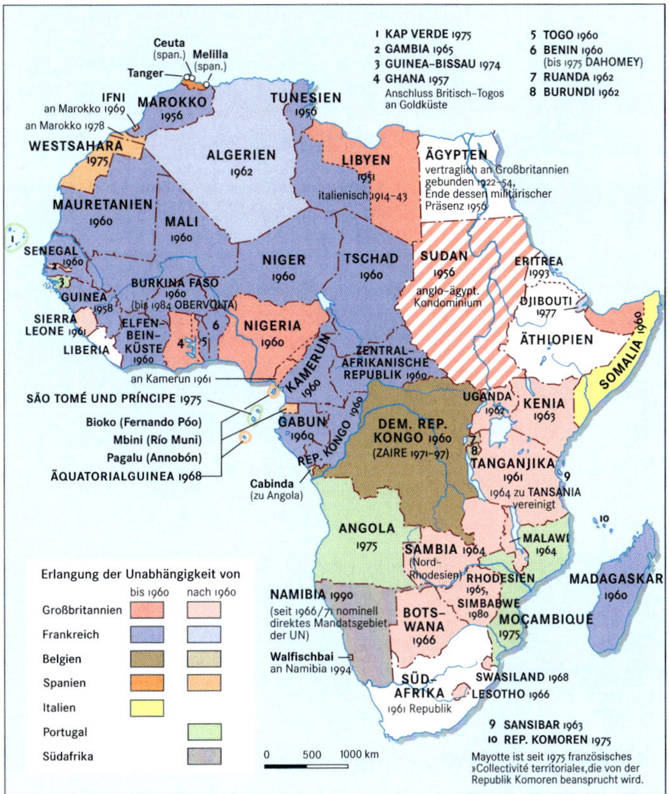

Afrika. Entkolonisierung (1951–90)

GEGENWART: Nach dem Zweiten Weltkrieg entließen die Kolonialmächte ihre afrikanischen Kolonien in die staatliche Unabhängigkeit, behielten jedoch dort weiterhin dank ihrer wirtschaftlichen Kraft indirekt auch hohen politischen Einfluss (»Neokolonialismus«). Neben ihnen gewannen in den 1970er- und 1980er-Jahren (bis zum Ende des Ost-West-Konflikts) kommunistische Staaten (z. B. Sowjetunion, Kuba) in verschiedenen Ländern (u. a. in Angola, Äthiopien und Moçambique) großen Einfluss. Während sich die Entkolonialisierung in den meisten Teilen Afrikas meist friedlich vollzog, kam es in Algerien (1954–62), in den Besitzungen Portugals (1960–74), in Rhodesien (1975–79) und Namibia (1975–89/90) zu Kriegen mit einheimischen Befreiungsbewegungen. Als Forum der unabhängig gewordenen Staaten Afrikas bildete sich 1963 die Organisation für Afrikanische Einheit (OAU). Hauptprobleme des Kontinents sind derzeit die Vielzahl an ethni-

Marcus Vipsanius Agrippa

Agrippina die Ältere

schen und sozialen Konflikten, die durch Zugehörigkeit zu einem bestimmten Stamm oder Volk definierten Strukturen, Schuldenlast und Korruption, ein hohes Bevölkerungswachstum bei niedriger Lebenserwartung, die Verbreitung von Krankheiten (v.a. Aids) und Unterernährung.

Agilolfinger, Agilulfinger, das Geschlecht der ältesten bekannten Amts-, später Stammesherzöge der Baiern (6.–8. Jh.). Ihre Herkunft ist umstritten; burgundische, langobardische oder fränkische Abstammung wird angenommen. Die Agilolfinger betrieben von ihrer Hauptpfalz Regensburg aus eine beachtliche Siedlungs- und Missionspolitik und verhinderten erfolgreich Übergriffe von Slawen und Awaren. Die Lebenszeit des Stammvaters Agilolf ist unbekannt. Erstmals genannt sind die Agilolfinger nach 550 mit Garibald I. (550–590), dessen enge dynastische und politische Beziehungen zu den Langobarden auch in der Folgezeit erhalten blieben. Seit 591 standen die Agilolfinger meist unter fränkischer Oberherrschaft, versuchten jedoch wiederholt, sich davon zu lösen. Der letzte Agilolfinger, Herzog Tassilo III., scheiterte mit seiner Politik an der überlegenen Macht Karls des Großen (788).

Agnes von Poitou [- pwa'tu], Kaiserin, *1025 (?), †Rom 14. 12. 1077; Tochter Herzog Wilhelms V. von Aquitanien, wurde 1043 zweite Gemahlin Heinrichs III. Nach dessen Tod (1056) übernahm sie die Regentschaft für den minderjährigen Heinrich IV. Ihre v.a. gegenüber den Fürsten schwankende Haltung förderte einen verhängnisvollen Machtverlust der Krone. 1062 wurde sie von Anno II., Erzbischof von Köln, und Adalbert, Erzbischof von Hamburg-Bremen, entmachtet. Seitdem lebte sie meist in Italien, wo sie die Klosterreform förderte und in enge Beziehungen zum Reformpapsttum trat.

Agrippa, Marcus Vipsanius, römischer Staatsmann, *63 v.Chr., †12 v.Chr.; Jugendfreund und bedeutender Feldherr des Kaisers Augustus, für den er die Siege bei Mylae und Naulochos über Sextus Pompeius, bei Aktium (31 v.Chr.) über Marcus Antonius und Kleopatra errang. Als späterer Mitregent ließ er auf eigene Kosten in Rom u.a. Thermen und das Pantheon bauen; die Ergebnisse der von ihm geleiteten Reichsvermessung wurden in den (verlorenen) »Commentarii Agrippae« und in der danach entworfenen Weltkarte verwertet.

Agrippina die Ältere, Vipsania Agrippina, *14 v.Chr., †33 n.Chr.; Tochter des Marcus Vipsanius Agrippa, Gemahlin des Gaius Iulius Caesar Germanicus, Mutter u.a. von Caligula. Nach dem Tod ihres Mannes wurde sie 29 von Tiberius auf die Insel Pandateria verbannt, wo sie durch Nahrungsverweigerung ihrem Leben ein Ende setzte.

Agrippina die Jüngere, Iulia Agrippina, *Ara Ubiorum (später nach A. Colonia Agrippinensis genannt, heute Köln) 15 n.Chr., †bei Baiae (Kampanien) 59, Tochter des Gaius Iulius Caesar Germanicus und von Agrippina der Älteren. Agrippina war die Gemahlin des Domitius Ahenobarbus, dem sie Nero gebar. 49 heiratete sie ihren Onkel, Kaiser Claudius, der Nero adoptierte. Sie soll 54 Claudius vergiftet haben, um Nero auf den Thron zu bringen. Dieser ließ sie 59 ermorden. Auf ihr Geheiß wurde ihr Geburtsort zur Kolonie erhoben.

Ägypten, Staat im äußersten Nordosten Afrikas, der im Westen an Libyen, im Norden an das Mittelmeer, im Nordosten an Israel, im Osten an das Rote Meer und im Süden an Sudan grenzt.

FRÜHZEIT UND ALTES REICH: Am Beginn der heute historisch fassbaren Zeit Ägyptens (um 3000 v.Chr.) standen die politische Einigung des Landes und die Erfindung der Schrift. Auf den frühesten Schriftdenkmälern erschienen die Könige »Skorpion«, Narmer und Aha, während spätere Überlieferung an den Anfang der Geschichte einen legendären Herrscher Menes setzte, dem Reichseinigung und Gründung von Memphis als erster Königsresidenz zu verdanken seien. Die Könige der beiden ersten Dynastien (»Thiniten«) errichteten gewaltige Grabanlagen aus Ziegeln in Abydos und in Sakkara bei Memphis.

Mit der dritten Dynastie, unter König Djoser, erfolgte der Übergang zum monumentalen Steinbau (Stufenpyramiden; »echte« Pyramiden gibt es erst seit der vierten Dynastie) und zur Anfertigung von lebensgroßen Statuen aus Stein, Holz und Metall, die dem Fortleben des Königs und seiner Beamten dienen sollten. Der Friedhof um die großen Pyramiden von Giseh spiegelt den straff organisierten Beamtenstaat, seine Ausrichtung auf den König und auf das jenseitige Reich der Götter. Der König wurde jetzt zum »Sohn« des Sonnengottes, für den in der fünften Dynastie große Sonnenheiligtümer mit einem aufgemauerten Obelisken errichtet wurden. Die wichtigsten Ämter wurden mit Angehörigen des Königs besetzt, eine eigene Gauverwaltung entwickelte sich erst gegen das Ende des Alten Reichs, gleichzeitig mit dem stärkeren Hervortreten künstlicher Bewässerung. Nubien wurde jetzt regelmäßig von ägyptischen Expeditionen durchzogen, im Norden weiteten sich die Handelsbeziehungen bis nach Kleinasien und in die Ägäis aus. Rund 100 Jahre lang war das Land in zwei Teilreiche aufgespalten (Erste Zwischenzeit).

MITTLERES REICH UND ZWEITE ZWISCHENZEIT: Um 2040 v.Chr. gelang der elften Dynastie die zweite Reichseinigung, mit der zwölften Dynastie erlebte die ägyptische Kultur eine neue Blüte. Die Gaufürsten wurden in den Einheitsstaat integriert und behielten eine wichtige Stellung, die erst Sesostris III. beseitigte. Ein System der Mitregentschaft sorgte für politische Stabilität und Kontinuität, das Goldland Nubien wurde in Besitz genommen und durch starke Festungen gesichert. Die Residenz lag seit Amenemhet I. wieder im Norden, doch traten Theben und Abydos als wichtige religiöse Zentren (Amun- und Osirisverehrung) hervor.

In der 13. Dynastie begann unter rasch wechselnden Herrschern ein neuer, auch kultureller Verfall. Nubien wurde aufgegeben, und im Delta etablierten sich Kleinkönige als 14. Dynastie. Asiatische Bevölkerungsteile gewannen im östlichen Nildelta stetig an politischem Gewicht und errichteten um 1650 v. Chr. eine erste Fremdherrschaft über Ägypten (Hyksosreich). Sie regierten als 15. und 16. Dynastie über ganz Ägypten, stießen aber in Theben auf wachsenden Widerstand einer Fürstenfamilie, die ebenfalls den Königstitel annahm (17. Dynastie) und das nationale Erbe gegen die Asiaten verteidigte. Die Brüder Kamose und Ahmose (Amosis) drangen bis in das Delta vor, vertrieben die Fremdherrscher und verfolgten sie nach Palästina hinein. Damit war Ägypten um 1552 v. Chr. ein drittes Mal geeint.

NEUES REICH: Die asiatischen Teile des Hyksosreiches fielen kampflos an Ägypten, sodass der Machtbereich der 18. Dynastie bis zum Euphrat reichte; im Süden brachte Thutmosis I. Nubien bis zum vierten Nilkatarakt unter ägyptische Herrschaft. Kunst, Literatur und Wissenschaft blühten erneut auf, v. a. unter der friedlichen Regierung der Königin Hatschepsut. Theben wurde zur Weltstadt, sein Gott Amun zum »Götterkönig«. Thutmosis III. und sein Sohn Amenophis II. mussten in zahlreichen Feldzügen in Syrien und Palästina mit dem Mitannireich und seinen Verbündeten kämpfen, die Grenze musste vom Euphrat zum Orontes zurückgenommen werden; Ägypten und Mitanni verbündeten sich gegen die nach Syrien ausgreifenden Hethiter. Amenophis III. heiratete neben seiner Hauptgemahlin Teje zwei Mitanniprinzessinnen und trat v. a. durch eine gewaltige Bautätigkeit hervor. Unter seinem Sohn Amenophis IV. kam es um 1360 v. Chr. zu einer tief greifenden, vom König ausgehenden Revolution in Religion, Kunst und Politik: Amun und die anderen Götter wurden durch den alleinigen Gott Aton ersetzt. Der König änderte seinen Namen in Achenaten (Echnaton) und erbaute in Tell el-Amarna in Mittelägypten eine neue Residenz. Sein Werk war jedoch nicht von Dauer, bereits sein junger Schwiegersohn Tut-ench-Amun gab die Residenz in Amarna und die Verehrung des Aton wieder auf; neue Residenz wurde Memphis. Die 18. Dynastie endete mit Haremhab, der im Kampf mit den Hethitern die ägyptische Positionen in Syrien und Palästina zu halten suchte.

Die Zeit der von Ramses I. begründeten 19. und die 20. Dynastie wird oft als Ramessidenzeit bezeichnet. Unter Sethos I. und seinem Sohn Ramses II. setzten sich die Kämpfe mit den Hethitern fort, bis es 1270 v. Chr. zu einem Friedensvertrag und später wieder zu einem Heiratsbündnis kam. Neben einer neuen Residenzstadt im Delta und mehreren Felstempeln in Nubien (Abu Simbel u. a.) errichtete Ramses II. in ganz Ägypten zahlreiche, z. T. kolossale Kultbauten und Statuen. Unter seinen Nachfolgern bildeten Libyer und Seevölker eine neue Gefahr, doch konnte Ramses III. Ägypten gegen sie verteidigen. Nach der Ermordung dieses Königs schritt unter den letzten Ramessiden der politische und wirtschaftliche Verfall rasch voran.

DRITTE ZWISCHENZEIT UND SPÄTZEIT: Die 21. Dynastie residierte in Tanis im östlichen Nildelta, während in Theben und im übrigen Oberägypten die Priesterschaft des Amun unter ihrem Hohepriester die Herrschaft ausübte. Nubien wurde wieder selbstständig, ebenso Palästina. Nach dem Ende der Dynastie in Tanis begründete ein libyscher Söldnerführer 945 v. Chr. als Scheschonk I. die 22. Dynastie. Von nun an regierten in Ägypten fremde Herrscher, die sich jedoch meist der überlegenen ägyptischen Kultur anpassten. Seit etwa 740 v. Chr. drangen nubische Könige (»Äthiopen«) nach Oberägypten vor. Mit der Eroberung des Deltas durch Schabaka war Ägypten 712 v. Chr. erneut geeint. Die nubischen Könige dieser 25. Dynastie entfalteten eine rege Bautätigkeit in Theben. Die Assyrer eroberten 671 v. Chr. den Norden des Landes und zerstörten unter Assurbanipal Theben. Die Nubier überließen Ägypten den libyschen Fürsten von Sais im Delta als Vasallen der Assyrer. Psammetich I. machte sich jedoch 664 v. Chr. unabhängig und begründete die 26. Dynastie (»Saiten«). Er stützte sich v. a. die auf die ionischen und karischen Söldner und öffnete Ägypten für griechischen Ein-

ÄGYPTEN. ***Entzifferung der Hieroglyphen***

1822 publizierte Jean-François Champollion seine Entzifferung des in Ägypten gefundenen »Steins von Rosette«, die endgültig das Rätsel der Hieroglyphen löste. Bis dahin hatte man Ägypten als das Land geheimnisvoller, ja magischer Weisheiten betrachtet, da man in die als Schrift dienenden Bildzeichen Rätsel und symbolische Aussagen hineindeutete (so im 3. Jh. n. Chr. der Philosoph Plotin: *»Jedes einzelne Zeichen ist für sich schon ein Stück Weisheit.«*) Der italienische Humanist Marsilio Ficino kommentierte diese Passage 1492 folgendermaßen: *»Unsere Denkweise über den Begriff »Zeit« ist komplex und schillernd … Bei den Ägyptern war er in einem einzigen bestimmten Zeichen enthalten: einer geflügelten Schlange, die ihr Schwanzende im Maul hält.«*

fluss. Ägypten unterstützte die Assyrer in ihrem Kampf gegen Babylonier und Meder und stieß noch einmal bis zum Euphrat vor, doch wurde Necho II. 605 v.Chr. bei Karkemisch von Nebukadnezar II. geschlagen. Amasis hielt enge Beziehungen zu den Griechen und ihrer Kolonie Kyrene, sein Sohn Psammetich III. wurde 525 v.Chr. von dem Perserkönig Kambyses geschlagen und entthront. Damit war Ägypten eine Satrapie des persischen Reiches (27. Dynastie), errang aber nach mehreren Aufständen 404 v.Chr. nochmals die Unabhängigkeit (28.–30. Dynastie). Nach einer letzten Nachblüte der ägyptischen Kultur wurde das Land 343 v.Chr. durch Artaxerxes III. erneut für die Perser und 332 v.Chr. von Alexander dem Großen erobert.

GRIECHISCHE UND RÖMISCHE HERRSCHAFT: Nach Alexanders des Großen Tod fiel Ägypten an Ptolemaios I. Soter, der zunächst als Satrap, seit 305 v.Chr. als König regierte. Unter ihm und seinem Nachfolger Ptolemaios II. Philadelphos erreichte das hellenistische Ägypten seine höchste Blüte. Die alte administrative Ordnung der Pharaonenzeit wurde beibehalten, doch ermöglichten griechische Bürokratie und griechisches Recht eine wirksamere Verwaltung. Seit Ende des 3. Jh. wurde die griechische Herrschaft durch Aufstände der einheimischen Bevölkerung erschüttert. Der Niedergang der Ptolemäerdynastie führte dann zu wiederholten Interventionen Roms, bis schließlich Octavian nach dem Sieg bei Actium (31 v.Chr.) Alexandria eroberte und die letzte Ptolemäerin, Kleopatra VII., zum Selbstmord zwang (30 v.Chr.).

Die römischen Kaiser schonten die ägyptischen Überlieferungen wie die Ptolemäer und ließen sich, wie diese, als Nachfolger der Pharaonen kultisch verehren. Ägypten erhielt als römische Provinz eine Sonderstellung und wurde für den Kaiser durch einen Präfekten aus dem Ritterstand verwaltet. Das Land bildete fortan die Kornkammer Roms. Seit dem 3. Jh. n.Chr. breitete sich das Christentum rasch aus. Nach dem Tod Theodosius' I. (395 n.Chr.) fiel Ägypten an das römische Ostreich unter Arkadios und blieb bis 640 Bestandteil des Byzantinischen Reichs.

MITTELALTER UND FRÜHE NEUZEIT: 619 von den Persern erobert, 628 wieder in byzantinischem Besitz, wurde das Land, ab 639 durch die muslimischen Araber erobert, Provinz des Kalifenreichs. Die Tuluniden (868–905) waren nur noch nominell vom Kalifen abhängig. Es folgten die Dynastien der Ichschididen (ab 935), Fatimiden (ab 969) und Aijubiden (ab 1171). Ab 1250 herrschten die Mamelucken, auch nach Eroberung Syriens und Ägyptens 1517 durch die Osmanen; erst die ägyptische Expedition Napoleon Bonapartes beendete ihre mittelalterliche Herrschaftsform. Mehmed Ali vermochte sich schließlich der Herrschaft zu bemächtigen; 1805 wurde er vom Osmanischen Reich als Pascha über Ägypten anerkannt. 1867 erwarb Ismail vom osmanischen Sultan das Recht auf den Titel Khedive (Vizekönig). 1869 wurde der Suezkanal eröffnet. 1872–74 wurden der Südsudan und Teile Äthiopiens erobert. Großbritannien nahm die Auswirkungen des um sich greifenden fremdenfeindlichen Nationalismus zum Anlass, 1882 Truppen zu landen; Ägypten wurde besetzt. Der 1881–85 vom Mahdi eroberte Sudan wurde 1896–98 zurückgewonnen und 1899 britisches Kondominium.

20. JAHRHUNDERT: Bei Ausbruch des Ersten Weltkriegs wurde Ägypten unter Aufhebung der osmanischen Oberhoheit britisches Protektorat. 1922 beendete Großbritannien unter Sicherung militärischer Reservatrechte sein Protektorat, Ägypten wurde unabhängige parlamentarische Monarchie. 1936 wurde ein Vertrag mit zwanzigjähriger Laufzeit unterzeichnet, in dem Großbritannien Ägypten die volle Souveränität zuerkannte und die Besatzung auf die Kanalzone beschränkte.

Gemeinsam mit anderen Staaten der Arabischen Liga nahm Ägypten 1948/49 am Palästinakrieg gegen die Gründung des Staates Israel teil; Ägypten kommt seither eine Schlüsselrolle im →Nahostkonflikt zu. Nach dem Staatsstreich General Nagibs (1952) musste König Faruk zugunsten seines Sohnes Fuad II. abdanken. Am 18. 6. 1953 wurde Ägypten zur Republik erklärt. Nach dem zuerst erfolglosen Versuch, Nagib zu stürzen, konnte Nasser, der eigentliche Organisator der Revolution, bis Ende 1954 die Macht ganz an sich bringen und suchte in der Folgezeit einen arabischen Sozialismus zu etablieren. Kurz nachdem 1954 die mit den Briten vereinbarte Räumung der Kanalzone beendet war, brach Mitte 1956 die →Suezkrise aus, deren Beendigung erst im Frühjahr 1957 erreicht wurde. Der 3. Israelisch-Arabische Krieg (Juni 1967) endete für Ägypten mit dem Verlust der Halbinsel Sinai.

Nach dem Tod Nassers (1970) wurde Anwar as-Sadat neuer Präsident. Nach dem Scheitern des Zusammenschlusses zwischen Ägypten und Syrien (1958–61) zur Vereinigten Arabischen Republik (VAR) blieben auch weitere Unionspläne 1971 (mit Libyen und Syrien) und 1972 (mit Libyen) ohne Wirkung. Innenpolitisch suchte Sadat Ägypten zu einem modernen Staat zu entwickeln; zudem schränkte er den Einfluss der UdSSR zugunsten der westlichen Industriestaaten ein. Der nach einem Aufsehen erregenden Besuch Sadats in Israel (1977) unter Vermittlung der USA 1979 abgeschlossene israelisch-ägyptische Friedensvertrag isolierte Ägypten diplomatisch und wirtschaftlich in der gesamten arabischen Welt. Nach der Ermordung Sadats (1981) suchte sein Nachfolger Hosni Mubarak die Beziehungen zu den übrigen arabischen Staaten zu verbessern, ohne den Frieden mit Israel zu gefährden; so unternahm Ägypten in den 1990er-Jahren zahlreiche diplomatische Initiativen, um den ins Stocken geratenen Friedensprozess im Nahen Osten wieder in Gang zu bringen. Im 2. Golfkrieg 1991 beteiligte sich Ägypten als regionale Führungsmacht an der antiirakischen Koalition.

ägyptische Expedition, französischer Feldzug in Ägypten (1798–1801) unter Führung von Napoleon Bonaparte. Ausgelöst wurde die Expedition durch den Hilferuf des französischen Konsuls in Kairo gegen die Gewaltmaßnahmen der ägyptischen Beis. Ziel war, das dem direkten französischen Angriff entzogene Großbritannien zu treffen. Zunächst wurde Malta dem Malteserorden entrissen (12./13. 6. 1798), dann Alexandria erstürmt (2. 7.). In der »Schlacht bei den Pyramiden« (21. 7.) wurde das Mameluckenheer besiegt, dann Kairo besetzt. Aber die Vernichtung der französischen Flotte durch Admiral Horatio Nelson bei Abukir (1. 8.) schnitt die französische Armee vom Nachschub ab. Nach dem Fehlschlagen des Feldzugs Napoleons in Syrien (1799) und seiner Rückkehr nach Frankreich (9. 10.: Landung in Fréjus) erfochten die Franzosen noch mehrere Siege (u.a. bei Heliopolis 20. 3. 1800) unter General Jean-Baptiste Kléber, dessen Ermordung (14. 6. 1800) das Schicksal der ägyptischen Expedition besiegelte. 1801 erlagen die Franzosen einer britischen Landungsarmee.

AHK, Abk. für →Alliierte Hohe Kommission.

Aijubiden, ägyptisch-syrisches Herrschergeschlecht kurdischen Ursprungs. Der Gründer des Geschlechts, Saladin, beendete 1171 die Fatimidenherrschaft in Ägypten. Bis zu ihrem Sturz durch die Mamelucken (1250) beherrschten seitdem die Aijubiden das Land. In Syrien war ihre Herrschaft in viele Einzelfürstentümer aufgesplittert. Hier hielten sich die letzten Vertreter der Aijubiden (in Hamat) bis 1342.

Akbar [arab. »der Große«], eigentlich Djalal ad-Din Mohammed, Großmogul von Indien (seit 1556), *Umarkot (Sind, heute zu Pakistan) 15. 10. 1542, †Agra 26. 10. 1605; folgte als Dreizehnjähriger seinem Vater Humayun, der nur in einem Teil des Pandschabs und im Gebiet um Delhi herrschte. Akbar eroberte in Kämpfen gegen andere Thronbewerber die Macht über Nordindien zurück und gewann v.a. im Nordwesten neue Gebiete hinzu. Um Muslime und Hindus zu versöhnen, versuchte er die Stiftung einer neuen Religion (Din Ilahi, »göttliche Religion«), die Elemente aus allen ihm bekannten Religionen aufnahm. Basis dieses Unternehmens waren neben Erwägungen der Staatsräson Ideen der islamischen Mystik (Sufismus). Er organisierte Verwaltung, Finanzen und das Steuersystem neu, förderte Handel, Wissenschaften und Künste und gilt als einer der bedeutendsten Herrscher Asiens.

Akkad, ehemalige altorientalische Stadt in der Nähe von Babylon (genaue Lage unbekannt). Akkad wurde um 2235 v. Chr. von Sargon, dem Begründer der Akkad-Dynastie, als Hauptstadt des ersten semitischen Großreichs auf mesopotamischen Boden (Reich von Akkad, um 2235–2094 v. Chr.) gegründet (→Babylonien).

Aktium, lateinisch **Actium,** flache Landzunge an der Westküste Griechenlands, am Eingang des Ambrakischen Golfs. Am 2. 9. 31 v. Chr. erfocht Octavian bei Aktium den entscheidenden Sieg über die Flotte des Marcus Antonius und der Kleopatra, der später in vielen Städten regelmäßig durch Spiele (Aktia) gefeiert wurde.

Alarich, *auf einer Insel im Donaudelta um 370, †in Süditalien Ende 410; stammte aus dem Geschlecht der Balthen. Seit 395 König der in Mösien auf der Balkanhalbinsel angesiedelten Westgoten, verwüstete Alarich Thrakien, Makedonien und Griechenland. Zum oströmischen Militärstatthalter in Illyrien ernannt (397), fiel er 401 erstmals in Italien ein (Niederlagen gegen Stilicho, bei Pollentia 402 und bei Verona 403). Am 24. 8. 410 besetzte er Rom. Nach dreitägiger Plünderung der Stadt zog er nach Süditalien, um nach Afrika überzusetzen, starb aber unterwegs und wurde im Flussbett des Busento bei Consentia (heute Cosenza) begraben. Alarich, einer der bedeutendsten germanischen Heerführer der Völkerwanderungszeit, versuchte vergebens, als Föderat des Ost-, später des Westimperiums für seinen Stamm Landzuweisungen im Reich zu erhalten.

Alba, Fernando **Álvarez de Toledo** ['alβarɛθ ðɔ to'leðo], dritter Herzog von Alba, spanischer Feldherr und Staatsmann, *Piedrahita (Provinz Ávila) 29. 10. 1507, †Lissabon 11. 12. 1582; nahm an den Zügen Kaiser Karls V. gegen Tunis (1535) und Algier (1541) teil und verteidigte 1542 Perpignan gegen die Franzosen. Im Schmalkaldischen Krieg befehligte er das Heer Karls V. und erfocht 1547 den Sieg bei Mühlberg/Elbe. Als Generalgouverneur von Mailand und Vizekönig von Neapel kämpfte er gegen den mit Frankreich verbündeten Papst Paul IV., mit dem er auf Befehl Philipps II. 1557 Frieden schließen musste. 1567 wurde er als Generalkapitän mit einem Heer in die aufständischen Niederlande entsandt, um die Statthalterin Margarete von Parma zu unterstützen; deren Nachfolge trat er noch im selben Jahr an. Nach anfänglichen Erfolgen (Sieg bei Jemmingen über Ludwig von Nassau, Vertreibung Wilhelms von Oranien aus den Niederlanden) entfachten Albas blutige Härte (z.B. Hinrichtung der Grafen Egmont und Hoorn) sowie juristische und wirtschaftliche Maßnahmen (Einführung des spanischen Steuersystems) den Aufstand gegen die katholische und zentralistische Politik seiner Regierung von neuem, sodass er 1573 abberufen wurde. 1580 erhielt er den Oberbefehl über das spanische Heer, das Portugal eroberte. Nach der Schlacht von Alcántara wurde Alba zum Gouverneur von Portugal und im Dezember 1580 zum Konnetabel des Reichs ernannt.

Albert, Prinz von Sachsen-Coburg-Gotha

Albanien, amtlich **Republika e Shqipërisë** [-ʃkjipəˈrisə], Staat an der Westküste der Balkanhalbinsel, der im Norden an Montenegro, im Osten an Serbien und Makedonien und im Südosten an Griechenland grenzt.

GESCHICHTE: An der Küste entstanden um 900 v.Chr. griechische Kolonien, der Süden gehörte zum nordwestgriechischen Reich Epirus. Das illyrische Reich von Skodra wurde 168 v.Chr. römisch. Das Gebiet von Albanien gehörte seit 395 zum Oströmischen Reich. Im 11.Jh. kam für die Illyrer der Name Albaner in Gebrauch. Im 13. und 14.Jh. stand das Land zeitweilig unter bulgarischer, venezianischer und serbischer Herrschaft. Ende des 14.Jh. bildeten sich albanische Stammesfürstentümer; um die Wende zum 15.Jh. wurden sie von den Osmanen erobert.

Seit 1878 entstand eine albanische Nationalbewegung. 1913 wurde Albanien von den europäischen Großmächten zu einem unabhängigen Fürstentum gemacht (1914 unter Fürst Prinz Wilhelm von Wied). Im Ersten Weltkrieg von Italien besetzt (bis 1920), wurde Albanien 1925 Republik und 1928 Königreich. 1939 besetzten italienische Truppen Albanien; dessen Nationalversammlung beschloss die Vereinigung mit Italien in Personalunion, hob sie aber nach dem Übertritt Italiens ins Lager der Alliierten und dem Einmarsch deutscher Truppen wieder auf.

Albrecht I. Beim Übergang über die Reuß erstach Johann Parricida 1308 seinen Onkel, Albrecht I., den zweiten Habsburger auf dem Thron des Heiligen Römischen Reichs (»Ehrenspiegel der Fugger«; 1555; Wien, Österreichische Nationalbibliothek). Anlass war ein familieninterner Erbstreit.

Am 11.Januar 1946 wurde die Volksrepublik Albanien ausgerufen; die Wirtschaft wurde verstaatlicht, der Boden enteignet, die Kommunistische Partei (KP) wurde Staatspartei. In dem Anfang der 1960er-Jahre beginnenden Konflikt zwischen der Sowjetunion und der Volksrepublik China näherte Albanien sich China an und entzog sich dem sowjetischen Einfluss, was sich u.a. im Abbruch der diplomatischen Beziehungen zur Sowjetunion (1961) und im Austritt aus dem Warschauer Pakt (1968) manifestierte. Im Innern betrieb Albanien die Entwicklung der kommunistischen Gesellschaftsform radikaler als die anderen europäischen kommunistischen Staaten. 1977/78 verschlechterte sich das enge Verhältnis zu China.

Nach dem Tod des langjährigen KP-Generalsekretärs Enver Hoxha öffnete sich Albanien zunehmend nach außen. 1990 wurden zahlreiche Reformen eingeleitet: Religionsfreiheit, Strafrechtsreform, Wiederaufnahme diplomatischer Beziehungen zur Sowjetunion, Aufnahme in die KSZE. Die ersten freien Parlamentswahlen 1991 konnte die KP gewinnen. In der Folge kam es zur wirtschaftlich bedingten Massenflucht der Bevölkerung (vorzugsweise nach Italien), zu Streiks und Demonstrationen, schließlich zum Rücktritt der Regierung. Eine im Juni 1991 gebildete Übergangsregierung schloss erstmals nicht kommunistische Mitglieder ein. Aus den Wahlen 1992 ging die Demokratische Partei unter Sali Berisha als Sieger hervor; Staatspräsident Ramiz Alia trat zurück, Berisha wurde sein Nachfolger. 1993/94 kam es zu Spannungen mit Serbien wegen der Unterdrückung der albanischen Bevölkerungsgruppe im Kosovo und mit Griechenland wegen der griechischen Minderheit in Albanien. 1997 brach infolge wirtschaftlich bedingter Unruhen die staatliche Ordnung vorübergehend zusammen. UN und OSZE entsandten 1997 eine multinationale Friedenstruppe, die die Verteilung von Hilfsgütern sicherte.

Albert, Prinzgemahl, *Schloss Rosenau (bei Coburg) 26. 8. 1819, †Windsor 14. 12. 1861; zweiter Sohn von Herzog Ernst I. von Sachsen-Coburg-Gotha. Albert heiratete 1840 seine Cousine, die britische Königin Viktoria, die ihm 1857 den Titel »Prince Consort« (»Prinzgemahl«) verlieh. Vielseitig gebildet und von liberal-konservativen Anschauungen geprägt, wurde er zum Minister und einflussreichen Ratgeber der Königin. Außenpolitisch gegen Russland eingestellt, trat er 1848 für einen deutschen Bundesstaat ein.

albertinische Linie,

1. die jüngere Hauptlinie der →Wettiner mit Residenz in Dresden. Die Söhne Kurfürst Friedrichs II. des Sanftmütigen von Sachsen, Ernst und Albrecht der Beherzte, teilten im Leipziger Vertrag (17. 6./8. 11. 1485) die wettinischen Lande; Albrecht erhielt die Markgrafschaft Meißen, Teile des einstigen Osterlandes und das nördliche Thüringen, Ernst das eigentliche Kursachsen, den größten Teil Thüringens und das Vogtland. Seitdem bestanden die ernestinische Linie und die albertinische Linie nebeneinander. Albrechts Enkel Moritz brachte 1547 die Kurwürde und einen Teil der ernestinischen Lande an sich. Trotz der 1499 für die albertinische Linie verkündeten Unteilbarkeit sprach Kurfürst Johann Georg I. 1652 seinen drei jüngeren Söhnen größere Gebiete zu, womit die Seitenlinien Sachsen-Weißenfels (1656–1746; 1663–1744 mit dem reichsunmittelbaren Fürstentum Sachsen-Querfurt), Sachsen-Merseburg (1656–1738) und Sachsen-Zeitz (1656–1718) entstanden. Die kurfürstliche Hauptlinie stellte unter August II., dem Starken, und seinem Sohn August III. die Könige von Polen (1697–1763; außer 1706–09) und erlangte 1806 unter Friedrich August I. die Königswürde für das Kurfürstentum Sachsen, die sie bis zur Abdankung am 13. 11. 1918 durch Friedrich August III. innehatte.

2. durch den Neuenberger Teilungsvertrag (1379) von Herzog Albrecht III. von Österreich begründeter Zweig der →Habsburger; sie erlosch 1457 mit Ladislaus V. Postumus.

Albigenser [nach der Stadt Albi], im Mittelalter gebräuchlicher Name für die Katharer, die im 12. und 13. Jh. besonders in Südfrankreich verbreitet waren. Dort zeitweilig von bedeutendem Einfluss, wurden sie in den Albigenserkriegen (1209–29) blutig verfolgt.

Albrecht I., König des Heiligen Römischen Reichs (1298–1308), *Juli 1255, †bei Brugg (Schweiz) 1. 5. 1308; ältester Sohn Rudolfs I. von Habsburg. Albrecht war seit 1282 mit seinem Bruder, seit 1283 alleiniger Herzog von Österreich und Steiermark. Bei der Königswahl 1292 zugunsten Adolfs von Nassau übergangen, verband er sich mit den Kurfürsten, die ihn nach Adolfs Absetzung und Tod in der Schlacht bei Göllheim am 27. 7. 1298 zum König wählten. Er brach den Widerstand der rheinischen Kurfürsten gegen seine Hausmachtpolitik (so genannter Kurfürstenkrieg 1301/02), erreichte 1303 den Ausgleich mit Papst Bonifatius VIII. und suchte Thüringen, Meißen (Schlacht bei Lucka, 31. 5. 1307) und Böhmen (ab 1306) für seine Familie zu gewinnen, wurde aber vor dem Entscheidungskampf von seinem Neffen Johann Parricida ermordet.

Albrecht II., König des Heiligen Römischen Reichs (1438/39), *16. 8. 1397, †Neszmély (Ungarn) 27. 10. 1439; war in der Nachfolge seines Vaters, Albrechts IV., seit 1404 als Albrecht V. Herzog von Österreich. 1421 vermählte er sich mit König Siegmunds Tochter Elisabeth und wurde 1437/38 Siegmunds Nachfolger in Böhmen und Ungarn. Am 18. 3. 1438 zum Römischen König gewählt, wurde er durch Kämpfe gegen die Türken in Ungarn und gegen die Polen festgehalten und blieb ungekrönt, da er nach einem dieser Feldzüge starb. Seine Gattin gebar nach seinem Tod Ladislaus V. Postumus.

Albrecht II., Erzbischof und Kurfürst von Mainz

Albrecht II., Erzbischof und Kurfürst von Mainz, *Berlin 28. 6. 1490, †Mainz 24. 9. 1545; ließ zur Begleichung der bei den Fuggern aufgenommenen Gebühren für seine Pfründehäufung (seit 1513 Erzbischof von Magdeburg, seit 1514 Erzbischof von Mainz und als dieser Erzkanzler für das Reich, seit 1518 auch Kardinal) durch Johannes Tetzel den Ablass vertreiben, gegen den Luther 1517 seine Thesen richtete. Anfangs gegenüber der Reformation duldsam, trat er ihr seit dem Bauernkrieg entgegen.

Albrecht III. Achilles

Albrecht III. Achilles, Kurfürst von Brandenburg (1470–86), *Tangermünde 9. 11. 1414, †Frankfurt am Main 11. 3. 1486; dritter Sohn des Kurfürsten Friedrich I. Nach seines Vaters Tod erhielt Albrecht zusammen mit seinen drei Brüdern 1440 das Fürstentum Ansbach, 1464 auch Bayreuth. Sein Versuch, Nürnberg zu unterwerfen, scheiterte 1450 ebenso wie der, sich 1462 zum Herzog von Franken zu machen. Wegen seiner Verbindung mit König Georg Podiebrad von Böhmen war Albrecht 1466–71 gebannt. 1470 übertrug ihm sein Bruder Friedrich II. mit der Mark auch die Kurwürde. Albrecht erließ als Kurfürst am 24. 2. 1473 das achilleische Hausgesetz (Dispositio Achillea). 1474 war Albrecht Reichsfeldherr gegen Burgund. Er galt als Hauptstütze Kaiser Friedrichs III. im Reich.

Albrecht der Ältere

Albrecht der Ältere, Hochmeister (seit 1510) des Deutschen Ordens und erster Herzog in Preußen (seit 1525), *Ansbach 17. 5. 1490, †Tapiau 20. 3. 1568; Sohn des Markgrafen Friedrich von Brandenburg-Ansbach. 1512 kam Albrecht mit der Weisung Kaiser Maximilians I. nach Königsberg, den polnischen Vertrag von 1466 nicht anzuerkennen. Trotz verwandtschaftlicher Beziehungen zum polnischen Königshaus geriet er 1519 in Krieg mit Polen. Vom Heiligen Römischen Reich zuletzt nur diplomatisch unterstützt, hob Albrecht, Luthers Rat folgend, im Vertrag von Krakau (8. 4. 1525) die Ordensherrschaft auf und nahm Preußen als erbliches Herzogtum unter polnische Lehnsoberhoheit. Er führte die Reformation ein und gründete 1544 die Universität Königsberg. Seine enge geistige Verbindung mit Nürnberg und sein ausgedehnter Briefwechsel mit Fürsten und Gelehrten verschafften Albrecht ein hohes Ansehen.

Albrecht der Bär, Markgraf in Brandenburg, *um 1100, †Stendal 18. 11. 1170; einziger Sohn Graf Ottos von Ballenstedt (Askanien). 1123 folgte er seinem Vater und erbte einen großen Teil des Billunger Besitzes. Um das Herzogtum Sachsen rang er vergebens mit den Welfen; König Lothar (II.) übertrug es 1137 Heinrich dem Stolzen. Von Konrad III. 1138 mit Sachsen belehnt, musste Albrecht 1142 wieder darauf verzichten. Dagegen konnte er seine Macht nach Osten hin erweitern. Seit 1134 Markgraf der Nordmark (Altmark), machte er Eroberungen im Havelland und an der Prignitz. Durch das Testament des Hevellerfürsten Heinrich Pribislaw gewann er Brandenburg und nannte sich seither Markgraf in Brandenburg, wo er seinen Sohn Otto I. als Mitregenten am Landesausbau beteiligte. Er rief unter Gewährung günstiger Siedlerrechte Rheinländer, Holländer und Flamen ins Land, deren Nachkommen u.a. Berlin gründeten. Mithilfe der Prämonstratenser christianisierte er die slawischen Gebiete und gründete die seit dem großen Slawenaufstand von 983 verwüsteten Bistümer Havelberg und Brandenburg neu (1151/52). Der zeitgenössische Beiname stellt ihn neben Heinrich den Löwen, mit dem er oft in Fehde lag und dem er in seiner Bedeutung für die deutsche Ostsiedlung des 12. Jh. gleichkommt. Albrecht gilt als eigentlicher Gründer des nachmaligen brandenburgischen Staates.

Alexander I.

Alemannen, westgermanischer Stamm, hervorgegangen aus elbgermanischen Bevölkerungsgruppen, die seit dem 1. Jh. in Mainfranken ansässig waren, und aus verschiedenen, später nach Südwestdeutschland zugewanderten Heerhaufen und Gefolgschaften, deren Heimat vorwiegend in Mecklenburg, im Mittelelbe- und im Saalegebiet lag (Sweben).

Der sich bildende Neustamm der Alemannen war seit dem 2./3. Jh. im Vorfeld des Limes sesshaft (erste Erwähnung 213). Wiederholte Vorstöße führten schließlich zum Fall des Limes (260) und zur Besiedlung des Dekumatlandes, des Vorfelds des Römischen Reiches zwischen Rhein und Donau. In der Frühphase (3.–4. Jh.) setzten sich viele Alemannen in oder bei den Ruinen römischer Kastelle und Villen fest. Neue, z.T. umwehrte Dörfer im Dekumatland (Sontheim, bei Heidenheim an der Brenz) sind bisher nur wenig bekannt. Gleichzeitig entstanden in Nachahmung spätantiker befestigter Städte zahlreiche Höhenburgen (Glauberg, Runder Berg), die als politische und wirtschaftliche Zentren ihres Umlands ständig besiedelt waren. Sie gelten als Sitze von Kleinkönigen und Fürsten, die über die noch im 4. Jh. bezeugten Teilstämme der Alemannen (u.a. Bukinobanten, Juthungen) herrschten. Diese gehörten zu den gefürchtetsten Feinden des Römischen Reiches. Besonders zwischen 351 und 368 überfielen sie, mehrfach Rhein und Donau überschreitend, die Ostprovinz Galliens und Raetien.

Ab 378 herrschte weitgehend Ruhe an der römisch-alemannischen Grenze. Seitdem dienten Alemannen vermehrt als Söldner in der römischen Armee (Föderaten). Im Zuge der Konsolidierung des Stammes wurden in der ersten Hälfte des 5. Jh. neue Siedlungen mit Reihengräberfriedhöfen angelegt, die vielfach bis ins 6./7. Jh. reichten. Expansionsbestrebungen nach Nordwesten endeten mit den Niederlagen gegen Chlodwig I. (496, 506), wobei die Alemannen ihre nördliche Gaue verloren. Die Fürstenburgen fanden damals ihr Ende. Erst jetzt dehnten sich die Alemannen bis ins Elsass und in die Nordschweiz aus. Um 600 wurden kulturelle Einflüsse aus Skandinavien, dem Langobardenreich (Goldblattkreuze) und dem fränkischen Westen (u.a. christliche Mission seit dem Ende des 6. Jh.) deutlich. Die vom fränkischen König im 6. Jh. eingesetzten Amtsherzöge erlangten im 7. Jh. eine gewisse Selbstständigkeit, wurden aber von Karl Martell 746 abgesetzt.

Alexander I., Kaiser von Russland (1801–25), *Sankt Petersburg 23. 12. 1777, †Taganrog 1. 12. 1825; wurde als Sohn Pauls I. von seiner Großmutter Katharina II. im Geist der Aufklärung erzogen. Alexander wollte die Selbstherrschaft mit zeitgenössischen Prinzipien verbinden; hoch begabt, aber unentschlossen, unbeständig und leicht beeinflussbar, verwirklichte er seine großen Pläne nur teilweise oder gar nicht. Seine innenpolitischen Maßnahmen zielten auf die Übernahme neuzeitlicher Verfassungsgrundsätze mithilfe von Bildungsreformen und Universitätsgründungen, Verwaltungsreformen sowie einer Verfassungsreform. Wachsende Revolutionsfurcht führte jedoch seit 1819 zu einer repressiven Innenpolitik und mündete schließlich bei Alexanders Tod in den Aufstand der →Dekabristen.

Die Außenpolitik Alexanders war durch die Napoleonischen Kriege sowie durch die polnische und die orientalische Frage bestimmt. Nach der russisch-österreichischen Niederlage von 1805 und der preußischen von 1806/07 schloss Alexander mit Napoleon I. den Frieden von Tilsit (1807), der Russland den Gewinn Finnlands durch den Schwedenkrieg (1808–09) und die Fortsetzung des Türkenkrieges (1806–12; Erwerb Bessarabiens) ermöglichte. Nach dem Bruch mit Napoleon und dem französischen Feldzug nach Moskau (1812) verbündete sich Alexander mit Österreich und Preußen und setzte den Krieg bis zur Befreiung Europas und zum Sturz Napoleons fort (1813–15). Auf dem Wiener Kongress (1814/15) erreichte Alexander, der »Befreier Europas«, die Anerkennung eines mit Russland verbundenen Königreiches Polen (→Kongresspolen) und stiftete die →Heilige Allianz.

Alexander II., Kaiser von Russland (1855–81), *Moskau 29. 4. 1818, †(ermordet) Sankt Petersburg 13. 3. 1881; Sohn Nikolaus' I. Alexander bestieg während des Krimkrieges (1853–56) den Thron. 1861–68 führte er grundlegende Reformen durch, die eine Periode der Erneuerung des sozialen, wirtschaftlichen und politischen Lebens in Russland einleiteten. Die Aufhebung der Leibeigenschaft (1861) trug ihm den Beinamen »Zar-Befreier« ein; zudem gestaltete er Rechtswesen (1864) und Verwaltung neu (Schaffung von Selbstverwaltungsorganen 1864). 1874 wurde die allgemeine Wehrpflicht eingeführt. Vorsichtige Verfassungspläne blieben unausgeführt. Den polnischen Aufstand (1863/64) ließ Alexander unterdrücken, die seit dem Türkenkrieg 1877/78 radikalisierte »volkssozialistische« Bewegung der jungen russischen Intelligenz durch Polizeigewalt eindämmen. Er fiel dem Bombenanschlag einer anarchistischen Gruppe (Narodnaja Wolja) zum Opfer.

Die Außenpolitik Alexanders zielte darauf, die Isolierung Russlands zu überwinden und die seinem Reich nach dem Krimkrieg auferlegten Beschränkungen im Schwarzen Meer (»Pontusklausel«) zu beseitigen. Nach der Verständigung Alexanders mit Preußen kam es zur Rückendeckung Preußens und zum →Dreikaiserbund von 1872 mit Wilhelm I. und Franz Joseph I. Der ursprünglich nicht beabsichtigte Russisch-Türkische Krieg von 1877/78 wurde mit dem Vorfrieden von San Stefano beendet, der den Einspruch Österreich-Ungarns hervorrief. Auch hatten das russische Vordringen in Mittelasien und die russischen Erfolge auf der Balkanhalbinsel und im Kaukasus die Gegnerschaft Großbritanniens geweckt, sodass Russland auf dem Berliner Kongress 1878 auf die Erfolge von San Stefano größtenteils verzichten musste.

Alexander III., Kaiser von Russland (1881–94), *Sankt Petersburg 10. 3. 1845, †Liwadija (Krim) 1. 11. 1894; Sohn Alexanders II. Alexander versuchte durch reaktionäre innenpolitische Maßnahmen (verschärfte Zensurbestimmungen; weitgehende Aufhebung der Autonomie der Universitäten, 1884; neue Semstwo-Ordnung zugunsten des Adels, 1890), aber auch durch erste Arbeiterschutzgesetze (1882/83) der radikalen Bewegung Herr zu werden. Er unterstützte den Panslawismus und kam dem russischen Nationalismus durch Russifizierungspolitik in den Randgebieten entgegen. Außenpolitisch musste er in Bulgarien eine Schwächung des russischen Einflusses hinnehmen (Battenbergaffäre). An der Monarchenpolitik Bismarcks durch Geheimverträge hielt er gegen die öffentlichen Meinung fest und ging erst nach Nichterneuerung des Rückversicherungsvertrages durch das Deutsche Reich (1890) und dessen Annäherung an Großbritannien auf das Bündnis mit Frankreich ein.

Alexander VI., Papst (1492–1503), früher Rodrigo de Borja ['bɔrxa] (Borgia), *Játiva (bei Valencia) 1430 (?), †Rom 18. 8. 1503; gelangte durch Stimmenkauf auf den päpstlichen Stuhl. Alexander begriff das Papsttum, dessen »Verweltlichung« unter seinem Pontifikat ein Höchstmaß erreichte, v.a. als politische Institution. Als machtbewusster Politiker wahrte er konsequent die päpstlichen Interessen gegenüber den europäischen Mächten und mühte sich um ein Gleichgewicht zwischen den verschiedenen politischen Kräften und Machtinteressen in Italien. Ausdruck seiner politische Stellung in Europa wurde v.a. der Schiedsspruch von 1493, mit dem er im spanisch-portugiesischen Kolonialstreit die Demarkationslinie zwischen den spanischen und den portugiesischen Besitzungen festlegte (1494 bestätigt im Vertrag von Tordesillas). Der Aufbau einer Hausmacht seiner Familie in Rom war ein wesentliches Element seiner Politik. Der schärfste Kritiker Alexanders war der Bußprediger Savonarola, der den »sittenlosen« Papst 1495 der Häresie beschuldigte. Alexander gilt als Prototyp des Renaissancepolitikers, der machtbewusst und skrupellos seine politische Ziele verfolgt, zugleich jedoch als Förderer der Künste hervortritt.

Alexander der Große, König von Makedonien (336–323 v.Chr.), *Pella (wahrscheinlich Juli) 356 v.Chr., †Babylon 10. 6. 323 v.Chr.; Sohn von Philipp II. und Olympia. Alexander wurde 342–340 von Aristoteles unterrichtet, der ihm den Zugang zur griechischen Bildung vermittelte. Nach der Ermordung Philipps II. (336) sicherte sich Alexander durch die Beseitigung seiner Konkurrenten den makedonischen Königsthron und hierauf die Nachfolge als Leiter (Hegemon) des griechischen Bundes von Korinth.

Alexander II.

Alexander III.

ALEXANDER DER GROSSE. *In der Nachfolge Achills*

In seinen Taten ahmte Alexander der Große häufig die mythischen Helden der Vorzeit nach. Bevor er etwa vor dem Feldzug gegen die Perser erstmals asiatischen Boden betrat, warf er vom Landungsboot aus einen Speer auf das Land, um symbolisch von Asien Besitz zu ergreifen – eine Tat, die an die Erzählung über Protesilaos, den ersten Griechen vor Troja, erinnert. Außerdem bekränzte Alexander das (vermeintliche) Grab seines Vorbilds Achill, des bedeutendsten griechischen Helden im Kampf um Troja. Alexander war von keinem Geringeren als Aristoteles in griechischer Bildung erzogen worden und hielt, wie die aristokratische Elite seiner Zeit, die homerische Dichtung für die Wiedergabe tatsächlich stattgefundener Ereignisse.

KRIEGSZÜGE: 334 begann Alexander als Oberfeldherr der Griechen mit einem Heer von 35 000 Mann den als »panhellenischen Rachefeldzug« ausgegebenen Krieg gegen die Perser. Nach dem Sieg über die persischen Satrapen am Granikos (334) unterwarfen sich die meisten der griechischen Städte Kleinasiens. Von Gordion in Phrygien, wo er den Gordischen Knoten mit einem Schwerthieb durchschlagen haben soll, zog Alexander nach Kilikien. Bei Issos schlug er im November 333 den persischen Großkönig Dareios III., anschließend besetzten seine Truppen Syrien. Nach siebenmonatiger Belagerung konnten die Seefestung Tyros (August 332) und Gaza eingenommen werden. Ägypten fiel Alexander kampflos zu. In Memphis ließ er sich die Pharaonenkrone aufsetzen und gründete 331 Alexandria. Beim Besuch des Ammonorakels der Oase Siwa begrüßte ihn der Priester als Sohn des Zeus; seitdem propagierte Alexander seine Zeussohnschaft.

ALEXANDER DER GROSSE
***356 †323 v. Chr.**

- wurde von Aristoteles unterrichtet
- begann 334 v. Chr. einen Feldzug gegen die Perser
- stieß in diesem Unternehmen an die Grenzen der damals bekannten Welt
- eröffnete das Zeitalter des Hellenismus

Am 1. 10. 331 konnte Alexander bei Gaugamela (Tell Gomel, nordöstlich von Mosul) Dareios entscheidend besiegen; als »König von Asien« proklamiert nahm er, ohne auf Widerstand zu stoßen, die persischen Residenzen Babylon, Susa und Persepolis ein. Da das Ziel des »panhellenischen Rachefeldzugs« erreicht war, entließ Alexander im Frühjahr 330 die griechischen Bundesgenossen. Den Krieg gegen die Perser führte er jedoch weiter. 330–327 eroberte Alexander in schweren Kämpfen die ostiranischen Provinzen. Bei dem folgenden Indienfeldzug (327–325) unterwarf er die Dynasten des Pandschab und gelangte bis an den Hyphasis (heute Beas), wo ihn sein erschöpftes Heer zur Umkehr zwang. Den Indus hinabfahrend, erreichte er im Juli 325 das Indusdelta. Von dort aus erforschte die Flotte unter Nearchos den Seeweg durch den Persischen Golf, während Alexander den Rückweg durch die Wüste Gedrosiens nahm. Nach verlustreichem Marsch erreichte er Anfang 324 Westiran.

INNENPOLITIK: Alexander ging nun daran, seine Pläne einer ethnischen, kulturellen und politischen Verschmelzung der makedonisch-griechischen und der iranischen Volksteile seines Reiches zu verwirklichen. Seit 327 bereits mit der Baktrerin Roxane vermählt, heiratete er bei der Massenhochzeit von Susa (324) zwei Töchter des Dareios; seine Soldaten erhielten einheimische Frauen. Der Versuch, die Iranier mit den Makedonen gleichzustellen, sowie die gleichzeitige Umwandlung des makedonischen Volkskönigtums durch die Übernahme persischer Traditionen (z. B. des persischen Hofzeremoniells) erregte Empörung unter den Makedonen und führte zu wachsender Opposition und zu mehreren Verschwörungen, in deren Zusammenhang er seine engen Vertrauten Philotas, Parmenion und Kallisthenes hinrichten ließ. Auch in Griechenland, wo sein Statthalter Antipater 331–330 einen von Sparta ausgehenden Aufstand niedergeschlagen hatte, schufen Alexanders Weisung an die Städte, die Verbannten wieder aufzunehmen, sowie die Forderung nach göttlicher Verehrung für seine Person neue Spannungen. 323 starb Alexander während der Vorbereitung einer Umschiffung Arabiens. Seine Leiche wurde später von Ptolemaios II. in Alexandria beigesetzt.

NACHWIRKUNG: Alexanders Reich zerfiel nach seinem Tod in den Kämpfen der →Diadochen. Seine Kriegszüge hatten dem griechischen Handel neue Wege und Räume eröffnet. Durch die Gründung von mehr als 70 Städten wurden die griechische Sprache

Alexander der Große. Schlachten und Eroberungen des Feldzugs gegen die Perser

ALEXANDER DER GROSSE *Kriegszug gegen die Perser*

Im Frühling des Jahres 334 v. Chr. fiel Alexander der Große mit Billigung der von ihm unterworfenen griechischen Städte in Asien ein. Innerhalb von dreizehn Jahren trug er seine Waffen von der Donau bis zum Nil, vom Euphrat bis zum Indus, im Süden bis an die Küsten des Ozeans. Bei diesem Feldzug zu den Grenzen der damals bekannten Welt besiegte er einen militärisch scheinbar übermächtigen Gegner, die Perser. Welche der zahlreichen Schlachten das »Alexandermosaik« (2. Jh. v. Chr.; Neapel, Museo Archeologico Nazionale) zeigt, ist unbekannt – man vermutet, dass entweder die Schlacht bei Issos (333 v. Chr.) oder die von Gaugamela (331 v. Chr.) dargestellt ist: Alexander (links zu Pferde) verfolgt den fliehenden persischen Großkönig Dareios III. (rechts auf dem Streitwagen).

Als Alexander 323 in Babylon starb, war keine Zeit geblieben, die eroberten Gebiete zu ordnen und eine ihnen gemäße Regierungsform zu finden; mit seinem Tod zerfiel das gewonnene Weltreich wieder. Zum eigentlichen Sieger wurde daher die griechische Kultur, die Soldaten, Beamte und ein endloser Strom von Neusiedlern in den Osten trugen. Neu gegründete Städte übernahmen sämtliche Formen des griechischen Gemeindelebens – die Volksversammlungen, den Rat, die Behörden, das Recht, die Götter und die Gymnasien. Ihre Bewohner sprachen Griechisch im attischem Dialekt; in ihm verkündeten noch die frühen Christen ihre Botschaft von einem auferstandenen Gottessohn. So wuchs das Mittelmeer im Zeitalter des Hellenismus mit seinen Randgebieten zu einem einheitlichen, von der griechischen Lebensweise geprägten Kulturraum zusammen. Dieser hatte Bestand bis zu dem Tag, an dem im 7. Jh. die Nomaden Arabiens aus der Wüste ausbrachen und die Sesshaftigkeit und mit ihr die städtische Lebensform zurückdrängten.

und Kultur weit verbreitet, sodass sich durch die Verschmelzung mit orientalischen Elementen die hellenistische »Weltkultur« entfalten konnte (→Hellenismus).

Alfons X., der Weise (spanisch »el Sabio«), König von Kastilien und León (1252–84), *Toledo 26. 11. 1221, †Sevilla 4. 4. 1284, Sohn Ferdinands III. Alfons kämpfte mit wechselndem Erfolg gegen die Mauren (1262 Einnahme von Cádiz). 1257 wurde er als Enkel Philipps von Schwaben zum König des Heiligen Römischen Reichs gewählt, kam jedoch nie nach Deutschland und übte – wie der Gegenkönig Richard von Cornwall – die Herrschaft nicht aus (→Interregnum). Das staufische Erbe in Italien, dem sein Hauptinteresse gegolten hatte, fiel an Karl I. von Anjou. Alfons' letzte Regierungsjahre waren von vorzeitigen Kämpfen um seine Nachfolge überschattet, aus denen sein zweiter Sohn Sancho IV. als Sieger hervorging. Alfons' Rang ist nicht in seinen politischen, sondern in seinen kulturellen Leistungen begründet. Er war Dichter und Förderer der Künste und Wissenschaften; er veranlasste die Herausgabe der »Siete Partidas«, einer umfangreichen Gesetzessammlung auf der Grundlage des römischen Rechts, ferner die Abfassung einer Nationalgeschichte Spaniens, einer Universalgeschichte und astronomische Werke (»Alfonsinische Tafeln«).

Alfred der Große, eigentlich **Aelfred** ['ælfrəd], angelsächsischer König (871–899), *Wantage (County Berkshire) 848 oder 849, †26. 10. 899; drängte in langen Kämpfen die Dänen zurück, mit denen er nach dem Sieg von Edington (County Wiltshire; 878) und der Eroberung Londons (886) einen Vertrag schloss, der das angelsächsische Königtum in Wessex und im westlichen Mercien anerkannte. Den Dänen verblieb das Gebiet nordöstlich einer Linie London–Chester. Damit hatte Alfred eine Ausgangsbasis für die spätere Rückeroberung der übrigen besetzten Gebiete geschaffen. Der weiteren Sicherung seines Herrschaftsbereichs dienten der Bau einer Flotte, die Neuordnung des Heeresaufgebots und die planmäßige Anlage eines Befestigungssystems. Bedeutend waren seine rechts- und kulturpolitischen Maßnahmen. Alfred veranlasste eine Zusammenfassung des angelsächsischen Rechts auf der Grundlage der alten Rechtsgewohnheiten und übersetzte mithilfe von Gelehrten an seinem Hof einige lateinische Werke (u.a. von Augustinus, Beda, Orosius), um so den allgemeinen Bildungsstand in seinem Reich zu heben. In seiner Regierungszeit begann die Zusammenstellung der »Angelsächsischen Chronik«.

Salvador Allende

Ali Ibn Abi Talib, der vierte Kalif (656–661), *Mekka um 600, †(ermordet) Kufa 24. 1. 661; Vetter und Schwiegersohn Mohammeds; beanspruchte nach dessen Tod die Nachfolge, wurde aber erst nach der Ermordung des dritten Kalifen, Othman Ibn Affan, in Medina zum Kalifen ausgerufen. Ali und seine Nachkommen (Aliden) werden von den Schiiten als die rechtmäßigen Nachfolger Mohammeds verehrt.

Alkibiades, athenischer Staatsmann und Feldherr, *Athen um 450 v.Chr., †404 v.Chr.; wurde im Haus seines Onkels Perikles erzogen. Alkibiades griff seit 420 wenig erfolgreich in die attische Außenpolitik ein (→Peloponnesischer Krieg) und entging 416 durch Verbindung mit seinem Rivalen Nikias dem Scherbengericht (→Ostrakismos). Gegen dessen Willen setzte er 415 den Beschluss zur Sizilischen Expedition durch, zu deren Führer er mit Nikias und Lamachos bestellt wurde. Wegen der Profanierung der Eleusinischen Mysterien angeklagt, wurde er jedoch bald aus Sizilien abberufen und ging, von den Athenern in Abwesenheit zum Tode verurteilt, nach Sparta ins Exil. Auf seinen Rat sandten die Spartaner 414 den Feldherrn Gylippos nach Syrakus und besetzten 413 die attische Festung Dekeleia. 412 brachte er mit persischen Hilfe die Ionier zum Abfall von Athen. Alkibiades entzweite sich jedoch dann mit den Spartanern.

Durch geschickte Ausnutzung der athenischen Verfassungskämpfe erreichte er, dass er zunächst von der Flottenmannschaft in Samos, dann auch vom attischen Volk erneut zum Feldherrn bestellt wurde. Nach den Seesiegen von Abydos (411) und Kyzikos (410) kehrte Alkibiades 408 im Triumph nach Athen zurück. Als Stratege ging er erneut nach Kleinasien, wurde aber nach einer Niederlage seines Unterfeldherrn Antiochos 407 von den Athenern abgesetzt. Nach Kriegsende floh Alkibiades 404 zu dem persischen Satrapen Pharnabazos, der ihn auf Spartas Wunsch ermorden ließ. Alkibiades gilt als der Prototyp eines von der Sophistik geprägten, bindungslosen Machtmenschen.

Alldeutscher Verband, politische Organisation, die 1891 als Reaktion gegen den angeblich für Deutschland nachteiligen Helgoland-Sansibar-Vertrag unter Mitwirkung von Alfred Hugenberg und Carl Peters gegründet wurde (anfangs Allgemeiner Deutscher Verband, seit 1. 7. 1894 Alldeutscher Verband genannt). Der Alldeutsche Verband setzte sich für die Belebung des deutschen Nationalbewusstseins, die Förderung des Deutschtums im Ausland sowie eine dynamische Außen-, Flotten- und Kolonialpolitik ein. Obwohl der Form nach überparteilich, geriet der Alldeutsche Verband immer mehr in die Nähe rechtsradikaler Strömungen. Im Ersten Weltkrieg erhob er annexionistische Forderungen. Zur Weimarer Republik stand der Alldeutsche Verband in scharfem Gegensatz, verlor indes seine frühere Bedeutung. Da er mit dem Nationalsozialismus manche Programmpunkte gemeinsam hatte, wurde der Alldeutsche Verband erst im Frühjahr 1939 verboten.

Allende [a'jende], Salvador, chilenischer Politiker, *Valparaíso 26. 7. 1908, †Santiago de Chile 11. 9. 1973; war seit 1943 Generalsekretär des Partido Socialista und 1967–70 Senatspräsident. Nach erfolglosen Bewerbungen 1952, 1958 und 1964 um das Amt des Staatspräsidenten wurde er 1970 in dieses Amt gewählt. Allende versuchte, ein sozialrevolutionäres Programm durchzusetzen: Veränderung der wirtschaftlichen und sozialen Rahmenbedingungen durch Verstaatlichung in- und ausländischen Industrieunternehmen sowie Auflösung des Großgrundbesitzes. 1972/73 geriet er politisch immer stärker in Gegensatz zu Teilen auch der ärmeren Bevölkerung und zur Mehrheit des Kongresses, der ihn Ende August 1973 für abgesetzt erklärte. Am 11. 9. 1973 stürzte die Armee den Präsidenten in einem blutigen Putsch, bei dem Allende ums Leben kam.

Allgemeiner Deutscher Arbeiterverein, Abk. **ADAV,** die früheste politische Vertretung der in der Revolution von 1848 entstandenen deutschen →Arbeiterbewegung. Der ADAV wurde am 23. 5. 1863 in Leipzig von Arbeitervertretern aus elf deutschen Industriestädten gegründet, erster Präsident war Ferdinand Lassalle. Das von Lassalle entworfene Parteiprogramm war national und reformerisch ausgerichtet. Nach dessen Tod förderten Führungsgegensätze die Abspaltung einer Gruppe um August Bebel und Wilhelm

Liebknecht, die 1869 die Sozialdemokratische Arbeiterpartei gründeten. 1875 ging der ADAV in dieser Partei auf.

Allgemeiner Deutscher Frauenverein, der erste deutsche Frauenverein, gegründet 1865 von Luise Otto-Peters und Auguste Schmidt in Leipzig. Der Allgemeine Deutsche Frauenverein wirkte bahnbrechend für die deutsche Frauenbewegung. Er trat für das Recht auf höhere Bildung und Erwerbsarbeit der Frauen ein. Nach 1918 erweiterte er seine Zielsetzungen auf die politische Gleichberechtigung der Frau und führte seitdem den Untertitel »Deutscher Staatsbürgerinnenverband«.

Allgemeiner Deutscher Gewerkschaftsbund, Abk. **ADGB,** 1919–33 Spitzenorganisation der freien Gewerkschaften in Deutschland. Als einflussreicher Dachverband auf dem 10. Kongress der Gewerkschaften Deutschlands (30. 6.–5. 7. 1919) in Nürnberg gegründet, stellte der ADGB gegenüber dem vorherigen Zusammenschluss (»Generalkommission der Gewerkschaften Deutschlands«, seit 1890) eine festere Form der Vereinigung dar; ihm waren (seit 1920) auch der Allgemeine freie Angestelltenbund (Afa-Bund) und der Allgemeine Deutsche Beamtenbund (ADB) angeschlossen. Nach dem 2. 5. 1933 wurde der ADGB von den Nationalsozialisten zerschlagen.

Allgemeines Landrecht, Abk. **ALR,** eigentlich **Allgemeines Landrecht für die Preußischen Staaten,** Kodifikation großer Teile des in Preußen geltenden Rechts vom 1. 6. 1794, das von Carl Gottlieb Svarez bearbeitet wurde. Das nahezu 20 000 Paragraphen umfassende Werk ist als nie wiederholter Versuch anzusehen, die Gesamtheit der Rechtsordnung in einem einzigen Gesetzbuch zu kodifizieren. Der Kodifikationsgedanke war naturrechtlich bestimmt. Die Regelungsgenauigkeit des ALR weist es als Gesetz des aufgeklärten Absolutismus aus. Inhaltlich werden römisch-rechtliche Ansätze in deutsch-rechtlichem Sinn fortgebildet. In gesellschaftlicher Hinsicht konservierte das ALR den Ständestaat. Das Gesetz galt 1794 subsidiär in ganz Preußen; in den Neuerwerbungen wurde es nicht eingeführt. Im Lauf des 19. Jh. wurde es bis auf geringe Reste sukzessiv außer Kraft gesetzt.

Alliierte Hohe Kommandantur Berlin, am 11. 7. 1945 von den Besatzungsmächten in Deutschland (USA, UdSSR, Großbritannien und Frankreich) für Berlin eingesetztes gemeinsames Organ, das aus den Kommandanten der vier Sektoren der Stadt bestand. Beschlüsse konnte es nur einstimmig fassen. Im Zuge des sich verschärfenden Ost-West-Konflikts zog sich die UdSSR im Juni 1948 aus der gemeinsamen Verwaltung Berlins zurück.

Alliierte Hohe Kommission, Abk. **AHK,** 1949–55 bestehendes oberstes gemeinsames Kontrollorgan der drei Westmächte (USA, Großbritannien und Frankreich) für die Bundesrepublik Deutschland, das mit In-Kraft-Treten des Besatzungsstatutes am 21. 9. 1949 eingesetzt wurde. Die AHK bestand aus je einem Hohen Kommissar der drei Westmächte; ihr Sitz war das Hotel Petersberg bei Königswinter. Nach Aufhebung des Besatzungsstatutes (5. 5. 1955) gingen die den Westmächten verbliebenen Befugnisse der AHK auf deren Botschafter in der Bundesrepublik Deutschland über.

ALLGEMEINER DEUTSCHER ARBEITERVEREIN. ***»Bundeslied«***

Für den 1863 gegründeten Allgemeinen Deutschen Arbeiterverein verfasste der Dichter Georg Herwegh das »Bundeslied«. Herwegh war von Heinrich Heine als »eiserne Lerche« begrüßt und anfangs von Karl Marx umworben worden. Auch der Preußenkönig Friedrich Wilhelm IV. hatte sich kurz vor 1848 um ihn bemüht und ihn empfangen. Nachdem er sich allerdings Herweghs Freiheitstiraden angehört hatte, ließ er ihn anderntags nach Paris abschieben. Erst 1866 kehrte Herwegh aus der Schweiz nach Deutschland zurück. Sein »Bundeslied« präsentiert das bezeichnende Motto: *»You are many, they are few« (»Eurer sind viele, ihrer sind wenige«).«* Es endet mit den Worten: *»Brecht das Doppeljoch entzwei! Brecht die Not der Sklaverei! Brecht die Sklaverei der Not. Brot ist Freiheit, Freiheit Brot!«*

Alliierter Kontrollrat,

1. Besatzungsorgan in Deutschland, durch das die USA, die UdSSR, Großbritannien und Frankreich nach dem militärischen Zusammenbruch Deutschlands (Kapitulation Mai 1945) die »oberste Regierungsgewalt« ausübten. Der Allierte Kontrollrat basierte auf dem Londoner Abkommen über Kontrolleinrichtungen in Deutschland (14. 11. 1944; →Londoner Protokolle) und auf der Berliner Viermächteerklärung (5. 6. 1945). Mit Sitz in Berlin bestand er aus den militärischen Oberbe-

Alliierter Kontrollrat. Am 11. 2. 1948 besprach der Alliierte Kontrollrat Fragen der geplanten Währungsreform im Kontrollratsgebäude in Berlin; einen Monat später verließ der sowjetische Vertreter das Gremium.

Altsteinzeit.
Die »Venus von Willendorf«, eine 1908 bei Willendorf in Niederösterreich entdeckte 10,6 cm hohe Frauenstatuette, ist aus Kalkstein geschnitten und mit Rötel eingefärbt (30 000–20 000 v. Chr.; Wien, Naturhistorisches Museum); sie wird als Fruchtbarkeitssymbol gedeutet.

fehlshabern der vier Besatzungszonen in Deutschland und nahm am 30. 7. 1945 seine Tätigkeit auf; er hatte einstimmig zu entscheiden. Er erließ Gesetze (Kontrollratsgesetze), Proklamationen, Direktiven, Befehle und Instruktionen für ganz Deutschland. Jeder Oberbefehlshaber konnte die Weisungen des Alliierten Kontrollrates nach seinem Ermessen ausführen. Vor dem Hintergrund wachsender Spannungen zwischen den westlichen Verbündeten (USA, Großbritannien und Frankreich) und der UdSSR verließ der sowjetische Vertreter am 20. 3. 1948 den Alliierten Kontrollrat, dessen Tätigkeit damit praktisch beendet war.

2. Besatzungsorgan in Österreich, durch das die USA, die UdSSR, Großbritannien und Frankreich auf der Grundlage des 1. und 2. Kontrollratsabkommens (4. 7. 1945 und 28. 6. 1946) die oberste Regierungsgewalt in der wieder hergestellten Republik Österreich ausübten. Der aus den Oberbefehlshabern der vier alliierten Besatzungszonen bestehende Alliierte Kontrollrat für Österreich erkannte im Oktober 1945 die provisorische Regierung Karl Renner an. Mit der Entlassung Österreichs in die Souveränität (1955) stellte der Alliierte Kontrollrat seine Tätigkeit ein.

Allmẹnde [mittelhochdeutsch almende, al(ge)meinde »was allen gemeinsam gehört«, »Gemeindetrift«], der Teil der Flur einer Gemeinde, der sich im Gemeineigentum der Dorfgenossen (Markgenossenschaft) befand, gewöhnlich Weide, Wald und Ödland, das von den Markgenossen zur Viehweide, Schweinemast, Holznutzung, Jagd und Fischerei genutzt wurde. Die Allmendeverfassung und die rechtliche Regelung der Allmendenutzung gehen z.T. bis ins 10. Jh. zurück. Nutzungsberechtigt waren nur ansässige Bauern (Hufenbesitzer). Als Allmenderegal bezeichnet man für das frühe und hohe Mittelalter das Recht des Königs, Wälder, die nicht in Sondereigentum standen oder in genossenschaftlichem Besitz waren, als königliche Bannforste in Anspruch zu nehmen. Seit dem 18. Jh. begann die Auflösung der Allmenden; doch haben sich Reste v.a. im alemannischen Gebiet bis heute erhalten. Die Allmenden bildeten früher eine wertvolle Einnahmequelle der Gemeinden und waren ein Mittel zur Unterstützung ärmerer Dorfbewohner.

Allọd [mittelhochdeutsch alod »freier Besitz«], volleigenes Vermögen, auch das Familienerbe (v.a. Land) im Unterschied zum Lehen oder zum grundherrlichen Land. Durch die Entwicklung des →Lehnswesens gab es in England seit der normannischen Eroberung (1066) kein Allod mehr, in Frankreich nur selten, während in Deutschland das Allod in Adelsbesitz nie verschwand, oft auch an Rodungsland neu begründet wurde. Seit dem 16. Jh. setzte als Verfallserscheinung des Lehnsrechts die Allodifizierung (Allodifikation) ein, d.h. die Verwandlung von Lehen in freies Eigentum. Im Zuge der Bauernbefreiung wurde durch allgemeine Verleihung freien Eigentums der Unterschied aufgehoben.

Allodialgut ist das Privatvermögen einer fürstlichen Familie im Unterschied zum fiskalischen Besitz (Staatsgut).

Almeida [al'maiða], Francisco de, portugiesischer Eroberer und Vizekönig in Indien, *Lissabon um 1450, †an der Saldanha Bay (Kapland) 1. 3. 1510; nahm an den Kriegen gegen die Mauren von Granada teil und wurde von König Manuel I. 1505 zum ersten Vizekönig in Indien ernannt; kämpfte in den folgenden Jahren erfolgreich gegen den Sultan von Ägypten und sicherte 1509 mit dem Sieg in der Seeschlacht bei Diu für ein Jahrhundert die portugiesische Herrschaft über den Indischen Ozean. Almeida widersetzte sich erfolglos seiner Ablösung als Vizekönig durch Afonso de Albuquerque. Auf der Heimfahrt fiel er im Gefecht mit Hottentotten in Südafrika.

Almohạden [arab. al-muwahhidun »Bekenner der Einheit Gottes«], maurisch-spanisches Dynastie berberischer Herkunft (1147–1269), hervorgegangen aus einer 1121 von Mohammed Ibn Tumart gegründeten islamischen Glaubenspartei. Ibn Tumart bekämpfte die Glaubensrichtung der Almoraviden; nach seinem Tod (1128) übernahm sein Schüler Abd al-Mumin (1133–63) die Führung der Almohaden und machte dem Reich der Almoraviden in Afrika ein Ende (1147). Das Almohadenreich erstreckte sich über ganz Nordwestafrika. Unter Abd al-Mumins Nachfolgern (Abu Jakub Jusuf, 1163–84, Jakub al-Mansur, 1184–99, Mohammed an-Nasir, 1199–1213) eroberten die Almohaden Spanien (1195 Sieg bei Abreos in der Nähe von Ciudad Real) und führten ihren Herrschaftsbereich zu wirtschaftlicher und kultureller Blüte. Die Niederlage gegen die christlichen Könige von Kastilien, Navarra und Aragonien bei Las Navas (nördlich von Jaén, 1212) leitete die Verdrängung der Almohaden aus Spanien ein. 1269 (Einnahme von Marrakesch) wurden sie von den Meriniden in Marokko vernichtet.

Almoravịden [arab. al-murābitun »Bewohner eines Wehrklosters«], maurisch-spanische Dynastie berberischer Herkunft (1061–1147), hervorgegangen aus einer streng orthodoxen, sich auf die Ursprünge des Islam besinnenden Glaubensbewegung. Ihr Gründer Abd Allah Ibn Jasin und seine Kriegermönche, die zeitweise in einem »ribat« genannten Wehrkloster lebten, begannen vom Senegal aus mit der Eroberung Nordwestafrikas. Ihr bedeutendster Herrscher, Jusuf Ibn Taschfin (1061–1107), unterwarf bis 1084 die

Berberfürstentümer Marokkos und Westalgeriens. Zwischen 1086 (Niederlage der Christen unter Führung von Alfons VI. von Kastilien und León bei Sallaka/Sacralias) und 1090 eroberte und einte er das arabische Spanien und warf damit die Reconquista vorerst zurück. Von Marokko aus wurden die Almoraviden 1147 (Einnahme von Marrakesch) von den Almohaden gestürzt.

ALR, Abk. für →Allgemeines Landrecht.

altamerikanische Kulturen, die vorkolumbischen Kulturen Süd- und Mittelamerikas (→andine Hochkulturen, →Azteken, →Maya).

Alter Orient, das Gebiet der frühen Hochkulturen in Palästina-Syrien, Kleinasien, →Babylonien, im iranischen Hochland und in →Ägypten, vom 7. Jt. v. Chr. bis zur Zeit Alexanders des Großen (4. Jh. v. Chr.).

Altertum, der Zeitraum von den Anfängen auf Schriftquellen beruhender geschichtlicher Überlieferung im Alten Orient (um 3000 v. Chr., im fließenden Übergang zur →Vorgeschichte) bis zum Ausgang der griechisch-römischen Antike, die oft als klassisches Altertum bezeichnet wird. Räumlich bezieht sich der Begriff im Wesentlichen auf den Mittelmeerraum und die angrenzenden Gebiete in Europa und Vorderasien.

Altsteinzeit, Paläolithikum, die älteste und weitaus längste Epoche der Menschheitsgeschichte. Die Altsteinzeit ist geprägt von dem durch den Wechsel von Kalt- und Warmzeiten gekennzeichneten Eiszeitalter (Pleistozän). Sie begann vor etwa 4 Mio. Jahren und endete definitionsgemäß mit der letzten Kaltzeit um 9000 v. Chr., obwohl die gleiche Lebens- und Wirtschaftsweise (Jäger und Sammler) in der Mittelsteinzeit beibehalten wurde.

UNTERTEILUNG: Der älteste und längste Abschnitt der Altsteinzeit ist das Altpaläolithikum. Lebensgrundlage der Menschen war das Sammeln von Früchten, Pflanzen, Kleintieren und Eiern; die aktive Jagd spielte nur eine geringe Rolle. Einfache, aus Flussgeröllen hergestellte Steinwerkzeuge markieren den wichtigen Schritt von der Auswahl geeigneter, in der Natur vorkommender Gegenstände zum planmäßigen Gestalten. Deshalb bezeichnet man die Hersteller der ersten Steinwerkzeuge als die »ersten Menschen«. In dieser Epoche begann der Mensch das Feuer zu nutzen; es bildete einen wirksamen Schutz vor wilden Tieren und war Voraussetzung für die Besiedlung kühler Klimazonen. Zugleich weitete sich der menschliche Siedlungsraum aus, der nun weite Teile der Alten Welt bis nach Südostasien und auch Mittel- und Westeuropa umfasste.

Das Mittelpaläolithikum (200 000 oder 150 000–40 000 v. Chr.) ist durch eine stärkere kulturelle Entfaltung, verbunden mit einer deutlichen Zunahme der Gesamtbevölke-

ALTSTEINZEIT

Nutzung des Feuers

Am Anfang der Entwicklungslinie, die zum heutigen Menschen geführt hat, steht der vor etwa 2,5 Millionen Jahren auftretende Homo habilis. Ihm wird die Nutzung von zugerichteten Steinen als Werkzeug zugeschrieben. Besonders die von den Abschlägen herrührenden Kanten dienten als scharfe Schneiden, mit denen man z. B. Fleischstücke aus größeren Tieren heraustrennen konnte.

Vielleicht noch wichtiger für den Unterschied von Mensch und Tier war jedoch eine weitere Innovation. Vor etwa einer Million Jahren gewannen die Menschen die Gewalt über das Feuer. Sie konnten es nun nicht nur hegen, sondern auch selbst entfachen. Dabei bedienten sie sich zunächst Bohr- und Reibetechniken, etwas später zudem der Schlagtechniken, bei denen Feuersteine und Schwefel genutzt wurden.

Das Feuer schützte nachts vor den Raubkatzen, den bis zu diesem Zeitpunkt gefährlichsten Feinden des Menschen; es wurde zum Mittelpunkt der Gruppe und erlangte dadurch eine enorme soziale Bedeutung innerhalb der allmählich besiedelten gemäßigten Klimazonen. Daher verwundert es nicht, dass mit dem Feuergebrauch auch der Nachweis von Strukturen auf Lagerplätzen verbunden ist, die auf einfache kleine Wohnbauten zurückzuführen sind. So treten in Verbindung mit Feuerstellen, Arbeitsplätzen und Aktivitätszonen ovale bis kreisförmige Grundrisse von Behausungen auf (Grabung in der Kärlicher Tongrube, Fundplatz »am Seeufer« mit Holzkonstruktion, 400 000 v. Chr.). Erst die »neolithische Revolution«, die den Übergang von der aneignenden Wirtschafts- und Lebensform des Jagens und Sammelns zu produktiveren Wirtschaftsformen mit sich brachte, stellte dann den nächsten großen Einschnitt in der frühen Menschheitsgeschichte dar.

rung, gekennzeichnet. Die verbesserte Umweltbeherrschung spiegelt sich auch in der Steinbearbeitungstechnik wider. In der Nähe guter Rohmaterialvorkommen entstanden regelrechte Steinbearbeitungswerkstätten. Im Mittelpaläolithikum lassen sich verschiedene Formengruppen von Steinwerkzeugen unterscheiden; die wichtigsten sind Messer, Schaber und Spitzen. Geräte aus Knochen, Geweih und Elfenbein haben sich nur in geringer Zahl erhalten; Zeugnisse für Schmuck und vage Anfänge der Kunst sind außerordentlich selten belegt. Rote und schwarze Farbstücke aus Siedlungsschichten bilden Hinweise auf Körperbemalung und bemalte Gegenstände. Aus dem Mittelpaläolithikum stammen auch die ältesten Bestattungen.

Im Jungpaläolithikum (40 000–11 000 v. Chr.) entstanden in weiten Teilen Eurasiens höher entwickelte Jägerkulturen, die sich durch Tradition, Lebensweise und Ausrüstung unterschieden. Die Werkzeugformen sind weitgehend standardisiert und lassen auf eine genau definierte Verwendung schließen (Kratzer, Stichel, Bohrer, »Rückenmesser«, Endretuschen, Spitzen, »ausgesplitterte Stücke«). Schmuck spielte im Jungpaläolithikum eine sehr große Rolle: Die weite Verbreitung von durchbohrten Tierzähnen, Perlen und Anhängern aus Gagat, Stein, Elfenbein und Knochen sowie Schmuckschnecken lässt auf einen umfangreichen Tauschhandel schließen. Wesentlich häufiger gegenüber früheren Zeiten sind die künstlerischen Äußerungen: In der jungpaläolithischen Kunst sind Tiere, Menschen und Symbole dargestellt, außerdem fantastische Gestalten, oft mit Attributen verschiedener Lebewesen, die ihren Ursprung in der damaligen Vorstellungswelt bzw. in der Mythologie haben. Hergestellt wurden Statuetten, Gravierungen, Malereien und Kombinationen aus diesen drei Darstellungsformen. Die Darstellungsinhalte sind sehr vielfältig: Oft wird die weibliche Fruchtbarkeit betont (besonders bei den »Venusstatuetten«); daneben steht aber auch häufig die eiszeitliche Tierwelt, insbesondere die Jagdbeute, im Mittelpunkt. Die Lebenswelt der eiszeitlichen Jäger ist am vollständigsten und eindrucksvollsten in der frankokantabrischen Höhlenkunst überliefert.

Im Spätpaläolithikum (11 000–9 000 v. Chr.) beeinflusste die sich verändernde Umwelt (aufgrund der nach der letzten Eiszeit allmählich steigenden Temperaturen) die menschliche Lebensweise. Kleine, mit Pfeil und Bogen bewaffnete Jägergruppen lebten von der Jagd auf Elch, Hirsch und Biber. Die wichtigsten Steinwerkzeuge waren kurze Kratzer und »Rückenspitzen« (Stielspitzen). Einzige Kunstgegenstände sind mit geometrischen Motiven bemalte oder gravierte Flussgerölle.

Alvenslebensche Konvention, das am 8. 2. 1863 geschlossene Abkommen zwischen dem an den Zarenhof gesandten Gustav von Alvensleben, dem Generaladjutanten Wilhelms I., und dem russischen Vizekanzler Alexandr Gortschakow: Die russischen und preußischen Truppenführer wurden ermächtigt, sich während des damaligen polnischen Aufstands Beistand zu leisten und gegebenenfalls die Grenze zu überschreiten. Obwohl die Alvenslebensche Konvention wegen französischer und britischer Proteste rasch wieder gekündigt werden musste, sicherte sie Preußen die wohlwollende Neutralität Russlands für die Kriege im Vorfeld der deutschen Einigung (1864 Deutsch-Dänischer Krieg, 1866 Deutscher Krieg).

Amalarich, König der Westgoten (526–531), *502, †531; Sohn Alarichs II. und einer Tochter Theoderichs des Großen, der für Amalarich zunächst die Regentschaft führte; wurde 531 bei Narbonne von den Franken unter Childebert I. besiegt und von eigenen Leuten in Barcelona ermordet.

Amendment [əˈmendmənt, engl. »Berichtigung«], ergänzender oder abändernder Artikel zur Verfassung der USA von 1787 (bisher 26 Amendments) sowie zu den Verfassungen der Einzelstaaten.

Amenophis III., ägyptischer König (1402–1364 v. Chr.), Vater von Amenophis IV; Sohn von Thutmosis IV. und verheiratet mit Teje, die entgegen der Tradition bürgerlichem Geschlecht entstammte. Neben Ramses II. gilt er als der bedeutendste Bauherr Ägyptens.

Amenophis IV., ägyptischer König (1364–47 v. Chr.), Sohn von Amenophis III.; ⚭ mit Nofretete; erhob die »Sonnenscheibe« (Aten, Aton) zum einzigen Gott und erbaute sich in Amarna eine neue Hauptstadt. Seinen Namen Amenophis, der den des ihm verhassten Reichsgottes Amun enthielt, legte er ab und nannte sich Echnaton (Achenaten; »der dem Aten wohlgefällig ist«).

Amerika [nach Amerigo Vespucci], →Nordamerika, →Südamerika.

AMENOPHIS IV. *Hoher Priester im Lichtland*

Bei der Thronbesteigung Amenophis' IV. schien noch alles normal zu sein. Doch im sechsten Regierungsjahr kündigte sich die Revolution an: Eine neuartige monotheistische Religion, die ausschließliche Verehrung des Sonnengottes, sollte dem Reich verordnet werden. Deshalb fügte der Herrscher seiner Titulatur den Beinamen »Einziger des (Sonnengottes) Rê« ein und nannte sich »Hoher Priester des Rê-Harachti« (»Rê-Horus im Lichtland«). Rê-Harachti, einst mit Menschenkörper und Falkenkopf dargestellt, erscheint nun unter dem Bild der Sonnenscheibe, die ihr Licht in Form eines Strahlenfächers ausbreitet. *»Deine Strahlen umfassen die Länder, bis zum Ende alles dessen, was du geschaffen hast«*, heißt es im »Sonnengesang«, gedichtet in Amarna, der Residenz des Pharao.

AMERIKANISCHE REVOLUTION

Nach Beendigung des kostenträchtigen Siebenjährigen Krieges zwischen Großbritannien und Frankreich beschloss das britische Parlament, die amerikanischen Kolonien steuerlich stärker zu belasten. Von 1764 bis 1767 wurden zahlreiche Zölle auf Waren erhoben, die in die Kolonien eingeführt werden sollten. Dieses Ansinnen stieß in der Neuen Welt auf einhellige Ablehnung; Steuererhöhungen ohne politische Mitsprache lehnten die Kolonisten ab (»no taxation without representation«). Im März 1770 kam es in Boston zu einem blutigen Zusammenstoß zwischen Bürgern und britischen Soldaten. Die britische Regierung gab nach, hob (mit Ausnahme des Teezolls) alle Abgaben auf und zog die Truppen aus Boston ab.

Im Jahr 1773 erhielt die East India Company dann von der britischen Regierung die Ermächtigung, ihren in England von der Steuer befreiten Tee in den amerikanischen Kolonien zu niedrigen Preisen abzusetzen. Die Amerikaner sahen in diesem Vorgehen einen Versuch Londons, sie mit dem günstigen Angebot zur Anerkennung der Teesteuer zu verleiten. Aufgebrachte Bostoner Bürger warfen, als Indianer verkleidet, am 16. Dezember 1773 im Bostoner Hafen eine ganze Schiffsladung Tee ins Meer

Boston Tea Party

(Lithographie von 1846). Daraufhin wurde der Hafen geschlossen und die Selbstverwaltung der Kolonie Massachusetts eingeschränkt. 1774 erklärten die Delegierten der Kolonien alle seit 1763 erlassenen Steuergesetze für verfassungswidrig und riefen zum Boykott britischer Waren auf. Aus dieser Konfrontation entwickelte sich im Frühjahr 1775 nach ersten Zusammenstößen zwischen britischen Soldaten und amerikanischen Milizen der Unabhängigkeitskrieg der »Vereinigten Staaten« gegen das Mutterland.

Amerikanischer Bürgerkrieg, der Krieg zwischen den Nord- und den Südstaaten der USA 1861–65, →Sezessionskrieg.

Amerikanische Revolution, Bezeichnung für den Prozess der Loslösung der 13 britischen Kolonien in Nordamerika vom Mutterland, der nach dem →Amerikanischen Unabhängigkeitskrieg (1775–83) zur Gründung der USA als Bundesstaat führte (→Vereinigte Staaten von Amerika).

Amerikanischer Unabhängigkeitskrieg, im Rahmen der Amerikanischen Revolution der Krieg 1775–83, in dem sich die amerikanischen Kolonien von Großbritannien lösten (formell 1776 mit der Amerikanischen Unabhängigkeitserklärung).

VERLAUF: Zu ersten Zusammenstößen kam es im April 1775 bei Lexington und Concord infolge des Versuchs britischer Truppen, unter Gouverneur Thomas Gage ein Waffenlager der Miliz von Massachusetts auszuheben. Ab Juni 1775 unter dem Oberbefehl George Washingtons als Kontinentalarmee organisiert, konnten die amerikanischen Miliztruppen zwar Briten und Loyalisten aus Boston (Mass.) vertreiben (März 1776), erlitten dann aber einige schwere Rückschläge. Der u.a. durch deutsche Söldner verstärkten britischen Armee gelang es dennoch nicht, sich gegen die amerikanischen Kräfte durchzusetzen, die ihrerseits ausländische Offiziere in Dienst nahmen. Der Sieg der Kontinentalarmee über die britische Nordarmee bei Saratoga (N.Y.) im Oktober 1777 verhinderte die drohende Isolierung Neuenglands und leitete die Wende des Unabhängigkeitskriegs ein: Nach inoffizieller Unterstützung der Amerikaner ab 1776 erkannte Frankreich im Februar 1778 die Vereinigten Staaten diplomatisch an und schloss einen Freundschafts- und Handelsvertrag sowie ein Militärbündnis.

Mit dem Kriegseintritt Frankreichs im Juni 1778, dem 1779 Spanien und 1780 die Niederlande folgten, erfuhr der Unabhängigkeitskrieg eine internationale Erweiterung, wodurch auch die Seewege verstärkt in die Kampfhandlungen einbezogen wurden. Nachdem die Briten ihre Position im Süden zunächst noch ausgebaut hatten, errangen die Kontinentalarmee und die französischen Streitkräfte schließlich im Oktober 1781 mit der Kapitulation der britischen Südarmee bei Yorktown (Va.) den entscheidenden Sieg. Nach Abschluss eines amerikanisch-britischen Präliminarvertrags im November 1782 erkannte Großbritannien im Frieden von Paris (September 1783) endgültig die Souveränität der Vereinigten Staaten an; ihr Gebiet wurde im Norden bis zu den Großen Seen, im Westen bis zum Mississippi erweitert; die Südgrenze bildete der 31. Breitengrad bzw. die Nordgrenze des von Großbritannien wieder an Spanien abgetretenen Florida.

Amerikanische Unabhängigkeitserklärung, englisch **Declaration of Independence** [deklə'reɪʃn əv ɪndɪ'pendəns], → Unabhängigkeitserklärung.

Amerikanisch-Spanischer Krieg, der → Spanisch-Amerikanische Krieg.

Amphiktyonie [griech. »Umwohnerschaft«], kultisch bestimmter Bund von Völkern, die um ein Heiligtum wohnten, gebildet zu dessen Schutz und zur Begehung gemeinsamer Feste. Besonders bekannt war die pyläisch-delphische Amphiktyonie im antiken Griechenland. Ihr gehörten die Völker Thessaliens und Mittelgriechenlands sowie die Ionier und Dorer des Mutterlandes an, die je zwei Vertreter im Rat der Amphiktyonie hatten. Durch Eid waren die Mitglieder dieser Amphiktyonie zum Schutz des Heiligtums in Delphi und zur Einhaltung ritterlicher Kampfformen verpflichtet, sodass diese Amphiktyonie als Vorform völkerrechtlicher Bündnisse angesehen werden kann. Im 1. Heiligen Krieg (um 590 v. Chr.) begründete sie die politische Selbstständigkeit Delphis. Später, v. a. im 2. Heiligen Krieg (356–346 v. Chr.), wurde die Amphiktyonie ein Instrument der Hegemonie Makedoniens über die Griechen.

Amselfeld (serbisch Kosovo polje), Gebirgsbecken in der Provinz Kosovo, Serbien. Am 28. 6. 1389 (Sankt-Veits-Tag) besiegte ein türkisches Heer unter Sultan Murad I. in der Schlacht auf dem Amselfeld ein südslawisch-serbisches Heer unter Lazar I. Hrebeljanovic. Am 19. 10. 1448 wurde der ungarische Reichsverweser János Hunyadi mit seinem Heer auf dem Amselfeld von den Türken unter Murad II. geschlagen.

Anarchismus, eine politische Ideologie sowie eine auf ihr fußende politische Bewegung, die sich seit Beginn des 19. Jh. entwickelte und in seiner zweiten Hälfte einen Höhepunkt erreichte. Die Grundhaltung des Anarchismus zielt darauf, jede Herrschaft von Menschen über Menschen, jede gesetzliche Zwangsordnung, besonders den Staat, zu beseitigen sowie ein autoritäts- und herrschaftsloses Zusammenleben herbeizuführen.

GESCHICHTE: Der Frühsozialist Pierre Joseph Proudhon legte die Grundlagen des kollektivistischen Anarchismus. Er verband sein Ziel, eine Gesellschaft ohne Staatsmacht zu errichten, mit der Forderung nach Abschaffung der bestehenden Eigentumsordnung. Dabei lehnte er aber nicht das Eigentum schlechthin ab, sondern suchte, über eine Umverteilung des Produktionseigentums von wenigen auf alle, die Gesellschaft von Grund auf umzugestalten. Michail Bakunin entwickelte den kollektivistischen Anarchismus zu einem revolutionären Anarchismus fort. Von der uneingeschränkten Freiheit des Einzelnen ausgehend, suchte Bakunin auf dem Wege der Revolution staatlichen Zwang und gesellschaftliche Klassenordnung abschaffen und eine auf dem Individuum gegründete Gemeinschaft der Menschen schaffen, in der zwar das Privateigentum an den Konsumgütern beibehalten wird, die Produktionsmittel (Grund und Boden, Arbeitswerkzeuge) jedoch Gemeinschaftseigentum sind. Eine oberste staatliche Autorität sollte sich erübrigen. Der bedeutendste Vertreter eines kommunistischen Anarchismus (Anarchokommunismus) war Pjotr Fürst Kropotkin, der sowohl die Konsum- als auch die Produktionsgüter in Gemeineigentum überführen wollte, mit dem Ziel, alle Regierungsformen abzuschaffen und eine »freie Föderation der Gruppen von Produzenten und Konsumenten« aufzubauen.

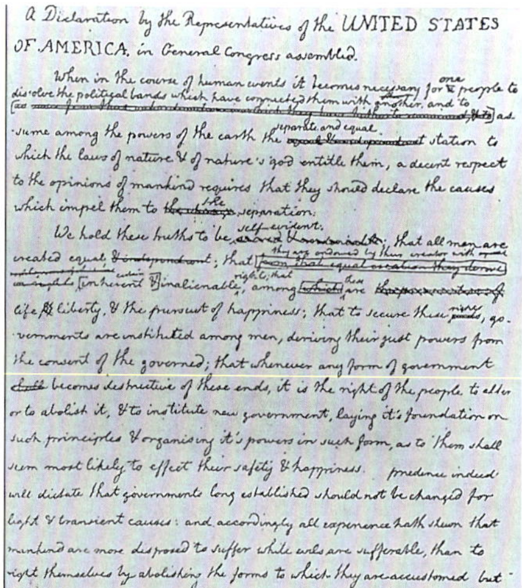
A Declaration by the Representatives of the UNITED STATES OF AMERICA, in General Congress assembled.

When in the course of human events it becomes necessary for one people to dissolve the political bands which have connected them with another, and to assume among the powers of the earth the separate and equal station to which the laws of nature & of nature's god entitle them, a decent respect to the opinions of mankind requires that they should declare the causes which impel them to the separation.

We hold these truths to be self-evident; that all men are created equal; that they are endowed by their creator with [inherent &] inalienable rights; that among these are life, liberty, & the pursuit of happiness; that to secure these rights, governments are instituted among men, deriving their just powers from the consent of the governed; that whenever any form of government becomes destructive of these ends, it is the right of the people to alter or to abolish it, & to institute new government, laying it's foundation on such principles & organising it's powers in such form, as to them shall seem most likely to effect their safety & happiness. prudence indeed will dictate that governments long established should not be changed for light & transient causes: and accordingly all experience hath shewn that mankind are more disposed to suffer while evils are sufferable, than to right themselves by abolishing the forms to which they are accustomed. but

Amerikanischer Unabhängigkeitskrieg. Nach ersten Zusammenstößen zwischen amerikanischen Bürgern und britischen Soldaten markierte die am 4. 7. 1776 angenommene Unabhängigkeitserklärung (Auszug aus dem handschriftlichen Entwurf von Thomas Jefferson) eine neue Eskalationsstufe des Konflikts.

Ziel der Anarchisten war nicht die Eroberung, sondern die Zerstörung der politischen Macht. Die Teilnahme an der politisch-parlamentarischen Arbeit sowie die Gründung von Parteien wurden verworfen; stattdessen wurden kleine und geheime anarchistische Kader auf internationaler Ebene geschaffen. Es kam zu einer großen Zahl von Sabotageakten sowie von Attentaten auf Staatsoberhäupter und hohe Staatsbeamte.

Seit 1867 versuchte Bakunin, die Erste Internationale für die von ihm entwickelte anar-

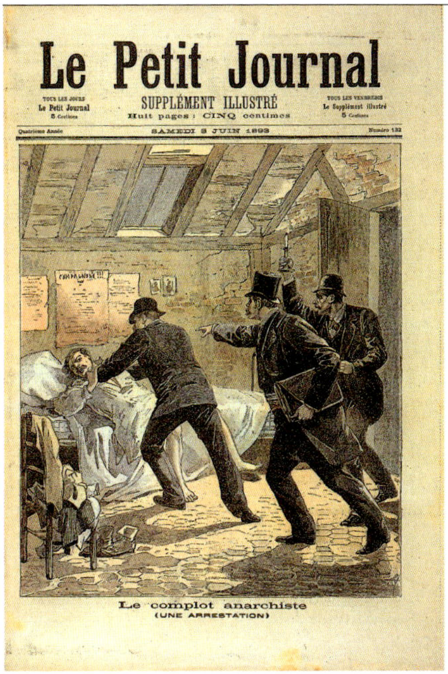

Anarchismus. Ziel des Anarchismus ist die herrschaftsfreie Gesellschaft, die »Anarchie«, in der das menschliche Zusammenleben durch freiwillige Verabredung der Individuen untereinander geregelt ist. Solchen Forderungen begegnete die staatliche Obrigkeit mit aller Härte, u. a. durch Verhaftung und Verurteilung von Anarchisten (Titelseite der Pariser Illustrierten »Le Petit Journal« vom 3. 6. 1893).

chistische Programmatik zu gewinnen, geriet jedoch dabei in Gegensatz zu Karl Marx. Die Auseinandersetzungen endeten 1872 mit dem Ausschluss der Bakunisten (der Anhänger Bakunins) aus der Ersten Internationale. Danach konstituierte sich die Internationale des Anarchismus, die aber 1879 schon wieder auseinander fiel. Um die Wende zum 20. Jh. geriet der Anarchismus in eine Krise, die in den folgenden Jahrzehnten auch seine Entwicklung bestimmte; in den romanischen Ländern blieb der Anarchismus aber lebendig.

ANC ['eɪen'si:; engl.], Abk. für →African National Congress.

Ancien Régime [ãsjɛ̃ re'ʒim, frz.], die »alte Regierungsform«, insbesondere das bourbonische, absolutistisch regierte Frankreich vor 1789; allgemein die politischen und gesellschaftlichen Verhältnisse im Europa des 17./18. Jh., besonders der privilegierten Adelswelt.

andine Hochkulturen, die präkolumbischen Kulturen im Westen Südamerikas. Die bedeutendsten und am besten erforschten Kulturen entstanden im Gebiet der mittleren Anden (Peru, Bolivien), älteste Spuren sind aus dem 20. Jt. v. Chr. erhalten. Die Kulturen des andinen Bereichs lassen sich kaum einem bekannten Volk oder Stamm zuordnen; vielmehr wird anhand der Ausbreitung einzelner Kunststile auf regionale, ethnisch nicht unbedingt fassbare Kulturen und deren Einflussbereich geschlossen. Die Bedeutung der andinen Hochkulturen liegt einerseits in ihrer handwerklich-künstlerischen Leistung (Keramik, Textilkunst), andererseits in ihrer Fähigkeit der staatlichen Organisation, wie sie sich in der Vorinkazeit in den Küstengebieten (bei Terrassierung, Bewässerung), v. a. aber im Inkareich zeigte; dessen Verwaltungsaufbau diente noch den Spaniern als Grundlage ihres südamerikanischen Kolonialreiches. Die spanischen Eroberer zerstörten die andinen Hochkulturen fast vollständig; Reste finden sich heute noch in der Volkskultur.

Basis der Wirtschaft war der Feldbau (ohne Pflug). In den Küstentälern wurde Oasenfeldbau mit Bewässerung betrieben (Bohnen, Mais, Kürbis). In den Tälern und Becken des Hochgebirges erweiterte man die Anbaufläche durch Terrassierung der Berghänge. Da es Rad und Wagen nicht gab, wurden Haustiere nicht als Zugtiere verwendet. Ein gut ausgebautes Straßennetz errichteten die Inka. Ab etwa 100 n. Chr. entwickelten sich religiöse Zentren mit größeren Pyramiden- und Tempelbauten sowie stadtähnliche Gemeinwesen, bedingt durch Bevölkerungskonzentration, eine bereits stark geschichtete Gesellschaft und hohe Machtentfaltung. Ab etwa 1000 n. Chr. nahm die Entwicklung zur Stadtkultur einen großen Aufschwung. Zur Inkazeit wurden im Hochland Befestigungsanlagen aus Stein errichtet (Machu Picchu). Die Herstellung von Keramik erreichte Höhepunkte in den Kulturen von Nazca, Moche und Tiahuanaco. Eine Schrift scheint nicht bekannt gewesen zu sein; Hypothesen, dass die Inkaornamentik als Schriftzeichen zu deuten sei, haben sich noch nicht erhärtet. Knotenschnüre (Quipu) dienten wohl als Gedächtnishilfen.

Andrássy ['ɔndra:ʃi], Gyula (Julius), der Ältere, Graf, österreichisch-ungarischer Politiker, *Kaschau (slowakisch Košice) 3. 3. 1823, †Volosca (heute Volosko bei Rijeka) 18. 2. 1890, Vater von Gyula Andrassy dem Jüngeren; gehörte 1848/49 der Reformpartei an, nahm als Major der Honvéd-Armee aktiv am ungarischen Unabhängigkeitskrieg teil, wurde 1851 in Abwesenheit zum Tod verur-

ANARCHISMUS. *Attentat auf den Zaren*

Zar Alexander II. brachte mit seiner zwischen Reformen und Polizeidiktatur lavierenden Innenpolitik die Bauern und Studenten Russlands gegen sich auf. Die radikale Opposition um Nikolaj Tschernyschewskij, Michail Bakunin und Pjotr Lawrow griff zu den typischen Kampfmitteln des Anarchismus: Bomben, Dynamit, Zugentgleisungen. Anfangs entging der Zar noch allen Attentaten. Am 1. März 1881 dann, einem Sonntag, begab er sich zu einer Parade. Auf dem Rückweg explodierte unter seinem Schlitten die von einem Mitglied des »Revolutionären Exekutivkomitees« geworfene Bombe. Als der Zar ausstieg, verletzte ihn eine zweite Bombe schwer; sein blutiger Körper blieb im Schnee liegen. Noch am selben Abend starb der Zar im Sankt Petersburger Winterpalais. Nicht zuletzt dieses Attentat war Anlass für einen reaktionären innenpolitischen Umschwung unter seinem Nachfolger Alexander III.

Giulio Andreotti

Jurij Andropow

teilt, 1857 amnestiert und spielte nach 1861 eine führende Rolle bei der Vorbereitung und Durchführung des österreichisch-ungarischen Ausgleichs. Seit Februar 1867 erster ungarischer Ministerpräsident, beharrte er im Deutsch-Französischen Krieg von 1870/71 auf Wahrung der Neutralität. Als österreichisch-ungarischer Außenminister (1871–79) bemühte er sich anfangs um ein Bündnis zwischen Österreich-Ungarn, Großbritannien und dem Deutschen Reich und förderte 1872 den Dreikaiserbund mit Russland und Deutschland. Die 1875 in Bosnien und Herzegowina ausgebrochenen Aufstände gegen die türkische Herrschaft, die 1877/78 zum Russisch-Türkischen Krieg führten, ließen die österreichisch-russische Rivalität auf dem Balkan offen ausbrechen. Auf dem Berliner Kongress (1878) konnte Andrássy zwar die – in Ungarn abgelehnte – militärische Besetzung von Bosnien-Herzegowina durchsetzen, musste aber 1879 im Zweibund stärkere Anlehnung beim Deutschen Reich suchen. Am 8. 10. 1879 wurde er von Kaiser Franz Joseph I. entlassen.

Andreotti, Giulio, italienischer Politiker, *Rom 14. 1. 1919; war seit 1944 im Führungskreis der Christlichen Demokraten (Democrazia Cristiana, Abk. DC); führte 1972–73 als Ministerpräsident eine Koalitionsregierung (DC, Sozialdemokraten und Liberale), 1976–79 eine Regierung nur aus Vertretern der DC, die jedoch von der Unterstützung v. a. der Linksparteien, besonders der Kommunisten, abhängig war; war 1983–87 Außenminister in der Regierung Craxi, 1989–92 wiederum Ministerpräsident einer Koalitionsregierung. Die 1992 ausbrechende Staatskrise zwang Andreotti zum Rücktritt. Eine 1995 gegen ihn erhobene Anklage (u. a. wegen Korruption und Anstiftung zum Mord) endete 1999 in allen Verfahren mit einem Freispruch.

Andronikos I. Komnenos, Kaiser (1183–85), *um 1122, †Konstantinopel 12. 9. 1185, Vetter Kaiser Manuels I.; beseitigte seinen Neffen, den legitimen Kaiser Alexios II. Komnenos (1180–83), und die Kaiserinmutter Maria. Mit Terror bekämpfte Andronikos den Feudaladel und ging hart gegen die Korruption der Beamten in den Zentral- und Provinzverwaltungen vor. Sein Versuch einer innenpolitischen Reform des byzantinischen Staates scheiterte v. a. wegen des Angriffs der Normannen, die nach der Eroberung Salonikis (1185) auch die Hauptstadt bedrängten. Während eines Aufstands in Konstantinopel wurde der Kaiser getötet.

Andronikos II. Palaiologos, Kaiser (1282–1328), *Nikaia 1259/60, †Konstantinopel 13. 2. 1332, Sohn Michaels VIII. Palaiologos, dessen Union mit Rom er widerrief. Steuerreform und Verminderung des Heeres konnten die Finanz- und Wirtschaftskrise nicht beheben. Andronikos betrieb gegen die vordringenden Serben, Bulgaren und Osmanen eine umfassende Bündnispolitik und wurde von Genua abhängig. Die Kernlande wurden 1304–11 durch die Katalanische Kompanie verwüstet. Bis 1310 war Andronikos durch die Arseniaten gefährdet. Während seiner Herrschaft wurde der Patriarch von Konstantinopel Mittelpunkt der Orthodoxie. Künste und Wissenschaft blühten (»Palaiologische Renaissance«), obwohl das Reich seit 1321 durch einen Bürgerkrieg erschüttert wurde. Andronikos starb nach seiner Abdankung als Mönch.

Andropow, Jurij, russischer Politiker, *Nagutskaja (Region Stawropol) 15. 6. 1914, †Moskau 9. 2. 1984; war 1953–57 Botschafter in Ungarn, wo er eine wichtige Rolle bei der Niederschlagung des Volksaufstands von 1956 durch sowjetische Truppen spielte; wurde 1961 Mitglied des ZK der KPdSU, 1973 ihres Politbüros; leitete 1967–82 den KGB; wurde 1982 zum Generalsekretär der KPdSU gewählt; war seit 1983 zugleich Vorsitzender des Präsidiums des Obersten Sowjets (und damit Staatsoberhaupt der Sowjetunion).

Angeln, germanischer Volksstamm, erstmals 98 n. Chr. von Tacitus als Mitglied des Nerthusbundes (Nerthus) genannt. Die zu den Elbgermanen zählenden Angeln siedelten v. a. im östlichen Schleswig-Holstein, besonders in der Landschaft Angeln. In ihrem Gebiet sind große Mooropferplätze bekannt geworden, ferner bis zum Ende des 5. Jh. angelegte, ausgedehnte Urnenfriedhöfe. Gemeinsam mit Jüten und Sachsen gründeten sie im 5. und 6. Jh. Königreiche in Britannien, das nach ihnen den Namen England (»Anglia«) erhielt (→Angelsachsen).

Angelsachsen, die germanischen Stämme der Angeln, Sachsen und Jüten, die seit Beginn des 5. Jh. vom Festland aus (Nordniedersachsen, Schleswig-Holstein) mit der Eroberung Britanniens begannen. Archäologische Bodenfunde bezeugen die engen Beziehungen zwischen der ehemaligen Heimat und England noch bis ins 6. Jahrhundert. Während in der Zeit vom 4. bis zur Mitte des 5. Jh. noch viele germanische, v. a. sächsische Söldner im spätrömischen Heer Britanniens Dienst leisteten, ließen sich seit dem frühen 5. Jh. in Ostanglien (nördlich der Themse) freie angelsächsische Siedler nieder, die v. a. aus dem Elbmündungsgebiet stammten. Erst als sich um 442 die letzten sächsischen Söldner unter ihren Führern gegen die römische Militärorganisation auflehnten, fiel Britannien unter angelsächsische Herrschaft: Ganz Mittel- und Südengland wurde nun von den Angelsachsen besiedelt. Die germanischen Einwanderer stießen dabei mehrfach mit der einheimischen romanobritischen Vorbevölkerung zusammen (Artus) und drängten diese schließlich nach Westen ab; andere Teile wanderten im 5. Jh. in die Bretagne aus.

Aus zahlreichen kleinen Landnahmeverbänden bildeten sich seit dem 6. Jh. – z. T. unter skandinavischem Einfluss – sieben angelsächsische Reiche mit Königen an der Spitze: Kent, Sussex, Essex, Wessex, East Anglia, Mercia, Northumbria. Erst unter König Egbert von Wessex (802–839) wurde der Grund zu einem »Englischen Einheitsstaat« gelegt. Die Christianisierung der Angelsachsen begann 596/597 in Kent und ging teilweise vom Festland, teilweise von iroschottischem Gebiet aus. Seit dem späten 7. Jh. begannen umgekehrt angelsächsische Missionare ihre Tätigkeit bei den Germanen des Festlandes. Der angelsächsische Widerstand gegen den Einfall der Wikinger ging im 9. Jh. v. a. von Wessex aus, dessen König Alfred der Große (871–899) die Dänen unter Guthrum 878 bei Edington besiegte und ihre Macht zeitweilig erheblich beschränken konnte. Nach erneuten Kriegszügen beherrschten die Dänen jedoch 1016–42 England. Zwar gelang den Angelsachsen unter ihrem König Harold II. 1066 ein Sieg über die bei Yorkshire eingefallenen Norweger unter Harald III. Hardråde, doch

Angelsachsen. England unter den angelsächsischen Königen (802–1066)

wurden sie noch im selben Jahr in der Schlacht bei Hastings von den Normannen unter Wilhelm dem Eroberer unterworfen.

angelsächsische Mission, die Aktivitäten südenglischer Missionare auf dem Festland vom 7. bis 9. Jh., besonders bei den Friesen, Sachsen, Hessen, Thüringern. Die Mission erfolgte in Verbindung mit Rom und im Auftrag Roms, im Schutz und Dienst der Karolinger. Egbert, Willibrord und besonders Bonifatius gelten als herausragende Vertreter. Ihr Wirken führte zur Rom verbundenen fränkischen Reichskirche, mit der die Grundlage des christlichen Abendlands gelegt wurde.

Angevinisches Reich [ãʒə-, französ.], Bezeichnung für die Herrschaft des Hauses →Anjou in England und weiten Teilen Westfrankreichs (Normandie, Loiregrafschaften, Aquitanien, Gascogne, Lehnshoheit über die Bretagne) unter den Königen Heinrich II., Richard Löwenherz und Johann I. ohne Land (1154–1204/06). Historische Grundlage dieses Reiches war die normannische Herrschaft, die seit 1066 Teile Englands und Frankreichs vereinte. Der französische König blieb Oberlehnsherr über die französischen Gebiete. Philipp II. August konnte sie großenteils zurückgewinnen, womit er das Angevinische Reich zerstörte. Um die restlichen, v. a. südwestfranzösischen Gebiete wurde noch im →Hundertjährigen Krieg gekämpft.

anglikanische Kirche, englisch **The Church of England** [ðɔ tʃɔːtʃ ɔv ˈɪŋglənd], die englische Staatskirche (Kirche von England). Sie ist seit dem 16. Jh. die Mutterkirche der meisten zur Anglikanischen Kirchengemeinschaft gehörenden Kirchen.

Anjou [ãˈʒu], ehemalige Grafschaft in Westfrankreich, mit der alten Hauptstadt Angers. Sie umfasst das heutige Département Maine-et-Loire sowie Teile der Départements Mayenne, Sarthe und Indre-et-Loire.

GESCHICHTE: Die Grafschaft Anjou war 852–866 und seit 887 in der Hand der Robertiner, der späteren →Kapetinger. Die seit 898 als Vizegrafen für Anjou nachweisbaren Fulkonen wurden Mitte des 10. Jh. selbstständige Grafen. Sie machten als fähige Administratoren, Festungsbauer und Feldherren Anjou zu einem der bedeutendsten Feudalstaaten des Mittelalters, eroberten 1044 Touraine, erwarben durch Heirat Maine (1109) und hatten außerdem Lehen in Aquitanien. Gottfried V. (1128–51) aus der jüngeren Linie der Grafen von Anjou führte zuerst den Beinamen →Plantagenet, heiratete 1127 Mathilde, die Witwe Kaiser Heinrichs V. und Tochter Heinrichs I. von England, und eroberte seinem Sohn aus dieser Ehe, Heinrich, 1141–44 die Normandie. Heinrich, der 1154 englischer König wurde (Heinrich II.), gewann durch seine Ehe mit Eleonore von Aquitanien 1152 auch dieses Herzogtum. Mit der Zerstörung des englisch-französischen →Angevinischen Reiches durch Philipp II. August von Frankreich (1204) kam Anjou an die französische Krone. Karl von Anjou, der Bruder Ludwigs des Heiligen, gewann 1245 durch Heirat die Provence, 1266 das bis dahin staufische Königreich Sizilien, dessen Hauptstadt er nach Neapel verlegte. Sizilien selbst ging 1282 verloren, den Grafen von Anjou verblieb das Königreich Neapel (bis 1435).

Anjou-Plantagenet [ã'ʒu plæn'tædʒɪnɪt], englisches Königshaus, →Plantagenet.

Anna, Königin (1702–14) von England, Schottland (seit 1707 von Großbritannien) und Irland, *London 6. 2. 1665, †Kensington (heute zu London) 1. 8. 1714, zweite Tochter des Stuartkönigs Jakob II. und ⚭ mit Prinz Georg von Dänemark. Nach dem Sturz ihres Vaters (1688) hielt sie zu ihrem Schwager Wilhelm III., dem sie 1702 auf den Thron folgte. Den Oberbefehl im Spanischen Erbfolgekrieg übertrug sie John Churchill, Herzog von Marlborough. Von katholikenfeindlicher und streng hochkirchlicher Gesinnung, neigte sie zu den Tories, musste aber für die Kriegführung ein Whig-Kabinett hinnehmen. Erst 1710 brachte die Kriegsmüdigkeit des Volkes die Tories an die Regierung, die 1713 den Frieden von Utrecht schlossen. Anna war das letzte protestantische Mitglied des Hauses Stuart. Unter ihr wurden 1707 England und Schottland zu Großbritannien vereint.

Anna, Kaiserin von Russland (1730–40), *Moskau 7. 2. 1693, †Sankt Petersburg 28. 10. 1740; Tochter Iwans V., heiratete 1710 den Herzog Friedrich Wilhelm von Kurland (†1711). Anna wurde 1730 vom Hochadel unter Verzicht auf die absolute Herrschergewalt zur Kaiserin erhoben, stellte jedoch sofort nach ihrem Regierungsantritt die Autokratie wieder her. Die eigentliche Macht übten ihr Günstling Ernst Johann von Biron und weitere Deutsche aus, was ihrer Regierungszeit die Bezeichnung »Deutschen-Herrschaft« einbrachte. Unter Anna schloss Russland 1734 den Handelsvertrag mit Großbritannien und führte 1735–39 einen Krieg gegen die Türken.

Anna Amalia, Herzogin von Sachsen-Weimar-Eisenach, *Wolfenbüttel 24. 10. 1739, †Weimar 10. 4. 1807; Tochter des Herzogs Karl von Braunschweig-Wolfenbüttel und einer Schwester Friedrichs des Großen von Preußen, ⚭ seit 1756 mit Herzog Ernst August II. Konstantin von Sachsen-Weimar-Eisenach. Nach dessen Tod führte sie 1758–75 die Regentschaft für ihren Sohn Karl August. Durch ihre Landesverwaltung, die Berufung Wielands zum Prinzenerzieher (1772), die Förderung Goethes sowie ihre eigenen künstlerischen und musikalischen Neigungen bahnte sie den Aufstieg Weimars zum Mittelpunkt des deutschen Geisteslebens an.

Anna Boleyn [- 'bʊlɪn], Königin von England, zweite Frau Heinrichs VIII. von England, *1507 (?), †(enthauptet) London 19. 5. 1536; war seit 1522 am englischen Hof und wurde die Geliebte Heinrichs VIII., der sie Anfang 1533 heimlich heiratete. Im Mai ließ er seine erste Ehe für nichtig erklären. Statt des erhofften Sohnes gebar Anna am 7. 9. 1533 (die spätere Königin) Elisabeth. Der König verstieß Anna wegen angeblichen Ehebruchs, ließ sie zum Tod verurteilen und hinrichten.

Anna von Kleve, Königin von England, vierte Frau Heinrichs VIII. von England, *22. 9. 1515, †Chelsea (heute zu London) 28. 7. 1557, Tochter des Herzogs Johann von Kleve. Die Ehe sollte Heinrich mit den Gegnern Karls V. im Heiligen Römischen Reich (Schmalkaldischer Bund) verbinden. Der König, der Anna vor ihrer Ankunft in England nur durch das idealisierende Bildnis von Hans Holbein dem Jüngeren (1539; Paris, Louvre) kannte, ließ sich aus Abneigung bereits nach einem halben Jahr im Juli 1540 wieder scheiden. Anna blieb danach in England.

Annalen [latein. annales libri »Jahrbücher« zu annus »Jahr«], Aufzeichnungen, in denen Ereignisse nach der Abfolge der Jahre geschildert werden. Erste Annalen gab es bereits im Alten Orient und im alten China. In Rom entwickelte sich, ausgehend von griechischen Vorbildern und den nach Jahren geordneten amtlichen Aufzeichnungen der wichtigsten Staatsereignisse (»tabulae pontificum«), etwa nach 200 v. Chr. die Annalistik als Geschichtsschreibung größeren Umfangs zur Grundform der römischen Historiographie. Als Klassiker dieser literarischen Form gilt Livius.

Die ersten mittelalterlichen Annalen waren notizartige Aufzeichnungen wichtiger Ereignisse in den Ostertafeln. Schon bald entwickelten die Annalisten hieraus eine eigenständige Literaturgattung. Zu Anfang meist ohne Titel und Vorwort, wurden Annalen oft über Generationen hinweg geführt, in der Regel von Mönchen, vielfach anonym. Wichtige Annalen waren die fränkischen Reichsannalen (»Annales regni Francorum«, 741–829 n. Chr.) und deren Nachfolgewerke in den karolingischen Teilreichen. Nach zwischenzeitlichem Niedergang und dem Wiederaufleben in ottonischer Zeit erlangte die Annalistik im 11. Jh. nochmals große Bedeutung, als die Annalen jedoch schon mehrfach mit anderen Formen der historischen Darstellung (→Chronik) verschmolzen. Im Spätmittelalter wurden Annalen unter Beibehaltung ihres Ordnungsprinzips viel ausführlicher, verloren aber dennoch seit dem 15. Jh. vollkommen an Bedeutung.

Annales [-'nal], Kurzbezeichnung für eine 1929 gegründete geschichtswissenschaftliche Zeitschrift in Frankreich, die namengebend für eine historiographische Schule (Annales-Schule, École des Annales) wurde. In den »Annales d'histoire économique et sociale« (so der vollständige Titel) verband sich ein strukturgeschichtlicher Forschungsansatz mit der »histoire totale«, die den Zusammenhang von Geographie und Geschichte betonte. 1946 wurde die Zeitschrift umbenannt in »Annales Économies, sociétés, civilisations«.

Nachdem zunächst die quantifizierende Richtung in der Annales-Schule dominierte (Untersuchung und Interpretation v.a. von Wirtschaftsdaten; Strukturen und »Konjunkturen« als wesentliche Ordnungskategorien der Geschichtsschreibung), aber auch die Klima- und Technikgeschichte Beachtung fand, spielte zunehmend seit dem Ende der 1960er-Jahre die Mentalitätsgeschichte eine prägende Rolle (Vertreter u.a. Michel Foucault). Trotz verschiedentlich vorgetragener Kritik an der Annales-Schule (z.B. Vernachlässigung der Staats- und Politikgeschichte, überzogene naturwissenschaftliche Orientierung, mangelnde Berücksichtigung der Zeitgeschichte) nahm sie einen starken Einfluss auf die internationale Entwicklung der Geschichtswissenschaft.

Annan, Kofi, ghanaischer Politiker und Diplomat, *Kumasi 8. 4. 1938; trat 1962 in den Dienst der Vereinten Nationen; arbeitete 1976–83 in führenden Positionen des UNHCR; leitete als stellvertretender Generalsekretär (1993–95) die Abteilung für die friedenserhaltenden Missionen; wurde 1996 zum Generalsekretär der Vereinten Nationen gewählt (2001 für weitere fünf Jahren im Amt bestätigt). Annan etablierte eine neue Führungsstruktur innerhalb der Vereinten Nationen, engagierte sich für die Stärkung der Menschenrechte und vermittelte bei internationalen Konflikten. 2001 erhielt er (stellvertretend für die Vereinten Nationen) den Friedensnobelpreis.

Kofi Annan

Anschlussbewegung, im 19. Jh. wurzelnde, von Teilen der Bevölkerung in Österreich getragene Bemühungen, nach dem militärischen Zusammenbruch Österreich-Ungarns (Oktober/November 1918) Österreich mit dem Deutschen Reich zu vereinigen. Der von der österreichischen Nationalversammlung am 12. 11. 1918 beschlossene Anschluss Deutschösterreichs an die deutsche Republik wurde durch den Frieden von Saint-Germain-en-Laye (1919) untersagt. Nach dem Regierungsantritt Hitlers und der Errichtung der nationalsozialistischen Diktatur in Deutschland (1933) geriet die Anschlussbewegung in Österreich in den Sog des Nationalsozialismus. Unter schwerem politisch-militärischem Druck Deutschlands auf die unabhängige Republik Österreich wurde der Anschluss Österreichs an das Deutsche Reich vollzogen. Nach der Besetzung Österreichs durch Truppen der Anti-Hitler-Koalition wurde die erzwungene Vereinigung beider Länder 1945 wieder rückgängig gemacht und die unabhängige Republik Österreich wieder hergestellt.

Antifaschismus, zusammenfassende Bezeichnung für die vielfältig organisierte und unterschiedlich motivierte Gegnerschaft zu → Faschismus und → Nationalsozialismus.

GESCHICHTE: Die Bezeichnung Antifaschismus bezog sich ursprünglich allein auf die inneritalienische Opposition gegen die faschistische Herrschaft (seit 1922). Nach der Ermordung des sozialistischen Abgeordneten Giacomo Matteotti durch Faschisten (1924) verließ die Opposition das Parlament. 1925 publizierte eine Gruppe von Intellektuellen ein »antifaschistisches Manifest« (Benedetto Croce).

Nach Errichtung der nationalsozialistischen Diktatur in Deutschland (1933) dehnte sich der Begriff Antifaschismus auch auf die Opposition gegen das nationalsozialistische Herrschaftssystem und seine Ideologie aus; damit gewann der Antifaschismus internationale Bedeutung. Bei aller Vielfalt antifaschistischer Bestrebungen bildeten sich zwei Grundhaltungen heraus: Der Antifaschismus bürgerlich-liberaler Prägung trat für die Wiederherstellung (oder Erhaltung) von Rechtsstaatlichkeit, individuellen Freiheitsrechten und parlamentarisch-demokratische Staatsordnung ein; der kommunistisch orientierte Antifaschismus setzte bei der Verwirklichung seiner Ziele klassenkämpferische, revolutionäre Akzente und suchte dabei seit 1935 »das Bündnis aller demokratischen Kräfte zum Kampf gegen den Faschismus« (→ Volksfront).

Der Kampf der spanischen Republik und der sie unterstützenden internationalen Brigaden im Spanischen Bürgerkrieg gegen die nationalspanischen Aufständischen stand ganz im Zeichen des Antifaschismus. Im Zweiten Weltkrieg fanden sich in den von Deutschland und (oder) Italien besetzten Ländern verschiedenartige politische Kräfte in → Widerstandsbewegungen zusammen, die trotz starker Gegensätzlichkeit im Einzelnen v.a. durch ihre gemeinsame Gegnerschaft geeint waren.

Nach dem Zusammenbruch der faschistisch oder nationalsozialistisch bestimmten Regierungssysteme (1944/45) bildeten sich in den von sowjetischen Truppen besetzten Gebieten antifaschistische Blocks unter kommunistischer Führung, um die Führung der jeweiligen kommunistischen Partei zu sichern und die nicht kommunistischen Parteien als selbstständige politische Kräfte auszuschalten. Gleichzeitig bildeten sie die politische Basis für die Revolutionierung der Gesellschaft (Verstaatlichung von Banken und Grundstoff-

Antikominternpakt. Gegen die Sowjetunion richtete sich der Antikominternpakt (1936) zwischen dem nationalsozialistischen Deutschland und Japan, dem sich später weitere Bündnispartner mit antikommunistischer Grundeinstellung anschlossen (Reichsaußenminister Joachim Ribbentrop 1937 bei der Unterzeichnung der Beitrittsurkunde Italiens).

industrien, Enteignung des Großgrundbesitzes, Umwandlung des Erziehungs- und Bildungswesens im marxistisch-leninistischen Sinn).

Antigonos I. Monophtalmos [griech. »der Einäugige«], König von Makedonien (306–301), *382 v.Chr., †(gefallen) bei Ipsos 301 v.Chr.; Feldherr Alexanders des Großen und einer der bedeutendsten →Diadochen. Antigonos erhielt 333 die Statthalterschaft von Großphrygien. Nach Alexanders Tod unterwarf er ganz Kleinasien und Syrien. 312 gingen die Gebiete östlich des Euphrat an Seleukos I. verloren. Nach dem Seesieg (306) seines Sohnes Demetrios über Ptolemaios I. bei Salamis (Zypern) nahmen Antigonos und Demetrios als erste Diadochen den Königstitel an. Als Reichshauptstadt wurde Antigoneia in Syrien gegründet. 302 wurden Antigonos und Demetrios zu Führern eines fast ganz Griechenland umfassenden panhellenischen Bundes gewählt. 301 unterlag Antigonos im Kampf einer Koalition seiner Gegner Kassander, Lysimachos und Seleukos I. bei Ipsos in Phrygien.

Antiochos III., der Große

Antike [zu latein. antiquus »alt«], ursprünglich die Bezeichnung für die griechisch-römische Kunst, seit Beginn des 20.Jh. für das griechisch-römische Altertum als historischer Epoche, die mit der frühgriechischen Einwanderung in Hellas im 2. Jt. v.Chr. beginnt und die Geschichte der griechischen Stadtstaaten und ihrer Kolonien umfasst, ferner die des →Hellenismus, d.h. Alexanders des Großen und der Reiche seiner Nachfolger, der römischen Republik und des römischen Kaiserreiches (→Römisches Reich). Räumlich wird der Begriff auf das ganze Mittelmeergebiet und die von der griechischen Kultur beeinflussten Randstaaten bezogen, später auch auf die europäischen Provinzen des Römischen Reiches. Da es für das Ende der Antike keine einheitliche Einteilung gibt, hat man von der Kunstgeschichte den Begriff der →Spätantike übernommen, die mit Diokletian beginnt und deren Ende mit dem Tod Justinians (565) oder dem Einbruch der Araber (7.Jh.) angenommen wird.

Das →Mittelalter hat die antike Tradition teils ungebrochen übernommen und an die →Neuzeit weitergegeben (z.B. das römische Recht und Teile der antiken Literatur), teils durch Neubesinnung wieder entdeckt, so in der karolingischen und in der ottonischen Renaissance. Aber erst Humanismus und Renaissance des 14.–16.Jh. begründeten eine neue Rezeption der Antike.

Antikomintern, Organisation und Zeitschrift in Berlin 1934–39, gegründet zur Bekämpfung der Kommunistischen Internationale (→Komintern). Sie arbeitete im nationalsozialistischen Deutschland als Instrument des Propagandaministeriums und wurde nach Abschluss des Hitler-Stalin-Pakts (1939) aufgelöst.

Antikominternpakt, deutsch-japanisches Abkommen, abgeschlossen am 25. 11. 1936 in Berlin. Dieser Pakt wandte sich gegen die Tätigkeit der Kommunistischen Internationale (→Komintern). In einem geheimen Zusatzabkommen sicherten sich die beiden Vertragspartner gegenseitiges Wohlverhalten im Fall eines Angriffs der UdSSR auf einen von ihnen zu. Bündnispolitisch gesehen, begründete der Antikominternpakt eine deutsch-japanische Zusammenarbeit gegen die UdSSR.

1937 trat Italien dem Abkommen bei. 1939 schlossen sich Mandschukuo, Spanien und Ungarn, 1941 Bulgarien, Dänemark, Finnland, Kroatien, Nanking-China, Rumänien und die Slowakei dem Antikominternpakt an.

Antiochos III., der Große, makedonischer König des Seleukidenreichs, *243/242 v.Chr., †bei Susa 187 v.Chr., Urenkel von Antiochos I. Soter, Sohn von Seleukos II. Kallinikos. Antiochos folgte 223 seinem älteren Bruder Seleukos III. als Herrscher. Nach Niederwerfung der aufständischen Statthalter Molon und Achaios und einem Krieg gegen Ägypten erneuerte er in einem Feldzug (212–205) bis nach Indien die Oberhoheit über Armenien, Parthien und Baktrien und eroberte 201–195 Südsyrien und Palästina. Durch seine Annexionspolitik geriet er in Konflikt mit Rom. Nach Niederlagen musste er im Frieden von Apameia 188 Kleinasien bis zum Taurus räumen sowie eine hohe Kriegsentschädigung an Rom zahlen. Damit wurde der Niedergang des Seleukidenreichs eingeleitet. Antiochos wurde 187 bei der Plünderung eines Tempels in der Nähe von Susa erschlagen.

Antisemitismus, seit etwa um 1880 verbreiteter politisch-ideologischer Begriff, der sowohl die Abneigung oder Feindseligkeit gegen Juden als auch Bewegungen mit ausgeprägten judenfeindlichen Tendenzen bezeichnet.

ÄLTERE FORMEN DER JUDENFEINDLICHKEIT: Bereits in der Spätantike, besonders jedoch im Hoch- und Spätmittelalter, lösten das aus dem Anspruch der Juden auf Exklusivität erwachsende innerjüdische Zusammengehörigkeitsgefühl sowie ihre Bemühungen, als Minderheit ihre kulturelle, v.a. religiöse Identität in Abgrenzung gegen die nicht jüdische Umwelt auch in der Diaspora zu bewahren, Diskriminierungen und Verfolgungen aus. Religiöser Fanatismus christlicher Eiferer, die unter Berufung auf verschiedene Bibelstellen in den jüdischen Zeitgenossen die Nachfahren derer sahen, die Jesus Christus getötet haben, und sie kollektiv dafür verantwortlich machten (»Gottesmord«-Vorwurf), provozierte in mehreren Ländern Europas starke Wellen des Judenhasses, die sich oft zu Pogromen und Vertreibungen steigerten (→Judenverfolgung). Im Prinzip richtete sich die Judenfeindlichkeit gegen das religiöskulturelle Sonderdasein der Juden in christlichen und in geringem Maße auch in muslimischen Kulturen. Der Jude, der sich taufen ließ, wurde daher als vollgültiges Mitglied der Kirche anerkannt. Zwangsbekehrung der Juden zum »wahren« Glauben war so das vordergründige Ziel der mittelalterlichen (christlichen und seit dem 11./12. Jh. auch der muslimischen) Gesellschaft.

Neben das religiöse Moment in der mittelalterlichen Judenfeindlichkeit im christlichen Europa trat in dieser Zeit auch ein wirtschaftliches. Da den Juden aufgrund von Konzilsbeschlüssen der Kirche Grundbesitzerwerb, Ackerbau und viele handwerkliche Berufe (Zünfte) untersagt waren, ihnen aber zugleich das den Christen verbotene Zinsnehmen erlaubt wurde, sahen sie sich hinfort oft aufgrund eines durch die christliche Umwelt erzwungenen Sozialverhaltens dem Vorwurf des Wuchers ausgesetzt. Es entstand das Bild vom »Schacher-« und »Wucherjuden«. Die Judenfeindlichkeit im hohen und ausgehenden Mittelalter entzündete sich somit primär an der religiösen und sozialen Absonderung der Juden in der (christlich geprägten) Gesellschaft und zielte bis ins 19. Jh. hinein auf die religiöse und soziale Assimilation der jüdischen Minderheit. Diese traditionelle, vom modernen Antisemitismus zu unterscheidende Judenfeindschaft führte zu vielfältigen Formen der Diffamierung der Juden, zu Ausgrenzungen (u.a. Isolierung durch Getto, →Judenkennzeichen, mindere rechtliche Stellung) und schließlich zu ihrer Dämonisierung (personifizierter Teufel bzw. Antichrist).

WESEN DES MODERNEN ANTISEMITISMUS: Mit der Veränderung der gesellschaftlichen und politischen Strukturen in Europa in der zweiten Hälfte des 19. Jh. (Übergang zur entstehenden modernen Industriegesellschaft, Erstarken des Nationalstaats, verschärfter Nationalismus) entstand eine neue, stärker politische Form der Judenfeindschaft. Dieser moderne (völkisch-rassistische) Antisemitismus ist die säkular gewordene Form der traditionellen Judenfeindschaft und ihre Ideologie. Er richtet sich primär gegen den Menschen jüdischer Herkunft, erst sekundär gegen den Angehörigen der jüdischen Religion. Auch ein zum Christentum übergetretener Angehöriger der jüdischen Religion gilt dem modernen Antisemitismus weiterhin als Jude. Der moderne Antisemitismus wendet sich sowohl gegen assimilierte als auch gegen nicht assimilierte Menschen jüdischer Herkunft. Er bekämpft ihre politische, soziale und rechtliche Gleichstellung mit den übrigen Mitgliedern der Gesellschaft. Der Begriff des Juden wurde für die Verfechter des Antisemitismus zum Inbegriff des Negativen, nicht so sehr im Gegensatz zum »Christen«, sondern zum »Arier«. In die Vorstellung vom Juden als Menschen von einer (abzulehnenden) Eigenart und Herkunft flossen viele der in der Tradition der abendländischen Judenfeindschaft erwachsenen negativen Anschauungen ein. Der entstehende moderne Antisemitismus sah in dem nach Emanzipation strebenden Juden den Exponenten einer von ihm missbilligten Entwicklung von Staat und Gesellschaft; er bekämpfte ihn als Repräsentanten moderner Staats- und Gesellschaftstheorien (Liberalismus, Kapitalismus, Sozialismus, Kommunismus, Materialismus) sowie als Verantwortlichen u.a. für die Widersprüche der Gesellschaft und ihrer sich bildenden pluralistischen Strukturen, für Traditionskritik und aufklärerisches Gedankenpotenzial, für den großen Einfluss einer kritischen Presse und den Mangel an nationaler Integrität.

Von diesen Anschauungen geleitet, entwickelten die Antisemiten ihre Lehre zu einem System, das ihnen die Erklärung und Lösung aller Weltprobleme bot, und verbanden es mit einer biologisch-deterministischen Rassenlehre. Unter Anknüpfung an bestimmte, im 19. Jh. schon umstrittene Rassentheorien erhoben sie den Begriff der »Rasse« zum obersten Erklärungsprinzip der geschichtlichen Welt. Der Begriff der Rasse wurde als zentraler Schlüsselbegriff zunächst historisiert, später ideologisiert und zum Schluss politisiert. So erfuhr der Antisemitismus im Laufe der ersten Hälfte des 20. Jh. eine starke Radikalisierung: Er forderte nicht allein die Zurückdrängung des jüdischen Ein-

ANTISEMITISMUS ***»Reichspogromnacht«***

Als der deutsche Botschaftssekretär Eduard von Rath am 7. 11. 1938 in Paris von dem 17-jährigen Herschel Grynszpan ermordet wurde, nahmen die Nationalsozialisten dies zum Anlass, ihren Judenhass brutal in aller Öffentlichkeit zu demonstrieren: In der Nacht vom 9. auf den 10. 11. 1938 zerstörten SA- und NSDAP-Mitglieder fast alle deutschen Synagogen und jüdischen Friedhöfe sowie mehr als 7000 Geschäfte jüdischer Mitbürger. Im Verlauf dieser »Reichspogromnacht« (der von der nationalsozialistischen Propaganda verwendete Name »Reichskristallnacht« rührt vermutlich von den zahlreichen zertrümmerten Fensterscheiben her) starben nach offiziellen Angaben 91 Menschen; der Sachschaden betrug einige Hundert Millionen Reichsmark. Rund 30000 Juden wurden verhaftet und in Konzentrationslager verschleppt, wo viele starben. In einer Sitzung im Reichsluftfahrtministerium verhöhnte Hermann Göring die Opfer: *»Mir wäre lieber gewesen, ihr hättet 200 Juden erschlagen und hättet nicht solche Werte vernichtet!«*

Der staatlich verordnete Pogrom leitete die offene Verfolgung der Juden in Deutschland und wenig später in Europa ein. Am 12. November wurde den Juden eine »Sühneabgabe« über eine Milliarde Reichsmark auferlegt. Mit Gewalt wurden sie zur Ausreise gezwungen. Danach folgten die Liquidierung aller jüdischen Geschäfte und Unternehmen, die »Arisierung« des Grund- und Familienbesitzes, in Etappen die völlige Entrechtung und schließlich die physische Vernichtung der jüdischen Bürger in Konzentrationslagern.

flusses, sondern darüber hinaus die Ausweisung und schließlich die Vernichtung von Menschen jüdischer Herkunft.

ENTWICKLUNG IM 19. UND 20. JH.: Ab 1879/80 entwickelten sich in Deutschland antisemitische Parteien und Sammlungsbewegungen. 1884 entstand der »Deutsche Antisemitenbund«, 1889 die »Antisemitische deutsch-soziale Partei«, 1890 die »Antisemitische Volkspartei« (seit 1893 »Deutsche Reformpartei«). Auch in Österreich entstand nach 1880 eine einflussreiche antisemitische Bewegung (»Pangermanische Bewegung«, »Christlich-soziale Partei«). Im Zusammenhang mit der stark sozialdarwinistischen Strömung in Westeuropa gewann der rassistisch motivierte Antisemitismus auch in Frankreich an Einfluss und gelangte mit der →Dreyfusaffäre auf einen Höhe- und Wendepunkt. Während im Westen die politische Wirksamkeit des Antisemitismus trotz verschiedener neu entstandener Organisationen begrenzt blieb, fand er in Deutschland und Österreich-Ungarn sowie in Osteuropa, wo damals die Mehrheit der europäischen Juden lebte, starke Verbreitung, besonders in Polen, in Russland (antijüdische diskriminierende Gesetzgebung 1804 und 1882: Zusammendrängung der Juden in städtischen Gettos, in Handwerk und Kleinhandel; Pogrome 1881/82 und 1905/07) und in der Ukraine.

Nach der Niederlage Deutschlands und Österreich-Ungarns im Ersten Weltkrieg sowie der Verarmung und politischen Desorientierung breiter Schichten in diesen Ländern nahm der Antisemitismus an Umfang und Schärfe besonders in den extrem rechtsgerichteten, antiparlamentarischen Kreisen zu. Sie schoben den Menschen jüdischer Herkunft als angeblichen Anhängern des »Bolschewismus« die Schuld am Umsturz von 1918 zu; der Mord an dem deutschen Außenminister Walther Rathenau (1922) stand in diesem Zusammenhang.

Die NSDAP stellte sich an die Spitze der antisemitischen Agitation und sog – aufgrund ihrer judenfeindlichen Radikalität – die übrigen antisemitischen Strömungen allmählich auf. Das Parteiprogramm der NSDAP von 1920 forderte, dass kein Jude deutscher Volksgenosse sein dürfe. Adolf Hitler bezeichnete den Antisemitismus als »Zement« der nationalsozialistischen Bewegung. Alfred Rosenberg, einer der führenden Ideologen der nationalsozialistischen »Bewegung«, legte eine erwiesene Fälschung vor: »Die Protokolle der

Weisen von Zion«, entstanden in Russland (1905), um eine angeblich geplante »jüdische Weltverschwörung« zu dokumentieren, womit er an eine alte antijüdische Legende anknüpfte. Die konservative Kritik an dem stark von jüdischen Intellektuellen getragenen kulturellen Leben und die nach 1918 verstärkte Einwanderung von Menschen jüdischer Herkunft aus Ostmittel- und Osteuropa begünstigten – in Wechselwirkung – antijüdische Affekte und Agitationen im Deutschland der Weimarer Republik. Aber auch in Osteuropa, v.a. in Polen und im Baltikum sowie in Rumänien und Ungarn, kam es zur nationalistischen Radikalisierung des Antisemitismus und zu antijüdischen Ausschreitungen. In der Sowjetunion wurde der Antisemitismus, nach Pogromen während der Oktoberrevolution und des Bürgerkrieges (1917/18–1920/21), v.a. in der Ukraine (Polnisch-Russischer Krieg), in den 1920/30er-Jahren im Zuge einer Liberalisierungspolitik (u.a. Aufhebung aller rechtlichen Beschränkungen für Juden, hoher Anteil von Juden in der Partei- und Staatsführung) zunächst bekämpft; erst ab Ende der 1930er-Jahre fand der Antisemitismus wieder verstärkt Verbreitung und wurde parteiamtliche Regierungspolitik (u.a. Schließung aller jüdischen Einrichtungen, Unterdrückung der jüdischen Kultur im 1934 gebildeten Jüdisch Autonomen Gebiet um Birobidschan).

Nach der nationalsozialistischen Machtübernahme in Deutschland (1933) suchten Hitler sowie die von ihm geführten Regierungsorgane und Parteigliederungen Staat und Gesellschaft sowohl auf administrativ-gesetzlichem Wege (Gesetz zur Wiederherstellung des Berufsbeamtentums, 1933; Nürnberger Gesetze, 1935; ab 1933 Verpflichtung bestimmter Deutscher zum Ariernachweis, der Juden ab 1938 zur Annahme jüdischer Zwangsnamen und ab 1940 zum Tragen des Davidsterns) als auch unter dem Druck terroristischer Aktionen v.a. der SA (Boykott jüdischer Geschäfte, April 1933; judenfeindliche Ausschreitungen, v.a. in der →Reichspogromnacht, 9./10.11.1938) im antisemitischen Sinne radikal und gewalttätig umzuformen. Mit einem »diskreten« Antisemitismus (Golo Mann) suchte z.B. die neutrale Schweiz der zunehmenden Einwanderung von Verfolgten des nationalsozialistischen Regimes zu begegnen (u.a. ab 1938 Kennzeichnung deutsch-jüdischer Pässe mit dem Buchstaben J, ab 1941 Einbürgerungsbeschränkungen).

Nach der Besetzung fast ganz Europas durch Deutschland im Zweiten Weltkrieg (1939–45) fand der Antisemitismus mit der Ermordung eines Großteils der europäischen Juden v.a. in den Vernichtungslagern der SS (→Holocaust) seine größte verbrecherische Ausprägung. Dieser nach der →Wannseekonferenz (1942) forcierten gnadenlosen totalen Judenvernichtung fielen etwa sechs Millionen Menschen jüdischer Herkunft zum Opfer. Der Völkermord (Genozid) am europäischen Judentum deckte noch einmal die prinzipielle Amoralität des Antisemitismus auf; zu seinem Synonym wurde das Vernichtungslager Auschwitz(-Birkenau). Der Antisemitismus ist als kollektives Vorurteil weltweit noch keineswegs überwunden, seine Ächtung erschwert jedoch meist ein offenes Bekenntnis zu ihm.

Antonescu, Ion, rumänischer Marschall (seit 1941) und Politiker, *Piteşti 14. 6. 1882, †(hingerichtet) Jilava (heute zu Bukarest) 1. 6. 1946; war Offizier, 1933–34 Generalstabschef, 1937/38 Verteidigungsminister und wurde in der Staatskrise von 1940 am 4. 9. 1940 von König Carol II. zum Ministerpräsidenten mit uneingeschränkten Vollmachten ernannt. Am 6. 9. zwang Antonescu den König zum Rücktritt und übte als »Führer« (rumänisch »Conducător«) eine diktatorische Herrschaft aus. Mit dem Beitritt Rumäniens zum Dreimächtepakt (1940) führte er sein Land an die Seite der Achsenmächte. Mit deutscher Rückendeckung schlug er im Januar 1941 einen Aufstand nieder. Im Juni 1941 trat er in den Krieg gegen die UdSSR ein. Nach dem Staatsstreich vom 23. 8. 1944 verhaftet, verurteilte ihn ein rumänisches Volksgericht 1946 zum Tode.

Antoninus Pius, mit vollem Namen **Titus Aurelius Fulvus Boionius Arrius Antoninus,** Kaiser des Römischen Reichs (seit 138) südgallischer Herkunft, *Lanuvium (heute Lanuvio, bei Velletri) 19. 9. 86, †Lorium (bei Rom) 7. 3. 161; wurde von Hadrian adoptiert und musste seinerseits Marcus Annius Verus (→Mark Aurel) und Lucius Ceionius Commodus adoptieren. Der Senat verlieh ihm nach seiner Thronbesteigung den Beinamen Pius (»der Fromme«). Seine Regierungsjahre gelten allgemein als die glücklichsten der Kaiserzeit. Er kümmerte sich um Reichsverwaltung und Rechtsprechung und war um die Erhaltung des Friedens bemüht. In Mauretanien und in Britannien erweiterte er das römische Gebiet und ließ in Schottland den teilweise heute noch erhaltenen Antoninuswall anlegen.

Antonius, Marcus Antonius, Mark Anton, *um 82 v.Chr., †(Selbstmord) 30 v. Chr; stieg als Anhänger Caesars rasch auf. Für das Jahr 44 neben Caesar zum Konsul gewählt, bot Antonius diesem an den Iden des Februar 44 vergeblich Königstitel und Diadem an. Nach Caesars Ermordung stellte Antonius in Rom die Ruhe wieder her und bezog bald gegen die Caesarmörder Stellung. Sein Streben nach einer eigenen Machtposition in Oberitalien und Gallien führte zu einem Krieg mit dem Senat und dessen Verbündetem, Octavian (→Augustus). Trotz seiner Niederlage bei Mutina gelang es ihm, sich mit

Octavian und Marcus Aemilius Lepidus zu verständigen und mit ihnen gemeinsam durch den Abschluss des Zweiten Triumvirats (27. 11. 43) die Macht im Staat zu übernehmen. Politische Gegner wurden durch Proskriptionen ausgeschaltet (u.a. Ermordung Ciceros). Nach dem Sieg über die Caesarmörder in der Doppelschlacht von Philippi (42) übernahm Antonius die Neuordnung im Osten des Römischen Reichs. Mithilfe seines Feldherrn Ventidius Bassus vertrieb er die Parther und gab den östlichen Provinzen eine neue Ordnung. Spannungen mit Octavian wurden nach dem Perusinischen Krieg durch den Vertrag von Brundisium und die Vermählung mit Octavia, der Schwester Octavians, beigelegt. Auf ihre Vermittlung hin wurde 37 v. Chr. im Vertrag von Tarent eine Verlängerung des Triumvirats beschlossen.

41 v. Chr. wurde Antonius' Schicksal zunehmend von der ägyptischen Königin Kleopatra VII. bestimmt, auf die er nach dem Fehlschlag des Partherfeldzugs im Jahr 36 mehr und mehr angewiesen war. Infolge seiner eigenwilligen Politik kam es verstärkt zu Spannungen mit Octavian und dem von ihm beeinflussten Senat. 33 folgte der offene Bruch, nachdem Antonius Octavian verstoßen hatte. Octavian brachte 32 widerrechtlich das Testament des Antonius an sich und ließ es veröffentlichen. Die Kleopatra und ihre Kinder begünstigenden Klauseln führten zur Kriegserklärung Roms an Kleopatra. Nach der Niederlage bei Aktium (31) floh Antonius nach Alexandria, bei dessen Eroberung durch römische Truppen er und Kleopatra Selbstmord begingen.

Apanage [-ʒə, französ.; zu mittellatein. appanare »ausstatten«, eigentlich »mit Brot (latein. panis) versehen«], regelmäßige, größere Geldzuwendung, meist an Familienmitglieder; im engeren Sinne die Zuwendung in Geld oder Land, die den bei Erbfolge nach dem Erstgeburtsrecht (Primogenitur) vom Erbe ausgeschlossenen Mitgliedern von Adelsfamilien zum standesgemäßen Unterhalt gewährt wird, in erster Linie den nicht regierenden Angehörigen regierender Häuser. Historisch bedeutsam wurde sie in Frankreich, wo ein großer Teil der Krondomäne an jüngere Söhne oder Brüder (sehr selten an Töchter) des Königs als Apanage ausgegeben und die Macht der Krone zeitweilig empfindlich geschwächt wurde. Der Monarchie kam jedoch zugute, dass die Apanage beim Fehlen direkter männlicher Nachkommen an die Krone zurückfiel. Apanage für den Thronfolger (bis zum Regierungsantritt) war in Frankreich seit 1349 die Dauphiné, in England das Herzogtum Cornwall, verbunden mit der Erhebung zum Prince of Wales. In Deutschland kam die Apanage erst im 17. Jh. auf.

Apartheid [afrikaans, eigentlich »Gesondertheit«], in der Republik Südafrika 1948–93 angewandte politisch-gesellschaftliche, in der Rechtsordnung verankerte Doktrin, die die Zuordnung der unterschiedlichen Bevölkerungsgruppen zu den »Rassen« und ihre Trennung zugunsten der Vorherrschaft der Weißen bestimmte. Als Rassen im Sinn des Gesetzes galten die (1993) 23,0 Millionen Schwarzafrikaner, die 5,1 Millionen Weißen, die 3,4 Millionen Farbigen (die aus Mischehen von Schwarzafrikanern und Weißen hervorgegangenen »Coloureds«) und die 1,0 Millionen Asiaten.

Bei der Durchführung der Apartheid wurde zwischen der »Großen Apartheid« und der »Kleinen Apartheid« unterschieden. Letztere bezeichnete die seit der Bildung der Südafrikanischen Union (1910) sich im ganzen Land verbreitende Politik der Rassendiskriminierung und -trennung (z.B. Verbot von Mischehen, Trennung beim Besuch von Schulen, Universitäten, Krankenhäusern, öffentl. Einrichtungen usw.). Die »Kleine Apartheid« wurde im Zuge der Durchführung der »Großen Apartheid« seit Mitte der 1980er-Jahre schrittweise aufgehoben.

Kernelement der »Großen Apartheid« bildete zunächst die räumliche Trennung der Schwarzafrikaner von den Weißen bis hin zur Bildung von »Homelands«, die als politische Subsysteme (später als selbstständige Staaten) auf der Grundlage der bis dahin schon bestehenden Reservate als die politische Heimat der Schwarzafrikaner dienen sollten. Millionen von Schwarzafrikanern wurden hierfür umgesiedelt. Weiteres Kernelement war ein System gestuften Ausschlusses von der politischen Mitwirkung (Wahlrecht, Passgesetzgebung). Die Politik der »Großen Apartheid« war aus wirtschaftlichen Gründen und wegen ihrer inhärent menschenrechtswidrigen Struktur zum Scheitern verurteilt: Zu keinem Zeitpunkt war der Gesamtstaat wirtschaftlich in der Lage, die für die Homelands erforderlichen Entwicklungsmaßnahmen zu finanzieren. Auf der anderen Seite wurde das Konzept der »Großen Apartheid« von den Schwarzafrikanern von Anfang an als menschenrechtswidrig abgelehnt. Sie bestanden auf der rechtlichen und politischen Gleichstellung aller Einwohner Südafrikas, ausgedrückt in der Forderung nach gleichberechtigter politischer Mitwirkung (»one person, one vote«).

Unter dem politischen und wirtschaftlichen Druck seitens der Staatengemeinschaft, die v.a. im Rahmen der Vereinten Nationen die Politik der Apartheid scharf verurteilte, und unter dem Eindruck der wachsenden innenpolitischen und wirtschaftlichen Krisen begann die von der Nationalen Partei geführte südafrikanische Regierung seit Beginn der 1980er-Jahre in mehreren Phasen das Konzept der »Großen Apartheid« zu modifizieren und schließlich ganz zu überwinden.

Araber. Entwicklung des Kalifenreichs

Der entscheidende Schritt zur Abschaffung der Apartheid wurde 1989 nach der Wahl von Frederik Willem de Klerk zum Staatspräsidenten getan. Dieser nahm Kontakt zu dem damals noch inhaftierten Führer des African National Congress (ANC), Nelson Mandela, auf und entwickelte mit ihm Pläne für die Schaffung einer neuen, auf der Gleichstellung der Rassen und Ethnien beruhenden Verfassung. Nach zähen Verhandlungen konnte die neue Verfassung am 18. 11. 1993 in Kraft treten. Damit wurden zugleich alle Apartheidsgesetze ungültig.

APO, Abk. für →außerparlamentarische Opposition.

Apostata [griech. »der Abtrünnige«], Beiname des römischen Kaisers →Julian.

Appeasement [əˈpiːzmənt, engl. »Befriedung«, »Beschwichtigung«], Bezeichnung für die von der britischen Regierung 1933–39 verfolgte Politik des Ausgleichs gegenüber dem nationalsozialistischen Deutschland. Höhepunkt war der Abschluss des →Münchener Abkommens (1938). Seitdem wurde Appeasement oft als Schlagwort zur Beschreibung einer Politik ständigen Nachgebens gegenüber expansiver und subversiver Machtpolitik, v.a. totalitärer Staaten, verwendet.

Araber, im engeren Sinne die Bewohner der Arabischen Halbinsel, im weiteren Sinne alle Menschen, die Arabisch als Muttersprache sprechen.

VORISLAMISCHE GESCHICHTE: Die ethnische Herausbildung der Araber, die sich vermutlich bis zum 2. Jt. v. Chr. vollzog, ist bisher (archäologisch) noch wenig erforscht. Die Domestikation des Kamels (Dromedars) im 14.–12. Jh. führte zur Herausbildung des typischen nordarabischen Nomadismus und war somit eine Vosraussetzung zur Erschließung der Wüsten- und Steppengebiete der Arabischen Halbinsel. Im 1. Jt. v. Chr. entstanden mehrere selbstständige Reiche (Minäer, Sabäer, Reich von Hadramaut). Die arabischbeduinischen Stämme des Nordens, bis 580 v. Chr. unter assyrischer, dann unter babylonischer, später unter achaimenidischer Herrschaft, verbreiteten sich ab dem 3. Jh. v. Chr. überall in Arabien. Die Bewohner der durch Kamelzucht und Handelsstraßen miteinander verbundenen altnord- und altsüdarabischen Reiche gelangten in einen kulturell-ethnischen Austausch- und Integrationsprozess, der sich insbesondere ab dem 1. Jh. n. Chr. intensivierte. Märkte und Heiligtümer, aber auch Brauchtum und ethische Normgefüge sowie die Herausbildung der arabischen Sprache, Schrift und Literatur förderten die ethnisch-kulturelle Vereinheitlichung, die mit der schnellen Ausbreitung des Islam in Arabien in der ersten Hälfte des 7. Jh. ihren – v. a. religiös geprägten – Abschluss fand.

EXPANSION DES ISLAM: Als Träger des Islam drangen die Araber seit der Mitte des 7. Jh. mit den Erfolgen Mohammeds und den Eroberungszügen der Kalifen in alle Teile Vorderasiens und Nordafrikas vor, zeitweise auch nach Europa. In dieser Zeit entstand die einzigartige islamische mittelalterliche Zivilisation mit ihrer Verschmelzung von antikem, asiatischem und arabischem Kulturgut. Nach dem Zerfall des Abbasidenreiches, der nach dessen Blüte Mitte des 9. Jh. einsetzte und mit der Eroberung Bagdads durch die Mongolen

(1258) endete, war die Entwicklung eines einheitlichen, gesamtarabischen (»politischen«) Bewusstseins bis ins 19. Jh. behindert.

PANARABISCHE BEWEGUNG: Mit der ägyptischen Expedition Napoleons (1798) und den danach einsetzenden Reformen begann in den arabischen Ländern ein allgemeiner wirtschaftlicher, politischer und kultureller Aufschwung. Nationalstaatliches Denken setzte Mitte des 19. Jh. ein (arabischer Nationalismus), trat zunehmend in Gegensatz zu den Türken und verband sich meist mit nicht islamischen europäischen Mächten. Diese, v. a. Großbritannien, unterstützten die nach 1880 entstandene panarabische Bewegung gegen das Osmanische Reich, überzogen aber ihrerseits nach und nach die arabische Welt mit einem Netz von Kolonien und Protektoraten.

Nach dem Zusammenbruch des Osmanischen Reiches (1918) scheiterten die arabischen Bemühungen, einen gesamtarabischen Staat zu bilden. Zwischen den Weltkriegen organisierten sich in den einzelnen Ländern (z. B. in Ägypten, Irak, Marokko, Tunesien, Syrien) politische Kräfte im Zeichen eines wachsenden arabischen Nationalismus gegen die Herrschaft europäischer Staaten und die Bestrebungen des Zionismus, in Palästina einen jüdischen Staat zu errichten. Die Zwietracht der seit Generationen verfeindeten Dynastien (u. a. zwischen den Haschimiten und Ibn Saud) sowie die Gegensätze zwischen wohlhabenden (d. h. Erdöl produzierenden) und sehr armen (besonders rohstoffarmen) Ländern führten zu innerarabischen Spannungen. Die Ablösung der europäischen Herrschaft nach dem Zweiten Weltkrieg ließ mit dem Ringen feudalistisch-konservativ geprägter und sozialistisch orientierter Staaten um die Führung im arabischen Raum die innerarabischen Gegensätze noch stärker hervortreten (besonders im jemenitischen Bürgerkrieg 1962–67). Alle Versuche, die 1918/19 entstandenen Grenzen zugunsten größerer Staatenbildungen auf Dauer zu überwinden (z. B. die Vereinigte Arabische Republik), scheiterten an den nationalstaatlichen Eigeninteressen.

Jasir Arafat beim Ablegen seines Amtseides als Präsident des Palästinensischen Rats in Gaza (1996)

NAHOSTKONFLIKT: Nach dem Palästinakrieg bzw. dem 1. israelisch-arabischen Krieg (1948/49) konzentrierte sich der arabische Nationalismus immer stärker auf den Kampf gegen den jüdischen Staat. Dabei wuchs der Einfluss der Weltmächte USA und UdSSR im arabischen Raum. Die Niederlagen gegen Israel, besonders die im Sechstagekrieg (3. israelisch-arabischer Krieg, 1967), trafen das Selbstbewusstsein der Araber schwer. Mit unterschiedlicher Intensität und häufig auseinander strebender Interessenlage unterstützten die arabischen Staaten die Bemühungen der PLO, einen palästinensischen Staat zu schaffen.

Die Revolution schiitischer Fundamentalisten in Iran (1979) und die Kriege zwischen Irak und Iran (1980–88) bzw. Irak und der antiirakischen Koalition unter Führung der USA (1991) brachten neue Konflikte (→Golfkrieg). Der erstarkende islamistische (politische) Fundamentalismus und von ihm beeinflusste extremistische Organisationen (Hamas, Hizbollah, Djihad Islami) erlangten zunehmende Bedeutung (→Intifada). Dem ägyptisch-israelischen Friedensabkommen von 1979 folgte nur ein Friedensvertrag zwischen Jordanien und Israel (1994). Der wiederholte Aufschub der Verhandlungen zum endgültigen Friedensabkommen mit den Palästinensern durch Israel, dessen fortgesetzte Siedlungspolitik im Gazastreifen und Westjordanland und vor allem die »zweite Intifada« (seit 2000) führten zu einer Abkühlung im Verhältnis Israels zu seinen arabischen Nachbarn und ab 2001 zu erneuten blutigen Auseinandersetzungen.

Arafat, Jasir, eigentlich Rahman Abd ar-Rauf Arafat al-Qudwa al-Husaini, nach anderen Angaben Mohammed Abd ar-Rauf Arafat, (zeitweiliger) Deckname Abu Ammar, palästinensischer Politiker, *Kairo 27. 8. 1929, †Clamart (Département Hauts-de-Seine) 11. 11. 2004; war 1958 Mitgründer und wurde 1968 Vorsitzender des Zentralkomitees der Guerillaorganisation Al-Fatah. 1969 wurde Arafat Vorsitzender des Exekutivrats der →Palästinensischen Befreiungsorganisation (PLO). Politisch konnte er das Gewicht der PLO als Vertretung der palästinensischen

ARBEITERBEWEGUNG

Weberaufstand in Schlesien

Massenarmut, Kinderarbeit, Hungersnot: Die in der ersten Hälfte des 19. Jh. auch in Deutschland beginnende Industrialisierung drängte die unteren Schichten des Volkes für Jahrzehnte in einen Zustand völliger Abhängigkeit von Unternehmern und Fabrikherren. Gesetzliche Bestimmungen gegen die Ausbeutung der Lohnarbeiter existierten damals nicht. In dieser Situation kam es am Vorabend der Revolution von 1848 zum ersten größeren Aufstand von verzweifelten Arbeitern.

In Schlesien lag das Existenzminimum für eine Familie mit drei Kindern damals bei 100 Talern im Jahr; das Jahreseinkommen einer Weberfamilie betrug jedoch bestenfalls 60 Taler. 1843/44 kamen Missernten und eine Absatzkrise für Textilien hinzu, hervorgerufen durch die Konkurrenz industriell produzierter Waren aus Deutschland und England. Am 4. 6. 1844 gipfelte die Empörung der schlesischen Weber in einem Aufstand, der in Kunst und Literatur immer wieder als Beispiel für die Auflehnung gegen Armut und Unterdrückung dargestellt wurde (Gemälde von Carl Wilhelm Hübner, 1844; Bonn, Rheinisches Landesmuseum. Zentrum des Aufstands waren die großen Weberdörfer Peterswaldau und Langenbielau im Kreis Reichenbach; etwa 3000 Arbeiter beteiligten sich. Mit Knüppeln, Äxten und Steinen bewaffnet, zogen die Weber vor die Häuser der Fabrikanten und Verleger und forderten höhere Löhne. Als diese abgelehnt wurden, drangen die Weber in die Villen ein, zerschlugen die Einrichtung, vernichteten Kaufmannsbücher und zerstörten Maschinen. Die Behörden versuchten am 5. 6. den Aufstand mit militärischer Gewalt niederzuschlagen, wobei elf Arbeiter getötet und 24 schwer verletzt wurden. Erst am 6. 6. gelang es größeren militärischen Einheiten, den Aufstand zu ersticken. Doch das Selbstbewusstsein der Arbeiterschaft war erwacht!

Araber v.a. in den 1970er-Jahren stärken. Ende der 1970er- bis Anfang der 1980er-Jahre trat Arafat als entschiedener Kritiker des israelisch-ägyptischen Friedensvertrags (1979) hervor.

1989 zum Präsidenten des von der PLO am 15. 11. 1988 proklamierten Staates Palästina ausgerufen, bemühte sich Arafat v.a. nach 1991 um eine Annäherung an Israel. Für den Anstoß zur Aussöhnung zwischen Israel und Palästinensern, der 1993/94 zum Gaza-Jericho-Abkommen führte, erhielt er 1994 gemeinsam mit Itzhak Rabin und Shimon Peres den Friedensnobelpreis. 1993 vom PLO-Zentralrat zum Vorsitzenden der Palästinensischen Behörde in Gaza und Jericho ernannt und 1996 zum Präsidenten des Palästinensischen (Autonomie- bzw. Legislativ-)Rats gewählt, musste sich Arafat zunehmend mit der Gegnerschaft radikaler palästinensisch-arabischer Kräfte, v.a. von Hamas und Djihad Islami, auseinander setzen. Nach dem Scheitern des Nahostgipfel in Camp David (11.–25. 7. 2000) vermochte Arafat ein Wiederaufflammen der Kämpfe zwischen Israel und den Palästinensern (»zweite Intifada«) nicht zu verhindern; das Ziel eines international anerkannten Staates Palästina erreichte er nicht.

Arbeit, Sonderartikel S. 52/53.

Arbeiterbewegung, seit den 1840er-Jahren Bezeichnung für die v.a. in Parteien und Gewerkschaften, aber auch in Genossenschaften und Vereinen organisierten Bestrebungen der abhängigen Lohnarbeiter, besonders der Industriearbeiterschaft, zur Verbesserung ihrer Arbeits- und Lebensbedingungen sowie zu ihrer sozialen und politischen Emanzipation.

ENTSTEHUNGSPHASE: Der wachsende Verelendungsprozess (→ Pauperismus) der im Zuge der industriellen Revolution in Industrie und Gewerbe entstehenden Industriearbeiterschaft und die damit verbundene Verschärfung der sozialen Spannungen führten seit Beginn des 19. Jh. zu Protestaktionen, v.a. in Großbritannien (»Maschinenstürmerei«), zu Aufständen und zu Zusammenschlüssen der Arbeiter, zunächst in enger Verbindung mit dem radikalen Flügel des → Liberalismus, v.a. in den angelsächsischen Ländern (→ Chartismus). Unter den deutschen Emigranten bil-

Fortsetzung S. 54

1

ARBEIT

1) Henry Ford führte zu Beginn des 20. Jh. die Prinzipien der Arbeitsteilung und der Rationalisierung in die industrielle Massenproduktion ein. Darauf basierend wurde die Fließbandproduktion des »Modells T« (»Tin Lizzie«) – hier Arbeiter während der Montage – geplant. Sie führte zu einer enormen Verbilligung der Herstellung von Automobilen und trug mittelfristig auch zur deutlichen Senkung der Arbeitszeiten bei.

Mark Twains Lausbubenroman »Die Abenteuer des Tom Sawyer« (1876) bringt die Psychologie der Arbeit auf den Nenner: Tom hat einen Zaun anzustreichen. Seinen schadenfrohen Kameraden gegenüber entwickelt er eine geniale Strategie – er erklärt das Pinseln zum Privileg. Plötzlich möchte jeder mitmachen beim selbst auferlegten Vergnügen. Eine höchst effiziente Umwertung der sonst meist als Stress angesehenen Arbeit!

Im Schweiße deines Angesichts

Arbeit ist unwürdige Mühsal. Tacitus schreibt 98 n. Chr., dass die freien Germanen die Arbeit den Unfreien überließen. Die schmutzige Beschäftigung erniedrige den Menschen zum Vieh – oder eben zum Sklaven. Dies war die gängige Meinung der Antike. Sisyphos, der in der Unterwelt einen stets zurückrollenden Felsblock bergauf wälzt, ist Sinnbild für das »Perverse« physischer Anstrengung. Als im 4. Jh. n. Chr. das System der Wissenschaften und Technologien kodifiziert wurde, wurden die »sieben freien Künste« als die eines freien Mannes einzig würdigen Beschäftigungen ans Mittelalter weitergereicht. Die »Artes mechanicae« dagegen, die Handwerke, überließ man dem arbeitenden Teil der Bevölkerung. In der Bewertung der Arbeit als Strafe sah man sich von der Bibel legitimiert. Nach dem Sündenfall verdammt Gott den Menschen: »Im Schweiße deines Angesichts sollst du dein Brot essen.« Christus dagegen habe nicht gearbeitet, sondern Wunder gewirkt, um seine Anhänger zu sättigen.

Entsprechend kannte die mittelalterliche Ständepyramide zwar viele Möglichkeiten, unter Adligen, Geistlichen und »gemeinen« Leuten sozial zu nuancieren; immer aber rangierten die körperlich Arbeitenden weit unten, nur noch von Leibeigenen, Kriminellen und fahrendem Volk unterboten. Allerdings kannte das Mittelalter auch die Kehrseite der Medaille, die den produktiven Dienst am gesellschaftlichen Ganzen adelt. Die Mönche hatten es vorgelebt, als im 6. Jh. der heilige Benedikt von Nursia sein berühmtes »Ora et labora« (»Bete und arbeite!«) in die Ordensregel der Benediktiner hineinschrieb. Arbeit als körperliche Askese sollte frei machen für geistig-meditative Übungen – ein Motto, das Jahrhunderte später im Slogan »Arbeit macht frei«, den die Nationalsozialisten über die Eingänge der Konzentrationslager setzten, seine unmenschliche Verkehrung erfuhr.

Doch im Mittelalter standen sich zumeist Auf- und Abwertung der Arbeit unversöhnlich gegenüber – es sei denn, es handelte sich um karitative oder sonstige Arbeit im Dienste von Kirche und Glauben. Zahlreiche Berichte seit dem 11. Jh. reden vom freiwilligen Zustrom der Massen zum Kirchenbau. Diese Demonstration, dass Gottes Reich auf Erden wuchs, umgriff alle Schichten und sprengte alle sozialen Rollenverständnisse. So schrieb Abt Haimo von Saint-Pierre-sur-Dives 1145 anlässlich des Kathedralneubaus in Chartres: »Wer sah jemals, dass Tyrannen, Fürsten, Mächtige..., ihre stolzen... Häupter gebeugt und sich vor die Riemen der Fuhrkarren gespannt haben?«

2

3

Als Adam grub und Eva spann

Im sozialrevolutionär erschütterten England des 14. Jh. erfuhren die Predigten der Lollarden zum Thema »Als Adam grub und Eva spann, wo war denn da der Edelmann?« eine ungeheure Popularität. Die Arbeit der Stammeltern galt nicht mehr als Fluch, sondern als Verdienst, im Kontrast zum »schmarotzenden« Adel. So kündigten sich die Unruhen an, die im späteren 15. und im frühen 16. Jh. in Handwerkeraufständen und in den deutschen Bauernkriegen kulminierten.

Mit Martin Luther und der Reformation kam es dann zu einer entscheidenden Neubewertung des Faktors »Arbeit«. Die neue »protestantische Ethik«, so der Soziologe Max Weber, habe den »Geist des Kapitalismus« freigesetzt. Im Zuge »innerweltlicher Askese« seien die Voraussetzungen eines kapitalistischen Wirtschaftssystems in puritanischen Ländern entstanden. Es wurde ein Prozess in Gang gesetzt, der das Ethos der Arbeit radikalisierte, selbst um den Preis unerbittlicher Ausbeutung aller Ressourcen: Im 18. Jh. erlebte die Sklaverei auf den Plantagen Amerikas ihren quantitativen Höhepunkt; zur gleichen Zeit mobilisierte England in der industriellen Revolution alle technischen Möglichkeiten – Großbritannien wurde, wie man sagte, zur »Werkstatt der Welt«. Die Industrialisierung führte wiederum zu Proletarisierung und hemmungsloser Ausbeutung der Arbeitskraft: Erst 1802 wurde die Kinderarbeit in der Baumwollindustrie gesetzlich auf zwölf (!) Stunden beschränkt.

Die Verstaatlichung der Arbeit

Im Kommunistischen Manifest von 1848 postulierten Karl Marx und Friedrich Engels geschichtliche Entwicklung als Folge wirtschaftlicher und arbeitstechnischer Verhältnisse. Der im 20. Jh. beschrittene Weg von dieser Kampfschrift zu den kommunistischen »Arbeiter- und Bauern-Staaten« hat in den Umwälzungen von 1989/90 in Europa sein Ende gefunden. Der sozialistischen Arbeiterbewegung – 1824 entstanden in England die frühesten Gewerkschaften – antworteten nach und nach staatliche Maßnahmen des Arbeiterschutzes, der Arbeitergesetzgebung, der Arbeiterwohlfahrt, freilich auch Erscheinungen wie der 1920 in Bulgarien »erfundene« freiwillige Arbeitsdienst für Jugendliche, der im Deutschen Reich 1935–45 zur Pflicht erhoben wurde.

Recht auf Arbeit als Grundrecht ist nach 1945 ebenso Realität geworden wie Arbeitslosigkeit, die in der postindustriellen Gesellschaft die moderne Version sozialer Erniedrigung übernimmt. Arbeit, so wird wieder klar, zählt zu jenen »cultural patterns«, die man nicht mit Max Weber auf die protestantische Arbeitsethik angelsächsischer Länder beschränken muss. Demgemäß antworten in Francis Fukuyamas 1995 verfasstem Buch mit dem Titel »Kampf der Kulturen« weltweit bestimmte Arbeitsformen und sozialisierte Traditionen der Arbeitsorganisation auf die kardinale Frage, in welchen Gesellschaften sich der Kampf um die wirtschaftliche Zukunft entscheide.

2) Mit dem Imperativ »Ora et labora!« (»Bete und arbeite!«) verpflichtete Benedikt von Nursia die Benediktinermönche zum Gottesdienst und zur Arbeit (Mönch mit Studenten, französische Buchmalerei um 1306; Paris, Bibliothèque Nationale de France).

3) In den diktatorisch regierten Staaten Stalins und Hitlers wurde die Zwangsarbeit als Machtmittel missbraucht. Bis Mai 1943 waren etwa 2,1 Millionen Zwangsarbeiter – hier Häftlinge im Konzentrationslager Dachau – für den Arbeitseinsatz in Deutschland rekrutiert.

Fortsetzung von S. 51
dete sich während des Vormärz in London aus dem »Bund der Gerechten« der Bund der Kommunisten (1847). Mit dem für ihn verfassten →Kommunistischen Manifest gaben Karl Marx und Friedrich Engels 1848 der sich bildenden Arbeiterbewegung erstmals ein Ziel, zugleich ein Programm mit weit tragender Bedeutung (→Kommunismus).

Nach dem Scheitern der europäischen Revolution von 1848 löste sich die Arbeiterbewegung – besonders auf dem europäischen Kontinent – endgültig aus der Zusammenarbeit mit den radikalliberalen Kräften. In den verschiedenen Ausprägungen wie Reformismus, Marxismus und Syndikalismus entwickelte sich die sozialistische Arbeiterbewegung fortan zur prägenden Kraft; die revolutionären Sozialisten (Marxisten) strebten danach, auf der Grundlage eines möglichst umfassenden, ideologisch fundierten Gesellschaftskonzepts und der Lehre vom »Klassenkampf« die Gesellschaft umzugestalten. Die soziale Lage der Arbeiter rief in der Arbeiterbewegung ein auf Revolution oder Reform gerichtetes Solidaritätsbewusstsein hervor. In den Teilen der Arbeiterbewegung, in denen der Marxismus einen formenden Einfluss gewann, entwickelte sich dieses Solidaritätsbewusstsein zu einem »Klassenbewusstsein«. Unter dem Einfluss von Marx und Engels kam es 1864 in London zur Gründung der »Internationalen Arbeiter-Assoziation« (IAA; Erste →Internationale).

Ab etwa 1850 entstanden weitere Wurzeln und Strömungen der Arbeiterbewegung. Zuerst in Deutschland entwickelten in der Industrie beschäftigte Handwerksgesellen eigene Selbsthilfeorganisationsformen (u.a. 1848/49 die »Arbeiterverbrüderung«). 1863 gründete Ferdinand Lassalle in Leipzig den »Allgemeinen Deutschen Arbeiterverein« (ADAV). In Eisenach entstand unter Führung von August Bebel und Wilhelm Liebknecht 1869 die »Sozialdemokratische Arbeiterpartei« (SDAP); ADAV und SDAP vereinigten sich 1875 zur »Sozialistischen Arbeiterpartei Deutschlands« (seit 1890 →Sozialdemokratische Partei Deutschlands, SPD). Zeitgleich entwickelte sich 1868 eine deutsche Gewerkschaftsbewegung, teils auf marxistisch-sozialistischer, teils auf liberal-christlicher Basis; auf der Grundlage der besonders von Hermann Schulze-Delitzsch vertretenen Gedanken der Selbsthilfe entstanden 1869 in Deutschland die »Hirsch-Dunckerschen Gewerkvereine« (liberale Arbeiterbewegung). In Ablehnung des Klassenkampfgedankens entwickelte sich seit der zweiten Hälfte des 19. Jh. eine reformistisch orientierte christliche Arbeiterbewegung; abgesehen von der Schweiz und den Niederlanden zog diese v.a. katholische Arbeiter und Angestellte an sich.

INTERNATIONALE VERBREITUNG: Die SPD wurde im letzten Drittel des 19. Jh. in Aufbau und Programmatik richtungweisend für die sozialistischen Arbeiterparteien in Österreich-Ungarn, Polen, Skandinavien (einschließlich Finnlands), den Niederlanden und Belgien. Die sozialistischen Parteien der Zweiten Internationale wandelten sich mehrheitlich von einer proletarischen Klassenpartei zur demokratischen Volkspartei (Kampf um das allgemeine Wahlrecht). Besonders in den romanischen Ländern Frankreich, Spanien und Italien entwickelte sich die revolutionäre Gewerkschaftsbewegung (Syndikalismus) zum Träger des Kampfes gegen die bestehende Gesellschaftsordnung (»Propaganda der Tat«: Streiks, »direkte Aktionen« wie Werksbesetzungen). Dagegen wurde die Arbeiterbewegung in Großbritannien und den Ländern des Commonwealth (z.B. Australien, Neuseeland; Trade Unions, Labour Party, Gildensozialismus) sowie auch in den USA im Unterschied zur kontinentaleuropäischen Arbeiterbewegung durch eine stärker pragmatische sowie reformistische Orientierung und damit durch einen geringen Einfluss ideologischer Theoreme auf die Arbeiterschaft und ihre Organisationen geprägt.

AUFLÖSUNG DER EINHEIT: Der Erste Weltkrieg führte zur Auflösung der internationalen und nationalen Einheit der sozialistischen Arbeiterbewegung; nach 1918/20 kam es unter dem Einfluss Lenins und der →Bolschewiki zu einer z.T. strengen Teilung in Kommunisten und Sozialisten bzw. Sozialdemokraten. Wo die marxsche Lehre sich nicht etablieren konnte oder an Ausstrahlung im Verlauf des 20. Jh. einbüßte, förderte das Solidaritätsbewusstsein mehr den Gedanken der berufsständischen Interessenvertretung innerhalb der gegebenen Gesellschaftsordnung. Je stärker die Arbeiterbewegung im 20. Jh. in den parlamentarischen Demokratien wesentliche Forderungen durchsetzen konnte, desto mehr verlor sie besonders nach 1945 ihre unmittelbare politische Brisanz; dabei wurde der Gegensatz zwischen sozialistischer bzw. sozialdemokratischer und kommunistischer Arbeiterbewegung vom Ost-West-Konflikt geprägt und bald auch überlagert. Die kommunistischen Staaten und Parteien deuteten im gleichen Zeitraum Ursprung und Ziel der Arbeiterbewegung im Zeichen des Marxismus-Leninismus und sahen ausschließlich sich als dessen Vollstrecker und Vollender.

ANPASSUNG AN DIE MODERNE: Ab den 1970er-Jahren verlor die klassische Arbeiterbewegung, bedingt auch durch das deutlich sinkende Gewicht der Industriearbeiterschaft innerhalb der erwerbstätigen Bevölkerung und in den Arbeiterparteien, ihre eigentliche Existenzgrundlage. Die SPD z.B. begann sich als »soziales Bündnis« (Willy Brandt, 1981) zu definieren. Zu Beginn des 21. Jh. sind Arbeiterparteien und Gewerkschaften überwiegend fest in das jeweilige wirtschaftliche, soziale und politische System integriert. Das Scheitern des »Staatssozialismus« sowie der Zusammenbruch der kommunistischen Regime in Mittel-, Ost- und Südosteuropa 1989/91, die Auflösung der ehemals herrschenden kommunistischen Parteien bzw. ihre Wandlung in sozialistische bzw. sozialdemokratische Parteien sowie die Neugründung von Parteien leiteten eine theoretische Neuorientierung ein.

Arbeiter-und-Soldaten-Räte, Vertretungen von Arbeitern und Soldaten. Sie bildeten sich v. a. zu Beginn des 20. Jh. in revolutionären Situationen und entwickelten die Grundelemente des →Rätesystems.

In Russland entstanden zur Zeit der Revolution von 1905 Arbeiterräte, in geringer Zahl auch Soldatenräte, als Streikkomitees in Betrieben und Gemeinden. Sie entwickelten sich zunächst in Sankt Petersburg, dann aber auch in Moskau und anderen Industriestädten zu Zentren revolutionärer Aktivitäten. Als sich während der Februarrevolution 1917 in Russland erneut Arbeiter-und-Soldaten-Räte bildeten, forderte Lenin mit der Losung »Alle Macht den Sowjets« die Ersetzung der angestrebten parlamentarischen Regierungsform durch ein Rätesystem. Mit dem Sieg der →Bolschewiki in der Oktoberrevolution 1917 wurde dieses Ziel auf gewaltsamem Wege verwirklicht. Der Rätegedanke bildete die Grundlage der neuen Staatsordnung in Russland und den von ihm abhängigen Gebieten. Der radikaldemokratische Grundgedanke des Rätesystems wurde aber infolge der Alleinherrschaft der Kommunistischen Partei ganz aufgehoben.

In Deutschland bildeten sich – oft unter dem Eindruck der Ereignisse in Russland – zu Beginn der →Novemberrevolution 1918 örtlich Arbeiter-und-Soldaten-Räte; Zentren waren v. a. Berlin, München, Hamburg, Bremen, das Ruhrgebiet und das sächsische Industrierevier. Am 10. 11. 1918 bestätigte der vom Berliner Arbeiter-und-Soldaten-Rat gewählte Vollzugsrat den von Friedrich Ebert (SPD) geführten →Rat der Volksbeauftragten als Regierung des Deutschen Reiches. Eine Reichskonferenz der Arbeiter-und-Soldaten-Räte vom 16. bis 20. 12. 1918 bestätigte dies und beschloss für den 19. 1. 1919 die Abhaltung von Wahlen zu einer deutschen Nationalversammlung; damit entschied sich die Mehrheit der Reichskonferenz für den Übergang zur parlamentarischen Demokratie. Die Räteidee wurde in Gestalt des Reichswirtschaftsrats und der Betriebsräte in die Weimarer Reichsverfassung übernommen.

Arbeitervereine, Organisationen der Arbeiter zur Wahrung, Pflege und Vermittlung kultureller und geistiger Interessen sowie innerhalb der konfessionellen Arbeitervereine auch der religiösen Gesinnung (Katholische Arbeitnehmerbewegung, Evangelische Arbeitnehmerbewegung). Arbeitervereine sind ein Teil der →Arbeiterbewegung. Bis 1933 gab es in Deutschland zahlreiche Kultur-, Bildungs-, Sänger-, Wander- und Sportvereine, die überwiegend Arbeiter als Mitglied hatten; im Zuge der »Machtergreifung« der Nationalsozialisten wurden diese Organisationen zerschlagen. Nach 1945 haben die Arbeitervereine ihre frühere Bedeutung nicht wiedererlangt.

Arbeiter-und-Soldaten-Räte. In Deutschland bildeten sich im November 1918 in zahlreichen Städten Arbeiter-und-Soldaten-Räte als Organe der revolutionären Gewalt (Übernahme der Kaserne des 2. Garde-Ulanenregiments in der Invalidenstraße in Berlin).

Arbeitsdienst, freiwillig oder aufgrund gesetzlichen Zwanges pflichtgemäß geleistete, dem Gemeinwohl dienende Arbeit bei Verzicht auf volles Entgelt im Sinne üblicher Lohnfestsetzung.

In Deutschland entstand 1926 aus der Jugend- und Volksbildungsbewegung (Boberhaus in Schlesien) eine an pädagogischen Maßstäben ausgerichtete Arbeitslagerbewegung. Sie war in einer Zeit bedrohlich wachsender Jugendarbeitslosigkeit nach 1930 das Vorbild des von der Regierung Brüning 1931 geschaffenen Freiwilligen Arbeitsdienstes, der Mitte 1932 etwa 100 000 Arbeitsdienstwillige umfasste. Nach der nationalsozialistischen Machtübernahme wurde 1935 der Reichsarbeitsdienst (RAD) geschaffen als Organisation zur Durchführung der für alle Deutschen beiderlei Geschlechts zwischen 18 und 25 Jahren eingeführten halbjährigen Arbeitsdienstpflicht (für Frauen erst nach Kriegsbeginn praktiziert). Zunächst nur zur Bodenkultivierung eingesetzt (Frauen zumeist in der Land- und Hauswirtschaft), bestimmten zunehmend militärische Aspekte den Dienst. Im Zweiten Weltkrieg wurde dieser fast völlig den Erfordernissen der Kriegführung untergeordnet, besonders als Bautruppe der Wehrmacht.

In Bulgarien hatte die Regierung schon 1920 die Arbeitsdienstpflicht eingeführt. Freiwilliger Arbeitsdienst bestand für die Dauer der Massenarbeitslosigkeit (Höhepunkt der Weltwirtschaftskrise) in Polen, den Niederlanden, der Tschechoslowakei und den USA.

Arc, Jeanne d', französische Nationalheldin, →Jeanne d'Arc.

Archiv [von griech. archeĩon »Regierungs-, Amtsgebäude«], Einrichtung, die der systematischen Erfassung, Ordnung, Verwahrung, Betreuung und Erschließung von Schrift-, Bild- und Tongut dient. Ein Archiv erwächst meist organisch aus laufendem Geschäftsverkehr; es nimmt die in der Registratur entbehrlichen Unterlagen auf, die als aufbewahrungswürdig angesehen werden.

GESCHICHTE: Voraussetzung für die Entstehung von Archiven ist die Schrift. Bei den rund 400000 v.a. in Mesopotamien und Kleinasien gefundenen Tontafeln handelt es sich noch nicht um Archivalien, sondern um Kanzlei- und Registraturschriftgut, das aufgrund der Dauerhaftigkeit des Schreibmaterials eher zufällig erhalten geblieben ist. Ein eigentliches Archiv, das zur Aufbewahrung der Gesetze diente, gab es erstmals im antiken Griechenland. In Rom wurden in republikanischer Zeit die vom Senat erlassenen Gesetze und andere Beschlussfassungen im »Aerarium Saturni« aufbewahrt. 78 v.Chr. entstand am Südosthang des Kapitols ein eigener Archivbau, das »Tabularium civitatis«.

Im frühen Mittelalter wurde die antike Archivtradition von der päpstlichen Kurie und einigen griechischen und italienischen Klöstern weitergeführt. Ein Archiv geringeren Umfangs ist für die Regierungszeit Karls des Goßen und seiner Nachfolger bezeugt. Seit dem 9./10. Jh. legten Bistümer und Klöster aus Sorge um ihre Privilegien und Schenkungen Archive an, die Städte folgten im 12. Jh., Fürsten und Grafen im 13. Jahrhundert.

Erst zu Beginn des 15. Jh. waren mit der Einführung eines geordneten Registerwesens und der Festigung der Stellung von Behörden die Voraussetzungen für ein dauerhaftes Archiv der Reichsverwaltung in Deutschland gegeben. Seine Bestände fielen mit der Auflösung des Deutschen Reiches in der Mehrzahl an das Österreichische Staatsarchiv. 1919 wurde ein Reichsarchiv in Potsdam gegründet, das sämtliche Reichsakten seit 1867 und die Akten des Großen Generalstabs verwaltete. Das heutige Bundesarchiv verfügt überwiegend über Bestände des 20. Jahrhunderts.

Bis zum 19. Jh. dienten die Archive fast nur praktischen Verwaltungszwecken und der Sicherung von Rechten und Besitztiteln der Archiveigentümer (»Geheimes Archiv«); nachdem der Historiker Leopold von Ranke erstmals ein Archiv für die historische Forschung genutzt hatte, fanden die in Archiven lagernden Akten und Urkunden zunehmend Beachtung und wurden Grundlage der aufkommenden »kritischen Geschichtswissenschaft«. Dem Drängen der Historiker, die Archive zugänglich zu machen, gab zuerst das Wiener Haus-, Hof- und Staatsarchiv nach (1868); ihm folgten Preußen (1875) und der Vatikan (1881). Heute sind in vielen Ländern die staatlichen Archive für jedermann zugänglich. Einschränkungen bestehen bei Geheimpapieren und im Rahmen des Datenschutzes.

Archonten [griech. »Herrscher«], in der Antike die höchsten Beamten in manchen griechischen Stadtstaaten.

In Athen soll nach Abschaffung des Königtums das Amt des Archon (Archontat) zunächst lebenslänglich, dann zehnjährig geführt worden sein. Seit 683/682 (Beginn der Archontenliste) wurde der Archon jährlich gewählt. Nach seinem Namen wurde das Jahr benannt (Archon Eponymos). Neben den eigentlichen Archon, dem die Zivilverwaltung oblag, traten für kultische Angelegenheiten der Archon Basileus (»König«), für das Heerwesen der Archon Polemarchos (»Kriegsherr«); ferner noch im 7. Jh. sechs Thesmotheten (»Rechtssetzer«). Zusammen bildeten sie das Kollegium der neun Archonten. Die ehemaligen Archonten wurden nach ihrer Rechenschaftslegung Mitglieder des →Areopags. An die Stelle der Archontenwahl trat 487/486 ihre Bestellung durch das Los, die das Amt praktisch bedeutungslos werden ließ. Der militärische Oberbefehl ging vom Archon Polemarchos auf die Strategen über.

Areopag [griech. areios pagos »Areshügel«], Hügel in Athen westlich der Akropolis, auf dem der nach ihm benannte Rat tagte. Dieser bestand ursprünglich aus den Häuptern des Adels, seit dem 7. Jh. v.Chr. aus den ehemaligen →Archonten. Den Vorsitz führte der Archon Basileus. Einst höchstes Regierungs- und Gerichtsorgan, oblagen dem Areopag seit der Schaffung eines Volksrats durch Solon die Überwachung der Beamten und die politische Gerichtsbarkeit. Durch die Reform des Ephialtes (462 v.Chr.) wurde der Areopag auf die Blutgerichtsbarkeit und auf sakrale Aufgaben beschränkt. In römischer Zeit wurde er erneut höchstes Staatsorgan mit Kontrolle auch über den Rat der Fünfhundert und die Ekklesia.

Argentinien, spanisch **Argentina** [arxen-], Staat in Südamerika, der im Westen an Chile, im Norden an Bolivien und Paraguay, im Nordosten an Brasilien und im Osten an Uruguay und den Atlantik grenzt.

GESCHICHTE: Nordwestargentinien wurde um 1480 dem Inkareich einverleibt.

Nach der Entdeckung durch die Europäer ab 1516 wurde es Teil des spanischen Vizekönigreichs Peru (Schaffung des Vizekönigreichs Río de La Plata 1776). 1810 begann der Aufstand gegen die spanische Herrschaft; 1816 wurde formell die Unabhängigkeit der »Vereinigten Provinzen des Río de la Plata« erklärt. Im folgenden Bürgerkrieg gewannen 1825 die konservativen Föderalisten die Oberhand über die liberalen Zentralisten; ihr Anführer Juan Manuel de Rosas errichtete als Diktator seit 1835 den argentinischen Einheitsstaat. Nach Rosas' Sturz (1852) gab sich Argentinien die formell noch gültige Verfassung von 1853. Nach weiteren inneren Wirren (bis 1880) wurde Argentinien endgültig Bundesstaat. Um 1880 wurde Patagonien unterworfen, angegliedert und durch Europäer besiedelt, was den Untergang eines großen Teils der Indianer zur Folge hatte.

Im Umsturz von 1930 gewannen mithilfe des Militärs die konservativen Kräfte die Oberhand; 1943 übernahm das Militär selbst die Macht. 1946 wurde Juan Perón zum Präsidenten gewählt. Seine mit diktatorischen Mitteln betriebene Politik des sozialen Ausgleichs, der Industrialisierung und der Nationalisierung der Wirtschaft führte in eine schwere finanzielle Krise. Perón wurde 1955 vom Militär gestürzt und verbannt. Nach dem erneuten Übergang zur Zivilregierung wurde Perón 1973 wieder Präsident. Nach seinem Tod im Juli 1974 übernahm seine Witwe, Isabel Perón, die Präsidentschaft; 1976 wurde sie vom Militär gestürzt, dessen nachfolgende Herrschaft von schweren Menschenrechtsverletzungen geprägt war.

Die Niederlage im Krieg gegen Großbritannien um die Falkland-Inseln (1982) führte zum Rücktritt General Fortunato Galtieris und trug zur Beendigung der Diktatur bei. Aus den Wahlen von 1983 ging Raoul Alfonsín als Sieger hervor, der sich um die Festigung der Demokratie bemühte, die schwere Wirtschaftskrise aber nicht bewältigen konnte. Zu seinem Nachfolger wurde 1989 der Peronist Carlos Menem gewählt, dessen strikt neoliberale Wirtschaftspolitik (u.a. Privatisierung staatlicher Großunternehmen) ansatzweise Erfolge zeigte; in seiner zweiten Amtszeit lebten die Auseinandersetzungen um die schweren Menschenrechtsverletzungen unter der Militärdiktatur wieder auf, zudem wuchs die Kritik am autokratischen Regierungsstil Menems. Die Präsidentschaftswahlen 1999 gewann Fernando De la Rúa. Sein Scheitern im Bemühen um soziale Ausgleichsmaßnahmen und den Abbau der Staatsschulden führte 2001/02 zu Unruhen, die zu einem raschen Wechsel im Amt des Staatspräsidenten führten; unter Néstor Kirchner (seit 2003) stabilisierte sich die innenpolitische und wirtschaftliche Lage.

Arianismus, erstmalig im 4. Jh. bei Gregor von Nazianz belegte Bezeichnung für die Lehre des Arius und deren Fortentwicklung während der Glaubensstreitigkeiten um die göttliche Dreifaltigkeit (Trinität). Die Frage, wie der Glaube an einen einzigen Gott in Einklang zu bringen sei mit der Vorstellung von Christus als einem (weiteren) göttlichen Wesen, hatte Arius in seiner Schrift »Thalia« (»Gastmahl«) mit der Aussage beantwortet, Gott im Vollsinne sei nur Einer, er sei ungeworden und unteilbar. Der Sohn sei ein durch göttlichen Willen vor aller Zeit aus dem Nichts geschaffenes Wesen, er sei deshalb dem Vater wesensfremd und unähnlich. Damit werde das mit der Menschheit Gottes begründete Heil für die Menschen verringert. Der Streit brach offen aus, als Alexander, der Patriarch von Alexandria, 318 Arius exkommunizieren ließ.

Um diesen Arianischen Streit zu beenden, berief Kaiser Konstantin der Große das erste ökumenische Konzil nach Nicäa (325). Dabei wurden alle Formen des Arianismus abgewiesen. Nach Konstantins Tod brach der Streit erneut auf und führte zum Schisma. In späteren theologischen Auseinandersetzung wurde der Arianismus durch die Scheidung der (bislang synonymen) Begriffe Usia (Wesen) und Hypostase (Wesenswirklichkeit) überwunden, mit deren Hilfe man dann das allgemein rezipierte Bekenntnis »eine Usia in drei Hypostasen« formulieren konnte (Konzil von Konstantinopel, 381). Kaiser Theodosius setzte gegen den Arianismus die Ketzergesetzgebung in Gang. Die zur Zeit der Völkerwanderung in das Römische Reich eindringenden Germanen übernahmen das Christentum in der arianischen Form; hier hielt sich der Arianismus bis ins 7. Jh., besonders bei den Langobarden.

Ariernachweis, im nationalsozialistischen Deutschland für bestimmte Personengruppen geforderter Nachweis einer »rein arischen Abstammung« für die Großeltern; ein Element der nationalsozialistischen Rassenpolitik (»Arisierung«). Der Ariernachweis war durch eine beglaubigte Ahnentafel zu erbringen und wurde nach 1933 neben Beamten auch von allen Arbeitern bzw. Angestellten im öffentlichen Dienst, von Ärzten, Juristen und Schülern höherer Schulen erhoben. Nach dem Reichserbhofgesetz vom 29. 3. 1933 mussten Bauern den Ariernachweis bis 1800 (auch für den Ehepartner) erbringen, Gleiches galt für die Aufnahme in die NSDAP.

Ariovist, Heerkönig der germanischen Sweben (vielleicht der Triboker), † um 54 v. Chr.; die erste geschichtlich fassbare, von Caesar in »De bello Gallico« eindrucksvoll geschilderte Gestalt der Germanen. Ariovist kam an der Spitze rechtsrheinischer Stammesgruppen um 71 v. Chr. den gallischen Sequanern zu Hilfe gegen die Äduer, die er um 61 v.Chr. bei Magetobriga (am Oberlauf des Arar, der heutigen Saône) besiegte. Ariovist, der 59 v.Chr. einen Freundschaftsvertrag mit Rom schloss, nahm einen großen Teil des linksrheinischen Sequanergebiets in Besitz; germanische Stämme (Triboker, Nemeter, Wangionen) siedelten im heutigen Rheinhessen, der Pfalz und im Elsass. Dadurch fühlten sich die benachbarten Gallier bedroht und riefen Caesar zu Hilfe, der das von Ariovist geführte germanische Stammesaufgebot von etwa 25000 Kriegern 58 v.Chr. zwischen Belfort und Schlettstadt (wahrscheinlich bei Mülhausen) schlug. Mit der Niederlage von Ariovist war dem Vordringen der Germanen auf gallisches Gebiet für lange Zeit Einhalt geboten worden.

ARMADA. ***Gottes Atem***

1588 segelten etwa 50 schwer bewaffnete Kampfschiffe und 80 kleinere Fahrzeuge von Spanien nach Norden. Diese gewaltige Armada sollte in den Niederlanden weitere Truppen aufnehmen und dann nach England zur Invasion übersetzen. Bei der Fahrt durch den Kanal wurden die Spanier von den Engländern in Scharmützel verwickelt und durch Brandschiffe auseinander getrieben. Während der entscheidenden Schlacht vor Gravelingen wurden zwar nur vier spanische Schiffe versenkt, aber viele beschädigt. Tausende von Matrosen kamen ums Leben. Zur endgültigen Katastrophe führten schließlich heftige Stürme, die die fliehenden Schiffe vor Schottland und Irland zu Dutzenden auf die Klippen trieben. Englands Königin Elisabeth ließ Münzen prägen mit der Aufschrift: *»Gott blies und sie wurden zerstreut«.*

Arisierung, im nationalsozialistischen Deutschland verwendeter Begriff, der die schrittweise Ausgrenzung und Ausschaltung der Juden aus dem deutschen Berufs- und Wirtschaftsleben bezeichnet (→Rassengesetze, →Ariernachweis).

Aristides, griechisch **Aristeides,** athenischer Staatsmann und Feldherr, *bald nach 550 v.Chr., †um 467 v.Chr.; war einer der zehn Strategen bei Marathon (490) und 489/488 v.Chr. Archon. Als Gegner der Flottenbaupläne des Themistokles auf dessen Betreiben 482 durch das Scherbengericht (→Ostrakismos) verbannt, wurde Aristides 480 kurz vor der Schlacht bei Salamis zurückgerufen. Bei Platää befehligte er das athenische Aufgebot (479), in den Kämpfen bei Zypern und Byzanz (478) führte er das attische Flottenkontingent gegen die Perser. An der Gründung des 1. Attischen Seebundes war Aristides maßgeblich beteiligt. Seine Besonnenheit bei der Festsetzung der Steuerbeiträge der einzelnen Mitgliedsstaaten trug ihm später den Beinamen »der Gerechte« ein.

Arkadios, Arcadius, der erste oströmische Kaiser (395–408), *in Spanien um 377, †1.5.408, ältester Sohn Theodosius' I.; wurde 383 in Konstantinopel zum Augustus ausgerufen. Nach dem Tod seines Vaters (395) erhielt er den Osten des Römischen Reiches. Arkadios war ein schwacher Herrscher, politisch beeinflusst von Ratgebern und von seiner Gemahlin Eudokia. Unter Arkadios' Herrschaft wurde das Land von den Goten unter Alarich I. heimgesucht.

Armada [span. »bewaffnete Macht«], bis zum Beginn des 18.Jh. in Spanien allgemeine Bezeichnung für die Streitkräfte zu Land und zu Wasser, später nur für die Kriegsflotte. Im engeren Sinn steht der Begriff für die von Philipp II. 1588 gegen England ausgesandte spanische Flotte, die »unüberwindliche Armada«: 130 Kriegsschiffe mit fast 30000 Mann und 2630 Kanonen unter dem Kommando des seeunerfahrenen Herzogs von Medina Sidonia. Im Ärmelkanal kam es vom 31. 7. bis 8. 8. 1588 zu mehreren Schlachten gegen die von Lord Charles Howard und Sir Francis Drake geführte, zahlenmäßig unterlegene englische Flotte, die unentschieden endeten. Da die geplante Invasion Englands nicht ausgeführt werden konnte, trat die Armada den Rückzug an. Sie geriet dabei in schwere Stürme und erlitt hohe Verluste; nur wenige Schiffe erreichten Spanien. Der Untergang der Armada markierte den Beginn des Abstiegs der spanischen und des Aufstiegs der englischen Weltmacht.

Armagnaken, Söldner des Grafen Bernhard VII. von Armagnac, auf die dieser seit 1410 seine Herrschaft in Frankreich stützte. Wegen ihrer Plünderungen berüchtigt, wurden sie von Karl VII. von Frankreich gegen die schweizerischen Eidgenossen gesandt, von diesen 1444 in der Schlacht bei Sankt Jakob an der Birs geschlagen. In Schwaben und im Elsass hausten die Armagnaken noch bis 1445 weiter.

Armer Konrad, Bauernbund, der sich 1514 gegen Herzog Ulrich von Württemberg bildete (→Bauernkrieg).

Arminius, verdeutscht **Hermann,** Cheruskerfürst, *zwischen 18 und 16 v.Chr., †um 21 n.Chr.; Sohn des Segimer. Arminius kam etwa 8 v.Chr. nach Rom, er besaß das römische Bürgerrecht und die Ritterwürde. Zum Gegner der Römer wurde er, als der römische Statthalter in Germanien, P. Quinctilius Varus, dort römisches Recht und römisches Steuerwesen einführen wollte. Der germanische Aufstand begann wohl als Truppenrevolte, wurde aber von Arminius durch die Bildung einer Koalition der Cherusker mit benachbarten Stämmen ausgeweitet. Im September 9 n.Chr. vernichtete Arminius das römische Heer (rund 20000 Soldaten) in der Varusschlacht (bisher bekannt als »Schlacht im Teutoburger Wald«, nach neueren archäologischen Untersuchungen aber wahrscheinlich im Gebiet von Kalkriese;

BILD →Germanen). Der militärische Erfolg über die Römer machte Arminius zur bekanntesten Gestalt der germanischen Frühgeschichte. Die Rachefeldzüge des Tiberius und des Germanicus 14–16 n. Chr. konnten die römische Herrschaft nicht wieder herstellen und bildeten das Ende der römischen Offensive gegen die rechtsrheinischen Germanen. Als 15 n. Chr. Arminius seinen römerfreundlichen Schwiegervater Segestes in dessen Burg einschloss und dieser durch Germanicus befreit wurde, fiel Arminius' Gemahlin Thusnelda in römische Hände. Nach Kämpfen (seit 17 n. Chr.) gegen den Markomannenkönig Marbod wurde Arminius bei einem Aufstand der Cherusker von Verwandten, denen er zu mächtig geworden war, umgebracht. Der römische Historiker Tacitus würdigte Arminius in seinen »Annalen« als Befreier Germaniens.

Armutsstreit, die Auseinandersetzung innerhalb der Franziskaner um die Verpflichtung zur Armut. Die vom Ordensgründer Franziskus von Assisi eingeschärfte radikale Besitzlosigkeit ließ sich nicht durchhalten und zwang zu Kompromissen, die zur Unterscheidung zwischen (unerlaubtem) Besitz und (erlaubtem) Gebrauch von Gütern führten. Über dessen Umfang entstand in der zweiten Hälfte des 13. Jh. der praktische Armutsstreit zwischen kompromisswilliger Mehrheit (Konventualen) und radikaler Minderheit (Spiritualen), der sich in der ersten Hälfte des 14. Jh. zuspitzte. Von Papst Johannes XXII. 1323 verurteilt, flohen die Wortführer (Michael von Cesena, Wilhelm von Ockham) zu König Ludwig IV., dem Bayern, der den Armutsstreit im Kampf mit dem Papst auszunutzen suchte.

Arnulf von Kärnten, ostfränkischer König und letzter Kaiser aus karolingischem Haus (896–899), *um 850, †Regensburg (?) 8. 12. 899, natürlicher Sohn des ostfränkischen Königs Karlmann. Arnulf erhielt von seinem Vater 876 die Markgrafschaft Kärnten und wurde nach der Abdankung Karls III. (des Dicken) 887 zum König erhoben. Er besiegte am 1. 11. 891 die Normannen bei Löwen an der Dijle (heute Belgien) und kämpfte wiederholt gegen Swjatopluk von Mähren. Vom Papst gegen Markgraf Guido (Wido) aus Spoleto zu Hilfe gerufen, zog er 894 und nach Guidos Tod (895) nach Italien und wurde von Papst Formosus 896 zum Kaiser gekrönt. Sein Sohn und Nachfolger als ostfränkischer König war Ludwig das Kind.

Arras, Union von, niederländisch **Unie van Atrecht** ['yːni van 'atrɛxt], Zusammenschluss wallonischer Provinzen und Städte in den südlichen Niederlanden (Artois, Hennegau, Douai, Lille u. a.) am 6. 1. 1579, der vor allem den Schutz der katholischen Konfession zum Ziel hatte. Vorausgegangen war eine Radikalisierung der Kalvinisten in den nördlichen Provinzen; diese rief in den südlichen Provinzen eine katholisch-aristokratische Reaktion hervor, die sich der protestantischen und demokratischen Bewegung entgegenstellen wollte. Die Vertragspartner der Union von Arras wandten sich am 17. 2. 1577 von den Generalstaaten ab und schlossen mit dem spanischen König Philipp II. 1579 einen Sonderfrieden (Frieden von Arras). Die Antwort der nördlichen Provinzen war die Union von Utrecht. Beide Zusammenschlüsse und der Frieden von Arras leiteten schließlich die endgültige Teilung der Niederlande ein.

Arrian, griechisch **Arrianos,** lateinisch **Arrianus,** griechischer Schriftsteller, *etwa 95, †175, aus Nikomedia in Bithynien. Arrian war etwa 128/129 römischer Konsul und nach 130 Statthalter von Kappadokien. Seine »Anabasis« Alexanders des Großen ist die wichtigste Quelle für dessen Geschichte.

Arsakiden, parthische Dynastie, die aus dem Steppenvolk der Parner (östlich des Kaspischen Meeres) stammt und zuerst in Parthien und Hyrkanien, später im ganzen iranischen Raum zur Herrschaft gelangte. Als Ahnherr gilt Arsakes I., doch gewann wohl erst der zweite Herrscher, Tiridates, die volle Unabhängigkeit von den Seleukiden (um 230 v. Chr.). In der Schlacht bei Karrhai (53 v. Chr.) unterlag der römische Konsul Licinus Crassus den gepanzerten Reitereinheiten des Arsakiden Orodes I. (57–37 v. Chr.). Streitgegenstand zwischen Rom und den Arsakiden war Armenien. Viele römische Kaiser haben ohne nachhaltige Erfolge Kriege gegen die Parther geführt (Trajan, Septimius Severus, Caracalla). Der letzte Arsakide, Artabanus V., unterlag 224 n. Chr. den →Sassaniden. Eine Seitenlinie regierte vom 1. Jh. n. Chr. bis 428 in Großarmenien.

Artaxerxes I. Makrocheir [griech. »Langhand«], †424 v. Chr.; wurde nach der Ermordung seines Vaters Xerxes I. durch den Günstling Artabanus von diesem auf den Thron gebracht und beseitigte seinerseits wenig später den Mörder seines Vaters. Während seiner insgesamt friedlichen Regierung (465–425 v. Chr.) hatte er wiederholt gegen Aufstände zu kämpfen. 448 schloss er mit Athen den →Kalliasfrieden, der die →Perserkriege beendete.

Artaxerxes II. Mnemon [griech. »der Gedenkende«]; regierte als Nachfolger seines Vaters Dareios II. von 404 bis 359/358 v. Chr. Artaxerxes II. blieb 401 Sieger im Aufstand seines jüngeren Bruders Kyros und wurde nach dem Sieg über die spartanische Flotte bei Knidos (394) und dem Frieden des Antalkidas (386) zum Schiedsrichter der zerstrittenen griechischen Stadtstaaten.

Artaxerxes III. Ochos, †(ermordet) 338 v. Chr., Sohn und Nachfolger von Artaxerxes II.; regierte seit 359 v. Chr. und sicherte die Königsherrschaft gegen Aufstandsbestrebungen von Angehörigen und Satrapen; eroberte 343 v. Chr. das seit 404 wieder unabhängige Ägypten.

Asarhaddon, akkadisch **Aschur-iddina,** König von Assyrien (seit 680 v. Chr.), †669 v. Chr.; erlangte die Macht nach der Ermordung seines Vaters Sanherib und dem darauf folgenden Bürgerkrieg. Nach erfolgreichen Feldzügen in Kleinasien (u. a. gegen die Kimmerier) und der Sicherung der assyrischen Herrschaft in Syrien und Palästina eroberte er 671 Ägypten bis Memphis.

Ashoka [-ʃ-], **Aschoka, Asoka,** indischer Kaiser (273/um 268–232 v. Chr.) aus der Mauryadynastie, †232 v. Chr. Ashoka schuf das erste indische Großreich, das fast den gesamten indischen Subkontinent sowie große Teile Afghanistans umfasste; Hauptstadt war Pataliputra (heute Patna). Nach der blutigen Eroberung von Kalinga (heute Orissa) wurde er Anhänger und Förderer des Buddhismus und betrieb nun eine friedliche Außenpolitik. Seinen Untertanen verkündete er die buddhistische Ethik in vielen Felsinschriften und Säulenedikten (Ashokainschriften). Sie geben ein lebendiges Bild des von ihm erstrebten Wohlfahrtsstaates mit Hospitälern für Menschen und Tiere.

Asien, der größte Erdteil, umfasst einschließlich seiner Inseln eine Fläche von rund 44,4 Mio. km², das sind 33 % der Landfläche der Erde.

VOR- UND FRÜHGESCHICHTE: Asien war schon in der Altsteinzeit besiedelt. Um 8000 v. Chr. entstanden einerseits in Vorderasien und Kleinasien, andererseits in Südostasien jungsteinzeitliche Bauernkulturen (Hinterindien). Seit dem 4. Jt. v. Chr. bildete sich in Südostasien, etwas später in Vorderasien die Bronzezeit heraus, die zuerst in den Stromtälern Mesopotamiens (mittlerer und unterer Euphrat und Tigris), dann auch Vorderindiens (Indus) und Chinas (Hwangho) bald Hochkulturcharakter annahm. In Mesopotamien und einzelnen Teilen Syriens reichen die Geschichtskenntnisse bis in vorchristliche Jahrtausende zurück (Kultur der Sumerer, um 3000 v. Chr.). Vorderasien und Indien werden durch den Indogermaneneinfall (nach 1500 v. Chr., Arier) historisch fassbar; etwa gleichzeitig beginnt die sichere Kunde aus China (Shangdynastie, 16.–11. Jh. v. Chr.). In den weniger siedlungs- und verkehrsgünstigen Gebieten dauerte die vorgeschichtliche Zeit wesentlich länger an, in Teilen Sibiriens bis zur Neuzeit. Der Gegensatz zwischen den Hochkulturen der Stromtäler und den Nomaden Zentralasiens und Arabiens blieb lange bestimmend.

ALTERTUM: Vom 6. bis 4. Jh. v. Chr. umfasste das persische Großreich ganz Kleinasien und Syrien und reichte im Osten bis zum Indus. Sein Erbe übernahm Alexander der Große, nach dessen Tod die asiatischen Länder seines Reiches unter die Herrschaft der Seleukiden fielen, während östlich des Indus Candragupta das Mauryareich begründete. Auf dem Boden des Seleukidenreichs entstanden später im Osten das Baktrische Reich (seit 238 v. Chr.), in Iran das Partherreich (247 v. Chr.) und in Kleinasien das Pergamenische Reich (um 280 v. Chr.). Selbstständige Staaten waren auch Bithynien, Kappadokien, Pontos und Armenien. Nach dem Tod des pergamenischen Königs Attalos III. (133 v. Chr.) fiel der Westteil Kleinasiens an die Römer, die das ehemals Pergamenische Reich zur Provinz Asia machten. Unter Pompeius 65/64 v. Chr. und in der Kaiserzeit (bis 43 n. Chr.) wurden auch die übrigen Teile Kleinasiens und Syrien römische Provinzen, zeitweise auch Mesopotamien. Das Christentum fand in Kleinasien bereits früh Eingang (Reisen des Apostels Paulus) und breitete sich hier und besonders in Syrien, seit dem 4. Jh. auch in Armenien, schnell aus. Im 7. Jh. eroberten die unter dem Islam geeinten Araber den größten Teil des südlichen Vorderasien. In Kleinasien und am Bosporus blieb jedoch das Oströmische (Byzantinische) Reich mächtig. Es hielt auch gegen die aus Zentralasien kommenden Nomadenvölker (Hunnen, Awaren, Ungarn, Turkvölker) stand, die teilweise bis Westeuropa gelangten.

MITTELALTER: Das nach zahlreichen Heerzügen von Dschingis Khan und seinen Nachfolgern im 13. Jh. begründete Weltreich der Mongolen vereinigte erstmals große Teile Vorder-, Mittel- und Ostasiens, wobei es das zerfallende Kalifenreich beseitigte (1258) und auch Hinterindien und Korea (nicht aber Japan) erreichte. China, das als »Reich der Mitte« lange Zeit eine dominierende Stellung innehatte (mit starkem kulturellem Einfluss auf die Nachbarvölker), geriet im 13./14. Jh. unter mongolische Herrschaft und konnte erst unter der Mingdynastie (1368–1644) wieder imperiale Ausmaße erreichen. Timurs Feldzüge (um 1400) schwächten die Türken in Vorderasien vorübergehend; diese bereiteten mit der Eroberung Konstantinopels (1453) dem Byzantinischen Reich ein Ende. Für die Verbindung zwischen Asien und Europa hatte die Entdeckung des Seewegs um Südafrika nach Indien (1497/98) weit reichende Bedeutung. Die islamische Welt verlor dadurch ihre Bedeutung als Sperrriegel zwischen Europa und Süd- sowie Ostasien. Hinterindien, das mehrfach von mongolischen und südchinesischen Einwanderungswellen erfasst wurde, war mit Ausnahme Annams in den ersten nachchristlichen Jahrhunderten eine indische und im Süden zwischen 1300 und 1600 eine islamische Kulturprovinz.

Asien. Entkolonisierung (1948–1975)

NEUZEIT: Seit Beginn des 16. Jh. wurde das islamische Gebiet von den Safawiden in Persien, den Großmoguln in Indien und vom Osmanischen Reich beherrscht. Die Machtkonstellation in Asien änderte sich im 18. Jh. mit dem Untergang der Safawiden sowie dem Machtrückgang der Großmoguln und des Osmanischen Reiches. Russland begann durch die Eroberung Sibiriens (seit 1582) ein Machtfaktor in Nord- und Ostasien zu werden. Seit Peter I., dem Großen, trat die Auseinandersetzung mit dem Osmanischen Reich hinzu. Nachdem bereits im Zeitalter der großen Entdeckungen die Erschließung Asiens durch die Portugiesen, Niederländer und Spanier als Kolonialgebiet einsetzte, traten dort seit dem 18. Jh. die Briten und seit dem 19. Jh. auch die Franzosen als Kolonialmächte auf. Bis um 1850 bemächtigte sich Russland des Kasachischen Gebiets, 1865/67 des westlichen Turkestans.

Die wachsenden Stärke Russlands führte im 17. Jh. zu Grenzkonflikten. Im 19. Jh. verlor China Gebietsteile im Norden durch die Verträge von Aigun 1858 und Peking 1860 an das Russische Reich. Der Opiumkrieg 1840–42, der Boxeraufstand 1900 sowie innere Auseinandersetzungen erwiesen Chinas Schwäche. Japan stieg seit seiner Öffnung für Amerikaner und Europäer (1854) und der 1868 einsetzenden gesellschaftlichen Modernisierung (Meijireform) rasch zu einer Großmacht auf, behauptete seine Stellung in den Kriegen gegen China (1894/95) und Russland (1904/05) und dehnte mit der Annexion Koreas (1910), der Mandschurei (1931) und großer Teile Chinas (ab 1937) seinen Machtbereich in Ostasien aus. Mit dem Zusammenbruch des Osmanischen Reiches im Ersten Weltkrieg (1918) gerieten Palästina und Mesopotamien (Irak) unter britischen Einfluss, Syrien unter französische Herrschaft. Ibn Saud schuf durch Unterwerfung eines großen Teils der arabischen Halbinsel das Königreich Saudi-Arabien. Die Türkei unter Kemal Atatürk und Iran unter Resa Schah erfuhren eine sich an Europa orientierende innere Erneuerung. In den Kolonialgebieten Süd- und Südostasien (Britisch-Indien, Niederländisch-Indien, Französisch-Indochina) erstarkten die nach 1900 entstandenen Nationalbewegungen besonders während der beiden Weltkriege.

GEGENWART: Im Zweiten Weltkrieg nutzte das zum Dreimächtepakt gehörende Japan die Schwäche der europäischen Kolonialmächte, um Südostasien zu erobern, und konnte erst durch die militärisch überlegenen USA besiegt werden. Mit der in der Nachkriegszeit einsetzenden Entkolonialisierung und dem oft erzwungenen Rückzug der europäischen Mächte aus ihren Herrschaftsgebieten (z.B. Frankreichs im Indochinakrieg 1946–54) entstanden dort neue Staaten, u.a. Indien, Pakistan, Indonesien, Malaysia. Zahlreiche asiatische Länder sahen sich nach Erlangung ihrer Unabhängigkeit mit enormen wirtschaftlichen Problemen, einer anhaltenden Bevölkerungsexplosion (besonders China), einer Vielzahl ethnisch-religiöser Konflikte (u.a. Indien, Sri Lanka), Gebietsstreitigkeiten (z.B. zwischen Indien und Pakistan um Kaschmir) und mit Bürgerkriegen (z.B. China 1945–49, Vietnam 1957–75, Ost-Pakistan [heute Bangladesh] 1971/72, Kambodscha 1970–75 und 1979–91, Libanon 1975–90/91, Jemen 1986 und 1994) konfrontiert. Die Neugliederung in zahlreichen Regionen Asiens führte besonders seit 1945 zu großen Flüchtlingsbewegungen, z.B. in Indien und Südostasien.

Der europäische Einfluss in Asien wurde durch ein wachsendes politisch-militärisches Gewicht der USA zurückgedrängt. Die nicht paktgebundenen Staaten Asiens bemühten sich zusammen mit denen Afrikas um ein eigenes weltpolitisches Gewicht im Rahmen der Bewegung blockfreier Staaten. 1967 entstand die ASEAN. Japan konnte trotz seiner Niederlage im Zweiten Weltkrieg im Verlauf der 1950er- und 1960er-Jahre wieder eine bedeutende Stellung in Ostasien gewinnen und sich zu einer wirtschaftlichen Großmacht entwickeln; neben Japan stiegen in den 1980er-Jahren auch Süd-Korea, Taiwan, Singapur und Hongkong zu bedeutenden Wirtschaftsmächten in Ost- und Südostasien auf. Neben China (seit 1949 Volksrepublik), das zu einer weltpolitisch bedeutsamen Macht wurde und seit den 1950er-Jahren in einen Interessengegensatz zur Sowjetunion geriet, etablierten sich zunächst in Nord-Korea (1948) und Nord-Vietnam (seit 1955, Verfassung 1960), später auch in Laos und Kambodscha kommunistische Regime.

Ausgehend von der Proklamation einer »Islamischen Republik« in Iran (1979) verstärkten sich fundamentalistische Bestrebungen zur unmittelbaren Verankerung des Islam in Staat und Gesellschaft (in einer Reihe von Ländern Festlegung des Islam als Staatsreligion, z.T. Einführung der Scharia). Die instabile politische Situation in zahlreichen asiatischen Ländern äußerte sich u.a. im verschiedentlichen Wechsel von parlamentarischer Regierung zu Militäradministrationen (u.a. 1988 in Birma, 1991/92 in Thailand, 1999 zum wiederholten Mal in Pakistan), v.a. aber in ethnischen, politisch-sozialen, separatistischen oder auch religiösen Protestbewegungen und Konflikten (z.B. auf den Philippinen seit 1973, in Indonesien [Aceh, Irian Jaya, Molukken, Westkalimantan, Ost-Timor], in Sri Lanka seit 1983 [Tamilen], in Indien 1984 [Punjab] und seit 1990 [Jammu and Kashmir]).

Im Unterschied zu Mittel- und Osteuropa konnten sich auch nach 1989/91 in Asien mehrere kommunistische Regime an der Macht halten (China, Vietnam, Nord-Korea, Laos). Sie sahen sich jedoch (mit Ausnahme Nord-Koreas) zu einer stärkeren Öffnung und wirtschaftlichen Reformen veranlasst; politische Reformen hingegen unterblieben weitgehend. Im Zuge des Zusammenbruchs der UdSSR (1991) entstanden neue unabhängige Staaten in Zentralasien (Kasachstan, Kirgistan, Tadschikistan, Turkmenistan und Usbekistan) sowie in Transkaukasien (Armenien, Aserbaidschan und Georgien). Schwere Auseinandersetzungen zwischen verschiedenen Ethnien, militärische Konflikte zwischen einzelnen Staaten und Machtkämpfe zwischen den alten kommunistischen Führungseliten und nationalistischen Bewegungen oder zwischen laizistischen und religiös-fundamentalistischen Kräften ließen diese Region zu einem äußerst instabilen Raum werden (u.a. Militärinterventionen Russlands in Tschetschenien 1994–96 und seit 1999). Das von den Taliban in Afghanistan errichtete radikalislamische Herrschaftssystem, das auch Personen Unterschlupf bot, die als Drahtzieher der Terrorangriffe auf die USA vom 11. 9. 2001 verdächtigt wurden, wurde 2001 durch eine von den USA geführte Militäraktion beseitigt. 2002 wurde Osttimor unabhängig. Im Irakkrieg stürzte 2003 das Regime Saddam Husains.

Herbert Henry Asquith

Hafis al-Assad

Askanier, deutsches Grafen- und Fürstengeschlecht, benannt nach der Grafschaft Aschersleben (Ascharien, danach mythologisierend Askanien [Ascanius, Sohn des Äneas]). Ältester bekannter Angehöriger ist im 11. Jh. Esiko von Ballenstedt, Erbe des Markgrafen Hodo von der Ostmark. Sein Sohn Adalbert, ein Gegner Heinrichs IV., heiratete Adelheid von Orlamünde. Von Adalberts Söhnen folgte Otto der Reiche als Graf im Schwabengau, während Siegfried als Nachfolger seines Stiefvaters Pfalzgraf bei Rhein wurde. Ottos Erhebung zum Herzog von Sachsen 1112 blieb Episode. Auch sein Sohn Albrecht der Bär konnte sich als Herzog gegen die Welfen nicht behaupten und verzichtete 1142; er wurde zum Gründer der Mark Brandenburg (1134). Bei der Teilung seiner Herrschaft unter seine Söhne (1170) erhielt Otto Brandenburg, Hermann Orlamünde, Albrecht Ballenstedt, Dietrich Werben und Bernhard Aschersleben. Bernhard (III.) wurde 1180 Herzog von Sachsen, sein Sohn Heinrich I. gründete die Linie Anhalt, die, geschwächt durch mehrere Teilungen (zuletzt im 17. Jh.), bis 1918 herrschte. Die anderen Linien starben frühzeitig aus.

Asquith [æskwɪθ], Herbert Henry, Earl (seit 1925) of Oxford and Asquith ['ɔksfəd], englischer Politiker, *Morley (County West Yorkshire) 12. 9. 1852, †London 15. 2. 1928; war liberaler Abgeordneter seit 1886, 1892–95 Innenminister und wurde 1905 Schatzkanzler. Als Premierminister (seit 1908) verfolgte er eine fortschrittliche Verfassungs- und Sozialpolitik. Asquith wurde 1916 durch David Lloyd George abgelöst und war bis 1926 Führer der liberalen Opposition im Unterhaus.

Assad,

1. Baschar al-, syrischer Politiker, *Damaskus 11. 9. 1965, Sohn von Hafis al-Assad. Assad wurde nach dem Tod seines Vaters formell zum Oberkommandierenden der Streitkräfte (11. 6. 2000) und zum Generalsekretär der Baath-Partei in Syrien ernannt sowie – nach Änderung der Verfassung – zum Präsidenten gewählt.

2. Hafis al-, syrischer General (seit 1964) und Politiker, *Kardaha (bei Latakia) 6. 10. 1930, †Damaskus 10. 6. 2000; Vater von Baschar al-Assad; Assad gehörte der schiitischen

Sekte der Nusairier (Alawiten) an. 1966–70 war er Oberbefehlshaber der Luftstreitkräfte und Verteidigungsminister. Am 2. 3. 1971 übernahm er das Amt des Staatspräsidenten (1978, 1985, 1991 und 1999 wieder gewählt). Seit Ende 1970 war er zugleich Generalsekretär der Baath-Partei. Mit seiner pragmatisch orientierten Politik erstrebte Assad vor allem eine regionale Führungsrolle Syriens in der arabischen Welt (u.a. 1991 im 2. Golfkrieg aufseiten der antiirakischen Koalition unter Führung der USA) und – in einer harten Linie gegenüber Israel – (erfolglos) eine Rückgabe der 1967 verlorenen Golanhöhen. Seit Ende 1991 war er bemüht, seine autokratische Herrschaft ansatzweise zu liberalisieren.

Assassinen [Etymologie unklar, möglicherweise arab. »Haschischraucher«], die wohl erst später üblich gewordene Bezeichnung eines im 11. Jh. von den schiitischen Ismailiten abgespaltenen Geheimbundes, der seinen Führern zu blindem Gehorsam verpflichtet war. Der Gründer, der Perser Hasan Ibn Sabbah, bemächtigte sich 1090 der nordpersischen Bergfestung Alamut. Von diesem Stützpunkt aus bedrohten er und seine Nachfolger die muslimischen Fürsten und die Kreuzfahrer mithilfe von Meuchelmördern (daher das französische Wort assassin »Mörder«). Der Führer der Assassinen im syrischen Bergland hieß »Alter vom Berge«; zur Erhaltung der eigenen Macht suchte er die Kreuzfahrer und den Sultan Saladin gegeneinander auszuspielen. Der persische Zweig der Assassinen wurde 1256 von den Mongolen vernichtet, in Syrien wurde ihrer Macht 1272 von den Mamelucken ein Ende gesetzt.

Assignaten [französ.; zu latein. assignare »anweisen«, »zuteilen«], ursprünglich das Papiergeld der Französischen Revolution. Auf die enteigneten geistlichen und königlichen Güter wurden 1789 auf Beschluss der Verfassunggebenden Nationalversammlung Assignaten in Umlauf gesetzt. Sie waren zunächst verzinsliche Staatsobligationen zur Deckung des Haushaltsdefizits, wurden aber durch übermäßige Ausgaben fast völlig entwertet, am 19. 2. 1796 außer Kurs gesetzt und zu einem Dreißigstel ihres Nennwertes gegen ein neues Papiergeld, die Territorialmandate, umgetauscht. Am 21. 5. 1797 wurden sämtliche Assignaten für ungültig erklärt.

Assise [französ. zu asseoir »(hin-, nieder)setzen«], seit dem 12. Jh. in der Normandie und in England die Versammlung der Vasallen unter Vorsitz ihres Lehnsherrn oder des vom König delegierten Reiserichters, sodann die von ihnen beschlossenen und kodifizierten Gesetze, z.B. die Assise von Jerusalem (1099), das in den Königreichen Jerusalem und Zypern geltende Rechtsbuch. Seit dem 13. Jh. wurden in England, Frankreich und den Kreuzfahrerstaaten auch der Gerichtshof selbst und seine Geschworenen (Jury) Assise genannt.

Assurbanipal, akkadisch **Aschur-bani-apli,** griechisch **Sardanapal,** assyrischer König (668 bis etwa 627 v.Chr.), Sohn des Asarhaddon; stellte im Kampf gegen seinen älteren Bruder Schamasch-schum-ukin, der vom Vater als König von (Nord-)Babylonien eingesetzt worden war, die Reichseinheit wieder her und eroberte 648 v.Chr. Babylon nach schwerem Kampf. Ägypten ging während seiner Regierung verloren.

Assyrien.
Im Palast des Assurbanipal in Ninive schilderten riesige Reliefs den 653 v.Chr. erfochtenen Sieg der Assyrer über Tempthumban-Inschuschinak, den König von Elam (7. Jh. v.Chr.; London, Britisches Museum).

Assyrien, akkadisch **Aschur,** im Altertum das Gebiet am mittleren Tigris um die Stadt Assur, heute der nördliche Teil von Irak.

ANFÄNGE: Der Name der Stadt Assur ist seit der Mitte des 3. Jt. v.Chr. schriftlich bezeugt. Seit dem 2. Jt. v.Chr. ist Assur als Zentrum eines Kleinstaates nachweisbar, der in die großen mesopotamischen Reichsbildungen (Reiche von Akkad und der 3. Dynastie von Ur) einbezogen wurde. Um 1950 v.Chr. wurde Assur unabhängig und entwickelte sich zu einer Drehscheibe des Handels. Assyrische Kaufleute gründeten Handelsniederlassungen in Anatolien (Kanisch) und organisierten dort auch den Binnenhandel. Im 18. Jh. v.Chr. verlor Assur vorübergehend seine Selbstständigkeit; vom 17. bis 15. Jh. v.Chr. bleibt die assyrische Geschichte weitgehend im Dunkeln. Um 1600 v.Chr. kam in Assur die Dynastie des Adasi an die Macht, aus der alle folgenden Könige stammen. Mit Assur-Uballit I. wurde Assyrien wieder zu einem wichtigen politischen

Faktor. Es dehnte seine Macht in Obermesopotamien beträchtlich aus und wurde so zum Nachbarn und Rivalen des in dieser Zeit ebenfalls stark expandierenden Reichs der Hethiter. Gleichzeitig wurden Gebiete südöstlich von Assur erobert; daraus erwuchs ein Konflikt mit Babylonien, der am Ende des 13. Jh. v. Chr. in der Eroberung Babylons gipfelte. Auf die langen und erfolgreichen Regierungen der drei bedeutendsten mittelassyrischen Könige Adad-Nerari I., Salmanassar I. und Tukulti-Ninurta I. folgte ein rascher Niedergang; zeitweise war nun Babylonien in der Lage, in die innerassyrischen Verhältnisse einzugreifen.

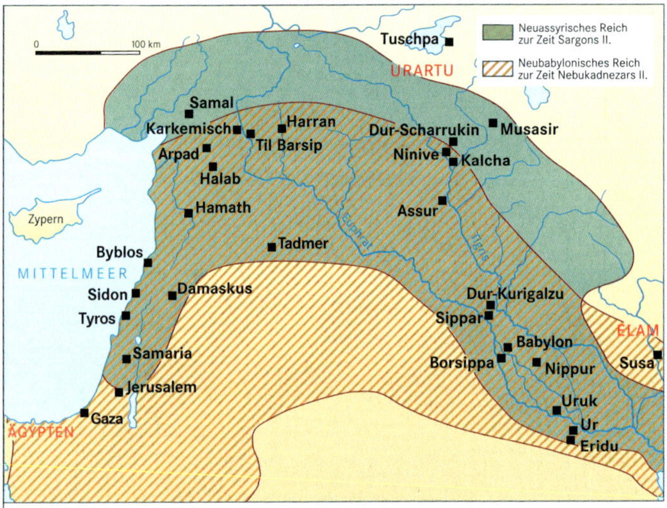

Assyrien. Neuassyrisches und Neubabylonisches Reich

VORMACHT IM ALTEN ORIENT: Erst gegen Ende des 10. Jh. v. Chr., insbesondere unter Assurnasirpal II. und Salmanassar III., erfolgte der Aufstieg zur wichtigsten Macht Vorderasiens. Hauptgegner Assyriens waren zunächst die aramäischen Staaten Obermesopotamiens und Syriens. Mit dem ostanatolischen Urartu, dem Reich der Urartäer, entstand in dieser Zeit ein gefährlicher Gegner für Assyrien. Nach dem Tod Salmanassars III. nahm die später als Semiramis in die Legende eingegangene Königin Sammu-Ramat einen bestimmenden Einfluss auf die Regierung. Erst Tiglatpileser III. ergriff wieder die Initiative; er besiegte eine Koalition zahlreicher syrischer und kleinasiatischer Staaten unter Einschluss Urartus in Nordsyrien, eroberte mehrere Städte an der phönikischen Küste und Damaskus (732 v. Chr.). Er eroberte auch das unter der Herrschaft aramäischer Stämme stehende Babylon und nahm die Königswürde der Stadt an. Sein Nachfolger Salmanassar V. nahm 722 Samaria ein und deportierte die Bevölkerung Israels. Durch einen Staatsstreich kam Sargon II. auf den Thron. Er knüpfte in seinem Herrschaftskonzept an den legendenumwobenen Gründer des ersten mesopotamischen Großreichs, Sargon von Akkad, an. Er errichtete eine neue Residenz (Dur-Scharrukin), die aber nach seinem Tod zugunsten von Ninive aufgegeben wurde. Sanherib zerstörte im 7. Jh. v. Chr. das immer wieder aufständische Babylon.

NIEDERGANG: Während Assyrien im Westen weiterhin die Kontrolle behielt und 671 v. Chr. sogar Ägypten erobern konnte, fand es im Osten in den Medern und Elamern starke Gegner. Unter dem letzten bedeutenden König, Assurbanipal, wurde das Reich zunächst durch einen Zwist mit dessen in Babylon regierendem Bruder geschwächt. Trotz eines letzten großen militärischen Erfolgs, des Sieges über das neuelamische Reich (640/639 v. Chr.), vollzog sich nach Assurbanipals Tod ein rascher Machtverfall: Babylonien wurde 625 v. Chr. unter Nabopolassar unabhängig und griff ein Jahrzehnt später seinerseits Assyrien an. Nachdem auch die Meder unter Kyaxares sich dem Angriff angeschlossen hatten, ging der assyrische Staat in wenigen Jahren unter. 614 v. Chr. wurde Assur, 612 v. Chr. Ninive erobert und zerstört.

Atahuạlpa, letzter Herrscher des Inkareiches vor der spanischen Eroberung durch Francisco Pizarro, * 1502, † Cajamarca 29. 8. 1533. Atahualpa war der Lieblingssohn des Inka Huayna Capac und erhielt nach dessen Tod (1527) das Teilreich Quito. Im Februar 1532 stürzte er seinen Stiefbruder Huáscar, den legitimen Thronerben in Cuzco, und einigte das Reich. Am 15. 11. 1532 traf er in Cajamarca mit Pizarro zusammen, wurde gefangen gesetzt und hingerichtet.

Atatụrk, türkischer Politiker, → Kemal Atatürk.

Atlạntikcharta, englisch **Atlantic Charter** [ət'læntɪk 'tʃar-], acht Punkte umfassende, gemeinsame Erklärung des amerikanischen Präsidenten Franklin D. Roosevelt und des britischen Premierministers Winston Churchill. Sie wurde am 14. 8. 1941 an Bord des britischen Schlachtschiffs »Prince of Wales« in der Placentia Bay vor Argentia (Neufundland) veröffentlicht. Die Atlantikcharta forderte den Verzicht auf Annexionen, das Selbstbestimmungsrecht der Völker vor allem bei der Wahl ihrer Herrschaftsformen, freien und gleichberechtigten Zugang zu den Rohstoffen der Erde sowie den Aufbau eines kollektiven Sicherheitssystems unter vollständiger Entmilitarisierung von Staaten, die sich der Aggression schuldig gemacht haben.

Die Atlantikcharta wurde Grundlage der Erklärung über die → Vereinten Nationen (1. 1. 1942). Die von den »Großen Drei« (Roosevelt, Churchill, Stalin) auf der Jalta-Konferenz abgegebene »Erklärung über das befreite Europa« (11. 2. 1945) nahm direkt Bezug auf sie; ihre Prinzipien gingen in den Katalog der

Ziele und Grundsätze der »Charta der Vereinten Nationen« (26. 6. 1945) ein.

Atlantikwall, im Zweiten Weltkrieg errichtete deutsche Befestigungsanlagen an der niederländischen, belgischen und französischen Küste. Sie wurden 1942–44 unter Einsatz von Zwangsarbeitern gebaut und sollten amphibische Großlandungen der Alliierten verhindern. Der Atlantikwall wurde bereits am ersten Tag der Invasion in der Normandie (6. 6. 1944) durchbrochen.

Attalos I. Soter (»der Retter«), *269 v. Chr., †197 v. Chr.; folgte 241 v. Chr. seinem Vetter Eumenes I. in der Regierung und nahm um 238 v. Chr. nach einem entscheidenden Sieg über die Galater als erster pergamenischer Herrscher den Königstitel an. Zeitweilig (228–222 v. Chr.) konnte er seine Macht auf ganz Kleinasien ausdehnen. Im 1. und 2. Makedonischen Krieg kämpfte Attalos aufseiten Roms gegen Philipp V. von Makedonien.

Attila [gotisch »Väterchen«], mittelhochdeutsch **Etzel,** König der Hunnen (434–453), †453. Attila regierte seit 434 mit seinem Bruder Bleda, nach dessen Ermordung (445) allein über die hunnischen Stämme. Mittelpunkt seiner Herrschaft war Ungarn; sein Reich dehnte sich im Osten bis zum Kaukasus aus, im Westen fast bis zum Rhein. Er zwang 448 Ostrom zu einem jährlichen Tribut. 451 drang er bis zur Loire vor und wurde in der Schlacht auf den →Katalaunischen Feldern (westlich von Troyes) von den Westgoten, Burgundern, Franken und anderen Germanen geschlagen. 452 fiel Attila in Italien ein, kehrte jedoch, angeblich von Papst Leo I. als kaiserlichem Gesandten dazu bewogen, vor Rom wieder um und starb bald darauf. Sein Reich zerfiel, doch in Sagen und Liedern lebte die Erinnerung an ihn fort.

Attischer Seebund, die Vereinigung der Insel- und Küstenstädte des Ägäischen Meeres durch Athen im 5. und 4. Jh. v. Chr. Der 1. Attische Seebund (Delisch-Attischer Seebund) wurde 477 v. Chr. als Kampfgemeinschaft zur Vertreibung der Perser aus der Ägäis gegründet und bestand bis zum Ende des →Peloponnesischen Krieges (404 v. Chr.). Der 2. Attische Seebund entstand 378 v. Chr. zur Abwehr der drohenden Vorherrschaft Spartas; er hielt sich bis zur Errichtung der makedonischen Hegemonie (338 v. Chr.).

Attlee ['ætlɪ], Clement, Earl (seit 1955), englischer Politiker, *London 3. 1. 1883, †ebenda 8. 10. 1967; trat 1907 der Fabian Society bei und schloss sich der Labour Party an; war 1922–55 Mitglied des Unterhauses, 1931–35 stellvertretender Vorsitzender und 1935–55 Vorsitzender der Labour Party. In der von Winston Churchill geführten Koalitionsregierung (1940–45) war er u. a. 1942–45 stellvertretender Premierminister. Nach dem Wahlsieg seiner Partei wurde Attlee 1945 Premierminister. Seine Regierung führte ein umfangreiches Verstaatlichungsprogramm durch und begründete den unentgeltlichen staatlichen Gesundheitsdienst. Mit der Aufgabe Britisch-Indiens (1947) und dem Rückzug aus Palästina (1948) leitete Attlee im britischen Weltreich die Entkolonialisierung ein. Er trug wesentlich zur stärkeren Bindung der USA an Europa und zur Gründung der NATO bei.

ATTILA. ***Geißel Gottes***

452 fielen Attilas Scharen in Norditalien ein. Der Weg nach Rom stand offen. Papst Leo I. ritt dem Hunnenkönig nach Mantua entgegen. Auch die beiden Apostelfürsten Petrus und Paulus sollen mit der Waffe in der Hand zum Schutze Roms und der römischen Kirche herbeigeeilt sein. Erschrocken über diese Vision, habe die »Geißel Gottes«, wie man den Hunnenfürsten seit dem 9. Jh. nannte, den Rückzug angetreten. Ein Jahr später starb Attila in der Hochzeitsnacht an der Seite einer germanischen Prinzessin. Die Germanen hatten in ihm nie ein »Ungeheuer« erkannt – der gotische Name »Attila« (der hunnische ist nicht bekannt) bedeutet »Väterchen«, und das Nibelungenlied sieht in Attila den gerechten Fürsten.

Aufklärung, Bezeichnung für eine geistesgeschichtliche Epoche, die Ende des 17. Jh. begann (Aufklärungszeitalter).

GRUNDZÜGE: Charakteristisch für das Denken der Aufklärung ist ein Erkenntnisprozess, der dem Grundanliegen verpflichtet ist, dem Menschen mithilfe der Vernunft zum »Ausgang aus seiner selbst verschuldeten Unmündigkeit« (Immanuel Kant) zu verhelfen. Grundlage der verschiedenen Richtungen der Aufklärung ist die Vorstellung, dass die Vernunft das Wesen des Menschen darstelle, wodurch alle Menschen gleich seien (Egalitarismus) und die Vernunft als einzige und letzte Instanz befähigt sei, über Wahrheit und Falschheit von Erkenntnissen zu entscheiden und die in ihrer Gesamtheit vernünftig angelegte Welt zu erkennen (Vernunftoptimismus). Hieraus folgt eine am Modell naturwissenschaftlicher Erkenntnis orientierte Kritik an allen autoritätsbezogenen, irrational bestimmten Denkweisen, besonders am Weltbild des christlichen Offenbarungsglaubens, an jeder Metaphysik und allem Aberglauben. Die Loslösung des seiner Natur nach als gut gedachten und nur durch Entfernung von dieser Natur »depravierten« (verderbten) Menschen aus seinen Abhängigkeiten soll durch Anleitung zum freiheitlichen, autonomen Vernunftgebrauch möglich werden. Durch diese Rückkehr zu seiner Natur werde die stete Vervollkommnung und Verwirklichung eines freiheitlichen, menschenwürdigen und glücklichen Daseins in einer neuen Gesellschaft möglich (Fortschrittsoptimismus).

ENTWICKLUNG: Die Anfänge der Aufklärung finden sich in Ansätzen schon in der Renaissance, im Humanismus und in der Re-

Clement Attlee

formation. Unter dem Einfluss der Naturrechtslehre (Hugo Grotius) und des ethischen Rationalismus (Baruch de Spinoza) verbreitete sie sich, von Holland ausgehend, in ihrer ersten Phase in England. Hauptausprägungen waren der Empirismus (Thomas Hobbes, John Locke, David Hume), der Deismus und im weiteren Zusammenhang die Wissenschaftsmethodik von Isaac Newton. Mitte des 18. Jh. verbreitete sich die Aufklärung in Frankreich, wobei sie zugleich eine starke Politisierung und (z.T. polemische) Radikalisierung erfuhr. Voltaire und einige andere Enzyklopädisten schritten teils zu skeptischen, teils zu atheistischen und materialistischen Folgerungen fort. Gewisse Gegentendenzen kamen im Sensualismus und im Naturalismus von Jean-Jacques Rousseau zum Ausdruck, der die seelisch-gefühlsmäßigen Momente stärker hervorhob, welche in England für Anthony Ashley Shaftesbury zur tragenden Erkenntnisgrundlage wurden. In Deutschland waren v.a. Christian Thomasius, Christian Freiherr von Wolff, Gotthold Ephraim Lessing Wegbereiter, z.T. in popularisiertem Verständnis (besonders bei Moses Mendelssohn). In erster Linie hat Immanuel Kant die Philosophie der Aufklärung kritisch verarbeitet.

STAATSLEHRE: Die Hauptleistungen der Aufklärung liegen in dem Bereich der Rechts- und Staatslehre. Die Vertreter der Aufklärung suchten den Staat gesetzmäßig aus den Elementen der menschlichen Natur aufzubauen. Die »Naturgesetze« des sozialen Lebens sollten im Prinzip von konfessionellen, nationalen und traditionellen Bestimmungen frei sein; sie bildeten die gemeinsame Basis für die Beendigung der konfessionellen Bürgerkriege und enthielten die Prinzipien des modernen Völkerrechts. An die Stelle der konstruktiven Naturrechtsbegründung des 17. Jh. setzte das 18. Jh. die Berufung auf den »gesunden Menschenverstand« (sensus communis). Beiden Stufen war die Überzeugung gemeinsam, dass die Naturrechtssätze von gleicher allgemeiner Gültigkeit und Erkennbarkeit seien wie die naturwissenschaftlichen und die mathematischen Sätze und daher ebenso un-

AUFKLÄRUNG

Nie in der neueren Geschichte haben die Meinungen einer kleinen Gruppe von Schriftstellern und Philosophen eine so große Rolle gespielt wie in Frankreich in der zweiten Hälfte des 18. Jahrhunderts. Ihr großes Gemeinschaftswerk war die »Encyclopédie, ou Dictionnaire raisonné des sciences, des arts et des metiers«. Das 35-bändige Werk erschien zwischen 1751 und 1780 unter der Leitung von Denis Diderot und (bis 1759) Jean Baptiste d'Alembert (hier ein Titelblatt von 1751). Zu den Enzyklopädisten gehörten über 150 Wissenschaftler, Schriftsteller, Handwerker, darunter führende Vertreter der Aufklärung: Jean-Jacques Rousseau (besonders Musik), Voltaire und Étienne Bonnot de Condillac (Philosophie), Jean-François Marmontel (Literaturkritik), Paul Henry Thiry d'Holbach (Naturwissenschaften) und Anne Robert Jacques Turgot (Volkswirtschaft).

Trotz unterschiedlicher Weltanschauungen einte die Enzyklopädisten die Überzeugung, durch Sammlung und Aufzeichnung allen verfügbaren Wissens dem Fortschritt der Menschheit zu dienen. So erläuterte Diderot in seinem Artikel »Encyclopédie« Sinn und Zweck dieses bedeutendsten kollektiven Unternehmens der europäischen Aufklärung: *»Tatsächlich zielt eine Enzyklopädie darauf ab, die auf der Erdoberfläche verstreuten Kenntnisse zu sammeln, das allgemeine System dieser Kenntnisse den Menschen darzulegen..., damit unsere Enkel nicht nur gebildeter, sondern gleichzeitig auch tugendhafter und glücklicher werden, und damit wir nicht sterben, ohne uns um die Menschheit verdient gemacht zu haben.«* Obwohl Kirche und Obrigkeit dem Werk mit Misstrauen begegneten (1759 wurde es verboten und auf den Index gesetzt), wurde es zum Bestseller der Aufklärung.

Encyclopédie

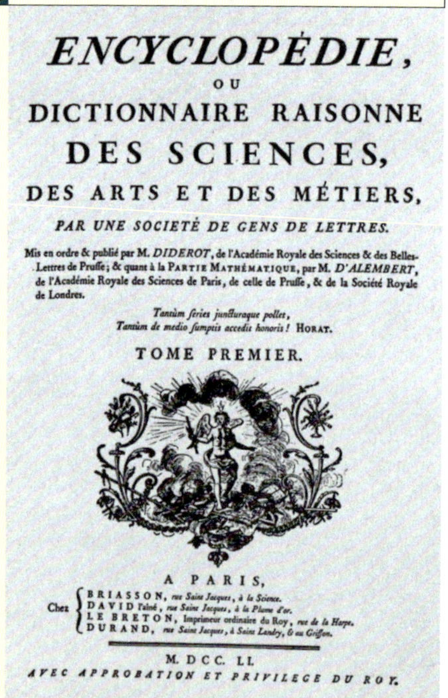
ENCYCLOPÉDIE,
OU
DICTIONNAIRE RAISONNE
DES SCIENCES,
DES ARTS ET DES MÉTIERS,
PAR UNE SOCIETÉ DE GENS DE LETTRES.
Mis en ordre & publié par M. DIDEROT, de l'Académie Royale des Sciences & des Belles-Lettres de Prusse; & quant à la PARTIE MATHÉMATIQUE, par M. D'ALEMBERT, de l'Académie Royale des Sciences de Paris, de celle de Prusse, & de la Société Royale de Londres.
Tantùm series juncturaque pollet,
Tantùm de medio sumptis accedit honoris! HORAT.
TOME PREMIER.
A PARIS,
Chez BRIASSON, rue Saint Jacques, à la Science.
DAVID l'aîné, rue Saint Jacques, à la Plume d'or.
LE BRETON, Imprimeur ordinaire du Roy, rue de la Harpe.
DURAND, rue Saint Jacques, à Saint Landry, & au Griffon.
M. DCC. LI.
AVEC APPROBATION ET PRIVILEGE DU ROY.

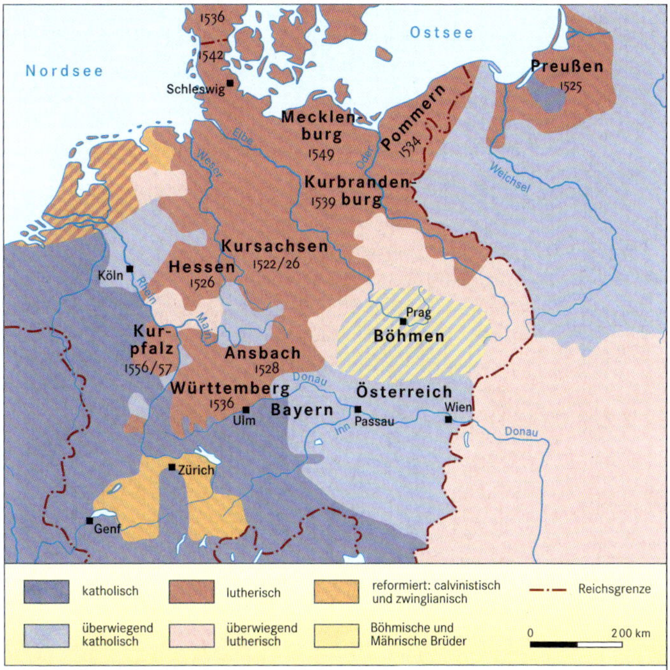

Augsburger Religionsfriede. Konfessionsverteilung im Heiligen Römischen Reich um 1555

abhängig von göttlicher Offenbarung wie von staatlicher Festlegung.

Auf dieser Grundlage entwickelte die Aufklärung Rechtsprinzipien, die für die amerikanische Unabhängigkeitsbewegung und die Französische Revolution, in der Folgezeit auch für den Liberalismus des 19. Jh. von entscheidender Bedeutung wurden und die ihre Fruchtbarkeit in den westlichen Ländern bis heute bewahrt haben: Jeder Mensch ist frei geboren (Samuel Pufendorf, Rousseau); Herrschaftsverhältnisse können nur durch ausdrücklichen oder stillschweigenden Konsens der Betroffenen begründet werden; der Staat beruht auf einem ursprünglichen Gesellschaftsvertrag; es gibt angeborene Menschenrechte jedes Einzelnen auf Leben, Freiheit, Eigentum, Streben nach Glück, die der Staat zu schützen hat. Sie fanden ihren Niederschlag in den amerikanischen und französischen Menschenrechtserklärungen von 1776 und 1789. Die Verfassungslehre betont besonders die Rechte des Einzelnen und die sich aus ihnen ergebenden Grenzen der Staatsgewalt sowie den Gedanken der Gewaltenteilung (Locke, Montesquieu). Der Staat müsse religiöse Toleranz üben (John Milton, Pufendorf, Locke). Die Hexenprozesse und die Folter wurden abgeschafft. Das übermäßig harte Strafensystem wurde nach dem Grundsatz der Verhältnisgleichheit von Verbrechen und Strafe gemildert, die Humanisierung des Strafvollzugs eingeleitet, die Berechtigung der Todesstrafe bestritten und die Verhängung der Strafe von ihrer vorherigen Androhung durch ein geschriebenes Gesetz abhängig gemacht. Dies lockerte das feste Gefüge des absolutistischen Staates auf und führte einige Monarchen zu Reformen (»aufgeklärter Absolutismus«).

Im Zusammenhang mit dem Fortschrittsgedanken der Aufklärung kam es auch zu einer eingehenden Beschäftigung mit der Geschichte: Pierre Bayle begründete die Quellenkritik, umfassende Werke der Geschichtsschreibung (Hume, Edward Gibbon, Voltaire) und Geschichtsphilosophie (Montesquieu, Marie Jean Condorcet, Johann Gottfried Herder) entstanden.

Augsburger Interim, die nach dem Ende des Schmalkaldischen Krieges auf dem Reichstag von 1548 zu Augsburg verfügte vorläufige Regelung der kirchlichen Verhältnisse. Den Protestanten gestand das Gesetz Priesterehe und Laienkelch zu, traf über die eingezogenen Kirchengüter jedoch keine Verfügung. Als Werk humanistischer Reformkatholiken wurde das Augsburger Interim von den strenggläubigen Anhängern der protestantischen wie der altkirchlichen Richtung scharf abgelehnt, in Süddeutschland mit staatlichem Zwang, in Norddeutschland nur oberflächlich durchgeführt und durch den Passauer Vertrag und den Augsburger Religionsfrieden nach wenigen Jahren überholt.

Augsburger Religionsfriede, am 25. 9. 1555 nach Verhandlungen zwischen König Ferdinand I. und den Reichsständen auf dem Augsburger Reichstag als Reichsgesetz für das Heilige Römische Reich verkündet. Den Anhängern des Augsburgischen Bekenntnisses wurden der Friede und der gegenwärtige Besitzstand gesichert. Den weltlichen Reichsständen wurde die Religionsfreiheit gestattet; sie entschieden zugleich für die Untertanen, denen das Recht auf Auswanderung eingeräumt wurde. Die Reformierten erhielten erst im →Westfälischen Frieden 1648 die Gleichberechtigung mit den Katholiken und Lutheranern, doch wird der Augsburger Religionsfriede im Allgemeinen als Abschluss des Re-

AUGSBURGER RELIGIONSFRIEDE. *Cuius regio, eius religio*

Das zentrale Anliegen des Augsburger Religionsfriedens, so liest man immer wieder, lautet: *»Cuius regio, eius religio« – »In wessen Territorium ich lebe, dessen Religion muss ich praktizieren.«* Demgemäß, so die Schlussfolgerung, zementierte der Religionsfriede nicht nur die konfessionelle Spaltung in Deutschland; er legte auch fest, dass der jeweilige Landesherr fortan die Konfession seiner Untertanen bestimmte. Allerdings findet sich die besagte Formel gar nicht im Text des Religionsfriedens, sondern ist ein Schlagwort, das sich erst seit dem frühen 17. Jh. belegen lässt. Im Jahre 1555 gehörte dagegen eine ergänzende Passage zu jener berühmt-berüchtigten Prämisse: das Recht zur freien, unbehelligten Auswanderung aus Glaubensgründen.

AUGUST II., DER STARKE. ***Ein Bild von einem Mann***

August II. hieß nicht umsonst »der Starke«: Angeblich konnte er das stärkste Hufeisen mit Händen zerbrechen und dicke Eisenstangen wie Draht zusammendrehen; er hielt auch, so erzählte man, einen Trompeter längere Zeit am ausgestreckten Arm zum Fenster hinaus. Mit unzähligen Mätressen zeugte August Kinder. Kurz, er war so recht ein fürstlicher Kerl, wie ihn die Barockzeit liebte. Zum Bild des starken August zählte ferner jenes künstlerische Mäzenatentum, das er in und um Dresden in reichstem Maße entfaltete, – freilich auch die Tatsache, dass er keine Bedenken hatte, mit dem Preußenkönig 68 Landeskinder von großer Statur gegen 68 chinesische Vasen zu tauschen.

August II., der Starke

Augusta

Auguste Victoria

formationszeitalters in Deutschland betrachtet.

Augsburgisches Bekenntnis, lateinisch **Confessio Augustana,** die grundlegende Bekenntnisschrift der lutherischen Kirche; handelt im ersten Teil von Glauben und Lehre der evangelischen, im zweiten von abgestellten Missbräuchen der katholischen Kirche. Das Augsburgische Bekenntnis wurde als Vorschlag zur Verständigung mit den Katholiken von Philipp Melanchthon lateinisch und deutsch verfasst und am 25. 6. 1530 in deutscher Sprache vor dem Reichstag verlesen und Kaiser Karl V. von den Protestanten überreicht. Dogmatisch bedeutsam wurden Änderungen in der lateinischen Ausgabe von 1540 (»Confessio Augustana variata«), in der in manchen Artikeln die Auffassung Luthers gelockert wurde. Erst seit dem Naumburger Fürstentag (1561) griff die lutherische Orthodoxie auf das unveränderte Augsburgische Bekenntnis (»Confessio Augustana invariata«) als den allein gültigen Ausdruck der neuen Lehre zurück und erklärte die veränderte Fassung für ungültig. 1577 erlangte das Augsburgische Bekenntnis offizielle Anerkennung und wurde in das Konkordienbuch (1580), die bis heute gültige Sammlung lutherischer Bekenntnisschriften, aufgenommen. Die Anerkennung der »Confessio Augustana variata« durch Calvin (1541) ermöglichte es andererseits, im Westfälischen Frieden (1648) auch die Reformierten als »Augsburgische Konfessionsverwandte« anzuerkennen.

August, Kurfürst von Sachsen (1553–86), *Freiberg 31. 7. 1526, †Dresden 12. 2. 1586; vergrößerte das Territorium des albertinischen Kursachsens durch den Erwerb des Vogtlands (1559/69), der Stifte Merseburg und Naumburg (1565) sowie Meißen (1559/81) und durch die Eroberung Gothas (»Grumbachsche Händel« 1566/67). Seit 1555 war August Kreisoberster im Obersächsischen Reichskreis und seine Reichspolitik zielte auf die Erhaltung des Friedens gegen den streitbaren Kalvinismus der Kurpfalz. Im Geist des strengen Luthertums verfolgte er seit 1574 die Anhänger Philipp Melanchthons in Sachsen (Kryptokalvinismus) und setzte 1577 mit Annahme der Konkordienformel in Kursachsen die lutherischer Orthodoxie durch (ab 1582 Verzicht auf jegliche protestantische Reichspolitik). Er förderte Industrie und Handel (Leipziger Messen), ordnete Verwaltung, Münzwesen und Landesgesetzgebung, sorgte für Kirche und Schule und gründete die Dresdner Kunstsammlung (1560).

August II., der Starke, als Friedrich August I. Kurfürst von Sachsen (seit 1694), König von Polen (1697–1706, 1709–33), *Dresden 12. 5. 1670, †Warschau 1. 2. 1733; trat 1697 zum Katholizismus über, um zum König von Polen gewählt werden zu können. August nahm auf der Seite des russischen Zaren Peter I., des Großen, am Großen Nordischen Krieg gegen den schwedischen König Karl XII. teil, der ihn im Frieden von Altranstädt 1706 zum Verzicht auf die Krone Polens zugunsten von Stanisław Leszczyński zwang. Nach der Niederlage Karls XII. bei Poltawa (1709) gewann er mit russischer Hilfe die polnische Krone zurück. Sein Versuch einer absolutistischen Stärkung des Königtums (1716) scheiterte. Seine aufwendige Hofhaltung nach dem Vorbild Ludwigs XIV. ruinierte die sächsischen Finanzen; seine Pracht- und Kunstliebe führte aber auch in seinen Residenzen Dresden und Warschau zu großartigen Bauten (»Dresdner Barock«). In seiner Herrschaftszeit begann zudem die Entwicklung des Meißner Porzellans.

Augusta, deutsche Kaiserin (seit 1871) und Königin von Preußen (seit 1861), *Weimar 30. 9. 1811, †Berlin 7. 1. 1890; Tochter des Großherzogs Karl Friedrich von Sachsen-Weimar; heiratete 1829 den späteren König von Preußen und deutschen Kaiser Wilhelm I., auf den sie nachhaltigen Einfluss ausübte. Aus ethischen Gründen war Augusta eine Gegnerin der Politik Otto von Bismarcks. Durch ihn in ihrem politischen Einfluss beschränkt, wandte sie sich karitativen Werken zu.

Auguste Victoria, die letzte deutsche Kaiserin und Königin von Preußen (1888–1918), *Dolzig (heute polnisch Dolsk, Woiwodschaft Zielona Gora) 22. 10. 1858, †Haus Doorn (Niederlande) 11. 4. 1921; Tochter des Herzogs Friedrich von Schleswig-Holstein-Sonderburg-Augustenburg, seit 1881 ∞ mit dem späteren Kaiser und preußischen König Wilhelm II.

Augustiner, zusammenfassende Bezeichnung für zahlreiche nach der Augustinusregel lebende männliche und weibliche Ordensgemeinschaften, besonders für:

1. auch Regularkanoniker des heiligen Augustinus, lateinisch Canonici Regulares Sancti Augustini (Abk. CSA). Die Augustinerchorherren entstanden aus Zusammenschlüssen, die seit der Zeit der Kirchenreform des 11. Jh. an vielen Dom- und Stiftskapiteln existierten und auf der Grundlage der Augustinusregel gemeinsam lebten. Sie verbinden das klösterliche Gemeinschaftsleben mit dem priesterlichen Dienst. Anfang des 16. Jh. erreichten sie ihre größte Verbreitung. 1959 schlossen sich alle selbstständigen Kongregationen zu einer Konföderation unter einem Abtprimas zusammen.

2. früher Augustinereremiten, katholischer Orden. Die Augustiner entstanden im 13. Jh. als Zusammenschluss kleinerer Eremitenvereine. Heute bestehen drei Zweige: 1) Augustiner (latein. Ordo Fratrum Sancti Augustini, Abk. OSA, Orden der Brüder des heiligen Augustinus), bis 1963: Augustinereremiten (latein. Ordo Fratrum Eremitarum Sancti Augustini, Abk. OESA), mit dem Sitz des Generalpriors in Rom. 2) Augustinerrekollekten, der im 16. Jh. entstandene unbeschuhte spanische Zweig; seit 1912 ein eigener Orden (latein. Ordo Augustinianorum Recollectorum, Abk. OAR) mit Sitz des Generalpriors in Rom. 3) Augustinerbarfüßer, der im 16. Jh. entstandene unbeschuhte italienische Zweig mit dem Sitz des Generalpriors in Rom.

Augustus [latein. »der Erhabene«], Ehrenname der römischen Kaiser, zuerst am 16. 1. 27 v. Chr. vom römischen Senat an Octavianus (→Augustus) verliehen. In der Form »Semper Augustus« ist er auf die Kaiser des Heiligen Römischen Reichs mit dem Sinn »Allezeit Mehrer des Reiches« übertragen worden.

Augustus, ursprünglich **Gaius Octavius,** nach seiner Adoption **Octavian(us),** der erste römische Kaiser, *Rom 23. 9. 63 v. Chr., †Nola 19. 8. 14 n. Chr.; von seinem Großonkel Caesar testamentarisch adoptiert und zum Haupterben eingesetzt, nahm er nach dessen Ermordung (44 v. Chr.) den Namen Gaius Iulius Caesar an, nannte sich seit 40 v. Chr. »Imperator Caesar Divi filius« und erhielt am 16. 1. 27 v. Chr. den Titel Augustus; den Namen Octavian hat er persönlich nicht geführt.

KAMPF UM DIE ALLEINHERRSCHAFT: Octavian war von Caesar für den geplanten Partherkrieg zum Reiterführer designiert und zu Studienzwecken nach Apollonia in Südillyrien geschickt worden. Dort erfuhr er im März 44 v. Chr. von der Ermordung seines Großonkels sowie seiner Adoption und Erbeinsetzung; er begab sich sofort nach Italien und nahm den Namen Caesar an. In Rom kam es zu Auseinandersetzungen mit Marcus Antonius (→Antonius). Doch mithilfe Ciceros gelang es Octavian im Dezember 44 v. Chr., den Senat zur Legalisierung seiner Ansprüche und zum Bruch mit Antonius zu bewegen. Octavian wurde in den Senat aufgenommen und als Heerführer mit prätorischem Rang anerkannt. 43 v. Chr. erzwang er im August mit bewaffneter Macht seine Wahl zum Konsul. Im Oktober 43 v. Chr. schloss er mit Antonius und Marcus Aemilius Lepidus das 2. Triumvirat, das den drei Männern auf fünf Jahre die höchste Gewalt im Staat übertrug. Die Machthaber teilten das Reich unter sich auf. Während Antonius den Osten und Gallien, Lepidus Africa erhielt, fiel Italien an Octavian. Bald kam es zum Konflikt mit Lucius, dem Bruder des Antonius, den Octavian durch die Einnahme Perusias (heute Perugia) besiegen konnte (Perusinischer Krieg, 41 v. Chr). 40 v. Chr. söhnte Octavian sich mit Antonius aus, der seine Schwester Octavia heiratete. Octavian erhielt den ganzen Westen bis auf Africa, das weiter in der Hand des Lepidus blieb. Nach der Erneuerung des Triumvirats im Vertrag von Tarent (37 v. Chr.) gelang es Octavian, mithilfe des Agrippa bei Naulochos den entscheidenden Sieg über Sextus Pompeius, der bis dahin Sizilien beherrscht hatte, zu erringen und anschließend auch den Triumvirn Lepidus auszuschalten (36 v. Chr.). 32 v. Chr. kam es dann zum Konflikt mit Antonius. Der Senat entkleidete Antonius aller Ämter und erklärte der mit ihm verbündeten ägyptischen Königin Kleopatra VII. den Krieg. Der Sieg von Aktium (2. 9. 31 v. Chr.), die Eroberung Ägyptens und der Tod des Antonius und der Kleopatra (30 v. Chr.) machten Octavian zum Alleinherrscher.

PRINZIPAT: Nach der Regelung der Verhältnisse im Osten kehrte Octavian 29 v. Chr. nach Italien zurück. Er stand nun vor der Aufgabe, den Staat neu zu ordnen und unter größtmöglicher Schonung der überkommenen Formen seine eigene Machtstellung legalisieren zu lassen. Am 13. 1. 27 v. Chr. gab er daher seine Ausnahmegewalten an Senat und Volk zurück. Auf Bitten des Senats übernahm er jedoch zum Schutz des Reiches für eine bestimmte (aber dann bis zu seinem Tod immer wieder verlängerte) Frist die wichtigsten Grenzprovinzen (u. a. Gallien, Spanien, Ägypten und Syrien) mit den dort stehenden Truppen. Zum Dank verlieh ihm der Senat den Beinamen Augustus (»der Erhabene«). Bis zum Jahr 23 v. Chr. bekleidete Augustus jährlich das Konsulat. Nach dessen Niederlegung erhielt er alle Rechte eines Volkstribunen

AUGUSTUS
*** 63 v. Chr †14 n. Chr.**

- nannte sich bis 27 v. Chr. Octavian
- wurde von Caesar adoptiert und zum Haupterben eingesetzt
- schaltete seine Mitherrscher Lepidus und Antonius aus
- begründete das römische Kaisertum
- sorgte mit der »Pax Augusta« für Wohlstand in Italien und den Provinzen

AUGUSTUS. *Grabmal für einen Kaiser*

Der Anspruch der römischen Kaiser auf unanfechtbare Macht wurde von Anbeginn an auch in der Kunst versinnbildlicht und propagiert. Neben Tempeln und Altären, Statuen und Münzen verdeutlicht dies besonders das imposante Mausoleum des Augustus. In Rom, der Hauptstadt des Reichs, inmitten einer viel besuchten Parkanlage auf dem Marsfeld gelegen, knüpfte es im Typus an hellenistische Königsgräber (wahrscheinlich an das Grab Alexanders des Großen in Alexandria) an: Über einem marmorverkleideten Zylinder von etwa 88 m Duchmesser erhob sich ein bepflanzter Erdhügel, aus dem ein Pfeiler mit einer Statue des Augustus aufragte.

(besonders Veto- und Gesetzgebungsrecht). Nach dem Tod des Lepidus 12 v. Chr. wurde er Pontifex maximus, 2 v. Chr. erhielt er den Titel »pater patriae« (Vater des Vaterlandes). In Italien und in den Provinzen sowie in abgeschwächter Form auch bei der stadtrömischen Plebs genoss Augustus außerdem göttliche Verehrung.

Die Wiederherstellung von Ruhe und Ordnung durch den »Kaiserfrieden«, die »Pax Augusta«, brachte Wohlstand für Italien und die Provinzen. Der Erwerb zahlreicher Kolonien und die Verleihung römischer Stadtrechte förderten dort in Verbindung mit einer ausgedehnten Bautätigkeit die rasche Romanisierung, besonders im Westen. Nach der Eingliederung Ägyptens (30 v. Chr.) und der als Sieg gefeierten Verständigung mit den Parthern verzichtete Augustus im Osten auf weitere Eroberungen. Dagegen wurden in Europa Nordwestspanien, die Alpen, das nördliche Alpenvorland sowie der Balkan bis zur Donau erobert. Der Versuch, Germanien zwischen Rhein und Elbe zu unterwerfen, scheiterte (Niederlage des Varus 9 n. Chr.).

Augustus bemühte sich, die römische Religion zu erneuern sowie durch Gesetze dem Sittenverfall Einhalt zu gebieten und die Ehe zu reformieren (mit wenig Erfolg). Als Förderer von Literatur und Kunst gab er dem Augusteischen Zeitalter, einer Blütezeit des Römischen Reiches, seinen Namen. Seine Bautätigkeit machte Augustus zum Neugründer Roms. Schwierigkeiten bereitete die Regelung der Nachfolge. Nach dem Tod seiner Enkel Gaius und Lucius Caesar aus der Ehe seiner einzigen Tochter Julia (Iulia) mit Agrippa – der bis zu seinem Tod als Nachfolgekandidat galt – musste Augustus schließlich seinen Stiefsohn Tiberius (aus der ersten Ehe der Livia Drusilla) adoptieren.

Augustus ist der Begründer des römischen Kaisertums (des Prinzipats). Die Machtstellung des Princeps (des »Ersten«) beruhte rechtlich auf einer Reihe ihm verliehener Sondergewalten, faktisch auf dem Oberbefehl über das Heer, auf einer ausgedehnten Klientel (Gefolgschaft, Klient) und einem riesigen Privatvermögen (Patrimonium), in der öffentlichen Meinung auf dem Ansehen (Auctori-

AUGUSTUS | ***Errichtung des Prinzipats***

Als die Bürgerkriege die Kraft der republikanischen Staatsform Roms erschöpft hatten, schlug die Geburtsstunde der Monarchie. Ihr Schöpfer – und zugleich erster Kaiser – wurde Octavian, der spätere Augustus (Marmorstatue von der Prima Porta; 1. Jh. n. Chr.; Rom, Vatikanische Sammlungen). 31 v. Chr. besiegte er in der Schlacht bei Aktium den letzten Rivalen im Kampf um die Macht und war damit aufgerufen, seinen persönlichen Machtanspruch mit den Bedürfnissen des Weltreichs und den Forderungen der römischen Tradition in Einklang zu bringen. Beides verlangte die Neuregelung der Regierungsgewalt, die bisher zwei Machtzentren gekannt hatte: den Senat und die Magistratur. Über beide verfügten allein und eifersüchtig die aristokratischen Familien, sodass jede Neuordnung des Staates deren soziale Macht und deren politische Erfahrung entweder zerstören oder respektieren musste.

Indem Augustus Letzteres tat, beugte er sich der Einsicht, dass ohne die alten Eliten das Weltreich nicht zu regieren war: 27 v. Chr. gab er seine außerordentliche Gewalt an Senat und Volk zurück, erhielt aber wenige Tage später vom Senat mit der Verleihung des Ehrennamens Augustus die Bestätigung seines politischen Gewichts. Da sich die Macht des neuen Herrn – insbesondere die über das Heer und die wichtigsten Provinzen – formal auf die von Senat und Volk übertragenen Amtsvollmachten der Magistrate beschränkte und sie den Normen des Rechts unterworfen wurde, lebte die alte Republik in ihrer äußeren Gestalt fort. Die Schöpfung des Augustus überdauerte als Regierungsform sowie als Idee fast drei Jahrhunderte und stand bei jeder späteren Ausprägung monarchischer Gewalt in Europa Pate.

tas), das sich Augustus als Sohn des zum Gott erhobenen Caesar und als oberster Priester ebenso wie durch seine Taten erworben hatte. Dabei wurden die republikanischen Elemente in der neuen Staatsform schon unter Augustus durch die monarchischen Tendenzen in den Hintergrund gedrängt, ohne doch ganz zu verschwinden.

Aurelian, Aurelianus, Lucius Domitius, Kaiser des Römischen Reichs (270–275), *bei Sirmium (Pannonien, heute Sremska Mitrovica) 9. 9. 214, †(ermordet) bei Byzanz 275; wurde nach dem Tod von Kaiser Claudius Gothicus von den Soldaten in Sirmium zum Kaiser ausgerufen. Aurelian gelang es, das Römische Reich wieder zu einer Einheit zusammenzufassen. Durch die Räumung Dakiens stabilisierte er die Donaugrenze. Zur Sicherung Roms begann er 272 mit dem Bau der etwa 19 km langen, noch heute erhaltenen Aurelianischen Mauer. Mit dem Sieg über Königin Zenobia von Palmyra (272) gewann er den Osten des Reiches zurück; 274 eroberte er das gallische Sonderreich des Tetricus.

Auschwitz, polnisch **Oświęcim** [ɔɕfjɛntɕim], Stadt in der Woiwodschaft Bielsko-Biała (Bielitz-Biala), Polen. Im Zweiten Weltkrieg besetzte die deutsche Wehrmacht 1939 Auschwitz; im April/Mai 1940 richtete die SS dort ein Konzentrationslager ein, das ab September 1941/Januar 1942 wegen seiner Lage (Eisenbahnanbindung, Abgeschiedenheit) zum größten nationalsozialistischen Vernichtungslager erweitert (Auschwitz I, Auschwitz II-Birkenau, Auschwitz III-Monowitz) und zum Zentrum der systematisch betriebenen Massenvernichtung der jüdischen Bevölkerung Europas ausgebaut wurde. Auschwitz gilt deshalb heute weltweit als Synonym für den Holocaust.

Nach Ankunft der Transportzüge erfolgte unmittelbar an der Rampe in Auschwitz die Selektion der Deportierten in Arbeitsfähige und Arbeitsunfähige, die sofort zur Ermordung in die Gaskammern kamen. NS-Ärzte (u.a. Josef Mengele) missbrauchten die Häftlinge, auch Kinder, zu medizinischen Experimenten. Über die Zahl der Opfer, die bis zur Befreiung des Lagers durch sowjetische Truppen (27. 1. 1945; 60 000 v.a. nichtjüdische Überlebende) in den von Februar 1942 bis November 1944 fabrikmäßig betriebenen Gaskammern (mit Zyklon B) getötet und in Krematorien verbrannt wurden oder an Entkräftung, Seuchen und Ähnlichem starben, werden verschiedene Angaben gemacht; die neuere Forschung geht von 0,8 bis 1,6 Millionen Opfern (v.a. Juden, aber auch Sinti und Roma und Angehörige anderer Nationalitäten) aus.

Auschwitz-Prozesse, im engeren Sinn die Strafprozesse gegen Mitglieder der Lagermannschaft des nationalsozialistischen Vernichtungslagers Auschwitz vor dem Schwurgericht in Frankfurt am Main in den Jahren 1963–65 und 1977–81. Sie enthüllten mit dokumentarischer Genauigkeit die grauenhafte Wirklichkeit in den →Vernichtungslagern. Soweit den einzelnen Angeklagten eine persönliche Schuld an den Verbrechen nachzuweisen war, wurden z.T. langjährige Freiheitsstrafen verhängt. Einzelne Freisprüche und z.T. niedriges Strafmaß lösten Empörung in der Öffentlichkeit aus.

Im weiteren Sinne versteht man unter dem Begriff alle im In- und Ausland gegen Lagerpersonal von Auschwitz geführten Prozesse.

Auschwitz. Selektion auf der Rampe von Auschwitz-Birkenau nach Ankunft eines Eisenbahntransports aus einem ungarischen Getto (im Hintergrund das Lagertor; Aufnahme von 1942).

außerparlamentarische Opposition, Abk. **APO,** von 1965/66 bis 1968/69 bestehende politische, locker organisierte Bewegung studentischer, aber auch gewerkschaftlicher Gruppen innerhalb der sich formierenden neuen Linken. Die APO suchte unter Führung des Sozialistischen Deutschen Studentenbundes (SDS; Wortführer u.a. Rudi Dutschke, Bernd Rabehl) gesellschaftliche Veränderungen auf dem Wege neuartiger Demonstrationstechniken (u.a. »Sit-ins«, »Teach-ins«) bzw. provokanter Auftritte durchzusetzen. Im Streit um Hochschulreform, Pressekonzentration und Notstandsgesetze (v.a. Demonstrationen im Mai 1968) verstand sich die APO in ihren Forderungen nach radikaler Demokratie als eine antiautoritäre Reformbewegung. Vor dem Hintergrund der »großen Koalition« von CDU/CSU und SPD sahen sich die zumeist sozialistisch-marxistisch ausgerichteten Kräfte der – zahlenmäßig eher geringen – APO durch die parlamentarische Opposition nicht vertreten und suchten ihre Ziele auf nicht parlamentarischem Wege durch provokative, oft militante Methoden (»Gegengewalt«) zu erreichen.

Die APO entstand um 1965/66 an den Hochschulen in Berlin (West) und breitete

AUSSERPARLAMENTARISCHE OPPOSITION *Studentenbewegung*

Zu Beginn der 1960er-Jahre entstand in vielen Ländern eine studentische Protestbewegung. Sie ging von den USA aus und griff bald auf Europa und andere Teile der Welt über. In den USA ging die Studentenbewegung von Anfang an mit der Bürgerrechtsbewegung zusammen und übte scharfe Kritik am Vietnamkrieg. Auch in Europa demonstrierten Studenten gegen den Vietnamkrieg – hier eine Demonstration in Stuttgart im November 1969 – und prangerten die politischen und wirtschaftlichen Beziehungen ihrer Regierungen zu Regimen an, mit denen sie aus strategischen Überlegungen im Rahmen des Ost-West-Konflikts kooperierten, obwohl diese Staaten grobe Verstöße gegen die Menschenrechte zu verantworten hatten. Die gewaltsame Niederschlagung des Prager Frühlings führte ebenfalls zu heftigen Protesten, da Hoffnungen auf eine Reform der Verhältnisse im damaligen Ostblock einen starken Rückschlag erlitten.

Auch in Deutschland formierten sich die Kräfte einer »Außerparlamentarischen Opposition« (APO), die sich gegen die als restaurativ empfundene »Verdrängungskultur« der »Wirtschaftswunderjahre« und gegen den Regierungsstil der seit 1966 unter Bundeskanzler Kurt Georg Kiesinger regierenden Großen Koalition wandten. Der Konflikt zwischen Staatsmacht und Studentenbewegung eskalierte, als im Juni 1967 bei Demonstrationen gegen den Besuch des persischen Schahs Resa Pahlewi der Student Benno Ohnesorg erschossen wurde und am 11. 4. 1968 eine der prägenden Figuren der Studentenbewegung, Rudi Dutschke, durch ein Attentat lebensgefährlich verletzt wurde. Die Mehrheit der Bevölkerung lehnte eine Solidarisierung mit der Studentenbewegung aufgrund deren offen zur Schau gestellten Bewunderung für kommunistisches Gedankengut und Revolutionäre wie Che Guevara oder Fidel Castro allerdings ab.

sich von dort ab Juni 1967 (Tod des Studenten Benno Ohnesorg [*1941]) auf weitere westdeutsche Hochschulen aus (→Studentenbewegung). Die scharfe Kritik an den gesellschaftlichen Verhältnissen verband sich mit der Ablehnung des militärischen Engagements der USA im Vietnamkrieg und artikulierte sich in zahlreichen Aktionen und Demonstrationen gegen amerikanische Einrichtungen. Ab Mai 1968 zerfiel die APO in eine Vielzahl verschiedener Gruppen. Die meisten APO-Aktivisten suchten über das bestehende Parteiensystem, häufig durch die Rückkehr zur SPD, die Gesellschaft zu verändern (»Langer Marsch durch die Institutionen«).

Austerlitz, tschechisch **Slavkov u Brna** ['slafkɔf 'ubrna], Stadt östlich von Brünn, Tschechien. Am 2. 12. 1805 fügte Napoleon I. bei Austerlitz in der »Dreikaiserschlacht« den Truppen des russischen Zaren Alexander I. und Franz II. von Österreich eine vernichtende Niederlage bei. In dieser Schlacht operierte erstmals ein Heer nach einem vorher festgelegten Schlachtplan, der die Möglichkeit individuellen Handelns des einzelnen Truppenführers ausschloss; die alleinige Befehlsgewalt lag beim Heerführer (Napoleon).

Australien, amtlich **Commonwealth of Australia** ['kɔmənwelθ ɔv ɔs'treɪljə], **Australischer Bund,** Bundesstaat, der das Festland des australischen Kontinents, die Insel Tasmanien und kleiner Inselgruppen vor den Küsten umfasst.

GESCHICHTE: Die Ostküste des seit Beginn des 17. Jh. v. a. von Holländern erkundeten Australien (daher Neuholland genannt) wurde 1770 von James Cook für Großbritannien in Besitz genommen (New South Wales). 1788 begann dort mit der Gründung einer britischen Sträflingskolonie beim heutigen Sydney die Besiedlung; ab 1793 kamen auch freie Siedler nach Australien (Einführung der Schafzucht). Die ab 1825 eigenständige Kolonie Van Diemen's Land erhielt 1853 den Namen Tasmanien. Als weitere britische Kolonien entstanden 1829 Western Australia, 1836 South Australia und 1851 Victoria. 1851 lösten Goldfunde eine große Einwanderungswelle aus. Die Ureinwohner wurden in unfruchtbare Gebiete abgedrängt (in Tasmanien bis 1876 ausgerottet). Nach 1850 (»Australian Colonies Government Act«) erhielten die Kolonien New South Wales, Victoria, Tasmania und South Australia fast uneingeschränkte Autonomie (mit parlamentarischer Verfassung), 1859 Queensland und 1890 Western Australia; sie schlossen sich am 1. 1. 1901 zu einem Bundesstaat im Rahmen des British Empire zusammen. Im Ersten Weltkrieg unterstützte Australien das Mutterland; im Zweiten Weltkrieg kämpfte es aufseiten der Alliierten v. a. gegen Japan.

In der Nachkriegszeit wechselten Koalitionsregierungen aus Liberal Party und National Country Party beziehungsweise National Party mit Kabinetten der Labor Party. Mit der Unterzeichnung des »Australian Act 1986« durch die britische Königin Elisabeth II. wurden die letzten rechtlichen Bindungen des Australischen Bundes an Großbritannien gelöst. Im »Native Title Act 1993«, 1995 durch den Obersten Gerichtshof bestätigt, kam die Regierung den Aborigines in der Frage des Rechtsanspruchs auf Land entgegen. Nach einem 1998 gefassten Beschluss der verfassungsgebenden Versammlung soll Australien Republik werden.

Austrasien, Austrien [»Ostreich«], unter den Merowingern der Osten des → Fränkischen Reiches, im Gegensatz zum Westreich (→ Neustrien). Der Name ist erstmals bei Gregor von Tours in der zweiten Hälfte des 6. Jh. belegt. Das Land an Rhein und Maas mit der Champagne (Residenz Reims, später Metz) entwickelte sich allmählich im 7. Jh. vom Reichsteil zum eigenständigen Teilreich. In karolingischer Zeit bezeichnete Austrasien das östliche Außenland des fränkischen Siedlungsraumes (Mainfranken).

Austrofaschismus, Bezeichnung für eine politische Bewegung in der Ersten Republik Österreich (1919–38). Sie stützte sich v. a. auf die → Heimwehren, die sich v. a. ab 1927/28 am italienischen Faschismus orientierten und sich im Korneuburger Programm (18. 5. 1930) für eine am Führerprinzip ausgerichtete diktatorische Regierung und eine ständische Gliederung der Gesellschaft aussprachen.

Austromarxismus, die von 1904 bis in die 1930er-Jahre bestehende österreichische Schule des → Marxismus. Der Austromarxismus hielt im Gegensatz zum → Revisionismus am historischen Materialismus fest, betonte jedoch im Gegensatz zum Marxismus-Leninismus die Notwendigkeit, die soziale Revolution und die Errichtung der Diktatur des Proletariats mit dem Prinzip der Mehrheitsherrschaft im Rahmen parlamentarisch-demokratischer Institutionen zu verbinden (Versuch eines dritten Wegs).

Gemeinsamer Ausgangspunkt der Austromarxisten (Otto Bauer, Max und Friedrich Adler, Rudolf Hilferding, Karl Renner), die sich 1903 im Verein »Zukunft« zusammenfanden und u. a. in den »Marx-Studien« (1905–25) ihre Gedanken entwickelten, war die Rezeption der Marxschen Theoreme auf dem Hintergrund der kritischen Philosophie Immanuel Kants. Sie stellten sich die Aufgabe, die marxistischen Denkmethoden und Denkresultate mit dem Inhalt der philosophischen und sozialwissenschaftlichen Arbeiten ihrer Zeit zu verknüpfen. Sie betonten, dass der Marxismus kein Schema, sondern eine Methode sei, die sich jede Nation, Generation, Alters- oder Bildungsstufe erarbeiten müsse. Im Hinblick auf die Nationalitätenfrage in Österreich-Ungarn entwickelten sie ein Nationalitätenprogramm, das bei den Staatsgründungen 1918 in Ostmitteleuropa, Südost- und Osteuropa vielfach als Richtschnur diente.

Nach der Oktoberrevolution in Russland (1917) suchte der Austromarxismus zwischen der Zweiten (Sozialistischen) und Dritten (Kommunistischen) Internationale zu vermitteln, wandte sich jedoch schon in den 1920er-Jahren von den im bolschewistischen Russland angewandten Methoden ab. Der Austromarxismus wirkte in der innermarxistischen Diskussion befruchtend auf neuere Strömungen des Marxismus.

Austroslawismus, in der zweiten Hälfte des 19. Jh. in Österreich-Ungarn eine politische Richtung unter den Slawen, besonders den Tschechen, die eine autonome nationale Entwicklung der einzelnen Völker innerhalb der Donaumonarchie anstrebte. Um 1900 löste eine den Habsburgerstaat ablehnende Richtung von Tomáš Masaryk den Austroslawismus ab. Als geistige Väter gelten František Palacký und František Freiherr von Rieger.

Autokratie [griech. »Selbstherrschaft«], Herrschaftsform, Sonderform der Monarchie, bei der die Staatsgewalt uneingeschränkt in der Hand eines einzelnen Herrschers liegt. Kontroll- oder Mitspracherechte von Institutionen und Versammlungen gibt es nicht.

Autokratien waren das Herrschaftssystem des oströmisch-byzantinischen Kaisers, der → Absolutismus und die »Selbstherrschaft« der russischen Zaren.

Avignonesisches Exil, in der Geschichte des Papsttums die Zeit zwischen 1309 und 1376, als Avignon Residenz der Päpste war. Papst Klemens V., der, selbst Franzose, unter dem Einfluss Philipps IV., des Schönen, von Frankreich stand, hatte 1309 Rom verlassen und war hierher übergesiedelt. Seine französischen Nachfolger, die Päpste Johannes XXII., Benedikt XII., Klemens VI., Innozenz VI. und Urban V., folgten seinem Beispiel.

Azteken.
Einflussgebiet um 1520

Awaren, asiatisches Nomadenvolk, dessen ursprüngliche Wohnsitze wohl in Westturkestan lagen. 552 n. Chr. von den Türken bedrängt, wichen einzelne Stammesgruppen der Awaren nach Westen aus und wurden 558 Föderaten von Byzanz. Unter ihnen waren wohl auch Gruppen, die nur den Namen der gefürchteten Awaren annahmen (Pseudawaren). 566 von den Langobarden unter Alboin zu Hilfe gerufen, schlugen die Awaren unter Khagan (Khan) Bajan die in Ungarn lebenden Gepiden entscheidend und ließen sich im Karpatenbecken nieder. 568 wanderten daraufhin die Langobarden nach Italien aus. Seitdem waren die Awaren für etwa 250 Jahre Alleinherrscher in Pannonien. Die ständigen Kämpfe mit Byzanz endeten 626 vor Konstantinopel mit einer Niederlage der Awaren, von der sie sich nicht mehr erholten. Im späten 7. Jh. kam es zu weiteren Zuwanderungen aus Westasien. 791/803 wurde das Reich der Awaren von Karl dem Großen endgültig vernichtet, und die Awaren gingen ethnisch in den sie umgebenden Slawen und in den im 9. Jh. zuwandernden Magyaren auf.

Azincourt [azɛ̃ˈku:r], Ort bei Arras im Département Pas-de-Calais. Während des Hundertjährigen Krieges siegten dort die Engländer unter Heinrich V. am 25. 10. 1415 in einer blutigen Schlacht über das zahlenmäßig weit überlegene französische Heer; entscheidend war der Einsatz von Langbogenschützen auf englischer Seite.

Aznar [aðˈnar], José María, spanischer Politiker, *Madrid 25. 2. 1953; Jurist; war 1982–87 Generalsekretär der rechtskonservativen Alianza Popular (AP). Nach der Gründung des Partido Popular (PP) 1989 wurde Aznar 1990 zum Vorsitzenden der neuen Partei gewählt. Nach einem knappen Wahlsieg 1996 leitete er als Ministerpräsident eine von regionalen nationalistischen Parteien unterstützte Regierung (2000 mit absoluter Mehrheit bestätigt); 2004 kandidierte er bei den Parlamentswahlen nicht mehr für dieses Amt und gab den Parteivorsitz ab.

Azteken, Indianervolk aus der Sprachfamilie der Nahua (Nahuatl), das zur Zeit der spanischen Eroberung weite Gebiete Mexikos beherrschte. Die Azteken wanderten, von Norden kommend, erst zu Beginn des 2. Jt. n. Chr. in das Hochtal von Mexiko ein und dehnten, besonders unter den Herrschern Moctezuma I. (1440–69) und Ahuitzotl (1486 bis 1502), ihre Herrschaft aus. Um 1325 gründeten sie auf einer Insel im Texcocosee ihre Hauptstadt Tenochtitlán. Innerhalb von 100 Jahren erkämpften sie die Vormachtstellung in Zentralmexiko. Durch Kriegszüge, Diplomatie, Bündnisse und Handel machten sie sich Stämme tributpflichtig in einem Gebiet, das zur Zeit der Ankunft der Europäer vom Atlantischen Ozean bis nach Südmexiko und Guatemala reichte. Jedoch gab es bis zuletzt in ihrer Nachbarschaft unabhängige Staaten (z. B. Tlaxcala), mit deren Hilfe die Spanier 1519–21 unter Hernán Cortéz das Gebiet der Azteken eroberten.

Die Azteken übernahmen die höhere Kultur der vor ihnen auf dem Hochland lebenden Völker. Wirtschaftliche Grundlage war der Feldbau. Zu diesem Zweck legten sie bewässerte Terrassenanlagen und im Süden der Hauptstadt schwimmende Gärten (Chinampas) an. Angebaut wurden besonders Mais, Bohnen und Kürbis. Der Fernhandel und das Tributsystem lieferten auch Tomaten, Kakao, Tabak, Baumwolle und andere subtropische Erzeugnisse sowie Stoffe und Waffen.

Eisen und das Rad waren den Azteken vor der Ankunft der Europäer unbekannt. Ihr Handwerk und Kunsthandwerk stand jedoch auf einer hohen Stufe. Die Azteken entwickelten eine Bilderschrift und einen auf astronomischen Beobachtungen fußenden Kalender. Die Pyramiden der Azteken entsprachen im Wesentlichen denen anderer mexikanischer Völker; der ursprüngliche Kern wurde zu bestimmten Zeitabschnitten (52 Jahre), die sich aus dem religiösen Kalender ergaben, übermantelt und so erhöht. Die Kontrolle aller Bereiche lag bei einem Herrscher mit absoluter Gewalt (bei der Ankunft der Spanier war dies Moctezuma II.). Die Oberschicht hatte politische Ämter inne und kontrollierte dadurch auch das Land und das Tributsystem, die Untertanen hatten an sie Pacht und Tribut zu zahlen. Die soziale Stellung war erblich; durch Verdienste wurde aber der soziale Aufstieg möglich.

Baader-Meinhof-Prozesse, 1973–77 geführte Strafverfahren gegen die erste Terroristen-»Generation« der → Rote-Armee-Fraktion (Andreas Baader, Gudrun Ensslin, Ulrike Meinhof, Jan Carl Raspe und Holger Meins), insbesondere vor dem Oberlandesgericht Stuttgart (Hochsicherheitstrakt Stammheim, deshalb auch Stammheim-Prozesse genannt). Sie wurden von den Angeklagten und ihren Verteidigern unter bis dahin kaum gekannter extensiver Ausnutzung strafprozessualer Möglichkeiten geführt und lösten damit eine lebhafte rechtspolitische Diskussion aus; der Gesetzgeber sah sich veranlasst, Verfahrensordnungen und Strafvollzug zu ändern wie z. B. im Fall des Verbots der Mehrfachverteidigung oder der Zulässigkeit, bei vorsätzlich herbeigeführter Verhandlungsunfähigkeit in Abwesenheit des Angeklagten zu verhandeln. Während des Verlaufs der Prozesse starben Meins nach Hungerstreik und Meinhof durch Selbstmord (1976); am 28. 4. 1977 wurden Baader, Ensslin und Raspe u. a. wegen Mordes zu lebenslänglichen Haftstrafen verurteilt, am 16./17. 10. 1977 begingen sie Selbstmord (Obduktionsbefund einer internationalen Ärztekommission).

Babenberger, Adels- und Fürstengeschlechter,

1. Neubabenberger, Adels- und Fürstengeschlecht in Bayern und Österreich, dessen genealogische Herkunft bislang nicht zweifelsfrei geklärt ist. Otto von Freising, selbst ein Babenberger, leitete es von den ostfränkischen »älteren Babenberger« ab, neuere Forschungen weisen auf eine Versippung mit den Luitpoldingern hin.

Im Zuge der Neuordnung Bayerns durch Kaiser Otto II. wird 976 Luitpold als erster Babenberger urkundlich als Markgraf der bayerischen Ostmark bezeugt. Sohn Ernst I. erhielt 1012 das Herzogtum Schwaben, das die Babenberger bis 1038 innehatten. Unter Leopold III. nahm die babenbergische Herrschaft einen starken Aufschwung; durch Heirat mit Agnes, Tochter von Kaiser Heinrich IV., stieg Leopold zu einem der führenden Reichsfürsten auf. In der welfisch-staufischen Auseinandersetzung übertrugen die Staufer den Babenbergern 1139 das Herzogtum Bayern. Mit dessen Rückgabe an die Welfen erhob Kaiser Friedrich I. die Ostmark 1156 zum Herzogtum. In der Folge bauten die Babenberger in diesem Territorium eine vorbildliche Landesherrschaft auf. Bereits der erste Herzog, Heinrich II. Jasomirgott, verlegte die Residenz nach Wien. Im 12. Jh. wurde der Besitz um Teile von Oberösterreich erweitert, 1192 unter Herzog Leopold V. das Herzogtum Steiermark erworben. Mit Friedrich II., dem Streitbaren, starben die Babenberger 1246 im Mannesstamm aus. Ihre Stellung in Österreich übernahmen nach dem Interregnum (1254–73) die Habsburger.

2. ältere Babenberger, ein im 9. und 10. Jh. nachweisbares ostfränkisches Grafengeschlecht; nach Poppo I. und Poppo II. auch als Popponen bezeichnet. In der Babenberger Fehde 897–906 unterlagen die Babenberger im Kampf um die Vorherrschaft in Franken den Konradinern.

Babeuf [ba'bœf], **Babœuf** [ba'bœf], François, französischer Revolutionär, *Saint-Quentin 23. 11. 1760, † (hingerichtet) Vendôme 28. 5. 1797; Feldmesser; war in der Französischen Revolution Jakobiner. Unter dem Namen Gracchus Babeuf trat er in seiner Zeitung »Le tribun du peuple« für die Aufteilung von Grund und Boden sowie die gleichmäßige Verteilung des Ernteertrages ein. Im März 1796 gründete er einen Geheimbund, der einen Aufstand zum Sturz des Direktoriums organisieren sollte. Die »Verschwörung der Gleichen« wurde verraten und Babeuf guillotiniert. Geschichtliche Bedeutung hat er als Vorläufer des proletarischen Kommunismus; die Ideen von der Sozialisierung der Produktionsmittel und der Diktatur des Proletariats gehen auf ihn zurück.

Babur, Babar, Baber, Sahired-din Mohammed, Begründer des Mogulreiches in Indien, *14. 2. 1483, †Agra 26. 12. 1530; Nachkomme Timurs und mütterlicherseits des Dschingis Khan. Babur folgte 1494 seinem Vater Umar als Herrscher von Fergana und eroberte 1504 Kabul. Er griff in die Thronstreitigkeiten der indischen Lodidynastie in Delhi ein und siegte am 21. 4. 1526 bei Panipat (nördlich von Delhi); er machte Agra zur Hauptstadt seines neuen indischen Reiches. – Bild S. 76

Baader-Meinhof-Prozesse. Der Prozess gegen die RAF-Terroristen begann am 21. 3. 1975 in Stuttgart-Stammheim. Die Bleistiftzeichnung zeigt die Angeklagten (von links nach rechts): Jan Carl Raspe, Andreas Baader, Gudrun Ensslin und Ulrike Meinhof am 5. 6. 1975 im Gerichtssaal.

Babylonien, geschichtliche Landschaft in Irak, am Unterlauf der Flüsse Euphrat und Tigris, nach der alten Hauptstadt Babylon benannt. Gemeinhin wird unter dem Namen Babylonien die kulturelle Tradition des südlichen Zweistromlandes zusammengefasst, in der sich eine südliche sumerische und eine nördliche semitische Kultur verbinden. Die Verflechtung beider Kulturen ist sehr alt, eine Trennung oft nicht möglich.

GESCHICHTE: Die ältesten Spuren menschlicher Besiedlung sind im südlichen

Babur. Der Begründer des Mogulreichs förderte Buchmalerei und Gartenkunst. 1508/09 ließ er in Jalalabad (heute Afghanistan) den Paradiesgarten »Bagh-i-Wafa« errichten, eine islamischen Vorbildern folgende, von Wasserläufen durchzogene Anlage (Miniatur aus dem 16. Jh.; London, Victoria and Albert Museum).

Mesopotamien erst im späten 5. Jt. v. Chr. feststellbar. Am Ende des 4. Jt. entstand eine Hochkultur mit dem Zentrum Uruk, deren Einfluss bis nach Nordsyrien reichte. Träger dieser Kultur waren sicherlich bereits die →Sumerer. Im Lauf des 3. Jt. bildeten sich entlang den Flussläufen Stadtstaaten (u. a. Uruk, Ur, Lagasch, Kisch). Über die politische Geschichte der älteren Phasen der »frühdynastischen Zeit« geben nur episch-mythische Überlieferungen und die Angaben der sumerischen Königsliste Auskunft. Seit etwa 2500 sind zahlreiche Herrscher auch durch eigene Inschriften bezeugt. Aus einem jahrhundertelangen Konkurrenzkampf um die Vorherrschaft in Sumer und um die Kontrolle der in dem sehr regenarmen Land entscheidenden Bewässerungssysteme gingen schließlich überregionale Staaten hervor.

Nachdem König Lugalzaggesi von Umma kurze Zeit ein sumerischen Großreich regiert hatte, ging die Herrschaft um 2235–2094 an die semitische Dynastie von Akkad über. Eine Fremdherrschaft wilder Bergstämme, der Gutäer, löste die Akkadzeit ab (um 2093–2048); um 2047 begründete Urnammu die 3. Dynastie von Ur, die abermals eine Zeit sumerischer Herrschaft und kultureller Renaissance bedeutete. Einem Zerfall des Staatswesens folgte unter Hammurapi um 1700 die Vereinigung Babylons und des gesamten Gebiets bis nach Assyrien. Doch schon unter seinem Sohn und Nachfolger Samsuiluna machte sich im Süden das »Meerland« unter einer eigenen Dynastie wieder selbstständig. Nach dem Zug des Hethiterkönigs Mursili I. um 1531 übernahmen die aus dem östlichen Bergland eingedrungenen Kassiten die Herrschaft und Kultur Babyloniens (um 1530–1155). Neben den neu entstandenen Reichen von Assyrien, Mitanni und Hatti (Hethiterreich) blieb ihnen aber wenig politischer Spielraum. Durch einen Einfall von Elamiern (Elamitern) fand um 1155 die Kassitenherrschaft ein Ende. Es folgten die einheimischen Herrscher der so genannten 2. Dynastie von Isin, deren bedeutendster König, Nebukadnezar I., wieder gegen Elam zu kämpfen hatte.

Seit Adad-Nerari II. von Assyrien (10./9. Jh.) war Babylonien unter assyrischer Oberhoheit, bis der Chaldäer Nabopolassar (626–605) zusammen mit den Medern Assyrien zerschlug und das Neubabylonische Reich gründete. Unter Nebukadnezar II. (605–562) wurde Babylonien noch einmal Großmacht. Sein Gebiet erstreckte sich bis nach Kilikien und vor die Tore Ägyptens. Noch Nabonid (555–539) vermochte das gesamte Gebiet zu halten und Teile von Arabien zu erobern; doch fiel das Reich schließlich nahezu kampflos dem Perser Kyros II., dem Großen, in die Hand und verlor damit für immer seine Selbstständigkeit.

Babylonisches Exil, Zwangsverschleppung der Juden nach Babylon infolge der Zerstörung Jerusalems und der Deportation der Könige Jojachin (597 v. Chr.) und Zedekia (587 v. Chr.) durch Nebukadnezar II.; Kyros II., der Große, erlaubte den Juden die Rückkehr (538 v. Chr.).

Baden, historisches Land am Oberrhein, das sich von Wertheim bis Basel erstreckte, heute Teil des Landes Baden-Württemberg.

GESCHICHTE: Die →Zähringer, seit 1112 Markgrafen von Baden, besaßen im 12. Jh. u. a. die Grafschaft im Breisgau und in der Ortenau. Gebietszuwachs und eine straffe Verwaltung machten Baden im 15. Jh. zu einem bedeutenden Staat am Oberrhein. Durch die Teilung 1535 entstanden die beiden Kleinstaaten der katholischen Linie Baden-Baden und der evangelischen Linie Baden-Durlach. Karl Friedrich (1738/46–1811) vereinigte 1771 die Markgrafschaft wieder. Das Großherzogtum Baden (seit 1806) erhielt eine neue Regierungs- und Verwaltungsorganisation und 1810 das Badische Landrecht nach französischem Vorbild. Im April und September 1848 kam es zu Aufständen unter Friedrich Hecker und Gustav von Struve sowie im Mai 1849 zur Revolution, die von preußischen Truppen niedergeschlagen wurde. Im Herbst 1945 erfolgte auf amerikanische Anordnung die Bildung von Württemberg-Baden; der Süden konstituierte sich als Land Baden. Nach der Volksabstimmung vom 6. 12. 1951 ging Baden am 25. 4. 1952 in →Baden-Württemberg auf.

Baden-Württemberg, Land im Südwesten der Bundesrepublik Deutschland.

GESCHICHTE: 1945–47 ließen die Besatzungsmächte auf dem Gebiet von → Baden und → Württemberg die Länder Württemberg-Baden (US-Zone) sowie Württemberg-Hohenzollern und (Süd-)Baden (französische Zone) errichten. Eine am 6. 12. 1951 abgehaltene Volksabstimmung brachte 69,7 % für den Südweststaat (in Südbaden 62,2 % für das alte Land). Die im März 1952 gewählte verfassunggebende Landesversammlung von Baden-Württemberg wählte Reinhold Maier (FDP) zum Ministerpräsidenten und schuf die Verfassung vom 11. 11. 1953. Ministerpräsidenten waren seit 1953 Gebhard Müller (CDU), seit 1958 Kurt Georg Kiesinger (CDU), seit 1966 Hans Filbinger (CDU), seit 1978 Lothar Späth (CDU), seit 1991 Erwin Teufel (CDU; 1992–96 in einer Koalition mit der SPD, seither mit der FDP) und seit 2005 Günther Oettinger (CDU).

Baeck [bɛk], Leo, deutscher Rabbiner und Theologe, * Lissa (heute in der Woiwodschaft Poznań) 23. 5. 1873, † London 2. 11. 1956; amtierte (ab 1912) in Berlin; wurde 1933 zum Präsidenten der »Reichsvertretung der deutschen Juden« gewählt. Baeck, 1943 ins Konzentrationslager Theresienstadt deportiert, lebte nach der Befreiung in London und lehrte zeitweilig in den USA (Hebrew Union College, Cincinnati); zudem war er an der Wiederaufnahme der deutsch-jüdischen Gespräche beteiligt.

Bahr, Egon, deutscher Politiker, * Treffurt (Wartburgkreis) 18. 3. 1922; seit 1956 Mitglied der SPD. Bahr leitete 1960–66 das Presse- und Informationsamt des Regierenden Bürgermeisters von Berlin, Willy Brandt. Als dessen enger Berater trat er unter dem Leitgedanken »Wandel durch Annäherung« für eine neue Deutschland- und Ostpolitik ein. Als Staatssekretär (1969–72) im Bundeskanzleramt legte Bahr 1970 die Grundlagen des Moskauer Vertrags fest und leitete verschiedene bundesdeutsche Delegationen bei Verhandlungen mit der DDR. In der Folgezeit war er Bundesminister für besondere Aufgaben (1972–74), Bundesminister für wirtschaftliche Zusammenarbeit (1974–76) und Bundesgeschäftsführer der SPD (1976–81).

Leo Baeck

Bakunin, Michail, russischer Revolutionär und Theoretiker des Anarchismus, * Prjamuchino (Gebiet Twer) 30. 5. 1814, † Bern 1. 7. 1876; aus altadliger Familie stammend; war Offizier, bis er sich im Kreis der Moskauer »Westler« philosophischen Studien v. a. Hegels widmete. 1844 trat Bakunin in Paris u. a. mit Karl Marx in Verbindung; 1848 nahm er am Slawenkongress in Prag teil. Wegen Mitwirkung am

BABYLONIEN

Das Land an Euphrat und Tigris, von den Griechen Mesopotamien, »Zwischenstrom(land)«, genannt, brachte eine der frühesten Hochkulturen der Erde hervor. Nachdem bereits im 4. Jt. eine Ausdehnung überregionaler wirtschaftlicher Beziehungen eingesetzt hatte, entstanden hier bereits um 3000 v. Chr. erste staatlich organisierte Gemeinschaften. Vor allem von den Zentren im Süden Mesopotamiens, die zwar auf ihren bewässerten Feldern gute Ernten einbrachten, jedoch nicht über Bauholz, Stein und Erz verfügten, wurden Stützpunkte gegründet, von denen aus der Zugang zu den benötigten Rohstoffen erfolgte. Wirtschaftliche Basis dieser frühen Siedlungsstrukturen war der mithilfe künstlicher Bewässerung betriebene Ackerbau. Stadtstaaten wie Uruk, Kisch, Ur, Lagasch und Umma bestanden jeweils aus dem urbanen Zentrum selbst sowie aus einer Reihe von zugeordneten dörflichen Siedlungen. An der Spitze dieser Staaten standen Stadtfürsten mit priesterlichen Vollmachten, die sich als Vertreter des jeweiligen Stadtgottes verstanden (»Geierstele« des Eannatum von Lagasch, die den Sieg dieses Fürsten über die Stadt Umma zeigt; 24. Jh. v. Chr.; Paris, Louvre).

Diese städtischen Hochkulturen waren eine Wiege der Wissenschaft und Handwerkskunst, wie die Erfindung des Rads um 3500 v. Chr. durch mesopotamische Töpfer oder die Entwicklung eines verwendbaren Schriftsystems durch die Sumerer, der Keilschrift, belegen. Im Gegensatz zu den europäischen Städten zu dieser Zeit, deren geschätzte Einwohnerzahl bei höchstens 10 000 lag, wird davon ausgegangen, dass der Stadtstaat Babylon zu seiner Blütezeit an die 20 000 Einwohner beherbergte.

Entstehung von Stadtstaaten

Dresdner Aufstand vom Mai 1849 wurde er von Gerichten in Sachsen und Olmütz zum Tod verurteilt und 1851 an Russland ausgeliefert. In der Peter-und-Paul-Festung schrieb er auf Aufforderung des Zaren in seiner viel umstrittenen »Beichte« seine Ansichten über die Revolution nieder. 1857 wurde er nach Sibirien verbannt, von wo er 1861 über Japan und die USA nach London floh. 1868 trat er der Ersten Internationale bei, wurde aber wegen seiner verstärkten Hinwendung zum →Anarchismus und nach dem Bruch mit Marx 1872 ausgeschlossen. Als dessen Gegenspieler forderte Bakunin die Liquidation jeglicher Obrigkeit, des Staates und sämtlicher politischer, sozialer und religiöser Institutionen durch eine allgemeine Rebellion von unten sowie die Schaffung einer Föderation unabhängiger bäuerlicher und industrieller Zusammenschlüsse.

Balance of Power ['bæləns əv 'paʊə; engl. »Gleichgewicht der Macht«], seit dem 16. Jh. der politische Grundsatz eines Gleichgewichts der Kräfte unter den europäischen Mächten (»Europäisches Konzert«). Danach sollte kein Staat so viel Macht erlangen dürfen, dass ihm nicht alle übrigen zusammen das Gegengewicht halten könnten. Das Prinzip wurde besonders von Großbritannien zur Abwehr der Vormachtstellung einer einzelnen Macht auf dem europäischen Festland benutzt, so gegen Ludwig XIV. und Napoleon I. Im Ergebnis des Ersten Weltkriegs wurde das europäische Gleichgewicht stark erschüttert; nach dem Zweiten Weltkrieg bildete sich ein Gleichgewicht zwischen den von den USA und der UdSSR geführten Machtblöcken heraus. Mit Beendigung des Ost-West-Konflikts trat das Streben nach europäischer Integration in den Vordergrund.

Balduin I., lateinischer Kaiser (1204–05), Graf von Flandern (als Balduin IX.) und Hennegau (als Balduin VI.), *Valenciennes Juli 1171, †nach dem 20. 7. 1205; wurde als Führer des 4. Kreuzzugs nach der Eroberung Konstantinopels zum ersten Herrscher des neu geschaffenen Lateinischen Kaiserreichs gekrönt. Am 14. 4. 1205 wurde er von den Bulgaren bei Adrianopel besiegt und gefangen genommen; sein weiteres Schicksal ist unbekannt.

Balfour-Deklaration ['bælfə-], englisch **Balfour Declaration** [-deklə'reɪʃn], Erklärung des britischen Außenministers Arthur James Balfour, mit der er die Schaffung einer nationalen Heimstätte (»national home«) für die Juden in Palästina zusicherte (Brief vom 2. 11. 1917 an Lord Rothschild).

Balkankriege, die militärischen Auseinandersetzungen zwischen den christlichen Balkanstaaten und der Türkei, die dabei bis auf einen kleinen Teil von Thrakien ihre europäischen Besitzungen verlor.

Unter Ausnutzung des Italienisch-Türkischen Krieges in Nordafrika erklärten die im Balkanbund vereinten Staaten Montenegro (8. 10. 1912), Bulgarien, Serbien und Griechenland (17. 10. 1912) der Türkei den Krieg (Erster Balkankrieg, 1912/13) mit dem Ziel, das türkische Makedonien aufzuteilen. Die Türken konnten im Kriegsverlauf lediglich ihre letzte Verteidigungslinie vor Konstantinopel halten, bis am 30. 5. 1913 die Großmächte in London einen Präliminarfrieden vermittelten. Dieser kostete die Türkei alle westlich der Linie Enos–Midea liegenden Gebiete und die Ägäischen Inseln. Die Schaffung eines unabhängigen Staates Albanien durchkreuzte die serbischen und montenegrinischen Erwartungen auf einen Zugang zur Adria.

Der Zweite Balkankrieg 1913 entzündete sich schon einen Monat später am Streit um die Aufteilung Makedoniens. Bulgarien griff am 29. 6. 1913 Serbien und Griechenland an, die von der Türkei und Rumänien unterstützt wurden. Bulgarien wurde geschlagen und verlor am 10. 8. im Frieden von Bukarest den Großteil der Gewinne aus dem Ersten Balkankrieg und zusätzlich die Süddobrudscha an Rumänien. Das von Russland unterstützte Serbien war danach stärkste Balkanmacht.

Ballei [mittellatein.], im Mittelalter bei den Ritterorden wie v. a. dem Johanniter- und dem Deutschen Orden ein Verwaltungsbezirk (Provinz) unter einem Ballivus (Bailli). Eine Ballei umfasste mehrere Priorate (Komtureien, Kommenden).

Ballin, Albert, *Hamburg 15. 8. 1857, †(Selbstmord) ebenda 9. 11. 1918; trat 1886 in die Hamburg-Amerika-Linie (HAPAG) ein, die er seit 1899 als Generaldirektor leitete. Unter seiner Führung stieg die HAPAG zur weltgrößten Reederei auf. Ballin setzte sich für eine enge politische und wirtschaftliche Zusammenarbeit mit Großbritannien ein. Als Vertrautem von Kaiser Wilhelm II. erschlossen sich ihm politische Einflussmöglichkeiten, ohne dass er die zunehmend englandfeindliche Politik der deutschen Regierung, besonders in Bezug auf den Flottenausbau, verhindern konnte.

Bamberger, Ludwig, deutscher Politiker und Publizist, *Mainz 22. 7. 1823, †Berlin 14. 3. 1899; nahm 1848/49 am pfälzischen Aufstand teil; war seit 1868 im Zollparlament sowie 1871–93 für die Nationalliberale Partei (ab 1881 Freisinnige) Mitglied des Reichstags. Zunächst einflussreicher finanzpolitischer Berater Bismarcks (Gründung der Reichsbank, Münzreform) und Vorkämpfer des Freihandels, stellte sich Bamberger entschieden gegen Bismarcks Schutzzoll- und Kolonialpolitik und wurde daher Vertrauter des Kronprinzen und späteren Kaisers Friedrich III.

Bann, auf frühen Stufen des Rechtsdenkens das gegen Personen, Orte oder Gegenstände verhängte Gebot des Meidens. Die Bann gegen Personen ist oft gleichbedeutend mit der Acht, in milderen Formen mit sozialer Isolierung (Verbannung).

Im Mittelalter bezeichnete Bann die königliche Regierungsgewalt (Königsbann), die den Heerbann (Einberufung des Heers), den Friedensbann (königlicher Schutz für bestimmte Personen oder Sachen), den Blutbann (Ausübung der Kriminalgerichtsbarkeit), den Verordnungsbann (Befugnis zum Erlass von Rechtsnormen) und den Verwaltungsbann (Exekutivgewalt) umfasste. Der König konnte ohne Schmälerung seiner Rechtsposition Elemente der ihm zustehenden Banngewalt wie v.a. den Blutbann auf Lehnsherren, besonders Grafen, übertragen (Bannleihe).

Barak, Ehud, israelischer General (seit 1982) und Politiker, *Mishmar Hasharon 2. 2. 1942; war 1983–86 der Leiter des militärischen Geheimdienstes und 1991–94 als Generalstabschef der höchste Offizier seines Landes; wurde nach seinem Ausscheiden aus der Armee 1995 zunächst Innen- und dann bis 1996 Außenminister; war 1997–2001 Vorsitzender der Israelischen Arbeitspartei und 1999–2001 Ministerpräsident Israels.

Barbarossa [italien. »Rotbart«], Beiname des Römischen Kaisers →Friedrich I.

Barbarossa, Fall Barbarossa, Deckname des deutschen Feldzugsplanes gegen die UdSSR im Zweiten Weltkrieg.

Bar Kochba [hebräisch »der Sternensohn«], Beiname des Simon (Schimon) ben Kosiba, jüdischer Freiheitsheld, † (gefallen) Bethar (bei Jerusalem) 135 n. Chr.; Führer des Aufstandes der palästinensischen Juden gegen die Römer 132–135, der sich u.a. an Kaiser Hadrians Plan entzündete, Jerusalem zur römischen Kolonie zu machen und an der Stelle des von Titus zerstörten Tempels ein Jupiterheiligtum zu errichten. Nach der Wiedereroberung Jerusalems wurde Bar Kochba zum Messias ausgerufen; er regierte etwa drei Jahre in Judäa, wurde dann aber von einem römischen Heer geschlagen und fiel im Kampf um die Festung Bethar.

Bartholomäusnacht, die Nacht zum 24. 8. (Bartholomäustag) 1572, auch Pariser Bluthochzeit genannt, die Nacht zum 24. 8. 1572 (Bartholomäustag), in der Admiral Gaspard de Coligny und andere Anführer des hugenottischen Adels Frankreichs in Paris zusammen mit Tausenden Glaubensgenossen ermordet wurden; den Befehl zum Überfall gab Katharina von Medici (**BILD** →Hugenotten).

Barzel, Rainer, deutscher Politiker, *Braunsberg (heute Braniewo, ehemalig Ostpreußen) 20. 6. 1924; war 1957–87 MdB (CDU), 1964–73; war Vorsitzender der CDU/CSU-Fraktion im Bundestag, 1971–73 Bundesvorsitzender der CDU. Beim konstruktiven Misstrauensvotum seiner Fraktion gegen Bundeskanzler Willy Brandt wurde Barzel am 27. 4. 1972 als Kanzlerkandidat aufgestellt, verfehlte jedoch dessen Amtsnachfolge knapp. Bei den Bundestagswahlen von 1972 war Barzel erneut Kanzlerkandidat von CDU und CSU. 1984 trat er vom seit 1983 ausgeübten Amt des Bundestagspräsidenten zurück, als er in den – später nicht erhärteten – Verdacht geraten war, nach 1973 als Mitglied des Bundestags und Gutachter eines Anwaltsbüros in der »Parteispendenaffäre« den Flick-Konzern begünstigt zu haben.

Basileios I., der Makedonier, griechisch Basileios Makedon, Kaiser (867–886), *um 812, †29. 8. 886; wuchs in Makedonien auf; war der Begründer der als »makedonisch« bezeichneten Dynastie, die das Byzantinische Reich bis 1056 regierte. Basileios begann als Pferdeknecht am byzantinischen Kaiserhof, stieg dort durch die Gunst seines Vorgängers Michael III. auf und wurde durch dessen Ermordung Kaiser. Um der Westpolitik willen – sie zielte auf die Wiederherstellung der byzantinischen Herrschaft in Süditalien und Sizilien im Bund – machte Basileios Zugeständnisse an den Papst, besonders durch die Absetzung des Patriarchen Photios (867), der die Unabhängigkeit der byzantinischen Kirche von Rom verfocht. Im Osten suchte er 885 u.a. durch Anerkennung des armenischen Reiches eine Politik des Ausgleichs. Unter Basileios setzte die vollständige Neubearbeitung des justinianischen Rechts ein (Basiliken); daneben entstanden Rechtsbücher mit eher praktisch-erzieherischer Zielsetzung.

Basileios II., der Bulgarentöter, griechisch Basileios Bulgaroktonos, Kaiser (976–1025), *um 957, †15. 12. 1025; Sohn Kaiser Romanos' II.; trat nach dem Tod von Johannes I. Tzimiskes die Regierung an, konnte sich aber erst 985 von der Vormundschaft durch seinen gleichnamigen Großonkel befreien. Durch seine Beziehungen zum Kiewer Großfürsten Wladimir I. Swjatoslawitsch, dem Heiligen, der Basileios' Schwester Anna heiratete, hatte Basileios entscheidenden Anteil daran, dass Russland das (ostkirchliche) Christentum annahm. In langen blutigen Kämpfen mit dem makedonisch-bulgarischen Reich des Zaren Samuil brachte Basileios bis 1018 Bulgarien und damit die Balkanhalbinsel weitgehend wieder unter byzantinische Herrschaft. Im Osten annektierte er Teile Georgiens und gewann die Oberhoheit über Armenien, ferner konnte er Einfälle der ägyptischen Fatimiden nach Syrien abwehren. Er starb bei den Vorbereitungen zu Kämpfen gegen die Araber in Süditalien.

Basler Frieden,

1. Friedensschluss vom 5. 4. 1795 zwischen Frankreich und Preußen. Aufgrund der Vereinbarungen schied Preußen aus der ersten Koalition gegen die Französische Republik aus und beendete für sich den 1793 erklärten Reichskrieg gegen das revolutionäre Frank-

reich (→Koalitionskriege). Die linksrheinischen preußischen Besitzungen wurden bis zu einem allgemeinen Friedensvertrag an Frankreich abgetreten. Ein Geheimartikel bestimmte eine Entschädigung Preußens mit rechtsrheinischen Gebieten. Die Zusatzkonvention (17. 5. 1795) erklärte durch eine Demarkationslinie Norddeutschland und den Fränkischen Reichskreis für neutral. (→Reichsdeputationshauptschluss)

2. Friedensschluss vom 22. 7. 1795 zwischen Frankreich und Spanien. Er beendete den seit 1793 geführten Krieg mit Rückgabe der französischen Eroberungen in Spanien, das seinerseits auf seinen Anteil an der Insel Hispaniola verzichtete.

Basler Konzil, Kirchenversammlung, die von Papst Martin V. einberufen und unter Eugen IV. am 23. 7. 1431 in Basel eröffnet wurde. Aufgaben waren die Bekämpfung der →Hussiten, der Frieden unter den christlichen Fürsten und die Reform der Kirche. Ein erster Konflikt mit dem Papst führte Ende 1431 zur Auflösung, doch tagte das Konzil in Basel weiter, erneuerte die Konstanzer Dekrete bezüglich der Oberhoheit des Konzils über den Papst und löste die Hussitenfrage mit den Prager Kompaktaten. Am 18. 9. 1437 verlegte Eugen IV. das Konzil nach Ferrara, wo es am 8. 1. 1438 wieder eröffnet wurde. Die in Basel verbliebenen Anhänger des Konziliarismus definierten die Superiorität des Konzils als Dogma, setzten Eugen IV. ab und wählten Amadeus VIII. von Savoyen als Felix V. zum Papst. Nur allmählich konnte Eugen IV. die Fürsten für sich gewinnen. 1448 zwang Friedrich III. das Konzil, Basel zu verlassen; 1449 löste es sich in Lausanne auf, Felix V. dankte ab.

Bassermann, Friedrich Daniel, deutscher Politiker, *Mannheim 24. 2. 1811, †(Selbstmord) ebenda 29. 7. 1855; zählte im badischen Landtag (seit 1841) zu den Führern der liberalen Opposition. Durch seinen Antrag auf die Einsetzung einer Nationalversammlung am 12. 2. 1848 wurde er in ganz Deutschland bekannt. Bassermann war Mitglied des Vorparlaments und der Frankfurter Nationalversammlung (Vorsitzender des Verfassungsausschusses), dann auch des Unionsparlaments in Erfurt (1850).

Bastille [bas'tiːj(ə); zu altfranzösisch bastir »herrichten«, »fertig stellen« (französ. bâtir »bauen«)], ursprünglich Bezeichnung für eine mehrgeschossige, turmartige Befestigung, in Frankreich später nur für das in Paris am Tor Saint-Antoine gelegene achttürmige, 1370–82 erbaute, feste Schloss. Seit Richelieu war die Bastille Staatsgefängnis. Die Gefangenen, überwiegend Edelleute, genossen in der Regel eine milde Haft. Berühmte Gefangene der Bastille waren u.a. Voltaire und de Sade. Zu Beginn der Revolution 1789 wurde sie am 14. 7. als Sinnbild der königlichen Tyrannei gestürmt und 1790 geschleift.

Batavische Republik, Bezeichnung für die nach der Eroberung der Niederlande durch die Franzosen 1795 errichtete niederländische Republik. Die nach den Batavern (einem im Rheindelta siedelnden germanischen Stamm) benannte und nach französischem Vorbild errichtete Batavische Republik war die erste der so genannten »Tochterrepubliken« und wurde 1806 von Napoleon I. in das Königreich Holland umgewandelt.

Bauer, Gustav, deutscher Politiker, *Darkehmen (Ostpreußen) 6. 1. 1870, †Berlin 16. 9. 1944; war 1895–1918 führend in der Gewerkschaftsbewegung tätig; war 1912–25 Mitglied des Reichstags (SPD); war 1919, 1920 und 1921/22 mehrfach Reichsminister und Vizekanzler. Am 21. 6. 1919 wurde er Ministerpräsident, nach In-Kraft-Treten der Weimarer Reichsverfassung am 14. 8. 1919 Reichskanzler. Er trat anlässlich des Kapp-Putsches zurück (26. 3. 1920). In seiner Amtszeit als Ministerpräsident wurde am 28. 6. 1919 der →Versailler Vertrag unterzeichnet.

Bauernbefreiung, heute übliche Bezeichnung für die Lösung der Bauern aus allen herrschaftlichen Bindungen durch die Agrarreformen im Europa des 18. und 19. Jahrhunderts. Die Bauernbefreiung umfasste 1) die persönliche Befreiung aus der →Leibeigenschaft oder →Erbuntertänigkeit, 2) die Grundentlastung, d.h. die Auflösung der →Grundherrschaft oder der →Gutsherrschaft, 3) die Aufhebung der Gerichtsherrschaft (Patrimonialgerichtsbarkeit) und 4) die Ablösung des Zehnten und anderer herrschaftlicher Berechtigungen.

GESCHICHTE: Die erste Bauernbefreiung wurde 1761/71 in Savoyen durchgeführt. In Brandenburg-Preußen versuchten schon Friedrich Wilhelm I. (1718/19) und Friedrich II., der Große (1777), die Leibeigenschaft auf den landesherrlichen Domänen aufzuheben. In Baden hob Markgraf Karl Friedrich 1783 die hier besonders wichtige Leibherrschaft auf. In Österreich setzte Joseph II. die unter Maria Theresia begonnenen Reformen mit der Aufhebung der Leibeigenschaft 1781 und Beginn der Ablösung grundherrlicher Lasten 1789 fort; dies wurde durch Leopold II. wieder rückgängig gemacht. Bis 1848 stockte der Reformprozess und wurde dann überstürzt zu Ende geführt.

In Frankreich, wo die Leibeigenschaft auf den königlichen Domänen 1779 beseitigt worden war, wurden die persönlichen Lasten im Zuge der Französischen Revolution am 4. 8. 1789 ohne Ablösung bzw. Entschädigung aufgehoben. Durch die Französische Revolution wiederum wurde in Deutschland allgemein die Bauernbefreiung beschleunigt. Zunächst handelte es sich v.a. um die persönliche Befreiung im Sinne einer in der Regel entschädigungslosen Aufhebung aller personellen Bindungen und Leistungen. 1807 wurde in Preußen die Gutsuntertänigkeit sämtlicher Bauern der Monarchie im Rahmen der steinschen Reformen aufgehoben. Doch v.a. die uneinheitlich geregelte Ablösungspflicht der Bauern führte zu einer erheblichen Vergrößerung des Großgrundbesitzes sowie letztlich zur Umstellung der Arbeitsverfassung von Fronarbeit auf freie Arbeit und zur Entstehung einer besitzlosen Landarbeiterschicht (aus Kleinbauern und Häuslern).

Einen neuen Anstoß erhielt die Bauernbefreiung in Deutschland durch die französische Julirevolution von 1830. Sachsen (1831) und Hannover erließen mustergültige Ablösungsgesetze. In ganz Deutschland vollendete die Revolution von 1848 die Bauernbefreiung, so in Bayern, Württemberg und Baden, wo man zwischen der napoleonischen Zeit und 1848 einzelne Reformen durchgeführt hatte, und in den meisten Kleinstaaten Mitteldeutschlands.

In Russland vollzog Alexander II. durch das Manifest vom 3. 3. 1861 die Bauernbefreiung, durch die 23 Millionen Leibeigene die persönliche Freiheit und Alexander den Beinamen »Zar-Befreier« erhielten. In Ungarn (ab 1853/54) und Rumänien (ab 1864) führte die Bauernbefreiung zur uneingeschränkten Realteilung, verbunden mit einer Übervölkerung der Dörfer, sowie zur Bildung eines am Rand des Existenzminimums lebenden Kleinbauerntums und zu agrarrevolutionären Spannungen.

Bauernkrieg, Erhebung der Bauern und einzelner Städte in Süd- und Mitteldeutschland 1524–26. Der Bauernkrieg ging aus einer Krise der spätmittelalterlichen Gesellschaft hervor, die sich seit dem 14. Jh. in zahlreichen bäuerlichen Unruhen u.a. in der Schweiz, in Oberschwaben, in Württemberg (Aufstand des Armen Konrad 1514), in Österreich sowie in den Verschwörungen des Bundschuhs am Oberrhein (zwischen 1493 und 1517) äußerte. Seine Ursachen waren wirtschaftlicher, sozialer und politischer Natur. Die Bauern wehrten sich gegen den zunehmenden Druck der Grundherrschaft, die Steuerforderungen des frühmodernen Staates, die Einschränkung der Allmendenutzung und die Leibeigenschaft, die den weltlichen und geistlichen Herren dazu diente, ihre Einnahmen zu steigern sowie einen geschlossenen Untertanenverband herzustellen.

VERLAUF: Schon 1524 kam es u.a. in Forchheim in der Nähe von Nürnberg und in der Landgrafschaft Stühlingen zu Unruhen, in denen die Wiederherstellung verletzten »alten Rechts« verlangt wurde. In Oberschwaben begann die Erhebung des »gemeinen Mannes« Anfang 1525; dort entstanden in kurzer Zeit drei Bauernbünde: der Baltringer Haufe in der Nähe von Biberach, der Allgäuer Haufe im

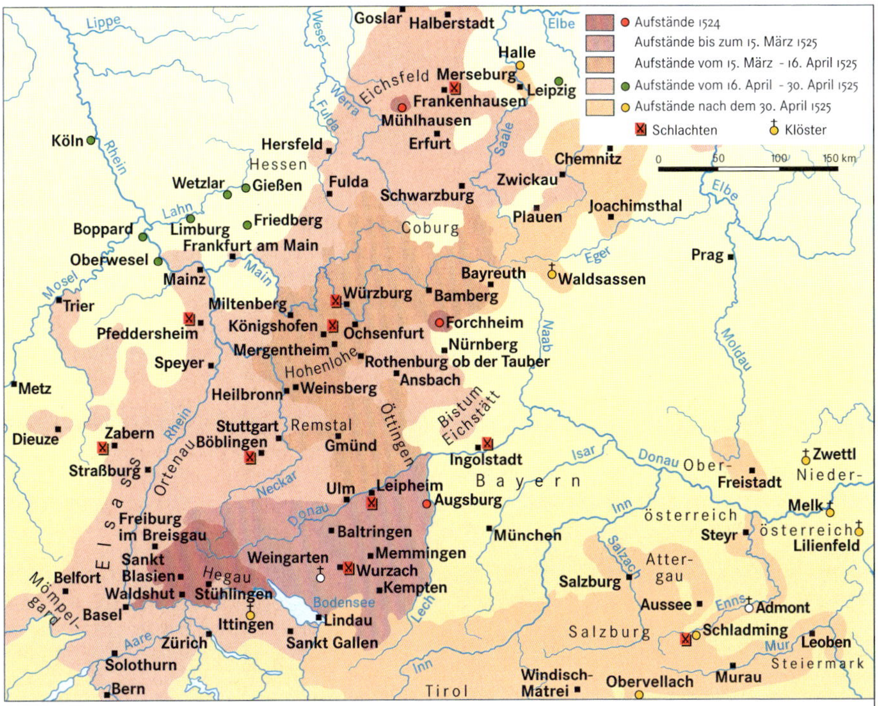

Bauernkrieg. Aufstände und Schlachten

BAUERNKRIEG | ***Forderungen der Zwölf Artikel***

Lokale Revolten der Landbevölkerung hatte es in Deutschland schon lange vor dem Bauernkrieg gegeben, so etwa die Bundschuh-Bewegung am Oberrhein. Die Massierung des zunächst sozial, dann aber auch religiös argumentierenden, immer gewalttätiger werdenden Protests, seine Eskalation zu veritablen, wenn auch nicht zentral organisierten kriegerischen Auseinandersetzungen mit der Obrigkeit, die Oberdeutschland vom Elsass bis nach Tirol und zur Steiermark erschütterten und dann auf Franken, Thüringen und Sachsen übergriffen, schließlich die blutige Rache der Landesherren: All dies ereignete sich erst in den Jahren 1524/25.

Berühmt geworden sind die »Zwölf Artikel der Bauernschaft in Schwaben« (die Abbildung zeigt das Titelblatt einer zeitgenössischen Druckschrift). Verfasser dieser Artikel, die zur Programmschrift des gesamten Bauernkrieges wurden und einen Grundkonsens zwischen den Bauern herstellten (ohne dass es jedoch zu einem Zusammenschluss der Bewegungen im gesamten Aufstandsgebiet kam), war der bibelkundige Kürschnergeselle Sebastian Lotzer aus Memmingen, dem der dortige zwinglianische Prediger Christoph Schappeler beratend zur Seite gestanden hatte. Die sozialrevolutionären Forderungen der »Zwölf Artikel« wurden biblisch begründet, so etwa die Aufhebung der Leibeigenschaft: *»Darum findet sich mit der Schrift, dass wir frei seien ... Nicht dass wir gar frei sein wollen, kein Oberkeit haben wollen, lernet uns Gott nicht. Wir sollen in Geboten leben.«* Ein demokratisch orientierter Wille äußert sich auch in dem Verlangen, die Pfarrer selbst wählen und kontrollieren zu können. Luther lehnte diese Art von Christentum ab und forderte die Obrigkeit auf, die *»räuberischen und mörderischen Rotten«* zu zerschlagen.

Gebiet um Kempten und der Seehaufe am nördlichen Bodenseeufer. Ende Februar fasste der Kürschnergeselle Sebastian Lotzer unter Mitwirkung des Zwingli-Schülers Christoph Schappeler die Beschwerden der Baltringer in »Zwölf Artikeln« zusammen, in denen die bäuerlichen Forderungen (u.a. Pfarrerwahl durch die Gemeinde, Abschaffung des kleinen Zehnten, Aufhebung der Leibeigenschaft) mit dem Evangelium, dem »göttlichen Wort«, begründet wurden. Die Reformation hat die bäuerliche Erhebung zwar nicht verursacht, ihr jedoch eine Legitimationsbasis verschafft, die die Ausbreitung der Bewegung im Frühjahr 1525 erleichterte. Bis Anfang Mai erfasste der Aufstand den Südwesten und Süden des Heiligen Römischen Reiches einschließlich der Alpenländer (außer Bayern), Teile der Schweiz sowie die Pfalz, das Elsass und Thüringen/Vogtland. Auch landesherrliche Städte und Teile der reichsstädtischen Unterschichten schlossen sich an. In Franken sammelten sich die Bauern unter der Führung von Götz von Berlichingen und Wendel Hipler, der den vergeblichen Versuch unternahm, die zersplitterte Bewegung auf einer gemeinsamen Basis zusammenzufassen. Ende April 1525 erhoben sich die Bauern und Ackerbürger in Thüringen. Thomas Müntzer suchte die Aufständischen in den Dienst einer radikalen Verchristlichung der Welt zu stellen. Nachdem die oberschwäbischen Bauern sich zunächst um einen gütlichen Ausgleich mit den Herren bemüht hatten, kam es seit Ende März zu den ersten Gewalttaten, die in der Weinsberger Bluttat der Bauern unter Jäcklein Rohrbach an Herren und Knechten am 16. 4. einen Höhepunkt erreichten. In Tirol begann der Aufstand am 9. 5. 1525. Sein Führer wurde Michael Gaismair, der in seiner »Tiroler Landesordnung« von 1526 die Utopie eines christlichen, demokratischen Bauernstaates entwickelte.

Die fehlende politische und militärische Geschlossenheit des Aufstandes, der größten politisch-sozialen Massenbewegung der deutschen Geschichte, erleichterte seine Niederwerfung durch Georg Truchseß von Waldburg, den Heerführer des Schwäbischen Bundes, durch Herzog Anton II., den Guten, von Lothringen sowie durch Landgraf Philipp I., den Großmütigen, von Hessen in den Schlachten von Leipheim (4. 4.), Wurzach (14. 4.) sowie – nach der Wende des Bauernkrieges durch den Vertrag von Weingarten – in den Schlachten von Böblingen (12. 5.), Königshofen (2. 6.), Zabern (16. 5.) und Frankenhausen (15. 5.).

Nach dem Scheitern der Bauernbewegung war, besonders im Südwesten des Reiches, die Obrigkeit bestrebt, neuen Erhebungen des »gemeinen« Mannes vorzubeugen, und verbesserte nicht selten die ökonomische und politische Situation der Bauern.

Bayern, Land im südlichen Deutschland, das im Osten an die Tschechische Republik, im Norden an Thüringen und Sachsen, im Westen an Hessen und Baden-Württemberg, im Süden an Österreich grenzt und im Südwesten um Lindau Anteil am Bodensee hat.

GESCHICHTE: Im 6. Jh. erfolgte unter den Agilolfingern die Landnahme der Baiern. Das Stammesherzogtum der Agilolfinger endete mit der Absetzung Tassilos III. 788 durch Karl den Großen; Bayern wurde nun zu einem karolingischen Teilreich. Mit dem Zerfall des Fränkischen Reiches der Karolinger gewann Bayern als Unterkönigtum unter Ludwig (II.), dem Deutschen, ab 817 die Führung der ostfränkischen Stämme. Das jüngere Stammesherzogtum Bayern der Luitpoldinger, das nach 900 Markgraf Luitpold und sein Sohn Arnulf der Böse im Kampf gegen die Ungarn begründeten, wurde unter Otto I., dem Großen, 938–947 in das Heilige Römische Reich fest eingegliedert. 976 empörte sich Heinrich der Zanker gegen Otto II., unterlag diesem aber. In der Folge wurde die bayerische Ostmark, der Nordgau und Kärnten mit den italienischen Marken von Bayern abgetrennt.

Unter den Welfenherzögen, die 1070–1180 mit Unterbrechungen die Geschicke des Landes bestimmten, gewann Bayern wieder politisches Eigengewicht und innere Geschlossenheit. Heinrich der Stolze (1126–56) erbte 1137 das Herzogtum Sachsen, weshalb die → Welfen in einen Konflikt mit den → Staufern gerieten. Nachdem der Staufer König Konrad III. den Welfen das bayerische Herzogtum, dessen er sie 1139 zeitweise enthoben hatte, zurückgegeben hatte, führte dieser welfisch-staufische Konflikt schließlich 1156 zur Abtrennung Österreichs und 1180 im Zuge der Absetzung Herzogs Heinrichs des Löwen zur Abtrennung der Steiermark sowie zur Vergabe von Bayern an die Wittelsbacher.

Auf die Teilung von 1255 in Nieder- und Oberbayern – Letzteres mit der 1214 erworbenen Rheinpfalz – folgte weitere Aufsplitterung. Im 14. Jh. zum Ständestaat geworden, erwarb Bayern unter Ludwig IV. Brandenburg, Tirol sowie die Niederlande, wurde aber 1329 geteilt: in die rheinische Pfalz, die Oberpfalz und das restliche, seit 1340 wieder vereinigte Bayern. Nur neun Jahre später wurde dieses abermals geteilt und erst 1505 wieder vereinigt. Im 16. Jh. wurde Bayern zur Vormacht der Gegenreformation in Deutschland. Herzog Maximilian I. (1597–1651), der in Bayern einen frühabsolutistischen Staat aufbaute, erwarb 1623 die Kurwürde und die Oberpfalz. Die folgenden 100 Jahre seit 1648 waren vom (vergeblichen) Streben der bayerischen Kurfürsten nach einer europäischen Großmachtstellung geprägt.

Der moderne Staat Bayern wurde maßgeblich von Maximilian Graf Montgelas, dem leitenden Minister des Kurfürsten Maximilian IV. Joseph, geschaffen. Im Bündnis mit Napoleon I. wurde Bayern 1806 Königreich und verdoppelte 1803–15 fast sein Gebiet. 1818 verlieh Maximilian Joseph dem Land eine Verfassung, deren zwei Kammern sich aus Reichsräten und Abgeordneten zusammensetzte. Im Deutschen Krieg 1866 auf österreichischer Seite, näherte sich Bayern danach Preußen und trat gegen die Zusicherung von Sonderrechten 1871 dem Deutschen Reich bei.

Im November 1918 rief Kurt Eisner (USPD) die Republik aus. Die im April 1919 proklamierte Räterepublik wurde im Mai von Regierungstruppen beseitigt. In den 1920er-Jahren Zentrum rechter Opposition gegen die Weimarer Republik (→ Hitlerputsch), wurde auch Bayern nach 1933 gleichgeschaltet. Unter amerikanischer Besatzung wurde es 1945 als Land der Bundesrepublik Deutschland wieder hergestellt. Als einziges westdeutsches Parlament lehnte der bayerische Landtag 1949 das Grundgesetz ab, akzeptierte jedoch die Gründung der Bundesrepublik Deutschland. Seit 1946 ist die CSU die stärkste Partei im Land. Aus ihren Reihen kamen 1946–54 und 1960–62 Hans Ehard, 1957–60 Hanns Seidel, 1962–78 Alfons Goppel, 1978–88 Franz Josef Strauß, 1988–93 Max Streibl und (seit 1993) Edmund Stoiber. Die SPD als zweitstärkste Partei stellte nur 1954–57 mit Wilhelm Hoegner den Ministerpräsidenten des Landes.

François Bazaine

Bazaine [ba'zɛn], François, französischer Marschall (seit 1864), * Versailles 13. 2. 1811, † Madrid 24. 9. 1888; als General am Krimkrieg und am italienischen Krieg (1859) beteiligt; befehligte die französische Expedition in Mexiko (1863–67). Im Deutsch-Französischen Krieg wurde Bazaine als Kommandeur der Rheinarmee 1870 in Metz eingeschlossen. Nach der Niederlage der Entsatzarmee bei Sedan (1./2. 9.) kapitulierte er am 27. 10. mit 173 000 Mann, da eigenmächtige Geheimverhandlungen zugunsten des gestürzten Kaisertums nicht zum Erfolg geführt hatten. Wegen pflichtwidriger Kapitulation 1873 zum Tode verurteilt (später zu 20-jähriger Festungshaft begnadigt), floh Bazaine 1874 nach Spanien.

BDM, Abk. für Bund Deutscher Mädel, → Hitler-Jugend.

Beatrix von Burgund, zweite Frau Kaiser Friedrichs I., †15. 11. 1184; Erbin des Pfalzgrafen Rainald III. von Burgund. Durch seine Heirat (1156 in Würzburg) mit Beatrix verschaffte Friedrich der Reichsgewalt in Burgund wieder Geltung.

Bebel, August, deutscher Politiker, *Deutz (heute zu Köln) 22. 2. 1840, †Passugg (bei Chur) 13. 8. 1913. Nachdem er sich 1861 in Leipzig der Arbeiterbewegung angeschlossen hatte, rief Bebel 1869 in Eisenach gemeinsam mit Wilhelm Liebknecht die »Sozialdemokratische Arbeiterpartei« (SDAP) ins Leben. Bebel stieg in der Folge zum unbestrittenen Führer der deutschen Sozialdemokratie auf und konnte ihren inneren Zusammenhalt v.a. während ihres Verbots durch die Reichsregierung (»Sozialistengesetz«, 1878–90) festigen. 1875 trug er maßgeblich zur Vereinigung von SDAP und »Allgemeinem Deutschen Arbeiterverein« (ADAV) zur »Sozialistischen Arbeiterpartei« (SAP) in Gotha bei. Nach Gründung des Deutschen Reiches (1871) war er mit Unterbrechung zwischen 1881 und 1883 bis 1913 Mitglied des Reichstags. Bebel wurde 1872 wegen Vorbereitung des Hochverrats und Majestätsbeleidigung, 1886 wegen Geheimbündelei zu Festungshaft verurteilt.

August Bebel

Im Zuge der Neuorganisation der deutschen Sozialdemokratie nach 1890 im Rahmen der »Sozialdemokratischen Partei Deutschlands« (SPD) beteiligte er sich 1891 maßgeblich an der Formulierung des Erfurter Programms. Im Richtungskampf innerhalb der SPD wandte er sich entschieden gegen den →Revisionismus; gegenüber den linken radikalen Ideologen in der SPD betonte er die wechselseitige Abhängigkeit von theoretischer Übernahme des Marxismus und politischer Praxis. Unter Bebels Führung entwickelte sich die SPD zu einer Massenpartei.

Beck, Ludwig, deutscher Generaloberst, *Biebrich (heute zu Wiesbaden) 29. 6. 1880, †Berlin 20. 7. 1944; seit 1935 Chef des Generalstabs des Heeres. Beck stimmte zunächst mit der von Hitler betriebenen Aufrüstung und den von diesem verkündeten außenpolitischen Zielen überein. Im Sommer 1938 jedoch wandte er sich in Denkschriften scharf gegen die von Hitler angestrebte Zerschlagung der Tschechoslowakei. Da er bei den meisten Angehörigen der Generalität keinen Rückhalt fand, erklärte er am 18. 8. 1938 seinen Rücktritt als Generalstabschef. In den folgenden Jahren rückte er immer stärker in das Zentrum der militärischen bzw. liberal-konservativen Widerstandsbewegung, die ihn nach einem erfolgreichen Umsturz als Reichsverweser (Staatsoberhaupt) vorsah. Nach dem Scheitern des Aufstandsversuchs am 20. 7. 1944 wurde er am Abend dieses Tages – nach einem misslungenen Selbstmordversuch – erschossen.

Becket ['bekɪt], Thomas, genannt **Thomas von Canterbury** ['kæntəbərɪ], englischer Lordkanzler, Erzbischof von Canterbury (seit 1162), *London 21. 12. 1118, †Canterbury 29. 12. 1170; war seit 1155 Kanzler, Freund und Ratgeber König Heinrichs II. 1162 wurde er vom König zum Erzbischof von Canterbury erhoben, legte im selben Jahr das Kanzleramt nieder und wurde ein unerbittlicher Verfechter kirchlicher Rechte und päpstlicher Politik. Insbesondere widersetzte er sich der Wiedereinführung königlicher Vorrechte im kirchlichen Bereich. Bei den Verhandlungen in Clarendon (1163/64) stellte sich Becket gegen den König, wurde der Felonie angeklagt und floh wegen drohender Inhaftierung nach Frankreich zu Papst Alexander III. Nach langen Verhandlungen kam es zwischen Papst, König und Becket 1170 zu einer Einigung und zur Rückkehr nach Canterbury. Nach einer zornigen Äußerung des Königs über Beckets Weigerung, suspendierten Bischöfen ohne vorhergehende Loyalitätserklärung gegenüber dem Papst die Absolution zu erteilen, wurde er von vier Rittern in der Kathedrale während des Vespergottesdienstes getötet. Becket wurde als Märtyrer gefeiert und schon 1173 von Alexander III. heilig gesprochen. Der König verzichtete auf die Konstitutionen von Clarendon und unterzog sich 1174 am Grab Becket der öffentlichen Kirchenbuße. 1538 wurden der Schrein und die Reliquien des Becket, die Anziehungspunkt für zahlreiche Wallfahrten waren, von Heinrich VIII. zerstört.

Bede, die vom 13. bis 17. Jh. durch den Fürsten von seinen Landständen zunächst erbetene, bald aber geforderte außerordentliche Vermögenssteuer, auch Schatzung, Schoss, Gewerf genannt. Als Grund-, Gebäude- oder Viehsteuer traf sie praktisch nur die Bürger und Bauern. In den Städten bildete sich eine besondere Beziehung zwischen Bedezahlung und Bürgerrecht heraus: Wer die Bede nicht zahlte, verlor das Bürgerrecht. Umgekehrt konnte das Bürgerrecht durch Zahlung der Bede gewonnen werden.

Befreiungskriege, die Kriege von 1813 bis 1815, die Deutschland, Italien und Spanien von der französischen Fremdherrschaft befreiten und dem Kaiserreich Napoleons I. ein Ende bereiteten. Nach Anfängen in Preußen 1806/07 war Widerstand gegen die napoleonische Herrschaft mit dem spanischen Unabhängigkeitskrieg (ab 1808) offen ausgebrochen; er hatte Signalwirkung v.a. für die deutsche Erhebung, die 1809 von Österreich ausging. Gleichzeitig begann der Tiroler Freiheitskampf; in Norddeutschland kämpften Freikorps, deren militärische Erfolge allerdings gering waren. Die nationalen Erhebungen 1809 scheiterten in erster Linie an der Passivität Preußens, das sich in der staatlichen Neuorganisation befand. Österreich musste im Frieden von Schönbrunn (14. 10. 1809) erhebliche Territorialverluste dulden. In der Folge wurde es zu einer von Frankreich abhängigen Macht zweiten Ranges degradiert. Erst Napoleons Niederlage im Russischen Feldzug von 1812 löste die eigentlichen Befreiungskriege aus, denen sich nunmehr auch Preußen anschloss.

KRIEGSVERLAUF 1813: Nach dem Untergang der Großen Armee Napoleons 1812 entschloss sich der russische Kaiser Alexander I., nach Westen vorzustoßen. Nachdem die Konvention von Tauroggen Ende des Jahres die Erhebung Preußens einleitete, schlossen Preußen und Russland am 27./28. 2. 1813 das Bündnis von Kalisch. Nach der Kriegserklärung an Frankreich begann Preußen zu rüsten. Auch in verschiedenen Rheinbundstaaten waren bereits ab Januar Insurrektionen ausgebrochen (u.a. Hamburg); Streifkorps begannen den französischen Gegner zu attackieren.

Trotz der weit gehenden Räumung Deutschlands vermochte Napoleon nochmals ein großes Heer aufzustellen, das den verbündeten Preußen und Russen zahlenmäßig überlegen war. Nach der Niederlage bei Möckern gelang es Napoleon, die Preußen bei Großgörschen und bei Bautzen zu schlagen und die Verbündeten zum Rückzug nach Schlesien zu zwingen. Am 4. 6. schloss Napoleon mit den Verbündeten den zwischenzeitlichen Waffenstillstand von Pläswitz. Nachdem die französischen Truppen infolge des britischen Sieges bei Vittoria aus Spanien verdrängt wurden, trat Österreich schließlich wenig später dem geheimen Bündnisvertrag von Reichenbach zwischen Preußen/Russland und Großbritannien bei und erklärte Frankreich den Krieg. In den Allianzen zu Teplitz wurde das Bündnis gefestigt und als Kriegsziel der Alliierten v.a. die Wiederherstellung Österreichs und Preußens in den Grenzen von 1805 festgelegt. Auch Schweden und später Bayern traten der Koalition bei; dennoch war Napoleon auf dem Prager Friedenskongress (28. 7.–10. 8.) nicht zu Konzessionen bereit.

Während des Herbstfeldzuges bildete die Koalition gegen Napoleon und seine in Dresden versammelte Hauptmacht drei Heere. Nach Siegen auf beiden Seiten erzwangen die Verbündeten am 3. 10. bei Wartenburg den Elbübergang und die Umfassung Napoleons, der sich daraufhin aus Dresden zurückzog. So kam es zur Entscheidung: In der Völkerschlacht bei Leipzig (16.–19. 10.) wurde Napo-

BEFREIUNGSKRIEGE — *Entstehung des Nationalismus*

Der moderne Nationalismus entstand im Zuge der Französischen Revolution. Die Freiwilligen der französischen Revolutionsarmeen, die sich in patriotischer Begeisterung mit ihrer Nation identifizierten, zeigten sich den Söldnerheeren der Fürstenmächte weit überlegen. Wenige Jahre später hatte die europaweite nationale Bewegung ihren Ursprung im Widerstand gegen die napoleonische Fremdherrschaft. Sie drängten nach dem Debakel der französischen Armee in Russland (1812) ihre Regierungen, den Entscheidungskampf gegen den Unterdrücker Europas zu wagen.

Trotz aller militärischen Erfolge – der berühmteste war wohl die Schlacht bei Waterloo am 18. 6. 1815, in der die verbündeten preußischen und englischen Truppen Napoleon I. vernichtend schlugen (»Bataille de Mont-Saint-Jean, dite de Waterloo«; zeitgenössischer kolorierter Kupferstich von Edmonde Bovinet) – fanden die Wünsche und Erwartungen der nationalen Bewegungen der restaurativen Friedensordnung des Wiener Kongresses keinen Niederschlag. Ganz im Gegenteil: Wo immer sie sich bemerkbar machten, wurden im Deutschen Bund alle nationalen Regungen, die liberale Idee der Selbstbestimmung und der demokratische Gedanke der Volkssouveränität von den reaktionär-konservativen Mächten unter Metternich mit der ganzen Härte ihrer Polizeiapparate verfolgt.

In Italien und Deutschland forderte die nationale Bewegung den Zusammenschluss der Einzelherrschaften zu einem gemeinsamen Vaterland. In Deutschland bildeten sich in diesem Zusammenhang die Turnerbewegung und die Burschenschaften aus, die die deutsche »Kleinstaaterei« in scharfen Worten anprangerten. Auch andere Völker suchten sich von der Fremdherrschaft zu befreien, so die Griechen im Osmanischen Reich, die Polen gegen die russische Staatsgewalt sowie die Ungarn, Italiener und Slawen im Vielvölkerstaat Österreich.

Menachem Begin

leon vernichtend geschlagen. Er selbst entkam, nachdem er bei Hanau den sperrenden Riegel bayerischer Truppen durchbrochen hatte, mit dem Rest seines Heeres über den Rhein; der Rheinbund löste sich auf, die französische Herrschaft brach in ganz Deutschland zusammen.

FELDZUG 1814: Die Verbündeten (ohne Schweden) beschlossen, den Krieg in Frankreich fortzusetzen, gleichzeitig aber auch um einen Verständigungsfrieden mit Napoleon zu verhandeln. Am 20. 12. 1813 begann der Rheinübergang der Hauptarmee bei Basel. Die eigenmächtige Rheinüberschreitung durch Gebhard Leberecht Fürst Blücher von Wahlstatt in der Neujahrsnacht 1813/14 bei Kaub führte zur Befreiung der linksrheinischen Gebiete und zwang die Alliierten zur Offensive. Blücher konnte, unterstützt von Teilen der Hauptarmee, Napoleon bei La Rothière schlagen. Nach einem weiteren Sieg der Hauptarmee bei Arcis-sur-Aube entschieden die Verbündeten sich zum Vormarsch gegen Paris, das am 30. 3. kapitulieren musste. Von Spanien aus drang Arthur Herzog von Wellington nach Bordeaux vor, woraufhin Napoleon am 6. 4. in Fontainebleau abdanken musste. Er wurde nach Elba verbannt, Ludwig XVIII. als französischer König eingesetzt. Im ersten Pariser Frieden (30. 5.) erhielt Frankreich die Grenzen von 1792.

FELDZUG 1815: Während der Wiener Kongress (1814/15) noch über die Neuordnung Europas verhandelte, landete Napoleon am 1. 3. 1815 bei Cannes und konnte, da die ihm entgegengesandten Truppen zu ihm übergingen, am 20. 3. in Paris einziehen. Zwei Armeen wurden gegen ihn aufgestellt, eine unter Wellington aus britischen, deutschen und niederländischen Truppen sowie eine preußische unter Blücher. Napoleons Vordringen scheiterte am 18. 6. bei Belle-Alliance (oder Waterloo). In der Verfolgung wurde das letzte von Napoleon aufgestellte Heer vernichtet, Napoleon selbst ergab sich den Engländern und wurde nach Sankt Helena gebracht. Der zweite Pariser Frieden (20. 11.) mit dem wieder hergestellten bourbonischen Königtum schloss die Befreiungskriege ab.

Bẹgin, Menachem, israelischer Politiker, *Brest-Litowsk 16. 8. 1913, †Tel Aviv-Jaffa 9. 3. 1992; war ab 1939 in Polen führend in der radikalzionistischen Jugendorganisation »Betar« tätig; wanderte 1942 nach Palästina aus, wo er als Mitgründer und Vorsitzender der Cherut 1948–83 die Idee vertrat, einen Staat Israel in den Grenzen des biblischen Palästina zu schaffen; trat 1949–1977 als Oppositionsführer im Parlament hervor und baute mit der Gründung der Gahal (1965) und des Likud (1973) eine rechtsgerichtete Parteienverbindung auf; wurde nach dem Wahlsieg des Likud (1977) Ministerpräsident (bis zu seinem Rücktritt 1983). In seiner Außenpolitik ging Begin im November 1977 auf die Friedensinitiative des ägyptischen Präsidenten Mohammed Anwar as-Sadat ein und unterzeichnete die Rahmenabkommen von Camp David (September 1978); 1978 erhielten Sadat und Begin dafür den Friedensnobelpreis. Mit dem Abschluss des israelisch-ägyptischen Friedensvertrags (26. 3. 1979) konnte Begin die Einkreisung Israels durch die arabische Staaten durchbrechen; im Zuge des Ausgleichs mit Ägypten willigte er in die stufenweise Rückgabe der Sinaihalbinsel an Ägypten ein.

Bekennende Kirche, Selbstbezeichnung der Bewegung innerhalb der evangelischen Kirche Deutschlands, die seit 1934 der nationalsozialistisch bestimmten Haltung der Deutschen Evangelischen Kirche und den von dieser gestützten Deutschen Christen entgegentrat. Hervorgegangen ist sie aus dem von Martin Niemöller 1933 in Berlin-Dahlem gegründeten »Pfarrernotbund«, der verfolgte Pfarrer unterstützte, seine Mitglieder zur alleinigen Bindung an die Bibel und die Bekenntnisse verpflichtete und die Sammlung von Laien in »Bekennenden Gemeinden« begann. Die Bekennende Kirche konstituierte sich auf der ersten Bekenntnissynode der Deutschen Evangelischen Kirche in Barmen im Mai 1934 (Barmer Theologische Erklärung). Auf der zweiten Bekenntnissynode in Berlin-Dahlem im Oktober 1934 wurden der Notstand der Kirche erklärt und ein Notkirchenregiment begründet. Die Bekennende Kirche wandte sich v. a. gegen den Arierparagraphen und die Gewalttaten des Nationalsozialismus überhaupt. Amtsenthebungen von Pfarrern und Theologieprofessoren, Verfolgung und Inhaftnahme von Pastoren und Laien, Zeitschriften- und Bücherverbot u. a. waren die Folge. Die Bekennende Kirche hielt aber trotz Drohungen und Verfolgungen den Widerstand aufrecht und wuchs über die Bedeutung einer rein kirchlichen Bewegung hinaus.

Nach 1945 wirkte die Bekennende Kirche führend bei der Neuordnung der Evangelischen Kirche in Deutschland mit und erklärte sich nach Abschluss der Synode von Eisenach (1948) ihrer kirchenregimentlichen Befugnisse für entbunden, um sich als künftige Aufgabe die Weiterentwicklung der Resultate des Kirchenkampfs für die Gegenwart zu stellen.

Belgien, amtlich französisch **Royaume de Belgique** [rwaˌjo: də bɛlˌʒik], niederländisch **Koninkrijk België** [ˌko:niŋkrɛɪk ˌbɛlxi:ə], Staat in Europa, der im Norden an die Niederlande, im Osten an Deutschland, im Südosten an Luxemburg, im Süden und Südwesten an Frankreich, im Nordwesten an die Kanalküste grenzt.

GESCHICHTE: Der Name Belgien geht zurück auf die Bezeichnung der römischen

Provinz (Gallia) Belgica. Der östliche Teil des seit dem 5. Jh. zum Fränkischen Reich gehörenden Gebietes fiel 880 an das Ostfränkische, der westliche an das Westfränkische Reich. Seit 1385 gelangte das Gebiet nach und nach an das Herzogtum Burgund. 1477 kamen die nördlichen und die südlichen Niederlande an die Habsburger. Die südlichen Niederlande (das heutige Belgien) verblieben 1648 bei Spanien und gelangten 1713/14 an Österreich. Nach kurzfristiger Unabhängigkeitserklärung der »vereinigten belgischen Staaten« 1790 wurde das Gebiet 1794 durch Frankreich besetzt. 1815 wurde es mit den Niederlanden zum Königreich der Vereinigten Niederlande zusammengefasst. Staatliche Selbstständigkeit erreichte Belgien erst 1830: Im August 1830 kam es zu einem von Frankreich unterstützten Aufstand, der zur Unabhängigkeitserklärung von Belgien am 4. 10. 1830 führte.

Der 1831 zum König der Belgier gewählte Leopold I. von Sachsen-Coburg legte am 21. 7. 1831 den Eid auf die Verfassung ab. Als zunächst noch nebenrangiges Problem tauchte seit 1840 die Sprachenfrage zwischen Wallonen und Flamen auf. Der 1881–85 vom belgischen König erworbene unabhängige Kongostaat ging 1908 an den belgischen Staat über. Durch den Einmarsch deutscher Truppen 1914 wurde die belgische Neutralität verletzt, der äußerste Westen des Landes war im Ersten Weltkrieg Frontgebiet. Die Friedensregelung von 1918/19 brachte Belgien den Gewinn des deutschsprachigen Gebietes von Eupen und Malmedy. Im Zweiten Weltkrieg wurde Belgien erneut von deutschen Truppen besetzt. Während sich die Regierung ins Exil nach London begab, blieb König Leopold III. als Kriegsgefangener in Belgien; er musste 1950 endgültig zugunsten seines Sohnes Baudouin I. abdanken. Außenpolitisch engagierte sich Belgien nach dem Zweiten Weltkrieg bei Aufgabe seiner Neutralität im westlichen Bündnissystem.

1960 verlor das Land seine Kolonie Belgisch-Kongo. Nach Verschärfung des Sprachenkampfes zwischen Wallonen und Flamen in den 1960er-Jahren wurde Belgien 1970 in die drei Regionen Flandern, Wallonien und Brüssel aufgeteilt. 1980 billigte die Abgeordnetenkammer eine Verfassungsänderung zur weiter gehenden Föderalisierung von Belgien (vier Sprachgebiete [niederländisch, französisch, zweisprachig, deutsch], drei Gemeinschaften [flämisch-, französisch-, deutschsprachig] und drei Regionen [flämisch, wallonisch, Brüssel]). Nachdem den Regionen 1988 zahlreiche Aufgaben u. a. in der Wirtschafts-, Finanz-, Arbeitspolitik übertragen worden waren, die bis dahin der gesamtstaatlichen Regierung oblagen, erhielten sie mit der endgültigen Umwandlung Belgiens in einen Bundesstaat durch die Staatsreform von 1993 nochmals weitere eigene Zuständigkeiten. Nach dem Tod Baudouins I. wurde 1993 sein Bruder Albert II. König. In den 1990er-Jahren wurde Belgien immer wieder von innenpolitischen Krisen erschüttert. In der Folge eines weiteren Skandals um dioxinverseuchte Lebensmittel verlor im Juni 1999 die christlich-soziale Regierungskoalition unter Premierminister Jean-Luc Dehaene die Parlamentswahl. Im Juli 1999 trat eine »Regenbogenkoalition« aus Liberalen, Sozialisten und Grünen unter dem Führer der flämischen Liberalen Guy Verhofstadt ihre Nachfolge an (2003 bestätigt).

Belisar, griechisch **Belisarios,** Feldherr des oströmischen Kaisers Justinian, * Germania (an der thrakisch-illyrischen Grenze, beim heutigen Sofia) um 505, † Konstantinopel 565; 530 errang er gegen die Perser bei Dara (im nördlichen Mesopotamien) einen ersten glänzenden Sieg. 532 schlug er mit Narses in Konstantinopel den Nikaaufstand nieder, 533–534 eroberte er Gelimers Wandalenreich in Nordafrika. Mit wechselndem Erfolg führte er seit 535 und 544–548 in Italien Krieg gegen die Ostgoten. 559 verteidigte er Konstantinopel gegen die Hunnen, fiel aber 562/563 wegen des Verdachts einer Verschwörung in Ungnade.

Belle-Alliance, La Belle-Alliance [labɛla'ljãs], Gehöft 20 km südlich von Brüssel, in dessen Nähe sich die Heerführer Gebhard Leberecht Fürst Blücher von Wahlstatt und Herzog von Wellington nach dem Sieg vom 18. 6. 1815 über Napoleon I. trafen. Blücher benannte die Entscheidungsschlacht später nach diesem Gehöft, Wellington nach dem Dorf Waterloo, wo er sein Hauptquartier hatte.

Belsazar, Belschazzar, akkadisch **Belschar-usur,** griechisch **Baltasar,** lateinisch **Baltassar,** Sohn des letzten babylonischen Königs Nabonid, † wohl 539 v. Chr.; verwaltete in Abwesenheit seines Vaters 551–543 v. Chr. das neubabylonische Reich. 539 v. Chr. unterlag er als Befehlshaber der babylonischen Truppen dem Perserkönig Kyros II. bei Opis am Tigris und wurde ermordet.

Benedikt VIII., Papst (1012–24), früher Theophylakt, † Rom 9. 4. 1024; stammte aus dem Geschlecht der Grafen von Tusculum; stand im Einvernehmen mit Heinrich II., den er 1014 in Rom krönte; war politisch (gegen

BELSAZAR. ***Menetekel an der Wand***

Im Alten Testament gilt Belsazar als Sohn Nebukadnezars II. und als letzter König von Babylon. Als Belsazar bei einem Gastmahl Gott beleidigt habe, sei eine Menschenhand an der Palastwand erschienen und habe die Worte *»Mene mene tekel ufarsin«* (*»Er [Gott] hat [das Reich] gezählt, gewogen, zerteilt«*) geschrieben, die vom Propheten Daniel als Orakelzeichen des baldigen Untergangs Babylons gedeutet worden seien (Daniel 5, 25–28). Heinrich Heine ging in einer Ballade sogar noch weiter: *»Belsazar ward aber in selbiger Nacht von seinen Knechten umgebracht.«*

BENEDIKTINER *Gründung des Klosters Montecassino*

Benedikt von Nursia wählte schon als junger Mann das weltabgeschiedene, Gebet und Askese gewidmete Dasein eines Eremiten. Mit der Zeit schlossen sich Benedikt zahlreiche Menschen an, die in derselben Weise wie er Gott erfahren wollten. Allmählich entwickelte sich unter Benedikts Leitung – das Gemälde des Turino di Vanni zeigt ihn bei der Übergabe der Ordensregel (um 1400; Florenz, Galleria dell' Accademia) – ein Gemeinschaftsleben mit geregeltem Tagesablauf. Pate hierfür stand ein Typus des monastischen Christentums, der sich im 4. Jh. erstmals in Ägypten ausgebildet hatte.

Im Jahre 529 erhielt die Mönchsgemeinde mit der Gründung des Klosters Montecassino in Kampanien ihr spezifisch benediktinisches Gepräge. Die Regel Benedikts legt in 73 Kapiteln die klösterliche Ordnung fest. Die lebenslange Zugehörigkeit zu nur einem Kloster ist so wesentlich, dass sie der Benediktiner beim Eintritt in die Mönchsgemeinschaft zusammen mit dem »Tugendwandel« und dem »Gehorsam« feierlich gelobt. Insbesondere fordert die Regel vom Mönch nicht nur das kontemplative Gebet, sondern in gleicher Weise auch Fürsorge für die Armen und Arbeit. Auch wenn die Losung *»Ora et labora!« (»Bete und arbeite!«)* erst im Spätmittelalter aufkam, so trifft sie doch den Geist des benediktinischen Mönchtums, das zum Modell des abendländischen Mönchtums schlechthin wurde.

Edvard Beneš

die Sarazenen und Byzanz in Sardinien und Unteritalien) und in der Kirchenreform erfolgreich tätig.

Benedikt (XIII.), Gegenpapst (1394–1423), früher Pedro de Luna, * um 1342, † Peñíscola (Aragonien) 23. 5. 1423; stammte aus aragonesischem Adel; war seit 1375 Kardinal. Nach 1378 trat Benedikt auf die Seite des Gegenpapstes Klemens VII., zu dessen Nachfolger er 1394 in Avignon gewählt wurde (und war damit als Gegenpapst zu betrachten). Nach seiner Absetzung durch die Konzile zu Pisa (1409) und Konstanz (1417) zog sich Benedikt auf die Burg Peñíscola in Aragonien zurück und hielt bis zu seinem Tod den Anspruch aufrecht, rechtmäßiger Papst zu sein.

Benedikt XV., Papst (1914–22), früher Giacomo della Chiesa, * Genua 21. 11. 1854, † Rom 22. 1. 1922; stand seit 1883 im diplomatischen Dienst der Kurie; wurde 1907 wegen seiner Kritik am Kurs Pius' X. Erzbischof von Bologna; wurde 1914 Kardinal. Benedikts Versuche einer Friedensvermittlung im Ersten Weltkrieg scheiterten an der Ablehnung der Alliierten. Die politische Bedeutung und das Ansehen des Papsttums steigerte er durch Bemühungen zur Linderung der Kriegshärten und durch die Aufnahme diplomatischer Beziehungen zu vielen Staaten, darunter Großbritannien (1914) und Frankreich (1921). Sein Name ist zudem mit der Veröffentlichung des Codex Iuris Canonici (1918) und der Enzyklika »Maximum illud« (1919) verknüpft.

Benedikt XVI., Papst (seit 2005), früher Joseph Ratzinger, * Marktl (Landkreis Altötting) 16. 4. 1927; erhielt 1951 die Priesterweihe; war Professor für Dogmatik in Freising (1958), Bonn (1959–63), Münster (1963–66), Tübingen (1966–69) und Regensburg (1969–77); nahm als theologischer Konzilsberater am 2. Vatikanischen Konzil teil; war 1977–82 Erzbischof von München und Freising; wurde 1977 Kardinal; war 1981–2005 Präfekt der Kongregation für die Glaubenslehre.

Benediktiner, lateinisch Ordo Sancti Benedicti (Abk. OSB), katholischer Mönchsorden.

GESCHICHTE: Der Benediktinerorden wurde im 6. Jh. von Benedikt von Nursia gegründet; seine Regel war bis in das 12. Jh. für das abendländische Mönchtum maßgebend. Papst Gregor I., der Große (selbst ein Benediktiner), sandte 596 den Benediktinermönch Augustinus als Missionar nach England. Hier wie im Fränkischen Reich wurde die Mission vom Benediktinerorden getragen. Benedikt von Aniane und die vom 910 gegründeten Kloster Cluny ausgehenden Ideen belebten den Orden neu (→kluniazensische Reform); von Cluny wurde die Reform nach Gorze (bei Metz) getragen und von hier aus nach Sachsen, Bayern und Thüringen. Die Einzelklöster wurden jetzt unter Wahrung ihrer Eigenständigkeit zu größeren Verbänden zusammengefasst. Aus diesen gingen mehrere selbstständige Orden hervor. Aufklärung, Französische

Revolution und Säkularisation brachten den Orden im 18./19. Jh. nahezu zum Erlöschen; doch konnte er seitdem seine alte Bedeutung wiedergewinnen.

Beneš ['bɛnɛʃ], Edvard, tschechoslowakischer Politiker, *Kožlany (Böhmen) 28.5.1884, †Sezimovo Ústí (Südböhmen) 3.9.1948; war enger Mitarbeiter Tomáš Masaryks. Nach Ausrufung der unabhängigen tschechoslowakischen Republik führte Beneš als Außenminister (1918–35), 1921/22 zugleich als Ministerpräsident, die Delegation seines Landes bei den Pariser Friedensverhandlungen (1919/20) zur Beendigung des Ersten Weltkriegs; anschließend vertrat er die ČSR beim Völkerbund.

Am 18.12.1935 wurde Beneš zum Staatspräsidenten gewählt. Die mangelnde Fähigkeit beziehungsweise Bereitschaft zum Ausgleich mit den nationalen Minderheiten, die tschechische Entnationalisierungspolitik und der Druck des nationalsozialistischen Deutschlands führten drei Jahre später zu seiner Kapitulation in der »Sudetenkrise«; nach Abschluss des →Münchener Abkommens trat er am 5.10.1938 zurück und ging ins Exil. Nach Ausbruch des Zweiten Weltkriegs kam er wieder nach Europa und bildete im Juli 1940 in London eine tschechoslowakische Exilregierung, zu deren Präsident er sich ernannte. Nach formeller Anerkennung des kommunistisch orientierten »Kaschauer Statuts« vom 5.4.1945 kehrte er im Mai 1945 nach Prag zurück und wurde Präsident der neu errichteten tschechoslowakischen Republik (bis 1948). Die Beneš-Dekrete (Sammelbezeichnung für verschiedene Erlasse mit Gesetzescharakter zwischen Mai und Oktober 1945 und das Amnestiegesetz vom 8.5.1946) ermöglichten die Kollektive entschädigungslose Enteignung und Vertreibung der Sudeten- und Karpatendeutschen sowie der Ungarn aus der Tschechoslowakei.

Ben Gurion, David, bis 1910 David Grün, israelischer Politiker, *Płońsk (bei Warschau) 16.10.1886, †Tel Aviv-Jaffa 1.12.1973; von den Türken 1915 aus Palästina ausgewiesen; organisierte 1917/18 in den USA die Freiwilligenverbände der britischen Jüdischen Legion. Nach seiner Rückkehr nach Palästina gründete Ben Gurion 1919 zusammen mit Isaac Ben Zwi die zionistisch-sozialistische »Ahdut Haavoda« (»Einheit der Arbeit«) sowie 1920 die Gewerkschaftsorganisation Histadrut und 1930 die sozialistische Arbeiterpartei Mapai, deren Vorsitzender er bis 1965 war. Als Generalsekretär der Histadrut (1921–35) förderte er systematisch Landkauf und Landbesiedlung durch jüdische Einwanderer in Palästina. Als Leiter der Jewish Agency for Palestine (1935–48) und der Zionistischen Weltorganisation organisierte er gegen den Widerstand der palästinensischen Araber und der britischen Mandatsregierung die Einwanderung jüdischer Flüchtlinge besonders aus Deutschland und den von diesem im Zweiten Weltkrieg besetzten Ländern. Als Ministerpräsident einer vorläufigen Regierung proklamierte Ben Gurion im Auftrag des »Jüdischen Nationalrats« am 14.5.1948 den unabhängigen Staat Israel.

Unter seiner Führung als Ministerpräsident und Verteidigungsminister (1948–53 und erneut 1955–63) konnte Israel seine Existenz im Palästinakrieg (1948/49) sowie im Suezkrieg (1956) sichern und konsolidieren. Zudem begann er 1952 mit Deutschland durch das Wiedergutmachungsabkommen die deutsch-jüdische Aussöhnung.

Bennigsen, Rudolf von, deutscher Politiker, *Lüneburg 10.7.1824, †Bennigsen (heute zu Springe) 7.8.1902; trat als Vorsitzender des neu gegründeten Deutschen Nationalvereins (1859–67) entschieden für die deutschen Einigung unter der Führung Preußens ein. Nach der Annexion Hannovers durch Preußen (Oktober 1866) war Bennigsen 1867–83 Mitglied des preußischen Abgeordnetenhauses, 1867–83 und 1887–98 des Reichstags. Als Vorsitzender der nationalliberalen Fraktion im Norddeutschen Reichstag (seit 1867) unterstützte er die Politik Bismarcks. Nach der Reichsgründung 1871 nahm er als Führer der Nationalliberalen Partei maßgeblich Einfluss auf den Reichsausbau (1874 Festlegung der Heeresfriedensstärke auf sieben Jahre, 1876 Justizgesetzgebung). Die Schutzzollpolitik und die Sozialistengesetze leiteten 1878/79 den Bruch mit Bismarck ein.

Bergpartei, französisch **Montagne** [mɔ̃'taɲ], während der Französischen Revolution die radikalste Gruppe im Konvent (1792–95), die nach ihren Sitzen auf den höher gelegenen Bänken benannt wurde und seitdem auch allgemeine Bezeichnung für eine radikale Partei ist. Anfangs von den →Girondisten hauptsächlich durch persönliche Gegensätze getrennt, stützte sich die Bergpartei zunehmend auf das Kleinbürgertum und die ärmeren Bevölkerungsschichten. Die Bergpartei beherrschte anfangs den Klub der →Jakobiner, wurde dann von ihm weiter in die Radikalität getrieben. Führende Vertreter (»Montagnards«) waren u.a. George Danton und Maximilien de Robespierre.

Berlichingen, Götz (Gottfried) von, Reichsritter aus schwäbischem Adel, *Jagsthausen (Landkreis Heilbronn) 1480, †Burg Hornberg (zu Neckarzimmern) 23.7.1562; führte zahlreiche Fehden (u.a. gegen Nürnberg) und wurde 1512 bzw. 1518 geächtet. 1519 kämpfte er für Herzog Ulrich von Württemberg gegen den Schwäbischen Bund, wurde gefangen genommen und saß bis 1522 in Heilbronn in Haft. Im Bauernkrieg übernahm Götz von Berlichingen im April/Mai 1525 die Führung des Neckartal-Odenwälder Haufens

Berliner Blockade. Die von der Berliner Bevölkerung »Rosinenbomber« genannten alliierten Transportflugzeuge (hier im Anflug auf den Flughafen Tempelhof) stellten während der Blockade die Versorgung der Stadt sicher: Auf rund 195 000 Flügen gelangten in elf Monaten rund 1,5 Millionen Tonnen Güter in den Westteil Berlins.

und verließ die Bauern vor der Entscheidungsschlacht in Königshofen (2. 6. 1525). Eine erneute Gefangenschaft durch den Schwäbischen Bund in Augsburg (1528–30) folgte. Danach Gutsherr, kämpfte er 1542 im Dienst Kaiser Karls V. in Ungarn gegen die Türken, 1544 gegen Frankreich.

Berlinabkommen, Kurzbezeichnung für das **Viermächteabkommen über Berlin,** auch **Vierseitiges Abkommen über Berlin,** Vertrag zwischen den Westmächten (Frankreich, Großbritannien und USA) und der UdSSR vom 3. 9. 1971 in Berlin, der die Verantwortlichkeiten und Rechte der vier Mächte unter Wahrung ihrer unterschiedlichen Rechtsauffassungen bestätigte. Das Berlinabkommen legte die politischen Bindungen und verkehrstechnischen Verbindungen von Berlin (West) zur Bundesrepublik Deutschland in ihren Grundzügen fest und umfasste folgende Regelungen über seit 1948/49 strittige Fragen: 1) den Transitverkehr von zivilen Gütern und Personen zwischen Berlin (West) und der Bundesrepublik Deutschland; 2) die Aufrechterhaltung und Entwicklung der Bindungen zwischen Berlin (West) und der Bundesrepublik Deutschland unter Fortbestehen des Rechtszustands, dass Berlin (West) nach wie vor kein Bestandteil der Bundesrepublik Deutschland sei und auch weiterhin von ihr nicht regiert werde; 3) die Verbesserung der Reise- und Kommunikationsmöglichkeiten zwischen Berlin (West) einerseits sowie Berlin (Ost) und der DDR andererseits; 4) den Austausch kleinerer Gebietsstücke; 5) die Vertretung von Berlin (West) im Ausland, den Umfang der Präsenz von Bundesbehörden und die konsularische Tätigkeit der UdSSR in Berlin (West).

Das Berlinabkommen gewann am 3. 6. 1972 mit dem In-Kraft-Treten konkretisierender Vereinbarungen zwischen der Bundesrepublik Deutschland bzw. Berlin (West) und der DDR (v.a. Transitabkommen) Rechtskraft. Mit der Wiederherstellung der deutschen Einheit, der Wiedervereinigung Berlins (3. 10. 1990) sowie dem Verzicht der vier Mächte auf noch bestehende Rechte und Verantwortlichkeiten in Bezug auf Berlin und Deutschland wurde es gegenstandslos.

Berliner Blockade, die von der sowjetischen Besatzungsmacht in Deutschland verfügte Sperrung aller Land- und Wasserwege, die von den Westsektoren Berlins in den Ostsektor der Stadt und in die sowjetische Besatzungszone führten. Sie dauerte vom 24. 6. 1948 bis zum 12. 5. 1949. Ursache der Berliner Blockade waren die auseinander strebenden Auffassungen zwischen den Westmächten und der UdSSR über eine gemeinsame Deutschlandpolitik; Anlass war die Ausdehnung der Währungsreform in den Westzonen Deutschlands (20. 6. 1948 auf die Westsektoren Berlins).

Der Versuch der UdSSR, auf dem Wege über diese Blockade ganz Berlin unter ihre Kontrolle zu bringen, scheiterte am Widerstandswillen der Westmächte und der Bevölkerung von Berlin (West), die seit dem 25. 6. 1948 auf dem Luftweg versorgt wurde. Nach einer Vereinbarung der Westmächte mit der UdSSR in New York hob die sowjetische Militärverwaltung in Berlin (Ost) die Blockade offiziell am 12. 5. 1949 auf. In ihrem Ergebnis förderte die Berliner Blockade entgegen den sowjetischen Zielen die Westorientierung der entstehenden Bundesrepublik Deutschland.

Berliner Kongress, von Österreich-Ungarn angeregte Zusammenkunft führender Staatsmänner der europäischen Großmächte und des Osmanischen Reichs vom 13. 6. bis 13. 7. 1878 in Berlin. Nach Beendigung des Russisch-Türkischen Krieges (1877/78) hatte Russland seine Einflusssphäre auf der Balkanhalbinsel derartig vergrößert, dass Großbritannien und Österreich-Ungarn sich in ihren Interessen bedroht fühlten. Unter Vermittlung Bismarcks konnte Russland zum Verzicht auf das Protektorat Großbulgarien bewegt werden, das in ein selbstständiges Fürstentum sowie in eine osmanische Provinz Ostrumelien geteilt wurde. Als Ausgleich erhielt Russland Teile Bessarabiens von Rumänien, das wie Serbien und Montenegro für unabhängig erklärt wurde. Österreich-Ungarn erlangte das Mandat zur Besetzung von Bosnien und der Herzegowina; Großbritannien erhielt Zypern. Die Neuordnung der Balkanhalbinsel war sehr instabil: Das Streben der Balkanvölker nach nationaler Einheit und Souveränität schuf neue Probleme; Russlands Erbitterung über seine Machtminderung belastete den europäischen Frieden und führte 1879 zum deutsch-österreichischen Zweibund.

Berliner Mauer, von 1961 bis 1989/90 bestehendes, scharf bewachtes militärisches Sperrsystem entlang der Sektorengrenze (Demarkationslinie) zwischen Berlin (Ost) und Berlin (West). Die Berliner Mauer wurde ab dem 13. 8. 1961 von der DDR mit Unterstützung der Staaten des Warschauer Pakts unter der Bezeichnung »Antifaschistischer Schutzwall« errichtet (Einsatz von Armee, Kampfgruppen und Volkspolizei der DDR). Sie riegelte Berlin (West) hermetisch ab und sollte den ständig steigenden Strom von Flüchtlingen aus der DDR und Berlin (Ost) stoppen.

Zunächst als Stacheldrahtabriegelung und Gräben angelegt, dann zur Betonmauer ausgebaut und ab 1965 ständig erneuert (etwa 4 m hohe Betonplattenwand bzw. Metallgitterzaun, bis 5 m tiefe Gräben, Stacheldrahthindernisse, Minen, 300 Beobachtungstürme, Laufanlagen für Wachhunde und Panzersperren; zuletzt meist über 100 m breit), hatte die Berliner Mauer eine Länge von 43,1 km durch Berlin und 111,9 km im städtischen Umland entlang der Grenze zwischen Berlin (West) und der DDR.

Da die Grenzorgane der DDR (Nationale Volksarmee und Volkspolizei) im Rahmen des ihnen gegebenen Schießbefehls von der Schusswaffe Gebrauch machten, endeten Versuche, die Grenzsperren zu überwinden, oft tödlich (1961 bis März 1989 80 Todesopfer, dazu auch mehrere tödlich Verletzte der Grenzorgane). Es erfolgten über 3200 Festnahmen an der Berliner Mauer, über 5000 Fluchtversuche bzw. »Sperrbrecher« waren erfolgreich. Ausländern, Bürgern aus der Bundesrepublik Deutschland und aus Berlin (West) standen ab 23. 8. 1961 sieben Übergänge zur Verfügung (am bekanntesten der »Checkpoint Charlie«).

Im Zusammenhang mit den politischen Umwälzungen in der DDR im Herbst 1989 öffnete deren Regierung am Abend des 9. 11. 1989 die Berliner Mauer; am 1. 7. 1990 wurden die Grenzkontrollen eingestellt. Seit dem 24. 12. 1989 durften Bürger der Bundesrepublik Deutschland und von Berlin (West) ohne Visum die Berliner Mauer und die Grenzen zur DDR passieren. Der Abbau der Berliner Mauer begann noch im November 1989, offiziell ab Januar/Juni 1990; er wurde am 30. 11. 1990 im innerstädtischen Bereich, im Umland der Stadt bis Ende 1991 beendet. Reste bleiben an sechs Stellen als Denkmal oder Gedenkstätten erhalten (u. a. die 1,3 km lange »East-Side-Gallery«).

Berlinguer [berliŋ'guɛr], Enrico, italienischer Politiker, *Sassari 25. 5. 1922, †Padua 11. 6. 1984; gehörte seit 1968 er dem Politbüro der Kommunistischen Partei und dem Parlament an. 1972 wurde Berlinguer Generalsekretär seiner Partei. Berlinguer betonte die ideologisch-politische Eigenständigkeit aller kommunistischen Parteien v. a. gegenüber der →Kommunistischen Partei der Sowjetunion und bekannte sich zu einer Anpassung kommunistischer Zielsetzungen an pluralistischen Gesellschaftsstrukturen (→Eurokommunismus). Im Rahmen eines »historischen Kompromisses« v. a. mit der »Democrazia Cristiana« suchte er seine Partei innenpolitisch als Ordnungsfaktor der nationalen Politik darzustellen.

Berlusconi [-ko-], Silvio, italienischer Unternehmer und Politiker, *Mailand 29. 9. 1936; war nach Jurastudium zunächst Bauunternehmer; errichtete ab 1979 einen Medienkonzern (Fininvest S. p. A.), der das italienische Fernseh-, Film- und Buchgeschäft beherrscht; gründete 1993 die Bewegung »Forza Italia« (»Italien voran«), die bei den Parlamentswahlen im März 1994 im Bündnis mit der postfaschistischen »Alleanza Nazionale« und der Regionalpartei »Lega Nord« die Mehrheit errang; wurde daraufhin zum Ministerpräsidenten gewählt, trat aber nach dem Bruch der Koalition bereits im Dezember 1994 zurück; wurde nach den Parlamentswahlen 2001, die sein Mitte-rechts-Bündnis »Casa delle Libertà« (»Haus der Freiheiten«) gewonnen hatte, im Juni 2001 erneut Ministerpräsident.

Berliner Mauer. »Niemand hat die Absicht, eine Mauer zu errichten!« Walter Ulbrichts Bemerkung vom 15. 6. 1961 erwies sich schon wenige Wochen später als bloße Propaganda: Am Morgen des 13. 8. 1961 begann die SED-Führung mit dem Bau der Berliner Mauer. Im Mai 1962 schlossen Arbeiter an der Bernauer Straße diese durch einen Sprengstoffanschlag entstandene Lücke.

Bernhard von Clairvaux [-klɛr'vo], französischer Abt und Kirchenlehrer, *Schloss Fontaine (bei Dijon) um 1090, †Clairvaux (Dép. Aube) 20. 8. 1153; aus burgundischem Adel; trat 1112 mit 30 von ihm geworbenen Kandidaten in das Reformkloster (der Zisterzienser) Cîteaux ein und wurde 1115 von dort als Abt zur Gründung des Tochterklosters Clairvaux ausgesandt. Bernhard brachte seinen Orden zu hoher Blüte, viele neue Niederlassungen wurden gegründet. Die Zisterzienser heißen nach ihm auch Bernhardiner.

Durch seine Persönlichkeit, seine Frömmigkeit und seine Beredsamkeit prägte er

BERNHARD VON CLAIRVAUX. *Ein produktiver Asket*

Bernhard von Clairvaux focht stets einen harten Kampf gegen seinen Körper. Man weiß, was er seinem kranken Magen zumutete, den er mit Fastenorgien und unappetitlicher Nahrung derart ruinierte, dass neben dem Sitz des Heiligen im Chorgestühl von Clairvaux eine Mulde für das Erbrochene angelegt werden musste. Die andere Seite dieser schillernden Persönlichkeit zeigt sich im Reichtum, in der Subtilität, im Charme seines Rede- und Schreibstils. Hier ist keine Askese anzutreffen, sondern Eleganz, der Wunsch, mit dem Wort zu brillieren. *»Doctor mellifluus«*, den *»honigfließenden Kirchenlehrer«* nannte man Bernhard, von dessen Rhetorik noch heute fast 1500 erhaltene Manuskripte mit seinen Texten zeugen, im späten Mittelalter.

seine Zeit, die in der Kirchengeschichtsschreibung nach ihm »Bernhardinisches Zeitalter« genannt wird. Im Auftrag Papst Eugens III., seines Schülers, warb er für den 2. Kreuzzug und gewann 1146 Ludwig VII. und Konrad III. für diesen Gedanken.

Bernhard von Sachsen-Weimar, Herzog und protestantischer Feldherr des Dreißigjährigen Krieges, *Weimar 16. 8. 1604, †Neuenburg am Rhein 18. 7. 1639; erhielt eine tief religiöse, lutherisch geprägte Bildung. Zunächst kämpfte er in pfälzisch-badischen, später in dänischen Diensten, seit 1631 aufseiten der Schweden unter König Gustav II. Adolf. In der Schlacht von Lützen (16. 11. 1632) übernahm er nach dessen Tode das Kommando; 1633 erhielt er den Oberbefehl in Süddeutschland und das Herzogtum Franken (die Bistümer Würzburg und Bamberg) als schwedische Lehen. Dieses verlor er allerdings nach seiner schweren Niederlage, die er bei Nördlingen am 5./6. 9. 1634 erlitt. Darauf trat Bernhard in französische Dienste mit der Anwartschaft auf die Landgrafschaft Elsass und die Landvogtei Hagenau. Er kämpfte in Lothringen erfolgreich gegen die Kaiserlichen; 1638 nahm er Breisach. Inmitten neuer Kriegsvorbereitungen gegen Bayern und Österreich starb er an Pocken.

Bernstein, Eduard, deutscher Schriftsteller und Politiker, *Berlin 6. 1. 1850, †ebenda 18. 12. 1932; schloss sich 1872 den Sozialdemokraten an und war 1875 führend an der Ausarbeitung des →Gothaer Programms beteiligt. 1880–90 leitete er das illegale Parteiorgan »Der Sozialdemocrat«. Mit seinem Buch »Die Voraussetzungen des Sozialismus und die Aufgaben der Sozialdemokratie« (1899) legte Bernstein die theoretischen Grundlagen seiner Kritik am Marxismus und begründete den →Revisionismus. Er suchte die Kluft zwischen revolutionärer Theorie und reformistischer Praxis in der Sozialdemokratie zu überbrücken, als deren Nahziel er die Überwindung der kapitalistischen Verhältnisse sah. 1902–06, 1912–18 und 1920–28 war er Mitglied des Reichstags, 1917–20 gehörte er der USPD an.

Besatzungsstatut, die am 8. 4. 1949 abgeschlossene Grundregelung des Besatzungsrechts im Gebiet der Bundesrepublik Deutschland, trat am 21. 9. 1949 in Kraft. Vertreten durch die →Alliierte Hohe Kommission, räumten Frankreich, Großbritannien und die USA der Bundesrepublik Deutschland und ihren Ländern die gesetzgebende, vollziehende und Recht sprechende Gewalt ein. Alle Gesetze waren jedoch einem Einspruchsrecht der Besatzungsmächte unterworfen; die Zuständigkeit für auswärtige Angelegenheiten, Entwaffnung und Entmilitarisierung, Änderung des Grundgesetzes und der Länderverfassungen, Kontrolle des Ruhrgebiets, Dekartellierung sowie Überwachung des Außenhandels blieb den Besatzungsmächten direkt vorbehalten. Die Generalklausel des Artikels III garantierte Frankreich, Großbritannien und den USA die Möglichkeit, jederzeit die volle oberste Gewalt im Bereich der Bundesrepublik Deutschland wieder zu übernehmen.

Mit der Revision des Besatzungsstatuts am 6. 3. 1951 entfiel das vorangehende Prüfungsverfahren für deutsche Gesetze, die Möglichkeit ihrer nachträglichen Aufhebung durch die Besatzungsmächte blieb jedoch bestehen. Die Bundesrepublik Deutschland erhielt allerdings das Recht auf Führung einer selbstständigen Außenpolitik. Der Deutschlandvertrag von 1952, der 1955 im Rahmen der Pariser Ver-

Besatzungszone. Gebietshoheit in Deutschland und Österreich (1945–49)

träge in Kraft trat, hob das Besatzungsstatut auf. Damit gingen die meisten der den Besatzungsmächten zustehenden Rechte auf die Bundesrepublik Deutschland über. Als Besatzungsvorbehalte blieben den früheren Besatzungsmächten jedoch ihre Rechte in Berlin und in Fragen, die Deutschland als Ganzes betrafen, bis zur Erklärung der vollen Souveränität des wiedervereinigten Deutschlands (1990) erhalten.

Besatzungszone, von ausländischen Truppen besetztes Territorium eines Staates, in dem die fremde Staatsmacht – eingeschränkt oder vollständig – die Gebietshoheit ausübt. Mit dem →Versailler Vertrag (1919) entstanden auf dem Territorium des Deutschen Reichs im Rheinland Besatzungszonen (bis 1926/30). Im Zuge ihres militärischen Siegs über das nationalsozialistische Deutschland teilten die Siegermächte des Zweiten Weltkrieges, die Alliierten, das um seine Ostgebiete verkleinerte Deutsche Reich zur Verwaltung in drei Besatzungszonen auf (→Londoner Protokolle); ab Juli 1945 schließlich bestanden vier Besatzungszonen. Die Besatzung endete in der Sowjetischen Besatzungszone (ab 1949 Deutsche Demokratische Republik) im März 1954, in den westlichen Besatzungszonen (ab 1949 Bundesrepublik Deutschland) im Mai 1955. Österreich war nach dem Londoner Abkommen vom 4. 7. 1945 ebenfalls bis Juli 1955 in vier Besatzungszonen geteilt.

Bethmann Hollweg, Theobald von, deutscher Politiker, *Hohenfinow (bei Eberswalde) 29. 11. 1856, †ebenda 2. 1. 1921. Bethmann Hollweg, der seit 1905 preußischer Innenminister und seit 1907 Staatssekretär im Reichsamt des Innern war, wurde am 14. 7. 1909 zum Reichskanzler und preußischen Ministerpräsidenten ernannt. Ohne eine ständige Mehrheit bei den verschiedenen Fraktionen strebte er innen- und sozialpolitisch eine freiheitliche Fortentwicklung des alten Obrigkeitsstaates an und versuchte die sozialdemokratische Arbeiterschaft für den Staat zu gewinnen. Außenpolitisch um Verständigung mit Großbritannien bemüht, gelang es ihm gegen innere Widerstände nur in Ansätzen, das deutsch-britische Flottenwettrüsten zu beenden (Flottenabkommen 1912). Der Ausbruch der Balkankriege 1912/13 gab ihm Gelegenheit, durch vermittelnden Einfluss die Beziehungen zu Großbritannien zu verbessern und auf dem Wege über koloniale Abmachungen (Bagdadbahn und Kolonialabkommen 1914) einen Ausgleich im Großen anzustreben.

Nach der Ermordung des österreichisch-ungarischen Thronfolgers in Sarajewo am 28. 6. 1914 riet Bethmann Hollweg der österreichisch-ungarischen Regierung zu raschem Handeln gegen Serbien und hoffte, durch einen militärischen Erfolg Österreich-Ungarns in einem auf Serbien beschränkten Krieg die Position der Mittelmächte gegenüber der Entente verbessern zu können. Die Entscheidung zum Krieg nach Beginn der russischen Mobilmachung vom 29./30. 7. 1914 fasste er als schicksalhafte Notwendigkeit zur Behauptung der deutschen Großmachtstellung auf. Nach Ausbruch des Krieges geriet er auch außenpolitisch unter den wachsenden Druck der Alldeutschen und Rechtsparteien, deren annexionistische Kriegszielforderungen er nicht teilte. Spätestens ab November 1914 suchte er eine Festlegung von Kriegszielen zu umgehen, um sich den notwendigen Spielraum für Separatfriedensschlüsse oder einen Verständigungsfrieden zu sichern.

Die seit der Umbesetzung vom Sommer 1916 zunehmend politisch handelnde militärische Führung (→Oberste Heeresleitung) unter Paul von Hindenburg und Erich Ludendorff sowie die sich verstärkende nationalistische Haltung der Rechten im Reichstag schränkten den Handlungsspielraum Bethmann Hollwegs trotz seiner »Politik der Diagonale« zwischen rechts und links stark ein. Wegen seines Widerstandes gegen den uneingeschränkten U-Boot-Krieg und wegen des Friedensangebots der Mittelmächte vom 12. 12. 1916 kam es zum Konflikt mit der Obersten Heeresleitung. In der U-Boot-Frage gab Bethmann Hollweg Anfang Januar 1917 dem Druck der Militärs nach, obwohl er wusste, dass dies den Kriegseintritt der USA auslösen musste. Die kaiserliche Osterbotschaft von 1917, die die von Bethmann Hollweg angestrebte Wahlreform ankündigte, stellte seinen letzten Teilerfolg dar. Ein Zusammenspiel von Oberster Heeresleitung und Reichstag bewirkte am 13. 7. 1917 seinen Sturz.

Bettelorden, Bettelmönche, Mendikanten, katholische Mönchsorden, in denen im Unterschied zu den »Besitzorden« nicht nur der einzelne Mönch, sondern auch die Gemeinschaft auf Besitz verzichtet und sich durch Arbeit oder Betteln erhält. Die Bettelorden entstanden im 13. Jh. als Abwehr der Verweltlichung der Kirche. Sie unterscheiden sich von den alten Mönchsorden durch die grundsätzliche Verbindung des klösterlichen Lebens mit seelsorgerischer Betätigung und durch die zentralisierte Verfassung, die keine selbstständigen Klöster kennt. Als Bettelorden im ursprünglichen Sinn gelten die →Franziskaner und →Dominikaner, später wurden auch die Augustiner, Karmeliten und einige kleinere Orden zu ihnen gezählt.

Beveridge ['bevərɪdʒ], William Henry, Baron Beveridge of Tuggal (seit 1946), britischer Wirtschaftswissenschaftler und Sozialpolitiker, *Rangpur (Bengalen, heute Bangladesh) 5. 3. 1879, †Oxford 16. 3. 1963; arbeitete im amtlichen Auftrag 1942 den Beveridge-Plan aus, der die Grundlage für die britischen Sozialreformen nach dem Zweiten Weltkrieg

THEOBALD VON BETHMANN HOLLWEG
***1856 †1921**

strebte als Reichskanzler eine freiheitliche Fortentwicklung des alten Obrigkeitsstaates an

bemühte sich im Vorfeld des Ersten Weltkriegs um Entspannungsmaßnahmen

stürzte 1917 im Konflikt mit der Obersten Heeresleitung und dem Reichstag

BILL OF RIGHTS. ***Parlament und König***

»Die angemaßte Befugnis, Gesetze oder die Ausführung von Gesetzen durch königliche Autorität ohne Zustimmung des Parlaments aufzuheben, ist gesetzeswidrig… Die Freiheit der Rede und der Debatten und Verhandlungen im Parlament darf von keinem Gerichtshof oder sonstwie außerhalb des Parlaments angefochten oder infrage gestellt werden.« Diese Passage verdeutlicht, warum man die »Bill of Rights« als die wichtigste Prämisse für die parlamentarische Regierungsform in Großbritannien bezeichnet. Entsprechend nahmen die Mitglieder des Parlaments in den neuen Krönungseid für Wilhelm III. von Oranien den Satz auf, der Herrscher regiere *»according to the statutes in parliament agreed on« (»gemäß den vom Parlament bestätigten Statuten«)*, womit sie sich, zumindest teilweise, über die Krone stellten!

OTTO VON BISMARCK
***1815 †1898**

- wurde 1862 zum preußischen Ministerpräsidenten ernannt
- besiegelte die preußische Vorherrschaft in Deutschland
- schuf nach dem Deutsch-Französischen Krieg von 1870/71 die deutsche Einigung
- bekämpfte die Sozialdemokratie
- begründete die Sozialversicherung
- konstruierte ein kunstvolles europäisches Bündnissystem

wurde. 1944/45 war er Mitglied des Unterhauses (Liberal Party).

Bilderstreit, theologische Auseinandersetzung des 8. und 9. Jh. um die Verehrung von Bildern religiösen Inhalts, die vornehmlich in der Ostkirche ausgefochten wurde. Sie begann 726 damit, dass Kaiser Leon III. für ein Gesetz sorgte, das die Beseitigung der Bilder forderte. 754 erklärte die Synode von Hieria Herstellung und Verehrung von Bildern für häretisch. Die theologisch bedeutsamste Gegenantwort erteilte Johannes Damascenus; erheblicher Widerstand ging von den Mönchen aus. Auf dem 7. ökumenischen Konzil (2. Konzil von Nicäa 787) wurde dann die Bilderverehrung zum Dogma erhoben. Endgültig wurde die Bilderverehrung für die Ostkirche 843 auf einer Synode in Konstantinopel durchgesetzt.

Bildersturm, der in der Reformationszeit geführte Kampf gegen Bilder in Kirchen und gegen die ihnen entgegengebrachte Verehrung. Bilderstürme erhoben sich am vernichtendsten in den Niederlanden (1566). Martin Luther fühlte sich durch Schriften wie die Karlstadts (»Von der Abtuhung der Bilder«, 1522) und durch den daraufhin ausbrechenden Wittenberger Bildersturm mit der gewaltsamen Entfernung der Bilder aus den Kirchen genötigt, mäßigend zu wirken. Aber von einer vorbehaltlosen Bejahung des religiösen Bildes kann auch bei ihm nicht die Rede sein. Das Luthertum hat nach dem Angriff auf die Auswüchse der Bilderverehrung Bilder wieder zugelassen und die Kunst unter die im religiösen Sinne gleichgültigen Dinge (Adiaphora) gerechnet.

Bill of Rights [-əv 'raɪts; engl. »Gesetz der Rechte«], englisches Staatsgrundgesetz von 1689. Nach der Vertreibung König Jakobs II. (→Glorreiche Revolution) zunächst von einer formlos berufenen Parlamentsversammlung als Declaration of Rights aufgesetzt, wird die Bill of Rights im Februar 1689 von den neuen Herrschern, Wilhelm III. von Oranien und Maria II., angenommen und im Oktober 1689 durch ein ordnungsgemäß berufenes Parlament zum Gesetz erhoben. Die 13 Artikel richteten sich u.a. gegen den Absolutismus und Katholizismus des vertriebenen Stuart-Königs und erklärten die Aufhebung von Gesetzen, die Ausschreibung von Steuern und die Unterhaltung eines stehenden Heeres im Frieden ohne Zustimmung des Parlaments für ungesetzlich. Sie forderten regelmäßige Geschworenengerichte, gaben das Petitionsrecht frei und verbürgten die parlamentarische Redefreiheit; sie bestimmten schließlich, dass der König weder Katholik noch katholisch verheiratet sein dürfe.

Die Bill of Rights gilt als wichtige Voraussetzung für die spätere parlamentarische Regierungsform in Großbritannien. Noch lag zwar nach wie vor die Exekutive in den Händen des Königs; dieser war aber seines Gottesgnadentums und der überkommenen extensiven Prärogativrechte entkleidet.

Bismarck,

1. Herbert Fürst von (seit 1898), deutscher Diplomat und Politiker, *Berlin 28. 12. 1849, †Friedrichsruh (heute zu Aumühle, bei Hamburg) 18. 9. 1904, ältester Sohn von Otto von Bismarck; stand seit 1874 im auswärtigen Dienst; anfänglich v.a. als Privatsekretär seines Vaters tätig, wurde 1886 zum Staatssekretär des Auswärtigen Amtes berufen und 1888 zugleich zum Staatsminister in Preußen ernannt. Er war 1881–89 (Deutsche Reichspartei) und 1893–1904 (als Parteiloser) MdR.

2. Otto, Graf von Bismarck-Schönhausen (seit 1865), Fürst von Bismarck (seit 1871), Herzog von Lauenburg (seit 1890), deutscher Staatsmann, *Schönhausen (östlich von Stendal) 1. 4. 1815, †Friedrichsruh (heute zu Aumühle, bei Hamburg) 30. 7. 1898. Nach dem Studium der Rechtswissenschaft in Göttingen und Berlin (1832–35) und der Bewirtschaftung seiner Güter in Pommern bzw. der Provinz Sachsen war Bismarck 1847/48 konservatives Mitglied des Vereinigten Landtags sowie 1849/50 Abgeordneter in der Zweiten Kammer und im Erfurter Parlament. Als preußischer Gesandter am Frankfurter Bundestag (1851–59) erstrebte er gegenüber der österreichischen Präsidialmacht Gleichberechtigung für Preußen und dessen Vorherrschaft nördlich des Mains.

DER WEG ZUR DEUTSCHEN EINIGUNG: Nach Gesandtentätigkeit in Sankt Petersburg (1859–62) und als Botschafter in Paris (1862) wurde Bismarck am 24. 9./8. 10. 1862 von König Wilhelm I. zum preußischen Ministerpräsidenten und Außenminister ernannt. Hartnäckig vertrat er die Rechte der Krone in ihrer Auseinandersetzung mit der liberalen Parlamentsmehrheit um den Militärhaushalt und weitete damit den Heeres- zum Verfassungskonflikt aus. Er überspielte diesen durch eine Reihe außenpolitischer Aktionen. Durch die Lösung des deutschen Dualismus infolge des →Deutschen Kriegs mit Österreich 1866 war der Deutsche Bund zerstört, Österreich aus Deutschland verdrängt und die preußische Vorherrschaft in Norddeutschland besiegelt. Wenig später wurde Bismarck am 14. 7. 1867 Bundeskanzler und Außenminister des neu gegründeten Norddeutschen Bundes. Den Abschluss der deutschen Einigung bildete schließlich der →Deutsch-Französische Krieg 1870/71, der nach Gründung des Deutschen Reiches am 18. 1. 1871 in Versailles zur Ausrufung Wilhelms I. zum Deutschen Kaiser durch Bismarck führte. Bismarck selbst wurde am 21. 3. 1871 Reichskanzler, preußischer Ministerpräsident (außer 1872/73), Leiter der auswärtigen Politik und ab 1880 auch preußischer Minister für Handel und Gewerbe.

INNENPOLITIK: Die von Bismarck bestimmte Reichsverfassung von 1871 vermittelte zwischen den monarchisch-föderalistischen Ordnungsprinzipien von 1815, die im Bundesrat als dem Vertretungsorgan der 25 Einzelstaaten ihren Ausdruck fanden, und den neuen nationalen, liberalen und unitarischen Kräften, die in dem aufgrund des allgemeinen, gleichen Wahlrechts gewählten Reichstag repräsentiert wurden. In der auf die Person Bismarcks zugeschnittenen Schlüsselstellung des Reichskanzlers, der nur dem Monarchen, nicht aber dem Reichstag verantwortlich war, lag einer der Grundfehler der konstitutionellen Monarchie preußisch-deutschen Zuschnitts.

Die mit der Reichsgründung und Bismarck verbundene »Revolution von oben« wurde im Wesentlichen durch die wirtschafts- und sozialpolitische Wende des Jahres 1879 abgeschlossen: Diese bedeutete den Übergang vom Freihandel zum Schutzzoll zugunsten der heimischen Schwerindustrie und der Großagrarier. In ihrer Folge steht das fortschrittliche sozialpolitische Reformwerk von 1881–89, das die Arbeiterschaft mithilfe einer Unfall-, Kranken- und Altersversicherung in die bestehende Staats- und Gesellschaftsordnung integrieren sollte, diese Wirkung aber wegen der zeitgleich gegen sie laufenden Unterdrückungsmaßnahmen verfehlte (→Sozialistengesetz). Verhängnisvoll für die gesellschaftliche Konsolidierung wirkte sich der →Kulturkampf der Jahre 1871–87 aus, der auch

BISMARCK | ***Reichsgründung***

Die französische Kriegserklärung an Preußen am 19. 7. 1870 löste in Deutschland eine Woge des Patriotismus aus. Bismarck, Ministerpräsident Preußens und Vertreter des kleindeutschen, Österreich ausschließenden Nationalstaatsgedankens, nahm noch während der Kampfhandlungen Gespräche mit den süddeutschen Staaten über deren Beitritt zum Norddeutschen Bund auf. Bismarck konnte nun die deutsche Nationalbewegung in seine Einigungspläne mit einbeziehen, wobei er vor allem Bayern weit gehende Zugeständnisse hinsichtlich der Hoheitsrechte machte. »Überzeugt« auch durch eine kräftige Finanzspritze Preußens in die leere Münchner Staatskasse, fand sich nun der bayrische König Ludwig II. bereit, den offiziellen Antrag an den preußischen König zu richten, aus der Hand aller deutschen Fürsten die Kaiserkrone entgegenzunehmen.

Mit der Wiedereinführung des Kaisertitels ging Bismarck, nunmehr Kanzler des Deutschen Reichs, auf die nationale Stimmung des Bürgertums ein, das seit 1848/49 die deutsche Einheit mit dem Kaisertum verband. Wilhelm I. nahm freilich nur widerstrebend die Kaiserkrone und den für ihn belanglosen Titel »Deutscher Kaiser« an. Am 18. 1. 1871 fand symbolträchtig in Versailles, der früheren Königsresidenz des besiegten Frankreichs, die Kaiserproklamation statt (»Friedrichsruher Fassung« von Anton von Werners Monumentalgemälde, 1885; Friedrichsruh, Bismarck-Museum). Der

Akt der Reichsgründung war indes ohne aktive Teilnahme der Parlamente vollzogen worden: Der »Bund der Fürsten« wirft ein Licht auf die quasiabsolutistische und zugleich Preußens Vormachtstellung sichernde Verfassung des Deutschen Reichs.

Otto von Bismarck. Im März 1890 erzwang Wilhelm II. den Rücktritt des Reichskanzlers. »Der Lotse geht von Bord« und weiß das Staatsschiff steuerlos in der Hand des süffisant lächelnden Kaisers (Karikatur der englischen Satirezeitschrift »Punch«, 1890).

die katholischen Volkskreise dem neuen Reich entfremdete.

AUSSENPOLITIK: Gegenüber diesen von Bismarck zu verantwortenden innenpolitischen Dauerkrisen war seine Außenpolitik 1871 bis 1890 defensiv und friedliebend; Grundprinzipien waren v. a. die Hervorkehrung der Saturiertheit des Reiches, die Isolierung Frankreichs und die Verhinderung von Mächtekoalitionen gegen die europäische Mitte. Ausdruck dafür war ein immer kunstvoller gewobenes Bündnissystem, das von dem →Zweibund mit Österreich-Ungarn von 1879 ausging. Dem →Dreibund von 1882 und dem Mittelmeerabkommen von 1887 folgte schließlich der →Rückversicherungsvertrag, der 1887 mit Russland geschlossen wurde.

Gebhard Leberecht Fürst Blücher von Wahlstatt

Bismarck wurde am 20. 3. 1890 wegen persönlicher und sachlicher Gegensätze von Kaiser Wilhelm II. entlassen; er zog sich nach Schloss Friedrichsruh (Sachsenwald) zurück. Das Bismarck-Bild schwankte von Anfang an zwischen orthodoxem Bismarck-Kult, Bismarck-Mythos und Verdammung durch seine politischen Gegner; der seine Kürassieruniform liebende Bismarck wurde im Volksmund auch der »Eiserne Kanzler« genannt.

Bịzone, Zusammenschluss der amerikanischen und der britischen →Besatzungszone in Deutschland zum Vereinigten Wirtschaftsgebiet. Am 2. 12. 1946 beschlossen, wurde der Beschluss am 1. 1. 1947 wirksam.

Blackpower ['blæk'paʊə; engl. »schwarze Macht«], **Black Power,** Schlagwort des radikaleren Teils der →Bürgerrechtsbewegung in den USA. Der Begriff geht zurück auf den gleichnamigen Roman von Richard Wright aus dem Jahr 1954 und bezeichnet den Versuch der Kontrolle der politischen, sozialen und kulturellen Sphären durch die amerikanischen Schwarzen. Im Selbstverständnis dieser Bewegung wurde dem Erfolgsdrang, Geschäftsgeist und Rationalismus der Weißen ein reicheres Seelenleben der Schwarzen als Kern ihrer Überlegenheit über die Weißen gegenübergestellt. Vor dem Hintergrund der Rassenunruhen 1963 bis 1968 betonten Gruppen wie das Student Non-Violent Coordinating Committee oder der Congress of Racial Equality die Blackpower-Ideologie. Organisationen wie die Black Muslims, die bereits 1930 gegründet die proklamierte Überlegenheit der Schwarzen gegenüber den Weißen mit den Lehren des Islams bekräftigten, und v. a. die 1966 gegründete Black Panther Party of Self-Defense trugen dabei mit zu einer Radikalisierung der Auseinandersetzung bei.

Blair [bleə], Tony, eigentlich Anthony Charles Lynton Blair, britischer Politiker, * Edinburgh 6. 5. 1953; wurde 1983 erstmals ins Unterhaus gewählt. Blair reformierte die Labour Party (seit 1994 als Vorsitzender) unter dem Slogan »New Labour, New Britain« zu einer Mitte-links-Partei. Nach dem höchsten Wahlsieg in der Geschichte der Labour Party am 1. 5. 1997 übernahm er das Amt des Premierministers. Blair führte innenpolitische Reformen (u. a. die Einführung von Regionalparlamenten in Schottland und Wales und die Beseitigung des Sitz- und Stimmrechts des Erbadels im Oberhaus) durch. Intensiv bemühte er sich auch um eine Beilegung des Nordirlandkonflikts. Außenpolitisch leitete er eine Politik ein, die auf eine stärkere Einbindung Großbritanniens in die EU gerichtet ist; im Kosovokonflikt gehörte er zu den entschlossensten Verfechtern eines harten Kurses gegenüber dem jugoslawischen Präsidenten Slobodan Milošević, nach den Terroranschlägen auf die USA vom 11. 9. 2001 suchte er den engen Schulterschluss mit George W. Bush (u. a. Beteiligung britischer Truppen am Irakkrieg). Gegen den wachsenden Widerstand der traditionellen Labour-Basis gelang Blair 2001 erneut ein deutlicher Wahlerfolg. Die Unterhauswahlen von 2005 bestätigten ihn in seinem Amt; als erster Labour-Politiker überhaupt konnte er danach eine dritte Amtszeit als Premierminister antreten.

Blạnka von Kastịlien, französisch **Blanche de Castille** ['blɑ̃:ʃ də ka'sti:j], Königin von Frankreich, * Palencia 4. 3. 1188, † Paris 26./27. 11. 1252, Tochter Alfons' VIII. von Kastilien und der Eleonore; ⚭ seit 1200 mit dem späteren Ludwig VIII. von Frankreich. Seit

1226 führte sie für ihren unmündigen Sohn Ludwig IX. die Regierung. 1229 schloss sie den Frieden von Paris, der die Albigenserkriege beendete und das Languedoc an die französische Krone brachte; überdies unterdrückte sie mehrere Aufstände der Barone.

Blanqui [blãˈki], Auguste, französischer Sozialist und Revolutionär, *Puget-Théniers (Département Alpes-Maritimes) 7. 2. 1805, †Paris 1. 1. 1881; war als führendes Mitglied der republikanischen Opposition an den Aufständen gegen den Bürgerkönig Louis Philippe sowie überdies 1871 an der Pariser Kommune aktiv beteiligt. Wegen seiner Putschversuche befand er sich insgesamt über 30 Jahre im Gefängnis; 1879 wurde er begnadigt. In seinen Werken beschäftigte er sich mit politisch-wirtschaftlichen und sozialen Fragen sowie mit der Organisation von bewaffneten Aufständen. Auf die spätere kommunistische Bewegung übte er daher großen Einfluss aus. Seine Anhänger, die Blanquisten, gingen 1901 im »Parti socialiste de France« auf.

Blomberg, Werner von, deutscher Generalfeldmarschall (seit 1936), *Stargard (Pommern) 2. 9. 1878, †(in amerikanischer Haft) Nürnberg 14. 3. 1946; war 1927–29 Chef des Truppenamts im Reichswehrministerium und 1929–33 Befehlshaber im Wehrkreis I (Ostpreußen). Als Reichswehrminister (1933–35) sowie als Reichskriegsminister und Oberbefehlshaber der Wehrmacht (1935–38) förderte er die Angleichung der Streitkräfte an das nationalsozialistische Regierungssystem. Noch am Tag des Todes von Reichspräsident Paul von Hindenburg (2. 8. 1934) vereidigte er die Reichswehr auf die Person Adolf Hitlers, dem er im →Röhmputsch den Rückhalt im Heer garantiert hatte. Aufgrund seiner von Hitler und vom Offizierskorps als kompromittierend empfundenen zweiten Heirat sah er sich 1938 zum Rücktritt gezwungen. 1946 war Blomberg Zeuge im Nürnberger Hauptkriegsverbrecherprozess.

Blücher, Gebhard Leberecht Fürst Blücher von Wahlstatt (seit 1814), preußischer Generalfeldmarschall (seit 1813), *Rostock 16. 12. 1742, †Krieblowitz (Schlesien) 12. 9. 1819; trat zu Beginn des Siebenjährigen Krieges in schwedische Dienste, nach seiner Gefangennahme 1760 in preußische Dienste und wurde 1773 auf eigenes Verlangen verabschiedet. 1787 trat Blücher wieder in die Armee ein und zeichnete sich in den Revolutionskriegen und napoleonischen Kriegen aus. Auf Drängen Napoleons I. wurde er 1811 seines Kommandos enthoben. Nach seiner abermaligen Rückkehr in die Armee 1813 übernahm er den Oberbefehl über die Schlesische Armee und trug u. a. in der Völkerschlacht bei Leipzig am 16.–18. 10. 1813 entscheidend zum Sieg bei. Blücher, der von den Russen den Namen »General Vorwärts« erhielt, überschritt in der Neujahrsnacht 1813/14 mit seinen Truppen bei Kaub den Rhein, besiegte mit Unterstützung der Haupttruppe Napoleon bei La Rothière und eroberte schließlich am 30. 3. 1814 Paris. Im Feldzug des Jahres 1815 erhielt er gemeinsam mit Graf August von Gneisenau den Oberbefehl über das preußische Heer. Von Napoleon bei Ligny geschlagen, entschied er mit Arthur Herzog von Wellington in der Schlacht bei Waterloo am 18. 6. 1815 den Feldzug zugunsten der Alliierten. Blücher war der volkstümlichste Feldherr der →Befreiungskriege.

Blackpower. Der radikale Flügel der Blackpower-Bewegung gerät auch heute noch immer wieder mit den Gesetzeshütern in Konflikt. Hier stehen sich am 5. 9. 1998 ein Polizist und ein Demonstrant in New York während des »Million Youth March« Auge in Auge gegenüber.

Blum,

1. Léon, französischer Politiker und Schriftsteller, *Paris 9. 4. 1872, †Jouy-en-Josas

Tony Blair. Der Nordirlandkonflikt ist seit Jahrzehnten eine stete Belastung der britischen Innenpolitik. Blairs Vermittlungsbemühungen – hier ist der Premierminister (Bildmitte) im Gespräch mit den irischen Friedensnobelpreisträgern John Hume und David Trimble zu sehen – haben bisher allerdings noch nicht zu einem entscheidenden Durchbruch geführt.

(bei Versailles) 30. 3. 1950; errang als Journalist schon früh Aufmerksamkeit durch Literatur- und Theaterkritiken in verschiedenen Zeitungen und Zeitschriften; schloss sich 1902 dem reformistisch orientierten »Parti Socialiste Français« an und hatte 1905 großen Anteil an der Einigung der französischen Sozialisten in der »Section Française de l'Internationale Ouvrière«. 1919 wurde Blum Mitglied der Deputiertenkammer und Vorsitzender der sozialistischen Kammerfraktion. Nach der Abspaltung der Kommunisten von der SFIO (1920) stieg er zum unbestrittenen Führer seiner Partei auf, die er im Sinne von Jean Jaurès im Geiste eines »humanistischen Sozialismus« zu leiten suchte. Außenpolitisch wandte er sich besonders gegen die nationalistisch motivierte Deutschlandpolitik seines Landes nach dem Ersten Weltkrieg (z.B. gegen die Besetzung des Ruhrgebiets).

Léon Blum

1924 war Blum einer der Mitbegründer der Parteienkoalition, die Radikalsozialisten, Sozialisten und Sozialistische Republikaner umfasste (»Cartel des gauches«). 1936/37 leitete er als Ministerpräsident die erste Volksfrontregierung. Im Zweiten Weltkrieg ließ ihn 1940 die Vichy-Regierung verhaften (Prozess von Riom) und lieferte ihn später an die deutsche Besatzungsmacht aus, die ihn 1943–45 in den KZ Buchenwald und Dachau inhaftierte. Nach dem Zweiten Weltkrieg führte er als Ministerpräsident 1946/47 ein sozialistisches Minderheitskabinett.

Robert Blum

2. Robert, deutscher Politiker, * Köln 10. 11. 1807, † Brigittenau (heute zu Wien) 9. 11. 1848; war in Leipzig u.a. kaufmännischer Gehilfe, Theaterdiener, schriftstellerisch, später auch publizistisch tätig. Als Redner und Publizist leitete er seit 1839 die liberale Opposition in Sachsen. In der Frankfurter Nationalversammlung 1848 leitete er die demokratische Linke (»Deutscher Hof«), wobei er sich u.a. für die Einführung der Republik mit legalen Mitteln einsetzte. Im Oktober 1848 begab er sich nach Wien, um den dort in offenem Kampf gegen die Regierung stehenden Demokraten eine Sympathieadresse der Nationalversammlung zu überbringen. Als Führer einer Batterie wurde er nach der Einnahme Wiens durch Fürst Alfred zu Windischgraetz (31. 10.) gefangen genommen, zum Tode verurteilt und standrechtlich erschossen. Seine Hinrichtung, die gegen geltendes Reichsrecht (Immunität als Abgeordneter) verstieß, kennzeichnete den bewussten Bruch der in Österreich siegreichen Reaktion mit der Frankfurter Nationalversammlung.

Böckler, Hans, deutscher Gewerkschafter, * Trautkirchen (bei Neustadt an der Aisch) 26. 2. 1875, † Düsseldorf 16. 2. 1951; seit 1894 Mitglied des Deutschen Metallarbeiterverbandes und der SPD; war nach 1933 wegen illegaler Gewerkschaftstätigkeit verfolgt und zeitweise in Haft. Ab 1947 setzte sich Böckler als Vorsitzender des DGB für den Wiederaufbau der Gewerkschaften und deren einheitlicher Zusammenfassung im DGB ein. Unter seiner Amtsführung errangen die Gewerkschaften das Mitbestimmungsrecht in der Montanindustrie und wurden die Ruhrfestspiele als Ausdruck sozialkultureller Aktivitäten der Gewerkschaften geschaffen.

Bodelschwingh, Friedrich von, deutscher evangelischer Theologe, * Tecklenburg 6. 3. 1831, † Bethel (heute zu Bielefeld) 2. 4. 1910; war zunächst Landwirt und studierte dann Theologie; war nach dem Studium als Geistlicher 1858–64 in der Betreuung deutscher Auswanderer in Paris tätig. 1872 übernahm Bodelschwingh die Leitung der Anstalt für Epileptiker und des Westfälischen Diakonissenhauses Sarepta in Bethel, die er erweiterte und denen er andere Wohlfahrtsanstalten anschloss. Die Bodelschwinghschen Anstalten entfalteten sich unter seiner Leitung zum größten Hilfswerk der deutschen Inneren Mission. Neben den geistig und psychisch Kranken galt Bodelschwinghs besondere Fürsorge den »Brüdern von der Landstraße«. 1903 wurde er Abgeordneter des Preußischen Landtags und setzte 1907 das »Wandererarbeitsstättengesetz« durch.

Bodenreform, im weitesten Sinn die Änderung des Besitzrechts an Boden, v.a. des Rechts an Wohnungs- und Siedlungsland. Als Bodenreform mit begrenztem Ziel ist in Deutschland die seit den 1880er-Jahren in den preußischen Ostprovinzen durchgeführte Siedlung anzusehen. Ihr wurde nach dem Ersten Weltkrieg durch das Reichssiedlungsgesetz von 1919 eine breitere Grundlage gegeben. Der Landanteil der Gutswirtschaften sollte zugunsten bäuerlicher Neusiedlungen verringert werden.

Bei der Bodenreform nach 1945 in den westlichen Besatzungszonen standen wirtschaftliche und soziale Motive (Eingliederung von Heimatvertriebenen, Existenzsicherung möglichst vieler bäuerlicher Familien) im Vordergrund. Die 1946–48 erlassenen Gesetze sahen gestaffelte Landabgaben bei Betrieben über 100 ha (in der britischen Zone 150 ha) oder über einem bestimmten Einheitswert gegen Entschädigung vor. Aus dem anfallenden Land wurden Neubauern- und Siedlerstellen besonders für Heimatvertriebene gebildet. Die in der sowjetischen Besatzungszone zwischen dem 3. und 10. 9. 1945 auf Betreiben der sowjetischen Militäradministration und nach dem Konzept der KPD verabschiedeten Bodenreformverordnungen führten, begleitet z.T. von Willkürmaßnahmen und schwerem Unrecht, zur entschädigungslosen Enteignung von 14000 landwirtschaftlichen Groß- und Spezialbetrieben (der gesamte Großgrundbesitz über 100 ha) mit etwa 3,3 Millionen ha

Land, die zunächst v.a. an die Familien von 560000 Landarbeitern, landlosen Bauern und Vertriebenen verteilt wurden. Durch die Zwangskollektivierung ab 1952 ging dieses Land (2,2 Millionen ha) bis 1960 zumeist in die Verfügung der landwirtschaftlichen Produktionsgenossenschaften (LPG) über.

Bodin [bɔd'ɛ̃], Jean, latinisiert **Bodinus**, französischer Philosoph und Staatstheoretiker, *Angers 1529 (oder 1530), †Laon 1596; anfangs Karmeliter, seit 1560 als Jurist in Paris; trat 1571 in den Dienst des Herzogs von Alençon. Von 1577 bis zu seinem Tod war er Kronanwalt in Laon. Bei den Generalständen von Blois (1576) trat er als Deputierter des dritten Standes als entschiedener Befürworter religiöser Toleranz auf. Im gleichen Jahr erschien sein Hauptwerk »Les six livres de la république«. Bodin entwickelte hier den Begriff der Souveränität: Der Herrscher steht als neutrale Macht (pouvoir neutre) über allen Parteien und vereinigt in absoluter Unabhängigkeit sämtliche Staatsgewalt in einer Hand. Dem Gesetz ist er nicht unterworfen. Als Preis dafür hat er Religionsfreiheit und Sicherheit aller Untertanen zu gewährleisten. Damit hat er den Weg zur Überwindung des religiösen Bürgerkriegs in Frankreich gezeigt, zugleich aber auch dem Absolutismus geistig vorgearbeitet. In seiner religionsphilosophischen Spätschrift »Colloquium heptaplomeres de rerum sublimium arcanis abditio« (1593) entwickelte Bodin seinen auf die Anerkennung der Verschiedenartigkeit der religiösen Bekenntnisse und den Verzicht auf Wiederherstellung der Glaubenseinheit gegründeten Toleranzbegriff.

Bogomilen, Bogumilen [nach einem bulgarischen oder makedonischen Priester Bogomil der ersten Hälfte des 10. Jh.], religiöse Gemeinschaft mit einem dem manichäischen Dualismus ähnlichem Lehrsystem und strenger Askese (u.a. Ablehnung der Ehe, des Genusses von Fleisch und Wein) im orthodoxen Kleinasien, später v.a. auf der Balkanhalbinsel. Dort konnten die Bogomilen zeitweilig im 13.–15. Jh. auf das Staatsleben Einfluss nehmen. Mit der türkischen Eroberung Bulgariens (1393) und Bosniens (1463) gingen auch die Bogomilen unter.

Böhmen, historisches Gebiet im Westen der Tschechischen Republik, zwischen Böhmerwald, Erzgebirge, Sudeten und Böhmisch-Mährische Höhe.

GESCHICHTE: Böhmen erhielt seinen Namen von den keltischen Boiern, die um 400 v. Chr. in das Gebiet (Boiohaemum) einwanderten und um 60 v. Chr. von den Markomannen vertrieben wurden. Bis ins 6. Jh. lebten dann Germanen in Böhmen. Seit Ende des 6. Jh. wurde das Land von westslawischen Stämmen besiedelt, von denen die Tschechen (um Prag) im 9./10. Jh. unter ihren Herzögen (→Przemysliden) die Führung gewannen. Obwohl Böhmen stets als Teil des Heiligen Römischen Reiches galt, bewahrte es seine Selbstständigkeit (1198/1203 Aufstieg Ottokars I. zur Königswürde). Kaiser Karl IV. machte Böhmen zum Kernland des Reiches. Die Hussitenkriege (1419/20 bis 1433/34) brachten ein Erstarken des tschechischen Nationalbewusstseins und die Abdrängung der seit dem 11. Jh. eingewanderten Deutschen mit sich. Nach kurzer jagiellonischer Herrschaft fielen die böhmischen Länder 1526 an die Habsburger. Die Zuspitzung des konfessionellen Gegensatzes führte 1618 zum Böhmischen Aufstand und in dessen Folge zum Dreißigjährigen Krieg. Kaiserliche Siege förderten die Gegenreformation. Aufklärung und Romantik brachten eine Wiedergeburt des tschechischen Nationalbewusstseins. Unter dem Einfluss František Palackýs, der die Teilnahme der Tschechen an der Frankfurter Nationalversammlung ablehnte, trat die nationale Frage in den Vordergrund. Der deutsch-tschechische Gegensatz wurde in der Folge zu einer existenzbedrohenden Belastung der Donaumonarchie. 1918/19 ging Böhmen in der neu gegründeten Tschechoslowakei auf.

Friedrich von Bodelschwingh

Böhmische Brüder, Mährische Brüder, aus den →Hussiten im 15. Jh. hervorgegangene religiöse Gemeinschaft in Böhmen, die sich 1467 von der römischen Kirche trennte. Die Böhmischen Brüder suchten das ganze Leben aus dem Geist des Urchristentums zu erneuern, sie verwarfen den Eid, den Kriegsdienst und die Übernahme öffentlicher Ämter. Um 1500 zählten sie 100000 Mitglieder. Hart verfolgt, wanderten ganze Gemeinden nach Schlesien und Polen aus. In Polen gingen sie 1570 mit den Reformierten die Vereinbarung von Sandomierz ein, während die in Böhmen Verbliebenen sich 1575 mit den Lutheranern zusammenschlossen (Confessio Bohemica). 1609 gewährte ihnen der Majestätsbrief Rudolfs II. Religionsfreiheit, aber nach der Schlacht am Weißen Berg (1620) mussten die Böhmischen Brüder ihre Heimat verlassen (Brüdergemeine). Nach Erlass des Toleranzpatents Josephs II. (1781) konnten die Gläubigen, die die Lehre der Böhmischen Brüder bewahrt hatten, in Böhmen, Mähren und Schlesien Gemeinden helvetischen (reformierten) oder Augsburger (lutherischen) Bekenntnisses bilden. Ihre organisatorische Vereinigung unter dem Dach einer Kirche wurde jedoch erst 1918 möglich.

Jean Bodin

Böhmischer Aufstand, eine politisch wie konfessionell begründete Erhebung des protestantischen Teils der böhmischen Stände, die sich so drohender Beschneidungen der im Böhmischen Majestätsbrief Rudolfs II. (1609) niedergelegten Privilegien widersetzten. Der Böhmische Aufstand entsprang der Wahl von Erzherzog Ferdinand zum König von Böhmen (6. 6. 1617) und den von ihm geförderten Re-

Böhmischer Aufstand. Die Schlacht am Weißen Berg (1620), die den Böhmischen Aufstand beendete, brachte der flämische Maler Peter Snayers auf die Leinwand (im Hintergrund die Silhouette Prags; Paris, Louvre). Der Blick folgt den vorrückenden Truppen der Liga, im Mittelgrund vor der Kutsche Herzog Maximilian I. von Bayern und seine Begleiter zu Pferde.

katholisierungsaktionen, die dem Majestätsbrief zuwiderliefen. Die Beschwerde eines eigens nach Prag einberufenen protestantischen Landtags (6. 3. 1618) wurde zurückgewiesen, eine erneute Zusammenkunft untersagt. Entgegen dem Verbot kamen die protestantischen Adligen wieder zusammen und beschlossen die Ermordung der königlichen Amtsträger. Mit dem »Zweiten Prager Fenstersturz« brach am 23. 5. 1619 der offene Aufstand aus. In der »Konföderationsakte« vom 31. 7. 1618 wurde Böhmen zur freien, ständisch verfassten Wahlmonarchie erklärt, König Ferdinand abgesetzt (22. 8. 1619 trotzdem am 26. 8. als Ferdinand II. zum Kaiser gewählt) und, nachdem Kurfürst Johann Georg I. von Sachsen abgesagt hatte, der pfälzische Kurfürst Friedrich V. als König gewählt (26./27. 8. 1619). Dessen Wahlannahme weitete den Böhmischen Aufstand zu einer Angelegenheit des (Heiligen Römischen) Reiches aus. Nach der Niederlage Friedrichs am Weißen Berg (8. 11. 1620) löste das Eingreifen seiner Bundesgenossen den →Dreißigjährigen Krieg aus.

Bojaren [russ., vielleicht zu alttürkisch bai »vornehm«, »reich«],

1. im Kiewer Reich zuerst Angehörige der Gefolgschaft des Fürsten (Druschina), seit dem 12. Jh. Angehörige der obersten Schicht der Gefolgsleute. Die Bojaren wurden im 12. und 13. Jh. zu einem politisch einflussreichen Landadel mit Allodialbesitz (Wottschina) und dem Recht, dem Fürsten ihrer Wahl zu dienen. Im Mittelalter gab es neben der gehobenen Schicht der Bojaren die ärmeren »Bojarenkinder« (deti bojarskie). Die erstarkenden Moskauer Großfürsten beschnitten, gestützt auf den Dienstadel (Dworjane), die Privilegien der Bojaren vom 15. Jh. an und drückten sie in der zweiten Hälfte des 16. Jh. auf den Status von Dienstleuten herab. Sie verschmolzen schließlich mit dem Dienstadel (Tschin). Der Rang wurde Anfang des 18. Jh. von Peter I., dem Großen, abgeschafft.

2. der sozial stark gegliederte litauische Adel mit einer breiten Schicht des niederen Dienstadels und den Magnaten oder »großen Bojaren«, die durch Privilegien der litauischen und polnischen Herrscher weit gehende Rechte erhielten; seit dem 16. Jh. polonisiert.

3. bis ins 10. Jh. Bezeichnung für den protobulgarischen, nichtslawischen Adel; 9.–14. Jh. Adelstitel (u. a. Rat der Bojaren am Zarenhof).

4. in den Fürstentümern Moldau und Walachei im 13. und 14. Jh. Bezeichnung für die Grund besitzende Oberschicht des militärischen Dienstadels, der sich später in den hohen Dienstadel (Boieri de Sfat), den Hofadel (Boieri de Divan) und den Kleinadel (Boierinași) untergliederte. Vom 17. Jh. bis zum Verlust ihrer Privilegien in der Verf. von 1864 waren die Bojaren mit einem nicht erblichen Staatsamt auch an der Verwaltung der Hospodare beteiligt.

Boleyn ['bʊlɪn], Anna, englische Königin, →Anna Boleyn.

Bolívar [span. bo'liβar], Simón, Anführer der lateinamerikanischen Unabhängigkeitsbewegung, * Caracas 24. 7. 1783, † San Pedro Alejandrino (bei Santa Marta, Kolumbien) 17. 12. 1830. Bolívar entstammte einer begüterten venezolanischen Kreolenfamilie. Auf Reisen in Europa und Amerika lernte er die Ideen der Französischen Revolution und des nordamerikanischen Freiheitskampfes kennen und gehörte zu den treibenden Kräften, die 1810 in Caracas eine Junta zur Wahrung der Rechte des durch Napoleon I. inhaftierten spanischen Königs Ferdinand VII. bildeten. Von einer diplomatischen Mission in London kehrte Bolívar im gleichen Jahr zusammen mit Francisco de Miranda zurück, den die Junta zum Oberbefehlshaber der venezolanischen Streitkräfte ernannte.

Ein von Bolívar und Miranda beeinflusster Kongress beschloss am 5. 7. 1811 die Loslösung von Spanien. Die Unabhängigkeit konnte aber gegen die spanischen Truppen nicht verteidigt werden. 1812 geriet Miranda in Gefangenschaft, und Bolívar musste fliehen. Von Neugranada (dem späteren Kolumbien) aus nahm Bolívar den Kampf wieder auf und konnte am 4. 8. 1813 in Caracas als »Libertador« (»Befreier«) einziehen. 1815 musste er erneut vor den spanischen Truppen weichen und begab sich zunächst nach Jamaika, später nach Haiti. Im Dezember 1816 landete Bolívar wieder in Venezuela und behauptete sich schließlich gegen die Spanier. Ein Kongress in Angostura (heute Ciudad Bolívar) wählte Bolívar im Februar 1819 zum Präsidenten mit diktatorischer Gewalt. Nach einem berühmt gewordenen Zug über die Anden schlug er die Spanier in der Schlacht bei Boyacá (7. 8. 1819) und vereinigte Neugranada mit Venezuela unter seiner Präsidentschaft zur Republik Großkolumbien. Nach weiteren militärischen Erfolgen zog Bolívar nach Süden, um Peru von der spanischen Herrschaft zu befreien. Am 6. 8. 1824 siegte Bolívar bei Junín über die Spanier.

1825/26 war Bolívar Diktator von Hochperu, das sich von Buenos Aires gelöst hatte und sich nach ihm Bolivien nannte. Im August 1827 wählte ihn auch Peru zum Präsidenten auf Lebenszeit und schloss sich der großkolumbianischen Republik an. Zur Krönung seines Werks berief Bolívar 1826 einen panamerikanischen Kongress nach Panama, der die Integration aller amerikanischen Staaten unter Einschluss der USA einleiten sollte. Der Kongress wurde aber ein Misserfolg. Aufgrund seiner Erfahrung während der langjährigen Kämpfe befürchtete Bolívar, dass das von spanischer Herrschaft befreite Hispanoamerika in Anarchie verfallen würde. Er hielt deshalb die Diktatur für notwendig. Die Opposition gegen sein persönliches Regiment wuchs und führte zum Abfall Venezuelas und Perus. Am 27. 4. 1830 dankte Bolívar ab und starb bald darauf an einem Lungenleiden.

Bolschewiki [russ. »Mehrheitler«], der von Lenin geführte Flügel der russischen → Sozialdemokratie; entwickelte sich seit 1912 zur selbstständigen Partei. Als Trägerin des Marxismus-Leninismus wurden die Bolschewiki die bewegende Kraft der Oktoberrevolution von 1917. Als »Kommunistische Partei Russlands (Bolschewiki)«, Abk. KPR (B), dann als »Kommunistische Partei der Sowjetunion (Bolschewiki)«, Abk. KPdSU (B), wurden sie die allein bestimmende politische Kraft in der Sowjetunion. Der Zusatz »Bolschewiki« (B) entfiel 1952.

Auf dem zweiten Parteitag der »Sozialdemokratischen Arbeiterpartei Russlands« (RSDRP) gewann Lenin 1903 bei der Verabschiedung des Parteistatuts eine Mehrheit für seine Forderung nach einer straff geführten Elite- und Kaderpartei; seitdem nannten sich

BOLIVAR — *Freiheitskampf in Lateinamerika*

Die Unabhängigkeitserklärung der USA von 1776 und die Erklärung der Menschen- und Bürgerrechte durch die französische Nationalversammlung hatten auch Auswirkungen auf die spanischen und portugiesischen Kolonien Mittel- und Südamerikas. Während des spanischen Aufstandes gegen die französische Fremdherrschaft bildeten sich in Mexiko, Venezuela und im La-Plata-Gebiet (Argentinien) revolutionäre Junten gegen die Herrschaft des im spanischen Mutterland und den Kolonien als König eingesetzten Bruder Napoleons Joseph Bonaparte.

Als die in Spanien wieder hergestellte Bourbonenmonarchie Truppen in die Kolonien entsandte, um die Selbstständigkeitsbestrebungen zu unterbinden, kam es in ganz Spanisch-Amerika zum Aufstand. Die Bewegung fand in Simón Bolívar – hier »Bolívars Triumpheinzug in Caracas« (zeitgenössische Lithographie) – und José de San Martín charismatische Führer, die den Befreiungskampf in alle südamerikanischen Länder weitertrugen und schließlich erfolgreich beendeten. Unterstützung erhielten sie dabei von Großbritannien und den USA.

1822 waren mit Ausnahme des heutigen Bolivien alle ehemaligen spanischen Kolonien frei. Brasilien löste sich im selben Jahr kampflos von Portugal und wurde unabhängiges Kaiserreich. Die USA erkannten bereits im Frühjahr 1822 die neuen Republiken La Plata (Argentinien), Chile, Peru, Kolumbien und Mexiko an. Bolívar

wurde 1819 zum Präsidenten Venezuelas gewählt. Er trat 1830 zurück, blieb aber die Symbolfigur des südamerikanischen Freiheitskampfes. Ihm zu Ehren gab sich der letzte die Unabhängigkeit erlangende Staat, Oberperu, den Namen Bolivien.

seine Anhänger innerhalb der RSDRP »Bolschewiki«, und zwar in bewusstem Gegensatz zu den bei dieser Abstimmung Unterlegenen, den →Menschewiki. Beide Gruppen arbeiteten bei der Revolution von 1905 noch zusammen, entwickelten sich jedoch dann ideologisch und organisatorisch endgültig auseinander; sie bildeten aber in der russischen Duma 1907–17 eine Fraktionsgemeinschaft. Seit 1912 traten die Bolschewiki als selbstständige politische Gruppe auf; sie war für Lenin Agitationsbasis im Kampf gegen das zaristische Russland und in der ideologischen Auseinandersetzung mit anderen sozialistischen, v.a. marxistischen Gruppen. (→Kommunistische Partei der Sowjetunion)

Dietrich Bonhoeffer

Bonaparte [-'partə, franz. bɔna'part], ursprünglich **Buonaparte**, korsische Patrizierfamilie italienischer Herkunft, die 1529 aus Sarzana (bei La Spezia) nach Ajaccio gekommen war und sich dort 1567 endgültig niederließ.

1. Charles Louis Napoléon, Kaiser von Frankreich, →Napoleon III.

2. Jérôme, der jüngste Bruder Napoleons I., →Jérôme.

3. Joseph, der älteste Bruder Napoleons I., →Joseph Bonaparte.

4. Lucien, ursprünglich Lucian, Prinz, Fürst (seit 1814) von Canino und Musignano, der zweitälteste Bruder Napoleons I., *Ajaccio 21.5.1775, †Viterbo 29.6.1840; war als Präsident des Rates der Fünfhundert am Staatsstreich des 18. Brumaire (9.11.1799) führend beteiligt, dann Botschafter in Madrid; später überwarf er sich mit seinem Bruder und lebte seit 1804 in Italien, seit 1810 in England. Während der »Hundert Tage« (1815) unterstützte er Napoleon wieder.

5. Maria Letizia (Laeticia), geborene Ramolino, Mutter Napoleons I., genannt Madame Mère, *Ajaccio 24.8.1750, †Rom 2.2.1836; lebte bescheiden und zurückgezogen in Paris, seit 1815 in Rom.

6. Napoléon, ursprünglich Napoleone, Kaiser von Frankreich, →Napoleon I.

7. Napoléon Joseph Charles Paul, später auch Jérôme, Prinz, *Triest 9.9.1822, †Rom 18.3.1891, genannt Plon-Plon; diente seinem Vetter Napoleon III. als Gesandter und General und vertrat am Hof einen liberalen Standpunkt.

Bonapartismus [von Bonaparte], geistesgeschichtlich und ideologisch vielschichtiger Begriff, bezeichnete ursprünglich die Herrschaft der französischen Kaiser Napoleon I. und Napoleon III. Mit Bonapartismus beschrieb man zudem eine politische Strömung in Frankreich, die sich an der Politik der beiden Herrscher ausrichtete und bis zum Ende der 1880er-Jahre starken Zulauf erhielt; sie wurde getragen von den Bonapartisten. In Deutschland verwendeten zeitgenössische Kritiker den Begriff Bonapartismus, um bestimmte Praktiken der Politik Otto von Bismarcks sprachlich zu fassen. Konservative benutzten die Bezeichnung, um die plebiszitären Züge der Herrschaft Napoleons I. und Napoleons III. zu umschreiben.

Karl Marx gab dem Begriff Bonapartismus die für die Anhänger seiner Lehre richtungweisende Deutung; Bonapartismus ist danach die relative Verselbstständigung der Exekutive, die, gestützt auf die Massenbasis der Unterprivilegierten, Politik im Sinne des Großbürgertums treibt. Kommunisten sowjetischer Prägung sahen nach 1945 im Bonapartismus eine Vorform des Faschismus.

Bonhoeffer, Dietrich, deutscher evangelischer Theologe, *Breslau 4.2.1906, †KZ Flossenbürg 9.4.1945; war nach Tätigkeiten u.a. in Barcelona, New York und London seit 1935 bis zu dessen Auflösung 1937 Leiter des illegalen Predigerseminars der →Bekennenden Kirche in Finkenwalde. 1936 wurde Bonhoeffer die Lehrbefugnis entzogen, 1938 wurde er aus Berlin ausgewiesen. Trotz Rede- (1940) und Schreibverbots (1941) setzte er seine wissenschaftliche Arbeit fort und nahm verschiedene Aufgaben innerhalb der Bekennenden Kirche wahr. Bonhoeffer schloss sich der Widerstandsbewegung an und traf sich – jedoch ohne Erfolg – im Mai 1942 in Schweden mit dem Bischof von Chichester, George Bell, um die Bedingungen einer ehrenhaften deutschen Kapitulation in Erfahrung zu bringen. Am 5.4.1943 wurde er verhaftet und zwei Jahre später zusammen mit anderen Widerstandskämpfern hingerichtet.

Bonifatius, ursprünglich Winfried, angelsächsischer Benediktiner und Missionar, *im Königreich Wessex 672/673, †bei Dokkum (Friesland) 5.6.754. Bonifatius wirkte 716 als Missionar in Friesland, verließ 718 England für immer und wurde in Rom von Papst Gregor II. 719 unter Verleihung des Namens Bonifatius mit der Germanenmission – daher der Beiname »Apostel der Deutschen« – beauftragt. Darauf war er zunächst mit Willibrord abermals bei den Friesen tätig, seit 721 bei den Hessen, wo er die Klöster Amöneburg und Fritzlar gründete. 722 zum Bischof geweiht und 732 zum Erzbischof und päpstlichen Vikar des ostfränkischen Missionsgebiets erhoben, missionierte er bis 738 mit wachsendem Erfolg auch in Thüringen. 739 reorganisierte Bonifatius die bayerische Kirche. Er gründete die Bistümer Freising und Eichstätt (745?) und ordnete die Bistümer Passau, Regensburg und Salzburg neu. 741 gründete er das Bistum Büraburg, 742 für Thüringen die Bistümer Erfurt und Würzburg. Zudem reformierte er von 742 bis 747 das Kirchenwesen im Fränkischen Reich: Die schon von Karl Martell beanspruchte staatliche Mitwirkung nahm er jetzt hin, sodass die fränkische Kirche trotz Bindung an Rom zur Landeskirche wurde. 747 erhielt Bonifatius mit dem Titel eines persönlichen Missionserzbischofs das Bistum Mainz. Seine Hauptfürsorge widmete er nun der Ausgestaltung des 744 gegründeten Klosters Fulda. 754 begann er nochmals die Friesenmission; dabei wurde er von heidnischen Friesen erschlagen.

Bonifatius VIII., Papst (1294–1303), früher Benedetto Gaetani, *Anagni (bei Frosinone) um 1235, †Rom 11. 10. 1303; wurde 1281 Kardinal und 1294 (gegen heftigsten Widerstand der Familie Colonna) Papst, nachdem er selbst die Abdankung Cölestins V. gefördert hatte. Im Geiste des weltbeherrschenden Papsttums vorausgegangener Zeiten suchte Bonifatius die zahlreichen Streitigkeiten in den christlichen Ländern zu schlichten, konnte sich jedoch, außer in Deutschland, nicht durchsetzen. Seine größte Niederlage erlitt er im Streit mit König Philipp IV. von Frankreich, wobei er die überkommene These von der Überordnung der geistlichen Gewalt über die weltliche zu erneuern suchte. Während sein Kreuzzugsvorhaben scheiterte, konnte er auf dem Gebiet der innerkirchlichen Reform einige Erfolge erzielen. Auf Bonifatius geht die Einführung des »Heiligen Jahres« (Jubeljahr, Anno santo) zurück, das erstmals 1300 begangen wurde. Das »Corpus Iuris Canonici« vermehrte Bonifatius 1298 um den »Liber Sextus«, eine Sammlung der wichtigsten päpstlichen Erlasse seit 1234.

Bonner Vertrag, der →Deutschlandvertrag.

Borgia ['bɔrdʒa, italien.], **Borxa** ['bɔrxa, span.], aus Spanien stammendes Adelsgeschlecht, das Anfang des 15. Jh. nach Italien kam. Ihm gehörten die Päpste Calixtus III. und Alexander VI. an, deren Nepotismus die Borgias Reichtum und Einfluss verdankten. Bedeutende Vertreter:

1. Cesare, italienischer Renaissancefürst, *Rom im September 1475, †(gefallen) Viana (Provinz Navarra) 12. 3. 1507; Sohn Papst Alexanders VI. und der Römerin Vannozza Cattanei. Von seinem Vater zunächst für die geistliche Laufbahn bestimmt und zum Erzbischof von Valencia (1492) und Kardinal (1493) ernannt, verzichtete er nach dem gewaltsamen Tod seines Bruders 1497 auf die geistlichen Ämter und begann eine militärisch-politische Karriere. 1498 erhielt er von Ludwig XII. die zum Herzogtum erhobene Grafschaft Valentinois und führte seitdem den Beinamen »duca Valentino«. 1499 heiratete er Charlotte d'Albret von Navarra, eine Nichte des französischen Königs. Als dieser den Kampf um Mailand und Neapel wieder aufnahm, begleitete Borgia ihn nach Italien, eroberte 1499/1500 mit französischer Hilfe Imola und Forlì und unterwarf fast die gesamte Romagna, zu deren Herzog er sich proklamierte. Als »Gonfaloniere« der Kirche gewann er 1501 Rimini, Pesaro und Faenza; Piombino und Elba ließ er besetzen. Er kämpfte für Ludwig XII. in Neapel, besetzte Teile der Marken und Umbriens und legte sich als weiteren Herzogstitel den von Urbino zu.

Ziel der Unternehmungen war die Bildung eines mittelitalienischen Königreichs. Doch der Tod Alexanders VI. am 18. 8. 1503 bedeutete Borgias Sturz. Papst Julius II. hielt ihn von November 1503 bis April 1504 in Haft und erzwang die Rückgabe seiner Eroberungen. Nach seiner Flucht in Neapel ehrenvoll aufgenommen, wurde er auf Befehl Ferdinands II., des Katholischen, als Gefangener nach Spanien gebracht. 1506 konnte er zu seinem Schwager, dem König von Navarra, fliehen und fiel bald darauf in dessen Diensten.

Borgia, der skrupellose, machtbewusste Renaissancefürst war trotz der angeblichen Beteiligung an mehreren Morden von glänzender persönlicher Ausstrahlung. Niccolò Machiavelli diente er als Vorbild des idealen Fürsten in seinem Werk »Il principe« (1532).

2. Lucrezia, italienische Fürstin, *Rom 18. 4. 1480, †Ferrara 24. 6. 1519; Tochter Papst Alexanders VI. und der Römerin Vannozza Cattanei. Ihre Eheschließungen wurden von Vater und Bruder Cesare nach der jeweiligen politischen Interessenlage arrangiert. Ihre Ehe mit Giovanni Sforza (1492 geschlossen) wurde 1497 annulliert. Ihr zweiter Mann, Alfonso de Aragón, Herzog von Bisceglie, ein unehelicher Sohn König Alfons' II. von Neapel, starb 1500 an den Folgen eines wohl von Cesare Borgia angestifteten Attentats. In dritter Ehe war sie seit 1501 mit Alfonso I. d'Este, Herzog von Ferrara, vermählt. Sie zog namhafte Dichter, Künstler und Wissenschaftler (u. a. Tizian) an den Hof von Ferrara. Ihr die Jahrhunderte überdauernder schlechter Ruf entstand durch zeitgenössische Verleumdungen.

Bormann, Martin, deutscher Politiker, *Halberstadt 17. 6. 1900, †Berlin 2. 5. 1945; politisch schon früh im radikal-antisemitischen Sinne tätig; wurde als Mitglied des Freikorps »Roßbach« wegen Beteiligung an einem Femeмord 1924 zu einer Haftstrafe verurteilt. 1927 trat er der NSDAP bei. 1933 wurde er Stabsleiter bei Rudolf Hess und 1941 Leiter der Parteikanzlei. Bormann konnte seinen Einfluss auf Adolf Hitler ständig erweitern und galt – nach Verringerung des Einflusses von Hermann Göring und Heinrich Himmler – als mächtigster Mann in dessen Umgebung. Seit 1943 führte er den Titel »Sekretär des Führers«. Nach dem Tod Hitlers kam Bormann laut Schlussbericht der Frankfurter Staatsanwaltschaft vom 4. 4. 1973 bei einem Ausbruchsversuch ums Leben; 1946 verurteilte ihn das Internationale Militärtribunal in Nürnberg in Abwesenheit zum Tode.

Bosnien und Herzegowina, serbokroatisch **Republika Bosna i Hercegovina** [- -

'hɛrtsɛ-], Staat in Südosteuropa, der im Westen und Norden an Kroatien, im Osten an Serbien und im Südosten an Montenegro grenzt.

GESCHICHTE: 9 n. Chr. von den Römern unterworfen, kam es 395 zum Weströmischen Reich und um 530 zum Oströmischen Reich. Anfang des 7. Jh. siedelten sich Südslawen an. Im 14. Jh. war Bosnien als Königreich eine bedeutende Macht; es umfasste Serbien und die Herzegowina. Ab 1463/82 unter osmanischer Herrschaft, wurde es 1908 formell durch Österreich-Ungarn annektiert.

1918 wurden Bosnien und Herzegowina Teil des neu gegründeten →Jugoslawien. Nach der Verkündung der Souveränität innerhalb des bisherigen jugoslawischen Staatsverbands im Oktober 1991 erklärte Bosnien und Herzegowina im März 1992 seine Unabhängigkeit. In der Folgezeit brach ein mit äußerster Härte geführter Bürgerkrieg zwischen den kroatischen und muslimischen (bosnischen) Teilen der Bevölkerung sowie serbischen Verbänden aus. 1992 rief die serbische Bevölkerung die Serbische Republik Bosnien-Herzegowina unter dem Staatspräsidenten Radovan Karadžić als integralen Bestandteil (Rest-)Jugoslawiens aus, die kroatische Bevölkerungsgruppe die kroatische Gemeinschaft Herceg-Bosna unter dem Staatspräsidenten Mate Boban bzw. Krešimir Zubak; die von der muslimischen Volksgruppe getragene Staatsgewalt unter Alija Izetbegović beschränkte sich nach diesen Sezessionsvorgängen auf ein Fünftel des Staatsgebiets. Aufgrund ihrer militärischen Überlegenheit, die auch auf der Unterstützung durch (Rest-)Jugoslawien beruhte, brachten die Truppen der bosnischen Serben bis Oktober 1992 etwa 70 % des Staatsgebiets unter ihre Kontrolle. Die während des Bürgerkriegs auch an der Zivilbevölkerung (u. a. in Internierungslagern) verübten Gräueltaten lösten ab 1992 mehrere Flüchtlingswellen aus. Zugleich setzte jedoch auch ein schrittweise verstärktes Engagement der UN und europäischen Staaten in Form von Handelsembargos, der Ausdehnung des Einsatzes der zunächst nur in Kroatien stationierten Friedenstruppe (UNPROFOR), der Errichtung eines internationalen Kriegsverbrechertribunals, der Durchsetzung eines Flugverbots über dem Kriegsgebiet sowie der Bildung von Schutzzonen für die muslimische Bevölkerung ein. Sowohl dem Einsatz von UN-Truppen in Bosnien und Herzegowina wie v. a. im von Serben eingekesselten Sarajevo als auch dem Engagement der EU, der USA und Russlands zur Herbeiführung einer politischen Lösung des Bürgerkriegs waren nur Teilerfolge beschieden.

1994 einigten sich die kroatischen und muslimischen Bevölkerungsgruppen auf einen gemeinsamen Bundesstaat, zu dessen Präsident am 31. 5. der Kroate Krešimir Zubak gewählt wurde; diese Föderation wurde allerdings von den militärisch dominierenden bosnischen Serben abgelehnt, die weiterhin eine Vereinigung aller Serben in einem Staat und damit die Zerschlagung des Staates Bosnien und Herzegowina anstrebten. Folgerichtig scheiterte 1994 auch ein von der »Kontaktgruppe für Bosnien und Herzegowina« vorgelegter Friedensplan wie auch ein von James Carter vermittelter viermonatiger Waffenstillstand. Nach anhaltenden Angriffen der bosnischen Serben auf die UN-Schutzzonen griff die NATO erstmals im April 1994 mit dem Einsatz von Kampfflugzeugen gegen bosnisch-serbische Stellungen in den Kriegsverlauf ein. Als im August 1995 kroatische Streitkräfte die Abspaltung serbisch besiedelter Gebiete Kroatiens besonders der Krajina rückgängig machten, geriet die Kriegführung der bosnischen Serben in die Defensive. Eine daraufhin von den USA eingeleitete Friedensinitiative unter dem Unterhändler Richard Holbrooke führte nach dem In-Kraft-Treten eines Waffenstillstands (12. 10.) zu der Friedenskonferenz von Dayton (Oh.), auf der Slobodan Milošević, Alija Izetbegović und Franjo Tudjman am 21. 11. 1995 ein Friedensabkommen vereinbarten, das am 14. 12. 1995 in Paris unterzeichnet wurde: Bosnien und Herzegowina blieb als einheitlicher Staat, bestehend aus der muslimisch-kroatischen Föderation mit 51 % des Staatsgebiets und der serbischen Republik in Bosnien mit 49 % des Staatsgebiet erhalten; die Wahl eines gemeinsamen Staatspräsidiums und Parlaments sowie die Errichtung einer Zentralregierung fanden 1996 statt; eine internationale Friedenstruppe (IFOR, seit Ende 1996 SFOR) unter NATO-Kommando löste im Januar 1996 die UN-Schutztruppe ab und wurde zur Überwachung des Waffenstillstands und der Truppenentflechtung in Bosnien und Herzegowina stationiert. Im Jahr 2000 wurde der Bosniake Halid Genjać neuer Staatspräsident.

Boston Tea Party ['bɔstən 'ti:pɑ:tɪ], die Vernichtung einer Ladung Tee der britischen Ostindischen Kompanie durch als Indianer verkleidete Bürger im Hafen von Boston am 16. 12. 1773. Dieser Protest gegen die Teesteuer verschärfte den Konflikt der nordamerikanischen Kolonien mit dem Mutterland Großbritannien (**BILD** →Amerikanische Revolution).

Boulanger [bulɑ'ʒe], Georges, französischer General und Politiker, *Rennes 29. 4. 1837, † (Selbstmord) Ixelles (bei Brüssel) 30. 9. 1891; befehligte seit 1884 die französischen Truppen in Tunis, wurde 1886 Kriegsminister und erlangte als Wortführer der Revanche gegen Deutschland und einer chauvinistischen Strömung große Popularität. Im Mai 1887 wurde Boulanger als Minister abgesetzt, 1888 wegen Disziplinwidrigkeiten aus der Armee entfernt, wirkte jedoch als Kammermitglied weiter. Gestützt auf die Boulangisten, eine

Gruppe Oppositioneller v.a. aus dem extrem rechten Lager, forderte er die Revision der Verfassung. Als er 1889 wegen seiner Staatsstreichpläne verhaftet werden sollte, floh Boulanger nach Brüssel und verlor damit seinen politischen Einfluss.

Bourbon [bur'bɔ̃], **Bourbonen** [bur-], französisches Herrscherhaus, das auch auf die Throne von Spanien, Neapel-Sizilien und Parma gelangte. Das Geschlecht, ein Zweig der Kapetinger, führt seinen Namen nach der Stammburg Bourbon-l'Archambault (im südlichen Berry, heute Département Allier). Begründet wurde es durch einen Enkel Ludwigs IX., des Heiligen, von Frankreich, Graf Ludwig I. von Clermont, der 1327 Herzog von Bourbon und Pair wurde. Das Territorium umfasste v.a. die Herrschaft Beaujeu (seit 1400) und Teile der Auvergne.

Die jüngere Linie, Bourbon-Vendôme, gelangte mit Anton von Bourbon 1555 auf den Thron von Navarra und mit Heinrich IV. 1589 auf den französischen Thron; sie erlosch mit dem Tod von Henri Charles, Graf von Chambord (1883). Von Philipp, dem jüngeren Sohn Ludwigs XIII., stammt das jüngere Haus Orléans ab, das mit Louis Philippe 1830–48 den französischen Thron innehatte.

Philipp, Herzog von Anjou, ein Enkel Ludwigs XIV., wurde 1700, nach dem Aussterben der spanischen Habsburger, als Philipp V. König von Spanien. Die spanischen Bourbonen regieren seitdem mit den Unterbrechungen der Jahre 1808–13, 1868–74 und 1931–75 bis heute – seit 1975 durch Juan Carlos I. – in Spanien.

Die Linie Bourbon-Sizilien wurde von Karl, einem Sohn Philipps V. von Spanien, begründet. 1731 erhielt dieser das Herzogtum Parma mit Piacenza als spanische Sekundogenitur; er tauschte es 1735 gegen das Königreich Neapel und Sizilien ein, das er als Karl VII. regierte. Als er 1759 als Karl III. König von Spanien wurde, trat er Neapel und Sizilien an seinen jüngeren Sohn, Ferdinand IV., ab, der sich seit 1816 als Ferdinand I. König »beider Sizilien« nannte. Dessen Urenkel Franz II. wurde 1860 vertrieben.

Die Linie Bourbon-Parma entstand, nachdem Philipp, ebenfalls ein Sohn Philipps V. von Spanien, 1748 im Aachener Frieden das Herzogtum Parma zugesprochen erhielt. Eine Tochter des letzten, 1859 vertriebenen Herzogs von Parma ist Zita, die Witwe Kaiser Karls I. von Österreich.

Bourgeoisie [burʒwa'zi:, franz.], in Frankreich Ende des 16. Jh. entstandene Bezeichnung für die wohlhabende städtische Bürgerschaft, besonders für die Besitzer von gewerblichem Vermögen und Finanzkapital. Der Bourgeois, der einzelne Angehörige dieser Schicht, stand seit der Französischen Revolution von 1789 im Gegensatz zum politisch bewussten Bürger, dem →Citoyen.

Als Spitzengruppe des →dritten Standes stieg die Bourgeoisie durch die Französische Revolution zur führenden gesellschaftlichen Kraft in Frankreich auf. Im Zeitalter des →Liberalismus konnte sie ihre Interessen als allgemeine Maximen z.B. in Form eines abgestuften Wahlrechts stark zur Geltung bringen.

In der Klassenkampftheorie von Karl Marx spielt der Begriff Bourgeoisie eine zentrale Rolle: Nach der marxistischen Terminologie ist die Bourgeoisie die führende Klasse der kapitalistischen Gesellschaft, die im Verlauf der proletarischen Revolution durch das Proletariat, der Klasse der Lohnarbeiter, entmachtet wird (→Marxismus).

Bouvines [bu'vin], Ort im französischen Département Nord, südöstlich von Lille. Bei Bouvines besiegte am 27. 7. 1214 der französische König Philipp II. August, der Verbündete des Staufers Friedrich II., den mit England verbündeten welfischen Kaiser Otto IV., der damit im deutschen Thronstreit unterlag. Der Sieg bei Bouvines festigte die französische Königsmacht der Kapetinger und beschleunigte den Zerfall des →Angevinischen Reichs der Plantagenets.

Boxer. »Germans to the front« (»Deutsche an die Front«) lautete das Kommando von Admiral Edward Hobart Seymour, des britischen Oberbefehlshabers des Expeditionskorps, mit dem er am 22. 6. 1900 bei der Niederschlagung des Boxeraufstands einen Entlastungsangriff des deutschen Kontingents befahl (Gemälde von Carl Röchling, 1902).

Boxer [engl.], chinesisch **Yi-he quan** [»Faust(kämpfer) für Recht und Einigkeit«], religiöser Geheimbund in China, dessen Mitglieder v.a. gegen das Christentum und die Industrialisierung Chinas durch Ausländer kämpften. Anfangs verfolgte der Bund auch gegen das Herrscherhaus gerichtete politische Ziele, wurde aber 1899, umbenannt in Yi-he tuan (»Vereinigung für Recht und Einigkeit«), offen von der kaiserlichen Regierung anerkannt. Die Ermordung des deutschen Gesandten Klemens Freiherr von Ketteler (20. 6. 1900) und die Belagerung des Gesandtschaftsviertels (20. 6.–14. 8.) lösten den Boxeraufstand aus, der durch das militärische Eingreifen eines internationalen Expeditionskorps aus acht

WILLY BRANDT
***1913 †1992**

- kämpfte im Widerstand gegen die NS-Diktatur
- erwarb sich während der Berlinkrise als Regierender Bürgermeister Berlins großes Ansehen
- wurde 1969 als erster Sozialdemokrat zum Bundeskanzler gewählt
- trug während des Kalten Kriegs mit einer neuen Deutschland- und Ostpolitik wesentlich zur Entspannung bei
- stürzte 1974 als Bundeskanzler über die »Guillaume-Affäre«

Staaten – Deutschland, Frankreich, Großbritannien, Italien, Japan, Österreich-Ungarn, Russland und den USA – niedergeschlagen wurde. Am 14. 8. 1900 besetzten die ausländischen Truppen Peking. Der kurz danach zum Oberbefehlshaber der europäischen Militärverbände in China ernannte Generalfeldmarschall Alfred Graf von Waldersee ließ von September 1900 bis Mai 1901 blutige Strafexpeditionen gegen die Aufständischen durchführen. Ein internationales Friedensprotokoll (Boxerprotokoll, 7. 9. 1901) verpflichtete China u. a. zur Zahlung hoher Reparationen und zur Annahme weiterer harter Bedingungen.

Boyne [bɔɪn], Fluss in Ostirland, 110 km lang, mit Trichtermündung unterhalb der Stadt Drogheda. Oberhalb von Drogheda entschied 1690 in der Schlacht am Boyne der Sieg Wilhelms III. über Jakob II. die protestantische Thronfolge in England.

Brandenburg, Land im Nordosten der Bundesrepublik Deutschland.

GESCHICHTE: Ursprünglich wurde Brandenburg von den germanischen Semnonen und Slawen besiedelt. Unter Kaiser Otto I. christianisiert, entstand 948 das Bistum Brandenburg. 1134 erhielten die Askanier Brandenburg (als Nordmark bzw. Mark Brandenburg), nach deren Aussterben 1320 kam es an die Wittelsbacher, 1373 an die Luxemburger, 1417 an das Haus Hohenzollern, das auch die Kurwürde erhielt. Albrecht III. Achilles legte mit der Dispositio Achillea 1473 den Grund zur dauernden territorialen Einheit der Mark. Im Verlauf des 17. Jh. erfolgten beträchtliche territoriale Erweiterungen (u. a. 1618 um das Herzogtum Preußen, 1648 um Hinterpommern). Friedrich Wilhelm, der Große Kurfürst, schuf den absolutistischen brandenburgisch-preußischen Staat. Nachdem die Kurfürsten sich zu »Königen in Preußen« gekrönt hatten (1701), ging die brandenburgische Geschichte in der Geschichte →Preußens auf. Nach 1815 war Brandenburg die größte preußische Provinz, ebenso wie nach 1945 (nun allerdings um die Gebiete östlich der Oder verkleinert).

1952 wurde Brandenburg in die Bezirke Potsdam, Frankfurt und Cottbus aufgeteilt. Nach der Wiedervereinigung Deutschlands wurde Brandenburg 1990 wieder errichtet. 1992 trat die Landesverfassung in Kraft. Die Vereinigung der Länder Brandenburg und Berlin wurde nach der Ablehnung im Volksentscheid von 1996 aufgeschoben. Ministerpräsident war 1990–2002 Manfred Stolpe (SPD), seit 2002 hat Matthias Platzeck (SPD) dieses Amt inne.

Brandt, Willy, bis 1933 Herbert Ernst Karl Frahm, deutscher Politiker, *Lübeck 18. 12. 1913, †Unkel 8. 10. 1992; schloss sich politisch zunächst (1930) der SPD, dann (1931) der SAP (Sozialistische Arbeiterpartei) an. Nach Errichtung der NS-Diktatur in Deutschland emigrierte Brandt nach Norwegen (April 1933). Nachdem ihn die deutschen Behörden 1938 ausgebürgert hatten, nahm er die norwegische Staatsbürgerschaft an. Nach dem deutschen Einmarsch in Norwegen (1940) floh er nach Schweden. 1945–47 war Brandt als Korrespondent skandinavischer Zeitungen in Deutschland als Berichterstatter tätig. 1947 nahm er unter seinem Pseudonym »Willy Brandt« wieder die deutsche Staatsbürgerschaft an und trat erneut der SPD bei.

VON BERLIN NACH BONN: Als Vertreter Berlins war Brandt 1949–57 und 1961 Mitglied des Bundestages; 1969 wurde er erneut MdB. Als Regierender Bürgermeister von Berlin (1957–66) gewann er besonders seit der Berlinkrise von 1958 international großes Ansehen. Am 16. 2. 1964 wurde er Bundesvorsitzender der SPD. Er förderte den mit dem Godesberger Programm (1959) eingeleiteten innerparteilichen Reformkurs. Bei den Bundestagswahlen von 1961 und 1965 war Brandt Kanzlerkandidat seiner Partei. Beraten von Egon Bahr, entwickelte er unter dem Leitgedanken »Wandel durch Annäherung« eine neue Konzeption in der Deutschland- und →Ostpolitik. In der Regierung der »großen Koalition« unter Kurt Georg Kiesinger (CDU) war Brandt von Dezember 1966 bis Oktober 1969 Stellvertreter des Bundeskanzlers (Vizekanzler) und Außenminister.

BUNDESKANZLER UND PARTEIVORSITZENDER: Nach den Bundestagswahlen vom 28. 9. 1969 führte Brandt als Bundeskanzler eine Koalitionsregierung aus SPD und FDP (»sozialliberale Koalition«). In seiner Regierungserklärung stellte er am 28. 10. 1969 unter dem Leitgedanken »mehr Demokratie wagen« ein Programm innerer Reformen in den Mittelpunkt. Seine erste Amtszeit war jedoch bestimmt von der Durchführung der neuen Deutschland- und Ostpolitik, die im Bundestag zu scharfen Auseinandersetzungen mit der Opposition (CDU/CSU) und in der Öffentlichkeit zu leidenschaftlichen Diskussionen führte. Unter Betonung der Eingebundenheit der Bundesrepublik Deutschland in das europäische Einigungs- und das atlantische Verteidigungssystem sollte diese Politik der Entspannung im Ost-West-Konflikt dienen. Nachdem Brandt in seiner Regierungserklärung sich zur »Existenz von zwei deutschen Staaten in einer Nation« bekannt hatte, traf er sich 1970 mit dem Ministerpräsidenten der DDR, Willy Stoph. Am 12. 8. 1970 unterzeichnete er den →Moskauer Vertrag, am 7. 12. 1970 den →Warschauer Vertrag (Kniefall vor dem Ehrenmal des jüdischen Gettos). Die von ihm als Vorbedingung zur Ratifizierung dieser Verträge geforderte befriedigende Berlinregelung sah er im →Berlinabkommen (3. 9. 1971) als erfüllt an. Für seine Bemühungen um Entspannung im Ost-West-Konflikt erhielt er im Oktober 1971 den Friedensnobelpreis.

1972 verlor seine Regierung die parlamentarische Mehrheit im Bundestag; in Neuwahlen wurde seine Politik 1972 eindrucksvoll bestätigt. Mit dem Abschluss des Grundvertrags mit der DDR (21. 12. 1972) und des deutsch-tschechoslowakischen Vertrags (11. 12. 1973) setzte er seine Initiativen in der Deutschland- und Ostpolitik fort. Steigende Inflation, Druck der Interessenverbände und Spannungen innerhalb seiner Partei schwächten seine Stellung. Die Entdeckung eines DDR-Spions im Bundeskanzleramt veranlasste Brandt, am 7. 5. 1974 als Bundeskanzler zurückzutreten (Guillaume-Affäre).

In den folgenden Jahren immer wieder als Bundesvorsitzender der SPD bestätigt, versuchte Brandt auf innerparteiliche Konflikte ausgleichend einzuwirken; nach seinem Rücktritt (23. 3. 1987) wurde er Ehrenvorsitzender der SPD. Von Ende November 1976 bis September 1992 (Rücktritt) war er Vorsitzender der Sozialistischen Internationale. Sein internationales Ansehen nutzend, unternahm er vielfältige Initiativen besonders auf abrüstungs- und entwicklungspolitischem Gebiet; so legte er als Leiter der Nord-Süd-Kommission Vorschläge für eine Neuorientierung der internationalen Entwicklungspolitik vor.

Branting, Hjalmar, schwedischer Politiker und Journalist, *Stockholm 23. 11. 1860, †ebenda 24. 2. 1925; beteiligte sich 1889 maßgeblich an der Gründung der »Sozialdemokratischen Arbeiterpartei« (SAP). 1896 wurde er Mitglied des Reichstags und bemühte sich dort um die Verbesserung der Arbeitsgesetzgebung. Nach dem Austritt Norwegens aus der Union mit Schweden (1905) trug er maßgeblich dazu bei, das norwegisch-schwedische Verhältnis zu entspannen. 1907 gewann Branting die unbestrittene Führung seiner Partei und setzte in ihr einen reformistischen Kurs durch. Im Ersten Weltkrieg trat er für die strikte Wahrung der schwedischen Neutralität ein. 1917/18 war er Finanzminister; 1920 führte er die erste sozialdemokratische Regierung. Für seine Bemühungen um die friedliche Lösung des Konflikts mit Finnland wegen der Ålandinseln erhielt Branting mit Christian

BRANDT — ***Neue Ostpolitik***

Unter dem Leitgedanken »Wandel durch Annäherung« trieb die 1969 an die Regierung gelangte sozialliberale Koalition unter Bundeskanzler Willy Brandt die Entspannung in Europa voran. Im Zuge dieser neuen Ostpolitik, die u. a. die Existenz zweier deutscher Staaten (die füreinander »aber nicht Ausland seien«) anerkannte, stand auch die Normalisierung des Verhältnisses zu Polen an. Ergebnis dieser Neuorientierung war der Warschauer Vertrag, der am 7. 12. 1970 von Bundeskanzler Willy Brandt, dem polnischen Ministerpräsidenten Józef Cyrankiewicz und den Außenministern Polens und der Bundesrepublik unterzeichnet wurde. In dem Vertrag akzeptierte die deutsche Seite die im Potsdamer Abkommen von 1945 festgelegte, aber von früheren Bundesregierungen stets infrage gestellte Westgrenze Polens, die Oder-Neiße-Linie; Polen erklärte sich unter anderem bereit, Staatsbürger mit deutscher Volkszugehörigkeit ausreisen zu lassen.

Bei seinem Aufenthalt in Warschau legte Brandt einen Kranz am Mahnmal für die Toten des jüdischen Gettoaufstands nieder. Protokollarisch nicht vorgesehen, ehrte er dabei die dem NS-Regime zum Opfer Gefallenen, indem er für eine Gedenkminute niederkniete. Dieses Bild ging um die Welt. Die in der ungewöhnlichen Geste zum Ausdruck kommende Absicht des späteren Friedensnobelpreisträgers – die Bitte um Versöhnung – wurde gerade im polnischen Volk mit Anteilnahme aufgenommen und gewürdigt.

Als Folge der Ostpolitik unterzeichneten die vier Siegermächte das Viermächteabkommen, das den Status von Berlin neu regelte und vor allem die Besuchsmöglichkeiten für DDR- und Bundesbürger erleichterte. Mit dem Abschluss des Grundvertrags 1972 mit der DDR wurde ein entscheidender Akzent in den deutsch-deutschen Beziehungen gesetzt. In der Folge dieses Vertrages wurden beide deutschen Staaten 1973 Mitglieder der UN.

Hjalmar Branting

Otto Braun

Lange 1921 den Friedensnobelpreis. 1921–23 und 1924/25 war er erneut Ministerpräsident, 1921–23 zugleich Außenminister, 1923–24 schwedischer Vertreter beim Völkerbund.

Brasilien, Staat in Südamerika, der im Norden an Französisch-Guayana, Surinam, Guyana und Venezuela, im Nordwesten an Kolumbien, im Westen an Peru, Bolivien und Paraguay, im Südwesten bzw. Süden an Argentinien und Uruguay und im Osten an den Atlantik grenzt.

GESCHICHTE: Als erster Europäer erreichte Pedro Álvares Cabral 1500 die brasilianische Küste; Portugal sicherte seine Ansprüche auf dieses Land. 1531 begann die systematische portugiesische Besiedlung. Während im Küstengebiet der mit afrikanischen Sklaven betriebene Zuckerrohranbau aufblühte, drangen von São Paulo aus die Waldläufer (Bandeirantes) bis an die Vorberge der Anden; die Indianer wurden dabei weithin ausgerottet oder versklavt. Die Suche der Bandeirantes nach Gold und Diamanten führte im 18. Jh. zu den großen Funden in Minas Gerais, Mato Grosso und Goiás. Bis Anfang des 19. Jh. war Brasilien ein von Portugal abhängiges Vizekönigreich. Am 7. 9. 1822 erklärte Brasilien seine Unabhängigkeit. Der in Brasilien verbliebene portugiesische Regent, Kronprinz Peter, wurde zum Kaiser Peter I. ausgerufen. 1825 erkannte Portugal die Unabhängigkeit an. Die brasilianische Wirtschaft stellte sich auf den Anbau von Kaffee um; wegen Arbeitskräftemangels in den Plantagen wurden schwarze Sklaven aus Afrika importiert. Erst 1888 verfügte das Parlament die entschädigungslose Freilassung aller Sklaven. 1889 beseitigte eine republikanische Verschwörung die Monarchie; die republikanische Verfassung von 1891 schuf nach dem Vorbild der USA einen Bundesstaat, in dem São Paulo und Minais Gerais den vorherrschenden Einfluss erlangten.

Der Ersten Weltkrieg brachte den Aufbau der Industrie. Präsident Getúlio Vargas ließ die 1934 neu ausgearbeitete Verfassung 1937 aufheben und alle politischen Parteien verbieten (Errichtung des diktatorischen »Estado Novo«); 1954 erzwang schließlich das Militär seinen Rücktritt. Unter Präsident Juscelino Kubitschek de Oliveira wurde der innere Ausbau in Brasilien, v. a. Industrialisierung und Errichtung der neuen Hauptstadt Brasília, vorangetrieben. 1964–85 übte in Brasilien das Militär die Herrschaft aus. Erst die Aufhebung der Ausnahmegesetze zum 1. 1. 1979 leitete einen Demokratisierungsprozess ein. Präsident João Baptista de Oliveira Figueiredo ließ eine freiere Bildung politischer Parteien zu. Nach der ersten freien Präsidentschaftswahl seit drei Jahrzehnten wurde 1989 Fernando Collor de Mello Präsident, der jedoch wegen Korruptionsverdachts 1992 vom Amt suspendiert wurde; Nachfolger wurde Itamar Franco. Die Präsidentschaftswahlen 1994 und 1998 gewann der Sozialdemokrat Fernando Cardoso. Bei den Präsidentschaftswahlen 2002 siegte mit Luiz Inácio Lula da Silva erstmals ein sozialistischer Politiker.

Braun, Otto, deutscher Politiker, *Königsberg (Pr) 28. 1. 1872, †Locarno 15. 12. 1955; war führend in der ostpreußischen Landarbeiterbewegung; gehörte seit 1911 dem Parteivorstand der SPD an; 1913 wurde Braun Mitglied des preußischen Abgeordnetenhauses; als Ministerpräsident von Preußen (1920–33) gewann Braun großes Ansehen. Innerhalb der Reichspolitik behauptete er gemeinsam mit seinem Innenminister Carl Severing (SPD) eine für seine Partei wichtige Machtposition in der Weimarer Republik. 1925 bewarb sich Braun um die Reichspräsidentschaft. Nachdem die Wahlen zum Landtag (April 1932) die Regierungsparteien (SPD, Zentrum, DDP) in die Minderheit versetzt hatten, regierte das Kabinett Braun geschäftsführend weiter. Im Juli 1932 setzte die Reichsregierung unter Franz von Papen staatsstreichartig die preußische Regierung ab (Preußenschlag). Im Februar 1933 entzog die nationalsozialistische Regierung Braun die Wahrnehmung der Hoheitsrechte in Preußen, die ihm der Staatsgerichtshof im Oktober 1932 zugesprochen hatte. Im März 1933 ging Braun ins Schweizer Exil.

BRD, Abk. für Bundesrepublik →Deutschland.

Breitscheid, Rudolf, deutscher Politiker, *Köln 2. 11. 1874, †Konzentrationslager Buchenwald 24. 8. 1944; trat als außenpolitischer Sprecher der SPD hervor. 1923–33 war Breitscheid einer der Vorsitzenden der SPD-Fraktion im Reichstag, 1926–30 Mitglied der deutschen Völkerbundkommission. 1933 ging er nach Paris ins Exil. 1940 lieferte ihn das Vichy-Regime an die Gestapo aus.

Breschnew, Leonid, sowjetischer Politiker, *Kamenskoje (heute Dnjeprodserschinsk) 19. 12. 1906, †Moskau 10. 11. 1982; seit 1931 Mitglied der KPdSU; stieg als Anhänger von Nikita Chruschtschow in der ukrainischen KP-Organisation auf und nahm als politischer Kommissar am Zweiten Weltkrieg teil. 1950–52 war Breschnew Erster Sekretär des ZK der KP Moldawiens und 1954/55 der KP Kasachstans; 1952 wurde er Mitglied des ZK, seit 1957 gehörte er dem Präsidium beziehungsweise dem Politbüro der KPdSU an. 1960–64 stand er als Vorsitzender des Präsidiums des Obersten Sowjets formal an der Spitze des sowjetischen Staates.

1964 beteiligte sich Breschnew am Sturz Chruschtschows und übernahm dessen Nachfolge als Erster Sekretär der KPdSU. 1976 erhielt Breschnew den Titel eines Marschalls der Sowjetunion und übernahm 1977 als Vorsitzender des Obersten Sowjets erneut das Amt des Staatsoberhaupts. Unter seiner Führung wurde die →Entstalinisierung abgebrochen und eine vorsichtige Rehabilitierung Stalins gefördert; es setzte wieder eine verschärfte Reglementierung des kulturellen Lebens in der UdSSR ein. Seit den 1970er-Jahren suchte Breschnew die unter dem Eindruck der Schlussakte von Helsinki (1975) entstandene sowjetische Bürgerrechtsbewegung zu unterdrücken. Bei wachsender Förderung des militärisch-industriellen Bereichs sah sich Breschnew zunehmend mit Versorgungsfragen konfrontiert. Seine v.a. auf den Machterhalt des Parteiapparats zielende Innenpolitik, die stark von Bürokratismus und restaurativen Zügen geprägt war, mündete in eine Stagnation des gesamten gesellschaftlichen Lebens.

Außenpolitisch war die Sowjetunion unter Breschnew v.a. um die Behauptung ihrer Weltmachtstellung neben den USA bemüht; durch massive Einmischung in die inneren Vorgänge der Länder des »sozialistischen Lagers« wurde die sowjetische Vormachtrolle abgesichert. Mithilfe der militärischen Intervention von Staaten des Warschauer Pakts in der Tschechoslowakei (1968) unterband Breschnew reformkommunistische Entwicklungen im Ostblock; 1980/81 übte er Druck auf die kommunistische Partei- und Staatsführung in Polen aus, die Aktivitäten der unabhängigen Gewerkschaftsorganisation Solidarność zu unterbinden. Nach außenpolitischen Erfolgen in der Entspannungs- und Abrüstungsdiplomatie (z.B. →Moskauer Vertrag, 1970; →Berlinabkommen, 1971) verschärfte der von Breschnew veranlasste Einmarsch in Afghanistan (Dezember 1979) wieder den Ost-West-Konflikt.

LEONID BRESCHNEW
***1906 †1982**

- brach als Nachfolger Nikita Chruschtschows die Entstalinisierung ab
- unterdrückte die sowjetische Bürgerrechtsbewegung
- führte die Sowjetunion in eine Phase der Erstarrung
- behauptete die Weltmachtstellung der UdSSR

Brest-Litowsk, Frieden von, Friedensschluss, der am 3. 3. 1918 zwischen Sowjetrussland und den Mittelmächten (Deutsches Reich, Österreich-Ungarn, Bulgarien und Türkei) im weißrussischen Brest-Litowsk geschlossen wurde.

Am 8. 11. 1917 forderte Lenin alle Krieg führenden Mächte zum Friedensschluss auf. Am 6. 12. kam es zum Waffenstillstand an den russischen und ukrainischen Fronten. Die Mittelmächte strebten eine klassische vertragliche Friedensregelung an, die Sowjets dagegen zielten auf einen revolutionären Friedenszustand ab (Aufruf an die Völker, sich gegen ihre Regierungen zu erheben, an die Soldaten zum Ungehorsam). Die Friedensverhandlungen wurden unter diesen unterschiedlichen Erwartungen am 22. 12. aufgenommen. Am 9. 2. 1918 schlossen die Mittelmächte und die antibolschewistische Ukrainische Volksrepublik einen Sonderfrieden. Dem sowjetischen Verhandlungsabbruch begegneten die Mittelmächte mit einem durch militärischen Druck begleiteten Ultimatum. Sie diktierten am 3. 3. 1918 den Frieden, durch den Russland Polen, Litauen, Kurland und die Ukraine (die formal selbstständig, tatsächlich aber unter deutschem Einfluss blieben) sowie Gebiete im Süden Armeniens abtreten musste. Der neue Sowjetstaat verlor damit rund 1,4 Millionen km² Staatsgebiet mit 60 Millionen Einwohnern sowie etwa 75 Prozent seiner Eisen- und Stahlindustrie. Im Berliner Zusatzvertrag vom 27. 8. 1918, durch den Russland auch die Unabhängigkeit Estlands, Livlands und Georgiens anerkannte, verpflichtete es sich, an Deutschland 6 Milliarden Goldmark Entschädigung zu zahlen. In Geheimzusätzen wurde ein gemeinsames militärisches Vorgehen gegen Ententetruppen in Murmansk und Baku festgelegt. Der Waffenstillstand von Compiègne am 11. 11. 1918 setzte den Friedensvertrag und den Ergänzungsvertrag außer Kraft.

Briand [bri'ã], Aristide, französischer Politiker, Rechtsanwalt und Journalist, *Nantes 28. 3. 1862, †Paris 7. 3. 1932; trat für die Beteiligung der Sozialisten an der Regierung ein und beteiligte sich maßgeblich an der Gründung (1910) des »Parti Républicain Socialiste« (PRS). Als Minister für Unterricht und Kultus (1906–08) führte er die Trennung von Staat und Kirche durch. Zwischen 1906 und 1932 war er mehrfach Minister, u.a. für Justiz und Äußeres. Darüber hinaus leitete er als Ministerpräsident mehrmals die Regierung (1909–11, 1915–17, 1921/22, 1925/26, 1929).

Nach dem Ersten Weltkrieg bemühte sich Briand um die Förderung des Abrüstungsgedankens und eine deutsch-französische Aussöhnung als Voraussetzung eines den französischen Bedürfnissen entsprechenden kollektiven Sicherheitssystems. Höhepunkt der Politik des Ausgleichs gegenüber Deutschland waren die →Locarnoverträge (1925). Für diese

Frieden von Brest-Litowsk. Um im Inneren das Sowjetsystem durchsetzen und die Gegenrevolution niederwerfen zu können, ging Russland unter Lenin einen Diktatfrieden mit den Deutschen ein (Beginn der Verhandlungen zwischen der sowjetischen und der deutschen Delegation im Dezember 1917).

Aristide Briand

Bemühungen erhielt er für 1925 mit dem deutschen Außenminister Gustav Stresemann den Friedensnobelpreis. 1928 setzte Briand gemeinsam mit dem amerikanischen Außenminister Frank Kellogg die völkerrechtliche Ächtung des Angriffskriegs durch (→Briand-Kellogg-Pakt). In einem Memorandum vom 1. 10. 1930 mit dem Titel »L'organisation d'un régime d'union fédérale européenne« setzte er sich für eine engere Verbindung der europäischen Staaten ein. Im Zuge der Bemühungen um eine Einigung Europas nach dem Zweiten Weltkrieg gewann dieses Memorandum eine größere Bedeutung.

Briand-Kellogg-Pakt [bri'ã-], völkerrechtlich wirksamer Vertrag, angeregt von Aristide Briand, vorgeschlagen von Frank Kellogg, unterzeichnet am 27. 8. 1928 in Paris von Belgien, Deutschland, Frankreich, Großbritannien, Italien, Japan, Polen, der Tschechoslowakei und den USA; verpflichtete die Signatarstaaten, auf den Krieg als Mittel zur Durchsetzung nationaler Ziele zu verzichten und Streitfälle auf friedlichem Wege beizulegen. Das Recht eines jeden Staates auf Selbstverteidigung blieb als unveräußerliches Recht anerkannt. Der Pakt, dem bis 1939 63 Staaten beitraten, stellt grundsätzlich völkerrechtliche Regeln auf, die materiell in die Satzung der UN eingingen. Bei den Kriegsverbrecherprozessen der Alliierten nach dem Zweiten Weltkrieg gegen deutsche und japanische Politiker spielten sie eine wesentliche Rolle.

Britannicus, Tiberius Claudius Caesar, Sohn des römischen Kaisers Claudius und der Messalina, * 12. 2. 41, † (ermordet) vor dem 12. 2. 55; wurde von seiner Stiefmutter, Agrippina der Jüngeren, zugunsten ihres Sohnes Nero als Thronfolger verdrängt und bald nach dessen Regierungsantritt vergiftet.

Brockdorff-Rantzau, Ulrich Graf von, deutscher Diplomat, * Schleswig 29. 5. 1869, † Berlin 8. 9. 1928; wurde im Februar 1919 Reichsminister des Äußeren. Nachdem es ihm als Leiter der deutschen Delegation bei den Friedensverhandlungen in Versailles nicht gelungen war, die Bedingungen für Deutschland wesentlich zu mildern, lehnte er die Unterzeichnung des Versailler Vertrags ab und trat im Juni 1919 als Außenminister zurück. Als erster deutscher Botschafter in Moskau (1922–28) bemühte sich Brockdorff-Rantzau um eine deutsch-sowjetische Annäherung, lehnte jedoch eine militärische Zusammenarbeit ab; er befürwortete eine gleichgewichtige deutsche Außenpolitik gegenüber den Westmächten (v. a. Frankreich und Großbritannien) und der UdSSR. Brockdorff-Rantzau trug wesentlich zum Abschluss des »Berliner Vertrags« (deutsch-sowjetischer Neutralitätsvertrag; 24. 4. 1926) bei.

Bronzezeit ['brɔ̃:sə-], vorgeschichtliche Epoche, die durch die überwiegende Verwendung von Bronze für die Herstellung von Geräten, Waffen und Schmuck gekennzeichnet ist. Sie folgt zeitlich entweder der Jungsteinzeit unmittelbar, meist aber einer sich an diese anschließenden Kupferzeit (Aeneolithikum, Chalkolithikum); abgelöst wird die Bronzezeit von der Eisenzeit. Die Übergänge sind jeweils fließend.

Bronzezeitliche Kulturen gab es zwischen der zweiten Hälfte des 3. und der ersten Hälfte des 1. Jt. v. Chr. in Europa, Asien und Teilen Nordafrikas, jedoch weichen Beginn und Dauer in den einzelnen Großräumen voneinander ab. In anderen Teilen der Erde (z. B. Japan und Afrika südlich der Sahara) kam die Bronze erst zusammen mit der Eisentechnik oder sogar erst nach dieser auf. Die Periodenbezeichnung Bronzezeit gilt im Wesentlichen für den europäischen Raum (etwa 1800–800 v. Chr.). Zum Zweck der großflächigen Betrachtung unterscheidet man frühe, mittlere und jüngere Bronzezeit. Eine Zwischenstellung zwischen den altorientalischen Hochkulturen und dem europäischen Kulturraum nimmt der Bereich der ägäischen Kultur ein.

Die Verwendung von Bronze bedeutete einen erheblichen technischen Fortschritt, da sie wesentlich härter und zugleich leichter schmelzbar ist als Rohkupfer. Vorausetzung war, dass man zum einen die Legierungstechnik beherrschte und zum anderen komplizierte Gießverfahren anzuwenden wusste. Zudem musste die Versorgung mit Zinn, z. T. über Transportwege von vielen Hundert Kilometern, gewährleistet sein.

ENTWICKLUNG IN EUROPA: Zu Beginn des 2. Jt. v. Chr. entwickelten sich auf der Iberischen Halbinsel, v. a. aber im Karpatenbecken und im Balkangebirge um Kupfererzlagerstätten kupfer- und bronzezeitliche Kulturen, deren Einfluss schon bald in den europäischen Kernraum ausstrahlte. Hier breitete sich die Bronzetechnik offensichtlich sehr rasch, doch keineswegs flächig aus, da man auf beständige Erzförderung angewiesen war und nicht genügend wieder einschmelzbare Bronze besaß. Erst seit dem 14. Jh. v. Chr. konnte die Bronzegusstechnik überall in Europa angewendet werden.

Die Bronzezeit brachte gegenüber der Jungsteinzeit Veränderungen in vielen Lebensbereichen. In der Landwirtschaft führte die zunehmende Verwendung des Pfluges zur Intensivierung des Ackerbaus. Die verschiedenen technischen Verfahren der Metallgewinnung und -verarbeitung führten zur Entstehung neuer »Berufe« (Bergleute, Gießer, Schmiede, Händler). Der Handel mit Rohmetall (Kupfer, Zinn, Gold, Silber), Bronze, Bernstein, Salz, Pelzwerk, kunstvoller Keramik und überschüssigen Nahrungsmitteln wurde ausgedehnt; er verband Europa mit den Ländern des östlichen Mittelmeergebietes und solchen jenseits des Urals. Im Rahmen der Hauswirtschaft wurden Textilien, Lederwaren, Arbeitsgeräte und Tonwaren für den eigenen täglichen Bedarf hergestellt. Die vielfältigen Möglichkeiten bei der Bronzeverarbeitung brachten eine sich ständig wandelnde Formenfülle bei Schmuck, Waffen und Gerät in stetem Wechselspiel zur Entwicklung der Kleidung, des Kriegswesens und der Arbeitsprozesse hervor. Die Bronzewaffen (Dolch, Dolchstab, Streitaxt, später auch das Schwert) waren weitgehend auch Herrschafts- und Rangabzeichen. Dazu kam der vom Pferd gezogene zweirädrige Streitwagen. Felsbilder, Kultsteine, Kleinplastiken, Kultwagen, Luren und symbolische Darstellungen auf Bronzemessern geben neben den verschiedenen Formen der Totenbestattung wichtige Aufschlüsse über Kult und Religion.

Die Kulturkreise der Bronzezeit sind vielfach großräumiger als die der Jungsteinzeit und wirken trotz bedeutsamer lokaler Unterschiede geschlossener; sie lassen sich mit Vorbehalt als staatliche Gebilde, mindestens aber als ethnisch homogene Gebilde mit ausgeprägter hierarchischer Gliederung deuten. Im Hausbau und Siedlungswesen kam es zu keinen grundlegenden Neuerungen. In Mitteleuropa gab es weiterhin nur dörfliche Siedlungen, die in einigen Gebieten, wie z. B. im Bereich der Lausitzer Kultur, mehr oder weniger befestigt waren; besonders zu erwähnen sind die als Pfahlbauten bekannten Seeufersiedlungen des nördlichen und des südlichen Alpenvorlandes.

Brumaire [bry'mɛ:r; frz. »Nebelmonat«] der zweite Monat des Jahres im Kalender der Französischen Revolution. Dem Brumaire entspricht der Zeitraum vom 22. (auch 23. oder 24.) Oktober bis 20. (22., 23.) November im gregorianischen Kalender. Der Staatsstreich vom 18. Brumaire des Jahres VIII (9. 11. 1799) machte Napoleon I. zum Ersten Konsul.

Brüning, Heinrich, deutscher Politiker, *Münster 26. 11. 1885, †Norwich (Vermont) 30. 3. 1970; studierte Jura, Geschichte, Philosophie und Volkswirtschaft; schloss sich dem Zentrum an; war von 1921 bis 1930 Geschäftsführer des (christlichen) Deutschen Gewerkschaftsbundes. 1924–33 war Brüning MdR, 1929/30 und 1932/33 Vorsitzender der Zentrumsfraktion im Reichstag. Als Finanzfachmann seiner Fraktion setzte er 1925 die Begrenzung des Lohnsteueraufkommens auf 1,2 Milliarden Reichsmark durch (Lex Brüning).

Nach dem Sturz der Regierung Hermann Müller wurde Brüning am 28. 3. 1930 Reichskanzler; er bildete eine vom Vertrauen des Reichspräsidenten Paul von Hindenburg getragene Minderheitsregierung. Als der Reichstag das Programm Brünings zur Deckung des Reichshaushalts im Juli 1930 ebenso abgelehnt hatte wie die zum selben Zweck erlassenen Notverordnungen, löste Brüning noch im selben Monat den Reichstag auf. Nach den Wahlen vom September 1930, die der NSDAP große Stimmengewinne brachten, regierte Brüning, gestützt auf die Mittelparteien, parlamentarisch toleriert von der SPD, bei äußerster Verschärfung der Wirtschaftskrise nun auf der Grundlage des Notverordnungsrechts des Reichspräsidenten. Auf dieser Basis entwickelte sich die Regierung Brüning zu einer »parlamentarisch tolerierten Präsidialregierung«.

Mit seiner auf einen ausgeglichenen Staatshaushalt zielenden Deflationspolitik (fortgesetzte Anpassung der Staatsausgaben an den Schrumpfungsprozess der Wirtschaft; Lohn- und Gehaltssenkungen) suchte Brüning die Wirtschaftskrise zu bekämpfen und als Hebel für die Beseitigung der deutschen Reparationsverpflichtung nach dem Young-Plan zu nutzen, indem er deren Unerfüllbarkeit offenkundig machen wollte. Brüning wartete auf den Erfolg dieser Reparationspolitik, um anschließend die im Plan fertig gestellten Arbeitsbeschaffungsmaßnahmen zur Bekämpfung der Arbeitslosigkeit zu realisieren. Dem zunehmend erfolgreichen außenpolitischen Kurs standen jedoch innenpolitisch das von seiner Deflationspolitik stark mitzuverantwortende Ansteigen der Arbeitslosigkeit (auf über 6 Mio. Erwerbslose) und der Massenzulauf zu den Kräften der äußersten Rechten (NSDAP) und Linken (KPD) gegenüber, d. h. die Verschärfung der innenpolitischen Krise.

Seit Sommer 1931 kam es zu einer Entfremdung zwischen Brüning und Hindenburg. Da Brüning zunehmend seine Politik mithilfe der SPD durchzusetzen suchte, sah sich Hindenburg in seiner Hoffnung auf einen Rechtskurs der Regierung getäuscht. 1932 setzte Brüning politisch die Wiederwahl Hindenburgs als Reichspräsident mithilfe der SPD gegen die politische Rechte durch. Hindenburg warf Brüning ungenügende Unterstützung der ostdeutschen Großlandwirtschaft vor. Bestärkt von General Kurt von Schleicher und großagrarischen Kräften Ostdeutschlands, entließ Hindenburg am 30. 5. 1932 Brüning. Der Sturz Brünings leitete das Ende der Weimarer Republik ein.

Nach Errichtung der Diktatur Hitlers (1933) konnte sich Brüning 1934 der Verhaftung durch Flucht in die Niederlande entziehen. Er emigrierte in die USA und wurde dort 1937 Professor für Verwaltungswissenschaften an der Harvard University; 1951–54 war er Professor für politische Wissenschaften in Köln.

HEINRICH BRÜNING
***1885 †1970**

regierte als Reichskanzler ab 1930 auf der Basis des Notverordnungsrechts

suchte Deutschland von den Versailler Reparationsverpflichtungen zu befreien

floh vor den Nationalsozialisten in die Niederlande und emigrierte in die USA

Brutus, römische Politiker,

1. Decimus Iunius Brutus Albinus, römischer Offizier und Politiker, *um 81 v. Chr.; †43 v. Chr.; Vertrauter Caesars, 48–46 Statthalter in Gallien; nahm an der Verschwörung gegen Caesar teil und kämpfte im »Mutinensischen Krieg« (bei Mutina, heute Modena) 44/43 gegen Antonius, der ihn töten ließ.

2. Marcus Iunius Brutus, römischer Politiker, einer der Mörder Caesars, *85 v. Chr., †42 v. Chr.; Sohn des gleichnamigen Volkstribunen (†77 v. Chr.) und der Servilia, der Halbschwester des jüngeren Cato, mit dessen Tochter Porcia er in zweiter Ehe verheiratet war. Als überzeugter Republikaner übernahm Brutus das politische Vermächtnis des Onkels und Schwiegervaters. Er kämpfte bei Pharsalos gegen Caesar, wurde aber später begnadigt und erhielt 44 v. Chr. von Caesar die Prätur. Dennoch wurde Brutus Anfang 44 neben Cassius das Haupt der Verschwörung gegen seinen Förderer. Als seine Hoffnungen auf Wiederherstellung der alten republikanischen Ordnung nach Caesars Tod gescheitert waren, verließ Brutus Italien, um im Winter 44/43 gemeinsam mit Cassius den Osten des Reiches für die republikanische Sache zu gewinnen. Im Kampf gegen Antonius und Octavian unterlag er in der zweiten Schlacht von →Philippi (im Herbst 42 v. Chr.) und beging Selbstmord.

Bucer, Martin, eigentlich Martin Butzer, deutscher Reformator, *Schlettstadt 11. 11. 1491, †Cambridge 1. 3. 1551. Als Dominikaner (seit 1506) 1518 bei der Heidelberger Disputation für Luthers Lehre gewonnen, wirkte er seit 1523 in Straßburg und von dort aus in Ulm, Memmingen und Augsburg, in Hessen und in Köln im Auftrag des Erzbischofs Hermann von Wied (»Kölner Reformation«) für die Reformation, verfasste für den Augsburger Reichstag 1530 die »Confessio Tetrapolitana« und brachte 1536 die Wittenberger Konkordie als Verständigung zwischen Luther und den Oberdeutschen zustande. Bucer war an einer Reihe von Religionsgesprächen beteiligt und um die Einheit der evangelischen Bekenntnisse bemüht. Wegen seines Widerstandes gegen das Augsburger Interim 1549 auf Befehl des Kaisers aus Straßburg ausgewiesen, folgte Bucer einer Einladung Thomas Cranmers nach England und war Professor in Cambridge. Hier nahm er durch ein Gutachten Einfluss auf die endgültige Gestaltung des »Common Prayer Book«. Bucers Schriftauslegung gilt besonders dem Neuen Testament. Die Konfirmation ist hauptsächlich auf Bucer zurückzuführen.

James Buchanan

Buchanan [bju:ˈkænən], James, 15. Präsident der USA, *bei Mercersburg (Pa.) 23. 4. 1791, †bei Lancaster (Pa.) 1. 6. 1868; Rechtsanwalt, Demokrat; war 1821–31 Kongressabgeordneter, 1823–33 Gesandter in Russland und 1853–56 in Großbritannien; 1834–45 Bundessenator. Als Außenminister (1848–49) unterstützte er Präsident James Polks annexionistische Außenpolitik (Texas, Oregon, Mexikanischer Krieg). Als Anhänger südstaatlicher Ideologie, jedoch nordstaatlicher Herkunft und persönlich unionstreu, wurde Buchanan 1856 als Kompromisskandidat für die Präsidentschaftswahlen aufgestellt. Seine Präsidentschaft (1857–61) war bestimmt durch die Verschärfung des Streites um die Sklaverei. Durch seine Inaktivität, besonders in den Monaten vor Amtsantritt seines Nachfolgers Abraham Lincoln, begünstigte er letztlich die Südstaaten und ließ das Land in den Sezessionskrieg treiben.

Bucharin, Nikolaj, sowjetischer Politiker und Theoretiker, *Moskau 9. 10. 1888, †(hingerichtet) ebenda 15. 3. 1938; schloss sich 1906 den Bolschewiki an; war nach seiner Flucht aus der Verbannung 1911–17 im Exil und nahm 1917 in Moskau führend an der Oktoberrevolution teil. 1917–34 Mitglied des ZK und 1924–29 des Politbüros der KP sowie 1917–29 Chefredakteur der »Prawda«, 1926–29 auch Vorsitzender der Komintern. Nach Lenins Tod unterstützte er zunächst Stalin. Als er sich jedoch gegen dessen Industrialisierungs- und Kollektivierungspolitik wandte, ließ ihn Stalin als »Rechtsabweichler« 1929 aller Funktionen entheben und 1938 im Zuge der Großen →Tschistka in einem Schauprozess zum Tode verurteilen. 1988 wurde Bucharin posthum rehabilitiert.

Buchenwald, Name für Lageranlagen auf dem Ettersberg bei Weimar:

1. zwischen 1937–45 nationalsozialistisches →Konzentrationslager (KZ), von der →SS im Juli 1937 als Barackenlager für etwa 8000 Insassen auf einer Fläche von 40 ha errichtet. Bis 1942 wurden die v. a. deutsche und österreichische Häftlinge eingeliefert; zu Inhaftierungsschüben kam es nach der Reichspogromnacht 1938 (9845 deutsche Juden) und bei Kriegsbeginn 1939 (über 8000 neu Inhaftierte). Nach Funktionswandel und Ausbau 1942/43 (Rüstungsfabrik, Bahnhof) bestanden zahlreiche Außenlager bei Baustäben und Rüstungsbetrieben. Das größte Außenlager bei Nordhausen wurde im Oktober 1944 zum eigenständigen KZ Mittelbau Dora. Nach der Verzehnfachung der Inhaftierten (Februar 1943: 11000; Februar 1945: 112000) war Buchenwald im Frühjahr 1945 das größte noch bestehende KZ. Insgesamt waren etwa 238000 Männer und mindestens 25000 Frauen aus über 30 Nationen in Buchenwald inhaftiert bzw. wurden von Buchenwald aus in andere KZ verlegt; zu 34000 registrierten Todesfällen kommen 9000 namentlich nicht bekannte Tote. Am 11. 4. 1945 erreichten Truppen der 3. US-Armee Buchenwald, in dem sich nach der Lagerevakuierung noch 21000 Häftlinge befanden. Am 13. 4. 1945 übernahmen die Amerikaner Buchenwald; die Räumung des Lagers dauerte nach der Übergabe an sowjetische Truppen (nach 1. 7. 1945) an.

2. sowjetisches Speziallager Nr. 2, auf dem Gelände des früheren Konzentrationslagers von der Sowjetischen Militäradministration in Deutschland als Internierungslager des →NKWD am 21. 8. 1945 eröffnet. Neben der pauschalen Internierung von verdächtigten, mehrheitlich der NSDAP oder dem NS-Staat

nahe stehenden oder für diese tätigen Personen diente es außerdem der willkürlichen Inhaftierung von Unschuldigen und Gegnern der sowjetischen Besatzungsmacht (bis zur offiziellen Auflösung am 2. 4. 1950 nach amtlichen russischen Quellen insgesamt 28455 Inhaftierte und 7113 registrierte Tote).

Buddha [Sanskrit »der Erwachte«, »der Erleuchtete«], Ehrentitel des Siddhartha Gautama (Pali: Siddhattha Gotama), des Stifters der nach ihm Buddhismus genannten Religion, nach der Überlieferung *Lumbini (Nepal) um 560 v. Chr., †bei Kushinagara (heute Kasia) um 480 v. Chr. (nach neuen Forschungen auch 100 Jahre später). In Reichtum aufgewachsen, heiratete Buddha sechzehnjährig seine Kusine Yashodhara und hatte einen Sohn, Rahula. Im Bewusstsein von Alter, Krankheit und Tod erkannte er mit 29 Jahren die Sinnlosigkeit seines bisherigen Lebens und verließ die Heimat, um Erlösung zu suchen. Sieben Jahre übte er als Schüler verschiedener Meister harte körperliche Askese, fand jedoch keine Erleuchtung. So wandte er sich innerer Meditation zu; die Erleuchtung (Bodhi), um die er so lange gerungen hatte, wurde ihm in Uruvela bei Bodh Gaya unter einem Feigenbaum zuteil. Im Gazellenhain in Sarnath bei Benares begegnete er fünf Asketen, die sich früher von ihm getrennt hatten. Ihnen galt seine erste Predigt, welche die Überlieferung das »In-Bewegung-Setzen des Rades der Lehre« (Dharmacakrapravartana) nennt und die von den »vier edlen Wahrheiten« spricht: vom Leiden (Duhkha), seinem Ursprung, der Aufhebung seiner Ursache und dem Weg, der zu diesem Ziel führt. Jene Asketen wurden die ersten Jünger des Buddha; mit ihnen gründete er einen Orden (Samgha) von Bettelmönchen, dem noch zu seinen Lebzeiten ein Nonnenorden zur Seite trat. Die Mönche gehörten zumeist der Aristokratie oder dem Kaufmannsstand an; daneben sammelte sich ein Kreis von Laienanhängern (Upasaka), die ohne mönchische Askese in ihrem weltlichen Beruf blieben, den Orden mit Geld unterstützten und die Zugehörigkeit zu brahmanischen Kultgemeinschaften nicht aufzugeben brauchten. Der Buddha selbst durchzog lehrend und werbend Nordindien und starb an der Grenze von Nepal.

Eigene Schriften hat der Buddha nicht hinterlassen. Seine Predigten wurden von seinen Jüngern erst mündlich, seit dem 1. Jh. v. Chr. auch schriftlich in dem später als heilige Sprache angesehenen Pali überliefert. Welche Worte auf ihn selbst zurückgehen, ist nicht sicher. Die Lehrtexte sind in erster Linie an der Heilswahrheit interessiert und nicht an der geschichtlichen Gestalt des Buddha. – Bild S. 114

Bulgarien, Staat in Europa, grenzt im Norden an Rumänien, im Osten an das Schwarze Meer, im Südosten an die Türkei, im Süden an Griechenland, im Westen an Makedonien und Serbien.

Buchenwald. Gegen Ende des Zweiten Weltkriegs war das Konzentrationslager Buchenwald das größte noch bestehende Lager. Den einrückenden Befreiungstruppen der 3. US-Armee bot sich im April 1945 ein Bild des Grauens.

GESCHICHTE: Die → Thraker als erstes historisch fassbares Volk auf dem Gebiet von Bulgarien wurden z. T. von den Illyrern verdrängt, im 5. Jh. v. Chr. in das Makedonische Reich einbezogen; im 2. Jh. kam das Gebiet unter römische Herrschaft. 681 musste das Byzantinische Reich die Gründung des Ersten Bulgarischen Reiches anerkennen; 864 erkannte es das orthodoxe Christentum und die Einführung der kyrillischen Schrift an. Nach 927 zerfiel das Reich; Bulgarien wurde Byzanz einverleibt. Das Zweite Bulgarische Reich entstand nach 1185; es wurde zeitweise führende Balkanmacht. 1330 geriet Bulgarien unter serbischem Einfluss; es löste sich in Teilreiche auf und wurde 1393 Teil des Osmanischen Reichs.

Blutig niedergeschlagene Aufstände bewaffneter bulgarischer Freischärler führten zum Russisch-Türkischen Krieg von 1877/78, der schließlich ein abhängiges Ftürstentum Bulgarien ergab; Südbulgarien verblieb als autonome Provinz Ostrumelien beim Osmanischen Reich. Dem 1887 zum Fürsten gewählten Ferdinand von Sachsen-Coburg-Gotha gelang es 1908, die formelle Unabhängigkeit Bulgariens durchzusetzen und sich zum Zaren krönen zu lassen. Im Zweiten Balkankrieg (1913) verlor Bulgarien große Teile der im Ersten Balkankrieg (1912/13) gewonnenen Territorien, zusätzlich die Süddobrudscha an Rumänien. Im Ersten Weltkrieg schloss sich Bulgarien 1915 den Mittelmächten an und besetzte die von ihm beanspruchten Gebiete, die ihm 1919 jedoch wieder genommen wurden.

1934 kam es nach einem Militärputsch zur Auflösung der politischen Parteien. Seit 1935 regierte Boris III. durch persönliche Beauf-

BUDDHA

Ausbreitung des Buddhismus

Nach Buddhas Tod formierten sich unterschiedliche Schulen und Strömungen des Buddhismus, die sich zum Teil heftig bekämpften. Während der ersten Jahrhunderte seiner Geschichte breitete sich der Buddhismus in ganz Indien und ab dem 3. Jh. v. Chr. auch in anderen Teilen Asiens aus. Dies führte dazu, dass sich die frühe Form des Buddhismus, das »Hinayana« (»Kleines Fahrzeug«), veränderte. So bildete sich kurz vor der christlichen Zeitrechnung eine neue Form heraus: Das »Mahayana« (»Großes Fahrzeug«). Der Mahayana-Buddhismus wurde die eigentliche buddhistische Weltreligion. Der Hinayana-Buddhismus hingegen blieb Asketen- und Mönchsreligion; ihm zufolge wird nur wenigen die Erleuchtung zuteil.

Heute besteht der Buddhismus als Hinayana-Buddhismus in Sri Lanka, Birma, Thailand, Laos und Kambodscha, als Mahayana-Buddhismus in Vietnam, China, Korea, Japan (wo diese Buddha-Statue im Kotokuin-Tempel, Kamakura, steht) sowie in den Sonderformen des Lamaismus in Tibet, Bhutan, Nepal, Nordostindien, Russland und der Mongolei. Auf dem indischen Subkontinent wurde er weitgehend vom Hinduismus verdrängt; in Afghanistan, Ostturkestan und Indonesien, wo er im Mittelalter verbreitet war, ist er heute verschwunden. Die Zahl der Buddhisten wird heute auf 340 bis 350 Millionen geschätzt.

tragte. 1940 erwirkte Bulgarien die Rückgabe der Süddobrudscha von Rumänien, schloss sich 1941 dem Dreimächtepakt an und wurde von deutschen Truppen besetzt. Im September 1944 marschierte die Rote Armee in Bulgarien ein, das nach einem Putsch der Vaterländischen Front am 28. 10. in den Krieg gegen Deutschland eintrat. In den Wahlen von 1945 erhielt die Vaterländische Front, in der die Kommunisten die Oberhand gewonnen hatten, 88,2% der Stimmen. Bulgarien arbeitete eng mit der Sowjetunion zusammen. Über der Behandlung der türkischen Minderheit kam es zum Zerwürfnis mit der Türkei. Im Zuge der revolutionären Veränderungen in Osteuropa trat im November 1989 der Vorsitzende des Staatsrats und der Bulgarischen Kommunistischen Partei (BKP), Todor Schiwkow, zurück. Sein Nachfolger, Petar Mladenow, leitete eine Demokratisierung ein. Im Januar 1990 verzichtete die BKP auf ihr Führungsmonopol und ermöglichte damit nach der Verfassungsänderung die Bildung von Parteien. Die seit 1946 ersten freien Wahlen gewann 1990 die aus der BKP hervorgegangene Bulgarische Sozialistische Partei (BSP). Staatspräsident ist seit 2001 Georgi Parwanow.

Bulle, allgemein jede mit einer Bulle versiegelte Urkunde, im engeren Sinn eine seit dem 13. Jh. auftretende päpstliche Urkundenart. Diese Art der Bulle wurde zunächst für Dekrete, allgemeine Verfügungen und politisch bedingte Exkommunikationen verwendet, diente aber zunehmend auch für andere päpstliche Erlasse und ersetzte insbesondere die Urkundenform der feierlichen Privilegien. Seit dem 15. Jh. wurde die Bezeichnung Bulle auf alle Papsturkunden ausgedehnt, die mit einem Bleisiegel versehen sind.

Bülow, Bernhard Graf (seit 1899), Fürst (seit 1905) von, deutscher Politiker, *Klein-Flottbek (heute zu Hamburg) 3. 5. 1849, †Rom 28. 10. 1929; trat 1874 in den diplomatischen Dienst und machte rasch Karriere. Seine Berufung zum Staatssekretär des Auswärtigen Amts (Oktober 1897) sowie zum Reichskanzler (Oktober 1900) ging auf den Einfluss des kaiserlichen Intimus Philipp Graf zu Eulenburg zurück. Mit seiner Ernennung wurde ein Zustand chronischer Führungsschwäche beendet, der durch die Spannungen zwischen Kaiser Wilhelm II. und den Reichskanzlern Leo Graf von Caprivi und Chlodwig Fürst zu Hohenlohe-Schillingsfürst entstanden war. Gezwungen, ohne parlamentarische Mehrheit seine Regierungsziele zu verfolgen, verstand es Bülow mit großem diplomatischem und taktischem Geschick, sich jeweils einer regierungsfähigen Mehrheit zu versichern und gleichzeitig dem monarchischen Selbstbewusstsein Wilhelms zu schmeicheln.

In der Außenpolitik war er der Meinung, dass ein Krieg zwischen Großbritannien und Russland unvermeidbar sei und Deutschland sich daher eine Politik der freien Hand erlauben könne. Zudem legte er das Deutsche Reich auf eine gegen Großbritannien gerichtete Flottenpolitik fest. Als obersten Grundsatz seiner Außenpolitik bezeichnete er eine feste Verbindung mit Österreich-Ungarn (»Nibelungentreue«). Die Folge war eine krisenreiche Entwicklung, die das Deutsche Reich bündnispolitisch isolierte: Scheitern der deutsch-britischen Bündnisgespräche (1898 sowie 1900/01), britisch-französische →Entente (1904), Erste Marokkokrise (1905/06), britisch-russische Entente (1907) sowie die bosnische Annexionskrise (1908/09).

In der Innenpolitik vermochte Bülow den tiefen Gegensatz zwischen Konservativen, Zentrum und Sozialdemokraten nicht zu überbrücken. Seine Stellung zum Kaiser wurde durch die →Daily-Telegraph-Affäre erschüttert; nach der Behandlung der preußischen Wahlrechtsfrage und der Reichsfinanzreform musste er im Juni 1909 seinen Abschied nehmen. Im Winter 1914/15 ging er als Sonderbotschafter nach Rom und suchte vergeblich, Italien vom Kriegseintritt abzuhalten.

Bund Deutscher Mädel, Abk. **BDM,** →Hitler-Jugend.

Bundesexekution, im Bundesstaat und Staatenbund die Ausübung von Zwang durch die Bundesgewalt gegen ein Bundesmitglied, das seine Pflichten gegenüber dem Gesamtstaat verletzt.

In Art. 31 der Wiener Schlussakte von 1820 in Verbindung mit der Exekutionsordnung vom 3. 8. 1820 wurde ein Maßnahmenkatalog des Deutschen Bundes zur Durchsetzung der Bundesakte und der aus ihr resultierenden Bundespflichten gegenüber einem diese verletzenden Gliedstaat festgelegt. Die Bundesexekution war ein Instrument des föderativen Verfassungsschutzes. Sie sah neben der möglichen militärischen Besetzung eines Gliedstaats als äußerste Maßnahme die Suspension der Regierungsgewalt des Landesherrn vor. Durch Absetzung der Regierung oder Übernahme der Regierungsgewalt durch einen Exekutionskommissar sollte der Gliedstaat zur Einhaltung der Bundespflichten angehalten werden. Bundesexekutionen waren aufgrund der Struktur des Deutschen Bundes nur gegen militärisch schwache Gliedstaaten möglich. Exekutionsbeschlüsse wurden z.B. gefasst gegen Karl II., Herzog von Braunschweig (1830), und gegen die Freie Reichsstadt Frankfurt nach dem »Frankfurter Wachensturm« (1833). Der Bundesexekution entsprach in der Reichsverfassung von 1871 die Reichsexekution; in Deutschland besteht anstelle der Bundesexekution der Bundeszwang.

Die Bundesintervention ist dagegen die (meist militärische) Hilfe des Bundes zur Abwehr innerer Unruhen, denen die Regierung des betreffenden Bundesmitglieds nicht aus eigener Kraft begegnen kann. Sie war im Deutschen Bund gemäß Art. 26 der Wiener Schlußakte von 1820 in Verbindung mit der Exekutionsordnung vom 3. 8. 1820 geregelt. Die auf Beschluss und mit Beauftragung durch die Bundesversammlung zustande gekommene Bundesintervention sah die Besetzung des Gliedstaats durch Bundestruppen vor; der sie befehligende Bundeskommissar vermochte aufgrund seiner weit reichenden Befugnisse auch die Regierungsgewalt in diesem Staat zu übernehmen.

Bundesgenossenkriege,

1. der erfolgreiche Unabhängigkeitskrieg einiger Mitgliedsstaaten des Zweiten Attischen Seebundes (Chios, Rhodos, Kos, Byzanz) 357–355 v. Chr. gegen Athen.

2. der ergebnislose Krieg Philipps V. von Makedonien und des Achaiischen Bundes gegen den Ätolischen Bund (220–217 v. Chr.).

3. der Krieg zwischen Rom und seinen italischen Bundesgenossen, v.a. den Marsern in Mittel- und den Samniten in Süditalien (91–88 und 82 v. Chr., »Marsischer Krieg«). Er wurde durch die Weigerung Roms verursacht, den Italikern das römische Bürgerrecht zu verleihen. Diese gaben sich daraufhin eine eigene Organisation, prägten eigene Münzen und erhoben Corfinium unter dem Namen Italia (oder Italica) zur neuen Hauptstadt. Die römische Regierung sicherte den treu gebliebenen und den zur Versöhnung bereiten Bundesgenossen das Bürgerrecht zu und konnte so 89–88 v. Chr. den erbitterten Widerstand brechen. Die aufständischen Samniten wurden 82 v. Chr. niedergeworfen.

Bundeskanzler, im Norddeutschen Bund (1867–71) Bezeichnung für den Vorsitzenden des Bundesrates und Leiter der Bundesexekutive. Seine Ernennung wurde durch das Bundespräsidium vorgenommen; faktisch war das Amt mit dem des preußischen Ministerpräsidenten und Außenminister verbunden. 1871 gingen die Funktionen des Bundeskanzlers auf den Reichskanzler über.

In der Bundesrepublik Deutschland ist der Bundeskanzler der vom Bundestag gewählte Leiter der Bundesregierung (Art. 62–69 GG).

In Österreich ist der Bundeskanzler der vom Bundespräsidenten ernannte Vorsitzende der Bundesregierung.

In der Schweiz ist der Bundeskanzler der Leiter der Bundeskanzlei; er wird von der

Bernhard von Bülow

Bundesversammlung auf die Dauer von vier Jahren gleichzeitig mit dem Bundesrat gewählt (Art. 168 der Bundesverfassung).

Bundesrat, das föderative Organ mancher Bundesstaaten, zusammengesetzt entweder aus Vertretern der Regierung oder der Volksvertretungen der Gliedstaaten und ausgestattet mit Gesetzgebungs-, Regierungs- oder Verwaltungsfunktionen, zuweilen auch mit richterlichen Zuständigkeiten. Der Bundesrat übt die Einflussrechte der Gliedstaaten bei der Willensbildung des Gesamtstaates aus.

DEUTSCHES REICH: Im Deutschen Reich (1871–1918) war der Bundesrat, wie schon im Norddeutschen Bund, verfassungsrechtlich das oberste Reichsorgan; er war kein Parlament, sondern der Souverän des Reiches; mit 14 Stimmen konnte er jede Änderung der Reichsverfassung ablehnen. Die Stimmen der Länder im Bundesrat verteilten sich nicht nach deren Volkszahl, sondern nach der Größe der Länder. Insgesamt kamen im Bundesrat 58 (seit 1911: 61) Stimmen zusammen. Die einzelnen Mitglieder stimmten nach den Instruktionen durch ihre Regierung; den Vorsitz hatte der Reichskanzler. Alle Reichsgesetze bedurften der Zustimmung des Bundesrats, ebenso bestimmte Maßnahmen des Kaisers (z.B. Auflösung des Reichstags, Kriegserklärung). Der Bundesrat entschied über die Reichsexekution; ferner standen ihm zahlreiche Verwaltungsfunktionen sowie die Entscheidung eines Streits zwischen Gliedstaaten und eines Verfassungsstreits in einem Gliedstaat zu. In der Verfassungswirklichkeit wurde der Bundesrat trotz seiner Kompetenzenfülle durch die anderen Reichsorgane (Kaiser, Kanzler und Reichstag) allmählich in den Hintergrund gedrängt.

BUNDESREPUBLIK DEUTSCHLAND: In Deutschland (Art. 50–53 GG) wirken die Länder bei der Gesetzgebung und Verwaltung des Bundes durch den Bundesrat mit. Er ist – im Gegensatz zum Bundestag – ein permanentes Verfassungsorgan und besteht aus Mitgliedern der Landesregierungen, die von diesen bestellt und abberufen werden. Jedes Land hat mindestens drei, Länder mit mehr als 2 Mio. Einwohnern haben vier, Länder mit mehr als 6 Mio. Einwohnern fünf Stimmen, Länder mit mehr als 7 Mio. Einwohnern sechs Stimmen. Die Gesamtstimmenzahl des Bundesrats, die seit der Wiedervereinigung Deutschlands 68 Stimmen betrug, hat sich mit Wirkung vom 18. 1. 1996 aufgrund des Überschreitens der Einwohnerzahl von 6 Mio. in Hessen auf 69 Stimmen erhöht. Jedes Land kann so viele Mitglieder in den Bundesrat entsenden, wie es Stimmen führt; diese müssen einheitlich abgegeben werden; die Mitglieder stimmen nicht nach freiem Entschluss, sondern nach den Weisungen ihrer Regierung. Der Präsident des Bundesrats wird von diesem auf ein Jahr gewählt; er beruft den Bundesrat ein.

ÖSTERREICH: In Österreich (Art. 34–37 des Bundesverfassungsgesetzes) wird die Gesetzgebung des Bundes von Nationalrat und Bundesrat ausgeübt. Diesem obliegt als »Zweiter Kammer« die Vertretung der Länderinteressen. Die Länder sind im Bundesrat im Verhältnis zur Bürgerzahl im jeweiligen Land vertreten; das Land mit der größten Bürgerzahl entsendet 12 Mitglieder; insgesamt hat der Bundesrat 62 Mitglieder (seit 2002; die Zahl wird vom Bundespräsidenten nach jeder allgemeinen Volkszählung festgesetzt). Sie werden durch die Landtage für die Dauer ihrer jeweiligen Gesetzgebungsperiode gewählt.

SCHWEIZ: In der Schweiz (Art. 174 ff. der Bundesverfassung) ist der Bundesrat (Conseil fédéral, Consiglio federale) oberste leitende und vollziehende Regierungsbehörde der Eidgenossenschaft, die sich aus sieben von der Bundesversammlung auf vier Jahre gewählten Mitgliedern (Bundesräte) zusammensetzt, die jeweils ein Departement leiten. Bei der Zusammensetzung des Bundesrats ist darauf Rücksicht zu nehmen, dass die Landesgegenden und Sprachregionen angemessen vertreten sind. Den Vorsitz führt der Bundespräsident, von der Bundesversammlung aus den Mitgliedern des Bundesrats auf ein Jahr gewählt.

Bundestag,

1. im Deutschen Bund (1815–66) Bezeichnung für die Bundesversammlung, analog zum ehemaligen Reichstag (bis 1806) gebildet.

2. in der Bundesrepublik Deutschland nach Art. 38 ff. GG die Volksvertretung und das oberste Bundesorgan. Die (seit 2002) 598 Bundestagsabgeordneten (MdB) werden auf vier Jahre in allgemeiner, unmittelbarer, freier, gleicher und geheimer Wahl gewählt (erstmals am 14. 8. 1949). Der Bundestag beschließt die Bundesgesetze, wählt den Bundeskanzler und entscheidet über eine Vertrauensfrage des Bundeskanzlers und einen Misstrauensantrag gegen diesen. Er kann den Bundespräsidenten mit ²/₃-Mehrheit anklagen, wählt die Hälfte der Mitglieder des Bundesverfassungsgerichts, kann dieses in bestimmten Fällen anrufen, ist an der Wahl der Mitglieder der anderen Bundesgerichte beteiligt und kann aus seiner Mitte Untersuchungsausschüsse einsetzen. Er ist zuständig für die Ausübung der parlamentarischen Kontrolle gegenüber der Bundesregierung und den einzelnen Bundesministern, die dem Bundestag für die Leitung ihres Geschäftsbereichs verantwortlich sind. Der Bundestag beschließt über den Bundeshaushalt, übt die parlamentarische Aufsicht in Wehrangelegenheiten aus, stellt bei äußerem Notstand fest, dass der Verteidigungsfall eingetreten ist, und beschließt das Gesetz über den Friedensschluss. Die Mitglieder des Bundestags sind entsprechend ihrer Parteizugehörigkeit in Fraktionen vereinigt. Die Arbeit des Bundestags vollzieht sich z.T.

im Plenum, hauptsächlich aber in den Ausschüssen, deren Zusammensetzung der Stärke der einzelnen Fraktionen entspricht.

Die Neuwahl des Bundestags findet im letzten Vierteljahr der Wahlperiode statt, bei Auflösung des Bundestags innerhalb von 60 Tagen. Der neu gewählte Bundestag tritt spätestens 30 Tage nach der Wahl zusammen. Eine vorzeitige Auflösung des Bundestags ist nur zulässig, wenn im ersten und zweiten Wahlgang kein Bundeskanzler gewählt wird oder wenn der Antrag des Bundeskanzlers, ihm das Vertrauen auszusprechen, nicht die Zustimmung der Mehrheit der Mitglieder des Bundestags findet. Zu einer Auflösung des Bundestags ist es bisher dreimal gekommen, als 1972 die von Bundeskanzler Willy Brandt, 1982 die von Bundeskanzler Helmut Kohl und 2005 die von Bundeskanzler Gerhard Schröder gestellte Vertrauensfrage keine Mehrheit gefunden hatte.

Bundesversammlung, im Deutschen Bund (1815–66) das einzige Bundesorgan (auch »Bundestag« genannt). Mitglieder waren die Bevollmächtigten (Bundestagsgesandten) der anfangs 41 Gliedstaaten. Die Bundesversammlung tagte grundsätzlich als »Engerer Rat« (Bundesregierung), der 17 Stimmen umfasste. Für bestimmte Bundesangelegenheiten war das Plenum zuständig, das sich vom Engeren Rat nur durch eine andere Stimmenverteilung unterschied (anfangs 69 Stimmen). Den Vorsitz führte der »österreichische Präsidialgesandte«, dessen Stimme im Engeren Rat bei Stimmengleichheit den Ausschlag gab. Im »Plenum« hatten Österreich, Preußen, Sachsen, Bayern, Hannover und Württemberg je vier, Baden, Kurhessen, Hessen-Darmstadt, Holstein und Luxemburg je drei, Braunschweig, Mecklenburg-Schwerin und Nassau je zwei Stimmen, die Übrigen je eine Stimme. Im Engeren Rat stand den Gliedstaaten, die im Plenum vier und drei Stimmen führten, je eine Stimme zu, die anderen sechs Stimmen standen jeweils mehreren Bundesgliedern gemeinsam als Kuriatstimmen zu. Die Bundesversammlung hatte ihren Sitz in Frankfurt am Main und war zuständig für die auswärtigen, militärischen und inneren Verhältnisse des Bundes.

In der Bundesrepublik Deutschland ist die Bundesversammlung das Organ für die Wahl des Bundespräsidenten; sie besteht aus den Mitgliedern des Bundestags und einer gleichen Zahl von Mitgliedern, die von den Landtagen nach den Grundsätzen der Verhältniswahl gewählt werden.

In Österreich ist die Bundesversammlung ein Gesamtorgan von Nationalrat und Bundesrat; zu seinen wesentlichen Aufgaben gehört die Vereidigung des Bundespräsidenten. In der Schweiz ist die Bundesversammlung ein Organ des Bundes, das aus dem Nationalrat und dem Ständerat besteht; ihm ist die gesetzgebende Gewalt anvertraut. Die Bundesversammlung wählt ferner den Bundesrat, die Mitglieder des Bundesgerichts und des Versicherungsgerichts, den Bundeskanzler und (im Kriegsfall) den General der Armee.

Bundesvertrag, am 7. 8. 1815 zustande gekommenes Abkommen der schweizerischen Kantone, das den Staatenbund wieder errichtete. Die 22 vertragschließenden Kantone gewährleisteten sich gegenseitig Verfassung und Gebiet; Zürich, Bern und Luzern wurden als wechselnde Vororte bestimmt.

Bündnis 90, 1990 gegründeter Zusammenschluss verschiedener aus der Bürgerbewegung der Deutschen Demokratischen Republik erwachsener Organisationen (u. a. »Neues Forum«, »Demokratie Jetzt«, »Initiative Frieden und Menschenrechte«); errang bei den Wahlen zur Volkskammer (18. 3. 1990) zwölf Sitze, bei den ersten gesamtdeutschen Bundestagswahlen (2. 12. 1990) nach der modifizierten 5 %-Klausel acht Sitze; bildete sich 1991 zur politische Partei um; vereinigte sich 1993 mit der Partei Die Grünen (→Bündnis 90/Die Grünen).

Bündnis 90/Die Grünen, 1993 gegründete politische Partei, entstanden aus dem Zusammenschluss von →Bündnis 90 und der Partei Die →Grünen, deren programmatische Ausrichtung sie fortsetzte und erweiterte. Bündnis 90/Die Grünen stellt seit 1994 ohne Unterbrechung eine Fraktion im Deutschen Bundestag. Unter Joschka Fischer als Vizekanzler und Außenminister übernahm die Partei 1998 in Koalition mit der SPD die Regierungsverantwortung in Deutschland (durch die Bundestagswahl von 2002 bestätigt). Auf Bundesebene wird Bündnis 90/Die Grünen von zwei gleichberechtigten Sprechern (Vorsitzenden) repräsentiert.

Bundschuh, schon bei den Germanen nachweisbare, bis gegen das 17. Jh. beibehal-

Bundschuh. Um sich gegen den Stiefel tragenden Adel abzusetzen, erhoben die südwestdeutschen Bauern im Bauernkrieg den »Bundschuh«, eine mit langen Riemen befestigte Sandale, zum Symbol ihres Widerstands gegen die Obrigkeit (Holzschnitt aus Pamphilus Gengenbachs Publikation »Der Bundtschu«, Basel 1514).

tene einfache Fußbekleidung, bei der ein Stück Leder mit Riemen über den Fuß und um den Knöchel befestigt wurde. Seit dem Ende des 13. Jh. galt er als volkstümliches Symbol des Bauerntums.

Gegen die Mitte des 15. Jh. wandelte sich der Symbolgehalt allmählich reichsweit in ein Synonym für bäuerlichen Aufruhr, wobei der Bundschuh zunächst als positives Integrationszeichen im Kampf gegen die Armagnaken geführt wurde. Ende des 15. Jh. diente der Bundschuh den sich gegen ihre Obrigkeit erhebenden Bauern als Feldzeichen, sodass der Name gleichbedeutend mit den Bauernaufständen besonders in Südwestdeutschland wurde (→Bauernkrieg). Der erste Bundschuh, 1493 in der Gegend von Schlettstadt im Elsass entstanden, wurde im Keim erstickt. Der Bundschuh im Bistum Speyer (1502), im Breisgau (1513) und am Oberrhein (1517) stand unter der Führung des Bauern Joß Fritz aus Untergrombach.

Burenkrieg. Während des Burenkrieges in Südafrika stellte Mahatma Gandhi (mittlere Reihe, Dritter von links) eine indische Sanitätsabteilung auf. Seine Hoffnungen, durch den Einsatz auf britischer Seite der Gleichstellung der Inder mit den Weißen einen Schritt näher zu kommen, erfüllten sich nicht.

Buren [zu niederländ. boeren »Bauern«], Eigenbezeichnung Afrikaner, Afrikaander, die Nachkommen der seit 1652 in Südafrika eingewanderten niederländischen Siedler, einschließlich der von ihnen in der Frühzeit der Kolonie assimilierten hugenottischen und deutschen Siedler. Ihre Sprache ist das Afrikaans.

Burenkrieg, Südafrikanischer Krieg, der Krieg zwischen Großbritannien und den südafrikanischen Burenstaaten (Transvaal, Oranje-Freistaat) 1899–1902. Die Ursache des Burenkrieges waren die teils friedlichen, teils gewaltsamen Bestrebungen der Briten, ein zusammenhängendes Kolonialreich in Afrika, »vom Kap bis Kairo«, zu errichten; den Anlass zum Burenkrieg bildete die Drohung Großbritanniens, die Forderungen der Transvaal-Briten militärisch zu unterstützen. Diese waren nach der Entdeckung reicher Goldminen nach Transvaal eingeströmt und hatten schon im Jameson Raid (1895–96) versucht, das Land in ihre Hand zu bekommen; sie stellten dort etwa die Hälfte der Einwohner, die Uitlander.

Nach Ablehnung des burischen Ultimatums zur Einstellung britischer Truppenentsendungen erklärte am 11. 10. 1899 die Republik Transvaal Großbritannien den Krieg. Der Oranje-Freistaat trat sofort auf ihre Seite; dagegen blieb die von den Buren erhoffte Intervention der europäischen Mächte, besonders Deutschlands, aus (→Krügerdepesche). Die zunächst zahlenmäßig überlegenen Buren waren bis Februar 1900 in der Offensive. Sie belagerten die Städte Ladysmith, Kimberley und Mafeking, konnten aber ihre Erfolge nicht ausnutzen und unterlagen der Übermacht der von Frederick Sleigh Roberts und Horatio Herbert Kitchener geführten Briten. Am 27. 2. 1900 kapitulierte der Burengeneral Pieter Arnoldus Cronje am Paardeberg. Am 24. 5. 1900 wurde die Annexion des Oranje-Freistaates, am 1. 9. diejenige Transvaals verkündet. Im Guerillakrieg leisteten die Buren noch fast zwei Jahre lang z. T. erfolgreich Widerstand. Die Briten beherrschten durch die systematische Errichtung von Blockhäusern die Verkehrswege. Durch Abbrennen der Farmen, Vernichtung der Viehherden und Einweisung der Frauen und Kinder in Konzentrationslager wurde der Widerstandswille der Buren allmählich gebrochen. Sie mussten sich im Abkommen von Vereeniging (31. 5. 1902) unterwerfen. (→Südafrika)

Bürgerkönig, französisch **Roi-citoyen** [rwa sitwaˈjɛ̃], Beiname des französischen Königs →Louis Philippe (1830–48).

Bürgerrechtsbewegung, die Gesamtheit der organisierten Bemühungen um Durchsetzung von Menschen- und Bürgerrechten in diktatorisch oder autoritär geführten Staaten bzw. in Ländern mit benachteiligten religiösen, nationalen oder ethnischen Minderheiten.

BÜRGERRECHTSBEWEGUNG IN DEN USA: In den USA bemühte sich das zu Beginn des 20. Jh. entstandene Civil Rights Movement zunächst um die Beseitigung der Rassentrennung in den Südstaaten, später um die politische, soziale und wirtschaftliche Gleichstellung der Schwarzen auch in den Nordstaaten der USA. Die gemäßigten Kräfte wie die »National Association for the Advancement of Colored People« (NAACP, gegründet 1909), die »National Urban League« (NUL, gegründet 1911), die »Southern Christian Leadership Conference« (SCLC, gegründet 1957) und »People United to Save Humanity« (PUSH, gegründet 1971), die einen starken Rückhalt bei den schwarzen protestantischen Kirchen haben, versuchten durch Musterprozesse, Bildungsprogramme und andere gewaltfreie Aktionsformen, seit etwa 1955 auch durch Demonstrationen und wirtschaftlichen Boykott von getrenntrassigen Institutionen und Unternehmen, die Integration der Schwarzen auf der Grundlage der Chancengleichheit zu erreichen. Die radikaleren Kräfte der Bürgerrechtsbewegung wie der »Congress of Racial Equality« (CORE, gegründet 1942) und das »Student Non-violent Coordinating Committee« (SNCC, gegründet 1960) gingen eher mit Aktionen vor Ort direkt gegen die Diskriminierung der Schwarzen vor, etwa durch Sit-ins und Freedom-Rides. Den Bemühungen der Bürgerrechtsbewegung kam entgegen, dass die Bundesregierung nach dem Ende des Zweiten Weltkriegs und dem Verbot getrenntrassiger Schulen durch den Obersten Gerichtshof (Brown versus The Board of Education, 1954) ebenfalls versuchte, die Integration der Schwarzen in den USA durchzusetzen. Widerstand gegen deren politische und soziale Gleichstellung regte sich v. a. unter den Weißen der Südstaaten, die unter Ausnutzung aller legalen Mittel, aber auch häufig unter Anwendung von Gewalt und systematischen Terror gegen die Angehörigen der Bürgerrechtsbewegung versuchten, den Status quo zu bewahren (→Ku-Klux-Klan). Sowohl der Versuch, das Wahlrecht der Schwarzen im Süden durchzusetzen, wie auch der Kampf um die Aufhebung der Rassentrennung (»Segregation«) in öffentlichen Transportmitteln und im Bildungssystem des Südens trafen auf erbitterten Widerstand. Die Bundesstaaten Georgia, Mississippi und Virginia weigerten sich, Gesetze der Bundesregierung durchzuführen, wobei sie sich auf die Doktrin beriefen, der Bund habe nicht das Recht, in die inneren Verhältnisse der Bundesstaaten einzugreifen (»Southern Manifesto« von 1956). Die Obstruktionspolitik einiger Bundesstaaten gegenüber der Bürgerrechtsbewegung und der Bundesregierung führte u. a. zur Lähmung der Arbeit des NAACP, teilweise durch gesetzliche Auflagen, teilweise durch die Untätigkeit der Polizeikräfte gegen weiße Gewalttäter. Seit 1957 wurden vermehrt schwarze Aktivisten der Bürgerrechtsbewegung ermordet.

Um die Rassenintegration an der Central High School in Little Rock (Ark.) durchzusetzen, musste Präsident Dwight D. Eisenhower 1957 Bundestruppen einsetzen. Im selben Jahr wurde das erste Bürgerrechtsgesetz seit der Jahrhundertwende verabschiedet, dem 1960, 1964, 1965 und 1968 weitere Gesetze zur Gleichstellung der Schwarzen folgten. Bei der Wahl John F. Kennedys zum Präsidenten (1960) entschieden die Stimmen der Schwarzen aus den Nordstaaten die äußerst knappe Wahl. 1963, im Jahr der hundertsten Wiederkehr der Sklavenemanzipation, erlebten die USA neue Höhepunkte der Bürgerrechtsbewegung mit dem von Martin Luther King am 28. 8. geführten Marsch von mehr als 200000 Bürgerrechtlern auf Washington (D. C.) und den Gerichtsentscheidungen des Obersten Gerichtshofes der USA in den Fällen Edwards versus South Carolina und Johnson versus Virginia, die die Anstrengungen der Bürgerrechtsbewegung unterstützten. Im Januar 1964 wurde der 24. Verfassungszusatz verabschiedet, der die schwarze Wähler diskriminierende Wahlgebühr (»Poll-Tax«) abschaffte.

Ungeachtet der fortschreitenden politischen Gleichstellung der Schwarzen bestanden deren wirtschaftliche Probleme weiter. 1965 kam es zu Aufständen (»Watts-Riots«) in den schwarzen Wohngebieten von Los Angeles (34 Tote), 1967 zu Rassenunruhen in Detroit (43 Tote). Ab Mitte der 1960er-Jahre war eine Radikalisierung von Teilen der Bürgerrechtsbewegung zu beobachten, die der von Weißen dominierten Gesellschaft den Kampfruf »Blackpower« entgegenstellten (1966). Die Auseinandersetzungen wurden verschärft durch die Ermordung John F. Kennedys (1963) und der schwarzen Bürgerrechtler Malcolm X (1965) und Martin Luther King (1968). Ein Zweig der Bürgerrechtsbewegung sammelte sich 1966 in der radikalen »Black Panther Party of Self-Defense«, die erheblich militanter und unter Ablehnung gewaltfreier Methoden bei der Durchsetzung ihrer Ziele vorging, die Integration der Schwarzen in der amerikanischen Gesellschaft ablehnte und ihr einen »schwarzen Nationalismus« entgegenstellte. Seit Beginn der 1970er-Jahre hat die Bürgerrechtsbewegung an Einheitlichkeit und Vitalität verloren.

BÜRGERRECHTSBEWEGUNGEN IM KOMMUNISTISCHEN EUROPA (UM 1975 BIS 1989/90): Die Ursprünge der Bürgerrechtsbewegung in Mittel- und Osteuropa waren in den einzelnen Ländern sehr vielfältig; nicht selten entstand sie am Rand der von den Parteiregimen beherrschten Gesellschaft aus kleineren, isolierten Freundeskreisen bzw. Minderheiten- und Intellektuellenzirkeln zunächst auf lokaler Ebene, z. T. unter dem »Dach« der Kirchen, sowie als Komitees und Initiativgruppen, die sich auch als Bürgerinitiativen für die Menschenrechte verstanden. Unter Berufung auf die auch von den Staatsrepräsentanten ihrer Länder unterschriebene KSZE-Schlussakte von Helsinki (1975) forderten sie mit Engagement und Zivilcourage die Beachtung und Auslegung der in den nationalen Verfassungen formell verankerten Menschen- und Bürgerrechte im Sinne der unveräußerlichen Persönlichkeitsrechte des Individuums. Da in der von der marxistisch-leninistischen Ideologie hergeleiteten Staatsdoktrin die Interessen der angeblich herrschenden Arbeiterklasse Vorrang vor den Interessen des Einzelnen besaßen, wurden die Bürgerrechts-

BÜRGERRECHTSBEWEGUNG | ***Auftreten Martin Luther Kings***

Der Theologe Martin Luther King gehörte in seiner Heimatstadt Atlanta der kleinen schwarzen Mittelschicht an und wurde dort sowie später in Montgomery (Ala.), wo er als Pastor tätig war, ständig mit der Rassendiskriminierung konfrontiert. Diese bitteren Erfahrungen mündeten 1955 in den Aufruf zu einem Busboykott in Montgomery. Anlass war die Verhaftung der Schwarzen Rosa Parks. Sie hatte sich geweigert, im Bus ihren Sitzplatz einem Weißen abzutreten. Der Boykott erwies sich als überaus wirksam: Ein Jahr später erklärte der oberste Gerichtshof die Rassentrennung in Bussen für verfassungswidrig.

Auch für die 1957 gegründete landesweite Bürgerrechtsorganisation »Southern Christian Leadership Conference« (SCLC) wurde King zum Sprachrohr. Am 28. 8. 1963 hielt King zum Abschluss des berühmten »Marsch auf Washington« (Foto) dort seine denkwürdige Rede »I have a dream«, in der er seine Vision eines Amerika ohne Rassendiskriminierung entwarf.

King ließ sich auch durch Bombenanschläge und Verhaftungen nicht von seinem festen Vertrauen in das Prinzip der Gewaltlosigkeit abbringen. Hasserfüllten Rassisten setzte er gewaltlosen Widerstand der Massen entgegen. Was die Schwarzen aus ihrer Lethargie erweckte und ihnen Selbstbewusstsein und Würde wiedergab, sprach zugleich das Gewissen der liberalen Weißen an. So trugen er und die von ihm initiierten Aktionen maßgeblich zur Verabschiedung von Gesetzen wie des Civil Rights Acts (1964) und des Voting Rights Acts (1965) bei, die alle Benachteiligungen von Schwarzen in Politik, Wirtschaft und öffentlichem Leben verboten. 1964 wurde Kings unermüdlicher Einsatz für die Gleichberechtigung mit dem Friedensnobelpreis belohnt. Doch vier Jahre später, am 4. 4. 1968, fiel er in Memphis (Tenn.) einem Attentat zum Opfer.

bewegungen von den sich in ihrer Souveränität bedroht fühlenden diktatorischen Regimen scharf bekämpft und nicht selten in den konspirativen Untergrund bzw. in die Illegalität gedrängt, wo sie im jeweiligen Land zunehmend netzwerkartig miteinander verbunden agierten und Öffentlichkeit häufig nur in der Zusammenarbeit mit westlichen Medien erreichten (»Dissidenten«).

Im Widerstand gegen das staatlich verordnete Denken entstanden v.a. ab den 1980er-Jahren, z.T. beeinflusst vom Vorbild westlicher Alternativkultur, häufig verschiedene unabhängige (autonome) Friedens-, Frauen-, Ökologie- und Dritte-Welt-Basisgruppen, die in ihrer thematischen Ausrichtung und Profilierung das Protestpotenzial und die Oppositionskultur verbreiterten. Ihre Vorstellungen richteten sich häufig noch auf Utopien einer umfassenden Demokratisierung und Reformierung des sozialistischen Gesellschaftsmodells – bei Vernachlässigung ökonomischer Aspekte – und nicht auf dessen Überwindung (außer, in Ansätzen, in Polen und Ungarn), besonders unter dem Auftrieb der von Michail Gorbatschow in der UdSSR eingeleiteten Politik von »Glasnost« und »Perestroika«.

Mit der zunehmenden Systemkrise des Sozialismus (ab 1985/86) und im Zuge der Agonie bzw. Erosion der Staatsmacht in Mittel- und Osteuropa sowie von deren Akzeptanzkrise im Herbst 1989 wurden die v.a. politische Reformen und freie Wahlen fordernden Bürgerbewegungen zum Kristallisationskern der Demokratiebewegungen, die 1989/90 an der Spitze der landesweiten Massenbewegungen den Sturz der kommunistischen Regime herbeiführten, z.B. die Gruppe →Charta 77 und das aus ihr hervorgegangene Bürgerforum in der Tschechoslowakei, die »Initiative Frieden und Menschenrechte« (ab 1985/86; Bündnis 90) und u.a. Neues Forum in der DDR, das später im Zusammenhang mit der Solidarność agierende »Komitee zur Verteidigung der Arbeiter« in Polen. Nach den politischen Umbrüchen 1989/91, als in den meisten Ländern die Bürger- und Menschenrechte hergestellt waren, verloren die Bürgerrechtsbewegungen, inzwischen in Parteien, Vereinigungen oder Vereinen »institutionalisiert«, ihre Rolle als integrative Gegenkraft zu den ehemalig herrschenden Kommunistischen Partei und damit Mobilisierungskraft sowie Einfluss (schwindendes Wählerpotenzial).

BÜRGERRECHTSBEWEGUNGEN IN SÜDAFRIKA: In der Republik Südafrika entstand die Bürgerrechtsbewegung gegen die weiße, besonders von den Buren getragene Minderheitsherrschaft, die sich v.a. auf die Doktrin der → Apartheid und ihre gesetzliche Verankerung in der Verfassung stützte. Im Kampf gegen die Apartheidgesetzgebung entwickelte sich seit 1961 der African National Congress (ANC), eine der ältesten schwarzafrikanischen Organisationen, von einer um die friedliche Durchsetzung der Bürgerrechte für die schwarze Mehrheitsbevölkerung bemühten Bewegung (v.a. unter Albert Luthuli) zu einer militanten Aufstandsbewegung (unter Oliver Tambo und Nelson Mandela). Neben dem ANC trat der von ihm abgespaltene »Pan-African Congress« (PAC) für eine Lösung der Bürgerrechtsfrage ein. Im Konflikt v.a. mit dem ANC bemühte sich die Zulu-Organisation »Inkatha Yenkululeko Yesizwe« (National kulturelle Befreiungsbewegung) um einen friedlichen Weg zum Abbau des Apartheidsystems und seiner Rassenschranken.

Staatspräsident Willem de Klerk leitete schließlich angesichts der wachsenden internationalen Isolierung Südafrikas und der eskalierenden Rassenunruhen allmählich Schritte zur Demokratisierung und zur Durchsetzung der Rechte der Schwarzen und Farbigen ein. So wurden u.a. 1990 der 1989 verhängte Ausnahmezustand, der die Ausübung von Bürgerrechten nahezu verhinderte, sowie 1991 das Erfassungsgesetz als eines der entscheidendsten Apartheidgesetze aufgehoben. Gleichzeitig begann 1992 nach Wiederzulassung des ANC (1990) dessen nach 28 Jahren Haft 1990 freigelassener Führer Nelson Mandela offizielle Gespräche mit der Regierung über Wege zum Abbau des Rassenkonflikts, eine neue Verfassung und eine Übergangsregierung unter Beteiligung schwarzer Politiker, die schließlich 1994 bei den ersten demokratischen Wahlen in Südafrika zu einem Sieg des ANC führten.

Bürgertum, Gesellschaftsschicht, die heute von anderen sozialen Schichten nur schwer abzugrenzen ist.

GESCHICHTE: Bereits in der Antike und im Mittelalter. war das Bürgertum als eine in sich differenzierte soziale Gruppe die führende politische Kraft der städtischen Gesellschaft. In der ständisch gegliederten Gesellschaft seit dem ausgehenden Mittelalter und der beginnenden Neuzeit war das Bürgertum gesellschaftlich klar vom → Adel und Klerus sowie von den Bauern zu unterscheiden. Von der Zeit des Absolutismus an gewannen die Prinzipien der bürgerlichen Welt- und Lebensauffassung allgemeine Resonanz und entwickelten sich zur Grundlage der Gesellschafts- und Staatsordnung.

Der Absolutismus stützte sich v.a. auf das Bürgertum als Gegengewicht zu den feudalen Schichten und förderte im Rahmen der merkantilistischen Wirtschaftspolitik die bürgerliche Wirtschaft, zumal der Adel kein Gewerbe betreiben durfte. Auch die Beamten in Verwaltung und Rechtspflege waren zumeist Bürgerliche. Der Widerspruch zwischen wachsender wirtschaftlicher und kultureller Bedeutung einerseits und politischer Ohnmacht andererseits, hier v.a. in Frankreich (→ dritter Stand), führte 1789 zur → Französischen Revolution. Sie markiert den Beginn des »bürgerlichen Zeitalters«, den Übergang vom Feudalismus zum Kapitalismus, von der Agrargesellschaft zur Industriegesellschaft (→ industrielle Revolution).

Im Gegensatz zur fest gefügten ständischen Gesellschaftsordnung sah sich das Bürgertum als »persönlicher Stand«, dessen soziale Position nicht durch geburtliche Vorrechte (wie beim Adel) oder durch berufsständische Einordnung (wie beim Handwerker), sondern durch die eigene Leistung bestimmt ist. Hinzu kam noch eine zweite, für das bürgerliche Selbstbewusstsein bedeutsame Entwicklung: Die absolutistische Staatstheorie unterschied zwischen »Stadtbürger« (oder »Wirtschaftsbürger«; »bourgeois«) und »Staatsbürger« (»citoyen«). Seit der Französischen Revolution von 1789 wurde die Bezeichnung »citoyen« (im Sinne von »Bürger«) allen freien, in ihrem Miteinander gleichen Menschen zuerkannt; der »citoyen« war der neue Souverän. Die Anrede »Bürger« war bis weit in das 19. Jh. hinein in allen revolutionär oder republikanisch orientierten Gruppierungen eine Ehrenbezeichnung. Der Stadt- oder Wirtschaftsbürger wurde als »bourgeois« Träger der industriekapitalistischen Entwicklung (→ Bourgeoisie).

Burgund, französisch **Bourgogne** [bur'gɔɲ], historische Landschaft und Region in Frankreich, gelegen zwischen der Saône und der oberen Loire.

KÖNIGREICH BURGUND: 443 wurden die Reste der von den Hunnen geschlagenen ostgermanischen Burgunder in Savoyen (Sapaudia) als Verbündete des Römischen Reiches angesiedelt; 461 wurde Lyon zum Königssitz erhoben. Nachdem es 532/534 zum fränkischen Teilreich geworden war, fiel Burgund 843 mit Ausnahme der zum Westreich geschlagenen Gebiete des späteren Herzogtums Burgund an das Mittelreich Kaiser Lothars I. 855 gelangte es als eigenes Teilreich unter der Bezeichnung Königreich Provence an seinen Sohn Karl. Graf Boso von Vienne begründete 879 das Königreich Niederburgund oder Arelat an der Rhône. In der heutigen Westschweiz und Franche-Comté errichtete 888 der Welfe Rudolf I. das Königreich Hochburgund, das 934 mit Niederburgund zum Königreich Arelat – benannt nach der Hauptstadt Arles – vereinigt wurde. Dieses Königreich wiederum fiel 1032/33 an das Heilige Römische Reich. Der Hauptteil, die Provence und die Dauphiné, kam im späteren Mittelalter an Frankreich; nach der Verselbstständigung der schweizerischen Eidgenossenschaft 1648 und dem Verlust auch des nördlichen Teils, der Freigrafschaft Burgund (Franche-Comté) und der Reichsstadt Besançon an Frankreich (1678) verblieben als Teile des alten Burgund nur Savoyen, die württembergische Grafschaft Mömpelgard und das Bistum Basel bis Ende des 18. Jh. im Reichsverband.

HERZOGTUM BURGUND: Der östliche Teil des fränkischen Teilreiches Burgund, der 843 an Karl den Kahlen gefallen war, wurde noch bis ins 11. Jh. als »Regnum Burgundiae« bezeichnet, blieb also Teilreich des Westfränkischen Reiches. Der Herzogstitel, den sich als Erster der Bruder Bosos von Niederburgund, Graf Richard von Autun, zulegte, bezog sich anfangs nur auf die herzogliche Funktion, nicht auf das Territorium, das erst im 11. Jh. die Bezeichnung »Herzogtum Burgund« erhielt. Seine Bedeutung im Hochmittelalter lag v. a. in den von seinem Gebiet ausgehenden großen Reformbewegungen des Mönchtums – sie waren mit den Klöstern von Cluny und Cîteaux verbunden – und der weit reichenden Wirkung der burgundischen Kunst des 11. und 12. Jahrhunderts.

BURGUND. ***Ein vielseitiger Herzog***

Herzog Philipp der Gute von Burgund liefert ein schlagendes Beispiel für jene Verbindung von Frömmigkeit und weltlichem Luxusbedürfnis, die den »Herbst des Mittelalters« (Johan Huizinga) in Burgund charakterisiert. Vier Tage in der Woche (und außerdem an allen Vigilien Unserer Lieben Frau und der Apostel) fastete er bei Wasser und Brot. Manchmal hatte er um vier Uhr nachmittags noch keinen Bissen zu sich genommen. Heimlich ließ er für verstorbene Höflinge Seelenmessen lesen, freilich in rangmäßiger Staffelung: für einen Baron 400 oder 500, für einen Ritter 300, für einen Edelmann 200. Derselbe Philipp aber veranstaltete verschwenderische Feste, zeugte zahlreiche uneheliche Kinder und legte eine politische Skrupellosigkeit sondergleichen an den Tag!

956–1361 befand sich Burgund in der Hand zweier kapetingischer Seitenlinien, 1363 gelangte es an die Herzöge aus dem Haus Valois, eine dritte kapetingische Seitenlinie, die auch als das Haus Burgund bezeichnet wird: Philipp II., der Kühne, Johann ohne Furcht und Philipp III., der Gute, erwarben 1384 Flandern, Artois und die Franche-Comté, 1390 das Charollais, 1419 Boulogne, 1428 Namur, 1430 Brabant und Limburg, 1433 Hennegau, Holland, Seeland, 1435 Mâcon, Auxerre, einen Teil der Picardie, 1443 Luxemburg. So entstand ein mächtiges deutsch-französisches Zwischenreich, dessen südlicher Teil die Bourgogne mit der Hauptstadt Dijon und dessen nördlicher Teil die Niederlande waren. Am Hofe der Herzöge von Burgund erlebte die französische Ritterkultur eine Spätblüte. Der Versuch Karls des Kühnen, ein geschlossenes Königreich Burgund zu schaffen, scheiterte im Burgunderkrieg gegen die Schweizer Eidgenossen durch die Niederlagen bei Grandson (1476), Murten (1476) und Nancy (1477). Burgund kam schließlich über Karls mit Maximilian I. verheiratete Erbtochter Maria größtenteils an die Habsburger, Frankreich erhielt 1482 das Herzogtum Burgund, Boulogne und die Picardie.

Burgunder, ostgermanischer Volksstamm, der im 1. und 2. Jh. n. Chr. zwischen Oder und Warthe, vom 2.–4. Jh. v. a. in der Lausitz und im östlichen Brandenburg bezeugt ist. Im 4. Jh. zog der größte Teil der Burgunder nach Mainfranken, wo es zu Kämpfen mit den Alemannen kam. 406/407 überschritten Stammesteile den Rhein und wurden als römische Föderaten zwischen Mainz und Worms angesiedelt. Als die Burgunder unter Gundahar nach Westen ausgriffen, wurden sie 436 vom weströmischen Feldherrn Aetius und verbündeten Hunnen geschlagen – dies macht den historischen Kern der Nibelungensage aus – und ins Rhônegebiet umgesiedelt.

Burgunderkriege, Bezeichnung für die Feldzüge von 1476/77, in deren Verlauf die schweizerische Eidgenossenschaft am 2. 3. 1476 bei Grandson, am 22. 6. 1476 bei Murten und am 5. 1. 1477 bei Nancy im Bund mit Herzog René II. von Lothringen über den burgundischen Herzog Karl den Kühnen siegte; Letzterer fiel bei der Belagerung von Nancy. Danach entbrannte zwischen Habsburg und Frankreich der Kampf um das burgundische Erbe.

Ursache der Burgunderkriege war einerseits die expansiv auf das Elsass gerichtete Politik der Eidgenossen, gegen die sich Herzog Sigismund von Tirol die militärische Hilfe des burgundischen Herzogs sichern wollte, indem er ihm die habsburgischen Besitzungen am Oberrhein verpfändete. Zum anderen erstrebte Karl der Kühne den Besitz von Elsass und Lothringen als territoriale Verbindung zwischen seinen burgundischen und niederländisch-luxemburgischen Besitzungen. König Ludwig XI. von Frankreich, dem ebenso wie dem Kaiser an einer Schwächung beider Parteien gelegen war, stellte nach vermittelter Aussöhnung zwischen Habsburg und den Eidgenossen diese in den Dienst seiner Politik gegen Karl den Kühnen.

Burke [bəːk], Edmund, britischer Politiker und Publizist, *Dublin 12. 1. 1729, †Beaconsfield (bei London) 9. 7. 1797; war von 1765 bis 1794 Mitglied des Unterhauses; betätigte sich zunächst als Privatsekretär von Lord Rockingham, dem Führer einer Gruppe von Whigpolitikern, die König Georg III. wegen dessen weiter Auslegung der Kompetenzen der Krone kritisierten. Als publizistisches

Sprachrohr der oppositionellen Whigs nahm Burke auch gegen die unnachgiebige Haltung der britischen Politik in der Auseinandersetzung mit den amerikanischen Kolonien Stellung. Nach der Regierungsübernahme durch die Whigs 1782 gehörte Burke der Regierung an.

Sein publizistisches Renomee wurde gesteigert, als er mit seiner Schrift »Betrachtungen über die Französische Revolution« die Ziele der Französischen Revolution scharf verurteilte und damit dem europäischen Konservativismus eine seiner Grundlagenschriften lieferte. Als Anhänger einer hierarchisch gegliederten Gesellschaft und eines organischen Ganzheitsdenkens wandte er sich gegen die Aufklärung und die Abschaffung historisch gewachsener Institutionen. Burke war jedoch kein Reaktionär, sondern ein Kritiker auch des französischen Adels, der den Reformgedanken und das notwendige Gleichgewicht zwischen »Erhaltungs- und Verbesserungsprinzip« außer Acht gelassen habe.

Burschenschaft, erstmals 1791 verwendete Bezeichnung für die Gesamtheit der Studenten einer Universität. Die Bezeichnung übertrug sich nach 1815 auf eine auf die nationale Einigung Deutschlands und politische Reformen, insbesondere die Herstellung der bürgerlichen Freiheiten abzielende studentische Bewegung, die sich in den an verschiedenen Hochschulorten entstehenden einzelnen »Burschenschaften« manifestierte.

Unter Aufnahme früherer Reformbestrebungen, besonders aber unter dem Eindruck der →Befreiungskriege, formten am 12. 6. 1815 u.a. ehemalige Angehörige der Freiwilligenverbände, besonders des Lützowschen Freikorps, die Landsmannschaften der Universität Jena zur Jenaischen Burschenschaft um. Die an den Universitäten sich rasch ausbreitende Bewegung forderte über die Reform des studentischen Lebens hinaus unter scharfer Bekämpfung der »deutschen Kleinstaaterei« die staatliche Einigung Deutschlands. Höhepunkt wurde das →Wartburgfest am 18. 10. 1817, zu dem die Jenaische Burschenschaft eingeladen hatte. Die »Grundsätze und Beschlüsse des 18. Oktober« forderten staatliche, wirtschaftliche und kirchliche Einheit, einheitliches Recht, verfassungsmäßige Erbmonarchie, Rede- und Pressefreiheit, Gleichheit vor dem Gesetz, allgemeine Wehrpflicht u.a. Die Burschentage zu Jena schufen 1818 die Grundlagen der Allgemeinen Deutschen Burschenschaft.

Die wachsende politische Radikalisierung eines Teils der Burschenschaften sowie die Ermordung August von Kotzebues am 23. 3. 1819 verschärften das Misstrauen der deutschen Einzelstaaten gegen die Burschenschaften und führten auf Initiative des Fürsten von Metternich zu den Karlsbader Beschlüssen, die am 20. 9. 1819 angenommen ein Verbot der Burschenschaften und eine Verfolgung ihrer Mitglieder auslösten. Trotzdem bestanden viele Burschenschaften insgeheim fort. Ihre Ziele wirkten, wie etwa beim →Hambacher Fest 1832, an dem das burschenschaftliche Schwarz-Rot-Gold zum ersten Mal als Volksfahne gefeiert wurde, über den eigenen Rahmen hinaus.

Nach 1840 näherten sich viele Burschenschaften den unpolitischen Corps, andere entwickelten sich zu politisch radikalen »Progressverbindungen«, die weit gehende Reformen im Studenten- und Universitätsleben forderten. An den Revolutionskämpfen von 1848/49 nahmen viele Burschenschafter teil; etwa 150 Mitglieder der Frankfurter Nationalversammlung waren Burschenschafter.

Mit der Bildung des Deutschen Reiches 1871 machten die progressiven Kräfte in den Burschenschaften konservativen Vorstellungen und studentischem Brauchtum Platz.

Bush [bʊʃ],

1. George H[erbert] W[alker], 41. Präsident der USA (1989–93), *Milton (Mass.) 12. 6. 1924; wurde im Zweiten Weltkrieg 1942 der jüngste Marineflieger der US-Navy; schloss sich nach Kriegsende den Republikanern an; war Botschafter bei den UN 1971/72, Leiter des Verbindungsbüros der USA in Peking 1974/75 und der Central Intelligence 1976/77 sowie unter Ronald Reagan 1981–89 Vizepräsident der USA; gewann 1988 die Präsidentschaftswahlen.

Bush führte die unter Reagan eingeleitete Annäherung an die Sowjetunion weiter, unterstützte die Wiedervereinigung Deutschlands (1990) und befürwortete die nach dem Zusammenbruch des kommunistischen Systems in Mittel- und Osteuropa eingeleiteten Reformen; er setzte sich für eine »neue Weltordnung« nach dem Ende des Ost-West-Konflikts ein und vereinbarte weitere Abrüstungsschritte wie u.a. die Unterzeichnung des START-I-Vertrages 1991 und des START-II-

Edmund Burke

George H. W. Bush

George W. Bush (Mitte) wenige Tage nach dem Terroranschlag vom 11. 9. 2001 mit Bürgermeister Rudolph Giuliani (links) und Rettungskräften am zerstörten World Trade Center in New York

Byzantinisches Reich zur Zeit Justinians I., des Großen (um 565)

Vertrages 1993. Nach dem irakischen Überfall auf Kuwait im August 1990 formierte Bush eine internationale Koalition, die unter Führung der USA eine alliierte Streitmacht die irakischen Truppen im 2. →Golfkrieg 1991 zur Räumung des kuwaitischen Territoriums zwang. Innenpolitisch geriet er wegen der anhaltend rezessiven Wirtschaftslage und der wachsenden sozialen Spannungen zunehmend unter Druck, sodass er bei den Präsidentschaftswahlen 1992 Bill Clinton unterlag.

2. George W[alker], 43. Präsident der USA (seit 2001), *New Haven (Connecticut) 6. 7. 1946; Sohn von George Herbert Walker Bush; war 1975–86 Unternehmer in der Ölindustrie; wurde 1995 Gouverneur von Texas. Bei den Präsidentschaftswahlen 2000 als Kandidat der Republikanischen Partei angetreten, konnte Bush sich nach einem knappen Wahlergebnis und dem nachfolgenden juristischen Streit, den der Oberste Gerichtshof in Washington (D. C.) zu seinen Gunsten entschied, gegen Al Gore durchsetzen. Den Terroranschlag vom 11. 9. 2001 beantworteten die USA unter Bushs Führung mit internationalen Militäroperationen (Niederwerfung des Taliban-Regimes in Afghanistan) und sicherheitspolitischen Maßnahmen (u. a. »Patriot Act«), die zu einer Neuordnung der amerikanischen Politik führten: Die »Bush-Doktrin« sieht einen Strategiewechsel von der defensiven Abschreckung zu einem mit der neuen Bedrohungslage begründeten Konzept militärischer Präventivschläge vor. In deren Konsequenz führten die USA 2003 den →Irakkrieg. Innenpolitisch verfolgte Bush einen strikt konservativen Kurs. Die Präsidentschaftswahlen 2004 entschied er gegen John Kerry mit deutlichem Vorsprung für sich.

Byzantinisches Reich, Kurzbezeichnung **Byzanz,** abendländische Bezeichnung für das Oströmische Reich.

SPÄTANTIKE-FRÜHMITTELALTERLICHE ZEIT (330/395–610): Das Byzantinische Reich entstand nach der Einweihung der griechischen Stadt Byzanz als neue römische Hauptstadt Konstantinopel durch Konstantin I., den Großen, im Jahr 330 bei der endgültigen Teilung des Römischen Reiches von 395. Das in seinen Anfängen den Balkan bis zur Donau, Kleinasien, Syrien, Ägypten und Libyen umfassende Byzantinische Reich wurde vorübergehend von Justinian I., dem Großen, nach Westen ausgedehnt: So wurde das von den Vandalen beherrschte Nordafrika 533/534 erobert und die Ostgoten in Italien durch die Feldherren Belisar und Narses 535–555 vernichtend geschlagen.

MITTELBYZANTINISCHE ZEIT (610–1204): In der durch die Einfälle von Awaren und Slawen hervorgerufenen schweren Krise rettete Kaiser Herakleios zwischen 610 und 641 das Byzantinische Reich durch Verwaltungs- und Heeresreformen. Die Provinzen im Osten gingen Anfang des 7. Jh. an das Sassanidenreich, nach vorübergehender Rückeroberung ab 636 an die Araber verloren, die sogar 674–678 und 717/718 Konstantinopel belagerten. Wechselvolle Auseinandersetzungen mit den Arabern und dem Bulgarenreich begleiteten für Jahrhunderte die byzantinische Geschichte. In der zweiten Hälfte des 11. Jh. konnten die Seldschuken mit dem Sieg Alp Arslans 1071 bei Mantzikert Kleinasien erobern. Die Petschenegen, die 1090/91 Konstantinopel belagerten, konnten bis 1122 niedergeworfen werden. Die Niederlage von

Myriokephalon 1176 gegen die Rumseldschuken setzte der Großmachtstellung des Byzantinischen Reiches ein Ende.

Entscheidend für sein Verhältnis zum Abendland war die zunehmende Entfremdung von der römischen Kirche, die sich v.a. im Streit um den päpstlichen Primat gegenüber dem Patriarchen von Konstantinopel und im 8./9. Jh. im →Bilderstreit, dem so genannten Ikonoklasmus, zeigte und 1054 in das Morgenländische Schisma mündete. Die Kaiserkrönung Karls des Großen (800) bedeutete für das sich als einzigen legitimen Erben des antiken Römischen Reiches betrachtende Byzantinische Reich eine ungeheure Herausforderung. Die →Kreuzzüge, obgleich ursprünglich durch Hilferufe des byzantinischen Kaisers gegen die Seldschuken initiiert, schufen neue Konflikte; schließlich waren es die Kreuzfahrer, die auf dem Weg zum 4. Kreuzzug am 17. 7. 1203 und 13. 4. 1204 erstmals Konstantinopel eroberten; damit endete bis 1259/61 die Geschichte des byzantinischen Kaiserreiches.

SPÄTBYZANTINISCHE ZEIT (1204–1453): Das Byzantinische Reich wurde unter die Venezianer und die übrigen Kreuzfahrer aufgeteilt, wodurch das →Lateinische Kaiserreich von Konstantinopel, das Königreich von Thessalonike sowie das Herzogtum Athen und das Fürstentum Achaia entstanden. Eigenständige griechische Reiche bildeten sich um Trapezunt, Nizäa und in Epirus. Nachdem Johannes III. Dukas Batatzes, Kaiser von Nizäa, 1222–54 den größten Teil der lateinischen Besitzungen in Kleinasien sowie Thrakien und Makedonien erobert hatte, gelang Michael VIII. Palaiologos zwischen 1259 und 1282 neben der Rückeroberung großer westgriechischer Landstriche am 25. 7. 1261 die Wiedereroberung Konstantinopels, doch wurde das Byzantinische Reich unter seinen Nachfolgern unbedeutend.

Die →Osmanen, die um 1300 die byzantinischen Besitzungen in Kleinasien besetzten, griffen ab 1354 auf das europäische Festland über; im Nordwesten drangen die Serben, in Thrakien die Bulgaren weiter nach Süden vor. Mit der Eroberung des 1394–1402 und 1422 belagerten Konstantinopel durch die Osmanen am 29. 5. 1453 ging das Byzantinische Reich unter.

BYZANTINISCHES REICH

Gründung Konstantinopels

Als Kaiser Konstantin I., der Große, im Jahr 324 n. Chr. in der Nähe von Adrianopel, dem heutigen Edirne, seinen letzten Gegner, den Mitkaiser Licinius, besiegt hatte, stand das Römische Reich nach langen Jahrzehnten der Unruhe und Kriege wieder unter der Führung eines einzigen Kaisers. Konstantin war im Osten des Reiches, in Naissus geboren, blieb aber auch während der langen Jahre, die er in Britannien, Germanien und Italien verbrachte, dem Land seiner Geburt verbunden, sodass er nach dem Sieg über Licinius auch den Wunsch verwirklichte, nach antiker Tradition in dieser Region eine nach ihm benannte Stadt zu gründen.

Die Wahl fiel schließlich noch im selben Jahr auf das schon im 7. Jh. v. Chr. von griechischen Kolonisten besiedelte Byzantion am Bosporus. Als Konstantin die Stadt übernahm, war sie stark zerstört, sodass durchaus von einer »Gründung« zu sprechen ist. Am 11. 5. 330 wurde die Stadt feierlich als »Neues Rom« zur neuen Reichshauptstadt Konstantinopel erhoben. An diesen Akt erinnert ein Mosaik im Vestibül der Hagia Sophia: Vor der Gottesmutter erscheint rechts Konstantin mit einem Modell »seiner« Hauptstadt.

Bis zum Tode Konstantins im Jahr 337 konnte nur ein geringer Teil des Bauprogramms vollendet werden; so war die Stadt noch weitgehend eine Baustelle, und die Nachfolger, besonders sein Sohn Constantius II., setzten das Werk fort. In den beiden folgenden Jahrhunderten wuchs Konstantinopel zu einer Großstadt an, die im 5. Jh. Rom schon überflügelte. So wurde unter Kaiser Theodosius II. im 5. Jh. in zwei Bauabschnitten ein äußerer und innerer Landmauerring fertig gestellt, der nicht nur das Areal Konstantinopels erweiterte, sondern die Stadt auch zur mächtigsten Festung Europas machte. Als Metropole des Byzantinischen Reiches hielt sie jeder Eroberung stand, bis die Kreuzfahrer des 4. Kreuzzugs sie 1204 besetzten.

C

Caboto [k-], englisch **Cabot** ['kæbət],

1. Giovanni, englisch John, italienischer Seefahrer, *wahrscheinlich in Genua um 1450, †um 1499; Vater von Sebastiano Caboto; ging 1494/95 nach England, wo er 1496 von Heinrich VII. ein Patent für die Suche eines Westweges nach Ostasien erhielt. Caboto stieß am 24. 6. 1497 auf die von Leif Eriksson entdeckte Ostküste Nordamerikas (wahrscheinlich Neufundland) und gilt als deren Wiederentdecker.

2. Sebastian, italienischer Seefahrer, *wahrscheinlich in Venedig spätestens 1484, †London 1557; Sohn von Giovanni Caboto; stand abwechselnd in englischen und spanischen Diensten und nahm 1497 an der Fahrt seines Vaters teil. Im Auftrag Karls V. segelte Caboto 1526 südwestwärts nach den Molukken ab, kam aber nicht über die Ostküste Südamerikas hinaus, wo er als Erster den Paraná und den Paraguay befuhr. Er schuf eine Weltkarte in vier Blättern, das »Planiglobium« (1544). 1548 endgültig nach England zurückgekehrt, gelangte er an die Spitze der einflussreichen Kaufmannsgilde »Merchant Adventurers«.

CAESAR
***100 v. Chr.**
†44 v. Chr.

- gehörte dem ersten Triumvirat an
- unterwarf zwischen 58 und 51 v. Chr. das freie Gallien
- nutzte seine militärischen Erfolge zur Errichtung der Alleinherrschaft in Rom
- wurde Opfer einer Verschwörung
- erlangte auch als Schriftsteller Weltruhm

Caesar, seit Augustus (dem Adoptivsohn Gaius Iulius Caesars) der Beiname, seit Claudius fester Titelbestandteil der römischen Kaiser, seit Galba auch Bezeichnung der designierten Nachfolger; in der Tetrarchie Diokletians Titel der als Nachfolger der ranghöheren Kaiser (Titel »Augustus«) bestimmten Unterkaiser. In Byzanz wurde die entsprechende griechische Form »Kaisar« seit dem 7. Jh. durch den Titel Basileios ersetzt. Wort und Begriff »Caesar« leben in den Herrschertiteln »Kaiser« und »Zar« fort.

Caesar, Gaius Iulius, **Cäsar,** Gajus Julius, römischer Feldherr und Staatsmann, aus dem patrizischen Geschlecht der Julier (Gens Iulia), *Rom 13. 7. 100 v. Chr., †(ermordet) ebenda 15. 3. 44 v. Chr.; Sohn des Gaius Iulius Caesar, der einen neuen Aufschwung seines Hauses einleitete, und der Aurelia aus dem bedeutenden plebejischen Geschlecht der Aurelier. Caesar heiratete 84 v. Chr. Cornelia, die Tochter von Lucius Cornelius Cinna; in zweiter Ehe war er mit Pompeia (Trennung 62 v. Chr.), in dritter Ehe (seit 59 v. Chr.) mit Calpurnia verheiratet. Mit der ägyptischen Königin Kleopatra hatte er den Sohn Kaisarion, seinen Großneffen Gaius Octavius (→Augustus) adoptierte er und setzte ihn zum Erben ein.

POLITISCHE LAUFBAHN: Caesars politischer Aufstieg begann 68 v. Chr. mit seiner Ernennung zum Quästor, 65 wurde er Ädil und 63 vom Volk zum Pontifex maximus gewählt. 62 war Caesar Prätor und ging 61 als Proprätor nach Spanien. Nach seiner Rückkehr nach Rom bewarb er sich für 59 um das Konsulat, das er auch erhielt. Ende 60 oder Anfang 59 v. Chr. schloss er mit Marcus Licinius Crassus und Gnaeus Pompeius ein politisches Bündnis, das »erste Triumvirat«, das durch die Hochzeit seiner Tochter Iulia mit Pompeius bekräftigt wurde. Dadurch gelang es ihm, seinen Mitkonsul Bibulus und den Senat auszuschalten und die Pläne des Triumvirats umzusetzen, wobei er auch vor der Anwendung von Gewalt nicht zurückschreckte. Er selbst erhielt für mehrere Jahre die Statthalterschaft in Oberitalien (Gallia Cisalpina), Dalmatien (Illyricum) und Südfrankreich (Gallia Narbonensis).

MILITÄRISCHE ERFOLGE: In den Jahren 58–51 v. Chr. unterwarf Caesar das freie Gallien zwischen Rhein und Pyrenäen: 58 besiegte er die Helvetier und die Sueben unter Ariovist, 57 die Belgen. Die folgenden Jahre dienten v. a. der Sicherung der Eroberungen, u. a. durch zwei Vorstöße über den Rhein (55 und 53 v. Chr.) sowie zwei Überfahrten nach Britannien (55 und 54 v. Chr.). Als die Gallier sich noch einmal unter Führung des Vercingetorix erhoben (52 v. Chr.), gelang es Caesar, unter schweren Kämpfen den Aufstand niederzuwerfen und Gallien endgültig zu befrieden. Damit war der Rhein zur Grenze gegenüber Germanien geworden.

Caesar war durch seine beutereichen Siege und sein auf zehn Legionen angewachsenes Heer zum mächtigsten Mann im Römischen Reich geworden. 56 v. Chr. war das Triumvirat zwar noch einmal erneuert worden, doch nach dem Tod des Crassus 53 stand Caesar Pompeius allein gegenüber, dem der Senat 49 v. Chr. diktatorische Vollmachten übertrug. Caesar hingegen hätte vor seiner erneuten Wahl zum Konsul für das Jahr 48 sein Heer und seine Provinzen abgeben sollen. Um sich nicht wehrlos seinen Gegnern stellen zu müssen, eröffnete er am 10. 1. 49 v. Chr. mit dem Übergang über den Rubikon den Bürgerkrieg. Er vertrieb Pompeius aus Italien und besiegte ihn nach der Eroberung Spaniens am 9. 8. 48 v. Chr. bei Pharsalos in Thessalien. Auf der Flucht nach Ägypten wurde Pompeius noch vor der Ankunft Caesars ermordet. Caesar griff dann in Alexandria in den ägyptischen Thronstreit zugunsten der Königin Kleopatra ein. Seine Siege in Kleinasien (47 v. Chr.), in Nordafrika (46) und in Spanien (45) festigten seine Macht im Osten und sicherten seine Alleinherrschaft in Rom.

ERRUNGENSCHAFTEN: Mit seinen diktatorischen Vollmachten entfaltete Caesar eine umfassende gesetzgeberische Tätigkeit u. a. durch Reformen bei der Verwaltung der Provinzen und im Strafrecht, die Einführung des julianischen Kalenders sowie seine Kolonisations- und Bürgerrechtspolitik (Ansiedlung von Veteranen und Proletariern in Italien und den Provinzen, Verleihung des römischen Bürgerrechts in Oberitalien und zahlreichen Provinzstädten). Im Februar 44 v. Chr. wurde er zum Imperator und Diktator auf Lebenszeit ernannt. Doch seine Machtfülle führte zu einer Verschwörung von etwa 60 Männern unter Führung von Marcus Iunius Brutus und Gaius Cassius. Von ihnen wurde Caesar an den Iden des März 44 v. Chr. im Saal des Pompeiustheaters ermordet.

Auch als Schriftsteller hat Caesar Weltruhm erlangt. Bedeutend sind v. a. seine Werke über den Gallischen Krieg (»De bello Gallico«) und den Bürgerkrieg gegen Pompeius (»De bello civili«).

Cajetan, Thomas, italienisch **Gaietano,** eigentlich Jacobus de Vio, italienischer Kardinal und Theologe, *20. 2 1469, †9. oder 10. 8. 1534; war der bedeutendste katholische Theologe der Reformationszeit. Als Gesandter des Papstes verhandelte Cajetan 1518 beim Reichstag in Augsburg mit Martin Luther.

Caligula [latein. »Soldatenstiefelchen«], eigentlich Gaius Iulius Caesar Germanicus, Kaiser des Römischen Reichs (37–41 n. Chr.), *Antium (heute Anzio) 31. 8. 12 n. Chr., †(ermordet) Rom 24. 1. 41; jüngster Sohn des Germanicus und Agrippinas der Älteren; wurde nach dem Tod des Tiberius zum Kaiser ausgerufen und begann seine mit Jubel begrüßte Regierung maßvoll. Doch bald schlug Caligulas Verhalten in despotische Willkür um und er strebte ein absolutistisches Gottkaisertum an. Sein Feldzug gegen die Germanen im Herbst 39 blieb ohne Erfolg. Im gleichen Jahr schlug er eine Militärrevolte in Mainz nieder; Anfang 41 fiel er einem Anschlag der Prätorianer zum Opfer.

CAESAR. ***Zu Füßen des Pompeius***

Als Caesar im Februar 44 v. Chr. zum Diktator auf Lebenszeit ernannt wurde, war für viele Senatoren das Maß überschritten: Republikanische Gesinnung und antikes Staatsverständnis ließen ihn in ihren Augen als Tyrannen erscheinen. Der Tyrannenmord war damit nicht nur gerechtfertigt, sondern sogar geboten. So nahm die »Verschwörung« ihren Lauf: Nachdem Caesar am 15. 3. 44, den Iden des März, im Sitzungssaal des Pompeiustheaters auf dem Marsfeld Platz genommen hatte, drangen etwa 60 Männer, frühere Anhänger Caesars ebenso wie ehemalige Gegner, auf ihn ein und durchbohrten ihn mit ihren Dolchen. Lautlos sank Caesar zu Füßen der Statue des Pompeius in sich zusammen. Seine angeblichen letzten Worte *»Auch du, mein Sohn Brutus!«* gehören zur Ausschmückung einer späteren Überlieferung.

CAESAR *Unterwerfung Galliens*

»Gallia est omnis divisa in partes tres« (»Gallien in seiner Gesamtheit gliedert sich in drei Teile«): Mit diesem Generationen von Lateinschülern geläufigen Satz beginnt Gaius Iulius Caesar seinen klassisch gewordenen, aus sieben Büchern bestehenden Bericht »De bello Gallico« (»Der Gallische Krieg«), den er 51 v. Chr. veröffentlichte. Caesars Stil wurde stets gerühmt wegen seiner prägnanten Einfachheit und Kürze: *»So bar aller oratorischen Ausschmückung wie ein nackter Körper bar aller Kleidung«,* formulierte Brutus. Hinter der schlichten Form verbirgt sich freilich eine ausgefeilte Komposition, hinter der Tatsachenschilderung tendenziöse Absicht: Ganz Rom sollte wissen, was Caesar und seine Legionen in den Jahren zwischen 58 und 51 v. Chr. mit der Eroberung Galliens vollbracht hatten. Zahlreiche keltische Stämme hatten sie unterworfen, den Rhein und den Ärmelkanal überschritten, den Aufstand des Vercingetorix niedergeschlagen (gallische Krieger auf der Flucht, Ausschnitt aus einem Tempelfries, frühes 2. Jh. v. Chr.; Bologna, Museo Civico).

Mit der nunmehr abgeschlossenen Einverleibung des Landes zwischen Rhein, Alpen, Mittelmeer, Pyrenäen und Atlantik – etliche Gebiete waren schon zuvor römische Provinzen – wurde das Römische Reich beträchtlich erweitert. Für die unterworfenen Gallier war dies allerdings eine Katastrophe kaum vorstellbaren Ausmaßes, denn insgesamt wurde während des Krieges etwa ein Viertel der gallischen Bevölkerung getötet, etwa eine Million Menschen erlitten das Schicksal der Versklavung. Die welthistorische Bedeutung von Caesars Gebietserwerbung kann noch heute jeder erkennen, der den Rhein in Richtung Westen überquert: Das dem Imperium Romanum eingegliederte Gallien wurde so gründlich romanisiert, dass mit dem aus dem Lateinischen hervorgegangenen Französischen noch immer die Römerzeit präsent ist.

Calvin, Johannes, eigentlich Jean Cauvin, französisch-schweizerischer Reformator, *Noyon (Département Oise, Picardie, Frankreich) 10. 7. 1509, †Genf 27. 5. 1564; bekannte sich nach dem Studium der Rechte zur Reformation und musste deshalb 1533 aus Paris fliehen. 1535 ließ sich Calvin zunächst in Basel nieder, wo er sein Hauptwerk, die »Christianae Religionis Institutio« (»Unterricht in der christlichen Religion«) vollendete. Ab 1536 wirkte er als Prediger und kirchlicher Lehrer in Genf, wurde dort aber 1538 wegen allzu großer Sittenstrenge vom Rat der Stadt ausgewiesen. Danach lebte er in Straßburg, wo er die führenden Theologen der deutschen Reformation kennen lernte.

Johannes Calvin

1541 nach Genf zurückgerufen, führte er dort eine strenge Kirchen- und Gemeindezucht ein. Daneben gewann Calvins 1542 entstandener »Genfer Katechismus« für die religiöse Erziehung der Gemeinde große Bedeutung. Der heftige Kampf zwischen Anhängern und Gegnern Calvins in Genf endete erst 1555 nach zahlreichen Verbannungen und Hinrichtungen zugunsten der neuen Lehre, die der Reformator in der »Institutio« aufzeichnete. Darin entwickelte er insbesondere den Gedanken der Prädestination, der auf der Annahme fußt, aus dem Erfolg eines Menschen könne auf seine Erwählung geschlossen werden, was ihn zur rastlosen Tätigkeit treibt.

CALVIN. ***Geregeltes Gemeinwesen***

Genf wurde ab 1541 zum Musterbeispiel kalvinistischer Kultur: Ämter wie Pastoren, Diakone, Älteste und Lehrer wurden demokratisch durch Wahl vergeben; ein aus Ältesten und Pastoren zusammengesetzter Rat war das wichtigste Entscheidungsgremium, das auch Glaubens- und Sittenleben zu überwachen hatte: Zerstreuungen wie Tanz, Theater, Karten- und Würfelspiele waren untersagt, Privatleben und Kindererziehung bis in Details des Alltags hinein reglementiert. Verstöße ahndete man in geringfügigen Fällen durch Ermahnungen, andernfalls erfolgte eine Bestrafung durch die zivilen Behörden der Stadt. Welche Formen diese Kirchenzucht annahm, lässt sich daran ermessen, dass in den ersten fünf Jahren, als diese Kirchenordnung in Kraft trat, 56 Todesurteile und mehr als 70 Verbannungen ausgesprochen wurden.

In der Folgezeit wurde Genf für die reformierte Kirche zum Beispiel eines nach der göttlichen Offenbarung gestalteten Gemeinwesens. Der →Kalvinismus, die von Calvin begründete Richtung des Protestantismus, wirkte an der Durchsetzung der Reformation in ganz Europa mit und beeinflusste wesentlich die wirtschaftliche und soziale Entwicklung in Westeuropa und Nordamerika.

Cambrai [kã'brɛ], **Frieden von,** auch Damenfriede genannt; wurde am 5. 8. 1529 von der Statthalterin der Niederlande, Margarete, der Tante Kaiser Karls V., und von Luise von Savoyen, der Mutter König Franz' I. von Frankreich, unterzeichneter Friedensschluss. Frankreich verzichtete darin auf Mailand, Neapel, Flandern und Artois, Karl V. auf die im Frieden von Madrid 1526 ausbedungene Abtretung des Herzogtums Burgund.

Cambrai [kã'brɛ], **Liga von,** am 10. 12. 1508 zwischen Papst Julius II., Kaiser Maximilian I., Ludwig XII. von Frankreich und Ferdinand II. von Aragón geschlossenes Bündnis. Die Liga hatte zum Ziel, den italienischen Festlandsbesitz der Republik Venedig zu erobern und aufzuteilen.

Campanella, Tommaso, eigentlich Giovanni Domenico Campanella, italienischer Philosoph, *Stilo (Kalabrien) 5. 9. 1568, †Paris 21. 5. 1639; seit 1583 Dominikaner; wurde als Anhänger einer naturalistischen Lehre und auf die Veröffentlichung seiner Schrift »Philosophia sensibus demonstrata« (1589) hin 1591 und 1592 der Ketzerei angeklagt und verhaftet. 1599 wurde Campanella als Initiator eines Aufstandes gegen die spanische Herrschaft in Kalabrien erneut eingekerkert, 1626 nach Rom ausgeliefert und dann freigelassen; 1634 floh er nach Paris. Während seiner Haft entstanden seine Hauptwerke: die Utopie »La città del sole« (1602; »Der Sonnenstaat«) sowie das philosophisch bedeutendste Werk »Metafisica« (1638) und die »Theologia« (1613). Die Philosophie Campanellas begründet sich auf einer doppelten Offenbarung durch die Natur und die Bibel. Der »Sonnenstaat« ist das Programm seiner eigenen politischen Aktivitäten umgesetzt in einem christlich sozialistischen Gemeinwesen, in dem der Vernunft verpflichtete Priester zum Wohlergehen jedes einzelnen Bürgers herrschen und das Privateigentum, als Ursprung allen Übels in der Gesellschaft, abgeschafft ist.

Camphausen, Ludolf, deutscher Politiker, *Hünshoven (heute zu Geilenkirchen) 10. 1. 1803, †Köln 3. 12. 1890; Kaufmann und Bankier; wurde 1843 Mitglied des rheinischen Provinziallandtages und war 1847 im Vereinigten Landtag Wortführer der rheinischen Liberalen. Als preußischer Ministerpräsident (März–Juni 1848) und Bevollmächtigter (bis April 1849) bei der provisorischen Zentralgewalt in Frankfurt am Main trat Camphausen für die Wahl des preußischen Königs Friedrich Wilhelm IV. zum Kaiser ein.

Campoformio, Frieden von, Friedensschluss zwischen Napoleon I. und Österreich im Dorf Campoformido – so der amtliche Ortsname (Provinz Udine, Italien) – am 17. 10. 1797. Im Frieden von Campoformio trat Österreich die Österreichischen Niederlande, Mailand und Mantua ab und gestand in geheimen Artikeln die Abtretung des linken Rheinufers an Frankreich zu. Österreich erhielt im Gegenzug Venetien links der Etsch mit Istrien und Dalmatien.

Canaris, Wilhelm, deutscher Admiral (1940), *Aplerbeck (heute zu Dortmund) 1. 1. 1887, †(hingerichtet) KZ Flossenbürg 9. 4. 1945; war im Ersten Weltkrieg u.a. beim Admiralstab aktiv und arbeitete 1924–28 in der Marineleitung. Am 1. 1. 1935 wurde Canaris Leiter der Abwehrabteilung im Reichskriegsministerium, 1938 Leiter des Amtes Ausland/Abwehr im Oberkommando der Wehrmacht (OKW). In dieser Funktion stand er in Rivalität zum Sicherheitsdienst (SD) der SS unter Reinhard Heydrich, später unter Ernst Kaltenbrunner. Canaris zweifelte schon früh am Sieg des nationalsozialistischen Deutschland und warnte im Dezember 1940 den spanischen Staatschef General Francisco Franco davor, an der Seite Deutschlands in den Krieg einzutreten. Er deckte insbesondere zwischen 1938 und 1941 die Aktivitäten der Widerstandsgruppe in seinem Amt, ohne selbst in der deutschen Widerstandsbewegung gegen Hitler tätig zu werden. Im Februar 1944 wurde er seines Amtes enthoben und nach dem 20. 7. 1944 verhaftet und zum Tode verurteilt.

Candragupta [tʃ-], **Chandragupta, Candragupta Maurya, Tschandragupta Maurya,** griechisch **Sandrakottos,** indischer König (um 322 bis um 300 v.Chr.); Gründer der Dynastie der →Maurya. Candragupta stürzte mithilfe seines Ministers Canakya um 322 v.Chr. die Nandadynastie von Magadha und eroberte von dort aus große Teile Nordindiens. Nachdem er 305 den Diadochen Seleukos I. Nikator zurückgeschlagen hatte, zog er sich wahrscheinlich um 300 v.Chr. als Jainamönch von der Welt zurück.

Cannae, Schlacht bei, Schlacht am 2. 8. 216 v.Chr. (nach römischem Kalender), bei der die Streitmacht der Karthager mit 48000 Mann und ein römisches Heer von 80000 Mann in der Nähe der antiken Ortschaft Cannae in Apulien (Italien) aufeinandertrafen. Trotz ihrer zahlenmäßigen Unterlegenheit schlugen die Karthager unter Hannibal die Römer unter den Konsuln Lucius Aemilius Paullus (in der Schlacht gefallen) und Gaius Terentius Varro vernichtend. Hannibal nutzte jedoch diesen Sieg nicht entscheidend aus (→Punische Kriege).

Canossa, Felsenburg 18 km südwestlich von Reggio nell'Emilia, Italien. Canossa wurde berühmt durch den Bittgang König Heinrich IV. Als Gast der Markgräfin Mathilde von Tuszien löste Papst Gregor VII. 1077 in Canossa König Heinrichs IV. vom Bann, der dafür drei Tage demütigende Buße getan hatte. Die neuere Forschung betont den politischen Sieg des Königs; doch hatte dessen Erniedrigung schwere Folgen für das Ansehen des Kaisertums, besonders in seinem Verhältnis zum Papsttum (→Investiturstreit).

Caprivi, Leo Graf von (seit 1891), deutscher Politiker, *Charlottenburg (heute zu Berlin) 24. 2. 1831, †Skyren (bei Crossen/Oder) 6. 2. 1899; machte im preußischen Militär als Chef der Admiralität (1883–88) und General (1888–90) Karriere, bevor ihn Kaiser Wilhelm II. 1890 als Nachfolger Bismarcks zum Reichskanzler (bis Oktober 1894) und preußischen Ministerpräsidenten (bis März 1892) berief. Caprivi verfolgte außenpolitisch einen »Neuen Kurs«, indem er den Rückversicherungsvertrag mit Russland nicht erneuerte und sich Großbritannien durch den Helgoland-Sansibar-Vertrag 1890 annäherte. Innenpolitisch verzichtete er auf die Ausnahmegesetze gegen die Sozialdemokratie und bemühte sich um eine Mitarbeit aller Parteien. Seine Handelspolitik, die auf neuen Handelsverträgen u.a. mit Italien, Österreich und Russland sowie der Senkung der Einfuhrzölle beruhte, schuf die Grundlage für den Übergang des Deutschen Reiches vom Agrar- zum Industriestaat.

Obwohl von politischem Weitblick, vermochte Caprivi die ihm von Bismarck hinterlassene Machtfülle in der Stellung des Reichskanzlers nicht zu nutzen. In dem dadurch entstehenden Machtvakuum versuchte schließlich Kaiser Wilhelm II. ein »persönliches Regiment« durchzusetzen, das durch die Reichsverfassung nicht legitimiert war.

Wilhelm Canaris

Leo Graf von Caprivi

Caracalla [nach dem im römischen Heer übernommenen keltischen Übergewand], eigentlich Lucius Septimius Bassianus, seit 196 Marcus Aurelius Antoninus, Kaiser des Römischen Reichs (211–217), *Lugdunum (heute Lyon) 188, †(ermordet) bei Carrhae (heute Eski Haran, Türkei) 217, älterer Sohn von Kaiser Septimius Severus. Schon 198 zum Augustus erhoben, übernahm Caracalla nach dem Tod seines Vaters (211) mit seinem Bruder Geta die Herrschaft, ließ diesen aber schon nach einem knappen Jahr ermorden. Über den mäßigenden Einfluss seiner Mutter setzte sich Caracalla bald hinweg und vernichtete alle, die seinem Terrorregiment im Weg standen, u.a. seine Gattin Plautilla. 212 verlieh Caracalla durch die »Constitutio Antoniniana« allen freien Reichsangehörigen das römische Bürgerrecht. Nach erfolgreichen Feldzügen gegen die Alemannen (213) und die Karpen an der Donau (214) begann er einen Krieg gegen die Parther, der ihn 216 bis zum oberen Tigris führte. Bevor er den Krieg zu Ende bringen konnte, wurde Caracalla jedoch 217 durch seinen Gardepräfekten Macrinus ermordet. Caracallas Herrschaft ruhte v.a. auf dem Heer, das er durch reiche Soldzahlungen an sich band. In Rom suchte er Rückhalt bei den unteren Volksschichten u.a. durch die Errichtung der Caracalla-Thermen, die, 212–216 erbaut, mehr als 1500 Badenden Platz boten.

Carbonari, die Mitglieder des italienischen Geheimbundes →Carboneria.

Carolina. Mit der »Peinlichen Gerichtsordnung« Karls V., der »Carolina«, erschien 1532 das grundlegende deutsche Strafrechtsbuch. Da nach dem Rechtsverständnis der Zeit ein Indizienbeweis keine Gültigkeit hatte, erzwang man das Geständnis des Angeklagten oft mittels Folter.

Don Carlos

Carboneria [italien., zu carbonaio »Köhler«], politischer Geheimbund in Italien, dessen Zeremoniell dem Brauchtum der Köhler entlehnt war. Die Carboneria entstand in Süditalien während der Regierungszeit Joachim Murats als König von Neapel (1808–15) und verbreitete sich in der Folge in ganz Italien. Ihre politischen Ziele waren die Unabhängigkeit Italiens und eine liberale Verfassung. Nach Beteiligung an der Revolution in Neapel von 1821 und den Erhebungen in Bologna und Parma 1831 schwächten verzettelte Unternehmungen die Wirksamkeit der Bewegung.

Carlos [k-], **Don Carlos,** spanischer Prinz, *Valladolid 8. 7. 1545, †Madrid 24. 7. 1568, ältester Sohn König Philipps II.; wurde 1560 von den kastilischen Ständen als Thronfolger anerkannt. Carlos war körperlich zurückgeblieben, kränklich und charakterlich unausgeglichen, vermutlich eine Folge der engen Verwandtschaft seiner Eltern, die beide Enkel Johannas der Wahnsinnigen waren. Philipp II. entschloss sich, den Erbprinzen von der Thronfolge auszuschließen und ihm eine Heirat zu verbieten. Als Don Carlos Vorbereitungen zur Flucht zu den spanischen Truppen in den Niederlanden betrieb, ließ ihn sein Vater am 18. 1. 1568 im Schloss zu Madrid gefangen setzen, wo er bald darauf starb. Nach seinem Tod wurde die Version verbreitet, sein Vater habe ihn ermorden lassen.

Carolina, Constitutio Criminalis Carolina, Abk. **C.C.C.,** auch Peinliche Gerichtsordnung genannt, das erste allgemeine deutsche Strafgesetzbuch, auf dem Reichstag zu Regensburg 1532 von Kaiser Karl V. zum Reichsgesetz erhoben. Wie kaum ein anderes Gesetz spiegelt die Carolina im Rechtlichen den Umbruch vom Mittelalter zur Neuzeit wider. Sie hält einerseits an der Grausamkeit des mittelalterlichen Strafensystems fest (Tod durch Feuer, Schwert, Rad, Galgen sowie Verstümmelungsstrafen), kennt noch die Delikte der Zauberei und Hexerei und erlaubt die Folter als Mittel zur Erlangung eines Geständnisses. Andererseits macht sie das Bemühen um ein rationales Strafverfahren und eine gerechte Strafe zu ihrem eigenen Anliegen. Die Carolina war die Grundlage, auf der sich in den folgenden Jahrhunderten ein allgemeines deutsches Strafrecht entwickelt hat; sie blieb bis zur Mitte des 18. Jh., in Norddeutschland bis 1871, in Kraft.

Carstens, Karl, deutscher Politiker, *Bremen 14. 12. 1914, †Meckenheim 30. 5. 1992; wurde 1960 Professor für Staats- und Völkerrecht in Köln; war 1960–66 Staatssekretär im Auswärtigen Amt, 1966/67 im Verteidigungsministerium und 1968/69 im Bundeskanzleramt. Als MdB für die CDU (1972–79) und als Vorsitzender der CDU/CSU-Fraktion im Bundestag (1973–76) setzte er sich insbesondere mit der Deutschland- und Ostpolitik kritisch auseinander. 1976–79 war er Bundestagspräsident, 1979–84 Bundespräsident.

Carter ['ka:tə], James (Jimmy), 39. Präsident der USA (1977–81), *Plains (Georgia) 1. 10. 1924. Erdnussfarmer; saß 1962–66 für die Demokratische Partei im Senat von Georgia und war 1971–75 Gouverneur von Georgia. Im November 1976 wurde Carter zum Präsidenten gewählt. Innenpolitisch war Carters Präsidentschaft von wachsenden wirtschaftlichen Problemen bestimmt. Seine Lösungsversuche blieben ohne durchschlagenden Erfolg und brachten ihn oft in Konflikt mit dem Senat.

In seiner Außenpolitik nahm Carter die Beachtung der Menschenrechte als Maßstab für die Beziehungen der USA zu anderen Staaten, insbesondere gegenüber diktatorischen Regierungssystemen in Lateinamerika. Besonders engagiert setzte er sich für eine Lösung des →Nahostkonflikts ein; aufgrund seiner Vermittlung kam es im Juni 1979 zum Friedensvertrag zwischen Israel und Ägypten. Sein abrüstungspolitischer Kurs gegenüber den kommunistischen Staaten führte 1979 zur Unterzeichnung des SALT-II-Vertrags mit der UdSSR, musste aber wegen des Einmarschs sowjetischer Truppen in Afghanistan im Dezember 1979 geändert werden.

Die ungelösten sozialen und wirtschaftlichen Probleme, Unzufriedenheit mit der Außenpolitik, besonders jedoch die Geiselaffäre im Iran (1979–81) führten zu einem starken Popularitätsschwund Carters. Bei den Präsidentschaftswahlen im November 1980 unterlag er dem republikanischen Kandidaten Ronald Reagan. Nach Ablauf seiner Amtszeit wurde Carter Hochschuldozent, initiierte verschiedene soziale Hilfsprogramme in den USA und der Dritten Welt und trat wiederholt international als Vermittler in Konflikten (u.a.

in Äthiopien, Nord-Korea, Haiti und Bosnien) hervor (Friedensnobelpreis 2002).

Casablanca, Konferenz von, während des Zweiten Weltkriegs in Casablanca (Marokko) abgehaltene Konferenz der Westalliierten (14.–26. 1. 1943). Präsident Franklin D. Roosevelt (USA) und Premierminister Winston Churchill (Großbritannien) besprachen Fragen der Koordination ihrer Kriegführung gegen die Achsenmächte (Deutschland, Italien, Japan), v.a. ihre Mittelmeerstrategie, sowie ihre See- und Luftkriegführung. Zudem suchten sie zwischen den rivalisierenden Führern der französischen Widerstandsbewegung, den Generälen Charles de Gaulle und Henri-Honoré Giraud, zu vermitteln. Am 24. 1. 1943 verkündeten beide Konferenzteilnehmer die Forderung nach einer bedingungslosen Kapitulation der Achsenmächte. Jede Verhandlung, auch mit einer »Nach-Hitler-Regierung«, sollte ausgeschlossen bleiben. Im Falle eines Sieges suchten damit beide ihren Ländern völlig freie Hand gegenüber den Besiegten zu wahren.

Cäsar, Gajus Julius, → Caesar, Gaius Iulius.

Cassiodor, Cassiodorus, Flavius Magnus, römischer Staatsmann, Gelehrter und Schriftsteller, *Scylaceum (heute Squillace, Kalabrien) um 490, †Kloster Vivarium bei Squillace 583 (?); übernahm unter dem Ostgotenkönig Theoderich wichtige Staatsämter und die Leitung der Kanzlei. In der Zeit seiner öffentlichen Tätigkeit publizierte Cassiodor eine zwölfbändige Geschichte der Goten (»Historia Gothorum«) und eine Weltchronik. Um 540 zog er sich aus dem Staatsleben zurück und schrieb in dem von ihm gegründeten Kloster Vivarium theologische und enzyklopädische Werke, in denen er seine Kenntnisse von der Wissenschaft der Antike an das Mittelalter weitergab.

Cassius, Gaius Cassius Longinus, römischer Beamter, † bei Philippi (Makedonien) 42 v. Chr.; war einer der Caesarmörder. Im römischen Bürgerkrieg stand Cassius aufseiten des Pompeius, wurde aber 48 von Caesar begnadigt und für 44 zum Prätor bestimmt. Dennoch leitete er mit Brutus 44 v. Chr. die Verschwörung gegen Caesar. Nach dessen Ermordung organisierte er im Osten den Kampf gegen die Caesaranhänger, wurde aber 42 bei Philippi geschlagen und ließ sich töten.

Castlereagh ['kɑːslreɪ], Robert, Viscount, 2. Marquess of Londonderry (seit 1821), britischer Staatsmann, *Mount Stewart (Irland) 18. 6. 1769, † (Selbstmord) North Cray Place (bei London) 12. 8. 1822; war 1805–06 und 1807–09 Kriegsminister, trat aber infolge eines Duells zurück. Als Außenminister (1812–22) bestimmte Castlereagh die britische Politik im Kampf gegen Napoleon I. und auf dem Wiener Kongress; die europäische Neuordnung

Konferenz von Casablanca. Der amerikanische Präsident Franklin D. Roosevelt und der britische Premierminister Winston Churchill geben im Verlauf der Konferenz von Casablanca am 24. 1. 1943 eine Presseerklärung ab. Kriegsziel sei die »bedingungslose Kapitulation« der Achsenmächte Deutschland, Italien und Japan.

von 1815 unter dem Prinzip des Gleichgewichts entstand wesentlich durch seinen Einfluss.

Castro [k-], Fidel, kubanischer Politiker, *Mayarí (Provinz Oriente) 13. 8. 1926; Rechtsanwalt; begann 1953 mit seinem Kampf gegen die Diktatur von Fulgenico Batista y Zaldívar auf Kuba. Nach einem gescheiterten Angriff auf eine Kaserne in Santiago de Cuba wurde Castro verhaftet und ging nach seiner Freilassung 1955 nach Mexiko, wo er eine Guerillaorganisation gründete, mit der er am 11. 12. 1956 in Kuba landete. Zusammen mit seinem Bruder Raúl und Ernesto »Che« Guevara begann er einen Guerillakrieg und konnte, unterstützt von der Bevölkerung, Batista im Januar 1959 stürzen. Als Ministerpräsident, »Líder Máximo« (»Höchster Führer«) und (seit 1962) Vorsitzender der Kommunistischen Partei Kubas baute Castro einen sozialistischen Staat auf. Die Unterstützung durch die UdSSR führte zu einem schweren Konflikt mit den USA (→ Kubakrise), doch trotz des US-amerikanischen Wirtschaftsembargos konnte sich Castro behaupten. Seine charismatische Persönlichkeit, seine Erfolge im Gesundheits- und Bildungswesen, in dem er den Analphabetismus auf Kuba überwand, machten ihn zur Identifikationsfigur für viele linksrevolutionäre Bewegungen in der Dritten Welt. 1976 wurde er auch Staatsoberhaupt.

Seit mit dem Zusammenbruch des Ostblocks die wirtschaftliche Hilfe von dort ausblieb, musste Castro durch Bauernmärkte, Anreize für ausländische Investoren und den

Fidel Castro. Nach dreijährigem Kampf konnte der Guerillaführer (auf diesem Foto inmitten seines Kommandostabs stehend, zweiter von links Ernesto »Che« Guevara) das Regime des Dikators Fulgenico Batista y Zaldívar stürzen und Kuba »befreien«.

Abbau unrentabler Arbeitsplätze marktwirtschaftliche Ansätze gestatten. Am Einparteiensystem Kubas hält er jedoch weiterhin fest.

Catilina, Lucius Sergius, römischer Politiker, *um 108 v. Chr., †62 v. Chr.; kam als Parteigänger des Diktators Lucius Cornelius Sulla empor und nahm an dessen Proskriptionen teil. Catilina wurde 67 v. Chr. zum Statthalter der Provinz Africa ernannt, 66 aber wegen zahlreicher Übergriffe im Amt angeklagt und von der Bewerbung um das Konsulat ausgeschlossen. Auch 64 und 63 bewarb er sich vergeblich um das Konsulat und versuchte dann, mit Gewalt an die Macht zu kommen. Dem damaligen Konsul Marcus Tullius Cicero gelang es jedoch im Herbst 63, die Umsturzpläne aufzudecken und Catilina zum Verlassen Roms zu nötigen. Catilina begab sich nach Etrurien, wo er ein Heer gesammelt hatte, wurde jedoch Anfang 62 bei Pistoria (heute Pistoia) geschlagen und fiel im Kampf.

Cato, römische Politikerfamilie,

1. Marcus Porcius Cato Censorius, später Cato Maior (»der Ältere«) genannt, römischer Staatsmann und Schriftsteller, *Tusculum (beim heutigen Frascati) 234 v. Chr., †Rom 149 v. Chr. Obwohl er als Sohn eines römischen Ritters keiner senatorischen Familie entstammte, wurde Cato als »homo novus« (»neuer Mann«, d. h. Aufsteiger) 195 Konsul und 184 Zensor; in diesem Amt führte er ein strenges Sittenregiment, Ergebnis seines großen Bauprogramms war u. a. die erste Basilika in Rom. Cato war ein unversöhnlicher Gegner Karthagos und prägte in diesem Zusammenhang den berühmten Ausspruch »ceterum censeo Carthaginem esse delendam« (»Im Übrigen bin ich der Meinung, dass Karthago zerstört werden muss«). Er trat für die ungeschmälerte Senatsherrschaft ein, widersetzte sich den Emanzipationsversuchen einzelner Adliger und bekämpfte in Wort und Schrift den Verfall der römischen Sitten durch das Eindringen der hellenistischen Kultur. Cato war der Begründer der lateinischen Kunstprosa, seine Werke, z. B. eine Geschichte Roms und Italiens (»Origines«), sind aber großteils nur in Bruchstücken erhalten.

2. Marcus Porcius Cato Uticensis, zur Unterscheidung von seinem Urgroßvater Cato Maior auch Cato Minor (»der Jüngere«) genannt, römischer Staatsmann, *95 v. Chr., †(Selbstmord) Utica in der römischen Provinz Africa 46 v. Chr.; bewirkte als Volkstribun 62 durch seinen Antrag die Hinrichtung der gefangenen Anhänger der Catilinarischen Verschwörung. 58–56 richtete Cato Zypern als römische Provinz ein. Im Bürgerkrieg stand er aufseiten des Pompeius und zog nach der Niederlage der Republikaner bei Thapsus (46) den Freitod einer Begnadigung durch Caesar vor. Sein Ende machte ihn zum Märtyrer der Republik. Auf die Lobschriften seines Schwiegersohnes Brutus und Ciceros antwortete Caesar mit einer Gegenschrift (»Anticato«).

Cavour [ka'vur], Camillo Benso, Graf, italienischer Staatsmann, *Turin 10. 8. 1810, †ebenda 6. 6. 1861. Cavour stammte aus piemontesischem Adelsgeschlecht und trat seit 1847 für die Einigung Italiens unter dem Haus Savoyen ein. Im Königreich Sardinien bekleidete er ab 1850 mehrere Ministerposten und wurde im November 1852 an die Spitze der Regierung berufen. Als Ministerpräsident setzte er liberale Reformen durch und trat 1855 an der Seite der Westmächte in den Krimkrieg gegen Russland ein, um für seinen Staat ein Mitspracherecht in Europa zu erhalten. 1858 sicherte sich Cavour durch Gebietsabtretungen die Unterstützung Napoleons III. von Frankreich für einen Krieg gegen Österreich, das in der Folge die Lombardei verlor. Er unterstützte Giuseppe Garibaldi und konnte dessen revolutionäre Unternehmungen steuern und für seine Interessen nutzen. So gelang es Cavour durch diplomatisches Geschick und ohne große militärische Anstrengungen, die nationale Einigung Italiens bis auf Venetien und Rom zustande zu bringen; am 17. 3. 1861 nahm Viktor Emanuel II. den Titel eines Königs von Italien an.

CDU, Abk. für →Christlich Demokratische Union Deutschlands.

Ceaușescu [tʃeau̯'ʃesku], Nicolae, rumänischer Politiker, *Scornicești (Kreis Olt) 26. 1. 1918, †(hingerichtet) 25. 12. 1989; Schuhmacher; schloss sich 1936 der Kommunistischen Partei (KP) an; wurde nach dem kommunistischen Umsturz in Rumänien (1947/48) 1950–54 stellvertretender Verteidigungsminister, 1955 Mitglied des Politbüros und 1965 Erster Sekretär (wenig später Generalsekretär) der KP; hatte 1967–74 das Amt des Staatsratsvorsitzenden (Staatsoberhaupt) inne und war ab dann nach einer Verfassungsänderung Staatspräsident. In seiner Außenpolitik war Ceaușescu auf größtmögliche Eigenständigkeit gegenüber der UdSSR bedacht, was ihm über lange Zeit in der westlichen Öffentlichkeit Ansehen einbrachte, letztlich aber zur Isolierung Rumäniens innerhalb des Ostblocks führte. Innenpolitisch entwickelte er die diktatorische Herrschaft der KP zu einer persönlichen Diktatur, die durch Personenkult, Günstlingswirtschaft und die Einbeziehung seiner Familie in die höheren Ämter des Partei- und Staatsapparates geprägt war. Seine Machtposition suchte er insbesondere in den 1980er-Jahren mithilfe seiner Geheimpolizei »Securitate« sowie durch die Unterdrückung der Opposition und der ethnischen Minderheiten im Land zu sichern. Am 22. 12. 1989 wurde Ceaușescu durch einen Volksaufstand gestürzt. Auf der Flucht verhaftet, wurde er am 25. 12. 1989 zusammen mit seiner Frau Elena zum Tode verurteilt und erschossen.

Chaldäer [k-], Gruppe aramäischer Stämme, die seit dem frühen 9. Jh. v. Chr. im südlichen Babylonien lebten. Vom 9. bis 7. Jh. unterstützten die Chaldäer die Babylonier gegen Assyrien. Zeitweise saßen Chaldäer auch auf dem babylonischen Thron; im Alten Testament und in griechischen Quellen wird die Dynastie, die nach dem Ende Assyriens Babylonien regierte (625–539 v. Chr.), als die der Chaldäer bezeichnet.

Chalkedon [ç-], antike Stadt am Marmarameer, um 675 v. Chr. von Dorern aus Megara gegründet, heute ein Stadtteil von Istanbul. 451 fand in der Stadt das vierte ökumenische Konzil statt; dabei ging es um Streitigkeiten innerhalb der christlichen Kirche, die um die Frage des Verhältnisses von Gottheit und Menschheit in der Person Christi geführt wurden. Die am 25. 10. 451 verabschiedete Lehrformel, Christus sei gleichzeitig Gott und Mensch, in seiner Person seien zwei Naturen unvermischt und untrennbar erkennbar, hat bis heute in allen abendländischen christlichen Kirchen Geltung.

Chamberlain ['tʃeɪmbəlɪn], Arthur Neville, britischer Politiker, *Edgbaston (heute zu Birmingham) 18. 3. 1869, †Heckfield (bei Reading) 9. 11. 1940; war Unternehmer in Birmingham und 1915/16 Oberbürgermeister der Stadt; schloss sich den Konservativen an und gehörte seit 1918 dem Unterhaus an. Zwischen 1922 und 1937 bekleidete Chamberlain verschiedene Ämter, er war Generalpostmeister, Gesundheitsminister und Schatzkanzler.

1937 wurde er Premierminister. In den weltpolitischen Krisenjahren vor dem Zweiten Weltkrieg suchte er angesichts der auf Konflikt angelegten Außenpolitik Deutschlands, Italiens und Japans nach Möglichkeiten für einen friedlichen Interessensausgleich zwischen den Staaten, trieb gleichzeitig aber auch die Aufrüstung seines Landes voran. Seine Politik des →Appeasements, die in der britischen Öffentlichkeit auf breite Zustimmung stieß, zielte auf Zeitgewinn, da Großbritannien nicht kriegsbereit war; ihr Höhepunkt war der Abschluss des Münchner Abkommens 1938. Nach dem Einmarsch deutscher Truppen in die Tschechoslowakei (März 1939) gab Chamberlains Regierung eine Garantieerklärung für Polen ab. Als die deutsche Wehrmacht am 1. 9. 1939 Polen angriff, erklärte die Regierung Chamberlain Deutschland am 3. 9. 1939 den Krieg.

Nach Beginn des Krieges verlor Chamberlain das Vertrauen auch vieler Abgeordneter seiner Partei. Im Mai 1940 wurde sein Kabinett durch die Allparteienregierung Churchill abgelöst, in der Chamberlain das Amt des Lordpräsidenten übernahm.

Nicolae Ceaușescu und seine Frau Elena während ihres Prozesses vor einem Sondergericht

Champlain [ʃã'plɛ̃], Samuel de, französischer Kolonialpionier und Entdecker, *Brouage (bei Rochefort) um 1567, †Quebec 25. 12. 1635; trat 1599 in spanische Dienste ein und lernte auf Schiffsreisen Westindien, Mexiko und Panama kennen. Nach seiner Rückkehr nach Frankreich 1601 wurde Champlain von Heinrich IV. zum »Geographen des Königs« ernannt; zwischen 1603 und 1633 unternahm er elf Reisen in den Nordosten Nordamerikas und leitete die französische Kolonisierung Kanadas ein, was ihm den Namen Père du Canada (»Vater von Kanada«) einbrachte. Champlain untersuchte und kartierte einen Teil der kanadischen Ostküste und den Sankt-Lorenz-Strom, an dem er 1608 Quebec gründete; er entdeckte 1609 den nach ihm benannten See und erschloss das Gebiet westwärts bis zum Huronsee, den er als erster Europäer befuhr und beschrieb (1615). Seine Karten blieben während des ganzen 17. Jh. maßgebend. 1629–32 in britischer Gefangenschaft, kehrte er 1633 nach Neufrankreich zurück, dessen erster Gouverneur er war.

Charta 77, eine 1976/77 unter Berufung auf die KSZE-Schlussakte von Helsinki (1975) gegründete Menschen- und Bürgerrechtsbewegung in der Tschechoslowakei. Die Charta 77 ging aus dem »Manifest für Bürgerrechte« einer Gruppe von Intellektuellen hervor, zu der u.a. Václav Havel und Pavel Kohout gehörten; sie prangerte in zahlreichen Veröffentlichungen die Verletzung der Menschen- und Bürgerrechte in der Tschechoslowakei an und entwickelte sich trotz repressiver staatlicher Maßnahmen zur bekanntesten Dissidentengruppe im Ostblock. Im November 1992 stellte die Charta 77 ihre Tätigkeit ein.

Charta von Paris, Schlussdokument des Gipfeltreffens der →Konferenz über Sicherheit und Zusammenarbeit in Europa (KSZE) in Paris, das am 21. 11. 1990 von 34 Teilnehmerstaaten unterzeichnet wurde. Inhalt: Durchsetzung von Demokratie, Rechtsstaatlichkeit und Meinungsfreiheit, Schutz der Menschenrechte und Grundfreiheiten sowie nationaler Minderheiten, Stärkung der Zusammenarbeit zwischen den Völkern, friedliche Beilegung von Streitfällen, Fortsetzung des Abrüstungsprozesses. Zugleich enthält die Charta den Beschluss, die KSZE stärker zu institutionalisieren, einen Rat der Außenminister zu bilden, ein Sekretariat in Prag, ein Konfliktverhütungszentrum in Wien und ein Büro für freie Wahlen in Warschau einzurichten. Die Charta von Paris dokumentiert das Ende der Konfrontation der Nachkriegszeit und der Teilung Europas.

Chiang Kai-shek

Chartismus [tʃ-], erste politische →Arbeiterbewegung in Großbritannien, die nach der 1838 formulierten »People's Charter« benannt wurde. Die Chartisten forderten u.a. allgemeines und geheimes Wahlrecht für Männer und jährliche Parlamentswahlen; sie veranstalteten landesweit Demonstrationen und richteten wiederholt Petitionen an das Unterhaus. Aufstandsversuche radikaler, gewaltbereiter Anhänger beantwortete die Regierung mit der Verhaftung und Verbannung zahlreicher Chartistenführer. Die letzte Massendemonstration des Chartismus fand 1848 in London statt; danach konzentrierte sich die Arbeiterschaft auf gewerkschaftliche Arbeit.

Chatten [k-; »Leute der großen Weidewälder«], westgermanischer Volksstamm, der seit dem 1. Jh. n. Chr. in den Flussgebieten um Eder, Fulda und Lahn ansässig war. Der Hauptort der Chatten war nach Tacitus Mattium. Ihre gefährlichen kriegerischen Vorstöße bedrohten mehrmals die römische Rheinfront (83/85, 162, 170, 213) und führten letztlich zur Anlage bzw. Verstärkung des obergermanischen Limes. Im 5. Jh. kam das Stammesgebiet der Chatten unter fränkische Herrschaft.

Chauken [ç-; »die Hohen«, »die hoch Wohnenden«], germanischer Volksstamm, vom 1. bis 3. Jh. zwischen Ems- und Elbmündung bezeugt. Die Chauken lebten als Ackerbauern und Viehzüchter, v.a. aber als Fischer und Seefahrer; 47 n. Chr. plünderten sie die gallische Küste. Im Marschengebiet wohnten sie auf künstlichen Wohnhügeln (Wurten), auf der Geest in ausgedehnten Mehrgehöftsiedlungen. Im 4. Jh. gingen sie vermutlich im Stammesverband der Sachsen auf.

Che Guevara [tʃegɛˈβara], kubanischer Guerillaführer, →Guevara, Ernesto.

Cherusker [ç-, k-; »die mit dem Schwert kämpfen«], germanischer Volksstamm im Wesergebiet zwischen Teutoburger Wald und Harz. Die Cherusker wurden bereits 53 v. Chr. als Nachbarn der Sueben genannt. Seit 4 n. Chr. unter römischer Oberhoheit, erlangten sie unter Führung des Arminius 9 n. Chr. im Kampf gegen Varus und 14–16 gegen Germanicus die Unabhängigkeit wieder. Durch ständige Kämpfe mit den Chauken und den Chatten verloren die Cherusker an Bedeutung. Ihr Königtum endete im späten 1. Jh. Seit dem 2. Jh. verschwand auch der Stammesname. Vermutlich waren die Cherusker im Großstamm der Sachsen aufgegangen.

Chiang Kai-shek [tʃiaŋkaiʃɛk], **Tschiang Kai-schek,** eigentlich **Chiang Chung-cheng,** chinesischer General und Politiker, *Xigou (Distrikt Fenghua Xian, Provinz Zhejiang) 31. 10. 1887, †Taipeh 5. 4. 1975; schloss sich nach der Revolution von 1911 der Reformbewegung Sun Yat-sens und der von ihm geführten →Kuo-min-tang (KMT) an. Nach dem Tod Sun Yat-sens (1925) setzte sich Chiang Kai-shek an die Spitze der KMT, schaltete die Kommunisten aus und beendete die Zusammenarbeit mit der UdSSR. 1926–28 unterwarf er zwei in Nordchina selbstständig regierende Militärmachthaber. In den folgenden Jahrzehnten war Chiang Kai-shek Oberbefehlshaber der Armee sowie mehrfach Staatschef und Ministerpräsident der seit 1928 von Nanking aus regierten Republik China. Trotz starker außenpolitischer Bedrohung Chinas, besonders nach dem japanischen Überfall auf die Mandschurei (1931), setzte Chiang Kai-shek die »Vernichtungsfeldzüge« gegen die Kommunisten fort; zugunsten einer gemeinsamen Verteidigungspolitik gegen die Japaner musste er mit ihnen aber 1936 einen »Burgfrieden« schließen.

Nach dem Zweiten Weltkrieg wurde Chiang Kai-shek auf der Grundlage einer neuen Verfassung Staatspräsident (1948). Nachdem 1946 erneut ein Bürgerkrieg ausgebrochen war, musste er 1949 mit Partei und Armee vor den siegreichen kommunistischen Truppen nach Taiwan fliehen. Von 1950 bis zu seinem Tode war er dort Präsident der Republik China.

Childebert I. [ç-], fränkischer König aus dem Haus der Merowinger, *um 497, †23. 12. 558, Sohn Chlodwigs I.; erhielt nach dessen Tod (511) das nördliche Frankenreich mit der Hauptstadt Paris. 524, nach dem Tod seines

Bruders Chlodomer, konnte er seine Herrschaft über das Loiregebiet ausdehnen, 534 gewann er auch Teile Burgunds, 536 die Provence. Als Herr über die wichtigsten Reichsteile hatte Childebert I. eine führende Stellung unter den fränkischen Teilkönigen inne. Er gründete in Paris ein Benediktinerkloster, seit dem 9. Jh. Saint-Germain-des-Prés genannt, in dem er und andere Merowingerkönige begraben wurden.

Childerich I. [ç-], fränkischer König aus dem Haus der Merowinger, †482, Vater Chlodwigs I.; war seit etwa 457 König salischer Franken in Tournai. Als hoher römischer Offizier kämpfte Childerich, zeitweise zusammen mit dem römischen Heer, gegen Westgoten (463, 469), Sachsen (an der Loiremündung, 470) und Alemannen; dadurch stützte und verlängerte er die römische Restherrschaft in Nordgallien. Das Grab Childerichs wurde 1653 bei der Kirche Saint-Brice in Tournai gefunden; die reichen, meist goldenen Grabbeigaben (teilweise 1831 gestohlen) gehören zu den bedeutendsten Funden der merowingisch-fränkischen Kultur.

Chile, Staat in Südamerika, der im Norden an Peru, im Nordosten an Bolivien, im Osten an Argentinien und im Westen an den Pazifik grenzt.

GESCHICHTE: Älteste Funde im Norden werden vor oder um 12 000 v. Chr. datiert. Um 1480 unterwarfen die Inka Nord- und Mittelchile und gliederten es ihrem Reich an. Die spanische Eroberung begann 1539; 1541 wurde Santiago de Chile gegründet. Südlich des Río Bío-Bío konnte jedoch der Indianerstamm der Araukaner lange seine Unabhängigkeit behaupten; erst 1726 erkannten die Araukaner die Oberhoheit der Spanier an. 1778 wurde das spanische Chile Generalkapitanat, unabhängig von Peru. Eine erste Erhebung gegen Spanien führte 1811 auch hier zur Unabhängigkeit. Die Spanier eroberten Chile ab 1813 von Süden her zurück, wurden aber 1817 geschlagen; am 1. 1. 1818 wurde die Unabhängigkeit formell ausgerufen, der Süden wurde erst später erobert. Mitte des 19. Jh. begann Chile die Eroberung, Erschließung und Besiedlung der Frontera, südlich des Río Bío-Bío, und unterwarf die Araukaner. Im Salpeterkrieg 1879–83 gewann Chile mit dem Sieg über Peru und Bolivien Antofagasta und Arica.

Jeweils in den Jahren nach den beiden Weltkriegen kam es zu schweren wirtschaftlichen, sozialen und politischen Krisen. Das nach dem Wahlsieg des Christdemokraten Eduardo Frei 1964 in Angriff genommene umfassende Reformprogramm (u. a. eine Landreform und die Übernahme der Kapitalmehrheit an den großen Kupferminen aus US-amerikanischem Besitz) versuchte ab 1970 der als Kandidat einer Volksfront mit knapper Mehrheit gewählte Sozialist Salvador Allende weiterzuführen, indem er ausländische Unternehmen verstaatlichte und die Landreform fortführte. Der Militärputsch vom September 1973, bei dem Allende ums Leben kam, setzte den Reformen ein Ende. Eine Militärjunta unter Vorsitz von General Augusto Pinochet (ab 1974 Präsident) übernahm die Regierungsgewalt, verhängte den Belagerungszustand, der erst 1978 wieder aufgehoben wurde, und setzte weite Teile der Verfassung außer Kraft.

Seit Mitte der 1980er-Jahre gelang es der unterdrückten Opposition, eine wachsende Zahl von Menschen gegen die schweren Menschenrechtsverletzungen zu mobilisieren, sodass sich die Regierung zur Einleitung eines Reformprozesses gezwungen sah. 1987 erlaubte sie die Bildung von Parteien. In einem vom Militärregime angesetzten Volksentscheid 1988 sprachen sich 54,7 % der Bevölkerung gegen eine weitere achtjährige Amtszeit von Präsident Pinochet aus; in einer weiteren Volksabstimmung wurde 1989 eine Reihe von Verfassungsänderungen angenommen, u. a. die einmalige Verkürzung der Amtszeit des Präsidenten sowie die Einschränkung seiner Kompetenzen. Die Präsidentschaftswahlen von 1989 gewann als Kandidat eines 17 Parteien umfassenden Wahlbündnisses der Christdemokrat Patricio Aylwin, der die Demokratisierung des Landes einleitete. 1993 wurde der Christdemokrat Eduardo Frei zu seinem Nachfolger gewählt, dem 1999 der Kandidat der regierenden Mitte-Links-Koalition Ricardo Lagos Escobar folgte; damit bekleidete erstmals seit dem Putsch wieder ein sozialistisch orientierter Politiker das Amt.

Chiliasmus [ç-; zu griech. chílioi »tausend«], die Lehre von einer tausendjährigen Herrschaft Christi auf Erden am Ende der geschichtlichen Zeit (auch Millenarismus von latein. millenium »Jahrtausend« genannt). Der Chiliasmus beruht auf Aussagen der Johannesapokalypse (Apokalypse 20, 1–10), wo von einer Fesselung Satans für eine Zeit von tausend Jahren gesprochen wird. Diese Zeit soll nach der »ersten« Auferstehung der Gerechten stattfinden und bis zur »zweiten«, endgültigen Auferstehung dauern. Die Lehre des Chiliasmus ist im Mittelalter am deutlichsten von dem italienischen Theologen Joachim von Fiore formuliert worden, der eine umfassende Geschichtstheologie entwickelte: Auf das Zeitalter des Vaters (Zeitalter des Alten Testaments) folgt die Zeit des Sohnes (des Neuen Testaments), deren Ende er für das Jahr 1260 erwartete. Danach sollte das tausendjährige Zeitalter des Geistes anbrechen.

China, Staat in Asien, der im Osten an die Randmeere des Pazifischen Ozeans, im Nordosten an Korea und Russland, im Norden an die Mongolei, im Nordwesten an Kasachstan, Kirgisistan und Tadschikistan, im Westen an Afghanistan, Pakistan und Indien und im Süden an Nepal, Bhutan, Indien, Birma, Laos und Vietnam grenzt.

FRÜHE KÖNIGSDYNASTIEN UND KAISERREICH BIS ZUR QINGDYNASTIE (ETWA 16. JH. V. CHR. BIS 1644): Nach chinesischer Tradition ist die Zivilisation eine Schöpfung der weisen Urkaiser (legendäre Kaiser) des 3. Jt. v. Chr., bei denen es sich um ehemalige Gottheiten handelt. Unter der Shangdynastie (etwa 16. Jh. bis etwa 1050 v. Chr.) bildete sich das erste historisch und archäologisch fassbare Reich auf chinesischem Boden. Das Herrschaftsgebiet beschränkte sich auf Mittelchina. Die Zhoudynastie (etwa 1050–249 v. Chr.) organisierte sich in der Form eines Lehnsstaates; ab 770 repräsentierte das Herrscherhaus nur noch. Die »Frühling- und Herbst-Periode« (771–481) war durch Kämpfe der Lehnsherren gegeneinander charakterisiert. Aus diesen Kämpfen ging gegen Ende der »Zeit der streitenden Reiche« (481–249) der Staat Qin durch eine Reihe von Reformmaßnahmen als Sieger hervor (Qindynastie 221–206 v. Chr.), und China wurde vereint. In der Zerfallsphase der Zhoudynastie bescherten die Philosophen Konfuzius, Laotse und Zhuang-zi dem chinesischen Geistesleben eine Hochblüte. Nach außen wurde das Reich durch Feldzüge nach Norden ins Ordosgebiet und nach Süden erweitert.

CHINA. ***Kaiser und Priester***

Das chinesische Kaiserreich ist der einzigartige Fall einer Hochkultur, deren Institutionen offiziell bis ins 20. Jh. hinein – bis zum Ende der Monarchie im Jahre 1912 – existent blieben. Im Mittelpunkt jener Kultur standen die alljährlichen Opfer des Kaisers an den Himmel und an die Erde. Die Kodifizierung dieses monumentalen Staatskultes geht im Wesentlichen auf die Ming-Dynastie (1368–1644) zurück. Der Kaiser, zugleich Gottkönig und höchster Priester, erhielt den Titel »Sohn des Himmels«, womit er sich am Vorbild des legendären Fuxi orientierte, des Gründers des Reiches und aller menschlichen Kultur (die man mit der chinesischen identifizierte), eines heiligen Menschen, der die Bilder am Himmel mit den Erscheinungen des Irdischen in Einklang brachte.

Nach dem Fall der Qindynastie infolge von Bauernaufständen bildete sich unter Liu Bang, dem Gründer der Handynastie (202 v. Chr.–220 n. Chr.) zunächst eine Art Mischstaat aus Feudaldomänen und staatlichen Verwaltungsgebieten, später ein Beamtenstaat mit einer neuen Klasse von Großgrundbesitzern. Unter Kaiser Wudi (141–87 v. Chr.) erfuhr China seine bislang größte Ausdehnung. Kriege gegen die Xiongnu endeten mit deren Niederlage. Am Ende der Hanzeit ging die Macht an Heerführer über, die den Staat schließlich aufteilten. Es folgte die »Zeit der Drei Reiche«: Shu, Wei und Wu (220–265). Unter der Jindynastie (265–421) wurde das Reich vorübergehend geeint, das 420–589 wieder gespalten wurde. Der Norden und Nordwesten war durch den Einbruch von Fremdvölkern verloren gegangen.

Nach der kurzlebigen Suidynastie (589–618) entstand mit der Tangdynastie (618–907) der konfuzianische Bürokratismus, der bis 1911 bestehen blieb. Die höfische Kultur des Reiches erlebte ihren Höhepunkt und wirkte bis nach Japan als Vorbild. Die Notlage der unteren Schichten führte zu einem Aufstand, in dessen Verlauf die Provinzgouverneure so erstarkten, dass der Tangstaat sich praktisch auflöste; es folgte die »Zeit der Fünf Dynastien« (907–960). Die Songdynastie (960–1279) musste den chinesischen Raum mit anderen Staaten teilen, von denen der Liao-(Kitan-)Staat (907–1125) der bedeutendste war, bis er von dem Jin-(Dschurdschen-)Staat (1115–1234) abgelöst wurde. 1280–1368 war China unter der Yuandynastie Teil des mongolischen Weltreiches. Unter der folgenden Mingdynastie (1368–1644) wurde die Machtstellung der Bürokratie herabgesetzt, der Kaiser errichtete eine absolute Monarchie.

DIE QINGDYNASTIE (1644–1911/12): 1644 wurde China von Mandschuren vollständig erobert; sie errichteten die Qing- oder Mandschudynastie und übten ihre Fremdherrschaft über China bis 1911 aus. Unter Shengzu (1662–1723) wurde 1689 der chinesisch-russische Grenzverlauf vertraglich geregelt; die Annexion Tibets wurde abgeschlossen. Kunst und Wissenschaft erlebten eine neue Blüte. Unter Kaiser Gaozong (1736–96) erfolgten weitere Gebietsausdehnungen in Zentralasien. Birma und Annam wurden 1788 bzw. 1789 tributpflichtig.

In der zweiten Hälfte des 19. Jh. wuchs der europäische Einfluss auf die chinesische Kultur. Nach der chinesischen Niederlage im britisch-chinesischen Opiumkrieg 1839–42 wurde 1842 in Nanking der erste der »Ungleichen Verträge« abgeschlossen, worin China u. a. zur Abtretung Hongkongs an Großbritannien und zur Öffnung von fünf Vertragshäfen verpflichtet wurde. Die Verträge von Tientsin zwangen den Chinesen weitere Zugeständnisse ab: u. a. die Errichtung ausländischer Gesandtschaften in Peking und die Öffnung weiterer Häfen. Ähnliche Konzessionen wurden auch Frankreich, Russland und den USA eingeräumt. Als die 1899 ausgebrochene fremdenfeindliche Boxerbewegung die Interessen der ausländischen Mächte gefährdete, wurde Peking im Herbst 1900 von der »Vereinigten Armee der acht Staaten« (darunter auch Deutschland) besetzt. Reformmaßnahmen und -pläne des Kaiserhofes wurden überholt durch die von Sun Yat-sen geführte revolutionäre Bewegung. Aufstände und die Bildung einer Regierung in Nanking führten 1912 zur Abdankung der Qingdynastie und zur Gründung der Republik China.

REPUBLIK CHINA (1912–49): Bis 1927 herrschte in China Bürgerkrieg zwischen regionalen Militärführern. Seit der Mitte der 1920er-Jahre bildeten sich zunehmend die Gegensätze zwischen der Kommunistischen Partei und der von Chiang Kai-shek geführten (von Sun Yat-sen gegründeten) Nationalpartei (→Kuo-min-tang) aus. Von Chiang Kai-shek gegen kommunistische Stützpunktgebiete in Jiangxi geführte Feldzüge zwangen die Rote Armee auf den »Langen Marsch« (Oktober 1934–Oktober 1935). Die während des chinesisch-japanischen Krieges (1937–45) gebildete Einheitsfront der Kommunisten und Nationalisten zerbrach endgültig im August 1945 nach der bedingungslosen Kapitulation Japans und führte bis 1949 zu einem neuen Bürgerkrieg. Die kommunistischen Truppen eroberten das gesamte Festland. Chiang Kai-shek musste nach Taiwan fliehen.

VOLKSREPUBLIK CHINA (SEIT 1949): Am 1. 10. 1949 verkündete Mao Zedong die Gründung der Volksrepublik China. Die zwischen 1950 und 1953 durchgeführte Verteilung von Grund und Boden an die Bauern war Vorstufe zu der 1953–57 betriebenen Kollektivierungspolitik; sie fand ihren Höhepunkt in dem 1958 angestrebten »Großen Sprung nach vorn« und der Bildung von Volkskommunen. Die hierdurch ausgelösten Schwierigkeiten in den »drei bitteren Jahren« (1960–62) erzwangen die erste Änderung des von Mao Zedong vertretenen Leitprogramms, das die Mobilisierung der Massen dem sowjetischen Entwicklungsmodell vorzog; führende Vertreter dieser Politik wurden Liu Shaoqi und Deng Xiaoping. Dieser »Kampf zweier Linien« führte in der Partei zu Macht- und Richtungskämpfen, die sich in der Kulturrevolution 1966–69, aus der die Armee als Sieger hervorging, in der »Lin-Biao-Krise« 1971 und in der »Übergangskrise« 1973–77 entluden.

Das Bündnis mit der Sowjetunion, die China zwischen 1950 und 1960 beim Aufbau des Landes unterstützt hatte, zerbrach; in der von Zhou Enlai geführten Außenpolitik Chinas suchte man von nun an Beziehungen zum Westen: 1971 trat China den Vereinten Nationen bei, 1972 kam der amerikanische Präsident Richard Nixon zu einem offiziellen Staatsbesuch nach China. Auf den Tod Mao Zedongs (1976) folgte die Ausschaltung der radikalen, »Viererbande« genannten Fraktion um Maos Witwe Jiang Qing. Vorsitzender des ZK der KPCh wurde Hua Guofeng.

Seit 1977/78 vollzog sich in der chinesischen Innenpolitik unter dem maßgeblichen Einfluss Deng Xiaopings ein Wandel: Die Zahl der Kollektivierungen in der Landwirtschaft wurde herabgesetzt, im Lohnsystem wurde das Leistungsprinzip strikt befolgt, es wurden verstärkt Herstellungsverfahren aus dem Westen eingeführt. Außerdem war eine Rückbesinnung auf klassische chinesische Traditionen in der Kultur und eine wachsende Kritik an Person und Ideologie Mao Zedongs spürbar. 1981 wurde Hua Guofeng von Hu Yaobang abgelöst.

Widerstände gegen die Reformen beantwortete die Partei- und Staatsführung zwischen 1983 und 1986 mit einer Säuberung der Partei von »radikalen« Mitgliedern. Zu den restriktiven Maßnahmen des Reformkurses zählten die Streichung des Streikrechts aus der Verfassung (1982) und die administrativ verordnete Ein-Kind-Ehe zur Eindämmung des starken Bevölkerungszuwachses. Entschieden ging die Partei auch mehrfach gegen so genannte bürgerlich-individualistische Tendenzen in Kunst und Literatur vor und beharrte auf der führenden Rolle der Kommunistischen Partei in Staat und Gesellschaft. Beträchtliche Veränderungen in den obersten Parteiführungsgremien erfolgten 1985 und 1987: Hu Yaobang wurde durch Zhao Ziyang abgelöst, Deng Xiaoping zog sich aus allen Ämtern zurück und behielt lediglich das einflussreiche Amt des Vorsitzenden der Militärkommission (bis 1989). Im Dezember 1978 erfolgte die diplomatische Anerkennung der Volksrepublik China durch die USA.

Massendemonstrationen chinesischer Studenten zur Durchsetzung demokratischer Reformen auf dem Platz des Himmlischen Friedens in Peking schlug die Armee am 3./4. 6. 1989 brutal nieder. Der Streik machte die verschiedenen Lager in der chinesischen Führung deutlich; die nicht nur zu wirtschaftlichen Reformen neigende Gruppe um Parteichef Zhao Ziyang wurde von Ministerpräsidenten Li Peng entmachtet, der einen harten innenpolitischen Kurs befürwortete. Zhao Ziyang verlor sein Amt als Generalsekretär der KPCh an Jiang Zemin, der 1993 auch zum Präsidenten gewählt wurde.

Die Führung hält seither bei gleichzeitiger politischer Repression an der Liberalisierung der Wirtschaft fest (»sozialistische Marktwirtschaft«). 1997 wurde die britische Kronkolonie Hongkong als Sonderverwaltungszone mit China verschmolzen. Die außenpolitische Isolation Chinas, die auch mit dem von der Volksrepublik vehement vertretenen Anspruch auf eine nationale Wiedervereinigung mit Taiwan zusammenhängt, wurde 2001 durch die Aufnahme Chinas in die Welthandelsorganisation (WTO) durchbrochen. 2003 wurde Hu Jintao neuer Präsident; Ministerpräsident ist seit 2003 Wen Jiabao.

Chirac [ʃiˈrak], Jacques, französischer Politiker, *Paris 29. 11. 1932; wurde 1967 als Kandidat der gaullistischen »Union Démocratique pour la République« (UDR) in die Nationalversammlung gewählt. 1972–74 war Chirac Landwirtschaftsminister und 1974 Innenminister; im gleichen Jahr ernannte ihn Präsident

Jacques Chirac

Valéry Giscard d'Estaing zum Premierminister. Nach Differenzen mit dem Präsidenten trat Chirac 1976 von diesem Amt zurück.

In der UDR, die sich 1976 in »Rassemblement pour la République« (RPR) umbenannte, spielte Chirac von 1974/75 als Generalsekretär und 1976–94 als Parteivorsitzender eine führende Rolle. Von 1977–1995 war er Bürgermeister von Paris. Als die Gaullisten bei den Parlamentswahlen 1986 stärkste Partei wurden, berief ihn Staatspräsident François Mitterrand zum Premierminister; von diesem Amt trat er 1988 zurück. 1995 wurde er im zweiten Wahlgang gegen den Sozialisten Lionel Jospin zum französischen Staatspräsidenten gewählt (2002 bestätigt).

CHRISTENVERFOLGUNGEN. ***Rom brennt!***

Nero ermordete seine Mutter und seinen Stiefbruder. Seine Frau Octavia ließ er umbringen, um Poppaea Sabina, eine Jüdin, zu heiraten; Poppaea tötete er als Schwangere durch einen Fußtritt. Ob er im Jahre 64 n. Chr. eigenhändig Rom angezündet hat, bleibt umstritten. Sicher aber ist, dass er Juden und vor allem Christen die Schuld am Brand der Hauptstadt gab, die daraufhin, in der ersten systematischen Christenverfolgung der Geschichte, zu Tausenden ermordet wurden: in Tierhäute eingenäht, wilden Hunden und Raubtieren vorgeworfen, gekreuzigt, mit Teer beschmiert und in Brand gesteckt. Das prominenteste Opfer war im Jahre 67/68 n. Chr. der Apostel Petrus, den man im Zirkus des Nero ans Kreuz schlug.

Chlodwig I. [k-], fränkischer König aus dem Haus der Merowinger und Gründer des Frankenreiches, *um 466, †Paris 27. 11. 511, Sohn Childerichs I.; war seit 482 König salischer Franken in Tournai. Chlodwig beseitigte 486 den Rest der römischen Herrschaft in Nordgallien. Er heiratete um 492 die christliche Burgunderprinzessin Chrodechilde. 496 siegte er über die Alemannen; nach der Überlieferung ließ er sich im gleichen Jahr von Bischof Remigius von Reims taufen. 507 bezwang er die Westgoten bei Vouillé und eroberte das Land bis zur Garonne. Durch die rücksichtslose Beseitigung zahlreicher fränkischer Teilfürstentümer (509/511) schuf Chlodwig ein fränkisches Großreich vom Rhein bis zur Garonne, dessen Residenz er ins zentral gelegene Paris verlegte. Der inneren Festigung seines Reiches dienten die Aufzeichnung der Lex Salica und die Synode von Orléans (511), auf der die zukünftige Stellung der Kirche als Staats- bzw. Reichskirche in Grundzügen festgelegt wurde.

Chmelnizkij [xmɛl-], Sinowij, Hetman der Kosaken (seit 1648) und ukrainischer Nationalheld, *um 1595, †Tschigirin (Ukraine) 6. 8. 1657; leitete 1648 den von den Krimtataren unterstützten großen Kosakenaufstand gegen die polnische Herrschaft und gründete ein unabhängiges ukrainisches Staatswesen (»Hetmanstaat«). Am 18. 1. 1654 leistete Chmelnizkij im Vertrag von Perejaslaw den Eid auf den Zaren Alexander und stellte sich mit den Saporoger Kosaken unter dessen Schutz. Von Moskau wurde dieser Vertrag als »Wiedervereinigung der Ukraine mit Russland« ausgelegt.

Chomeini [xɔ'meɪni], Ruhollah Mussawi Hendi, iranischer Schiitenführer (Ayatollah) und Politiker, →Khomeini, Ruhollah.

Chou En-lai [dʒ-], chinesischer Politiker, →Zhou Enlai.

Christenverfolgungen, in der Antike die Versuche der römischen Kaiser, Statthalter oder örtlichen Instanzen, das Christentum als staatlich nicht anerkannten Kult einzudämmen oder gar auszurotten. Christenverfolgungen waren zunächst auf den jüdischen Einflussbereich beschränkt, griffen mit dem Vordringen des Christentums auch auf die römisch-hellenistische Welt über. Die Verfolgungen unter Nero (64 n. Chr.) und Domitian blieben lokal begrenzt. Reichsweit geregelt wurde die Verfolgungsfrage erstmalig 112 durch ein Reskript Kaiser Trajans; es bestimmte, dass nach Christen nicht gefahndet werden soll und anonyme Anzeigen unberücksichtigt bleiben; überführte Christen werden mit dem Tode bestraft, bei einer Abkehr vom Christentum wird jedoch Straffreiheit gewährt. Diese Regelung blieb für lange Zeit Grundlage des staatlichen Umgangs mit den Christen.

Ein grundlegender Wandel ergab sich durch das Opferdekret des Decius (249); es zwang die gesamte Bevölkerung des römischen Reiches bei Todesstrafe zu einem Bittopfer für die Götter Roms, das die Christen nicht leisten konnten. Die Situation wurde durch Erlasse Valerians (257) noch verschärft, in denen das kirchliche Leben unterbunden und Kirchenvermögen beschlagnahmt wurde. Nach dessen Tod willigte Gallienus 260 mit zwei Toleranzedikten in die vorläufige Duldung der Christen ein.

Diese Verfolgungspause endete 303, als Diokletian in drei Edikten erneut eine blutige Christenverfolgung in Gang setzte. Ein viertes Edikt (304) verschärfte die Lage noch zusätzlich, da es für den gesamten Osten des Römischen Reiches übernommen wurde. Im Westen endete die Verfolgung mit dem Toleranzedikt von Serdica bereits 311, während sie im Osten erst nach dem vollständigen Sieg Konstantins des Großen 324 aufhörte. Die Herrschaft Kaiser Julians (361–363) brachte noch einmal diskriminierende Unterdrückungsmaßnahmen für die Christen.

Christian I., König von Dänemark (seit 1448), Norwegen (seit 1450) und Schweden (1457–64/71), Herzog von Schleswig und Holstein (seit 1460), *1426, †Kopenhagen 21. 5. 1481, Sohn von Graf Dietrich dem Glücklichen von Oldenburg und Delmenhorst; begründete das oldenburgische Königshaus in Dänemark. Im Unionsvertrag von Bergen erlangte Christian I. 1450 eine Vereinigung Dänemarks mit Norwegen. 1457 konnte er seine Herrschaft zunächst auch auf Schweden ausdehnen, verlor sie jedoch 1464 an König Karl VIII. Knutsson Bonde. Christians Versuch, Schweden zurückzuerobern, scheiterte 1471 durch seine Niederlage gegen Sten Sture den Älteren in der Schlacht am Brunkeberg (bei Stockholm). 1460 wurde Christian durch den Vertrag von Ripen Landesherr von Schleswig und Holstein und begründete somit die Personalunion dieser Länder mit dem dänischen Königshaus. 1479 gründete er die Universität von Kopenhagen.

Christian II. von Halberstadt, Herzog von Braunschweig-Lüneburg-Wolfenbüttel, Administrator des Stifts Halberstadt (seit 1616), *Gröningen 20. 9. 1599, †Wolfenbüttel 16. 6. 1626, bekannt als »der tolle Christian« oder »der tolle Halberstädter« (wegen seiner rücksichtslosen Vorgehensweise); kämpfte als Söldnerführer unter Moritz von Oranien, im Dreißigjährigen Krieg (1618–48) aufseiten Friedrichs V. von der Pfalz, dann in den Niederlanden und im Niedersächsischen Kreis für den Protestantismus; wurde von Tilly bei Höchst (20. 6. 1622) und Stadtlohn (6. 8. 1623) geschlagen; verzichtete 1624 auf sein Stift und trat 1625 als General in die Dienste König Christians IV. von Dänemark.

Christian IX., König von Dänemark (seit 1863), *Gottorf 8. 4. 1818, †Kopenhagen 29. 1. 1906; Sohn Herzog Wilhelms von Schleswig-Holstein-Sonderburg-Glücksburg; wurde durch das Thronfolgegesetz von 1853 zum Nachfolger des kinderlosen Königs Friedrich VII. bestellt. Mit der, wenn auch widerwillig vorgenommenen Bestätigung der Verfassung, durch die Schleswig Dänemark eingegliedert wurde, löste Christian im November 1863 einen Konflikt mit dem Deutschen Bund aus, der 1864 zum →Deutsch-Dänischen Krieg führte. Als Schwiegervater Kaiser Alexanders III. von Russland und des britischen Königs Eduard VII. nahm er eine herausragende Stellung unter den europäischen Monarchen ein.

Christine, Königin von Schweden (1632–54), *Stockholm 17. 12. 1626, †Rom 19. 4. 1689, Tochter von Gustav II. Adolf und der Prinzessin Marie Eleonore von Brandenburg. Während Christine noch minderjährig war, wurde Schweden von einem Regentschaftsrat unter Reichskanzler Axel Oxenstierna regiert; 1644 übernahm sie selbst die Regierung. Christine lehnte es ab zu heiraten. Auf dem Reichstag 1649 setzte sie durch, dass ihr Vetter, Karl Gustav von Pfalz-Zweibrücken, zu ihrem Nachfolger gewählt wurde; 1650 wurden dieser und seine Erben als Erbfürsten anerkannt. Mehr wissenschaftlich und künstlerisch interessiert als an politischen Problemen, förderte Christine, die selbst sieben Sprachen beherrschte, die Wissenschaften und zog ausländische Gelehrte an ihren Hof. 1654 entsagte Christine dem Thron zugunsten Karl Gustavs, verließ Schweden und nahm ihren Wohnsitz im Ausland, u. a. in Frankreich, und während der letzten Jahrzehnte ihres Lebens in Rom; 1655 trat sie zur katholischen Kirche über. Auch nach der Thronentsagung war sie in päpstlichen, kirchlichen, französischen und schwedischen Angelegenheiten diplomatisch tätig.

Christlich Demokratische Union Deutschlands, Abk. **CDU,** politische Partei. Die CDU entstand im Juni 1945 als regionale, voneinander unabhängige Gründungen in Berlin (SBZ) sowie in Köln und im Rheinland. Seit Dezember 1945 organisierte sich die Partei auf der Ebene der Besatzungszonen sowie der neu geschaffenen deutschen Länder und nahm den gemeinsamen Namen »Christlich-Demokratische Union Deutschlands« an.

DIE WEST-CDU: Nach Gründung der Bundesrepublik Deutschland (1949) schlossen sich die in den drei westlichen Besatzungszonen entstandenen Landesverbände im Oktober 1950 auf Bundesebene unter dem Vorsitz von Konrad Adenauer (1950–66) zusammen. Bei den Bundestagswahlen 1949 gewann die CDU zusammen mit der CSU, mit der sie seitdem im Bundestag eine Fraktionsgemeinschaft bildet, 31,0% der Stimmen. 1949–69 stellte sie mit Adenauer (1949–63), Ludwig Erhard (1963–66) und Kurt Georg Kiesinger (1966–69) den Bundeskanzler, 1959–69 mit Heinrich Lübke den Bundespräsidenten. Unter der Wirkung von Erhards Wirtschafts- und Adenauers Außenpolitik konnte die CDU bei den Bundestagswahlen 1953 ihren Stimmenanteil steigern und bei den Wahlen 1957 mit der CSU die absolute Mehrheit gewinnen, die sie 1961 aber wieder verlor. Zwischen 1949 und 1966 bildeten CDU und CSU meist eine »kleine Koalition« v. a. mit der FDP (ausgenommen 1955–61). Nach den Bundestagswahlen 1965 ging die CDU/CSU bis 1969 eine »große Koalition« mit der SPD ein.

Nach den Wahlen 1969 und der Bildung der »sozialliberalen Koalition« (SPD/FDP) gingen die Unionsparteien bis 1982 in die Opposition und bekämpften neben der Wirtschafts- und Finanzpolitik der Regierung besonders deren Ost- und Deutschlandpolitik. 1972 scheiterte ein konstruktives Misstrauensvotum Rainer Barzels gegen Bundeskanzler Willi Brandt. Ab 1976 kam es zu einer schweren Kontroverse zwischen CDU und CSU über den richtigen Weg zur Rückgewinnung der Regierungsmacht. Mit der Kanzlerkandidatur von Franz Josef Strauß (CSU) bei den Bundestagswahlen 1980 fand dieser Konflikt im Sinne der CSU eine Lösung. Doch auch nach diesen Wahlen sahen sich die Unionsparteien wieder in die Opposition verwiesen. Im

Chronik.
Mit dem Schwanenritter gab sich der Fürst von Kleve wie andere Aristokraten auch für seine Chronik einen herausragenden mythischen Vorfahren, der den Glanz des eigenen Namens erhöhen sollte (15. Jh.; Paris, Bibliothèque Nationale de France).

Rahmen eines konstruktiven Misstrauensvotums der Unionsparteien gegen Bundeskanzler Helmut Schmidt wählte der Bundestag am 1. 10. 1982 Helmut Kohl zum Bundeskanzler, der bei den Wahlen 1983 und 1987 im Amt bestätigt wurde. Mit Karl Carstens (1979–84) und Richard von Weizsäcker (1984–94) übernahmen CDU-Politiker erneut das Amt des Bundespräsidenten.

DIE OST-CDU: Die Christlich-Demokratische Union Deutschlands (CDUD) entwickelte sich ab 1947 in der sowjetischen Besatzungszone und ab 1949 in der DDR unabhängig von der CDU in der Bundesrepublik. Sie erkannte unter dem Druck der sowjetischen Militäradministration den Macht- und Führungsanspruch der SED an, bekannte sich zur »sozialistischen Gesellschaft« und beteiligte sich unter ihren Vorsitzenden August Bach (1958–66) und Gerald Götting (1966–89) an den von der SED geführten »Blockregierungen«. Unter ihrem neuen Vorsitzenden Lothar de Maizière verließ die Ost-CDU im Dezember 1989 den Verband der Blockparteien und wurde bei den ersten demokratischen Wahlen in der DDR im März 1990 stärkste Partei.

DIE GESAMTDEUTSCHE CDU: Am 1. 10. 1990 konstituierte sich die CDU unter Aufnahme der Landesverbände in den neuen Ländern als gesamtdeutsche Partei unter dem Bundesvorsitzenden Kohl. Durch ihren Wahlsieg bei den ersten gesamtdeutschen Wahlen am 2. 12. 1990 erhielt die CDU als stärkste Partei zusammen mit der CSU und dem Koalitionspartner FDP den Auftrag zur Ausgestaltung der deutschen Einheit. Programmatisch wurde deshalb auch im »Dresdener Manifest« (Dezember 1991) dem Aufbau Ostdeutschlands Priorität vor anderen Aufgaben eingeräumt. 1994 wurde Roman Herzog als Kandidat der CDU erster gesamtdeutsch gewählter Bundespräsident. Bei den Bundestagswahlen 1994 errang die CDU mit ihren Partnern nur knapp die Mehrheit, konnte aber die Regierungsarbeit unter Kohl fortsetzen. Nach der Wahlniederlage von 1998 ging die CDU unter ihrem neuen Vorsitzenden Wolfgang Schäuble in die Opposition.

Die ab November 1999 offenbar gewordene Parteispendenaffäre stürzte die CDU in die tiefste Krise seit ihrer Gründung. Die Enthüllungen über undurchsichtige Parteifinanzierung und Schwarzgeldkonten v. a. der Bundes-CDU sowie des hessischen CDU-Landesverbands beherrschten monatelang die innenpolitische Diskussion in Deutschland. In ihrem Gefolge musste Alt-Bundeskanzler Helmut Kohl den Ehrenvorsitz der Partei abgeben und Wolfgang Schäuble vom Fraktions- und Bundesvorsitz zurücktreten. Unter der Bundesvorsitzenden Angela Merkel, die 2000 als erste Frau an die Spitze der CDU gewählt worden war, bemühte sich die Partei, insbesondere nach der knapp verlorenen Bundestagswahl von 2002, um einen personellen und programmatischen Neuanfang. 2004 wurde Horst Köhler als Kandidat der CDU zum Bundespräsidenten gewählt. Nach der Bundestagswahl von 2005 vereinbarte die CDU unter Merkel die Bildung einer großen Koalition mit der SPD.

christliche Gewerkschaften, auf Betreiben der katholischen und evangelischen Arbeitervereine Ende des 19. Jh. im Sinne der christlich-sozialen Bewegung gegründete Arbeitnehmerorganisationen, die in bewusster Abkehr von sozialistischen Zielen die christlichen Arbeitnehmer beider Konfessionen organisierten. Anders als die »freien« sozialistischen Gewerkschaften lehnten die christlichen Gewerkschaften den Klassenkampf ab und waren parteipolitisch neutral. Der »Gesamtverband christlicher Gewerkschaften« wurde 1901 als Dachorganisation von elf Zentralverbänden mit etwa 150 000 Mitglied gegründet. Mit 1,1 Millionen Mitgliedern 1921 hatten die christlichen Gewerkschaften ihre größte Bedeutung nach dem Ersten Weltkrieg. 1933 wurden sie wie alle anderen Gewerkschaften vom nationalsozialistischen Regime zwangsaufgelöst.

Nach dem Zweiten Weltkrieg begaben sich die christlichen Gewerkschaften unter das Dach des neu gegründeten Deutschen Gewerkschaftsbundes (DGB). 1955 kam es aber wegen Differenzen über die einseitige parteipolitische Ausrichtung des DGB zu Austritten christlicher Gewerkschaftler, die im selben Jahr die »Christliche Gewerkschaftsbewegung Deutschlands« (CGD) gründeten. 1959 wurde die CGD in »Christlicher Gewerkschaftsbund Deutschlands« (CGB) umbenannt.

In Europa bestehen in Belgien, den Niederlanden, Luxemburg, der Schweiz und Italien bedeutendere christliche Gewerkschaften.

Christlich Soziale Union in Bayern, Abk. **CSU,** im November 1945 in München gegründete Partei. Trotz enger Zusammenarbeit mit der CDU, mit der die CSU seit 1949 eine Fraktionsgemeinschaft (CDU/CSU) im Deutschen Bundestag bildet, konnte die CSU aufgrund ihrer konservativeren Haltung und ihrer starken Ausrichtung auf bayerische Interessen ihre Selbstständigkeit als Partei wahren. Bei den ersten Landtagswahlen in Bayern 1946 gewann die CSU die absolute Mehrheit, die sie jedoch 1950 wieder verlor; bis 1954 regierte sie mit einer Koalition. 1954–57 war die CSU in der Opposition und ging danach wieder Koalitionen ein. Seit 1962 regierte die CSU unter den Ministerpräsidenten Alfons Goppel (1962–78), Franz Josef Strauß (1978–88), Max Streibl (1988–93) und Edmund Stoiber (ab 1993) mit absoluter Mehrheit.

Insbesondere unter der Führung von Strauß strebte die CSU gegenüber der CDU nach einem eigenen politischen Profil, was dazu führte, dass 1976 ein Beschluss zur kurzzeitigen Aufkündigung der Fraktionsgemeinschaft mit der CDU gefasst wurde. Bei den Bundestagswahlen 1980 war Strauß – wie nach ihm Stoiber 2002 – Kanzlerkandidat beider Parteien. Zwischen 1949 und 1969, zwischen 1982 und 1998 sowie nach 2005 war die CSU in der Bundesregierung vertreten.

Chronik, in der Geschichtswissenschaft Bezeichnung für ein Geschichtswerk, das Ereignisse in ihrer zeitlichen Abfolge auflistet. Die Weltchronik oder christliche Universalchronik schildert die Weltgeschichte unter heilsgeschichtlichem Aspekt von Anbeginn bis zur Zeit des Autors. Andere Chroniken erzählen landschaftlich, inhaltlich und zeitlich enger begrenzt die Geschichte eines Reiches, Territoriums, Geschlechts oder Ähnliches, wobei aber auch oft bis in sagenhafte Anfänge zurückgegangen wird. Die Darstellung der Ereignisse verbindet sich teilweise mit religiöser Überlieferung und weist oft eine poetische Gestaltung auf, u.a. werden etwa Einschübe in Form von Anekdoten gemacht. Chroniken halten sich nicht so streng an die jährliche Abfolge der Nachrichten wie die Annalen, doch sind die Grenzen zwischen diesen beiden historiographischen Gattungen fließend.

Chruschtschow [x-], Nikita, sowjetischer Politiker, *Kalinowka (Gouvernement Kursk) 17. 4. 1894, †Moskau 11. 9. 1971; Schlosser, später Ingenieur; war 1934–66 Mitglied des Zentralkomitees (ZK), 1939–52 Mitglied des Politbüros und 1952–64 Mitglied des Präsidiums der KPdSU; als Parteigänger Stalins war er 1935–38 und 1949–53 Erster Sekretär der Moskauer, 1938–49 (mit Unterbrechung 1947) Erster Sekretär der ukrainischen Parteiorganisation, 1941–45 politischer Kommissar an verschiedenen Frontabschnitten.

Nach dem Tod Stalins wurde Chruschtschow im September 1953 Erster Sekretär der KPdSU. Auf dem XX. Parteitag (1956) leitete er mit dem »Geheimreferat« über die Herrschaftsmethoden und den »Personenkult« Stalins die →Entstalinisierung ein. Nach der Entfernung innerparteilicher Kritiker aus der Parteispitze, u.a. Wjatscheslaw Molotow und Georgi Malenkow, (1957) und dem Rücktritt von Ministerpräsident Nikolai Bulganin (1958) übernahm Chruschtschow 1958 auch die Führung der Regierung.

Außenpolitisch entwickelte Chruschtschow die These von der friedlichen Koexistenz und leitete eine Entspannungsdiplomatie ein; er lenkte in verschiedenen internationalen Konflikten, v.a. im Koreakrieg (1950–53) ein, suchte eine Verständigung mit der Partei- und Staatsführung in Jugoslawien (1955) und gestand Österreich die staatliche Unabhängigkeit zu (1955). Andererseits zeigte er mit der Unterdrückung des Ungarnaufstands (1956), dem Berlin-Ultimatum (1958) und der Entscheidung für den Bau der Berliner Mauer (1961) die Grenzen der sowjetischen Entspannungspolitik auf. In der →Kubakrise (1962/63) erlitt er eine diplomatische Niederlage. Im Oktober 1964 setzte das ZK der KPdSU Chruschtschow als Partei- und Regierungschef ab. Seitdem wurde er in der sowjetischen Öffentlichkeit als »Unperson« behandelt.

NIKITA CHRUSCHTSCHOW
***1894 †1971**

- machte unter Stalin politische Karriere
- leitete als Stalins Nachfolger die Entstalinisierung ein
- riskierte 1962 in der Kubakrise eine militärische Auseinandersetzung mit den USA
- galt nach seiner Absetzung in der Sowjetunion als »Unperson«

Churchill [ˈtʃɔːtʃɪl], Sir (seit 1953) Winston, britischer Politiker, *Blenheim Palace 30. 11. 1874, †London 24. 1. 1965; war zunächst Offizier und wurde einer breiteren Öffentlichkeit durch seine Berichte über den Burenkrieg bekannt. Churchills politische Karriere begann 1900 mit seiner Wahl zum konservativen Mitglied des Unterhauses. 1904 wechselte Churchill zur Partei der britischen Liberalen, bei der er zum sozialreformerischen Flügel ge-

CHRUSCHTSCHOW. ***Die Donnersohle***

Am 12. 10. 1960 berieten die Vereinten Nationen bei ihrer Vollversammlung über einen Antrag der UdSSR gegen den Kolonialismus. Allgemeiner Radau brach aus, als ein Vertreter der Philippinen es wagte, in diesem Zusammenhang die Unterdrückung der osteuropäischen Völker zu erwähnen. Nikita Chruschtschow antwortete darauf mit einer heftigen Rede, während der er zur Verblüffung aller einen Schuh auszog, mit diesem auf das Sprecherpult eindrosch und dazu wetterte: *»Warum darf dieser Nichtsnutz, dieser Speichellecker, dieser Fatzke, dieser Imperialistenknecht und Dummkopf – warum darf dieser Lakai der amerikanischen Imperialisten hier Fragen behandeln, die nicht zur Sache gehören?«* Nach genauer Analyse der Fotografien des Auftritts entdeckte man noch eine kleine Sensation, die vor allem die deutsche Lederwarenindustrie erfreute: Chruschtschow trug Schuhe aus Pirmasens.

hörte. Nach deren Wahlsieg 1906 hatte er verschiedene Regierungsämter inne (u.a. Handels- und Innenminister). Seit 1911 Erster Lord der Admiralität, trieb Churchill die Flottenrüstung energisch voran, nachdem mit dem Deutschen Reich keine Begrenzung der Rüstung vereinbart werden konnte. Im Ersten Weltkrieg schied er 1915 zunächst aus der Regierung aus, wurde aber 1917 zurückberufen und war in der Folgezeit (bis 1922) Munitionsminister, Kriegs- und Luftfahrtminister sowie Kolonialminister. 1924 kehrte er wieder zu den Konservativen zurück und bekleidete in deren Regierung bis 1928 das Amt des Schatzkanzlers.

Nach dem Ausbruch des Zweiten Weltkrieges stieg Churchills Ansehen wieder stark an. Er wurde 1939 zunächst erneut Erster Lord der Admiralität und im Mai 1940 Premierminister einer Allparteienregierung. In der kritischen Zeit der »Luftschlacht um England« symbolisierte er den britischen Widerstandsgeist und Durchhaltewillen. Mit dem amerikanischen Präsidenten Franklin D. Roosevelt verkündete Churchill 1941 die →Atlantikcharta. Im weiteren Verlauf des Krieges versuchte er u.a. auf den Konferenzen von Teheran und Jalta neben den USA und der UdSSR eine eigenständige Rolle zu spielen.

Nach der Wahlniederlage der Konservativen 1945 musste Churchill als Premierminister zurücktreten. In der nun folgenden Zeit als Oppositionsführer prägte er den Begriff vom »Eisernen Vorhang« und zeichnete jenes Bild von der UdSSR, das in der westlichen Staatenwelt im →Kalten Krieg bestimmend wurde. Nach dem konservativen Wahlsieg 1951 war er bis 1955 erneut Premierminister und setzte sich für eine Entspannung im Ost-West-Konflikt ein. Für seine Darstellung des Zweiten Weltkriegs erhielt er 1953 den Nobelpreis für Literatur.

WINSTON CHURCHILL
***1874 †1965**

wurde 1940 Premierminister Großbritanniens

symbolisierte im Zweiten Weltkrieg den britischen Widerstandsgeist

beeinflusste maßgeblich den Beginn des Kalten Krieges

wurde 1953 mit dem Nobelpreis für Literatur ausgezeichnet

Churriter [x-], altorientalisches Volk, →Hurriter.

Ciano ['tʃa:no], Galeazzo, Conte di Cortellazzo, italienischer Politiker, *Livorno 18. 3. 1903, †(hingerichtet) Verona 11. 1. 1944; schloss sich der faschistischen Bewegung an und trat 1925 in den diplomatischen Dienst; 1930 heiratete er Edda, die Tochter Benito Mussolinis. 1935/36 war Ciano Minister für Presse und Propaganda. Als Außenminister (1936–43) führte er zunächst willig die außenpolitischen Vorhaben Mussolinis durch, so z.B. 1936 die Errichtung der »Achse Berlin–Rom«, und den Beitritt Italiens zum »Antikominternpakt« 1937. Ab 1938 geriet Ciano jedoch zunehmend in Konflikt mit dem Duce und stimmte in der Sitzung des Faschistischen Großrates vom 25. 7. 1943 sogar für die Absetzung Mussolinis. Nach dem Umsturz wurde er von der italienischen Regierung inhaftiert und floh nach Deutschland, wo man ihn allerdings wieder an den inzwischen befreiten Mussolini auslieferte. Von einem Sondergericht in Verona wurde er dann zum Tod verurteilt.

CHURCHILL. ***Mühen, Blut, Schweiß und Tränen***

In schwierigster Lage – im Mai 1940 kapitulierten im Zweiten Weltkrieg die Niederlande und Belgien, einen Monat später Frankreich vor den deutschen Truppen – konnte Winston Churchill in seiner ersten Rede als Premierminister am 13. 5. 1940 seinen Landsleuten *»nichts anderes anbieten als Mühen, Blut, Schweiß und Tränen«.* Er beschwor sie dennoch, *»den Krieg zur See, zu Land und in der Luft mit aller Kraft ... zu führen ... gegen eine ungeheuerliche Tyrannei, die alles Bisherige übertrifft«.* Sein Ziel sei *»Sieg um jeden Preis, Sieg trotz all des Terrors, Sieg, wie lang und mühsam der Weg auch immer sein mag, denn ohne Sieg gibt es kein Überleben«.*

Cicero, Marcus Tullius, römischer Redner, Politiker und Schriftsteller, *Arpinum (heute Arpino) 3. 1. 106 v. Chr., †(ermordet) bei Formiae (heute Formia) 7. 12. 43 v. Chr. Erste Erfolge hatte Cicero nach sorgfältiger Ausbildung als Anwalt in Rom. 75 war er Quästor, 69 Ädil, 66 Prätor. Als Konsul unterdrückte er 63 ohne Waffengewalt die Verschwörung des Catilina; bekannt sind seine vier catilinarischen Reden. 58 musste er ins Exil gehen. Zwar konnte er 57 zurückkehren, doch blieb er in den folgenden Jahren politisch ohne Einfluss. In dieser Zeit entstanden u.a. seine bedeutenden Werke »De oratore« (»Über den Redner«), »De re publica« (»Über den Staat«) und »De legibus« (»Über die Gesetze«, unvollendet), in denen er, auf griechischem Gedankengut aufbauend, dem Ideal des Römertums eine in die Zukunft weisende Ausprägung gab. 51 verwaltete er als Prokonsul die Provinz Kilikien. Unmittelbar nach seiner Rückkehr brach der Bürgerkrieg aus (49), in dem Cicero sich nach vergeblichen Vermittlungsversuchen schließlich für Pompeius entschied. Nach dessen Niederlage wurde er durch Caesar amnestiert. Obwohl dessen Alleinherrschaft Ciceros Überzeugungen widersprach, versuchte er trotzdem, Caesar für eine maßvolle, legale Staatslenkung zu gewinnen. Nach Caesars Tod (44) trat er nachdrücklich, aber vergeblich für eine Wiederherstellung der Senatsherrschaft ein. Dabei geriet er in Gegensatz zu Marcus Antonius, gegen den er seine philippischen Reden richtete. Auf der Flucht in den Osten des Reiches wurde Cicero schließlich im Auftrag des Antonius ermordet.

So umstritten Ciceros Bedeutung als Politiker ist, so unbestritten ist die Wirkung, die er durch seine Reden, rhetorischen und philosophischen Schriften sowie seine in elegantem Latein geschriebenen Briefe ausübte. Durch diese Werke ist er der eigentliche Schöpfer der lateinischen Kunstprosa geworden. Besonders in seinen letzten Jahren (46–43) entfaltete er als Vermittler der griechischen Gedankenwelt

El Cid. Grabmal des Rodrigo Díaz de Vivar und seiner Frau Jimena (Burgos, Kathedrale)

an die Römer eine große literarische Schaffenskraft.

Cid, El [- tsi:t, si:t, span. θið, von arab. sayyid »Herr«], Ehrenname von Rodrigo (Ruy) Díaz de Vivar, spanischer Heerführer und Nationalheld, *Vivar (bei Burgos) um 1043, †Valencia 10. 7. 1099. Der Sohn eines kastilischen Adligen diente König Sancho II., mit dem er am Hof erzogen worden war, in zahlreichen Schlachten und erhielt wegen seiner Erfolge den Beinamen »el Campeador« (»Schlachtensieger«). Nach Sanchos Ermordung (1072) wurde der Cid Gefolgsmann von dessen Bruder, König Alfons VI. von León und (nach 1072) von Kastilien. Der König gab ihm seine Verwandte Jimena Díaz zur Frau, verbannte ihn aber 1081, als er zu mächtig zu werden drohte. Als Verbannter diente der Cid dem Maurenfürsten von Saragossa, den er auch gegen christliche Angriffe verteidigte. In diesen Kämpfen erwarb er sich seinen Ruhm und seinen Ehrennamen. Nach einer vorübergehenden Aussöhnung 1086 verlieh ihm Alfons VI. 1087 alle Gebiete, die er im Osten Spaniens einnehmen würde. 1094 eroberte der Cid Valencia und verteidigte es gegen die →Almoraviden. Nach seinem Tod konnte seine Witwe die Stadt bis 1102 halten. In der Folgezeit wurde der Cid zur legendären Symbolgestalt der spanischen →Reconquista, zur Verkörperung der Ideale des Ritters und Lehnsmannes.

Cinna, Lucius Cornelius, römischer Politiker, *um 130 v. Chr., †(ermordet) 84 v. Chr.; wurde, obwohl Gegner des Lucius Cornelius Sulla, als dessen Nachfolger zum Konsul gewählt (für 87 v. Chr.). Als Cinna nach Sullas Abreise in den Osten dessen Verfügungen aufheben wollte, wurde er zunächst vertrieben, eroberte jedoch im Bund mit Marius Ende 87 Rom und ging gegen die Anhänger Sullas vor. In den folgenden Jahren ständig Konsul, war Cinna Herr über Italien und den Westen. Unterstützt wurde er besonders von den Rittern und den ehemaligen italischen Bundesgenossen, denen er das volle römische Bürgerrecht verschafft hatte. Er konnte jedoch nicht alle anstehenden Probleme meistern und wurde, als er 84 v. Chr. gegen Sulla ziehen wollte, von meuternden Soldaten erschlagen. Cinnas Tochter Cornelia heiratete Caesar.

Citoyen [sitwa'jɛ̃, französ.], Bürger; ursprünglich die Bezeichnung für einen stimm- oder wahlberechtigten Bürger der Cité (»Stadt«); seit der Französischen Revolution jeder Staatsbürger Frankreichs. 1792 wurden Citoyen und Citoyenne (»Bürgerin«) als einzig erlaubte Titel und als demokratische Anrede anstelle von Monsieur und Madame eingeführt, mit dem Sieg des Kaisertums 1804 jedoch wieder abgeschafft. Die Wiederaufnahme der Anrede Citoyen nach der französischen Februarrevolution 1848 war nur von kurzer Dauer.

Claudius, Tiberius Claudius Nero Germanicus (41–54), Kaiser des Römischen Reichs, *Lugdunum (heute Lyon) 1. 8. 10 v. Chr., †(ermordet?) Rom 13. 10. 54 n. Chr., Neffe des Kaisers Tiberius. Als Kind kränklich und auch im Alter noch geh- und sprechbehindert, wurde Claudius unter Augustus und Tiberius von jeder politischen Tätigkeit fern gehalten und erhielt erst von Caligula das Konsulat. Nach dessen Ermordung erhoben die Prätorianer Claudius gegen den Willen des Senats auf den Thron.

Als Kaiser konnte Claudius bedeutende Vorhaben verwirklichen: Die kaiserliche Verwaltung wurde mithilfe von Freigelassenen ausgebaut. Ein neuer Hafen in Ostia sicherte die Getreideversorgung Roms. Eine großzügige Bürgerrechtspolitik und eine aktive Außenpolitik verschafften Claudius Unterstützung bei den Truppen und bei den Provinzialen. Neben der Eroberung Südbritanniens ist die Errichtung neuer Provinzen in Mauretanien und Thrakien zu nennen. Der Gegensatz zum Senat führte zu zahlreichen Verschwörungen gegen Claudius. Als Folge einer von ihnen wurden 48 n. Chr. seine intrigante und zügellose dritte Frau Messalina und ihr Geliebter Gaius Silius hingerichtet. Zur Festigung seiner Stellung heiratete Claudius 49 seine Nichte Agrippina die Jüngere, die ihn ebenfalls politisch beherrschte und 54 wohl auch ermorden ließ; Claudius adoptierte 50 deren Sohn, den späteren Kaiser Nero.

Clausewitz, Carl von, preußischer General und Militärschriftsteller, *Burg bei Magdeburg 1. 7. 1780, †Breslau 16. 11. 1831; trat 1792 in die preußische Armee ein, nahm am Rheinfeldzug 1793/94 teil. Clausewitz gehörte seit 1808 zum Kreis der preußischen Heeresrefor-

Marcus Tullius Cicero

Carl von Clausewitz

mer um Scharnhorst und Gneisenau. 1812 trat er zum Kampf gegen Napoleon I. in russische Dienste über; am Zustandekommen der Konvention von Tauroggen war er maßgeblich beteiligt. Nach Wiedereintritt in die preußische Armee diente er 1815–18 als Oberst und Chef des Stabes beim Generalkommando in Koblenz, danach bis 1830 im Rang eines Generalmajors als Verwaltungsdirektor der Allgemeinen Kriegsschule in Berlin; in dieser Zeit entstand im Wesentlichen sein unvollendetes Hauptwerk »Vom Kriege«, eine philosophische Abhandlung über das Wesen des Krieges und sein Verhältnis zur Politik. Aus der darin getroffenen Kernaussage »Der Krieg ist die Fortsetzung der Politik mit anderen Mitteln.« ergab sich für Clausewitz die Unterordnung des Militärs unter die Politik und die von ihr bestimmten Zielsetzungen.

Georges Clemenceau

Clay [kleɪ], Lucius D[ubignon], amerikanischer General, *Marietta (Georgia) 23. 4. 1897, †Chatham (Massachusetts) 16. 4. 1978; war 1947–49 Militärgouverneur der amerikanischen Besatzungszone in Deutschland; trug 1948/49 mit der Organisation einer Luftbrücke wesentlich zur Überwindung der sowjetischen Blockade der Westsektoren Berlins (→Berliner Blockade) bei. 1961/62 war er im Range eines Botschafters persönlicher Berlinbeauftragter von Präsident Kennedy.

Bill Clinton bei seinem zweiten Amtseid 1997 in Washington (D.C.), im Hintergrund seine Tochter Chelsea, seine Frau Hillary und Vizepräsident Al Gore

Clemenceau [klemɑ̃'so], Georges, französischer Staatsmann, *Mouilleron-en-Pareds (Département Vendée) 28. 9. 1841, †Paris 24. 11. 1929; stammte aus traditionell republikanischer Familie und war anfangs als Arzt tätig. Als Abgeordneter der Nationalversammlung stimmte Clemenceau, erfüllt von jakobinisch-republikanischem Nationalismus, 1871 gegen den deutsch-französischen Friedensvertrag. 1875 wurde er Präsident des Pariser Stadtrates, 1876 Mitglied der Kammer. Bald machte er sich als Wortführer der äußersten Linken und als »Ministerstürzer« einen Namen. In den Panamaskandal hineingezogen, wurde Clemenceau 1893 nicht wieder in die Nationalversammlung gewählt; doch er konnte sich durch seinen Einsatz für eine Wiederaufnahme des Prozesses in der →Dreyfusaffäre wieder Ansehen verschaffen und wurde 1902 Senator. Von 1906 an war er mehrmals Minister; unter seiner ersten Ministerpräsidentschaft 1906–09 wurde die Trennung von Staat und Kirche abschließend geregelt.

Im Ersten Weltkrieg zunächst aus der Regierung fern gehalten, übernahm »der Tiger«, wie Clemenceau genannt wurde, in der Krise von 1917 zum zweiten Mal die Regierung. Unter weitgehender Ausschaltung des Parlaments fasste er alle Kräfte Frankreichs zusammen und führte dadurch den Sieg der Alliierten mit herbei. Bei den Friedensverhandlungen suchte er das Deutsche Reich möglichst zu schwächen und den Rhein zur militärischen Grenze Frankreichs zu machen. Er richtete sich gegen alle Zugeständnisse an Deutschland, von dessen Kriegsschuld er überzeugt war. Nachdem er bei der Präsidentenwahl 1920 unterlag, zog sich Clemenceau aus dem politischen Leben zurück.

Cleveland ['kli:vlənd], Grover, 22. und 24. Präsident der USA (1885–89, 1893–97), *Caldwell (N. J.) 18. 3. 1837, †Princeton (N. J.) 24. 6. 1908; setzte sich als Bürgermeister von Buffalo (1881–82) und Gouverneur von New York (1883–85) mit Erfolg für Verwaltungsreformen und gegen Korruption auch in der eigenen Partei ein und wurde 1885 als erster Demokrat nach dem Sezessionskrieg zum Präsidenten gewählt. Gegen den Pullmanstreik in Chicago 1894 ließ er Bundestruppen intervenieren. Seine konservative Währungspolitik während der Wirtschaftskrise von 1893 bis 1896 kostete ihn die Unterstützung seiner Partei. Einer imperialistischen Außenpolitik abgeneigt, verhinderte er 1893 die Annexion Hawaiis durch die USA und verfolgte in der Kubakrise von 1895 eine neutrale Politik, machte jedoch im Streit zwischen Großbritannien und Venezuela 1895 mit Nachdruck die →Monroedoktrin geltend.

Clinton ['klɪntən], Bill, eigentlich William Jefferson Blythe, 42. Präsident der USA (1993–2001), *Hope (Arkansas) 19. 8. 1946; seit 1975 ⚭ mit Hillary Rodham Clinton; lehrte 1973–76 an der Universität in Fayetteville (Arkansas) Jura. Clinton, der sich der Demokratischen Partei anschloss, war 1977–79 Justizminister und 1979–81 sowie 1983–93 Gouverneur von Arkansas. Mit einem Wahlprogramm, das besonders die Wiederbelebung der Wirtschaft, die Sanierung der Staatsfinanzen sowie die Reform des Bildungs- und Gesundheitswesens in den Mittelpunkt rückte, gewann Clinton im November 1992 die Präsidentschaftswahlen. Bei der Umsetzung seines stark innenpolitisch ausgerichteten Regierungsprogramms konnte er Erfolge erzielen; allerdings scheiterte seine Gesetzesvorlage zu einer Reform des Gesundheitswesens im Kongress. Auf außenpolitischem Gebiet gelangen Clinton in seiner ersten Amtszeit mithilfe seines Außenministers Warren Christopher und verschiedener diplomatischer Missionen u.a. eine Vermittlung im Nahostkonflikt und im Krieg in Bosnien-Herzegowina, eine vorläufige Einigung im Atomstreit mit Nordkorea und eine Normalisierung der Beziehungen zu Vietnam.

Bei den Präsidentschaftswahlen im November 1996 sicherte sich Clinton eine zweite Amtszeit, zu deren Beginn er seine Regierung umbildete und mit Madeleine Albright erstmals in den USA eine Frau in das Amt des Außenministers berief. Außenpolitisch bemühte er sich u.a. um eine Weiterführung des Nahostfriedensprozesses, konnte jedoch eine erneute Eskalation der palästinensisch-israelischen Auseinandersetzung nicht verhindern. Im Kosovokonflikt zwang er zusammen mit anderen westlichen Regierungen Jugoslawien durch eine NATO-Militäraktion zum Einlenken.

Wirtschaftlich erlebten die USA während der Clinton-Administration eine Zeit der Prosperität und weitgehenden Vollbeschäftigung. Innenpolitische Probleme erwuchsen Clinton aus verschiedenen persönlichen Affären und Skandalen. So führte die aus früheren Immobiliengeschäften hervorgegangene »Whitewater-Affäre« zur Einsetzung eines Untersuchungsausschusses. Zur größten Belastungsprobe für Clinton wurde aber die von ihm unter Eid geleugnete außereheliche Affäre mit der Praktikantin Monica Lewinsky, die zur Einleitung eines von den Republikanern betriebenen Amtsenthebungsverfahrens (Impeachment) führte, das aber im Februar 1999 mit einem Freispruch Clintons durch den Senat endete.

Cluny [kly'ni], bedeutende Benediktinerabtei in Burgund, Frankreich. Das Kloster Cluny wurde 910 von Wilhelm von Aquitanien gegründet. Es war schon unter dem ersten Abt, Berno, insbesondere aber im 10. und 11. Jh. unter den fünf folgenden großen und als Heilige verehrten Äbten Odo, Aymard, Majolus, Odilo sowie Hugo der Große Ausgangs- und Mittelpunkt einer umfassenden Erneuerung des Mönchtums und der Kirche (→kluniazensische Reform). In der Französischen Revolution wurde die Benediktinerabtei aufgehoben und die mittelalterliche Klosteranlage fast völlig zerstört.

Code, Gesetzbuch; insbesondere die Bezeichnung für die von Napoleon I. veranlasste französische Gesetzessammlung aus fünf Teilbereichen des Rechts (»cinq codes«): 1) der Code civil (Code Napoléon), das französische Zivilgesetzbuch; 2) der Code de procédure civile, die Zivilprozessordnung; 3) der Code de commerce, das Handelsrecht; 4) der Code d'instruction criminelle, die Strafprozessordnung; 5) der Code pénal, das Strafrecht.

Codex Iuris Canonici, Abk. **CIC,** das Gesetzbuch des kanonischen Rechts, das die Grundlage und Hauptquelle des geltenden Rechts der katholischen Kirche des lateinischen Ritus bildet. Nachdem das kirchliche Recht lange Zeit nur in voluminösen Sammlungen verschiedenartiger Gesetze vorgelegen hatte (→Corpus Iuris Canonici), gab Pius X. 1904 den Auftrag zur Erarbeitung eines modernen kirchlichen Gesetzbuches, das 1918 in Kraft trat. Durch das 2. Vatikanische Konzil und die nachfolgende päpstliche Gesetzgebung entstand eine Neufassung des CIC, das seit dem 27. 11. 1983 in Kraft ist und aus 1752 Canones (Abk. cc.) in sieben Büchern besteht.

Colbert [kɔl'bɛːr], Jean-Baptiste, Marquis (seit 1658) de Seignelay, französischer Staatsmann, *Reims 29. 8. 1619, †Paris 6. 9. 1683; Sohn eines Tuchhändlers und ursprünglich zum Kaufmann bestimmt. Colbert wurde unter Kardinal Mazarin 1661 Oberintendant der Finanzen, später auch der Fabriken, der königlichen Bauwerke und der schönen Künste, Staatssekretär des königlichen Hauses und 1665 Generalkontrolleur der Finanzen. Er schuf durch planvolle Steigerung und zentralistische Zusammenfassung der Wirtschaftskräfte Frankreichs die materiellen Grundlagen für die Außenpolitik Ludwigs XIV.

Colbert war einer der bedeutendsten Vertreter des →Merkantilismus; es gelang ihm, die Steuereinnahmen allein im Zeitraum von 1661 bis 1667 zu verdoppeln. Er schuf u.a. die Académie des inscriptions et belles-lettres (1663) und die Académie des sciences (1666). Als Marineminister (seit 1669) wurde er zum Schöpfer einer starken französischen Flotte und zum eigentlichen Begründer der überseeischen Machtstellung Frankreichs; er trat im Gegensatz zur Kontinentalpolitik des Königs für eine französische Welt- und Kolonialpolitik ein. Im Inneren versuchte er eine grundlegende Reform des Steuerwesens, bahnte die Zolleinheit Frankreichs an, ordnete die Gerichtsverfahren und stärkte die Zentralisation der Verwaltung. Er trat für eine französische Welt- und Kolonialpolitik in Nord- und Mittelamerika, Westafrika und Ostindien ein, im Gegensatz zu der kostspieligen, auf den Rhein gerichteten Kontinentalpolitik des Königs und des Kriegsministers Marquis Louvois, wodurch er später an Gunst und Einfluss verlor.

Cölestin V., früher Pietro del Murrone, Papst (5. 7.–13. 12. 1294), *Isernia um 1215, †Schloss Fumone (bei Frosinone) 19. 5. 1296; Benediktiner; gründete als Einsiedler auf dem Berg Murrone bei Sulmona ab 1250 die Ein-

Grover Cleveland

Jean-Baptiste Colbert

siedlergemeinden der Zölestiner, aus denen sich etwa 150 Klöster entwickelten, die bis zur Reformation bestanden. Cölestin wurde als heiligmäßiger Einsiedler gegen seinen Willen gewählt. Da er gegen die Korruption der Kurie ohnmächtig war, dankte er ab. Sein Nachfolger Bonifatius VIII. hielt ihn bis zu seinem Tod in Haft.

Coligny [kɔliˈɲi], Gaspard de, Seigneur de Châtillon [-dəʃatiˈjɔ̃], französischer Heerführer und Staatsmann, *Châtillon-sur-Loing (heute Châtillon-Coligny, Département Loiret) 16. 2. 1519, †Paris 24. 8. 1572; wurde 1547 Generaloberst der französischen Infanterie, 1552 Admiral von Frankreich. 1557 geriet Coligny in spanische Gefangenschaft (bis 1559), trat dort zum Kalvinismus über und wurde nach seiner Freilassung Führer der Hugenotten in den ersten vier Religionskriegen. Er wollte den jungen König Karl IX. für den reformierten Glauben und einen Krieg gegen das katholische Spanien gewinnen. Seine Gegenspieler waren die Regentin Katharina von Medici und die Herzöge von Guise. Nach einem vorausgegangenen missglückten Anschlag wurde Coligny ein Opfer der →Bartholomäusnacht.

Compiègne. Im Eisenbahnwagen des Marschalls Ferdinand Foch fanden 1918 im Wald von Compiègne die Waffenstillstandsverhandlungen des Ersten Weltkriegs statt (hier der deutsche Verhandlungsführer Matthias Erzberger, ihm gegenüber in Uniform Foch).

Cọllins [ˈkɔlɪnz], Michael, irischer Politiker, *bei Clonakilty (County Cork) 16. 10. 1890, †bei Bandon (County Cork) 22. 8. 1922; organisierte mit Eamon de Valera den irischen Aufstand (1919–21) gegen Großbritannien. 1921 unterzeichnete Collins den anglo-irischen Vertrag; er wurde Mitglied der provisorischen Regierung des Freistaates Irland und Generalstabschef. Collins wurde von radikalen Vertragsgegnern ermordet.

Cọmmodus, Lucius Aurelius, seit 180 Marcus Aurelius Commodus Antoninus, seit 191 Lucius Aelius Aurelius Commodus, Kaiser des Römischen Reichs (180–192 n. Chr.), *161, †Rom 1. 1. 193; Sohn Mark Aurels. Commodus war seit 177 als Augustus formell Mitregent und übernahm nach dem Tod seines Vaters die Herrschaft. Die tatsächliche Regierung lag jedoch in den Händen verschiedener Kämmerer und Gardepräfekten. Die Beendigung der Markomannenkriege (→Markomannen) und die Aufgabe der Eroberungspolitik Mark Aurels brachten Commodus in einen Gegensatz zum Senat, was sich in einer Kette von Verschwörungen äußerte. Commodus antwortete darauf mit einer Übersteigerung seiner kaiserlichen Stellung und ließ sich zuletzt göttlich verehren. Seine Willkürherrschaft sowie Hungersnöte und ein verheerender Brand Roms führten zu seiner Ermordung.

Commune [kɔˈmyn], →Kommune.

Compiègne [kɔ̃ˈpjɛɲ], Stadt im Département Oise, Frankreich. Im Wald von Compiègne wurde am 11. 11. 1918 der Waffenstillstand zwischen dem Deutschen Reich und dessen Gegnern abgeschlossen, der den Ersten Weltkrieg beendete. An derselben Stelle ließ Adolf Hitler am 22. 6. 1940 den Waffenstillstand mit Frankreich unterzeichnen.

Condẹ́, Henri I. de Bourbon, französischer Prinz, *La Ferté-sous-Jouarre (bei Meaux) 29. 12. 1552, †Saint-Jean-d'Angély (bei Saintes) 5. 8. 1588; übernahm Ende des 16. Jh. zusammen mit Heinrich von Navarra, dem späteren französischen König Heinrich IV., die Führung der Hugenotten.

Condorcet [kɔ̃dɔrˈsɛ], Antoine, Marquis de, französischer Mathematiker, Politiker und Philosoph, *Ribemont (bei Saint-Quentin) 17. 9. 1743, †Clamart (bei Mendon) 29. 3. 1794. Condorcet gehörte zum Kreis der Enzyklopädisten (→Aufklärung); bekannt machten ihn insbesondere seine Arbeiten zur Analysis und zum Dreikörperproblem sowie zur Wahrscheinlichkeitsrechnung.

1789 schloss er sich der Revolution an, wurde 1791 als Abgeordneter in die Gesetzgebende Nationalversammlung gewählt und im Februar 1792 deren Präsident. In diesem Amt verfasste er einen Entwurf zu einer »Nationalerziehung«, in dem er die Beseitigung aller Klassenunterschiede im Bildungswesen sowie dessen Unabhängigkeit von Staat und Kirche und eine umfassende Weiterbildung der Erwachsenen forderte. Condorcet setzte sich auch für die Gleichberechtigung aller Menschen, z. B. die Emanzipation der Frau und die Sklavenbefreiung, ein. Er vertrat eine demokratisch-egalitäre Staatstheorie und stellte das noch heute einflussreiche französische Ideal des demokratischen Einheitsstaates auf. Als Anhänger der Girondisten wurde Condorcet 1793 angeklagt, es gelang ihm aber, sich verborgen zu halten, bis er 1794 verhaftet wurde. Er starb am Tag nach seiner Verhaftung an Erschöpfung oder durch Gift.

Condottiẹre [italien. condottiero, zu condotta »Sold«, »Soldvertrag«], **Kondottiẹre,** im 14. und 15. Jh. Söldner- und Frei-

COOK

Entdeckung der Südsee

Der Begriff »Südsee« bezeichnet ein heute »Ozeanien« genanntes, 70 Millionen Quadratkilometer großes Meeresgebiet zwischen dem Nördlichen Wendekreis und 50° südlicher Breite. Es handelt sich dabei um die Inseln des Pazifischen Ozeans zwischen Australien, den Philippinen und Amerika. Der pazifische Ozean wurde 1513 von Vasco Núnez de Balboa entdeckt und von diesem, da er von Norden kam, »Südsee« genannt.

James Cook leistete durch seine drei Seereisen – die zeitgenössische Karte der damals bekannten »Westlichen Hemisphäre« zeigt die Reiserouten – zwischen 1769 und 1779 Pionierarbeit bei der Erforschung und Kartierung dieses Gebietes. Hochrangige Wissenschaftler begleiteten ihn; ihnen sind die ersten Erkenntnisse über Tier- und Pflanzenwelt, Klima, Landesnatur und Bevölkerungsstruktur des Pazifikraums zu verdanken. Nicht zuletzt geschah die erste europäische Besiedelung des australischen Kontinents, den Cook auf seiner ersten Reise 1770 erreichte, auf der Basis von Cooks Erkenntnissen.

Und seit der dritten Reise des englischen Seefahrers weiß die Welt von der Existenz der nach ihm benannten Cook-Inseln, der Weihnachtsinsel und nicht zuletzt Hawaiis, wo er 1779 zu Tode kam.

scharführer in Italien. Die Condottieri, häufig fremde, insbesondere deutsche Ritter, warben auf eigene Rechnung Söldnertruppen an, schlossen Soldverträge mit italienischen Städten, Stadtherren und Fürsten ab und führten für sie Kriege. Nach Beendigung der Kämpfe brandschatzten sie das Land oder erpressten hohe Lösegelder. Die berühmten Condottieri des 15. Jh. waren meist Italiener; sie kämpften nicht mehr nur um Gewinn, sondern um politische Macht und errangen wie Francesco Sforza in Mailand eine fürstengleiche Herrschaft.

Confessio Augustana, →Augsburgisches Bekenntnis.

Conrad von Hötzendorf, Franz Graf (seit 1918), österreichisch-ungarischer Feldmarschall (1916), *Penzing (bei Wien) 11. 11. 1852, †Mergentheim 25. 8. 1925; war ab 1906 Chef des Generalstabs und drängte seit 1907 auf einen Präventivkrieg gegen Serbien und Italien. Im November 1911 zur Demission bewogen, wurde Conrad von Hötzendorf angesichts der Unruhen auf dem Balkan im Dezember 1912 zurückberufen. Im Ersten Weltkrieg leitete er die Operationen des österreichisch-ungarischen Heeres. Infolge von Meinungsverschiedenheiten mit Kaiser Karl wurde er 1917 seiner Stellung enthoben und zunächst Oberbefehlshaber in Tirol, später dann verabschiedet.

Constitutio Criminalis Carolina, →Carolina.

Containment [kən'teɪnmənt, engl. »Eindämmung«], Bezeichnung für die von George Kennan 1947 konzipierte amerikanische Eindämmungspolitik gegenüber der UdSSR und anderen kommunistischen Staaten. Instrumente der Containmentpolitik waren Bündnisse wie die →NATO sowie Militär- und Wirtschaftshilfe wie das →Europäische Wiederaufbauprogramm.

Cook [kʊk], James, britischer Seefahrer, *Marton (bei Middlesbrough) 27. 10. 1728, †(erschlagen) auf Hawaii 14. 2. 1779; erforschte auf drei Weltumsegelungen den pazifischen und subantarktischen Raum. Auf der ersten Reise (1768–71) beobachtete Cook auf Tahiti die Bewegung der Venus, führte eine erste vollständige Küstenaufnahme dieser Insel aus und stellte bei der Umsegelung Neuseelands dessen Doppelinselnatur fest. Er entdeckte die Ostküste Australiens und durchfuhr die bis dahin gleichfalls unbekannte Torresstraße. Bei der zweiten Reise (1772–75), der ersten Weltumsegelung in

James Cook

Ostrichtung, stieß Cook dreimal bis südlich des Polarkreises vor und wies nach, dass die seit langem angenommene »Terra Australis« nicht existiert. Er entdeckte auch mehrere Inselgruppen im Südpazifik. Auf der dritten Reise (1776–80), bei der eine nördliche Durchfahrt vom Pazifik zum Atlantik gefunden werden sollte, entdeckte er die Hawaii-Inseln und kartierte große Teile der Küste Alaskas, musste seine Fahrt nach Norden aber wegen Treibeises abbrechen.

Coolidge ['ku:lɪdʒ], Calvin, 30. Präsident der USA (1923–29), *Plymouth (Vt.) 4. 7. 1872, †Northampton (Mass.) 5. 1. 1933; war als Mitglied der Republikanischen Partei 1919/20 Gouverneur von Massachusetts und wurde 1921 Vizepräsident unter Präsident Warren Harding, nach dessen Tod am 2. 8. 1923 dessen Nachfolger und 1924 wieder gewählt. Innenpolitisch unterstützte Coolidge u. a. durch Steuersenkungen das Wachstum von Handel und Industrie. In der Außenpolitik verfolgte er etwa gegenüber dem Völkerbund und den lateinamerikanischen Staaten einen am nationalen Egoismus orientierten Kurs.

Hernán Cortés

Corday [kɔr'dɛ], Charlotte, eigentlich Charlotte de Corday d'Armont [-dar'mɔ̃], französische Republikanerin, *Saint-Saturnin-des-Ligneries (Département Orne) 27. 7. 1768, †Paris 17. 7. 1793; erstach am 13. 7. 1793 Jean Paul Marat im Bad, um in ihm den Verfolger der Girondisten zu treffen und in der Hoffnung, damit dem Terror ein Ende zu machen. Wenige Tage später wurde sie guillotiniert.

Cordeliers [kɔrdə'lje, französ. »Stricktrager«], während der Französischen Revolution ein äußerst radikaler politischer Klub, der im Juli 1790 in dem früheren Kloster der Franziskaner (»Cordeliers«) in Paris gegründet wurde und im Unterschied zu den Jakobinern v. a. die unteren Volksschichten ansprach. An seiner Spitze standen u. a. Jean Paul Marat und Georges Danton.

Córdoba, Schmach von, in Deutschland gebräuchliche, umgangssprachliche Bezeichnung für die überraschende 2:3-Niederlage der Fußballnationalmannschaft der Bundesrepublik Deutschland in einem denkwürdigen Spiel gegen Österreich. Die Begegnung wurde in der zweiten Finalrunde der Fußballweltmeisterschaft am 21. 6. 1978 in der argentinischen Provinzhauptstadt Córdoba ausgetragen. Der u. a. vom Rundfunkkommentator Edi Finger viel umjubelte Siegtreffer gelang dem österreichischen Mittelstürmer Hans Krankl in der 88. Spielminute; Deutschland schied daraufhin aus dem Turnier aus.

Cordon sanitaire [kɔr'dɔ̃ sani'tɛ:r, französ.], politisches Schlagwort für den 1919/20 errichteten Staatengürtel von Finnland über die baltischen Staaten und Polen bis Rumänien. Der Cordon sanitaire sollte Sowjetrussland vom übrigen Europa trennen, um dieses vor der »bolschewistischen Weltrevolution« zu schützen. Der →Hitler-Stalin-Pakt (1939), der eine Aufteilung des »Gürtels« in eine deutsche und eine sowjetische Interessensphäre einschloss, bedeutete das Ende des Cordon sanitaire.

Cornelia, römische Patrizierin des 2. Jh. v. Chr.; Tochter Scipios des Älteren, Gattin des Tiberius Sempronius Gracchus; war eine der bedeutendsten Frauengestalten ihrer Zeit. Cornelia widmete sich nach dem frühen Tod ihres Mannes (153 v. Chr.) der Erziehung ihrer Söhne Tiberius und Gaius Gracchus, deren Aufstieg und Untergang sie miterlebte.

Corpus Iuris Canonici [latein.], die Zusammenfassung v. a. der kirchlichen Rechtsquellen des Mittelalters, bestehend aus Decretum Gratiani, Liber Extra, Liber Sextus, den Klementinen und den Extravaganten. Die im Corpus Iuris Canonici enthaltenen Rechtsvorschriften wurden zusammen mit dem übrigen kirchlichen Recht 1918 durch den Codex Iuris Canonici außer Kraft gesetzt.

Corpus Iuris Civilis [latein.], seit 1583 die übliche Bezeichnung für die Sammlung des römischen Rechts, die Kaiser Justinian I. zwischen 528 und 542 zusammenstellen ließ. Sie umfasst vier Teile, wovon drei in lateinischer, der vierte in griechischer Sprache abgefasst sind. Das Corpus Iuris Civilis wurde im Mittelalter durch Rechtsschulen bearbeitet und den praktischen Bedürfnissen der Zeit angepasst; es wurde in Deutschland eine der Quellen des geltenden Rechts und es blieb teilweise bis zum In-Kraft-Treten des Bürgerlichen Gesetzbuches (1900) gültig.

Cortes, Volksvertretung in Portugal und Spanien. Im Königreich Portugal sind die Cortes zum ersten Mal für das Jahr 1211 sicher belegt, als Vertretung der Städte 1254. Ihre Bedeutung war im 14. und 15. Jh. am größten. 1822–1911 waren die Cortes die portugiesische Volksvertretung, in der der König proklamiert und eine neue Verfassung verabschiedet wurde.

In Spanien waren die Cortes eine Ständevertretung, der zunächst nur Vertreter des Adels und der Geistlichkeit angehörten, vom Ende des 12. Jh. an auch der Städte. Ende des 13. Jh. setzte sich die periodische Einberufung der Cortes durch. In ihrer Blütezeit zwischen dem 13. und 15. Jh. bewilligten sie Steuern und hatten großen Einfluss auf Gesetzgebung und Politik, doch die wachsende Zentralmacht des Königs ließ die Cortes allmählich bedeutungslos werden. Seit 1810 ist »Cortes« die Bezeichnung für das moderne spanische Parlament, das seit der Verfassungsänderung von 1978 aus zwei Kammern besteht.

Cortés, Cortez, Hernán (Hernando), spanischer Konquistador, *Medellín (Extremadura) 1485, †Castilleja de la Cuesta (bei Sevilla) 2. 12. 1547. Cortés entstammte dem niederen Adel; 1504 reiste er nach Westindien und nahm 1511 an der Besitznahme Kubas teil. 1519 wurde er mit der Leitung einer 600 Mann starken Expedition nach Mexiko beauftragt. Nach der Gründung des Stützpunktes Veracruz erreichte Cortés am 8. 11. 1519 Tenochtitlán (an der Stelle des heutigen Mexiko), die Hauptstadt des Aztekenreiches, dessen Herrscher Moctezuma II. er gefangen nahm und zur Anerkennung der spanischen Oberhoheit nötigte. Ein Aufstand der →Azteken in der »noche triste«, der »traurigen Nacht« am 30. 6./1. 7. 1520, in dem Moctezuma getötet wurde, zwang Cortés und seine Truppen zum Rückzug. Erst nach erbitterten Kämpfen gelang ihm ein Jahr später die endgültige Eroberung Tenochtitláns und wenig später die Unterwerfung des gesamten Aztekenreiches. Kaiser Karl V. ernannte Cortés 1522 zum Statthalter von Neuspanien und erhob ihn, als er sich 1528–30 wieder in Europa aufhielt, zum Marqués del Valle de Oaxaca. Auf weiteren Entdeckungszügen erreichte Cortés Honduras und Kalifornien. 1540 kehrte er zum zweiten Mal nach Spanien zurück und nahm 1541 am fehlgeschlagenen Feldzug Karls V. gegen Algier teil.

Corvinus [lat. »Rabe«], Beiname des ungarischen Königs Matthias Hunyadi (→Matthias I. Corvinus).

Coudenhove-Kalergi [ku:-, auch 'kudɔnho:və], Richard Nikolaus Graf von, österreichisch-ungarischer Schriftsteller, *Tokio 16. 11. 1894, †Schruns (Vorarlberg) 27. 7. 1972; begründete 1923 in Wien die »Paneuropa-Bewegung«, die sich für die Gründung eines europäischen Staatenbundes einsetzte. Coudenhove-Kalergi lebte in Wien (bis 1938), in Bern (1938–40), als Professor für Geschichte in New York (1940–46), danach in der Schweiz. Er war Generalsekretär der von ihm gegründeten Europäischen Parlamentarier-Union, 1952–65 Ehrenpräsident der Europa-Bewegung.

Cranmer ['krænmə], Thomas, englischer Erzbischof, *Aslacton (bei Norwich) 2. 7. 1489, †Oxford 21. 3. 1556; war Kaplan Heinrichs VIII. und wurde 1533 zum Erzbischof von Canterbury ernannt. In diesem Jahr erklärte Cranmer die Ehe des Königs mit Katharina von Aragón für nichtig, hob 1535 dessen Ehe mit Anna Boleyn auf und ebenso 1540 Heinrichs Ehe mit Anna von Cleve. Von ihm stammen die Fassungen des Common Prayer Book von 1549 und 1552 sowie die 42 Artikel der anglikanischen Kirche von 1553. Außerdem ließ er die Bibel in englischer Sprache verbreiten. Maria die Katholische ließ ihn im Zuge ihrer gegenreformatorischen Politik 1553 ins Gefängnis werfen und 1556 als Häretiker auf dem Scheiterhaufen verbrennen.

Craxi, Bettino, italienischer Politiker, *Mailand 24. 2. 1934, †Hammamat (Tunesien) 19. 1. 2000; schloss sich früh den Sozialisten an und übernahm hauptamtlich Funktionen im »Partito Socialista Italiano« (PSI). 1976 wurde Craxi zum Generalsekretär des PSI gewählt und war an der Spitze einer Fünfparteienkoalition 1983–87 der erste sozialistische Ministerpräsident Italiens. Nach den Parlamentswahlen 1992 hatte er keine Regierungsämter mehr inne. Im Laufe der Enthüllungen des Mailänder Bestechungsskandals geriet auch Craxi in Verdacht und wurde unter Anklage gestellt. 1993 trat er von seinem Amt als Generalsekretär des PSI zurück. 1994 verließ er Italien und lebte seitdem in Tunesien. In Abwesenheit wurde er 1994 zu mehrjährigen Haftstrafen verurteilt; das Urteil wurde allerdings 1999 wegen Verjährung aufgehoben.

Crépy [kre'pi], **Frieden von,** Friedensschluss vom 18. 9. 1544 zwischen Kaiser Karl V. und Franz I. von Frankreich. Darin verzichtete der französische König auf Mailand sowie auf die Lehnshoheit über Flandern und das Artois; ferner musste er seine kolonialen Pläne bezüglich Nordamerikas aufgeben. In einem zusätzlichen Geheimartikel verpflichtete er sich zur Unterstützung des Kaisers gegen die deutschen Protestanten.

Cromwell ['krɔmwəl], Oliver, englischer Staatsmann, *Huntingdon 25. 4. 1599, †London 3. 9. 1658; entstammte dem niederen Landadel und entwickelte sich früh zum strengen Puritaner. Cromwell trat ab 1640 als Mitglied des »Langen Parlaments« gegen König Karl I. und die anglikanische Kirche auf. 1642 schuf er sich eine Reitertruppe, die Ironsides (»Eisenseiten«). Mit ihr siegte er im Bürgerkrieg über die königlichen »Kavaliere« 1644 bei Marston Moor und 1645 bei Naseby. Nach der Flucht des Königs auf die Insel Wight (November 1647), wo er ein Bündnis mit den Schotten schloss, gab Cromwell die Absicht auf, Karl I. zu schonen. Er besiegte die Schotten 1648 bei Preston und schloss danach die Presbyterianer aus dem Parlament aus. 1649 ließ er den gefangen genommenen König durch das übrig gebliebene »Rumpfparlament« hinrichten. In der danach gebildeten Republik, dem »Commonwealth of England«, wurde Cromwell Vorsitzender des Staatsrates. Einen Aufstand der Iren schlug er im gleichen Jahr blutig nieder, besiegte 1650 erneut die Schotten bei Dunbar und 1651 den in England eingedrungenen Karl II.

Um seine Politik durchzusetzen, löste Cromwell in der Folgezeit mehrfach das Parlament auf, sodass zeitweilig eine reine Militärdiktatur herrschte. Die Verfassung vom Dezember 1653 gab ihm als »Lord Protector« zwar eine beinahe monarchische Stellung, dennoch lehnte er den ihm 1657 vom Parlament angebotenen Königstitel ab. 1649 ließ er eine ozeantüchtige Flotte bauen, mit der er

OLIVER CROMWELL
***1599 †1658**

- war ab 1640 Mitglied des »Langen Parlaments«
- siegte mit seinen »Ironsides« im Bürgerkrieg gegen die königlichen »Kavaliere«
- ließ 1649 König Karl I. hinrichten
- bildete die Republik »Commonwealth of England«
- begründete die Weltmachtstellung Englands

Kriege gegen den Handelsrivalen Niederlande und die Seemacht Spanien führte. Damit begründete er die Weltmachtstellung Englands.

CSU, Abk. für →Christlich Soziale Union in Bayern.

cuius regio, eius religio [latein. »wessen das Land, dessen die Religion«], die Bestimmung des Augsburger Religionsfriedens von 1555, die den Reichsständen das Recht zusprach, die Religionszugehörigkeit ihrer Untertanen zu bestimmen. Die Untertanen, die sich weigerten, dem Bekenntnis des Landesherrn beizutreten, konnten nach Verkauf ihrer Habe auswandern.

Cumberland ['kʌmbələnd], Wilhelm August Herzog von, britischer Heerführer, *London 15. 4. 1721, †ebenda 31. 10. 1765, dritter Sohn des britischen Königs Georg II.; verlor im Österreichischen Erbfolgekrieg 1745 die Schlacht bei Fontenoy und besiegte 1746 in Schottland die Jakobiten bei Culloden Muir. Als Oberbefehlshaber der britisch-hannoverschen Armee im →Siebenjährigen Krieg unterlag Cumberland 1757 bei Hastenbeck den Franzosen unter Marschall d'Estrées. Als er in der Konvention von Kloster Zeven (8. 9. 1757) die Räumung Hannovers zugestand, wurde er abberufen.

Cuno, Wilhelm, deutscher Politiker, Verwaltungs- und Wirtschaftsfachmann, *Suhl 2. 7. 1876, †Aumühle (bei Hamburg) 3. 1. 1933; nahm als Wirtschaftssachverständiger der deutschen Regierung 1918/19 an den Waffenstillstands- und Friedensverhandlungen teil und war 1918–22 sowie 1926–30 Generaldirektor der Hamburg-Amerika-Linie (Hapag). Von November 1922 bis August 1923 war Cuno Reichskanzler. Mit seiner gemäßigt rechts stehenden Regierung suchte er vergeblich, die Währung zu stabilisieren und die Reparationsfrage zu lösen. Nach der Besetzung des Ruhrgebietes durch französische und belgische Truppen (11. 1. 1923) rief er dort den passiven Widerstand aus.

Curzon-Linie ['kəːzn-], die Demarkationslinie zwischen Polen und dem bolschewistischen Russland, die der britische Außenminister George Curzon am 11. 7. 1920 im Namen der Interalliierten Konferenz von Spa vorschlug, um den Polnisch-Sowjetischen Krieg beizulegen. Die Curzon-Linie blieb zunächst bedeutungslos, wurde im Zweiten Weltkrieg jedoch zur Grundlage sowjetischer Gebietsansprüche an Polen und entspricht im Wesentlichen der 1945 festgelegten und heute noch gültigen polnischen Ostgrenze.

DAF, Abk. für → Deutsche Arbeitsfront.

Dahlmann, Friedrich, deutscher Historiker und Politiker, * Wismar 18. 5. 1785, † Bonn 5. 12. 1860; wurde 1813 Professor der Geschichte in Kiel und 1815 zugleich Sekretär der schleswig-holsteinischen Stände, deren Kampf gegen dänische Ansprüche er eine nationale Wendung gab. Seit 1829 Professor in Göttingen, musste Dahlmann 1837 als Führer der → Göttinger Sieben das Land Hannover verlassen; 1842 berief ihn die Universität Bonn.

In der Frankfurter Nationalversammlung 1848/49 war Dahlmann einer der Führer der kleindeutschen Partei und an der Ausarbeitung der Reichsverfassung von 1849 beteiligt. Nach dem Scheitern der Deutschen Revolution zog er sich 1850 aus dem politischen Leben zurück.

Dahlmann vertrat einen historisch ausgerichteten Liberalismus nach englischem Vorbild. Seine Darstellungen der Englischen und Französischen Revolutionen (1844, 1845) werteten diese vom liberalen Standpunkt aus, stellten die Geschehnisse jedoch in Zusammenhang mit dem Machtgedanken. Er leitete damit die politische Geschichtsschreibung kleindeutscher Prägung ein, die namentlich sein Schüler Heinrich von Treitschke weiterführte. Mit seiner »Quellenkunde der deutschen Geschichte« (1830), einer Bibliographie der Quellen und der Literatur, legte Dahlmann den Grund zu einem unerlässlichen Hilfsmittel der deutschen Geschichtswissenschaft.

Daily-Telegraph-Affäre [engl. 'deılı'telıgrɑ:f-], Verfassungskrise um Kaiser Wilhelm II., ausgelöst durch die Veröffentlichung seiner Gespräche mit englischen Freunden (1907) im »Daily Telegraph« vom 28. 10. 1908. Der Kaiser hatte gesagt, er sei ein Freund Englands, stehe aber mit dieser Haltung in Deutschland in der Minderheit; während des Burenkriegs habe er die Bildung einer antibritischen Kontinentalkoalition verhindert und Königin Viktoria einen Feldzugsplan zukommen lassen.

Diese Äußerungen wurden in Großbritannien als Anmaßung empfunden, in Frankreich und Russland als ernsthafte Störung des Dreierverbands aufgefasst. In Deutschland erhob sich ein Sturm der Entrüstung um Person und Rechte des Kaisers, dem ein mit der Verfassung nicht übereinstimmendes persönliches Regiment vorgeworfen wurde, obwohl er den Text vor Veröffentlichung korrekt Reichskanzler Bernhard von Bülow zur Prüfung vorgelegt hatte. In der Reichstagsdebatte vom 10./11. 11. 1908 wandten sich alle Parteien gegen den von Bülow trotz der eigenen Fahrlässigkeit nur unzulänglich verteidigten Monarchen. Dessen Vertrauen in den Reichskanzler war stark erschüttert, sodass eine Entlassung nur noch eine Frage der Zeit war. In einer öffentlichen Erklärung sagte Wilhelm II. für die Zukunft politische Zurückhaltung zu.

Daladier [dala'dje], Édouard, französischer Politiker, * Carpentras 18. 6. 1884, † Paris 10. 10. 1970; Lehrer, Mitglied des »Parti Radical et Radical-Socialiste«, 1919–40 Abgeordneter; leitete seit 1927 im Wechsel mit Édouard Herriot seine Partei. Daladier war 1933, 1934 und 1938–40 Ministerpräsident, 1932–34 Kriegs-, 1936–40 Verteidigungsminister. 1936 beteiligte er sich maßgeblich an der Bildung der Volksfront. Zusammen mit seinem Außenminister Georges Bonnet verfolgte Daladier v.a. während der Krise um das Sudetenland (1938) eine Politik des Kompromisses mit Deutschland, deren Höhepunkt der Abschluss des Münchner Abkommens war. Nach dem deutschen Angriff auf Polen (1. 9. 1939) erklärte jedoch seine Regierung am 3. 9. 1939 Deutschland den Krieg.

Im September 1940 wurde Daladier, der sich nach dem militärischen Zusammenbruch seines Landes (Juni 1940) für die Fortsetzung des Kriegs von Nordafrika aus eingesetzt hatte, von der Vichy-Regierung inhaftiert und 1942 in Riom vor Gericht gestellt. 1943–45 war er in Deutschland interniert. Nach dem Kriege wurde Daladier als Abgeordneter (1946–58) politisch wieder aktiv und war nach dem Tod Herriots noch einmal Präsident seiner Partei (1957/58). Nach Errichtung der Fünften Republik (1958) zog er sich aus dem politischen Leben zurück.

Édouard Daladier

Dandolo, Enrico, venezianischer Doge (seit 1192), * Venedig um 1107, † Konstantinopel 14. 6. 1205; vertrieb die Pisaner aus Pola und Istrien, leitete den 4. Kreuzzug gegen das Byzantinische Reich, eroberte Dalmatien und Konstantinopel (1204) und gewann dabei für Venedig viele Stützpunkte in der griechischen Inselwelt und damit die Vormachtstellung in der Levante.

Dänemark, amtlich dänisch **Kongeriget Danmark**, Staat in Europa, der im Westen an die Nordsee, im Nordwesten an das Skagerrak, im Nordosten an das Kattegatt, im Osten an die Ostsee und im Süden an Deutschland grenzt. Zum Staatsgebiet gehören auch die Färöer und Grönland.

GESCHICHTE: Um 550 n. Chr. erfolgte die erste Erwähnung der wohl von Süden in das Land eingedrungenen germanischen Dänen. Das erste größere Staatengebilde schuf König Göttrik. Als eigentlicher Staatsgründer gilt Gorm der Alte; sein Sohn Harald Blåtand eroberte Teile Norwegens. Vom 9. Jh. bis 1050 unternahmen dänische Wikinger Beutezüge im Frankenreich, in Asturien, Portugal, auf den Balearen, in der Provence und in Italien.

Knut II., der Große, war schließlich König von Dänemark, England und Norwegen. Dieses Nordseegroßreich brach jedoch nach 1035 zusammen; Dänemark selbst geriet zeitweise unter norwegische Herrschaft. 1157 vermochte sich Waldemar I., der Große, als Alleinherrscher durchzusetzen. Dänemark eroberte Rügen (1169), Pommern (1184) und Estland (1219), verlor diese Gebiete aber nach der Schlacht bei Bornhöved (1227) zum großen Teil wieder. 1340 gelang es Waldemar IV. Atterdag, Dänemark erneut zu einen. 1387 wurde seiner Tochter Margarete I. zugleich in Dänemark und Norwegen als Königin gehuldigt, zwei Jahre später auch in Schweden-Finnland. Formal bestand die 1397 geschlossene →Kalmarer Union bis 1523, tatsächlich scherte aber Schweden-Finnland bereits 1448 aus.

Friedrich III. von Dänemark führte gegen Schweden den Dreikronenkrieg (bis 1570); sein Sohn Christian IV. unternahm zwei schwedische Feldzüge (1611–13 und 1643–45). Zwischen 1643 und 1660 verlor Dänemark das heutige Südschweden an Schweden. 1536 war in Dänemark die lutherische Reformation eingeführt worden. 1660 wurde Dänemark in eine Erbmonarchie umgewandelt, 1665 der monarchische Absolutismus verfassungsrechtlich festgelegt. Während der Napoleonischen Kriege aufseiten Frankreichs kämpfend, musste Dänemark 1814 Helgoland an Großbritannien, Norwegen an Schweden abtreten. Der Konflikt zwischen der dänischen (Eiderdänen) und der deutschen Nationalbewegung in Schleswig-Holstein führte zum Deutsch-Dänischen Krieg (1848–50), nach einer Zwischenlösung zum →Deutsch-Dänischen Krieg (1864), in dem Dänemark besiegt wurde; Schleswig, Holstein und Lauenburg gingen verloren.

1849 wurde die absolute durch die konstitutionelle Monarchie abgelöst; 1901 setzte sich der Parlamentarismus in Dänemark endgültig durch. Nach einer Abstimmung 1920 kam der nördliche Teil von Nordschleswig an das im Ersten Weltkrieg neutrale Dänemark. Nach dem deutschen Angriff vom April 1940 (trotz Nichtangriffspakts) und anschließender Besetzung (bis Mai 1945) wurde den Dänen die Regierungsgewalt zunächst belassen, aufgrund zunehmenden Widerstandes 1943 aber der Ausnahmezustand erklärt.

Island, seit 1918 in Personalunion mit Dänemark, proklamierte sich 1944 als unabhängige Republik. Die Färöer wurden 1948 eine »Selbstverwaltete Bevölkerungsgruppe im Königreich Dänemark«. 1953 wurde Grönland gleichberechtigter Teil von Dänemark (1979 innere Autonomie). 1973 wurde Dänemark Mitglied der Europäischen Gemeinschaft. Im Januar 1972 folgte Margarete II. ihrem Vater Friedrich IX. auf dem Thron. Dänemark wurde 1973–1993 (außer 1978/79) von Minderheitskabinetten regiert, danach von einer Koalitionsregierung unter dem sozialdemokratischen Ministerpräsidenten Poul Nyrup Rasmussen. 2001 bildete Anders Fogh Rasmussen von der rechts-liberalen Venstre eine Minderheitenregierung mit den Konservativen.

Georges Danton

Danton [dã'tɔ̃], Georges, französischer Revolutionär, *Arcis-sur-Aube 28. 10. 1759, †(hingerichtet) Paris 5. 4. 1794; Advokat (seit 1787). Danton ging in der Französischen Revolution als mitreißender Redner und Führer der unteren Volksschichten hervor. 1790 gründete er mit Camille Desmoulins und Jean Paul Marat den radikalen Klub der →Cordeliers. Im Dezember 1791 wurde er Mitglied der Pariser Kommune (Stadtverwaltung). Beim Sturm auf die Tuilerien (10. 8. 1792) spielte er anscheinend eine wichtige Rolle. Er verkündete das Prinzip der »natürlichen Grenzen« Frankreichs, organisierte 1792 als Justizminister den Terror und ließ die Septembermorde zu. Als Mitglied des Konvents schuf Danton einen außerordentlichen Gerichtshof, das spätere Revolutionstribunal. Von den Girondisten zurückgewiesen, verband er sich zu ihrem Sturz mit der Bergpartei und wurde der führende Kopf des ersten Wohlfahrtsausschusses (bis 10. 7. 1793). Nach der Abwehr des äußeren Feindes im 1. Koalitionskrieg trat er 1794 für den Abbau des Terrors ein. Daher wurde er vom Wohlfahrtsausschuss als »indulgent« (Nachsichtiger) angeklagt und mit 13 Anhängern (Dantonisten) guillotiniert.

Danzigfrage, politische Probleme, die durch die Sonderstellung Danzigs im Versailler Vertrag von 1919 entstanden. Die Errichtung eines polnischen Staates mit freiem Zugang zum Meer führte zur Ausgliederung Danzigs aus dem Deutschen Reich. Danzig wurde zur »Freien Stadt« erklärt und unter den Schutz des Völkerbundes gestellt. Im Ausland wurde Danzig von Polen vertreten, zu dessen Zollgebiet es gehörte. Während die Eisenbahn von Polen verwaltet wurde, unterstanden Hafen und Wasserwege einem paritätischen Ausschuss. 1939 nahm Hitler die Danzigfrage zum Vorwand für den Krieg gegen Polen (Zweiter →Weltkrieg).

DAREIOS I., DER GROSSE
***550 v. Chr. †486 v. Chr**

- stellte die Herrschaft der Achaimeniden über Persien wieder her
- unterlag 490 v. Chr. den Griechen bei Marathon
- unterteilte sein Reich in Satrapien
- gilt als der bedeutendste Herrscher der altorientalischen Geschichte

Dareios I., der Große, lateinisch **Darius,** Großkönig von Persien seit 522 v. Chr., *550 v. Chr., †486 v. Chr.; Sohn des Hystaspes (altpersisch Wischtaspa), ⚭ mit Atossa, erschlug am 29. 9. 522 im Bund mit sechs Verschworenen den Usurpator Gaumata aus dem Stamm der Magier, der sich für Smerdis, den jüngeren Sohn Kyros' II., ausgegeben und den Thron besetzt hatte, und stellte binnen weniger Jahre auch in den abtrünnig gewordenen Reichsteilen die Herrschaft der Achaimeniden wieder her. Den authentischen Bericht darüber hat Dareios selbst in der großen dreisprachigen Inschrift am Felsen von Bisutun hinterlassen.

Dareios I., der Große. Das im Schatzhaus von Persepolis gefundene Relief war ursprünglich das Zentrum der großen Treppenanlage am Empfangssaal auf der Terrasse von Persepolis, der Residenz der Achaimenidenkönige, wo die Gesandten aller Völker des Großreichs Dareios huldigten (hinter dem Großkönig stehend: Kronprinz Xerxes).

513/512 unternahm Dareios erfolglos einen Zug gegen die Skythen, um 510 ließ er durch Skylax das Indusgebiet erforschen, wobei eine Verbindung von Indien nach Ägypten hergestellt werden sollte; Thrakien und Makedonien wurden dem persischen Machtbereich einverleibt. Der Abfall der kleinasiatischen Griechen (→Ionischer Aufstand, 500–494 v.Chr.) und deren Unterstützung durch Athen sowie Eretria waren Anlass für das Flottenunternehmen von Datis und Artaphernes zur Unterwerfung Griechenlands, die durch Athen in der Schlacht bei Marathon (490) verhindert wurde. Doch hatte Persien nach der Ermordung des Polykrates durch die Herrschaft über Samos bereits in der Ägäis Einfluss gewonnen.

Dareios' Innenpolitik war geschickt und erfolgreich; 517 v.Chr. erließ er die Grundgesetze zu einer neuen Verfassung, die das gesamte Reichsgebiet in 20 (zuletzt 28) Satrapien (Statthalterschaften) einteilte. Ihre Steuersätze waren genau festgelegt. Mit straffer Zentralisierung durch Überwachung der Satrapien und durch ein ausgebautes Post- und Nachrichtennetz verband Dareios Toleranz gegenüber den Religionen der unterworfenen Völker. Dareios gilt als der bedeutendste Herrscher der altorientalischen Geschichte.

Dauphin [französ. do'fɛ̃], mittellateinisch **Delphinus, Delfinus,** zunächst Personenname, seit Anfang des 12. Jh. Beiname zweier Hochadelsfamilien des Königreichs Burgund, der Grafen von Albon und von Vienne, seit dem 13. Jh. Adelstitel der regierenden Fürsten der (nach dem Titel benannten) Dauphiné, die 1349 an die französische Krone fiel; seitdem bis 1830 Titel der französischen Thronfolger.

David [hebräisch eigentlich »der Geliebte«, »Liebling«], König von Israel, regierte etwa 1004/03 bis 965/964 v.Chr., Sohn des Isai aus Bethlehem. Als Waffenträger an den Hof Sauls berufen und alsbald in den Philisterkämpfen bewährt (Sage von Goliath), erwarb sich David die Freundschaft des Prinzen Jonathan und wurde des Königs Schwiegersohn (1. Samuel 18). Der Eifersucht des kranken Saul entflohen, führte er ein unstetes Leben als Söldnerführer auf dem judäischen Gebirge, zuletzt in philistäischen Diensten. Nach dem Tode Sauls und Jonathans wurde er König von Juda in Hebron (2. Samuel 2,1 ff.) und nach der Ermordung des Sohnes und Nachfolgers von Saul, Eschbaal, auch König des israelitischen Nordens.

Als König unterwarf David die Philister und gliederte die kanaanäischen Stadtherrschaften seinem Staatsgebilde ein. Der Personalunion zwischen Israel und Juda fügte er weitere Glieder in unterschiedlichen Abhängigkeitsverhältnissen hinzu: das jebusitische Jerusalem als Residenz, die ostjordanischen Staaten und einen Teil der phönikischen Küste. Das Ergebnis war ein zwei Menschenalter dauerndes Großreich »vom Strom bis an den Bach von Ägypten«, wie es Israel später nie wieder erreicht hat. Aus den Thronfolgewirren ging Salomo, der Sohn aus dem Liebesverhältnis Davids mit Bathseba, als Sieger hervor.

Jefferson Davis

Davis ['deɪvɪs], Jefferson, amerikanischer Politiker, * Fairview (Ky.) 3. 6. 1808, † New Orleans (La.) 6. 12. 1889; Berufsoffizier, seit 1835 Pflanzer in der Nähe von Vicksburg (Miss.). Davis war 1853–57 Kriegminister unter Franklin Pierce. Er wandelte sich vom expansionistischen Nationalisten zum Verfechter einzelstaatlicher Souveränität und der Sezession der

Charles Dawes

Thomas Dehler

Südstaaten, die er allerdings erst nach der Wahl Abraham Lincolns für unausweichlich hielt. Als Präsident (1861–65) der Konföderierten Staaten von Amerika blieb er bei großem persönlichen Einsatz schroff und militärisch wie politisch glücklos. Am Ende des Sezessionskrieges (1865) gefangen genommen, war er bis 1867 inhaftiert, wurde jedoch weder vor Gericht gestellt noch je amnestiert.

Dawes [dɔːz], Charles, amerikanischer Politiker, *Marietta (Oh.) 27. 8. 1865, †Evanston (Ill.) 23. 4. 1951; Rechtsanwalt, später Bankier, Mitglied der Republican Party; wurde 1921 Direktor des Budgetbüros. Dawes entwarf als Vorsitzender einer internationalen Sachverständigenkommission die Leitlinien des Dawesplanes, eines internationalen Vertrages über die deutschen Reparationsleistungen nach dem Ersten Weltkrieg, der am 16. 8. 1924 in London abgeschlossen wurde und am 1. 9. 1924 in Kraft trat. Durch die Stabilisierung der deutschen Wirtschaft sollten der Wiederaufbau der europäischen Wirtschaft und eine allgemeine Vertrauensbildung gefördert werden. Mit Joseph Chamberlain erhielt Dawes 1925 für die maßgebliche Vertragsausformung den Friedensnobelpreis. 1925–29 war er Vizepräsident der USA, 1929–32 Botschafter in London.

DC, Abk. für →Deutsche Christen.

DDP, Abk. für →Deutsche Demokratische Partei.

DDR, Abk. für Deutsche Demokratische Republik, →Deutschland.

Déclaration des droits de l'homme et du citoyen [deklaraˈsjɔ̃ deˈdrwa dəˈlɔm e dysitwaˈjɛ̃], die von der französischen Nationalversammlung am 26. 8. 1789 angenommene »Erklärung der Menschen- und Bürgerrechte«, die der ersten französischen Verfassung von 1791 vorangestellt wurde und auch in den übrigen Revolutionsverfassungen Frankreichs enthalten war.

Beeinflusst v.a. von der amerikanischen Unabhängigkeitserklärung, verkündete sie die Forderung individueller staatsbürgerlicher Gleichheit, von Eigentum und Sicherheit in einer neuen bürgerlichen Gesellschaft und verkörperte damit die wesentlichen Ideen der Französischen Revolution. Die Präambeln der französischen Verfassungen von 1946 und 1958 verweisen auf das amerikanische Vorbild und fast alle modernen europäischen Verfassungen stützen sich in ihrem Grundrechtskatalog darauf.

Declaration of Independence [dekləˈreɪʃn əv ɪndɪˈpendəns], die →Unabhängigkeitserklärung.

De Gasperi, Alcide, italienischer Politiker, *Pieve Tesino (bei Trient) 3. 4. 1881, †Sella (heute zu Borgo Valsugana, Provinz Trient) 19. 8. 1954; trat als Herausgeber des »Trentino« für den Anschluss seiner Heimat an Italien ein. 1911–18 war De Gasperi Abgeordneter im österreichischen Reichsrat, seit 1921 in der italienischen Kammer. 1919 trat er dem neu gegründeten »Partito Popolare Italiano« (PPI) bei. Nach der Emigration Don Sturzos wurde De Gasperi 1924 dessen Nachfolger als Generalsekretär der Partei. Er entwickelte sich zu einem entschiedenen Gegner des Faschismus und beteiligte sich 1924 am Auszug der Aventinianer aus dem Parlament. Nach dem Verbot des PPI (1926) wurde De Gasperi verhaftet, 1929 jedoch wieder freigelassen. Er fand als Bibliothekar der Carnegiestiftung im Vatikan Asyl und befasste sich u.a. mit der katholischen Soziallehre.

Im Zweiten Weltkrieg betrieb er maßgeblich die Gründung der »Democrazia Cristiana« (DC), deren politischer Sekretär er bis kurz vor seinem Tode war. Nach dem Sturz Benito Mussolinis (1943) gehörte er dem Befreiungskomitee an. Seit 1946 war er wieder Abgeordneter. Als Ministerpräsident 1945–53 konnte De Gasperi die demokratische Entwicklung stabilisieren und im Frieden von Paris (1947) die Souveränität Italiens zurückgewinnen. 1944–46 und 1951–53 war er auch Außenminister. De Gasperi förderte die Bemühungen um die Integration Europas und den Eintritt Italiens in die NATO.

de Gaulle [dəˈgoːl], Charles, französischer General und Politiker, →Gaulle, Charles de.

Dehler, Thomas, deutscher Politiker, *Lichtenfels 14. 12. 1897, †Streitberg (heute zu Wiesenttal, Landkreis Forchheim) 21. 7. 1967; Rechtsanwalt; war ab 1919 Mitglied der »Deutschen Demokratischen Partei«; beteiligte sich 1924 an der Gründung des »Reichsbanners Schwarz-Rot-Gold«. 1944 wurde Dehler als aktiver Gegner des Nationalsozialismus in ein Zwangsarbeitslager verschleppt. Nach dem Zweiten Weltkrieg war Dehler 1945 Mitgründer der FDP, 1946–56 deren Landesvorsitzender in Bayern, 1948–49 Mitglied des Parlamentarischen Rats, seit 1949 MdB, 1949–53 Bundesjustizminister, 1953–56 FDP-Fraktionsvorsitzender im Deutschen Bundestag, 1954–57 Bundesvorsitzender der FDP und

DÉCLARATION DES DROITS ... *Feierliche Erklärung*

Die Volkssouveränität war ein Hauptanliegen der »Déclaration des droits de l'homme et du citoyen« (»Erklärung der Menschen- und Bürgerrechte«). Laut Präambel der 1793 in Paris gedruckten Erklärung habe das französische Volk diese geheiligten und unveräußerlichen Rechte beschlossen, damit alle Bürger, indem sie ohne Unterlass die Taten der Regierung mit dem Zweck jeder gesellschaftlichen Institution vergleichen können, sich niemals durch Tyrannei unterdrücken und erniedrigen lassen, auf dass ferner das Volk immer die Grundlagen seiner Freiheit und seines Glücks vor Augen habe, der Beamte die Regel seiner Pflichten und der Gesetzgeber den Gegenstand seiner Aufgabe.

seit 1960 Vizepräsident des Deutschen Bundestags.

Dekabristen [von russ. dekabr »Dezember«], russisch **Dekabristy,** die Teilnehmer des Aufstandes, der kurz nach dem Tod Alexanders I. am 26. 12. 1825 in Sankt Petersburg ausbrach und dem im Januar 1826 in Südrussland eine weitere Erhebung folgte. Vorbereitet in den Geheimbünden junger Aristokraten und Gardeoffiziere, sollte der Dekabristenaufstand die Autokratie stürzen und soziale Gerechtigkeit herstellen; er fiel zeitlich in das kurze Interregnum, in dem noch Unklarheit herrschte über die Wirksamkeit des geheimen Thronverzichts des Großfürsten Konstantin von 1823 zugunsten des späteren Nikolaus I. (»Großmutstreit«). Von westlichen Reformideen erfüllt, verlangten die Dekabristen im »Nordbund« auch für Russland eine Konstitution, während der radikalere »Südbund« unter der Führung von Oberst Pawel Pestel eine zentralistische Republik und einschneidende soziale Reformen anstrebte. Nikolaus I. konnte den Aufstand rasch niederschlagen; gegen 579 Personen wurde ein gerichtliches Untersuchungsverfahren eröffnet, fünf der Verschworenen wurden hingerichtet, die anderen nach Sibirien verschickt, die Überlebenden 1856 begnadigt.

Delbrück, Rudolf von (seit 1896), deutscher Politiker, *Berlin 16. 4. 1817, †ebenda 1. 2. 1903; war seit 1849 leitender Beamter im preußischen Ministerium für Handel und Gewerbe. Delbrück war maßgeblich am Zustandekommen der am Freihandel orientierten und gegen Österreich gerichteten Zollvereinspolitik beteiligt. Am 12. 8. 1867 wurde er Präsident des Bundeskanzleramts des Norddeutschen Bundes, seit 1871 war er Präsident des Reichskanzleramts. Die seit 1867 liberale preußische Wirtschaftsgesetzgebung ging im Wesentlichen auf ihn zurück. Delbrück trat am 1. 6. 1876 zurück, nachdem Preußen infolge der »großen Depression« von 1873 immer stärker von der Politik des Freihandels abrückte. Als Mitglied des Reichstages (1878–81) war Delbrück ein entschiedener Gegner der bismarckschen Schutzzollpolitik.

Demetrios I. Poliorketes [griech. »der Städtebelagerer«], hellenistischer Herrscher, *um 336 v. Chr., †Apameia am Orontes (Syrien) etwa 283 v. Chr.; mit seinem Vater Antigonos I. Monophthalmos Herrscher (seit 306 König) über dessen asiatisches Diadochenreich, König von Makedonien (294–287 v. Chr.). Seit 317 v. Chr. kämpfte Demetrios in den Kriegen seines Vaters gegen die anderen Diadochen. 307 eroberte er Athen und Megara von Kassander, 306 errang er bei Salamis (Zypern) einen Seesieg über Ptolemaios I., 304–302 konnte er Kassanders Einfluss in Griechenland ganz zurückdrängen, 302 einen neuen Hellenenbund gründen. Gegen die Koalition der anderen Diadochen nach Kleinasien zurückgerufen, verschuldete Demetrios 301 bei Ipsos Niederlage und Tod seines Vaters, konnte aber seine Flotte als Machtbasis retten.

Nach erfolgreichen Kämpfen in Griechenland wurde er 294 zum König der Makedonen ausgerufen und gewann in der Folge Thessalien und Böotien, verlor aber 287 die makedonische Herrschaft an Pyrrhos und Lysimachos. Beim Versuch, das asiatische Reich seines Vaters zurückzuerobern, wurde er nach anfänglichen Erfolgen von den Truppen des Lysimachos in das Gebiet seines Schwiegersohns Seleukos I. abgedrängt, dem er sich 285 ergeben musste. Er starb in ehrenvoller Haft. Demetrios war eine der glanzvollsten Herrschergestalten der Diadochenzeit.

Demirel, Süleyman, türkischer Politiker, *İslâmköy (Provinz Isparta) 6. 10. 1924; Ingenieur; 1964–80/81 Vorsitzender der konservativen »Gerechtigkeitspartei«. Schon 1965–71 (Absetzung durch Armeeputsch) und 1975–77 (mit Unterbrechungen) Ministerpräsident, wurde Demirel, der 1979/80 erneut Regierungschef war und sich dabei mit einer schweren innenpolitischen und wirtschaftlichen Krise des Landes konfrontiert sah, im September 1980 zum zweiten Mal durch einen Staatsstreich des Militärs gestürzt. 1980 sowie 1983 wurde er kurzzeitig inhaftiert und blieb bis 1987 einem politischen Betätigungsverbot unterworfen; danach war er 1987–93 Vorsitzender der »Partei des rechten Weges« (türkisch DYP) und bekleidete 1991–93 das Amt des Ministerpräsidenten. 1993–2000 war Demirel Staatspräsident.

Demosthenes, griechischer Redner, *im Demos Paiania (Attika) 384 v. Chr., †(Selbstmord) auf Kalauria 322 v. Chr.; wurde von Isaios zum Redner ausgebildet. Zunächst trat er in Prozessreden, seit 354 auch in politischen Reden hervor. Seit 349 kämpfte er mit seinen philippischen und olynthischen Reden leiden-

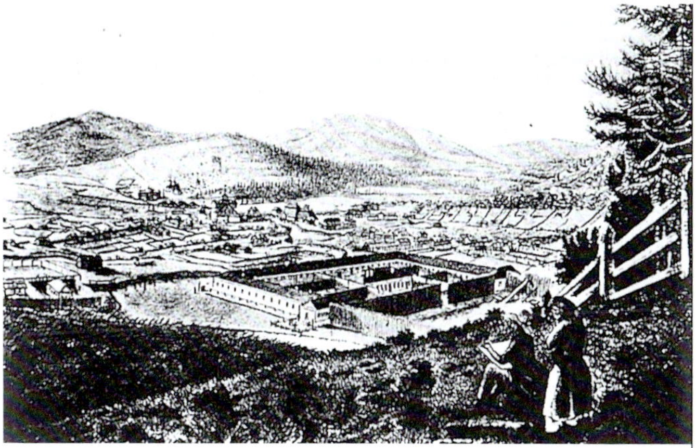

Dekabristen. Für die verurteilten Verschwörer wurde in Sibirien ein eigenes Gefängnis gebaut, 1856 begnadigte man die überlebenden Gefangenen zu »Siedlung«. Die Zwangsangesiedelten machten etliche landwirtschaftliche Produkte, etwa den Hanf, in Sibirien heimisch.

Rudolf von Delbrück

DENG XIAOPING
***1904 †1997**

- machte unter Mao Zedong Karriere
- wurde zweimal gestürzt und später jeweils rehabilitiert
- betrieb als führender Politiker Chinas die Öffnung und Modernisierung des Landes
- strebte eine »sozialistische Marktwirtschaft« an
- ließ 1989 die Demokratiebewegung blutig niederschlagen

Camille Desmoulins

schaftlich gegen Philipp II. von Makedonien und für die Erhaltung der griechischen Autonomie und dabei auch gegen die Makedonenfreunde in Athen, besonders gegen Aischines; 330 (Kranzrede) erreichte er dessen Entfernung aus Athen. Mit der Niederlage von Chaironeia (338) scheiterte Demosthenes' antimakedonische Politik. Doch er genoss in Athen weiterhin großes Ansehen. Wegen Bestechung durch Harpalos 324 verurteilt, floh Demosthenes, kehrte aber nach dem Tod Alexanders des Großen nach Athen zurück, doch musste er 322 vor Antipater erneut fliehen.

Deng Xiaoping [-çiao-], **Teng Hsiao-p'ing** [-çiao-], chinesischer Politiker, *im Kreis Guang'an 22. 8. 1904, †Peking 19. 2. 1997. Deng Xiaoping, seit 1924 Mitglied der Kommunistischen Partei (KP), nahm am »Langen Marsch« (1934/35) teil. Während des Chinesisch-Japanischen Krieges (1937–45) arbeitete er v. a. als politischer Kommissar in der Roten Armee. 1945 wurde er Mitglied des Zentralkomitees (ZK) der KP, 1954 stellvertretender Vorsitzender des nationalen Verteidigungsrates. Mit dem Eintritt in das Politbüro (1955) und den Ständigen Ausschuss des Politbüros (1956) stieg er in den innersten Führungskreis der KP auf. In der Folgezeit geriet er v. a. über den gesellschaftspolitischen Kurs der Partei in Konflikt mit Mao Zedong. Im Verlauf der Kulturrevolution (1966–69) von Mao Zedong und den radikalen Dogmatikern in seinem Umkreis beschuldigt, einen »kapitalistischen Weg« zu verfolgen, wurde Deng Xiaoping 1967 aus seinen Partei- und Staatsämtern entlassen.

1973 trat er wieder als stellvertretender Ministerpräsident hervor. Politisch rehabilitiert, kehrte er 1973 in das ZK, 1974 in das Politbüro, 1975 in den Ständigen Ausschuss des Politbüros zurück. 1975 wurde er zugleich stellvertretender Vorsitzender des ZK, Generalstabschef und stellvertretender Vorsitzender der Militärkommission des ZK. Auf Betreiben der radikalen Ideologen um Jiang Qing, der Frau Mao Zedongs, wurde er 1976 wegen seiner stärker pragmatischen gesellschaftspolitischen Zielsetzungen erneut gestürzt, aber nach dem Tode Mao Zedongs (1976) 1977 in alle seine Ämter, die er zwischen 1973 und 1976 bekleidet hatte, wieder eingesetzt. Seitdem stieg Deng Xiaoping zum führenden Politiker der Volksrepublik (VR) China auf.

Im Innern verfolgte er einen auf die Hebung der wirtschaftlich-technischen Leistungsfähigkeit und des Lebensstandards bedachten Kurs. Nach außen öffnete er unter Wahrung der ideologisch-politischen Distanz zur Partei- und Staatsführung der UdSSR die VR China gegenüber den Industriestaaten des westlichen Europa und Nordamerikas. Mit der Wirtschaftsreform von 1984 erreichte die Politik der Modernisierung Chinas einen Höhepunkt.

Im Zuge der Entmachtung seiner innerparteilichen Gegner, besonders der Verhaftung und Verurteilung der →Viererbande, sowie der Wahl enger Mitarbeiter in die Partei- und Staatsführung konnte er seine Stellung personell sichern. 1980 gab Deng Xiaoping zwar die Positionen als stellvertretender Ministerpräsident und Generalstabschef ab, besetzte aber mit dem Vorsitz der Zentralen Militärkommission des ZK der KPCh (seit 1981) und des neu eingerichteten Ältestenrates der Partei (seit 1982) weitere Führungsämter. Er trieb die Modernisierung der Wirtschaft im Sinne einer »sozialistischen Marktwirtschaft« entschlossen voran, lehnte aber eine stärkere Demokratisierung von Staat und Gesellschaft ab. Gemeinsam mit Ministerpräsident Li Peng und Staatspräsident Yang Shangkun ließ er die besonders von Studenten getragene Demokratiebewegung Anfang Juni 1989 durch die Armee blutig niederschlagen. Auch nach Abgabe seines letzten offiziellen Führungsamtes (1990) galt er als der politisch einflussreichste Mann in China.

Desiderius, letzter König der Langobarden (757–774), Herzog (Dux) von Tuszien, †wohl Corbie (bei Amiens) 774; kam mit päpstlicher und fränkischer Hilfe auf den Thron; konnte, begünstigt durch die Spannungen zwischen Karl dem Großen und seinem Bruder Karlmann, zeitweilig den fränkischen Einfluss in Rom zurückdrängen. Bald verfeindete er sich jedoch mit dem Papst und, wegen der Verstoßung seiner Tochter Desiderata, auch mit Karl dem Großen, der 773 in Italien einbrach. Desiderius wurde in Pavia belagert, gefangen genommen und in ein fränkisches Kloster gebracht. Das Langobardenreich kam unter fränkische Herrschaft.

Desmoulins [demu'lɛ̃], Camille, französischer Revolutionär, *Guise (bei Saint-Quentin) 2. 3. 1760, †Paris 5. 4. 1794; Rechtsanwalt; war einer der Anstifter des Sturms auf die Bastille (14. 7. 1789), Herausgeber einflussreicher Pamphlete und Zeitschriften, radikaler Jakobiner, Mitgründer des Klubs der →Cordeliers (1790). Gegen Ende der jakobinischen Schreckensherrschaft trat Desmoulins mit Georges Danton dem Terror entgegen und zog sich so die Gegnerschaft Robespierres zu. Mit weiteren Anhängern Dantons und diesem selbst wurde er guillotiniert.

Deutsch-Dänische Kriege,

1. 1848–50 geführter Krieg, der um die von Dänemark versuchte Eingliederung des mit Holstein (nicht aber mit dem Deutschen Bund) verbundenen Herzogtums Schleswig entbrannte. 1846 erklärte König Christian VIII. im »offenen Brief« die weibliche Erbfolge des dänischen Königsgesetzes für Schleswig (auch für Lauenburg und einen Teil

Holsteins) für verbindlich, womit die traditionelle Erbfolge im Mannesstamm, die in den Gebieten beim Aussterben der regierenden Linie Dänemarks die Augustenburger Linie des Hauses Oldenburg als Nachfolger gebracht hätte, außer Kraft gesetzt wurde.

Als im März 1848 in Dänemark die nationalliberalen Kräfte (»Eiderdänen«), die für den Anschluss ganz Schleswigs bis zur Eider votierten, mit der Regierungsbildung betraut wurden, bildeten die schleswig-holsteinischen Stände ihrerseits eine provisorische Regierung; diese wurde zum Rücktritt gezwungen, als Preußen, das im Auftrag des Deutschen Bundes erfolgreich zu Hilfe geeilt war, unter britischem und russischem Druck den von der Frankfurter Nationalversammlung nur unter Protest akzeptierten Waffenstillstand von Malmö (26. 8. 1848) schließen musste.

Nachdem die Dänen kurze Zeit später diesen Waffenstillstand gebrochen hatten, folgte der erneuten dänischen Niederlage am 2. 7. 1849 der preußisch-dänische Friede von Berlin. Die allein weiterkämpfenden schleswig-holsteinischen Truppen unterlagen. Der Deutsche Bund lieferte 1851 Schleswig, Anfang 1852 auch Holstein den Dänen aus. Im Londoner Protokoll vom 8. 5. 1852 setzten die Großmächte fest, dass die weibliche Erbfolge für die dänische Gesamtmonarchie gelten und die Linie Glücksburg des Hauses Oldenburg nach dem Tod des kinderlosen Königs Friedrich VII. folgen sollte.

2. 1864 geführter Krieg, der an dem Versuch Dänemarks, die Status-quo-Regelung von 1852 für Schleswig-Holstein aufzuheben entbrannte. König Christian IX. unterstrich mit der Unterzeichnung einer Gesamtstaatsverfassung 1863 die dänischen Ansprüche auf die Elbherzogtümer. Die dadurch ausgelöste Welle nationaler Empörung nutzte Otto von Bismarck zu einem gemeinsamen Vorgehen Preußens und Österreichs. Die ultimativ vorgetragenen österreichischen Forderungen lösten den Krieg aus. Preußische und österreichische Truppen überschritten am 1. 2. 1864 die Grenze zu Schleswig und Holstein, besetzten Schleswig und Jütland (Erstürmung der →Düppeler Schanzen, 18. 4.; Übergang nach Alsen, 29. 6.). Im Wiener Frieden vom 30. 10. 1864 musste Dänemark ganz Schleswig-Holstein und Lauenburg an Preußen und Österreich abtreten.

Deutsche Arbeitsfront, Abk. **DAF,** ein der Nationalsozialistischen Deutschen Arbeiterpartei angeschlossener Verband, gegründet am 10. 5. 1933 nach der Auflösung der Gewerkschaften unter dem Druck der nationalsozialistischen Gleichschaltungspolitik. Die DAF hatte die Aufgabe, die in ihr zusammengefassten Arbeiter, Angestellten und Unternehmer dem uneingeschränkten Machtanspruch Adolf Hitlers zu unterwerfen, ideologisch im Sinne des Nationalsozialismus zu beeinflussen und in diesem Rahmen ihre Mitglieder sozial zu betreuen. Die Mitgliedschaft in der DAF beruhte formalrechtlich auf Freiwilligkeit, wurde tatsächlich jedoch sehr oft unter starkem politischem Druck auf den Einzelnen erzwungen. 1938 umfasste die DAF etwa 20 Millionen Mitglieder. Die verschiedenen Wirtschaftszweige wurden als »Reichsbetriebsgemeinschaften« der DAF eingegliedert (insgesamt 18). Außerdem waren als korporative Mitglieder auch die Reichskulturkammer, die Organisationen der gewerblichen Wirtschaft und der Reichsnährstand angeschlossen.

Deutsche Christen. 1933 fand die erste deutsche Nationalsynode der »Deutschen Christen« in Wittenberg statt; sie wählte Ludwig Müller (Mitte) zum »Reichsbischof«.

Eine Sonderdienststelle der DAF war die nationalsozialistische Gemeinschaft »Kraft durch Freude« für Urlaubs- und Freizeitgestaltung. Dank ihrer hohen Mitgliederzahl und des angeeigneten Gewerkschaftsvermögens war die DAF in der Lage, zahlreiche eigene Wirtschaftsunternehmen zu entwickeln (z.B. Bank deutscher Arbeit, Volkswagenwerk in Wolfsburg, Heimstättensiedlungswerk). 1945 wurde die DAF aufgelöst.

Deutsche Christen, Abk. **DC,** Bewegung, die die »Gleichschaltung« der evangelischen Kirche mit dem Dritten Reich zum Ziel hatte. Als organisierte Bewegung (Kirchenbewegung DC, Begründer Siegfried Leffler und Julius Leutheuser) trat sie bereits 1927 in Thüringen in Erscheinung. 1932 bildete sich in Preußen unter der Führung des Berliner Pfarrers Joachim Hossenfelder mit Unterstützung der preußischen NSDAP ein neues Zentrum in der »Glaubensbewegung DC«. Infolge der »nationalen Erhebung« fand sie starke Verbreitung, zumal sie den volksmissionarischen Aspekt stark betonte und die Forderung des »positiven Christentums« im NS-Parteiprogramm für sich in Anspruch nehmen konnte. Außerdem ließ es die nationalsozialistische Staats- und Parteiführung an scheinbar positiven Äußerungen über das Christentum und die Kirche nicht fehlen (Juli 1933 Reichskonkordat mit der katholischen Kirche). Die massive Unterstützung der NSDAP, z.B. die Rundfunkansprache Hitlers am Vorabend der Kirchenwahl sowie die Wahlpflicht für die Parteimitglieder, brachte den DC bei den Kirchenwahlen am 23. 7. 1933 in fast allen kirchlichen Gremien die Mehrheit, die sie v.a. zur Besetzung der Ämter in den kirchlichen Dienststellen nutzten.

Die Berliner Sportpalastkundgebung der DC am 13. 11. 1933 mit der Forderung, das Alte Testament aus dem Kanon der christlichen Heiligen Schrift zu entfernen, »einer heldischen Jesus-Gestalt als Grundlage eines artgemäßen Christentums«, einer »wahrhaft völkischen Kirche, die allein dem Totalitätsanspruch des nationalsozialistischen Staates gerecht wird«, und der Einführung des »Arierparagraphen« in die Kirche zeigte das wahre Antlitz der DC und brachte die Wende, zumal die NSDAP sich zunehmend vom Bündnis mit den DC löste. Als Volksbewegung waren die DC am Ende, was sie nicht hinderte, nach dem »Führerprinzip« ihre Macht festzuhalten und sogar noch zu erweitern. In den intakten Kirchen und Gemeinden (→Bekennende Kirche) formierte sich immer mehr der Widerstand, bis schließlich die DC in den Hintergrund traten und die offizielle Kirche faktisch vom Staat dirigiert wurde. Mit dem Untergang des Nationalsozialismus fanden auch die DC ihr Ende.

Deutsche Demokratische Partei, Abk. **DDP,** gegründet am 20. 11. 1918, hervorgegangen aus der Fortschrittlichen Volkspartei und Teilen der →Nationalliberalen Partei. Die in der Tradition eines sozial verpflichteten Liberalismus stehenden Ideen Friedrich Naumanns prägten die Grundlinien des Parteiprogramms. Damit bekannte sich die Partei zu Republik und Parlamentarismus, Rechtsstaat und Selbstverwaltung, Einheitsschule und Privatwirtschaft mit sozialpolitischen Verbindlichkeiten. Verfassungspolitisch forderte die DDP eine Reichsreform auf unitarischer Grundlage, außenpolitisch eine Revision der Verträge von Versailles und Saint-Germain-en-Laye (1919).

Bei den Wahlen zur Nationalversammlung im Januar 1919 wurde die DDP mit 18,5% der Stimmen die drittstärkste Kraft im Reichstag. Als Mitglied der →Weimarer Koalition beteiligte sie sich maßgeblich am Aufbau der Weimarer Republik. Durch Hugo Preuss und Conrad Haußmann nahm sie entscheidenden Einfluss auf die Gestaltung der Weimarer Reichsverfassung. Im Juni 1919 stimmte die Mehrheit der DDP-Abgeordneten gegen den Versailler Vertrag. Die Partei, deren Stimmenanteil seit den Reichstagswahlen von 1920 ständig sank, war 1920–32 an allen Regierungen des Reiches beteiligt (u.a. Außenminister Walther Rathenau). Innerparteiliche Gegensätze beschleunigten den Zerfallsprozess der Partei. Am 27. 7. 1930 schloss sie sich mit der »Volksnationalen Reichsvereinigung« (Jungdeutscher Orden) zur Deutschen Staatspartei (DSTP) zusammen. Im März 1933 stimmte die DSTP im Reichstag für das →Ermächtigungsgesetz; Ende Juni 1933 löste sie sich auf.

Deutsche Demokratische Republik, Abk. DDR, →Deutschland.

deutsche Farben, die Nationalfarben des Deutschen Reiches (1870/71–1945; Schwarz-Weiß-Rot), der ihm nachfolgenden Staaten (Deutsche Demokratische Republik, Bundesrepublik Deutschland) sowie des vereinigten Deutschlands (seit 1990; Schwarz-Rot-Gold); wichtigstes der Staats- (Reichs-) bzw. Nationalsymbole der Deutschen.

Im Heiligen Römischen Reich (bis 1806) gab es keine Nationalfarben. Als kaiserliche Farben galten (seit den Staufern) Schwarz-Gold, die mit der Kaiserwürde in Österreich bis 1918 weiter bestanden. Schon seit der Zeit Karls des Großen war Rot ein Symbol der Herrschaft über Leben und Tod; seit dem 14. Jh. erscheint der Reichsadler mit rot tingierten Fängen und Schnabel.

GESCHICHTE: Durch Theodor Körner war die Uniform der Lützower Jäger volkstümlich geworden, die aus schwarz umgefärbten, mit roten Vorstößen und goldenen Knöpfen besetzten Zivilröcken bestand. Nach den Befreiungskriegen (1813–15) trugen die Burschenschaften, in denen sich v.a. in Jena viele Lützower befanden, ihre Waffenröcke als Bundeskleidung weiter; daraus entstanden ihre Bundesfarben, Rot und Schwarz mit Gold durchwirkt, ebenso ihre Fahne. Entgegen der verbreiteten Tendenz, die preußischen Farben Marschall Blüchers (Schwarz-Weiß) zu wählen, setzte die Jenaische Burschenschaft beim Wartburgfest am 18. 10. 1817 ihre eigene Tracht und Farbe durch. Hier wirkte auch die irrige Ansicht, Schwarz-Rot-Gold seien die Farben des Heiligen Römischen Reiches gewesen. Nach den Karlsbader Beschlüssen (1819) wurde daraus durch das »Farbenlied« von August Daniel von Binzer die Reihenfolge Schwarz-Rot-Gold; beim Hambacher Fest (27. 5. 1832) zweifelte niemand mehr daran, dass dies die deutschen Farben seien.

Der Bundestag des Deutschen Bundes (1815–66) in Frankfurt am Main verbot am 5. 7. 1832 das Tragen aller Kokarden in anderen als den Farben der Bundesstaaten, erklärte aber am 9. 3. 1848 die schwarz-rot-goldenen Farben als das (angeblich) alte Reichspanier zu Bundesfarben; die Frankfurter Nationalversammlung beschloss sogar ein Flaggengesetz (13. 11. 1848). Noch im März und Sommer 1848 hatten alle Truppen der Bundesfürsten und

Freien Städte die schwarz-rot-goldene Kokarde angelegt; am 15. 8. 1852 wurde diese vom Deutschen Bund – obwohl formell bis 1866 gültig – wieder abgelegt, doch lebte die »Trikolore« (»Dreifarb«) im Volksbewusstsein weiter.

Der Norddeutsche Bund (1867–70/71) wurde durch eine neue, aus den Farben Preußens (Schwarz-Weiß) sowie Brandenburgs und der Hansestädte (Weiß und Rot) abgeleitete Trikolore Schwarz-Weiß-Rot versinnbildlicht, die im Deutsch-Französischen Krieg 1870–71 auf das neu gegründete Deutsche Reich übertragen wurde. Diese »Reichsfarben« wurden 1892 zur Nationalflagge erklärt und 1897 als zweite Kokarde von den Truppen aller Bundeskontingente angelegt. In Österreich-Ungarn (1867–1918) betrachteten die Deutschen weiter Schwarz-Rot-Gold als deutsche Farben.

Noch im November 1918 wurde Schwarz-Rot-Gold zum Symbol der Republik. Die Weimarer Nationalversammlung fand sich nach heftigem Flaggenstreit am 18. 2. 1919 zu einem politisch folgenschweren Kompromiss zugunsten der Gegner der Republik bereit: Die Reichs- und Nationalfarben der Republik sollten Schwarz-Rot-Gold sein (am 3. 7. 1919 proklamiert), die Handels- und Kriegsflagge aber Schwarz-Weiß-Rot mit den Reichsfarben als Gösch in der Oberecke (1. 1. 1922–12. 3. 1933).

Der Nationalsozialismus verwendete die schwarz-weiß-rote Flagge 1933–35, danach wurden Schwarz-Weiß-Rot nur noch als Reichsfarben (für Kokarden, Schlagbäume, Schilderhäuser u.a.) verwendet; die Hakenkreuzflagge (Parteifahne) wurde 1935 zur alleinigen Nationalflagge.

Nach 1945 zeigten verschiedene Behörden schwarz-rot-goldene Farben (z.B. die Kokarden der Polizei), die als Symbol deutscher Staatlichkeit vom Alliierten Kontrollrat am 14. 6. 1945 wieder verboten wurden. Auf deutschen Schiffen diente die Signalflagge C (Stander) bis 1950 als Flaggenersatz. Die Liberal-Demokratische Partei Deutschlands (LDPD) in der SBZ führte längere Zeit Schwarz-Rot-Gold, bis der Deutsche Volksrat am 18. 5. 1948/30. 5. 1949 diese Farben als die »alten deutschen Farben« bezeichnete und sie für eine künftige »deutsche demokratische Republik« als Nationalfarben annahm; von da an waren sie auch in der späteren Deutschen Demokratischen Republik (1949–90) in Geltung und wurden in deren Staatsflagge, ab 1959 mit dem Staatswappen der DDR (Hammer-Zirkel-Ährenkranz), geführt. Im Vorfeld der Gründung der Bundesrepublik Deutschland nahm der Parlamentarische Rat am 8. 5. 1949 die deutschen Farben für die Bundesflagge an. Mit dem Beitritt der Deutschen Demokratischen Republik zum Grundgesetz (GG) der Bundesrepublik Deutschland (1990) erhielten auch die Staatssymbole der Bundesrepublik Deutschland in den »neuen« Ländern Geltung; die deutschen Farben wurden damit nun im eigentlichen Sinne deutsche Nationalfarben.

deutsche Farben. In der ersten Hälfte des 19. Jh. setzte sich die schwarz-rot-goldene Trikolore in den Auseinandersetzungen um Freiheitsrechte und Nationalstaat als »deutsche Fahne« durch (Barrikadenkampf während der Märzrevolution von 1848 in Berlin, zeitgenössische Lithographie).

deutsche Frage, Anfang des 19. Jh. im Zuge der Befreiungskriege aufgekommenes politisches Schlagwort, das die Forderung nach einer nationalen Gesamtordnung in Deutschland bzw. der bis 1806 im Heiligen Römischen Reich verbundenen deutschen Territorien umschreibt.

ENTSTEHUNG: Die auf dem Wiener Kongress 1815 getroffene Lösung des losen Zusammenschlusses der deutschen Einzelstaaten im Deutschen Bund (1815–66) widersprach den in den Befreiungskriegen erwachsenen Hoffnungen der Bürger. Ebenso befremdeten der Verzicht auf deutsche, aber nicht zum Reich gerechnete Gebiete (z.B. Ost- und Westpreußen) sowie der Einschluss der v.a. zu Österreich gehörenden fremdnationalen Gebiete.

In der Märzrevolution von 1848 brach sich der Unmut u.a. mit der Forderung nach nationaler Einheit in einem konstitutionellen, demokratischen und monarchischen Staat Bahn. Zugleich setzte, besonders in der →Frankfurter Nationalversammlung 1848/49, die Auseinandersetzung um die »großdeutsche« Lösung, d.h. den staatlichen Zusammenschluss möglichst aller geschlossen in Mitteleuropa siedelnden Deutschen, oder die »kleindeutsche« Lösung, die Beschränkung auf das engere Deutschland (ohne Österreich mit seinen fremdnationalen Teilen) unter der Führung Preußens, ein. Das Scheitern der Revolution verstärkte den Dualismus zwischen Preußen und Österreich und trieb auf eine kriegerische Auseinandersetzung zu, v.a. als Preußen, realpolitisch orientiert, sich durch die Zollvereinsbestrebungen z.B. zum Vorreiter einer wirtschaftlichen Einigung Deutschlands machte.

Mit dem Deutschen Krieg von 1866 legte Preußen den Grundstein für die nach dem Deutsch-Französischen Krieg 1870/71 vollzogene Schaffung des Deutschen Reiches unter Otto von Bismarck. Nach der Niederlage des Deutschen Reiches und dem staatlichen Zusammenbruch Österreich-Ungarns im Oktober/November 1918 stellte sich die deutsche Frage hinsichtlich eines Anschlusses Deutschösterreichs an das Deutsche Reich. Unter Bruch des →Versailler Vertrags (1919) und Nichtbeachtung des Vertrags von Saint-Germain-en-Laye (1919) führte das nationalsozialistische Deutschland den Anschluss auf gewalttätige Weise im März 1938 durch. Mit ihrem Sieg über Deutschland im Zweiten Weltkrieg (1939–45) hob die Anti-Hitler-Koalition die Einverleibung Österreichs im Sommer 1945 wieder auf.

TEILUNG DEUTSCHLANDS: Während des Zweiten Weltkrieges beriet die Anti-Hitler-Koalition darüber, die deutsche Frage im Vollzug der bedingungslosen Kapitulation des Deutschen Reiches durch die »Zerstückelung« der deutschen Nation ein für alle Mal zu erledigen (u.a. »Morgenthau-Plan« vom September 1944). Nach Kriegsende rückten die Siegermächte von solchen Plänen ab. Spätestens seit 1947 erlangte die deutsche Frage im ausbrechenden Ost-West-Konflikt eine internationale Schlüsselstellung.

Nach der Kapitulation wurde Deutschland in vier Besatzungszonen eingeteilt; in Berlin wurden zusätzlich vier Sektoren geschaffen und der gemeinsamen Besatzungshoheit der vier Mächte unterstellt. Über die Auslegung und Durchführung des →Potsdamer Abkommens vom 2. 8. 1945 bestanden, wie sich bald zeigte, zwischen den Westmächten und der UdSSR kontroverse Vorstellungen. Ausgangspunkt der Teilung war das Aufeinandertreffen zweier gegensätzlicher Ordnungssysteme in Deutschland: der westlichen Demokratien und des totalitären Kommunismus stalinistischer Prägung. Während die sowjetischen Besatzungsbehörden in der Sowjetischen Besatzungszone (SBZ) eine tief greifende Umstrukturierung nach dem Vorbild des sowjetischen Herrschaftsmodells einleiteten, wurde in den westlichen Besatzungszonen, die zur Erhaltung der wirtschaftlichen Einheit zusammengefasst wurden, mit dem Aufbau einer freiheitlich-demokratischen Ordnung begonnen. Mit der Gründung der

DEUTSCHE FRAGE — ***Fall der Berliner Mauer***

Als die SED-Regierung am 7. 10. 1989 den 40. Jahrestag der Staatsgründung der Deutschen Demokratischen Republik mit Paraden und Ansprachen feierte, als sei nichts geschehen, war der Zerfallsprozess der Machtstrukturen in der DDR bereits offensichtlich. Zwei Tage später konnten, was zuvor undenkbar war, Hunderttausende DDR-Bürger – unter dem Slogan »Wir sind das Volk« und von Schikanen der Staatssicherheits- und Polizeikräfte weitgehend unberührt – ihr Mitspracherecht bei der überfälligen Erneuerung des Staates einfordern.

Auch innerhalb der Spitzengremien der SED wurde auf Krisensitzungen erstmals offen Kritik an der Parteiführung unter Parteichef Erich Honecker geübt, der schließlich entmachtet wurde. Sein Nachfolger, Egon Krenz, suchte mit der Ankündigung von Reformen vergeblich den Zusammenbruch der SED-Herrschaft aufzuhalten. Da verkündete das Politbüromitglied Günter Schabowski am 9. 11. 1989 völlig überraschend die sofortige Öffnung der Mauer und der innerdeutschen Grenze. Millionen DDR-Bürger nutzten diese neue Reisefreiheit umgehend zu Besuchen in West-Berlin und den grenznahen westdeutschen Städten.

Mit der Berliner Mauer, die von den Menschen wie hier am 10. 11. 1989 buchstäblich besetzt wurde, war damit das Symbol für die deutsche Teilung gefallen, was weltweit als Signal für die bevorstehende politische Wiedervereinigung der beiden deutschen Staaten verstanden wurde. Trotz der spektakulären Maueröffnung konnte die SED-Führung ihre Glaubwürdigkeit im Volk nicht mehr zurückgewinnen, am 3. 12. 1989 trat Krenz mit der gesamten Führungsspitze der SED zurück.

Bundesrepublik Deutschland und der Deutschen Demokratischen Republik (→Deutschland) war die deutsche Teilung vollzogen. Nun war die Wiederherstellung der deutschen Einheit endgültig zum Zentralproblem der deutschen Frage geworden – so jedenfalls vor allem von der bundesdeutschen Politik und der Mehrheit der deutschen Bevölkerung verstanden.

ÜBERWINDUNG DER DEUTSCHEN TEILUNG: Beeinflusst von politischen Reformbestrebungen Michail Gorbatschows in der UdSSR schwächte sich der Ost-West-Konflikt ab 1987 immer mehr ab. Trotz der Verschärfung restriktiver Maßnahmen durch die DDR-Regierung kam es in den 1980er-Jahren zu einem zunehmenden Abwanderungsdruck in der DDR. Zeitgleich mit der im Sommer und Herbst 1989 stark anschwellenden Fluchtbewegung von DDR-Bürgern über Ungarn bzw. die deutschen Botschaften in Prag und Warschau entwickelte sich in der DDR aus der →Bürgerrechtsbewegung eine breite Bürgerbewegung; sie führte zur zunehmenden Demontage der Partei- und Staatsmacht. Am 9. 11. 1989 kam es zur Öffnung der Berliner Mauer und im November/Dezember 1989 zur nationaldemokratischen Richtungsänderung der Demonstrationsbewegung. Im Verlauf von Frühjahr und Sommer 1990 nutzte die Bundesregierung unter Bundeskanzler Helmut Kohl die Chancen, die deutsche Teilung zu überwinden: u.a. über die Wirtschafts- und Währungsunion ab 1. 7. 1990 sowie durch Abschluss des Einigungsvertrags vom 31. 8. 1990. Die volle Souveränität Gesamtdeutschlands wurde auch mit dem Zwei-plus-Vier-Vertrag vom 12. 9. 1990 und dem Deutsch-Polnischen Grenzvertrag vom 14. 11. 1990 sowie der »Suspendierungserklärung« der Alliierten vom 1. 10. 1990 über den Verzicht auf noch bestehende Rechte in Bezug auf Berlin und Deutschland festgeschrieben. Seit dem 3. 10. 1990 existiert Deutschland nunmehr als einheitlicher Nationalstaat in gesicherten und anerkannten Grenzen.

deutsche Kolonien, die überseeischen Besitzungen des Deutschen Reiches bis 1918, die amtlich als Schutzgebiete bezeichnet wurden. Auf diese musste das Deutsche Reich als Folge des →Versailler Vertrags (1919) verzichten. Die Schutzgebiete wurden rechtlich als Mandatsgebiete des Völkerbunds behandelt, faktisch jedoch dem Kolonialbesitz der Mandatsmächte eingegliedert. Deutsch-Ostafrika wurde britisch (Tanganjika, heute zu Tansania) und belgisch (Ruanda-Urundi, heute Ruanda bzw. Burundi), Deutsch-Südwestafrika ging an die Südafrikanische Union, wurde (als Südwestafrika) 1950 von dieser annektiert und 1990 als Namibia unabhängig. Kamerun kam unter französische (östlicher Teil) und britische Verwaltung (heute überwiegend Vereinigte Republik Kamerun). Der Westteil Togos wurde 1920 britisch (seit 1957 zu Ghana), der Ostteil französisches Mandatsgebiet (Republik Togo). Nordost-Neuguinea mit dem Bismarckarchipel wurde 1920 australisch, die Marshallinseln, Karolinen, Marianen und Palauinseln wurden japanisches (1947 amerikanisches) Mandatsgebiet. Australien, Neuseeland und Großbritannien wurden Mandatsmächte für Nauru und Westsamoa; Kiautschou fiel 1922 an China zurück.

deutsche Kolonien. Um jeden Preis suchte das wilhelminische Deutschland einen »Platz an der Sonne« zu erlangen und beteiligte sich daher im Zeitalter des Imperialismus am »Wettlauf um Afrika« (Titelseite einer Ausgabe der Wochenschrift »Kolonie und Heimat«, 1913).

Deutsche Kommunistische Partei, Abk. **DKP,** politische Partei, gegründet 1968 von Funktionären der 1956 verbotenen Kommunistischen Partei Deutschlands (KPD). Die DKP wollte sich sich von der KPD durch die Anerkennung der Verfassungsordnung des Grundgesetzes (GG) sowie durch den Verzicht auf die vom Bundesverfassungsgericht als mit dem GG unvereinbar bezeichneten politischen und organisatorischen Prinzipien unterscheiden; der Stimmenanteil bei Bundestagswahlen blieb aber äußerst gering. Als 1989/90 ein rapider Mitgliederschwund einsetzte (1991 etwa 8000 Mitglieder), kamen insbesondere von der DKP beeinflusste Organisationen wie die »Deutsche Friedensunion» (DFU; 1960 gegründete Linkspartei) und die »Vereinigung der Verfolgten des Naziregimes – Bund der Antifaschisten« (VVN – BdA) in eine schwere Krise. Im Zuge der Umwälzungen in der DDR (seit Oktober 1989) entzog die SED der DKP ihre starke finanzielle Unterstützung. Bei Wahlen trat die DKP ab 1994 manchmal in einer gemeinsamen Liste mit der PDS auf.

DEUTSCHER BUND — ***Metternichs Restaurationspolitik***

Klemens Wenzel Fürst von Metternich trat schon früh als Gegner der Französischen Revolution und des mit ihr einhergehenden nationalen Gedankens hervor. Dennoch bemühte er sich nach den erfolgreichen Befreiungskriegen gegen das napoleonische Frankreich 1815 auf dem von ihm geleiteten Wiener Kongress, die territorialen Verluste Frankreichs möglichst gering zu halten und die Einbindung des bourbonischen Staates in das europäische Mächtesystem vorzubereiten.

Die Ziele seiner Politik waren die Erhaltung der auf dem Wiener Kongress wieder hergestellten vorrevolutionären politischen und sozialen Ordnung, der vehemente Kampf gegen alle nationalen, liberaldemokratischen und revolutionären Bewegungen sowie die Sicherung des europäischen und deutschen Gleichgewichts. Dabei trat er für den Zusammenschluss der deutschen Einzelstaaten zu einem Staatenbund ein, dem Deutschen Bund (Versammlung der Gesandten der Mitgliedsstaaten in Frankfurt am Main, Stich um 1817). Für diesen war das monarchische Prinzip verbindlich, nach dem die alleinige und einheitliche Staatsgewalt in der Hand des Monarchen liegt.

Alle sich regenden fortschrittlichen Kräfte wurden im »System Metternich« mit polizeistaatlichen Methoden unterdrückt. In Preußen und Österreich blieben den Untertanen Verfassungen verwehrt, Pressefreiheit wurde von der Zensur verhindert, Oppositionelle wurden aus ihren Ämtern entlassen und sogar zu Gefängnisstrafen verurteilt. Da Metternich nicht bereit war, an die Volkssouveränität irgendwelche Zugeständnisse zu machen, musste er bei Ausbruch der Revolution von 1848 zurücktreten und als verhasster Reaktionär ins Exil nach London fliehen.

Deutscher Bund, der auf dem Wiener Kongress (1814/15) durch die Bundesakte vom 8. 6. 1815 gegründete Zusammenschluss der deutschen Einzelstaaten zu einem Staatenbund. Dem Deutschen Bund gehörten auch Dänemark für Holstein und Lauenburg, Großbritannien für Hannover und die Niederlande für Luxemburg und Limburg an, Preußen und Österreich nur mit den Gebieten, die bis 1806 zum Heiligen Römischen Reich gehört hatten. Einziges Bundesorgan war die →Bundesversammlung.

Im Kampf gegen die nationalen und liberalen Bestrebungen, die zuerst besonders bei den Burschenschaften hervortraten, veranlasste Klemens Wenzel Fürst von Metternich die Karlsbader Beschlüsse (1819) und die gefürchteten »Demagogenverfolgungen«. Die Teilnahme des liberalen Bürgertums am politischen Prozess war damit zunächst unterbunden. Zwar wurden in Süddeutschland (u. a. Baden) bereits 1818/19 Volksvertretungen geschaffen, doch hielt Preußen am Absolutismus fest und unterstützte die Politik Metternichs. Unter preußischer Führung kam zum 1. 1. 1834 der Deutsche Zollverein zustande, der dem größten Teil Deutschlands (ohne Österreich) die wirtschaftliche Einheit gab. Die Entwicklung des modernen Industriesystems, beruhend auf der Einführung der Maschine in den Produktionsprozess, verband sich mit sozialer Umschichtung. Unter dem Eindruck der Julirevolution 1830 in Frankreich erhielten der Gedanke der nationalen Einheit und der Ruf nach Verwirklichung des Rechts- und Verfassungsstaats neue Impulse. Das Übergreifen der französischen Februarrevolution 1848 auf die deutschen Staaten war eine Folge der wachsenden Unruhe des »Vormärz«, die sich in der Märzrevolution von 1848 entlud; in Österreich erzwang sie die Entlassung Metternichs. An die Stelle des Bundestags trat die aus demokratischen Wahlen hervorgegangene Frankfurter Nationalversammlung, die am 18. 5. 1848 in der Paulskirche in Frankfurt am Main zusammentrat. Der Versuch Preußens, nach dem Scheitern der Revolution durch eine freiwillige Union der deutschen Fürsten einen kleindeutschen Bundesstaat zu schaffen (»Dreikönigsbündnis« vom 26. 7. 1849; Erfurter Unionsparlament, 1850), misslang. Der Deutsche Bund zerbrach schließlich 1866 im Deutschen Krieg am preußisch-österreichischen Gegensatz.

deutsche Revolution,

1. Bezeichnung für die Revolution in den Staaten des Deutschen Bundes von 1848, →Märzrevolution.

2. Bezeichnung für die →Novemberrevolution (1918).

3. (selten benutzte) Bezeichnung für die »Herbstrevolution« in der DDR 1989.

Deutscher Flottenverein, Abk. **DFV,** im April 1898 auf Initiative aus der Industrie durch das Reichsmarineamt gegründeter Verein, der das Interesse an der deutschen Kriegsflotte, ihrer Bedeutung und ihrem Ausbau wecken sollte. Der DFV stieg sehr bald zu einem der mitgliederstärksten Vereine des Kaiserreichs auf (1914: 1,1 Millionen Mitglieder). Nach 1918 verlor der DFV, der sich 1919 in »Deutscher Seeverein« umbenannte, stark an Bedeutung. 1934 wurde er in den »Reichsbund deutscher Seegeltung« überführt.

Deutscher Gewerkschaftsbund, Abk. **DGB,** föderativ strukturierter Dachverband autonomer Mitgliedergewerkschaften, die meist nach dem Industrieverbandsprinzip Arbeiter, Angestellte und Beamte organisieren. Der DGB ist ein nicht rechtsfähiger Verein mit Sitz in Düsseldorf; er wurde 1949 in München gegründet.

Der DGB trat an die Stelle der 1933 zerschlagenen Gewerkschaftsbünde, unterscheidet sich jedoch von diesen: Die Richtungszusammenschlüsse (christliche, freie und Hirsch-Dunckersche Gewerkschaften) wurden durch die Einheitsgewerkschaft (parteipolitische Unabhängigkeit, weltanschauliche Toleranz), die Berufsverbände durch (damals) 17 Gewerkschaften und Industriegewerkschaften (»ein Betrieb – eine Gewerkschaft«) abgelöst. Auseinandersetzungen um das Organisationsprinzip führten 1948 zum Ausscheiden der im DGB der britischen Zone organisierten Deutschen Angestellten-Gewerkschaft, Differenzen über die parteipolitische Neutralität zum Ausscheiden christlicher Arbeitnehmer.

Deutscher Krieg von 1866, die Auseinandersetzung zwischen Preußen unter Otto von Bismarck und Österreich über die deutsche Frage, entstanden aus ihrem Gegensatz in Schleswig-Holstein und in der Frage der Bundesreform. Der Besetzung Holsteins durch preußische Truppen entgegen der Gasteiner Konvention vom 14. 8. 1865 folgte der Bruch mit Österreich, dessen Antrag auf Mobilmachung der Bundesarmee mit Ausschluss Preußens am 14. 6. 1866 von der Mehrheit des Bundestags angenommen und von Preußen als Kriegserklärung betrachtet wurde. Österreich war mit Sachsen, Bayern, Württemberg, Baden, Hannover, Hessen-Darmstadt, Kurhessen und Nassau verbündet, Preußen mit den meisten norddeutschen Klein- und Mittelstaaten und mit Italien (Bündnis vom 8. 4.).

Die preußische Hauptmacht mit Helmuth Graf von Moltke als Generalstabschef rückte mit drei Armeen in Böhmen ein, warf die österreichische Nordarmee in mehreren Gefechten zurück und konnte am 3. 7. bei Königgrätz den entscheidenden Sieg erringen. Dagegen siegten die Österreicher über die Italiener bei Custoza (24. 6.) und mit ihrer Flotte bei Lissa (20. 7.). Inzwischen waren Hannover, Kurhessen und Sachsen von preußischen Truppen besetzt und die Armee Hannovers bei Langensalza zur Kapitulation gezwungen worden (29. 6.). Um einem Eingreifen Napoleons III. zuvorzukommen, entschloss sich Bismarck zum sofortigen Waffenstillstand; am 23. 8. wurde der Friede von Prag geschlossen. Die Friedensschlüsse mit den süddeutschen Staaten zwischen dem 13. 8. und 3. 9. erfolgten in Berlin, der österreichisch-italienische Frieden am 3. 10. in Wien. Preußen annektierte Schleswig-Holstein, Hannover, Kurhessen, Nassau und die Stadt Frankfurt am Main, Österreich trat Venetien an Italien ab. Der Ausgang des Krieges führte zur Gründung des →Norddeutschen Bundes und zum Ausscheiden Österreichs aus Deutschland.

Deutscher Orden, lateinisch **Ordo Fratrum Domus Hospitalis Sanctae Mariae Teutonicorum in Jerusalem,** geistlicher Ritterorden.

GESCHICHTE: Der Deutsche Orden wurde während des 3. Kreuzzuges bei der Belagerung Akkos 1190 von Lübecker und Bremer Kaufleuten als Krankenpflegeorden gegründet und 1198 in einen geistlichen Ritterorden umgewandelt. Hochmeistersitz war zunächst Akko, jedoch mit Unterbrechung 1230–71, als er sich auf der Burg Montfort befand. Unter dem Hochmeister Hermann von Salza (1210–39) unterstützte der Deutsche Orden den ungarischen König Andreas II. gegen die heidnischen Kumanen im siebenbürgischen Burzenland, das der Orden 1211–25 als ungarisches Lehen besaß. 1226 ersuchte ihn Herzog Konrad von Masowien um Hilfe gegen die heidnischen Prußen. Kaiser Friedrich II. ermächtigte den Deutschen Orden durch die Goldene Bulle von Rimini (März 1226) zu eigener Herrschaft in Preußen, dessen Eroberung nach 1280 vollendet war. Durch die Vereinigung mit dem →Schwertbrüderorden 1237 fasste der Deutsche Orden in Livland und Kurland Fuß. In den Auseinandersetzungen mit dem Fürstentum Nowgorod erlitt der Orden 1242 in der Schlacht auf dem Eis des Peipussees gegen das Heer Alexander Newskijs eine schwere Niederlage. 1308 gewann der Deutsche Orden Pommerellen mit Danzig, 1346 das bisher dänische Estland, 1398 Gotland und 1402 die Neumark; damit erreichte er seine größte Ausdehnung.

Nach der Vereinigung Litauens mit Polen (1385) geriet der Deutsche Orden durch Gebietsstreitigkeiten immer mehr in Gegensatz zu Polen. Nach der Niederlage von →Tannenberg gegen ein polnisch-litauisches Heer 1410 versuchte Hochmeister Heinrich von Plauen, den Orden zu reformieren und der sich gegen die Ordensherrschaft auflehnenden Stände und Städte Herr zu werden; er wurde 1413 gestürzt. Die Stände schlossen sich 1440 zum Preußischen Bund zusammen. Mit dem Rückhalt bei Polen bekämpfte der Preußische Bund den Deutschen Orden 13 Jahre lang. Im 2. Thorner Frieden (1466) musste dieser Pommerellen, das Culmer Land und das Ermland sowie die Städte Danzig, Elbing und Marienburg dem polnischen König überlassen und dessen Oberhoheit über das übrige preußische Ordensland anerkennen. Vergebens bemühten sich die Hochmeister Herzog Friedrich von Sachsen-Meißen (seit 1498) und Markgraf Albrecht von Brandenburg-Ansbach (Albrecht der Ältere, seit 1510/11) um Reichshilfe gegen Polen. Schließlich stellte sich auch der letzte Landmeister von Livland, Gotthard Kettler, 1561 unter den Schutz Polens, da er sein Land gegen die Angriffe Iwans des Schrecklichen (Livländischer Krieg ab 1558) nicht mehr halten konnte. Die Säkularisation des Ordensstaates wurde von Kaiser, Papst und Deutschmeister nicht anerkannt. Der Deutschmeister Walter von Cronberg übernahm 1525/30 Funktionen und Rechtsansprüche des Hochmeisters, nannte sich Hoch- und Deutschmeister und verlegte 1527 seinen Sitz nach Mergentheim.

Deutscher Orden. Gebiete und Territorien (1226–1466)

Nach der Unterdrückung und faktischen Auflösung in den Rheinbundstaaten durch Napoleon I. (1809) bestand der Deutsche Orden nur noch im Kaiserreich Österreich weiter. Im 19. Jh. durch eine umfassende innere Reform geprägt, erfolgte 1839 auf der Grundlage neuer Statuten eine Erneuerung als Deutscher Ritterorden, wobei sich v.a. der Deutschordenspriester Peter Paul Rigler aus Südtirol um eine Verstärkung des priesterlichen Zweiges und eine Intensivierung des geistlichen Lebens (Exerzitien) verdient machte. Bis 1923 wurde der Deutsche Orden von österreichischen Erzherzögen als »Hoch- und Deutschmeister« geleitet. 1929 durch Papst Pius XI. in ein klerikales Institut päpstlichen Rechts (Regularkanoniker) umgewandelt, bestanden bis 1938/39 vier Balleien (Österreich, Schlesien, Tirol und Krain).

ORGANISATIONSSTRUKTUR: Oberhaupt des Deutschen Ordens (zugleich Landkomtur von Preußen) war der auf Lebenszeit vom Kapitel (großer Konvent) gewählte Hochmeister, der seinen Sitz 1291 von Akko nach Venedig, 1309 auf die Marienburg und 1457 nach Königsberg verlegte. Ihm zur Seite standen die fünf Großgebietiger – der Großkomtur (Stellvertreter des Hochmeisters, zuständig für innere Verwaltung), Marschall (Kriegswesen), Spittler (Sanitätswesen), Trapier (Ausrüstung) und Tressler (Finanzen). Darunter standen die Landkomture. Die Leitung des Ordens im Heiligen Römischen Reich oblag dem Deutschmeister, dem auch die Balleien Utrecht, Altenbiesen (im heutigen Belgien), Elsass-Burgund und Lombardei unterstellt waren. Die Mitglieder des Ordens waren auf die mönchischen Gelübde verpflichtet. Der Hochmeister als Ordensoberer wurde durch die Goldene Bulle von Rimini (1226) den Reichsfürsten rechtlich gleichgestellt und konnte reichslehnbare Güter erwerben. Der Ordensstaat war nicht reichszugehörig. Zur Ordenstracht wurde der weiße Mantel mit schwarzem Kreuz, woher auch der Name »Kreuzritter« stammt.

Deutscher Zollverein, Zusammenschluss deutscher Bundesstaaten im 19. Jh. zur Schaffung einer deutschen Wirtschaftseinheit. Nachdem die Versprechungen des Artikel 19 der deutschen Bundesakte von 1815 unerfüllt geblieben und die Denkschriften von Friedrich List und dem badischen Minister Karl Nebenius auf stärksten Widerstand gestoßen waren, traf Preußen ohne Bundesmitwirkung zunächst eine Teillösung durch den 1828 mit Hessen-Darmstadt geschlossenen Zollvertrag. Bayern und Württemberg waren kurz vorher eine Süddeutsche Zollvereinigung eingegangen. Hannover, Braunschweig, Kurhessen, Oldenburg, Nassau, Sachsen, die thüringischen Staaten und die Städte Frankfurt am Main und Bremen bildeten 1828 den Mitteldeutschen Handelsverein. Dieser zerbrach, als sich Kurhessen 1831 dem preußisch-hessischen Verein anschloss.

1833 kam es zu einer Einigung zwischen Preußen, Hessen-Darmstadt, Kurhessen, Bayern, Württemberg, Sachsen und den thüringischen Staaten, sodass am 1. 1. 1834 der Deutsche Zollverein wirksam werden konnte. Ihm traten 1836 Baden, Nassau und Frankfurt am Main, 1842 Luxemburg, Braunschweig und Lippe bei. Hannover und Oldenburg folgten 1854. Der Deutsche Zollverein baute überholte Handelsstrukturen ab und wirkte auf die (klein-)deutsche Einheit hin. Nach der Schaffung des →Norddeutschen Bundes wurden durch Verträge mit den süddeutschen Staaten ein Zollbundesrat und ein Zollparlament errichtet. In dieser Form wurde der Deutsche Zollverein 1867 erneut auf 12 Jahre geschlossen. Mit der Reichsgründung fiel die Zollpolitik in die Zuständigkeit des Reiches, die Eigenständigkeit des Deutschen Zollvereins endete. Bremen und Hamburg schlossen sich erst 1888 dem deutschen Zollgebiet an, aus dem Luxemburg 1919 ausschied.

Deutsches Reich,

1. (unkorrekte) umgangssprachliche Bezeichnung für das Regnum im späteren Deutschland (911–1806), das seit dem 11. Jh. als »Römisches Reich«, seit dem 13. Jh. als »Heiliges Römisches Reich« sowie seit dem 15. Jh. als »Heiliges Römisches Reich Deutscher Nation« bezeichnet wurde; auch altes (deutsches) Reich genannt.

2. amtliche Bezeichnung des deutschen Staates 1871–1945. Zum Gebiet des Deutschen Reiches gehörten 1871–1918 (»Kaiserreich«) 22 monarchische Staaten, drei republikanische Stadtstaaten und das Reichsland Elsass-Lothringen; während der Weimarer Republik 1918/19–33 umfasste das Deutsche Reich 18 Länder, die formal auch im so genannten Dritten Reich 1933–45 fortbestanden.

Deutsche Volkspartei, Abk. **DVP,** politische Partei, gegründet im Dezember 1918 von Gustav Stresemann, Hugo Stinnes u. a., hervorgegangen aus der →Nationalliberalen Partei. Die DVP bekannte sich in ihrem Programm von 1919 zu einer Aussöhnung des liberalen und sozialen Gedankens auf der Grundlage einer nationalen Staatsgesinnung. Sie trat für die Erhaltung des Privateigentums an den Produktionsmitteln ein. In enger Verbindung u. a. zur Schwerindustrie, zu Großbanken und zahlreichen Handels- und Gewerbekammern vertrat sie in der Praxis eine an den Unternehmen orientierte Wirtschafts- und Sozialpolitik. Vorsitzende waren 1918–29 Stresemann, 1929/30 Ernst Scholz und 1930–33 Eduard Dingeldey.

Nach ihrer Gründung stand die DVP zunächst in betonter, an die gesellschaftlichen und politischen Traditionen des Kaiserreiches anknüpfender Opposition zur Regierung; sie lehnte in der Nationalversammlung, in der sie mit 22 Abgeordneten (4,4% der Stimmen) vertreten war, die Verfassung der Weimarer Republik ab. Unter dem Einfluss Stresemanns besann sie sich der demokratischen Republik und beteiligte sich 1920/21 und 1922–31 an der Regierung. Aufgrund der koalitionspolitischen Alternativen (Weimarer Koalition, Bürgerblock oder große Koalition) gewann sie eine Schlüsselstellung; sie stellte 1923 den Reichskanzler (Stresemann), 1923–31 den Außenminister (1923–29: Stresemann, 1929–31: Julius Curtius).

Durch ihre grundsätzliche Bereitschaft, sich an Koalitionen mit der SPD zu beteiligen, verlor sie einen Teil ihrer Wählerschaft. Die von Stresemann geschlossenen Locarnoverträge (Oktober 1925) führten zu innerparteilichen Spannungen. Nach dem Tod Stresemanns vollzog die Partei einen Rechtsschwenk, die den Bruch der großen Koalition unter Hermann Müller (SPD) mitbewirkte. Neben der »Deutschen Demokratischen Partei« (DDP) geriet – unter dem Eindruck der Weltwirtschaftskrise (seit 1929) – auch die DVP in den Sog des Niedergangs der liberalen Parteien. Teile der DVP unterstützten das Treffen der Rechten in Bad Harzburg (→Harzburger Front); die am Kurs Stresemanns orientierte Gruppe wurde aus der Partei ausgeschlossen. Im Bündnis mit anderen Parteien erhielt die DVP bei den Wahlen im März 1933 nur noch zwei Sitze (1,1%); im Juli 1933 löste sie sich auf.

Deutsch-Französischer Krieg, Krieg zwischen Frankreich und einer von Preußen geführten Koalition deutscher Staaten (1870/71). Die Ursache des Krieges waren die durch den preußischen Sieg im Deutschen Krieg von 1866 zu Frankreichs Ungunsten verschobenen Machtverhältnisse in Europa und innenpolitischen Schwierigkeiten in Preußen und Frankreich. Den äußeren Anlass gab die Frage der »hohenzollernschen Thronkandidatur« in Spanien (→Emser Depesche). Am 19. 7. 1870 erklärte Frankreich den Krieg. Während ein französisch-österreichisches Bündnis nicht rechtzeitig zustande kam, traten die süddeutschen Staaten sofort auf die Seite Preußens.

Von der Pfalz aus drangen drei in kürzester Frist mobil gemachte deutsche Armeen unter Kronprinz Friedrich, Prinz Friedrich Karl und Helmuth Graf von Moltke als Generalstabschef vor und übernahmen die Initiative. Sie siegten bei Weißenburg (4. 8.), Wörth und Spichern (6. 8.). Die französische Rheinarmee unter François Bazaine wurde durch die Schlachten bei Colombey-Nouilly, Vionville-Mars-la-Tour und Gravelotte-Saint-Privat (14. bis 18. 8.) in die Festung Metz geworfen und eingeschlossen. Bei dem Versuch, Bazaine zu entsetzen, wurde der französische Marschall Marie Edme Mac-Mahon nach Sedan abgedrängt und dort umzingelt; seine gesamte Armee kapitulierte am 2. 9., Napoleon III. geriet mit ihr in Gefangenschaft.

Nach Ausrufung der französischen Republik (4. 9.) rückten die deutschen Armeen auf Paris vor und schlossen es ab dem 15. 9. ein. Metz kapitulierte am 27. 10. Die im Süden und Norden zur Befreiung von Paris aufgestellten Armeen wurden im Dezember 1870 und Januar 1871 bei Orléans, Le Mans, Amiens und Saint-Quentin geschlagen. Aus Sorge vor einer Einmischung der Neutralen versuchte Otto von Bismarck, den Fall von Paris zu beschleunigen, und setzte gegen die militärische Führung die Beschießung der Festung durch. Am 28. 1. 1871 wurde ein Waffenstillstand geschlossen.

Deutsch-Französischer Krieg. Am 2. 9. 1870 geriet Napoleon III. (links neben Otto von Bismarck sitzend) bei Sedan in preußische Kriegsgefangenschaft und wurde nach Wilhelmshöhe bei Kassel gebracht, von wo aus er im März 1871 ins Exil nach England ging; sein Regime brach zusammen.

Nur in Ostfrankreich wurde noch gekämpft; am 1. 2. wurde die französische Ostarmee von der neu gebildeten deutschen Südarmee unter Edwin Freiherr von Manteuffel gezwungen, bei Pontarlier in die Schweiz überzutreten. Bereits am 18. 1. war König Wilhelm I. von Preußen in Versailles zum Deutschen Kaiser proklamiert worden (Gründung des Deutschen Reiches). Am 26. 2. wurde der Vorfriede von Versailles geschlossen; am 10. 5. folgte der →Frankfurter Frieden. Die darin abgegebene Verpflichtung zur Räumung der besetzten französischen Gebiete wurde von Deutschland bis zum 16. 9. 1873 erfüllt.

Deutsch-Französischer Vertrag, Élysée-Vertrag [eli'ze:-], am 22. 1. 1963 zwischen Bundeskanzler Konrad Adenauer und Präsident Charles de Gaulle im Élysée-Palast abgeschlossener Vertrag, der als Ausdruck der nach dem Zweiten Weltkrieg betriebenen Politik der deutsch-französischen Aussöhnung eine ständige Konsultation und eine dauerhafte Zusammenarbeit auf den wesentlichen Gebieten der Politik sicherstellen sollte. Die Vertragspartner vereinbarten u.a. regelmäßige Treffen der Staats- und/oder Regierungschefs sowie besonders der für Äußeres, Verteidigung und Jugendfragen zuständigen Minister. Im Rahmen des Deutsch-Französischen Vertrages entstand 1963 das Deutsch-Französische Jugendwerk (Abk. DFJW).

1988 unterzeichneten Staatspräsident François Mitterrand und Bundeskanzler Helmut Kohl ein Zusatzprotokoll über die Errichtung eines deutsch-französischen Rates für Verteidigung und Sicherheit, dem der französische Staatspräsident, der deutsche Bundeskanzler, die Außen- und Verteidigungsminister beider Länder sowie der Generalstabschef der französischen Streitkräfte und der Generalinspekteur der Bundeswehr angehören. Weiterhin wurde das Protokoll über die Gründung eines deutsch-französischen Finanz- und Wirtschaftsrates unterzeichnet, dem die Wirtschafts- und Finanzminister beider Länder sowie die Präsidenten der beiden Zentralbanken angehören. Der Finanz- und Wirtschaftsrat soll die Wirtschafts-, Finanz-, Haushalts- und Währungspolitik beider Staaten abstimmen und koordinieren.

Deutschkonservative Partei, 1876 aus den »Altkonservativen« hervorgegangene Partei. Sie hatte ihre Anhängerschaft v.a. beim Großgrundbesitz, beim Heer, bei der Geistlichkeit und der höheren Beamtenschaft und war im Wesentlichen auf die agrarischen altpreußischen Gebiete und das Königreich Sachsen beschränkt. Später gewann sie Einfluss auch in Mittelstandsschichten, doch beruhte ihr politisches Übergewicht in Preußen v.a. auf dem →Dreiklassenwahlrecht. Unter der Führung Otto von Helldorffs unterstützte sie seit 1879 Otto von Bismarcks Schutzzoll- und Sozialpolitik.

Im Ersten Weltkrieg forderte sie Annexionen, widersetzte sich der Einführung des Parlamentarismus in Deutschland und des gleichen Wahlrechts in Preußen. Nach 1918 gingen Deutschkonservative wie Freikonservative in der →Deutschnationalen Volkspartei (DNVP) auf.

Deutschland, amtlich **Bundesrepublik Deutschland,** Staat in Mitteleuropa, der im Norden an Nordsee, Dänemark und Ostsee, im Osten an Polen und die Tschechische Republik, im Süden an Österreich und die Schweiz, im Westen an Frankreich und im Nordwesten an Luxemburg, Belgien und die Niederlande grenzt. Zu Deutschland gehören in der Nordsee die Ostfriesischen Inseln, Helgoland und der überwiegende Teil der Nordfriesischen Inseln, in der Ostsee Fehmarn, Rügen sowie der größte Teil von Usedom.

ENTSTEHUNG UND FRÜHE ENTWICKLUNG DES »REICHS DER DEUTSCHEN«: Aus den zahlreichen germanischen Kleinstämmen der Zeit um Christi Geburt bildeten sich größere Stammesverbände neu (z.B. Sachsen, Franken, Alemannen). Sie besetzten auch Gebiete innerhalb der römischen Reichsgrenze und übernahmen Grundelemente der lateinischen Kultur sowie Reste der spätantiken Verwaltungs- und Wirtschaftsstrukturen. Die deutschen Stämme, mit anderen Völkerschaften im →Fränkischen Reich Karls des Großen vereinigt, lösten sich aus diesem Verband in den Verträgen der Reichsteilungen von Verdun (843), Meerssen (870) und Ribemont (880). Ludwig der Deutsche erhielt 843 das Ostfränkische Reich, 880 war mit dem Erwerb auch der Westhälfte Lothringens im Wesentlichen die (bis 1648 gültige) Grenze zwischen Frankreich und Deutschland festgelegt. Um 900 erstarkten im Abwehrkampf gegen Ungarn und Slawen die deutschen Stammesherzogtümer: Franken, Schwaben, Bayern und Sachsen. Mit der Wahl eines gemeinsamen Königs der deutschen Stämme, Konrads I. (911–918), wurde die Unteilbarkeit des Ostfränkischen Reiches festgelegt. 920 tauchte der Begriff »Regnum teutonicum« (»Reich der Deutschen«) auf. Seit dem 11. Jh. wurde der noch nicht zum Römischen Kaiser gekrönte Herrscher »Rex Romanorum« (»Römischer König«) genannt; staatsrechtlich war durch die Nachfolge der im deutschen Reich gewählten Könige im römischen Kaisertum das »Sacrum Romanum Imperium« (»Heiliges Römisches Reich«) entstanden, das Deutschland, Reichsitalien (ab 962) und Burgund (ab 1032/33) umfasste.

OTTONISCH-SALISCHE ZEIT (919–1137): Heinrich I. (919–936), nur von Sachsen und Franken zum König erhoben, erlangte allmählich dank seiner Erfolge nach außen, etwa mit dem Sieg über die Ungarn bei Riade 933, die Anerkennung auch in Schwaben und Bayern. Otto I., der Große (936–973), führte die Sicherung des Reiches nach außen und innen fort (Errichtung von zwei Marken 936/937, Sieg über die Ungarn auf dem Lechfeld 955). Stütze des Königs im Innern waren die Bischöfe. Die politische Macht der Reichskirche führte im Zusammenhang mit der kluniazensischen Reformbewegung zum Widerstand des Papsttums gegen jede Art des Einflusses von Laien auf kirchliche Angelegenheiten, schließlich auch gegen die königliche Kirchenherrschaft. Im Investiturstreit gipfelte diese Entwicklung 1077 in Heinrichs IV. Gang nach Canossa. Erst Heinrich V. (1106–25), dem letzten König aus dem Haus der Salier, gelang mit dem Wormser Konkordat 1122 die Beendigung des Investiturstreits mit unterschiedlichen Regelungen in Deutschland und Italien.

DEUTSCHLAND. ***Ein Flickenteppich***

Das »Heilige Römische Reich Deutscher Nation« bestand bis 1806. Nur mühsam hatte der Reichsgedanke das merkwürdige Gebilde aus Territorialstaaten, Bistümern, Grafschaften, Reichsklöstern, Stiften, Reichsstädten, Rittersitzen zusammengehalten; zeitweise umfasste das Reich mehr als 1800 Flecken und Fleckchen. Nach 1806 zählte der Deutsche Bund 38, das Deutsche Reich Bismarcks immerhin noch 25 Bundesstaaten, das Deutsche Reich der Weimarer Verfassung 18 Länder. Nach dem Zweiten Weltkrieg existierten im gespaltenen Deutschland 11 Länder in der Bundesrepublik Deutschland und 5 in der Deutschen Demokratischen Republik, ehe letztere 1952 aufgelöst und in 14 Bezirke umgewandelt wurden. Die Idee des Föderalismus, heute noch lebendig in den derzeit 16 Bundesländern, reicht also weit in die Vergangenheit zurück.

ZEIT DER STAUFER (1138–1254): 1138 wurde der Staufer Konrad III. gegen den von Lothar III. von Supplinburg (1125–37) designierten Welfen Heinrich den Stolzen zum König gewählt, was den staufisch-welfischen Gegensatz begründete. Friedrich I. Barbarossa (1152–90), der die Auseinandersetzung durch den Sturz Heinrichs des Löwen vorübergehend beendete, suchte die Herrschaft über Reichsitalien auszubauen. Seine größte territoriale Ausdehnung fand das Reich unter Heinrich VI. (1190–97), als diesem das Königreich Sizilien zufiel. Die durch seinen Tod ausgelösten Thronstreitigkeiten (welfisch-staufische Doppelwahl 1198) fanden erst 1212 ihr Ende, als sein Sohn Friedrich II. (1212–50) zum deutschen König gewählt wurde. Friedrichs Bemühungen um Wiederherstellung und Ausbau des Reichsgutes wurden durch die Fürstenprivilegien (1220, 1231/32) eingeschränkt, aber auch der Territorialpolitik der Reichsfürsten waren damit Grenzen gesetzt. Die Wiederaufnahme der staufischen Politik in Oberitalien führte zur Entstehung der Parteien von Guelfen und Ghibellinen, die erneute Auseinandersetzung mit dem Papsttum zur Wahl von Gegenkönigen (Heinrich Raspe 1246; Wilhelm von Holland 1247). Die Erben Friedrichs II. unterlagen im Kampf um die Herrschaft; der letzte Staufer, Konradin, wurde 1268 in Neapel hingerichtet.

SPÄTMITTELALTER (1254–1517): Nach einer Doppelwahl 1257 konnte sich erst Rudolf I. von Habsburg (1273–91) wieder in Deutschland durchsetzen. Mit dem Erwerb Österreich, Steiermark und Krain im Osten legte er den Grund der habsburgischen Hausmacht. Heinrich VII. von Luxemburg (1308–13) gelang 1310 der Erwerb Böhmens. Das Ausgreifen des Wittelsbachers Ludwig IV., des Bayern (1314–47), nach Italien (1323) führte zur letzten großen Auseinandersetzung zwischen Kaisertum und Papsttum. Die Ansprüche auf päpstliche Bestätigung ihrer Königswahl wiesen die Kurfürsten im Kurverein von Rhense 1338 zurück.

Der gegen die rigorose Hausmachtpolitik Ludwigs gewählte Luxemburger Karl IV. (1346–78) machte Böhmen zum Kernland des Reiches. Die »Goldene Bulle« (1356) gewährleistete feststehende Regeln der Königswahl und schuf mit der Sicherung der Vorzugsstellung der Kurfürsten eine starke Klammer des Reichsverbandes. Unter den Königen Wenzel (1378–1400) und Ruprecht III. von der Pfalz (1400–10) erfolgte eine weitere Schwächung der Königsmacht. Das Konstanzer Konzil (1414–18) unter Vorsitz König Sigismunds (1410–37) rettete zwar die Reichseinheit, löste aber die Hussitenkriege aus (1419–36), die erst nach einem Vergleich beendet wurden (»Prager Kompaktaten«, 1433). Die gegen Türken und Ungarn erforderlichen Reichshilfen führten unter Maximilian I. (1493–1519) zu direkten Verhandlungen mit den Reichsständen. Neben dem Ewigen Landfrieden war die Übernahme der Friedensgewalt im Reich durch die Reichsstände die wichtigste Änderung. Durch die Eheverbindungen seiner Enkel sicherte Maximilian den Anspruch auf künftigen Erwerb Böhmens und Ungarns für sein Haus.

REFORMATION UND GEGENREFORMATION (1517–1648): Den Ausgangspunkt der Reformation bildeten Luthers 95 Thesen vom 31. 10. 1517, zu deren rascher Verbreitung v.a. die Humanisten beitrugen; neben Luthers Lehre breitete sich im oberdeutschen Raum diejenige Ulrich Zwinglis aus. 1521 verhängte das Wormser Edikt über Luther und seine Anhänger die Reichsacht. Während Karl V. (1519–56) vier Kriege gegen Franz I. von Frankreich führte (1521–26, 1527–29, 1534–36 und 1542–44), fielen im Reich wichtige Entscheidungen: Das Landesfürstentum ging gestärkt aus dem Bauernkrieg (1524/25) hervor. Gegen den Beschluss der Durchführung des Wormser Edikts auf dem Reichstag zu Speyer 1529 unterzeichneten die evangelischen Reichsstände unter Führung Philipps I. von Hessen eine Protestation (daher »Protestanten«). Der Ausgang des Reichstags in Augsburg 1530 gab den letzten Ausschlag zum Abschluss des Schmalkaldischen Bundes (1531) der protestantischen Stände, gegen den Karl V. 1546/47 militärisch siegreich vorging. Am Ende der großen religiösen und politischen Bewegung der Reformation stand der Augsburger Religionsfriede von 1555 und damit die endgültige konfessionelle Spaltung Deutschlands.

Gegen den in Lutheraner und Kalvinisten geteilten Protestantismus erfolgte die Gegenreformation, als deren politisches Zentrum Österreich und Bayern einen geschlossenen Block im Süden des Reiches bildeten. Im Anschluss an den Reichstag von 1608 bildete sich unter kurpfälzischer Leitung die Protestantische Union, der 1609 – unter bayrischer Führung – die katholische Liga gegenübertrat. Auch Kaiser Matthias (1612–19) konnte die konfessionellen Gegensätze nicht abbauen, die entschieden katholische Haltung Ferdinands II. (1619–37) führte 1618/19 zum Ausbruch des →Dreißigjährigen Krieges. Beendet wurde dieser durch den 1648 unter Garantie Frankreichs und Schwedens geschlossenen →Westfälischen Frieden, dessen Bedeutung v.a. darin bestand, dass die Territorialisierung des Reiches in fast 300 landeshoheitliche Einzelstaaten legalisiert wurde.

ZEITALTER DES ABSOLUTISMUS (1648–1789): Der Überwindung der sozialen und wirtschaftlichen Katastrophe dienten u.a. eine staatlich gelenkte Bevölkerungspolitik, landwirtschaftliche Förderungsprogramme, Wiederbelebung des Handwerks in den Städten und Verbesserungen für den Handel. Der zentral regierte, antiständische Staat fand in Brandenburg seit Friedrich Wilhelm, dem Großen Kurfürsten (1640–88), seine Verwirklichung. Der Friede von Oliva (1660) garantierte die Souveränität des Kurfürsten von Brandenburg im Herzogtum Preußen; 1701 erhob sich Friedrich III. von Brandenburg als Friedrich I. zum »König in Preußen« (1701–13).

Gleichzeitig stieg Österreich nach dem Sieg über die Türken 1683 zur europäischen Großmacht auf. Mit dem preußisch-österreichischen Dualismus war die Ausgangsbasis für das europäische Gleichgewichtssystem des 18. Jh. und seine kriegerischen Verwicklungen erreicht. In der Zeit Kaiser Leopolds I. (1657–1705) wurde das Reich durch die Wechselwirkung zwischen der Türkengefahr und der Expansionspolitik König Ludwigs XIV. von Frankreich bedroht. Nach dem Pfälzischen Erbfolgekrieg konnte das Reich 1697 im Frieden von Rijswijk den erreichten Besitzstand in der Hauptsache wahren, der Verlust des Elsass wurde sanktioniert. Der Gegensatz Bourbon-Habsburg erreichte einen neuen Höhepunkt im Spanischen Erbfolgekrieg (1701–13/14) und mündete nach dem Erlöschen des habsburgischen Mannesstamms in den Österreichischen Erbfolgekrieg

(1740–48). Zwar behielt schließlich das habsburgische Erbhaus durch die Kaiserwahl des Gemahls der Maria Theresia, Franz I. Stephan (1745–65), die vornehmste Stellung im Reich, doch der preußisch-österreichische Dualismus verfestigte sich im Siebenjährigen Krieg (1756–63) und brach im Fürstenbund von 1785 und in den Polnischen Teilungen erneut aus.

ENDE DES HEILIGEN RÖMISCHEN REICHS UND NAPOLEONISCHE EPOCHE (1789–1815): Angesichts der politisch-sozialen Bedrohung durch die Französische Revolution trat der preußisch-österreichische Gegensatz zurück. Die von Kaiser Leopold II. (1790–92) und König Friedrich Wilhelm II. von Preußen (1786–97) 1791 vereinbarte Pillnitzer Konvention rief zur Intervention in Frankreich auf. Unter dem Druck der Koalitionskriege wurde die Auflösung des Reiches eingeleitet, dessen politische und rechtliche Grundlagen der →Reichsdeputationshauptschluss 1803 weitgehend zerstörte (Gründung des →Rheinbunds 1806). Das französische Ultimatum zwang Franz II. (1792–1806) zur Niederlegung der Kaiserkrone (6. 8. 1806); damit hörte das Heilige Römische Reich auf zu existieren.

DEUTSCHLAND ***Könige und Kaiser***

Karolinger
Ludwig (II.), der Deutsche 843–876
Karlmann (von Bayern) 876–880
Ludwig III., der Jüngere 876–882
Karl III., der Dicke 876/881–887
Arnulf von Kärnten 887/896–899
Ludwig IV., das Kind 900–911

Konradiner
Konrad I. 911–918

Ottonen
Heinrich I. 919–936
Otto I., der Große 936/962–973
Otto II. . . . . (961) 967/973–983
Otto III. 983/996–1002
Heinrich II., der Heilige . . 1002/1014–1024

Salier
Konrad II. 1024/1027–1039
Heinrich III. 1039/1046–1056
Heinrich IV. 1056/1084–1106

Rheinfeldener
(Rudolf von Rheinfelden,
Gegenkönig . . . . 1077–1080)

Lützelburger
(Hermann von Salm,
Gegenkönig . . . . 1081–1088)

Salier
(Konrad, Sohn Heinrichs IV.,
Gegenkönig ab 1093 . . . . . 1087–1098)
Heinrich V. 1106/1111–1125

Supplinburger
Lothar III.
(von Supplinburg) 1125/1133–1137

Staufer
Konrad III. 1138–1152
Friedrich I. Barbarossa . . 1152/1155–1190
Heinrich VI. 1169/1191–1197
Philipp von Schwaben* 1198–1208

Welfen
Otto IV. (von Braunschweig)* 1198/1209–1218

Staufer
Friedrich II. 1196/1220–1250
(Heinrich [VII.] . . . . 1220–1235)

Ludowinger
(Heinrich Raspe von Thüringen,
Gegenkönig . . . . 1246–1247)

Staufer
Konrad IV. 1250–1254

Holland
Wilhelm 1247–1256

Plantagenets
Richard von Cornwall* 1257–1272

Burgunder
Alfons X. von Kastilien
und León* 1257–1273

Habsburger
Rudolf I. 1273–1291

Nassauer
Adolf 1292–1298

Habsburger
Albrecht I. 1298–1308

Luxemburger
Heinrich VII. 1308/1312–1313

Habsburger
Friedrich der Schöne* 1314–1330

Wittelsbacher
Ludwig IV., der Bayer* . . 1314/1328–1347

Luxemburger
Karl IV. 1346/1355–1378

Schwarzburger
(Günther, Gegenkönig . . . . 1349)

Luxemburger
Wenzel 1378–1400

Wittelsbacher
Ruprecht von der Pfalz 1400–1410

Luxemburger
Jobst von Mähren* 1410–1411
Sigismund* 1410/1433–1437

Habsburger
Albrecht II. 1438–1439
Friedrich III. 1440/1452–1493
Maximilian I. 1493/1508–1519
Karl V. 1519/1530–1556
Ferdinand I. 1531/1558–1564
Maximilian II. 1564–1576
Rudolf II. 1576–1612
Matthias 1612–1619
Ferdinand II. 1619–1637
Ferdinand III. 1637–1657
Leopold I. 1658–1705
Joseph I. 1705–1711
Karl VI. 1711–1740

Wittelsbacher
Karl VII. Albrecht 1742–1745

Habsburg-Lothringer
Franz I. 1745–1765
Joseph II. 1765–1790
Leopold II. 1790–1792
Franz II. 1792–1806

Hohenzollern
Wilhelm I. 1871–1888
Friedrich III. 1888
Wilhelm II. 1888–1918

* = Doppelwahl, () = Gegenkönig/König nur zu Lebzeiten des Vaters.
Bei Doppelzahlen (z. B. 876/881) bezeichnet die erstgenannte das Jahr der Königswahl bzw. des Regierungsantritts, die zweite das der Kaiserkrönung.
Die Herrschertitel lauteten: im Ostfränkischen Reich (843–919): König der Franken (Rex Francorum), im »Reich der Deutschen« (Regnum Teutonic[or]um), später Heiliges Römisches Reich genannt (919–1806): a) König der Römer (Rex Romanorum), seit dem 11. Jh. zunehmend gebräuchlich für den noch nicht zum Kaiser gekrönten Herrscher; auch Römischer König, niemals »Deutscher« König; b) Römischer Kaiser (Imperator Romanorum) für das Deutschland, Italien und ab 1033 Burgund (von letzterem später nur noch Teile) umfassende Reich; c) Erwählter Römischer Kaiser (Imperator Romanorum electus), seit 1508 für den regierenden Kaiser (nur in Verbindung mit diesem Herrschertitel seit 1508 auch Rex Germaniae); im Deutschen Reich (1871–1918): Deutscher Kaiser.

Nach dem 4. Koalitionskrieg (1806/07), mit der Demütigung Preußens nach Jena und Auerstedt und dem Frieden von Tilsit, sah sich der Großteil Deutschlands der europäischen Hegemonie Frankreichs unterworfen. Die als Reaktion auf die Niederlagen durchgeführten preußischen Reformen verwirklichten nur bruchstückhaft den Umbau von Staat und Gesellschaft. Den Befreiungskriegen folgte im →Wiener Kongress mit der Gründung des →Deutschen Bundes eine Neuordnung Mitteleuropas.

RESTAURATION UND REVOLUTION (1815–49): Mit den Ideen der Restauration, der Grundlage des sozial-konservativen Systems Metternich, suchten die monarchisch-konservativ orientierten Politiker des Deutschen Bundes der zur Mitbestimmung drängenden bürgerlichen Gesellschaft die Stirn zu bieten. Der Gedanke der nationalen Einheit und der Ruf nach Verwirklichung des Rechts- und Verfassungsstaats des →Vormärz wurden durch die Karlsbader Beschlüsse (1819) unterdrückt, erhielten aber durch die französische Julirevolution (1830) neue Impulse. Das Übergreifen der mit der französischen Februarrevolution 1848 einsetzenden Bewegung auf Deutschland in Gestalt der v.a. vom bürgerlichen Mittelstand getragenen Märzrevolution mündete in die →Frankfurter Nationalversammlung. Die Ablehnung der Kaiserkrone durch König Friedrich Wilhelm IV. von Preußen bedeutete das Scheitern der bürgerlichen Revolution.

INDUSTRIALISIERUNG UND BÜRGERLICHE NATIONALBEWEGUNG (1850–71): Während v.a. in den süddeutschen Staaten die Reaktion nur zögernd einsetzte, wurde in der Habsburgermonarchie der Scheinkonstitutionalismus errichtet. In dieser Situation eines verfassungspolitischen Rückschritts gingen entscheidende Änderungsimpulse von der Wirtschaftsentwicklung und dem zwischen Preußen und Österreich erneut aufbrechenden deutschen Dualismus aus. Die Führung in der deutschen Frage beanspruchte aufgrund seines wirtschaftlichen und militärischen Potenzials Preußen, wo das Erstarken des Liberalismus im Kampf um Reorganisation und Kontrolle der preußischen Armee zum preußischen Verfassungskonflikt zwischen Krone und Abgeordnetenhaus führte. Auf dem Höhepunkt der Krise wurde 1862 Otto von Bismarck zum Ministerpräsidenten berufen. Er zielte auf den Bruch des Deutschen Bundes und eine Neugründung durch Preußen. Die schleswig-holsteinische Frage und der →Deutsch-Dänische Krieg 1864 führten die beiden deutschen Vormächte noch einmal zusammen. Preußens Vorgehen im Konflikt um Schleswig-Holstein (Besetzung Holsteins) und das von Bismarck dem Bundestag vorgelegte Reformprogramm (Neubildung des Bundes ohne Österreich) führten zum →Deutschen Krieg 1866, zu dessen wichtigsten innerdeutschen Folgen die Ausschließung Österreichs aus der deutschen Politik und die Bildung des Norddeutschen Bundes gehörten. Eine diplomatische Prestigefrage, die spanische Thronkandidatur eines Hohenzollernprinzen, gab im Juli 1870 Anlass zum →Deutsch-Französischen Krieg 1870/71, der die kleindeutsche Reichsbildung durch Beitritt der süddeutschen Staaten vollendete.

KAISERREICH (1871–1918): Im späten 19.Jh. war Deutschland als unvollendeter Verfassungsstaat geprägt von industrieller Massengesellschaft. Die Wirtschafts- und Innenpolitik nach 1871 setzte den Weg der liberalen Kompromisse fort. Bismarck regierte mit den liberal-konservativen Mehrheiten im Reichstag und im preußischen Abgeordnetenhaus, ohne von ihnen abhängig zu werden. Die große Depression seit 1873 brachte die organisierten Interessen des Großgrundbesitzes und der Schwerindustrie hinter Bismarcks Kurs der Orientierung auf das konservative Preußen, der Abwehr von Liberalismus und Parlamentarismus und der repressiven Lösung der sozialen Frage (Sozialistengesetz, 1878). Die Folgen dieser Politik konnte auch die konstruktive Sozialpolitik der 1880er-Jahre nicht mehr rückgängig machen.

Grundlage der Außenpolitik Bismarcks war die Idee des Gleichgewichts der europäischen Mächte, wechselseitiger Sicherheit und des Interessenausgleichs; auf dieser Basis ist sein Bündnissystem zu verstehen (in Gestalt von →Dreikaiserbund 1873 und 1881, Zweibund 1879, →Dreibund 1882 sowie des Mittelmeerabkommens und des →Rückversicherungsvertrags 1887). Dem Tod Kaiser Wilhelms I. folgten die Regierung der 99 Tage Friedrichs III. und die Thronbesteigung Wilhelms II. (1888). Der Sturz Bismarcks (1890) markierte v.a. außenpolitisch das Ende einer Epoche. Die Verfassungskrise der 1890er-Jahre, gekennzeichnet durch die Diskussion um das »persönliche Regiment« Wilhelms II., verwies auf jenen unbewältigten gesellschaftlichen Wandlungsprozess, den der Übergang vom Agrar- zum Industriestaat hervorrief. Ein konstruktiver Ansatz zu innerer Entspannung lag anfangs in dem »Neuen Kurs« der Innenpolitik (Fortsetzung der staatlichen Sozialpolitik zur Lösung der sozialen Frage). Dieser Kurs konnte sich auf Dauer jedoch nicht durchsetzen; während sich in Preußen die konservativen Mehrheiten (Sammlungspolitik Johannes von Miquels) die Oberhand gewinnen konnten, mussten im Reich die Kräfte des allgemeinen Wahlrechts (Zentrum, Aufstieg der →Sozialdemokratie) berücksichtigt werden. Die Reformansätze des Reichskanzlers Theobald von Bethmann Hollweg kamen jedoch zu spät. Die weltpolitische Gruppierung wurde seit der Jahrhundertwende v.a. durch die Einbeziehung Großbritanniens und Deutschlands in zwei gegensätzliche Lager gekennzeichnet. Die Marokkokrisen 1905 und 1911 zeigten die Isolierung der deutschen Diplomatie. Aus der bosnischen Annexionskrise (1908/09) und den Balkankriegen entstand (1912/13) die Krisensituation, aus der nach dem Mord von Sarajevo der Erste Weltkrieg (1914–18) ausgelöst wurde.

Während die parlamentarische Linke seit 1916 die Beendigung des Krieges verlangte und auf Einlösung des Versprechens verfassungspolitischer »Neuorientierung« pochte, sahen die Gruppierungen der Rechten bis in das Zentrum hinein im Anschluss an die halbdiktatorische 3. Oberste Heeresleitung (u.a. Paul von Hindenburg) die Alternative zum Kurs innerer Reform. Erst 1918 änderte sich die innere Kräfteverteilung in Deutschland. Die Ausweglosigkeit der militärischen Lage, verbunden mit den Friedensversprechungen der Vierzehn Punkte des amerikanischen Präsidenten Woodrow Wilson, führte Ende September 1918 zur Bildung einer erstmals aus Parlamentariern bestehenden Regierung unter Prinz Max von Baden, deren Hauptaufgabe die Beendigung des Krieges wurde. Die →Novemberrevolution war Ergebnis des Zusammenbruchs und beschleunigte nur in geringem Maß dessen Verlauf. Doch täuschte das Bild einer Revolution: Auf der Grundlage gegenseitiger Absicherung mit der Armee schaltete der Rat der Volksbeauftragten die mit ihm konkurrierende politische Willensbildung des Systems der Arbeiter-und-Soldatenräte aus. In den Wahlen zur Nationalversammlung erhielten die Partner der Weimarer Koalition eine Mehrheit und konnten weitgehend die Kompromissstruktur der Weimarer Reichsverfassung (1919) festlegen.

WEIMARER REPUBLIK (1918–33): Die Geschichte der ersten deutschen Republik lässt sich in drei Phasen gliedern: 1) Die Periode der Rekonstruktion, im Innern geprägt von der Schwäche der die Republik tragenden Parteien und von bürgerkriegsähnlichen Angriffen auf die Republik von links (1919–23) und rechts (Kapp-Putsch 1920, Hitlerputsch 1923), begleitet von (ab 1922) galoppierender Inflation, Kapitalmangel und Zerrüttung der Wirtschaft. Außenpolitisch bestimmte v.a. der →Versailler Vertrag (28. 6. 1919) die Behandlung des besiegten Deutschland. Das Verhältnis zu Sowjetrussland wurde im Rapallovertrag 1922 bereinigt. 2) Die Periode der Stabilisierung auf der Grundlage der Währungsreform 1923 (Rentenmark) und der Neuordnung der Reparationen entsprechend der wirtschaftlichen Leistungsfähigkeit Deutschlands auf der Grundlage des Dawesplans von 1924. 1925 schuf der Locarnopakt die Basis eines Systems kollektiver Sicherheit. Der als endgültige Regelung der Reparationen gedachte Youngplan 1929 führte dann zur verschärften Aktion des Rechtsradikalismus. 3) Die Periode der Auflösung der Republik 1930–33, gekennzeichnet durch autoritäre, auf das Notverordnungsrecht des Reichspräsidenten gestützte, parlamentarisch zunächst durch SPD und Zentrum tolerierte (Heinrich Brüning), ab 1932 v.a. vom Vertrauen Hindenburgs und durch die Unterstützung seitens der Reichswehr und der organisierten Interessen des Großgrundbesitzes getragene Regierungen. Verlauf und Ergebnis dieser Staats- und Gesellschaftskrise standen vor dem Hintergrund der Weltwirtschaftskrise, die ab 1929 das deutsche Wirtschaftsleben lähmte, die Zahl der Arbeitslosen auf über 6 Millionen schnellen ließ und v.a. die Radikalisierung der politischen Gegensätze vorantrieb. Nach dem Scheitern der Regierungen unter Franz von Papen und Kurt von Schleicher ernannte Hindenburg Adolf Hitler am 30. 1. 1933 zum Reichskanzler.

NATIONALSOZIALISTISCHE DIKTATUR (1933–45): Das Präsidialkabinett Hitler wurde mithilfe scheinlegaler Maßnahmen und offener Rechtsbrüche in drei Stufen zur Einparteien- und Führerdiktatur des →Nationalsozialismus: 1) enorme Machtsteigerung der Exekutive mit Mitteln des Präsidialregimes: u.a. erneute Auflösung des Reichstags; Einschränkung der Pressefreiheit; endgültige Gleichschaltung Preußens; Ausnahmezustand und Aufhebung der Grundrechte nach dem Reichstagsbrand; Ermächtigungsgesetz vom März 1933 als Legalitätsfassade. 2) Liquidierung des Rechtsstaats: u.a. »Säuberung« des Beamtenapparats und der Justiz von Demokraten und Deutschen jüdischer Abstammung; Zerschlagung der Gewerkschaften, demokratischer Berufsverbände und aller nicht nationalsozialistischen Parteien. 3) Aufbau des totalitären Staats. Der Reichswehr gelang es zwar, ihr Monopol als Waffenträger gegen die Sturmabteilung (SA) durchzusetzen, doch mit dem von ihr gedeckten Vorgehen beim Röhm-Putsch (30. 6. 1934) und mit ihrer Vereidigung auf Hitler verlor sie ihre bisherige politische Kontroll- und Garantiefunktion. 1938 erfolgte die endgültige Gleichschaltung der aus der Reichswehr hervorgegangenen Wehrmacht.

Von Anfang an war die Herrschaft der Nationalsozialisten mit der Verfolgung der jüdischen Mitbürger verbunden. Diskriminierende Gesetze, die im April 1933 mit dem »Gesetz zur Wiederherstellung des Berufsbeamtentums« begannen, steigerten sich 1935 zu den →Nürnberger Gesetzen. Mit der »Arisierung« der Wirtschaft schloss Hitler die Juden aus dem Wirtschaftsleben aus und beraubte viele von ihnen ihres Eigentums. Der schon 1933/34 einsetzende Straßenterror der SA gegen Juden erreichte in der Reichspogromnacht (9./10. 11. 1938) einen vorläufigen Höhepunkt. Die terroristischen Züge des nationalsozialistischen Regierungssystems steigerten sich im Verlauf des Zweiten Weltkriegs. Die auf der → Wannseekonferenz (1942) beschlossene »Endlösung der Judenfrage« führte zur bestialischen Ermordung großer Teile des europäischen Judentums im gesamten von Deutschland beherrschten Bereich in den Vernichtungslagern in Polen.

DEUTSCHLAND ***Staatsoberhäupter***

Deutsches Reich (Reichspräsidenten)

Friedrich Ebert	1919–1925
Paul von Hindenburg	1925–1934
Adolf Hitler (»Führer und Reichskanzler«)	1934–April 1945
Karl Dönitz	Mai 1945

Bundesrepublik Deutschland (Bundespräsidenten)

Theodor Heuss	1949–1959
Heinrich Lübke	1959–1969
Gustav Heinemann	1969–1974
Walter Scheel	1974–1979
Karl Carstens	1979–1984
Richard von Weizsäcker	1984–1994
Roman Herzog	1994–1999
Johannes Rau	1999–2004
Horst Köhler	seit 2004

Deutsche Demokratische Republik

Wilhelm Pieck (Präsident)	1949–1960
Vorsitzende des Staatsrats:	
Walter Ulbricht	1960–1973
Willi Stoph	1973–1976
Erich Honecker	1976–Oktober 1989
Egon Krenz	Oktober–Dezember 1989
Manfred Gerlach	Dezember 1989–April 1990
amtierendes Staatsoberhaupt:	
Sabine Bergmann-Pohl	April–Oktober 1990

Die Rückgewinnung des Saargebietes (1935), die Besetzung der entmilitarisierten Rheinlande (1936) und die Schaffung der Achse Berlin–Rom (1936; förmliches Bündnis im Stahlpakt, 1939; Antikominternpakt, 1936) täuschten im Innern eine erfolgreiche Außenpolitik des Hitlerstaates vor, die (eingeleitet vom Austritt aus dem Völkerbund 1933) im Wesentlichen Kriegspolitik war und seit 1935 in unverhüllt aggressive Politik überleitete. Die Einführung der Wehrpflicht (16. 3. 1935), der Anschluss Österreichs (Einmarsch 12. 3. 1938) und die Einverleibung des Sudetenlands, gedeckt durch das → Münchener Abkommen vom 29. 9. 1938, gehörten bereits zur unmittelbaren Kriegsvorbereitung (Annexion der Tschechoslowakei 16. 3. 1939). Mit dem trotz britischer Garantieerklärung (31. 3. 1939), aber mit Rückendeckung durch den Deutsch-Sowjetischen Nichtangriffspakt (23. 8. 1939) unternommenen Angriff auf Polen entfesselte Deutschland den Zweiten Weltkrieg.

Die Unterdrückungsmethoden gegen die Widerstandsbewegungen in den besetzten Gebieten sowie die Zwangsdeportation von »Fremdarbeitern« ins Deutsche Reich verschärften die Grausamkeit des Kriegs. Unter den Eindrücken dieser Situation verstärkten sich auch in Deutschland die Proteste gegen den nationalsozialistischen Totalitarismus. 1938 und seit 1942/43 standen Militärs im Zentrum konspirativer Planungen zur Beseitigung des Systems (Attentat vom 20. 7. 1944). Der Kriegsausgang (Gesamtkapitulation der deutschen Wehrmacht am 7./8. 5. 1945) besiegelte das Ende des deutschen Nationalstaats in der Form, die er 1867/71 erhalten hatte. Die Ermordung von mindestens 5,5 Millionen Juden, mehr als 20 Millionen Tote in der UdSSR, 4,5 Millionen in Polen, 1,7 Millionen in Jugoslawien, 800 000 in Frankreich, 400 000 in Großbritannien, 7,6 Millionen Tote in Deutschland, mehr als doppelt so viele Flüchtlinge, Verstümmelung und Teilung des Landes waren die Bilanz des NS-Staates.

TEILUNG DEUTSCHLANDS (1945–49): Gemäß den Vereinbarungen der Konferenz von Jalta (Februar 1945) verkündete die Berliner Viermächteerklärung vom 5. 6. 1945 die »Übernahme der obersten Regierungsgewalt hinsichtlich Deutschlands« durch die USA, die UdSSR, Großbritannien und Frankreich, die Einteilung in vier Besatzungszonen und die Bildung des Alliierten Kontrollrats als oberstes Organ der Regierung Deutschlands durch die vier Siegermächte. Die Grundlinien der alliierten Deutschlandpolitik definierte das Potsdamer Abkommen (2. 8. 1945), in dem die USA, die UdSSR und Großbritannien u. a. die Abtrennung der deutschen Ostgebiete festlegten. Bestimmend wurde jedoch der sich verschärfende Ost-West-Gegensatz, der in den Kalten Krieg mündete und ab 1945 zur Entstehung zweier getrennter sozioökonomischer Systeme in der SBZ und in den Westzonen führte. Die Folgen von Flucht und Vertreibung 16,5 Millionen Deutscher aus Osteuropa, v. a. aus den deutschen Ostgebieten, warfen weit tragende Probleme der Eingliederung, v. a. in die westdeutsche Gesellschaft, auf. Dem Potsdamer Abkommen gemäß ging die Entnazifizierung – jeglicher Einfluss des Nationalsozialismus sollte ausgeschaltet, seine aktive Unterstützung bestraft werden – einher mit der Verurteilung der Hauptkriegsverbrecher während der Nürnberger Prozesse. Außerdem beschlossen die Alliierten demokratische Reedukationsmaßnahmen.

In der Sowjetischen Besatzungszone (SBZ) initiierte die sowjetische Militäradministration in Deutschland (SMAD) im Juni/Juli 1945 die Bildung eines Blocksystems mit der Zulassung von vier Parteien (KPD, CDU, LDPD, SPD), denen sich die Gründungen kommunistischer, christlicher, liberaler und sozialdemokratischer Parteien in allen Zonen noch 1945 zuordneten, ohne dass es zur Entstehung gesamtdeutschen Parteiorganisationen gekommen wäre. Im April 1946 erfolgte die Vereinigung von KPD und SPD der SBZ zur Sozialistischen Einheitspartei Deutschlands (SED). In den Westzonen entstand ein pluralistisches Parteiensystem, in dem die CDU/CSU und SPD dominierten. Nach dem Scheitern des Versuchs, gemeinsame Maßnahmen der Siegermächte zur Bewältigung der deutschen Wirtschaftsprobleme zu vereinbaren, schritten die USA und Großbritannien zur wirtschaftlichen Vereinigung ihrer Besatzungszonen in Gestalt der Bizone (1. 1. 1947; am 8. 4. 1949 durch Anschluss der französischen Besatzungszone zur Trizone erweitert), der durch Konstituierung eines Wirtschaftsrats (25. 6. 1947), später eines Exekutiv- und eines Länderrats, Elemente der Staatlichkeit verliehen wurden. Auf Gründung und Ausbau der Bizone antwortete die SED im Dezember 1947 mit dem Deutschen Volkskongress für Einheit und gerechten Frieden, der als verfassunggebende Körperschaft den Deutschen Volksrat (März 1948) bildete; mit der Deutschen Wirtschaftskommission (14. 6. 1947) war in der SBZ bereits ein zentrales Exekutivorgan geschaffen worden. Das von dem im September 1948 konstituierten Parlamentarischen Rat am 8. 5. 1949 verabschiedete, am 12. 5. 1949 von den Militärgouverneuren genehmigte Grundgesetz (GG) für die Bundesrepublik Deutschland wurde am 23. 5. 1949 verkündet. Die östliche Seite zog nach: Die vom Verfassungsausschuss des Deutschen Volksrats ausgearbeitete Verfassung der DDR wurde vom 3. Deutschen Volkskongress angenommen (30. 5. 1949) und vom 2. Deutschen Volksrat verabschiedet (7. 10. 1949).

DEUTSCHE DEMOKRATISCHE REPUBLIK (1949–90): Die Gründung und Ausrichtung der Deutschen Demokratischen Republik (DDR) folgte ganz sowjetischem Muster: Die Einsetzung des Volksrats als Provisorische Volkskammer und die Verabschiedung der Verfassung (7. 10. 1949) sowie die Einsetzung der Regierung Otto Grotewohl bildeten den Abschluss der »antifaschistisch-demokratischen Revolution« und leiteten über zur Periode der »Sozialistischen Revolution«. Die Gesellschaft wurde trotz der bürgerlich-demokratischen Verfassung nach sowjetischem Vorbild organisiert. Parteien und Massenorganisationen schlossen sich für die Volkskammerwahlen 1950 zur Nationalen Front zusammen, die eine Einheitsliste unter Führung der SED aufstellte. Für den Abschnitt des sozialistischen Aufbaus, dem im Mai 1952 mit der Aufstellung nationaler Streitkräfte, zunächst als kasernierte Volkspolizei, das entscheidende Machtmittel gegeben wurde, galten im Sinne des sowjetischen Grundmodells die Zielpunkte: v.a. vorrangige Entwicklung der Schwerindustrie, Bildung von landwirtschaftlichen Produktionsgenossenschaften, verschärfter Klassenkampf gegen bürgerlichen Mittelstand, Intelligenz, Bauern und Kirchen.

Im Zuge der Verwaltungsreform vom 23. 7. 1952 wurden die fünf Länder Sachsen, Sachsen-Anhalt, Thüringen, Brandenburg und Mecklenburg aufgelöst und durch 14 Bezirke ersetzt. Die Politik des sozialistischen Aufbaus wurde weder durch den Neuen Kurs (9. 7. 1953) noch durch den Aufstand des 17. Juni (1953) entscheidend verlangsamt. Ab 1956 beschleunigte die politische Führung die Sozialisierung des Mittelstandes (Produktionsgenossenschaften des Handwerks, staatliche Beteiligung an Privatbetrieben, Kommanditgesellschaften des Handels) und verstärkte die Eingliederung in den »Rat für gegenseitige Wirtschaftshilfe« (RGW). Die ungünstigen Ausgangsbedingungen (schmale Energie- und Rohstoffbasis, Reparationen, Demontagen), zu hoch gesteckte Planziele v.a. in der Schwerindustrie, die bürokratische Wirtschaftsordnungspolitik, die einseitige Ausrichtung des Außenhandels auf die »sozialistische Staatengemeinschaft« und politische Faktoren hatten den 1. Fünfjahrplan (1951–55) mit erheblichen Rückständen abschließen lassen und den 2. Fünfjahrplan so belastet, dass er abgebrochen und durch einen Siebenjahrplan (1959–65) ersetzt werden musste.

Mit der 1960 abgeschlossenen »Vollkollektivierung« der Landwirtschaft und der Abriegelung Ostberlins (13. 8. 1961; Bau der Berliner Mauer) bzw. der gesamten DDR infolge der Massenflucht aus der DDR sah Walter Ulbricht die Voraussetzungen für den Sieg »der sozialistischen Produktionsverhältnisse« gegeben. Mit der Akzeptierung der Oder-Neiße-Linie im Görlitzer Abkommen (6. 7. 1950), der Mitgliedschaft im RGW (29. 9. 1950) und der Mitbegründung des Warschauer Paktes (14. 5. 1955) gewann die DDR an politischem Gewicht im Rahmen der Ostblockstaaten. Dem entsprach die schrittweise Aufwertung der DDR durch die Sowjetunion: Die sowjetische Kontrollkommission wurde (28. 5. 1953) durch einen Hochkommissar ersetzt, am 25. 3. 1954 und 20. 9. 1955 wurde die Souveränität der DDR von der Sowjetunion anerkannt und am 12. 3. 1957 der Vertrag über die Stationierung der sowjetischen Truppen in der DDR unterzeichnet.

1963 begann mit dem »Neuen Ökonomischen System der Planung und Leitung der Volkswirtschaft« (NÖSPL) eine Phase v.a. wirtschaftlicher Reformexperimente. In ihr wurde die DDR eine Art Modell für die sozialistischen Nachbarländer und stieg zum wirtschaftlich am höchsten entwickelten Land des Ostblocks nach der Sowjetunion auf. Im April

1968 wurde durch Volksentscheid eine neue Verfassung angenommen. Zeitgleich zur Eingliederung in das sozialistische Bündnissystem entwickelte die DDR ein System bilateraler »Freundschaftsverträge« (1964 mit der Sowjetunion, 1967 mit Polen, der Tschechoslowakei, Ungarn und Bulgarien), auf deren Grundlage weitere Abkommen über Handel, Verkehr, wissenschaftliche und kulturelle Verbindungen geschlossen worden sind.

Am 3. 5. 1971 übernahm Erich Honecker von Ulbricht das Amt des 1. Sekretärs der SED. Im Zuge der neuen Ostpolitik der Bundesrepublik Deutschland (Deutsch-Sowjetischer und Deutsch-Polnischer Vertrag 1970; Berlinabkommen 1971; Grundvertrag 1972) wurde die DDR von fast allen Staaten diplomatisch anerkannt und 1973 zusammen mit der Bundesrepublik Deutschland in die Vereinten Nationen aufgenommen. Nach Jahren eines recht entspannten Verhältnisses zwischen den beiden deutschen Staaten verschärfte sich das Klima einige Zeit nach dem sowjetischen Einmarsch in Afghanistan im Zusammenhang mit der Entwicklung um die freien Gewerkschaften in Polen seit 1980 erneut. Die Forderung nach voller völkerrechtlicher Anerkennung der DDR durch die Bundesrepublik Deutschland wurde wieder lauter. In der Ost-West-Auseinandersetzung um die Stationierung amerikanischer Mittelstreckenraketen in Europa (1983) versuchte die DDR-Führung das innerdeutsche Verhältnis ohne Rücksicht auf den Regierungswechsel in der Bundesrepublik Deutschland intakt zu halten. Zahlreiche Rahmen- und Einzelvereinbarungen zeigten die Weiterentwicklung des deutsch-deutschen Verhältnisses (u. a. Kulturabkommen, hohe Kredite an die DDR). Der Staatsbesuch des Staatsratsvorsitzenden und SED-Generalsekretärs Honecker in der Bundesrepublik Deutschland im September 1987 wurde weithin als endgültige Anerkennung der Eigenstaatlichkeit der DDR gewertet.

Mit dem Ausbleiben von den in der Sowjetunion von Michail Gorbatschow vorangetriebenen Reformen und den offensichtlich manipulierten Kommunalwahlen vom Mai 1989 verschlechterte sich das innenpolitische Klima rapide. Politische Drangsalierung, wirtschaftlicher Mangel und niedriger Lebensstandard ließen im Sommer 1989 immer mehr DDR-Bürger in den Botschaften der Bundesrepublik Deutschland in Polen, der Tschechoslowakei und Ungarn Zuflucht suchen. Diese Massenflucht und Protestdemonstrationen in zahlreichen Großstädten erzeugten einen wachsenden Druck auf die Staats- und Parteiführung, die noch während der Jubiläumsfeiern aus Anlass des 40-jährigen Bestehens der DDR im Oktober 1989 das Festhalten am hergebrachten Kurs bekräftigt hatte. Am 18. 10. 1989 trat Erich Honecker als Staats- und Parteichef zurück, Egon Krenz wurde zum neuen Generalsekretär der SED bestimmt und übernahm am 24. 10. auch das Amt des Staatsratsvorsitzenden (bis 6. 12. 1989). Der anhaltende Druck der Demonstrationen, die weitergehende Fluchtbewegung und das Scheitern eines neuen Reisegesetzes führten schließlich zur Öffnung der Grenzen zur Bundesrepublik Deutschland am 9. 11. 1989 (Fall der Berliner Mauer).

Die Volkskammer wählte am 13. 11. 1989 den SED-Bezirkschef von Dresden, Hans Modrow, zum Nachfolger Willi Stophs als Vorsitzenden des Ministerrats; Modrow führte eine Regierungskoalition aus SED und den bisherigen Blockparteien CDU (bis Januar 1990), LDPD, NDPD und DBP. Am 1. 12. 1989 strich die Volkskammer die führende Rolle der SED aus der Verfassung der DDR, den im Verlauf des Dezember auf den Montagsdemonstrationen erhobenen Forderungen nach der deutschen Einheit suchte die Regierung Modrow mit dem Konzept einer engen Vertragsgemeinschaft zu begegnen. Am 3. 12. 1989 traten das Zentralkomitee (ZK) und das Politbüro der SED geschlossen zurück. Auf einem vorgezogenen Sonderparteitag zwischen dem 8. und 17. 12. 1989 gab sich die SED ein neues Statut und benannte sich in SED-Partei des Demokratischen Sozialismus (SED-PDS) um (seit 1990 nur noch PDS). Zur Kontrolle der Regierungsarbeit konstituierten sich am 7. 12. 1989 Vertreter der Oppositionsgruppen (u. a. Neues Forum, Demokratischer Aufbruch, Sozialdemokratische Partei [SDP]), der Blockparteien und der SED unter der Gesprächsleitung der Kirchen zu einem Runden Tisch. Dieses Gremium bestimmte Volkskammerwahlen für den 18. 3. 1990 und setzte die Auflösung des Ministeriums für Staatssicherheit durch. Bei der Volkskammerwahl am 18. 3. 1990 wurde die »Allianz für Deutschland« (CDU, Deutsche Soziale Union [DSU], Demokratischer Aufbruch [DA]) überlegener Sieger. Dem Vorsitzenden der CDU, Lothar de Maizière, gelang es, auch die SPD in eine Koalition aus Liberalen und Allianz für Deutschland einzubinden (Austritt aus der Koalition Ende Juli 1990). Am 12. 4. 1990 wählte die Volkskammer de Maizière zum neuen Vorsitzenden des Ministerrats sowie das neue Kabinett. Die Wirtschafts-, Währungs- und Sozialunion mit der Bundesrepublik Deutschland trat am 1. 7. 1990 in Kraft, am 31. 8. 1990 wurde der Einigungsvertrag unterzeichnet.

BUNDESREPUBLIK DEUTSCHLAND (»BONNER REPUBLIK«, 1949–89): Die Bundesrepublik konstituierte sich in der Ära Konrad Adenauers (1949–63): Nach der Währungsreform (20. 6. 1948) und der Verkündigung des im Parlamentarischen Rat erarbeiteten Grundgesetzes (23. 5. 1949) gewann die CDU/CSU die erste Bundestagswahl (14. 8. 1949) und bildete unter Adenauer als erstem Bundeskanzler eine kleine Koalition unter Einbeziehung von FDP und der Deutschen Partei (DP); am 12. 9. 1949 wurde Theodor Heuss zum ersten Bundespräsidenten gewählt. Adenauer erstrebte außenpolitisch die feste Integration der Bundesrepublik Deutschland in Westeuropa und in das westliche Bündnissystem, um v. a. die volle Souveränität des neuen Staates zu erreichen und gleichzeitig die Sowjetunion zur »Herausgabe« der DDR zu zwingen (»Politik der Stärke«). Etappen der Erlangung der Souveränität waren das Petersberger Abkommen (1949), die Revision des Besatzungsstatus (1951), der Beitritt zur Europäischen Gemeinschaft für Kohle und Stahl (Montanunion, 1951/52) sowie die Unterzeichnung des Vertrages über die Europäische Verteidigungsgemeinschaft (EVG) und des Deutschlandvertrags (1952); erst aufgrund der 1955 in Kraft getretenen Pariser Verträge, die u. a. die Mitgliedschaft in der Westeuropäischen Union und in der NATO vorsahen, erhielt die Bundesrepublik Deutschland die (durch Vorbehaltsrechte der Westmächte eingeschränkte) Souveränität. Der innenpolitische Einfluss Adenauers wurde in der 2. (1953) und 3. (1957, absolute Mehrheit der CDU/CSU) Bundestagswahl entscheidend gegenüber der SPD gestärkt, die sowohl Adenauers Westorientierung als auch die Wiederbewaffnung der Bundesrepublik Deutschland strikt ablehnte. Darüber hinaus führten Verbote der rechtsextremen Sozialistischen Reichspartei (SRP, 1952) und der KPD (1956), die Einführung der Fünfprozentklausel (1953) sowie der Mindestanzahl von drei Direktmandaten (1956) als Voraussetzung zum Einzug einer Partei in den Bundestag zur Verringerung des Parteienspektrums und zu einem Dreiparteiensystem (CDU/CSU, SPD, FDP).

Wichtigste Ursache der Wahlerfolge der CDU/CSU und der innenpolitischen Stabilität war ein mithilfe des Marshallplans (→Europäisches Wiederaufbauprogramm) in Gang gesetzter und durch die Währungsreform unterstützter jahrelanger wirtschaftlicher Aufschwung, der sich in dem privatkapitalistischen Wirtschaftssystem der sozialen Marktwirtschaft entwickelte und in den Jahren des Wiederaufbaus zum »deutschen Wirtschaftswunder« und zu relativem Wohlstand breiter Bevölkerungsschichten führte. Der Wirtschaftsaufschwung der 1950er-Jahre erleichterte die soziale Eingliederung der Vertriebenen und Flüchtlinge, die Beseitigung der Kriegsfolgelasten sowie die Rentenreform 1957 und bewirkte, dass sich die SPD in ihrem Godesberger Programm 1959 marktwirtschaftlichen Argumenten öffnete. Außenpolitisch beharrte Adenauer auf dem Alleinvertretungsanspruch der Bundesrepublik Deutschland für Deutschland als Ganzes sowie der Nichtanerkennung der DDR und verhinderte die Aufnahme diplomatischer Beziehungen der DDR mit westlichen Staaten, blockierte aber gleichzeitig eine Öffnung der Bundesrepublik Deutschland gegenüber östlichen Staaten. Die 2. Berlinkrise (1958–61) und der Bau der Berliner Mauer (1961) zeigten das Scheitern dieser Politik auf. Bei der Bundestagswahl 1961 verlor die CDU/CSU ihre absolute Mehrheit, 1963 erzwang die FDP Adenauers Rücktritt.

Adenauers Nachfolger als Bundeskanzler wurde Ludwig Erhard (CDU). Die Bundestagswahlen von 1965 konnten die Unionsparteien für sich entscheiden. Gestützt auf die »kleine Koalition« (CDU, CSU, FDP), suchte Erhard unter dem – letztlich nie konkretisierten Leitbild der »formierten Gesellschaft« – alle Kräfte in Wirtschaft, Kultur und Wissenschaft zur Zusammenarbeit zu bewegen. Bereits im November 1966 scheiterte er am Rücktritt der FDP-Minister. Dadurch kam es zur Bildung einer großen Koalition aus CDU/CSU und SPD unter Kurt Georg Kiesinger (CDU) als Bundeskanzler und Willy Brandt (SPD) als Außenminister. Gegen den Widerstand von →außerparlamentarischer Opposition (APO) und FDP verabschiedete die große Koalition 1968 die Notstandsgesetzgebung und stellte bereits 1966 die Weichen für eine neue, der amerikanischen Entspannungspolitik angemessene Außenpolitik gegenüber Osteuropa (→Ostpolitik). Im Zusammenwirken von Wirtschaftsminister Karl Schiller (SPD) und Finanzminister Franz Josef Strauß (CSU) gelang es, die Rezession zu überwinden und mit dem Stabilitätsgesetz Instrumente ihrer Bekämpfung zu schaffen. In den Jahren der großen Koalition kam es auch zu einer Radikalisierung der politischen Ränder, die sich nicht zuletzt in einem relativ hohen Stimmenanteil der NPD bei Landtagswahlen (bis zu 9,8 %) zeigte.

Die Wahl Gustav Heinemanns zum Bundespräsidenten mit den Stimmen von SPD und FDP deutete im März 1969 einen »Machtwechsel« an. Die nach der Bundestagswahl vom September 1969 gebildete Koalitionsregierung von SPD und FDP unter Brandt als Bundeskanzler (sozialliberale Koalition) stand im Zeichen äußerer und innerer Reformen. Sie überwand die außenpolitische Erstarrung, indem sie gegen den erbitterten Widerstand der CDU/CSU-Opposition auf Alleinvertretungsanspruch und Hallsteindoktrin verzichtete und die Grenzen zu Polen bzw. zwischen der Bundesrepublik Deutschland und der DDR respektierte, worauf ihr 1970 der Abschluss des Deutsch-Sowjetischen Vertrags und des Deutsch-Polnischen Vertrags sowie das Berlinabkommen gelangen. Darüber hinaus kam es zu intensiveren Kontakten zwischen den beiden deutschen Staaten, die schließlich zum 1973 in Kraft getretenen →Grundvertrag und daraufhin zur Aufnahme beider Staaten in die Vereinten Nationen (1973) führten. Die wichtigsten innenpolitischen Vorhaben des Programms »Mehr Demokratie wagen« (v.a. Bildungsreform, Mitbestimmungsgesetzgebung) konnten jedoch nur zögerlich vorangebracht werden. Nachdem ein konstruktives Misstrauensvotum des Bundestags gegen Brandt (27. 4. 1972) gescheitert war, wurde die Bundestagswahl auf November 1972 vorgezogen; die SPD wurde erstmals stärkste Fraktion. Im Mai 1974 trat Brandt zurück, nachdem ein wichtiger Mitarbeiter im Bundeskanzleramt, Günter Guillaume, als Spion entlarvt worden war (»Guillaume-Affäre«).

Bundeskanzler wurde Helmut Schmidt, der zusammen mit dem neuen Außenminister Hans-Dietrich Genscher eine stärker pragmatisch ausgerichtete Politik verfolgte, und v.a. Wirtschaftskrise, Inflation und Arbeitslosigkeit sowie den Terrorismus der RAF national und international erfolgreich bekämpfen konnte. Die Bundestagswahl 1976 gewann die SPD/FDP-Koalition nur knapp, Herausforderer Helmut Kohl (CDU) scheiterte an Schmidt; SPD und FDP bildeten wiederum eine Koalitionsregierung. Bei einer deutlichen Stärkung der FDP wurde diese Koalition bei der Bundestagswahl von 1980 erneut bestätigt; Kanzlerkandidat des bürgerlichen Lagers war mit Franz-Josef Strauß erstmals in der bundesdeutschen Geschichte ein Politiker aus den Reihen der CSU.

Bei den Beratungen über den Bundeshaushalt 1983 brach die sozialliberale Koalition aufgrund der wirtschafts- und sozialpolitischen Differenzen auseinander und wurde nach dem Sturz Schmidts durch ein konstruktives Misstrauensvotum des Bundestags (1. 10. 1982) von einer christdemokratisch-liberalen Koalition unter Bundeskanzler Kohl abgelöst, die durch die vorgezogene Bundestagswahl vom 6. 3. 1983 und nochmals 1987 bestätigt wurde. Die im Wahlkampf versprochene »geistig-moralische Wende« und der angekündigte wirtschaftliche Aufschwung zeigten sich allerdings nur in bescheidenen Ansätzen, die Arbeitslosigkeit dagegen stieg; zum Abbau der Staatsverschuldung folgten weitere empfindliche Einschnitte im sozialen Bereich. Zur Belastung der Regierung entwickelte sich ab Ende 1983 die Parteispendenaffäre, die im Juni bzw. Oktober 1984 zum Rücktritt von Wirtschaftsminister Otto Graf Lambsdorff und von Bundestagspräsident Rainer Barzel führte. Außenpolitisch betonte die Koalition die Kontinuität der Außen-, Deutschland- und Sicherheitspolitik: Im November 1983 billigte der Bundestag, begleitet von zahlreichen Protestkundgebungen der Friedensbewegung, die Stationierung von amerikanischen Mittelstreckenraketen in der Bundesrepublik Deutschland. Nach dem Verzicht auf die Stationierung von Pershing-I-A-Raketen wurde der Weg für die im sowjetisch-amerikanischen Mittelstreckenabkommen (Dezember 1987) erzielte »doppelte Nulllösung« freigemacht.

Der Besuch des SED-Generalsekretärs Erich Honecker 1987 wurde als Impuls für eine Verbesserung der innerdeutschen Beziehungen gewertet. Im Sommer 1989 wurden die Botschaften der Bundesrepublik Deutschland in Prag, Budapest, Warschau und die Ständige Vertretung in Berlin (Ost) von DDR-Flüchtlingen besetzt, die so ihre Ausreise aus der DDR erzwingen wollten. Die Öffnung der ungarischen Grenze zu Österreich führte zu einer Massenflucht in die Bundesrepublik Deutschland; nach späterem Einlenken durften auch die Flüchtlinge aus den Botschaften in Prag und Warschau in die Bundesrepublik Deutschland ausreisen.

DEUTSCH-DEUTSCHER EINIGUNGSPROZESS (1989/90): Mit der Öffnung der Grenzen zwischen Deutscher Demokratischer Republik und Bundesrepublik Deutschland (9. 11. 1989) trat auch in der internationalen öffentlichen Diskussion die Frage eines einheitlichen deutschen Staates in seiner historisch-politischen Problematik immer stärker in den Vordergrund. Der Ministerpräsident der DDR, Hans Modrow, forderte eine Vertragsgemeinschaft als Ziel einer deutsch-deutschen Zusammenarbeit. Ausgehend von diesen Vorstellungen stellte Bundeskanzler Kohl einen Zehn-Punkte-Plan auf (28. 11. 1989), wonach die deutsche Einheit über eine Konföderation erreicht werden sollte. Die aus den ersten freien Wahlen in der DDR (18. 3. 1990) hervorgegangene Regierung einer großen Koalition unter Lothar de Maizière strebte – in Übereinstimmung mit der Bundesregierung – eine zügige Vereinigung an. Der Staatsvertrag zwischen der Bundesrepublik Deutschland und der DDR trat am 1. 7. 1990 in Kraft. Dem zwischen den Regierungen der DDR und der Bundesrepublik Deutschland ausgehandelten und am 31. 8. 1990 unterzeichneten Einigungsvertrag stimmte der Bundestag nach heftigen Kontroversen am 20. 9. 1990 zu, sodass der Beitritt zum 3. 10. 1990 erfolgen konnte. Damit endete die historische Existenz der DDR. Der Einigungsprozess wurde begleitet von Verhandlungen der vier Siegermächte und der beiden deutschen Staaten (Zwei-plus-Vier-Vertrag), um eine Einbettung in ein europäisches Sicherheitskonzept zu erreichen; der Bundestag und die Volkskammer der DDR betonten die Endgültigkeit der polnischen Westgrenze.

DEUTSCHLAND NACH DER WIEDERVEREINIGUNG (»BERLINER REPUBLIK«, SEIT 1990): Die ersten Landtagswahlen in den neuen Bundesländern am 14. 10. 1990 konnte außer in Brandenburg, wo die SPD gewann, die CDU für sich entscheiden. Mit Polen wurde im November 1990 ein Grenzvertrag ausgehandelt, der im Frühjahr 1991 durch einen Vertrag über die Grundlagen der Beziehungen zwischen Deutschland und Polen ergänzt wurde.

Bei den ersten gesamtdeutschen Bundestagswahlen am 2. 12. 1990 erhielt die CDU/CSU die meisten Stimmen; Kohl setzte als erster gesamtdeutscher Bundeskanzler die Regierungskoalition mit der FDP fort. Für den neuen vereinigten Staat standen insbesondere die Angleichung der Lebensbedingungen in beiden Teilen Deutschlands, die Bewältigung der ökonomischen Probleme in den neuen Bundesländern, die Anpassung der neuen Bundesländer an die föderale Struktur der Bundesrepublik Deutschland (Verabschiedung von Landesverfassungen), die Überwindung der wirtschaftlichen Rezession und der anhaltend hohen Arbeitslosigkeit, die Eindämmung des Rechtsextremismus und gesetzgeberische Reformvorhaben (u.a. Einrichtung einer Pflegeversicherung, Privatisierung von Deutscher Bundesbahn und Deutscher Bundespost) im Mittelpunkt der politischen Auseinandersetzungen. 1991 beschloss der Bundestag die Verlegung des Regierungssitzes von Bonn nach Berlin (1999/2000 abgeschlossen). 1994 wurde nach dem Ende der zweiten Amtszeit Richard von Weizsäckers Roman Herzog zum ersten gesamtdeutschen Bundespräsidenten gewählt. Bei den Bundestagswahlen von 1994 konnte die christdemokratisch-liberale Regierungskoalition ihre Mandatsmehrheit knapp behaupten.

1998 wurde Johannes Rau (SPD) zum Bundespräsidenten gewählt. Aus den Bundestagswahlen von 1998 ging die SPD als Siegerin hervor; da CDU/CSU und FDP nicht mehr über eine Mehrheit im Bundestag verfügten, war mit Kohl erstmals in der bundesdeutschen Geschichte ein amtierender Bundeskanzler durch das Ergebnis einer Bundestagswahl abgewählt worden. Bundeskanzler einer rot-grünen Koalition aus SPD und Bündnis 90/Die Grünen wurde Gerhard Schröder, Vizekanzler und Außenminister Joschka Fischer. Die Regierung bemühte sich um Reformen in Innen-, Wirtschafts- und Umweltpolitik (Staatsbürgerschaftsrecht, Rentenversicherung, Ökosteuer); außerdem fielen wegweisende außenpolitische Ereignisse in ihre Amtszeit (Militäreinsätze der Bundeswehr in Jugoslawien, 1999, und in Afghanistan, 2002). Nach dem knappen Sieg bei der Bundestagswahl von 2002 konnte die rot-grüne Koalition ihre Regierungsarbeit fortsetzen; in den Mittelpunkt rückten dabei neue Weichenstellungen in der Sozialpolitik (»Hartz«-Reformen). 2004 wurde Horst Köhler (CDU) zum Bundespräsidenten gewählt. Nach der Wahlniederlage der rot-grünen Koalition bei der vorgezogenen Bundestagswahl von 2005 vereinbarten CDU/CSU und SPD die Bildung einer großen Koalition unter Angela Merkel (CDU).

Deutschlandvertrag, Bonner Vertrag, abgeschlossen am 26. 5. 1952 in Bonn zwischen der Bundesrepublik Deutschland und den drei Besatzungsmächten USA, Großbritannien und Frankreich, enthält Vereinbarungen »über die Beziehungen zwischen der Bundesrepublik Deutschland und den drei Mächten«. Der Deutschlandvertrag löste das Besatzungsstatut von 1949 ab.

VERTRAGSZIELE: Als Ziele formulierte der Deutschlandvertrag u. a.: 1) die Integration der Bundesrepublik in die Gemeinschaft der europäsischen Staaten auf der Grundlage der Gleichberechtigung; 2) die Aufrechterhaltung der im Grundgesetz (GG) verankerten freiheitlichen demokratischen und bundesstaatlichen Ordnung. Kern des Deutschlandvertrags ist der Generalvertrag.

Der Generalvertrag gab der Bundesrepublik »die volle Macht über ihre inneren und äußeren Angelegenheiten« (Artikel I,1) und hob das Besatzungsstatut auf (Artikel I,2). Die drei Mächte behielten sich bestimmte, aus der Kapitulation Deutschlands abgeleitete Rechte vor (Artikel II: Stationierung von Streitkräften in Deutschland, der Status von Berlin, die Lage Deutschlands als Ganzes einschließlich der Wiedervereinigung und des Abschlusses eines Friedensvertrages). Die Bundesrepublik beteiligte sich im Rahmen der Europäischen Verteidigungsgemeinschaft (EVG) an der »Verteidigung der freien Welt« (Artikel IV,4). Ziel der gemeinsamen Politik der Vertragspartner war die Wiedervereinigung Deutschlands mit friedlichen Mitteln und der Abschluss einer frei vereinbarten friedensvertraglichen Regelung für ganz Deutschland (Artikel VII, 1 und 2).

ZUSATZVERTRÄGE: Der Truppenvertrag legte die Rechte und Pflichten ausländischer Streitkräfte und ihrer Mitglieder in der Bundesrepublik fest. Der Finanzvertrag regelte den Beitrag der Bundesrepublik zu den Stationierungskosten ausländischer Streitkräfte. Der Überleitungsvertrag traf Bestimmungen über die (mit einigen Ausnahmen) der Bundesrepublik gestattete Aufhebung des bisherigen Besatzungsrechtes; die Grundlagen des bestehenden Rechts auf dem Gebiet der Dekartellisierung, der Vermögensrückerstattung und Entschädigung für Opfer des Nationalsozialismus wurden aufrechterhalten. Vorbehaltlich einer Friedensvertragsregelung für ganz Deutschland sollte die Reparationsfrage gelöst werden.

Nach der Ablehnung des EVG-Vertrages durch die französische Nationalversammlung 1954 konnte der Deutschlandvertrag nicht in Kraft treten. Mit gewissen Abänderungen wurde er später in Gestalt des Protokolls C der →Pariser Verträge gültig.

Deutschnationale Volkspartei, Abk. **DNVP,** politische Partei, gegründet am 24. 11. 1918, hervorgegangen aus konservativen Parteien des deutschen Kaiserreichs: den Deutschkonservativen, den Reichs- und Freikonservativen, den Christlichsozialen und Deutschvölkischen. In ihrer Grundeinstellung nationalistisch, antisemitisch und antiparlamentarisch, forderte sie die Wiederherstellung der Monarchie und den Wiedererwerb von Kolonien. Wirtschaftspolitisch trat sie v. a. für den Schutz des Privateigentums an den Produktionsmitteln ein; in ihrer praktischen Politik setzte sie sich dabei besonders für die Interessen der Großagrarier und der Schwerindustrie ein. Sie bekämpfte Liberalismus und Sozialismus.

In der Weimarer Nationalversammlung mit 42 Abgeordneten vertreten, lehnte sie 1919 den Versailler Vertrag und die Weimarer Reichsverfassung ab. Geführt von Oskar Hergt (1919–24 Parteivorsitzender), Karl Helfferich und Arthur Graf von Posadowski-Wehner, verschärfte die DNVP mit polemisierenden Schlagworten besonders nach dem Kapp-Putsch (1920) ihren Kampf gegen die Politik (»Erfüllungspolitik«) des Weimarer Staates. 1922 spaltete sich eine deutschvölkische Bewegung ab. Kuno Graf von Westarp, 1926–28 Vorsitzender der DNVP, suchte die Partei an die politische Mitte heranzuführen. 1925 und 1927/28 beteiligte sie sich im Rahmen eines Bürgerblocks an der Regierung. 1925 förderte sie maßgeblich die Kandidatur Paul von Hindenburgs für das Amt des Reichspräsidenten.

Nach der Wahl Alfred Hugenbergs zum Parteivorsitzenden (1928) kehrte die DNVP zu ihrer extrem antirepublikanischen Politik zurück, bekämpfte den →Youngplan und verbündete sich 1931 im Kampf gegen die Regierung von Heinrich Brüning mit der NSDAP in der →Harzburger Front. Aus Protest gegen den hugenbergschen Kurs spalteten sich 1930 der Christlich Soziale Volksdienst, die Volkskonservative Vereinigung und die Christlichnationale Bauern- und Landvolkpartei ab. Bei den Reichstagswahlen von 1932 verlor die Partei zahlreiche Wähler an die NSDAP.

Nach der Unterstützung der Regierung Franz von Papens (1932) und Kurt von Schleichers (1932/33) beteiligte sich die DNVP an der Regierung von Adolf Hitler (Januar–Juni 1933 war Hugenberg Minister für Wirtschaft und Ernährung), wurde jedoch im Juni 1933 zur Selbstauflösung gezwungen.

Deutsch-Ostafrika, 1884–1918 Bezeichnung für die als Schutzgebiete zum Deutschen Reich gehörenden Teile Ostafrikas.

Deutsch-Polnischer Grenzvertrag, im Zusammenhang mit dem Beitritt der Deutschen Demokratischen Republik zur Bundesrepublik Deutschland (3. 10. 1990) und im Gefolge des Zwei-plus-Vier-Vertrages vom 12. 9. 1990 geschlossener Vertrag über den Verlauf der deutsch-polnischen Grenze entlang der Oder-Neiße-Linie, unterzeichnet am 14. 11. 1990 in Warschau, trat am 16. 1. 1992 in Kraft.

Darin anerkennen beide Staaten die zwischen ihnen bestehende Grenze in dem zwischen Polen und der DDR im »Görlitzer Vertrag« vom 6. 7. 1950 vereinbarten Grenzverlauf an Oder und Neiße als unverletzlich und verpflichten sich zur Achtung ihrer Souveränität und territorialen Integrität sowie zum Verzicht auf gegenseitige Gebietsansprüche. Mit dem Deutsch-Polnischen Grenzvertrag gab Deutschland völkerrechtlich verbindlich seinen Anspruch auf die Teile des früheren deutschen Reichsgebietes zwischen der Oder-Neiße-Linie im Westen und der Grenze des Deutschen Reiches vom 31. 12. 1937 im Osten auf, die im Potsdamer Abkommen (2. 8. 1945) vorbehaltlich der Regelung durch einen Friedensvertrag unter polnische Verwaltung (das südliche Ostpreußen, fast ganz Schlesien, Pommern und Brandenburg östlich der Oder) gekommen waren, sowie auf den Gebietsstreifen westlich von Stettin, der Polen in einem zusätzlichen Vertrag vom 5. 10. 1945 überantwortet worden war. Der Verlust der so genannten deutschen Ostgebiete, zu denen noch das unter sowjetische Verwaltung gefallene nördliche Ostpreußen gehörte – insgesamt 114 296 km^2 mit (1939) 9,56 Millionen Einwohnern (davon 101 091 km^2 mit 8,37 Millionen Einwohnern unter polnischer Verwaltung) –, wurde damit als ein Ergebnis der Niederlage im mit dem deutschen Überfall auf Polen entfesselten Zweiten Weltkrieg (1939–45) endgültig anerkannt. Der »Deutsch-Polnische Vertrag über gute Nachbarschaft und freundschaftliche Zusammenarbeit« vom 17. 6. 1991 erkennt die Existenz einer deutschen Minderheit in Polen an (Polendeutsche). Zugleich wurde eine grenznahe Zusammenarbeit vereinbart.

Deutsch-Sowjetischer Nichtangriffspakt, →Hitler-Stalin-Pakt.

Deutsch-Sowjetischer Vertrag, →Moskauer Vertrag.

Deutsch-Südwestafrika, 1883–1918 Bezeichnung für die als Schutzgebiete zum Deutschen Reich gehörenden Teile Afrikas zwischen Angola und der Kapkolonie.

Devolutionskrieg, der erste Eroberungskrieg Ludwigs XIV. von Frankreich (1667/68), begründet aus dem Anspruch, den Ludwig als Schwiegersohn König Philipps IV. von Spanien auf einige niederländische Provinzen erhob. In ihnen galt das Recht der Devolution, nach dem Kinder aus erster Ehe (auch Töchter) vor denen aus zweiter Ehe erbten; König Karl II. von Spanien entstammte der zweiten Ehe Philipps IV. Nach Anfangserfolgen unterlag Ludwig XIV. der Tripelallianz der Niederlande, Englands und Schwedens. Im Aachener Frieden (2. 5. 1668) musste er die von Louis II. de Bourbon, Prince de Condé, eroberte Freigrafschaft Burgund wieder herausgeben, konnte aber die Eroberungen im Hennegau (Charleroi, Tournai) und in Flandern (Douai, Lille, Kortrijk) behalten.

DFV, Abk. für →Deutscher Flottenverein.

DGB, Abk. für →Deutscher Gewerkschaftsbund.

Diadochen [griech. »Nachfolger«, eigentlich »die etwas für einen anderen übernehmen«], Bezeichnung für die Feldherren Alexanders des Großen, die sich nach dessen Tod (323 v. Chr.) sein Weltreich teilten. Antipater (nach ihm sein Sohn Kassander) behielt Makedonien, Lysimachos erhielt Thrakien, Antigonos I. Monophthalmos Lykien, Pamphylien und Großphrygien, Ptolemaios I. Soter Ägypten, Seleukos I. Nikator Babylonien. Die Diadochenkämpfe um die Ausdehnung dieser Reiche fanden mit der Schlacht auf der Ebene Ipsos (301 v. Chr.) ihren vorläufigen, mit der Schlacht bei Kurupedion (281 v. Chr.) ihren endgültigen Abschluss. Unter der folgenden Generation, den Epigonen, festigte sich das System der hellenistischen Staaten, besonders der Ptolemäer (Ägypten, bis 30 v. Chr.), der Seleukiden (Syrien, Mesopotamien, Iran, bis 64 v. Chr.) und der Antigoniden (Makedonien, bis 168 v. Chr.).

dialektischer Materialismus, →Marxismus.

Diane de Poitiers [di'an dɔpwa'tje], seit 1547 Herzogin von Valentinois [valãti'nwa], Mätresse Heinrichs II. von Frankreich, *3. 9. 1499, †Schloss Anet (bei Évreux) 22. 4. 1566; spielte schon unter Franz I. als Geliebte des um 20 Jahre jüngeren Dauphins Heinrich eine politische Rolle und erlangte nach dessen Thronbesteigung (1547) beherrschenden Einfluss. Sie förderte die Guisen und bestärkte den König in seiner streng katholischen Haltung. Nach seinem Tod (1559) musste sie den Hof verlassen.

Diaz ['diaʃ], auch **Dias** ['diaʃ], Bartolomeu, portugiesischer Seefahrer, *um 1450, †im südlichen Atlantik Ende Mai 1500. Vom portugiesischen König beauftragt, den Seeweg nach Indien zu suchen, gelang Diaz als erstem Europäer 1488 (zunächst ohne es zu merken) die Umsegelung der Südspitze Afrikas; er landete in der Algoabai. Auf der Rückfahrt sichtete er ein Kap und nannte es »Kap der Stürme« (vom portugiesischen König später in »Kap der Guten Hoffnung« umbenannt). Diaz begleitete Vasco da Gama 1497/98 auf dessen erster Indienfahrt. In der Jahrhundertwende befehligte er ein Schiff, das auf dem Weg nach Indien im Sturm unterging.

Dictatus Papae [mittellatein.], Bezeichnung für 27 von Gregor VII. redigierte Sätze (eine Eintragung im Papstregister zwischen den Briefen vom 3. und 4. 3. 1075), die den Primat der von Gott gegründeten »irrtumsfreien« römischen Kirche behandeln (v. a. auch das Recht der Ein- und Absetzung der Bischöfe sowie der Absetzung des Kaisers) und so den Impuls für den →Investiturstreit gaben. Aus alten Texten zusammengestellt, gibt sich der Dictatus Papae als ein neues Programm; er war wohl der Index einer geplanten, aber nicht überlieferten kanonistischen Sammlung über Primatsrechte.

Diktatur, eine auf unbegrenzte oder unbestimmte Dauer angelegte, besonders als Gegensatz zur Demokratie begriffene Herrschaftsform. Sie steht, je nach dem Grad des Autoritarismus, in enger Verwandtschaft zum autoritären bzw. zum totalitären Staat.

Die Erscheinungsformen der Diktatur sind sehr verschieden und oft über die historischen Epochen hinweg nur schwer vergleichbar. Neben der altgriechischen Tyrannis entstand im Altertum die orientalische Despotie. Der Begriff Diktatur selbst geht zurück auf die Bezeichnung »Diktator« im Verfassungsrecht der antiken Römischen Republik, der ein Beamter mit außerordentlichen Vollmachten für eine begrenzte Zeit war. Im 1. Jh. v. Chr. entwickelte sich aus diesem Amt eine Herrschaftsform.

Die Aristokratien der italienischen Stadtstaaten in der Zeit der Renaissance trugen starke Züge einer Diktatur. Die neuzeitliche Diktatur bildete ihre Strukturen seit den bürgerlichen Revolutionen in Europa aus, so in England unter Oliver Cromwell (17. Jh.) oder in Frankreich unter der Herrschaft der »Jakobiner« und Kaiser Napoleons I. in Auswirkung der »Großen Revolution« von 1789. Im 19. und 20. Jh. entstanden – im fließenden Übergang – autoritäre Staaten und Diktaturen. Nach dem Ersten Weltkrieg entwickelten sich im Zeichen sozialrevolutionärer oder nationalistisch-rassistischer Ideologien totalitäre Diktaturen, so in Russland im Zeichen des Kommunismus (seit 1917) etwa der Stalinismus sowie in Italien (1922–43/45) und in Deutschland (1933–45) im Rahmen von Faschismus und Nationalsozialismus.

Auch außerhalb Europas bildeten sich diktatorische Regierungssysteme. In zentralamerikanischen und südamerikanischen Ländern beispielweise entstanden immer wieder im

Wechsel mit demokratischen Regierungssystemen meist von Militärs getragene Diktaturen. Infolge der Ausweitung des sowjetischen Einflusses nach dem Zweiten Weltkrieg in Ost-, Südost- und Mitteleuropa sowie in Asien breitete sich dort als Herrschaftsform die Diktatur kommunistischer Prägung (→Diktatur des Proletariats) aus. Im Zuge der Entkolonialisierung v.a. in Asien und Afrika errichteten einheimische Eliten Diktaturen, deren Führungsgruppen in der Diktatur die wirksamste Möglichkeit sahen, die wirtschaftlichen und sozialen Gegebenheiten ihrer Länder zu verbessern. Allerdings kam es im Zuge der weiteren Entwicklung im Anschluss an längere Transformationsprozesse seit Mitte der 1970er-Jahre in zahlreichen Ländern zu einer mehr oder minder tief gehenden Öffnung diktatorischer Herrschaftssysteme, zunächst v.a. in Lateinamerika, später auch in Asien, Ost- und Mitteleuropa sowie in Afrika. Diese Prozesse dauern z.T. noch an.

Diktatur des Proletariats, marxistischer Begriff, der die Herrschaft des Proletariats, errichtet durch die proletarische Revolution (»Proletarier aller Länder vereinigt euch«), bezeichnet. Die Diktatur des Proletariats begründet demnach eine sozialrevolutionäre Ordnung in der Übergangszeit vom Zusammenbruch der bürgerlich-kapitalistischen Ordnung bis zum Eintritt der klassenlosen Gesellschaft.

Der Begriff wurde 1837 von Louis Blanqui geprägt und später von Karl Marx im Rahmen seiner Gesellschaftslehre aufgegriffen. Nach Lenin übt die kommunistische Partei als »Avantgarde des Proletariats« die Diktatur des Proletariats aus. Der Einparteienstaat sowjetischen Typs und die Volksdemokratie gelten im Marxismus-Leninismus als Ausprägungen dieser Herrschaftsform.

Dimitrow, Dimitroff, Georgi, bulgarischer Politiker, * Kowatschewzi (bei Pernik) 18. 6. 1882, † bei Moskau 2. 7. 1949; Drucker; schloss sich 1902 der Sozialdemokratie an. 1913–23 war Dimitrow Abgeordneter; 1919 beteiligte er sich an der Gründung der bulgarischen Kommunistischen Partei (KP). Später nahm er führend an Aufständen (1923) und Terroraktionen (Sofia 1925) teil. Nach dem Verbot seiner Partei (1923) im Ausland wurde er 1933 im Prozess um den →Reichstagsbrand von der Anklage der Brandstiftung freigesprochen. Als Generalsekretär der Komintern (1935–43) mit Sitz in Moskau propagierte Dimitrow die →Volksfront. Nach der sowjetischen Besetzung Bulgariens (1944) führte er dessen Umwandlung in einen kommunistischen Staat durch. 1946/49 war er Ministerpräsident, 1948–49 Generalsekretär der KP. Eine von Dimitrow geplante Balkanföderation scheiterte am Widerspruch Stalins.

DIOKLETIAN
*** um 245 † 313 (?)**

- regierte das Römische Reich als Kopf einer »Viererherrschaft«
- sicherte die Grenzen gegen Germanen und Perser
- sorgte für eine Rückbesinnung auf alte römische Wertvorstellungen

Diokletian, lateinisch Gaius Aurelius Valerius Diocletianus, römischer Kaiser (284–305), * in Dalmatien 22. 12. um 245, † Spalatum (heute Split) 313 (?); wurde am 20. 11. 284 in Nikomedia von der Orientarmee zum Augustus erhoben. Seit 285 Herr im ganzen Reich, erhob Diokletian seinen Kampfgefährten Maximian zum Caesar und 286 zum Augustus mit dem Westen als Aufgabenbereich. Als »Gehilfen« (Unterregenten) und designierte Nachfolger der beiden Augusti ernannte er 293 Constantius I. und Galerius zu Caesaren. Doch behielt Diokletian in dieser »Viererherrschaft« (Tetrarchie) die oberste Leitung.

Es gelang ihm in seiner Regierungszeit, die Grenzen des Reiches gegen Germanen und Perser zu sichern, Erhebungen zu unterdrücken und zerrüttete Verhältnisse zu restaurieren. Um Usurpationen zu erschweren, wurden die Provinzen geteilt und das zivile vom militärischen Kommando getrennt. Die verkleinerten Provinzen wurden in insgesamt zwölf Diözesen zusammengefasst. Eine umfassende Steuerreform verschaffte Diokletian die Mittel für die Vergrößerung des Heeres, für seine Hofhaltung und für seine umfangreiche Bautätigkeit (u.a. Diokletiansthermen in Rom).

Die Rückbesinnung auf die alten römischen Wertvorstellungen und den überkommenen Götterglauben bewirkten sein Vorgehen gegen die Manichäer und seine große Christenverfolgung (303–311). 305 dankte Diokletian zusammen mit Maximian zugunsten der beiden Caesaren ab.

Dionysios I., der Ältere, Tyrann von Syrakus (seit 405), * um 430 v.Chr., † im Frühjahr 367 v.Chr.; Vater von Dionysos II.; zeichnete sich im Krieg gegen die Karthager aus und erreichte durch demagogische Verdächtigung der Besitzenden, dass er 406 v.Chr. zum unumschränkten Feldherrn gewählt wurde. Er gewann mithilfe von Söldnern die Tyrannis über Syrakus (405) und unterwarf auch die anderen Städte Ostsiziliens. In Syrakus errichtete er auf der Insel Ortygia eine Tyrannenburg und machte die Stadt durch Umsiedlungen, Ummauerung der Hochfläche Epipolai und Anlage des Kastells Euryalos zur größten Festung der damaligen Welt. Die Karthager, denen er 404 das westliche Drittel Siziliens überlassen hatte, suchte Dionysios seit 397 vergeblich ganz von der Insel zu vertreiben. Doch konnte er nach wechselvollen Kämpfen durch die Friedensschlüsse von 392 und 374 bis zu seinem Tod die Herrschaft über zwei Drittel Siziliens behaupten. Auch Süditalien bis über Kroton hinaus wurde Teil seines Reiches.

Als Bundesgenosse Spartas griff Dionysios auch im griechischen Mutterland ein. Durch seinen Zentralismus und seine z.T. mit fremden Söldnern geführten ständigen Kriege hat er das Griechentum Siziliens und Unteritaliens empfindlich geschwächt.

Directoire [französ. dirɛk'twa:r], →Direktorium.

Direktorium, Directoire [französ. dirɛk'twa:r], die oberste Regierungsbehörde in Frankreich nach der Verfassung vom 5. Fructidor des Jahres III (22. 8. 1795), bestand aus fünf Mitgliedern, die vom Rat der Alten aus einer vom Rat der Fünfhundert aufgestellten Liste gewählt wurden. Seine bekanntesten Mitglieder waren u. a. Paul de Barras, Jean-François Reubell und Lazare Carnot. Das Direktorium suchte die bürgerliche Republik gegen Royalisten und Jakobiner zu sichern. Da es dabei weder die innere Lage zu stabilisieren noch eine starke Mittelpartei zu schaffen vermochte, kam es zu Krisen, Staatsstreichen und Terror, bis der Staatsstreich Bonapartes am 18. Brumaire des Jahres VIII (9. 11. 1799) das Direktorium durch die Konsulatsverfassung ersetzte (→Französische Revolution).

Displaced Persons [engl. dɪs'pleɪst 'pə:snz], Abk. **D. P., DP,** 1) Personen nicht deutscher Staatsangehörigkeit, die im Zweiten Weltkrieg von den deutschen Besatzungsbehörden in das Gebiet des Deutschen Reiches verschleppt worden (»Zwangsarbeiter«) oder dorthin geflüchtet waren. Im Mai 1945 hielten sich etwa 8,5 Millionen Displaced Persons im ehemaligen deutschen Reichsgebiet auf (darunter auch 140 000 Juden); sie wurden von Hilfsorganisationen der UN betreut und entweder in ihr Heimatland oder in andere Staaten umgesiedelt. Die verbliebenen Displaced Persons genießen, soweit sie nicht die deutsche Staatsbürgerschaft erworben haben, die Rechtsstellung heimatloser Ausländer; 2) Personen, die aufgrund von Kriegsereignissen oder Katastrophen ihr Heimatland verlassen.

Disraeli [dɪz'reɪlɪ], Benjamin, Earl (seit 1876) of Beaconsfield, britischer Staatsmann und Schriftsteller, *London 21. 12. 1804, †ebenda 19. 4. 1881; aus jüdischer Familie italienischer Herkunft stammend; trat 1817 zur anglikanischen Kirche über. Seit den 1820er-Jahren veröffentlichte Disraeli u. a. mehrere Tendenzromane, in denen er v. a. aktuelle politische Tagesfragen und die vor dem Hintergrund der industriellen Revolution auftretenden sozialen Probleme behandelte. Auch als Politiker (seit 1837 Unterhausmitglied für die Konservative Partei, Schatzkanzler 1852, 1858–59, 1866–68) setzte sich Disraeli mit dem industriellen Wandel auseinander, zunächst mit der Freihandelspolitik, dann als Erneuerer der Konservativen Partei, indem er aus parteitaktischen Gründen für die 1867 eingeführte Wahlrechtsreform eintrat und damit die Stimmen der nun wahlberechtigten Arbeiter zu gewinnen hoffte. Seine Reformpolitik war konservativ und auf Stabilisierung der Adelsherrschaft gerichtet.

Als Premierminister (1868, 1874–80) verfolgte er eine Politik der imperialen Arrondierung: Diese manifestierte sich u. a. im Aufkauf der Mehrheit der Suezkanalaktien 1875, in der Erhebung Königin Viktorias zur Kaiserin von Indien 1876, in der Eindämmung der russischen Balkanpläne und dem Erwerb Zyperns 1878 sowie im zweiten Anglo-afghanischen Krieg 1878–80. Innenpolitisch bedeutsam waren 1875 Gesetze zur Verbesserung des Gesundheitswesens und zur Sicherstellung des rechtlichen Status der Gewerkschaften.

BENJAMIN DISRAELI
***1804 †1881**

- war einer der bedeutendsten Premierminister Großbritanniens
- erhob Königin Viktoria zur Kaiserin von Indien
- bemühte sich um die Abrundung des britischen Empire
- sorgte sich um die Stabilisierung der Adelsherrschaft
- schrieb auch politische Romane

Dissenters [dɪ'sentəz; engl. »Andersgläubige«], im 19. Jh. auch **Nonconformists** [nɔnkən'fɔ:mɪsts; engl. »nicht Übereinstimmende«], im erweiterten Sinn alle nicht zur englischen Staatskirche, jedoch zur anglikanischen Kirchengemeinschaft Gehörenden, dann v. a. diejenigen Gruppen in England, die sich mit der Ablehnung der Uniformitätsakte (1662) von der englischen Staatskirche getrennt haben. Es folgten Zusammenschlüsse von Glaubensgemeinschaften der Kongregationalisten, Presbyterianer, Baptisten, Quäker.

Dittmann, Wilhelm, deutscher Politiker, *Eutin 13. 11. 1874, †Bonn 7. 8. 1954; schloss sich der SPD an; war 1912–18 und 1920–33 Mitglied des Reichstages (MdR). Dittmann stimmte seit 1915 als einer der Sprecher des linken Flügels der Sozialdemokratie gegen die Kriegskredite und beteiligte sich 1917 an der Gründung der Unabhängigen Sozialdemokratischen Partei Deutschlands (USPD). 1918 war er als einer der Führer des Munitionsarbeiterstreiks (Januar 1918) in Haft. Während der Novemberrevolution 1918 gehörte er dem »Rat der Volksbeauftragten« (Reichsregierung; 10. 11.–29. 12.) an. Als Gegner der Verschmelzung von USPD und KPD führte er 1922 als Vorsitzender der USPD die Reste seiner Partei in die SPD zurück.

Djihad [dʒ-; arab. »Bemühen«], im Islam der allumfassende Einsatz für die Sache Gottes (Allahs). Djihad beinhaltet für den Muslim die Pflicht, nach seinen Möglichkeiten zur Verbreitung des Islam beizutragen (Sure 9,41) und dessen Herrschaftsgebiet (Dar al-Islam) zu verteidigen oder zu vergrößern; wird in diesem Sinn besonders als heiliger Kampf, auch Krieg gegen die Gegner des Islam verstanden, wobei der Koran zwischen den Ungläubigen (Polytheisten) und den Empfängern der göttlichen Offenbarung (Juden und Christen) unterscheidet; diese dürfen im Gegensatz zu Ersteren nicht zwangsbekehrt werden.

Nach mittelalterlichem islamischem Recht ist der Djihad ständige Pflicht einer ausreichenden Zahl von Muslimen in Vertretung der Gesamtgemeinde, und zwar theoretisch bis die ganze Welt der Herrschaft des Islam unterworfen ist. Doch herrschen in der Praxis friedliche Beziehungen auch zu nicht muslimischen Staaten. Außer im Verteidi-

Dominikaner. 1216 bestätigte Papst Honorius III. den neuen Orden (Gemälde von Leandro Bassano, um 1600; Venedig, Dominikanerkirche Santi Giovanni e Paolo), der als Reformbewegung gegen die Amtskirche entstand.

gungsfalle ist nicht jeder einzelne Muslim verpflichtet, am Djihad teilzunehmen. Da militärische Auseinandersetzungen unter Muslimen verboten sind, stellt der Djihad die einzige legale Form des Krieges dar. Seine mobilisierende Wirkung wurde in den nationalen Befreiungskriegen im 20. Jh. öfter genutzt (unter Einsatz der Mudjahedin, der Glaubenskämpfer), aber auch in Konflikten mit politischen und ideologischen Gegnern missbraucht.

Seit den 1970er-Jahren tauchte der Begriff Djihad mehrfach als Selbstbezeichnung terroristischer Gruppen von Anhängern eines extremen Islamismus auf, die z.T. den Djihad auch gegen anders denkende Muslime fordern (z.B. »Djihad Islami«). Eine ausgesprochen friedliche Form des Djihad wird seit dem 8. Jh. vom Sufismus propagiert. Dieser so genannte »Große Djihad« besteht aus der Pflicht zur religiös-ethischen Selbstvervollkommnung und dient dabei auch nationalen und sozialen Ideen.

DKP, Abk. für →Deutsche Kommunistische Partei.

Dmitrij, Iwanowitsch, Großfürst von Moskau (seit 1359), *12. 10. 1350, †19. 5. 1389; Sohn Iwans II.; stärkte die Machtposition Moskaus gegenüber den Teilfürsten, besonders von Twer, Rjasan und Wladimir-Susdal, und setzte den Anspruch auf die Großfürstenwürde mit Waffengewalt durch; in Moskau ließ er die erste gemauerte Befestigung Nordrusslands (1367) errichten. An der Spitze fast aller russischer Fürsten besiegte er am 8. 9. 1380 die Tataren auf dem »Schnepfenfeld« am Don. Dieser erste Sieg der Russen über ein tatarisches Heer in offener Feldschlacht stärkte das russische Selbstbewusstsein, brachte aber noch nicht die Befreiung von der tatarischen Oberherrschaft.

DNVP, Abk. für →Deutschnationale Volkspartei.

Doge [ˈdoʒə, italien. ˈdɔːdʒe; von latein. dux »Führer«], Bezeichnung für den obersten staatlichen Würdenträger der ehemaligen Stadtrepubliken Venedig und Genua. In Venedig war der Doge ursprünglich ein byzantinischer Amtsträger, der als Oberhaupt der Provincia Venetiarum dem so genannten Exarchen von Ravenna unterstellt war; seit der Erhebung Venedigs gegen das Byzantinische Reich im 8. Jh. wurden die Dogen vom Adel und vom Klerus gewählt, erst im 9./10. Jh. erscheint ihre Stellung als gefestigt. Das Amt verband militärische und richterliche Zuständigkeiten, was die Dogen anfangs praktisch zu Alleinherrschern machte. 1032 scheiterte der Versuch der Familie Orseolo, das Amt erblich zu machen. Während ihr Amt als Heerführer unangetastet blieb, wurden den Dogen bei ihren Regierungsaufgaben von nun an verschiedene Räte zur Seite gestellt, ihre Exekutivgewalt immer stärker eingeschränkt und den Mehrheitsbeschlüssen der Signoria, der höchsten Behörde des Stadtstaats, unterworfen. Seit 1192 musste der Doge bei Regierungsantritt eine Wahlkapitulation (Promissio) unterschreiben, die ihn an Verpflichtungen gegenüber der Kommune band. Seit 1229 wurde seine Amtsführung von fünf Correctores überwacht, seit 1310 vom Rat der Zehn. 1797 wurde das Amt aufgehoben.

In Genua wurde das Amt des Dogen nach venezianischem Vorbild 1339 eingeführt, war aber zunächst keine ständige Einrichtung. Seit 1528 lösten die Dogen einander alle zwei Jahre ab. Mit acht Governatori bildeten sie das oberste Regierungsorgan. 1805 wurde das Amt des Dogen abgeschafft.

Dolchstoßlegende, die nach dem Ersten Weltkrieg verbreitete These, dass Teile der deutschen Heimatbevölkerung, besonders aber Gruppen der sozialistischen Linken oder sogar die ganze Sozialdemokratie, durch ihre revolutionäre Tätigkeit das »im Felde unbesiegte« deutsche Frontheer »von hinten erdolcht« und dadurch den Zusammenbruch Deutschlands verschuldet hätten.

Mit dem Aufgreifen dieser These, die durch Untersuchungen (Dolchstoßprozess, 1925; Untersuchungsausschuss) entkräftet wurde, suchte sich die ehemalige militärische Führungsspitze (u.a. Generalfeldmarschall Paul von Hindenburg und General Erich von Ludendorff) der Einsicht zu verschließen, dass die Ursachen der deutschen Niederlage in der machtpolitischen und militärischen Situation des Deutschen Reiches im Herbst 1918 lagen. Die Dolchstoßlegende knüpft eine sachlich unzutreffende Verbindung zwischen der militärischen Niederlage und den revolutionären Bestrebungen in Deutschland bei Kriegsende; sie entwickelte sich zu einer Kampfparole der politischen Rechten gegen die Linke. Die Nationalsozialisten gebrauchten sie gegen die Regierungen der Weimarer Republik. In der zeitgeschichtlichen Forschung gilt die Dolchstoßlegende als widerlegt.

Dollfuß, Engelbert, österreichischer Politiker, *Texing (heute zu Texingtal, Bezirk Melk) 4. 10. 1892, †Wien 25. 7. 1934; Mitglied der Christlichsozialen Partei (CP), 1927 bis 1931 Kammeramtsdirektor der niederösterreichischen Landwirtschaftskammer; war 1932 bis 1934 Bundeskanzler und Außenminister, 1931–34 Landwirtschaftsminister.

Dollfuß bekämpfte in enger Anlehnung an das faschistische Italien energisch den Anschluss Österreichs an Deutschland (»Römische Protokolle« vom 17. 3. 1934). Nach der »Selbstausschaltung« des Nationalrates (März 1933) wandelte er, besonders im Kampf gegen die terroristischen Aktivitäten der österreichischen Nationalsozialisten und gestützt auf die Vaterländische Front, die parlamentarische Republik in ein autoritäres Regierungssystem um. Für ihre radikalen Gegner richtete die Regierung Dollfuß »Anhaltelager« (Internierungslager) ein. 1934 schlug Dollfuß den sozialdemokratischen Februaraufstand nieder und verbot alle Parteien. Mit der »Maiverfassung« vom 1. 5. 1934 schuf er eine autoritäre Staatsordnung auf christlich-ständischer Grundlage in Anlehnung an die päpstliche Enzyklika »Quadragesimo anno«. Bei einem Putschversuch durch die Nationalsozialisten wurde Dollfuß im Bundeskanzleramt ermordet, nachdem ein vorheriger Attentatsversuch am 3. 10. 1933 fehlgeschlagen war.

Dominikaner, offiziell **Ordo Fratrum Praedicatorum** (Abk. OP), in Frankreich auch **Jakobiner,** katholischer Mönchsorden.

GESCHICHTE: 1215 gründete Dominikus in Toulouse eine Genossenschaft von Priestern, die, in völliger Armut lebend, sich der Rückgewinnung der Albigenser widmen sollten. Diese wurde 1216 von Papst Honorius III. als Kanonikergemeinschaft auf der Grundlage der Augustinusregel bestätigt. Aus dieser Gemeinschaft entwickelte sich ein neuartiger Personenverband, der sich – päpstlich gefördert – rasch in Europa verbreitete und gegen Ende des 13. Jh. die größte Aktivität erreichte. Infolge der Französischen Revolution und der Säkularisation löste sich der Orden bis auf geringe Reste auf; erst Mitte des 19. Jh. begann ein neuer Aufschwung, ohne dass die Dominikaner jedoch ihren früheren Einfluss zurückgewinnen konnten.

Die Dominikaner bilden im Mittelalter den ersten Bettelorden. Sie sind ein Verband, der klösterliche Reformbewegung, monastische und seelsorgerische Anliegen im Armutsgedanken zusammenfasst. Mit den anderen Bettelorden standen auch die Dominikaner im Dienst der städtischen Seelsorge; ihre Klöster wurden von der städtischen Bevölkerung gebaut und waren von dieser abhängig. Seit 1232 waren die Dominikaner im päpstlichen Auftrag auch in der →Inquisition tätig, was einerseits ihren kirchlichen Einfluss stärkte, andererseits aber auch ihr Ansehen erheblich belastete. Auf dem Gebiet der Philosophie und der theologischen Wissenschaft erbrachten die Dominikaner bedeutende Leistungen (Albertus Magnus, Thomas von Aquino, Meister Eckhart, Heinrich Seuse u.a.). Die Verfassung der Dominikaner spiegelt die genossenschaftliche Selbstverwaltung mittelalterlicher Städte und Universitäten. An der Spitze des Ordens steht der auf neun Jahre gewählte Ordensgeneral (Ordensmeister, Magister generalis), der dem obersten Kontrollorgan, dem Generalkapitel (das ihn wählt), verantwortlich ist.

Domitian, Titus Flavius Domitianus, Kaiser des Römischen Reichs (81–96), *Rom 24. 10. 51, †ebenda 18. 9. 96; Sohn Kaiser Vespasians und der Flavia Domitilla. Nach dem Tod seines Bruders Titus zur Regierung gekommen, begann Domitian eine expansive Politik an der römischen Nordgrenze. Während durch Gnaeus Iulius Agricola die Eroberung Britanniens vorläufig abgeschlossen wurde (84 n.Chr.), unterwarf Domitian im Chattenkrieg (83) den Taunus und die Wetterau und sicherte das Gebiet durch Anlage des →Limes. Gleichzeitig schob er weiter im Süden die römische Grenze an den mittleren Main und den oberen Neckar vor. Die ursprünglichen Militärbezirke Germania Inferior und Germania Superior wurden nun reguläre Provinzen, womit zugleich der Verzicht auf die Eroberung des freien Germanien besiegelt wurde. Die frei werdenden Truppen wurden seit etwa 85 an der Donaufront v.a. im Kampf gegen die Daker eingesetzt.

Domitian

Die Provinzialverwaltung und die Rechtspflege des Domitian galten als vorbildlich. In Rom förderte er Literatur, Dichtkunst und Baukunst. Doch geriet Domitian bald in Konflikt mit dem Senat, der durch seine absolutistische Haltung, die Übernahme der zensorischen Gewalt auf Lebenszeit und das Streben nach einem Gottkaisertum hellenistischer Art (»dominus et deus«) noch verschärft wurde (z.B. Vertreibung der oppositionellen stoischen Philosophen, Christenverfolgung). Schließlich wurde Domitian das Opfer einer Verschwörung.

Donatismus, im 4. Jh. n. Chr. in Nordafrika entstandene christliche Sekte. Sie wurde nach ihrem bedeutendsten Führer, Donatus (seit 313 Bischof von Karthago), benannt. Die Donatisten forderten rigoros eine strenge Kirchenzucht und vertraten die Auffassung, die Wirksamkeit der Sakramente hinge von der sittlichen Qualität des Geistlichen ab, der sie vollzieht. Ihr entschiedenster Gegner war Augustinus. Seit Anfang des 5. Jh. verschwand der Donatismus fast ganz.

Donaumonarchie, Bezeichnung für die frühere Monarchie in Österreich-Ungarn (1867–1918).

Don Carlos [k-], →Carlos.

Karl Dönitz

Dönitz, Karl, deutscher Großadmiral (seit 1943), *Grünau (heute zu Berlin) 16. 9. 1891, †Aumühle 24. 12. 1980; wurde 1918 U-Boot-Kommandant; wurde nach vielseitiger Verwendung in der Reichsmarine 1936 »Befehlshaber der U-Boote« (BdU). Dönitz entwickelte eine seestrategische Konzeption, die mit einem massierten Einsatz einer großen Zahl von U-Booten (300) zur Unterbrechung der Atlantikverbindungen zwischen Großbritannien und den USA eine Kriegsentscheidung erzwingen wollte. Mit diesen Vorstellungen konnte sich Dönitz vor dem Zweiten Weltkrieg jedoch nicht gegenüber Adolf Hitler und Erich Raeder, dem Oberbefehlshaber der Kriegsmarine, durchsetzen. Nachdem Dönitz im Januar 1943 unter Beibehaltung seiner Stellung als Befehlshaber der U-Boote Raeder als Befehlshaber der Kriegsmarine abgelöst hatte, konnte er in der »Atlantikschlacht« (1940–43) den konzentrierten Einsatz der U-Boote (»Rudeltaktik«) gegen die Geleitzüge der alliierten Kriegsgegner durchsetzen. Aufgrund der Entzifferung des deutschen Funkcodes und durch die Entwicklung verschiedener U-Boot-Abwehrmöglichkeiten seitens der Alliierten ging die »Schlacht im Atlantik« für Deutschland seit Mai 1943 verloren; trotz enormer Verluste an U-Booten ließ Dönitz jedoch in der Folgezeit den U-Boot-Krieg nicht einstellen.

Politisch war Dönitz dem nationalsozialistischen Staat treu ergeben und Hitler persönlich eng verbunden. Dieser ernannte ihn vor seinem Selbstmord mit Wirkung vom 1. 5. 1945 zu seinem Nachfolger als Staatsoberhaupt. Mit der von ihm berufenen »geschäftsführenden Reichsregierung« (mit Sitz in Flensburg-Mürwik) suchte Dönitz die deutsche Kapitulation so zu steuern, dass in den noch verbleibenden Tagen möglichst viele Flüchtlinge aus den Ostprovinzen und möglichst große Teile des Ostheeres in den Machtbereich der westlichen Kriegsgegner Deutschlands gelangen konnten. Am 7. 5. 1945 unterzeichnete das Oberkommando der Wehrmacht (OKW) in seinem Auftrag die Gesamtkapitulation in Reims, am 8./9. 5. 1945 in Berlin-Karlshorst. Auf Befehl Dwight Eisenhowers, des Oberbefehlshabers der Streitkräfte der westlichen Alliierten, wurde die Regierung Dönitz am 23. 5. 1945 verhaftet. 1946 verurteilte das Internationale Militärtribunal in Nürnberg Dönitz wegen Verbrechens gegen den Frieden und gegen das Kriegsrecht zu zehn Jahren Haft, die er im Gefängnis in Berlin-Spandau verbüßte.

Don Juan de Austria [- xu'an -], →Juan.

Doppeladler, stilisierter Adler mit zwei voneinander abgewandten Köpfen, entstanden aus der Zusammenziehung zweier Adler.

Bekannt schon im Alten Orient (Hethiter) als symbolisches Ornament, war der Doppeladler im Byzantinischen Reich Kaiserabzeichen. Im islamischen Bereich ist es ebenfalls geläufig (z. B. auf sarazenischen Textilien). In Europa ist der Doppeladler erstmalig im 12. Jh. auf Siegeln des Adels nachweisbar, im 13. Jh. erschien er auf Städtesiegeln. 1433 nahm Kaiser Siegmund den Doppeladler als Wappenbild an. Seit dieser Zeit blieb er Symbol des Reiches bis zu dessen Auflösung 1806, danach wurde er von dem neu gebildeten Kaiserreich Österreich übernommen. Nach der Revolution 1918 wurde der einköpfige Adler zum österreichischen Staatssymbol. 1935 etwas verändert wieder eingeführt, bildete der Doppeladler bis 1938 das Staatswappen der Republik Österreich.

Um sich als Rechtsnachfolger der byzantinischen Herrscher zu kennzeichnen, nahm im 15. Jh. der Moskauer Großfürst Iwan III. den Doppeladler an; er blieb bis 1917 das Wappen des zaristischen Russland. In Serbien trugen die Könige bereits seit Beginn des 13. Jh. zum Zeichen ihres Ranges als byzantinische Despoten den Doppeladler auf ihren Gewändern. 1838 zum serbischen Wappen gewählt, wurde der Doppeladler 1918 vom Königreich Jugoslawien übernommen. Der letzte heute noch von einem Staat geführte Doppeladler ist der im Wappen Albaniens.

Doppelmonarchie, Bezeichnung für Österreich-Ungarn.

Dorer, Dorier, griechisch **Dorieis,** lateinisch **Dores,** griechische Stammes- und Dialektgruppe, ursprünglich in Nordwestgriechenland und Epeiros (Epirus) beheimatet. Von dort aus besetzten sie zunächst die Landschaft Doris in Mittelgriechenland und im Verlauf der (neuerdings umstrittenen) »dorischen Wanderung« seit etwa 1100 v. Chr. auf dem Peloponnes die Argolis, Lakonien, Messenien und das Gebiet am Isthmus von Korinth. Auch ein Teil des südwestlichen Kleinasien sowie die Inseln Kythera, Thera, Rhodos und Kreta wurden von Dorern besiedelt. Dorische Kolonien waren das spartanische Tarent, Kyrene in Nordafrika sowie Syrakus, Agrigent und Messina in Sizilien. Die Dorer sprachen einen nordwestgriechischen Dialekt. Wieweit sich nach der Wanderung noch Züge eines einheitlichen dorischen Stammescharakters erkennen lassen, ist umstritten. Ein dorisches Stammesbewusstsein hat sich kaum vor dem 6. Jh. v. Chr. entwickelt und lässt sich – als Gegensatz zum Ioniertum – literarisch erst im 5. Jh. v. Chr. nachweisen. In dieser Zeit wird auch der einheimische Baustil erstmals als »dorisch« bezeichnet (begegnet als »dorische Ordnung«, Säulenordnung).

Doria, Andrea, genuesischer Admiral und Staatsmann, *Oneglia (heute zu Imperia) 30. 11. 1466, †Genua 25. 11. 1560; Condottiere unter Papst Innozenz VIII., Federico von Urbino sowie Ferdinand I. und Alfons II. von Neapel; kämpfte 1495 gegen Cesare Borgia, 1503 und 1506 im Dienst Genuas gegen die Rebellen Korsikas. Doria führte 1513 ein Geschwader gegen die Türken, trat 1522 in den Dienst des französischen Königs Franz I., dem er 1527 zur Wiedergewinnung Genuas verhalf, und wurde dafür zum Gouverneur und Admiral ernannt. Nach einem Zerwürfnis mit den Franzosen trat er auf die Seite Kaiser Karls V., der sich verpflichtete, die Freiheit Genuas zu erhalten und dessen Rechte auf Savona anzuerkennen. Andrea Doria hielt am 9. 9. 1528 einen triumphalen Einzug in Genua, erneuerte die republikanische Verfassung und besaß als »Prior perpetuo dei Sindicatori« diktatorische Gewalt, während Doge und Regierung alle zwei Jahre wechselten. Karl V. ernannte ihn zum obersten Admiral und verlieh ihm das Fürstentum Melfi. 1532 schlug er die türkische Flotte an der griechischen Küste, 1535 leitete er die Expedition Karls V. gegen Tunis, 1538 besiegte er die Türken bei Prevesa, 1541 rettete er die kaiserliche Streitmacht nach dem gegen seinen Rat unternommenen Zug gegen Algier.

Im Alter überließ er das Flottenkommando zunächst seinem Neffen und designierten Erben Giannettino Doria, der in der Nacht der Verschwörung des Gian Luigi Fieschi, genannt Fiesco, getötet wurde (1547). Das Kommando wurde dann an seinen Großneffen Giovanni Andrea Doria weitergegeben, der später die genuesische Flotte bei Lepanto führte (7. 10. 1571).

D. P., DP, Abk. für →Displaced Persons.

Drake [dreɪk], Sir (seit 1580) Francis, englischer Admiral und Seeheld, *Crowndale (bei Plymouth) um 1540/43, †vor Portobelo 28. 1. 1596; unternahm als Freibeuter Fahrten nach Guinea, seit 1567 nach Westindien, umsegelte die Erde auf Kriegsfahrten gegen die Spanier (1577–80). 1585/86 führte Drake englische Kaperfahrten nach Westindien. 1587 fügte er der spanischen Flotte vor Cádiz schwere Verluste zu und spielte 1588 eine wichtige Rolle beim englischen Sieg über die →Armada. Drake war der berühmteste Seefahrer des Elisabethanischen Zeitalters.

Sir Francis Drake

Drakon, athenischer Gesetzgeber, zeichnete um 621 v. Chr. als »Thesmothet« (→Archonten) erstmals die Gesetze Athens auf. Hiervon überliefert ist nur ein Teil des Strafrechts. Drakon unterschied als Erster die vorsätzliche und die unbeabsichtigte Tötung und schränkte die Blutrache ein. Die Härte der Strafen seiner Gesetze ist sprichwörtlich geworden (»drakonische Strafen«).

Dreibund, das am 20. 5. 1882 auf zunächst fünf Jahre abgeschlossene geheime Verteidigungsbündnis zwischen dem Deutschen Reich, Österreich-Ungarn und Italien. Äußerer Anlass zum Abschluss des Dreibunds war die französische Besetzung Tunesiens, durch die Italien seine kolonialen Interessen behindert sah.

VERTRAGLICHE BESTIMMUNGEN: Bei einem nicht provozierten Angriff Frankreichs auf Italien waren die beiden anderen Partner zur uneingeschränkten Hilfe verpflichtet. Italien sicherte seine Hilfe nur im Falle eines unprovozierten französischen Angriffs auf das Deutsche Reich (nicht auf Österreich-Ungarn) zu. Der Bündnisfall trat auch ein, wenn einer der Bündnispartner von zwei oder mehr Großmächten angegriffen würde. Bei Bedrohung eines Bündnispartners durch eine andere Großmacht samt folgendem Krieg sollten die beiden anderen wohlwollende Neutralität wahren. Eine deutsche Zusatzvereinbarung schloss Italien wegen seiner langen Küstenlinie von einer Kriegshilfe gegen Großbritannien aus. Während Italien aufgrund des Dreibunds seine Kolonialpolitik in Afrika weiterverfolgen konnte, sah das Deutsche Reich in der Erweiterung der Allianz mit der Donaumonarchie (→Zweibund) eine Sicherung der österreichischen Südflanke. Indirekt richtete sich der Dreibund durch die Zusicherung der italienischen Neutralität in einem österreichisch-russischen Krieg gegen Russland. Insoweit beseitigte Reichskanzler Otto von Bismarck die österreichischen Bedenken gegen den 1872 abgeschlossenen →Dreikaiserbund.

ERGÄNZUNGEN: Der Dreibund wurde bis 1912 mehrfach verlängert. Bei seiner ersten Verlängerung (1887) wurde er durch zwei Sonderverträge, zwischen Österreich-Ungarn und Italien bezüglich der Kompensationen bei Territorialveränderung auf dem Balkan sowie zwischen dem Deutschen Reich und Italien bezüglich deutscher Hilfe bei einem Konflikt mit Frankreich im westlichen Mittelmeer, ergänzt. Diese Ergänzungsverträge fanden bei der zweiten Verlängerung (1891) Aufnahme in den Hauptvertrag.

Mit dem Abschluss des Dreibunds hatte die von Bismarck betriebene Bündnispolitik ihre volle Ausprägung erhalten, wobei der Dreibund das Kernstück, jedoch nicht die unabänderliche Grundlage der künftigen deutschen Politik bildete. Unter Bismarcks Nachfolgern geriet der Dreibund allerdings rasch zur einzigen festen Grundlage ihrer Politik. Durch den italienischen Neutralitätsvertrag mit Frankreich (1902) verlor der Dreibund an Bedeutung, gefördert auch durch die österreichisch-italienischen Spannungen seit 1911. Mit der italienischen Neutralitätserklärung (1914) und dem Kriegseintritt an der Seite der Entente (1915) zerbrach der Dreibund endgültig.

Dreikaiserbund, das von Otto von Bismarck mit dem Hinweis auf die gemeinsamen Interessen (Verteidigung der Monarchie gegen republikanische Tendenzen) bei der Berliner Dreikaiserzusammenkunft (Wilhelm I., Franz Joseph und Alexander II., 9.–11. 9. 1872) erreichte politische Einvernehmen zwischen dem Deutschen Reich, Österreich-Ungarn und Russland, das zum Kern der weiteren Außenpolitik Bismarcks wurde; am 22. 10. 1873 kam es auf dieser Basis zum Dreikaiserabkommen. Das Einvernehmen war besonders seit 1876 durch den österreichisch-russischen Gegensatz auf dem Balkan schwer belastet.

Der Neutralitätsvertrag, den Bismarck am 18. 6. 1881 zustande brachte, auch Dreikaiserbündnis genannt (1884 verlängert), konnte den Zerfall des Dreikaiserbundes in der Balkankrise 1886 nicht verhindern, was Bismarck zum Abschluss des →Rückversicherungsvertrages mit Russland führte (1887).

Dreiklassenwahlrecht, im erweiterten Sinne Bezeichnung für ein nach der Steuerleistung in drei Klassen abgestuftes Wahlrecht; im engeren Sinne das mit den Wahlgesetzen vom 30. 5. 1849 eingeführte Wahlrecht für das preußische Abgeordnetenhaus.

Bei dieser indirekten Wahl wählten die Urwähler zunächst die Wahlmänner, diese die Abgeordneten. Die Urwähler wurden je nach der Höhe der in ihrer Gemeinde oder in ihrem Wahlbezirk aufgebrachten direkten Steuern in drei Klassen eingeteilt. Die erste Klasse umfasste diejenigen, die als Höchstbesteuerte das erste Drittel dieser Steuersumme aufbrachten. Zur zweiten Klasse zählten die Bezieher weniger hoher Einkommen, die das zweite Drittel der Steuern aufbrachten, während die gering oder gar nicht Direktsteuerpflichtigen der dritten Klasse, die das letzte Drittel aufbrachte, zugerechnet wurden. Jede Klasse wählte jeweils ein Drittel der Wahlmänner. Die wenigen Höchstbesteuerten der ersten Klasse wählten demzufolge ebenso viele Wahlmänner wie die große Masse der gering besteuerten Bürger in der dritten Klasse. Das Dreiklassenwahlrecht stand jahrzehntelang im Mittelpunkt der Verfassungskämpfe. Die »Osterbotschaft« Wilhelms II. vom 7. 4. 1917 stellte die Beseitigung des Dreiklassenwahlrechts in Aussicht, die aber erst mit der Novemberrevolution 1918 eintrat.

Dreimächtepakt, Bündnisvertrag zwischen Deutschland, Italien und Japan, abgeschlossen am 27. 9. 1940 in Berlin auf zehn Jahre. Sein Ziel war es, die USA von einem Kriegseintritt gegen die drei Mächte sowohl vom Atlantik als auch vom Pazifik her abzuschrecken. Die vertragschließenden Mächte sicherten sich gegenseitige Unterstützung zu (auch auf militärischem Gebiet), falls eine von ihnen von einem Staat angegriffen würde (gemeint waren die USA), der zum Zeitpunkt des Vertragsabschlusses nicht in den europäischen oder ostasiatischen Krieg verwickelt war. Die Beziehungen der Partner zur UdSSR sollten (Artikel 5) durch den Pakt nicht berührt werden. Ideologische Basis des Dreimächtepakts war die Entschlossenheit der drei Vertragspartner, die Welt in »Großräume« aufzuteilen: Deutschland und Italien sollten in Europa, Japan sollte im »Großraum Ostasien« eine »neue Ordnung« schaffen.

Dem Dreimächtepakt traten 1940 Ungarn, Rumänien und die Slowakei bei, 1941 Bulgarien, Jugoslawien und – nach dessen Zerschlagung – Kroatien. Nach dem Angriff Japans auf die USA und Großbritannien (7. 12. 1941) und der Kriegserklärung Deutschlands und Italiens an die USA (11. 12. 1941) ergänzten die drei Mächte den Dreimächtepakt durch einen Vertrag (11. 12. 1941), in dem jeder für sich den Abschluss eines »Sonderfriedens« ausschloss. Die bedingungslose Kapitulation Deutschlands (7. 5. und 8./9. 5. 1945) bezeichnete Japan als Bruch des Dreimächtepakts.

Dreißigjähriger Krieg, der aus konfessionellen Gegensätzen im Heiligen Römischen Reich deutscher Nation und dem sich verschärfenden Gegensatz zwischen den Ständen und der Habsburger Monarchie entstandene Krieg 1618–48, der durch das Eingreifen außerdeutscher Mächte das Reich zum Schauplatz eines europäischen Machtkampfes machte.

DREISSIGJÄHRIGER KRIEG. ***Überfall einer Soldateska***

Grimmelshausens Roman »Simplicius Simplicissimus« (1669) schildert den Überfall einer Soldateska während des Dreißigjährigen Krieges: *»Unsere Magd ward im Stall dermaßen traktirt, dass sie nicht mehr daraus gehen konnte… Den Knecht legten sie gebunden auf die Erd, steckten ihm ein Sperrholz ins Maul und schütteten ihm einen Melkkübel voll garstig Mistlachenwasser in Leib; das nannten sie einen Schwedischen Trunk… Da fing man… an, die Steine von den Pistolen und… an deren Statt der Bauren Daumen aufzuschrauben und die armen Schelmen so zu foltern, als wenn man hätte Hexen brennen wollen, maßen sie auch einen… Bauren bereits in Backofen steckten und mit Feuer hinter ihm her waren, ohnangesehen er noch nichts bekannt hatte.«*

DREISSIGJÄHRIGER KRIEG

Westfälischer Frieden

Der Dreißigjährige Krieg wurde am 24. 10. 1648 mit dem Westfälischen Frieden zwischen dem Kaiser und Frankreich beendet (Gemälde von Gerard Terborch, 1648; London, National Gallery); die Reichsstände schlossen sich an. Die konfessionelle Frage wurde unter Abänderung des Augsburger Religionsfriedens geregelt, wobei erstmals auch der Kalvinismus im Reich anerkannt wurde. Einschneidende Änderungen brachte der Frieden für die Reichsverfassung mit sich: Während der Kaiser bei den Reichsgeschäften an die Zustimmung der Reichsstände gebunden wurde, musste er diesen für ihre Territorien die volle Landeshoheit zugestehen. Das Heilige Römische Reich war damit zu einem recht lockeren Verband von Einzelstaaten geworden.

Der Friede im Reich wurde durch Gebietsabtretungen an Frankreich und Schweden, die eigentlichen Sieger des Krieges und Garantiemächte des Friedens, erkauft. Innerhalb des Reiches wurde im Wesentlichen der Besitzstand von 1618 wieder hergestellt. Mit seiner Betonung staatlicher Souveränität und zwischenstaatlicher Kooperation begründete der Westfälische Frieden eine neue europäische Ordnung prinzipiell gleichberechtigter Staaten. Zugleich wurde in Europa erstmals ein Konflikt durch Verhandlungen beigelegt.

VORGESCHICHTE: Die erneute Verschärfung des Religionsstreites nach dem Augsburger Religionsfrieden (1555) durch die Gegenreformation und gegenseitige konfessionelle Abschließung sowie politische Gegensätze führten 1608/09 zur Bildung konfessioneller, ihrem Selbstverständnis nach defensiver Bündnisse der protestantischen Union und der katholischen Liga, die den allgemeinen Funktionsverfall der Einrichtungen der Reichsverfassung (Reichskammergericht, Reichstag u.a.) besiegelten.

Einzelne Ereignisse entflammten die Gemüter in beiden Lagern, so die Vorgänge um die Reichsstadt Donauwörth und die Exekution der Reichsacht gegen sie (1606–08) sowie die politisch motivierte Gewährung des Majestätsbriefs durch Kaiser Rudolf II., der den böhmischen Ständen Glaubensfreiheit und beschränkten Kirchenbau zugestand (1609). Zumal in Böhmen war die Verbitterung nach der Ablösung Rudolfs II. durch Matthias (»Bruderzwist«) und im Zuge der sich verstärkenden katholischen Reaktion groß; sie richtete sich besonders gegen zwei kaiserliche Beamte (Wilhelm Graf von Slawata und Jaroslaw Graf von Martinitz) und führte zum Prager Fenstersturz (23. 5. 1618). Dieser zunächst lokal gebundene Anlass entfesselte den →Böhmischen Aufstand, der in die Kämpfe zwischen dem Haus Habsburg und den böhmischen Ständen, dann in den Krieg innerhalb des Reiches und schließlich in eine große europäische Auseinandersetzung mündete.

BÖHMISCH-PFÄLZISCHER KRIEG (1618–23): Die böhmischen Stände setzten ihren 1617 gewählten König Ferdinand II. (ab 1619 Kaiser) ab und wählten im August 1619 Kurfürst Friedrich V. von der Pfalz, den kalvinistischen Führer der Union, zum König von Böhmen (»Winterkönig«).

Mit ihrer Konföderationsakte, beschlossen am 31. 7. 1619 auf einem Generallandtag aller Stände des Königreichs Böhmen in Prag, schufen sie eine neue Staatsverfassung, in der das (wahl)monarchische Element entscheidend zugunsten des ständischen zurückgedrängt wurde. Sie gewannen zwar den Fürsten von Siebenbürgen, Gabriel Bethlen von Iktár, für sich, ferner mit unterschiedlichem Engagement die Stände der übrigen kaiserlichen Erblande, die Generalstaaten sowie Karl Emanuel von Savoyen, aber entscheidende Unterstützung blieb aus. Ferdinand II. dagegen, der sich mit seiner Absetzung als böhmischer König nicht abfand und eine gewaltsame Rekatholisierungspolitik verfolgte, konnte sich auf die von Herzog Maximilian I. von Bayern zur Verfügung gestellten Truppen der Liga (30 000 Mann) stützen.

In der Schlacht am Weißen Berg (8. 11. 1620) vor den Toren Prags schlug Feldherr Johannes von Tilly die böhmische Armee unter Christian I. von Anhalt-Bernburg vernich-

Dreißigjähriger Krieg. Vernichtete Ernten und rauchende Trümmer hinterließen die Landsknechtsheere im Dreißigjährigen Krieg. Ermordung, Folterung, Vergewaltigung und Plünderung schilderte Jacques Callot in der 1633 in Paris erschienenen Kupferstichfolge »Misères et mal-heures de la guerre«.

tend. König Friedrich floh in die Niederlande, 27 Anführer des Aufstands wurden 1621 hingerichtet. In einer Reihe von Schlachten außerhalb Böhmens (Wimpfen, 6. 5. 1622; Höchst, 20. 6. 1622; Stadtlohn, 6. 8. 1623) gegen die Verbündeten Friedrichs festigte Tilly den kaiserlichen Sieg. Die Folgen für Böhmen waren gravierend. Etwa die Hälfte des adligen Grundbesitzes wurde enteignet und größtenteils an landfremde Familien verteilt; die z. T. gewaltsame Rekatholisierung veranlasste rund 150 000 Protestanten zur Flucht; die ständisch geprägte Konföderationsakte wurde 1627 durch die »Verneuerte Landesordnung« ersetzt, die Böhmen als festen Bestandteil der habsburgischen Erblande im monarchisch-absolutistischen Sinne umgestaltete. Im Reich löste sich die Union weitgehend auf. Die pfälzische Kurwürde fiel 1623 an Herzog Maximilian I. von Bayern.

DREISSIGJÄHRIGER KRIEG. *Tränen des Vaterlandes*

In seinem Sonett »Tränen des Vaterlandes, anno 1636« schildert Andreas Gryphius das Grauen des Dreißigjährigen Krieges: *»Wir sind doch nunmehr ganz, ja mehr denn ganz verheeret. / Der frechen Völker Schar, die rasende Posaun, / Das vom Blut fette Schwert, die donnerde Kartaun / Hat allen Schweiß und Fleiß und Vorrat aufgezehret. / Die Türme stehn in Glut, die Kirch ist umgekehret, / Das Rathaus liegt im Graus, die Starken sind zerhaun, / Die Jungfern sind geschändt, und wo wir hin nur schaun, / Ist Feuer, Pest und Tod, der Herz und Geist durchfähret.«*

NIEDERSÄCHSISCH-DÄNISCHER KRIEG (1625–29): Rekatholisierungsversuche im Norden des Reiches veranlassten König Christian IV. von Dänemark, Herzog von Holstein, in seiner Eigenschaft als Oberster des Niedersächsischen Reichskreises, unterstützt von England und den Generalstaaten, in den Krieg einzugreifen.

Albrecht von Wallenstein, aus protestantisch-böhmischer Adelsfamilie stammend und seit 1606 katholisch, stellte Ferdinand II. aus eigenen Mitteln ein 24 000-Mann-Heer zur Verfügung und wurde Generalissimus aller kaiserlichen Truppen im Reich. Er schlug den protestantischen Söldnerführer Graf Ernst II. von Mansfeld an der Dessauer Elbbrücke (25. 4. 1626), Tilly besiegte Christian IV. bei Lutter am Barenberge (27. 8. 1626).

Nach der Besetzung der Ostseeküste und Jütlands musste Christian IV. in den Frieden von Lübeck (22. 5. 1629) einwilligen. Der so siegreiche Kaiser hatte bereits am 6. 3. 1629 das →Restitutionsedikt erlassen, das den Protestantismus zu vernichten drohte.

Zeitgleich dazu suchte Ferdinand monarchisch-zentralistische Reichsverfassungsvorstellungen durchzusetzen. Er scheiterte während des Regensburger Kurfürstentages (1630) in erster Linie am Widerstand der katholischen Fürsten, besonders an Maximilian I. von Bayern, der im kaiserlichen Machtgewinn eine Gefährdung der ständestaatlichen Struktur des Reiches sah. Ferdinand wurde zur Entlassung Wallensteins, seines Hauptmachtfaktors, gezwungen und in Fragen der Reichsaußenpolitik und der Kriegführung der kurfürstlich-reichsständischen Kontrolle unterworfen.

SCHWEDISCHER KRIEG (1630–35): Beunruhigt durch die kaiserliche Machtstellung an der Ostsee, die das neue schwedische Ostseereich bedrohte, und die Niederlage der Protestanten, landete König Gustav II. Adolf von Schweden am 4. 7. 1630 auf Usedom. Er konnte zwar das von Tilly belagerte Magdeburg nicht mehr vor dem Fall (20. 5. 1631) retten, schlug Tilly aber mit sächsischer Hilfe bei Breitenfeld in der Nähe Leipzigs (17. 9. 1631). Im Frühjahr 1632 stieß Gustav Adolf von Mainz aus nach Süden vor, vernichtete Tillys Armee im April bei Rain am Lech – Tilly selbst wurde tödlich verwundet – und nahm Augsburg und München ein.

Angesichts eines drohenden Feldzugs der Schweden auf Wien berief der Kaiser Wallenstein erneut und stattete ihn in seinem Zweiten Generalat mit nahezu unumschränkten Vollmachten aus. Wallenstein zwang Gustav Adolf zur Aufgabe von Oberdeutschland und traf auf ihn in der Schlacht bei Lützen (16. 11. 1632), die unentschieden endete, in der der Schwedenkönig aber fiel. Axel Graf Oxenstierna, Meinungsführer innerhalb der schwedischen Politik, fasste etliche protestantische Reichsstände unter seiner Führung 1633 zum Heilbronner Bund zusammen, konnte aber die Spaltung der militärischen Führung der Protestanten unter Herzog Bernhard von Sachsen-Weimar und Gustav Graf Horn nicht verhindern. Die eigenmächtigen Verhandlungen Wallensteins mit den Schweden führten zu seiner Ächtung und Absetzung und zu seiner Ermordung in Eger (25. 2. 1634) aufgrund kaiserlichen Befehls. Die Niederlage Bernhards von Sachsen-Weimar und Horns bei Nördlingen (6. 9. 1634) führte zur Auflösung des Heilbronner Bundes.

Im Frieden von Prag (30. 5. 1635), abgeschlossen zwischen dem Kaiser und Kurfürst Johann Georg I. von Sachsen, dem in der Folgezeit fast alle Reichsstände beitraten, wurde der Versuch gemacht, das Reich zu befrieden. Trotz der gestärkten Position Ferdinands II. nach Verzicht der Reichsstände auf ihr Bewaffnungs- und Bündnisrecht kam es zu keinem endgültigen Frieden im Reich, sondern zu einer weiteren internationalen Ausdehnung des Krieges.

SCHWEDISCH-FRANZÖSISCHER KRIEG (1635–48): Frankreich, schon seit dem Vertrag von Bärwalde (23. 1. 1631) Geldgeber der Schweden, griff nun wegen der drohenden Übermacht Habsburgs aus Gründen der Staatsraison in den Kampf ein (19. 5. 1635 Kriegserklärung an Spanien, 18. 9. 1635 an den Kaiser). Die Kaiserlichen wurden von den Schweden bei Wittstock (4. 10. 1636), von Bernhard von Sachsen-Weimar bei Rheinfelden (3. 3. 1638) geschlagen. Die Franzosen wurden von den bayerischen Generalen Jan van Werth und Franz von Mercy bei Tuttlingen (24. 11. 1643) besiegt. Die seit 1644/45 von Kaiser und Reich mit Frankreich in Münster und mit Schweden in Osnabrück geführten Verhandlungen zur Beendigung des Krieges wurden am 24. 10. 1648 im →Westfälischen Frieden abgeschlossen.

GESAMTFOLGEN DES KRIEGES: Der Dreißigjährige Krieg wirkte sich politisch, kulturell und wirtschaftlich tief greifend auf das Heilige Römische Reich Deutscher Nation aus und ist markantester Ausdruck der später so bezeichneten Krise des 17. Jahrhunderts. Da er das Reich zeitlich und räumlich nicht gleichmäßig heimsuchte, sind seine Folgen letztlich nur unvollständig zu erfassen. Radikaler Neuanfang und nahezu ungestörte Weiterentwicklung stehen nebeneinander. Inwieweit der wirtschaftliche Rückgang auf den Dreißigjährigen Krieg zurückzuführen ist oder auf eine an der Wende zum 17. Jh. einsetzende Depression, wird in der wissenschaftlichen Literatur kontrovers beurteilt.

Die Bevölkerungsverluste beliefen sich im Reich insgesamt auf rund 40 % auf dem Land und auf 33 % in den Städten. In den am härtesten betroffenen Gebieten (Pommern, Mecklenburg, nördliches Brandenburg, Schlesien, Mittel- und Südwestdeutschland) überlebte nur rund ein Drittel der Bevölkerung. Daraus ergab sich eine deutliche soziale Umschichtung mit bedeutenden Veränderungen in der Wirtschaftsstruktur. Der Wiederaufbau des Landes verlangte nach staatlichem Schutz und zentraler Planung, wodurch die Entwicklung zum neuzeitlichen Territorialstaat absolutistischer Prägung beschleunigt wurde. Allerdings vollendeten sich auch hier Entwicklungen, deren Beginn weit vor 1618 lag.

Dreißigjähriger Krieg. Heiliges Römisches Reich nach 1648

Trotz aller Auflösungserscheinungen behielt das Reich eine gewisse politische Bedeutung als Rechtsverband und lockerer Rahmen für die vielfältigen staatlichen Gebilde und blieb wesentlicher Bestandteil des europäischen Staatensystems. Über den Kaiser blieb es einbezogen in den habsburgisch-französischen Gegensatz. Der konfessionelle Gegensatz wurde endgültig bestätigt und im Westfälischen Frieden unter Einschluss des →Kalvinismus staatsrechtlich fixiert; gleichzeitig brach sich aber die neuzeitliche Idee überkonfessioneller Staatsraison Bahn. Die Beschränkung des Hauses Habsburg auf seine böhmischen, ungarischen und österreichischen Stammlande – sieht man vom Kaisertum ab – ließ die politischen Interessen nach Südosten ausrichten. In ganz Europa beendete der Dreißigjährige Krieg das Zeitalter der Religionskriege und trug zu einer Entkonfessionalisierung der Politik bei.

Dreyfusaffäre. Alfred Dreyfus (Mitte) bei seiner Rehabilitierung

Dreizehn alte Orte, der Staatenbund der Schweizer Eidgenossen von 1513. Dem Bund der Zehn Orte (Zürich, Bern, Luzern, Uri, Schwyz, Unterwalden, Glarus, Freiburg, Solothurn, Zug) schlossen sich nach dem Sieg im →Schwabenkrieg (1499) die Rheinstädte Basel und Schaffhausen 1501 an. Mit der Umwandlung des bisher »zugewandten« Appenzell in einen politisch vollberechtigten Ort erhöhte sich 1513 die Zahl der gleichberechtigt regierenden Orte auf 13 und blieb bis ins 19. Jh. unverändert.

Johann Gustav Droysen

Dreyfusaffäre [französ. drɛˈfys-], die tief greifende innenpolitische Erschütterung der Dritten Republik Frankreichs, die aus dem militärgerichtlichen Verfahren gegen den französischen Artilleriehauptmann Alfred Dreyfus, von Geburt Elsässer und jüdischer Abstammung, im letzten Jahrzehnt des 19. und zu Beginn des 20. Jh. entstand und eine Welle des Antisemitismus auslöste.

Dreyfus wurde im Dezember 1894 von einem Militärgericht in einem regelwidrigen Verfahren für schuldig befunden, militärische Informationen an die deutsche Botschaft verraten zu haben, und zu lebenslänglicher Deportation auf die Teufelsinsel (bei Cayenne, Französisch-Guayana) verurteilt. Das wichtigste Beweismittel der Anklage war ein angeblich von Dreyfus, tatsächlich von dem Major Marie Esterházy stammender Brief mit einer Liste (»bordereau«), der im Papierkorb des deutschen Militärattachés in Paris gefunden worden war und der die Übergabe geheimer Papiere ankündigte. Zweifel an der Schuld Dreyfus' wurden vom Generalstab unterdrückt, der aus Prestigegründen die Revision des Prozesses zu verhindern suchte. Jedoch wurde die Revision schließlich durch die erregte öffentliche Meinung erzwungen: Enthüllungen des elsässischen Senators Auguste Scheurer-Kestner trugen hierzu ebenso bei wie Émile Zolas offener Brief »J'accuse« (»Ich klage an«) an den Präsidenten der Republik, veröffentlicht am 13. 1. 1898 in Georges Clemenceaus Zeitung »L'Aurore«. Als ein neues Dreyfus belastendes Schriftstück sich als Fälschung erwies, wurde das Urteil aufgehoben; die Revisionsverhandlung vor dem Kriegsgericht in Rennes endete aber mit erneuter Verurteilung, freilich unter Zubilligung »mildernder Umstände« mit zehn Jahren Gefängnis (9. 9. 1899). Um den Prozess zu beenden, wurde Dreyfus vom Präsidenten der Republik, Émile Loubet, begnadigt. Die uneingeschränkte Rehabilitierung erreichte Dreyfus im Juli 1906, als der Kassationshof das Urteil von Rennes aufhob. Dreyfus wurde zum Major befördert und mit dem Orden der Ehrenlegion ausgezeichnet. Die französische Armee erkannte seine vollständige Unschuld aber erst 1995 an.

Seit die Beweise gegen Dreyfus sich als konstruiert und gefälscht herausstellten, wurde die Dreyfusaffäre immer mehr zu einer schwer wiegenden politischen Streitfrage zwischen der militaristischen und traditionalistischen Rechten, die sich, klerikal, antisemitisch und zunehmend nationalistisch eingestellt, u. a. in Paul Déroulèdes »Ligue des patriotes« und in der »Action française« organisierte, und der antimilitaristisch und laizistisch orientierten republikanisch-demokratischen Linken.

Dritte Internationale, die Kommunistische Internationale (→Internationale).

Dritte Republik, französisch **Troisième République** [trwaˈzjɛːm repyˈbliːk], Name des republikanisch verfassten französischen Staates, der nach dem Sturz Napoleons III. (4. 9. 1870) das Zweite Kaiserreich ablöste und bis zur Errichtung des »État Français« (10. 7. 1940) Bestand hatte.

dritter Stand, französisch **Tiers État** [tjɛːrzeˈta], in der mittelalterlichen und frühneuzeitlichen Ständeordnung die nicht privilegierten Bürger und Bauern, die nach den privilegierten Ständen der Geistlichkeit und des Adels den dritten Platz einnahmen. In der Französischen Revolution, vor deren Ausbruch bereits im Januar 1789 die einflussreiche Schrift »Qu'est-ce que le tiers état?« (»Was ist der dritte Stand?«) des Emmanuel Graf Sieyès erschien, erkämpfte sich der dritte Stand die rechtliche Gleichstellung mit den anderen

Ständen und die politische Führung, die vorwiegend der Großbourgeoisie zufiel. Mit dem Aufkommen der modernen Industrie verengte sich der Begriff dritter Stand auf das besitzende Bürgertum im Unterschied zum Proletariat, dem vierten Stand.

Drittes Reich, ursprünglich ein Begriff der chiliastischen (d.h. endzeitgerichteten) Geschichtsauffassung des Joachim von Fiore. Dieser begreift den Gang der Menschheitsgeschichte als einen Aufstieg durch drei aufeinander folgende Reiche oder Zeitalter: Dem Zeitalter des Vaters (des Gesetzes) und dem des Sohnes (des Evangeliums) folge das Dritte Reich, das des Heiligen Geistes, das Reich der Liebe und Freiheit, das die Erlösung der Menschheit abschließe.

Die Annahme von der Abfolge von drei Reichen in der Geschichte des Menschen ist sehr oft abgewandelt worden, so z.B. von Gotthold Lessing und Friedrich von Schelling; Letzterer erwartete nach einem »petrinischen« und »paulinischen« (nach den Aposteln) ein »johanneisches« Endzeitalter des Christentums und damit der geschichtlichen Entwicklung. Für den russischen Schriftsteller Dmitrij Mereschkowskij ist das Dritte Reich die Synthese von Religion und Wissenschaft. Als Verfechter eines konservativen Nationalismus verstand der deutsche Autor Arthur Moeller van den Bruck unter dem Dritten Reich ein Reich, das dem Heiligen Römischen Reich und dem von Otto von Bismarck geschaffenen Deutschen Reich folge und nationale und soziale Tendenzen miteinander vereinen würde (»Das dritte Reich«, 1923).

Der Nationalsozialismus übernahm den propagandistisch wirksamen Namen für seine »neue Ordnung«. Am 10. 7. 1939 wurde er jedoch als Eigenbezeichnung für den nationalsozialistischen Staat verboten; dennoch gilt er heute häufig als Epochenbegriff für die deutsche Geschichte zwischen 1933 und 1945.

Droysen, Johann Gustav, deutscher Historiker, *Treptow an der Rega 6. 7. 1808, †Berlin 19. 6. 1884; wurde 1835 Professor in Berlin, 1840 Professor der Geschichte in Kiel, 1851 in Jena, 1859 wieder in Berlin. Bereits in seinen althistorischen Werken, in denen er den Begriff des Hellenismus prägte, zeigte Droysen mit deutlicher Anspielung auf seine Zeit die Bedeutung eines starken Staates für die Einigung Griechenlands und die Erhaltung seiner Kultur und wollte damit politische Lehren aus der Weltgeschichte für die eigene Nation ziehen. Unter dem Einfluss der schleswig-holsteinischen Bewegung wandte Droysen sich in Kiel, wo er 1848 am Aufstand Schleswig-Holsteins gegen die Dänen teilnahm, der Politik zu. Als Mitglied der Frankfurter Nationalversammlung 1848 gehörte er zu den Erbkaiserlichen, die eine kleindeutsche Lösung unter Führung Preußens anstrebten, und hatte als Schriftführer des Verfassungsausschusses Einfluss auf die Gestaltung der Verfassung.

dritter Stand. Auf dieser Karikatur aus der Zeit der Französischen Revolution stehen Adel und Klerus entsetzt vor dem Repräsentanten des dritten Standes, der sich von den Ketten des Ancien Régime befreit.

Droysen gilt als Begründer der borussisch-kleindeutschen Geschichtsschreibung. In seiner »Historik« (1858) begründete er die Selbstständigkeit der Geisteswissenschaften, als deren Methode er das forschende Verstehen in den Mittelpunkt stellte. Droysens Geschichtsschreibung wurde schon früh wegen der Einseitigkeit ihrer theoretischen Prämissen kritisiert, war aber von großem Einfluss auf die Entwicklung der deutschen Historiographie.

Drusus, genannt **Drusus Maior** (»der Ältere«), ursprünglich Decimus Claudius Drusus, nachträglich verliehener Siegertitel Germanicus, *14. 1. 38 v.Chr., †September 9 v.Chr.; Sohn des Tiberius Claudius Nero und der Livia Drusilla, Stiefsohn des Augustus. Mit seinem Bruder Tiberius unterwarf Drusus im Jahr 15 die Räter und Vindeliker. Als Statthalter der gallischen Provinzen (seit 13) führte er 12–9 Krieg mit den rechtsrheinischen Germanen und legte am Rhein, an der Lippe und am Taunus zahlreiche Kastelle an. Im Jahr 9 erreichte er die Elbe, starb aber auf dem Rückmarsch infolge eines Sturzes vom Pferd und wurde in Rom beigesetzt. Bei seinem Kenotaph in Mainz (»Drususstein«) versammelten sich jährlich Vertreter der gallischen Stämme. Seine Söhne waren Germanicus und der spätere Kaiser Claudius.

DSCHINGIS KHAN
***1162 †1227**

- stammte aus dem Steppenadel
- begründete das mongolische Weltreich
- baute ein straff organisiertes, zentral ausgerichtetes Staatswesen auf

Dschingis Khan [mongolisch wohl »ozeangleicher Herrscher«, »Weltherrscher«], Dschingis Chan [-ˈkaːn], eigentlich Temüdschin (Temujin [-dʒin], »Schmied«), Begründer des mongolischen Weltreiches, *am Onon

(Chentij-Aimak in der Mongolei) 1162 (1155 oder 1167?), † vor Ninghsia (heute Yinchuan) 18. (?) 8. 1227; Sohn eines Steppenadligen.

Nach dem Tod des Vaters (1171) und danach ausbrechenden Kämpfen um die Vorherrschaft über die Stämme am Onon wurde Dschingis Khan 1189 (1196?) Oberhaupt der Chamag-Mongolen. In wechselnden Bündnissen unterwarf er die benachbarten mongolischen und Turkstämme (Tataren) ebenso wie die zunächst verbündeten nestorianischen Keräit (1202–05). Er schloss sie zu einem einheitlichen Stammesverband zusammen, ließ sich 1206 zum Dschingis Khan wählen und baute ein straff organisiertes, zentral ausgerichtetes Staatswesen auf, dessen Grundlage die nahezu vollkommene Militarisierung aller Lebensbereiche war.

1207–11 unterwarf Dschingis Khan die Uiguren und die Tanguten, 1211 griff er das Reich der Chin (Dschurdschen) an; 1215 fiel Peking und weite Teile Nordchinas kamen unter seine Herrschaft. 1218 eroberten seine Truppen den Staat Kara-Kitai Kitan, 1219–21 zerschlugen sie das Reich der Charism-Schahs (Charism); 1220 wurden Buchara und Samarkand zerstört. 1223 erlitten die Polowzer (Kumanen) und südrussischen Fürsten in der Schlacht an der Kalka eine erste Niederlage. 1226–27 wurden die Tanguten vernichtend geschlagen. Bei seinem Tod (vor der Hauptstadt der Tanguten) hinterließ Dschingis Khan ein mächtiges Reich (mit der Hauptstadt Karakorum), das vom Chinesischen Meer bis an die Ostgrenzen Europas reichte. Seine Söhne Dschagatai, Ögädäi, Tului und seine Enkel Batu Khan (→Goldene Horde) und Kubilai setzten seine Eroberungspolitik fort.

Dubarry [dyba'ri], **du Barry** [dyba'ri], Marie Jeanne, geborene Bécu, Mätresse Ludwigs XV. von Frankreich, *Vaucouleurs (bei Toul) 19. 8. 1743, † (hingerichtet) Paris 8. 12. 1793; uneheliche Tochter einer Näherin, Modistin in Paris, Geliebte des Grafen Jean Dubarry; dieser verheiratete sie 1768 mit seinem Bruder Guillaume, um ihr – mit einem guten Namen – die Stellung als königliche Favoritin (seit 1769) zu ermöglichen. Von geringem politischen Ehrgeiz, war sie dennoch 1770 am Sturz des Ministers Choiseul mitbeteiligt. Nach dem Tod Ludwigs XV. (1774) wurde sie vom Hof verbannt und lebte auf ihrem Schloss

DSCHINGIS KHAN

Expansion der Mongolen

Bereits lange vor der Bedrohung durch die Mongolen hatte es in Europa Einfälle von asiatischen und euroasiatischen Nomadenvölkern gegeben. Seit 375 drangen beispielsweise die Hunnen in mehreren Wellen aus den Steppen Südrusslands nach Westen vor und unterwarfen verschiedene germanische Stämme in Südosteuropa. Unter ihrem König Attila unternahmen sie sogar Kriegszüge nach Gallien und Italien, wo sie jedoch geschlagen wurden. Nach dem Tod Attilas 453 zogen sich die Hunnen aus Europa zurück.

Beinahe sieben Jahrhunderte später waren es die Mongolen, die Europa von Osten her bedrohten. Der Mongole Temüdschin, ein eigentlich nur niederrangiger Spross des herrschenden Bordschigid-Clans, schuf gegen alle Widerstände der mongolischen Steppenaristokratie eine auf ihn als alleinigen Mittelpunkt ausgerichtete Gemeinschaft, die ihn 1206 zum Dschingis Khan erhob. Die Gemeinschaft umfasste auch mehrere fremde Ethnien und war nach allen Seiten für Fremde offen. Mit massiver Fremdhilfe eroberte Dschingis Khan die angrenzenden Gebiete – die indische Miniatur aus dem 14. Jh. zeigt ihn bei der Erstürmung einer Festung in der chinesischen Provinz Tangut (Teheran, ehemals Kaiserliche Gulistan-Bibliothek). So schuf er ein Reich, das, durch seine Nachkommen weiter ausgeweitet, vom Gelben Meer bis fast zur Ostsee reichte. Dieses von einem der größten Feldherrn und Staatsgründer der Geschichte geschaffene Imperium zerbrach 1260 an Zwistigkeiten innerhalb des Herrscherclans der Dschingisiden endgültig in Teilreiche. Im Laufe der Zeit konnten sich die Mongolen nur in China und Innerasien halten.

Louveciennes bei Saint-Germain-en-Laye. Nach der Revolution hielt sie sich mehrfach in Großbritannien auf und unterstützte die französischen Emigranten. Deshalb wurde sie vom Revolutionstribunal wegen Verschwörung gegen die Republik zum Tode verurteilt und guillotiniert.

Dubček [-tʃ-], Alexander, tschechoslowakischer Politiker, *Uhroveč (Westslowakei) 27. 11. 1921, †Prag 7. 11. 1992. Dubček war 1958–70 Mitglied des Zentralkomitees (ZK), 1963–69 des Politbüros der tschechoslowakischen Kommunistischen Partei (KP), 1963–68 Erster Sekretär der slowakischen KP; er wurde als Erster Sekretär der KPČ (ab 4. 1. 1968) und Repräsentant einer Gruppe von Reformern Mitinitiator, Träger und Symbolfigur des »Prager Frühlings«.

Nach dem Einmarsch von Truppen des Warschauer Paktes am 20./21. 8. 1968 wurde Dubček mit anderen Reformern in die UdSSR gebracht (bis 26. 8.) und gezwungen, in der »Moskauer Übereinkunft« dem Abbau der Reformen zuzustimmen; im April 1969 wurde er als Erster Sekretär abgelöst, bis Juni 1970 aus allen Ämtern gedrängt und aus der Partei ausgeschlossen. Danach war Dubček lange Zeit politisch isoliert. Mit der Rückkehr nach Prag im November 1989 führend an der »sanften Revolution« beteiligt, wurde er rehabilitiert und schließlich zum Präsidenten des Bundesparlamentes gewählt (28. 12. 1989). Dubček schloss sich zunächst der slowakischen Bürgerbewegung »Öffentlichkeit gegen Gewalt« (VPN), 1992 der Sozialdemokratischen Partei der Slowakei (SDSS) an und wurde deren Vorsitzender. 1992 starb Dubček an den Folgen eines (nicht restlos aufgeklärten) Autounfalls.

Duce ['du:tʃe, italien. »Führer«, zu latein. dux], **Duce del fascismo** [fa'ʃismo], Herrschaftstitel von Benito Mussolini seit 1922. Darin kommt das hierarchische Führerprinzip innerhalb der faschistischen Partei zum Ausdruck (→Faschismus).

Duchesne [dy'ʃɛn], André, französischer Historiker, *L'Île-Bouchard (bei Tours) Mai 1584, †Verrières (bei Paris) 30. 5. 1640; gilt als »Vater der französischen Geschichtsschreibung«; sammelte und edierte als erster systematisch Quellentexte zur französischen Geschichte.

Dufour [dy'fu:r], Guillaume Henri, schweizerischer Politiker und General, *Konstanz 15. 9. 1787, †Les Contamines (bei Genf) 14. 7. 1875; war ab 1817 an der Stadterneuerung Genfs beteiligt; wurde 1831 Chef des eidgenössischen Generalstabs und führte 1847 den Oberbefehl im Sonderbundskrieg; vermittelte den Verzicht Preußens auf Neuenburg (1857); war Mitbegründer des Roten Kreuzes.

Dulles ['dʌləs], John Foster, amerikanischer Politiker, *Washington (D. C.) 25. 2. 1888, †ebenda 24. 5. 1959; ursprünglich

Alexander Dubček. Die Symbolfigur des Prager Frühlings zeigt sich am 25. 11. 1989 den 750 000 Menschen, die sich während der »sanften Revolution« auf dem Prager Letná-Hügel versammelt haben.

Rechtsanwalt; war Republikaner; wurde 1918/19 Berater der amerikanischen Friedensdelegation in Paris. Nach Tätigkeit in der Wirtschaft wurde Dulles 1945 bei der Gründung der Vereinten Nationen Mitglied der amerikanischen Delegation in San Francisco. 1946–50 war er Delegierter seines Landes bei den Vereinten Nationen; er bereitete auf Anordnung von Präsident Harry Truman mit Außenminister Dean Acheson den Friedensvertrag mit Japan vor, dessen Abschluss vornehmlich sein Werk war. Während beider Amtsperioden von Präsident Dwight D. Eisenhower war Dulles Außenminister (1953–1959).

Von Eisenhower mit äußerst weit reichenden Vollmachten ausgestattet, hatte Dulles entscheidenden Einfluss auf das Profil der amerikanischen Außenpolitik in der Zeit des →Kalten Krieges. Gegenüber dem Ostblock verfolgte er eine Politik der Stärke, die einerseits mit der massiven Vergeltung durch das amerikanische Kernwaffenpotenzial drohte, andererseits versuchte, durch ein System kollektiver Sicherheit mit der Gründung von Militärpakten (SEATO, CENTO, in Ergänzung zur →NATO) die konventionelle Verteidigungskraft des westlichen Bündnisses zu verbessern. Gegenüber Frankreich setzte Dulles den Beitritt der Bundesrepublik zur NATO durch; er verband die Frage der Sicherheitsgarantien für Berlin (West) und die Forderung nach der Wiedervereinigung Deutschlands mit der Notwendigkeit eines deutschen Militärbeitrags.

John Foster Dulles

Bei den Arbeiterunruhen in der DDR 1953 und beim Aufstand in Ungarn 1956 verfolgte er eine auf Bewahrung des Status quo gerichtete Politik. Hingegen begünstigte er in Ostasien (u.a. →Indochinakrieg) das Eingreifen der USA. Seine Ablehnung neutralistischer Bestrebungen, besonders im Vorfeld der →Suezkrise, entfremdete die USA von den Unabhängigkeitsbewegungen in der Dritten

Düppeler Schanzen. Preußische Truppen stürmten am 18. 4. 1864 die Düppeler Schanzen und führten die Entscheidung im Deutsch-Dänischen Krieg herbei.

Welt. Um seine antikommunistische Linie auch in Lateinamerika durchzusetzen, unterstützte Dulles 1954 indirekt in Guatemala den Putsch gegen die linksgerichtete Regierung.

Rudi Dutschke

Dumbarton Oaks [dʌmˈbɑːtn ˈəʊks], Landsitz in Washington (D. C.), der, im Besitz des Ehepaars Robert Woods Bliss, eine von diesem angelegte Studiensammlung und Bibliothek zur Erforschung v.a. der byzantinischen und präkolumbischen Kultur beherbergt. Durch Schenkung wurde die Sammlung 1940 in ein Institut der Harvard University umgewandelt.

Auf Dumbarton Oaks fanden vom 21. 8. bis zum 28. 9. 1944 die vorbereitenden Gespräche zwischen den USA, Großbritannien und der UdSSR und vom 29. 9. bis 7. 10. 1944 zwischen den USA, Großbritannien und China zur Gründung der geplanten Weltorganisation statt, die gemeinsam mit den Beschlüssen der Konferenzen von Jalta (Februar 1945) und San Francisco (April–Juni 1945) die Grundlage für die Satzung der →Vereinten Nationen bildeten.

Dumouriez [dymurˈje], Charles François, eigentlich Charles François du Périer, französischer General und Politiker, *Cambrai 25. 1. 1739, †Turville Park (bei High Wycombe) 14. 3. 1823; kämpfte im Siebenjährigen Krieg; wurde 1788 Brigadegeneral; schloss sich als Anhänger der Französischen Revolution dem Jakobinerklub an (Girondisten); wurde im März 1792 Außenminister, im August Führer der Nordarmee; siegte bei Valmy (20. 9.) und Jemappes (6. 11.) und eroberte die Österreichischen Niederlande; plante, bei Neerwinden (18. 3. 1793) geschlagen und mit Anklage bedroht, plante einen Marsch auf Paris zum Sturz des Konvents, ließ dessen Abgesandte verhaften und an die Österreicher ausliefern; trat, als sich die Armee ihm versagte, auf die Seite der Koalition gegen die Revolution.

Duncker, Franz, deutscher Politiker und Publizist, *Berlin 4. 6. 1822, †ebenda 18. 6. 1888; war einer der Führer der liberalen Opposition im preußischen Verfassungskonflikt und Vorkämpfer für eine Parlamentarisierung Preußens; war Mitbegründer der Deutschen Fortschrittspartei (1861) und der Hirsch-Dunckerschen-Gewerkvereine.

Dunkelmännerbriefe, lateinisch **Epistolae obscurorum virorum,** Titel einer Sammlung fingierter lateinischer Briefe scholastischer Gelehrter an Ortwin Gratius, Professor der schönen Künste an der Universität Köln. Tatsächlich waren sie jedoch von zunächst ungenannten Humanisten (u.a. Ulrich von Hutten) geschrieben worden (1515, 1517) als Satire auf die erstarrte spätmittelalterliche Wissenschaft, besonders der Kölner Theologen um den Dominikaner Jacob van Hoogstraten.

Duodezstaat, besonders kleiner, unbedeutender Staat, Zwergstaat; spöttisch gebrauchte Bezeichnung für die historischen deutschen Kleinstaaten (Duodezfürstentümer) unter ihren Duodezfürsten (16./17. bis 19./20. Jahrhundert.).

Düppeler Schanzen, Festungswerk der dänischen Armee bei dem Dorf Düppel (dänisch Dybbøl) in Nordschleswig, das der Verteidigung des Alsensundes diente. In den Deutsch-Dänischen Kriegen von 1848–50 und 1864 waren die Düppeler Schanzen heftig umkämpft. Am 18. 4. 1864 wurden sie von preußischen Truppen nach vierstündigem erbittertem Kampf und wirksamer Artillerieunterstützung erstürmt (etwa 6000 Tote); nach der kriegsentscheidenden Niederlage kam Düppel im Wiener Frieden vom 30. 10. an Deutschland (1864–1920; zu Preußen).

Dutschke, Rudolf (genannt Rudi), Studentenführer, *Schönefeld (Landkreis Teltow-Fläming) 7. 3. 1940, †Århus 24. 12. 1979; erhielt 1958 wegen Verweigerung des Wehrdienstes Studienverbot in der DDR, studierte 1961–68 Gesellschaftswissenschaften an der FU Berlin, war Mitglied des Sozialistischen Deutschen Studentenbunds (SDS) und führender Kopf der →außerparlamentarischen Opposition (APO) sowie (ab 1966) der Studentenbewegung. Dutschke wollte mit »einem langen Marsch durch die Institutionen« das (nach seiner Überzeugung repressive und manipulative) gesellschaftliche und politische System der Bundesrepublik Deutschland verändern. Er wurde am 11. 4. 1968 durch ein Attentat schwer verletzt und lebte danach im Ausland. Seit 1975 engagierte er sich erneut in der Bundesrepublik Deutschland, zuletzt bei den Grünen. 1979 starb er an den Spätfolgen des Attentats.

DVP, Abk. für →Deutsche Volkspartei.

Eberhard, als Herzog von Württemberg (seit 1495) Eberhard I., als Graf von Württemberg Eberhard V., *Urach 11. 12. 1445, †Tübingen 24. 2. 1496; vereinigte im Vertrag von Münsingen 1482 die seit 1442 geteilte Grafschaft Württemberg. Dem politischen Einigungsprozess folgte ein energischer Ausbau der Landesverwaltung u.a. mit der Schaffung des württembergischen Hofgerichts, der Reorganisation des Militärwesens, Stadtrechtsverleihungen und 1477 mit der Gründung der Universität Tübingen. Seit 1488 gehörte Eberhard dem Schwäbischen Bund an, dessen oberster Feldhauptmann er wurde. Als Verfechter einer Reichsreform erwarb sich Eberhard hohes Ansehen im Reich.

Ebert, Friedrich, deutscher Politiker, *Heidelberg 4. 2. 1871, †Berlin 28. 2. 1925. Ebert, ein gelernter Sattler, schloss sich 1889 der Sozialdemokratie an. 1900 wurde er Mitglied der Bremer Bürgerschaft und dort zugleich Vorsitzender der sozialdemokratischen Fraktion. Als Sekretär des Parteivorstandes der SPD (1905–13) in Berlin setzte er sich für eine enge Zusammenarbeit seiner Partei mit den Gewerkschaften ein und verfolgte innerparteilich eine auf Ausgleich bedachte Linie. Nach dem Tod August Bebels 1913 wurde er neben Hugo Haase Vorsitzender der SPD. Zwischen 1912 und 1918 war er Mitglied des Reichstags. Im Ersten Weltkrieg stieg Ebert zum maßgeblichen Politiker der SPD auf. Nach dem Rücktritt Haases war er alleiniger Vorsitzender der SPD (1915–19) und zusammen mit Philipp Scheidemann Vorsitzender ihrer Reichstagsfraktion (1916–18). Innenpolitisch setzte er sich besonders für die Einstellung parteipolitischer Auseinandersetzungen angesichts des Krieges und für innere Reformen ein. Außenpolitisch wandte er sich gegen Annexionen und sprach sich für einen Verständigungsfrieden aus.

Am 9. 11. 1918 übergab Reichskanzler Prinz Max von Baden Ebert sein Amt in der →Novemberrevolution. Nach Ausrufung der Republik am selben Tag übernahm er am 10. 11. 1918 mit Haase den Vorsitz im →Rat der Volksbeauftragten. Ebert betrachtete sich als Treuhänder des Deutschen Reiches und seiner Einheit. In diesem Sinne wirkte er besonders auf die Einberufung einer Nationalversammlung hin, die die grundlegenden verfassungs- und gesellschaftspolitischen Entscheidungen treffen sollte. Nachdem die Weimarer Nationalversammlung Ebert am 11. 2. 1919 zum vorläufigen Reichspräsidenten gewählt hatte, verlängerte der Reichstag unter Verzicht auf die in der Weimarer Reichsverfassung vorgesehene Wahl des Reichspräsidenten durch das Volk am 27. 10. 1922 mit verfas-

EBERT | *Anfänge der Weimarer Republik*

Im Amt des Vorsitzenden des Rats der Volksbeauftragten wirkte Friedrich Ebert nach dem Zusammenbruch des monarchistischen Regierungssystems in Deutschland 1918 im Sinne der Erhaltung der deutschen Einheit und setzte sich erfolgreich für die Abhaltung von Wahlen zu einer deutschen Nationalversammlung ein. Nach der Rückführung des deutschen Feldheeres in das Gebiet des Deutschen Reiches – hier begrüßt Ebert heimkehrende Truppen beim Einzug durch das Brandenburger Tor im Dezember 1918 – schlug die Regierung mit dessen Hilfe im Januar 1919 den Aufstand der Spartakisten nieder, die die Gesellschaftsordnung im Rahmen des Rätesystems revolutionieren wollten. Ebert wurde deshalb vonseiten der radikalen Linken des Verrats an der Arbeiterschaft bezichtigt. Die republikfeindliche Rechte dagegen beschuldigte ihn des Landesverrats, weshalb Ebert mehrere Beleidigungsprozesse anstrengte.

Die am 19. 1. 1919 gewählte Nationalversammlung trat im Februar gleichen Jahres in Weimar zusammen, da in Berlin politisch Unruhe herrschte. Sie wählte Ebert zum Reichspräsidenten; die »Weimarer Koalition« aus SPD, Zentrum und DDP stellte die Regierung und bestimmte mit der Annahme der Weimarer Reichsverfassung entscheidend die innere Ausgestaltung des Reiches. Unter dem Druck der Siegermächte nahm die Nationalversammlung am 22. 6. 1919 den Versailler Vertrag an, der den Ersten Weltkrieg beendete, Deutschland Gebietsverluste einbrachte und ihm hohe Reparationen auferlegte. Ebert starb 1925 unerwartet an den Folgen einer Blinddarmoperation, nur um wenige Jahre überlebt von der von ihm mitbegründeten Weimarer Republik.

sungsändernder Mehrheit die Amtszeit Eberts bis zum 30. 6. 1925. Ebert bemühte sich in seinem Amt um überparteiliche Neutralität und Vermittlung zwischen den innenpolitischen Gegensätzen. Er trug damit wesentlich zur Überwindung der innenpolitischen Krisen der Anfangsjahre der Weimarer Republik bei. Bei der Verteidigung der demokratischen Republik gegen rechts- und linksradikale Umsturzversuche machte er von seinen Rechten als Präsident verfassungsgemäßen Gebrauch.

FRIEDRICH EBERT
*** 1871 † 1925**

- stieg während des Ersten Weltkriegs zum maßgeblichen Politiker der SPD auf
- verfolgte innerparteilich eine auf Ausgleich bedachte Linie
- wurde 1919 erster Reichspräsident
- kämpfte für die Verteidigung der Demokratie in der Weimarer Republik

Echnaton, der ägyptische König →Amenophis IV.

Eck, Johannes, eigentlich May[e]r oder Mai[e]r aus Eck (Egg), deutscher Theologe, *Egg an der Günz 13. 11. 1486, †Ingolstadt 10. 2. 1534; war seit 1510 Professor der Theologie in Ingolstadt. 1519 disputierte Eck mit Martin Luther in Leipzig und wirkte am Prozess gegen Luther mit. Zum Augsburger Reichstag 1530 legte er eine Sammlung von »Irrtümern« Luthers vor.

Edelweißpiraten, Name unorganisierter, »wilder« Jugendgruppen, die sich in der Zeit des Nationalsozialismus v. a. im Rheinland und im Ruhrgebiet spontan bildeten. Neben uniformähnlicher Kleidung trugen sie ein Edelweiß als Abzeichen. Die Edelweißpiraten bekämpften besonders die Hitlerjugend, deren Militanz und reglementierte Freizeitgestaltung sie ablehnten. Die Edelweißpiraten, die meist aus Arbeiterfamilien stammten, wurden von den Behörden und nationalsozialistischen Organisationen kriminalisiert und verfolgt.

Eden ['i:dn], Sir (seit 1954) Robert Anthony, Earl of Avon (seit 1961), britischer Politiker, *Windlestone (County Durham) 12. 6. 1897, †Alvediston (County Wiltshire) 14. 1. 1977; war 1923–57 Mitglied des Unterhauses und 1935–38 Außenminister. Mit seinem Rücktritt als Außenminister protestierte Eden besonders gegen die Beschwichtigungspolitik (»appeasement«) von Premierminister Arthur Chamberlain gegenüber den diktatorischen Regierungssystemen in Europa, besonders gegenüber dem nationalsozialistischen Deutschland. Im Kabinett von Winston Churchill wurde Eden zunächst im Mai 1940 Kriegs-, dann im Dezember 1940 wieder Außenminister. Er hatte bis Kriegsende großen Einfluss auf die britische Politik. Nach der Wahlniederlage der Konservativen 1945 trat er mit der Regierung Churchill zurück.

Als Churchill 1951 erneut das Amt des Premierministers übernahm, wurde Eden wieder Außenminister. Er strebte eine enge, auch militärische Verbindung der europäischen Staaten an und hatte wesentlichen Anteil am Aufbau eines europäischen Verteidigungssystems im Rahmen der Pariser Verträge. Auf den Viermächtekonferenzen von Berlin 1954 und Genf 1955 trat er mit Plänen zur Wiedervereinigung Deutschlands und zur Entspannung in Europa hervor. Nach dem Rücktritt Churchills als Premierminister 1955 wurde Eden dessen Nachfolger. Innenpolitisch gelang es ihm nicht, Inflation und soziale Spannungen abzubauen. Nach der starken nationalen und internationalen Kritik an der britisch-französischen Intervention am Suezkanal (1956) sah er sich 1957 zum Rücktritt gezwungen.

Eduard VIII.

Edikt von Nantes [- nɑ̃t], →Nantes, Edikt von.

Eduard, Prince of Wales, *Woodstock (bei Oxford) 15. 6. 1330, †Westminster (heute zu London) 8. 6. 1376; war der älteste Sohn Eduards III.; wurde nach seiner Rüstung der »Schwarze Prinz« (»Black Prince«) genannt; galt den Zeitgenossen und der Nachwelt als Verkörperung des ruhmreichen Ritters, der in den Schlachten und Feldzügen des →Hundertjährigen Krieges vielfach seine militärische Begabung unter Beweis stellte. 1362 erhielt Eduard Aquitanien als fast unabhängiges Fürstentum, musste aber 1371 krank nach England zurückkehren.

Eduard III., König von England (seit 1327), *Windsor 13. 11. 1312, †Sheen Palace (heute Richmond upon Thames, London) 21. 6. 1377; folgte seinem abgesetzten Vater Eduard II. als König. Die Auseinandersetzungen um die Rechtsstellung Eduards als Herzog von Aquitanien sowie die politische Unterstützung Schottlands durch die französische Krone führten 1337 zum Ausbruch des →Hundertjährigen Krieges mit Frankreich, wobei Eduard seine Position durch den Anspruch auf den französischen Thron zu festigen suchte. Militärisch errang Eduard in der Folgezeit beeindruckende Erfolge. 1356 wurde das französische Heer bei Maupertuis (Poitiers) wiederholt geschlagen und der französische König geriet in englische Gefangenschaft. Seit 1369 eroberten die Franzosen einen Großteil der abgetretenen Gebiete wieder zurück. Im Innern gelang es Eduard, Krone, Adel und Parlament zu versöhnen. Erst als der vorzeitig altersschwach gewordene König die Staatsgeschäfte Günstlingen überließ, regte sich Widerstand, der im »Good Parliament« (1376) zur Anklage mehrerer Günstlinge durch die Commons und damit zur Ausbildung des Impeachmentverfahrens führte.

Eduard VIII., König von Großbritannien und Nordirland (1936), *White Lodge (heute zu London) 23. 6. 1894, †Paris 28. 5. 1972; bestieg am 20. 1. 1936 den Thron, dankte jedoch am 11. 12. 1936 wieder ab, da sich besonders die britische Regierung und die anglikanische Kirche gegen seine Absicht wandten, die geschiedene Amerikanerin Wallis Simpson zu heiraten. Seitdem lebte Eduard als Herzog von Windsor im Ausland, meist in Paris.

EEC, Abk. für →Europäische Wirtschaftsgemeinschaft.

EG, Abk. für →Europäische Gemeinschaften.

Eginhard, Namensform des fränkischen Geschichtsschreibers →Einhard.

EGKS, Abk. für →Europäische Gemeinschaft für Kohle und Stahl.

Egmont [niederländ. 'ɛxmɔnt], auch **Egmond,** Lamoraal Graf von Egmont (seit 1541) und Fürst von Gavere (seit 1553), niederländischer Staatsmann, *La Hamaide (Hennegau) 18. 11. 1522, †(hingerichtet) Brüssel 5. 6. 1568; wurde 1559 von König Philipp II. zum Statthalter von Flandern und Artois, zum Mitglied des Staatsrats und zum Befehlshaber der spanischen Truppen in den Niederlanden ernannt. Beim Ausbruch der Opposition des Hochadels gegen die spanische Politik in den Niederlanden stellte sich Egmont mit Wilhelm I. von Oranien und dem Grafen Philipp II. von Horne v.a. gegen die von Kardinal Antoine Perrenot de Granvelle entwickelte Politik der Generalstatthalterin Margarete von Parma. 1565 sandte der Staatsrat Egmont an den königlichen Hof in Madrid, um auf die Missstände in den Niederlanden aufmerksam zu machen. Die Enttäuschung über das Scheitern der Gesandtschaft ließ Egmont sich stärker der Opposition um Wilhelm von Oranien zuwenden. Trotz seiner Ablehnung des Bildersturms suchte der katholisch gebliebene Egmont während seiner Statthalterschaft zu einem Ausgleich mit den Kalvinisten zu kommen. Der Herzog von Alba, der Margarete von Parma im Amt abgelöst hatte, ließ Egmont am 9. 9. 1567 wegen Hochverrats verhaften und das Todesurteil unmittelbar nach dem Urteilsspruch in Brüssel vollstrecken.

Ehrhardt, Hermann, deutscher Seeoffizier, *Diersburg (heute zu Hohberg, Ortenaukreis) 29. 11. 1881, †Brunn am Walde (bei Krems an der Donau) 27. 9. 1971; bildete Anfang 1919 die »Brigade Ehrhardt«, ein Freikorps, mit dem er die kommunistische Räteherrschaft in Braunschweig und München bekämpfte und am Kapp-Putsch teilnahm. Ehrhardt gründete die rechtsradikale »Organisation Consul« und den »Bund Wiking«.

Eichmann, Adolf, deutscher Politiker, *Solingen 19. 3. 1906, †(hingerichtet) Ramla 1. 6. 1962; war seit 1932 Mitglied der österreichischen NSDAP und SS. Seit Oktober 1939 Leiter des Judenreferats im Reichssicherheitshauptamt (RSHA) und seit 1941 Obersturmbannführer der SS, organisierte Eichmann im Zuge der Verschärfung der Judenverfolgung (→Holocaust) den Transport jüdischer Bürger aus dem Deutschen Reich sowie den besetzten Gebieten in die Vernichtungslager. Im Mai 1960 vom israelischen Geheimdienst aus Argentinien nach Israel entführt, wurde er nach einem Prozess in Jerusalem am 15. 12. 1961 u.a. wegen Verbrechen gegen das jüdische Volk und wegen Kriegsverbrechen zum Tode verurteilt.

Eidgenossenschaft,

1. für das städtische Verfassungsleben des Mittelalters wichtiges Schwurbündnis der Bürger, die sich seit dem 11./12. Jh. v.a. in Süddeutschland durch Eidesleistung zur Erreichung politischer Ziele verbanden. Die sich meist gegen den Stadtherrn richtende Eidgenossenschaft war ursprünglich auf eine bestimmte Zeit beschränkt, wurde dann aber häufig erneuert (»coniuratio reiterata«) und konnte schließlich zu einer Dauereinrichtung werden. Die Bedeutung der Eidgenossenschaft für die Stadtgemeindebildung lag u.a. in der Ausbildung eines eigenen Rechtskreises sowie der genossenschaftlichen Sicherung des inneren Friedens der Stadt.

2. offizielle Bezeichnung der →Schweiz (»Confoederatio Helvetica«), die im Laufe des 14. Jh. (v.a. nach den Burgunderkriegen) zum Eigennamen für den Schweizerbund wurde. – Bild S. 198

Eigenkirche, im Mittelalter die im Eigentum eines weltlichen Herrn stehende Kirche, auch Klosterkirche und Stiftskirche. Der Grundherr hatte nicht nur ein Verfügungs- und Nutzungsrecht an Vermögen und Einkünften der Eigenkirche, sondern auch die öffentlich-rechtliche Befugnis der Ernennung und Absetzung der Geistlichen, bei Eigenklöstern des Abtes oder Propstes. Im Deutschen Reich des frühen Mittelalters wurden auch Reichsbistümer und Reichsabteien als Eigenkirche des Königs angesehen. Gegen die durch die Eigenkirche gegebenen Gefährdungen der kirchlichen Strukturen wandte sich der von der Kirche geführte Investiturstreit. Mit dem Wormser Konkordat 1122 wurde das höhere Eigenkirchenwesen beseitigt, das niedere ging in Patronat und Inkorporation über.

Einhard, nicht zeitgenössische Namensform **Eginhard,** fränkischer Geschichtsschreiber und Gelehrter, *im Maingebiet um 770, †Seligenstadt 14. 3. 840; kam um 794 an den Hof Karls des Großen und wurde dessen Vertrauter, Gesandter und Leiter der kaiserlichen Bauten. Auf eigenem Grund ließ er die Basilika in Steinbach (heute zu Michelstadt) und das Kloster Seligenstadt errichten. Sein bedeutendstes literarisches Werk ist die um 835 entstandene, an Suetons Kaiserviten orientierte »Vita Karoli Magni«, die erste Herrscherbiografie des Mittelalters.

Eisenhower ['aɪzənhaʊə], Dwight D[avid], genannt »Ike«, 34. Präsident der USA (1953–61), *Denison (Texas) 14. 10. 1890, †Washington (District of Columbia) 28. 3. 1969. Eisenhower wurde im Juni 1942 Oberbefehlshaber der amerikanischen Truppen auf dem europäischen Kriegsschauplatz. Nachdem er

Lamoraal Graf von Egmont

DWIGHT D. EISENHOWER
***1890 †1969**

führte im Zweiten Weltkrieg die amerikanischen Truppen als Oberbefehlshaber

setzte sich als US-Präsident für einen vorsichtigen Ausbau des Sozialstaats ein

formulierte die »Eisenhower-Doktrin«

EIDGENOSSENSCHAFT

Die legendäre Geschichte von Wilhelm Tell, der vom habsburgischen Landvogt gezwungen wird, einen Apfel vom Kopf seines eigenen Sohnes zu schießen ist Teil der

Bund von Uri, Schwyz und Unterwalden

Befreiungssage der Waldstätte, seit 1289 die nachweisbare Bezeichnung der um den Vierwaldstätter See gelegenen Schweizer Urkantone Uri, Schwyz und Unterwalden. Im 13. Jh. kristallisierten sich im Gebiet der heutigen Schweiz drei Bündnissysteme heraus: Bünde der Städte Bern und Freiburg im Üechtland im burgundischen Raum, der Bund der Waldstätte im Gotthardgebiet sowie am Bodensee die Bünde von Zürich und anderen Städten. Diese Bünde, besonders aber der Bund der Waldstätte, widersetzten sich den Absichten der Habsburger, ein geschlossenes Territorium zu schaffen.

Es gelang den Urkantonen nach der Schlacht am Morgarten am 15. 11. 1315 gegen ein österreichisches Tatterheer, ihr Bündnissystem mit Luzern, Zürich, Zug, Glarus und Bern zum »Bund der Acht alten Orte« zu erweitern. Bis 1474 bildete sich schließlich ein festes Staatssystem heraus, die Eidgenossenschaft der Schweizer, das die »Dreizehn alten Orte« umfasste. Deren Leitungsgremium, die Tagsatzung, wachte als Gesandtenkongress über die gemeinsamen Angelegenheiten der Eidgenossenschaft. Als die Schweizer, auf alte Reichsprivilegien pochend, gegenüber dem Kaiser die einheitliche Reichssteuer, die Schaffung des Reichskammergerichts sowie die Reichswehrordnung ablehnten, kam es zum Schwabenkrieg von 1499. Dieser endete mit dem Kompromiss des Friedens von Basel. Die Eidgenossenschaft bewahrte ihre alten Privilegien und schied faktisch aus dem Reich aus.

1943 die Landungen auf Sizilien und dem italienischen Festland sowie im Juni 1944 die Invasion in Frankreich geleitet hatte, erfolgte am 7. 5. 1945 in Eisenhowers Hauptquartier in Reims die bedingungslose Kapitulation Deutschlands. Vom Kriegsende bis November 1945 war er Oberbefehlshaber der amerikanischen Besatzungstruppen in Deutschland. 1950–52 war Eisenhower Oberbefehlshaber der Streitkräfte der NATO.

1952 wurde Eisenhower als Kandidat der Republikanischen Partei zum Präsidenten gewählt, 1956 erfolgte die Wiederwahl. Unter dem Schlagwort »modern republicanism« verfolgte er eine Innenpolitik, die den USA nach einer Phase einschneidender Veränderungen mit einem vorsichtigen Ausbau sozialstaatlicher Maßnahmen Ruhe und Stabilität geben sollte. Obwohl Eisenhower die Ziele John Dulles (»liberation«, »roll back«) unterstützte, war er bestrebt, militärische Auseinandersetzungen mit der UdSSR zu vermeiden. Außenpolitisch profilierte sich Eisenhower besonders durch die Beendigung des Koreakriegs 1953, die Erweiterung des westlichen Paktsystems um die SEATO 1954, die Unterstützung der UN gegen Großbritannien und Frankreich in der Suezkrise 1956 und die »Eisenhower-Doktrin«. Darin erklärte er am 5. 1. 1957 die Bereitschaft der USA, die Staaten des Nahen Ostens gegen kommunistische Aggression durch wirtschaftliche und militärische Hilfe, notfalls auch durch Truppenentsendungen zu unterstützen. Mit ihr wurde u.a. die Entsendung der 6. US-Flotte in das östliche Mittelmeer zum Schutz Jordaniens im April 1957 und die Entsendung von amerikanischen Truppen nach Libanon im Juli 1958 legitimiert.

Die West-Ost-Gipfeltreffen in Genf 1955 und Camp David 1959 sollten der Entspannung dienen. In seiner Abschiedsbotschaft warnte Eisenhower vor dem Einfluss des »militärisch-industriellen Komplexes«.

Eisenzeit, nach →Steinzeit und →Bronzezeit die dritte große vorgeschichtliche Periode, gekennzeichnet durch Verwendung des Eisens als Werkstoff für Waffen, Geräte und Schmuck; Eisenschmuck und -prunkwaffen kommen vereinzelt schon in der Bronzezeit und in voreisenzeitlichen Kulturen des Alten Orients vor.

Nur in Gebieten, in denen hochwertige Erze zur Eisenerzeugung verwendet wurden, waren Geräte und Waffen aus ungehärtetem Eisen denen aus Bronze überlegen. Allgemein wurde das Eisen geschmiedet. Durch Damaszierung gehärtete Schwerter finden sich zuerst bei Etruskern und Kelten. Der Eisenguss, in Europa erst im Spätmittelalter verwendet, war in China schon im 6. Jh. v. Chr. bekannt.

Als Erfinder der Eisentechnik gelten die Hethiter, die 1400/1200 v. Chr. eine Art Eisenmonopol im Vorderen Orient hatten. Die Kenntnis der Eisenverarbeitung gelangte zu Beginn des 1. Jt. v. Chr. nach Persien und wahrscheinlich auch ins Gebiet des heutigen Pakistan, bis zum 6. Jh. v. Chr. nach Indien und Nordchina. Von den Hethitern erlernten wahrscheinlich auch Philister, Assyrer, Phöniker und frühe Griechen die Eisenverarbeitung. Von der Balkanhalbinsel aus verbreitete sich die Eisenverarbeitung über ganz Europa, wobei eine Fülle regionaler Kulturgruppen entstand. Aus den archäologischen Funden ist auf ein deutliches Zeitgefälle von Südosten nach Nordwesten zu schließen; in Griechenland setzte die Eisenzeit um 1100 v. Chr., in Skandinavien stellenweise erst um Christi Geburt ein.

Mitte des 1. Jt. v. Chr. war Eisen im Reich von Meroe im Niltal (Sudan) bekannt, seine Verhüttung und das Schmiedehandwerk verbreiteten sich möglicherweise von hier nach Westen und Süden ins Innere Afrikas. Für die Nokkultur in Nigeria sind eiserne Werkzeuge bereits einige Jahrhunderte v. Chr. bezeugt, auch sind verschiedene Funde zwischen Niger und Nil in diese Zeit zu datieren. Die Eisenzeit folgt in Afrika wie in weiten Teilen Asiens, z. B. Südindien und Japan, unmittelbar auf die Steinzeit.

Eisenzeit. Zeremonialaxt, die im Palastbezirk von Ugarit in Mittelsyrien gefunden wurde (14. Jh. v. Chr.; Aleppo, Nationalmuseum).

Dwight D. Eisenhower. General Eisenhower spricht am 6. 6. 1944, dem Tag der Landung der Alliierten in der Normandie (»D-Day«), zu amerikanischen Truppen. Das Prestige, das er sich als Oberbefehlshaber im Zweiten Weltkrieg erwarb, nützte ihm 1952 bei den Präsidentschaftswahlen.

In Europa wird die Eisenzeit außerhalb des Bereichs der griechischen und etruskischen Hochkulturen in einen älteren und einen jüngeren Abschnitt geteilt, wobei als wichtigster Vertreter der älteren Stufe die Hallstattkultur, der jüngeren Stufe die La-Tène-Kultur gelten kann. Das Ende der Eisenzeit wird, dem Einsetzen schriftlicher Quellen entsprechend, gebietsweise verschieden datiert. Als »vorrömische« Eisenzeit werden häufig die von der Hallstattkultur und der La-Tène-Kultur geprägten Perioden zusammengefasst (8.–1. Jh. v. Chr.). Es folgte die Römerzeit (1.–4. Jh. n. Chr.) und die Zeit der Völkerwanderung. In Nordeuropa bildete erst die Wikingerzeit den Abschluss der frühgeschichtlichen Eisenzeit.

Eiserne Front, am 16. 12. 1931 vollzogener Zusammenschluss des →Reichsbanners Schwarz-Rot-Gold mit Gewerkschaftsorganisationen und Arbeitersportverbänden. Sie wurde als Gegengewicht zur →Harzburger Front gegründet und suchte im Kampf gegen die rassistisch-nationalistischen Kräfte, v. a. gegen die Nationalsozialisten, die demokratische Republik in Deutschland zu verteidigen. 1933 wurde die Eiserne Front aufgelöst.

Eiserne Krone, karolingischer Kronreif im Kirchenschatz des Doms in Monza. Sie besteht aus sechs filigran-, email- und edelsteinverzierten, durch Scharniere verbundenen Goldplatten, an deren Innenseite ein Eisenband entlangläuft, dessen Material der Legende nach von einem Nagel des Kreuzes

Christi stammen soll und deshalb als Reliquie verehrt wird. Mit der Eisernen Krone wurden Karl V. 1530 in Bologna, Napoleon I. 1805 in Mailand und Ferdinand I. von Österreich 1838 in Mailand zum König von Italien gekrönt.

Eiserne Krone. Nach der Legende wurde die Eiserne Krone (Monza, Dom) im Jahr 593, wahrscheinlich aber erst im 9. Jh. angefertigt. Der innere eiserne Ring ist angeblich aus einem Nagel des Kreuzes Christi gefertigt.

Eiserner Vorhang, in einer Rede von Winston Churchill 1946 benutztes Schlagwort für die von der UdSSR nach dem Zweiten Weltkrieg, v.a. in der Zeit des Kalten Krieges, betriebene Abschließung ihres Machtbereichs besonders in Europa von der übrigen Welt.

Eisernes Kreuz, Abk. **E. K.,** ursprünglich preußische, später deutsche Kriegsauszeichnung für alle Dienstgrade, gestiftet zu Beginn der Befreiungskriege am 10. 3. 1813 in Breslau von König Friedrich Wilhelm III. von Preußen. Die Schauseite, ursprünglich bis 1838 die Rückseite, des silberumrandeten schwarzen Kreuzes trug im Schnittpunkt drei Eichenblätter, an dem nach oben zeigenden Arm die Königskrone, unter ihr die Initialen des Königs, F. W., auf dem nach unten zeigenden Arm die Jahreszahl 1813. Erneuert wurde das Eiserne Kreuz am 19. 7. 1870 durch König Wilhelm I. für die Dauer des Deutsch-Französischen Krieges 1870/71 (mit dem Namensbuchstaben W), am 5. 8. 1914 von Kaiser Wilhelm II. für den Ersten Weltkrieg und am 1. 9. 1939 von Adolf Hitler für den Zweiten Weltkrieg. Es konnte seit 1915 an Deutsche wie an Soldaten der mit Deutschland verbündeten Länder verliehen werden für besondere Tapferkeit, v.a. vor dem Feind, oder für hervorragende Truppenführung.

Das Eiserne Kreuz von 1813, 1870 und 1914 war eingeteilt in zwei Klassen und ein Großkreuz, das nur für einen Schlachtensieg verliehen wurde. Sonderform war der dem Generalfeldmarschall Gebhard Blücher anlässlich des Sieges bei Waterloo verliehene Stern zum Großkreuz (»Blücherstern«), der das Eiserne Kreuz auf einem Stern mit goldenen Strahlen zeigt. Im März 1918 wurde der Stern zum Großkreuz in ähnlicher Form dem Generalfeldmarschall Paul von Hindenburg verliehen (»Hindenburgstern«). Das Eiserne Kreuz von 1939 hatte vier Grade, wovon der dritte Grad im Laufe des Krieges in fünf Stufen unterteilt wurde, und trug anstelle des Eichenlaubes ein Hakenkreuz. Laut Gesetz vom 26. 7. 1957 ist in Deutschland nur das Tragen des Eisernen Kreuzes ohne Hakenkreuz erlaubt. Das Eiserne Kreuz ist – in stilisierter Form – seit 1955 das nationale Erkennungszeichen für die Panzer und Flugzeuge der Bundeswehr.

Eisner, Kurt, deutscher Publizist und Politiker, *Berlin 14. 5. 1867, † (ermordet) Mün-

EISERNER VORHANG *»Sowjetisierung« Osteuropas*

Der Zweite Weltkrieg zerschlug das Staatensystem Europas. Da Stalin im Februar 1945 Theodore Roosevelt und Winston Churchill glauben machte, die UdSSR strebe keine radikale Umgestaltung der politischen und sozioökonomischen Verhältnisse Osteuropas an, akzeptierten die Westalliierten die Erweiterung des sowjetischen Einflussbereichs.

Die »Sowjetisierung« – ein Bruch der Zusagen Stalins – geschah unter dem Deckmantel der »Demokratisierung« der vor dem Krieg meist autoritär oder diktatorisch geführten osteuropäischen Staaten. Diese »Demokratisierung« wurde gemäß den sowjetischen Vorstellungen vom Begriff »Demokratie« durchgeführt; sowohl in den ehemaligen Feindstaaten (Rumänien, Ungarn, Bulgarien) als auch bei den ehemaligen Verbündeten (Jugoslawien, Tschechoslowakei, Polen) entstanden kommunistisch dominierte »Volksfronten«, die Stalins Autorität, die Führungsrolle der KPdSU und die Vorgabe der in der UdSSR entwickelten Trias aus Einparteiensystem, Planwirtschaft und kommunistischer Ideologie bedingungslos anerkannten und sukzessive realisierten. Der ab 1946 niedergehende »Eiserne Vorhang« – mit dieser Metapher bezeichnete Churchill die Sowjetisierung und gleichzeitige Abschottung des Ostblocks – verschärfte den heraufziehenden Ost-West-Konflikt und sicherte für Jahrzehnte das kommunistische Machtmonopol in Osteuropa (im Bild eine über die Karlsbrücke in Prag marschierende Kolonne der Arbeitermiliz, die an der Machtübernahme der Kommunisten in der Tschechoslowakei durch einen Staatsstreich am 25. 2. 1948 beteiligt war).

chen 21. 2. 1919; schloss sich 1917 der USPD an und war im Januar 1918 einer der Führer des Munitionsarbeiterstreiks. In der Novemberrevolution 1918 beteiligte sich Eisner führend am Sturz der Monarchie in Bayern, trat an die Spitze des Arbeiter- und Soldatenrates und wurde am 8. 11. 1918 bayerischer Ministerpräsident und Minister des Auswärtigen. Er vertrat einen eigenen philosophisch begründeten Sozialismus, die »Realpolitik des Idealismus«, wobei er Rätesystem und Parlamentarismus miteinander zu verbinden suchte. Da er sich von einem Kriegsschuldbekenntnis Deutschlands bessere Friedensbedingungen versprach, ließ er entstellte bayerische Aktenstücke zur Vorgeschichte des Weltkriegs veröffentlichen. Auf dem Wege zur Eröffnung des neu gewählten Landtags, in dem seine Partei, die USPD, stark verloren hatte, wurde Eisner ermordet. Sein Tod wurde zum Signal für die Ausrufung der Räterepublik in Bayern.

Eleonore von Aquitanien, Eleonore von Poitou [- pwaˈtu], **Eleonore von Guyenne** [- gɥiˈjɛn], französisch **Aliénor** [aljeˈnɔr], Erbtochter Wilhelms X., Herzog von Aquitanien, aus dem Haus Poitou, *um 1122, †Kloster Fontevrault (bei Saumur) 31. 3. oder 1. 4. 1204; heiratete 1137 Ludwig VII. von Frankreich und 1152, nach Scheidung dieser Ehe, Heinrich Plantagenet, Graf von Anjou, seit 1154 König Heinrich II. von England. Aus der zweiten Ehe, durch die die Machtstellung Englands auf dem Kontinent außerordentlich verstärkt wurde (→Angevinisches Reich), gingen u. a. die späteren Könige Richard I. Löwenherz und Johann I. ohne Land hervor. Eleonore besaß großen politischen Einfluss.

Elisabeth, Herzogin von Orléans, genannt Liselotte von der Pfalz, *Heidelberg 27. 5. 1652, †Saint-Cloud 8. 12. 1722; Tochter des Kurfürsten Karl Ludwig von der Pfalz, ⚭ seit 1671 mit Herzog Philipp von Orléans, dem Bruder Ludwigs XIV. von Frankreich. Ihre Erbansprüche nach dem Tod ihres Bruders, des Kurfürsten Karl (†1685), boten dem französischen König den Anlass zum →Pfälzischen Erbfolgekrieg. Elisabeth schildert in ihren vielen Briefen die von Galanterie und Eleganz, aber auch von Intrigen und Klatsch geprägten Verhältnisse am Hof des Sonnenkönigs und beklagt das traurige Schicksal der Pfalz.

Elisabeth, russisch Jelisaweta Petrowna, russische Kaiserin (1741–62), *Kolomenskoje (heute zu Moskau) 29. 12. 1709, †Sankt Petersburg 5. 1. 1762; setzte als Tochter Peters I., des Großen, ihren Thronanspruch gegen die Regentin Anna Leopoldowna mit einem von den Garderegimentern unterstützten Staatsstreich in der Nacht vom 5. zum 6. 12. 1741 durch. 1743 beendete Elisabeth den Krieg mit Schweden durch den Frieden von Åbo. Außenpolitisch band sie Russland an Österreich und nahm gemeinsam mit Frankreich am Siebenjährigen Krieg gegen Friedrich II., den Großen, teil. Das von den Russen besetzte Ostpreußen stand 1758–62 unter ihrer Herrschaft. – Elisabeth schuf mit der Aufhebung der Binnenzölle 1753 eine wesentliche Voraussetzung für die Entstehung eines einheitlichen russischen Wirtschaftsgebietes.

Elisabeth, genannt »Sissi«, Kaiserin von Österreich und Königin von Ungarn, *München 24. 12. 1837, †Genf 10. 9. 1898; heiratete am 24. 4. 1854 Kaiser Franz Joseph I. von Österreich. Elisabeth, die als eine der schönsten Frauen ihrer Zeit galt, blieb wegen ihrer Abneigung gegen höfische Gebundenheit eine Außenseiterin am kaiserlichen Hof. Ihre Sympathien für den ungarischen Landesteil nutzte Graf Gyula Andrássy als ungarischer Ministerpräsident für die amtliche Politik. In Genf wurde die zur Schwermut neigende Kaiserin von dem italienischen Anarchisten Luigi Luccheni erstochen.

Elisabeth I., Königin von England (1558–1603), *Greenwich (heute zu London) 7. 9. 1533, †Richmond upon Thames (heute zu London) 24. 3. 1603. Elisabeth, die Tochter Heinrichs VIII. aus dessen zweiter Ehe mit Anna Boleyn, wurde nach der Hinrichtung ihrer Mutter 1536 für illegitim erklärt, jedoch vom Parlament 1544 wieder in die Thronfolge eingereiht und nach dem Tod ihrer Halbschwester Maria der Katholischen als Herrscherin anerkannt. Gestützt auf eine solide Finanzpolitik, stellte sie eine starke Krongewalt her, die erst gegen Ende ihrer Regierungszeit brüchig zu werden begann. Innenpolitisch bedeutsam waren die Anfänge sozialpolitischer Gesetzgebung, v. a. aber die Wiedereinführung der anglikanischen Staatskirche (1559, Supremats- und Uniformitätsakte). Elisabeth wurde damit Oberhaupt der von Rom unabhängigen anglikanischen Kirche. Eine Verschärfung ihrer um Ausgleich gegenüber den Katholiken bemühten Politik ergab sich, als Maria Stuart, die katholische Thronprätendentin, 1568 von Schottland nach England flüchtete und Papst Pius V. Elisabeth 1570 ex-

Elisabeth, Kaiserin von Österreich und Königin von Ungarn

ELISABETH I.
***1533 †1603**

war die Tochter König Heinrichs VIII. und der Anna Boleyn

führte die anglikanische Staatskirche wieder ein

begründete Englands Weltmachtstellung

blieb unverheiratet und kinderlos

ELISABETH I. ***Verordnete Feierlichkeiten***

Nachdem die Protestanten in England den mittelalterlichen Festkalender drastisch reduziert hatten, erfanden sie neue Feiertage, die die Überwindung des katholischen Glaubens und einen quasireligiösen Kult um die Person Elisabeth I. zum Inhalt hatten. Die verordneten Festivitäten häuften sich, als die Rebellionen des Jahres 1569 im Norden des Landes niedergeschlagen waren und als Elisabeth 1572 von einer gefährlichen Krankheit genas. Im Mittelpunkt stand der 17. 11., der Tag der Thronbesteigung, den man mit Glockengeläut, Freudenfeuern und Gottesdiensten beging. Bald feierte man auch Elisabeths Geburtstag, den Tag ihres Einzugs in London, des Sieges über die Armada. Die Königin galt als Gehilfin Gottes bei seinem Einsatz für die englische Nation.

ELISABETH I. — *Englands Aufstieg zur Weltmacht*

Die Herrschaft Königin Elisabeths I. war zunächst durch prekäre außenpolitische Rahmenbedingungen belastet, denn der Konflikt ihres Vaters mit dem Papsttum blieb nicht ohne Auswirkung auf das Verhältnis zu den katholischen Mächten. Nach außen hin bemühte sich Elisabeth zwar um korrekte Beziehungen zu Philipp II. von Spanien, dem mächtigen Verteidiger der alten Kirche. Unter der Hand freilich förderte sie den Kampf gegen die spanische Hegemonie nach Kräften. So unterstützte sie insgeheim die niederländische Erhebung gegen Spanien und schloss 1585 sogar einen Beistandspakt mit den rebellischen Holländern. Im französischen Bürgerkrieg wiederum half sie den bedrängten Hugenotten. Durch die unverhohlene Duldung von Freibeuterei – Sir Francis Drake war der wohl bekannteste Vertreter dieses Zweigs der englischen Außenpolitik – verstärkte England seine Provokation des spanischen Weltreichs.

Nach der Hinrichtung der Katholikin und früheren Königin Schottlands, Maria Stuart (1587), für deren Leben sich Philipp II. verwandt hatte, wurde offener Krieg unvermeidlich. Im Sommer startete 1588 die von den Spaniern für unbesiegbar gehaltene Armada, eine Flotte von 130 Schiffen, zu einer Invasion Englands, doch das schlecht vorbereitete Unternehmen endete in einem Fiasko (Gemälde von Nicholas Hilliard) – Spaniens maritime Vorherrschaft war gebrochen, der Weg für Englands Aufstieg zur Weltmacht geebnet.

kommunizierte. Erst mit der ohne Wissen Elisabeths erfolgten Hinrichtung Maria Stuarts 1587 endeten die Versuche katholischer Oppositioneller, Elisabeth zu stürzen.

Außenpolitischer Hauptgegner war Spanien, dessen König Philipp II. zu Beginn der Herrschaft Elisabeths vergeblich eine Heirat mit ihr angestrebt hatte. Elisabeth unterstützte den niederländischen Unabhängigkeitskampf und die Übergriffe englischer Freibeuter (Francis Drake u.a.) auf spanische Schiffe. Auch die Anfänge des englischen Kolonialreichs wurden geschaffen (Virginia). Entscheidend für die internationale Stellung Englands war der Sieg über die spanische Armada 1588; damit war die protestantische Großmacht auch außenpolitisch gesichert. England erlebte im Elisabethanischen Zeitalter in Handel und Schifffahrt einen großen Aufschwung; hinzu trat die Blüte des geistigen Lebens (William Shakespeare). Elisabeth blieb unvermählt und bestimmte kurz vor ihrem Tod den schottischen König Jakob VI., den Sohn Maria Stuarts, zu ihrem Nachfolger.

Elisabeth II., Königin von Großbritannien und Nordirland

Elisabeth II., Königin von Großbritannien und Nordirland, Haupt des Commonwealth, *London 21. 4. 1926; bestieg nach dem Tod ihres Vaters, Georg VI., 1952 den Thron (gekrönt 1953); ⚭ seit dem 20. 11. 1947 mit Philip Mountbatten, der zum Herzog von Edinburgh erhoben wurde. Der Ehe entstammen die Kinder Charles, Anne, Andrew und Edward.

Elisabeth von Ungarn, *Burg Sárospatak (Ungarn) 1207, †Marburg 17. 11. 1231; Tochter König Andreas' II. von Ungarn und der Gertrud von Andechs-Meranien; kam vierjährig an den Hof des Landgrafen Hermann von Thüringen, mit dessen Sohn und Nachfolger Ludwig (IV.) sie 1221 verheiratet wurde. Ihr Drang nach Selbstentäußerung, Mildtätigkeit und freiwilliger Armut, von ihrem Beichtvater Konrad von Marburg und den Eisenacher Franziskanern bestärkt, entfremdete sie dem höfischen Leben. Nach dem Kreuzfahrertod ihres Gemahls (1227) verließ sie die Wartburg. Sie stiftete in Marburg ein Hospital, in dem sie sich dem Krankendienst widmete. Schon 1235 wurde sie heilig gesprochen.

Elsass, französisch **Alsace** [al'zas], Landschaft und Region in Ostfrankreich.

Das Gebiet des Elsasses, 58 v. Chr. von Caesar erobert, gehörte zur Provinz Gallia belgica und wurde 90 n. Chr. in die Provinz Germania superior eingegliedert. In der zweiten Hälfte des 5. Jh. nahmen die Alemannen das Land in Besitz. Mit dem Sieg Chlodwigs über die Alemannen (wohl 496) wurde das Elsass Teil des Fränkischen Reichs, in dem es 640–740 als eigenständiges Herzogtum unter dem Geschlecht der Etichonen bestand. Im Vertrag von Meerssen (870) erhielt Ludwig der Deutsche das Elsass zugesprochen. Heinrich I. gliederte es 925 dem Reich ein (Herzogtum Schwaben). 1079 gelangte das Elsass mit dem Herzogtum Schwaben an die Staufer. Deren Bestrebungen, das Elsass als Fürstentum zu einem Reichsland zu machen, endeten 1250 mit dem Tod Kaiser Friedrichs II.; das Elsass zersplitterte in der Folge in zahllose politische und territoriale Einheiten. Die Habsburger, seit der zweiten Hälfte des 13. Jh. die bedeutendsten weltlichen Herren im Elsass, verpfändeten 1469 die Landgrafschaft im Oberelsass an Herzog Karl den Kühnen von Burgund, doch endete die burgundische Herrschaft 1474 mit den Niederlagen gegen die Schweizer Eidgenossenschaft.

Die im 16. Jh. sich mehrenden Versuche der französischen Könige, im Elsass an Einfluss zu gewinnen, zeigten erstmals im Dreißigjährigen Krieg einen Erfolg. Im Westfälischen Frieden fielen 1648 die habsburgischen Besitzungen im Elsass an Frankreich. Bis 1697 brachten die französischen Könige das restliche Elsass unter ihren Einfluss; 1681 war Straßburg von französischen Truppen besetzt worden. Während der Französischen Revolution wurde das Elsass 1789 der neu geschaffenen Republik eingegliedert. Die 1790 entstandenen Départements Bas-Rhin und Haut-Rhin ersetzten die bisherige Provinzialzugehörigkeit. In dieser Zeit begann sich die französische Sprache und Kultur im täglichen Leben durchzusetzen. Nach dem Deutsch-Französischen Krieg wurde das Elsass mit einem Teil Lothringens an das Deutsche Reich angegliedert (→Elsass-Lothringen). Nach dem Waffenstillstand von 1918 rückten französische Truppen im Elsass ein. Durch den Versailler Vertrag fiel das Elsass (mit Lothringen) ohne Abstimmung an Frankreich. Im Zweiten Weltkrieg als besetztes Gebiet (1940–45) nominell französisch, wurde das Elsass faktisch in die deutsche Zivilverwaltung einbezogen (1942 Einführung der Wehrpflicht). Seit 1945 ist das Elsass wieder voll in den französischen Staat integriert.

Elsass-Lothringen, amtlich **Reichsland Elsass-Lothringen,** 1871–1918 ein Gebietsteil des Deutschen Reiches mit 14522 km² Fläche und 1,874 Millionen Einwohnern im Jahr 1910.

Im Frankfurter Frieden vom 10. 5. 1871 musste Frankreich nach der Niederlage im Deutsch-Französischen Krieg 1870/71 das →Elsass außer Belfort, den nordöstlichen, zumeist deutschsprachigen Teil →Lothringens und Metz an das 1871 gegründete Deutsche Reich abtreten. Die Gebiete wurden zum Reichsland Elsass-Lothringen zusammengeschlossen, wobei die Bevölkerung der Annexion ablehnend gegenüberstand, was in der Folge zu einer innenpolitischen Belastung des Deutschen Reiches führte. Staatsrechtlich wurde Elsass-Lothringen 1871–79 nach dem Muster einer preußischen Provinz verwaltet, bis das Verfassungsgesetz vom 4. 7. 1879 dem Reichsland Teilautonomie gewährte. Es erhielt eine Landesregierung mit einem kaiserlichen Statthalter sowie ein verantwortliches Ministerium. Die Aufhebung des »Diktaturparagraphen« 1902, der es dem Statthalter ermöglichte, bei Gefahr alle ihm geeignet scheinenden Maßnahmen zur Sicherung der öffentlichen Ordnung zu verfügen, räumte Elsass-Lothringen weitere politische Freiheiten ein. Mit dem Verfassungsgesetz vom 26. 5. 1911 wurde es einem Bundesstaat nahezu gleichgestellt. Das Reichsland verfügte über eine frei gewählte Volksvertretung sowie eine eigene Gesetzgebung, allerdings mit kaiserlichen Vorrechten, und entsandte drei Vertreter in den Bundesrat. Im Ersten Weltkrieg unterstand Elsass-Lothringen der Militärverwaltung, die sich durch ihr rigoroses Vorgehen, v. a. durch die rücksichtslose Eindeutschungspolitik und den Plan einer Aufteilung des Landes auf Baden, Preußen und Bayern, bald dem massiven Widerstand der Bevölkerung ausgesetzt sah. Die Gewährung der vollen Autonomie im Oktober 1918 hatte keinen Einfluss auf die ablehnende Haltung der Bevölkerung Elsass-Lothringens. Die französischen Truppen wurden 1918 vielfach als Befreier begrüßt und Elsass-Lothringen kam unter Aufhebung der Landesverfassung an Frankreich.

Georg Elser

Elser, Georg, deutscher Widerstandskämpfer, * Hermaringen (heute Landkreis Heidenheim, Baden-Württemberg) 4. 1. 1903, † (erschossen) KZ Dachau 9. 4. 1945; Tischler. Das nur von Elser selbst geplante und ausgeführte Attentat auf Adolf Hitler am Jahrestag des Hitlerputsches von 1923 im Münchner Bürgerbräukeller am 8. 11. 1939 schlug fehl, weil Hitler den Saal unerwartet vor der Detonation der Bombe verließ. Elser wurde beim Fluchtversuch in die Schweiz verhaftet und als »Sonderhäftling des Führers« ins KZ Sachsenhausen, später Dachau eingeliefert. Es war geplant, ihn nach dem Krieg in einem Schauprozess als »Kronzeuge« zu verwenden.

Empire [ã'pi:r], das Kaiserreich Napoleons I. (1804–15) und Napoleons III. (1852–70). Als Empire français bzw. Empire colonial wurde bis 1939 das französische Kolonialreich bezeichnet.

Empire-Konferenzen ['empaɪə-], englisch **Imperial Conferences** [ɪm'pɪərɪəl 'kɔnfərənsɪz], die Konferenzen der Premierminister Großbritanniens und seit 1907 der Dominions. Die aus den früheren Kolonialkonferenzen hervorgegangenen Empire-Konferenzen erstrebten eine gemeinsame Außen- und Verteidigungspolitik sowie eine aufeinander abgestimmte internationale Wirtschafts- und Währungspolitik der selbstständigen Glieder des Britischen Reichs und Commonwealth. Die Empire-Konferenzen förderten

FRIEDRICH ENGELS
*** 1820 † 1895**

- lernte in England die soziale Frage und den Frühsozialismus kennen
- schrieb 1848 mit Karl Marx das »Kommunistische Manifest«
- entwickelte den »dialektischen Materialismus«
- trug wesentlich zur Verbreitung des Marxismus bei

dessen friedlichen Umbau zum Commonwealth of Nations. Besaßen die Entschließungen der Empire-Konferenzen für die einzelnen Regierungen früher eine große Autorität, so entwickelten sich die Beschlüsse der seit 1944 periodisch stattfindenden Commonwealth-Konferenzen immer mehr zu Empfehlungen.

Emser Depesche, von Heinrich Abeken verfasster Telegrammbericht vom 13. 7. 1870 aus Bad Ems, mit dem er den Kanzler Otto von Bismarck über eine Unterredung König Wilhelms I. von Preußen mit dem französischen Gesandten Vincent Graf Benedetti über die französische Forderung nach einem Verzicht auf die hohenzollernsche Thronkandidatur in Spanien unterrichtete. In dem von Bismarck zur Veröffentlichung gebrachten, gekürzten und redigierten Text erhielt das Auftreten des französischen Gesandten einen ultimativen Charakter. Zugleich stellte die Veröffentlichung die französische Diplomatie bloß, die nach dem Verzicht von Erbprinz Leopold von Hohenzollern-Sigmaringen auf eine Thronkandidatur in Spanien eine garantierte preußische Verzichterklärung hinsichtlich weiterer Thronkandidaturen forderte. Das Vorgehen Bismarcks stellte nach damaligem diplomatischem Verständnis eine ernste Brüskierung Frankreichs dar und zog, auch wegen der seit längerem gespannten Beziehungen zwischen beiden Staaten, die Kriegserklärung Frankreichs am 19. 7. 1870 nach sich (→Deutsch-Französischer Krieg von 1870/71).

Endlösung der Judenfrage, nationalsozialistische Umschreibung für die systematische Ermordung der Juden in den →Vernichtungslagern, die auf der →Wannseekonferenz 1942 mit den beteiligten Dienststellen abgestimmt wurde. Diese Aktion (1942–45) markiert den Höhepunkt des nationalsozialistischen Völkermords an den europäischen Juden (→Holocaust).

Energie, Sonderartikel S. 206/207.

Engels, Friedrich, deutscher Philosoph und Politiker, * Barmen (heute zu Wuppertal) 28. 11. 1820, † London 5. 8. 1895; Sohn eines Textilfabrikanten, Kaufmann. Engels stand in seiner Lehrzeit der politisch-literarischen Bewegung »Junges Deutschland« nahe und schloss sich während seiner Militärdienstzeit in Berlin den »Junghegelianern« an. Während seiner Tätigkeit im väterlichen Zweiggeschäft in Manchester 1842–44 lernte er die soziale Frage in England kennen und trat dort in engere Beziehungen zum Kreis um den Frühsozialisten Robert Owen und zu den »Chartisten«. In seiner Schrift »Umrisse zu einer Kritik der Nationalökonomie« (1844) stellte Engels die einzigartige Rolle des Industrieproletariates beim Aufbau einer kommunistischen Gesellschaft in der Zukunft heraus, in seiner Schrift »Die Lage der arbeitenden Klasse in England« (1845) die menschenunwürdigen Lebensverhältnisse der englischen Industriearbeiter.

1844 traf Engels in Paris erstmals mit Karl Marx zusammen, mit dem ihn seitdem eine lebenslange Freundschaft und Zusammenarbeit verband. Beide stellten bei dieser Gelegenheit eine völlige Übereinstimmung in ihren grundlegenden gesellschaftstheoretischen Anschauungen fest und verfassten seitdem zahlreiche Schriften gemeinsam. Nach ihrem Eintritt in den »Bund der Gerechten«, der sich unter ihrem Einfluss in »Bund der Kommunisten« umbenannte, suchten sie diesem mit dem →Kommunistischen Manifest eine gesellschaftstheoretische Orientierung und ein revolutionäres Programm zu geben. Mit den »Grundsätzen des Kommunismus« (1847) hatte Engels eine wesentliche Vorarbeit zur Abfassung des »Kommunistischen Manifestes« geleistet. Während der Revolution von 1848 gehörte er dem Redaktionsstab der »Neuen Rheinischen Zeitung« an und nahm 1849 am Aufstand in Baden und der Pfalz teil.

Nach der Niederlage der Revolution in Deutschland emigrierte Engels über die Schweiz nach Großbritannien und arbeitete 1850–69 in Manchester im Betrieb seines Vaters; dabei unterstützte er Marx politisch und materiell. Seit 1870 war Engels Sekretär im Generalrat der »Internationalen Arbeiterassoziation« (der Ersten →Internationale). Die Entstehung der deutschen Sozialdemokratie begleitete er mit kritischer Aufmerksamkeit. In Auseinandersetzung mit vielen sozialistischen Strömungen betonte Engels mit Marx den prozessualen, das heißt langfristigen Charakter der proletarischen Revolution.

In der 1873–83 entstandenen und 1935 postum veröffentlichten »Dialektik der Natur« sowie im »Anti-Dühring« (»Herrn Eugen

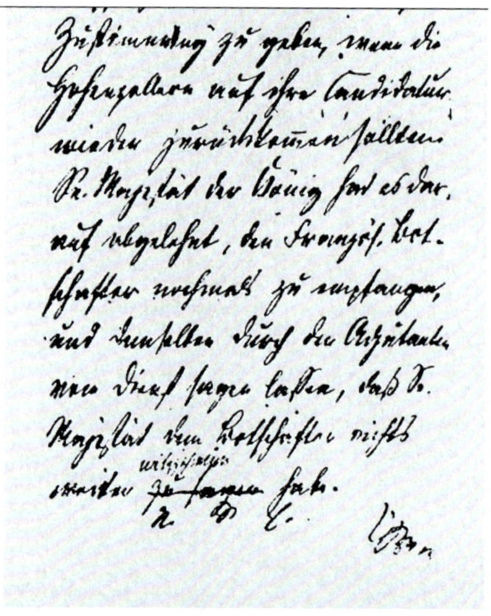

Emser Depesche. Wilhelm I. habe es »abgelehnt, den französ(ischen) Botschafter nochmals zu empfangen, und demselben durch den Adjutanten vom Dienst sagen lassen, dass S. M. dem Botschafter nichts weiter mitzuteilen habe«: Die Veröffentlichung des redigierten Telegrammberichts gilt als politischer Schachzug Otto von Bismarcks, mit dem er 1870 die Kriegserklärung Frankreichs provozierte.

Dührings Umwälzung der Wissenschaft«, 1878) ging er daran, die Dialektik des ökonomischen und gesellschaftlichen Geschehens zu einer Dialektik der Natur zu erweitern. Erkenntnistheoretisch gesehen wurde Engels zu einem Vertreter der Abbildtheorie. Er entwickelte den »dialektischen Materialismus« als allgemeinen Rahmen des von Marx begründeten »historischen Materialismus«.

Mit seiner publizistischen Tätigkeit trug Engels wesentlich zur Verbreitung des → Marxismus bei. Nach dem Tod von Marx (1883) setzte Engels u. a. 1885 mit der Herausgabe des zweiten und 1894 des dritten Bandes des »Kapitals« von Marx die Arbeit an der theoretischen Ausformung ihrer gemeinsamen Weltanschauung fort.

England [nach den Angeln], Landesteil von → Großbritannien und Nordirland.

englisch-niederländische Seekriege, drei Kriege des 17. Jh. zwischen England und den Niederlanden um die Vorherrschaft auf See. Im 1. Krieg (1652–54), der wegen der niederländischen Weigerung zur Anerkennung der → Navigationsakte ausbrach, wurden die Niederlande im Frieden von Westminster 1654 zur Respektierung der Akte gezwungen. Im 2. Krieg (1664/65–67) erreichten die mit Frankreich verbündeten Niederlande im Frieden von Breda 1667 einen kolonialpolitischen Kompromiss und eine Modifikation der Navigationsakte. Nach einem kurzen englisch-niederländischen Bündnis im → Devolutionskrieg eröffnete der englische König Karl II. mit seiner auf den Geheimvertrag von Dover (1670) gestützten Kriegserklärung den 3. Krieg (1672–74). Durch innenpolitische Schwierigkeiten gezwungen, musste Karl II. im zweiten Frieden von Westminster (1674) auf eine Bestätigung des in Breda erreichten Status quo eingehen.

Entdeckungsgeschichte, die Geschichte der Auffindung und Erschließung von Gebieten der Erde, die dem entdeckenden Kulturkreis zuvor unbekannt waren. Es handelte sich dabei häufig um Territorien, die bereits andere Kulturkreise besiedelt hatten. Ins Zentrum der historischen Betrachtung rückten v. a. die Entdeckungsreisen der Europäer seit dem Beginn der Neuzeit mit ihren weit reichenden wirtschaftlichen und politischen Folgen. Sie trugen entscheidend dazu bei, dass der weitaus größte Teil der Erdoberfläche heute bekannt und erforscht ist. Auf diese Weise entstand aber auch eine überwiegend eurozentrierte Betrachtung der Entdeckungsgeschichte.

Die bereits im Altertum einsetzende Erkundung fremder Gebiete erfolgte zunächst insbesondere im Zusammenhang mit Kriegszügen und der Ausdehnung des Handels, spä-

Fortsetzung S. 208

ENTDECKUNGSGESCHICHTE | ***Suche nach der Westpassage***

Ziel aller Erkundungen des von Kolumbus 1492 entdeckten Kontinents Amerika war letztlich die Westpassage, die Durchfahrt durch die Landmassen Amerikas zu den Gewürzinseln. Mit der Entdeckung des Pazifiks im Bereich der Landenge von Panama erhielt die Suche nach der Westpassage neuen Auftrieb. Es war Fernão de Magalhães, dem schließlich die Verwirklichung von Kolumbus' Idee gelang, Asien von Westen her zu erreichen. Entscheidend hierfür war die Entdeckung der zwischen dem südamerikanischen Festland und Feuerland gelegenen nach dem Seefahrer benannten Magellanstraße.

Magalhães kehrte von der 1519 begonnenen und von Kalamitäten jeglicher Art belasteten Reise nicht zurück – 1521 fand er in einer Auseinandersetzung mit philippinischen Ureinwohnern den Tod. Sein Führungsoffizier Juan Sebastián Elcano landete 1522 nach der Rückfahrt über die Molukken und das Kap der Guten Hoffnung mit der Victoria (hier ein undatierter Holzschnitt), dem letzten von urspünglich fünf Schiffen, in Spanien; nur 18 von den 265 Expeditionsteilnehmern, die mit Magalhães aufgebrochen waren, waren noch an Bord. Damit waren sie die Überlebenden der ersten Weltumsegelung.

Zunächst warf man Elcano vor, dass seine Logbucheintragungen einen Tag hinter dem gültigen Datum zurücklagen, dann aber erkannte man, dass die Expedition bei ihrer Weltumrundung gen Westen wegen der somit länger werdenden Tage insgesamt 24 Stunden gewonnen hatte.

1

ENERGIE

1) Die flächendeckende Versorgung mit elektrischem Strom veränderte das Alltagsleben radikal. So wurde etwa durch die elektrische Straßenbeleuchtung, hier in Berlin die Friedrichsstraße um 1900, die Nacht zum Tag. In Berlin stand auch das erste europäische Stromkraftwerk.

Jedes Kind lernt heute bereits in der Grundschule, dass etwa eine Batterie chemische Energie in elektrische Energie umwandelt oder dass Reibung die Bewegungsenergie in Wärmeenergie verwandelt. Zwei Jahrhunderte zuvor war nicht nur der Energieerhaltungssatz unbekannt, sondern es gab noch nicht einmal einen klaren Begriff davon, was Energie überhaupt sei. Man sprach von »chemischer Kraft«, »lebendiger Kraft« (kinetischer Energie) oder »Fallkraft« (potenzieller Energie). 1807 verwendete der englische Physiker und Arzt Thomas Young erstmals den physikalischen Begriff der »Energie« für »lebendige« Kräfte.

Begriff

Die wichtigste physikalische Erkenntnis des 19. Jh. war der Erhaltungssatz der Energie, der für die Physik eine ähnliche Bedeutung hat wie für ein Staatswesen die Verfassung. Sein Entdecker war der Heilbronner Arzt Julius Robert Mayer. Dass neben einem Erhaltungssatz für die Materie auch ein entsprechender Erhaltungssatz für die Energie existiert, formulierte Mayer erstmals 1841. In einem Brief beschrieb er, dass Kräfte ebenso unzerstörbar seien und in verschiedenen Formen auftreten könnten wie die Substanzen in der Chemie. Die fünf Hauptformen der Kräfte waren für ihn: Fallkraft, lebendige Kraft, Wärme, Magnetismus/ Elektrizität und chemische Kraft. Mit der Veröffentlichung seiner »Bemerkungen über die Kräfte der unbelebten Natur« in den »Annalen der Chemie und Pharmacie« sicherte er sich 1842 die Priorität als »Entdecker des Energieprinzips«, auch wenn der Entdeckerruhm später in Deutschland auf Hermann von Helmholtz und in England auf James Prescott Joule fiel.

Helmholtz zeigte später, dass das Energieprinzip und die Unmöglichkeit eines Perpetuum mobile physikalisch gleichwertige Aussagen sind. Unter einem Perpetuum mobile verstand man dabei eine Maschine, die sich nicht nur immer während bewegen, sondern dabei auch permanent Arbeit verrichten sollte. Die Idee des Perpetuum mobile war zu Beginn des 13. Jh. von Indien über die islamische Welt ins Abendland gelangt. Eine grundlegende Erweiterung erfuhr der Energiebegriff dann 1905 durch Albert Einstein, der zeigen konnte, dass Energie und Masse nur zwei verschiedene Erscheinungsformen ein und derselben Sache sind.

»Organische« und fossile Energien

Im Römischen Reich war es neben der tierischen Arbeitskraft vor allem das stetig wachsende Potenzial an billiger »organischer Energie« in Form von Sklaven, das jede Investition in Maschinen, die neue Energiequellen zu nutzen vermochten, überflüssig erscheinen ließ. So blieben etwa die von Menschen und Tieren betriebenen Mühlen vorherrschend, auch wenn spätestens seit dem 1. Jh. v. Chr. die noch heute klassische Wassermühle mit vertikalem Mühlrad und horizontaler Achse und Getriebe bekannt war. Überliefert ist die Geschichte von Kaiser Vespasian, der den Erfinder kräftesparender Baumaschinen mit dem Hinweis auf die stets unruhige Unterschicht Roms abwies.

Die Entwicklung der Technik (und damit auch die Nutzung von Energiequellen) im Mittelalter zeichnete sich durch die innovations-

2

3

hemmende »translatio studii« aus, die intellektuelle, ideologische und technologische Abhängigkeit von der Antike. Erst der Übergang von den traditionellen, regenerativen Energiequellen für Antriebe, also Tier, Mensch, Wind, Wasser und Holz, zu den mineralischen, nicht erneuerbaren Energievorräten ermöglichte es dem Industrialisierungsprozess im 18. und 19. Jh., seine ganze Dynamik zu entfalten. Bald wurde der schnell wachsende Energiebedarf der industriellen Revolution zunehmend von Kohle gedeckt. Erdöl wurde noch um 1900 hauptsächlich als Brennstoff für Lampen verwendet. Erst im Zuge der zunehmenden Automobilisierung der Gesellschaft entwickelte sich das Erdöl zu einem der wichtigsten Energieträger.

Die Energiekrise von 1973/74 führte erstmals die Abhängigkeit der modernen Industriegesellschaften von einer gesicherten Energieversorgung vor Augen. Zwar haben sich die düsteren Prognosen des Club of Rome über »Die Grenzen des Wachstums« (1972) und später über die schrumpfenden Ressourcen und einer damit einhergehenden Energieknappheit heute als übertrieben bzw. verfrüht herausgestellt, dennoch versuchte man in den 1970er-Jahren in den westlichen Industrieländern der Abhängigkeit insbesondere vom Erdöl durch den verstärkten Ausbau der Kernenergie entgegenzusteuern.

Kernenergie und Emissionsproblematik

Noch 1935 hatte der Physiker Ernest Rutherford erklärt: »Wer von technischer Anwendung der Atomphysik oder Kernphysik spricht, der redet puren Unsinn!« Nur drei Jahre später wurde die Kernspaltung entdeckt. Die Energie, die bei der Spaltung eines einzigen Urankerns frei wird, ist um etwa vier Größenordnungen größer als bei gewöhnlichen chemischen Verbrennungsreaktionen und reicht aus, ein Staubkorn sichtbar springen zu lassen! Die kontrollierte Freisetzung dieser riesigen in den Atomkernen schlummernden Energiemengen gelang Enrico Fermi im Dezember 1942 in Chicago. Mit dem Bau der Reaktoren von Calder Hall 1956 in Großbritannien begann die kommerzielle Stromerzeugung mithilfe der Kernenergie.

Bei der industriellen Nutzung der Kernenergie war es von Beginn an zu Unfällen mit zum Teil schweren Umweltbelastungen gekommen. Doch erst die Reaktorkatastrophen von Harrisburg 1979 und Tschernobyl 1986 sowie das nach wie vor ungeklärte Problem der sicheren Entsorgung nuklearer Abfälle führten weltweit auch in Bezug auf die Kernenergie zu einem Umdenken. Die immer wieder als eine Energiequelle der Zukunft angeführte Kernfusion, nach deren technischer Ausnutzung bereits über ein halbes Jahrhundert geforscht wird, hat die Hoffnungen, die in sie gesetzt wurden, bisher nicht erfüllen können.

Im Bereich der traditionellen fossilen Energieträger wie Steinkohle, Braunkohle und Erdöl war es vor allem der Anstieg an klimagefährdenden Emissionen, der auch hier zu einer verstärkten Suche nach Alternativen geführt hat. In letzter Zeit gewinnt dabei neben der Verwendung des emissionsärmeren Erdgases und Anstrengungen zur Energieeinsparung besonders die Rückkehr zu regenerativen Energieträgern wie Wind, Sonne, Erdwärme und Biogas an Bedeutung.

2) Die Entwicklung der Dampfmaschine ab 1690 revolutionierte die Möglichkeiten der Energieerzeugung. 1803/04 baute Richard Trevithick die erste Schienendampflokomotive.

3) Am 26. 4. 1986 ereignete sich in Block 4 des Kernkraftwerks Tschernobyl der bisher folgenschwerste Reaktorunfall in der Geschichte der Erzeugung von Kernenergie; er gab weltweit Anlass zu einer intensiv geführten Debatte um den Ausstieg aus der Kernenergienutzung.

Fortsetzung von S. 205

ter kamen die überseeische Expansion der europäischen Seefahrernationen, Abenteurertum, wie z.B. die Suche der Konquistadoren nach dem legendären Eldorado, Missionierung und zunehmend auch wissenschaftlicher Forscherdrang als wesentliche Motive hinzu.

Entdeckungsgeschichte. Der norwegische Polarforscher Roald Amundsen stieß 1911 als erster Mensch zum Südpol vor. Im Januar landete er an der Ross-Barriere und erreichte mit Hundeschlitten über das Schelf- und Inlandeis am 14. 12. 1911, etwa vier Wochen vor dem Engländer Sir Robert Scott, den Südpol.

WELTKENNTNIS IM ALTERTUM: Die älteste schriftlich überlieferte Entdeckungsreise ist Anfang des 15. Jh. v. Chr. die von der ägyptischen Königin Hatschepsut veranlasste Expedition nach Punt. Dem griechischen und römischen Kulturkreis waren außer dem Mittelmeergebiet auch die Küsten des Schwarzen Meeres gut bekannt. Der Alexanderzug 334–324 v. Chr. führte bis zur Schwelle Indiens. Durch die Reisen des Pytheas aus Massalia etwa 330 v. Chr. wurde Genaueres über West- und Nordeuropa berichtet. Die größte Ausdehnung des Römischen Reiches unter Trajan ermöglichte bereits ein Denken in dem weiten Raum von England bis Mesopotamien.

WELTKENNTNIS IM MITTELALTER: Die Wikinger wagten sich seit dem 8. Jh. auf das offene Meer. Über die Färöer erreichten sie um 860 Island und 982 Grönland. Von hier aus entdeckte Leif Eriksson die Nordostküste Nordamerikas bis etwa 49° nördliche Breite, deren Kenntnis wieder verloren ging. Die Araber kannten über ihren eigenen Kulturkreis hinaus das angrenzende Asien und das Hinterland Nordafrikas und besaßen weit bessere Kenntnisse von Afrika, Vorder- und Südasien als die Europäer. Die Kenntnis von Asien erweiterte v. a. Marco Polo, der 1271–95 Persien, Zentralasien, China und Indien bereiste und den Pazifischen Ozean entdeckte. Aus seiner Reisebeschreibung ergab sich die Kenntnis, dass Ost- und Südasien meerumschlossen sind.

ZEITALTER DER GROSSEN ENTDECKUNGEN: Von Heinrich dem Seefahrer angeregt, unternahmen Portugiesen seit 1418 Entdeckungsfahrten, zunächst entlang der Westküste Afrikas. Die Suche eines Seewegs nach Indien durch die Spanier führte 1492 zur weltgeschichtlich folgenreichen Entdeckung Amerikas durch Kolumbus. Weite Gebiete der Neuen Welt wurden Europa jetzt bekannt. Spanien und Portugal beanspruchten als die führenden Nationen der Zeit die Beherrschung der von ihnen entdeckten Räume. Im Vertrag von Tordesillas 1494 vereinbarten sie eine Grenzlinie bei 49° westlicher Länge und im Vertrag von Saragossa 1529 teilten sie auch die östliche Erdhälfte durch eine bei 132° östlicher Länge verlaufende Linie unter sich auf. 1497/98 fand Vasco da Gama den Seeweg nach Indien. Dieser Leitlinie folgend, wurden 1508 Malakka, 1512 die Molukken, 1517 Südchina, 1526 Neuguinea und zuletzt 1542 Japan erreicht. 1519–22 bewies die von Fernão de Magalhães begonnene Weltumsegelung die Kugelgestalt der Erde. Seit 1553 wurde in englischem Auftrag nach der Nordostpassage und seit 1576 nach der Nordwestpassage gesucht. Damit begann u. a. mit Willem Barents die Erforschung des Kanadisch-Arktischen Archipels. Francis Drake gelang 1577–80 die zweite Weltumsegelung. So ergab sich am Ende dieses Zeitalters eine beispiellose Ausweitung des geographischen Wissens, die sich in den Kosmographien der Zeit nur teilweise spiegelte.

WELTKENNTNIS IM 17. UND 18. JH.: 1600 gründeten die Engländer und 1602 die Holländer Handelskompanien und legten in Indien und im Malaiischen Archipel die Grundlage für ihre Kolonialreiche. 1606 entdeckte Willem Jansz die Nordwestküste Australiens. Kosaken erreichten 1639 durch Sibirien das Ochotskische Meer. Christliche Missionare kamen nach China und gelangten von Indien aus nach Tibet. Engelbert Kaempfer schuf nach Reisen in Japan 1690–92 das damals für Europa maßgebende Bild dieses Landes. Im Norden der Neuen Welt entdeckte Samuel de Champlain 1615 die Großen Seen. Neben Handelsinteressen, Abenteuerlust oder Missionseifer wurde zunehmend wissenschaftliches Interesse zur Grundlage weiterer Erforschung. Auch die drei Weltumsegelungen von James Cook, dem letzten großen maritimen

Entdecker, bedeuteten neben der seefahrerischen eine wissenschaftliche Leistung. Europa wandte sich ab 1788 v.a. der Erforschung Afrikas zu.

FORSCHUNGSREISEN IM 19. UND 20. JH.: Mit der Umsegelung der Antarktis 1819–21 durch Fabian von Bellingshausen begann deren Erforschung, der Südpol wurde 1911 von Roald Amundsen erreicht, die erste Antarktisquerung auf dem Landweg gelang erst 1957/58. Die Erforschung der Arktis blieb z.T. mit der Suche nach der Nordostpassage und der Nordwestpassage verbunden. Die Entdeckung des Innern Afrikas entsprach v.a. der Klärung des Laufs der großen Ströme Niger, Nil und Kongo, von denen man nur die Unterläufe kannte. Nach bahnbrechenden Forschungen, v.a. von David Livingstone (1849 ff.), Heinrich Barth (1850–55) und Henry Morton Stanley (1871 ff.), wurde Afrika weitgehend erschlossen und kolonial aufgeteilt. Die abgelegenen Gebiete Zentralasiens wurden vom letzten großen Landreisenden Sven Hedin ab 1894 erforscht. Schwer begehbare Gebiete konnten inzwischen durch die Fernerkundung der Satelliten umfassend aufgenommen werden.

Entente [ãˈtãt; französ. »Einverständnis«, eigentlich »Absicht«, von latein. intendere »auf etwas achten«], bündnisähnliches Verhältnis oder Bündnis zwischen Staaten, das auf engem Einverständnis und weitgehender Interessengleichheit beruht. Als Entente cordiale werden besonders die bündnisähnlichen Beziehungen zwischen Großbritannien und Frankreich seit der Verständigung über die nordafrikanischen Kolonialfragen von 1904 bezeichnet. Ihr Kern waren militärische Absprachen für den Fall eines Krieges gegen das Deutsche Reich. Aus dieser Entente entwickelte sich seit 1907 durch Einbeziehung Russlands die → Tripelentente (Dreiverband). Der Begriff »Ententemächte« wurde im Ersten Weltkrieg auf alle Gegner der → Mittelmächte bezogen. Nach dem Ersten Weltkrieg entstand die Kleine Entente, ein Bündnissystem der Tschechoslowakei und Jugoslawien sowie Rumänien mit dem Ziel, den durch die Pariser Vorortverträge (1919/20) im Donauraum geschaffenen Status quo zu sichern.

Entkolonialisierung, Entkolonisierung, Dekolonisation, die Aufhebung von Kolonialherrschaft, d.h. die Gewährung des Selbstbestimmungsrechts an »Völker, die noch nicht die volle Selbstregierung erreicht haben« (Artikel 73 der UN-Charta). Obwohl die Anfänge der Entkolonialisierung bis ins 18. Jh. zurückreichen, wird der Begriff v.a. für die Auflösung der europäischen Kolonialreiche und die Entwicklung der ehemals zu ihnen gehörenden Kolonien zu völkerrechtlich unabhängigen Staaten nach dem Zweiten Weltkrieg verwendet. Die Vereinten Nationen, die seit ihrer Gründung die Entkolonialisierung förderten, verabschiedeten am 14. 12. 1960 eine »Erklärung über die Gewährung der Unabhängigkeit an koloniale Länder und Völker« (Resolution 1514 [XV] der 15. Generalversammlung), in der gefordert wird, »den Kolonialismus in allen Erscheinungsformen schnell und bedingungslos zu beenden«. 1961 bildete sich im Rahmen der UN ein Entkolonisierungsausschuss. In den 1976 in Kraft getretenen UN-Menschenrechtspakten wurde das Selbstbestimmungsrecht der Völker kodifiziert.

Die Entkolonialisierung vollzog sich in der Regel entweder durch gewaltsame Aktionen nationaler Befreiungsbewegungen, z.B. in den Unabhängigkeitskriegen gegen Frankreich in Vietnam 1946–54 und Algerien 1954–62, oder durch freiwillige Entlassung der Kolonie aufgrund von Verhandlungen mit der Kolonialmacht in die Unabhängigkeit, z.B. 1947 in Indien und Pakistan. Die Verbindung militärischer Kämpfe mit Verhandlungen findet sich u.a. in der Geschichte Indonesiens, Birmas, Kameruns, Kenias und Marokkos.

Eine erste Phase der Entkolonialisierung schloss ab mit der Unabhängigkeit europäischer Siedlungskolonien in Nordamerika seit 1776, der Befreiung der meisten Länder Lateinamerikas aus spanischer bzw. portugiesischer Kolonialherrschaft seit 1810 und ab der zweiten Hälfte des 19. Jh. dem Verselbstständigungsprozess der aus Europa stammenden Siedler in Kanada, Australien und Neuseeland. – Entscheidend für die Entkolonialisierung nach 1945 waren v.a. die Schwächung und der Prestigeverlust vieler Kolonialmächte während des Zweiten Weltkrieges, der verstärkte Emanzipationswille der Bevölkerung der Kolonien, die zunehmende Ablehnung der Kolonialherrschaft durch die öffentliche Meinung und der wachsende Druck der USA und der UdSSR auf die Kolonialmächte. – Obwohl die meisten ehemaligen Kolonien inzwischen die Unabhängigkeit erlangt haben, ist für diese der Vorgang der Entkolonialisierung oft noch nicht abgeschlossen, da die von den Kolonialregimes geschaffenen innenpolitischen, sozialen und wirtschaftlichen Strukturen in der Regel nur langfristig aufgelöst werden können und weiterhin Abhängigkeiten zum früheren Mutterland bestehen. Z. T. riefen die kolonialen Hinterlassenschaften, insbesondere die häufig von den Kolonialmächten ohne Berücksichtigung ethnischer Siedlungsräume gezogenen territorialen Grenzen, verschiedene ethnische Konflikte hervor.

Entnazifizierung, Bezeichnung für die Maßnahmen der alliierten Besatzungsmächte USA, UdSSR, Großbritannien und Frankreich nach dem Zusammenbruch des Deutschen Reiches im Mai 1945, die darauf abzielten, den Einfluss des Nationalsozialismus auf das öffentliche Leben, die Wirtschaft und das Erziehungswesen in Deutschland auszuschalten und frühere aktive Nationalsozialisten zu bestrafen.

Schon in den Kriegskonferenzen ab 1943 in Casablanca und Teheran einigten sich die Alliierten auf die vier Kernziele ihrer Deutschlandpolitik nach Kriegsende, Demilitarisierung, Denazifizierung, Dekartellierung und Demokratisierung, womit auch das Konzept einer weit gefassten Entnazifizierung umschrieben war. Entsprechend den Beschlüssen der →Jalta-Konferenz vom 4.–11. 2. 1945 und den politischen Grundsätzen des →Potsdamer Abkommens am 2. 8. 1945 bildeten die Entnazifizierung sowie die Zerschlagung der NSDAP einschließlich aller ihrer Gliederungen und die Ahndung der nationalsozialistischen Kriegsverbrechen in den →Nürnberger Prozessen eine Einheit. Während die Westmächte die Entnazifizierung bald als eine im Wesentlichen politische Säuberung auffassten, benutzte die UdSSR die konsequente politische Säuberung in der Sowjetischen Besatzungszone (SBZ) als Mittel gezielter Personalpolitik und verband sie mit einer tief greifenden gesellschaftlichen Umstrukturierung.

Entnazifizierung. Als Hilfsmittel der Entnazifizierung dienten von der amerikanischen Militärregierung entwickelte Fragebögen, die seit dem Frühjahr 1946 im besiegten Deutschland zum Einsatz kamen.

Erste Vorgaben zur Entnazifizierung gab noch vor Installierung des Alliierten Kontrollrats am 30. 7. 1945 das Oberkommando der Alliierten (Supreme Headquarter of the Allied Expeditionary Forces; Abk. SHAEF). Die amerikanische Militärregierung entwickelte detaillierte Verfahrensweisen zur Entnazifizierung, die in den Ländern ihrer Besatzungszone im »Gesetz über die Befreiung vom Nationalsozialismus und Militarismus« vom 5. 3. 1946 ihren Niederschlag fanden. Über den Alliierten Kontrollrat kamen die Bestimmungen dieses »Befreiungsgesetzes« in den Ländern der anderen Besatzungszonen im Rahmen ähnlicher Gesetze auch zur Anwendung. Die in der amerikanischen Besatzungszone 1945 entwickelte Einstufung Beschuldigter in fünf Kategorien wurde mit der Kontrollrats-Direktive Nr. 38 vom 12. 10. 1946 auch in den übrigen Zonen verbindlich: Hauptschuldige, Belastete (Aktivisten), Minderbelastete, Mitläufer und Entlastete.

WESTLICHE BESATZUNGSZONEN: Im Einzelnen wurde in den westlichen Besatzungszonen die Durchführung der Entnazifizierung unterschiedlich gehandhabt, am strengsten in der amerikanischen Besatzungszone. Allgemein wurde die Entnazifizierung bis 1947 durch so genannte Entnazifizierungsausschüsse unter Verantwortung der Besatzungsmacht und seit 1947/48, mit der Verabschiedung von Entnazifizierungsgesetzen, unter teilweiser Verantwortung der Länder mit unterschiedlich großer Beteiligung deutscher Spruchkammern betrieben. Die Betroffenen wurden meist nach Zustellung einer Klageschrift, zu der sie Stellung nehmen konnten, von den deutschen Spruchkammern in erster Instanz verurteilt. Gegen diese Entscheidung konnte Berufung bei der Berufungskammer eingelegt werden. Sühnemaßnahmen waren u. a.: Internierung oder Gefängnis bis zu zehn Jahren, Vermögensentziehung, Amtsverlust, Berufsverbot, Geldbußen oder Aberkennung des Wahlrechts.

Nach dem abrupten Abbruch der amerikanischen Entnazifizierungspolitik zum 31. 3. 1948 hörte die Überwachung der Entnazifizierungsgesetze auf. Nach Gründung der Bundesrepublik 1949 ging die Entnazifizierung im Bereich der früheren westlichen Besatzungszonen ganz in deutsche Verantwortung über. Am 15. 12. 1950 verabschiedete der Deutsche Bundestag Empfehlungen an die Bundesländer für eine einheitliche Beendigung des Entnazifizierungsverfahrens. In den einzelnen Ländern wurden ab 1951 Entnazifizierungsschlussgesetze erlassen, zuletzt am 15. 12. 1954 in Bayern. Trotz starker Kritik war im Ergebnis die Entnazifizierung, im engen Verbund mit der →Reeducation, aber eine Voraussetzung für die Westintegration.

SOWJETISCHE BESATZUNGSZONE: In der SBZ führte die UdSSR unter sozialrevolutionären Vorzeichen eine umfassende schnelle und radikale Entnazifizierung durch. Adel und Besitzbürgertum sollten als politisch wirksame Faktoren ausgeschaltet werden. Politischer Straftaten verdächtige Personen wurden von Sonderkammern der Landgerichte abgeurteilt. Im Gegensatz z. B. zur amerikanischen Besatzungszone wurde nicht die gesamte Bevölkerung der Entnazifizierung unterworfen. Im Zuge der Entnazifizierung entledigte man sich auch zahlreicher politisch Andersdenkender, u.a. mit Einweisung in Internierungs- bzw. Speziallager. Mit Befehl vom 26.2.1948 wurde die Entnazifizierung in der SBZ als beendet erklärt. Eine wirkliche geistige Verarbeitung durch die Bevölkerung fand aber im Grunde ebenso wenig statt wie in den Westzonen; die Auseinandersetzung mit dem Nationalsozialismus blieb bis zum Ende der DDR orientiert an der offiziellen Antifaschismus-Doktrin.

ÖSTERREICH: Auch in Österreich wurde unter Aufsicht der Besatzungsmächte eine Entnazifizierung durchgeführt. Nach Errichtung der Republik Österreich im April/Mai 1945 verbot die provisorische Regierung am 8.5.1945 durch Gesetz die NSDAP und ihre Gliederungen und entzog ihren Mitgliedern das Wahlrecht. Entsprechend den Entnazifizierungsgesetzen in Deutschland wurden die früheren Mitglieder der NSDAP in Belastete und Minderbelastete eingeteilt, sodann von Volksgerichten strafrechtlich verfolgt oder von der Regierung zu Sühnemaßnahmen herangezogen. 1955 war die Ahndung nationalsozialistischer Kriegsverbrechen den ordentlichen Gerichten übertragen worden.

Entstalinisierung, Schlagwort für die Abkehr von den Herrschaftsmethoden Stalins und einigen seiner ideologischen Maximen in der Sowjetunion und nachfolgend in anderen kommunistischen Staaten. Nachdem bereits nach Stalins Tod am 5.3.1953 eine »stille Entstalinisierung« stattgefunden hatte, griff Nikita Chruschtschow, seit 1953 Erster Sekretär des ZK der KPdSU, auf dem XX. Parteitag (14.–25.2.1956) der KPdSU in einem Geheimreferat die terroristische Herrschaftsweise Stalins sowie die Umwandlung der Partei zum persönlichen Herrschaftsinstrument als Verstoß gegen die Führungsgrundsätze des Marxismus-Leninismus an und forderte innenpolitisch die Beachtung der kollektiven Führung und der »sozialistischen Gesetzlichkeit«. Entgegen den Vorstellungen Stalins bekannte sich der Parteitag zum Konzept eines »unterschiedlichen Weges zum Sozialismus« in den verschiedenen Ländern der Erde sowie zur Möglichkeit einer »friedlichen sozialistischen Umgestaltung« eines Landes. Mit der These von der »Vermeidbarkeit von Kriegen« legte er die Grundlagen für das außenpolitische Leitprinzip der friedlichen Koexistenz. Unter der parteioffiziellen Formel »Abbau des Persönlichkeitskultes« vertiefte der XXII. Parteitag (17.–31.10.1961) die Kritik an der persönlichen Diktatur Stalins.

Unter dem Schlagwort eines Kampfes gegen den Dogmatismus diente die Entstalinisierung zugleich zur Kaltstellung innenpolitischer Kritiker Chruschtschows und seines Kurses. Die Entstalinisierung fand ihren sichtbaren Ausdruck u.a. in der Rehabilitierung von Opfern des stalinistischen Terrors und in der Beseitigung von äußeren Zeichen des Personenkults um Stalin. Sie griff mit unterschiedlicher Intensität auch auf andere Staaten des Ostblocks über. In Polen und Ungarn führte sie zu schweren innenpolitischen Krisen bei gleichzeitiger Belastung der Beziehungen zur UdSSR. Nach dem Sturz Chruschtschows 1964 wurde die Entstalinisierung unter Leonid Breschnew abgebrochen. Erst nach dem Machtantritt Michail Gorbatschows 1985 begann eine zweite Etappe der Entstalinisierung im Zeichen von Perestroika und Glasnost. Durch die gesellschaftliche Umwälzung in Mittel- und Osteuropa (1989–91/92) wurden dort die vorhandenen stalinistischen Strukturen abgebaut, eine allmähliche Demokratisierung und der Übergang zur Marktwirtschaft eingeleitet – ein Prozess, der nach dem Zerfall des Vielvölkerstaates UdSSR auch in Russland und den anderen selbstständig gewordenen Republiken der →Gemeinschaft Unabhängiger Staaten einsetzte.

Enver Pascha, türkischer General und Politiker, *Konstantinopel 22.11.1881, †bei Baldschuan (Tadschikistan) 4.8.1922; erwirkte 1914 als Kriegsminister das Zusammengehen der Türkei mit Deutschland und leitete als Vizegeneralissimus die türkischen Operationen bis Kriegsende. 1918 floh Enver Pascha, für die türkische Niederlage mitverantwortlich gemacht und entlassen, nach Berlin, stand hier und später in Moskau lange mit den Sowjets in Verbindung, brach mit ihnen jedoch 1921 und ging nach Buchara, wo er einen Aufstand gegen das Sowjetregime unterstützte. Er fiel im Kampf gegen sowjetische Truppen.

Enver Pascha

Eötvös ['øtvøʃ], József Freiherr von, ungarischer Politiker und Schriftsteller, *Ofen (heute zu Budapest) 13.9.1813, †Pest (heute zu Budapest) 2.2.1871; war früh in der liberalen Opposition und ab 1839 Führer der ungarischen Reformbewegung, die für die bürgerliche Umgestaltung des Landes und für eine zentralistische Verwaltungsorganisation kämpfte. Als Kultusminister zeichnete er für die Gesetze über Schulpflicht, Ausbau des Volksschulwesens, Sprachenrecht der Minderheiten und Gleichberechtigung der Juden verantwortlich. Er schrieb auch Gesellschaftsromane u.a. Werke mit z.T. sozialkritischer Tendenz.

Epameinondas, lateinisch **Epaminondas,** thebanischer Staatsmann und Feldherr, *um 420 v.Chr., †(gefallen) Mantineia 362 v.Chr.; verfocht als Böotarch, d.h. als führender Beamter des Böotischen Bundes, 371 auf dem Friedenskongress in Sparta die Einheit Böotiens unter Thebens Führung. Darüber kam es zum Krieg mit den Spartanern, die

ERASMUS VON ROTTERDAM
* 1466 oder 1469
† 1536

kritisierte als Theologe die Macht des Klerus

trug als Humanist zur Vorbereitung der Reformation bei

entzog sich der Vereinnahmung durch die Konfessionen

Epameinondas noch im selben Jahr bei Leuktra mit der von ihm eingeführten »schiefen Schlachtordnung« schlug. 364 versuchte er durch eine Expedition an den Hellespont die Hegemonie Thebens auch zur See durchzusetzen. Die letzte Schlacht gegen Sparta verlief unentschieden, da Epameinondas selbst kurz vor dem Sieg fiel. Thebens Großmachtpolitik fand damit ihr Ende. Eine Biografie von Cornelius Nepos ist erhalten.

Ephoren, griechisch **Ephoroi** [»Aufseher«], in Sparta fünf jährlich gewählte Beamte, die gemeinsam das Ephorat bildeten. Ab 754 v. Chr. war jeweils der erste Ephor namengebend für das Amtsjahr. Die Ephoren drängten als Repräsentanten des Volkes die Könige ab dem 6. Jh. v. Chr. mehr und mehr zurück und gewannen als Wächter über die Gesetze, die Knabenerziehung und die Lebensführung sowie als Polizeiorgan maßgeblichen Einfluss im Staat, der sich auch auf die Außenpolitik erstreckte. Sie konnten sogar die Könige, mit denen es mehrfach zu schweren Konflikten kam, vor ihr Gericht bringen. Von Kleomenes III. 226 v. Chr. vorübergehend abgeschafft, hatte das Ephorat später keine Bedeutung mehr. Der Titel begegnet auch in anderen griechischen Stadtstaaten, z. B. in Kyrene.

Epigraphik, Inschriftenkunde, als Wissenschaftszweig Teil sowohl der Altertums- als auch der Geschichtswissenschaft, der sich der Sammlung, Erforschung und Edition der ganz oder fragmentarisch erhaltenen Inschriften (lat. »inscriptiones« oder »tituli«) widmet. Unter Inschrift versteht man dabei ein Schriftdenkmal, das in der Regel auf Stein, Knochen, Holz, Metall, Ton oder Glas in einer dem Material gemäßen Technik angebracht wurde. Beschriftet wurden v. a. Denkmäler, Tafeln, Weg- und Grabsteine, Gebäudeteile, Gefäße, Schmuckgegenstände, Waffen sowie Handwerks- und Haushaltsgerät.

Episkopalsystem, Anfang des 17. Jh. entwickeltes System und kirchenjuristische Rechtfertigung des landesherrlichen Kirchenregiments, das sich in den evangelischen Landeskirchen etabliert hatte. Die Schulorthodoxie ging davon aus, dass mit der reichsrechtlich im Augsburger Religionsfrieden 1555 verkündeten Suspension der Jurisdiktionsgewalt der katholischen Bischöfe in protestantischen Territorien die Bischofsgewalt treuhänderisch auf die Landesherren übergegangen sei.

Epistolae obscurorum viorum, → Dunkelmännerbriefe.

Epp, Franz Ritter von (seit 1917), deutscher General und Politiker, * München 16. 10. 1868, † ebenda 31. 12. 1946; war mit dem »Freicorps Epp« an der Eroberung Münchens und dem Sturz der bayerischen Räterepublik beteiligt. Von 1928 bis 1945 war Epp Mitglied des Reichstags für die NSDAP und 1933–45 Reichsstatthalter in Bayern.

Erasmus von Rotterdam, seit 1496 als Selbstbezeichnung Erasmus Desiderius, niederländischer Humanist und Theologe, * Rotterdam 28. 10. 1466 oder 1469, † Basel 12. 7. 1536. Erasmus lernte in der Schule der »Brüder vom gemeinsamen Leben« in Deventer die Devotio moderna kennen. Nach der Priesterweihe 1492 trat er in den Dienst des Bischofs von Cambrai, der ihn 1495–99 zum Theologiestudium an die Universität Paris schickte. In Italien (1506–09), wo er 1506 promovierte, dann 1509–14 im Haus seines Freundes Thomas Morus in London eignete er sich das philologische Erbe Lorenzo Vallas an, um den Urtext der Bibel von späteren Entstellungen zu reinigen. Sein 1509–11 verfasstes Werk »Encomium moriae« (deutsch u. a. als »Lob der Torheit«) verwarf in ironischer Distanz alle intellektualistische Begriffsspielerei, pries die Menschlichkeit und ein natürliches Selbstgefühl und kritisierte Adel, Kaufleute, Fürsten, v. a. die Krieg Führenden, Mönche und Professoren der Sorbonne. Viele dieser Interessen, auch seine Kritik an der Macht des Klerus und am Reliquienkult, rückten Erasmus in die Nähe Martin Luthers und trugen zur Vorbereitung der Reformation bei. Doch verwarf Erasmus Luthers antihumanistische Bestreitung der Freiheit des menschlichen Willens; er fürchtete, Luthers tumultuarisches Vorgehen schade der Reform. Humanismus und Reformation gingen von da an getrennte Wege trotz beiderseitiger Vermittlungsversuche von Schülern des Erasmus.

Sprachliche Sorgfalt, Auflösung des dogmatisch Erstarrten, Weite des geschichtlichen Horizonts, Verwerfung des Aberglaubens und Friedenswillen waren die selbsterwählten Kriterien Erasmus'; der Vereinnahmung durch die Konfessionen entzog er sich. Mit den um 1500 entstandenen »Adagia«, einer Sammlung antiker und biblisch-christlicher Sprichwörter, und mit seinen »Colloquia familiaria«, erschienen 1518, (deutsch u. a. als »Gespräche«) wurde Erasmus zum Lehrer einer an der Sprache Ciceros orientierten Latinität; 1516 gab er in Basel die erste Druckausgabe des griechischen Neuen Testaments heraus. Erasmus befasste sich mit politischer Ethik und beschwor den Frieden als einen hohen Wert. Sein umfänglicher Briefwechsel bildet eine reichhaltige Geschichtsquelle der Epoche.

Erbämter, die seit dem 13. Jh. im erblichen Besitz adliger Geschlechter befindlichen, stellvertretend für die fürstlichen Inhaber der → Erzämter versehenen → Hofämter am Königshof im Heiligen Römischen Reich, aber auch – in Anlehnung hieran – an landesfürstlichen Höfen. Die Inhaber der Reichserbämter versahen den tatsächlichen, mit der Funktion des Amtes zusammenhängenden Dienst am Hofe zunächst selbst, ließen sich aber später durch Unterbeamte vertreten. Im Spätmittelalter wurden neue Reichserbämter ohne Entsprechung zu einem Erzamt geschaffen. Die Titel der wichtigsten Erbämter konnten bei lang dauernder Vererbung in einer Familie zum Namensbestandteil werden.

Erbfolgekriege, Sukzessionskriege, aus Streitigkeiten über Thronfolgerechte entstandene Kriege, so der →Spanische Erbfolgekrieg, der Polnische Thronfolgekrieg, der →Österreichische Erbfolgekrieg und der Bayerische Erbfolgekrieg.

Erbuntertänigkeit, in dem durch die deutsche Ostsiedlungsbewegung erschlossenen Siedlungsgebiet sich ausbildendes Abhängigkeitsverhältnis der Bauern von ihrem adligen oder geistlichen Grundherrn, das der Leibeigenschaft nahe kam. Die Bauern hatten Besitzrecht zu ungünstigen Bedingungen mit steigerungsfähigen Abgaben und Fron, waren in ihrer Freizügigkeit beschränkt, benötigten für Heiraten den Konsens der Herrschaft und ihre Kinder unterlagen dem Gesindezwang. Die Bauernstellen durften im Erbgang nicht geteilt werden, die Herrschaft wählte den Übernehmer nach ihrem Gutdünken aus dem Kreis der Erben. Die Bauern waren damit »Privatuntertanen« der Herrschaft. In Einzelfällen ging die Erbuntertänigkeit so weit, dass Bauern verkauft werden konnten. Die nach dem Dreißigjährigen Krieg voll ausgebildete Erbuntertänigkeit war im 17./18. Jh. besonders in Ost- und Westpreußen weit verbreitet. Im Zuge der →Bauernbefreiung wurde sie 1807 de jure aufgehoben, in Österreich wurde die Erbuntertänigkeit erst 1848 abgeschafft.

Erfüllungspolitik, in der Weimarer Republik ursprünglich ein im Auswärtigen Amt hausintern gebrauchter Begriff, später jedoch v. a. ein abwertendes Schlagwort der Rechtsparteien, besonders der Deutschnationalen und Nationalsozialisten, für die 1921 eingeleitete Politik der deutschen Reichsregierungen, die Verpflichtungen des Versailler Vertrages von nach Möglichkeit zu erfüllen.

Erfurter Programm, Grundsatzprogramm der SPD, 1891 auf dem Erfurter Parteitag beschlossen. Es löste das →Gothaer Programm ab und wurde 1921 durch das →Görlitzer Programm ersetzt. Es war richtungweisend für viele sozialdemokratischen Parteien Europas. Das Erfurter Programm geht davon aus, dass nur die Umwandlung des Privateigentums an den Produktionsmitteln in gesellschaftliches Eigentum sowie die Abschaffung der »kapitalistischen« Produktionsverhältnisse eine grundsätzliche Veränderung der Gesellschaft bringen könne. Die Arbeiterklasse werde erst in den Besitz der Produktionsmittel gelangen, wenn sie zuvor die politische Macht im Staat erringe. Das Erfurter Programm forderte als Sofortmaßnahmen u. a. das allgemeine, gleiche und direkte Wahlrecht, direkte Gesetzgebung durch das Volk, Abschaffung des stehenden Heeres, Gleichberechtigung der Frauen, Achtstundentag und Verbot der Kinder- und Nachtarbeit.

Erfurter Unionsparlament, das 1850 in Erfurt tagende Parlament der preußischen Union.

Erhard, Ludwig, deutscher Politiker, *Fürth 4. 2. 1897, †Bonn 5. 5. 1977. Erhard war 1929–44 am Institut für Wirtschaftsbeobachtung an der Handelshochschule Nürnberg tätig und dem Nationalsozialismus gegenüber ablehnend eingestellt. In seinen gesellschaftspolitischen Anschauungen den »Neoliberalen« nahe stehend, beriet Erhard nach dem staatlichen Zusammenbruch Deutschlands im Mai 1945 die amerikanische Besatzungsmacht in wirtschaftspolitischen Fragen. Als Direktor der Wirtschaftsverwaltung des »Vereinigten Wirtschaftsgebietes« (1948/49) erklärte er am 20. 6. 1948, dem Tag der Währungsreform, gegen den Widerstand der Besatzungsmächte das Ende der Zwangswirtschaft. Als MdB (1949–76) schloss er sich politisch der CDU an. Als Bundeswirtschaftsminister (1949–63) setzte er das Prinzip der »sozialen Marktwirtschaft« durch, wobei er sich u. a. gegen Wettbewerbsbeschränkungen durch Kartelle und Monopole wandte. Der von ihm eingeleitete wirtschaftliche Aufschwung begründete seinen Ruf als »Vater des deutschen Wirtschaftswunders«. 1957–63 war er zugleich Vizekanzler.

Ludwig Erhard

Am 16. 10. 1963 wählte der Bundestag Erhard als Nachfolger Konrad Adenauers zum Bundeskanzler. Er verstand sich als »Volkskanzler«, der in seiner Innenpolitik die Gruppeninteressen auf das ihnen zukommende Maß einzuschränken suchte. Außenpolitisch knüpfte er an die Grundlinien Adenauers an. Gestützt auf Erhards Ansehen in der Bevölkerung, errang die CDU/CSU 1965 einen hohen Wahlsieg. Im Oktober 1966 zerbrach die Koalition von CDU/CSU und FDP, am 1. 12. 1966 trat Erhard als Bundeskanzler zurück.

Erich der Rote, norwegisch **Eirik Raude,** *Jæren (Südnorwegen) um 950, †Brattahlid (bei Qaqortoq, Grönland) vor 1005; wanderte etwa 970 von Norwegen nach Island aus. Auf der Suche nach dem im Westen jenseits des Meeres gelegenen Land entdeckte er Grönland und führte schon ein Jahr nach seiner Rückkehr nach Island eine Gruppe von Wikingern auf die neu entdeckte Insel. Dort besiedelten sie den äußersten Südwesten um Brattahlid am Eiriksfjord.

Ermächtigungsgesetz, ein Gesetz, durch das das Parlament eine Staatsstelle, meist die Regierung, ermächtigt, an seiner Stelle Gesetze oder Verordnungen mit Gesetzeskraft zu erlassen. Ermächtigungsgesetze sind meist zeitlich und sachlich begrenzt; sie durchbrechen den Grundsatz der Gewaltenteilung und werden besonders in Kriegs- und

Notzeiten erlassen, so in Deutschland das Ermächtigungsgesetz vom 4. 8. 1914, das den Bundesrat zum Erlass kriegswirtschaftlich notwendiger Verordnungen bevollmächtigte, und in der Weimarer Republik die Ermächtigungsgesetze für den Zweck der Übergangswirtschaft (1919–23).

Durch das gegen die Stimmen der SPD-Fraktion und bei Abwesenheit zahlreicher rechtswidrig verhafteter Reichstagsmitglieder am 23. 3. 1933 verabschiedete und am 24. 3. 1933 verkündete Ermächtigungsgesetz wurde die gesamte Staatsgewalt der nationalsozialistischen Regierung überantwortet und ihr die Möglichkeit gegeben, ein totalitäres Regierungssystem zu errichten.

ERMÄCHTIGUNGSGESETZ. ***Widerstand gegen Hitler***

Der Parteivorsitzende der SPD, Otto Wels, lehnte – im Gegensatz zu den Vertretern der bürgerlichen Parteien – am 23. 3. 1933 im Reichstag die Annahme des Ermächtigungsgesetzes ab: *»Aus einem Gewaltfrieden kommt kein Segen; im Innern erst recht nicht. Eine wirkliche Volksgemeinschaft lässt sich auf ihn nicht gründen. Ihre erste Voraussetzung ist gleiches Recht... Freiheit und Leben kann man uns nehmen, die Ehre nicht... Wir deutschen Sozialdemokraten bekennen uns in dieser geschichtlichen Stunde feierlich zu den Grundsätzen der Menschlichkeit und der Gerechtigkeit, der Freiheit und des Sozialismus... Wir grüßen die Verfolgten und Bedrängten... Ihr Bekennermut, ihre ungebrochene Zuversicht verbürgen eine hellere Zukunft.«*

Ernährung, Sonderartikel S. 216/217.

Ernst August, Kurfürst von Hannover (seit 1692), *Herzberg am Harz 30. 11. 1629, †Herrenhausen (heute zu Hannover) 2. 2. 1698; übernahm 1679 die Herrschaft in Calenberg und setzte durch einen Vertrag 1682 mit seinem Bruder Georg Wilhelm von Braunschweig-Lüneburg die Primogenitur im Welfenhaus durch. Er erlangte 1692 die Verleihung einer neunten Kurwürde für Hannover und damit die politische Führung des Hauses Braunschweig-Lüneburg. Durch seine Heirat mit Sophie von der Pfalz, Enkelin König Jakobs I., erwarb er seinem Haus die Anwartschaft auf die englische Krone.

Ernst August, Herzog von Cumberland ['kʌmbələnd] und Teviotdale ['ti:vjətdeɪl] (seit 1799) und zu Braunschweig-Lüneburg, König von England (seit 1837), *London 5. 6. 1771, †Hannover 18. 11. 1851; versuchte als extrem konservativer Führer der Tories im britischen Oberhaus, ebenso wie später als Parteigänger der preußischen Ultrakonservativen, jede Reformbewegung zu verhindern. Als 1837 die Personalunion zwischen Hannover und Großbritannien aufgrund der fehlenden weiblichen Sukzession in Hannover endete, trat Ernst August die Regierung in Hannover an. Er hob sogleich das Staatsgrundgesetz von 1833 auf, musste jedoch 1848 das liberale Ministerium Stüve berufen.

ERP, Abk. für **European Recovery Program** [jʊərə'pi:ən rɪ'kʌvərɪ 'prəʊgræm; engl. »Europäisches Wiederaufbauprogramm«], **Marshallplan** [-ʃ-], das von den USA nach dem Zweiten Weltkrieg ins Leben gerufene Programm zur wirtschaftlichen Unterstützung der europäischen Länder. Das ERP geht zurück auf eine Rede des damaligen amerikanischen Außenministers George Marshall vom 5. 6. 1947 und wurde als Auslandshilfegesetz am 3. 4. 1948 verabschiedet. Das ERP beschränkte sich nach der Ablehnung der Mitarbeit durch die Ostblockländer auf die Länder Westeuropas, die bis Mitte 1952 Lebensmittel, Düngemittel, Rohstoffe, Treibstoffe, Maschinen und Medikamente im Wert von insgesamt rund 13 Milliarden Dollar erhielten. Von der gesamten ihr gewährten amerikanischen Nachkriegswirtschaftshilfe in Höhe von fast 3,3 Milliarden Dollar zahlte die Bundesrepublik Deutschland vertragsgemäß bis 1978 1,1 Milliarden Dollar zurück. Die amerikanische Wirtschaftshilfe wurde in Europa seit 1948 durch die Organisation für europäische wirtschaftliche Zusammenarbeit koordiniert.

Durch Zusammenfassung der DM-Gegenwerte im Rahmen des Abkommens über die wirtschaftliche Zusammenarbeit zwischen den USA und der Bundesrepublik Deutschland vom 15. 12. 1949 entstand das ERP-Sondervermögen. Es wird als Sondervermögen des Bundes getrennt vom übrigen Bundesvermögen und damit auch vom Bundeshaushalt verwaltet. Seine Mittel werden zur Vergabe langfristiger zinsgünstiger Darlehen an die deutsche Wirtschaft, insbesondere an kleine und mittlere Unternehmen, eingesetzt. Die bankmäßige Abwicklung der ERP-Kredite erfolgt über die Kreditanstalt für Wiederaufbau und die Deutsche Ausgleichsbank. Seit der deutschen Vereinigung und der verstärkten Vergabe von ERP-Krediten in die neuen Bundesländer (1990–94 insgesamt 40,2 Milliarden DM) wurde das Kreditgeschäft des ERP-Sondervermögens stark ausgeweitet.

In Österreich wurden die Gegenwertmittel 1961 in österreichische Verfügung übertragen. Der ERP-Fonds bildet einen Bundesfonds mit eigener Rechtspersönlichkeit.

Erste Internationale, Internationale Arbeiter-Assoziation, Abk. **IAA,** →Internationale.

Erste Republik, Name des durch den Konvent begründeten französischen Staates 1792–1804 (→Frankreich).

Erster Weltkrieg, →Weltkrieg.

Erzämter, mittellateinisch **Archiofficia,** im Heiligen Römischen Reich deutscher Nation bis 1806 die aus germanisch-fränkischer Zeit stammenden →Hofämter. In nachkarolingischer Zeit zunächst von den Stammesherzögen innegehalten, gelangten die Erzämter dann an andere Reichsfürsten und wurden im

ERP.
Unter der Bezeichnung »Marshallplan« wurde das Europäische Wiederaufbauprogramm, mittels dessen die USA den westeuropäischen Ländern Wirtschaftshilfe in Höhe von insgesamt rund 13 Milliarden Dollar zukommen ließen, zum Synonym für den Aufbruch in bessere Zeiten (Plakat aus dem Jahr 1950).

13. Jh. erbliche Reichslehen. Der um 1224/25 entstandene Sachsenspiegel brachte die Erzämter erstmals mit der Kurwürde in Verbindung. Die Goldene Bulle schrieb zwar diese Ordnung 1356 fest, beschränkte die Amtsinhaber jedoch auf ihre Ehrenvorrechte. Der Pfalzgraf bei Rhein übte das Amt des Erztruchsesses aus, der Kurfürst von Sachsen(-Wittenberg) das des Erzmarschalls, der Kurfürst von Brandenburg das des Erzkämmerers und der König von Böhmen das des Erzmundschenken. Zu diesen ursprünglich vier Inhabern von Erzämtern traten die drei geistlichen Kurfürsten als Erzkanzler: der Erzbischof von Mainz als Erzkanzler für das Reich, der von Köln als Erzkanzler für Italien und der von Trier als Erzkanzler für Burgund und Gallien.

Als 1623 die Kurwürde der Pfalz sowie das Erztruchsessamt an Bayern fielen, wurde für die Pfalz als Ausgleich 1648 eine achte Kur, verbunden mit dem Erzschatzmeisteramt, geschaffen. Dieses Amt fiel 1778 nach der Vereinigung der Pfalz mit Bayern an Hannover, das seinerseits seit seiner Beleihung mit der Kurwürde 1692 das Erzbanneramt innehatte. Das Reichsbanneramt fiel 1803–06 an Württemberg. Das Amt des Erzjägermeisters, im Besitz der Markgrafen von Meißen, war nicht mit einer Kur verbunden. Die Kurfürsten führten das Symbol ihres Amtes im Amtswappen.

Die vier alten Reichserzämter wurden ursprünglich nur bei der Königskrönung ausgeübt, am Ende des Mittelalters waren sie wie die neueren reine Titel. Den regelmäßigen Dienst übernahmen als Stellvertreter der Amtsinhaber Grafen oder Freiherren, die Inhaber der →Erbämter. Neben den Erzämtern des Kaisers gab es auch Erzämter der Kaiserin, z. B. einen Erzkaplan, einen Erzkanzler und einen Erzmarschall. Daneben wurden in einigen, v. a. geistlichen Territorien die vier obersten, erblich gewordenen Hofämter als Erzämter bezeichnet, besonders dann, wenn ihre Inhaber sich durch Erbunterbeamten vertreten ließen.

Erzberger, Matthias, deutscher Politiker, *Buttenhausen (heute zu Münsingen) 20. 9. 1875, †(ermordet) bei Bad Griesbach (heute Bad Peterstal-Griesbach) 26. 8. 1921. Erzberger, der erst als Volksschullehrer, dann als Redakteur arbeitete, war Mitglied des Zentrums und beteiligte sich 1899 an der Gründung der christlichen Gewerkschaften. Er erreichte als MdR (1903–18) die Verbesserung der deutschen Kolonialverwaltung.

Im Verlauf des Ersten Weltkriegs setzte Erzberger die Verabschiedung einer Friedensresolution des Reichstags durch. Er beteiligte sich maßgeblich am Sturz des Reichskanzlers Theobald von Bethmann Hollweg am 13. 7. 1917. Innenpolitisch trat er für eine Verfassungsreform ein. Am 11. 11. 1918 unterzeichnete Erzberger an der Spitze einer deutschen Delegation den Waffenstillstand in Compiègne. Ab 13. 2. 1919 Reichsminister ohne Geschäftsbereich, setzte er sich für die Annahme des Friedensvertrags von Versailles (1919/20) ein. Am 20. 6. 1919 wurde Erzberger Reichsfinanzminister und führte die bis dahin umfangreichste Reform der deutschen Finanzgeschichte durch, mit dem Aufbau einer einheitlichen Reichsfinanzverwaltung, der Neuregelung und Vereinheitlichung des Steuerrechts durch Zusammenfassung der bisherigen Steuergesetze der 26 Länder und der Reform des Finanzausgleichs.

Matthias Erzberger

Wegen seiner demokratischen Haltung 1917/18 war Erzberger Zielscheibe persönlicher Angriffe der antirepublikanischen Rechten. Nach einem Beleidigungsprozess (19. 1.–12. 3. 1920) musste er als Reichsfinanzminister zurücktreten, da das Gericht zwar den Tatbestand der Beleidigung bestätigte, aber eine Verquickung der politischen Tätigkeit Erzbergers mit der Wahrnehmung von Privatinteressen feststellte. In der Folge sank das Ansehen der Weimarer Republik in großen Teilen der Bevölkerung . Ab 6. 6. 1920 war Erzberger wieder MdR; er wurde von Angehörigen der →Organisation Consul ermordet.

Este, italienisches Adelsgeschlecht. Bedeutende Vertreter:

1. Alfonso I. d', Herzog von Ferrara, Modena und Reggio (seit 1505), *Ferrara 21. 7. 1476, †ebenda 31. 10. 1534; Sohn von Ercole I.; war seit 1491 in 1. Ehe mit Anna Sforza, in 2. Ehe seit 1501 mit Lucrezia Borgia verheiratet; befehligte im Krieg der Liga von Cambrai gegen

Fortsetzung S. 218

1

ERNÄHRUNG

1) Justus von Liebig (hier sein Labor in Gießen) gilt als Begründer der modernen Düngelehre und Agrikulturchemie. Viele seiner Entdeckungen fanden schon im 19. Jh. industrielle Anwendung, z. B. die Herstellung von Fleischextrakt. Mit der Erfindung des Kunstdüngers wurden enorme Ertragsteigerungen in der Landwirtschaft möglich.

Essen und Trinken gehören zu den wesentlichen Trägern menschlicher Lebensform. Mittels Speisen und Getränken lassen sich im Alltag (und noch mehr bei festlichen Anlässen) Abgrenzungen gesellschaftlicher Gruppen und Schichten sowie ethnischer und konfessioneller Art feststellen. Ebenso ist es möglich, kulturelle Landschaften, politische Räume und Siedlungssituationen anhand der Nahrungsaufnahme ihrer Bewohner zu differenzieren.

Tierische Produkte

Das Entstehen gesellschaftlichen Lebens war mit dem Beginn der Viehzucht und des Ackerbaus direkt verbunden. Die Viehzucht reicht über 30 000 Jahre bis in die Altsteinzeit zurück. Im Übergang von der Alt- zur Jungsteinzeit tauchten erstmals domestizierte Schafe, Ziegen, Rinder und Schweine im Nahen und Mittleren Osten auf. Vorformen der heutigen Rinder wurden seit dem 7. Jt. v. Chr. in Makedonien, Kreta und Anatolien gezüchtet. Neben Pferden, Eseln und Kamelen waren sie die bevorzugten fleischlichen Nahrungsmittel der Frühzeit. Bei den Griechen war es weit verbreitet, Tieropfer, die an bestimmten Orten wie Olympia oder Delphi dargebracht werden mussten, für ein umfassendes Festmahl zu nutzen. Das religiöse Tieropfer zugunsten der Ärmsten ist besonders in der islamischen Gesellschaft bis heute an hohen Festtagen verbreitet.

In der griechischen und römischen Antike war der Fleischgenuss in erster Linie den Eliten vorbehalten. Dies blieb auch das gesamte Mittelalter hindurch bis weit in die Neuzeit hinein so. Die große Mehrzahl der städtischen und weite Teile der ländlichen Bevölkerung hatten selten die Möglichkeit, Fleisch zu essen. Hinzu kam noch das von der christlichen Kirche ausgegebene Verbot des Fleischgenusses an fast 180 Tagen im Jahr.

Haustiere, besonders Schafe, Ziegen und Rinder, wurden hauptsächlich zur Milchgewinnung gehalten. Bereits die Sumerer stellten um 2500 v. Chr. aus Milch Butter und Käse her. Im 17. Jh. v. Chr. erließ König Hammurapi II. in Babylonien Verkaufssteuern für Fleisch und Milchprodukte. Nach dem Untergang des Römischen Reichs war die Käseproduktion besonders den Mönchen des Benediktiner- bzw. des Zisterzienserordens vorbehalten.

Pflanzliche Produkte

Ackerbau und Getreidegewinnung, besonders von Weizen und Gerste, ist für Syrien und Palästina entlang der dortigen Flussläufe schon für 10000 bis 7000 v. Chr. nachweisbar. Die ältesten Zivilisationen in Mesopotamien entlang des Euphrats und Tigris, in Ägypten entlang des Nils, aber auch an anderen Orten im Nahen und Mittleren Osten, in Japan sowie Nordchina waren mit der Entstehung des Ackerbaus verbunden. Die Griechen und Römer nutzten die fruchtbaren Böden Nordafrikas, Siziliens und des Nahen Ostens als Kornkammer; die Lebensmittelversorgung der Bevölkerung insbesondere der Hauptstadt war eine der wesentlichen Aufgaben der Herrschenden.

Ab 630 gestaltete der merowingische König Dagobert das Mahlen des Getreides als Feudal-

2

3

recht: Die breite Masse der Untertanen aß daher das gesamte Mittelalter hindurch bevorzugt kalten oder warmen Haferbrei, oft auch versetzt mit Hirse oder Kastanien. Bereits den Ägyptern war um 2400 v. Chr. das Brotbacken bekannt, seit den Zeiten Perikles' in Athen um 500 v. Chr. gab es Bäckereien. Schließlich wurde Brot zu einem der Hauptnahrungsmittel der gehobeneren Klassen vom Mittelalter bis zur Neuzeit. Getreide (und seit dem 18. Jh. in zunehmendem Maße die Kartoffel) blieben bis weit ins 20. Jh. das Hauptnahrungsmittel in Europa. Erst seit etwa 1955 gewann hier der Verzehr von Fleisch wieder größere Bedeutung.

Soziale und politische Faktoren

Die Ernährungssituation – Tafelluxus und Armut, Überfluss und Hunger – gehört seit jeher zu den wichtigsten Merkmalen einer Gesellschaft und ihrer jeweiligen Verhältnisse. Die erste große Versorgungskrise in historischer Zeit erlebten die Griechen im 9. Jh. v. Chr., was zu einer Auswanderungswelle, der so genannten griechischen Kolonisation, führte. Teils freiwillig, teils gezwungenermaßen wurden möglichst fruchtbare Gebiete in Unteritalien, Sizilien, Nordafrika, dem Schwarzmeergebiet und dem Nahen Osten in Besitz genommen. Ein Beispiel dafür, wie die aktuelle Ernährungssituation politische Entscheidungen beeinflusste, aber auch von den Politikern ausgenutzt wurde, sind die Ackerreformgesetze der Brüder Gaius und Tiberius Gracchus 133 bzw. 123 v. Chr., die v. a. das Staatsland an die arme Landbevölkerung aufteilen, aber auch den städtischen Massen mit staatlich subventioniertem Getreide die Angst vor dem Hunger nehmen sollten. Das Scheitern der Brüder führte zu immer neuen Hungerkrisen und schließlich zum Ende der römischen Republik.

Die Situation der Bauern wurde im Verlauf des Mittelalters immer schwieriger, da sie in immer größere Abhängigkeit vom Grundbesitzer gerieten und immer höhere Abgaben und Steuern von ihrer Ernte abzweigen mussten. Aufgrund ihrer Mühlen-, Brau- und Brennprivilegien zogen zu dieser Zeit die landesherrlichen Betriebe den größten Nutzen aus der Getreideverarbeitung, horteten häufig große Mengen an Getreide zur Preissteigerung und verstärkten die Bewirtschaftung ihrer Eigenbetriebe. Möglicherweise führten diese Maßnahmen zu den großen Krisen am Übergang zwischen Mittelalter und Neuzeit.

Die Industrialisierung im 19. Jh. zeigt deutlich den Zusammenhang zwischen der Ernährungssituation und dem Fortschritt einer Gesellschaft. Je mehr die technische Entwicklung eine Abkehr von der Lebenshaltung allein durch Produktion und Erwerb von Nahrungsmitteln ermöglichte, umso mehr Menschen konnten für andere Zwecke, z. B. bei der Arbeit in Fabriken, eingesetzt werden. Auch im 20. Jh. gab es trotz des Einsatzes von Kunstdünger und gentechnisch veränderten Nahrungsmitteln noch immer Hungerkatastrophen. Diese werden allerdings oft, wie auch schon zu früheren Zeiten, nicht durch die Knappheit an produzierten Lebensmitteln ausgelöst als vielmehr durch Probleme, die Nahrungsmittel an die Bedürftigen zu verteilen.

2) Kaffee kam Mitte des 17. Jh. in die europäischen Großstädte, Tabak wurde von schwedischen Soldaten während des Dreißigjährigen Krieges in Europa verbreitet. Beide Genussmittel eroberten rasch die Bevölkerung (Johann Gottfried Herder mit seiner Frau am Kaffeetisch; Schattenriss um 1790).

3) Hungersnöte führten vom Altertum an zu Massensterben und -erkrankungen, zu Auswanderungsbewegungen und sozialen Unruhen (»Sturm auf das Backhaus« am Breslauer Neumarkt im Frühjahr 1847, Gemälde von Philipp Hoyoll, 1848; Regensburg, Museum Ostdeutsche Galerie).

Fortsetzung von S. 215
Venedig die päpstlichen Truppen. Als Venedig 1510 mit Papst Julius II. Frieden schloss, kämpfte er an der Seite der Franzosen. Vom Papst gebannt und weiter Gebiete beraubt, siegte er mit dem französischen Generalissimus Gaston de Foix am 11. 4. 1512 bei Ravenna über die Spanier.

2. Alfonso II. d', Herzog von Ferrara, Modena und Reggio (seit 1559), *28. 11. 1533, †27. 10. 1597; Sohn von Ercole II.; war Gönner des Dichters Torquato Tasso. Er nahm 1566 am Türkenzug seines Schwagers, Kaiser Maximilians II., teil und kandidierte 1574 vergeblich für den polnischen Thron. Nach kinderlosen Ehen setzte er seinen illegitimen Vetter Cesare zum Erben ein. 1598 zog Papst Klemens VIII. Ferrara als erledigtes Lehen ein und vereinigte es mit dem Kirchenstaat.

Ercole II. d'Este

3. Beatrice d', *29. 6. 1475, †2. 1. 1497; Tochter von Ercole I.; war seit 1491 mit Herzog Ludovico (il Moro) Sforza verheiratet; förderte Bramante und Leonardo da Vinci und trieb den Ausbau des Mailänder Kastells und der Certosa (Kartause) von Pavia voran.

4. Borso d', Markgraf, Herzog von Modena und Reggio (seit 1452), Herzog von Ferrara (seit 1471), *1413, †1471; Halbbruder von Ercole I.; wurde von Kaiser Friedrich III. mit den zu Herzogtümern erhobenen Gebieten Modena und Reggio belehnt sowie von Papst Paul II. mit Ferrara. An seinem Hof blühte die »Malerschule von Ferrara«.

5. Ercole I. d', Herzog von Ferrara, Modena und Reggio (seit 1471), *Ferrara 26. 10. 1431, †ebenda 1505; brachte das Herzogtum wirtschaftlich und kulturell zu hoher Blüte. Durch die von ihm seit 1490 veranlasste Erweiterung und Befestigung der Stadt Ferrara wurde diese trotz ihres mittelalterlichen Stadtkerns zur ersten »modernen Stadt« mit geraden, breiten Straßen.

Isabella d'Este

6. Ercole II. d', Herzog von Ferrara, Modena und Reggio (seit 1534), *Ferrara 4. 4. 1508, †ebenda 3. 10. 1559; Sohn von Alfonso I. und Lucrezia Borgia; verbündete sich 1556 mit Frankreich und schloss 1558 Frieden mit Spanien; war seit 1528 verheiratet mit Renata, der Tochter König Ludwigs XII. von Frankreich. Da Renata der reformatorischen Lehre zuneigte, wurde der Hof von Ferrara zum Sammelpunkt und Asyl vieler religiös Verfolgter; dies führte zum Dissens mit Ercole, da sie seine Politik der Aussöhnung mit dem Papst gefährdete; seit 1554 wurde sie im Palazzo Estense (heute Pareschi) gefangen gehalten.

7. Francesco III. d', Herzog von Modena und Reggio (seit 1737), *Modena 2. 7. 1698, †Varese 22. 2. 1780; war seit 1720 mit Charlotte, der Tochter des französischen Regenten Philippe II. d'Orléans, verheiratet und schloss sich im Österreichischen Erbfolgekrieg den Franzosen an. Er verlor dabei seine Besitzungen, wurde jedoch durch den Aachener Frieden 1748 wieder darin eingesetzt. 1754 wurde er von Kaiserin Maria Theresia zum Gouverneur der Lombardei erhoben.

8. Francesco IV. von Österreich-Este, Herzog von Modena (seit 1806, Regierungsantritt 1814/15), *Mailand 6. 10. 1779, †Modena 21. 1. 1846; Sohn Erzherzog Ferdinand Karls von Österreich und der Maria Beatrice d'Este; konnte erst nach dem Sturz Napoleons I. die Regierung antreten. Um aus Modena, Parma und der Toskana ein konstitutionelles Königreich zu bilden, ging er geheime Verbindungen mit den → Carbonari ein. Bloßgestellt, ließ er nach der Erhebung von 1831 die Carbonari grausam verfolgen.

9. Ippolito I. d', Kardinal, *Ferrara 20. 3. 1479, †ebenda 3. 9. 1520; Sohn von Ercole I.; erhielt zahlreiche kirchliche Pfründe, war u. a. Erzbischof von Mailand. Politisch und militärisch begabt, blieb er in die Politik seines Hauses verstrickt. Ihm widmete Ariosto den »Orlando furioso«.

10. Ippolito II. d', Kardinal, *Ferrara 25. 8. 1509, †Tivoli 2. 12. 1572; Sohn von Alfonso I. und Lucrezia Borgia; wurde mit zehn Jahren Erzbischof von Mailand. Auf Wunsch König Franz' I. von Frankreich 1539 zum Kardinal ernannt, vertrat er zeitlebens im Heiligen Kollegium die »französische Partei« und war mehrfach deren Kandidat bei den Papstwahlen.

11. Isabella d', *Ferrara 18. 5. 1474, †ebenda 1. 2. 1539; Tochter von Ercole I.; war seit 1490 mit Francesco Gonzaga, dem Markgrafen von Mantua, verheiratet. Isabella war eine der großen Frauen der Renaissance, die viele Literaten und Künstler an den Hof von Mantua zog. Die bedeutende Kunstsammlerin ließ sich von Tizian und Leonardo da Vinci porträtieren. Als der Herzog 1509/10 in venezianische Gefangenschaft geriet, übernahm sie die Regierung und betrieb erfolgreich seine Freilassung.

Estland, Staat in Osteuropa, zwischen dem Finnischen Meerbusen im Norden, dem Rigaischen Meerbusen und Lettland im Süden und Russland im Osten.

GESCHICHTE: Ab 1346 beherrschte der Deutsche Orden Estland, bis es 1561 schwedisch wurde. Nach zunächst vorübergehender russischer Herrschaft konnte Russland 1721 Estland in das russische Reich eingliedern. Nach der russischen Februarrevolution 1917 wurde ein Estnischer Nationalrat gebildet und 1918 die unabhängige Republik Estland ausgerufen, die 1920 durch die Sowjetunion anerkannt wurde. 1934 errichtete Konstantin Päts nach seinem Staatsstreich ein autoritäres Regierungssystem. Im geheimen Zusatzprotokoll zum Deutsch-Sowjetischen Nichtangriffspakt (1939) überließ Deutschland die baltischen Staaten der sowjetischen Einflusssphäre. Die Sowjetunion erzwang Neuwahlen und schließlich die Aufnahme als Sozialistische Sowjetrepublik in die UdSSR (6. 8. 1940). Umfangreiche sowjetische Deportationen 1941 und nach 1944 – von 1941–44 befand sich das Land unter deutscher Besatzung – trafen v. a. die estnische Oberschicht.

Seit 1988 bemühte sich die Estnische SSR verstärkt um staatliche Unabhängigkeit und die Zurückdrängung des russischen Einflusses. Nach dem Sieg der Unabhängigkeitsbewegung »Volksfront« bei den Wahlen zum Obersten Sowjet der Estnischen SSR 1990 erklärte Estland am 30. 3. 1990 einseitig die Unabhängigkeit von der Sowjetunion, die jedoch erst nach dem (gescheiterten) Putsch vom August 1991 durch die sowjetische Führung anerkannt wurde. 1994 verließen die letzten russischen Truppen das Land. 2004 wurde Estland im Zuge der »Osterweiterung« Mitglied in der Europäischen Union.

ETA, Abk. für baskisch **E**uskadi **T**a **A**zkatasuna »das Baskenland und seine Freiheit«, 1959 gegründete baskische Untergrundbewegung. Ursprünglich entstanden zur Bewahrung der im zentralistischen Staat Francos unterdrückten baskischen Kultur, entwickelte sich die ETA zur Terrororganisation, die das Baskenland (»Euskadi«) und das spanische Navarra gewaltsam aus dem spanischen Staatsverband zu lösen versucht. Ihr politischer Arm ist die Partei »Herri Batasuna«.

État Français [etafrɑ̃'sɛ], 1940–44 offizieller Name des französischen Staates (→ Frankreich).

États généraux [etaʒene'ro], in Frankreich bis 1789 die → Generalstände.

Etrusker, lateinisch **Etrusci, Tusci,** griechisch **Tyrsenoi, Tyrrhenoi,** etruskisch **Rasenna, Rasna,** im Altertum ein Volk in der Landschaft Etrurien, das bis ins 4. Jh. v. Chr. eine führende Rolle in Italien spielte.

Der Ursprung der Etrusker, die sich in ihrer Kultur von den übrigen Italikern unterschieden, ist in der Forschung umstritten. Im Anschluss an Dionysios von Halikarnassos sah man in ihnen Angehörige der vorindogermanischen Urbevölkerung Italiens; nach anderer, auf Herodot zurückgehender Auffassung sollen die Etrusker im 9. Jh. v. Chr. von Kleinasien aus zur See nach Etrurien gekommen sein. Man nimmt an, dass sich das Volk der Etrusker erst in Italien aus autochthonen Elementen, die auch die Träger der eisenzeitlichen Villanovakultur waren, und fremden Zuwanderergruppen gebildet hat.

Die Besiedlung des Landes nahm im 8. Jh. v. Chr. von den Küstengebieten her ihren Anfang mit Caere, Tarquinii und Populonia. Seit dem 6. Jh. erweiterten die Etrusker ihren Machtbereich nach Norden bis in die Poebene und nach Süden über Rom hinaus nach Kampanien. Im Bund mit Karthago hinderten sie durch den Seesieg bei der korsischen Stadt Alalia um 540 v. Chr. die griechischen Phokäer an der Festsetzung auf Korsika und sicherten damit ihre Seeherrschaft.

Die Etrusker bildeten in Etrurien eine Reihe von Stadtstaaten, von denen die zwölf mächtigsten zu einem Bund vereinigt waren. Nach außen kam es jedoch nur selten zu einem gemeinsamen Vorgehen der Mitglieder. Enger als die staatlichen waren die religiösen Bindungen. Seinen kultischen Mittelpunkt hatte der Städtebund im Heiligtum der Gottheit Voltumna in Volsinii. Entsprechende Städtebünde gab es auch in der Poebene sowie in Kampanien. Ursprünglich wurden die Städte von Königen regiert, doch setzten sich schon bald die adeligen Geschlechter neben ihnen durch.

ETRUSKER. ***Rätselhafte Herkunft***

Bis heute galt und gilt die Herkunft der Etrusker als Rätsel. Dionysios von Halikarnassos, ein griechischer Historiker der augusteischen Zeit, widmete sechs Kapitel des ersten Buches seiner »Römischen Altertümer« dem Problem. Er sprach sich gegen die Theorien aus, denen zufolge die Etrusker aus Kleinasien einwanderten, denn er war der Ansicht, dass sie »nicht von außerhalb gekommen, sondern autochthon seien«; der eigene Name des Volkes habe »Rasenna« gelautet. Daneben begegnen im Altertum freilich Herkunftshypothesen, die zumeist an der Grenze von Geschichte und Mythos angesiedelt sind. Immer wieder taucht der Name des mysteriösen Nomadenvolkes der Pelasger auf. Für Vergil waren die Etrusker gleichbedeutend mit den Lydern.

Im 5. Jh. v. Chr. setzte der Verfall der etruskischen Macht ein. 509 wurde der letzte etruskische König Tarquinius Superbus aus Rom vertrieben, 504 wurden die Etrusker bei Aricia (heute Ariccia) von den mit dem griechischen Kyme (Cumae) verbündeten Latinern und dann 474 durch Hieron I. von Syrakus in der Seeschlacht von Cumae besiegt. Um 430 verdrängten die Samniten die Etrusker aus Kampanien. An der Wende vom 5. zum 4. Jh. wurden die meisten etruskischen Städte in der Poebene von den eindringenden Kelten erobert, die in der Folgezeit auch Etrurien selbst durch Plünderungszüge bedrohten. Entscheidend für das Schicksal der Etrusker wurde jedoch der Aufstieg Roms. Die römische Eroberung des mächtigen Veji zu Beginn des 4. Jh. leitete den Untergang der Etrusker ein. Seit 350 gerieten immer größere Teile Etruriens unter römischen Einfluss. Seit 264 gehörten die Etrusker zu den waffenpflichtigen Bundesgenossen Roms, den Socii. Nach dem Bundesgenossenkrieg (91–88) erhielten auch die Etrusker das römische Bürgerrecht. Eine völlige Romanisierung und die Übernahme römischer Namen auch in der Oberschicht erfolgten jedoch erst unter Augustus.

Etzel, → Attila.

Prinz Eugen von Savoyen-Carignan

Philipp Fürst zu Eulenburg und Hertefeld

EU, Abk. für →Europäische Union.

Eugen, Prinz von Savoyen-Carignan, österreichischer Heerführer, *Paris 18. 10. 1663, †Wien 21. 4. 1736. Eugen, der von König Ludwig XIV. zur geistlichen Laufbahn bestimmt war, floh im Juli 1683 aus Frankreich, nachdem sein Eintrittsgesuch in die französische Armee abgelehnt worden war, und trat in das kaiserliche Heer ein. Im »Großen Türkenkrieg« nahm er am 12. 9. 1683 an der Entsatzschlacht für Wien am Kahlenberg teil und erhielt Ende des gleichen Jahres ein eigenes Dragonerregiment. 1693 zum Feldmarschall befördert, übernahm Eugen 1697 den Oberbefehl im Türkenkrieg. Sein entscheidender Sieg bei Zenta am 11. 9. 1697 begründete seinen Ruf als Feldherr.

Im Spanischen Erbfolgekrieg (1701–13/14) wurde er 1703 zum Präsidenten des Hofkriegsrats und der Geheimen Staatskonferenz ernannt. Nach dem Abschluss der Haager Großen Allianz 1701 erfocht er mit den englischen Truppen unter dem Kommando des Herzogs von Marlborough mehrere Siege, die Frankreich in die Defensive drängten. 1707 vom Reichstag zum Reichsfeldmarschall ernannt, führte Eugen 1709 im Auftrag des Kaisers die Verhandlungen zum Haager Friedenspräliminar und die zum Frieden von Rastatt am 7. 3. 1714 und Baden am 8. 9. 1714. Die Schlacht und die Eroberung der Festung Belgrad am 16. 8. 1717 im Türkenkrieg von 1714/16–18 trugen wesentlich zur Popularisierung des Feldherrn bei. Höfische Intrigen bewogen Eugen 1725 zum Verzicht auf das Generalgouvernement der Österreichischen Niederlande, das er seit 1716 innehatte.

Eugen galt als der fähigste Feldherr seiner Zeit sowie als weit blickender politischer Berater, der durch seine rationale Ausrichtung an der Idee der Staatsraison die Starrheit dynastischen Denkens und Handelns überwunden hatte. Als Freund der Kunst und Wissenschaft sammelte Eugen eine angesehene Bibliothek und ließ das Stadtpalais und Schloss Belvedere in Wien erbauen.

Eugénie [øʒe'ni, französ.], Kaiserin der Franzosen (bis 1870), *Granada 5. 5. 1826, †Madrid 11. 7. 1920. Eugénie heiratete 1853 Napoleon III. und spielte eine glanzvolle und v. a. in der zweiten Hälfte seiner Herrschaft politisch bedeutsame Rolle. Gemäßigt klerikal, suchte Eugénie die päpstliche Herrschaft gegen die italienische Nationalbewegung zu stützen, förderte in der deutschen Frage die antipreußischen Kräfte zugunsten der proösterreichischen und setzte sich 1866 für eine französische Intervention ein. Sie drängte zum militärischen Engagement in Mexiko und schloss sich 1870 der Kriegspartei an, um die Position der napoleonischen Dynastie zu sichern und das nach der Schlacht von Königgrätz verlorene politische Übergewicht Frankreichs auf dem Kontinent zurückzugewinnen. Nach Kriegsbeginn 1870 wegen der Abwesenheit Napoleons III. Regentin, musste sie in der Folge der militärischen Niederlage und der Proklamation der Dritten Republik aus Paris fliehen. Als »Gräfin von Pierrefonds« verbrachte sie ihr langes Exil vorwiegend in Großbritannien, der Schweiz und an der Riviera.

Eulenburg, Philipp Fürst (seit 1900) zu Eulenburg und Hertefeld, Graf von Sandels, preußischer Diplomat, *Königsberg (Pr) 12. 2. 1847, †Schloss Liebenberg (bei Templin) 17. 9. 1921. Eulenburg wandte sich nach Aufgabe der militärischen Laufbahn und nach dem Abschluss eines juristischen Studiums 1877 dem diplomatischen Dienst zu. 1894–1903 war er Botschafter in Wien. Durch seine engen persönlichen Beziehungen seit 1886 zu Kaiser Wilhelm II. geriet er bald als einer von dessen engsten Vertrauten in eine politische Schlüsselstellung, die über den Rahmen seiner Dienststellung weit hinausreichte. Seine Vermittlungsversuche in der Krise zwischen Wilhelm II. und Bismarck vertieften die Kluft zwischen Kanzler und Kaiser und trugen, wenn auch indirekt, zum Sturz des Kanzlers bei. In der Folge suchte Eulenburg den von ihm gleichermaßen idealisierten wie auch kritisch beurteilten Kaiser in dessen Politik des »Neuen Kurses« zu bestärken. Zugleich fiel Eulenburg eine Vermittlerrolle zwischen dem Auswärtigen Amt und dem Monarchen zu, ohne aber Wilhelms Außenpolitik im Sinne des Auswärtigen Amtes beeinflussen zu können. Die seinem Ausscheiden aus dem diplomatischen Dienst folgenden Prozesse aufgrund des Vorwurfs der Homosexualität gegenüber Eulenburg erschütterten das Ansehen des Kaisers und kompromittierten weite Teile des Hofes. Nach Kriegsbeginn 1914 verfasste Eulenburg ein gegenüber der Außenpolitik des kaiserlichen Deutschlands sehr kritisches Memorandum zur Kriegsschuldfrage.

Eumenes von Kardia, *um 362 v. Chr., †in der Gabiene (Persien) 316 v. Chr.; war unter Philipp II. und Alexander dem Großen seit etwa 340 Vorsteher (Grammateus) der makedonischen Kanzlei. Nach dem Tod Alexanders 323 erhielt Eumenes als Anhänger von dessen Vertrautem Perdikkas die Satrapien Paphlagonien und Kappadokien und bewährte sich als Verfechter der Reichseinheit und der Rechte des Herrscherhauses. 321 siegte er über Krateros, wurde aber nach dem Tod des Perdikkas geächtet. Eumenes konnte seine Stellung als Beauftragter des Reichsverwesers Polyperchon zunächst wieder festigen, wurde aber von Antigonos 316 in der Gabiene besiegt und nach Auslieferung durch seine eigenen Truppen getötet. Biografien von Cornelius Nepos und Plutarch sind erhalten.

EURATOM, →Europäische Atomgemeinschaft.

Eurokommunismus, Bezeichnung für besonders Mitte der 1970er-Jahre auftretende Tendenzen innerhalb mehrerer westeuropäischer kommunistischer Parteien, unabhängig von der kommunistischen Weltbewegung sowjetischer Prägung autonome Wege zum Sozialismus zu beschreiten. Unter Zurückstellung zweier Forderungen der marxistisch-leninistischen Herrschaftstheorie, der Diktatur des Proletariats und des proletarischen Internationalismus, bekannte sich der Eurokommunismus auch für den Fall einer sozialistischen Gesellschaftsordnung zum Parteienpluralismus, zum Recht aller auf organisierte Opposition, auf Meinungs-, Presse- und Religionsfreiheit sowie auf periodisch wiederkehrende freie Wahlen.

Europa, mit einer Fläche von 9,839 Mio. km² der zweitkleinste Erdteil.

ANTIKE: Der etymologisch nicht zweifelsfrei gedeutete Name Europa, griechisch-semitischen Ursprungs, bezeichnete zu Homers Zeit das mittlere Griechenland. Später begegnet er in Makedonien und Thrakien als Orts- und Gebietsbezeichnung. Der Geograph Hekataios von Milet kannte jedoch im 6. Jh. v. Chr. bereits die beiden Erdteile Asien und Europa. Bei Herodot findet sich dann die Dreiteilung der Erde in Asien, Europa und Libyen (d. h. Afrika). Die Kenntnis von Europa war zunächst im Wesentlichen auf die Balkanhalbinsel, die europäische Schwarzmeerküste und im Westen auf Sizilien, Italien und die gallische und spanische Mittelmeerküste beschränkt. Mittel- und Nordeuropa waren Herodot noch weitgehend unbekannt. Erst in der Zeit des Hellenismus wurden durch die Nordfahrt des Pytheas von Massalia um 300 v. Chr. und das Werk des Geographen Eratosthenes von Kyrene im 3. Jh. v. Chr. auch diese Bereiche in das geographische Weltbild einbezogen. In römischer Zeit ist dann allmählich das ganze europäische Festland, einschließlich Skandinaviens und Finnlands, umrisshaft bekannt geworden.

Zu einer ersten Politisierung des Begriffs Europa kam es in Auseinandersetzung mit dem Weltherrschaftsanspruch der Perserkönige Dareios I., des Großen, und Xerxes I., die neben Asien auch Europa ihrer Herrschaft unterwerfen wollten. Den Abwehrerfolg der Griechen erklärten antike Autoren u. a. durch die Theorie der klimatisch bedingten Überlegenheit der Bewohner Europas über die Asiaten, die auch als geistig-moralische verstanden wurde. Der Gegensatz zwischen Europa und Asien trat aber nach der Eroberung Asiens durch Alexander den Großen wieder in den Hintergrund und spielte auch in der Geschichte des republikanischen Rom keine wesentliche Rolle.

Die Römer übernahmen zwar von Alexander und seinen Nachfolgern den Anspruch auf die Weltherrschaft, doch erst in der frühen Kaiserzeit wurde das →Römische Reich in Europa zu einer zusammenhängenden Landmasse. Durch eine großzügige Bürgerrechts- und Urbanisierungspolitik wurden die neu erworbenen europäischen Provinzen der lateinischen Sprache und Zivilisation sehr viel stärker erschlossen als der griechisch geprägte Osten. Zugleich wurden dadurch wesentliche Grundlagen für die weitere Entwicklung Europas und seiner Stadtkultur gelegt. Durch die Reichsteilungen in der Spätantike erfuhr der Europagedanke keine nachhaltige Belebung, da der lateinische Westen neben Europa auch Afrika umfasste und zum griechischen Osten mit der neuen Hauptstadt Konstantinopel auch Teile von Europa gehörten. Erst in der Völkerwanderungszeit begegnet in außerrömischen Quellen häufiger der Begriff Europa für die nordalpinen Gebiete, in denen sich damals bereits von Rom unabhängige Germanenstaaten gebildet hatten. Und die Gefolgsleute Karl Martells, des Siegers von Tours und Poitiers (732) über die Araber, sollten dann erstmals als »Europäer« bezeichnet werden.

FRÜHES MITTELALTER: Durch die Germanen und seit 711 die Araber des Kalifenreiches wurde die Kultureinheit der antiken Welt zerbrochen. In West-Ost-Richtung hielten sich vorerst die kulturell-geistigen Beziehungen der drei Halbinseln Südeuropas dank des spätantik geprägten Christentums der römisch-griechischen Bevölkerung und unter Kaiser Justinian I., dem Großen, die politischen durch die wenigstens teilweise Wiederherstellung der Oberhoheit des Byzantinischen Reiches in Spanien und Italien. Die spanischen Stützpunkte gingen bald verloren, in Italien vollzogen die Päpste im 8. Jh. auch die politische Abkehr von Byzanz und die Hinwendung zum westlichen, germanisch bestimmten Europa.

Die germanischen Stammländer in Nordeuropa, der baltisch-finnische Raum und die Gebiete der Slawen, die nach Abzug der Germanen im 5. und 6. Jh. westlich bis zur Linie Elbe–Saale–Ostalpen vorrückten, blieben im vor- und frühgeschichtlichen Status. Die Ostgermanen aber gerieten in den Bann der römisch-antiken Kulturwelt, zeitweise in Konfrontation mit dieser und mit dem Christentum. Die eigentlichen Wegbereiter des abendländischen Mittelalters wurden die westgermanischen Franken, die im späten 5. Jh. und frühen 6. Jh. das römische Gallien unterwarfen, jedoch den Anschluss an ihr Stammland am Niederrhein hielten und auch nach dem germanischen Mitteleuropa ausgriffen, sodass sich trotz des kulturellen Übergewichts des Westens ein fruchtbares Miteinander von Romanen und Germanen entfalten konnte. Vertiefte Religiosität und Romverbundenheit wurden der Kirche des Fränkischen Reiches durch die iroschottische und angelsächsische Missionsbewegung vermittelt, das so unter Pippin dem Jüngeren in jenes enge Bündnis mit der römischen Kirche eintreten konnte, das für das mittelalterliche Reich bestimmend wurde, als Karl der Große am Weihnachtstag des Jahres 800 die Krönung zum Kaiser erlangte.

EUROPA. ***Vom Göttervater entführt***

Europa kam zunächst im Mythos auf: So hieß die phönikische Königstochter, die von Zeus entführt wurde. Nach dieser immer wieder in Dichtung und Bildkunst dargestellten Geschichte hatte Zeus die Prinzessin am Meeresstrand erblickt, sich in einen prächtigen weißen Stier verwandelt und sich ihr genähert. Als sich das ahnungslose Mädchen auf seinen Rücken setzte, sprang er plötzlich auf und floh mit ihr über das Meer nach Kreta. Dort gab er sich zu erkennen und zeugte mit ihr mehrere Söhne. Die geographische Bezeichnung Europa, die wahrscheinlich »tiefes, dunkles Wasser« bedeutet, ist wohl unabhängig davon aufgekommen. Wie es zur Überlappung beider Bezeichnungen gekommen ist, stellte schon für Herodot ein nicht mehr lösbares Rätsel dar. Als Landschaftsname taucht Europa um die Wende vom 7. zum 6. Jh. v. Chr. auf und bezeichnet zunächst das festländische Griechenland im Gegensatz zur Peloponnes und den Inseln der Ägäis. In der Erdbeschreibung des Hekataios von Milet wird der gesamte bekannte Erdkreis dann in die beiden Hälften Europa und Asien gegliedert.

Zwischen 800 und 1050 vollzog sich die Konsolidierung Europas in zwei großen, sich auseinander lebenden Kulturkreisen. Mit dem Reich Karls des Großen (→Fränkisches Reich), auch »Regnum Europae« genannt, war eine große, den Kern Westeuropas umfassende politische Einheit und Hegemonialstellung geschaffen worden. Doch führte gerade die Erneuerung des weströmischen Imperiums (»renovatio imperii Romanorum«, »translatio imperii«) im Fränkischen Reich dazu, dass der Europagedanke hinter den zentralen Begriffen »Reich« und »Kaisertum« zurücktrat. Durch die Reichsteilungen 843–880 sowie den Anschluss Italiens (951/962) und Burgunds (1033/34) an den Machtbereich des deutschen Regnums, in den für etwa ein Jahrhundert auch das geschwächte Papsttum einbezogen war, wurden die karolingischen Nachfolgestaaten auf zwei reduziert: Deutschland und Frankreich. Otto I., der Große, leitete 962 durch die Verbindung der römischen Kaiserwürde mit dem im deutschen Regnum gewählten König eine politische Vormachtstellung des Heiligen Römischen Reiches in Europa ein.

Das →Byzantinische Reich verstand sich noch immer als Verteidiger und Repräsentant der alten Ordnung des Imperium Romanum. Unter Kaiser Basileios II. erlangte Byzanz bis 1025 infolge seiner strukturellen staatlichen Neuorganisation und Ausdehnung byzantinischen Einflusses bis in die Randzone der Adria noch einmal Weltgeltung. Die heidnischen Magyaren durchstreiften Mitteleuropa, bis sie 955 in der Schlacht auf dem Lechfeld besiegt wurden. Von Norden her plünderten seefahrende Germanen, die →Normannen, Küsten und Flusslandschaften. Schwedische →Waräger drängten seit der zweiten Hälfte des 9. Jh. in Russland zur Staatsgründung. 988/989 wurde der Kiewer Staat durch Byzanz christianisiert, wodurch Russland dem byzantinischen Kultureinfluss geöffnet wurde. Um 870 setzten sich dänische Normannen in Teilen Englands fest und um 910 norwegische in der Normandie, wo sie Christen wurden.

HOCHMITTELALTER: Seit der Mitte des 11. Jh. vollzog sich in Westeuropa ein tief greifender Wandlungsprozess, der fast alle Lebensbereiche erfasste. Ein stetiger Bevölkerungsanstieg, der sich im 12. Jh. dramatisch beschleunigte und bis ins 14. Jh. hinein anhielt, war verbunden mit verbesserten Anbau- und Arbeitsmethoden (Dreifelderwirtschaft) und der Erschließung neuer Anbauflächen durch Neusiedlung und Rodung. Die hierdurch einsetzende wirtschaftliche Dynamik erfasste auch Handwerk, Gewerbe und Handel, was wiederum zum Aufschwung der Geldwirtschaft, zum Ausbau der Verkehrswege und zur Entstehung eines dichten Netzes von Märkten und Städten führte. Motor und Voraussetzung dieses wirtschaftlichen Wandlungsprozesses war eine zunehmende »horizontale« und »vertikale Mobilität« der Landbevölkerung. Mit dieser fast das gesamte lateinische Abendland erfassenden Phase wachsender Dynamik ging seit Ende des 11. Jh. in Form der spanischen →Reconquista, der Kreuzzugsbewegung (→Kreuzzug), der Stützpunktpolitik der italienischen Seestädte im östlichen Mittelmeer und der Gründung des Deutschordensstaates (→Deutscher Orden) eine Ausweitung des abendländisch-europäischen Kulturkreises einher.

Begleitet wurde dieser Wandlungsprozess von einer religiösen Erneuerungsbewegung, einer Kirchenreform, die im →Investiturstreit mit dem römisch-deutschen Kaisertum gipfelte, in dem sich die päpstliche Autorität im Grundsatz durchsetzen konnte, wodurch auch die bisherigen Ordnungsvorstellungen infrage gestellt wurden. Der politische Vormachtanspruch des Kaisers in Europa wurde von den anderen christlichen Königen in zunehmendem Maß bestritten. Die Beschäftigung mit der antiken Literatur besonders in Frankreich führte zu einer neuen wissenschaftlichen Methodik und zur Differenzierung von Philosophie und Theologie. In Paris und Bologna wurden die ersten Universitäten gegründet. Nach wie vor eingebunden in die antike Tradition des römischen Kaiserreiches und in dauernde Abwehrkämpfe verstrickt, fehlten dem Byzantinischen Reich die Voraussetzungen für die dynamische Stoßkraft eines alle Lebensbereiche erfassenden Neuerungs- und Wandlungsprozesses.

Seit der Mitte des 11. Jh. veränderten sich die politischen Verhältnisse in Europa entscheidend. Die Eroberung Englands 1066 durch den Herzog der Normandie, Wilhelm den Eroberer, öffnete das Land dem lateinisch-kontinentalen Kulturkreis. In Spanien führte die seit dem Beginn des 11. Jh. von den christlichen Kleinkönigreichen im Norden ausgehende Rückeroberung der maurischen Gebiete in der zweiten Hälfte des 11. Jh. zu den ersten spürbaren Erfolgen. In Süditalien hatten sich seit dem frühen 11. Jh. französische Normannen niedergelassen, denen es seit der Mitte des 11. Jh. gelang, die Byzantiner und die langobardischen Fürstentümer in Süditalien sowie die Sarazenen auf Sizilien zu unterwerfen und die gewonnenen Gebiete zu einem straff organisierten Staatswesen auszubauen. Die jurisdiktionellen und dogmatischen Forderungen des Reformpapsttums führten 1054 zur Spaltung der westlichen und östlichen Kirche. Bedeutsame politische Veränderungen im islamischen Machtbereich veranlassten jedoch das byzantinische Kaiserreich gegen Ende des 11. Jh., wieder Anlehnung am westlichen Europa zu suchen. Ein militärisches Hilfeersuchen des byzantinischen Kaisers an das westliche Europa trug entscheidend mit zur Auslösung des 1. Kreuzzuges (1096–99) bei, der mit der Eroberung Jerusalems und der Errichtung mehrerer Kreuzfahrerherrschaften in Syrien und Palästina endete. Machtpolitische und wirtschaftliche Interessen führten im Rahmen des 4. Kreuzzuges zur Eroberung Konstantinopels 1204 und zur Errichtung eines »Lateinischen Kaiserreichs« auf byzantinischem Boden.

SPÄTMITTELALTER: Während das 13. Jh. noch ganz im Zeichen wirtschaftlicher Prosperität stand, mehrten sich seit dem Beginn des 14. Jh. die Anzeichen, dass die Grenzen des Wachstums erreicht waren. So beschleunigte die Pestepidemie, die 1347–51 und auch in späteren Wellen über Europa hereinbrach, mit ihren katastrophalen Menschenverlusten wahrscheinlich nur das Umschlagen der Wachstumsphase in eine lang anhaltende Agrardepression bei stetigem Bevölkerungsrückgang. Die Auswirkungen der hierdurch ausgelösten »Krise« der spätmittelalterlichen Gesellschaft trafen die einzelnen Bevölkerungsgruppen und Regionen in ganz unterschiedlicher Weise. Der Zwang zur Umorientierung ließ neue Techniken, Gewerbe und Produktionszweige entstehen, während andere darniederlagen; die Städte Flanderns sowie Nord- und Mittelitaliens wurden zu Zentren der politischen und wirtschaftlichen Entwicklung des Kontinents.

Die 1241 bis nach Schlesien und Ungarn vordringenden mongolisch-tatarischen Reiterheere brachten ganz Russland unter die Oberherrschaft der Goldenen Horde, unter deren Einfluss sich eine neue Herrschaftsform der Moskauer Großfürsten ausbildete, die im 15. Jh. die Einigung Russlands zu einem ersten Abschluss führte. 1389 unterlagen die Serben den Türken auf dem Amselfeld. Mit dem Fall Konstantinopels 1453 endete die tausendjährige Geschichte des Byzantinischen Reiches, aber nur die erste Phase der osmanischen Expansion in Europa. Papst und Kaiser hatten zu Beginn des 13. Jh. den Gipfelpunkt ihrer Macht überschritten. Das Papsttum, unter Innozenz III. auch politisch führend, konnte zwar in der Auseinandersetzung mit Kaiser Friedrich II. seine Position noch behaupten, geriet aber nach 1250 unter französischen Einfluss mit der völligen Abhängigkeit im Avignonischen Exil (1305–76). Mit dem Ende der Staufer 1254/68 verlor das Kaisertum seine Führungsrolle. Während die Könige Westeuropas wie auch die meisten Landesherren in Deutschland ihre Länder zu frühmodernen Flächenherrschaftsstaaten ausbauten, blieb das Heilige Römische Reich selbst bis an sein Ende 1806 ein archaischer Personenverband ohne Wesenszüge moderner Staatlichkeit.

Frankreich und England maßen fast ständig ihre Kräfte, um 1200 in Verkoppelung mit dem Kampf zwischen Kaiser und Papst und dem innerdeutschen Gegensatz zwischen Staufern und Welfen, dann im → Hundertjährigen Krieg. Diese schweren Kämpfe vollzogen sich in umfassenden politisch-sozialen und wirtschaftlichen Strukturwandlungen, so im Zerfall des → Feudalismus, mit dem die beginnende Ausformung des neuzeitlichen souveränen monarchischen Staates und der Zusammenschluss der politischen Stände einhergingen (Parlamentarismus). Mit den portugiesischen und spanischen Entdeckungsfahrten des 15. Jh. wurde das Ausgreifen Europas nach Übersee eingeleitet. Alte und zahlreiche neu gegründete Städte wurden kulturelle Mittelpunkte, waren v.a. aber Zentren der Wirtschaft, die in Handel und Handwerk arbeitsteiliger wurde und durch die neue Geldwirtschaft im 15. Jh. auch Züge des Frühkapitalismus annahm.

FRÜHE NEUZEIT: Das frühneuzeitliche Europa war gekennzeichnet durch einen beginnenden innenpolitischen Strukturwandel, der auch das Verhältnis der einzelnen Staaten zueinander beeinflusste. Die territorialstaatlichen Kräfte gewannen in Mittel-, die nationalstaatlichen Monarchien in Westeuropa zunehmend an Gewicht. Aufgrund des Niedergangs der feudalen Gewalten im Hundertjährigen Krieg konnte zuerst das französische Königtum einen nationalen, zentralistisch orientierten Staat aufbauen, später folgten darin Portugal, Spanien, England, Schweden und Dänemark-Norwegen. Dagegen suchten in Deutschland und Italien Partikularmächte die schwächer werdende kaiserliche Zentralgewalt für ihre Interessen zu nutzen. Allein das unter Kaiser Karl V. seine größte Ausdehnung entfaltende habsburgische Weltreich bot noch einmal die Möglichkeit einer, wenn auch föderativ gegliederten, Einheit des Abendlandes, da die Habsburger 1477–93 Burgund und 1526 Böhmen und Ungarn erwarben, sich dynastisch mit den 1516 von ihnen beerbten spanischen Königen verbanden und in den ökonomisch führenden Ländern Italien und Deutschland herrschten. Doch scheiterte die Politik Karls V. besonders an den sich im Heiligen Römischen Reich mit der Reformation verbindenen Fürsten und am Gedankengut der Renaissance, die einer Erneuerung hochmittelalterlich-universalistischer Ideale entgegenarbeiteten.

Renaissance, →Humanismus und →Reformation leiteten einen geistesgeschichtlichen Wandel ein. In Architektur, Malerei, Plastik und in der durch den Buchdruck größere Verbreitung gewinnenden Literatur dokumentierte sich der säkulare Lösungsprozess des Individuums aus der traditionellen Dogmatik hierarchisch-christlichen Denkens. Politische Brisanz erlangte diese Entwicklung besonders bei den reformatorischen Bewegungen mit ihrer engen Anbindung von Glaubensfragen an die Interessen staatlicher Obrigkeiten und ihren Zielen hinsichtlich staatskirchlicher Autonomie wie auch verfassungspolitischer Veränderungen. Die katholische Kirche hielt mit der Gründung des Jesuitenordens und den Beschlüssen des Trienter Konzils an der im Papsttum gipfelnden Kircheneinheit und ihren mittelalterlichen Traditionen fest (→Gegenreformation).

ZEITALTER DER AUFKLÄRUNG UND DER REVOLUTIONEN: Mit den französischen →Hugenottenkriegen (1562–98) setzte eine Kette konfessioneller Bürgerkriege ein, die im machtpolitischen Ringen bald internationalisiert wurden, den →Dreißigjährigen Krieg 1618–48 bestimmten und erst mit dem 1. Nordischen Krieg 1655–60 endeten. Die damit verbundenen Auseinandersetzungen verschoben das politische Kräfteverhältnis in Europa nachhaltig. Der Westfälische Friede 1648 schrieb eine neue Friedens- und Staatenordnung fest. In ihrem Rahmen wurde die Vorrangstellung Frankreichs im kontinentalen West- und die Schwedens in Nordeuropa ebenso bestätigt, wie die nun international garantierte Souveränität der deutschen Reichsstände den endgültigen Sieg territorialfürstlicher Libertät gegenüber dem Kaiser sicherstellte. Zugleich aber neutralisierte das Prinzip staatlicher Gleichberechtigung und religionspolitischer Selbstbestimmung die Konfessionsunterschiede als Konfliktfaktor. In den folgenden Jahren wurde die Idee einer universalen Einigung Europas wie die der Hegemonie eines Staates aufgegeben und durch die Zielvorstellung eines Gleichgewichts der Kräfte ersetzt. Das Streben nach Gleichgewicht lag besonders im Interesse Englands, das durch eine Außenpolitik der »Balance of Power« Spielraum zum Aufbau seiner maritimen Weltstellung erlangte; zugleich beschnitten die Revolutionen des 17. Jh. in England im Ringen zwischen Krone und Parlament die Vorrechte des Königs (Puritanische Revolution, 1642; Glorreiche Revolution, 1688/89).

Daneben entstand im Frankreich Ludwigs XIV. der für die kontinentaleuropäische Entwicklung beispielgebende moderne Staat des →Absolutismus. Diesem Vorbild folgten auch die bedeutendsten deutschen Fürsten, wobei Brandenburg-Preußen unter Friedrich Wilhelm I. und Friedrich II., dem Großen, zur Großmacht aufstieg, ebenso wie das habsburgische Österreich, dem 1699 mit der Rückeroberung Ungarns in den →Türkenkriegen die endgültige Abwehr der Europa seit 1526 bedrohenden osmanischen Expansion gelungen war. Neben England, Frankreich, Preußen und Österreich trat Russland in den Kreis der politisch führenden Mächte ein, die eine Pentarchie bildeten. Deren völkerrechtlich verbindlicher Anspruch auf eine Kollektivhegemonie in Europa wurde jedoch durch außenpolitische Machtinteressen immer wieder gefährdet. Zwar verhinderte das System der Kabinettspolitik mit seinen Bündnissen, Erbfolgekriegen und Abtretungen die völlige Vernichtung eines Staates mit Ausnahme Polens, doch führte der folgenreiche preußisch-österreichische Dualismus zu weit reichenden Konflikten, die zum ersten Male weltpolitische Dimensionen annahmen. Denn nachdem sich schon mit der Gründung der portugiesischen wie spanischen Kolonialreiche seit 1500 der ökonomische Schwerpunkt Europas an die atlantische Küste verlagert hatte und Deutschland wie Italien aufgrund der Bedrohung der orientalischen Handelswege durch das Osmanische Reich an handelspolitischem Gewicht verloren hatten, entriss England, das durch seine geopolitische Lage zur führenden Flottenmacht aufstieg und seit 1650 die kolonial und ökonomisch führenden Niederlande überflügelt hatte, im Siebenjährigen Krieg als Bundesgenosse Preußens Frankreich die Vorherrschaft in Nordamerika wie in Indien.

Seit der Mitte des 17. Jh. verbreiteten sich mit der →Aufklärung die Ideen der Humanität, Toleranz, Vernunftreligion und rationalen Ordnung des Lebens durch das sich selbst bestimmende, von Tradition wie Autorität unabhängige und von Natur aus vernünftige Subjekt. Der Vorrang der französischen Kultur wurde v. a. durch englische Kultureinflüsse ergänzt. Letztere traten nach 1750 auf dem Kontinent stärker in den Vordergrund, bis nach 1790 der deutsche Idealismus der Klassik und Romantik eine weit reichende Wirkung entfaltete.

Vorbereitet durch die Ideen der Aufklärung, die Unabhängigkeit der Vereinigten Staaten von Amerika und ausgelöst durch gesellschaftliche und wirtschaftliche Krisensymptome, überwand die → Französische Revolution 1789 mit ihren Ideen von Freiheit, Gleichheit und Brüderlichkeit und mit der Proklamation der Menschenrechte das traditionelle monarchisch-ständische Staatsverständnis zugunsten der Wertvorstellungen einer bürgerlichen Gesellschaftsordnung im Zeichen von → Liberalismus, Demokratie und nationaler Selbstbestimmung im Sinne des modernen → Nationalismus. Die Umsetzung dieser durch den sendungsbewussten Expansionismus der Revolutionskriege in fast ganz Europa verbreiteten Ideale mündete jedoch in das plebiszitär-autoritäre Regime des späteren Kaisers Napoleon I. Auch scheiterte dessen Versuch einer imperialen Beherrschung Europas, der in den napoleonischen Kriegen die Staatenordnung nachhaltig gefährdete und das Ende des Heiligen Römischen Reiches besiegelte, am Widerstand der durch die französische Hegemonie bedrohten Flankenmächte England und Russland und an deren Unterstützung durch das in den Befreiungskriegen geweckte Nationalbewusstsein der Deutschen. Doch blieb das auch unter der napoleonischen Herrschaft mit ihren Modernisierungsansätzen bewahrte Ideengut von 1789 bis heute für die Entwicklung Europas bestimmend.

INDUSTRIELLE REVOLUTION UND NATIONALISMUS: Die 1814/15 auf dem Wiener Kongress maßgeblich von Großbritannien betriebene Neuordnung Europas im Sinne einer Restauration des Gleichgewichts der am Prinzip der Legitimität festhaltenden Großmächte erwies sich als wenig tragfähig. Die Pentarchie zerfiel in den liberalen englisch-französischen Westblock und die von Russland angeführten konservativ-reaktionären Mächte Preußen, Österreich-Ungarn und Russland (→ Deutscher Bund, → Heilige Allianz). Während Großbritannien außenpolitisch den Liberalismus und Nationalismus in Europa förderte und innenpolitisch durch verfassungs- und gesellschaftspolitische Reformen den sozialen Veränderungen des Industriezeitalters Rechnung trug, wandte sich die antirevolutionär-konservative Politik Metternichs strikt gegen die Emanzipationsbestrebungen der bürgerlichen nationalen Konstitutionsbewegungen. Erst nachdem Großbritannien und Frankreich im → Krimkrieg 1853/54–56 Russlands Einfluss auf Deutschland und seine Unterstützung Österreichs beseitigt hatten, wurde der Weg frei für die Errichtung von Nationalstaaten in Italien 1860–70 und Deutschland 1866–71. Das durch die Reichsgründung 1871 neu ausbalancierte europäische Mächtegleichgewicht, das die Bündnispolitik Otto von Bismarcks anstelle der britischen Diplomatie zum Garanten einer multipolaren Friedenssicherung in Europa werden ließ, wurde jedoch zunehmend bedroht durch die Nationalstaatsbewegungen in Ost- und Südosteuropa. Deren wachsende Sprengkraft verschärfte sich noch dadurch, dass mit der großen Depression 1873–96 die in einer eskalierenden Schutzzollpolitik zum Ausdruck kommende ökonomische Konkurrenz der Industriestaaten an Gewicht gewann.

Die von Großbritannien ausgehende Industrialisierung, die in einem west-östlichen Entwicklungsgefälle phasenverzögert die Kontinentalstaaten erfasste, führte zum Übergang von der alteuropäischen Adels- und Agrar- zur modernen Massengesellschaft. Vor dem Hintergrund eines bis ins 18. Jh. zurückreichenden erheblichen Bevölkerungswachstums, das in Verbindung mit periodischen Versorgungskrisen im Pauperismus zur Massenarmut der Unterschichten und zu Auswanderungswellen nach Übersee führte (→ soziale Frage), verlagerte der Industrialisierungsprozess die Wanderungsbewegungen in die Ballungsgebiete, verstärkte damit die Urbanisierung und brachte ein Proletariat hervor, das sich bald in der internationalistischen → Arbeiterbewegung organisierte. Entsprechend den sozioökonomischen Differenzierungsprozessen entfaltete sich im Zuge der Parlamentarisierung, der schrittweisen Demokratisierung des Wahlrechts und der Herausbildung einer politischen Öffentlichkeit das Spektrum sozialistischer, liberaler und konservativer Verbände und Parteien, das die politische Kultur Europas bestimmte. Während die Wissenschaften im 19. Jh. im Zeichen des Positivismus sowohl im Bereich der historischen Geisteswie der industriell verwertbaren Naturwissenschaften einen ungeheuren Aufschwung erlebten, wuchs die Trennung von technischer und literarisch-ästhetischer Kultur. Die avantgardistischen Strömungen des Realismus, Naturalismus, Impressionismus und Expressionismus legten die sozialen Missstände schonungslos bloß und wandten sich gegen die verbreitete Fortschrittsgläubigkeit.

Im Zuge des → Kolonialismus wurde die Europäisierung der Erde nach den Maßstäben der westlich-technischen Zivilisation vehement betrieben. Im Zeitalter des → Imperialismus fiel sie mit der zunehmenden Bereitschaft der politischen Führungseliten Europas zu einer militärischen Austragung der vorübergehend in außereuropäische Gebiete verlagerten Konflikte zusammen. Im Klima eines übersteigerten Nationalismus und forciert durch den Automatismus der Bündnissysteme, brach der Erste Weltkrieg aus, der zum Zerfall der Vielvölkerstaaten Österreich-Ungarn und Osmanisches Reich sowie zu tief greifenden innenpolitischen Erschütterungen in vielen Ländern führte.

ZEITALTER DER WELTKRIEGE: Der Ausgang des Ersten Weltkriegs und die Oktoberrevolution in Russland 1917 zerstörten das europäische Mächtesystem des 19. Jh. und erschütterten die zentrale Stellung Europas in der Weltpolitik. In Russland entstand erstmals ein kommunistischer Staat und Stalin errichtete seit Mitte der 1920er-Jahre ein totalitäres Herrschaftssystem in der entstandenen Sowjetunion. Die in den Pariser Vorortverträgen besiegelte staatliche und territoriale Neuordnung Europas nach dem Grundsatz des Selbstbestimmungsrechts der Völker erwies sich als Quelle von Spannungen und Revisionsforderungen. Frankreichs Hegemonialpolitik stützte sich auf ein System von Bündnissen mit den neuen Staaten in Mittel-, Ost- und Südosteuropa und setzte die Reparationspolitik als Mittel zur Niederhaltung Deutschlands ein. Demgegenüber betrieben die Regierungen der Weimarer Republik eine Revision des →Versailler Vertrages in allen Bereichen mit dem Ziel, den Großmachtstatus Deutschlands wiederherzustellen.

Der Aufstieg der USA zur führenden Wirtschaftsmacht und die verhängnisvolle Koppelung zwischen den Kriegsschulden der Alliierten gegenüber Amerika, deutsche Reparationsverpflichtungen und amerikanischer Kapitalexport begründeten eine Abhängigkeit der europäischen Wirtschaftsentwicklung von der amerikanischen, deren Ausmaß die 1929 beginnende Weltwirtschaftskrise enthüllte. Depression und Massenarbeitslosigkeit wurden in mehreren europäischen Ländern zum Nährboden antiparlamentarischer, antiliberaler und nationalistischer Bewegungen, v.a. in Italien (→Faschismus) und in Deutschland (→Nationalsozialismus). Adolf Hitlers rassenideologisch motiviertes Programm kontinentaler Expansion nach Osten, das nur durch Krieg zu verwirklichen war, ging weit über die Revisionsziele des bürgerlichen Nationalismus hinaus, knüpfte jedoch in der Vorbereitungsphase an diese an. Angesichts der Rücksichtslosigkeit, mit der sich das nationalsozialistische Deutschland vertraglicher Bindungen entledigte, reagierten die Westmächte defensiv und beschwichtigend, eine Politik, die zur Ohnmacht des Völkerbundes beitrug, jedoch von der Hoffnung geleitet war, die Anerkennung von Revisionswünschen werde Deutschland saturieren und den Frieden sichern. Die »Achse Berlin–Rom« verfestigte sich zum Kriegsbündnis, als Italien 1937 dem Antikominternpakt zwischen Deutschland und Japan von 1936 beitrat und 1939 mit dem Deutschen Reich den Stahlpakt abschloss. Die UdSSR entschied sich mit dem Hitler-Stalin-Pakt 1939 für eine Politik des Zeitgewinns und für die Aufteilung des östlichen Europas in Interessensphären. Der von Hitler mit dem Überfall auf Polen 1939 entfesselte Eroberungs- und Vernichtungskrieg, der Zweite Weltkrieg, endete mit der Niederlage Deutschlands und der Ausschaltung Europas als Kraftzentrum der Weltpolitik.

KALTER KRIEG UND EUROPÄISCHE UNION: Die Unvereinbarkeit der Ziele der USA und der UdSSR führte nach 1945 rasch zum Zerfall der Kriegskoalition zwischen den Westmächten und der UdSSR und zur Spaltung Europas in zwei Bündnissysteme, die sich in einem globalen Konkurrenzverhältnis gegenüberstanden. Neben dem →Ost-West-Konflikt war es die →Entkolonialisierung, die die Stellung Europas in der Welt tief greifend veränderte. Beide Entwicklungen förderten den Prozess politischer Gemeinschaftsbildung im westlichen Europa. Der →Kalte Krieg entstand aus dem Gegensatz zwischen dem sowjetischen Streben nach einer Hegemonie über das östliche Europa und dem amerikanischen Ziel einer Neuordnung des befreiten Europas, die liberaldemokratischen Prinzipien folgen und den USA wirtschaftliche und politische Einflusschancen eröffnen sollte. Auf die amerikanische Politik der Eindämmung (Containment) reagierte die UdSSR mit der Gleichschaltung der von ihr im Verlauf ihres Vormarsches nach Deutschland besetzten Gebiete. Die Blockbildung vollzog sich über die Gründung des Rats für gegenseitige Wirtschaftshilfe (RGW) auf östlicher, der →NATO auf westlicher Seite und fand ihren Abschluss mit der Gründung des →Warschauer Pakts.

Aufgrund der ideologischen und militärischen Frontbildungen, die tief in die Innenpolitik westeuropäischer Staaten hineinwirkten, blieb die innerhalb der Europabewegung verfochtene Zielvorstellung, Europa zur »dritten Kraft« zwischen den beiden Weltmächten zu machen, eine Utopie. Nach der Kubakrise 1962 bahnte sich zwischen den USA und der UdSSR eine Entspannung an, jedoch erst das Zusammenwirken der amerikanischen Entspannungspolitik und der deutschen Ostpolitik seit 1969 brachte größere Erfolge bei der Stabilisierung des Ost-West-Verhältnisses. Damit wurde der Weg frei für eine multilaterale Entspannungsdiplomatie im Rahmen der Konferenz über Sicherheit und Zusammenarbeit in Europa (KSZE) und ihrer Folgekonferenzen, die die neutralen Staaten einbezog und die Fragen der Sicherheit, wirtschaftliche Zusammenarbeit und menschliche Kontakte über Systemgrenzen hinweg behandelte. Die Krise der Entspannung nach dem sowjetischen Einmarsch in Afghanistan 1979 löste in den

USA und im westlichen Europa unterschiedliche Reaktionen aus, die einen Dissens über Nutzen und Kosten der Entspannungspolitik innerhalb des atlantischen Bündnisses offenbarten. Die Umsetzung des NATO-Doppelbeschlusses 1979 über die Stationierung atomarer Mittelstreckenwaffen in Europa war v.a. in der Bundesrepublik Deutschland heftig umstritten.

In Westeuropa entfaltete der Europagedanke in der Nachkriegszeit starke politische Wirkungskraft. Mit der Gründung des →Europarats 1949 verzeichnete die europäische Einigungsbewegung einen ersten Erfolg. Im Rahmen der Europäischen Gemeinschaft für Kohle und Stahl (1952) unterstellten die Bundesrepublik Deutschland, Frankreich, Italien und die Beneluxstaaten den Montansektor einer supranationalen Behörde. 1957 entschlossen sich diese »sechs« mit der Gründung der Europäischen Wirtschaftsgemeinschaft zur Schaffung eines gemeinsamen Marktes. Nach der Verwirklichung der Zollunion 1968 begann der Ausbau der →Europäischen Gemeinschaften zu einer Wirtschafts- und Währungsunion, der 1979 zur Einrichtung des Europäischen Währungssystems führte. Dem Defizit an demokratischer Legitimation sollte die Direktwahl des Europäischen Parlaments seit 1979 abhelfen. Nach einer ersten Erweiterung um Großbritannien, Irland und Dänemark 1973 gewann die EG durch den Beitritt Griechenlands 1981, Spaniens und Portugals 1986 international weiter an Gewicht. Während die EG zunehmend in ein v.a. wirtschaftliches Konkurrenzverhältnis zu den USA trat, vollzog sich die Zusammenarbeit der kommunistischen Staaten Ost- und Südosteuropas unter der ökonomischen Dominanz und politischen Hegemonie der UdSSR. Die KSZE-Schlussakte von Helsinki 1975 förderte die Entwicklung von Bürgerrechtsbewegungen in den kommunistischen Staaten Europas.

Einen gesellschaftlichen Umbruch in Mittel- und Osteuropa mit weit reichenden Folgen für den ganzen Kontinent und die weltpolitische Entwicklung überhaupt löste die 1985 in der UdSSR vom damaligen Generalsekretär der KPdSU Michail Gorbatschow eingeleitete Politik von Perestroika und Glasnost aus. Das von der Sowjetunion proklamierte außenpolitische »neue Denken« schuf zunächst Voraussetzungen für substanzielle Fortschritte in der Abrüstungspolitik und eine neue Phase der Entspannung. Zugleich strahlte der in der UdSSR verfolgte gesellschaftspolitische Kurs auf die anderen kommunistischen Länder Europas aus und bewirkte 1989–91/92 tief greifende Veränderungen, an denen die nationalen Bürgerbewegungen und z.T. auch kommunistische Reformkräfte, wie z.B. in Ungarn, einen wichtigen Anteil hatten. In Polen, Ungarn, der Deutschen Demokratischen Republik, der Tschechoslowakei, Rumänien, Bulgarien und Albanien mussten die kommunistischen Regierungen zumeist unter dem Druck von Massenprotesten zurücktreten und die ehemaligen Volksrepubliken begannen mit der Einführung marktwirtschaftlicher Elemente und eines pluralistischen Parteiensystems. Die Auflösung der »sozialistischen Staatengemeinschaft« führte 1991 zum Zerfall ihrer gemeinsamen wirtschaftlichen sowie militärisch-politischen Strukturen wie RGW und Warschauer Pakt und beendete den Kalten Krieg. Die am 9. 11. 1989 erfolgte Öffnung der Berliner Mauer signalisierte nicht nur das Ende der Spaltung Deutschlands, sondern auch der Teilung Europas. Der Gedanke des »gemeinsamen europäischen Hauses« gewann eine neue Dimension.

Europa. Europäische Union

Die unter kommunistischer Herrschaft entstandenen Staatenföderationen in Mittel- und Osteuropa zerfielen 1991/92, was zu einer erheblichen Veränderung der politischen Landkarte führte. Russland, Ukraine und Weißrussland bildeten am 8.12.1991 die →Gemeinschaft Unabhängiger Staaten (GUS); der Beitritt weiterer acht ehemaliger Sowjetrepubliken zu dieser lockeren Staatenverbindung am 21.12.1991 besiegelte das Ende der Sowjetunion. Jahrzehntelang unterdrückte Nationalitätenkonflikte riefen in einigen ost- und südosteuropäischen Staaten blutige, zum Teil bürgerkriegsähnliche Auseinandersetzungen hervor. Unter Krieg, Vertreibung und schweren Menschenrechtsverletzungen litt besonders

Jugoslawien, das 1991/92 zerfiel; erst das unter Vermittlung der USA geschlossene Abkommen von Dayton (Oh.) von 1995 schuf Voraussetzungen für eine vorläufige Friedensregelung auf dem Balkan. Die aus dem früheren Ostblock hervorgegangenen Staaten strebten bald eine Mitgliedschaft in der NATO wie auch in der Europäischen Union an. Die z.T. bedrückenden wirtschaftlichen und sozialen Verhältnisse in den postkommunistischen Staaten bewirkten dort eine oft instabile innenpolitische Situation. Die Enttäuschung breiter Bevölkerungskreise in den postkommunistischen Staaten über die Entwicklung in ihren Ländern ermöglichte es Nachfolgeparteien der früheren kommunistischen Parteien wieder starken politischen Einfluss zu gewinnen. Die brisanteste europäische Krisenregion blieb jedoch zunächst Jugoslawien; ein Wandel setzte hier ein, als 2000 nach einer »friedlichen Revolution« Slobodan Milošević gestürzt werden konnte.

War die europäische Integration mit der Verabschiedung einer Einheitlichen Europäischen Akte 1986/87, dem Maastrichter Vertrag 1992/93 als Gründungsvertrag der Europäischen Union sowie der Schaffung eines Europäischen Binnenmarktes zum 1. 1. 1993 immer weiter vorangetrieben worden, so erfolgte 1995 mit Finnland, Österreich und Schweden die Aufnahme von drei neuen Mitgliedern in die EU. Die 1991/92 um zahlreiche neue osteuropäische Mitglieder erweiterte KSZE (seit 1995 OSZE) bemühte sich u.a. um Vermittlung in den in Osteuropa aufgebrochenen Konflikten. Mit dem Vertrag von Amsterdam erhielt der wirtschaftlich-politische Zusammenschluss der EU-Staaten 1997 eine weitere programmatische Grundlage, im Hinblick auf die »Osterweiterung« der EU fortgeschrieben durch den Vertrag von Nizza (2000). Einen deutlichen Fortschritt des europäischen Integrationsprozesses markierte die Einführung des Euro-Bargelds in der »Eurozone« zum 1. 1. 2002. Im Zuge der »Osterweiterung« traten 2004 Estland, Lettland, Litauen, Polen, die Slowakei, Slowenien, Ungarn, die Tschechische Republik, Malta und der griechischsprachige Teil Zyperns der EU bei.

Europäische Atomgemeinschaft, Abk. **EURATOM,** durch die Römischen Verträge vom 25. 3. 1957 gegründete supranationale Organisation zur friedlichen Nutzung der Kernenergie mit eigener Rechtspersönlichkeit und Sitz in Brüssel, seit 1967 organschaftlich verbunden mit EWG und EGKS. Alle im Zuge der Erweiterung der EU beigetretenen Staaten sind auch Mitglieder der EURATOM.

Als wesentliche Aufgaben für die EURATOM wurden die Förderung der Forschung auf dem Gebiet der Kernenergienutzung und Kerntechnik in den Mitgliedsländern, die Verbreitung technischer Kenntnisse, die Sicherstellung der Versorgung der Gemeinschaft mit Kernbrennstoffen, die Gewährleistung der Sicherheit der entsprechenden Anlagen und Sicherheitskontrollen gegen die missbräuchliche Nutzung von spaltbaren Stoffen für den Bau von Kernwaffen formuliert. Unter dem Eindruck des Reaktorunglücks von Tschernobyl 1986 wurden die Sicherheitsnormen verschärft und die Sicherheitsvorkehrungen ausgebaut. Auf der Grundlage des EURATOM-Vertrages stellte die Gemeinschaft ein eigenes Forschungs- und Ausbildungsprogramm auf, zu dessen Durchführung u.a. die Gemeinsame Kernforschungsstelle (GFS). Der EURATOM-Vertrag bestimmt ferner, dass besondere spaltbare Stoffe, die von einem Mitgliedsstaat, einer Person oder einem Unternehmen erzeugt oder eingeführt werden und der Sicherheitsüberwachung unterliegen, Eigentum der Gemeinschaft sind.

Europäische Gemeinschaften, Abk. **EG,** englisch **European Communities** [jʊərəˈpiːən kəˈmjuːnɪtɪz], französisch **Communautés Européennes** [kɔmynoˈte œrɔpeˈɛn], gemeinsame Bezeichnung für die Europäische Gemeinschaft (EG; bis zur Vertragsänderung vom 1. 11. 1993 Europäische Wirtschaftsgemeinschaft, EWG), die Europäische Gemeinschaft für Kohle und Stahl (EGKS) und die Europäische Atomgemeinschaft (EURATOM). Rechtlich, insbesondere völkerrechtlich, handelt es sich bei diesen Gemeinschaften um Staatenverbindungen eigener Art, die durch eine eigene Rechtsordnung gekennzeichnet sind, mit eigenen Organen und partikularen Hoheitsbefugnissen gegenüber den Mitgliedsstaaten (seit 1. 5. 2004: Belgien, Dänemark, Deutschland, Estland, Finnland, Frankreich, Griechenland, Großbritannien, Irland, Italien, Lettland, Litauen, Luxemburg, Malta, Niederlande, Österreich, Polen, Portugal, Schweden, Slowenien, die Slowakei, Spanien, die Tschechische Republik, Ungarn und [der griechischsprachige Teil von] Zypern) ausgestattet sind und somit als supranationale Organisationen betrachtet werden. Während formalrechtlich die drei EG selbstständig nebeneinander mit eigener Rechtspersönlichkeit und eigenen Zuständigkeiten bestehen, sind sie durch gemeinsame Organe, gemeinsame vertragliche Bestimmungen und die durch die Rechtsprechung des Europäischen Gerichtshofes anerkannten allgemeinen Rechtsgrundsätze miteinander verbunden. Dies kommt besonders im Fusionsvertrag zum Ausdruck, der am 1. 7. 1967 in Kraft trat, jedoch auf die Fusion von Rat und Kommission beschränkt blieb. Seit In-Kraft-Treten des Vertrages über die Europäische Union, des Maastrichter Vertrages, bilden die EG zusammen mit der Europäischen Wirtschafts- und Währungsunion eine der drei Säulen der →Europäischen Union.

ORGANE: Wichtigste Organe der EG sind das Europäische Parlament, der Rat der Europäischen Union (Rat der EU, Ministerrat), die Europäische Kommission, die Tagungen der Staats- und Regierungschefs im Europäischen Rat, der Europäische Gerichtshof und der Europäische Rechnungshof.

Das Europäische Parlament besteht seit dem 1. 6. 2004 aus 731 Abgeordneten. Bis 1979 wurden diese von den nationalen Parlamenten delegiert; seither werden sie auf der Grundlage nationaler Wahlordnungen auf fünf Jahre direkt gewählt, wobei für jeden Mitgliedsstaat entsprechend seiner Bevölkerungsgröße nur eine bestimmte Anzahl von Abgeordneten gewählt werden kann. 99 Abgeordnete kommen aus Deutschland, je 78 aus Frankreich, Großbritannien und Italien, 54 aus Spanien und Polen, 27 entsenden die Niederlande, je 24 Belgien, Griechenland, Portugal und die Tschechische Republik, 23 kommen aus Ungarn, 19 aus Schweden, 18 aus Österreich, jeweils 14 aus Dänemark, Finnland und der Slowakei, 13 aus Irland, 9 aus Lettland, 7 aus Slowenien, jeweils 6 aus Estland und Zypern sowie 5 aus Malta. Die Abgeordneten verbinden sich im Europäischen Parlament je nach der Verwandtschaft ihrer politischen Richtungen und unabhängig von ihrer Nationalität zu Fraktionen. Tagungsorte des Europäischen Parlaments sind für das Plenum Straßburg und Brüssel, für die Ausschüsse und Fraktionen in der Regel Brüssel; das Generalsekretariat hat seinen Sitz in Luxemburg. Die Aufgaben und Befugnisse des Parlaments beschränkten sich vor In-Kraft-Treten des Maastrichter Vertrages im Wesentlichen auf Kontrollfunktionen gegenüber der Kommission; seit 1995 muss sich die Kommission vor Beginn ihrer Amtszeit als Kollegium einem Zustimmungsvotum des Europäischen Parlaments stellen. Die Rechtsetzungsbefugnisse des Parlaments sind in einigen Bereichen noch immer gering, wurden aber kontinuierlich ausgebaut. Befugnisse betreffen u. a. das Haushaltswesen der EG; bei der Gestaltung der vertraglichen Außenbeziehungen der EG hat das Europäische Parlament Anhörungsrechte, der Beitritt neuer Mitgliedsstaaten und der Abschluss von Assoziationsabkommen bedürfen der Zustimmung durch das Parlament.

Im Rat der Europäischen Union sind die Regierungen der Mitgliedsstaaten vertreten. Er setzt sich aus je einem Vertreter der Mitgliedsstaaten auf Ministerebene zusammen, sodass für Deutschland nicht nur Bundes-, sondern seit In-Kraft-Treten des Maastrichter Vertrages auch Landesminister entsandt werden können, wenn diese nach innerstaatlichem Recht befugt sind, für die Regierung verbindlich zu handeln. Die konkrete Zusammensetzung des Rates wechselt entsprechend den zu behandelnden Themen. Der Rat ist das wichtigste Entscheidungs- und Rechtsetzungsorgan der EG. Für Beschlussfassungen des Rates gilt die Mehrheitsregel. Zur Ermittlung der häufig notwendigen qualifizierten Mehrheit liegen Stimmengewichtungen fest: Deutschland, Frankreich, Großbritannien und Italien haben je 29, Spanien und Polen je 27, die Niederlande 13, Belgien, Griechenland, die Tschechische Republik, Ungarn und Portugal je 12, Österreich und Schweden je 10, Dänemark, Irland, Litauen, Slowakei und Finnland je 7 und Estland, Zypern, Lettland, Luxemburg und Slowenien jeweils 4 und Malta hat 3 Stimmen. Den Vorsitz im Rat führt der Vertreter des Mitgliedsstaates, der die in alphabetischer Reihenfolge halbjährlich wechselnde Präsidentschaft innehat. Die Tagungen des Rates finden in der Regel in Brüssel statt.

Europäische Gemeinschaften. Eine der zentralen Aufgaben des Europäischen Parlaments ist die Kontrolle der Europäischen Kommission. Betrugsaffären und Missmanagement führten 1999 zu einem Misstrauensantrag, den die Chefin der Fraktion der Sozialdemokraten, Pauline Green (vorne links), begründete.

Die Europäische Kommission besteht (seit 2004) aus 25 Mitgliedern, die von den Regierungen der Staaten der EU im gegenseitigen Einvernehmen und nach Zustimmung durch das Europäische Parlament für fünf Jahre ernannt werden. Ab November 2004 stellt jeder Mitgliedsstaat nur noch einen Kommissar (vorher teilweise zwei). Die Staats- und Regierungschefs benennen mit qualifizierter Mehrheit den Präsidenten der Kommission, dem das Europäische Parlament seine Zustimmung erteilen muss, bevor dieser die einzelnen Mitglieder der Kommission ernennt. Der Kommissionspräsident hat zwar keine sachlichen Weisungsrechte gegenüber den Mitgliedern, durch sein Anhörungsrecht bei deren Benennung, das Repräsentationsrecht nach außen und seine Zugehörigkeit zum Europäischen Rat der Staats- und Regierungschefs hat er jedoch eine hervorgehobene Position. Die Auf-

Europäische Gemeinschaften. Sitz des Europäischen Parlaments ist Straßburg (hier das 1999 fertig gestellte Tagungsgebäude für die 731 Abgeordneten).

teilung der Aufgaben der Kommissionsmitglieder folgt dem Kollegialprinzip, d. h., jedem Kommissar sind spezielle Aufgabenbereiche zugewiesen. Die Kommission ist ein unabhängiges, nicht an Weisungen gebundenes Organ. Sie hat ein Initiativrecht, das ihr erlaubt, dem Rat aktiv Vorschläge und Entwürfe für Gemeinschaftsregelungen zu unterbreiten, andererseits kann sie verpflichtet sein, auf Aufforderung des Rates Vorschläge auszuarbeiten. Sie hat ferner darauf zu achten, dass die Bestimmungen der Verträge eingehalten werden. Bei Vertragsverletzungen muss sie einschreiten und unter Umständen den Europäischen Gerichtshof anrufen. Die Kommission sitzt in Brüssel, einige Dienststellen sind in Luxemburg untergebracht.

Der Europäische Gerichtshof (EuGH) mit Sitz in Luxemburg ist das Recht sprechende Organ; seit 2004 ist er mit 25 Richtern besetzt, die im gegenseitigen Einvernehmen von den Regierungen der Mitgliedsstaaten auf sechs Jahre ernannt werden. Der Europäische Rechnungshof mit Sitz in Luxemburg überwacht die Ordnungsmäßigkeit der Einnahmen und Ausgaben der EG.

GESCHICHTE: Die EG entwickelten sich zu der geschichtlich bedeutsamsten Trägerin des Europagedankens. In den ersten Jahren sahen sie sich mit ihrem supranationalen Konzept v. a. dem von Großbritannien vertretenen Gedanken einer Freihandelszone gegenübergestellt, die die nationale Souveränität ihrer Mitglieder nicht infrage stellte. Unter dem Eindruck der immer sichtbarer hervortretenden wirtschaftlichen Vorteile einer Mitgliedschaft in den EG, der schwindenden britischen Weltmachtrolle und der Unwahrscheinlichkeit einer baldigen Verwirklichung des supranationalen Ausbaus der EG leitete die britische Regierung mit ihren Aufnahmeanträgen 1961 und 1967 die erste Phase der Erweiterung der EG ein, die 1973 mit dem Eintritt Großbritanniens, Irlands und Dänemarks abschloss. Vor dem Hintergrund v. a. seiner landwirtschaftlichen und industriepolitischen Interessen, aber auch aus außenpolitischen Erwägungen hatte Frankreich lange Zeit gezögert, einem Beitritt Großbritanniens zuzustimmen. Nach der »Süderweiterung«, dem Beitritt Griechenlands 1981 sowie Portugals und Spaniens 1986, mussten die wirtschaftlich weniger entwickelten neuen Mitglieder, besonders Griechenland und Portugal, ihre einheimische Wirtschaft einem verstärkten Wettbewerb mit schwer kalkulierbaren sozialen Folgen aussetzen; zugleich erhielten sie jedoch EU-Fördermittel. 1995 traten Österreich, Schweden und Finnland bei; ein Beitritt Norwegens scheiterte am ablehnenden Referendum der Norweger.

Nach der Vollendung der Zollunion 1968 erfuhren die Pläne einer Wirtschafts- und Währungsunion mit der Schaffung eines einheitlichen Zollgebietes 1977 und eines Europäischen Währungssystems 1979 eine begrenzte Realisierung. Die Integration der nationalen Landwirtschaften durch gemeinsame Agrarmarktordnungen ist noch immer ein Kernstück der bisherigen Integrationspolitik, belastet seit den 1970er-Jahren jedoch zunehmend den Haushalt der EG und stellt andere Gemeinschaftsaufgaben infrage. In ihrem Kern unvereinbare Zielsetzungen bei der Festsetzung der Agrarpreise führen zu politisch motivierten, wirtschaftlich jedoch unbefriedigenden Ergebnissen, u. a. der Überproduktion.

Die 1986 von den Mitgliedsstaaten der EG beschlossene, am 1. 7. 1987 in Kraft getretene Einheitliche Europäische Akte (EEA) erweiterte die Verträge von Rom und Paris. Sie erleichterte Mehrheitsentscheidungen im Rat, beteiligte das Europäische Parlament verstärkt an der Gesetzgebung und verbesserte dadurch die Position von Parlament und Kommission gegenüber dem Rat, bei dem jedoch weiterhin die Entscheidungskompetenz über Gesetzesvorlagen verblieb; außerdem wurde die bislang informelle »Europäische Politische Zusammenarbeit« zum Bestandteil des europäischen Vertragswerkes erhoben und eine gemeinsame europäische Außenpolitik angestrebt. Die zweite grundlegende Änderung der Gründungsverträge ist der vom Europäischen Rat am 9./10. 12. 1991 beschlossene, am 7. 2. 1992 in Maastricht unterzeichnete und am 1. 11. 1993 in Kraft getretene Vertrag über die Europäische Union (EU). Der am 2. 10. 1997 unterzeichnete, am 1. 5. 1999 in Kraft getretene Vertrag von Amsterdam und der am 26. 2. 2001 unterzeichnete, am 1. 2. 2003 in Kraft getretene Vertrag von Nizza schrieben die institutionelle Fortentwicklung der EU fest (u. a.

Stärkung des Europäischen Parlaments, Neuordnung des Rats der Europäischen Union, Reform der Europäischen Kommission).

1998 nahm die Europäische Zentralbank ihre Tätigkeit auf. Die gemeinsame Währung, der »Euro«, wurde zum 1. 1. 1999 in zunächst elf Teilnehmerländern der Europäischen Wirtschafts- und Währungsunion, der »Euro-Zone«, eingeführt (als Bargeld zum 1. 1. 2002). Zum 1. 5. 2004 wurden Estland, Lettland, Litauen, Malta, Polen, Slowenien, die Slowakische und die Tschechische Republik, Ungarn sowie (der griechischsprachige Teil von) Zypern Mitglied der EU; über die Aufnahme Rumäniens und Bulgariens (Beitrittskandidaten seit 1998) sowie der Türkei (Beitrittskandidat seit 1999) wird derzeit verhandelt. Die »Osterweiterung« der EU trug zunächst zur Stabilisierung der wirtschaftlichen und innenpolitischen Situation der Neumitglieder bei; zugleich führte sie die EU an die Grenzen ihrer Handlungsfähigkeit und machte Reformen sowohl in den Mitgliedsstaaten selbst als auch innerhalb der Gemeinschaft unumgänglich. Der vom Europäischen Konvent vorbereitete, am 29. 10. 2004 unterzeichnete (in den Mitgliedsstaaten zu ratifizierende) »Vertrag über eine Verfassung für Europa« sollte die EU auf eine völlig neue verfassungsrechtliche Grundlage stellen; neben einer Neuregelung der Kompetenzverteilung und der Organe enthält er eine Charta der Grundrechte.

Europäische Gemeinschaft für Kohle und Stahl, Abk. **EGKS, Montanunion,** englisch **European Coal and Steel Community** [jʊərə'pi:ən 'kəʊl ənd 'sti:l kə'mju:nɪtɪ], Abk. **ECSC,** französisch **Communauté Européenne du Charbon et de l'Acier** [kɔmyno'te œrɔpe'ɛn dy ʃar'bɔ̃ e dəla'sje], Abk. **CECA,** supranationale Organisation mit eigener Rechtspersönlichkeit, die auf eine partielle wirtschaftliche Zusammenarbeit der Mitgliedsländer zielt und die den Anfang der europäischen Integration nach 1945 bildete.

GESCHICHTE: Die Montanunion wurde durch den »Pariser Vertrag« vom 18. 4. 1951 zwischen Belgien, der Bundesrepublik Deutschland, Frankreich, Italien, Luxemburg und den Niederlanden als überstaatliche Gemeinschaft zur Errichtung eines gemeinsamen Marktes für Kohle und Stahl begründet. Der Vertrag, seit 23. 7. 1952 in Kraft, geht auf die Initiative des französischen Außenministers Robert Schuman zurück. Außenpolitisch sollten die direkten Kontrollbefugnisse der Siegermächte des Zweiten Weltkriegs über die Ruhrindustrie abgelöst werden, wirtschaftspolitisch wurde eine rationelle Versorgung der Verbraucher mit Montanprodukten durch Zusammenfassung nationaler Märkte zu einem

EUROPÄISCHE UNION

Maastrichter Vertrag

Die Maastrichter Beschlüsse der Staats- und Regierungschefs vom 9./10. 12. 1991, mit denen die Politiker Einigung über den Entwurf des Vertrags über die Europäische Union erzielten, stellen die bisher weitgehendste Änderung der EG-Verträge dar. Diese Beschlüsse mündeten in den von den Außen- und Finanzministern der Mitgliedsstaaten – hier die deutschen Vertreter Hans-Dietrich Genscher und Theo Waigel – am 7. 2. 1992 unterzeichneten Vertrag von Maastricht. Darin vereinbarten die zwölf Mitgliedsländer, die Gemeinschaft in eine vollständige Wirtschafts- und Währungsunion umzuwandeln und schrittweise die politische Union aufzubauen.

Vorausgegangen waren in allen Beitrittsstaaten zum Teil äußerst kontroverse politische Auseinandersetzungen, die auch nach der Unterzeichnung der Verträge 1992 anhielten. So stimmte die dänische Bevölkerung im Juni 1992 bei einem Referendum gegen die Ratifizierung des Vertrags über die Europäische Union – eine Entscheidung, die vom Europäischen Rat mit einer Ausnahmeregelung für Dänemark beantwortet wurde, welche es den Dänen erlaubte, eine zweite Volksabstimmung durchzuführen; diese brachte im Mai 1993 auch die dänische Ratifizierung. Die französische Bevölkerung, die ebenso wie die Iren (Zustimmung im Juni 1992) in einem Referendum direkt befragt wurde, entschied sich im September 1992 mit knapper Mehrheit für die Ratifizierung. Am 1. 11. 1993 waren dann alle nationalen Ratifizierungsverfahren abgeschlossen und der Vertrag konnte in Kraft treten.

gemeinsamen Markt für Kohle und Stahl angestrebt.

Europäische Kommission, ein Organ der →Europäischen Gemeinschaften.

Europäisches Parlament, ein Organ der →Europäischen Gemeinschaften.

Europäisches Wiederaufbauprogramm, →ERP.

Europäische Union, Abk. **EU,** englisch **European Union** [jʊrəˈpiːn ˈjuːnjən], französisch **Union Européenne** [yˈnjõ œrɔpeˈɛn], durch den am 1. 11. 1993 in Kraft getretenen Maastrichter Vertrag gegründeter politischer und wirtschaftlicher Zusammenschluss der Mitgliedsstaaten der →Europäischen Gemeinschaften.

Ziele der EU sind die Förderung des sozialen und wirtschaftlichen Fortschritts durch einen Raum ohne Binnengrenzen und die Errichtung einer Europäischen Wirtschafts- und Währungsunion, eine gemeinsame Außen- und Sicherheitspolitik der Mitgliedsstaaten, zu der zu einem späteren Zeitpunkt auch eine gemeinsame Verteidigungspolitik gehören soll, die Stärkung der Bürgerrechte der Angehörigen der Mitgliedsstaaten durch die Einführung einer Unionsbürgerschaft sowie die Wahrung und Weiterentwicklung des bisher im Rahmen der EG Erreichten. Zur Wahrung der Kontinuität und der Kohärenz der Maßnahmen der Union wurden die Zuständigkeiten der Organe der EG erweitert, sodass diese zugleich Organe der EU sind.

Grundlage der EU sind zunächst die bestehenden EG, welche die »erste Säule« bilden. Neben diese tritt als »zweite Säule« die Gemeinsame Außen- und Sicherheitspolitik (GASP), in deren Rahmen die Mitgliedsstaaten ihre Außenpolitik koordinieren sowie gemeinsame Standpunkte und Aktionen beschließen. Auf längere Sicht soll die GASP auch eine gemeinsame Verteidigungspolitik umschließen. Dazu soll schrittweise die Westeuropäische Union (WEU), der allerdings noch nicht alle EU-Staaten als Vollmitglied angehören, zur »Verteidigungskomponente« der EU entwickelt werden. Die »dritte Säule«, die Zusammenarbeit in den Bereichen Justiz und Inneres, umfasst die Kooperation in Asylfragen, bei der Kontrolle der Unionsgrenzen, bei der Einwanderungspolitik sowie bei der Bekämpfung von internationaler Kriminalität (z. B. durch Aufbau eines Europäischen Polizeiamts, der Europol).

Europäische Verteidigungsgemeinschaft, Abk. **EVG,** 1952 beschlossene, in der Folgezeit jedoch nicht verwirklichte supranationale Gemeinschaft von Belgien, der Bundesrepublik Deutschland, Frankreich, Italien, Luxemburg und Niederlande zur Aufstellung einer gemeinsamen Verteidigungsorganisation. Der am 27. 5. 1952 in Paris unterzeichnete EVG-Vertrag sah die Verschmelzung der nationalen Streitkräfte der sechs Staaten vor; er fußte auf einem Plan des französischen Verteidigungsministers René Pleven, der die besonders von den USA gewünschte Beteiligung deutscher Streitkräfte an der Verteidigung Westeuropas mit den v. a. von französischer Seite gehegten Befürchtungen vor einer deutschen Wiederbewaffnung abzustimmen suchte. Mit der Ablehnung des EVG-Vertrages durch die französische Nationalversammlung am 30. 8. 1954 scheiterte der Plan. Der deutsche Verteidigungsbeitrag wurde daraufhin im Rahmen der neu geschaffenen, in die NATO integrierten Westeuropäischen Union verwirklicht.

Europäische Wirtschaftsgemeinschaft, Abk. **EWG,** englisch **European Economic Community** [jʊərəˈpiːən iːkəˈnɔmɪk kəˈmjuːnɪtɪ], Abk. **EEC** [iːiːˈsiː], französisch **Communauté Économique Européenne** [kɔmynoˈte ekɔnɔˈmik œrɔpeˈɛn], Abk. **CEE** [seəˈe], die durch die Römischen Verträge, unterzeichnet am 25. 3. 1957, zwischen Belgien, der Bundesrepublik Deutschland, Frankreich, Italien, Luxemburg und den Niederlanden begründete überstaatliche Gemeinschaft zum Zweck der wirtschaftlichen Integration. 1973 traten Dänemark, Großbritannien und Irland, 1981 Griechenland, 1986 Spanien und Portugal, 1995 Finnland, Österreich und Schweden bei. Durch den am 1. 11. 1993 in Kraft getretenen Maastrichter Vertrag zur Gründung der Europäischen Union wurde der am 1. 1. 1958 in Kraft getretene, zeitlich unbefristete EWG-Vertrag nach Erweiterung in wesentlichen Punkten in EG-Vertrag und die EWG in Europäische Gemeinschaft umbenannt. Seit dem 1. 7. 1967 ist die EWG/EG neben EGKS und EURATOM durch den Fusionsvertrag organisatorisch integrierter Bestandteil der →Europäischen Gemeinschaften.

Die Errichtung des gemeinsamen Marktes, des Europäischen Binnenmarktes, kann als erste Stufe der Integration angesehen werden. Das Kernstück des gemeinsamen Marktes, die Zollunion, wurde am 1. 7. 1968 im Wesentlichen vollendet, zum 1. 1. 1993 trat die Vereinbarung über den Europäischen Binnenmarkt in Kraft. Die zweite Stufe ist eine nach einheitlichen Gesichtspunkten durchgeführte Wirtschaftspolitik, die die dritte Stufe der Integration, die Europäische Wirtschafts- und Währungsunion (EWWU) mit gemeinsamer Währung und Währungspolitik, flankieren soll.

Europarat, englisch **Council of Europe** [ˈkaʊnsl ɔf ˈjʊərəp], französisch **Conseil de l'Europe** [kɔ̃ˈsɛj dəlœˈrɔp], eine Organisation europäischer Staaten auf völkerrechtlicher Grundlage mit Sitz in Straßburg. Sie wurde durch private Initiativen wie die von Richard Graf von Coudenhove-Kalergi, namentlich durch die Entschließungen des Kongresses der europäischen Unionsbewegungen in Den Haag am 7.–10. 5. 1948, angeregt. Die von einer Zehn-Staaten-Konferenz in London ausgearbeitete Satzung schlug eine Zusammenarbeit gleich gesinnter Mitgliedsstaaten zur Förderung des wirtschaftlichen und sozialen Fortschritts vor, schloss aber militärische Fragen von der Zuständigkeit aus. Die Gründungsmitglieder waren Belgien, Dänemark, Frankreich, Großbritannien, Irland, Italien, Luxemburg, Niederlande, Norwegen und Schweden; ihm gehören (2004) 45 Mitglieder an.

European Communities [jʊərəˈpiːən kəˈmjuːnɪtɪz, engl.], die →Europäischen Gemeinschaften.

European Recovery Program [jʊərəˈpiːən rɪˈkʌvərɪ ˈprəʊgræm, engl.], →ERP.

Euthanasie [griech. »schöner Tod«], Sterbehilfe für unheilbar Kranke und Schwerstverletzte mit dem Zweck, ihnen ein qualvolles Ende zu ersparen. Die Euthanasie im weiteren Sinn hat mehrere Bedeutungen: 1) Tötung auf Verlangen, die aktive Euthanasie; 2) a) Hilfe beim Sterben ohne Lebensverkürzung, b) Hilfe zum Sterben mit in Kauf genommener Lebensverkürzung, die passive Euthanasie.

GESCHICHTE: Der Begriff »Euthanasie« findet sich bereits in der griechisch-römischen Antike. Damit war ein »guter«, d. h. schneller, leichter und schmerzloser Tod gemeint, manchmal auch der ehrenvolle Tod eines Kriegers im Kampf. Euthanasie bedeutete jedoch nur die bestimmte Todesart, nie bezog sie sich auf das Eingreifen eines Menschen in den Sterbeverlauf. Erstmals sah Francis Bacon 1605 die Schmerzlinderung bei Sterbenden als eine ärztliche Aufgabe an.

In den Kreisen des Monistenbundes begann 1913 die Diskussion um die Straffreiheit einer Euthanasie mit gezielter Lebensverkürzung als Tötung auf Verlangen von Sterbenden und unheilbar Kranken. Das Recht des Individuums auf einen angenehmen Tod ist auch Programmpunkt der seit den 1930er-Jahren v. a. in den angelsächsischen Ländern entstehenden Euthanasiegesellschaften. Ihre Forderungen stießen jedoch bisher gleichermaßen auf die Ablehnung des Gesetzgebers wie der ärztlichen Standesvertretungen und der Kirchen.

Unter der irreführenden Tarnbezeichnung »Euthanasie« führte die nationalsozialistische Regierung in Deutschland 1940–45 ein Programm zur systematischen Tötung missgebildeter Kinder und erwachsener Geisteskranker durch. Sie konnte sich dabei auf eine sozialdarwinistisch geprägte Humangenetik stützen, die unter der Bezeichnung »Rassenhygiene« bereits in der Zeit der Weimarer Republik (1918/19–33) vertreten worden war.

Die »Vernichtung lebensunwerten Lebens« – so auch die nationalsozialistische Terminologie – durch Tötung, die seit 1938 in Abkehr von der zunächst vordergründig praktizierten »Erbgesundheitspolitik« offen propagiert wurde, ging auf eine Zustimmung Adolf Hitlers zur Gewährung des »Gnadentodes durch namentlich zu bestimmende Ärzte« vom Oktober 1939 zurück. Am 9. 10. 1939 begann die »planwirtschaftliche Erfassung« der Patienten in allen staatlichen sowie der Inneren Mission unterstellten Heil- und Pflegeanstalten. Am 18. 8. 1939 war die Meldepflicht für »missgestaltete usw. Neugeborene« eingeführt worden. Unter Verantwortung der nach dem Sitz der im Herbst 1939 eingerichteten »Euthanasie«-Zentrale in der Tiergartenstraße 4 in Berlin benannten Geheimorganistion »T 4« fielen dem zwischen Anfang 1940 und August 1941 durchgeführten nationalsozialistischen Euthanasieprogramm etwa 70 000 geistig oder psychisch kranke Menschen, aber auch Kinder und Jugendliche aus Fürsorgeeinrichtungen sowie Asoziale und Juden durch Massenvergasungen zum Opfer.

Am 23. 8. 1941 wurde die organisierte Mordaktion zunächst aufgrund kirchlicher Proteste gestoppt, aber unter strengerer Geheimhaltung von September 1941 bis Mitte 1944, in einigen Anstalten bis April 1945, fortgesetzt. Ihr fielen noch einmal 20 000 bis 30 000 Menschen, auch aus den von Deutschland besetzten Gebieten Polens und der UdSSR, und kranke »Fremdarbeiter« zum Opfer. Nach Kriegsende erfolgte in zahlreichen Fällen eine Verurteilung von belasteten Ärzten und Pflegepersonal.

EVG, Abk. für →Europäische Verteidigungsgemeinschaft.

EWG, Abk. für →Europäische Wirtschaftsgemeinschaft.

Ewiger Landfriede, Kernstück der auf dem Wormser Reichstag von 1495 erlassenen Gesetze. Im Gegensatz zu bereits früher erlassenen Landfrieden war der Ewige Landfriede keiner zeitlichen Begrenzung unterworfen und blieb tatsächlich als Reichsgrundgesetz bis zum Ende des Heiligen Römischen Reiches 1806 in Kraft. Die wichtigste Bestimmung des Ewigen Landfriedens war das generelle Verbot des feudalen Fehderechts, womit unter Androhung der Reichsacht der bewaffneten Selbsthilfe des weltlichen und geistlichen Adels der Boden entzogen werden sollte. Die Wahrung des Ewigen Landfriedens wurde dem neu geschaffenen Reichskammergericht als oberster Rechtsinstanz übertragen.

F

Fabian Society ['feɪbjən sə'saɪətɪ; engl. »Fabier-Gesellschaft«], 1883/84 entstandene Vereinigung britischer Intellektueller (u. a. die Schriftsteller George Bernard Shaw und H. G. Wells), die einerseits das → Manchestertum ablehnten, sich andererseits aber auch vom Klassenkampfdenken des Marxismus abkehrten und den Sozialismus in verfassungsmäßiger Evolution zu verwirklichen suchten. Die Fabian Society wurde nach dem römischen Feldherrn Quintus Fabius Maximus Verrucosus Cunctator benannt, dessen erfolgreiche Militärtaktik aus Geduld und Abwarten sie bei der Vergesellschaftung der Wirtschaft anwenden wollten. Die Fabian Society war 1906 an der Gründung der Labour Party beteiligt.

Fabius, römisches Patriziergeschlecht,

1. Quintus Fabius Maximus Rullianus, römischer Konsul (322, 310, 308, 297 und 295 v. Chr.), Diktator (315 und 313 v. Chr.) und Zensor (304 v. Chr.); kämpfte siegreich gegen Samniten und Etrusker und gewann 295 v. Chr. zusammen mit Publius Decius Mus die Entscheidungsschlacht bei der umbrischen Stadt Sentinum (heute Sassoferrato, Marken).

2. Quintus Fabius Maximus Verrucosus (»warzig, warzenbehaftet«), Beiname Cunctator (»der Zauderer«), römischer Konsul (233, 228, 215, 214 und 209 v. Chr.) und Zensor (230), * um 280 v. Chr., † 203 v. Chr., Urenkel von Quintus Fabius Maximus Rullianus; erreichte während des 2. Punischen Krieges (218–201 v. Chr.) den Höhepunkt seines Wirkens als Feldherr und Staatsmann. Nach der Niederlage der Römer am Trasimenischen See (217 v. Chr.) zum Diktator ernannt, vermied Fabius planvoll jede Schlacht gegen die im offenen Kampf überlegenen Karthager: er suchte jedoch durch hinhaltenden Widerstand (der ihm seinen Beinamen einbrachte) die Kräfte des Gegners zu binden und so die Voraussetzungen für Erfolge auf anderen Kriegsschauplätzen zu schaffen. Diese Taktik wurde später bestimmend für die römische Kriegführung in Italien.

Falange [fa'laŋxe; span. eigentlich »Stoßtrupp«, von latein. phalanx, griech. phalagx, eigentlich »Balken«, »Baumstamm«], Kurzname der antidemokratischen spanischen Staatspartei unter der Diktatur von General Francisco Franco, gegründet am 13. 2. 1934 unter Führung von José Antonio Primo de Rivera durch den Zusammenschluss der »Falange Española« (gegründet am 29. 10. 1933) mit den nationalen Syndikalisten, den »Juntas de Ofensiva Nacional-Sindicalista« (Abk. J.O.N.S.). Nach dem Sieg der Volksfront (Februar 1936) wurde sie als Partei faschistischen Typs verboten, ihre Führer wurden verhaftet. Am Ausbruch des Spanischen Bürgerkrieges 1936 unmittelbar nicht beteiligt, schloss sie sich jedoch sofort dem Aufstand Francos an. 1937 verband sich die Falange unter dem Druck Francos mit den Traditionalisten (Karlisten); seitdem nannte sich die Partei Falange Española Tradicionalista y de las J.O.N.S. (Abk. F.E.T. y de las J.O.N.S.). Nach dem Zusammenbruch der Republik (1939) war sie wesentliches Instrument des diktatorischen Herrschaftssystems Francos. Im Zuge der Demokratisierung Spaniens wurde die Falange 1977 aufgelöst.

Falkenhayn, Erich von, deutscher General, * Burg Belchau (Kreis Graudenz) 11. 9. 1861, † Schloss Lindstedt (bei Potsdam) 8. 4. 1922; war 1913–15 preußischer Kriegsminister und löste kurz nach Beginn des Ersten Weltkriegs Generaloberst Helmuth von Moltke als Chef des Generalstabes des deutschen Feldheeres ab. Falkenhayns militärische Taktik verfolgte das Ziel, durch die Abnutzungsschlacht um Verdun 1916 das französische Heer »verbluten« zu lassen und damit die Entente friedensbereit zu machen. Als diese Strategie mit dem Beginn der englisch-französischen Offensive an der Somme scheiterte, wurde Falkenhayn am 29. 8. 1916 durch Hindenburg abgelöst. Im Herbst 1916 wurde er mit der Führung der 9. Armee im Feldzug gegen Rumänien betraut, im Juli 1917 übernahm er den Befehl über eine Heeresgruppe auf dem vorderasiatischen Kriegsschauplatz, ab Februar 1918 führte er die 10. Armee in Weißrussland.

Familie, Sonderartikel S. 236/237.

Farnese, Alessandro der Jüngere, italienischer Kardinal (seit 1534), * Valentano (bei Viterbo) 10. 10. 1520, † Rom 4. 3. 1589; war Bischof mehrerer Bistümer (u. a. Avignon und Monreale) und leitete für seinen Großvater, Papst Paul III., seit 1538 die Politik der Kurie. 1546 führte Farnese das päpstliche Hilfskorps für Kaiser Karl V. in den Schmalkaldischen Krieg. 1555 entschied er die Wahl Papst Pauls IV.; er förderte die Jesuiten und das Konzil von Trient. Bedeutend als Kunstmäzen, ließ er in Rom die Kirche Il Gesù erbauen und den Palazzo Farnese vollenden.

Faschismus [italien., zu fascio »Rutenbündel«], zunächst Eigenbezeichnung einer politischen Bewegung, die unter Führung von Benito Mussolini 1922–45 in Italien die beherrschende politische Macht war und ein diktatorisches Regierungssystem trug. Später wird Faschismus die Bezeichnung für alle extrem nationalistischen, nach dem Führerprinzip organisierten antiliberalen und antimarxistischen Bewegungen, Ideologien oder Herrschaftssysteme, die nach dem Ersten Weltkrieg (1914–18) die parlamentarischen Demokratien abzulösen suchten.

FASCHISMUS IN ITALIEN: Seit den 1870er-Jahren gab es in Italien »Fasci« (»Bünde«), v. a. innerhalb der Arbeiterbewegung und bei den sizilianischen Landarbeitern. 1919 gründete Mussolini in Mailand mit Gesinnungsgenossen den ersten »Fascio di combattimento« (»Kampfbund«), der eine scharfe politische Wendung von links nach rechts nahm und gegen den revolutionären Sozialismus Front machte. Mit der Gründung der faschistischen Partei Italiens »Partito Nazionale Fascista« (PNF) 1921 gewann der Faschismus auch in Teilen der Bürokratie, der Armee und der katholischen Kirche Rückhalt.

Nachdem Mussolini 1922 mit dem Marsch auf Rom gewaltsam die Macht in Italien gewonnen und seine Ernennung zum Ministerpräsidenten erzwungen hatte, baute er als »Duce« (Führer) ein diktatorisches Regierungssystem auf. Allmählich entwickelte sich der faschistische Staat in Italien auch zur persönlichen Diktatur Mussolinis, dessen politische Ideologie (1932 zusammengefasst in der »Dottrina del fascismo«) über Italien hinaus von großer Wirkung war. Er engte den Klassenkampfgedanken auf das Nationale ein, betonte den »Willen zur Macht« und die Notwendigkeit hierarchisch-autoritärer Führung sowie die »direkte Aktion« in der politischen Auseinandersetzung. Er entwickelte die Idee eines in Italien zentrierten Imperiums rund ums Mittelmeer und den Gedanken eines totalen Staates.

Im Zweiten Weltkrieg geriet das Herrschaftssystem Mussolinis immer stärker in Abhängigkeit vom nationalsozialistischen Deutschland. Unter dem Schutz deutscher Truppen suchte Mussolini nach seiner Absetzung (Juli 1943) mit der Errichtung der »Repubblica Sociale Italiana« (September 1943) in Oberitalien seine Ziele – nunmehr wieder unter stärkerer Betonung sozialrevolutionärer Ansätze – zu verwirklichen, scheiterte jedoch im Zuge der deutschen Niederlage (1945).

FASCHISTISCHE BEWEGUNGEN IN ANDEREN LÄNDERN: Nach dem Ersten Weltkrieg wirkte der italienische Faschismus als Vorbild auf zahlreiche ähnlich orientierte Bewegungen besonders in Europa. In Deutschland war der →Nationalsozialismus in seinen Anfängen vom italienischen Modell wesentlich mitbestimmt, wenngleich er von Anfang an versuchte, die ideologischen Unterschiede zu betonen, z.B. hinsichtlich seiner rassistischen Einstellung. Nach Errichtung der nationalsozialistischen Diktatur in Deutschland (1933) und der deutsch-italienischen Zusammenarbeit in der Außenpolitik (»Achse Ber-

Fortsetzung S. 238

FASCHISMUS

Die 1919 von Benito Mussolini gegründete antisozialistische und antikapitalistische Bewegung der »Fasci di combattimento« sprach mit einem militanten Nationalismus vor allem ehemalige Frontsoldaten an und traf in der von Geldentwertung, Wirtschaftskrise und Arbeitslosigkeit geprägten italienischen Nachkriegssituation auf die Unzufriedenheit breiter Massen mit den Ergebnissen der Friedensverträge nach dem Ersten Weltkrieg. Unterstützung erhielt die Bewegung zudem von Armee, Polizei, staatlicher Bürokratie und der eine sozialistische Revolution fürchtenden Wirtschaft.

Wie am 24. 10. von ihm in Neapel verkündet, bahnte sich Mussolini am 27./28. 10. 1922 mit seinen paramilitärischen Verbänden schließlich durch den von ihm inszenierten »Marsch auf Rom« gewaltsam den Weg zur Macht. König Viktor Emmanuel III. ernannte Mussolini – im Bild am 29. 10. inmitten seiner Gefolgsleute in Rom – am 30. 10. 1922 zum Ministerpräsidenten einer nationalen Regierung, der vier Faschisten angehörten. Zur Staatssanierung erhielt diese außerordentliche, auf ein Jahr befristete Vollmachten, die Mussolini nutzte, um mit der Gründung des Faschistischen Großrates am 15. 12. 1922, der Institutionalisierung der faschistischen Kampfgruppen, der Vereinigung der Partei der Nationalisten mit dem »Partito Nazionale

»Marsch auf Rom«

Fascista« (PNF, März 1923) und dem Verbot aller nicht faschistischen Parteien das politische System Italiens nach dem Führerprinzip umzuwandeln (»stato totalitario«). Zeitgleich wurden Grundrechtsgarantien und die Gewaltenteilung beseitigt, Justiz und Verwaltung gleichgeschaltet und die Pressefreiheit aufgehoben. Damit wurde der italienische Faschismus in weiten Bereichen zu einer Art Modell auch für den Nationalsozialismus in Deutschland.

1

FAMILIE

1) Als Familienideal galt in Europa bis ins 18. Jh. der Typus »des ganzen Hauses«. Eine Trennung zwischen Familie und familienfremden Personen sowie eine Ausprägung einer exklusiven familialen Intimsphäre gab es nicht. Die Person des »Hausvaters« nahm eine besondere Rolle ein (Szenen aus dem Leben eines Kindes; Relief vom Sarkophag des M. Cornelius Statius; 2. Jh. n. Chr.; Paris, Louvre).

Die Familie ist die kleinste Organisationsform der menschlichen Gesellschaft. Im Gegensatz zu anderen sozialen Einheiten, etwa dem Staat, der Kirche, den Vereinen und Verbänden, vermittelt sie den Mitgliedern in besonderer Weise das Bewusstsein und das Gefühl der Zugehörigkeit zu anderen Menschen. Im Laufe der Zeiten ist die Struktur der Familie, entsprechend den politischen, wirtschaftlichen und sozialen Veränderungen, jedoch erheblichen Wandlungen unterworfen gewesen. So reflektiert sich in der Familiengeschichte auch immer die »große« Geschichte.

Antike

Unter einer Familie versteht man heute im Allgemeinen ein Ehepaar mit noch nicht erwachsenen Kindern, die gemeinsam einen Haushalt bilden. Aus historischer Perspektive ist dies eine erhebliche Verengung der ursprünglichen Bedeutung. In der Antike war für die Bildung einer Familie nicht die Nähe der verwandtschaftlichen Verbindung ausschlaggebend. Zur Familie zählten Griechen und Römer vielmehr alle Personen, die zu einem Hausstand gehörten, also auch alle Bediensteten und insbesondere die Sklaven. Die antike Familie war streng patriarchalisch organisiert: Der Vater, bei den Griechen »kyrios« (»Herr«), bei den Römern »pater familias« (»Vater der Familie«) genannt, hatte die volle Verfügungsgewalt über alle Menschen und Sachen im Haus. Der römische Familienvater besaß diese Gewalt auch über Kinder, die das Haus verlassen und eine eigene Familie gegründet hatten. Das Patriarchat ging so weit, dass der Vater unerwünschte Kinder nach der Geburt aussetzen lassen durfte. Auch das Recht der Ehescheidung stand allein dem Mann zu. In der römischen Kaiserzeit machte sich allerdings in den Oberschichten eine Tendenz zu einer größeren Freizügigkeit und insbesondere zu einer Emanzipation der Frau bemerkbar. Der daraus resultierenden wachsenden Neigung, keine Ehen mehr zu schließen und keine Familien mehr zu gründen, versuchte Kaiser Augustus im 1. Jh. n. Chr. dadurch zu begegnen, dass er per Gesetz eine Ehepflicht für Männer von 25 bis 60 und für Frauen von 20 bis 50 Jahren einführte.

Mittelalter und frühe Neuzeit

In der mittelalterlichen Familie sind viele Strukturen der antiken Familie beibehalten worden, auch wenn es lokale und zeitliche Besonderheiten gegeben hat. Generell gehörte aber auch zur mittelalterlichen »familia« die gesamte Hausgemeinschaft. Und wie in der Antike hatte der Familienvater das alleinige Sagen, die »Munt«. Im frühen Mittelalter kam ihm auch das Recht der Entscheidung über Leben und Tod zu, das allerdings unter dem zunehmenden Einfluss der Kirche allmählich eingeschränkt wurde.

Überhaupt ist in der Einbindung der Kirche in die familiäre Sphäre ein wesentlicher Gegensatz zu den Verhältnissen in der Antike zu sehen. So setzte beispielsweise im 12. Jh. Papst Alexander II. das Mindestalter für eine Eheschließung bei Mädchen auf zwölf und bei Jun-

2

3

gen auf 14 Jahre fest. Der Zusammenhalt der Familien wurde von dem jeweiligen sozialen Status und den wirtschaftlichen Möglichkeiten bestimmt. Kinder aus Bauernfamilien blieben in der Regel auf dem Hof und wurden bei der Feldarbeit eingesetzt. Die Kinder der Adligen und Reichen wurden zur Ausbildung in ein Kloster geschickt, oder sie verließen das Haus, um den Dienst bei einem Burgherrn anzutreten. An der Rolle der Frau änderte sich gegenüber den Verhältnissen in der Antike nur wenig. Sie hatte ihren festen Platz im Haus, während der Mann auf dem Feld oder, in Kriegszeiten, im Heer seiner Arbeit nachging.

In der frühen Neuzeit sahen sich die Familien nicht nur einer weiterhin starken Kontrolle durch die kirchlichen Autoritäten ausgesetzt. Auch dem absolutistischen Staat war daran gelegen, über geordnete Familienverhältnisse die vorhandenen politischen und gesellschaftlichen Zustände zu stabilisieren. Gefragt war daher die Autorität des Hausvaters. Für die Kinder, insbesondere für die Söhne, galt das Gebot des Gehorsams und der Unterordnung unter den väterlichen Willen.

Industrielle Revolution und 20. Jh.

Tief greifende Folgen für die Familien hatte die im 19. Jh. einsetzende industrielle Revolution, jedenfalls für die Familien der sich nun herausbildenden Arbeiterschaft. Verloren ging für diese die traditionelle Einheit von Haus und Arbeitsstätte. Der Mann war in der Fabrik, die Frau kümmerte sich um den Haushalt und um die Kinder, von denen viele ebenfalls arbeiten mussten, um den Lebensunterhalt der Familie zu sichern. Vielfach gingen diese Belastungen auf Kosten eines intakten Familienlebens. Diese neuen Verhältnisse bedeuteten, wenigstens in den großen Städten, auch das Ende der alten Großfamilien. Hatten früher noch drei Generationen unter einem Dach gelebt, so ging der Trend jetzt zur Kleinfamilie. Die Alten wurden häufig abgeschoben und fristeten ein trauriges Dasein in Armenhäusern.

Zu Beginn des 20. Jh. wurde vielerorts die Rolle der Frau in Gesellschaft und Familie neu definiert. Zwar gab sich gerade in bürgerlichen Kreisen der Familienvater nach wie vor als Patriarch, doch in den Familien der Arbeiter leiteten die Frauen aus ihren Leistungen für den Unterhalt von Mann und Kindern Ansprüche ab, die bald auch zu einer organisierten Frauenbewegung führten. In Deutschland wurden diese Bestrebungen im Keim erstickt, als die Nationalsozialisten die alten Rollenverhältnisse wieder herstellten, geradezu einen Mythos der Familie propagierten und kinderreiche Mütter mit Orden dekorierten.

Außer Mode kam die Familie in Westeuropa und in den USA im Zuge der in den 1960er-Jahren einsetzenden progressiven Strömungen in Politik und Gesellschaft. Die Geburtenraten gingen drastisch zurück, die Zahl der Scheidungen stieg sprunghaft an, es vermehrte sich die Zahl der außerehelichen Lebensgemeinschaften und der allein lebenden Singles. Früher denn je verließen die Kinder die Elternhäuser.

2) Zur Durchsetzung des christlichen Ehe- und Familienideals kam es erst zur Zeit der Reformation. Die Hochzeit bedeutete besonders in der bäuerlichen Gesellschaft die Herstellung neuer Verwandschaftsbeziehungen und die Zusammenführung von Besitz (»Bauernhochzeit« von Pieter Bruegel dem Älteren, um 1568; Wien, Kunsthistorisches Museum).

3) Die Mitte des 19. Jh. entstandene amerikanische Frauenbewegung gab dem Kampf der Frauen für Gleichberechtigung in der ganzen Welt wesentliche Impulse – hier Suffragetten bei einer Stimmrechtskampagne (um 1900).

Fortsetzung von S. 235
lin–Rom«, 1936) wurden in stärkerem Maße antisemitische Vorstellungen im italienischen Faschismus aufgenommen.

In Frankreich vertrat die bereits 1898 gegründete Action française Ziele und Anschauungen, die dem späteren Faschismus verwandt waren. Seit der Mitte der 1920er-Jahre entstand eine Vielzahl faschistischer Gruppen, z. B. die Frontkämpferorganisation »Croix-de-Feu« (Feuerkreuz) und der »Parti Populaire Français«. In den Niederlanden bestand die »Nationaal-Socialistische Beweging«, in Belgien der »Mouvement rexiste«. Darüber hinaus vertrat v. a. der radikale Flügel des »Vlaams Nationaal Verbond« faschistische Ideen.

In Spanien war der »Falangismus« der Hauptträger antiliberaler, antidemokratischer Bestrebungen. Nach dem Sieg General Francos im Spanischen Bürgerkrieg (1936–39) wurde die Falange eines der Fundamente der Diktatur Francos. Mit der Errichtung des »Estado Novo« schuf António de Oliveira Salazar in Portugal eine Diktatur, in deren Struktur sich faschistische mit christlichen Vorstellungen mischten.

In Österreich entwickelten sich die →Heimwehren seit 1927/28 nach dem Vorbild des italienischen Faschismus zum Kern des →Austrofaschismus. Sie gewannen bis zum Anschluss Österreichs an das Deutsche Reich (März 1938) innerhalb der →Vaterländischen Front eine starke Stellung. Die österreichischen Nationalsozialisten forderten den »Anschluss« Österreichs an das Deutsche Reich.

Auch in Südosteuropa traten verstärkt faschistische Bewegungen auf: in Rumänien die Eiserne Garde (ab 1930), »Zbor« in Jugoslawien (gegründet 1934), die →Ustascha in Kroatien nach der Zerschlagung Jugoslawiens im April 1941, die »Ethnike Organosis Hellados« in Griechenland, die »Rodna Saschtita« in Bulgarien sowie v. a. die »Pfeilkreuzler« zwischen 1935 und 1945 in Ungarn. Eigentümlich war den südosteuropäischen faschistischen Organisationen die Einbeziehung christlichen Gedankenguts.

FASCHISMUSBEGRIFF UND FASCHISTISCHE IDEOLOGIE: Die Versuche, zu einem allgemeinen Faschismusbegriff zu gelangen, sind wissenschaftlich umstritten. Während die einen die gemeinsamen Merkmale nationalistisch ausgerichteter Diktatursysteme hervorheben, betonen die anderen deren Unterschiedlichkeit in grundsätzlichen Fragen der Ideologie und Organisationsstruktur. Besonders die begriffliche Unterordnung des Nationalsozialismus unter einen Oberbegriff »Faschismus« wird von vielen Historikern als sachlich vereinfachend und wirkungsgeschichtlich gefährlich bewertet. Vielfach gelten Faschismus und Nationalsozialismus – neben dem →Kommunismus – als Formen des Totalitarismus.

Der Faschismus verfügt über keine geschlossene Ideologie, bei den faschistischen Bewegungen der einzelnen Länder sind aber gemeinsame Merkmale festzustellen: Im Allgemeinen vertritt der Faschismus einen extremen Nationalismus und Militarismus und wendet in der politischen Auseinandersetzung auch Gewalt an. Er verficht einen ausgeprägten Antiparlamentarismus, d. h., er bekämpft die Demokratie und die ihr zugrunde liegenden Ideen (u. a. Rechtsstaat, Menschen- und Bürgerrechte, Pluralismus, Opposition, Toleranz) und die sie tragenden Institutionen und Organisationen (Parlament, Parteien und Verbände). Der Faschismus mythisiert die Volksgemeinschaft und tritt besonders antiindividualistisch und minderheitenfeindlich auf; er bekämpft aggressiv jede politische Bewegung, die über den nationalstaatlichen Rahmen hinaus gesellschaftliche Veränderungen erstrebt (z. B. Liberalismus, Sozialismus, Kommunismus). Er entwickelte ein diktatorisches Herrschaftsmodell nach dem Gefolgschaftsprinzip (→Führerprinzip), stützt sich auf eine allein herrschende Staatspartei und sucht mit gewalttätigen Mitteln die Einheit einer konfliktlosen Nation herbeizuführen. Mit der aggressiven Innenpolitik verbindet der Faschismus oft eine expansionistische Außenpolitik.

Faschodakrise. Frankreich als Rotkäppchen, England als Wolf: Im Zeitalter des Imperialismus gerieten die europäischen Kolonialmächte im Ringen um Einflussgebiete in Afrika mehrfach an den Rand des Krieges (Karikatur in der Zeitschrift »Le Petit Journal«, 20. 11. 1898).

Faschodakrise, britisch-französischer Kolonialkonflikt um die Herrschaft über den Sudan 1898/99. Die Faschodakrise entstand, als britische Kolonialtruppen den Oberlauf des Nils unter britische Herrschaft zu bringen suchten und dabei im September 1898 in dem am Weißen Nil gelegenen Ort Faschoda (seit 1905 Kodok) auf französische Truppen stießen, die sich hier seit Juli festgesetzt hatten. Die dadurch heraufbeschworene Kriegsgefahr ließ Frankreich im Sudanvertrag vom 21. 3. 1899 auf das obere Nilgebiet verzichten, wofür

Großbritannien das Gebiet westlich von Darfur bis zum Tschadsee als französisches Interessengebiet anerkannte.

Fatimiden, islamische Dynastie (909–1171), die ihren Ursprung auf Fatima, die Tochter Mohammeds, und deren Mann Ali Ibn Abi Talib zurückführte. Die Herrschaft der ismailitischen Fatimiden nahm in der Provinz Ifrikija in Nordafrika (im späteren Tunesien) ihren Ausgang; sie lösten dort 909 (bis 1051/52) die seit 800 herrschenden Aghlabiden ab und eroberten fast ganz Nordafrika und Sizilien (bis 1069/91). Entscheidend und von Dauer war jedoch ihre Expansion nach Osten: 969 eroberte der fatimidische Feldherr Djauhar Ägypten; 973 hielt sein Herr, Kalif und Imam Muiss Einzug in das neu gegründete Kairo. Unter ihm und seinen Nachfolgern Asis und Hakim entfalteten die Fatimiden ihre größte Macht. Ägypten erlebte einen Hochstand an materieller und geistiger Kultur; von dort dehnten sie ihren Machtbereich auch auf Palästina und Syrien aus. Im 11. Jh. setzte der Zerfall der fatimidischen Herrschaft ein. Der Aijubiden-Sultan Saladin machte ihr nach dem Tod des 13. Kalifen 1171 ein Ende.

Faure [fɔːr], Edgar, französischer Politiker, *Béziers 18. 8. 1908, †Paris 30. 3. 1988; Rechtsanwalt; schloss sich der Radikalsozialistischen Partei an. Als Mitglied der Widerstandsbewegung (seit 1940) leitete Faure 1943–44 die Services législatifs des Comité Français de la Libération Nationale und die provisorische Regierung. 1945 war er Mitglied der französischen Anklagevertretung bei den Nürnberger Prozessen.

In der Zeit der Vierten Republik war Faure Abgeordneter (1946–58), mehrfach Minister, 1952 und 1955/56 Ministerpräsident. Nachdem er in Konflikt mit seiner Partei geraten war, wurde er 1956 aus ihr ausgeschlossen. In der Zeit der Fünften Republik (seit 1958) näherte sich Faure den Gaullisten an. Er war Senator (1959–66), Abgeordneter (1967/68, 1973–80) und nochmals Minister. Als Unterrichtsminister leitete er 1968 vor dem Hintergrund der Studentenunruhen eine Universitätsreform ein. 1973–78 war er Präsident der Nationalversammlung, 1979–81 MdEP, seit 1980 wieder Senator.

FDGB, Abk. für →Freier Deutscher Gewerkschaftsbund.

FDJ, Abk. für →Freie Deutsche Jugend.

FDP, Abk. für →Freie Demokratische Partei.

Februarrevolution,

1. die französische Revolution vom 24. 2. 1848, die zum Sturz der Julimonarchie und zur Errichtung der Zweiten Republik führte und europaweit die →Märzrevolution auslöste.

2. die erste Phase der russischen Revolution im März (nach dem damals in Russland gültigen julianischen Kalender: Februar) 1917, die den Sturz des Zaren einleitete. Die Februarrevolution wurde ausgelöst durch eine Streikbewegung von Arbeitern, der sich am 8. 3. 1917 demonstrierende Frauen anschlossen und die am 9. 3. in einen Generalstreik mündete. Der Schießbefehl von Zar Nikolaus II. löste am 11. 3. unter Teilen der Petrograder Garnison eine Meuterei aus, in deren Verlauf sich die Soldaten den Demonstranten anschlossen. Am 15. 3. unterzeichnete der Zar die Abdankungsurkunde; am selben Tag wurde eine provisorische Regierung unter Fürst Georgi Lwow proklamiert. Der Petrograder Sowjet der Arbeiterdeputierten richtete in Form des »Provisorischen Exekutivkomitees des Arbeiterdeputiertenrates« eine Gegenregierung ein und lehnte eine Regierungsbeteiligung ab. Es folgte eine Zeit der »Doppelherrschaft«, in der die Macht zwischen der bürgerlichen Provisorischen Regierung und den revolutionären Sowjets geteilt war; sie mündete schließlich in die →Oktoberrevolution.

Edgar Faure

Federalists ['fedərəlɪsts; engl. »Föderalisten«], in den USA ab 1787 die Befürworter einer starken Bundesgewalt gegenüber dem Partikularismus der Einzelstaaten. Unter der Führung von Alexander Hamilton und dem Präsidenten John Adams wirkten die Federalists für eine nationale Konsolidierung im Inneren und suchten, mit einer gewissen Anlehnung an Großbritannien, eine unabhängige, neutrale Außenpolitik durchzusetzen. 1798 und 1800 unterlagen sie den demokratisch-republikanischen Kräften unter der Führung Thomas Jeffersons, behielten aber, v.a. in Neuengland, noch bis 1816 eine gewisse politische Bedeutung.

Federmann, Nikolaus, deutscher Handelsbeauftragter und Konquistador, *Ulm um 1505, †Valladolid (Spanien) 22. (oder 23.) 2. 1542; begleitete 1530 im Dienste der Kaufmannsdynastie der Welser spanische Siedler und deutsche Bergleute nach Coro in Venezuela und wurde dort Stellvertreter des Statthalters, dann Generalkapitän (1534/35) und schließlich Statthalter (1535). Bei einer eigenmächtigen Expedition (1530/31) überschritt er den nordöstlichen Teil der Kordilleren erstmals nach Süden und erforschte das Stromgebiet des Orinoco. Bei einer weiteren Expedition 1537 drang er auf eine Hochfläche am Westhang der östlichen Kordilleren, wo er mit anderen die Stadt Bogotá gründete.

Fehde [althochdeutsch (gi)fēhida, zu gifēh »feindselig«], Feindseligkeiten oder Privatkrieg zwischen zwei Freien oder ihren Sippen in germanischer Zeit und im Mittelalter. Zunächst außerrechtlich, wurde die Fehde später von der Rechtsordnung anerkannt. Sie diente der Wiederherstellung der verletzten Sippenehre und wurde oftmals gar nicht mit dem Täter, sondern mit dem besten Mann der feindlichen Sippe ausgetragen. Von der auch im Bau-

FERDINAND I.
***1503 †1564**

begründete die habsburgische Donaumonarchie

vermittelte zwischen Reichsfürsten und Kaiser

bemühte sich um einen Ausgleich zwischen den Konfessionen

Ferdinand I.,
Kaiser von Österreich

Ferdinand II.,
Kaiser des Heiligen Römischen Reichs

ernstand verbreiteten Blutrache unterschied sich später die Fehde durch die gebotene, aber häufig missachtete Wahrung ritterlicher Formen. Kirche und Staat versuchten, die Fehde einzudämmen, z. B. wurden Gottes- und Landfrieden erlassen; vor dem Beginn einer Fehde musste der Rechtsweg begangen werden; sie musste durch einen Fehdebrief (»Absage«) angekündigt werden; für Bauern galt ein Waffenverbot; Personen und Sachen erhielten einen besonderen Friedensschutz; die Parteien wurden zum Sühnezwang (»Urfehde«) verpflichtet, d. h. statt der Strafe eine Geldzahlung auszuhandeln. Schließlich wurde die Fehde im Ewigen Landfrieden (1495) verboten.

Fehrenbach, Constantin, deutscher Politiker, *Wellendingen (heute zu Bonndorf im Schwarzwald) 11. 1. 1852, †Freiburg im Breisgau 26. 3. 1926; Rechtsanwalt; schloss sich der Zentrumspartei an und war 1903–18 sowie 1920–26 MdR, 1919/20 Mitglied der Nationalversammlung. 1918 war Fehrenbach Präsident des Reichstags, 1919–20 Präsident der Nationalversammlung. Als Reichskanzler (Juni 1920 bis Mai 1921) führte er eine bürgerliche Minderheitsregierung (Koalition aus Zentrum, DDP und DVP), die Anfang Mai 1921 an der Reparationsfrage scheiterte. 1923–26 war Fehrenbach Fraktionsvorsitzender des Zentrums.

Ferdinand, Erzherzog von Österreich, → Franz Ferdinand.

Ferdinand I., Kaiser des Heiligen Römischen Reichs (seit 1556/58), *Alcalá de Henares 10. 3. 1503, †25. 7. 1564, Enkel Kaiser Maximilians I., Sohn Philipps I., des Schönen, und Johannas der Wahnsinnigen, Bruder Kaiser Karls V. Ferdinand erhielt in den mit seinem Bruder Karl abgeschlossenen habsburgischen Teilungsverträgen von Worms (1521) und Brüssel (1522) die österreichischen Erblande einschließlich Tirols und der Besitzungen in den Vorlanden und (bis 1534) in Württemberg. Er gelangte als Vertreter seines häufig abwesenden kaiserlichen Bruders im Heiligen Römischen Reich relativ rasch zu Einfluss, der sich nach seiner Wahl zum Römischen König (5. 1. 1531) noch vergrößerte. Durch seine Wahl zum König von Böhmen (22. 10.1526 als Ferdinand II.) und von Ungarn (16. 12. 1526) wurde Ferdinand zum Begründer der habsburgischen Donaumonarchie.

Im Zusammenhang mit der ständigen Bedrohung durch die osmanischen Türken (1529 erste Belagerung Wiens) stehen seine Zentralisierungs- und Vereinheitlichungsbestrebungen in der Verwaltung der österreichischen Erblande. Es gelang Ferdinand, neben Karl V. zu einem wesentlichen Gestalter der politischen und religiösen Verhältnisse im Reich zu werden. Er wurde zum Vermittler zwischen Reichsfürsten und Kaiser während der Fürstenverschwörung (1552) und war um einen Ausgleich zwischen den Konfessionen bemüht (1552 Passauer Vertrag, 1555 Augsburger Religionsfriede). Eine versöhnliche Religionspolitik verfolgte er auch nach der Abdankung Karls V. (1556) und seinem verzögerten offiziellen Herrschaftsantritt als Kaiser (Krönung 24. 3. 1558), indem er gegenüber dem Konzil von Trient für die Aufhebung des Zölibats und die Gewährung des Laienkelchs eintrat.

Ferdinand I., Kaiser von Österreich (1835–48), *Wien 19. 4. 1793, †Prag 29. 6. 1875, Sohn Kaiser Franz I.; war trotz seiner körperlicher Gebrechen und geistiger Schwäche aufgrund des Legitimitätsprinzips zur Thronfolge verpflichtet. Die Regierungsgeschäfte führte eine so genannte Staatskonferenz, die sich aus Erzherzog Ludwig, dem Onkel Ferdinands, seinem Bruder Franz Carl, Staatskanzler Klemens Wenzel Fürst von Metternich und dem Staatsminister Franz Graf von Kolowrat-Liebensteinsky zusammensetzte. Differenzen v. a. zwischen den beiden Letzteren führten zur Stagnation Österreichs im Vormärz und veranlassten 1848 Ferdinand zu zahlreichen Zugeständnissen. Nach der erfolgreichen militärischen Niederschlagung der Revolution dankte Ferdinand am 2. 12. 1848 zugunsten seines Neffen Franz Joseph (I.) ab.

Ferdinand II., Kaiser des Heiligen Römischen Reichs (seit 1619), *Graz 9. 7. 1578, †Wien 15. 2. 1637, Enkel von Kaiser Ferdinand I., Vater von Kaiser Ferdinand III. Ferdinand wurde von Jesuiten erzogen und trat in den österreichischen Erblanden, die er zunächst wieder vereinigte, entschieden für die Rekatholisierung ein. Noch zu Lebzeiten seines Vorgängers Matthias zum König in Böhmen (1617) und Ungarn (1618) gewählt, begünstigte er auch dort die Gegenreformation; infolge des Böhmischen Aufstandes (1618) kam es zum → Dreißigjährigen Krieg. Nach seinem Sieg in der Schlacht am → Weißen Berg (1620) betrieb Ferdinand in Böhmen eine umfassende katholische Restauration und bewirkte eine starke Auswanderungsbewegung des protestantischen Adels.

Im Heiligen Römischen Reich wurde Ferdinand eine Woche nach seiner Absetzung als König von Böhmen am 28. 8. 1619 zum König und Kaiser gewählt und erreichte mit der Verkündung des → Restitutionsedikts den Höhepunkt seiner Macht. Nach früheren erfolglosen Bemühungen gelang es ihm 1636, seinen Sohn Ferdinand zu seinem Nachfolger wählen zu lassen, allerdings nur gegen vorherige Zugeständnisse an die Kurfürsten (u. a. Verzicht auf Durchführung des Restitutionsedikts, Entlassung Albrecht von Wallensteins 1630). Mit dem protestantischen Kurfürsten von Sachsen schloss er den Frieden von Prag (1635), dem fast alle Reichsstände beitraten; er konnte aber den Reichsfrieden nicht wieder herstellen.

Ferdinand II., der Katholische, König von Aragonien (seit 1479), Sizilien (seit 1468),

Kastilien und León (seit 1474/75 als Ferdinand V.) und Neapel (seit 1504 als Ferdinand III.), *Sos del Rey Católico (Provinz Saragossa) 10. 3. 1452, †Madrigalejo (Provinz Saragossa) 23. 1. 1516, Sohn Johanns II. von Aragonien; heiratete 1469 die Erbin Kastiliens, Isabella (→Isabella I., die Katholische). Neben dieser wurde Ferdinand nach dem Tod Heinrichs IV. von Kastilien (Ende 1474) als gleichberechtigter Mitkönig und -regent in Kastilien anerkannt (Abkommen von Segovia, Januar 1475) und setzte die Thronansprüche im folgenden Kastilischen Erbfolgekrieg (bis 1479) durch persönliches Eingreifen durch. Nach dem Tod seines Vaters (1479) waren nach langer Rivalität Kastilien und León sowie Aragonien vereinigt, obwohl sie staatsrechtlich ihr Eigenleben behielten. Da in Aragonien die Rechte der Krone eingeengt waren, lenkte Ferdinand seine Hauptkraft auf die Errichtung einer unumschränkten Herrschaft in Kastilien.

Bedeutend waren jedoch v. a. seine Erfolge auf militärischem und außenpolitischem Gebiet. 1492 eroberte er die letzte spanische Bastion der Mauren, Granada, 1504 Neapel, 1512 Navarra bis zum Pyrenäenkamm und bahnte so den Zusammenschluss Spaniens an. Im Innern unterstützte er die Ausbildung der Inquisition, die Vertreibung der Juden und die Verfolgung der Mauren. Dem Herrscherpaar verlieh Papst Alexander VI. 1496 den Ehrennamen »Katholische Könige« (»Reyes Católicos«). Die frühabsolutistische Herrschaft der beiden Regenten stieß jedoch in Kastilien auf starken Widerstand, sodass hier nach Isabellas Tod (1504) ihr Schwiegersohn Philipp I., der Schöne, regierte, bis Ferdinand nach dessen Tod (1506) die Regentschaft für seine Tochter Johanna (die Wahnsinnige) übernahm. Da Ferdinands zweite Ehe kinderlos blieb, waren Johanna und ihr Sohn Karl (Kaiser Karl V.) die Gesamterben der Reiche. Ferdinand und Isabella schufen die Grundlage für die Weltgeltung Spaniens im 16. Jahrhundert.

Ferdinand III., Kaiser des Heiligen Römischen Reichs (seit 1637), *Graz 13. 7. 1608, †Wien 2. 4. 1657, Sohn von Ferdinand II., Vater von Kaiser Leopold I.; wurde 1625 ungarischer, 1627 böhmischer und nach einem gescheiterten Wahlversuch erst 1636 König des Heiligen Römischen Reichs. Als Generalissimus (seit 1634) wesentlich am Sieg bei Nördlingen (1634) und am Prager Frieden (1635) beteiligt, suchte Ferdinand ab 1637 vergeblich die Stellung des Kaisers im Reich zu stärken. Im Westfälschen Frieden (1648) konnte er die Zersplitterung des Reiches und Gebietsabtretungen an Schweden und Frankreich nicht verhindern, im »Jüngsten Reichsabschied« (1654) gelang nur eine »abgebrochene Verfassungsreform« des Heiligen Römischen Reiches. Während er seinen ältesten Sohn Ferdinand (IV.) noch zu seinen Lebzeiten (1653) zu seinem Nachfolger wählen lassen konnte, scheiterte nach dessen Tod 1654 eine erneute Nachfolgeregelung aufgrund des wachsenden Einflusses von König Ludwig XIV. von Frankreich. In Österreich schuf Ferdinand eine straffe Verwaltung und sicherte das katholische Bekenntnis; in Ungarn hatte er sich bis zum Frieden von Linz (1645) mit dem Fürsten von Siebenbürgen, Georg I. Rákóczy auseinander zu setzen, der durch Bündnisse mit Schweden und Frankreich in eine antihabsburgische Allianz eingebunden war.

Ferdinand III., Kaiser des Heiligen Römischen Reichs

Ferdinand III., der Heilige, König von Kastilien (seit 1217) und León (seit 1230), *zwischen Zamora und Salamanca Ende (24.?) Juni 1201, †Ende (31.?) Mai 1252, Sohn Alfons' IX. von León, Enkel Alfons' VIII. von Kastilien; erbte nacheinander Kastilien und León und vereinigte die beiden Reiche endgültig. 1236 eroberte er von den Mauren Córdoba zurück, 1243 Murcia, 1245 Jaén und 1248 Sevilla; nur Granada blieb maurisch. Ferdinand war der Neubegründer der Universität von Salamanca und erließ ein Zivilgesetzbuch. 1671 wurde er heilig gesprochen (Tag: 30. 5.).

Ferdinand VII., König von Spanien (1808 und seit 1814), *San Ildefonso 14. 10. 1784, †Madrid 29. 9. 1833, Sohn Karls IV.; ließ sich 1807 als Thronfolger in Beziehungen zu Frankreich verwickeln. Diese »Kronprinzenverschwörung von El Escorial« und das Zerwürfnis des spanischen Hofes erleichterte Napoleon I. 1808 die Besetzung Spaniens. Im März 1808 dankte Karl zugunsten Ferdinands ab (»Revolution von Aranjuez«). Im Mai 1808 musste auch Ferdinand auf den Thron verzichten und es kam zum spanischen Unabhängigkeitskrieg. Ihn verlebte Ferdinand, vom Volk als Symbol des Freiheitswillens angesehen und herbeigesehnt (deshalb Beiname »el Deseado«, »der Herbeigewünschte«), in Frankreich. Erst im März 1814 kehrte Ferdinand zurück, hob am 4. 5. die Verfassung von 1812 auf und regierte als absoluter Herrscher. Die Liberalen ließ er mit größter Härte verfolgen, Mönchsorden, Inquisition und die Folter wieder herstellen. Die liberale Revolution von 1820 konnte Ferdinand mit französischer Hilfe niederschlagen (1823). Nach dem Tod seiner dritten Frau, der sächsischen Prinzessin Josepha (†1829), heiratete Ferdinand Maria Christina, Tochter Franz' I., des Königs beider Sizilien, die ihm 1830 die Thronerbin Isabella II. gebar. Um dieser die Thronfolge zu sichern, hob er durch die Pragmatische Sanktion (1830) das salische Erbfolgerecht auf. Die Thronansprüche seines Bruders Don Carlos führten zu den für diesen erfolglosen Karlistenkriegen. Wegen Ferdinands schwerer Krankheit leitete seit 1832 seine Frau die Regierungsgeschäfte.

Ferdinand VII., König von Spanien

Ferdinand Maximilian, Kaiser von Mexiko, →Maximilian, Kaiser von Mexiko.

Ferrara, Konzil von, →Basler Konzil.

Feudalismus [mittellatein. zu feudum, foedum »Lehngut«], **Feudalsystem,** Bezeichnung für eine Form der sozialen, wirtschaftlichen und politischen Ordnung, in der eine adlige Oberschicht vom Herrscher lehnsrechtlich mit Grundherrschaft sowie politischen und gesellschaftlichen Vorrechten ausgestattet wird. Der Feudalismus war in West- und Mitteleuropa im Hoch- und Spätmittelalter durch das →Lehnswesen geprägt.

Durch die feudale Grundherrschaft erlangte hier die Oberschicht die volle Überlegenheit über die anderen Schichten, die teils in weitere feudale Stufen geordnet waren, teils als Untertanen (Hintersassen, Hörige, Leibeigene) außerhalb des eigentlichen Lehnsverbandes standen. Eine strenge Hierarchie von Treuebeziehungen hielt dieses System zusammen. Der Feudalstaat bildete die Vorstufe des späteren Ständestaats. Er konnte sich, wenn das Prinzip der herrscherlichen Lehnshoheit jedes Stück des Landes erfasste, zu einer zentralistischen Monarchie mit aristokratisch-feudalem Unterbau entwickeln wie in Frankreich; er konnte aber auch, wenn die feudale Lehnsunabhängigkeit durch lehnsfreien Besitz gestärkt wurde, zum Zerfall der Herrschermacht und der politschen Einheit führen wie in Deutschland.

Johann Gottlieb Fichte

In der ersten Hälfte des 19. Jh. wurde der Begriff Feudalismus in Frankreich zum politischen Schlagwort, das einerseits das »Régime féodal« im Ancien Régime, andererseits die Gesamtheit der lehnsrechtlichen Normen bezeichnete. Eine Ausweitung erfuhr die Definition von Feudalismus mit dem Bekanntwerden von Sozial- und Herrschaftsstrukturen in den von europäischen Staaten beherrschten Kolonien, v. a. als Inbegriff überholter dortiger Gesellschaftsstrukturen.

Die Gesellschaftstheorie des Marxismus-Leninismus verstand den Feudalismus als eine ökonomische Gesellschaftsformation, die sich aus dem Zerfall der Sklavenhaltergesellschaft oder, wo diese nicht bestand, direkt aus dem Zerfall der Urgesellschaft entwickelte. Der gesellschaftliche Interessengegensatz zeige sich im Feudalismus im unüberbrückbaren Widerspruch zwischen dem Feudalherrn, dem Besitzer von Grund und Boden, und den Leibeigenen oder hörigen Bauern. In einem langsamen Prozess würde der Feudalismus vom Kapitalismus abgelöst.

Fichte, Johann Gottlieb, deutscher Philosoph, *Rammenau (bei Bischofswerda) 19. 5. 1762, †Berlin 29. 1. 1814; studierte Theologie und machte 1791/92 Bekanntschaft mit Immanuel Kant und seiner Philosophie. 1792 veröffentlichte Fichte anonym sein Werk »Versuch einer Kritik aller Offenbarung«, das zunächst Kant zugeschrieben wurde und Fichte ersten literarischen Ruhm einbrachte. 1794 wurde er Professor in Jena, musste die Stadt allerdings 1799 aufgrund des »Atheismusstreits« über seine religionsphilosophischen Ansichten verlassen. 1805 wurde Fichte Professor in Erlangen und lehrte 1806 an der Universität Königsberg. 1811 wurde er zum ersten Rektor der neu gegründeten Universität in Berlin gewählt.

Fichte war einer der bedeutendsten Vertreter des deutschen Idealismus und entwarf in seinen Werken ein philosophisches System, dessen Grundgedanke es ist, dass die Philosophie Wissenschaft im strengen Sinn zu sein habe, und dass deshalb die Philosophie Lehre vom Wissen ist (»Wissenschaftslehre«). In seinem Hauptwerk »Grundlage der gesamten Wissenschaftslehre« (1794) geht er von der »Selbstsetzung« des »absoluten Ichs« aus, um den Kernpunkt des Wissens und damit auch die letzte Begründung der Philosophie zu finden. Fichte erhob als Erster den dialektischen Dreischritt (These–Antithese–Synthese) zur grundlegenden Methode philosophischen Denkens.

In seiner Rechtslehre entwarf er das Modell eines republikanischen Staates als Instrument höherer Formen der Gemeinschaft und folgerte daraus in »Der geschlossene Handelsstaat« (1800) auf wirtschaftspolitischem Gebiet eine planwirtschaftliche, sozialistische Staatsordnung. In seinen »Reden an die deutsche Nation« (1808) rief Fichte zur gesellschaftlichen Erneuerung durch eine Nationalerziehung auf.

Fideikommiss [von latein. fidei commissum »zu treuen Händen belassen«], in Sachsen **Familienanwartschaft**, eine Einrichtung des deutschen Rechts, wonach ein Familienvermögen, meist Grundbesitz, ungeteilt in der Hand eines Familienmitgliedes blieb. Der Inhaber hatte nur beschränkte Verfügungsgewalt über den Besitz und erhielt nur den Ertrag des Vermögens zur freien Verfügung. Vollstreckungen in das Vermögen wegen Schulden des Inhabers waren ausgeschlossen. Dadurch blieb die vermögensrechtliche Grundlage für eine Familie und ihre soziale Stellung gesichert.

Das Fideikommiss setzte sich in Deutschland seit dem 17. Jh. durch und war im niederen Adel häufig; diese Rechtsform gab es aber auch in Frankreich und Italien, seltener in England. Mit dem Aufkommen des Liberalismus wurde die Kritik an dieser Institution wach. Im Bereich des französischen Rechts (also auch in den linksrheinischen Gebieten Deutschlands) wurde das Fideikommiss durch den Code Napoléon beseitigt. Die Weimarer Reichsverfassung bestimmte in Art. 155 die Auflösung der Fideikommisse zur besseren Verteilung des Grundbesitzes, woraufhin die deutschen Länder nach und nach entsprechende Gesetze erließen, die meist neben der freiwilligen auch die zwangsweise Auflösung vorsahen. Das Reichsgesetz von 1938 löste die noch bestehenden Fideikommisse auf.

Filaret, eigentlich Fjodor Nikititsch Romanow, Patriarch von Moskau, *um 1553, †11. 10. 1633; Vater Michaels, des ersten Zaren aus der Familie Romanow. Als Oberhaupt (seit 1586) der Moskauer Bojarenfamilie Romanow-Jurjew wurde Filaret 1601 von Zar Boris Godunow gezwungen, in ein Kloster (bei Cholmogory) einzutreten und die Mönchsgelübde abzulegen. Unter dem Pseudodemetrius I. war er Metropolit von Rostow und Jaroslawl (1606–10). 1611 geriet er als Delegationsleiter vor Smolensk in polnische Geiselhaft. Nach seiner Rückkehr (1619) ließ ihn sein Sohn, der 1613 zum Zaren gewählt worden war, zum Patriarchen ernennen.

Filaret, eine energische und zielbewusste Persönlichkeit, war bis zu seinem Tod als »Großer Herrscher« offizieller Mitregent des Zaren und bestimmte die Politik des Moskauer Staates. Dabei führte er im Sinn einer Restauration v.a. auch Maßnahmen zur wirtschaftlichen Wiederbelebung durch (Steuerreform) und leitete die Außenpolitik.

Finnland, finnisch **Suomi,** Staat im Nordosten Europas, der im Westen an den Bottnischen Meerbusen, im Nordwesten an Schweden, im Norden an Norwegen, im Osten an Russland und im Süden an den Finnischen Meerbusen grenzt.

GESCHICHTE: Nachdem schwedische Missionare seit dem 12. Jh. die Christianisierung Finnlands eingeleitet hatten, wurde Tavastland (die heutige Provinz Häme) 1249 zu einem Teil des schwedischen Reiches erklärt und Karelien 1323 zwischen Schweden und Nowgorod aufgeteilt. 1713–21 war Finnland von Russland besetzt, das 1721 das schwedische Karelien mit Viborg (heute Wyborg) erhielt. Nachdem Schweden 1809 zugunsten Russlands auf ganz Finnland verzichtet hatte, erhielt dieses als Großfürstentum einen autonomen Status im Zarenreich. Als die Revolution von 1905 auch auf Finnland übergriff, wurde die 1899 vom Zaren beseitigte Autonomie dem Land wieder zugestanden.

Nach der russischen Oktoberrevolution erklärte sich Finnland 1917 für selbstständig: Im Januar 1918 brach der finnische Bürgerkrieg aus, der mit dem Sieg der bürgerlichen »Weißen« endete; 1919 wurde eine republikanische Verfassung angenommen. Sowjetrussland erkannte 1920 die Selbstständigkeit Finnlands an. Durch den Finnisch-Sowjetischen Winterkrieg 1939/40 verlor Finnland etwa ein Zehntel seiner Industrie, seines Acker- und Waldareals. Nach dem deutschen Überfall auf die Sowjetunion nahm Finnland 1941–44 auf deutscher Seite am Zweiten Weltkrieg teil. Danach konnte es zwar seine staatliche Unabhängigkeit gegenüber der Sowjetunion bewahren, geriet aber innen- und außenpolitisch unter deren Einfluss und versuchte bis in die 1990er-Jahre, ein gutnachbarliches Verhältnis zur Sowjetunion zu erhalten. So wurde 1948 unter Präsident Juho Paasikivi (1946–56) ein Freundschafts- und Beistandspakt mit der Sowjetunion geschlossen, der auch unter dem langjährigen Präsidenten Urho Kekkonen (1956–82) immer wieder verlängert wurde. 1990 kündigte Finnland unter Präsident Mauno Koivisto (1982–94) einseitig den Freundschafts- und Beistandspakt mit der Sowjetunion, schloss aber 1992 einen Nachbarschaftsvertrag mit Russland ab. Der Beitritt zur EU erfolgte nach einer Volksabstimmung zum 1. 1. 1995. 2000 gewann mit der sozialdemokratischen Außenministerin Tarja Halonen erstmals eine Frau die finnischen Präsidentschaftswahlen.

Fischer,

1. Heinz, österreichischer Politiker, *Graz 9. 10. 1938; Jurist; war für die SPÖ 1971–2004 Abgeordneter im Nationalrat (1990–2002 dessen Präsident); wurde 2004 zum Bundespräsidenten gewählt.

2. Joseph (»Joschka«), deutscher Politiker, *Gerabronn (Landkreis Schwäbisch Hall) 12. 4. 1948; wurde 1980 Mitglied der Partei »Die Grünen«. Als Wortführer ihres realpolitischen Flügels war Fischer erster Grüner in einem Ministeramt (in Hessen 1985–87 Minister für Umwelt und Energie, 1991–94 stellvertretender Ministerpräsident und Minister für Umwelt und Bundesangelegenheiten). Schon als MdB (1983–85 und seit 1994) und als Sprecher der Fraktion seiner Partei im Deutschen Bundestag (1994–98) bundespolitisch engagiert, wurde Fischer 1998 Bundesaußenminister (bis

Joschka Fischer bei einer Wahlkampfveranstaltung seiner Partei »Bündnis 90/Die Grünen«

2005) und konnte in diesem Amt Ansehen in breiten Bevölkerungskreisen erwerben.

Flagellanten [zu latein. flagellum »Geißel«, »Peitsche«], **Flegler**, **Geißler**, **Kreuzbrüder**, Angehörige schwärmerisch-frommer Laienbewegungen des 13.–15. Jh., die morgens und abends zur Buße unter Gebet und Bußliedern Selbstgeißelung (Flagellation) übten, die Männer mit entblößtem Oberkörper öffentlich auf Straßen und Plätzen, die Frauen hinter verschlossenen Türen in Kirchen. Die Flagellantenbewegung entstand im Herbst 1260 in Mittelitalien, hervorgerufen v. a. durch chiliastische Endzeiterwartung, und breitete sich in mehreren Wellen über ganz West- und Mitteleuropa aus. Im Zusammenhang mit dem Ausbruch der Pest kam es 1348/49, wahrscheinlich von Österreich ausgehend, zu neuen Geißlerzügen bis nach England. Zur Hochburg der Flagellantenbewegung wurden die Niederlande. Papst Klemens VI. versuchte, die Flagellanten zu unterdrücken; endgültig verschwanden sie nach dem Verbot durch das Konstanzer Konzil (1417).

Flandern, historische Landschaft in den südwestlichen Niederlanden, Nordwestbelgien und Nordfrankreich, die sich von der Küste bis etwa zur Schelde bzw. den Ardennenvorbergen erstreckt.

Ferdinand Foch

GESCHICHTE: Ab dem 9. Jh. war Flandern eine Grafschaft zwischen Schelde, Canche und Nordseeküste (fanzös. Lehen, daher »Kronflandern«), zu der zeitweise auch das Artois, der Hennegau und die Grafschaft Aalst (Reichslehen, daher »Reichsflandern«) gehörten. Das einheimische Grafenhaus der Balduine regierte (mit Unterbrechung von 1119–91) bis 1280. Die flandrischen Städte verteidigten 1302 in der »Sporenschlacht« von Kortrijk (heute Courtrai) durch die Vernichtung eines französischen Ritterheers ihre ständischen Rechte. 1384 fiel Flandern an Burgund, 1477 an die Habsburger, 1556 an deren spanische Linie. Der Norden (»Staatsflandern«) kam 1648 als Teil der Provinz Seeland an die Generalstaaten, die südlichen Grenzgebiete wurden 1659–79 französisch; der Hauptteil wurde 1714 österreichisch, 1794 französisch, 1814/15 niederländisch. 1830/31 fiel Flandern an Belgien.

Flavius, römisch-plebejischer Gentilname, insbesondere Name der beiden von Vespasian und Constantius I. begründeten flavischen Dynastien (1. flavische Dynastie oder Flavier, 69–96 n. Chr.; 2. flavische Dynastie, 293–395).

Flavius Josephus, jüdischer Geschichtsschreiber, →Josephus.

Fleury [flœ'ri], André Hercule de, französischer Kardinal (seit 1726) und Staatsmann, *Lodève (Département Hérault) 22. 6. 1653, †Issy-les-Moulineaux 29. 1. 1743; wurde 1698 Bischof von Fréjus, 1715 Lehrer und Erzieher des späteren Königs Ludwig XV. Von diesem 1726 zum leitenden Minister ernannt, bestimmte Fleury bis zu seinem Tod die französische Politik. In dem Bestreben, den Frieden zu erhalten, suchte er den Ausgleich mit Großbritannien und Österreich und erwarb 1735/38 im Wiener Frieden, der den polnischen Thronfolgekrieg beendete, die Anwartschaft Frankreichs auf Lothringen. In den Österreichischen Erbfolgekrieg (1740–48) wurde Frankreich gegen Fleurys Willen hineingezogen. Im Innern stellte er zum letzten Mal vor der Revolution das Gleichgewicht im Staatshaushalt her und förderte Wirtschaft und Handel, ferner erreichte er die Wiederherstellung des religiösen Friedens innerhalb des Katholizismus.

Flottenabkommen, Abkommen zwischen zwei oder mehreren Staaten über Umfang und Begrenzung ihrer Seerüstung (Anzahl und Tonnage der Kriegsschiffe, sowie deren Größe, Bewaffnung, Verwendungszweck, Operationsspielraum). Insbesondere zwischen den Weltkriegen dienten Flottenabkommen der Abrüstung oder Rüstungsbegrenzung, zugleich jedoch auch der Aufrechterhaltung des politisch-militärischen Gleichgewichts unter den Vertragspartnern.

Im Washingtoner Flottenabkommen legten 1922 die USA, Großbritannien, Japan, Frankreich und Italien die Größe ihrer Schlachtflotten fest. Revisionswünsche führten 1930 zu ergänzenden Vereinbarungen.

In seinem Bemühen, dem Expansionsdrang des nationalsozialistischen Deutschland durch den Abschluss von Verträgen entgegenzuwirken, schloss Großbritannien 1935 mit Deutschland das Deutsch-Britische Flottenabkommen.

Foch [fɔʃ], Ferdinand, französischer Marschall (seit 1918), *Tarbes 2. 10. 1851, †Paris 20. 3. 1929; führte zu Beginn des Ersten Weltkrieges in der →Marneschlacht die 9. Armee und leitete 1915/16 die Angriffe in der Sommeschlacht. 1917 wurde Foch zum Chef des Generalstabs und Mitglied des Obersten Kriegsrats ernannt. Im April 1918 wurde er mit dem Oberbefehl über die verbündeten Heere in Frankreich (einschließlich des amerikanischen Expeditionskorps) betraut. Am 11. 11. 1918 erzwang er die bedingungslose Annahme der von ihm gestellten Waffenstillstandsbedingungen durch Deutschland.

Fontainebleau [fɔ̃tɛn'blo], **Revokationsedikt von,** Edikt König Ludwigs XIV. vom 18. 10. 1685, das das Edikt von →Nantes aufhob. Das Revokationsedikt war eine Bestätigung der seit 1661 praktizierten Unterdrückung der Hugenotten. Bis 1791 geltend, verbot es das reformierte Bekenntnis, verwies die reformierten Geistlichen des Landes, bedrohte aber die Auswanderung von Laien mit schweren Strafen.

Ford [fɔ:d], Gerald, 38. Präsident der USA (1974–77), *Omaha (Nebr.) 14. 7. 1913; Rechtsanwalt; führte als Kongress-Abgeordneter (1949–73) seit 1965 die Republikaner im Repräsentantenhaus und wurde 1973 Vizepräsident. Nach dem erzwungenen Rücktritt Präsident Richard Nixons wegen der →Watergate-Affäre wurde Ford am 9. 8. 1974 als Präsident der USA vereidigt. Bei den Präsidentschaftswahlen 1976 unterlag er knapp Jimmy Carter.

Forschungsreisen, →Entdeckungsgeschichte.

Fouché [fu'ʃe], Joseph, Herzog von Otranto (seit 1809), französischer Politiker, *Le Pellerin (bei Nantes) 21. 5. 1759, †Triest 26. 12. 1820; wurde 1792 in den Konvent gewählt, stimmte für die Hinrichtung König Ludwigs XVI. und schloss sich der Bergpartei an. 1793/94 gehörte Fouché zu den Führern der jakobinischen Schreckensherrschaft und war 1793 für über 1600 Todesurteile in Lyon verantwortlich. Er war maßgeblich an der »Déchristianisation« (Bekämpfung der katholischen Kirche und des christlichen Glaubens) beteiligt. Am Sturz Robespierres 1794 wirkte er mit. 1799 vom Direktorium zum Polizeiminister ernannt, half Fouché den Staatsstreich Napoleons vom 18. Brumaire vorzubereiten. Bis 1802 und wieder 1804–10 übte er als Polizeiminister Frankreichs eine nahezu unumschränkte, auf eine gut organisierte Geheimpolizei und ein fein geknüpftes Spitzelsystem gegründete Herrschaft aus. 1810 fiel Fouché wegen geheimer Verbindungen zu Großbritannien in Ungnade, wurde aber 1813 Gouverneur der Illyrischen Provinzen. 1814 schloss er sich den Bourbonen an; auch während der »Hundert Tage« von 1815, als ihn Napoleon I. wieder zum Polizeiminister ernannte, blieb er in geheimer Verbindung zur Gegenseite und trat nach der Schlacht von Waterloo für kurze Zeit an die Spitze der provisorischen Regierung in Paris. 1815 wurde Fouché französischer Gesandter in Dresden, musste aber 1816 in die Verbannung gehen.

Fox, Charles, britischer Politiker, *London 24. 1. 1749, †Chiswick (heute zu London) 13. 9. 1806; war 1770–72 Lord der Admiralität, 1772–74 Schatzkanzler, 1782, 1783 und 1806 Außenminister. Neben Edmund Burke war Fox Führer der Whigs im Unterhaus und trat mit diesem für eine Parlamentsreform, gegen den Sklavenhandel und für die Rechte der amerikanischen Kolonien ein. Nach der Wahlniederlage der Whigs 1784 wurde er Führer der Opposition gegen König Georg III. und William Pitt den Jüngeren. Sein Eintreten für die Ideale der Französischen Revolution kostete Fox 1791 die Freundschaft Burkes.

FPÖ, Abk. für →Freiheitliche Partei Österreichs.

Fra Diavolo [italien. »Bruder Teufel«], eigentlich Michele Pezza, neapolitanischer Freischärler, *Itri (bei Gaeta) 7. 4. 1771, †Neapel 11. 11. 1806; war ursprünglich Straßenräuber und kämpfte in der von Kardinal Fabrizio Ruffo di Bagnara geleiteten »Banda della Santa Fede«, die aus Briganten, ehemaligen Soldaten, Bauern und Vagabunden bestand und die französische Herrschaft in Neapel bekämpfte. 1806 wurde Fra Diavolo von den Franzosen gefangen genommen und hingerichtet.

Franco, Francisco, spanischer General und Politiker, *El Ferrol (heute Ferrol) 4. 12. 1892, †Madrid 20. 11. 1975; hatte als Kommandeur der spanischen Fremdenlegion (1923–27) entscheidenden Anteil an der Niederwerfung des Aufstandes der Rifkabylen in Marokko. 1926 wurde Franco General und schlug im Oktober 1934 den Aufstand der Bergarbeiter in Asturien nieder. 1935 wurde er Generalstabschef, nach dem Sieg der Volksfront (Februar 1936) aber kaltgestellt und auf die Kanarischen Inseln versetzt. Es gelang ihm allerdings, im spanischen Teil Marokkos einen Militärputsch gegen die republikanische Regierung auszulösen, der sich seit Juli 1936 zum →Spanischen Bürgerkrieg ausweitete. Ende September 1936 ernannte ihn eine von den Aufständischen gebildete Junta zum »Generalissimus«, d. h. zum Oberbefehlshaber aller aufständischen Streitkräfte. An der Spitze einer provisorisch organisierten Staatsverwaltung übernahm er die Funktion eines Staatsoberhauptes und Chefs der Regierung. Darüber hinaus führte er fortan im Stil des Führerkults den Titel »Caudillo«.

Nachdem Franco mit deutscher und italienischer Hilfe in dem von beiden Seiten mit großer Härte und Grausamkeit geführten Bürgerkrieg (bis März 1939) die republikanisch-sozialistisch geführte Regierung gestürzt hatte, bestimmte er bis zu seinem Tod die innen- und außenpolitische Entwicklung seines Landes. In den Zweiten Weltkrieg trat Franco nicht ein und wahrte die Neutralität seines Landes.

Gestützt auf die Armee und die Falange (als allein zugelassene politische Organisation), errichtete Franco ein diktatorisches Regierungssystem. Er unterdrückte alle Formen der Opposition, die freie Bildung von Parteien und Interessenvertretungen (z. B. unabhängige Gewerkschaften) sowie alle Bemühungen um regionale Autonomie, besonders in Katalonien und im Baskenland. Die Trennung von Staat und Kirche hob er zugunsten des Katholizismus als einzigem religiösen Bekenntnis der spanischen Nation auf.

Nach der offiziellen Wiedererrichtung der Monarchie 1947 übernahm Franco die Funktionen eines Regenten in einem Königreich ohne König und bestimmte Prinz Juan Carlos aus dem Hause Bourbon zu seinem Nachfolger und Anwärter auf den spanischen Königsthron.

Frank,

1. Anne, eigentlich Annelies Marie Frank, *Frankfurt am Main 12. 6. 1929, †Konzentra-

Joseph Fouché

FRANCISCO FRANCO
***1892 †1972**

wurde 1926 General

löste 1936 durch einen Militärputsch den Spanischen Bürgerkrieg aus

errichtete in Spanien eine Diktatur

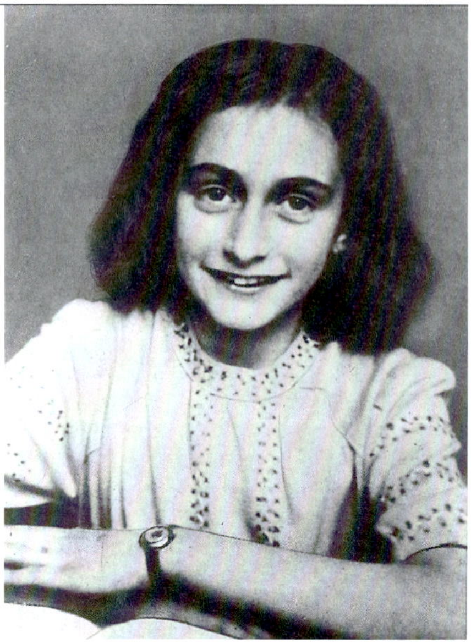

Anne Frank. Die Tochter eines jüdischen Bankiers, die 1933 vor den Nationalsozialisten mit ihrer Familie in die Niederlande fliehen musste, wurde durch ihre Tagebuchaufzeichnungen bekannt, in denen sie ihre Erlebnisse zur Zeit der deutschen Besatzung Amsterdams beschreibt. Im März 1945 wurde sie im KZ Bergen-Belsen ermordet.

tionslager Bergen-Belsen März 1945. Anne Frank schrieb als Kind einer 1933 emigrierten und in Amsterdam untergetauchten deutsch-jüdischen Familie ein Tagebuch über ihre inneren und äußeren Erlebnisse im Hinterhausversteck, in dem sich acht Menschen von 1942 bis 1944 verborgen hielten. Das in niederländischer Sprache geführte Tagebuch wurde von ihrem Vater Otto herausgegeben, vielfach übersetzt und erregte größtes Aufsehen. Seine gelegentlich angezweifelte Authentizität wurde durch mehrjährige, 1986 abgeschlossene Untersuchungen des niederländischen Justizministeriums bestätigt.

2. Hans, deutscher Politiker, *Karlsruhe 23. 5. 1900, † (hingerichtet) Nürnberg 16. 10. 1946; Rechtsanwalt, war seit 1923 Mitglied der NSDAP. 1933–34 war Frank bayerischer Justizminister, 1934–45 Reichsminister ohne Geschäftsbereich. Als Generalgouverneur in Polen (1939–44) trug er die Verantwortung für die dortige nationalsozialistische Besatzungspolitik, insbesondere für die Vernichtung der Juden (→Holocaust). 1946 wurde Frank in Nürnberg vom Internationalen Militärtribunal als einer der Hauptkriegsverbrecher zum Tode verurteilt.

Franken [»Kühne«, später »Freie«], lateinisch **Franci,** germanischer Stammesverband, der durch den Zusammenschluss von Kleinstämmen der Rhein-Weser-Germanen, wie Chamaven, Chattuarier, Brukterer, Ampsivarier, Usipeter, Tubanten, Chasuarier u. a. entstand. Dieser Stammesbund wurde erstmals zwischen 257 und 260 fassbar, als fränkische Gruppen begannen, immer wieder nach Gallien vorzudringen.

Teile des fränkischen Teilstamms der Salier (salische Franken) vom Niederrhein setzten sich um die Mitte des 4. Jh. in Toxandrien (Nordbrabant) als Bundesgenossen Roms fest. Daneben dienten Franken nach 360 als Söldner im spätrömischen Heer und wurden in Nordfrankreich und Belgien angesiedelt, wie etwa die salischen Franken, die im 4./5. Jh. unter Kleinkönigen aus der Dynastie der →Merowinger zwischen Lüttich und Tournai siedelten. Zur gleichen Zeit wohnten so genannte Rheinfranken (fälschlich Ripuarier) am Niederrhein mit Königssitz in Köln.

Als Bundesgenossen Roms waren salische Franken bis zur Regierungszeit Childerichs I. wesentlich an der Expansion nach Nordgallien beteiligt (Ende 5. Jh.); sie legte den Grundstein für das →Fränkische Reich unter Childerichs Sohn und Nachfolger Chlodwig I. Unter ihm begann die Christianisierung der Franken. Erst nach der Vereinigung der einzelnen fränkischen Herrschaften zum Gesamtreich und der Unterwerfung von Alemannen, Thüringern, Hessen und Baiern kam es zur Ausbreitung der fränkischen Kultur im rechtsrheinischen Gebiet.

Die seit dem 7./8. Jh. verstärkt einsetzende fränkische Kolonisation (Burgen, Pfalzen, Kirchen, Klöster) in Süddeutschland ließ für die Lande am Main den Namen »Ostfranken« (»Francia orientalis«) aufkommen. Seit etwa 1200 gilt der Frankenname nur noch für dieses Gebiet.

Die Franken waren die bedeutendste politische Kraft der abendländischen Geschichte im frühen Mittelalter. Durch Einbeziehung der rechtsrheinischen Stämme in das Fränkische Reich schufen sie die Voraussetzung für die Ausbildung einer einheitlichen Reichskultur auf deutschem Boden.

Frankfurter Dokumente (1948), →Londoner Konferenzen, Protokolle und Verträge.

Frankfurter Friede, Friedensvertrag, der am 10. 5. 1871 den Deutsch-Französischen Krieg von 1870/71 beendete. Dem Frankfurter Frieden lagen die Bedingungen des Versailler Vorfriedens (26. 2. 1871) zugrunde, wonach Frankreich das Elsass und den östlichen Teil Lothringens einschließlich der Stadt Metz an das Deutsche Reich abtreten musste. Außerdem hatte Frankreich eine Kriegsentschädigung von fünf Milliarden Francs aufzubringen.

Frankfurter Nationalversammlung, das im Zuge der →Märzrevolution eingerichtete, vom 18. 5. 1848 bis zum 30. 5. 1849 in Frankfurt am Main tagende verfassunggebende Parlament (nach seinem Versammlungsort auch »Paulskirche« genannt).

WAHL UND ZUSAMMENSETZUNG: Gestützt auf nationales Ideengut, forderte das liberale Bürgertum in den einzelnen deutschen Staaten seit 1847 nachdrücklich die Schaffung einer gesamtnationalen Volksvertretung. Ab Februar 1848 wurde dann auch von den Zweiten Kammern Badens und Hessen-Darmstadts sowie von einer Versammlung Liberaler und Demokraten in Heidelberg die Forderung nach Errichtung einer deutschen Zentralgewalt samt Volksvertretung erhoben. Ein daraus entstandenes Vorparlament ebnete durch Kompromissentscheide mit einem Ausschuss des in Frankfurt tagenden Bundestags den Weg zur Einberufung einer Nationalversammlung. Anfang Mai 1848 fanden dann nach allgemeinem und gleichem Wahlrecht (nicht wahlberechtigt waren Frauen und in manchen Ländern auch Tagelöhner und Gesellen) in den Ländern des Deutschen Bundes und in den nicht zum Bundesgebiet zählenden östlichen Provinzen Preußens und in Schleswig die Wahlen zur Nationalversammlung statt.

Am 18. 5. 1848 wurde die Deutsche Nationalversammlung in der Paulskirche in Frankfurt am Main eröffnet. Ihr gehörten etwa 600 (mit Vertretern über 800) Mitglieder an, von denen etwa 400 ständig an den Sitzungen teilnahmen. Die durch eine Persönlichkeitswahl nach Frankfurt delegierten Abgeordneten gehörten drei Hauptrichtungen an: Konservative Rechte, Liberale, die die Mehrheit der Abgeordneten stellten, und Demokratische Linke, deren Mitglieder sich wegen ihres revolutionären Engagements auch als »Achtundvierziger« bezeichneten und die sich in einen gemäßigten und einen radikal-demokratischen Flügel teilten. Heinrich von Gagern wurde zum Präsidenten der Nationalversammlung gewählt.

ERFOLG UND SCHEITERN: Die Aufgabe der Frankfurter Nationalversammlung war die Schaffung einer Verfassung, die an die Stelle des Deutschen Bundes einen gesamtdeutschen Bundesstaat setzen sollte. Die Frankfurter Nationalversammlung begann im Juni 1848 mit der Wahl des Erzherzogs Johann von Österreich zum Reichsverweser; dieser berief ein Reichsministerium ein, dem aber gegen die partikularistischen Interessen der größeren Einzelstaaten die nötige Exekutivgewalt fehlte.

Die erste große Krise der Frankfurter Nationalversammlung entstand aus der schleswig-holsteinischen Frage: Nachdem Preußen von der Frankfurter Nationalversammlung beauftragt worden war, das von Dänemark annektierte Schleswig zurückzuerobern (→Deutsch-Dänische Kriege), wurde die Nationalversammlung durch diplomatische Interventionen Russlands, Frankreichs und Großbritanniens zur Annahme eines Waffenstillstands gezwungen. Das zeigte nicht nur die Schwäche der provisorischen Regierung, sondern offenbarte auch das Misstrauen, das die Großmächte einem deutschen Einheitsstaat entgegenbrachten.

Im Innern war die Regierung bemüht, das Übergewicht v. a. der größeren Einzelstaaten zu brechen, war jedoch bei der Niederschlagung eines Aufstands der radikalen Linken im September auf deren militärische Unterstützung angewiesen; sie verlor dadurch erheblich an moralischem Ansehen, während die gegenrevolutionären alten Ordnungsmächte in Preußen und Österreich entscheidend erstarkten.

Im Dezember 1848 gelang es der Frankfurter Nationalversammlung, sich auf ein »Gesetz über die Grundrechte des Deutschen Volkes« zu einigen. Doch in der Debatte um die →deutsche Frage, d. h. um Umfang (großdeutsche Lösung mit Einbeziehung Österreichs oder kleindeutsche Lösung unter Ausschluss Österreichs mit seinen nicht deutschen Landesteilen) und Organisation (Republik oder Erbkaisertum mit dem preußischen König als Kaiser) des zu schaffenden Deutschen Reiches, standen sich Gruppen unterschiedlichster Interessen gegenüber. Die Diskussion in der

Frankfurter Nationalversammlung. Eröffnungssitzung in der Paulskirche am 18. 5. 1848 (zeitgenössische Darstellung).

Paulskirche stand im Schatten der gegenrevolutionären Ereignisse: In Österreich wurde bei der Niederwerfung der Revolution in Wien (Oktober/November 1848) unter Bruch des Völkerrechts der dort weilende linke Abgeordnete der Frankfurter Nationalversammlung Robert Blum standrechtlich erschossen; die dortige Regierung betonte immer schärfer, dass Österreich nur als Ganzes, einschließlich seiner nicht deutschen Landesteile, in den deutschen Gesamtstaat eingehen könne. Daraufhin vollzog sich in der Frankfurter Nationalversammlung eine Neugruppierung der politischen Kräfte. Die Linke wandte sich entschieden gegen die monarchische Lösung, die Mehrheit der gemäßigten Abgeordneten teilte sich auf in die Anhänger der kleindeutschen und die der großdeutschen Lösung.

Heinrich von Gagern, seit Dezember 1848 Leiter des Reichsministeriums, versuchte, die deutsche Frage durch einen Kompromiss zu lösen. Er schlug die Bildung eines kleindeut-

FRÄNKISCHES REICH

Die Gründung und der Aufstieg des Fränkischen Reichs wurde durch Chlodwig I. vollzogen, der 486 die Reste römischer Herrschaft in Nordgallien und zwischen 509 und 511 auch seine fränkischen Mitkönige beseitigte sowie das Westgotenreich eroberte. 493 heiratete er die christliche Burgunderprinzessin Chrodechilde.

Taufe Chlodwigs I.

Angesichts des drohenden Einfalls der Alemannen schwor er, sich im Fall eines Sieges zum Christentum zu bekennen. Nach seinem tatsächlich eintretenden Sieg ließ er sich am Weihnachtsfest (wohl 498) von Bischof Remigius von Reims zusammen mit über 3000 Gefolgsleuten taufen. Sein Übertritt zum katholischen Christentum trug wesentlich zur Vormachtsstellung des Fränkischen Reichs im Abendland bei. Darüber hinaus schuf er eine Voraussetzung für eine wirkliche Integration der romanischen Bevölkerung, besonders ihrer Führungsschicht, des senatorischen Adels.

Da die durch Chlodwigs Taufe (Altartafel des Meisters von Saint-Gilles, um 1500; Washington, National Gallery of Art) eingeleitete Christianisierung West- und Mitteleuropas vom lateinischen Sprachgebiet ausging und die Kirche den Zusammenhang mit Rom wahrte, blieb Latein trotz des Endes des Weströmischen Reiches die Sprache von Kultus, Bildung und Verwaltung: Im gesamten Mittelalter und bis weit in die Neuzeit bildete die lateinische Sprache in Unterricht und Forschung, in Diplomatie und Dichtung das Verständigungsmittel der Gebildeten. 508 wurde Chlodwig vom byzantinischen Kaiser Anastasios I. mit einem Königsornat beschenkt, womit seine Königswürde offiziell anerkannt wurde.

schen Bundesstaates mit preußischer Spitze, den »Engeren Bund«, vor, der wiederum einen Bund mit der österreichischen Gesamtmonarchie, den »Weiteren Bund«, eingehen sollte. Die habsburgische Politik vereitelte diese Lösung allerdings. Nach zähen Verhandlungen konnte unter den Kleindeutschen schließlich ein Mehrheitsentscheid durchgesetzt werden. So wurde am 28. 3. 1849 König Friedrich Wilhelm IV. von Preußen mit 290 Stimmen bei 248 Enthaltungen zum Kaiser gewählt. Doch der lehnte die Kaiserkrone im April 1849 ab und damit scheiterte die von der Frankfurter Nationalversammlung in Kraft gesetzte Reichsverfassung, die auch von den meisten deutschen Staaten abgelehnt wurde.

Danach brachen in verschiedenen Regionen im Mai/Juni 1849 Aufstände zur Durchsetzung der Frankfurter Reichsverfassung aus; sie wurden mit preußischer Hilfe niedergeschlagen. Ein Rumpfparlament aus etwa 100 Radikalen verlegte Anfang Juni 1849 seinen Sitz nach Stuttgart, wurde aber von württembergischen Truppen aufgelöst.

Trotz ihres Scheiterns wirkten die von der Frankfurter Nationalversammlung ausgehenden Impulse auch nach der folgenden »Revolution von oben« und der Verwirklichung der kleindeutschen Lösung unter Preußens Vorherrschaft (Gründung des Deutschen Reiches 1870/71) nach. Ihre konstitutionellen Überlegungen fanden Eingang in spätere deutsche Verfassungen, v. a. in die Weimarer Reichsverfassung (1919) und in das Grundgesetz (1949).

Frankfurter Wachensturm, die am 3. 4. 1833 von einer Gruppe von Studenten (Burschenschaft) und Handwerkern durchgeführte Erstürmung der Hauptwache und der Konstablerwache in Frankfurt am Main. Der Frankfurter Wachensturm sollte im →Vormärz einen allgemeinen Aufstand in Deutschland auslösen, scheiterte aber und bot Handhabe zu den folgenden reaktionären Beschlüssen des Deutschen Bundes.

Fränkisches Reich, Frankenreich, lateinisch **Regnum Francorum,** die bedeutendste germanische Reichsgründung der Völkerwanderungszeit.

GESCHICHTE: Das im 5. Jh. um Tournai gebildete Kleinkönigtum der →Merowinger wurde durch die Eroberungen Chlodwigs I. ab 486/487 zum Großreich. Unter seinen Söhnen kamen 531 das Thüringer- und 532/534 das Burgunderreich hinzu. Der Übertritt Chlodwigs zum katholischen Christentum schuf die Voraussetzung für eine wirkliche Integration der romanischen Bevölkerung. Die so gewonnene Stabilität des Fränkischen Reiches wurde jedoch geschwächt durch die häufigen Reichsteilungen, die bereits nach Chlodwigs Tod (511) ihren Anfang nahmen (vier Reichsteile mit den Zentren Paris, Soissons, Orléans und Metz). Hinzu kamen Spannungen zwischen Westteil (Neustrien) und Ostteil (Austrien), zwischen Königtum und Aristokratie, aus deren Mitte die Hausmeier hervorgingen. Sie übten nach dem endgültigen Verfall der königlichen Macht ab dem Tod Dagoberts I. (639) die eigentliche Herrschaft im Fränkischen Reich aus.

Mit dem Aufstieg der Hausmeier aus dem Geschlecht der →Karolinger, die 687 mit Pippin II., dem Mittleren, die Alleinherrschaft erlangten, rückte der Schwerpunkt des Reichs in den Osten; 751 ließ sich Pippin III., der Jüngere, mit Unterstützung des Papsttums selbst zum König erheben. 754 übernahm er seinerseits den Schutz des Papstes und die Garantie von dessen Besitz (→Pippinsche Schenkung). Damit war die fränkische Politik fortan auf Rom ausgerichtet und der Boden bereitet, auf dem Karl der Große 800 das abendländische Kaisertum errichten konnte. Dieser Schritt war auch durch eine Reihe von territorialen Erweiterungen (Eroberung des Langobardenreiches 774, Unterwerfung der Sachsen 772–804) und Sicherungsmaßnahmen (Sieg über die Awaren 796, Errichtung der Spanischen Mark) vorbereitet worden. Doch schon in den Kämpfen Ludwigs des Frommen zeichneten sich Auflösungstendenzen ab, die in den Teilungsverträgen von Verdun (843), Meerssen (870) und Ribemont (880) bestätigt wurden: Nach vorübergehender Dreiteilung des Fränkischen Reiches konnte es Karl III., der Dicke, 885–887 noch einmal vereinigen. Nach seiner Absetzung verselbstständigten sich das Westfränkische und das Ostfränkische Reich, ferner Burgund und Italien endgültig.

FRÄNKISCHES REICH. *Rom als Vorbild*

»Translatio imperii«, die Übertragung der Herrschaft vom römischen Imperium auf das Fränkische Reich, war ein Gedanke, der nicht zuletzt in der Ausstattung des Aachener Pfalzbezirks unter Karl dem Großen um 800 zum Tragen kam. So sollte ein antiker Import, eine vermutlich im 2. Jh. n. Chr. geschaffene bronzene Bärin (heute im Inneren der Pfalzkapelle, einst aber vor dem westlichen Eingang des Münsters platziert), an die »Lupa«, die Bronzewölfin, das Wahrzeichen Roms, erinnern, das im Mittelalter im Bereich des Lateran aufgestellt war und als Hoheitszeichen einer Gerichtsstätte fungierte. Auch die Aachener Bärin verwies u. a. darauf, dass hier Recht gesprochen wurde, und zwar nach jener Einheitsversion, die Karl den Franken gegeben hatte.

Franklin ['fræŋklın], Benjamin, amerikanischer Politiker, Naturwissenschaftler und

Fränkisches Reich. Territoriale Entwicklung

Benjamin Franklin

Schriftsteller, * Boston (Mass.) 17. 1. 1706, † Philadelphia (Pa.) 17. 4. 1790; ursprünglich Buchdrucker. Franklin gab seit 1729 eine Zeitung und einen Almanach heraus. 1751–64 war er Mitglied des Abgeordnetenhauses von Pennsylvania und vertrat ab 1757 diese und andere Kolonien bei der britischen Krone in London. 1776 unterzeichnete Franklin die amerikanische Unabhängigkeitserklärung. Als Gesandter in Frankreich 1776–85 erzielte er durch das französisch-amerikanische Bündnis von 1778 und den Frieden von Paris (1783) bedeutende Erfolge. Er gehörte zu den Unterzeichnern der Verfassung von 1787; darin brachte er seinen Kompromissvorschlag ein, dass der Senat die Einzelstaaten, das Repräsentantenhaus aber das Volk als Ganzes vertreten solle.

Franklin wurde auch durch seine wissenschaftlichen Arbeiten bekannt: Er experimentierte mit Elektrizität und erfand den Blitzableiter. Weitere Untersuchungen galten u. a. der Hydrodynamik, dem Magnetismus, der Wärmeleitung und Wärmestrahlung.

Als Schriftsteller bevorzugte Franklin Kurzformen wie Maxime, Essay und Satire, die er in klare, elegante und humorvolle Sprache fasste. Er lehrte als ein der Aufklärung verpflichteter Puritaner das geordnete, sparsame, zum Erfolg führende Leben (Autobiographie »Memoirs of the life and writings of B. Franklin«, 1771–90).

Frankreich, französisch **La France** [-frãs], amtlich **République Française** [repy'blik frã'sɛːz], Staat im Westen Europas, der im Westen an den Atlantik, im Nordwesten an den Ärmelkanal, im Nordosten an Belgien und Luxemburg, im Osten an Deutschland, die Schweiz und Italien, im Süden an das Mittelmeer, Spanien und Andorra grenzt. Zu Frankreich gehört die Insel Korsika.

KAROLINGER (843–987) UND KAPETINGER (987–1328): Mit dem Vertrag von Verdun 843 wurde die Selbstständigkeit des Westfränkischen Reiches (→ Fränkisches Reich) eingeleitet. 911 musste den Normannen die Normandie als Lehnsfürstentum überlassen werden. Im Zusammenhang mit dem Abwehrkampf gegen diese entwickelten sich bis zur Mitte des 10. Jh. die großen selbstständigen Lehnsfürstentümer (u. a. Aquitanien, Normandie, Burgund), wodurch die Machtbasis des Königtums außerordentlich eingeschränkt und mit der Wahl nicht karolingischer Könige infrage gestellt wurde.

Hugo Capet setzte mit der Wahl seines Sohnes Robert II. die Erblichkeit des französischen Königtums gegen die Königswahl durch. Vor dem Hintergrund einer beispielhaften kulturellen, sozialen und wirtschaftlichen Entwicklung vollzog sich dann v. a. im Bund mit den Päpsten der Aufstieg des kapetingischen Königtums, dem es gelang, die partikularen Feudalgewalten allmählich auszuschalten. Nachdem 1154 das Haus Anjou-Plantagenet durch Heirat und Erbschaft mehr als die Hälfte von Frankreich mit England vereinigt hatte, konnte Philipp II. August dem englischen König Johann ohne Land 1202 alle französischen Lehen entreißen und in dem darauf folgenden Krieg die Normandie und die Loire-Grafschaft zurückgewinnen.

Die Bemühungen Ludwigs IX., des Heiligen, um innere Einheit und die Schaffung zentraler Behörden bildeten die Grundlage für die französische Vormachtstellung in Europa unter Philipp IV., dem Schönen, der sich im Konflikt mit Papst Bonifatius VIII. letztlich durchsetzen konnte, als es ihm gelang, den Papst zur Übersiedlung nach Avignon (1309) zu zwingen; dadurch geriet das Papsttum für nahezu ein Jahrhundert unter französischen Einfluss.

DAS HAUS VALOIS (1328–1589): Als die Kapetinger in männlicher Linie ausstarben, fiel die Krone an Philipp VI. aus dem Hause Valois. Der hiergegen erhobene Anspruch König Eduards III. von England wurde Anlass für den → Hundertjährigen Krieg (1337/39–1453), der ausschließlich in Frankreich ausgetragen wurde und dort zeitweise zum Bürgerkrieg eskalierte. 1360 musste Frankreich große Gebiete im Südwesten sowie Calais abtreten. Nachdem durch die Eroberung ganz Frankreichs nördlich der Loire die englische Macht den Höhepunkt erreicht hatte, brachte Jeanne d'Arc bei der Belagerung von Orléans (1429) die Wende des Kriegs; er endete ohne förmlichen Friedensvertrag 1453, jedoch mit der fast völligen Vertreibung der Engländer.

Nach dem Tod Karls des Kühnen von Burgund (1477) wurden die französischen Lehen des Herzogtums Burgund eingezogen. Mit der 1492 einsetzenden Erwerbspolitik (Neapel) Karls VIII. beteiligte sich Frankreich an den europäischen Machtkämpfen in Italien. Ludwig XII. eroberte 1499 das Herzogtum Mailand; sein Nachfolger Franz I. bewarb sich 1519 vergeblich um die deutsche Krone; in insgesamt fünf Kriegen gegen die spanisch-habsburgische Übermacht Kaiser Karls V. konnten er und Heinrich II. nur den Besitzstand Frankreichs wahren.

Nach 1540 gewann der Kalvinismus in Frankreich zunehmend an Einfluss. An der Spitze der Reformierten oder »Hugenotten« standen Mitglieder des Hauses Bourbon (Condé). Die katholische Partei wurde von Angehörigen der Familie Guise geleitet. Der blutige Überfall auf die Hugenotten im März 1562 löste die religiösen Bürgerkriege aus. Zwar zeigte sich Karl X. bereit, sich dem Führer der Hugenotten, Gaspard de Coligny, anzuschließen, das Blutbad der → Bartholomäusnacht 1572 machte diese Absicht jedoch zunichte; die folgenden acht Hugenottenkriege dauerten bis 1598.

AUFSTIEG IM ZEICHEN DES ABSOLUTISMUS (1589–1715): Nach der Ermordung Heinrichs III. (1589), des letzten Valois, kam mit Heinrich IV. das Haus Bourbon (1589–1792) auf den französischen Thron. Die religiösen Gegensätze in Frankreich wurden mit dem Edikt von Nantes (1598) überbrückt, das den Hugenotten Sonderrechte gewährte. Der unter Heinrich IV. begonnene absolutistische Ausbau der Königsmacht wurde 1624 von Kardinal Richelieu als leitendem Minister Ludwigs XIII. fortgeführt; die politische Sonderstellung der Hugenotten wurde 1628 beseitigt. Richelieus Nachfolger unter Ludwig XIV., Kardinal Mazarin, gewann im Westfälischen Frieden 1648 für Frankreich die habsburgischen Gebiete im Elsass, im Pyrenäenfrieden 1659 Roussillon und Artois von Spanien.

Nach Mazarins Tod führte Ludwig XIV. die absolute Monarchie zur Vollendung. Sein zunächst einflussreichster Minister Colbert mobilisierte nach den Maximen des Merkantilismus die Finanz- und Wirtschaftspolitik und förderte u.a. den Ausbau des Kolonialreiches in Kanada, Louisiana und Westindien. Im Kampf um die europäische Hegemonie führte Ludwig XIV., der »Sonnenkönig«, zahlreiche Eroberungskriege, doch zerbrachen im Spanischen Erbfolgekrieg (1701–13/14) französische Vormachtstellung und Hegemonieansprüche in Europa; das Gleichgewicht der Mächte musste anerkannt werden.

NIEDERGANG DER ABSOLUTEN MONARCHIE (1715–89): Unter Ludwig XV. erlitt Frankreich im Österreichischen Erbfolgekrieg und im Siebenjährigen Krieg (1756–63) gegen Preußen schwere Niederlagen. Im Frieden von Paris (1763) musste es seine Besitzungen in Kanada an Großbritannien abtreten. Die Staatsschulden wuchsen bis zum Tode Ludwigs XV. auf vier Millionen Livres an. Halbherzige bzw. unzureichende Reformen Ludwigs XVI. und seiner Minister scheiterten am Widerstand der Privilegierten. Mit der Berufung der Generalstände 1789 erhoffte man sich die letzte Möglichkeit, den unauflösbaren Gegensatz zwischen absolutistisch-feudalistischem Staat und bürgerlicher Gesellschaft durch grundlegende Reformen zu beheben.

FRANZÖSISCHE REVOLUTION UND NAPOLEONISCHE ZEIT (1789–1814): Der Zusammenbruch der Monarchie in der →Französischen Revolution hatte die Schwäche absolutistischer Herrschaft nicht nur in Frankreich erwiesen; die Ideen von 1789 erschütterten in den Revolutionskriegen das gesamte europäische Staatensystem. Mit dem Staatsstreich des 18. Brumaire (9. 11. 1799) versuchte Napoléon Bonaparte, die revolutionären Errungenschaften zu sichern.

1802 erfolgte die Ernennung Bonapartes zum einzigen Konsul auf Lebenszeit; 1804 ließ er sich zum Kaiser der Franzosen krönen. In den Koalitionskriegen bis 1806/07 erreichte er den Gipfel seiner Macht. Aber in den folgenden napoleonischen Kriegen (1807–12) stieß die französische Fremdherrschaft auf den Widerstand der Völker und Staaten Europas. Die Katastrophe des Russlandfeldzuges 1812, der in die europäischen Befreiungskriege mündete, brachte den Zusammenbruch des napoleonischen Frankreich und die Wiederherstellung des Königtums der Bourbonen.

RESTAURATION, REVOLUTION UND ZWEITES KAISERREICH (1814–1870): Die Restaurationsphase (1814–30) basierte auf der konstitutionellen Monarchie Ludwigs XVIII. bzw. Karls X. Reaktionäre Entscheidungen des Königs führten schließlich zum Ausbruch der vom liberalen Bürgertum getragenen Julirevolution 1830. Karl X. dankte ab; es kam zur Wahl des »Bürgerkönigs« Louis Philippe von Orléans. Als in Paris die Februarrevolution 1848 ausbrach, dankte auch Louis Philippe ab und floh nach Großbritannien; die neue Regierung proklamierte die zweite Republik. Nachdem in allgemeinen und gleichen Wahlen die gemäßigten Republikaner die Mehrheit in der Kammer gewonnen hatten, wurde im Dezember 1848 Charles Louis Napoléon Bonaparte durch Volksabstimmung zum Staatspräsidenten gewählt.

FRANKREICH. ***»Main de justice«***

Die Geschichte Frankreichs ist im Mittelalter geprägt von der Geschichte der Krondomäne, der Île de France. Diese Keimzelle des französischen Staates wiederum war samt ihrem Mittelpunkt Paris eng mit dem Schicksal der Kapetinger verflochten. Bezeichnend ist, wie der Krönungseid des 987 auf den Thron gelangten Hugo Capet und seiner Nachfolger bis ins 14. Jh. hinein lautete: *»Ich verspreche, dem Volke, das meiner Obhut anvertraut ist, Gerechtigkeit gemäß seinen Rechten widerfahren zu lassen.«* Dieser kardinale Satz macht verständlich, warum der Herrscher Frankreichs bis ins 19. Jh. hinein der einzige Souverän in Europa war, der neben dem Szepter kein Schwert, sondern ein Gerichtssymbol, die »main de justice«, bei feierlichen Handlungen in Händen hielt.

Die antiparlamentarische Zermürbungspolitik des neuen Präsidenten gipfelte 1851 in einem Staatsstreich; 1852 ließ sich dieser als Napoleon III. zum Kaiser ausrufen und durch Volksabstimmung bestätigen. Außenpolitisch führte Napoleon III. Frankreich im Krimkrieg (1853–56) an der Seite Großbritanniens aus der Isolierung, die französische Beteiligung im italienischen Einigungskrieg 1859 an der Seite Sardiniens gegen Österreich brachte mit Nizza und Savoyen auch territorialen Gewinn. Der Deutsch-Französische Krieg 1870/71 führte dann aber zur Wende im politischen System.

DRITTE REPUBLIK (1871–1940): Nachdem die Preußen Napoleon III. in Sedan gefangen genommen hatten, wurde am 4. 9. 1870 in Paris die Republik ausgerufen. Aus Protest gegen

FRANKREICH ***Staatsoberhäupter***

Karolinger
Karl II., der Kahle 840/843-877 (875 Kaiser)
Ludwig II., der Stammler 877-879
Ludwig III. 879-882
Karlmann 879-884
Karl III., der Dicke 885-887 (881 Kaiser)

Robertiner
Odo von Paris 888-898

Karolinger
Karl III., der Einfältige 893-923

Robertiner
Robert I. von Franzien 922-923

Haus des Boso
Rudolf von Burgund 923-936

Karolinger
Ludwig IV., der Überseeische 936-954
Lothar 954-986
Ludwig V. 986-987

Kapetinger (Robertiner)
Hugo Capet 987-996
Robert II., der Fromme 996-1031
Heinrich I. 1031-1060
Philipp I. 1060-1108
Ludwig VI., der Dicke 1108-1137
Ludwig VII., der Junge 1137-1180
Philipp II. Augustus 1180-1223
Ludwig VIII., der Löwe 1223-1226
Ludwig IX., der Heilige 1226-1270
Philipp III., der Kühne 1270-1285
Philipp IV., der Schöne 1285-1314
Ludwig X., der Zänker 1314-1316
Johann I., das Kind 1316
Philipp V., der Lange 1317-1322
Karl IV., der Schöne 1322-1328

Haus Valois (Kapetinger)
Philipp VI. 1328-1350
Johann II., der Gute 1350-1364
Karl V., der Weise 1364-1380
Karl VI., der Wahnsinnige 1380-1422
Karl VII., der Siegreiche 1422-1461
Ludwig XI., der Grausame 1461-1483
Karl VIII. 1483-1498
Ludwig XII. von Orléans 1498-1515
Franz I. von Angoulême 1515-1547
Heinrich II. 1547-1559
Franz II. 1559-1560
Karl IX. 1560-1574
Heinrich III. 1574-1589

Haus Bourbon (Kapetinger)
Heinrich IV. von Navarra 1589-1610
Ludwig XIII. 1610-1643
Ludwig XIV. 1643-1715
Ludwig XV. 1715-1774
Ludwig XVI. 1774-1792
(Ludwig XVII., Dauphin)

Erste Republik
Nationalkonvent 1792-1795
Direktorium 1795-1799
Konsulat 1799-1804

Erstes Kaiserreich
Napoleon I. 1804-1814 (1815)

Haus Bourbon (Kapetinger)
Ludwig XVIII. (1814) 1815-1824
Karl X. 1824-1830

Haus Orléans
Louis Philippe 1830-1848

Zweite Republik
Charles Louis Napoléon Bonaparte 1848-1851 (1852)

Zweites Kaiserreich
Napoleon III. 1852-1870

Dritte Republik
Adolphe Thiers 1871-1873
Marie Edme Patrice Maurice Graf von Mac-Mahon 1873-1879
Jules Grévy 1879-1887
Marie François Sadi Carnot 1887-1894
Jean Casimir-Périer 1894-1895
Félix Faure 1895-1899
Émile Loubet 1899-1906
Armand Fallières 1906-1913
Raymond Poincaré 1913-1920
Paul Deschanel 1920
Alexandre Millerand 1920-1924
Gaston Doumergue 1924-1931
Paul Doumer 1931-1932
Albert Lebrun 1932-1940

État Français
Philippe Pétain 1940-1944/45

Provisorische Regierung der Französischen Republik
Charles de Gaulle 1944/45-1946
Félix Gouin, Georges Bidault, Léon Blum 1946/47

Vierte Republik
Vincent Auriol 1947-1954
René Coty 1954-1959

Fünfte Republik
Charles de Gaulle 1959-1969
Georges Pompidou 1969-1974
Valéry Giscard d'Estaing 1974-1981
François Mitterrand 1981-1995
Jacques Chirac seit 1995

die konservative Republik und den Waffenstillstand, der im Januar 1871 geschlossen worden war, kam es zur Erhebung der Pariser →Kommune, die aber bereits im Mai 1871 durch Regierungstruppen blutig niedergeschlagen wurde. Die Dritte Republik bedeutete lediglich verfassungspolitisch (durch Einführung des Parlamentarismus 1875) einen Bruch mit dem Kaiserreich; wirtschaftlich und gesellschaftlich stand sie im Zeichen der Kontinuität. Außenpolitisch, v.a. in der Kolonialpolitik, gewann Frankreich in der Folgezeit durch Expansion in Nordafrika und Indochina die 1870 verlorene Großmachtrolle und Bündnisfähigkeit wieder, geriet jedoch dadurch in offenen Gegensatz zu Großbritannien, am deutlichsten in der Faschodakrise (1898/99). In den Wahlen von 1885 gelangten Monarchisten und Bonapartisten in die Nähe der absoluten Mehrheit. Mehrere große politische Krisen (1893 der →Panamaskandal, 1894 die →Dreyfusaffäre) zeigten die Risse, die unter der Oberfläche die französischen Gesellschaft zerteilten.

Ab der Jahrhundertwende prägte außenpolitisch der Gegensatz zu Deutschland die französische Politik, die sich auf das französisch-russische Bündnis (Zweiverband) und die Entente cordiale (→Entente) stützte. Offizielles französisches Kriegsziel im Ersten Weltkrieg war die Wiedergewinnung Elsass-Lothringens. In den Versailler Friedensverhandlungen gelang es Premierminister Georges Clemenceau, die kontinentale Vormachtposition zurückzugewinnen; Frankreich versuchte, wie etwa mit der Ruhrbesetzung 1923, ein neuerliches wirtschaftliches Erstarken Deutschlands zu verhindern und eine deutsche Revisionspolitik unmöglich zu machen. Die Weltwirtschaftskrise verschärfte die Wirtschafts- und Finanzprobleme sowie die sozialen Spannungen in Frankreich und führte bei häufig wechselnden Kabinetten zu einer Dauerkrise des parlamentarischen Systems. Diese Entwicklung führte im Frühjahr 1936 zu einem Wahlerfolg der aus Radikalsozialisten, Sozialisten und Kommunisten gebildeten Volksfront, deren Regierung weitreichende soziale Reformen durchführen konnte.

Obwohl die französische Regierung nach der »Machtergreifung« Hitlers versuchte, durch internationale Allianzen Deutschland entgegenzutreten, konzentrierte sie sich danach auf die inneren Probleme und ließ sich vom Prinzip der Nichtintervention leiten: Frankreich griff nicht in den Spanischen Bürgerkrieg ein, tolerierte im April 1938 den Anschluss Österreichs an das Deutsche Reich und beteiligte sich 1938 am Münchner Abkommen. Am 3. 9. 1939, nach dem Angriff der deutschen Truppen auf Polen, erklärte Frankreich gemeinsam mit Großbritannien dem Deutschen Reich den Krieg. Der deutschen Offensive im Mai 1940 begegnete die französische Armeeführung mit einer unzureichenden strategischen Konzeption. Im Juni 1940 unterzeichnete die Regierung unter Marschall Philippe Pétain Waffenstillstandsabkommen mit Deutschland und Italien.

VICHY-REGIERUNG (1940–44) UND VIERTE REPUBLIK (1944–1958): Im neuen Regierungssitz Vichy übertrug das Parlament im Juli 1940 Marschall Pétain die unumschränkte Gewalt über das noch unbesetzte Frankreich, den autoritär-korporativen »État Français«. In der Folgezeit trat die französische Widerstandsbewegung (Résistance) zunehmend in Erscheinung, auf die General Charles de Gaulle wachsenden Einfluss gewann. Die Landung der Alliierten an der Kanal- und Mittelmeerküste im Juni bzw. August 1944 führte zur Befreiung Frankreichs und zum Zusammenbruch des Vichy-Regimes.

Die provisorische Regierung der Französischen Republik bemühte sich zunächst um gleichberechtigte Teilnahme an den Entscheidungen der Alliierten über die Zukunft Deutschlands sowie die Wiederherstellung der französischen Herrschaft in den Kolonien. Mit der Annahme eines neuen Verfassungsentwurfs im Oktober 1946 war die Vierte Republik formell begründet. 1949 schloss Frankreich sich der NATO, 1954 der SEATO an und beteiligte sich führend an den europäischen Einigungsbestrebungen. Die innenpolitische Labilität (1951–58 gab es zwölf Kabinettswechsel) und die krisenhafte Situation in den Kolonien führten dazu, dass General de Gaulle im Juni 1958 die letzte Regierung der Vierten Republik übernahm, die mit der Annahme der neuen Verfassung im September 1958 ihr formelles Ende fand.

FÜNFTE REPUBLIK (SEIT 1958): Die politische Entwicklung in Frankreich wurde bis 1969 im Wesentlichen von der Persönlichkeit de Gaulles bestimmt. Gegen den Widerstand der Algerienfranzosen, der in einen Krieg ausuferte, setzte Präsident de Gaulle 1962 die Unabhängigkeit Algeriens durch. Die für Frankreich angestrebte Großmachtrolle veranlasste ihn, die Entwicklung einer eigenen französischen Atomstreitmacht (»Force de frappe«) voranzutreiben. Seit Mitte der 1960er-Jahre bemühte sich die französische Außenpolitik verstärkt um einen deutsch-französischen Ausgleich. 1968 weiteten sich Studentenunruhen durch einen Generalstreik zu einer ernsthaften Staatskrise aus. Angesichts seines Prestigeverlusts trat de Gaulle am 28. 4. 1969 zurück. Sein Nachfolger Georges Pompidou wandte sich einer Reformpolitik zu. Der politische Machtverlust des Gaullismus hatte zur Folge, dass nach dem Tod Pompidous 1974 der Liberalkonservative Valéry Giscard d'Estaing zum Präsidenten gewählt wurde.

Bei den Präsidentschaftswahlen 1981 siegte der Sozialist François Mitterrand (1988 für eine weitere Amtszeit bestätigt), während dessen Ära zahlreiche innenpolitische Reformen durchgeführt wurden und Frankreich eine tragende Rolle im Prozess der europäischen Einigung übernahm. Nach dem Sieg der Gaullisten (RPR) und der bürgerlichen Mittelparteien (UDF) bei den Parlamentswahlen 1986 sah sich Mitterrand zu einer Zusammenarbeit (»Cohabitation«) mit den konservativen Kräften gezwungen und ernannte Jacques Chirac (RPR) zum Premierminister (1986–88). Die Parlamentswahlen von 1993 brachten für die Sozialisten eine erdrutschartige Niederlage, 1995 konnte sich Jacques Chirac bei den Präsidentschaftswahlen durchsetzen. Aus vorgezogenen Neuwahlen ging 1997 die Sozialistische Partei siegreich hervor. Die Präsidentschaftswahlen von 2002 konnte Chirac für sich entscheiden; die Parlamentswahlen von 2002 gewann die konservative UMP, Premierminister wurde (2005) Dominique de Villepin.

Franz I., König von Frankreich (seit 1515), * Cognac 12. 9. 1494, † Rambouillet 31. 3. 1547; folgte seinem Vetter Ludwig XII. auf den Thron, dessen Tochter Claudia er 1514 geheiratet hatte. Gleich zu Beginn seiner Regierung eroberte Franz 1515 das Herzogtum Mailand. Wegen der Umklammerung Frankreichs durch die habsburgischen Länder wurde er zum dauernden Gegner Karls V.; er versuchte dessen Wahl zum Kaiser zu verhindern, indem er selbst als Mitbewerber bei der Kaiserwahl (1519) auftrat. Nach der Niederlage bei Pavia (1525) von habsburgischer Seite gefangen genommen, gewann er durch den Scheinfrieden von Madrid (1526), den er nach seiner Freilassung widerrief, seine Freiheit zurück. Erst 1544 beendete der Friede von → Crépy die Kriege mit Karl V.

Franz I.,
König von Frankreich

Franz, ein glänzender Renaissancefürst, kann als Wegbereiter des französischen Absolutismus gelten. Seine Haltung zu den religiösen und kirchlichen Gegensätzen der Epoche wurde vornehmlich durch politische Gesichtspunkte bestimmt. Er suchte Verbindung mit den Türken und den protestantischen Reichs-

Franz II.,
Kaiser des Heiligen
Römischen Reiches

Franz II. Rákóczi

FRANZ JOSEPH I.
***1830 †1916**

heiratete Elisabeth von Bayern (»Sissi«)

war ein Vertreter des Neoabsolutismus

regierte 68 Jahre lang

unterlag am Vorabend des Ersten Weltkriegs schwer wiegenden Fehleinschätzungen der außenpolitischen Kräfteverhältnisse

ständen, um die Macht des Hauses Habsburg einzudämmen, trat aber in Frankreich selbst der Ausbreitung der Reformation mit wachsender Entschiedenheit entgegen. Im Inneren suchte er die Macht der Krone und die Einheit des Staates zu stärken.

Franz I. Stephan, Kaiser des Heiligen Römischen Reiches (seit 1745), Herzog von Lothringen und Großherzog von Toskana, *Nancy 8. 12. 1708, †Innsbruck 18. 8. 1765; wurde seit 1723 am Hof Kaiser Karls VI. in Wien erzogen; erhielt 1729 das schlesische Herzogtum Teschen und trat im gleichen Jahr die Nachfolge seines Vaters, Herzog Leopolds, in Lothringen an. 1736 musste Franz I. Stephan dieses Herzogtum an den entthronten Polenkönig Stanislaus I. Leszczyński, den Schwiegervater Ludwigs XV., von Frankreich, abtreten, erhielt dafür aber 1737 das Großherzogtum Toskana und wurde Reichsgeneralfeldmarschall. Seit 1736 mit Maria Theresia vermählt, wurde Franz I. Stephan Vater von 16 Kindern und Stammvater des Hauses Habsburg-Lothringen. Seit 1740 war er formell Mitregent in den Erblanden. Er übte zwar keinen Einfluss aus, machte sich aber durch ökonomische und administrative Reformen verdient.

Franz II., letzter Kaiser (1792–1806) des Heiligen Römischen Reiches, als Franz I. (1804–35) Kaiser von Österreich, *Florenz 12. 2. 1768, †Wien 2. 3. 1835, Sohn Kaiser Leopolds II., Großvater von Kaiser Franz Joseph I.; musste als Folge der Koalitionskriege gegen Napoleon Bonaparte große Gebietsverluste hinnehmen. Franz proklamierte 1804 das alle Erblande zusammenfassende Kaisertum Österreich. Angesichts der inneren Auflösung des Reiches v. a. durch den →Rheinbund legte er 1806 die römische Kaiserkrone nieder und erklärte die Kaiserwürde des heiligen Römischen Reiches für erloschen, um Napoleon keine Möglichkeit zu geben, sich dieser Würde zu bemächtigen.

Nach den militärischen Niederlagen von 1809 suchte er sich Napoleon zu nähern. Er stimmte 1810 der Verheiratung seiner ältesten Tochter Marie-Luise mit dem Kaiser der Franzosen zu. Im russischen Feldzug 1812 nahm Franz eine vorsichtige, vermittelnde Haltung ein, schloss sich dann aber nach dem Scheitern der Vermittlungsversuche zunächst geheim (1813) der großen Allianz gegen Napoleon (Russland, England, Preußen) an. Franz war bestrebt, die bestehende politische und soziale Ordnung zu erhalten. Sein Beharren auf Tradiertem und seine Gleichsetzung von Reform mit Revolution führten nach 1815 unter der Ägide von Metternich zu einem sozialkonservativen System.

Franz II. Rákóczi [-'ra:ko:tsi], Fürst von Siebenbürgen (1704–11) und Regent von Ungarn (1705–11), *Borsi (heute Borša) 27. 3. 1676, †Rodosto (heute Tekirdağ) 8. 4. 1735; führte den so genannten Rákóczi-Freiheitskampf 1703–11 gegen die Habsburger an. Rákóczi bereitete mit französischer Unterstützung von Polen aus einen Kuruzen-Aufstand gegen Kaiser Leopold I. vor und suchte nach 1703 die Unabhängigkeit Siebenbürgens, die Ständeselbstverwaltung Ungarns und die Garantie der Glaubensfreiheit zu erkämpfen. Die 1707 proklamierte Absetzung des Hauses Habsburg in Ungarn konnte militärisch nach der Niederlage bei Trentschin (1708) nicht durchgesetzt werden, da die französische, russische und preußische Waffenhilfe ausblieb. Den von seinem Statthalter 1711 geschlossenen Frieden von Sathmar erkannte Rákóczi nicht an; er setzte in der französischen (seit 1713) und türkischen (nach 1717) Emigration erfolglos den Kampf gegen die habsburgische Herrschaft in Ungarn fort.

Franz Ferdinand, Erzherzog von Österreich, *Graz 18. 12. 1863, †(ermordet) Sarajevo 28. 6. 1914, Neffe von Franz Joseph I.; wurde nach dem Tod des Kronprinzen Rudolf (1889) und seines Vaters (1896) Thronfolger. Seit 1898 war Franz Ferdinand Stellvertreter des Kaisers im Obersten Kommando und seit 1913 Generalinspektor der Armee. Er trat nachdrücklich für die Erhaltung der Großmachtstellung der Habsburgermonarchie ein (»Großösterreichische Idee«) und wandte sich gegen alle sprengenden Kräfte, besonders gegen die Unabhängigkeitsbestrebungen des ungarischen Adels. Um dessen Herrschaft zu brechen und die ungarischen Nationalitäten bei der Monarchie zu halten, dachte Franz Ferdinand an die Einführung des allgemeinen Wahlrechts in Ungarn und an einen bundesstaatlichen Umbau der Monarchie (Trialismus). Seine Ermordung durch serbische Nationalisten (»Attentat von Sarajevo«) war der äußere Anlass zum Ersten Weltkrieg.

Franz Joseph I., Kaiser von Österreich (seit 1848) und König von Ungarn (seit 1867), *Schönbrunn (heute zu Wien) 18. 8. 1830, †ebenda 21. 11. 1916, Neffe von Kaiser Ferdinand I., Enkel von Kaiser Franz II., Onkel von Franz Ferdinand, verheiratet (seit 1854) mit Elisabeth von Bayern (»Sissi«). Franz Joseph trat am 2. 12. 1848 nach der Abdankung seines Onkels die Regierung an. Unter dem Eindruck der →Märzrevolution von 1848 sah Franz Joseph die Wiederherstellung und Sicherung der Autorität der Zentralgewalt als seine Hauptaufgabe an. 1851 hob er die Verfassung wieder auf, die er während der Revolution 1849 zugestanden hatte, und ersetzte sie durch das System des neoabsolutistischen Zentralismus. Franz Joseph hielt an Tradiertem (u. a. Österreichs Vormachtstellung in Mitteleuropa) fest, ließ staatsmännischen Weitblick vermissen und konnte so auf innen- und außenpolitische Problemstellungen nur langsam reagieren. Österreichs Niederlage im Sardinisch-Französisch-Österreichischen Krieg resultierten zum Teil aus seinen persönlichen Fehleinschätzungen. Danach wandte sich Franz Joseph stärker konstitutionellen Formen zu. Die Niederlage im →Deutschen Krieg 1866 erzwang eine Verständigung mit Ungarn, die in eine Realunion von Österreich und Ungarn (1867) mündete. Die von den Thronfolgern, Kronprinz Rudolf bzw. Erzherzog Franz Ferdinand (ab 1896), angestrebten Reformen lehnte er insgesamt ab. Grundlagen seiner Außenpolitik waren nach 1866 →Zweibund (1879) und →Dreibund (1882), wobei er die wachsenden Spannungen mit Russland wegen der Balkanfrage nicht erkannte. Seine Fehleinschätzung der Kräfteverhältnisse trug mit zu der Krisenkonstellation bei, die schließlich den Ersten Weltkrieg auslöste.

Franz von Assisi, latinisiert Franciscus, eigentlich Giovanni Bernardone, italienischer Ordensstifter, *Assisi 1181 oder 1182, †ebenda 3. 10. 1226; stammte aus wohlhabender Kaufmannsfamilie. Franz von Assisi verzichtete nach Krankheit und Bekehrungserlebnissen auf ein bürgerliches Leben; seit 1208 lebte er als Bettler und Wanderprediger und widmete sich der Pflege der Aussätzigen. 1209 schlossen sich ihm die ersten Gleichgesinnten an. Die schnell wachsende Anhängerschaft verband Franz zum »Orden der Minderen Brüder« (→Franziskaner) und verpflichtete sie zu einem Leben in Armut und Buße im Dienst an den Menschen und an der Kirche. 1223 erhielt der neue Orden die päpstliche Anerkennung. Franz von Assisi selbst trat 1220 von der Leitung des Ordens zurück und wurde bereits zwei Jahre nach seinem Tod heilig gesprochen.

Franziskaner, offiziell Ordo Fratrum Minorum (Abk. OFM), Mitglieder des »Ordens der Minderen Brüder«, katholischer Mönchsorden.

GESCHICHTE: Die Franziskaner, ein →Bettelorden, leben nach der 1223 von Papst Honorius III. bestätigten Regel des Franziskus von Assisi. Auseinandersetzungen um die Auslegung der Ordensregel, die in der Spannung zwischen dem ursprünglichen Wollen des Gründers und der jeweils notwendigen Anpassung an die sich wandelnde Zeit ihren Ausdruck fanden, führten bereits im 13. Jh. zur Entstehung von drei Richtungen, den Spiritualen, die auf wörtliche Regelbeobachtung drangen, den Konventualen, die eine Angleichung an die alten Orden erstrebten, und einer mittleren Richtung, die unter größtmöglicher Treue zum ursprünglichen Ideal zu notwendigen Zugeständnissen bereit war (→Armutsstreit).

Franz Ferdinand, Erzherzog von Österreich

FRANZISKANER *Entstehung der Bettelorden*

Als sich im beginnenden 13. Jh. das Papsttum dem Höhepunkt seiner weltlichen Macht näherte, kehrten zahlreiche Gruppen in und außerhalb der Kirche zur Einfachheit zurück. Materieller Besitz war nun Hindernis auf dem Weg zum Heil, Armut nicht Not, sondern Tugend, die Prachtentfaltung der Kirche stieß mehr und mehr auf Ablehnung. In der Nachfolge Christi durchzogen Wanderprediger in freiwilliger Armut und ohne den Ballast theologischer Bildung das Land und lebten von ihrer Hände Arbeit.

In Einklang mit dieser Zeitstimmung entstanden vier große Bettelorden, die apostolische Armut als Richtschnur für ihre Gemeinschaft wählten: Franziskaner, Dominikaner, Karmeliter und Augustinereremiten. Ihre Mitglieder forderten nicht nur die vollkommene individuelle Armut, sondern lehnten auch für den Orden insgesamt jeglichen weltlichen Besitz ab.

Franz von Assisi, charismatischer Gründer des 1223 von Papst Honorius III. bestätigten »Ordens der Minderen Brüder« (»Die Bestätigung der Ordensregel des Heiligen Franziskus von Assisi durch Papst Honorius III.«, um 1483/85; Fresko von Domenico Ghirlandaio in der Cappella Sassetti in Santa Trinità, Florenz) wurde schon zwei Jahre nach seinem Tod (1226) heilig gesprochen. Er war die allseits verehrte und auch glaubwürdige Symbolfigur des neuen Ideals eines gottgefälligen Lebens, hatte er, Sohn eines reichen Tuchhändlers, doch allem Besitz entsagt und der »geliebten Frau Armut«, den Elendsten der mittelalterlichen Gesellschaft, sein Leben geweiht.

Als das Papsttum seit der Mitte des 13. Jh. dazu überging, die strengen Armutsbestimmungen zu lockern, kam es zu scharfen Auseinandersetzungen. Sie gipfelten in der Verfolgung der Anhänger der Lehre von der vollkommenen Armut Christi als Ketzer.

Französische Revolution. Der Tag des Sturms auf die Bastille, der 14. 7. 1789, an dem die Revolution begann, ist bis heute der Nationalfeiertag Frankreichs (um 1790; Versailles, Museé Historique).

Trotz der internen Streitigkeiten breitete sich der Orden sehr rasch in ganz Europa aus. 1517 wurden die reformierten Franziskaner (als Observanten) und die nicht reformierten (als Konventualen, in Deutschland Minoriten genannt) zu getrennten und selbstständigen Ordensfamilien erklärt, aus denen sich im 17. Jh. die Reformgruppe der Kapuziner verselbstständigte. Die Observantenfamilien konnten 1897 wieder zu einer einheitlichen Ordensgemeinschaft, die jetzt allein Franziskaner (OFM) heißt, vereinigt werden.

Französische Revolution, in der französischen Geschichte die Epoche von 1789 bis 1799, in deren Verlauf das →Ancien Régime gewaltsam beseitigt und die politischen und gesellschaftlichen Verhältnisse neu geordnet wurden; sie wirkte über Frankreich hinaus auch auf die europäische Staatenwelt. Die Französische Revolution ging hervor aus der Unfähigkeit der absolutistischen Monarchie, ihre Strukturen der veränderten geistigen Situation des späten 18. Jh. anzupassen und dem aufstrebenden Bürgertum mehr soziale und politische Rechte einzuräumen. Die Ablehnung von Reformversuchen und der Staatsbankrott von 1788 verschärften die Autoritätskrise des Königtums, die unmittelbar in die Revolution von 1789 führte.

ERRICHTUNG UND STURZ DER KONSTITUTIONELLEN MONARCHIE: Am 5. 5. 1789 eröffnete König Ludwig XVI. zur Abwendung der herrschenden Staatskrise die →Generalstände. Sie setzten sich aus dem ersten Stand (Klerus) mit 291 Abgeordneten, dem zweiten Stand (Adel) mit 270 Mandaten und dem →dritten Stand mit 578 Vertretern überwiegend aus dem gebildeten Bürgertum zusammen, wobei insbesondere um die Frage der Gleichberechtigung des dritten Standes debattiert wurde. Zwar hatte der König eine Verdoppelung der Mandate für den dritten Stand zugestanden, doch dessen Forderung nach einer Abstimmung nach Köpfen und nicht nach Ständen wurde nicht erfüllt. Da konstituierte sich der dritte Stand in einem revolutionären Akt am 17. 6. 1789 zur Nationalversammlung (»Assemblée nationale«) und schwor am 20. 6., nicht vor Vollendung einer Verfassung auseinander zu gehen (»Ballhausschwur«). Dem schlossen sich reformfreudige Gesinnungsgenossen aus den beiden anderen Ständen an. Der Druck des Pariser Volkes erzwang die nachträgliche Billigung der Nationalversammlung durch den König, die sich am 9. 7. zur verfassunggebenden (»Assemblée nationale constituante«) erklärte.

Die Entlassung des populären Finanzministers Jacques Necker und die Truppenkonzentration um das gärende Paris führten am 14. 7. zur Erstürmung der →Bastille.

Unter dem Eindruck der Unruhen in Paris und zahlreicher Bauernaufstände in den Provinzen fasste die Nationalversammlung in den folgenden Monaten eine Reihe von grundlegenden Beschlüssen: u. a. Beseitigung der feudalen Standesrechte, Aufhebung des geistlichen Zehnten, Verkündung der Menschen- und Bürgerrechte, Einziehung der Kirchengüter und ihre Verwendung als Nationalgüter, Abschaffung des Erbadels.

Die Verfassung von 1791 (verkündet am 3. 9.) begründete dann schließlich eine konstitutionelle Monarchie mit eingeschränktem königlichem Anteil an der Legislative und einem Zensuswahlrecht, das die Ausübung politischer Rechte auf eine Minderheit wohlhabender, »aktiver« Bürger beschränkte. Doch die völlige Abwendung Ludwigs XVI. von der revolutionären Entwicklung und sein Fluchtversuch (in Varennes am 21. 6. 1791 entdeckt) ließen die Rufe nach einer Republik lauter werden. Meinungsbildend wirkten hier besonders die radikalen politischen Klubs, v. a. der →Cordeliers und der →Jakobiner; in letzterem dominierten zunächst die →Girondisten. Sie standen dem Königtum mit Misstrauen gegenüber und setzten die Kriegserklä-

FRANZÖSISCHE REVOLUTION. ***König und Guillotine***

Der französische Arzt Joseph Ignace Guillotin erfand das nach ihm benannte Fallbeil, dessen sich die in der Französischen Revolution gelangten neuen Machthaber für das Schauspiel der Hinrichtungen bedienten. Die tödliche Sicherheit der Guillotine bezog der Maler und Festarrangeur der Revolution, Jacques-Louis David, in seine Symbolregie, mit der er die Hinrichtung des Königspaars inszenierte: Am 21. 1. 1793 war Ludwig XVI. an der Reihe, am 16. 10. desselben Jahres folgte Marie Antionette. Im Gegensatz zum König, den eine Karosse zum Schafott gebracht hatte, lud man die Königin aber auf einen von Ackergäulen gezogenen Schindkarren. Die Enthauptung fand auf dem »Platz der Revolution«, der heutigen »Place de la Concorde«, statt.

rung an Österreich und Preußen (April 1792 →Französische Revolutionskriege) durch.

Die revolutionsfeindliche Haltung des Königs führte am 10. 8. 1792 zum Sturm auf die Tuilerien. Ludwig XVI. wurde abgesetzt und mit seiner Familie im »Temple« festgesetzt. Zugleich wurde die Wahl eines Nationalkonvents (»Convention nationale«) beschlossen.

KONVENTSHERRSCHAFT UND DIKTATUR DES WOHLFAHRTSAUSSCHUSSES (1792–94): Der anstelle der Nationalversammlung gewählte Konvent (stärkste Gruppierungen: Girondisten und →Bergpartei) rief am 21. 9. 1792 die Republik aus. Der abgesetzte König Ludwig XVI. (»Bürger Capet«) wurde am 21. 1. 1793 hingerichtet; daraufhin kam es zu royalistischen Aufständen besonders in der Vendée.

Die innere und äußere Notlage – Unruhen in den meisten Départements, militärische Rückschläge im Frühjahr 1793 – führten zur Ausschaltung und Hinrichtung der führenden Girondisten durch die Bergpartei im Juni 1793 und zur »Jakobinerherrschaft« im Konvent. Dessen zentrales Exekutivorgan wurde der →Wohlfahrtsausschuss (mit Maximilien de Robespierre, Georges Danton, Louis de Saint-Just), der als Revolutionsregierung weitreichende Vollmachten erhielt. Zur Stärkung des äußeren Widerstands wurde die allgemeine Wehrpflicht eingeführt (»Levée en masse«) und zugleich der Terror im Innern verschärft: Schaffung des Revolutionstribunals zur Aburteilung politischer Gegner; Verhaftung von Verdächtigen; in den aufrührerischen Départements Massenliquidierungen durch Konventskommissare. Darüber hinaus legten die Jakobiner den Grund für ein radikal demokratisches Staatswesen mit dirigistischen Zügen. Während seiner Schreckensherrschaft (»La Terreur«) schaltete Robespierre zunächst die radikalen Hébertisten (März 1794) aus und beseitigte dann auch die Gemäßigteren um Danton (April 1794). Er ersetzte die christliche Lehre durch den Kult der Vernunft (8. 6. 1794: Fest des »Höchsten Wesens«). Nunmehr allmächtig, verstärkte Robespierre den Terror (»La Grande Terreur« seit 10. 6. 1794), obwohl die inneren Unruhen niedergeschlagen und die äußeren Gefahren abgewendet waren. Am 9. Thermidor II des Revolutionskalenders (27. 7. 1794) wurde er gestürzt, mit ihm wurden viele seiner Parteigänger hingerichtet. Im Konvent gewannen die gemäßigten Republikaner wieder den maßgeblichen Einfluss (»Thermidorianer«).

DIREKTORIUM (1795–99): Nach Annahme der Direktorialverfassung am 23. 9. 1795 und

FRANZÖSISCHE REVOLUTION

Erklärung der Menschenrechte

Die Idee der Menschenrechte lässt sich bis zur griechischen Philosophie zurückverfolgen. Doch erst im 18. Jh. wurden diese Rechte – wie etwa 1776 in den USA – feierlich proklamiert und in Staatsverfassungen aufgenommen.

Die in der Anfangsphase der Französischen Revolution verkündete »Erklärung der Menschen- und Bürgerrechte« vom August 1789 (anonymes Gemälde, um 1789; Paris, Musée Carnavalet) war ein entscheidender Schritt in der Entwicklung des westlichen Verfassungsdenkens, formulierte sie doch die Prinzipien des modernen liberalen Verfassungsstaats. Vom Geist der Aufklärung geleitet und dem optimistischen Glauben an die Allmacht der Vernunft beflügelt legten die Mitglieder der französischen verfassunggebenden Nationalversammlung nach amerikanischem Vorbild die Prinzipien einer neuen, auf Freiheit und Rechtsgleichheit gegründeten politischen Ordnung fest. So heißt es im ersten Artikel: *»Die Menschen werden frei und gleich an Rechten geboren und bleiben es.«* Artikel 2 erklärt *»Freiheit, Eigentum, Sicherheit und Widerstand gegen Unterdrückung«* zu den *»natürlichen und unantastbaren Menschenrechten«*, Artikel 3 postuliert die Souveränität des Volks. Die weiteren Artikel betreffen fundamentale rechtsstaatliche Garantien wie den Schutz vor willkürlicher Verhaftung, weltanschauliche Toleranz des Staats, Meinungs- und Pressefreiheit, Steuergerechtigkeit sowie die Teilung der Gewalten (Legislative, Exekutive und Rechtsprechung) als institutionelle Voraussetzung der Freiheit.

Bildung des →Direktoriums löste sich der Nationalkonvent auf. Die neue Verfassung brachte mit dem Zensuswahlrecht die Rückkehr zu einer bürgerlichen Klassenherrschaft. Das Direktorium hatte sich der Bedrohung durch eine kommunistisch-jakobinische Verschwörung sowie v.a. royalistischer Umsturzversuche zu erwehren. Durch den Staatsstreich seiner republikanischen Mitglieder (18. Fructidor V, September 1797), der die Macht des Direktoriums stärkte, wurde die royalistische, dann auch die radikale Opposition unterdrückt. Die inneren Misserfolge (Staatsbankrott 30. 9. 1797) und die französischen Niederlagen auf allen Kriegsschauplätzen im Sommer 1799 führten zum Staatsstreich Napoléon Bonapartes vom 18. Brumaire VIII (9. 11. 1799) und zur Auflösung des Direktoriums, womit die Französische Revolution in das Konsulat Napoléon Bonapartes mündete.

Frauenbewegung. Das in der Illustrierten »Stern« am 6. 6. 1971 veröffentlichte Bekenntnis von 374 Frauen zu ihrem illegalen Schwangerschaftsabbruch gab den Anstoß zur »Neuen Frauenbewegung« in der Bundesrepublik Deutschland.

Französische Revolutionskriege, →Koalitionskriege.

Frauenbewegung, politische und soziale Bewegung, die alle Versuche und Initiativen von Frauen umfasst, ihre spezifischen Interessen organisiert zu vertreten, ihrer Benachteiligung auf politischem, sozialem und wirtschaftlichem Gebiet entgegenzuwirken sowie geschlechtsspezifische Rollenzuweisung und Arbeitsteilung aufzuheben. Im Verlauf der Geschichte ist der Zusammenhang der Frauenbewegung mit den bürgerlichen und sozialistischen Befreiungsbewegungen immer wieder erkennbar.

FRÜHE FRAUENBEWEGUNG: Das Persönlichkeitsideal der europäischen Aufklärung vom freien, selbst bestimmten Individuum und Bürger und die politischen Leitprinzipien der Französischen Revolution (Freiheit, Gleichheit, Brüderlichkeit) bildeten den programmatischen Bezugspunkt der ersten Frauenbewegung, die im Übergang vom 18. zum 19. Jh. fast gleichzeitig in den westeuropäischen Nationen und in den USA entstand. Während der Französischen Revolution erschienen zahlreiche Veröffentlichungen zu den Rechten der Frau; es entstanden revolutionäre Frauenclubs. Frühe Aktivistinnen der Frauenbewegung in den 1790er-Jahren waren in Frankreich Olympe de Gouges und Mary Wollstonecraft (verheiratete Godwin) in Großbritannien; sie forderten in ihren Veröffentlichungen eine völlige rechtliche, politische und soziale Gleichstellung der Frau.

Ab der Mitte des 19. Jh. kam es zu einer internationalen Ausbreitung der Frauenbewegung. In den USA ging sie aus dem Kampf für die Sklavenbefreiung hervor. In Großbritannien erreichten frauenkämpferische Aktivitäten ab der Wende zum 20. Jh. mit der Suffragettenbewegung einen Höhepunkt. Die von Emmeline Pankhurst gegründete »Women's Social and Political Union« (WSPU) setzte zur Durchsetzung ihrer Ziele auf spektakuläre, öffentliche Aktionen (Großdemonstrationen mit mehreren 100 000 Teilnehmern, Hungerstreik, Steuerboykott, Selbstankettung, Sprengung politischer Versammlungen, Gewalt gegen Sachen), was der britischen Frauenbewegung eine beispiellose Publizität verschaffte.

In Deutschland bildete die Revolution von 1848 den Auftakt für die Entstehung einer deutschen Frauenbewegung, v.a. durch Louise Otto (später Otto-Peters), die 1865 zusammen mit Auguste Schmidt den »Allgemeinen Deutschen Frauenverein« (ADF) gründete, der sich insbesondere mit Frauenarbeit und Frauenbildung beschäftigte. In den 1890er-Jahren kam es innerhalb der deutschen Frauenbewegung zu einer Flügelbildung zwischen gemäßigten, konservativen und radikalen Frauenvereinen. Die »Frauenfrage« wurde um sittlich-ethische Themen wie Prostitution, Empfängnisverhütung und Abtreibung sowie das Frauenstimmrecht erweitert; bei diesen Diskussionen war besonders der radikale Flügel der Frauenbewegung um Hedwig Dohm, Helene Stöcker u.a. bestimmend. Die proletarisch-sozialistische Frauenbewegung unter Führung von Clara Zetkin vertrat die Auffassung, dass die Klassenfrage der Frauenfrage übergeordnet sei und die Emanzipation der Frau erst nach der Veränderung der Eigentumsverhältnisse im Sozialismus erfolgen könne.

Die zentrale Forderung der frühen Frauenbewegung, das Frauenwahlrecht, wurde schließlich aber zu ganz unterschiedlichen

Zeitpunkten erreicht: Finnland 1906, Russland 1917, Deutschland 1918, USA 1920, Großbritannien 1928, Frankreich 1944. In Deutschland bedeutete die nationalsozialistische »Machtergreifung« das vorläufige Ende der Frauenbewegung, denn die NS-Ideologie beschränkte die Rolle der Frau auf die der Gattin und Mutter.

»NEUE FRAUENBEWEGUNG«: Gegen Ende der 1960er-Jahre entstand im Zusammenhang mit der amerikanischen Bürgerrechts- und der westeuropäischen Studentenbewegung eine »Neue Frauenbewegung«, die sich nicht in erster Linie als eine Frauenrechts-, sondern als eine Frauenbefreiungsbewegung und als feministisch begriff. Ihr Selbstverständnis gründete auf der Überzeugung, dass nur durch eine tief gehende Veränderung der Bewusstseins- und Verhaltensweisen, der Lebens- und Arbeitsformen der immer noch vorhandene Widerspruch zwischen formalrechtlicher Gleichstellung und anhaltender gesellschaftlicher Diskriminierung und Unterdrückung der Frau zu lösen sei.

Historischer Ausgangspunkt der Frauenbewegung in der Bundesrepublik Deutschland waren die v.a. von Alice Schwarzer initiierten Aktionen für die Abschaffung des § 218 und die Legalisierung des Schwangerschaftsabbruchs. Ab Mitte der 1970er-Jahre bildeten sich innerhalb der Frauenbewegung unterschiedliche Zielvorstellungen und Strategien heraus. Autonome, parteipolitisch und gewerkschaftlich organisierte Frauengruppen betrieben aktiv den Ausbau von Frauenzentren, -verlagen, -forschungseinrichtungen, schufen ein weit gespanntes Netz von Selbsthilfeprojekten (z.B. Frauenhäuser, Selbsterfahrungsgruppen) und förderten die Entstehung einer autonomen weiblichen Gegenkultur. In den 1980er-Jahren engagierte sich die Frauenbewegung vielfach in der Ökologie-, Antiatomkraft- und Friedensbewegung.

Obwohl die »Neue Frauenbewegung« nach einer knapp dreißigjährigen Geschichte wohl ihren Höhepunkt überschritten hat, ist es ihr gelungen, Frauenanliegen politikfähig zu machen, Denkanstöße in die politische Kultur und gesellschaftliche Moral hineinzutragen und auch breite soziale Schichten für ihre Forderungen und Wertvorstellungen zu sensibilisieren.

Freiburger Thesen, früheres Grundsatzprogramm der FDP zur Gesellschaftspolitik, auf dem 22. Parteitag in Freiburg im Breisgau (1971) beschlossen. Die Freiburger Thesen forderten eine verstärkte »Demokratisierung der Gesellschaft« und eine »Reform des Kapitalismus« (besonders in Fragen der Eigentumsordnung und Mitbestimmung). Von den sozialliberalen Kräften in der Partei besonders engagiert getragen, dienten sie der FDP v.a. während der Koalition mit der SPD als gesellschaftspolitische Grundorientierung für die Mitarbeit in der Regierung.

Freie Demokratische Partei, Abk. **FDP,** seit 1968/69 parteioffiziell **F. D. P.,** deutsche politische Partei. Die FDP wurde im Dezember 1948 unter Theodor Heuss durch einen Zusammenschluss verschiedener nationalliberaler und linksliberaler Gruppierungen der Westzonen gegründet; eine zonenübergreifende Kooperation mit der Liberal-Demokratischen Partei Deutschlands (LDP) in der SBZ war zuvor gescheitert.

1949 stellte die FDP mit Heuss den ersten Bundespräsidenten und schloss sich im September der von Bundeskanzler Adenauer (CDU) geführten Regierungskoalition an, die sie jedoch 1956 nach Kontroversen mit Adenauer wieder verließ. 1961–66 gehörte sie wieder einer Regierungskoalition mit der CDU an. In der Zeit der großen Koalition 1966–69 stand sie in der Opposition. Ab etwa 1967 setzten sich dann sozialliberale Strömungen innerparteilich durch und führten nach der Bundestagswahl von 1969 zur Bildung einer Koalition mit der SPD, die nach den Wahlen von 1972, 1976 und 1980 erneuert wurde. In der Koalition verstand sich die FDP besonders als entschiedener Verfechter der Marktwirtschaft. Außenpolitisch trug die FDP sowohl die von Adenauer (CDU) eingeleitete Politik der Westintegration der Bundesrepublik Deutschland als auch die von Willy Brandt (SPD) 1969/70 begonnene Ostpolitik.

Zu Beginn der 1980er-Jahre kam es zu wachsenden Spannungen mit dem Koalitionspartner SPD, besonders in wirtschafts- und finanzpolitischen Fragen; sie führten am 17. 9. 1982 zum Bruch der Koalition. Das von der Mehrheit der FDP-Abgeordneten im Deutschen Bundestag mitgetragene konstruktive Misstrauensvotum gegen Bundeskanzler Helmut Schmidt und die Wahl Helmut Kohls (CDU) zum Bundeskanzler (1. 10. 1982) sowie der Wechsel der FDP in die neue, CDU-geführte Regierung stellte die FDP vor eine Zerreißprobe, in der mehrere FDP-Mitglieder zur SPD übertraten (u.a. Günter Verheugen und Ingrid Matthäus-Maier).

Nach den Wahlen von 1983 und 1987 trat die FDP erneut in eine Koalition mit der CDU und CSU. Im August 1990 vereinigte sie sich mit den liberalen Organisationen der DDR: LDP, Deutsche Forumpartei [DFP; gegründet im Januar 1990], FDP der DDR [gegründet im Februar 1990]) zu einer gesamtdeutschen Partei unter dem Vorsitz von Otto Graf Lambsdorff; außerdem schloss sich die Nationaldemokratische Partei Deutschlands (NDPD) der FDP an. Nach den ersten gesamtdeutschen Wahlen im Dezember 1990 trat die FDP wieder einer Regierungskoalation mit der CDU/CSU bei. Nach dem Verlust der Regierungsmehrheit mit der CDU/CSU 1998 ging die

FDP in die Opposition. Parteivorsitzender wurde 2001 Guido Westerwelle.

Freie Deutsche Jugend, Abk. **FDJ,** einzige Massenorganisation für Jugendliche in der DDR bis 1989/90 (1988: etwa 2 Mio. Mitglieder). Die FDJ wurde 1946 als kommunistische Jugendorganisation in der SBZ gegründet und ab 1947 von der SED als Nachwuchsorganisation instrumentalisiert. In der Bundesrepublik Deutschland wurde sie 1951 als verfassungswidrig verboten.

Dem Ziel, die Jugend im Sinne der DDR-Staatsdoktrin zu erziehen, dienten u.a. die vormilitärische Ausbildung der Jugendlichen, ein organisiertes jugendliches Verbandsleben (u.a. »FDJ-Nachmittage«, Kultur-, Sportveranstaltungen) sowie die Durchführung von Massenfesten und -demonstrationen.

In allen Schulen, Universitäten, Betrieben und Einrichtungen bestanden »Grundeinheiten« der FDJ mit nahezu Pflichtmitgliedschaft für Jugendliche ab 14 Jahren. Oberstes Organ war das »Parlament«, das alle fünf Jahre – nach dem Parteitag der SED – zusammentrat; es wählte den »Zentralrat der FDJ«, dessen »Büro« das eigentliche Führungsorgan war. An der Spitze stand der »Erste Sekretär des Zentralrats« (u.a. Erich Honecker 1946–55 und Egon Krenz 1974–83). Als Vorstufe zur FDJ fungierte die von ihr geleitete Pionierorganisation »Ernst Thälmann« (Abk. JP). Symbol war die blaue Fahne mit dem Emblem der FDJ und das blaue FDJ-Hemd mit Emblemaufnäher am linken Ärmel.

freie Gewerkschaften, Bezeichnung für die sozialistisch orientierten Organisationen der deutschen →Gewerkschaften im Gegensatz z.B. zu den christlichen Gewerkschaften.

Freier Deutscher Gewerkschaftsbund, Abk. **FDGB,** 1945 entstandene Einheitsgewerkschaft in der SBZ und der DDR, die 15 Industrie- u.a. Gewerkschaften umfasste. Die Aufgaben des FDGB umfassten: Arbeitnehmer im Sinne und unter Führung der SED zur Bejahung des Gesellschafts- und Staatssystems »zu erziehen«, die Produktionssteigerung zu fördern (der FDGB lehnte das Streikrecht ab) und die Interessen der Arbeiter und Angestellten in den Betrieben zu vertreten (Vertretungsorgan war die Betriebsgewerkschaftsleitung, Abk. BGL). Der FDGB war u.a. auch zuständig für Sozialversicherung, Gesundheits- und Arbeitsschutz, Organisierung des Wettbewerbs. Er hatte 1989 etwa 9,5 Mio. Mitglieder; mit den demokratischen Veränderungen in der DDR 1989 geriet der FDGB in eine tiefe Krise und löste sich als Dachverband am 30. 9. 1990 selbst auf; die Einzelgewerkschaften verschmolzen mit Industriegewerkschaften des DGB.

Freie Städte, Freistädte, im Heiligen Römischen Reich ursprünglich bischöfliche Städte, später auch Städte unter weltlichen Stadtherren, die, z.T. in erbitterten Kämpfen während des 13. und 14. Jh. die geistliche, königliche oder adlige Herrschaft abgeschüttelt hatten, z.B. Köln, Augsburg, Worms, Speyer, Straßburg, Basel. Freie Städte besaßen fast alle Rechte der öffentlichen Gewalt. Anders als die →Reichsstädte waren sie von bestimmten Reichspflichten (Heerfahrt, Jahressteuer) frei; später wurden sie auch Freie Reichsstädte genannt.

Davon zu unterscheiden sind die Freien Städte Hamburg, Bremen, Lübeck sowie Frankfurt am Main als Mitglieder des Deutschen Bundes (1815–66). Frankfurt fiel 1866 an Preußen; Hamburg, Lübeck (Freie und Hansestädte) und Bremen (Freie Hansestadt) wurden Glieder des Norddeutschen Bundes (1867) und des Deutschen Reiches (1871). 1949 wurden Bremen und Hamburg Länder der Bundesrepublik Deutschland.

Freiheit, Gleichheit, Brüderlichkeit, [französ. »Liberté, Égalité, Fraternité«], eine der Losungen der Französischen Revolution; wurde auf Anregung des Klubs der Cordeliers 1793 im Département Paris als verbindliche Gebäudeinschrift eingeführt.

Freiheitlichen, Die, seit 1995 Name der →Freiheitlichen Partei Österreichs.

Freiheitliche Partei Österreichs, Abk. **FPÖ,** österreichische Partei. 1956 konstituierten sich der Verband der Unabhängigen und die Freiheitspartei zur FPÖ. 1983–86 bildete sie mit der SPÖ eine Koalitionsregierung. Unter dem Parteivorsitzenden Jörg Haider (1986–2000) erzielte die FPÖ als wichtigste Oppositionspartei einen bedeutenden Mitgliederzuwachs und bei Nationalrats-, Landtags- und Kommunalwahlen starke Stimmengewinne. Der autoritäre Führungsstil Haiders und dessen fremdenfeindliche, rechtspopulistische Tendenzen führten 1992/93 zu Abspaltungen und Parteineugründungen. 1995 beschloss die Partei, sich unter dem Namen »Die Freiheitlichen« in eine »Bürgerbewegung« umzuwandeln. Bei den Nationalratswahlen 1999 wurde die FPÖ zweitstärkste Partei nach der SPÖ; ab 2000 bildete sie eine Regierungskoalition mit der ÖVP unter Bundeskanzler Wolfgang Schüssel (ÖVP). Die auch in Österreich stark umstrittene Regierungsbeteiligung der FPÖ führte zu EU-Sanktionen. 2005 spaltete sich das von Haider geführte »Bündnis Zukunft Österreich« (BZÖ) von der FPÖ ab.

Freiheitskriege, Bezeichnung für die die napoleonische Herrschaft beendenden →Befreiungskriege in Deutschland, Italien und Spanien (1809/13–15).

Freikonservative Partei, preußische Partei, die 1866 aus einem Zusammenschluss von rund 20 Abgeordneten im preußischen Abgeordnetenhaus entstand. Die Gruppierung unterstützte unter der Führung von Graf von Bethusy-Huc die Politik Otto von Bismarcks v.a. im Verfassungskonflikt. Ihr schloss sich ein Teil der Altliberalen an. Bei den Wahlen zum Reichstag des Norddeutschen Bundes nahm sie 1867 den Namen Freikonservative Partei an und nannte sich seit 1871 im Reichstag Deutsche Reichspartei, auch Reichs- und Freikonservative Partei. Sie war eine reine Honoratiorenpartei (bis 1906 ohne Parteiprogramm und ohne feste Parteiorganisation) und vertrat die Interessen der Großagrarier und der zu wachsendem Einfluss drängenden Industriellen. 1918 ging die Freikonservative Partei in der Deutschnationalen Volkspartei auf.

Freikorps [-ko:r], Truppen, die nur für die Dauer des Krieges oder eines Feldzugs aufgestellt oder von einzelnen Führern unter Ermächtigung des Kriegsherrn aufgebracht wurden. Größere Bedeutung erlangten sie erstmals um die Mitte des 18. Jh. im Österreichischen Erbfolgekrieg. Auch in den Napoleonischen Kriegen wurden mehrere Freikorps errichtet (z. B. das lützowsche Freikorps). Die nach dem Ersten Weltkrieg errichteten Freikorps (u. a. Regiment Reinhard, Marinebrigade Ehrhardt) waren teils neu aufgestellte und umbenannte Formationen des alten Heeres, teils aus Freiwilligen aufgestellte Verbände, die bis zur Unterzeichnung des Versailler Vertrages der Obersten Heeresleitung, dann der Reichswehrführung unterstanden. Im Auftrag der Reichsregierung schlugen sie die kommunistischen Aufstände im Reich nieder. Nach der Stabilisierung der Weimarer Republik wurden sie aufgelöst. Rechtsextremistisch ausgerichtete Angehörige der Freikorps waren am Kapp-Putsch, an den Fememorden und am Aufbau nationalsozialistischer Wehrverbände beteiligt.

Freisinnige, Bezeichnung für die Mitglieder und Anhänger einer um die Mitte des 19. Jh. in Deutschland und in der Schweiz aufgekommenen politischen Richtung, die sich für die Durchsetzung liberaler Grundsätze in Staat und Wirtschaft einsetzte, später auch sozialreformerische Ideen aufnahm und sich nach 1870 in Parteien organisierte.

Die Deutschfreisinnige Partei (Deutsche Freisinnige Partei, Abk. DFsP) entstand im März 1884 aus der Vereinigung der Deutschen Fortschrittspartei und der Liberalen Vereinigung. 1893 zerfiel sie in die Freisinnige Volkspartei und in die Freisinnige Vereinigung. Beide Parteien schlossen sich 1910 mit der Deutschen Volkspartei zur Fortschrittlichen Volkspartei zusammen. In der Schweiz bildeten die Freisinnigen 1894 eine Partei (Freisinnig-Demokratische Partei der Schweiz, Abk. FDP).

Freisler, Roland, deutscher Politiker und Jurist, *Celle 30. 10. 1893, † (Luftangriff) Berlin 3. 2. 1945; Rechtsanwalt; geriet 1915 in russische Kriegsgefangenschaft und wurde später bolschewistischer Kommissar. 1920 kehrte Freisler nach Deutschland zurück und trat 1925 der NSDAP bei. 1933/34 war er Staatssekretär im preußischen Justizministerium, 1934–42 im Reichsjustizministerium. Freisler trat als einer der radikalsten Verfechter nationalsozialistischer Strafrechtsvorstellungen hervor. Als Präsident des »Volksgerichtshofes« (1942–45) verkörperte er den nationalsozialistischen Justizterror, besonders bei der Verfolgung der deutschen Widerstandsbewegung.

Freizeit, Sonderartikel S. 262/263.

Fremdarbeiter, im nationalsozialistischen Sprachgebrauch Bezeichnung für die nach Ausbruch des Zweiten Weltkrieges aus besetzten Gebieten nach Deutschland deportierten bzw. in der deutschen Wirtschaft eingesetzten Arbeiter nicht deutscher Staatsangehörigkeit (→Zwangsarbeit, →Displaced Persons).

Frick, Wilhelm, deutscher Politiker, *Alsenz (bei Rockenhausen) 12. 3. 1877, † (hingerichtet) Nürnberg 16. 10. 1946; deckte als Mitarbeiter des Münchener Polizeipräsidiums die extremistischen Aktivitäten Adolf Hitlers und beteiligte sich am 8./9. 11. 1923 an dessen Putschversuch. Nach seiner Haft (1923/24) schloss sich Frick der wieder gegründeten NSDAP an und übernahm 1925 den Vorsitz ihrer Reichstagsfraktion. Als Innen- und Volksbildungsminister in Thüringen (1930/31) war er das erste nationalsozialistische Mitglied einer deutschen Landesregierung. Als Reichsinnenminister (1933–43) hatte Frick auf administrativem Gebiet wesentlichen Anteil am Aufbau der NS-Diktatur und an der Durchführung der Rassengesetzgebung; 1943–45 war er »Reichsprotektor« von Böhmen und Mähren. 1946 verurteilte ihn das Internationale Militärtribunal in Nürnberg wegen Kriegsverbrechen und Verbrechen gegen die Menschlichkeit zum Tod.

friderizianisch [zu Fridericus, der latinisierten Form von Friedrich], auf die Zeit König Friedrichs II., des Großen, von Preußen (1740–86) bezogen.

Friedrich I., Herzog von Schwaben (seit 1079), *um 1050, †1105, Sohn Graf Friedrichs von Büren, Schwiegersohn Kaiser Heinrichs IV., Großvater von Friedrich I. Barbarossa; wurde als Kaiser Heinrichs Gefolgsmann 1079 mit dem Herzogtum Schwaben belehnt und konnte sich im Kampf gegen die Adelsfamilien der Zähringer, Rheinfeldener und Welfen behaupten; versuchte, durch zahlreiche Klostergründungen (u. a. Lorch im Remstal) Zentren herrschaftlicher Macht für seine Familie zu bilden, und schuf so die Grundlage für den späteren Aufstieg der →Staufer.

Friedrich I., König in Preußen (seit 1701), als Friedrich III. Kurfürst von Brandenburg (seit 1688), *Königsberg (Ostpreußen) 11. 7. 1657, †Berlin 25. 2. 1713, Sohn von Friedrich Wilhelm von Brandenburg, dem »Großen Kurfürsten«, Vater von König Friedrich Wilhelm I. von Preußen. Nach seinem Regie-

Fortsetzung S. 264

Friedrich I.,
König in Preußen

1

FREIZEIT

1) 1924 wurde der 1. FC Nürnberg deutscher Fußballmeister und von Zehntausenden gefeiert. Keine andere Sportart bestimmt in diesem Maße das Freizeitverhalten der Deutschen – vor dem Fernseher, am Radio oder auf dem Sportplatz!

Ein Plakat aus dem Jahr 1905 wirbt für die Villenkolonie Solln bei München. Das ländliche und bewaldete Ambiente um die Villensiedlung herum soll Ruhe, Erholung und einen hohen Freizeitwert anschaulich vor Augen führen. Kirche und Wirtshaus, die Mittelpunkte jeder bayerischen Gemeinde, rücken vertraulich nahe. Neben dem schönen Schein tritt handfeste Pragmatik zutage: Ein Netz aus Straßen legt sich im Bild parzellierend über die Erde, ein Zug durcheilt das Terrain. Die kapitalistische Erschließung des Landes, mögliche Grundstücksspekulationen, die Disposition des Raumes zwischen dem Arbeitsort in der nahe gelegenen Großstadt und der Feierabendsiedlung »draußen« und das Ganze mit Anschluss ans Stadttelefonnetz – all das schwingt in der Bildofferte mit.

Leben im Grünen

Der Engländer Ebenezer Howard hatte um 1900 dem Konzept der Gartenstadt zum internationalen Durchbruch verholfen. Als Trabantenstadt vor den hässlichen Industriemetropolen verkörperte sie die Sphäre der Freizeit. In der »Stadt im Grünen« sollte man Kräfte tanken, die man am Arbeitsplatz brauchte. Feierabendstädte und Feierabendwelten traten nun als Wunschwelten der Erwachsenen den »wilden« Tummelplätzen des Spiels, zumal des Kinderspiels, gegenüber.

Eine der ältesten nachantiken Darstellungen kindlicher Vergnügungen findet sich in dem Stundenbuch »Très riches heures« des Herzogs von Berry (zwischen etwa 1413 und 1416; Chantilly, Musée Condé). Das Monatsbild des August zeigt im Mittelgrund junges Landvolk beim vergnügten Baden und Schwimmen in freier Natur. Doch Kinder, sofern sie Kinder sein dürfen, kennen eigentlich keine Freizeit, sie leben in einer exterritorialen Welt des Spielerischen, die sie auf das Arbeits- und Freizeitdasein der Erwachsenen vorbereitet. Der Historiker Johan Huizinga hat das in seinem Buch »Homo ludens. Vom Ursprung der Kultur im Spiel« 1956 dargelegt.

Naturzeit – Uhrzeit – Freizeit

Im Mittelalter hielt die Kirche die Zeit unter ihrer Kontrolle. Sie verbot, an Feiertagen zu arbeiten. Zugunsten jener gut ein Drittel des Jahres »heiligenden« Freizeit verzichtete man auf ein höheres Bruttosozialprodukt. Auf Dauer war dies allerdings nicht zu halten. Die Arbeitszeit eroberte das Jahr, bis um 1900 durchschnittlich 4000 Stunden des Einzelnen mit Arbeit ausgefüllt waren. Heute sind nach radikalen Veränderungen im produktiven, technologischen und sozialen Bereich daraus wieder unter 2100 Stunden geworden.

Nicht nur die Anzahl der Stunden, insbesondere die Art und Weise, wie sie reguliert werden, ist eine entscheidende Prämisse im Zusammenspiel von Arbeit und Freizeit. Im Mittelalter war der Kalender von den »natürlichen« jahreszeitlichen Rhythmen bestimmt. Er war ein agrarischer Kalender, durchsetzt vom üppigen kirchlichen Festkalender. Die Tage wurden in Korrespondenz zu Sonnenauf- und -untergang in Tages- und Nachtstunden eingeteilt – so bot der Winter längere Stunden für den »Feier-

2

3

2) Öffentliche Uhren teilen seit dem 14. Jh. die Zeit in Arbeitszeit und Freizeit ein. Ein frühes Modell ist die astronomische Uhr am Altstädter Rathaus in Prag (1490), die neben der Zeit auch den Lauf der Planeten, Himmelserscheinungen und die beweglichen Festtage angibt.

3) Musikhören als Freizeitbeschäftigung: Die »Beatles« (George Harrison, Ringo Starr, Paul McCartney und John Lennon bei einem Auftritt am 24. 6. 1966 in München) trugen in den 1960er-Jahren maßgeblich dazu bei, dass Popmusik zu einer jugendkulturellen Ausdrucksform werden konnte, die Provokation und Vergnügen in sich vereinigte.

abend«, für häusliche Geselligkeit und Festlichkeiten. An der Wende vom 13. zum 14. Jh. änderte sich das grundlegend mit der ersten mechanischen Uhr, der Räderuhr. Sie, nicht die Dampfmaschine, gilt als Schlüssel der modernen, der industriellen Welt. Zunehmend wurde der exakt und unveränderlich zugemessene Ablauf der Stunden zum Regulativ des Alltags. Das Vorrücken des Uhrzeigers maß nun dem täglichen Arbeitsanteil wie auch der Freizeit die Spanne zu.

Muße und Genuss

Je mehr sich seit Renaissance und Reformation bürgerliche Wertvorstellungen und ein entsprechendes Arbeitsethos in den Vordergrund schoben, desto nachdrücklicher stellte sich die Frage, wie man die »übrig bleibende« Zeit, die Freizeit, sinnvoll füllen solle. Da war einmal das bunte Spektrum kollektiver Feste. Die Renaissance gilt als das vielleicht spiel- und festfreudigste Zeitalter. Zu den geistlichen Schauspielen und Prozessionen kamen die Fürsteneinzüge in den Städten, kamen Mummereien, Tänze, Schlittenpartien und sportliche Aktivitäten. Der Augsburger Geschäftsmann und Großbankier Jakob Fugger brachte die regenerative Wirkung der Freizeit um 1500 auf folgenden Nenner: »Zur Rettung des armen cadavris [Körpers] muss man sich zuweilen ein Lustfreudlein vom Zaune brechen. Torheit zu gelegener Zeit ist die größte Weisheit.«

Freilich, ein Zuviel tat auch nicht gut! Das Schlaraffenland, dessen Züge sich in der antiken Literatur finden und das seit dem 14. Jh. zur fabulösen »Gegenwelt« ausgebaut wird, erhebt die Faulheit zur höchsten Tugend und Arbeit zum schlimmsten Laster – Freizeit, die sich verabsolutiert, gerät zur Perversion.

Freizeit in Maßen und mit Sinn, das ist das ethische Motto seit der Antike, freilich auch ein Privileg, das dem »Freien«, dem »Edlen« zukommt. »Muße« (lateinisch »schola« oder »otium«) ist dabei nicht leeres Nichtstun. Sie ist gleichermaßen identisch mit Freizeit und Erholung wie mit Gelehrsamkeit und wissenschaftlich-philosophischem Disput unter Freunden, die sich dazu gerne in eigens angelegte Refugien, in ihre ländlichen Villen und Gärten zurückziehen.

Solche Auffassung von »Muße« ist längst obsolet geworden in den modernen Industrienationen. Die »Massen-Muße« führt stattdessen zu kollektiven Orgien der »Freizeitgestaltung«, zur touristischen »Generalmobilmachung« – seit dem späteren 19. Jh. als Massentourismus aus der Taufe gehoben – und zum automobilen Ausflugszwang in überfüllte Naherholungsgebiete; die »Heimwerkerbewegung« durchtönt mit ihrer »Motorik« die Freizeit der Vororte, Sport und Spiel steigern sich in die Hektik ihres Überangebots. Der Lustgewinn der Freizeit koppelt sich an das Prestigedenken und verkümmert darüber zur demonstrativen »Arbeit« an der Freizeit (der »Entertainer« und der »Feriendorf-Animateur« sind bezeichnende Erscheinungen), der Sinn der Freizeit verbraucht sich in den Mechanismen der Freizeitindustrie – einer äußerst lukrativen Wachstumsbranche.

Fortsetzung von S. 261
rungsantritt arbeitete Friedrich zielstrebig auf die Erlangung der Königswürde für das Herzogtum Preußen hin, das nicht zum Heiligen Römischen Reich gehörte. Die Außenpolitik wurde in Anlehnung an Kaiser Leopold I. geführt, dem Friedrich besonders im Spanischen Erbfolgekrieg (1701–13/14) Waffenhilfe leistete. Dieser erklärte sich dafür (Krontraktat vom 16. 11. 1700) mit Friedrichs Selbstkrönung zum »König in Preußen« (am 18. 1. 1701 in Königsberg) einverstanden. Pläne innerer Reform scheiterten bei steigender Misswirtschaft. Friedrich förderte über seine zweite Frau Sophie Charlotte von Hannover Kunst und Wissenschaft: 1694 wurde die Universität Halle/Saale, 1696 die Akademie der Künste, 1701 die Gesellschaft der Wissenschaften gegründet; zudem berief er Andreas Schlüter an seinen Hof.

Friedrich I., König von Württemberg

Friedrich I., Kurfürst (1803–06) und König (seit 1806) von Württemberg, als Friedrich II. Herzog von Württemberg (1797–1803), *Treptow an der Rega 6. 11. 1754, †Stuttgart 30. 10. 1816; wurde am Hof des preußischen Königs Friedrich II., des Großen, erzogen und war in preußischem und russischem Militärdienst, später auch, als Onkel von Kaiser Alexander I. von Russland, im dortigen Verwaltungsdienst. Als Landesherr wandte sich Friedrich unter dem Druck der französischen Siege 1802 Napoleon I. zu. Im Reichsdeputationshauptschluss (1803), im Frieden von Preßburg (1805) und durch den Beitritt zum Rheinbund (1806) konnte Friedrich sein Territorium nahezu verdoppeln. Er proklamierte am 30. 12. 1805 das Königreich Württemberg und nahm am 1. 1. 1806 den Königstitel an. Die altständische Verfassung hob er auf und regierte als Herrscher eines bürokratisch-absolutistischen Einheitsstaates nach französischem Vorbild. Sein Austritt aus dem Rheinbund (1813) und seine Beteiligung am Feldzug (1814) gegen Napoleon I. sicherten den Bestand seines Königreichs. Friedrichs Souveränitätspolitik auf dem Wiener Kongress (1814/15) trug mit zum Scheitern einer bundesstaatlichen deutschen Verfassung bei; nur widerstrebend trat er 1815 in den Deutschen Bund ein.

Friedrich I., Großherzog von Baden (seit 1856), *Karlsruhe 9. 9. 1826, †Insel Mainau 28. 9. 1907; übernahm 1852 für seinen kranken Bruder Ludwig die Regentschaft. Friedrich verfolgte eine ausgesprochen liberale Politik, die die einzig dauerhafte Verbindung zwischen Monarchie und Liberalismus in Deutschland darstellte. Aufgrund seiner verwandtschaftlichen Beziehungen zum preußischen Königshaus (seit 1856 Schwiegersohn von König Wilhelm I.), trat Friedrich energisch für die nationale Einigung Deutschlands unter preußischer Führung ein. Unter dem Einfluss der öffentlichen Meinung musste er sich 1866 auf die österreichische Seite stellen, schloss jedoch sofort nach der Niederlage Österreichs ein Bündnis mit Preußen und setzte sich 1870/71 für die Reichsgründung ein.

FRIEDRICH I. BARBAROSSA
***1122 †1190**

- stammte aus dem Geschlecht der Staufer
- wurde wegen seines rotblonden Barts »Barbarossa« (»Rotbart«) genannt
- setzte sich für die Wiedererrichtung der kaiserlichen Macht in Italien ein
- entmachtete Heinrich den Löwen
- starb auf einem Kreuzzug ins Heilige Land

Friedrich I. Barbarossa. Dieses Kopfreliquiar, eine vergoldete Bronzearbeit ohne porträthafte Züge, präsentiert den Kaiser durch Haartracht und Stirnbinde in der Art spätantiker Herrscher als deren christlicher Nachfolger (um 1160; Cappenberg, Pfarrkirche).

Friedrich I. Barbarossa (»Rotbart«, wegen seines rotblonden Bartwuchses), König (1152) und Kaiser des Heiligen Römischen Reichs (seit 1155), als Friedrich III. Herzog von Schwaben, *Waiblingen (?) 1122, †im Saleph (heute Göksu, Südanatolien) 10. 6. 1190, stammte aus dem Geschlecht der Staufer; war ein Enkel von Herzog Friedrich I. von Schwaben und Herzog Heinrich dem Schwarzen von Bayern. Friedrich wurde von seinem Onkel Konrad III. zum Nachfolger designiert, nach Konrads Tod am 5. 3. 1152 in Frankfurt am Main einstimmig zum König erhoben und am 9. 3. in Aachen gekrönt. Von seiner Herrschaft erhofften sich die Fürsten die Beilegung des Gegensatzes zwischen Welfen und Staufern. Gestützt auf seine sichere Hausmacht (Reichsgut in Südwestdeutschland), legte Friedrich 1152 den Konflikt mit Herzog Heinrich dem Löwen von Sachsen sowie Markgraf Albrecht dem Bär von Brandenburg bei; 1154 übertrug er Heinrich auch das Herzogtum Bayern.

Friedrichs Ziel, die Größe des römischen Kaisertums wieder herzustellen, schloss die Beherrschung Italiens ein. Sein erster Italienzug (1154) führte zur Kaiserkrönung durch Papst Hadrian IV. am 18. 6. 1155, machte aber auch die Konflikte mit den lombardischen Städten und dem Papsttum deutlich. Letztere verschärften sich 1157, als Friedrich sich weigerte, das Kaisertum als päpstliches Lehen (»beneficium«) anzuerkennen. Die folgenden Italienfeldzüge (1158, 1163, 1166–68, 1174–77) unternahm Friedrich, um die kaiserlichen Rechte in den lombardischen Städten wieder herzustellen und das Schisma zwischen den Päpsten Alexander III. und Victor IV. zu beenden. Zunächst hatte Friedrich Erfolg: Er konnte Mailand (1158/62), dann ganz Norditalien und Rom erobern. Auf dem vierten Italienfeldzug musste er allerdings wegen einer Epidemie 1167 überstürzt den Rückzug antreten. Die Städte in Norditalien organisierten sich daraufhin im Lombardenbund. Beim nächsten Italienzug unterlag nach anfänglichen Erfolgen das kaiserliche Heer den Lombarden in der Schlacht bei Legnano (29. 5. 1176), als Friedrichs Vetter Heinrich der Löwe unerwartet seine Hilfe verweigerte. Daraufhin kam es zu Verhandlungen und Friedensschlüssen zwischen Friedrich und Papst Alexander III. (1177) sowie dem Lombardenbund (Frieden von Konstanz 1183).

In zweiter Ehe (1156) mit Beatrix von Burgund verheiratet, ließ Friedrich sich am 30. 7. 1178 in Arles zum König von Burgund krönen. Heinrich den Löwen, der in Norddeutschland eine ausgreifende Machtpolitik betrieb und ihm deshalb allzu mächtig geworden war, enthob Friedrich nach zwei Prozessen (1178–81) seiner Lehen. Durch Städtegründungen und zielstrebige Hausmachtpolitik dehnte Friedrich den südwestdeutschen Besitz der Staufer vom Elsass bis ins Egerland aus. Während des 1189 begonnenen dritten Kreuzzuges starb Friedrich während eines Bades im Fluss Saleph.

Friedrich war einer der volkstümlichsten Kaiser des deutschen Mittelalters. Die Chronisten Otto von Freising und Gottfried von Viterbo kennzeichnen ihn als vorbildlichen Vertreter ritterlicher Gesinnung und als Reichserneuerer. 1519 wurde die ursprünglich um Friedrich II. entstandene Kyffhäusersage auf ihn übertragen. Dennoch war Friedrichs Politik weniger erfolgreich, als sie im Mythos

FRIEDRICH I. BARBAROSSA

Sturz Heinrichs des Löwen

Der Staufer Friedrich I., von den italienischen Zeitgenossen »Barbarossa« (»Rotbart«) genannt, wurde 1152 in der Erwartung zum deutschen König gewählt, dass er aufgrund seiner Verwandtschaft mit den Welfen den Dauerkonflikt zwischen den beiden Geschlechtern beilegen könne. Tatsächlich gelang zunächst ein Ausgleich, indem Friedrich seinem welfischen Vetter Heinrich dem Löwen nicht nur die Herrschaft über Sachsen bestätigte, sondern ihm auch weite Teile des von Heinrich beanspruchten Herzogtums Bayern zuerkannte.

1180 wurde jedoch der Sturz des widerborstigen Vetters unvermeidlich: Heinrich hatte in Norddeutschland eine »königsgleiche« Politik betrieben; der Bronzelöwe (1166), den er in seiner Residenz Braunschweig auf einem gewaltigen Steinsockel vor der Burg Dankwarderode (1173–95; 1887 neuromanisch wieder errichtet) aufstellen ließ, symbolisierte diese Großmachtpolitik. Zudem hatte er Friedrich – seit 1155 Kaiser – die Unterstützung im Konflikt mit dem lombardischen Städtebund (und damit verbunden mit dem Papst, der immer offener die Vorherrschaft auch in weltlichen Dingen anstrebte) verweigert. Damit war das jahrzehntelange Vertrauensverhältnis zwischen Friedrich und Heinrich zerstört: Der Kaiser lud den Herzog vor sein Gericht. Als Heinrich aber trotz wiederholter Mahnungen nicht erschien,

wurde 1179 die Acht über ihn verhängt, ein Jahr später verlor er alle seine Eigengüter und Lehen, wurden die Herzogtümer Sachsen und Bayern vom Kaiser neu verteilt. Heinrich ging daraufhin zu seinem Schwiegervater, dem englischen König Heinrich II., in die Verbannung; erst 1194 versöhnte er sich mit Friedrichs Sohn, Heinrich VI., und erhielt einige seiner Güter zurück, die später die Grundlage des Herzogtums Braunschweig-Lüneburg bildeten.

verklärt wird. Die Unterwerfung der lombardischen Städte und die Wiederaufrichtung der kaiserlichen Macht in Italien konnte er nicht durchsetzen; ebenso wenig vermochte Friedrich den Dualismus zwischen Welfen und Staufern zu überwinden.

Friedrich I., der Siegreiche, Pfalzgraf bei Rhein, Herzog von Bayern und Kurfürst von der Pfalz (seit 1452), *Heidelberg 1. 8. 1425, †ebenda 12. 12. 1476; Sohn Kurfürst Ludwigs III. von der Pfalz; übernahm 1449 als Vormund die Regentschaft für seinen erst einjährigen Neffen Philipp. Durch die Adoption des Neffen sicherte sich Friedrich unter Umgehung reichsrechtlicher Normen die Regentschaft in der Pfalzgrafschaft auf Lebenszeit. Friedrichs Stellung wurde trotz der ausdrücklichen Wahrung von Philipps Erbrecht und des Verzichts auf eine ebenbürtige Ehe vom Kaiser nicht anerkannt. Friedrich baute sein Territorium auf Kosten seiner Nachbarn, v. a. von Kurmainz, konsequent aus und begründete in zahlreichen Fehden (u. a. 1462 Schlacht bei Seckenheim) die Vormachtstellung der Pfalz am Oberrhein. Im Innern reorganisierte er die Universität Heidelberg und sorgte für die Rezeption des römischen Rechts. Seine restriktive Finanzpolitik verhinderte das Entstehen von Landständen.

FRIEDRICH II.
***1194 †1250**

- war ein Enkel Friedrichs I. Barbarossa
- setzte sich im Thronstreit gegen den Welfen Otto IV. durch
- wurde vom Papst mit dem Kirchenbann belegt
- erreichte auf einem Kreuzzug kampflos die Übergabe des Heiligen Landes
- schrieb ein Buch über die Falkenjagd

Friedrich II., König (1196) und Kaiser (seit 1220) des Heiligen Römischen Reiches, *Jesi 26. 12. 1194, †Fiorentino (bei Lucera) 13. 12. 1250; Sohn Kaiser Heinrichs VI., Enkel von Friedrich I. Barbarossa und von Roger II. von Sizilien.

ANERKENNUNG ALS KÖNIG UND KAISERKRÖNUNG: Friedrich wurde auf Drängen seines Vaters bereits im Dezember 1196 zum König des Heiligen Römischen Reiches gewählt, nach dessen Tod (1197) jedoch nicht als Thronfolger anerkannt. Als Thronerbin des normannischen Sizilien ließ ihn seine Mutter Konstanze kurz vor ihrem Tod im Mai 1198 zum König von Sizilien (als Friedrich I.) krönen und stellte ihn unter die Vormundschaft von Papst Innozenz III. (bis 1208). Dieser betrieb Friedrichs Wahl zum Gegenkönig Kaiser Ottos IV. in Deutschland (1211/12). Bei Friedrichs Erscheinen in Süddeutschland (September 1212 in Konstanz) traten die dortigen Fürsten auf seine Seite. Die Schlacht von Bouvines (1214) entschied den Thronstreit schließlich zu Friedrichs Gunsten; er wurde am 23. 7. 1215 in Aachen zum König gekrönt. Für die päpstliche Hilfe musste Friedrich weite Teile Mittelitaliens dem Kirchenstaat abtreten, auf die »Mathildischen Güter« in Tuszien (Toskana, 1213) sowie auf die Beeinflussung der Bischofswahlen sowie auf weitere Rechte in der Kirche verzichten.

Im April 1220 ließ Friedrich seinen Sohn Heinrich (VII.) in Deutschland zum König wählen; er selbst kehrte nach Italien zurück und ließ sich am 22. 11. 1220 in Rom zum Kaiser krönen. Später kam er nur noch 1235/36 und kurz 1237 nach Deutschland, als Heinrich sich gegen ihn empörte. Er setzte ihn ab (1235) und ließ 1237 in Wien seinen jüngeren Sohn als Konrad IV. wählen.

Mit den »Fürstengesetzen« von 1220 und 1232 ordnete Friedrich das Verhältnis zwischen Königtum, Städten und Fürsten in Deutschland. In seinem sizilianischen Erbreich schuf Friedrich, von den Assisen (Hoftagsbeschlüssen) von Capua (1220) und den Konstitutionen von Melfi (1231) ausgehend, einen straff zentralisierten, finanzkräftigen Beamtenstaat ohne feudale Zwischengewalten.

KONFLIKT MIT DEM PAPSTTUM: Im September 1227 wurde Friedrich wegen eines mehrfach verschobenen Kreuzzugs durch Papst Gregor IX. mit dem Kirchenbann belegt (1231 wieder gelöst); dennoch unternahm Friedrich 1228/29 einen Kreuzzug und erlangte durch einen Vertrag (1229) mit Sultan Al-Kamil in Kairo kampflos die Überlassung der heiligen Stätten; in Jerusalem krönte er sich selbst zum König des Königreichs Jerusalem (18. 3. 1229). Nach seiner Heimkehr kam es zwar zum Ausgleich mit Papst Gregor IX., doch 1239 wurde Friedrich erneut gebannt und von päpstlicher Seite wurde der Kampf wieder aufgenommen. In der Folge brachte Friedrich weite Teile Italiens unter seine Herrschaft. Und trotz der Absetzung durch Papst Innozenz IV. (1245), trotz der Wahl von Gegenkönigen (Heinrich Raspe, 1246; Wilhelm von Holland, 1247) und verschiedener Rückschläge (Gefangennahme seines Sohnes Enzio, 1249; wachsende Opposition v. a. in Deutschland) behauptete sich Friedrich, an seinem imperialen Sendungsauftrag festhaltend. Mit seinem Tod scheiterte die mittelalterliche Reichsidee endgültig.

Friedrich galt schon zu seinen Lebzeiten als überragende Persönlichkeit; man bezeichnete ihn als »stupor mundi« (»der die Welt in Erstaunen versetzt«). Sein Interesse für Mathematik, Naturwissenschaften und Philosophie ließ ihn mit arabischen Gelehrten in Ver-

FRIEDRICH II. *»Staunen der Welt«*

»Stupor mundi«, das »Staunen der Welt« nannten Zeitgenossen den Stauferherrscher, der sich mit einer sarazenischen Leibwache umgab und seinem Hofstaat das Gepräge eines morgenländischen Fürsten verlieh. Stets war eine exotische Menagerie bei Reisen und Kriegszügen dabei, reich geschirrte Kamele, an Ketten geführte Leoparden und Luchse, Affen und Bären, Panther und Löwen, vor allem Hunderte von Jagdfalken, seltene Vögel wie indische Aras, afrikanische Strauße und Pfauen; aber alles stellte ein Elefant in den Schatten, der sarazenische Schützen und Fanfarenbläser trug. Seiltänzer, Gaukler, Akrobaten folgten und zahllose verschleierte Mädchen, in denen die Menschen auf den Straßen den legendären Harem Friedrichs zu erkennen glaubten.

bindung treten; sein Hof (Palermo, später auch Foggia) war Mittelpunkt der Sizilianischen Dichterschule. Sein Buch über die Falkenjagd (»De arte venandi cum avibus«, um 1246) gilt als frühes Meisterwerk beobachtender Naturwissenschaft. Nach seinem Tod von seinen Anhängern als Retter der Welt erwartet, der im Berg Ätna seiner Wiederkehr harrt, wurde Friedrich in Deutschland Gestalt der Kyffhäusersage, die im 16. Jh. auf Friedrich I. Barbarossa übertragen wurde.

Friedrich II., Landgraf von Hessen-Kassel (seit 1760), *Kassel 14. 8. 1720, †Schloss Weißenstein (später Wilhelmshöhe, heute zu Kassel) 31. 10. 1785; beteiligte sich nach seinem militärischen Engagement für Kaiser Karl VII. zuerst in britischen Diensten in den Niederlanden und in Schottland (1744–48) und dann in preußischen Diensten am Siebenjährigen Krieg (1756–63). Friedrichs Übertritt zum Katholizismus (1749) beschränkte sein streng kalvinistischer Vater Wilhelm VIII. 1754 durch die »Assekurationsakte« auf dessen Person. Bemüht die Folgen des Siebenjährigen Krieges zu überwinden, entfaltete Friedrich eine rege Bautätigkeit; Kassel verdankt ihm u. a. die Bibliothek, die Kunstakademie und das Collegium Carolinum. Aufgrund des Subsidienvertrags von 1776 mit Großbritannien wurden bis 1784 insgesamt 12000 hessische Soldaten auf den nordamerikanischen Kriegsschauplatz entsandt.

Friedrich II., der Große, König von Preußen (seit 1740), *Berlin 24. 1. 1712, †Potsdam 17. 8. 1786, Sohn von Friedrich Wilhelm I. von Preußen.

AUSEINANDERSETZUNG MIT DEM VATER: Intellektuell und musisch hoch begabt, dazu den Ideen der Aufklärung gegenüber aufgeschlossen, geriet Friedrich schon früh in Gegensatz zu seinem Vater, der ihn mit militärischer Strenge erziehen ließ. Der Konflikt gipfelte im August 1730 in einem rasch entdeckten Fluchtversuch Friedrichs nach England. Nach dessen Scheitern, der Hinrichtung seines an der Flucht beteiligten Freundes Hans Hermann von Katte und der Festungshaft in Küstrin unterwarf sich Friedrich. Die erzwungene Verlobung mit Elisabeth Christine von Braunschweig-Bevern beendete die Festungshaft (Februar 1732). 1736–40 lebte Friedrich in Rheinsberg. Hier reifte im geselligen Freundeskreis Friedrichs Erkenntnis seiner Pflichten als künftiger Herrscher, was ihn die Leistungen des Vaters in der Staatsführung würdigen ließ und die Aussöhnung mit diesem einleitete.

STAATSAUFFASSUNG: Friedrichs Staatsauffassung, die er 1739 in der später von Voltaire als »Antimachiavel« betitelten Schrift darlegte, gilt als exemplarisch für den aufgeklärten Absolutismus: Die Stellung des Herrschers, den er als »durch den Zufall der Geburt« berufenen »ersten Diener seines Staates« sah, hielt er für unbeschränkt souverän, aber der Wohlfahrt des Volkes verpflichtet. Nach seinem Regierungsantritt am 31. 5. 1740 bot Friedrich neben Voltaire auch anderen bedeutenden Vertretern der französischen Aufklärung in der Preußischen Akademie der Wissenschaften eine Stätte zur Ausbreitung ihrer kritischen Ideen.

FRIEDRICH II., DER GROSSE. ***»Wunder Deutschlands«***

Am 8. 8. 1736 begann Friedrich II. seinen Briefwechsel mit dem berühmten französischen Philosophen Voltaire. Letzteren hat man geradezu als das »Medium« bezeichnet, durch das das intellektuelle Frankreich Preußen und seinen jungen König sah und – zumindest eine Zeitlang – auch bewunderte. Bereits in seinem zweiten Brief an Friedrich gab Voltaire folgender Erwartung Ausdruck: *»Unter Ihrem Schutz wird Berlin das Athen von Deutschland werden, vielleicht von Europa.«* Er rühmt den König als *»das Vorbild der Fürsten und das Wunder Deutschlands«*. Nach dem ersten schlesischen Krieg schmeichelt er noch mehr: *»Sie sind der Held Deutschlands und der Schiedsrichter Europas. Sie werden auch der Friedensbringer sein.«*

AUSSENPOLITIK: Nach dem Tod Kaiser Karls VI. fiel Friedrich in Schlesien ein, das er in den beiden Schlesischen Kriegen (1740–42; 1744/45) für Preußen gewann und sicherte. Beunruhigt durch österreichische Rüstungsanstrengungen und in der Überzeugung, dass der Dualismus mit Österreich früher oder später in einen bewaffneten Konflikt führen werde, begann er 1756 den →Siebenjährigen Krieg, in dessen wechselvollem Auf und Ab er sich als hervorragender Feldherr erwies. Dennoch verlor Preußen durch die vernichtende Niederlage von Kunersdorf (12. 8. 1759) beinahe den Krieg; Friedrich wurde nur durch den Tod der mit Österreich verbündeten russischen Zarin Elisabeth (1762) vor einer Kapitulation bewahrt. Neben der geschickt geführten, auf über 180000 Mann gebrachten Armee ermöglichte es ihm die allen Völker- und Privatrechtsnormen der Zeit widersprechende Ausbeutung des besetzten Sachsen, den Krieg durchzustehen. Im Frieden von Hubertusburg mit Österreich (1763) wurde ihm zwar nur der territoriale Vorkriegsstand zuerkannt, dennoch stand Preußen seither als Großmacht ebenbürtig neben Österreich. Danach konnte Friedrich für Preußen noch Ostfriesland (1744), Westpreußen (ohne Danzig und Thorn) und in der 1. Polnischen Teilung (1772) das Netzegebiet gewinnen. Seither nannte Friedrich sich »König von Preußen«. Innerlich einsam geworden, wurde der »große Friedrich« (seit dem Sieg bei Roßbach 1757) zur fast legendären Gestalt.

INNENPOLITIK: Neben der territorialen Ausdehnung widmete sich Friedrich auch dem inneren Ausbau Preußens. Die adelsfeindliche Innenpolitik seiner Vorgänger setzte er nicht fort, sondern festigte die ständische Ordnung, indem er jedem Stand bestimmte Aufgaben

FRIEDRICH II., DER GROSSE
***1712 †1786**

- litt unter der strengen Erziehung seines Vaters, des Soldatenkönigs Friedrich Wilhelm I.
- sah sich als »erster Diener seines Staates«
- sympathisierte mit den Ideen der Aufklärung
- dehnte Preußens Territorium erheblich aus
- ist als »Alter Fritz« noch heute populär

zuwies. Der Adel stellte die Offiziere und höheren Beamten. Den Bürgern blieben Handel und Gewerbe überlassen. Die Regierung wurde von ihm persönlich und absolut mithilfe seiner Kabinettsräte geführt. Dabei baute er das Werk seines Vaters in zunehmender Zentralisierung durch Fachdepartements bürokratisch aus. Insbesondere nach 1763 suchte er rigoros durch Monopole, straffe Steuerpolitik und scharfen Merkantilismus die Volkswirtschaft sowie die Staatseinnahmen zu heben. Er förderte die Landwirtschaft, ließ Lehrerbildung und Volksschulwesen verbessern, das Prozesswesen reformieren und ein »Allgemeines Landrecht für die Preußischen Staaten« formulieren (verabschiedet 1794).

Zeit seines Lebens war Friedrich als bedeutender militärisch-politischer Schriftsteller, dem die deutsche Literatur fremd blieb, geistig allein Frankreich verbunden. Groß war Friedrichs Liebe zur bildenden Kunst und zur Musik, die er als Flötenspieler und Komponist selbst ausübte. Obwohl bis zuletzt zwischen humanitärem Idealismus und Staatsräson stehend, wurde der oft starre, gleichwohl volkstümliche »Alte Fritz« im Laufe seiner Regierung zunehmend von einem oft zynischen politischen Realismus und Skeptizismus beherrscht. Friedrichs Gestalt ist je nach historischer Situation und politischem Standort ganz verschieden beurteilt und zu nationaler Heldenverehrung ebenso wie zu affektgeladener Anklage gegen Deutschland missbraucht worden. Obwohl der König den Bestand seines Staates mehrfach aufs Spiel setzte, gab er in einer Zeit schwindender Traditionen eine neue Legitimitätsidee fürstlicher Leistung und wurde damit Leitbild seiner Standesgenossen.

Friedrich II., der Streitbare, Herzog von Österreich und Steiermark (seit 1230), Herr in Krain (seit 1232), *um 1210, †15. 6. 1246; verfolgte in Österreich eine Politik die den Interessen Kaiser Friedrich II. zuwiderlief, denn er wollte seine Länder aus dem Reichsverband lösen. 1236 ächtete der Kaiser Friedrich von Österreich, konnte dessen Macht aber nicht brechen. 1239 kam es zu einer Annäherung, als der Kaiser die Nichte des kinderlosen Herzogs heiraten und die babenbergischen Territorien zu einem Erbkönigreich Österreich erheben wollte; das Heiratsprojekt zerschlug sich jedoch. Nach einer Schlacht an der Leitha gegen König Béla IV. von Ungarn starb Friedrich, möglicherweise von seinen eigenen Leuten getötet. Mit ihm erloschen die Babenberger.

Friedrich III., König (1440) und Kaiser (seit 1452) des Heiligen Römischen Reiches, als Friedrich V. Herzog von Innerösterreich [Steiermark, Kärnten, Krain; seit 1424]), *Inns-

FRIEDRICH II., DER GROSSE

Aufgeklärter Absolutismus

Eine späte Erscheinungsform der absoluten Monarchie, die sich vornehmlich in den deutschen Staaten ausbildete, war der »aufgeklärte Absolutismus«. Als seine bedeutendsten Vertreter gelten Friedrich II., der Große, und Kaiser Joseph II. als Regent in den habsburgischen Ländern. Charakteristisch für das Selbstverständnis und den Regierungsstil dieser Monarchen war, dass sie an ihrer alleinigen und uneingeschränkten Herrschaftsgewalt festhielten, dabei aber Gedanken der Aufklärung aufnahmen. Friedrich der Große – das Gemälde Adolf Menzels zeigt ihn beim Flötenspiel (1850/52; Berlin, Nationalgalerie) – gab 1739 seine Staatsauffassung in der später von Voltaire als »Antimachiavel« betitelten Schrift bekannt: Den Herrscher, den er als *»durch Zufall der Geburt«* berufenen *»ersten Diener seines Staates«* sah, hielt er zwar für unbeschränkt souverän, aber der Wohlfahrt des Volkes verpflichtet. Somit löste er sich völlig von der Tradition des Gottesgnadentums. Als Sachwalter des Gemeinwohls führte er eine Reihe von Reformen durch, die die größten sozialen Missstände beseitigen sollten. Seine Haltung in konfessionellen Fragen war vom Toleranzgrundsatz geprägt – jeder solle *»nach seiner Façon selig werden«.*

In ähnlicher Weise, allerdings ohne dem Geist der Aufklärung verpflichtet zu sein, fühlte sich Kaiserin Maria Theresia für das Wohl ihrer Untertanen verantwortlich und leitete Reformen ein, die ihr Sohn Kaiser Joseph II. in verstärktem Maße fortsetzte. Mit dieser neuen Grundhaltung schuf der aufgeklärte Absolutismus wesentliche Voraussetzungen für die spätere Demokratisierung des bürgerlichen Staates.

bruck 21. 9. 1415, † Linz 19. 8. 1493, Vetter König Albrechts II.; wurde am 2. 2. 1440 in Frankfurt am Main zum König gewählt (Krönung in Aachen am 17. 6. 1442) und am 19. 3. 1452 in Rom zum Kaiser gekrönt; er residierte 1440–84 in Graz. Friedrich galt als ausgezeichneter Finanzmann und Verwaltungspraktiker und behauptete sich gegen Versuche, ihn abzusetzen oder einen Gegenkönig zu wählen. Die Ansätze zu einer Reichsreform, begonnen unter Kaiser Siegmund, führte er entgegen den Forderungen der Fürsten nicht fort. Trotz eines weitgehenden Rückzugs aus der Reichspolitik (seit 1445 blieb er allen Reichstagen fern) und der Hinwendung zu den Erblanden (u. a. Kämpfe mit seinem Bruder Herzog Albrecht VI. von Österreich, 1457–63) konnte Friedrich eine Schwächung des habsburgischen Hausmachtbesitzes nicht verhindern. Er verlor Böhmen 1458 und Ungarn an König Matthias I. Corvinus, der 1485–90 sogar Wien besetzte. Mit der Verheiratung seines Sohnes Maximilian (I.) mit Maria, der Tochter Karls des Kühnen (1477), gewann Friedrich Burgund für das Habsburgerreich.

Friedrich III., Kurfürst von Brandenburg, → Friedrich I., König in Preußen.

Friedrich III., als Kronprinz Friedrich Wilhelm genannt, Kaiser des Deutschen Reichs (seit 9. 3. 1888), König von Preußen (seit 9. 3. 1888), * Potsdam 18. 10. 1831, † ebenda 15. 6. 1888; Sohn Kaiser Wilhelms I., Vater Kaiser Wilhelms II.; seit 1858 verheiratet mit der britischen Prinzessin Viktoria (»Kaiserin Friedrich«), die starken Einfluss auf seine liberale Einstellung hatte. Im Deutschen Krieg 1866 hatte Friedrich wesentlichen Anteil am Sieg von Königgrätz, im Deutsch-Französischen Krieg 1870/71 am Sieg von Sedan und der Einschließung von Paris. In der Frage der Reichsgründung 1870/71 wollte Friedrich widerstrebende deutsche Fürsten notfalls mit Gewalt in ein unitarisches Reich zwingen. Dieses ausgeprägte monarchische Bewusstsein stand in Widerspruch zu seinen liberalen Neigungen, die ihn mehrfach in starken Gegensatz zur Politik Otto von Bismarcks brachten. Der Regierungszeit Friedrichs galten die Hoffnungen des liberalen und freisinnigen Bürgertums, doch starb Friedrich bereits 99 Tagen nach seiner Thronbesteigung (»Neunundneunzig-Tage-Kaiser«) an Kehlkopfkrebs.

Friedrich III., der Weise, Kurfürst von Sachsen (seit 1486), * Torgau 17. 1. 1463, † Schloss Lochau (bei Torgau) 5. 5. 1525; regierte gemeinsam mit seinem Bruder Johann dem Beständigen und bemühte sich um die Reichsreform. Als Friedrich nach dem Tod Maximilians I. 1519 die Kaiserkrone angeboten wurde, lehnte er sie ab. Ab 1517 gewährte er Martin Luther Schutz; 1521 erwirkte er für diesen freies Geleit nach Worms, danach verbarg er ihn bis 1522 auf der Wartburg. Seine Politik ermöglichte eigentlich erst die Ausbreitung der Reformation.

Friedrich IV., Herzog von Österreich, Steiermark, Kärnten und Krain, Graf von Tirol (seit 1406), * 1382 (nach anderen Angaben 1383), † Innsbruck 24. 6. 1439; erhielt durch Ausgleich mit seinen Brüdern, Herzog Ernst dem Eisernen und Herzog Leopold IV., 1406 beziehungsweise 1411 Tirol und die vorderösterreichischen Lande, wo er sich gegen den aufstrebenden Adel und die Eidgenossen (Niederlage im Appenzeller Krieg, 1405) zu behaupten hatte. Als Friedrich im März 1415 Papst Johannes (XXIII.) zur Flucht vom Konstanzer Konzil verhalf, wurde er von König Siegmund geächtet und gefangen genommen; er entfloh 1416 nach Tirol und versöhnte sich 1425 wieder mit Siegmund. Durch Handel und die Erträge des Tiroler Bergbaus wurde Friedrich zum wohlhabendsten Habsburger.

Friedrich III., der Weise,
Kurfürst von Sachsen

Friedrich IV., König von Dänemark und Norwegen (seit 1699), Herzog von Schleswig und Holstein, * Kopenhagen 11. 10. 1671, † Odense 12. 10. 1730, Sohn König Christians V.; begann 1700 zusammen mit Polen und Russland den 2. Nordischen Krieg gegen Karl XII. von Schweden und musste am 8. 8. 1700 den Frieden von Traventhal schließen. Nach der Niederlage Karls XII. bei Poltawa (1709) begann Friedrich den Kampf von neuem und erreichte im Frieden von Frederiksborg (1720), dass ein Teil Schleswigs mit dem königlich dänischen Anteil vereinigt wurde. Zu Friedrichs inneren Reformen gehörte v. a. die Abschaffung der Leibeigenschaft in Dänemark (1702).

Friedrich August I., der Gerechte, König von Sachsen (seit 1806), als **Friedrich August III.** Kurfürst (1763–1806), * Dresden 23. 12. 1750, † ebenda 31. 5. 1827; führte aufgrund von Erbansprüchen seiner Mutter 1778/79 im Bund mit Friedrich dem Großen den Bayerischen Erbfolgekrieg gegen Österreich. Im Krieg von 1806 kämpfte Friedrich August ebenfalls auf preußischer Seite; nach dem Frieden zu Posen nahm er den Königstitel an und trat dem Rheinbund bei. Durch den Tilsiter Frieden (1807) erhielt er das Herzogtum Warschau, ohne jemals dort die Regierungsgewalt auszuüben. In Leipzig geriet er nach der Völkerschlacht in Gefangenschaft. Auf Beschluss des Wiener Kongresses musste Friedrich August den größeren Teil Sachsens an Preußen abtreten; im Juli 1815 konnte er nach Dresden zurückkehren.

Friedrich der Schöne, König des Heiligen Römischen Reiches (seit 1314), als Friedrich III. Herzog von Österreich und Steiermark, * 1289, † Burg Gutenstein 13. 1. 1330, Sohn König Albrechts I.; suchte 1308 nach der Ermordung seines Vaters vergebens, die Königswürde des Heiligen Römischen Reiches zu erlangen. Erst nach dem Tod Kaiser Heinrichs VII. wählten ihn vier Fürsten am

19. 10. 1314 zum König, eine andere Partei entschied sich am nächsten Tag für seinen Vetter Ludwig (IV.), den Bayern. Unterstützt von seinem Bruder Leopold, suchte Friedrich in einem achtjährigen Kampf sein Königtum durchzusetzen. Er wurde am 28. 9. 1322 bei Mühldorf am Inn geschlagen und von Ludwig gefangen gesetzt. Im Vertrag von München (1325) willigte Friedrich in die Gemeinschaftlichkeit des Königtums ein.

Friedrich Wilhelm, Kurfürst von Brandenburg

Friedrich Wilhelm, genannt der »Große Kurfürst«, Kurfürst von Brandenburg (seit 1640), *Berlin 16. 2. 1620, †Potsdam 9. 5. 1688, Vater von König Friedrich I. in Preußen.

AUFSTIEG BRANDENBURG-PREUSSENS: Als erster Hohenzoller wurde Friedrich Wilhelm kalvinistisch erzogen und durch den Aufenthalt (1634–37) bei Prinz Friedrich Heinrich von Oranien, dessen Tochter Luise Henriette er 1646 heiratete, in seinen religiösen Auffassungen bestärkt. So suchte er Brandenburg zu einem kalvinistischen Modellstaat zu machen; Frankreichs Kultur und Politik waren ihm dabei vorbildlich in den Idealen der Souveränität, Staatsräson, absolutistischen Staatseinheit und eines durch See- und Kolonialpolitik gestützten Merkantilismus. Mit rücksichtslosen Seitenwechseln erzielte er große Gebietsgewinne, erreichte 1660 die Souveränität seines Herzogtums Preußen und erwarb auch koloniale Stützpunkte in Afrika. 1674 nahm er am Reichskrieg gegen Frankreich teil und schlug die in Brandenburg eingefallenen Schweden entscheidend bei Fehrbellin (28. 6. 1675). Da die Separatfriedensverträge seiner Verbündeten mit Frankreich ihn 1679 zwangen, das schon eroberte Vorpommern herauszugeben, wandte er sich wieder Ludwig XIV. zu und blieb bei der französischen Reunionspolitik neutral. Erst aus der Erkenntnis, dass Schweden von Frankreich gestützt wurde, und aus der schon 1672 gegenüber den Niederlanden bewährten kalvinistischen Solidarität vollzog Friedrich Wilhelm 1686 die Wendung vom kalvinistischen zum habsburgischen Bündnis, das die brandenburgisch-preußische Außenpolitik bis 1740 bestimmte.

INNENPOLITIK: Durch das Edikt von Potsdam (1685) nahm Friedrich Wilhelm die aus Frankreich vertriebenen kalvinistischen Hugenotten in Brandenburg auf. Er baute ein ausgezeichnetes Heer auf, das das Instrument seiner Außenpolitik und absolutistischen Herrschaft war. In seinen während des Dreißigjährigen Krieges völlig verwüsteten Ländern baute er eine einheitliche Kriegs-, Steuer- und Domänenverwaltung auf, unterstellte sich die merkantilistisch geförderten Städte und bildete ein neues Offizierkorps und Beamtentum, das die Einheit des hohenzollernschen Gesamtbesitzes gewährleistete. Friedrich Wilhelms Politik legte den Grundstein für den späteren Aufstieg Brandenburg-Preußens.

Friedrich Wilhelm I., König von Preußen (seit 1713), *Cölln (heute zu Berlin) 14. 8. 1688, †Potsdam 31. 5. 1740, aufgrund seiner Vorliebe für die Armee auch »Soldatenkönig« genannt; Sohn von König Friedrich I. in Preußen, Vater von Friedrich II., dem Großen. Im Gegensatz zu seinem Vater lehnte Friedrich-Wilhelm das aufwendige Hofleben ab; seine Auffassung von Arbeit und Pflichterfüllung wurden wesentlich durch den Pietismus geprägt. Friedrich Wilhelms Innenpolitik wurde durch die Einsicht bestimmt, dass Preußen sich gegen die Großmächte nur durch eine starke Armee behaupten könne. Neben dem Typ des preußischen Offiziers schuf er den des preußischen Beamten, des pflichtbewussten, unpolitischen Staatsdieners.

Friedrich schuf einen fast modern zu nennenden Einheitsstaat mit sparsamster und pflichttreuer Verwaltung und einer zentralen obersten Verwaltungsbehörde, dem Generaldirektorium (1723). Er beseitigte ständische Vorrechte (z. B. die Steuerfreiheit des Adels) und begann zugleich die →Bauernbefreiung. Im Sinne kameralistischer Wirtschaftspolitik stellte er erstmals einen Jahreshaushalt auf, in dem er u. a. große Beträge für die innere Kolonisation einsetzte; die Wiederbesiedlung des durch die Pest verödeten Ostpreußen ist sein persönliches Werk. Friedrich Wilhelm schuf mit seinen Maßnahmen die Voraussetzungen für den Aufstieg Preußens zur europäischen Großmacht. Im Frieden von Utrecht (1713) erlangte er Obergeldern. Im Frieden von Stockholm (1720), der den 2. Nordischen Krieg beendete, erhielt er das schwedische Vorpommern.

Friedrich Wilhelm II., König von Preußen (seit 1786), *Berlin 25. 9. 1744, †Potsdam

Friedrich Wilhelm. Auf der Langen Brücke vor dem Berliner Stadtschloss ließ Friedrich I., seit 1701 »König in Preußen«, 1703 Andreas Schlüters Reiterdenkmal des »Großen Kurfürsten« aufstellen (1696–1700; Schloss Charlottenburg, Ehrenhof). Mit dem ersten Standbild dieser Art in Deutschland ehrte er seinen Vorgänger, der den Grundstein für den Aufstieg Brandenburg-Preußens gelegt hatte.

16. 11. 1797, Neffe von Friedrich II., dem Großen, Vater von Friedrich Wilhelm III. von Preußen; wurde 1758 Thronfolger. Von Friedrich II., dem Großen, gering geschätzt und kaum für seine Aufgaben vorbereitet, regierte Friedrich Wilhelm durch Premierminister. Seine Abneigung gegen die Französische Revolution, brachte ihn dazu, sich Österreich anzunähern. Doch aufgrund der 2. und 3. Polnischen Teilung (1793/95), die Preußen erhebliche Gebietsgewinne brachten, brachen neue preußisch-österreichische Gegensätze auf, sodass sich Friedrich-Wilhelm im →Basler Frieden (1795) aus der antifranzösischen Koalition zurückzog.

Innenpolitisch lockerte Friedrich-Wilhelm den Zentralismus und bereitete der friderizianisch-rationalistischen Aufklärung durch das Religions- und das Zensuredikt (1788) ein Ende. Friedrich Wilhelm förderte Kunst und Wissenschaft, doch konnte seine wenig disziplinierte Persönlichkeit dem Staatsleben keine nachhaltigen Impulse geben. Seine Günstlings- und Mätressenwirtschaft machte aus Preußen ein hoch verschuldetes Land.

Friedrich Wilhelm III., König von Preußen (seit 1797), *Potsdam 3. 8. 1770, †Berlin 7. 6. 1840, Sohn von Friedrich Wilhelm II. von Preußen, Vater von Friedrich Wilhelm IV. von Preußen und Wilhelm I.; neigte zu bürgerlicher Einfachheit und ging eine Liebesheirat mit Luise von Mecklenburg-Strelitz (1793) ein, was ihn im Volk sehr beliebt machte.

Friedrich Wilhelm führte zunächst die Neutralitätspolitik gegenüber Frankreich fort, entschloss sich dann aber 1806 zur Mobilmachung gegen Napoleon I., der die preußische Armee in der Doppelschlacht von Jena und Auerstedt vernichtend schlug. Der Frieden von Tilsit (7. 7. 1807) besiegelte Preußens Niederlage und den Verlust von mehr als der Hälfte seines Gebiets. Um den Reststaat Preußen wieder zu stärken, suchte sich Friedrich Wilhelm in Karl August von Hardenberg und Karl Reichsfreiherr vom und zum Stein neue Berater. Ihre Staatsreformen ermöglichte er ebenso wie eine Heeresreform, die Volksbewaffnung und allgemeine Wehrpflicht vorsah. Nach dem Wiederaufstieg Preußens nach dem Wiener Kongress (1814–15) verzichtete er allerdings auf die Fortführung der Reformen zugunsten einer Restauration der Bürokratie. Die mehrfach versprochene »Nationalrepräsentation« wurde nicht verwirklicht; es kam nur zur Bildung von Provinzialständen (1823).

Friedrich Wilhelm IV., König von Preußen (seit 1840), *Berlin 15. 10. 1795, †Schloss Sanssouci 2. 1. 1861, Sohn von Friedrich Wilhelm III. von Preußen; war künstlerisch und wissenschaftlich hochbegabt und wurde von der deutschen Romantik geprägt. Friedrich Wilhelm ging von der Restaurationspolitik seines Vaters ab und suchte durch die Berufung des Vereinigten Landtags 1847 einen ständischen Staatsaufbau zu verwirklichen, verweigerte aber eine Gesamtverfassung.

In der Märzrevolution 1848 war er zunächst zum Nachgeben gezwungen (Berufung einer liberalen Regierung am 29. 3.; Zustimmung zur preußischen Nationalversammlung im Mai). Die ihm von der →Frankfurter Nationalversammlung angetragene deutsche Kaiserkrone lehnte er allerdings am 3. 4. 1849 ab. Sein Versuch einer Union der deutschen Fürsten unter Preußens Führung scheiterte (Olmützer Punktation, 1850). Die oktroyierte Verfassung von 1848, die 1850 in konservativem Sinn revidiert wurde, wahrte Friedrich Wilhelm trotz liberaler Konzessionen erhebliche Machtpositionen. Eine schwere Erkrankung machte den König 1858 regierungsunfähig; seitdem vertrat ihn sein Bruder Wilhelm (I.) als Regent.

Fritsch, Werner Freiherr von, deutscher Generaloberst, *Benrath (heute zu Düsseldorf) 4. 8. 1880, †(gefallen) vor Warschau 22. 9. 1939; war 1934/35 Chef der Heeresleitung und wurde 1935 Oberbefehlshaber des Heeres, nachdem er sich im »Röhm-Putsch« an die Seite Hitlers gestellt hatte. Nachdem Hitler 1935 die allgemeine Wehrpflicht verkündet hatte, wurde der Auf- und Ausbau des Heeres im Wesentlichen von Fritsch vorangetrieben. Er ließ 1937 jedoch erkennen, dass er die von Hitler angekündigte Expansionspolitik ablehnte. Im Zusammenhang mit dem Skandal um die zweite Eheschließung von Reichskriegsminister Werner von Blomberg (»Blomberg-Fritsch-Krise« im Januar 1938) wurde Fritsch in verleumderischer Absicht Homosexualität nachgesagt, er wurde deswegen am 4. 2. 1938 als Oberbefehlshaber des Heeres entlassen. Nach seiner Rehabilitierung durch ein Offiziersehrengericht wurde Fritsch Chef eines Artillerieregiments.

Frobisher [ˈfrəʊbɪʃə], Sir (seit 1588) Martin, englischer Seefahrer, *Normanton (bei Leeds) um 1535, †Plymouth 22. 11. 1594; wurde mit der Suche nach der Nordwestpassage beauftragt und befehligte 1576–78 drei Expeditionen. Auf der ersten erreichte Frobisher den Südosten von Baffin Island, dessen tiefe Bucht er für eine Meeresstraße hielt (zunächst Frobisher's Strait, später Frobisher Bay genannt); auf der dritten Reise befuhr er als erster Europäer die Hudsonstraße. Frobishers Begleiter lieferten die ersten Berichte über das subpolare Nordamerika und die Eskimo. 1585 nahm Frobisher als Vizeadmiral an der Westindienfahrt von Francis Drake und 1588 am Kampf gegen die spanische Armada teil.

Fronde [ˈfrɔ̃də; französ., eigentlich »Schleuder« (der Pariser Gassenjungen)], Bezeichnung für die politische Oppositionsbewegung des französischen Hochadels und der hohen Gerichtshöfe (Parlamente), die wäh-

Friedrich Wilhelm I.

Friedrich Wilhelm II.

Friedrich Wilhelm III.

Friedrich Wilhelm IV.

rend der Minderjährigkeit Ludwigs XIV. das absolutistische Regiment der Königin Anna von Österreich und des Kardinals Mazarin bekämpfte. Ziel der Fronde war die Umwandlung der absoluten Monarchie in eine ständisch beschränkte Monarchie. In der ersten Fronde (1648/49) hatte das Pariser Parlament, das die Annahme eines Steueredikts verweigerte, die Führung (»Parlamentsfronde«); nach der Verhaftung eines Parlamentssprechers kam es zu Barrikadenkämpfen in Paris und zur Flucht des Hofes, der nach vagen Reformversprechen nach Paris zurückkehren konnte (Friede von Rueil, März 1649). Der zweite, vom Hochadel (»Prinzenfronde«) und Teilen des Klerus getragene Aufstandsversuch (1651) führte zu Kriegshandlungen auch in der Provinz (Erhebungen u.a. in der Champagne, der Normandie und der Provence) und zur Einnahme von Paris durch die Fronde. Verrat, Uneinigkeit der Führer und Gewalttätigkeiten brachten die Fronde bald um Ansehen und Macht. 1652 konnte Ludwig XIV. wieder in Paris einziehen; Mazarin folgte ihm 1653. Die Erfahrungen der Frondeaufstände bestimmten Ludwig XIV. in hohem Maße zum Ausbau seiner absolutistischen Herrschaft.

Georg von Frundsberg

Frundsberg, Georg von, deutscher Landsknechtsführer, *Schloss Mindelburg (bei Mindelheim) 24. 9. 1473, †ebenda 20. 8. 1528; diente 1499 unter Kaiser Maximilian I. gegen die Schweizer, wurde 1502 zum Ritter geschlagen. Frundsberg nahm 1509–11 am Krieg gegen Venedig teil und 1513–16 am Krieg gegen Frankreich. 1519 befehligte er das Fußvolk des Schwäbischen Bundes gegen Herzog Ulrich von Württemberg. Kaiser Karl V. bestätigte ihn in seinen unter Maximilian erworbenen Ämtern, Besitzungen und Rechten und übertrug ihm den Oberbefehl gegen Frankreich. An den kaiserlichen Siegen von Bicocca (1522) und Pavia (1525) hatte Frundsberg bedeutenden Anteil, nahm aber nicht am »Sacco di Roma« (1527) teil. Frundsberg, der »Vater der Landsknechte«, formte diese zu einer schlagkräftigen Truppe.

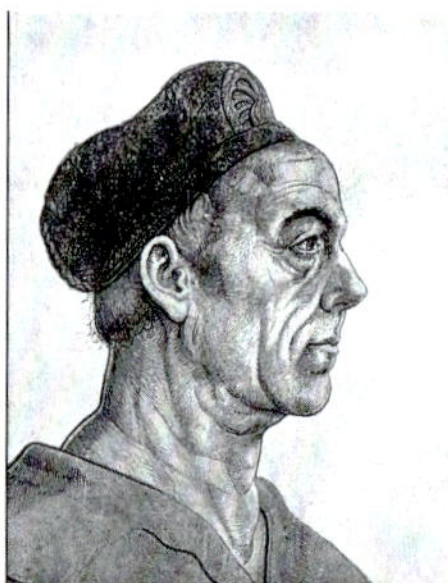
Jakob Fugger

Fugger, Augsburger Kaufmannsfamilie. Die Fugger besaßen im 16. Jh. das bedeutendste Bank- und Handelshaus in Europa; sie waren die Bankiers der Päpste und des Kaisers. 1514 und 1530 wurden sie zu Reichsgrafen (später zum Teil zu Fürsten) erhoben. 1519 erbauten die Fugger in Augsburg die »Fuggerei«, eine Siedlung für Bedürftige. Bedeutende Vertreter waren:

1. Anton, deutscher Handelsherr und Reichsgraf (seit 1530), *Augsburg 10. 6. 1493, †ebenda 14. 9. 1560; wurde von seinem Onkel Jakob II., dem Reichen, testamentarisch als Leiter des Familienunternehmens bestimmt und befolgte seit 1525 die von diesem eingeschlagene Geschäftspolitik. So unterstützte Anton Fugger die Bewerbung Ferdinands (I.) um die böhmische und ungarische Königskrone (1526). Er tat sich als Finanzier von Kaiser Karl V. hervor, der ihn dafür 1530 in den Reichsgrafenstand erhob, und gewährte auch Philipp II. von Spanien 1556/57 Kredite. Unter ihm konnten die Fugger mit kaiserlicher Hilfe ihren Handel zeitweilig bis nach Zentral- und Südamerika ausdehnen. Anton Fugger war auf einen Ausgleich der Konfessionen bedacht und wollte sich deshalb seit 1548/49 mehr und mehr von den Habsburgern lösen, was ihm aber nur teilweise gelang. Angesichts der deutschen Fürstenverschwörung gegen Karl V. 1552 stellte er sich zwar auf die Seite des Kaisers und wendete durch seine Subsidien dessen völlige Niederlage ab, doch danach zog sich Fugger immer mehr aus dem Großhandel und Finanzierungsgeschäft zurück und konzentrierte sich auf den Grunderwerb. So hinterließ er neben einem beträchtlichen Barvermögen (6 Millionen Goldkronen) einen zielbewusst vermehrten Landbesitz.

2. Jakob II., der Reiche, deutscher Handelsherr und Bankier, Reichsgraf (seit 1514), *Augsburg 6. 3. 1459, †ebenda 30. 12. 1525, Onkel von Anton Fugger; errichtete ein Kupfermonopol in Europa, indem er die Mehrzahl der Kupferbergwerke in Spanien, Tirol, Kärnten und Ungarn erwarb. Schon vorher hatte Jakob Fugger sich seit 1485 als Leiter der Innsbrucker Faktorei seines Hauses in den Silberabsatz Tirols und in das Finanzwesen dieses Landes eingeschaltet; er war es auch, der Erzherzog Maximilian (dem späteren Kaiser) zum Besitz Tirols verhalf (1490). Bereits 1505 beteiligte er sich am ostindischen Gewürzhandel. Er war Bankier der Päpste, der römischen Kurie sowie der Kaiser Maximilian I. und Karl V.; außerdem war er auch am Ablasshandel von 1517 finanziell beteiligt. Jakob Fugger finanzierte u.a. 1519 die Wahl Karls I. von Spanien zum König des Heiligen Römischen Reiches (Karl V.). Durch ihn wurden die Fugger das größte europäische Bankhaus der Zeit.

Führerprinzip, ein aus dem Militärischen stammender, dem Wesen demokratischer Organisation entgegengesetzter Leitungs- und Herrschaftsgrundsatz, der von der Annahme einer totalen Identität von Führer und Geführten, von Herrscher und Beherrschten ausgeht. Das Führerprinzip weist die unbedingte Autorität und Entscheidungskompetenz in einer Organisation (v.a. einer Partei oder politischen Bewegung) oder einer totalitären Staats- und Gesellschaftsordnung einem Führer zu.

Die Führungsorgane treffen ihre Entscheidungen nicht mit Mehrheit, sondern durch Befehl der jeweiligen Führungsspitze. Bei der Durchführung von Beschlüssen gilt unbedingte Autorität nach unten, unbedingte Verantwortung nach oben. Der oberste Führer selbst beruft sich bei seinen Entscheidungen

FUGGER | ***Beginn des Welthandels***

Nach Anfängen in Italien entwickelte sich ab 1450 auch in Deutschland der Frühkapitalismus als neue, hauptsächlich vom städtischen Bürgertum getragene Wirtschaftsform. Die bedeutendste deutsche Unternehmerfamilie an der Wende zur Neuzeit waren die in Augsburg ansässigen Fugger, die durch Metallhandel und Bankgeschäfte, insbesondere durch ihre Geschäftsverbindungen mit den Habsburgern und dem Papst, zur Weltgeltung aufstiegen.

Zum kaiserlichen Bankier wurde Jakob II. Fugger, genannt »der Reiche« - hier in seinem Kontor (1518; Braunschweig, Herzog Anton Ulrich Museum). Er gewährte Erzherzog Sigmund, dem Grafen von Tirol, umfangreiche Kredite, sicherte sich dafür aber das Recht zur Ausbeutung der Kupfer- und Silberbergwerke des Landes und ließ sich dieses von Maximilian, dem er 1490 zur Nachfolge des bankrotten Sigmund verholfen hatte, bestätigen. Mehrfach mischte sich Jakob Fugger bei Papstwahlen ein; seine wohl berühmteste geschäftliche Initiative ist die 1519 mit über 850 000 Dukaten Bestechungsgeldern finanzierte Kaiserwahl Karls V. Gegen Ende des 16. Jh. geriet das Unternehmen, vor allem durch hohe Verluste bei mehreren spanischen Staatsbankrotten, an den Rand des Ruins. Die Familie zog sich aus der Hochfinanz auf ihre Güter und Herrschaften zurück.

auf den (meist manipulierten) »Volkswillen«, auf (rassistische oder sozialrevolutionäre) Doktrinen oder (im Irrationalen angesiedelte) Autorität (z. B. »Vorsehung«).

Führer und Reichskanzler, von Adolf Hitler für sich geschaffener Titel, nachdem er nach dem Tod von Reichspräsident Hindenburg (2. 8. 1934) die Ämter des Reichskanzlers und des Reichspräsidenten auf sich vereinigt hatte. (→Führerprinzip)

Fünfte Republik, französisch **Cinquième République** [sɛ̃k'jɛm repy'blik], der französische Staat seit 1958 (→Frankreich).

Furrer, Jonas, schweizerischer Politiker, *Winterthur 3. 3. 1805, †Bad Ragaz 25. 7. 1861; Jurist; war führender liberaler Politiker des Kantons Zürich. 1845 wurde Furrer Bürgermeister von Zürich und gleichzeitig Präsident der eidgenössischen Tagsatzung; er wurde 1848 zum ersten schweizerischen Bundespräsidenten ernannt (erneut 1852, 1855, 1858) und war 1848–61 Bundesrat.

Fürstbischof, im Heiligen Römischen Reich bis 1806 Bezeichnung der geistlichen Reichsfürsten im Bischofsrang. Der Titel bezog sich nur auf die weltliche Stellung und war kirchenrechtlich bedeutungslos.

Fürstenspiegel, Schriften, in denen das Musterbild eines Fürsten aufgestellt wird; sie enthalten ethische Vorstellungen über Rechte und Pflichten, über Befugnisse und Begrenzungen fürstlicher Macht. Sie liegen als Lebensbeschreibung berühmter Fürsten oder als dichterisches Idealbild geschichtlicher Persönlichkeiten vor.

Fürstenspiegel kennt man seit Xenophons »Kyron paideia« (»Die Erziehung des Kyros«), den Staatsbetrachtungen Mark Aurels und Augustinus' »De civitate Dei« (»Vom Gottesstaat«). Die klassischen Fürstenspiegel gipfelten in der »Institutio principis christiani« (»Fürstenerziehung« 1516) des Erasmus von Rotterdam und wirkten bis ins 17. Jh. nach. Niccolò Machiavellis Traktat »Il principe« (»Der Fürst« 1532) markiert den Bruch mit dem Fürstenideal des »princeps christianus«, die Ablösung der Fürstenspiegel durch die Traktate der Fürstenlehre.

G

Gaddhafi, Khadafi, Qadafi [ka-], Moamar, libyscher Politiker, *bei Sirte (Tripolitanien) September 1942 (Angaben umstritten); aus einer Beduinenfamilie stammend; trat nach einem Studium an der Militärakademie in Bengasi (1963) in die Armee ein. Als Offizier (seit 1965) beteiligte sich Gaddhafi führend an der Organisation des Bundes der »freien Offiziere«, der 1969 König Idris stürzte. Seit Ausrufung der Republik regierte er Libyen in wechselnden Funktionen. Seit 1969 Oberbefehlshaber der Streitkräfte, war Gaddhafi 1969–77 als Vorsitzender des Revolutionsrates Staatsoberhaupt, 1970–72 Ministerpräsident und zugleich Verteidigungsminister, 1977–79 Staatspräsident, 1977–79 Generalsekretär des Allgemeinen Volkskongresses. Seit 1979 ohne politische Funktion, übt Gaddhafi als »Führer der Revolution« weiterhin den entscheidenden Einfluss auf die Politik seines Landes aus.

Gagern, Heinrich Freiherr von, deutscher Politiker, *Bayreuth 20. 8. 1799, †Darmstadt 22. 5. 1880; studierte Jura in Heidelberg; war Mitbegründer der Allgemeinen Deutschen Burschenschaft (1818). Als führender liberaler Politiker wurde Gagern 1847 im Darmstädter Landtag zum Sprecher der liberalen Opposition. Anfang März 1848 übernahm er kurzzeitig die Führung der hessischen Regierung. Nach dem Ausbruch der Märzrevolution von 1848 gehörte er dem Vorparlament an und wurde zum Präsidenten der → Frankfurter Nationalversammlung gewählt. Gagern setzte die Wahl von Erzherzog Johann zum Reichsverweser durch (29. 6. 1848). Nach dem Rücktritt von Anton Ritter von Schmerling führte er die Reichsregierung (18. 12. 1848) und versuchte mit dem gagernschen Programm, das die Schaffung eines »Engeren« und eines »Weiteren Bundes« beinhaltete, die Lösung der deutschen Frage voranzutreiben. Als er damit scheiterte, setzte er sich mit den Erbkaiserlichen für die kleindeutsche Lösung ein und brachte eine Mehrheit für die Wahl König Friedrich Wilhelms IV. von Preußen als »Kaiser der Deutschen« zustande. Nachdem dieser die ihm angebotene Kaiserkrone ausgeschlagen hatte, erklärte Gagern 1849 seinen Austritt aus der Nationalversammlung. Er unterstützte in der Folge zunächst die preußische Unionspolitik, setzte sich nach 1862 aber für die Reform des Deutschen Bundes ein.

Heinrich Freiherr von Gagern

Galater, lateinisch **Galatae,** Bund von drei keltischen Stämmen (Tolistoagier oder Tolistobogier, Tektosagen, Trokmer), die um 278 v. Chr. von der Balkanhalbinsel in die nach ihnen Galatien genannte inneranatolische Landschaft an den Flüssen Halys (heute Kızılırmak) und Sangarius (Sakarya) und im Gebiet von Ankyra (Ankara) einwanderten. Von dort aus suchten sie die griechischen Küstenstädte und das Innere Kleinasiens durch ständige Plünderungszüge heim. 189 v. Chr. wurden sie von den Römern entscheidend geschlagen; 64 machte Pompeius Galatien zum römischen Klientelstaat. Nach dem Tod des letzten galatischen Herrschers Amyntas 25 v. Chr. wurde das Gebiet unter Augustus römische Provinz.

Galba, Sulpicius, Kaiser des Römischen Reichs, *bei Tarracina (heute Terracina) um 3 v. Chr., †(ermordet) Rom 15. 1. 69 n. Chr.; stammte aus altpatrizischem Geschlecht und schloss sich als Statthalter der römischen Provinz Hispania Citerior (oder Tarraconensis) dem Aufstand des Vindex gegen Nero an (68). Nach dessen Ermordung wurde er im Juni 68 vom Senat zum Kaiser bestimmt. Ein halbes Jahr später wurde er auf Betreiben des Marcus Salvius Otho ermordet.

Galerius, Valerius Maximianus, Kaiser des Römischen Reichs (seit 305), *bei Serdica (heute Sofia) um 250, †Nikomedia (heute İzmit) Mai 311; von niederer illyrischer Herkunft; diente sich als Soldat empor und wurde 293 von Diokletian adoptiert und zum Mitregenten (Caesar) für Illyricum (Donaugebiet und Balkanhalbinsel) ernannt. 296–298 führte Galerius in Vertretung Diokletians Krieg gegen den in Armenien eingedrungenen Perserkönig Narses. Nach der Abdankung Diokletians (305) wurde er Augustus für den Osten des Reiches, nach dem Tod Constantius' I. (306) ranghöchster Augustus. Bedrängt von Konstantin I. und Maxentius im Westen, vermochte er nicht, das von Diokletian geschaffene Regierungssystem der → Tetrarchie zu erhalten. Galerius gilt als erbitterter Gegner des Christentums; auf sein Betreiben wird die Christenverfolgung unter Diokletian zurückgeführt. Kurz vor seinem Tod musste er jedoch den Kampf gegen die Christen abbrechen und einem Toleranzedikt zustimmen.

Galla Placidia, eigentlich Aelia Galla Placidia, weströmische Kaiserin, *Konstantinopel um 390, †Rom 27. 11. 450; Tochter des römischen Kaisers Theodosius I.; geriet 408 als Geisel in die Hände der Westgoten und heiratete 414 deren König Athaulf. Nach dessen Tod (415) und dem Abschluss eines Vertrages zwischen Rom und Westgoten zurückgesandt, wurde Galla Placidia 417 von ihrem Bruder Honorius mit dem Feldherrn und späteren Kaiser Constantius III. verheiratet. Seit 421 war sie Augusta. Im selben Jahr erneut verwitwet, floh sie, mit ihrem Bruder entzweit, mit ihren Kindern Honoria und Valentinian (III.) nach Konstantinopel. Nach dem Tod des Honorius kehrte sie nach Rom zurück, sicherte ihrem Sohn den Thron (425) und führte für ihn bis 437 die Regierung.

Gallien, lateinisch **Gallia,** in der römischen Antike das Land der Gallier zwischen Rhein, Alpen, Mittelmeer, Pyrenäen und Atlantik, ab dem 4. Jh. v. Chr. das Gebiet zwischen Alpen und Apennin. Von Rom aus gesehen nordwestlich der Alpen gelegen, wurde es

»Gallia transalpina« oder »Gallia ulterior« (»Gallien jenseits der Alpen« oder »jenseitiges Gallien«) genannt. Es entsprach im Wesentlichen dem Gebiet des heutigen Frankreich sowie Belgien und wurde in die »Belgica« (zwischen Atlantik, Ardennen und Seine), »Celtica« (zwischen Seine, Rhone, Cevennen und Garonne) und »Aquitania« (zwischen Garonne, Pyrenäen und Atlantik) gegliedert. Diese drei Landesteile nannte man auch »Gallia comata«.

Die südlich der Alpen gelegenen Teile Galliens wurden »Gallia cisalpina« oder »Gallia citerior« (»Gallien diesseits der Alpen« oder »diesseitiges Gallien«) genannt und durch den Po (Padus) in die »Gallia cispadana« (zwischen Apennin und Po) und »Gallia transpadana« (zwischen Po und Alpen) unterteilt. 225–191 v. Chr. unterwarfen die Römer Gallia cisalpina; die Eroberung des südlichen Teils der Gallia transalpina und die Einrichtung der Provinz »Gallia Narbonensis« (benannt nach Narbo: Narbonne) erfolgte 125–118 v. Chr.; von hier aus eroberte Caesar 58–51 v. Chr. die Gallia comata. Zwischen 27 und etwa 16 v. Chr. erfolgte eine Neuordnung der gallischen Provinzen in »Belgica« (Hauptort Augusta Treverorum: Trier), »Lugdunensis« (Hauptort Lugdunum: Lyon) und »Aquitania« (Hauptort ab dem 2. Jh. Burdigala: Bordeaux). Im 4. Jh. n. Chr. drangen die Franken in die Belgica ein, 406/407 kam es zu einer Invasion der Alanen, Vandalen und Quaden; um 500 wurde fast ganz Gallien dem → Fränkischen Reich einverleibt.

Gallienus, Publius Licinius Egnatius, Kaiser des Römischen Reichs, *218, † vor Mediolanum (heute Mailand) 268; Sohn und seit 253 Mitregent des Kaisers Valerian, seit dessen Gefangenschaft in Persien (259/260) Alleinherrscher. Während Gallienus' Regierung erreichte die große Reichskrise des 3. Jh. ihren Höhepunkt. Das römische Imperium wurde von Barbareneinfällen heimgesucht und durch Usurpationen erschüttert. Im Westen entstand unter Postumus ein selbstständiges gallisches Reich, der Osten drohte sich unter den Fürsten von Palmyra ebenfalls vom Reich zu lösen. Gallienus konnte zwar die Krise nicht meistern, schuf jedoch durch seine Reformen in Heerwesen und Verwaltung die Voraussetzung für die Wiederherstellung der Reichseinheit unter seinen Nachfolgern. Den Christen gegenüber zeigte Gallienus Toleranz, u. a. durch die Aufhebung der christenfeindlichen Edikte Valerians um 260.

Gallier, lateinisch **Galli,** im Altertum die Bewohner → Galliens. Die zu den → Kelten gehörenden Gallier sind spätestens seit dem 7. Jh. v. Chr. im heutigen Frankreich nachweisbar. Um 400 erschienen gallische Stämme südlich der Alpen und nahmen nach Beseitigung der etruskischen Herrschaft und Vertreibung der Ligurer die östlichen und mittleren Teile der Poebene ein. Auf Raubzügen stießen die Gallier von dort nach Süden vor, schlugen die Römer 387 an der Allia und besetzten vorübergehend sogar Rom.

Gallikanismus, die französische Form des Episkopalismus, die vom 15. Jh. bis 1789 maßgebend war. Der Begriff beschreibt das Bestreben der französischen Kirche nach Eigenständigkeit und weitestgehender Unabhängigkeit von Rom. In der »Pragmatischen Sanktion von Bourges« (1438) wurde der Gallikanismus zum Staatsgesetz erhoben. Seinen Höhepunkt erreichte er 1682 in der Erklärung der gallikanischen Freiheiten, formuliert in den vier gallikanischen Artikeln: Die kirchliche Gewalt erstreckt sich nur auf den geistlichen Besitz; die Dekrete des Konstanzer Konzils über die Oberhoheit des Konzils sind verbindlich; die Gewohnheiten des französischen Königreichs und der gallikanischen Kirche müssen in Kraft bleiben; die Entscheidungen des Papstes bedürfen der Zustimmung der Gesamtkirche.

Gallischer Krieg, lateinisch **Bellum Gallicum,** der Krieg, durch den Caesar 58–51 v. Chr. von der römischen Provinz »Gallia Narbonensis« aus das freie Gallien zwischen Rhein, Pyrenäen und Atlantischem Ozean unterwarf.

Vasco da Gama

Gama, Dom (seit 1499) Vasco da, Graf von Vidigueira (seit 1519), portugiesischer Seefahrer, *Sines um 1469, † Cochin (Vorderindien) 24. 12. 1524; wurde von König Emanuel I. von Portugal beauftragt, den Seeweg nach Indien um das Kap der Guten Hoffnung zu finden und somit einen direkten Kontakt zu den Gewürzländern herzustellen. 1497 segelte Gama von Lissabon aus mit vier Schiffen um das Kap der Guten Hoffnung und erreichte 1498 die Westküste Vorderindiens bei Calicut. Damit hatte er die 80 Jahre währenden Bemühungen der portugiesischen Krone um eine Verbindung nach Indien erfolgreich abgeschlossen. Auf seiner zweiten Reise 1502–03, diesmal mit einer Kriegsflotte, sicherte Gama für Portugal das Handelsmonopol in Indien und erzwang die Anerkennung der Oberhoheit Portugals in den Städten an der Westküste Indiens. 1524 wurde er als Vizekönig nach Indien gesandt. Gama legte die Grundlagen für die Kolonial- und Handelsmacht Portugals in Vorderindien.

Léon Gambetta

Gambetta [gãbɛ'ta], Léon, französischer Politiker, *Cahors 3. 4. 1838, † Ville-d'Avray (bei Paris) 31. 12. 1882; aus jüdisch-genuesischer Familie stammend; bekämpfte als Advokat und radikaler Abgeordneter das Zweite Kaiserreich. Nach der Kapitulation von Sedan proklamierte Gambetta am 4. 9. 1870 in Paris die Republik. Er wurde in der »Regierung der nationalen Verteidigung« Innen-, später auch Kriegs- und Finanzminister und organisierte von der Provinz aus die Volksheere zum Entsatz von Paris. Er scheiterte jedoch an der

Überlegenheit der preußischen Truppen und der Kriegsmüdigkeit der Bevölkerung. Nach dem Fall der Hauptstadt (1871) trat er zurück. 1877 leitete Gambetta die Opposition der Republikaner gegen die Staatsstreichpläne des Marschalls Mac-Mahon. Gambetta war ein leidenschaftlicher Vorkämpfer einer an Prinzipien der Volkssouveränität orientierten, auf die Rückgewinnung Elsass-Lothringens und gegen das Deutsche Reich gerichteten Außenpolitik. Im November 1881 wurde er Ministerpräsident, trat jedoch – u.a. weil die Kammer die Listenwahl, seine innenpolitische Hauptforderung, ablehnte – schon am 26. 1. 1882 zurück.

Indira Gandhi

Gandhi,

1. Indira, indische Politikerin, *Allahabad 19. 11. 1917, †(ermordet) Neu-Delhi 31. 10. 1984; Mutter von Rajiv Gandhi, dem späteren indischen Premierminister; war 1942–47 verheiratet mit dem Politiker Feroze Gandhi; war 1946–64 politische Beraterin ihres Vaters Jawaharlal Nehru; wurde 1959 zur Präsidentin des Indischen Nationalkongresses (→Indian National Congress, INC) gewählt; war 1964–66 Ministerin für Information und Rundfunk. 1966 wurde Gandhi Premierministerin und bekleidete daneben auch mehrere Ministerämter. Als Regierungschefin sah sie sich besonders mit Problemen der wirtschaftlichen Unterentwicklung und des Bevölkerungswachstums konfrontiert. Ihr sozialistisch beeinflusstes Regierungsprogramm führte zur Spaltung des regierenden INC. Der von ihr geführte »neue« INC errang 1971 einen hohen Wahlsieg. Außenpolitisch setzte sie die Politik der Blockfreiheit fort, legte dabei jedoch Wert auf gute Beziehungen zur UdSSR. Im indisch-pakistanischen Krieg (Dezember 1971) setzte sie die Unabhängigkeit Ostpakistans (seitdem Bangladesh) durch.

Als das oberste Gericht 1975 Gandhi für schuldig befand, 1971 Beamte für Wahlkampfzwecke gesetzwidrig eingesetzt zu haben, und die Opposition daraufhin ihren Rücktritt forderte, verhängte sie den Ausnahmezustand und ließ zahlreiche politische Gegner verhaften. Ihr autoritärer innenpolitischer Kurs führte 1977 zur Wahlniederlage ihrer Partei und zu ihrem Rücktritt als Premierministerin. Nach innerparteilichen Spannungen um ihre Person löste Gandhi die zweite Spaltung des INC aus und setzte sich 1978 an die Spitze des Indian National Congress (Indira) und führte ihn 1980 zu einem großen Wahlerfolg. Sie wurde erneut Premierministerin; neben den weiter bestehenden wirtschaftlichen und sozialen Problemen sah sie sich nun auch verstärkt religiösen und ethnischen Spannungen gegenübergestellt. Seit 1983 war sie Sprecherin der blockfreien Staaten. Gandhi fiel einem Attentat zweier ihrer Leibwächter zum Opfer.

MAHATMA GANDHI
***1869 †1948**

- sammelte in Südafrika erste politische Erfahrungen
- führte Indien in die Unabhängigkeit
- vertraute auf die Kraft des gewaltlosen Kampfes
- wurde von einem Hindufanatiker ermordet

2. Mohandas Karamchand, genannt Mahatma [Sanskrit »dessen Seele groß ist«], Führer der indischen Unabhängigkeitsbewegung, *Porbandar 2. 10. 1869, †(ermordet) Neu-Delhi 30. 1. 1948. Gandhi entstammte der Hindukaste der »Vaishyas« (Kaufleute). Nach einem Studium der Rechte in London ließ sich Gandhi in Rajkot und Bombay als Rechtsanwalt nieder. 1893 ging Gandhi aus beruflichen Gründen nach Südafrika in die britische Kronkolonie Natal. Mit der Gründung des »Natal Indian Congress« (1894) organisierte er erstmals den Widerstand der indischen Einwanderer gegen diskriminierende Gesetze. Er stieg seitdem zum politischen Führer der indischen Bevölkerung in Südafrika auf. Von hoher Religiosität und asketischer Lebensweise geprägt, entwickelte Gandhi Formen des gewaltlosen Kampfes, die er erstmals in Südafrika anwendete.

ERSTE POLITISCHE AKTIVITÄTEN IN INDIEN: 1914 kehrte Gandhi nach Indien zurück. Unter dem Eindruck der blutig verlaufenen Auflösung einer indischen Protestversammlung in Amritsar durch britische Truppen (1919) löste er 1920 die erste Kampagne des zivilen Ungehorsams aus, in deren Verlauf (bis 1922) er zum herausragenden Führer der indischen Nationalbewegung wurde. Gestützt auf den Indischen Nationalkongress (→Indian National Congress, INC) setzte Gandhi eine Massenbewegung in Gang, die durch »Asahayoga« (Nichtbeteiligung) an den Institutionen der britisch-indischen Regierung (z.B. in Verwaltung, Gerichts-, Schul- und Bildungswesen) die britische Regierung zu Zugeständnissen in der Unabhängigkeitsfrage zu zwingen suchte. Im März 1922 wurde Gandhi verhaftet und zu sechs Jahren Gefängnis verurteilt, aber im Dezember 1924 wegen Krankheit begnadigt. Im Anschluss hielt er sich mehrere Jahre von politischer Agitation fern.

UNABHÄNGIGKEIT INDIENS: Nachdem sich die britische Regierung geweigert hatte, Indien den Dominionstatus zu gewähren, löste Gandhi 1930 die zweite Kampagne des zivilen Ungehorsams aus. Im Sinne seiner Strategie der gewaltlosen Überschreitung ungerechter Gesetze führte er Hunderttausende von Menschen in einem Demonstrationsmarsch zum Meer, um auf diese Weise gegen das Salzmonopol-Gesetz der britisch-indischen Regierung zu protestieren (»Salzmarsch«, 12. 3.–6. 4. 1930). Danach erneut verhaftet, nahm Gandhi 1931 nach seiner Haftentlassung an einer Verfassungskonferenz in London teil, drang dabei jedoch nicht mit seinen Forderungen durch. Nach 1932 war er wiederholt im Gefängnis. Er führte dort mehrfach ein langes Fasten durch, um gegen die von ihm als unzulänglich betrachteten britischen Verfassungspläne für Indien zu protestieren. 1934 legte er die Führung des INC nieder und trat aus ihm aus, da er sein Grundanliegen nicht verstanden sah.

Im Zweiten Weltkrieg forderte Gandhi die sofortige Entlassung Indiens in die Unab-

GANDHI *Unabhängigkeit Indiens*

Eine der spektakulärsten Aktionen Mahatma Gandhis (dritter von links), des Führers der gegen die britische Kolonialherrschaft gerichteten indischen Unabhängigkeitsbewegung, war der legendäre »Salzmarsch«. Nachdem die britische Regierung Indien den geforderten Dominionstatus verweigert hatte, führte Gandhi 1934 im Sinne seiner Strategie des gewaltlosen Widerstands einige Hunderttausend Menschen in einem Protestmarsch ans Meer. Dort gewann er mit seinen Anhängern eine winzige Menge Salzes und verstieß damit demonstrativ gegen das britische Salzmonopol – eine Verhaftung durch britische Sicherheitskräfte war die Folge.

Die von Gandhi entwickelte und für die Bürgerrechtsbewegungen der 1960er-Jahre vorbildliche Methode des gewaltlosen Widerstands umfasste neben Demonstrationen die Verweigerung der Kooperation mit den britischen Behörden, zivilen Ungehorsam, aber auch den Boykott britischer Waren, um das heimische Handwerk zu stärken.

Nach dem Ende des Zweiten Weltkriegs zerfiel die indische Unabhängigkeitsbewegung in ein hinduistisches und ein muslimisches Lager. Gandhi, selbst Hindu, versuchte vergeblich, den Bürgerkrieg zwischen Hindus und Moslems und die Teilung des Subkontinents in die Staaten Pakistan und Indien zu verhindern, erlebte aber noch das Ende des Kolonialregimes und die Erklärung der Unabhängigkeit Indiens (1947). 1948 wurde er, Symbol der Gewaltlosigkeit, von einem fanatischen Hindu erschossen.

hängigkeit. Nach Kriegsende suchte er vergeblich die Einheit Indiens zu bewahren und die blutigen Auseinandersetzungen zwischen Hindus und Muslimen bei der Teilung des Subkontinents zu verhindern. Mit einer Fastenaktion konnte Gandhi 1947 blutige Ausschreitungen in Kalkutta beenden. 1948 – ein Jahr, nachdem Indien in die Unabhängigkeit entlassen worden war – fiel er dem Attentat eines jungen Hindufanatikers zum Opfer.

Garibaldi, Giuseppe, italienischer Freiheitskämpfer und Politiker, *Nizza 4. 7. 1807, †Caprera 2. 6. 1882; Sohn einer Fischerfamilie; diente zunächst in der Marine des Königreichs Sardinien-Piemont, schloss sich 1833 Giuseppe Mazzini und dessen Bewegung »Giovine Italia« an. 1834, nach einem missglückten Aufstandsversuch gegen die Monarchie, wurde Garibaldi von einem piemontesischen Gericht zum Tode verurteilt und flüchtete über Frankreich nach Südamerika, wo er in verschiedenen Bürgerkriegen mitkämpfte und Erfahrungen im Guerillakampf sammelte.

Bei Ausbruch der Revolution 1848 kehrte er nach Italien zurück und kämpfte mit einem Freikorps in der Lombardei gegen die Österreicher, dann im aufständischen Rom. Nach der Ausrufung der römischen Republik im Februar 1849 leitete er deren Verteidigung gegen die intervenierenden französischen und bourbonischen Truppen, konnte diese jedoch nicht aufhalten und musste erneut ins Exil nach Amerika gehen. 1854 durfte er nach Piemont zurückkehren und lebte als Landwirt auf der Insel Caprera. Bald schloss er sich jedoch wieder der italienischen Freiheitsbewegung an und erklärte sich bereit, als »Vernunftmonarchist« unter Viktor Emanuel II. für eine italienische Einigung zu wirken. 1859 Führer eines Alpenjägerkorps, unternahm Garibaldi 1860 mit Camillo Cavours Unterstützung den »Zug der Tausend« gegen Sizilien. In kurzer Zeit eroberte er die ganze Insel, setzte auf das Festland über und stürzte mit den von Norden anrückenden Piemontesen auch hier die Bourbonenherrschaft; am 7. 11. zog er neben König Viktor Emanuel II. in Neapel ein. Damit war die grundlegende Voraussetzung für die Schaffung eines Königreichs Italien gegeben. Garibaldis ungestümer Revolutionsgeist brachte ihn bald in Widerspruch zu Cavour und zur italienischen Regierung. Sein Versuch, den unter französischem Schutz stehenden Kirchenstaat zu besetzen, scheiterte. – Bild S. 278

Giuseppe Garibaldi

Gasperi, Alcide De, italienischer Politiker, →De Gasperi, Alcide.

Gaulle [go:l], Charles de, französischer General und Politiker, *Lille 22. 11. 1890, †Colombey-les-deux-Églises 9. 11. 1970; nahm am Ersten Weltkrieg teil und war danach Berater polnischer Militäreinheiten im Krieg gegen die Sowjetunion; hatte seit 1925 höhere militärische Stellungen inne, u.a. im Obersten Kriegsrat.

KRIEG UND WIDERSTAND: Im Zweiten Weltkrieg zeichnete sich de Gaulle als Offizier aus. In einer Radioansprache forderte er am 18. 6. 1940 von London aus die Franzosen auf, an der Seite Großbritanniens den Krieg gegen die Achsenmächte fortzusetzen. Er erklärte sich selbst zum Träger der Souveränität der französischen Republik. Das mit Deutschland zusammenarbeitende Vichy-Regime verurteilte ihn deshalb zum Tode. Als Chef des Freien Frankreich baute de Gaulle im Exil eigene militärische und politische Organisationen auf. Nach der Bildung einer »provisorischen Regierung der französischen Republik« (Juni 1944) zog er an ihrer Spitze im August 1944 in Paris ein. Im November 1945 wählte ihn die verfassunggebende Nationalversammlung (1. Konstituante) zum Ministerpräsidenten und vorläufigen Staatspräsidenten.

AN DER SPITZE DER NACHKRIEGSREGIERUNG: Als Regierungschef verband de Gaulle mit dem politischen Wiederaufbau Frankreichs eine Säuberung des öffentlichen Lebens von Repräsentanten und Anhängern des Vichy-Regimes (→Kollaboration). Zugleich suchte er das Reformprogramm der französischen Widerstandsbewegung zu verwirklichen. Außenpolitisch strebte er an, sein Land unter die Siegermächte des Zweiten Weltkriegs einzureihen und Frankreichs Position als Kolonialmacht wieder herzustellen. Im Januar 1946 trat er jedoch als Ministerpräsident und vorläufiger Staatspräsident zurück, da die Konstituante seiner Forderung nach Schaffung einer starken Staatsautorität (Einführung des Präsidialsystems) nicht entsprochen hatte. Mit der Gründung des »Rassemblement du Peuple Français« (RPF) 1947 organisierte de Gaulle seine Anhänger (Gaullisten) und gab dem Gaullismus eine politische Plattform. Eine Zusammenarbeit mit den Organen der Vierten Republik lehnte er ab.

STAATSPRÄSIDENT DER FÜNFTEN REPUBLIK: Nach dem Zusammenbruch der Vierten Republik in der Staatskrise vom Mai 1958 wählte ihn die Nationalversammlung Anfang Juni 1958 zum Ministerpräsidenten. In der Verfassung der Fünften Republik vom 4. 10. 1958 stärkte de Gaulle die Regierungsgewalt gegenüber dem Parlament und gab dem Staatspräsidenten als »Guide de la nation« eine richtungweisende Kompetenz. Im Dezember 1958 wurde er zum Staatspräsidenten gewählt, 1965 durch Volkswahl bestätigt. Innenpolitisch be-

GARIBALDI | *Risorgimento*

Nach 1815 erwuchs im gebildeten Bürgertum Italiens und beim fortschrittlichen Adel der Wunsch nach Reformen, deren Ziel die nationale Einheit und die Rückgewinnung der führenden Stellung Italiens in Europa sein sollte. In der »Risorgimento« (»Wiedererstehung«) genannten Bewegung, die sich nun formierte, artikulierte sich der Widerstand gegen die Restauration unter österreichischer Hegemonie. 1848 schloss sich Italien der Revolution in Europa an; vorübergehend schien es, als könnten die Fremdherrschaft von Habsburgern und Bourbonen abgeschüttelt sowie der römische Kirchenstaat beseitigt werden (im Bild eine Karikatur aus dem »Punch« [London, 1860], in der Garibaldi Papst Pius IX. die Jakobinermütze zum Tausch gegen die päpstliche Tiara anbietet).

Doch auch in Italien siegten die alten Mächte. Im Gegensatz zur deutschen Reichsgründung gelang die Vereinigung Italiens nur mit fremder Hilfe, nämlich Frankreichs, das sich seine militärische Unterstützung mit der Abtretung Nizzas und Savoyens honorieren ließ. 1861 war mit der Proklamation Viktor Emanuels II. zum König von Italien eine wichtige Etappe auf dem Weg zur Einheit erreicht. Er wurde von dem ersten frei gewählten italienischen Parlament am 14. 3. 1861 zum »König von Italien« gewählt. Venetien und Rom waren aber immer noch in fremder Hand. Das Risorgimento mit seinen Protagonisten Giuseppe Mazzini, Camillo Cavour und dem charismatischen Garibaldi gelangte erst 1871 mit der Eingliederung des bis dahin existierenden Kirchenstaats in das Königreich ans Ziel.

mühte er sich um eine Modernisierung der Wirtschaft. Unter Rückgriff auf die von ihm 1944 in Brazzaville verkündeten Prinzipien über die Selbstständigkeit der französischen Kolonien entließ de Gaulle diese 1960 in die Unabhängigkeit. Gegen den Widerstand großer Teile der Generalität und vieler Algerienfranzosen beendete er den Algerienkrieg und stimmte der Unabhängigkeit Algeriens zu (1962).

In seiner Außenpolitik förderte er das Prinzip der uneingeschränkten Unabhängigkeit Frankreichs. Er forcierte daher den Aufbau einer französischen Atomstreitmacht (»Force de frappe«) und löste sein Land 1966 aus der militärischen Integration der NATO. Er stellte den Führungsanspruch der USA im westlichen Bündnissystem infrage, suchte das Gespräch mit der kommunistischen Staatenwelt und bemühte sich, das Gewicht seines Landes in der Dritten Welt zur Geltung zu bringen. In seiner Europapolitik wandte er sich gegen den Verzicht auf nationale Souveränitätsrechte zugunsten supranationaler Institutionen und forderte stattdessen ein »Europa der Vaterländer«. Gemeinsam mit Bundeskanzler Konrad Adenauer unterzeichnete er 1963 den Deutsch-Französischen Vertrag.

Trotz seines großen Ansehens in der Bevölkerung geriet de Gaulle zunehmend unter innenpolitischen Druck. In Kontrast zu seiner weit gespannten Industriepolitik stellten seine innenpolitischen Kritiker Reformdefizite auf sozial-, rechts- und bildungspolitischem Gebiet fest. Nach den Maiunruhen von 1968, die den Bestand der Fünften Republik infrage stellten, suchte de Gaulle durch eine Hochschul- und Betriebsverfassungsreform der Kritik entgegenzuwirken. Nach dem Scheitern des Referendums über eine Regionalreform und eine damit verbundene Umwandlung des Senats trat er am 28. 4. 1969 zurück.

Gebhardt, Bruno, deutscher Historiker, *Krotoschin 9. 10. 1858, †Berlin 13. 2. 1905; Realschuloberlehrer; war Herausgeber und Mitverfasser des »Handbuchs der deutschen Geschichte« (1891/92), das seither öfter neu bearbeitet wurde und in mehreren Auflagen erschienen ist.

Gegenkönig, von einer Gruppe der Fürsten gewählter und dem herrschenden König entgegengestellter König. In der deutschen Geschichte des Mittelalters zeigt die zur Zeit des Investiturstreits beginnende Wahl von Gegenkönigen das Zurücktreten des Geblütswahlrechts zugunsten der freien Königswahl an, wobei die wählenden Fürsten die Erweiterung ihres Einflusses anstrebten. Die Wahl eines Gegenkönigs bedeutete für den herrschenden König in der Regel eine erhebliche Einbuße an Macht, bedingt v.a. durch die Zugeständnisse an die ihn Unterstützenden für deren Treue. Mit der Regelung der Königswahl durch die Goldene Bulle (1356) wurde die Wahl eines Gegenkönigs nahezu ausgeschlossen. Bekannte Gegenkönige waren Rudolf von Rheinfelden gegen Kaiser Heinrich IV., Heinrich Raspe und Wilhelm von Holland gegen König Konrad IV. und zugleich gegen Kaiser Friedrich II. sowie Friedrich der Schöne gegen Kaiser Ludwig IV., den Bayern.

Gegenpapst, →Papsttum.

Gegenreformation, in der historischen Forschung übliche Bezeichnung für die nach 1519 mithilfe staatlicher Machtmittel unternommenen Versuche, die protestantisch gewordenen Gebiete und Territorien wieder dem katholischen Glauben zuzuführen. Der Begriff Gegenreformation wurde zunächst als Epochenbegriff der deutschen Geschichte für die Zeit vom Augsburger Religionsfrieden (1555) bis zum Westfälischen Frieden (1648) verwendet; er setzte sich allerdings rasch auch für alle Maßnahmen der Rekatholisierung in den übrigen europäischen Ländern durch. Als Periodisierungsbegriff verwendet die heutige Geschichtsschreibung auch den Begriff »Konfessionelles Zeitalter«.

Ausgehend von Bayern unter Herzog Albrecht V. erfasste die Gegenreformation seit dem →Augsburger Religionsfrieden von 1555 zunächst die geistlichen Fürstentümer des Heiligen Römischen Reiches. Die Gegenre-

Charles de Gaulle. In all seinen politischen Funktionen war de Gaulle stets bestrebt, Frankreichs weltpolitisches Gewicht zu mehren. In einer Rede vom Balkon des Straßburger Rathauses forderte er im April 1947 eine engere Zusammenarbeit Frankreichs mit Großbritannien und den USA.

CHARLES DE GAULLE
***1890 †1970**

- lehnte das Vichy-Regime entschieden ab
- leitete im Zweiten Weltkrieg die französische Exilregierung
- bekleidete mehrfach die Ämter des französischen Minister- und Staatspräsidenten
- setzte sich engagiert für die deutsch-französische Aussöhnung ein

GAULLE. *Appell an die Nation*

Im Londoner Exil hielt Charles de Gaulle am 18. 6. 1940 – zwei Tage, nachdem deutsche Trupen kampflos Paris besetzt hatten – eine berühmt gewordene Radioansprache: *»Ich, General de Gaulle, gegenwärtig in London, ich lade die französischen Offiziere und Soldaten, die sich auf britischem Gebiet befinden oder sich noch hier einfinden werden, ein, mit und ohne ihre Waffen, ich lade die Ingenieure und Facharbeiter der Waffenindustrie, die sich auf britischem Gebiet befinden oder sich noch hier einfinden werden, ein, sich mit mir in Verbindung zu setzen. Was auch immer geschieht, die Flamme des französischen Widerstands darf nicht erlöschen, sie wird nicht erlöschen.«*

GEGENREFORMATION

Als Reaktion auf die Reformation Luthers und in Hinblick auf die Wiedergewinnung der christlichen Einheit drängten die deutschen Fürsten auf ein allgemeines Konzil, das im Dezember 1545 in Trient, also auf damalig deutschem Boden, eröffnet wurde. Es tagte in drei Tagungsperioden (1545–47, 1551–52 und 1562–63) und einer Zwischenperiode (1547–48), die wegen Flecktyphusgefahr in Bologna stattfand. Trotz dringlicher Einladung des Papstes schienen die deutschen Bischöfe nicht sonderlich interessiert. Kein einziger residierende Bischof erschien während der ersten Sitzungsperiode, die Zahl der gesandten Vertreter blieb bescheiden. Dennoch hat das Tridentinum – das nach einem zeitgenössischen Original entstandene Werk eines Schweizer Malers erlaubt einen Einblick in eine Konzilssitzung – den Katholizismus neuzeitlichen so entscheidend geprägt, dass theologiegeschichtlich die folgende Zeit bis zum 2. Vatikanischen Konzil (1962–65) als »nachtridentinisch« bezeichnet wird.

Die wichtigsten dogmatischen Verhandlungsthemen waren: die Frage nach den Offenbarungsquellen, die Erbsünde, Rechtfertigungslehre, Siebenzahl der Sakramente und deren Einsetzung durch Jesus Christus, Eucharistie, Krankensalbung, Weihe, Opfercharakter der Messe, Reinigungsort, Ehe, Buße, Heiligen- und Bildverehrung sowie

Konzil von Trient

Ablass. Der Verlauf des Konzils war mehrfach durch politische Kontroversen beeinträchtigt, da die protestantischen Fürsten es vorzogen, den Konflikt auf dem Schlachtfeld auszutragen anstatt tatenlos auf den Ausgang des Konzils zu warten. Theologisch trug das Trienter Konzil durch seine dogmatischen Beschlüsse und Reformdekrete wesentlich zu einer Erneuerung der katholischen Kirche bei.

formation war Teil der allgemeinen politischen Konfessionalisierung und erreichte ihren Höhepunkt im →Dreißigjährigen Krieg, in dem jedoch durch das Eingreifen von Gustav II. Adolf von Schweden der Versuch scheiterte, mit dem Restitutionsedikt (1629) auch in Norddeutschland die Gegenreformation durchzuführen. Im →Westfälischen Frieden wurde die Gegenreformation durch die Besitzstandsgarantie des Normaljahres 1624 reichsrechtlich beendet. Entscheidend für ihren Erfolg in Teilen Deutschlands und Europas (Spanien, Niederlande, Frankreich, Polen) waren die Beschlüsse des Konzils von Trient (1545–63; →Tridentinum) und die Wirksamkeit der Jesuiten. Die Gegenreformation scheiterte in England und Schweden.

Geheime Staatspolizei, politische Polizei in Deutschland zur Zeit der nationalsozialistischen Herrschaft, →Gestapo.

Geiserich, lateinisch **Geisericus,** König der Wandalen (seit 428), *um 390, †25. 1. 477; führte die unter seinem Halbbruder Gunderich (407–428) nach Spanien vorgedrungenen Wandalen, denen sich die Alanen und Teile anderer Völker angeschlossen hatten, 429 über die Meerenge von Gibraltar nach Nordafrika. Hier gründete er nach Besetzung großer Teile römischen Gebietes und dessen vertraglicher Abtretung durch Rom (435 und 442) erstmals ein von Rom unabhängiges Germanenreich mit der Residenz Karthago. Durch den Aufbau einer starken Flotte machte Geiserich das Wandalenreich trotz west- und oströmischer Angriffe zur bestimmenden Macht im westlichen Mittelmeer.

Geißler, Geißelbrüder, →Flagellanten.

geistliche Fürsten, im Heiligen Römischen Reich als Bezeichnung für die dem Reichsfürstenstand angehörenden hohen Geistlichen (Zepterlehen) verwendet. Zu den geistlichen Fürsten zählten neben den geistlichen Kurfürsten die Fürsterzbischöfe und Fürstbischöfe, die Fürstäbte und Fürstäbtissinnen, die Fürstpröpste sowie der Hoch- und Deutschmeister und der Johannitermeister.

geistlicher Vorbehalt, lateinisch **Reservatum ecclesiasticum,** Bestimmung des →Augsburger Religionsfriedens von 1555, dass geistliche Fürsten bei Übertritt zum Protestantismus ihre weltlichen Herrschaftsrechte verlieren.

Gelon, Tyrann von Gela (seit 491 v. Chr.) und von Syrakus (seit 485 v. Chr.) aus dem Geschlecht der Deinomeniden; *um 540 v. Chr., †478 v. Chr.; Reiterführer des Tyrannen Hippokrates von Gela; machte sich nach dessen Tod selbst zum Tyrannen der Stadt. Innere Wirren in Syrakus ermöglichten es Gelon, auch dort die Tyrannis zu errichten. Von hier aus brachte er den größten Teil Ostsiziliens in seine Gewalt. Gelon war einer der bedeutendsten Staatsmänner seiner Zeit. Im Bund mit seinem Schwiegervater Theron, dem Tyrannen von Akragas (heute Agrigent), errang Gelon 480 bei Himera einen Sieg über die Karthager, der nicht nur seine Stellung festigte, sondern für lange Zeit Siziliens friedliche Entwicklung sicherte.

Gemeinschaft Unabhängiger Staaten, Abk. **GUS,** am 8. 12. 1991 in Minsk gegründeter lockerer Staatenbund zunächst zwischen Russland, der Ukraine und Weißrussland, dem am 21. 12. 1991 acht weitere ehemals sowjetische Republiken beitraten und der (2001) Armenien, Aserbaidschan (1992/93 vorübergehend ausgetreten), Georgien (seit 1994), Kasachstan, Kirgistan, Moldawien, Russland, Tadschikistan, Turkmenistan, Ukraine, Usbekistan und Weißrussland umfasst. Mit der Bildung der GUS wurde die →Sowjetunion offiziell aufgelöst.

Die Mitgliedstaaten verpflichteten sich, die von der Sowjetunion übernommenen internationalen Verpflichtungen (v. a. Schuldentilgung, Abrüstungsvereinbarungen) zu erfüllen. Sie einigten sich auf die Einrichtung gemeinsamer Organe und ein gemeinsames Oberkommando der strategischen Streitkräfte (1993 aufgelöst). Der zunächst angestrebte Ausbau der GUS auf militärischem und wirtschaftlichem Gebiet scheiterte jedoch an den Befürchtungen einiger Mitgliedstaaten vor russischer Dominanz sowie nationalen und wirtschaftlich-politischen Spannungen zwischen einzelnen Mitgliedstaaten; dies bewirkte eine zunehmende Instabilität der GUS. So konnte ein militärischer Beistandspakt 1992 nur zwischen Armenien, Kasachstan, Russland, Tadschikistan, Turkmenistan und Usbekistan abgeschlossen werden. Auch über die Beibehaltung des Rubels als Währung bestand keine Einigkeit, was die Einführung eigener Währungen in zahlreichen Mitgliedstaaten zur Folge hatte.

Unter dem Druck wirtschaftlicher und sicherheitspolitischer Probleme schlossen inzwischen (mit Ausnahme der Ukraine) die Mitgliedstaaten der GUS mit Russland bilaterale Verträge für alle relevanten Bereiche, die die Vormachtstellung Russlands stärkten. Um die wirtschaftliche Integration voranzutreiben, vereinbarte Russland 1995 mit Weißrussland und Kasachstan, 1996 mit Kirgistan Abkommen über eine Zollunion. Die Tendenz zu einer weiteren Vertiefung der Beziehungen Russlands zu anderen GUS-Republiken nahm 1996 einen neuen Aufschwung: Russland und Weißrussland vereinbarten mit Kasachstan und Kirgistan die Gründung einer »Gemeinschaft Integrierter Staaten« (1999 Aufnahme Tadschikistans als fünftes Mitglied); zudem begründeten Russland und Weißrussland eine »Gemeinschaft Souveräner Republiken«.

Genealogie, Ahnenforschung, Familienkunde, Geschlechterkunde, Lehre von der Herkunft (Abstammung) und den Verwandtschaftsverhältnissen von Personen oder Familien in der Abfolge der Generationen. Nach Inhalt und Arbeitsweise ist die Genealogie eine historische Hilfswissenschaft. Die theoretische Genealogie (allgemeine Genealogie) beschäftigt sich mit grundsätzlichen Fragen, z. B. der Erforschung von Gesetzmäßigkeiten genealogischer Zusammenhänge; Gegenstand der darstellenden Genealogie ist die Erforschung und – meist grafisch-tabellarische – Aufbereitung von Abstammungsverhältnissen und verwandtschaftlichen Gruppierungen einzelner Individuen oder Reihen von Individuen; die von Laien betriebene darstellende Genealogie wird mitunter auch Familienforschung bzw. (genealogische) Familiengeschichtsforschung genannt. Die Ergebnisse der darstellenden Genealogie erscheinen in der Regel in Form »genealogischer Tafeln«. Die wichtigsten Quellen für die Genealogie sind die in kirchlichen oder kommunalen Archiven liegenden Kirchenbücher und (seit 1876) die Personenstandsregister.

Als Hilfs- und Arbeitsmittel der Genealogie dienten bereits im 18. Jh. »Genealogische Taschenbücher«, Verzeichnisse des Personalstands und der genealogischen Abkunft politisch oder gesellschaftlich interessant erscheinender Geschlechter und Familiengruppen.

GESCHICHTE: Bereits Ägypter, Griechen, Römer und Germanen führten Register v. a. der Götter-, Königs- und Heldengeschlechter. Im Mittelalter mussten sich die Angehörigen des Adels aus praktisch-rechtlichen Gründen mit Fragen der Abstammung beschäftigen. Der Sachsen- und der Schwabenspiegel (13. Jh.) verlangten für die Anerkennung der Vollberechtigung des freien Mannes den Nachweis von vier frei geborenen Ahnen. Für die Zulassung zu einem Ritterorden oder die Aufnahme in ein Dom- oder Stiftskapitel musste mittels der »Aufschwörung« (Ahnenprobe) der Nachweis adliger Abkunft erbracht werden.

Seit dem 16. Jh. wurden erste Regeln der genealogischen Darstellung entwickelt; besonderes Gewicht legte man auf die Genealogie der Fürsten- und Grafenhäuser. In der ersten Hälfte des 19. Jh. erfuhr die genealogische Forschung durch den Beginn der systematisch betriebenen Geschichtswissenschaften und das damit verbundene Quellenstudium, in der zweiten Hälfte des 19. Jh. durch Entstehung von genealogischen Vereinen eine wesentliche Förderung.

Generalgouvernement [-guvɛrnəmã], im Zweiten Weltkrieg das von deutschen Truppen 1939 besetzte Gebiet Polens, das dem Deutschen Reich nicht eingegliedert wurde; es umfasste die Distrikte Warschau, Krakau, Radom und Lublin, nach dem deutschen Überfall auf die UdSSR (1941) kam Ostgalizien (mit Lemberg) dazu. Die Verwaltung unterstand dem von Adolf Hitler eingesetzten Generalgouverneur Hans Frank (1939–44). Das Generalgouvernement war von einer brutalen Besatzungspolitik betroffen, die von der Verschleppung vieler Polen zur Zwangsarbeit nach Deutschland, gewaltsamen Umsiedlungen, der Einrichtung jüdischer Gettos in den Städten, der Ermordung von Millionen Juden in den von der Schutzstaffel (SS) errichteten Vernichtungslagern gekennzeichnet war. Das Generalgouvernement entwickelte sich zum Zentrum der polnischen Widerstandsbewegung.

Generalitätslande, bis 1795/96 die von der Republik der Vereinigten Niederlande eroberten, im Frieden von Münster (1648) den Niederlanden zugesprochenen Teile Brabants, Flanderns, Limburgs und Gelderns, die nicht mit den sieben Provinzen gleichberechtigt waren und unmittelbar unter der Verwaltung der →Generalstaaten standen.

Generalstaaten, niederländisch **Staten-General** ['sta:tə xənə'ral], ursprünglich eine gemeinsame Vertretung der Stände mehrerer Territorien eines Herrschers. In den Niederlanden berief Philipp der Gute von Burgund 1464 erstmals die Deputierten aller seiner niederländischen Besitzungen nach Brügge ein. In dieser und den folgenden Versammlungen traten bevollmächtigte Abgesandte der Provinzialstände mit weisungsgebundenem Mandat zusammen. Unter Karl dem Kühnen sollten die Generalstaaten zur Bildung eines burgundischen Einheitsstaates beitragen, unter habsburgischer Herrschaft bewahrten sie trotz konfessioneller Gegensätze lange Zeit den Zusammenhalt der Niederlande. Ihre Befugnisse waren im Allgemeinen begrenzt. Während des →Achtzigjährigen Krieges (1568–1648) erlangten die Generalstaaten eine alles beherrschende Rolle und griffen sogar in die Kompetenzen des Landesherren ein.

Nach der Loslösung der sieben, in der Union von Utrecht zusammengeschlossenen, aufständischen Provinzen von Spanien entwi-

GENERALSTAATEN *Freiheitskampf der Niederlande*

Als Karl V. seinem Sohn, König Philipp II. von Spanien, 1555 die Herrschaft über die Niederlande übertrug, standen Wirtschaft und Kultur dort in hoher Blüte. Gegen die Herrschaft des katholischen Spaniens wurde aber aufgrund der militärischen Lasten und der Ketzeredikte sowie der Furcht vor der Einführung der Inquisition heftiger Widerspruch laut. Dieser gipfelte 1566 im »Kompromiss des niederländischen Adels« von Breda (Gemälde von Édouard de Biefve; Berlin, Nationalgalerie), der Überreichung einer Bittschrift durch den niederen Adel, in der ein Rückzug der spanischen Truppen und ein Widerruf des Inquisitionsedikts gefordert wurde.

Als Antwort sandte Philipp II. ein Heer in die Niederlande, angeführt von Herzog Alba. Durch seine maßlose Willkür entfesselte der Herzog 1568 einen Aufstand, an dessen Spitze 1572 Wilhelm I. von Oranien trat, der von zwölf Städten zum königlichen Statthalter von Holland, Seeland und Utrecht gewählt wurde. In der Genter Pazifikation schlossen sich 1576 die übrigen Provinzen dem Aufstand an. Doch die geschlossene Front gegen Spanien bröckelte, die Utrechter Union führte 1579 nur zu einer Vereinigung der sieben nördlichen Provinzen. Diese bildeten 1581 die Republik der Niederlande. Nach der Ermordung Wilhelms von Oranien 1584 behaupteten die Nördlichen Niederlande ihre Unabhängigkeit, die abschließend 1648 im Westfälischen Frieden anerkannt wurde. Dessen Bestimmungen bedeuteten zugleich eine Loslösung der Niederlande vom Heiligen Römischen Reich. Die Staatshoheit lag nun bei den Ständen (Staaten) der Provinzen und den Generalstaaten, die ausführende Gewalt bei dem Statthalter aus dem Haus Oranien – von dem übrigens auch die heutige niederländische Königsfamilie abstammt.

Generalstände. Feierliche Prozession zur Eröffnung der Sitzung der französischen Generalstände am 5. 5. 1789

ckelten sich deren Generalstände zu den Generalstaaten schlechthin, der Begriff wurde auch auf die Republik der Vereinigten Niederlande übertragen. Diese Generalstaaten tagten seit 1585 endgültig in Den Haag, 1593 übernahmen sie in Rivalität mit den Trägern der Statthalterwürde die Regierungsverantwortung. Am 1. 3. 1796 mussten die Generalstaaten ihre Befugnisse der Nationalversammlung der →Batavischen Republik abtreten. 1814 nahm das niederländische Parlament die Bezeichnung Generalstaat an.

Generalstände, französisch **États généraux** [e'ta ʒene'ro], im vorrevolutionären Frankreich seit 1302 die ständische Vertretung des Königreichs, zunächst aus Vertretern der Geistlichkeit, aus Lehnsfürsten und Kronvasallen sowie aus Vertretern der königlichen Städte (dritter Stand) zusammengesetzt. Seit dem 15. Jh. wurden die Abgeordneten des dritten Standes auch von den ländlichen Steuerzahlern gewählt. Die wichtigsten Kompetenzen der Generalstände waren die Steuerbewilligung und die Vorlage von Beschwerden. Nachdem die Generalstände im späten Mittelalter verhältnismäßig häufig versammelt worden waren, traten sie nach 1614 bis 1789 nicht mehr zusammen. Ihre Einberufung für das Jahr 1789 führte zur →Französischen Revolution.

Generalvertrag, →Deutschlandvertrag.

Genfer Konferenzen, internationale Verhandlungen in Genf mit unterschiedlichen Teilnehmern und Zielen:

1. Genfer Abrüstungskonferenz, vorbereitet (1925–31) von einer Abrüstungskommission des Völkerbundes, einberufen von diesem am 2. 2. 1932. Sie bildete die Verhandlungsplattform von 61 Staaten über Rüstungsabbau und kollektive Sicherheit und stand politisch im Zeichen der deutschen Forderungen nach militärischer Gleichberechtigung und den auf die Erhaltung der militärischen Sicherheit Frankreichs bedachten französischen Bemühungen. 1932 erkannten Frankreich, Großbritannien, Italien und die USA den deutschen Anspruch im Rahmen einer allgemeinen Abrüstung an. Der französische Plan einer vierjährigen Übergangsfrist bis zum Beginn der Abrüstung bot Hitler die Gelegenheit, 1933 nicht nur die deutschen Vertreter von der Abrüstungskonferenz zurückzuziehen, sondern auch den Austritt Deutschlands aus dem Völkerbund zu verkünden. 1935 wurde die Konferenz ergebnislos abgebrochen.

2. Genfer Indochinakonferenz (26. 4.–21. 7. 1954). Teilnehmer waren Frankreich und die mit ihm im Rahmen der »Französischen Union« assoziierten Staaten Kambodscha, Laos und Vietnam, Vertreter der kommunistisch geführten vietnamesischen Aufständischen (→Vietminh) sowie die Volksrepublik China, Großbritannien, die UdSSR und die USA. In ihrer Schlusserklärung vereinbarten sie einen Waffenstillstand im →Indochinakrieg, die Lösung Kambodschas, Laos' und Vietnams aus den staatlichen Bindungen an Frankreich, den Rückzug der Vietminh in eine nördliche Zone Vietnams, den Rückzug der französischen Truppen und ihrer vietnamesischen Verbündeten in eine südliche Zone, die Errichtung einer »entmilitarisierten Zone« sowie Wahlen in ganz Vietnam zur Wiederherstellung seiner Einheit.

3. Genfer Außenministerkonferenz, Viermächte-Außenministerkonferenz (11. 5.–20. 6. und 13. 7.–5. 8. 1959), Treffen der Außenminister der UdSSR (Andrej Gromyko), der USA (Christian Herter), Frankreichs (Maurice Couve de Murville) und Großbritanniens (Selwyn Lloyd). Die Außenminister der Bundesrepublik Deutschland (Heinrich von Brentano) und der DDR (Lothar Bolz) waren als »Berater« anwesend. Die Konferenz wurde beeinflusst von der Berlinkrise, die durch das Berlinultimatum des sowjetischen Partei- und Regierungschefs Nikita Chruschtschow (27. 11. 1958) entstanden war. In Anknüpfung an den Eden-Plan von 1954 legte Herter in der ersten Phase der Konferenz im Namen der Westmächte einen Stufenplan vor, der die Frage der Wiedervereinigung Deutschlands mit dem Problem der europäischen Sicherheit und dem Abschluss eines Friedensvertrags mit Gesamtdeutschland verband. Gromyko bestand auf dem Abschluss eines Friedensvertrags (Entwurf vom 10. 1. 1959), der von einem paritätisch besetzten Ausschuss der Bundesrepublik Deutschland und der DDR ausgearbeitet und einer internationalen Friedenskonferenz vorgelegt werden sollte. Die Westmächte und die UdSSR lehnten die Vorschläge der jeweils anderen Seite ab. Mit der Genfer Konferenz waren endgültig alle alliierten Pläne zur deutschen Wiedervereinigung gescheitert.

Genfer Konferenzen. Der deutsche Reichskanzler Heinrich Brüning spricht am 8. 2. 1932 auf der Abrüstungskonferenz in Genf – wenige Wochen später musste er mit seinem Kabinett zurücktreten, weil er das Vertrauen von Reichspräsident Paul von Hindenburg verloren hatte.

4. Genfer Abrüstungskonferenz der 18 Mächte (1962–69), die unter Schirmherrschaft der Vereinten Nationen stattfand. Sie wurde 1962 nach einer ergebnislosen, von Mächten der NATO und des Warschauer Paktes paritätisch besetzten Genfer Zehnmächte-Abrüstungskonferenz (15. 3.–29. 4. 1960) einberufen und setzte sich 1962–69 aus Staaten der NATO, des Warschauer Paktes sowie Vertretern der blockfreien Länder zusammen. Seit 1969 umfasste die Konferenz als Institution der Vereinten Nationen 26 Mitglieder. 1984 erfolgte die Umbenennung in Abrüstungskonferenz, der (1996) 39 Mitgliedstaaten angehören. Diese arbeitet jährlich in zwei Sitzungsperioden sowie mit Ad-hoc-Ausschüssen zu Problemen der Rüstung und Abrüstung. Im Rahmen dieser Konferenzen konnte 1967 der Weltraumvertrag, 1968 der Kernwaffensperrvertrag, 1972 das B-Waffen-Abkommen und 1993 das C-Waffen-Abkommen unterzeichnet werden.

5. Genfer Juglawienkonferenz, Genfer Bosnienkonferenz, unter dem Vorsitz von UN und EG seit dem 3. 9. 1992 mit Unterbrechungen in Genf tagende Konferenz, beruhend auf den Beschlüssen der Londoner Jugoslawienkonferenz vom 26.–28. 8. 1992, zur Beendigung der Kampfhandlungen im früheren Jugoslawien, der bedingungslosen Beachtung der Menschenrechte und u. a. der Unterstellung der schweren Waffen unter UN-Aufsicht. Der von den Vermittlern Cyrus Vance und Lord David Owen, den Vorsitzenden der Konferenz bis 1993, am 28. 10. 1992 vorgelegte Friedensplan zur Lösung des Konflikts in Bosnien und Herzegowina (Aufteilung in zehn weitgehend autonome Provinzen; je drei für die Muslime, Serben und Kroaten, daneben die multinationale Hauptstadt Sarajevo) sowie ein am 28. 8. 1993 von den Vermittlern Lord Owen und Thorvald Stoltenberg vorgelegter Kompromissplan zur »Union der vereinigten bosnischen Republiken« der drei Volksgruppen scheiterten. Der am 5. 7. 1994 von der am 25./26. 4. 1994 gebildeten »(Internationalen Bosnien-)Kontaktgruppe« unterbreitete Vorschlag zur Aufteilung des Territoriums von Bosnien und Herzegowina an die bosnischen Serben (zu 49 %) und die muslimisch-kroatische Konföderation (zu 51 %) führte nach der Grundsatzeinigung auf der Genfer Konferenz (8. 9. 1995) schließlich zum Friedensvertrag von Paris (14. 12. 1995).

Genfer Konventionen, Rotkreuz-Konventionen, die internationalen Abkommen zum Schutz der Verwundeten, Kriegsgefangenen und der Zivilbevölkerung im Falle eines bewaffneten Konfliktes. Die auf der Anregung Henry Dunants beruhende Konvention zur Verbesserung des Loses der verwundeten Soldaten der Armeen im Feld vom 22. 8. 1864, neu gefasst durch das Abkommen vom 6. 7. 1906, auf den Seekrieg ausgedehnt durch die Haager Abkommen vom 29. 7. 1899 und 18. 10. 1907, wurde nach dem Ersten Weltkrieg ersetzt durch die Genfer Konvention vom 27. 7. 1929; am selben Tage wurde eine Konvention zum Schutz der Kriegsgefangenen unterzeichnet. Das Rote Kreuz als eine internationale Organisation zum Schutz der Verwundeten und der Kriegsgefangenen erhielt durch die Genfer Konvention völkerrechtliche Sicherung. An die Stelle der früheren Vereinbarungen traten nach dem Zweiten Weltkrieg die vier Genfer Abkommen vom 12. 8. 1949 zum Schutze der Kriegsopfer, einschließlich der Zivilbevölkerung; sie sind von nahezu allen Staaten ratifiziert worden. Zwei ergänzende Zusatzprotokolle vom 10. 6. 1977, die am 7. 12. 1978 in Kraft traten, zielen auf eine Anpassung des humanitären Völkerrechts an die Veränderungen der Kriegstechnik und die veränderten Formen der Kriegführung, auf eine Verbesserung des Schutzes der Zivilbevölkerung gegen eine »unterschiedslose Kriegführung«, besonders durch Flächenbombardements, und gegen Misshandlungen im Guerillakrieg, auf weitere Sicherung militärischer und ziviler Sanitätseinrichtungen und auf eine Fortentwicklung des humanitären Mindeststandards bei nicht internationalen Konflikten.

Genscher, Hans-Dietrich, deutscher Politiker, * Reideburg (heute zu Halle [Saale]) 21. 3. 1927; Rechtsanwalt; schloss sich in der Deutschen Demokratischen Republik politisch der LDPD an, geriet jedoch in Konflikt mit deren politischem Kurs und ging 1952 in die Bundesrepublik Deutschland. Dort wurde Genscher Mitglied der FDP, für die er 1965 in den Bundestag einzog (bis 1998). 1962–64 war Genscher Bundesgeschäftsführer der FDP, 1965–69 parlamentarischer Geschäftsführer ihrer Fraktion im Bundestag, 1968–74 stellvertretender Bundesvorsitzender, 1974–85 Bundesvorsitzender. Nach Bildung der sozialliberalen Koalition (SPD/FDP) war er 1969–74 zunächst Innen-, dann Außenminister und Stellvertreter des Bundeskanzlers. Gegenüber den kommunistischen Staaten Europas entwickelte Genscher eine Linie des Ausgleichs im Ost-West-Konflikt. Gegen starke innerparteiliche Widerstände setzte er 1982 den Koalitionswechsel seiner Partei (von SPD zu CDU/CSU) durch. Genscher hatte 1989/90 maßgeblichen Anteil an der Herstellung der deutschen Einheit sowie deren Akzeptanz bei den Bündnispartnern und Nachbarstaaten. 1992 trat er als Vizekanzler und Außenminister zurück.

Genter Pazifikation, ein in Gent am 8. 11. 1576 geschlossener Friedens- und Freundschaftsbund zwischen Wilhelm I. von Oranien und den aufständischen Provinzen Holland und Seeland einerseits und den Generalstaaten der nicht aufständischen Länder andererseits zur Abwehr der marodierenden spanischen Soldaten und zur Befriedung des Landes. Mit der Genter Pazifikation wurde die Stellung Wilhelms I. als Statthalter von Holland und Seeland anerkannt, der Kalvinismus dort als alleiniges Bekenntnis bestätigt, eine abschließende Regelung der Glaubensfrage auf die Zeit nach der Befriedung des Landes vertagt.

Gentry [engl. 'dʒentrɪ], in England der niedere Adel, der im Gegensatz zum Hochadel (»Nobility«) nicht im Oberhaus vertreten ist. Seit dem 13. Jh., besonders seit der Tudorzeit, bildeten die Ritter (»Knights«) mit der auf dem Land lebenden, größere Ländereien besitzenden bürgerlichen Oberschicht (den »Squires«) eine nach oben und unten offene Mittelklasse, die wichtige Aufgaben in der lokalen Selbstverwaltung versah und einen Großteil der unabhängigen Unterhausabgeordneten (»independent country gentlemen«) stellte. Der Rang des Baronet wurde 1611 geschaffen.

Gentz, Friedrich, deutscher Publizist und Politiker, *Breslau 2. 5. 1764, † Wien 9. 6. 1832; trat 1785 in preußische Dienste; war 1793–1802 Kriegsrat. Gentz stand den Zielen der Französischen Revolution anfänglich positiv gegenüber, änderte aber seine Haltung aufgrund von Edmund Burkes Schrift »Reflections on the revolution in France« (1790), die er selbst (1793–94) ins Deutsche übersetzte und kommentierte. Er trat für die Überwindung des preußisch-österreichischen Gegensatzes ein, jedoch standen der Kampf gegen Napoleon I. und die Idee der Wiederherstellung des europäischen Gleichgewichts im Vordergrund seines Denkens. Seit 1803 war Gentz in Wien als politischer Publizist tätig; 1810 wurde er durch Klemens Wenzel Fürst von Metternich zum Aufbau einer offiziösen Presse (»Österreichischer Beobachter«) verpflichtet. Als außerordentlicher österreichischer Hofrat (1813) errang Gentz an der Seite Metternichs besonders mit dem Wiener Kongress (1814–15) in der deutschen Bundespolitik und in der europäischen Kongressdiplomatie großen politischen Einfluss. Durch seine Gegnerschaft gegen die nationalen und konstitutionellen Zeittendenzen wurde Gentz Exponent der vormärzlichen Reaktion.

Hans-Dietrich Genscher. Ohne das Engagement des früheren Bundesaußenministers (hier im Jahr 2000 zwischen seinen ehemaligen Amtskollegen James Baker, Markus Meckel und Eduard Schewardnadse bei der Gedenkfeier zum zehnten Jahrestag des Zwei-plus-Vier-Vertrags) wäre die Herstellung der deutschen Einheit 1989/90 undenkbar gewesen.

Georg I., König von Großbritannien (seit 1714), als Georg Ludwig Kurfürst von Hannover (seit 1698), *Hannover 7. 6. (28. 5. nach altem Stil) 1660, † Osnabrück 22. 6. (11. 6. nach altem Stil) 1727; Vater von Georg II.; folgte seinem Vater Ernst August in Hannover. Für sein Kurfürstentum gewann er das Fürstentum Lüneburg (1705) und die Herzogtümer Bremen (1720) und Verden (1712/19) hinzu. Die 1682 geschlossene Ehe mit seiner Cousine Sophie Dorothea (»Prinzessin von Ahlden«) wurde 1694 geschieden. Georg gelangte durch seine Mutter Sophie von der Pfalz, einer Enkelin Jakobs I. von England, nach dem Tod der letzten Stuartkönigin Anna auf den britischen Thron. Durch seine deutschen Mätressen, denen er englische Adelstitel verlieh, erregte er, ebenso wie durch eine Bevorzugung Hannovers, in Großbritannien Anstoß; der englischen Sprache nicht mächtig, überließ er die Regierungsgeschäfte v.a. dem Leiter des Kabinetts (seit 1721 Sir Robert Walpole).

Georg II., König von Großbritannien (seit 1727), zugleich als Georg II. August Kurfürst von Hannover, *Herrenhausen (heute zu Hannover) 10. 11. (30. 10. nach altem Stil) 1683, † London 25. 10. 1760; Sohn von Georg I., Großvater von Georg III.; ⚭ seit 1705 mit Karoline von Ansbach; befehligte im → Österreichischen Erbfolgekrieg die »Pragmatische Armee« und siegte 1743 bei Dettingen. Schon aus persönlicher Abneigung gegen William Pitt den Älteren hatte er im Siebenjährigen Krieg (1756–63) nur geringes Verständnis für die weltpolitischen Interessen Großbritanniens im Kampf gegen Frankreich.

Georg III. König von Großbritannien und Irland

Georg III., König von Großbritannien (seit 1760, seit 1801 von Großbritannien und Irland), zugleich Kurfürst, seit 1814 König von Hannover, *London 4. 6. 1738, † Windsor 29. 1. 1820; Enkel von Georg II., Vater von Georg IV.; erster König aus dem Haus Hannover, der sich ganz als Engländer fühlte. Georg verdrängte 1761 William Pitt den Älteren aus der Regierung und beendete den → Siebenjährigen Krieg durch den Pariser Frieden ohne Preußen (1763). Innenpolitisch suchte er die Stellung der Krone gegenüber dem Parlament mithilfe der »King's Friends« (»Königsfreunde«) zu stärken. Seine starr konservative Haltung trug wesentlich zum Abfall der nordamerikanischen Kolonien bei. Darauf überließ er William Pitt dem Jüngeren die Leitung der Politik, bis dieser 1801 zurücktrat, weil Georg sich der geplanten Katholikenemanzipation widersetzte. Da Georg seit 1810 an einer schweren Krankheit litt, übernahm der Prince of Wales, der spätere Georg IV., 1811 die Regentschaft.

Georg V.
König von Großbritannien und Irland

Gẹorg V., König von Hannover (1851–66), *Berlin 27. 5. 1819, †Paris 12. 6. 1878; Sohn von König Ernst August; regierte im Sinne der Reaktion und setzte 1855 die Verfassung von 1848 außer Kraft. Außenpolitisch trat er noch 1866 für die Verständigung zwischen Preußen und Österreich ein. Das preußische Ultimatum zur Erzwingung eines Bündnisvertrags lehnte er als Beeinträchtigung seiner Souveränität ab. Im Deutschen Krieg 1866 unterlag er den preußischen Truppen und ging nach Wien (später Gmunden und Paris) ins Exil. Der seit 1833 erblindete Georg erkannte die preußische Annexion Hannovers nie an. Sein beschlagnahmtes Privatvermögen setzte Otto von Bismarck zu politischen Zwecken ein (»Reptilienfonds«).

Gẹorg V., König von Großbritannien und Irland (seit 1910, seit 1921 von Großbritannien und Nordirland), *London 3. 6. 1865, †Sandringham 20. 1. 1936; Vater von Georg VI., zweiter Sohn Eduards VII.; als Seeoffizier ausgebildet; wurde 1892 durch den Tod seines älteren Bruders Albert Victor Thronerbe; ⚭ seit 1893 mit Mary von Teck. Seit 1901 Prince of Wales, wurde er nach seiner Thronbesteigung (1910) in Delhi zum Kaiser von Indien gekrönt (1911). In seine Zeit fiel der Aufstieg der Dominions zur vollen Gleichberechtigung mit Großbritannien. Während des Ersten Weltkriegs benannte er 1917 das Königshaus Sachsen-Coburg-Gotha in »Windsor« um und war 1921 um einen Ausgleich in der irischen Frage bemüht.

Georg VI.
König von Großbritannien und Nordirland

Gẹorg VI., König von Großbritannien und Nordirland (seit 1936), *Sandringham 14. 12. 1895, †ebenda 6. 2. 1952; zweiter Sohn von Georg V., Vater von Elisabeth II.; nahm als Seeoffizier im Ersten Weltkrieg an der Seeschlacht vor dem Skagerrak (1916) teil; heiratete 1923 Lady Elizabeth Bowes-Lyon; widmete sich als Herzog von York (1920) besonders der Jugendfürsorge und gründete die »Duke of York Camps« (für Jungen im Schulalter). Nach der Abdankung seines Bruders Eduard VIII. bestieg Georg am 11. 12. 1936 den Thron und nahm anstelle seines bisherigen Namens Albert den Namen seines Vaters an. Durch königliche Proklamation vom 22. 6. 1948 verzichtete er auf den Titel eines Kaisers von Indien.

Gẹorg der Bärtige, Herzog von Sachsen (seit 1500), *Meißen 27. 8. 1471, †Dresden 17. 4. 1539; Enkel von Georg von Podiebrad; Albertiner; erwies sich bereits während der Regentschaft (1488–1500) für seinen Vater, Albrecht den Beherzten, als einer der fähigsten Herrscher seiner Zeit, v. a. durch seine umsichtig betriebene Finanz- und Wirtschaftspolitik (Annaberger Bergordnung 1509) und seine Sorge für Rechts- und Verwaltungswesen (Oberhofgerichts- und Hofordnung 1488 bzw. 1502, Kreiseinteilung 1503). Kirchlichen Reformgedanken zunächst nicht abgeneigt, trat er nach der von ihm angestrengten Leipziger Disputation Luthers (1519), der er beiwohnte, gegen die Protestanten mit aller Härte auf. Am 14./15. 5. 1525 besiegte er in der Schlacht von Frankenhausen die aufständischen Bauern in Thüringen und intensivierte im Dessauer Bund der katholischen Fürsten (1525) seinen Kampf gegen die Ausbreitung des Luthertums. Gleichzeitig wurde er in der Ausübung seines strengen landesherrlichen Kirchenregiments zu einem Vorkämpfer der als notwendig erachteten katholischen Reform.

Gẹorg der Reiche, Herzog von Bayern-Landshut (seit 1479), *Landshut vor dem 15. 8. 1455, †Ingolstadt 1. 12. 1503; blieb ohne männliche Nachkommen; vermachte sein Erbe entgegen den wittelsbachischen Hausverträgen seinem Schwiegersohn Ruprecht von der Pfalz und löste somit den Landshuter Erbfolgekrieg (1504/05) aus.

Gẹorg von Podiebrad und Kunštát ['pɔdjɛbrat - 'kunʃta:t], tschechisch **Jiří z Poděbrad** ['jirʃi: s'pɔdjɛbrat], König von Böhmen (seit 1458), *Poděbrady 6. 4. 1420, †Prag 22. 3. 1471; Großvater von Georg dem Bärtigen; wurde als Führer der utraquistischen Hussiten 1452 Gubernator (Reichsverweser) an der Seite des minderjährigen Königs Ladislaus V. Postumus und nach dessen Tod (1457) am 2. 3. 1458 zum König (»Hussitenkönig«) gewählt. Georg konnte seine Anerkennung gegen mehrere nicht böhmische Kandidaten gegenüber Polen und Ungarn, Reichsfürsten, Kaiser und Papst durchsetzen, zog sich aber durch den vor der Krönung (1459) von den Ständen geforderten Übertritt zum Katholizismus allgemeines Misstrauen zu. Der von ihm zur Stützung seiner Legitimität betriebene Plan eines europäischen Fürstenbundes zur Osmanenabwehr scheiterte. 1466 bannte ihn Papst Paul II. als Ketzer und erklärte ihn seines Königtums für verlustig.

Gepịden, ostgermanisches, den Goten verwandtes Volk, das bis zur Mitte des 3. Jh. im Weichselmündungsgebiet wohnte und dann ins nördliche Karpatenbecken (Oberlauf von Theiß und Szamos) auswanderte, von wo es vergeblich versuchte, sich in der ehemaligen römischen Provinz Dakien (Siebenbürgen) festzusetzen. Um 400 gerieten die Gepiden unter die Herrschaft der Hunnen. Sie beteiligten sich an Attilas Feldzügen nach Gallien 451 und Italien 452. Nach Attilas Tod 453 erhob sich der Gepidenkönig Ardarich, unterstützt von Sweben, Rugiern, Skiren u.a., gegen Attilas Söhne und schlug diese 454/455 in Pannonien entscheidend (Ende der Hunnenherrschaft in Südosteuropa). Dieser Sieg verschaffte den Gepiden die Vorherrschaft im Karpatenbecken. Die schon im späten 4. Jh. zum arianischen Christentum bekehrten Gepiden gerieten nach 460 in erbitterte Kämpfe mit den Ostgoten und später mit den Langobarden. Die Niederlage 567 gegen Letztere bedeutete das Ende des gepidischen Königreiches.

Gergovia [latein.], französisch **Gergovie** [ʒɛrgo'vi], Festung und der Überlieferung nach alter Hauptort der Arverner, in der Auvergne, südlich von Clermont-Ferrand auf einem Basaltplateau gelegen. Bei Gergovia errangen die Gallier unter Vercingetorix 52 v. Chr. einen Abwehrerfolg gegen Caesar. Am Südhang des Plateaus von Gergovie wurden zwei gallische Mauerringe festgestellt, in einiger Entfernung die beiden Lager Caesars. Die Blüte Gergovias fällt in die Zeit des Augustus, unter Tiberius allmählicher Niedergang; unter Claudius wurde die Festung verlassen.

Gerlach, Ludwig von, preußischer Jurist und Politiker, *Berlin 7. 3. 1795, †ebenda 18. 2. 1877; war 1842 Mitglied des Staatsrats und 1844–74 Präsident des Oberlandes- und Appellationsgerichts in Magdeburg. Als entschiedener Konservativer christlich-ständischer Prägung forderte Gerlach einen theokratischen Staat, der zusammen mit der Kirche an der Formung des Gottesreichs arbeiten sollte. Politische Bedeutung erlangte er v. a. seit 1848, als er zusammen mit Friedrich Stahl die preußische Konservative Partei und als deren Organ die »Neue Preußische Zeitung« (»Kreuzzeitung«) gründete und Berater von König Friedrich Wilhelm IV. wurde. Gerlach führte 1849 in der 1. Kammer, 1850 im Unionsparlament und 1851–58 im Abgeordnetenhaus die äußerste Rechte; er wurde wegen der preußischen Interessenpolitik Otto von Bismarcks Gegner. Der endgültige Bruch mit Bismarck erfolgte 1866. Im Kulturkampf schloss er sich im Landtag und im Reichstag (seit 1873) als Hospitant dem Zentrum an. Nach einer Verurteilung wegen publizistischer Beleidigung Bismarcks nahm er 1874 den Abschied aus dem Staatsdienst.

Germanen, Sammelname für verschiedene Völker und Stämme in Mitteleuropa und im südlichen Skandinavien, die einen Teil der indogermanischen Sprachfamilie bilden, aus der sie sich seit der ersten (germanischen) Lautverschiebung herausheben. Der Name Germanen (lateinisch: Germani) bezog sich ursprünglich auf eine Gruppe kleinerer Stämme im heutigen Belgien, die »Germani Cisrhenani«, die von Osten über den Rhein eingewandert sein sollen. Von Galliern und Römern wurde dieser Name ohne Unterschied auf sämtliche rechtsrheinischen Völkerschaften übertragen. Die Germanen selbst kannten keine für ihre Gesamtheit geltende einheimische Bezeichnung.

Die neuere archäologisch-historische Forschung lehnt die Vorstellung von einer Urheimat der Germanen zwischen Südskandinavien und Mittelelbegebiet, die angeblich seit der Bronzezeit (2. Jahrtausend v. Chr.) nachzuweisen sei, und von einer aus diesen Gebieten erfolgten stetig fortschreitenden »Germanisierung« südlich und westlich anschließender Landschaften ab. Vielmehr gelten die Entstehung und Ausbreitung der Germanen als außerordentlich vielschichtige, bislang nicht völlig geklärte Vorgänge. Einigkeit herrscht lediglich darüber, dass offenbar eine Vielzahl eisenzeitlicher Bevölkerungsgruppen unterschiedlichen Ursprungs und Kulturniveaus im Gebiet zwischen norddeutschem Flachland und der Mittelgebirgszone an der Entstehung der germanischen Stämme beteiligt war. Die Aufgeschlossenheit gegenüber der Kultur der →Kelten führte in der unmittelbaren Kontaktzone (Oberlauf von Oder und Weichsel, ferner im Gebiet zwischen Main und Nordrand der deutschen Mittelgebirge) zu einer erheblichen Angleichung an den keltischen Süden. Für die ersten Jahrhunderte n. Chr. lassen sich mehrere archäologisch bezeugte germanische Fundgruppen nachweisen, denen von den Römern erstmals genannte Stämme zugeordnet werden können: Nordseegermanen (z.B. Friesen, Chauken, Sachsen), Rhein-Weser-Germanen (z.B. Tenkterer, Sugambrer, Brukterer, Cherusker, Chatten), Elbgermanen (z.B. Langobarden, Semnonen, Hermunduren, Markomannen, Quaden), Oder-Warthe-Germanen (z.B. Lugier, Wandalen), Weichselgermanen (z.B. Rugier, Burgunder, Goten) und Ostseegermanen.

DIE GERMANEN UND DAS RÖMISCHE REICH: Erstmals berichtete über germanische Stämme an der Nordseeküste Pytheas von Massalia (zweite Hälfte des 4. Jh. v. Chr.), doch erst Poseidonios unterschied im 1. Jh. v. Chr. Germanen von Kelten und Skythen. Im 3. Jh. v. Chr. drangen Bastarnen aus Mitteleuropa an die Schwarzmeerküste vor, während andere frühgermanische Stämme Mitteldeutschlands in Böhmen siedelten.

Große Unruhe in der Mittelmeerwelt rief der Vorstoß der Kimbern, Teutonen und Ambronen (113–101 v. Chr.) nach Süden hervor. Um 71 v. Chr. zogen elbswebische Stämme unter Ariovist an den Oberrhein, wo sich einige niederließen (Wangionen, Triboker, Nemeter, Neckarsweben), während andere den Fluss überquerten. Nach ihrer Niederlage gegen Caesar 58 v. Chr. wurden die von Ariovist geführten Germanen über den Rhein zurückgedrängt und mussten sich neues Siedelland suchen. Die ihnen ausweichenden Usipeter und Tenkterer überschritten 55 v. Chr. den Niederrhein, wurden aber von Caesar vertrieben. 38 v. Chr. wurden die Ubier links des Rheins bei Colonia Agrippinensis (auch Ara Ubiorum, heute Köln) angesiedelt, den Chatten ein Gebiet nördlich des Mains zugewiesen. Die vernichtende Niederlage des römischen Statthalters Marcus Lollius gegen Sugambrer und Tenkterer (16 v. Chr.) leitete die Phase römischer Offensivkriege gegen die germanischen Stämme östlich des Rheins ein. Ziel von Kaiser Augustus war die Einbeziehung Germaniens in das Römische Reich bis zur Elbe-March-Linie, was durch die erfolgreichen Kriegszüge von Drusus und Tiberius (12 v. Chr. bis 5 n. Chr.) weitgehend gelang und u. a. zum Abzug der Markomannen des Marbod vom Main nach Böhmen führte. Dort entwickelte sich bald ein bedeutendes politisches und kulturelles Machtzentrum, das besonders die Kunstentfaltung und Sozialstruktur bei den Germanen stark beeinflusste. Nach dem Sturz des Marbod zogen 19/20 n. Chr. markomannisch-quadische Gefolgschaften nach Südosten (Mähren, Slowakei), wo unter Vannius das mächtige Quadenreich gegründet wurde. Der Sieg des Cheruskerfürsten Arminius über den römischen Statthalter Publius Quinctilius Varus (9 n. Chr.) bewirkte die Aufgabe der römischen Stützpunkte rechts des Rheins und der römischen Expansionspolitik insgesamt.

Während die linksrheinischen, teilweise von Germanen besiedelten Gebiete unter dem Schutz von Legionslagern rasch romanisiert wurden und sich zu städtisch geprägten Reichsprovinzen entwickelten (→ Germanien), verblieb das »freie« (oder »große«) Germanien weiterhin unter der Herrschaft germanischer Stämme, die sich durch ständigen römischen Einfluss langsam zu wandeln begannen. Die Niederschlagung des von Gaius Iulius Civilis geführten Bataveraufstandes (69/70

GERMANEN

Hatten sich die Römer im letzten Jahrhundert vor Christus erfolgreich auf der linksrheinischen Seite festgesetzt, so erwies sich der Plan Kaiser Augustus', die Grenze des Reiches bis zur Elbe vorzuschieben, als unerfüllbar. Verantwortlich dafür war vor allem der in Rom erzogene Cheruskerfürst Arminius. Militärisch bestens ausgebildet und erprobt, stellte er sich nach der Rückkehr zu seinem Stamm an die Spitze einer

Varusschlacht

Verschwörung gegen den römischen Statthalter Publius Quinctilius Varus, der das römische Verwaltungs-, Steuer- und Rechtssystem im rechtsrheinischen Germanien einzuführen versuchte. Obwohl Varus von dem romfreundlichen Cherusker Segestes gewarnt wurde, ließ er sich im Herbst des Jahres 9 n. Chr. im Teutoburger Wald (die Lage des Ortes ist umstritten, nach neueren archäologischen Untersuchungen gilt das Gebiet von Kalkriese als wahrscheinlicher Ort der Varusschlacht) mit drei Legionen in einen Hinterhalt locken und verlor sein ganzes Heer in Stärke von etwa 20 000 Mann. Varus beging Selbstmord, Augustus soll bei der Nachricht von der Katastrophe ausgerufen haben: *»Varus, Varus, gib mir meine Legionen wieder!«*

Trotz des Sieges gelang es Arminius allerdings nicht, einen allgemeinen Aufstand der Germanen gegen Rom auszulösen – politische Gegensätze und persönliche Feindschaften standen dem im Wege. Arminius selbst wurde im Jahr 19 (oder 21) von Verwandten ermordet. Wenn auch seine weitgehenden Pläne scheiterten, so ist doch das Urteil des Tacitus, Arminius sei ohne Zweifel der »Befreier Germaniens«, insofern gerechtfertigt, als infolge der Varusschlacht das freie Germanien endgültig außerhalb des römischen Machtbereichs blieb. Zur Erinnerung an die Varusschlacht entstand 1838 bei Detmold das Hermannsdenkmal, zugleich ein Mahnmal der damals noch ausstehenden Einheit Deutschlands.

Germanen. Germanenreiche nach dem Zerfall der weströmischen Herrschaft (476)

n. Chr.) verhinderte die Schaffung eines germanischen Staatsgebildes beiderseits des Niederrheins. Der Chattenkrieg Kaiser Domitians (83 n. Chr.) führte zur Errichtung des obergermanischen →Limes, der unter Antoninus Pius (Mitte des 2. Jh.) ausgebaut wurde und das Dekumatland ins Römische Reich einbezog (90–259/260 (Einrichtung der Provinzen »Germania inferior« und »Germania superior«).

Völkerbewegungen des 2. Jh. im Innern Germaniens führten u. a. zum Einfall von Langobarden, Markomannen und Quaden ins Römische Reich, was die Markomannenkriege (166–180) auslöste und die Grenzsituation an der Donau veränderte. Politische und soziale Umgruppierungen bei den Germanen während des 2./3. Jh. gelten als Ursachen für die Bildung von nur noch wenigen Großstämmen, die nun in der Folgezeit stärker in Erscheinung traten (Sachsen, Franken, Alemannen).

Seit 213 standen Alemannen am Limes, den sie 260 durchbrachen. Das Dekumatland wurde seitdem von ihnen besiedelt. Fränkische Vorstöße in der zweiten Hälfte des 3. Jh. gefährdeten die Niederrheingrenze und bedrohten Gallien. Von der Weichselmündung wanderten die Goten zur Schwarzmeerküste (Südrussland) ab, fielen 248 in Mösien ein, besiegten die Römer unter Kaiser Decius 251 bei Abritus (Rasgrad), besetzten danach Dakien und drangen mehrfach bis zu den Küstengebieten Griechenlands und Kleinasiens sowie nach Thrakien vor. Zur gleichen Zeit zogen die Gepiden von der Weichsel über die Karpaten und besiedelten nach 275 das obere Theißgebiet. Um 350 durchbrachen erneut Alemannen und Franken die Rheingrenze, die von den Römern nur mühsam zurückgewonnen werden konnte (357).

DIE GERMANEN UND DIE VÖLKERWANDERUNG: Der Vorstoß der →Hunnen aus Asien nach Südrussland verursachte den Untergang des Ostgotenreiches (375) und löste in den folgenden Jahrzehnten eine Völkerbewegung großen Ausmaßes aus (→Völkerwanderung). Die Westgoten verließen 376 Siebenbürgen, fielen ins Oströmische Reich ein und zogen nach Italien (Eroberung Roms 410). 418 wurden sie als Föderaten in Aquitanien ansässig gemacht und dehnten ihre Herrschaft im späteren 5. Jh. auch nach Spanien aus.

Das Vordringen der Hunnen ins Karpatenbecken brachte Ostgoten, Heruler, Skiren u. a. an die mittlere Donau und ließ Sweben (Quaden), Wandalen und die iranischen Alanen 406 über Gallien nach Spanien abwandern, wo sie ihre Königreiche auf römischem Reichsboden gründeten. 429 verlagerten die Wandalen ihr Machtzentrum nach Nordafrika. Bereits 413 ließen sich die von der mittleren Oder zum Main vorgedrungenen Burgunder als römische Föderaten in Rheinhessen nieder, von wo sie 443 – nach einer Niederlage gegen die im Auftrag Roms kämpfenden Hunnen – in die Landschaft Sapaudia (um den Genfer See) umgesiedelt wurden. Im 5. Jh. beendeten ursprünglich als Söldner ins Land gerufene Angeln und Sachsen sowie Jüten u. a. ostseegermanische Stämme die Römerherrschaft in Britannien und gründeten eigene Königreiche auf der Insel (→ Angelsachsen). Die einheimischen Briten wurden nach Westen abgedrängt (Wales, Cornwall, Bretagne).

Nachdem das Hunnenreich in Mitteleuropa, das unter Attila (434–453) den Höhepunkt seiner Macht erreichte, durch die Gepiden u.a. germanischen Stämmen vernichtet worden war, besetzten Ostgoten unter Thiudemir, Valamir und Vidimir 456 als Föderaten die pannonischen Provinzen des Reiches, bis sie 473 unter Theoderich dem Großen nach Mösien zogen. 476 beseitigten die unter dem Befehl des Skiren Odoaker stehenden Ostgermanen das weströmische Kaisertum und ersetzten es durch eine eigene Herrschaft. Diese fand 493 durch die nach Italien eingefallenen Ostgoten Theoderichs des Großen ihr Ende.

Bereits kurze Zeit zuvor hatte der Franke Chlodwig in der Schlacht bei Soissons (486) die letzten Reste römischer Herrschaft zwischen Somme und Loire zerschlagen und ein sich ständig erweiterndes Königreich geschaffen, das um 510 fast ganz Gallien umfasste (→ Fränkisches Reich). Zur gleichen Zeit (510) drangen die nördlich der mittleren Donau siedelnden Langobarden nach Pannonien vor und besetzten bis 546 das Land bis zur Save. Nach Auseinandersetzungen mit den → Awaren verließen die Langobarden das heutige Ungarn und zogen 568 nach Italien, wo sie ein bis 774 bestehendes Reich errichteten. Die vielfach auf dem Boden des Imperium Romanum neu gegründeten Reiche bestimmten in der nun völlig veränderten spätantiken Mittelmeerwelt weitgehend die politischen Geschicke und prägten so das Gesicht Europas im frühen Mittelalter.

Georg Gervinus

Germanicus, posthum an Nero Claudius Drusus verliehener Siegertitel, seitdem Beiname von dessen Nachkommen, dann auch Ehrentitel römischer Kaiser.

Germanicus, Gaius Iulius Caesar Germanicus, römischer Feldherr, *Rom 24. 5. 15 v. Chr., †Daphne (bei Antiochia am Orontes) 10. 10. 19 n. Chr.; Sohn von Nero Claudius Drusus und Antonia der Jüngeren, wurde 4 n. Chr. vom späteren Kaiser Tiberius adoptiert. Im Jahr 13 wurde er mit der Verwaltung der gallischen Provinzen betraut und erhielt das Oberkommando über die Rheinarmee. 14–16 unternahm Germanicus verschiedene Feldzüge östlich des Rheins zur Rückgewinnung der seit 9 verlorenen Gebiete. 15 befreite er den von Arminius belagerten Segestes und nahm Arminius' Frau Thusnelda gefangen. 16 drang Germanicus bis zur Weser vor und erfocht bei Idistaviso einen Sieg, erlitt aber auf der Rückfahrt mit der Flotte schwere Verluste, sodass Tiberius ihn abberief. Der Kaiser bewilligte Germanicus jedoch einen Triumph (17) und übertrug ihm ein außerordentliches Kommando im Orient. Nach Einsetzung des Königs Artaxias in Armenien (18) und einem privaten Besuch Ägyptens starb Germanicus im syrischen Daphne (angeblich an Gift) und wurde in Rom beigesetzt.

Germanien, im Altertum zunächst das von den → Germanen bewohnte Land nördlich der Donau und östlich des Rheins bis zur Weichsel. Dieses von den Römern nur in Teilen und auch nur kurzzeitig beherrschte Gebiet galt als das freie oder große Germanien (Germania libera oder Germania magna). Nach der Eroberung des linksrheinischen Gebiets durch Caesar und Augustus unterschied man vom freien Germanien die römische Provinz Germanien, später zwei Provinzen. Um 5 n. Chr. umfasste die Provinz die meist von Germanen, aber auch von Kelten besiedelten Gebiete zwischen Maas und Elbe; Hauptstadt war Colonia Agrippinensis (Köln). Nach der Niederlage des römischen Feldherrn Varus (9 n. Chr.) gingen den Römern alle rechtsrheinischen Areale verloren; die Provinz Germanien hörte auf zu bestehen, es gab nur noch zwei Heeresbezirke links des Rheins, in denen mehr als ein Viertel der römischen Armee stationiert war. Durch die Gebietsgewinne östlich des Rheins (Dekumatland) infolge der Unterwerfung der Chatten (83, endgültig 89) durch Kaiser Domitian ermutigt, richteten die Römer um 90 die beiden neuen Grenzprovinzen Obergermanien (Germania superior) mit der Hauptstadt Mogontiacum (Mainz) und Niedergermanien (Germania inferior) mit der Hauptstadt Colonia Agrippinensis ein, die bis zum Ende des Römischen Reiches im 5. Jh. bestanden.

Gerusia [griech.], **Gerusie,** der Ältestenrat griechischer Stadtstaaten. Am berühmtesten war die Gerusia in Sparta; sie bestand aus 28, über 60 Jahre alten, auf Lebenszeit gewählten Spartiaten und den beiden Königen. Der Gerusia oblagen die Vorbereitung der Volksversammlung und die Kontrolle der politischen Entscheidungen sowie Gerichtsbefugnisse.

Gervinus, Georg, deutscher Historiker, Literarhistoriker und Politiker, *Darmstadt 20. 5. 1805, †Heidelberg 18. 3. 1871; ursprünglich Kaufmann; während seines Geschichtsstudiums (seit 1826) Schüler und Freund Friedrich Schlossers. Gervinus wurde 1835 Professor in Heidelberg, 1836 in Göttingen, 1837 als einer der → Göttinger Sieben amtsenthoben. Seit 1844 Honorarprofessor in Heidelberg, gehörte Gervinus 1848 vorübergehend der Frankfurter Nationalversammlung an. Seine von demokratischen Idealen und dem Glauben an einen unaufhaltsamen Fortschritt der Völker zur Freiheit getragene Geschichtsauffassung trug ihm 1853 den Entzug der Lehrbefugnis und ein Hochverratsverfahren ein. Seitdem lebte er, politisch enttäuscht, als Privatgelehrter in Heidelberg, in Opposition auch zu der späteren politischen Entwicklung in Deutschland, die seiner liberalen Geschichtsauffassung nicht gemäß war.

Gesamtdeutsche Volkspartei, Abk. **GVP,** politische Partei, 1953 gegründet unter der Führung von Gustav Heinemann und Helene Wessel, hervorgegangen aus der Notgemeinschaft für den Frieden Europas (gegründet 1952). Sie strebte die Wiedervereinigung Deutschlands durch Neutralisierung an, lehnte die Wiederbewaffnung Deutschlands und die betont westorientierte Außenpolitik der Regierung Adenauer ab. Bei den Bundestagswahlen 1953 erhielt sie 1,2 % der Stimmen; 1957 löste sich die GVP auf. Zahlreiche Mitglieder traten der SPD bei.

Geschichte, im weiteren Sinn Ablauf und Zusammenhang des gesamten Geschehens in Zeit und Raum (Erdgeschichte, Naturgeschichte), im engeren Sinn den Entwicklungsprozess der menschlichen Gesellschaft als Ganzes und ihrer Individuen (Menschheitsgeschichte), also das komplexe Beziehungsgeflecht zwischen den Menschen von den Anfängen ihres Daseins bis zur unmittelbaren Gegenwart, besonders die politische, ökonomische, ideologische, soziale und kulturelle Ausformung der menschlichen Existenz (politische Geschichte, Wirtschafts-, Sozial-, Geistes-, Kultur- und Mentalitätsgeschichte).

Im Begriff Geschichte überlagern sich zwei Ebenen: Der ältere Sinnzusammenhang, der schon in der Antike zu beobachten ist, fasst Geschichte auf als Ereignis und dessen Erzählung, als Schicksal und Kunde davon oder als »Ort« bedeutender Persönlichkeiten und der Erinnerung an sie. Die neuere, im 18. Jh. entstandene Bedeutungsschicht zeigt die Geschichte als Prozess, als Entwicklung, als Fortschritt oder als Handlungsfeld. Die bis in die Antike zurückreichende Geschichtsschreibung und ihre Variante, die Geschichtsdarstellung (von der Historienmalerei bis hin zum modernen Spiel- und Dokumentarfilm), sowie die Geschichtswissenschaft sind der Versuch, Geschichte bewusst zu machen. Die Geschichtsphilosophie sucht nach allgemeinen Gesetzmäßigkeiten der Geschichte.

Bei Herodot erscheint Geschichte unter dem Begriff »historia« erstmals als »Ermittlung von Wissen durch Befragung von Zeugen«. In der Poetik des Aristoteles ist »historia« die Wiedergabe dessen, was geschehen ist. Der Geschichtsschreiber Polybios betrachtete die Geschichte seiner Zeit als zusammenhängendes Ganzes, in dem sich Handlungen und Geschehnisse in den verschiedenen Teilen der Welt verknüpfen. Die römische Geschichtsschreibung sah in Rom das handelnde Subjekt der Geschichte. Isidor von Sevilla definierte »historia« mit Auswirkung auf das ganze Mittelalter als das gesicherte Wissen über das selbst Miterlebte (Augenzeuge) unter Einschluss der Vergangenheit (mündliche oder schriftliche Überlieferung). Die mittelalterlichen Geschichtsschreiber sahen in der Geschichte das Wirken Gottes gemäß seinem Heilsplan (Heilsgeschichte), in das hinein die Geschichte des Menschen gestellt ist. In der Nachfolge des Augustinus deutete Otto von Freising in seiner Weltchronik die Geschichte als Ringen zwischen Welt- und Gottesreich.

Niccolò Machiavelli sah in den »Exempla«, so wie sie in den Werken der antiken Denker erscheinen, das Wesentliche der Geschichte und empfahl sie zur Nachahmung im politischen Raum. Mit Giovanni Vico wandte sich die Geschichtsvorstellung von den »Historien« (»Geschichten«) zum Begriff »Geschichte« als der umfassenden Bezeichnung für die Beziehungen der Menschen untereinander in Zeit und Raum.

In der Aufklärung löste sich die Geschichte von ihrer Einbettung in Theologie, Rhetorik und Moralphilosophie. Mit der Entwicklung der historischen Methode führte Leopold von Ranke die heute noch wirksame Auffassung ein, die unbekannte Struktur der Geschichte nach und nach entdecken zu können.

Geschichtsklitterung [zu klittern »schmieren«, nach Johann Fischarts Buchtitel »Affentheurlich Naupengeheurliche Geschichtklitterung«, 1582], eine unkritische, sinnentstellende und von einer parteilichen Beweisführung geprägte Darstellung historischer Ereignisse und Zusammenhänge;

Geschichtsschreibung, Historiographie, die Darstellung von Ereignissen, Entwicklungsprozessen und Zuständen der Vergangenheit sowie des Werdegangs von Personen, sozialen Schichten, Volksgruppen und Nationen mit dem Ziel, Geschichte bewusst werden zu lassen. Grundlegend für jegliche Geschichtsschreibung ist bis heute das vielschichtige Wechselverhältnis von Geschichtsbild und Gegenwartsbewusstsein geblieben. In ihrem Darstellungsziel bewegt sie sich zwischen bloßer Herrschaftslegitimation und kritischer Würdigung des Vergangenen in seinen politischen und gesellschaftlichen Bezügen. Die Geschichtsschreibung als ein Ertrag der Geschichtswissenschaft spiegelt den Stand, die Strukturen, Strömungen und Ambitionen der historischen Forschung wider. Wegen ihres empirischen Charakters steht die Geschichtsschreibung in einem Spannungsverhältnis zur Geschichtsphilosophie.

ALTERTUM: Während Ägypter, Babylonier, Assyrer und andere Völker des Alten Orients v. a. in Inschriften ihre Herrscher rühmten, stellten die Israeliten ihre Vergangenheit als Heilsgeschichte dar. Ansätze einer Geschichtsschreibung finden sich bereits bei den Hethitern. Die Geschichtsschreiber der griechischen Antike suchten die Darstellung der überlieferten Vorstellungs- und Gedankenwelt ihrer Kultur mit einem unbedingten Wahrheitsan-

GESCHICHTSSCHREIBUNG

Entwicklung der Schrift

Geschichte im herkömmlich verstandenen Sinn setzt ein mit schriftlicher Überlieferung historisch bedeutsamer Ereignisse, d. h. vor weniger als 5000 Jahren. Als ursprünglichste Schriften gelten die Gegenstands- und Bilderschriften, bei denen ein Sachverhalt ohne Bindung an eine bestimmte sprachliche Form dargestellt wird. Eine solche Schrift wurde u. a. von den Chinesen und den Eskimo verwendet. Wird der Sinn des Zeichens nicht mehr unmittelbar mit der Sache, sondern mit dem Wort für die Sache verbunden, so entsteht die Wortschrift. Berühmteste Vertreter hierfür sind zweifellos die ägyptischen Hieroglyphen, die der Franzose Jean-François Champollion 1822 mithilfe des »Steins von Rosette« entziffern konnte.

In der Silbenschrift, wie sie teilweise in der japanischen Schrift verwendet wird, gibt jedes Schriftzeichen eine ganze Silbe wider. Im Gegensatz dazu beruht die Buchstabenschrift auf der durchgängigen Zuordnung grafischer Symbole zu einzelnen Lauten, wie wir sie heute kennen. Alle Schriften West- und Osteuropas sind aus griechischen Alphabeten hervorgegangen. Das so entstandene etruskische Alphabet war die Quelle der italienischen Schriften, insbesondere der lateinischen Schrift. Im Gebiet der römischen Kirche wurde letztere vorherrschend und verbreitete sich über alle Erdteile. Seit dem Humanismus bildet die fast unveränderte Buchstabenreihe der karolingischen Minuskel, am Hof Karls des Großen stark forciert, bis heute den Formenbestand der lateinischen Schreibschrift.

spruch zu verbinden, bemühten sich aber auch zugleich, Ursachen und Zusammenhänge geschichtlicher Ereignisse aufzuzeigen – so Herodot, von Cicero später »Vater der Geschichte« genannt, in seiner Darstellung der Perserkriege, Thukydides in seinem Werk über den Peloponnesischen Krieg. Mit seinem Willen zu unparteiischer Prüfung der Zeugnisse und Erklärung der Motive wirkte Thukydides, der als Schöpfer der historischen Monographie gilt, bis in die Geschichtsschreibung des Mittelalters hinein. Durch Polybios, der Roms Aufstieg zur beherrschenden Macht im Mittelmeerraum »pragmatisch« erklären wollte, wurde die römische Geschichtsschreibung angeregt. Die römische Geschichtsschreibung bei Sallust, Livius und Tacitus war dagegen stark auf Rechtfertigung der römischen Machtstellung bedacht; in ihrer Rhetorik knüpft sie an die griechischer Geschichtsschreiber an. Seit dem 4. Jh. v. Chr. entwickelten Arrian, Curtius Rufus, Plutarch und Sueton die Biografie als Form der Geschichtsschreibung.

EUROPÄISCHES MITTELALTER: Der allgemeine Rückgang der Schreibfähigkeit zu Beginn des Mittelalters zog auch die Geschichtsschreibung in Mitleidenschaft. Sie setzte, getragen von der Geistlichkeit, mit der allmählichen Übernahme antiker Kulturformen wieder ein; ihre Sprache war Latein. Der Römer Cassiodor gab mit seiner Gotengeschichte das Vorbild für die Volksgeschichten; diese Berichte (»Gesta«) gelten aber nur dem Adel, der im Sinne seiner Zeit die tragende Schicht des Volkes war. Im Hinblick auf die Darstellung einzelner Personen kannte das Mittelalter zunächst im Wesentlichen nur die Lebensbeschreibung von Heiligen (Heiligenvita). Mit seiner »Vita Karoli Magni« (um 835) schuf Einhard die erste Herrscherbiografie des Mittelalters. In den Klöstern entwickelte sich seit dem 8. Jh. die Aufzeichnung der Zeitereignisse in Jahresberichten (»Annalen«).

Nach frühchristlichem Vorbild suchten Geschichtsschreiber seit dem 11. Jh. die in den »Heilsplan« Gottes eingefügte »Weltgeschichte« in Chroniken darzustellen. In den Lehrbüchern der Bettelorden (Martinschroniken) wurde diese Sicht der Geschichte schulmäßig ausgebreitet. Seit dem 12. Jh. wurden die Chroniken auch in der Volkssprache verfasst. Im Spätmittelalter verengte sich die Darstellung auf das Territorial- und Standesgeschichtliche, weitete sich im 15. Jh. z. B. in Frankreich auf das Nationalstaatliche aus. Als Ausdruck eines neuen bürgerlichen Selbstbewusstseins entstand die Stadtchronik.

AUSSEREUROPÄISCHE GESCHICHTSSCHREIBUNG SEIT DER ANTIKE: Gleichzeitig mit der abendländischen Historiographie entstand auch eine bedeutende, kontinuierliche Tradition der Geschichtsschreibung in Ostasien. Von alters her kam der Beschäftigung mit der Geschichte in China eine tragende Rolle als Herrschafts- und Orientierungswissen zu. Schon früh entwickelte sich neben der Annalistik die große narrative Geschichtsschreibung. Gestützt auf die in der Bibliothek am Kaiserhof des Han-Einheitsreichs (202 v. Chr. – 220 n. Chr.) aufbewahrten Schriften und geschichtlichen Dokumente verfasste Sima Qian sein monumentales, als Weltgeschichte konzipiertes Werk »Shiji« (»Historische Aufzeichnungen«), durch das zugleich der Grund für die Struktur der insgesamt 25 Dynastiegeschichten gelegt wurde. Die chinesische Geschichtsschreibung verstand Geschichte v. a. als einen belehrenden »Spiegel«, für den das moralische Werturteil im Mittelpunkt stand. Andererseits ist für die historiographische Tradition Chinas die Orientierung an der Poetik und der Literatur- und Textkritik charakteristisch.

Die Vergewisserung von Vergangenheit erfolgte im alten Indien über die in den Puranas enthaltenen Genealogien der Königsgeschlechter; sie brechen im 2. Jh. n. Chr. ab. Chronikartig angelegt sind einige Jahrhunderte später Geschichten buddhistischer Klöster, die v. a. auf Ceylon (Sri Lanka) entstanden. Eine umfassende Regionalgeschichte ist die einzigartig gebliebene Chronik von Kalhana über Kaschmir (»Rajatarangini«, 12. Jh.). Mit der Errichtung der islamischen Mogul-Dynastie im frühen 16. Jh. wurden persische Formen der Historiographie übernommen. Es bildete sich eine reiche politische und biografische Geschichtsschreibung von hoher erzählerischer Kunstfertigkeit heraus.

Die vom Islam geprägten Kulturen verfügen seit dem 8. Jh. über eine reiche und vielseitige Historiographie. Nach islamischer Weltsicht begann die Geschichte mit der Schöpfung der Welt, erlebte ihren bisherigen Höhepunkt im beispielhaften Wirken des Propheten Mohammed und geht dem Weltende entgegen. In der mittelalterlichen Literatur begegnen uns neben annalistischen »Weltchroniken«, Dynastien- und Lokalgeschichten v. a. umfangreiche Gelehrtenprosopographien.

HUMANISMUS UND REFORMATION: Seit dem 16. Jh. nahmen besonders Niccolò Machiavelli und Francesco Guicciardini die antike Geschichtsschreibung als Vorbild für die Darstellung der politischen Geschichte der italienischen Staaten. Unter dem Einfluss der Glaubenskämpfe wurde die von den Humanisten wenig beachtete Kirchengeschichte wieder aufgegriffen. Der Widerstreit der Konfessionen in den »Magdeburger Zenturien« und den »Annales ecclesiastici« bewirkte die kritische Fundierung der beiderseitigen Angriffe. Das Abklingen der konfessionellen Kämpfe nach 1650 veranlasste die quellenkritischen Arbeiten zur Geschichte der katholischen Kirche und ihrer Orden durch die jesuitischen Bollandisten und benediktinischen Mauriner.

AUFKLÄRUNG: Die Geschichtsschreibung der Aufklärung maß die Vergangenheit des Menschen an einer vernunftorientierten Moral und sah alle Geschehnisse eingebunden in eine Universalgeschichte der Menschheit. Sie unterzog die historische Überlieferung einer an Rationalität orientierten Kritik und löste sie aus ihrer Einbettung in die christlich-theologischen Vorstellungen einer Heilsgeschichte. In diesem Sinne ist sowohl die stärker literarisch orientierte französische als auch die britische Aufklärungshistoriographie angelegt. In seinem »Essai sur l'histoire générale et sur les mœurs et l'esprit des nations« (1756) deutete Voltaire die Geschichte als einen nach eigenen Entwicklungsgesetzen sich vollziehenden, auf Vernunft gerichteten Vorgang. In seinen Betrachtungen über Größe und Untergang des Römischen Reiches sah Montesquieu sowohl die Idee der Freiheit als auch die Notwendigkeit der Staatsräson als entwicklungsbestimmendes Prinzip der Geschichte an. Die »History of England« (1754–62) des schottischen Historikers David Hume war eines der ersten neueren, auf empirischer Quellenforschung beruhenden Geschichtswerke. Der schottische Geschichtsschreiber William Robertson vollzog die Trennung von Profan- und Kirchengeschichte. Neben den Werken Samuel von Pufendorfs ist die Weltgeschichte August von Schlözers ein herausragendes Beispiel der deutschen Aufklärungshistoriographie. Auch Geschichtsvereine und Akademien förderten eine an der Aufklärung orientierte Geschichtsschreibung.

19. UND 20. JAHRHUNDERT: Die mit Edmund Burkes »Reflections on the revolution in France« (1790) beginnende politische Auseinandersetzung mit der Französischen Revolution von 1789 löste neue Tendenzen in der europäischen Geschichtsschreibung aus. Sie trug wesentlich zur Entstehung der modernen Geschichtswissenschaft bei und förderte – besonders in Deutschland – den Historismus. Seit

Geschichtsschreibung. Im Mittelalter wurden Kenntnisse über vergangene Ereignisse vor allem durch Kleriker festgehalten und übermittelt (Miniatur aus der Mitte des 15. Jh. in Frankreich entstandenen Handschrift »Miracles de Notre Dame«): Geschichte deuteten sie vornehmlich als »Heilsgeschichte«.

Beginn des 19. Jh. entwickelten sich Geschichte und Geschichtsschreibung als Fachwissenschaften. Die Vollendung der historischen Methode wurde dabei der herausragende deutsche Beitrag zur Grundlegung der modernen Geschichtswissenschaft im 19. Jahrhundert. Die systematische Quellenedition und Quellenkritik wurden zur Grundlage jeder Geschichtsforschung mit wissenschaftlichem Anspruch. Gleichzeitig verloren aber literarisch-ästhetische Gesichtspunkte nicht an Bedeutung. Der verallgemeinernden Bewertung geschichtlicher Kräfte setzten besonders Leopold von Ranke und Barthold Niebuhr die individualisierende Sicht der Geschichte entgegen. Nach ihnen besitzen alle historischen Phänomene – unabhängig vom jeweiligen Betrachter – Eigenständigkeit und eine ihnen eigentümliche Entwicklung.

In den verschiedenen Strömungen der Geschichtsschreibung des 19. Jh. wird ihre enge Verbindung zu den politischen Tendenzen der Zeit deutlich; es fand eine zunehmende Politisierung der Geschichtsschreibung und der Geschichtswissenschaft statt. In bewusstem Gegensatz zur eng politisch orientierten Geschichtsschreibung entwickelte sich seit der ersten Hälfte des 19. Jh. eine Historiographie, die soziale Impulse stärker in den Mittelpunkt ihrer Betrachtung stellte. Unter dem Einfluss zahlreicher Zeitströmungen verband sich im 20. Jh. bei Oswald Spengler die kulturhistorische Sicht der Vergangenheit mit geschichtsphilosophischen Gedankengängen. Ausgehend von einer Krise des Historismus wurde Friedrich Meinecke mit seiner Epoche machenden Darstellung (1908) des geistigen Übergangs der Deutschen vom Weltbürgertum zum Nationalstaat im Zeitalter der Befreiungskriege einer der Begründer der Geistes- und Ideengeschichte.

Beeinflusst durch Karl Marx und Friedrich Engels entwickelte sich eine Geschichtsschreibung, die sich an den sozialen Auseinandersetzungen in der Gesellschaft orientierte. Mit dem Aufstieg der Sozialwissenschaften erhielt die moderne Geschichtsschreibung entscheidende Impulse. Gesellschaftsanalyse und Geschichtsschreibung bewegten sich seitdem immer stärker aufeinander zu; es kam dabei zu einer grundsätzlichen Veränderung des Blickwinkels. In Opposition zur bisherigen Geschichtsschreibung entwickelte sich in Frankreich die »Histoire synthétique«, in den USA die »New History«. Zahlreiche Historiker orientierten sich nunmehr an den Strukturen der Gesellschaft (Strukturgeschichte), in den Mittelpunkt ihrer Geschichtsschreibung rückte die Darstellung einer umfassenden Sozialgeschichte (→ Annales).

Während im 19. Jh. die Nationalgeschichte eine besondere Bedeutung erreichte, wandten sich Historiker und zunehmend auch Historikerinnen in der zweiten Hälfte des 20. Jh. zunehmend übernationalen oder regionalen Gegenständen zu. Mit dem Zweifel an Fortschritt und Entwicklung in der Geschichte entfernte sich die Geschichtsschreibung von den im 19. Jh. betonten Bemühungen, die Geschichte in der Form einer kontinuierlichen Erzählung darzustellen. Während im 19. Jh. Vorstellungen von einer zusammenhängenden Weltgeschichte dominierten, setzte sich im späten 20. Jh. zunehmend das Bewusstsein durch, dass es nicht eine, sondern viele Geschichten gäbe und die Lebenszusammenhänge zunehmender Globalisierung unterliegen.

Gesellenvereine, vorwiegend konfessionelle Standesorganisationen, denen heute unselbstständige und selbstständige Handwerkerinnen und Handwerker sowie Personen, die dem Handwerk verbunden sind, angehören. Ursprünglich als Selbsthilfeorganisationen unselbstständiger Handwerker mit dem Ziel entstanden, durch soziale Unterstützung und Bildung der Handwerksgesellen ihr Absinken ins Proletariat und ihre Entfremdung vom Christentum zu verhindern, entwickelten sich die Gesellenvereine im 19. Jh. in der Phase des Übergangs der ständischen Gesellschaft zur Industriegesellschaft. Den ersten Gesellenverein gründete der Lehrer Johann Breuer 1846 in Elberfeld, dessen zweiter Präses 1847 der katholische Kaplan Adolf Kolping wurde.

Die evangelischen Gesellenvereine gehen auf Johann Wichern zurück, der 1844 in Berlin einen »Verein zur Förderung christlicher Sitte und Geselligkeit unter jungen Leuten des Gewerbestandes« und 1848 in München mit dem »Evangelischen Gesellen- und Arbeiterverein« den ersten evangelischen Gesellenverein gründete. 1933 in die »Deutsche Arbeitsfront« eingegliedert und 1935 zwangsaufgelöst, kam es nach 1945 zur Neugründung evangelischer Gesellenvereine und 1950 zur Neukonstituierung des Verbandes.

Gesellschaftsvertrag, in der Philosophie auch **Vertragslehre,** eine im Naturrecht der Aufklärung wurzelnde, auf der Autonomie des Individuums beruhende wesentliche Kategorie der bürgerlichen Gesellschaft. Im Gegensatz zur Staatsphilosophie des Aristoteles und der von ihm beeinflussten scholastischen Schule des Mittelalters, für die der Mensch ein aus seiner Natur heraus zur Staatsbildung bestimmtes Lebewesen ist, geht die Staatsphilosophie der Aufklärung davon aus, dass das Individuum in freier Selbstentscheidung durch einen Vertrag aller Glieder der Gesellschaft miteinander (Gesellschaftsvertrag) dem Staat die Herrschaft über sich überträgt und durch diesen (fiktiven) Akt Herrschaft legitimiert. Diese am Rationalismus René Descartes' orientierte Vertragslehre offenbart sich in dem Dreischritt: Naturzustand – Vertragsabschluss – Staatsbildung. Die bedeutendsten, in ihren Aussagen exemplarischen Vertreter der Staatsphilosophie der Aufklärung sind Thomas Hobbes, John Locke und Jean-Jacques Rousseau.

Geßler, Otto, deutscher Politiker, *Ludwigsburg 6. 2. 1875, †Lindenberg im Allgäu 24. 3. 1955; Jurist; war 1913–19 Oberbürgermeister von Nürnberg; beteiligte sich 1919 an der Gründung der »Deutschen Demokratischen Partei« (DDP). 1919/20 war er Reichsminister für Wiederaufbau, 1920–24 Mitglied des Reichstags. Nach dem Kapp-Putsch (März 1920) wurde Geßler Reichswehrminister und hatte maßgeblichen Anteil am Aufbau der Reichswehr. 1927 schied er aus der DDP aus, im Januar 1928 trat er als Reichswehrminister zurück. Nach dem Attentat auf Hitler vom 20. 7. 1944 war Geßler bis 1945 im KZ Ravensbrück inhaftiert. 1950–52 war er Präsident des Deutschen Roten Kreuzes.

Gestapo, Kurzbezeichnung für **Geheime Staatspolizei,** allgemein gebräuchliche Bezeichnung für die politische Polizei im Deutschen Reich in der Zeit der nationalsozialistischen Herrschaft (1933–45), das Instrument des politischen Terrors und der Durchsetzung der nationalsozialistischen Rassenideologie bzw. des Völkermords.

Organisationsgeschichtlich ging die Gestapo aus der preußischen »Geheimen Staatspolizei« hervor, die seit 1932 bereits unter nationalsozialistischen Einfluss geraten war. Nach Umformung der politischen Polizeiorgane der Weimarer Republik wurde sie im Juni 1933 durch Hermann Göring offiziell als »Geheimes Staatspolizeiamt« (Kurzbezeichnung Gestapa) eingerichtet. Nachdem Heinrich Himmler die politischen Polizeiämter der Länder (außer Preußen) 1933 gleichgeschaltet hatte, übernahm er zum 1. 4. 1934 auch das preußische »Geheime Staatspolizeiamt«. Im September 1939 wurde die Gestapo in das neu geschaffene Reichssicherheitshauptamt (RSHA) als dessen wichtigste Abteilung eingegliedert.

Seit dem Regierungsantritt Adolf Hitlers am 30. 1. 1933 verhaftete die Gestapo eine große Zahl von Gegnern des Nationalsozialismus, nach dem Reichstagsbrand (27. 2. 1933) aufgrund der »Reichstagsbrand-VO« vom 28. 2. 1933. Auf der Basis des preußischen Gesetzes vom 10. 2. 1936, im Rahmen der von Hitler bestimmten Reichspolitik im ganzen Deutschen Reich gültig, war es Aufgabe der nunmehr reichseinheitlichen Organisation der Gestapo, alle »staatsgefährlichen Bestrebungen« zu erforschen und zu bekämpfen, gegen verdächtige Personen und »Volksschädlinge« »Schutzhaftbefehle« zu erstellen und die Betroffenen in KZ einzuweisen.

Im Zweiten Weltkrieg richtete die Gestapo eigene Arbeitserziehungslager ein, war für die Bewachung der ausländischen Zivilarbeiter zuständig, beteiligte sich in den besetzten Ländern an Deportationen und Einweisungen in die KZ und nahm Hinrichtungen vor. Im Prozess vor dem Internationalen Militärtribunal in Nürnberg (1945–46) wurde die Gestapo zur »verbrecherischen Organisation« erklärt.

Otto Geßler

Getto, Ghetto, Bezeichnung von behördlich erzwungenen und räumlich beschränkten jüdischen Wohnvierteln, die von außen abgeriegelt werden.

Als religiöse Minderheit zogen es Juden schon in der Antike (Rom, Alexandria) und im frühen Mittelalter vor, in bestimmten Straßen oder Stadtvierteln zusammenzuleben. Etwa seit dem Jahr 1000 wurden von christlicher Seite Bestimmungen eingeführt, die das Zusammenwohnen von Christen und Juden verboten. Es entstanden nun Judenquartiere oder -gassen, die von allen Seiten mit Mauern umgeben waren und nachts durch Tore geschlossen wurden (Venedig, 1516). Die gewaltsame Einführung von Gettos erfolgte im Rahmen der kirchlichen Judenpolitik (Papst Paul IV., 1555). Das Gemeindeleben innerhalb der Gettos folgte den Regelungen der jüdischen Selbstverwaltung mit eigener Gerichtsbarkeit und Kulturhoheit. Mit der Verleihung der nominellen Bürgerrechte an die Juden im 18. und 19. Jh. wurden die Zwangsgettos allmählich abgeschafft.

Im Zweiten Weltkrieg errichteten die nationalsozialistischen Besatzungsbehörden ab 1940 in Polen (30. 4. erstes Getto in Lodz) und ab 1941 im Baltikum Großgettos. Dabei wurden bewusst so schlechte Existenzbedingungen für die Gettobewohner organisiert, dass zahllose Menschen aufgrund der allgemeinen

Unterversorgung (mit Wohnraum, Lebensmitteln und Medikamenten) an Hunger oder Krankheit starben. Die meisten der unter diesen Bedingungen überlebenden Gettobewohner wurden ab 1942 (15. 1. Räumung in Lodz) in die Vernichtungslager abtransportiert (→ Holocaust). Diese Besatzungspolitik führte im Getto von Warschau, wo im April/Mai 1943 etwa 500 000 Juden leben mussten, zu einem gewaltsam niedergeschlagenen Aufstand (→ Warschauer Aufstand).

Geusen, niederländisch **Geuzen** ['xø:zə; von französ. gueux »Bettler«], zunächst Bezeichnung für die Unterzeichner und Anhänger der 1566 abgefassten Kompromissadresse, mit der in den Niederlanden politische und religiöse Freiheiten, wie die Aufhebung der Inquisition, Zurücknahme von Glaubensedikten und Einberufung der Generalstaaten, vom spanischen König gefordert wurden. Der Präsident des Finanzrats, Charles Graf von Berlaymont, soll gegenüber der Statthalterin Margarete von Parma die die Bittschrift überbringenden Adligen als Bettler bezeichnet haben. Nach anderer Überlieferung benutzte Hendrik van Brederode, einer der Mitverfasser der Kompromissadresse, die Bezeichnung zur Kennzeichnung der sozialen Lage des niederen Adels und schlug sie als Namen für einen Adelsbund vor.

Die bald als Ehrentitel aufgefasste Bezeichnung wurde nach dem Beginn der Erhebung gegen Spanien auf alle Aufständischen übertragen. Seit 1567 unterschied man zwischen Wassergeusen und Waldgeusen, den See- und Landstreitkräften der um die Unabhängigkeit Kämpfenden. Die Eroberung von Brielle (Hafenstadt auf der Insel Voorne-Putten) am 1. 4. 1572 durch die Wassergeusen leitete die Befreiung der aufständischen niederländischen Provinzen ein.

Gewerkschaften, Organisationen lohn- oder gehaltsabhängiger Arbeitnehmer, die das Ziel einer bestmöglichen Interessenvertretung ihrer Mitglieder in allen Bereichen der Gesellschaft verfolgen, v. a. auf wirtschaftlichem und sozialem Gebiet. In Wirtschaftssystemen, die demokratisch verfasst und marktwirtschaftlich strukturiert sind, treten die Gewerkschaften als unabhängige Arbeitnehmerorganisationen in Erscheinung. Im Selbstverständnis dieser Organisationen bedeutet Unabhängigkeit nicht politische Neutralität; um bestehen und wirksam agieren zu können, bedürfen unabhängige Gewerkschaften eines Mindestmaßes an politischer Bewegungsfreiheit, die besonders auf Versammlungs-, Vereins- und Koalitionsfreiheit beruht. Während die unabhängigen Gewerkschaften den Streik als Kampfmittel bejahen, lehnen ihn die »wirtschaftsfriedlichen«, »gelben« Gewerkschaften ab. Die häufig von Arbeitgebern gegründeten »gelben« Gewerkschaften suchen mit dem Verzicht auf das Streikrecht den Arbeitsfrieden zu wahren. Gewerkschaften in kommunistischen Staaten setzen im Sinne der Prinzipien des demokratischen Zentralismus die maßgeblichen Beschlüsse der jeweiligen kommunistischen Partei auf betriebs- und sozialpolitischem Gebiet in die Praxis um; als »Transmissionsriemen der Partei« verzichten sie dabei auf das Streikrecht. Nach dem Zusammenbruch des sozialistischen Staatensystems ist deren Einfluss nur noch auf wenige Länder beschränkt.

ANFÄNGE: Gewerkschaftliche Bestrebungen hat es immer schon überall dort gegeben, wo Privatbesitz an Produktionsmitteln und lohnabhängige Erwerbsarbeit unter tendenziell marktwirtschaftliche Beziehungen einander ergänzten. Die flächendeckende Durchsetzung der kapitalistischen Wirtschaftsweise im Zuge der Industrialisierung, in Großbritannien seit Ende des 18. Jh., machte die Gewerkschaften in einem oftmals länger als ein Jahrhundert währenden Prozess zu gesellschaftlichen Ordnungsfaktoren. Als solche tragen sie, zusammen mit den Arbeitgeberverbänden, als Kontrahenten in der Regelung des grundlegenden Konflikts zwischen Kapital und Arbeit, maßgeblich zur Sicherung des sozialen Friedens bei.

Mit der Industrialisierung setzte die Gewerkschaftsbildung gegen Ende des 18. Jh. zuerst in Großbritannien ein. Sowohl dort als auch in Deutschland, wo frühe gewerkschaftliche Berufsverbände (Buchdrucker und Zigarrenarbeiter) gegen Ende der 1840er-Jahre entstanden, konzentrierte sie sich zunächst auf handwerkliche Gewerbe, in denen zumeist Zunfttraditionen fortwirkten.

In Großbritannien gelangten die Gewerkschaften bereits in der ersten Hälfte des 19. Jh. zu teilweise überregionalen Zusammenschlüssen und politischer Bedeutung im Rahmen der demokratischen Wahlrechtsbewegung (→ Chartismus). Sie behielten den Typus der berufsverbandlichen Organisation qualifizierter Arbeiter (craft unions) jedoch bei. Erst gegen Ende des Jahrhunderts ist den britischen Gewerkschaften die Erweiterung ihres Organisationsfeldes vornehmlich auf nicht oder gering qualifizierte Arbeiter gelungen. Das berufsverbandliche Organisationsmodell strahlte auch auf die Länder des Commonwealth aus.

In Deutschland entstanden seit den 1860er-Jahren einzelne Berufsverbände, die 1868/69 unter Verbindung mit parteipolitischen Strömungen z. T. kurzlebige Dachverbände ausbildeten. Unter diesen erlangten die sozialliberalen Gewerkschaften, die Hirsch-Dunckerschen Gewerkvereine, dauerhaften Bestand, doch blieben diese Gewerkschaften in der Folgezeit für die Gewerkschaftsentwicklung weniger prägend, während die christlich-soziale Bewegung der späten

1860er- und frühen 1870er-Jahre in den 1894 gegründeten →christlichen Gewerkschaften aufging; die sozialistischen Gewerkschaften waren in dieser Zeit anhaltenden Verboten ausgesetzt. Erst mit dem Auslaufen des Sozialistengesetzes 1890 konnte die Gewerkschaftsbewegung im Zuge einer breiten, im großen Bergarbeiterstreik 1889 gipfelnden Streikwelle dauerhaft begründet werden. Neben der in wichtigen Grundsätzen bis heute fortgeltenden Organisationsstruktur entstand 1890 die Generalkommission der Gewerkschaften Deutschlands als Dachverband.

In ihrem Wachstum mit der konjunkturellen Entwicklung und den differenzierten Wachstumsprozessen der Industrie verbunden, entwickelten sich die freien, d.h. sozialistischen Gewerkschaften in Deutschland bis 1914 zur wichtigsten Massenbewegung. Ihre enge Verbindung zur SPD lockerte sich seit Beginn des 20. Jh., jedoch wurde von beiden Seiten im Mannheimer Abkommen (1906) zumindest gegenseitige Konsultation in wichtigen politischen Fragen vereinbart. Die freien Gewerkschaften stärkten den Reformismus in der SPD und wandten sich selbst mehr und mehr einer reformorientierten, auf Verständigung setzenden Politik zu. Obwohl sie bis 1916 gesetzlich nicht anerkannt waren, erreichten sie in vielen Bereichen der Industrie bereits tarifvertragliche Regelungen. Nur zeitweilig gab es eine erfolgreiche Zusammenarbeit mit der wichtigsten konkurrierenden Organisation, den christlichen Gewerkschaften; im Ganzen aber überwog eine erbitterte, die gewerkschaftliche Interessenvertretung schwächende Konkurrenz. Im Angestellten- und Beamtenbereich erreichten freigewerkschaftliche Organisationsversuche bis 1914 keine größere Bedeutung, hingegen vermochten der Deutschnationale Handlungsgehilfen-Verband (DHV), vor allem aber bürgerlich-liberale Verbände, Angestellte zunehmend zu organisieren.

In den USA entstanden früheste Gewerkschaften ebenfalls bereits Ende des 18. Jahrhunderts. Zu dauerhafteren Gründungen, die sich 1886 in der American Federation of Labor (AFL) zusammenschlossen, kam es seit der Mitte des 19. Jahrhunderts.

In Frankreich herrschte bis 1864 ein striktes Koalitionsverbot; dennoch entstanden schon vor der Mitte des Jahrhunderts »Sociétés mutuelles«, d.h. Organisationen zur gegenseitigen Unterstützung der Arbeiter. Völlig frei konnten sich die französischen Gewerkschaften jedoch erst seit 1884 entwickeln, als das Koalitionsverbot endgültig aufgehoben wurde. 1886 entstand im Umkreis des Parti Ouvrier Français die Fédération Nationale des Syndicats, der sich als Verbindung der auf örtlicher Ebene gebildeten parteiunabhängigen »Arbeiterbörsen« seit 1892 die syndikalistische Fédération Nationale des Bourses du Travail gegenüberstellte. Vereinigungsversuche führten 1895 und 1902 zur Confédération Générale du Travail (CGT).

Gewerkschaften. Eröffnung der Gründungstagung des Deutschen Gewerkschaftsbundes (DGB) am 12. 10. 1949 im festlich geschmückten Kongresssaal des Deutschen Museums in München

Dem französischen Beispiel der Parallelität von Berufsverbänden und lokalen Arbeiterkammern sowie syndikalistischen Organisationen ähnelte die italienische und die spanische Entwicklung. In Italien erlebten die Gewerkschaften seit der Wende zum 20. Jh. einen starken Aufschwung, während die reformistische und die syndikalistische Richtung in Spanien in scharfe Konkurrenz zueinander traten.

In den südamerikanischen Staaten sind die frühen Gewerkschaften häufig stark von Einwanderern geprägt worden. Hier gewann die anarchistische und anarchosyndikalistische Bewegung unter oftmals starker Unterstützung durch Landarbeiter und Kleinbauern größeren Einfluss.

ENTWICKLUNG NACH DEM ERSTEN WELTKRIEG: Neben die konfessionelle, ethnische und politische Aufspaltung der Gewerkschaften in nahezu allen Ländern trat nach dem Ersten Weltkrieg überall die vom Kommunismus und dessen in der Komintern verankerten Führungsanspruch ausgehende Herausforderung der Gewerkschaften. Mit dem überaus raschen Mitgliederzustrom, der durchweg seit 1917 einsetzte, wurde daneben vielfach die innerverbandliche syndikalistische Opposition gestärkt. Diese wurde jedoch in Deutschland innerhalb des 1919 gegründeten Allgemeinen Deutschen Gewerkschaftsbundes (ADGB) mit Wiedereinsetzen stabiler wirtschaftlicher Verhältnisse zurückgedrängt. Die Mitgliederzahl im ADGB und im Afa-Bund, dem 1920 gegründeten Dachverband freigewerkschaftlicher Angestelltenverbände, wie auch im Ende 1919 gegründeten Deutschen Gewerkschaftsbund (DGB), der die christlichen Gewerkschaften zusammenfasste, erreichte in den Jahren 1920–22 mit zusammen knapp 9 Millionen Arbeitnehmern einen Höhepunkt. Während der Weltwirtschaftskrise seit 1929 sank die

Zahl der Mitglieder stark; in der ersten Phase der sich entfaltenden nationalsozialistischen Diktatur sind Anfang 1933 Ansätze einer Annäherung an den Nationalsozialismus mit dem Ziel der Rettung der Gewerkschaftsorganisationen zu erkennen. Am 2. 5. 1933 wurden überall in Deutschland die freigewerkschaftlichen Gewerkschaftshäuser besetzt, in den folgenden Wochen die Gewerkschaften aufgelöst und in der Deutschen Arbeitsfront (DAF) zwangsweise zusammengefasst.

Nach der deutschen Kapitulation 1945 wurden unter alliierter Aufsicht zahlreiche Einzelgewerkschaften neu gegründet. Die richtungsgewerkschaftliche Spaltung der deutschen Gewerkschaften konnte in der Bundesrepublik Deutschland mit der Gründung des DGB (1949) überwunden werden. In der DDR entstand der Freie Deutsche Gewerkschafsbund (FDGB) als zentralistische Einheitsgewerkschaft; er lehnte wie alle Gewerkschaften in kommunistischen Staaten das Streikrecht ab und erkannte die Führungsrolle der SED an.

Der Zusammenbruch der kommunistischen Regime in Mittel- und Osteuropa ließ dort seit 1989 pluralistische Gewerkschaften entstehen, indem neben den sich reformierenden ehemaligen Staatsverbänden auch völlig neue Gewerkschaften gegründet wurden. Während in den meisten Reformstaaten auch alte Strukturen transformiert wurden, löste sich in der DDR der FDGB zum 30. 9. 1990 auf. Gleichzeitig dehnte der DGB sein Organisationsgebiet auf die neuen Länder aus. Die Einzelgewerkschaften übernahmen dabei die 1990 in autonome Industriegewerkschaften umgewandelten FDGB-Industrieverbände oder schufen neue Strukturen.

In Industrienationen wie Frankreich und Italien, z. T. auch in Großbritannien, spielte der richtungsgewerkschaftliche Gegensatz zwischen kommunistischen und sozialreformistischen Gewerkschaften zunächst eine wichtige, spätestens jedoch seit 1989 eine erheblich verminderte Rolle. Kommunistische Gewerkschaften in marktwirtschaftlich strukturierten Gesellschaften verzichten keineswegs auf das Streikrecht, sondern verbinden gewerkschaftliche Interessenpolitik mit revolutionären Zielen. Sie waren vielfach in Ländern der Dritten Welt einflussreich.

Geyer, Florian, fränkischer Reichsritter, *Giebelstadt (bei Würzburg) um 1490, †bei Rimpar (bei Würzburg) 9. 6. 1525; erstmals 1519 im Heer des Schwäbischen Bundes als Landsknechtführer gegen Herzog Ulrich von Württemberg erwähnt; war 1519–23 Truppenführer und Diplomat im Dienst des Deutschordenshochmeisters Albrecht dem Älteren von Brandenburg-Ansbach. Als früher Anhänger Martin Luthers übernahm Geyer bei Ausbruch des Bauernkrieges im Frühjahr 1525 die Führung des Tauber(taler)haufens. Er brachte die neun kurmainzischen Städte des Odenwaldes zum Anschluss und führte Verhandlungen mit Würzburg, der Reichsstadt Rothenburg und dem Markgrafen Kasimir von Brandenburg-Ansbach und -Bayreuth. Sein idealistisches Ziel war ein auf das Bauern- und Stadtbürgertum gegründetes neues Reich ohne adlige und geistliche Vorrechte; Grundlage der neuen Ordnung sollte das Evangelium sein. Geyer konnte sich bei den Bauern nicht durchsetzen; nach der Entscheidungsschlacht bei Ingolstadt (4. 6. 1525), an der er nicht teilgenommen hatte, wurde er von zwei Knechten erschlagen.

Géza ['ge:zɔ], deutsch **Geisa,** Großfürst der Magyaren (seit etwa 970), *um 940/945, †1. 2. 997; stammte aus dem Geschlecht der Arpaden; seit etwa 985 ⚭ mit Adelheid von Polen. Géza brach die Selbstständigkeit der Stammesfürsten und schuf die Grundlagen des Burgkomitatssystems. Er wählte sich Gran (Esztergom) zum Sitz. 974 auf den Namen Stephan (István) getauft, bereitete er die Christianisierung seines Volkes durch Kontakte mit Kaiser Otto III. und Berufung von Missionaren (Adalbert von Prag) vor.

Ghasnawiden [nach der Stadt Ghasna, Ghazni], **Ghaznawiden** [-z-], islamisches Herrschergeschlecht türkischer Herkunft, das von der zweiten Hälfte des 10. Jh. bis zur zweiten Hälfte des 12. Jh. im heutigen Afghanistan und im Pandschab sowie zeitweise in Ostpersien regierte. Gründer der Dynastie war Sebüktigin, ein ehemaliger türkischer Sklave, der als Heerführer im Dienst der Samaniden von Buchara stand und von diesen als Statthalter in Ghazni eingesetzt wurde (um 977). Sein Sohn Mahmud (998–1030), der bedeutendste Herrscher der Ghasnawiden, erlangte die Unabhängigkeit von den Samaniden. Er ließ Ghazni als prächtige Residenz ausbauen und unterwarf in immer neuen Feldzügen große Teile Persiens sowie den Pandschab; Vorstöße führten ihn weit nach Nordindien hinein. Mahmuds Sohn Masud I. (1030–41) unterlag 1040 den Seldschuken und verlor Persien. Seitdem waren die Ghasnawiden auf Afghanistan und den Pandschab mit Lahore beschränkt, bis sie 1150 von den iranischen Ghoriden aus Ghazni, 1186/87 auch aus Lahore verdrängt wurden.

Ghassaniden, islamisches Fürstengeschlecht in Nordsyrien, benannt nach dem südarabischen Stamm Ghassan, der sich Ende des 5. Jh. in der Ebene südöstlich von Damaskus niederließ und das monophysitische Christentum annahm. Die Ghassaniden herrschten seit etwa 490 unter byzantinischer Oberhoheit, als Phylarchen über einen großen Teil Palästinas, des Ostjordanlandes und über die Araber der Syrischen Wüste. Als Rivalen unter persischer Oberhoheit, standen ihnen die Lachmiden gegenüber. Die Herrschaft der

Ghassaniden endete mit dem Sieg der Muslime (Araber) über die Byzantiner 636 in der Schlacht am Jarmuk, wo der letzte Ghassanidenherrscher fiel.

Ghibellinen, → Guelfen und Ghibellinen.

Gierek ['gjɛrɛk], Edward, polnischer Politiker, * Porąbka (Woiwodschaft Bielsko) 6. 1. 1913, † Teschen 29. 7. 2001; Bergarbeiter; lebte 1923–34 in Frankreich, wo er 1931 Mitglied der französischen KP wurde, und (nach einem vorübergehenden Aufenthalt in Polen) 1937–48 in Belgien. Gierek schloss sich dort der kommunistischen Bewegung an und war während des Zweiten Weltkriegs ein führendes Mitglied der belgischen Widerstandsbewegung. 1946–48 leitete er den Nationalrat der Polen in Belgien.

1948 kehrte Gierek nach Polen zurück. Er wurde dort Mitglied der Polnischen Vereinigten Arbeiterpartei (PZPR), 1954 ihres ZK, 1956 ihres Politbüros. Als Erster Sekretär des ZK der PZPR in der Woiwodschaft Kattowitz (1957–70) errang er innenpolitisch starkes Ansehen. Nachdem Władysław Gomułka unter dem Eindruck schwerer Unruhen in den großen Küstenstädten zurückgetreten war, wurde Gierek im Dezember 1970 dessen Nachfolger als Erster Sekretär des ZK der PZPR. Er nahm die Preiserhöhungen, die zu der Streikbewegung geführt hatten, zurück und bemühte sich in den folgenden Jahren, die Wirtschaft zu erneuern und das Sozialwesen zu verbessern. Als Preiserhöhungen im Sommer 1980 erneut eine große Streikbewegung auslösten, wurde Gierek als Erster Sekretär des ZK der PZPR abgelöst und sodann aus dem Politbüro und dem ZK, 1981 aus der Partei ausgeschlossen. 1981/82 war er in Haft.

Girondisten [ʒirɔ̃-], französisch **Girondins** [ʒirɔ̃'dɛ̃], die gemäßigten Republikaner der → Französischen Revolution, benannt nach den einflussreichen Abgeordneten aus dem Département Gironde. Die Girondisten stellten in der Legislative die Mehrheit und setzten 1792 die Kriegserklärung an Österreich und mit den radikalen Jakobinern den Sturz des Königtums durch. Nach dem Zusammentritt des Konvents (21. 9. 1792) verloren sie allmählich die Macht an die jakobinische Bergpartei. Der Aufstand der Sansculotten vom 31. 5. bis 2. 6. 1793 führte zur Verhaftung und Hinrichtung der führenden Girondisten. Die Girondisten waren meist Vertreter des liberalen Bürgertums der Provinzen, Befürworter der Dezentralisation und der freien Wirtschaft.

Giscard d'Estaing [ʒiskardɛs'tɛ̃], Valéry, französischer Politiker, * Koblenz 2. 2. 1926. War seit 1954 »Inspecteur des Finances«, 1956–73 Abgeordneter, 1959–62 Staatssekretär im Finanzministerium, 1962–65 und 1969–74 Wirtschafts- und Finanzminister und 1967–74 auch Bürgermeister von Chamalières (Département Puy-de-Dôme). Politisch zunächst innerhalb des Centre National des Indépendants et Paysans (CNIP) tätig, gründete Giscard d'Estaing 1966 nach dem Bruch dieser Partei mit den Gaullisten (1962) die gaullistenfreundliche Fédération Nationale des Républicains Indépendants (FNRI) und suchte als Vorsitzender, dieser Partei ein liberales und europäisch orientiertes Profil zu geben.

1974 wurde Giscard d'Estaing Staatspräsident und ernannte zunächst Jacques Chirac, nach einem Konflikt mit diesem Raymond Barre zum Premierminister. Mit der Gründung der Union pour la Démocratie Française (UDF) gelang ihm 1978 eine Erweiterung seiner parlamentarischen Basis in der Nationalversammlung. Bei den Präsidentschaftswahlen 1981 unterlag er dem Sozialisten François Mitterrand. Außenpolitisch unterhielt Frankreich unter Giscard d'Estaing gute Beziehungen sowohl zu den USA als auch zur UdSSR. In seiner Europapolitik förderte er die integrativen Momente der Europäischen Gemeinschaft. 2001 wurde Giscard d'Estaing zum Vorsitzenden des Europäischen Konvents berufen, der 2003 den Entwurf einer europäischen Verfassung vorlegte.

Valéry Giscard d'Estaing

Gisela, Kaiserin (seit 1027), * um 990, † Goslar 15. 2. 1043; Tochter von Herzog Hermann II. von Schwaben und Gerberga, der Schwester König Rudolfs II. von Burgund; heiratete Graf Bruno von Braunschweig, nach dessen Tod Herzog Ernst I. von Schwaben. Abermals früh verwitwet, ging sie 1017 die Ehe mit dem späteren Römischen König und Kaiser (seit 1027) Konrad II. ein, auf dessen Politik sie nach zeitgenössischen Berichten großen Einfluss ausübte. Durch ihre burgundische Verwandtschaft erreichte sie die Designation Konrads zum Erben Burgunds.

Gladstone ['glædstən], William, britischer Staatsmann, * Liverpool 29. 12. 1809, † Hawarden (Flintshire, Wales) 19. 5. 1898; Sohn eines Großkaufmanns schottischer Herkunft, in Eton und Oxford erzogen. Seit 1832 war Gladstone konservatives Mitglied des Unterhauses, 1843–45 Handelsminister, 1845–46 Kolonialminister sowie 1852–55 Schatzkanzler. 1859 wechselte er ins liberale Lager über und wurde unter Lord Palmerston erneut Schatzkanzler. Gladstone setzte verschiedene Steuerreformen mit Erfolg durch; 1865 wurde er Sprecher des Unterhauses. Als die von ihm vertretene Wahlrechtsreform scheiterte, trat er 1866 zurück.

William Gladstone

Der liberale Wahlsieg (1868) brachte Gladstone an die Spitze der Regierung. Die wichtigsten Maßnahmen seiner ersten Amtsperiode waren die Aufhebung der staatsrechtlichen Vorzugsstellung der anglikanischen Kirche in Irland, ein irisches Landgesetz, ferner die Einführung der Schulpflicht und der geheimen Wahl. Von dem Willen zu einer christlich-humanitären Staatsführung durchdrungen, zog sich Gladstone den Vorwurf zu, seine auswärtige Politik sei zu schwächlich und friedliebend. 1874 verlor er die Wahlen gegen Benjamin Disraeli, dessen imperiale Machtpolitik er in den nächsten Jahren heftig bekämpfte.

Mit dem Sieg der Liberalen 1880 konnte Gladstone zum zweiten Mal Premierminister werden (bis 1885). Seine irische Politik verband strenge Maßnahmen gegen den Terrorismus der revolutionären Fenier mit einem neuen Landgesetz (1881); ferner setzte er eine weitere Wahlrechtsreform (1884/85) durch. In der auswärtigen Politik erlitt er jedoch wieder schwere Misserfolge (u.a. Niederlage gegen die Buren 1881). Die dritte Regierung Gladstone (1886) stürzte bei dem Versuch, Irland die Autonomie (Homerule) zu gewähren. 1892–94 stand Gladstone noch einmal an der Spitze der Regierung.

Glasnost [russ. »Öffentlichkeit«], im Zusammenhang mit der Politik der →Perestroika in der zweiten Hälfte der 1980er-Jahre von Michail Gorbatschow geprägtes Schlagwort. Als ein grundlegendes Prinzip der von ihm eingeleiteten Reformpolitik in der UdSSR benannte der Begriff die öffentliche Information und Diskussion über alle wichtigen gesellschaftlichen Belange. Glasnost stellte eine Abkehr von der restriktiven und selektiven Informationspolitik der KPdSU gegenüber der Bevölkerung dar und ermöglichte u.a. den Beginn einer kritischen Aufarbeitung der sowjetischen Geschichte (z.B. des Stalinismus).

August Graf Neidhardt von Gneisenau

Glaubenskriege, →Religionskriege.

Gleichschaltung, die erzwungene ideologische und organisatorische Ausrichtung aller politisch-gesellschaftlichen, wirtschaftlichen und kulturellen Organisationen und Institutionen auf die in einem totalitären Staat herrschende Partei.

Das Schlagwort »Gleichschaltung« entstammt der nationalsozialistischen Terminologie. Es wurde von Reichsjustizminister Franz Gürtner geprägt, der beim Aufbau der nationalsozialistischen Diktatur in Deutschland mit dem ersten Gleichschaltungsgesetz vom 31. 3. 1933 die Gleichschaltung der deutschen Länder mit dem Reich einleitete. Das zweite Gleichschaltungsgesetz (7. 4. 1933) legte die Entsendung von Reichsstatthaltern in die deutschen Länder fest. Mit der Auflösung des Reichsrates am 14. 2. 1934 und der Übernahme der Justizverwaltungen der Länder durch das Reich war die Gleichschaltung der Länder abgeschlossen.

Die Auflösung aller Parteien mit Ausnahme der NSDAP, die zur Körperschaft des öffentlichen Rechts erklärt wurde, sowie die Verschmelzung der Ämter des Reichspräsidenten und des Reichskanzlers (Gesetz vom 1. 8. 1934) in der Person Hitlers vollendeten die Gleichschaltung von Partei (NSDAP) und Staat. Die Beseitigung der Gewerkschaften und die Überführung ihres Vermögens und ihrer Organisation in die →Deutsche Arbeitsfront sowie die Zwangsvereinigung der Agrarverbände im Reichsnährstand setzten die Beseitigung des gesellschaftlichen Pluralismus fort. Nach seiner Ernennung zum Reichsminister für Volksaufklärung und Propaganda (am 13. 3. 1933) setzte Joseph Goebbels mit Errichtung der Reichskulturkammer die Gleichschaltung des kulturellen Lebens (im weitesten Sinne) durch. Am 1. 12. 1936 wurde die →Hitler-Jugend zur »Staatsjugendorganisation«, d.h. zur allein zugelassenen Jugendorganisation, erklärt.

Glorreiche Revolution, englisch **Glorious Revolution** [ˈglɔːrɪəs revəˈluːʃn], der ohne Blutvergießen (daher »glorreich«) bewirkte Sturz des (zum Katholizismus übergetretenen) englischen Königs Jakob II. aus dem Hause Stuart und die Thronbesteigung durch dessen protestantisch gebliebene Tochter Maria (II.) und deren Gemahl Wilhelm (III.) von Oranien. Als Wilhelm, von der englischen Opposition gerufen, die v.a. die Rekatholisierungspolitik des Königs ablehnte, nach der Geburt des Thronfolgers Jakob Eduard (Juni 1688) die protestantische Erbfolge bedroht sah und eine von Frankreich aus gesteuerte Gegenreformation fürchtete, mit einer Flotte in England landete (November 1688) und Armee und Volk sich ihm in den nächsten Wochen zuwandten, floh Jakob II. nach Frankreich (Dezember 1688). Ein auf Anregung Wilhelms im Januar 1689 zusammengetretenes »Konventionsparlament« erklärte Jakob II. für abgesetzt, regelte die Nachfolgefrage und bot Wilhelm und Maria gemeinsam die Krone an (Februar 1689). Noch im gleichen Jahr stellte das Parlament mit der Verabschiedung der Bill of Rights das Königtum auf eine verfassungsmäßige Grundlage und leitete damit die konstitutionelle Entwicklung des 18. und 19. Jh. ein.

Gneisenau, August Graf (seit 1814) Neidhardt von, preußischer Heerführer, *Schildau (bei Torgau) 27. 10. 1760, †Posen 23. 8. 1831; war nach kurzem Studium Offiziersanwärter in einem österreichischen, dann Offizier in einem brandenburg-ansbachischen Regiment, mit dem er 1782/83 auf britischer Seite am amerikanischen Unabhängigkeitskrieg teilnahm. Seit Ende 1785 war Gneisenau Offizier im preußischen Dienst. Bekannt wurde er, als er ab 29. 4. 1807 mit Joachim Nettelbeck und Ferdinand von Schill die Festung Kolberg bis zum Frieden von Tilsit (7. 7.) verteidigte. Gneisenau war neben Gerhard Scharnhorst die bedeutendste Persönlichkeit der preußischen Heeresreform. Er verlangte die staatsbürgerliche Gleichstellung des Soldaten mit dem Offizier und trat für den Verzicht auf veraltete Disziplinarordnungen und Ausbildungsregeln ein. In den Befreiungskriegen 1813–15 hatte

Gneisenau (nach Scharnhorsts Tod ab 8. 8. 1813) als Generalquartiermeister Gebhard Blüchers entscheidenden Anteil an den Operationen der Schlesischen Armee. Er galt als bedeutendster militärischer Gegenspieler Napoleons I.; 1816 nahm er aus politischen Gründen den Abschied. 1825 zum Generalfeldmarschall ernannt, erhielt Gneisenau 1831 beim polnischen Aufstand den Oberbefehl über vier Armeekorps im Osten; bald nach der Ernennung starb er an der Cholera.

Godesberger Programm, Godesberger Grundsatzprogramm, auf dem Parteitag in Bad Godesberg (13.–15. 11. 1959) beschlossenes Parteiprogramm der SPD, das sich unter Aufgabe marxistischer Positionen (u. a. Klassenkampf, Vergesellschaftung von Schlüsselindustrien, Planwirtschaft) zum demokratischen Sozialismus, besonders zu gesellschaftlichen Reformen (z. B. Mitbestimmung), bekennt. Die SPD sah sich nunmehr nicht allein als politische Vertretung der Arbeiter (als Arbeiterpartei), sondern v. a. als Volkspartei, die auf der Grundlage von Freiheit, Gerechtigkeit und Solidarität (»Grundwerte des Sozialismus«) um den Ausgleich der unterschiedlichen Interessen im Volk bemüht ist.

Godoy [goˈðoi̯], eigentlich Manuel de **Godoy y Álvarez de Faria** [-iˈalβarɛθðɛ-], Herzog von Alcudia (seit 1792), spanischer Politiker, *Castuera (Provinz Badajoz) 12. 5. 1767, †Paris 4. 10. 1851; trat, aus niederem Adel stammend, 1784 in die königliche Leibgarde ein, wurde Liebhaber der Königin Marie Luise und erwarb auch die Gunst König Karls IV. Als erster Minister (1792–98) betrieb er eine Politik des aufgeklärten Absolutismus. Zunächst Gegner des revolutionären Frankreich, schloss er nach dem Basler Frieden (22. 7. 1795) mit der französischen Republik das Bündnis von San Ildefonso (1796). 1801 befehligte er das spanische Heer gegen Portugal; das spanisch-französische Bündnis, das einen verlustreichen Krieg mit Großbritannien zur Folge hatte, machte Godoy im ganzen Land verhasst. 1807 schloss Godoy mit Napoleon I. den Vertrag von Fontainebleau, nach dem sich Frankreich und Spanien den Besitz Portugals teilen und er selbst den Süden (Algarve) als eigenes Königreich erhalten sollte. Als französische Truppen Spanien besetzten, wurde er während des Aufstandes von Aranjuez im März 1808 gestürzt und lebte dann im Exil.

Godunow, Boris, russischer Zar (seit 1598), *um 1552, †23. 4. 1605; vermutlich tatarischer Abstammung; gehörte der Opritschnina an und war ein enger Vertrauter des Zaren Iwan IV.; wurde nach dessen Tod unter seinem Schwager, dem schwachen Zaren Fjodor I. Iwanowitsch, de facto Regent des Reiches (seit 1587/88). Godunow machte durch die Errichtung des Moskauer Patriarchats (1589) die russische Kirche von Konstantinopel unabhängig. Als 1598 mit Fjodor die Dynastie der Rurikiden ausstarb, wurde Godunow von einer Reichsversammlung (Semskij sobor) zum Zaren gewählt. Er erzielte die ersten dauerhaften Erfolge bei der Eroberung Sibiriens sowie nach einem Krieg gegen Schweden 1590–93 an der Ostsee (1595) und festigte die Stellung des Reiches im Kaukasusvorland, jedoch gelang es ihm nicht, die Wirtschafts- und Sozialstruktur ins Gleichgewicht zu bringen und die Entstehung der Leibeigenschaft zu verhindern. Es brachen Hungerrevolten und Bauernunruhen aus (u. a. 1603), 1604 begann ein Krieg gegen den von Polen unterstützten Pseudodemetrius I. Nach Godunows Tod konnte sich sein Sohn Fjodor II. Borissowitsch nur sieben Wochen auf dem Thron halten.

Godesberger Programm. Auf dem außerordentlichen Parteitag, der vom 13. bis 15. 11. 1959 in Bad Godesberg tagte, gab sich die SPD ein neues Grundsatzprogramm, das von marxistischen Parolen abrückte und der Sozialdemokratie in den 1960er-Jahren auch bürgerliche Wähler zuführte.

Goebbels [ˈgœ-], Joseph, deutscher Politiker, *Rheydt (heute zu Mönchengladbach) 29. 10. 1897, †(Selbstmord) Berlin 1. 5. 1945; war nach dem Germanistikstudium erfolgloser Schriftsteller und Redakteur in Elberfeld. Goebbels wurde 1924 Mitglied der NSDAP; er gehörte zunächst dem (»sozialistisch« orientierten) Kreis um Gregor Strasser an. Nach dem Einschwenken auf die Linie Adolf Hitlers wurde er von diesem 1926 zum Gauleiter der NSDAP von Berlin-Brandenburg ernannt und erhielt den Auftrag, das »rote« Berlin für die NSDAP zu »erobern«. Hier gab er 1927–35 das Kampfblatt »Der Angriff« heraus.

Seit 1928 Mitglied des Reichstags, seit 1929 Reichspropagandaleiter der NSDAP, entfaltete Goebbels seine demagogisch-agitatorischen Fähigkeiten. Am 13. 3. 1933 von Hitler zum Reichsminister für Volksaufklärung und Propaganda ernannt sowie als Leiter der →Reichskulturkammer (seit September 1933) beherrschte Goebbels durch Gleichschaltung aller Massenmedien und durchdringende Kontrolle weitestgehend das geistige und kulturelle Leben in Deutschland. Gestützt auf ei-

Joseph Goebbels

nen von ihm aufgebauten Propagandaapparat, trat Goebbels mit besonderer demagogischer Rhetorik, mit geschickten Manipulationen (z. B. Schüren des Judenhasses) und mit Zynismus als Einpeitscher der nationalsozialistischen Ideologie und ihres pseudoreligiösen Führerkults hervor; er war am 9./10. 11. 1938 maßgeblich an der Inszenierung der Judenpogrome (»Reichspogromnacht«) beteiligt. Wegen privater Affären vorübergehend (1938) bei Hitler in Ungnade gefallen, gewann Goebbels 1939 – nach Kriegsbeginn – seine einflussreiche Stellung zurück. Seit Mai 1940 bestimmten seine Leitartikel die Linie der von ihm herausgegebenen Zeitschrift »Das Reich«, in der er sich mit einer in ihrer Struktur raffinierten Propaganda an die gebildeten Schichten wandte. Während des Aufstandsversuchs vom → Zwanzigsten Juli 1944 gelang es ihm, die Entwicklung der Ereignisse für das NS-Regime positiv zu wenden.

Ab 22. 7. 1944 »Reichsbevollmächtigter für den totalen Kriegseinsatz« und später auch »Stadt-Präsident« von Berlin, suchte Goebbels noch im März/April 1945 die Illusion des »Endsiegs« propagandistisch wach zu halten. Von Hitler am 29. 4. 1945 testamentarisch zum Nachfolger als Reichskanzler ernannt, ermordete er wenige Stunden nach dessen Tod seine sechs Kinder und nahm sich gemeinsam mit seiner Frau Magda Goebbels das Leben.

Carl Goerdeler

Goerdeler ['gœ-], Carl, deutscher Politiker, * Schneidemühl 31. 7. 1884, † (hingerichtet) Berlin-Plötzensee 2. 2. 1945; Jurist; war 1920–30 zweiter Bürgermeister im preußischen Königsberg, 1930–37 Oberbürgermeister von Leipzig, 1931–32 und 1934/35 (Rücktritt) Reichskommissar für Preisüberwachung. Goerdeler war als national gesinnter Konservativer und Mitglied der DNVP gegenüber der Weimarer Republik kritisch eingestellt und vertrat wirtschaftsliberale Grundauffassungen.

Nach anfänglicher Mitarbeit im NS-Staat geriet Goerdeler angesichts der Beseitigung des Rechtsstaates sowie der nationalsozialistischen Rassen- und Kirchenpolitik immer stärker in Opposition zur Diktatur Adolf Hitlers und seiner Partei. Trotz Wiederwahl (1936) trat er zurück und schied offiziell am 31. 3. 1937 aus dem Amt des Oberbürgermeisters von Leipzig aus, nachdem im November 1936 während seiner Abwesenheit auf Veranlassung der NSDAP das Denkmal Felix Mendelssohn Bartholdys aus seinem Amt entfernt worden war. In wachsender Distanz zum NS-Staat knüpfte er seit 1938 enge Kontakte zu General Ludwig Beck sowie Botschafter a. D. Ulrich von Hassell und wurde zum Mittelpunkt des zivilen (nationalkonservativen) Widerstandes.

Nach Kriegsbeginn 1939, spätestens jedoch Ende 1941 kam Goerdeler zur Erkenntnis, dass nur eine Verhaftung Hitlers – ein Attentat auf ihn lehnte er ab – eine nationale Katastrophe verhindern könne. In verschiedenen Denkschriften entwickelte er Vorstellungen über die Neuordnung Deutschlands (Wiederherstellung und institutionelle Sicherung des Rechtsstaates; präsidiale, »autoritäre« Staatsform mit parlamentarischen Einrichtungen sowie starker kommunaler Selbstverwaltung) und dessen Außenpolitik (Bewahrung der seit 1938 bestehenden Führungsrolle des Deutschen Reiches, unter Aufrechterhaltung der Annexion Österreichs, der Sudetengebiete und des 1939 einverleibten polnischen Korridors). Der Versuch Goerdelers, den Kreis der Widerstandsgruppe um einige angesehene Feldmarschälle zu erweitern, scheiterte. Obwohl als Reichskanzler für eine Regierung nach dem Sturz Hitlers vorgesehen, geriet er gegenüber den zum Attentat auf Hitler entschlossenen Kräften der → Widerstandsbewegung an den Rand des Geschehens. Nach dem Scheitern des Attentats auf Hitler am 20. 7. 1944 wurde Goerdeler am 12. 8. 1944 aufgrund einer Denunziation in Westpreußen verhaftet und am 8. 9. 1944 vom Volksgerichtshof zum Tode verurteilt.

Goldene Bulle [nach der goldenen Siegelkapsel der Urkunde], Bezeichnung für verschiedene Urkunden:

1. das Reichsgrundgesetz Kaiser Karls IV., 1356 auf den Reichstagen zu Nürnberg (10. 1.) und Metz (25. 12.) angenommen. Die Goldene Bulle regelte erstmals und endgültig die Königswahl und die Stellung der sieben Kurfürsten. Sie war bis 1806 das wichtigste Verfassungsgesetz des Heiligen Römischen Reichs. Die Kurfürsten wurden darin mit verschiedenen Privilegien (Unteilbarkeit der Kurlande, Primogenitur) ausgestattet und endgültig als Wähler des Königs bestätigt. Darüber hinaus enthielt die Goldene Bulle Bestimmungen über den Landfrieden, Beschränkungen des Fehderechts sowie das Verbot, andere Bündnisse als Landfrieden abzuschließen.

2. Goldene Bulle Ungarns, das älteste, 1222 von König Andreas II. erlassene Grundgesetz Ungarns. Es kam den Bestrebungen des Hochadels, die königlichen und kirchlichen Machtbefugnisse einzuschränken, entgegen, erweiterte die Befugnisse des Palatins und räumte dem Adel verschiedene Vorrechte (v. a. Steuerfreiheit) und ein Widerstandsrecht gegen den Monarchen bei Missachtung der Privilegien ein. Letzteres wurde 1231 auf päpstlichen und kirchlichen Druck im modifizierten Wortlaut der Goldenen Bulle zurückgenommen.

Goldene Horde, historisches mongolisches Teilreich (»Ulus«) in Osteuropa und Westsibirien. Den Namen Goldene Horde erhielt es von den Russen (russ. Zolotaja orda, nach mongol.-türk. altan, altun »Gold« und horda, orda »Khanshof«). Das Reich der Goldenen Horde umfasste 1223–36 als Ulus Dschötschi (»Teilreich des Dschötschi«, des im

Februar 1227 gestorbenen ältesten Sohnes von Dschingis Khan) die Gebiete der Kiptschaktürken in West-Zentralasien und wurde daher auch als »Khanat Kiptschak« bezeichnet. 1237–40 eroberte Batu Khan, Sohn des Dschötschi, im großen Europafeldzug der Mongolen die altrussischen Fürstentümer Rjasan, Wladimir und Kiew hinzu. Das Reich erstreckte sich damit vom Aralsee bis fast zur Ostsee, vom Kaukasus bis vor Nowgorod; Zentrum war das Gebiet der unteren Wolga mit Saraj als Hauptstadt. Die russischen Fürsten wurden tributpflichtig und mussten persönlich beim Khan den Gnadenbrief (mongol. »jarlyk«) in Empfang nehmen, der sie zu Großfürsten erhob; die innere Struktur der Fürstentümer ließen die Herrscher der Goldenen Horde unverändert.

Seit 1260 vom Großkhan unabhängig, unterhielt das Reich enge Kultur- und Handelsbeziehungen zum Mameluckenstaat in Ägypten. Dagegen gab es Auseinandersetzungen mit Byzanz, Genua, Venedig und den mongolischen Ilchanen. Schon im 13. Jh. kam es zu einer sprachlichen Turkisierung der Mongolen durch das Kiptschakische, unter Khan Özbeg (1313–41) dann zur offiziellen Islamisierung, gleichzeitig zum Verlust politischen Einflusses im östlichen Mittelmeer und zum Handelskrieg mit Genua und Venedig. 1360–80 wurde das Reich durch Bürgerkriege im Innern zerrüttet; 1380 konnte ein vereintes russisches Heer unter Dmitrij Iwanowitsch Donskoj auf dem Schnepfenfeld (russ. Kulikowo pole) gegen den tatarischen Heerführer Mamai einen Sieg erringen, aber bereits zwei Jahre später stellte die Goldene Horde durch einen Feldzug gegen Moskau erneut ihre Oberhoheit her.

Trotz kurzzeitigen Wiedererstarkens des Reiches war der Niedergang der Goldenen Horde nicht mehr aufzuhalten. Im 15. Jh. zerfiel das Reich der Goldenen Horde in verschiedene rivalisierende Khanate, u. a. Kasan (1438), Krim (1443), Astrachan (1459), Sibirien (»Sibir«, zu Beginn des 15. Jh.) sowie die Große Horde an der unteren Wolga. 1480 gewann Moskau seine Unabhängigkeit; 1502 zerschlug der Herrscher des Krimkhanats Mengli Girai (1468–1515) die Große Horde; 1505 wurde deren letzter Herrscher getötet. Im Verlauf des 16. Jh. verleibte sich Russland die Khanate Kasan (1552), Astrachan (1556) und »Sibir« (1582/98) ein, im 18. Jh. das Krimkhanat (endgültig 1783).

Golfkrieg, Bezeichnung für zwei Kriege im Gebiet des Persischen Golfs.

1. GOLFKRIEG: Krieg zwischen Irak und Iran 1980–88, verursacht durch den Versuch Iraks, den 1975 in einem Vertrag mit Iran festgelegten Grenzverlauf am Schatt el-Arab auf militärischem Weg zu verändern. Der 1. Golfkrieg war darüber hinaus Folge des Konkurrenzkampfes zwischen den beiden Staaten um die Vorherrschaft über die von der Erdölförderung geprägte Golfregion und des gesellschaftlich-ideologischen Gegensatzes zwischen dem von Ayatollah Khomeini geführten fundamentalistisch-islamischen Iran und dem sozialistisch-laizistischen Irak unter Präsident Saddam Husain. Der Krieg begann am 22. 9. 1980 mit dem Einmarsch irakischer Truppen in die iranische Provinz Khusistan. Nach Errichtung einer weiteren irakischen Front in Kurdistan (Dezember 1980) gelang es den iranischen Streitkräften, 1982 das besetzte Gebiet zurückzuerobern. Bis 1988 entwickelte sich ein »Abnutzungskrieg«, in dem der besseren Bewaffnung der irakischen Armee die zahlenmäßige Überlegenheit der iranischen Streitkräfte gegenüberstand. Neben einem 1984 entbrannten »Tankerkrieg« (beidseitige Angriffe auf Erdöl transportierende Tanker) kam es auch zu einem »Städtekrieg« (gegenseitige Bombardierung großer Städte und der Erdölförderzentren). Internationale Auswirkungen hatte der 1. Golfkrieg durch die Gefährdung der Erdöltransportwege, was zunächst die USA, später auch Großbritannien und Frankreich zum Anlass nahmen, Flotteneinheiten zu entsenden. Im Zusammenhang mit dem 1. Golfkrieg unternahmen irakische Truppen eine Großoffensive (Einsatz chemischer Waffen am 17./18. 3. 1988) gegen die im Norden Iraks lebenden Kurden, denen eine Unterstützung Irans angelastet wurde. Der 1. Golfkrieg endete nach langwierigen Vermittlungsaktionen der UN mit einem Waffenstillstand im August 1988.

2. GOLFKRIEG: Krieg zwischen Irak und alliierten Streitkräften unter Führung der USA vom 17. 1. bis 28. 2. 1991. Dem 2. Golfkrieg ging eine Golfkrise mit internationalen Dimension voraus, die begann, als Irak nach gescheiterten irakisch-kuwaitischen Gesprächen zur Beilegung eines Konfliktes bei der Erdölförderung im gemeinsamen Grenzgebiet am 2. 8. 1990 Kuwait okkupierte und der UN-Sicherheitsrat daraufhin den »sofortigen und bedingungslo-

Golfkrieg. Angesichts ihrer militärischen Niederlage betrieben die Iraker in Kuwait eine Politik der »verbrannten Erde«. Diese hatte katastrophale Folgen: 30 Millionen Tonnen Schadstoffe wurden während des 2. Golfkriegs durch brennende Ölfelder freigesetzt und verdunkelten den Himmel.

Felipe González

MICHAIL GORBATSCHOW
***1931**

- setzte innerhalb der sowjetischen Nomenklatura einen radikalen Reformkurs durch
- wollte die Sowjetunion mit »Glasnost« und »Perestroika« reformieren
- ermöglichte Ende der 1980er-Jahre die politische Wende in Mittel- und Osteuropa
- konnte den Zerfall der Sowjetunion nicht verhindern

sen Abzug aller irakischen Soldaten« (Resolution 660) forderte. Am 6. 8. 1990 wurde ein Wirtschaftsembargo gegen Irak beschlossen (Resolution 661). Die USA entsandten seit August Truppen in die Golfregion (Aufmarsch in Saudi-Arabien) und setzten mit Unterstützung des UN-Sicherheitsrats eine Seeblockade gegen Irak durch, die im September 1990 um eine Luftblockade erweitert wurde. Daraufhin verwehrte die irakische Regierung Ausländern, insbesondere aus westlichen Staaten, die Ausreise und ließ sie z.T. als »Schutzschilde« an strategisch wichtige Punkte des Landes bringen. Der UN-Sicherheitsrat richtete im November 1990 ein Ultimatum an Irak, das den Abzug seiner Truppen bis zum 15. 1. 1991 forderte. Zahlreiche diplomatische Initiativen zur Verhinderung einer kriegerischen Auseinandersetzung scheiterten. Der Golfkonflikt rief unterschiedliche Reaktionen im arabischen Lager hervor. Während eine kleine Gruppe (z.B. Jordanien, die PLO) den unnachgiebigen Kurs Iraks unterstützte, entsandte ein Großteil der arabischen Staaten Truppenkontingente in die antiirakische Allianz; Iran erklärte seine Neutralität, nachdem Irak am 15. 8. 1990 die iranischen Bedingungen zur formellen Beendigung des seit 1980 bestehenden Kriegszustandes akzeptiert hatte.

Nach Ablauf des von Irak nicht befolgten Ultimatums begannen am 17. 1. 1991 die militärischen Operationen der alliierten Streitkräfte (Aktion »Wüstensturm«). Es erfolgte eine wochenlange Luftoffensive gegen irakische Stellungen; die Vernichtung der militärischen Objekte und Kommandozentralen richtete auch im zivilen Bereich starke Zerstörungen an (u.a. in Bagdad, Basra). Der irakische Präsident Saddam Husain versuchte durch den Abschuss von Scudraketen (seit 18. 1.) auf das an den militärischen Aktionen nicht beteiligte Israel, dieses in den Krieg zu ziehen und damit die Anti-Irak-Front zu spalten. Israel enthielt sich jedoch aufgrund des amerikanischen Drängens und der Installierung des Raketenabwehrsystems »Patriot« zum Schutz der Bevölkerung jeglicher Vergeltungsaktionen.

Irak wurde zur bedingungslosen Annahme aller UN-Resolutionen bis zum 23. 2. 1991 aufgefordert. Nach Ablauf dieser Frist zerschlugen die Alliierten in einer am 24. 2. 1991 eingeleiteten Landoffensive bis zum 27. 2. die irakischen Truppen in Kuwait; außerdem wurden südliche Teile des Irak besetzt. Nachdem Irak alle UN-Resolutionen bedingungslos anerkannt hatte, trat am 28. 2. Waffenruhe ein.

Göllheim, Gemeinde im Donnersbergkreis (Rheinland-Pfalz). In der Schlacht von Göllheim (2. 7. 1298) fiel König Adolf von Nassau im Kampf um die Krone gegen den Habsburger Albrecht I.

Goltz, Colmar Freiherr von der, genannt Goltz-Pascha, preußischer und türkischer General, *Bielkenfeld (bei Labiau) 12. 8. 1843, †Bagdad 19. 4. 1916; nahm am Deutschen Krieg von 1866 und am Deutsch-Französischen Krieg 1870/71 teil; war 1878–83 Kriegsgeschichtslehrer an der preußischen Kriegsakademie. Goltz reorganisierte 1883–96 das türkische Heer, wurde 1911 preußischer Generalfeldmarschall, 1914 Generalgouverneur in Belgien. 1915/16 schloss er mit einer türkischen Armee bei Kut el-Amara in Mesopotamien britische Truppen ein, die am 29. 4. 1916 kapitulieren mussten.

Gomułka [gɔˈmuu̯ka], Władysław, polnischer Politiker, *Białobrzegi (bei Krosno) 6. 2. 1905, †Warschau 1. 9. 1982; ursprünglich Schlosser; wurde 1926 Mitglied der polnischen KP und 1930 Sekretär der Hauptverwaltung der Chemiearbeitergewerkschaft. Gomułka war 1932–34 und 1936–39 in Haft und arbeitete seit 1942 im Untergrund gegen die deutsche Besatzungsmacht.

Als Generalsekretär (1943–48) des ZK der polnischen KP betrieb er deren Zusammenschluss mit den Sozialisten zur Polnischen Vereinigten Arbeiterpartei (poln. Abk. PZPR). 1945–49 war er zugleich stellvertretender Ministerpräsident und Minister »für die wiedergewonnenen Gebiete«. Aufgrund seines selbstständigeren Kurses gegenüber der sowjetischen Partei- und Staatsführung zwang ihn die stalinistische Gruppe im ZK und Politbüro zum Rücktritt (1948/49); er wurde dabei des »Titoismus« und »Nationalismus« bezichtigt. 1951–54 war er erneut in Haft. 1956 übernahm er als Erster Sekretär des ZK der PZPR die führende Rolle. Die große Popularität Gomułkas schwand, je stärker die polnische Partei- und Staatsführung die nach 1956 gewährten wirtschaftlichen und kulturellen Freiheiten wieder abbaute. Nach Unruhen musste Gomułka 1970 zurücktreten und aus dem Politbüro ausscheiden. 1957–71 war er Mitglied des Staatsrates.

Gonzaga [gondz-], oberitalienisches Fürstengeschlecht, benannt nach der Burg Gonzaga bei Mantua. Seit dem 12. Jh. urkundlich bezeugt, kamen die Gonzagas hier als Verbündete und Nachfolger der Familie Bonacolsi, die seit 1276 die Signorie innehatte, zur Macht. 1328 gewann Luigi (auch Ludovico I. Gonzaga) die Signorie Mantua, 1329 wurde er von Kaiser Ludwig IV., dem Bayern, mit dem Reichsvikariat über Mantua belehnt. Von den Kaisern 1362 zu Grafen, 1433 zu Markgrafen, 1530 zu Herzögen von Mantua ernannt, wurde den Gonzagas 1536 von Karl V. auch die Markgrafschaft Monferrato zugesprochen. Damit erreichten sie den Höhepunkt ihrer politischen Bedeutung. Ferrante Gonzaga, Graf von Guastalla, der sich als Feldherr Karls V. hervortat, wurde vom Kaiser zum Vizekönig von Sizilien (1536–46) und zum Gouverneur von Mailand (1546–55) ernannt. Es gab mehrere Nebenlinien der Gonzagas: die Fürsten von Bozzolo (bis 1703), von Novellara (bis 1728), die Herzöge von Guastalla (bis 1746) und die Markgrafen von Luggara (bis 1794). Die Hauptlinie in Mantua erlosch 1627. Um ihr Erbe kam es zum Mantuanischen Erbfolgekrieg.

González [gɔn'θaleθ], Felipe, spanischer Politiker, *Sevilla 5. 3. 1942; Rechtsanwalt; war wegen seiner politischen Aktivitäten gegen die Diktatur Francos mehrfach in Haft; wurde 1974 unter dem Decknamen »Isidoro« zum Generalsekretär des zu diesem Zeitpunkt noch illegal tätigen »Partido Socialista Obrero Español« (PSOE) gewählt. Bei den Parlamentswahlen 1982, 1986 und 1989 gewann er als Spitzenkandidat seiner Partei jeweils die absolute Mehrheit und führte als Ministerpräsident die sozialistische Regierung, die das parlamentarisch-demokratische System in Spanien stabilisierte und das Land zu Europa hin öffnete. Nach wirtschaftlichen Schwierigkeiten und Korruptionsfällen innerhalb des PSOE verlor González 1993 bei vorgezogenen Parlamentswahlen die absolute Mehrheit, wurde aber als Ministerpräsident einer Minderheitsregierung bestätigt; 1996 verlor er die Regierungsverantwortung an den konservativen Partido Popular (PP) unter José Maria Aznar.

Gorbatschọw, Michail, sowjetischer Politiker, *Priwolnoje (Region Stawropol) 2. 3. 1931. Gorbatschow studierte Jura, trat 1952 der KPdSU bei, stieg in der Region Stawropol innerhalb der Partei auf und wurde 1971 Mitglied des ZK, 1978 Sekretär des ZK und 1980 Mitglied des Politbüros. 1985–91 war er Generalsekretär des ZK der KPdSU, 1988–90 Vorsitzender des Präsidiums des Obersten Sowjets (Staatsoberhaupt), März 1990 bis Dezember 1991 Staatspräsident der UdSSR.

Als Generalsekretär des ZK der KPdSU unternahm Gorbatschow eine umfangreiche Auswechslung der Funktionärskader und ernannte neue Mitglieder des Politbüros. Die von ihm begonnene Reformpolitik (→Glasnost und →Perestroika) zielte auf eine grundlegende wirtschaftliche und gesellschaftliche Erneuerung der Sowjetunion. Außenpolitisch leitete Gorbatschow eine Entspannungsdiplomatie ein, die zur Verbesserung der sowjetisch-amerikanischen Beziehungen und schließlich zur Beendigung des Kalten Krieges führte. Unter ihm kam es 1988/89 zum Abzug der sowjetischen Truppen aus Afghanistan. Die von Gorbatschow betriebene Abkehr vom Vormachtanspruch der UdSSR innerhalb des Ostblocks ermöglichte den gesellschaftlichen

GORBATSCHOW — *Zerfall der Sowjetunion*

»Männer machen Geschichte«, so das Diktum des nationalkonservativen preußischen Historikers Heinrich von Treitschke. Die These lässt sich mit Gewinn am Beispiel Michail Gorbatschows, des letzten Generalsekretärs des Zentralkomitees der KPdSU, diskutieren. Gorbatschow – Repräsentant eines längst fälligen Generationswechsels in der Führung der UdSSR – war 1985 Herr des sowjetrussischen Imperiums geworden und verkündete alsbald sein geradezu revolutionäres Programm, das er mithilfe der Schlagwörter »Glasnost« (Transparenz, Öffentlichkeit, Aufarbeitung der kommunistischen Vergangenheit der Sowjetunion) und »Perestroika« (Umbau von Staat und Gesellschaft) den Menschen nahe zu bringen versuchte. Viele andere, die vor ihm – historisch zu früh – Ähnliches gefordert hatten, waren in Straflagern verschwunden. Als Ventile für den Dampfkessel, den die Sowjetunion darstellte, gedacht, schienen Glasnost und Perestroika zunächst ihre Funktion zu erfüllen, doch Gorbatschows Politik entfaltete eine von ihm nicht beabsichtigte Dynamik: 1991 kam es schließlich zur Auflösung des Sowjetreichs und zum Verbot der KPdSU.

»Als wir anfingen, wussten wir nicht, wie groß die Probleme waren, denen wir gegenüberstanden«, bekannte Gorbatschow und

machte mit dem Plural deutlich, dass er als Einzelner nicht handlungsfähig gewesen wäre. Gleichwohl war er – gegen heftige Widerstände des alten Machtapparats (die Panzer vor der Basiliuskathedrale in Moskau fuhren im August 1991 im Rahmen des Putschversuchs gegen Gorbatschow auf) – der charismatische Initiator einer weltgeschichtlichen Wendung, die das Ende des Kalten Krieges und die Wiedervereinigung Deutschlands mit sich brachte.

Umbruch in Mittel- und Osteuropa 1989/91. Die von ihm geführte Sowjetunion stimmte 1990 auch der Wiederherstellung der Einheit Deutschlands zu (Abschluss des Zwei-plus-Vier-Vertrages). Insbesondere für seine Verdienste um den Abbau des Ost-West-Konflikts erhielt Gorbatschow 1990 den Friedensnobelpreis.

Mit fortschreitender Dauer seiner Perestroika-Politik wuchsen die wirtschaftlich-sozialen Probleme, und es brachen immer neue, jahrzehntelang aufgestaute Nationalitätenprobleme auf. Dieser gesamtgesellschaftlichen Krise versuchte Gorbatschow mit der Errichtung der Präsidialmacht zu begegnen. Dennoch konnte er die sich rasch ausbreitende Autonomiebewegung (ausgehend von den baltischen Republiken) und den damit verbundenen Zerfall der Union nicht verhindern. Im Februar 1990 verzichtete die von ihm geführte KPdSU auf ihr Machtmonopol. Ein gegen ihn gerichteter Putsch konservativer Politiker und Militärs im August 1991 scheiterte am energischen Widerstand der politischen Opposition um Boris Jelzin, dem Präsidenten der Russischen Föderation. Gorbatschow wurde zwar wieder ins Amt des Staatspräsidenten eingesetzt, musste aber durch Jelzin starke Machtbeschränkungen und das Verbot der KPdSU hinnehmen, als deren Generalsekretär er am 24. 8. 1991 zurücktrat. Nach der Gründung der Gemeinschaft Unabhängiger Staaten (GUS) im Dezember 1991 und der damit besiegelten Auflösung der UdSSR gab er am 25. 12. 1991 auch das Präsidentenamt auf. Gorbatschow wurde danach Vorsitzender eines von ihm gegründeten »Fonds für soziale, wirtschaftliche und politische Forschungen« (auch »Gorbatschow-Stiftung« genannt) in Moskau. Bei den Wahlen 1996 kandidierte er erfolglos für das Amt des russischen Staatspräsidenten. Im März 2000 gründete er die »Vereinigte Russische Sozialdemokratische Partei«. – Bild S. 304

Charles George Gordon

Gordon ['gɔ:dn],

1. Charles George, genannt Gordon Pascha oder Gordon von Khartum, britischer General, * Woolwich 28. 1. 1833, † Khartum 26. 1. 1885; diente 1855/56 im Krimkrieg, 1860 in China. 1863/64 unterdrückte er in chinesischen Diensten den Taipingaufstand. 1873/74–79 im Dienst des Khediven von Ägypten, festigte er zuerst als Gouverneur der ägyptischen Äquatorialprovinzen und (seit 1877) als Generalgouverneur des Sudan den britischen Einfluss in Ägypten; in beiden Gebieten bekämpfte er den Sklavenhandel. Anfang 1884 von der britischen Regierung wieder nach Khartum geschickt, um als Generalgouverneur den Sudan gegen den Mahdi zu behaupten, versuchte Gordon vergeblich, der wachsenden, vom Mahdi angeführten Bewegung Herr zu werden. Er fand bei der Erstürmung Khartums den Tod.

2. Lord George, britischer Offizier, * London 26. 12. 1751, † ebenda 1. 11. 1793; entstammte einem schottischen Adelsgeschlecht; jüngerer Sohn des 3. Herzogs von Gordon; war Anhänger der Stuarts; wurde Seeoffizier und 1774 Mitglied des Unterhauses. Gordon trat als Führer fanatischer Presbyterianer gegen eine Toleranzbill für die Katholiken auf; durch ihn kam es im Juni 1780 zu einem blutigen Aufstand in London (»Gordon riots«). Später wechselte Gordon zum Judentum über. Wegen einer Schrift gegen die englische Justiz verurteilt, starb er im Gefängnis.

Hermann Göring

Göring, Hermann, deutscher Politiker, * Rosenheim 12. 1. 1893, † (Selbstmord) Nürnberg 15. 10. 1946; war 1918 Kommandeur des Jagdgeschwaders Richthofen und arbeitete danach im dänischen und schwedischen Flugwesen. 1921 nach Deutschland zurückgekehrt, schloss er sich 1922 der NSDAP an und wurde oberster Führer der SA. Beim Hitlerputsch (1923) schwer verwundet, flüchtete er nach Österreich, lebte dann in Italien und Schweden. Seit 1927 wieder in Deutschland, erneuerte er die Verbindung zu Hitler, der ihn 1930 zu seinem politischen Beauftragten in Berlin ernannte. Bereits seit 1928 war er Mitglied des Reichstags. Nach den Reichstagswahlen vom Juli 1932 wurde er am 30. 8. Reichstagspräsident (bis 1945).

Maßgeblich an den Verhandlungen zur Übernahme der Reichsregierung durch Hitler beteiligt, wurde er am 30. 1. 1933 zunächst Reichsminister ohne Geschäftsbereich und Reichskommissar für Luftfahrt. Als preußischer Ministerpräsident (ab 11. 4. 1933 bis 1945) und Innenminister (11. 4. 1933 bis 1. 5. 1934) hatte Göring eine Schlüsselrolle beim Aufbau der nationalsozialistischen Gewaltherrschaft. Er schuf die → Gestapo und nutzte seine preußische Machtbasis zur rücksichtslosen Gleichschaltung, v. a. nach dem → Reichstagsbrand (27. 2. 1933). Am 30. 6./1. 7. 1934 (»Röhm-Putsch«) leitete Göring im Auftrag Hitlers die Mordaktion gegen hohe SA-Führer in Norddeutschland.

Die Stellung Görings als »zweiter Mann« in der NS-Hierarchie (1934 von Hitler durch einen Geheimerlass und am 1. 9. 1939 öffentlich zu seinem Nachfolger im Falle seines Todes bestimmt) war durch eine außerordentliche Ämterhäufung gekennzeichnet. Am 5. 5. 1933 wurde er Reichsminister für Luftfahrt, 1934 Reichsforst- und Reichsjägermeister, im März 1935 Oberbefehlshaber der Luftwaffe und im Oktober 1936 Beauftragter für den Vierjahresplan zur Vorbereitung der Wirtschaft für den Krieg; 1937–38 war er Reichswirtschaftsminister. 1938 ernannte ihn Hitler zum Generalfeldmarschall, am 30. 8. 1939 zum Vorsitzenden des »Reichsverteidigungsrates«.

Angesichts der Anfangserfolge der Luftwaffe zu Beginn des Zweiten Weltkriegs wurde Göring zum »Reichsmarschall« berufen. Sein Ansehen sank jedoch nach dem Scheitern der Luftoffensive gegen Großbritannien (»Luftschlacht um England«) im September 1940, besonders nach der Niederlage von Stalingrad (31. 1./2. 2. 1943), ständig. Am 31. 7. 1941 erteilte er Reinhard Heydrich den Auftrag, alle organisatorischen und technischen Vorbereitungen zur »Endlösung der Judenfrage« zu treffen. Nach der Bekundung von Verhandlungsabsichten mit den westlichen Alliierten (23. 4. 1945) schloss ihn Hitler aus der NSDAP aus und enthob ihn seiner Ämter.

Göring wurde vor dem Internationalen Militärtribunal in Nürnberg im Prozess gegen die Hauptkriegsverbrecher am 1. 10. 1946 zum Tode verurteilt; er entzog sich der Hinrichtung durch Selbstmord mittels Gift.

Görlitzer Programm, das 1921–25 geltende Programm der SPD, in Görlitz beschlossen (September 1921). Es revidierte das Erfurter Programm und bereitete das Heidelberger Programm vor; es sah die SPD als nationale und soziale Reformpartei und bekannte sich zur demokratischen Republik.

Gorm der Alte, dänischer König, *um 860, †um 950; gewann um 920 in Dänemark die Alleinherrschaft, eroberte Haithabu, verlor aber das Gebiet zwischen Eider und Schlei an König Heinrich I. Die beiden Grabhügel bei Jelling sind nach ihm und seiner Frau Tyra Danebod benannt. Ihr setzte Gorm der Alte den kleinen Jelling-Runenstein. Harald Blåtand, Sohn der beiden, errichtete den zweiten zu Ehren seiner Eltern.

Gortschakow, Aleksandr Fürst, russischer Politiker, *Haapsalu (Estland) 15. 6. 1798, †Baden-Baden 11. 3. 1883; war 1856–82 Außenminister. Gortschakow verfolgte mit dem Ziel einer Wiederherstellung der durch die Niederlage im Krimkrieg (1853/54–56) erschütterten Position Russlands in Südosteuropa zunächst eine österreichfeindliche Außenpolitik, die auf ein Zusammengehen mit Frankreich eingestellt war. Nach dem polnischen Aufstand von 1863 kam seine vermittelnde Haltung dem Machtanstieg Preußens zugute. Den Deutsch-Französischen Krieg von 1870/71 nutzte er zur Aufkündigung der Pontusklausel des Pariser Friedens von 1856. Da Gortschakow sich auch in der Folgezeit trotz des →Dreikaiserbundes (seit 1872) um gute russisch-französische Beziehungen bemühte und ihm in der →Krieg-in-Sicht-Krise (1875) ein diplomatischer Erfolg gegenüber Bismarck gelang, war Deutschland in den folgenden Verhandlungen für weitere russische Forderungen auf dem Balkan nicht mehr zu gewinnen.

Gorze, ehemalige Benediktinerabtei bei Metz, die 749 vom dortigen Bischof Chrodegang gegründet und 1572 aufgehoben wurde. Im 10. Jh. war die Abtei Zentrum der Gorzer Reform (Gorzer Bewegung, lothringische Reform), die über die Abtei Sankt Maximin in Trier nach Deutschland kam; dort schlossen sich ihr zahlreiche Benediktinerklöster an. Die Klöster behielten ihre Selbstständigkeit, blieben jedoch durch die einheitliche Regelerklärung, gleiches Ordenskleid und Gebetsgemeinschaft verbunden. Die Reformbewegung dauerte etwa zwei Jahrhunderte an und zählte bis zu 170 Klöster.

GOTEN. ***Im Urteil der Zeit***

Giorgio Vasari, einer der Väter der Kunstgeschichtsschreibung, leitete im 16. Jh. die von ihm gering geschätzte Kunst des hohen Mittelalters, die »Gotik«, fälschlicherweise von den »Goten« ab, die ihm als Inbegriff des Barbarischen galten; mit dieser Antipathie gegenüber dem »Gotischen« stellte er sich in eine lange, bereits in der Spätantike beginnenden Traditionslinie. Schon im 15. Jh. setzte jedoch auch eine positive Wertung der Goten ein, die im 19. Jh. ihren romantischen Höhepunkt erreichte, fassbar etwa in den Anfangsversen von August von Platens Ballade »Das Grab im Busento« (1820): *»Nächtlich am Busento lispeln, bei Cosenza, dumpfe Lieder; / aus den Wassern schallt es Antwort, und in Wirbeln klingt es wider! / Und den Fluss hinauf, hinunter ziehn die Scharen tapfrer Goten, / die den Alarich beweinen, ihres Volkes besten Toten.«*

Goten [zu gautaz »Ausgießer«], lateinisch **Gutones, Gothones, Gothi,** Volk, das von mehreren antiken Autoren erstmals um Christi Geburt erwähnt und in Ostpommern und an der unteren Weichsel lokalisiert wird (»Gutonen«). Seit dem Ende des 2. Jh. n. Chr. erfolgte ein langsam verlaufender, nicht die ganze Bevölkerung erfassender Abwanderungsprozess in Richtung Schwarzmeerküste. Von Südrussland aus suchten die Goten seit 238 das ganze 3. Jh. hindurch mehrfach die Küstengebiete Griechenlands und Kleinasiens sowie Thrakien heim und besetzten nach 270 die ehemalige römische Provinz Dakien (Rumänien). In der zweiten Hälfte des 3. Jh. kam es zur Spaltung der Goten: Westlich von Dnjestr und Pruth siedelten fortan die Vesier oder Terwingen (→Westgoten), östlich davon – bis jenseits des Don herrschend – die Ostrogothen oder Greutungen (→Ostgoten). Ab der Mitte des 4. Jh. fand bei den Goten, v. a. bei den Terwingen, das arianische Christentum Eingang. Reste von Goten hielten sich auf der Krim bis ins 16. Jahrhundert.

Gothaer Programm, auf dem Vereinigungsparteitag der Sozialdemokratischen Arbeiterpartei und des Allgemeinen Deutschen Arbeitervereins (22.–27. 5. 1875) in Gotha angenommenes Kompromissprogramm. Die neu gebildete Sozialistische Arbeiterpartei Deutschlands bezeichnete im Gothaer Programm als »mit allen gesetzlichen Mitteln zu verfolgenden Ziele«: »den freien Staat und die sozialistische Gesellschaft, die Zerbrechung des ehernen Lohnsystems durch Abschaffung des Systems der Lohnarbeit, die Aufhebung

Göttinger Sieben. Sieben Göttinger Professoren, unter ihnen die Brüder Jacob und Wilhelm Grimm (Holzstich nach zeitgenössischen Bildnissen), protestierten am 18. 11. 1837 gegen die Aufhebung der Verfassung des Königreichs Hannover durch Ernst August II. – und wurden entlassen. Ihr Schritt trug wesentlich zur Ausbildung des deutschen Liberalismus bei.

der Ausbeutung in jeder Gestalt, die Beseitigung aller sozialen und politischen Ungleichheit«. Das wegen seines Kompromisscharakters von Karl Marx und Friedrich Engels kritisierte Programm wurde 1891 durch das Erfurter Programm abgelöst.

Gottesfriede, lateinisch **Pax Dei,** in der Religionsgeschichte der befristete Waffenstillstand zwischen kämpfenden Gruppen zu den Zeiten religiöser Kultfeiern, z. B. in Griechenland während der kultischen Spiele in Olympia und während naturreligiöser Jugendweihen.

Im Mittelalter war der Gottesfriede ein durch die Kirche unter Androhung von Kirchenstrafen gebotener Schutz für bestimmte Personen (z. B. Geistliche, Frauen, Waisen, Pilger) und Orte (Kirchen, Klöster). Zu dem Gottesfrieden trat die Treuga Dei (»Waffenstillstand Gottes«), die Fehden an bestimmten Tagen wie den christlichen Hauptfesten und von Mittwochabend bis Montagmorgen jeder Woche für alle Personen und Orte untersagte. Seit dem 12. Jh. wurde der Gottesfriede durch den →Landfrieden abgelöst.

Gottesgnadentum, Bezeichnung für den göttlichen Auftrag des christlich-abendländischen Herrschers. In dieser Herrscheridee verbanden sich antike, germanische und christliche Vorstellungen. Die in germanischer Zeit verbreiteten Vorstellungen von der besonderen Abstammung des Adels und seines darauf beruhenden, wunderwirksamen Heils wurden christlich legitimiert durch die Paulusworte (Römerbrief 13,1) und fanden dann ihren Ausdruck in Königsweihe und -krönung sowie dem Krönungseid; dem Herrschertitel wurde seit der Karolingerzeit die Formel »Dei gratia« (»von Gottes Gnade«) beigefügt. Das Gottesgnadentum ist der Ausdruck der Pflicht des Herrschers in erster Linie gegenüber Gott und erst danach und dadurch gegenüber dem Volk. So erklärt es sich, dass die Grundlage des Herrschertums seit dem 13. Jh. zwar »national«, d. h. auf ein Volk, gestützt sein konnte, aber das Ziel seiner Politik nicht national sein musste.

Gottfried IV. von Bouillon [buˈjɔ̃], Herzog von Niederlothringen (seit 1089), *um 1060, †Jerusalem 18. 7. 1100; von seinem Onkel, Gottfried III., dem Buckligen, zum Erben eingesetzt; wurde von Kaiser Heinrich IV., den er im Investiturstreit unterstützte, erst 1089 mit Niederlothringen belehnt. Dem Aufruf Papst Urbans II. folgend, brach Gottfried als erster Reichsfürst zum 1. Kreuzzug auf. In Konstantinopel verhandelte er mit Kaiser Alexios I., dem er schwören musste, ihn für alle in Kleinasien zu erobernden Länder als Lehnsherrn anzuerkennen. 1098 schlug er die Seldschuken bei Antiochia am Orontes, 1099 war er an der Eroberung Jerusalems beteiligt. Die Krone von Jerusalem lehnte er ab und nannte sich nur »Vogt des Heiligen Grabes«. 1099 schlug er bei Askalon den Sultan von Ägypten.

Göttinger Sieben, die Göttinger Professoren Wilhelm Eduard Albrecht, Friedrich Dahlmann, Heinrich von Ewald, Georg Gervinus, Jacob Grimm, Wilhelm Grimm und Wilhelm Weber, die am 18. 11. 1837 durch eine Eidesverwahrung gegen die Aufhebung des Staatsgrundgesetzes des Königreichs Hannover von 1833 durch König Ernst August protestierten. Den auf das Widerstandsrecht gegründeten Schritt beantwortete der König durch die Amtsenthebung der Göttinger Sieben (14. 12. 1837); Dahlmann, Jacob Grimm und Gervinus wurden des Landes verwiesen. Die öffentliche Meinung und zahlreiche Professoren in ganz Deutschland solidarisierten sich mit den Göttinger Sieben; Albrecht, Dahlmann, Gervinus und Jacob Grimm wurden 1848 in die Frankfurter Nationalversammlung gewählt.

Gottwald, Klement, tschechoslowakischer Politiker, *Dědice (Mähren) 23. 11. 1896, †Prag 14. 3. 1953; ursprünglich Tischler; schloss sich der tschechoslowakischen KP an und leitete u. a. das Parteiorgan »Rudé Právo« (»Rotes Recht«); wurde 1925 Mitglied des ZK und des Politbüros, 1929 Generalsekretär und 1945 Vorsitzender seiner Partei. Im Exil in der UdSSR (1939–45) gründete Gottwald die kommunistisch gelenkte Nationale Front, die im April 1945 in der Tschechoslowakei die Regierung übernahm; Gottwald wurde stellvertretender Ministerpräsident (1945/46). Als Ministerpräsident (von Juli 1946 bis Juni 1948) lehnte er 1947 für sein Land die Annahme des Marshallplans ab. Im Februar 1948 war Gottwald die treibende Kraft des kommunistischen Staatsstreichs in seinem Land, am 14. 6. 1948 wurde er Staatspräsident. Innerparteiliche Kritiker seiner sich an Stalin anlehnenden Politik schaltete er aus.

GPU [Abk. für russ. Gossudarstwennoje Polititscheskoje Uprawlenije »Staatliche Politische Verwaltung«], die 1922 aus der Tscheka hervorgegangene politische Polizei der UdSSR, die weit reichende Vollmachten besaß und faktisch den Rang eines Volkskommissariats (Ministeriums) innehatte. Die GPU war während der 1920er- und der ersten Hälfte der 1930er-Jahre ein Hauptinstrument des staatlichen Terrors. 1930 bildete man in ihren Reihen eine »Hauptverwaltung der (Straf-)Lager« (→GULAG). 1934 wurde die GPU dem Volkskommissariat für Inneres (→NKWD) eingegliedert.

Gracchus ['graxus], Beiname einer Familie des römischen plebejischen Adelsgeschlechts der Sempronier. Besondere Bedeutung erlangten die Söhne des Tiberius Sempronius Gracchus (Konsul 177 und 163) und der Cornelia, die »Gracchen«, deren Wirken die Epoche der römischen Bürgerkriege einleitete.

1. Gaius Sempronius Gracchus, *153 v. Chr., †121 v. Chr.; Bruder von Tiberius Sempronius Gracchus; wurde für 123 zum Volkstribunen gewählt. Als solcher versuchte er in Fortführung der Reformpolitik seines Bruders, durch ein umfangreiches Gesetzgebungswerk die Vormachtstellung des Senats zu brechen. Um die stadtrömischen Plebs zu gewinnen, verfügte er durch ein Gesetz die Abgabe verbilligten Getreides an alle Bürger. Den Rittern übertrug er durch sein Richtergesetz (lex iudiciaria) die bisher mit Senatoren besetzten Geschworenengerichte und entzweite dadurch die beiden obersten Stände. In der Agrarpolitik plante er die Ansiedlung römischer Bürger in geschlossenen Kolonien sowohl in Italien als erstmals auch außerhalb Italiens. Nachdem Gracchus für 122 erneut zum Tribunen gewählt worden war, stieß die Gründung der Kolonie Iunonia auf dem Boden Karthagos und der Versuch, den italischen Bundesgenossen das römische Bürgerrecht zu geben, auf wachsenden Widerstand des Senats. Gracchus wurde für 121 nicht wieder gewählt und die Aufhebung der Kolonie Iunonia beantragt. Bei den darauf folgenden Unruhen wurden gegen Gracchus und seine Anhänger Truppen eingesetzt, die den Aufruhr unterdrückten, worauf Gracchus sich von einem Sklaven töten ließ.

2. Tiberius Sempronius Gracchus, *162 v. Chr., †133 v. Chr.; Bruder von Gaius Sempronius Gracchus; wurde für 133 zum Volkstribunen gewählt. Der Rückgang des italischen Bauerntums ließ ihn den Plan einer Neuverteilung des dem Staat gehörenden, großenteils in die Hände der adligen Gutsbesitzer gelangten Ackerlandes (ager publicus) fassen. Gegen den Willen des Senats wollte er ein (bereits vorhandenes) Gesetz wieder einführen, wonach niemand mehr als 500 Morgen staatlichen Landes bewirtschaften dürfe, wobei zwei erwachsenen Söhnen noch je 250 Morgen zugebilligt werden sollten. Das frei werdende Land sollte zu je 30 Morgen an die besitzlosen Bauern aufgeteilt werden. Als dagegen der Tribun Octavius Veto einlegte, ließ Gracchus ihn seines Amtes entheben und brachte so das Gesetz durch. Um sich an der Macht zu halten, bewarb sich Gracchus, ebenfalls verfassungswidrig, auch für das folgende Jahr um das Tribunat, worauf es zu offener Empörung kam. Unter Führung einiger Senatoren wurde Gracchus mit einer großen Zahl seiner Anhänger erschlagen.

Grande Armée [grãdar'me, französ.], die →Große Armee.

Grant [grɑːnt], Ulysses Simpson, 18. Präsident der USA (1869–77), *Point Pleasant (Oh.) 27. 4. 1822, †Mount MacGregor (bei Schuylerville, N. Y.) 23. 7. 1885; erwies sich während des →Sezessionskrieges als General im Mississippigebiet (1863 Einnahme von Vicksburg) und seit 1864 als Oberbefehlshaber aller Unionstruppen in Virginia als überlegener Stratege, der die Konföderierten unter Robert Lee nach verlustreichen Kämpfen am 9. 4. 1865 bei Appomattox Court House zur Kapitulation zwang. 1867–68 war Grant Kriegsminister und wurde 1868 sowie 1872 als Kandidat der Republikanischen Partei zum Präsidenten gewählt. In seiner Amtszeit fügte er sich weitgehend der Führung des Kongresses.

Ulysses Simpson Grant

Granvelle [grɑ'vɛl],

1. Antoine Perrenot de, Kardinal (seit 1561) und Staatsmann in spanischen Diensten, *Besançon 20. 8. 1517, †Madrid 21. 9. 1586; Sohn von Nicolas Perrenot de Granvelle; studierte Rechte in Padua, Theologie in Löwen; war Bischof von Arras (seit 1540). Schon früh enger Mitarbeiter seines Vaters, bewährte Granvelle sich im diplomatischen Dienst, war Gesandter Karls V. in Crépy (1544) und leitete nach der Schlacht bei Mühlberg (1547) die Verhandlungen mit Kurfürst Moritz von Sachsen einerseits und Landgraf Philipp von Hessen andererseits. 1550 wurde er Nachfolger seines Vaters als Staatssekretär Karls V., 1559 Berater der Margarete von Parma, der Statthalterin der Niederlande, 1560 Erzbischof von Mecheln und Primas der Niederlande, 1561 Kardinal. Da er für die Unterdrückung der religiösen und politischen Freiheit der Niederlande eintrat und im Land verhasst war, ließ Margarete ihn 1564 abberufen. Im Auftrag Philipps II. in Rom, 1571–75 spanischer Vizekönig in Neapel, 1575–79 wieder in Rom, wurde er 1579 Präsident des Rates von Italien und leitender Minister Philipps II. Er veranlasste die spanische Intervention in Frankreich zugunsten der Guise und der Heiligen Liga (gegen die Hugenotten) und die Eroberung Portugals (1580). Während des portugiesischen Feldzuges (1580/81) führte er in Spanien die Regentschaft. Granvelle wurde 1584 Erzbischof von Besançon.

Antoine Perrenot de Granvelle

2. Nicolas Perrenot de, Staatsmann, *Ornans (Département Doubs) 1486, †Augsburg

GREGOR VII. *Päpstlicher Allmachtsanspruch*

Die erhaltenen Reste einer 1075, während Gregors Pontifikat, erstellten Sammlung kanonischen Rechtes wurden als »Dictatus Papae« bekannt. Der Codex formulierte in noch nie dagewesener Weise den päpstlichen Allmachtsanspruch. Der Papst, so heißt es u. a., sei der universale Bischof, dessen Befugnisse nicht auf eine einzelne Diözese oder ein spezifisches Gebiet beschränkt seien, der vielmehr in allen Belangen der Christenheit, die er selbst als relevant, als so genannte »causae maiores«, einstufe, ein Interventionsrecht habe. Er selbst könne alle richten, aber von niemandem, auch keinem Konzil, gerichtet werden. Er könne Kaiser absetzen und die Untertanen eines Herrschers von ihrem Treueid entbinden. Fürsten hätten ihm die Füße zu küssen.

28. 8. 1550; Vater von Antoine Perrenot de Granvelle; wurde nach dem Tod des Großkanzlers Mercurino de Gattinara 1530 Staatssekretär (Erster Minister) Kaiser Karls V. für die nördlichen Reichsteile und Siegelbewahrer des Königreichs Neapel-Sizilien. Granvelle blieb 20 Jahre lang der einflussreichste Minister Karls V.

Gratian, eigentlich Flavius Gratianus, Kaiser des Römischen Reichs (367–383), *Sirmium (heute Sremska Mitrovica) 18. 4. 359, †Lugdunum (heute Lyon) 25. 8. 383; mit acht Jahren zum Augustus ausgerufen; übernahm nach dem Tod seines Vaters Valentinian I. (375) die Herrschaft über das Westreich. Nachdem sein Onkel Valens, der Augustus des Ostens, gegen die Goten gefallen war, ernannte er Theodosius I. zu dessen Nachfolger. Zunächst stand Gratian in guten Beziehungen zum heidnischen Senatsadel. Seit 378 geriet er jedoch zunehmend unter den Einfluss des Bischofs Ambrosius von Mailand. Er legte den Titel des Pontifex maximus ab, ließ den Victoria-Altar aus der Senatskurie entfernen und entzog den heidnischen Priesterkollegien die staatlichen Mittel. Die Bevorzugung der alanischen Bogenschützen entfremdete ihm die übrigen Truppen, die ihn im Kampf gegen den Usurpator Maximus im Stich ließen. Auf der Flucht wurde er ermordet.

Gregor I., der Große, Papst (590–604), *Rom um 540, †ebenda 12. 3. 604; Kirchenlehrer; stammte aus senatorischem Adel; bereitete durch vorbildliche Verwaltung des Patrimonium Petri die weltliche Macht des mittelalterlichen Papsttums und den Kirchenstaat vor. Gregor wurde zu einem der maßgeblichen Vermittler zwischen christlicher Antike und abendländischem Mittelalter sowohl in der Theologie als auch in der Praxis christlichen Lebens. Seine »Regula pastoralis«, die »Moralia in Job«, Homilien und »Dialogi« (Heiligenlegenden) prägten die folgenden Jahrhunderte, ebenso seine Förderung der Benediktregel. Seine liturgischen Reformen (gregorianischer Gesang) dienten v. a. der Ordnung und Bewahrung des Überlieferten.

Gregor VII., Papst (1073–85), früher Hildebrand, *Sovana (?) (heute zu Sorano, bei Grosseto) zwischen 1019 und 1030, †Salerno 25. 5. 1085; Benediktiner; gewann als Archidiakon in Rom (ab 1059) wachsenden Einfluss an der Reformkurie. Ohne Beachtung des Papstwahldekrets von 1059 wurde Gregor 1073 formlos zum Papst erhoben. Er kämpfte für die »Reform« (gegen Simonie und Priesterehe), für die Reinheit und Freiheit der Kirche in seinem Verständnis. Der Anspruch zur Verwirklichung seiner im →Dictatus Papae (1075) formulierten Auffassungen führte zum →Investiturstreit, der die schärfste grundsätzliche Zuspitzung im Heiligen Römischen Reich erfuhr (Gang Heinrichs IV. nach Canossa, 1077). Der von Gregor 1080 erneut verurteilte König Heinrich IV. antwortete auf der Synode von Brixen am 25. 6. 1080 mit der Erhebung des Gegenpapstes Klemens (III.), eroberte 1083/84 Rom und ließ sich von ihm zum Kaiser krönen. Gregor wurde Ende Mai 1084 vom Normannenherzog Robert Guiscard aus der Engelsburg, in die er sich vor Heinrich IV. zurückgezogen hatte, befreit, musste aber nach der normannischen Plünderung Rom verlassen und starb als Gestürzter und Verbannter in Salerno. Trotz des persönlichen Scheiterns Gregors wurde unter seinem Pontifikat die nach ihm benannte →gregorianische Reform endgültig in der Kirche durchgesetzt.

Gregor IX., Papst (1227–41), früher Ugolino Graf von Segni ['sɛɲi], *Anagni (bei Frosinone) um 1170, †Rom 22. 8. 1241; förderte schon als Kardinal entschieden neue Orden (v. a. Franziskaner und Dominikaner) und kirchliche Laienbewegungen. Sein Pontifikat war maßgeblich beherrscht von der Auseinandersetzung mit Kaiser Friedrich II. Gregor verband in seinem Pontifikat religiösen Eifer und härteste Machtpolitik. Er förderte die Mission, organisierte die Inquisition und veranlasste eine erste amtliche Sammlung kirchlicher Rechtsquellen und eigener Dekretalen, die als der »Liber Extra« ein Kernstück des Corpus Iuris Canonici bildet.

Gregor XIII., Papst (1572–85), früher Ugo Boncompagni [-'paɲi], *Bologna 1. 1. 1502, †Rom 10. 4. 1585; Rechtslehrer an der Universität Bologna; wurde 1565 Kardinal und Legat in Spanien. Gregor förderte entschieden die innerkirchliche Reform (katholische Reform) und die Gegenreformation. Er unterstützte den Kampf Heinrichs III. von Frankreich gegen die Hugenotten, doch misslangen die katholische Restauration in Schweden, Unionspläne in Russland und eine Liga gegen die Türken. Er förderte v. a. die Jesuiten bei der Mission in Indien und Japan. In Ausführung tridentinischer Dekrete veranlasste er eine amtliche Ausgabe des Corpus Iuris Canonici und die Reform des julianischen Kalenders (1582 als gregorianischer Kalender eingeführt). Er reorganisierte die Indexkongregation und baute das Collegium Romanum zur Gregoriana aus.

Gregor XVI., Papst (1831–46), früher Bartolomeo Alberto Capellari, *Belluno 18. 9. 1765, †Rom 1. 6. 1846; Kamaldulenser; gewählt unter österreichischem Einfluss (Metternich). Gregor war politisch unerfahren und beherrscht von Wunschbildern mittelalterlicher Kirchenmacht. Er versäumte die von den Großmächten dringend empfohlene Reform des zerbrechenden Kirchenstaates. »Neuerungen« in Welt und Kirche wurden verworfen. Gregor bekämpfte jedes Staats- und Nationalkirchentum, trat im Streit um die Mischehen für katholische Grundsätze ein (Kölner Wirren) und bahnte die Vorherrschaft der »römischen Theologie« (Neuscholastik) an.

gregorianische Reform, kirchliche Reformbewegung des 11./12. Jh., benannt nach Papst Gregor VII., die sich zunächst gegen Simonie und Priesterehe wendete, seit Leo IX. aber mehr den gesamtkirchlichen Autoritätsanspruch des Papsttums betonte. In der Folge gipfelte die Reform in dem Versuch, die Alleingültigkeit des kanonischen Rechts gegen die bestehenden Rechtsformen (Laieninvestitur, Kaiserrechte bei der Papstwahl) durchzusetzen. Ihre Ergebnisse waren die stärkere Abgrenzung der geistlichen und weltlichen Gewalt bei Betonung des geistlichen (päpstlichen) Führungsanspruchs sowie die Bildung einer in sich geschlossenen, unter päpstlichem Primat stehenden kirchlichen Hierarchie (Kurie, Kardinalskollegium). Der ursprünglich geistliche Ansatz der gregorianischen Reform verband sich zunehmend mit einem politischen (Macht-)Anspruch des Papsttums.

gregorianischer Kalender, im Jahr 1582 von Papst Gregor XIII. eingeführter Kalender, der den julianischen Kalender reformierte. Um den bis dahin angewachsenen Fehler von zehn Tagen auszugleichen, folgte auf den 4. 10. 1582 der 15. 10. 1582 (nur bei Einführung in Italien, Spanien und Portugal). Der Frühlingsanfang jedes Jahres wurde auf den 21. 3. gelegt. Die Schaltregel bestimmte, dass als Schaltjahre alle die Jahre gelten, deren zwei letzte Zahlen duch 4 teilbar sind (wie im julianischen Kalender). Die Korrektur gegenüber dem tropischen Jahr wird dadurch erreicht, dass alle 400 Jahre drei Schaltjahre auszufallen haben, und zwar die Schalttage der Säkularjahre, deren Zahlenwert nicht durch 400 teilbar ist.

Der gregorianische Kalender wurde bis 1585 von den meisten katholischen Ländern eingeführt; die evangelischen Länder Deutschland, Dänemark und Norwegen folgten 1700, Großbritannien 1752, Schweden 1753. Die orthodoxen Länder Ost- und Südosteuropas behielten den julianischen Kalender bis in die 1920-er Jahre bei. Für Russland, das den julianischen Kalender seit dem 13. Jh. benutzte, und die UdSSR insgesamt wurde der gregorianische Kalender im Februar 1918 eingeführt, in der Türkei 1927.

Grey [greɪ], **Gray** [greɪ], englisches Geschlecht normannischer Herkunft. Bedeutende Vertreter:

1. Charles, 2. Earl of, britischer Politiker, *Fallodon (heute Falloden, County Northumberland) 13. 3. 1764, †Howick (County Northumberland) 17. 7. 1845; Whig und Anhänger von Charles Fox, war 1806/07 Außenminister unter Lord William Grenville. 1830–34 stand Grey an der Spitze eines Whigkabinetts; er setzte 1832 die erste große Wahlrechtsreform (Reform Bill) durch.

Gregor XVI.

Griechenland, Staat in Südosteuropa, der im Nordwesten an Albanien und Makedonien, im Norden an Bulgarien, im Nordosten an die europäische Türkei grenzt.

FRÜHZEIT UND ARCHAISCHE ZEIT (BIS ETWA 500 V. CHR.): Der Schauplatz der griechischen Geschichte im weiteren Sinn ist der gesamte von den Griechen besiedelte Raum der Mittelmeerwelt, im engeren Sinn die von den Griechen »Hellas«, von den Römern »Graecia« genannte Halbinsel, die zugehörigen griechisch besiedelten Inseln und die Inseln des Ägäischen Meeres. Hier wanderten seit etwa 2000 v. Chr. indogermanische Stämme ein und vermischten sich mit der mediterranen Vorbevölkerung der Karer, Leleger und Pelasger. Die Frühgriechen (mykenische Griechen), die möglicherweise den Gesamtnamen Achäer trugen, begründeten zuerst die mittelhelladische Kultur, dann unter starkem Einfluss der minoischen Kultur seit etwa 1600 v. Chr. die mykenische Kultur (befestigte Zentren Mykene, Tiryns, Pylos). Auf Kreta hielt sich die minoische Kultur unter Aufnahme mykenischer Charakteristika bis etwa 1400 v. Chr. Um 1200 fand die mykenische Kultur durch den Einbruch der Seevölker ihren Untergang.

Im 12. Jh. v. Chr. vollzog sich dann über Thessalien und über den Golf von Korinth die Einwanderung der Dorier, die große Teile Mittelgriechenlands sowie der nördlichen und nordwestlichen Peloponnes besiedelten (dorische Wanderung). Gleichzeitig wurden andere Stämme (Äolier, Ionier) teilweise nach Kleinasien abgedrängt. In den folgenden »dunklen Jahrhunderten« (bis etwa 800 v. Chr.) entstand das historische griechische Volk. Es bildeten sich die griechischen Dialekte heraus sowie eine gemeinsame Religion und ein gemeinsamer Mythos. In archaischer Zeit (ab etwa 800 v. Chr.) entstand der Stadtstaat (Polis). Mit der Kolonisation ab dem 8. Jh. v. Chr. (Küsten des Schwarzen Meeres und des Mittelmeeres) begann die Ausbreitung der Griechen auch nach Westen. Auf dem Festland traten Sparta und Athen zunehmend hervor. Soziale Konflikte führten hier u. a. zur Rechtsaufzeichnung (624 Drakon in Athen) und zum wirtschaftlich-

Griechenland. Griechenland am Vorabend des Peloponnesischen Kriegs (431–404 v. Chr.)

politischen Ausgleich durch Schiedsrichter (594/593 Reformen Solons in Athen); 560–527 regierte Peisistratos als Alleinherrscher (Tyrann), Kleisthenes schuf 507 die Grundlage der Volksherrschaft (Demokratie). Sparta (Doppelkönigtum, eingeschränkt durch fünf Ephoren) sicherte sich im 7. Jh. v. Chr. die Vormachtstellung (Hegemonie) in der Peloponnes. Ende des 6. Jh. wurde der Peloponnesische Bund gegründet. Die in lockeren Stammesbünden zusammengeschlossenen Griechen Kleinasiens fielen erst unter lydische, ab 546 unter persische Oberhoheit.

KLASSISCHE ZEIT (500–336 V. CHR.): Die Unterstützung des Ionischen Aufstandes (500–494) durch Athen und Eretria (Euböa) hatte die → Perserkriege zur Folge. Den persischen Versuch der Unterwerfung konnten die Griechen in den Schlachten bei Marathon (490), Salamis (480) und Plataä (479) erfolgreich abwehren. Nach Befreiung der kleinasiatischen Küstengebiete kam es zur Gründung des Attisch-Delischen Seebundes (477) unter Führung Athens, das unter Perikles (Stratege 443–430) einen politischen und kulturellen Höhepunkt erlebte. Der wachsende Gegensatz zwischen Athen und Sparta entlud sich im Peloponnesischen Krieg (431–404), der mit der Vormachtstellung des von Persien unterstützten Sparta endete. Der mit Persien 387 abgeschlossene Königsfriede sicherte den griechischen Staaten die Unabhängigkeit, lieferte aber Kleinasien endgültig dem persischen Großkönig aus. Übergriffe Spartas förderten die Gründung des 2. Attischen Seebundes. Theben brach die spartanische Vorherrschaft bei Leuktra (371).

HELLENISMUS UND RÖMISCHE HERRSCHAFT (336 V. CHR. BIS 330 N. CHR.): Philipp II. dehnte den Einflussbereich Makedoniens über die ganze nördliche Ägäis aus. Bei Chaironeia schlug er 338 die vereinigten Athener und Thebaner entscheidend und gründete im gleichen Jahr im Korinthischen Bund eine Organisation, die ihm als Exekutivmacht und Garanten politischer Stabilität die Herrschaft über Griechenland verschaffte. Nach Ermordung Philipps (336) gelang es seinem Sohn Alexander dem Großen, Persien zu zerschlagen und die eigenen Herrschaftsgrenzen bis Ägypten (332), ins Gebiet des heutigen Turkestan (329–327) und zum Indus auszudehnen (326). Die nach Alexanders Tod (323) entstandenen Diadochenreiche bedeuteten die Herrschaft griechischer Minderheiten über die unterworfenen Völker und Ausbreitung griechischer Kultur und Lebensformen als verbindendes Element über den ganzen Orient (Hellenismus). Der ab 215 von Philipp V. von Makedonien im Bund mit Hannibal gegen die ab 229 in Epirus engagierten Römer geführte 1. Makedonische Krieg löste die makedonische Vorherrschaft in Griechenland auf, das zum römischen Einflussgebiet und schließlich 148 römische Provinz wurde. Nach Aufständen und verschiedenen Versuchen der Neuordnung des hellenistischen Ostens richtete Augustus 27 v. Chr. in Griechenland die Provinz Achaia mit Korinth als Hauptstadt ein. Seit Diokletian gehörte Griechenland als Diözese Macedonia zur illyrischen Präfektur.

BYZANTINISCHE ZEIT UND OSMANISCHE HERRSCHAFT (330 N. CHR. BIS 1830): Mit der Neugründung des griechischen Byzantion als Konstantinopel (330 n. Chr.) und seiner Erhebung zur Hauptstadt des Römischen Reiches gab Konstantin I., der Große, dem Römischen Reich ein neues Staatszentrum. Das nach der Reichsteilung (395) entstandene Oströmische Reich (→ Byzantinisches Reich), das sich auf die

Traditionen der griechischen Kultur stützte und das nach den arabischen Eroberungen des 7. Jh. ein Staat mit fast rein griechischer Bevölkerung war, wurde 1453 mit der Eroberung Konstantinopels durch Sultan Mohammed II. zerstört. Griechenland war für mehr als drei Jahrhunderte ein Teil des Osmanischen Reiches. Im 16./17. Jh. setzte ein wirtschaftlicher Aufschwung in Griechenland ein. Anfang des 19. Jh. konnte der griechische Seehandel vom Niedergang des britischen und französischen Handels profitieren. Die neu entstandene Schicht der Kaufleute und Fernhändler sah sich aber durch den Machtverfall des Osmanischen Reiches behindert; dank ihrer Kontakte zu Mittel- und Westeuropa wurde sie zum Vermittler des Gedankenguts der Aufklärung und der nationalen Bewegungen. Nach der geglückten serbischen Erhebung (1804–17) begannen die Griechen am 4. 3. 1821 ihren Freiheitskampf (Januar 1822 Unabhängigkeitserklärung von Epidauros), unterstützt von Freischaren aus Westeuropa (»Philhellenen«).

GRIECHENLAND ZWISCHEN MONARCHIE UND DIKTATUR (1830–1974): Im Londoner Protokoll (3. 2. 1830) wurde Griechenland (d. h. Südgriechenland und Zentralgriechenland samt Euböa, Kykladen) als unabhängige Erbmonarchie anerkannt. Nach der Ermordung des ersten Regenten, Augustinos Graf Kapodistrias (1827–31), folgte 1832 der bayrische Prinz Otto als König. 1862 wurden die Wittelsbacher vertrieben und der dänische Prinz Wilhelm Georg von der Nationalversammlung zum neuen König gewählt. Die 1864 ausgearbeitete Verfassung bildete die Grundlage des parlamentarischen Regierungssystems. Die Außenpolitik orientierte sich stets an der Idee der Bildung eines großgriechischen Nationalstaates. Im Berliner Frieden 1881 erhielt Griechenland Südepirus, den größten Teil Thessaliens, in den Balkankriegen 1912/13 u. a. Kreta, nach dem Zweiten Weltkrieg den Dodekanes. Erst 1923 wurde die Grenze zur Türkei endgültig festgelegt. In der Folge der Militärrevolte 1909 bildete der liberale Elftherios Venizelos 1910–15 die Regierung und führte 1911 eine Verfassungsreform durch. Nach siegreicher Teilnahme an den Balkankriegen brach über die Frage des Kriegseintritts 1915 ein schwerer Verfassungskonflikt zwischen dem für unbedingte Neutralität eintretenden König Konstantin I. und den für das Bündnis mit der Entente plädierenden Liberalen aus. Es kam zu Wirren mit Bildung einer Gegenregierung durch Venizelos (1916), deren Unterstützung durch die Westmächte den König zum Verlassen des Landes bis 1920 zwang. Der verlorene Griechisch-Türkische Krieg (1921/22) besiegelte 1923 die Vertreibung der Griechen aus Kleinasien und Ostthrakien und führte zum Sturz der Monarchie.

Nachdem Griechenland 1924 Republik geworden war, wurde es von fortwährenden Regierungskrisen erschüttert; im Gefolge der Weltwirtschaftskrise errangen die royalistischen Parteien 1933 die Mehrheit. Nach einer gescheiterten Revolte (1935) erzwangen sie nach einer Volksabstimmung die Wiedereinführung der Monarchie; Georg II. kehrte wieder aus dem Exil zurück. Mit seiner Einwilligung errichtete Ministerpräsident Ioannis Metaxas 1936 ein diktatorisches Regierungssystem.

Während der deutsch-italienisch-bulgarischen Okkupation (1941–43 italienische Militärverwaltung) entstand im Lande eine Widerstandsbewegung, deren gewichtigste Organisation EAM/ELAS kommunistisch geführt wurde. Im Griechischen Bürgerkrieg (1942–49) gelang es den Kommunisten allerdings nicht, sich zu behaupten. Nach einem Plebiszit (1946) kehrte Georg II. auf den Thron zurück. Die unter Ministerpräsident Sophokles Venizelos 1952 revidierte Verfassung von 1864/1911 entwickelte das parlamentarische Regierungssystem weiter. Griechenland trat der NATO und dem Balkanpakt bei. Die Bemühungen von Ministerpräsident Konstantinos Karamanlis um die Wirtschafts-, insbesondere die Industrieentwicklung mithilfe der USA und Westeuropas (Assoziierungsvertrag mit der EWG 1962) blieben durch die Auseinandersetzungen mit der Opposition um die Grundlagen der Rechtsstaatlichkeit belastet. Außenpolitisch war das Land durch das Zerwürfnis mit der Türkei über die Zypernfrage belastet.

Die Errichtung eines nationalistisch-autoritären Regimes nach einem Armeeputsch am 21. 4. 1967 rief im In- und Ausland wachsenden Protest hervor (Austritt aus dem Europarat 1969). Der Gegenputsch König Konstantins II. scheiterte (Dezember 1967). Ab Dezember 1968 war Papadopulos Diktator Griechenlands. Unter Bruch der Verfassung wurde am 1. 6. 1973 die Republik ausgerufen (sanktioniert durch Volksabstimmung vom 29. 7. 1973).

GRIECHENLAND. *Wie die Frösche um den Teich*

Das Kerngebiet, das die Griechen bewohnten, der südliche Vorsprung der Balkanhalbinsel, war und ist arm. Staatliche Macht von Gewicht konnte sich in diesem von der Natur so stiefmütterlich ausgestatteten Land nicht ausbilden. So zeigt die politische Landkarte denn auch im 8. Jh. v. Chr. eine kleinräumige Welt, zerfallen in eine Vielzahl einzelner Gemeinden. Nur im Mittelmeer öffneten sich Spielräume ohne Grenzen. Daher entluden sich die Energien, die Not, Habgier und Ehrgeiz immer wieder freisetzten, nicht in inneren Ausscheidungskämpfen, an deren Ende ein Herrscher nach der Macht über die eigene und die umliegenden Städte gegriffen hätte, sondern nach außen: Kolonisten fuhren über das Meer und gründeten neue Städte an den Küsten der nördlichen Ägäis, des Schwarzen Meeres, Siziliens, Unteritaliens, Südfrankreichs, Spaniens und der Cyrenaika.

Noch im November 1973 übernahmen die Streitkräfte erneut die Regierungsgewalt und setzten Papadopulos ab. Der Mitte Juli 1974 auf Zypern unternommene Versuch, ein Regime zu etablieren, das den Anschluss der Insel an Griechenland betreiben sollte, scheiterte durch das Eingreifen der Türkei und führte zur Ablösung der Militärherrschaft.

DIE NEUE REPUBLIK (SEIT 1974): Unter Ministerpräsident Karamanlis normalisierte sich das politische Leben in Griechenland u.a. durch Bildung der politischen Parteien und Wahlen (November 1974), die für die Partei Karamanlis' (ND) die Zweidrittelmehrheit erbrachten. In einer Volksabstimmung am 8. 12. 1974 entschieden sich 69,2 % für die Republik als Staatsform; im Juni 1975 wurde die neue Verfassung des Landes verabschiedet. Außenpolitisch lehnte sich Griechenland weiter an den Westen an, 1974–80 war es allerdings aus der militärischen Organisation der NATO herausgelöst. 1980 wurde Karamanlis zum Staatspräsident gewählt. Nach fast dreijährigen Verhandlungen trat Griechenland am 1. 1. 1981 der EG bei. 1981 wurde Andreas Papandreu (PASOK) nach dem Wahlsieg seiner Partei neuer Ministerpräsident. Mit einer Reihe von Verfassungsänderungen schwächte die 1985 bestätigte PASOK-Regierung unter Papandreu 1986 die Stellung des Staatspräsidenten zugunsten des Parlaments. Bei den Wahlen 1989 verlor die PASOK ihre absolute Mehrheit; die Nea Demokratia und die Vereinigte Linke bildeten eine Koalitionsregierung, die als Übergangsregierung die Verwicklungen der PASOK in Korruptionsskandale untersuchen und Neuwahlen vorbereiten sollte. Nachdem gegen verschiedene ehem. Regierungsmitglieder (u.a. auch Papandreu) Anklage erhoben worden war, trat die Regierung im Oktober 1989 zurück. Nach den Wahlen im November 1989 bildete der Parteilose Xenophon Zolotas eine Allparteienregierung, die im Februar 1990 scheiterte. Erneute Wahlen im April 1990 brachten eine knappe Mehrheit für die Nea Demokratia unter Ministerpräsident Konstantinos Mitsotakis. Bei den Wahlen vom Oktober 1993 errang die PASOK die Mehrheit, Papandreu wurde wieder Ministerpräsident. Nach der Unabhängigkeit der Republik Makedonien kam es zu Spannungen wegen griechischer Bedenken hinsichtlich der Namensgebung. 1996 wurde Konstantin Simitis (PASOK) Nachfolger Papandreus, ihm folgte 2004 Kostas Karamanlis (ND) als Ministerpräsident nach. 2005 wurde Karolos Papulias zum Staatspräsidenten gewählt.

Griffith ['grɪfɪθ], Arthur, irischer Politiker, *Dublin 31. 3. 1872, †ebenda 12. 8. 1922; Drucker, später Journalist; war 1905 als Vorkämpfer der irischen Unabhängigkeit maßgeblich an der Gründung der Sinn Féin beteiligt; stand 1919/20 an der Spitze der irisch-republikanischen Regierung. 1921 leitete Griffith die Delegation, die mit der britischen Regierung den Vertrag über die Bildung eines irischen Freistaates (6. 12. 1921) aushandelte. Als erster Ministerpräsident des Freistaates Irland (Januar bis August 1922) verteidigte Griffith diesen Vertrag gegen den bewaffneten Widerstand der von Eamon de Valera geführten Opposition.

Wilhelm Groener

Groener, Wilhelm, deutscher General und Politiker, *Ludwigsburg 22. 11. 1867, †Bornstedt (heute zu Potsdam) 3. 5. 1939; trat 1884 in die württembergische Armee ein; war ab 1899 als Offizier im Großen Generalstab, in dem er 1912 die Leitung der Eisenbahnabteilung übernahm. Als Chef des Feldeisenbahnwesens (1914–16) hatte Groener einen Hauptanteil an der raschen Mobilisierung zu Beginn des Ersten Weltkriegs. 1916 wurde er Generalleutnant und Chef des neu geschaffenen Kriegsamtes. Sein Eintreten für Arbeiterschutzbestimmungen, seine Stellungnahmen gegen Kriegsgewinne sowie seine Bemühungen, das Vaterländische Hilfsdienstgesetz sachlich und sozialpolitisch neutral anzuwenden, brachten Groener innenpolitisch in Schwierigkeiten. 1917 wurde Groener aus dem Kriegsamt abberufen und erhielt Frontkommandos. Als Erster Generalquartiermeister (1918/19) leitete er den Rückmarsch und die Demobilisierung des deutschen Heeres. Im November 1918 verbündete sich Groener mit den sozialdemokratischen Volksbeauftragten, besonders mit Friedrich Ebert, zur Abwehr eines revolutionären Umsturzes in Deutschland (»Ebert-Groener-Pakt«). Innerhalb des Offizierskorps konnte er starke Widerstände gegen die Unterzeichnung des Versailler Vertrags überwinden. 1920–23 war Groener Reichsverkehrs- und 1928–32 Reichswehrminister. Als Reichsinnenminister (1931/32) im Kabinett Brüning setzte er das Verbot von SA und SS durch.

Andrej Gromyko

Gromyko, Andrej, sowjetischer Politiker, *Staryje Gromyki (bei Gomel) 18. 7. 1909, †Moskau 2. 7. 1989; Wirtschaftswissenschaftler; trat 1939 in den diplomatischen Dienst der UdSSR. 1943–46 war Gromyko Botschafter in den USA und zugleich Gesandter in der Republik Kuba; er nahm u.a. 1945 an den alliierten Konferenzen von Jalta und Potsdam teil und leitete im selben Jahr die sowjetische Delegation auf der Konferenz von San Francisco, die die UN-Charta annahm. 1946–48 war er ständiger sowjetischer Vertreter beim Sicherheitsrat der UN, 1952–53 Botschafter in London. Als Erster stellvertretender Außenminister (1949–52, 1953–57) und Außenminister (1957–85) vertrat Gromyko als Unterhändler bei zahlreichen internationalen Gesprächen und Verhandlungen die Außenpolitik der sowjetischen Partei- und Staatsführung. Seit 1956 war er Mitglied des ZK, 1973–88 des Politbüros der KPdSU, 1983–85 Erster Stellvetreter des

Vorsitzenden des Ministerrats. Nach dem Tod Konstantin Tschernenkos (März 1985) unterstützte er die Wahl Michail Gorbatschows zum Generalsekretär des ZK der KPdSU und war 1985–88 Vorsitzender des Präsidiums des Obersten Sowjets.

Großbritannien und Nordirland, Vereinigtes Königreich von Großbritannien und Nordirland, amtlich englisch **United Kingdom of Great Britain and Northern Ireland** [jʊˈnaɪtɪd ˈkɪŋdəm ɔf greɪt ˈbrɪtn ænd ˈnɔːðn ˈaɪələnd], Staat in Europa, begrenzt von der Nordsee, dem Kanal, dem Atlantik und der Irischen See, umfasst England, Wales, Schottland und Nordirland. Einzige Landgrenze ist diejenige zwischen Nordirland und der Republik Irland.

ENTSTEHUNG DER ENGLISCHEN NATION (BIS 1066 N. CHR.): Nach ersten römischen Eroberungen des keltisch besiedelten Landes unter Cäsar (55/54 v. Chr.) wurde 43 n. Chr. die römische Provinz Britannia unter Kaiser Claudius errichtet. Nach der Vollendung der Eroberung bis zur Linie Firth of Clyde–Firth of Forth 83 n. Chr. gaben die Römer die Insel Anfang des 5. Jh. auf. Seit Mitte des 5. Jh. eroberten die in mehreren Wellen einwandernden nordwestgermanischen Stämme nach und nach den Hauptteil Englands (→Angelsachsen); nach der Überlieferung landeten 449 n. Chr. Jüten, Angeln und Sachsen. Nur in Wales und Schottland hielten sich die Kelten. Die germanischen Eroberer gründeten sieben Teilkönigreiche: Kent, Sussex, Essex, Ostanglia, Wessex, Mercia und Northumbria. Das angelsächsische Teilreich Mercia verlor seine Führungsposition (8. Jh.) an Wessex, dessen König Alfred der Große (871–899) die Einigung der angelsächsischen Reiche weiter vorantrieb. 955 gelang König Aethelstan (924–39) die Schaffung eines gesamtenglischen Königtums.

Nach dänischer Herrschaft unter Knut I., dem Großen (1016–35) und erneutem angelsächsischen Königtum unter Eduard dem Bekenner (1042–66) erlag Harold II. Godwinson (1066) am 14. 10. 1066 einem normannischen Invasionsheer unter Herzog Wilhelm (Wilhelm I., der Eroberer, 1066–87). Der normannisch-französische Kultureinfluss überlagerte für die nächsten Jahrhunderte die angelsächsischen Elemente.

ENGLAND IM MITTELALTER (1066–1485): Nach dem Aussterben der normannischen Dynastie im Mannesstamm (1135) fiel die Krone an Heinrich Plantagenet, Graf von Anjou (König Heinrich II., 1154–89), den mächtigsten Kronvasallen des französischen Königs, womit die Grundlage für die dauernde Präsenz der englischen Krone auf französischem Boden geschaffen wurde. In seine Herrschaftszeit fielen 1171/72 die Eroberung Irlands, die Anerkennung der englischen Oberhoheit durch Schottland und Wales, die Grundlegung des Commonlaw, der Konflikt mit Erzbischof Thomas Becket und dessen Ermordung. Unter Heinrichs Söhnen Richard I. (Löwenherz, 1189–99) und Johann I. (ohne Land, 1199–1216) verlor England in Auseinandersetzungen mit dem französischen König wegen der englischen Festlandbesitzungen die Normandie und nach der Niederlage bei Bouvines (1214) den übrigen französischen Besitz mit Ausnahme des Südwestens. Bereits 1213 hatte Johann sein Land vom Papst zu Lehen nehmen müssen. Die oppositionellen Barone erzwangen die Bestätigung ihrer Rechte in der Magna Carta libertatum (1215). Unter Heinrich III. (1216–72) brach ein bürgerkriegsähnlicher Konflikt zwischen Krone und Baronen aus. Eduard I. (1272–1307) gliederte das Fürstentum Wales endgültig ein. In der Folgezeit gewann das Parlament immer größeres Gewicht; Grafschaftvertreter und Bürger (»Commons«) tagten fortan im Unterhaus.

Als Eduard III. (1327–77) Ansprüche auf die französische Krone erhob, kam es zum →Hundertjährigen Krieg (ab 1337), in dem es Heinrich V. (1413–22) aus dem Haus Lancaster gelang, 1415 bei Azincourt einen entscheidenden Sieg über Frankreich zu erringen. Unter seinem erst einjährigen Nachfolger Heinrich VI. (1422–61) musste England das Land bis auf Calais räumen (Kriegsende 1453 ohne Vertrag). Ein Thronstreit der Häuser Lancaster und York löste die →Rosenkriege aus (1455–85), in denen sich zunächst das Haus York durchsetzte. Gegen Richard III. (1483–85), der nach Beseitigung seiner Verwandten den Thron bestieg, erhob sich Henry Tudor, Earl of Richmond, ein Verwandter der Lancaster; die Schlacht bei Bosworth (22. 8. 1485) brachte ihm als Heinrich VII. (1485–1509) den Thron.

AUSBAU DER KÖNIGLICHEN MACHTSTELLUNG UNTER DEN TUDORS (1485–1603): Heinrich VII. vereinigte durch Heirat mit Elisabeth von York den Besitz beider Häuser. Macht und Glanz des Königtums erreichten einen Höhepunkt (Einrichtung eines Staatsrates). Sein Sohn Heinrich VIII. (1509–47) vollzog aus persönlichen Gründen (Scheidung von Katharina von Aragonien und Heirat Anna Boleyns) die Trennung von der römischen Kirche (1533/34). Der König war von nun an zugleich Oberhaupt der anglikanischen Kirche (Suprematsakte 1534). Die Klöster wurden aufgehoben. Unter Eduard VI. (1547–53) wurde die Gestaltung der anglikanischen Kirche nicht ohne Gewalt vorangetrieben. Maria I. Tudor (1553–58) versuchte gewaltsam, das Land wieder katholisch zu machen.

Unter Elisabeth I. (1558–1603) verlor die römisch-katholische Partei mit der Enthauptung der ehemaligen schottischen Königin Maria Stuart (1587) ihr politisches Gewicht. Der letzte Versuch, mit bewaffneter Macht von außen den Katholizismus zu restaurieren, scheiterte 1588 durch die Niederlage der spanischen Armada, die den Aufstieg Englands als Seemacht einleitete. Mit der Gründung der ersten englischen Kolonie in Nordamerika (1584) und der Bildung der Ostindischen Kompanie (1600) wurde der Grundstein der englischen Kolonialmacht gelegt.

KAMPF ZWISCHEN KRONE UND PARLAMENT UNTER DEN STUARTS (1603–1714): Der von Elisabeth zum Nachfolger bestimmte Sohn Maria Stuarts, Jakob I. (1603–25), vereinigte erstmals die Kronen von Schottland und England. Druck auf die Puritaner veranlasste deren Auswanderung nach Übersee. Unter Karl I. (1625–49) entzündete sich der Streit zwischen Krone und Parlament u. a. an Steuer- und Finanzfragen (1628 Petition of Right). Ziel des Königs war ein vom Parlament unabhängiges, auf ein stehendes Heer gestütztes Königtum sowie die Ausschaltung der Puritaner und Presbyterianer. Nach der Auflösung des Parlaments (1629) regierte Karl I. allein mithilfe seiner Ratgeber Lord Strafford und Erzbischof William Laud. Ein Aufstand kalvinistischer Schotten veranlasste ihn 1640 zur Berufung des Langen Parlaments; 1642 brach der Bürgerkrieg aus (Puritanische Revolution), in dem Oliver Cromwell mit den Anhängern des Parlaments (→Rundköpfe) über die Anhänger des Königs (Kavaliere) siegte (1644/45). Cromwell vertrieb die Presbyterianer aus dem Parlament und ließ durch ein Rumpfparlament von etwa 60 radikalen Puritanern den König hinrichten (30. 1. 1649). Monarchie und Oberhaus wurden abgeschafft und England zum Commonwealth erklärt. Cromwell regierte als Lordprotektor (ab 1653) wie ein Alleinherrscher, ohne Rücksicht auf Staatsrat und Parlament.

Nach seinem Tod (1658) wurde die Herrschaft der Stuarts mit Karl II. (1660–85) wiederhergestellt, gegen dessen katholische und absolutistische Tendenzen das Parlament u.a. 1673 die Testakte und 1679 die →Habeas-Corpus-Akte verabschiedete. Da sich sein Bruder und Nachfolger Jakob II. (1685–88) offen zum katholischen Glauben bekannte, sahen beide Kräfte im Parlament (Whigs und Tories) die anglikanische Thronfolge in Gefahr und baten Wilhelm von Oranien, den Erbstatthalter der Niederlande (Wilhelm III., 1689–1702), und seine Gemahlin Maria II. (1689–94), die Herrschaft in England anzutreten (→Glorreiche Revolution). In der →Bill of Rights (1689) u.a. Gesetzen wurden die Ergebnisse dieser Auseinandersetzung zwischen Krone und Parlament festgeschrieben. Wilhelm III. griff in den Abwehrkampf gegen die drohende Hegemonie Ludwigs XIV. von Frankreich ein. Unter Wilhelms III. Nachfolgerin Anna Stuart (1702–14) beseitigte der Friede von Utrecht (1713) nach dem →Spanischen Erbfolgekrieg u.a. die Gefahr einer französischen Vorherrschaft, erweiterte Englands amerikanischen Kolonialbesitz und begründete seine beherrschende Stellung im Mittelmeerraum (u. a. Gibraltar). 1707 wurde die seit 1603 bestehende Personalunion zwischen England und Schottland zur Realunion (amtliche Bezeichnung »Großbritannien«).

AUF DEM WEG ZUR WELTMACHT (1714–1815): 1714 ging die britische Krone auf das Haus Hannover über; bis 1837 war der britische König zugleich Kurfürst von Hannover. Unter Georg I. (1714–27) und Georg II. (1727–60) bestimmte 21 Jahre Sir Robert Walpole die Politik. Unter William Pitt dem Älteren erreichte Großbritannien im Siebenjährigen Krieg (1756–63) als Bundesgenosse Preußens Erfolge gegen Frankreich (Eroberung Kanadas) und baute die britische Herrschaft in Indien aus. Schon bald aber musste Georg III. (1760–1820) nach dem →Amerikanischen Unabhängigkeitskrieg (1775–83) den Verlust der nordamerikanischen Kolonien (außer Kanada) hinnehmen; danach verlagerte sich der Schwerpunkt britischer Reichspolitik nach Indien. Die Französische Revolution bedeutete eine innen- und außenpolitische Herausforderung (Unterdrückung von Reformbewegungen; letztlich erfolgreicher Kampf gegen die französischen Revolutionsheere und Napoleon I.). Großbritannien erreichte auf dem Wiener Kongress (1814/15) die Wiederherstellung des Gleichgewichts der europäischen Mächte und die Garantie seiner kolonialen Neuerwerbungen (u.a. Malta, Helgoland, Ceylon, Kapkolonie, Mauritius, Trinidad). Mitte des 18. Jh. begann in Großbritannien die industrielle Revolution. Trotz sozialer Spannungen wurde in Europa ein wirtschaftlicher Vorsprung für Großbritannien gesichert.

INDUSTRIALISIERUNG UND INNERE REFORMEN (1815–50): Die Rolle von Großbritannien als führende Welthandelsmacht beruhte v.a. auf überlegener Technologie, Kapitalreichtum und weltweiten Exportmärkten. Die Expansion der Textilindustrie, der Montanindustrie und des Maschinenbaus führte zur Zu-

GROSSBRITANNIEN UND NORDIRLAND. *Wiege des Parlaments*

In Großbritannien flossen 1838 Tendenzen eines volkstümlichen Radikalismus und traditionelle Bürgerrechtsbestrebungen in der so genannten Chartistenbewegung zusammen. Ihr Ziel war es, »The People's Charter« im Sinne einer Verfassungsreform durchzusetzen. Der Katalog von Forderungen umfasste allgemeines Wahlrecht (freilich nur für Männer), jährliche Tagung der Parlamente, geheime Wahl, gleiche Wahlbezirke, Abschaffung der Eigentumsqualifikation für Parlamentsabgeordnete, stattdessen die Einführung von Abgeordnetendiäten. Der Parlamentarismus, seit der Verkündigung der Magna Charta (1215) prägend für die Geschichte und Politik Großbritanniens, erhielt hier seine moderne Form: das demokratisch legitimierte Parlament als Austragungsort divergierender Interessen.

GROSSBRITANNIEN UND NORDIRLAND *Staatsoberhäupter Englands*

angelsächsische Könige

Edmund I.	939-946
Eadred (Edred)	946-955
Eadwig (Edwy)	955-957/959
Edgar	957/959-975
Eduard der Märtyrer (nur Wessex)	975-978
Aethelred II.	978-1013
Sven Gabelbart von Dänemark	1013-1014
Knut der Große	1016-1035
Edmund II. Ironside (April–November gemeinsam mit Knut)	1016
Harold I. Harefoot	1035/36-1040
Hardknut (Harthaknut)	1040-1042
Eduard der Bekenner	1042-1066
Harold II. Godwinson (Januar-Oktober)	1066
(Edgar II. Aetheling)	(1066)

normannische Könige

Wilhelm I., der Eroberer	1066-1087
Wilhelm II. Rufus	1087-1100
Heinrich I.	1100-1135
Stephan I. von Blois	1135-1154

Haus Plantagenet

Heinrich II.	1154-1189
Richard I. Löwenherz	1189-1199
Johann I. ohne Land	1199-1216
Heinrich III.	1216-1272
Eduard I.	1272-1307
Eduard II.	1307-1327
Eduard III.	1327-1377
Richard II.	1377-1399

Haus Lancaster

Heinrich IV.	1399-1413
Heinrich V.	1413-1422
Heinrich VI.	1422-1461

Haus York

Eduard IV.	1461-1483
Eduard V.	1483
Richard III.	1483-1485

Haus Tudor

Heinrich VII.	1485-1509
Heinrich VIII.	1509-1547
Eduard VI.	1547-1553
Maria I., die Katholische	1553-1558
Elisabeth I.	1558-1603

Haus Stuart

Jakob I.	1603-1625
Karl I.	1625-1649

Commonwealth und Protektorat

Oliver Cromwell (Protektor)	1653-1658
Richard Cromwell (Protektor)	1658-1659

Haus Stuart

Karl II.	1660-1685
Jakob II.	1685-1688
Maria II. (bis 1694) und Wilhelm III. (von Oranien)	1689-1702
Anna	1702-1714

Haus Hannover

Georg I.	1714-1727
Georg II.	1727-1760
Georg III.	1760-1820
Georg IV.	1820-1830
Wilhelm IV.	1830-1837
Viktoria	1837-1901

Haus Sachsen-Coburg-Gotha

Eduard VII.	1901-1910

Haus Windsor

Georg V.	1910-1936
Eduard VIII.	(Januar-Dezember) 1936
Georg VI.	1936-1952
Elisabeth II.	seit 1952

sammenballung von Arbeitskräften in immer größeren Industriebetrieben. Regelmäßig kam es zu Bankrotten, Betriebsstilllegungen und Massenarbeitslosigkeit. Aber auch in Zeiten der Prosperität blieben die Löhne niedrig, Arbeitsbedingungen und Arbeitszeit unmenschlich. 1847 wurde die gesetzliche Begrenzung des Arbeitstages auf zehn Stunden für Frauen und Jugendliche, 1850 für alle erreicht. Das Bündnis der ab Mitte der 1830er-Jahre in der Protestbewegung des Chartismus (für Demokratisierung der Verfassungsinstitutionen und die sozialen Rechte der Arbeiter) organisierten Arbeiterschaft mit den Unternehmern im Kampf gegen die hohen Getreidezölle zerfiel mit dem vollen Übergang zum Freihandel 1853 (bis 1914); die Arbeiter blieben für Jahrzehnte ohne organisierte Interessenvertretung. Leitsektor der neuen Industrialisierungsphase war der Eisenbahnbau mit seinen Auswirkungen auf andere Industriezweige.

Nach einer Phase der Repression und der Unterstützung des Systems Metternich (1815–22) sowie einer Lockerung des innen- und außenpolitischen Kurses konnte die Wahlrechtsreform gegen den anfänglichen Widerstand des Oberhauses 1832 durchgesetzt werden. Die Kabinettsbildung verlagerte sich nun endgültig ins Unterhaus; die Parteien begannen (verstärkt nach der 2. Wahlrechtsreform von 1867), sich zu modernen Organisationen zu formen. In den folgenden Jahren wurde die Reformpolitik weitergeführt (u.a. Verbot der Sklaverei im Britischen Reich, Reform der Armengesetzgebung). Ab der Thronbesteigung Königin Viktorias (1837–1901) wurde eine strikt liberale und konstitutionelle Regierungsform Maßstab der Innenpolitik. In Irland jedoch scheiterten alle Reformpläne am Widerstand der britischen Landbesitzer und an der anglikanischen Hierarchie.

VORMACHTSTELLUNG IN DER WELT (1850–1914): Im Krimkrieg (1853/54–56) trat Großbritannien dem russischen Streben zum Mittelmeer entgegen. Kanada erhielt bis 1867 verantwortliche Selbstregierung; es folgten Australien, Neuseeland und Südafrika. Das britische Empire wurde besonders unter dem konservativen Premierminister Benjamin Disraeli (1874–80) ausgebaut: 1875 Ankauf der Suezkanalaktien, 1876 Annahme des indischen Kaisertitels durch Königin Viktoria, 1878 Gewinn Zyperns. Am Versuch einer Autonomielösung für Irland (Home Rule) scheiterte Disraelis liberaler Nachfolger William Gladstone. Die deutsch-britische Flottenrivalität ab 1898 und die britische Isolation im Burenkrieg führten zur Abkehr von der Politik der →Splendid Isolation, zum Bündnis mit Frankreich (→Entente cordiale, 1904), zum Petersburger Vertrag mit Russland 1907 und zum beschleunigten Bau der Großkampfschiffe (Dreadnoughts) ab 1909. Diese Entwicklungen und die sozialen Reformen (u.a. Neuregelung des Arbeitsrechts, Sicherung der Stellung der Gewerkschaften) erforderten 1909 höhere Einkommens- und Erbschaftssteuern; der Widerstand des Oberhauses endete mit seiner Entmachtung.

ERSTER WELTKRIEG UND ZWISCHENKRIEGSZEIT (1914–39): In der Julikrise 1914 versuchte Großbritannien zwar zu vermitteln, konnte sich aber der Logik der Bündnisse sowie der Furcht vor Isolierung und der deutschen Hegemonie nicht entziehen. Mit dem Ende des Ersten Weltkriegs erreichte das Britische Weltreich durch Übernahme des größten Teils der deutschen Kolonien in Südafrika, auf Neuguinea und in der Südsee sowie des Irak, Palästinas und Transjordaniens als Mandate des Völkerbunds seine bisher größte Ausdehnung. Von den Verstrickungen der irischen Frage entlastete sich Großbritannien 1921 durch die Teilung Irlands, wobei Südirland in ein Dominion innerhalb des Commonwealth umgewandelt wurde. 1924 gelangte mit Premierminister James Ramsay MacDonald die Labour Party erstmals an die Regierung.

Die Umgestaltung des Commonwealth zu einer Gemeinschaft gleichberechtigter Staaten wurde 1931 im Westminster-Statut formuliert. Ziel der Außenpolitik der 1931 zur Überwindung der Weltwirtschaftskrise gebildeten Nationalen Regierung unter den Premierministern Stanley Baldwin und Arthur Neville Chamberlain war die Verhinderung eines neuen Weltkriegs durch Beseitigung der Spannungen zwischen den Großmächten auf dem Verhandlungsweg (einschließlich der Revision des Versailler Vertrages). Der Appeasement-Politik gegenüber dem nationalsozialistischen Deutschland entsprach das Deutsch-Britische Flottenabkommen (1935), die Hinnahme der Remilitarisierung des Rheinlands, der Wiedereinführung der allgemeinen Wehrpflicht (1936), des »Anschlusses« Österreichs (1938), der Sudetenkrise (1938) sowie der Annexion der restlichen tschechischen Gebiete (März 1939). Erst mit der Garantie für die Unversehrtheit Polens (31. 3. 1939) begann Großbritannien, der deutschen Expansion entgegenzutreten.

ZWEITER WELTKRIEG UND NACHKRIEGSZEIT (SEIT 1939): Politisch bedeutete der Zweite Weltkrieg die endgültige Zerstörung des britischen Empire. Im Mai 1940 wurde Chamberlain durch Winston Churchill als Premierminister einer großen Kriegskoalition ersetzt. Vom französischen Zusammenbruch (Juni 1940) bis zum vollen Kriegseintritt der USA (Dezember 1941) war Großbritannien der einzige Träger des Widerstandes gegen das nationalsozialistische Deutschland.

Die nach ihrem Wahlsieg von 1945 regierende Labour Party unter Clement Attlee versuchte, die dominierende Rolle des Staates während des Krieges für eine soziale Neuordnung zu nutzen (einheitliche Sozialversicherung, nationaler Gesundheitsdienst, Verstaatlichung von Unternehmen u.a.). 1952 wurde Elisabeth II. Königin. Die enge außenpolitische Zusammenarbeit mit den USA fand in der Suezkrise 1956 ihre Grenze, als die USA gegen die britisch-französische Intervention vorgingen. Nach dem Sturz des konservativen britischen Premierministers Robert Eden verstärkte sich die Überzeugung, dass allein im Anschluss an Europa Ersatz für die zerrinnende Weltmachtstellung zu finden sei (1960 Beteiligung an der Gründung der EFTA; 1963 erste [gescheiterte] Beitrittsverhandlungen mit der EWG; 1973 Beitritt [als Vollmitglied] zu der EG). 1969 brachen in Nordirland bürgerkriegsähnliche Unruhen aus, die 1974 zur Übernahme der direkten Regierungsgewalt in diesem Landesteil durch die britische Regierung führten. Unter der zweiten Labourregierung von Premierminister Harold Wilson ergab im Juni 1975 die erste Volksabstimmung in Großbritannien 67,2% Ja-Stimmen für den Verbleib des Landes in der EG. Nach dessen Rücktritt übernahm James Callaghan 1976 die Führung der Labourregierung.

1979, 1983 und 1987 gewann die Konservative und Unionistische Partei unter Margaret Thatcher die Unterhauswahlen. Ihre Regierung war gekennzeichnet durch eine betont nationalistische Außenpolitik und eine rigoros am Markt orientierte Wirtschaftspolitik (Privatisierungen, Steuerreformen, Senkung der Staatsausgaben). Die im April 1982 von argentinischen Truppen besetzte britische Kronkolonie Falkland Islands and Dependencies wurde von in den Südatlantik entsandten britischen Streitkräften im Juni 1982 zurückerobert. Zur Machtprobe zwischen Regierung und Gewerkschaften entwickelte sich ein im März 1984 begonnener, erst im März 1985 abgebrochener Bergarbeiterstreik (»Winter of discontent«). Ein 1984 unterzeichnetes britisch-chinesisches Abkommen legte die Rückgabe der britischen Kronkolonie Hongkong an die Volksrepublik China fest, die planmäßig zum 1. 7. 1997 erfolgte. Die Einführung einer Kopfsteuer (»Poll tax«) 1989 und die wenig kompromissbereite Haltung in Währungsfragen im Rahmen der EU führten innerhalb ihrer Partei zum Vertrauensverlust für Thatcher, die 1990 zurücktrat.

Neuer Premierminister wurde John Major, der sich entgegen den Vorhersagen bei den Unterhauswahlen 1992 behaupten konnte. Vorübergehende Gewaltverzichtserklärungen, die die katholischen und protestantischen Terrororganisationen Nordirlands 1994 abgaben, und immer wieder unterbrochene Friedensverhandlungen führten bislang nicht zum Ende des Bürgerkriegs. Aus den Unterhauswahlen 1997 ging die Labour Party als Sieger hervor; neuer Premierminister wurde Tony Blair (2001 und 2005 bestätigt). Blair reformierte die Labour Party, stieß z.T. neoliberalen Prinzipien verpflichtete innen- und wirtschaftspolitische Korrekturen an, setzte den auf eine enge Anlehnung an die USA bedachten außenpolitischen Kurs Großbritanniens fort und näherte das Land dem Prozess der europäischen Einigung an.

Großdeutsche, seit der Märzrevolution von 1848 Vertreter einer nationalpolitischen Richtung, die die →deutsche Frage durch den staatlichen Zusammenschluss möglichst aller (geschlossen siedelnden) Deutschen in Mitteleuropa zu lösen suchte; knüpften in der →Frankfurter Nationalversammlung (1848/49) an die Tradition der Befreiungskriege an, konnten sich aber nicht durchsetzen.

In der Frankfurter Nationalversammlung widersetzten sich die Großdeutschen sowohl Felix von Schwarzenbergs Ziel der Einbeziehung des gesamten österreichischen Staates als auch den Bestrebungen der kleindeutsch-erbkaiserlichen Gruppe. Geführt von Anton von Schmerling, umfasste die großdeutsche Gruppe neben den deutschsprachigen Abgeordneten Österreichs meist Katholiken, Föderalisten und Partikularisten der deutschen Mittel- und Kleinstaaten, süddeutsche Demokraten und Politiker aller Richtungen.

Im wiederhergestellten Deutschen Bund standen Karl von Brucks Bemühen um eine mitteleuropäische Wirtschaftseinheit und die Triasidee unter großdeutschem Aspekt. Frankreichs und Sardinien-Italiens Krieg gegen Österreich 1859 ließ auch die großdeutsche Bewegung wieder erwachen (1862 Gründung des Deutschen Reformvereins, 1863 Frankfurter Fürstentag). Otto von Bismarck sah – nach dem Sieg im Deutschen Krieg 1866 – im Norddeutschen Bund (1867), in der Gründung des Deutschen Reiches 1871 und im Zweibund 1879 die Überwindung des Gegensatzes zwischen großdeutsch und kleindeutsch; doch seine innenpolitischen Gegner bekannten sich weiter zum großdeutschen Gedanken. In Österreich vertraten besonders die Liberalen den großdeutschen Anspruch. Die politische und militärische Zusammenarbeit zwischen dem Deutschen Reich und Österreich-Ungarn bis in den Ersten Weltkrieg (1914–18) ließ den Gegensatz zwischen Großdeutschen und Kleindeutschen in den Hintergrund treten.

Nach dem Zusammenbruch des Deutschen Reiches und dem Untergang Österreich-Ungarns (November 1918) nahmen die verfassunggebenden Körperschaften des Deutschen Reiches und Deutschösterreichs in der Weimarer Reichsverfassung bzw. in der österreichischen Verfassung den großdeutschen Gedanken auf; sie beriefen sich dabei auf das Selbstbestimmungsrecht der Völker (→Vierzehn Punkte). Auch die Sudetendeutschen votierten für einen Anschluss an Deutschland; im Versailler Vertrag und im Vertrag von Saint-Germain verboten die Siegermächte 1919 jedoch den »Anschluss« Österreichs an das Deutsche Reich (erneut im Genfer Protokoll, 4. 10. 1922). In der Folgezeit verfocht besonders die Großdeutsche Volkspartei in Österreich den großdeutschen Ge-

GROSSBRITANNIEN UND NORDIRLAND *Premierminister*

Robert Walpole	Whig	1721–1742
Spencer Compton	Whig	1742–1743
Henry Pelham	Whig	1743–1754
Thomas Pelham-Holles	Whig	1754–1756
William Cavendish	Whig	1756–1757
Thomas Pelham-Holles	Whig	1757–1762
John Stuart		1762–1763
George Grenville		1763–1765
Charles Watson Wentworth	Whig	1765–1766
William Pitt der Ältere		1766–1768
Augustus Henry Fitzroy		1768–1770
Frederick North		1770–1782
Charles Watson Wentworth	Whig	1782
William Petty-Fitzmaurice		1782–1783
William Henry Cavendish-Bentinck	Whig	1783
William Pitt der Jüngere	Tory	1783–1801
Henry Addington	Tory	1801–1804
William Pitt der Jüngere	Tory	1804–1806
William Wyndham Grenville		1806–1807
William Henry Cavendish-Bentinck	Whig	1807–1809
Spencer Perceval	Tory	1809–1812
Robert Banks Jenkinson	Tory	1812–1827
George Canning	Tory	1827
Frederick John Robinson	Tory	1827–1828
Arthur Wellesley	Tory	1828–1830
Charles Grey	Whig	1830–1834
William Lamb	Whig	1834
Arthur Wellesley	Tory	1834
Robert Peel	Tory	1834–1835
William Lamb	Whig	1835–1841
Robert Peel	Conservative	1841–1846
John Russell	Whig-Liberal	1846–1852
Edward Geoffrey Stanley	Conservative	1852
George Hamilton-Gordon		1852–1855
Henry John Temple	Liberal	1855–1858
Edward Geoffrey Stanley	Conservative	1858–1859
Henry John Temple	Liberal	1859–1865
John Russell	Liberal	1865–1866
Edward Geoffrey Stanley	Conservative	1866–1868
Benjamin Disraeli	Conservative	1868
William Gladstone	Liberal	1868–1874
Benjamin Disraeli	Conservative	1874–1880
William Gladstone	Liberal	1880–1885
Robert Cecil	Conservative	1885–1886
William Gladstone	Liberal	1886
Robert Cecil	Conservative	1886–1892
William Gladstone	Liberal	1892–1894
Archibald Primrose	Liberal	1894–1895
Robert Cecil	Conservative	1895–1902
Arthur James Balfour	Conservative	1902–1905
Henry Campbell-Bannerman	Liberal	1905–1908
Herbert Asquith	Liberal	1908–1916
David Lloyd George	Liberal	1916–1922
Bonar Law	Conservative	1922–1923
Stanley Baldwin	Conservative	1923–1924
James Ramsay MacDonald	Labour	1924
Stanley Baldwin	Conservative	1924–1929
James Ramsay MacDonald	Labour	1929–1935
Stanley Baldwin	Conservative	1935–1937
Neville Chamberlain	Conservative	1937–1940
Winston Churchill	Conservative	1940–1945
Clement Attlee	Labour	1945–1951
Winston Churchill	Conservative	1951–1955
Anthony Eden	Conservative	1955–1957
Harold Macmillan	Conservative	1957–1963
Alexander Frederick Douglas-Home	Conservative	1963–1964
Harold Wilson	Labour	1964–1970
Edward Heath	Conservative	1970–1974
Harold Wilson	Labour	1974–1976
James Callaghan	Labour	1976–1979
Margaret Thatcher	Conservative	1979–1990
John Major	Conservative	1990–1997
Tony Blair	Labour	seit 1997

große Depression. »Die Börsenkatastrophe in Wien am 9. Mai« (1873; kolorierter Holzstich nach Zeichnung von Joseph Eugen Hörwarter) löste eine etwa zwanzig Jahre lang dauernde Konjunkturkrise in der europäischen Wirtschaft aus.

danken. Innerhalb der Christlichsozialen Partei gab es großdeutsche Strömungen. Nach dem fehlgeschlagenen Putsch österreichischer Nationalsozialisten verschärfte die deutsche Regierung unter Adolf Hitler ihren Druck auf Österreich und erzwang im März 1938 mit militärischen Mitteln dessen »Anschluss« an das Deutsche Reich, dem noch 1938 die Sudetengebiete und 1939 das »Protektorat Böhmen und Mähren« zugefügt wurden. Mit der militärischen Niederlage Deutschlands und der Wiedererrichtung der Republik Österreich (1945) wurde der großdeutsche Gedanke gegenstandslos.

Große Armee, französisch **Grande Armée** [grãdarˈme], Bezeichnung Napoleons I. für zwei seiner Heere: zum einen für die Truppen, die er 1805 gegen Großbritannien sammelte und 1806/07 gegen Preußen führte, zum anderen für die Truppen, die er für den Russischen Feldzug von 1812 aufstellte (einschließlich verbündeter Truppen etwa 450 000 Mann).

große Depression, Gründerkrise, Bezeichnung für die der globalen Hochkonjunkturphase nach 1850 folgende Verlangsamung des wirtschaftlichen Wachstums in Europa, deren Beginn in der Wirtschaftsgeschichte meist mit dem Wiener Börsenkrach vom Sommer 1873 und deren Ende mit der 1895/96 einsetzenden, bis zum Vorabend des Ersten Weltkriegs anhaltenden Aufschwungperiode angesetzt wird. Die große Depression wird charakterisiert durch drei Konjunkturtiefs: Die erste Phase, bestimmt von Stagnation, Preisverfall und Schrumpfung in Einzelbereichen, dauerte bis 1879, die zweite Phase, die nicht in allen Ländern von schweren Einbußen gekennzeichnet war (1882–86). Der dann zu verzeichnende weltweite Aufschwung durchlief 1891–94 in der dritten Phase eine internationale Krise, deren Tiefpunkt von dem spektakulären Zusammenbruch des Bankhauses Baring in London markiert wurde.

Als große Depression wird auch die →Weltwirtschaftskrise bezeichnet.

Großer Sprung nach vorn, Bezeichnung einer Kampagne (1958–60/61) in China zur Forcierung des Wirtschaftswachstums bei gleichzeitiger ideologischer Umerziehung der Menschen. Sie sollte insbesondere die Produktion der Schwerindustrie und die landwirtschaftlichen Erträge sprunghaft steigern und führte zur Gründung von Volkskommunen. Die Kampagne – von einem durch die KPCh angefachten Massenaktionismus geprägt (»Stahl-« und »Getreideschlachten«) und durch den Einsatz untauglicher Wirtschaftsmethoden gekennzeichnet (Stahl- und Eisenkocherei in »Mini-Hochöfen«) – scheiterte; eine ihrer Folgen war eine schwere Hungersnot.

Großer Vaterländischer Krieg, Bezeichnung für den Krieg der Sowjetunion gegen das nationalsozialistische Deutschland und dessen Verbündete (1941–45), die 1941 in der UdSSR aufkam und später dort wie auch in anderen kommunistischen Staaten offiziell für diesen Abschnitt des Zweiten →Weltkrieges verwendet wurde. Der im Zeichen des Sowjetpatriotismus geprägte Name spielte bewusst auf den »Vaterländischen Krieg« Russlands gegen Napoleon I. (1812) an.

Grotefend, Hermann, deutscher Archivar und Historiker, *Hannover 18. 1. 1845, †Schwerin 26. 5. 1931; war seit 1887 Staatsarchivdirektor in Schwerin. Grotefend förderte die Entwicklung eines modernen Archivwesens und wurde durch grundlegende Beiträge zur historischen Zeitrechnung (Chronologie) bekannt.

Otto Grotewohl

Grotewohl, Otto, deutscher Politiker, *Braunschweig 11. 3. 1894, †Berlin (Ost) 21. 9. 1964; Buchdrucker; seit 1912 Mitglied der SPD, zeitweilig (1918–22) der USPD. Grotewohl war im Land Braunschweig 1920–25 Mitglied des Landtags, 1920–22 Innen- und Volksbildungsminister, 1922–24 Justizminister, 1925–33 Mitglied des Reichstags und Präsident der Landesversicherungsanstalt. In der Zeit der nationalsozialistischen Herrschaft arbeitete er als kaufmännischer Angestellter.

Nach dem staatlichen Zusammenbruch Deutschlands beteiligte er sich 1945 am Wiederaufbau der SPD in Berlin. Als einer der drei Vorsitzenden des Zentralausschusses in der SBZ (1945/46) vollzog er am 21./22. 4. 1946 den Zusammenschluss der SPD mit der KPD zur Sozialistischen Einheitspartei Deutschlands (SED). 1947–49 war er Präsident des von der SED gesteuerten Deutschen Volkskongresses, 1946–50 Mitglied des Landtags in Sachsen. Nach der Umwandlung des 2. Deutschen Volksrates in die »Provisorische Volkskammer« wurde Grotewohl am 12. 10. 1949 Ministerpräsident der DDR. Im Zuge der Umwandlung der SED in eine Kaderpartei marxistisch-leninistischen Zuschnitts (Beginn 1947), war er ab 1950 Mitglied ihres ZK und Politbüros. Seit 1960 war Grotewohl auch stellvertretender Vorsitzender des Staatsrates.

Gruber, Karl, österreichischer Politiker und Diplomat, * Innsbruck 3. 5. 1909, † ebenda 1. 2. 1995; war nach dem Anschluss Österreichs an das Deutsche Reich (März 1938) in der Widerstandsbewegung gegen die NS-Diktatur aktiv. Nach Wiedererrichtung der Republik Österreich leitete Gruber als Landeshauptmann von Tirol (ab 3. 5. 1945) den Neuaufbau der Verwaltung. Politisch schloss er sich der ÖVP an und gehörte 1945–53 dem Nationalrat an. Als Außenminister (Dezember 1945–November 1953) trat er gegenüber den Siegermächten des Zweiten Weltkriegs für den Abschluss eines Staatsvertrages mit Österreich ein. Am 5. 9. 1946 schloss er mit dem italienischen Ministerpräsidenten und Außenminister Alcide De Gasperi ein Abkommen über Südtirol (Gruber-De-Gasperi-Abkommen); 1954–57 und 1969–72 war Gruber Botschafter in den USA, 1958–60 Verbindungsmann der österreichischen Regierung zur Internationalen Atom-Energie-Agentur (IAEA), 1961–66 Botschafter in Madrid, 1966 in Bonn, 1972–74 in Bern, 1966–69 Staatssekretär im Bundeskanzleramt.

Gründerjahre, Gründerzeit, im engeren Sinn die Jahre 1871–73, als im Deutschen Reich die von Frankreich gezahlte Kriegsentschädigung eine übertriebene Spekulation hervorrief. Ein allgemeiner Kurssturz führte zum Zusammenbruch zahlreicher Gründungen (→ große Depression). Im weiteren Sinn versteht man unter Gründerjahren die der Reichsgründung 1870/71 folgenden Jahrzehnte.

Grundherrschaft, die in Europa vom frühen Mittelalter bis ins 19. Jh. die Agrarwirtschaft entscheidend prägende Organisationsform. Der Ausdruck Grundherrschaft ist ein moderner rechtshistorischer Ordnungsbegriff, der vor dem 15. Jh. den Quellen fremd ist. Die inhaltliche Bestimmung des Begriffs gehört noch immer zu den schwierigsten Problemen der deutschen Rechts- und Verfassungsgeschichte. Dabei ist die »ältere« von der »jüngeren« Grundherrschaft zu unterscheiden. Bei der älteren Grundherrschaft handelt es sich um einen Komplex von Herrschaftsrechten, der in aller Regel nicht nur Herrschaft über Grund und Boden meint, sondern auch über Land und Leute, wobei der Grundherr gegenüber den ihm in unterschiedlichen Abhängigkeitsverhältnissen unterstehenden Grundholden (zumeist Bauern) zu Schutz und Schirm verpflichtet war, während diese gewisse Dienste zu verrichten und eventuell Naturalabgaben zu entrichten hatten. Grundherrschaft im jüngeren, engeren Sinne ist allein die durch (adlige) Standesqualitäten besonders legitimierte Herrschaft über Grund und Boden.

Grundlagenvertrag, → Grundvertrag.

Grundvertrag, Grundlagenvertrag, Kurzbezeichnung für den Vertrag vom 21. 12. 1972 über die Grundlagen der Beziehungen zwischen der Bundesrepublik Deutschland und der Deutschen Demokratischen Republik, in Kraft getreten am 21. 6. 1973. Der am 8. 11. 1972 paraphierte Grundvertrag sollte gutnachbarlichen Beziehungen auf der Grundlage der Gleichberechtigung dienen. Beide Staaten erklärten einen gegenseitigen Gewaltverzicht und verpflichteten sich, Sicherheit und Zusammenarbeit in Europa sowie eine internationale Rüstungsbegrenzung und Abrüstung zu fördern. Sie bekräftigten die Unverletzlichkeit der zwischen ihnen bestehenden Grenze und die uneingeschränkte Achtung ihrer territorialen Integrität. Sie versicherten ihre Bereitschaft, praktische und humanitäre Fragen zu regeln (z. B. Verbesserung des Post- und Fernmeldeverkehrs, Schaffung von Reiseerleichterungen, Familienzusammenführung), und vereinbarten den Austausch »ständiger Vertretungen« (präzisiert mit Protokoll vom 14. 3. 1974). Frühere Verträge und Vereinbarungen – auch mit anderen Partnern – blieben unberührt.

Bestandteil des Vertrages waren neben seinem Text auch ein Zusatzprotokoll, Erklärungen, u. a. ein Vorbehalt der Bundesregierung darüber, dass Staatsangehörigkeitsfragen nicht geregelt wurden, und ein »Brief (der Bundesregierung) zur deutschen Einheit«, worin –

Großer Sprung nach vorn. Um den Chinesen die Kampagne nahe zu bringen, wurden keine Mühen gescheut. Das Foto zeigt Künstler der Oper in Tientsin, die im Juli 1958 auf den Straßen der Stadt die »Generallinie des sozialistischen Aufbaus« verkünden.

analog zum »Moskauer Vertrag« vom 12. 8. 1970 – festgestellt wurde, dass der Grundvertrag »nicht im Widerspruch zu dem politischen Ziel der Bundesrepublik Deutschland steht, auf einen Zustand des Friedens in Europa hinzuwirken, in dem das deutsche Volk in freier Selbstbestimmung seine Einheit wiedererlangt«.

Grünen, Die, 1980–93 bestehende politische Partei, hervorgegangen aus verschiedenen regionalen Gruppen. Die Grünen bekannten sich nach dem Saarbrücker Grundsatzprogramm (1980) zu den Grundwerten »ökologisch – sozial – basisdemokratisch – gewaltfrei«; sie wurden stärkste politische Kraft der ökologischen Bewegung und waren 1983–90 im Deutschen Bundestag vertreten.

PROGRAMMATIK: In Abhebung von den »etablierten« politischen Kräften zählte sich die Partei in ihrem Ursprung zu den neuen sozialen Bewegungen. Im Kontrast zur repräsentativen Demokratie vertrat sie den Gedanken der Basisdemokratie und war stark von Ideen der → außerparlamentarischen Opposition und der neuen Linken der 1960er-Jahre bestimmt. Die bundesdeutsche Wirtschafts- und Sozialordnung sollte ihr zufolge auf neue Grundlagen gestellt werden. Das stärker linksradikal-ökologische Saarbrücker Grundsatzprogramm wurde in späteren Programmen zum reformorientierten Umbau von Staat und Gesellschaft (»Umbauprogramm«, 1986; Erklärung von Neumünster, 1991) z. T. revidiert.

Außenpolitisch forderten Die Grünen eine »aktive Friedenspolitik« der Bundesrepublik Deutschland im Rahmen einer Politik der »Blockunabhängigkeit«. In der Deutschlandpolitik vertraten sie in der Mehrheit bis 1989 entspannungspolitische Forderungen nach umfassender Anerkennung der Deutschen Demokratischen Republik. Eine Minderheit um Petra Kelly befürwortete einen blockfreien deutschen »Sonderweg«; die Partei unterstützte aber konsequent die oppositionelle Friedens- und Bürgerbewegung in der Deutschen Demokratischen Republik.

GESCHICHTE: Auf der Gründungsversammlung am 12./13. 1. 1980 in Karlsruhe versuchten politisch sehr unterschiedliche Kräfte Einfluss auf die neue Partei auszuüben. Unter den beteiligten Organisationen, wurzelnd auch in der sich ab um 1975 formierenden »Bürgeriniativ-Bewegung« und alternativer Protestkultur, befanden sich v. a. die »grünen Listen« sowie die »Grüne Aktion Zukunft« (GAZ). Auf dem Programmparteitag von Saarbrücken (21.–23. 3. 1980) erlangten »basisdemokratische« Vorstellungen und sozialistisch bestimmte Fernziele beherrschenden Einfluss.

Bei den Bundestagswahlen 1980 noch an der 5%-Klausel gescheitert, konnten die Grünen 1983 erstmals mit 5,6% der Zweitstimmen 27 Abgeordnete, 1987 mit 8,3% 42 Abgeordnete in den Deutschen Bundestag entsenden; sie errangen Mandate in zahlreichen bundesdeutschen Länderparlamenten und (seit 1984) im Europäischen Parlament. Erste Regierungskoalitionen mit der SPD in Hessen (1985–87) und in Berlin (West) 1989/90 scheiterten rasch. Es entwickelte sich ein ständiger innerparteilicher Konflikt zwischen Realpolitikern (z. B. Joschka Fischer, Otto Schily, Antje Vollmer) und Fundamentalpolitikern (v. a. Jutta Ditfurth). Neben den ökologischen Anliegen vertraten die Grünen besonders auch ihre außenpolitischen Anliegen, z. B. im Kampf gegen den NATO-Doppelbeschluss.

Im Zuge der gewaltfreien Revolution 1989/90 entstand auch in der DDR am 24. 11. 1989 eine grüne Partei (Bürgerbewegung), die sich nach der Volkskammerwahl vom 18. 3. 1990 mit dem Bündnis der Bürgerbewegungen zu Bündnis 90/Grüne zusammenschloss und in dieser Verbindung nach den ersten gesamtdeutschen Bundestagswahlen (2. 12. 1990) in den ersten gesamtdeutschen Bundestag einzog (6% der Stimmen; 8 Abgeordnete).

1990/91 schlossen sich ostdeutsche Landesverbände den Grünen an. Nach dem »Assoziierungsvertrag« vom November 1992 erfolgte im Mai 1993 der Zusammenschluss von Bündnis 90 und Grünen zu einer neuen politischen Partei (→ Bündnis 90/Die Grünen).

Guderian, Heinz, deutscher Generaloberst (seit 1940), * Culm 17. 6. 1888, † Schwangau 14. 5. 1954; war nach 1934 maßgeblich am Aufbau der deutschen Panzertruppe beteiligt. Guderian hatte im Zweiten Weltkrieg als Truppenführer starken Anteil am raschen Vormarsch der Wehrmacht in Polen, Frankreich und zu Beginn des Russlandfeldzuges. Wegen Differenzen in taktischen Fragen wurde er im Dezember 1941 durch Adolf Hitler von seinem Posten als Befehlshaber der 2. Panzerarmee entlassen. Er war dann seit 21. 2. 1943 Generalinspekteur der Panzertruppen und vom 21. 7. 1944 bis 28. 3. 1945 außerdem mit der Wahrnehmung der Geschäfte des Chefs des Generalstabes des Heeres beauftragt.

Guelfen und Ghibellinen [gu'ɛlfən, 'gɛlfən; gi-], Bezeichnung für die zwei Gruppierungen im mittelalterlichen Italien, deren Entstehung auf die politischen Gegensätze und Kämpfe zwischen Anhängern des Welfen (italienisch »Guelfi«) Otto IV. und des Staufers Friedrich II. (Waiblinger, nach dem alten staufischen Besitz Waiblingen, daraus italienisch »Ghibellini«) in den Jahren 1212–18 zurückgeht. Zuerst um 1240 in Florenz nachweisbar, schieden sich die päpstlich gesinnten Gegner des Kaisertums, die Guelfen, von den Anhängern des Reiches, den Ghibellinen. Nach dem Untergang der Staufer (1268) wurden die Bezeichnungen auf andere politische und soziale

Guernica. Die Bombardierung und Zerstörung der baskischen Stadt im Spanischen Bürgerkrieg durch die deutsche »Legion Condor« rief weltweit Empörung hervor. Picasso malte daraufhin sein berühmtes Antikriegsbild »Guernica« (1937; Madrid, Museo Nacional Centro de Arte Reina Sofía).

(z.B. ständische) Gegensätze übertragen (z.B. Guelfen: Volkspartei, Ghibellinen: Adel). Beide Namen fanden im 14.Jh. erneut Anwendung bei dem Streit zwischen den Kaisern und der Kurie.

Guernica [gɛr'nika], Stadt in der spanischen Region Baskenland, Provinz Vizcaya. Im Spanischen Bürgerkrieg (1936–39) bombardierten Flugzeuge der deutschen Legion Condor am 26.4.1937 die Stadt; 1645 Menschen kamen bei diesem Angriff ums Leben. Auf die Zerstörung der Stadt bezieht sich Pablo Picasso in seinem monumentalen Gemälde »Guernica«, das er im Auftrag der spanischen republikanischen Regierung für den spanischen Pavillon der Weltausstellung in Paris 1937 schuf.

Guevara [ge'βara], Ernesto, genannt »Che Guevara« [tʃe-; span. für »He!«, «Pass mal auf!«], kubanischer Politiker, *Rosario (Argentinien) 14. 6. 1928, †(erschossen) in Bolivien 9.10.1967; entstammte einer wohlhabenden Familie; war ursprünglich Arzt; unterstützte 1953 in Guatemala die Regierung von Jacobo Arbenz Guzmán; ging nach dessen Sturz 1954 nach Mexiko, wo er sich Fidel Castro und dessen Rebellen anschloss, an deren Kampf gegen die Herrschaft von Fulgenico Batista auf Kuba er als Guerillaführer maßgeblich beteiligt war; hatte als Präsident der kubanischen Nationalbank (1959–61) und als Industrieminister (1961–65) wesentlichen Anteil an der Sozialisierung der kubanischen Wirtschaft und Gesellschaft; versuchte 1966 in Bolivien eine revolutionäre Bewegung aufzubauen und wurde im Guerillakampf von der bolivianischen Armee erschossen. Che Guevara wurde eine Leitfigur für Befreiungsbewegungen, besonders in der Dritten Welt; er war zudem eines der Idole der Studentenbewegung von 1968.

Guillaume [gi'jo:m], Günter, deutscher Agent, Oberst der NVA (seit 1981), *Berlin 1.2. 1927, †Petershagen/Eggersdorf (Landkreis Märkisch-Oderland) 10. 4. 1995; kam 1956 im Auftrag des Ministeriums für Staatssicherheit der DDR (MfS) in die Bundesrepublik Deutschland. 1970 gelangte er als Mitglied der SPD (seit 1957) in das Bundeskanzleramt und wurde im Oktober 1972 persönlicher Referent (in Parteiangelegenheiten) des Bundeskanzlers Willy Brandt. Am 24.4.1974 als Spion verhaftet, wurde er am 15. 12. 1975 zu 13 Jahren Freiheitsstrafe u.a. wegen schweren Landesverrats verurteilt, am 1.10. 1981 im Austauschverfahren in die DDR entlassen und war dort u.a. in der Agentenausbildung des MfS tätig.

Guiscard ['giskart, französ. gis'ka:r], Robert, Herzog von Apulien, → Robert Guiscard.

Guise [gi:z, gɥi:z], französisches Herzogsgeschlecht, Nebenlinie des Hauses Lothringen (französ. Lorraine). Stammvater war Claude I., unter dem die Grafschaft Guise 1528 zur herzoglichen Pairie erhoben wurde. Mehrere Mitglieder der Familie waren Herzöge von Aumale sowie von Mayenne. In den Hugenottenkriegen waren die Guise Anführer der katholischen Heiligen Liga. 1675 erlosch das Geschlecht, das Erbe fiel 1688 als Apanage an das Haus Condé, 1830 an das Haus Orléans. Bedeutende Vertreter waren:

1. Charles de Guise [də-], genannt »Kardinal von Lothringen« (französ. »Cardinal de Lorraine«), Erzbischof von Reims (seit 1538) und Kardinal (seit 1547), *Joinville (Dép. Haute-Marne) 17. 2. 1524, †Avignon 26. 12. 1574; Sohn von Claude I. de Lorraine; versuchte, seinem Haus die Krone Frankreichs zu verschaffen. Bereits unter Heinrich II. von großem Einfluss am Hof, übte er unter Franz II. mit seinem Bruder François I. die tatsächliche Macht aus, wurde aber unter Karl IX. zurückgedrängt. Er war ein unversöhnlicher Gegner der Hugenotten; auf dem Trienter Konzil entschied er die Reformfrage im Sinn der päpstlichen Partei.

2. Henri I. de Lorraine [də lɔ'rɛn], genannt »le Balafré« [lə bala'fre, »der Narbige«], 3. Herzog von Guise (seit 1563), *Joinville (Département Haute-Marne) 31. 12. 1550, †(ermordet) Blois 23.12. 1588; Sohn von François I. de Lorraine, Großvater von Henri II. de Lorraine; kämpfte ab 1567 gegen Guise de Coligny und

Ernesto »Che« Guevara

die Hugenotten und war an Vorbereitung und Ausführung der Morde in der →Bartholomäusnacht maßgeblich beteiligt. 1576 gründete er die Heilige Liga und schloss 1585 ein Bündnis mit Spanien, um die französische Krone zu erlangen. König Heinrich III. widersetzte sich v. a. der spanienfreundlichen Politik des Herzogs, weshalb dieser ihn durch den Pariser »Barrikadenaufstand« (Mai 1588) in seine Gewalt bringen ließ. Der König ernannte ihn zum Generalstatthalter des Königreichs und berief die Generalstände nach Blois, wo der übermächtige Rivale in seinem Auftrag ermordet wurde.

Gupta. Die zur Zeit der Guptadynastie entstandene Kunst gilt aufgrund von Ruhe, Harmonie und gleichzeitiger Anmut in der Formensprache ihrer Bildwerke als eine Stufe klassischer Vollendung und als ein Höhepunkt in der indischen Kunstentwicklung (Relief in der buddhistischen Höhlenanlage von Ajanta, 5. Jh. n. Chr.).

Guizot [gi'zo], François, französischer Politiker und Historiker, *Nîmes 4. 10. 1787, †Val-Richer (Département Calvados) 12. 9. 1874; wurde 1812 Professor für neuere Geschichte an der Sorbonne, 1836 Mitglied der Académie française. Als konstitutioneller Monarchist (Anhänger der »Charte« von 1814) gründete Guizot die gemäßigt konservative Parteigruppierung der »Doktrinäre« und bekämpfte das reaktionäre Regiment Karls X. Unter Louis Philippe war er als führender Vertreter des »Juste-Milieu« zunächst Innen- (1830), Erziehungs- (1832–37), dann Außenminister (1840–48) und Ministerpräsident (1847/48). Nach außen wahrte er den Frieden, im Innern suchte er Ordnung und materiellen Wohlstand zu verwirklichen, lehnte aber Sozialreformen und die Ausweitung des Wahlrechts ab. Diese Haltung wie auch die Folgen einer Wirtschaftskrise (1846/47) führten 1848 zum Ausbruch der Februarrevolution.

GULAG, GULag, Abk. für russisch **Glawnoje Uprawlenije Lagerej,** die Hauptverwaltung des Straflagersystems in der UdSSR seit Beginn der 1930er-Jahre. In den ihr unterstehenden Lagern waren insbesondere zur Zeit der Zwangskollektivierung der Landwirtschaft und der »Großen Säuberung« (1935–39, →Tschistka), aber auch nach dem Zweiten Weltkrieg Millionen von Menschen inhaftiert. Die internierten Lagerinsassen mussten schwerste Zwangsarbeit, v. a. in Bergwerken, beim Straßen-, Eisenbahn- und Kanalbau leisten; viele Häftlinge kamen ums Leben. Nach Stalins Tod (1953) wurden noch im selben Jahr viele politische Häftlinge der Lager amnestiert, die offizielle Auflösung des Administrativsystems des GULAG erfolgte im Rahmen der Entstalinisierung 1956.

Gunpowder Plot [engl. 'gʌnpaʊdə plɔt], →Pulververschwörung.

Günther, als Günther XXI. Graf von Schwarzburg-Blankenburg (seit 1326), *Blankenburg 1304, †Frankfurt am Main 14. 6. 1349; wurde am 30. 1. 1349 auf Betreiben der wittelsbachischen Parteigänger zum Gegenkönig Karls IV. erhoben. Am 26. 5. 1349 verzichtete der schwer erkrankte Günther, in diplomatisch und militärisch ungünstiger Position, im Vertrag von Eltville gegen finanzielle Entschädigung auf seine Thronansprüche.

Gupta, nordindische Dynastie unbekannter Herkunft, die im 4. Jh. zur Herrschaft gelangte. Ihr Stammland lag wohl in der Gegend von Benares (Varanasi) und Allahabad; zum Kerngebiet ihres späteren Großreiches (Guptareich) wurde Maghada (etwa das heutige Bihar) mit Pataliputra (Patna). Die Geschichte der Gupta begann mit Candragupta I. (320 bis etwa 335). Dessen Sohn Samudragupta (etwa 335–375) begründete die Großmachtstellung der Dynastie. Den Höhepunkt der Machtentfaltung sowie eine Zeit wirtschaftlicher und kultureller Größe (Blütezeit der Sanskritdichtung) erlebte das Guptareich unter Candragupta II. (375–413/415). Er vereinigte Nordindien von der Gangesmündung bis jenseits des Indus im heutigen Nordpakistan und bis hinab zu den Mündungen von Indus und Narmada in einem Reichsverband, der auch weite Teile Zentralindiens einschloss. Der unter Skandagupta (455–467) einsetzende, vorerst noch abgewehrte Hunnensturm erschütterte das Reich; letzter bedeutender Herrscher war Budhagupta (467–497); seit dem frühen 6. Jh. beherrschten die Hunnen große Teile des Reiches.

Gurkha, [nach der Stadt Gurkha nordwestlich von Katmandu], **Ghurka, Gorkha,**

1) hinduistisches Volk, das 1768/69 Nepal eroberte und seither die Führungsschicht stellt.

2) die autochthonen Bergvölker in Nepal, die in einem schmalen Streifen zwischen den Tibetern (im Norden) und den Indern (im Süden) leben, von beiden Seiten stark beeinflusst

wurden, jedoch ihre ethnische und sprachliche Eigenständigkeit weitgehend wahren konnten. Sie hängen z.T. dem Hinduismus, z.T. dem Lamaismus an. Zu ihnen gehören Magar, Gurung, Tamang, Thakur und Tschetri.

3) Bezeichnung für die seit 1815 in der britischen Armee dienenden Soldaten nepalesischer Herkunft.

GUS, Abk. für die → Gemeinschaft Unabhängiger Staaten.

Gustav I. Eriksson Wasa, König von Schweden (seit 1523), * Rydboholm (oder Lindholmen) 12. 5. 1496 (nach anderen Angaben 3. 5. 1497), † Stockholm 29. 9. 1560; Großvater von Gustav II. Adolf; Stammvater des königlichen Hauses Wasa. Während des kriegerischen Konfliktes zwischen Christian II. von Dänemark und dem schwedischen Reichsverweser Sten Sture dem Jüngeren wurde der mit Sture durch Heirat verwandte Gustav als Geisel nach Dänemark gebracht (1518). Gustav konnte 1519 nach Lübeck fliehen und von dort 1520 nach Schweden zurückkehren. Nach dem »Stockholmer Blutbad« (November 1520) stellte er sich an die Spitze des Kampfes gegen Dänemark. Mithilfe Lübecks gelang es Gustav, Schweden zu gewinnen. Bereits seit August 1521 Reichsverweser, wurde er nach der faktischen Auflösung der Kalmarer Union am 6. 6. 1523 zum König gewählt. Die Finanznot der Krone, v.a. durch die Schuldabzahlung an Lübeck für seine Hilfe, löste Gustav durch die Einziehung des Kirchengutes; gleichzeitig wurde die Reformation nach deutschem Vorbild begonnen. Durch die Grafenfehde verlor Lübeck seine Handelsprivilegien, und Gustav suchte die Handelsverbindungen mit den Niederlanden und mit Frankreich zu verstärken. Auf dem Reichstag in Västerås setzte er 1544 die Errichtung des Erbkönigtums für das Haus Wasa durch.

Gustav II. Adolf, König von Schweden (seit 1611), * Stockholm 19. 12. 1594, † (gefallen) bei Lützen 16. 11. 1632; Sohn von Karl IX. und seiner zweiten Frau Christina von Holstein; Enkel von Gustav I. Eriksson Wasa. Gegen Garantie umfassender ständischer Rechte erklärte der Reichstag den knapp siebzehnjährigen Gustav Adolf 1611 nach dem Tod seines Vaters für mündig. Mit einer Reihe innerer Reformen ermöglichte der König unter maßgeblicher Mitwirkung des neu ernannten Reichskanzlers Axel Gustav Graf Oxenstierna die schwedische Großmachtpolitik des 17. Jh.: Regierung durch fünf Ressorts, Neuordnung der Zentralverwaltung und der Rechtsprechung; ausschlaggebende Bedeutung erlangten die Heeresreform (Verbesserung von Ausbildung und Bewaffnung von Untertanen bei Verzicht auf eine kostspielige Söldnerarmee) und die zielstrebige Forcierung der wirtschaftlichen Entwicklung.

In den Friedensschlüssen von Knäred (1613) und Stolbowo (1617) beendete Gustav II. Adolf die von seinem Vater begonnenen Kriege mit Dänemark und Russland. Der Gewinn Ingermanlands und Ostkareliens von Russland ermöglichte ein ungehindertes militärisches Vorgehen gegen Sigismund III., der als Neffe Karls Ansprüche auf den Thron ehob, jedoch im polnisch-schwedischen Waffenstillstand von 1629 den Verlust Livlands hinnehmen musste. Beunruhigt durch das Vordringen der habsburgisch-kaiserlichen Macht in den Ostseeraum, bereitete Gustav II. Adolf das schwedische Eingreifen in den Dreißigjährigen Krieg vor. Das Zusammenwirken mit der von Kardinal Richelieu geleiteten französischen Politik ermöglichte es Gustav II. Adolf, die am 4. 7. 1630 mit der Landung in Pommern (auf der Insel Usedom) begonnene Offensive fortzusetzen. Er besiegte die kaiserlichen Truppen in allen Schlachten, bis er bei Lützen in einer Schlacht gegen Albrecht von Wallenstein fiel (16 11. 1632).

Gustav I. Eriksson Wasa

Gutsherrschaft, seit dem 15. Jh. in Ostmitteleuropa anstelle der mittelalterlichen → Grundherrschaft ausgebildete Form des Großgrundbesitzes, gekennzeichnet durch Geschlossenheit ihres Bereichs, Ortsherrschaft und häufig Schlüsselstellung der herrschaftlichen Eigenwirtschaft im Dorfverband. Der Gutsherr war auch im staatsrechtlichen Sinn Obrigkeit. Der Gutsbezirk wurde im 19. Jh. einer Landgemeinde gleichgestellt. Im Zuge der Bauernbefreiung entfiel die politische Seite (Herrenstellung), doch blieb die wirtschaftliche Vorherrschaft erhalten. 1927 wurden die Gutsbezirke im Wesentlichen aufgelöst.

GVP, Abk. für → Gesamtdeutsche Volkspartei.

Gustav II. Adolf

Gyges, König von Lydien (seit 685 v. Chr.?), † (gefallen) 652 v. Chr.; Begründer der Dynastie der Mermnaden; bemächtigte sich der Herrschaft durch Entthronung des letzten Königs aus der assyrischen Herakliden-dynastie, Kandaules; unternahm erfolgreiche Eroberungszüge gegen die kleinasiatischen Griechenstädte und fiel bei der Eroberung der lydischen Hauptstadt Sardes durch die Kimmerier.

H

Haager Abkommen, Haager Konventionen, zahlreiche Vereinbarungen der in Den Haag abgehaltenen Konferenzen, die teils dem Völkerrecht, teils dem Privatrecht zuzuordnen sind. Sie dienen der Kodifikation von Teilgebieten des Völkerrechts, der Vereinheitlichung des internationalen Privatrechts und des innerstaatlichen materiellen Rechts und Verfahrensrechts sowie der internationalen Rechtshilfe.

Zum völkerrechtlichen Bereich gehören insbesondere die auf den Haager Friedenskonferenzen von 1899 und 1907 beschlossenen Übereinkünfte. 1899 wurden drei Abkommen unterzeichnet, darunter eines, das die Grundsätze der Genfer Rotkreuzkonvention von 1864 auf den Seekrieg ausdehnte. Am Ende der Konferenz von 1907 wurden 13 Abkommen unterzeichnet, die im juristischen Sprachgebrauch als I.–XIII. Haager Abkommen abgekürzt werden.

Haager Friedenskonferenzen, die durch eine Initiative des russischen Kaisers Nikolaus II. zustande gekommenen Konferenzen in Den Haag (18. 5.-29. 7. 1899 mit Vertretern von 26 Staaten, 15. 6.-18. 10. 1907 mit Vertretern von 44 Staaten). Sie wurden einberufen, um die Regeln für die friedliche Streitbeilegung, die Begrenzung und Verhütung von Kriegen, das Verhalten der Krieg führenden Staaten und v.a. die Abrüstung zu regeln. Letzteres gelang nicht. Jedoch brachten die Haager Friedenskonferenzen eine Reihe von Abkommen hervor, z.B. das →Haager Abkommen.

Haager Landkriegsordnung, Abk. **HLKO,** die »Ordnung der Gesetze und Gebräuche des Landkriegs«, auf die sich 44 auf der zweiten Haager Friedenskonferenz vertretene Staaten am 18. 10. 1907 im IV. Haager Abkommen einigten. Die Anwendbarkeit der HLKO war von Anfang an auf die Fälle beschränkt, in denen alle Krieg Führenden auch Vertragsparteien des Abkommens sind. Dadurch entfiel die Verbindlichkeit der HLKO in zahlreichen Kriegen. Der materiellrechtliche Teil ist nicht im Abkommen selbst, sondern in einer Anlage hierzu enthalten. Die HLKO definiert den Begriff des Krieg Führenden. Ihr liegt die Unterscheidung zwischen der bewaffneten Macht und der Zivilbevölkerung zugrunde. Innerhalb der bewaffneten Macht unterscheidet sie zwischen Kombattanten und Nichtkombattanten. Beide haben den Anspruch, im Falle der Gefangennahme als Kriegsgefangene behandelt zu werden (Guerilla). Ein großer Teil des aus 56 Artikeln bestehenden Vertragswerks betrifft die Behandlung der Kriegsgefangenen. Diese »sollen mit Menschlichkeit behandelt« und »nach dem Friedensschlusse binnen kürzester Frist in ihre Heimat entlassen werden«. Nur sieben Artikel betreffen Kampfmittel und Kampfmethoden, darunter das Verbot der Verwendung von Giftgasen und das Verbot der Beschießung unverteidigter Städte, Dörfer und Wohnstätten. Grundregel bei der Ausübung militärischer Gewalt auf besetztem Gebiet ist die Pflicht der Besatzungsmacht, »das öffentliche Leben wieder herzustellen und aufrechtzuerhalten, und zwar, soweit kein zwingendes Hindernis besteht, unter Beachtung der Landesgesetze«. Diese Grundregeln gelten noch heute. Sie werden ergänzt durch die vier Genfer Abkommen vom 12. 8. 1949 mit den dazugehörigen zwei Zusatzprotokollen von 1977.

Haager Friedenskonferenzen. Zu Beginn des 20. Jh. unternahm die internationale Politik verstärkte Bemühungen zur schiedsgerichtlichen Beilegung internationaler Streitfälle und Abrüstungsprobleme – hier die Delegierten der Friedenskonferenz von 1907 im Konferenzsaal.

Haase, Hugo, deutscher Politiker, *Allenstein 29. 9. 1863, †(Attentat) Berlin 7. 11. 1919; war zunächst Rechtsanwalt. Als Führer der ostpreußischen Sozialdemokratie war Haase 1897–1907 und 1912–18 Mitglied des Reichstags, 1911 einer der beiden Parteivorsitzenden der SPD (bis 1913 gemeinsam mit August Bebel, dann mit Friedrich Ebert), 1912–15 mit Philipp Scheidemann auch Fraktionsvorsitzender der SPD. Während des Ersten Weltkriegs geriet Haase als scharfer Gegner der Kriegskredite durch seine Zustimmungsverweigerung in unüberbrückbaren Gegensatz zur Fraktionsmehrheit. Als Wortführer der innerparteilichen Opposition leitete er seit März 1916 die Sozialdemokratische Arbeitsgemeinschaft und übernahm Ostern 1917 den Vorsitz der USPD. Vom 10. 11. bis 29. 12. 1918 gehörte Haase dem →Rat der Volksbeauftragten an.

Habeas-Corpus-Akte [latein. habeas corpus »du habest den Körper«], grundlegendes englisches Gesetz von 1679 zum Schutz der persönlichen Freiheit, wonach kein englischer Untertan ohne richterliche Überprüfung und Anordnung in Haft genommen und in Haft gehalten werden darf. Außerdem wird darin das Haftverfahren geregelt. Die Habeas-

Habsburger. Machtbereich um 1550

Corpus-Akte entstand als Reaktion auf willkürliche Verhaftungen unter Karl II.; sie erweiterte Freiheitsrechte, die in der Magna Charta (1215) und in der Petition of Right (1628) garantiert worden waren. Befristete Aufhebung dieser Garantien sind nur bei Gefährdung der öffentlichen Sicherheit durch Parlamentsbeschluss zulässig.

Habsburger, europäische Dynastie, die sich nach der Habsburg im Aargau benannte. Sie geht wahrscheinlich auf Guntram den Reichen zurück und hatte Besitz im Elsass, am Oberrhein und zwischen Aare und Reuss. Seit 1135 sind die Habsburger als Landgrafen im Oberen Elsass, seit 1170 als Grafen im Zürichgau nachweisbar.

RÖMISCHE KÖNIGE UND KAISER: Rudolf I. erlangte am 1. 10. 1273 als erster Habsburger das Königtum im Heiligen Römischen Reich (1273–91) und gewann die Herzogtümer Österreich und Steiermark mit der Belehnung seiner Söhne Albrecht I. und Rudolf II. Römische Könige waren auch sein Sohn Albrecht I. (1298–1308) und Herzog Friedrich der Schöne (1314–30). Während die Habsburger im 14. und 15. Jh. fast alle althabsburgischen Besitzungen in der Schweiz verloren, erwarben sie 1335 Kärnten und Krain, 1363 Tirol, 1368 Freiburg und die Landgrafschaft Breisgau, 1382 Triest und 1500 Görz. Damit waren die Voraussetzungen für die Hausmacht der Habsburger geschaffen. Durch Teilung 1379 entstanden die albertinische (Nieder- und Oberösterreich) und die leopoldinische Linie (Steiermark, Kärnten, Krain, Tirol), die sich 1411 weiter verzweigte. Seit Albrecht II. (1438/39) wieder Römische Könige, gewannen die Habsburger 1452 mit dem die Grundlagen für den späteren Aufstieg bereitenden Friedrich III. (1440–93) die Kaiserkrone des Heiligen Römischen Reiches und blieben bis zu dessen Ende 1806 Träger des Römischen Kaisertums.

Mit Maximilian I. (1486/93–1519) kam der habsburgische Besitz 1493 wieder in eine Hand. Die besonders von ihm erfolgreich betriebene dynastische Heiratspolitik brachte das burgundische Erbe (1477/82) sowie Spanien mit Neapel-Sizilien und den Kolonien in Amerika an die Habsburger (1506/16); es vollzog sich ihr Aufstieg zur europäischen Großdynastie. Unter Kaiser Karl V. (1519–54/56) erreichten die Habsburger weltpolitische Geltung. In den Verträgen von Worms (21. 4. 1521) und Brüssel (7. 2. 1522) überließ Karl V. die österreichischen Erblande seinem Bruder Ferdinand I. Damit entstanden die spanische und deutsche (österreichische) Linie. Nach dem Tod Karls V. (1556) kam es zur Trennung der spanischen und der deutschen Linie der Gesamtdynastie. Die spanische Linie bestimmte mit Karls Sohn Philipp II. den Höhepunkt der Macht des Gesamthauses; der deutschen Linie gelang erst nach 1683 mit der Schlacht am Kahlenberg vor Wien die österreichische Großmachtbildung. Trotz der zahlreiche Verwandtenehen zwischen beiden Linien, die Degenerationserscheinungen zur Folge hatten, konnten die Habsburger nach dem Erlöschen der

HABSBURGER *Stammtafel (Auswahl)*

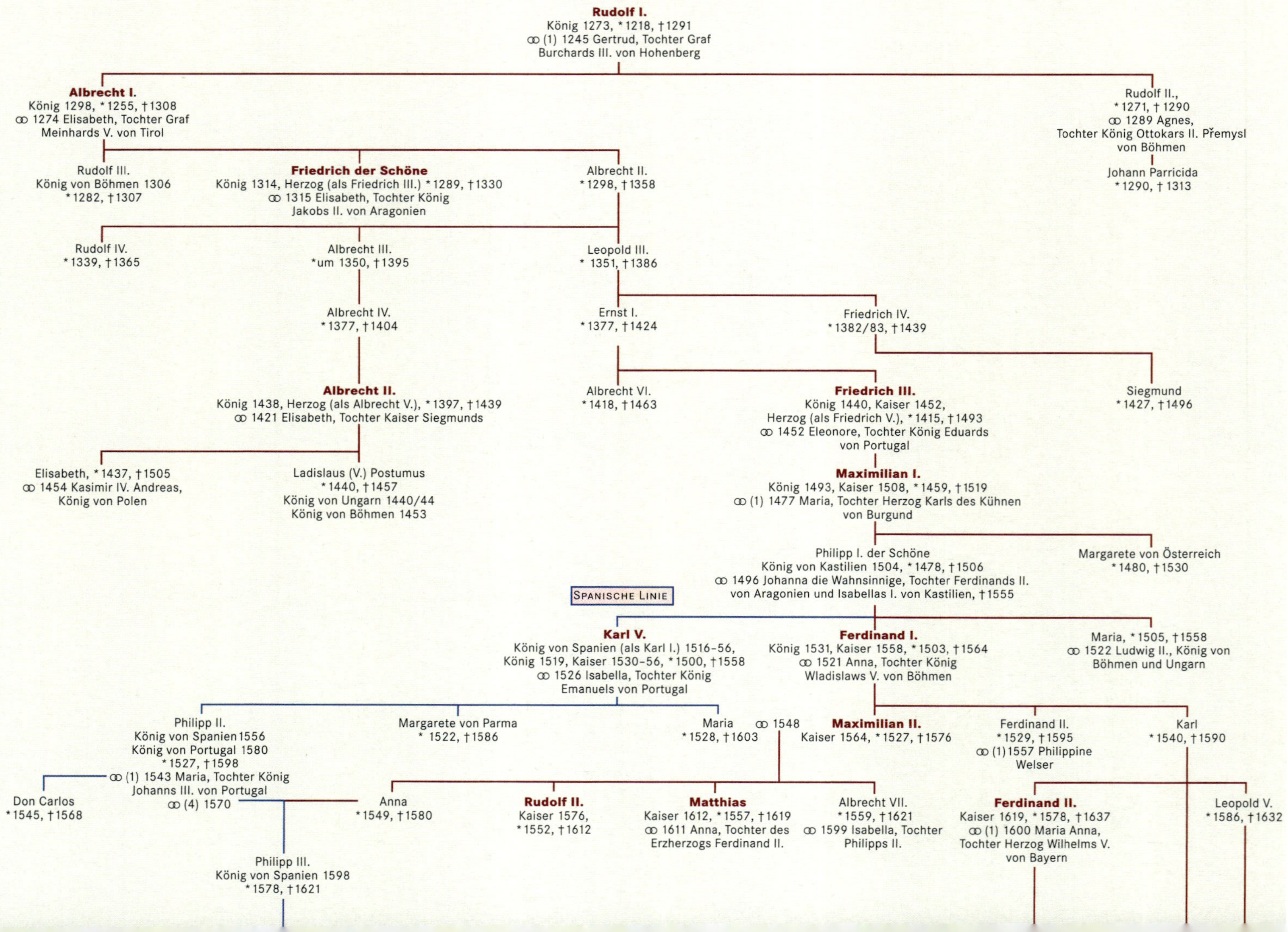

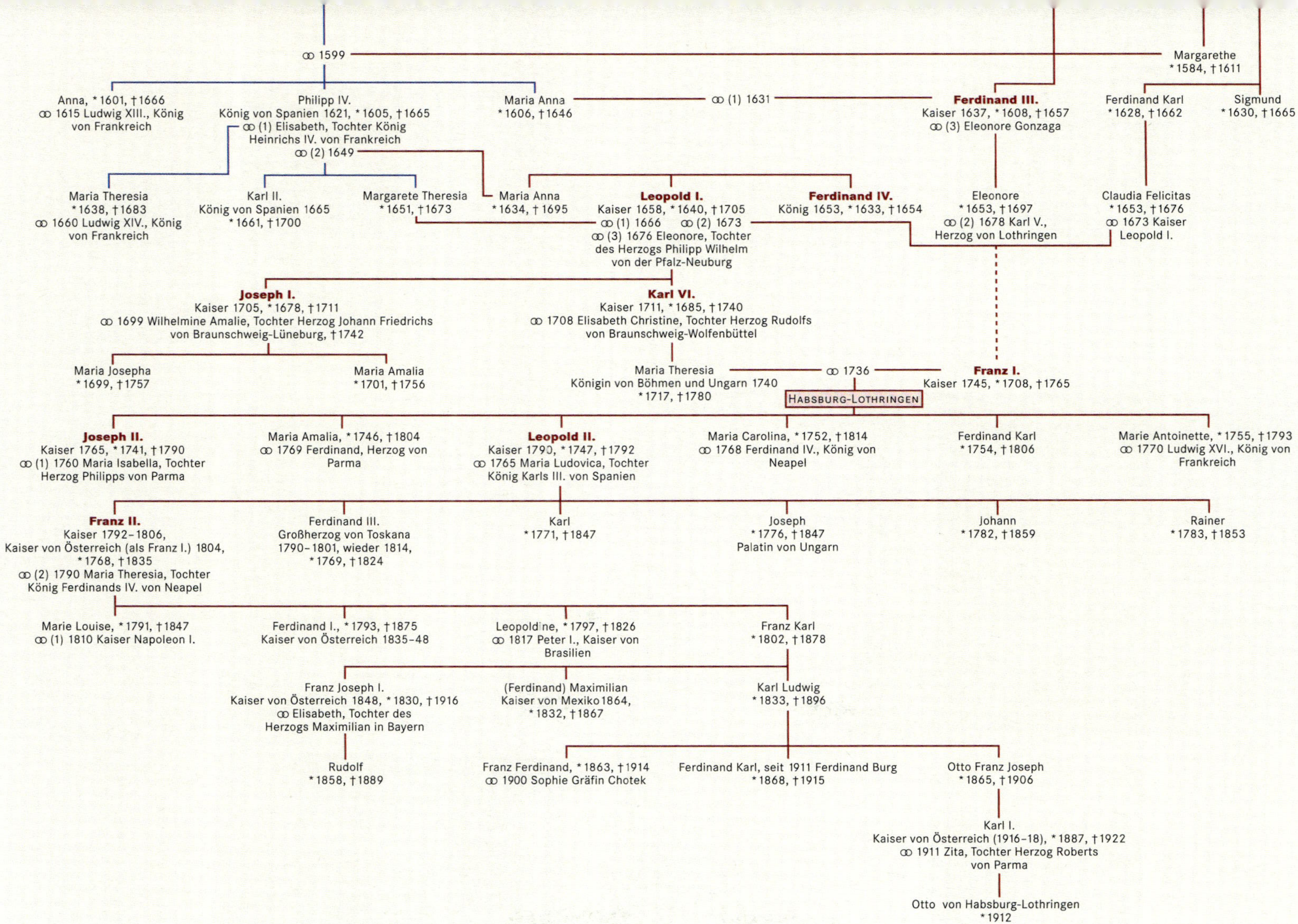
∞ 1599
Margarethe
*1584, †1611
Anna, *1601, †1666
∞ 1615 Ludwig XIII., König von Frankreich
Philipp IV.
König von Spanien 1621, *1605, †1665
∞ (1) Elisabeth, Tochter König Heinrichs IV. von Frankreich
∞ (2) 1649
Maria Anna
*1606, †1646
∞ (1) 1631
Ferdinand III.
Kaiser 1637, *1608, †1657
∞ (3) Eleonore Gonzaga
Ferdinand Karl
*1628, †1662
Sigmund
*1630, †1665
Maria Theresia
*1638, †1683
∞ 1660 Ludwig XIV., König von Frankreich
Karl II.
König von Spanien 1665
*1661, †1700
Margarete Theresia
*1651, †1673
Maria Anna
*1634, †1695
Leopold I.
Kaiser 1658, *1640, †1705
∞ (1) 1666 ∞ (2) 1673
∞ (3) 1676 Eleonore, Tochter des Herzogs Philipp Wilhelm von der Pfalz-Neuburg
Ferdinand IV.
König 1653, *1633, †1654
Eleonore
*1653, †1697
∞ (2) 1678 Karl V., Herzog von Lothringen
Claudia Felicitas
*1653, †1676
∞ 1673 Kaiser Leopold I.
Joseph I.
Kaiser 1705, *1678, †1711
∞ 1699 Wilhelmine Amalie, Tochter Herzog Johann Friedrichs von Braunschweig-Lüneburg, †1742
Karl VI.
Kaiser 1711, *1685, †1740
∞ 1708 Elisabeth Christine, Tochter Herzog Rudolfs von Braunschweig-Wolfenbüttel
Maria Josepha
*1699, †1757
Maria Amalia
*1701, †1756
Maria Theresia
Königin von Böhmen und Ungarn 1740
*1717, †1780
∞ 1736
Franz I.
Kaiser 1745, *1708, †1765
Habsburg-Lothringen
Joseph II.
Kaiser 1765, *1741, †1790
∞ (1) 1760 Maria Isabella, Tochter Herzog Philipps von Parma
Maria Amalia, *1746, †1804
∞ 1769 Ferdinand, Herzog von Parma
Leopold II.
Kaiser 1790, *1747, †1792
∞ 1765 Maria Ludovica, Tochter König Karls III. von Spanien
Maria Carolina, *1752, †1814
∞ 1768 Ferdinand IV., König von Neapel
Ferdinand Karl
*1754, †1806
Marie Antoinette, *1755, †1793
∞ 1770 Ludwig XVI., König von Frankreich
Franz II.
Kaiser 1792–1806,
Kaiser von Österreich (als Franz I.) 1804,
*1768, †1835
∞ (2) 1790 Maria Theresia, Tochter König Ferdinands IV. von Neapel
Ferdinand III.
Großherzog von Toskana
1790–1801, wieder 1814,
*1769, †1824
Karl
*1771, †1847
Joseph
*1776, †1847
Palatin von Ungarn
Johann
*1782, †1859
Rainer
*1783, †1853
Marie Louise, *1791, †1847
∞ (1) 1810 Kaiser Napoleon I.
Ferdinand I., *1793, †1875
Kaiser von Österreich 1835–48
Leopoldine, *1797, †1826
∞ 1817 Peter I., Kaiser von Brasilien
Franz Karl
*1802, †1878
Franz Joseph I.
Kaiser von Österreich 1848, *1830, †1916
∞ Elisabeth, Tochter des Herzogs Maximilian in Bayern
(Ferdinand) Maximilian
Kaiser von Mexiko 1864,
*1832, †1867
Karl Ludwig
*1833, †1896
Rudolf
*1858, †1889
Franz Ferdinand, *1863, †1914
∞ 1900 Sophie Gräfin Chotek
Ferdinand Karl, seit 1911 Ferdinand Burg
*1868, †1915
Otto Franz Joseph
*1865, †1906
Karl I.
Kaiser von Österreich (1916–18), *1887, †1922
∞ 1911 Zita, Tochter Herzog Roberts von Parma
Otto von Habsburg-Lothringen
*1912

Hadrian. Zur Sicherung des Römischen Reichs ließ Hadrian weitläufige Grenzbefestigungen errichten. Der nach ihm benannte »Hadrianswall« zieht sich nördlich des Tyne-Tals zwischen Carlisle und Newcastle upon Tyne über 120 km durch das nördliche England und war (mit einer kurzen Unterbrechung) zweieinhalb Jahrhunderte die Nordgrenze des Imperium Romanum.

spanischen Linie (1700) nur die europäischen Nebenländer des spanischen Erbes gewinnen (→ Spanischer Erbfolgekrieg).

Der Stammvater der österreichischen Linie, Ferdinand I., gewann 1526/27 Böhmen und Ungarn. Durch die »Ferdinandeische Haus-(Hof-)Ordnung« von 1554 entstanden drei deutsche Linien: die österreichische erlosch 1619 mit Kaiser Matthias; es folgte mit Ferdinand II. (1619–37) die steirische Linie, die 1665 auch die tirolische Linie beerbte (1619 bis 1740 Träger des Kaisertums). Da Karl VI. keine männlichen Nachkommen hatte, setzte er in der Pragmatischen Sanktion vom 19. 4. 1713 die Unteilbarkeit der habsburgischen Lande und die Erbfolge seiner Tochter Maria Theresia fest. Durch deren Ehe mit Herzog Franz Stephan von Lothringen entstand das im 19. und 20. Jh. weit verzweigte Haus Habsburg-Lothringen (genealogisch: Lothringer).

Hadrian

KAISERTUM ÖSTERREICH UND DOPPELMONARCHIE ÖSTERREICH-UNGARN: Franz II. war der letzte Kaiser des Heiligen Römischen Reiches; bereits 1804 hatte er den Titel eines Kaisers von Österreich (Franz I.) angenommen. Von Habsburgern regiert wurden bis 1859 das Großherzogtum Toskana als Sekundogenitur und das Herzogtum Modena als Tertiogenitur (Haus Österreich-Este). Der Bruder des Kaisers Franz Joseph I., Maximilian, war 1864–67 Kaiser von Mexiko. Unter Franz Joseph I. (1848–1916) wurde das Kaisertum Österreich 1867 in die Doppelmonarchie Österreich-Ungarn umgewandelt. Franz Josephs Großneffe, Karl I. (ab 1916), musste am 11. 11. 1918 auf den Thron verzichten. Die Republik Österreich hob durch das Gesetz vom 3. 4. 1919 (bei Übernahme seines Vermögens) die Herrscherrechte des Hauses Habsburg-Lothringen auf und verwies alle Habsburger, die nicht auf ihre Vorrechte verzichteten, des Landes. 1955 wurde das Habsburgergesetz Bestandteil des Österreichischen Staatsvertrages und erhielt Verfassungsrang. In Ungarn wurden die Habsburger durch das Gesetz vom 6. 11. 1921 des Thrones für verlustig erklärt.

Hadrian, eigentlich Publius Aelius Hadrianus, Kaiser des Römischen Reichs (117–138), *Italica in Spanien 24. 1. 76, †Baiae (heute Baia) 10. 7. 138; wuchs im Haus seines Verwandten Trajan auf, heiratete dessen Großnichte Vibia Sabina (um 100) und beteiligte sich an beiden Dakerkriegen des Kaisers. Als Statthalter von Syrien wurde Hadrian nach der (angeblichen?) testamentarischen Adoption durch Trajan (†8. 8. 117) am 11. 8. 117 in Antiochia zum Kaiser ausgerufen. Wegen der finanziellen Erschöpfung und der Unruhen im Reich, besonders des noch nicht beendeten Aufstandes der Juden (115–117), verzichtete Hadrian auf alle Eroberungen Trajans im Osten und beschränkte sich auf die Sicherung des Reiches, u.a. durch eine Heeresreform sowie die Anlage und den Ausbau von Grenzwällen in Britannien (»Hadrianswall«) und Germanien (→ Limes). In zwei großen Reisen besuchte Hadrian fast alle Provinzen, gründete viele Städte, u.a. Hadrianopolis (heute Edirne) und Antinoe/Antinupolis, und entfaltete eine rege Bautätigkeit im Reich und in Rom: In der Hauptstadt erfolgte der Neubau des Pantheons, der Bau des Venus-und-Roma-Doppeltempels und des Mausoleums, der heutigen Engelsburg; ferner wurden die Hadriansvilla in Tivoli, die Hadriansstadt, die Bibliothek und das Olympieion in Athen, das zugleich Sitz des von Hadrian gegründeten panhellenischen Bundes wurde, errichtet. Hadrians Plan, eine Kolonie (Aelia Capitolina) auf dem Boden des 70 zerstörten Jerusalem zu errichten, führte zu einem neuen Aufstand der Juden unter Bar Kochba (132–135). Im Innern ordnete Hadrian die Verwaltung unter besonderer Heranziehung des Ritterstandes neu und veranlasste eine Rechtskodifikation (Edictum perpetuum). Der hoch begabte Hadrian war selbst literarisch tätig und förderte als »Philosophenkaiser« die lateinische und besonders die griechische Literatur und Kunst.

Hadrian IV., Papst (1154–59), früher Nikolaus Breakspear, *1110/20, †Anagni 1. 9. 1159; war bisher einziger Papst englischer Nationalität. Auf Festigung der Herrschaft des Papsttums im Kirchenstaat und strenge Reform bedacht, gelang ihm die Unterdrückung der durch Arnold von Brescia in Rom verursachten Unruhen. Im beginnenden Ringen zwischen Papsttum und Kaisertum um die Weltherrschaft kam er in Widerstreit mit Friedrich I. Barbarossa, starb jedoch vor dem offenen Ausbruch des Kampfes.

Hadrian VI., Papst (1522–23), früher Adrian Florisz. Boyens, Adrian von Utrecht,

*Utrecht 2. 3. 1459, †Rom 14. 9. 1523; Niederländer und bis zur Wahl Johannes Pauls II. (1978) letzter nicht italienischer Papst; war Schüler der Fraterherren in Zwolle, ein wissenschaftlich bedeutender Lehrer und fruchtbarer theologischer Schriftsteller in Löwen, seit 1517 Kardinal. Seit 1507 war Hadrian Erzieher des späteren Kaisers Karl V. Von asketischer Strenge, strebte er als Papst nach einer gründlichen Reform der Kirche, um der Glaubenserneuerung in Deutschland entgegenzuarbeiten, starb jedoch zu früh, um sich durchsetzen zu können.

Hakenkreuzflagge, von den Nationalsozialisten verwendete Flagge, seit dem 12. 3. 1933 eine der Hoheitsflaggen, durch das Reichsflaggengesetz vom 15. 9. 1935 die alleinige National- und Handelsflagge des Deutschen Reiches bis 1945.

Håkon VI. Magnusson [norweg. 'ho:kɔn 'maŋnusɔn], König (seit 1355), *1339, †1380; Sohn des Königs Magnus Eriksson von Schweden und Norwegen. 1343 wurde Håkon zu dessen Nachfolger in Norwegen bestimmt, übernahm dort 1355 eigenständig die Regierung, war 1362–63 auch König in Schweden. Seine Hochzeit mit Margarete I., der Tochter von Waldemar IV. Atterdag, begründete 1363 die in die →Kalmarer Union führende Vereinigungspolitik der drei nordischen Reiche.

Håkon VII. [norweg. 'ho:kɔn], König (seit 1905), *Charlottenlund (heute zu Kopenhagen) 3. 8. 1872, †Oslo 21. 9. 1957; wurde bei der Aufhebung der Personalunion zwischen Norwegen und Schweden am 18. 11. 1905 durch Volksabstimmung zum König Norwegens gewählt. In beiden Weltkriegen trat Håkon für die neutrale Haltung der drei nordischen Staaten ein. Bei der deutschen Besetzung Norwegens im April 1940 befahl er den Widerstand der norwegischen Truppen. Nach deren Niederlage weigerte er sich, die Regierung von Vidkun Quisling anzuerkennen, und ging nach Großbritannien ins Exil.

Haldane ['hɔ:ldeɪn], Richard, 1. Viscount Haldane of Cloan (seit 1911), britischer Politiker und philosophischer Schriftsteller, *Edinburgh 30. 7. 1856, †Cloan (bei Perth, Schottland) 19. 8. 1928; war 1885–1911 liberales Mitglied des Unterhauses; setzte sich als ehemaliger Student der Philosophie in Göttingen und Freund deutscher Wissenschaft für eine Reform der britischen Universität nach deutschem Vorbild ein. Als Kriegsminister (1905–12) führte er eine Neuordnung des britischen Heeres nach preußisch-deutschem Muster durch. 1912 verhandelte er in Berlin erfolglos über eine deutsch-britische Verständigung in der Flottenfrage. 1912–15 und 1924 war Haldane Lordkanzler.

Hallstattkultur, nach dem Gräberfeld oberhalb von Hallstatt benannte vorgeschichtliche Kultur mit Schwerpunkt im südlichen Mitteleuropa, wichtigster Vertreter der älteren Stufe der mittel- und westeuropäischen →Eisenzeit. Man unterscheidet einen westlichen Kreis (Ostfrankreich, Süddeutschland, Schweiz, westliches Österreich) und einen östlichen Kreis (östliches Österreich, westliches Ungarn, Slowenien, Nordwestkroatien). Der Erstere umfasste die Kultur der frühen Kelten, der Letztere die illyrischen Völker der älteren Eisenzeit. Die Abgrenzung zwischen den beiden Kreisen ist ebenso umstritten wie die gegenüber den benachbarten Kulturgruppen.

Die größte technische Leistung der Hallstattkultur war die Einführung des Eisens als Nutzmetall (zunächst meist für Schwertklingen). Doch blieb die Bronze- und Edelmetalltechnik auf einem hohen Stand; auch die Tongefäße sind von vorzüglicher Qualität und mit geometrischen (im östlichen Kreis auch figuralen) Mustern verziert. Kulturelemente der Hallstattkultur bestanden v. a. im östlichen Kreis noch bis in die La-Tène-Zeit fort, im norddeutsch-skandinavischen Raum spielte die Hallstattkultur bei der Herausbildung der Eisenzeit eine wichtige Rolle.

Hallsteindoktrin, nach Walter Hallstein benannter, in der Regierungserklärung vom 29. 9. 1955 verkündeter Grundsatz der Deutschlandpolitik, der – gestützt auf das Grundgesetz – den Anspruch der Bundesrepublik ausdrückte, ganz Deutschland völkerrechtlich allein zu vertreten. Ausgangspunkt war die seit 1954 von der UdSSR propagierte und um 1955 von der DDR übernommene Zweistaatentheorie. Ziel der Hallsteindoktrin war die völkerrechtliche Isolierung der DDR außerhalb des Ostblocks. Die Bundesregierung durfte deshalb keine völkerrechtlichen Beziehungen zu Staaten aufnehmen oder aufrechterhalten, die die DDR diplomatisch anerkannten (Ausnahme UdSSR). So brach die Bundesregierung 1957 die diplomatischen Beziehungen zu Jugoslawien, 1963 zu Kuba ab. Da die Hallsteindoktrin auch den außenpoliti-

Hallstattkultur. Bronzenes Schöpfgefäß mit Ornamentverzierung und einem Griff in Form einer Kuh mit Kälbchen (6. Jh. v. Chr., Oberösterreich; Wien, Naturhistorisches Museum)

Hadrian VI.

Håkon VII.

Hambacher Fest. Ende Mai 1832 kamen rund 30000 Studenten, Handwerker und Arbeiter zum Hambacher Schloss und forderten ein freies und geeintes Deutschland (zeitgenössisches Gemälde von Joseph Weber).

schen Handlungsrahmen der Bundesrepublik einengte, gab die Regierung unter Willy Brandt mit ihrer neuen Deutschland- und Ostpolitik Ende 1969 die Hallsteindoktrin auf.

Halsbandaffäre, Skandalaffäre am französischen Hof 1785/86. Jeanne de Valois-Saint Rémy, Gräfin de La Motte, hatte, unterstützt von Alessandro Graf Cagliostro, dem bei Hof in Ungnade gefallenen Kardinal Louis de Rohan durch gefälschte Briefe vorgespiegelt, er könne die Gunst Königin Marie Antoinettes wiedererlangen, wenn er dieser beim Erwerb eines Diamantenhalsbands behilflich sei. Rohan übernahm eine Bürgschaft für die Summe von 1,6 Millionen Livres und händigte das Halsband der Gräfin aus, die die Diamanten einzeln nach Großbritannien verkaufte. Als die Zahlungen ausblieben, wurde der Betrug entdeckt. In dem folgenden Aufsehen erregenden Prozess wurden Rohan und Cagliostro freigesprochen, die Gräfin zu lebenslänglichem Kerker verurteilt. Die Halsbandaffäre trug dazu bei, dass das Ansehen des Königtums am Ende des Ancien Régime weiter erschüttert wurde.

Hambacher Fest, erste Massenkundgebung für ein freies und einiges Deutschland auf dem Hambacher Schloss (heute zu Neustadt an der Weinstraße) vom 27. bis 30. 5. 1832. Dem Aufruf der Publizisten Philipp Siebenpfeiffer und Johann Wirth, der auch Hauptredner war, folgten um die 30000 Menschen, darunter Burschenschafter sowie Vertreter der nach dem Novemberaufstand von 1830 geflüchteten Polen sowie französische Demokraten. Unter den Farben Schwarzrotgold forderten die Versammelten ein einiges und freies Deutschland als föderative Republik, die im Verbund mit den demokratischen Kräften in den europäischen Nachbarstaaten ein Gegengewicht zur Heiligen Allianz bilden sollte. Das Hambacher Fest war der Höhepunkt der im Zuge der französischen Julirevolution (1830) in den deutschen Staaten sich erneut bildenden, ursprünglich auf die Ideen der Burschenschaften zurückgehenden Einheits- und Oppositionsbewegung. Der deutsche Bundestag reagierte auf die Veranstaltung mit weiteren Repressionsmaßnahmen, u.a. Verhaftung von Teilnehmern sowie der völligen Unterdrückung der Presse- und Versammlungsfreiheit.

Hamilkar Barkas [punisch »Blitz«, davon abgeleitet »Barkiden« für seine Nachkommen], karthagischer Heerführer, † (gefallen) Winter 229 (oder 228) v. Chr.; Vater Hannibals. Hamilkar Barkas führte im 1. Punischen Krieg 247–241 in Westsizilien einen für die Römer verlustreichen Kleinkrieg, gestützt auf die Bergfestungen Heirkte und Eryx. Nach dem Ende des Krieges warf er in Afrika einen Söldneraufstand nieder und ging 237 nach Spanien, wo er von den alten karthagischen Stützpunkten aus den südlichen Teil des Landes unterwarf.

Hamilton ['hæmıltn], Alexander, amerikanischer Politiker, *auf Nevis (Kleine Antillen) 11. 1. 1755 (1757?), † New York 12. 7. 1804; war 1777–81 Adjutant George Washingtons, danach Anwalt in New York. Hamilton trat als Mitglied des Verfassungskonvents in Philadelphia (1787) und als Führer der Federalists für eine starke Bundesgewalt ein. Als erster Schatzminister (1789–95) ordnete er erfolgreich das durch Inflation zerrüttete Finanz- und Wirtschaftsleben, gründete nach britischem Muster eine Nationalbank und vertrat eine Politik der Förderung der einheimischen Wirtschaft. Innenpolitisch schreckte er vor autoritären Maßnahmen nicht zurück und bekämpfte das demokratische Programm Thomas Jeffersons; außenpolitisch neigte er als Konservativer der Bindung an Großbritannien gegen das revolutionäre Frankreich zu. Seine Staatsidee hat besonders bei der späteren Republikanischen Partei nachgewirkt. Der von ihm gewiesene Weg zur Stärkung der Union und zur Förderung der Industrie ist der der USA geworden. Persönlich wie politisch umstritten, starb Hamilton an den Folgen eines Duells (11. 7. 1804) mit seinem politischen Gegner Aaron Burr.

Hammarskjöld ['hamarʃœld], Dag, schwedischer Politiker, *Jönköping 29. 7. 1905, † (ungeklärter Flugzeugabsturz) bei Ndola (Sambia) 17./18. 9. 1961; Volkswirtschaftler; war 1930–1934 Sekretär der schwedischen Arbeitslosenkommission, 1936–45 Staatssekretär im Finanzministerium, 1941–48 auch Präsident der Reichsbank. Hammarskjöld wurde 1949 Unterstaatssekretär im Außenministerium, 1951 stellvertretender Außenminister und leitete 1952/53 die schwedische Delegation bei den UN. Im April 1953 wählte ihn die Generalversammlung der UN zum Generalsekretär (1957 einstimmig wieder gewählt). Bei zahlreichen internationalen Konflikten, z. B. anlässlich der Suez- und Ungarnkrise (1956) oder innerer Unruhen in Libanon (1958) und Kongo, suchte er das Gewicht der UN als Frieden stiftende Macht zu stärken. Darüber hinaus sah er es als seine Aufgabe an, die UN zur treibenden Kraft im Prozess der Entkolonialisierung zu machen. Bei einer Vermittlungsaktion im Kongo kam Hammarskjöld ums Leben. 1961 erhielt er postum den Friedensnobelpreis.

Hammer und Sichel, kommunistisches Symbol des »sozialistischen Aufbaus« durch das von Lenin postulierte Bündnis von Arbeitern und Bauern. Zusammen mit dem fünfzackigen Stern bildete es das Staatssymbol der UdSSR. Hammer und Sichel in den Fängen des österreichischen Adlers (Staatswappen 1919–34 und seit 1945) stehen für die Arbeiter und Bauern in Gemeinschaft mit den Bürgern.

Hammurapi, Chammurapi [x-], **Hammurabi,** König von Babylonien (1728–1686 v. Chr.); war einer der bedeutendsten altorientalischen Herrscher. Hammurapi gehörte der nach 2000 v. Chr. in Babylonien eingewanderten kanaanäischen Schicht (Amoriter) an. Anfangs nur einen Mittelstaat im Schatten Schamschi-Adads von Assyrien beherrschend, gelang es ihm nach dessen Tod (1712 v. Chr.), durch Ausschaltung der rivalisierenden Staaten Eschnunna, Larsa und Mari ein ganz Mesopotamien umfassendes Großreich zu errichten (Hauptstadt Babylon), das allerdings schon unter seinem Nachfolger wieder zerfiel.

Mit dem Namen Hammurapis ist die umfangreichste Kodifikation babylonischen Rechts verknüpft. Diese schließt an ältere Sammlungen von Rechtssätzen an, wie sie in den Gesetzen Urnammus und Lipitischtars in sumerischer und aus Eschnunna in akkadischer Sprache vorliegen. Das Original des »Codex Hammurapi«, eine 2,25 m hohe Dioritstele, wurde 1902 in Susa gefunden und befindet sich heute im Louvre in Paris. Dieser Gesetzgebung entspricht eine ebenso bedeutsame Verwaltungstätigkeit. Gestützt auf eine ausgebildete Beamtenschaft, konnte Hammurapi das Land wirtschaftlich und kulturell zu großer Blüte führen.

Hannibal [punisch »Geschenk des Baal«], karthagischer Feldherr und Staatsmann, * Karthago 247/246, † (Selbstmord) Libyssa (Bithy-

HAMMURAPI — *Kodifizierung des Rechts*

Hammurapi, der während seiner Regierungszeit fast ganz Mesopotamien unterwarf, gehört zu den großen Herrschergestalten des Alten Orients. Sein Ruhm ist vor allem durch eine Gesetzessammlung begründet, die auf einer Stele überliefert und als »Codex Hammurapi« bekannt ist. Diese Säule aus Diorit, die später nach Elam verschleppt und in Susa gefunden wurde, zeigt den König in ehrfurchtsvoller Haltung vor Schamasch, dem Sonnengott und Hüter des Rechts.

Hammurapis »Codex«, einer der bedeutendsten Texte des Alten Orients überhaupt, entspricht mit seinen 282 Rechtssätzen nicht heutigem, systematisch nach Sachgebieten gegliedertem Recht. Das Gesetzbuch beabsichtigte nicht, allgemeine Rechtsnormen zu formulieren, sondern verstand sich als Sammlung von beispielhaften Rechtssprüchen, die vom König Hammurapi selbst, von seinen Vorgängern oder von Richtern seiner Verwaltung bei konkreten Anlässen gesprochen worden waren und zur Nachahmung empfohlen wurden. Hammurapis Codex, in den neben sumerischen und babylonischen offenbar auch semitische Rechtstraditionen einflossen, wurde offenbar bald als maßgeblicher Text anerkannt, sodass er in verschiedenen Abschriften bis in die babylonische Spätzeit hinein überliefert wurde. Das war auch sein Wille, denn im Epilog des Codex heißt es, ein künftiger König möge *»die Worte der Gerechtigkeit, die ich auf meine Stele geschrieben habe, beachten, das Recht, das ich dem Lande geschaffen habe … nicht ändern, meine Aufzeichnungen nicht beseitigen«.*

nien) 183 v.Chr.; Sohn des Hamilkar Barkas. Hannibal ging 237 mit seinem Vater nach Spanien, diente später unter seinem Schwager Hasdrubal, wurde nach dessen Tod 221 von den dortigen Truppen zum Oberbefehlshaber gewählt und vom Volk in Karthago bestätigt. Nach Erfolgen gegen mittelspanische Stämme eroberte Hannibal 219 nach achtmonatiger Belagerung das unter Roms Schutz stehende Sagunt.

218 überschritt er gegen die Bestimmungen des von Hasdrubal mit den Römern geschlossenen Vertrages den Ebro. Dies gab den Anlass zum Ausbruch des 2. Punischen Krieges (218–201). Nach der Kriegserklärung durch Rom zog Hannibal, um den römischen Offensivplan zu durchkreuzen, durch die Pyrenäen und Südfrankreich, überschritt mit seinem Heer und den 37 Kriegselefanten die verschneiten Alpen und stand Mitte Oktober 218 mit 26000 Mann in der Poebene. Er besiegte die Römer am Ticinus (Tessin) und an der Trebia (Trebbia) und zog die gallischen Stämme Oberitaliens auf seine Seite. 217 durchquerte er den Apennin und die Arnosümpfe, zog nach Etrurien und vernichtete am Trasimenischen See die vier Legionen des Konsuls Gaius Flaminius. Hannibal marschierte dann nach Nordapulien, um von hier aus die Italiker zum Abfall von Rom zu bewegen. Erst nach der großen Umfassungsschlacht bei Cannae (216), wo Hannibal acht römische Legionen vernichtete, schlossen sich ihm Capua und andere süditalische Gemeinden an. 215 konnte Hannibal ein Bündnis mit Philipp V. von Makedonien eingehen, 214 Syrakus zum Anschluss an Karthago bewegen und 213 Tarent einnehmen. Da Hannibal jedoch ohne nennenswerte Unterstützung aus der Heimat blieb, wurde er allmählich in die Defensive gedrängt, v.a. nachdem Rom 212 Syrakus erobert hatte. 211 vermochte Hannibal trotz eines Vorstoßes auf Rom den Fall Capuas nicht zu verhindern, 209 ging auch Tarent verloren. 207 wurde Hannibals Bruder Hasdrubal, der nach dem Verlust Spaniens seine Truppen mit Hannibals Heer vereinigen wollte, am Metaurus (Metauro) geschlagen und fand den Tod. Hannibal zog sich darauf nach Bruttium (Kalabrien) zurück, wo er sich noch bis 203 halten konnte. Nach Afrika zurückberufen, wurde Hannibal 202 bei Zama von Scipio dem Älteren entscheidend geschlagen und setzte sich für einen sofortigen Friedensschluss ein.

196 wurde Hannibal in Karthago vom Volk zum Oberbeamten (Sufeten) gewählt und führte demokratische Reformen des obersten Gerichtshofes und der Finanzverwal-

HANNIBAL | ***Punische Kriege***

Hannibals legendäre Alpenüberquerung im Jahr 218 v. Ch. in Begleitung seines Heeres und von 37 Kriegselefanten stellte einen Höhepunkt der Punischen Kriege dar. Diese drei Kriege zwischen den Römern und den Karthagern, von den Römern Punier genannt, verhalfen Rom zur Vorherrschaft im westlichen Mittelmeer und zu den ersten überseeischen Besitzungen.

Nach einer Periode längerer Zeit der Freundschaft zwischen den beiden Völkern war 264 v.Chr. der 1. Punische Krieg entbrannt. Während dieses Krieges sah sich die Landmacht Rom gezwungen, eine Kriegsflotte zu bauen. Bei Kriegsende (241) fiel Sizilien mit Ausnahme des selbstständig bleibenden Syrakus an Rom.

Der 2. Punische Krieg begann dagegen in Spanien, als Hannibal entgegen den mit Rom geschlossenen Verträgen den Ebro überschritt. Nach Hannibals Zug über die Alpen folgte eine Reihe von Siegen der Karthager, doch konnte Hannibal die römische Herrschaft über Italien nicht ernsthaft gefährden und musste 204 v.Chr. nach Afrika übersetzen. Bei Zama (Gemälde aus der römischen Schule eines unbekannten Meisters, 1521; Moskau, Puschkin-Museum) fiel 202 v.Chr. die Entscheidung durch den Sieg Scipios des Älteren. Im Frieden von 210 v.Chr. wurde Karthago auf seine afrikanischen Gebiete beschränkt und durfte selbst im Fall der Selbstverteidigung nur noch mit Erlaubnis Roms Krieg führen.

Übergriffe vonseiten des numidischen Königs Massinissa und die Agitation der Karthagerfeinde in Rom führten zum 3. und letzten Punischen Krieg. Dieser endete mit der Eroberung und Zerstörung Karthagos, woraufhin Rom die Provinz Africa einrichtete.

tung durch. Bezeugt ist auch seine Sorge für die Landwirtschaft. Von seinen innenpolitischen Gegnern, den karthagischen Aristokraten, bei den Römern verleumdet, floh Hannibal 195 zu Antiochos III. von Syrien, als dessen Admiral er 190 ein Seegefecht gegen Rhodos verlor. Später flüchtete er zu Prusias I. von Bithynien, für den er 184 die Flotte des pergamenischen Königs Eumenes II. Soter besiegte. Auch in offenen Briefen in griechischer Sprache bekämpfte Hannibal die Römer. Als diese 183 v. Chr. von Prusias seine Auslieferung verlangten, vergiftete sich Hannibal in Libyssa.

Hannover, historisches Territorium, das auf das welfische Herzogtum Braunschweig-Lüneburg zurückging. Kern war das Teilfürstentum Calenberg (Residenz Hannover), das 1635 an das Neue Haus Lüneburg fiel. 1692 Kurfürstentum, 1705 Vereinigung mit dem Fürstentum Lüneburg, seit 1714 in Personalunion mit Großbritannien; 1720 Erwerb der Herzogtums Bremen und Verden. Südhannover war 1807–13 Teil des Königreichs Westfalen. 1814 wurde Hannover zum Königreich erhoben und auf dem Wiener Kongress u. a. um Ostfriesland und Hildesheim erweitert. 1837 wurde die Personalunion mit Großbritannien aufgelöst. 1866 erfolgte die Annexion durch Preußen, weshalb Hannover fortan preußische Provinz war. 1946 wurde Hannover mit Braunschweig, Oldenburg und Schaumburg-Lippe zum Land Niedersachsen zusammengeschlossen.

Hanse [mittelhochdeutsch »Kaufmannsgilde«, von althochdeutsch hansa »(Kriegs)-Schar«], ursprünglich genossenschaftlicher Zusammenschluss von Männern (»Hansen«, französ. »hanseurs«) mit gleicher Zielsetzung, bezog sich nach und nach auf Kaufleute, die sich zu gemeinsamer Fahrt zusammentaten, aber getrennt ihren Geschäften nachgingen. Trotz der eindeutig wirtschaftlichen Ausrichtung entwickelte sich die Hanse zu einem wichtigen politischen und prägenden kulturellen Faktor im Norden des spätmittelalterlichen Europa.

GESCHICHTE: Ihre Ursprünge hatte die Hanse in der Privilegierung von lokal oder regional bestimmten Gruppen von Kaufleuten in ausländischen Handelsorten. Bereits im 11. Jh. erlangten die Kölner Kaufleute in London eine besondere Stellung. In ihren Zusammenschluss bezogen sie auch andere, v. a. niederrheinische und westfälische Kaufleute mit ein. Zeitgleich verlief der Zusammenschluss deutscher Kauffahrer in Bergen und v. a. der deutschen Gotlandfahrer, deren Zusammenschluss um 1160 zur Genossenschaft der Kaufleute des (Heiligen Römischen) Reiches einen Markstein in der Entwicklung der Hanse bedeutete. Die Gemeinschaft, die ihren Handel von Visby aus betrieb, begründete in Nowgorod mit dem Peterhof ein eigenes Kontor.

HANNIBAL. *Zug über die Alpen*

Hannibal hatte auf seinem Feldzug nach Italien den Zusammenfluss von Rhône und Isère erreicht. Jetzt wandte er sich nach Osten und wählte einen seinen Kontrahenten schier unvorstellbaren Weg. Es war Herbst, und es hatte begonnen zu schneien. Die Einheimischen lauerten auf die geringste Schwäche des Heeres, das riesige Reichtümer mit sich zu führen schien. Umsonst! Über die genaue Route, die Hannibal jetzt über die Alpen einschlug, konnten sich antike Historiker nie einigen. Sicher war man sich indes über die ungeheuren Strapazen des neuntägigen Marsches bis zu den Passhöhen: Von 50 000 Fußsoldaten waren es noch 20 000, von 9 000 Reitern noch 6 000, von 37 Elefanten nur noch einige wenige, die schließlich Italien erreichten.

Mit den Städtegründungen im Rahmen der deutschen Ostsiedlung östlich der Elbe verlagerte sich das Gewicht der Hanse zunehmend in den Ostseeraum. In dem Maß, in dem die die Hanse bestimmende Kaufmannschaft sesshaft wurde und die Geschäfte vom heimatlichen Kontor aus führte, übernahmen die Städte, in deren Rat diese Kaufleute häufig saßen, die Leitung der Hanse. Unter der Führung des 1158/59 gegründeten Lübeck formierte sich ein zunächst lockeres Bündnis der westfälischen, sächsischen, wendischen, pommerschen und preußischen Städte. Erst 1356 kam es in Lübeck zu einem förmlichen Zusammenschluss aller hansischen Städte. Damit hatte die Entwicklung von der Kaufmannshanse zur Städtehanse ihren Abschluss gefunden. Ein formelles Bündnis aller Hansestädte gab es jedoch nie.

Im Vordergrund der Aktivitäten standen wirtschaftliche Interessen, nicht jedoch gemeinsame politische Ziele, wie sie etwa den süddeutschen Städtebünden eigen waren. Aus wirtschaftlichen Gründen führte die Hanse nicht nur Handelskriege mit den Mitteln des Boykotts und der Blockade (1277/78 Nowgorod, 1280–82 Brügge, 1284–94 Norwegen, 1358–60 Flandern, 1388 England, Flandern und Russland), sondern verfolgte ihre Ziele auch mit Waffengewalt, besonders gegenüber den dänischen Königen. Im Frieden von Stralsund (1370) musste Dänemark die hansischen Handelsvorrechte garantieren und der Hanse auf 15 Jahre die Sundschlösser mit zwei Dritteln ihrer Einnahmen ausliefern. Dieser Frieden mit seiner Möglichkeit, die nächste dänische Königswahl mitzubestimmen (1376 ausgeführt), stellte den politischen Höhepunkt der Hanse dar. Der Zwang zur Behauptung ihrer Position verwickelte die Hanse in der Folgezeit immer wieder in Kämpfe mit den skandinavischen Herrschern. Das 15. Jh. wurde zu einer – gleichwohl erfolgreichen – Zeit der wirtschaftlich-politischen Kämpfe und Krisen der Hanse. Den Versuch des dänischen Unionskönigs Erich VII., Skandinavien durch Begünstigung englischer und holländischer Kaufleute

HANNIBAL
*** 247/46 † 183**

provozierte 218 v. Chr. den 2. Punischen Krieg

überquerte mit seinem Heer die Alpen in Richtung Italien

konnte sich trotz militärischer Erfolge aber gegen die Römer nicht entscheidend durchsetzen

vergiftete sich, um der Auslieferung an Rom zu entgehen

aus der wirtschaftlichen Abhängigkeit von der Hanse zu lösen, wurde durch eine hansische Wirtschaftsblockade zum Scheitern gebracht. Den 1426 errichteten dänischen Sundzoll vermochte die Hanse nicht mehr zu beseitigen. 1441 musste die Hanse den Niederländern wirtschaftliche Gleichberechtigung im Ostseeraum zuerkennen. In der zweiten Hälfte des 15. Jh. kam es in Burgund und England zu staatlichen Restriktionen der hansischen Stellung, aber letztlich konnte sich die Hanse noch einmal durchsetzen. Schwerwiegend war 1494 aber die Schließung des hansischen Kontors von Nowgorod und der sich lange hinziehende Niedergang der Hanse in Brügge und London. Ihr verkleinerter Handelsraum verlor durch die Verlagerung der Fernhandelswege im Zuge der überseeischen Entdeckungen an Bedeutung, aber die Städte Lübeck, Danzig und Hamburg behaupteten ihre wirtschaftliche Stellung und konnten sie trotz harter niederländischer und englischer Konkurrenz ausbauen. Im 16. Jh. ging die Mitgliederzahl der Hanse erheblich zurück, sie beschränkte sich jetzt nur noch auf einen kleinen Kreis von Seestädten, die auch in den Handelsverkehr der einströmenden überseeischen Waren einbezogen waren. 1598 wurde das Londoner Kontor geschlossen. 1604 gab es nur noch 14 aktiv mitwirkende Städte, nach dem Dreißigjährigen Krieg (1618–48) wurde die hansische Tradition nur noch von Lübeck, Hamburg und Bremen fortgeführt, die 1630 einen engeren Bund geschlossen hatten (letzter Hansetag 1669).

ORGANISATION: Die Organisation der Hanse war verhältnismäßig locker. Es gab keine offiziellen Mitgliederlisten, keine geschriebene Verfassung, keine gemeinsamen Finanzen auf Dauer und keine Exekutivorgane, auch keine gemeinsame Flotte. Zum Kern der Hanse zählten etwa 70 Städte; insgesamt etwa weitere 130 Städte, aber nicht alle zur gleichen Zeit, gehörten in einem lockeren Rahmen dazu. Jeweils mehrere Städte waren in einer Gruppe mit einem gemeinsamen Vorort zusammengefasst. Zur Hanse zählten vorwiegend deutsche Städte zwischen Zuidersee

HANSE — ***Städtebünde im Mittelalter***

Einen Städtebund im eigentlichen Sinne bildete die Hanse, die als Zusammenschluss von Fernkaufleuten gegründet worden war, nicht. Ganz im Gegensatz dazu standen die süddeutschen Städtebünde, die sich zur Verwirklichung politischer Ziele zusammenschlossen. Zwar hatte die Goldene Bulle im Interesse der fürstlichen Landesherren das bereits im Mainzer Reichslandfrieden von 1356 ausgesprochene Verbot der Städtebünde erneuert; dennoch schlossen sich im Laufe des Spätmittelalters immer wieder Städte zu Bündnissen zusammen. Während der Rheinische Bund (1254–57) noch in erster Linie der Friedenssicherung nach dem Zusammenbruch der Stauferherrschaft gedient hatte und von König Wilhelm ausdrücklich anerkannt worden war, suchten die Reichsstädte des Spätmittelalters durch den Zusammenschluss in regionalen Städtebünden ihre Unabhängigkeit und ihre machtpolitischen Interessen gegenüber den umliegenden Territorialgewalten wie auch gegenüber dem Königtum zu behaupten. Die bedeutendste dieser Vereinigungen, der Schwäbische Städtebund, wurde im Jahr 1376 als Reaktion auf die Abgaben- und Verpfändungspolitik, die Kaiser Karl IV. gegenüber den Reichsstädten betrieb, gegründet. Vom Kaiser für rechtswidrig erklärt konnte sich der Bund jedoch behaupten und sich sogar mit dem Rheinischen Städtebund vereinigen. In der »Heidelberger Stallung« erreichte dieser Bund 1384 die faktische Anerkennung König Wenzels.

Auch wenn das Schicksal dieser Städtebünde durchaus wechselhaft war, so manifestierte sich in ihnen doch das gegenüber den Landesherren und dem Reich dramatisch gestiegene Selbstbewusstsein des Bürgertums, das aufgrund seiner wirtschaftlichen Kraft – nirgends besser zu beobachten als an großen Warenumschlagplätzen wie dem Hamburger Hafen (Szene um 1487; Hamburg, Staatsarchiv) – immer entschiedener dazu drängte, auch eine politische Rolle zu spielen.

und Maas im Westen, dem finnischen Meerbusen im Osten und einer Linie, die im Süden etwa von Köln über Erfurt, Halle (Saale), Frankfurt (Oder), Thorn nach Dorpat (heute Tartu) verlief. Außenposten der Hanse waren Breslau und Krakau. Nichtstädtische Mitglieder waren der Deutsche Orden und im 16. Jh. die Bauern-Republik Dithmarschen, ferner einzelne Kaufleute. Leitendes Organ der Hanse waren die institutionell kaum verfestigten Hansetage als Hauptversammlungen der Mitglieder, die daran nur unregelmäßig und in geringer Zahl teilnahmen. Der Hansetag entschied grundsätzlich, ohne Berufungsmöglichkeit, über alle die Hanse betreffenden Angelegenheiten. Seine für Abwesende nicht verbindlichen und nicht exekutierbaren Beschlüsse wurden mit Stimmenmehrheit gefasst und schriftlich als Hanserezesse fixiert. Gesamthansische Einrichtungen waren die vier großen Kontore in Nowgorod (Peterhof), Bergen (Tyske Brygge), London (Stalhof) und Brügge. Dazu kamen wichtige Handelsniederlassungen (Faktoreien), u. a. in Oslo, Kopenhagen, Boston (England), Pleskau, Polozk, Kaunas, Antwerpen.

HANDEL: Der hansische Handel war überwiegend Seehandel. Seine Intensität wurde bestimmt durch die Entwicklung eines großräumigen, hochseetüchtigen Schiffstyps, der Kogge. Handelsgüter waren v.a. Pelze und Wachs aus Russland und Osteuropa, Getreide aus dem Osten des Heiligen Römischen Reiches und aus Polen, Fisch aus Skandinavien, Salz aus Lüneburg und Frankreich, Wein aus dem Rheinland und aus Frankreich. Innerhalb des Nord- und Ostseeraumes garantierte die Hanse einen intensiven wirtschaftlichen Austausch, sie sicherte jahrhundertelang den Getreidebedarf Norwegens und Westeuropas, deckte die Nachfrage nach Tuchen, Salz und Fertigwaren im Heiligen Römischen Reich, Ost- und Nordeuropa.

Hansemann, David, preußischer Wirtschaftspolitiker, *Finkenwerder 12. 7. 1790, †Schlangenbad 4. 8. 1864; gründete 1825 die Aachener Feuerversicherungsgesellschaft. Hansemann setzte sich in Denkschriften für die Entwicklung der Eisenbahnen, besonders des Staatsbahnensystems, für ein neues Steuersystem und für eine wirtschaftliche Lösung der »sozialen Frage« ein. Politisch gehörte er dem gemäßigten Liberalismus an und wurde 1845 Mitglied des rheinischen Provinziallandtags. 1848 war er Finanzminister und leitete dann bis 1851 die Preußische Bank. 1851 gründete Hansemann nach Brüsseler Vorbild die »Disconto-Gesellschaft« in Berlin, 1862/64 die »Erste Preußische Hypotheken-AG«.

Harald Blauzahn, dänisch **Harald Blåtand** [-'blɔ:tan], König von Dänemark (etwa 940–985), *um 910, †um 985; duldete im Gegensatz zu seinem Vater Gorm dem Alten die Missionstätigkeit des Bistums Hamburg-Bremen in Dänemark. Harald ließ sich um 960 taufen und bewirkte damit die endgültige Christianisierung Dänemarks. Sammlung der dänischen Lande in einer Hand, Konsolidierung der Königsherrschaft und Behauptung gegenüber dem deutschen Liudolfinger-Reich prägten seine Regierung. Er leistete Otto I., dem Großen, den Lehnseid, konnte jedoch die Eroberung des südlichen Dänemark durch Otto II. (974) nicht verhindern. Seine Expansionspolitik im Ostseeraum (Odermündung) und in Norwegen brachte eine Ausweitung des dänischen Herrschaftsgebiets, aber auch andauernde Konflikte mit Norwegen. Auf dem Runenstein von Jelling rühmt er sich der Einigung und Christianisierung Dänemarks und der Eroberung Norwegens. Er fiel im Verlauf der kriegerischen Auseinandersetzungen mit seinem Sohn Sven Gabelbart.

Harald III., der Strenge, norwegisch **Harald Hardråde** [-'ha:rro:də], König von Norwegen (seit 1047), *1015, †25. 9. 1066; Halbbruder von König Olaf dem Heiligen. Nach dessen Niederlage bei Stiklestad (1030) stand Harald in Diensten des Großfürsten von Kiew und war später Offizier der kaiserlichen Leibgarde (Warägergarde) in Konstantinopel. Er kehrte 1045 mit legitimen Thronansprüchen nach Norwegen zurück und trat 1047 die Nachfolge Magnus' des Guten, Sohn Olafs des Heiligen, an. Schwerpunkte seiner Politik im Inneren waren Ausbau einer zentralen Königsmacht durch die Ausschaltung lokaler Kleinfürsten, Oberhoheit über die norwegische Kirche, Ausbau von Handelsplätzen zu königlichen Macht- und Handelszentren sowie erstmals Einrichtung eines nationalen Münzwesens. Seine Pläne zur Wiederherstellung des »Nordseeimperiums« Knuts des Großen konnte er nicht verwirklichen: Mit dem Dänenkönig Sven Estridsen musste er nach langer Kriegführung (1047–62) Frieden schließen. Bei dem Versuch, England zu erobern, fiel er 1066 in der Schlacht von Stamford Bridge gegen den angelsächsischen König Harold II.

Harappakultur, nach dem zuerst erforschten Hauptausgrabungsplatz Harappa (Pandschab, Pakistan) benannte Hochkultur (seit etwa 2500 v. Chr.), früher entsprechend ihrer Hauptverbreitung im Industal auch als Induskultur bezeichnet. Die städtischen Zentren dieser sich von Belutschistan bis zum Golf von Cambay (Indien) erstreckenden Kultur sind relativ gut erforscht und weisen in ihrer gleichförmigen Anlage auf eine einheitliche Bauplanung hin. Das Vorhandensein großer Getreidespeicher, öffentlicher Bäder, Versammlungsgebäude, die Verwendung einer (noch nicht entzifferten) Hieroglyphenschrift und eines einheitlichen Maß- und Gewichtssystems lassen auf eine zentrale Verwaltung schließen. Paläste und Tempel scheinen zu fehlen. Die Wirtschaft beruhte auf der Verarbeitung von Getreide und Baumwolle. Die Metallgegenstände sind aus Kupfer und vereinzelt aus Bronze. Ein Charakteristikum der Harappakultur sind die in großer Zahl gefundenen kleinen Siegel aus Speckstein mit eingeschnittenen Tierdarstellungen, kleinen kultischen Szenen und Schriftzeichen. Die Ausführung dieser Siegel wie auch die kleinen Statuetten von Tieren und menschlichen Figuren aus Terrakotta, Stein und Bronze bezeugen hohes künstlerisches Können. Ursprung und genauer zeitlicher Beginn der Harappakultur sind noch ungeklärt; eine ältere jungsteinzeitliche Vorbesiedlung konnte durch neuere Grabungen nachgewiesen werden. Um 1700 v. Chr. trat eine Schwächung der Harappakultur ein; wahrscheinlich war sie bei Beginn der arischen Einwanderung schon untergegangen.

Hardenberg, Karl Freiherr von, Fürst (seit 1814), preußischer Staatsmann, *Essenrode (heute zu Lehre, Landkreis Helmstedt) 31. 5. 1750, † Genua 26. 11. 1822; war bis 1782 im hannoverschen Staatsdienst, dann Präsident des Klosterrates beim Herzog von Braunschweig, wo er für die Reform des Schulwesens im Sinne Pestalozzis und die Trennung von Schule und Landeskirche eintrat. 1790 wurde Hardenberg Minister des Markgrafen von Ansbach-Bayreuth. 1791 zum preußischen Minister ernannt, leitete er die Eingliederung von Ansbach und Bayreuth in den preußischen Staat und verwaltete sie fortan als selbstständige Provinz. 1798 wurde er nach Berlin berufen und erhielt einen Teil der Geschäfte des Ministeriums für auswärtige Angelegenheiten. Hardenberg nutzte auch nach der Ernennung zum Leiter der magdeburgisch-halberstädtischen Provinz seinen steigenden außenpolitischen Einfluss, um als Preis für die preußische Neutralität bei der napoleonischen Expansionspolitik Gebietszuwachs in Westfalen und Mitteldeutschland zu erzielen.

Noch vor der preußischen Niederlage von Jena und Auerstedt 1806 auf Wunsch Napoleons I. entlassen, wurde Hardenberg im April 1807 erneut zum Minister berufen, jedoch nach dem Tilsiter Frieden im Juli, wiederum auf Befehl Napoleons, abermals des Amtes enthoben. Im Auftrag König Friedrich Wilhelms III. verfasste er eine Denkschrift zur Neuordnung des preußischen Staats mit Reformvorschlägen nach französischem Vorbild bezüglich Rechtsgleichheit und Wirtschaftsfreiheit. Er trug entscheidend zur Berufung (10. 7. 1807) und Entlassung (24. 11. 1808) von Heinrich Friedrich Karl Reichsfreiherr vom und zum Stein bei. Am 4. 6. 1810 zum preußischen Staatskanzler ernannt, übernahm er die Leitung der Finanzen, des Inneren und der Außenpolitik und setzte die preußischen Reformen Steins fort.

Harappakultur. Im Industal bildete sich um 2500 v. Chr. die landwirtschaftlich geprägte Harappakultur. Bronze wie bei dieser in Mohenjo-Daro gefundenen Tänzerin (Delhi, National Museum) wurde nur sehr selten verarbeitet.

Seine Politik war von dem Bemühen gekennzeichnet, den preußischen Staat vom aufgeklärten Absolutismus zum Liberalismus zu führen. Diesem Ziel dienten die Aufhebung der ständischen Zunftverfassungen und die Hinwendung zur Gewerbefreiheit (1810) ebenso wie die Säkularisierung des Kirchenguts und die Judenemanzipation von 1812. In der Steuergesetzgebung misslang der Plan völliger Gleichbesteuerung gegenüber dem widerstrebenden Grund besitzenden Adel. Diesem musste Hardenberg auch im Regulierungsedikt zur Ablösung der Grundherrschaft (→Bauernbefreiung) 1811 und in der Deklaration von 1816 entgegenkommen. Danach wurde die Ablösung für die Bauern begrenzt und mit Landabgaben erkauft.

Außenpolitisch begründete seine abwägend wartende, die Niederlage der napoleonischen Truppen einbeziehende Politik seinen Ruf als Staatsmann von europäischem Rang. Auf dem Wiener Kongress sicherte er 1814/15 für Preußen erheblichen Gebietszuwachs. Im vergrößerten Preußen nach 1815 schuf er eine mustergültige Verwaltung. Sein Ziel, über die Provinzialstände zu einer Gesamtständevertretung im Königreich zu kommen (Verfassungsentwurf 1819), konnte er nicht durchsetzen. Mit der Teilnahme Preußens am metternichschen System der Restauration schwand Hardenbergs politischer Einfluss, besonders nach den Karlsbader Beschlüssen (1819).

Harding ['hɑ:dɪŋ], Warren G[amaliel], 29. Präsident der USA (1921–23), *Caledonia (heute zu Blooming Grove, Oh.) 2. 11. 1865, †San Francisco (Calif.) 2. 8. 1923; war 1915–21 republikanischer Senator für Ohio und wurde 1920 als Gegner der Reformbewegung und der Weltkriegspolitik Woodrow Wilsons zum Präsidenten gewählt. Harding galt als Vertreter der großen Wirtschaftsinteressen und der republikanischen Parteiorganisation; ohne eigene starke Führungsansprüche oder -qualitäten leitete er mit fähigen Ministern die Ära der »Normalität« nach dem Ersten Weltkrieg ein, doch belasteten zahlreiche Korruptionsskandale seine Regierung.

Harkort, Friedrich, deutscher Industrieller und Politiker, *Gut Harkorten (bei Hagen) 25. 2. 1793, †Hombruch (heute zu Dortmund) 6. 3. 1880; einer der führenden rheinischen Unternehmer während der Frühindustrialisierung. Harkort führte den britischen Maschinenbau in Deutschland ein und war als Liberaler 1848 Mitglied der antirevolutionären bürgerlichen Rechten in der preußischen Nationalversammlung, später des preußischen Abgeordnetenhauses (bis 1867), des Norddeutschen Reichstags, des Zollparlaments und 1871–74 Mitglied des Reichstags. Er gründete das Linke Zentrum des preußischen Abgeordnetenhauses und war später Mitglied der Deutschen Fortschrittspartei. In seiner politischen Publizistik (zwischen 1842 und 1875) entwickelte Harkort ein Modell sozialer Integration der Arbeiter in die bürgerlich-industrielle Gesellschaft und Maßnahmen praktischer Sozialpolitik, z. B. Arbeiterschutzgesetz, Verbot von Kinderarbeit, Arbeitszeitbegrenzung, Gründung von Konsumvereinen sowie Spar- und Krankenkassen.

Harold II. [engl. 'hærld], genannt **Harold Godwinson** [-'gɔdwɪnsn], letzter angelsächsischer König (1066), *um 1020, †(gefallen) bei Hastings 14. 10. 1066; zweiter Sohn Earl Godwins von Wessex; trat am 6. 1. 1066 die Nachfolge Eduards des Bekenners an, besiegte am 25. 9. desselben Jahres den norwegischen König Harald III., unterlag dann jedoch in der Schlacht von Hastings Herzog Wilhelm von der Normandie (Wilhelm der Eroberer).

Harrison ['hærɪsn], Benjamin, 23. Präsident der USA (1889–93), *North Bend (Oh.) 20. 8. 1833, †Indianapolis (Ind.) 13. 3. 1901; Rechtsanwalt, stieg im Sezessionskrieg zum Brigadegeneral der Union auf und war 1881 Anwalt beim Obersten Gericht der USA. 1881–87 republikanischer Senator für Indiana, wurde er 1888 zum Präsidenten gewählt. Harrison förderte den Flottenausbau, die Schutzzollpolitik und leitete den Wirtschaftsimperialismus im Pazifik (Samoa, Hawaii) sowie in Lateinamerika (Chile, Haiti) ein. Er trat als gemäßigter Reformpolitiker auf und unterstützte die Silberinteressen der westlichen Bundesstaaten. Nach seiner Wahlniederlage gegen Grover Cleveland 1892 kehrte er in seine Rechtsanwaltspraxis zurück und vertrat u. a. 1899 Venezuela in seinem Grenzstreit mit Großbritannien vor dem Pariser Schiedsgericht. Harrison nahm an der Haager Friedenskonferenz von 1899 teil.

Harun ar-Raschid [arab. »Harun der Rechtgeleitete«], fünfter abbasidischer Kalif (786–809), *Raj März 763 oder Februar 766, †Tus (bei Meschhed) 24. 3. 809; kämpfte gegen Byzanz und unterdrückte Aufstände in Syrien sowie mehreren Provinzen. Harun ar-Raschid führte das Kalifenreich zu höchster Blüte, doch wurde ein großer Teil von Nordafrika unter den Idrisiden und den Aghlabiden faktisch selbstständig. Harun ar-Raschid fand in der iranischen Familie der Barmakiden – bis zu deren Entmachtung 803 – tüchtige Staatsmänner und Feldherren. Bagdad, das er prächtig ausbauen ließ, wurde unter seiner Herrschaft zu einem Sammelpunkt von Dichtern, Künstlern und Gelehrten und zu einem Umschlagplatz des Fernhandels zwischen Europa, China und Indien. Er starb auf einem Feldzug gegen den seit 806 revoltierenden Lokaladel von Khorasan.

Harzburger Front, Zusammenschluss der Nationalsozialisten, Deutschnationalen, des »Stahlhelms«, der Alldeutschen und einzelner parteiunabhängiger Personen auf einer Tagung in Bad Harzburg am 11. 10. 1931. Die Harzburger Front verstand sich als »nationale Opposition« gegen die Reichsregierung Brüning und die preußische Regierung Braun und forderte die Auflösung des Reichstags und des preußischen Landtags, scheiterte jedoch im Frühjahr 1932, als die Deutschnationalen es ablehnten, die Kandidatur Hitlers bei der Reichspräsidentenwahl zu unterstützen. Die Wiederbelebung der Harzburger Front im Januar 1933 diente Hitler als Kulisse seiner Regierungsbildung.

Hasdrubal, karthagischer Heerführer, †am Metaurus (Umbrien) 207 v. Chr.; Sohn des Hamilkar Barkas. Hasdrubal führte 218–208 den Oberbefehl in Spanien gegen die Römer. 209 verlor er durch Scipio den Älteren Neukarthago, 208 wurde er bei Baecula (Bailén) geschlagen und führte sein Heer nach Italien, um sich mit seinem Bruder Hannibal zu vereinigen; er fiel jedoch 207 in der Schlacht am Metaurus.

Hasenclever, Wilhelm, deutscher Politiker, *Arnsberg 19. 4. 1837, †Schöneberg 3. 7. 1889; trat dem Allgemeinen Deutschen Arbeiterverein bei, wurde 1870 dessen Sekretär, 1871 Präsident; gab das Parteiorgan »Neuer Sozialdemokrat« heraus. Nach der Einigung der beiden Arbeiterparteien in Gotha (1875) kam

KARL FREIHERR VON HARDENBERG
***1750 †1822**

- wurde zweimal auf Wunsch Napoleons I. als preußischer Minister entlassen
- war maßgeblich an der Neuordnung und Modernisierung Preußens beteiligt
- sicherte Preußen auf dem Wiener Kongress erhebliche Gebietszuwächse

Hatschepsut. Der Totentempel der Hatschepsut in Deir el-Bahari ist mit seinen Terrassen und Pfeilerhallen einer der eigenwilligsten und bedeutendsten Bauten ägyptischer Architektur. Sein Statuenschmuck wurde unter Thutmosis III. zerstört, aber in einem nahe gelegenen Steinbruch wieder entdeckt und rekonstruiert.

Hasenclever in den Vorstand der »Sozialistischen Arbeiterpartei Deutschlands«. 1874–88 wurde er Mitglied des Reichstags; seit 1876 war er zusammen mit Wilhelm Liebknecht Herausgeber des »Vorwärts«.

Hastings ['heɪstɪŋz], Stadt in East Sussex, Südostengland, am Ärmelkanal. 10 km nordwestlich von Hastings, beim heutigen Battle, besiegte am 14. 10. 1066 Herzog Wilhelm von der Normandie (Wilhelm I., der Eroberer) den angelsächsischen König Harold II., der in der Schlacht fiel, und begründete damit die Normannenherrschaft in England.

Hatschepsut, ägyptische Königin (um 1490–1468 v. Chr.) der 18. Dynastie, Tochter Thutmosis' I. und Gemahlin ihres Halbbruders Thutmosis II. Sie regierte zunächst als Vormund ihres Stiefsohns Thutmosis III., dann auch nominell als Königin. Hatschepsut ging in die Geschichte ein durch ihre Handelsexpedition nach Punt (1482 v. Chr.) und als Erbauerin des Terrassentempels in Deir el-Bahari. Nach dem Tod der Hatschepsut tilgte Thutmosis III. ihren Namen auf den Denkmälern.

Václav Havel

Hausmeier, lateinisch **Maiordomus,** französisch **Maire du palais** [mɛːr dy pa'lɛ], ursprünglich der Oberaufseher der Hausverwaltung an germanischen Fürstenhöfen, so auch im Fränkischen Reich unter den Merowingern der Vorsteher der königlichen Hofhaltung in den einzelnen Teilreichen Austrasien, Neustrien und Burgund. Seit 613 erlangten die Hausmeier dort die Führung über das königliche Gefolge. Ihr ursprüngliches Hofamt entwickelte sich zum höchsten Amt der Staatsverwaltung. Als Führer des fränkischen Adels drängten sie die Könige völlig beiseite. 687 errang Pippin II., der Mittlere, die Hausmeiergewalt, die in seiner Familie (→Karolinger) erblich geworden war, in allen Teilen des Frankenreiches. Sein Enkel Pippin III., der Jüngere, ließ 751 den letzten Merowingerkönig Childerich III. absetzen und sich selbst zum König krönen. Damit erlosch das Amt des Hausmeiers.

Havel ['havɛl], Václav, tschechischer Dramatiker und Politiker, *Prag 5. 10. 1936; erhielt 1969 Publikations- und Aufführungsverbot (seit 1977 Veröffentlichungen im westlichen Ausland). Havel begründete mit seiner Frau Olga Havlova u. a. die →Charta 77 und war mehrmals einer ihrer Sprecher; 1979–83 und erneut 1989 war er inhaftiert. Im November 1989 wurde Havel als Mitbegründer und Sprecher des »Bürgerforums« einer der Initiatoren der »sanften Revolution« und des demokratischen Umbaus in der Tschechoslowakei. Als Staatspräsident (29. 12. 1989–20. 7. 1992) versuchte er vergeblich, der staatlichen Auflösung der ČSFR entgegenzuwirken. 1993 vom Parlament zum Präsidenten der Tschechischen Republik gewählt (1998 bestätigt), bekannte er sich bis zum Ende seiner Amtszeit (2003) als »Wächter der politischen Kultur« und bemühte sich besonders um die deutsch-tschechische Aussöhnung.

Heath [hiːθ], Edward, britischer Politiker, *Broadstairs (County Kent) 9. 7. 1916; Bankangestellter; war 1959/60 Arbeitsminister und 1960–63 Lordsiegelbewahrer. 1961–63 führte Heath die Verhandlungen mit der EWG über den Beitritt seines Landes. Er scheiterte bei diesen Bemühungen v. a. am Widerstand des französischen Staatspräsidenten Charles de Gaulle. 1963/64 war er Präsident des Handelsamtes sowie Minister für Industrie, Handel und regionale Entwicklung. Nach dem Wahlsieg (1970) der Konservativen Partei, die er 1965–75 führte, setzte Heath als Premierminister (1970–74) den Beitritt seines Landes zu den Europäischen Gemeinschaften durch.

Hébert [e'bɛːr], Jacques, genannt **Père Duchesne** [pɛːr dy'ʃɛːn], französischer Journalist und Revolutionär, *Alençon 15. 11. 1757, † (guillotiniert) Paris 24. 3. 1794; war während der Französischen Revolution seit 1790 Herausgeber des einflussreichen Blattes »Le Père Duchesne«. Seit 1791 war Hébert Mitglied des Clubs der →Cordeliers. 1793 am Sturz der Girondisten maßgeblich beteiligt, wurde er Führer des ultrarevolutionären Flügels der →Bergpartei. Seine Anhänger, die Hébertisten, bildeten die radikalste Gruppe des Konvents während der Terrorphase der Französischen Revolution, die die Pariser Kommune beherrschte, der Bergpartei einen Teil ihres Programms der Zwangswirtschaft aufnötigte und den Kultus der Vernunft betrieb, verbunden mit einer rigiden Entchristianisierungskampagne. Schließlich wurden Hébert und die Hébertisten auf Veranlassung von Robespierre ausgeschaltet.

Hecker, Friedrich, deutscher Politiker, *Eichtersheim (heute zu Angelbachtal, Rhein-Neckar-Kreis) 28. 9. 1811, †Saint Louis (Mo.) 24. 3. 1881; Rechtsanwalt in Mannheim; war seit 1842 Mitglied der zweiten badischen Kammer; gehörte bald zu den Führern der liberalen Opposition. Unter dem Einfluss von Gustav von Struve entwickelte sich Hecker zum Radikaldemokraten und Anhänger der republikanischen Staatsform. Nach seiner Rückkehr vom Frankfurter Vorparlament, in dem er seine politischen Vorstellungen – die Erhebung der Versammlung zum revolutionären Volkskomitee – nicht durchsetzen konnte, rief er mit Struve zum bewaffneten Aufstand in Baden auf. Eine Massenerhebung blieb jedoch aus: Struve, Hecker und einige hundert Freischärler unterlagen am 20. 4. 1848 bei Kandern württembergischen Regierungstruppen. Hecker floh in die Schweiz und wanderte von dort aus 1849 in die Vereinigten Staaten aus. Aufseiten der Union kämpfte er als Oberst im Sezessionskrieg (1861–65).

Friedrich Hecker

Hedwig, polnisch **Jadwiga,** polnische Königin (seit 1382), *um 1374, †Krakau 17. 7. 1399; Tochter König Ludwigs I. von Ungarn; wurde nach dem Tod ihres Vaters 1382 zur Königin ausgerufen und 1384 in Krakau gekrönt. Durch ihre Heirat mit Großfürst Jagiello von Litauen (1386) wurde die polnisch-litauische Union von Krewo (1385) verwirklicht. Hedwig bemühte sich um die Christianisierung Litauens und die Wiederbegründung der Universität Krakau. Am 17. 7. 1997 wurde sie heilig gesprochen.

Heerbann [althochdeutsch heriban »Aufgebot der waffenfähigen Freien zum Kriegsdienst«], bei den Germanen das Aufgebot zur Teilnahme an einem Feldzug (Heerfahrt). Im frühen Mittelalter, besonders bei den Franken, bezeichnete Heerbann sowohl die militärische Hoheitsgewalt des Königs, die bei Nichtbefolgung Geldstrafe vorsah, wie das aufgebotene Heer selbst.

Heerschild, im Mittelalter ursprünglich Bezeichnung für das Heeresaufgebot allgemein, dann Bezeichnung für die Lehnsfähigkeit des Einzelnen, d.h. seine rechtliche Möglichkeit, ein Lehen zu empfangen oder zu vergeben. Der Sachsen- wie auch der Schwabenspiegel kannten eine siebenstufige Heerschildordnung: 1) der König, 2) die Pfaffenfürsten (geistliche Fürsten), 3) die Laienfürsten, 4) die Grafen und Freiherren, 5) die Ministerialen und Schöffenbarfreien, 6) die Mannen der vorigen, 7) die übrigen Ritterbürtigen, die ein Lehen nur empfangen konnten (Einschildige). Der Heerschild, ursprünglich wohl der hierarchischen Gliederung des Ritterheeres nachempfunden, wurde zum Kennzeichen des sozialen Standorts der staatstragenden Schicht im Mittelalter überhaupt.

Hegel, Georg Wilhelm Friedrich, deutscher Philosoph, *Stuttgart 27. 8. 1770, †Berlin 14. 11. 1831; lehrte ab 1801 als Privatdozent in Jena; wurde 1808 Rektor des Ägidiengymnasiums in Nürnberg, 1816 Professor in Heidelberg, 1817 (als Nachfolger Johann Gottlieb Fichtes) in Berlin. Unter Beibehaltung aufklärerischer Positionen und unter Einbeziehung der historischen Betrachtungsweise schuf Hegel eines der bedeutendsten Systeme der europäischen Philosophie. In dessen Mittelpunkt steht das Absolute, und zwar als absolute Idee, als Natur und als Geist. Weltgeschichte ist für Hegel der notwendig fortschreitende Prozess des absoluten Geistes. In der Lehre vom objektiven Geist stellt Hegel die Freiheit in den Gemeinschaftsformen von Recht, Moral, Familie, Gesellschaft, Staat und Geschichte dar. Den modernen (preußischen) Staat begreift Hegel als Verwirklichung der Freiheit. In der Rechtsphilosophie vertritt er einen konstitutionell-monarchisch geprägten Liberalismus.

Heiducken, Haiduken [ungar. haidú »Söldner«], ursprünglich Bezeichnung für ungarische Hirten, seit dem 15./16. Jh. für Söldner, die zur Grenzverteidigung gegen das Osmanische Reich eingesetzt wurden und in die ungarischen Parteienkämpfe eingriffen. Seit dem 18. Jh. wurden auch Lakaien ungarischer Magnaten sowie Gerichtsdiener als »Heiducken« bezeichnet.

In Südosteuropa war »Heiducken« eine Sammelbezeichnung für Räuberbanden, die es schon vor der türkischen Besetzung gegeben hatte, die aber im Osmanischen Reich als Freischärler zu Trägern der nationalen und religiösen Opposition der Balkanvölker wurden (15.–19. Jh.). In den Türkenkriegen des 17./18. Jh. unterstützten die Heiducken die österreichischen Truppen und kämpften gegen die lokalen Machthaber. Als Uskoken griffen sie auch die venezianische und österreichische Herrschaft in Bosnien und Dalmatien an.

Heilige Allianz, vom russischen Kaiser Alexander I. entworfenes und von ihm, Kaiser Franz I. von Österreich sowie König Friedrich Wilhelm III. von Preußen am 26. 9. 1815 in Paris unterzeichnetes Manifest, mit dem sich die Monarchen verpflichteten, die christlichen Gebote der Gerechtigkeit, Liebe und des Friedens zur Grundlage ihrer Politik zu machen sowie einander »als Brüder und Landsleute« Beistand zu leisten. Die von Alexander I. ursprünglich gewollte völlige Neuordnung der internationalen Beziehungen war durch die Korrekturen des österreichischen Staatskanzlers Klemens Wenzel Fürst von Metternich zu einer förmlichen Sicherung des Status quo geworden. Der Aufforderung zum Anschluss an die Heilige Allianz folgten bis auf Großbritannien, das eine Sympathieerklärung abgab, und den Heiligen Stuhl alle übrigen europäischen Staaten. Die Politik der Heiligen Allianz, die sich besonders auf den folgenden Monarchenkongressen manifestierte, diente fast ausschließlich der Verteidigung des sozialkonservativen Systems, sodass die Heilige Allianz bald zum Inbegriff der Restauration wurde. Sie zerbrach schließlich am Interessengegensatz der europäischen Großmächte im griechischen Unabhängigkeitskrieg.

Heilige Liga, Bezeichnung mehrerer Fürstenbünde im 16. und 17. Jh., meist mit Unterstützung des Heiligen Stuhls geschlossen (→ Liga).

Heiliges Römisches Reich, lateinisch **Sacrum Romanum Imperium,** amtliche Bezeichnung für den Herrschaftsbereich des abendländischen Römischen Kaisers und der in ihm verbundenen Reichsterritorien. Staatsrechtlich in einem längeren Prozess aus dem Ostfränkischen Reich hervorgegangen und seit dem 11./12. Jh. »Reich der Deutschen« (»Regnum Teutonic[or]um«) genannt, wurde es am 6. 8. 1806 mit der Niederlegung der Römischen Kaiserkrone durch Franz II. aufgelöst. Dieses (in nicht ganz korrekter Bezeichnung) »alte (deutsche) Reich« war seit 962 durch das Kaisertum Ottos I. mit der Tradition des → Römischen Reichs verbunden und galt als dessen Fortsetzung.

Gustav Heinemann

Die Bezeichnung Romanum Imperium gehörte bereits zum Kaisertitel Karls des Großen und ist seit Konrad II. (1034) amtlicher Titel des Reichs. Als Sacrum Imperium wird das Reich seit 1157 in Urkunden Kaiser Friedrichs I. Barbarossa bezeichnet, um in Anlehnung an das römische Kaiserrecht Justinians seine sakrale Würde gegenüber der Kirche (»Sancta Romana Ecclesia«) zu betonen. Seit 1254 bürgerte sich in den Königsurkunden die Bezeichnung Sacrum Romanum Imperium ein. In deutschen Urkunden tritt die Bezeichnung Heiliges Römisches Reich bei Kaiser Karl IV. auf. Der Zusatz »deutscher Nation« (Nationis Germanicae) wurde nach 1442 beigefügt und bezeichnete einschränkend die deutschen Teile des Reichsgebiets im Unterschied zu Italien und Burgund. Seit dem 17. Jh. drückte er auch den nationalen Anspruch der Deutschen auf das Imperium aus, doch bildete der Westfälische Friede 1648 mit der Einschränkung des Kaisers auf Reservatrechte und auf die Bestätigung der reichsständischen Landeshoheit bei fortbestehender konfessioneller Spaltung die Zäsur, nach der der Fortgang der deutschen Geschichte nicht mehr auf der universalen Ebene des Heiligen Römischen Reichs, sondern im wachsenden Machtbereich der Territorialstaaten erfolgte. Für die Verfassung des Heiligen Römischen Reichs bis 1806 grundlegend waren die Reichsgrundgesetze; als Vertretung der Reichsstände fungierte der Reichstag. Hoheitszeichen wurde der Reichsadler.

Heimwehren, Heimatschutz, Heimatwehren, paramilitärische österreichische Selbstschutzverbände in der Zeit der Ersten Republik, ursprünglich überparteilich, später faschistisch ausgerichtet. Sie entstanden 1919 in den Nationalitätenkämpfen besonders in Kärnten aus Ortswehren, Frontkämpferorganisationen oder Bürgergarden. Im Zuge gesellschaftspolitischer Auseinandersetzungen kam es auch bald zu Zusammenstößen mit dem sozialdemokratischen Republikanischen Schutzbund.

Nach den blutigen Unruhen in Wien vom 15. 7. 1927 (Julirevolte) entwickelten sich die Heimwehren zu einer politischen Kampfbewegung, die sich besonders gegen die österreichische Sozialdemokratie richtete. Am Vorbild des italienischen Faschismus ausgerichtet, trat sie im Programm von Korneuburg (18. 5. 1930) für eine diktatorische, am Führerprinzip ausgerichtete Staatsführung und einen ständischen Gesellschaftsaufbau ein (»Austrofaschismus«). Trotz innerer Spannungen nahm ihr innenpolitischer Einfluss ständig zu.

1933/34 unterstützten die Heimwehren den Bundeskanzler Engelbert Dollfuß (1932–34) bei der Errichtung eines autoritären Regierungssystems in Österreich. Dieser setzte sie bei der Niederschlagung des sozialdemokratischen Aufstandes während der Februarunruhen 1934 als Hilfspolizei ein. Seit September 1933 stellten sie in der Regierung den Vizekanzler. Nach Verkündung der autoritären Verfassung vom 1. 5. 1934 arbeiteten sie eng mit der am 21. 5. 1935 gegründeten → Vaterländischen Front zusammen, in der sie im Oktober 1936 als »Frontmiliz« aufgingen.

Heinemann, Gustav, deutscher Politiker, *Schwelm 23. 7. 1899, †Essen 7. 7. 1976; Rechtsanwalt; war 1936–49 Vorstandsmitglied der Rheinischen Stahlwerke. In der Zeit der nationalsozialistischen Diktatur war Heinemann einer der Organisatoren der Bekennenden Kirche in Deutschland. 1945–67 war er Mitglied des Rates der Evangelischen Kirche in Deutschland, 1949–55 Präses ihrer Synode. 1945 der CDU beigetreten, war er 1946–49 Oberbürgermeister von Essen, 1947–50 Mitglied des Landtags von Nordrhein-Westfalen und 1947–48 nordrhein-westfälischer Justizminister.

1949 wurde Heinemann Bundesinnenminister, trat jedoch schon 1950 von diesem Amt zurück, nachdem Bundeskanzler Konrad Adenauer den Westmächten ohne Wissen des Kabinetts den Aufbau einer bewaffneten Streitmacht in der Bundesrepublik Deutschland vorgeschlagen hatte.

Nach seinem Austritt aus der CDU (1952) war Heinemann Mitgründer und Vorsitzender der →Gesamtdeutschen Volkspartei. 1957 wurde er Mitglied der SPD, im selben Jahr auch MdB (bis 1969). Als Bundesjustizminister (1966–69) arbeitete er an der »großen Strafrechtsreform«. Mit den Stimmen der SPD und der FDP wählte ihn die Bundesversammlung 1969 zum Bundespräsidenten. In seiner Amtszeit (1969–74) setzte sich Heinemann, der sich selbst als »Bürgerpräsident« verstand, für die gesellschaftliche Eingliederung von Randgruppen ein.

Heinrich I., König des Heiligen Römischen Reiches (seit 919), Herzog von Sachsen (seit 912), *um 875, †Memleben 2. 7. 936; Ottone; Sohn Herzog Ottos I. von Sachsen, Vater von Heinrich I., Herzog von Bayern. Heinrich trat als Herzog in Gegensatz zu König Konrad I., der ihm Thüringen zu entziehen suchte. Nach ottonischer Stiftungslegende (Widukind von Corvey) soll ihn Konrad aufgrund seiner militärischen Stärke zu seinem Nachfolger designiert haben. Franken und Sachsen wählten ihn 919 in Fritzlar zum König. Um seine Herrschaft auf einen Bund der »Stämme« zu stützen, lehnte Heinrich Krönung und Salbung ab, sah sich allerdings gezwungen, sein Königtum gegenüber den Herzögen Arnulf dem Bösen von Bayern und Burchard I. von Schwaben mit militärischen Drohungen und Zugeständnissen, v.a. hinsichtlich der Kirchenhoheit, durchzusetzen.

Mit der Aufhebung der Kirchenhoheit beendete Heinrich 926 nach Burchards Tod die schwäbische Eigenständigkeit. Bereits 921 hatte der westfränkische Karolinger Karl III. das Königtum Heinrichs anerkannt. Nach dessen Absetzung gewann Heinrich 925 Lothringen für das Reich (nunmehr »Regnum Teutonicorum« genannt). Den jährlichen Einfällen der Ungarn begegnete er 926 zunächst mit einem neunjährigen Waffenstillstand, den er zur Anlage von Burgen im östlichen Sachsen und zur Aufstellung eines gepanzerten Reiterheeres nutzte. Nach Aufkündigung des Vertrages schlug er die Ungarn 933 bei Riade mit einem Heer aus seinem gesamten Herrschaftsgebiet. 927–929 hatte Heinrich die Elbslawen (Brandenburg) sowie Böhmen unter seine Oberhoheit gebracht, 934 gewann er das Land zwischen Eider und Schlei (dänische Mark). 935 schloss Heinrich einen Freundschaftsvertrag mit den Königen Ludwig IV. von Westfranken und Rudolf II. von Hochburgund, die gegen Anerkennung ihrer Königswürde durch ihn endgültig auf Lothringen verzichteten. Mit diesem Schritt sowie einem geplanten Zug nach Rom stellte sich Heinrich, der wohl schon 926 von Rudolf II. die Heilige Lanze erhalten hatte, endgültig in die Tradition karolingischer Politik. Schwer erkrankt, designierte er seinen ältesten Sohn, Otto I., zum Nachfolger.

Heinrich I., auch **Heinrich Beauclerc** [-ˈbəʊkleə], König von England (seit 1100), *Selby 1068, †Lyons-la-Forêt (bei Rouen) 1. 12. 1135; jüngster Sohn von Wilhelm I., dem Eroberer, Großvater von Heinrich Kurzmantel. Heinrich bemächtigte sich nach dem Tod seines Bruders Wilhelm II. Rufus der Herrschaft und gab seinen Untertanen eine Charta (»Charta libertatum«), durch die Missbräuche abgestellt, aber auch Grundlagen monarchischer Zentralgewalt festgeschrieben wurden. Seit 1106 regierte er auch in der Normandie, nachdem er den Herzog, seinen ältesten Bruder Robert II. Kurzhose, besiegt und gefangen gesetzt hatte.

HEINRICH I. *Sachsen und Franken*

Herr Heinrich saß nicht am Vogelherd – wie spätere Erzählungen berichten –, als ihn überraschend die Nachricht von seiner Wahl zum König erreichte; auch die ein halbes Jahrhundert später verfassten Darstellungen der ottonischen Historiographie, nach denen der söhnelose Konrad I. in richtiger Einschätzung der politischen Lage auf dem Sterbelager nicht seinen Bruder Eberhard, sondern den mächtigen Sachsenherzog Heinrich als Nachfolger empfohlen haben soll, verschleiern wohl zu sehr dessen Eigeninitiative. Sicher ist jedoch eines: Heinrichs Königtum, 919 im fränkischen Fritzlar nahe der Grenze zu Sachsen begründet, beruhte zunächst nur auf der Anerkennung von Sachsen und Franken; diese beiden Herzogtümer sollten bis in die Regierungszeit Otto I., des Großen hinein den eigentlichen Kernraum der Königsherrschaft bilden.

Heinrich II., auch **Heinrich Kurzmantel** (englisch **Curtmantle** [kəːtmæntl]), König von England (seit 1154), *Le Mans 5. 3. 1133, †Chinon 6. 7. 1189; Enkel von Heinrich Beauclerc, Großvater von Heinrich III. Heinrich beanspruchte den englischen Thron – gegen König Stephan I., der ihn 1153 als Nachfolger anerkannte – aufgrund des Erbrechts seiner Mutter Mathilde, der Tochter Heinrichs I., die in zweiter Ehe mit Gottfried V., Graf von Anjou (Beiname Plantagenet), verheiratet war. Von seiner Mutter hatte er 1150 das Herzogtum Normandie, von seinem Vater 1151 die Grafschaft Anjou geerbt. Die Heirat (1152) mit der Erbtochter von Aquitanien, Eleonore, brachte ihm auch dieses Herzogtum einschließlich der Gascogne ein; dadurch wurde Heinrich auf dem Boden Frankreichs, wenn auch als Lehnsmann des französischen Königs, mächtiger als dieser selbst (→Angevinisches Reich). Heinrich stärkte die königliche Macht, indem er die Kompetenz der königlichen Gerichtsbarkeit erweiterte und damit die Grundlage für die Ausbildung des Common Law legte. Er begründete die englische Herrschaft in Irland (1171/72) und brachte Schottland unter seine Lehnshoheit (1174). Seit 1173 hatte er mehrere Aufstände seiner Söhne abzuwehren.

Heinrich II., König von Frankreich (seit 1547), *Saint-Germain-en-Laye 31. 3. 1519,

†Paris 10. 7. 1559; zweiter Sohn von Franz I. und Claudia, Vater von Heinrich III. von Frankreich; seit 1533 ∞ mit Katharina von Medici; politisch stark beeinflusst von seiner Geliebten, Diane de Poitiers, und seinem Jugendfreund, dem Connétable Anne de Montmorency. Selbst von streng katholischer Gesinnung – noch im Jahr seiner Thronbesteigung richtete Heinrich am Pariser Parlament einen Sondergerichtshof (»Chambre ardente«) zur Verfolgung der Hugenotten ein – erneuerte er im Bund mit protestantischen Reichsständen (Vertrag von Chambord, 1552) den Kampf seines Vaters gegen Kaiser Karl V., nahm die Städte Toul, Verdun, Cambrai und Metz als »Reichsvikar« in Besitz und eroberte Calais, den letzten englischen Festlandsbesitz. Im Frieden von Cateau-Cambrésis (1559) musste er auf den französischen Anspruch auf Mailand verzichten. Im Innern führte er die Stärkung der königlichen Gewalt fort und vollendete die Vereinheitlichung der Verwaltung. Heinrich verunglückte tödlich bei einem Turnier.

Heinrich II., der Heilige, König des Heiligen Römischen Reichs (seit 1002), Kaiser (seit 1014), als Heinrich V. Herzog von Bayern (seit 995), *Bad Abbach 6. 5. 973, †Pfalz Grone 13. 7. 1024; Sohn von Herzog Heinrich II. von Bayern, Urenkel von Heinrich I.; letzter Ottone (bayerische Linie). Heinrich wurde 1002 als Verwandter des Kaiserhauses gegen Markgraf Ekkehard I. von Meißen und Herzog Hermann II. von Schwaben als Nachfolger Kaiser Ottos III. zum König gewählt. In Italien verweigerte ihm der von den dortigen Großen zum König ausgerufene Markgraf Arduin von Ivrea die Anerkennung. Auf seinem ersten Italienzug stellte Heinrich in Italien die erschütterte deutsche Herrschaft durch Arduins Niederwerfung wieder her und ließ sich 1004 in Pavia selbst zum König Italiens krönen.

Herzog Bolesław I. Chrobry von Polen (König seit 1025), der Heinrich ebenfalls nicht anerkannte, musste ihm nach drei wechselvollen Feldzügen (1002–18) huldigen. Den mit ihm verbündeten Markgrafen Heinrich von Schweinfurt besiegte Heinrich ebenfalls. Das entstandene Machtvakuum im östlichen Franken füllte er durch die Belehnung seines Schwagers Heinrich von Luxemburg mit Bayern sowie durch die Gründung des Bistums Bamberg (1007).

Mit seinen Schenkungen an Bistümer sowie der Förderung der Gorzer Klosterreform führte Heinrich das Reichskirchensystem seinem Höhepunkt zu, wobei die königliche Gewalt gleichzeitig gestärkt wurde. Im Westen behauptete sich Heinrich zunächst in Auseinandersetzungen mit den Grafen von Flandern. Durch Erbvertrag (1006) mit König Rudolf III. von Burgund sicherte er sich die Anwartschaft auf Burgund. 1013 zog Heinrich erneut gegen Arduin nach Italien. In Rom entschied er sich in der Frage der Nachfolge von Papst Sergius IV. für Benedikt VIII. aus dem Haus Tusculum, der am 14. 2. 1014 die Kaiserkrönung an Heinrich und seiner Frau Kunigunde vollzog. Nach der Neuordnung der italienischen Bistümer und Klöster kehrte Heinrich nach Deutschland zurück. 1020 suchte ihn Papst Benedikt VIII. in Bamberg auf, um seine Hilfe in Unteritalien zu gewinnen. Heinrich setzte dort mit seinem dritten Italienzug 1021/22 die Oberhoheit des Reiches durch. Heinrich, der kinderlos starb, wurde in Bamberg beigesetzt; 1146 wurde er heilig gesprochen.

Heinrich II., der Zänker, Herzog von Bayern (955–976 und seit 985), Herzog von Kärnten (seit 989), *951, †Gandersheim 28. 8. 995; Liudolfinger (bayerische Linie); Sohn von Heinrich I., Herzog von Bayern, Vater von Heinrich II. Heinrich stand zunächst unter mütterlicher Vormundschaft. 974 empörte er sich gegen Kaiser Otto II., der ihm daraufhin 976 das Herzogtum Bayern, von dem Kärnten abgetrennt wurde, entzog. 977 unterwarf sich Heinrich. Nach Ottos Tod suchte er zunächst vergebens in seine alten Rechte wieder eingesetzt zu werden und darüber hinaus die Herrschaft im Reich zu erlangen. 985 erhielt er Bayern zurück, 989 auch Kärnten. Mit dem Sieg über die Ungarn (991) festigte er sein Land.

Heinrich II. Jasomirgott, Markgraf (ab 1156 Herzog) von Österreich (seit 1141) und Herzog von Bayern (1143–56), †Wien 13. 1. 1177; ältester Sohn von Leopold III. von Österreich; Babenberger. Heinrich wurde 1139 zunächst Pfalzgraf bei Rhein, folgte dann 1141 seinem jüngeren Bruder Leopold IV. in der Markgrafschaft Österreich und 1143 in Bayern, nachdem er 1142 Gertrud, die Witwe Heinrichs X., des Stolzen, geheiratet hatte. Im sich anbahnenden Ausgleich zwischen Staufern und Welfen musste Heinrich auf Betreiben Kaiser Friedrichs I. Barbarossa zugunsten Heinrichs des Löwen auf Bayern verzichten, wofür die Mark in ein Herzogtum umgewandelt und mit außerordentlichen Rechten ausgestattet wurde (Privilegium minus, 17. 9. 1156).

Heinrich III., König des Heiligen Römischen Reichs (seit 1028, regierte seit 1039), Kaiser (seit 1046), König von Burgund (seit 1038), Herzog von Bayern (seit 1027) und von Schwaben (seit 1038), *28. 10. 1017, †Pfalz Bodfeld 5. 10. 1056; Sohn von König Konrad II. und Gisela, Vater von Heinrich IV.; Salier. Schon 1026 zum König gewählt, 1028 gekrönt, folgte Heinrich seinem Vater 1039 in der Königswürde. Erfüllt von kirchlichen Reformideen (Cluny), suchte Heinrich seine Herrschaft im Einklang mit deren Zielen zu führen; er begriff sich selbst als Vicarius Christi in seinem Königsamt. Dem um sich greifenden Fehdewesen suchte Heinrich durch königliche Friedensgebote im Sinne von Gottesfrieden zu begegnen. Sein herrscherliches Handeln im Einklang mit den kirchlichen Vorschriften ließen ihn sein Investiturrecht in Übereinstimmung mit kirchlichen Erfordernissen ausüben. Diese Überlegungen veranlassten ihn, in die Auseinandersetzungen um den Papstthron einzugreifen. Auf seinem Romzug ließ er im Dezember 1046 durch Synoden zu Sutri und Rom die streitenden Päpste Gregor VI., Benedikt IX. und Silvester III. absetzen und Bischof Suitger von Bamberg als Klemens II. zum Papst erheben, der ihn am 24. 12. zum Kaiser krönte. Zugleich wurde er Patricius von Rom und machte als solcher nacheinander noch drei deutsche Bischöfe zu Päpsten (Damasus II., Leo IX., Viktor II.). Damit dehnte er die Kirchenreform auch auf Rom aus. 1047 belehnte Heinrich zwei Normannenführer mit der Grafschaft Aversa und mit dem Herzogtum Apulien als Vasallen des Reichs. Im Osten gelang Heinrich 1041 die Unterwerfung des Herzogs Břetislaw I. von Böhmen. Die Könige von Ungarn nötigte Heinrich, ihr Königreich von ihm zu Lehen zu nehmen und das Land bis zur Leitha abzutreten. Auch Herzog Gottfried den Bärtigen von Lothringen zwang er zur Unterwerfung.

Heinrich III., König von Frankreich (seit 1574), als Heinrich II. König von Polen (1573–74), * Fontainebleau 19. 9. 1551, † (ermordet) Saint-Cloud 2. 8. 1589; dritter Sohn von Heinrich II. von Frankreich und Katharina von Medici. Als Herzog von Anjou 1572 war Heinrich an der Vorbereitung der → Bartholomäusnacht beteiligt. Auf Betreiben seiner Mutter 1573 zum König von Polen gewählt und 1574 gekrönt, verließ er noch im gleichen Jahr Polen ohne förmliche Abdankung, um die Nachfolge seines Bruders Karl IX. als König von Frankreich anzutreten.

Kultiviert und intelligent, aber charakterschwach und von seinen Günstlingen abhängig, suchte er vergeblich, in den Hugenottenkriegen die Stellung der Krone zwischen den Glaubensparteien zu behaupten. Im Edikt von Beaulieu (7. 5. 1576) musste er den Hugenotten erhebliche Zugeständnisse machen. Da er selbst kinderlos blieb und sein jüngerer Bruder 1584 starb, fiel dem Führer der Hugenotten, König Heinrich III. von Navarra, die erbrechtliche Anwartschaft auf die Nachfolge zu. Gegen eine protestantische Sukzession in Frankreich erhob sich der Widerstand der von Henri I., Herzog von Guise, geführten katholischen (»Heiligen«) Liga. Mit diesem »Krieg der drei Heinriche« wurde die 1562 begonnene Reihe der Hugenottenkriege fortgesetzt. Der König musste aus Paris fliehen und berief die Generalstände nach Blois. Angesichts ihrer feindlichen Haltung beschloss Heinrich, sich der Häupter der Liga zu entledigen, und ließ Henri I. von Guise und dessen Bruder in Blois ermorden (23./24. 12. 1588). Von der Liga für abgesetzt erklärt, verband sich Heinrich mit Heinrich III. von Navarra und zog mit ihm gegen das ligistische Paris. Während der Belagerung der Stadt wurde er umgebracht. Mit Heinrich erlosch das Haus Valois.

Heinrich IV., König des Heiligen Römischen Reichs (seit 1056), Kaiser (seit 1084), * Goslar (?) 11. 11. 1050, † Lüttich 7. 8. 1106; Sohn von Heinrich III., Vater von Heinrich V.; Salier. 1054 wurde Heinrich zum König gewählt. Für ihn regierte nach dem Tod des Vaters (1056) zunächst seine Mutter Agnes von Poitou. Sie gab die Herzogtümer Schwaben an Rudolf von Rheinfelden, Kärnten an Berthold II. von Zähringen, Bayern an Otto von Northeim, die bald die gefährlichsten Gegner des Königtums wurden. 1062 erzwang Erzbischof Anno II. von Köln mit der Entführung des Königs einen Regentenwechsel. Die Fürsten regierten das Reich, neben Anno v. a. Erzbischof Adalbert von Hamburg-Bremen (1066 gestürzt). Beim Versuch, die zerrüttete Königsmacht wiederherzustellen, den Heinrich in Sachsen ansetzte, erlitt er Rückschläge. Er musste 1073 aus der Harzburg fliehen und im Vertrag von Gerstungen 1074 der Schleifung der Harzburgen durch die aufständischen Sachsen zustimmen. Mithilfe der süddeutschen Fürsten warf er in der Schlacht bei Homburg an der Unstrut (13. 6. 1075) die Sachsen nieder.

In Italien hatte das Reformpapsttum durch die verfallene Reichsautorität an Einfluss gewonnen. Über die Besetzung des Mailänder Erzbistums geriet Heinrich 1073 mit Papst Alexander II. in Konflikt. Nach kurzfristiger Annäherung Heinrichs an Alexanders Nachfolger Gregor VII., verursacht durch die sächsischen Unruhen, geriet ihr Verhältnis wegen Mailand und der Politik Gregors gegenüber den deutschen Reichsbischöfen in eine offene Krise. Gregor drohte Heinrich mit Absetzung, Heinrich seinerseits ließ Gregor durch eine Synode (Worms, 24. 1. 1076) absetzen, worauf Gregor ihn bannte und Heinrichs Untertanen vom Treueid entband. Fürsten und Bischöfe verließen im → Investiturstreit den König und beschlossen in Trebur (Oktober 1076) seine Absetzung, wenn er sich nicht mit der Kirche aussöhnte. Um die Verbindung zwischen Fürsten und Papst zu verhindern, ging Heinrich nach Italien und erzwang in Canossa die Lösung vom Bann (27. 1. 1077), konnte zwar die Wahl des schwäbischen Herzogs Rudolf von Rheinfelden zum Gegenkönig nicht verhindern (15. 3. 1077), vermochte sich jedoch gegen ihn und dessen Nachfolger Hermann von Salm (gewählt 1081) zu behaupten. Gregor bannte ihn März 1080 erneut, worauf Heinrich den Papst absetzen und Erzbischof Wibert von Ravenna als Klemens III. wählen ließ (Juni

HEINRICH IV.
*** 1050 † 1106**

- unterwarf in der Schlacht bei Homburg die Sachsen
- erzwang in Canossa die Lösung des päpstlichen Banns
- besetzte Rom und ließ sich dort zum Kaiser krönen
- wurde von seinem Sohn Heinrich V. gefangen und musste abdanken

1080). Heinrich zog 1081 nach Italien, besetzte Rom 1084 und ließ sich Ostern 1084 zum Kaiser krönen, musste aber alsbald vor den Normannen weichen.

Seit 1090 war Heinrich erneut in Italien. Eine deutsch-italienische Koalition stellte ihm seinen Sohn Konrad als Gegenkönig entgegen und sperrte ihm 1093–97 den Rückweg nach Deutschland. Nach seiner Rückkehr ließ er 1098 Konrad ächten und seinen zweiten Sohn (Heinrich V.) zum König wählen. Die Aussöhnung mit der Kirche blieb unerreichbar, weil Heinrich an der Verfügung über die Reichsbistümer festhielt. 1104 erhob sich auch Heinrich (V.) gegen ihn, nahm ihn gefangen und erzwang im Dezember 1105 die Abdankung. Im Februar 1106 entkam der Kaiser, starb aber, im Begriff, den Kampf gegen den Sohn aufzunehmen. Erst nach der Lösung vom Bann wurde er 1111 im Dom zu Speyer bestattet.

Heinrich IV.
König von Frankreich

Heinrich IV., König von Frankreich (seit 1589), als Heinrich III. König von Navarra (seit 1572), *Pau 13. 12. 1553, †Paris 14. 5. 1610; Sohn von Anton von Bourbon und der Johanna von Albret, die 1555 gemeinsam den Thron von Navarra bestiegen. Heinrich folgte nach dem Tod der Mutter (1572) als König von Navarra. Er war Kalvinist und seit 1569 Führer der →Hugenotten. Seine Hochzeit mit Margarete von Valois (1572), der Schwester Karls IX. und Heinrichs III., war Anlass der →Bartholomäusnacht. Heinrich wurde verschont, musste aber seinem Glauben abschwören und als Gefangener am Hof bleiben. 1576 konnte er fliehen, übernahm wieder die Führung der Hugenotten und besiegte im 8. Hugenottenkrieg das königliche Heer bei Coutras (20. 10. 1587).

HEINRICH IV. ***Haudegen für Frankreich***

Dass Heinrich von Navarra Protestant war und deshalb nicht zum König gesalbt werden konnte, löste einen fünfjährigen Bürgerkrieg aus, der Frankreich an den Rand des Abgrundes brachte. Vorher hatte man Heinrich zur Heirat mit Margarete von Valois gezwungen, die er zugunsten verschiedener Mätressen vernachlässigte. Doch nicht nur auf dem Feld der Liebe, auch in der Schlacht erwies er sich als populärer Haudegen – um zu guter Letzt zum Pragmatiker zu werden, dessen angeblicher Ausspruch *»Paris ist eine Messe wert«* als geflügeltes Wort umlief. Die Herrschaft über Frankreich und die Regentschaft von Paris aus waren eben ohne katholische »Messe« nicht zu sichern. Am 25. 7. 1593 schwor Heinrich dem Protestantismus ab, am 22. 3. 1594 öffnete ihm Paris seine Tore.

Nach dem Tod Heinrichs III. meldete er nach dem Salischen Gesetz seinen Anspruch auf die französische Krone an, doch wurde er von der Heiligen Liga und dem Papst sowie von Philipp II. von Spanien, der seine Tochter Isabella auf den französischen Thron setzen wollte, bekämpft. Um die spanische Gefahr abzuwenden und die inneren Widerstände zu überwinden, trat Heinrich 1593 zum Katholizismus über (»Paris vaut bien une messe«, »Paris ist eine Messe wert«) und wurde 1594 als erster König aus dem Haus Bourbon in Chartres gekrönt.

Seine Regierungszeit ist von dem Bemühen gekennzeichnet, die Auswirkungen des Bürgerkrieges mit den Mitteln einer neu begründeten Staatsautorität zu überwinden, und bedeutet mit der Wiederherstellung der königlichen Zentralgewalt die entscheidende Weichenstellung zum absolutistischen Staat. Vordringlich waren die religiöse Befriedung (Edikt von →Nantes, 1598) und die Sanierung der Staatsfinanzen, die Herzog von Sully mit Erfolg in Angriff nahm. Die Tatkraft des populären Königs äußerte sich weiter im Ausbau der Verkehrswege und im Beginn der Kolonisierung Kanadas. Auf dem Gebiet der Außenpolitik bot der Frieden von Vervins (1598) mit Spanien Rückendeckung für die Politik der Konsolidierung im Innern, doch nahm Heinrich seit 1609 im Jülich-Kleveschen Erbfolgestreit seine antihabsburgische Politik wieder auf. Er starb durch ein Attentat des religiösen Fanatikers François Ravaillac.

Heinrich V., König des Heiligen Römischen Reichs (seit 1106), Kaiser (seit 1111), *vermutlich 11. 8. 1086, †Utrecht 23. 5. 1125; Sohn von Heinrich IV. und Bertha von Susa; letzter Salier. 1098 wurde Heinrich zum König gewählt, 1099 gekrönt. Er erhob sich 1104 gegen seinen Vater, erreichte durch Anschluss an die kirchliche Partei 1105 die Anerkennung, lehnte jedoch später wie sein Vater das kirchliche Investiturverbot ab. Bei seinem Romzug 1110 kam es mit Papst Paschalis II. zu einem Vertragsentwurf, wonach Besitzungen und Regalien der Bischöfe an den König zurückfallen sollten und dieser auf seinen Einfluss bei Bischofswahl und Investitur verzichtete. Als die Reichsbischöfe die Abmachung ablehnten, setzte Heinrich 1111 Papst Paschalis II. gefangen, erzwang das Privileg der Investitur und die Kaiserkrönung; eine römische Synode widerrief den Vertrag. Im Reich erhoben sich die sächsischen und thüringischen Fürsten und besiegten Heinrich in der Schlacht am Welfesholz bei Hettstedt (11. 2. 1115). Erzbischof Adalbert I. von Mainz stellte sich an die Spitze der Opposition. Verhandlungen mit Papst Calixtus II. führten 1122 zum →Wormser Konkordat, das den Investiturstreit beendete.

Heinrich V., König von England (seit 1413), *Monmouth 16. 9. (?) 1387, †Vincennes 31. 8./1. 9. 1422, Sohn von Heinrich Bolingbroke, Vater von Heinrich VI. Heinrich nahm den →Hundertjährigen Krieg gegen Frankreich wieder auf, siegte am 25. 10. 1415 bei Azincourt, besetzte Nordfrankreich und zog in Paris ein. 1420, im Frieden von Troyes, wurde sein Erbanspruch auf die französische Krone anerkannt und durch die Heirat mit der

Tochter Karls VI. von Frankreich, Katharina, gefestigt.

Heinrich VI., König des Heiligen Römischen Reichs (seit 1190), Kaiser (seit 1191), König von Sizilien (seit 1194), *Nimwegen Herbst 1165, †Messina 28. 9. 1197; Sohn von Friedrich I. Barbarossa; Staufer; ⚭ seit 1186 mit Konstanze, der Erbin des normannischen Königreichs Sizilien. Heinrich wurde bereits 1169 als Kind zum König gewählt und gekrönt (15. 8.), vertrat seit seiner Hochzeit als förmlicher Mitregent das Reich in Italien und kam nach dem Tod seines Vaters (1190) formell zur Regierung. Am 15. 4. 1191 wurde er zum Kaiser gekrönt. Nach dem Tod (1189) des kinderlos gebliebenen Königs Wilhelm II. von Sizilien verfolgte Heinrich seine Ansprüche auf dessen Königreich zunächst erfolglos. Nach Anfangserfolgen musste Heinrich nach Deutschland zurückkehren, wo sich eine Fürstenopposition gebildet hatte. Diese brach auseinander, als ihr mächtigster auswärtiger Verbündeter, König Richard I. Löwenherz von England, in Heinrichs Hände geriet (1193) und sich nur durch ein hohes Lösegeld und die förmliche Lehnsnahme befreien konnte (1194). Einem zweiten Zug gegen Sizilien standen nun beträchtliche Mittel zur Verfügung. Heinrich zog am 20. 11. 1194 im Triumph in Palermo ein und wurde am 25. 12. zum König von Sizilien gekrönt. Der am 26. 12. geborene Sohn (der spätere Kaiser Friedrich II.) wurde Friedrich Roger getauft, über die Namen der Großväter die Vereinigung zweier Dynastien symbolisierend.

Unter Heinrich erreichte die Staufermacht ihren Höhepunkt. Sein Versuch, über den Erbreichsplan das deutsche Königtum in seinem Haus erblich werden zu lassen, scheiterte 1196 am Widerstand der Reichsfürsten. Während der Vorbereitungen zu einem Kreuzzug starb er.

Heinrich VI., König von England (1422–61 und 1470/71), *Windsor 6. 12. 1421, †London 21./22. 5. 1471, Sohn von Heinrich V. Unter Heinrich – mit bedingt durch die lange Zeit seiner Minderjährigkeit – fand der →Hundertjährige Krieg 1453 ein ungünstiges Ende für England, das im Innern zunehmend durch Wirren und Aufstände erschüttert wurde. Im Zusammenhang mit den Thronansprüchen des Hauses York kam es zu den →Rosenkriegen, in deren Verlauf Heinrich durch Eduard IV. gestürzt wurde (1461). 1470 gelangte er noch einmal auf den Thron und wurde 1471 in der Schlacht bei Tewkesbury von Eduard erneut verdrängt. Heinrich starb auf ungeklärte Weise im Tower.

Heinrich VII., König des Heiligen Römischen Reichs (seit 1308), Kaiser (seit 1312), *um 1275, †Buonconvento (bei Siena) 24. 8. 1313; Luxemburger. Heinrich wurde auf Betreiben seines Bruders Balduin, Erzbischof von Trier, und des Erzbischofs von Mainz, Peter von Aspelt, nach der Ermordung Albrechts I. am 27. 11. 1308 zum König gewählt, v. a. um einer französischen Kandidatur zuvorzukommen; er wurde am 6. 1. 1309 gekrönt. Für seinen Sohn Johann gewann Heinrich 1311 das Königreich Böhmen als luxemburgische Hausmacht; er selbst zog schon 1310 nach Italien, um dort die Kaisermacht wieder herzustellen. Anfangs von Papst Klemens V. begünstigt, von Dante und den Ghibellinen begeistert begrüßt, scheiterte Heinrich am Widerstand der Guelfen. Nach Kämpfen in der Lombardei und in Rom, wo er am 29. 6. 1312 zum Kaiser gekrönt wurde, rüstete er gegen König Robert I. von Neapel, starb auf dem Zuge nach Neapel nach vergeblicher Belagerung von Florenz. Im Dom zu Pisa wurde er beigesetzt.

Heinrich VII., auch Heinrich Tudor, König von England (seit 1485), *Pembroke Castle (Wales) 28. 1. 1457, †Richmond (heute Richmond upon Thames) 21. 4. 1509; Sohn von Edmund Tudor, Earl of Richmond, und der Margaret Beaufort, Urenkelin des John of Gaunt, Herzog von Lancaster, Vater von Heinrich VIII. Als Erbe des Hauses Lancaster war er Mittelpunkt der Opposition gegen Richard III. Im Exil aufgewachsen, landete Heinrich 1485 in Wales und gewann durch die Schlacht bei Bosworth am 22. 8. 1485 die Krone. Heinrich, durch die 1486 geschlossene Ehe mit Elisabeth, einer Tochter Eduards IV., auch mit dem Haus York verbunden, begründete die Dynastie Tudor und stärkte die monarchische Zentralgewalt.

Heinrich (VII.), König von Sizilien (seit 1212), König im deutschen Reichsgebiet sowie Herzog von Schwaben (1220–35), *auf Sizilien 1211, †Martirano (bei Cosenza) 12. 2. 1242; Sohn Kaiser Friedrichs II. Heinrich wurde vor Friedrichs Zug nach Deutschland zwar zum König Siziliens gekrönt, doch überließ sein Vater ihm in der Folge die Regierung in Deutschland, wo Heinrich, 1220 von den Reichsfürsten gewählt (1222 gekrönt), bis 1228 unter der Obhut zunächst des Kölner Erzbischofs Engelbert I. von Berg (bis 1225), dann unter der Herzog Ludwigs I. von Bayern regierte. Durch seine städtefreundliche Politik geriet er in Konflikt mit den Fürsten, die ihm 1231 das »Statutum in favorem principum« abnötigten. 1234 empörte er sich gegen seinen Vater, musste sich 1235 unterwerfen und wurde seitdem gefangen gehalten. Er starb vermutlich an den Folgen eines Selbstmordversuchs.

Heinrich VIII., König von England (seit 1509) und Irland (seit 1541), *Greenwich 28. 6. 1491, †Westminster 28. 1. 1547; jüngerer Sohn von Heinrich VII. und der Elisabeth von York, Tochter Eduards IV. Heinrich war hervorragend gebildet, v. a. auf humanistischem und theologischem Gebiet. Er heiratete nach seiner Thronbesteigung Katharina von Aragonien, die Witwe seines älteren Bruders Arthur, Tochter der Katholischen Könige von Spanien, Ferdinand II. und Isabella I. Sie wurde die Mutter der späteren Königin Maria I., der Katholischen. Von seinem Schwiegervater ließ sich Heinrich in einen Krieg gegen Frankreich (1512–14) hineindrängen (Sieg bei Guinegate 1513); ebenfalls 1513 wurde der schottische König Jakob IV. bei Flodden (County Northumberland) geschlagen. Heinrich leitete dann eine Politik des Gleichgewichts zwischen Kaiser Karl V. und Frankreich ein, gegen das er zwei weitere Kriege führte (1522–25, 1543–46).

Heinrich VIII.
König von England

Obwohl Heinrich ein gläubiger Katholik war, trennte er England von der römischen Kirche. Der Grund war Heinrichs Wunsch, seine Ehe mit Katharina, die ihm den ersehnten Sohn nicht geboren hatte, annullieren zu lassen, um sein Verhältnis zu Anna Boleyn zu legitimieren. Als Papst Klemens VII. unter dem Druck des Kaisers ablehnte, ließ Heinrich die Ehe durch den von ihm ernannten Erzbischof von Canterbury 1533 für nichtig erklären. Aus der kirchenpolitischen Entwicklung Englands mit einer Tendenz zum Nationalkirchentum ist zu verstehen, dass das Parlament dem König auf seinem weiteren Weg, der Begründung des königlichen Supremats über die Kirche von England (1534, Suprematsakte) und der Einziehung der Klöster (1538–40), bereitwillig folgte. 1538 erreichte Heinrich die Bannbulle Papst Pauls III. Nachdem Anna Boleyn (Mutter der späteren Königin Elisabeth I.) hingerichtet worden war (1536) und ihre Nachfolgerin Johanna (Jane) Seymour nach der Geburt des Thronfolgers Eduard (VI.) gestorben war (1537), heiratete Heinrich Anna von Cleve (1540), ließ sich aber bereits nach einem halben Jahr wieder von ihr scheiden. Von nun an steuerte Heinrich, gestützt auf Parlamentsgesetze, einen Kurs, der es ihm erlaubte, romtreue Katholiken wie Anhänger der Reformation als Hochverräter zum Tode zu verurteilen. Heinrichs fünfte Gattin, Katharina Howard (seit 1540), endete 1542 wie Anna Boleyn; die letzte, Katharina Parr, mit der er seit 1543 verheiratet war, überlebte ihn.

Heinrich der Löwe, Herzog von Sachsen (1142–80) und Herzog von Bayern (1156–80), * um 1129, † Braunschweig 6. 8. 1195; Welfe, Sohn von Heinrich X., dem Stolzen, Vater von Otto IV. von Braunschweig. Heinrich wurde 1142 als Herzog von Sachsen in das seinem Vater aberkannte Stammesherzogtum eingesetzt. Zunächst festigte Heinrich seine Stellung in Sachsen, verharrte jedoch in Opposition zum Königtum, zumal seine Forderungen auf Belehnung auch mit Bayern abgelehnt wurden. Der Regierungsantritt seines Vetters

HEINRICH VIII.

Als gläubiger Katholik verfasste Heinrich VIII., ein vor allem auf humanistischem und theologischem Gebiet außerordentlich gebildeter Herrscher, 1521 eine Schrift gegen Martin Luther, woraufhin ihm Papst Leo X. den Titel »Fidei defensor« (»Verteidiger des Glaubens«) verlieh. Bald darauf unterlag

Suprematsakte

Heinrichs romtreue Frömmigkeit allerdings seinem Bestreben, seine Ehe mit Katharina von Aragonien, der Witwe seines älteren Bruders Arthur, anullieren zu lassen. Nicht nur hatte Katharina ihm nicht den ersehnten Sohn geboren, es drängte ihn außerdem, sein Verhältnis zu seiner Geliebten Anna Boleyn zu legitimieren. Als Papst Klemens VII. unter dem Druck des Kaisers ablehnte, ließ Heinrich die Ehe durch den von ihm ernannten Erzbischof von Canterbury 1533 für nichtig erklären.

Das englische Parlament folgte seinem König bereitwillig auf seinem weiteren Weg, der zur Begründung des königlichen Supremats über die Kirche von England führte und die Einziehung der Klöster nach sich zog. Dadurch etablierte sich Heinrich sowohl als Oberhaupt der englischen Kirche als auch als Verwalter und Nutznießer der monastischen Reichtümer. Als sich jedoch sein Kanzler Thomas More weigerte, den Suprematseid abzulegen, ließ ihn Heinrich hinrichten (Gemälde von Antoine Caron, 1591; Blois, Musée Municipal). 1537 erhielt Heinrich die Bannbulle Papst Pauls III., doch ließ er sich nicht beirren, weder im Privaten – insgesamt brachte er es auf sechs Ehefrauen – noch im Politischen.

Friedrich I. Barbarossa (1152) bereitete den Boden für den staufisch-welfischen Ausgleich. Heinrich erhielt 1154 auf dem Fürstentag in Goslar Bayern zugesprochen, 1156 wurde er mit diesem belehnt.

Bedeutsam wurde insbesondere die Ausweitung seiner Herrschaft über die Elbslawen. Dank der Privilegierung durch Kaiser Friedrich I. Barbarossa stand ihm das Investiturrecht über die von ihm neu gegründeten Bistümer Oldenburg, Ratzeburg und Mecklenburg zu. Durch die Neugründung Lübecks (1158) brach er dem deutschen Ostseehandel Bahn, den er durch Verträge mit Gotland, Schweden und Nowgorod förderte und nutzte. Auch seine Ehe (1168) mit Mathilde, der Tochter König Heinrichs II. von England, wies in die Richtung des beginnenden Nord- und Ostseehandels der Hanse.

Durch seine über ganz Norddeutschland ausgreifende Territorialpolitik verfeindete sich Heinrich nicht nur mit vielen Reichsfürsten, sondern überwarf sich auf dem Höhepunkt seiner Macht auch mit Kaiser Friedrich I. Barbarossa, indem er ihm 1176 auf dem 5. Italienzug die gegen den Lombardenbund notwendige Hilfe verweigerte. Wieder im Reich, griff Friedrich in die Kämpfe Heinrichs mit einer Koalition von Gegnern seiner slawischen Expansionspolitik ein und lud die Parteien nach Landrecht vor Gericht. Da Heinrich mehreren Vorladungen nicht nachkam, wurde 1179 über ihn die Acht verhängt, 1180 die Aberacht, nachdem ihm in einem weiteren lehnsrechtlichen Verfahren in Abwesenheit die Reichslehen aberkannt worden waren. Noch 1180 wurden Sachsen und Bayern neu vergeben und der allgemeine Reichskrieg gegen Heinrich eröffnet. 1181 kapitulierte Heinrich, verzichtete auf seine Herzogtümer und ging in die Verbannung nach England. Erst 1194 kehrte er in seine Eigengüter um Braunschweig zurück, als Kaiser Heinrich VI. mit ihm Frieden schloss.

Heinrich der Seefahrer, portugiesisch **Henrique o Navegador** [ẽˈrrikə unavəɣaˈðor], Infant von Portugal, Herzog von Viseu und Herr von Covilhã (seit 1415), *Porto 4. 3. 1394, †Sagres 13. 11. 1460; dritter Sohn König Johanns I. von Portugal. Heinrich zeichnete sich 1415 bei der Eroberung Ceutas aus, dessen Verwaltung und Verteidigung ihm übertragen wurden. In Sagres im Königreich Algarve, dessen Gouverneur Heinrich 1419 wurde, errichtete er eine Sternwarte. Von hier aus entsandte er seit 1418 Schiffe auf Entdeckungsfahrten, deren Besatzungen an seinem Hof, einem Zentrum geographischer u.a. wissenschaftlicher Studien, vorbereitet wurden. Die Fahrten, die Heinrich aus den Einkünften des Christusordens finanzierte, dessen Großmeister er 1418–60 war, führten zur nord- und westafrikanischen Küste. 1427 erreichten seine Schiffe die Azoren. Später stießen Heinrichs Schiffe bis zum Kap Verde (Senegal) und nach Gambia vor und erreichten Guinea (1444–46). Heinrich, der selbst nie eine längere Seereise unternommen hat, legte den Grund für die Entwicklung Portugals zur Kolonialmacht und zu seiner weltgeschichtlichen Bedeutung im 16. Jahrhundert.

HEINRICH VIII. *König Blaubart*

Ende der Zwanzigerjahre des 16. Jh. wurde sich Heinrich VIII. eines gravierenden Mangels, nämlich des Ausbleibens eines männlichen Erben zur Sicherung der Dynastie, immer schmerzlicher bewusst. Der Tudorkönig brauchte eine neue Ehefrau. Er verstieß die bisherige, Katharina von Aragonien, und heiratete Anna Boleyn. Die große Liebe zu ihr, die ihn anfänglich sogar dazu gebracht hatte, ihr fast täglich zu schreiben – angesichts seiner Faulheit eine beachtliche Leistung des überaus korpulenten Monarchen – erkaltete schnell, als auch die neue Gattin keinen Sohn zur Welt brachte. Eine Fehlgeburt, Indiskretionen und des Königs Techtelmechtel mit einer Hofdame beendeten Annas dreijährige Machtposition am Hof und brachten sie in den Tower und schließlich aufs Schafott.

Heinrich Raspe, Landgraf von Thüringen (seit 1227), Gegenkönig (seit 1246), *um 1204, †auf der Wartburg 16. 2. 1247; Bruder Landgraf Ludwigs IV.; war Vormund seines Neffen, Hermann II., den er, wie auch dessen Mutter, die heilige Elisabeth, vom Hof verdrängte. 1231 wurde Heinrich Raspe vermutlich mit Thüringen belehnt. Kaiser Friedrich II. bestimmte ihn 1242 mit Wenzel I. von Böhmen zum Reichsverweser für Konrad IV. Nach der Absetzung Friedrichs II. sagte sich Heinrich von diesem los und ließ sich auf päpstliches Drängen am 22. 5. 1246 in Veitshöchheim zum Gegenkönig wählen. Den Sieg über Konrad IV. in der Schlacht an der Nidda (5. 8. 1246) konnte Heinrich Raspe nicht mehr nutzen. Sein Tod löste die thüringischen Erbfolgestreitigkeiten (1247–64) aus.

Karl Helfferich

Helfferich, Karl, deutscher Politiker und Finanzfachmann, *Neustadt an der Weinstraße 22. 7. 1872, †(Eisenbahnunglück) bei Bellinzona 23. 4. 1924; förderte als Direktor der Anatolischen Bahn (Sitz: Konstantinopel) den Bau der Bagdadbahn. Seit 1908 gehörte Helfferich dem Vorstand der Deutschen Bank an. Als Staatssekretär des Reichsschatzamtes (1915–16) leitete er die deutsche Finanzpolitik; 1916–17 war er Staatssekretär des Reichsinnenamtes und Stellvertreter des Reichskanzlers. Helfferich wandte sich gegen den uneingeschränkten U-Boot-Krieg. Nach der Ermordung von Wilhelm Graf von Mirbach-Harff war er im Sommer 1918 kurzfristig dessen Nachfolger als deutscher Geschäftsträger in Moskau.

Nach 1918 trat Helfferich als führendes Mitglied der Deutschnationalen Volkspartei (DNVP) hervor. In der Broschüre »Fort mit Erzberger« (1919) griff er den Reichsfinanzminister Matthias Erzberger an wegen des Verdachts auf Ausnutzung politischer Kenntnisse für private Interessen. In einem von Erzberger angestrengten Beleidigungsprozess zu einer Geldstrafe verurteilt, erreichte Helfferich dessen politische Diskreditierung und dessen Rücktritt. Seit 1920 war Helfferich Mitglied des Reichstags. Als Wortführer der Rechtsopposition kritisierte er heftig die auf Verständigung mit den Weltkriegsgegnern gerichteten Bemühungen der Regierung in der Reparationsfrage als »Erfüllungspolitik«. Helfferich wirkte an der Sanierung des durch die Inflation zerrütteten deutschen Geldwesens entscheidend mit.

Hellenismus. Neben Alexandria und Athen war Pergamon ein Zentrum des hellenistischen Lebens. Unter König Eumenes II. begann man wohl zwischen 164 und 156 v. Chr. den Pergamonaltar (Berlin, Pergamonmuseum), dessen Figurenfries den Kampf der riesenhaften Giganten gegen die Götter zeigt; hinter der Wahl des Themas stehen die Erfolge Pergamons gegen die Kelten.

Helgoland-Sansibar-Vertrag, deutsch-britischer Vertrag vom 1. 7. 1890 zur Regelung der Kolonialverhältnisse zwischen den beiden Ländern in Ost-, Südwest- und Westafrika (Togo). Das Deutsche Reich erhielt die zur Verteidigung der Nordseeküste wichtige Insel Helgoland sowie den Zugang von Südwestafrika zum Sambesi (Caprivi-Zipfel), trat dafür in Ostafrika die Schutzherrschaft über Witu ab und erkannte die britische Schutzherrschaft über Sansibar an. Der Helgoland-Sansibar-Vertrag bedeutete, nach der Nichterneuerung des Rückversicherungsvertrags mit Russland, eine Annäherung an Großbritannien. Die Erwerbung Helgolands hatte Otto von Bismarck schon lange geplant und vorbereitet. Die Verzichte in Ostafrika erregten aber bei den Verfechtern einer expansiven deutschen Kolonialpolitik Anstoß und waren Anlass für die Gründung des →Alldeutschen Verbands.

helladische Kultur, die Kultur der →Bronzezeit auf dem griechischen Festland mit den Perioden früh-, mittel- und späthelladisch, wobei letztere Phase als mykenische Kultur, die Kreta und das Festland umfasste, bezeichnet wird.

Hellenismus, ursprünglich im Gegensatz zum Barbarismus und zum Attizismus der korrekte Gebrauch der griechischen Gemeinsprache (Koine), dann allgemein die Verbreitung der griechischen Kultur (Hellenisierung) im Zuge der griechischen Kolonisation, ferner die von den Christen und von Kaiser Julian Apostata verwendete Bezeichnung für das griechische Heidentum. Johann Droysen verstand unter Hellenismus die Epoche Alexanders des Großen und seiner Nachfolger, in der das Griechentum in die östlichen Länder eindrang und sich dort stark mit orientalischen Elementen vermischte und den Boden für die Ausbreitung des Christentums vorbereitete.

Kennzeichnend für den Hellenismus ist das Zurücktreten der Polis zugunsten größerer politischer Gebilde, besonders der hellenistischen Monarchien und der griechischen Bundesstaaten, die Herausbildung einer kosmopolitisch eingestellten, nicht mehr an eine einzelne Stadt gebundenen griechischen Führungsschicht, die Ausbildung größerer Wirtschafts- und Währungsräume, einer hoch entwickelten Technik und einer intensiven Verwaltung, einer durch die Städtegründungen Alexanders und der Diadochen geförderten, ziemlich gleichartigen Stadtkultur und einer allgemeinen Verkehrssprache, der Koine. Der Charakter des Hellenismus wird ferner geprägt durch die Entwicklung der exakten Wissenschaften und der Philologie in Athen und Alexandria, später auch in Pergamon, durch die individualistischen, auf die Erringung der privaten Glückseligkeit (Eudaimonia) gerichteten Lehren der großen Philosophenschulen (besonders des Peripatos, der Stoa und des »Gartens« Epikurs), durch einen starken Synkretismus sowie den wachsenden Einfluss von Mysterienkulten und Erlösungsreligionen. Den so verstandenen Hellenismus, der nach einigen Autoren schon ein Menschenalter vor Alexander begonnen hat, lässt man im Allgemeinen mit dem Untergang des Ptolemäerreiches (30 v. Chr.) enden, doch wird gelegentlich auch noch die Kultur der römischen Kaiserzeit dem Hellenismus zugerechnet.

Heloten, griechisch **Heilotes,** die leibeigenen, an die Scholle gebundenen Bauern in den Ebenen Lakoniens und Messeniens, Nachkommen der von den Dorern unterworfenen frühgriechischen Bevölkerung. Dem Staat gehörend, bebauten jeweils etwa sechs Heloten mit ihren Familien in Eigenwirtschaft das Landlos eines Spartiaten; sie hatten den Ertrag bis zur Hälfte an ihn abzuliefern und dienten ihm im Krieg als Kriegsknechte. Persönlich rechtlos und zunehmend verelendend, unternahmen die Heloten wiederholt Aufstände. Da das Gemeinschaftsleben der Spartiaten auf den Naturalabgaben der Heloten beruhte, war die Furcht vor Aufständen, wie sie um 490 und 464 ausbrachen, groß und bestimmte oder lähmte sogar die spartanische Außenpolitik. Freilassungen erfolgten erst in späterer Zeit zur Auffüllung des Heeres.

Helvetier, lateinisch **Helvetii,** keltischer Stamm, der kurz vor 100 v. Chr. aus Südwestdeutschland in die heutige Schweiz einwanderte. Die Absicht der Helvetier, auf germanischen Druck hin dieses Gebiet wieder zu verlassen und das südliche Gallien zu erobern, wurde durch Caesars Sieg bei Bibracte (58 v. Chr.) vereitelt; die Helvetier zogen sich wieder in die Schweiz zurück. Seit 260 n. Chr. unternahmen Alemannen Vorstöße ins Gebiet der Helvetier; darauf folgte um die Mitte des 5. Jh. eine neue Ausbreitung der Helvetier.

Helvetische Republik, amtlicher Name der Schweiz nach dem Ende der alten Eidgenossenschaft und nach der Besetzung durch französische Revolutionstruppen 1798. Die Helvetische Republik bestand de jure bis 1815. Häufig dient die Bezeichnung auch als Epochenbegriff für die Zeit 1798–1803 im Unterschied zur anschließenden Mediationszeit (1803–13).

Henlein, Konrad, sudetendeutscher Politiker, * Maffersdorf (bei Reichenberg) 6. 5. 1898, † (Selbstmord) Pilsen 10. 5. 1945; Bankangestellter, seit 1925 Turnlehrer, seit 1931 Führer des Sudetendeutschen Turnerverbandes. Henlein gründete 1933 die Sudetendeutsche Heimatfront. Unter seiner Führung ging diese, im April 1935 in Sudetendeutsche Partei umbenannt, im Mai 1935 als stimmenstärkste politische Gruppierung aus den allgemeinen Wahlen in der Tschechoslowakei hervor; 1935–38 war Henlein Abgeordneter im tschechoslowakischen Parlament. Finanziell und politisch von der NS-Reichsregierung in Deutschland unterstützt, forderte er seit 1937 den »Anschluss« der sudetendeutschen Gebiete an das Deutsche Reich. Nach dessen Durchsetzung im Münchner Abkommen (1938) war er Reichskommissar, 1939–45 Gauleiter und Reichsstatthalter im Sudetenland. Henlein starb in alliierter Haft.

Henriette Anna, in Frankreich **Henriette d'Angleterre** [ãri'ɛt dãɡlə'tɛ:r] genannt, Herzogin von Orléans, * Exeter 16. 6. 1644, † Saint-Cloud 30. 6. 1670; Tochter von Henriette Maria und Karl I. von England. In Frankreich erzogen, heiratete sie 1661 den Bruder Ludwigs XIV., Herzog Philipp I. von Orléans, führte die geheimen Verhandlungen Ludwigs XIV. mit ihrem Bruder Karl II. von England und vermittelte den Vertrag von Dover (1. 6. 1670), der England und Frankreich gegen Holland zusammenführte. Ihr plötzlicher Tod erregte den Verdacht, sie sei an Gift gestorben.

Henriette Maria, Königin von England, * Paris 25. 11. 1609, † Schloss Colombes (bei Paris) 10. 9. 1669; Mutter von Henriette Anna, Tochter Heinrichs IV. von Frankreich und der Maria von Medici; heiratete 1625 Karl I. von England. Henriette war eine überzeugte Katholikin. Im Bürgerkrieg unterstützte sie ihren Gemahl, 1644 floh sie nach Frankreich. Als ihr Sohn Karl II. 1660 den englischen Thron bestieg, kehrte sie zurück.

Herakleios, Kaiser des Byzantinischen Reichs (seit 610), * in Kappadokien um 575, † Konstantinopel 11. 2. 641; stammte aus einem armenischen Geschlecht, das sich auf die Arsakiden zurückführte. Herakleios stürzte 610 den Usurpator Phokas und begründete die Herakleianische Dynastie. Er beendete die Expansion des Perserreiches unter Chosrau II. nach Westen (622–628). Durch ein Bündnis mit den Bulgaren in Südrussland, deren Khan zum Christentum übergetreten war, gelang es ihm, die Bedrohung Konstantinopels durch die Awaren zu beseitigen (626). Unter ihm wurden die slawischen Stämme der Serben und Kroaten in eine lose Bindung zum Reich gesetzt. Im Innern organisierte er durch die Einführung der Themenordnung Heer und Verwaltung neu. Das Ende seiner Regierung überschatteten die Niederlage seines Heeres gegen die Araber am Jarmuk (636) und der endgültige Verlust Syriens (636), Palästinas (638) und Ägyptens (641/642).

Heraldik [»Heroldskunst«, zu französ. héraut »Herold« (nach der dem Herold zukommenden Aufgabe, bei Ritterturnieren die Waffen zu prüfen)], historische Hilfswissenschaft, 1) die Wappenkunde, d.h. die Lehre von Entstehung und Entwicklung des Wap-

Heraldik. Mit dem Verlust der militärischen Bedeutung der Wappen ging ein Anstieg ihres symbolischen und repräsentativen Werts einher. Ein prunkvolles Beispiel ist das Wappen Ferdinands II., des Katholischen, und seiner Gemahlin Isabella von Kastilien (flämische Buchmalerei, um 1497, aus dem Brevier der Isabella von Kastilien; London, British Library).

penwesens und einzelner Wappen (historische Heraldik) sowie die Regeln und Fachsprache der Heraldik (systematische Heraldik); 2) die Wappenkunst (praktische Heraldik) umfasst, die sich mit Entwurf und Darstellung von Wappen gemäß heraldischen Regeln beschäftigt. Die rechtlichen Bestimmungen der Wappenführung regelt das Wappenrecht. Enge Verbindungen bestehen zwischen der Heraldik und ihren Nachbardisziplinen, v.a. der Siegelkunde, Numismatik, Ordenskunde und Genealogie.

WAPPENKUNDE: Die Entstehung des Wappenwesens lässt sich bis etwa 1130 zurückverfolgen. Die Einführung farbiger Abzeichen für voll gerüstete Krieger ergab sich aus der militärischen Notwendigkeit, die Ritter für Freund und Feind erkennbar zu machen. Diese Erkennungszeichen, die bald zu beständigen Kennzeichen der Waffen Führenden und ihrer Familien wurden, waren zuerst an der Schutzwaffe, dem Schild, angebracht, der sich seit dem Ende des 12. Jh. zum alleinigen Träger des Wappenbildes entwickelte.

Mit dem Wandel der Kriegstechnik verloren die Wappen zunehmend ihre militärische Bedeutung und wurden zu unabhängig vom wirklichen Schild gebrauchten Symbolen von Adels- und Bürgerfamilien, aber auch von Klerikern, Bistümern, Abteien und Städten, Bauern und Unehrlichen (z.B. Scharfrichtern). Herolde und Kanzleien erstellten Wappenverzeichnisse, entwickelten heraldische Regeln und bemühten sich um eine rechtliche Normierung. Dem Niedergang des lebenden Wappenwesens folgte eine Blütezeit des dekorativen Wappens (16. Jh.). In der Verfallszeit seit der Mitte des 17. Jh., als die Bestandteile des Wappens vielfach nicht mehr verstanden und daher entstellt wurden, begann zugleich die wissenschaftliche Durchdringung des Wappenwesens.

WAPPENARTEN: Ein bedeutendes Element für das Weiterleben der Wappen und eine Hauptquelle für die Kenntnis der Wappenbilder sind die Siegel. Ihre rechtliche Bedeutung übertrug sich auf die Wappen, sodass Inhaber verschiedener Rechte auch mehrere Wappen führten. Daraus ergaben sich, zuerst in Spanien (vor 1229), Zusammenfügungen mehrerer Wappen, meist Erbschaftswappen, in einem mehrfeldigen Schild und mehrere Helme mit ihren Helmzierden dazu. Dabei nimmt das Stammwappen als das ursprüngliche und wichtigste fast stets eine bevorzugte Stelle ein.

Das Kennzeichen bürgerlicher Wappen ist meist der »geschlossene« oder »Stechhelm«. Adelige Wappen sind seit etwa 1450 meist zu dem damals aufkommenden Spangen- oder Bügelhelm übergegangen. Bei ihnen wurden Helm und Helmzier seit dem 16. Jh. z. T. durch Rangkronen ersetzt. Die territorialen Wappen standen in der Frühzeit fast immer mit einem Familienwappen im Zusammenhang, doch schufen sich auch nicht untertänige Landschaften Wappen, aus denen die Staatswappen (Landeswappen) der Republiken hervorgingen, während die der Monarchien meist auf dynastischen Wappen beruhen. Territoriale Wappen enthalten vielfach in manchen Feldern »Anspruchs-« und »Erinnerungswappen« (Gedächtniswappen) für Gebiete, auf die ein Anspruch angemeldet wird. Die Städte- und Gemeindewappen gehen auf Fahnenbilder oder auf das städtische Siegel zurück. Landesherrliche Embleme finden sich in städtischen Wappen ebenso wie der Reichsadler bei Reichsstädten.

Herero, Ovaherero, Bantuvolk in Namibia. Die Herero wanderten vermutlich im 17./18. Jh. von Norden her in ihre heutigen Wohngebiete ein (Namibia, Botswana und Angola). Ihr Fürst Maharero schloss 1870 den durch deutsche Missionare vermittelten »Frieden von Okahandja« und am 21. 10. 1885 einen Schutzvertrag mit der deutschen Kolonialbehörde in Südwestafrika. Sein Sohn und Nachfolger Samuel Maharero führte die Herero am 12. 1. 1904 zum Aufstand gegen die Kolonisten. Im August 1904 wurden die Herero am Waterberg von deutschen Truppen unter dem Kommando von Lothar von Trotha geschlagen und in die Wüste Kalahari abgedrängt; von etwa 80 000 Herero überlebten nur 13 000 den Krieg.

Hermann der Cherusker [-ç-, auch -k-], → Arminius.

Hermann von Salza, Hochmeister des Deutschen Ordens (seit 1209), * um 1170, † Salerno 20. 3. 1239; stammte aus thüringischem Dienstmannengeschlecht. Hermann war ein Vertrauter Kaiser Friedrichs II., den er trotz des Bannes auf dem 5. Kreuzzug begleitete und für den er in der Auseinandersetzung mit dem Papst vermittelte. Unter Hermann besaß der Deutsche Orden 1211–25 das Burzenland und begann danach unter dem von ihm beauftragten Landmeister Hermann Balk mit der Unterwerfung der heidnischen Prußen. Die ihm von Friedrich II. ausgestellte »Goldene Bulle von Rimini« (1226) begründete die Landesherrschaft des Deutschen Ordens in Preußen.

Herodes I., der Große, Herrscher des jüdischen Staates (seit 37 v. Chr.), * um 73, † 4 v. Chr.; Vater von Herodes Antipas und Herodes Philippos, Großvater von Herodes Agrippa I., Sohn des Antipater und einer arabischen Fürstentochter. Herodes war 47 Stratege in Galiläa, 43 in römischem Dienst und sicherte sich durch Eheverbindung mit der Dynastie des Hohepriesters Hyrkanos II. die Herrschaft gegen die Parther (41–37) wie gegen die innerjüdische Opposition mit römischer Hilfe. Durch Kaiser Augustus gestützt, machte Herodes Judäa zu einem starken Föderiertenstaat mit großen Teilen Palästinas.

Der jüdische Kult wurde nicht angetastet, das Diasporajudentum unterstützt. Ansätze von Opposition wurden radikal unterdrückt, potenzielle Nachfolger (darunter drei seiner Söhne) beseitigt. Augustus teilte nach Herodes' Tod das Reich unter dessen Söhne Archelaos, Herodes Antipas und Herodes Philippos.

Herodot, griechischer Geschichtsschreiber, *Halikarnassos (heute Bodrum) nach 490 v.Chr., †um 425 v.Chr.; laut Cicero der »Vater der Geschichtsschreibung«. Aus adliger Familie stammend, war Herodot in seiner Vaterstadt am Sturz des Tyrannen Lygdamis beteiligt und lebte deshalb zeitweise auf Samos im Exil. Später verließ er wegen Parteikämpfen abermals seine Heimat und unternahm weite Reisen nach Asien, Afrika und Europa. In Athen war er mit Perikles und Sophokles befreundet. 444 beteiligte er sich an der Gründung der attischen Kolonie Thurioi (Thurii) in Unteritalien. Später scheint er nach Athen zurückgekehrt zu sein.

Sein in ionischem Dialekt geschriebener »Forschungsbericht« (»Histories Apodexis«) behandelt in universalhistorischen Zusammenhängen die Entstehung und Entwicklung des griechisch-persischen Gegensatzes bis zum Jahr 479 v.Chr. Besonders für die →Perserkriege konnte er sich auf umfangreiche Zeugenbefragungen stützen.

Herrenfall, im Lehnsrecht Bezeichnung für den Wechsel in der Person des Lehnsherrn, bei dem die Lehen neu vergeben werden mussten.

Herrenhaus, bis 1918 Bezeichnung der ersten Kammer des preußischen Landtags (seit 1855), des österreichischen (1861–65) und des österreichisch-ungarischen Reichsrats (seit 1867).

Herrschaft, Sonderartikel S. 354/355.

Hertling, Georg Freiherr (seit 1914 Graf) von, katholischer Philosoph und Staatsmann, *Darmstadt 31. 8. 1843, †Ruhpolding 4. 1. 1919; wurde 1880 Professor in Bonn, 1882 in München. 1876 war Hertling Mitgründer der Görres-Gesellschaft zur Pflege der Wissenschaft, als deren Präsident er großen Einfluss ausübte. Seine Arbeit galt v.a. der katholischen Staats- und Sozialphilosophie. Hertling war 1875–90 und 1896–1912 Mitglied des Reichstags (Zentrum) und wurde 1909 Vorsitzender seiner Fraktion. Seit 1891 Mitglied des bayerischen Reichsrats, wurde Hertling 1912 Ministerpräsident in Bayern. Von konservativer Grundhaltung und Gegner eines politischen Liberalismus, stand er in Gegensatz zu dem von Matthias Erzberger geführten demokratischen Flügel der Partei, unterstützte aber im Wesentlichen die Politik Theobald von Bethmann Hollwegs. Dessen Nachfolge anzutreten, lehnte er im Juli 1917 ab und nahm erst nach dem Scheitern von Georg Michaelis am 1. 11. 1917 das Amt des Reichskanzlers und preußischen Ministerpräsidenten an. Er vermochte sich freilich nicht gegen die politische Machtstellung der Obersten Heeresleitung durchzusetzen. Er trat am 30. 9. 1918 zurück.

Hertzberg, Ewald Graf von, preußischer Staatsmann, *Lottin (bei Neustettin) 2. 9. 1725, †Berlin 27. 5. 1795; stand seit 1745 in preußischem Dienst; war 1763 am Friedensschluss von Hubertusburg beteiligt, wurde danach Zweiter Staats- und Kabinettsminister und verfolgte nach dem Tod König Friedrichs II., des Großen, als Leiter der Außenpolitik unter König Friedrich Wilhelm II. die Annäherung an Großbritannien (Allianz 1788) und Russland mit dem Ziel eines Nordischen Bundes einschließlich der skandinavischen Staaten. Seine antiösterreichische Politik wurde seit der Konvention von Reichenbach (Juli 1790) aufgegeben. 1791 schied Hertzberg als Kabinettsminister aus.

Theodor Herzl

Herzl, Theodor, österreichischer Schriftsteller, *Budapest 2. 5. 1860, †Edlach an der Rax (Nordösterreich) 3. 7. 1904; studierte seit 1878 in Wien Rechtswissenschaft und war 1891–96 Pariser Korrespondent der Wiener »Neuen Freien Presse«. Seitdem redigierte er das Feuilleton dieses Blattes. Unter dem Einfluss des Dreyfusprozesses kam Herzl zu der Überzeugung, dass die Juden eine Nation seien und daher die Gründung eines jüdischen Staates notwendig sei. Diese Anschauung brachte er in seiner Schrift »Der Judenstaat« (1896) zum Ausdruck. Er gab mit seinen Ideen den Anstoß zur Entstehung des politischen Zionismus. Trotz vieler Anfeindungen gelang es ihm, eine zionistische Massenbewegung – besonders in Osteuropa – zu organisieren. 1897 rief er in Basel den ersten Zionistischen Weltkongress zusammen und wurde zum ersten Präsidenten der Zionistischen Weltorganisation gewählt. Herzl gründete eine nationale jüdische Bank und einen Fonds für den Ankauf von Land in Palästina. Verhandlungen mit Sultan Abd al-Hamid II., dem Papst und Kaiser Wilhelm II. führten jedoch zu keinem Erfolg. 1902 zeichnete Herzl in dem Roman »Altneuland« das Bild eines aristokratisch geleiteten jüdischen Zukunftsstaates in Erez Israel. Seine Idee wurde 1948 durch die Gründung des Staates Israel verwirklicht.

Herzog, Roman, deutscher Staatsrechtslehrer und Politiker (CDU), *Landshut 5. 4. 1934; war in Baden-Württemberg Minister für Schulen und Sport (1978–80), dann Innenminister (1980–83); wurde 1983 Vizepräsident, 1987 Präsident des Bundesverfassungsgerichts; war 1994–99 Bundespräsident. In diesem Amt suchte Herzog die Prozesse der inneren deutschen und der europäischen Einigung. Unter seinem Vorsitz erarbeitete ein 1999 gebildetes Gremium von 62 Vertretern der EU-Staaten

Fortsetzung S. 356

1

HERRSCHAFT

1) Öffentlichen Widerstand gegen die Obrigkeit leistete in den 1960er-Jahren die Studentenbewegung (hier eine Demonstration am 12. 4. 1968 in Berlin). Sie richtete sich gegen das militärische Engagement der USA in Vietnam und gegen die 1968 verabschiedeten Notstandsgesetze, forderte aber auch Demokratisierung und Partizipation in der Gesellschaft.

Im politischen Sprachgebrauch der modernen Demokratien vermeidet man den Begriff »Herrschaft« nach Möglichkeit. In einer staatlichen Ordnung, in der nach der Verfassung alle Gewalt vom Volk ausgeht, scheint er fehl am Platz zu sein, weil mit ihm zu sehr die – historisch bedingte – Vorstellung der Machtausübung von Einzelpersonen oder von gesellschaftlichen Eliten verbunden ist. Doch gibt es selbstverständlich auch in einer Demokratie »Herrschaft«, wenn man darunter eine auf festen Regeln beruhende, gesetzeskonforme politische Ordnung versteht, bei der sich die »Herrschenden« auf die Zustimmung der »Beherrschten« berufen können.

Klassische Verfassungsformen

Auf staatlicher Ebene verwirklicht sich politische Herrschaft in den drei schon in der Antike klassischen Verfassungsformen der Monarchie, der Aristokratie und der Demokratie. Diese Unterscheidung begründet sich auf der Zahl derjenigen, die an der Herrschaft Anteil haben. In der Monarchie (von griechisch »monos« – »allein« und »arche« – »Herrschaft«) liegt die Macht bei einem Einzelnen, etwa bei einem Kaiser, einem König oder einem Fürsten. Die Aristokratie (von griechisch »aristoi« – »die Besten« und »kratia« – »Macht, Herrschaft«) ist eine Regierung des Adels. Die Demokratie (von griechisch »demos« – »Volk«) ist die historisch jüngste Form dieser Verfassungen. Entstanden ist sie im 6. und 5. Jh. v. Chr. in Athen.

Obwohl die Demokratie in Athen als das Vorbild aller späteren Demokratien gilt, handelte es sich hier, gemessen an modernen Kategorien, nur sehr bedingt um eine Volksherrschaft: Nur die Gruppe der freien männlichen Bürger, nicht aber die Frauen, Fremden und Sklaven, und somit nur knapp 10 % der Gesamtbevölkerung verfügten über die demokratischen Rechte. Überdies war die Demokratie in Athen nicht das Ergebnis einer zielgerichteten politischen Konzeption, sondern die Konsequenz von Auseinandersetzungen rivalisierender Adelsgruppen, die durch politische Zugeständnisse das Volk auf ihre Seite zu ziehen versuchten. Erst die amerikanische Verfassung und die Französische Revolution haben demokratische Werte an sich zu einem Ideal der Herrschaft erhoben.

Monarchie und Aristokratie

Die geschichtlich früheste Herrschaftsform ist die Monarchie. In den frühen Gesellschaften waren es meistens kriegerische Erfolge, die einem Einzelnen eine herausgehobene Stellung verschafften und die er zu der Einrichtung einer Alleinherrschaft nutzte. In anderen Fällen, wie im alten Ägypten, hatte das Königtum einen religiösen Ursprung, indem es sich aus der mächtigen und reichen Priesterschaft herausbildete. Wie die Demokratie so war auch die Monarchie nicht selten das Produkt von Kämpfen innerhalb der Adelsschicht. Dies gilt bei-

2

3

spielsweise für die altgriechische Tyrannis, bei der sich ein einzelner Adliger mithilfe von Söldnern und wirtschaftlichen Versprechungen an die Bauernschaft an die Spitze des Staates setzte.

Hatten die Monarchen einmal die Herrschaft errungen, galt es, diese zu sichern. Eine wesentliche Stütze war dabei zu allen Zeiten das Militär. Wichtig war auch die Herausbildung einer Dynastie: Bis in die Neuzeit hinein waren die meisten Monarchien der Geschichte erblich. Der Sicherung der Herrschaft diente weiterhin ein ausgeprägtes monarchisches Zeremoniell, das den Herrscher aus der Welt der Normalsterblichen entrücken und ihm gerade dadurch Unantastbarkeit verleihen sollte. Unübertroffen war der höfische Prunk, den die französischen Könige, allen voran der »Sonnenkönig« Ludwig XIV., in Versailles entfalteten. Ludwig XIV. war der eigentliche Begründer des Absolutismus, des an keine Schranken und Grenzen gebundenen Herrschaftsstils. Der Absolutismus endete in der Französischen Revolution; für die anderen Monarchen in Europa, etwa in Preußen, war sie das Signal zu einer gemäßigteren, stärker an die Verfassung gebundenen Ausübung der Herrschaft.

Adelsherrschaften sind in der Geschichte häufig in Konkurrenz zum Königtum entstanden. Mitglieder einer Gruppe wurden zu Adligen, indem sie sich, wie die Könige, durch militärische Großtaten auszeichneten oder aber über besondere wirtschaftliche Leistungskraft verfügten. Die Zugehörigkeit zum Adel war in der Regel erblich, und die Adligen wachten eifersüchtig darüber, dass niemand von außen in die Gruppe drängte. Ein für eine Aristokratie typisches Gremium war der Adelsrat, in dem alle wichtigen politischen Entscheidungen gefällt wurden, wie zum Beispiel im Senat des republikanischen Rom. Den größten Einfluss hatten Aristokraten im Mittelalter und in der frühen Neuzeit. Durch die industrielle Revolution und die modernen Demokratisierungsbewegungen sind heute aristokratische Herrschaftsformen fast vollständig verschwunden.

Herrschaftslegitimierung

Herrschaft bedarf nicht allein ihrer Sicherung, sondern auch der Legitimierung. In Bezug auf diesen Aspekt hat der Soziologe und Historiker Max Weber ein noch heute allgemein akzeptiertes Modell entworfen. Danach werden drei Formen der Rechtfertigung von Herrschaft unterschieden. Die »rationale« Herrschaft basiert auf dem Gedanken der Gesetzlichkeit der vorhandenen politischen Ordnung, kraft deren die Herrschenden zur Regierung berufen sind. Die »traditionale« Herrschaft gründet sich auf alte Rechte und Institutionen, aufgrund deren die Herrschaft ausgeübt wird. Als »charismatisch« bezeichnete Weber eine Herrschaft, die ganz wesentlich auf der Persönlichkeit und der Ausstrahlung des Herrschenden beruht.

2) Im Mittelalter gründete Herrschaft stets auf einem Verbund von Personen, die durch Gefolgschaft und Huldigung miteinander verbunden waren. Die Vorstellung, dass sie direkt von Gott an Papst und Kaiser verliehen sei, verdeutlicht diese Illustration des »Sachsenspiegels« (14. Jh.; Dresden, Sächsische Landesbibliothek).

3) In der Neuzeit bezog sich der Begriff Herrschaft zunehmend auf den Staat als die übergreifende politische Einheit. Barocke Herrschaftsarchitektur wie Schloss Charlottenburg in Berlin (1695–1713) markiert den Übergang zur abstrakt-theoretischen Auffassung von Herrschaft.

Fortsetzung von S. 353
eine EU-Grundrechte-Charta. Auf Anregung von Herzog wird seit 1996 alljährlich in Deutschland am 27. 1. der Gedenktag für die Opfer des Nationalsozialismus begangen.

Rudolf Heß beim Nürnberger Kriegsverbrecherprozess 1946 (vordere Reihe, zweiter von links) neben Hermann Göring (vordere Reihe, ganz links) und Joachim von Ribbentrop (vordere Reihe, dritter von links)

Heß, Rudolf, deutscher Politiker, * Alexandria (Ägypten) 26. 4. 1894, † (Selbstmord) Berlin-Spandau 17. 8. 1987; absolvierte zunächst eine kaufmännische Lehre und studierte nach dem Ersten Weltkrieg in München Geopolitik. Am 8./9. 11. 1923 nahm Heß, seit 1920 Mitglied der NSDAP, am Hitlerputsch teil. Zu Festungshaft verurteilt, unterstützte er im Gefängnis von Landsberg Hitler, zu dem er ein enges persönliches Verhältnis pflegte, bei der Niederschrift des Buches »Mein Kampf«. Nach der Entlassung aus der Haft war Heß 1925–32 Privatsekretär Hitlers.

1932 ernannte Hitler Heß zum Vorsitzenden der neu geschaffenen »Politischen Zentralkommission der NSDAP«, 1933 zum »Stellvertreter des Führers« bei der Leitung der NSDAP. Auf staatlicher Ebene war er seit 1933 Reichsminister ohne Geschäftsbereich, seit 1938 Mitglied des »Geheimen Kabinettsrates« und seit 1939 des Ministerrates für Reichsverteidigung. In der Öffentlichkeit trat Heß v. a. als fanatischer Propagandist des Führerkultes hervor. Am 1. 9. 1939 ernannte ihn Hitler zu seinem zweiten Nachfolger (nach Hermann Göring) im Falle seines Todes.

Am 10. 5. 1941 flog Heß nach Schottland, um über den mit ihm bekannten Herzog von Hamilton Kontakt mit der britischen Regierung aufzunehmen. Seine Absicht, zu einem deutsch-britischen Friedensarrangement zu gelangen, bevor der von Hitler schon festgelegte Angriff auf die UdSSR begann, scheiterte an den durch den deutschen Angriffskrieg geschaffenen Verhältnissen. Heß wurde als Kriegsgefangener inhaftiert. Es blieb strittig, ob Heß im Auftrag Hitlers, mit seinem Wissen oder – was meist angenommen wird – auf eigenen Entschluss nach Schottland flog. 1945 von der britischen Regierung dem Internationalen Militärtribunal in Nürnberg überstellt, verurteilte ihn dieses im Verfahren gegen die Hauptkriegsverbrecher am 30. 9./1. 10. 1946 wegen Vorbereitung eines Angriffskrieges und Verschwörung gegen den Frieden zu lebenslänglicher Haft. Von 1946 bis zu seinem Tode war Heß Insasse des alliierten Kriegsverbrechergefängnisses in Berlin-Spandau.

Hessen, Land der Bundesrepublik Deutschland.

GESCHICHTE: In der Frühzeit Gau der Chatten, wurde das Gebiet des heutigen Hessen seit dem 6. Jh. in den fränkischen Machtbereich einbezogen. 1122 ging Hessen an Thüringen. Nach dem thüringisch-hessischen Erbfolgekrieg (1247–64) von Thüringen losgetrennt, wurde es zur Landgrafschaft. Durch die Landesteilung nach dem Tod Philipps I., des Großmütigen (1567), entstanden die Linien Hessen-Kassel, Hessen-Marburg (1604 an Hessen-Kassel), Hessen-Rheinfels (1583 an Hessen-Darmstadt) und Hessen-Darmstadt (1622 Abspaltung von Hessen-Homburg). Nach dem Dreißigjährigen Krieg kam Oberhessen (ursprünglich zu Hessen-Marburg gehörig) zu Hessen-Darmstadt. Hessen-Kassel wurde 1803 Kurfürstentum (Kurhessen) und 1807 bis zum Ende der napoleonischen Herrschaft dem Königreich Westfalen eingegliedert. Hessen-Darmstadt wurde 1806 das Großherzogtum Hessen. Kurhessen wurde 1866 Preußen einverleibt, das aus Kurhessen, Nassau, Frankfurt am Main, Hessen-Homburg und Teilen des Großherzogtums Hessen 1868 die Provinz Hessen-Nassau bildete mit den Regierungsbezirken Wiesbaden und Kassel. Das Großherzogtum Hessen trat 1867 nur mit Oberhessen dem Norddeutschen Bund bei, gehörte seit 1871 zum Deutschen Reich, wurde 1918/19 Volksstaat unter sozialdemokratischer Regierung.

1945 wurde das Bundesland Hessen aus den zur amerikanischen Besatzungszone gehörenden Teilen von Hessen (somit ohne Rheinhessen) und dem größten Teil von Hessen-Nassau gebildet. 1946 wurde die Landesverfassung angenommen. Ministerpräsidenten waren Karl Geiler (parteilos, 1946), Christian Stock (SPD, 1946–50), Georg August Zinn (SPD, 1950–69), Albert Osswald (SPD, 1969–76), Holger Börner (1976–87), Walter Wallmann (CDU, 1987–91), Hans Eichel (SPD, 1991–99) und seit 1999 Roland Koch (CDU).

Hetärie, griechisch **Hetairia** [»Vereinigung von Freunden«], 1) im antiken Athen seit dem 5. Jh. v. Chr. ein »politischer Klub«, meist eine Gruppierung der oligarchischen Opposition; 2) in der neugriechischen Geschichte Name verschiedener Geheimbünde im 19. Jh.: Breite Wirkung erreichte die Hetairia Philikon (»Gesellschaft der Freunde«), die den griechischen Aufstand von 1821 organisatorisch vorbereitete. 1814 wurde in Wien die Hetairia Philomuson (»Gesellschaft der Musenfreunde«) gegründet, zur Sympathiewerbung für die Griechen. Die Ethnike Hetairia (»Nationale Hetärie«), 1894 unter griechischen Offizieren gebildet, unterstützte den Aufstand auf Kreta (1896) und die Invasion in Makedonien (1897).

Hethiter [nach hebräisch Ḥittīm für den Landesnamen Hatti, ägyptisch Ḫt', früher Cheta gelesen], Volk mit indogermanischer Sprache, das im 2. Jt. v. Chr. im östlichen Kleinasien das Reich Hatti gründete; Hauptstadt war Hattusa.

GESCHICHTE: Die Hethiter trafen in Kleinasien auf eine nicht indogermanische Bevölkerung, die (Proto-)Hattier, die politisch in Kleinstaaten unter lokalen Dynastien gegliedert waren. Bereits zur Zeit der Tätigkeit altassyrischer Kaufleute in Kappadokien, die durch zahlreiche Briefe und Urkunden aus Kanisch bekannt ist (um 1820–1715 v. Chr.), sind erste sprachliche Spuren der Hethiter feststellbar. Als Gründer des Alten Reiches der Hethiter gilt Hattusili I. (um 1570). Er zog bereits über den Taurus bis nach Nordsyrien. Sein Enkel und Nachfolger Mursili I. eroberte Aleppo und unternahm sogar einen Raubzug nach Babylon (um 1531/1530 v. Chr.). Damit endete dort die Dynastie Hammurapis. Mursili I. fiel einem Mordanschlag zum Opfer; weitere Unregelmäßigkeiten in der Thronfolge führten zu raschem Machtverfall, den Telipinu (um 1500 v. Chr.) durch eine Thronfolgeordnung vergeblich aufzuhalten suchte.

Nach einer Übergangszeit, an deren Ende Arnuwanda I. (Anfang 14. Jh. v. Chr.) in schweren Kämpfen die nordanatolischen Kaschkäer abwehren musste, schuf Suppiluliuma I. das mächtige Neue Reich der Hethiter. Er besiegte den Hurriterkönig Tuschratta von Mitanni, gliederte Nordsyrien seinem Herrschaftsbereich an und machte Hatti neben Ägypten und Babylonien zur dritten Großmacht seiner Zeit. Sein jüngerer Sohn Mursili II. vermochte in jahrelangen Kämpfen die vom Vater begründete Großmachtstellung des Reiches erfolgreich zu verteidigen. Muwatalli II. geriet in Nordsyrien in Konflikt mit den Ägyptern. Erst der Usurpator Hattusili III. konnte mit Ramses II. zum Friedensschluss kommen, der für das ganze 13. Jh. v. Chr. gültig blieb. Unter Suppiluliuma II. brach das Hethiterreich um 1200 unter dem Druck von inneren Spannungen, Missernten und äußeren Feinden (→Seevölker) zusammen, seine Hauptstadt wurde vollständig zerstört. Nur in Nordsyrien führten Kleinkönigtümer hethitische Traditionen weiter, bis sie im 8. und 7. Jh. v. Chr. den Assyrern erlagen.

STAAT UND GESELLSCHAFT: Der Staat der Hethiter war ein monarchisch regierter Feudalstaat. Neben Rechtsprechung, Verwaltung, militärischer Führung und diplomatischer Korrespondenz hatte der König v. a. kultische Aufgaben. Die Entscheidungsrechte des Adels schwanden im Lauf der Zeit zugunsten der Macht einer wachsenden Beamtenschaft.

Hetman [poln., von spätmittelhochdeutsch häuptmann »Hauptmann«], in Polen und Litauen vom 15. Jh. bis zum Ende des 18. Jh. Titel des vom König ernannten Oberbefehlshabers des Heeres (Großhetman) und seines Vertreters (Feldhetman).

Bei den Kosaken, besonders am Dnjepr, war Hetman ursprünglich der auf ein Jahr gewählte Anführer, 1572–1764 Titel (russ. Ataman) des frei gewählten Heerführers aller Kosaken. Von der Mitte des 17. Jh. bis zur Mitte des 18. Jh. wurde die Ostukraine von einem Hetman verwaltet.

Hethiter. Hethitische Krieger überrollen mit ihrem Streitwagen einen besiegten Gegner (Orthostatenrelief aus Karkemisch; 10./9. Jh. v. Chr.; Ankara, Archäologisches Museum).

Heuss, Theodor, deutscher Politiker, *Brackenheim 31. 1. 1884, †Stuttgart 12. 12. 1963; ∞ mit Elly Heuss-Knapp; studierte Kunstgeschichte und Staatswissenschaften, schloss sich früh dem Kreis um Friedrich Naumann an und leitete 1905–12 die Zeitschrift »Hilfe«. 1903 wurde er Mitglied der Freisinnigen Vereinigung, 1910 der Fortschrittlichen Volkspartei. Nach publizistischer Tätigkeit in Heilbronn (1912–18) war er zeitweilig Geschäftsführer des Deutschen Werkbundes in Berlin, 1920–33 Dozent an der Hochschule für Politik.

Nach Ausbruch der Novemberrevolution in Deutschland (1918) trat Heuss der neu gegründeten Deutschen Demokratischen Partei (DDP) bei; 1924–28 und 1930–33 war er Mitglied des Reichstags. In der Zeit der nationalsozialistischen Diktatur in Deutschland politisch ausgeschaltet, gab er 1933–36 unter starkem politischem Druck erneut die »Hilfe« heraus. Er schrieb regelmäßig für die »Frankfurter Zeitung« (nach Publikationsverbot unter dem Decknamen Thomas Brackenheim).

Ab Mai 1945 beteiligte sich Heuss zunächst in der amerikanischen Besatzungszone am politischen Wiederaufbau Deutschlands. 1945/46 war er Kultusminister von Württemberg-Baden, 1946 dort Mitgründer der Demokratischen Volkspartei (DVP). 1946/47 lehrte er als Professor für Geschichte an der Technischen Hochschule Stuttgart. Als Mitglied des Landtags von Württemberg-Baden (1946–49) gehörte er 1948/49 dem Parlamentarischen Rat an und beteiligte sich maßgeblich an der Formulierung des Grundgesetzes. 1948/49 war er Vorsitzender der FDP.

Am 14. 8. 1949 in den ersten Deutschen Bundestag gewählt, übernahm Heuss dort den Vorsitz der FDP-Fraktion. Am 12. 9. 1949 wurde er von der Bundesversammlung zum ersten Bundespräsidenten der Bundesrepublik Deutschland gewählt. In seiner Amtszeit (bis 1959) suchte Heuss bewusst, an jene geistigen Traditionen Deutschlands anzuknüpfen, die durch die verbrecherische Herrschaft des Nationalsozialismus unterbrochen worden waren. Mit seinen Beiträgen zu Fragen der Emigration und des politischen Widerstandes gegen den Nationalsozialismus bemühte er sich, innenpolitische Kontroversen auszugleichen. Außenpolitisch trug er wesentlich zum wachsenden Ansehen der Bundesrepublik Deutschland im Ausland bei.

THEODOR HEUSS
*** 1884 † 1963**

schloss sich früh dem Liberalismus an

war maßgeblich an der Formulierung des Grundgesetzes beteiligt

wurde 1949 zum ersten Bundespräsidenten der Bundesrepublik Deutschland gewählt

Hexenverfolgung, unmenschlich grausames Vorgehen gegen der Hexerei bezichtigte Personen (insbesondere Frauen), ein nicht restlos aufgeklärtes sozialpsychisches Phänomen des Spätmittelalters und der frühen Neuzeit, das sich in Europa in der Zeit von etwa 1400 bis 1750 zu einem regelrechten Massenwahn steigerte.

ENTWICKLUNG: Während bis zum 11. Jh. Zauberei im Allgemeinen mit Kirchenbußen belegt wurde, setzte sich im Zuge der Ketzerverfolgung durch die →Inquisition auch für Zauberei die Todesstrafe durch. Der kirchlichen Forderung nach harter Bestrafung von Zaubereidelikten kam als erstes weltliches Gesetzbuch der Sachsenspiegel (um 1225) nach, der die Feuerstrafe für Ketzerei und Zauberei vorsah. Obwohl die Inquisitoren von Anfang an wegen magischer Delikte ermittelten, wurde die uneingeschränkte Anwendung des Inquisitionsprozesses gegen Zauberer erst durch die von Papst Johannes XXII. erlassene Bulle »Super illius specula« (1326) verfügt und vereinzelt angewandt. Berühmte frühe Opfer waren Jeanne d'Arc (1431) und Agnes Bernauer (1435). Größere Bedeutung gewann das »crimen magiae« jedoch erst zu Beginn des 15. Jh., als die Päpste Alexander V. und Martin V. die Inquisition mit der Verfolgung von Zauberern in dem Gebiet zwischen Rhône und Alpen beauftragten und Tausende von Personen hingerichtet wurden.

In Deutschland wurde, nach Anfängen 1481–85 in Ravensburg, die systematische Hexenverfolgung durch die Hexenbulle Papst Innozenz' VIII. (»Summis desiderantes affectibus«, 1484) eingeleitet und durch den von dem Inquisitor und Dominikanermönch Heinrich Institoris 1487 verfassten »Malleus maleficarum« (»Hexenhammer«) entscheidend forciert. Dieses Werk war gedacht als Kommentar zur Hexenbulle; es verknüpfte die überlieferten Elemente des Hexenglaubens zu einem kohärenten System und prägte damit entscheidend die Hexenvorstellung bis ins 17./18. Jahrhundert. Mit rund 30 Auflagen bis zum Jahr 1669 gehörte es zu den meistgedruckten Werken der Frühzeit des Buchdrucks.

Unter Berufung auf die Autorität des Alten Testaments und auf die Patristik begründeten die Autoren die größere Neigung der Frauen zur Hexerei und zum Teufelskult mit der Verderbtheit und maßlosen Triebhaftigkeit der weiblichen Natur. Kernpunkt der Anschuldigungen bildete neben Teufelspakt und -buhlschaft, Hexensabbat und Hexenflug die schädigende Zauberei des »Maleficium«, das im Denken der Scholastik noch eine untergeordnete Stellung eingenommen hatte, aber im »Hexenhammer« zu einer Bedrohung der natürlichen und gesellschaftlichen Ordnung aufgewertet wurde. Damit war die Hexe (»malefica«) nicht mehr nur eine Feindin der Kirche, sondern eine Feindin der Weltordnung. Als irdische Statthalterinnen des Teufels fiel den Hexen die Verantwortung für all jene Krisen und Katastrophen zu, die nicht mehr ohne weiteres wie im Mittelalter aus der Perspektive eines göttlichen Heilsplans gedeutet, aber auch noch nicht wissenschaftlich-rational erklärt werden konnten.

Bedeutsam für die weitere Entwicklung der Hexenprozesse im Heiligen Römischen Reich, ihrem Schwerpunktgebiet, wurde die Einführung der Denunziation in das Prozessverfahren (statt der Anklage), was die Inquisition als Einrichtung im Interesse der einfachen Bevölkerung erscheinen ließ, sowie die Anwendung der Hexenprobe und der Folter zum Geständnis im Beweisverfahren; die geistliche Kompetenz weitete sich auch auf weltliche Gerichte aus. Da die Mehrzahl der Juristen den im »Hexenhammer« kodifizierten Vorstellungen ebenso wie der Inquisition aber mit Zurückhaltung begegnete, blieb die weltliche Gerichtsbarkeit zunächst relativ mild.

MOTIVE: Seit Mitte des 16. Jh. entwickelte die Hexenverfolgung, begünstigt durch die Praxis der Denunziation, eine Eigendynamik, in deren Folge Konflikte mit ausgetragen wurden, die aus den tief greifenden sozialen Umwälzungen und strukturellen Veränderungen des 16. und 17. Jh. erwuchsen: Hegemonialkriege und Glaubenskämpfe, Agrarkrisen und Teuerungsperioden, soziale Polarisierung und Spannungen, Durchsetzung neuer wirtschaftlicher und staatlicher Ordnungsprinzipien, Mentalitätswandel. Extreme Missernten mit Hunger bzw. Mangelernährungen sowie Krankheitsanfälligkeiten und Seuchen oder verschärfte Alltagsnöte lösten wegen des allgemein verbreiteten magischen Weltbildes aus Angst vor Schadenzauber immer wieder Wellen von Hexenverfolgungen aus, die sich auch aufgrund der weiblichen Zuständigkeit für die besonders gefährdeten Bereiche (Haus und Stall, Küche und Ernährung, Kinder und Krankenpflege) v. a. gegen Frauen richteten, besonders gegen Heilkundige, Hebammen, Köchinnen und als (psycho)sozial unangepasst geltende Alleinstehende.

Zwischen 1560/80 und 1630/50, der Zeit der Massenprozesse und -verbrennungen nördlich der Alpen, fiel die Hexenverfolgung fast vollständig in die Hand der weltlichen Gerichtsbarkeit; die Inquisition hatte sich im Verlauf des 16. Jh. zunehmend zurückgezogen bzw. führte nur noch selten Folterungen und Hinrichtungen von Hexen durch. Die kodifizierten Rechtssatzungen des 16. und 17. Jh. verankerten den Feuertod (Scheiterhaufen) für Schadenzauber. Landesherrliche Edikte normierten das Magiedelikt, das zu einem Ausnahmeverbrechen (»crimen exceptum«) erklärt wurde, für das die normalen Prozessbedingungen nicht galten: Im Extremfall sollte bloßer Verdacht (Diffamierung) zur Verfolgung führen und als Legitimation zur grausamsten Folteranwendung dienen. Weil alle Mitglieder der gemutmaßten »Hexensekte« dingfest gemacht werden sollten, war die Folter zur Preisgabe von Namen der angeblichen Komplizen eines der wichtigsten Anliegen der Hexenprozesse, wodurch die Zahl der Angeklagten in dem Maße stieg, wie Hexenprozesse durchgeführt wurden.

VERBREITUNG: Die Kernzonen der (früh)neuzeitlichen Hexenverfolgung – etwa 75 % der insgesamt durchgeführten Prozesse – lagen in Zentraleuropa, in Frankreich, den Niederlanden, der Schweiz und in Deutschland. Reformation und Gegenreformation brachten den Hexenglauben auch in solche Länder, die weder den Hexenwahn noch eine spezifische Gesetzgebung für Hexen kannten. So gelangte der Hexenwahn u. a. mit den Lutheranern nach Dänemark, mit den Calvinisten nach Schottland und England, mit den Jesuiten nach Polen; Auswanderer brachten ihn auch nach Nordamerika.

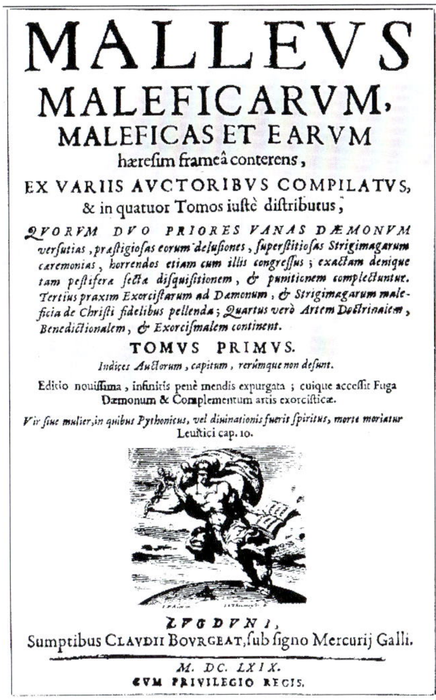
MALLEVS MALEFICARVM, MALEFICAS ET EARVM hæresim frameâ conterens, EX VARIIS AVCTORIBVS COMPILATVS, & in quatuor Tomos iustè distributus;

QVORVM DVO PRIORES VANAS DÆMONVM versutias, præstigiosas eorum delusiones, superstitiosas Strigimagarum cæremonias, horrendos etiam cum illis congressus; exactam denique tam pestiferæ sectæ disquisitionem, & punitionem complectuntur. Tertius praxim Exorcistarum ad Dæmonum, & Strigimagarum maleficia de Christi fidelibus pellenda; Quartus verò Artem Doctrinalem, Benedictionalem, & Exorcismalem continent.

TOMVS PRIMVS.

Indices Auctorum, capitum, rerúmque non desunt.

Editio nouissima, infinitis penè mendis expurgata; cuique accessit Fuga Dæmonum & Complementum artis exorcisticæ.

Vir siue mulier, in quibus Pythonicus, vel diuinationis fuerit spiritus, morte moriatur Leuitici cap. 10.

LVGDVNI,
Sumptibus CLAVDII BOVRGEAT, sub signo Mercurij Galli.

M. DC. LXIX.
CVM PRIVILEGIO REGIS.

Hexenverfolgung. Der erstmals 1487 publizierte »Malleus maleficarum« (»Hexenhammer«; Titelblatt einer in Lyon gedruckten Ausgabe von 1669), den der Dominikaner Heinrich Institoris zusammengestellt hatte, fasste die »Hexenlehre« des ausgehenden Mittelalters zusammen und gab Anregungen für die Hexenprozesse.

Alters- und Sozialstruktur sowie Geschlecht der Prozessopfer variierten sowohl regional als auch zeitlich beträchtlich. Zumeist werden 50 000 bis 80 000 Todesopfer, davon zwei Drittel bis vier Fünftel Frauen, angesetzt, für das Heilige Römische Reich etwa 15 000 bis 20 000. Letzte gesetzliche Hinrichtungen in Europa fanden statt: in den Niederlanden 1610, in England 1684, in Frankreich 1745, in Deutschland (Kempten) 1775, in der Schweiz 1782, in Posen 1793.

Heydrich, Reinhard, deutscher Politiker, * Halle (Saale) 7. 3. 1904, † (Attentat) Prag 4. 6. 1942; Seeoffizier; wurde 1931 aufgrund eines Ehrengerichtsverfahrens aus der Marine aus-

HEXENVERFOLGUNG. *Erfolterte Geständnisse*

Der als »Hexer« hingerichtete Johannes Junius, Bürgermeister in Bamberg, schreibt am 24. 7. 1628 in einem Brief aus dem Gefängnis an seine Tochter: *»Unschuldig bin ich in das gefengnus kommen, unschuldig bin ich gemarttert worden, unschuldig muß ich sterben. … Und da kam leider, Gott erbarm es in höchstem himmel, der hencker und hat mir den Daumenstock angelegt, bede hende zusamen gebunden, daß das blut zu den negeln heraußgangen und allenthalben daß ich die hendt in 4 wochen nicht brauch(en) koennen, wie du da auß dem schreiben seh(en) kannst … Als nun der Hencker mich wieder hinweg-führt in das gefengnus, sagt er zu mir: Herr, ich bit euch umb gottes-willen, bekennt etwas, es sey gleich war oder nit. Erdenket etwas, dan ir könnt die marter nicht ausstehen, die man euch anthut, und wann ir sie gleich alle ausstehet, so kompt ir doch niht hinaus«.*

geschlossen, Mitglied der NSDAP und der SS; war seit 1934 SS-Sturmbannführer. Heydrich baute im Auftrag Heinrich Himmlers den →Sicherheitsdienst der SS (Abk. SD) auf, den er als Leiter (seit 1932) zu einem umfassenden Nachrichtendienst formte. Seit 1933 beteiligte sich Heydrich maßgeblich am Aufbau der terroristischen Herrschaftsstrukturen des nationalsozialistischen Deutschland. Im Zuge der Gleichschaltung der Länder übernahm er – in enger Zusammenarbeit mit Himmler – 1933/34 nacheinander die Führung der politischen Polizei in den deutschen Ländern, zuletzt die des »Geheimen Staatspolizeiamtes« in Preußen (»Gestapa«, Berlin; →Gestapo). Nachdem Himmler 1936 die Leitung der gesamten deutschen Polizei erhalten hatte, gewann Heydrich als Chef der »Sicherheitspolizei« (Zusammenfassung von Gestapo und Kripo) und des SD, seit 1939 als Leiter des Reichssicherheitshauptamtes (RSHA) eine führende Stellung im nationalsozialistischen Terrorsystem.

1934 nahm Heydrich führend an der Ermordung hoher SA-Führer teil (→Röhm-Putsch). Im Zweiten Weltkrieg leitete er – nunmehr SS-Obergruppenführer und General der Polizei – 1941 die Massentötung von Juden in den eroberten sowjetischen Gebieten durch die Einsatzgruppen der Sicherheitspolizei und des SD. Von Hermann Göring mit der Vorbereitung der »Endlösung der Judenfrage« beauftragt, leitete Heydrich im Januar 1942 die →Wannseekonferenz, die den Genozid an den im deutschen Machtbereich lebenden Juden organisierte (Holocaust). Seit September 1941 war Heydrich auch stellvertretender »Reichsprotektor für Böhmen und Mähren«. 1942 erlag er einem von der tschechoslowakischen Exilregierung in London vorbereiteten Attentat. Die SS unternahm danach eine Racheaktion gegen das Dorf Lidice, in dem die Attentäter angeblich Zuflucht gefunden hatten.

Hidjra, Hedschra, Hidschra, [arab. higrah »Auswanderung«], Auswanderung Mohammeds im Jahre 622 von Mekka nach Medina. Unter Kalif Omar I. wurde als Ausgangspunkt der islamischen Zeitrechnung der Anfang des laufenden altarabischen Mondjahres festgesetzt, das in die Hidjra fiel. Das Jahr 1 der Hidjra beginnt demnach am 16. Juli.

Hidschra, die Auswanderung Mohammeds von Mekka nach Medina, →Hidjra.

Hieron I., Tyrann von Syrakus (seit 478), †467/466 v. Chr.; aus dem Geschlecht der Deinomeniden, regierte seit 483 als Statthalter seines Bruders Gelon in Gela, erbte 478 dessen Herrschaft über Syrakus, dessen Einflussbereich er erweitern konnte. In dem von ihm evakuierten Katane (Catania) siedelte Hieron 10 000 Söldner an und nannte die Stadt Aitna (Aetna). In der Seeschlacht von Cumae schlug er 474 v. Chr. die Etrusker und dehnte seine Macht auf Unteritalien aus. Hieron zog Dichter wie Aischylos, Pindar und Bakchylides an seinen Hof. Nach seinem Tod und der Vertreibung seines Bruders und Nachfolgers Thrasybulos (466/465) wurde in Syrakus die Demokratie wieder hergestellt.

Hieron II., Tyrann (seit 275 v. Chr.), später König von Syrakus (seit 269 v. Chr.), *um 306 v. Chr., †215 v. Chr.; wurde 275 vom Heer zum Feldherrn gewählt und gewann als »Strategos Autokrator« die Herrschaft über die Stadt. Nach seinem Sieg über die Mamertiner am Longanosfluss (269 v. Chr.) wurde er zum König ausgerufen. Beim Übergreifen der Römer auf Sizilien im 1. Punischen Krieg verbündete er sich zunächst mit den Karthagern, dann (263 v. Chr.) mit Rom, dem er auch im 2. Punischen Krieg die Treue hielt. Hieron schuf eine vorbildliche Finanzverwaltung und eine ertragreiche Landwirtschaft.

Hildebrand, früherer Name von Papst →Gregor VII.

Hilferding, Rudolf, österreichisch-deutscher Sozialwissenschaftler, Politiker und Publizist, *Wien 10. 8. 1877, †(in Gestapohaft) Paris im Februar 1941; war ursprünglich Arzt, 1904–23 Mitherausgeber der »Marx-Studien«, 1907–16 Redakteur beim »Vorwärts«. Als Pazifist schloss er sich der USPD an und leitete deren Organ »Die Freiheit«. Nach seiner Rückkehr in die SPD (1922) war er Mitglied des Parteivorstandes (bis 1933) und 1923 sowie 1928/1929 Reichsfinanzminister. Hilferding, der 1924–33 auch Mitglied des Reichstags war, arbeitete nach der Emigration in die Schweiz im Exilvorstand der SPD. Seit 1938 lebte er in Frankreich. Hilferding, ein bedeutender Theoretiker des →Austromarxismus, lieferte u. a. eine ökonomische Erklärung des Imperialismus. Er betonte die Rolle des Finanzkapitals, dessen sich die Arbeiterklasse v. a. bemächtigen müsse, um den Kapitalismus zu überwinden.

Himmler, Heinrich, deutscher Politiker, *München 7. 10. 1900, †(Selbstmord) Lüneburg 23. 5. 1945; stammte aus bürgerlichem Hause, war Diplomlandwirt; nahm als Mitglied eines rechtsradikalen Wehrverbandes, der »Reichskriegsflagge«, am 8./9. 11. 1923 am Hitlerputsch teil. 1925 wurde er Mitglied der NSDAP, 1926 deren stellvertretender Propagandaleiter (bis 1930).

REICHSFÜHRER SS UND POLIZEICHEF: Nach seiner Ernennung zum »Reichsführer SS« (Januar 1929) baute Himmler die zunächst kleine Eliteeinheit unter Führung der SA zu einer starken parteiinternen Polizeiorganisation mit einem rassistisch bestimmten hierarchisch-elitären Selbstverständnis aus. Er suchte ihr den Charakter eines »Ordens« zu geben und ließ sich bei der Personalauswahl von skurrilen »erbbiologischen« (»arischen«) Gesichtspunkten leiten. Beeinflusst vom Okkultismus, war sein Denken auch bestimmt von irrationalen Vorstellungen eines Blut-und-Boden-Mythos und eines Germanenkultes.

Nach dem Regierungsantritt Hitlers am 30. 1. 1933 übernahm Himmler, ausgehend von der Position eines Polizeipräsidenten in München (ab März 1933) und unterstützt von seinem engsten Mitarbeiter Reinhard Heydrich, Zug um Zug die politische Polizei der deutschen Länder. Am 20. 4. 1934 ernannte Hermann Göring in seiner Funktion als Ministerpräsident von Preußen Himmler zum stellvertretenden Leiter und Inspekteur der preußischen Geheimen Staatspolizei (→Gestapo). Am 30. 6./1. 7. 1934 beteiligte sich Himmler maßgeblich an der Mordaktion gegen die SA-Führung (»Röhm-Putsch«).

Im Juli 1934 löste Hitler daraufhin die SS aus der Gesamtorganisation der SA und gab ihr den Status einer selbstständigen Sonderorganisation der NSDAP. Mit seiner Ernennung zum »Reichsführer SS und Chef der Deutschen Polizei« erreichte Himmler die enge Verschmelzung von SS und Polizei im nationalsozialistischen Herrschaftssystem und seinen Unterdrückungsmechanismen. Unter der Protektion Adolf Hitlers schuf Himmler durch die enge Verzahnung der SS mit dem staatlichen Sicherheitsapparat ein Kontroll- und Überwachungssystem, das gleich einem »Staat im Staate« das Terrorsystem des NS-Staates lenkte (»SS-Staat«).

Der unmittelbare Herrschaftsbereich Himmlers umfasste neben der Polizei v. a. das von ihm und Heydrich seit 1933 aufgebaute System der →Konzentrationslager, für die er die SS-Totenkopfverbände als Bewachungsmannschaften organisierte. Seinem Machtanspruch wie seinen persönlichen Interessen folgend, dehnte Himmler den Einfluss der SS auf fast alle Lebensbereiche aus.

VERANTWORTUNG FÜR DEN VÖLKERMORD: Nach dem Ausbruch des Zweiten Weltkriegs 1939 entwickelte sich aus der von Himmler gebildeten SS-Verfügungstruppe die →Waffen-SS als selbstständiger Truppenkörper neben der Wehrmacht. Seit 7. 10. 1939 auch »Reichskommissar für die Festigung des deutschen Volkstums« (Abk. RKF), war Himmler verantwortlich einerseits für die Um- und Neuansiedlung deutscher Staatsbürger und »Volksdeutscher« in den von der Wehrmacht eroberten Gebieten Osteuropas (»Vertragsumsiedler«), andererseits für den Generalplan Ost.

Mit Beginn des deutschen Angriffs auf die UdSSR (22. 6. 1941), den Himmler als »Weltanschauungskrieg« gegen den »jüdischen Bolschewismus« betrachtete, wurde Himmler, besonders gemeinsam mit Heydrich, zum Organisator der Massenverbrechen an den europäischen Juden und der Bevölkerung des östlichen Europa. Himmler ließ das KZ-System auf die von deutschen Truppen besetzten Gebiete ausdehnen und im Zuge des Genozids an den Juden (Holocaust) im östlichen Europa zahlreiche Vernichtungslager errichten.

Heinrich Himmler. Als »Reichsführer SS« und Leiter der Gestapo baute sich Himmler einen Machtapparat auf, an dessen Spitze er für Terrormaßnahmen und Holocaust verantwortlich zeichnete (Himmler [rechts] und Hermann Göring [Mitte] 1936 vor dem Bürgerbräukeller in München).

Nach der Wende des Kriegs (1942/43) zuungunsten Deutschlands steigerte sich Himmlers Machtposition. Im August 1943 wurde er Reichsinnenminister, nach dem gescheiterten Attentat auf Hitler (20. 7. 1944) Oberbefehlshaber des Ersatzheeres und Chef der Heeresrüstung; 1944/1945 bekleidete er auf dem Kriegsschauplatz kurzfristig militärische Kommandoposten. Der Verantwortung für die Fortsetzung des Massenmords und Terrors sowie für die Mobilisierung des →Volkssturms suchte er sich seit 1944 zu entziehen. Mit der Freigabe jüdischer Transporte ins neutrale Ausland suchte er sich – allerdings ohne Erfolg – bei den westlichen Kriegsgegnern Deutschlands politischen Kredit zu verschaffen. Nachdem Himmler über Folke Graf Bernadotte den Westmächten am 23./24. 4. 1945 die Kapitulation angeboten hatte, enthob ihn Hitler am 29. 4. 1945 aller seiner Ämter. Nach der Kapitulation Deutschlands geriet er in britische Gefangenschaft; nach Feststellung seiner Identität beging er Selbstmord durch Gifteinnahme.

Hindenburg, Paul von, eigentlich Paul von Beneckendorff und Hindenburg, Generalfeldmarschall (seit 1914) und Reichspräsident (seit 1925), *Posen 2. 10. 1847, †Neudeck (Westpreußen) 2. 8. 1934. Nach der Teilnahme an den Kriegen von 1866 und 1870/71 stieg Hindenburg bis zum Kommandierenden General des IV. Armeekorps in Magdeburg auf

PAUL VON HINDENBURG
*1847 †1934

wurde zum volkstümlichsten deutschen Heerführer des Ersten Weltkriegs

versuchte 1918 die Monarchie in Deutschland zu retten

ernannte als Reichspräsident Adolf Hitler zum Reichskanzler

unterzeichnete 1933 das Ermächtigungsgesetz

(1903). 1911 nahm er seinen Abschied. In der Anfangsphase des Ersten Weltkriegs wurde Hindenburg am 22. 8. 1914 Oberbefehlshaber der 8. Armee in Ostpreußen, die die Truppen der russischen Nordwestfront bei Tannenberg und an den Masurischen Seen schlug. Nach weiteren Siegen als »Oberbefehlshaber Ost« wurde Hindenburg zum volkstümlichsten deutschen Heerführer des Ersten Weltkriegs. Am 29. 8. 1916 übernahm er als Chef des Generalstabs des Feldheeres mit Erich Ludendorff als Erstem Generalquartiermeister die 3. Oberste Heeresleitung (OHL), die in der Folge fast uneingeschränkt die strategische Leitung des Krieges innehatte, weitgehend die Kriegsziele bestimmte und im Juli 1917 entscheidend zum Sturz des Reichskanzlers Theobald von Bethmann Hollweg beitrug. Im Innern richtete sich die Politik der 3. OHL v.a. auf die Mobilisierung aller Kräfte (Hilfsdienstgesetz, Hindenburg-Programm). Um die monarchische Staatsform zu retten, befürwortete Hindenburg im November 1918 den Übertritt des Kaisers in die Niederlande. Nach dem Waffenstillstand leitete er mit Wilhelm Groener den Rückmarsch des Heeres und legte nach Unterzeichnung des Versailler Vertrages sein Kommando nieder.

REICHSPRÄSIDENTSCHAFT: Nach dem Tode des Reichspräsidenten Friedrich Ebert (28. 2. 1925) stellten die vereinigten Rechtsparteien (Deutschnationale Volkspartei und Deutsche Volkspartei) Hindenburg als ihren Kandidaten für den zweiten Wahlgang (April 1925) zur Wahl des Reichspräsidenten auf. Mit einer (relativen) Mehrheit von 14,6 Millionen Stimmen wählte ihn die Bevölkerung zum Reichspräsidenten. Persönlich der Monarchie zuneigend, stand er dem republikanischen Staat und seinem parlamentarisch-demokratischen System von Anfang an misstrauisch gegenüber.

Bestärkt von General Kurt von Schleicher verfolgte Hindenburg schon 1926/27 den Gedanken, ein vom Reichstag unabhängiges, auf den Artikel 48 der Weimarer Reichsverfassung sich stützendes Präsidialkabinett zu bilden (»Hindenburg-Kabinette«). Nach dem Sturz der »großen Koalition« (1930) vollzog er mit der Berufung Heinrich Brünings zum Reichskanzler den Übergang zum Präsidialregime. Er suchte fortan nur mit Kabinetten rechts von der SPD zu regieren. Ein besonderes Anliegen war ihm, auf dem Weg staatlicher Subventionierung die Probleme der ostdeutschen (Groß-)Landwirtschaft zu lösen.

Mit der Entwicklung der ökonomischen zur politischen Krise der Weimarer Republik (1931/32) wurden vonseiten großer Teile des Bürgertums in Hindenburg große Hoffnungen gesetzt, die Verfassung gegen den anwachsenden Nationalsozialismus zu verteidigen. Auf Initiative Brünings als Kandidat der Parteien der rechten Mitte und der Sozialdemokraten für die Reichspräsidentenwahlen 1932 gegen Hitler und Ernst Thälmann aufgestellt, siegte Hindenburg im zweiten Wahlgang (10. 4.) mit 19,3 Millionen Stimmen (53%). Beeinflusst durch Schleicher und großagrarisch-konservative Kreise, entließ er Brüning aus dem Amt des Reichskanzlers, da dieser zunehmend mithilfe der SPD seine Politik durchzusetzen versuchte. Mit den Kabinetten unter Franz von Papen (Juli bis November 1932) und Schleicher (November 1932 bis Januar 1933) setzte er rechtsgerichtete Regierungen ein. Nach anfänglichem Zögern ernannte er am 30. 1. 1933 Adolf Hitler zum Reichskanzler. Mit der Unterzeichnung besonders der »Verordnung zum Schutz von Volk und Staat« vom 28. 2. 1933 (»Reichstagsbrandverordnung«) und des Ermächtigungsgesetzes vom 24. 3. 1933 gab er den Weg frei zum Aufbau der NS-Diktatur.

Hirohito, posthum Shōwa, Kaiser von Japan (1926–89), *Tokio 29. 4. 1901, † ebenda 7. 1. 1989; seit 1921 Regent für seinen erkrankten Vater, Kaiser Yoshihito; bestieg nach dessen Tod am 25. 12. 1926 unter der Regierungsdevise »Shōwa« (»Erleuchteter Friede«) als 124. »Tenno« den Thron. Seine Rolle in der Expansionspolitik 1931–45 ist umstritten. Im Zweiten Weltkrieg hatte Hirohito zwar Bedenken gegen den Eintritt Japans in den Krieg gegen die USA, gab den Angriffsplänen der politisch-militärischen Führung jedoch schließlich statt. Unter dem Eindruck besonders der Atombombenabwürfe auf Hiroshima und Nagasaki (6. und 9. 8. 1945) verkündete er – in einer Radioansprache erstmals in der Öffentlichkeit auftretend – am 15. 8. 1945 die Kapitulation Japans. Unter amerikanischem Druck verzichtete er auf die – nach shintoistischer Tradition – seiner Person zustehende »Göttlichkeit« und wurde durch die 1947 in Kraft getretene Verfassung auf Repräsentativfunktionen beschränkt.

Hiroshima [-ʃ-], **Hiroschima** [auch hiˈro(:)-], Hafenstadt und Hauptstadt der Präfektur Hiroshima, im Westen der japanischen Hauptinsel Honshū, an der Inlandsee.

Während des Chinesisch-Japanischen Krieges (1894/95) war die Stadt kaiserliches Hauptquartier, wurde in der Folgezeit zu einem militärischen Zentrum und stieg bis zum Zweiten Weltkrieg zur siebtgrößten Stadt Japans auf. Der Abwurf einer US-amerikanischen Atombombe (»Little Boy« genannter Uransprengsatz) auf das bis dahin von Bombardierungen verschont gebliebene Hiroshima am 6. 8. 1945 (8.15 Uhr Ortszeit) war der erste Kernwaffeneinsatz, der zwischen 90 000 und 200 000 Todesopfer forderte und 80 % der Stadt zerstörte.

Der von Harry Truman befohlene Atombombenabwurf auf Hiroshima, dem am 9. 8.

1945 ein weiterer auf Nagasaki folgte, wurde offiziell begründet mit dem Ziel, endgültig den Widerstandswillen der japanischen Führung und ihrer Streitkräfte mit einem Luftangriff zu brechen, der eine Schockwirkung durch den hohen Verlust von Menschenleben hervorrufen sollte. Die hinsichtlich ihrer militärischen Notwendigkeit für die Kapitulation Japans umstrittenen Bombenabwürfe wurden von der Forschung – neuerdings auch z. T. von der amerikanischen – nicht zuletzt als eine politische Entscheidung der damaligen US-Regierung angesehen, um militärische Stärke zu demonstrieren und um die Position der amerikanischen Diplomatie gegenüber der Sowjetunion, insbesondere bei den Verhandlungen über den Fernen Osten und Nachkriegseuropa, zu stärken. 1949 begann der Wiederaufbau der Stadt.

Hirsauer Reform, mittelalterliche Reformbewegung innerhalb des Benediktinerordens, die vom Kloster Hirsau ausging. Abt Wilhelm (1069–91) erreichte die Freiheit seines Klosters von jeder äußeren Abhängigkeit, führte das Institut der Laienbrüder (Konversen) in seinem Kloster ein und trug die religiöse Reform durch die Predigt in weite Kreise des Volkes. Die Hirsauer Lebensform, die auf den Reformstatuten von Cluny (→ kluniazensische Reform) beruht, wurde in vielen Klöstern übernommen.

Hirsch-Dunckersche Gewerkvereine, Gewerkschaftsorganisationen, die politisch am Linksliberalismus der Deutschen Fortschrittspartei orientiert waren und den Klassenkampfgedanken ablehnten. Gegründet wurden sie 1868 durch Max Hirsch und Franz Duncker. 1869 umfasste die Organisation 258 Ortsvereine mit rund 30 000 Mitgliedern und erreichte 1910 mit rund 122 000 Mitgliedern ihren Höhepunkt. Anfang 1933 wurden die Hirsch-Dunckerschen Gewerkvereine zusammen mit den anderen → Gewerkschaften im Verlauf der Gleichschaltung aufgelöst und nach 1945 nicht wieder belebt.

Historiographie, die → Geschichtsschreibung.

historische Hilfswissenschaften, Teilgebiete der Geschichtswissenschaft, die sich v. a. mit der Erschließung und vorbereitenden Kritik der Geschichtsquellen befassen. Im engeren Sinne sind historische Hilfswissenschaften die Chronologie, die Urkundenlehre, die Epigraphik, die Genealogie, die Heraldik, die Numismatik, die Paläographie und die Sphragistik. Außerdem bedient sich die Geschichtswissenschaft auch der historischen Geographie, der Kunst-, Rechts-, Religions- und Sprachwissenschaft, der Ethnologie, Philosophie und Volkswirtschaftslehre; doch handelt es sich dabei um selbstständige Wissenschaften oder Teilwissenschaften mit eigenen Methoden.

Hiroshima. Am 6. 8. 1945 warf die US-amerikanische Luftwaffe über Hiroshima die erste Atombombe ab. Die vier Tonnen schwere Bombe »Little Boy«, die etwa 580 Meter hoch über dem Zentrum explodierte, legte die Stadt in Schutt und Asche und tötete bis zu 200 000 Menschen.

historische Institute, als Stätten wissenschaftlicher Begegnung und Forschung hauptsächlich in der zweiten Hälfte des 19. Jh. gegründete Institute, z. B. in Wien das Institut für österreichische Geschichtsforschung (gegründet 1854), in Rom die École française de Rome (gegründet 1873), das Österreichische Historische Institut (gegründet 1881) und das Preußische Historische Institut (gegründet 1888, seit 1953 Deutsches Historisches Institut), ferner das Istituto storico Italiano (gegründet 1883), in Göttingen das Max-Planck-Institut für Geschichte (gegründet 1956).

Hitler, Adolf, deutscher Politiker, * Braunau am Inn (Oberösterreich) 20. 4. 1889, † (Selbstmord) Berlin 30. 4. 1945; Sohn des österreichischen Oberoffizials Alois Hitler und dessen Frau Klara. Hitler besuchte die Realschule, die er jedoch 1905 ohne Abschluss verließ. Ohne feste Ausbildung und Berufstätigkeit lebte er in den nächsten Jahren in Linz. 1907 ging er nach Wien. Seine Bemühungen um Aufnahme in die Allgemeine Malerschule der Akademie der Bildenden Künste scheiterten. Hitler wohnte in Obdachlosenasylen (1908–09) und Männerwohnheimen (1909–13). In Wien entwickelte er sein extrem nationalistisches und antisemitisch-rassistisches Weltbild. Von den Alldeutschen und den Christlichsozialen übernahm Hitler neben dem radikalen Antisemitismus die Feindschaft gegen den Liberalismus und den Marxismus. Um dem Militärdienst in der Donaumonarchie zu entgehen, ging er 1913 nach München.

TEILNEHMER AM ERSTEN WELTKRIEG: Bei Kriegsausbruch 1914 meldete sich Hitler freiwillig bei den bayerischen Militärbehörden und rückte in das Reserveregiment Nummer 16 ein. Er erreichte den Dienstgrad eines Gefreiten und erhielt als Meldegänger das Eiserne Kreuz. Das Erlebnis des Krieges formte seine vom Militärischen geprägten Auffassungen von Gemeinschaft und politischer Führung im Sinne von absoluter Über- und Unterordnung; dies schlug sich besonders im →Führerprinzip nieder. Im November 1918 vorübergehend durch Giftgas erblindet, erfuhr Hitler im Lazarett von Pasewalk die Nachricht vom Abschluss des Waffenstillstands, den er als »Dolchstoß« von »Marxisten und Juden« deutete. Hitler blieb zunächst im Militärdienst und wurde von den Reichswehrorganen in München zur Schulung der Soldaten im nationalistischen Sinne eingesetzt.

PARTEIVORSITZENDER IN DER WEIMARER REPUBLIK: 1919 trat Hitler der neu gegründeten, zahlenmäßig kleinen, stark antisemitisch ausgerichteten »Deutschen Arbeiterpartei« (DAP) bei. Dank seines sich nun voll entfaltenden Redetalents wurde er Propagandaobmann der Partei, die sich 1920 in »Nationalsozialistische Deutsche Arbeiterpartei« (NSDAP) umbenannte. In einer raschen Folge öffentlicher Reden trat er als »Trommler« der NSDAP auf, die sich bald ganz als »Hitlerbewegung« verstand. Im Rahmen immer größerer Kundgebungen, bei denen er mit einer sich steigernden demagogischen Rhetorik gegen den Versailler Vertrag und die demokratische Republik polemisierte, gewann er für die Partei eine wachsende Zahl von Anhängern.

Im Sinne seiner Auffassungen von politischer Führung wurde Hitler im Juli 1921 Vorsitzender der NSDAP mit diktatorischen Vollmachten (»Führer«). Anfang September 1923 gründete er in Nürnberg auf der Grundlage verschiedener rechtsradikaler Organisationen mit General a. D. Erich Ludendorff den »Deutschen Kampfbund«. An dessen Spitze unternahmen beide am 8. und 9. 11. 1923 den Versuch, zunächst in Bayern, dann im ganzen Deutschen Reich gewaltsam die Macht an sich zu reißen (→Hitlerputsch). Nach dem Scheitern dieses Unternehmens gelang es Hitler in dem sich anschließenden Hochverratsprozess, sich einer großen Zahl von Deutschen als nationaler Märtyrer darzustellen. Zu fünf Jahren Haft verurteilt, wurde er in der Festung von Landsberg am Lech inhaftiert, jedoch im Dezember 1924 vorzeitig entlassen. In der Haft entstand der 1. Band seiner Programmschrift »Mein Kampf« (Band 2: 1927). Dieses Buch, das schon vor 1933 eine hohe Auflage erreichte, aber in seiner Programmatik meist stark unterschätzt wurde, enthielt bereits die zentralen politischen Ziele Hitlers: innenpolitisch einen militanten Antisemitismus und eine radikale Kampfansage an den »Bolschewismus«, außenpolitisch die »Eroberung von Lebensraum im Osten«.

Im Februar 1925 übernahm Hitler die Führung der wieder gegründeten NSDAP, die nach dem Novemberputsch von 1923 verboten worden war. In den folgenden Jahren konnte er seine Führungsstellung in ihr behaupten und ausbauen, v. a. nachdem er im Rahmen des Volksbegehrens gegen den Youngplan (1929) eine Zusammenarbeit mit anderen Kräften der Rechten, v. a. der »Deutschnationalen Volkspartei« (DNVP), eingeleitet hatte.

AUF DEM WEG ZUR DIKATUR: Unter den sich abzeichnenden Auswirkungen der Weltwirtschaftskrise gelang Hitler bei den Reichstagswahlen vom September 1930 der politische Durchbruch auf Reichsebene. Im Ulmer Reichswehrprozess vor dem Reichsgericht (September 1930) suchte Hitler glaubhaft zu machen, dass er nur auf »legalem« Wege die Macht in Deutschland erringen wolle. Unter propagandistischer Ausnutzung der sich verschärfenden Wirtschaftskrise sowie der sich zuspitzenden Krise des demokratischen Verfassungssystems gelang es ihm bei den Reichstagswahlen von 1932, die NSDAP zur stärksten politischen Kraft im Reichstag zu machen. Nachdem Hitler mit der Ernennung zum braunschweigischen Regierungsrat (Februar 1932) die deutsche Staatsbürgerschaft erworben hatte, kandidierte er bei den Reichspräsidentenwahlen 1932 und erreichte im ersten Wahlgang 30,23 % der Stimmen. Im zweiten Wahlgang unterlag er mit 36,68 % der Stimmen dem amtierenden Reichspräsidenten Paul von Hindenburg (53,0 %). Nach einer innerparteilichen Krise der NSDAP im Dezember 1932 erreichte Hitler im Zusammenwirken v. a. mit dem konservativen Politiker Franz von Papen seine Ernennung zum Reichskanzler am 30. 1. 1933 durch Reichspräsident Hindenburg.

Hitler trat an die Spitze einer Koalitionsregierung aus Nationalsozialisten und Deutschnationalen. Binnen weniger Monate gelang es ihm, alle wesentlichen verfassungsmäßigen und rechtlichen Hindernisse zu beseitigen, die seinem diktatorischen Machtanspruch entgegenstanden. Der →Reichstagsbrand (27. 2. 1933) bot ihm die Möglichkeit, im Zuge einer auf seine Veranlassung vom Reichspräsidenten erlassenen Verordnung (»Reichstagsbrandverordnung«) die Grundrechte außer Kraft zu setzen. Er schuf damit sich und seiner Regierung die Basis für die Errichtung eines terroristischen Regierungssystems. Mit dem Ermächtigungsgesetz (24. 3. 1933) setzte er unter Aufhebung der Gewaltenteilung in Etappen die Errichtung einer auf ihn persönlich zugeschnittenen Diktatur fort. Wenige Tage zuvor, am 21. 3. 1933, hatte Hitler in seinem Zusammentreffen mit Hindenburg in der Garnisonkirche von Potsdam die Verschmelzung preußisch-deutscher Traditionen mit dem Nationalsozialismus propagandistisch wirksam zur Schau gestellt. Mithilfe der Reichswehr und der SS beseitigte Hitler in einer blutigen, von ihm anschließend für »rechtens« erklärten Gewaltaktion (→Röhm-Putsch, 30. 6./1. 7. 1934) die Sonderstellung der

SA. Mit der Herauslösung der SS aus der Gesamtorganisation der SA gab er stattdessen der SS eine zentrale Stellung im nationalsozialistischen Staat. Nach dem Tod Hindenburgs vereinigte er am 2. 8. 1934 unter Annahme des Titels eines »Führers und Reichskanzlers« die Ämter des Reichspräsidenten und des Reichskanzlers in seiner Person, die Reichswehr ließ er auf sich als den »Obersten Befehlshaber der Wehrmacht« vereidigen.

AUSSENPOLITIK: »Erfolgreiche« Aktionen seiner aggressiven, jedoch mit Prestigegewinn im In- und Ausland verbundenen Außenpolitik, z.B. der Einmarsch deutscher Truppen in die entmilitarisierte Zone des Rheinlandes unter Bruch der Locarnoverträge (1936) die Ausrichtung der deutschen Wirtschaft auf Kriegsvorbereitungen sowie die Formierung der »Achse Berlin–Rom« (1936) veranlassten ihn immer stärker, auf die Mitwirkung von Regierungsmitgliedern oder Beratern zu verzichten. Als Hitler in einer Unterredung mit den Spitzen der Wehrmacht (5. 11. 1937; → Hoßbachniederschrift) einen Risikokurs in der Außenpolitik, der den Krieg nicht ausschloss, ankündigte und dabei auf den Widerspruch der obersten Befehlshaber stieß, nutzte er die Blomberg-Fritsch-Krise (1937/38), um im Rahmen des neu geschaffenen »Oberkommandos der Wehrmacht« (OKW) direkt die Führung der Wehrmacht zu übernehmen.

Hatte Hitler beim gewaltsamen »Anschluss« Österreichs (12./13. 3. 1938) noch zögernd gehandelt, so steuerte er seit Ende Mai 1938 endgültig und zielstrebig die Zerstörung des tschechoslowakischen Staates an. Das Münchener Abkommen (29. 9. 1938) betrachtete er als politische Niederlage, da es nur die Annexion der sudetendeutschen Gebiete der Tschechoslowakei durch das Deutsche Reich brachte und die expansionistische deutsche Politik durch vertragliche Einbindung zu hemmen suchte. Mit der Zerschlagung der Tschechoslowakei und der Errichtung des »Reichsprotektorats Böhmen und Mähren« (15. 3. 1939) beschritt Hitler endgültig den Weg eines Imperialismus, der über die Gewinnung eines deutschen Kontinentalreiches in Europa hinaus letztlich auf die Errichtung einer rassistisch bestimmten weltweiten Vorherrschaft zielte.

ENTFESSELUNG DES ZWEITEN WELTKRIEGS: Da sich Polen, gestützt auf eine Garantieerklärung der britischen Regierung (31.3. 1939), der Eingliederung in den deutschen Machtbereich widersetzte, griff Hitler am 1. 9. 1939 Polen an und löste damit den Zweiten Weltkrieg aus. Zuvor hatte er vergeblich versucht, durch einen Nichtangriffsvertrag mit der UdSSR (→ Hitler-Stalin-Pakt, 23. 8. 1939) Großbritannien und Frankreich von einem Eingreifen in den Krieg gegen Polen abzuhalten. In einer Reichstagsrede (30. 1. 1939) hatte Hitler im Anschluss an die jüdischen Pogrome im November 1938 (Reichspogromnacht) der jüdischen Bevölkerung besonders in Europa mit der »Vernichtung« gedroht. Mit dem Ausbruch des Zweiten Weltkrieges (1939) konnte Hitler zur Realisierung dieser verbrecherischen Ziele übergehen (→ Holocaust).

KRIEGFÜHRUNG: Im Verlauf des Krieges konzentrierte sich Hitler auf die Kriegführung und die Durchsetzung und Ausführung seiner rassistischen Vorstellungen. Das allgemeine Feld der Innenpolitik blieb im Kriege – abgesehen von der propagandistischen Beeinflussung der deutschen Bevölkerung – den führenden Funktionären der NSDAP überlassen. Hatte sich Hitler zu Beginn des Krieges stärker auf allgemeine Weisungen an die Militärs beschränkt, so griff er im Laufe der Zeit immer stärker in die Operationsführung ein. Nach dem deutschen Sieg in Frankreich wuchs sein Prestige auch bei den bis dahin eher skeptischen oder opponierenden Militärs. Anders als bei den militärischen Planungen im Westen (1939/40) konnte Hitler bei der Planung des Angriffs auf die UdSSR seine militärischen und rassenideologischen Vorstellungen (»Eroberung neuen Lebensraums im Osten«) ohne nennenswerten Widerspruch realisieren. Unter Aufgabe aller völkerrechtlichen Prinzipien erließ er u.a. den Kommissarbefehl (6. 6. 1941) und die Richtlinien zur OKW-Weisung Nummer 21 (13. 3. 1941), die die Aufstellung der Einsatzgruppen ermöglichten. Nach dem deutschen Angriff auf die UdSSR (22. 6. 1941) verkündete Hitler als Ziel der deutschen Ostpolitik, das eroberte Gebiet zu »beherrschen«, zu »verwalten« und »auszubeuten«. Gestützt auf die SS und die von ihr beherrschten Organisationen und Organe (v.a. RSHA, Gestapo), setzte er eine einzigartige Vernichtungsmaschinerie v.a. gegen das europäische Judentum und andere missliebige Personenkreise, z.B. Roma und Sinti, in Gang.

Nach dem Angriff Japans, das seit 1940 mit Deutschland im → Dreimächtepakt verbunden war, auf die USA (7. 12. 1941) suchte Hitler mit der Kriegserklärung an die USA, in Unterschätzung ihres Kriegspotenzials, diese in ei-

ADOLF HITLER
***1889 †1945**

- erlebte den Ersten Weltkrieg als Soldat
- entwickelte ein extrem nationalistisches und rassistisches Weltbild
- errichtete 1933 die NS-Diktatur in Deutschland
- löste 1939 in verbrecherischer Absicht den Zweiten Weltkrieg aus
- setzte eine beispiellose Vernichtungsmaschinerie gegen die europäischen Juden in Gang

HITLER. ***Ankündigung der Diktatur***

Über die Ziele der Nationalsozialisten ließ Hitler auch schon vor der »Machtergreifung« niemanden im Unklaren. 1928 bekannte er in einer Rede: *»Erstens muss unser Volk von dem hoffnungslos wirren Internationalismus befreit und bewusst und systematisch zum fanatischen Nationalismus erzogen werden ... Zweitens werden wir unser Volk, indem wir es dazu erziehen, gegen den Irrsinn der Demokratie zu kämpfen und wieder die Notwendigkeit von Autorität und Führertum einzusehen, von dem Unsinn des Parlamentarismus fortreißen. Drittens werden wir das Volk von dem jämmerlichen Glauben ... an Völkerversöhnung, Weltfrieden, Völkerbund und internationale Solidarität ... befreien, diese Ideen zerstören.«*

Hitler-Jugend. Eine antiindividualistische, auf Uniformität zielende totalitäre Lebensphilosophie war ideelle Grundlage der Hitler-Jugend. Sie manifestierte sich u. a. in solchen Massenauftritten wie dem von Angehörigen des Bundes Deutscher Mädel (BDM) beim Reichssportfest 1935.

nen »Zwei-Ozean-Krieg« zu verwickeln, um Zeit für einen deutschen Sieg über die UdSSR zu gewinnen. Mit der direkten Übernahme des Oberbefehls über das deutsche Heer (19. 12. 1941) verstärkte er seinen Einfluss auf die Operationsführung und verlieh damit seinem Befehl, die im Osten errichteten Frontlinien »fanatisch« zu halten, besonderen Nachdruck, was sich im weiteren Verlauf des Krieges als verhängnisvoll erwies (Stalingrad, 1943).

In der letzten Reichstagssitzung (26. 4. 1942) machte sich Hitler zum »obersten Gerichtsherrn« und beseitigte damit die letzten Überreste einer eigenständigen Jurisdiktion. Angesichts der sich seit 1942/43 immer stärker abzeichnenden deutschen Niederlage suchte sich Hitler im »Führerhauptquartier« von der Wirklichkeit abzuschirmen. Nach dem Scheitern des Attentats vom 20. 7. 1944 auf ihn konnte er die deutsche →Widerstandsbewegung mithilfe des Volksgerichtshofs im Rahmen einer ausgesprochenen Rachejustiz zerschlagen. Als die Truppen der »Anti-Hitler-Koalition« die Grenzen Deutschlands erreicht und überschritten hatten, befahl Hitler die Selbstzerstörung aller Industrieanlagen und lebenswichtigen Einrichtungen im Deutschen Reich (»Nero-Befehl« vom 19. 3. 1945), da das deutsche Volk sich – nach seiner Auffassung – als zu schwach erwiesen habe und daher den Untergang verdiene. Am 29. 4. 1945 ernannte er Admiral Karl Dönitz zu seinem Nachfolger als Staatsoberhaupt und nahm sich am folgenden Tag mit seiner Geliebten, Eva Braun, die er tags zuvor geheiratet hatte, im »Führerbunker« in dem von sowjetischen Truppen eingeschlossenen Berlin das Leben.

Hitler-Jugend, Abk. **HJ,** Jugendorganisation der NSDAP, gegründet 1926, unterstand seit 1931 einem »Reichsjugendführer« und umfasste bereits 1932 100 000 Mitglieder. Im Zuge des Aufbaus der nationalsozialistischen Diktatur wurden der HJ die im »Reichsausschuß deutscher Jugendverbände« zusammengeschlossenen Jugendorganisationen zwangsweise zugeführt. Mit dem Reichsgesetz vom 1. 12. 1936 wurde die HJ »Staatsjugend«. Dem Reichsjugendführer wurde die Erziehung der Jugend im Sinne des Nationalsozialismus übertragen. Seit 1939 war die Mitgliedschaft für alle Jugendlichen zwischen 10 und 18 Jahren verbindlich. Die HJ gliederte sich in das »Deutsche Jungvolk« (Jungen von 10 bis 14 Jahren), die »Deutschen Jungmädel« (Mädchen von 10 bis 14 Jahren), die eigentliche HJ (Jungen von 14 bis 18 Jahren) und den »Bund Deutscher Mädel« (Abk. BDM, Mädchen von 14 bis 18 Jahren).

Hitlerputsch, von Adolf Hitler und dem früheren General Erich Ludendorff angeführter Putsch der NSDAP und der im »Deutschen Kampfbund« zusammengeschlossenen nationalistischen Verbände in München am 8. und 9. 11. 1923 gegen die bayerische Landesregierung und die Regierung des Deutschen Reiches, mit dem Ziel, eine Rechtsdiktatur in Deutschland zu errichten. Begünstigt wurde der Putschplan durch den schweren Konflikt zwischen der bayerischen Landesführung unter »Generalstaatskommissar« Gustav Ritter von Kahr und der Reichsregierung unter Gustav Stresemann. Von Kahr, Otto von Lossow, der Wehrkreiskommissar der Reichswehr in Bayern, und Hans von Seisser, der Chef der bayerischen Landespolizei, gingen am 8. 11. zum Schein auf Hitlers Forderung, am Putsch mitzuwirken, ein, ließen aber am 9. 11. den Demonstrationszug vor der Feldherrnhalle mit Gewalt zerstreuen.

Hitler-Stalin-Pakt, Deutsch-Sowjetischer Nichtangriffspakt, auch **Molotow-Ribbentrop-Pakt** genannt, am 23. 8. 1939 in Moskau für zehn Jahre abgeschlossener Vertrag zwischen dem nationalsozialistischen Deutschland und der UdSSR. Er enthielt auch die Verpflichtung zu gegenseitiger Neutralität bei Auseinandersetzungen mit einem Dritten. Der von den Außenministern Joachim von Ribbentrop und Wjatscheslaw Molotow unterzeichnete Vertrag hatte ein Geheimes Zusatzprotokoll, in dem das westliche Polen bis zur Linie der Flüsse Narew, Weichsel und San sowie Litauen der deutschen Interessensphäre, Finnland, Estland, Lettland, das östliche Polen und Bessarabien der sowjetischen zugewiesen wurden. Der Pakt erleichterte Hitler die Entfesselung des Zweiten Weltkriegs und enthob Deutschland im Hinblick auf den späteren Westfeldzug zunächst der Gefahr eines Zweifrontenkrieges. Stalin rückte mit dem Abschluss dieses Vertrages von dem britisch-französischen Plan einer die UdSSR einschließenden »Großen Allianz« gegen Deutschland ab. Der UdSSR wurde der Weg nach Mitteleuropa geöffnet; der Pakt brachte ihr einen kleinen Zeitaufschub bis zum militärischen Zusammenstoß mit Deutschland und wurde nach der raschen militärischen Niederlage Polens im September 1939 durch einen Deutsch-Sowjetischen Grenz- und Freundschaftsvertrag vom 28. 9. 1939 ergänzt. Am 22. 6. 1941 brach Deutschland mit dem Überfall auf die UdSSR den Pakt.

HJ, Abk. für →Hitler-Jugend.

HLKO, Abk. für →Haager Landkriegsordnung.

Hobbes [hɔbz], Thomas, englischer Philosoph, *Westport (heute zu Malmesbury, County Wiltshire) 5. 4. 1588, †Hardwick Hall 4. 12. 1679; studierte in Oxford, war dann Hauslehrer in der Familie der Grafen von Devonshire, bereiste Frankreich und Italien. Hobbes war Sekretär von Francis Bacon und übersetzte einige seiner Schriften ins Lateinische. Hobbes floh vor Ausbruch der Revolution 1640 nach Paris, wo er den späteren König Karl II. unterrichtete. Unter Oliver Cromwell kehrte er 1651 nach England zurück, was ihn nach der Restauration heftigen Angriffen der royalistischen Partei aussetzte. Seine politischen Anschauungen und seine Philosophie waren geprägt von den Bürger- und Revolutionskriegen in England und Frankreich sowie dem Anliegen, einen ausgleichenden Einfluss auf die politische Entwicklung zu nehmen.

Die Bedeutung von Hobbes' Philosophie besteht in der Übertragung der mechanistisch-naturwissenschaftlichen Methode auf die Staats- und Gesellschaftslehre (»De cive«, 1642; »Vom Bürger«, auch »Leviathan«). Er bestimmte das Wesen des Menschen nicht von dem Vermögen der Vernunft her, auch stellt sich der Mensch bei ihm nicht als zu einer Gemeinschaft strebend (Aristoteles) dar. Hobbes' Ansichten fußen auf den Theorien vom Naturzustand und vom Staatsvertrag. Im Naturzustand seien die Menschen durch den in der menschlichen Natur gegründeten Trieb zur Selbsterhaltung und damit verbunden durch ein unersättliches Machtstreben bestimmt (»homo homini lupus«, »der Mensch ist dem Menschen ein Wolf«). Die unausweichliche Folge dessen wäre der Krieg aller gegen alle, wenn sie nicht alle ihre Macht durch einen uneingeschränkten Verzicht auf das natürliche Recht auf den »Souverän« übertrügen. Erst durch die so vollzogene Begründung des Staates (»Staatsvertrag«) kann die Willkür der nicht durch Normen gebundenen Einzelnen durch die rechtsetzende Gewalt überwunden und der Friede (u. a. Eigentumsrecht) gesichert werden. Der Souverän kann durch eine Person oder eine »Versammlung« verkörpert werden, die allmächtig, niemand verpflichtet ist und allein Recht und Moral setzt (»authoritas, non veritas facit legem«, »Autorität, nicht Wahrheit macht das Gesetz«). Durch seine Einsetzung entsteht erst Gesellschaft, und zwar gleich als Staat, der eine reale Überperson ist, der Leviathan oder »sterbliche Gott«. In diesem Staat gibt es weder Gewissens- noch Glaubensfreiheit, welche als Ausgangspunkt aller Uneinigkeit im Staate aufgefasst werden. Die Staatsbürger sehen die Handlungen des Souveräns als ihre eigenen an, er bestimmt auch, was theologisch wahr sein soll. Im Verhältnis der souveränen Staaten untereinander gilt nach Hobbes, der hierin von Jean Bodin ausging, der gleiche Naturzustand: der ewige Krieg aller gegen alle.

Hobbes, auch Vater des Absolutismus genannt, hatte mit seiner Theorie wenig politischen Einfluss und wurde durch die Staatslehre John Lockes, der seinerseits Wegbereiter des liberalen Rechtsstaates war, bald in den Hintergrund gedrängt. Er beeinflusste u. a. Baruch de Spinoza, Samuel von Pufendorf und Christian Thomasius.

Ho Chi Minh [hotʃimin, hotʃimiɲ; vietnames. »der weise Gewordene«], ursprünglich **Nguyen Sinh Cung** [ŋui̯ən zɪn guŋ], dann **Nguyen That Thanh,** auch **Nguyen Ai Quoc** [»Nguyen, der sein Vaterland liebt«, »Nguyen, der Patriot«] genannt, vietnamesischer Politiker, *Kim Lien 19. 5. 1890, †Hanoi 3. 9. 1969; Sohn eines Dorfgelehrten; verließ 1911 als Schiffsjunge unter dem Namen Ba Vietnam und arbeitete in mehreren Ländern (u. a. in Frankreich, Großbritannien) in verschiedenen Berufen. 1920 nahm er am Gründungskongress der KP Frankreichs teil. 1923 aus Frankreich ausgewiesen, wirkte er zunächst in Moskau, seit 1924 als Kominternfunktionär, v. a. in Südchina und Thailand. 1930 war er Mitbegründer der KP Indochinas in Hongkong, 1931–33 inhaftiert; 1934–38 hielt er sich erneut in der UdSSR auf. 1940 kehrte er nach Vietnam zurück, schuf 1941 die →Vietminh und führte den Kampf um die Unabhängigkeit Indochinas. Nach Ausrufung der »Demokratischen Republik Vietnam« im September 1945 wurde er deren Präsident (bis 1955 zugleich Ministerpräsident). Im Indochinakrieg (1946–54) leitete er den Widerstand gegen die französische Besatzungsmacht und war nach der Teilung Vietnams (1954) Staatspräsident von Nordvietnam. 1951–69 war er Vorsitzender und 1956–60 zugleich Generalsekretär des ZK der kommunistischen Lao-Dong-Partei (Arbeiterpartei). Ho Chi Minh, der in den 1960er-Jahren zur Symbolfigur des vietnamesischen Kampfes gegen die militärische Intervention der USA wurde, war Wegbereiter der Wiedervereinigung Vietnams unter kommunistischer Herrschaft.

Ho Chi Minh

Ho-Chi-Minh-Pfad [hotʃimin-, hotʃimiɲ-], durch den Osten von Südlaos führendes Wegesystem mit zahlreichen Abzweigungen. Er verbindet das nördliche mit dem südlichen

Vietnam, z.T. über das nordöstliche Kambodscha. Der Pfad wurde von nordvietnamesischen Truppen nach 1956 angelegt und diente diesen v.a. während des Vietnamkrieges als Nachschubweg.

Hochmeister, Titel des Oberhaupts des →Deutschen Ordens; entspricht dem Großmeister anderer Ritterorden.

Hoegner ['hø:-], Wilhelm, deutscher Politiker, *München 23. 9. 1887, †ebenda 5. 3. 1980; Jurist; 1924–30 Mitglied des Landtags von Bayern (SPD), 1930–33 Mitglied des Reichstags; emigrierte 1933 als Gegner des Nationalsozialismus und lebte 1934–45 in der Schweiz. Im September 1945 wurde Hoegner von der amerikanischen Militärregierung zum Ministerpräsidenten von Bayern ernannt. 1946–70 war er wieder Mitglied des Landtags von Bayern, 1948–50 Generalstaatsanwalt am Bayerischen Obersten Landesgericht in München, 1950–54 Innenminister und stellvertretender Ministerpräsident. 1954–57 leitete er als Ministerpräsident eine Koalitionsregierung aus SPD, GB/BHE, BP und FDP.

Andreas Hofer

Hofämter, die Ämter am fürstlichen Hof. Bereits unter den fränkischen Königen bestanden Dienste als »Hausmeier« (Seneschall), »Truchsess«, »Marschall«, »Kämmerer« und »Schenk«; das Amt des Ersteren erlosch 751. Die vier Letzteren wurden seit dem 12. Jh. im Heiligen Römischen Reich von den höchsten Reichsfürsten ausgeübt. Die Träger dieser mit der Zeit erblich gewordenen Erzämter beanspruchten mit den drei Erzbischöfen von Mainz, Köln und Trier als Erzkanzlern für das Reich, Italien und Burgund das Recht auf die Würde der →Kurfürsten. In Anlehnung an die Erzämter entstanden Erbämter, deren Inhaber zunächst Stellvertreter in den alten Ämtern, später bloße Titelträger waren. Bei den Landesfürsten gab es entsprechend Erblandeshofämter.

Chlodwig Fürst zu Hohenlohe-Schillingsfürst

Hofer, Andreas, Tiroler Freiheitskämpfer, *Sankt Leonhard in Passeier (bei Meran) 22. 11. 1767, † (hingerichtet) Mantua 20. 2. 1810; Gastwirt (»Sandwirt von Passeier«); führte den Tiroler Aufstand gegen die bayerische Herrschaft an. Nach seinen Siegen am Bergisel über Bayern und Franzosen (25. und 29. 5., 13. 8. 1809) und dem Sieg der Tiroler Schützen über ein sächsisch-thüringisches Regiment (4./5. 8.) im Eisacktal (»Sachsenklemme«) wurde Hofer Regent von Tirol. Als Österreich im Frieden von Schönbrunn (14. 10. 1809) erneut auf Tirol verzichtete, setzte Hofer den Kampf fort, geriet durch Verrat in Gefangenschaft und wurde auf Befehl Napoleons I. in Mantua standrechtlich erschossen.

Hoftag, lateinisch **Curia Regis,** seit dem Fränkischen Reich eine vom König nach freiem Belieben berufene Versammlung der weltlichen und geistlichen Großen, die der König bei wichtigen Anlässen um Rat fragte. Von diesem formlosen Hoftag leitete sich seit dem 12. Jh. im Heiligen Römischen Reich das durch Herkommen gefestigte Recht der Großen her, zur Beratung in Reichsangelegenheiten zugezogen zu werden. Ende des 15. Jh. entwickelte sich aus dem Hoftag der →Reichstag.

hohe Gerichtsbarkeit, Hochgericht, spätmittelalterliches Gericht, das im Gegensatz zum Niedergericht über Kapitalverbrechen zu urteilen hatte und sowohl Todes- als auch Verstümmelungsstrafen verhängte. Die Hochgerichtsbarkeit wurde vom König durch den Blutbann den Landesherren verliehen (»Blutgericht«).

Hohenlohe, Chlodwig, 6. Fürst zu Hohenlohe-Schillingsfürst, deutscher Politiker, *Rotenburg an der Fulda 31. 3. 1819, †Bad Ragaz 6. 7. 1901; Jurist; war 1848 Reichsgesandter in Athen und London und Anhänger einer kleindeutsch-preußischen Richtung. Hohenlohe bekämpfte in Bayern die Politik des Ludwig Freiherr von der Pfordten, den er nach dem Deutschen Krieg 1866 im Zeichen der nationalen Einigung als bayerischen Ministerpräsidenten und Außenminister ablöste. Er setzte im Zollparlament die Zolleinigung der süddeutschen Staaten mit Preußen durch und regte die Neuorganisation der süddeutschen Truppen nach preußischem Vorbild an. Im März 1870 wurde er durch die klerikal-partikularistische »Patriotenpartei« gestürzt. Hohenlohe setzte sich in der Folge weiterhin für die Reichsgründung ein. 1874 machte Otto von Bismarck ihn zum deutschen Botschafter in Paris. Dort bemühte sich Hohenlohe um bessere Beziehungen zu Frankreich. Auch als Statthalter in Elsass-Lothringen (seit 1885) suchte er durch eine vermittelnde Haltung den inneren Schwierigkeiten Rechnung zu tragen.

Nach dem Sturz Caprivis ernannte ihn Kaiser Wilhelm II. zum Reichskanzler und preußischen Ministerpräsidenten (29. 10. 1894). In diese Zeit (bis 17. 10. 1900) fiel Deutschlands Eintritt in die Weltpolitik durch den Flottenbau und den Erwerb neuer Kolonien. Im Innern bemühte er sich um Ausgleich und Widerstand gegen das persönliche Regiment des Kaisers. Doch konnte er sich hier ebenso wenig durchsetzen wie gegen das Übergewicht der preußischen Minister.

Hohenstaufen, Fürstengeschlecht, →Staufer.

Hohenzollern, deutsches Herrschergeschlecht, nach dem die Burg Hohenzollern vermutlich ihren Namen erhielt. Als Stammvater gilt Friedrich von Zollern, 1111 in den Grafenstand erhoben, mit dem Schwabenherzog Friedrich I. von Staufen verwandt. Graf Friedrich III., Vertrauter der Stauferkaiser Friedrich I. Barbarossa und Heinrich VI., erhielt durch Heirat 1191 die Burggrafschaft Nürnberg und nannte sich als Burggraf Friedrich I. Seine Söhne teilten um 1227 den Besitz: Konrad I. erhielt die Burggrafschaft Nürnberg, Friedrich IV. die schwäbischen Stammgüter. So entstanden die fränkische, seit der Reformation evangelische, und die schwäbische, katholische Linie der Hohenzollern.

FRÄNKISCHE LINIE: Burggraf Friedrich III. von Nürnberg (1273–97) erwarb Bayreuth und Kulmbach. Sein Sohn, Burggraf Friedrich IV. (1300–32), kaufte die Stadt Ansbach (1331; Grundstein für das spätere Doppelterritorium Ansbach[-Bayreuth]). Sein Enkel, Burggraf Friedrich V., wurde 1363 von Kaiser Karl IV. in den Reichsfürstenstand erhoben. Er bestimmte, dass der Besitz der fränkischen Hohenzollern nur in zwei Gebiete, das Oberland (»ob dem Gebirg«, Kulmbach, seit 1604/62 Bayreuth, Hof mit dem Vogtland) und das Unterland (»unter dem Gebirg«; Ansbach), geteilt werden durfte. Durch die Teilung (1403) zwischen seinen Söhnen erhielt Burggraf Johann III. das Oberland; doch fiel es nach seinem Tod an seinen Bruder, Burggraf Friedrich VI. (seit 1397), der das Unterland besaß. Dieser erlangte außerdem 1415/17 von Kaiser Siegmund das Kurfürstentum Brandenburg. Kurfürst Albrecht III. Achilles (1470–86), der dritte Sohn Friedrichs I., machte 1473 durch die Dispositia Achillea die fränkischen Fürstentümer zu einer Sekundogenitur des Kurhauses Brandenburg. Demnach wurden 1486 sein ältester Sohn Johann Cicero Kurfürst, Friedrich V., der Alte, Markgraf von Ansbach und Siegmund Markgraf von Kulmbach. In Ansbach und Bayreuth regierte 1486–1603 die ältere fränkische, 1603–1791 die jüngere brandenburgische Linie. Die brandenburgischen Hohenzollern (Kurlinie) erreichten 1701 unter Kurfürst Friedrich III. die Erhebung zu Königen »in« Preußen; v.a. Friedrich Wilhelm, der Große Kurfürst (1640–88), sowie König Friedrich Wilhelm I. (1713–40) und Friedrich II., der Große (1740–86), machten Brandenburg-Preußen zur europäischen Großmacht. Seit Wilhelm I. waren die preußischen Könige auch Deutsche Kaiser (1871–1918).

SCHWÄBISCHE LINIE: Graf Eitel Friedrich II. erwarb 1495 das Reichskammerrichteramt, 1504 das Reichserbkämmereramt, ferner 1497 die Herrschaft Haigerloch. Sein Enkel, Graf Karl I., gewann 1534 die österreichischen Lehengrafschaften Sigmaringen und Veringen, 1552 die Herrschaft Wehrstein. Dessen Söhne, Eitel Friedrich IV. und Karl II., stifteten die Linien Hohenzollern-Hechingen, die eigentliche alte Grafschaft Hohenzollern mit der Stammburg, und Hohenzollern-Sigmaringen, mit Sigmaringen, Veringen und Haigerloch. Beide Linien erhielten 1623 die Reichsfürstenwürde, 1653 Sitz und Stimme im Reichsfürstenkollegium. 1803/06 entgingen sie der Mediatisierung und konnten ihr Territorium vergrößern. Mit der Abdankung zugunsten des Königs von Preußen (7. 12. 1849) kamen beide Fürstentümer an Preußen, mit dem seit 1695 Erbverträge bestanden. Die Linie Hohenzollern-Hechingen starb 1869 mit Graf Friedrich Wilhelm aus. Fürst Karl Anton von Hohenzollern-Sigmaringen (1848/49) nannte sich nun Fürst von Hohenzollern und war 1858–62 preußischer Ministerpräsident. Sein ältester Sohn, Fürst Leopold, wurde bekannt durch die »Thronkandidatur« in Spanien (1870). Der zweite Sohn, Karl, wurde 1866 Fürst, 1881 König von Rumänien; ihm folgten sein Neffe Ferdinand I. und dessen Sohn und Enkel (bis 1947).

Hohenzollern. Die Stammburg auf dem Gebiet der eigentlichen alten Grafschaft, der Linie Hohenzollern-Hechingen, wurde 1850–67 in historistischem Stil über altem Grundriss neu errichtet.

Hohe Pfọrte, kurz **Pfọrte,** ursprünglich Bezeichnung für die Residenz des Sultans in Konstantinopel, dann im weiteren Sinne für den Geschäftsbereich des Großwesirs, die Regierung und das Außenministerium des Osmanischen Reiches.

Họlland, der Westteil der → Niederlande.

Họlocaust [engl. ˈhɔləkɔːst; »Massenvernichtung«, eigentlich »Brandopfer«, von griech. holokaustos »völlig verbrannt«], neuhebräisch **Schoa̱h, Shoa, Shoah** [ʃoˈa], Tötung einer großen Zahl von Menschen, eines Volkes (Genozid), v.a., erstmals 1944, Bezeichnung für die Verfolgung, Gettoisierung und insbesondere die Vernichtung der europäischen Juden während der nationalsozialistischen Herrschaft in Deutschland und Europa (1933–45).

BEGINN ANTISEMITISCHER MASSNAHMEN: Nach dem Regierungsantritt Adolf Hitlers (30. 1. 1933) sowie der Errichtung der NS-Diktatur in Deutschland begann die Entrechtung und Ausgrenzung der jüdischen Minderheit sowie anderer unerwünschter Minderheiten. Sie nahm im Zuge der innen- und außenpolitischen Konsolidierung des NS-Regimes stufenweise immer schärfere Formen an.

In der Öffentlichkeit agitatorisch unterstützt, erklärte Hitler die Judenverfolgung zu einem zentralen Anliegen seiner rassenideologisch begründeten Politik. Die gesetzgeberisch administrative Ausgrenzung der jüdischen Bürger aus dem staatlichen und gesellschaftlichen Leben sowie ihre Verfolgung verbanden sich v.a. nach der organisatorischen Verschränkung von Polizei, →Gestapo und →SS unter Heinrich Himmler und Reinhard Heydrich (1934–36) zu einem staatlich organisierten Terror auf allen Ebenen.

Am 1. 4. 1933 forderte die NS-Führung den Boykott jüdischer Geschäfte, der von Ausschreitungen der SA gegenüber Juden begleitet war. Die antisemitischen Maßnahmen des Staates begannen v.a. mit der Ausgliederung von Menschen jüdischer Herkunft aus der Beamtenschaft. Der Herabstufung der Juden zu einer Gruppe minderen Rechts folgte ihre völlige politische Entrechtung und Diskriminierung als Menschen überhaupt durch Rassengesetze (→Nürnberger Gesetze). Eine weitere Stufe der Isolierung bzw. Ausgrenzung der jüdischen Bevölkerung war die Einführung der Kennzeichnungspflicht (→Judenkennzeichen). Ab 1935 erfolgten erste Inhaftierungen in →Konzentrationslagern.

HOLOCAUST. ***Celans »Todesfuge«***

In der »Todesfuge« suchte Paul Celan das Grauen des Völkermordes an den Juden in Worte zu fassen: *»Schwarze Milch der Frühe wir trinken dich nachts wir trinken dich mittags und morgens wir trinken dich abends / wir trinken und trinken / ein Mann wohnt im Haus dein goldenes Haar Margarete / dein aschenes Haar Sulamith er spielt mit den Schlangen. / Er ruft spielt süßer den Tod der Tod ist ein Meister aus Deutschland / er ruft streicht dunkler die Geigen dann steigt ihr als Rauch in die Luft / dann habt ihr ein Grab in den Wolken da liegt man nicht eng.«*

»REICHSPOGROMNACHT« UND VOLLSTÄNDIGE ENTRECHTUNG DER JUDEN: Am 7. 11. 1938 hatte Herschel Grynszpan, aus Protest gegen die Austreibung von etwa 17000 Juden polnischer Nationalität aus Deutschland in das nicht aufnahmewillige Polen, in Paris ein Attentat auf den deutschen Botschaftssekretär Ernst vom Rath unternommen. Nach dem Bekanntwerden von dessen Tod zerstörten am späten Abend organisierte Gruppen von z.T. zivilen Nationalsozialisten und v.a. Angehörige der SA in der Nacht vom 9. zum 10. 11. 1938 im Zuge angeblich »spontaner Kundgebungen« weit über 1000 Synagogen und Gebetshäuser, zahlreiche jüdische Friedhöfe sowie 7500 jüdische Wohn- und Geschäftshäuser in Deutschland (»Reichspogromnacht«; laut nationalsozialistischer Propaganda »Reichskristallnacht«). Im Verlauf des Novemberpogroms fanden 91 Menschen den Tod; mehr als 30000 Menschen wurden verhaftet und viele von ihnen in die KZ Buchenwald, Sachsenhausen und Dachau gebracht. Darüber hinaus bewirkte die Reichsregierung u.a. durch Berufsverbote für Ärzte und Anwälte sowie Auferlegung einer kollektiven Sondersteuer in Höhe von 1 Milliarde Reichsmark als »Sühneleistung« die systematische Pauperisierung der jüdischen Bevölkerung.

Mit der Verschärfung der seit April 1938 forcierten »Arisierungspolitik« zur Kennzeichnung und Konfiskation jüdischer Vermögen sowie zahlreichen Erlassen begann die vollständige Entrechtung der Juden im Deutschen Reich; in Besprechungen am 14. 10. und 12. 11. 1938 hatte Hermann Göring den NS-Staat zum Nutznießer der »Entjudung« der deutschen Wirtschaft bestimmt. Noch aber sollten die Juden nach Enteignung nur massiv aus Deutschland vertrieben werden. Erst nach dem Aufgeben verschiedener »Umvolkungspläne« in »Judenreservate« und dem Übergang von der »territorialen« zur »biologischen Lösung« wurde ihnen am 23. 10. 1941 die Emigration verboten. In einer Reichstagsrede am 30. 1. 1939 drohte Hitler dem angeblich zum Krieg hetzenden »Weltjudentum« den Untergang an. Von Beginn an waren v.a. jüdische Betroffene Opfer der »T4-Aktionen« (→Euthanasie). Von Frühsommer 1940 bis August 1941 erfolgten erste systematische Tötungen jüdischer Patienten in den Anstalten in Form von Massenvergasungen.

»ENDLÖSUNG DER JUDENFRAGE«: Vor dem Hintergrund der militärischen Erfolge Deutschlands in Europa 1939–41 und in der Erwartung eines bevorstehenden Sieges über die Sowjetunion begannen auf eine Initiative Hitlers vom Sommer 1941 die Maßnahmen zur »Endlösung der Judenfrage«, die den End- und Höhepunkt des »rassistischen Vernichtungsfeldzuges« bildeten. Nachdem Göring den SD-Chef Heydrich mit der Leitung der »Gesamtlösung« (31. 7. 1941) beauftragt hatte und auf der →Wannseekonferenz vom 20. 1. 1942 letzte Festlegungen getroffen worden waren, wurde die systematische und organisierte Konzentrierung (Gettoisierung) sowie Deportierung der europäischen Juden in deren umfassende physische Vernichtung übergeleitet.

Nachdem im besetzten Polen noch im September 1939 erste organisierte Pogrome stattgefunden hatten und Arbeitszwang für Juden verordnet worden war (26. 10. 1939/13. 1. 1940), begannen im Februar 1940 die bürokratisch geregelten Deportationen. Dazu waren ab Herbst 1939/Frühjahr 1940 zahlreiche Gettos eingerichtet bzw. abgeriegelt worden. Ein Teil der deportierten jüdischen Bevölkerung wurde zugunsten deutscher Unternehmen (u.a. IG Farben, Krupp) zur Zwangsarbeit in »Arbeitslagern« oder in Gettobetrieben missbraucht. Ab Mitte Oktober 1941 erfolgte die Deportation der Juden aus dem Gebiet des

HOLOCAUST *Vernichtungslager Auschwitz*

Auschwitz ist zum Inbegriff des größten organisierten Völkermords der Weltgeschichte geworden. Zwar hatte Adolf Hitler schon 1925 in seiner programmatischen Schrift »Mein Kampf« keinen Zweifel daran gelassen, dass er die Juden »ausmerzen« wolle, doch konnte dies ursprünglich noch metaphorisch gedeutet werden. Ob die Gründe für den Genozid eher in Hitlers exzessivem Antisemitismus oder darüber hinaus auch in der »deutschen Mentalität« zu suchen sind, ist bis heute umstritten.

Der Standort des Konzentrationslagers Auschwitz, in dem zunächst Zwangsarbeit verrichtet wurde, war aufgrund seiner Nähe zu den oberschlesischen Industriegebieten gewählt worden. Erst 1941 wurde das KZ zum Vernichtungslager umgewandelt. Von Januar 1942 bis zur Befreiung des Lagers im Januar 1945 rollten die Transporte mit den meist in Viehwaggons gepferchten jüdischen Menschen aus 23 Ländern Europas nach Auschwitz. Bei der Ankunft an der berüchtigten Rampe »selektierten« SS-Ärzte die arbeitsfähigen Juden von den Frauen, Kindern, Greisen und Kranken, die unter dem Vorwand angeblicher hygienischer Maßnahmen direkt in die Gaskammern – das Foto zeigt Gaskammer und Vernichtungsöfen (heutiger Zustand) – gebracht wurden.

Angesichts der vorrückenden Roten Armee wurden die überlebenden Lagerinsassen gezwungen, auf Fußmärschen KZ-Lager im Reichsgebiet zu erreichen, was zahllose weitere Menschen das Leben kostete.

Als die Rote Armee das KZ befreite, fand sie gerade noch 5000 überlebende Häftlinge vor. Vermutlich sind über eine Million Menschen – überwiegend Juden, aber auch Sinti und Roma – in den Gaskammern von Auschwitz ermordet worden.

Deutschen Reiches (»Altreich« genannt) in die Gettos. Bis Januar 1942 bildeten die Gettos wie die »Vernichtung durch Arbeit« die Grundlage sowie Instrumente für die NS-Vernichtungspolitik.

ORGANISIERTER VÖLKERMORD: Den Beginn des organisierten Völkermords markierten die systematischen Massenexekutionen der mobilen Einsatzgruppen und stationärer Kommandos der Sicherheitspolizei sowie des SD nach dem deutschen Angriff auf die Sowjetunion. Im Baltikum, in Weißrussland, in der Ukraine und auf der Krim fiel ihnen nahezu die ganze jüdische Zivilbevölkerung zum Opfer. Auch nach dieser »ersten Tötungswelle« verübten mobile Mordkommandos ab Sommer 1941 immer wieder Massaker, v.a. an Frauen und Kindern.

Ab Herbst 1941 entstanden in Polen fabrikmäßige →Vernichtungslager: Auschwitz, Bełżec, Chełmno [Culm], Majdanek, Sobibór und Treblinka. Aus allen von Deutschland besetzten Gebieten Europas wurden unter der organisatorischen Leitung von Adolf Eichmann Millionen von Juden zur Ermordung (Vergasung) in diese Lager transportiert. Im März/April 1945 kamen nochmals viele Juden bei der Verlegung nach Westen auf »Todesmärschen« ums Leben. Nur wenige nichtjüdische Menschen fanden den Mut, sich der Vernichtungsmaschinerie entgegenzustellen, darunter Paul Grüninger, Oskar Schindler, Raoul Wallenberg. Insgesamt fielen etwa sechs Millionen europäische Juden, v.a. zwischen 1941 und 1944, dem Genozid zum Opfer. V.a. in Polen und im Baltikum wurde die jüdische Bevölkerung nahezu vollständig vernichtet. Mindestens 500000 Ausgegrenzte nichtjüdischer Herkunft fanden den Tod (u.a. Sinti und Roma).

Vor dem Internationalen Militärgerichtshof (IMG) in Nürnberg (→Nürnberger Prozesse, 1945–49) sowie in zahlreichen Strafprozessen in und außerhalb Deutschlands wurden Personen, die für den Völkermord an den Juden verantwortlich waren, verurteilt (z.B. Auschwitz-Prozesse, 1963–65 und 1977–81).

Holstein, ehemaliges Herzogtum zwischen Nord- und Ostsee, im Süden durch die Elbe, im Norden durch die Eider begrenzt. Holstein erscheint um 800 als nördlicher Teil des Gebiets der Sachsen (auch Nord- oder Transalbingien genannt). Holstein wurde von Karl dem Großen unterworfen, war im 13. Jh. zeitweise dänisch und wurde 1474 mit Stormarn, Wagrien und Dithmarschen von Kaiser Friedrich III. zum Herzogtum erhoben (→Schleswig-Holstein).

Friedrich von Holstein

Holstein, Friedrich von, deutscher Diplomat, *Schwedt/Oder 24. 4. 1837, †Berlin 8. 5. 1909; kam schon als Attaché in Sankt Petersburg 1861 in Beziehung zu Otto von Bismarck. Holstein wurde 1871 Botschaftssekretär in Paris, 1876 Vortragender Rat im Auswärtigen Amt. Er entwickelte sich zum Gegner der Russlandpolitik des Kanzlers und nahm hinter dessen Rücken Geheimverbindungen zu österreichischen und italienischen Stellen auf. Nach Bismarcks Entlassung (1890) wuchs Holsteins Einfluss erheblich. Er befürwortete die Nichterneuerung des →Rückversicherungsvertrages sowie gute Beziehungen zu Großbritannien und wurde ein wichtiger, auch innenpolitischer Berater der Kanzler Caprivi und Hohenlohe-Schillingsfürst, deren Haltung gegen das ihm verhasste persönliche Regiment Kaiser Wilhelms II. er zu stärken suchte. Die engsten Beziehungen gewann Holstein (als dessen außenpolitischer Berater) zu Reichskanzler Bernhard von Bülow. Holstein hatte Anteil an der zu optimistischen deutschen Einschätzung der letztlich ergebnislosen Bündnisverhandlungen mit Großbritannien. Während der ersten Marokkokrise 1905/06 scheiterte er mit seiner Politik der Stärke gegenüber Frankreich, sodass Bülow ihn nach der Algeciras-Konferenz (1906) fallen ließ.

Homerule ['həʊmru:l; engl. »Selbstregierung«], **Home Rule,** Schlagwort für die von der Irischen Nationalpartei seit den 1870er-Jahren auf parlamentarischem Wege erstrebte nationale Selbstständigkeit Irlands, mit eigener Regierung und eigenem Parlament, im Rahmen des Britischen Reiches. Die Homerule-Bewegung verlor seit 1916/17 ihre Bedeutung, als es der Sinn Féin gelang, die Unterstützung weiter Kreise der Bevölkerung zu gewinnen. 1922 wurde Irland mit Ausnahme des größeren Teils von Ulster selbstständig und hatte somit einen viel höheren Grad von Unabhängigkeit erreicht, als die Homerule-Bewegung jemals gefordert hatte.

ERICH HONECKER
*1912 †1994

- verbrachte während der NS-Zeit zehn Jahre im Zuchthaus
- leitete die Vorbereitungen für den Bau der Berliner Mauer
- löste 1971 Walter Ulbricht in seinen Spitzenfunktionen in Partei und Regierung ab
- begegnete allen Reformversuchen hartnäckig ablehnend

Honecker, Erich, deutscher Politiker, *Neunkirchen/Saar 25. 8. 1912, †Santiago de Chile 29. 5. 1994; Dachdecker. Honecker, seit 1929 Mitglied der KPD, später führender Funktionär des Kommunistischen Jugendverbandes (KJV), leitete seit Errichtung der NS-Diktatur (1933) die Untergrundaktivitäten seines Verbandes im südlichen Deutschland. Er wurde 1935 verhaftet und 1937 vom »Volksgerichtshof« zu zehn Jahren Zuchthaus verurteilt. Bis zu seiner Befreiung (1945) verblieb er im Zuchthaus Brandenburg.

Ab Mai 1945 baute Honecker als Jugendsekretär beim ZK der KPD die »antifaschistischen Jugendausschüsse« auf, aus denen 1946 die FDJ hervorging, deren Vorsitz er 1946–55 innehatte. 1946 wurde Honecker Mitglied der SED und ihres Vorstandes. Als Mitglied des Politbüros (seit 1958) und Sekretär des ZK für Sicherheitsfragen von 1958–71 gewann er eine einflussreiche Stellung im Partei- und Staatsapparat der DDR; 1961 leitete er die geheimen Vorbereitungen für den Bau der Berliner Mauer. Am 3. 5. 1971 löste er Walter Ulbricht als Erster Sekretär des ZK der SED und am 24. 6. als Vorsitzender des Nationalen Verteidigungsrates ab. Ab 29. 10. 1976 war Honecker als Vorsitzender des Staatsrates auch Staatsoberhaupt der DDR.

Honecker trug in allen seinen Funktionen hohe Verantwortung für den Ausbau der SED-Herrschaft. Gegenüber Andersdenkenden führte er den repressiven Kurs fort und verschärfte ihn seit Mitte der 1970er-Jahre, auch im Gegensatz zu einer nach außen hin den KSZE-Prozess mittragenden Politik. Gegenüber der Bundesrepublik Deutschland leitete Honecker eine Politik der »Abgrenzung« ein, die 1974 in der Proklamation einer eigenständigen »sozialistischen Nation« in der DDR gipfelte. Andererseits suchte er jedoch auch in der Phase verschärfter Ost-West-Spannungen die Gesprächsbereitschaft zwischen den Regierungen beider deutscher Staaten zu bewahren. Gegenüber Reformversuchen und -ideen, v.a. im Gefolge der sowjetischen Politik der Perestroika, blieb er hartnäckig ablehnend.

Am 18. 10. 1989 trat Honecker unter Druck von allen Ämtern zurück; am 3. 12. 1989 wurde er aus der SED ausgeschlossen. Ein Anfang Dezember 1989 eingeleitetes Ermittlungsverfahren, v.a. wegen Machtmissbrauchs, Korruption und persönlicher Bereicherung, wurde 1990 auf Anstiftung zum Mord erweitert, um Honecker für den Schießbefehl und die Selbstschussanlagen an der innerdeutschen Grenze sowie deren Opfer haftbar zu machen. Der am 30. 11. 1990 erlassene Haftbefehl konnte nicht vollstreckt werden. Honecker befand sich seit April 1990 in einem Hospital der Sowjetarmee in Beelitz; am 13. 3. 1991 wurde er nach Moskau gebracht. Nach einem Ausweisungsbeschluss der russischen Regierung floh Honecker in die chilenische Botschaft in Moskau (11. 12. 1991). Im Juni 1992 wurde ein zweiter Haftbefehl wegen des Verdachts des Vertrauensmissbrauchs und der gemeinschaftlichen Untreue ausgestellt. Nach seiner Rückkehr nach Deutschland (29. 7. 1992) wurde Honecker in Berlin-Moabit inhaftiert und unter Anklage (Totschlag und versuchter Totschlag) gestellt. Am 12. 11. 1992 begann der Prozess. Wegen Honeckers Krebserkrankung wurde dieser am 12. 1. 1993 eingestellt, sodass Honecker am 13. 1. 1993 nach Chile übersiedeln konnte.

Honi soit qui mal y pense [ɔ'ni 'swa kimali'pãs; französ. »Verachtet sei, wer Arges dabei denkt«], Devise des →Hosenbandordens, der seine Stiftung durch Eduard III. (1348) angeblich einem Zwischenfall verdankt, bei dem der König das einer Gräfin entfallene Strumpfband aufhob.

Hopliten. Obwohl jeder griechische Hoplit unter der strengen Disziplin der Phalanx kämpfte, sah er sich selbst in der Tradition der heroischen Einzelkämpfer.

Honorius I., Papst (625–638), † 12. 10. 638; aus kampanischen Adel; gab in den christologischen Auseinandersetzungen eine monotheletisch klingende Glaubensformel ab (Monotheletismus) und wurde deshalb auf dem 3. Konzil von Konstantinopel 681 als ein Urheber der monotheletischen Häresie verdammt und bis ins 11. Jh. hinein als Ketzer angesehen. Aus diesem Sachverhalt erwuchs die Honoriusfrage (Causa Honorii), ob ein Papst in einer Glaubensfrage irren könne; im Kampf um die päpstliche Unfehlbarkeit spielte diese Frage eine wichtige Rolle.

Hoover ['hu:və], Herbert C[lark], 31. Präsident der USA (1929–33), * West Branch (Ia.) 10. 8. 1874, † New York 20. 10. 1964; ursprünglich Bergbauingenieur; war nach Ausbruch des Ersten Weltkriegs 1915–19 Vorsitzender des Hilfswerks für Belgien, 1917–19 Organisator der amerikanischen Lebensmittelversorgung, 1918/19–23 Leiter der Hilfsorganisation »American Relief Administration« für europäische Staaten. Als Handelsminister (1921–28) förderte Hoover die Expansion des amerikanischen Außenhandels, Unternehmergeist und Rationalisierung. Sein Ansatz, traditionelle Werte wie individuelle Leistung und freies Unternehmertum an die Erfordernisse der modernen Gesellschaft und Wirtschaft anzupassen, war nur für die Dauer der Prosperität erfolgreich.

Hoover, der als Republikaner 1928 zum Präsidenten gewählt wurde, scheiterte mit seiner Politik an den Problemen der Weltwirtschaftskrise, nachdem sich erwiesen hatte, dass er das Ausmaß der Krise zunächst unterschätzt und dann zu stark auf eigene Impulse der Wirtschaft statt auf bundespolitische Maßnahmen gesetzt hatte. Er leitete die Politik der »guten Nachbarschaft« gegenüber Lateinamerika ein und verkündete 1931 eine einjährige Sistierung aller zwischenstaatlichen Schuldenzahlungen zur Entschärfung der internationalen Finanz- und Wirtschaftskrise (Hoover-Moratorium); in der mandschurischen Krise vermied er eine Konfrontation mit Japan. Hoover übte scharfe Kritik am → New Deal. Nach dem Zweiten Weltkrieg war Hoover wieder führend in karitativen Organisationen tätig. 1947–49 und 1953–55 trat er als Vorsitzender von Ausschüssen zur Rationalisierung der Bundesverwaltung hervor.

Höpker-Aschoff, Hermann, deutscher Politiker, * Herford 31. 1. 1883, † Karlsruhe 15. 1. 1954; stand im preußischen Justizdienst; war Mitglied der Deutschen Demokratischen Partei (DDP), 1921–32 Mitglied des Landtags von Preußen, 1925–31 preußischer Finanzminister, 1930–32 Mitglied des Reichstags. Bei den Diskussionen um eine Reichsreform vertrat Höpker-Aschoff die Idee des Einheitsstaates. Nach Errichtung der NS-Diktatur zog er sich aus dem politischen Leben zurück. Nach 1945 beteiligte sich Höpker-Aschoff an der Gründung der FDP. Als Mitglied des Parlamentarischen Rates setzte er sich für eine einheitliche Bundesfinanzverfassung ein. 1949–51 war er MdB, 1951–54 (der erste) Präsident des Bundesverfassungsgerichts.

Hopliten [griech., eigentlich »Waffenträger«], griechisch **Hoplitai,** in der griechischen Antike die mit Schwert, Lanze, Panzer, Helm, Rundschild und Beinschienen ausgerüsteten Schwerbewaffneten, die seit dem 7. Jh. v. Chr. die Phalanx bildeten und Vollbürger sein mussten. Die gesamte Rüstung (Panhoplia) war selbst zu stellen.

Horatier, lateinisch **Horatii,** altrömisches Patriziergeschlecht, das schon gegen Ende des 5. Jh. v. Chr. ausstarb. Nach der Sage kämpften unter dem dritten römischen König, Tullus Hostilius, das Drillingspaar der Horatier auf der Seite Roms und das der Curiatier auf der Seite Alba Longas um die Vorherrschaft ihrer Städte. Der jüngste Horatier entschied nach dem Tod seiner Brüder den Kampf für Rom und tötete seine Schwester, weil sie um einen mit ihr verlobten Curiatier trauerte.

Bedeutend ist vor allem Marcus Horatius Barbatus, der als Konsul (449 v. Chr.) zusammen mit Lucius Valerius Potitus die »Leges Valeriae Horatiae« erlassen haben soll, in denen der Schutz des Volkstribunats und die Gesetzeskraft der Plebiszite verfügt waren.

Aus der römischen Heldensage ist ferner Horatius Cocles (»der Einäugige«) bekannt, der beim Angriff der Etrusker unter Porsenna auf Rom (507 v. Chr.?) allein die Feinde abwehrte, bis hinter ihm die Brücke über den Tiber abgebrochen war.

Horn, Gyula, ungarischer Politiker ungarndeutscher Herkunft, * Budapest 5. 7. 1932; Wirtschaftsfachmann; war schon früh in der kommunistischen Bewegung tätig, nach der Niederschlagung des ungarischen Volksaufstands (1956) in den Milizen des Innenministeriums aktiv. Horn war u. a. 1985–89 Mitglied des ZK der KP und Staatssekretär im Außenministerium. Als Außenminister (1989/90) durchtrennte er in einem symbolischen Akt

Herbert C. Hoover

Gyula Horn

am 27. 6. 1989 persönlich den Stacheldraht an der Grenze zwischen Österreich und Ungarn; am 10./11. 9. ermöglichte er DDR-Bürgern die Ausreise in die Bundesrepublik Deutschland. Im Oktober 1989 schloss er sich der neu gegründeten Ungarischen Sozialdemokratischen Partei an und übernahm 1990 deren Vorsitz; 1994–98 war er Ministerpräsident.

Horne [ˈhoːrnə], **Hoorne, Horn,** Philipp II. von Montmorency-Nivelle, Graf von, niederländischer Staatsmann, *Nevele (bei Gent) 1524, †(hingerichtet) Brüssel 5. 6. 1568; nahm in Diensten Kaiser Karls V. am Schmalkaldischen Krieg teil, wurde 1550 Kapitän der Leibgarde des spanischen Thronfolgers Philipp (II.), 1555 Statthalter von Geldern, 1556 Ritter des Goldenen Vlieses und 1559 Admiral. 1561 ernannte Philipp II. ihn zum Mitglied des Staatsrats. Hier geriet er, der bald mit Egmont und Wilhelm von Oranien zu den Führern der hochadeligen Opposition zählte, in Gegensatz zur spanischen Politik. Horne trat u. a. für eine maßvolle Religionspolitik ein und wandte sich gegen die Ketzerverfolgungen. Seine vermittelnde Haltung wurde von der spanischen Obrigkeit als Hochverrat angesehen. Alba ließ ihn, obwohl er sich nicht am bewaffneten Kampf beteiligt hatte, 1567 zusammen mit Egmont verhaften und als Hochverräter in Brüssel enthaupten.

Hosenbandorden. »Honi soit qui mal y pense« (»Verachtet sei, wer Arges dabei denkt«) lautet die Devise der 1348 gestifteten, bis heute bestehenden Gemeinschaft (Bildnis eines Ritters des Hosenbandordens, 15. Jh.; London, British Library).

Hosenbandorden, Hochedler Orden vom Hosenbande, englisch **The Most Noble Order of the Garter** [ðə ˈməʊst ˈnəʊbl ˈɔːdə ɔf ðə ˈgɑːtə], höchster britischer Orden, gestiftet 1348 von König Eduard III. Die Zahl der Ritter (»Knights-Companions«) ist auf 26 festgelegt – einschließlich des Monarchen, der zugleich Ordenssouverän ist –, kann aber, z. B. bei Vergabe des Titels an Ausländer, überschritten werden. Die Ritter setzen hinter ihren Namen die Buchstaben K. G. (»Knight of the Order of the Garter«) und werden, falls sie Briten sind und keinen höheren Titel führen, mit »Sir« angesprochen.

Bei feierlichen Anlässen werden die Ordenskette mit dem daran hängenden Ordenszeichen »The George« (plastische, emaillierte Figurengruppe mit Sankt Georg, dem Schutzheiligen des Ordens) und der achtstrahlige, längliche Ordensstern mit dem Sankt-Georgs-Kreuz getragen. Bei den Aufnahmefeierlichkeiten in der Kapelle des Ordens (Saint George's Chapel in Windsor) werden zusätzlich eine besondere Tracht sowie das dem Orden den Namen gebende Hosenband getragen, ein dunkelblaues Samtband mit der Devise →Honi soit qui mal y pense; es wird von Damen um den linken Oberarm, von Herren zur Kniehose um das linke Bein unter dem Knie getragen. Alle Insignien müssen nach dem Tod des Ritters zurückgegeben werden. Die Ordensritter können das Hosenband, um den Schild gelegt, in ihren Wappen führen.

Hoßbachniederschrift, von Oberst Friedrich Hoßbach (1934–38 Adjutant Hitlers) aus dem Gedächtnis angefertigte Aufzeichnung über eine Besprechung Hitlers am 5. 11. 1937 in der Reichskanzlei mit dem Oberbefehlshaber der Wehrmacht (Kriegsminister Werner von Blomberg), den Oberbefehlshabern des Heeres (Werner von Fritsch), der Marine (Erich Raeder) und der Luftwaffe (Hermann Göring) sowie dem Außenminister (Konstantin von Neurath). In dieser Sitzung erklärte Hitler, in absehbarer Zeit, spätestens 1943–45, die »Raumfrage« in Europa im Zuge einer Risikopolitik mit Gewalt lösen zu wollen. Bereits 1938 könne ein Vorgehen gegen Österreich und die Tschechoslowakei infrage kommen. Die Warnungen besonders von Fritschs blieben erfolglos.

Ho-Tschi-Minh, →Ho Chi Minh.

Hötzendorf, Franz Graf Conrad von, österreichisch-ungarischer Feldmarschall, →Conrad von Hötzendorf.

Hrabanus, Hrabanus Maurus [althochdeutsch hraban »Rabe«; seinen Beinamen »Maurus« erhielt er von Alkuin nach dem Lieblingsschüler des Benedikt von Nursia], **Rhabanus Maurus,** mittellateinischer Schriftsteller und Universalgelehrter, *Mainz um 783, †ebenda 4. 2. 856; einer vornehmen Familie entstammend; kam etwa achtjährig ins Kloster Fulda. Nach dem Studium bei Alkuin in Tours und am Kaiserhof zu Aachen wurde Hrabanus Lehrer und Leiter der Fuldaer Klosterschule, schließlich 822 Abt. Als Anhänger Kaiser Lothars I. demissionierte er 842 und zog sich auf den Petersberg bei Fulda zurück. 847

wurde er nach der Aussöhnung mit Ludwig dem Deutschen Erzbischof von Mainz.

Hrabanus war einer der vielseitigsten Gelehrten seiner Zeit. Unter seiner Leitung wurde die Fuldaer Schule zur damals führenden in Deutschland. In seinen Schriften trug er den Wissensstoff aus den Werken antiker Schriftsteller, der Kirchenväter und des frühen Mittelalters zusammen und schuf damit Grundlagen für den Unterricht in den Kloster-, Dom- und Stiftsschulen sowie für andere theologische und enzyklopädische Schriften. Sein umfangreichstes Werk sind die für Heimo von Halberstadt verfassten 22 Bände »De rerum naturis« (unrichtig oft »De universo« genannt), eine theologisch ausgerichtete Enzyklopädie des Wissens.

Hua Guofeng, Hua Kuo-feng, chinesischer Politiker, *Jiaocheng (Provinz Shanxi) 1920; war seit Ausbruch des Chinesisch-Japanischen Krieges (1937) in der kommunistischen Aufstandsbewegung aktiv, stieg nach Errichtung der VR China (1949) innerhalb der Provinz- und KP-Organisation von Hunan auf und erwarb sich dort den Ruf eines Landwirtschaftsfachmannes. 1970–77 war er Erster Sekretär der KPCh in Hunan. Auf der Ebene der Gesamtpartei wurde Hua Guofeng 1973 Mitglied des Politbüros. 1975/76 war er stellvertretender Ministerpräsident und Minister für öffentliche Sicherheit. Nach dem Tode Zhou Enlais (Januar 1976) übernahm Hua Guofeng im Februar 1976 das Amt des Ministerpräsidenten, nach dem Tode Mao Zedongs (September 1976) im Oktober 1976 auch den Vorsitz des ZK der KPCh (d.h. den Parteivorsitz) und des Militärkomitees der KPCh. Nach der Ausschaltung des radikalideologischen Parteiflügels, der »Viererbande« um die Mao-Witwe Jiang Qing, zwischen 1977 und 1981 setzte sich der gemäßigte Flügel der KP um Deng Xiaoping mit seiner Reformpolitik durch. 1980 musste Hua Guofeng als Ministerpräsident, 1981 als Vorsitzender des ZK und des Militärausschusses und 1982 als Mitglied des Politbüros zurücktreten.

Hubertusburg, ehemals kurfürstlich sächsisches Jagdschloss in der Gemeinde Wermsdorf (Landkreis Torgau-Oschatz, Sachsen). Der Friede von Hubertusburg (15. 2. 1763) beendete auf der Grundlage des Status quo den →Siebenjährigen Krieg zwischen Preußen einerseits sowie Österreich und Bayern andererseits. In Einzelverträgen mit den Gegnern sicherte König Friedrich II., der Große, unter Einbehaltung von Schlesien und Glatz die erneute Großmachtstellung Preußens. In einem Geheimartikel garantierte er Maria Theresia die Unterstützung Preußens bei der Wahl ihres Sohnes Joseph zum Römischen König als Nachfolger Kaiser Franz' I. Stephan.

Hugenberg, Alfred, deutscher Wirtschaftsführer und Politiker, *Hannover 19. 6. 1865, †Kükenbruch (heute zu Extertal) 12. 3. 1951; Verwaltungsjurist; beteiligte sich 1891 an der Gründung des »Alldeutschen Verbandes«. 1907/08 war er Direktor der Berg- und Metallbank in Frankfurt am Main, 1909–18 Vorsitzender des Direktoriums der Firma Krupp. Mit dem Aufbau des Hugenbergkonzerns (seit 1916) schuf sich Hugenberg eine beherrschende Stellung im deutschen Zeitungs-, Nachrichten- und Filmwesen, die er nach 1918 zum Kampf gegen das parlamentarisch-demokratische System und die Außenpolitik der Weimarer Republik nutzte. In der im November 1918 gegründeten Deutschnationalen Volkspartei (DNVP) trat er als Sprecher des rechten Flügels hervor. 1919/20 war er Mitglied der Nationalversammlung, seit 1920 Mitglied des Reichstags. Als Vorsitzender (1928–33) führte Hugenberg die DNVP zu einer engen Zusammenarbeit mit anderen republikfeindlichen Rechtskräften, v.a. mit der NSDAP. Infolge dieser politischen Partnerschaft, z.B. im »Reichsausschuß für das deutsche Volksbegehren« gegen den →Youngplan (1929) oder in der →Harzburger Front gegen die Regierung Brüning (1931), gelang es Adolf Hitler, sich und seine Partei aus der innenpolitischen Isolierung zu lösen. In der Regierung Hitler war Hugenberg von Januar bis Juni 1933 Reichsminister für Wirtschaft und Ernährung. Bis 1945 war er Mitglied des Reichstags, besaß jedoch keinen größeren Einfluss auf die deutsche Politik.

Alfred Hugenberg. Seine zahlreichen Zeitungen und die Ufa-Filmproduktionsgesellschaft nutzte der »Pressezar« rücksichtslos zur Bekämpfung der Weimar Republik; zugleich machte er die Nationalsozialisten geselllschaftsfähig. Olaf Gulbranssons Karikatur zeigt den »Totengräber der Demokratie« in nationalkonservativer Aufmachung: im Matrosenanzug, die schwarz-weiß-rote Flagge des 1918 untergegangenen Kaiserreichs in der Hand.

Hugenotten [französ., entstellt aus »Eidgenossen«], seit dem Eindringen des Kalvinismus in Frankreich (Mitte des 16. Jh.) deutsche Bezeichnung für die französischen Protestanten, die 1559 auf ihrer ersten Nationalsynode in Paris ihr Bekenntnis (Confessio Gallicana) formulierten. Die Hugenotten fanden ihre Anhänger v.a. beim hohen Adel, u.a. bei den Häusern Bourbon-Vendôme und Châtillon. Dem Ringen der Hugenotten um Anerkennung ihres Glaubens, ihrer bürgerlichen und politischen Rechte stand das Bemühen der französischen Krone gegenüber, keinerlei Abweichungen vom staatstragenden katholischen Glauben zu dulden. Dies führte zu den blutigen Hugenottenkriegen, die das Land im 16. Jh. schwer erschütterten. In mehreren Friedensschlüssen und Verträgen musste die Krone Zugeständnisse machen, sodass die Hugenotten eigene staatliche Strukturen aufbauen konnten. Unter König Heinrich IV. wurden Stellung und Rechte der Hugenotten im Edikt von →Nantes definiert.

Richelieu, dessen erklärtes Ziel die Stärkung der Zentralgewalt war, nahm bereits im »Gnadenedikt« von Nîmes (1629) die politischen Rechte wieder zurück, die religiösen Freiheiten blieben bis 1685 erhalten. Mit dem von Ludwig XIV. verkündeten Revokationsedikt von Fontainebleau wurde die Möglichkeit der Religionsausübung so stark eingeschränkt, dass die Hugenotten sich in Frankreich nur noch als »Église du désert« (»Kirche der Wüste«) in der Verborgenheit halten

Hugenotten. Frankreich zur Zeit der Religionskriege

konnten. Wegen starker Bedrohung (Gütereinzug) verließen mehr als 200 000 ihre Heimat. Die französische Wirtschaft erlitt damit einen Schaden, von dem sie sich bis zur Französischen Revolution nicht erholte. Gegen die Restgemeinde in Frankreich wurde 1702–04 der Cevennenkrieg geführt. Unter dem Einfluss des geistigen Klimas der Aufklärung wurden die hugenottischen Gemeinden seit dem Toleranzedikt von Versailles (1787) geduldet, aber erst nach der Revolution von 1789 erhielten sie durch den Code Napoléon volle Gleichberechtigung.

Nach der Aufhebung des Edikts von Nantes fanden die Hugenotten in der Schweiz, in den Niederlanden, in England und im Heiligen Römischen Reich, hier vorwiegend in reformierten Gebieten, Aufnahme.

Von besonderer Bedeutung wurden die Hugenotten in Brandenburg-Preußen, wo der Große Kurfürst ihre Ansiedlung durch das Edikt von Potsdam (8. 11. 1685) förderte. Am Niederrhein, in Berlin, Magdeburg, Halle (Saale), Stendal, Frankfurt (Oder) und Königsberg (heute Kaliningrad) entstanden Kolonien mit eigenen Kirchen.

Hugo Capet [-ka'pɛ; Beiname, nach der von Hugo oft getragenen Cappa, einem umhangartigen kurzen Mantel], Herzog von Franzien (960–987) und König von Frankreich (987–996), *um 940, †Paris 24. 10. 996; Enkel des westfränkischen Königs Robert I., Sohn Hugos des Großen von Franzien, der seit 936 den Titel »Dux Francorum« führte. Er wurde erst vier Jahre nach dem Tod des Vaters von König Lothar als Erbe der Herzogswürde bestätigt. 987 gegen den Thronanspruch des Karolingers Karl von Niederlothringen zum König erhoben und von Erzbischof Adalbero von Reims in Noyon gekrönt, schlug er karolingische Aufstände in Niederlothringen nieder und sicherte die Nachfolge seines Sohnes Roberts II., des Frommen. Hugo ist der Begründer von Königtum und Dynastie der →Kapetinger.

Humanismus [latein.], allgemein das Bemühen um Humanität, um eine der Menschenwürde und freien Persönlichkeitsentfaltung entsprechende Gestaltung des Lebens und der Gesellschaft durch Bildung und Erziehung und/oder Schaffung der dafür notwendigen Lebens- und Umweltbedingungen selbst. Im engeren Sinne dient der Begriff »Humanismus«, der sich zuerst zur Bezeichnung eines klassisch-philologischen, gegen die Realschulen der Aufklärung gerichteten Bildungsideals findet, als Epochenbezeichnung, verbunden mit dem Streben nach einer am Beispiel der Griechen und Römer ausgerichteten Humanität. Humanismus wurde in diesem Sinne Epochenbezeichnung v.a. für die philologische, kulturelle und wissenschaftliche Bewegung des 14.–16. Jh., des Renais-

HUGENOTTEN

Bartholomäusnacht

Die Heirat des hugenottischen Königs Heinrich von Navarra, des späteren Heinrich IV. von Frankreich, mit Margarete, der Schwester des französischen Königs Karl IX. (18. 8. 1572), sollte die Religionsparteien in Frankreich aussöhnen. Der hugenottische Adel Frankreichs war in Paris zusammengekommen, um an der Hochzeitsfeier teilzunehmen. Admiral Gaspard de Coligny, das politische Haupt der Hugenotten, besaß großen Einfluss auf den schwachen König und suchte diesen zu bewegen, Frankreich im Bund mit den aufständischen Niederlanden in einen Krieg gegen Spanien zu treiben.

Dieser Plan widersprach dem politischen Konzept der Königinmutter Katharina von Medici. Sie beschloss im Einvernehmen mit ihrem Sohn Heinrich von Anjou, dem späteren Heinrich III., Coligny zu beseitigen und ließ am 22. 8. einen (missglückten) Mordanschlag auf ihn verüben. Ein Gegenschlag der Hugenotten drohte; da verfiel sie auf den Plan, alle in Paris versammelten Hugenotten töten zu lassen. Sie erpresste die Zustimmung des zaudernden Königs und versicherte sich der Mithilfe der Pariser Stadtbevölkerung. Dem Blutbad fielen Coligny und fast alle in Paris anwesenden Hugenotten zum Opfer. Nur die Führer Heinrich von Navarra und Heinrich Condé wurden geschont, mussten aber ihrem Glauben abschwören. Auch in einigen Provinzstädten wurden viele Hugenotten erschlagen; die Gesamtzahl der Opfer wird auf 5000 bis 10000 geschätzt. Die Bartholomäusnacht hat die Hugenotten in unversöhnlichen Gegensatz zur Krone gebracht, aber auch ihre Hoffnung vereitelt, ganz Frankreich für ihren Glauben zu gewinnen. Als Heinrich IV. 1598 König von Frankreich wurde, erließ er das Edikt von Nantes, in dem den Hugenotten Toleranz, Gewissensfreiheit und begrenzte Kultfreiheit, jedoch keine Gleichstellung mit der katholischen Kirche zugesichert wurde.

sance-Humanismus, wie er ausgehend von Italien in Mittel- und Westeuropa Verbreitung fand; im Unterschied zum Neuhumanismus, dem »zweiten Humanismus«, und dem »dritten Humanismus« zu Beginn des 20. Jahrhunderts. Humanismus bezeichnet weiterhin – ohne Bezug auf die Antike – eine auf den Menschen gerichtete Weltanschauung oder Philosophie.

Der Renaissance-Humanismus wandte sich zum Zwecke einer diesseitsorientierten Lebensgestaltung gegen die Scholastik, indem er die Wiederentdeckung und Pflege der lateinischen bzw. römischen und griechischen Sprache, Literatur und Wissenschaft forderte. Dabei werden Humanismus und Renaissance meist in dem Sinne unterschieden, dass Humanismus für den Rückgang auf die lateinischen Schriften (besonders Cicero) steht, während Renaissance als umfassenderer Epochenbegriff durch das Bestreben einer Regeneration der Kultur durch Wiederbelebung der Antike gekennzeichnet wird. Die beiden Begriffe werden auch synonym verwendet. Der Begriff des Humanismus bezieht sich auf die »Humanisten« des 14.-16. Jh., die Professoren und Studenten der Studia humanitatis genannten humanistischen Lehrfächer. Sie galten als Vorbilder antiker Gelehrsamkeit und des Lebensideals einer sittliche und geistige Bildung vereinigenden Humanitas, einer auf literarischer Bildung aufgebauten Menschlichkeit.

Zunächst außerhalb von Wissenschaft und Universität, waren es in Italien Vertreter des gehobenen Bürgertums: Schriftsteller wie Francesco Petrarca, Giovanni Boccaccio, Staatsbeamte wie Coluccio Salutati, Leonardo Bruni, der päpstliche Sekretär Leon Alberti, die sich unter Rückbesinnung auf die literarischen und allgemeinen kulturellen Leistungen des antiken Römertums gegen die politischen Auflösungserscheinungen der norditalienischen Staaten und die vielfach erstarrte und verwissenschaftlichte Theologie und kirchliche Dogmatik zu wehren suchten. Besonders die Schriften Ciceros wurden zum Vorbild einer neuen lateinischen Dichtung, jedoch blieb der gesamte Humanismus von Beginn an dem christlichen Glauben verpflichtet, für den aber besonders die Evangelien Grundlage wurden und dem auch die nicht christliche Antike nicht widersprach. Der Humanismus nahm somit wesentliche Elemente des Mittelalters auf; das später auftretende Schlagwort der

HUMANISMUS | **»Erfindung« des Buchdrucks**

Schon um 800 waren in Ostasien Vorformen des modernen Buchdrucks verbreitet, auch der Druck mit beweglichen Schriftzeichen wurde außerhalb Europas erfunden. Doch Johannes Gensfleisch zur Laden, der sich später Gutenberg nannte, kommt das Verdienst zu, um 1440 mit seiner Buchdruckerpresse (Mainz, Gutenbergmuseum) den Buchdruck mit beweglichen Lettern für Europa unabhängig von seinen Vorläufern und auf technisch wesentlich höherem Niveau erfunden zu haben. Gutenberg entwickelte nämlich für jeden Buchstaben eine Matrize, die sich ausgießen ließ und mit deren Hilfe er völlig identische Lettern in beliebiger Stückzahl herstellen konnte.

Der Buchdruck hat sämtliche großen historischen Entwicklungen der Neuzeit beschleunigt. Die Verbreitung der antiken Schriften in der Zeit des Humanismus wäre ohne ihn ebenso unmöglich gewesen wie der rasche Erfolg der protestantischen Reformation. Nicht weniger profitierten der Schul- und Universitätsunterricht, die Politik sowie die wissenschaftliche Diskussion von den Einblattdrucken, Flugschriften, Büchern, Zeitungen und Zeitschriften, die einen lebhaften literarischen Markt entstehen ließen. Der Druck von Werken der schönen Literatur, der bildenden Kunst und der Musik ermöglichte die ästhetische Bildung breiter Bevölkerungsschichten. Schon bald war es möglich, in nur einer Bibliothek in kurzer Zeit mehr Druckwerke zu studieren, als das zuvor einem umherreisenden Gelehrten während seines ganzen Lebens möglich gewesen war.

»gelehrten Frömmigkeit« (»docta pietas«) trifft bereits auf seine Anfänge zu. Grundlegend für den Humanismus waren textkritische Übersetzungen und Kommentare antiker Literatur.

Die humanistische Bewegung in Italien wurde getragen von den Höfen der Fürsten und Päpste; bedeutend waren v.a. Papst Pius II. und das Florenz der Medici, das Ferrara der Este, ferner Urbino, Mantua, Neapel und die Universitäten.

Kennzeichnend für den Humanismus waren die Hinwendung zur Antike als Vorbild eines »Paideia« (umfassende Bildung) und Menschlichkeit verbindenden Lebens, ein Interesse an moralphilosophischen, historischen und (z.B. bei Niccolò Machiavelli) politischen Fragen sowie an realistischer Naturerklärung. Bedeutung gewannen das Individuum als autonome Persönlichkeit, der Gedanke der Menschenwürde; die Bildung stützte sich auf das Studium der alten Sprachen sowie auf das Trivium der Artes liberales, v.a. Rhetorik und Grammatik, insofern im moralphilosophischen Sinn Beredsamkeit, »gut denken« und »gut leben« als eine Einheit aufgefasst wurden. Humanistisches Denken stand in enger Verknüpfung mit der Kunst.

Erste humanistische Einflüsse nördlich der Alpen zeigten sich durch die Verbindung zwischen Petrarca und dem Prager Hof Kaiser Karls IV. bei Johannes von Neumarkt und Johannes von Tepl. Erst durch die Konzilien von Konstanz (1414–18) und Basel (1431–49) breitete sich der Humanismus nach Frankreich, Spanien und England aus. In Deutschland entstanden erstmals humanistische Zirkel als soziologische urbane Einheiten, die teils stärker christlich (paulinisch) orientiert waren als ihre italienischen Vorbilder, teils betont nationalistische antirömische Tendenzen zeigten. Der Ausweitung der humanistischen Bewegung widmete sich besonders Konrad Celtis. Ihren Höhepunkt fand sie in Erasmus von Rotterdam sowie in den Epistolae obscurorum virorum mit ihrer Satire gegen das »Mönchslatein« der Scholastik, an denen auch Ulrich von Hutten beteiligt war. Zentren des Humanismus wurden Nürnberg, Augsburg, Heidelberg und Straßburg. Zugleich fand der Humanismus in Erfurt und Tübingen Eingang in die Universitäten.

Besonders in Deutschland und Frankreich beeinflusste der Humanismus die Bewegungen der Vorreformation und der Reformation, denen er durch die Kenntnis der antiken Sprachen, zu denen jetzt auch das Hebräische trat, das Rüstzeug für das Studium der biblischen Texte im Original lieferte. Einige Reformatoren (Ulrich Zwingli, Melanchthon, Johannes

Calvin) sind durch den Humanismus stark beeinflusst worden. Zu einem eigentlichen Bündnis zwischen Humanismus und Reformation kam es jedoch nicht.

Humbert von Silva Candida, Kardinalbischof von Silva Candida (seit 1051), * in Lothringen (?) Ende des 10. Jh., † Rom 5. 5. 1061; Benediktiner; Vertreter der gregorianischen Reform; legte als Gesandter Leos IX. nach vergeblichen Verhandlungen am 16. 7. 1054 die Bannbulle gegen Michael Kerullarios auf den Altar der Hagia Sophia (→ Morgenländisches Schisma).

Hundertjähriger Krieg, Bezeichnung für die englisch-französischen Auseinandersetzungen des 14./15. Jh., die, mit langen Unterbrechungen, mehr als hundert Jahre andauerten (1337/39–1453).

Anlass war der Anspruch des englischen Königs Eduard III. auf den französischen Thron nach dem Aussterben der Kapetinger in direkter Linie (Tod Karls IV. 1328). Als der neue französische König Philipp VI. (1328–50) aus der kapetingischen Nebenlinie Valois 1337 den größten Teil Aquitaniens besetzen ließ und die Rückgabe von einer Geldzahlung abhängig machte, kündigte Eduard ihm den Lehnseid auf und setzte in die Niederlande über; die ersten Kampfhandlungen fanden 1339 statt. Die wichtigsten Ereignisse der ersten Phase des Hundertjährigen Krieges, der ausschließlich auf französischem Boden ausgetragen wurde, waren: die Niederlage der französischen Flotte im Hafen von Sluis (24. 6. 1340) und des französischen Ritterheers bei Crécy (26. 8. 1346), die Eroberung von Calais durch England (1347), die französische Niederlage bei Maupertuis (19. 9. 1356), durch die König Johann II., der Gute, von Frankreich in englische Gefangenschaft geriet, und der Vertrag von Brétigny (1360), in dem Frankreich den Südwesten des Landes sowie das Poitou und Calais an England abtrat und Eduard III. auf die französische Krone verzichtete. Die französischen Niederlagen führten seit 1358 zu inneren Wirren.

In dem 1369 wieder ausgebrochenen Krieg kam es zunächst zu französischen Erfolgen, jedoch führten Machtkämpfe zwischen den Herzögen von Burgund und von Orléans und ihren Anhängern, den »Bourguignons« und den »Armagnacs«, zur Landung Heinrichs V. von England, zur Besetzung von Nordwestfrankreich und von Paris. Durch den Vertrag von Troyes (1420) wurde Heinrich V. Regent und Erbe der französischen Krone. Der Dauphin, der spätere Karl VII., konnte den Süden behaupten, die Rückeroberung des Nordens setzte mit dem Eingreifen der Jeanne d'Arc ein; im Vertrag von Arras (1435) söhnten sich Karl VII. und der bis dahin mit England verbündete Herzog Philipp der Gute von Burgund aus. 1436 wurde Paris eingenommen, 1450 mussten die Engländer die Normandie räumen. Bis 1453 verloren sie alle französischen Territorien außer Calais (bis 1558 englisch) und den Kanalinseln. Den Titel »König von Frankreich« führten die englischen Herrscher bis 1802.

Hundert Tage, Bezeichnung für den Zeitraum zwischen der Landung Napoleons I. in Frankreich (1. 3. 1815) nach seiner Verban-

HUNDERTJÄHRIGER KRIEG. ***Schlimme Zustände***

Ein Chronist beklagt sich zu Beginn des Hundertjährigen Krieges, dass *»die Angelegenheiten des Königreichs aus einem schlechten in einen schlimmeren Zustand gerieten, dass es mit dem allgemeinen Wohlstand vorbei war und das ganze Land von Räubern wimmelte. Die Adligen hassen und verachten die Gemeinen, sie sorgen sich weder um das Wohl des Königs noch um dasjenige ihrer Vasallen, sie unterdrücken die Bauern und nehmen ihnen die Dörfer. Sie geben sich keine Mühe mehr, das Land zu verteidigen, sondern denken nur noch darüber nach, wie sie ihre Untertanen am besten treten und ausrauben können. Von diesem Tage an wurde Frankreich, das bisher in der ganzen Welt geehrt und berühmt war, zum Gespött anderer Nationen«.*

Hundertjähriger Krieg. Kriegsschauplatz Frankreichs

nung auf Elba und seiner endgültigen Niederlage bei Waterloo (18. 6. 1815).

Hunnen, eurasisches Nomadenvolk, dessen Geschichte vor seinem Auftauchen in Osteuropa im 4. Jh. n. Chr. unbekannt ist. Die lange Zeit als sicher angenommene Abstammung von den älteren, in den chinesischen Geschichtswerken schon seit dem 3. Jh. v. Chr. ausführlich bezeugten Xiongnu, auch ostasiatische Hunnen genannt, wird von der neueren Forschung abgelehnt. Wahrscheinlich ist, dass die vom chinesischen Reich Ende des 2. Jh. v. Chr. nach Norden und Westen abgedrängten Xiongnu benachbarte Völker vertrieben und so eine eurasische Völkerwanderung auslösten, zu deren westlichen Ausläufern die Hunnen zählen. Möglich ist, dass sich abgesprengte Teile der Xiongnu der sich aus unterschiedlichen Völkern zusammengesetzten Hunnenkonföderation anschlossen.

Seit 375 drangen die Hunnen in mehreren Wellen aus den Steppen Südrusslands nach Westen vor und unterwarfen verschiedene germanische Stämme in Südosteuropa, was zu panikartigen Fluchtbewegungen (→Völkerwanderung) führte. 375/376 besiegten die Hunnen das Vielvölkerreich des Ostgotenkönigs Ermanarich und das westgotische Heer unter Athanarich; 395–410 drangen sie zur unteren Donau vor sowie ins Oder-Weichsel-Gebiet. 423/425 verlagerte sich der hunnische Herrschaftsmittelpunkt (»ordu«) unter Großfürst Ruga in die Theißebene. Unter Bleda (434–445) erreichte das Hunnenreich seine größte Ausdehnung: von Mittelasien und dem Kaukasus bis zur Donau und an den Rhein.

Unter Attila unternahmen die Hunnen Kriegszüge nach Gallien, wo sie 451 auf den →Katalaunischen Feldern geschlagen wurden, und nach Italien (452). Nach dem Tod Attilas 453 zerfiel das Reich rasch, da seine Söhne 454/455 eine vernichtende Niederlage gegen die →Gepiden erlitten, was zum endgültigen Rückzug der Hunnen aus Europa führte. Seit dem 6. Jh. gingen sie in anderen Völkerschaften (Awaren, Chasaren, Wolgabulgaren) auf.

Hunyadi ['hunjɔdi], János, ungarischer Feldherr und Reichsverweser, * in Siebenbürgen um 1408, † Semlin (heute zu Belgrad) 11. 8. 1456; Sohn eines walachischen Bojaren, der 1409 die Burg Vajdahunyad erhielt, Vater von Matthias I. Corvinus; wurde 1439 Banus von Severin und 1441 Woiwode von Siebenbürgen sowie Obergespan von Temesvar. Er drängte 1443 die Türken bis Sofia zurück, erlitt jedoch bei Warna (1444) und auf dem Amselfeld (1448) schwere Niederlagen. 1446 wurde Hunyadi Reichsverweser für den minderjährigen Ladislaus V. Postumus. 1456 schlug er eine Belgrad belagernde türkische Armee unter

HUNDERTJÄHRIGER KRIEG

Jeanne d'Arc, die heute als französische Nationalheldin verehrt wird, entstammte einer lothringischen Bauernfamilie. Seit ihrem 14. Lebensjahr fühlte sie sich durch »Stimmen« berufen, Frankreich im Hundertjährigen Krieg von den Engländern zu befreien und den späteren König Karl VII. in der Kathedrale der von diesen beherrschten Stadt Reims zur Krönung zu führen.

Nachdem sie Karl von ihrer Sendung überzeugt hatte, erhielt Jeanne d'Arc (Buchillustration um 1439; Paris, Archives Nationales) die Erlaubnis, bewaffnet und in Männerkleidung das französische Heer zu begleiten. Am 8. 5. 1429 gelang die Befreiung des von den Engländern eingeschlossenen Orléans, am 18. 6. folgte der glänzende Sieg von Patay.

Das Auftreten Jeanne d'Arcs stellte einen Wendepunkt im Hundertjährigen Krieg dar und ermöglichte tatsächlich die Krönung Karls in Reims. 1430 geriet die »Jungfrau von Orléans« in die Gefangenschaft der Burgunder, die mit den Engländern verbündet waren und sie diesen auslieferten. Der französische Hof tat nichts für sie. In Rouen wurde sie von einem geistlichen Gericht als Zauberin und Ketzerin zu lebenslänglicher Haft verurteilt, dann nach Rücknahme des ihr abgepressten Widerrufs ihrer Sendung einem weltlichen Gericht ausgeliefert und als rückfällige Ketzerin auf dem Scheiterhaufen verbrannt. 1456 wurde ihre Verurteilung von der Kirche aufgehoben. 1920 wurde sie heilig gesprochen und als Sinnbild der Einheit Frankreichs zu dessen zweiter Patronin erklärt.

Auftreten Jeanne d'Arcs

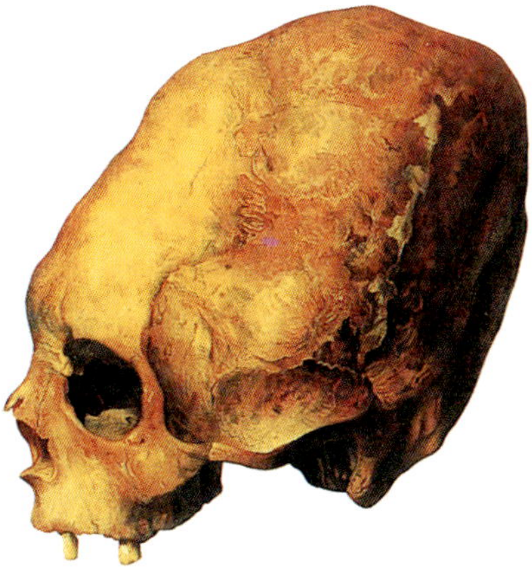

Hunnen. Nach einem auch bei den Skythen belegten Brauch formten die Hunnen die Schädel der Neugeborenen aus vornehmer Familie mithilfe von Binden (Zeichnung eines im niederösterreichischen Feuersbrunn gefundenen Totenschädels).

Memmed II. vernichtend und verhinderte so das Vordringen der Türken nach Ungarn.

Hurriter, Churriter [x-], Volk des Alten Orients im 2. Jt. v. Chr., in keilschriftlichen Quellen seit etwa 2150 v. Chr. bezeugt. Die Hurriter besiedelten das nördliche Assyrien, wo sie zahlreiche Kleinstaaten gründeten und unter den Einfluss der sumerisch-akkadischen Kultur gerieten. Vom 16. bis 14. Jh. v. Chr. bestand das hurritische, von einer Dynastie mit indoarischem Thronnamen regierte Mitannireich, das auf seinem Höhepunkt ein vom Mittelmeer bis zum Zagrosgebirge reichendes Gebiet umfasste und neben Babylonien und Ägypten zu den Großmächten Vorderasiens gehörte. König Sauschtatar eroberte Assur, die Könige Artatama I., Schuttarna II. und Tuschratta unterhielten enge Beziehungen zu den Pharaonen. Der Wiederaufstieg und die Expansion von Assyrien und Hatti führten zur Zerstörung von Mitanni (um 1335 v. Chr.).

Hus, Jan, deutsch Johannes Huß, tschechischer Theologe und Reformator, *Husinetz (bei Prachatitz) um 1370(?), † (verbrannt) Konstanz 6. 7. 1415; ab 1390 Studium in Prag, 1400 Priesterweihe. Hus war Prediger und Universitätslehrer in Prag, Beichtvater am Hof von König Wenzel IV. und Vertreter der Gedanken John Wycliffes, dessen Werke an der Prager Universität seit 1390 in Umlauf waren und breite Zustimmung fanden. Durch eine Bulle Alexanders V. (1410) kam es in Prag zum Kampf gegen die Anhänger Wycliffes, zu Bücherverbrennungen, Predigtverbot und Bann über Hus (1411), der jedoch, von König und Volk gestützt, seine gegen die Ablass- und Kreuzzugsbulle von Johannes XXIII. gerichtete Predigttätigkeit bis 1412 fortsetzen konnte, als sich die Prager theologische Fakultät gegen ihn erklärte.

1414 stellte sich Hus dem Konstanzer Konzil. Trotz eines Geleitversprechens König Siegmunds wurde er festgenommen, erhielt aber Gelegenheit zu öffentlicher Verteidigung. Er lehnte es ab, eine Lehrautorität des Konzils anzuerkennen, sofern es nicht mit den Aussagen der Bibel übereinstimme, und verweigerte den Widerruf der am 4. 5. 1415 verurteilten und von ihm in der Schrift »De ecclesia« (1413) vertretenen Lehre, dass die Kirche die unhierarchische Versammlung der Prädestinierten sei, die allein Christus zu ihrem Haupt hat. Hus wurde schließlich ohne Geständnis verurteilt und verbrannt (**BILD** →Konstanz, Konzil von).

Husain, Hussein, Saddam, irakischer Politiker, *bei Tikrit 28. 4. 1937; war 1968 maßgeblich am Putsch der Baath-Partei beteiligt; wurde 1979 Staats- und Regierungschef, Generalsekretär der Baath-Partei und Oberbefehlshaber der Streitkräfte. Innenpolitisch gab Husain Irak ein sozialistisch-laizistisches Profil; er errichtete eine diktatorische Terrorherrschaft, der Zehntausende von Regimegegnern durch Liquidationen zum Opfer fielen, und umgab sich mit einem Personenkult. Im Nahostkonflikt trat er als radikaler Gegner Israels auf. 1980–88 führte er, unterstützt von den USA, Krieg mit Iran (1. Golfkrieg). 1990 ließ Husain das Emirat Kuwait besetzen und löste dadurch den 2. Golfkrieg (Januar/Februar 1991) aus, in dem Irak einer multinationalen Streitmacht unter amerikanischem Oberbefehl gegenüberstand. Trotz der schweren Kriegsniederlage, Aufständen der Kurden und der Schiiten, Auseinandersetzungen innerhalb des an den Machtpositionen beteiligten Familienclans und mehrerer gegen ihn gerichteter Attentate und Putschversuche konnte Husain seine Herrschaft v. a. mithilfe eines starken Sicherheitsapparates und von Eliteeinheiten der Armee bis 2003 behaupten. Sein Regime stürzte im Verlauf des Irakkriegs; Husain wurde am 13. 12. 2003 in einem Versteck bei Tikrit gefasst und vor Gericht gestellt.

Saddam Husain

Husain II., König von Jordanien (seit 1952), *Amman 14. 11. 1935, † ebenda 7. 2. 1999; stammte aus dem Hause der Haschimiten; wurde nach dem Thronverzicht seines Vaters am 11. 8. 1952 zum König erklärt. Mithilfe der Armee konnte Husain in der Staatskrise von 1956/57 seine Herrschaft behaupten und alle Versuche abwehren, Jordanien unter Aufhebung der Monarchie in einen staatlichen Zusammenschluss mit seinen Nachbarstaaten (besonders Ägypten und Syrien) zu führen. Nach der arabischen Niederlage im Sechstagekrieg (Juni 1967) befürwortete Husain eine politische Lösung des →Nahostkonfliktes, ge-

Husain II. Nach der Unterzeichnung des Wye-Abkommens, in dem 1998 u. a. die »sofortige Aufnahme beschleunigter Gespräche über den endgültigen Status« des Westjordanlands vereinbart wurde, reicht der jordanische König (zweiter von links) dem israelischen Premierminister Benjamin Netanjahu (rechts) die Hand.

riet jedoch dadurch in Konflikt mit der PLO, die den Sturz Husains betrieb. 1974 erkannte er die PLO als legitime Vertreterin der palästinensischen Araber im Westjordanland an, auf das er 1988 zugunsten der PLO verzichtete. Im 2. Golfkrieg (1991) nahm er eine bedingt irakfreundliche Position ein. In der »Erklärung von Washington« beendete er formell den seit 1948 bestehenden Kriegszustand mit Israel. In den 1990er-Jahren unterstützte er aktiv den Nahostfriedensprozess, u.a. 1998 beim Abschluss des Wye-Abkommens.

Husák [slowak. 'husa:k], Gustáv, tschechoslowakischer Politiker, *Dúbravka (heute zu Preßburg) 10. 1. 1913, †Preßburg 18. 11. 1991; Slowake; Jurist, seit 1933 Mitglied der KPČ. Husák war führend in der slowakischen Widerstandsbewegung (zwischen 1940 und 1943 mehrfach verhaftet) und 1944/45 am Aufstand gegen die in der Slowakei stehenden deutschen Truppen und die von Deutschland abhängige Regierung beteiligt. 1945–51 war Husák hoher Regierungsfunktionär; 1951 wurde er als Vertreter eines »bürgerlichen slowakischen Nationalismus« zu lebenslänglicher Haft verurteilt, 1960 begnadigt, 1963 rehabilitiert. 1968 war er stellvertretender Ministerpräsident; er distanzierte sich vom →Prager Frühling. 1969–87 wurde Husák Parteichef, 1975 Staatspräsident und musste am 10. 12. 1989 auf Druck von Massenprotesten zurücktreten. Im Februar 1990 wurde er aus der KPČ ausgeschlossen.

Hussiten, von Jan Hus abgeleiteter Name für verschiedene, ihrer Zielsetzung nach unterschiedliche kirchenreformerische bzw. -revolutionäre Bewegungen in Böhmen. Gemeinsames religiöses Symbol war der »Laienkelch« als Zeichen eines bibelgemäßen Verständnisses der Eucharistie mit der Darreichung des eucharistischen Weins nicht nur an Kleriker, sondern auch an Laien. Dabei können zwei Gruppen unterschieden werden: 1) die so genannten Kalixtiner oder Utraquisten, deren von Adligen und Bürgern unterstützte Forderungen (freie Predigt, Laienkelch, Säkularisation des Kirchenguts und Rückkehr zur apostolischen Armut, strenge Kirchenzucht im Klerus) die von dem hussitischen Theologen Johannes Rokycana aufgestellten »vier Prager Artikel« von 1420 zusammenfassen; 2) die von den Unterschichten getragenen Taboriten, die über die Forderungen der Prager Artikel hinaus chiliastische und sozialrevolutionäre Motive zur Geltung brachten (Aufrichtung des Reiches Gottes durch das Schwert, Ablehnung kirchlicher Einrichtungen). Der Prager Aufstand vom 30. 7. 1419 eröffnete die Hussitenkriege. Aus den utraquistischen Hussiten ging nach einer vorübergehenden Einigung auf dem Basler Konzil, das 1433 in den »Prager Kompaktaten« die vier Prager Artikel weitgehend anerkannte, 1467 die Brüderunität der Böhmischen Brüder hervor. In ihnen lebt auch die Tradition der 1434 bei Lipan geschlagenen Taboriten fort.

Hussitenkriege, Kriege in Böhmen im 15. Jh.:

1. Bezeichnung für die Kämpfe zwischen Hussiten und Truppen des Heiligen Römischen Reichs (1419/20 bis 1433/34). Die nach der Hinrichtung von Jan Hus (1415) in Böhmen um sich greifende Protestbewegung seiner Anhänger gegen König Siegmund, dem sie – als für die Hinrichtung verantwortlich gesehen – die Anerkennung als König von Böhmen verweigerten, führte am 30. 7. 1419 (erster Prager Fenstersturz) zu einem Aufstand in Prag. Die Bewegung der Hussiten radikalisierte sich, v.a. nachdem am 17. 3. 1420 in den Breslauer Kirchen die Kreuzzugsbulle Papst Martins V. gegen sie verkündigt worden war. Unter der Führung von Jan Žižka z Trocnova siegte das hussitische Heer der Taboriten über die Reichstruppen; König Siegmund wurde für abgesetzt erklärt (7. 7. 1421). Nach dem Tod Žižkas unter den Heerführern Prokop dem Älteren und Prokop dem Jüngeren weiterhin unbesiegt, unternahmen die Hussiten seit 1427/28 Angst und Schrecken verbreitende Ausfälle nach Schlesien, Österreich, Franken, Sachsen (u.a. bis Naumburg) und Brandenburg, bis nach Danzig. Angesichts der Unmöglichkeit ihrer militärischen Niederwerfung im 1431 beschlossenen Reichskrieg suchten Kaiser Siegmund (seit 1433) und das Reich eine diplomatische Lösung: Auf dem Basler Konzil wurden in den Prager Kompaktaten – auf der Grundlage der »vier Prager Artikel« von 1420 – den Utraquisten (Gemäßigte) weit reichende Zugeständnisse gemacht. Die weiterhin kämpfenden Taboriten unterlagen am 30. 5. 1434 bei Lipan einem vereinten Heer von

Utraquisten und kaiserlich-katholischen Truppen. Der folgende Vergleich von Iglau (Iglauer Kompaktaten, 5. 7. 1436) beendete die Hussitenkriege endgültig.

2. Bezeichnung für den 1468–71 geführten Krieg um die Wenzelskrone zwischen dem seit 1466 als Ketzer gebannten Böhmenkönig Georg von Podiebrad und Kunštát, dem ungarischen König Matthias I. Corvinus und Kaiser Friedrich III., den Georg zugunsten König Wladislaws aus der Dynastie der Jagiellonen entscheiden konnte (1471).

Hutten, Ulrich von, Humanist und politischer Publizist, *Burg Steckelberg (bei Schlüchtern) 21. 4. 1488, †Insel Ufenau 29. 8. 1523; aus fränkischem Reichsrittergeschlecht; wurde bis 1505 in der Klosterschule Fulda erzogen, führte danach ein Vagantenleben an deutschen und italienischen Universitäten, wo er mit den dortigen Humanistenkreisen Kontakt aufnahm. Aus Geldnot diente er vorübergehend im Heer Maximilians I. In Italien entstanden erste lateinische Epigramme an Maximilian. 1516 nahm Hutten mithilfe des Erzbischofs von Mainz seine Studien in Italien wieder auf. Gegen Herzog Ulrich von Württemberg, den er der Urheberschaft an der Ermordung seines Vetters Hans bezichtigte, veröffentlichte er lateinische Anklageschriften; 1519 war er an Ulrichs Vertreibung beteiligt. Am 12. 7. 1517 wurde Hutten von Kaiser Maximilian in Augsburg zum Dichter gekrönt, anschließend fand er am Hof des Erzbischofs Albrecht II. von Mainz eine feste Anstellung.

1514 hatte Hutten Anschluss an Reuchlin gefunden und Freundschaft mit Erasmus von Rotterdam geschlossen. Für Reuchlin arbeitete er an den »Epistolae obscurorum virorum« mit. Hutten entwickelte die Form des Dialogs sowohl in lateinischer als auch in deutscher Sprache zur Meisterschaft und stellte sie in den Dienst der reformatorischen Anliegen. Seine Polemik richtete sich v.a. gegen kirchliche Missstände und das Papsttum (»Vadiscus sive trias Romana«, 1519). Im Verein mit Luther und Franz von Sickingen setzte er sich für eine Reichsreform (starkes Kaisertum) ein, fand jedoch keine Resonanz. Sein eigenmächtiger Krieg am Mittelrhein nach Sickingens Tod (1523) schlug fehl. Er sah sich zur Flucht gezwungen, überwarf sich mit Erasmus von Rotterdam wegen dessen Zurückhaltung gegenüber Luther und der Reformation und fand schließlich durch Zwingli ein Asyl auf der Insel Ufenau im Zürichsee, wo er wenig später starb.

Hussitenkriege. Die sich als Gotteskrieger empfindenden Hussiten errangen mit neuen Kampftechniken – Wagenburgen, gezieltem Einsatz von Geschützen und Handfeuerwaffen, hoher Marschgeschwindigkeit – erstaunliche Erfolge und verbreiteten in ganz Mitteleuropa Angst und Schrecken (Schlacht zwischen Hussiten und Kreuzrittern, zeitgenössische Buchmalerei aus dem »Jenaer Codex«; Prag, Nationalmuseum).

Hyksos, Könige asiatischer Herkunft, die um 1650 v.Chr. Ägypten eroberten und über 100 Jahre lang (15. und 16. Dynastie) beherrschten. Der von Manetho als »Hirtenkönige« erklärte Name Hyksos bedeutete ursprünglich »Fürsten der Fremdländer«. Mittelpunkt ihrer Herrschaft war Auaris, ihr Hauptgott Seth (Sutech). Der Einfall der Hyksos steht in Zusammenhang mit Völkerbewegungen in Vorderasien, v.a. der nicht semitischen Hurriter, die auch Teile der syrischen Bevölkerung in Bewegung brachten. Ob bei den Hyksos das hurritische oder das westsemitische Element überwog, ist noch umstritten. Der Befreiungskampf Ägyptens gegen die Hyksos wurde von oberägyptischen, in Theben herrschenden Fürsten unternommen und von König Amosis durch die Eroberung von Auaris beendet. Von Denkmälern der Hyksos ist wenig erhalten, die Königsnamen erscheinen v.a. auf Skarabäen. Kulturgeschichtlich ist von Bedeutung, dass sie Pferd, Wagen und Krummschwert in Ägypten einführten, sodass sich eine neue Art der Kriegführung entwickelte. Frühere Annahmen, welche die Hyksos mit den Israeliten in Verbindung brachten, sind nicht zu halten.

I

Ignatius von Loyola [lo'jo:la], eigentlich Íñigo López Oñaz y Loyola, katholischer Ordensgründer baskischer Herkunft, *Schloss Loyola (bei Azpeitia, Provinz Guipúzcoa) 1491, †Rom 31. 7. 1556. Zunächst in höfischem und militärischem Dienst tätig, wandte sich Ignatius nach einer Verwundung bei Pamplona 1521 religiöser Literatur zu und wurde durch mystische Erlebnisse in Manresa am Montserrat bekehrt. Diese Erlebnisse führten zur Grundlegung seines »Exerzitienbüchleins«. Wegen seelsorgerischer Tätigkeit im Laienstand hatte er sich mehrfach vor dem Inquisitionsgericht zu verantworten. 1534 schloss er sich mit einigen Freunden in Paris zu einer religiösen Gemeinschaft zusammen und wurde 1537 zum Priester geweiht. In Rom stellte er sich mit seinen Gefährten Papst Paul III. zur Verfügung. Ab 1537 lebte Ignatius in Rom ganz dem Aufbau seiner Gemeinschaft, der Gesellschaft Jesu (→Jesuiten), die 1540 päpstlich bestätigt und deren erster Generaloberer Ignatius 1541 wurde. Sein Wirken hatte entscheidende Bedeutung für die kirchliche Erneuerung im 16. Jh. (→Gegenreformation).

Ilchane, Ilkhane, mongolische Dynastie in Iran (seit 1256), begründet von Hülägü, der als erster den Titel »Ilchan« (»Stammesfürst«, »Friedensfürst«) führte. Die Ilchane standen zeitweise im Widerstreit mit den Herrschern der →Goldenen Horde und lockerten nach dem Tod Kubilais (1294) die Bindungen an das Stammland. Ursprünglich Buddhisten, waren sie seit Ghazan (1295–1304) sunnitische Muslime. Die Ilchane brachten die von ihnen beherrschten Gebiete Iran, Mesopotamien und Teile Kleinasiens zu wirtschaftlichem Wohlstand. Seit 1335 rieben sie sich in Bürgerkriegen auf.

Imperialismus [von latein. imperium »Befehlsgewalt«, zu spätlatein. imperialis »den Herrscher betreffend«], seit dem 19. Jh. gebräuchlicher politischer Begriff, der heute ein Herrschaftsstreben bezeichnet, das die Ausbildung von direkten bis indirekten Formen der Abhängigkeit zwischen Staaten zur Folge hat. Im frühen 19. Jh. bezeichnete Imperialismus in Frankreich die persönliche imperiale Herrschaft über mehrere Territorien; nach 1870 stand der Begriff Imperialismus in allen europäischen Ländern in enger Verbindung mit dem →Nationalismus für eine Politik der territorialen Expansion eines Staates. Der Imperialismus steht historisch in enger Verbindung mit dem →Kolonialismus.

EPOCHE DES KLASSISCHEN IMPERIALISMUS (1880–1918): Schon in der Antike und im Mittelalter wiesen Reichsbildungen imperiale Züge auf, besonders die durch die europäischen Entdeckungsfahrten und im Zeichen des Merkantilismus entstandenen Kolonialreiche Spaniens, Portugals, Englands, Frankreichs

IGNATIUS VON LOYOLA — *Gründung des Jesuitenordens*

Martin Luthers Thesen von 1517 waren von solch durchschlagender Wirkung, weil sie eine weit verbreitete Unzufriedenheit mit der Kirche, insbesondere dem Papsttum, artikulierten. Indes verharrte Rom nicht in der Defensive, sondern versuchte mit allen Mitteln, verloren gegangenes Terrain zurückzugewinnen – in geistlicher wie profaner Hinsicht, war doch eine Vielzahl von Herrschern zum neuen Glauben übergetreten und damit katholischem Einfluss entzogen.

Im Verlauf dieser Gegenreformation genannten Bewegung wurde eine Reihe von Orden gegründet; der wohl schlagkräftigste war der 1534 von Ignatius von Loyola ins Leben gerufene Jesuitenorden, auch als »Gesellschaft Jesu« oder »Societas Jesu« (SJ) bekannt. Die Jesuiten verpflichteten sich zu unbedingtem Gehorsam gegenüber dem Papst und richteten ihre Tätigkeit ganz auf die innere und äußere Mission aus. Ihre Organisation entsprach mit dem Prinzip der strikten Unterordnung und einem straffen zentralistischen Aufbau (unter einem Ordensgeneral) militärischen Grundsätzen. Sie entwickelten sich, weil sie bald an den Höfen als Ratgeber vertreten waren und an Schulen und Universitäten als Multiplikatoren wirkten, zum wohl effektivsten Instrument der Gegenreformation wie auch der inneren Erneuerung des Katholizismus (Jesuitenkirche Sankt Michael in München, die Herzog Wilhelm II. von Bayern seit 1582 als Ausdruck seines Engagements für die katholische Partei bauen ließ).

Imperialismus
Aufteilung der Welt (um 1900)

und der Niederlande, die vom 15. bis Anfang des 19. Jh. überwiegend indirekt beherrscht wurden. Die Epoche des »klassischen Imperialismus« begann mit der Aufteilung Afrikas v.a. zwischen Großbritannien und Frankreich, unter späterer Beteiligung Deutschlands, Italiens und Belgiens. Das britische Protektorat über Ägypten 1882 stellte den Wandel zum »formellen Imperialismus« dar und löste einen Wettlauf der europäischen Mächte um die Aufteilung der Erde aus. Auf der Berliner Afrikakonferenz 1884/85 wurde Kolonialbesitz von den vorgenannten Mächten und den USA erstmals völkerrechtlich legitimiert. Dies hatte zur Folge, dass alle Kolonialmächte nun den Übergang zum formellen Imperialismus vollzogen. Vor diesem Hintergrund beschleunigte sich der von Organisationen (wie u.a. British South Africa Company, →Alldeutscher Verband) vorangetriebene Prozess, die Grenzen der europäischen Kolonialherrschaft über bereits vorhandene Besitzungen hinaus auszudehnen.

Der Vorstoß Großbritanniens, Frankreichs und Deutschlands in den asiatischen und pazifischen Raum führte die Politik des Imperialismus um 1890 auf einen Höhepunkt. Auch die USA nahmen am Wettlauf um Einflusszonen teil und sicherten sich im Pazifik, besonders aber in Lateinamerika eine starke Vorherrschaft. Die von einer deutlichen Aufrüstung begleitete imperialistische Politik führte zu Krisen (z.B. →Faschodakrise, Marokkokrisen) und kriegerischen Entwicklungen (z.B. →Burenkrieg, →Balkankriege), in deren Verlauf nahezu ganze Völker ausgerottet wurden (v.a. die Herero und Nama in Deutsch-Südwestafrika). Hatte der Imperialismus seit den 1880er-Jahren die Konflikte der europäischen Großmächte an die Peripherie abgeleitet, so kehrten diese nach erfolgter Aufteilung der Erde allmählich nach Europa zurück und führten in den Ersten Weltkrieg.

WANDLUNGEN DES IMPERIALISMUS (NACH 1918): Für die Zeit nach dem Ersten Weltkrieg (1914–18) spricht man vom »verschleierten Imperialismus«. Auf nationalistischer oder rassistischer Grundlage bildeten sich der italienische Faschismus (»mare nostro«), der deutsche Nationalsozialismus (»Lebensraum im Osten«, Unterwerfung Kontinentaleuropas) und der japanische Militarismus (»großostasiatische Wohlstandssphäre«) heraus. Mit der Niederlage der Achsenmächte im Zweiten Weltkrieg fanden diese extremistischen Expansionsideologien ihr Ende.

Aus dem Zweiten Weltkrieg (1939–45) gingen die USA und die UdSSR als Weltmächte hervor, deren Politik als Führungsmächte der freien Welt bzw. des sozialistischen Lagers durchaus imperialistische Züge aufwies. Beide erhoben jeweils im bald ausgebrochenen Ost-West-Konflikt einen weltweiten politisch-ideologischen Anspruch. Die UdSSR hatte sich durch das Ergebnis des Zweiten Weltkriegs in Mittel- und Osteuropa einen mächtigen Herrschaftsbereich aufbauen können und gewann dazu eine Einflusssphäre in Asien. Die USA – als einzige Großmacht wirtschaftlich unbeschädigt aus dem Krieg hervorgegangen –, konnten in weiten Teilen Europas sowie in Japan ihren Einflussbereich sichern und die Prinzipien von Privateigentum, Marktwirtschaft, Freihandel und liberaler Demokratie durchsetzen. Mit der nach 1945 einsetzenden →Entkolonialisierung schwand das Gewicht der alten Kolonialmächte. Die neuen Staaten (v. a. in Afrika und Asien) verblieben jedoch z. T. in indirekter, postkolonialer Abhängigkeit von früheren Kolonialmächten, z. T. wurden sie zu einem neuen Feld des →Ost-West-Konflikts.

INC, Abk. für Indian National Congress (→Indischer Nationalkongress).

Independenten [zu engl. independent »unabhängig«], aus den Religionskämpfen des 16. Jh. in England hervorgegangene Benennung der radikalen Puritaner, die gegenüber der anglikanischen Kirche völlige Unabhängigkeit und Autonomie der einzelnen Gemeinden forderten. Nach ihrer Verfolgung ab 1593 ins niederländische Exil ziehend, ließen sich die Independenten später in Neuengland nieder (Überfahrt auf der Mayflower 1620).

Indianer, Sammelbezeichnung für die eingeborene Bevölkerung Amerikas (im engeren Sinne außerhalb der arktischen Gebiete). Die Indianer sind gegen Ende der letzten Eiszeit (23 000–18 000 und nach 12 000 v. Chr.) in mehreren Wellen aus Sibirien über die damals bestehende landfeste Beringstraße und entlang dem nordwestamerikanischen Kontinentalschelf eingewandert.

INDIANER NORDAMERIKAS: Die Indianer Nordamerikas zählten ursprünglich wohl zwischen 3 und 5 Millionen Menschen. Unter dem Einfluss der europäischen Kolonisation kam es zu dramatischen Veränderungen der Lebensbedingungen. Während in den mittel- und südamerikanischen Hochkulturgebieten nach Vernichtung oder Integration der alten Eliten die verbliebenen Volkskulturen unter spanischer Herrschaft viel zur Entstehung einer kolonialen Mischkultur beitrugen, wurden die nordamerikanischen Indianer entweder zu Opfern des Kulturkontakts oder konnten sich z. T. bis heute eine eigene Identität erhalten. Anfangs profitierten die Indianer oft vom Warenaustausch mit den Europäern, gerieten aber dann in Abhängigkeit von der Wirtschaftsweise der weißen Eroberer. Überdies wurden die Indianer vom 17. Jh. an in den Kampf der konkurrierenden Kolonialmächte verwickelt. Die von den Briten (und später Amerikanern) betriebene Siedlungskolonisation verursachte militärische Konflikte (»Indianerkriege«) um Landnutzungsrechte und führte zur Abdrängung der Indianer nach

IMPERIALISMUS *»Wettlauf um Afrika«*

Während der 1870er-Jahre setzten nationalistische Bewegungen vor allem in den europäischen Industriestaaten die Regierungen unter Druck, Kolonien zu erwerben, um zusätzliche Absatzmärkte für die heimische Industrie zu gewinnen und im Konkurrenzkampf mit den anderen Mächten strategische Vorteile zu erringen. Der deutsche Reichskanzler Otto von Bismarck entschloss sich allerdings nur zögernd zu einer eigenen Kolonialpolitik und vollzog erst 1884/85 die Umwandlung der von Kaufleuten erworbenen Gebiete in Afrika (Togo, Kamerun, Ost- und Südwestafrika) und im Pazifik in »Schutzgebiete des Deutschen Reiches«.

Als es über den Kongo-Freistaat des belgischen Königs Leopold II. zu einem heftigen internationalen Streit kam, trat in Berlin auf Einladung Bismarcks (in der Bildmitte) 1884 die Berliner Kongokonferenz zusammen, an der 13 europäische Staaten sowie die USA und das Osmanische Reich teilnahmen. Dieser Konferenz gelang die Beilegung des Konflikts. Wichtiger noch war jedoch die Tatsache, dass hier Kriterien für die völkerrechtliche Anerkennung von Kolonialbesitz festgelegt wurden. Dies löste einen Wettlauf um die bisher noch nicht beanspruchten Gebiete Afrikas aus, obwohl auf der Konferenz versucht wurde, Machtkämpfe der europäischen Staaten untereinander in Zentralafrika zu vermeiden. Am Ende des Jahrhunderts war Afrika bis auf Liberia und Äthiopien unter den europäischen Staaten, v. a. Großbritannien und Frankreich, aufgeteilt.

Westen und auf Indianerreservationen. Der letzte große Sieg der Indianer gegen die Armee der USA war die Schlacht der Sioux und anderer Stämme unter Führung von Crazy Horse und Sitting Bull am Little Big Horn River 1876. Mit dem Massaker am Wounded Knee 1890 war der indianische Widerstand gebrochen. Die Bevölkerungszahl der nordamerikanischen Indianer nahm bis etwa 1890 kontinuierlich auf etwa eine halbe Million ab.

INDIANER IN MITTEL- UND SÜDAMERIKA: Ebenso wie in Nordamerika ist die indianische Geschichte in Mittel- und Südamerika das Resultat vielfältiger kultureller Wandlungsprozesse. Die Politik der Spanier und Portugiesen begünstigte die Bildung von Mischkulturen, die als Verbindungsglieder zwischen europäischer und indianischer Welt wirkten. Im östlichen Südamerika, v.a. im Schutz der Regenwaldgebiete Brasiliens und Perus, leben aber bis heute Indianer mit fast unberührter Kultur und sogar kleine Gruppen, die sich vor den Weißen verstecken oder erst in den letzten Jahren Kontakt aufnahmen. Andere, z.B. die Reiterjäger der Pampas, wurden fast völlig ausgerottet.

Die Nachkommen der Maya, Azteken und Inka, die infolge intensiver Landwirtschaft (Terrassierung u.a.) sowie straffer Arbeitsteilung und letztlich sozialer Assimilation überlebten, bilden in Teilen Mexikos und Perus, in Guatemala, Kolumbien und Bolivien noch immer die Bevölkerungsmehrheit.

Im östlichen Südamerika, aber auch in Teilen Zentralamerikas und in Nord-Mexiko erlaubte die einfache Subsistenzwirtschaft der Indianer nur niedrige Bevölkerungszahlen. Sie wurden seit der Kolonialzeit durch Völkermord, Vertreibung oder erzwungene Assimilierung weiter drastisch reduziert; in Brasilien von rund 1,5 Millionen um 1500 auf 185 500 im Jahre 1980.

Indian National Congress ['ɪndɪən næʃnl 'kɔŋgres], →Indischer Nationalkongress.

Indien, Republik Indien, amtliche Namen: Hindi **Bharat,** englisch **Republic of India** [rɪ'pʌblik əv 'ɪndɪə], Staat in Asien, der im Nordwesten an Pakistan, im Norden an China, Nepal und Bhutan, im Osten an Birma und Bangladesh grenzt. Im Süden wird Indien vom Indischen Ozean begrenzt. Zu Indien gehören die Andamanen, Nikobaren und Lakkadiven.

VON DER VEDISCHEN PERIODE BIS ZUM EINBRUCH DES ISLAMS: Bereits vor der Einwanderung der Arier (wohl Mitte des 2. Jt. v.Chr.) gab es in der →Harappakultur in Nordindien eine hoch entwickelte Zivilisation. Beendet wird die vedische Periode, über deren frühe politische Geschichte nichts bekannt ist, mit dem Auftreten des Buddha (†wohl 480 v.Chr.), der ersten belegten bedeutenden Persönlichkeit. Gleichzeitig entstand das Reich von Magadha. Weit darüber hinaus reichte das Reich der Nandadynastie (360–322 v.Chr.). Unter Ashoka (268–232) umfasste das Reich der Mauryadynastie, gegründet von Candragupta Maurya (um 322 bis um 300), den größten Teil von Indien und griff im Nordwesten über Indien hinaus. Von 50 n.Chr. bis ins 3. oder 4.Jh. bestand das Großreich der Kushana, das sich unter Kanishka (wohl ab 120) von Zentralasien bis Benares erstreckte. Das Guptareich, das im 4.Jh. ganz Nordindien beherrschte, erlag um 500 dem Hunnensturm. König Harshavardhana vereinte in der ersten Hälfte des 7.Jh. noch einmal den größten Teil von Nordindien von Kanauj aus unter seiner Herrschaft. Dem Rajputen-Clan der Gurjara-Pratihara gelang ab 750 von Kanauj aus eine Machtkonzentration, die bis 1018 dem Vordringen des Islams standhielt.

DER ISLAM IN NORDINDIEN: Zu einer dauerhaften islamischen Besetzung des Landes kam es erst 1192. 1206 gründete Qutb-ud-din Aibak das Sultanat von Delhi. Auf die Sklavendynastie (bis 1290) folgte die Khiljidynastie (1290–1318). Nach dem Zusammenbruch des Sultanats unter dem Ansturm Timurs 1398 begann erst unter der Lodidynastie (1451–1526) eine erneute Festigung der Herrschaft über Nordindien von Delhi aus. Der Timuride Babur wurde 1526 durch einen Sieg über den Sultan von Delhi zum Begründer des Mogulreiches. Sein Enkel Akbar (1556–1605) konnte u.a. Bengalen (1576), Kandesh (1577), Kabul (1581), Kaschmir (1586) und Belutschistan (1595) hinzugewinnen. Seine größte Ausdehnung erlangte das Reich unter Aurangseb (1658–1707) durch Annexion u.a. von Bijapur (1686) und Golkonda (1687). Das Mogulreich löste sich im 18.Jh. in einen lockeren Staaten-

Indianer.
Im Vertrag von Fort Laramie richteten die Kolonisten den Sioux 1866 ein Siedlungsgebiet ein. Am Drang des »weißen Mannes« nach Westen scheiterte die friedliche Einigung aber: In einer berühmt gewordenen Schlacht rieben Sioux und Cheyenne am 25.6.1876 eine Abteilung des 7. US-Kavallerieregiments unter George A. Custer am Little Big Horn River auf.

bund auf, bis die Briten 1858 den letzten Mogul absetzten.

SÜDINDIEN BIS ZUR KOLONIALZEIT: Seit etwa 570 n. Chr. regierte von Badami aus die Calukyadynastie, die um 750 von den Rashtrakutas gestürzt wurde, die bis ins 10. Jh. den Dekhan beherrschten. Vom 10. bis 12. Jh. gewann noch einmal die Calukyadynastie die Oberhand. Um die Mitte des 7. Jh. hatten die Pallavas von Kanji aus einen Höhepunkt ihrer Macht erreicht (642 Eroberung von Badami). Seit dem 9. Jh. entwickelte sich an der Ostküste das Colareich, das im 10./11. Jh. bis nach Ceylon und Birma ausgriff. Sein Erbe übernahm im 13. Jh. die Pandyadynastie von Madurai. 1336 wurde das hinduistische Großreich von Vijayanagar (bis 1565) im südlichen Dekhan gegründet. Ebenso entstand in der ersten Hälfte des 14. Jh. im Dekhan das Reich der Bahmanidynastie (bis 1527) von Gulbarga.

INDIEN. ***Orientalisches Märchenland***

»Nach Agra und Lahore des Großmoguls« lässt der englische Dichter John Milton 1667 den Blick Adams wandern, als Gott ihm die künftigen Wunder der Welt zeigt. Das seit 1526 bestehende Reich der muslimischen Großmoguln in Indien galt den Europäern bald als orientalisches Märchenland schlechthin – noch heute weckt das Wort »Mogul« die Vorstellung geradezu exotischen Reichtums. Im 17. Jh. waren die ersten indischen Miniaturen nach Europa gelangt, kein Geringerer als Rembrandt besaß viele Blätter. 1762 ließ Kaiserin Maria Theresia das so genannte Millionenzimmer in Schönbrunn mit 260 solcher Miniaturen »tapezieren«. Der letzte Mogulfürst, zugleich Dichter und Kalligraph, starb 1862 elend im britischen Exil in Rangun.

KOLONIALZEIT UND UNABHÄNGIGKEIT: Mit der Entdeckung des Seewegs nach Indien (1498) entstanden die portugiesischen Stützpunkte Daman, Diu und Goa. Im 17. Jh. gründeten die →Ostindische Kompanie Niederlassungen u. a. in Madras (1639), Kalkutta (1690) und Bombay (1661), die französische Ostindische Kompanie in Pondicherry (1674) und Chandernagar (1688). Im 18. und 19. Jh. geriet Indien weitgehend unter die Herrschaft der Ostindischen Kompanie. Unter dem Generalgouverneur Lord William Henry Cavendish-Bentinck (1833–35) wurde das Englische Verwaltungssprache, die Witwenverbrennung wurde untersagt. Die Furcht vor einer westlichen Überfremdung des Landes war letztlich Ursache des großen Aufstandes von 1857/58, mit dessen Niederwerfung das Mogulreich aufgelöst und Indien direkt der britischen Krone unterstellt wurde; der Generalgouverneur wurde Vizekönig. Die indische Unabhängigkeitsbewegung nahm 1885 ihren Anfang mit der Konstituierung des →Indischen Nationalkongresses (Indian National Congress, INC). Wegen der weit verbreiteten Unruhe im Land sollten die Montagu-Chelmsford-Reformen (Montford-Reformen) 1918 den Indern in den Provinzen eine Teilverantwortung an der Regierung gewähren. Der Protest gegen die hinausgezögerte Durchführung der Reformen ist mit dem ersten Auftreten Mahatma Gandhis in Indien verbunden. Beim Scheitern der Forderung nach dem Dominionstatus für Indien bis Ende 1929 kam es erneut unter Gandhis Führung zu einem (ergebnislosen) Satjagraha-Feldzug (»Salzmarsch«). Die Entfremdung zwischen Kongresspartei und Muslimliga zwang 1947 zur Teilung des Landes in Indien und Pakistan. Nachdem beide Staaten am 15. 8. 1947 unabhängig geworden waren, wurden die 562 Fürstenstaaten der Union eingegliedert. Eine Verfassung trat am 26. 1. 1950 in Kraft.

INDISCHE UNION: Nach den ersten Wahlen 1951/52 prägte die Kongresspartei jahrzehntelang Politik und Regierung Indiens. Die Außenpolitik Jawaharlal Nehrus machte Indien zu einem führenden Mitglied der blockfreien Staaten. Nach kriegerischen Konflikten mit Pakistan 1965 und 1971 suchte Indien seine Beziehungen dorthin zu verbessern; besonders wegen Kaschmir kommt es aber immer wieder zu Spannungen und blutigen Gefechten mit Pakistan. Die innenpolitische Situation war gekennzeichnet durch zahlreiche Unruhen, z. T. infolge der Gegensätze zwischen Hindus und Muslimen, z. T. als Ausdruck sozialen Protests oder regionalistischer Tendenzen. In Punjab, wo die Partei der Sikhs Autonomie fordert, kam es 1983 nach einem Terroranschlag im Goldenen Tempel von Amritsar zu blutigen Auseinandersetzungen, im Juni 1984 zur Erstürmung des Tempelbezirks durch Soldaten. Die Ermordung Indira Gandhis durch Sikhs am 31. 10. 1984 führte zu zahlreichen Racheakten gegen Sikhs; Frau Gandhis Nachfolger als Premierminister wurde ihr Sohn Rajiv Gandhi. In Sri Lanka unterhielt Indien bis 1989/90 ein Truppenkontingent, um die dortigen Unruhen einzudämmen. Die Regierungen Indiens, der bevölkerungsreichsten Demokratie der Welt, wechselten in den 1990er-Jahren häufig, nachdem die Kongresspartei 1989 ihre dominierende Stellung eingebüßt hatte.

Indischer Nationalkongress, englisch **Indian National Congress** [ˈɪndɪən næʃnl ˈkɔŋgres], Abk. **INC** [aɪenˈsiː], heute offiziell **All India Congress Committee,** auch kurz **Kongress** oder **Kongresspartei** genannt, indische Partei, die 1885 von Angehörigen der neu entstandenen indischen Bildungselite und einigen Briten als Organ zur Vertretung eigenständiger indischer Interessen gegründet wurde. Bis 1916 war der INC eine stark vom britischen Liberalismus geprägte, um begrenzte Reformen bemühte, städtische Honoratiorenbewegung. Neohinduisische Einflüsse sowie die bewusst an religiöse Traditionen anknüpfenden Methoden Mahatma Gandhis ließen den INC zu einer Massenbewegung werden. Seine politischen Führer, u.a. Mahatma Gandhi und Jawaharlal Nehru, wurden zu zentralen Figuren des indischen Unabhängigkeitskampfes. Nach der Unabhängigkeit Indiens 1947 baute Nehru den INC zu einer modernen Massenpartei aus. In den 1990er-Jahren verlor die Partei ihre führende Stellung im politischen System Indiens.

Indochinakonferenz, eine der → Genfer Konferenzen.

Indochinakrieg, der Krieg um Indochina zwischen Frankreich und der von den → Vietminh getragenen »Demokratischen Republik Vietnam« (1946–54), unterstützt in Laos von der kommunistisch orientierten Guerillabewegung Pathet Lao, in Kambodscha von den links gerichteten Kräften der Unabhängigkeitsbewegung Khmer Issarak.

URSACHEN: Nachdem Frankreich im Zweiten Weltkrieg seine Herrschaft über Indochina an Japan verloren hatte und Japan am Ende dieses Krieges selbst militärisch zusammengebrochen war, bildete sich am 2. 9. 1945 unter kommunistischer Führung die »Demokratische Republik Vietnam« (Präsident Ho Chi Minh). In ihrem Souveränitätsanspruch über Vietnam stieß diese jedoch auf Frankreich, das – gestützt auf ein Expeditionsheer unter General Jacques Leclerc – seine Herrschaft über Indochina wieder errichten wollte. Ein Kompromissabkommen (6. 3. 1946), in dem sich beide Mächte auf die Eingliederung eines freien Staates Vietnam in die Union von Indochina einigten, scheiterte an den gegensätzlichen Kernzielen der Vertragspartner.

VERLAUF: Mit wiederholten Zusammenstößen zwischen Vietminhverbänden und französischen Truppen in Tongking, dem französischen Bombardement auf Haiphong (23. 11. 1946 mit rund 6000 Ziviltoten) sowie dem Aufstand der Vietminh gegen die französische Präsenz in Hanoi (19./20. 12. 1946) trat der Konflikt in das Stadium des offenen Kriegs. Sein Schwerpunkt lag in Tongking, wo die vietnamesische Regierung in den Untergrund ging und die Vietminhtruppen (80 000 bis 100 000 Mann) überwiegend einen Guerillakrieg führten. Das französische Expeditionsheer (1949 insgesamt 167 000 Mann) und die Truppen der 1949 etablierten frankreichfreundlichen Regierung in Saigon unter Bao Dai (1951/52: 260 000 Mann) gerieten seit der Niederlage von Cao Bang (1950) in die Defensive.

Bis Ende 1953 kontrollierten die Vietminh fast ganz Tongking (mit Ausnahme Hanois) sowie Teile Annams und Cochinchinas. Mit dem Sieg der Kommunisten in China (1949) und dem Ausbruch des Koreakrieges (1950) wurde der Indochinakrieg auch zu einem Bestandteil des → Kalten Krieges. Während die Volksrepublik China und die UdSSR die Demokratische Republik Vietnam anerkannten, stellten sich die USA auf die Seite der Regierung Bao Dai in Saigon. Mit 3,6 Milliarden Dollar deckten die USA 80% der französischen Kriegskosten. Nach der französischen Niederlage bei Dien Bien Phu (7. 5. 1954) stimmte die französische Regierung unter Pierre Mendès-France auf der Genfer Indochinakonferenz (→ Genfer Konferenzen) dem Rückzug der französischen Truppen südlich einer Pufferzone am 17. Breitengrad zu und entließ die Staaten Vietnam, Laos und Kambodscha aus der Französischen Union. Dem Krieg fielen insgesamt zwischen 600 000 und 900 000 Menschen zum Opfer. Der Indochinakrieg gilt als erste Phase des → Vietnamkriegs (1957/58–75).

Indogermanen, Indoeuropäer, Gesamtbezeichnung für die Völker mit indogermanischen Sprachen, im engeren Sinn die Bevölkerungsgruppe, die als Träger der sprachwissenschaftlich erschlossenen indogermanischen Grund- oder Ursprache angesetzt wird. Aus dem gemeinsamen Wortschatz der Einzelvölker hat die indogermanische Altertumskunde eine Grundkultur erschlossen, deren Wirtschaftsbasis neben Ackerbau besonders Viehzucht bildete (Rind, Schaf, Schwein, Pferd; im Osten Ziege). Die Gesellschaftsordnung beruhte auf der vaterrechtlich organisierten Großfamilie, die in der Siedlungsgemeinschaft (»teuta«) ihre politische Einheit fand.

Lange Zeit betrachtete man Zentralasien als Herkunftsgebiet der Indogermanen. Später wurden Osteuropa sowie Mittel- und Nordeuropa als Kernbereiche angesehen. Neuere Theorien lokalisieren das Entstehungsgebiet der Indogermanen sowohl in Mittel- wie in Osteuropa. Daneben besteht die Theorie der »doppelten Urheimat«: Von einem östlich gelegenen Zentrum aus wären die noch ungeteilten Indogermanen nach Westen vorgedrungen und hätten sich von hier aus verteilt.

Induskultur, früher gebräuchliche Bezeichnung für die → Harappakultur.

industrielle Revolution, von Friedrich Engels und Louis Blanqui im frühen 19. Jh. geprägter, von Arnold Toynbee übernommener Begriff. Er bezeichnet die Phase beschleunigter technologischer, ökonomischer und sozialer Veränderungen, die seit etwa 1785 in Großbritannien begann und später in anderen westeuropäischen Staaten, in Nordamerika und Japan einsetzte. Diese Phase markiert den Übergang von der Agrar- zur Industriegesellschaft.

Zu den vielfältigen Voraussetzungen der industriellen Revolution gehören: technische Erneuerung des Produktionsapparats, gesteigerte Akkumulation liquiden Kapitals, steigendes Arbeitsangebot. Die industrielle Revolution begann mit der Einführung der Maschinen in der Textilindustrie, dehnte sich auf die

Eisenbearbeitung und den Bergbau aus und ging seit der Mitte des 19. Jh. Hand in Hand mit der Revolutionierung des Verkehrswesens. Industriegebiete entstanden in Schottland, Mittelengland, Nordostfankreich, Norditalien, Rheinland und Westfalen, Oberschlesien, Südwestdeutschland sowie im Nordosten der USA.

Die Siedlungsordnung (Entstehung von Großstädten) und die soziale Struktur der europäischen Völker wurden durch die Herausbildung einer von starken Spannungen erfüllten Industriegesellschaft grundlegend verändert (→Pauperismus, →soziale Frage). Während einerseits durch die industrielle Revolution der Anstoß zur Beseitigung der Massenarmut gegeben wurde und das reale Pro-Kopf-Einkommen stieg, entstanden andererseits neue Gegensätze zwischen Bürgertum und Arbeiterklasse (→Arbeiterbewegung).

Seit der Mitte des 20. Jh. wurde im Zusammenhang mit der Automatisierung oft von einer »zweiten«, mit Bezug auf die Mikroprozessoren auch von einer »dritten industriellen Revolution« gesprochen.

Inka, südamerikanisches Indianervolk der Ketschuasprachgruppe, später die Bezeichnung aller Bewohner des Inkareiches im Hochland von Peru (bei Cuzco), die Ketschua sprachen.

GESCHICHTE: Die Herausbildung des Inkareiches erfolgte nach inkaischer Überlieferung etwa um 1200 n. Chr. Mit Pachacutec Inca Yupanqui, der um 1438 die Macht ergriff, endet die legendäre Geschichte der Inka. Die Ausweitung des Herrschaftsgebiets, die innere Organisation des Staates und die Verdrängung des Schöpfergottes Huiracocha durch den Kult des Sonnengottes (Inti) werden ihm zugeschrieben. Unter seinem Sohn Topa Inca Yupanqui (1471–93) wurden die Grenzen des Inkareiches weiter vorgeschoben. Dessen Sohn Huayna Capac erzielte die größte Ausdehnung des Reiches (im Norden bis zum Río Ancasmayo, im Süden bis zum Río Maule). Unter seiner Herrschaft erhielt das Reich die soziopolitische Organisation, die die Spanier vorfanden. Nach dem Tod Huayna Capacs (1527) kam es zum Erbfolgekrieg zwischen dessen Söhnen Huáscar und Atahualpa. Letzterer ging aus den Kämpfen 1532 als Sieger hervor.

Die 1531 gelandeten Spanier unter Pizarro konnten das Inkareich relativ schnell erobern, weil es durch den Krieg geschwächt war und sich andere indianische Ethnien sowie ehemalige Anhänger Huáscars mit den Spaniern verbündeten, um die inkaische Vorherrschaft bzw. die Herrschaft Atahualpas abzuschütteln. Der von Pizarro eingesetzte Inca Manco Capac II. organisierte binnen kurzem einen Aufstand (1536) und errichtete in der Gebirgsregion von Vilcabamba ein Schattenkönigreich, bis 1572 der letzte Herrscher, Tupac

INDUSTRIELLE REVOLUTION *Eisenbahnbau*

Die industrielle Revolution, die damit verbundene Massenproduktion und die Ausweitung des Handels wurden durch den Eisenbahnbau, eine fundamentale Innovation des seit Jahrhunderten nahezu unverändert gebliebenen Transport- und Verkehrswesens, entscheidend beschleunigt. 1803/04 wurde in Großbritannien die erste Dampflokomotive gebaut, 1825 die erste öffentliche Dampfeisenbahnlinie zwischen Stockton und Darlington eröffnet. Der erste regelrechte Eisenbahnboom setzte in Großbritannien um 1840 ein. Zehn Jahre später hatte dort das Eisenbahnnetz eine Gesamtlänge von 8045 km, die Züge erzielten Geschwindigkeiten zwischen rund 50 und 65 km/h. Bald erkannten auch andere Staaten die wirtschaftliche Bedeutung der Eisenbahn; um in der Konkurrenz mit Großbritannien aufzuholen, förderten sie gezielt die neue Technik. In Deutschland wurden 1835 zuerst Nürnberg und Fürth durch das neue Verkehrsmittel verbunden (Lithographie von 1836).

Mit den Eisenbahnen setzten sich auch neue Methoden der Industriefinanzierung durch; da die Kapitalkraft eines einzelnen Unternehmers überfordert war, sammelten nunmehr Aktiengesellschaften breit gestreutes Kapital. Auf diese Weise kam es bereits im Vormärz, also in den 1840er-Jahren, zu einer »Initialzündung«, die über den Eisenbahnbau Kapitalinvestoren und Schwerindustrie zusammenführte und somit die Entstehung einer modernen Industriegesellschaft anbahnte.

Amaru I., gefangen genommen und hingerichtet wurde.

STAATSAUFBAU: Das Inkareich gliederte sich in vier Reichsteile und diese in Provinzen. Die Grundlage des Verwaltungsaufbaus und der gesellschaftlichen Ordnung war die Einteilung jedes Reichsteils in aus Gemeinschaften bestehende Hundertschaften. Jeder Untertan war nach einem in zwölf Altersstufen gegliederten System zur Bestellung der staatlichen Felder verpflichtet. Ausgenommen von diesem Dienst waren Adel, Priester, Beamte und Kunsthandwerker. Es wurden Viehhaltung, Küstenfischerei, v. a. aber Ackerbau auf intensiv bewässerten Terrassen betrieben.

Innozenz III., Papst (1198–1216), früher Lothar Graf von Segni, * Anagni 1160 oder 1161, † Perugia 16. 7. 1216. Innozenz führte das mittelalterliche Papsttum auf den Gipfel seiner weltlichen Macht. Er erreichte die Unabhängigkeit der päpstlichen Hauptstadt Rom und des erweiterten Kirchenstaates sowie die Oberhoheit über Sizilien. 1202–04 führte er den 4. Kreuzzug. Er griff in den deutschen Thronstreit ein und krönte 1209 Otto IV. von Braunschweig zum Kaiser. Diplomatisches Geschick zeigte Innozenz auch im Umgang mit der sozial-religiösen Bewegung seiner Zeit, indem er neue Orden (Franziskaner, Dominikaner u. a.), die die Ketzerbewegung auffangen sollten, bestätigte und förderte. Innerkirchlich zeigte sich ferner seine Führungsstellung durch berühmte Rechtsentscheide (Dekretalen) und die Reform der Kurie und des Welt- und Ordensklerus. Die Grundlegung des kanonischen Inquisitionsprozesses durch Innozenz führte zu der von ihm gewollten Verschärfung der Inquisition. Höhepunkt und Ausklang seines Pontifikats wurde das 4. Laterankonzil (1215).

Inquisition [latein. »(gerichtliche) Untersuchung«], nach dem Verfahren des Inquisitionsprozesses benannte, v. a. von kirchlichen Institutionen seit dem Mittelalter betriebene und mit staatlicher Hilfe durchgeführte Verfolgung von Häretikern.

GESCHICHTE: Das kirchliche Vorgehen gegen Häretiker war ursprünglich Sache der Bischöfe. Seitdem das Christentum im Römischen Reich Staatsreligion war, konnten Häretiker auch reichsgesetzlich verfolgt werden (Edikt Theodosius' I. von 380/381), wobei die Strafmaßnahmen von Güterkonfiskation, Aberkennung der bürgerlichen Rechte, Verbannung bis hin zur Todesstrafe reichten.

Die Inquisition als eine eigene Behörde zur Aufspürung und Verfolgung der Häretiker bildete sich jedoch erst im Mittelalter im Zusammenhang mit der vermeintlichen Gefährdung der Kirche durch die so genannten Ketzer (Bogomilen, Katharer, Waldenser) heraus. Seit dem Ende des 12. Jh. geriet die Inquisition zunehmend unter päpstliche Kontrolle. Ein erster Schritt war die von Alexander III. auf dem 3. Laterankonzil (1179) ausgesprochene förmliche Exkommunikation der Ketzer.

1215 forderte das 4. Laterankonzil die Auslieferung der verurteilten Ketzer an die weltliche Gewalt; das Konzil von Toulouse regelte 1229 Verfahren und Bestrafung. Kirchliche und weltliche Gewalt arbeiteten dabei Hand in Hand. Kaiser Friedrich II., der aus politischen Gründen die oberitalienischen Häretiker mit Folterung und Kerkerhaft verfolgte, hatte 1224 den Tod auf dem Scheiterhaufen als Strafe eingeführt. Umgekehrt waren die weltlichen Gerichte durch Friedrich II. angewiesen, die Vollstreckung von Todesurteilen für kirchliche Inquisitionsgerichte durchzuführen. Den Feuertod begründete man »theologisch« (unter Berufung auf 1. Korinther 5,5) damit, dass auf diesem Weg wenigstens die Seele durch das Fürbittgebet der Kirche gerettet werden könne. Unter Gregor IX. wurde 1231/32 die Inquisition in einer päpstlichen Behörde zentralisiert.

Das Inquisitionsverfahren verlief immer gleich: Aufforderung an die Häretiker zur Selbstanzeige, an die Gläubigen zur Denunziation; Vorladung, gegebenenfalls Verhaftung zur Vorführung; Untersuchung mit dem Ziel des Schuldbekenntnisses, wobei weder die Namen von Denunzianten oder Zeugen genannt noch Verteidiger zugestanden wurden. 1252 erlaubte Innozenz IV. die Anwendung der Folter. Die Strafen reichten von Kirchenstrafen bis zum Tod durch Verbrennen. Die Inquisition erreichte ihre Höhepunkte v. a. in Spanien, Italien und Frankreich. In Deutschland war schon 1227 Konrad von Marburg als päpstlicher Inquisitor eingesetzt worden, der erbarmungslos gegen angebliche Ketzer vorging. In Spanien war die Inquisition seit 1478, in Portugal seit 1536 eine staatliche Einrichtung unter einem Großinquisitor und ein wichtiges Instrument zur Verfolgung der Mar-

Inka.
Machu Picchu, eine erst 1911 im südlichen Zentralperu entdeckte festungsähnliche Stadtanlage der Inka, wurde etwa um 1450 in Terassenbautechnik angelegt. So fanden die vielen heiligen Bezirke, Plätze und Wohnbereiche auf engstem Raum Platz.

INQUISITION *Verfolgung von »Ketzern«*

1215 fand das vierte der fünf im päpstlichen Palast Lateran abgehaltenen Konzilien statt, einberufen von Papst Innozenz III. Das Konzil verurteilte die Katharer und Waldenser sowie die Trinitätslehre von Joachim von Fiore als häretisch, es erklärte die Realpräsenz Christi in der Eucharistie zur verbindlichen Lehre und verpflichtete die Christen zur jährlichen Beichte und Kommunion. Außerdem wurde die Diskriminierung der Juden forciert sowie das Vorgehen der Inquisition festgelegt. Das vierte Laterankonzil forderte die Auslieferung der verurteilten Ketzer an die weltliche Gewalt. Im neun Jahre später stattfindenden Konzil von Toulouse wurden das Inquisitionsverfahren sowie die Bestrafung geregelt, wobei Kirche und weltliche Gewalt weiter Hand in Hand arbeiteten.

Nachdem man Häretiker anfangs »nur« mit Folter und Kerkerhaft bestraft hatte, führte Kaiser Friedrich II. 1224 als Strafe den Tod auf dem Scheiterhaufen ein. Dies war der Auftakt der Jahrhunderte andauernden Hexenverbrennungen. Unter Gregor IX. wurde 1231/32 die Inquisition in einer päpstlichen Behörde zentralisiert, die von Inquisitoren, vornehmlich Dominikanern, verwaltet wurde, welche neben dem Ankläger- auch das Richteramt in einer Person vereinten (»Inquisitionsgericht unter Vorsitz des heiligen Dominikus«; Gemälde von Pedro Berruguete, um 1500; Madrid, Prado); sie wurden als »domini canes« (»Hunde des Herrn«) verspottet. Die Rechtsstellung des Beschuldigten war denkbar ungünstig, da seine Verteidigungsmöglichkeiten äußerst beschränkt waren und er durch die seit 1252 erlaubte Anwendung der Folter zum Geständnis gezwungen werden konnte.

ranen, Morisken und Protestanten. Charakteristisch für die spanische und portugiesische Inquisition waren die Autodafés (feierliche, öffentliche Vollstreckungen eines Urteils), denen in Spanien zwischen 1481 und 1808 rund 31 000 Menschen zum Opfer fielen.

Die neuzeitliche Trennung von Kirche und Staat sowie die Kritik an der Inquisition seitens der Aufklärung ließen die Bedeutung der Inquisition allmählich schwinden. In einigen Ländern bestand sie jedoch bis ins 19. Jh. (Spanien bis 1834, Italien bis 1859, Kirchenstaat bis 1870).

Institoris, Heinrich, eigentlich Heinrich Krämer, Dominikaner und Inquisitor, * um 1430, † in Mähren 1505; betätigte sich v. a. in der Hexenverfolgung in Süddeutschland. Institoris verfasste zusammen mit dem Dominikaner Jakob Sprenger 1487 den berüchtigten »Hexenhammer« (»Malleus maleficarum«).

Institut für Zeitgeschichte, seit 1952 Name des 1950 gegründeten Deutschen Instituts für Geschichte der nationalsozialistischen Zeit mit Sitz in München. Neben seiner Forschungs- und Editionstätigkeit hat das Institut die Aufgabe, Quellen zur Zeitgeschichte zu ermitteln und zu sammeln.

Interdikt, Kirchenstrafe, die v. a. im Mittelalter häufig über Personen und Orte (Gebiete) verhängt wurde und Vollzug von bzw. Teilnahme an gottesdienstlichen Handlungen für bestimmte Personen bzw. Orte untersagte.

Interim [latein. »dazwischen«, »einstweilen«], allgemein für Zwischenzeit, vorläufige Regelung, Übergangslösung; in der Reformationszeit Bezeichnung für Beschlüsse, die das Verhältnis zwischen Protestanten und Katholiken bis zu einer endgültigen Regelung einstweilen bestimmen sollten (z. B. das → Augsburger Interim von 1548).

Internationale, im weiteren Sinn Bezeichnung für eine internationale Vereinigung von Parteien und angeschlossenen Verbänden; im engeren Sinn verschiedene sozialistische Vereinigungen im Rahmen der → Arbeiterbewegung, die sich von der Auffassung leiten lassen, dass die Arbeiter über nationale und ethnische Grenzen hinaus gemeinsame Interessen haben.

Die Anfänge internationalen Denkens in der Arbeiterbewegung reichen bis in das erste Drittel des 19. Jh. zurück. Die revolutionären Erschütterungen zwischen 1830 und 1848 gaben der Idee des Internationalismus starken Auftrieb. Ihren klassischen Ausdruck fand sie 1848 in dem Aufruf Karl Marx' »Proletarier aller Länder, vereinigt euch« am Schluss des »Kommunistischen Manifestes«.

ERSTE INTERNATIONALE: Die Erste Internationale, gegründet als »Internationale Arbeiter-Assoziation« (IAA) am 28. 9. 1864 in London, umfasste verschiedene Gruppen sozialistischer und anarchistischer Richtungen aus 13 Ländern Europas und den USA. Deutsche Arbeitervereine traten 1868 unter Führung von August Bebel und Wilhelm Liebknecht bei. In einer »Inauguraladresse« entwarf Marx das Programm, in einem provisorischen Statut die organisatorische Struktur der IAA. Nur in der internationalen solidarischen Aktion könne die Arbeiterklasse ihre »ökonomische Emanzipation« und die »Vernichtung der Klassenherrschaft« erreichen. Geleitet wurde diese Vereinigung von einem Generalrat (Sekretär seit 1870 Engels).

Die Solidarisierung der IAA mit dem Aufstand der Pariser Kommune (1871) löste in einigen Ländern eine Welle der Verfolgung ihrer Mitglieder aus. Die Erste Internationale zerbrach v. a. an den gegensätzlichen Ansichten von Marx und Michail Bakunin. Während Marx die IAA auf eine straffere Organisation und die Bildung von organisatorisch fest gefügten Arbeiterparteien festlegen wollte, suchte der Russe Bakunin v. a. die direkte Aktion als Prinzip der sozialen Revolution in der IAA-Programmatik durchzusetzen. 1872 spaltete sich die Erste Internationale, 1876 löste sie sich auf.

ZWEITE INTERNATIONALE: Die Zweite Internationale, im Juli 1889 in Paris auf Anregung der deutschen Sozialdemokratie als lockere Vereinigung selbstständiger sozialistischer Parteien und Gewerkschaften gegründet, bekannte sich zum → Marxismus. Auf dem Gründungskongress forderten die Teilnehmer den Achtstundentag und erklärten den ersten Mai zum »Kampftag der Arbeit«. Das Erfurter Programm (1891) der SPD hatte für die Zweite Internationale richtungweisenden Charakter. Im Sinne dieses Programms legte sie 1896 ihre Mitgliedsorganisationen darauf fest, erst auf politisch-parlamentarischem Wege die Macht im Staat zu erobern, bevor die kapitalistische Produktionsweise durch das Proletariat abgeschafft werde. Mit der Festlegung dieser Taktik schloss sie die Mitgliedschaft anarchistischer Gruppen aus.

Auf ihren Kongressen befasste sich die Zweite Internationale v. a. mit grundsätzlichen Fragen (z. B. Generalstreik, Kolonial- und Nationalitätenfrage). Seit etwa 1900 erstarkten in der Strategiediskussion die reformorientierten gegenüber den revolutionär gesinnten Kräften; die Verfechter des → Revisionismus wurden in den meisten sozialistischen Parteien und Gewerkschaften bestimmend. Die Haltung der nationalen Mitgliedsorganisationen in der Kriegsfrage spaltete die Zweite Internationale und führte zu ihrem Zerfall. Bei Ausbruch des Ersten Weltkriegs (1914) vertraten fast alle Mitgliedsparteien die Position des »Burgfriedens« mit ihren jeweiligen Regierungen.

DRITTE UND VIERTE INTERNATIONALE: Nach dem Ersten Weltkrieg (1919) begründeten reformistische Sozialisten die Zweite Internationale wieder. Im selben Jahr bildete sich auf Anregung Lenins im scharfen Gegensatz zu ihr die Dritte Internationale (Kommunistische Internationale, → Komintern) als Zusammenfassung aller kommunistischen Parteien. Sie geriet zunehmend in politische Abhängigkeit von der KPdSU. 1943 löste Stalin die Komintern auf und ließ sie 1947 durch ein Kommunistisches Informationsbüro (Kominform) ersetzen, das bis 1956 bestand. Danach waren die kommunistischen Parteien unter straffer Führung der KPdSU bestrebt, auf internationalen Konferenzen eine gemeinsame politische Linie zu finden.

Mit der Gründung einer »Internationalen Arbeitsgemeinschaft Sozialistischer Parteien« 1921 in Wien – deshalb auch Wiener Internationale – suchten linkssozialistische Gruppierungen vergeblich die Spaltung der sozialistischen Internationale zu überwinden und die sozialistischen Parteien Europas und der USA zu vereinigen; 1923 schlossen sich diese mit der Zweiten Internationale zur Sozialistischen Arbeiter-Internationale (SAI) zusammen (bis

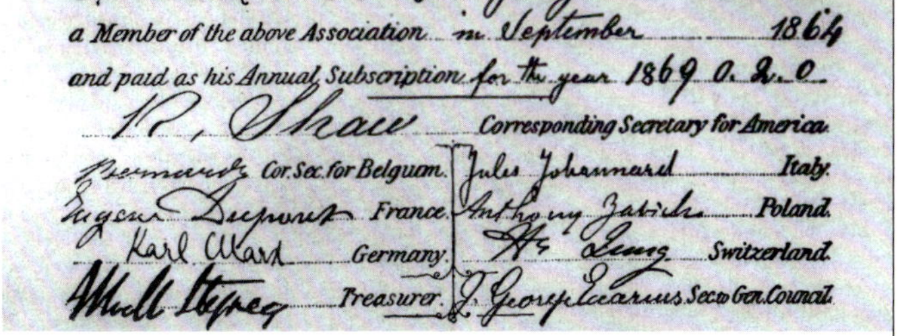
INTERNATIONAL
Working Men's Association
CARD OF MEMBERSHIP
This is to Certify that Cit. H. Jung was admitted
a Member of the above Association in September 1864
and paid as his Annual Subscription for the year 1869 0. 2. 0
Corresponding Secretary for America
Cor. Sec. for Belgium — Italy
France — Poland
Karl Marx Germany — Switzerland
Treasurer — Secty Gen. Council

Internationale. Mitgliedskarte der 1864 in London gegründeten Internationalen Arbeiterassoziation (mit Beitragsquittung von 1869 und eigenhändiger Unterschrift von Karl Marx)

Intifada. Die schrittweise Inbesitznahme palästinensischen Bodens gehörte zu den Ursachen für die im Dezember 1987 in Gaza und im Westjordanland ausbrechende Erhebung der Palästinenser, die wie hier in Ostjerusalem am 21. 12. 1987 gewalttätige Auseinandersetzungen mit israelischen Sicherheitskräften zur Folge hatte.

1940). Die Gründung des Committee of International Socialist Conferences (COMISCO) 1947 in London führte 1951 in Frankfurt am Main zur Entstehung der → Sozialistischen Internationale (SI).

Die Vierte Internationale, 1938 in Paris von Leo Trotzkij gegründet, suchte die spezifischen Auffassungen des Trotzkismus weiterzuentwickeln; sie blieb aber ohne Breitenwirkung.

Interregnum [latein. »Zwischenherrschaft«], in Wahlmonarchien Bezeichnung für die Zeit zwischen dem Tod, der Absetzung oder Abdankung eines Herrschers und der Inthronisation seines Nachfolgers.

Im engeren Sinn wird in der deutschen Geschichte die Zeit zwischen dem Tod König Konrads IV. (1254) und der Wahl Rudolfs I. von Habsburg (1273) als Interregnum bezeichnet, die für die politische und verfassungsmäßige Entwicklung des Heiligen Römischen Reiches von großer Bedeutung war. Aufgrund des mangelnden Durchsetzungsvermögens der gewählten Könige (Wilhelm von Holland, Richard von Cornwall, Alfons X. von Kastilien und León) kam es in diesen Jahren zur Ausbildung des Landesfürstentums, zur Gründung von Städtebünden, die sich zu Wahrern des Landfriedens aufschwangen, und zum Aufstieg der Ministerialen. Erst die Goldene Bulle Kaiser Karls IV. (1356) sicherte mit der Bestimmung von Reichsverwesern die Kontinuität der Reichsverwaltung während eines Interregnums. Diese Regelungen galten bis zum Ende des Heiligen Römischen Reiches 1806.

Intifada [arab. »(Staub) von sich abschütteln«, »sich erheben«], Aufstand der palästinensischen Araber im Gazastreifen, in Ostjerusalem und im Westjordanland gegen die israelische Besatzungsmacht. Die »erste Intifada« begann 1987 im Gazastreifen, der bis zum Ende der Intifada (»Kairoer Abkommen« von 4. 5. 1994) eine ihrer Hochburgen blieb; Ziel war die Errichtung eines eigenen Palästinenserstaates. In einer Kette relativ kleiner, aber täglicher Zwischenfälle griffen die Aufständischen (vielfach Jugendliche) mit primitiven Kampfmitteln (z.B. Steine, Molotowcocktails) israelische Soldaten und Zivilisten an; u.a. kam es zu Generalstreiks, Massendemonstrationen und Steuerverweigerungen. Die Gegenmaßnahmen Israels forderten mehr als 2000 Tote, besonders Palästinenser.

Der demonstrative Besuch des Tempelberges durch Ariel Scharon (28. 9. 2000) wurde zum Auslöser eines neuen allgemeinen Aufstandes der Palästinenser in den Autonomiegebieten gegen die israelische Armee und den Friedensprozess (»zweite Intifada«). Die monatelang blutigen Unruhen und Selbstmordattentate brachten die Enttäuschung vieler Palästinenser über die aus ihrer Sicht zu mageren Ergebnisse des Friedensprozesses (seit 1993) und die auch nach 1999 immer wieder verschobenen Endstatus-Verhandlungen zum Ausdruck; 2002 antwortete Israel auf die immer heftiger werdenden Kämpfe mit einem Truppeneinmarsch in die Autonomiegebiete.

Investiturstreit, Bezeichnung für den Konflikt zwischen dem (Reform-)Papsttum und dem Königtum in England, Frankreich und Deutschland seit 1075 um die Investitur der Bischöfe und Äbte, der zur grundsätzlichen Auseinandersetzung zwischen geistlicher und weltlicher Gewalt wurde. Bis dahin wurden die Bischöfe und Äbte vom Landesherrn eingesetzt, der ihnen als Amtsinsignien Ring und Stab überreichte. Im Heiligen Römischen Reich und dem normannischen England verfügte über die Bistümer und die wichtigsten Klöster der König, in Frankreich bestimmten auch die Herzöge und Grafen.

Seinen Ursprung hatte das Investiturrecht in der Einrichtung der Eigenkirche; die Einweisung in das kirchliche Amt und die Übergabe der oft umfangreichen Besitzungen und Rechte bildeten eine Einheit. Im ottonisch-salischen Reichskirchensystem schuf sich der König im Episkopat eine wesentliche politische Stütze seiner Herrschaft. Da Bischöfe und Äbte den Besitz ihrer Kirche wegen ihrer Ehelosigkeit nicht in eine vererbbare Hausmacht umwandeln konnten, bildeten sie ein Gegengewicht zu den dem Königtum zuwiderlaufenden Partikularinteressen.

Die im 11. Jh. aufgekommene kirchliche Reformbewegung hatte zunächst nur die Vergabe von Kirchenämtern gegen Geld bekämpft; eine radikale Richtung verurteilte seit etwa 1060 jede Investitur durch Laien. Papst Gregor VII. formte diese Ansicht weiter aus (→gregorianische Reform) und verbot 1075 bei Strafe des Kirchenausschlusses die Laieninvestitur. Dieses Verbot galt allerdings aus Anlass der umstrittenen Neubesetzung des Mailänder Bischofsstuhls mit einem deutschen Erzbischof zunächst wohl nur für den König des Heiligen Römischen Reichs. Nach Ausbruch des Kampfes mit Heinrich IV. (Canossa 1077) erhielt das Verbot jedoch 1078 allgemeine Gültigkeit. Dieses Vorgehen führte besonders in Deutschland zu schweren Kämpfen. Einen Kompromiss gab es erst, als Ivo von Chartres die Unterscheidung zwischen geistlichem Amt und weltlicher Herrschaft des Bischofs wieder zur Geltung brachte. 1104 verzichtete der französische, 1107 der englische König auf die Investitur mit Ring und Stab; beide behielten sich aber vor, den Gewählten mit dem Kirchenbesitz zu belehnen und den Treueid zu fordern. Ähnliches erstrebte das →Wormser Konkordat (1122), mit dem der Investiturstreit im Heiligen Römischen Reich schließlich beigelegt wurde.

Ionischer Aufstand, erfolglose Erhebung der griechischen Städte Kleinasiens und Zyperns gegen die persische Herrschaft (500–494 v. Chr.). Der Ionische Aufstand wurde durch den Tyrannen Aristagoras von Milet, der bei dem Perserkönig Dareios I. in Ungnade gefallen war, ausgelöst. Er ist wohl auf die wirtschaftliche Beeinträchtigung der betroffenen Gebiete durch die Perser – die den phönikischen Handel bevorzugten – und die Begünstigung der Tyrannenherrschaft durch diese zurückzuführen. Trotz Unterstützung durch Athen und Eretria kamen die Aufständischen militärisch über die Besetzung der Unterstadt von Sardes nicht hinaus. Der Aufstand, der die →Perserkriege eröffnete, wurde von den Persern blutig niedergeschlagen und Milet, das Zentrum der Erhebung, zerstört (494 v. Chr.).

IRA [engl. aɪɑːˈeɪ], Abk. für **Irish Republican Army** [ˈaɪrɪʃ riˈpʌblɪkən ˈɑːmɪ], **Irisch-**

INVESTITURSTREIT | ***Gang nach Canossa***

Nachdem Heinrich IV. bereits von Papst Alexander II. mit dem Bann bedroht worden war, schien sich das Verhältnis zwischen Papst und König nach dem Amtsantritt Gregors VII. (1073) zunächst zu verbessern. Heinrich IV. wandte sich mit einem Ergebenheitsschreiben an den neuen Papst, der sogar daran gedacht haben soll, dem deutschen König für den Fall seiner Abwesenheit während eines in Aussicht genommenen Kreuzzugs die Leitung der abendländischen Kirche zu übertragen.

Als Heinrich aber in Mailand und sogar innerhalb des Kirchenstaats Bischöfe erhob, kam es zum Bruch. Im Dezember 1075 ermahnte Gregor Heinrich schroff und bedrohte ihn mit dem Bann. Gestützt auf weite Teile des deutschen Episkopats, das Gregors Ziel, den Handel mit geistlichen Ämter zu verbieten, unterlaufen wollte, kündigte er dem Papst den Gehorsam auf. Gregor erklärte Heinrich daraufhin für abgesetzt und exkommuniziert. Dieser für damalige Verhältnisse unerhörte Vorgang – noch nie hatte ein Papst einen weltlichen Herrscher seines Amtes enthoben – führte zu einer Sammlung der Gegner des Königs, auch ein Teil der Bischöfe fiel von ihm ab. Heinrich sah sich gezwungen, dem Papst entgegen zu kommen und erschien im Januar 1077 im Büßergewand vor der Burg Canossa, wohin sich der Papst zurückgezogen hatte. Diesem blieb nichts anderes übrig, als den reuigen Sünder wieder in die Kirchengemeinschaft aufzunehmen.

Zwar errang Heinrich – hier als knieender Büßer vor Hugo von Cluny und Markgräfin Mathilde von Tuszien, die im Investiturstreit vermittelten (Buchmalerei aus der Vita Mathildes des Donizo, vor 1114; Rom, Biblioteca Vaticana) – damit einen taktischen Erfolg, doch hatte er gleichzeitig die weltliche Oberherrschaft des Papstes über das Königtum anerkannt. Als Gregor dem deutschen König dann (1078) grundsätzlich untersagte, Bischöfe einzusetzen, war der Investiturstreit in vollem Gang. Er wurde erst unter Heinrich V. durch das Wormser Konkordat beendet.

Republikanische Armee, 1919 gegründete, radikalnationalistische illegale Organisation in Irland und Nordirland. Die IRA kämpfte 1919–21 für die Unabhängigkeit Irlands von Großbritannien. Nach Gründung des Irischen Freistaates (1921/22) ging ein Teil der IRA in der regulären irischen Armee auf. Ein anderer Teil kämpfte irregulär weiter, besonders gegen den Verbleib →Nordirlands bei Großbritannien.

Seit dem Ausbruch der religiös-sozialen Unruhen in Nordirland (1969) gewann die IRA wieder an Anhängerschaft; als paramilitärische katholische Untergrundorganisation suchte sie durch Terrorakte die Angliederung von Nordirland an die Republik Irland zu erzwingen. Ihr politischer Arm, Sinn Féin, setzte sich seit 1993/94 für eine allmähliche politische Lösung des Nordirlandkonflikts ein.

Irak, amtlich arabisch **Al-Djumhurijja al-Irakijja** [-dʒʊm-], Staat in Asien, der im Norden an die Türkei, im Osten an Iran, im Südosten an Kuwait, im Süden an Saudi-Arabien, im Westen an Jordanien und im Nordwesten an Syrien grenzt.

GESCHICHTE: Zum Altertum →Babylonien, →Assyrien, →persische Geschichte. 635 n. Chr. von den Arabern erobert und Irak genannt, war das Gebiet von 1638 bis zum Ersten Weltkrieg osmanisch. Am 23. 8. 1921 setzte Großbritannien König Faisal I. ein. 1932 erfolgte die britische Anerkennung der Unabhängigkeit. Nach der nationalistischen Revolution von 1958, dem Sturz der Monarchie und dem Austritt aus dem Bagdadpakt (1959) wurden die letzten britischen Basen geräumt. Mit dem Staatsstreich der nationalistisch-sozialistischen Baath-Partei gelangte als Folge des verlorenen 3. Israelisch-Arabischen Krieges (Juni 1967) 1968 Ahmed Hasan Al-Bakr an die Macht, der 1971 die diplomatischen Beziehungen zu Großbritannien und Iran abbrach und 1972 einen irakisch-sowjetischen Freundschaftsvertrag unterzeichnete.

1979 wurde Saddam Husain Nachfolger von Al-Bakr als Staatsoberhaupt und Regierungschef und errichtete ein diktatorisches Herrschaftssystem. 1980–88 rang der Irak mit dem Iran im 1. Golfkrieg um die Vorherrschaft am Persischen Golf. Im August 1990 besetzte Irak das Emirat Kuwait; nachdem ein internationales Wirtschaftsembargo sowie zwölf UN-Resolutionen mit der ultimativen Forderung, Kuwait zu räumen, erfolglos geblieben waren, führte ab Januar 1991 eine internationale Militärallianz unter Führung der USA den 2. Golfkrieg gegen den Irak; nach der Niederlage musste Irak Kuwait räumen. Wiederholte Verstöße gegen das Waffenstillstandsabkommen zogen seit 1992 mehrfach Vergeltungsaktionen der Golfkriegsalliierten nach sich; die UN-Sanktionen blieben deshalb bis auf weiteres in Kraft. 2003 stürzten Truppen unter US-amerikanischer Führung das Terrorregime Saddam Husains im →Irakkrieg. Gegen die anschließende Präsenz der Besatzungstruppen richteten sich guerillaartige Anschläge einzelner irakischer Verbände, die das Land nach der am 28. 6. 2004 vollzogenen Machtübergabe an eine irakische Übergangsregierung und den Wahlen zur Nationalversammlung vom 30. 1. 2005, dem ersten freien Urnengang im Irak seit 1953, an den Rand des Chaos führten.

Irakkrieg, Krieg zwischen dem Irak und alliierten Streitkräften unter Führung der USA.

Dem Irakkrieg ging eine tief greifende internationale Krise voran, in der die nach dem Ende des Kalten Krieges neu ausgerichtete Außenpolitik der USA in Konflikt mit dem UN-Sicherheitsrat (als dem zentralen Entscheidungsgremium zur Wahrung der internationalen Sicherheit und des Weltfriedens) geriet. Nachdem Irak als einziger Staat die Terroranschläge auf New York und das Pentagon vom 11. 9. 2001 nicht verurteilt, sondern sie als Folge der amerikanischen Außenpolitik gewertet hatte, erhöhten sich die seit dem 2. Golfkrieg latent bestehenden Spannungen zwischen den USA und Irak erheblich: Die USA beschuldigten das irakische Regime um Saddam Husain, terroristische Organisationen zu unterstützen und nach dem Besitz von Massenvernichtungswaffen zu streben. Als Irak unter dem massiven Druck der USA die UN-Resolution 1441 zur Kontrolle der irakischen Waffenbestände akzeptierte, befürworteten zahlreiche Staaten (darunter Deutschland und die ständigen Sicherheitsratsmitglieder Frankreich, Russland und China) eine Weiterführung der Kontrollen und eine friedliche Lösung der Irakkrise. Doch die USA und ihre Verbündeten, u. a. Großbritannien und Spanien, waren mittlerweile zu einem gewaltsamen Vorgehen gegen den Irak (auch ohne UN-Mandat) entschlossen. Als Ziele dieser Militäraktion, die mehrheitlich als völkerrechtswidriger Angriffskrieg gewertet wurde und gegen die sich weltweit massive Protestaktionen richteten, nannten sie die Zerstörung der im Irak vermuteten Massenvernichtungswaffen, den Sturz des Regimes von Saddam Husain und die anschließende Demokratisierung des Landes.

Mit Luftangriffen auf Bagdad und einer von Kuwait ausgehenden amerikanisch-britischen Bodenoffensive begann am 20. 3. 2003 der Krieg in Irak (3. Golfkrieg). Nach wenigen Wochen hatten die schnell vorrückenden Truppen die wichtigsten irakischen Städte unter ihre Kontrolle gebracht; am 9. 4. fiel die Hauptstadt Bagdad, das Regime Saddam Husains stürzte (die Ergreifung des sich zuletzt in einem Versteck aufhaltenden Saddam Husain erfolgte am 13. 12. 2003). Am 1. 5. 2003 wurden die Kampfhandlungen offiziell eingestellt.

Iran, amtlich Farsi **Jomhori-e Islami-e Iran, Islamische Republik Iran,** Staat in Asien, der im Norden an Armenien, Aserbaidschan und Turkmenien, im Osten an Afghanistan und Pakistan, im Süden an den Persischen Golf und den Golf von Oman, im Westen an Irak und im Nordwesten an die Türkei grenzt.

GESCHICHTE: Die moderne Entwicklung Persiens (→persische Geschichte), seit 1934 Iran genannt, begann unter Schah Resa Pahlewi (1925–41); gleichzeitig beschleunigte sich der Prozess der Enteignung der Kleinbauern. Nach dem Versuch einer Annäherung an das nationalsozialistische Deutschland wurde 1941 der Schah durch die Alliierten zugunsten seines Sohnes Schah Mohammed Resa Pahlawi abgesetzt. Der 1950 unternommene Versuch von Ministerpräsident Mohammed Mossadegh, das Land von der wirtschaftlichen Vorherrschaft Großbritanniens und dem zunehmenden Einfluss der USA zu lösen, scheiterte 1953. Das Erdölabkommen von 1954, durch das die Erdölindustrie theoretisch nationalisiert wurde, billigte den Gesellschaften der USA, Frankreichs und der Niederlande weiterhin eine Kontrollfunktion zu. Wirtschaftliche und soziale Reformen (»Weiße Revolution«) wurden aufgrund anhaltender Streiks in der Erdölindustrie in Angriff genommen (1956–61). Neben einer Intensivierung der politischen und wirtschaftlichen Beziehungen zu Westeuropa und den USA bemühte sich der Iran auch um ein gutes Verhältnis zur UdSSR.

Versäumnisse bei der Durchführung der »Weißen Revolution«, die sozialen Folgen überstürzter Industrialisierung, Angst vor der westlichen Überfremdung des Landes, Widerstand der schiitischen Geistlichkeit gegen die Modernisierung und die brutalen Methoden der Geheimpolizei führten zum Scheitern des Schahregimes. Nach einem Generalstreik und angesichts der immer weiter erstarkenden, von Ayatollah Ruhollah Khomeini von Paris aus geführten revolutionären Bewegung war Schah Resa Pahlawi zum Verlassen des Landes gezwungen (16. 1. 1979). Im Februar 1979 kehrte Khomeini aus seinem Pariser Exil zurück, im März wurde in einer Volksabstimmung die von ihm verkündete »Islamische Republik« angenommen. Als Folge der angespannten Wirtschaftslage, v.a. verschärft durch den Krieg mit Irak (1. Golfkrieg), wurde im Januar 1983 das staatliche Außenhandelsmonopol aufgegeben. Nach dem Tod von Khomeini (1989) wurde Ali Khamenei zum Nachfolger gewählt; neuer Staatspräsident wurde Parlamentspräsident Ali Rafsandjani, der eine vorsichtige Öffnung des Landes einleitete. Im 2. Golfkrieg zwischen Irak und den Alliierten unter Führung der USA (1991) bemühte sich Iran um Neutralität. Bei den Präsidentschaftswahlen 1997 setzte sich der als gemäßigt geltende Mohammed Chatami durch (2001 bestätigt), der die Öffnung des Landes gegen starken Widerstand aus konservativen Kreisen fortzusetzen bemüht war.

Irisch-Republikanische Armee, →IRA.

Irland, irisch **Éire,** ['eːri], amtlich **Republik Irland,** irisch **Poblacht na h'Èireann** ['pobləxt nə 'heːrən], englisch **Republic of Ireland** [rɪ'pʌblik ɔf 'aɪələnd], Staat in Nordwesteuropa, der den größten Teil der westlich von Großbritannien gelegenen Insel Irland umfasst. Im Norden und Nordosten grenzt Irland an Nordirland.

VOM ALTERTUM BIS ZUR UNTERWERFUNG DURCH ENGLAND: Eine Besiedlung des Landes erfolgte bereits vor der keltischen Einwanderung, wohl in der zweiten Hälfte des 1. Jt. v. Chr. Nach der Missionierung durch den heiligen Patrick (432–465) spielten seit dem 7. Jh. die Klöster eine tragende Rolle. Ab 795 legten Wikinger in Irland Handels- und Militärstützpunkte an. Die englische Herrschaft begann 1171/72 mit dem Eroberungszug des englischen Königs Heinrich II., blieb aber meist auf die Ostküste beschränkt. Die eigentliche Unterwerfung geschah unter Heinrich VIII., der 1534 den Grafen von Kildare als Stellvertreter absetzte und sich 1541 vom irischen Parlament, der Ständeversammlung der Angloiren, den Titel eines Königs von Irland übertragen ließ.

FESTIGUNG DER ENGLISCHEN HERRSCHAFT (1541–1801): Während in England die Reformation eingeführt wurde, blieben die Iren katholisch. Nach dem Scheitern des Aufstandes von Ulster (1593–1603) und der Flucht des gälischen Adels (1607) wurden ab 1609 etwa 100 000 presbyterianische Schotten in Ulster angesiedelt. Der von Oliver Cromwell 1649–52 niedergeschlagene Aufstand der enteigneten katholischen Landbesitzer in Ulster gegen die englische Siedlungspolitik führte zur völligen Umstrukturierung der Besitz- und Herrschaftsverhältnisse in Irland; die Ausdehnung der englischen Strafgesetze gegen die Katholiken auf die Iren bedeutete auch die politische Entrechtung. 1782 erreichte die patriotische protestantische Partei faktisch die politische Gleichberechtigung für Irland und sein Parlament. Aufgrund der sozialen Probleme (Hungerkatastrophen 1727–29, 1740/41; Abhängigkeit der kleinen Pächter) und der ungelösten Frage der Katholikenemanzipation kam es im Gefolge der Französischen Revolution 1798 zu einem Aufstand, der die protestantische Herrschaft erschütterte. Auch in Reaktion darauf wurde 1801 die Union von Großbritannien und Irland vollzogen: Das irische Parlament wurde aufgehoben und die Staatskirchen vereinigt.

IRISCHER NATIONALISMUS UND HOMERULEBESTREBUNGEN (1801–1921): Seit der Katholikenemanzipation (1829) verstärkte sich die Massenbewegung für die Aufhebung der Union. Der Aufstand des Jungen Irland (1848), zu dem u.a. jahrelange Missernten und in deren Gefolge Massenhunger sowie millionenfache Auswanderung beigetragen hatten, scheiterte in blutiger Unterdrückung. In Großbritannien setzte sich v.a. William Gladstone erfolgreich für die wirtschaftliche Reform in Irland ein, was zu einer Verbesserung der Rechtsstellung der irischen Pächter führte. 1886 spaltete seine Vorlage einer →Homerule die Liberalen. Die zweite Vorlage scheiterte 1893 am Oberhaus. Die Folge war eine Stärkung der radikal-nationalistischen Strömung in Irland, die u.a. in die Gründung des Sinn Féin (1900) mündete. 1912 brachten die Liberalen die Homerule Bill ein. Gegen das Gesetz drohte ein Aufstand der protestantischen Unionisten in Ulster; in Irland rüstete man für den Bürgerkrieg, als der Erste Weltkrieg ausbrach. Nach einem Aufstand der irischen Nationalisten (1916) und einer Welle von Gewalttätigkeiten schlossen David Lloyd George und Eamon de Valera am 6. 12. 1921 einen Vertrag ab, der – ohne Preisgabe von Ulster (→Großbritannien und Nordirland) – das restliche Irland als Freistaat von Großbritannien trennte, jedoch seinen Verbleib im Commonwealth sicherte.

FREISTAAT UND UNABHÄNGIGKEIT (AB 1921): Die Annahme des Anglo-Irischen Vertrags am 8. 1. 1922, die zur Gründung des Freistaats Irland führte, löste in Irland eine jahrelange innere Krise und einen Bürgerkrieg aus. 1938 kam es unter der ersten Regierung de Valera (1932–1948) angesichts der europäischen Kriegsgefahr zum irisch-britischen Ausgleich und zur Beendigung des Handelskriegs. Im Zweiten Weltkrieg blieb Irland neutral. Die formelle Proklamation der Republik Irland 1949 hatte verschärfte Spannungen mit Ulster zur Folge. Sean Lemass (Premierminister 1959–66) sicherte zu, dass eine Vereinigung beider Teile von Irland nur unter Zustimmung beider Seiten erfolgen könne. Ab 1969 führte eine neue Welle organisierter Gewalt zu massivem Einsatz britischer Truppen in Nordirland, zur Auflösung des nordirischen Parlaments (Stormont) und zur vorübergehenden Übernahme direkter Kontrolle durch die britische Regierung in Nordirland. 1973 trat Irland der EG bei. Hoffnungen auf eine friedliche Lösung des Nordirlandkonflikts verknüpften sich mit den Gewaltverzichtserklärungen, die 1994 die katholischen und protestantischen Terrororganisationen Nordirlands abgaben; die irische Regierung, seit 1997 von Premierminister Bartholomew Ahern geführt, bemüht sich im Zusammenwirken mit Großbritannien um eine Beilegung des Nordirlandkonflikts auf politischem Weg.

ISABELLA
***1451 †1504**

regierte mit Ferdinand II. in Kastilien und Aragonien

schuf die Grundlage für ein gesamtspanisches Königreich

eroberte mit Ferdinand II. den letzten maurischen Besitz in Spanien

unterstützte Kolumbus

Irredenta [italien. (Italia) irredenta »unerlöstes (Italien)«], 1877 geprägter Begriff für die nach der Einigung Italiens seit 1861 entstandene Bewegung in den z.T. italienischsprachigen Gebieten Österreich-Ungarns (Trentino, Triest, Istrien, dalmatinische Küste), die den Anschluss dieser »terre irredente« (unerlöste Gebiete) an Italien erstrebte. Der Name Irredenta weist auf die dem italienischen Nationalismus eigene religiöse Begründung hin. Der Irredentismus, hauptsächlich von kulturpolitischen Organisationen und – im »Mutterland« Italien – von den Linksparteien (Republikaner, Radikale) getragen, ging über sein ursprüngliches Ziel schon vor 1914 hinaus, indem er für Italien die »natürlichen Grenzen« in den Alpen (Brenner, Sankt Gotthard) verlangte. Die Irredenta belastete zunehmend die Beziehungen zwischen Österreich und Italien, das unter dem Druck der Irredenta 1915 in den Ersten Weltkrieg eintrat. Dieser brachte Italien die Brennergrenze einschließlich der deutschsprachigen Teile Südtirols.

Isabella I., die Katholische, Königin von Kastilien und León (seit 1474), *Madrigal de las Altas Torres (Provinz Ávila) 22. 4. 1451, †Medina del Campo 26. 11. 1504; Tochter Johanns II. von Kastilien. Isabella heiratete 1469 den Erben Aragoniens, Ferdinand II., den Katholischen, der 1474/75 neben ihr Mitkönig und -regent von Kastilien wurde und die Thronansprüche des Paares im Kastilischen Erbfolgekrieg (bis 1479) durchsetzte. Die gemeinsame Herrschaft Ferdinands und Isabellas in den Ländern der Kronen Kastilien und Aragonien schuf die Grundlage für ein gesamtspanisches Königreich, auch wenn Isabella in Aragonien formell nicht Mitregentin ihres Gatten war. Das Königspaar baute in Kastilien ein zentralistisches Staatswesen auf und regierte im Sinn eines monarchischen Absolutismus. 1478/80 wurde in Kastilien die Inquisition eingeführt, 1487 auch in Aragonien. 1492 eroberten Ferdinand und Isabella, denen der Papst 1496 den Titel »Katholische Könige« (»Reyes Católicos«) verlieh, den letzten maurischen Besitz in Spanien, Granada, und beendeten damit die →Reconquista. Isabella unterstützte die Entdeckungsfahrten des Kolumbus und förderte die Wissenschaft durch Einrichtung einer Palastschule. Ihre Erbtochter war Johanna die Wahnsinnige.

Island [isländ. »Eisland«], amtlich **Lýðveldið ísland** ['liðvɛldið 'i:sland], Staat im Europäischen Nordmeer, der die gleichnamige Insel und die ihr vorgelagerten Inseln umfasst.

GESCHICHTE: Anfang des 9. Jh. wurde Island durch iroschottische Mönche besiedelt, um 875 durch Wikinger. 930 trat erstmals der

Althing als zentrale Institution der Rechtsprechung und Gesetzgebung zusammen, die 1000 die Annahme des Christentums verfügte. 1262 übertrug der Althing Norwegen die Oberhoheit. 1541 wurde Island von Dänemark unterworfen, 1550 die Reformation eingeführt. 1918 wurde Island als selbstständiger Staat anerkannt (Personalunion mit Dänemark). 1940 wurde das Land von Großbritannien, 1941 von den USA besetzt und zum militärischen Stützpunkt ausgebaut. 1944 erklärten die Isländer durch Volksabstimmung die Auflösung der Union mit Dänemark und die Gründung der Republik. 1946 erfolgte der Beitritt zu den Vereinten Nationen, 1949 zur NATO. Seit 1958 wiederholten sich Fischereikonflikte (»Kabeljaukriege«).

Ismailiten, Richtung des schiitischen Islam, die als siebten Imam, anders als die Imamiten, Ismail († 760), Sohn des Djafar as-Sadik († 765), anerkennt. Einige der Ismailiten glauben, Ismail lebe in Verborgenheit weiter, bis er dereinst als Mahdi wieder erscheine. Die Ismailiten unterscheiden eine der Allgemeinheit zugängliche exoterische Lehre (»zahir«) und eine esoterische (Geheim-)Lehre (»batin«), die Inhalte der Offenbarung, die Imamlehre und eine neuplatonisch-gnostisch beeinflusste spekulative Philosophie umfasst.

Die Ismailiten fanden, mit den Karmaten und Fatimiden, im 10./11. Jh. große Verbreitung und bedrohten politisch den Bestand des Kalifats. Sie wurden jedoch von den sunnitischen Seldschuken und Aijubiden sowie den Mongolen zurückgedrängt und besiegt.

Isolationismus, allgemein die Tendenz, sich vom Ausland abzuschließen und staatliche Eigeninteressen zu betonen, in den Vereinigten Staaten von Amerika eine Doktrin der politischen Nichteinmischung in Angelegenheiten nicht amerikanischer Staaten und der Vermeidung von Bündnisverpflichtungen. Ab 1776 bestimmte der Isolationismus die US-amerikanische Außenpolitik (→ Monroedoktrin von 1832). Der Isolationismus schloss jedoch nie rege Handelsbeziehungen oder wirtschaftliches Engagement in anderen Ländern aus. Nach dem (zunächst erfolglosen) Versuch von Präsident Woodrow Wilson, im Ersten Weltkrieg die isolationistische Politik zu beenden, wurde diese schließlich während des Zweiten Weltkriegs aufgegeben.

Isonzoschlachten [nach dem Fluss Isonzo], zusammenfassende Bezeichnung für zwölf Schlachten an der österreichisch-italienischen Isonzofront während des Ersten Weltkriegs. In den ersten elf Isonzoschlachten (Beginn der ersten Schlacht 23. 6. 1915; Ende der elften Schlacht Mitte September 1917) versuchten die italienischen Truppen, die österreichischen Stellungen am unteren Isonzo zu durchbrechen, konnten aber nur geringe Geländegewinne erringen. Als zwölfte Isonzoschlacht gilt die deutsch-österreichische Herbstoffensive 1917, die nach dem Durchbruch zwischen Flitsch und Tolmein bzw. bei Karfreit (24.–27. 10. 1917) mit dem Rückzug der italienischen Truppen hinter die Piave Mitte November ihren Abschluss fand.

Israel,

1. hebräisch **Jisrael,** in der Bibel nach dem zweiten Namen des Erzvaters Jakob die Bezeichnung für die Gesamtheit der im 13. Jh. v. Chr. im Gebiet westlich und südlich des Jordans sesshaft gewordenen zwölf Stämme (Ruben, Simeon, Levi, Juda, Dan, Naphtali, Gad, Aser, Issakar, Zabulon, Joseph, Benjamin). Trotz ihrer Selbstständigkeit war den Stämmen Israels der Glaube an den einen Gott Jahwe gemeinsam. Der politische Zusammenschluss erfolgte erst mit der Errichtung des Königtums durch Saul. Unter seinem Nachfolger David wurde Israel zum Großreich. Nach dem Tod Salomos (926) zerfiel das Reich in das Südreich Juda und das Nordreich, das nun allein den Namen Israel führte. Hauptstadt war zunächst Sichem, dann Penuel und Tirza, bis Omri Samaria als Residenz gründete und ausbaute. Unter den assyrischen Königen Tiglatpileser III. und Salmanassar V. kam es zur Zerstörung Israels und 722/721 v. Chr. mit der Eroberung Samarias zur endgültigen Auslöschung des Reichs Israel, das nun zur assyrischen Provinz Samaria wurde; die Bevölkerung wurde größtenteils deportiert.

2. amtlich hebräisch **Medinat Jisrael,** Staat in Asien, der im Norden an Libanon, im Nordosten an Syrien, im Osten an Jordanien, im Süden an das Rote Meer, im Südwesten an Ägypten und im Westen an das Mittelmeer grenzt.

ISRAEL. ***Balfours Versprechen***

Unter dem Einfluss der Dreyfusaffäre in Frankreich begründete der österreichische Schriftsteller und Politiker Theodor Herzl mit seiner Schrift »Der Judenstaat« (1896) die zionistische Bewegung, die auf dem 1. Zionistenkongress 1897 in Basel die Errichtung einer nationalen Heimat für die Juden in Palästina forderte. Der britische Außenminister Arthur Balfour war es schließlich, der sie in diesem Ziel bestätigte, indem er 1917 erklärte, dass Großbritannien den Wunsch der Juden nach *»einer nationalen Heimstätte in Palästina«* unterstützen werde, allerdings unter der Voraussetzung, dass *»jegliche Beeinträchtigung der bürgerlichen und religiösen Rechte in Palästina bestehender nicht-jüdischer Gemeinschaften«* unterlassen werde.

STAATSGRÜNDUNG UND ISRAELISCH-ARABISCHE KRIEGE: Mit dem Erlöschen des britischen Mandats (15. 5. 1948) wurde unter Berufung auf den Teilungsbeschluss der Vereinten Nationen durch den Nationalrat der Juden in → Palästina der unabhängige Staat Israel proklamiert, der 77 % des Landes umfasste und durch die USA und die UdSSR anerkannt wurde. Der sofortige Angriff der arabischen

Nachbarländer löste den 1. Israelisch-Arabischen Krieg (1948/49) aus. Neben dem → Nahostkonflikt zählten die Bewältigung der Masseneinwanderung und des wirtschaftlichen Ausbaus zu den Hauptaufgaben des noch jungen Staates, der bis in die 1970er-Jahre von sozialdemokratisch orientierten Regierungen geführt wurde (David Ben Gurion, Golda Meir). Die fortgesetzte aggressive politisch-militärische Haltung der arabischen Staaten und die Intensivierung des arabisch-palästinensischen Guerillakrieges ab 1955 veranlassten Israel 1956 zum 2. Israelisch-Arabischen Krieg. Die Mobilisierung des arabischen Kriegswillens durch Ägypten und Syrien seit Herbst 1966, Aktionen der → Palästinensischen Befreiungsorganisation (PLO), die Sperrung des Golfes von Akaba und der Aufmarsch ägyptischer, syrischer, saudi-arabischer und jordanischer Truppen verursachten 1967 den 3. Israelisch-Arabischen Krieg (Sechstagekrieg). Die israelische Weigerung zum Rückzug aus den in diesem Krieg besetzten Gebieten führte zum politischen Widerstand der arabischen Bevölkerung dieser Gebiete, zu terroristischen Guerillaaktionen der Befreiungsbewegungen (und massiven israelischen Gegenaktionen), zu Solidaritätserklärungen der meisten asiatischen und afrikanischen Staaten mit den Arabern sowie zum Abbruch der diplomatischen Beziehungen durch die UdSSR und fast alle anderen kommunistischen Staaten. Ein ägyptisch-syrischer Überraschungsangriff löste 1973 den 4. Israelisch-Arabischen Krieg (Jom-Kippur-Krieg) aus.

VOM ISRAELISCH-ÄGYPTISCHEN FRIEDENSVERTRAG ZUR ZWEITEN INTIFADA: Erst der Besuch des ägyptischen Staatspräsidenten Anwar as-Sadat bei Ministerpräsident Menachem Begin in Israel im November 1977 leitete eine Phase intensiver israelisch-ägyptischer Friedensgespräche ein (unter direkter Beteiligung der USA), die über die Verträge von Camp David (17. 9. 1978) am 26. 3. 1979 in einen Friedensvertrag mündeten. Darin wurden die Anerkennung der internationalen Grenzen zwischen Ägypten und dem ehemals britischen Mandat Palästina, der Abzug der israelischen Streitkräfte vom Sinai (vollständige Rückgabe der Halbinsel an Ägypten im April 1982), die Aufnahme diplomatischer Beziehungen sowie Verhandlungen mit dem Ziel einer palästinensischen Autonomie vereinbart.

Dennoch setzte Israel seine Siedlungspolitik in den besetzten Gebieten fort und erklärte 1980 ganz Jerusalem zu seiner Hauptstadt. Im Dezember 1981 annektierte Israel die seit 1967 besetzten Golanhöhen. Der ab Juni 1982 erfolgte Einmarsch der israelischen Armee in den Libanon (zur Ausschaltung der PLO) führte zu erheblichen internationalen Spannungen; der Rückzug der israelischen Truppen begann im Januar 1985. In den 1980er-Jahren wurde Israel meist von einer großen Koalition aus Israelischer Arbeitspartei und national-konservativem Likud-Block geführt. In den von Israel besetzten Gebieten Palästinas kam es 1987 zu den schwersten antiisraelischen Unruhen seit der Besetzung von 1967; am 8. 12. 1987 brach ein Aufstand (erste → Intifada) aus.

Als Folge des 2. Golfkriegs suchte Israel 1991 zu einem Ausgleich mit seinen arabischen Nachbarn zu kommen; im Oktober 1991 begann in Madrid die erste Nahost-Friedenskonferenz, an der auch die PLO unter Jasir Arafat teilnahm. Die Friedenspolitik von Ministerpräsident Itzhak Rabin führte zur Unterzeichnung des Gaza-Jericho-Abkommens am 13. 9. 1993 und des Autonomieabkommens am 4. 5. 1994, die die Bildung einer Selbstverwaltung der Palästinenser im Gazastreifen und in Jericho sowie den israelischen Rückzug aus diesen Gebieten nach sich zogen. Zwischen Israel und Jordanien wurde am 26. 10. 1994 ein Friedensvertrag unterzeichnet. Nach der Ermordung Rabins durch einen jüdischen Extremisten (1995), einer Terrorkampagne palästinensischer Friedensgegner und der Wahl Benjamin Netanjahus zum Ministerpräsidenten geriet der Friedensprozess ins Stocken. Unter Ministerpräsident Ehud Barak scheiterten weit reichende, von den USA unterstützte Friedensgespräche 2000 an der kompromisslosen Haltung der Palästinenser. Nach der Wahl Ariel Scharons zum Ministerpräsidenten kam es 2001 wieder zu einer drastischen Verschärfung des Nahostkonflikts (»zweite Intifada«). Staatspräsident ist seit 2000 Moshe Katsav.

israelisch-arabischer Konflikt, israelisch-arabische Kriege, → Nahostkonflikt.

Issos, griechisch **Issos,** lateinisch **Issus,** alte Seestadt in Kilikien, am Golf von İskenderun, Südtürkei. Issos wurde durch den Sieg Alexanders des Großen über den Perserkönig Dareios III. 333 v. Chr. bekannt.

Italien, Staat in Südeuropa, der im Norden an Frankreich, die Schweiz, Österreich und Slowenien grenzt. Zu Italien gehören Sizilien und Sardinien sowie eine Anzahl kleinerer Inseln.

VORGESCHICHTE UND ANTIKE: → Etrusker, → Römisches Reich.

VOM ENDE DES WESTRÖMISCHEN REICHES BIS ZUM ENDE DER FRÄNKISCH-DEUTSCHEN VORHERRSCHAFT (476–1260): Dem Untergang des Weströmischen Reiches (476) folgten, formell unter oströmischer (byzantinischer) Oberhoheit, die Herrschaft des Skiren Odoaker (476–493) und das Ostgotenreich (ab 493). Unter Kaiser Justinian I., dem Großen (527–565), wurde das Land (bis 552/553) in das Byzantinische Reich eingegliedert. 568 brachen die germanischen Langobarden in Oberitalien ein; ihre Landnahme beschränkte sich auf die Poebene mitsamt der Toskana (Hauptstadt Pavia) und die Herzogtümer Spoleto und

Benevent. Die gegen die langobardische Bedrohung gerichtete politische Verbindung zwischen Papst Stephan II. und dem Frankenkönig Pippin III. (751–768) begründete die Anfänge des späteren Kirchenstaates: Die →Pippinsche Schenkung (754) sicherte dem Papsttum außer Rom den Besitz des byzantinischen Ravenna zu. 774 wurde der Langobardenkönig Desiderius durch Karl den Großen unterworfen; mit dem Schutz Karls für den päpstlichen Besitz seit 800 war das erneuerte abendländische Kaisertum verbunden.

Nach dem Tod Ludwigs II., des letzten karolingischen Königs in Italien, kämpften in- und ausländische Fürsten um die Kaiserwürde und die Krone von Oberitalien und Mittelitalien (seit dem 8. Jh. »Reichsitalien« genannt). Unteritalien wurde von den Sarazenen bedroht, die im 9. Jh. Sardinien, Korsika und Sizilien eroberten. Otto I. sicherte 951 das Langobardenreich der kaiserlichen Herrschaft. Im Laufe des 11. Jh. nahmen die Normannen Unteritalien in Besitz und wurden 1059 vom Papst mit Unteritalien und Sizilien belehnt; 1127 wurden Sizilien und Unteritalien durch den Normannen Roger II., dem der Papst die Königswürde verlieh, vereint. Nach dem Investiturstreit erstarkten im 11./12. Jh. sowohl das Papsttum als auch die aufblühenden Städte (u. a. Mailand und Venedig). Die Versuche zur Wiederherstellung der Reichsgewalt und zum Ausbau der Hausmacht unter den Staufern Friedrich I. Barbarossa, Heinrich VI. und Friedrich II., der auf Sizilien einen gut organisierten Staat begründete, scheiterten mit dem Tod Konrads IV. (1254). Papst Innozenz III. (1198–1216) gelang die Vollendung des Kirchenstaats.

FRANZÖSISCHE HEGEMONIE, ZEIT DER RENAISSANCE UND SPANISCHE VORHERRSCHAFT (1260–1706): 1265 wurde Karl I. von Anjou durch Papst Klemens IV. mit dem Königreich Sizilien belehnt. Bald erwuchs eine Rivalität zwischen den Anjou in Unteritalien und den aragonesischen Herrschern von Sizilien. Nach dem Scheitern der Machtpolitik Bonifatius' VIII. und dem →Avignonesischen Exil (1309–76) erlangte der Kirchenstaat erneute Machtstellung erst unter Martin V. (1417–31). Die Herrschaftsausweitung der Stadtstaaten auf das Umland leitete einen Territorialisierungsprozess ein. Nach jahrzehntelangen Hegemoniekämpfen bestand seit dem Frieden von Lodi (1454) ein labiles Gleichgewicht des italienischen Staatensystems, dessen Hauptmächte Florenz, der Kirchenstaat, Mailand, Neapel und Venedig waren. Störfaktoren bildeten die Verbindung italienischer Staaten mit Aragonien, die Reichsrechte in Oberitalien und Mittelitalien und der französische Interventionswille. Im 15. Jh. war Italien trotz der politischen Krisen Mittelpunkt des Humanismus und der Renaissance.

Der Italienzug Karls VIII. von Frankreich (1494/95) eröffnete die Auseinandersetzungen zwischen Frankreich und dem Haus Habsburg um die Vorherrschaft in Italien. Im Zuge der Gegenoffensive gegen den 1499 erneut in Italien eingefallenen Ludwig XII. von Frankreich 1504 wurden Neapel und Sizilien (bis 1713) durch Ferdinand II. von Aragonien vereint. Die Entscheidung fiel in Italien in vier Kriegen zwischen Franz I. von Frankreich und Kaiser Karl V. zugunsten der Habsburger (Frieden von Cambrai 1529 bzw. von Cateau-Cambrésis 1559). Nach der Teilung des Hauses Österreich geriet Italien unter spanische Vorherrschaft. Seit Anfang des 17. Jh. machte sich u. a. durch die Verlagerung der Welthandelswege und der daraus resultierenden abnehmenden Bedeutung des Mittelmeers eine wirtschaftliche Rezession bemerkbar. Der wachsenden Bedrohung durch die Osmanen begegnete Venedig in den Türkenkriegen (1645–71, 1684–99).

ITALIEN. ***Verdis »Nationalhymne«***

Erst im 19. Jh. wurde das Toskanische zur italienischen Hochsprache. Vor allem Alessandro Manzoni, ein glühender Anhänger des Risorgimento, trug mit seinem 1840–42 überarbeiteten Roman »Die Verlobten« (»I promessi sposi«) zur Entstehung des modernen Italienisch bei. Theaterstücke wurden bis dahin in Neapolitanisch oder Venezianisch verfasst, die Umgangs-, oft auch die Schriftsprache der Oberschicht blieb noch lange das Französische. Über alle politische und kulturelle Zersplitterung aber triumphierte jetzt der nationale Gedanke. Die Opern Giuseppe Verdis bekunden das damit einhergehende Pathos, der Gefangenenchor aus »Nabucco« (1842): *»Va, pensiero, sull' ali dorate« (»Flieg, Gedanke, auf goldenen Flügeln«)* wurde zur geheimen Nationalhymne des sich abzeichnenden italienischen Staates.

NEUVERTEILUNG DER MACHT UND ZEIT DER REVOLUTION (1706–1815): Nach dem Aussterben der spanischen Habsburger (1700) setzte ein bourbonisch-habsburgisches Ringen um das spanische Erbe in Italien ein. Der Aachener Frieden (1748) sah die Neuregelung der Territorialverhältnisse vor: Die Habsburger herrschten in Nord- und Mittelitalien, spanische Nebenlinien der Bourbonen u. a. im Königreich Neapel-Sizilien, das Haus Savoyen u. a. im Königreich Sardinien, daneben existierten die Republiken Venedig, Genua, Lucca sowie der politisch einflusslose Kirchenstaat. In den Koalitionskriegen gegen das revolutionäre und napoleonische Frankreich seit 1792/1793 brach dieses System zusammen. 1796–99/1802 kam es zur Gründung demokratischer Republiken sowie des Königreichs Etrurien, 1805 des Königreichs Italien, 1806 des Königreichs Neapel, 1805–09 zur französischen Annexion des restlichen Italiens.

ZEIT DES RISORGIMENTO (1815–70): Auf dem →Wiener Kongress (1814/15) wurde die vornapoleonische Ordnung in Italien erneuert, der Gedanke der nationalen Einheit blieb aber lebendig. Träger der Bewegung des Risorgimento (»Wiedererstehung«) waren v.a. der Geheimbund der Carbonari und seit 1831 die von Giuseppe Mazzini gegründete Gruppe »Giovine Italia« (»Junges Italien«). Unter dem Druck liberaler und demokratischer Forderungen erhielten das »Königreich beider Sizilien«, der Kirchenstaat, die Toskana und das Königreich Sardinien Verfassungen.

Nach dem erfolglosen Krieg Sardiniens gegen Österreich 1848/49 konnte die Regierung Sardiniens unter Ministerpräsident Camillo Cavour (ab 1852) die Hilfe Napoleons III. gewinnen, der Hoffnungen auf die französische Vormachtstellung in Europa mit Sympathien für die nationalstaatlichen Bewegungen verband. Der nachfolgende Sardinisch-Französisch-Österreichische Krieg 1859 endete nach österreichischen Niederlagen mit dem von Napoleon III. vorzeitig geschlossenen Vorfrieden von Villafranca di Verona und dem Frieden von Zürich, der Sardinien zwar den Erwerb der Lombardei brachte, Österreich jedoch den Besitz von Venetien ließ. Erst im Frühjahr 1860 erreichte Cavour den durch Volksabstimmungen legitimierten Anschluss von Parma-Piacenza, Modena, der Toskana und der päpstlichen Legationen von Ferrara und Bologna. Die französische Zustimmung wurde durch die schon 1858 vereinbarte Abtretung Nizzas und Savoyens erkauft. Im Mai 1860 eroberte Giuseppe Garibaldi mit einem Freiwilligenkorps Sizilien und danach Unteritalien.

Plebiszite in den bis 1860 an das neue Italien angeschlossenen Gebieten bestätigten die staatliche Neuordnung, nämlich die schrittweise Übertragung der Verfassungs- und Verwaltungsordnung des Königreichs Sardinien auf das neue Italien. Nach ersten Parlamentswahlen im Januar 1861 wurde am 17. 5. 1861 das Königreich Italien offiziell proklamiert; König wurde Viktor Emanuel II. von Sardinien. Venetien wurde durch die Teilnahme auf preußischer Seite am Deutschen Krieg 1866 gewonnen. Der Abzug der französischen Truppen aus Rom nach Ausbruch des Deutsch-Französischen Krieges (1870/71) erlaubte die Einnahme der Stadt (20. 9. 1870); der Restkirchenstaat wurde annektiert und Rom zur Hauptstadt erklärt.

DER JUNGE ITALIENISCHE EINHEITSSTAAT, DIE ZEIT DES ERSTEN WELTKRIEGES UND DES FASCHISMUS (1870–1944/45): Die von Sardinien geprägte politische Elite der »Rechten« wurde 1876 durch die »Linke« abgelöst, die unter Agostino Depretis u.a. die Schulpflicht einführte und 1882 eine Wahlreform vornahm. Außenpolitisch schloss sich Italien 1882 dem zum Dreibund erweiterten deutsch-österreichischen Zweibund an. Die italienische Kolonialpolitik begann mit der Inbesitznahme von Eritrea (1890) und Italienisch-Somaliland (1885–1905) sowie dem 1896 gescheiterten Versuch der Eroberung Äthiopiens. Im Innern versuchte Giovanni Giolitti, der ab 1892/93 mehrfach das Amt des Ministerpräsidenten bekleidete, den politischen Katholizismus zu gewinnen und die Arbeiterbewegung gegen den Widerstand der Liberalkonservativen in die monarchische Staatsordnung zu integrieren. Er scheiterte jedoch an den innenpolitischen Auswirkungen des Italienisch-Türkischen Krieges 1911/12 (Erwerb von Tripolis, der Cyrenaika, des Dodekanes), die zu einer Spaltung der sozialistischen Partei und zu einer Stärkung der extremen Rechten und Linken führten.

1915 trat Italien auf der Seite der Entente in den Ersten Weltkrieg ein. Im Ergebnis erhielt es die Brennergrenze, Julisch-Venetien, Triest, Istrien, nicht aber, wie erhofft, Fiume (heute Rijeka), Dalmatien und Südalbanien. Die Nachkriegskrise schuf das Klima für eine gewaltsame Reaktion: Ab Ende 1920 stieg die von Benito Mussolini geführte faschistische Bewegung (→Faschismus) mit Duldung oder Unterstützung von Militär, Polizei, staatlicher Bürokratie und Justiz in wenigen Jahren zur Macht auf (Marsch auf Rom, 24. 10. 1922) und schuf in Italien ein diktatorisches Einparteiensystem. Machtpolitische Schwäche und der Aufbau des faschistischen Regimes im Innern nötigten Italien außenpolitisch – trotz seiner weit reichenden Absichten auf die Vorherrschaft im Mittelmeerraum (Besetzung Korfus 1923) – zunächst zur Mitarbeit an der von Frankreich und Großbritannien bestimmten Nachkriegsordnung. Das Ende der deutsch-französischen Verständigungspolitik und der Machtantritt Hitlers gaben Italien eine Mittlerstellung, die ihren Ausdruck im Viererpakt fand (15. 7. 1933). Nach dem italienischen Krieg gegen Äthiopien (1935/36; okkupiert bis 1941) gründeten Italien und das nationalsozialistische Deutschland die »Achse Berlin–Rom«. 1937 trat Italien dem Antikominternpakt bei und aus dem Völkerbund aus. Im Mai 1939 schloss es einen Militärpakt mit Deutschland (»Stahlpakt«).

Am 10. 6. 1940 trat Italien in den Zweiten Weltkrieg ein. Die Unfähigkeit Mussolinis, Italien angesichts schwerer Niederlagen aus dem Bündnis mit Deutschland zu lösen, führte – nach der Landung der Alliierten in Sizilien – am 24./25. 7. 1943 zu seiner Verhaftung. Die von König Viktor Emanuel III. ernannte Regierung Pietro Badoglio löste die faschistische Partei auf, schloss am Tag der Landung der Alliierten in Süditalien (3. 9. 1943) einen Waffenstillstand (verkündet am 8. 9.) und erklärte Deutschland am 13. 10. den Krieg. König und Regierung flohen nach Bari (Gründung des Regno del Sud). Der von deutschen

Fallschirmjägern befreite Mussolini gründete in Norditalien die Italienische Soziale Republik (Republik von Salò). Die seit 1942 im Untergrund neu gegründeten Parteien bildeten im September 1943 ein Nationales Befreiungskomitee, das nach der Befreiung Roms (4. 6. 1944) den durch seine Verbindung mit dem Faschismus belasteten König zur Einsetzung seines Sohnes Umberto als Statthalter zwang und die Regierung Badoglio durch ein Sechs-Parteien-Kabinett unter Ivanoe Bonomi ersetzte.

NACHKRIEGSZEIT UND REPUBLIK ITALIEN (SEIT 1944): Italien musste im Pariser Frieden (10. 2. 1947), abgesehen von seinem Kolonialbesitz, auf Istrien, Teile Julisch-Venetiens, den Dodekanes und Triest (1954 zurückgegliedert) verzichten; Südtirol und Aostatal erhielten Minderheitenrechte. Eine Volksabstimmung vom 2. 6. 1946 entschied zugunsten der Republik. Der gemäßigte Reformkurs des Führers der Christdemokraten (DC), Alcide De Gasperi, der 1945–53 in acht Kabinetten Ministerpräsident war, führte im Mai 1947 zum Ausscheiden von Kommunisten und Sozialisten aus der Regierung.

Das in der Nachkriegszeit entstandene Parteiensystem war nahezu 50 Jahre lang bestimmt einerseits durch die beherrschende Stellung der Christdemokraten (die jedoch auf die Mitarbeit der Mittelparteien und/oder der Sozialisten angewiesen waren), die bis 1981 alle Ministerpräsidenten stellten, andererseits durch eine ähnliche Stellung der Kommunisten auf der Linken. Der häufige Wechsel der Regierungen beruhte u. a. auf den Schwierigkeiten der Koalitionsbildung.

Anfang der 1990er-Jahre zeichnete sich ein fundamentaler innenpolitischer Umbruch ab: Die hohe Staatsverschuldung, das unverändert starke Gefälle zwischen Norden und Süden, besonders aber die dokumentierte Nähe führender Spitzenmanager, Beamter und Politiker (u. a. des Christdemokraten Giulio Andreotti und des Sozialisten Bettino Craxi) zum organisierten Verbrechen sowie die Mafiamorde an hohen Justizbeamten trugen zu einem massiven Glaubwürdigkeitsverlust der etablierten politischen Kräfte bei und führten zu einer tief greifenden Staatskrise. Die Kommunistische Partei, seit 1946 zweitstärkste Kraft, änderte 1991 ihren Namen in »Demokratische Partei der Linken« (PDS) und gab sich ein neues Programm. Bei den Parlamentswahlen 1992 gewannen Regionalparteien (v. a. die Lega Nord) erhebliche Stimmenzuwächse. Nach erdrutschartigen Verlusten der Christdemokraten (seit 1993 Italienische Volkspartei) und Sozialisten bei den Kommunalwahlen 1993 gewann bei den vorgezogenen Parlamentswahlen 1994 die rechtsgerichtete Allianz (»Forza Italia«) des Medienunternehmers Silvio Berlusconi die Mehrheit; nach dem Ausbleiben der von ihm zugesagten Reformen und dem Vorwurf der Verquickung von staatlicher Macht und politischer Berichterstattung musste Berlusconi jedoch noch im gleichen Jahr vom Amt des Ministerpräsidenten zurücktreten. 1996–2000 wurde Italien von Kabinetten des Mitte-links-Bündnisses »Ulivo« (»Olivenbaum«) unter den Ministerpräsidenten Romano Prodi und Massimo D'Alema regiert. Nach den Parlamentswahlen von 2001 wurde erneut Berlusconi Ministerpräsident.

Iwan IV., genannt der Schreckliche (russisch Grosnyj, eigentlich »der Gestrenge«, der »Furcht Gebietende«), Großfürst (seit 1533) und Zar von Russland (seit 1547), * Kolomenskoje 25. 8. 1530, † Moskau 18. 3. 1584. Iwan IV. kam nach dem Tod seines Vaters, Wassilij III., mit drei Jahren auf den Thron. Misstrauisch bis zum Verfolgungswahn, neigte der erwachsene Zar zu brutalen Strafgerichten und erschlug seinen ältesten Sohn in einem Wutanfall (1581). Iwan war zugleich einer der gebildetsten Russen seiner Zeit. 1547 nahm er als erster Moskauer Herrscher den Titel »Zar« an. Seine Reformen von Verwaltung, Rechtswesen, Kirche und Armee waren v. a. auf eine Stärkung der Zentralgewalt gerichtet. Seit der Auflösung des »Auserwählten Rates« 1560 leitete er selbst die Regierungsgeschäfte. 1565 schuf er eine ihm direkt unterstellte militärische Truppe (Opritschnina), der er die Verwaltung eines Teiles des Landes überließ und mit deren Hilfe er den alten Adel dezimierte. Gleichzeitig stärkte und förderte er den Kleinadel zur staatstragenden Schicht. Seine Expansionsbestrebungen waren nach Osten gerichtet: Er eroberte die Khanate Kasan (1552) und Astrachan (1556) und konnte seinen Einfluss auch nach Sibirien ausdehnen; 1571 musste er jedoch die Zerstörung Moskaus durch die Tataren hinnehmen. 1558 fiel er in Livland ein, um einen Zugang zur Ostsee zu erkämpfen, doch brachte ihn diese erfolglose Aktion in Gegensatz zu Polen-Litauen und Schweden. Bald nach seinem Tod kam es zu einer schweren Krise des Staates (Zeit der Wirren), die u. a. durch Machtkämpfe zwischen Hocharistokratie und Dienstadel gekennzeichnet war und zum Auftreten falscher Thronanwärter führte.

IWAN IV.
***1530 †1584**

kam im Alter von drei Jahren auf den Thron

nahm als erster Moskauer Herrscher den Titel »Zar« an

erweiterte den Einflussbereich Moskaus nach Osten

dezimierte mithilfe einer Sondertruppe auf äußerst blutige Weise den alten Adel

Jackson ['dʒæksn], Andrew, 7. Präsident der USA (1829–37), * Waxhaw (S.C.) 15. 3. 1767, † The Hermitage (Tenn.) 8. 6. 1845; Anwalt, Bodenspekulant und Pflanzer in Tennessee. Nach wechselhafter politischer Karriere mit Stationen als Bundessenator (1797/98) und Richter am Obersten Gericht von Tennessee (1798–1804) und seiner Wahl zum Generalmajor der Miliz von Tennessee (1802) gewann Jackson in Kämpfen gegen die Indianer – so 1814 Sieg über die Creek in der Schlacht von Horsehoe Bend – und durch die Verteidigung von New Orleans gegen die Engländer (8. 1. 1815) nationalen Ruhm. Dieser wurde durch kühne, jedoch umstrittene Unternehmungen gegen das spanische Florida, nämlich die Unterwerfung der Seminolen und die Besetzung von Pensacola 1817/18, noch gesteigert.

Nachdem Jacksons erste Präsidentschaftskandidatur 1824 gescheitert war, wurde er 1828 und 1832 als Vertreter einer von agrarisch-kleinbürgerlichen Interessen besonders im Westen getragenen demokratisch-liberalen Bewegung zum Präsidenten gewählt (»Jacksonian democracy«). Anstelle der internen Entwicklungspolitik und des Zollprotektionismus seiner Vorgänger verfolgte Jackson eine nicht immer konsequente, gemäßigt liberale und antimonopolistische Linie. Partikularistischen Bestrebungen der Südstaaten trat er mit Nachdruck entgegen. Die Zerstörung der mächtigen Nationalbank trug allerdings wesentlich zur Finanzkrise von 1837 bei. Weder sein Regierungsstil noch seine aggressive Indianerpolitik, deren Ergebnis die Zwangsumsiedlung der im Südosten alteingesessenen »Fünf Zivilisierten Stämme« in das Gebiet westlich des Mississippi war, schadeten seinem Ansehen als Symbol seiner Zeit und demokratischem Führer.

Andrew Jackson

Jagiełło [ja'gjɛu̯u̯ɔ, poln.], litauisch **Jogaila,** Großfürst von Litauen (seit 1377) und als Władysław II. König von Polen (seit 1386), * um 1351, † Gródek (Woiwodschaft Białystok) 1. 6. 1434; folgte seinem Vater Algirdas als Großfürst. 1385 schloss Jagiełło mit Polen die Union von Krewo und bestieg nach seinem Übertritt zum Christentum und seiner Vermählung mit der polnischen Thronerbin Hedwig den Thron; die Großfürstenwürde von Litauen überließ er seinem Vetter Witold. Durch den Sieg über den Deutschen Orden in der Schlacht bei Tannenberg (1410) gewann er im 1. Thorner Frieden (1411) das 1398 verlorene Schamaiten (Samogitien) zurück. 1400 reorganisierte er die Universität von Krakau (gegründet 1364), die seitdem nach ihm als Jagiellonische Universität bezeichnet wird. Nach ihm wurde die litauisch-polnische Dynastie der Jagiellonen benannt, die in Litauen und Polen 1377/86–1572, in Böhmen 1471–1526 und in Ungarn 1440–44 sowie 1490–1526 regierte und zeitweilig schärfster Rivale der Habsburger bei der Erlangung der politischen Führung im christlichen Osteuropa war.

Jakob I.
König von England

Jahn, Friedrich Ludwig, genannt Turnvater Jahn, deutscher Pädagoge und Politiker, * Lanz (bei Perleberg) 11. 8. 1778, † Freyburg (Unstrut) 15. 10. 1852; Gründer der deutschen Turnbewegung. Jahns Bedeutung liegt besonders in der Entwicklung des Turnens, in dem er eine Möglichkeit sah, während der napoleonischen Herrschaft die physische und moralische Kraft des Volkes zu stärken. Nach 1815 geriet Jahn in Gegensatz zum restaurativen Regime. 1848 wurde er in die Deutsche Nationalversammlung gewählt.

Jakob I., König von England (seit 1603), als Jakob VI. König von Schottland (seit 1567), * Edinburgh 19. 6. 1566, † Theobalds Park (bei London) 27. 3. 1625; Sohn der Maria Stuart und Lord Darnleys. Jakob wurde nach der erzwungenen Abdankung seiner Mutter im Alter von einem Jahr König von Schottland und nach dem Tod Elisabeths I. von England, die ihn zum Nachfolger bestimmt hatte, erster König von England aus dem Hause Stuart. Damit vereinigte er England und Schottland (nominell auch Irland) in Personalunion. Jakob, ein entschiedener Vertreter eines absoluten Königtums, stützte sich besonders auf die anglikanische Staatskirche gegenüber den Presbyterianern; die Aussöhnung mit den Katholiken vereitelte die → Pulververschwörung. Jakob förderte die Übersetzung der Bibel in die englische Sprache. Sein Sohn und Nachfolger war Karl I.

Jakob II., König von England (1685–88), als Jakob VII. König von Schottland, * London 14. 10. 1633, † Saint-Germain-en-Laye 16. 9. 1701; zweiter Sohn Karls I., vor der Thronbesteigung Herzog von York. Im Bürgerkrieg 1646 wurde Jakob von den Parlamentstruppen gefangen genommen, entkam aber 1648 ins Ausland. Unter der Regierung seines Bruders Karl II. befehligte er mit Erfolg die englische Flotte gegen die Niederlande. Von seiner ersten (protestantischen) Gemahlin Anna Hyde hatte er zwei Töchter, die späteren Königinnen Maria II. und Anna. 1672 trat Jakob zum Katholizismus über, 1679–82 war er verbannt. Da er als König die Wiederherstellung des Katholizismus in England betrieb, rief das Parlament 1688 Wilhelm von Oranien, den Schwiegersohn Jakobs, nach England; Jakob floh nach Frankreich und wurde vom Parlament für abgesetzt erklärt (→ Glorreiche Revolution). Der Versuch, mit französischer Hilfe von Irland aus seinen Thron zurückzuerobern, endete 1690 mit der Niederlage am Boyne. Jakobs Sohn aus seiner zweiten Ehe, Jakob Eduard, scheiterte 1708 und 1715/16 bei Unternehmungen zur Wiedergewinnung des Throns, ebenso sein Enkel Karl Eduard.

Jakobiner, Mitglieder des wichtigsten politischen Klubs der → Französischen Revolution, benannt nach ihrem Tagungsort, dem Dominikanerkloster Saint-Jacques in Paris. Der Klub wurde im Mai 1789 von bretonischen Delegierten als »Club breton« gegründet und nahm im November 1789 den Namen »Société des amis de la constitution« (»Gesellschaft der Verfassungsfreunde«) an; der Klub umfasste alle »Patrioten«. Auch in den Provinzen entstanden zahlreiche Jakobinerklubs.

Nach dem Ausscheiden der Gemäßigten, die an der konstitutionellen Monarchie festhielten (Feuillants), wurde der Klub seit Sommer 1791 zum Stoßtrupp der Republikaner. Er war zunächst von den →Girondisten beherrscht, deren radikaldemokratische Gegner aber zunehmend an Bedeutung gewannen, sodass diese in ihm wie auch im Konvent die Girondisten verdrängen konnten. Unter der Führung von Maximilien de Robespierre organisierten die Jakobiner die »Schreckensherrschaft« (»Terreur«, 1793/94). Nach Robespierres Sturz wurde der Jakobinerklub am 11. 11. 1794 geschlossen.

Jalta-Konferenz, Krim-Konferenz, Gipfelkonferenz in Jalta (4.–11. 2. 1945), auf der sich Stalin, Franklin D. Roosevelt und Winston Churchill über das militärisch-politische Vorgehen in der Schlussphase des Zweiten Weltkrieges einigten. Zudem stimmten sie sich über Vorfragen der Gründung der Vereinten Nationen wie den Abstimmungsmodus und das Vetorecht im Sicherheitsrat und die Aufnahme der Ukraine sowie Weißrusslands als selbstständige Mitglieder ab.

Eine »Erklärung über das befreite Europa« wurde angenommen. Die Bildung einer Provisorischen Polnischen Regierung der Nationalen Einheit durch Aufnahme demokratischer Politiker der Londoner Exilregierung in die kommunistische Regierung und baldige freie Wahlen wurden vereinbart, als polnische Ostgrenze die →Curzon-Linie festgelegt und Polen Entschädigung durch deutsches Territorium (→Oder-Neiße-Linie) zugesagt. Die Grundzüge der Besatzungspolitik für Deutschland wurden beschlossen: Entwaffnung, Entmilitarisierung, Entnazifizierung, Einteilung in vier Besatzungszonen mit einem gemeinsamen Kontrollrat unter Beteiligung Frankreichs. Weiterhin bestand die Absicht, Deutschland aufzuteilen. Der von Stalin erhobene Anspruch auf deutsche Kriegsentschädigung durch Lieferungen im Wert von 20 Milliarden Dollar wurde nicht angenommen, aber zur Verhandlungsgrundlage für eine Reparationskommission gemacht.

In einer Geheimabsprache erhielt die Sowjetunion gegen die Verpflichtung, zwei bis drei Monate nach der deutschen Kapitulation in den Krieg gegen Japan einzutreten und ein Bündnis mit China einzugehen, territoriale und politische Zugeständnisse. Für den späteren →Ost-West-Konflikt waren die Ergebnisse der Jalta-Konferenz von großer Bedeutung.

Jalta-Konferenz. Winston Churchill, Franklin D. Roosevelt und Stalin 1945 vor der ehemaligen Sommerresidenz des Zaren in Jalta

Janitscharen [türk. yeniçeri »neue Streitmacht«, »neue Truppe«], türkische Fußtruppe, die angeblich schon seit 1329 bestand, wahrscheinlich jedoch erst seit 1362/63 aus zum Islam übergetretenen christlichen Kriegsgefangenen gebildet und durch die so genannte Knabenlese ergänzt wurde. In Konstantinopel und in den großen Städten des türkischen Reiches stationiert, bildeten sie als Elitetruppe den Kern des Heeres (10 000 Mann, später zeitweise bis auf 100 000 Mann verstärkt) und waren eng mit dem Bektaschi-Orden verbunden. 1826 wurden sie mit der Heeresreform Mahmuds II. gewaltsam aufgelöst.

Jansenismus, eine von Cornelius Jansen ausgehende katholische Reformbewegung im 17./18. Jh., die v. a. Frankreichs Theologie und Spiritualität stark geprägt hat. Jansen, seit 1636 Bischof von Ypern, hatte in seinem Werk »Augustinus« (1640) eine Gnadenlehre entwickelt, die die göttliche Gnade als »unwiderstehliche« und »immer siegreiche« verstand, der gegenüber dem freien Willen des Menschen kaum noch eine Bedeutung zukomme. Dieses Gnadenverständnis hatte eine religiös-asketische Verinnerlichung der Spiritualität und einen moralischen Rigorismus zur Folge.

Jakob II. König von England

Schon 1642 war Jansens »Augustinus« von Urban VIII. verurteilt worden. 1653 verwarf Innozenz X. fünf »Propositionen«, eine Art Quintessenz des »Augustinus«, als häretisch. Die französischen Jansenisten leugneten, dass die »Propositionen« der Lehre Jansens entsprächen, und waren lediglich zu einem »Silentium obsequiosum« (»ehrerbietigem Schweigen«) bereit.

Schwere Zusammenstöße folgten auf die Bulle Klemens XI. (»Vineam Domini«, 1705), in der »ehrerbietiges Schweigen« für ungenügend erklärt wurde. Klemens XI. veröffentlichte 1713 die Bulle »Unigenitus«, in der 101 jansenistisch gefärbte Thesen verurteilt wurden. Ab etwa 1730 wurde der Widerstand der Jansenisten mehr und mehr gebrochen. Es kam zu einer allmählichen Integration jansenistischer Vorstellungen in das Leben der katholischen Kirche Frankreichs.

Der Jansenismus fand erhebliche Verbreitung in den Niederlanden, in Italien (Synode von Pistoia, 1786) und Österreich, kaum aber in Deutschland.

JAPAN. ***Von der Außenwelt abgeschottet***

Schon zu Beginn der Tokugawa-Periode (1615–1868) begannen die Regenten Japans, den Einfluss der europäischen Missionare zu fürchten. Den Verfügungen gegen die Christen aus den Jahren 1611–14 folgten zahlreiche drastische Dekrete. Die Niederschlagung des Aufstands von Shimabara (1637/38), der von unklaren christlichen Idealen inspiriert schien, geriet zum Blutbad: Von 37 000 revoltierenden Christen überlebten nur etwa 100. Die Isolationsgesetzte wurden nun erheblich verschärft. Nur wenigen Christen und einer Hand voll Holländern war es erlaubt, in einer Niederlassung auf der Insel Deshima vor Nagasaki zu leben. Der intellektuelle und materielle Austausch mit der Außenwelt blieb von jetzt an den Japanern versagt – zweihundert Jahre lang bis 1854!

Japan, Nippon, amtlich japanisch in lateinischen Buchstaben **Nihon Koku** [»Land der aufgehenden Sonne«], Staat in Asien, der die zwischen Ochotskischem und Ostchinesischem Meer vor der asiatischen Festlandküste gelegene Inselkette mit den Hauptinseln Honshū, Hokkaidō, Kyūshū und Shikoku umfasst.

DAS ZEITALTER DES ABSOLUTISMUS UND DIE HERRSCHAFT DER SHOGUNE (600–1868): Bis um 400 n. Chr. vereinigten sich die japanischen Teilstaaten zum Staat Yamato. Der Buddhismus wurde um 600 Staatsreligion; ein 604 verkündeter kaiserlicher Kodex gab die theoretische Begründung eines »Kaisers« und »Himmelssohnes« als absolutes, göttlich legitimiertes Staatsoberhaupt. Durch die Taika-Reform (646) wurde der Kaiser (Tenno) alleiniger Eigentümer des gesamten Bodens; an die Stelle des lose gefügten Geschlechterverbandes trat ein straff organisierter kaiserlicher Beamtenstaat. 710 wurde die erste ständige Hauptstadt Heijō-Kyō (heute Nara) errichtet (784 nach Nagaoka, 794 nach Heian-Kyō [heute Kyōto] verlegt). Unter Kaiser Kammu (781–806) erreichten Macht und Ansehen des Throns ihren Höhepunkt. Bald jedoch wurde die kaiserliche Macht durch den Aufstieg des mit erblichem Landbesitz und steuerfreien Lehen ausgestatteten Hofadels in den Hintergrund gedrängt. Als mächtigste Familie übernahmen die Fujiwara seit Mitte des 9. Jh. die Vormundschaftsregierung für den Tenno. Die Kaiser versuchten sich der Vormundschaft durch Abdankung zu entziehen und als Exkaiser den Staat zu lenken. Sie waren jedoch auf die Hilfe der Kriegergeschlechter bei militärischen Unternehmungen angewiesen, wodurch diese an Macht gewannen.

Die wichtige Rolle, die die Militäraristokratie aus den Provinzen (Bushi oder Samurai) in den Staatsgeschäften zu spielen begann, und das Entstehen einer zentralen Militärbehörde mit weiten Machtbefugnissen im zivilen Bereich (Shōgunat) bewirkten gegen Ende des 12. Jh. grundlegende Veränderungen in der japanischen Gesellschaft und ihrer Regierungsform. Zur Umgehung des Hofes errichteten die Shōgune (Kronfeldherren) in Kamakura ein neues Militärhauptquartier.

Mit der Errichtung des erblichen Tokugawa- oder Edoshōgunats (1603–1867) durch Tokugawa Ieyasu begann eine Friedensperiode, in der Verwaltung und Lehnswesen neu geordnet wurden. Der wirtschaftliche Aufstieg ließ eine städtisch-bürgerliche Kultur entstehen. Die Bevölkerung war in vier Stände gegliedert: die schwerttragenden Samurai (Staats- und Kriegsdienst, Priester, Gelehrte, Ärzte, Künstler); Bauern, die ihr Land pachteten und beträchtliche Abgaben zu entrichten hatten; Handwerker; Kaufleute. Den Versuchen auswärtiger Mächte, Zutritt in das Land zu erhalten, setzte Japan Widerstand entgegen. Erst als 1853 ein amerikanisches Geschwader in der Tokiobucht erschien, war die japanische Regierung zu Verhandlungen bereit. Dem erzwungenen Freundschafts- und Handelsvertrag von Kanagawa (1854) folgten ähnliche Verträge mit den europäischen Großmächten. In Japan verbreitete sich eine fremdenfeindliche Stimmung, die in schweren Auseinandersetzungen gipfelte.

VON DER MEIJIREFORM ZUM ZWEITEN WELTKRIEG: Der letzte Shōgun trat 1867 zurück; Kaiser Meiji (1867/68–1912) bildete eine provisorische Regierung, führte umfassende Reformen durch und verlegte die Hauptstadt 1869 nach Edo (heute Tokio). Mit der Auflösung der Territorialherrschaften entstand anstelle des Feudalstaates eine absolute Monarchie. Heerwesen, Justiz und Verwaltung wurden nach europäischem Vorbild umgestaltet, Technik und kapitalistische Organisationsformen in kürzester Zeit übernommen. Der Schlussstein dieser Meijireform (Meiji »aufgeklärte Regierung«) war die Einführung einer neuen Verfassung (1889), die Japan zur konstitutionellen Monarchie (jedoch mit noch sehr beschränktem Zensuswahlrecht) machte. 1890 wurde das erste Parlament einberufen. Außenpolitisch verschärften sich die Spannungen mit China bis zum Krieg (1894/95), den Japan gewann. China musste u. a. Taiwan und die Pescadoresinseln abtreten. 1899 wurden die letzten Exterritorialrechte in Japan aufgehoben. Nach seinem Sieg im Russisch-Japanischen Krieg (1904/05) konnte Japan seine Machtposition in Ostasien ausbauen (1910 Annexion Koreas, Einflusszone in der Mandschurei). Im Ersten Weltkrieg erweiterte Japan als Verbündeter Großbritanniens seine Außenmärkte und wurde danach Mitglied des Völkerbunds.

1931 kam es auf Betreiben der Militärs zum Mandschureikonflikt; da die Konstituierung des von Japan abhängigen Staates Mandschukuo (1932) international nicht anerkannt wurde, trat Japan 1933 aus dem Völkerbund aus. Ende 1934 kündigte es das Washingtoner Flottenabkommen zum 31. 12. 1936, erklärte seinen Austritt aus der Londoner Abrüstungskonferenz (1936) und unterzeichnete 1936 den Antikominternpakt mit Deutschland. Extremistische Offiziere nutzten eine Schießerei zwischen chinesischen und japanischen Truppen bei Peking (7. 7. 1937), um China den Krieg zu erklären. 1938/39 kam es zu Zusammenstößen zwischen japanischen und sowjetischen Truppen im mandschurisch-mongolischen Grenzgebiet.

Mit dem Angriff auf Pearl Harbor (1941) und der Kriegserklärung an die USA und Großbritannien trat Japan in den Zweiten Weltkrieg ein. Die japanische Großoffensive kam jedoch in der Seeschlacht bei den Midway Islands (4.–7. 6. 1942) und bei den Kämpfen auf Guadalcanal (bis Februar 1943) völlig zum Erliegen. Nach Landungen der Alliierten auf Iwo Jima und Okinawa (1945) war der Krieg für Japan verloren. Nach den Atombombenabwürfen auf Hiroshima und Nagasaki (6. und 9. 8. 1945) sowie der sowjetischen Kriegserklärung (8. 8. 1945) kapitulierte Japan am 14. 8. 1945 bedingungslos und musste sich einer Militärregierung unter dem amerikanischen General Douglas MacArthur unterstellen.

JAPAN SEIT 1945: Die von den USA geforderten Reformen begannen mit einer Rede Kaiser Hirohitos, in der er die altjapanische Auffassung von der Göttlichkeit des Kaisers verneinte. 1947 trat eine neue Verfassung in Kraft; die auf amerikanischen Druck durchgeführte Demokratisierung wurde durch die Einführung einer parlamentarischen Regierungsform vollendet. Bereits 1948 veranlasste die Verschärfung des Kalten Kriegs die USA, Japan gegen eine mögliche kommunistische Aggression zu stärken. Am 8. 9. 1951 schlossen 48 Nationen (außer der UdSSR) in San Francisco einen Friedensvertrag mit Japan, der durch einen Sicherheitsvertrag mit den USA (1960 neuer Vertrag; 1972 Rückgabe Okinawas an Japan) ergänzt wurde. Nach Beendigung der Okkupationszeit fanden 1952 erste Wahlen zum Parlament statt. 1956 wurde durch eine japanisch-sowjetische Erklärung der Kriegszustand zwischen beiden Ländern beendet. Im gleichen Jahr wurde Japan Mitglied der UN. Das Verhältnis zu China normalisierte sich mit der Aufnahme diplomatischer Beziehungen (1970) und der Unterzeichnung eines Friedensvertrages (1978).

Die Parteienlandschaft Japans war gekennzeichnet durch eine jahrzehntelange Dominanz der konservativ ausgerichteten Liberaldemokratischen Partei (LDP), die seit Mitte der 1950er-Jahre die Ministerpräsidenten stellte und Japans Weg zum »Wirtschaftswunderland« maßgeblich mitbestimmte. Infolge ihrer Zerrissenheit und des Lockheed-Bestechungsskandals verlor die LDP 1976 ihre absolute Mehrheit, konnte sie jedoch 1980 zurückgewinnen. Nachfolger des 1989 gestorbenen Kaisers Hirohito wurde Kronprinz Akihito (Inthronisation am 12. 11. 1990). Nachdem die LDP ihre absolute Mehrheit im Parlament bei Wahlen wieder verloren hatte, wurde 1993 erstmals seit 38 Jahren wieder eine Regierung ohne die LDP gebildet. 1994 kehrte die LDP in einer Dreierkoalition unter sozialdemokratischer Führung an die Macht zurück. Die 1990er-Jahre waren bestimmt vom häufigen Wechsel im Amt des Ministerpräsidenten sowie vom Einbruch der wirtschaftlichen Leistungsfähigkeit Japans und anderer marktwirtschaftlich organisierten Länder Ostasiens.

Jaruzẹlski [-z-], Wojciech, polnischer Politiker, *Kurów (Woiwodschaft Lublin) 6. 7. 1923; gehörte seit 1943 den im Rahmen der sowjetischen Streitkräfte kämpfenden polnischen Einheiten an. Nach dem Zweiten Weltkrieg stieg er in die Führung der »Polnischen Volksarmee« auf. 1968–83 war Jaruzelski Verteidigungsminister, 1981–85 Ministerpräsident und 1981–89 Erster Sekretär des Zentralkomitees der kommunistischen Polnischen Vereinigten Arbeiterpartei (PZPR). Jaruzelski verhängte angesichts der sich in Polen zuspitzenden innenpolitischen Krise und einer befürchteten sowjetischen Militärintervention am 13. 12. 1981 das Kriegsrecht in Polen (bis 1983) und verbot die Gewerkschaft Solidarność. Zahlreiche ihrer Aktivisten wurden interniert.

Wojciech Jaruzelski

1981–83 stand Jaruzelski an der Spitze eines »Militärrates der Nationalen Rettung«. Er versuchte erfolglos, durch vorsichtige Reformen die innenpolitische Lage zu entspannen. 1985–89 war er Vorsitzender des Staatsrats, 1989/90 Staatspräsident. Ein gegen ihn wegen der Vernichtung von Protokollen von Politbürositzungen eingeleitetes Untersuchungsverfahren und ein wegen seiner Mitverantwortung für die blutige Niederschlagung von Arbeiterprotesten 1970 angestrengter Gerichtsprozess wurden eingestellt.

Jaurès [ʒɔˈrɛs], Jean, französischer Sozialist, *Castres 3. 9. 1859, † (ermordet) Paris 31. 7. 1914. Jaurès war 1883–85 Professor für Philosophie in Toulouse und vertrat 1885–89 die Linksrepublikaner, 1893–98 die Sozialisten im Parlament. Als glänzender Redner gewann er

JEANNE D'ARC
*** zwischen 1410 und 1412 † 1431**

fühlte sich durch »Stimmen« berufen, Frankreich zu retten

führte die Wende im Krieg gegen England herbei

wurde als Ketzerin verbrannt

ist bis heute französische Nationalheldin

großes Ansehen; u.a. forderte er die Revision des Dreyfusprozesses (→Dreyfusaffäre). 1904 gründete er die Zeitung »L'Humanité«. Verschärfte soziale Spannungen, Meinungsverschiedenheiten über Sozialgesetzgebung und Streikfrage sowie seine pazifistische Haltung und weit gehende Verständigungsbereitschaft gegenüber dem Deutschen Reich führten ab 1907 zu Auseinandersetzungen mit den bürgerlichen Parteien und den Regierungen Georges Clemenceau und Aristide Briand. Jaurès wurde kurz vor Ausbruch des Ersten Weltkrieges von einem nationalistischen Fanatiker ermordet und 1924 im Panthéon beigesetzt.

Jay [dʒeɪ], John, amerikanischer Politiker, *New York 12. 12. 1745, †Bedford (N. Y.) 17. 5. 1829; Rechtsanwalt. Jay war ein entschiedener, aber konservativer Führer der Unabhängigkeitsbewegung. Als Mitglied der Friedensverhandlungsdelegation (1782/83, mit Benjamin Franklin und Jay Adams) und als Staatssekretär des Auswärtigen (1784–90) wurde er zum Verfechter einer starken Bundesgewalt. 1789–95 wurde Jay erster Oberster Bundesrichter der USA und schloss 1794 den nach ihm benannten Vertrag mit Großbritannien, der zur definitiven Räumung des Nordwestterritoriums durch die Engländer, zur Erledigung der beiderseitigen Entschädigungsansprüche und zur Einräumung der Meistbegünstigung im Handel führte. Da ein wirksamer Schutz gegen britische Übergriffe auf hoher See nicht erzielt wurde, stieß der Vertrag auf heftige Kritik. 1795–1801 war Jay Gouverneur von New York.

Thomas Jefferson

Jeanne d'Arc [ʒan'dark], **Johanna von Orléans** [-ɔrle'ɑ̃], Selbstbenennung **Jeanne la Pucelle** [-py'sɛl], daher **Jungfrau von Orléans,** französische Nationalheldin, *Domrémy-la-Pucelle zwischen 1410 und 1412, †Rouen 30. 5. 1431; Tochter wohlhabender Landleute; fühlte sich während des →Hundertjährigen Krieg durch »Stimmen« berufen, den Dauphin (Karl VII.) nach Reims zur Krönung zu führen und Frankreich von den Engländern zu befreien. Am 25. 2. 1429 wurde sie von Karl im Schloss Chinon empfangen; von ihm erhielt sie die Erlaubnis, in Männerkleidung und bewaffnet das französische Heer zu begleiten. Durch ihren Einfluss gelang dem Heer die Aufhebung der englischen Belagerung von Orléans (8. 5. 1429), die zur entscheidenden Wendung des Krieges gegen England führte. Nach dem glänzenden Sieg bei Patay (18. 6.) kam es zur Krönung Karls in Reims (17. 7.). In den weiteren Kämpfen hatte Jeanne d'Arc weniger Erfolg. Am 23. 5. 1430 geriet sie bei Compiègne in die Gefangenschaft der Burgunder, die mit den Engländern verbündet waren und sie diesen auslieferten. Der französische Hof tat nichts für sie. Sie wurde nach Rouen gebracht, von einem geistlichen Gericht unter der Leitung des Bischofs von Beauvais als Zauberin und Ketzerin zunächst zu lebenslänglicher Haft verurteilt, dann nach Rücknahme des ihr abgepressten Widerrufs einem weltlichen Gericht ausgeliefert und als rückfällige Ketzerin auf dem Scheiterhaufen verbrannt.

Die Zeitgenossen verehrten sie bereits als Heldin, ihre Verurteilung wurde 1456 kirchlich aufgehoben. 1909 wurde sie selig, 1920 heilig gesprochen und zur zweiten Patronin Frankreichs erklärt.

Jefferson ['dʒefəsn], Thomas, 3. Präsident der USA (1801–09), *Shadwell (Va.) 13. 4. 1743, †Monticello (Va.) 4. 7. 1826; Rechtsanwalt und Pflanzer. Als Mitglied des Abgeordnetenhauses von Virginia (seit 1769) und des Kontinentalkongresses (1775–76, 1783) war Jefferson einer der Führer der Unabhängigkeitsbewegung gegen Großbritannien. Da er mit einer wirkungsvollen Flugschrift (»A summary view of the rights of British America«, 1774) hervorgetreten war, übertrug ihm der Kongress die Formulierung der Unabhängigkeitserklärung vom 4. 7. 1776. In Virginia wirkte Jefferson als Abgeordneter und als Gouverneur (1779–81) für die Abschaffung sozialer Vorrechte, die Trennung von Kirche und Staat und – ohne Erfolg – für ein öffentliches Bildungswesen.

Jeffersons am englischen Recht, am antiken Republikanismus und am Individualismus der Aufklärung orientiertes Staatsdenken erfuhr durch seinen Aufenthalt als Gesandter in Frankreich (1784–89) sowie während seiner Tätigkeit als Außenminister (1790–93) und Vizepräsident (1797–1801) im Gegensatz zu der von Alexander Hamilton bestimmten Politik der →Federalists seine äußerste Steigerung. Die von Jefferson geschickt parteimäßig organisierte Opposition, die besonders die Rechte der Einzelstaaten gegenüber der Bundesgewalt betonte, brachte ihm in der als »Revolution von 1800« empfundenen Wahl die Präsidentschaft. Jefferson erwies sich als visionärer Regierungschef, der insbesondere die Ausdehung der USA nach Westen förderte (Kauf des Louisiana-Gebiets von Frankreich, 1803).

BORIS JELZIN
*** 1931**

stieg in der Breschnew-Ära in der Hierarchie der KPdSU auf

wurde zunächst von Michail Gorbatschow gefördert

amtierte 1990–99 als Präsident Russlands

entmachtete die KPdSU

wandelte sich vom Reformer zum selbstherrlichen Politiker

Jelzin ['je-], Boris, russischer Politiker, *Butka (Gebiet Swerdlowsk) 1. 2. 1931; Bauingenieur; war 1976–85 Erster Sekretär des Gebietsparteikomitees von Swerdlowsk (heute Jekaterinburg); wurde 1989 Abgeordneter des Kongresses der Volksdeputierten und Mitglied des Obersten Sowjets der UdSSR. Nach dem Amtsantritt Michail Gorbatschows als Generalsekretär des Zentralkomitees der Kommunistischen Partei der Sowjetunion (KPdSU) erfolgte Jelzins rascher Aufstieg innerhalb der Spitzengremien der Partei. Als vehementer Verfechter der Politik der →Perestroika kritisierte er bald deren schleppende Realisierung und geriet als Radikalreformer zunehmend in Gegensatz zu Gorbat-

Boris Jelzin. Aus der ersten demokratischen Präsidentenwahl in Russland 1991 ging Jelzin als klarer Sieger hervor.

schow und dessen Politik, was 1987/88 zum Verlust seiner Ämter führte. In seiner Amtszeit als Vorsitzender des russischen Obersten Sowjets (Staatsoberhaupt der RSFSR, 1990/91) erklärte Russland am 12. 6. 1990 die Souveränität Russlands.

Nach Einführung des Präsidialsystems wurde Jelzin am 12. 6. 1991 zum Präsidenten Russlands gewählt. Er ließ den Putsch orthodox-kommunistischer Kräfte im August 1991 scheitern und entmachtete die KPdSU; im Dezember 1991 war er führend an der Gründung der →Gemeinschaft Unabhängiger Staaten (GUS) beteiligt. 1992 setzte Jelzin für das Gebiet der Russischen Föderation den Abschluss eines Föderationsvertrages durch. 1993 ließ er durch die Armee einen Aufstand altkommunistischer und nationalistischer Kräfte niederschlagen und erreichte kurz darauf die Annahme einer neuen, den Staatspräsidenten mit mehr Macht ausstattenden Verfassung. 1994 veranlasste er eine Militärintervention in dem nach Unabhängigkeit strebenden Tschetschenien; nach dem Scheitern der gewaltsamen Wiedereingliederung der Kaukasusrepublik befahl er 1996 den Rückzug der russischen Truppen. Bei den Präsidentschaftswahlen 1996 konnte er sich erst in den Stichwahlen gegen den Kommunisten Gennadij Sjuganow durchsetzen. Außenpolitisch erreichte Jelzin 1996 Russlands Aufnahme in den Europarat, wandte sich jedoch mehrfach gegen eine Osterweiterung der NATO. Den von ihm im August 1999 als Ministerpräsidenten eingesetzten Wladimir Putin unterstützte Jelzin in dessen hartem Kurs in der neuerlichen Krise um Tschetschenien, gegen das Russland 1999 eine weitere Militäroffensive einleitete. Am 31. 12. 1999 trat der gesundheitlich stark angeschlagene Jelzin vorzeitig als Staatspräsident zurück und übergab die Amtsgeschäfte Putin, von dem er sich per Dekret u. a. Immunität vor eventueller Strafverfolgung zusichern ließ.

Jena und Auerstedt, Doppelschlacht von, am 14. 10. 1806 geschlagene Schlacht, in der die von Herzog Karl Wilhelm Ferdinand von Braunschweig geführten preußischen Truppen dem französischen Heer Napoleons I. unterlagen. Diese militärische Katastrophe leitete den Zusammenbruch des friderizianischen Staatswesens in Preußen ein.

Jerez de la Frontera [xeˈreð ðe la frɔnˈtera], **Schlacht bei,** 711 am Río Barbate geschlagene Schlacht, in der die Westgoten unter König Roderich von den Arabern besiegt wurden. Dieser Sieg hatte den Zusammenbruch des Westgotenreichs und die islamische Unterwerfung des größten Teils der Iberischen Halbinsel zur Folge.

Jérôme [ʒeˈroːm], **Jérôme Bonaparte** [-ˈpartə, französ. bɔnaˈpart], König von Westfalen (1807–13), *Ajaccio 15. 11. 1784, †Schloss Villegenis (bei Paris) 24. 6. 1860, jüngster Bruder Napoleons I.; war dreimal verheiratet, seit 1807 in zweiter Ehe mit der württembergischen Prinzessin Katharina. Zunächst französischer Marineoffizier, kämpfte Jérôme in Westindien gegen die Engländer. Im Krieg gegen Preußen besetzte er Schlesien. Nach dem Tilsiter Frieden (7./9. 7. 1807) erhielt er das neu geschaffene Königreich Westfalen.

Jérôme, zur Verschwendung neigend (»König Lustig«), betrieb von seiner Residenz Kassel aus zahlreiche Reformen, darunter die Einführung des Code civil und die Aufhebung der Leibeigenschaft. Im Russischen Feldzug von 1812 befehligte er anfangs den rechten Flügel der Großen Armee. 1815 focht er bei Waterloo mit. Als Fürst von Montfort lebte er seit 1816 u. a. in Österreich und in der Schweiz. Ende 1848 wurde er Gouverneur der Invaliden in Paris, 1850 Marschall von Frankreich und

Doppelschlacht von Jena und Auerstedt. Nach der Schlacht vom 14. 10. 1806 rückten französische Truppen unter Napoleon I. in Jena ein, wo zu diesem Zeitpunkt Georg Wilhelm Friedrich Hegel als Professor wirkte. Für Hegel war Napoleon die »Weltseele«, die »auf einen Punkt konzentriert, auf einem Pferde sitzend, über die Welt übergreift und sie beherrscht« (kolorierter Kupferstich nach einem zeitgenössischen Gemälde von Jacques Swebach).

1852 Präsident des Senats. Im Zweiten Kaiserreich wurde er kaiserlicher Prinz mit dem Recht der Thronfolge.

Jesuiten, Gesellschaft Jesu, katholischer Regularklerikerorden. Der Ursprung liegt im Zusammenschluss des Ignatius von Loyola und einiger seiner Studiengefährten am 15. 8. 1534 in Paris zu einer religiösen Gemeinschaft. Sie gelobten, »arm« und »keusch« zu leben und nach Beendigung ihrer Studien von Venedig aus zur Mission in Palästina aufzubrechen; sollte dies nicht möglich sein, würden sie sich dem Papst für jegliches Apostolat zur Verfügung stellen. Als die Palästinamission nicht zustande kam, gingen sie nach Rom und sahen ihre vorrangige Aufgabe in der Glaubensunterweisung durch Predigt, Katechese und in der Spendung der Sakramente.

Schwerpunkt ihrer Tätigkeit wurde der schulische Unterricht, der 1599 durch die »Studienordnung« (»Ratio Studiorum«) inhaltlich und organisatorisch festgelegt wurde. Wichtige, durch Jesuiten gegründete Ausbildungsstätten sind bis heute das Germanicum und die Gregoriana in Rom. Um sich die für ihre Arbeit notwendige Mobilität zu bewahren, leben die Jesuiten nicht wie monastische Orden in Klöstern, sondern in offenen »Häusern« und »Kollegien«; sie sind nicht zum gemeinsamen Chorgebet verpflichtet und tragen keine eigene Ordenskleidung.

Im 16./17. Jh. waren die Jesuiten der wichtigste Träger der katholischen Reform; sie breiteten sich in ganz Europa aus. Im 17./18. Jh. gerieten die Jesuiten zunehmend in Misskredit. Ausschlaggebend waren dabei gleichermaßen theologische (u.a. der Konflikt mit dem →Jansenismus) wie politische Gründe. Nach Verboten in Portugal (1759), Frankreich (1762) und Spanien (1767) wurde der Orden 1773 durch den Papst formell aufgelöst. 1814 wurde die Aufhebung, die nur in Preußen und Russland unbeachtet geblieben war, durch päpstlichen Entscheid wieder zurückgenommen.

Jesus Christus [-kr-], zentrale Gestalt des Christentums. Das Bekenntnis zu Jesus als dem »Christus« ist Mittelpunkt des christlichen Glaubens.

JESUS CHRISTUS. *Schriftrollen aus Qumran*

Es war eine Sensation, als 1947 im jordanischen Qumran Schriftrollen mit ältesten Texten aus dem Alten Testament, mit Kommentaren zum Alten Testament und Schriften der Essenergemeinde von Qumran gefunden wurden. Sie lösten Fragen über Fragen aus: Waren mit ihnen bisherige Entstehungstheorien der Bibel hinfällig? Ist das Christentum ein purer »Abklatsch« der Religion von Qumran? War Johannes der Täufer ein Novize der Essener? War gar Jesus Christus selbst nur ihr Adept, der Schriften und Kenntnisse von Qumran übernahm? In einem 1991 publizierten Buch »Verschlusssache Jesus« behaupteten zwei Forscher sogar, Jesus sei jener »Lehrer der Gerechtigkeit« gewesen, den die Qumrantexte erwähnen.

QUELLEN: Wichtigste Quellen für Leben und Lehre Jesu sind die zwischen 65 und 100 n. Chr. in griechischer Sprache verfassten Evangelien des Neuen Testaments (Matthäus, Markus, Lukas, Johannes), deren Gegenstand jedoch weniger der »historische Jesus« als vielmehr der »Christus des Glaubens« ist. Nicht als historische Dokumente, sondern als Glaubenszeugnisse wollen sie die »Gute Botschaft« (das Evangelium) von Leben, Tod und Auferstehung Jesu vermitteln. Die Verfasser der Evangelien waren nicht selbst Zeugen des Geschehens um Jesus, sondern berufen sich auf eine längere mündliche Tradition. Außerbiblische Quellen liefern keine weiteren Erkenntnisse, belegen aber die historische Existenz Jesu.

ZEITGESCHICHTLICHER HINTERGRUND UND RELIGIÖSES UMFELD: Seit der Eroberung Jerusalems durch Pompeius (63 v. Chr.) unterstand Palästina der römischen Oberherrschaft. 43 v. Chr. ernannte der römische Senat Herodes den Großen zum König von Judäa; er trat 37 v. Chr. seine Regentschaft an und zeichnete sich durch unbedingte Romtreue aus. Sein Territorium erstreckte sich auf Judäa, Samaria, Galiläa, einen Küstenstreifen und einige Teile des Ostjordanlandes. Nach seinem Tod (4 v. Chr.) wurde das Land unter seinen Söhnen aufgeteilt. Nachdem Archelaus 6 n. Chr. von Rom seines Amtes enthoben und nach Gallien verbannt worden war, verwaltete ein römischer Prokurator die Provinz Judäa und Samaria. Im Kontext von Jesu Leben und Tod wurde besonders der fünfte Prokurator, Pontius Pilatus (26–36 n. Chr.), bekannt.

Die religiösen Verhältnisse zur Zeit Jesu müssen innerhalb dieses politischen Rahmens gesehen werden. Die Juden, die ohne eigenen Staat lebten, hatten in der Zeit der Herrschaft der Hasmonäer nach unruhigen Jahren mit permanenten Aufständen (167–63 v. Chr.) eine eingeschränkte Selbstständigkeit erreicht, die zur Zeit Jesu noch fortdauerte. Der »Hohepriester« galt als höchster Repräsentant des jüdischen Volkes und war gleichzeitig Vorsitzender des Synedrions (»Hoher Rat«), dem höchsten nachexilischen Selbstverwaltungsorgans mit eigener Gerichtsbarkeit. Charakteristisch für das religiöse Leben zur Zeit Jesu ist u. a. die Apokalyptik mit ihrer Naherwartung des kommenden Weltgerichts.

DAS LEBEN JESU: Als Heimatort Jesu gilt das galiläische Nazareth. Als Geburtsdatum Jesu und als Beginn der christlichen Ära galt lange das Jahr 754 nach der Gründung Roms. Weniger fiktiv ist die Geburtsangabe in Lukas 1, 5; dort wird die Zeit des Königs Herodes (bis 4 v. Chr.) genannt.

Als Datum für den Beginn des etwa dreijährigen öffentlichen Wirkens Jesu gelten nach Lukas die Jahre 28/29 n. Chr. Das Auftreten Jesu stand anfangs in Verbindung mit der Predigt und Tauftätigkeit des Johannes. Über-

JESUS CHRISTUS | *Anfänge des Christentums*

Keimzelle des Christentums waren die Jerusalemer Urgemeinde, aber auch Christengruppen in Judäa und Galiläa. Bedingt durch das Ausweichen der Christen vor Verfolgungen durch die jüdischen und römischen Behörden kam es zu einer ersten Missionswelle und in deren Gefolge zur Taufe von Samaritanern, Diasporajuden, Proselyten und Heiden. Einen gewaltigen Aufschwung nahm die Ausbreitung des Christentums allerdings erst durch die gezielte Arbeit einiger Missionare (»Apostel«), unter denen Paulus die größte Bedeutung gewinnen konnte.

Begünstigt durch die Bedingungen des Römischen Reichs, drang das Christentum auch in Städte des Landesinnern (sogar bis nach Britannien) vor und repräsentierte zur Zeit der »konstantinischen Wende« (311/313) im Römischen Reich einen (geschätzten) Bevölkerungsanteil von etwa 15%; der neuen Religion folgten zunächst eher die unteren Schichten, bis sich ihr gegen Ende des 2. Jh. auch Gebildete anschlossen (Prunksarkophag des römischen Präfekten Iunius Bassus mit christlichen Bildmotiven, um 360; Rom, Vatikanische Sammlungen). Während

der Antike traten die Christen v. a. in den Städten auf. Als Kaiser Theodosius I., der Große, das Christentum 380/381 zur Staatsreligion erklärte, deckte es sich – wenigstens offiziell – mit der damals bekannten Welt, der »Ökumene«.

einstimmend berichten die Evangelien von einem Konkurrenzverhältnis zwischen Johannes dem Täufer und Jesus. Letzterer war zunächst offenbar ein Schüler des Johannes und ließ sich von ihm taufen. Fest steht, dass Jesus seine ersten Jünger aus dem Kreis um Johannes sammelte.

Als historisch gesichertes Faktum gilt die Hinrichtung Jesu. Der Tod durch Kreuzigung entspricht dabei dem römischen Strafrecht für politische Verbrecher, die selbst nicht römische Staatsbürger waren. Als Grund der Verurteilung kann somit der im Prozess vor Pilatus ausgesprochene Vorwurf, Jesus habe als »König der Juden« gelten wollen, angesehen werden. Das Todesjahr wäre je nach Datierung seines öffentlichen Wirkens etwa 29/31.

Jewish Agency for Palestine [ˈdʒuːɪʃ ˈeɪdʒənsi fɔː ˈpæləstaɪn; engl. »Jüdische Vertretung für Palästina«], kurz **Jewish Agency** [ˈdʒuːɪʃ ˈeɪdʒənsi; engl.], Abk. **JA** [dʒeɪˈeɪ], offiziell 1922–48 die Vertretung der »World Zionist Organization« (Abk. WZO) in Palästina (→Zionismus). Wie im Mandatsvertrag vom 24. 7. 1922 zwischen Großbritannien und dem Völkerbund verankert, beriet die JA die britische Mandatsregierung sowie das jüdische Nationalkomitee im Interesse der jüdischen Bevölkerung und vertrat diese vor dem Völkerbund sowie (ab 1947) vor den Vereinten Nationen. Seit der Gründung des Staates Israel (1948) wirkt sie als Jewish Agency for Israel besonders für die Einwanderung nach Israel und ist in der jüdischen Diaspora als zionistische Weltorganisation WZO-JA besonders im Schul- und Unterrichtswesen tätig.

Jiang Zemin [dʒjaŋ-], chinesischer Politiker, *Yangzhou (Provinz Jiangsu) 17. 8. 1926; Ingenieur; wurde 1982 Mitglied des ZK und 1987 des Politbüros der KPCh; war 1985–89 Bürgermeister von Schanghai. Jiang Zemin wurde nach der Niederschlagung der Demokratiebewegung im Juni 1989 Generalsekretär der KPCh, als Nachfolger Deng Xiaopings 1989 auch Vorsitzender der Zentralen Militärkommission beim ZK der Partei; 1993–2003 amtierte er als Staatspräsident.

Jodl, Alfred, Generaloberst (seit 1944), *Würzburg 10. 5. 1890, † (hingerichtet) Nürnberg 16. 10. 1946; war 1939–45 Chef des Wehrmachtführungsstabes (bis 1940 Wehrmachtführungsamt) und im Zweiten Weltkrieg Hitlers engster Berater in strategischen Fragen. Am 7. 5. 1945 unterzeichnete Jodl in Reims die Gesamtkapitulation der Wehrmacht. 1946 wurde er als Kriegsverbrecher vom Internationalen Militärtribunal in Nürnberg zum Tode verurteilt.

Johann, Erzherzog von Österreich, österreichischer Feldmarschall und deutscher Reichsverweser, *Florenz 20. 1. 1782, † Graz 10. 5. 1859, Sohn Kaiser Leopolds II.; war als

Truppenführer in den Kriegen gegen Napoleon I. wenig erfolgreich; förderte 1805–09 die Landesverteidigung durch die Einrichtung der Landwehr; hatte 1809 großen Anteil an der Volkserhebung in Tirol. Nach 1815 widmete sich Johann v.a. historischen und naturwissenschaftlichen Studien; seine Volkstümlichkeit beruhte einesteils auf seiner bürgerlichen Lebensführung (⚭seit 1827 mit Anna Plochl, Tochter des Postmeisters von Aussee, später Gräfin von Meran), andererseits auf den zahlreichen von ihm geführten kulturellen, gemeinnützigen und wirtschaftlichen Unternehmungen sowie seinen liberalen Neigungen. Am 29. 6. 1848 wählte ihn die Frankfurter Nationalversammlung zum Reichsverweser. Johann trat am 20. 12. 1849 von diesem Amt, das ihn überforderte, zurück.

Johanna Seymour
Königin von England

Johann I. ohne Land, englisch **John Lackland** [dʒɔn 'læklænd], König von England (seit 1199), *Oxford 24. 12. 1167, †Schloss Newark (bei Nottingham) 18./19. 10. 1216; jüngster Sohn Heinrichs II., der ihm nach einem missglückten Zug gegen Irland seinen Beinamen gab, und der Eleonore von Aquitanien. Johann folgte als Herrscher auf seinen Bruder Richard Löwenherz. 1203–06 verlor er die englischen Festlandsbesitzungen nördlich der Loire an König Philipp II. Augustus von Frankreich; ihre Rückgewinnung im Bund mit Kaiser Otto IV. misslang. Entscheidend dafür war die Niederlage bei Bouvines 1214. Um sein Land vom Interdikt (1208) zu lösen und sich selbst von der Exkommunikation (1209) zu befreien, erkannte er 1213 Papst Innozenz III. als Lehnsherrn an. Die englischen Barone erzwangen 1215 von ihm die Magna Charta. Im Bereich der Finanzverwaltung gelangen Johann bedeutsame Fortschritte.

Johann II., der Gute, französisch **Jean le Bon** [ʒãlə'bɔ̃], König von Frankreich (seit 1350), *Schloss Gué de Maulny (bei Le Mans) 16. 4. 1319, †London 8. 4. 1364; Sohn Philipps VI.; geriet während des Hundertjährigen Krieges in der Schlacht bei Maupertuis (bei Poitiers, 1356) in englische Gefangenschaft und musste 1360 im Friedensvertrag von Brétigny u.a. das ganze südwestliche Frankreich abtreten.

Johann II. Kasimir Wasa, König von Polen (1648–68), *Krakau 21. 3. 1609, †Nevers 16. 12. 1672, Sohn Sigismunds III.; ursprünglich Geistlicher; verzichtete auf die ihm 1647 verliehene Kardinalswürde und wurde am 20. 11. 1648 als Nachfolger seines kinderlosen Stiefbruders Władysław IV. zum König gewählt. Unter Johann verlor Polen-Litauen im Kampf gegen die Dnjeprkosaken und in dem daraus entstehenden Krieg gegen Moskau (1654–67) die Ukraine links des Dnjepr mit Kiew sowie Smolensk, im 1. Nordischen Krieg (1655–60) Livland an Schweden und das Herzogtum Preußen an Brandenburg (Frieden von Oliva, 1660). Nach dem gescheiterten Versuch innerer Reformen dankte Johann ab und ging nach Frankreich.

Johann III. Sobieski [so'bjɛĩski], König von Polen (seit 1674), *Olesko (Ostgalizien) 17. 8. 1629, †Wilanów (bei Warschau) 17. 6. 1696; entstammte einer Magnatenfamilie und wurde nach dem Tod König Michaels (10. 11. 1673) und dem Abwehrsieg über die Türken bei der Festung Chocim (11. 11. 1673) im Mai 1674 zum König gewählt. Zunächst im Bündnis mit Frankreich und Schweden, strebte er nach einem Ausgleich mit der Türkei, schloss aber am 1. 4. 1683 ein Bündnis mit dem Kaiser und befreite durch den Sieg am Kahlenberg (12. 9. 1683) Wien von der türkischen Belagerung. Im Innern gelang es ihm nicht, der Magnatenopposition Herr zu werden.

Johann Casimir, Pfalzgraf bei Rhein, Landesherr von Pfalz-Lautern (seit 1576), Regent der Kurpfalz (seit 1583), *Simmern 7. 3. 1543, †Heidelberg 6. 1. 1592; Sohn des Kurfürsten Friedrich III. von der Pfalz. Durch Unterstützung der Hugenotten und des Kurfürsten von Köln, Gebhard Truchsess von Waldburg, im »Kölner Krieg« (1583) bekämpfte Johann Casimir die →Gegenreformation. Die Stärkung des Protestantismus im Heiligen Römischen Reich suchte der entschiedene Anhänger des Kalvinismus zuletzt durch den Zusammenschluss deutscher lutherischer und reformierter Stände im Torgauer Bund (1591) zu erreichen.

Johann ohne Furcht, französisch **Jean sans Peur** [ʒãsã'pœ:r], Herzog von Burgund (seit 1404), *Dijon 28. 5. 1371, †Montereau (Département Seine-et-Marne) 10. 9. 1419; Sohn Philipps des Kühnen. Johann war Anführer der Partei der Bourguignons gegen die der Orléans unter Ludwig von Orléans. Dieser führte für seinen geisteskranken Bruder, König Karl VI. von Frankreich, die Regentschaft. 1407 ließ Johann Ludwig ermorden. Er verband sich mit den Cabochiens, einer Gruppe, die sich aus den Unterschichten von Paris rekrutierte, doch seine Gegner, jetzt unter Führung des Grafen Bernhard VII. von Armagnac, entmachteten ihn 1413. Nachdem Johann 1418 mit englischer Hilfe seine beherrschende Stellung zurückgewonnen hatte, ließ ihn der Dauphin Karl (VII.) ermorden.

Johann von Leiden, niederländischer Täufer und radikaler Spiritualist, *bei Leiden 1509, †(hingerichtet) Münster 22. 1. 1536; errichtete, durch radikale sozialrevolutionäre Vorstellungen beeinflusst, 1534 mit Jan Mathys die Herrschaft der Täufer in Münster. Sein Versuch, hier als König des »neuen Zion« (Jerusalem) eine wahrhaft christliche Sozialordnung aufzurichten, endete bald in einer Schreckensherrschaft. Nach der Einnahme der Stadt durch die bischöfliche Armee wurde er auf grausame Weise hingerichtet.

Johanna die Wahnsinnige, spanisch **Juana la Loca** [xuˈana-], Königin von Kastilien und Léon (seit 1504), *Toledo 6. 11. 1479, †Tordesillas 12. 4. 1555; Tochter Ferdinands II. von Aragonien und Isabellas I. von Kastilien, deren Erbe sie 1504 antrat; ⚭ seit 1496 mit Philipp dem Schönen von Burgund, Sohn Kaiser Maximilians I.; Mutter der Kaiser Karl V. und Ferdinand I. Der frühe Tod Philipps des Schönen (1506) löste möglicherweise ihre Geisteskrankheit aus, dennoch blieb sie bis zu ihrem Tod formal Königin, in der Zeit von 1506 bis 1516 unter der Regentschaft ihres Vaters, dann neben ihrem Sohn Karl.

Johanna Seymour [-ˈsi:mɔ:], englisch **Jane Seymour** [ˈdʒeɪn-], Königin von England (seit 1536), *um 1509, †Hampton Court 24. 10. 1537; nach der Hinrichtung Anna Boleyns 1536 dritte Gemahlin Heinrichs VIII. von England; sie starb kurz nach der Geburt des Thronerben Eduard (VI.).

Johanna von Albret [-alˈbrɛ], französisch **Jeanne d'Albret** [ʒan-], Königin von Navarra, *Saint-Germain-en-Laye 7. 1. 1528, †Paris 9. 6. 1572; seit 1548 ⚭ mit Anton von Bourbon; regierte nach dessen Tod (1562) allein; war eine Stütze der reformierten Partei und stellte an deren Spitze nach dem Tod ihres Schwagers Ludwig I. von Condé (1569) ihren Sohn, den späteren Heinrich IV. von Frankreich.

Johanna von Orléans [-ɔrleˈã], französische Nationalheldin und Heilige, →Jeanne d'Arc.

Johannes I. Tzimiskes, Kaiser des Byzantinischen Reichs (seit 969), *in Armenien um 924, †Konstantinopel 10. 1. 976; stürzte Kaiser Nikephoros II. Phokas, der dabei ermordet wurde. Johannes vertrieb den Kiewer Großfürsten Swjatoslaw Igorjewitsch aus Bulgarien und dehnte die byzantinische Herrschaft über Syrien und Palästina aus, ohne jedoch Jerusalem zu erobern. Mit dem Westen schloss er Frieden, den er durch die Vermählung seiner Verwandten Theophano mit Kaiser Otto II. (972) vorbereitete.

Johannes II. Komnenos, Kaiser des Byzantinischen Reichs (seit 1118), *Konstantinopel 1088, †im Taurus 8. 4. 1143; bedeutendster Herrscher der Komnenen. Auf der Balkanhalbinsel besiegte Johannes die Petschenegen (1122) und die Serben, im Osten konnte er die türkischen Danischmend, die den Nordwesten Mesopotamiens beherrschten, bezwingen (1135) und das kleinarmenische Reich in Kilikien unterwerfen (1137). Von den Kreuzfahrerstaaten wurde das Fürstentum Antiochia 1137 dem Byzantinischen Reich unterstellt. Johannes gelang es aber nicht, die von seinen Vorgängern Venedig eingeräumten wirtschaftlichen Zugeständnisse, die langfristig die Wirtschaft des Reiches zugrunde richteten, aufzuheben. Das Aufblühen der normannischen Macht unter Roger II. von Sizilien veranlasste Johannes zu einem Bündnis mit dem König des Heiligen Römischen Reiches (und späteren Kaiser) Lothar III. und dessen Nachfolger Konrad III.

Johannes III. Dukas Vatatzes, Kaiser von Nikaia (seit 1222), *Didymoteichon 1193, †Nymphaion (bei Smyrna) 3. 11. 1254; Schwiegersohn des Stauferkaisers Friedrich II. Johannes verdrängte 1225 die »Lateiner« fast ganz aus Kleinasien, dann auch von den Inseln Chios, Lesbos und Samos. Vom Mongolensturm (1243) verschont, bezwang Johannes Bulgarien, das große Teile Makedoniens und Thrakiens herausgeben musste, und Saloniki (1246). 1252 unterstellte sich ihm auch Epirus. In Anatolien stellte er geordnete Verhältnisse her. Ein Versuch, Konstantinopel zu erobern, scheiterte (1236). Vereinigungsversuche mit der römischen Kirche blieben ohne Erfolg. Innenpolitisch bedeutsam waren seine wirtschaftlichen und sozialen Maßnahmen. Johannes wurde als Johannes der Barmherzige in der griechisch-orthodoxen Kirche kanonisiert.

Johannes XII., Papst (955–964), früher Octavian, *Rom 937, †ebenda 14. 5. 964; Sohn Alberichs II. Gegen Berengar II. rief er Otto I. zu Hilfe und krönte diesen zum Kaiser. Von da an blieb die Kaiserkrone mit dem deutschen Königtum verbunden. Johannes billigte die Pläne Kaiser Ottos zur Slawenmission sowie die Errichtung der Bistümer Magdeburg und Merseburg. Das »Privilegium Ottonianum« (962) erneuerte den Kirchenstaat und sicherte das Kaiserrecht bei der Papstwahl. Als Johannes eine kaiserfeindliche Politik begann, setzte ihn 963 eine römische Synode unter Leitung Ottos ab und wählte Leo VIII. zum Papst. Dennoch konnte sich Johannes nach Ottos Abzug aus Rom bis 964 halten.

Johannes XXIII., Papst (1958–63), früher Angelo Giuseppe Roncalli, *Sotto il Monte (bei Bergamo) 25. 11. 1881, †Rom 3. 6. 1963; war seit 1925 in päpstlichem Auftrag in Bulgarien, Griechenland und in der Türkei tätig, 1944–53 Nuntius in Paris, ab 1952 ständiger Beobachter des Heiligen Stuhls bei der UNESCO, 1953–58 Patriarch von Venedig. Johannes' historisch bedeutungsvollste Tat war die Eröffnung des 2. Vatikanischen Konzils am 11. 10. 1962. Gegen vielfache Widerstände war sein Pontifikat geprägt von einem Geist der Offenheit und Erneuerung (»Aggiornamento«), dem Bemühen um eine zeitgerechte Verkündigung des Evangeliums und einem neuen Verständnis des Papstamtes. Durch sein kollegiales Verhalten stärkte Johannes die Rolle der Bischöfe; darüber hinaus entwickelte er ökumenische Beziehungen zu anderen christlichen Kirchen und nahm Kontakte zu östlichen Staaten auf.

Johannes XXIII.

Johannes Paul II., Papst (1978–2005), früher Karol Wojtyła, *Wadowice (Woiwod-

JOHANNES PAUL II.
***1920 †2005**

war seit 1523 der erste nicht italienische Papst

erlangte durch zahlreiche Auslandsreisen große Popularität und politische Bedeutung

wurde in Mittel- und Osteuropa zur Symbolfigur für die Revolutionen von 1989

schaft Kraków) 18.5.1920, †Rom 2.4.2005; erhielt 1946 die Priesterweihe; war ab 1953 Professor für Moraltheologie an der katholischen Universität Lublin; wurde 1958 Weihbischof, 1964 Erzbischof von Krakau und 1967 Kardinal. Johannes Paul II. war der erste polnische und nach dem Niederländer Hadrian VI. (1522/23) der erste nicht italienische Papst; sein Pontifikat, in dem 1338 Selig- und 482 Heiligsprechungen vorgenommen wurden, war nach demjenigen von Pius IX. das bislang zweitlängste der Kirchengeschichte. Am 13. 5. 1981 wurde Johannes Paul II. bei einem Attentat auf dem Petersplatz in Rom schwer verletzt.

Wie seine Vorgänger hielt auch Johannes Paul II. prinzipiell an den Positionen des 2. Vatikanischen Konzils fest, betonte jedoch in Fragen der Leitung der Weltkirche die Bedeutung des Papstamtes als universelle katholische Größe mit höchster Leitungs- und Lehrautorität auch in moralischen Fragen. Theologisch vertrat er eine dogmatisch-konservative, mystisch aufgeladene Richtung, in der traditionelle Frömmigkeitsformen, v.a. die Marienverehrung, erhebliche Aufwertung erfuhren. Sein Verständnis des Papstamtes basierte auf dem behaupteten Vorrang der spirituellen vor der weltlichen Macht; in der Konsequenz dieser Auffassung setzte sich Johannes Paul II. eine geistliche Erneuerung des geschichtlich durch das Christentum geprägten Kulturraums Europa gegen den Kommunismus wie gegen einen sozial ungezügelten Kapitalismus zum Ziel (Enzyklika »Redemptor hominis«, 1979; Fertigstellung des »Katechismus der katholischen Kirche«, 1985–92; Feier des »Heiligen Jahres«, 2000). Hohe Popularität erlangte Johannes Paul II. durch seine charismatische, menschlich unmittelbare, auf öffentliche Wirkung und symbolische Gesten bedachte Persönlichkeit. Unter seinen 104 pastoral bestimmten, international stark beachteten Auslandsreisen, die ihn auf alle Kontinente und in 140 Staaten der Erde führten, kam der Reise in sein Heimatland Polen 1979 (als dem ersten Besuch eines Papstes in einem kommunistischen Staat) besondere Bedeutung zu; dort wurde Johannes Paul II. zur Symbolfigur für den Umsturz von 1989. Von herausragender kirchengeschichtlicher Bedeutung war die neue Qualität, die Johannes Paul II. im Dialog zwischen den christlichen Kirchen und den Weltreligionen herbeiführte (erstmaliger Besuch eines Papstes in einer Synagoge [1986 in Rom] und in einer Moschee [2001 in Damaskus]; Schuldbekenntnis und Vergebungsbitte für Verfehlungen und Irrtümer in der Geschichte der Kirche, 2000).

Johanniterorden, Johanniter, Ritterlicher Orden Sankt Johannis vom Spital zu Jerusalem, ältester geistlicher Ritterorden.

GESCHICHTE: Kaufleute aus Amalfi gründeten zwischen 1048 und 1071 in Jerusalem ein Hospital für hilfsbedürftige Pilger – geleitet von einer Laienbruderschaft. 1113 konnte es von Papst Paschalis II. ein Schutzprivileg erlangen, das bereits sieben Filialhospitäler in Bari, Otranto, Tarent, Messina, Pisa, Asti und Saint-Gilles (Südfrankreich) erwähnt. Unter Raimund von Puy (1120–60), der dem ersten bekannten Meister Gerhard nachfolgte, vollzog sich der Wandel von der Spitalbruderschaft zum geistlichen Ritterorden: 1152/53 bestätigte Papst Eugen III. die erste Regel des Johanniterordens, die auf der Augustinusregel beruhte. Später übernahmen die Johanniter auch militärische Aufgaben. Wegen dieses neuen ritterlichen Elements rekrutierten sich die Brüder nunmehr vorwiegend aus dem Adel. Durch Schenkungen erwarb der Orden in Europa einen beträchtlichen Besitz. 1206 wurden als nationale Zusammenschlüsse so genannte Zungen gebildet. Innerhalb dieser Zungen bestanden (Groß-)Priorate, die wiederum in Balleien und Kommenden unterteilt waren. Eine Ballei fasste mehrere Kommenden eines (Groß-)Priorats zusammen. Bis zum Ende des 18. Jh. blieb diese Organisationsstruktur unverändert. Ein auf Lebenszeit gewählter Meister (seit 1437 mit dem Titel Großmeister, ab 1607 mit dem Rang eines [deutschen] Reichsfürsten und seit 1630 mit Kardinalswürde) regierte den Johanniterorden.

1530 wurde der Orden von Kaiser Karl V. als König beider Sizilien mit Malta belehnt (»Malteserorden«). Die Reformation führte zum Verlust von Besitzungen vorwiegend in England und Skandinavien. In der Amtszeit des einzigen deutschen Großmeisters Ferdinand von Hompesch besetzten 1798 französische Truppen Malta. Obwohl der Orden nach dem Friedensvertrag von Amiens (1802) die Insel zurückerlangen sollte, erklärte der Pariser Frieden (1814) Malta zum Bestandteil der englischen Krone.

Johnson [ˈdʒɔnsn],

1. Andrew, 17. Präsident der USA (1865–69), *Raleigh (N. C.) 29. 12. 1808, †Carter Station (Tenn.) 31. 7. 1875; Schneider, 1843–53 Kongressabgordneter, 1853–57 Gouverneur von Tennessee. 1861 stand Johnson als einziger Senator der Südstaaten (seit 1857) zur Union und wurde 1862 zum Militärgouverneur von Tennessee ernannt. 1864 zum Vizepräsidenten gewählt, übernahm er nach Lincolns Tod am 15. 4. 1865 die Präsidentschaft. Über die Politik der »Reconstruction« geriet er bald in erbitterten Streit mit dem von radikalen Republikanern beherrschten Kongress, der die unter Lincoln vermehrte Macht der Exekutive beschneiden wollte. Eine Staatsanklage (»Impeachment«) gegen Johnson wegen Verfassungsbruches (1868) scheiterte im Senat an einer Stimme.

2. Lyndon B[aines], 36. Präsident der USA (1963–69), *bei Stonewall (Tex.) 27. 8. 1908,

†San Antonio (Tex.) 22. 1. 1973; Lehrer; war als Kongressabgeordneter (1937–49) und Senator von Texas (1949–61) ein entschiedener Verfechter von Reformen. 1961–63 Vizepräsident, folgte er nach der Ermordung John F. Kennedys am 22. 11. 1963 diesem als Präsident der USA; er wurde in den Wahlen von 1964 mit großer Mehrheit bestätigt. Unter den Schlagworten »Krieg gegen die Armut« und »Große Gesellschaft« intensivierte Johnson zunächst die Sozialpolitik, u.a. mit weit reichenden Bürgerrechtsgesetzen, sozialem Wohnungsbau und einem neuen Einwanderungsgesetz. Ungelöst blieb die Rassenproblematik, die 1967/68 zu schweren Unruhen führte. Johnsons Außenpolitik stand unter dem Druck einer Jugendprotestbewegung, die sich gegen die zunehmend umstrittene Verstrickung der USA in den →Vietnamkrieg, gegen die Inflation, gegen soziale Benachteiligungen, die die Gesellschaftsreform infrage stellte, wandte. Auswirkungen fanden die Proteste seit 1965 in weltweiten heftigen Studentenunruhen. Johnson verzichtete 1968 auf eine erneute Präsidentschaftskandidatur.

Jom-Kippur-Krieg, 4. israelisch-arabischer Krieg im Oktober 1973, →Nahostkonflikt.

Joseph II., Kaiser des Heiligen Römischen Reichs (seit 1765), *Wien 13. 3. 1741, †ebenda 20. 2. 1790; ältester Sohn Kaiser Franz I. und Maria Theresias. Joseph wurde 1764 zum König des Heiligen Römischen Reichs gewählt und 1765 von seiner Mutter als Mitregent in den habsburgischen Erblanden angenommen, wo sie ihm nur bei der Reform des Heerwesens freie Hand ließ. In der auswärtigen Politik geriet er oft in Gegensatz zu ihr, z.B. als er 1772 die Teilnahme Österreichs an der ersten Teilung Polens durchsetzte (Gewinn Galiziens); die Türken bewog er 1775 zur Abtretung der Bukowina. Joseph suchte eine Verständigung mit König Friedrich II., dem Großen, von Preußen. Sein Plan der Erwerbung Bayerns scheiterte aber, er konnte lediglich das Innviertel gewinnen. Durch den Tod seiner Mutter wurde Joseph 1780 Alleinherrscher in den habsburgischen Erblanden. Seit dem Teschener Frieden von 1779 mit Brandenburg-Preußen verfeindet, näherte er sich der russischen Kaiserin Katharina II. an und schloss 1781 ein Verteidigungsbündnis mit ihr. Aufgrund dieses Bündnisses wurde er 1788 in den Türkenkrieg hineingezogen, in dem die Österreicher Belgrad eroberten (8. 10. 1789).

Joseph, einer der Hauptvertreter des »aufgeklärten Absolutismus«, unterzog sein Land umfassenden innenpolitischen Reformen. Sein Ziel war ein zentralistisch verwalteter Staat mit deutscher Staatssprache, gestützt auf Heer und Beamtenschaft. In Galizien und der Bukowina, in Ungarn und Siebenbürgen gründete er zahlreiche deutsche Ansiedlungen. 1781 wurde die Leibeigenschaft der Bauern aufgehoben und den nicht katholischen christlichen Konfessionen Duldung zugesichert (Toleranzpatent); eine allgemeine Grundsteuer wurde eingeführt. In seiner merkantilistischen Wirtschaftspolitik förderte Joseph mit hohen Schutzzöllen Industrie und Handel. Soziale Einrichtungen wurden gebaut, die Zensur gemildert, die Folter abgeschafft. Einschneidend waren die Reformen, die das Verhältnis Staat–Kirche betrafen (→Josephinismus). Gegen seine antiständische und antiföderalistische Reformpolitik regte sich Widerstand – zuerst im Adel und in der Geistlichkeit. Nationale Erhebungen in Ungarn (1788–90) und in den österreichischen Niederlanden (1787) zwangen ihn kurz vor seinem Tod, die meisten seiner Reformen für diese Länder wieder aufzuheben.

JOSEPH II.
***1741 †1790**

gilt als einer der Hauptvertreter des »aufgeklärten Absolutismus«

zielte auf die Errichtung eines zentralistischen Staates

hob die Leibeigenschaft der Bauern auf

versuchte, das Verhältnis von Staat und Kirche zu modernisieren

Joseph Bonaparte [- bɔna'part], König von Neapel (1806–08) und von Spanien (1808–13), *Corte 7. 1. 1768, †Florenz 28. 7. 1844; ältester Bruder Napoleons I.; war ursprünglich Advokat und Offizier. In der Zeit der Republik war Joseph Bonaparte u.a. Gesandter in Parma und Rom. Nach der Errichtung des napoleonischen Kaisertums (1804) wurde er kaiserlicher Prinz. Anstelle der entthronten Bourbonen erhielt er 1806 das Königreich Neapel und wurde durch Befehl Napoleons 1808 als König von Spanien eingesetzt, worauf hier sofort ein großer Volksaufstand ausbrach (→Napoleonische Kriege). Nach der Niederlage bei Vitoria (bei Bilbao, 1813) musste er Spanien verlassen. 1815 siedelte er sich als Graf von Survilliers in den USA an und lebte seit 1841 in Florenz.

Joséphine [ʒoze'fin], ursprünglich Marie-Josèphe Rose Tascher de la Pagerie, Kaiserin von Frankreich, erste Gemahlin Napoleons I., *Les Trois-Îlets (Martinique) 23.6.1763, †Schloss Malmaison 29.5.1814. Joséphine kam 1779 nach Paris und heiratete den Vicomte Alexandre de Beauharnais (†1794). Aus dieser Ehe stammten Eugène de Beauharnais und Hortense. Ihre zweite Ehe ging Joséphine mit Napoléon Bonaparte ein (9. 3. 1796). Am 2. 12. 1804 setzte ihr Napoleon eigenhändig die Kaiserkrone auf. Die kinderlose Verbindung wurde am 16. 12. 1809 geschieden.

Joséphine,
Kaiserin der Franzosen

Josephinismus, im engeren Sinn die Politik Kaiser Josephs II., die entsprechend den Forderungen von Aufklärung und Staatsräson die Ausdehnung staatlichen Souveränität über die Kirche anstrebte. Die rein kontemplativen Klöster wurden aufgehoben, ihr Besitz u.a. für die staatlichen Besoldung der Pfarrer, die Schaffung neuer Pfarreien und Generalseminare zur Ausbildung der Geistlichen verwendet. Das Toleranzpatent vom 13. 10. 1781 gewährte die Glaubensfreiheit. Im weiteren Sinn ist der Josephinismus eine an spätmittelalterliche österreichische Traditionen anknüpfende, vom aufgeklärten Absolutismus und der katholischen Aufklärung bestimmte geistige Haltung, die besonders das österreichische Beamtentum bis weit ins 19. Jh. prägte.

Josephus Flavius, eigentlich Joseph ben Mathitjahu, jüdischer Geschichtsschreiber, *Jerusalem 37/38 n. Chr., †Rom um 100; schloss sich nach anfänglicher Gegnerschaft im jüdischen Krieg dem Flavier Vespasian an und erwarb dessen Gunst durch Prophezeiung der Kaiserkrone (69 n. Chr., daher sein Beiname); ging ein Jahr später nach Rom und beschrieb dort zunächst in sieben Büchern den jüdischen Krieg bis zum Fall der Feste Masada (»Bellum Judaicum«), dann in 20 Büchern die jüdische Geschichte von der Urzeit bis 66 n. Chr. (»Antiquitates Judaicae«). Seine Werke wurden v. a. in christlichen Kreisen tradiert.

Jospin [ʒɔsˈpɛ̃], Lionel, französischer Politiker, *Meudon 12. 7. 1937; Wirtschaftswissenschaftler; hatte ab 1973 Parteifunktionen im Parti Socialiste (PS) inne; wurde nach der Wahl François Mitterrands zum Staatspräsidenten 1981 dessen Nachfolger als Vorsitzender des PS (bis 1988) und Abgeordneter der Nationalversammlung (bis 1988); war 1988–92 Erziehungsminister. Als Präsidentschaftskandidat unterlag Jospin 1995 Jacques Chirac. 1995 wurde er von der Parteibasis zum Vorsitzenden des PS gewählt. Nach dem Sieg des PS übernahm er 1997 das Amt des Premierministers. 2002 errang er im ersten Durchgang der Präsidentschaftswahl nur den dritten Platz.

Juan [ˈxu̯an], **Don Juan de Austria,** meist **d'Austria,** spanischer Fürst und Feldherr, *Regensburg 24. 2. 1547, †Bouge (bei Namur) 1. 10. 1578; unehelicher Sohn Kaiser Karls V. und der Barbara Blomberg, von Philipp II. von Spanien als Halbbruder anerkannt. Juan unterdrückte 1569/70 den Aufstand der Morisken in Granada. 1571 besiegte er als Oberbefehlshaber der Flotte der →Heiligen Liga bei Lepanto die Türken. Philipp II. übertrug ihm die Statthalterschaft in Italien und 1576 in den Niederlanden. Dort gelang es ihm nicht, die spanische Autorität in den aufständischen Provinzen wieder herzustellen.

Juan Carlos I. [ˈxu̯an -], König von Spanien (seit 1975), *Rom 5. 1. 1938, Sohn Don Juans von Bourbon und Battenberg (*1913, †1993), Enkel König Alfons' XIII.; ⚭ seit 1962 mit Sophie, Prinzessin von Griechenland. 1960 erkannte ihn General Franco als ersten Anwärter auf den spanischen Thron an. 1969 stimmten die →Cortes seiner Ernennung zum designierten Nachfolger Francos zu. Nach dessen Tod bestieg Juan Carlos am 27. 11. 1975 den Thron und förderte den Übergangsprozess von der Diktatur zur Demokratie. Durch persönliches Eingreifen (v. a. durch eine Rundfunkansprache) brachte er den Militärputsch vom 23. 2. 1981 zum Scheitern.

Juárez [ˈxu̯arɛs], Benito, Präsident von Mexiko, *San Pablo Guelatao (bei Oaxaca) 21. 3. 1806, †Mexiko 18. 7. 1872; von indianischer Abstammung; war zunächst Lehrer, dann Rechtsanwalt und 1847–52 Gouverneur von Oaxaca. Während der vierten Präsidentschaft des Diktators López de Santa Anna (1853–55) lebte Juárez im Ausland. Unter den liberalen Nachfolgern Santa Annas wurde er Justizminister und nahm entscheidenden Anteil an der Verabschiedung der liberalen Verfassung von 1857. 1858 übernahm er die Regierung. Im Bürgerkrieg gegen konservativ-klerikale Generäle, die einen Gegenpräsidenten aufgestellt hatten, setzte er sich in Veracruz fest, wurde von den USA anerkannt und erließ am 12. 7. 1859 Reformgesetze u. a. über die Trennung von Kirche und Staat, die Religionsfreiheit und die Nationalisierung der Kirchengüter. 1861 wurde er, ausgestattet mit diktatorischen Vollmachten, zum Präsidenten gewählt. Die Einstellung von mexikanischen Zinszahlungen gab Anlass zur französisch-englisch-spanischen Intervention. Während die Franzosen 1864 das Kaiserreich Maximilians errichteten, wurde Juárez bis in den äußersten Norden des Landes zurückgedrängt; ein jahrelanger Guerillakrieg folgte, bis er nach dem Abzug der französischen Truppen die Oberhand gewann und Maximilian am 19. 6. 1867 in Querétaro erschießen ließ. 1867 und 1871 wurde Juárez wieder gewählt, konnte aber einen dauernden inneren Frieden nicht herstellen. Seine Regierungszeit wird mit dem Begriff der liberalen Reformära (»La Reforma«) verknüpft.

Judas, Judas Makkabi, Judas Makkabäus [hebräisch »der Hammerartige«], Sohn des Priesters Mattathias aus dem Geschlecht der Hasmonäer. Judas leitete nach dem Tod seines Vaters den Befreiungskampf der Juden gegen die hellenistische jüdische Adelspartei und deren Protektoren, den Seleukidenherrscher Antiochos IV. Epiphanes und seinen Nachfolger. Er schlug die seleukidischen Truppen, nahm 164 v. Chr. den Jerusalemer Tempel ein und weihte ihn neu (seither feiern die Juden das Fest Chanukka). Der Statthalter des Königs Demetrios I. Soter, Bakchides, schlug den Aufstand endgültig nieder und tötete Judas Makkabäus 161 v. Chr. bei Elasa. Der Bericht über seine Taten im »1. Makkabäerbuch« ist im Ganzen geschichtlich. Das »2. Makkabäerbuch« ist eine Zusammenfassung aus dem Geschichtswerk des Iason von Kyrene, der vielleicht noch aus eigenem Erleben in Palästina die Taten des Judas Makkabäus schilderte. Seine Schrift sollte wohl dazu dienen, die Unterstützung der Diasporajuden für die Sache der Makkabäer zu gewinnen.

Judengesetze, Gesamtheit der Gesetzgebung, die seit dem Altertum das Leben der Juden in nicht jüdischen staatlichen Gemeinschaften regelte und meist eine mehr oder weniger diskriminierende Sonderstellung der Juden beinhaltete. Zu den vom nationalsozialistischen Regime ab 1933 erlassenen Gesetzen →Nürnberger Gesetze und →Rassengesetze.

Judenkennzeichen, staatlich verordnete Maßnahme zur Unterscheidung der jüdischen von der übrigen Bevölkerung. Judenkennzeichen sind erstmals aus der Zeit des Kalifen Omar II. (717–720) bekannt, in der eine unterschiedliche Farbkennzeichnung für die Kleidung religiöser Minderheiten festgelegt wurde (z.B. Blau für Christen, Gelb für Juden). Teilweise kam diese Kennzeichnung dem Bestreben der jeweiligen Gruppen nach Absonderung entgegen, seit dem 4. Laterankonzil (1215) dienten die Judenkennzeichen jedoch v.a. der Diskriminierung. Sie wurden 1218 in England und Spanien, 1219 in Frankreich und 1350 in Italien eingeführt und bestanden u.a. aus bestimmten Abzeichen an der Kleidung oder auch aus Kleidungsstücken wie dem Judenhut.

Erst unter dem Einfluss der Aufklärung wurden die Judenkennzeichen im 18.Jh. beseitigt. Das nationalsozialistische Regime führte sie als Mittel sozialer Deklassierung im Rahmen der systematischen Judenverfolgung (→Antisemitismus, →Holocaust) 1938 in Deutschland wieder ein. Dazu gehörten u.a. eine besondere Kennkarte für Juden, die Verpflichtung zur Führung des zusätzlichen Zwangsvornamens »Sarah« (Frauen) oder »Israel« (Männer), die Kennzeichnung der Autos, Pässe (Überstempeln mit dem Buchstaben »J« in roter Farbe) sowie Geschäfte der jüdischen Bürger und der gelbe Judenstern (»Davidstern«).

Judenverfolgung, seit der Zeit der jüdischen Diaspora (Persien 5. Jh. v.Chr.) bezeugte antisemitische Maßnahmen (→Antisemitismus).

GESCHICHTE: Im Römischen Reich gab es Diskriminierungen und lokale Judenverfolgungen (z.B. 30 n.Chr. in Alexandria), die sich während des jüdischen Aufstandes (66–70 n.Chr.) ausweiteten. Mit dem wachsenden Einfluss des Christentums und seiner bewussten Abgrenzung vom Judentum verstärkten sich die judenfeindlichen Tendenzen. Durch die von Konstantin I., dem Großen, und seinen Nachfolgern erlassenen Gesetze wurden die Juden rechtlos und die Judenverfolgung reichsrechtlich sanktioniert. Zu größeren Verfolgungen kam es v.a. seit dem 12. Jh., zunächst im Zusammenhang mit der Kreuzzugsbewegung und der Ketzerbekämpfung. Mit falschen Beschuldigungen (z.B. Kollektivschuld am Tod Jesu, Hostienschändung) wurden die Juden sozial ausgegrenzt und verfolgt. Das 4. Laterankonzil (1215) verbot ihnen die Übernahme öffentlicher Ämter und schrieb eine Kennzeichnung ihrer Kleidung vor (→Judenkennzeichen). 1290 wurden die Juden aus England vertrieben, 1394 aus Frankreich, 1492 nach umfangreichen Verfolgungen und Zwangstaufen (Marranen) aus Spanien und fünf Jahre später aus Portugal.

Erst im Pietismus und bei den Puritanern findet sich aufgrund ihrer Hochschätzung des Alten Testaments eine positivere Einstellung gegenüber dem Judentum, jedoch mit dem Ziel, durch Mission die Juden für den christlichen Glauben zu gewinnen. In Osteuropa, wohin viele Vertriebene ausgewandert waren, kam es 1648 im Zusammenhang mit dem Kosakenaufstand gegen die polnische Herrschaft zu einer ersten Judenverfolgung. Nachdem sich die Verhältnisse im 18./19.Jh. wieder etwas beruhigt hatten, waren die Juden im Zusammenhang mit der Entstehung des modernen Antisemitismus seit Ende des 19.Jh. neuerlich großen Verfolgungen ausgesetzt. Diese »Pogrome« wiederholten sich und waren verbunden mit dem Versuch der Regierung, die bis dahin erreichte Assimilation der Juden rückgängig zu machen und die Juden aus den erreichten Positionen zu verdrängen.

Judenverfolgung. Unter dem Vorwurf, Hostien geschändet zu haben, für Pestepidemien verantwortlich und als Mörder Jesu kollektiv schuldig zu sein, wurden die europäischen Juden im Mittelalter zu Unrecht vertrieben, gefoltert und gequält (Holzschnitt von Michael Wolgemut in der Schedelschen Weltchronik von 1493).

Unter dem Einfluss rassistischer Ideologien entwickelten im 20. Jh. nationalistische Bewegungen diskriminierende Vorstellungen, die unter der Herrschaft des Nationalsozialismus in Deutschland 1933–45 zu einer Judenverfolgung nie gekannten Ausmaßes führten und im bürokratisch organisierten sowie industriell ausgeführten Völkermord an den europäischen Juden gipfelten (→Holocaust).

Eine anders geartete, ebenso ideologisch motivierte Unterdrückung ihrer Kultur bis hin zur Verfolgung durchlitten die Juden unter stalinistischen Vorzeichen in der Sowjetunion, v.a. in den 1930er-Jahren und 1948–53.

Jud Süß, württembergischer Finanzier, →Süß-Oppenheimer, Josef Süß.

Jugoslawien,

1. historischer Bundesstaat in Südosteuropa, der 1918–91/92 bestand und die Teilrepubliken Serbien, Montenegro, Kroatien, Slowenien, Bosnien und Herzegowina sowie Makedonien umfasste.

GRÜNDUNG UND ZERSCHLAGUNG DES KÖNIGREICHS JUGOSLAWIEN: Die späteren Teilrepubliken gehörten bis 1918 zu Österreich-Ungarn, zum Osmanischen Reich und zum Königreich Serbien. Am 29./30. 10. 1918 erklärte der Nationalrat von Kroatien bzw. von Bosnien und Herzegowina die Loslösung von Österreich-Ungarn; die montenegrinische Volksversammlung verkündete am 19. 11. den Anschluss an Serbien. Der serbische Thronfolger Alexander I. proklamierte am 1. 12. das Königreich der Serben, Kroaten und Slowenen, das durch die →Pariser Vorortverträge um die südliche Steiermark, das westliche Banat sowie vormals bulgarisches Gebiet vergrößert wurde, jedoch Rijeka (italienisch: Fiume), Triest und das ehemals österreichische Küstenland, das westliche Krain, Zadar (italienisch: Zara) und die Insel Lastovo (italienisch: Lagosta) an Italien verlor. Der Führungsanspruch der Serben wurde durch die zentralistische Verfassung von 1921 durchgesetzt, doch der (1929 in Königreich Jugoslawien umbenannte) Staat blieb infolge der wirtschaftlichen und sozialen Probleme und der Opposition v.a. der Kroaten politisch instabil. Die durch das Attentat auf Abgeordnete der kroatischen Bauernpartei 1928 im Belgrader Parlament offen ausgebrochene Staatskrise suchte König Alexander I. durch Übergang zur »Königsdiktatur« zu lösen; 1934 wurde er in Marseille von kroatischen und makedonischen Nationalisten ermordet.

Die Weltwirtschaftskrise brachte eine engere wirtschaftliche Zusammenarbeit mit Deutschland und eine Aushöhlung des französischen Bündnissystems (Kleine Entente) in Südosteuropa, die zum Freundschaftsvertrag mit Bulgarien und zu einem Nichtangriffspakt mit Italien (1937) führten. Bei Beginn des Zweiten Weltkriegs neutral, konnte sich Jugoslawien dem wirtschaftlichen und politischen Gewicht Deutschlands in Südosteuropa nicht entziehen. Am 25. 3. 1941 trat es dem →Dreimächtepakt bei; zwei Tage später wurde Ministerpräsident Dragisha Cvetković gestürzt. Hitler beschloss daraufhin, durch Ausweitung der geplanten Operation gegen Griechenland Jugoslawien zu zerschlagen (Angriff der Achsenmächte 6.–17. 4. 1941). Bis auf Serbien, das der deutschen Militärverwaltung unterstellt wurde, und den von der rechtsextremen Ustascha am 10. 4. proklamierten »Unabhängigen Staat Kroatien« wurde das jugoslawische Territorium unter Italien, Deutschland, Ungarn und Bulgarien aufgeteilt.

WIDERSTAND UND REPUBLIK JUGOSLAWIEN UNTER TITO: Der Widerstand setzte seitens der Četnici bereits im Mai 1941 ein. Nach dem deutschen Angriff auf die UdSSR versuchten die Kommunisten unter Tito, sich an die Spitze des Widerstands zu setzen. Der »Antifaschistische Rat der Nationalen Befreiung Jugoslawiens« bildete im November 1943 eine provisorische Regierung; Tito und der Chef der jugoslawischen Exilregierung in London, Ivan Šubašić, einigten sich im November 1944 über ein Koalitionskabinett. Die kommunistische Volksfront erreichte eine große Mehrheit in der verfassunggebenden Versammlung, die am 29. 11. 1945 die Republik ausrief (nach der Verfassung von 1946 Föderative Volksrepublik Jugoslawien). Die nationale Frage sollte durch die Schaffung von sechs Volksrepubliken, der Autonomen Provinz Wojwodina und des Autonomen Gebiets Kosovo-Metohija gelöst werden. In den Friedensverträgen von Paris (10. 2. 1947) mit Italien, Ungarn und Bulgarien wurde das Staatsgebiet von 1941 wieder hergestellt und um die italienischen Besitzungen in Istrien und Dalmatien vergrößert. Die Triestfrage wurde 1954 (endgültig 1975) gelöst, indem die Zone A (Stadt Triest) an Italien, die Zone B an Jugoslawien fiel. Im Frühjahr 1948 kam es wegen sowjetischer Einmischung in die jugoslawische Innenpolitik zum jugoslawisch-sowjetischen Konflikt.

Dem ideologischen und politischen Druck der UdSSR setzte Jugoslawien unter Tito ein eigenes Sozialismusmodell entgegen. Durch amerikanische Wirtschaftshilfe, zahlreiche Kontakte zum Westen und Zusammenarbeit mit den blockfreien Staaten suchte Jugoslawien seine unabhängige Politik nach außen abzusichern. Jugoslawien, das seit der neuen Verfassung von 1963 den Namen Sozialistische Föderative Republik Jugoslawien (SFRJ) führte, wurde nach 1966 zunehmend dezentralisiert; dennoch flammten die nationalen Spannungen wiederholt auf.

BÜRGERKRIEG UND ZERFALL DES STAATES: Nach dem Tod Titos (1980), der über Jahrzehnte hinweg die Einheit und Unabhängigkeit des Vielvölkerstaats Jugoslawien verkörpert hatte, wurde die Ämterrotation auch an der Staats- und Parteispitze eingeführt. Seit 1981 löste die Forderung der in der Provinz Kosovo lebenden albanischen Bevölkerung nach mehr Autonomie immer wieder heftige Spannungen innerhalb der Republik Serbien aus und führte 1988/89, begleitet von schweren wirtschaftlichen Problemen, zu einer Verfassungskrise; die Autonomie von Kosovo wurde im März 1989 erheblich eingeschränkt.

Im Juli 1990 annektierte Serbien die Provinz Kosovo; Massendemonstrationen gegen das diktatorische Vorgehen des serbischen Präsidenten Slobodan Milošević wurden vom Militär niedergeschlagen. Bürgerkriegsähnliche Auseinandersetzungen hatten mehrere ergebnislose innerjugoslawische Krisengipfel und die Aufstellung eigener Streitkräfte in den Republiken zur Folge. Im Juni 1991 erklärten Kroatien und Slowenien ihre Unabhängigkeit und leiteten damit die Auflösung des alten Jugoslawien ein. Die Weigerung des serbisch dominierten Bundespräsidiums, die Unabhängigkeit der ehemaligen Teilrepubliken anzuerkennen, führte stufenweise zu einem Bürgerkrieg, zunächst in Slowenien (Juli 1991), danach in Kroatien (August 1991). Im Oktober 1991 übernahmen die vier Vertreter des serbischen Blocks im Bundespräsidium handstreichartig die Macht. Nach den Unabhängigkeitserklärungen von Bosnien und Herzegowina (Oktober 1991) sowie von Makedonien (November 1991) verschärften sich trotz der internationalen Anerkennung von Kroatien und Slowenien (Januar 1992) sowie von Bosnien und Herzegowina (April 1992) die Kämpfe, v.a. in und um die bosnische Hauptstadt Sarajevo. Auch die Stationierung von UN-Friedenstruppen in Kroatien (März 1992) sowie Bosnien und Herzegowina (Juni 1992) konnte den Bürgerkrieg nicht beenden. Im April 1992 proklamierten Serbien und Montenegro die neue Bundesrepublik →Jugoslawien.

2. Bundesstaat in Südosteuropa, bestehend aus den Teilrepubliken Serbien und Montenegro, der im Norden an Ungarn, im Osten an Rumänien und Bulgarien, im Süden an Makedonien und Albanien, im Westen an das Adriatische Meer, Bosnien und Herzegowina sowie Kroatien grenzt.

GESCHICHTE: Nach dem Zerfall des nach dem Ersten Weltkrieg errichteten und 1945/46 unter kommunistischen Vorzeichen erneuerten Bundesstaates Jugoslawien (1991/92) vereinbarten Serbien und Montenegro am 12. 2. 1992 im Abkommen von Titograd den Zusammenschluss zu einem neuen jugoslawischen Staat. Mit In-Kraft-Treten der Verfassung erfolgte am 27. 4. 1992 die Proklamation der (neuen) Bundesrepublik Jugoslawien (»Rest-Jugoslawien«). Aus den beiden Wahlen zum Rat der Bürger von 1992 gingen die Sozialisten (SPS) als stärkste Kraft hervor. Durch den Anspruch auf alleinige völkerrechtliche Nachfolge des vormaligen Jugoslawien und die militante großserbische Expansionspolitik in Slowenien, Kroatien sowie Bosnien und Herzegowina isolierte sich der neue Staat auf internationaler Ebene (Embargos der EG bzw. der Vereinten Nationen von 1992/93; Ausschluss aus den UN vom 23. 9. 1992). Die vorgezogenen Wahlen zur serbischen Länderkammer 1993 sicherten den regierenden Sozialisten unter dem serbischen Präsidenten Slobodan Milošević die Mehrheit. Staatspräsident war 1993–97 Zoran Lilić die dominierende Figur blieb Milošević, der 1997 dieses Amt selbst übernahm.

Nachdem die jugoslawische Politik seit 1993/94 auf Distanz zu der von ihr zuvor massiv unterstützten, Krieg führenden serbischen Bevölkerungsgruppe in Bosnien und Herzegowina gegangen war, erreichte Milošević mit der Unterzeichnung des in Dayton (Oh.) ausgehandelten Friedensabkommens von Paris 1995 die Aussetzung der Wirtschaftssanktionen durch die UN, die im Oktober 1996 ganz aufgehoben wurden. Zu einem neuen Konfliktherd wurde nun die überwiegend albanisch bevölkerte serbische Provinz Kosovo, deren Autonomie 1990 gegen den Willen der Bevölkerungsmehrheit aufgehoben worden war. 1998 entbrannte ein Bürgerkrieg, in dessen Verlauf es zu zahlreichen Gräueltaten und massiven Flüchtlingsbewegungen kam; erst ein militärisches Eingreifen der NATO (Luftangriffe gegen Jugoslawien zwischen 24. 3. und 10. 6. 1999) und die Stationierung einer UN-Friedenstruppe (KFOR) vermochten die Situation zu stabilisieren. Nach einem Volksaufstand kam es 2000 zum Sturz Miloševićs, der verhaftet und an das Kriegsverbrechertribunal in Den Haag ausgeliefert wurde. 2003 wurde Jugoslawien in die staatliche Gemeinschaft →Serbien und Montenegro umgewandelt.

Julian

Julian, lateinisch Flavius Claudius Iulanus, von den Christen »Apostata« (»Abtrünniger«) genannt, Kaiser des Römischen Reichs (361–363), * Konstantinopel etwa Mai/Juni 331, † Maranga am Tigris 26. 6. 363; Sohn des Julius Constantius, eines Stiefbruders Konstantins I., des Großen. Julian, zunächst im christlichen Glauben erzogen, wurde durch seine philosophischen Studien zum Neuplatonismus geführt und dem Christentum entfremdet. 355 ernannte ihn sein Vetter Constantius II. zum Caesar und betraute ihn mit dem Schutz Galliens, wo er sich durch die siegreiche Abwehr der Franken und Alemannen (357 Sieg bei Straßburg) bald hohes Ansehen erwarb. Als er einen Teil seiner Truppen nach Osten abstellen sollte, riefen ihn diese im Februar 360 zum Augustus aus. Der nach vergeblichen Verhandlungen unvermeidlich gewordene Krieg mit Constantius wurde durch dessen plötzlichen Tod (3. 11. 361) verhindert, worauf Julian allgemein anerkannt wurde. Seit 361 bekannte sich Julian offen zum Heidentum und propagierte dieses auch in seinen Schriften. In der Religionspolitik folgte auf ein Toleranzedikt für die Heiden (361) ein Lehrverbot für die

Christen (362). Im Frühjahr 363 nahm Julian den von seinen Vorgängern begonnenen Perserkrieg wieder auf, drang siegreich bis Ktesiphon vor, wurde aber in einem Rückzugsgefecht tödlich verwundet.

Julikrise, durch das Attentat von Sarajevo (28. 6. 1914) ausgelöste internationale Krise, die über die österreichische Kriegserklärung an Serbien (28. 7. 1914) den Ersten Weltkrieg verursachte.

Juliordonnanzen, von König Karl X. von Frankreich am 25. 7. 1830 unterzeichnete verfassungswidrige Verordnungen. Sie beinhalteten die Aufhebung der Pressefreiheit, eine Wahlrechtsänderung und die Auflösung der gerade erst gewählten Kammer und führten zur →Julirevolution.

Julirevolution. Nach einem erbitterten, drei Tage lang andauernden Straßenkampf fiel Paris am 29. 7. in die Hände der Aufständischen, am 7. 8. bestieg Louis Philippe, Herzog von Orléans (hier bei einem Ritt durch die Hauptstadt), den Thron (Gemälde von Horace Vernet, um 1832; Versailles, Musée National).

Julirevolution, die Erhebung der Pariser Bevölkerung vom 27. bis 29. 7. 1830, Höhepunkt des Konflikts zwischen der bourbonischen Restauration und der liberalen Kammermehrheit, ausgelöst durch die →Juliordonnanzen. Die Julirevolution führte zum Sturz Karls X. und zur Thronbesteigung des »Bürgerkönigs« Louis Philippe, des Weiteren zu revolutionären Erhebungen und verfassungsstaatlichen Bestrebungen im übrigen Europa.

Julisch-Claudisches Haus, Bezeichnung für die erste kaiserliche Dynastie des Römischen Reiches. Sie wurde durch Augustus begründet, dem 27. v. Chr. der Augustustitel verliehen wurde und der von Cäsar testamentarisch in die Familie der Julier aufgenommen worden war. Augustus' Stiefsohn Tiberius aus der Familie der Claudier führte die Dynastie fort. Das Julisch-Claudische Haus endete 68 n. Chr. mit dem Tod Neros.

Julius II., Papst (1503–13), früher Giuliano della Rovere, *Albissola (bei Savona) 1443, †Rom 21. 2. 1513; war seit 1471 Kardinal; führte unter Innozenz VIII. faktisch die Regierung, musste aber nach der Wahl Alexanders VI. Italien verlassen. Durch Simonie zum Papst gewählt, sicherte Julius den Kirchenstaat und suchte verlorene Gebiete zurückzuerobern. Mit Unterstützung Frankreichs erreichte er von Venedig die Rückgabe von Teilen der Romagna; im Bündnis der Heiligen Liga (1511) mit England, Spanien und Venedig gelang es ihm, die Franzosen aus Oberitalien zu vertreiben. Gegen das Konzil von Pisa berief er das 5. Laterankonzil ein und gab damit den Anstoß zu innerkirchlichen Reformen. Als typischer Vertreter des Renaissancepapsttums machte er sich als Mäzen von Bramante, Michelangelo und Raffael einen Namen. Im Dienst von Julius begann Bramante mit dem Neubau der Peterskirche (Grundsteinlegung 1506).

Julius III., Papst (1550–55), früher Giovanni Maria del Monte, *Rom 10. 9. 1487, †ebenda 23. 3. 1555; war ab 1536 Kardinal. Julius nahm eine Reform der päpstlichen Verwaltung in Angriff und förderte die Jesuiten. Unter seinem Pontifikat und der Regierung Marias I. wurde für kurze Zeit die Wiedervereinigung der Kirche von England mit Rom erreicht.

Junges Deutschland, politisch oppositionelle literarische Bewegung in der ersten Hälfte des 19. Jh. (→Vormärz), die ihren Höhepunkt zwischen der Julirevolution 1830 und dem Verbot ihrer Schriften auf Beschluss der Bundesversammlung des Deutschen Bundes 1835 erlebte. Die Jungdeutschen wollten die Literatur aus einer wirklichkeitsabgewandten, ästhetisch-idealistischen Daseinsform herausführen und zu einem wirksamen Organ des gesellschaftlichen Lebens machen, das v. a. der ethischen, politischen und sozialen Erneuerung dienen sollte. Dieser insbesondere auch auf Massenwirkung angewiesenen Intention entsprach die entschlossene Wendung hin zu journalistisch geprägter Prosa und einem polemisch-witzigen, feuilletonistischen Stil. Hauptvertreter des Jungen Deutschland waren u. a. Heinrich Heine, Karl Gutzkow, Ferdinand Kühne und Ludwig Börne.

Jungsteinzeit, Neolithikum, letzte Epoche der vorgeschichtlichen Steinzeit. Die ursprüngliche Definition der Jungsteinzeit umfasste das erste Auftreten geschliffener Steinwerkzeuge (Axt, Beil), Keramik sowie größere Ansiedlungen als Ausdruck der Sesshaftigkeit des Menschen. Nach der heutigen Definition ist für die Jungsteinzeit der Umschwung von der aneignenden Wirtschaftsweise der Jäger, Sammler und Fischer zur produzierenden Wirtschaftsform der Bauern und Viehzüchter kennzeichnend. Als weitere entscheidende Neuerung gilt die Bildung von Kapital in Form von Haustieren, Saatgut, Schmuckgegenständen und Rohstoffen. Dieser Bruch in Ökonomie und Lebensweise beim Übergang von der älteren zur jüngeren Steinzeit wird auch als »neolithische Revolution« bezeichnet.

ALLGEMEINE ENTWICKLUNG: Die Anfänge der Jungsteinzeit gehen bis in das 10. Jt. v. Chr. zurück. Die ältesten Zeugnisse stammen aus Kleinasien, Nordmesopotamien und der Levante (»Fruchtbarer Halbmond«), wo sich der Wandel vom Sammeln und Ernten des Wildgetreides zum gezielten Anbau vollzog. Die hierdurch verbesserte Nahrungsbasis ließ im Frühneolithikum dieses Gebietes große Menschengruppen in z. T. stadtartigen Siedlungen entstehen. Diese Siedlungen (z. B. Jericho, Tell Halaf) wiesen ein hohes Kulturniveau auf. Im Bereich des Befestigungswesens setzte etwa mit dem Bau von Mauern und Türmen aus Lehmziegeln eine neue Entwicklung ein. Von Vorderasien aus breitete sich die neolithische Kultur über mehrere Wege nach Europa aus. Unabhängig davon setzte die Jungsteinzeit auch in Ost- und Südostasien ein.

In Europa begann die Jungsteinzeit um 7500 v. Chr. mit dem vorkeramischen Neolithikum Griechenlands und der südlichen Balkanhalbinsel, nur wenig später im westlichen Mittelmeergebiet. Mit dem Einsetzen der vollneolithischen Phase unter erweiterter Haustierhaltung und Verwendung von Keramik ging von Anfang an eine Aufgliederung in verschiedene Kulturgruppen einher. Neben den vollneolithischen Kulturen hielten sich in vielen Gebieten, v. a. denen Nordeuropas, Jägervölker mit mittelsteinzeitlicher Wirtschaftsform.

Kennzeichnend für das älteste Neolithikum im zentraleuropäischen Mittelgebirgsraum ist die Kultur der (Linien-)Bandkeramik (5700–5000 v. Chr.), benannt nach der charakteristischen Ritzverzierung ihrer Tongefäße (verbreitet vom Pariser Becken und Belgien bis in die Ukraine und Ungarn). Im folgenden Mittelneolithikum kam es im norddeutschen Flachland und Südskandinavien (v. a. durch die Trichterbecherkultur) sowie auf den Britischen Inseln zu einer langsamen Assimilierung oder Verdrängung der dort lebenden mesolithischen Kulturen. Etwa zeitgleich kam es zur Ausbreitung der Megalithbauten entlang der Atlantikküste nach Nordwest- und Nordeuropa.

Das Ende der Jungsteinzeit in Europa stand im Zeichen tief greifender Wandlungen, die früher als Folge von Wanderungen größerer Menschengruppen interpretiert wurden. In diesem mit Endneolithikum bezeichneten Abschnitt (ab 2800 v. Chr.) war die Glockenbecherkultur von der Iberischen Halbinsel bis ins südliche Dänemark und Ungarn verbreitet. Relativ gleichzeitig sind Gruppen der Streitaxtkulturen zwischen dem Balkan und Nordeuropa belegt, zu denen auch die im mitteleuropäischen Raum vorkommende Kultur der Schnurkeramik zählt. Neuere Untersuchungen zeigen, dass es sich bei den Trägern jener Kultur um eine sesshafte, bäuerlich geprägte Bevölkerung handelte. Aus den verschiedenen Gruppen der Glockenbecher- und Streitaxtkulturen entwickelte sich um 2300–2000 v. Chr. allmählich die frühe Bronzezeit.

TECHNIK UND WIRTSCHAFT: Durch Werkzeuge und Geräte aus Feuerstein, Knochen und Holz ist die Jungsteinzeit unmittelbar mit den älteren steinzeitlichen Epochen verbunden. Neu sind aus Felsgestein hergestellte Geräte, die durch Sägen und Schleifen bearbeitet (Steinbeile) und zur Schäftung durchbohrt wurden (Arbeits- und Streitäxte). Erstmals treten gebrannte Tongefäße auf.

Die mit der Jungsteinzeit einsetzende Landwirtschaft beruhte auf der Haustierhaltung (Domestikation u. a. von Schaf, Ziege, Schwein, später auch Pferd in der Alten Welt) und dem Anbau von Kulturpflanzen (Gerste, Lein, Mohn und Hülsenfrüchte). Die bodengebundene Wirtschaftsweise führte zur Anlage von dörflichen und stadtartigen Siedlungen. Rodungs-, Feld- und Befestigungsarbeiten sowie der Hausbau und die Errichtung von Großsteingräbern erforderten den Einsatz organisierter Menschengruppen. Auch der Hausbau war seit dem Altneolithikum hoch entwickelt. Die dreischiffigen, bis zu 50 m langen Pfostenbauten der Bandkeramik und des zentraleuropäischen Mittelneolithikums wurden später durch wesentlich kleinere Gebäude abgelöst.

Die im Verlauf der Jungsteinzeit extensiver betriebene Landwirtschaft zog eine Bevölkerungszunahme nach sich, die infolge verbesserter Techniken und der Intensivierung des Handels zur Entstehung von Führungsschichten und zu einer strukturierten Organisation der Gesellschaften führte.

Jungtürken, türkisch **Genç Türkler** [gɛntʃ-], **Jön Türkler,** nationaltürkische Reformpartei, die 1889 – Vorläufer waren schon 1876 aufgetreten – als der Geheimbund »Einheit und Fortschritt« gegründet wurde. Nach einem fehlgeschlagenen Attentat auf den Sultan (1892) und der danach einsetzenden Verfolgung der Jungtürken gingen viele von ihnen in die Emigration. Seit 1906 gewannen sie besonders von Saloniki aus Einfluss auf das türkische Offizierskorps, auf ihrem Pariser Kongress von 1907 einigten sie sich auf ein einheitliches Reformprogramm. Dieses beinhaltete u. a. die Wiederherstellung der Verfassung von 1876, die Einberufung eines Parlaments und die Propagierung des »Osmanismus« im Sinne einer alle ethnischen und religiösen Unterschiede aufhebenden »einheitlichen osmanischen Nation«. Die Revolution der Jungtürken von 1908/09 beendete das autokratische Regime Sultan Abd ül-Hamids II. Nachdem die Jungtürken 1909–12 die Regierung gestellt hatten, gewannen sie 1913 durch einen Staatsstreich erneut die Macht im Osmanischen Reich und behaupteten sie bis 1918.

Zu den politischen Zielen ihrer nunmehr diktatorischen und zentralistischen Regierung gehörten ein umfangreiches Reformwerk westeuropäischer Prägung, doch auch die Türkisierung aller Nationalitäten des Osmanischen Reiches. Die Jungtürken, die am 2. 8. 1914 ein geheimes Militärabkommen mit Deutschland geschlossen hatten, führten das Osmanische Reich an der Seite der Mittelmächte im Oktober 1914 in den Ersten Weltkrieg; sie waren verantwortlich für den Völkermord an den Armeniern (1915/16). Die türkische Kriegsniederlage führte zum endgültigen Machtverlust der Jungtürken (ab Oktober 1918).

JUSTINIAN I., DER GROSSE
***482 †565**

- wurde 527 Kaiser des Byzantinischen Reichs
- gewann kurzzeitig Gebiete Westeuropas für das Reich
- förderte die Kodifikation des römischen Rechts
- ließ in Konstantinopel die Hagia Sophia errichten

Justinian I., der Große, ursprünglich Flavius Petrus Sabbatius, Kaiser des Byzantinischen Reichs (seit 527), *Tauresium (bei Skopje) 482, †Konstantinopel 11. 11. 565; Neffe Kaiser Justins I. (518–527), der ihn unter dem Adoptivnamen Justinian förderte, sich auf ihn als Ratgeber stützte und ihn am 1. 4. 527 zum Mitregenten und Augustus erhob. Mit seiner gleichzeitig zur Augusta erhobenen Gemahlin Theodora führte Justinian bis zu deren Tod 548 eine Doppelherrschaft. Ziel der kaiserlichen Politik war es, die Orthodoxie und das römische Reichsgebiet als christliche Ökumene wiederherzustellen.

Während Justinian im Osten den Besitzstand des Reichs im Wesentlichen halten konnte, suchte er im Westen das an die Germanen verlorene Weströmische Reich wiederherzustellen. Durch die Bezwingung der Wandalen in Nordafrika (533/534), Sardinien und Korsika, der Ostgoten in Italien (535–553/554) und durch die Besetzung südöstlicher Teile des von den Westgoten beherrschten Spanien (554) gewannen seine Feldherren für das Reich Gebiete, die es nach Justinian bald wieder verlor. Von den Persern wie von den Hunnen erkaufte sich Justinian den Frieden durch Tributleistungen. Als Oberherr der Kirche bekämpfte Justinian Häretiker und Heiden. So ließ er 529 die Athener Philosophenschule schließen, bemühte sich aber um einen Ausgleich mit den Monophysiten (Anhänger der altkirchlichen Lehre). Den religiösen Separatismus im Westen beendete er durch Einberufung des 2. Konzils von Konstantinopel (553). Ein Hauptverdienst Justinians ist die Kodifikation des römischen Rechts (→Corpus Iuris Civilis). Als Bauherr ließ er u. a. die 532 zerstörte Hagia Sophia neu errichten.

JUSTINIAN I., DER GROSSE — *Formulierung des Corpus Iuris Civilis*

Als Kaiser Justinian I. im Jahre 527 seine knapp vier Jahrzehnte währende Herrschaft über das Oströmische Reich antrat, setzte er sich das außenpolitische Ziel, die unter seinen Vorgängern verloren gegangenen Teile des Imperium Romanum zurückzuerobern, ein Unterfangen, das immerhin zur, wenn auch nur kurzfristigen, Rückgewinnung des Mittelmeerraums führte.

Justinians bedeutsamste und bis heute nachwirkende Leistung war jedoch die systematische Erfassung der in Jahrhunderten gewachsenen römischen Rechtsüberlieferung. Der diesem Projekt zugrunde liegende Gedanke war, mithilfe eines vereinheitlichten und konsistenten Rechts eine zentralistische Herrschaft etablieren zu können.

Von den vier Teilen des Werks wurde 529 der »Codex Iustinianus«, die kaiserlichen Gesetze bis hin zu Justinian beinhaltend, als erster veröffentlicht, 542 war die Kodifikation des römischen Rechts, die seit 1583 »Corpus Iuris Civilis« (CIC, Sammlung bürgerlichen Rechts) genannt wird, abgeschlossen. Nach seiner Wiederentdeckung um 1100 wurde das CIC breit rezipiert und entwickelte sich zum juristischen Fundament des neuzeitlichen Europa. Noch im deutschen Bürgerlichen Gesetzbuch (BGB) von 1900 lebt, besonders im Schuld- und Erbrecht, römisches Recht weiter. Das Gesetzeswerk Justinians – das Mosaik zeigt ihn mit seinem Gefolge (um 548) – gilt heute als wichtigster Text der europäischen Rechtsgeschichte überhaupt.

Kaas, Ludwig, katholischer Theologe und Politiker, *Trier 23. 5. 1881, †Rom 15. 4. 1952; war 1918–24 Professor für Kirchenrecht in Trier, seit 1924 dort Domkapitular. Kaas war Mitglied des Zentrums, gehörte 1919/20 der Nationalversammlung, 1920–33 dem Reichstag an. 1928–33 war er Vorsitzender seiner Partei und unterstützte in dieser Eigenschaft die Regierung Brüning. Er bekämpfte entschieden die Regierung von Papen und beteiligte sich im August 1932 an Überlegungen, die NSDAP durch Einbindung in eine Koalitionsregierung einer politischen Kontrolle zu unterwerfen. Nach dem Regierungsantritt Hitlers (Januar 1933) stimmte er mit der Mehrheit der Reichstagsfraktion des Zentrums am 23. 3. dem Ermächtigungsgesetz zu. Er ging nach Rom und beteiligte sich maßgeblich an der Ausarbeitung des Reichskonkordats. Kaas blieb als Sekretär der Kardinalskongregation in Rom. Als Berater Papst Pius' XII. beteiligte er sich an den Bemühungen des Papstes (1939/40), zwischen der deutschen Widerstandsbewegung und der britischen Regierung zu vermitteln. Seit 1935 war er Domherr am Petersdom und später Leiter der Dombauhütte.

Kádár ['ka:da:r], János, ungarischer Politiker, *Fiume (heute Rijeka) 26. 5. 1912, †Budapest 6. 7. 1989; war seit 1931 Mitglied der Kommunistischen Partei, ab 1943 Sekretär des Zentralkomitees (ZK) und von 1948–51 Innenminister. 1951 wegen Titoismus verhaftet, wurde er nach seiner Rehabilitierung 1954 hoher Parteifunktionär in Budapest. 1956 wurde er ins Politbüro und ins Sekretariat des ZK gewählt. Seit Oktober 1956 war Kádár Mitglied der Regierung unter Ministerpräsident Imre Nagy und bildete nach dem ungarischen Volksaufstand im sowjetischen Auftrag eine neue Regierung. In seinem Amt als Erster Sekretär des ZK (seit 1956) sowie 1956–58 und 1961–65 zugleich als Ministerpräsident schlug er einen integrativen Kurs ein, der sich ideologisch und außenpolitisch eng an die sowjetische Partei- und Staatsführung anlehnte, innen- und wirtschaftspolitisch jedoch mit wachsendem Erfolg vorsichtige Reformen unter z. T. liberalen Zugeständnissen anstrebte und Ungarn nur begrenzten Wohlstand brachte (v. a. etwa 1962/63 bis 1972/74; »Gulaschkommunismus«).

Angesichts politischer Neuorientierung in der Partei sowie zunehmender Kritik an seiner persönlichen Amtsführung trat er am 22. 5. 1988 zurück und wurde (einflussloser) Parteipräsident. Als sich die Partei unter Neubewertung der Ereignisse vom Oktober/November 1956 von Kádár und der von ihm geprägten Epoche (»Kádár-Ära«) abwandte, entband sie ihn 1989 vom Amt des Parteipräsidenten und schloss ihn auch aus dem ZK aus.

János Kádár

Kadetten, russisch **Kadety,** aus den Anfangsbuchstaben K und D der russischen Konstitutionell-Demokratischen Partei entstandene Bezeichnung für deren Mitglieder. Die Kadetten forderten unter ihrem Führer Pawel Miljukow das allgemeine Wahlrecht, die Parlamentarisierung der Verfassung (konstitutionelle und parlamentarische Monarchie), Zugeständnisse an die Nationalitäten sowie Agrar- und Sozialreformen. Die Partei war in allen Koalitionsregierungen bis zur Oktoberrevolution vertreten, erhielt aber bei den Wahlen zur Verfassunggebenden Versammlung 1917 nur noch 17 von 707 Mandaten und wurde im gleichen Jahr als konterrevolutionär verboten. Parteiorgan war die seit 1906 erscheinende Tageszeitung »Reč'«.

Kadhdhafi, libyscher Politiker, →Gaddhafi.

Kahr, Gustav Ritter von (seit 1911), *Weißenburg in Bayern 29. 11. 1862, †München 30. 6. 1934 (ermordet); war 1917–24 monarchistisch gesinnter Regierungspräsident von Oberbayern. Unter dem Eindruck des Kapp-Putsches im März 1920 bildete er eine rechtsgerichtete Regierung in Bayern, trat jedoch als Ministerpräsident im September 1920 zurück, nachdem die Reichsregierung die von ihm abgelehnte Entwaffnung der Einwohnerwehren in Bayern und deren Auflösung durchgesetzt hatte. Im September 1923 wurde er zum »Generalstaatskommissar« ernannt und erhielt unter Verhängung des Ausnahmezustandes die vollziehende Gewalt in Bayern. 1923 von Hitler gezwungen, in die Putschpläne gegen die Reichsregierung einzuwilligen, schlug Kahr 1923 den →Hitlerputsch nieder. Im Verlauf des →Röhm-Putsches wurde er ermordet.

Kaiser [althochdeutsch »keisar«, von gotisch »kaisar«, nach latein. »Caesar«], der höchste weltliche Herrschertitel, entstanden aus dem Beinamen →Caesar der römischen Kaiser, die den Titel Imperator führten. Während das weströmische Kaisertum 476 erlosch, bestand das oströmische (byzantinische) Kaisertum bis 1453 (Kaisertitel Autokrator und Basileus).

MITTELALTER: Das abendländische Kaisertum entstand mit der Krönung Karls des Großen (800) durch Papst Leo III. Mit ihm verband sich die Idee eines geeinten christlichen Reichs, dessen Herrscher als Beauftragter Gottes regierte (Reichsidee). Durch Übertragung auf das deutsche Regnum (später →Heiliges Römisches Reich genannt) erneuerte Otto I. 962 das karolingische Kaisertum (»renovatio imperii«).

In der Rechtsnachfolge des fränkischen (ostfränkischen) Königs besaß der König des Heiligen Römischen Reichs die Anwartschaft auf das Kaisertum; zur Erwerbung der Kaiserwürde bedurfte er der Salbung und Krönung durch den Papst. Dieses neue Element des Krönungsrechts des Papstes war verbunden mit dem Krönungsort Rom (bis 1452). Zwar fügte das Kaisertum dem Königtum keine neuen materiellen Rechte hinzu, gab aber einen Vorrang an Würde und Hoheit (»dignitas«). Besonders die Verbindung mit dem Papst im universalen Führungsanspruch des Abendlandes prägte das Selbstverständnis und die Bedeutung des Kaisertums: Der Kaiser war der Schirmherr der Christenheit und der römischen Kirche; Theoretiker sprachen ihm die (faktisch nie besessene) Oberhoheit über alle christlichen Herrscher zu. Bis zum →Investiturstreit behauptete sich der Gedanke des Staatskirchentums (Reichskirche) und die Herrschaft des Kaisers über Papst und Kirche. Die damals beginnenden und bis ins 14. Jh. dauernden Auseinandersetzungen zwischen Kaisertum und Papsttum um die abendländische Vorrangstellung führten zur Trennung beider Mächte (Zweigewaltenlehre) und zu einem Macht- und Autoritätsverlust des Kaisers. In dieser Zeit wurde jedoch der päpstliche Anspruch auf die Bestätigung des Königs des Heiligen Römischen Reichs und auf die Kaiserkrönung zurückgewiesen (Marsilius von Padua) und die deutsche Königswahl durch die Kurfürsten 1338 sowie reichsgrundsätzlich 1356 festgelegt (Goldene Bulle). Danach wurde der Anspruch auf die Kaisergewalt direkt aus der Königswahl abgeleitet. 1508 nahm Maximilian I., als er den geplanten Romzug zur Kaiserkrönung nicht durchführen konnte, in Trient mit Zustimmung des Papstes den Titel Erwählter Römischer Kaiser an; 1530 wurde Karl V. als letzter Kaiser vom Papst in Bologna gekrönt.

NEUZEIT: Durch den Wandel des Reichs vom Lehns- zum Ständestaat standen sich Kaiser und Reich als zwei geschiedene Gewalten gegenüber. Zwar blieb in der Theorie das Kaisertum in seinem Universalanspruch erhalten, tatsächlich aber standen dem Kaiser, seit 1519 zusätzlich durch die →Wahlkapitulation und seit 1648 durch den →Westfälischen Frieden beschränkt, nur noch geringe Hoheitsrechte zu. Seit Friedrich III. (1452) trugen, nur von Karl VII. unterbrochen, ausschließlich Habsburger die Kaiserkrone; bis Ende des 18. Jh. beschränkte sich die Stellung des Kaisers zunehmend vorrangig auf die Herrschaft über die österreichischen Erblande. 1806 legte Franz II., der 1804 den Titel eines Kaisers von Österreich angenommen hatte, die Römische Kaiserkrone nieder. Der Versuch der Frankfurter Nationalversammlung 1848/49, das deutsche Kaisertum wiederherzustellen, scheiterte an der Weigerung König Friedrich Wilhelms IV. von Preußen, die Wahl zum »Kaiser der Deutschen« anzunehmen. Mit der Gründung des Deutschen Reiches 1870/71 schuf Otto von Bismarck die Würde eines Deutschen Kaisers, die ebenso wie das österreichische Kaisertum 1918 unterging.

In Frankreich bestand ein erbliches Kaisertum der Franzosen unter Napoleon I. (1804–14/15) und Napoleon III. (1852–70). Erzherzog Maximilian von Österreich war 1864–67 Kaiser von Mexiko. Die portugiesische Dynastie Bragança regierte Brasilien 1822–89 als Kaiserreich. Die chinesischen Herrscher wurden 221 v. Chr. bis 1912 (Qindynastie) als Kaiser bezeichnet. Der britische König führte 1876–1947 den Titel »Kaiser von Indien«, der italienische König 1936–43 den Titel »Kaiser von Äthiopien«. Der Kaiserwürde gleich geachtet wurde die Würde des russischen Zaren, der seit 1721 offiziell den Kaisertitel führte (»Imperator«), ebenso die Würde des Negus von Äthiopien (seit dem 14. Jh.) sowie die des Schahs in Persien/Iran (1925–79). In Japan entspricht die Stellung des Tennos der eines Kaisers.

Kaiser, Jakob, deutscher Politiker, *Hammelburg 8. 2. 1888, †Berlin (West) 7. 5. 1961; war 1924–33 Mitglied des Reichsvorstandes der christlichen Gewerkschaften, 1933 Mitglied des Reichstags (Zentrum). Kaiser stimmte 1933 gegen das Ermächtigungsgesetz und verweigerte die Gleichschaltung der Gewerkschaften. Im Juni 1945 war er Mitgründer der Einheitsgewerkschaft (FDGB) und der CDUD in Berlin. Ende 1945 wurde er deren Vorsitzender für Berlin und die SBZ. Seine Konzeption, Deutschland die Rolle einer »Brücke zwischen Ost und West« zuzuweisen, stand im Gegensatz zur Politik der Westintegration Konrad Adenauers. Im Dezember 1947 wurde er von der SMAD seines Amtes als Vorsitzender der CDUD enthoben. Er ging nach Westdeutschland und war dort 1949–57 MdB und Bundesminister für gesamtdeutsche Fragen.

Kalif [mittelhochdeutsch kalif, von arab. ḫalīfa[h] »Nachfolger«, »Stellvertreter«], seit Mohammeds Tod 632 der offizielle Titel seiner Nachfolger in der Herrschaft über die muslimische Gemeinschaft (Kalifat). Seit 634 kam der Titel Amir al-muminin (»Beherrscher der Gläubigen«) hinzu. Daneben konnte Kalif im islamischen Bereich Stellvertreter aller Art bezeichnen und war gelegentlich auch Personenname.

Nach sunnitischer Auffassung musste der Kalif von einem Kollegium führender Persönlichkeiten gewählt werden. Die Anerkennung der Wahl erfolgte durch Treuegelöbnis der obersten Würdenträger des Staates. Der Kalif hatte die Pflicht, den Bestand des islamischen Herrschaftsgebietes (»Dar al-Islam«) zu bewahren, es zu erweitern und die islamische Rechtsordnung zu sichern. Im Glaubenskrieg (→Djihad) führte er den Oberbefehl. Der Kalif hatte jedoch keine Autorität in Glaubens- und Rechtsfragen.

Von den Schiiten wurde das sunnitische Kalifat niemals anerkannt, und von ihnen nahmen nur die ismailitischen Fatimiden (909–1171) den Kalifentitel an.

NACHFOLGER MOHAMMEDS: Nach dem Tod Mohammeds folgte Abu Bakr, der erste der vier »rechtgeleiteten« Kalifen, der Mohammeds Lebenswerk wahrte, obwohl Omar I. (634–644) der eigentliche Begründer und Organisator des islamischen Großreiches war, das sich über ganz Arabien, Syrien und Palästina, Mesopotamien, Iran, Ägypten und das angrenzende Nordafrika ausdehnte. Nach der Ermordung des dritten Kalifen, Othman (656), und der Doppelwahl von Ali Ibn Abi Talib und Moawija zerbrach die innere Einheit: Die Spaltung in Sunniten, Schiiten und Charidjiten besteht bis heute.

Obwohl die sunnitische Mehrheit an dem ursprünglichen Wahlprinzip festhielt, setzte sich nach dem Tod Alis (661) faktisch die Dynastie der Omaijaden durch. Diese betrachteten sich in erster Linie als weltliche Herrscher innerhalb der arabischen Stammesaristokratie. Nach Medina und Kufa wurde nun Damaskus neue Kalifenresidenz. Von den Omaijaden sind neben dem Dynastiegründer Moawija I. (661–680) besonders Abd al-Malik (685–705) als Vereinheitlicher der Verwaltung und Walid I. (705–715) als Organisator der zweiten großen Ausdehnungsbewegung des Islams (Pandschab, Transoxanien, Spanien) von Bedeutung. Aber das Hinzukommen nicht arabischer Muslime, deren Eingliederung in das Staatsgefüge Omar II. (717–720) durch politische Zugeständnisse erleichtern wollte, führte zu einer religiös motivierten, stark von Persern getragenen Rebellion gegen die Omaijaden. Diese Bewegung brachte im Osten des islamischen Reiches 749/750 die Abbasiden zur Macht, während in Spanien 756 ein neues, bald zur Hochblüte gelangendes omaijadisches Reich entstand, dessen »Emire« sich erst seit 929 wieder Kalif nannten. Hierdurch wurde die Auflösung des Kalifats in Einzelstaaten eingeleitet.

ABBASIDEN: Die Abbasiden, die sich seit 762 in Bagdad eine neue Residenz außerhalb des unzufriedenen Syrien schufen, konnten durch Persönlichkeiten wie Mansur (754–775), al-Mahdi (775–785), Harun ar-Raschid (786–809) und al-Mamun (813–833) ihre Herrschaft fest begründen und sie gegen politisch und religiös Unzufriedene sowie gegen byzantinische Angriffe als ein sunnitischer Staat mit arabischer Verwaltungs- und Gelehrtensprache durchsetzen. In ihm gewann das Persertum tief greifenden Einfluss, der sich auch in der Durchsetzung iranischer und altvorderorientalischer Anschauungen vom Gottesgnadentum der Herrscher bemerkbar machte. Die Kalifen förderten zwar in gewissen Grenzen ab Ende der 820er-Jahre die Aufnahme hellenistischen Gedankengutes in den Islam und konnten 847 die islamische Orthodoxie endgültig wieder herstellen. Sie vermochten aber bei aller kulturellen Blüte und materiellem Wohlstand nicht die auseinander strebenden Kräfte der einzelnen Landschaften zu vereinen (Nordafrika mit dem neu gewonnenen Sizilien und Sardinien, Ägypten, Syrien, Teile Mesopotamiens und der Arabischen Halbinsel, Iran, Pandschab) und wurden z.T. von religiösen und sozialen Aufständen schwer bedroht.

Kalif.
715 ließen die Omaijaden die Hauptmoschee in Damaskus errichten. Nach der Ermordung Ali Ibn Abi Talibs hatte diese Dynastie fast 100 Jahre lang das Kalifenamt inne; ihre Verteibung nach Spanien leitete die Auflösung der islamischen Welt in Einzelstaaten ein.

Seit 833 kamen sie durch die Aufnahme türkischer Söldner mehr und mehr unter die Herrschaft von Leibgardisten, die Kalifen auch abzusetzen wagten, und sanken 945 zu politischer Bedeutungslosigkeit herab, als die schiitischen iranischen Bujiden sich Bagdads bemächtigten und die weltliche Herrschaft in Mesopotamien übernahmen. Zwar wurden die Abbasiden 1055 von der schiitischen Oberherrschaft und der fatimidischen und ismailitischen Bedrohung durch die sunnitischen Seldschuken befreit, hatten nun aber auch die weltliche Macht verloren, auch als die seldschukische Macht im 12. Jh. dahinschwand. Freilich blieb ihnen der religiös bedingte Nimbus nomineller Herrscher der (sunnitischen) islamischen Welt erhalten. Indem die meisten Herrscher der Einzelländer formell ihre Bestallung von ihnen erbaten, blieb ideell die Einheit des Kalifenreiches noch gewahrt und das islamische Einheitsbewusstsein erhalten.

NACHABBASIDISCHE ENTWICKLUNG: Den Nimbus der Kalifen machten sich nach dem Sturz der Abbasiden durch die Mongolen 1258 die Mamelucken als Erste zunutze, indem sie sich seit 1261 Abkömmlinge einer Zweiglinie der Abbasiden in Kairo als »Kalifen« hielten (»Schein- bzw. Schattenkalifat«), die jedoch außerhalb nur von einigen nordindischen Staaten und zeitweilig von der Goldenen Horde anerkannt wurden. Daneben nannten sich auch andere Fürsten Kalif, z.B. die Mogulkaiser (→Mogul). Das ägyptische Kalifat erlosch 1517 mit der türkischen Eroberung.

Der Kalifentitel ging an den osmanischen Sultan über, obwohl dieser nicht von den Koraisch abstammte; er hatte ihn freilich schon früher gelegentlich zu führen begonnen. Im 18. Jh. konnten die Sultane dem Westen in Anlehnung an die Idee des Papsttums und entsprechend dem Verlangen des Zaren nach einer Oberherrschaft über die Orthodoxen suggerieren, sie seien als Kalif geistige Oberherren aller (sunnitischen) Muslime; der Friedensschluss von Küçük Kaynarca (1774) bekräftigte diese Vorstellung.

Mit dem Zusammenbruch des Osmanischen Reiches im Ersten Weltkrieg, der Abschaffung des Kalifats durch die Türkische Republik 1924 und der Ausweisung des letzten Kalifen Abd ül-Medjid II. ging die Kalifenherrschaft zu Ende.

Kalinin, Michail, sowjetischer Politiker, * Werchnjaja Troiza (Gebiet Twer) 19. 11. 1875, † Moskau 3. 6. 1946; nahm an den Revolutionen von 1905 und 1917 teil. Kalinin war Mitarbeiter Lenins und Stalins, 1926–46 Mitglied des Politbüros der KPdSU (Bolschewiki) und 1919–46 nominelles Staatsoberhaupt Sowjetrusslands bzw. (seit 1922) der UdSSR.

Kalliasfriede, fälschlich auch **Kimonischer Friede,** durch den Athener Kallias herbeigeführter Friede zwischen Athen und den Persern 449/448 v. Chr. Der Kalliasfriede sah die Autonomie der kleinasiatischen Griechenstädte, das Fernhalten der persischen Kriegsflotte von der Ägäis und den athenischen Verzicht auf weitere Angriffe gegen Persien vor. (→Perserkriege)

Kalmarer Union, Vereinigung der Königreiche Dänemark, Norwegen und Schweden, durch die Krönung Erichs von Pommern in Kalmar und die Unionsakte 1397 bestätigt. Faktisch begründet wurde die Union von Margarete I. von Dänemark, die nach ihrer Eheschließung mit Håkon VI. Magnusson von Norwegen 1389 auch die Regierung in Schweden übernahm. Die Kalmarer Union bestand mit Unterbrechungen bis zur Wahl Gustavs I. Eriksson Wasa zum König von Schweden 1523.

Kaltenbrunner, Ernst, österreichischer Politiker, * Ried im Innkreis 4. 10. 1903, † (hingerichtet) Nürnberg 16. 10. 1946; schloss sich früh der NSDAP in Österreich an (seit 1937 dort Führer der SS). Nach dem »Anschluss« Österreichs an das Deutsche Reich war Kaltenbrunner 1938 Staatssekretär für öffentliche Sicherheit. 1943 wurde er als Nachfolger Reinhard Heydrichs Chef der Sicherheitspolizei (Sipo) und des Sicherheitsdienstes (SD) sowie des Reichssicherheitshauptamtes (RSHA). Er hatte maßgeblichen Anteil an den Verbrechen des nationalsozialistischen Herrschaftssystems, besonders an der Ermordung der Juden (→Holocaust). 1946 verurteilte ihn das Internationale Militärtribunal in Nürnberg als einen der Hauptkriegsverbrecher zum Tode.

Kalter Krieg, schlagwortartige Bezeichnung für eine nichtmilitärische Konfrontation zweier Staaten oder Staatengruppen, die durch Begründung und Ausbau von Militärbündnissen, Wettrüsten, diplomatisch-politischen Druck, wirtschaftliche Kampfmaßnahmen (z. B. Embargo), militärisches Eingreifen in regionale Konflikte, ideologische und propagandistische Unterwanderung (»ideologische Kriegführung«) sowie durch Aktivitäten von Nachrichtendiensten bzw. Förderung von Putschen und Staatsstreichen im jeweils anderen »Lager« ihre internationale Position zum Nachteil des anderen verbessern wollen, wobei die Konfrontation bis zum Rande eines Kriegsausbruches führen kann. Als historischer Begriff umschreibt die Bezeichnung Kalter Krieg seit etwa 1947 bis 1990 den globalen Antagonismus der beiden damaligen Weltmächte USA und UdSSR sowie die Beziehung zwischen den daraus hervorgehenden Machtblöcken, besonders zwischen 1946/47 und 1961/62 (→Ost-West-Konflikt).

HÖHEPUNKTE: Bereits gegen Ende des Zweiten Weltkriegs hatte sich das Zerwürfnis der Anti-Hitler-Koalition abgezeichnet. Vor dem Hintergrund eines amerikanischen Kernwaffenmonopols (bis 1949) entzündete sich der Kalte Krieg an den Interessengegensätzen der UdSSR und der USA, die sowohl eine machtpolitische Stabilisierung bzw. Ausweitung ihrer Einflussbereiche als auch die Durchsetzung ihrer gegensätzlichen wirtschafts- und gesellschaftspolitischen Ordnungsvorstellungen erstrebten. Mit der durch die Durchführung der westdeutschen Währungsreform in Berlin ausgelösten →Berliner Blockade (1948/49) kam es zu einem ersten Höhepunkt des Kalten Kriegs. Die Einbindung der beiden 1949 gegründeten deutschen Staaten in die gegeneinander gerichteten Bündnissysteme NATO und Warschauer Pakt unter ihren Führungsmächten USA und UdSSR zementierte das vom strategischen Prinzip der Abschreckung bestimmte Gleichgewicht der Machtblöcke in Europa.

Der Kalte Krieg mit seiner weltpolitischen Dimension prägte, besonders bis 1955, die innenpolitischen Verhältnisse der beteiligten Staaten. Im Ostblock verschärfte sich die Diktatur Stalins, die nach seinem Tod (1953) nur kurzfristig von Phasen ideologischer »Aufweichung« abgelöst wurde. In den westlichen Staaten wurden z. B. die kommunistischen

KALTER KRIEG

Kubakrise

Nach dem Sieg der von Fidel Castro angeführten Guerilla über die rechtsgerichtete Diktatur General Batistas wurde Kuba im Jahre 1959 zu einem sozialistischen Staat. Daraus resultierten schwere Spannungen mit den USA, die 1961 einen – kläglich gescheiterten – Versuch von Exilanten förderten, mit einer Invasion in der kubanischen Schweinebucht das Castro-Regime zu stürzen. Auch das von den USA verhängte Handelsembargo führte nicht zu diesem Ziel – im Gegenteil: Die UdSSR und deren Staatschef Nikita Chruschtschow intensivierten die Unterstützung des für sie geostrategisch so günstig gelegenen Inselstaats und trugen nun ihrerseits zur Eskalation bei, indem sie 1962 mit der Installierung sowjetischer Raketenstellungen auf Kuba begannen, von denen die Metropolen der amerikanischen Ostküste unmittelbar bedroht werden konnten.

Die Identifikation der Abschussrampen durch amerikanische Aufklärungsflugzeuge im September 1962 hatte eine Reihe von Krisensitzungen im Weißen Haus zur Folge, an deren Ende am 22. 10. Kennedy von Chruschtschow den sofortigen Rücktransport der Raketen verlangte, was dieser ablehnte. Am 24. 10. errichteten die USA eine Seeblockade gegen Kuba, worauf sich die sowjetische Kriegsflotte in Richtung des Krisengebiets in Marsch setzte. Der Einsatz von Nuklearwaffen schien auf beiden Seiten bevorzustehen. Am 28. 10. erteilte Chruschtschow nach einem geheimen Briefwechsel mit Kennedy den Befehl zum Abdrehen der sowjetischen Flotte und zur Demontage sowie zum Rücktransport (Foto) der Raketenanlagen. Im Gegenzug zogen die Amerikaner Anfang 1963 ihre Südrussland bedrohenden Raketenstellungen in der Türkei ab. Im Januar 1963 beendete eine gemeinsame Note beider Mächte an den UN-Generalsekretär Sithu U Thant offiziell die Kubakrise.

Parteien von jeder Beteiligung an der Regierungsverantwortung ausgeschlossen. In wechselseitiger Bedingung manifestierten Stalinismus und Antikommunismus die »Festungsmentalität« der beiden Weltlager.

In der Dritten Welt, wo die Entkolonialisierung ein gewisses Machtvakuum entstehen ließ, führte die beiderseitige Furcht vor einer Expansion des gegnerischen Lagers u.a. zum militärischen Engagement der Weltmächte in regional begrenzten Konflikten, v.a. im Koreakrieg (1950–53) und im Vietnamkrieg (1958/59–75). Das bipolare Grundmuster der internationalen Beziehungen wurde auch durch die Bestrebungen der blockfreien Staaten nicht durchbrochen. Mit der Suezkrise (1956), v.a. aber mit der Kubakrise (1962) führte der Kalte Krieg auf seinem Höhepunkt an den Rand eines atomaren Weltkriegs.

ENTSPANNUNG: Trotz des weiter bestehenden Ost-West-Konflikts kam es ab etwa 1962 zur Abschwächung des Kalten Kriegs. Es entwickelte sich, mit bedingt durch den chinesisch-sowjetischen Konflikt und das Scheitern der Politik des →Containments im Vietnamkrieg, eine Politik und Diplomatie der Entspannung sowie Abrüstung. Ende der 1970er-Jahre verschärfte sich der Kalte Krieg nochmals (v.a. sowjetischer Einmarsch in Afghanistan, NATO-Doppelbeschluss, 1979). Erst das durch Michail Gorbatschow gleichzeitig mit der inneren Reformpolitik (»Glasnost« und »Perestroika«) durchgesetzte »neue Denken« in der Außenpolitik der UdSSR leitete das Ende des Kalten Kriegs ein. Besiegelt wurde es mit dem Zusammenbruch des Ostblocks 1989–91 und der Auflösung des Warschauer Pakts (endgültig zum 1. 7. 1991) sowie der Neuorientierung der westlichen Sicherheitspolitik, 1990 in der →Charta von Paris dokumentiert.

Kalvinismus, Calvinismus, die von der Theologie Jean Calvins inspirierte Glaubens- und Lebenshaltung reformierter Christen (Kalvinisten). In der Kirchengeschichtsschreibung wird darunter die Vielzahl reformierter Kirchen zusammengefasst. Die 1549 im »Consensus Tigurinus« festgelegte Form des reformierten Glaubens durchdrang noch zu Lebzeiten Calvins die Schweiz, Frankreich, die Niederlande, England, Schottland, Polen, Ungarn, Siebenbürgen sowie die Pfalz und das Niederrheingebiet. Anfang des 17. Jh. fasste der Kalvinismus auch in Hessen-Kassel, im Nassauischen und im Anhaltinischen Fuß. Bedeutende Zentren kalvinistischer Theologie wurden die Universitäten Heidelberg und Leiden. Die theologische Einheitlichkeit des Kalvinismus ging jedoch nach Calvins Tod verloren. Wesentlich für die kalvinistische Theologie ist die Prädestinationslehre mit der Frage nach der Erwählung jedes Einzelnen durch Gott.

Kambyses II., persisch **Kambudschija**, altpersischer König aus der Dynastie der Achaimeniden (seit 530 v. Chr.), †522 v. Chr.; Sohn Kyros' II., dem er in der Herrschaft nachfolgte, und der Kassandane; Gemahl seiner Schwester Atossa. Nachdem Kambyses seinen Bruder Smerdis heimlich beseitigt hatte, griff er 525 Ägypten an. Er eroberte Memphis und nahm König Psammetich III. gefangen. Die Griechen von Kyrene und Barke (in der Cyrenaika) sowie die benachbarten Libyer huldigten ihm. Rücksichtslosigkeit gegenüber den ägyptischen Kulten machte ihn verhasst; ein Aufstand des Magiers Gaumata in Persien zwang Kambyses zur Rückkehr, während der er starb.

Kameralismus [zu mittellatein. cameralius »Kämmerer«], alle Bereiche der öffentlichen Verwaltung (»Polizeiwissenschaft«) umfassende, praktische Lehre in der Zeit des Absolutismus (17. und 18. Jh.) unter besonderer Berücksichtigung der landesfürstlichen Finanzwirtschaft. Der Kameralismus, der als deutsche Richtung des →Merkantilismus bezeichnet werden kann, erstrebte hohe Staatseinkünfte und Autarkie, v. a. indirekt durch planmäßige Förderung der Wirtschaft (landwirtschaftliche Musterbetriebe, Gründung staatlicher Manufakturen u. a.). Als ökonomische Lehrmeinung wurde der Kameralismus vom Physiokratismus und der klassischen Nationalökonomie abgelöst.

Kampffront Schwarz-Weiß-Rot, nach den Nationalfarben des Deutschen Reiches benanntes Wahlbündnis zwischen der Deutschnationalen Volkspartei (DNVP) und dem »Stahlhelm« bei den Reichstagswahlen vom 5. 3. 1933 (52 Mandate, 8,0% der Stimmen); vereinigte die bürgerlichen Kräfte, die am 30. 1. 1933 in die Koalitionsregierung unter Adolf Hitler eingetreten waren.

Kanada, amtlich englisch und französisch **Canada** ['kænədə, engl.; kana'da, französ.], Staat in Nordamerika, der im Norden an das Nordpolarmeer, im Osten an das Baffinmeer und den Atlantik, im Süden an die USA, im Westen an den Pazifik und im Nordwesten an Alaska grenzt.

GESCHICHTE: Zur Vor- und Frühgeschichte →Nordamerika. Die Ostküste des heutigen Kanada war norwegischen Seefahrern (Leif Eriksson) schon um 1000 bekannt und wurde 1497 von Giovanni und Sebastiano Caboto neu entdeckt. 1534–41 nahm Jacques Cartier das Gebiet des Sankt-Lorenz-Stroms für die französische Krone in Besitz, das ab 1603 kolonisiert wurde (»Neufrankreich«). 1608 gründete Samuel de Champlain die Stadt Quebec.

Die heftigen französisch-britischen Konflikte um Interessensphären in Kanada, in die auch Indianer (u. a. Irokesen als Bundesgenossen der Engländer) hineingezogen wurden, erreichten ihren Höhepunkt im →Siebenjährigen Krieg; in dessen Folge geriet ab 1763 das ganze östliche Kanada in britischen Besitz. Im Gefolge des Nordamerikanischen Unabhängigkeitskrieges wanderten etwa 40000 Loyalisten (der britischen Krone treu gebliebene Amerikaner) nach Kanada ein. Nach der Regelung der Grenzen zwischen den USA und der britischen Provinz (1783) richtete das Verfassungsgesetz von 1791 in Rücksichtnahme auf die beiden nach Bevölkerung, Kultur und Religion verschiedenen Siedlungskerne zwei Provinzen ein, das vorwiegend englisch-protestantische Oberkanada und das vorwiegend französisch-katholische Unterkanada. 1812–14 scheiterte der Versuch der USA, die britischen Besitzungen in Nordamerika zu erobern. Dieser Erfolg förderte das Selbst- und Zusammengehörigkeitsgefühl: 1840 wurden Oberkanada und Unterkanada durch englisches Gesetz (»Canada Union Act«) zur Provinz Kanada mit einer dem Parlament verantwortlichen Regierung vereint.

Durch den British North America Act von 1867 (gültig bis 1982) schuf Großbritannien das »Dominion of Canada« mit den Provinzen Quebec, Ontario, Nova Scotia und New Brunswick; bis 1873 schlossen sich die Provinzen Manitoba, British Columbia und Prince Edward Island an. Aus den von der Hudson's Bay Company 1869 an Kanada abgetretenen Gebieten wurden bis 1912 weitere Provinzen und Territorien gebildet, einige Provinzen wurden beträchtlich nach Norden vergrößert.

Die kanadische Beteiligung am Ersten Weltkrieg verstärkte das Streben nach politischer Unabhängigkeit, die mit dem Statut von Westminster 1931 erreicht wurde. In den ersten Jahren des Zweiten Weltkriegs eine der Hauptstützen Großbritanniens, war Kanada 1945 Gründungsmitglied der UN und 1949 der NATO. 1949 schloss sich das Dominion Newfoundland Kanada als zehnte Provinz an. Die seit 1934 regierenden Liberalen wurden 1957 von den Konservativen abgelöst; seither wechselten konservative und liberale Regierungen. 1993 wurde ein selbst verwaltetes Territorium (»Nunavut«) für die Eskimo geschaffen. Mit dem 2000 vom Parlament verabschiedeten »Clarity Act« wurden Sezessionsbestrebungen von Provinzen (besonders Quebecs, das 1995 mit dem Versuch gescheitert war, sich mittels Volksentscheid von Kanada zu lösen) enge Grenzen gesetzt. Bei den Parlamentswahlen von 2000 wurde Premierminister Jean Chrétien (Liberal Party) als erster kanadischer Regierungschef nach dem Zweiten Weltkrieg zum dritten Mal hintereinander im Amt bestätigt; ihm folgte 2003 Paul Martin nach.

Kantonsystem, Kantonverfassung, System der Heeresergänzung, bei dem der Staat in Bezirke (Kantone) eingeteilt war und jedes Regiment seinen Rekrutenersatz aus einem bestimmten Kanton zu beziehen hatte. In Preußen führte Friedrich Wilhelm I. 1733 das Kantonsystem ein. Danach waren alle Männer (mit bestimmten Ausnahmen) zum Dienst im Regiment ihres Kantons verpflichtet. Die nach dem Kantonsystem dienstpflichtigen Rekruten nannte man Kantonisten. Das Kantonsystem war ein Vorläufer der allgemeinen Wehrpflicht.

Kanzler [althochdeutsch kanzellari, von spätlatein. cancellarius »hoher Beamter«], in Geschichte und Politik: a) seit dem 4. Jh. belegte Bezeichnung für einen Amtsdiener, der an den »cancelli« (Amtsschranken, Kanzlei) Dienst verrichtete, bei den ripuarischen Franken und Alemannen bis ins 9. Jh. auch der Gerichts- oder Grafschaftsschreiber. In merowingisch-karolingischer Zeit nahm der Kanzler Aufgaben eines Notars wahr. b) Erzkanzler, Reichskanzler, eines der →Erzämter im Heiligen Römischen Reich, durch Otto I. 953 eingerichtet; es lag später bei den drei geistlichen Kurfürsten, den Erzbischöfen von Mainz (für Deutschland und das Reich), Köln (Italien) und Trier (Gallien und Burgund). Dem Reichskanzler oblag die Leitung der Reichskanzlei. 1559 wurde diese Leitung dem Reichsvizekanzler übertragen, das Amt des Kanzlers war damit der behördlichen Organisation der Reichskanzlei entzogen. c) Amt in Preußen, 1) Großkanzler, 1747–1810 der Leiter der Justizverwaltung; 2) 1810–22 der Staatskanzler. d) in Österreich 1) 1742–1849 faktische Amtsbezeichnung des Außenministers (Staatskanzler); 2) in Österreich-Ungarn 1867–71 der Vorsitzende des gemeinsamen Ministeriums (Reichskanzler). e) im Deutschen Reich 1871–1918 der einzige Minister des Reichs (→Reichskanzler), 1919–45 der Leiter der Reichsregierung (→Reichskanzler). f) heute in Deutschland, in Österreich und der Schweiz der →Bundeskanzler. g) Amt in Großbritannien (Chancellor), 1) Lordkanzler, Lord Chancellor; 2) Schatzkanzler, Leiter des Finanzministeriums.

Kapetinger, französisches Herrschergeschlecht rheinfränkischer Herkunft, genannt nach Hugo Capet, sicher bezeugt seit Robert (auch Rupert) dem Tapferen, nach dem die ersten drei Generationen Robertiner (Rupertiner) genannt werden. Nach zwei gescheiterten Ansätzen lösten die Kapetinger 987 mit der Wahl Hugo Capets die karolingische Dynastie ab. Die Hauptlinie der Kapetinger behauptete die französische Krone bis 1328, danach ihre Nebenlinien (u. a. Valois, Bourbon, Orléans).

Kapetinger. Hugo Capet, der erste französische König aus dem Hause der Kapetinger, erhält den Schlüssel der Stadt Laon, um dort den letzten Karolinger zu bestatten (Buchmalerei des 15. Jh.).

Kapitol,

1. lateinisch **Capitolium, Capitolinus mons,** Name des kleinsten der sieben Hügel Roms. Die nördliche Kuppe trug einst die Fluchtburg (Arx) der Stadt, die südliche den 509 v. Chr. geweihten Tempel der Göttertrias Jupiter Optimus Maximus Capitolinus, Juno und Minerva (»Kapitolinische Trias«). Mit der Errichtung des Jupitertempels wurde das Kapitol religiöser und politischer Mittelpunkt der Stadt Rom und später des Römischen Reiches. In republikanischer Zeit wurden auf dem Kapitol auch kleinere Tempel anderen Gottheiten geweiht, auf der Arx, die ihre Bedeutung als Fluchtburg verlor, als nach dem Galliersturm (wahrscheinlich 386 v. Chr.) das Kapitol in die Servianische Mauer einbezogen wurde, v. a. der Tempel der Juno Moneta (nach 345 v. Chr.). Da das Kapitol als Inbegriff römischer Staatsreligion und des religiösen Schutzes über Rom die Funktionen des Staatskultes trug, wurden seit dem 2. Jh. v. Chr. auch in römischen Kolonialstädten Capitolia eingerichtet (Brescia, Cosa bei Vulci, Cumae, Pompeji, Verona) und seit dem 2. und 3. Jh. n. Chr. im Bereich fast des ganzen römischen Imperiums.

2. Parlamentsgebäude in den USA. Mit dem Bau des Kapitols in der Bundeshauptstadt Washington (D. C.) wurde 1793 begonnen.

Kapp-Putsch.
Am 13. 3. 1920 besetzten Freikorps das Berliner Regierungsviertel, Wolfgang Kapp übernahm als Reichskanzler die Regierungsgewalt (hier verteilen Soldaten in der Wilhelmstraße Flugblätter). Nach einem Generalstreik, zu dem die Gewerkschaften aufriefen und der in ganz Deutschland befolgt wurde, brach der Putsch der rechtsgerichteten Kreise nach vier Tagen in sich zusammen.

Karl I.,
Kaiser von Österreich

1800 tagte der Kongress erstmals im Kapitol, das z. T. noch ein Notbau war. 1824 war die Inneneinrichtung vollendet; ab 1850 wurden zwei Flügel angebaut und der Kuppelbau errichtet.

Kapitularien [latein., von capitulum, »zu Kapitel« (wegen ihrer Kapiteleinteilung)], in der Karolingerzeit die von den fränkischen Königen in lateinischer Sprache erlassenen Verordnungen, Rundschreiben und Verwaltungsakte, die teils kodifiziertes Volksrecht ergänzten, teils königliche Anweisungen und Entscheidungen enthielten, gelegentlich nur von regionaler Bedeutung.

Kapp-Putsch, Kapp-Lüttwitz-Putsch, Umsturzversuch (13.–17. 3. 1920) rechtsradikaler Politiker um Wolfgang Kapp und unzufriedener Teile der deutschen Armee um General Walther Freiherr von Lüttwitz. Am 13. 3. 1920 früh besetzten die von Döberitz einmarschierte Marinebrigade und andere Formationen, deren Auflösung die Reichsregierung verfügt hatte, das Berliner Regierungsviertel und riefen Kapp zum Reichskanzler aus. Die Loyalität der Ministerialbürokratie gegenüber der Regierung von Gustav Bauer, der Generalstreik der Gewerkschaften und andere Abwehrreaktionen der Arbeiter, mangelnde Hilfe seitens der Reichswehr und unterschiedliche Motivationen der Putschisten sowie die Art der Durchführung ließen den Umsturzversuch scheitern.

Karl, Erzherzog von Österreich, Feldmarschall, * Florenz 5. 9. 1771, † Wien 30. 4. 1847; Sohn Kaiser Leopolds II. Karl war am 1. Koalitionskrieg gegen Frankreich beteiligt, wurde Generalstatthalter der Niederlande, übernahm 1796 als letzter Reichsgeneralfeldmarschall das Kommando der Rheinarmee und schloss nach vernichtenden Niederlagen in Italien 1797 mit Napoleon den Vorfrieden von Leoben ab. 1799 siegte er bei Ostrach, Stockach und Zürich, schied aber wegen Konflikten mit seinem kaiserlichen Bruder Franz II. aus dem Militärdienst aus. 1801 wurde er Hofkriegsratspräsident; als Kriegsminister reorganisierte er das Heerwesen von der Zentralverwaltung bis zu den Regimentern, ohne sein Werk vollenden zu können. In dem gegen seinen Willen geführten Krieg von 1809 errang er als selbstständig handelnder Generalissimus den viel bewunderten Sieg bei Aspern. Die Schlacht bei Wagram verlor er und leitete angesichts des Zusammenbruchs Österreichs Friedensverhandlungen ein. Deshalb wurde Karl des Oberbefehls enthoben und musste seine militärische Laufbahn beenden.

Karl I., König von England, Schottland und Irland (seit 1625), * Dunfermline 19. 11. 1600, † (hingerichtet) London 30. 1. 1649; stammte aus dem Haus Stuart; Sohn Jakobs VI. von Schottland. Der kunstliebende Karl war streng absolutistisch gesinnt und erstrebte eine Versöhnung der anglikanischen mit der katholischen Kirche. Ihm trat eine wachsende Gegnerschaft des Parlaments entgegen, das er wiederholt auflöste. 1628 musste er die → Petition of Right gewähren und regierte dann 1629–40 ohne Parlament. Sein Versuch, die presbyterianische Synodalverfassung Schottlands durch die anglikanische Bischofskirche zu ersetzen, führte zu einem Aufstand der schottischen Presbyterianer. Um die finanziellen Mittel zu deren Bekämpfung zu erhalten, berief er 1640 das → Lange Parlament ein, das einschneidende Einschränkungen der königlichen Macht beschloss. Die Spannungen, verschärft durch den 1641 ausgebrochenen irischen Aufstand, führten 1642 zum Bürgerkrieg. Nach der Niederlage der königlichen »Kavaliere« wurde Karl auf Betreiben Oliver Cromwells verurteilt und enthauptet.

Karl I., Kaiser von Österreich, als König von Ungarn Karl IV., ungarisch Károly IV., * Persenbeug (Niederösterreich) 17. 8. 1887, † Funchal (Madeira) 1. 4. 1922; Großneffe Kaiser Franz Josephs I., ⚭ seit 21. 10. 1911 mit Zita von Bourbon-Parma. Durch den Tod seines Onkels Franz Ferdinand (Sarajevo, 1914) Thronfolger, bestieg Karl 1916 den Thron. Er erstrebte einen Verständigungsfrieden und knüpfte im Frühjahr 1917 durch seinen Schwager, den Prinzen Sixtus von Bourbon-Parma, geheime Verhandlungen mit Frankreich an. Die daraus entstehende Sixtus-Affäre erschütterte sein innenpolitisches Ansehen und verschlechterte das Verhältnis zum Deutschen Reich. Unsicher in der Nationalitätenfrage, wich Karl entscheidenden Reformen aus. Sein Völkermanifest von 1918 zur föderativen Umgestaltung der Monarchie, von der der ungarische Reichsteil jedoch ausgenommen war, kam zu spät und beschleunigte den Zerfall des Staates. Im November 1918 verzichtete er unter dem Druck der Revolution auf die Ausübung der Regierung in Österreich und in Ungarn, ohne formell abzudanken. Nach zwei vergeblichen Versuchen, die Monarchie in Ungarn wieder herzustellen, wurde er von der Entente nach Madeira verbannt.

Karl I. von Anjou [-ã'ʒu], König von Neapel-Sizilien (seit 1266), *März 1226, †Foggia 7. 1. 1285; Vater von Karl II. von Anjou; Sohn Ludwigs VIII. von Frankreich, Bruder Ludwigs IX.; erhielt von diesem 1245 die Grafschaft Anjou und erwarb durch Heirat mit Beatrice, der Erbtochter des Grafen Raimond Berengar IV., die Provence (1246); 1265 von Papst Klemens IV. mit dem bisher staufischen Königreich Sizilien belehnt, das er 1266 in Besitz nahm (Krönung in Rom am 6. 1.) und gegen die letzten Staufer Manfred und Konradin verteidigte. Seine Hauptstadt verlegte er nach Neapel. 1270 hatte er am Kreuzzug gegen Tunis teilgenommen, 1272 die Krone Albaniens angenommen und 1277 den Titel eines Königs von Jerusalem gekauft.

Karl II., König von England, Schottland und Irland (seit 1660), *London 29. 5. 1630, †ebenda 6. 2. 1685, ältester Sohn von Karl I. von England, Schottland und Irland, Bruder Jakobs II. Karl lebte seit 1646 in Frankreich, landete 1650 in Schottland, fiel in England ein, wurde aber von Oliver Cromwell 1651 bei Worcester besiegt. Durch die Restauration gelangte er 1660 auf den englischen Thron. Erfolglos versuchte er, im 2. und 3. Krieg gegen die Niederlande (1664/65–67 und 1672–74, →englisch-niederländische Seekriege) die maritime Vorherrschaft für England zu sichern. Gestützt auf einen Kreis persönlicher Berater (Cabalministerium), schloss er sich außenpolitisch eng an Ludwig XIV. von Frankreich an. 1679 setzte das Parlament die →Habeas-Corpus-Akte durch.

Karl II., der Kahle, König des Westfränkischen Reiches (seit 840/843), Römischer Kaiser (seit 875), *Frankfurt am Main 13. 6. 823, †Avrieux (Savoyen) 6. 10. 877; Sohn Kaiser Ludwigs des Frommen und der Welfin Judith. Karl erhielt 829, entgegen der Erbfolgeordnung von 817, die eine Teilung des Reiches unter die älteren Söhne Ludwigs vorsah, das Herzogtum Schwaben. Beim Tod des Vaters (840) war er im Besitz des westlichen Frankenreichs, musste jedoch im Bund mit Ludwig dem Deutschen gegen Kaiser Lothar I. um sein Erbe kämpfen. Im Vertrag von Verdun (843) erhielt er das westliche Reichsdrittel, von den Pyrenäen bis zur Schelde, zugesprochen. Nach dem Tod Lothars II. (869) besetzte er Lothringen, musste jedoch dessen östliche Hälfte 870 Ludwig dem Deutschen überlassen. Nach dem Tod Kaiser Ludwigs II. (875) erhielt er Italien und die Kaiserkrone.

Karl III., der Dicke, König des Ostfränkischen (876–887) und des Westfränkischen Reiches (885–887), Römischer Kaiser (881–887), *839, †(ermordet) Neudingen (heute zu Donaueschingen) 13. 1. 888; Sohn Ludwigs des Deutschen und der Welfin Hemma. Karl wurde 876 König in Alemannien und 879 in Italien; 881 wurde er zum Kaiser gekrönt. Als Erbe seiner Brüder Karlmann und Ludwig III. sowie der westfränkischen Karolinger (885) vereinigte Karl III. noch einmal das Reich Karls des Großen (mit Ausnahme Niederburgunds) in einer Hand. In der Abwehr der Normannen erfolglos, wurde er 887 von Arnulf von Kärnten abgesetzt und nach Neudingen verbannt.

Karl IV., König des Heiligen Römischen Reichs (seit 1346), König von Böhmen (seit 1347), Kaiser des Heiligen Römischen Reichs (seit 1355), *Prag 14. 5. 1316, †ebenda 29. 11. 1378; Sohn König Johanns von Böhmen. Auf den Namen Wenzel getauft, nannte sich Karl seit seiner Hochzeit (1324) mit einer Tochter des Grafen Karl von Valois Karl. Er übernahm

KARL IV.
***1316 †1378**

- wuchs am französischen Hof auf
- wurde 1346 zum König des Heiligen Römischen Reichs gewählt
- erließ 1356 die Goldene Bulle
- baute Prag als Residenz aus
- schrieb eine Autobiografie in lateinischer Sprache

Karl I. In voller Lebensgröße, dem höfischen Darstellungsschema des Barock entsprechend in ganzer, unüberschnittener Figur, präsentiert sich der englische König in diesem Porträt seines Hofmalers Anthonis van Dyck (1635–38; Paris, Louvre) in herrscherlicher Pose – ein Jahrzehnt später wurde er verurteilt und enthauptet.

KARL IV. ***Ein gebildeter Herrscher***

Zwar wollte der berühmte Francesco Petrarca nicht für immer in den kalten Norden und an den Prager Hof kommen, wohin Karl IV. den Dichter eingeladen hatte. Doch der persönlichen Ausstrahlung des Kaisers zollte er überall Lob. Nach seiner Unterredung mit Karl in Mantua 1354 beschreibt er ihn in einem Brief an Zanobi da Strada mit folgenden Worten: *»Princeps ille mitissimus, lingua et moribus non minus Italicus quam Germanus« - »ein friedsamer Herrscher, in Sprache und Sitten nicht weniger ein Italiener als ein Deutscher«.* Karl war in der Tat ein gebildeter Mann, der Tschechisch, Französisch, Italienisch, Deutsch und Latein beherrschte; er war sogar ein respektabler Autor, dessen lateinisch verfasste Autobiografie im Mittelalter ohne Vergleich dasteht.

KARL V.
***1500 †1558**

- kämpfte in vier Kriegen gegen Frankreich
- vertrat die Idee der habsburgischen Universalherrschaft
- begründete das spanische Kolonialreich in Amerika
- suchte die Reformation zurückzudrängen
- legte 1556 die Krone nieder

1334–46 mit wachsendem Einfluss die Regentschaft in Böhmen. 1346 ließ sich Karl im Einvernehmen mit Papst Klemens VI. von fünf Kurfürsten in Rhense zum Gegenkönig zu Ludwig IV., dem Bayern, wählen. Den von den Wittelsbachern unterstützten Gegenkönig Günther von Schwarzburg konnte er 1347 nach dem Tod Ludwigs rasch ausschalten. 1355 ließ er sich in Rom von einem päpstlichen Legaten zum Kaiser krönen, verzichtete aber auf die Ausübung kaiserlicher Herrschaftsrechte in Italien. Im Königreich Burgund (Krönung 1365 in Arles) überließ er 1377 das Reichsvikariat dem französischen Thronfolger.

Im Heiligen (Römischen) Reich garantierte Karl durch die Goldene Bulle die Kurfürstenrechte und regelte die bis 1806 geltenden Bestimmungen der Königswahl unter Übergehung päpstlicher Ansprüche; er setzte als erster Herrscher seit den Staufern 1376 die Wahl seines Sohnes zum Nachfolger durch. Karl erwarb durch seine dritte Heirat (1353) das restliche Schlesien, 1367 die Niederlausitz, 1373 Brandenburg. Seine vierte Ehe, 1362 mit Elisabeth von Pommern eingegangen, der Erbvertrag mit Habsburg (1364) und die Verlobung seines Sohnes Siegmund mit einer Tochter König Ludwigs I. von Ungarn und Polen zielten auf eine weitere Ausdehnung seiner Macht. Karl ließ Prag als seine Residenz zum geistigen Mittelpunkt des Reichs ausbauen. Er berief bedeutende Baumeister, Künstler und Gelehrte. Karl selbst schrieb eine lateinische Darstellung seines Aufstiegs bis 1340; außerdem verfasste er eine Wenzelslegende.

Karl V., König (1519–56) und Kaiser des Heiligen Römischen Reichs (1530–56), als Karl I. König von Spanien (1516–56), *Gent 24. 2. 1500, †San Gerónimo de Yuste 21. 9. 1558; Enkel Kaiser Maximilians I., Sohn Philipps I., des Schönen, und Johannas der Wahnsinnigen.

WAHLKAPITULATION UND FELDZÜGE: In den Niederlanden erzogen, erbte Karl 1506 von seinem Vater Burgund und die Niederlande; 1516 folgte er seinem Großvater mütterlicherseits, Ferdinand II., dem Katholischen von Aragonien, auf den spanischen Thron. 1519 wurde Karl, von den →Fuggern finanziell unterstützt, gegen König Franz I. von Frankreich von den Kurfürsten zum Römischen König und gleichzeitig zum Erwählten Römischen Kaiser gewählt (→Wahlkapitulation). Die österreichischen Erblande überließ er in den Verträgen von Worms (1521) und Brüssel (1522) seinem Bruder Ferdinand I., der ihn während seiner häufigen Abwesenheit im Heiligen Römischen Reich vertrat.

Karls Außenpolitik, stark beeinflusst von seinem Kanzler Mercurino de Gattinara, wurde vom Gegensatz zu Frankreich bestimmt, der zu vier Kriegen gegen Franz I. führte. Im ersten (1521–26) konnten Mailand erobert und in Pavia (1525) König Franz I. gefangen genommen werden. Nach einem zweiten Krieg (1526–29), in dem Rom eingenommen und geplündert worden war (»Sacco di Roma«, 1527), überließ Franz I. im »Damenfrieden« von Cambrai 1529 Karl die Herrschaft in Italien. Im gleichen Jahr schloss der Papst in Barcelona Frieden mit Karl und krönte ihn 1530 in Bologna als letzten Römischen König überhaupt zum Kaiser. Nach dem dritten (1536–38) und vierten (1542–44) Krieg erkannte Frankreich im Frieden von Crépy (1544) endgültig Karls Herrschaft in Italien und den Niederlanden an. Weniger glücklich kämpfte Karl gegen die Türken, die nach ihrem Sieg über Ungarn (Mohács, 1526) 1529 Wien belagerten, aber 1532 nach vergeblicher Belagerung von Güns den Rückzug antraten. Karl, der eine Entscheidung an der mittelmeerischen Front suchte, begann daraufhin einen erfolgreichen Feldzug gegen Tunis (1535). Ein Feldzug gegen Algier scheiterte 1541. Während Karls Regierungszeit wurden 1519–21 Mexiko, 1532/33 Peru erobert und damit das spanische Kolonialreich in Amerika begründet.

REFORMATION UND RÜCKZUG: Die außenpolitischen Aufgaben hinderten Karl lange, sich den Problemen im Heiligen Römischen Reich zuzuwenden, die er im Rahmen seiner universalen Herrschaftsidee als zweitrangig betrachtete. Streng katholisch gesinnt, kam er nach Erlass des Wormser Edikts gegen Martin Luther auf dem Reichstag von 1521 erst 1530 wieder ins Reich, wo sich die präkonfessionellen Gegensätze im Ständestaat verschärft hatten und die Reformation weit um sich gegriffen hatte. Im Nürnberger Religionsfrieden (Nürnberger Anstand) musste er 1532 den Protestanten zeitlich befristet Duldung gewähren. Erst nach dem Frieden von Crépy gelang es ihm, im Schmalkaldischen Krieg die Protestanten zu schlagen, doch scheiterte er, als er den »geharnischten« Reichstag von Augsburg (1547/48) zur Niederwerfung des Luthertums und zur Aufrichtung einer starken kaiserlichen Macht in Deutschland, der sich Kurfürsten und Reichsstände widersetzten, benutzen wollte.

Nach dem Sieg der Fürstenverschwörung unter Kurfürst Moritz von Sachsen (1552) und dem Augsburger Religionsfrieden (1555) legte Karl 1556 die Kaiserkrone nieder, überließ die spanischen Herrschaften seinem Sohn Philipp II. und zog sich in seine Villa nahe dem Kloster San Gerónimo de Yuste zurück; im Reich folgte ihm sein Bruder Ferdinand I. nach.

Karl V., der Weise, König von Frankreich (seit 1364), *Vincennes 21. 1. 1338, †Nogent-sur-Marne (bei Paris) 16. 9. 1380; Vater von Karl VI., dem Wahnsinnigen. Als Regent (seit 1356) während der englischen Gefangenschaft seines Vaters Johann II., des Guten, schlug Karl den Aufstand von Étienne Marcel und die Jacquerie nieder. 1360 schloss er mit England den Vertrag von Brétigny. Nach dem erneuten Ausbruch des Hundertjährigen Krieges vertrieb er die Engländer von einem Großteil ihrer französischen Besitzungen. Karl schuf durch Reformen der Finanzverwaltung und des Wehrsystems die Fundamente für die neuzeitliche Staatsverwaltung Frankreichs, doch bürdeten die hohen Kosten für das Söldnerheer dem Volk schwere Steuerlasten auf. Die Büchersammlung des hoch gebildeten Königs wurde zum Grundstock der heutigen Nationalbibliothek.

Karl VI., auch »der Wahnsinnige« genannt, König von Frankreich (seit 1380), *Paris 3. 12. 1368, †ebenda 21. 10. 1422, Sohn von Karl V. von Frankreich; ⚭ seit 1385 mit Isabeau von Bayern. Karl verlor die Regierung, als er 1392 dem Wahnsinn verfiel. Die inneren Wirren infolge des Gegensatzes zwischen den Häusern Orléans und Burgund nutzte Heinrich V. von England zur Wiederaufnahme des →Hundertjährigen Krieges (Sieg bei Azincourt 1415). Auf Betreiben Isabeaus und Philipps des Guten von Burgund musste Karl im Vertrag von Troyes (1420) seinen eigenen Sohn, Karl VII., zugunsten Heinrichs V. enterben.

Karl VI., Kaiser des Heiligen Römischen Reichs (seit 1711), als König von Ungarn Karl III. (ungarisch Károly III.), *Wien 1. 10. 1685, †ebenda 20. 10. 1740; zweiter Sohn Kaiser Leopolds I.; wurde nach dem Aussterben der spanischen Habsburger als Karl III. 1703 zum König von Spanien ausgerufen (→Spanischer Erbfolgekrieg). Nach dem frühen Tod seines Bruders, Kaiser Josephs I., wurde er dessen Nachfolger und musste im Frieden von Utrecht (1713) auf die spanische Krone verzichten, während er im Rastatter Frieden (1714) mit den spanischen Nebenlanden (Neapel, Mailand, Sardinien, Spanische Niederlande) einen Teil des spanischen Erbes erhielt. In den maßgeblich vom Prinzen Eugen von

KARL V. — *Weltreich der Habsburger*

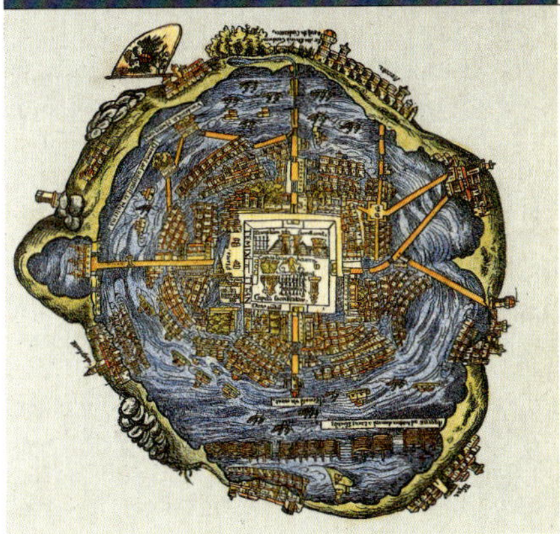

Karl V. wurde 1519 von den Kurfürsten zum König des Heiligen Römischen Reichs gewählt. Seine wichtigsten Titel lassen die gewaltigen Dimensionen seiner Herrschaft deutlich werden: Römischer König, künftiger Kaiser, immer Augustus, König von Spanien, Sizilien, Jerusalem, der kanarischen und indianischen Inseln sowie des Festlands jenseits des Ozeans, Erzherzog von Österreich, Herzog von Burgund, Brabant, Luxemburg, Limburg, Athen und Patras, Graf von Habsburg, Flandern, Tirol, Herr in Asien und Afrika. 1530 vom Papst zum Kaiser gekrönt, konnte er mit Recht sagen, dass in seinem Reich die Sonne nicht untergehe.

Während seiner Herrschaft, die 1556 endete, wurden Mexiko (1521) und Peru (1533) erobert, und damit war der Grund des spanischen Kolonialreichs gelegt. Dabei kamen den spanischen Eroberern sowohl im Azteken- als auch im Inkareich innere dynastische Spannungen entgegen, die sie geschickt ausnutzten – mit dem Sieg der Spanier waren die blühenden altamerikanischen Hochkulturen dem Verfall preisgegeben (Plan der Stadt Tenochtitlán in Mexiko, der mit bis zu 500 000 Einwohnern größten amerikanischen Metropole, die Europäern zu Gesicht kam; Wien, Österreichische Nationalbibliothek).

Karl V. verstand sich in der Nachfolge der mittelalterlichen Kaiser als vornehmster Herrscher des Abendlandes und als Verteidiger des wahren Glaubens – eine Aufgabe, deren Bewältigung nur bedingt glückte: Die Zwangseingliederung der »heidnischen« Völker in die Gemeinschaft der Gläubigen schritt zwar dank konsequenter Missionierung der Kolonien unaufhaltsam voran, doch die Niederschlagung der Reformation in Deutschland erwies sich als unmögliches Unterfangen.

Savoyen-Carignan erfolgreich geführten →Türkenkriegen sicherte sich Österreich im Frieden von Passarowitz (1718) erhebliche Landgewinne (Serbien, Walachei, Banat u.a.). Als Karl die Wirtschaftspolitik auf Übersee ausdehnte und neben Triest und Fiume auch Ostende zum Hafen ausbaute, um Österreich aus seiner kontinentalen Isolierung zu lösen, geriet er in Gegensatz zu den Niederlanden und England und konnte seine zukunftsweisenden Projekte (Ostindische Handelskompanie) nicht ausführen. Seine Außenpolitik war bis zum Polnischen Krieg geprägt von Verhandlungen, in denen Karl seiner Regelung der Erbfolge im Hause Habsburg in der Pragmatischen Sanktion die Anerkennung der europäischen Mächte zu verschaffen suchte. In den Wiener Friedensschlüssen von 1735 und 1738 überließ er den spanischen Bourbonen Neapel und Sizilien, erhielt jedoch Parma-Piacenza und die Anerkennung der Pragmatischen Sanktion. Mit Karl starb der Mannesstamm der Habsburger aus. Seine Tochter Maria Theresia folgte ihm auf dem Thron.

Karl IX.,
König von Frankreich

Karl VII., auch »der Siegreiche« genannt, König von Frankreich (seit 1422), *Paris 22. 2. 1403, †Mehun-sur-Yèvre (bei Bourges) 22. 7. 1461, Sohn von Karl VI. von Frankreich. Karl wurde 1418 durch Johann ohne Furcht von Burgund nach Bourges vertrieben. Beim Tod Karls VI. konnte er den Süden des Landes gegen die Engländer halten. 1429 begann mit dem Eingreifen der Jeanne d'Arc, die den »Dauphin« (wie Karl bis dahin meist genannt wurde) zur Krönung nach Reims führte (17. 7. 1429), die Befreiung des Nordens, die erst 1453 vollendet war.

Karl XIV. Johann,
König von Schweden

Karl VIII., König von Frankreich (seit 1483), *Amboise 30. 6. 1470, †ebenda 7. 4. 1498; Sohn Ludwigs XI., bis 1491 unter der Regentschaft seiner Schwester Anna von Beaujeu, auf deren Betreiben er Anna von Bretagne heiratete und damit das Herzogtum Bretagne für die Krone erwarb. Der Vertrag von Senlis (1493) mit Kaiser Maximilian I. beendete die Auseinandersetzungen um das burgundische Erbe Karls des Kühnen. 1494 erhob Karl als Erbe der Anjou Anspruch auf Neapel, das er 1495 besetzte, aber unter dem Druck von Aragonien, Venedig, Mailand sowie Kaiser und Papst räumen musste. Karl starb ohne männlichen Erben; mit ihm endete die direkte Linie des Hauses Valois.

Karl IX., König von Frankreich (seit 1560), *Saint-Germain-en-Laye 27. 6. 1550, †Vincennes 30. 5. 1574; Sohn Heinrichs II.; folgte seinem Bruder Franz II., zunächst unter der Vormundschaft seiner Mutter Katharina von Medici, die dem schwachen König, der in den Hugenottenkriegen zur spanienfeindlichen protestantischen Partei neigte, sein Einverständnis zur Bluttat der →Bartholomäusnacht abverlangte.

Karl IX., König von Schweden (seit 1604), *Stockholm 4. 10. 1550, †Nyköping 30. 10. 1611; jüngster Sohn von Gustav I. Eriksson Wasa. Karl erhielt 1560 Värmland und den größten Teil von Södermanland und Närke als Herzogtum. Er unterstützte seinen Bruder Johann gegen Erich XIV. und bemühte sich, die lutherische Reformation und die nationale Selbstständigkeit gegenüber dem katholischen Sigismund III. Wasa von Polen-Schweden zu sichern. Karl, der 1599 zum Regenten gewählt worden war, wurde nach Ausschaltung seiner adligen Gegner (»Blutbad von Linköping«) 1600 als König anerkannt, nahm den Titel aber erst 1604 an und wurde 1607 gekrönt. Außenpolitisch führte er Schweden in Kriege mit Polen, Dänemark und Russland.

Karl X., König von Schweden (seit 1654), *Nyköping 8. 11. 1622, †Göteborg 13. 2. 1660; Vater von Karl XI. von Schweden. 1648 wurde Karl zum Generalissimus der schwedischen Heere in Deutschland berufen. Ohne Erbrecht auf die Krone Schwedens, wurde er auf Betreiben von Königin Christine 1649 als Thronfolger und 1650 als Erbfürst anerkannt und 1654 nach ihrem Thronverzicht König. Karl suchte die Lage der Staatsfinanzen zu verbessern sowie die Stellung Schwedens als Ostseemacht zu behaupten. Riga verteidigte er gegen die Russen; den Krieg mit Dänemark (1657) konnte er mit dem Erwerb des heutigen Schweden (1658) beenden.

Karl XII., König von Schweden (seit 1697), *Stockholm 27. 6. 1682, †bei Fredrikshald (heute Halden) 11. 12. 1718; Sohn von Karl XI. von Schweden. Im →Nordischen Krieg zwang er zuerst Dänemark zum Frieden von Travendal (August 1700) und schlug die weit überlegenen russischen Kräfte bei Narwa (November 1700). Polnische und sächsische Truppen besiegte er bei Riga (1701), Klissow (1702) und Pultusk (1703); er erreichte 1704 die Absetzung Augusts als polnischem Herrscher und die Wahl des Stanislaus Leszczyński zum König, doch erst im Frieden von Altranstädt (1706) entsagte August der polnischen Krone. 1707 wandte sich Karl gegen Russland, wurde jedoch durch die russische Taktik der »verbrannten Erde« gezwungen, in die Ukraine auszuweichen. Bei Poltawa wurde das durch den strengen Winter 1708/09 geschwächte schwedische Heer besiegt. Karl musste in dem unter türkischer Herrschaft stehenden Bessarabien Schutz suchen und befand sich 1713/14 in osmanischer Gefangenschaft. Die Nordische Liga formierte sich wieder: August II., der Starke, kehrte auf den polnischen Thron zurück, Peter I., der Große, eroberte 1713/14 Finnland, und Dänemark griff die südschwedischen Provinzen an. Karl verteidigte 1714/15 Stralsund, kehrte im Dezember 1715 nach Schweden zurück, griff danach Norwegen an, konnte jedoch keine entscheidenden militärischen Erfolge mehr erringen. Er fiel bei der Belagerung von Fredrikshald.

Karl XIV. Johann, König von Schweden und Norwegen (seit 1818), eigentlich Jean-Baptiste Bernadotte, *Pau (Frankreich) 26. 1. 1763, †Stockholm 8. 3. 1844; ⚭seit 1798 mit Désirée; war in den französischen Revolutionskriegen General, 1799 kurzzeitig Kriegsminister, seit 1804 Marschall; wurde 1806 von Napoleon I. zum Fürsten von Pontecorvo erhoben und 1810 von den schwedischen Ständen zum Kronprinzen gewählt sowie von Karl XIII. adoptiert. Karl veranlasste den Anschluss Schwedens an die Gegner Napoleons und befehligte in den Befreiungskriegen die Nordarmee. Im Frieden von Kiel (Januar 1814) zwang er Dänemark zur Abtretung Norwegens und setzte die schwedischen Ansprüche gegenüber diesem in der Konvention von Moss (August 1814) durch. Außenpolitisch leitete er die schwedische Neutralitätspolitik ein. Innenpolitisch wurden seine Rechte von einer starken Opposition erheblich eingeschränkt.

Karl August, Herzog von Sachsen-Weimar-Eisenach (1758–1815), seit 1815 Großherzog, *Weimar 3. 9. 1757, †Graditz 14. 6. 1828; Enkel von Karl I. von Braunschweig; stand unter der Vormundschaft seiner Mutter, der Regentin Anna Amalia. 1774 lernte Karl August Goethe kennen und lud ihn 1775, mit Übernahme der Regierung, nach Weimar ein. Die Freundschaft mit Goethe machte Weimar sowie Jena zu Zentren des deutschen Geisteslebens. Durch Goethe beraten, förderte Karl August Wissenschaft und Kunst, gründete das Hoftheater (1791) und berief Herder und Schiller nach Weimar. Karl August hing dem Wohlfahrtsstaatsgedanken an und band sich außenpolitisch eng an Preußen. Als einer der ersten deutschen Fürsten führte er eine landständische Verfassung ein.

Karl August,
Herzog von Sachsen-Weimar-Eisenach

Karl der Große, lateinisch **Carolus Magnus,** französisch **Charlemagne** [ʃarlǝˈmaɲ], König der Franken (seit 768), Römischer Kaiser (seit 800), *2. 4. 747, †Aachen 28. 1. 814; stammte aus dem Geschlecht der Arnulfinger, das später nach ihm →Karolinger genannt wurde; Sohn Pippins III., des Jüngeren, und der Bertha (Bertrada); ⚭ 1) mit einer Langobardin (Desiderata?), 2) 771 mit der Alemannin Hildegard, 3) 783 mit der Fränkin Fastrada, 4) 796 mit der Alemannin Liutgard.

EXPANSION DES FRÄNKISCHEN REICHS: Karl übernahm 768 die Herrschaft im →Fränkischen Reich zusammen mit seinem Bruder Karlmann, nach dessen Tod (771) er allein regierte. Der erfolgreiche Krieg gegen die Langobarden 773/774 brachte ihm den Titel »König der Langobarden« (774) ein. Der Kampf gegen das arabische Spanien (778) führte zur Errichtung der Spanischen Mark. 781 setzte Karl seinen zweiten Sohn Pippin als König in Italien ein. Im gleichen Jahr gab er das Königreich Aquitanien, das er wieder mit dem Reich verband, seinem Sohn Ludwig dem Frommen.

Die Kriege mit den Sachsen (772–804) waren die größte militärisch-politische Kraftanstrengung des Fränkischen Reichs unter Karl. 772 drang er in Sachsen ein, eroberte die Eresburg und zerstörte das Heiligtum Irminsul. Nach einem Gegenschlag der Sachsen 774 gegen Fritzlar rüstete er zur Unterwerfung des Volkes, die in zwei Feldzügen (775/776) erreicht schien. Als aber 782 ein gegen die Slawen gesandtes fränkisches Heer von den Sachsen am Süntel vernichtet worden war und Karl eine große Zahl sächsischer Geiseln bei Verden hatte hinrichten lassen, kam es zu einem allgemeinen Aufstand unter Führung des Widukind. Nach zwei fränkischen Siegen (783) brach der Aufstand zusammen (Taufe Widukinds 785), ebenso die Aufstände von 792 und 804. Das Ergebnis war die Unterwerfung und Christianisierung der Sachsen und ihre völlige Eingliederung in das Fränkische Reich.

In Bayern hatte sich Herzog Tassilo III. unabhängig gemacht. Karl nahm ihn 788 gefangen und vereinigte Bayern wieder mit dem Reich. Zur Sicherung der Ostgrenze unterwarf Karl in mehreren Feldzügen (791, 795, 803) die Awaren an der Theiß und der Donau, machte Böhmen tributpflichtig (805/806) und befriedete die Liutizen (789, 812) und Sorben (806). Mit dem nördlichsten Slawenstamm, den Abodriten, hatte er bereits in der Zeit der Sachsenkriege ein Bündnis geschlossen, das erst 817, nach seinem Tod, zerbrach. Im Osten und Norden sicherte er die Grenzen durch die Befriedung der Dänen.

KONSOLIDIERUNG IM INNEREN: Die Grenzen des Fränkischen Reichs sicherte Karl durch Einrichtung von Marken. Mit der Beseitigung selbstständiger Herzogtümer und Stammesstaaten verband er die Einführung der Grafschaftsverfassung. Von seiner Tätigkeit als Gesetzgeber zeugen die →Kapitularien; er ließ die Volksrechte der einzelnen Stämme aufzeichnen. Zur Aufsicht über die örtlichen Beamten (Grafen, Bischöfe) be-

KARL DER GROSSE
***747 †814**

- begründete das Geschlecht der Karolinger
- dehnte das Fränkische Reich durch Eroberungen beträchtlich aus
- wurde im Jahr 800 in Rom zum Kaiser gekrönt
- förderte die kulturelle Erneuerung im Geist der Antike

KARL DER GROSSE. ***Kaiserliche Reliquien***

Schon im 9. und 10. Jh. war Karl der Große eine legendäre Gestalt. Geradezu mystisch verehrte der junge Kaiser Otto III. seinen großen Vorgänger. Deshalb ließ er im Jahre 1000 Karls Grab in der Aachener Pfalzkapelle öffnen. Dabei soll er, wie die Quellen berichten, auf den Knien des Verstorbenen ein kostbares Evangelienbuch gefunden haben. Zusammen mit dem so genannten Säbel Karls und der Stephansbursa, einem Reliquiar, wurde dieses Evangeliar als Karlsreliquie verehrt. Spätestens seit dem 13. Jh. gehörte es zu den Reichsinsignien, auf die Seite mit dem Beginn des Johannesevangeliums legte jeder deutsche König bei der Krönung in Aachen den Schwurfinger. Heute befindet sich die von Karl in Auftrag gegebene Prunkhandschrift in der Schatzkammer zu Wien.

KARL DER GROSSE | *Begründung des Kaisertums*

Den Anstoß zur Begründung des Kaisertums Karls des Großen gaben innerrömische Wirren, die den Frankenkönig zum Eingreifen zwangen: Papst Leo III. wurde 799 von einer Adelsopposition in Rom abgesetzt, doch er floh zu Karl nach Paderborn und erbat seinen Schutz. Aber auch Leos Gegner wandten sich an den König, sodass dieser in eine schwierige Lage geriet: Durfte er in dem Konflikt entscheiden, obwohl der daran beteiligte Papst keiner weltlichen Gerichtsbarkeit unterlag? Da Byzanz als Ordnungsmacht in Italien längst ausgefallen war, dürfte der Gedanke an ein neues Kaisertum nahe gelegen haben.

Im Herbst 800 reiste Karl nach Rom. Nachdem sich der Papst durch einen Reinigungseid von den Anklagen seiner Gegener befreit hatte, setzte er Karl während des Weihnachtsgottesdienstes in der Basilika von Sankt Peter eine Krone auf und erwies ihm nach römisch-byzantinischem Brauch die Proskynese (Kniefall), während das anwesende römische Volk durch Akklamation (Zuruf) den Krönungsakt bestätigte. Damit wurde bewusst an die römische Tradition angeknüpft und Karl, schon für seine Zeitgenossen »der Große«, wurde zum Symbol für die Einheit des Abendlandes (hier zwischen Roland und Olivier abgebildet auf einem Glasfenster aus dem romanischen Vorgängerbau des Straßburger Münsters, um 1200; Straßburg, Frauenhaus-Museum). Ausdrücklich bestätigte der neue Kaiser den aus einer Schenkung seines Vaters hervorgegangenen Kirchenstaat und stellte ihn unter den Schutz des Fränkischen Reichs.

Nach der Kaiserkrönung kehrte Karl ins Fränkische Reich zurück. Sein Kaisertitel musste auf den Widerstand des byzantinischen Kaisers treffen, der sich als einziger legitimer Kaiser verstand. In dieser Frage kam es 812 zu einem Ausgleich.

stellte er Königsboten, die jährlich die Bezirke des Reiches bereisten. Die kulturelle Erneuerung förderte er durch die Heranziehung berühmter Gelehrter (Alkuin, Einhard) an seinen Hof. Er belebte die Kenntnis antiker Werke (»karolingische Renaissance«); auch bei seiner Bautätigkeit hielt er sich an die Vorbilder des Altertums. Daneben ließ er aber auch die alten germanischen Heldenlieder aufzeichnen.

Der europäischen Vormachtstellung als König eines fränkischen Großreiches, das die Staaten der Völkerwanderungszeit abgelöst und das Christentum weit nach Norden und Osten verbreitet hatte, war sich Karl sehr wohl bewusst, ohne jedoch selbst den Kaisertitel anzustreben. Diesen legte ihm durch Akklamation 800 erst Papst Leo III. in Rom zu, nachdem er die Entwicklung zuvor gefördert hatte. Dieses neu erstandene Kaisertum des Westens wurde erst 812 von Byzanz anerkannt. Karl wurde in der Aachener Pfalzkapelle beigesetzt, Friedrich I. Barbarossa ließ Karl 1165 heilig sprechen; seit 1215 ruhen die Gebeine im Karlsschrein.

Karl der Kühne, französisch **Charles le Téméraire** [ʃarl lə temeˈrɛːr], Herzog von Burgund (seit 1467), vorher Graf von Charolais [ʃarɔˈlɛ], *Dijon 10. 11. 1433, †(gefallen) Nancy 5. 1. 1477; Sohn Herzog Philipps des Guten. Karl strebte die Errichtung eines selbstständigen burgundischen Königreiches an, in das Lothringen als Verbindung zwischen seinen nördlichen und südlichen Besitzungen (Niederlande und Burgund) einbezogen werden sollte. Ludwig XI. von Frankreich, ein Gegner Karls, verband sich mit Kaiser Friedrich III., als Karl, Bundesgenosse des abgesetzten Erzbischofs von Köln, Ruprecht von Wittelsbach, vergeblich Neuss belagerte (1474/75). Es gelang Karl jedoch, Lothringen zu besetzen. Im Verlauf der →Burgunderkriege gegen die schweizerischen Eidgenossen wurde er aber bei Grandson (2. 3. 1476) und Murten (22. 6. 1476) geschlagen. Im Kampf gegen den mit den Schweizern verbündeten Herzog René II. von Lothringen fiel er in der Schlacht bei Nancy.

Karl Eugen, Herzog von Württemberg (seit 1737), *Brüssel 11. 2. 1728, †Hohenheim (heute zu Stuttgart) 24. 10. 1793; Sohn von Karl Alexander von Württemberg; wurde am Hofe König Friedrichs II., des Großen, von Preußen erzogen. Karl Eugen rückte im Siebenjährigen Krieg gegen Preußen in Sachsen ein. Sein Finanzbedarf für Bauten, Heeresvermehrung und Hofhaltung führte zum Verfassungskonflikt mit den Landständen. Die von den Ständen angestrengte Klage vor dem Reichshofrat mündete in den »Erbvergleich« (1770). Unter dem Einfluss seiner zweiten Gemahlin, der Reichsgräfin Franziska von Hohenheim, regierte Karl nach 1770 im Sinne des aufgeklärten Absolutismus. 1770 gründete er die Karlsschule.

Karl Martell [altfranzös. »Hammer«], Hausmeier im Fränkischen Reich (seit 717), *um 688, †Quierzy (Picardie) 22. 10. 741; Sohn Pippins II., des Mittleren. Vom Vater bei der Nachfolge übergangen, erkämpfte Karl Martell sich nach dessen Tod (714) die Stellung des Hausmeiers von Austrasien (717) und von Neustrien (720), unterwarf Thüringer und Alemannen und kämpfte gegen Sachsen und Bayern. 732 schlug er bei Poitiers die Araber und verhinderte deren Vordringen nach Norden. Trotz rücksichtsloser Konfiskation von Kirchengut zugunsten des Reiches und des Adels unterstützte er die Mission des Bonifatius. Er bereitete den Aufstieg der karolingischen Dynastie und des Fränkischen Reiches vor, ohne jedoch den Königstitel anzunehmen.

Karl Theodor, Kurfürst von der Pfalz (seit 1742) und Kurfürst von Bayern (seit 1777), *Schloss Droogenbosch (bei Brüssel) 10. 12. 1724, †München 16. 2. 1799; aus dem wittelsbacher Haus Pfalz-Sulzbach (Herzog seit 1741). Karl Theodor vereinigte durch Erbfolge (1742/77) alle pfälzischen und bayerischen Besitzungen der Wittelsbacher in seiner Hand, war zugleich Markgraf von Bergen op Zoom (seit 1728/29), Herzog von Pfalz-Neuburg (seit 1733) und Jülich-Berg (seit 1742). In jedem seiner Länder regierte er föderalistisch unter Beachtung der verschiedenen Verfassungen. Seine Residenz verlegte er 1778 von Mannheim nach München. Außenpolitisch war er antihabsburgisch orientiert und lehnte sich an Frankreich an. Pläne mit Kaiser Joseph II. zum Tausch Bayerns gegen die Österreichischen Niederlande (heute Belgien) scheiterten nicht nur am Einspruch der Reichsfürsten und der europäischen Mächte, sondern auch an den bayerischen Ständen.

Karl Theodor, Reichsfreiherr von Dalberg, Kurfürst von Mainz, *Mannheim 8. 2. 1744, †Regensburg 10. 2. 1817; wurde 1800 Bischof von Konstanz, 1802 Erzbischof und Kurfürst von Mainz. Als 1803 die geistlichen Gebiete säkularisiert wurden, behielt Karl Theodor den Titel des Erzkanzlers des Heiligen Römischen Reichs und erhielt als Entschädigung für die an Frankreich gefallenen linksrheinischen Besitzungen Regensburg, Aschaffenburg und Wetzlar. Er schloss sich eng an Napoleon I. an, bereitete die Gründung des Rheinbunds vor, wurde 1806 Fürstprimas für Deutschland und bekam Frankfurt am Main zugesprochen. 1810 musste er Regensburg an Bayern abtreten, erlangte dafür aber Fulda und Hanau, die mit den anderen Besitzungen zum Großherzogtum Frankfurt zusammengefasst wurden. Nach der Völkerschlacht bei Leipzig 1813 wurde er zum Verzicht auf seine Landeshoheit gezwungen; er blieb Erzbischof von Regensburg.

Karlisten, in Spanien seit 1833 (Tod Ferdinands VII.) die Anhänger des Kronprätendenten Carlos María Isidro de Borbón, Graf von Molina und seiner Nachfolger, die die Pragmatische Sanktion von 1830 (zugunsten einer weiblichen Thronfolge) nicht anerkannten und die Thronansprüche ihrer Prätendenten – vergeblich – in den Karlistenkriegen verfochten. Sie waren streng klerikal und absolutistisch gesinnt und betonten die Werte der Tradition. Die Karlisten schlossen sich 1936 dem Aufstand gegen die Republik an (→Spanischer Bürgerkrieg) und stellten einen eigenen Militärverband, die Requetés. 1937 vereinigte General Franco die Organisationen der Karlisten mit der Falange.

Karlmann, Hausmeier (741–747), †Vienne 17. 8. 754; ältester Sohn Karl Martells. Nach dessen Tod (741) teilte Karlmann unter Ausschaltung des Halbbruders Grifo das Reich mit seinem Bruder Pippin III., dem Jüngeren, und erhielt Austrasien, Alemannien und Thüringien. Karlmann förderte Ausbau und Reform der fränkischen Kirche durch Bonifatius. 746 schlug er in Cannstatt den Aufstand der Alemannen nieder, deren selbstständiges Herzogtum damit endgültig beseitigt wurde. 747 zog er sich als Mönch nach Montecassino zurück.

Karlmann, König der Franken (seit 768), *751, †4. 12. 771; Sohn Pippins III., des Jüngeren, und der Bertha. Karlmann wurde wie sein Bruder Karl der Große von Papst Stephan II. gesalbt und erhielt nach dem Tod des Vaters (768) als Reichsteil Burgund, Alemannien und die Mittelmeerküste.

Karlowitz, Frieden von, am 26. 1. 1699 in Karlowitz am Ende des »Großen Türkenkrieges« (1683–99) in drei Verträgen zwischen dem Osmanischen Reich und Österreich, Polen und Venedig geschlossener Frieden. Ungarn (ohne Banat), Siebenbürgen sowie die größeren Teile von Kroatien und Slawonien fielen an das Haus Habsburg, dessen Aufstieg zur europäischen Großmacht damit vorbereitet war. – Bild S. 438

Karlsbader Beschlüsse, die auf den Karlsbader Konferenzen (6.–31. 8. 1819) anlässlich Karl Ludwig Sands Attentats (23. 3. 1819)

Karl der Kühne, Herzog von Burgund

Karl Eugen, Herzog von Württemberg

Frieden von Karlowitz. Nach dem Ende des »Großen Türkenkrieges« wurden 1699 wieder diplomatische Beziehungen mit dem Osmanischen Reich aufgenommen (im Bild der kaiserliche Gesandte Wolfgang IV., Graf zu Oettingen-Wallerstein, im zweiten Hof des Topkapi-Serails in Istanbul am 16. 2. 1700; Harburg, Fürstlich Oettingen-Wallersteinsche Sammlungen).

auf August von Kotzebue beschlossenen Maßnahmen gegen »demagogische Umtriebe«. Die Karlsbader Beschlüsse, in der Hauptsache ausgearbeitet von Österreich im Zusammengehen mit Preußen und acht weiteren »zuverlässigen« Staaten, wurden unter dem Druck Österreichs und Preußens am 20. 9. 1819 von der Bundesversammlung in Frankfurt am Main einstimmig angenommen. Sie waren die schärfsten Maßnahmen, die im Zuge der Demagogenverfolgung innerhalb des Deutschen Bundes gegen die nationale und liberale Bewegung durchgesetzt wurden. Die Karlsbader Beschlüsse gaben auch Handhabe zur Bundesexekution und zur Intervention im Fall des Aufruhrs in einzelnen Gliedstaaten.

Karolinger, nach Karl dem Großen benanntes fränkisches Hochadelsgeschlecht aus dem Raum Metz-Verdun-Namur. Die Karolinger gingen aus einer Verbindung der Nachkommen Arnulfs von Metz (Arnulfinger) und Pippins I., des Älteren, hervor. Pippins Sohn Grimoald, Hausmeier in Austrasien, büßte sein Streben nach der Königswürde für seinen Sohn Childebert mit dem Leben. Trotz des gescheiterten »Staatsstreichs« erlangten die Karolinger mit Pippin II., dem Mittleren, 687 das Hausmeieramt im gesamten →Fränkischen Reich, mit Pippin III., dem Jüngeren, 751 das Königtum. Mit den Enkeln Karls des Großen teilte sich das Geschlecht in drei Linien, die in direkter Nachfolge in Italien bis 875, in Deutschland bis 911 und in Frankreich bis 987 als Könige regierten. Der Aufstieg der Karolinger überwand den drohenden Verfall des Merowingerreiches (→Merowinger); dessen politische Vereinigung und die Erneuerung des weströmischen Kaisertums (800) brachten die bedeutsame Verlagerung des Machtzentrums Westeuropas vom Mittelmeerraum nach Frankreich und Deutschland.

karolingische Reform, die Reform des fränkischen Landeskirchenwesens unter Karl dem Großen nach römischem Vorbild, zu deren Durchsetzung er sich des fränkischen Instituts der »Reichskonzilien« bediente. Als Grundlage diente die »admonitio generalis« (789), deren erster Teil die »Dionysio-Hadriana« aufnahm, eine römische Gesetzessammlung des Dionysius Exiguus. In einem zweiten Teil wurden für den Klerus eine einheitliche Liturgie sowie Seelsorge und Predigt in der Volkssprache verpflichtend eingeführt. Neben der Übernahme der Metropolitanverfassung und der Einrichtung von Bistümern wurde das Mönchtum gefördert und zur Beachtung der Benediktregel nach dem Muster der 779 von Benedikt von Aniane gegründeten Benediktinerabtei verpflichtet, der lateinische Bibeltext wurde revidiert und das Bildungswesen ausgebaut.

Karthago, phönikisch **Kart-Hadascht** [»Neustadt«], griechich **Karchedon,** lateinisch **Carthago,** antike Stadt auf einer Halbinsel nordöstlich von Tunis, heute die Ruinenstadt Carthage.

AUFSTIEG ZUR MACHT: Karthago wurde im letzten Viertel des 9. Jh. v. Chr. von Phönikern (Puniern) aus Tyros gegründet. Die Verbindung mit der Mutterstadt blieb durch jährliche Kultgesandtschaften erhalten. Während Tyros durch Kämpfe mit den Assyrern geschwächt war, übernahm Karthago im 7. Jh. v. Chr. den Schutz der phönikischen Kolonien im Westen. Um 540 v. Chr. vertrieben die Karthager im Bund mit den Etruskern die griechischen Phokäer aus Korsika und drängten den Einfluss von Massalia (Marseille) an der spanischen Ostküste zurück. Im 5. Jh. v. Chr. erstreckte sich der Machtbereich Karthagos von der Westgrenze der Cyrenaika bis westlich von Gibraltar, umfasste die Küstengebiete Nordafrikas, das südliche Spanien, den Westteil Siziliens sowie Sardinien und Malta. Durch ein umfassendes System von Verträgen wurde das nordwestliche Mittelmeer den Handelsschiffen anderer Völker verschlossen. Um 450 v. Chr. wurden auch die libyschen Stämme des Hinterlandes unterworfen. Große Expeditionen unternahmen die Karthager an der Westküste Afrikas bis an den Golf von Guinea und nach Norden bis zur Bretagne und dem südwestlichen Britannien. Auf Sizilien hatten die Karthager den Schutz der phönikischen Kolonien Motye, Solus und Panormos (Palermo) gegen die Griechen übernommen. 480 v. Chr. erlitten die Karthager gegen die Griechen bei Himera eine Niederlage. Seit 409 v. Chr. konnten sie jedoch fast ganz Sizilien erobern und wurden erst von Dionysios I. wieder auf den Westteil der Insel zurückgedrängt, den sie bis zum Eingreifen der Römer behaupteten.

KAROLINGER *Stammtafel (Auswahl)*

- Arnulf, Bischof von Metz 614–629, *um 582, † 640 (?)
  - Chlodulf, Bischof von Metz, † um 697
  - Ansegisel, Hausmeier, † vor 679 ∞ Begga, † 693 (?)
- Pippin I., der Ältere, Hausmeier, † um 640
  - Begga, † 693 (?)
  - Gertrud, Äbtissin von Nivelles, † 653/659
  - Grimoald, Hausmeier 642/643, † um 662
    - **Childebert,** König 656, † 662 (?)

Kinder von Ansegisel und Begga:

- Plektrudis ∞ (1) Pippin II., der Mittlere ∞ (2) Chalpaida; Hausmeier, *um 635, † 714
  - (1) Grimoald, Hausmeier, † 714
    - Theudoald, Hausmeier, † 714
  - (2) Chrotrud, † 724 ∞ (1) Karl Martell, Hausmeier 717 ∞ (2) Swanahild von Bayern, † nach 741; Karl Martell *um 688, † 741
    - Karlmann, Hausmeier 741–747, *715, † 754
    - **Pippin III., der Jüngere**, Hausmeier 741–751, König 751/752, *um 715, † 768, ∞ Bertha, † 783
      - **Karlmann,** König 768, *751 (?), † 771
      - **Karl I., der Große**, König 768, Kaiser 800, *747, † 814, ∞ (2) 771 Hildegard, † 783
        - Drogo (unehelich), Bischof von Metz 823, † 855
        - **Pippin,** König von Italien 781, *777, † 810
          - **Bernhard**, König von Italien 812/813, *um 797, † 818
            - Grafen von Vermandois, erloschen 1075/76
        - Bertha, *779/780, † nach 829
        - **Karl,** König in Neustrien 788, *772/773, † 811
        - Irmgard † 818 ∞ (1) **Ludwig I., der Fromme** ∞ (2) Judith, Tochter des Grafen Welf, † 843; Ludwig I. Kaiser 813, *778, † 840
          - (1) ITALIEN: **Lothar I.**, Kaiser 817/840–855, *795, † 855
            - **Ludwig II.**, König 844, Kaiser 850/855, *um 825, † 875
              - Irmingard ∞ Boso, König von Niederburgund, † 887
                - **Ludwig III., der Blinde**, König von Niederburgund 887 und Italien 900, Kaiser 901–905, *um 880, † 928
            - **Lothar II.**, König von Lotharingien 855, *um 835, † 869
              - Bertha, † 925 ∞ Theotbald, Graf von Arles
                - **Hugo**, König von Italien 926, † 947
                  - **Lothar II.**, König 947, † 950
              - Hugo (unehelich), Herzog im Elsass 867–885, † nach 895
            - **Karl**, König der Provence, *um 845, † 863
          - (1) AQUITANIEN: **Pippin I.**, König 814, *um 797, † 838
            - **Pippin II.**, König 838–852/864, *um 823, † nach 864
          - (1) OSTFRANKEN: **Ludwig (II.), der Deutsche**, König 843, *um 806, † 876, ∞ Emma, Tochter des Grafen Welf, † 876
            - **Karlmann**, König in Bayern 876–879, *um 830, † 880
              - **Arnulf von Kärnten** (unehelich), König 887, Kaiser 896, *um 850, † 899
                - **Zwentibold** (unehelich), König von Lothringen 895, *um 870, † 900
                - **Ludwig IV., das Kind**, König 900, *893, † 911
            - **Ludwig III., der Jüngere**, König 876, *um 835, † 882
            - **Karl III., der Dicke**, König 876–887, Kaiser 881–887, *839, † 888
          - (2) WESTFRANKEN: **Karl II., der Kahle**, König 840/843, Kaiser 875, *823, † 877
            - **Ludwig II., der Stammler**, König 877, *846, † 879
              - **Ludwig III.**, König 879, *um 863, † 882
              - **Karlmann**, König 879, *866, † 884
              - **Karl III., der Einfältige**, König 893–923, *879, † 929
                - **Ludwig IV., der Überseeische**, König 936, *um 921, † 954, ∞ 939 Gerberga, Tochter König Heinrichs I., † 968/969
                  - **Lothar,** König 954, *941, † 986, ∞ Emma, Tochter Lothars II. von Italien, Stieftochter Ottos I., des Großen † nach 988
                    - **Ludwig V.**, König 986, *um 967, † 987
                  - Karl, Herzog von Niederlothringen 978, *953, † nach 991
                    - Otto, Herzog von Niederlothringen, *um 975, † 1006 oder 1012
          - (2) Gisela, *um 820, † nach 874, ∞ Eberhard, Markgraf von Friaul, † 866
            - **Berengar I.**, König von Italien 888, Kaiser 915, † 924
    - **Childrud**, † 754 ∞ Odilo, Herzog von Bayern, † 748
      - Tassilo III., Herzog von Bayern 748–788, † nach 794
    - (2) Grifo, † 753
    - Bernhard, Abt von Saint Quentin
      - Adalhard, Abt von Corbie und Corvey, *um 751, † 826
      - Wala, Abt von Corbie und Bobbio, *um 755, † 836

Karthago. Die durch Beschreibungen überlieferte Lage der 146 v. Chr. von den Römern zerstörten Stadt konnte teilweise durch Ausgrabungen rekonstruiert werden. In römischer Zeit war der Byrsa-Hügel mit dem Forum, der Gerichtsbasilika und einem Tempel bebaut.

Karthago wurde von einer Oligarchie reicher Kaufleute und Grundherren mit zwei jährlich wechselnden, gewählten »Sufeten« an der Spitze regiert. Daneben gab es einen Rat von 300 Mitgliedern und den »Rat der 104«, der als Kontrollorgan und Staatsgerichtshof fungierte. Das Heer setzte sich seit dem 6. Jh. v. Chr. vorwiegend aus Söldnern zusammen, die von gewählten Feldherren befehligt wurden. Im 3. und 2. Jh. v. Chr. stand Karthago, besonders im Militärwesen, in der Verwaltung und in der Wirtschaft, unter dem Einfluss des Hellenismus. Der Schiffbau und die Belagerungstechnik der Karthager dienten den Römern als Vorbild.

AUSEINANDERSETZUNG MIT ROM: Mit den Römern hatten die Karthager zunächst in guten Beziehungen gestanden. Zu einer Wende kam es jedoch 264 v. Chr. mit Beginn der →Punischen Kriege. Nach langen Kämpfen musste Karthago 241 v. Chr. auf Sizilien verzichten und 238 v. Chr. auch Sardinien und Korsika räumen. Dagegen gelang es Hamilkar und Hasdrubal, die karthagische Herrschaft über Spanien bis zum Ebro zu erweitern. Die Ausbeutung der spanischen Silbergruben kam der Finanzlage Karthagos zugute. 218 v. Chr. eröffnete Hannibal mit der Zerstörung von Sagunt und dem Übergang über den Ebro den 2. Punischen Krieg. 206 v. Chr. verlor Karthago jedoch Spanien, und im Frieden von 201 v. Chr. musste es auf seine Großmachtstellung verzichten. Sein Gebiet wurde auf das heutige Nordosttunesien begrenzt und der Kontrolle des mit Rom verbündeten Numiderkönigs Massinissa unterstellt. Dennoch gelang es den Karthagern, die ihnen von Rom auferlegten Tribute zu zahlen und wieder zu einem gewissen Wohlstand zu kommen. Übergriffe Massinissas und die Agitation der Karthagerfeinde in Rom führten 149 v. Chr. zum Ausbruch des 3. Punischen Krieges, der 146 v. Chr. mit der Zerstörung Karthagos und der Versklavung seiner Bewohner endete. Das Gebiet um Karthago wurde als Africa römische Provinz.

Nachdem 122 v. Chr. der Versuch des Gaius Sempronius Gracchus, auf dem Boden Karthagos eine römische Bürgerkolonie zu gründen, gescheitert war, machten Caesar und Augustus Karthago als Colonia Iulia Carthago zur Hauptstadt der Provinz Africa. Als solche erlebte die Stadt in der Kaiserzeit eine neue Blüte. In der Spätantike war der Bischof von Karthago das geistliche Oberhaupt des ganzen lateinischen Nordafrika. 439–533 n. Chr. war Karthago Königssitz der Wandalen und blieb nach der Rückeroberung Residenz des oströmisch-byzantinischen Statthalters bis 698 n. Chr., als es von den Arabern erobert und zerstört wurde.

Kasimir III., der Große [poln. »Wielki«], König von Polen (seit 1333), *Kowal (Kujawien) 30. 4. 1310, †Krakau 5. 11. 1370; Sohn Władysławs I. Łokietek; seit 1325 ⚭ mit Aldona, einer Tochter des litauischen Großfürsten Gedimin. Kasimir verzichtete 1335/39 auf Schlesien zugunsten des Königs von Böhmen, wofür dieser seine Ansprüche auf die polnische Krone aufgab, und 1343 im Vertrag von Kalisch auf Pommerellen und das Culmer Land zugunsten des Deutschen Ordens gegen die Herausgabe Kujawiens und des Dobriner Landes. Dafür gewann er im Osten Rotreußen (das spätere Ostgalizien), das er 1366 nach Norden erweiterte, und brachte 1351–53 auch Masowien in Lehnsabhängigkeit. Im Innern strebte Kasimir eine Vereinheitlichung im Münz- und Rechtswesen an.

Katalaunische Felder [nach dem keltischen Stamm der Catuvellauner], Gegend zwischen Troyes und Châlons-sur-Marne, wo 451 der siegreiche Kampf der mit Franken und Westgoten verbündeten Römer unter Aetius gegen die Hunnen Attilas stattfand (Hunnenschlacht).

Katharer [griech. »die Reinen«], eine der größten religiösen Bewegungen des Mittelalters. Erstmals im Rheinland nachweisbar (Köln 1143), breiteten sich die Katharer im 12. und 13. Jh. in Europa aus, wobei Südfrankreich und Oberitalien ihre Zentren wurden. Motive ihrer Entstehung waren die Kritik an der Verweltlichung des Klerus und an den Mängeln der Seelsorge und Theologie sowie der Ruf nach einer »armen« Kirche. Sie lehnten Ehe, Eid, Bilder-, Heiligen- und Reliquienverehrung und den Kriegsdienst ab. Grundlegend für die katharische Lehre war der Dualismus von zwei einander entgegengesetzten, fast gleich starken Prinzipien, einem guten (Gott) und einem bösen (Satan). Jesus Christus war nach ihrer Vorstellung kein wirklicher Mensch gewesen, sondern ein den Menschen als Führer zur Erkenntnis des Guten aus dem Himmel gesandter Engel.

Zu den Anhängern der Katharer zählte fast der ganze Adel Okzitaniens. Als die Grafen von Toulouse und von Foix Partei gegen die römische Kirche und den König von Frankreich ergriffen, kam es im Zuge der Albigenserkriege zu einem Blutbad in Béziers (1209). Nach der letzten bewaffneten Verteidigung der Lehre, die mit der Kapitulation der Burg Montségur 1244 endete, flüchteten viele französische Katharer vor der Inquisition in die Lombardei.

Katharina I., russisch Jekatarina I. Aleksejewna, ursprünglich Martha Skawronskaja, Kaiserin von Russland (seit 1725), *Kreuzburg (Krustpils, heute zu Jēkabpils, Lettland) 15. 4. 1684, †Sankt Petersburg 17. 5. 1727; stammte aus einer litauischen Bauernfamilie; war Magd in Marienburg (Livland). Ab 1703 war Katharina die Mätresse Peters I., des Großen, der sie 1712 heiratete und 1724 zur Kaiserin krönen ließ. Sie wurde mit Unterstützung des Fürsten Menschikow nach dem Tode Peters (1725) dessen Nachfolgerin. Unter ihr entstand 1726 als höchste Regierungsbehörde der »Oberste Geheime Rat«. Durch ihre Tochter Anna, die 1725 Karl Friedrich von Schleswig-Holstein-Gottorp heiratete, wurde Katharina die Stammmutter des Hauses Romanow-Holstein-Gottorp.

Katharina II., die Große. Vigilius Erichsen wurde 1762 der Hofmaler Katharinas II.; er stellte die Zarin um 1770 in der Uniform des kaiserlichen Leibgarderegiments »Semjonowo« zu Pferde dar (Chartres, Musée des Beaux-Arts).

Katharina II., die Große, russisch Jekatarina II. Aleksejewna, Kaiserin von Russland (seit 1762), *Stettin 2. 5. 1729, †Zarskoje Selo (heute Puschkin) 17. 11. 1796; geborene Sophie Friederike Auguste von Anhalt-Zerbst, Tochter des Fürsten Christian August von Anhalt-Zerbst-Dornburg, eines Generals im Dienst des preußischen Königs, und der Johanna Elisabeth von Holstein-Gottorp. Katharina kam 1744 zusammen mit ihrer Mutter auf Wunsch von Kaiserin Elisabeth nach Russland, wurde im selben Jahr in Jekaterina Aleksejewna umgetauft und 1745 mit dem russischen Thronfolger Peter verheiratet. Sie ließ ihren Gatten am 9. 7. 1762 durch Gardeoffiziere stürzen und sich zur Kaiserin ausrufen. Der Legitimierung ihrer Herrschaft nach der von ihr nicht veranlassten, aber hingenommenen Ermordung Peters diente die von ihr 1767 einberufene Gesetzgebende Kommission, eine aus vorwiegend ständischen Wahlen hervorgegangene Abgeordnetenversammlung.

Im Geiste der zeitgenössischen Aufklärung regte Katharina auf vielen Gebieten Modernisierungen an. Gleichzeitig stärkte sie die überkommene Sozialordnung, indem sie die leibeigenen Privatbauern dem Grund besitzenden Adel auslieferte und die Leibeigenschaft auf die Ukraine ausdehnte. Im Zuge ihrer Besiedlungspolitik holte Katharina aus Mittel- und Südosteuropa seit 1763 Kolonisten ins Land. Der große Bauern- und Kosakenaufstand wurde 1774 militärisch niedergeschlagen. Einflüsse der Französischen Revolution bekämpfte die Kaiserin mit Schärfe.

Ihre erfolgreiche Machtpolitik brachte Russland in den Friedensschlüssen von Kütschük-Kainardschi (1774) und Jassy (1792) einen breiten Zugang zum Schwarzen Meer, ein Interventionsrecht zugunsten der Donaufürstentümer bei der Regierung des Osmanischen Reichs sowie die Ausdehnung der Reichsgrenze bis zum Dnjestr. 1783 wurde die Krim annektiert. Einen weiteren bedeutenden Gebietszuwachs Russlands erreichte sie durch die →Polnischen Teilungen, wobei Russland sich auch das Herzogtum Kurland eingliederte (1795). Katharina festigte die Stellung Russlands als europäische Großmacht. Im Frieden von Teschen (1779) nach der Beendigung des Bayerischen Erbfolgekrieges wurde Russland neben Frankreich Garantiemacht in den deutschen Angelegenheiten.

KATHARINA II., DIE GROSSE
***1729 †1796**

wurde als Prinzessin von Anhalt-Zerbst geboren

ließ sich zur Kaiserin Russlands ausrufen

regte im Geist der Aufklärung Neuerungen an

festigte Russlands Stellung als europäische Großmacht

Katharina von Aragonien, Königin von England, *Alcalá de Henares 15. 12. 1485, †Kimbolton (bei Huntingdon) 7. 1. 1536; Tochter Ferdinands II. von Aragonien und Isabellas I. von Kastilien. Katharina heiratete nach dem Tod ihres ersten Gatten Arthur Tudor aufgrund eines päpstlichen Dispenses 1509 dessen jüngeren Bruder Heinrich VIII. von England. Heinrich betrieb seit 1526 die Annullierung der Ehe und löste sie 1533 ohne päpstliche Zustimmung. Dies wurde Anlass zur Trennung Englands von der römischen Kirche. Katharina, die die Entscheidung Heinrichs nicht anerkannte, blieb bis zu ihrem Tod in Haft.

Katharina von Medici [-ˈmeditʃi], Königin von Frankreich, Regentin (1560–63), *Florenz 13. 4. 1519, †Blois 5. 1. 1589; Tochter Lorenzos II. von Medici. Katharina heiratete 1533 den späteren König Heinrich II. von Frankreich. Nach dessen Tod (1559) gewann Katharina als Mutter der drei letzten Valoiskönige (Franz II., Karl IX., Heinrich III.) weit über die Zeit ihrer offiziellen Regentschaft für Karl IX. hinaus bedeutenden Einfluss. Ihre schwankende Politik verfolgte das Ziel, ihre persönliche Stellung und die der Krone zwischen den kämpfenden Parteien zu behaupten und die Einheit des Staates trotz der Hugenottenkriege zu bewahren. Anfangs kam sie den Hugenotten unter Gaspard de Coligny entgegen, später suchte sie die Reformierten ebenso wie die von den Guise geführte katholische Partei niederzuhalten und einen Gleichgewichtszustand herzustellen; dazu erstrebte sie die Verständigung mit Spanien. Deshalb kam es 1565 zu einem Zusammentreffen zwischen Katharina, ihrer Tochter Elisabeth, der Gemahlin Philipps II. von Spanien, und dem Herzog von Alba. Der überragende Einfluss des spanienfeindlichen Coligny auf Karl IX. veranlasste die Königin zu dem Anschlag auf den Hugenottenführer und nach seinem Misslingen zu dem Blutbad der →Bartholomäusnacht (24. 8. 1572). Unter ihrem dritten Sohn, Heinrich III. (1574–89), sank ihr Einfluss. So konnte sie den Bruch zwischen dem König und Herzog Henri de Guise und die Ermordung der Guisen in Blois (1588) nicht verhindern.

Katharina von Medici

Katharina von Valois [-val'wa], Königin von England, *Paris 27. 10. 1401, †Bermondsey Abbey (London) 3. 1. 1437; Tochter Karls VI. von Frankreich; verheiratet seit 1420 mit Heinrich V. von England. Durch diese im Vertrag von Troyes festgelegte Heirat sollte nach dem Tod des geisteskranken Karl die französische Krone an England übergehen. Schon 1422 Witwe geworden, wurde Katharina durch ihre Heirat mit Owen Tudor Großmutter Heinrichs VII. und Stammmutter des Hauses Tudor.

Kathedersozialismus, im letzten Drittel des 19. Jh. in der deutschen Volkswirtschaftslehre bestehende Richtung, die im Gegensatz zum strengen Wirtschaftsliberalismus das Eingreifen des Staates in die Wirtschaft und das Sozialleben im Sinne eines Staatsinterventionismus forderte, um die Klassengegensätze zu mildern, den sozialen Frieden zu fördern und den sozialen Aufstieg der Arbeiterschaft zu ermöglichen. Die von den liberalen Gegnern geprägte und zunächst polemisch gemeinte Bezeichnung für die »am Katheder« lehrenden politisch engagierten Professoren wurde bald allgemein verwendet; sachlich war sie nicht ganz zutreffend, da die Kathedersozialisten weniger Sozialisten als Sozialreformer waren. Geistige Wurzeln waren die Lehre vom »sozialen Königtum«, staatssozialistische, sozial-konservative und christlich-soziale Ideen, aber auch sozialreformerische Fortbildungen der liberalen Theorie.

Katholische Könige, spanisch **Reyes Católicos** ['rejes-], Ehrentitel der spanischen Könige, 1496 von Papst Alexander VI. an Isabella I. von Kastilien und Ferdinand II. von Aragonien verliehen.

Katte, Hans Hermann, preußischer Offizier, *Berlin 28. 2. 1704, †(hingerichtet) Küstrin 6. 11. 1730; Jugendfreund des späteren Königs Friedrich II., des Großen. Er wurde als Mitwisser der gescheiterten Flucht des Kronprinzen von einem Militärgericht zu lebenslänglicher Festungshaft verurteilt. König Friedrich Wilhelm I. ließ ihn unter Missachtung des Urteils vor den Augen Friedrichs enthaupten.

Katyn, Ort im Gebiet Smolensk, Russland, am oberen Dnjepr. In einem Wald bei Katyn entdeckten deutsche Soldaten 1943 Massengräber mit den Leichen von über 4000 erschossenen polnischen Offizieren. Die Opfer gehörten zu den beim Einmarsch der Roten Armee in Ostpolen (September 1939) in sowjetische Kriegsgefangenschaft geratenen rund 14700 Militärs, die in drei Lagern interniert worden waren und zusammen mit weiteren polnischen Gefangenen auf Befehl Stalins und anderer Mitglieder der sowjetischen Führung durch das NKWD 1940 ermordet wurden. Die UdSSR wies die Schuld an diesem Verbrechen den deutschen Besatzungstruppen zu. Die ungeklärten Umstände führten schon während des Krieges zu Spannungen zwischen der polnischen Exilregierung und der sowjetischen Führung unter Stalin und überschatteten jahrzehntelang das Verhältnis zwischen Polen und der UdSSR, die erst 1990 die Verantwortung der sowjetischen Seite offiziell eingestand.

Kaunda, Kenneth, sambischer Politiker, *Lubwe (am Bangweolosee) 28. 4. 1924; seit 1949 in der Unabhängigkeitsbewegung aktiv und 1960–92 Vorsitzender der »United National Independence Party« (UNIP). Kaunda bekämpfte die Eingliederung Nordrhodesiens (1953) in die von europäischen Siedlern beherrschte »Zentralafrikanische Föderation« und erreichte ihre Auflösung (1963). 1959/60 in Haft, wurde er nach dem Wahlsieg der UNIP 1964 Ministerpräsident, mit der Unabhängigkeit Sambias (24. 10. 1964) Staatspräsident. 1991 unterlag er bei den Präsidentschaftswahlen und trat zurück.

Kaunda suchte Sambia im Sinne eines »afrikanischen Humanismus« gesellschaftlich zu entwickeln und politisch zu einer Nation zu formen, traf dabei aber immer wieder auf starke traditionelle Stammesrivalitäten als Hindernis. Mit der Zwangseingliederung der Opposition in die Kader der UNIP setzte er 1972 ein Einparteiensystem durch und regierte in wachsendem Maße autoritär, unterzeichnete jedoch 1990 eine Verfassungsänderung zur Einführung eines Mehrparteiensystems. Außenpolitisch unterstützte Kaunda die Befreiungsbewegungen im südlichen Afrika, bemühte sich aber auch um Vermittlung zwischen ihnen und den weißen Minderheitsregimen.

Kaunitz, Wenzel Graf von, seit 1764 Fürst von Kaunitz-Rietberg, österreichischer Staatsmann, *Wien 2. 2. 1711, †ebenda 27. 6. 1794; trat 1735 in den österreichischen Staatsdienst ein, war 1742–44 Gesandter in Turin, 1744–46 Berater beim Generalgouverneur der österreichischen Niederlande, 1748 Bevollmächtigter auf dem Friedenskongress zu Aachen. 1750–53 wirkte er als Gesandter in Paris auf den Abschluss eines Bündnisses mit Frankreich hin, da er überzeugt war, das von Preußen annektierte Schlesien sei nur durch diesen Zusammenschluss wiederzuerlangen. Doch erst nach seiner Berufung zum Staatskanzler (1753) und dem Abschluss eines preußisch-englischen Abkommens 1756 gelang es ihm, Frankreich für einen Defensivvertrag mit Österreich zu gewinnen. Da Kaunitz zugleich die Beziehungen zu Russland pflegte, konnte er nach Ausbruch des Siebenjährigen Krieges 1757 ein Offensivbündnis mit Frankreich, Russland und Schweden schließen (»Umkehrung der Allianzen«).

Trotz des Misserfolgs im Siebenjährigen Krieg behauptete sich Kaunitz. Mit Joseph II. setzte er gegen den Willen Maria Theresias die Erwerbung Galiziens in der 1. Polnischen Teilung durch. Den weiteren, von Joseph mit militärischer Gewalt erzwungenen Gebietserweiterungen (Bukowina, Innviertel) stand der auf eine diplomatische Politik bedachte Kaunitz ablehnend gegenüber. Nach dem Tod Maria Theresias (1780) schwand sein Einfluss ständig, doch trat Kaunitz erst 1793 unter Kaiser Franz II. zurück.

Kautsky, Karl, sozialistischer Theoretiker und Politiker, *Prag 16. 10. 1854, †Amsterdam 17. 10. 1938; schloss sich 1875 der österreichischen Sozialdemokratie an. Kautsky begründete 1883 und leitete bis 1917 das theoretische SPD-Organ »Die Neue Zeit«. 1880 ging er nach Zürich, 1881 nach London, wo er Karl Marx und Friedrich Engels kennen lernte. In Zusammenarbeit mit Engels entwickelte sich Kautsky zu einem führenden Vertreter des Marxismus.

Nach der Aufhebung des Sozialistengesetzes in Deutschland (1890) übersiedelte Kautsky nach Deutschland und hatte maßgeblichen Anteil an der Ausarbeitung des theoretischen Teils des Erfurter Programms der SPD (1891). Er galt bis zum Beginn des Ersten Weltkriegs als internationale Autorität in Fragen der marxistischen Theorie. Innerhalb der Sozialdemokratie in gleicher Distanz zur Parteirechten wie zur Parteilinken stehend, bekämpfte er den Revisionismus Eduard Bernsteins und den revolutionären Radikalismus Rosa Luxemburgs. Später lehnte er die leninsche Interpretation des Marxismus (»Bolschewismus«) ab.

Nach Ausbruch des Ersten Weltkrieges (1914) vermittelte Kautsky innerhalb der SPD zwischen den Gegnern und Befürwortern der Kriegskredite. 1917–22 war er Mitglied der USPD, seitdem wieder der SPD. 1924 ging er nach Wien, 1938 emigrierte er nach Amsterdam.

Keitel, Wilhelm, deutscher Generalfeldmarschall (seit 1940), *Helmscherode (heute zu Bad Gandersheim) 22. 9. 1882, †(hingerichtet) Nürnberg 16. 10. 1946; 1935–38 Leiter des Wehrmachtsamtes, seit 1938 Generaloberst, 1938–45 Chef des Oberkommandos der Wehrmacht. Er war an allen wichtigen militärischen Planungen des Zweiten Weltkriegs beteiligt und führte 1940 die deutsch-französischen Waffenstillstandsverhandlungen. Hitler ergeben, leitete er dessen Befehle und Erlasse an die Wehrmacht weiter und verstrickte diese in die nationalsozialistische Gewaltpolitik. Am 9. 5. 1945 unterzeichnete er im sowjetischen Hauptquartier in Berlin-Karlshorst die bedingungslose Kapitulation der Wehrmacht. 1946 verurteilte ihn das Internationale Militärtribunal in Nürnberg als einen der Hauptkriegsverbrecher zum Tod.

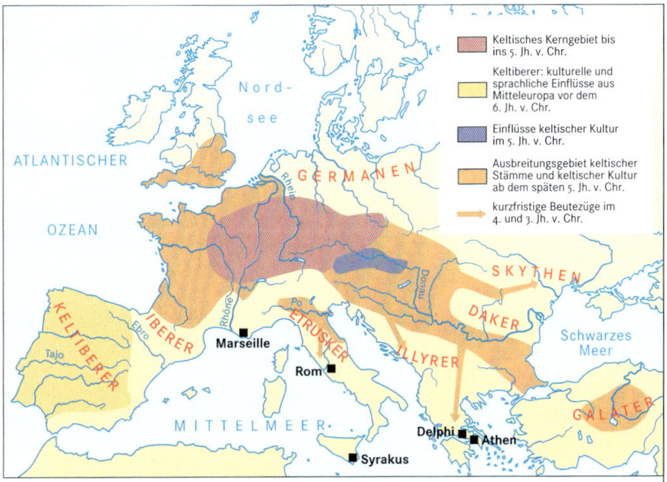

Kelten. Ausbreitungs- und Einflussgebiete

Kelten, griechisch **Keltoi,** lateinisch **Celtae,** Sammelname für keltische Sprachen sprechende Volksgruppen in Europa. Zur Zeit ihrer größten Expansion im 4. und 3. Jh. v. Chr. bewohnten die Kelten weite Gebiete im südlichen Mitteleuropa, in Westeuropa (Britische Inseln, Gallien, Iberische Halbinsel), im nördlichen Italien sowie in Südosteuropa und Zentralanatolien. Heute gibt es nur noch in Irland,

Schottland, Wales und der Bretagne Keltisch sprechende Volksgruppen.

GESCHICHTE: Als Kernraum der frühen Kelten gilt das südwestliche Mitteleuropa, nachweisbar spätestens seit dem 7./6. Jh. v. Chr. Von dort breiteten sie sich über Nordfrankreich auf die Britischen Inseln und über Südfrankreich bis auf die Iberische Halbinsel aus. Um 400 v. Chr. verließen keltische Volksgruppen, die schon lange in wirtschaftlichem Kontakt zu den mediterranen Völkern standen, ihre Siedlungsräume, um im Mittelmeerraum und in Südosteuropa sesshaft zu werden.

Seit etwa 400 v. Chr. drangen keltische Stämme in Oberitalien ein und siedelten sich nach Einnahme der etruskischen Orte Melpum (keltisch Mediolanum, heute Mailand) und Felsina (keltisch Bononia, heute Bologna) nördlich und südlich des Po an (→Gallien). Von hier aus stießen Teile der von den Römern als Gallier bezeichneten Kelten 387/386 v. Chr. über Etrurien nach Süden vor, schlugen das römische Heer an der Allia und besetzten mehrere Monate lang Rom mit Ausnahme des Kapitols. In der nachfolgenden Zeit immer wieder mit den Römern in Kämpfe verwickelt, wurden die in Italien siedelnden Kelten im 3. und 2. Jh. v. Chr. schließlich von diesen besiegt, unterworfen und romanisiert.

Um 300 v. Chr. fielen keltische Volksgruppen, ausgehend von den seit etwa 400 v. Chr. eingenommenen Siedlungsgebieten im Raum der heutigen Tschechischen Republik und der Slowakischen Republik, Südpolens, Ungarns, Sloweniens und Kroatiens, in Thrakien, Makedonien und Griechenland ein. Sie eroberten Delphi, wurden jedoch 279 v. Chr. von einem griechischen Heer geschlagen. In Thrakien kam es zur Gründung eines keltischen Staates (Königreich von Tylis), der bis 193 v. Chr. bestand. 278 überquerte eine Gruppe keltischer Stämme – von den Griechen als →Galater bezeichnet – auf Ersuchen des bithynischen Königs Nikomedes I. den Bosporus und ließ sich nach Kämpfen gegen die Seleukiden in Zentralanatolien (Galatien) nieder. Die Donaukelten, v. a. die Taurisker, die Skordisker und ein Teil der Boier, waren im südöstlichen Mitteleuropa und im Karpatenbecken lange Zeit vorherrschend.

Im 3. Jh. v. Chr. reichte der keltisch geprägte Kulturraum von den Britischen Inseln bis nach Kleinasien, von der Iberischen Halbinsel bis Ostmitteleuropa; großflächige, straff organisierte »Staaten« waren jedoch nirgendwo entstanden. Im 1. Jh. v. Chr. gerieten die Kelten im südlichen Mitteleuropa und im transalpinen Gallien zwischen →Germanen

KEMAL ATATÜRK

Kern des politischen Programms Kemal Atatürks war eine offen gegen islamische Institutionen gerichtete Kulturrevolution. Am 1. 11. 1922 wurden mit der Abschaffung des Sultanats, das bis dahin mit dem religiösen Oberamt, dem Kalifat, verknüpft war, die Weichen gestellt. Es folgte ab 1923 ein vollständiger Neuaufbau der kemalistischen Republik.

Säkularisierung der Türkei

Eine der »sechs Säulen«, welche die Republikanische Volkspartei in ihrem Programm von 1931 formulierte, war die Trennung von Staat und Religion (Laizismus). Schon 1925 hatte man die Derwischorden aufgehoben und den Fes als männliche Kopfbedeckung verboten. 1926 wurden das italienische Strafgesetzbuch und das Schweizer Zivilgesetzbuch eingeführt – die islamische Gesetzgebung sowie die Unterdrückung der Frau waren somit verboten. 1934 unterstrich zudem die Einführung des aktiven und passiven Wahlrechts für Frauen die gesetzlich fixierte Gleichberechtigung. Schließlich wurde anstelle des arabischen das lateinische Alphabet eingeführt und in nur wenigen Monaten durch Alphabetisierungskampagnen – das kolorierte Foto zeigt Kemal Atatürk (rechts), der auf dem Marktplatz von Sivas öffentlichen Unterricht im Schreiben der lateinischen Buchstaben gibt –, ins ganze Land getragen. Wie von der türkischen Verfassung seit dem 10. 4. 1928 verlangt, hatte der Islam seinen Status als Staatsreligion verloren.

Die kemalistische Säkularisation wurde rigoros durchgesetzt. So verurteilte man beispielsweise einen Religionsgelehrten zum Tod durch den Strang, weil er unter anderem die Broschüre »Die Nachäffung der Europäer und der Hut« verteilt hatte.

und Römer, und die Eigenständigkeit der dort siedelnden Kelten ging in den Jahrzehnten um Christi Geburt endgültig verloren. Während germanische Stammesverbände aus Nord- und Mitteldeutschland nach Westen und Süden vordrangen, weitete Rom seine Macht bis zum Rhein und zur Donau aus. Der römischen Eroberung Galliens durch Caesar folgte im 1. Jh. die Unterwerfung des durch den Zuzug der Belgen noch stärker keltisierten Britanniens; Schottland und Irland blieben frei von römischem Einfluss. Unter dem Druck angelsächsischer Eroberungen in Britannien wanderten im 5. und 6. Jh. trotz Romanisierung weiterhin Keltisch sprechende Volksgruppen aus Wales und Cornwall in die heutige Bretagne ein. Gleichzeitig erfolgten vom keltischen Irland aus keltische Landnahmen in Wales und Schottland.

GESELLSCHAFTSSTRUKTUR: Seit dem 6. Jh. bestand eine hierarchisch gegliederte Ständegesellschaft mit einer aristokratischen Führungsschicht. Das in der Frühzeit häufig belegte Königtum wurde bei den meisten Stämmen durch oligarchisch strukturierte Organisationsformen abgelöst. Caesar nennt einen aus Mitgliedern des Adels zusammengesetzten, gewählten Senat der Äduer mit auf Zeit gewählten »Vergobreten« als Vertreter der Exekutive. Soziale Schichten sind die »Equites« (berittener Adel, aus dem die »Principes« als Anführer herausragten), die »Plebs« als Masse des Volkes mit stark eingeschränkten Rechten sowie die »Ambactes« als Unfreie. Große Bedeutung für den Zusammenhalt der keltischen Gesellschaft hatte das Klientelwesen, ein auf dem Prinzip der Gegenseitigkeit beruhendes Abhängigkeitsverhältnis, das zwischen Stämmen, Mitgliedern des Adels sowie dem Adel und der übrigen Bevölkerung geschlossen werden konnte.

Kemal Atatürk, Mustafa, bis 1934 Mustafa Kemal Pascha, türkischer Politiker, *Saloniki 12. 3. 1881, †Istanbul 10. 11. 1938; nahm als Anhänger Enver Paschas an der jungtürkischen Revolution von 1908/09 teil. Im Ersten Weltkrieg übernahm er Aufgaben als Armeeführer, v. a. bei den Dardanellen, im Kaukasus und in Palästina.

Nach dem Zusammenbruch des Osmanischen Reiches trat Kemal Atatürk 1919 an die Spitze der nationalrepublikanischen Bewegung, brach mit der Regierung des Sultans von Istanbul und organisierte in Anatolien den Widerstand gegen die Besetzung türkischer Kerngebiete durch alliierte Truppen. 1920 wurde er zum Vorsitzenden der Großen Nationalversammlung gewählt und mit der Wahrnehmung der vollziehenden Gewalt betraut. Unter seinem Oberbefehl gelang es nationalrepublikanischen Truppen, 1920–22 den griechischen Vormarsch in Kleinasien zu stoppen und die Griechen aus diesem Raum zu drängen. Im Zuge seiner Erneuerungspolitik beseitigte Kemal Atatürk das Sultanat (1922), rief die Republik aus (1923) und schaffte das Kalifat ab (1924). Noch 1923 war er selbst zum Präsidenten der Republik gewählt worden (wieder gewählt 1927, 1931 und 1935). Gestützt auf die Republikanische Volkspartei, wurde er durch tief greifende Reformen sowie seine Ablehnung des Panislamismus zum »Schöpfer« der modernen Türkei (seit 1934 Ehrenname »Atatürk«, türkisch »Vater der Türken«). Seine Ideen, der →Kemalismus, blieben trotz Einschränkungen die ideelle Basis des türkischen Staates.

Kemalismus, die politisch-gesellschaftlichen Leitideen Mustafa Kemal Atatürks, die die Erneuerung der Türkei seit dem Zusammenbruch des Osmanischen Reiches (1918) prägten, wie »Republikanismus«, »Nationalismus«, »Modernismus«, »Populismus« und »Säkularismus«. Im gesellschaftlichen Leben war der Kemalismus auf die Gleichstellung der Frau mit dem Mann und die Durchsetzung der Einehe gerichtet. Die kemalistischen Ideen wurden v. a. von der Republikanischen Volkspartei getragen. Im Zuge des Wiedererstarkens des Islam (besonders seiner fundamentalistischen Kräfte) in der zweiten Hälfte des 20. Jh. machen sich heute in der Türkei gegenläufige Tendenzen bemerkbar.

Kennan ['kenən], George F[rost], amerikanischer Diplomat und Historiker, *Milwaukee (Wis.) 16. 2. 1904, †Princeton (N.J.) 17. 3. 2005; war seit 1926 im diplomatischen Dienst eingesetzt. 1944–46 war der Russlandexperte Kennan als Berater des amerikanischen Botschafters in Moskau tätig. In dieser Zeit entwarf er wesentliche Elemente der Politik des →Containment, woraufhin er 1947–49 mit der Leitung des politischen Planungsstabs des Außenamtes betraut wurde. 1949–50 war er Chefberater (»Counsellor of the Department of State«) von Außenminister Dean Acheson. 1952–53 war Kennan Botschafter in Moskau, 1961–63 in Belgrad.

Kennedy ['kenɪdi],

1. Edward, amerikanischer Politiker, *Brookline (Mass.) 22. 2. 1932; Sohn von Joseph Kennedy, Bruder von John F. Kennedy und Robert Kennedy; seit 1963 demokratischer Senator für Massachusetts; war 1969–71 stellvertretender Fraktionsvorsitzender der Demokratischen Partei im Senat, 1979–81 Vorsitzender des Rechtsausschusses des Senats. Kennedy lehnte nach der Ermordung seines Bruders Robert 1968 und erneut 1974 eine Präsidentschaftskandidatur ab. Er scheiterte 1980 mit seiner Bewerbung um die Präsidentschaftskandidatur der Demokratischen Partei gegen den amtierenden Präsidenten James Carter.

2. John F[itzgerald], 35. Präsident der USA (1961–63), *Brookline (Mass.) 29. 5. 1917, †(er-

JOHN F. KENNEDY
***1917 †1963**

- stammte aus einer berühmten amerikanischen Politikerdynastie
- wurde der erste katholische Präsident der USA
- brachte jugendliches Flair in die Politik
- meisterte die Kubakrise
- wurde unter nicht restlos geklärten Umständen ermordet

mordet) Dallas (Tex.) 22. 11. 1963; Sohn von Joseph Kennedy, Bruder von Edward Kennedy und Robert Kennedy. Kennedy absolvierte 1940 die Harvard-Universität, ging 1941 zur US-Marine und war während des Zweiten Weltkriegs Kommandant eines Torpedoschnellbootes im Pazifik. 1947–53 war er Abgeordneter der Demokratischen Partei im Repräsentantenhaus, 1953–61 Senator für Massachusetts. Im November 1960 wurde er mit knapper Mehrheit vor Richard Nixon zum (ersten katholischen) Präsidenten der USA gewählt.

Mit dem Entwurf eines neuen aktiven, mit zahlreichen wissenschaftlichen Beratern entwickelten Regierungsstils suchte Kennedy seiner Regierungsübernahme den Charakter eines Durchbruchs der jungen Generation zu geben. Kennedy verfolgte ein weit reichendes Programm zur Verbesserung der Sozialversicherung, der Krankenversorgung (»Medicare«) und des Bildungswesens, zur Rassenfrage, zur Steuersenkung, zur Sanierung der Städte und des Verkehrswesens. Die Verwirklichung dieses Programms scheiterte jedoch an dem von konservativen Kräften beherrschten Kongress. Kennedy war erfolgreich um die Bekämpfung der Inflation, die Ankurbelung der Wirtschaft und den Abbau der Arbeitslosigkeit bemüht. In der Rassenfrage sah er sich verstärkten Forderungen der Bürgerrechtsbewegung sowie anwachsendem Widerstand weißer Bevölkerungsteile gegen die Emanzipationsbestrebungen der Schwarzen gegenübergestellt.

Zur schwersten außenpolitischen Krise der Regierungszeit Kennedys wurde der Konflikt mit der UdSSR um Kuba (→Kubakrise). 1963 kam es zum Abschluss eines Vertrages über die Einstellung von Kernwaffenversuchen. Kennedy versuchte, die Entwicklungshilfe für die Staaten der Dritten Welt auf die Basis einer gegenseitigen Partnerschaft zu stellen. In Südostasien konnte Kennedy auf eine Befriedung von Laos hinwirken. Seit 1961 unterstützte er durch Entsendung amerikanischer Spezialeinheiten die Regierung Südvietnams gegen den Vietcong (→Vietnamkrieg). Ein Arrangement mit der Volksrepublik China gelang Kennedy nicht. Die Hintergründe seiner Ermordung wurden bisher nicht restlos aufgeklärt.

3. Robert, amerikanischer Politiker, *Brookline (Mass.) 20. 11. 1925, †(ermordet) Los Angeles (Calif.) 6. 6. 1968; Sohn von Joseph Kennedy, Bruder von Edward Kennedy und John F. Kennedy. Nach seinem 1951 abgeschlossenen Jurastudium war er Organisator der Wahlkämpfe und engster Berater seines Bruders John, 1961–64 Justizminister (Attorney General). 1964 wurde er zum Senator für New York gewählt. Er trat als entschiedener Gegner jeder Rassendiskriminierung und heftiger Kritiker der Vietnampolitik Lyndon B. Johnsons auf. Als Bewerber um die demokratische Präsidentschaftskandidatur fiel er auf einer Wahlkampfreise einem Attentat zum Opfer.

Kenyatta [kɛnˈjata], Jomo, eigentlich Johnstone Kamau Ngengi, kenianischer Politiker (Kikuyu), *Ichaweri (amtliches Datum) 10. 10. 1891, †Mombasa 22. 8. 1978; lebte ab 1929 überwiegend in Großbritannien, wo er während des Zweiten Weltkrieges für die panafrikanische Bewegung arbeitete. 1947 nach Kenia zurückgekehrt, gründete er die antikoloniale »Kenya African Union« (KAU) und übernahm deren Führung. Von der britischen Kolonialregierung der Anstiftung des Mau-Mau-Aufstandes verdächtigt, wurde er 1952 verhaftet und 1953 zu sieben Jahren Haft verurteilt. Noch in der Haft wählte ihn die »Kenya African National Union« (KANU) zu ihrem Vorsitzenden. Daraufhin wurde er im August 1961 freigelassen. Nach einem Wahlsieg der KANU im Mai 1963 wurde Kenyatta Premierminister und im Dezember 1964 Staatspräsident der unabhängigen Republik. Als »Mzee« (Suaheli »Alter Herr«) herrschte er über Kenia fast unumschränkt.

Kẹrenskij, Aleksandr, russischer Politiker, *Simbirsk 4. 5. 1881, †New York 11. 6. 1970; seit 1912 Abgeordneter der sozialistischen Partei der Trudowiki in der vierten Duma. Er wurde nach Ausbruch der Februarrevolution 1917 einer der stellvertretenden Vorsitzenden des Exekutivkomitees des neu gegründeten Arbeiter- und Soldatendeputiertenrates (Sowjet) in Petrograd und im März 1917 Justizminister in der ersten Provisorischen Regierung. Als Kriegs- und Marineminister in der im Mai 1917 gebildeten Koalitionsregierung des Fürsten Lwow schuf er die Voraussetzungen für die den Alliierten vertraglich zugesagte russische Offensive im Juli 1917, die mit einem Misserfolg endete. Seit 21. 7. 1917 Ministerpräsident der Provisorischen Regierung, konnte er ohne militärische Unterstützung die Besetzung des Winterpalais durch die Bolschewiki am 7. November (nach julianischem Kalender 25. Oktober, →Oktoberrevolution) nicht verhindern, sich selbst aber der Verhaftung entziehen. Er emigrierte 1918 nach Frankreich und lebte seit 1940 in den USA.

Kẹtteler, Klemens Freiherr von, Diplomat, *Potsdam 22. 11. 1853, †(ermordet) Peking 20. 6. (nach anderen Angaben 16. 6.) 1900; trat nach kurzer militärischer Laufbahn in den diplomatischen Dienst. 1899 wurde Ketteler Gesandter in Peking, von wo er vergeblich auf die gefährdete Lage der Europäer hinwies. Kettelers Ermordung durch einen chinesischen Soldaten und die Belagerung des Gesandtschaftsviertels führten zur militärischen Intervention der ausländischen Mächte in

China und zur Niederschlagung des Aufstandes der → Boxer.

KGB [Abk. für russ. Komitet Gossudarstwennoj Besopasnosti, »Komitee für Staatssicherheit«], ab 1954 Name des sowjetischen Geheimdienstes. Der KGB mit seiner Zentrale in Moskau (»Ljubjanka«) hatte als »Schwert und Schild der Partei« v.a. die Herrschaft der KPdSU in der UdSSR zu sichern, übernahm die Überwachung und Ausschaltung der inneren Opposition (Dissidenten), den Schutz der Staatsgrenze und die Kontrolle des Funktionärs- und Staatsapparates. Neben der Auslandsspionage gehörte auch die Einflussnahme auf die Entwicklung in den damaligen Ostblockländern zu seinem Auftrag. Nach seiner maßgeblichen Beteiligung am konservativen Putschversuch gegen Staatspräsident Michail Gorbatschow (August 1991) wurde zwar im Oktober 1991 die Auflösung des KGB beschlossen; er blieb jedoch – nunmehr zergliedert in drei einzelne Dienste (Interrepublikanischer Sicherheitsdienst, Zentraler Aufklärungsdienst, Grenzschutztruppen) – bestehen. Mit dem Ende der Sowjetunion (Dezember 1991) unterstellte sich Russland den Aufklärungsdienst als »Auslandsaufklärungsdienst der Russischen Föderation«. Der Interrepublikanische Sicherheitsdienst wurde mit dem im Mai 1991 gegründeten KGB Russlands zusammengeschlossen. Der daraus hervorgegangene russische Geheimdienst organisierte sich im Januar 1992 als »Ministerium für Sicherheit« neu, wurde jedoch im Dezember 1993 durch Staatspräsident Boris Jelzin wieder aufgelöst. An seine Stelle trat ein neuer Nachrichtendienst, der »Föderale Dienst für Gegenaufklärung«. Die russischen Grenztruppen wurden der direkten Kontrolle von Staatspräsident und Regierung unterstellt, als Inlandsgeheimdienst entstand der »Föderale Sicherheitsdienst«. (→ GPU, → NKWD, → Tscheka)

K-Gruppen, Sammelbezeichnung für politische Gruppen, v.a. in den 1960er- und 1970er-Jahren, die sich zum Marxismus-Leninismus bekannten, ihn jedoch in der von der KPdSU geübten Form ablehnten und sich am Maoismus orientierten. Gemeinsam ist diesen Gruppierungen das Ziel, die bürgerliche Gesellschaft durch bewaffneten Kampf zu beseitigen.

Khomeini [xɔˈmeɪni; nach seinem Geburtsort], **Chomeini,** Ruhollah, iranischer Schiitenführer (Ayatollah), Gründer der Islamischen Republik Iran, *Khomein (Zentralprovinz) 17. 5. 1900, †Teheran 3. 6. 1989; stammte aus einer alten Gelehrtenfamilie. Khomeini studierte v.a. islamisches Recht und

KENNEDY — *Attentat von Dallas*

John F. Kennedy, der 35. Präsident der Vereinigten Staaten von Amerika, fiel am 22. 11. 1963 während einer Fahrt durch Dallas (Texas) einem Attentat zum Opfer. An besagtem Tag herrschte schönes Wetter; Kennedy und seine Frau Jacqueline hatten deshalb um eine Fahrt im offenen Wagen durch die von begeisterten Anhängern gesäumten Straßen von Dallas gebeten. Um 12.33 Uhr biegt der Autokorso mit dem Präsidenten (Foto) in die Elm Street ein. Mit im Wagen befinden sich der texanische Gouverneur Conally, dessen Frau und zwei Beamte des Secret Service. Plötzlich wird Kennedy innerhalb weniger Sekunden von insgesamt drei Schüssen getroffen. Der Wagen rast in ein Krankenhaus; um 13 Uhr wird Kennedy für tot erklärt. Als mutmaßlicher Mörder wird Lee Harvey Oswald verhaftet, dem Verbindungen zum KGB nachgesagt werden. Bevor Oswald, der seine Unschuld beteuert, aussagen kann, wird er zwei Tage nach seiner Festnahme von dem Nachtklubbesitzer Jack Ruby erschossen.

Aufgrund der mysteriösen Begleitumstände der Tat (Einschüchterung von Zeugen, Indizien für einen vierten Schuss) herrschen starke Zweifel daran, ob Oswald wirklich aus eigener Motivation die tödlichen Schüsse aus einem Schulbuchlager an der Elm Street abgegeben hat oder ob eine Verschwörung von Gegnern Kennedys zu dem Attentat führte. Eine endgültige Aufklärung des Verbrechens wird höchstwahrscheinlich erst 2017 möglich sein, wenn die unter Verschluss liegenden Akten der mit den Ermittlungen beauftragten Warren-Kommission der Öffentlichkeit zugänglich gemacht werden.

RUHOLLAH KHOMEINI
***1900 †1989**

steuerte von Frankreich aus die Aufstandsbewegung gegen den Schah

kehrte 1979 in den Iran zurück

richtete dort gewaltsam ein streng islamisches System ein

vollzog einen radikalen Bruch mit den USA

erwarb die Fähigkeit zur Auslegung des Rechts auf der Grundlage des Korans. Politisch bekämpfte Khomeini schon früh die Reformen Resa Schahs und Mohammed Resas, die er als Versuch der systematischen Zerstörung der islamischen Kultur wertete. 1963 wurde er verhaftet, 1964 des Landes verwiesen (Exil in Irak). Seit 1978 in Frankreich, steuerte Khomeini von dort eine Aufstandsbewegung gegen den Schah und kehrte nach dessen Sturz 1979 nach Iran zurück. Nach Einsetzung eines Revolutionsrates und einer ihm ergebenen Regierung baute Khomeini ein Gesellschafts- und Regierungssystem auf, das sich streng an islamischen Grundsätzen ausrichtete. 1979 rief er in Kum (Ghom) die »Islamische Republik Iran« aus. Im Zuge einer als Revolution verstandenen, auch unter Anwendung von Gewalt durchgeführten Neuordnung von Verwaltung und Wirtschaft, von Erziehungs- und Rechtswesen suchte Khomeini den Islam als allein maßgebliche Kraft durchzusetzen. In der Verfassung vom Dezember 1979 legte er die führende Rolle der schiitischen Geistlichkeit fest und fügte das Amt des »Fakih« (Führer der Nation) als letzte Instanz in allen politischen und religiösen Fragen ein, das er selbst übernahm.

Repräsentanten der Monarchie, religiös und politisch anders Denkende ließ er inhaftieren und viele von ihnen hinrichten. Im Streit zwischen gemäßigten und radikalen Verfechtern der Islamisierung von Staat und Gesellschaft unterstützte er die Letzteren und trug damit entscheidend zur Radikalisierung des Systems der »Islamischen Republik« bei.

In unterschiedlicher Akzentuierung war auch die Außenpolitik Khomeinis von ideologischen Gesichtspunkten bestimmt; er vollzog v.a. einen radikalen Bruch mit den USA. Die Besetzung der US-Botschaft in Teheran stellte er als revolutionäre Tat heraus. In der islamischen Welt gewann er als charismatischer Führer der iranischen »Revolution« eine große Anhängerschaft. Im Nahostkonflikt entwickelte er sich zu einem der entschiedensten Gegner Israels. Er bekämpfte besonders das sozialistisch-laizistische Regime in Irak. Nach dessen Angriff auf Iran (September 1980, 1. Golfkrieg) bestimmten neben militärisch-politischen Gesichtspunkten sehr stark religiöse Gesichtspunkte die Formulierung seiner Kriegsziele; 1988 willigte er in einen Waffenstillstand ein.

Khubilai, Großkhan der Mongolen, →Kubilai.

KI, Abk. für →Kommunistische Internationale.

Kurt Georg Kiesinger

Kiesinger, Kurt Georg, deutscher Politiker, *Ebingen (heute zu Albstadt) 6. 4. 1904, †Tübingen 9. 3. 1988; Jurist; war als Mitglied der NSDAP 1940–45 wissenschaftlicher Hilfsarbeiter im Auswärtigen Amt, 1943–45 dort stellvertretender Leiter der Rundfunkabteilung. Nach dem Zweiten Weltkrieg schloss sich Kiesinger der CDU an. Als MdB (1949–58) trat er als entschiedener Verfechter der Außenpolitik Konrad Adenauers hervor. 1958–66 war Kiesinger Ministerpräsident von Baden-Württemberg.

Nach der Bildung einer großen Koalition aus CDU/CSU und SPD wählte der Bundestag Kiesinger 1966 zum Nachfolger Ludwig Erhards als Bundeskanzler. Kiesinger bemühte sich in diesem Amt, ein gemeinsames Koalitionsprogramm durchzuführen. Schwerpunkte waren eine Finanzreform, die Verabschiedung der »Notstandsgesetze« sowie Reformen der Sozialordnung und des Strafrechts. In der Außenpolitik bemühte er sich um eine vorsichtige Neuorientierung in der Ostpolitik, hielt dabei aber an ihrem Alleinvertretungsanspruch für Deutschland fest (→Hallsteindoktrin). 1967–71 war Kiesinger auch Bundesvorsitzender der CDU. Nach den Bundestagswahlen von 1969 und der Bildung der sozialliberalen Koalition (SPD/FDP) trat er 1969 als Bundeskanzler zurück. 1969–80 war Kiesinger erneut Mitglied des Bundestags.

Kiewer Reich, Kiewer Rus, die erste Periode der Staatsgeschichte der Ostslawen (→Russland).

Kimbern, lateinisch **Cimbri,** germanischer Stamm in Nordjütland (»Himmerland«). Ende des 2. Jh. v. Chr. verließen die Kimbern ihre Wohnsitze und zogen über Böhmen in die Ostalpen, wo sie 113 v. Chr. ein römisches Heer bei Noreia schlugen. Nach Westen ziehend, besiegten sie die Römer mehrfach, zuletzt entscheidend bei Arausio (Orange) am 6. 10. 105 v. Chr. Zusammen mit den Teutonen, Ambronen und Haruden drangen sie nach Italien vor. Sie wurden am 30. 7. 101 v. Chr. von Marius bei Vercellae (heute Vercelli in Piemont) vernichtend geschlagen.

Kinderkreuzzug, →Kreuzzug.

Kindheit, Sonderartikel S. 450/451.

King, Martin Luther, amerikanischer Bürgerrechtler und Baptistenpfarrer, *Atlanta (Ga.) 15. 1. 1929, †(ermordet) Memphis (Tenn.) 4. 4. 1968; entwickelte als Pfarrer in Montgomery (Ala.) und später in Atlanta unter dem Einfluss von Henry Thoreau und Mahatma Gandhi den gewaltlosen Widerstand und den zivilen Ungehorsam zur wirksamen Waffe der Bürgerrechtsbewegung der amerikanischen Schwarzen. 1955/56 organisierte King einen Omnibusboykott, der zur Aufhebung der Rassentrennung in den öffentlichen Verkehrsmitteln von Montgomery führte und für ähnliche Aktionen Vorbild wurde. 1957 wurde King Vorsitzender der Bewegung für den gewaltlosen Widerstand gegen Diskriminierung und Rassenhetze »Southern Christian Leadership Conference« (SCLC) und initiierte zahlreiche Demonstrationen (Höhepunkt: Marsch auf Washington [D. C.] am 28. 8. 1963; **BILD** →Bürgerrechtsbewegung). Er war mehrmals inhaftiert. Verschiedentlich wurden Mordanschläge auf ihn unternommen. 1964 erhielt er als unbestrittener Wortführer einer friedlichen Rassenintegration den Friedensnobelpreis. Ab Mitte der 1960er-Jahre, als King zunehmend in Gegensatz zum radikalen Flügel der schwarzen Bürgerrechtsbewegung (Blackpower) geriet, schwand sein Einfluss.

Kịpper-und-Wịpper-Zeit [wohl zu Kippe (Goldwaage) und wippen (vom Waagebalken sich auf und ab bewegen); jemand, der etwas von Münzen abschneidet und sie dann heftig in die Waagschale wirft, damit diese wie unter einem großen Gewicht sinkt], erste große deutsche Inflation in den Jahren 1618–1622/23 (1. Kipper-und-Wipper-Zeit). Anzeichen des inneren Wertverlustes bei Kleinmünzen zeigten sich schon im ausgehenden 16. Jahrhundert. Die Ursache dafür lag in der Reichsmünzordnung. In ihr wurde für das Kleingeld ein zu hoher Feingehalt an Silber vorgeschrieben, sodass die gegenüber den »groben Sorten« (Taler und dessen Teilstücke) weit höheren Prägekosten die Produktion von ordnungsgemäßem Kleingeld zu einem Verlustgeschäft werden ließen. Die Folge war ein empfindlicher Mangel an Scheidemünzen. Daraufhin setzten sich kleinere Münzherren über die Vorschriften hinweg und ließen in großen Mengen unterwertiges Kleingeld in Heckenmünzen prägen.

Als 2. Kipper-und-Wipper-Zeit bezeichnet man den Zeitraum zwischen etwa 1675 und etwa 1695. Sie begann damit, dass der Kaiser zur Finanzierung der Türkenkriege eine bewusste Verschlechterung der Kaisergroschen, 6- und 15-Kreuzer-Stücke anordnete und diesem Beispiel dann andere Münzstände folgten. Die charakteristischen Münzen der Kipper-und-Wipper-Zeit waren die Zweidritteltaler, die z. T. weit unterwertig ausgebracht wurden.

Kirchenkampf, Bezeichnung, die zunächst 1933/34 in der evangelischen Kirche entstand, um die innerkirchlichen Auseinandersetzungen um den »evangeliumsgemäßen« Weg, v. a. zur Abwehr des Führungsanspruchs der →Deutschen Christen (DC) seitens der entstehenden →Bekennenden Kirche, zu benennen. Zunehmend wurde der Begriff dann ausgeweitet auf den allgemeinen Kampf der Kirchen gegen Ideologie und Praxis des Nationalsozialismus. Er gilt heute als Bezeichnung für die Geschichte der Kirchen im nationalsozialistischen Deutschland (1933–45).

Trotz ideologischer Vorbehalte waren die Kirchen 1933 bereit, sich weitgehend in die politischen Interessen des nationalsozialistischen Staates einbinden zu lassen und dessen Kampf gegen den »gottlosen« Bolschewismus zu unterstützen. Der Nationalsozialismus sah aber im Christentum einen Widerpart, der ihn bei seiner systematischen Indoktrinierung der Bevölkerung zu behindern vermochte.

Mit der ab 1934 propagierten »Entkonfessionalisierung des öffentlichen Lebens« kam es zu einer sich verschärfenden Diskriminierung von Christentum und Kirchen. Dies machte sich u. a. bemerkbar durch Unterdrückung und Zerschlagung der den Kirchen angeschlossenen Vereine und Verbände sowie der kirchlichen Presse, Verfolgung von Ordensangehörigen durch Devisen- und Sittlichkeitsprozesse (1935–37), Überwachung von Gottesdiensten und Verhaftung von Pfarrern. Die Kirchen galten, wo sie sich nicht anpassten, als ein Hort politischer Unbotmäßigkeit. Ab 1938 setzten sich in der nationalsozialistischen Kirchenpolitik immer stärker antikirchliche Kräfte durch, die Christentum und Nationalsozialismus als unvereinbar betrachteten und die Trennung von Staat und Kirche propagierten. Die Kirchen wurden endgültig auf den innerkirchlichen Wirkungsraum beschränkt. 1940 verkündete Hitler einen »Burgfrieden« mit den Kirchen für die Dauer des Krieges und verschob die Lösung der Kirchenfrage auf die Zeit nach dem Zweiten Weltkrieg.

Die Kirchen traten dem Vorwurf der Staatsfeindlichkeit entgegen und betonten ihre grundsätzliche politische Loyalität. Dennoch griffen sie vereinzelt in Hirtenbriefen oder Eingaben an staatliche Stellen auch die Ideologie, v. a. die Rassenlehre, und die offenkundigen Menschenrechtsverletzungen des Regimes direkt an. Die Kirchen sahen diese Distanzierung nicht als politischen Widerstand an; einige kirchliche Amtsträger und einzelne Christen traten jedoch der Widerstandsbewegung bei. Trotz des gemeinsamen Gegners kam es zu keiner engeren Zusammenarbeit der Kirchen. Das ambivalente Verhalten der Amtskirche gegenüber der nationalsozialistischen Genozidpolitik (→Holocaust) wurde nach 1945 häufig als Versagen kritisiert.

EVANGELISCHE KIRCHE IM KIRCHENKAMPF: Der Kirchenkampf entbrannte an der

Fortsetzung S. 452

MARTIN LUTHER KING. ***Boykott!***

Als am 1. 12. 1955 die schwarze Näherin Rosa Parks verhaftet wurde, weil sie sich im Bus geweigert hatte, ihren Sitzplatz an einen Weißen abzugeben und damit gegen die Rassengesetze verstoßen hatte, beschloss die schwarze Bevölkerung Montgomerys einen Busboykott. Der erst 26-jährige Martin Luther King wurde zum Vorsitzenden des dafür gebildeten Bürgerausschusses gewählt. *»Wir sind heute Abend hier versammelt, um denen, die uns so lange misshandelten, zu sagen, dass wir genug haben: genug davon, ausgeschlossen und erniedrigt zu sein, genug davon, herumgestoßen und brutal unterdrückt zu werden«,* sagte er und erklärte die Gewaltlosigkeit zur obersten Priorität im Kampf um Gleichberechtigung.

Martin Luther King

1

KINDHEIT

1) Im Mittelalter wurde der häufige und frühe Tod von Kindern als gegeben hingenommen, die Kindheit als Vorstufe des eigentlichen Lebens aufgefasst. Diese im Vergleich zu heute »gefühlskalte« Einstellung der Eltern gegenüber ihren Kindern führte häufig zur Weggabe von Säuglingen; um diese kümmerte man sich in den seit dem 8. Jh. bezeugten Findelhäusern (»Ospedale degli Innocenti« von Filippo Brunelleschi in Florenz, 1421–24).

»Marmousets« (»Knirpse«): Mit diesem alten Namen titulieren noch heute Fremdenführer im Schloss von Versailles die Darstellungen nackter Kinder. Am Ende des 14. Jh. tauchte der Putto, das unbekleidete Kleinkind, in nachantiken Bildern auf, vermutlich als Wiedergeburt des Erosknaben, kombiniert mit der mittelalterlichen Vorstellung des engelhaften Messknaben. Ihre Hochkonjunktur aber erlebten die Putten, die mythologischen Kinder und Allegorien der Seelen, in Barock und Rokoko. Und von ihrer dekorativen Nacktheit zieht sich eine Linie weiter zu jenen kindlichen Nackedeis, die in den Fotografien des 19. und 20. Jh. zum bürgerlichen Genre wurden. Das Baby zwischen engelgleicher Verherrlichung und verniedlichendem Klischee – Kindheit war und ist mehr als naturhafter Status, sie war und ist eine sozialhistorische Variable.

Die unterste Sprosse der Leiter

Die Skala der Lebensalter scheint dem byzantinischen Raum des 6. Jh. zu entstammen, im 8. Jh. taucht sie bildlich in einem Fresko des arabischen Kuseir Amra auf. Die erste Altersstufe unter insgesamt sieben war im Mittelalter die, »die die Zähne einpflanzt« und von der Geburt zumeist bis ins siebte Lebensjahr reicht, ehe sie sich in die »pueritia«, die Jugend, fortsetzt. Ist diese absolviert, hat der Mensch jene Stufe erreicht, die archaische Ethnien mit der Initiation abschließen, dem rituellen Übertritt ins Erwachsenendasein.

In Europa wurde bis weit in die frühe Neuzeit hinein die Sphäre kindlicher Existenz so bald wie irgend möglich der Erwachsenenwelt integriert. Wenn das Kind aus den Windeln herauswuchs, wurde es wie ein kleiner Erwachsener gekleidet. Erst seit dem 17. Jh. erhielten die Kinder, vornehmlich des Adels und des gehobenen Bürgertums, häufig eine ihrem Alter vorbehaltene Kleidung.

In Habitus und Kleidung der Kinder drückte sich aus, was auch ansonsten das Leben diktierte: dass die Zeit der Kindheit, die die Kleinen im Rahmen der eigenen Familie verbrachten, nur kurz war. Mit etwa sieben Jahren wurden die Jungen zu einem Handwerksmeister oder Kaufmann in die Lehre gegeben, Mädchen verheiratete man schon mit zwölf, allenfalls mit 15 Jahren, wenn sie als erwachsen galten. Auch hierin bekundet erst das 18. Jh. ein allmähliches Umdenken und gestattet dem Kind mehr Zeit für seine Kindheit.

»Die Kleine zählt nicht«

Unzählige Grabsteine der Spätantike, vom 1. bis zum 5. Jh. n. Chr., zeugen von Eltern, die über den Verlust ihres Kindes zutiefst betrübt waren. Diese emotionalen Denkmäler verschwanden erstaunlicherweise seit dem 5./6. Jh. mehr und mehr, wie auch die gefühlsbetonte Einstellung der Erwachsenen den Kindern gegenüber in einem uns heute unverständlichen Maße geschwunden zu sein scheint oder zumindest weit an den Rand des Alltags gedrängt ist. Kaum konnte sich das Kind physisch einigermaßen zurechtfinden, hörte das bis dahin praktizierte liebevolle Gehätschel auf. Die extrem hohe Kindersterblich-

2

3

keit – bis ins 18. Jh. hinein überlebten etwa 50 Prozent der Neugeborenen das erste Lebensjahr nicht – trug das ihre dazu bei, aus Kindern so etwas wie einen – körperlich und emotional – ersetzbaren »Nachwuchs« zu machen. Im 17. Jh. beruhigte eine Frau ihre Nachbarin, eine Wöchnerin und Mutter von »fünf kleinen Kanaillen«: »Ehe sie so weit sind, dass sie dir viel Sorgen machen, wirst du die Hälfte oder vielleicht alle wieder verloren haben.« Der Philosoph Michel de Montaigne äußerte im 16. Jh.: »Ich habe zwei oder drei Kinder im Säuglingsalter verloren, nicht ohne Bedauern, aber doch ohne Verdruss.« Und in Molières Komödie »Der eingebildete Kranke« findet sich 1673 der lapidare Satz: »Die Kleine zählt nicht.«

Dennoch, erst zögernd, dann mit größerem Nachdruck zeichnet sich zeitgleich zu solchen gefühlskalten Reaktionen ein Wandel ab: Seit dem späteren 16. Jh. häufen sich Texte mit kinderpsychologischen Anmerkungen. Man bemühte sich, die kindliche Mentalität zu analysieren, um die Erziehungsmethoden dem kindlichen Niveau besser anzupassen. Im 18. Jh. wurde dann die dem Kind eigene Natur erkannt und die Forderung nach einer dieser Natur gemäßen »Existenz« gestellt.

Kinder-Kindheit

Wenn man zu Recht davon spricht, dass die heutige Kindheit eine »Schulkindheit« ist – außer durch die Familie durch nichts so stark bestimmt wie durch schulische Erfahrungen – und dass sie eine »Kinder-Kindheit« sei, geprägt von den pädagogischen Zugeständnissen der Erwachsenen, dann darf darüber nicht vergessen werden, dass sich diese Prozesse nicht widerspruchsfrei entfalteten. Fortschritten, wie etwa der mit dem ausgehenden 18. und dem frühen 19. Jh. sowohl in Europa wie in Amerika auf breiter Basis vollzogenen Ausdehnung der Schulbildung nun auch auf Mädchen, stehen brutalste Rückschläge gegenüber wie beispielsweise die im Gefolge der industriellen Revolution zu verzeichnende Ausbeutung der Kinder als proletarische Arbeitskräfte. In Deutschland wurden die Auswüchse der Kinderarbeit zuerst in Preußen durch das »Regulativ über die Beschäftigung von Jugendlichen in Fabriken« 1839, sodann durch das Kinderschutzgesetz von 1903 bekämpft.

Dass weltweit Kinderarbeit oder auch der Einsatz von Kindern im Krieg keineswegs verschwunden sind, dokumentieren u. a. die Berichte des 1946 gegründeten Weltkinderhilfswerks (UNICEF); davon zeugt die Anlage von Kinderdörfern, für die das 1946 von Walter Corti gegründete internationale Pestalozzidorf in Trogen (Kanton Appenzell/Schweiz) vorbildlich wurde. Die Entwicklung von der 1779 durch Johann Friedrich Oberlin im Elsass gegründeten ersten Kinderbewahranstalt zum ersten Kindergarten, den der Thüringer Friedrich Fröbel 1840 ins Leben rief, verlängert ihre Fragen auch in die Gegenwart. Denn der rapide Wandel der Familienstruktur und der Arbeitswelt oder der Werbe- und Medieneinfluss, der Kinderwünsche zugunsten einer gigantischen Absatzbranche weckt, stellen die Gesellschaft vor neue Probleme im Umgang mit den »lieben Kleinen«.

2) Kinderarbeit gehörte in den Bergwerken, Fabriken und Werkstätten des beginnenden Industriezeitalters zur Tagesordnung. Der Ausschnitt aus einer Lithographie von 1844 zeigt Kinder, die Kohle durch einen Schacht ziehen.

3) Jean-Jacques Rousseaus Roman »Émile ou De l'éducation« (»Émile oder Über die Erziehung«, 1762) beschreibt die Entwicklung eines »imaginären Schülers« von der Geburt bis zur Heirat. Mit einem damals neuen Eingehen auf die Eigenart des Kindes legte er erzieherische Grundsätze dar, deren Ideal die freie Entfaltung der Persönlichkeit bildet.

Fortsetzung von S. 449
Umbildung des Deutschen Evangelischen Kirchenbundes (DEK) und war im Wesentlichen ein komplexes innerkirchliches Ringen um Wesen, Auftrag und Ordnung der Kirche. Mit massiver Unterstützung durch Hitler und die NSDAP erreichten die DC im Sommer und Herbst 1933 den nationalsozialistischen Durchbruch in der evangelischen Kirche und konnten die Schlüsselpositionen besetzen. Immer mehr Pfarrer und Gemeinden sahen jedoch ihr Vorgehen als mit dem Wesen und dem Bekenntnis der Kirche unvereinbar an. Im September 1933 wurde zur Gründung eines Pfarrernotbundes aufgerufen, in einigen der von den DC beherrschten Landeskirchen traten freie Bekenntnissynoden zusammen; die Landeskirchen Bayern, Hannover und Württemberg, in denen allein sich die bisherigen Landesbischöfe hatten halten können, brachen mit der Führung der Reichskirche. Die verschiedenen Kreise und Gruppen der kirchlichen Opposition vereinigten sich im Frühjahr 1934 zur Bekennenden Kirche. Im Oktober 1934 trat die Bekenntnissynode ein zweites Mal zusammen und proklamierte das kirchliche Notrecht: Alle bekennenden Gemeinden und Kirchen sollten eigene Leitungsorgane (Bruderräte) bilden und die Beziehungen zu dem offiziellen DC-Kirchenregiment abbrechen. 1935 berief Hitler einen Reichskirchenminister, der das Gegeneinander konkurrierender Kirchenleitungen in der evangelischen Kirche beseitigen sollte. Dazu sollten die bisherigen Kirchenleitungen überall durch »Kirchenausschüsse« ersetzt werden, was jedoch nur auf Reichsebene und für die Landeskirchen Preußen, Sachsen, Hessen-Nassau, Kurhessen-Waldeck und Schleswig-Holstein gelang. In den übrigen Landeskirchen konnten sich die »intakten« oder die deutsch-christlichen Kirchenleitungen halten. Die Bruderräte wurden endgültig in die Illegalität verbannt.

Diese Ausschusspolitik führte zu tief greifenden Konflikten innerhalb der Bekennenden Kirche. Einige der Bruderräte lehnten aus grundsätzlichen Erwägungen unter Berufung auf das kirchliche Notrecht jegliche Zusammenarbeit mit den Kirchenausschüssen ab und setzten eine eigene – wiederum illegale – 2. vorläufige Leitung der Bekennenden Kirche dagegen (12. 3. 1936). Die eher kompromissbereiten »intakten« Landeskirchen bildeten demgegenüber den »Rat der Evangelisch-Lutherischen Kirche Deutschlands« als gemeinsame geistliche Leitung (18. 3. 1936), der sich auch Bruderräte aus lutherischen Landeskirchen unterstellten. Das Leitungsschisma in der evangelischen Kirche blieb bis zum Ende des Zweiten Weltkrieges bestehen. Der Kirchenkampf fand sein Ende mit der Neuordnung des evangelischen Kirchenwesens 1945–48.

KATHOLISCHE KIRCHE IM KIRCHENKAMPF: Der deutsche Katholizismus verfügte in der Weimarer Republik mit der Zentrumspartei und der Bayerischen Volkspartei über ein eigenes Instrument zur Wahrung seiner kirchlich-politischen Interessen. Als Hitler im März 1933 zusicherte, den Einfluss der katholischen Kirche im öffentlichen Leben und den Rechtsstatus der Kirche zu wahren, war das Zentrum bereit, dem Ermächtigungsgesetz zuzustimmen und damit die Weimarer Reichsverfassung zu suspendieren. Auch der Episkopat bekundete seinen Willen zu staatsbürgerlichem Gehorsam und zu politischer Mitarbeit, obwohl einige Bischöfe den Nationalsozialismus vor 1933 lehramtlich verurteilt hatten.

Die Unterzeichnung des Reichskonkordats 1933 stärkte Hitlers außenpolitisches Prestige, brachte ihn aber auch einem innenpolitischen Ziel näher, indem es Geistlichen und Ordensleuten jegliche politische Betätigung verbot und damit den »politischen Katholizismus« ausschaltete. Der katholischen Kirche verschaffte das Konkordat andererseits auch notwendige Absicherungen gegenüber den zu befürchtenden totalitären Übergriffen des Nationalsozialismus. Spätestens ab Herbst 1933 wurde deutlich, dass Hitler nicht daran dachte, seine Zusicherungen einzuhalten. Der Kirchenkampf der katholischen Kirche wurde somit zum Abwehrkampf gegen nationalsozialistische Übergriffe. Dabei zeigte sich der Katholizismus geschlossener als der Protestantismus. Deutsch-christliche Theorien fanden im Katholizismus keinen Widerhall, die Organisation der katholischen Kirche blieb im Ganzen intakt. Allerdings bestanden innerhalb der katholischen Abwehrfront Meinungsverschiedenheiten über die angemessene Strategie. Seit 1938 waren insbesondere katholische Amtsträger von Zwangsmaßnahmen des nationalsozialistischen Regimes bis hin zu Inhaftierung und Einlieferung in Konzentrationslager betroffen. 1941 wurden 123 Ordenskomplexe aufgelöst und enteignet. Darüber hinaus beteiligten sich Katholiken an Widerstands-

KIRCHENKAMPF. ***Wider andere Herren***

In der Barmer »Theologischen Erklärung zur gegenwärtigen Lage der Deutschen Evangelischen Kirche« wandte sich die erste deutsche Reichssynode 1934 entschieden gegen die Positionen der Deutschen Christen, des protestantischen Ablegers der NSDAP: *»Wir verwerfen die falsche Lehre, als gebe es Bereiche unseres Lebens, in denen wir nicht Jesus Christus, sondern anderen Herren zu eigen wären ... Die verschiedenen Ämter der Kirche begründen keine Herrschaft der einen über die anderen, sondern die Ausübung des der ganzen Gemeinde anvertrauten und befohlenen Dienstes. Wir verwerfen die falsche Lehre, als könne und dürfe die Kirche abseits von diesem Dienst besondere, mit Herrschaftsbefugnissen ausgestattete Führer geben oder geben lassen.«*

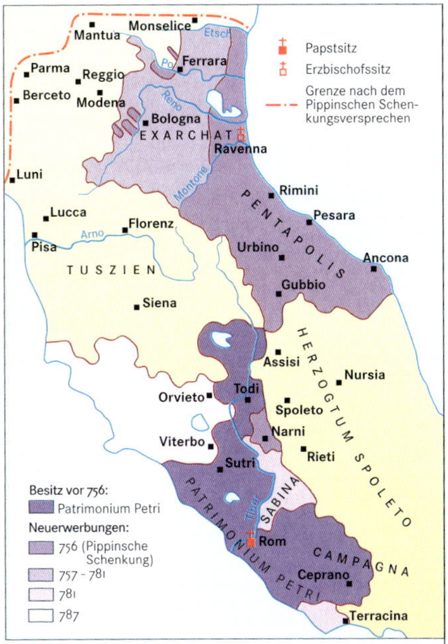

Kirchenstaat. Territoriale Entwicklung im 8. Jh.

gruppen wie der »Weißen Rose« bzw. leisteten gegenüber der nationalsozialistischen Indoktrination Widerstand und/oder starben als angebliche »Hochverräter«.

Kirchenstaat, Bezeichnung für das ehemalige Herrschaftsgebiet des Papstes in Mittelitalien, seit dem 6. Jh. auch Patrimonium Petri (»Vermögen des Petrus«) genannt. Kern war der Grundbesitz der Kirche in Rom und in anderen italienischen Gebieten, der aus Schenkungen und Vermächtnissen an die Kirche herrührte.

Schon im 6. Jh. galt der Papst als Bischof von Rom mit einem 85 Quadratmeilen großen Gebiet als reichster Grundbesitzer in Italien. Papst Gregor I., der Große, richtete für den Gesamtbesitz eine zentrale Verwaltung ein. Nach Auseinandersetzungen mit den oströmischen Kaisern und den langobardischen Königen schmolz das Gebiet auf den byzantinischen Verwaltungsbezirk (Dukat) von Rom zusammen. Die Expansionspolitik des Langobardenkönigs Aistulf bewog Papst Stephan II. zum Bündnis mit dem Fränkischen Reich. Als Gegenleistung für die kirchliche Legitimierung der Karolinger erwarb er mit der Pippinschen Schenkung das Exarchat Ravenna, die Pentapolis und die Emilia, Teile Tusziens und die Sabina, während die ehemals päpstlichen Besitzungen in Unteritalien und Sizilien von Byzanz konfisziert wurden. Die römischen Bischöfe erkannten bis zu Papst Hadrian I. (772–795) die byzantinische Oberhoheit an.

Nach dem Zusammenbruch der byzantinischen Macht in Italien versuchten die Päpste, ihre Macht- und Besitzansprüche durchzusetzen und die Oberhoheit der deutschen Kaiser abzuschütteln. Papst Innozenz III. (1198–1216) entschied so den Streit um die Güter der Markgräfin Mathilde von Tuszien zugunsten des Kirchenstaates gegen den Anspruch des Kaisers. Den Aufstieg des Papstes zum Territorialfürsten förderte die Goldbulle von Eger (1213), in der Friedrich II. den Kirchenstaat offiziell anerkannte, der sich aber wegen der 70-jährigen Abwesenheit der Päpste von Rom (→Avignonesisches Exil) nicht konsolidieren konnte.

Die Wiederherstellung der päpstlichen Autorität gelang erst nach der Überwindung des Abendländischen Schismas mit dem Auftreten der Renaissancepäpste, die endgültig zu Herren des Kirchenstaates wurden. Besonders Papst Julius II. (1503–13), in dessen Zeit der Kirchenstaat die größte Ausdehnung erreichte, bemühte sich um eine zentralistische Organisation. Er wird als der eigentliche Begründer eines »Staates« der Kirche angesehen. Der Versuch einer selbstständigen Außenpolitik des Papsttums seit der Mitte des 15. Jh. scheiterte jedoch. Wie die übrigen italienischen Staaten blieb der Kirchenstaat in der Folge bis Ende des 18. Jh. von den Großmächten (z. B. Spanien, Österreich) abhängig, die um die Vorherrschaft in Italien rangen. Im Verlauf der Französischen Revolution und der napoleonischen Kirchenpolitik wurde der durch Gebietsabtretungen stark verkleinerte Kirchenstaat am Ende des 18. Jh. zur Römischen Republik erklärt und 1809 dem Königreich Italien eingegliedert. Nachdem der Wiener Kongress (1815) ihn nochmals in den Grenzen von 1797 bestätigt hatte, er aber politisch,

Kirchenstaat. Als Gegenleistung für die Legitimierung der Karolinger erhielt Papst Stephan II. 756 von Pippin III. ein größeres Gebiet. Die »Konstantinische Schenkung«, gemäß der der Kirchenstaat schon auf Konstantin I., den Großen (Bildmitte; zu seiner Rechten Papst Silvester I.), zurückzuführen sei, erwies sich im 15. Jh. als Fälschung (Fresko, 1246; Rom, Oratorio di San Silvestro).

wirtschaftlich und militärisch unhaltbar war, wurde der Kirchenstaat 1860 auf das einstige Patrimonium Petri reduziert und 1870 dem italienischen Nationalstaat einverleibt. Die Römische Frage der päpstlichen Souveränität auf päpstlichem Territorium (Vatikanstadt) wurde erst in den Lateranverträgen 1929 gelöst.

Kirchschläger, Rudolf, österreichischer Politiker, * Obermühl (heute zu Kirchberg ob der Donau, Oberösterreich) 20. 3. 1915, † Wien 30. 3. 2000; nahm an den Abschlussverhandlungen über den Österreichischen Staatsvertrag 1955 in Moskau teil; war Mitautor des österreichischen Neutralitätsgesetzes; war 1970–74 Außenminister; war 1974–86 (obwohl parteilos) als Kandidat der SPÖ Bundespräsident.

Henry Kissinger

Kissinger [engl. 'kɪsɪndʒə], Henry, amerikanischer Politiker und Politikwissenschaftler deutscher Herkunft, * Fürth (Bayern) 27. 5. 1923; emigrierte 1938 mit seinen jüdischen Eltern in die USA, wurde 1943 naturalisiert und diente 1943–46 als amerikanischer Soldat. Kissinger lehrte 1954–71 an der Harvard University, seit 1977 an der Georgetown University in Washington (D. C.). Ab 1961 war Kissinger zeitweilig als Berater der Präsidenten John F. Kennedy und Lyndon Johnson tätig. Als Sicherheitsberater (1969–75) und Außenminister (1973–77) bestimmte er maßgeblich die Sicherheits- und Außenpolitik der Präsidenten Richard Nixon und Gerald Ford. Er bemühte sich v.a. um Entspannung und Rüstungskontrolle im Ost-West-Konflikt, eine Annäherung der USA an die Volksrepublik China und eine Beendigung des amerikanischen Engagements im Vietnamkrieg. Der von ihm mit Le Duc Tho ausgehandelte Waffenstillstand (1973), für den beide den Friedensnobelpreis erhielten, ermöglichte den Abzug der amerikanischen Truppen aus Vietnam und Kambodscha. Im Nahostkonflikt (israelisch-arabischer Krieg 1973) suchte Kissinger im Rahmen einer intensiven Reisediplomatie zu vermitteln.

Kitchener ['kɪtʃɪnə], Horatio, 1. Earl (seit 1914) Kitchener of Khartoum and of Broome [-əv kɑ:'tu:m ənd əv 'bru:m], britischer Feldmarschall (seit 1909), * Crotter House bei Listowel (County Kerry, Irland) 24. 6. 1850, † vor den Orkney-Inseln 5. 6. 1916; wurde 1871 britischer Offizier, diente seit 1874 in Palästina, Zypern und Ägypten. 1886–88 war Kitchener Generalgouverneur von Ostsudan. Als Oberbefehlshaber der ägyptischen Armee (seit 1892) eroberte er 1896–98 den Sudan und erreichte in der →Faschodakrise den französischen Rückzug. Im →Burenkrieg (1899–1902) war er zunächst Generalstabschef, dann Oberbefehlshaber, 1902–09 Oberbefehlshaber der britischen Truppen in Indien, dann der britischen Seestreitkräfte im Mittelmeer, 1911–14 britischer Generalkonsul in Ägypten. Nach Ausbruch des Ersten Weltkriegs organisierte er als Heeresminister ein neues Freiwilligenheer, 1916 setzte er die allgemeine Wehrpflicht durch. Auf einer diplomatischen Reise nach Russland fand er beim Untergang des Panzerkreuzers »Hampshire« den Tod.

K.-K.-K., Abk. für →Ku-Klux-Klan.

Klassenwahlsystem, Bezeichnung für ein allgemeines aber ungleiches Wahlsystem, das verschiedenen Klassen der Bevölkerung eine abgestufte ungleiche Erfolgschance bei politischen Wahlen zuteilt. Das Klassenwahlsystem war in den meisten konstitutionellen Verfassungen des 19. Jh. verankert, bekannt ist v.a. das preußische →Dreiklassenwahlrecht.

Kleidung, Sonderartikel S. 456/457.

Kleindeutsche, im 19. Jh. (v.a. in der Frankfurter Nationalversammlung 1848/49) die Befürworter einer Lösung der deutschen Frage durch einen Bundesstaat unter preußischer Führung und unter Ausschluss Österreichs (im Gegensatz zu den →Großdeutschen). 1849/50 unterstützten die Gothaer die preußische Unionspolitik (»Erfurter Unionsparlament«). Nach der Reichsgründung 1870/71 erfuhr der Begriff kleindeutsch einen Wandel in »preußisch-deutsch«.

Kleisthenes, athenischer Staatsmann des 6. Jh. v. Chr., aus dem Haus der Alkmaioniden, Sohn des Megakles und der Agariste. Kleisthenes bewirkte mithilfe des Orakels von Delphi die Vertreibung des Hippias (510) und schuf 508/507, nach Vertreibung des Isagoras, durch eine neue Verfassung die Grundlagen der athenischen Demokratie. Die in Demen (Stadtbezirke oder Landgemeinden) gegliederte Bürgerschaft wurde in zehn neue Phylen (Stammesverbände) zusammengefasst, von denen jede aus je einem Bezirk (Trittys) der Stadt, der Küste und des attischen Binnenlandes bestand. Jede Phyle entsandte 50 Mitglieder in den neuen Rat der Fünfhundert. Auch der →Ostrazismus geht wohl auf Kleisthenes zurück.

Klemens II., Papst (1046–47), früher Suitger von Bamberg, † bei Pesaro 9. 10. 1047; stammte aus sächsischem Adel; war seit 1040 Bischof von Bamberg; wurde zum Papst gewählt unter dem Einfluss Heinrichs III., den er an seinem Inthronisationstag zum Kaiser krönte. Mit Klemens II. begann die Frühphase der gregorianischen Reform. 1047 erließ er Strafbestimmungen gegen die Simonie. Beigesetzt wurde er im Bamberger Dom.

Klemens VII., Papst (1523–34), früher Giulio de' Medici, * Florenz 26. 5. 1478, † Rom 25. 9. 1534; seit 1513 Erzbischof von Florenz und Kardinal. Sein Versuch, gegen die Vorherrschaft Karls V. in Italien anzugehen, führte 1527 zur Erstürmung Roms (Sacco di Roma). Klemens wurde gefangen genommen, musste 1529 den Frieden von Barcelona schließen und 1530 Karl V. in Bologna zum Kaiser krönen. Vor dem Hintergrund der beginnenden Reformation lehnte er die Einberufung eines von den deutschen Reichsständen geforderten allgemeinen Konzils ab, was in der Folge ein wesentlicher Grund für die konfessionelle Spaltung der abendländischen Kirche werden sollte. Die Loslösung der englischen Kirche von Rom durch Heinrich VIII. konnte Klemens nicht verhindern.

Klemens VIII., Papst (1592–1605), früher Ippolito Aldobrandini, *Fano 24. 2. 1536, †Rom 5. 3. 1605; wurde 1585 Kardinal, 1588 Legat in Polen. Als Papst gelangen ihm die Aussöhnung mit Frankreich, die Brester Union, die Vermittlung des Friedens von Vervins (1598) zwischen Frankreich und Spanien und die Wiedervereinigung Ferraras mit dem Kirchenstaat (1598). Er förderte die auf dem Konzil von Trient angebahnte innerkirchliche Reform und festigte die Autorität des Papsttums. 1592 gab er die »Sixtina Clementina« heraus.

Klemens XIV., Papst (1769–74), früher Giovanni Vincenzo Antonio (Ordensname: Lorenzo) Ganganelli, * Sant'Arcangelo (bei Rimini) 31. 10. 1705, † Rom 22. 9. 1774; seit 1723; Franziskanerkonventuale; seit 1759 Kardinal; hob 1773 unter dem Druck der von Bourbonen regierten Staaten den Jesuitenorden auf; begründete in Rom das »Museo Clementino«.

Kleon, athenischer Staatsmann und Demagoge in der ersten Hälfte des Peloponnesischen Krieges, †(gefallen) bei Amphipolis (Thrakien) 422 v. Chr.; war als Gerbereibesitzer der erste nichtadlige Politiker Athens; trat als Gegner des Perikles und des Nikias und schärfster Vertreter der Kriegspartei hervor; vereitelte 425 einen Frieden mit Sparta und eroberte 424 die Insel Sphakteria; erhöhte zur Finanzierung des Krieges die Tribute der athenischen Bundesgenossen; fiel im Kampf gegen den Spartaner Brasidas, der ebenfalls fiel (durch beider Tod wurde der Weg frei zum Frieden des Nikias).

Kleopatra VII., die Große, griechisch Kleopatra VII. Philopator [»die Vaterliebende«], ägyptische Königin (51–30 v. Chr.) aus makedonischem Geschlecht, *69 v. Chr., †Alexandria 30 v. Chr.; Tochter Ptolemaios' XII. Kleopatra regierte zunächst mit ihrem Brudergemahl Ptolemaios XIII. Von ihm vertrieben, wandte sie sich an Caesar, der nach dem Tod des Pompeius in Alexandria landete und nach schweren Kämpfen Kleopatra zusammen mit ihrem jüngeren Bruder Ptolemaios XIV. die Herrschaft zurückgab. 46–44 lebte Kleopatra in Rom und kehrte nach Caesars Tod nach Ägypten zurück, wo sie ihren von Caesar stammenden Sohn Caesarion als Ptolemaios XV. zum Mitregenten erhob.

Im Bürgerkrieg von 43/42 neutral, gewann Kleopatra 41 Antonius, den damaligen Herrscher des Ostens, für sich, mit dem sie seit 37 (Eheschließung) verbunden blieb. Antonius überließ ihr einige früher zu Ägypten gehörende Nebenländer, ließ ihre gemeinsamen Kinder Alexander Helios, Kleopatra Selene und Ptolemaios Philadelphos im Jahre 34 zu Königen über Armenien, Medien, Kyrene und Syrien und sie selbst zur »Königin der Könige« proklamieren. 32 v. Chr. erklärte ihr Octavian (der spätere Kaiser Augustus) den Krieg. Nach der Schlacht bei Aktium (31) floh Kleopatra nach Ägypten und tötete sich selbst durch einen Schlangenbiss.

KLEOPATRA VII., DIE GROSSE *Eine entzückende Nase*

Hätte die reizende Nase der Kleopatra, mittlerweile durch Comics populär geworden, den Göttern ebenso gefallen wie sie Caesar gefiel, hätte die Geschichte einen anderen Verlauf genommen. So aber schleicht sich die junge Prinzessin, um beim Thronstreit mit ihrem Bruder die Gunst des Römers zu gewinnen, nachts in Caesars Zimmer. Die Verbindung aus Eros und Politik war freilich mehr als eine Episode. Für Caesar verkörperte Kleopatra jenes hellenistische Griechentum, das er kannte und liebte und dessen Loblied die römische Hautevolée permanent sang. Die war allerdings schockiert, als Kleopatra Caesar in Rom besuchte und dann auch noch ihren gemeinsamen Sohn Caesarion mitbrachte!

KLEOPATRA VII., DIE GROSSE
*** 69 v. Chr.**
† 30 v. Chr.

regierte zunächst mit ihrem Brudergemahl Ptolemaios XIII.

hatte mit Caesar einen Sohn

heiratete später Antonius

beging nach der Schlacht bei Aktium Selbstmord

Klerk, Frederik de, südafrikanischer Politiker, *Johannesburg 18. 3. 1936; Mitglied der National Party (NP), seit 1972 Parlamentsmitglied, u.a. 1982–85 Innen-, 1984–89 Erziehungsminister, 1989–97 Vorsitzender seiner Partei; 1989–94 Staatspräsident, 1994–96 Vizepräsident, 1996/97 Oppositionsführer. De Klerk setzte als Parteivorsitzender und Staatspräsident seit 1990, z. T. gegen heftigen Widerstand der rechten weißen Opposition, eine Wende in der Rassenpolitik der Republik Südafrika durch. Beginnend mit der Freilassung des seit 1962 inhaftierten Nelson Mandela, der Wiederzulassung des African National Congress (ANC) und der Aufhebung des Ausnahmezustands brachte er Reformen auf den Weg, die, bald in enger Absprache mit Mandela und dem ANC vorangetrieben, letztlich zur Abschaffung der Apartheidgesetzgebung und zum friedlichen Übergang Südafrikas zu einer pluralistischen und gemischtrassigen Demokratie führten. Dafür erhielt er mit Mandela 1993 den Friedensnobelpreis.

Frederik de Klerk

kluniazensische Reform, von der Benediktinerabtei Cluny im 10. Jh. ausgegangene monastische Reformbewegung. Die Gründung der Abtei (910) war verbunden mit dem Privileg der freien Abtswahl und der unmittelbaren Unterstellung unter den Schutz des Papstes (Exemtion), wodurch ein weitgehend unabhängiges Klosterleben entstehen konnte. Unter Aufsicht von Cluny wurden neue Klöster gegründet und schon bestehende reformiert. Ziel der Kluniazenser, die großen Einfluss am französischen Königshof und an der päpstlichen Kurie ausübten, war eine grundle-

Fortsetzung S. 458

1

KLEIDUNG

1) Die Stellung des Einzelnen ist vor allem in stark hierarchisch geprägten Gesellschaften oder Organisationen oft an der Kleidung ablesbar: Auch wenn Papst Pius XI. nicht auf einem Thron säße, wäre er durch sein schmuckvolles Ornat leicht als Höchstrangiger zu identifizieren (Foto um 1930).

Standesbewusst

»Kleider machen Leute« nannte Gottfried Keller eine seiner Novellen und traf damit genau die Funktion, die Kleidung in den meisten Gesellschaften heute und in der Geschichte einnimmt. Ursprünglich fingen die Menschen an, aus Schutz gegen Kälte oder Hitze, sich etwas anzuziehen. Bei den ersten Kleidungsstücken wird es sich wohl um ganz einfache Materialien gehandelt haben, z. B. das Fell eines erlegten Tieres. Aber bereits vor etwa 35 000 Jahren, mitten in der Steinzeit, übernahm die Kleidung ihre gesellschaftliche Rolle: die Demonstration des Standesunterschiedes. In der Nähe von Moskau fand man eine 20 000 Jahre alte Leiche, die mit mehr als 10 000 Perlen bedeckt war, die sich auf ihrer vergänglichen Kleidung befunden hatten. Bei der Leiche muss es sich um einen bedeutenden Mann gehandelt haben, der dies auch durch seine Kleidung demonstrierte.

Besonders prunkvolle Kleidung war immer ein Zeichen von Reichtum oder Adel. Vor allem in stark hierarchisch strukturierten Gesellschaften legte man auf dieses Statussymbol großen Wert. Die aufwendigste Kleidung trug man in Frankreich zur Zeit Ludwigs XIV. Selbstverständlich konnten sich nur die Reichsten einen solchen Luxus leisten. Die Kleidung der Armen hat sich dagegen im Laufe der Geschichte nur sehr wenig gewandelt. Sie musste vor allem praktisch und der Arbeit angemessen sein. In den meisten Fällen wurden diese Kleider auch von ihren Trägern selbst gefertigt; das Aussehen war zweitrangig.

Den wohl wichtigsten Einfluss auf die Art der Bekleidung hat das Klima. Während man in den nördlichen Breiten eher auf die Wärmfähigkeit der Materialien Wert legte, setzte man im alten Ägypten ganz andere Maßstäbe. Stoffe mussten hier leicht und luftig sein, den Körper zugleich vor der Sonne schützen und doch kühl und angenehm tragbar sein. Leichte Leinenstoffe wurden bevorzugt, die sich auch über Jahrhunderte kaum unterschieden. Modebewusstsein demonstrierte man eher mit Schmuck und aufwendigen Frisuren.

Auch Nacktheit war in Ägypten kein Tabu. Je wärmer die Umgebung, desto eher war und ist es für die Bewohner normal, auch unbekleidet zu sein, ohne Moralvorstellungen zu verletzen. Nur in kälteren Gegenden ist ein solcher Anblick ungewohnt, anstößig und erweckt falsche Vorstellungen. Die Entdeckungsreisenden seit Christoph Kolumbus trafen auf den Südseeinseln darum auf eine – was die Kleidung betraf – ganz andere Welt.

Mode – Zwänge und Freiheiten

Ein Modebewusstsein hat in der Geschichte nicht immer existiert. Im antiken Rom herrschte über Jahrhunderte hinweg eine äußerst einfache Kleidung vor. Man trug ein leichtes Untergewand, die Tunika, und darüber die um den Körper gewickelte Toga. Da dieses Gewand sehr unpraktisch war, wurde es nur vom Adel getragen, der nicht arbeiten musste. Dennoch unterschied sich eine Toga kaum von der anderen, da man in der römischen Republik Wert darauf legte, dass alle Adligen gleichge-

2

3

stellt waren. Abweichungen gab es lediglich für besondere Anlässe. So trug der Priester eine gelbe Toga, der Kandidat um ein Amt eine weiße, während ein Senator seine Toga mit einem roten Saum versehen durfte.

Derartige Kleiderordnungen hat es immer wieder gegeben. Meistens richteten sie sich gegen übersteigerten Luxus. Erst seit 195 v. Chr. war es der römischen Frau beispielsweise erlaubt, mehr als ein Kleid zu besitzen. Besonders streng waren die Modevorschriften im Mittelalter. Hier war den Moralisten v. a. daran gelegen, dass die Kleidung, insbesondere die der Frauen, nicht zu unzüchtig sein sollte. Auch den Bauern wurde vorgeschrieben, nur die Farben braun, blau und grau zu tragen. Die anderen Farben waren dem Adel und reichen Bürgertum in den Städten vorbehalten. Dennoch nahm das Modebewusstsein gerade in dieser Zeit ganz neue Formen an. Handelskontakte mit Byzanz und dem fernen Osten erschlossen neue Stoffe und Materialien zur Verzierung. Auch der neu erfundene Schnitt ermöglichte nun eng anliegende, körperbetonte Gewänder. Frankreich hatte schon damals die Vorreiterrolle in allem, was Mode anging. Der französische Hof galt in der Literatur und Musik als Vorbild und so auch in der Kleidung. Eifrig kopierte man in ganz Europa, was in Paris getragen wurde.

Massenproduktion

Eine radikale Veränderung hat es in der Mode und Bekleidung im 19. und 20. Jh. gegeben. War Modebewusstsein über Jahrtausende hinweg eine Sache der Reichen, so änderte sich dies durch die Erfindung von Spinnmaschine und mechanischem Webstuhl schlagartig. Plötzlich waren Textilien in großer Zahl und viel billiger herstellbar als bisher. Die industrielle Revolution und der Aufstieg neuer Gesellschaftsschichten trugen ein Übriges dazu bei. Immer mehr Menschen konnten sich immer billigere und abwechslungsreichere Kleidung leisten – die Mode ging jetzt alle an.

Die Mode spiegelte auch die starken gesellschaftlichen Veränderungen, die mit den politischen und wirtschaftlichen Umbrüchen einhergingen. Am eindruckvollsten erscheint das bei der Stellung der Frau. Um die Wende vom 19. zum 20. Jh. waren Frauenkleider so hochgeschlossen und prüde wie selten. Der Erste Weltkrieg veränderte die Rolle der Frau in der Gesellschaft, die nun des Öfteren einem Beruf nachging und selbstbewusster auftrat. Die Kleider wurden kürzer und ließen zum ersten Mal die Beine sehen.

Uniform und Tracht

Eine Sonderform der Bekleidung ist die Uniform, die im 17. Jh. mit dem Einsatz stehender Heere in Gebrauch kam. Sie diente zunächst v. a. der Identifikation mit dem Land, für das man kämpfte, ermöglichte aber auch die Demonstration der verschiedenen Ränge. Während die Uniformen heutzutage eher einfach sind, waren sie in der Anfangszeit sehr bunt und nahmen Elemente der landesüblichen Trachten auf, die sich – über Jahrhunderte entstanden – kaum oder nur sehr langsam wandeln.

2) 1764 erfand James Hargreaves die Spinnmaschine »Jenny«. Diese Neuerung stand am Anfang einer tief greifenden Veränderung in der Textilherstellung, die die Massenproduktion ermöglichte und für mehr Abwechslung in der Kleidung sorgte (englische Tuchfabrik um 1840).

3) Nach dem Ersten Weltkrieg veränderte sich mit der Rolle der Frau auch ihr Auftreten in der Gesellschaft. Auf der Mitteltafel von Otto Dix' Triptychon »Großstadt« (1927/28; Stuttgart, Kunstmuseum; Ausschnitt) sieht man – bis dahin undenkbar – Frauen, die Charleston tanzen und »Bein zeigen«.

Koalitionskriege. »Allons, enfants de la patrie!« Die »Marseillaise« auf den Lippen, zogen patriotisch gestimmte Freiwillige der Revolutionsarmee 1792 in den 1. Koalitionskrieg gegen Österreich und Preußen.

Fortsetzung von S. 455

gende Reform und geistige Erneuerung des Mönchtums und dadurch mittelbar eine Vervollkommnung und Heiligung der Welt. Das klösterliche Leben wurde nach den kluniazensischen »Consuetudines« (»Gewohnheiten«) neu geregelt. Wichtige Punkte der kluniazensischen Reform waren die Forderung des Zölibats und die Ablehnung der Simonie; sie bildete außerdem den Ausgangspunkt der von verschiedenen Päpsten unterstützten kirchlichen Reformbewegung des 11. und 12. Jh. (gregorianische Reform). Seit dem 12. Jh. führten innere Krisen, v. a. die Tendenz zur Dezentralisierung, und wachsende Konflikte mit den →Zisterziensern zu einem Bedeutungsverlust der Kluniazenser.

KMT, Abk. für die chinesische Partei →Kuo-min-tang.

Knabenlese, im Osmanischen Reich die Aushebung eines Teils der christlichen jungen Männer, die zu Muslimen erzogen und als →Janitscharen eingesetzt sowie zum Verwaltungs- und Hofdienst herangezogen wurden (14.–17./18. Jh.).

Knappe, im Mittelalter ein junger Mann von edler Geburt, der im persönlichen Dienst eines Ritters als Schildknappe oder Edelknappe zur Schwertleite geführt wurde.

Knut der Große, König von Dänemark (seit 1018), England (seit 1016) und Norwegen (seit 1028), *um 995, †Shaftesbury (County Dorset) 12. 11. 1035; setzte den Kampf seines Vaters Sven Gabelbart um das englische Königtum fort; war seit 1016 Mitkönig Edmunds II. Ironside und nach dessen Tod alleiniger König Englands. Durch ein Bündnis mit Kaiser Konrad II. gegen Polen sicherte er sich Schleswig. Das von ihm gegründete Großreich zerfiel nach seinem Tod.

Knut der Heilige, König von Dänemark (seit 1080), *um 1040, †(ermordet) Odense 10. 7. 1086; setzte sich für eine Stärkung der Kirchenorganisation in Dänemark ein und wurde in der Vorbereitungsphase eines Feldzugs gegen England ermordet; Schutzheiliger Dänemarks.

Koalitionskriege, vier Kriege wechselnder europäischer Verbündeter zwischen 1792 und 1807 gegen das revolutionäre bzw. das unter der Herrschaft Napoleons stehende Frankreich. Der 1. Koalitionskrieg, 1792–97, wurde durch den Frieden von Basel (1795; →Basler Frieden) und →Campoformio (1797), der 2. Koalitionskrieg, 1798–1801/02, durch den Frieden von →Lunéville, der 3. Koalitionskrieg, 1805, durch den Frieden von →Preßburg und der 4. Koalitionskrieg, 1806–07, durch den Frieden von →Tilsit beendet.

Kodex, Codex, Bezeichnung für die aus Lagen bestehende und mit einem Deckel versehene Handschrift der Antike und des Mittelalters, die die Buchrolle im 2. bis 4. Jh. ablöste. Vorformen waren mit Wachs überzogene zusammengebundene Holztafeln, die schon bei Homer bezeugt sind, und zu Lagen (Heften) zusammengefügte Pergamentblätter seit mindestens dem 1. Jh. v. Chr; wenn mehrere sol-

kluniazensische Reform. Der 1089 begonnene dritte Bau der Klosterkirche Cluny (»Cluny III«), verkörperte durch seine Dimensionen die Machtansprüche der Kirche: Die Anlage war die größte abendländische Kirche des Mittelalters. 1790 wurde das Kloster aufgehoben, 1798 wurde es zum Abbruch verkauft.

cher Lagen zusammengefügt sind, spricht man im engeren Sinne von einem Kodex.

Kohl, Helmut, deutscher Politiker, *Ludwigshafen am Rhein 3. 4. 1930; studierte 1950–58 Geschichte, Rechts- und Staatswissenschaften; war 1959–69 Referent des Industrieverbandes Chemie. Seit 1947 Mitglied der CDU, erwarb Kohl erste politische Erfahrungen in der Lokalpolitik (1960–66) sowie als Mitglied des Landtags von Rheinland-Pfalz (1959–76; seit 1963 als Vorsitzender der Landtagsfraktion) und Landesvorsitzender seiner Partei (1966–74). 1969 zum Ministerpräsidenten von Rheinland-Pfalz gewählt, regierte er ab 1971 mit absoluter Mehrheit bis 1976. Ab 1964 war Kohl Mitglied des Bundesvorstandes der CDU, ab 1969 stellvertretender Bundesvorsitzender seiner Partei; 1973 wurde er zum Bundesvorsitzenden der CDU gewählt. In diesem Amt stieß er eine umfangreiche inhaltliche und organisatorische Modernisierung der CDU an, die er in den 1980er- und 1990er-Jahren mit einem dezidiert auf seine Person bezogenen Führungsstil dominierte. 1976 wurde Kohl Vorsitzender der CDU/CSU-Fraktion im Deutschen Bundestag. Bei den Bundestagswahlen 1976 konnte er als Kandidat für das Amt des Bundeskanzlers trotz des bis dahin zweitbesten Ergebnisses für die CDU/CSU den Regierungswechsel nicht erreichen.

KANZLERSCHAFT: Am 1. 10. 1982 wählte der Bundestag Kohl im Zuge eines von der CDU/CSU-Fraktion und der Mehrheit der FDP-Fraktion getragenen konstruktiven Misstrauensvotums gegen Bundeskanzler Helmut Schmidt (SPD) zu dessen Nachfolger. Kohl trat an die Spitze einer Regierungskoalition aus CDU, CSU und FDP, die bei den Bundestagswahlen von 1983 und 1987 bestätigt wurde. Programmatisch stellte Kohl Selbstverantwortung und Stärkung des individuellen Leistungswillens in den Vordergrund seiner Regierungspolitik. Als »Wende« proklamiert, kam es mit dem Regierungswechsel zu Akzentverlagerungen (v. a. Haushaltskonsolidierung und sozialpolitische Maßnahmen) bei grundsätzlicher Fortführung der sozial-korporativen bundesdeutschen Konsenspolitik (v. a. im Vergleich zur zeitgleichen marktradikalen Reformpolitik in Großbritannien und den USA). Mit starkem persönlichem Engagement setzte Kohl sich zudem trotz aller außerparlamentarischen Kritik für die Durchführung des NATO-Doppelbeschlusses von 1979 ein (Dezember 1983) und stimmte der »doppelten Nulllösung« beim Abbau der Mittelstreckenraketen zu (1987). Die Deutschland- und Ostpolitik der sozialliberalen Koalition führte er zusammen mit Außenminister Hans-Dietrich Genscher im Grundsatz fort.

Bereits Ende 1989 erkannte Kohl die auch aufgrund der rasanten politischen Entwicklung in der DDR günstigen Chancen für die Herstellung der deutschen Einheit und setzte sich seitdem für deren zügige Verwirklichung sowie außenpolitische Absicherung ein. Besonders mit seinen Initiativen zur Wirtschafts-, Sozial- und Währungsunion sowie dem Einigungsvertrag zwischen beiden Staaten trieb Kohl diesen Prozess maßgeblich voran. Im Zuge der Eingliederung der ostdeutschen CDU-Verbände in die Gesamtorganisation der Partei wurde er gesamtdeutscher Parteivorsitzender. Ab 3. 10. 1990 erster Kanzler des geeinten Deutschland (am 17. 1. 1991 vom Deutschen Bundestag gewählt, erneut am 15. 11. 1994), suchte er das wieder vereinigte Deutschland trotz großer wirtschaftlicher und sozialer Herausforderungen, die der Vereinigungsprozess mit sich brachte, zu konsolidieren sowie als demokratisches und stabiles wirtschaftliches Element im Prozess der europäischen Integration zu verankern. Doch das Ausbleiben einer konsequenten, nachhaltigen Reformpolitik und die weitgehend erfolglosen Bemühungen um Reduzierung der wachsenden Arbeitslosigkeit stießen immer wieder auf Kritik. Um den europäischen Einigungsprozess bemüht, setzte Kohl sich mit Nachdruck für die Erweiterung der Europäischen Union und die Unterstützung der Reformprozesse in Osteuropa ein.

Mit der Niederlage seiner Regierungskoalition bei den Bundestagswahlen am 27. 9. 1998 wurde Kohl als erster deutscher Bundeskanzler im Amt abgewählt. In Konsequenz der Abwahl trat er als Parteivorsitzender zurück, wurde aber gleichzeitig zum Ehrenvorsitzenden seiner Partei gewählt; als Kohls Verstri-

Helmut Kohl. So lange wie kein anderer Bundeskanzler bisher stand Kohl (hier zwischen Ehefrau Hannelore und CDU-Generalsekretär Peter Hintze bei der Presseerklärung am Abend der Bundestagswahl 1994) der Bundesregierung vor. In seine Amtszeit fiel die Vereinigung der beiden deutschen Staaten und die Fortentwicklung des europäischen Integrationsprozesses.

HELMUT KOHL
***1930**

- wurde 1982 mithilfe eines konstruktiven Misstrauensvotums zum Bundeskanzler gewählt
- ergriff 1989 die Chance zur »Wiedervereinigung« Deutschlands
- wurde 1990 zum ersten Kanzler des geeinten Deutschlands gewählt
- betrieb eine proeuropäische Politik

ckung in die von ihm wesentlich zu verantwortende CDU-Finanz- und Parteispendenaffäre offenbar wurde, legte er dieses Ehrenamt nieder. Kohl musste in dieser Affäre, die die CDU vorübergehend in die tiefste Krise ihrer Geschichte stürzte und das politische System Deutschlands nachhaltig erschütterte, einräumen, dass es unter seinem Vorsitz zu schweren Verstößen gegen die gesetzliche Regelung der Parteifinanzierung gekommen war.

KOHL. ***Deutschland in Europa***

In seinem Zehnpunkteprogramm vom 28. 11. 1989 bekannte sich Kohl zum Zusammenhang von deutscher Einheit und europäischer Integration: *»Den Prozess der Wiedergewinnung der deutschen Einheit verstehen wir immer auch als europäisches Anliegen. Er muss deshalb auch im Zusammenhang der europäischen Integration gesehen werden. Ich will es ganz einfach so formulieren: Die EG darf nicht an der Elbe enden, sondern muss die Offenheit auch nach Osten wahren. Nur in diesem Sinne ... kann die Europäische Gemeinschaft Grundlage einer wirklich umfassenden europäischen Einigung werden. ... Diese Identität ... ist nicht nur in der kulturellen Vielfalt Europas, sondern auch in den Grundrechten von Freiheit, Demokratie, Menschenrechten und Selbstbestimmung begründet.«*

Horst Köhler

Köhler, Horst, deutscher Politiker und Volkswirtschaftler, *Skierbieszów (Woiwodschaft Lublin) 22. 2. 1943; wurde 1981 Mitglied der CDU; war u.a. 1990–93 Staatssekretär im Bundesministerium der Finanzen, 1998–2000 Präsident der Osteuropabank und 2000–2004 geschäftsführender Direktor des Internationalen Währungsfonds; wurde 2004 als Nachfolger von Johannes Rau zum Bundespräsidenten gewählt.

Kollaboration [französ., von spätlatein. collaborer], freiwillige, gegen die Interessen der eigenen Nation gerichtete Zusammenarbeit mit dem (das Land besetzt haltenden) Feind; als politischer Begriff während des Zweiten Weltkriegs im von deutschen Truppen besetzten Frankreich entstanden.

Kollektivschuld, der rechtliche oder moralische Vorwurf gegenüber einer Vielheit von Personen, für die Straftaten anderer (bzw. deren unmoralisches Verhalten) mitverantwortlich zu sein. Die nationalsozialistische Expansionspolitik und v.a. die NS-Verbrechen gegen die Menschlichkeit führten noch während des Zweiten Weltkriegs, in verstärktem Maße seit Kriegsende zum Vorwurf der Kollektivschuld des deutschen Volkes.

Kolonialismus [französ. colonial, zu colonie, latein. colonia »Kolonie«], eine auf Erwerb, Ausbeutung und Erhaltung von Kolonien gerichtete Politik und die sie legitimierende Ideologie; Fremdherrschaft mit spezifischen Strukturen.

In den internationalen Beziehungen wird mit dem Begriff des Kolonialismus die Politik zahlreicher europäischer Staaten, der USA und Japans gegenüber Völkern und Ländern, v.a. in Afrika, Asien, Süd- und Mittelamerika zwischen dem Ende des 15. und der Mitte des 20. Jh. bezeichnet. In der Zeit des → Imperialismus erlebte der Kolonialismus seine volle Ausprägung als internationales Kolonialsystem. Die Rivalität der Kolonialmächte führte zu schwer wiegenden Konflikten. Mit der Herausbildung der nationalen Befreiungsbewegungen und den Erschütterungen der europäischen Staatenwelt im Zweiten Weltkrieg verschärfte sich die Krise des Kolonialismus. Weltweit setzte die → Entkolonialisierung ein. Bei direktem politischem Machtverlust konnten die früheren Kolonialmächte sowie die USA ihre wirtschaftliche Vormachtstellung in der Dritten Welt jedoch weitgehend behaupten.

In seiner ersten Phase (15.–18. Jh.) war der Kolonialismus bestimmt von dem Versuch, die Reichtümer anderer Kulturen und Länder (Gold und Silber) sowie in Europa begehrte Waren (Elfenbein, Gewürze, Pelze u.a.) durch Eroberung von Gebieten oder Anlage von Handelsstützpunkten zu erwerben; hinzu kamen Motive der Ausdehnung des eigenen Machtbereichs und der militärischen Sicherung. Eng verschmolzen mit dem Kolonialismus war die Idee der christlichen Missionierung. In den spanischen Kolonien verband sich diese mit einer gewaltsamen »Bekehrung«. Eine weitere Triebkraft des Kolonialismus war die Minderung des Bevölkerungsüberschusses europäischer Länder durch Auswanderung und Gründung von Siedlungskolonien.

Mit Ausnahme Lateinamerikas, wo die ehemaligen Kolonien bereits im 19. Jh. ihre staatliche Selbstständigkeit errungen hatten, geriet das System der direkten Kolonialherrschaft in den Jahrzehnten nach dem Zweiten Weltkrieg im Rahmen einer entscheidend veränderten politischen Weltkonstellation in seine abschließende Krise. Der Übergang der Kolonialterritorien zur nationalen Unabhängigkeit verlief seit 1945 phasenweise und regional unterschiedlich; er begann in Asien, setzte sich in den arabischen Ländern fort, erreichte in Afrika zu Beginn der 1960er-Jahre seinen Höhepunkt und vollendete sich mit dem Zusammenbruch der portugiesischen Kolonialherrschaft in Afrika Mitte der 1970er-Jahre.

Kolonialkonferenzen → Empire-Konferenzen.

Kolonie [latein., zu colere bebauen, bewohnen], die vom Beginn der Neuzeit bis zum Ersten Weltkrieg von den europäischen Staaten erworbenen auswärtigen, in der Regel »überseeischen« Besitzungen, die bestimmten politischen, wirtschaftlichen oder militärischen Zwecken der erwerbenden Kolonialmacht dienstbar gemacht wurden. Sie waren »völkerrechtlich Inland, staatsrechtlich Ausland«. Die Kolonialmacht übte direkt im Rahmen der Gebietshoheit oder indirekt über einheimische Regierungsautoritäten ihre Herrschaft aus.

Die Abhängigkeit der Kolonie von der Kolonialmacht konnte verschiedene Formen annehmen: Status einer Provinz, eines Nebenlandes (im Rahmen eines Staatenstaates), eines Protektorats, eines Mandatsgebietes oder eines Treuhandgebietes. In der Regel wurden die Staatsangehörigkeit und staatsbürgerliche Rechte der Kolonialmacht der Bevölkerung einer Kolonie nicht zuerkannt; die Angehörigen des Kolonialstaates besaßen hingegen in der Kolonie umfangreiche Vorrechte.

Nach dem vorrangigen Zweck beim Erwerb von Kolonien entwickelten sich unterschiedliche Typen von Kolonien. Siedlungskolonien dienten der Aufnahme von Auswanderern aus dem »Mutterland«, wobei die Siedler entweder die einheimische Bevölkerung fast oder völlig verdrängten. Auf der Grundlage einer die nicht weißen Bevölkerungsgruppen benachteiligenden Apartheidpolitik verfolgte die Republik Südafrika bis 1990 diese diskriminierende Linie. Wirtschaftskolonien wurden durch die Kolonialmacht ausgebeutet, z.B. durch die britische Herrschaft in Indien (Britisch-Indien) oder Ägypten, durch die deutsche Herrschaft z.B. in Kamerun und Südwestafrika, durch die französische Herrschaft in Äquatorial- und Westafrika. Militärkolonien wurden aus strategischen Gründen erworben, in Strafkolonien wurden Sträflinge deportiert.

Kolping, Adolf, katholischer Theologe, *Kerpen 8. 12. 1813, †Köln 4. 12. 1865; seit 1845 Priester, 1849 Domvikar in Köln. Nachdem Kolping 1847 zweiter Präses des von Johann Gregor Breuer gegründeten Gesellenvereins in Elberfeld geworden war, gründete er 1849 in Köln selbst einen Gesellenverein. Beide wurden zu Wurzeln des Kolpingwerks. Ziel Kolpings war es, die soziale Lage der Handwerksgesellen und Lehrlinge zu verbessern und den überwiegend jungen Menschen auch Halt und Heimat in einer durch Solidarität und christliches Ethos geprägten Gemeinschaft (»Familie«) zu geben.

Koltschak, Kolčak [-tʃ-], Aleksandr, russischer Admiral, *Sankt Petersburg 16. 11. 1874, †Irkutsk 7. 2. 1920; nahm als Hydrologe 1900–03 und 1908–11 an russischen Polarexpeditionen teil und befehligte 1916/17 die russische Schwarzmeerflotte. 1918 bildete Koltschak in Sibirien eine antibolschewistische Armee, stürzte das Direktorium in Omsk und erhob sich zum Reichsverweser. Er errichtete eine diktatorische Herrschaft über das von ihm kontrollierte Gebiet, das im Osten bis an den Baikalsee und im Westen bis zur mittleren Wolga reichte. 1919 wurden seine Truppen von der Roten Armee geschlagen. Den nach Irkutsk geflüchteten Koltschak lieferte die tschechoslowakische Legion an das »Irkutsker Revolutionskomitee« aus, das ihn ohne Gerichtsverfahren erschießen ließ.

Kolonialismus. Ein besonders menschenverachtendes Ausbeutungssystem herrschte im »Unabhängigen Kongostaat«, den sich der belgische König Leopold II. 1881 als Privatmann mit Zustimmung der europäischen Großmächte geschaffen hatte. Ein britischer Missionar ließ sich auf diesem Foto mit Einheimischen fotografieren, die abgehackte Hände vorweisen.

Kolumbus, Columbus, Christoph, italienisch Cristoforo Colombo, spanisch Cristóbal Colón, genuesischer Seefahrer in spanischen Diensten, *Genua zwischen 25. 8. und 31. 10. 1451, †Valladolid 20. 5. 1506. Der junge Kolumbus nahm von Genua aus an Seefahrten teil und kam 1476 nach Lissabon. Dort beschäftigte ihn der schon von Aristoteles, Strabo und Seneca erörterte Gedanke einer Westfahrt nach Indien. Der Versuch, die portugiesische Krone für eine solche Westfahrt zu gewinnen, scheiterte. Daher begab sich Kolumbus 1485 nach Spanien, wo er bei dem Vorsteher des Klosters La Rábida, Juan Pérez, dem Astronomen Antonio de Marchena, dem gelehrten Dominikaner Diego de Deza u.a. Verständnis fand, aber von Isabella I. und Ferdinand II. bis zur Beendigung des Krieges gegen Granada hingehalten wurde. Erst am 17. 4. 1492 unterzeichneten beide Herrscher den Vertrag mit Kolumbus, dem für seine Reise drei Schiffe und bestimmte Rechte zugesichert wurden, z.B. die erbliche Würde eines Großadmirals, der Titel des Vizekönigs der zu entdeckenden Länder sowie ein Zehntel aller Handelseinnahmen der zu entdeckenden Gebiete.

KOLUMBUS. ***Kontinent in Sicht!***

Am 12. 10. 1492, um zwei Uhr früh, erspähte ein Matrose Land, eine Insel, die die Einheimischen Guanahaní nannten. Kolumbus gab ihr den Namen »San Salvador«. Ein Augenzeuge beschreibt die Landung: *»Der Admiral ging mit dem bewaffneten Boot an Land. ... Der Admiral nahm das königliche Banner mit und die beiden Kapitäne zwei Fahnen mit einem grünen Kreuz, die der Admiral als Kennzeichen auf allen seinen Schiffen führte und die die Buchstaben F [Ferdinand] und Y [Ysabella] trugen. ... An Land angekommen, sahen sie Bäume von sehr kräftigem Grün und viele Wasserläufe und allerlei Früchte.«* Im Namen des spanischen Königspaars nahm Kolumbus Besitz von der Insel und ließ den Vorgang von allen rechtlich bezeugen.

FAHRTEN: Auf seiner ersten Fahrt (3. 8. 1492–15. 3. 1493) landete Kolumbus am 12. 10. 1492 auf einer der Bahamainseln, von den Einheimischen Guanahani genannt. Am 27. 10. entdeckte er Kuba, am 6. 12. Haiti (Hispaniola), wo er eine Niederlassung gründete. Auf der zweiten Fahrt mit 17 Schiffen und etwa 1500 Mann (25. 9. 1493–11. 6. 1496) entdeckte Kolumbus im November die Kleinen Antillen, Puerto Rico und Jamaika und besuchte Haiti. Auf der dritten Fahrt (30. 5. 1498–25. 11. 1500) erreichte Kolumbus mit sechs Schiffen das nördliche Küstengebiet Südamerikas. Auf der vierten Fahrt (11. 5. 1502–7. 11. 1504) berührte Kolumbus auf der

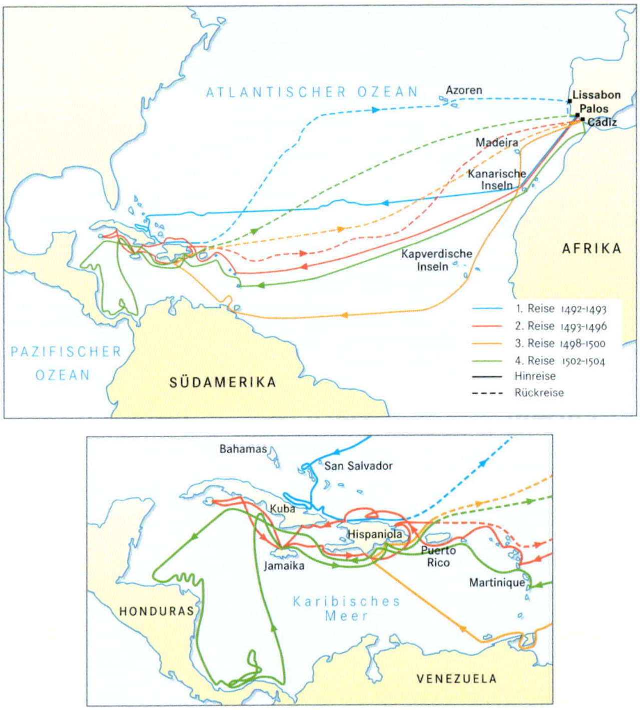

Kolumbus. Reisewege nach Amerika

Suche nach einer Meeresstraße zum indischen Festland (gemäß seinen Vorstellungen) mit vier Schiffen die Küste Zentralamerikas und kam über Kuba nach Jamaika. Ohne eine Durchfahrt nach Westen gefunden zu haben, musste er umkehren und die ihm verbliebenen, stark beschädigten beiden Schiffe auf den Strand von Jamaika auflaufen lassen. Erst 1504 traf er, krank und von den Strapazen seiner Reise gezeichnet, wieder in Spanien ein, wo er starb, ohne die Erfüllung der ihm zugesagten Rechte erreicht zu haben.

Komintern, Kurzwort für →Kommunistische Internationale.

Komitien [latein. com(m)ire »zusammenkommen«], **Comitia,** im antiken Rom die Versammlungen des Gesamtvolks (Populus Romanus, im Unterschied zu den Concilia plebis, den Versammlungen der Plebs). Nach der Gliederung der römischen Bürgerschaft in Kurien, Zenturien und Tribus gab es: 1) die Kuriatkomitien (Comitia curiata) als älteste, in historischer Zeit schon anachronistische Form; sie regelten Gemeinde-, Kult- und Familienangelegenheiten; 2) die Zenturiatkomitien (Comitia centuriata) als wichtigste Form der Komitien; sie beschlossen über Krieg und Frieden, über Gesetze, über Todesstrafen gegen römische Bürger und wählten die höheren Beamten nach Vorschlag des wahlleitenden Magistrats; 3) die Tributkomitien (Comitia tributa), seit 287 v. Chr. den Concilia plebis praktisch gleichgestellt; sie wählten niedere Beamte und beschlossen Gesetze. Bei der Abstimmung zählten nicht die Individualstimmen, sondern – entsprechend der Gliederung der Komitien – die Voten der einzelnen Kurien, Zenturien, Tribus. In der Kaiserzeit verloren die Komitien an Bedeutung.

Kommune, Pariser Kommune, französisch **Commune de Paris** [kɔmyndəpa'ri], Bezeichnung für den Pariser Stadtrat; 1) vom Juli 1789 bis 1795: Nach der Erstürmung der Tuilerien 1792 repräsentierte sie mit ihren 288 Mitgliedern v. a. die militanten Revolutionäre von Paris. Als auf politische Eigenständigkeit bedachtes Gremium spielte sie in der Auseinandersetzung mit den in der Nationalversammlung vertretenen Girondisten eine wichtige Rolle. Insbesondere von ihr ging zunächst der Kampf gegen die katholische Kirche aus. 1794 wurde sie durch eine Finanz- und eine Verwaltungskommission ersetzt. 2) von Ende März 1871 bis Ende Mai 1871: Nach der Kapitulation von Paris (1871) im →Deutsch-Französischen Krieg von 1870/71 führten nationaler Widerstand gegen den Vorfrieden mit Deutschland und die Opposition der Republikaner in Paris gegen die Nationalversammlung zum Aufstand der Pariser Nationalgarde gegen die Truppen der Regierung Thiers (18. 3. 1871). Aus den vom Zentralrat der Pariser Nationalgarden abgehaltenen Wahlen ging Ende März die Kommune hervor, ein aus 85 Personen gebildetes Stadtparlament, das die unterschiedlichsten demokratisch-egalitären und sozialistischen Ideenrichtungen repräsentierte. Die von der Kommune ergriffenen Maßnahmen (Erlass von Miet- und Wechselschulden, Arbeitsschutz, unentgeltlicher Schulunterricht) wiesen in Richtung einer sozialen Republik. Da die Kommune nicht imstande war, eine wirksame politische und militärische Führung zu organisieren, erlag sie schließlich nach verlustreichen Kämpfen den in Paris eingedrungenen Regierungstruppen unter Marschall Mac-Mahon (28. 5. 1871). Bis

KOLUMBUS | *»Entdeckung« Amerikas*

Als Christoph Kolumbus im Jahre 1492 den Boden einer der Bahamainseln betrat, glaubte er, der im Gegensatz zu den offiziellen Vorstellungen des Mittelalters von der Kugelgestalt der Erde überzeugt war, den Ostrand der Alten Welt erreicht und den westlichen Weg nach Indien entdeckt zu haben. Obwohl Kolumbus nicht als erster Seefahrer Amerika erreicht hatte (vor ihm überquerten - um 1000 - die Wikinger den Atlantik), gilt doch er als der eigentliche Entdecker des Kontinents, denn er leitete dessen Aneignung durch die europäischen Mächte, zunächst Spanien und Portugal, ein. Seine vier Amerikareisen markieren das Ende des europäischen Mittelalters und den Beginn des »Zeitalters der großen Entdeckungen« sowie damit verbunden, der Europäisierung der Erde - also des Kolonialismus.

Aus dem von Kolumbus geführten Bordbuch geht als Motiv seiner wagemutigen Reisen nicht nur die Erwartung künftigen persönlichen Reichtums hervor, wollte er doch zudem mit den von Indien erhofften Schätzen die Niederschlagung des Islam und die Wiedereroberung des Heiligen Landes finanzieren. Wie sehr sein Unternehmen der weltweiten Verbreitung des Christentums diente, zeigt die abgebildete Szene, in der neben der Landung des Kolumbus auch die Errichtung eines Kreuzes dargestellt ist (Johann Theodor de Bry, 1594). Man kann ihn also gleichzeitig als verspäteten »Kreuzfahrer« und seiner Zeit gemäßen »Konquistador« betrachten.

1875 folgten zahllose Prozesse und Deportationen.

Kommunikation, Sonderartikel S. 464/465.

Kommunismus [engl.-französ., zu latein. communis »mehreren oder allen gemeinsam«, »allgemein«], politisch-ideologischer Begriff mit mehreren Bedeutungen:

1) die gedankliche Vorstellung einer vergangenen oder zukünftigen Gesellschaft, in der das Privateigentum an Produktionsmitteln in Gemeineigentum überführt und der Konsum auf der Grundlage gemeinschaftlicher Lebensführung und allgemeiner Gütergemeinschaft geregelt wird sowie materielle wie kulturelle Bedürfnisse gleichermaßen befriedigend gestillt werden; alle Mitglieder dieser Gesellschaft sollen durch soziale Gleichwertigkeit gekennzeichnet sein.

2) die Gesamtheit der ökonomischen und politischen Lehren, die mit dem Ziel der Errichtung einer kommunistischen Gesellschaft auf der Grundlage der Theorien von Karl Marx und Friedrich Engels (→ Marxismus) von Lenin (→ Marxismus-Leninismus) und seinen Nachfolgern weiterentwickelt wurden.

3) Bezeichnung für politische Parteien, Bewegungen und Herrschaftssysteme, die diese Lehren auf diktatorische Weise in die Praxis umsetzen. Häufig ist eine verbindliche Abgrenzung zwischen den Begriffen Kommunismus und → Sozialismus nicht möglich.

VORLÄUFER UND FRÜHFORMEN: Entwürfe für eine kommunistische Gesellschaft gibt es seit der Antike. Sie manifestieren sich beispielsweise in Platons »Politeia«, Elementen der stoischen Philosophie sowie in den Ideen und der Praxis urchristlicher Gemeinden. Christliche Vorstellungen, in denen das Reich Gottes auf Erden vorweggenommen wurde, prägten mittelalterliche Sekten (Katharer, Waldenser) sowie Thomas Müntzer und die Täufer. Als bedeutendster Vertreter der großen Utopisten des 16. und 17. Jh. gilt Thomas More. Zu Beginn der Französischen Revolution entwarf François Babeuf das Prinzip der »radikalen Demokratie«, einer Volksdiktatur, die die ideale Gesellschaftsform erzwingen werde. Im Gefolge der Französischen Revolution suchten Claude de Saint-Simon, Charles Fourier und Robert Owen eine Gesellschaftsform zu entwerfen, die den neuen Anforderungen von Wirtschaft und Industrie angemessen sei und dabei soziale Harmonie schaffen könne. Um 1840 tauchte in Frankreich erstmals das Wort Kommunismus auf und fand sofort allgemeine Verbreitung.

WISSENSCHAFTLICHER SOZIALISMUS: 1847 wurde in Brüssel der »Bund der Kommu-

Fortsetzung S. 466

1

KOMMUNIKATION

1) Die Schrift ist nicht nur als Mittel der Kommunikation mit den Zeitgenossen von großem praktischem Wert; sie erlaubt auch die Überlieferung von Zeugnissen längst vergangener Kulturen, also sozusagen eine Kommunikation zwischen den Zeiten (Tontafel mit sumerischer Keilschrift, 3. Jt. v. Chr.).

Ein Merkmal der meisten »Hochkulturen« ist die Entwicklung einer Schrift. Die frühesten erhalten gebliebenen Aufzeichnungen sind Keilschrifttafeln der Sumerer, die etwa 5000 Jahre alt sind. Die Ägypter setzten erstmals Papyrus als Beschreibstoff ein. Später wurde daraus die Bezeichnung »Papier« abgeleitet. Das Papier, das sich erstmals im China des zweiten nachchristlichen Jahrhunderts nachweisen lässt, gelangte durch die Araber im 8. Jh. ins Abendland. Seit über einem Jahrtausend ist es »Ur-Kunde« und wichtigster Informationsträger unserer Zivilisation. Eine Besonderheit unter den Aufzeichnungssystemen stellten die »Quipus« der Inkas dar. Bei ihnen handelt es sich um Knotenschnüre, mit denen z. B. Steuerangaben und Geschichtsdaten festgehalten wurden.

Buchdruck

Sowohl die Erfindung des Buchdrucks mithilfe ganzseitig geschnitzter Holzblöcke (868) als auch der erste Einsatz von beweglichen Schrifttypen (um 1045) und der Mehrfarbendruck (1107) gehen auf China zurück. Dennoch war es die erst um 1440 wohl unabhängig von den Chinesen gemachte Wiedererfindung des Buchdrucks mit beweglichen Lettern durch Johannes Gutenberg, die die kulturelle Landschaft der Welt und namentlich Europas nachhaltig veränderte.

Der Buchdruck bewirkte eine »Kommunikationsrevolution«. Das mühsame handschriftliche und oft mit Fehlern behaftete Kopieren von Büchern wurde überflüssig. Die Menge der verfügbaren Informationen nahm explosionsartig zu. Bereits um 1500 produzierten Druckerpressen in ganz Europa über 13 000 Buchtitel. Die überall entstehenden Druckereien trugen mit dazu bei, das Bildungsmonopol der Universitäten zu brechen und mit den gelehrten Laien eine neue Gesellschaftsschicht hervorzubringen. Der Buchdruck leistete zudem einen wichtigen Beitrag zur Wiederentdeckung und Verbreitung vieler antiker griechischer Originaltexte, z. B. von Archimedes, und hatte so maßgebliche Wirkung auf die zeitgenössische Wissenschaft.

Von der Brieftaube zur Telegrafie

Seit jeher war die schnelle Übermittlung wichtiger militärischer oder geschäftlicher Nachrichten von zentraler Bedeutung. Daher verfügten alle Mächtigen der Geschichte – ob Könige, Feldherren oder Kaufleute – stets über gut funktionierende Kommunikationssysteme. So gab es etwa im 12. Jh. einen regelmäßigen Brieftaubenpostverkehr zwischen Kairo und Bagdad und bereits in der Antike Versuche mit Leuchtfeuern. Auch die junge französische Republik versuchte sich mit einem ausgedehnten Netz an Signaltürmen gegen etwaige Invasionsheere zu schützen. Mit diesem optischen Telegrafensystem ließ sich z. B. eine Nachricht von Paris nach Straßburg binnen sechs Minuten übermitteln.

Die erste magnetelektrische Telegrafenverbindung stellten Carl Friedrich Gauß und Wilhelm Weber 1833 in Göttingen her. Elf Jahre später übertrug der Amerikaner Samuel Morse mithilfe des von ihm entwickelten Punkt-Strich-Codes erstmals ein Telegramm von Washington nach Baltimore. Besonders im noch dünn besie-

2

3

delten Amerika gewann die elektrische Nachrichtenübermittlung schnell an Bedeutung und entwickelte sich zu einem nützlichen Begleiter des Eisenbahnbaus.

Während die Überlandtelegrafie kaum neue Probleme aufwarf, stellte man nach der Verlegung des ersten Unterwassertelegrafenkabels im Jahre 1850 zwischen Dover und Calais fest, dass die Signale entstellt und mit großer Verzögerung übertragen wurden. Als 1866 das erste funktionsfähige Transatlantikkabel von Irland nach Neufundland verlegt wurde, verwendete man ein Kabel mit hoher Leitfähigkeit und großem Querschnitt und benutzte nur kleine Signalströme. Die Gesamtlänge der weltweiten Telegrafenleitungen wuchs von 400 000 km im Jahre 1875 auf 1,2 Millionen km im Jahre 1905.

Nach der Entdeckung der elektromagnetischen Wellen durch Heinrich Hertz im Jahre 1887 gelang Guglielmo Marconi schon bald deren technische Anwendung als Mittel der Nachrichtenübertragung. 1899 sandte er das erste Funksignal über den Ärmelkanal, und 1901 überbrückte er mit seinen Radiowellen den Atlantik. Die drahtlose Telegrafie erwies sich in der Folge, besonders für den Schiffsverkehr, als unverzichtbares Kommunikationsmittel.

Vom Telefon zum Internet

Schon 1627 hatte Francis Bacon in seiner »Nova Atlantis« den Einsatz von telefonischen Apparaten vorausgesagt. Es sollte jedoch noch mehr als 250 Jahre dauern, bis Bacons Vision Wirklichkeit wurde. 1861 konstruierte Philipp Reis einen Fernsprechapparat, den er »Telefon« nannte und mit dem ihm die elektrische Übertragung von Ton und Sprache auf 100 m Entfernung gelang. Die entsprechenden Stromunterbrechungen erzeugte Reis dadurch, dass die Schallwellen eine dünne, mit einem Platinkontakt versehene Membran in Schwingungen versetzten. Alexander Bell versah 15 Jahre später die Pole eines Stahlmagneten mit Elektromagnetrollen und Eisenkernen und befestigte davor eine dünne Membran aus Eisenblech. Das Prinzip dahinter ist, dass solche »Mikrofone« elektrische Schwingungen in Schallwellen und umgekehrt Schallwellen in elektrische Schwingungen umwandeln. Sein Telefon war somit in der Lage, neben der Höhe eines Tons auch seine Lautstärke zu übermitteln. Bells Erfindung löste einen wahren Kommunikationsboom aus. Bereits vier Jahre nachdem er seine Erfindung zum Patent angemeldet hatte, waren allein in den USA mehr als 30 000 Telefone angeschlossen.

Die Entwicklung der Kommunikationstechnologien ist ein Beispiel dafür, wie sehr sich das Innovationstempo verschärft hat. Vergingen noch rund 500 Jahre, ehe sich das im 2. Jh. in China erfundene Papier auch in Europa als wichtigster Informationsträger durchsetzte, so dauerte es nur 20 Jahre von der Erfindung des Telefons bis zur Inbetriebnahme der ersten Fernsprechvermittlungsanlage 1881 in Berlin. Noch rascher scheint sich seit den späten 1960er-Jahren die Ausbreitung des Internets zu vollziehen. Die Bedeutung von World Wide Web und E-Mail, wie auch die des Telefons, liegt dabei in der Bedeutungslosigkeit von Entfernungen beim Austausch von Informationen.

2) Die lückenlose Errichtung von Posthäusern, die Beschleunigung der Verbindungen und die egalitäre Behandlung von Nutzern der Postkutsche führten im 17. Jh. zu einer Veränderung des Raumeindrucks und des Zeitempfindens der Europäer (Postkutsche von 1895; Krefeld, Postkutschenmuseum).

3) In China war bereits vor etwa 2 000 Jahren das Papier und vor mehr als 1 200 Jahren die Technik des Tafel- oder Blockdrucks bekannt. Das Mitte des 15. Jh. von Johannes Gutenberg erfundene Verfahren mittels beweglicher Lettern aus Metall und Druckerpresse begünstigte die sozialen und politischen Umbrüche des 16. Jh. maßgeblich.

Fortsetzung von S. 463
nisten« gegründet, als dessen Mitglieder Karl Marx und Friedrich Engels das 1848 erschienene »Manifest der Kommunistischen Partei« verfassten. Unter Kommunismus verstanden beide den Weg zur Überwindung der durch menschliche Ausbeutung und Selbstentfremdung gekennzeichneten bürgerlich-kapitalistischen Gesellschaft und zur allmählichen

Kommunismus. Karl Marx und Friedrich Engels, verbunden durch eine lebenslange Freundschaft, legten eine philosophisch motivierte Rekonstruktion und Kritik der ökonomischen Theorien ihrer Zeit vor, die zu heftigen Kontroversen auf dem Gebiet der Philosophie, der Gesellschaftstheorie, der Wirtschaftswissenschaft und der Politik führte (Marx-Engels-Denkmal vor dem »Palast der Republik« in Berlin).

Herstellung einer die allseitige menschliche Selbstverwirklichung ermöglichenden Zukunftsgesellschaft. Engels' Voraussage, dass in ihr der Staat »absterben« werde, und beider Annahme einer als »Assoziation« bzw. »Verein freier Menschen« organisierten kommunistischen Zukunftsgesellschaft, die auf einer zentralen und freiwilligen Planwirtschaft beruhe, blieben ebenso vage wie die von Marx vorgenommene Unterscheidung zwischen zwei Phasen der kommunistischen Gesellschaft: einer »niederen«, die noch nach dem Leistungs- und damit ungleichen Verteilungsprinzip, sowie einer »höheren«, die nach dem Bedürfnisprinzip gestaltet sei.

Wichtig sind jedoch die politischen Spätfolgen: Unter Berufung auf Marx, der, entsprechend dem damaligen allgemeinen Sprachgebrauch, Sozialismus und Kommunismus teilweise synonym verwendete, wurde in der UdSSR und den nach ihrem Gesellschaftsmodell geformten Staaten die erste dieser beiden Phasen offiziell als die des Sozialismus, die zweite als die des Kommunismus bezeichnet. Mit Lenin wurde die Schaffung, d.h. Erziehung eines neuen Menschentyps zum wesentlichen Bestandteil kommunistischer Politik. →Sozialdemokratie; →Anarchismus

MARXISMUS-LENINISMUS: Weltgeschichtliche Bedeutung erlangte die Umformung der marxistischen Lehre durch Lenin zum Marxismus-Leninismus, dem zufolge der Kapitalismus in die Phase des →Imperialismus eingetreten sei, in dem die Konkurrenz durch die Monopole und der bürgerliche Liberalismus durch Rassismus und Chauvinismus abgelöst worden seien. Ein Teil der Arbeiterbewegung (Arbeiteraristokratie) in den entwickelten kapitalistischen Ländern habe sich aufgrund dieses tradeunionistischen Bewusstseins dem Reformismus zugewandt, sodass sich die Chancen für den Ausbruch der Revolution an die Peripherie des kapitalistischen Weltsystems verschoben hätten, v.a. zu den Kolonialvölkern. Russland erscheint in dieser Analyse als die »Brücke« zwischen der »asiatisch-antiimperialistischen« und der »europäisch-proletarischen« Revolution. Damit rechtfertigte Lenin den Beginn der proletarischen Weltrevolution in dem relativ rückständigen Russland, zumal bald darauf die Revolution in den entwickelteren Staaten folgen werde.

Die zweite entscheidende Veränderung des Marxismus nahm Lenin bereits 1902 mit seiner voluntaristischen Parteitheorie vor: Eine als »Partei neuen Typs« organisierte kommunistische Avantgarde müsse Klassenbewusstsein in die Arbeiterklasse hineintragen und diese politisch führen. Diese Partei solle – unter den Bedingungen der Illegalität – eine hierarchisch gegliederte und militärisch disziplinierte »Kaderpartei« von Berufsrevolutionären sein. Sobald die äußeren Umstände es gestatteten, solle die Wahl der Führer von unten nach oben in der ganzen Partei demokratisch erfolgen. Die Minderheit habe sich der Mehrheit unterzuordnen. Die Kombination dieser Prinzipien wurde als demokratischer Zentralismus bezeichnet. In der Praxis bildete sich jedoch ein »bürokratischer Zentralismus« heraus, nachdem andere Parteien und 1921 die Bildung von Fraktionen und Plattformen innerhalb der Partei verboten worden waren.

»SOZIALISMUS IN EINEM LANDE« (1917–45): Bestimmend für die weitere Entwicklung des Kommunismus seit der Oktoberrevolution war, dass die UdSSR bis 1945 das einzige kommunistisch regierte Land der Erde blieb (abgesehen von der von Moskau abhängigen Mongolischen Volksrepublik). Die in den übrigen Ländern meist durch Abspaltung von den Sozialisten entstandenen kommunistischen Parteien wurden 1919 in der →Kommunistischen Internationale (Komintern) zusammengefasst; sie gelangten seit Mitte der 1920er-Jahre in völlige Abhängigkeit von der sowjetischen Partei und hatten in erster Linie den Interessen der sowjetischen Außenpolitik zu dienen. Für ihr eigenes Land verfolgten die sowjetischen Kommunisten eine Politik der raschen und umfassenden Industrialisierung, die mit Sozialismus als unmittelbarer Vorstufe des Kommunismus gleichgesetzt wurde. Lenin hatte 1920 die Parole ausgegeben: »Kommunismus = Sowjetmacht + Elektrifizierung des ganzen Landes«; Stalin verkündete 1925 den Aufbau des »Sozialismus in einem Lande«.

ENTWICKLUNG NACH 1945: Als Ergebnis des Zweiten Weltkriegs gewann die UdSSR die von der Roten Armee besetzten Gebiete in Ost- und Mitteleuropa als Einflussbereich. Zusammen mit den USA ging sie als Weltmacht aus dem Krieg hervor. Zwar gestand die UdSSR den besetzten Ländern in Ost- und Mitteleuropa zunächst jeweils einen eigenen, nationalen Weg zum Sozialismus auf der Basis von Volksfrontbündnissen der kommunistischen Parteien mit den anderen Parteien zu, doch spätestens 1948, seit dem Konflikt Stalins mit der jugoslawischen Partei unter Josip Tito, die aus eigener Kraft die Macht übernommen hatte, war offensichtlich, dass der Aufbau des Sozialismus in Ost- und Mitteleuropa nach sowjetischer Weisung erfolgen sollte. Vorausgegangen war in zahlreichen dieser Staaten die Zwangsvereinigung der sozialistischen mit der kommunistischen Partei. Auch die chinesische KP, die nach ihrem Sieg im Bürgerkrieg 1949 die Macht im Lande übernahm, erkannte (wie Nordkorea) das sowjetische Modell zunächst als verbindlich an. Die Weltpolitik seit Ende der 1940er-Jahre wurde vom →Ost-West-Konflikt bestimmt, die kommunistische Welt durch die UdSSR beherrscht.

Im Zusammenhang mit der Verurteilung der persönlichen Diktatur Stalins durch Nikita Chruschtschow auf dem XX. Parteitag der KPdSU (Februar 1956) wurde die Diskussion über die Anerkennung eigener nationaler Wege zum Sozialismus neu entfacht und bewirkte schwere Erschütterungen im europäischen Machtbereich der UdSSR (1956 Polnischer Oktober, Ungarischer Volksaufstand; 1968 Prager Frühling) und im internationalen Kommunismus insgesamt. Der Führungsanspruch der KPdSU im Weltkommunismus wurde zuerst 1956 von der KP Italiens infrage gestellt. Die italienische KP, die gegen die militärische Beendigung des Prager Frühlings 1968 durch die Sowjetunion protestierte, war auch die treibende Kraft bei der Herausbildung des →Eurokommunismus, der eine sozialistische Gesellschaftsordnung mit Grundrechten, Parteienpluralismus und dem Recht auf Opposition anstrebte. Seine beiden wichtigsten Träger waren die italienische und die spanische KP.

Die wichtigste Grundlage eines politischen Spielraums für einzelne kommunistische Parteien bildete der ab 1963/64 zum offenen Bruch führende sowjetisch-chinesische Konflikt. 1958/59 scheiterte der Versuch Mao Zedongs, mithilfe der Volkskommunen in einem »Großen Sprung nach vorn«, den Chruschtschow offen kritisierte, den Weg zum Kommunismus im Allgemeinen und den Vorsprung der UdSSR im Besonderen zu verkürzen. Umgekehrt charakterisierte die chinesische KP die sowjetische Form des Kommunismus seit Mitte der 1960er-Jahre als »Revisionismus« und »Großmachtimperialismus«. Während Chruschtschow auf dem XXI. Parteitag der KPdSU 1961 die »Periode des entfalteten Aufbaus der kommunistischen Gesellschaft« verkündete, legten sich dessen Nachfolger nicht auf ein solches Ziel fest. Neue gesellschaftspolitische Devise war es nun, dass sich die Sowjetunion in der »Epoche des entwickelten Sozialismus« befinde. Dieser galt als eine gesetzmäßige Etappe auf dem Weg zum Kommunismus. Die ideologisch-machtpolitische Rivalität zwischen der UdSSR und China wirkte sich auch in der Dritten Welt aus, wo sie in den zahlreichen nach der →Entkolonialisierung unabhängig gewordenen Staaten im Wettbewerb mit den westlichen Industriestaaten stand.

Unter Leonid Breschnew (1964–82) stagnierte das politische, sozioökonomische und kulturelle Gefüge der UdSSR; es setzte geradezu ein Verfall ein. Die Nichtgewährung demokratischer Grundrechte und der Versuch, den Einfluss der kommunistischen Parteien und ihrer Ideologie in allen Lebensbereichen (gewaltsam) durchzusetzen, hatten v.a. in den 1970er- und 1980er-Jahren zu einer fortschreitenden Abkehr vieler Menschen vom kommunistischen System geführt. Andererseits waren trotz der auf dem Informationsmonopol des Staates beruhenden, zielgerichteten ideologischen Beeinflussung der Bevölkerung und des rücksichtslosen Vorgehens der Geheimdienste in allen kommunistisch regierten Staaten Bürger- bzw. Bürgerrechtsbewegungen entstanden. Schon lange vor der kommunistischen Agonie hatte der sowjetische Kommunismus damit seine Vorbildfunktion eingebüßt. Von einem »Weltkommunismus« konnte nicht (mehr) die Rede sein.

ZUSAMMENBRUCH: Der Amtsantritt Michail Gorbatschows als Generalsekretär der KPdSU (1985) bedeutete für den Kommunismus einen Einschnitt. Der Versuch, den Kommunismus grundlegend zu reformieren und ein »neues politisches Denken« zu installieren, führte zu seinem faktischen Ende. Gorbatschow wollte mittels »Glasnost« und »Perestroika« die Gesellschaft, speziell die Wirtschaft, im Rahmen des Kommunismus leistungsfähiger gestalten. Doch der Reformprozess, der eine Eigendynamik entwickelte, verschärfte die Krise, zumal Gorbatschow die Nationalitätenkonflikte in der UdSSR unterschätzt hatte. Die Liberalisierung führte zu einem wachsenden Pluralismus. Faktisch wurde der Weg der anderen kommunistischen Länder nach mehr Eigenständigkeit und Freiheit anerkannt. Durch die Veränderungen in der Sowjetunion in der zweiten Hälfte der 1980er-Jahre war eine Entwicklung in Gang gesetzt worden, die im Herbst 1989 zum Ende der kommunistischen Staaten Osteuropas führte. Die Öffnung der Berliner Mauer 1989 symbolisierte das Ende des Kommunismus. Auch wenn der Systemwechsel in den einzelnen Ländern unterschiedlich ausfiel, wurde das Machtmonopol der jeweiligen kommunistischen Partei gebrochen.

Damit hatten die osteuropäischen Staaten binnen kurzem die Sowjetunion überholt. Für die einen war Gorbatschows »Dritter Weg« nicht entschieden genug, für die anderen war er zu weitgehend. Beim Putsch im August 1991 von führenden Kräften aus dem Geheimdienst, dem Militär und der kommunistischen Partei gegen Gorbatschow widersetzte sich der vom Volk gewählte russische Präsident Boris Jelzin den Putschisten. Er untersagte die Aktivitäten der KPdSU, was zugleich das Ende des Kommunismus bedeutete. Kurz vor der Auflösung der Sowjetunion gab der innenpolitisch isolierte Gorbatschow 1991 sein Amt als sowjetischer Staatspräsident auf. Der flächenmäßig größte kommunistische Staat war v.a. an seinen inneren Schwächen zugrunde gegangen.

Der Kommunismus hat zwar in einigen unterentwickelten Ländern für eine wirtschaftliche Konsolidierung und den Ausbau des Erziehungswesens gesorgt, allerdings zu einem hohen Preis: Parteisäuberungen, Massenexekutionen von tatsächlichen und vermeintlichen Gegnern, Massendeportationen, Arbeitslager, Bürgerkriege und Hungersnöte gehörten zu den Standardinstrumenten kommunistischer Herrschaft. Entscheidend für das Scheitern war aber insbesondere, dass sich das ökonomische System der kommunistisch regierten Staaten Europas als nicht effizient erwiesen hatte. Durch eine streng zentralisierte staatliche Kommandowirtschaft und dogmatische Leitung aller gesellschaftlichen Prozesse wurden außerdem Initiativen jeder Art unterdrückt.

Immerhin hat der Kommunismus – wenn auch wider Willen – zu Reformen in demokratischen Verfassungsstaaten beigetragen (z.B. im sozialen Sektor), die dort eine kommunistische Massenbasis verhindern sollten. Die noch bestehenden kommunistischen Staaten sind krisengeschüttelt, sodass nach dem Zusammenbruch der kommunistischen Staats- und Gesellschaftssysteme sowohl die kommunistische Utopie einer gerechten Gesellschaft als auch der (Neo-)Marxismus mit seinem Anspruch, dieser Utopie eine philosophisch-wissenschaftliche Grundlage zu geben, diskreditiert sind.

Kommunistische Internationale, Kurzwort **Komintern,** Abk. **KI, Dritte Internationale,** 1919–43 die Vereinigung aller kommunistischen Parteien, gegründet auf Anregung Lenins anlässlich eines Treffens von Vertretern kommunistischer Parteien in Moskau (2.–6. 3. 1919: 1. Weltkongress der KI). Sie verstand sich als Vollstreckerin der Ideen des Kommunistischen Manifests und der Ersten →Internationale. Ziel der KI war die Weltrevolution zur weltweiten Errichtung der »Diktatur des Proletariats« im Rahmen eines Rätesystems. Die KI sollte sich zu einer straff gefügten »Weltpartei« entwickeln, deren Mitgliedsparteien sich dem Ganzen politisch als nationale Sektionen unterzuordnen hatten.

Der 2. Weltkongress (Juli–August 1920) verabschiedete das Statut der KI, wonach leitendes Organ das »Exekutivkomitee der Kommunistischen Internationale« (Abk. EKKI) mit einem Präsidium an der Spitze war, und verpflichtete jede Mitgliedspartei, den Aufbau ihrer Organisation am Prinzip des demokratischen Zentralismus auszurichten. Der von Anfang an starke, seit 1924 beherrschende Einfluss der KPdSU führte zum Verlust der Eigenständigkeit der Mitgliedsparteien und machte die KI schrittweise zum Instrument der sowjetischen Außenpolitik.

Auf dem 1. und 2. Weltkongress stand noch die Erwartung der unmittelbar bevorstehenden Weltrevolution im Vordergrund; der 2. Kongress forderte in diesem Sinne »Zweckbündnisse« mit »antiimperialistischen« Unabhängigkeitsgruppen kolonial abhängiger Gebiete, v. a. in Asien. Seit dem 3. und 4. Weltkongress (Juni–Juli 1921; November–Dezember 1922) sollte der »Kampf um die Einheitsfront der Arbeiterklasse« neben seinen revolutionären Perspektiven auch der Stärkung des international noch wenig anerkannten Sowjetstaates dienen. Nach dem 5. Weltkongress (Juni bis Juli 1924) widerspiegelte sich der Machtkampf zwischen Stalin und seinen Gegnern auch in der KI. Gleichzeitig setzte die »Bolschewisierung« der kommunistischen Parteien im Dienste der Machtpolitik Stalins ein. Auf dem 6. Weltkongress (Juli–September 1928) traten die Politik Stalins kritisierende Gruppen nicht mehr in Erscheinung. Die auf diesem Kongress ausgegebene Anweisung, die Sozialdemokraten als »Sozialfaschisten« zu bekämpfen, wurde offiziell auf dem 7. Weltkongress (Juli–August 1935) zugunsten einer Volksfronttaktik (→Volksfront) fallen gelassen. Gegen die KI gerichtet war der 1936 begründete →Antikominternpakt. Während des Zweiten Weltkriegs ließ Stalin im Interesse seines Bündnisses mit den Westmächten die KI 1943 auflösen.

Kommunistische Partei der Sowjetunion, Abk. **KPdSU,** 1917/18–91 Staats- und Regierungspartei in Sowjetrussland bzw. der UdSSR. Die KPdSU beanspruchte darüber hinaus die führende Rolle in der kommunistischen Weltbewegung und war die bestimmende Kraft des Ostblocks. Organisationsstruktur und Arbeitsweise der KPdSU wurden weitestgehend von den kommunistischen Parteien übernommen und besaßen für diese – zusammen mit dem →Marxismus-Leninismus – unbestrittenen Leitbildcharakter.

Die Organisation der KPdSU fußte auf dem von Lenin durchgesetzten Grundsatz einer zentralistisch aufgebauten Kaderpartei. Ihr hauptamtlich fungierender Parteiapparat war nach dem Prinzip des demokratischen Zentralismus organisiert. Das formell oberste Parteiorgan – der Parteitag – tagte (seit 1971) alle fünf Jahre. Für die Zeit zwischen den Parteitagen wählte er das Zentralkomitee als Leitungsorgan, das wiederum die Mitglieder der beiden höchsten Entscheidungsgremien bestimmte: das Politbüro und das Sekretariat des Zentralkomitees. Unter dem Vorsitz des Generalsekretärs trafen das Politbüro, das die Leitlinien der Politik festlegte, und das Sekretariat des Zentralkomitees, das die Beschlüsse durch Direktiven an den Parteiapparat ausführte, alle gesellschaftspolitischen, ökonomischen und außenpolitischen Grundsatzentscheidungen. Die Verwaltungsgliederung der Partei war am Territorialprinzip des Staatsaufbaus orientiert (Union, Republiken, Gebiete, Bezirke, Städte, Kreise); die Zellen (Grundorganisationen) arbeiteten in Produktions- und Ausbildungsstätten, Staatsorganen und Verwaltungsbehörden sowie in den Einheiten der Streitkräfte. Politische Nachwuchsorganisation der KPdSU war der Jugendverband Komsomol.

GESCHICHTE: Die KPdSU ging hervor aus der 1898 gegründeten Sozialdemokratischen Arbeiterpartei Russlands (Abk. SDAPR), die sich 1903 in Menschewiki und die von Lenin geführten Bolschewiki (Abk. B) spaltete. Letztere konstituierten sich 1912 formell als selbstständige Partei unter der Bezeichnung SDAPR (B). In der →Oktoberrevolution 1917 übernahmen die Bolschewiki nach einem bewaffneten Aufstand die Macht, die sie nach Ausschaltung ihrer Bündnispartner (linke Sozialrevolutionäre) ab März 1918 allein innehatten und in einem blutigen Bürgerkrieg sowie im Kampf gegen eine ausländische militärische Intervention (1918–21/22) behaupten konnten. 1918 benannte sich die Partei in Kommunistische Partei Russlands (B) [Abk. KPR (B)] um.

Nach dem Tod Lenins (1924) gelang es Stalin, der bereits seit 1922 Generalsekretär war, seine innerparteilichen Rivalen Leo Trotzkij, Lew Kamenew, Grigorij Sinowjew und Nikolaj Bucharin nach und nach auszuschalten und später zu liquidieren. Die alte Führungsschicht der Partei wurde in der »Großen Säuberung« (1935–39; →Tschistka) durch Stalin stark dezimiert. Unter ihm wurde die KPdSU (B) zu einem Herrschaftsinstrument seiner persönlichen Diktatur (Stalinismus). Nach Stalins Tod (1953) wurden unter dem neuen Ersten Sekretär Nikita Chruschtschow die Deformierung der Partei und der Personenkult im Zuge der →Entstalinisierung (XX. Parteitag 1956) rückgängig gemacht. Die KPdSU (1952 Streichung des Zusatzes »B«) wurde wieder der eigentliche politische Machtträger. Die von Chruschtschow gegenüber dem Westen verfolgte Politik der »friedlichen Koexistenz« führte zum politischen Bruch und zur Rivalität mit der KP Chinas (bis um 1989). Nach Chruschtschows Sturz 1964 wurde eine kollektive Leitung konstituiert, in der Leonid Breschnew als Generalsekretär jedoch eine große Machtfülle auf seine Person vereinigen konnte. Seine Nachfolger waren Jurij Andropow (1982–84) und Konstantin Tschernenko (1984/85).

Kommunistische Partei der Sowjetunion. Hatte Lenin die marxistische Theorie als eine Instrument der Durchsetzung der Revolution und der Gewinnung der politischen Macht in Russland benutzt, so bildete Stalin sie zu einem Mittel der ideologischen Sicherung seiner Alleinherrschaft und der staatlichen Unterdrückung Andersdenkender um (Plakat »Lenins Banner« von Gustav Klucis, 1933).

Mit Generalsekretär Michail Gorbatschow (1985–91) und seiner Reformpolitik von »Glasnost« und »Perestroika« begann in der zweiten Hälfte der 1980er-Jahre ein grundlegender staatlich-gesellschaftlicher Umbau, der auch die Partei erfasste, jedoch vielfach in Ansätzen stecken blieb und Kritik von Radikalreformern sowie orthodoxen Kräften hervorrief. Gegen starken innerparteilichen Widerstand setzte Gorbatschow im Februar 1990 den Verzicht auf das verfassungsrechtlich abgesicherte Machtmonopol der KPdSU durch, worauf die Mitgliederzahl stark abnahm. Um dem Zerfall der KPdSU entgegenzuwirken, unterbreitete Gorbatschow 1991 den Entwurf eines neuen

Parteiprogramms, der sich an Prinzipien der Sozialdemokratie orientierte. Dennoch kam es zu organisatorischen Abspaltungen von der KPdSU.

Nach dem gescheiterten Putschversuch orthodoxer kommunistischer Funktionäre im August 1991 wurde die Tätigkeit der KPdSU auf dem gesamten Staatsgebiet der UdSSR untersagt. Gorbatschow trat als Generalsekretär zurück. In einer Reihe von Unionsrepubliken, die zumeist bereits ihre Unabhängigkeit erklärt hatten, wurden die bisher der KPdSU eingegliederten nationalen KP-Organisationen verboten (u.a. Ukraine, Georgien), in anderen formierten sie sich unter neuem Namen (Usbekistan) oder lösten sich selbst auf (z.B. in Aserbaidschan). 1993 konstituierte sich die »Kommunistische Partei der Russischen Föderation« (Abk. KPRF), die bei den Parlamentswahlen von 1993 zweitstärkste und bei denen von 1995 stärkste Partei wurde.

KOMMUNISTISCHES MANIFEST. ***»Ein Gespenst geht um«***

Erstmals gedruckt wurde das Kommunistische Manifest im Februar/März 1848 in London. Es beginnt mit den berühmt gewordenen Sätzen: *»Ein Gespenst geht um in Europa – das Gespenst des Kommunismus. Alle Mächte des alten Europa haben sich zu einer heiligen Hetzjagd gegen dies Gespenst verbündet, der Papst und der Zar, Metternich und Guizot, französische Radikale und deutsche Polizisten. Wo ist die Oppositionspartei, die nicht von ihren regierenden Gegnern als kommunistisch verschrien worden wäre ...?«* Nicht minder bekannt wurden die Schlussworte: *»Mögen die herrschenden Klassen vor einer kommunistischen Revolution zittern. Die Proletarier haben nichts in ihr zu verlieren als ihre Ketten. Sie haben eine Welt zu gewinnen. Proletarier aller Länder, vereinigt euch!«*

Kommunistische Partei Deutschlands, Abk. **KPD,** politische Partei, hervorgegangen am 1. 1. 1919 aus dem Zusammenschluss des →Spartakusbundes, geführt von Rosa Luxemburg, Karl Liebknecht und Leo Jogiches, und den »Bremer Linksradikalen« um Johann Knief und Paul Fröhlich. Die KPD gab sich auf dem Gründungsparteitag (30. 12. 1918–1. 1. 1919) ein von Rosa Luxemburg entworfenes Programm, das sich die Bildung einer »einheitlichen deutschen sozialistischen Republik« mit einer sozialistischen Gesellschaftsordnung und einer Räteverfassung zum Ziel setzte. Die Ermordung Rosa Luxemburgs und Karl Liebknechts (15. 1. 1919) beraubte die Partei ihrer bedeutenden Theoretiker. Ende 1920 wurde die KPD zu einem Machtfaktor in der Weimarer Republik, als sie sich nach der Spaltung der USPD mit deren linkem Flügel zusammenschloss und sich damit zu einer Massenpartei entwickelte (1921/22 unter dem Namen »Vereinigte Kommunistische Partei Deutschlands«, Abk. VKPD).

Das Scheitern zahlreicher Aufstandsversuche führte zu Konflikten sowohl in der Führung der KPD als auch in den Beziehungen der Partei zur Kommunistischen Internationale (Komintern), der die KPD seit dem Gründungskongress im März 1919 angehörte.

AUSRICHTUNG AN DER KPDSU: Im Zuge einer sich ständig verstärkenden Ausrichtung auf die politische Linie der Komintern vollzog diese Parteiführung die »Bolschewisierung« der KPD, d.h. die strukturelle Angleichung an die KPdSU (B). Da sich – vor dem Hintergrund der innerparteilichen Machtkämpfe in der KPdSU (B) – die Komintern ihrerseits dem wachsenden Machtanspruch Stalins beugte, vollzog sich (nach der Ächtung Leo Trotzkijs in der UdSSR) seit 1925 die Ausrichtung der KPD auf die Politik Stalins. Im Zeichen des »Kampfes gegen den Trotzkismus« ließ die Partei eigene, v.a. von Rosa Luxemburg geprägte ideologische Traditionen fallen. Schon seit 1919 bestand ein illegales Kontrollorgan zur Überwachung des legalen Parteiapparates (u.a. »Militärpolitischer Apparat« genannt; 1937 aufgelöst), dessen Tradition später das Ministerium für Staatssicherheit der DDR übernahm.

Im Rahmen einer »ultralinken Taktik«, die für die Jahre der Wirtschafts- und Staatskrise (1929–34) maßgebend blieb, wurden die Sozialdemokraten 1928 als »Sozialfaschisten« zum Hauptfeind erklärt. Damit wurde bewusst eine gemeinsame Handlungsbasis der KPD mit der SPD und anderen demokratischen Parteien zur Abwehr des Nationalsozialismus verhindert.

AUFLÖSUNG IM »DRITTEN REICH«: Nach dem Reichstagsbrand (27. 2. 1933) löste die nationalsozialistische Reichsregierung die KPD auf und verhaftete ihre Funktionäre. Die Partei formierte sich illegal; durch Verhaftungen stark dezimiert und isoliert, kämpften viele Kommunisten im Untergrund gegen das nationalsozialistische Regime. Die auf der »Brüsseler Konferenz« (bei Moskau, 3.–15. 10. 1935; XIII. Parteitag) zur Generallinie erklärte Zusammenarbeit aller »Antifaschisten« erfuhr auf der »Berner Konferenz« (bei Paris, 30. 1.–1. 2. 1939; XIV. Parteitag) eine gewisse taktische Weiterentwicklung. Im Moskauer Exil gewann Walter Ulbricht immer stärkeren Einfluss im Politbüro. Die überwiegende Mehrheit der KPD-Emigranten in Moskau war 1935–39, z.T. mit Beteiligung der Exilführung, von den blutigen Säuberungen Stalins betroffen (Große →Tschistka). Seit Sommer 1944 bereitete sich die Moskauer Führung der KPD (15 Mitglieder) auf die Übernahme der Macht in Nachkriegsdeutschland vor.

NACHKRIEGSDEUTSCHLAND: Nach dem staatlichen Zusammenbruch Deutschlands (April/Mai 1945) wurde die KPD in allen vier Besatzungszonen zugelassen. Ihre »Initiativgruppen« stellten die politischen Weichen für die spätere Entwicklung in der SBZ. Gestützt auf die sowjetische Besatzungsmacht, betrieb die KPD in der SBZ unter Zwang und starker Nötigung im Frühjahr 1946 die Vereinigung mit der dortigen SPD zur →Sozialistischen Einheitspartei Deutschlands (SED). Im Januar 1990 kam es in der DDR zur Wiedergründung der KPD als Splitterpartei. In den westlichen Besatzungszonen Deutschlands zunächst in mehreren Landesregierungen vertreten, verlor die KPD nach Gründung der Bundesrepublik Deutschland (1949) an Bedeutung. Am 17. 8. 1956 wurde sie vom Bundesverfassungsgericht für verfassungswidrig erklärt und aufgelöst; 1968 konstituierte sich eine →Deutsche Kommunistische Partei (DKP) neu.

Kommunistisches Manifest, Bezeichnung für die im Februar 1848 erschienene, von Karl Marx und Friedrich Engels verfasste, in vier Abschnitte gegliederte Programmschrift des Bundes der Kommunisten. Das »Manifest der Kommunistischen Partei« umreißt zum ersten Mal die Grundthesen des →Marxismus und hebt besonders den Klassenkampf und die internationale Solidarität hervor; es wurde in viele Sprachen übersetzt.

Konferenz über Sicherheit und Zusammenarbeit in Europa, Abk. **KSZE, Europäische Sicherheitskonferenz,** internationale Zusammenkunft, nach Vorgesprächen (22. 11. 1972–8. 6. 1973) eröffnet am 3. 7. 1973 in Helsinki, fortgesetzt vom 18. 9. 1973 bis zum 21. 7. 1975 in Genf und beendet am 1. 8. 1975 in Helsinki mit der Verabschiedung der »Schlussakte von Helsinki«. An der Konferenz nahmen 33 europäische Staaten (alle außer Albanien) teil sowie Kanada und die USA als Staaten, die Truppen in Europa stationiert hatten.

GESCHICHTE: Bereits in den 1950er-Jahren hatte die UdSSR die Einberufung einer Konferenz der europäischen Staaten gefordert, um in Europa ein System kollektiver Sicherheit zu schaffen. Ihr Ziel war es, ihr sicherheitspolitisches Vorfeld in Europa zu sichern, den Zusammenhalt zwischen den USA und den europäischen Staaten der NATO zu schwächen und die Eingliederung der Bundesrepublik Deutschland in dieses Bündnissystem zu verhindern. Nachdem ihre Bemühungen an dem Willen der NATO-Staaten, den Zusammenhalt der atlantischen Allianz zu wahren, gescheitert waren, erneuerte die UdSSR seit 1966 ihre Bemühungen um eine Konferenz über Sicherheitsfragen in Europa. Neben den alten Motiven spielte nunmehr auch die Ausweitung der wirtschaftlich-technischen Beziehungen zu den westlichen Industriestaaten eine wesentliche Rolle. In einer Phase der Entspannung im Ost-West-Konflikt gingen die NATO-Staaten gegen Ende der 1960er-Jahre stärker auf die Initiativen der UdSSR ein, forderten dabei aber zugleich, auf der geplanten Konferenz auch die Beachtung der Menschen- und Bürgerrechte in den einzelnen

Konferenz über Sicherheit und Zusammenarbeit in Europa. Unterzeichnung der »Schlussakte von Helsinki« am 1. 8. 1975 (von links nach rechts: Helmut Schmidt, Erich Honecker, Gerald Ford, Bruno Kreisky)

europäischen Staaten zu behandeln. Einen wichtigen Anteil an dieser Entwicklung hatte die neue Deutschland- und Ostpolitik der Regierung Brandt.

»SCHLUSSAKTE VON HELSINKI«: Die »Schlussakte von Helsinki« enthielt einen Katalog von 10 »Prinzipien«, die die Beziehungen der Teilnehmerstaaten leiten sollen: I: Souveräne Gleichheit, Achtung der der Souveränität innewohnenden Rechte; II: Enthaltung von der Androhung oder der Anwendung von Gewalt; III: Unverletzlichkeit der Grenzen; IV: Territoriale Integrität der Staaten; V: Friedliche Regelung von Streitfällen; VI: Nichteinmischung in innere Angelegenheiten; VII: Achtung der Menschenrechte und Grundfreiheiten; VIII: Recht der Völker, »ihren inneren und äußeren politischen Status quo ohne äußere Einmischung selbst bestimmen zu können«; IX: Zusammenarbeit zwischen den Staaten; X: Erfüllung völkerrechtlicher Verpflichtungen nach Treu und Glauben. Neben diesen Prinzipien enthält die Schlussakte ein »Dokument über vertrauensbildende Maßnahmen und bestimmte Aspekte der Sicherheit und Abrüstung«.

Außerdem stellt die Schlussakte Richtlinien für die Zusammenarbeit in den Bereichen Wirtschaft, Handel, Wissenschaft, Technik und Umwelt auf und beinhaltet konkrete Verbesserungen bei der Familienzusammenführung, beim Zugang zu Informationsmaterialien, für den zwischenstaatlichen Austausch von Kultur und Bildung sowie bei den Arbeitsbedingungen für Journalisten.

FOLGEKONFERENZEN: Um die Beachtung und Anwendung der KSZE-Beschlüsse zu überprüfen und den Entspannungsprozess weiterzuentwickeln, vereinbarten die Teilnehmer der KSZE, sich in Abständen erneut zu treffen.

Nach einer Reihe von Konferenzen führte die dramatisch veränderte politische Landschaft Europas nach dem Zusammenbruch der kommunistischen Regierungen Osteuropas zu Bekenntnissen aller Teilnehmerstaaten zum Mehrparteiensystem, zur Rechtsstaatlichkeit, zur wirtschaftlichen Nutzung des Privateigentums und zur Marktwirtschaft. Diese Wende ermöglichte es, auf dem durch die Vereinigung der beiden deutschen Staaten bedingten Sondergipfel von Paris (1990) die »Charta von Paris für ein neues Europa« zu verabschieden, in der die zu diesem Zeitpunkt 34 Mitgliedstaaten einander die »Hand der Freundschaft« reichten und in Räten und Ausschüssen erste Schritte zur Institutionalisierung der KSZE beschlossen.

Das Folgetreffen von Helsinki (1992) verabschiedete das »Helsinki-Dokument«, in dem sich die KSZE als »regionale Abmachung« gemäß UN-Charta versteht und das somit Grundlage der Zusammenarbeit zwischen KSZE und den Vereinten Nationen ist. Außerdem wurden Instrumentarien zur Konfliktverhütung und Krisenbewältigung einschließlich der Möglichkeit friedenserhaltender Maßnahmen beschlossen sowie ein »Forum für Sicherheitskooperation« (FSK) mit einem neuen Mandat für Rüstungskontrolle in Europa eingerichtet. Als neue Institution entstand das Amt eines »Hohen Kommissars für nationale Minderheiten« (High Commissioner on National Minorities; HCNM), um auf diesem Gebiet ein frühzeitiges Einwirken der KSZE zu ermöglichen. Auf dem Budapester Folgetreffen (1994) nannte sich die KSZE in »Organisation für Sicherheit und Zusammenarbeit in Europa« (OSZE) um.

Konfuzianismus. Noch heute wird Konfuzius in Ostasien verehrt – wie hier in einem Tempel in Taibei bei traditionellen Feierlichkeiten, zu denen die Aufführung eines alten Schreittanzes mit 36 gelb gewandeten Teilnehmern gehört.

Konföderierte Staaten von Amerika, englisch **Confederate States of America** [kənˈfedərɪt ˈsteɪts əv əˈmerɪkə], Abk. **CSA** [si:esˈeɪ], seit 1861 Bezeichnung der von den USA abgefallenen Südstaaten, deren Kongress in Montgomery (Ala.) Jefferson Davis zum Präsidenten wählte und eine neue Bundesverfassung annahm. Diese war am Muster der Verfassung der Vereinigten Staaten orientiert, berücksichtigte aber besonders die States' Rights, den von den Südstaaten geforderten Freihandel und die Aufrechterhaltung der Sklaverei. Die wichtigsten Bestimmungen der »Bill of Rights« (1791 in Kraft getretene Zusatzartikel zur Verfassung von 1787 über die Grundrechte der Amerikaner) wurden in den Verfassungstext integriert. Regierungssitz wurde im Sommer 1861 Richmond (Va.). Der Anspruch auf Begründung einer neuen Nation ließ sich jedoch im Bürgerkrieg 1861–65 (→Sezessionskrieg) nicht durchsetzen.

Konfuzianismus, die auf Konfuzius zurückgehende, besonders in China, aber auch in anderen Teilen Ostasiens verbreitete Weltanschauung. Ihr Gründer empfand sich als »Überlieferer«, und er verband in seiner Lehre zahlreiche ältere religiöse und soziale Vorstellungen, die den Konfuzianismus zu einer vielschichtigen und dadurch sehr wandlungsfähigen Geistesrichtung machten. Wesentlich waren die Rationalisierung des »Himmels« zu einer nicht mehr unbedingt persönlich, wenngleich moralisch wirkenden Macht, die dazu analoge Umgestaltung religiös-magischer Bräuche zu »Riten«, die Umdeutung des charismatisch legitimierten »Fürstensohnes« zum »Edlen« im moralischen Sinn sowie die Rückführung aller Einzeltugenden wie Pietät, Loyalität, Rechtlichkeit, Zuverlässigkeit und Bescheidenheit auf das humanistische Ideal der »Menschlichkeit«. Der Himmel gilt als Verkörperung der natürlichen und ethischen Gesetzmäßigkeiten des Universums. Wie der Himmel folgt in konfuzianistischer Sicht auch der Herrscher dem allgemeinen Naturgesetz; die Wahrung des Naturgesetzes wird durch die allgemeine Beachtung der Riten gewährleistet, in deren Vollzug sich die Harmonie von Mensch und Kosmos dokumentiert. Grundmodell für jede, auch die staatliche Hierarchie, bildet die patriarchalische Familie; der Kaiser verband als »Sohn des Himmels« und »Vater des Volkes« alle Sphären.

Kongokonferenz, auf belgische Veranlassung von Bismarck einberufene internationale Konferenz in Berlin (1884/85) zur Lösung des Kongoproblems. Anlass war eine von Großbritannien unterstützte Klage Portugals gegen die belgische Kolonialpolitik am Kongo. Die erarbeitete Kongoakte bestätigte den »Unabhängigen Kongostaat« als Eigentum des belgischen Königs Leopold II., erkannte den Besitz Frankreichs nördlich des

Kongounterlaufs (Brazzaville) an, erklärte das Kongobecken samt seinen Nebenflüssen für neutral, setzte die Freiheit des Handels und der Schifffahrt auf dem Kongo fest und verbot den Sklavenhandel. Die Kongokonferenz stellte den Höhepunkt des deutsch-französischen Einverständnisses in der Kolonialpolitik dar und verhinderte ein britisches Kolonialmonopol.

Kongokrise, Bezeichnung für die politischen Wirren, die im Zuge der Entkolonialisierung ab 1958/59 in Belgisch-Kongo entstanden, nach der Unabhängigkeitserklärung 1960 fortdauerten und trotz der Bemühungen der UN (ab 1960) zu Bürgerkrieg, Sezessionen (Katanga, Kasai) und wirtschaftlichem Chaos führten.

Kongresspolen, das durch den Wiener Kongress 1815 aus dem bisherigen Herzogtum Warschau geschaffene Königreich Polen, das in Personalunion mit Russland verbunden war. Es verlor seine zunächst weit gehende Eigenverwaltung nach dem Aufstand von 1830/31.

König [althochdeutsch kuning, eigentlich »Mann aus vornehmem Geschlecht«, zu kunni »Geschlecht«], nach dem →Kaiser Träger höchster staatlicher Gewalt und höchster Repräsentant in der Monarchie. Das Königtum als staatsrechtliche Institution gab es zu allen Zeiten, z. B. in den altgriechischen Stadtstaaten oder im Römischen Reich der Frühzeit. Bei den Germanen entstammte der König im Volkskönigtum der Frühzeit der sich durch besonderes Heil auszeichnenden, ihre Abstammung häufig auf die Götter zurückführenden Königssippe. Beim späteren Heerkönigtum wurde der König nunmehr vom Volk aus den vornehmsten Familien gewählt. Im Fränkischen Reich traten zu den Elementen der germanischen Zeit noch der antik-römische Amtsgedanke und das Gottesgnadentum mit seinem äußeren Symbol der Salbung (erstmals bei Pippin, 751). Zur Salbung kam seit Karl dem Großen die Krönung als weltlicher Akt. Eine weitere Grundlage seiner Legitimität war für den mittelalterlichen König die Stellung als christlicher Gesetzgeber; an das römische Vorbild wurde nur selten angeknüpft. Während die Machtstellung der fränkischen Könige auf dem Besitz des eroberten Landes beruhte (Königsgut), äußerte sich seine Amtsgewalt in Königsbann, Königsschutz, Königsgericht und in der Idee des Königsfriedens. Seinem Wesen nach war das Königtum im Frühmittelalter ein Reisekönigtum; Herrschaftsorte des Königs waren die Pfalzen.

Im Unterschied zur dynastischen Erbfolge in Frankreich und England, deren Herrscher ebenso wie die in Spanien, Portugal, Dänemark, Norwegen und Schweden seit dem Frühmittelalter den Königstitel beanspruchten, blieb das Königtum im Heiligen Römischen Reich wie in der germanischen Frühzeit bis 1806 formal ein Wahlkönigtum.

Königgrätz.
Am 3. 7. 1866 trafen die Armeen der Österreicher und Preußen bei Königgrätz zur Entscheidungsschlacht im Deutschen Krieg aufeinander: Preußen unter König Wilhelm I. und Generalstabschef Helmuth von Moltke blieben Sieger.

Königgrätz, tschechisch **Hradec Králové** ['hradɛts 'kra:lɔvɛ], Hauptstadt des Ostböhmischen Gebietes, Tschechische Republik. In der Schlacht bei Königgrätz (in Frankreich und Großbritannien nach dem nahe gelegenen Ort »Sadowa« benannt) besiegten die preußischen Truppen am 3. 7. 1866 die österreichisch-sächsische Armee und entschieden den →Deutschen Krieg 1866 zugunsten Preußens.

Königsfreie, Gruppe von Freien neben den Gemeinfreien, die im engeren Rechtsverhältnis des Königsdienstes mit besonderer Kriegsdienst- und Abgabeverpflichtung standen. Die Königsfreien waren mit nicht veräußerlichem Eigentum auf Königsgut angesiedelt, konnten vom König jedoch anderen, z. B. geistlichen Fürsten überlassen werden.

Konkordat [mittellatein., zu latein. concordare »übereinstimmen«], allgemein eine Vereinbarung, im engeren Sinne ein zur Regelung grundsätzlich aller Gegenstände gemeinsamen Interesses zwischen dem Heiligen Stuhl und einem Staat abgeschlossener Ver-

KÖNIG. ***Umstände der Wahl***

Im Heiligen Römischen Reich bestand bis 1806 formal ein Wahlkönigtum. Wahlberechtigt waren zunächst alle anwesenden weltlichen und geistlichen Reichsfürsten, seit dem Interregnum (1254–73) nur noch die Kurfürsten; im Sachsenspiegel wurden als »Vorwähler« die Inhaber der Erzämter genannt. Die Wahl des neuen Königs fand seit 1147 fast ausnahmslos in Frankfurt am Main statt, die Krönung bis 1531 in Aachen (seitdem auch in Frankfurt). Während der Krönung wurden ihm in feierlicher Zeremonie die Reichsinsignien überreicht (Reichskrone, Reichsapfel, Reichsschwert und -zepter), Herrschaftszeichen, die den Besitzer in rechtssymbolicher Bedeutung als legitimen Herrscher auswiesen. Seine Herrschaft trat der König mit einem Umritt (»Königsritt«) an.

trag; im weiteren Sinne jeder Vertrag zwischen der katholischen Kirche und einem Staat (»conventio«, »accordo«, »modus vivendi«). Verträge mit dem Heiligen Stuhl werden im Hinblick auf dessen Völkerrechtssubjektcharakter und die diplomatischen Abschlussformen überwiegend als völkerrechtliche oder völkerrechtsähnliche Verträge angesehen. Ihr echter Vertragscharakter ist heute durchweg anerkannt.

Eines der ältesten Konkordate ist das Wormser Konkordat (1122), durch das der →Investiturstreit beendet wurde. Unter den späteren ist für Deutschland besonders das Wiener Konkordat (1448) bedeutsam geworden. Die moderne Konkordatsgeschichte beginnt mit dem napoleonischen Konkordat von 1801. Besondere Bedeutung kam unter Pius XI. dem Konkordat mit Italien (1929, →Lateranverträge) zu. Das Deutsche Reich schloss 1933 mit dem Heiligen Stuhl das →Reichskonkordat.

Konrad I.

Konquistador [kɔŋkista'dɔr; span. »Eroberer«], Führer oder Teilnehmer der Expeditionen zur Entdeckung, Eroberung und Kolonisierung Amerikas. Die Konquistadoren wurden durch Verleihung von Hoheitsrechten, Adelstiteln, Encomiendas und Landbesitz belohnt. Aus ihrem Kreis entwickelte sich eine Kreolenaristokratie, die ein Vorrecht auf die Besetzung öffentlicher Ämter und geistliche Pfründen beanspruchte.

Kọnrad I., König des Heiligen Römischen Reichs (seit 911), Herzog der Franken, †23. 12. 918; stammte aus dem Geschlecht der Konradiner; wurde nach dem Aussterben der ostfränkischen Karolinger von Franken, Sachsen, Alemannen und Bayern im November 911 in Forchheim gewählt und zum König gesalbt, während sich die Lothringer dem Westfranken Karl III., dem Einfältigen, anschlossen. Konrad konnte weder die Differenzen zu Lothringen beilegen noch der drohenden Ungarngefahr wirksam begegnen. Auch vermochte er sich gegen die unabhängigen Stammesherzöge von Bayern, Sachsen und Schwaben nicht durchzusetzen. Sein militärisch mächtiger Widersacher war Herzog Heinrich von Sachsen.

Kọnrad II., König des Heiligen Römischen Reichs (seit 1024), *um 990, †Utrecht 4. 6. 1039; aus fränkischem Geschlecht; Begründer der Dynastie der Salier. Konrad wurde 1024 gegen seinen Vetter Konrad den Jüngeren zum (deutschen) König gewählt und in Mainz gekrönt (1024). Die Krönung zum König von Italien folgte in Mailand 1026, die Kaiserkrönung in Rom (1027); Ostern 1028 sicherte Konrad die Dynastie durch die Wahl seines Sohnes Heinrich (III.) zum Römischen König. Er festigte die Verbindung zu Italien durch die Besetzung oberitalienischer Bistümer mit Deutschen und durch Heiratsverbindungen des Adels. Obwohl Mailand unbezwungen blieb, konnte Konrad seine Herrschaft in Italien sichern. Den Konflikt mit Ungarn (nach 1030) beendete sein Sohn Heinrich selbstständig durch die Abtretung des Gebiets zwischen Fischa und Leitha. Von Polen erreichte Konrad 1031 die Herausgabe der Lausitz. Die Erwerbung des Königreichs Burgund (1033) aufgrund der von Kaiser Heinrich II. geschlossenen Erbverträge und der verwandtschaftlichen Beziehungen seiner Gattin Gisela (⚭Januar 1017) setzte Konrad 1032–34 gegen Graf Odo von Champagne durch. Drei Aufstände seines Stiefsohns Ernst II. von Schwaben blieben erfolglos.

Kọnrad III., König des Heiligen Römischen Reichs (seit 1138), *1093, †Bamberg 15. 2. 1152; Begründer der Dynastie der Staufer; Sohn Herzog Friedrichs I. von Schwaben und der Tochter Kaiser Heinrichs IV., Agnes. Konrad war schon 1127 in Nürnberg zum Gegenkönig Lothars III. und 1128 in Monza zum lombardischen König erhoben worden. Er erkannte Lothar 1135 in Mühlhausen (Thür.) an und wurde nach dessen Tod 1138 in Koblenz zum König gewählt. Der 2. Kreuzzug, zu dem er sich 1147 durch Bernhard von Clairvaux bewegen ließ, blieb gänzlich erfolglos. Ohne Krönung führte Konrad den Kaisertitel und die kaiserliche Ordnungszahl (II.). Er starb während der Vorbereitungen zum Romzug.

Kọnrad IV., König des Heiligen Römischen Reichs (seit 1250), als Konrad III. Herzog von Schwaben (seit 1235), *Andria 25. 4. 1228, †bei Lavello (bei Cerignola) 21. 5. 1254; Staufer; Sohn Kaiser Friedrichs II. und Isabellas von Jerusalem. Konrad wurde 1237 in Wien zum Römischen König gewählt, aber niemals gekrönt. Er konnte sich seit 1246 in Deutschland gegen die Gegenkönige Heinrich Raspe und Wilhelm von Holland nur schwer behaupten. Nach dem Tod des Vaters brach er Ende 1251 den Kampf um seine Königsherrschaft ab und ging nach Italien, um sein sizilianisches Erbreich zu erhalten. Konrad starb auf dem Höhepunkt des erfolgreich geführten Kampfes (seit 1251 »König von Sizilien und Jerusalem«) und hinterließ nur den zweijährigen Konradin.

Kọnradin [nach der zeitgenössischen italien. Verkleinerungsform »Conradinus«], eigentlich Konrad der Jüngere, als Konrad II. Herzog von Schwaben, *Burg Wolfstein (bei Landshut) 25. 3. 1252, †Neapel 29. 10. 1268; der letzte Staufer; Sohn König Konrads IV., Stiefsohn (seit 1258) Graf Meinhards IV. von Görz und Tirol. Konradin wuchs am Hof seines Onkels, Herzog Ludwigs II. von Bayern, auf. Seine nach dem Tode Wilhelms von Holland 1256 mehrfach geplante Wahl zum König wurde v. a. von den Päpsten verhindert. Nachdem sein Onkel, König Manfred von Sizilien (seit 1258) in der Schlacht von Benevent (1266) gefallen war, zog Konradin im Herbst 1267 nach Italien, um das Stauferererbe zu gewinnen. Mit der Unterstützung der italienischen Ghibellinen, Friedrichs I. von Baden und Prinz Heinrichs von Kastilien gelangen ihm Anfangserfolge, die durch die Niederlage gegen Karl von Anjou in der Schlacht bei Tagliacozzo (23. 8. 1268) zunichte gemacht wurden. Kurz darauf wurde Konradin gefangen und nach einem undurchsichtigen Prozess in Neapel enthauptet.

Konservativismus, Konservatismus, im allgemeinen Sprachgebrauch eine geistige, soziale und politische Haltung, die überlieferte Werte und überkommene Ordnungen bejaht und zu erhalten sucht, am Althergebrachten zäh festhält und sich nur ungern auf Neuerungen einlässt. Von extremen Ausprägungen abgesehen, kennzeichnet Konservativismus im weiteren Sinne eine Grundhaltung, die gegenüber dem sozialen Wandel das Bedürfnis nach Kontinuität, Identität und Sicherheit zur Geltung bringt. Der Konservativismus lehnt Neuerungen nicht schlechthin ab, verlangt jedoch von jedem, der sie fordert, den Beweis der Notwendigkeit. Konservativismus zielt auf Evolution, nicht auf Revolution, auf Tradition, nicht auf Reaktion.

VON DER AUFKLÄRUNG BIS ZUM ERSTEN WELTKRIEG: Der Konservativismus kam auf als Korrelat und Gegenbewegung zur politisch-sozialen Revolution; er entstammt demselben geistigen Umbruch, dessen Folge Philosophie und Politik der Aufklärung waren. In Auseinandersetzung mit den Ideen der Französischen Revolution von 1789 entfaltete sich der Konservativismus. Die Bedrohung durch die liberalen, nationalen und demokratischen Tendenzen führte die auf Bewahrung des Bestehenden ausgerichteten Kräfte – Königtum, Aristokratie, Armee, Bürokratie und Klerus – zu einem Verteidigungsbündnis für »Thron und Altar« zusammen. Im politischen Raum festigte Klemens Wenzel Fürst von Metternich sein »konservatives System« durch die Heilige Allianz, durch das »monarchische Prinzip«, aber auch durch polizeiliche und militärische Maßnahmen. In Preußen sammelte sich, gefördert von König Friedrich Wilhelm IV., der »christlich-germanische Kreis« um die Brüder Ludwig Friedrich Leopold und Ernst Ludwig von Gerlach. In enger Verbindung mit ihm schuf Friedrich Julius Stahl die Grundlagen der konservativen Staatstheorie (»Autorität, nicht Majorität«).

Während der Konservativismus besonders in Großbritannien seit der Mitte des 19. Jh. Tendenzen der Demokratisierung in sich aufnahm und nach Gründung der Dritten Republik in Frankreich (1870/75) Konservativismus und Republikanismus nach und nach verschmolzen, entwickelte sich der Konservativismus in Deutschland – in Auseinandersetzung mit der sich entfaltenden Industriegesellschaft – zu einer politischen Interessenvertretung des Großgrundbesitzes. Nach dem Scheitern der bürgerlich-liberalen Revolution (1848/49) passten sich große Teile des liberalen Bürgertums in Abwehr der nach gesellschaftlicher und politischer Emanzipation drängenden Industriearbeiterschaft dem Konservativismus an. Sie (v. a. die Nationalliberalen) gaben der obrigkeitsstaatlichen Autokratie nach und suchten, auch im Hinblick auf die Lösung der nationalen Frage, bei der »Krone« Zuflucht. Infolge dieser Verbindung nahm der Konservativismus allmählich den nationalstaatlichen Gedanken auf. Gegen Ende des 19. Jh. wurde die ursprünglich konservative Verbindung von »Thron und Altar« schließlich zu einer nationalliberalen Maxime.

20. JAHRHUNDERT: Nach dem Zusammenbruch der Monarchie in Deutschland und Österreich-Ungarn (1918) entwickelte der legitimistisch orientierte Konservativismus eine vielfach radikale antirepublikanische und antiparlamentarische Haltung, besonders in Gegnerschaft zur Weimarer Republik. In Konkurrenz zu dieser Form des Konservativismus artikulierte sich ein »revolutionärer Konservativismus«; dieser zeigte sich – letztlich das Wesen des Konservativismus aufgebend – als Gegenideologie zu Liberalismus und Sozialismus.

Die Frage, inwieweit der Konservativismus in Deutschland den Nationalsozialismus gefördert hat, wird kontrovers diskutiert. Die konservative Kritik am liberal-parlamentarischen Verfassungsstaat, der Gedanke der Vorrangigkeit politischer Führung vor politischer Kontrolle, die Vorliebe des Konservativismus für organisch-ständische Gesellschaftsmodelle und das Postulat eines herkunftsorientierten Volksbegriffs leistete der revolutionär-totalitären Ideologie des Nationalsozialismus Vorschub. Im Gegensatz dazu wurde aber auch die Opposition gegen Hitler und sein totalitäres Regime stark von Persönlichkeiten des deutschen Konservativismus mitgetragen.

Die Zuordnung von Inhalten und Trägern zu einem zeitgenössischen Konservativismus ist schwieriger als beim historischen Konservativismus. Die Frage der Monarchie, auch in parlamentarisch-demokratischen Staaten mit monarchischer Spitze, trat in den Hintergrund, ebenso die Affinität zu Kirche und Armee als unverrückbaren Größen der Gesellschaft. Unter dem Eindruck terroristischer Herrschaftssysteme (v. a. Nationalsozialismus und Stalinismus) sah sich der Konservativismus nunmehr auch über die angelsächsischen Staaten hinaus gezwungen, von der Demokratie als staatlichem Grundmodell auszugehen. Gesellschaftspolitisch rückten die Positionn des Konservativismus und des Liberalismus zusammen (z. B. Neoliberalismus); unter dem

Eindruck des Ost-West-Konfliktes entwickelten beide eine scharfe Gegnerschaft zum Kommunismus und seinen Herrschaftsformen in Europa und Asien. Während der Konservativismus in den angelsächsischen Ländern und Frankreich stärker an nationale Traditionen anknüpfen konnte, musste der Konservativismus in Deutschland, der sich nach 1945 nur in der Bundesrepublik Deutschland artikulieren konnte, einen tiefen Kontinuitätsbruch hinnehmen; durch seinen realhistorischen Bezug zum Nationalsozialismus war er weitgehend diskreditiert worden. Als politische Eigenqualifizierung verschwand die Bezeichnung »konservativ« lange Zeit weitgehend aus dem Sprachgebrauch.

Konstantin I., der Große, lateinisch Flavius Valerius Constantinus, Kaiser des Römischen Reichs (306–337), *Naissus (heute Niš) 27. 2. 272 oder 273 (oder um 280?), †bei Nikomedia 22. 5. 337; Sohn des Kaisers Constantius I. Chlorus und der Helena, Vater von Konstantin II. Konstantin wurde bei der Thronfolgeordnung von 305 übergangen, dann aber nach dem Tod seines Vaters (25. 7. 306) im britannischen Eburacum (York) von den römischen Truppen zum Augustus ausgerufen. Da der ranghöchste Augustus, Galerius, stattdessen Severus und nach dessen Tod 308 Licinius zum Augustus im Westen ernannte und Konstantin nur als Caesar anerkannte, suchte Konstantin in vorübergehender Zusammenarbeit mit Maximian und dessen Sohn Maxentius zunächst seine Herrschaft in Britannien, Gallien und Spanien auszubauen.

Nach dem Tod des Galerius (311) wandte er sich im Einvernehmen mit Licinius gegen Maxentius, den er am 28. 10. 312 an der Milvischen Brücke vernichtend schlug. Konstantin, zugleich durch Senatsbeschluss zum ranghöchsten Augustus erhoben, war damit Herr über den Westen geworden, während Licinius nach der Niederwerfung des Maximinus Daia (313) im Osten herrschte. Schon 314 kam es zwischen beiden Kaisern zu einem Krieg, in dem Konstantin nach der Schlacht bei Cibalae (heute Vinkovci, Republik Kroatien) Licinius zur Abtretung der illyrischen Provinzen zwang. In der Folgezeit wurde der Gegensatz durch die religiösen Differenzen vertieft. Während Konstantin seit 312 das Christentum förderte, begünstigte Licinius die alte Religion. Der Krieg von 324 brachte Konstantin die Alleinherrschaft; Licinius wurde als Staatsfeind hingerichtet. Das anstelle des alten Byzanz neu gegründete und am 11. 5. 330 einge-

KONSTANTIN I., DER GROSSE

Kaiser Konstantin I., der Große, wurde nach dem Sieg über seinen Konkurrenten Maxentius an der Milvischen Brücke in Rom (312) – zum Zeichen seines Sieges wurde auf dem Forum Romanum der 315 vollendete Konstantinsbogen (Foto) errichtet – Alleinherrscher im Westen des Römischen Reichs. Die christliche Tradition hat Konstantins Sieg über Maxentius mit der Bekehrung des Kaisers zu ihrem Glauben verknüpft – von ihrem Gott soll er vor dem Kampf ein siegverheißendes Zeichen erhalten haben. Jedenfalls hat Konstantin seit 312 die Kirche mit Schenkungen bedacht, ihr Privilegien eingeräumt und sie auf vielfältige Weise begünstigt.

Toleranzedikt von Mailand

Die systematische Unterdrückung und Verfolgung der Christen seitens des Staates, die noch unter Diokletian einen traurigen Höhepunkt erreicht hatten, endete mit dem in Mailand 313 von Konstantin und Licinius, Kaiser im östlichen Teil des Reichs, verkündeten Toleranzedikt: *»Dass überhaupt niemandem die Erlaubnis zu versagen ist, der dem christlichen Glauben oder ihrer Religion sich zuwenden ... will. Vielmehr soll jeder die Freiheit haben, seine Gedanken derjenigen Religion zuzuwenden, die er für sich am geeignetsten hält.«* Konstantin fühlte sich dem Christengott besonders verpflichtet, empfing aber erst 337 auf dem Totenbett die Taufe und wurde in der Apostelkirche in Konstantinopel beigesetzt. Mit ihm begann nicht nur die Geschichte der staatlichen Duldung des Christentums, sondern ebenso eine bis in die Gegenwart fortwirkende enge Bindung von Kirche und Staat.

weihte Konstantinopel (Constantinopolis) wurde Residenz und als »Neues Rom« mit eigenem Senat zur zweiten Hauptstadt des Reiches ausgebaut. Konstantin führte die Reformen Diokletians z.T. modifiziert weiter. Durch die neue Goldmünze, den Solidus, sanierte er die Währung; die Reichsgrenzen wurden erfolgreich gesichert.

Seit der Schlacht an der Milvischen Brücke bekannte sich Konstantin offen zum Gott der Christen. Mit dem 313 erlassenen Toleranzedikt von Mailand verfügte Konstantin die Rückgabe des unter Diokletian enteigneten Kirchengutes und die Gleichstellung des Christentums mit der antiken Religion. Sein Bemühen um die kirchliche Einheit, bei dem sich politische und religiöse Motive miteinander verbanden, ließ ihn 313 in den afrikanischen Donatistenstreit eingreifen. 325 berief er zur Schlichtung des arianischen Streites (→Arianismus) das Konzil von Nicäa ein, dessen Entscheidungen er wesentlich beeinflusste. Durch die Beisetzung in der Apostelkirche zu Konstantinopel wurde Konstantin als 13. Apostel geehrt.

Konstantin VII. Porphyrogennetos [griech. »der im Purpur Geborene«], byzantinischer Kaiser (913–959), *Konstantinopel 905, †ebenda 9. 11. 959; Mitkaiser seines Schwiegervaters Romanos I. Lakapenos (920–944); war aber bis zu dessen Sturz von den Staatsgeschäften ausgeschlossen. Konstantin erließ Gesetze zum Schutz der Kleinbauern und wehrte Araber und Ungarn ab. An Abd ar-Rahman III. von Córdoba und an König (später Kaiser) Otto I., den Großen, schickte er Prunkgesandtschaften.

Konstantin IX. Monomachos [griech. »der Einzelkämpfer«], Kaiser des Byzantinischen Reichs (1042–55), †Konstantinopel 11. 1. 1055; hoher Beamter und Senator aus adliger Familie; erlangte die Kaiserwürde durch Heirat mit der Kaiserin Zoe. Nach der Niederwerfung von Militäraufständen erwuchsen Konstantin und der byzantinischen Zentralgewalt in den Petschenegen und Kumanen im Norden, den Seldschuken im Osten und den Normannen im Westen neue Gegner. Die Regierungsperiode Konstantins war eine kulturelle Blütezeit, doch fällt in sie auch das →Morgenländische Schisma (Juli 1054).

Konstantinische Schenkung, lateinisch **Constitutum Constantini, Donatio Constantini,** zwischen 750 und 850 entstandene Fälschung in Urkundenform. Der Urkunde zufolge soll Kaiser Konstantin I., der Große, bei der Verlegung seiner Residenz nach Konstantinopel Papst Silvester I. und dessen Nachfolgern zum Dank für die Spendung der Taufe und die Heilung vom Aussatz (Silvesterlegende) kaiserliche Gewalt, Würde und Insignien verliehen und ihnen den Lateranpalast sowie die Herrschaft über Rom und alle Provinzen, Gebiete und Städte Italiens und über die Provinzen im Westen des Römischen Reiches überlassen haben. Anlass für die Abfassung der Urkunde war möglicherweise der Vertrag von Quierzy (→Pippinsche Schenkung, 754) zwischen Papst Stephan II. und König Pippin III., dem Jüngeren, oder der in der zweiten Hälfte des 8. Jh. entstandene päpstliche Anspruch auf das Exarchat Ravenna und weitere italienische Gebiete. Nach vorübergehenden Zweifeln an ihrer Echtheit unter Otto III. diente die Fälschung v.a. Anfang des 13. Jh. Papst Innozenz III. zur Legitimierung und Verteidigung seiner Besitzansprüche auf den Kirchenstaat. Die Echtheit der Konstantinischen Schenkung wurde dann bis ins 15. Jh. nicht mehr infrage gestellt. Erst Humanisten des 15. Jh. wie Nikolaus von Kues und Lorenzo Valla bewiesen durch historisch-philologische Untersuchungen ihre Unechtheit.

Konstantinopel, Konzile von, vier in Konstantinopel abgehaltene ökumenische Konzile des Altertums.

Das 1. Konzil von Konstantinopel (381, 2. ökumenisches Konzil) war eine von Kaiser Theodosius I. einberufene Reichssynode, in der die nach dem Konzil von Nicäa (325) weiter bestehenden Konflikte mit verschiedenen arianischen Strömungen bereinigt werden sollten. Dabei stand die Frage nach der »Wesensgleichheit« von Gott und Heiligem Geist im Vordergrund. Das Konzil bestätigte das Glaubensbekenntnis von Nicäa, verurteilte den Arianismus und formulierte das Nicänokonstantinopolitanische Glaubensbekenntnis, das die Gottheit des Heiligen Geistes betonte. Außerdem erkannte es dem Bischof von Konstantinopel den höchsten Rang nach dem Bischof von Rom zu.

Das 2. Konzil von Konstantinopel (553, 5. ökumenisches Konzil), einberufen von Kaiser Justinian, beendete den Dreikapitelstreit, indem es gegen den ausdrücklichen Willen des Papstes Vigilius die führenden Vertreter der antiochenischen Schule verurteilte und damit den Monophysiten entgegenkam.

Das 3. Konzil von Konstantinopel (»Trullanum«, 680–681, 6. ökumenisches Konzil), einberufen von Kaiser Konstantin IV. Pogonatos, verurteilte Monotheletismus und Monergismus sowie deren Anhänger, zu denen das Konzil auch den bereits verstorbenen Papst Honorius I. wegen monotheletischer Äußerungen während seiner Amtszeit zählte. Im Zusammenhang mit der Unfehlbarkeitsdiskussion auf dem 1. Vatikanischen Konzil wurde auf diese Verurteilung eines Papstes durch ein Konzil (»Honoriusfrage«) immer wieder Bezug genommen.

Anlass für das 4. Konzil von Konstantinopel (869–870, nach Zählung der katholischen Kirche das 8. ökumenische Konzil) war der Konflikt zwischen Papst Nikolaus I. und dem

KONSTANTIN I., DER GROSSE
***272 oder 273 †337**

- wurde nach der Schlacht an der Milvischen Brücke Alleinherrscher im Römischen Reich
- förderte als Kaiser das Christentum
- führte Reformen durch
- gründete 330 Konstantinopel

Patriarchen von Konstantinopel, Photios, der von Nikolaus I. nicht anerkannt und 863 abgesetzt worden war. Der Nachfolger Nikolaus' I., Papst Hadrian II., berief auf Initiative des neuen Kaisers, Basileios I., ein Konzil ein, auf dem Photios verurteilt wurde. Daneben wurde die Erlaubtheit der Bilderverehrung hervorgehoben und die Reihenfolge der fünf Patriarchen festgelegt (Rom, Konstantinopel, Alexandria, Antiochia, Jerusalem).

Konstanze, Kaiserin des Heiligen Römischen Reichs, * 1154, † Palermo 27. 9. 1198; Erbtochter König Rogers II. von Sizilien. Durch ihre Verlobung (29. 10. 1184) und Heirat mit dem späteren Kaiser Heinrich VI. (27. 1. 1186, seitdem Römische Königin) fielen Sizilien und Süditalien an die Staufer. Nach ihrer Krönung zur Kaiserin (1191) geriet Konstanze für kurze Zeit in die Gefangenschaft des von sizilianischen Baronen zum Gegenkönig erhobenen Tankred von Lecce. Seit 1195 hielt sie sich im Königreich Sizilien auf, wo sie sich unter Wahrung der Eigeninteressen gegen die staufische Vorherrschaft wandte. Quellenmäßig nicht belegbar ist ihre Beteiligung am Aufstand (1197) gegen ihren Gatten Heinrich VI. Nach dessen Tod ließ sie 1198 ihren Sohn, den späteren Kaiser Friedrich II., zum König von Sizilien krönen und bestimmte in ihrem Testament Papst Innozenz III. zu seinem Vormund.

Konstanz, Konzil von, auf Veranlassung König Siegmunds durch den in Pisa residierenden Papst Johannes XXIII. einberufenes Konzil. Am 5. 11. 1414 eröffnet, tagte es bis zum 22. 4. 1418. Nach der Zählung der katholischen Kirche gilt das Konzil von Konstanz als das 16. ökumenische Konzil; kirchengeschichtlich zählt es zu den Reformkonzilen. Seine erklärten Ziele waren die Beseitigung des → Abendländischen Schismas, die Überwindung der wycliffeschen Häresie und eine Reform der Kirche. In seinem Verlauf wurden die Päpste Johannes XXIII. und Benedikt XIII. abgesetzt; Gregor XII. trat selbst zurück. Als neuer Papst wurde 1417 Kardinal Oddo Colonna (Martin V.) gewählt. In der Auseinandersetzung um die rechtmäßige Lehre mussten sich Jan Hus und Hieronymus von Prag als führende Vertreter der Lehren John Wycliffes vor dem Konzil verteidigen. 1415 wurden sie verurteilt und als Häretiker verbrannt. Die Diskussion um die Kirchenreform wurde bestimmt von der Idee des Konziliarismus. Gemäß dem Konzilsdekret »Haec sancta« (1415) schuldet jeder – auch der Papst – dem ökumenischen Konzil in Sachen des Glaubens, der Kircheneinheit und der Reform Gehorsam. Das Dekret »Frequens« (1417) setzte die ständige Einrichtung von allgemeinen Konzilen als Kontrollinstanz gegenüber dem Papst fest: Nach fünf Jahren, nach sieben Jahren und dann alle zehn Jahre sollte ein Konzil einberufen werden.

Konzil von Konstanz. Jan Hus, unter Zusicherung freien Geleits nach Konstanz gelockt, um dort seine Lehren persönlich verteidigen zu können, wurde schon kurz nach seiner Ankunft festgenommen. Der folgende Ketzerprozess endete mit seiner Verurteilung und Hinrichtung auf dem Scheiterhaufen (Illustration aus der Chronik des Ulrich Richental, um 1465; Konstanz, Rosgartenmuseum).

Konstitutionalismus, konstitutionelles System, im weiteren Sinne eine Herrschaftsform, bei der die Staatsgewalt im Rahmen einer Verfassung (Konstitution) oder grundlegender Gesetze ausgeübt wird. Im engeren Sinne bezeichnet der Begriff Konstitutionalismus die Regierungsform der konstitutionellen Monarchie und der Präsidialdemokratie; sie wird unterschieden vom Parlamentarismus, der Regierungsform der parlamentarischen Demokratie.

Konsul [latein., zu consulere »sich beraten«], in der römischen Antike Titel der beiden höchsten Jahresbeamten (Consules) der römischen Republik, die aus Angehörigen der patrizischen, seit 367 v. Chr. auch der plebejischen Geschlechter gewählt wurden; Wahlgremium waren die Zenturiatkomitien. Die Konsuln traten ursprünglich ihr Amt im März, seit 153 v. Chr. am 1. Januar des altrömischen Kalenders an. Von den Consules ordinarii, nach denen bis 354 n. Chr. das Jahr bezeichnet wurde, waren die Consules suffecti unterschieden, die erst im Lauf des Amtsjahres nach dem Tod oder Ausscheiden ihrer Vorgänger als Konsuln bestellt wurden. Die Konsuln, einander völlig gleichgestellt, waren Träger der höchsten Staatsgewalt, des Imperiums. In der Kaiserzeit verloren sie ihre einstige Bedeutung und behielten bestimmte mit ihrem Amt verbundene Ehrenrechte. Sie wurden bald durch den Kaiser nominiert und blieben in der Regel nur einige Monate im Amt.

Im Mittelalter erschien die Bezeichnung Konsul als Titel der regierenden Beamten der Stadtkommunen Italiens und Südfrankreichs. Zur Zeit des französischen Konsulats (1799–1804) war Konsul Titel der Mitglieder des Exekutivkollegiums. Erster Konsul war Napoléon Bonaparte.

Konsulat, in der französischen Geschichte Bezeichnung für das durch Napoléon Bonapartes Staatsstreich vom 18. Brumaire VIII (9. 11. 1799) begründete Regierungssystem, das bis zur Errichtung des Ersten Kaiserreichs (18. 5. 1804) in Kraft blieb. An der Spitze des Staates standen bis 4. 8. 1802 drei Konsuln; 1802–04 war Napoléon Bonaparte einziger Konsul »auf Lebenszeit«.

Kontinentalkongress, der Delegiertenkongress der britischen Kolonien in Nordamerika, der vom 5. 9. bis 26. 10. 1774 (Erster Kontinentalkongress, noch ohne Georgia) und vom 10. 5. 1775 bis 1789 (Zweiter Kontinentalkongress) in Philadelphia (Pa.) tagte und entscheidende Bedeutung für den Zusammenschluss der bisherigen Kolonien als Vereinigte Staaten von Amerika hatte. Im Juni 1775 stellte er eine gemeinsame Armee auf und nahm nach der →Amerikanischen Unabhängigkeitserklärung vom 4. 7. 1776 am 15. 11. 1777 eine Staatenbundverfassung an. Da sie der Bundesgewalt nur ungenügende Befugnisse einräumte, führte die Unzufriedenheit mit ihr zur Einberufung des Verfassungskonvents und zur Ausarbeitung der Bundesverfassung von 1787. Eine der wichtigsten gesetzgeberischen Leistungen des Kontinentalkongresses war 1787 die politische Organisation des Northwest Territory.

Kontinentalsperre, die Maßnahmen Napoleons I. zur wirtschaftlichen Abschließung des europäischen Festlandes gegen Großbritannien, eingeleitet durch das Dekret von Berlin (21. 11. 1806), das den Handel mit Großbritannien und mit britischen Waren verbot, vollendet durch die Dekrete von Trianon und Fontainebleau (1810). Großbritannien antwortete 1807 mit dem Verbot für alle neutralen Schiffe, französische Häfen anzulaufen, und mit der Blockade der Häfen Frankreichs und seiner Verbündeten. Die Folge war ein ausgedehnter und Gewinn bringender Schmuggel. Die Kontinentalsperre schädigte das britische Wirtschaftsleben schwer, traf aber den festländischen Handel ebenso und verteuerte die Lebenshaltung; ferner hemmte sie die industrielle Entwicklung. Das Widerstreben Russlands gegen die Kontinentalsperre trug 1812 zum Ausbruch des Krieges bei. Gleichzeitig wurde Großbritannien, das seine Seeherrschaft rücksichtslos gegen die Neutralen ausübte, in einen Krieg mit den Vereinigten Staaten verwickelt.

Konvent, →Nationalkonvent.

Konzentrationslager, Abk. **KZ,** Massenlager, die Elemente des Arbeits-, Internierungs- und Kriegsgefangenenlagers sowie des Gefängnisses und Gettos vereinigen. Sie dienten seit dem 20. Jh. in diktatorischen Staaten der Unterdrückung und Ausschaltung politischer Gegner. Vorläufer waren die u. a. von der spanischen Kolonialmacht während der Revolution auf Kuba (1895) und von der britischen Armee unter Lord Kitchener im Burenkrieg (1899–1902) errichteten Massenlager für Gefangene. Ab 1917/23 richtete das bolschewistische Russland in seinem Herrschaftsgebiet Zwangsarbeitslager zur Verfolgung der politischen Opposition ein.

Konzentrationslager. Standorte der während der nationalsozialistischen Gewaltherrschaft errichteten Konzentrations- und Vernichtungslager

Während der nationalsozialistischen Diktatur in Deutschland (1933–45) hatten die Konzentrationslager (offizielle Abk. KL) unter der Herrschaft der SS unterschiedliche Funktionen: zunächst Sonderlager für politische Gegner, dann zusätzlich Zwangsarbeitslager (seit 1941/42 auch im Rahmen der Kriegswirtschaft) und nach 1939 Stätten der Massenvernichtung besonders von Juden, Sinti und Roma sowie anderen missliebigen Personengruppen (→Vernichtungslager).

SONDERLAGER FÜR POLITISCHE GEGNER: Nach dem Reichstagsbrand (27. 2. 1933) wurden auf der Grundlage der »VO zum Schutz von Volk und Staat« (28. 2.), die Hitler besonders zur Außerkraftsetzung der Grundrechte in Deutschland diente, politische Gegner in polizeiliche »Schutzhaft« genommen oder von der SA und SS willkürlich verhaftet. Erste Konzentrationslager errichteten der damalige kommissarische Polizeipräsident von München, Heinrich Himmler, bei Dachau (20. 3. 1933) sowie SA und SS in Berlin und Umgebung (Columbia-Gefängnis, Oranienburg). Als Reichsführer der SS richtete Himmler das Amt des »Inspekteurs der Konzentrationslager« ein, der zugleich Befehlshaber der bei den Konzentrationslagern kasernierten SS-Wach-

Koreakrieg. Ein amerikanischer Truppentransporter wird 1950 von einer Ehrenformation aus US-Marines mit den Flaggen Südkoreas, der USA und der UN empfangen.

und SS-Totenkopfverbände war (Theodor Eicke). Nach dem Vorbild von Dachau errichtete die SS neue Konzentrationslager: 1937 in Buchenwald, 1938 in Flossenbürg und Mauthausen sowie 1939 in Ravensbrück (Frauenkonzentrationslager). Nach Ausbruch des Zweiten Weltkrieges 1939 wurde die »Inspektion der Konzentrationslager« (Richard Glücks) dem neuen SS-Führungsamt, 1942 dem SS-Wirtschaftsverwaltungshauptamt (WVHA; Oswald Pohl) unterstellt. Das Netz von Haupt- und Nebenlagern wurde ab 1939/40 mit der Neuerrichtung von Konzentrationslagern u.a. in Bergen-Belsen, Neuengamme, Groß-Rosen (Breslau), Stutthof, Natzweiler, Auschwitz, Majdanek, Theresienstadt und Riga zunehmend ausgebaut. Mit Außenstellen, Arbeitserziehungslagern, Jugend- und Polizeihaftlagern, in denen die Haftbedingungen denen in Konzentrationslagern stark ähnelten, sowie den vielen Kleinstlagern existierten zeitweise bis über 23000 Lager im Deutschen Reich und seinem Einflussgebiet.

Seit 1935 wurden neben tatsächlichen oder vermeintlichen politischen Gegnern Personengruppen inhaftiert, die aus rassistischen, religiösen oder »sozialen« Gründen zu »(Volks-)Gemeinschaftsfremden« und »Volksschädlingen« erklärt wurden, so z.B. Juden, Sinti und Roma, Geistliche, Bibelforscher, »Arbeitsscheue« und »Asoziale«, Gewohnheitsverbrecher und Homosexuelle. Der gewaltsame »Anschluss« Österreichs an das Deutsche Reich und die Novemberpogrome 1938 (Reichspogromnacht) führten zu einer neuen Verhaftungswelle. Im Zweiten Weltkrieg wurden Widerstandskämpfer aus den besetzten Gebieten inhaftiert. Im März 1942 betrug die Zahl der Häftlinge etwa 100000, im Januar 1945 etwa 715000, bewacht von 40000 SS-Männern, seit 1944 in den Außenlagern auch von Soldaten der Wehrmacht.

ZWANGSARBEITSLAGER: Seit 1938 wurde der Zwangseinsatz für Unternehmen der SS und später für die Rüstungsindustrie (u.a. IG Farbenindustrie AG) ein wesentlicher Zweck der Konzentrationslager. →Zwangsarbeit unter menschenunwürdigen Arbeitsbedingungen, Hunger, Seuchen, drakonische Strafen und sadistische Quälereien führten dazu, dass viele Häftlinge starben oder schwere gesundheitliche Schäden davontrugen. In den meisten Konzentrationslagern wurden in Isolierblocks »wissenschaftliche« Experimente an Menschen von SS-Ärzten durchgeführt. Besonders seit 1943 kam es zu Massenvernichtungen von Geisteskranken, kranken Häftlingen, Polen und sowjetischen Kriegsgefangenen (u.a. →Euthanasie). Als im Frühjahr 1945 die Lager vom Osten in den Westen des Reichs verlegt wurden, starben zahllose Menschen auf mörderischen Fußmärschen (»Todesmärsche«).

STÄTTEN DER MASSENVERNICHTUNG: Nach der grundsätzlichen Entscheidung zur Ermordung der europäischen Juden (»Endlösung der Judenfrage«) während der Vorbereitungen des Angriffs auf die Sowjetunion (Sommer 1941) errichtete die SS u.a. bei den Konzentrationslagern in Auschwitz und Majdanek sowie in Culm (polnisch Chełmno), Bełżec, Sobibór und Treblinka technisch-fabrikmäßige Vernichtungslager (→Holocaust). Insgesamt befanden sich während der nationalsozialistischen Herrschaft – nach Schätzungen – zwischen etwa 1,6 Millionen und – unter Einbeziehung der Vernichtungslager – 7,2 Millionen Häftlinge in den Konzentrationslagern.

Konzert der europäischen Mächte, Europäisches Konzert, diplomatische Bezeichnung für die Einheit und das Zusammenwirken der europäischen Staatenwelt, besonders der Großmächte, seit dem 16./17. Jahrhundert. Im 18. Jh. waren es zunächst Österreich, Frankreich, Großbritannien, die Niederlande und Spanien, später anstelle der beiden Letzteren Preußen und Russland, die – meist nach dem Grundsatz des europäischen Gleichgewichts – über Krieg und Frieden in Europa entschieden. Nach 1814/15 war es das Ziel dieser Großmächte (Frankreich zählte erst nach dem Aachener Kongress 1818 wieder zum Konzert der europäischen Mächte), die Ordnung des Wiener Kongresses gegen die aufkommenden nationalen und liberalen Bestrebungen zu verteidigen. Im Pariser Frieden vom 30. 3. 1856 (Ende des Krimkriegs) wurde der Begriff zum letzten Mal offiziell gebraucht (Aufnahme der Türkei in das Konzert der europäischen Mächte).

Konziliarismus, Bezeichnung für die Auffassung, dass das Konzil und nicht der Papst allein die höchste Instanz der Kirche sei. Der Ursprung des Konziliarismus liegt in der mittelalterlichen Kanonistik; praktische Bedeutung erlangte er im →Abendländischen

Schisma. Trotz mehrfacher Verurteilung des Konziliarismus durch die Päpste wurden Gedanken des Konziliarismus bis zum 1. Vatikanischen Konzil immer wieder vertreten.

Koreakrieg, Kampfhandlungen (1950 bis 1953) in Korea zwischen Truppen der Demokratischen Volksrepublik Korea (Nordkorea) einerseits sowie Streitkräften der Republik Korea (Südkorea) und einer Streitmacht der UN andererseits. Nach zahlreichen vorangegangenen Zwischenfällen überschritten am 25. 6. 1950 nordkoreanische Truppen die Demarkationslinie am 38. Breitengrad nach Südkorea. Sie bedrohten damit nicht nur dessen staatliche Existenz, sondern auch den Status quo zwischen den Einflussgebieten der »westlichen Mächte« und der UdSSR in Korea. Der Sicherheitsrat der Vereinten Nationen (UN) verurteilte Nordkorea als Aggressor und beschloss (bei Abwesenheit der UdSSR) am 27. 6. 1950 die Aufstellung einer UN-Streitmacht. Die USA trugen die militärische Hauptlast; 15 weitere Mitglieder entsandten Truppenkontingente.

Die nordkoreanischen Truppen eroberten zunächst ganz Südkorea bis auf den Brückenkopf Pusan im Südosten der Halbinsel. Mit der am 15. 9. 1950 begonnenen Gegenoffensive drängten die UN-Streitkräfte die nordkoreanischen Truppen über den 38. Breitengrad zurück und erreichten im Oktober 1950 bei Chosan am Yalu die nordkoreanisch-chinesische Grenze. Eine von Freiwilligenverbänden aus der Volksrepublik China unterstützte Gegenoffensive Nordkoreas konnten die UN-Truppen im Januar 1951 südlich von Seoul aufhalten. Im Frühjahr 1951 stabilisierte sich die Front dicht nördlich des 38. Breitengrades. Neuere Forschungen ergaben, dass der nordkoreanische Angriff 1950 nicht nur mit sowjetischem Wissen und der Billigung durch Stalin erfolgte, sondern dass die UdSSR auch direkt militärisch eingriff.

Am 10. 7. 1951 begannen in Kaesŏng Waffenstillstandsverhandlungen, die am 25. 10. 1951 in Panmunjom fortgesetzt wurden. In der Zeit zwischen den immer wieder unterbrochenen zweijährigen Verhandlungen unternahmen beide Seiten verschiedene militärische Offensiven, ohne jedoch noch nennenswerte Resultate erzielen zu können; die US-amerikanische Luftwaffe richtete regelrechte Flächenbombardements gegen nordkoreanische Industrie- und Siedlungsgebiete, die große Opfer unter der Zivilbevölkerung forderten. Das Waffenstillstandsabkommen (27. 7. 1953) bestimmte mit geringfügigen Änderungen den 38. Breitengrad wieder als Grenze zwischen Nord- und Südkorea, legte eine 4 km breite entmilitarisierte Zone zu beiden Seiten der Grenze fest und setzte eine Waffenstillstandskommission ein. Der Versuch eines Friedensschlusses scheiterte 1954. Dadurch wurde die Spaltung der koreanischen Halbinsel zementiert und ein gefährlicher Krisenherd in Asien hinterlassen.

Korinthischer Bund, 1) Bezeichnung für die gegen Persien verbündeten Griechen 480 v. Chr.; 2) der von Philipp II. von Makedonien 337 v. Chr. gegründete Bund der griechischen Staaten mit Ausnahme Spartas.

Kosaken [russ.-poln., von turktatar. kazak »freier Krieger«, »Abenteurer«], ursprünglich tatarische Grenzkrieger, Wach- und Plünderungstrupps, später ostslawische freie Kriegergemeinschaften am Rande der osteuropäischen Steppenzone. Die Kosaken rekrutierten sich v. a. aus russischen und ukrainischen Bauern, die sich seit dem 15. Jh. der Leibeigenschaft bzw. dem wirtschaftlichen Druck auf den Adelsgütern durch Flucht in die freien Steppen entzogen und dort siedelten. Es bildeten sich jenseits der regulär verwalteten Territorien von Polen-Litauen und Russland freie Kosakengemeinschaften: großrussische an Don (Don-Kosaken), Wolga, Ural, Terek und ukrainische am Dnjepr, seit der Mitte des 16. Jh. bis 1775 mit befestigtem Zentrum unterhalb der Stromschnellen auf der Insel Sitsch (Saporoger Kosaken). Sie organisierten sich in Reiterheeren unter gewählten Atamanen (bei den Saporoger Kosaken Hetmanen) und lebten von Beutezügen und etwas Landwirtschaft. Gleichzeitig kämpften die »registrierten« Kosaken (»Register-Kosaken«) gegen Besoldung in den Heeren Polens und des Moskauer Staates. An der Eroberung und Erschließung Sibiriens hatten sie großen Anteil. Die registrierten Kosaken im polnischen Dienst und die Saporoger Kosaken reagierten auf eine Einschränkung ihrer Freiheiten 1648 mit einem Aufstand gegen Polen. Seit der Mitte des 17. Jh. wurden die Kosakengebiete an Dnjepr und Don schrittweise in den polnisch-litauischen

Kosaken. »Angriff russischer Kosaken auf einen französischen Truppentransport« im Krimkrieg 1853/54–56 (Gemälde von Konstantin Filippow; Sankt Petersburg, Privatsammlung).

bzw. den russischen Staat einbezogen. Im 18. Jh. verloren die Kosaken weitgehend ihre Privilegien, jedoch entstanden an den gefährdeten Grenzen in Kaukasien, Zentralasien und im Fernen Osten neue Kosakenheere; Kosakenniederlassungen mit weitgehender Autonomie wurden u. a. am Kuban, am Asowschen Meer und am Baikalsee geschaffen. Im zaristischen Russland wurden die Kosaken im 19. Jh. und zu Beginn des 20. Jh. oft zur Niederschlagung innerer Unruhen eingesetzt

Lajos Kossuth

Kosciuszko [kɔɕ'tɕuʃkɔ], Tadeusz, polnischer Offizier und Freiheitskämpfer, *Mereczowszczyzna (bei Nowogródek, Wolhynien) 4. (?) 2. 1746, †Solothurn 15. 10. 1817; aus polnischem, ursprünglich weißruthenischem Kleinadel. Kosciuszko ging 1776 nach Nordamerika und nahm dort als Ingenieuroffizier und Oberst am Unabhängigkeitskrieg teil. 1784 kehrte er als amerikanischer General nach Polen zurück, wo er im gleichen Rang 1789 in die Armee eintrat und 1792 gegen die von einer russischen Armee unterstützte Konföderation von Targowica kämpfte; anschließend floh er nach Sachsen. Als Antwort auf die 2. Polnische Teilung (1793) begann er am 24. 3. 1794 in Krakau als »Staatschef« den nach ihm benannten Aufstand. Nach anfänglichen Erfolgen erlag er der russisch-preußischen Übermacht und geriet nach der Niederlage bei Maciejowice verwundet in russische Gefangenschaft. 1796 freigelassen, lebte er zunächst in Amerika, 1798–1815 in Frankreich, danach in der Schweiz.

Bruno Kreisky

Kossuth ['koʃu:t], Lajos, ungarischer Politiker, *Monok (Bezirk Borsod-Abaúj-Zemplén) 19. 9. 1802, †Turin 20. 3. 1894; war Abgeordneter in den ungarischen Landtagen 1825–27 und 1832–36. 1839 wurde Kossuth wegen »Aufwiegelung« zu vier Jahren Gefängnis verurteilt, 1840 amnestiert. 1841–44 war er Chefredakteur der »Pesti Hírlap«, des Organs der nationalen Reformpolitik. Als Führer der Opposition forderte er im Landtag 1847/48 die Beseitigung der ständischen Privilegien und der bäuerlichen Lasten sowie Pressefreiheit und eine konstitutionelle Regierung; 1848 wurde er Finanzminister der Regierung Batthyány und organisierte als Vorsitzender des Verteidigungsausschusses die Honvéd. Nach der Thronenthebung der Habsburger wurde Kossuth am 14. 4. 1849 zum Reichsverweser gewählt, musste aber nach dem Zusammenbruch des ungarischen Widerstandes im August 1849 abdanken. Seitdem im Ausland, agitierte er in Großbritannien und den USA für die Unabhängigkeit Ungarns, stellte in Italien eine ungarische Legion auf und entwickelte 1862 den Plan einer Konföderation der Donauvölker. Da er im österreichisch-ungarischen Ausgleich von 1867 einen Verrat an den Ideen von 1848 sah, blieb Kossuth im italienischen Exil.

KP, Abk. für Kommunistische Partei, meist in Verbindung mit abgekürzter Angabe des Landes, z. B. KPdSU für →Kommunistische Partei der Sowjetunion oder KPD für →Kommunistische Partei Deutschlands.

Kraft durch Freude, Abk. **KdF,** →Deutsche Arbeitsfront.

Kranker Mann am Bosporus, besonders im 19. Jh. übliche, geringschätzige Bezeichnung für den Sultan bzw. das Osmanische Reich seit dessen erzwungenem Rückzug aus Ostmitteleuropa im Zuge der Türkenkriegen.

Kreisauer Kreis, eine nach dem Ort ihrer Zusammenkünfte auf dem Gut Kreisau in Niederschlesien (heute zu Schweidnitz) des Grafen Helmut von Moltke benannte Gruppe der deutschen →Widerstandsbewegung. 1942 entstanden, umfasste der Kreis 43 meist jüngere Oppositionelle verschiedener konfessioneller bzw. sozialer Herkunft und weltanschaulich-politischer Einstellung. Ziel des Kreisauer Kreises war die Beseitigung des nationalsozialistischen Regierungssystems und seiner führenden Kräfte, wobei die Meinungen über die Art des Vorgehens (z. B. in der Frage eines Attentats auf Hitler) geteilt blieben. Die Bemühungen galten zugleich der Erneuerung der rechtsstaatlichen und humanen Lebensordnung sowie der gesellschaftlichen und wirtschaftlichen Struktur in Deutschland. Die Verhaftung Moltkes im Januar 1944 sowie der Fehlschlag des Aufstandsversuchs vom 20. 7. 1944 machten auch die Arbeit des Kreisauer Kreises zunichte. Viele seiner Mitglieder wurden hingerichtet.

Kreisky, Bruno, österreichischer Politiker, *Wien 22. 1. 1911, †ebenda 29. 7. 1990; war Mitglied der Sozialdemokratischen Partei Österreichs (SPÖ); war nach den Februarunruhen (1934) 1935–37 in Haft, erneut (März–August 1938) nach dem »Anschluss« Österreichs an das Deutsche Reich. Nach seiner Entlassung aus der Gestapohaft ging er nach Schweden ins Exil (bis 1945).

1945 trat Kreisky in den diplomatischen Dienst der Zweiten Republik Österreich. Als Staatssekretär im Bundeskanzleramt (1953–59) nahm er 1955 an den Verhandlungen über den Österreichischen Staatsvertrag teil. 1956 wurde er Mitglied des Nationalrates (bis 1983). Als Außenminister (1959–66) führte er die Verhandlungen um die Aufnahme Österreichs in die EFTA sowie die Gespräche mit Italien über die Lösung der Südtirolfrage. 1967–83 (Rücktritt) war Kreisky Vorsitzender der SPÖ und 1970–83 (Rücktritt) Bundeskanzler. Die Wahlerfolge der SPÖ (1971–83 absolute Mehrheit) galten als sein persönliches Verdienst. Auf zahlreichen Gebieten führten die von ihm geleiteten Regierungen Reformen durch. Kreisky gewann hohes Ansehen als Außenpolitiker, der den österreichischen Neutralitätsstatus konsequent verfolgte und auf dieser Basis Vorschläge zur Lösung internationaler Probleme machte. Mit Willy Brandt, Mohammed Anwar as-Sadat und Shimon Peres arbeitete er 1978 einen Friedensplan für den Nahen Osten aus.

Kreuzzug, Kreuzfahrt, allgemein ein von der Kirche im Mittelalter geförderter Kriegszug gegen »Ungläubige« und Ketzer zur Ausbreitung bzw. Wiederherstellung des katholischen Glaubens; im engeren Sinn die kriegerischen Unternehmungen der abendländischen Christenheit zur Rückeroberung des Heiligen Landes (Palästina) vom Ende des 11. bis zum Ende des 13. Jahrhunderts.

In den Kreuzzügen verband sich der Gedanke der Pilgerfahrt und der zeitgenössischen Auslegung von Augustinus' »gerechtem Krieg«, den man v.a. als Kampf gegen die Heiden verstand, mit mannigfachen politischen, kulturellen, sozialen und wirtschaftlichen Interessen. Vorstufen waren die Kämpfe gegen die Araber in Spanien und Sizilien. Auf der Synode von Clermont rief Papst Urban II. am 27. 11. 1095 die Christenheit zum »heiligen Krieg« gegen den Islam auf, als Antwort auf Hilferufe des byzantinischen Kaisers Alexios I. Komnenos gegen die türkischen Seldschuken. Die Kreuzpredigt des Papstes fand begeisterten Widerhall (»Gott will es«). Es entstand eine breite Kreuzzugsbewegung, die mit der Gründung neuer Orden (Ritterorden, Kreuzherren) und einer allgemeinen Aufwertung der Kreuzesfrömmigkeit verbunden war.

VERLAUF: Der 1. Kreuzzug (1096–99) begann als ein Volkskreuzzug verbunden mit Ju-

KREUZZUG | *Eroberung des Heiligen Landes*

Im Jahr 1070 eroberten die Türken Jerusalem. Die Grabeskirche Christi wurde dabei zerstört, die Pilgerreisen christlicher Wallfahrer wurden seitdem immer stärker behindert. Daher rief Papst Urban II. auf einer Synode in Clermont die Christenheit in einer flammenden Rede zum »heiligen Krieg« gegen den Islam auf. Begeistert hefteten sich die Kampfbereiten rote Kreuze auf die Schulter und zogen in den Krieg.

Die Ritterheere, die 1096 aufgebrochen waren, erreichten 1099 Jerusalem und eroberten die Stadt nach einem furchtbaren Blutbad unter der Bevölkerung. Dort errichteten sie, wie auch in Edessa, Tiberias, Antiochia und Tripolis, eigene Herrschaften, unter denen das Königreich Jerusalem eine Führungsrolle einnahm.

Für das Überleben dieser Kreuzfahrerstaaten inmitten einer feindlichen Umgebung war es von elementarer Bedeutung, dass die Verbindung zum abendländischen Europa nicht abbrach, schon weil man dringend auf die stetig nachströmenden Kreuzfahrerkontingente angewiesen war. Diese Verbindung war jedoch nur auf dem Seeweg aufrecht zu erhalten, wozu man die italienischen Seestädte (Pisa, Venedig, Genua) mit ihren Flottenkapazitäten benötigte, die sich allerdings ihr Engagement durch Sonderprivilegien teuer bezahlen ließen. Diese dauernde Gefährdung der Kreuzfahrerstaaten, gegen die auch mächtige Befestigungsanlagen wie der Krak des Chevaliers in Westsyrien (Foto) letztlich wirkungslos blieben, löste in der Folgezeit weitere Kreuzzüge aus.

Für die wirtschaftliche und kulturelle Entwicklung des Abendlandes waren die Kreuzzüge von erheblicher Bedeutung, indem sie die Handelswege Venedigs für lange Zeit sicherten und durch die Berührung mit Byzanz und der islamischen Welt dem Abendland griechisch-orientalisches Geistesgut erschlossen.

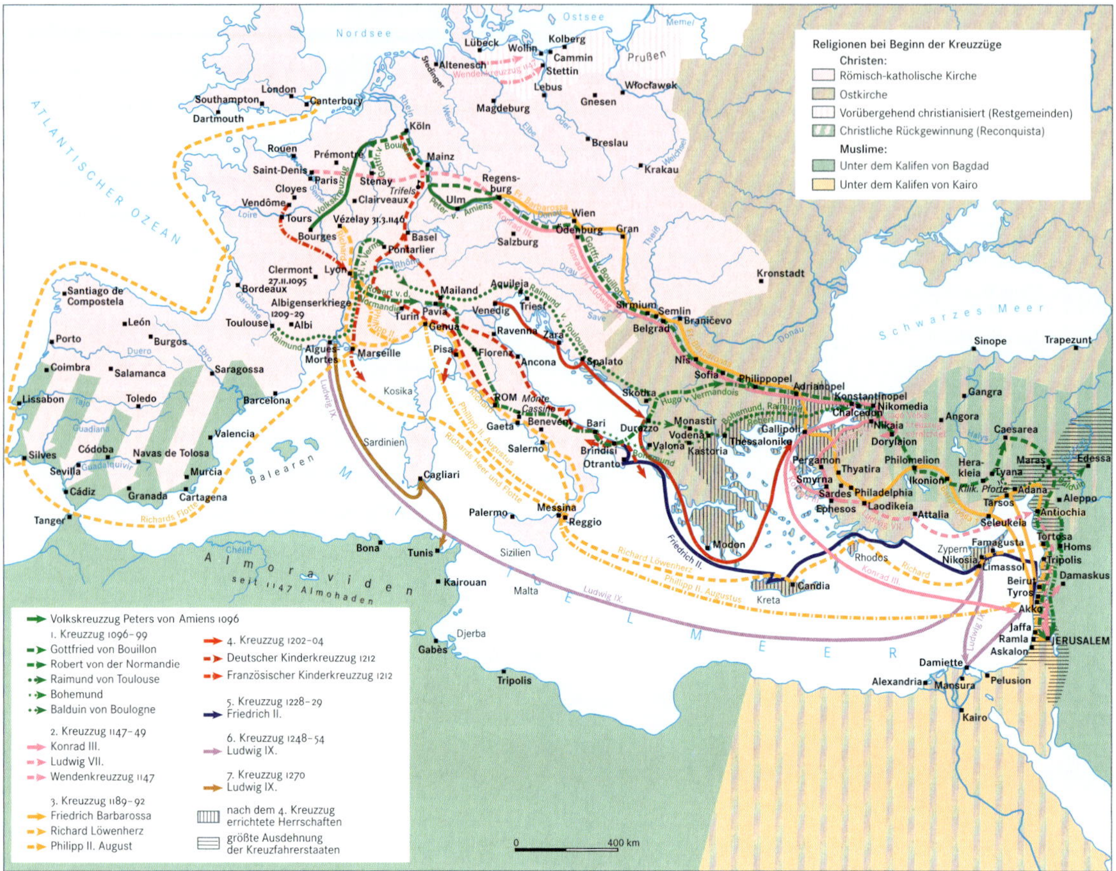

Kreuzzug. Unternehmungen zur Eroberung des Heiligen Landes (1096–1291)

denverfolgungen in Rouen und besonders im Rheinland, unter Führung von Predigern wie Peter von Amiens. An die Spitze der Heere traten dann der Lehnsadel, besonders die französische Ritterschaft, und die süditalienischen Normannen. Nach Kämpfen in Kleinasien und vor Antiochia wurde am 15. 7. 1099 Jerusalem erobert, in dem die Kreuzfahrer unter der muslimischen und jüdischen Bevölkerung ein Blutbad anrichteten. Schon unterwegs hatten politische Sonderinteressen der fürstlichen Kreuzfahrer zu Konflikten und zu eigenen Herrschaftsgründungen (Kreuzfahrerstaaten) geführt. Balduin I. von Boulogne errichtete 1098 die Grafschaft Edessa, nach dem Fall Antiochias im selben Jahr Bohemund I. dort ein Fürstentum, und Raimund von Toulouse schuf mit Eroberungen an der syrischen Küste die Grundlagen für die spätere Grafschaft Tripolis. Gottfried von Bouillon, Herzog von Niederlothringen, ließ sich nach der Eroberung Jerusalems zum »Vogt (Beschützer) des Heiligen Grabes« wählen; nach seinem Tod (1100) wurde sein Bruder Balduin, vorher Graf von Edessa, erster König von Jerusalem. Die Kreuzfahrerstaaten schwächten einander durch Rivalitäten und Thronwirren, während sich die vorher uneinigen islamischen Kräfte zum Gegenstoß sammelten. Als ihnen 1144 Edessa erlag, rief Bernhard von Clairvaux zum 2. Kreuzzug (1147–49) auf, an dem sich auf sein Drängen der Staufer Konrad III. und Ludwig VII. von Frankreich beteiligten. Der Zug scheiterte aber bereits auf dem Marsch durch Kleinasien; lediglich Lissabon konnte den Sarazenen duch eine Kreuzfahrerflotte 1147 abgerungen werden. Zeitgleich zum 2. Kreuzzug fand 1147 der Wendenkreuzzug statt. Roger II. von Sizilien lan-

KREUZZUG. *»Gott will es«*

Am 27. 11. 1095, einem Dienstag, wollte Papst Urban II. während einer öffentlichen Sitzung des Konzils zu Clermont eine hochwichtige Ankündigung machen. Vor einer riesigen Menschenmasse malte er auf freiem Feld ein düsteres Bild der von den Türken bedrängten Christenheit des Ostens und schilderte die Leiden der Pilger, die durch muslimisches Gebiet ins heilige Jerusalem reisen müssten. Die Abendländer sollten davon ablassen, sich gegenseitig zu erschlagen und stattdessen einen gerechten Krieg führen, einen im Orient. Urban sprach mit allem Geschick eines geborenen Volksredners. Der Widerhall war überwältigend, der Ruf »Deus le volt« (»Gott will es«) brandete auf. Der erste Kreuzzug hatte begonnen.

dete währenddessen 1147 in einem Feldzug gegen Byzanz auf Korfu und eroberte Korinth sowie Theben. Nachdem Sultan Saladin im Juli 1187 das Heer der Kreuzfahrerstaaten bei Hattin (in der Nähe des Sees Genezareth) vernichtend geschlagen und am 2. 10. 1187 Jerusalem eingenommen hatte, kam es zum 3. Kreuzzug (1189–92) unter Führung Kaiser Friedrichs I. Barbarossa. Dieser ertrank jedoch an der Südküste Kleinasiens im Fluss Saleph (1190). Die ihm nachfolgenden Könige Frankreichs (Philipp II. Augustus) und Englands (Richard I. Löwenherz) brachten durch ihren Zwist nach der Eroberung Akkos (1191) auch diesen Kreuzzug um weitere Erfolge.

Zu Beginn des 4. Kreuzzuges (1202–04) besetzten die Kreuzfahrer im Auftrag Venedigs zunächst das istrisch-dalmatinische Küstengebiet (am 24. 11. 1202), um ihre Überfahrt begleichen zu können. Gegen den Willen seines Initiators Papst Innozenz III. führte dieser Kreuzzug, nachdem der aus byzantinischer Gefangenschaft geflohene Kronprätendent Alexios IV. Angelos gegen hohe Belohnung um Hilfe gebeten hatte, unter militärischer Führung von Bonifatius II. von Montferrat zur Eroberung Konstantinopels (erstmals am 5. 7. 1203, nach der Ermordung Alexios' erneut am 13. 4. 1204). Es kam zur Zerschlagung des Byzantinischen Reiches und zur Errichtung des →Lateinischen Kaiserreichs unter venezianisch-französischer Führung.

Der Kreuzzugseifer soll der Legende nach sogar Kinder in Frankreich und am Niederrhein zu Tausenden ergriffen und ins Verderben geführt haben. Ein gegen die islamische Hauptmacht in Ägypten gerichteter Vorstoß unter Führung eines päpstlichen Legaten scheiterte nach der Eroberung Damiettes (1219) im Nildelta 1221 katastrophal. Kaiser Friedrich II. hatte schon 1215 die Kreuzfahrt gelobt, verzögerte sie jedoch, weshalb ihn Papst Gregor IX. 1227 bannte. Trotzdem brach der Kaiser zum 5. Kreuzzug (1228–29) auf, erreichte kampflos durch Verhandlungen mit dem ägyptischen Sultan, dem Aijubiden Al-Kamil, (1218–38) die Freigabe der christlichen Pilgerstätten und krönte sich 1229 selbst zum König von Jerusalem, das aber 1244 wieder verloren ging. Den Weg über Ägypten wählte der 6. Kreuzzug (1248–54), auf dem Ludwig IX. von Frankreich 1250 mit seinem Heer in Gefangenschaft geriet und erst gegen hohe Lösegeldzahlung freigelassen wurde. Auf dem 7. Kreuzzug (1270) starb Ludwig vor Tunis. In Palästina ging 1291 die letzte Bastion Akko verloren. Der →Deutsche Orden führte seit 1230 den Kreuzzug gegen die heidnischen Prußen und – vergeblich – gegen die Litauer.

Krieg, Sonderartikel S. 486/487.

Krieg-in-Sicht-Krise, außenpolitische Krise im Frühjahr 1875, ausgelöst durch ein französisches Gesetz, das eine schnelle Heeresvermehrung ermöglichte. Otto von Bismarck selbst (nach überwiegender Forschungsmeinung) versuchte daraufhin, Frankreich durch eine Pressekampagne einzuschüchtern und zu isolieren. In der zweiten Aprilhälfte und Anfang Mai spitzten Äußerungen von Vertrauten Bismarcks die außenpolitische Lage zu. Die französische Regierung konnte jedoch eine Intervention Großbritanniens und Russlands herbeiführen und Frankreichs Bündnisfähigkeit unterstreichen.

Kriegsanleihen, von der Bevölkerung eines Krieg führenden Staates direkt gezeichnete, langfristige staatliche Anleihen, die zur Aufbringung von durch Steuermittel nicht gedeckten Kriegskosten dienen. Die neun Kriegsanleihen des Deutschen Reiches (1914–18; rund 93 Milliarden Mark) deckten rund 55 % der Kriegskosten.

Kriminalität, Sonderartikel S. 490/491.

Kriegsanleihen. Die Ausgabe von Kriegsanleihen war lange Zeit ein weltweit gängiges Mittel zur Kriegsfinanzierung. Auf diesem Plakat der amerikanischen Regierung fordert »Uncle Sam« die Bevölkerung 1917 zur Zeichnung von Kriegsanleihen auf.

Krimkrieg, der Krieg, den das Osmanische Reich und an seiner Seite Großbritannien und Frankreich (seit 1855 auch Sardinien) 1853/54–56 gegen Russland führten.

Die Ursachen des Krimkriegs sind in der politischen Lage im Vorderen Orient zu sehen, wo der Verfall des Osmanischen Reiches Interessenkonflikte zwischen den Großmächten, besonders zwischen Russland und Großbritannien, hervorgerufen hatte. Der Anlass war ein an die osmanische Regierung (die »Pforte«) gerichtetes, von ihr dann mit britischer und französischer Rückendeckung abge-

Fortsetzung S. 488

1

KRIEG

1) Der Sezessionskrieg zwischen den Nord- und den Südstaaten der USA (1861–65) war der erste Massenkrieg der Moderne: Neben die fast schrankenlose Mobilisierung der militärischen und wirtschaftlichen Ressourcen der Kriegsgegner war die Auflösung der Grenzen zwischen Militär und Zivilbevölkerung getreten (Gefallene auf dem Schlachtfeld von Gettysburg, 3. 7. 1863).

Seit jeher gehört der Krieg zu den größten Schrecken der Menschheit. Nie hat es in der Geschichte eine Phase gegeben, in der nicht irgendwo auf der Welt militärische Auseinandersetzungen stattgefunden haben. So setzte sich schon früh die Auffassung durch, der Krieg sei etwas Normales und Unvermeidbares, eine offenbar notwendige Geißel der Menschheit. »Krieg ist der Vater aller Dinge«, behauptete bereits um 500 v. Chr. der griechische Philosoph Heraklit. Der Historiker Thukydides beschrieb etwas später den »Peloponnesischen Krieg« zwischen den griechischen Großmächten Athen und Sparta (431–404 v. Chr.) und gelangte dabei zu der pessimistischen Erkenntnis, dass es immer wieder Kriege geben werde, weil die Natur des Menschen sich nicht ändere. Auch im Mittelalter herrschte die Meinung vor, der Krieg stelle einen Naturzustand dar. Berühmt ist der Ausspruch des preußischen Generals Karl von Clausewitz, Krieg sei die Fortsetzung der Politik mit anderen Mitteln.

Motive und Erklärungsmuster

Kriege wurden in der Geschichte aus den unterschiedlichsten Gründen geführt. Meist ging es um Machtinteressen, nicht selten spielten religiöse Gegensätze eine Rolle, und v. a. in der Neuzeit traten dann auch wirtschaftliche Motive mit in den Vordergrund. Nur selten aber haben sich die Kriegführenden zu ihren wahren Zielen bekannt. Ein verbreitetes Erklärungsmuster war zu allen Zeiten die Bedrohung der eigenen Sicherheit. Die meisten Kriege wurden daher von den Angreifern als Präventivkriege ausgegeben. Schon in der Antike wurde das Modell des »gerechten Krieges« entwickelt, das vom Mittelalter aufgenommen wurde und bis in die frühe Neuzeit hinein Geltung hatte. Demnach war ein Krieg »gerecht«, wenn man ihn dem Gegner ordnungsgemäß »erklärte«, wenn er der Vergeltung erlittenen Unrechts diente und wenn er mit angemessenen Mitteln geführt wurde. Zu dieser Legitimierung von Kriegen bekannten sich Geistesgrößen wie der Kirchenvater Augustinus. Da jedoch in der Regel übergeordnete Instanzen zur Beurteilung dieser Kriterien fehlten, blieb es dem subjektiven Empfinden der streitenden Parteien überlassen, den Krieg als »gerecht« oder »ungerecht« zu deklarieren. Naturgemäß gab man die eigene Sache als gerecht, die der Gegenseite als ungerecht aus.

Gelegentlich sind Kriege allerdings auch ausgebrochen, ohne dass dies die beteiligten Staaten tatsächlich beabsichtigt haben. Das war etwa bei dem erwähnten Krieg zwischen Athen und Sparta der Fall. Athen war im Begriff, die bisherige Großmacht Sparta an Bedeutung zu überflügeln. Die Spartaner wurden daraufhin von ihren Bündnispartnern dazu gedrängt, gegen Athen vorzugehen. Diesem Wunsch konnten sie sich nicht verschließen, wollten sie nicht ihr Prestige als Führer des Bündnisses aufs Spiel setzen. Ähnlich hat man in der historischen Forschung lange Zeit den Ausbruch des Ersten Weltkrieges bewertet, bis sich die Auffassung durchsetzte, dass der deutsche »Griff nach der Weltmacht« (so der Titel eines Aufsehen erregenden Buches des deutschen Historikers Fritz Fischer) den Krieg ausgelöst habe.

2

3

Wirkungen

Die heutige Vorstellung von Krieg ist v. a. durch die Erfahrungen der beiden Weltkriege des 20. Jh. geprägt. Und tatsächlich haben der Erste Weltkrieg (1914–1918) und der Zweite Weltkrieg (1939–1945) alle Dimensionen gesprengt, die man bis dahin kannte. Nie zuvor hatte es Kriege solch globalen Ausmaßes gegeben, und nie zuvor war die Zivilbevölkerung derart massiv betroffen worden. Unter dem Einsatz neuester Technologien wurden diese Kriege überall, zu Land, zu Wasser und in der Luft, geführt. Die erschreckende Bilanz der beiden Weltkriege in Bezug auf Verluste und Opfer sollte jedoch nicht den Blick dafür versperren, dass Kriege auch in der ferneren Vergangenheit viel Leid über die Menschen gebracht haben.

In der Antike und im Mittelalter wurden Schlachten geschlagen, bei denen die Zahl der Toten, Verwundeten und Gefangenen ebenfalls bereits immens hoch war. Erwähnt seien in diesem Zusammenhang nur die Feldzüge Alexanders des Großen (4. Jh. v. Chr.), die Kriege der Römer gegen die Karthager (zwischen 264 und 146 v. Chr.), die Unruhen der Völkerwanderungszeit oder die mittelalterlichen Kreuzzüge. In der Antike ging jeder Krieg an die Substanz der Bevölkerung, weil es zunächst die Regel war, dass sich die Armeen aus den Bürgern eines Staates rekrutierten. Erst später wurden verstärkt Söldner eingesetzt. Die Zivilbevölkerung hatte unter der Belagerung und Aushungerung von Städten zu leiden, den Bauern wurden die Höfe und Felder geplündert, um die Versorgung der Heere zu gewährleisten.

Technologie

Zu den wesentlichen Merkmalen der Kriegsgeschichte gehört das Bestreben der Staaten und deren führender Politiker und Generäle, sowohl die militärischen Strategien als auch die Waffentechnologie ständig zu verbessern und zu perfektionieren. In der Neuzeit fanden das militärische Genie eines Napoleon ebenso Bewunderung wie die Aufmarschpläne des preußischen Generalfeldmarschalls Schlieffen für einen Feldzug gegen Frankreich. Die Waffentechnik wurde seit dem 15. Jh. durch den systematischen Einsatz von Feuerwaffen revolutioniert. Die Raketenwaffen des Zweiten Weltkrieges bedeuteten einen vorläufigen Höhepunkt der Militärtechnologie, bis man durch die von den Amerikanern erstmals gegen japanische Städte verwendeten Atombomben ein neues Stadium der Vernichtung erreichte. Der »Kalte Krieg« zwischen den Supermächten USA und UdSSR beruhte nach dem Zweiten Weltkrieg auf dem Schreckenspotenzial eines labilen atomaren Gleichgewichts.

Das 20. Jh. war aber auch von internationalen Bemühungen um die Verhinderung von Kriegen bestimmt. Diese waren allerdings insgesamt weniger erfolgreich als die Bestrebungen, durch humanitäre Maßnahmen die durch Krieg verursachten Leiden wenigstens zu reduzieren. In diese Richtung zielten etwa die Einrichtung des Roten Kreuzes oder die zahlreichen Genfer Konventionen zum Schutz von Verwundeten, Kriegsgefangenen und der zivilen Bevölkerung.

2) Im 15. Jh. lösten Söldnertruppen, die einen zeitlich befristeten, vertraglich geregelten und bezahlten Dienst leisteten, die Ritterheere ab. Ihre Anführer eroberten nun sogar die Sockel der Denkmäler (Reiterstandbild des Gattamelata, geschaffen von Donatello, 1447–53; Padua, Piazza del Santo).

3) Auf Anregung Henry Dunants, der 1859 Augenzeuge des Elends der Soldaten in der Schlacht bei Solferino (Holzstich von 1870) geworden war, wurde 1863 in Genf das Rote Kreuz gegründet, das sich der medizinischen Versorgung von Kriegsopfern verschrieb.

Fortsetzung von S. 485
lehntes Ultimatum des russischen Kaisers Nikolaus I.; er forderte, die russische Schutzherrschaft über die orthodoxen Christen des Osmanischen Reiches anzuerkennen. Auf das Einrücken eines russischen Korps in die Donaufürstentümer Moldau und Walachei hin erklärte am 4. 10. 1853 die Pforte den Krieg, am 28. 3. 1854 folgten die Westmächte nach. Diese landeten am 14. 9. ein Expeditionskorps auf der Krim, wo die militärische Entscheidung herbeigeführt wurde. Das militärische Geschehen auf der Krim wurde flankiert von einem Bündnis der Westmächte mit Österreich (2. 12. 1854), das ohne Kriegseintritt durch seine drohende Haltung starke russische Kräfte band, sowie durch den Kriegseintritt Sardiniens (26. 1. 1855), das sich dadurch die französische Unterstützung der nationalitalienischen Ziele sichern wollte. Am 28. 11. 1855 nahmen die Russen die türkische Festung Kars ein. Im Pariser Frieden (30. 3. 1856) verzichtete das vor dem Zusammenbruch stehende Russland auf das Protektorat über die Donaufürstentümer und die orthodoxen Christen im Osmanischen Reich, trat die Donaumündungen und das südliche Bessarabien an das Fürstentum Moldau ab, erkannte die Freiheit der Donauschifffahrt unter internationaler Kontrolle an und gab Kars zurück. Das Schwarze Meer wurde entmilitarisiert; Russland verpflichtete sich, hier keine Kriegsflotte zu halten und keine Festungen anzulegen. Von dieser Verpflichtung sagte es sich 1870 los, was die Londoner Konferenz 1871 bestätigte.

Kristallnacht, im nationalsozialistischen Deutschland offizielle Bezeichnung für die →Reichspogromnacht.

Kroatien, Staat in Südosteuropa, der im Norden an Slowenien, im Nordosten an Ungarn, im Osten an Serbien, im Süden an Bosnien und Herzegowina sowie Montenegro grenzt.

GESCHICHTE: Im Römischen Reich gehörte Kroatien zu Pannonien bzw. Illyrien; ab dem 7. Jh. wurde es von südslawischen Stämmen besiedelt; 845–1091 wurde das Land von einer kroatischen Herrscherdynastie regiert. 1102 kam es zur Personalunion mit Ungarn. Unter habsburgischer Herrschaft (ab 1527) war das Land ein Vorposten gegen die Osmanen, die im 17./18. Jh. zurückgedrängt wurden. Das 1849 geschaffene Kronland Kroatien (mit Slawonien, dem Küstenland und Fiume [Rijeka]) wurde 1867 der ungarischen Krone unterstellt; ab 1868 erreichte es die staatsrechtliche Gleichheit mit Ungarn (kroatisch-ungarischer Ausgleich).

Nach dem Ersten Weltkrieg wurde Kroatien Bestandteil Jugoslawiens. Nach dessen Zusammenbruch im Zweiten Weltkrieg errichtete Ante Pavelić einen faschistischen »Unabhängigen Staat Kroatien«, dessen Terror sich besonders gegen die im Land lebenden Serben richtete. 1946 wurde Kroatien eine der sechs Volksrepubliken Jugoslawiens. Im Mai 1990 fanden erste freie Parlamentswahlen statt; Staatspräsident wurde Franjo Tudjman (1995 und 1997 bestätigt). Nach der im Juni 1991 erklärten Unabhängigkeit löste die serbisch beherrschte jugoslawische Regierung einen Krieg aus (Juli–Dezember 1991), in dem Kroatien jedoch seine Unabhängigkeit behaupten konnte. Nach zahlreichen gescheiterten Vermittlungsversuchen wurden aufgrund eines von den UN vermittelten Waffenstillstands 1992 in den von Serben besetzten Landesteilen rund 15 000 Soldaten einer UN-Friedenstruppe (UNPROFOR) stationiert, um weiteren kriegerischen Auseinandersetzungen vorzubeugen. Da der unter UN-Vermittlung ausgehandelte Friedensplan, der die territoriale Integrität Kroatiens garantierte, nicht verwirklicht wurde, kam es 1993/94 zu neuen Zusammenstößen zwischen kroatischen Truppen und serbischen Verbänden sowie zu einem mehr oder weniger direkten Engagement Kroatiens im Krieg der bosnischen Serben gegen die bosnischen Muslime und Kroaten in Bosnien und Herzegowina. Ungeachtet bestehender Waffenstillstandsvereinbarungen und der Existenz von UN-Schutzzonen eroberte Kroatien weite Teile der (von den Serben besetzten) Gebiete zurück, woraufhin eine große Fluchtbewegung von Serben in die benachbarten serbischen Siedlungsgebiete in Bosnien und Herzegowina sowie nach Serbien einsetzte. Mit der Unterzeichnung des Friedensabkommens von Dayton (Oh.) erreichte Tudjman 1995 die Absicherung der Position Kroatiens. Mit der Rückgliederung Ostslawoniens erlangte Kroatien 1998 die völlige Autorität über sein gesamtes Staatsgebiet zurück. Massive Kritik entzündete sich an der zunehmend autoritären Amtsführung Tudjmans. Nach dessen Tod gewann 2000 ein Vertreter der bisherigen Opposition, Stjepan Mesić, die Präsidentschaftswahl (2004 bestätigt).

Krondomäne, dem Herrscher zur freien Verfügung unterstehende Ländereien (Krongut), Gerechtsame und daraus fließende Einnahmen, außerdem alle Gebiete, die der König als erledigte Lehen einzog und in eigene Verwaltung nahm. In Frankreich war die Krondomäne (Domaine royal) im 11. Jh. fast ganz auf das Gebiet um die Städte Paris, Orléans und Senlis sowie Compiègne, Laon und Reims beschränkt. Durch Philipp II. Augustus (1180–1223) wurde sie weit in den Nordosten und Westen Frankreichs ausgedehnt, durch Ludwig VIII. (1223–26) und Ludwig IX. (1226–70) in den Süden. Gleichzeitig brachte die Einführung der →Apanagen für königliche Prinzen einen Rückschlag, da diese ganze Provinzen der Krondomäne entzogen. Erst der endgültige Fall Bourbons (1531), der Bretagne

(1532) und der Hausgüter Heinrichs IV. (1607) an die Krone vollendete im Wesentlichen die zur zentralen Lenkung des Gesamtstaats führende Entwicklung. Während der Französischen Revolution wurde die Krondomäne Domaine national (Dekret vom 21. 11. 1790).

Kronkolonie, englisch **Crown-Colony** ['kraʊn kɔlənɪ], im britischen Staatsrecht im Unterschied zu den Dominions die von der Krone durch einen Gouverneur verwalteten Besitzungen ohne voll ausgebildete Selbstverwaltung.

Kronländer, in Österreich mit der Märzverfassung von 1849 eingeführte Bezeichnung für diejenigen Landesbestandteile, die in Real- oder Personalunion zum Herrscherhaus der Habsburger standen (Erbländer). Es waren dies: Erzherzogtum Österreich ob und unter der Enns; Herzogtümer Salzburg, Steiermark, Kärnten und Krain; Grafschaften Görz und Gradisca sowie Tirol; Markgrafschaft Istrien; Stadt Triest; Land Vorarlberg; Königreich Böhmen; Markgrafschaft Mähren; Herzogtum Schlesien; Königreich Galizien und Lodomerien; Herzogtum Bukowina; Königreiche Dalmatien, Kroatien und Slawonien, Fiume; Königreich Ungarn; Großfürstentum Siebenbürgen; Gebiet der Militärgrenze sowie das Königreich Lombardei.

Kronstädter Aufstand, Erhebung in der russischen Stadt Kronstadt bei der im März 1921 etwa 16 000 Matrosen und Soldaten gegen die beginnende Einparteienherrschaft der Bolschewiki rebellierten. Sie forderten u. a. Neuwahlen zu den Sowjets und die Aufhebung der Privilegien für die Bolschewiki. Der Kronstädter Aufstand (2.–18. 3. 1921), in dem ein am 2. 3. gebildetes Provisorisches Revolutionskomitee die Macht in Kronstadt übernahm und die Kommunisten verhaften ließ, wurde am 17./18. 3. 1921 durch die Rote Armee niedergeschlagen; er beschleunigte den Abbruch der Politik des Kriegskommunismus und den Übergang zur Neuen Ökonomischen Politik (NEP).

Kropotkin, Pjotr Fürst, russischer Revolutionär, *Moskau 9. 12. 1842, †Dmitrow 8. 2. 1921; war ursprünglich Offizier; arbeitete während seiner Militärzeit in Sibirien auch als Geograph und nach Mathematikstudium (1868–72) im Zentralen Statistischen Komitee in Sankt Petersburg; wurde bei einem Aufenthalt in der Schweiz Anarchist. Nach seiner Rückkehr agitatorisch tätig und 1874 verhaftet, gelang Kropotkin 1876 die Flucht aus der Peter-und-Pauls-Festung. Nach Ausweisung aus der Schweiz (1881) ging er nach Frankreich, wo er 1883 im Lyoner Anarchistenprozess zu fünf Jahren Haft verurteilt wurde (1886 amnestiert); anschließend lebte er bis zu seiner Rückkehr nach Russland (1917) meist in Großbritannien. Kropotkin war der bedeutendste Vertreter des kommunist. →Anarchismus; er erstrebte das Gemeineigentum an den Produktions- und Konsumtionsmitteln und setzte auf die »gegenseitige Hilfe« in einer entwicklungsfähigen Föderation von Genossenschaften. Nach 1917 lehnte er die Machtergreifung der Bolschewiki ebenso ab wie die Intervention der Alliierten im russischen Bürgerkrieg.

Kronkolonie. Während einer feierlichen Zeremonie im Hongkonger Kongresszentrum übergab der britische Thronfolger Prinz Charles am 30. 6. 1997 um Mitternacht die Kronkolonie Hongkong an den Staatspräsidenten Chinas, Jiang Zemin.

Krösus, griechisch **Kroisos,** lateinisch **Croesus,** letzter König von Lydien (um 560–546 v. Chr.); unterwarf die kleinasiatischen Griechen und das Innere Kleinasiens bis zum Halys. Durch Tribute und Bodenschätze erlangte Krösus unermesslichen Reichtum. Die angebliche Weissagung des delphischen Apoll, Krösus werde, wenn er den Halys überschreite, ein großes Reich zerstören, erfüllte sich an ihm selbst: Er wurde 546 vom Perserkönig Kyros II. besiegt.

Krüger [afrikaans 'kryːər], Paulus, genannt Ohm Krüger, auch Oom Paul, südafrikanischer Politiker, *Vaalbank (Kapprovinz) 10. 10. 1825, †Clarens (Kt. Waadt) 14. 7. 1904; machte als Kind den »Großen Treck« nach Natal mit, kam 1848 nach Transvaal und wurde 1864 Generalkommandant. Unter seiner Führung erhoben sich 1880 die Buren in Transvaal und im Oranje-Freistaat gegen die britische Herrschaft und erreichten 1881 die Anerkennung ihrer Selbstständigkeit. 1883 wurde Krüger Präsident von Transvaal. Er verteidigte die Unabhängigkeit der Burenrepublik gegen Versuche Großbritanniens, diese wieder in ihr Kolonialreich einzugliedern, und wehrte 1895/96 den Jameson Raid ab. Als sich im →Burenkrieg (1899–1902) gegen Großbritannien die Niederlage der Buren abzeichnete, gab er das Präsidentenamt ab und reiste 1900 nach Europa, wo er sich vergeblich um die Hilfe des Deutschen Reiches bemühte.

Paulus Krüger

Krügerdepesche, Glückwunschbotschaft Kaiser Wilhelms II. am 3. 1. 1896 an den Präsidenten der Südafrikanischen Republik (Transvaal), Paulus Krüger, nach der Abwehr eines britischen Einfalls (Jameson Raid). Die Krügerdepesche führte zu Spannungen mit Großbritannien, da die britische Regierung Transvaal

Fortsetzung S. 492

1

KRIMINALITÄT

1) Von Verbrechen und Vergehen gegen Gebote berichten bereits die ältesten Mythen der Menschheit. Die Bibel etwa enthält die Erzählungen von Kains Brudermord an Abel und vom Bethlehemitischen Kindermord (Mosaik in der Kariye Camii, dem ehemaligen Choraklöster, in Istanbul; 14. Jh.).

Die Kriminalität ist so alt wie die Menschheit. Schon in der Bibel handelt eine der ersten Geschichten von einer kriminellen Tat: dem Brudermord von Kain an Abel. Dennoch war und ist Kriminalität keine klar zu definierende Angelegenheit. Allgemein bezeichnet man die Handlungen als kriminell, die eine Gesellschaft als von der Norm abweichend erkennt und bestraft sehen will, weil sie schädlich für das Zusammenleben sind.

Missbilligte Verhaltensweisen

Welche Handlungen so betrachtet werden, ist allerdings durchaus unterschiedlich. Mord und Diebstahl gehören meist dazu, daneben gibt es aber eine Vielzahl anderer. Bei vielen Völkern wird die gleichgeschlechtliche Liebe als etwas völlig Normales betrachtet. Im antiken Griechenland gehörte es beispielsweise für einen Mann zum guten Ton, einen Liebesknaben zu haben. Bereits die Römer verdammten diese Praxis als moralisch verwerflich, mit dem Christentum wurde die Homosexualität zur Sünde erklärt. Bis in die 1970er-Jahre war sie sogar strafbar und ist erst heute wieder weitgehend gesellschaftlich anerkannt. Ein anderes Beispiel bietet die Hexerei. Besonders im späten Mittelalter sind Hunderte von Menschen wegen des bloßen Verdachts, sie seien Hexen, verbrannt worden. Daneben gibt es kriminelle Handlungen, die auf den ersten Blick eindeutig erscheinen, allen voran die Tötung eines anderen Menschen. Dennoch werden in Kriegen Millionen von Menschen getötet, ohne dass dies strafbar wäre. Auch neue Formen der Kriminalität können durch gesellschaftliche Veränderungen entstehen. Das deutlichste Beispiel ist der heutige Terrorismus.

Strafen

Was strafbar ist, regeln meist, aber nicht zu allen Zeiten Gesetze. Bereits die Zehn Gebote enthalten zwei der elementarsten Handlungen: Du sollst nicht töten (5. Gebot) und: Du sollst nicht stehlen (7. Gebot). Heute werden neben den zu bestrafenden Taten auch die Strafen meist gesetzlich bestimmt. Dabei gibt es eine Abstufung von weniger schlimmen zu sehr schweren Strafen, die von einer Geldstrafe bis – in manchen Ländern – zur Todesstrafe reichen können. Auch hier sind aber Unterschiede in der Bewertung erkennbar. Galt die Vergewaltigung einer Frau lange Zeit als Kavaliersdelikt, das kaum geahndet wurde, sind die Strafen heute wesentlich härter, wenn auch immer noch sehr variabel. Andererseits wird Mord in vielen Ländern nicht mehr mit dem Tod, sondern mit einer Freiheitsstrafe belegt, weil auch die Todesstrafe von vielen Gesellschaften verurteilt wird.

Eine weitere Form der Bestrafung wird dagegen fast gar nicht mehr angewendet: die Verbannung. In der Antike war dies die gebräuchlichste Form, die zudem vom Entzug des Vermögens begleitet werden konnte. Dagegen kannte man keine Gefängnisse, sie kamen erst im Mittelalter in Gebrauch. Die meisten Kriminellen hatten bei einer Verurteilung mit dem Tod zu rechnen.

2

3

Öffentliche Wirkung

Kriminalität ist in einer Gesellschaft immer ein brisantes Thema, das häufig auch politisch, beispielsweise im Wahlkampf, verwendet wird. Somit ist auch die Bekämpfung von Kriminalität stets von Interesse, die Methoden jedoch sind sehr unterschiedlich. Neben den Vertretern, die eine »starke Hand« und drastische Strafen fordern, gibt es diejenigen, die versuchen, die Ursachen der Kriminalität zu bekämpfen, wie Armut und gesellschaftliche Ungleichheiten. Ist die Gesellschaft mit der Verbrechensbekämpfung der Obrigkeit nicht zufrieden, kann es im schlimmsten Fall auch zur Selbst- oder Lynchjustiz kommen. Besonders eng verflochten sind Gesellschaft und Politik bei der von Banden betriebenen organisierten Kriminalität.

Sicher ist, dass kriminelle Handlungen immer mit einem breiten Interesse in der Öffentlichkeit rechnen können. Mit der Angst, Opfer einer Tat zu sein, geht auch die Faszination einher, die das Kriminelle ausstrahlt. Die Schaulust, die v.a. im Mittelalter viele Menschen dazu bewog, an öffentlichen Hinrichtungen teilzunehmen, hat sicher zwei Seiten: Zum einen ist da die Befriedigung, dass ein Verbrecher bestraft wird, zum anderen aber auch der Wunsch, diesen zu sehen. Manche Verbrecher sind von der Gesellschaft sogar zu Helden stilisiert worden.

Nicht alle vordergründig kriminellen Handlungen werden jedoch bestraft. Neben der Strafe gibt es auch andere Formen der Beilegung, beispielsweise den außergerichtlichen Vergleich zwischen Täter und Opfer. Bevor es Gerichte überhaupt gab, musste die Gesellschaft eigene Wege finden: In Rom hatte etwa der Familienvater einer jeden Familie das Recht, eigene Familienmitglieder zu töten. Im Mittelalter galt die Fehde, der Zweikampf zwischen zwei Rittern, als Ausgleich, zusammen mit dem Glauben, dass Gott demjenigen, der Recht hatte, zum Sieg verhelfen würde.

Das Kriminelle hat auch seine eigene Literaturgattung bekommen: den Kriminalroman. Einem geschickten Mörder auf die Spur zu kommen, erzeugt ungeheure Spannung. Diese relativ junge Form der Literatur konnte allerdings erst mit der modernen Form der Verbrechensaufklärung entstehen.

Die Erforschung der Wahrheit vor einem Gericht durch Zeugenaussagen entstand erst im späten Mittelalter. Während man sich in Rom auf geschickte Redner der Anklage und Verteidigung verließ, legte man im frühen Mittelalter mehr Wert auf Gottesurteile. Der professionelle Jurist kam erst mit der Suche nach Glaubensabtrünnigen, den so genannten Ketzern, mit der Inquisition auf. Die äußerst umfangreiche Suche der Kirche nach ihren Feinden machte eine große Anzahl von Inquisitoren notwendig, die Verdächtige auch vor Gericht anklagen konnten. Zuvor brauchte man einen privaten Kläger, der die Beweislast zu tragen hatte und im Falle der erwiesenen Unschuld des Angeklagten selbst mit einer Strafe zu rechnen hatte.

2) Keine Strafe, sondern Mittel der Beweiserhebung war in der frühen Neuzeit die Folter (Abbildung aus der »Schau-Bühne der Märtyrer« von Jan Luyken, um 1700): Man setzte die Beschuldigten Torturen aus, von denen man annahm, dass sie nur im Gefühl völliger Unschuld zu überstehen seien.

3) Bandenkriminalität in Form von Diebstahl, Raub, Erpressung, Wegelagerei und Entführung sind seit dem Altertum bezeugt. Eine besondere Ausprägung erlangte die organisierte Kriminalität im 20. Jh., personifiziert durch den Chicagoer Bandenchef Al Capone (links; Foto von 1932).

Fortsetzung von S. 489
als Teil des britischen Empire betrachtete und demnach die Krügerdepesche als Einmischung in innere Angelegenheiten empfand.

Krümpersystem, in der preußischen Armee 1808–12 angewandtes System, Rekruten (Krümper) nach kurzzeitiger Ausbildung wieder zu entlassen. Hierdurch konnte die im Pariser Vertrag von 1808 auf 42 000 Mann festgesetzte Höchststärke der preußischen Armee eingehalten, darüber hinaus jedoch eine Reserve von 35 000 Mann geschaffen werden.

KSZE, Abk. für →Konferenz über Sicherheit und Zusammenarbeit in Europa.

Kuba, Staat im Bereich der Westindischen Inseln, der die gleichnamige Insel, die Isla de la Juventud und zahlreiche kleine Inseln umfasst.

GESCHICHTE: 1492 wurde Kuba von Kolumbus entdeckt, 1511 von den Spaniern, 1762 von den Briten erobert, 1763 gegen Florida an Spanien, 1898 an die USA abgetreten. 1902 entstand die unabhängige Republik Kuba unter dem Vorbehalt eines Interventionsrechts der USA, unter deren wirtschaftlicher Kontrolle (Hauptabnehmer für kubanischen Zucker und Tabak) Kuba blieb. Aus den Wirren der 1930er-Jahre ging General Fulgencio Batista y Zaldívar als Militärdiktator hervor, der 1959 vor den seit 1953 gegen ihn kämpfenden Rebellen unter Fidel Castro in die USA fliehen musste. Castro, seit Februar 1959 Ministerpräsident, proklamierte den sozialistischen Staat und verstaatlichte die Wirtschaft. Die Beschlagnahmung US-amerikanischen Eigentums und die vom US-amerikanischen Geheimdienst geplante und unterstützte gescheiterte Landung von Exilkubanern in der Schweinebucht im April 1961 erschütterten das Verhältnis zu den USA. Die Installation sowjetischer Mittelstreckenraketen führte im Oktober 1962 fast zur militärischen Konfrontation der USA und der UdSSR (→Kubakrise). Das militärische Zurückweichen kompensierte die UdSSR durch verstärkte Wirtschaftshilfe. In den 1960er-Jahren erlangte Castros Gesellschaftskonzept erheblichen Einfluss in Lateinamerika (Unterstützung der Guerillabewegungen) und Afrika (1975–89 Einsatz kubanischer Truppen in Angola). Die Unterdrückung der Menschenrechte, die krisenhafte wirtschaftliche Situation (verschärft durch den Wegfall der sowjetischen Wirtschaftshilfe) und das starre Festhalten an der kommunistischen Doktrin führten immer wieder zu Auswanderungswellen in die USA. Die erste direkte Parlamentswahl (ohne Zulassung einer Opposition) 1993 brachte Castro die erwartete Bestätigung. Mit dem Besuch Papst Johannes Pauls II. im Januar 1998 begann ein allmähliches Aufbrechen der internationalen Isolation Kubas; auch die USA lockerten 2000 das Handelsembargo.

Kubakrise, Konflikt zwischen den USA und der UdSSR, ausgelöst durch den im Sommer 1962 begonnenen Bau von Abschussbasen für sowjetische Mittelstreckenraketen auf Kuba. Die Stationierung der Raketen war für die UdSSR die einzige waffentechnische Möglichkeit, der zu diesem Zeitpunkt bestehenden strategischen Überlegenheit der USA entgegenzuwirken. Kurz vor Herstellung der Einsatzbereitschaft der Raketen verlangte der amerikanische Präsident John F. Kennedy am 22. 10. 1962 in einer öffentlichen Erklärung den Abbau der Basen und die Rückführung aller bereits gelieferten Raketen. Um die Anlieferung weiteren Materials zu verhindern, verhängten die USA über Kuba eine Seeblockade (22. 10.–20. 11. 1962); Kennedy rief die OAS und den Sicherheitsrat der Vereinten Nationen an. Nach intensiven Bemühungen zur Beilegung des Konfliktes auf verschiedenen Ebenen erklärte sich Nikita Chruschtschow am 28. 10. 1962 zum Abbau der Abschussbasen und der Raketen bereit (**BILD** →Kalter Krieg). Mit einem gemeinsamen Schreiben der USA und der UdSSR an den Generalsekretär der Vereinten Nationen wurde Anfang Januar 1963 der offizielle Schlussstrich gezogen.

Kubilai, Khubilai, Kublai, Chubilai, Großkhan der Mongolen (seit 1260), als chinesischer Kaiser (seit 1279) Shizu (Shih-tsu), *23. 9. 1215, †Peking 18. 2. 1294; Enkel Dschingis Khans. Kubilai führte mit seinem älteren Bruder, dem Großkhan Möngke (1251–59), den Kampf gegen das chinesische Rumpfreich der Südlichen Song, das er endgültig 1279 eroberte und mit seinem 1260 in Nordchina gegründeten Reich vereinigte, dem er 1271 den chinesischen Dynastienamen Yuan (»Uranfang«) gegeben hatte. Kubilai verstand sich eher als chinesischer Kaiser denn als mongolischer Großkhan; er verlegte die Residenz aus dem mongolischen Karakorum nach Peking, das er ab 1267 ausbauen ließ. Marco Polo stand nach seinem eigenen Bericht 1275–92 im Dienst von Kubilai. Dessen Orientierung auf China und Machtkämpfe mit anderen Nachkommen Dschingis Khans führten zum Auseinanderfallen des Weltreiches in die vier de facto selbstständigen mongolischen Reiche Yuan, Dschagatai, →Goldene Horde (schon seit 1260 unabhängig) und Persien (Reich der →Ilkhane).

Küçük Kaynarca [ky'tʃyk kainar'dʒa], in türkischer Zeit Name des heutigen bulgarischen Dorfes Kajnardscha in der Dobrudscha, südöstlich von Silistra. Hier wurde am 21. 7. 1774 der Frieden zur Beendigung des Russisch-Türkischen Krieges von 1768–74 unterzeichnet. Der Vertrag räumte Russland bedeutende Gebietsgewinne ein, freie Schifffahrt im Schwarzen Meer und freie Durchfahrt der Handelsschiffe durch die Meerengen; andererseits wurde der Sultan ausdrücklich als Kalif aller (sunnitischen) Muslime anerkannt, er musste jedoch den Schutz der christlichen Religion garantieren. Das Khanat der Krimtataren erhielt den Status eines unabhängigen Staates.

k.u.k., seit dem österreichisch-ungarischen Ausgleich von 1867 bis 1918 übliche Abkürzung für »kaiserlich und königlich« im Titel der für beide Landesteile Österreich-Ungarns zuständigen Behörden. Die für Österreich zuständigen Institutionen trugen die Bezeichnung kaiserlich-königlich (k.k.), die für Ungarn die Bezeichnung königlich (k.).

Ku-Klux-Klan [kuːklʊks'klaːn, engl. kjuːklʌks'klæn; amerikan., vielleicht von griech. kýklos »Kreis«], Abk. **K.-K.-K.** [keɪkeɪ'keɪ], zwei terroristische Organisationen im Süden der USA. Die erste dieser Verbindungen wurde 1866 in Pulaski (Tenn.) gegründet als Geheimbund mit einer festen Hierarchie, ordensähnlichem Ritual und weißer Kapuzentracht. Der Klan, dessen Ziel die Aufrechterhaltung der kolonialen Lebensform in den Südstaaten war, bekämpfte mit der Reconstruction-Politik die Wiedereingliederung der Südstaaten in die Union nach dem Bürgerkrieg und wandte sich mit Mitteln der Gewalt und Einschüchterung v.a. gegen die emanzipierten Sklaven sowie die radikalen Republikaner. Er erreichte, dass in North Carolina, Tennessee und Georgia die Reconstruction scheiterte. 1869 wurde der Ku-Klux-Klan als nationale Organisation aufgelöst und 1882 für verfassungswidrig erklärt.

Ein zweiter, 1915 in der Nähe von Atlanta (Ga.) gegründeter Ku-Klux-Klan knüpfte nur äußerlich an den Vorläufer an und hatte seine Ursprünge im Aufleben des amerikanischen Nativismus. Neben rassistischen, religiösen und ethnischen Minderheiten verfolgte der Ku-Klux-Klan jetzt auch Intellektuelle, Gegner der Prohibition und Arbeiterorganisationen. Während der Weltwirtschaftskrise gingen seine Mitgliederzahlen drastisch zurück, begründet durch den fundamentalen sozialen Wandel, den die USA nach 1929 durchliefen. Seit 1928 nicht mehr Geheimbund, erhielt der Klan in den 1960er-Jahren wieder etwas Zulauf. Trotz seines vergeblichen Versuchs, die Durchsetzung der Bürgerrechtsgesetze im Süden gewaltsam zu verhindern, blieb der Ku-Klux-Klan bis in die Gegenwart als kleine militante Gruppierung mit einigen Tausend Mitgliedern bestehen und ging Verbindungen mit neonazistischen und rechtsextremistischen Organisationen ein.

Kulạk [russ. »Faust«] Bezeichnung für den russischen Mittel- und Großbauern, der nach den stolypinschen Agrarreformen (1906/10) nicht mehr im Mir (Dorfgemeinde) integriert war und sein Land mit familienfremden Arbeitskräften bewirtschaftete. Im Verlauf der 1927 in der Sowjetunion beschlossenen und seit 1929 forcierten stalinschen Kollektivierung der Landwirtschaft wurden die Kulaken als »Volksfeinde und Ausbeuter« von ihren Höfen vertrieben, meist persönlich verfolgt und als feindliche »Klasse« liquidiert; viele Kulaken kamen durch Terror, Deportationen und in den Lagern (→GULAG) ums Leben.

Ku-Klux-Klan. Der Terror des seit 1915 wiederbelebten Geheimbundes des Ku-Klux-Klan richtete sich gegen religiöse und ethnische Minderheiten, gegen Intellektuelle und Arbeiterorganisationen. Das Foto aus den 1920er-Jahren zeigt eine Demonstration des Klan in Washington (D.C.).

Kulturgeschichte, eine Spezialdisziplin der Geschichtswissenschaft, die das Handeln von Personen, Gesellschaften und Staaten im Zusammenhang der kulturellen Muster und Orientierungen sowie die Entwicklungen und Wandlungen im Bereich des geistig-kulturellen Lebens (als Ausschnitt geschichtlicher Prozesse) erforscht und darstellt. Der Begriff entstand im Rahmen der politischen Philosophie des 18. Jh. und der an die Vorstellungen der Aufklärung anknüpfenden Versuche, die Entwicklung von Völkern und Staaten aus dem Zusammenwirken von wirtschaftlichen und gesellschaftlichen, von philosophischen und technischen sowie nicht zuletzt von künstlerischen, religiösen und weltanschaulichen Faktoren zu bestimmen. Einen Aufschwung nahm die Kulturgeschichte in der zweiten Hälfte des 19. Jh. (Jacob Burckhardt). Im 20. Jh. zunächst von den Fragestellungen der politischen Geschichtsschreibung, dann auch von den neuen Forschungsansätzen der Sozial-, Wirtschafts- und Strukturgeschichte verdrängt, wuchsen ihr jedoch gerade aus diesen Bereichen wieder neue Impulse zu, da sich der Kulturbegriff unter dem Einfluss der Mentalitätsgeschichte, der Soziologie und der Ethnologie grundlegend änderte.

Kultụrkampf, auf Rudolf Virchows antikirchlichen Wahlaufruf von 1873 zurückgehende Bezeichnung für die Gesamtheit von rechtsstaatlich z.T. umstrittenen Maßnahmen, mit denen das Deutsche Reich Vorstöße seitens der katholischen Kirche unter Papst Pius IX. abzuwehren suchte, die darauf zielten, die päpstliche Autorität in Glaubensfragen und die Bindung der nationalen Kirchen an Rom auszubauen. Die Ablehnung des Liberalismus schlechthin sowie die Verkündung des Dogmas der päpstlichen Unfehlbarkeit (1870) wurden sowohl als Herausforderung an den politischen Protestantismus als auch als Kampfansage an die mit diesem eng verbundene kleindeutsche Einigungsbewegung empfunden. In Preußen führten der Kultusminister Adalbert Falk und Bismarck, gestützt auf die Liberalen, 1871–87 den Kampf mit der katholischen Kirche, wobei Bismarcks Bestreben einer Ausgrenzung des ursprünglich großdeutsch und weithin föderalistisch orientierten politischen Katholizismus auf eine schärfere Trennung von Staat und Kirche im Deutschen Reich zielte.

Die ersten staatlichen Kampfmaßnahmen waren als Reichsgesetze der »Kanzelparagraph« (1871), der Geistlichen bei der Ausübung ihres Amtes die Behandlung staatlicher Angelegenheiten »in einer den öffentlichen Frieden gefährdenden Weise« unter Strafandrohung untersagte, und das Jesuitengesetz (1872), das neue Niederlassungen der Jesuiten verbot, die Auflösung bestehender bestimmte und den Ordensmitgliedern Aufenthaltsbeschränkungen auferlegte, sowie das preußische Gesetz von 1872, das die Schulaufsicht dem Staat übertrug. 1873 brachte Falk im preußischen Landtag die »Maigesetze« durch, die u.a. die wissenschaftliche Vorbildung der Geistlichen regelten und ein staatliches »Kulturexamen« vorschrieben, das staatliche Aufsichtsrecht über die Kirche verstärkten, den Gebrauch der kirchlichen Disziplinargewalt einengten und für die Anstellung von Geistlichen ein Einspruchsrecht der Oberpräsidenten festsetzten. Die Katholiken verweigerten den »Maigesetzen« ihre Anerkennung. Daraufhin wurden viele Bischöfe und Geistliche abgesetzt, zu Geld- oder Gefängnisstrafen verurteilt. 1875 folgten das »Brotkorbgesetz«, das die Einstellung aller staatlichen Leistungen an die katholische Kirche verfügte, und das »Klostergesetz«, das die Auflösung aller Klostergenossenschaften außer den krankenpflegenden in Preußen bestimmte, sowie die Einführung der Zivilehe.

Die Erbitterung der katholischen Bevölkerung darüber führte zu einem starken Stimmenzuwachs der den Katholizismus unterstützenden Zentrumspartei. Die Einsicht, dass der Kulturkampf sich zu einer Niederlage entwickelte, und die veränderte innenpolitische Konstellation (Bruch mit den Nationalliberalen) veranlassten Bismarck, mit Papst Leo XIII. (seit 1878) Ausgleichsverhandlungen einzuleiten. 1880 begann der schrittweise Abbau der »Maigesetze«. Die beiden Friedensgesetze von 1886 und 1887 hoben die meisten Bestimmungen der Kampfzeit auf. Das Jesuitengesetz wurde jedoch erst 1904 und 1917 in zwei Stufen aufgehoben. Zivilehe und Staatsschule blieben erhalten.

Kulturrevolution, Bezeichnung für die innenpolitischen Macht- und Richtungskämpfe in der Volksrepublik China 1965/66–69. Sie wurde eingeleitet von Mao Zedong, um seine seit 1958/59 geschwächte Position wieder zu festigen und die mehr pragmatisch orientierte Gruppe um Liu Shaoqi (Staatsoberhaupt) und Deng Xiaoping (Generalsekretär der Kommunistischen Partei Chinas, KPCh) auszuschalten. Die Kulturrevolution ging einher mit einer breiten politisch-ideologischen Kampagne, die sich offiziell gegen Vertreter des »kapitalistischen Weges« sowie gegen Denk- und Lebensweisen traditionell chinesischer Prägung richtete.

Vorbereitet durch Aktionen gegen kritische Intellektuelle (seit Herbst 1965), wurde die Kulturrevolution offiziell 1966 von der linken Fraktion um Mao Zedong, seiner Frau Jiang Qing und Lin Biao (Verteidigungsminister) ausgelöst. Zur Durchsetzung ihrer Ziele mobilisierte sie Millionen von Studenten und Schülern, die sich in Roten Garden organisierten; diese terrorisierten v.a. seit Mitte 1966 in den Großstädten die Kritiker Mao Zedongs und zerstörten zahlreiche Kulturgüter. »Sonderuntersuchungsgruppen«, die im Auftrag der maoistischen Führung während der Kulturrevolution den politischen Terror bürokratisch organisierten, schufen sich ein weit verzweigtes Informations- und Spitzelnetz in ganz China, verhafteten zur Vorbereitung politischer Säuberungen Zehntausende hochrangiger Kader und lieferten die in Ungnade Gefallenen häufig gezielt den »kulturrevolutionären« Massen aus.

Die Kulturrevolution führte zur weitgehenden Zerschlagung des chinesischen Partei- und Staatsapparates. Sie war von einer kultischen Verehrung Mao Zedongs begleitet. Die zunehmend außer Kontrolle geratenen und seit Anfang 1967 von militanten »Roten Rebellen« unterstützten Roten Garden, die v.a. in den Provinzstädten auf harten Widerstand stießen, wurden 1967/68 in blutigen Aktionen von der Armee diszipliniert, die als Ordnungsmacht stark an Einfluss gewann. Millionen von Jugendlichen wurden anschließend zur Arbeit aufs Land umgesiedelt.

Die Kulturrevolution wurde de facto mit dem IX. Parteitag der KPCh im April 1969 beendet, als eine kulturrevolutionär orientierte Führungsgruppe gewählt und Lin Biao zum Nachfolger Mao Zedongs ernannt wurde. Da sich in den folgenden Jahren wesentliche Züge der Kulturrevolution erhielten, v.a. maoistische Ausrichtung von Wissenschaft und Kultur, erneute machtpolitische Kämpfe, Wechsel ultralinker mit pragmatischer Politik, wird ihre Dauer heute meist bis 1976 angegeben. Diese »zehn Jahre Chaos« waren in ihrer zweiten Hälfte u.a. durch einen Putschversuch des an Einfluss verlierenden Lin Biao (1971), die »Machtergreifung« durch die »Gemäßigten« unter Zhou Enlai (ab 1972/73) und das Wirken der →Viererbande (1976) geprägt.

Kunst, Sonderartikel S. 496/497.

Kuo-min-tang [chin. »Nationale Volkspartei«], Abk. **KMT, Guomindang,** chinesische Partei, 1912 hervorgegangen aus der von Sun Yat-sen 1905 gegründeten Geheimgesellschaft Tung-meng-hui (»Schwurbrüderschaft«), die maßgeblich an der Revolution von 1911 beteiligt war. Die KMT wandte sich gegen den restaurativen Kurs von Yuan Shikai (Präsident der Republik seit 1912), der die Partei im November 1913 für illegal erklärte. 1923/24 reorganisierte Sun Yat-sen mithilfe der Komintern und der Sowjetunion die KMT; sie ging eine enge Bindung zur Kommunistischen Partei Chinas (KPCh) ein und gab sich 1924 ein neues Grundsatzprogramm, beruhend auf den »Drei Volksprinzipien«: nationale Unabhängigkeit, Volksregierung, soziale Neugestaltung. Nach Sun Yat-sens Tod (1925) setzte sich Chiang Kai-shek als Führer der KMT durch, stellte mit den unter sowjetischer Militärberatung aufgestellten KMT-Truppen auf dem »Nordfeldzug« (1926–28) die Einheit Chinas wieder her und brach mit dem Bündnispartner (Bürgerkrieg 1927–37). Nach dem Zwischenfall von Xi'an (Dezember 1936) wurde auf Betreiben einiger KMT-Offiziere und v.a. Mao Zedongs im Chinesisch-Japanischen Krieg (1937–45) eine neue Einheitsfront zwischen der KMT und der KPCh gegen Japan gebildet. Nach der japanischen Niederlage scheiterten aber die Verhandlungen über eine Koalitionsregierung mit der KPCh. In einem weiteren Bürgerkrieg (1946/47–49) wurde die KMT vom Festland vertrieben; sie zog sich nach Taiwan zurück, wo sie 1949–2001 Regierungspartei war.

Kurfürsten [zu althochdeutsch kuri »Wahl«], lateinisch **Electores,** im Heiligen Römischen Reich die seit dem Ende des 12. Jh. bis 1806 zur Wahl des Römischen Königs berechtigten Reichsfürsten. Konnten zunächst alle anwesenden Freien, dann alle anwesenden Reichsfürsten an der Königswahl teilnehmen, so setzte sich nach 1198 die im welfisch-staufischen Thronstreit von Papst Innozenz III. vertretene Auffassung durch, dass an einer gülti-

Fortsetzung S. 498

KURFÜRSTEN

Staatsrechtlich zentrales Merkmal des Heiligen Römischen Reiches Deutscher Nation war, dass es sich bei ihm um eine Wahlmonarchie handelte. Kaiser Karls IV. Goldene Bulle von 1356, benannt nach dem in der kaiserlichen Kanzlei verwendeten goldenen Siegel, stellte das wichtigste, bis zum Ende des Alten Reiches (1806) gültige Reichsgrundgesetz dar und regelte zugleich und erstmals die Wahl des Königs durch sieben Reichsfürsten – die Erzbischöfe von Mainz, Köln und Trier, der König von Böhmen, der Pfalzgraf bei Rhein, der Herzog von Sachsen und der Markgraf von Brandenburg.

Als reichsrechtlich bestimmte »Kurfürsten« (»Wahlfürsten«) hatten sie nach dem Tod eines regierenden Königs einen Nachfolger zu wählen, um somit das Interregnum, die königslose Zeit, zu beenden und die Kontinuität der Herrschaft zu sichern. Dabei galt das Mehrheitsprinzip, womit künftige Doppelwahlen verhindert werden sollten. Von der Wahl Karls V. im Jahr 1519 an musste der zukünftige König den Kurfürsten in einer Wahlkapitulation immer wieder aufs Neue ihr freies Wahlrecht gemäß der Goldenen Bulle bestätigen und sich verpflichten, das Heilige Römische Reich nicht in eine Erbmonarchie verwandeln zu wollen. Die Macht der Kurfürsten – die Buchmalerei von 1484 zeigt sie mit dem Kaiser (»Hansekopiar«; Köln, Historisches Archiv) – war erheblich, ohne sie durfte ein König noch nicht einmal einen Reichstag einberufen.

Erlass der Goldenen Bulle

1

KUNST

1) Schon in prähistorischer Zeit begann der Mensch, sich künstlerisch zu betätigen. Die Höhlenmalereien von Lascaux, die vor etwa 17 000 Jahren entstanden, zählen zu den beeindruckendsten Kunstwerken der Felsbildkunst.

Am 15. 2. 1979 durchschnitt im Centre Pompidou in Paris der Künstler Hervé Fischer eine Schnur und erklärte sein esoterisches Happening zum Endpunkt in der Geschichte der Kunst. Ein anderer Akt der Destruktion hat vor kurzem die internationale Öffentlichkeit zutiefst berührt: Als die Taliban in Bamian die größte je in Fels gemeißelte Buddhastatue sprengten, war von Vernichtung eines Weltkulturerbes, von Weltkunst, die Rede – eigentlich eine falsche Wortwahl, weil sich der Zerstörungsakt nicht gegen Kunst richtete, jene Art von ästhetischen Objekten, deren Ende Fischer verkündet hatte. Vielmehr sollte die Eliminierung des Sichtbaren auch ein Unsichtbares auslöschen, nämlich die potenzielle religiöse Magie eines Bildes sowie seine kulturell-ethnische Symbolkraft.

Kunst vor ihrer Geschichte

Schnitzereien, Statuen, Fresken, Bilder aller Art, heute zumeist in die Museen abgewandert und dort als Kunstwerke registriert, einst aber Bestandteile eines Kultes, Zeichen numinoser Praktik, reichen in prähistorische Zeiten zurück – die Höhlenmalereien von Altamira setzten um 25 000 Jahre v. Chr. ein. Solche Objekte finden sich in Hochkulturen ebenso wie in »primitiven« Gesellschaften. Ihnen ist gemeinsam, dass sie Wirklichkeit in Bezug auf Wirkmächtigkeit visuell »verarbeiten«, dass sie einen Zuwachs von Wirklichkeit und numinoser Potenz bewirken wollen. Ihre Funktion reichte von der magischen Beherrschung der Umwelt über religiöse und kulturelle Symbolik bis zur Vergegenwärtigung des Göttlichen. Herrschaftsstruktur, Götterwelt und Bildwirklichkeit verschmolzen symbiotisch.

Nur wegen dieser – oft als götzendienerische Gefahr betrachteten – Symbiose ist es erklärlich, dass manche Religionen Bildwerke im sakralen Kontext ablehnten oder, sofern schon existent, in Bilderstürmen bekämpften, wie der Islam oder das Judentum, das sich auf das alttestamentarische Gebot bezog: »Du sollst dir kein Gottesbild machen.« Dass die abendländischen Theologen um 800 auf den gleichzeitig in Byzanz tobenden Bilderstreit mit einer gemäßigten Formel reagierten, wonach die Schönheit von Bildern didaktisch und repräsentativ, aber nicht magisch einzusetzen sei, war eine wesentliche Voraussetzung für die Autonomisierung der Kunst im Westen: ein Prozess der Verselbstständigung, der im Mittelalter am Rande, seit dem italienischen Trecento und v. a. seit der italienischen Renaissance des 15. Jh. vehement zum Durchbruch kam.

Kunst-Geschichte

Mit der Renaissance trat das Phänomen in den Vordergrund, das Hervé Fischer für beendet erklären wird: die Entstehung eines genuinen Kunstverständnisses und seine Koppelung an ein Geschichtsmodell. Der Maler, Architekt und Kunsttheoretiker Giorgio Vasari fasste die ein-

2

3

schlägigen Anschauungen zusammen: Kunst beruht auf ästhetischen Normen. Paradoxerweise sind es gerade die Normen, die den einst statischen Charakter kultischer Kunst aufheben, denn ihre nur sukzessiv zu erreichende Erfüllung unterwirft das Kunstwerk dem Diktat geschichtlicher Bewegung. Die damit einhergehende Abfolge von Stilen ordnet das Kunstschöne einem Wertekanon zu, der nach dem biologischen Modell von Wachstum, Reife (Klassik) und Altern (Verfall) funktioniert. Jeder Zyklus lässt aus der Spätphase eine neue »Renaissance«, eine am Urmodell der Antike orientierte Neugeburt entstehen.

Vasari und seine Zeitgenossen erstellten einen festen Rahmen der Kunstgeschichtsschreibung, der auf einer ihren eigenen Gesetzmäßigkeiten gehorchenden und aus dem Odium des Handwerklichen befreiten Kunst beruht. Auf diesem Fundament entstand bis ins 18. Jh. hinein ein festes Klassifikationssystem: die »schönen« oder »bildenden« Künste Malerei und Bildhauerei, dazu die Architektur, durch Musik und Poesie zum Kanon der fünf maßgebenden Künste erweitert. Das 18. Jh. steuerte einen entscheidend neuen Akzent bei, indem es die künstlerischen Produktionen unterschiedlichster Zeiten und Kulturen, auch der archaischen, »primitiven«, exotischen, nicht ausschließlich im Vergleich zur klassischen Antike, sondern aus ihren individuellen Voraussetzungen zu verstehen suchte. Die einschlägigen archäologischen und historischen Forschungen begleitete eine rasche Abfolge historisierender Stile. Das um 1800 zur Mode gewordene Interesse an der Historizität künstlerisch-kultureller Phänomene führte zu deren Verwissenschaftlichung – 1813 richtete die Universität Göttingen die erste Professur für Kunstgeschichte ein.

Avantgarde

Ende des 19. Jh. war die Bezeichnung für eine militärische Vorhut, »Avantgarde«, auf eine Kunst übertragen worden, die in Neuland vorstieß. Ab jetzt musste Kunst »progressiv« sein im Zugzwang der Innovationen, der wechselnden »Ismen«. Die einstige Bildmagie schien endgültig an die ephemeren Mechanismen der Kunstindustrie verloren. Nicht alle Künstler wollten da seit dem Beginn des 20. Jh. mitspielen. Viele opponierten und kehrten zur »Bildtheologie« zurück – besonders radikal Kasimir Malewitsch mit seinem Bild »Schwarzes Quadrat auf weißem Grund« (1915), dem neuen Nullpunkt, der neuen »göttlichen« Reinheit des Nichts, zu dem die Kunst aus der Hektik ihres Avantgarde-Daseins zurückkehrte. Doch weder damals noch heute kam die Kunst an ihr Ende. Denn nicht zuletzt die Brüche in der Geschichte sind Elemente des Historischen und damit Hauptthema des seinerseits in historische Bezüge gestellten Kommunikationssystems »Kunst«.

2) Zentralperspektive und Porträt waren zwei Wirklichkeit vortäuschende Neuerungen der Kunst des 15. Jh., die Epoche machen sollten (Selbstbildnis Albrecht Dürers; 1498, Madrid, Prado; Ausschnitt).

3) Am Beginn der Geschichte von Fotografie und Film stand die Daguerrotypie, mit der es erstmals gelang, flüchtige reale Szenen festzuhalten (hier die erste, 1837 entstandene Daguerrotypie, ein Stillleben).

Fortsetzung von S. 495
gen Königswahl die Erzbischöfe von Köln, Mainz und Trier sowie der Pfalzgraf bei Rhein beteiligt sein müssten (→König). Seit der Wahl von 1257 galten sieben Kurfürsten als alleinige Königswähler: die vier genannten Fürsten, der Herzog von Sachsen, der Markgraf von Brandenburg und der König von Böhmen. Bei der Wahl Rudolfs I. von Habsburg (1273) trat das Kurfürstenkollegium (Kurkolleg) erstmals als geschlossener Wahlkörper auf. Ludwig IV., der Bayer (1314/28–47), verfocht den Grundsatz, dass die Mehrheit der sieben Kurfürsten zur rechtsgültigen Königswahl genüge. Dies wurde 1338 vom Kurverein von Rhense anerkannt und 1356 Reichsgrundgesetz durch die →Goldene Bulle, die auch die Stimmabgabe regelte, die Unteilbarkeit der Kurlande und die Primogenitur bei den weltlichen Fürsten festsetzte sowie den Kurfürsten für ihre Territorien die unbeschränkte Gerichtsbarkeit gab. Das Recht, sich zu Beratungen in Reichsangelegenheiten zu versammeln, wurde in Kurvereinen wahrgenommen.

Der Sachsenspiegel erklärte Entstehung und Zusammensetzung des Kurkollegs aus der Tatsache, dass die (hier: sechs) Kurfürsten – als »Vorwähler« – Inhaber der →Erzämter waren.

Seit den Hussitenkriegen (15. Jh.) ruhte die böhmische Kurwürde bis 1708. Im Dreißigjährigen Krieg wurde 1623 die pfälzische Kur auf Bayern übertragen, 1648 eine achte Kur für die Pfalz geschaffen. Der Herzog von Braunschweig-Lüneburg (Hannover) hatte seit 1692 eine neunte Kurwürde inne. Der →Reichsdeputationshauptschluss (1803) hob die Kurstimmen von Trier und Köln auf und übertrug die Mainzer Kur auf Regensburg-Aschaffenburg. Neu geschaffen wurden die Kurfürstentümer Salzburg, Württemberg, Baden und Hessen-Kassel. Nach 1806 behielt nur der Kurfürst von Hessen-Kassel den Titel (bis 1866 [Kurhessen]).

Kurie, lateinisch **Curia,** 1) älteste Gliederungsform der römischen Bürgerschaft in 30 Körperschaften, politisch wirksam in den Komitien; 2) im Heiligen Römischen Reich Bezeichnung für die auf Reichs- bzw. Landtagen getrennt beratenden Stände, meist in drei Bänke mit je einer Gesamtstimme eingeteilt (Reichsstände: Kurfürstenkolleg[ium] als erste Kurie [Kurfürstenbank], Reichsfürstenrat [geistl. und weltl. Bank], Reichsstädtekollegium [Städtebank]; Landstände: Geistlichkeit, Ritterschaft, Städte). Auch der Gerichtshof oder eine andere Behörde sowie deren Sitz wurden als Kurie bezeichnet. Curia Regis bezeichnete im Heiligen Römischen Reich a) im weiteren Sinne den →Hoftag, im engeren Sinn die königliche Verwaltungsbehörde; b) (seit Ende des 15. Jh.) den →Reichstag.

Kurlande, Reichslehngebiete, an die die Kurwürde der →Kurfürsten geknüpft war.

Kurpfalz, das ehemalige Kurfürstentum →Pfalz.

Kurverein von Rhense, Zusammenschluss von sechs →Kurfürsten am 16. 7. 1338 im heutigen Rhens (Landkreis Mayen-Koblenz) zur Verteidigung des Reichsrechts und ihres Wahlrechts gegen jedermann, besonders aber gegen päpstliche Ansprüche; der nicht anwesende König von Böhmen gab später seine Zustimmung. Mit der gesetzlichen Erklärung, dass die Königswahl allein durch die Kurfürstenmehrheit rechtens sei und dass der Gewählte der päpstlichen Anerkennung oder Bestätigung nicht bedürfe, nahmen die Kurfürsten auf Betreiben von Erzbischof und Kurfürst Balduin von Luxemburg zugunsten Kaiser Ludwigs IV., des Bayern, gegen das Papsttum von Avignon (Johannes XXII.) Stellung (»Weistum von Rhense«).

Kwaśniewski [kvaç-], Aleksander, polnischer Politiker, *Belgard 15. 11. 1954; war 1985–87 Jugendminister. Zunächst Mitglied der kommunistischen Polnischen Vereinigten Arbeiterpartei, übernahm Kwaśniewski 1990 den Vorsitz der aus ihr hervorgegangenen Sozialdemokratie der Republik Polen (SdRP). Bei den Präsidentschaftswahlen 1995 siegte er als Kandidat der Linksallianz über Lech Wałęsa; bei den Präsidentschaftswahlen 2000 wurde er im Amt bestätigt.

Kynoskephalai [griech. »Hundsköpfe«], im Altertum Name eines Bergzugs südöstlich von Larissa in Thessalien, heute Mavrovuni. Bei Kynoskephalai fiel 364 v. Chr. der Thebaner Pelopidas im Kampf gegen den thessalischen Tyrannen Alexander von Pherai. Hier schlugen auch die Römer 197 v. Chr. den Makedonenkönig Philipp V. im 2. Makedonischen Krieg.

Kyros II., der Große, König der Perser (seit 559 v. Chr.) und Gründer des altpersischen Großreichs, †530 v. Chr.; war zunächst Vasall der Meder, konnte aber um 550 v. Chr. die Herrschaft über das Mederreich erringen. Nach dem Bericht Herodots ging der Heerführer des Astyages, Harpagos, zu Kyros über; Astyages wurde an Kyros ausgeliefert. Hierauf wandte sich Kyros gegen Lydien; um 546 fiel Sardes, der Lyderkönig Krösus wurde entthront. Kyros' Feldherren unterwarfen die griechischen Städte in Kleinasien. Die dritte Großmacht, Babylonien, wurde von Kyros sieben Jahre später beseitigt, begünstigt durch die Missstimmung der heimischen Priesterschaft gegen König Nabonid. Babylon fiel im Oktober 539, Nabonid wurde gefangen genommen. Um seine Herrschaft in Phönikien und Syrien zu sichern, verpflichtete sich Kyros 538 die im babylonischen Exil lebenden Juden, indem er ihnen die Rückkehr nach Jerusalem erlaubte. Er fiel bei den Kämpfen gegen die Saken (Massageten).

KZ, allgemein übliche Abk. für →Konzentrationslager.

Ladislaus V. Postumus [latein. »der Nachgeborene«], König von Ungarn (seit 1440 bzw. 1444) und Böhmen (seit 1453), *Komárom 22.2.1440, †Prag 23.11.1457; Habsburger und nachgeborener Sohn des Königs des Heiligen Römisches Reiches, Albrecht II.; war bereits am 15.5.1440 mit der entführten Stephanskrone gekrönt, stand aber bis 1452 unter Vormundschaft seiner Mutter und Friedrichs III., des Königs des Heiligen Römischen Reiches. Er wurde erst nach dem Tod des Gegenkönigs Władysław I./III. 1444 anerkannt, wobei János Hunyadi 1446–52 als Reichsverweser amtierte, während in Böhmen ab 1452 Georg von Podiebrad und Kunštát die Regierungsgeschäfte für den 1452 gewählten und am 28.10.1453 gekrönten Ladislaus führte. Ladislaus war in beiden Ländern um die staatliche Konsolidierung und die Abwehr der Türkengefahr bemüht; er musste nach der von ihm veranlassten Hinrichtung des Sohnes von Hunyadi nach Prag fliehen.

La Fayette [lafaˈjɛt], **Lafayette,** Marie Joseph Motier, Marquis de, französischer General und Politiker, *Schloss Chavaniac (Département Haute-Loire) 6.9.1757, †Paris 20.5.1834; nahm seit 1777 am amerikanischen Unabhängigkeitskampf teil und trug wesentlich zur Kapitulation der Briten bei Yorktown am 19.10.1781 bei. 1789 wurde La Fayette Mitglied der Generalstände; als leidenschaftlicher Anhänger des Freiheitsgedankens reichte er der Nationalversammlung am 11.7.1789 einen Vorschlag zur Erklärung der Menschen- und Bürgerrechte ein. Nach dem Sturm auf die →Bastille befehligte er die Pariser Nationalgarde, die das wohlhabende Bürgertum organisierte. Eine Zeit lang war La Fayette einer der führenden Politiker der Revolution, gelangte aber aus persönlichen Gründen nicht zu einer erfolgreichen Zusammenarbeit mit Graf Mirabeau. Sein Bemühen, die Radikalisierung der Revolution aufzuhalten, scheiterte u.a. an der Flucht Ludwigs XVI. im Juni 1791. Das »Marsfeldmassaker« der Nationalgarde vom 17.7.1791 untergrub seine Popularität. Nach dem Sturm auf die Tuilerien am 10.8.1792 wollte er als General einer Armee auf Paris marschieren, musste aber am 19.8. zu den Österreichern fliehen. Unter der Herrschaft Napoleons lebte er zurückgezogen auf seinen Gütern in Frankreich. Seit 1818 liberaler Abgeordneter, führte La Fayette in der Julirevolution von 1830 wieder die Nationalgarden. Er unterstützte die Thronbesteigung Louis Philippes, ging aber bald in die Opposition, da er die Revision der »Charte constitutionelle« Ludwigs XVIII. ablehnte.

Lancaster [ˈlæŋkəstə], eine Nebenlinie des englischen Königshauses →Plantagenet, die unmittelbar von John of Gaunt abstammt, einem jüngeren Sohn Eduards III. Die Familie geht auf Heinrich III. zurück, der seinen jüngsten Sohn Edmund 1267 zum Earl of Lancaster ernannte. 1351 wurde die Grafschaft Lancaster (oder Lancashire) zum Herzogtum erhoben. Die Heirat der Urenkelin Edmunds und Erbin von Lancaster, Blanche, mit John of Gaunt 1359 verschaffte diesem 1362 den Titel eines Herzogs von Lancaster. Beider Nachkommen waren – nach dem Tod Richards II. – 1399–1461/71 die englischen Könige aus dem Haus Lancaster: Heinrich IV., Heinrich V., Heinrich VI. Dieses unterlag nach erbitterten Thronstreitigkeiten (→Rosenkriege) dem Haus York, der anderen Nebenlinie der Plantagenets. Die Kronrechte der Lancaster, die 1471 im Mannesstamm ausstarben, spielten für die Thronansprüche Heinrichs VII., der mütterlicherseits von den Lancaster abstammte, eine bedeutende Rolle.

Landauer, Gustav, deutscher Schriftsteller und Sozialphilosoph, *Karlsruhe 7.4.1870, †(im Gefängnis ermordet) München 2.5.1919; stammte aus einer jüdischen Kaufmannsfamilie; als Vertreter eines radikalen Sozialismus und gewaltlosen Anarchismus war er Herausgeber sozialistischer Zeitschriften (u.a. »Der Sozialist«, 1909–15), Organen des von ihm gegründeten »Sozialistischen Bundes«. 1919 war er als Mitglied der Münchener Räteregierung Minister für Volksaufklärung.

Ladislaus V. Postumus

Landfrieden, im Heiligen Römischen Reich vom Mittelalter bis 1806 das vom Kaiser oder König mit Gesetzeswirkung oder von den Ständen in Form der Einung erlassene allgemeine Friedensgebot zur Verhinderung der →Fehde. Die Landfriedenserlasse bedrohten die Gefährdung oder Verletzung des öffentlichen Friedens mit »peinlicher Strafe« und besaßen Bedeutung für die Herausbildung des öffentlichen Strafrechts in Deutschland. Sie waren z.T. örtlich, gegenständlich oder persönlich begrenzt. Als ältester Landfrieden gilt der in der Tradition der Gottesfrieden stehende Mainzer Reichslandfrieden Kaiser Heinrichs IV. von 1103. Weitere wichtige Landfrieden waren die Landfrieden der Kaiser Friedrich I. Barbarossa (1152) und Friedrich II. Maximilian I. verkündete 1495 den →Ewigen Landfrieden.

Marie Joseph Motier, Marquis de La Fayette

Landshuter Fürstenhochzeit, prunkvolle Hochzeit zwischen Georg dem Reichen, dem letzten Herzog Bayern-Landshuts, und Hedwig von Polen im Jahr 1475.

Landsknechte [eigentlich »im kaiserlichen Land angeworbene Soldaten«], ursprünglich in Deutschland die zuweilen Kriegsdienst verrichtenden Büttel, Gerichtsdiener und Gendarmen zu Fuß oder zu Pferd, seit Beginn der Regierungszeit Maximilians I. Bezeichnung für die sich v.a. aus dem oberdeutschen Raum rekrutierenden Söldner. Mit der Aufstellung der Landsknechtstruppen versuchte Maximilian das ritterliche Lehnsaufgebot durch ein ebenso Kaiser und Reich ergebenes, jedoch zeitgemäßeres militärisches Instrument zu ersetzen.

Die Landsknechte erlebten ihren militärgeschichtlichen Höhepunkt zwischen 1490 und 1530. Zu dieser Zeit rekrutierten sie sich v.a. aus freien Bürgern, Bauern und Soldrittern. Mehrfach schlugen die disziplinierten Landsknechtsheere auch schweizerische Söldnertruppen. In der Mitte des 16. Jh. setzte der Niedergang des Landsknechtswesens ein, denn die nun häufig aus den unteren Schichten rekrutierten Söldner kämpften ohne innere Bindung jeweils für diejenige Partei, die Bezahlung bot. Ausbleibender Sold führte immer öfter zu Meuterei und Desertion. Gegen Ende des 16. Jh. war den Landsknechten u.a. das spanische Fußvolk hinsichtlich Disziplin und Kriegstüchtigkeit weit überlegen. Nach 1600 sprach man nicht mehr von »teutschen Knechten«, sondern nur noch von kaiserlichen, ligistischen, bayerischen und brandenburgischen Söldnern.

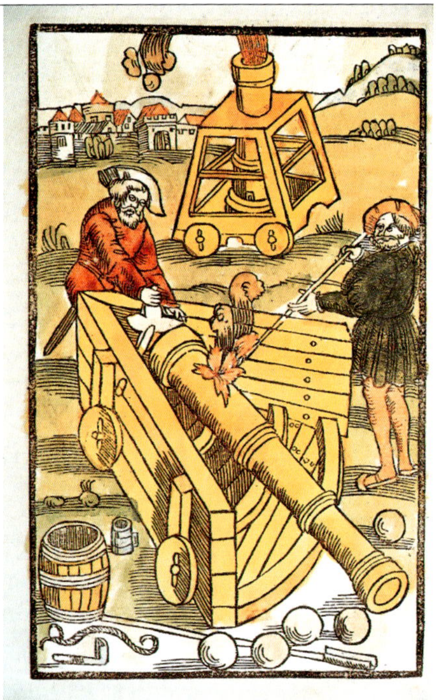

Landsknechte. Motivation gewannen die Söldner des 15. und 16. Jh. nicht durch die innere Bindung zu einem Dienstherrn oder einem Land, sondern durch die Bezahlung, die sich nach der Kampferfahrung und der – selbst zu beschaffenden – Bewaffnung richtete (»Landsknechte beim Abfeuern einer Kanone«, Holzschnitt von 1529).

Landstände, Landschaft, im Heiligen Römischen Reich zunächst die im Mittelalter nach Ständen, d.h. Geistlichkeit, Ritterschaft, Städte, vereinzelt – z.B. in Tirol und Ostfriesland – auch Bauern, auftretenden Lokalgewalten in den Territorien, in der späteren ständestaatlichen Epoche die ständisch gegliederte Vertretung des Landes gegenüber dem Landesherrn (Kurie). Für ihre Versammlung kam im 16. Jh. die Bezeichnung Landtag auf. Zu ihren Befugnissen gehörte besonders das Steuerbewilligungsrecht, das die Landstände zur Festigung ihrer Macht nutzten. Im →Absolutismus wurde die Macht der Landstände entweder völlig beseitigt oder zumindest stark eingeschränkt. Die nach 1814/15 erlassenen landständischen Verfassungen knüpften z.T. an die alten Landstände an, doch setzte sich hier immer mehr das moderne Repräsentativsystem durch.

Landsturm [von dänisch und schwedisch »landstorm«], ab dem 16. Jh. in Deutschland gleichbedeutend mit dem Aufgebot aller Waffenfähigen; Form des bewaffneten Aufgebots und Bestandteil der Gesamtstreitkräfte in Preußen und in Deutschland zwischen 1813 und 1945. In Preußen umfasste der Landsturm ab 1813 alle männlichen Personen, die weder zum aktiven Heer noch zur Landwehr gehörten. Der Landsturm sollte im Fall eines gegnerischen Angriffs aufgeboten werden und im eigenen Land kämpfen. In den Mitgliedsstaaten des Norddeutschen Bundes und im Deutschen Reich fortgeführt, galt die Landsturmpflicht nach mehrfachen Änderungen seit 1888 vom vollendeten 17. bis zum 45. Lebensjahr.

Die laut Wehrgesetz vom 21. 5. 1935 im Kriegsfall für den Landsturm vorgesehenen wehrpflichtigen Männer über 45 Jahre wurden im Zweiten Weltkrieg zu »Landesschützenbataillonen« eingezogen. Der Erlass Hitlers vom 25. 9. 1944 über den Volkssturm sollte an die Tradition von 1813 anknüpfen.

Landtag, in Deutschland die Volksvertretungen in den Ländern, die nach dem Grundgesetz aus demokratischen Wahlen hervorgehen müssen. Die Landtage haben das Recht der Gesetzgebung und der Haushaltsfeststellung, sie wählen die Regierungschefs und kontrollieren die Regierung. In Österreich sind die Landtage die parlamentarischen Volksvertretungen der Länder; die Aufgaben der Landtage entsprechen denen der Landtage in Deutschland.

Landtag hieß seit dem 16. Jh. im Heiligen Römischen Reich die Versammlung der Landstände, die nur auf meist dem Landesherrn vorbehaltene Einberufung zusammentrat (Kurie). Im 19. Jh. wurden die in den konstitutionellen Staaten gebildeten Kammern – wie z.B. das Abgeordnetenhaus und das Herrenhaus in Preußen – Landtage genannt; zunehmend bürgerte sich auch die Bezeichnung Landtag für das Abgeordnetenhaus allein ein. 1919–33 hießen die in demokratischen Wahlen in allen deutschen Ländern zu wählenden Volksvertretungen Landtage bzw. in den Hansestädten Bürgerschaften; sie wurden am 7. 4. 1933 aufgelöst. Nach dem Zusammenbruch des nationalsozialistischen Regimes wurden in den wieder oder neu errichteten Ländern 1946/47 überall Landtage gewählt. In der DDR wurden die Landtage mit den Ländern 1952 aufgehoben.

Landwehr,

1. Befestigung, die ein ganzes Land umzieht oder als Straßen- und Talsperre den Eintritt in ein bestimmtes Gebiet verwehrt, eine für die Germanen besonders kennzeichnende Art der Befestigung. Die älteste Landwehr ist der Angrivarierwall, ein Grenzwall des 1. Jh. n. Chr. zwischen den Angrivariern und den Cheruskern an der mittleren Weser. Spätere Anlagen sind der Wansdyke bei Bristol (6. Jh.), der Grenzwall des alten westsächsischen Königreichs, der Offa's Dyke am Severn in England (8. Jh.), sowie das Danewerk (8. Jh.), der Grenzwall der Dänen gegen Karl den Großen. Im 14. Jh. wurden in Deutschland Landwehren mit einem Wall mit Graben zu beiden Seiten oder mit mehreren Wällen errichtet; sie waren meist bepflanzt.

2. ursprünglich – ähnlich wie →Landsturm – Bezeichnung für das Aufgebot aller Waffenfähigen, 1813–1918 Bestandteil des preußisch-deutschen Heeres, 1935–45 eine Form des Wehrdienstes.

Anknüpfend an die Aufgebote der Landesdefension im Herzogtum Preußen, der 1701 aufgestellten preußischen Landmiliz sowie der 1809 in Österreich und 1812 in Russland aufgebotenen Landwehren wurde in Preußen 1813 eine Landwehr aufgestellt. Sie umfasste alle nicht dem stehenden Heer angehörenden Männer vom 17. bis zum 40. Lebensjahr. Durch die preußische Heeresreorganisation 1859/60 änderte sich der Charakter der Landwehr grundlegend. Die Landwehrregimenter mit Wehrpflichtigen vom 26. bis zum 32. Lebensjahr wurden in das stehende Heer übernommen, die übrige Landwehr wurde zu einer aus der Feldarmee ausgegliederten Reserve. Im Ersten Weltkrieg wurden Landwehrtruppenteile v. a. an ruhigeren Frontabschnitten und als Besatzung eingesetzt, 1919 erfolgte die Auflösung. Das Wehrgesetz vom 31. 5. 1935 legte die Landwehrpflicht für das 35.–45. Lebensjahr fest.

In Österreich wurde die Landwehr 1852 aufgelöst; später wurden mit »Landwehr« die stehenden Nationalheere in Österreich und in Ungarn im Gegensatz zur gemeinsamen kaiserlichen und königlichen Armee bezeichnet. In der Doppelmonarchie nahm der Landsturm die Stelle der deutschen Landwehr und des deutschen Landsturms ein.

Lange, Helene, Führerin der deutschen Frauenbewegung, *Oldenburg (Oldenburg) 9. 4. 1848, †Berlin 13. 5. 1930; Lehrerin; forderte u. a. eine Neuordnung des Mädchenschulwesens unter Leitung von wissenschaftlich vorgebildeten Lehrerinnen. An der Spitze des von ihr gegründeten »Allgemeinen deutschen Lehrerinnenvereins« stellte Lange ein Frauenbildungsprogramm auf, mit dem sie die geistige Führung der deutschen Frauenbewegung übernahm. 1892 wurde sie Vorsitzende des »Allgemeinen Deutschen Frauenvereins«. Seit 1893 gab sie mit Gertrud Bäumer die Zeitschrift »Die Frau«, 1901–06 »Handbuch der Frauenbewegung« heraus. 1894 gründete sie den »Bund Deutscher Frauenvereine« als Dachverband aller deutschen Fraueninitiativen. (→Frauenbewegung)

Fot. Atelier Elvira

Helene Lange

Lange Kerls, volkstümliche Bezeichnung der in rote Uniformen gekleideten »Riesengarde« König Friedrich Wilhelms I. von Preußen, das I. Bataillon des 1. Garderegiments zu Fuß (»Rote Grenadiere«). Die »Potsdamer Wachparade« rekrutierte sich seit 1713 aus 600 auffallend großen Männern aller Garnisonen des Königreichs, später auch aus oft gewaltsam Angeworbenen des In- und Auslands. Mindestmaß der Rekruten waren sechs preußische Fuß, etwa 1,88 m. Da sich unter ihnen Angehörige fast aller Bekenntnisse befanden, gewann die Truppe für die Entwicklung religiöser Toleranz Bedeutung. Letztmalig wurden die Langen Kerls beim Leichenbegängnis des Königs 1740 eingesetzt; danach wurde die Garde aufgelöst.

Langemark, Langemarck, Ort in Belgien (Gemeinde Langemark-Poelkapelle, 8 km nördlich von Ypern), der im Ersten Weltkrieg (v. a. im Herbst 1914) während des »Wettlaufs zum Meer« heftig umkämpft war. Besonders bekannt wurde er durch den auf ihn am 10. 11. unternommenen verlustreichen Angriff neu aufgestellter deutscher Reservetruppenteile, der in der Folge zum Sinnbild unreflektierter Opferbereitschaft der Jugend wurde.

Langer Marsch, der Zug der chinesischen Kommunisten und ihrer bewaffneten Streitkräfte (Rote Armee) von der Provinz Jiangxi (Südostchina) durch elf Provinzen nach Yanan (Nordwestchina) von Oktober 1934 bis Oktober 1935; er erstreckte sich über rund 12 500 km. In der von ihnen in der Provinz Jiangxi errichteten »Chinesischen Sowjetrepublik« von den Truppen der Nationalregierung militärisch schwer bedrängt, entschlossen sich die chinesischen Kommunisten, ihre Machtbasis in die Nähe der sowjetisch-chinesischen Grenze und des japanisch besetzten Nordchinas zu verlagern. Die chinesische Rote Armee durchbrach die Linien der Nationaltruppen, doch verlor in den ersten Monaten des Langen Marschs mehr als die Hälfte der Teilnehmer ihr Leben. Auf der Konferenz der Kommunistischen Partei Chinas (KPCh) in Zunyi im Januar 1935 setzte sich Mao Zedong endgültig als politischer Führer der chinesischen Kommunisten durch. Von den insgesamt 300 000 Teilnehmern des Langen Marschs erreichte 1935/36 nur etwa ein Zehntel das Ziel. Den Langen Marsch verklärte die KPCh später zum Heldenepos; er wurde zum Symbol für eine lang andauernde, letztlich aber doch erfolgreiche Revolution.

Langes Parlament, das 1640 von König Karl I. von England einberufene, über den außerordentlich langen Zeitraum von zwanzig Jahren tagende englische Parlament. Mit dem Ausschluss der presbyterianischen Abgeordneten 1648 wurde es zum Rumpfparlament, das von Oliver Cromwell 1653 mit Waffengewalt auseinander getrieben wurde. Erst 1660 löste es sich selbst auf und gab damit den Weg für allgemeine Wahlen und die Restauration der Monarchie frei.

Langobarden, germanischer Stamm, der um Christi Geburt beiderseits der Niederelbe siedelte und zum swebischen Stammesbund des Marbod gehörte. Nach eigener, sagenhafter Überlieferung sollen sie ursprünglich aus Skandinavien gekommen sein. In der ersten Hälfte des 2. Jh. sind archäologischen Zeugnissen zufolge Bevölkerungsteile der Langobarden nach Südmähren und Niederösterreich abgewandert. 167 n. Chr. fielen langobardische Heerscharen über die Donau nach Ungarn (Pannonien) ein. Im Verlauf des 3.–5. Jh. dürften weitere Bevölkerungsgruppen unterschiedlicher elbgermanischer Herkunft nach Mähren eingesickert sein. Auf der Grundlage dieses Völkergemischs scheint es im norddanubischen Limesvorland um 450 zu einer neuen Stammesbildung der Langobarden gekommen zu sein. 488 wurden Langobarden erstmals namentlich im Rugierland (Niederösterreich) erwähnt, wo sie bis 508/509 unter der Oberhoheit der Heruler standen. Bis 546 dehnten sie sich in das Gebiet zwischen Drau und Save aus. Unter König Wacho (um 510–540) wurden die Langobarden treue Föderaten des →Byzantinischen Reichs, als die sie an den Kämpfen zur Vernichtung des Reiches der Ostgoten teilnahmen. Dem Druck der →Awaren weichend, verließen sie 568 ihre Stammessitze in Richtung Italien und besetzten die Lombardei, später auch Teile Mittelitaliens und brachen mit Byzanz.

Durch die Ehe König Autharis (584–590) mit der bairischen Herzogstochter Theodolinde wurden enge Beziehungen zwischen Langobarden und Baiern hergestellt. Durch ihren Einfluss traten die bislang arianischen Langobarden unter Agilulf (591–615/616) zum Katholizismus über. Unter Liutprand (712–744) und Aistulf (749–756) erreichten die Langobarden den Höhepunkt ihrer politischen Macht in Italien, bis Karl der Große 773/774 das Langobardenreich des Desiderius (757–774) eroberte. 951 übernahm Otto I., der Große, die langobardische Königswürde. Die südlichen Herzogtümer bewahrten ihre Selbstständigkeit bis zur Eroberung durch die Normannen im 11. Jahrhundert.

Laozi [chines. »alter Meister«], **Lao-tzu, Laotse,** chinesischer Philosoph, der als Begründer des Taoismus gilt. Der Tradition nach war Laozi ein älterer Zeitgenosse des →Konfuzius (6. Jh. v. Chr.); soweit er jedoch als Verfasser des taoistischen Hauptwerks »Dao-de-jing« verstanden wird, muss er Ende des 4./Anfang des 3. Jh. v. Chr. gelebt haben. Als Person tritt Laozi in verschiedenen philosophischen Texten (nicht jedoch im »Dao-de-jing« selbst) seit dem 3. Jh. v. Chr. auf. Schon zur Zeit der von Sima Qian im 2. Jh. v. Chr. verfassten Laozi-Biografie kursierten zahlreiche Legenden um ihn. Die Überlieferung, Laozi sei am Ende seines Wirkens in China westwärts in den Gebirgen verschwunden und habe einem Passtorwächter das »Dao-de-jing« als Vermächtnis hinterlassen, führte dazu, dass der Buddhismus in China als eine Variante des Taoismus angesehen und der historische →Buddha indirekt mit Laozi identifiziert werden konnte.

Las Casas [las'kasas], Bartolomé de, spanischer Missionar, der »Apostel der Indianer«, *Sevilla 1474 (?), †Madrid 31. 7. 1566; kam 1502 nach Hispaniola und erwarb Land, das wie üblich von Indianern in Zwangsarbeit bewirtschaftet wurde. Er wurde wahrscheinlich 1506/07 bei einem Aufenthalt in Rom zum Priester geweiht. 1514 entließ er die ihm zugeteilten indianischen Arbeiter und begab sich 1515 nach Spanien, um bei Hof die Zwangsarbeit der Ureinwohner zu bekämpfen. 1516 gewann er Kardinalregent Francisco Jiménez de Cisneros für eine Reform der Indianerschutzgesetzgebung. 1522 trat Las Casas in den Dominikanerorden ein, nachdem ein von ihm geleiteter Kolonisationsversuch an der venezolanischen Küste gescheitert war. Auf sein Wirken hin wurden 1542 die »Neuen Gesetze« endgültig erlassen, die das 1512 erstmals ausgesprochene Verbot der Indianersklaverei zwar bekräftigten, aber kaum praktische Erfolge zeigten. Seine Mitwirkung an der Umsetzung der »Neuen Gesetze« – seit 1543 als Bischof von Chiapas in Guatemala – schuf ihm Feinde unter den →Konquistadoren. 1547 kehrte er nach Spanien zurück, wo er bis zu seinem Lebensende zugunsten der Indianer zu wirken versuchte.

Als Geschichtsschreiber des Lebens und Wirkens des Kolumbus, dessen Nachlass er benutzte, und der Entdeckung und Inbesitznahme Amerikas war Las Casas ebenso grundlegend wie für die Missionstheologie und die Einschätzung fremder Kulturen. Mit seinem »Bericht von der Verwüstung der Westindischen Länder« verallgemeinerte er aber die Grausamkeiten der spanischen Konquistadoren und prägte so das Bild der spanischen Amerikapolitik.

Lassalle [la'sal], Ferdinand, bis 1846 Ferdinand Lassal, deutscher Publizist und Politiker, *Breslau 11. 4. 1825, †(an den Folgen eines Duells) Genf 31. 8. 1864; Sohn eines wohlhabenden jüdischen Tuchhändlers; studierte 1843–46 Philologie, Geschichte und Philosophie. Während einer Studienreise nach Paris lernte Lassalle 1845 das sozialistische Gedankengut von Louis Blanc kennen. Politisch setzte sich Lassalle bereits 1848 in Düsseldorf radikaldemokratisch für die Einführung einer demokratischen Verfassung ein. In der Folge wurde er strafrechtlich verfolgt und 1849 zu sechs Monaten Haft verurteilt. Die Inhaftierung zwang ihn, die Mitarbeit an der von Karl Marx herausgegebenen »Neuen Rheinischen Zeitung« aufzugeben.

In den 1850er-Jahren nahm Lassalle seine wissenschaftlichen Studien wieder auf. Neben philosophischen Untersuchungen entstand 1861 sein politisches Hauptwerk »Das System der erworbenen Rechte«, in dem er sich mit Hegels Rechtsphilosophie auseinander setzte. Im Gegensatz zu diesem arbeitete er heraus, dass ein gleiches Recht für alle erst in einem künftigen demokratischen Staat mit einer solidarischen Gesellschaft von Gleichen zu erreichen sei. Seine Stellungnahmen zur Arbeiterfrage brachten ihn in Kontakt mit den Arbeitervereinen. Nach seiner Meinung war der »Arbeiterstand« dazu berufen, den »sittlichen Staat« zu vollenden, dessen Zweck die »Erziehung ... zur Freiheit« sei. Am 1. 3. 1863 legte er in einem »Offenen Antwortschreiben« an ein Leipziger Komitee sein politisches Programm für einen allgemeinen deutschen Arbeiterkongress dar: Hierin forderte er die Beteiligung der Arbeiter an der Produktion und den Aufbau von Produktivassoziationen der Arbeiter mit staatlichen Hilfen, um somit soziale Ungleichheiten abzubauen. Durch ein allgemeines und gleiches Wahlrecht sollte das Dreiklassenwahlrecht überwunden werden.

Auf dieser programmatischen Grundlage entstand am 23. 5. 1863 der →Allgemeine Deutsche Arbeiterverein (ADAV), zu dessen erstem Präsidenten Lassalle gewählt wurde. Zur Erhaltung legaler Betätigungsmöglichkeiten für den ADAV und in Verfolgung seiner gegen das liberale Bürgertum gerichteten Politik suchte Lassalle Kontakte zu Bismarck und trat für ein »soziales Königtum« ein. Nach Lassalles Tod ging der ADAV 1875 in der →Sozialistischen Arbeiterpartei auf, die danach wesentlich auch von Lassalles Gedankengut geprägt wurde.

Lateinamerika, Bezeichnung für die Länder Süd- und Mittelamerikas, in denen eine romanische Sprache (die eine lateinische Grundlage hat) gesprochen wird. Unter Mittelamerika (Mesoamerika) versteht man dabei die Landbrücke Zentralamerika (von Guatemala bis Panama), Mexiko und die Westindischen Inseln (Karibik). Die in Frankreich Mitte des 19. Jh. entstandene Bezeichnung »Lateinamerika« sollte das gemeinsame, durch die romanisch-lateinisch-katholische Tradition Europas bestimmte kulturelle Erbe dieses Raumes zum Ausdruck bringen. Im Selbstverständnis sieht sich Lateinamerika als bewusstes Gegenbild zur überwiegend angelsächsisch-protestantischen Welt Nordamerikas.

CONQUISTA UND FRÜHE KOLONIALZEIT (15./16. JH.): Älteste Zeugnisse für die Vorgeschichte des lateinamerikanischen Raums reichen bis ins 20. Jt. v. Chr. zurück (→Südamerika). Die präkolumbischen Hochkulturen Mittelamerikas, die sich seit etwa 2500 v. Chr. entwickelt hatten, wurden durch die europäische Eroberung zerstört. In spanischen Diensten stehend, »entdeckte« Christoph Kolumbus – auf dem westlichen Seeweg nach Indien unterwegs – am 12. 10. 1492 die Bahamainsel Guanahani, am 28. 10. Kuba und am 6. 12. Hispaniola. Nach der Besiedlung Hispaniolas eroberten die Spanier 1508–11 Kuba; 1509 fassten sie in Panama Fuß. 1519–21 bezwang Hernán Cortés das Aztekenreich in Mexiko, sein Offizier Pedro de Alvarado bis 1524 Guatemala. 1531–33 eroberte Francisco Pizarro von Panama aus das Inkareich (Peru). Sebastián de Benalcázar unterwarf 1533/54 Quito (Ecuador), und Gonzalo Jiménez de Quesada eroberte das Hochland von Bogotá (Kolumbien). Venezuela war 1528–46 im Besitz der Welser, die sich in einem Vertrag mit Kaiser Karl V. verpflichtet hatten, das Land zu erobern und zu besiedeln.

Neben Spanien hatte sich Portugal zur Kolonialmacht entwickelt; beide Staaten einigten sich im Vertrag von →Tordesillas (1494) über eine Teilung der Neuen Welt. Portugal, dem die Länder östlich der vereinbarten Grenzlinie zufielen, erwarb sich damit Besitzansprüche auf den größten Teil von Brasilien. Am 23. 4. 1500 landete Pedro Álvares Cabral an der brasilianischen Küste und nahm sie am 1. 5. für Portugal in Besitz. Die Portugiesen errichteten zunächst nur Stützpunkte an der Küste, während die spanischen Gebiete ab 1501 zu Siedlungskolonien wurden. Erst als andere Mächte Brasilien der portugiesischen Krone zu entreißen drohten (die Franzosen schlossen Bündnisse mit indianischen Stämmen), wurde mit der Expedition von Martim Afonso de Sousa die eigentliche Besitznahme des Landes eingeleitet. In den Randgebieten entwickelten sich privilegierte Missionsgebiete.

Die Erobernden beriefen sich zur Legitimation ihrer Herrschaftsansprüche auf den Vorrang der Erstentdeckung, die Verleihung durch den Papst und schließlich auf den Vertrag von Tordesillas. Die eroberten Gebiete wurden integrale Bestandteile der Kronen Kastiliens bzw. Portugals. Für Kastilien galten die Indianer als freie Untertanen, die gemäß dem päpstlichen Auftrag christianisiert werden sollten. Kastilien versuchte zusammen mit der katholischen Kirche den Schutz der Indianer zu gewährleisten, konnte sich aber in der Praxis meistens nicht gegen die Ansprüche der →Konquistadoren durchsetzen. Im portugiesischen Brasilien wurden die Indianer erst 1758 rechtlich frei.

FERDINAND LASSALLE
*** 1825 † 1864**

- war bereits 1848 radikaldemokratisch tätig
- arbeitete früh mit Karl Marx zusammen
- strebte eine solidarische Gesellschaft von Gleichen an
- war maßgeblich an der Entstehung des Allgemeinen Deutschen Arbeitervereins beteiligt
- hatte wesentlichen Einfluss auf die deutsche Sozialdemokratie

Die Konquistadoren, die vornehmlich aus dem niederen Adel (Hidalgos) und aus dem einfachen Volk stammten, strebten nach sozialem Aufstieg und Reichtum. Mithilfe der Zuteilung von Tribut- und Arbeitsleistungen der Indianer (Encomienda) an einzelne Eroberer und deren Umsiedlung wurden die natürlichen Ressourcen rücksichtslos ausgebeutet, die eroberten Reiche geplündert. Die Folgen der Zwangsarbeit und v.a. Seuchen bewirkten bis 1650 einen dramatischen Rückgang der einheimischen Bevölkerung.

SPÄTERE KOLONIALZEIT (17./18. JH.): In den spanischen Gebieten Süd- und Mittelamerikas wurde eine gegen die Machtfülle der Konquistadoren gerichtete Verwaltungsstruktur aufgebaut, an deren Spitze Vizekönige bzw. Generalkapitäne und Gerichtshöfe (Audiencias) standen. Oberste Zentralbehörde war der in Spanien ansässige Indienrat (Consejo Real y Supremo de las Indias). Die in Amerika geborenen Spanier (Kreolen) waren von Ämtern in der Verwaltung nicht ausgeschlossen; führende Stellen wurden aber meist mit europäischen Spaniern besetzt. Der Gegensatz zwischen Europa- und Amerikaspaniern bestimmte so zunehmend die koloniale Politik. Indianische Dorfgemeinden besaßen eine beschränkte Autonomie.

Lateinamerika. Staatenbildung in Lateinamerika

In den portugiesischen Gebieten kam es erst 1604, während der Personalunion der iberischen Reiche (1580–1640), nach spanischem Vorbild zur Einrichtung eines Indienrates (Conselho das Índias) im Mutterland. In Brasilien selbst stand seit 1549 ein Gouverneur an der Spitze des in 15 Kapitanate eingeteilten Landes.

Wirtschaftliche Zentren waren die Gebiete des Silberbergbaus, Potosí (Bolivien), Zacatecas und Guanajuato (Mexiko), und die kolonialen Verwaltungsstädte, die auch Handel, Finanzwesen, Gewerbe auf sich konzentrierten. Im brasilianischen Minas Gerais förderte man seit dem 18. Jh. Diamanten und Gold. Die Gewinnung von Farbstoffen bildete einen weiteren wichtigen Wirtschaftszweig; dieser lag v.a. in der Hand der indianisch-bäuerlichen Bevölkerung. Im 18. Jh. wurden Kakao aus Neugranada, Tabak und Zucker aus Kuba und Neuspanien sowie Häute aus dem La-Plata-Gebiet ausgeführt. Im Küstenland von Pernambuco und Bahia (Brasilien) entwickelte sich wie auch in Teilen der spanischen Karibik auf der Basis von Sklaverei eine blühende tropische Plantagenwirtschaft (Rohrzucker). Spanien bemühte sich vergeblich, entsprechend den Ideen des Merkantilismus seine Gebiete durch Handelsbeschränkungen wirtschaftlich abhängig zu halten. 1778 hob Karl III. die meisten Handelsbeschränkungen auf.

Die führende Schicht bildete die Grund besitzende Aristokratie, zu der auch Großkaufleute, Minenbetreiber und die Beamtenschaft zählten. Das mittelständische Gewerbe hatte nur eine geringe Bedeutung. Nach dem anfänglich dramatischen Rückgang der einheimischen Bevölkerung nahm die Zahl der Indianer in den folgenden Jahrzehnten des 17. Jh. wieder zu. In die Karibik und nach Brasilien wurden wegen des hier besonders starken Rückgangs der einheimischen Bevölkerung afrikanische Sklaven gebracht. Es entstand allmählich eine Mischbevölkerung (Mestizen, Mulatten).

Seit dem 17. Jh. drängten andere europäische Staaten auf den Kontinent, v.a. nach Westindien, um am Handel mit der Neuen Welt teilzuhaben. Freibeuter durchzogen die Karibik; die Engländer eroberten ab 1655 Jamaika und ließen sich 1683 im Süden der Halbinsel Yucatán nieder. Die Franzosen setzten sich ab 1697 auf Hispaniola fest. Die Niederländer beherrschten 1630–54 das portugiesische Pernambuco. Großbritannien, Frankreich und die Niederlande besetzten Teile Guayanas. 1762–63 hielten die Briten die strategisch wichtige Hauptstadt Kubas besetzt.

Zur Abwehr konkurrierender europäischer Mächte und zur Stärkung der eigenen Stellung verwirklichten Spanien und Portugal in der zweiten Hälfte des 18. Jh. umfassende Reformen. Neben die Vizekönigreiche Neuspanien und Peru traten in Spanisch-Amerika 1739 das Vizekönigreich Neugranada und 1776 das Vizekönigreich Río de la Plata. In Brasilien wurde 1772 der nördliche Verwaltungsbezirk Estado do Maranhão dem Vizekönig in Rio de Janeiro unterstellt. Die spanische Kolonialverwaltung wurde reformiert und der Einfluss der Kreolen in der Verwaltung stark zurückgedrängt.

UNABHÄNGIGKEITSKÄMPFE (1789 BIS 1826): Die Gründe für die Loslösung von den Mutterländern sind vielschichtig. Den ersten Anstoß zu einer politischen Emanzipation gab auf Hispaniola die Französische Revolution. Den eigentlichen Anlass gab die Absetzung Ferdinands VII. von Spanien durch Napoleon I., die Spanisch-Amerika ohne rechtmäßige Regierung ließ. Ab 1810 wurden einzelne spanische Vizekönige und Generalkapitäne vertrieben. Während der Restauration (ab 1814) konnte die spanische Herrschaft nur teilweise wieder hergestellt werden. Von Argentinien aus befreite José de San Martín 1817/18 Chile. Simón Bolívar eroberte von Venezuela aus 1819 Neugranada. Auf dem Kongress von Angostura (heute Ciudad Bolívar) gründete er Großkolumbien. 1821 wurde die Unabhängigkeit Perus ausgerufen. Das letzte spanische Heer kapitulierte bei Ayacucho (Peru) am 9. 12. 1824. 1821 erklärten das Vizekönigreich Mexiko und die Provinz des Generalkapitanats Guatemala ihre Unabhängigkeit; 1822/25 folgte Brasilien. Das Eingreifen der Heiligen Allianz zugunsten Spaniens wurde von Großbritannien verhindert, das die neuen Staaten als selbstständige Republik anerkannte.

DIE LATEINAMERIKANISCHEN REPUBLIKEN (19./20. JH.): Während Brasilien durch eine nationale Monarchie (1822–89, unter Peter I. und Peter II.) seine staatliche Einheit wahren konnte, zerfiel das spanische Amerika in eine Vielzahl selbstständiger Staaten; vergebens erstrebte Bolívar auf dem Kongress von Panama (1826) ihre Vereinigung zu einem Staatenbund. Die Republik Großkolumbien brach 1830 in Venezuela, Neugranada (Kolumbien) und Ecuador auseinander. Im Zentrum und im Süden entstanden die Vereinigten Provinzen des Río de la Plata (1816), aus denen Argentinien (über Vorstufen erst 1880 als Einheitsstaat vollendet), Bolivien (1825) und Uruguay (1828) hervorgingen; Paraguay hatte 1810/11 die Unabhängigkeit erlangt. Der 1823 gegründete mittelamerikanische Staatenbund zerfiel 1839 wegen regionaler und wirtschaftlicher Rivalitäten der einzelnen Mitglieder in die Staaten El Salvador, Guatemala, Honduras, Nicaragua und Costa Rica. 1889 wurde auch Brasilien Republik.

Die unabhängigen Staaten Lateinamerikas standen vor einer durch die Kriegswirren gestörten Wirtschaft und vor hohen Schulden, außerdem fehlte ein Konsens über die innere Ausgestaltung. Caudillos bestimmten die Politik und erzwangen mit autoritären Mitteln innenpolitische Ruhe. Konfliktstoff in allen Ländern war die Frage nach der Stellung der katholischen Kirche. Während die Konservativen die Macht des Klerus erhalten wollten, plädierten die Liberalen für einen laizistischen Staat. An dieser Frage entzündeten sich zahlreiche innenpolitische Kämpfe. Einzig Chile blieben diese inneren Wirren erspart. Um die Mitte des 19. Jh. ließen sich in fast allen Staaten Lateinamerikas Maßnahmen zur Liberalisierung der Wirtschaft beobachten. Der Landbesitz der Kirchen und der Gemeinden wurde in Privateigentum überführt.

Im letzten Drittel des 19. Jh. kam es zu Reformen im Militärwesen. Unter wesentlicher Beteiligung preußischer und französischer Offiziere verwirklicht, drängten sie die Macht der Caudillos zurück und schufen moderne Heeresstrukturen. Durch Kapital- und Technologieimport, durch die Einwanderung vieler Europäer, v. a. aus Spanien und Italien, und durch den Eisenbahnbau wurden die Modernisierung der Wirtschaft Lateinamerikas vorangetrieben und die nationalen Entwicklungen gefördert.

Übte zunächst v. a. Großbritannien eine Vormachtstellung aus, so wuchs gegen Ende des 19. Jh. der Einfluss der USA, die auf der Grundlage der →Monroedoktrin (1823) Interventionsversuchen europäischer Mächte in Lateinamerika entgegentraten. Der wirtschaftlichen und politischen Zusammenarbeit der amerikanischen Staaten sollten die panamerikanischen Konferenzen dienen. 1898 musste Spanien seine letzten lateinamerikanischen Kolonien, Puerto Rico und Kuba, an die USA abtreten (Frieden von Paris). Im Rahmen der nordamerikanischen Hegemonialpolitik intervenierten die USA bis 1933 in verschiedenen Staaten Mittelamerikas (so in Kuba, Nicaragua, Panama, Honduras, Dominikanische Republik, Haiti) und erzwangen z. T. eine zeitweilige Schutzherrschaft. Auch in die Kämpfe der mexikanischen Revolution griffen sie mehrmals ein. Um die Kontrolle über den 1914 eröffneten Panamakanal zu erlangen, betrieben die USA die Loslösung Panamas von Kolumbien (1903).

Zeitgleich zur politisch-militärischen Einflussnahme der USA errangen nordamerikanische Unternehmen in der Karibik und in Zentralamerika wirtschaftliche Machtpositionen. Die Integration der lateinamerikanischen Länder in die Weltwirtschaft führte seit dem ausgehenden 19. Jh. zwar zu beträchtlichen Wachstums- und Modernisierungsprozessen, hatte aber auch die Kontrolle der Wirtschaft durch das einfließende ausländische Kapital zur Folge. Dieses von außen induzierte Wachstum führte zu einem ersten Aufbrechen der oligarischen Gesellschaftsstruktur. Die Weltwirtschaftskrise von 1929 stürzte die meisten der auf den Export von Rohstoffen ausgerichteten und daher monostrukturierten Länder in eine tiefe Krise (Massenarbeitslosigkeit, Landflucht). Umstürze und die Errichtung autoritärer Regime waren oft die Folge. In dem Maße, in dem sich die Streitkräfte zunehmend aus den Mittelschichten rekrutierten, konnten in den 1930er- und 1940er-Jahren Militärregime die Macht übernehmen, die in Ausnahmefällen sozialreformerisch orientiert waren. Besonders die Länder Mittelamerikas wurden jedoch von korrupten Cliquen beherrscht, die von den USA gestützt wurden (so das Trujillo-Regime in der Dominikanischen Republik, das Somoza-Regime in Nicaragua, das Batista-Regime auf Kuba).

Ab Ende der 1920er-Jahre entstanden neue Parteien, die sich nationalen (meist gegen die USA gerichteten) und sozialen Zielen zuwandten, daneben auch kleinere kommunistische und sozialistische Gruppierungen. In Argentinien und Brasilien gelangten mit Juan Perón bzw. Getúlio Vargas Persönlichkeiten an die Macht, die ihre diktatorischen Regime auf die Mittel- und Unterschichten stützten (durch populistische Maßnahmen wie Verstaatlichung wichtiger Industrien, Bodenreform, Sozialgesetze, verbunden mit nationalistischen Tendenzen). Die in ganz Lateinamerika dringend notwendigen Agrarreformen wurden auch in Mexiko, Bolivien und Peru vorangetrieben. Doch blieb die Landwirtschaft von einer Zweiteilung bestimmt: auf der einen Seite eine große Zahl (wenig produktiver) Kleinbetriebe, deren bewirtschaftete Gesamtfläche gering ist, auf der anderen ausgedehnter Latifundienbesitz in den Händen weniger. Gegen die Dollardiplomatie der USA regte sich immer größerer Widerstand. Zwar hatten die Präsidenten Herbert Hoover (1929–33) und v.a. Franklin D. Roosevelt (1933–45) versucht, durch die Politik der »guten Nachbarschaft« die Beziehungen auf der Basis der Gleichberechtigung zu verbessern, um den USA die Märkte zu sichern, doch stieß die US-amerikanische Einmischung in die inneren Angelegenheiten der Staaten Lateinamerikas dort zunehmend auf Ablehnung.

Der Sturz der Batista-Diktatur auf Kuba (1959) durch Fidel Castro wirkte auf ganz Lateinamerika: Zu Beginn der 1960er-Jahre entstanden sozialrevolutionäre Guerillabewegungen (geführt z.B. durch Ernesto »Che« Guevara in Bolivien), deren Ziel die kommunistische Revolution war. Die USA suchten gegenzusteuern, zum einen durch Rückgriffe auf die frühere Interventionspolitik (Invasion in der Schweinebucht auf Kuba 1961), zum anderen mit dem Hilfsprogramm der Allianz für den Fortschritt, das jedoch nicht zu grundlegenden Reformen führte. In den 1970er-Jahren waren in fast allen lateinamerikanischen Ländern die Militärs die Träger der politischen Macht, Guatemala, Nicaragua, Paraguay und Uruguay wurden diktatorisch regiert. Auch das Sozialisierungsprogramm der Volksfrontregierung in Chile scheiterte (Militärputsch 1973). Putsch und Ausnahmezustand gehörten zum politischen Alltag in Lateinamerika; in El Salvador, Guatemala, Kolumbien und Nicaragua führten die bewaffneten Auseinandersetzungen zwischen Militär und Guerilla zu einem jahrelangen Bürgerkrieg. Die innerstaatliche Gewalt richtete sich in vielen Ländern gegen jede Opposition, besonders berüchtigt waren die Todesschwadronen, Terrorgruppen, die Tausende Menschen umbrachten.

In den 1980er-Jahren leiteten in fast allen Staaten die Militärs einen allmählichen Übergang zu demokratischen Regierungsformen ein. Die hierarchischen Strukturen der Institutionen änderten sich dabei allerdings nicht. Die neoliberale Wirtschaftspolitik, die die meisten Regierungen seit Ende der 1980er-Jahre betrieben, bekämpfte zwar die Inflation und verminderte die Staatsverschuldung, beseitigte jedoch nicht die sozialen Defizite. Die allgegenwärtige Gewalt äußert sich in Menschenrechtsverletzungen der Sicherheitskräfte und der Drogenkartelle, in Entführungen und Guerillaaktionen. Ein weiteres gravierendes Problem ist die großflächige Rodung des tropischen Regenwalds. Die 1990er-Jahre brachten aber auch Aufbruchsbewegungen der Indianer, die ein neues Selbstbewusstsein der Urbevölkerung Lateinamerikas demonstrieren (exemplarisch der 1994 ausgebrochene Aufstand der Maya in Chiapas, Mexiko).

Lateinisches Kaiserreich, Lateinisches Kaisertum, das nach der Eroberung Konstantinopels (13. 4. 1204) durch die Kreuzfahrer des 4. Kreuzzugs mithilfe der Venezianer gegründete Reich, das einen Teil Konstantinopels sowie zunächst ein Viertel des byzantinischen Reichsgebiets – Thrakien, das nordwestliche Kleinasien und einige Ägäische Inseln – umfasste. Erster lateinischer Kaiser war der am 16. 5. 1204 gekrönte Balduin I., zweiter sein Bruder Heinrich (1206–16). Unter ihren kurzzeitig regierenden, meist unfähigen Nachfolgern blieb das Lateinische Kaiserreich im Wesentlichen auf Konstantinopel und Umgebung beschränkt. Die in Griechenland errichteten Kreuzfahrerstaaten waren formell dem lateinischen Kaiser als oberstem Lehnsherrn unterstellt, praktisch aber unabhängig. Das Lateinische Kaiserreich, dessen Geschichte durch dauernde Kämpfe gegen Bulgaren und das byzantinische Restreich von Nikaia geprägt war, bestand bis zur Rückeroberung Konstantinopels durch Kaiser Michael VIII. Palaiologos von Nikaia am 25. 7. 1261.

La-Tène-Kultur [la'tɛ:n-], nach dem Fundplatz La Tène am nordöstlichen Ende des Neuenburger Sees (Schweiz) benannte vorgeschichtliche Kultur im nicht mediterranen Europa des 5.–1. Jh. v. Chr. (»La-Tène-Zeit«). Träger der die jüngere →Eisenzeit Europas wesentlich bestimmenden La-Tène-Kultur waren keltische Volksgruppen; Völkerschaften im keltischen Randgebieten wie z.B. Germanen oder Illyrer wurden stark von ihr beeinflusst.

Die Herausbildung der La-Tène-Kultur erfolgte im Bereich der westlichen →Hallstattkultur mit Schwerpunkten in Südwestdeutschland, am nördlichen Alpenrand, im Rhein-Mosel-Gebiet sowie im Marnegebiet. Kennzeichnend für die frühe La-Tène-Kultur sind u.a. Prunkwaffen, die Verwendung der Töpferscheibe sowie zweirädrige Wagen. Im 3. Jh. übernahmen die Kelten neue Elemente mediterraner Zivilisation, wie etwa eine eigene Münzprägung. Gegen Ende des 2. Jh. v. Chr. entstanden aus Fluchtburgen für die umwohnende Bevölkerung größere stadtartige Siedlungen. Diese als Oppida bezeichneten Zentren des politischen und wirtschaftlichen Lebens wurden prägend für die späte Phase, wenngleich die Masse der Bevölkerung weiterhin von der Landwirtschaft lebte. Ihr Ende fand die La-Tène-Kultur durch das Vordringen germanischer Volksgruppen nach Süden und Westen sowie durch die Ausweitung des Römischen Reiches kurz vor Ende des 1. Jh. v. Chr. Von der provinzialrömischen Kultur z. T. aufgenommen und weitergeführt, erlebte sie auf den Britischen Inseln in den ersten Jahrhunderten n. Chr. eine späte Blüte.

Lateranverträge, am 11. 2. 1929 im Lateran zwischen dem Heiligen Stuhl und dem italienischen Staat durch Papst Pius XI. und Benito Mussolini abgeschlossenes dreiteiliges Vertragswerk. Die Lateranverträge sollten den Konflikt zwischen Kurie und italienischer Regierung um die Römische Frage lösen. Der Staatsvertrag garantierte die Souveränität des Heiligen Stuhls auf internationaler Ebene mit der Vatikanstadt als neuem Staat und dem Papst als Staatsoberhaupt und bestätigte die römisch-katholische Religion als Staatsreligion Italiens. Andererseits erkannte der Heilige Stuhl Rom als Hauptstadt Italiens an. Im Konkordat wurde dem Heiligen Stuhl die freie und ungehinderte Ausübung der geistlichen Gewalt zugestanden. Im Finanzabkommen wurde der Heilige Stuhl für den Verlust des Kirchenstaates mit insgesamt 1,75 Milliarden Lire entschädigt; außerdem wurden ihm auch außerhalb der Vatikanstadt Kirchen und Paläste als Besitz zugestanden. Die Lateranverträge wurden 1947 in die Verfassung der Republik Italien aufgenommen. Zunehmende Differenzen, zuletzt die Einführung der Zivilehe und der zivilen Ehescheidung (1970), machten eine Revision der Lateranverträge notwendig.

Latifundien [latein.], große landwirtschaftliche – ca. 1000–5000 ha Land umfassende – Besitzeinheiten, die entweder als Einheit bewirtschaftet werden, häufiger aber in kleinere Wirtschaftseinheiten aufgeteilt sind, die in Pacht oder Teilpacht an abhängige Bauern vergeben werden; meist halten sich die Besitzer nicht auf ihren Gütern auf (Absentismus). Im Römischen Reich entstanden seit der ersten Hälfte des 2. Jh. v. Chr. die mit Sklaven bewirtschafteten Latifundien römischer Senatoren. Seit Ausgang des Mittelalters gibt es Latifundien in Ländern mit erheblicher Weidewirtschaft (z. B. Spanien) und extensivem Getreideanbau (Böhmen, Russland, Ungarn). Verbreitet waren und sind sie z. T. noch in Italien, Ägypten und Iran.

Laud [lɔ:d], William, Erzbischof von Canterbury (seit 1633), * Reading 7. 10. 1573, † (enthauptet) London 10. 1. 1645; neben dem Earl of Strafford engster Vertrauter Karls I. und dessen kirchenpolitischer Berater. Laud rief durch seine Gegnerschaft zum Puritanismus und seine hochkirchlich-anglokatholischen Bestrebungen eine erbitterte Opposition hervor, die einen Aufstand in Schottland 1637/38 sowie 1639 einen Einfall der Schotten in England im »Bischofskrieg« auslöste und letztlich 1642 zum Bürgerkrieg führte. Der 1641 im Tower eingekerkerte Laud wurde nach einem Prozess (1644) vom →Langen Parlament zum Tode verurteilt.

Lausanner Konferenz, vom 16. 6. bis 9. 7. 1932 in Lausanne tagende Reparationskonferenz, die das formelle Ende der Reparationen des Deutschen Reiches brachte; im Ergebnis der Konferenz vereinbarten Deutschland und die Siegermächte des Ersten Weltkriegs (v. a. Frankreich und Großbritannien) im Vertrag von Lausanne eine Abfindungssumme von 3 Milliarden Reichsmark (als Schuldverschreibungen).

Laval [la'val], Pierre, französischer Politiker, * Chateldon (Département Puy-de-Dôme) 26. 6. 1883, † (hingerichtet) Paris 15. 10. 1945; war ab 1914 Abgeordneter (bis 1919 Sozialist, dann parteilos), 1927–40 Senator und mehrfach Minister u. a. für Äußeres sowie 1931/32 und 1935/36 Ministerpräsident. Politisch bewegte sich Laval immer stärker vom linken ins rechte Kräftefeld. Nach dem italienischen Angriff auf

Äthiopien im September 1935 verhinderte er die entschlossene Durchführung der vom →Völkerbund gegen Italien beschlossenen Sanktionen. Seine Politik des Entgegenkommens, besonders gegenüber Benito Mussolini, und die radikale Deflationspolitik führten im Januar 1936 zu seinem Sturz und zur Sammlung der französischen Linken in der Volksfront. Nach der Niederlage Frankreichs 1940 trat er als stellvertretender Ministerpräsident (Juli bis Dezember 1940) für eine enge Zusammenarbeit mit Deutschland ein. Im April 1942 wurde er auf deutschen Druck Ministerpräsident. In diesem Amt setzte er der deutschen Besatzungspolitik wie u.a. der Deportation von Juden immer weniger Widerstand entgegen. Ende 1944 brachte die deutsche Besatzungsmacht die Regierung Laval nach Deutschland. Nach einem vergeblichen Fluchtversuch Lavals lieferten die amerikanischen Truppen ihm 1945 an die neuen Behörden in Frankreich aus. Er wurde als Hauptkollaborateur zum Tod verurteilt und hingerichtet.

John Law

Law [lɔ:], **Law of Lauriston** [-ɔf ˈlɔrɪstən], John, schottischer Bankier und Wirtschaftstheoretiker, *Edinburgh 16. 4. 1671, †Venedig 21. 3. 1729; entwickelte Theorien zum Papiergeld sowie über die produktiven Wirkungen des Kredits. 1716 gründete Law in Paris eine private Notenbank, die Banque Générale, die seit 1718 unter der Bezeichnung »Banque Royale« als Staatsnotenbank unter Laws Leitung stand. 1719 vereinigte Law die französischen Überseehandelskompanien zur Compagnie des Indes, die das Tabakmonopol, die Generalpacht der Steuern, das Münzregal und die Verwaltung der allgemeinen Einnahmen des französischen Staates erhielt. 1720 wurde Law Generalkontrolleur der Finanzen. Die spekulative Nachfrage nach Aktien der Compagnie des Indes führte zur ständigen Neuausgabe von Aktien und Banknoten. Die dadurch bewirkte erste Papiergeldinflation stürzte Frankreich Ende 1720 in eine schwere Wirtschaftskrise, führte zum Zusammenbruch der Notenbank und zum Scheitern der Entwicklungspläne für die französischen Kolonien. Law musste das Land verlassen und starb völlig verarmt.

Robert Lee

Lebensborn e.V., im nationalsozialistischen Deutschland eine Einrichtung des Rasse- und Siedlungshauptamtes der →SS auf vereinsrechtlicher Basis, von Heinrich Himmler im Dezember 1935 gegründet. Der Lebensborn sollte im Sinn der rassistischen und eugenischen Vorstellungen des Nationalsozialismus auf längere Sicht der Menschenzüchtung dienen. In dessen Entbindungsheimen wurden hierfür – streng abgeschirmt – bis 1944 rund 11 000 Kinder geboren. Seit 1941 soll in den Kinderheimen auch die »Eindeutschung« verwaister oder »rassisch wertvoller« Kinder aus den besetzten Gebieten betrieben worden sein.

Leber, Julius, deutscher Politiker, *Biesheim (bei Colmar) 16. 11. 1891, †(hingerichtet) Berlin 5. 1. 1945; war seit 1913 Mitglied der SPD; beteiligte sich 1920 an der Niederwerfung des →Kapp-Putsches. Von 1924 bis 1933 war Leber Mitglied des Reichstags, wo er v.a. als Fachmann für Rüstungsfragen hervortrat. Nach Errichtung der nationalsozialistischen Diktatur 1933 war er bis 1937 in einem KZ inhaftiert. Leber baute ab 1937 eine Widerstandsgruppe auf, kam im Herbst 1943 in enge Verbindung zum →Kreisauer Kreis und nahm an den Vorbereitungen zum Sturz Hitlers teil (→Zwanzigster Juli 1944). Am 4. 7. 1944 wurde Leber verhaftet und am 20. 10. 1944 zum Tode verurteilt.

Lechfeld, Schlacht auf dem, die Schlacht auf einer Niederterrasse zwischen Landsberg und Augsburg, in der Otto I., der Große, die Ungarn am 10. 8. 955 vernichtend schlug. Der Sieg verhinderte weitere Ungarneinfälle und gilt als wichtige Vorstufe für das Kaisertum Ottos.

Lee [li:], Robert, amerikanischer General, *Stratford (Va.) 19. 1. 1807, †Lexington (Va.) 12. 10. 1870; schlug 1859 den Überfall John Browns bei Harpers Ferry nieder. Obwohl Gegner der Sezession der Südstaaten, lehnte er im April 1861 das Angebot des Präsidenten Abraham Lincoln zur Übernahme der Befehlsgewalt über eine Nordstaatenarmee ab und wurde stattdessen Kommandeur der Streitkräfte in Virginia und oberster Militärberater des Präsidenten der Konföderierten Staaten, Jefferson Davis. 1865 wurde er Oberbefehlshaber über alle Streitkräfte der Konföderation. Gegen die überlegenen Kräfte der Nordstaaten erfocht er bedeutende Siege, scheiterte aber bei seinen Vorstößen nach Norden in der Schlacht bei Gettysburg im Juli 1863. Er konnte fortan gegen Ulysses Grant nur noch hinhaltenden Widerstand leisten und kapitulierte schließlich am 9. 4. 1865. Lee bemühte sich um Aussöhnung mit dem Norden und wurde bald zum Nationalhelden.

Legien, Carl, deutscher Gewerkschafter und Politiker, *Marienburg 1. 12. 1861, †Berlin 26. 12. 1920; war Mitglied der SPD; wurde 1890 Mitbegründer und Vorsitzender der Generalkommission der Gewerkschaften Deutschlands, 1913 Mitbegründer und Präsident des »Internationalen Gewerkschaftsbundes« und 1919 Mitbegründer und Vorsitzender des »Allgemeinen Deutschen Gewerkschaftsbundes« (ADGB). Legien war 1893–98 und seit 1903 Mitglied des Reichstags. Er leitete die gleichberechtigte Zusammenarbeit zwischen Gewerkschaften und Unternehmern ein und trug im März 1920 durch die Organisation des Generalstreiks der Gewerkschaften zum Scheitern des →Kapp-Putsches bei.

Legion [latein. legio, eigtlich »ausgehobene Mannschaft«, zu legere »sammeln«; »lesen«], größter Truppenverband des antiken römischen Heers, mit Adler als Feldzeichen. Eine Legion bestand aus 4000–6000 Fußsoldaten, 300 Reitern und dem Tross, gegliedert war sie in 10 Kohorten, 30 Manipel und 60 Zenturien sowie (in der traditionellen Schlachtordnung) in die drei Treffen der »Hastati« (»die die Hasta Tragenden«), »Principes« (»die Ersten«, jedoch im zweiten Glied Stehenden) und »Triarii« (»die im dritten Glied Stehenden«). Im Milizheer der römischen Republik schwankte die Zahl der Legionen je nach Bedarf (im 2. Jh. v. Chr. meist acht), das stehende Heer der Kaiserzeit umfasste etwa 30 Legionen, das spätantike Heer seit dem 4. Jh. etwa 170 Legionen.

Legion Condor, Verbände der deutschen Wehrmacht, die im → Spanischen Bürgerkrieg 1936–39 an der Seite von General Francisco Franco Bahamonde kämpften. Die Legion Condor bestand u. a. aus Luftwaffen-, Panzer-, Nachrichten-, Transport- und Ausbildungseinheiten. Sie spielte bei den Kämpfen um Madrid und Bilbao eine entscheidende Rolle; hohe Verluste unter der Zivilbevölkerung forderte der Angriff auf → Guernica (26. 4. 1937). Der Einsatz der Legion Condor diente u. a. der Erprobung neuen Kriegsmaterials und neuartiger Kampftechniken.

Lehnswesen, die auf dem Lehnsverhältnis beruhende Rechts- und Gesellschaftsordnung, das Grundelement des westeuropäischen → Feudalismus.

ENTWICKLUNG: Das Lehnswesen des deutschen Mittelalters ging aus der seit dem 7. und 8. Jh. im Frankenreich vollzogenen Verschmelzung der personenrechtlichen Vasallität und des sachenrechtlichen Benefizialwesens hervor. Die Vasallität, eine Verbindung der gallorömischen Kommendation und der altgermanischen Gefolgschaft, war das gegenseitige Treudienstverhältnis, das den Mann (Vassus) verpflichtete, dem Herrn (Dominus, Senior) gegen Schutz und Unterhalt Dienst und Gehorsam zu leisten. Das als Benefizium oder Feodum bezeichnete dingliche Element des Lehnswesens entwickelte sich aus der merowingischen Benefizialleihe, einer Landvergabe gegen geringen oder keinen Zins. Auch den Vasallen wurde zunehmend Land zu Nutzungsrecht und ohne Zinspflicht verliehen.

Die Karolinger zogen die großen Grundbesitzer (Senioren) mit ihren Gefolgsleuten für den Dienst im Reiterheer heran. Die im Schutz der Könige stehende Kirche musste als Gegenleistung Kirchengut als Benefizium für die Ausstattung von Vasallen abgeben. So trat neben das germanische Volksheer allmählich ein berittenes Berufskriegerheer, das schließlich den allgemeinen Heerbann völlig verdrängte. Zudem erfasste das Lehnswesen auch die Amtsorganisation sowie den Staatsaufbau und gab dem Mittelalter das Gepräge.

Seine Blütezeit erreichte das Lehnswesen im 12. Jh., als Kaiser Friedrich I. Barbarossa die durch das → Wormser Konkordat von 1122 eingeleitete Feudalisierung der Reichskirche auf jede Vergabe von Reichsrechten wie z. B. Zölle, Ämter und Gebietsherrschaften auszudehnen suchte und eine Feudalisierung des Reichs anstrebte. Damit bildete sich das staatliche System einer Lehnshierarchie heraus (→ Heerschild), die auch eine ständische Rangordnung bewirkte. Der König, obschon nach der Heerschildordnung oberster Lehnsherr, wurde außerhalb der Krondomäne von der Herrschaft über Land und Leute weitgehend ausgeschlossen; er konnte sich nur noch an seine unmittelbaren (Kron-)Vasallen halten, deren Aftervasallen ihm keine Treue schuldeten. Aufgrund der Doppelvasallität konnten sich diese bei einem Konflikt ihrer Lehnsherren neutral verhalten und ihrer Dienstpflicht entziehen.

LEHNSRECHT: Das deutsche Lehnsrecht versuchten im 13. Jh. die als Privatsammlungen entstandenen Rechtsspiegel zusammenzufassen (Sachsenspiegel, Schwabenspiegel), die jeweils dem Lehnsrecht noch einen landrechtlichen Teil vorschalteten. Diese Allgemeingeltung erlangenden Kodifikationen sollten im 16. Jh. durch die im 11./12. Jh. entstandenen langobardischen »libri feudorum« abgelöst werden, gegenüber denen sich aber das einheimische partikuläre Lehnsrecht behauptete.

Das Lehnsverhältnis wurde begründet durch förmliche Belehnung (Investitur), meist verbunden mit der Überreichung von Herrschaftssymbolen wie Schwert, Zepter, Fahne, Ring, Kreuz oder Handschuh vor dem Lehnshof, der Gesamtheit der Vasallen. Der Vasall leistete den das Lehnsverhältnis begründenden Formalakt (Homagium), indem er die gefalteten Hände in die des Herrn legte sowie mit dem Lehnseid das Treueversprechen gab. Vor dem Lehnsgericht erwiesener Treubruch verwirkte das Lehen, führte aber nur selten noch zur persönlichen Bestrafung. Der Lehnsdienst bestand v. a. aus Heerfahrt und Hoffahrt. Die wichtigste Form der Heerfahrt, d. h. des Kriegsdienstes für den Lehnsherrn, war die in Geld ablösbare Romfahrt, der Krönungszug nach Rom. Hoffahrt bedeutete Anwesenheit am Hof des Lehnsherrn zu Rat und Hilfe; hieraus entwickelten sich z. T. die späteren → Landtage.

Der Lehnsmann hatte Besitz und Nutzung am Lehnsgut; später sprach man vom Untereigentum des Mannes und Obereigentum des Herrn. Mit dem Erblichwerden der Lehen entstand ein Anspruch auf Belehnung. Folgerecht hatten zunächst nur lehnsfähige männliche Abkömmlinge (Agnaten), später auch Seitenverwandte. Die Lehnsfähigkeit setzte anfangs Ritterbürtigkeit, Waffenfähigkeit und den Vollbesitz der Ehre voraus. Städtische Bürger und Gemeinden bedurften zunächst eines Lehnsträgers; später wurden sie

Legion. Als Feldzeichen trug der Aquilifer, der »Adlerträger«, jeder Legion eine Adlerstandarte voran (Bronzestatuette, die ursprünglich zu einer Pferderüstung gehörte; Wien, Kunsthistorisches Museum). Den Legionsadler im Kampf zu verlieren, galt als besondere Schmach.

LEHNSWESEN

Grundzüge der Grundherrschaft

Das im Lehnssystem zwischen einem Grundherrn sowie seinen Bediensteten und Bauern bestehende Herrschafts- und Rechtsverhältnis wird heute als Grundherrschaft bezeichnet. Ein Lehnsmann (Vasall) verpflichtete sich zu Gehorsam und Dienst; dafür überließ der Lehnsherr seinem Vasallen ein Stück Land oder ein Amt als Lehen zur dauernden Nutzung. Das gesamte Rechtsverhältnis stand dabei unter einer gegenseitigen Treuepflicht, die nicht nur den Vasallen, sondern auch den Herrn band, und endete grundsätzlich erst mit dem Tod oder der Untreue (Felonie) eines der Partner. Der Lehnsmann konnte sein Lehen oder Teile davon nach Lehnsrecht an andere (Untervasallen) weiterverleihen, wodurch ein aus vielen einzelnen Lehnsverhältnissen bestehendes System lehnsrechtlicher Rangordnung entstand, beginnend beim König und endend beim untersten Vasallen der Lehnskette (später in Deutschland »Heerschildordnung« genannt). Verfügte der Vasall nicht über eigenen Grundbesitz (»Allod«, »Eigen«), so wurden zumindest Teile des Lehens für ihn bewirtschaftet oder unfreien Bauern gegen Natural- bzw. Geldabgaben und Arbeitsleistungen zur Nutzung überlassen.

Der »Sachsenspiegel« fasst die u. a. im sächsischen Gebiet geltenden Regeln des Land- und Lehnsrechts zusammen. Auf der abgebildeten Seite ist der Zehnt u. a. in Form von Gänsen, Flechtzaun und Regenwasser, Stall und Backofen, Hopfen, Schwein und Ferkeln abgebildet (um 1300; Heidelberg, Universitätsbibliothek).

weithin voll lehnsfähig, ebenso die Frauen. Gesamtbelehnung lag vor, wenn mehrere Lehnsleute als Gesamthänder beliehen wurden. Unvererbliche Dienstlehen erhielten auch die unfreien Ministerialen; mit ihrem Aufstieg zum freien Ritterstand im 14. Jh. wurden auch jene erblich. Im Ganzen bildete das Lehnsrecht eine in sich geschlossene Ordnung, in der die Rechtstechnik des Mittelalters ihren Gipfelpunkt erreichte.

Mit dem Aufkommen der Söldner- statt der Ritterheere, dem Eindringen Bürgerlicher in die Verwaltung und besonders dem Vordringen der territorialen Herrschaftsbildung im Spätmittelalter ging die Bedeutung des Lehnswesens zurück. Allerdings bot es durch das Einbehaltungsrecht heimfallender Lehen, durch die Verpflichtung der Vasallen auf ein Territorium oder über die Einnahme der Belehnungsgebühren auch weiterhin noch Zugriffsmöglichkeiten für den Lehnsherrn, und formell blieb das Heilige Römische Reich bis 1806 ein Lehnsstaat. Die Lehen wurden im 19. Jh. durch Allodifizierung und Beseitigung des Obereigentums der Lehnsherren aufgehoben, z. T. erst nach 1918 durch Gesetze der Länder und des Reichs bzw. 1947 durch ein Kontrollratsgesetz.

Leibeigenschaft, eine von der → Sklaverei grundsätzlich unterschiedene bäuerliche Unfreiheit, die in der Form persönlicher Abhängigkeit vom Leibherrn sowie der Abgabe- und Dienstpflicht bei relativer Eigentumsfähigkeit vom Mittelalter bis zur → Bauernbefreiung bestand.

Bereits in der ersten Entwicklungsphase der Leibeigenschaft (9. Jh. bis Ende des 12. Jh.) flossen Leib- und Grundherrschaft zusammen, wobei die von den Hörigen (Grundholden) – die an den Boden gebunden waren bzw. sich als Freie in den Schutz des Grundherren begeben hatten – unterschiedenen Leibeigenen den Hörigen in ihrer sozialen Stellung teils sehr nahe kamen. Sozialer Aufstieg war möglich durch Freilassung, im deutschen Bereich durch den persönlichen Sonderdienst (→ Ministerialen). Die zweite Entwicklungsphase (13.–15. Jh.) war zunächst durch eine Lockerung der Leibeigenschaft gekennzeichnet, bedingt v. a. durch die Auflösung der Fronhofsverfassung. Im deutschen Südwesten hingegen vollzog sich, um den Rückgang der grundherrlichen Einnahmen auszugleichen, eine Neubildung der Leibeigenschaft, die zur historischen Bezeichnung Leibeigenschaft im 14. Jh. führte. Kauf oder Veräußerung eines Leibeigenen bezog sich zwar nicht auf dessen leibliche Person, sondern auf das Recht, von ihm fixierte Abgaben zu beziehen. Dies führte nichtsdestoweniger zur Angleichung von leib-

und nicht leibeigenen Bauern. Die neu gebildete Leibeigenschaft trug zwar zum Aufbegehren im Bauernkrieg erheblich bei, doch bestand sie in den einzelnen Typen der Grundherrschaft im Spätmittelalter und in der frühen Neuzeit keineswegs durchgehend.

Leif Eriksson, norwegischer Seefahrer, *um 975, †um 1020; Sohn Erichs des Roten; kam um 1000 auf der Fahrt nach Grönland durch einen Sturm vom Kurs ab und gelangte an die Küste Nordamerikas – vermutlich im Gebiet von Nova Scotia (Labrador) –, die er »Vinland« nannte. Leif Eriksson segelte bis in die Gegend von Boston (Mass.), doch seine Entdeckung Amerikas vor Kolumbus war ohne historische Folgen.

Lenin, seit etwa 1901 politischer Deckname von Wladimir Iljitsch Uljanow, russischer Revolutionär und Politiker, *Simbirsk 22.4.1870, †Gorki (bei Moskau) 21.1.1924. Lenin war das dritte von sechs Kindern einer Intellektuellenfamilie. Der Vater, ein Volksschulinspektor, wurde in den erblichen Beamtenadel des Zarenreichs aufgenommen; die Mutter entstammte einer russifizierten wolhyniendeutschen Familie von Ärzten und Grundbesitzern. Lenin kam durch den Tod seines älteren Bruders Aleksandr, der 1887 wegen Beteiligung an der Vorbereitung eines Anschlags auf Kaiser Alexander III. hingerichtet wurde, schon während der Schulzeit mit revolutionären Strömungen in Berührung. 1891 legte er an der Juristischen Fakultät der Universität von Sankt Petersburg das Examen ab; anschließend erhielt er eine Zulassung als Rechtsanwalt in Sankt Petersburg, wo er sich in der revolutionären Bewegung betätigte und mit führenden russischen Sozialdemokraten in Verbindung trat. In dieser Zeit begann auch seine Beschäftigung mit dem →Marxismus, den er v.a. als Revolutionstheorie begriff.

VERBANNUNG UND EMIGRATION: Nach der Rückkehr von einer Reise in die Schweiz wurde er wegen politischer Tätigkeit verhaftet und 1897 für drei Jahre nach Schuschenskoje (Sibirien) verbannt. Dort heiratete er 1898 Nadeschda Krupskaja, die seine enge Mitarbeiterin wurde. Seit 1900 in der Emigration, gründete Lenin mit Julij Martow und Georgij Plechanow die für Russland bestimmte, in München herausgegebene Zeitung »Iskra«. In ihr sowie in seiner 1902 erschienenen Schrift »Was tun?« entwarf er erstmals die Grundzüge dessen, was später als Leninismus bezeichnet werden sollte: die Organisation einer Partei von Berufsrevolutionären als Vorhut der Arbeiterklasse, die das revolutionäre Bewusstsein von außen in die Arbeiterklasse hineinzutragen hat. Auf dem II. Parteitag der Sozialdemokratischen Arbeiterpartei Russlands (SDAPR) 1903 in Brüssel betrieb Lenin die Spaltung der Partei in die gemäßigteren →Menschewiki und die radikaleren →Bolschewiki.

1905 kam es in Russland im Anschluss an die Niederlage des Zarenreichs gegen Japan zu revolutionären Aufständen, die den Zaren zu erheblichen politischen Zugeständnissen zwangen. Lenin kehrte nach Russland zurück, musste aber mit der einsetzenden Repressionspolitik nach dem Abebben der revolutionären Welle wieder außer Landes flüchten. Seine Hauptstationen von Dezember 1905 bis 1914 waren Genf, Paris und Krakau.

WELTKRIEG UND OKTOBERREVOLUTION: Die Zustimmung der deutschen Sozialdemokratie zu den Kriegskrediten am 4. 8. 1914 markierte den endgültigen Bruch Lenins mit deren für ihn lange vorbildlicher Politik. Auf den in Zimmerwald 1915 und Kiental 1916 abgehaltenen Kriegskonferenzen der linken Sozialisten, die das Konzept der Vaterlandsverteidigung ablehnten, konnte er sich aber gegen den humanistisch-sozialistischen Pazifismus der Mehrheit mit seiner Losung, »den Krieg in einen Bürgerkrieg zu verwandeln«, nicht durchsetzen.

Nach dem Ausbruch der Februarrevolution 1917 gelangte Lenin mit offizieller deutscher Hilfe mit anderen russischen Revolutionären von der Schweiz durch Deutschland nach Schweden. Im April 1917 erreichte er schließlich Petrograd, wo er in seinen Aprilthesen sogleich zum Weitertreiben der Revolution aufrief. In richtiger Erkenntnis der sich radikalisierenden Massenstimmung forderte er den Abschluss eines Separatfriedens mit Deutschland und die Aufteilung der Güter an die Bauern. Nach einem von den Bolschewiki mitgetragenen missglückten Aufstand von Arbeitern und Soldaten im Juli 1917 floh Lenin nach Finnland. Dort verfasste er im selben Jahr seine Grundsatzschrift »Staat und Revolution« über die Form und Methodik bolschewistischer Herrschaft.

In einem von Leo Trotzkij vorbereiteten Aufstand nutzten die Bolschewiki am 25. 10. 1917 – nach dem zu dieser Zeit in Russland gültigen julianischen Kalender, nach dem gregorianischen Kalender am 7. 11. – die sich nur für kurze Zeit bietende Chance zum revolutionären Umsturz und verjagten in Petrograd die Regierung Aleksandr Kerenskijs (→Oktoberrevolution). Am 8./9. 11. 1917 wurde Lenin zum Vorsitzenden des Rats der Volkskommissare gewählt. Unter dem Leitbegriff der Diktatur des Proletariats errichtete er ein Regierungssystem, das sich von Anfang an nur unter Einsatz von Gewalt und Terror zu behaupten vermochte.

AUSSENPOLITIK: Die Außenpolitik Lenins begann mit der von ihm gegen stärksten innerparteilichen Widerstand durchgesetzten Annahme des Friedensvertrags von →Brest-Litowsk (3. 3. 1918) mit den Mittelmächten, der Sowjetrussland eine Atempause gewähren sollte. Während des Bürgerkriegs und der

LENIN
***1870 †1924**

- hieß ursprünglich Wladimir Iljitsch Uljanow
- emigrierte nach mehrjähriger Verbannung nach Westeuropa
- entwarf das Konzept der Berufsrevolutionäre
- initiierte die Oktoberrevolution in Russland
- gilt als Gründervater der Sowjetunion
- warnte vor einer führenden Rolle Stalins

LENIN | *Oktoberrevolution*

Die russische Oktoberrevolution ist eines der bedeutsamsten Ereignisse des 20. Jh., ging aus ihr doch ein Gesellschaftsmodell hervor, das die Welt in Anhänger und Gegner spaltete und nicht nur das Schicksal des russischen Volks prägte, sondern sich - direkt oder indirekt - auf die neuere Geschichte aller Staaten auswirkte.

Die Machtübernahme der von Lenin angeführten Bolschewiki war der Endpunkt einer seit Monaten andauernden revolutionären Bewegung. Mit der Revolution vom Februar 1917 war zwar das Zarenregime gestürzt worden, doch war die neue bürgerliche Regierung nicht imstande, die Kontrolle über Russland zu gewinnen, da der Petrograder (Petersburger) Sowjet der Arbeiterdeputierten eine Gegenregierung bildete. Es gelang nicht, die drängendsten Probleme des Landes zu lösen und etwa eine längst überfällige einschneidende Agrarreform auf den Weg zu bringen oder Frieden im Ersten Weltkrieg zu schließen.

Die Zeit der Doppelherrschaft der Regierung Kerenskij und der Sowjets, die mehr und mehr von den radikalen Bolschewiki dominiert wurden, endete in der Nacht vom 7. auf den 8. 11. 1917 mit dem Sturm auf den Petrograder Winterpalast, in den sich die Regierung zurückgezogen hatte - nach dem damals in Russland gültigen julianischen Kalender die Nacht vom 25. zum 26. Oktober (daher auch der Begriff der »Oktoberrevolution«). Die Regierung wurde verhaftet, am nächsten Tag wurde per Gesetz der Gutsbesitz enteignet und den Kriegsgegnern ein sofortiger Friedensschluss angeboten. Russland stand für die kommenden Jahrzehnte eine fundamentale gesellschaftliche Umwälzung bevor. Das Foto zeigt Lenin, der nicht nur der wirkungsvollste Agitator, sondern auch der führende Theoretiker der Revolution war, bei einer Rede in Petrograd.

Hungersnot der ersten Revolutionsjahre setzte Lenin den Aufbau der sowjetischen Wirtschaft als oberstes Ziel. Die Festigung der bolschewistischen Macht bis zum Frühjahr 1920 war jedoch nicht zuletzt ein Erfolg der von Trotzkij organisierten Roten Armee, die den Sieg im Bürgerkrieg errang. Außenpolitisch richtete sich Lenins Aufmerksamkeit v. a. nach dem Ausbleiben der von ihm erwarteten Weltrevolution auf die Entkolonialisierung Asiens. Als Instrument bediente er sich der 1919 gegründeten →Kommunistischen Internationale. Indes verhinderte die →Neue Ökonomische Politik, die Lenin anstatt des »Kriegskommunismus« der Bürgerkriegszeit im Frühjahr 1921 einführte, eine absehbare wirtschaftliche Katastrophe.

INNENPOLITIK: Dank seiner Autorität hielt Lenin die widerstrebenden Kräfte der Partei zusammen und leitete den Aufbau des Partei-, Staats- und Wirtschaftsapparates ein. Dabei strebte er die Zentralisierung der Macht in den Händen einer kleinen Führungsgruppe an, die durch die Errichtung des Politbüros und des Sekretariats 1919 und das Verbot der Fraktionsbildung 1921 vorangetrieben wurde und damit die entscheidenden Voraussetzungen für die Bürokratisierung der Partei schuf. Ein Schlaganfall im Mai 1922 hinderte Lenin immer stärker an der Ausübung seiner politischen Funktionen. In einem seiner letzten Briefe – dem so genannten Testament Lenins vom Dezember 1922 – warnte er vor dem großen Einfluss Stalins auf den Parteiapparat und kritisierte den wachsenden Bürokratismus der Revolution und die Macht der Apparate. Bereits vom Tode gezeichnet, gelang es ihm jedoch nicht mehr, eine Kurskorrektur der Revolution einzuleiten.

Lenin war ein Demagoge mit großer Suggestivwirkung. Er war ein revolutionärer Staatsmann, jedoch ohne Fähigkeit und Bereitschaft zur Überbrückung und zum Ausgleich politischer Gegensätze, dagegen kompromisslos v. a. in ideologischen Fragen. Ein unbeugsamer, oft skrupelloser, aber stets sachbezogener Machtwille und ein ungewöhnlicher Sinn für folgerichtige Taktik befähigten Lenin, den Sowjetstaat nicht nur zu gründen, sondern ihn auch gegen innere und äußere Gegner zu erhalten und zu stabilisieren. Dennoch steigerte die Herabsetzung Trotzkijs und die mit dem XX. Parteitag der KPdSU (1956) eingeleitete Kritik an Stalin die historische Bedeutung Lenins in der Sowjetunion zu einem Mythos, der ganz gezielt als Instrument gegen divergierende politische Bestrebungen eingesetzt wurde.

Leo I., der Große, Papst (440–461), *in der Toskana, †Rom 10. 1. 461; formulierte erstmals den Anspruch, als Papst und Bischof von Rom Stellvertreter des Apostels Petrus zu sein und eine überregionale Gesamtverantwortung und Vollmacht als »Princeps Apostolorum« (»Erster der Apostel«) über den Episkopat und die gesamte Kirche auszuüben. Der Jurisdiktionsprimat des Papstes wurde 445 von Kaiser Valentinian III. bestätigt. Im Zuge der theologischen Auseinandersetzungen seiner Zeit entwickelte Leo u. a. in einem Lehrschreiben vom 13. 6. 449 an den Patriarchen von Konstantinopel Flavian die Lehre von den »zwei Naturen in Christus«, die wesentlich zur Schlichtung der christologischen Streitigkeiten auf dem Konzil von Chalkedon 451 beitrug. 452 bewog er den Hunnenkönig Attila zum Rückzug aus Italien; mit dem Wandalenkönig Geiserich handelte er 455 eine weitgehende Schonung Roms aus.

Leo III., Papst (795–816), †Rom 12. 6. 816; stellte sich als Römer nach seiner Wahl unter den Schutz Karls des Großen, dessen Oberherrschaft über den Kirchenstaat er anerkannte. 799 wurde er von römischen Gegnern überfallen und floh zu Karl nach Paderborn. Im Beisein Karls wies er am 23. 12. 800 in der römischen Petersbasilika die gegen ihn erhobenen Anschuldigungen in einem »Reinigungseid« zurück und krönte dort am 25. 12. 800 Karl zum Kaiser.

Leo IX., Papst (1049–54), früher Bruno Graf von Egisheim und Dagsburg, *Egisheim 21. 6. 1002, †Rom 19. 4. 1054; war seit 1026 Bischof von Toul. Nachdem Leo von dem mit ihm verwandten Kaiser Heinrich III. zum Papst bestimmt worden war, ging er nach Rom und ließ sich vom römischen Klerus und Volk durch Akklamation zum Papst wählen. Er berief wichtige Vertreter der kluniazensischen Reformbewegung nach Rom und wertete die Beteiligung des Kardinalskollegiums an der Leitung der Gesamtkirche auf, womit er dessen Funktion als gesamtkirchliches Leitungsorgan begründete. Er organisierte die päpstliche Verwaltung neu und suchte auf zahlreichen Reisen und Synoden seine Reformvorstellungen wie auch seinen Autoritätsanspruch durchzusetzen (→Morgenländisches Schisma). Im Juni 1053 wurde er von den Normannen besiegt. Nach Gefangenschaft kehrte er 1054 krank nach Rom zurück, wo er bald danach starb.

Leo X., Papst (1513–21), früher Giovanni de' Medici, *Florenz 11. 12. 1475, †Rom 1. 12. 1521; kam auf Betreiben seines Vaters, Lorenzos I. de' Medici schon früh ins Kardinalskollegium; war ein gebildeter Humanist und Förderer von Künstlern und Gelehrten. Auf die Vergrößerung des Kirchenstaates bedacht, wandte Leo sich in der Auseinandersetzung zwischen Frankreich und Italien Frankreich zu. Er setzte sich erfolglos für die Wahl Franz' I. zum Kaiser ein, unterstützte dann aber Karl V. Folgenreich war, dass er auf die im Zusammenhang mit dem 5. Laterankonzil gemachten Reformvorschläge nicht einging und das Auftreten Luthers verkannte und unterschätzte. 1520 ließ er Luther die Bannandrohungsbulle »Exsurge Domine« zustellen und verhängte, nachdem dieser sie öffentlich verbrannt hatte, am 3. 1. 1521 über ihn den Kirchenbann (Bannbulle »Decet Romanum Pontificem«).

Leo XIII., Papst (1878–1903), früher Vincenzo Gioacchini Pecci, *Carpineto (bei Anagni) 2. 3. 1810, †Rom 20. 7. 1903; war ab 1837 in der Verwaltung des Kirchenstaates tätig, 1846 Bischof von Perugia, ab 1853 auch Kardinal. Als Kardinalkämmerer übernahm er während der Sedisvakanz nach dem Tod Pius' IX. (7. 2. 1878) die Leitung der Geschäfte und die Vorbereitung der Papstwahl. Im Gegensatz zu seinem Vorgänger war Leo um die Versöhnung von Kirche und Kultur sowie die Öffnung der Kirche für soziale und politische Entwicklungen bemüht. Es kam zur Beendigung des →Kulturkampfes im Deutschen Reich sowie zur Beilegung der Konflikte mit der Schweiz und den meisten lateinamerikanischen Republiken. Als erste päpstliche Sozialenzyklika bildet Leos »Rerum novarum« von 1891 ein grundlegendes Dokument der katholischen Soziallehre. Er bemühte sich um die Union mit den Ostkirchen und förderte die Mission und die Wissenschaften. 1881 öffnete er das Vatikanische Archiv für die Forschung und erleichterte die Benutzung der Vatikanischen Bibliothek. Rückschrittliche Tendenzen wurden gegen Ende seines Pontifikats sichtbar in der Verurteilung des Amerikanismus und in der Errichtung der päpstlichen Bibelkommission zur Überwachung der Exegese.

Leonidas I., König von Sparta (seit 488 v. Chr.) aus dem Geschlecht der Agiaden, †(gefallen) an den Thermopylen 480 v. Chr.; hielt während des persischen Griechenlandzuges im Juli/August 480 das persische Landheer am Thermopylenpass mehrere Tage lang auf. Leonidas fiel, nachdem der Trachäer Ephialtes die griechische Stellung an Xerxes I. verraten hatte, zusammen mit 300 Spartanern und 700 Griechen aus Thespiai in Böotien. Seine Gebeine wurden später nach Sparta überführt, wo er kultische Ehren erhielt. (→Perserkriege)

Leopold I., Kaiser des Heiligen Römischen Reichs (seit 1658), als Lipót I. König von Ungarn (seit 1655), König von Böhmen (seit 1656), *Wien 9. 6. 1640, †ebenda 5. 5. 1705; zweiter Sohn Ferdinands III., Vater von Joseph I. und Karl VI.; wurde ursprünglich für die geistliche Laufbahn erzogen, folgte jedoch seinem Vater 1657 in den österreichischen Erblanden und wurde nach 15-monatigem Interregnum am 1. 8. 1658 zum Römischen König und Kaiser gewählt. Leopold geriet bald in die militärischen Auseinandersetzungen seiner Zeit. Nachdem er

Leopold I.,
Kaiser des Heiligen Römischen Reichs

im 1. Nordischen Krieg (1655–60) Brandenburg-Preußen und Polen gegen die schwedische Übermacht unterstützt hatte, kämpfte er in Siebenbürgen gegen die Türken (1662–64) bis zum Verzichtfrieden von Vasvár (10. 8. 1664). Der Versuch des Großwesirs Kara Mustafa, im »Großen Türkenkrieg« (1683–99) Wien zu erobern, scheiterte in der Schlacht am Kahlenberg (12. 9. 1683). In der Folge leitete der Frieden von Karlowitz (1699) die Entstehung der →Donaumonarchie und den Aufstieg Österreichs zur europäischen Großmacht ein. Mit dem »Einrichtungswerk« gelang Leopold überdies 1688/89 der Zugriff auf Ungarn, das er 1687 zur Erbmonarchie im habsburgischen Mannesstamm gemacht hatte. Gleichzeitig stand Leopold im Abwehrkampf gegen die Expansionspolitik des französischen Königs Ludwig XIV., weswegen er sich am Holländischen Krieg 1672–78/79 und am →Pfälzischen Erbfolgekrieg 1688–97 beteiligte; 1701 trat Leopold in den →Spanischen Erbfolgekrieg (1701–13/14) ein.

Leopold II., Kaiser des Heiligen Römischen Reichs

Im Innern veranlasste Leopold eine bürokratische Straffung der Verwaltung. Im Reich gelang es ihm, über den seit 1663 permanent in Regensburg tagenden »Immerwährenden« Reichstag reichspolitisch aktiv zu werden. Im »Krontraktat« mit Kurfürst Friedrich III. von Brandenburg (16. 11. 1700) erkannte er die Königswürde der Hohenzollern »in« Preußen und deren Vormachtstellung im Norden des Reichs an.

Leopold war ein strenggläubiger Katholik, der Klerikern großen Einfluss einräumte, ohne sich aber von ihnen lenken zu lassen. An der durch Theater und Musik bestimmten Wiener Hofkultur des Barock nahm der hochgebildete Kaiser aktiv teil, u. a. auch durch eigene Kompositionen.

Leopold I., genannt »der Alte Dessauer«, Fürst von Anhalt-Dessau (seit 1693), preußischer Feldmarschall (seit 1712), Reichsgeneralfeldmarschall (1734), *Dessau 3. 7. 1676, †ebenda 9. 4. 1747; Sohn Johann Georgs II. von Anhalt-Dessau und Henriettes von Oranien. Leopold förderte als Landesherr in Dessau (seit 1698), Gouverneur in Magdeburg und Gutsbesitzer in Insterburg Wirtschaft und Verwaltung. Er zeichnete sich als preußischer Truppenführer im Spanischen Erbfolgekrieg 1701–13/14 aus. Bedeutendes leistete er beim Aufbau der brandenburgisch-preußischen Armee (1698/99), die er maßgeblich reformierte und disziplinierte. Im 2. Schlesischen Krieg besiegte er am 15. 12. 1745 die Österreicher und Sachsen bei Kesselsdorf.

Leopold II., Kaiser des Heiligen Römischen Reichs (seit 1790), als Lipót II. König von Ungarn (seit 1790), König von Böhmen (seit 1791), als Pietro Leopoldo I. Großherzog der Toskana (1765–90), *Wien 5. 5. 1747, †ebenda 1. 3. 1792; dritter Sohn von Kaiser Franz I. und Maria Theresia, Vater von Kaiser Franz II. und der Urenkel von Kaiser Leopold I. Leopold folgte seinem Vater 1765 in der Toskana und 1790 seinem Bruder Joseph II. im Reich (Krönung: 9. 10.) und in den habsburgischen Erblanden, die er zerrüttet vorfand. Im aufklärerischen Sinn erzogen, hatte er die Toskana durch umfassende Reformen zu einem Musterland der Aufklärung gemacht. Als Kaiser war er bemüht, den von seinem Bruder bekämpften ständischen, kirchlichen und natürlichen Ansprüchen vorsichtig gerecht zu werden; dennoch beließ er die Substanz der theresianisch-josephinischen Reformen. Der Aufruhr in den Österreichischen Niederlanden (Belgien) und in Ungarn wurde unterdrückt, durch die Konvention von Reichenbach (1790) ein Krieg mit Brandenburg-Preußen verhindert, der Krieg mit dem Osmanischen Reich durch den Frieden von Sistowa beendet, die römische Kurie durch eine zurückhaltende Kirchenpolitik in Österreich beschwichtigt. Die Französische Revolution begrüßte er zunächst verhalten, erkannte aber bald die vom revolutionären Frankreich ausgehenden Gefahren und schloss (nach der Pillnitzer Konvention, 1791) mit König Friedrich Wilhelm II. von Preußen am 7. 2. 1792 ein Schutzbündnis.

Lepanto, italienischer Name der griechischen Stadt Naupaktos. In der äußerst blutigen Seeschlacht von Lepanto am 7. 10. 1571 besiegte die Flotte der am 20. 5. 1571 gebildeten Heiligen Liga (Venedig, Spanien, Papst) unter dem Oberbefehl Don Juans de Austria die zahlenmäßig überlegene Flotte der Osmanen und leitete damit den Niedergang der osmanischen Vorherrschaft im Mittelmeer ein. Sie gilt als die letzte große, mit geruderten Galeeren geschlagene Seeschlacht.

Lepidus, Marcus Aemilius, römischer Triumvir, *87 v. Chr., †13 oder 12 v. Chr.; trat 49 v. Chr. im Bürgerkrieg auf Caesars Seite, wurde 46 v. Chr. Konsul, danach Magister Equitum Caesars und nach dessen Ermordung Pontifex maximus. Lepidus erhielt dann als Statthalter die Provinz Gallia Narbonensis und Hispania Citerior (später auch Hispania Ulterior) und schloss im November 43 v. Chr. mit Antonius und Octavian (dem späteren Kaiser Augustus) das zweite Triumvirat. Nach der Schlacht bei Philippi (42 v. Chr.) verlor er seine Provinzen, erhielt jedoch 40 v. Chr. Africa. Als er nach der Niederlage des Sextus Pompeius Magnus (36 v. Chr.) Sizilien in Besitz nehmen wollte, wurde er von Octavian entmachtet, blieb aber Pontifex maximus.

Lettland, lettisch **Latvija,** amtlich lettisch **Latvijas Republika,** Staat in Nordosteuropa, der im Westen an die Ostsee, im Norden an den Rigaischen Meerbusen und an Estland, im Osten an Russland, im Südosten an Weißrussland sowie im Süden an Litauen grenzt.

GESCHICHTE: Bis zum Ende des Ersten Weltkriegs hatten die Letten kein eigenes

Lepanto. In der letzten bedeutenden Galeerenschlacht der Kriegsgeschichte brachte die Niederlage der Osmanen über zehntausend christlichen Galeerensklaven, die die türkischen Schiffe rudern mussten, die Freiheit. Das zeitgenössische venezianische Gemälde (Venedig, Museo Correr) führt den Sieg über die »Ungläubigen« auf himmlischen Beistand zurück.

natürliches Staatswesen; ihre Siedlungsgebiete waren im Mittelalter Teil Livlands. Die Liven, Selen, Kuren und Semgaller wurden seit 1180 missioniert und im 13. Jh. vom Schwertbrüderorden bzw. vom Deutschen Orden unterworfen. 1561 geriet Lettland unter polnische Herrschaft. Seit Ende des 18. Jh. gehörte es zum russischen Zarenreich. 1801 wurden Kurland, Livland und Lettgallen zu einem russischen Generalgouvernement vereinigt.

Eine aus Emigranten gebildete lettische Sowjetregierung proklamierte im Dezember 1918 ein unabhängiges Lettland und ließ große Teile des Landes durch bolschewistisch lettische Schützendivisionen besetzen. Der von den Deutschen unterstützten Nationalregierung, die bereits am 18. 11. 1918 die Republik Lettland ausgerufen hatte, gelang es 1919 mithilfe ausländischer Freiwilligenverbände, die Kontrolle über den größeren Teil Lettlands zu gewinnen. Die erneute Unabhängigkeitserklärung vom Mai 1920 wurde von der Sowjetregierung im Rigaer Abkommen vom August 1920 akzeptiert. Die Grenzen wurden nach der Sprachgrenze festgesetzt: Litauen umfasste Kurland, das südliche Livland und Lettgallen. Lettland erlebte in der Folgezeit eine kulturelle und wirtschaftliche Blüte, die auch durch den Staatsstreich im Mai 1934 und das anschließende autoritäre Regime unter Karlis Ulmanis nicht unterbrochen wurde. Im Deutsch-Sowjetischen Nichtangriffspakt vom 23. 8. 1939 wurde Lettland dem Einflussbereich der Sowjetunion überlassen, die im Oktober 1939 von Lettland den Abschluss eines Beistandspaktes erzwang und dieses am 5. 8. 1940 als Lettische SSR ihrem Territorium einverleibte.

Nach dem Wahlsieg der 1988 gebildeten Volksfront für die Unabhängigkeit Lettlands im April 1990 proklamierte das lettische Parlament am 4. 5. 1990 die Souveränität und setzte Teile der lettischen Verfassung von 1922 wieder in Kraft. Am 3. 3. 1991 erbrachte eine Volksbefragung eine eindeutige Mehrheit für eine demokratische und unabhängige Republik Lettland. Nachdem im Zusammenhang mit dem Staatsstreich gegen Michail Gorbatschow am 19. 8. 1991 kurzzeitig sowjetische Truppen in die Hauptstadt Riga einmarschiert waren, setzte Lettland am 21. 8. seine Unabhängigkeitserklärung in Kraft, die sowohl von Russland als auch von der Sowjetunion anerkannt wurde. Nach den Parlamentswahlen 1993 wurde Guntis Ulmanis zum Staatsoberhaupt gewählt. Die letzten russischen Truppen verließen 1994 das Land. 1999 wurde Vaira Vike-Freiberga Staatspräsidentin. 2004 trat Lettland der EU und der NATO bei.

Leuschner, Wilhelm, deutscher Gewerkschafter, *Bayreuth 15. 6. 1890, † (hingerichtet) Berlin-Plötzensee 29. 9. 1944; Holzbildhauer; war seit 1909 in der Gewerkschaftsbewegung, seit 1924 Mitglied des Landtags in Hessen (SPD), 1928–32 hessischer Innenminister, dann Vorstandsmitglied des →Allgemeinen Deutschen Gewerkschaftsbunds. 1933/34 hielt ihn das nationalsozialistische Regime in verschiedenen →Konzentrationslagern fest. Nach seiner Entlassung übernahm Leuschner die Führung gewerkschaftlicher Widerstandsgruppen und stand im Zweiten Weltkrieg in enger Verbindung zu Carl Goerdeler, Ludwig Beck und zum Kreisauer Kreis. Nach dem Scheitern des Attentats auf Hitler vom 20. 7. 1944 verurteilte ihn der Volksgerichtshof am 9. 9. zum Tode.

Wilhelm Leuschner

Levellers ['levləz; engl. »Gleichmacher«], seit 1645/46 radikale demokratische Gruppe aus der Zeit des englischen Bürgerkriegs, die völlige bürgerliche und religiöse Freiheit erstrebte. Die königsfeindlichen Levellers, deren bedeutendster Führer John Lilburne war, forderten allgemeines Wahlrecht für Männer, Parlamentssouveränität und Wirtschaftsreformen. Ihre Agitation beeinflusste seit 1647 besonders stark die Armee; nach unterdrückten Aufständen von Truppenteilen (1649) waren die Levellers bedeutungslos.

Ley [laɪ], Robert, deutscher Politiker, *Niederbreidenbach (heute zu Nümbrecht) 15. 2. 1890, †Nürnberg 26. 10. 1945; Chemiker, war seit 1923 Mitglied der NSDAP, seit 1925 deren Gauleiter im Rheinland, wurde 1928 Mitglied des Landtags (Preußen), 1930 auch Mitglied des Reichstags. 1931–34 war Ley Reichsinspekteur und Stellvertreter des Reichsorganisators Gregor Strasser, de facto seit November 1932 dessen Nachfolger. In Hitlers Auftrag beseitigte er ab 2. 5. 1933 gewaltsam die freien Gewerkschaften und betrieb deren Gleichschaltung in der →Deutschen Arbeitsfront (DAF), der mitgliederstärksten NS-Massenorganisation, die er bis 1945 leitete. Außerdem war er Gründer von Ordensburgen. Im Mai 1945 verhaftet, entzog er sich dem Verfahren vor dem Internationalen Militärtribunal Nürnberg durch Selbstmord.

Liberalismus, Bezeichnung für eine Staats-, Wirtschafts- und Gesellschaftsauffassung, die die Freiheit des Individuums als grundlegende, naturgemäße Norm menschlichen Zusammenlebens ansieht und den Fortschritt in Kultur, Recht, Wirtschaft und Sozialordnung als den Inhalt geschichtlicher Entwicklung annimmt.

GRUNDFORDERUNGEN: Auf politischem Gebiet fordert der Liberalismus die Errichtung und den Ausbau eines Verfassungs- und Rechtsstaates, der die staatliche Macht begrenzt (nach dem Grundsatz der Gewaltenteilung), d. h. die Willkür des Staates ausschließt und damit die Rechtssicherheit, die Voraussetzung individueller Freiheit, schafft. Die Gewährleistung von Grundrechten soll die freie Entfaltung der Persönlichkeit sichern. Der Liberalismus wendet sich gegen Privilegien in der Gesellschaft und fordert die Gleichheit vor dem Gesetz. Alle Bürger des staatlichen Gemeinwesens haben Anteil an der Ausübung der Staatsgewalt (Prinzip der Volkssouveränität). Der Liberalismus tritt für die parlamentarische Demokratie als Regierungsform ein, in der die Bürger im Rahmen des allgemeinen, gleichen, geheimen und freien Wahlrechts ein Parlament wählen, das in ihrer Vertretung politische Entscheidungen fällt (repräsentative Demokratie), die am Gemeinwohl orientiert sein sollen.

Im wirtschaftlichen Bereich tritt der Liberalismus in seinen verschiedenen historischen und politischen Ausprägungen für die Marktwirtschaft ein, in der die Wirtschaftssubjekte auf der Grundlage des Privateigentums an den Produktionsmitteln im freien Wettbewerb von Angebot und Nachfrage den Wirtschaftsprozess bestimmen und nicht der Staat. Im gesellschaftlichen Bereich soll der Mensch in Ausübung seiner Menschen- und Bürgerrechte sein Leben im Rahmen selbst gewählter ethischer Normen oder religiöser Anschauungen führen können. Der Liberalismus vertritt das Prinzip der von Toleranz geprägten »offenen Gesellschaft«. Der Gedanke der freien Entfaltung der Persönlichkeit wird heute ergänzt durch die Forderung nach der Chancengleichheit.

GESCHICHTE: Geschichtliche Voraussetzungen des Liberalismus waren die rationalistischen Ideen der Aufklärung, die an Gedanken der Spätantike anknüpften und sich mit dem Individualismus der Romantik verbanden. Ausgehend vom Prinzip der Vernunft bestimmten Fortschritts-, Wissenschafts- und Harmoniegedanke die Entstehung des Liberalismus. Vom »freien Spiel der Kräfte« erwartete man eine harmonische Entwicklung des gesellschaftlichen Ganzen, die individuelle Freiheit galt als Garant der bestmöglichen Entfaltung des Menschen. Im Mittelpunkt liberaler Anschauungen stand die Idee vom Eigenrecht und Vorrang des Einzelnen gegenüber der Gesellschaft. Der Liberalismus stellte die Freiheit an die Spitze seiner Grundwerte.

Im Kampf gegen den absolutistischen Obrigkeitsstaat, ständische Traditionen, Legitimismus und kirchliche Orthodoxie wurden die liberalen Leitvorstellungen seit der Französischen Revolution erweitert und präzisiert. Die wichtigsten Mittel für eine Entwicklung der Gesellschaft sah der Liberalismus in der Anerkennung allgemeiner Menschenrechte und in einer geschriebenen Verfassung, die die Grenzen der Staatsgewalt und die Kontrolle der Regierungsorgane festlegen sollte.

Als erste Verwirklichung des Liberalismus gelten die Bill of Rights in England (1689), dann die Verfassung der USA von 1787 und die Erklärung der Menschen- und Bürgerrechte (Déclaration des droits de l'homme et du citoyen) in der Französischen Revolution von 1789. Die Ideen von 1789 gewannen auch in Deutschland starken Einfluss, setzten sich aber lange weniger in politisch-institutionellen als in kulturellen Bereichen durch. Auf der Grundlage des v. a. von Kant, Schiller und Wilhelm von Humboldt entwickelten ethischen Freiheitsprinzips entfaltete sich der Gedanke der freien Persönlichkeitsbildung, der besonders auf Lehre und Wissenschaft bestimmend einwirkte. Der Liberalismus wurde aber auch in Deutschland immer mehr die Grundlage der bürgerlichen Verfassungsbewegung, des natürlichen Einheitsstrebens, der Entwicklung des Rechtsstaats, des wirtschaftlichen Aufschwungs, der neuen Sozialethik, der modernen Pädagogik, der von kirchlich-dogmatischen Bindungen gelösten Kulturpolitik und der autonomen Wissenschaftshaltung. Im religiösen Bereich führte er besonders zur Forderung der Trennung von Staat und Kirche (»freie Kirche im freien Staat«).

Die mit wirtschaftlichen Depressionen und schweren sozialen Missständen verbundene Entwicklung der industriellen Gesellschaft erschütterte in ganz Europa langfristig den optimistischen Glauben an die selbsttätige Wirtschaftsregulierung durch die »unsichtbare Hand des Marktes« (Adam Smith), eine Grundprämisse des Wirtschaftsliberalismus. Hinzu kam nach dem Ersten Weltkrieg die Verarmung bürgerlicher Besitz- und Bildungsschichten, die bis dahin in starkem Maße den Liberalismus getragen hatten. Seit der zweiten Hälfte des 19. Jh. sah sich der Liberalismus in seiner Wirtschaftskonzeption v. a. von konservativer Seite mit Maßnahmen des Staatsinterventionismus, von sozialistischer und christlich-sozialer Seite mit dem Vorwurf konfrontiert, einer Klassengesellschaft zum Nachteil der sozial Schwachen Vorschub zu leisten. Die liberalen Parteien verloren an Rückhalt in der Bevölkerung; die Arbeiterschaft wandte sich schon früh dem Sozialismus und den von ihm bestimmten Parteien der Arbeiterbewegung zu. Nach dem Ersten Weltkrieg erlebte der liberale Gedanke in Europa schwere Rückschläge; besonders in Deutschland, wo totalitäre Ideologien zur Macht gelangten, wurde der Liberalismus als eine Erscheinung der »atomistischen« Zersetzung des Volkes oder als Ideologie des Klassenfeindes scharf bekämpft und in seinen institutionellen Grundformen ausgeschaltet.

Mit dem Zusammenbruch der kommunistischen Herrschaftssysteme in Europa hat der Sozialismus als Alternativmodell zum Liberalismus an Einfluss und Attraktivität verloren. Die Öffnung zu Marktwirtschaft und parlamentarischer Demokratie bedeutet eine Hinwendung zu den wirtschaftlichen und politischen Prinzipien des Liberalismus; aufgrund der mit dem Transformationsprozess oft verbundenen wirtschaftlichen und politischen Instabilität kann von einer Renaissance des Liberalismus als Ideologie aber nicht die Rede sein. Auch in den traditionellen demokratischen Verfassungsstaaten, in denen der Liberalismus seine politischen Hauptanliegen weitgehend verwirklichen konnte, sind die ökonomischen Leitbilder des Liberalismus angesichts der wirtschaftlichen Probleme umstritten. Den Chancen einer dem liberalen Freihandelspostulat entsprechenden weltwirtschaftlichen Verflechtung stehen destabilisierende Wirkungen der Globalisierung gegenüber.

Libertẹ, Égalitẹ, Fraternitẹ, französisch für →Freiheit, Gleichheit, Brüderlichkeit.

Lichnọwsky, Felix Fürst, deutscher Politiker, *Grätz 5. 4. 1814, †Frankfurt am Main 18. 9. 1848; war 1848 Mitglied der Frankfurter Nationalversammlung, Vertreter der äußersten Rechten; wurde beim Aufstand der radikalen Linken ermordet.

Licịnius, Valerius Licinianus, Kaiser des Römischen Reiches (308–324), *in Dakien um 250, †Thessalonike (Saloniki) 325; wurde 308 von Galerius zum Augustus erhoben. Sein Herrschaftsbereich war zunächst Rätien und Pannonien, nach Galerius' Tod 311 die ganze Balkanhalbinsel; nach dem Sieg über Maximinus Daia 313 fielen ihm alle Ostgebiete zu. Mit Konstantin dem Großen, dessen Schwester Constantia er 313 heiratete und dem er nach einem kurzen Krieg (314) Illyricum (außer Thrakien) abtreten musste, teilte er sich in die Reichsherrschaft. Der Gegensatz zu Konstantin, verstärkt durch die antichristliche Politik des Licinius, führte 323/324 zum offenen Bruch. Nach der Schlacht bei Chrysopolis (Skutari) 324 wurde er mit seinem Sohn Valerius Licinianus Licinius gefangen genommen und 325 hingerichtet.

Lidice [-tsɛ], früher **Lịditz,** Ort im Mittelböhmischen Gebiet, Tschechische Republik. Lidice wurde am 10. 6. 1942 von der SS als Repressalie für das Attentat auf Reinhard Heydrich völlig zerstört, weil Einwohner die Attentäter unterstützt haben sollen. Die männlichen Einwohner über 16 Jahre wurden erschossen (etwa 190), die Frauen in das Konzentrationslager Ravensbrück gebracht, wo 52 von 195 umkamen. 98 Kinder wurden zur »Eindeutschung« in SS-Lager deportiert. 1946 wurde der Ort wieder aufgebaut.

Felix Fürst Lichnowsky

Lie, Trygve Halvdan, norwegischer Politiker, *Grogud (bei Oslo) 16. 7. 1896, †Geilo (Provinz Buskerud) 30. 12. 1968; war Mitglied der Norwegischen Arbeiterpartei und 1935–46 mehrfach Minister in Norwegen; war 1946–53 erster Generalsekretär der Vereinten Nationen (erklärte nach heftiger Kritik durch die Sowjetunion wegen seiner Unterstützung für den Einsatz von UN-Truppen im Koreakrieg am 10. 11. 1952 seinen Rücktritt).

Liebe, Sonderartikel S. 518/519.

Liebknecht,

1. Karl, deutscher Politiker, *Leipzig 13. 8. 1871, †(ermordet) Berlin 15. 1. 1919; Sohn von Wilhelm Liebknecht; Rechtsanwalt; trat 1900 der SPD bei. 1908 war Liebknecht Mitglied des preußischen Abgeordnetenhauses, 1912–17 des Reichstags. 1907 beteiligte er sich an der Gründung der Jugendinternationale (1907–10 deren Präsident). Nach Ausbruch des Ersten Weltkriegs stimmte Liebknecht im Dezember 1914 und im August 1915 als einziger Sozialdemokrat im Reichstag gegen die Kriegskredite. Er vertrat die Idee, mit den Mitteln des Klassenkampfes, v. a. durch den Massenstreik, den Krieg zu bekämpfen. 1916 trat er wegen seiner Ablehnung des »Burgfriedens« aus der sozialdemokratischen Reichstagsfraktion aus. Nach einer Kundgebung gegen den Krieg wurde er wegen Hochverrats zu zweieinhalb Jahren Zuchthaus verurteilt. Im Oktober 1918 begnadigt, trat er mit Rosa Luxemburg an die Spitze des →Spartakusbundes. Am 9. 11. 1918 proklamierte Liebknecht im Berliner Schloss die »freie sozialistische Republik« und beteiligte

Karl Liebknecht

Fortsetzung S. 520

1

LIEBE

1) Ohne die »Liebe« ist Literatur einfach nicht vorstellbar. Der Klassiker schlechthin ist wohl Shakespeares Tragödie »Romeo und Julia«: Gustav Klimts prächtiges Jugendstilfresko (1888) im Treppenhaus des Wiener Burgtheaters zeigt die Schlussszene des Stücks.

Liebe ist vielschichtig wie die menschliche Existenz selbst und allen denkbaren kulturellen, sozialhistorischen, moraltheologischen und mentalitätsgeschichtlichen Unterschieden und Veränderungen unterworfen. Sie kennzeichnet das Spannungsverhältnis zwischen einem Subjekt und seinem Gegenüber, besonders das Verhältnis zwischen Mann und Frau, Partnerschaft ebenso wie Erotik und Sexualität.

Die Sehnsucht der Liebenden nach Vereinigung fand und findet paradigmatisch Ausdruck in bildender Kunst und Musik, v. a. in der Dichtung, wie beispielsweise in Longos' Liebesroman »Daphnis und Chloë« (um 200 n. Chr.), im hochmittelalterlichen Stoff von Tristan und Isolde, in Shakespeares »Romeo und Julia« (1595) oder in Goethes Briefroman »Die Leiden des jungen Werthers« (1774).

Zwischen Ehe und Ausschweifung

Die kirchlich und gesellschaftlich sanktionierte Beziehung zwischen Mann und Frau, die Ehe, war über Epochen hinweg zumeist ein Handelsgeschäft – eine standesgemäße Verbindung zweier Familien und Sicherung legitimer Erben unter Ausschluss gefühlsmäßiger Zuneigung. Und wenn spätere europäische Moraltraktate den ehelichen Stand als den höchsten priesen, dann nicht der Liebe wegen, sondern aufgrund ökonomischer Vernunft. Besonders krass manifestiert sich solche Pragmatik in einem am 14. 2. 1650 zu Nürnberg gefassten Beschluss, wonach in den nächsten Jahren jeder Mann zwei Frauen heiraten dürfe: Die Monogamie tritt außer Kraft, um die Menschenverluste des Dreißigjährigen Krieges zu kompensieren!

Im Jahre 2 n. Chr. vollendete der römische Dichter Ovid seine »Ars amatoria«, erotische Ratschläge für Liebhaber(innen). Die hier propagierte Erfüllung kultivierter Lebenskunst galt unverhohlen als Ersatz für die »lieblose« Ehe. Liebe als Inbegriff geistiger und sexueller Vereinigung suchte die Antike anderswo: in homoerotischen oder päderastischen Verbindungen bzw. bei den Hetären. Auch späterhin existiert der »Liebeskult« der Kurtisane und des Bordells, in England hat sich aus dem 12. Jh. die früheste Bordellverordnung erhalten. Die Kontakte des Westens mit dem durchaus sinnenfrohen Islam intensivierten die Propaganda der »freien Liebe«: Der Katalane Raimundus Lullus übersetzte gerne erotische Literatur aus dem Arabischen. Wallfahrten und Kreuzzüge brachten eigene Spielarten der Prostitution hervor; viele Pilgerinnen verdienten sich mit Liebeslohn die Reisekosten nach Jerusalem. Und die mittelalterlichen Badestuben waren für die der Liebesgöttin Venus geleisteten Dienste berühmt.

Das 18. Jh., als »galantes Zeitalter« in die Geschichte eingegangen, das mit Casanova den Liebesabenteurer par excellence aufweist, das in dem neu entdeckten Tahiti die antike Liebesinsel »Kythera« wieder gefunden zu haben meinte, brachte mit dem Marquis de Sade auch den Hohen Priester sexueller Perversion hervor, demzufolge sich Liebe in leiblicher Zerstörung vollendet. Das Dandytum des 19. Jh. und der Symbolismus stilisierten weiterhin Monstrosi-

2

3

täten der Liebe und ihre satanischen Metamorphosen – etwa den Vampirismus – zum schauerromantischen Kult und predigten die »femme fatale«, Nymphomanin und Madonna zugleich.

Sublimierungsstrategien

Das Auftreten der »Liebesseuche«, der Syphilis, im ausgehenden 15. Jh. verkehrte (wie heute Aids) die Auswirkungen der freien Liebe ins Ekelhafte oder Tödliche. Sie bewirkte, dass die diversen Sublimierungsstrategien, die seit der Antike das Phänomen »Liebe« zu einem ethischen und philosophischen Wert geadelt hatten, mit neuem Gewicht gegen den allzu sorglosen Umgang mit der Liebe auftraten. Platons Forderung, sinnlich-körperliche Liebe in die Sehnsucht nach Idealem, nach Metaphysischem zu transformieren, wurde in der Renaissance polarisiert in »amor carnalis« (fleischliche Liebe) und »amor divinus« (göttliche Liebe). Hinzu kam die christliche Vorstellung der »caritas«, ursprünglich die »Liebe, die Gott zu uns hat« (1. Johannes 4, 16), dann die selbstlose Liebe des Menschen zu Gott und den Mitmenschen. Auch die Dichtung des 12. Jh., die die sinnliche Liebe zu dem veredelte, was die Troubadoure »Amour« oder »Minne« im Rahmen einer neuen Frauenverehrung nannten, trug zur Spiritualisierung der Liebe bei. Und die im 14. Jh. blühende Mystik vereinigte auf sonderbare Weise die Widersprüche sinnlicher und spiritueller Liebe; dies gilt für die spätmittelalterlichen Frauenklöster, in denen die Gottesliebe oft sexualpathologische Züge annahm, wie noch für Theresa von Ávila, die spanische Mystikerin, deren Schrift »Von der Liebe Gottes« die Nachfolge des alttestamentarischen »Hohen Liedes«, des schönsten Liebesdialogs der jüdisch-christlichen Tradition, antritt.

Die verbürgerlichte Liebe

Seit der Aufklärung und der Französischen Revolution, seit Jean-Jacques Rousseau, der Empfindsamkeit des »Sturm und Drangs« und der Frühromantik, seit dem Ende des 18. Jh. koppelten sich die Sublimierungsversuche der Liebe an das bürgerliche affektive Weltbild: Freundschaftskult, Eltern-, Kindes- und Geschwisterliebe, Liebe zu Heimat, Volk und Vaterland, Wahrheits- und Freiheitsliebe. Sigmund Freud erklärte sogar generell die Entstehung der Kultur aus der Sublimisierung der »libido«, des Liebestriebs. Doch dass in der Neuzeit die Liebesheirat, um nur diesen Fall zu nennen, nicht bruchlos die eheliche Zweckgemeinschaft ersetzte, wie es die bürgerliche Literatur des 19. und die Trivialliteratur des 20. Jh. wollten, belegen die 1695 erstmals bezeugten Heiratsannoncen, die mit Vernunft und Geld argumentieren, belegt das in London seit den 1940er-Jahren dokumentierte Auftreten professioneller Heiratsvermittler. Die Anonymität der neuen Großstädte begünstigte einerseits die außereheliche Liebe und die allmähliche Emanzipation der Frau, rief aber andererseits eine neue »Liebesindustrie« ins Leben, die heute in den Rotlichtvierteln und in der pornographischen Abteilung der Videotheken ihre Kunden findet.

2) In den Porträts von Graf Philipp dem Jüngeren von Hanau-Münzenberg und Margareta Weißkircher, dem »Gothaer Liebespaar« (um 1480; Gotha, Schlossmuseum), lebt ein höfischer Minnebegriff wieder auf, der im Mittelalter wesentlich zur Spiritualisierung der Liebe beitrug.

3) In derb-satirischen Kupferstichen – hier das Blatt »Die Orgie« aus der Folge »A rake's progress« (1735) – prangerte William Hogarth die Unmoral der Gesellschaft des »galanten Zeitalters« an.

Fortsetzung von S. 517
sich zur Jahreswende 1918/19 an der Gründung der KPD. Im Januar 1919 führte er den linkssozialistischen Aufstand gegen den Rat der Volksbeauftragten in Berlin. Zusammen mit Rosa Luxemburg wurde er nach der Festnahme von Freikorpsoffizieren ermordet.

2. Wilhelm, deutscher Politiker, * Gießen 29. 3. 1826, † Charlottenburg (heute zu Berlin) 7. 8. 1900; Vater von Karl Liebknecht; nahm an der Revolution von 1848/49 teil, floh nach Genf, lebte 1850–62 in London. 1865–90 bei Leipzig, ab 1891 in Berlin. Liebknecht gründete 1869 mit August Bebel die Sozialdemokratische Arbeiterpartei (Eisenacher Kongress); 1867–70 und seit 1874 (mit Unterbrechung) war er Mitglied des Reichstags, 1872–74 inhaftiert. In Gotha (1875) war er beteiligt an der Bildung der Sozialistischen Arbeiterpartei. Als Redakteur u. a. des »Volksstaats« und des »Vorwärts« (seit 1891 Chefredakteur) prägte der orthodoxe Marxist die Frühzeit der deutschen Sozialdemokratie.

Wilhelm Liebknecht

Liechtenstein, amtlich **Fürstentum Liechtenstein,** Staat in Mitteleuropa, der im Osten an Österreich sowie im Süden und Westen an die Schweiz grenzt.

GESCHICHTE: Das Gebiet von Liechtenstein, das im Altertum von Rätern bewohnt war, kam 15. v. Chr. unter römische Herrschaft. 1342 wurde Vaduz eine eigene Grafschaft, die 1712 von dem österreichischen Adelsgeschlecht Liechtenstein erworben wurde. 1719 zum Reichsfürstentum erhoben, war Liechtenstein 1806–14 Mitglied des Rheinbundes und 1815–66 Mitglied des Deutschen Bundes. Der danach selbstständige Staat bildete 1852-1918 eine Zollunion mit Österreich und ging dann eine enge Bindung mit der Schweiz ein (die Liechtenstein diplomatisch vertritt). Staatsoberhaupt ist seit 1989 Fürst Hans Adam II.

Liegnitz, polnisch **Legnica** [lɛgˈnitsa], Stadt in der Woiwodschaft Niederschlesien, Polen. In der Schlacht auf der Wahlstatt bei Liegnitz suchte ein vom schlesischen Herzog Heinrich II., dem Frommen, geführtes Heer am 9. 4. 1241 vergeblich den Ansturm der Mongolen unter Batu Khan abzuwehren. Im Dreißigjährigen Krieg schlugen kursächsische Truppen in der Schlacht bei Liegnitz (13. 5. 1634) ein kaiserliches Heer vernichtend und eroberten Schlesien zurück. Im Siebenjährigen Krieg besiegte Friedrich II., der Große, von Preußen bei Liegnitz am 15. 8. 1760 die zahlenmäßig überlegenen österreichischen Kräfte unter Gideon Freiherr von Laudon.

Liga, im 15.–17. Jh. Bezeichnung für Bündnis (später dafür: Allianz, Koalition). 1465 bildete sich die »Ligue du Bien public« (»Bund für das Gemeinwohl«), ein Zusammenschluss französischer Fürsten unter Karl dem Kühnen von Burgund gegen König Ludwig XI. Gegen Venedig gerichtet war die »Liga von Cambrai« (1508). Als antifranzösisches Bündnis von Papst Alexander VI., dem Römischen König Maximilian I., Mailand, Venedig sowie Ferdinand II. und Isabella I. von Spanien am 31. 3. 1495 geschlossen (Sieg bei Fornovo, 6. 7. 1495), erneuert am 5. 10. 1511 zwischen Papst Julius II., der schweizerischen Eidgenossenschaft, Venedig und Ferdinand II. von Aragonien, zielte die Heilige Liga v. a. auf die Zurückdrängung der Franzosen aus Norditalien. Die »Heilige Liga« oder die »Liga von Cognac« (1526) richtete sich gegen die Hegemonialpolitik von Kaiser Karl V. in Italien. Gegen das Osmanische Reich bildete Papst Paul III. am 8. 2. 1538 eine »Heilige Liga« mit Kaiser Karl V., dem Römischen König Ferdinand I. und Venedig (Zusammenbruch nach der Niederlage in der Seeschlacht von Prevesa, 27. 9. 1538). Als Gegengewicht zum Schmalkaldischen Bund gründeten die katholischen Stände des Heiligen Römischen Reichs – auf der Basis des Nürnberger Religionsfriedens von 1532 – am 10. 6. 1538 in Nürnberg eine »Heilige Liga« mit Kaiser Karl V. und Papst Paul III. (Beitritt bei der Erneuerung 1541), die aber schon 1539 durch den Frankfurter Anstand überholt war. Venedig, Spanien und Papst Pius V. bildeten am 20. 5. 1571 eine antiosmanische »Heilige Liga«. In Frankreich schlossen 1576 die Katholiken eine »Heilige Liga« gegen die Hugenotten, woraus in Paris die »Liga der sechzehn« (»Ligue des seizes«, der Vertreter der 16 Stadtteile von Paris) hervorging; sie bekämpfte Heinrich III. sowie mit spanischer Hilfe Heinrich IV. und unterwarf sich endgültig erst 1594.

Vor dem Dreißigjährigen Krieg wurde im Heiligen Römischen Reich am 10. 7. 1609 in München die katholische Liga gegründet als Gegenbund zur 1608 entstandenen protestantischen →Union. Nach dem Jülisch-Klevischen Erbfolgestreit und der Liga-Verfassung von 1613 wurde die Liga unter Führung Herzog Maximilians I. von Bayern 1614–17 neu formiert, sodass ihr 1619 die meisten katholischen Reichsstände angehörten. Gegen Zugeständnisse an Maximilian (Münchener Vertrag) trat sie im Böhmischen Aufstand (Beginn: 1618) für den späteren Kaiser Ferdinand II. ein. Bis zu ihrer Auflösung 1635 infolge des Prager Friedens errang ihr Heer unter Tilly große Erfolge und entwickelte sich zu einer selbstständigen Kraft, die der Kaiser nicht ohne Misstrauen beobachtete.

Limes, bei den Römern ursprünglich der Grenzweg zwischen zwei Grundstücken, in der römischen Kaiserzeit Bezeichnung der durch Wehrbauten gesicherten Reichsgrenze. Solche Grenzanlagen, meist tief gestaffelte Systeme mit feindseitigen Vorposten oder Brückenköpfen, Kastellen an der Grenze und im Hinterland sowie ausgebauten Straßennetzen, fanden sich in unterschiedlicher Form in allen Teilen des Imperiums, so in Britannien

(Hadrianswall, Antoninuswall), in Germanien, an der Donau, in Dakien, in der Dobrudscha, in Afrika, in Arabien und in Syrien.

Der Obergermanisch-Rätische Limes, die bedeutendste Limesanlage im heutigen Deutschland, im endgültigen Verlauf rund 550 km lang und mit ca. 900 Wachtürmen und mehr als 60 Kastellen versehen, umschloss die Gebiete östlich des Rheins (Obergermanischer Limes) und nördlich der Donau (Rätischer Limes), die seit Claudius (41–54) und besonders unter den Flaviern und Hadrian von Rom in Besitz genommen worden waren. Der Obergermanische Limes beginnt in Rheinnähe südlich von Rheinbrohl (gegenüber der Einmündung des Vinxtbachs, der Grenze zwischen den römischen Provinzen Nieder- und Obergermanien) und führt über Bad Ems und den Taunus, die Wetterau umschließend, zum Main bei Großkrotzenburg, von dort in der frühesten Ausbauphase unter Domitian (81–96), der Beobachtungsstationen (Holztürme) errichten ließ, die miteinander in Sichtverbindung standen, und später mit dem Bau von Kastellen begann, weiter nach Wörth am Main und von Bad Wimpfen entlang dem Neckar bis Köngen. Unter Trajan (98–117) wurde die Lücke im Grenzsicherungssystem zwischen Main und Neckar geschlossen (Odenwald-Limes zwischen Wörth/Obernburg und Wimpfen), unter Hadrian (117–138) der Limes durch eine Holzpalisade gesichert. Antonius Pius ließ um 150 die Strecke ab Wörth nach Süden auf die endgültige Linie Miltenberg–Lorch vorverlegen. Die Holzbauten der Lager wurden bald überall durch Steinkastelle ersetzt. Ende des 2./Anfang des 3. Jh. legte man hinter der Palisade einen Graben an

Limes. Rekonstruktion eines Wachturms des römischen Limes bei Lorch (Baden-Württemberg), wie er in der ersten Hälfte des 2. Jh. angelegt wurde

und schüttete die ausgehobene Erde zu einem Wall auf. Um 260 durchbrachen die Alemannen den Obergermanischen Limes endgültig.

An den Obergermanischen Limes schloss sich bei Lorch der nach Osten verlaufende Rätische Limes an, der westlich von Kelheim (Kastell Abusina) endete. Er ist großenteils in trajanisch-hadrianischer Zeit (erste Hälfte 2. Jh.) angelegt worden (Palisaden und Holztürme, später Steintürme). Als Anfang des 3. Jh., zur Zeit Caracallas, die Alemannen den Rätischen Limes bedrohten, wurde die Palisade durch eine 1 bis 1,2 m starke, 2,5 bis 3 m hohe Steinmauer (»Teufelsmauer«) ersetzt. Auch hinter dem Rätischen Limes waren Kastelle errichtet. Gallienus gab den nördlich der Donau gelegenen Limes auf (254 oder

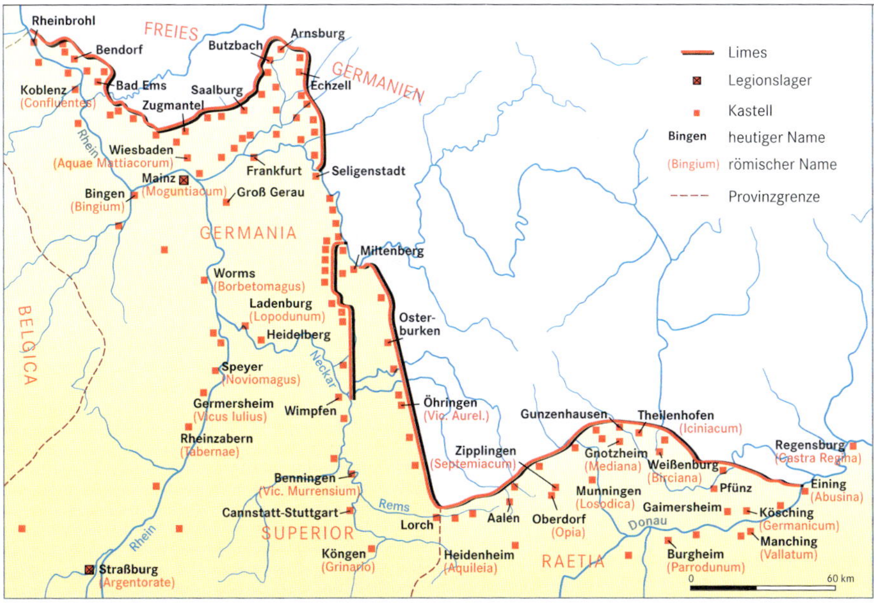

Limes. Verlauf des obergermanisch-rätischen Limes

259/260). Die Reichsgrenze musste nun auf Rhein und Donau mit neuem Limes zwischen Bregenz und Kempten (Donau-Iller-Rhein-Limes) zurückgenommen werden.

Auch die Grenze am unteren Teil des Rheins war durch eine (linksrheinische) Kastellkette und eine Militärstraße gesichert (Niedergermanischer Limes, ein Flusslimes ohne große Tiefenstaffelung). Er gehört in die Zeit von der Aufgabe der römischen Besetzung des rechtsrheinischen Germanien unter Tiberius bis zum Ausgang der römischen Herrschaft in diesem Gebiet (Ende 4. Jh.).

ABRAHAM LINCOLN *1809 †1865

stammte aus einfachen Verhältnissen

führte die amerikanischen Nordstaaten erfolgreich durch den Sezessionskrieg

bemühte sich in der Ära der »Reconstruction« um die nationale Einheit der USA

starb an den Folgen eines Attentats

Lincoln ['lɪŋkən], Abraham, 16. Präsident der USA (1861–65), *bei Hodgenville (Ky.) 12. 2. 1809, †(ermordet) Washington (D. C.) 15. 4. 1865; aus armer Grenzerfamilie, seit 1836 Anwalt; war als Whig Abgeordneter im Parlament von Illinois (1834–42) und im Kongress (1847–49) und stieg seit 1856 in der Republikanischen Partei rasch zu führender Stellung auf. In der Sklavereifrage gemäßigt, ein glänzender, volkstümlicher Redner und gewandter Parteitaktiker, wurde Lincoln 1860 in Chicago (Ill.) als Präsidentschaftskandidat nominiert. Die Spaltung der Demokratischen Partei ermöglichte Lincolns Wahl, die den Austritt der Südstaaten aus den USA verursachte und den →Sezessionskrieg (1861–65) auslöste. Lincoln führte ihn ganz im Zeichen der nationalen Einheit als Gewähr der Chancengleichheit für alle Bürger aus dem freiheitlich-demokratischen Erbe der amerikanischen Revolution. Diese politische Linie erwies sich trotz aller politischen und militärischen Rückschläge und Widerstände als tragfähig; berühmt wurde ihre Bekräftigung am 19. 11. 1863 auf dem Schlachtfeld von Gettysburg (»Regierung des Volkes durch das Volk für das Volk«). Die Sklavenbefreiung verfolgte Lincoln aus taktischen Gründen zurückhaltend (Proklamation 22. 9. 1862/1. 1. 1863), zunächst als Kriegsmaßnahme.

Seine auf rasche Wiedereingliederung (→Reconstruction) der Südstaaten abzielende Aussöhnungspolitik stieß auf Ablehnung der Radikalen. 1864 wurde er mit 212 gegen 21 Wahlmännerstimmen als Präsident wieder gewählt. Kurz nach der Kapitulation der Südstaaten im Bürgerkrieg (9. 4. 1865) verübte der südstaatliche Fanatiker John Wilkes Booth am Abend des 14. 4. 1865 in einem Theater in der Nähe des Weißen Hauses mit einer Pistole ein Attentat auf Lincoln, an dessen Folgen dieser am nächsten Morgen starb. Seine Ermordung gab der Lincoln-Legende starken Auftrieb; den Amerikanern gilt Lincoln als Verkörperung der politischen Tugenden ihrer Nation.

LINCOLN. ***Rede von Gettysburg***

Die kurze Ansprache, die Präsident Lincoln am 19. 11. 1863 in Gettysburg hielt, steht heute im Rang eines der bedeutendsten Dokumente der amerikanischen Geschichte: *»87 Jahre ist es her, dass unsere Väter auf diesem Kontinent eine neue Nation schufen, in Freiheit erdacht und der Vorstellung verpflichtet, dass alle Menschen gleich geschaffen sind. Jetzt sind wir in einen großen Bürgerkrieg verwickelt und müssen testen, ob diese Nation ... lange Bestand haben kann. ... Es ist ... an uns, auf die vor uns liegende Aufgabe verpflichtet zu werden – dass wir uns ein Beispiel nehmen an dem Einsatz dieser geehrten Toten für die Aufgabe, der sie ihre volle Hingabe schenkten – dass wir hier feierlich beschließen, dass diese Toten nicht umsonst gestorben sind – dass diese Nation in Freiheit geboren werden wird – und dass die Regierung über das Volk, durch das Volk und für das Volk niemals vom Angesicht dieser Erde verschwinden wird.«*

Liselotte von der Pfalz, →Elisabeth, Herzogin von Orléans.

List, Friedrich, deutscher Volkswirtschaftler und Politiker, *Reutlingen 6. 8. 1789, †(Selbstmord) Kufstein 30. 11. 1846; war seit 1817 Professor für Staatswirtschaft und -praxis in Tübingen; Mitbegründer des Deutschen Handels- und Gewerbevereins (1819). Als Verfechter der zollpolitischen Einigung Deutschlands und wegen seiner sozialpolitischen Aktivitäten geriet List in Gegensatz zur württembergischen Regierung und schied 1819 aus dem Staatsdienst aus. Er wurde 1822 zu Festungshaft verurteilt und floh in die Schweiz; nach seiner Rückkehr 1824 wurde er inhaftiert und nur gegen das Versprechen, in die USA auszuwandern, freigelassen. 1832 kehrte List als amerikanischer Konsul nach Deutschland zurück, wurde zum Vorkämpfer des deutschen Eisenbahnbaus und zum Propagandisten des Deutschen Zollvereins. Ab 1837 lebte er in Paris (später in Augsburg) als Schriftsteller in ärmlichen Verhältnissen. Sein Hauptwerk »Das nationale System der politischen Ökonomie« (1841) blieb unvollendet.

Als Wirtschaftstheoretiker bekämpfte List das System der klassischen Schule und versuchte, deren abstrakt-deduktive Methode durch eine realistisch-historische zu ersetzen, die der jeweiligen Wirtschaftsstufe einer Nation angemessen sei. Der »Theorie der Werte« stellte er seine »Theorie der produktiven Kräfte« gegenüber, in der man den Kern moderner Entwicklungstheorien sehen kann. Entgegen der Freihandelsforderung des Liberalismus befürwortete er Schutzzölle als Übergangsmaßnahme für im Aufbau befindliche Industrien, bis diese sich aus eigenen Kräften auf dem Weltmarkt behaupten können. Durch staatliche und besonders zollpolitische Einigung sollten große Wirtschaftsgebiete mit einem inneren Ausgleich industrieller und agrarwirtschaftlicher Interessen geschaffen werden.

Litauen, litauisch **Lietuva,** amtlich litauisch **Lietuvos Respublika,** Staat in Nordosteuropa, der im Westen an die Ostsee, im Norden an Lettland, im Osten und Südosten an Weißrussland sowie im Süden an Polen und Russland (Gebiet Kaliningrad) grenzt.

GESCHICHTE: Etwa zu Beginn des 9. Jh. nahmen die von Slawen aus ihrem ursprünglichen Siedlungsraum an der oberen Oka und Wolga verdrängten baltischen Litauer das Gebiet des heutigen Litauen in Besitz. Fürst Mindaugas einigte um 1240 das in zahlreiche Kleinfürstentümer zersplitterte Litauen. Großfürst Gedymin annektierte Teile Russlands und unterstellte Minsk und Witebsk seiner Oberhoheit. Zum Schutz gegen den Deutschen Orden schloss Großfürst Jagiełło eine Union mit Polen, ließ sich taufen und erhielt nach Heirat mit der polnischen Thronerbin Hedwig 1386 die polnische Königskrone. In der Schlacht von Tannenberg (1410) besiegte das vereinigte polnisch-litauische Heer den Deutschen Orden. Mit der 3. Teilung Polens 1795 kam der Hauptteil des litauischen Siedlungsgebietes an Russland, das Gebiet um Suwałki wurde preußisch (bis 1807). Die brutale Russifizierungspolitik bewirkte die Entstehung einer litauischen Nationalbewegung.

1905 erhielt Litauen einen eigenen Landtag. Angeregt durch die deutsche Besatzungsmacht (ab 1915), erklärte Litauen sich 1918 für unabhängig. 1926 beendete der Staatsstreich Antanas Smetonas die demokratische Entwicklung; das Land geriet unter den Ministerpräsidenten Augustinas Voldemaras und Juozas Tūbelis zur rechtsgerichteten Diktatur. Der Deutsch-Sowjetische Grenz- und Freundschaftsvertrag vom September 1939 teilte Litauen der sowjetischen Interessensphäre zu; am 15. 6. 1940 wurde ganz Litauen russisch besetzt und nach Ausrufung der Litauischen SSR (21. 7. 1940) am 3. 8. 1940 der Sowjetunion angegliedert. Den Judenverfolgungen der deutschen Besatzungsorgane (1941–44) folgten nach der Rückkehr der Roten Armee massive Deportationen der litauischen Intelligenz.

Die ersten freien Parlamentswahlen 1990 erbrachten einen überwältigenden Erfolg der für die Unabhängigkeit des Landes eintretenden Volksfront Sajudis; das Parlament wählte den Vorsitzenden der Sajudis, Vytautas Landsbergis, zu seinem Präsidenten. Am selben Tag erklärte sich Litauen als erste sowjetische Unionsrepublik zu einem souveränen Staat (Umbenennung in Republik Litauen auf der Grundlage ihrer Vorkriegsverfassung). Die Weigerung des litauischen Parlaments, diesen Unabhängigkeitsbeschluss zurückzunehmen, zog 1990/91 wachsende Spannungen mit Moskau nach sich (Wirtschaftsblockade gegen Litauen, blutige Zusammenstöße sowjetischer Truppen mit der Bevölkerung der Hauptstadt, Angriffe der sowjetischen Sondereinheit OMON auf litauische Zoll- und Grenzstationen). Der Durchbruch zur staatlichen Souveränität gelang Litauen erst nach dem Scheitern des Staatsstreiches gegen Michail Gorbatschow im August 1991. Im August 1993 verließen die letzten russischen Truppen das Land. 2004 trat Litauen der EU und der NATO bei.

Abraham Lincoln. Der Mythos, der sich in den USA um Lincoln rankt, rührt nicht nur von seinen politischen Leistungen her, sondern resultiert auch aus der Tatsache, dass er im Amt ermordet wurde.

Little Bighorn River ['lɪtl 'bɪghɔ:n 'rɪvə], rechter Nebenfluss des Bighorn River, rund 145 km lang, im südlichen Montana, USA. Am Little Bighorn River geriet am 25. 6. 1876 eine Abteilung des 7. US-Kavallerieregiments unter George Custer in einen Hinterhalt der Indianer, v. a. Sioux und Cheyenne unter Crazy Horse und Sitting Bull; alle Soldaten und Offiziere (über 250 Mann) wurden getötet. Der heute innerhalb der Crow Reservation liegende Kampfschauplatz wurde zum Nationaldenkmal erklärt (Little Bighorn Battlefield National Monument); auf ihm befindet sich ein Nationalfriedhof.

Liudolfinger, Ludolfinger, → Ottonen.

Livia Drusilla, Kaiserin des Römischen Reiches, * 58 v. Chr., † 29 n. Chr.; Gemahlin des Kaisers Augustus, der sie nach ihrer Scheidung von Tiberius Claudius Nero, dem Vater ihrer Söhne Tiberius und Drusus, und nach seiner eigenen Scheidung von Scribonia 38 v. Chr. heiratete. Die aus angesehener Familie stammende Livia Drusilla vereinte repräsentative Würde mit »altrömischer« Schlichtheit und besaß großen Einfluss auf Augustus, der sie testamentarisch adoptierte (seitdem Iulia Augusta). Sie wurde 42 n. Chr. unter Kaiser Claudius zur Göttin erklärt.

Livia Drusilla

Livingstone ['lɪvɪŋstən], David, britischer Forschungsreisender, * Blantyre (bei Glasgow) 19. 3. 1813, † Chitambo am Bangweolosee (Sambia) 1. 5. 1873; kam 1841 als Missionar (und Arzt) nach Südafrika. 1849 unternahm Livingstone seine erste größere Reise ins Landesinnere und erreichte den Ngamisee. 1851 kam er zum oberen Sambesi, folgte diesem 1852 bis in das Quellgebiet, ging von dort zum Kasai und nach Luanda (1854), von wo aus er am 20. 9. 1854 zu einer Durchquerung des Kontinents aufbrach: Im November 1855 entdeckte er die Victoriafälle des Sambesi, und am 12. 5. 1856 erreichte er Quelimane. Auf einer neuen Reise den Sambesi und Shire aufwärts entdeckte er 1859 den Chilwa- und den Njassasee (Malawisee) und erforschte bis 1864 den gesamten Lauf des Sambesi sowie 1866–71 die Gebiete westlich des Njassa- und Tanganjikasees. Am 28. 10. 1871 traf er in Ujiji mit Henry Morton Stanley zusammen, der nach Afrika gereist war, den in Europa als verschollen geltenden Livingstone zu suchen. Gemeinsam erkundeten sie den Norden des Tanganjikasees. Dann zog Livingstone allein wieder südwärts zu einer weiteren Erforschung des Bangweolosees, in dem er eine Quelle des Nils vermutete, und starb an dessen Südufer.

David Livingstone

Livius, Titus, römischer Geschichtsschreiber, *Patavium (heute Padua) 59 (?) v. Chr., †ebenda 17 n. Chr.; lebte lange Zeit in Rom und war dort u. a. Lehrer des späteren Kaisers Claudius. Livius hat in den 142 Büchern seines Werks »Ab urbe condita libri« die römische Geschichte von der Gründung der Stadt (753 v. Chr.) bis zum Tod des Drusus (9 v. Chr.) dargestellt. Erhalten sind nur die Bücher 1–10 (bis 293 v. Chr.) und 21–45 (218–167 v. Chr.; ab Buch 41 lückenhaft). Einen Überblick geben im Altertum gemachte Auszüge (Periochae) aller Bücher.

Livius hat die Geschichtsschreibung der republikanischen Zeit fortgeführt und zum Abschluss gebracht. Er übernahm von ihr die annalistische Form (→Annalen) sowie weitgehend die Inhalte. Livius war kein Forscher, sondern nahm die Aufzeichnungen der Überlieferung trotz gelegentlicher Kritik im Allgemeinen für historische Wahrheit; so erwähnt er in den ersten zehn Büchern vieles, was heute von der kritischen Forschung verworfen wird. Livius muss v. a. als Schriftsteller gewürdigt werden, der durch seine Darstellung die Vergangenheit lebendig machen wollte. Sein an Cicero geschulter Stil erreichte in der dramatischen Schilderung einzelner Aktionen (Schlachten, Versammlungen u. a.) seinen Höhepunkt. Livius idealisierte besonders die Frühzeit und sah die Spätrepublik als eine Zeit des Verfalls. Von Augustus, der ihn förderte, erwartete er eine Wiederherstellung der alten Republik und begrüßte dessen Politik der religiösen Erneuerung. Mit seinem Werk hat Livius bereits im Altertum, dann von der Renaissance bis zum Beginn des 19. Jahrhunderts das Bild der römischen Geschichte wesentlich mitbestimmt.

David Lloyd George

Lloyd George [lɔɪd ˈdʒɔːdʒ], David, 1. Earl Lloyd George of Dwyfor (seit 1945), britischer Politiker, *Manchester 17. 1. 1863, †Farm Ty Newydd (bei Llanystumdwy, County Gwynedd) 26. 3. 1945. Lloyd George wurde 1890 Mitglied des Unterhauses (Liberal Party). Er begann als walisischer Nationalist und Sozialreformer; bekannt wurde er durch seinen Redefeldzug gegen den →Burenkrieg. Ende 1905 trat er als Präsident des Handelsamts in das Kabinett von Henry Campbell-Bannerman ein und rückte 1908 unter Herbert Asquith zum Schatzkanzler auf.

Im Ersten Weltkrieg wurde Lloyd George neben Horatio Kitchener der Organisator der Kriegführung; als das Kabinett Asquith im Mai 1915 zur Koalitionsregierung umgewandelt wurde, übernahm er das Munitionsministerium, nach Kitcheners Tod (1916) das Kriegsministerium. Im Einverständnis mit den Konservativen verdrängte er Ende 1916 Asquith, trat an die Spitze der Koalitionsregierung und bildete ein engeres Kriegskabinett. Er wurde die Verkörperung des entschlossenen britischen Kriegswillens, predigte die völlige Niederwerfung (»knock out«) des Deutschen Reichs und erzwang gegen die britische Heerführung im Frühjahr 1918 die Schaffung eines einheitlichen Oberbefehls in der Hand des französischen Generals Ferdinand Foch. Seine Nachkriegspolitik erstrebte eine gemäßigtere Behandlung des Deutschen Reichs, um es vor dem völligen wirtschaftlichen Zusammenbruch und dem Eindringen des Bolschewismus zu bewahren. Der Plan Lloyd Georges, eine wirtschaftspolitische Verständigung mit Sowjetrussland herbeizuführen (Konferenz von Genua 1922), scheiterte. In der irischen Frage gelang ihm mit dem Vertrag von 1920, der den Irischen Freistaat begründete, aber Nordirland bei Großbritannien beließ, eine Teillösung. Im Oktober 1922 wurde er als Premierminister durch Andrew Bonar Law abgelöst.

Löbe, Paul, deutscher Politiker, *Liegnitz 14. 12. 1875, †Bonn 3. 8. 1967; Schriftsetzer; wurde 1895 Mitglied der SPD; war 1899–1919 Chefredakteur der Breslauer »Volkswacht«, 1919/20 Vizepräsident der Weimarer Nationalversammlung, 1920–32 Präsident des Deutschen Reichstags; 1933 und 1944 von den Nationalsozialisten inhaftiert. 1945 beteiligte sich Löbe am Wiederaufbau der SPD. 1948–49 war er Mitglied des Parlamentarischen Rates, 1949–53 MdB.

Locarnoverträge, Locarnopakt, die auf der Konferenz von Locarno (5.–16. 10. 1925) ausgehandelten Verträge, von den Vertragspartnern (Belgien, Deutschland, Frankreich, Großbritannien, Italien, Polen, Tschechoslowakei) am 16. 10. in Locarno paraphiert und am 1. 12. 1925 in London unterzeichnet. Die Locarnoverträge schufen einen »Sicherheits-, Rhein- oder Westpakt«. Dieser sah eine gemeinsame Bürgschaft der Vertragspartner für die deutschen Westgrenzen und die Entmilitarisierung des Rheinlandes, ein Verbot des Angriffs und eine friedliche Regelung aller

Streitigkeiten vor. Großbritannien und Italien garantierten diese Abmachung durch ein Hilfsversprechen für jeden durch Verletzung der Verträge bedrohten Vertragspartner. Eine Garantie der deutschen Ostgrenzen (»Ost-Locarno«) hatte der deutsche Außenminister Gustav Stresemann im Hinblick auf deutsche Revisionsforderungen abgelehnt.

Der Hauptvertrag wurde durch Schiedsverträge des Deutschen Reichs mit Belgien und Frankreich sowie mit Polen und der Tschechoslowakei ergänzt. Unter Bezugnahme auf die Locarnoverträge schloss Frankreich am 16. 10. 1925 Beistandsverträge mit Polen und der Tschechoslowakei ab. Die Verträge führten zum Eintritt Deutschlands in den Völkerbund und brachten eine internationale Entspannung. Die nationalsozialistische Außenpolitik zerstörte das Vertragswerk mit der Besetzung des entmilitarisierten Rheinlandes (1936).

Locke [lɔk], John, englischer Philosoph, *Wrington (County Somerset) 29. 8. 1632, † Oates (County Essex) 28. 10. 1704. Durch ein puritanisches Elternhaus und eine humanistische Ausbildung in der Westminster School in London geprägt, wurde Locke 1652 Stipendiat des Christ Church College in Oxford. Er studierte hier die scholastische Philosophie, später Medizin und lehrte als Dozent. Locke beschäftigte sich mit der neuen experimentellen Naturwissenschaft, stand stets in Kontakt mit führenden Gelehrtenkreisen, bekleidete Ämter in Politik und Verwaltung und betätigte sich als Arzt.

Locke gilt als Begründer des Empirismus und der Erkenntniskritik der Aufklärung und hatte besonders mit seinem erkenntnistheoretischen Hauptwerk und seinen politischen Schriften einen weit reichenden Einfluss auf die Philosophie des 17.–18. Jh. (David Hume, Voltaire, Jean Jacques Rousseau, Immanuel Kant). Lockes Staatstheorie hat das Bild des bürgerlich-liberalen Verfassungsstaates entscheidend mitgeprägt (»Two treaties of government«, 1690). Sowohl die amerikanische Unabhängigkeitserklärung von 1776 wie der französische Verfassungsentwurf von 1791 lehnen sich bis in die Formulierungen an Locke an, und noch im Grundrechtsteil des Grundgesetzes der Bundesrepublik Deutschland von 1949 ist sein Einfluss spürbar. Lockes Entscheidung für die Gewichtung von individueller Freiheit und kollektiver Gleichheit bestimmt bis heute den Demokratiebegriff des repräsentativen Parlamentarismus.

Lodi, Frieden von, in der lombardischen Stadt Lodi am 9. 4. 1454 geschlossener Frieden zwischen Mailand und Venedig, dem sich Florenz, der Papst und Neapel anschlossen. Er beendete für mehrere Jahrzehnte die kriegerischen Auseinandersetzungen innerhalb Italiens.

Locarnoverträge. Gustav Stresemann, Austen Chamberlain und Aristide Briand, die Außenminister Deutschlands, Großbritanniens und Frankreichs, während einer Verhandlungspause

Lollarden [engl., aus dem Niederländischen], Bezeichnung für die im 13./14. Jh. entstandenen Krankenpflegervereine, die in vieler Hinsicht den Beginen entsprachen. Ferner wurden so die Anhänger John Wycliffes genannt, die als Wanderprediger umherzogen und aus der »Lollarden-Bibel« (Übersetzung der »Vulgata« in die Landessprache) das »göttliche Gesetz« verkündeten. Sie fanden großen Anklang beim Volk; wurden von Anfang des 15. Jh. an als Ketzer verfolgt.

Lombarden, privilegierte christliche Kaufleute aus lombardischen Städten, die wie jüdische Kaufleute Geld gegen Zinsen leihen durften. Seit dem 13. Jh. die allgemeine Bezeichnung für italienische Kaufleute; diese spielten als Finanziers im 14./15. Jh. eine wichtige Rolle in Europa.

John Locke

Londoner Abkommen,

1. Erstes Kontrollratsabkommen, am 4. 7. 1945 in London geschlossene Vereinbarungen der vier alliierten Siegermächte des Zweiten Weltkriegs über die oberste Regierungsgewalt in Österreich (»Alliierter Rat«) und die Einteilung in vier Besatzungszonen; am 28. 6. 1946 modifiziert durch das »Zweite Kontrollratsabkommen«.

2. Abkommen der Londoner Viermächtekonferenz vom 8. 8. 1945, → Londoner Konferenzen und Vereinbarungen.

Londoner Akte, Londoner Schlussakte, die Vereinbarungen der Londoner Neunmächtekonferenz von 1954 (→ Londoner Konferenzen und Vereinbarungen), die die Beteiligung der Bundesrepublik Deutschland und Italiens am Brüsseler Pakt (später die Westeuropäische Union) regelte und die Aufnahme der Bundesrepublik Deutschland in die NATO empfahl. Die Bundesrepublik Deutschland verzichtete in der Londoner Akte u. a. auf die Herstellung atomarer, biologischer und chemischer Waffen oder ferngelenkter Geschosse; sie erklärte sich bereit, ihre Politik in Übereinstimmung mit den Grundsätzen der UN zu gestalten und sich aller Maßnahmen, die dem defensiven Charakter des Brüsseler Paktes und der NATO widersprechen, zu enthalten. Insbesondere verpflichtete sie sich, die Wiedervereinigung Deutschlands oder die Änderung ihrer gegenwärtigen Grenzen niemals mit gewaltsamen Mitteln herbeizuführen und alle zwischen der Bundesrepublik Deutschland u.a. Staaten gegebenenfalls entstehenden Streitfragen mit friedlichen Mitteln zu lösen. Ferner sollte das Besatzungsregime in den früheren Besatzungszonen der Bundesrepublik Deutschland beendet und die Souveränität der Bundesrepublik Deutschland anerkannt werden; ihre Regierung wurde als die allein legitimierte Sprecherin für ganz Deutschland betrachtet. Die Londoner Akte ist Grundlage der →Pariser Verträge.

Londoner Flottenkonferenz, Konferenz (21. 1.–22. 4. 1930) zwischen Großbritannien, den USA, Frankreich, Italien und Japan, die zu Vereinbarungen über die Begrenzung von Seestreitkräften und ihrer Bewaffnung führte. In einem Fünfmächteabkommen verzichteten die teilnehmenden Mächte bis 1936 auf den Bau neuer Panzerschiffe und beschränkten den U-Boot-Bau. In einem Dreimächtevertrag einigten sich Großbritannien, Japan und die USA auf Tonnageziffern und Geschützkaliber beim Bau von Kreuzern, Zerstörern und U-Booten.

Londoner Konferenzen und Vereinbarungen, verschiedene Konferenzen, die in London stattfanden, Protokolle, die in London unterzeichnet, und Verträge, die dort abgeschlossen wurden:

1. Londoner Protokoll (3. 2. 1830), unterzeichnet nach Beendigung des Russisch-Türkischen Krieges 1828–29 (→Türkenkriege).

2. die Konferenzen und Protokolle über die schleswig-holsteinische Frage. Am 2. 8. 1850 erkannten die europäischen Großmächte die Unteilbarkeit der dänischen Gesamtmonarchie an, am 8. 5. 1852 setzten sie die Thronfolge des Prinzen Christian von Sonderburg-Glücksburg entgegen den Ansprüchen der Augustenburger Linie fest. 1864 versuchten die außerdeutschen Großmächte vergeblich, den deutsch-dänischen Streit um Schleswig-Holstein beizulegen. (→Deutsch-Dänischer Krieg)

3. Londoner Reparationskonferenzen, eine Konferenz zwischen dem Deutschen Reich und den Alliierten (Belgien, Frankreich, Großbritannien, Italien und Japan) vom 1. 1. bis 7. 3. 1921 führte zu keiner Annäherung in der Frage der Reparationen. Auf einem Treffen des Obersten Alliierten Rates (30. 4.–5. 5. 1921) stellten die Teilnehmer dem Deutschen Reich in der Reparationsfrage ein Ultimatum (→Londoner Ultimatum). Auf der Konferenz vom 5. 5. bis 16. 8. 1924 einigten sich das Deutsche Reich und die Alliierten über den Dawesplan.

4. Londoner Viermächtekonferenz (26. 6.–8. 8. 1945) zwischen Frankreich, Großbritannien, der UdSSR und den USA; schuf mit dem Londoner Abkommen vom 8. 8. 1945 das Statut des Internationalen Militärgerichtshofs und damit die Grundlage für die Kriegsverbrecherprozesse in Nürnberg.

5. Londoner Sechsmächtekonferenz (23. 2.–6. 3. und 20. 4.–2. 6. 1948) zwischen Belgien, Frankreich, Großbritannien, Luxemburg, den Niederlanden und den USA; die Teilnehmer einigten sich v. a. auf eine gemeinsame Ordnung für die westlichen Besatzungszonen Deutschlands und verabschiedeten die Londoner Empfehlungen, die am 7. 6. veröffentlicht und deren Inhalt in die Frankfurter Dokumente (1. 7.) übernommen wurden. Diese ermächtigten die Ministerpräsidenten der deutschen Länder, eine verfassunggebende Versammlung einzuberufen. Dem deutschen Volk sollte die Wiederherstellung der deutschen Einheit ermöglicht werden. Die Sowjetunion reagierte auf die Konferenz mit dem Auszug aus den gemeinsamen Besatzungsgremien in Deutschland (Alliierter Kontrollrat; 20. 3.) und Berlin (13. 8. 1948).

6. Londoner Neunmächtekonferenz (28. 9.–3. 10. 1954), Belgien, die Bundesrepublik Deutschland, Frankreich, Großbritannien, Italien, Kanada, Luxemburg, die Niederlande und die USA beschlossen die →Londoner Akte, die nach dem Scheitern des Vertrags über die Europäische Verteidigungsgemeinschaft den Rahmen für den Aufbau von Streitkräften der Bundesrepublik Deutschland und für deren Einbindung in das westliche Verteidigungssystem neu festlegte.

7. Londoner Suezkanalkonferenzen, drei Tagungen von Benutzerstaaten des Suezkanals (16.–25. 8. 1956, 22 Teilnehmerstaaten; 19.–21. 9. und 1.–5. 10. 1956, 18 Teilnehmerstaaten); sie verfolgten das Ziel, die völkerrechtliche Lage zu klären, die nach der Verstaatlichung der internationalen Suezkanalgesellschaft durch Ägypten am 26. 7. 1956 entstanden war. Auf der dritten Konferenz gründeten 15 Staaten die »Vereinigung der Suezkanal-Benutzer« (»Suez Canal Users Association«, SCUA).

Londoner Protokoll, →Londoner Konferenzen und Vereinbarungen.

Londoner Protokolle, Zonenprotokolle, Zonenabkommen, Vereinbarungen Großbritanniens, der USA und der UdSSR im Rahmen der European Advisory Commission über die Bildung von drei Besatzungszonen in Deutschland (in den Reichsgrenzen vom 31. 12. 1937) und drei Sektoren in Groß-Berlin. Das 1. Zonenabkommen vom 12. 9. 1944 bestimmte die Zonengrenze zwischen der SBZ und den Besatzungszonen der Westmächte auf der Linie Lübeck–Helmstedt–Eisenach–Hof (spätere innerdeutsche Grenze) mit einem Sonderstatus für Berlin. Das 2. Zonenabkommen vom 14. 11. 1944 legte das Territorium der britischen und amerikanischen Besatzungszone fest. Im Ergänzungsabkommen vom 26. 7. 1945 wurde Frankreich eine Zone zugewiesen. Die

Londoner Protokolle wurden u.a. zu Grundlagen der Arbeit der Alliierten Hohen Kommandantur (Berlin) und des Alliierten Kontrollrats (Deutschland).

Londoner Schlussakte, →Londoner Akte.

Londoner Ultimatum, auf der Londoner Reparationskonferenz des Obersten Alliierten Rates (→Londoner Konferenzen und Vereinbarungen) am 5. 5. 1921 beschlossen, forderte das Deutsche Reich unter Androhung der Besetzung des Ruhrgebietes auf, eine Reparationsschuld von 132 Milliarden Goldmark und eine jährliche Abgabe in Höhe von 26% des Wertes der deutschen Ausfuhr anzuerkennen. Die deutsche Reichsregierung nahm das Londoner Ultimatum an; unter dem Vorwurf, Deutschland verzögere Sachlieferungen, besetzten Frankreich und Belgien am 11. 1. 1923 das Ruhrgebiet.

Lordprotektor, englisch **Lord Protector** [lɔːd ˈprɔtektə], in England der Titel des Reichsregenten, so 1547–52 von Edward I. Herzog von Somerset, dem Regenten für Eduard VI., 1653–58 von Oliver Cromwell und 1658/59 von dessen Sohn Richard Cromwell.

Lothar I., Kaiser des Heiligen Römischen Reichs (840–855), *795, †Prüm 29. 9. 855; ältester Sohn Ludwigs des Frommen. Lothar wurde durch die Erbfolgeregelung (Ordinatio Imperii) von 817 gegen das fränkische Teilungsprinzip zum Mitkaiser und Nachfolger des Vaters bestimmt; seine Brüder erhielten Unterkönigtümer. Lothar ging 822 nach Italien; 825–829 war er Mitregent am Kaiserhof. Während der Erhebungen gegen Ludwig den Frommen regierte er 830 und 833/834 kurze Zeit allein, musste sich aber 834 dem Vater unterwerfen und wurde nach Italien verbannt. Nach dem Tod Ludwigs des Frommen 840 versuchte Lothar, die Regelung von 817 durchzusetzen, wurde aber 841 bei Fontenoy von seinen Brüdern Ludwig (dem Deutschen) und Karl (dem Kahlen) geschlagen. Im Vertrag von →Verdun erhielt er 843 einen schmalen Streifen von Mittelitalien bis Friesland, der den Raum zwischen Schelde, Maas, Saône und Rhone, Rhein und Alpen umfasste (»Lotharingien«). Lothar kehrte nicht mehr nach Italien zurück und teilte das übrige Mittelreich kurz vor seinem Tod 855 zwischen seinen Söhnen Karl (von der Provence) und Lothar (II.) auf.

Lothar III. von Supplinburg, König (seit 1125) und Kaiser des Heiligen Römischen Reichs (seit 1133; eigentlich Lothar II.), Herzog von Sachsen (ab 1106), Graf von Süpplingenburg (bei Braunschweig), *1075, †Breitenwang (bei Reutte, Tirol) 4. 12. 1137; ⚭ 1100 mit Richenza; wurde zum mächtigsten Fürsten nördlich des Mains. Als Führer des sächsischen Aufstands schlug Lothar das Heer Kaiser Heinrichs V. im Welfesholz bei Hettstedt (11. 2. 1115). Nach Heinrichs Tod wurde er am 25. 8. 1125 gegen dessen Neffen, den Staufer Friedrich I., den Einäugigen, Herzog von Schwaben, zum König gewählt und von Erzbischof Adalbert I. von Mainz vorzeitig ausgerufen. Er wurde am 13. 9. 1125 gekrönt. Lothar setzte die Reichshoheit gegen Polen, Böhmen und die Dänen durch. Er förderte die deutsche Ostsiedlung (1134 Übertragung der Nordmark an Albrecht den Bären, 1136 der Lausitz an Konrad von Wettin; Pleißenland, Kloster Chemnitz), Markt- und Städtewesen sowie die Hanse. Symbolisch leistete er im März 1131 Papst Innozenz II. in Lüttich Strator- und Marschalldienst und führte den vom Gegenpapst Anaklet II. vertriebenen Papst 1133 für kurze Zeit nach Rom zurück, wo Lothar am 4. 6. 1133 zum Kaiser gekrönt wurde. Lothar erhielt Zugeständnisse in der Investiturfrage und die Mathild. Güter zu Lehen, die er sofort an Heinrich den Stolzen von Bayern weitergab. Ein zweiter Italienzug 1136/37 blieb trotz anfänglicher Erfolge ohne größere Wirkung.

Lothringen, französisch **Lorraine** [lɔˈrɛn], Region in Nordostfrankreich.

GESCHICHTE: Als Lothar I. 855 das durch den Vertrag von Verdun (843) entstandene Mittelreich des Fränkischen Reichs teilte, erhielt sein Sohn Lothar II. das geographisch, kulturell und ethnisch uneinheitliche Gebiet zwischen Schelde-Maas-Saône und dem Rhein. Dieses Lotharingien (Regnum Lotharii) wurde bereits 870 (Vertrag von Meerssen) wieder geteilt, fiel aber 880 (Vertrag von Ribemont) unter Ludwig III., dem Jüngeren, ganz an die ostfränkischen Karolinger. König Heinrich I. vereinigte Lothringen wieder mit dem Heiligen Römischen Reich. 959 übertrug Otto I., der Große, das Herzogtum seinem Bruder Bruno, Erzbischof von Köln, der Unterherzöge für Ober- und Niederlothringen einsetzte. Da das Gesamtherzogtum nach Brunos Tod nicht mehr besetzt wurde, gab es von nun an zwei Herzöge von Lothringen.

Niederlothringen, etwa die heutigen Niederlande, ein Teil der Rheinlande und Belgien ohne Flandern, kam 977 an die letzten westfränkischen Karolinger Karl und Otto. Bis 1100 folgte das Haus der Ardennergrafen, das 1033–44 unter Gozelo I. noch einmal beide Lothringen vereinigte. Die Grafen von Limburg und von Löwen (auf die die Herzogswürde 1139 überging) konnten sich gegenüber den aufstrebenden weltlichen und geistlichen Gewalten nicht durchsetzen. Ihre Hauptgegenspieler waren die lothringische Pfalzgrafen aus dem Hause der Ezzoniden, die, von der Aachener Pfalz ausgehend, durch zahlreiche Erwerbungen am Niederrhein und in der Eifel und durch Verschwägerung mit dem Königshaus in die vorderste Reihe der Reichsfürsten rückten. Mit ihrem Aussterben wanderte der Schwerpunkt der pfalzgräflichen Macht zum

Mittel-, später zum Oberrhein. Im Bereich des niederlothringischen Teilherzogtums entstanden das Erzstift, später Kurfürstentum Köln, das Fürstbistum Lüttich und große weltliche Machtbereiche wie Geldern, Kleve, Jülich, Berg, Namur, Hennegau.

Die Bezeichnung Lothringen haftete später nur an Oberlothringen, dem Land zwischen Saône, Vogesen, Eifel und Maas. Nach dem Erlöschen des Ardennerhauses (Linie Bar), dessen Machtschwerpunkt zwischen Mosel und Maas lag, kam das Hausgut an die Grafen von Bar-Mömpelgard, die Herzogswürde und das Amtsgut aber wurden durch Kaiser Heinrich II. 1047 dem Grafen Adalbert, 1048 seinem Bruder Gerhard übertragen, aus einer bis ins 9. Jh. in Lothringen zurückzuverfolgenden Familie mit Stammgütern an der Nied und um Vaudémont.

Als 1431 die Herzöge mit Karl I. im Mannesstamm erloschen, folgte René I. von Anjou, Herzog von Bar. 1473 erlosch das Haus Anjou in Lothringen; es folgte René II. von Vaudémont, der die Herzogtümer Lothringen und Bar und die Grafschaft Vaudémont zu einem Großterritorium vereinigen und mit Unterstützung der Eidgenossen und einiger elsässischer Reichsstände gegen Herzog Karl den Kühnen von Burgund behaupten konnte (Schlacht bei Nancy 1477). Renés Sohn, Anton der Gute, wehrte das Übergreifen der Reformation auf Lothringen ab. Durch den Vertrag von Nürnberg (1542) lockerte er die Bindungen Lothringens an das Reich zugunsten einer größeren Unabhängigkeit.

Im Dreißigjährigen Krieg zog sich Herzog Karl IV. wegen seines Anschlusses an Kaiser, Liga und französische Fronde die Feindschaft Richelieus zu. In mehreren Etappen wurde das Herzogtum von den Franzosen besetzt, blieb vom Westfälischen Frieden ausgeschlossen und verlor im Frieden von Vincennes (1661) strategisch wichtige Punkte an Frankreich. 1670 wurde Lothringen erneut von französischen Truppen besetzt und erst im Frieden von Rijswijk (1697) verkleinert an Herzog Leopold zurückgegeben. Sein Sohn Franz Stephan, Gemahl der Habsburgerin Maria Theresia, willigte im Vertrag von Wien (1735) in den Tausch Lothringens gegen das Großherzogtum Toskana ein. Lothringen fiel als Entschädigung an Stanislaus I. Leszczyński, nach dessen Tod 1766 als Provinz an Frankreich. Der nordöstliche Teil der Region (Teile der Départements Meurthe-et-Moselle und Moselle) wurde nach dem Deutsch-Französischen Krieg 1871 vom Deutschen Reich annektiert und dem Reichsland →Elsass-Lothringen zugeschlagen; nach dem Ende des Ersten Weltkriegs gelangten die Gebiete wieder zu Frankreich.

lothringische Reform, vom Kloster →Gorze ausgehende monastische Reformbewegung des frühen Mittelalters.

Louis Philippe

Louis Philippe [lwi fi'lip], König der Franzosen (1830–48), genannt »Bürgerkönig«, *Paris 6. 10. 1773, †Claremont Park (bei London) 26. 8. 1850; Sohn Herzog Philipps von Orléans, wurde 1785 Herzog von Chartres, nach der Hinrichtung des Vaters (1793) Herzog von Orléans. Louis Philippe focht zunächst als General in den französischen Revolutionsheeren, wechselte dann aber 1793 zu den Österreichern über und lebte bis 1817 in der Emigration; seit 1809 war er verheiratet mit Marie Amalie, Tochter Ferdinands IV. von Neapel. Während der Restauration näherte sich Louis Philippe der liberalen Opposition. Nach der →Julirevolution bestieg er aufgrund des Kammerbeschlusses vom 7. 8. 1830 den Thron. Die Regierung führte er, gestützt auf das liberale Großbürgertum, im Geist des »Justemilieu«, das aber unter François Guizot eine zunehmend konservative Orientierung erhielt. Nach 1840 führten außenpolitische Misserfolge, v. a. aber die Verschleppung einer von der Opposition geforderten Wahlrechts- und Parlamentsreform 1848 zu seinem Sturz. Louis Philippe entsagte dem Thron und emigrierte nach Großbritannien, wo er als Graf von Neuilly lebte.

Louvois [lu'vwa], François Le Tellier, Marquis de, französischer Kriegsminister (seit 1666), *Paris 18. 1. 1641, †Versailles 16. 7. 1691; Sohn des Kriegsministers und Kanzlers Michel Le Tellier, als dessen Mitarbeiter er 1662 in das Kriegsministerium gelangte. Mit ihm leitete er eine die Disziplin wiederherstellende, Desertionen unterdrückende sowie Rekrutierung und Beförderung neu ordnende Heeresreform ein, die Frankreich unter Ludwig XIV. zur stärksten Militärmacht Europas erhob. Er gewann wachsenden Einfluss auf die Gesamtpolitik Ludwigs XIV. Als Minister für die Grenzprovinzen befürwortete er die Durchführung der Reunionen (1679–81).

Löwenherz, Beiname des englischen Königs →Richard I.

Loyola, Ignatius von, spanischer Ordensgründer, →Ignatius von Loyola.

Lübke, Heinrich, deutscher Politiker, *Enkhausen (heute zu Sundern [Sauerland]) 14. 10. 1894, †Bonn 6. 4. 1972; 1926–33 Direktor der von ihm mitbegründeten »Deutschen Bauernschaft«. Lübke war als Mitglied des Zentrums 1931–33 Abgeordneter im preußischen Landtag. Im Juli 1933 bzw. März 1934 verdrängten die Nationalsozialisten Lübke aus allen Ämtern und inhaftierten ihn (1934/35). Im Zweiten Weltkrieg gehörte er einem Architektur- und Ingenieurbüro an, das im Auftrag der nationalsozialistischen Rüstungspolitik Bauaufträge durchführte.

Nach dem staatlichen Zusammenbruch Deutschlands (1945) schloss sich Lübke der CDU an. 1946–49 war er Mitglied des Landtags von Nordrhein-Westfalen. 1947–52 war er dort Minister für Ernährung und Landwirtschaft und 1953–59 Bundesminister für Ernährung, Landwirtschaft und Forsten. 1959 wählte ihn die Bundesversammlung zum Bundespräsidenten (1964 wieder gewählt). Bis zu seinem vorzeitigen Rücktritt zum 30. 6. 1969 (wegen einer Verleumdungskampagne zu seiner angeblichen NS-Vergangenheit) förderte Lübke in diesem Amt innenpolitisch den Gedanken einer großen Koalition aus CDU/CSU und SPD, außenpolitisch v.a. die Entwicklungshilfe und den Ausgleich mit Frankreich.

Lucullus, Lucius Licinius, römischer Politiker und Feldherr, *um 117 v.Chr., †um 57 v.Chr.; kämpfte seit 87 unter Sullas Oberbefehl im 1. Mithridatischen Krieg, war 78 Prätor, 74 Konsul und erhielt anschließend den Oberbefehl im 3. Mithridatischen Krieg, den er nicht beenden konnte. 67 wurde er abberufen, doch ermöglichten ihm die im Osten erworbenen Reichtümer nach seiner Rückkehr nach Rom ein glanzvolles und üppiges Leben (sprichwörtlich lukullisch).

Ludendorff, Erich, preußischer General (seit 1914), *Kruszewnia (bei Posen) 9. 4. 1865, †Tutzing 20. 12. 1937; war 1908–12 im Großen Generalstab, bei Ausbruch des Ersten Weltkriegs Oberquartiermeister im Armeeoberkommando 2. Seit seiner handstreichartigen Eroberung Lüttichs (6. 8.) und dem Sieg bei Tannenberg (23.–31. 8. 1914) hatte Ludendorff als faktischer Leiter der deutschen Kriegführung im Osten legendären Ruf. Als »Erster Generalquartiermeister« neben Hindenburg mit der eigentlichen militärischen Gesamtleitung des Krieges betraut, ergriff er die Initiative für volle wirtschaftliche Mobilmachung durch das Hindenburgprogramm und das Hilfsdienstpflichtgesetz, setzte sich für expansionistische Kriegszielprogramme ein und erzwang im Januar 1917 den uneingeschränkten U-Boot-Krieg. Bis zur militärischen Wende im Spätsommer 1918 bestimmte er die Führung der deutschen Politik personell und materiell und setzte auch im Frieden von →Brest-Litowsk (3. 3. 1918) die Kriegszielforderungen des Militärs durch. Politisch wollte er, unter Missachtung der Friedensresolution des Reichstags (19. 7. 1917), bis zum militärischen Zusammenbruch innere soziale und politische Reformen durch Expansion ersetzen. Nach militärischem Scheitern trat er überstürzt zurück und forderte am 29. 9. 1918 von der Reichsregierung einen sofortigen Waffenstillstand. Am 26. 10. 1918 wurde er auf Drängen des Reichskanzlers Prinz Max von Baden vom Kaiser verabschiedet.

Ludendorff wurde als Außenseiter auf dem völkischen Flügel der deutschen Rechten politisch aktiv, u.a. in der nationalistisch-antisemitischen »deutschvölkischen Bewegung«. Am 8./9. 11. 1923 beteiligte er sich am →Hitlerputsch. 1924–28 war er Mitglied des Reichstags und 1925 Kandidat der NSDAP für das Amt des Reichspräsidenten. Im Kampf gegen die Weimarer Republik und die sie tragenden demokratischen Kräfte beteiligte er sich maßgeblich an der Verbreitung der →Dolchstoßlegende. Ludendorff zählt zu den politischen Wegbereitern des →Nationalsozialismus.

Ludwig, ursprünglich **Louis Bonaparte** [lwi bɔnaˈpart], König von Holland (1806–10), *Ajaccio 2. 9. 1778, †Livorno 25. 7. 1846; dritter Bruder Napoleons I., Vater Napoleons III.; begleitete seinen Bruder 1796 nach Italien, 1798 nach Ägypten, wurde 1805 Generalgouverneur von Piemont. 1802 zwang ihn Napoleon zur Heirat mit seiner Stieftochter Hortense de Beauharnais, 1806 zur Annahme der holländischen Königskrone. Da Ludwig die Belange Hollands gegen die Anforderungen Napoleons zu vertreten suchte, besonders die Kontinentalsperre nicht streng genug handhabte, geriet er in Konflikt mit seinem Bruder und legte am 1. 7. 1810 die Regierung nieder. Seitdem lebte er als Graf von Saint-Leu zunächst in Graz. Anfang 1814 kehrte er nach Paris zurück; nach dem Sturz Napoleons lebte er in Rom und (seit 1826) in Florenz.

Erich Ludendorff

Ludwig I., König von Bayern (1825–48), *Straßburg 25. 8. 1786, †Nizza 29. 2. 1868; Sohn König Maximilians I. Joseph, Großvater von Ludwig II., Vater von Prinzregent Luitpold und Otto, König von Griechenland; setzte sich zunächst für die Durchführung der liberalen Verfassung von 1818 ein und begeisterte sich für den griechischen Freiheitskampf; machte München, wohin er 1826 die Landesuniversität (bisher Landshut) verlegte, zur Kunststadt (u.a. Pinakotheken). Nach 1830 zeigte seine Politik zunehmend reaktionäre Züge. Die wachsende Opposition, verstärkt durch seine Beziehung zu Lola Montez, zwang ihn in der Märzrevolution am 20. 3. 1848 zugunsten seines Sohnes Maximilian II. Joseph zum Rücktritt.

Ludwig I.,
König von Bayern

Ludwig I., der Fromme, französisch **Louis le Pieux** [lwi lə ˈpjø], Kaiser des Heiligen Römischen Reichs (seit 814), *Chasseneuil-du-Poitou (bei Poitiers) 778, †bei Ingelheim am Rhein 20. 6. 840; dritter Sohn Karls des Großen, Vater von Ludwig II., dem Deutschen. Ludwig wurde 781 in Rom zum König von Aquitanien gekrönt und gesalbt. Er erließ 817 eine Erbfolgeregelung (Ordinatio Imperii), um die Einheit von Reich und Christenheit gegen das fränkische Teilungsprinzip zu sichern. Als er die Ordinatio zugunsten des jüngsten Sohnes Karl (des Kahlen) aus der zweiten Ehe mit der Welfin Judith veränderte, empörten sich Hofkreise und die älteren Söhne Lothar (I.), Pippin (I.) und Ludwig (der Deutsche) 830 und 833 gegen den Vater, der nach der Niederlage auf dem Lügenfeld bei Colmar in Klosterhaft genommen und zur Kirchenbuße gezwungen wurde. 834 restituierten ihn die jüngeren Söhne gegen den nun allein regierenden Lothar. Die Jahre bis zu

Ludwig II.
Des Königs Begeisterung für die schönen Künste spiegelt sich in seiner Freundschaft mit dem Komponisten Richard Wagner ebenso wie in seinem »Märchenschloss« Neuschwanstein (1868–86), Ludwigs neuromantischer Version einer »mittelalterlichen« Burg.

Ludwigs Tod waren durch Konflikte innerhalb der karolingischen Familie geprägt. Sein christliches Kaisertum stand im Gegensatz zur fränkischen Auffassung Karls des Großen.

Ludwig II., König von Bayern (seit 1864), *Nymphenburg (heute zu München) 25. 8. 1845, †(ertrunken) im Starnberger See 13. 6. 1886; Sohn König Maximilians II. Joseph; nahm auf österreichischer Seite am Deutschen Krieg 1866 teil, schloss 1867 ein Bündnis mit Preußen und gab durch den von Otto von Bismarck entworfenen Kaiserbrief an die deutschen Fürsten (30. 11. 1870) den Anstoß zur Kaiserproklamation vom 18. 1. 1871. Die von Bismarck zugesicherte finanzielle Unterstützung ermöglichte ihm die Fortsetzung seiner Schlossbauten (Herrenchiemsee, Neuschwanstein, Linderhof). Anzeichen von Geisteskrankheit führten nach einem ärztlichen Gutachten zur Entmündigung am 9. 6. 1886. Am 10. 6. übernahm sein Onkel Luitpold die Regentschaft.

Ludwig IV., das Kind, König des Ostfränkischen Reiches (seit 900), *Öttingen (heute Altötting) vermutlich September/Oktober 893, †(Frankfurt am Main?) vermutlich 24. 9. 911; Sohn Kaiser Arnulfs von Kärnten; wurde nach dessen Tod als letzter ostfränkischer Karolinger am 4. 2. 900 in Forchheim zum König ausgerufen und gekrönt. Für den unmündigen König regierten die Bischöfe Hatto I. von Mainz, Adalbero von Augsburg und Salomon III. von Konstanz. Die Schwäche der Zentralgewalt und die beginnenden Ungarneinfälle förderten die Entstehung der Stammesherzogtümer.

Ludwig IV., der Bayer, König des Heiligen Römischen Reichs (seit 1314), Kaiser des Heiligen Römischen Reichs (seit 1328), *vermutlich Ende 1281/Anfang 1282, †Puch (bei Fürstenfeldbruck) 11. 10. 1347; ⚭ 1309 mit Beatrix von Schlesien, 1324 mit Margarete von Holland; seit 1294/1302 Herzog von Oberbayern. In zwiespältiger Doppelwahl wurde Ludwig, Neffe König Albrechts I., einen Tag nach dem Habsburger Friedrich (III.), dem Schönen, Sohn Albrechts I., am 20. 10. 1314 mit knapper Mehrheit zum König gewählt; beide Kandidaten wurden am 27. 11. gekrönt. Mit dem Sieg in der Schlacht bei Mühldorf am Inn schaltete Ludwig am 28. 9. 1322 seinen Rivalen aus (den er gefangen nehmen konnte), räumte ihm aber im Vertrag von München (5. 9. 1325) ein Mitkönigtum ein.

Ludwigs Intervention in die italienische Politik führte zum Konflikt mit dem Papsttum in Avignon und zur Anklage (8. 10. 1323) sowie Exkommunikation Ludwigs durch Papst Johannes XXII. Auf großen Teilen des Reiches lastete fortan das Interdikt. Ludwig legte gegen den Prozess Rechtsmittel ein, appellierte an ein Konzil (Sachsenhäuser Appellation, 22. 5. 1324) und kehrte mit seiner Parteinahme im →Armutsstreit seinerseits theologische Argumente gegen den Papst. Führende Papstgegner suchten Zuflucht an Ludwigs Hof (Marsilius von Padua, Michael von Cesena, Wilhelm von Ockham). 1327 zog Ludwig nach Italien und wurde am 31. 5. in Mailand zum König der Lombardei und am 17. 1. 1328 in Rom durch Repräsentanten der Stadt zum Kaiser gekrönt. Er verkündete die Absetzung von Papst Johannes XXII. Alle Versuche, Absolution vom Bann zu erhalten, scheiterten. Am 16. 7. 1338 solidarisierten sich die Kurfürsten im Kurverein von Rhense mit dem Kaiser, der mit dem Mandat »Fidem catholicam« die Ungültigkeit der päpstlichen Strafmaßnahmen erklärte. Noch im selben Jahr schloss Ludwig ein Bündnis mit König Eduard III. von England, wechselte aber 1341 auf die französische Seite.

Ludwig, der die Reichsfreiheit der Eidgenossenschaft bestätigte, mehrere Landfrieden verkündete und 1335 das Oberbayerische Landrecht erließ, sah seine Machtressourcen v. a. in Bayern. Er erwarb 1320/23 Brandenburg und einigte sich 1329 im Hausvertrag von Pavia mit der pfälzischen Linie über die Trennung von Bayern und Pfalz/Oberpfalz; 1340 erbte er Niederbayern. Sein rücksichtsloses Vorgehen in Tirol – dort verheiratete er 1342 seinen ältesten Sohn Ludwig mit der Gräfin Margarete Maultasch – führte letztlich zu einer Fürstenkoalition gegen ihn; am 11. 7. 1346 wurde der Luxemburger Karl (IV.) zum König gewählt. Ehe es zur militärischen Entscheidung kam, starb Ludwig.

Ludwig VI., der Dicke, französisch **Louis le Gros** [lwi lɔ gro], König von Frankreich (seit 1108), *1081, †Paris 1. 8. 1137; Vater von Ludwig VII.; als Sohn Philipps I. seit 1100/01 Mitregent. Ludwig verband sich, beraten durch Abt Suger von Saint-Denis, mit der Kirche. Er konsolidierte die Krondomäne durch Unterwerfung des Adels der Île-de-France, verstärkte die königliche Macht in den Ländern der Kronvasallen, baute die Kronverwaltung aus und leitete so den Aufstieg des französischen Königtums ein. Außenpolitisch beschäftigten ihn Kämpfe mit Heinrich I. von England.

Ludwig VII., der Junge, französisch **Louis le Jeune** [lwi lə ʒœn], König von Frankreich (seit 1137), * 1120, † Paris 18. 9. 1180, Sohn von Ludwig VI.; nahm am 2. Kreuzzug (1147–49) teil. Durch die Scheidung (1152) seiner Ehe mit Eleonore von Aquitanien verlor er deren reiche west- und südwestfranzösische Erbschaft an deren zweiten Mann, den späteren Heinrich II. von England, gegen dessen Übermacht er sich nur mühevoll behaupten konnte.

Ludwig IX., der Heilige, französisch **Saint Louis** [sɛ̃'lwi], König von Frankreich (seit 1226), * Poissy 25. 4. 1214, † vor Tunis 25. 8. 1270; stand zunächst unter der Regentschaft seiner Mutter Blanka (von Kastilien), die mehrere Adelsrevolten unterdrückte und bis zu ihrem Tod einflussreich blieb. Der von Ludwig geführte 6. Kreuzzug 1248–54 gegen Ägypten scheiterte 1250 bei Mansura; Ludwig wurde gefangen genommen und kam erst gegen hohes Lösegeld und die Auslieferung Damiettes frei. Die Sicherung des äußeren Friedens durch Verträge und des inneren Friedens durch Wahrung des Rechts war fortan sein oberstes Ziel. Im Frieden von Paris 1259 leistete ihm Heinrich III. von England den Lehnseid für seine Besitzungen in Südwestfrankreich und verzichtete auf die Normandie, Anjou, Touraine, Maine und Poitou. Zur Förderung des Rechtswesens trug neben der Entstehung des obersten Gerichtshofs ein Verbot des gerichtlichen Zweikampfes und der Fehde (1258) bei. Ludwig wurde häufig persönlich in Streitfällen angerufen, so 1264 vom englischen König und seinen opponierenden Baronen. Durch sein persönliches Ansehen hat Ludwig, einer der bedeutendsten Herrscher des Mittelalters, das Prestige der französischen Monarchie im Innern wie nach außen gesteigert. Er starb auf dem 7. Kreuzzug gegen Tunis und wurde 1297 heilig gesprochen (Tag: 25. 8.).

Ludwig XI., der Grausame, König von Frankreich (seit 1461), * Bourges 3. 7. 1423, † Plessis-les-Tours (Département Indre-et-Loire) 30. 8. 1483; Sohn Karls VII.; konspirierte als Dauphin mit dem Hochadel gegen seinen Vater. Seine strikte persönliche Herrschaft als König, die vielen als Despotie erschien, forderte die Lehnsfürsten unter Führung Karls des Kühnen von Burgund zur Vereinigung in der »Ligue du Bien public« heraus. Den Burgunderherzog schaltete Ludwig durch geschickte Politik aus. Nach dessen Tod (1477) sicherte er sich im Frieden von Arras (1482) das Herzogtum Burgund und die Picardie. 1463–75 eroberte Ludwig das Roussillon, 1480/81 zog er Anjou, Maine und die Provence als heimgefallene Lehen ein. Die monarchische Gewalt stärkte Ludwig auch durch Schwächung des Pariser Parlaments (des obersten Gerichts), dem er Fälle von politischer Bedeutung entzog, ferner durch die wirtschaftliche Förderung des städtischen Bürgertums, das er so gegen den Adel auf seine Seite brachte.

Ludwig XII., König von Frankreich (seit 1498), * Blois 27. 6. 1462, † Paris 1. 1. 1515; Sohn des Herzogs und Dichters Charles d'Orléans; heiratete in zweiter Ehe die Witwe Karls VIII., Anna von Bretagne. Ludwig setzte die Italienpolitik seines Vorgängers Karl VIII. fort und unternahm 1499 einen Feldzug gegen Mailand, dessen Herzog Ludovico Sforza er 1500 gefangen setzte. 1508 beteiligte er sich an der Liga von Cambrai gegen Venedig, das er 1509 besiegte. Als Papst Julius II. mit Aragonien und Venedig die Heilige Liga schloss (1511), um die Franzosen aus Italien zu vertreiben, berief Ludwig ein Konzil nach Pisa ein. Nach militärischen Rückschlägen (Sieg der Schweizer bei Novara, 1513), die den Verlust Mailands nach sich zogen, gab Ludwig das Scheinkonzil preis und erkannte das von Julius II. berufene 5. Laterankonzil an. Ludwig verdankte seine Popularität als »Père du Peuple« (»Vater des Volkes«) der innenpolitischen Ruhe, die Frankreich unter seiner Regierung, die u. a. das Justizwesen verbesserte, genoss.

Ludwig XIII., König von Frankreich (seit 1610), * Fontainebleau 27. 9. 1601, † Saint-Germain-en-Laye 14. 5. 1643; Sohn Heinrichs IV. und der Maria von Medici, Vater von Ludwig XIV. Nach der Ermordung seines Vaters als Kind auf den Thron gelangt, stand Ludwig bis 1614 unter der Vormundschaft seiner Mutter. Ludwig hielt 1614/15 eine Tagung der Generalstände ab, auf der sich die staatsmännische Begabung von Armand-Jean du Plessis, Herzog von Richelieu, zeigte. Durch die Berufung Richelieus zum leitenden Minister (1624) wurde die Regierung Ludwigs zur eigentlichen Gründungsepoche des französischen Absolutismus. Ludwig hielt den Kardinal in allen Krisen gegen die Opposition der höfischen Kreise, der eigenen Mutter sowie

LUDWIG IX., DER HEILIGE. ***Heilige Kapelle***

1239 erwarb Ludwig IX., der Heilige, für den gigantischen Betrag von 135 000 Pfund die angebliche Dornenkrone Christi. Nur der herrlichste architektonische Schrein war ihr ein würdiges Behältnis. So ließ Ludwig inmitten des Königspalastes in Paris für die Bausumme von 40 000 Pfund eine prächtige Kapelle erbauen, die Sainte-Chapelle (1241/42–48). *»Die ausgesuchten Farben der Malereien, die kostbare Vergoldung der Bildwerke, die zierliche Durchsichtigkeit der rötlich schimmernden Fenster, die überaus schönen Altarverkleidungen, die wundertätigen Kräfte der heiligen Reliquien, die Zier der Schreine, die durch ihre Edelsteine funkelt, verleihen diesem Haus des Gebetes eine solche Übersteigerung des Schmuckes, dass man beim Betreten glaubt, zum Himmel emporgerissen zu sein und in einen der schönsten Räume des Paradieses einzutreten«*, so beschrieb Jean de Jandun 1323 die spirituelle Ästhetik dieser Reliquienkapelle.

LUDWIG XIV.
*** 1638 † 1715**

- ging als »Sonnenkönig« in die Geschichte ein
- begründete die Vorherrschaft Frankreichs in Europa
- widerrief das Edikt von Nantes
- führte Frankreich in eine schwere Finanzkrise
- gilt als Paradebeispiel eines absolutistischen Herrschers
- ließ Schloss Versailles errichten

seiner Gemahlin (seit 1615) Anna von Österreich. Von streng kirchlicher Gesinnung, stand Ludwig in den konfessionellen Auseinandersetzungen auf der Seite der katholischen Mächte und bekämpfte im Innern die hugenottische Opposition (Fall von La Rochelle 1628). Der Neuorientierung der französischen Außenpolitik unter Richelieu durch Bündnisse mit protestantischen Mächten gegen Habsburg folgte er nur zögernd.

Ludwig XIV., genannt »Sonnenkönig« (französisch Roi Soleil), König von Frankreich (seit 1643), *Saint-Germain-en-Laye 5. 9. 1638, †Versailles 1. 9. 1715; Sohn von Ludwig XIII. und der Anna von Österreich, Urgroßvater von Ludwig XV.; wuchs unter der Regentschaft seiner Mutter heran. Bestimmender politischer Jugendeindruck war die Erschütterung der monarchischen Autorität durch die Aufstände der →Fronde. Ludwig entfaltete mit dem Beginn der Selbstregierung 1661 den Absolutismus in seiner für das Europa des 17. Jh. prägenden Form. In drei Angriffskriegen (→Devolutionskrieg, 1667/68; Holländischer Krieg, 1672–79; →Pfälzischer Erbfolgekrieg, 1688–97) begründete er die europäische Hegemonie Frankreichs, die erst im →Spanischen Erbfolgekrieg (1701–13/14) erschüttert wurde.

Das »Sonnenkönigtum« repräsentierte sich in Versailles (**BILD** →Absolutismus) in einer glanzvollen, kostspieligen, ganz auf die Person des Herrschers bezogenen Hofkultur, die als politisches Machtinstrument dazu diente, den widerstrebenden Hochadel an den Hof zu ziehen und zu überwachen. Die vom König geförderten Künste und Wissenschaften erreichten eine hohe Blüte (v.a. durch das Theater). Unterstützt durch hervorragende Mitarbeiter (Jean-Baptiste Colbert, Marquis de Louvois, Hugues de Lionne, Marquis de Pomponne), erweiterte Ludwig die militärischen, institutionellen und materiellen Machtgrundlagen der französischen Monarchie, rief aber durch seine aggressive Politik überall in Europa Gegenkräfte hervor, die sich schließlich gegen Frankreich zusammenschlossen (1689 und 1701, Große Allianz). Gleichzeitig wurde die durch Geldknappheit ausgelöste wirtschaftliche Rezession angesichts der militärischen Kraftanstrengungen des Staates immer fühlbarer.

Die auf Betonung der nationalen Selbstständigkeit der französischen Kirche ausgerichtete Kirchenpolitik Ludwigs (→Gallikanismus) führte zu Konflikten mit dem Heiligen Stuhl. Je gespannter sich sein Verhältnis zur Kurie gestaltete, um so entschiedener trat Ludwig allen geistig-religiösen Strömungen entgegen, die die kirchliche Einheit der französischen Monarchie gefährdeten. Die Revokation des Edikts von Nantes (1685) war die letzte Konsequenz gescheiterter Versuche, die protestantische Minderheit mit der Masse der katholischen Untertanen zu verschmelzen. Gerade Ludwigs Vorgehen gegen religiöse Gruppen innerhalb des Katholizismus, besonders aber gegen die Hugenotten, hat sowohl das moralische Ansehen der französischen Krone geschädigt als auch (durch Auswanderung) die Wirtschaftskraft Frankreichs geschwächt. So stand Frankreich am Ende von Ludwigs Regierungszeit vor dem Staatsbankrott; die Aufrechterhaltung immer unhaltbarer werdender gesellschaftlicher Strukturen sollte eine Hauptursache der Französischen Revolution werden.

Ludwig XV.

LUDWIG XIV. *Urteil eines Augenzeugen*

Als Verteidiger der Adelsrechte gegen die absolute Monarchie urteilte Herzog Ludwig von Saint-Simon, der seit 1691 fast ununterbrochen am Hof lebte, außerordentlich kritisch über Ludwig XIV.: *»Der König war weniger denn mittelmäßig begabt, aber sehr bildungsfähig. Er war ruhmsüchtig und hielt auf Ordnung und Gesetz. Er besaß natürlichen Verstand, war mäßig, verschwiegen, Herr seiner Bewegungen und seiner Sprache und… im Kern seines Wesens gütig und gerecht.… Als Kind wurde er so vernachlässigt, dass sich niemand getraute, sich seinen Gemächern zu nähern… Man brachte ihm nicht einmal ordentlich Lesen und Schreiben bei. So blieb er sein Leben lang unwissend und hatte von den Hauptdingen der Weltgeschichte, von den Zeitereignissen, vom Geld- und Verwaltungswesen, von der Genealogie des Adels, von den Gesetzen… keine Ahnung. … Schmeichelei war der einzige Weg, sich dem König geneigt zu machen.«*

Ludwig XV., König von Frankreich (seit 1715), *Versailles 15. 2. 1710, †ebenda 10. 5. 1774; Urenkel von Ludwig XIV., Sohn des Herzogs Ludwig von Burgund und der Marie-Adelaide von Savoyen, Großvater von Ludwig XVI.; stand bis 1723 unter der Regentschaft Herzog Philipps II. von Orléans. 1725 heiratete Ludwig Maria Leszczyńska, die Tochter des entthronten polnischen Königs Stanislaus I. Leszczyński. Der Machtverfall des Staates während des →Siebenjährigen Krieges (1756–63), die Kritik der Aufklärung an den Grundlagen der französischen Monarchie, der Lebenswandel Ludwigs und seine zeitweilige Abhängigkeit von den politischen Einflüsterungen seiner Mätressen (Madame Pompadour, Madame Dubarry) machten den anfangs volkstümlichen König schließlich beim Volk verhasst. Die 1771 gegen die Parlamente durchgeführte Justizreform hatte keinen Bestand. Ludwigs Regierungszeit brachte Frankreich jedoch eine kulturelle Hochblüte.

Ludwig XVI., König von Frankreich (1774–92), *Versailles 23. 8. 1754, †(hingerichtet) Paris 21. 1. 1793; Enkel von Ludwig XV., Vater von Ludwig XVII., Bruder von Ludwig XVIII., dritter Sohn des Dauphins Ludwig und der Maria Josepha von Sachsen; als Dauphin heiratete er 1770 die Kaisertochter Marie Antoinette. Ein Fürst mit gewinnenden menschlichen, aber ohne staatsmännische Eigenschaften, konnte Ludwig die Finanzkrise der französischen Monarchie trotz intensiver

Reformversuche seiner Regierung nicht lösen. Der Widerstand der privilegierten Stände zwang ihn zur Berufung der Generalstände; dies war der Anlass zu den Ereignissen, die die →Französische Revolution auslösten. Nach dem Sieg des dritten Standes vermochte er sich mit der Rolle eines konstitutionellen Monarchen nicht abzufinden, die ihm in der neuen Verfassung (verkündet am 3. 9. 1791) zugedacht war. Seine Stellung wurde unhaltbar, als er von seinem verfassungsmäßigen Vetorecht Gebrauch machte und der Ausbruch des Kriegs zwischen dem revolutionären Frankreich und den europäischen Mächten (April 1792) die Gefahr der bewaffneten Gegenrevolution heraufführte. Nach dem Sturm auf die Tuilerien (10. 8. 1792) wurde er mit seiner Familie im Temple gefangen gehalten, am 21. 9. für abgesetzt erklärt, durch den Nationalkonvent zum Tode verurteilt und guillotiniert. – Bild S. 534

Ludwig (XVII.), eigentlich **Louis Charles** [lwi 'ʃarl], *Versailles 27. 3. 1785, †Paris 8. 6. 1795; Sohn von Ludwig XVI., Neffe von Ludwigs XVIII.; wurde 1793 von seinem Onkel zum König ausgerufen. Ludwig teilte seit 1792 die Gefangenschaft seiner Eltern, wurde aber im Juni 1793 auf Befehl des Nationalkonvents einem Jakobiner, dem Schuster Simon, als seinem »Erzieher« unterstellt; er starb an den Folgen der Kerkerhaft und wurde in einem Massengrab bestattet. Bald verbreitete sich die Legende, dass der Prinz nicht gestorben, sondern heimlich befreit worden sei. Es fanden sich in den Folgejahren mehrere Abenteurer, die behaupteten, Ludwig zu sein.

Ludwig XVIII., König von Frankreich (seit 1814/15), *Versailles 17. 11. 1755, †Paris 16. 9. 1824; Bruder von Ludwig XVI., Onkel von Ludwig (XVII.); hieß als Prinz Louis Stanislas Xavier Graf von Provence. Ludwig war mit seinem jüngeren Bruder, dem Grafen von Artois (dem späteren König Karl X.), das Haupt der französischen Emigranten in Koblenz. Nach der Hinrichtung Ludwigs XVI. rief er den Dauphin als Ludwig XVII. zum König aus und ernannte sich selbst zum Regenten; 1795 nahm er den Königstitel an. Von Napoleon I. verfolgt, führte er ein unstetes Wanderleben. Nach Napoleons Abdankung zog er am 3. 5. 1814 als König in Paris ein. Er war ein-

Ludwig XVI.

LUDWIG XIV.

Grundlegung des Absolutismus

Als Mazarin am 9. 3. 1661 starb, gab es für Frankreich auf dem europäischen Kontinent keinen ebenbürtigen Gegner mehr, schon weil die Einwohnerzahl des Landes und seine wirtschaftliche Potenz die der anderen Staaten bei weitem überstieg. Im Inneren blieb die Lage aber prekär, weil der adlige Widerstandsgeist noch lange nicht erloschen war. In dieser Situation trat Ludwig XIV. seine Alleinherrschaft an, die in mehr als einem halben Jahrhundert Frankreich und Europa dauerhaft prägen sollte. Schon aufgrund seiner langen Regierungszeit war Ludwig der »Große König« (»le Grand Roi«), schlechthin. Bei seinem Tod 1715 hinterließ er ein zwar ausgeblutetes und abgewirtschaftetes Land, zugleich hatte er aber die kulturelle Vorrangstellung Frankreichs in Europa auf einzigartige Weise befestigt.

Dies war vor allem auf ein wohlgeplantes System der Repräsentation von Macht zurückzuführen, in dessen Mittelpunkt der »Sonnenkönig« selbst stand. Um dieses Zentralgestirn sollten Frankreich und die anderen Staaten Europas wie Planeten kreisen. Sein Instrument war der Hof, der seit 1682 in der gewaltigen Schlossanlage von Versailles residierte, und der der Konzentration und Disziplinierung der Aristokraten Frankreichs diente. Nach innen vollendete Ludwig die absolute Gewalt der Krone im Sinn seines Leitworts *»L'État c'est moi« (»Der Staat, das bin ich«).*

Hyacinthe Rigauds Porträt des alternden Königs (1701; Paris, Louvre) gilt als Inbegriff eines absolutistischen Staatsporträts. Säule und Vorhang, Krönungsornat und Kroninsignien, sogar das entblößte Bein folgen der Tradition; Ludwigs gravitätisch-elegante Haltung jedoch, die ausgewogene Komposition und die prunkvolle Malweise drücken die Identität von Amt und Person aus.

Ludwig XVI.
Am 21. 1. 1793 wurde der König vor versammelter Menschenmenge in Paris auf der Place de la Révolution hingerichtet. Bis 1795 starben auf diesem Platz, der heutigen Place de la Concorde, unter der Guillotine 1119 Personen, darunter auch Marie Antoinette und Robespierre.

sichtig genug, den von ihm bejahten Absolutismus durch eine halbliberale Verfassung (»Charte constitutionnelle«) zu mildern und zunächst der schroffen Reaktion der Ultraroyalisten zu widerstehen. Nach der Ermordung von Charles Ferdinand de Bourbon Herzog von Berry (1820) überließ er jedoch den entscheidenden Einfluss seinem Bruder Karl und der royalistischen Rechten, die eine streng reaktionäre Politik einleiteten.

Ludwig (II.) der Deutsche, König des Ostfränkischen Reiches (seit 843), *etwa 804/806, †Frankfurt am Main 28. 8. 876; dritter Sohn von Ludwig I.; erhielt 817 in der Nachfolgeordnung seines Vaters das Unterkönigtum Bayern, das in der Folgezeit zu seiner Machtbasis wurde. Seit 833 datierte Ludwig als König »in orientali Francia«; ein eigenständiges Ostfränkisches Reich begann sich zu entwickeln. Nach dem Tod des Vaters verbündete sich Ludwig 841/842 mit seinem Halbbruder Karl II., dem Kahlen, gegen den ältesten Bruder, Kaiser Lothar I., der bei Fontenoy (25. 6. 841) unterlag und in die Reichsteilung einwilligen musste (Vertrag von →Verdun, 843; Vertrag von →Meerssen, 870).

Ludwig Wilhelm I., genannt »Türkenlouis«, Markgraf von Baden-Baden (seit 1677), kaiserlicher Feldmarschall (seit 1687) und Reichsgeneralfeldmarschall (seit 1691), *Paris 8. 4. 1655, †Rastatt 4. 1. 1707; zeichnete sich seit 1682 in den →Türkenkriegen (u. a. am Kahlenberg 1683, bei Mohács 1687, Banja Luka 1688 und Szlankamen [Novi Slankamen] 1691) sowie im →Pfälzischen Erbfolgekrieg und im →Spanischen Erbfolgekrieg als Oberbefehlshaber der Reichsarmee (seit 1693) gegen die Franzosen aus. Ludwig Wilhelm ließ Stadt und Schloss Rastatt erbauen (ab 1700).

Lueger, Karl, österreichischer Politiker, *Wien 24. 10. 1844, †ebenda 10. 3. 1910; Rechtsanwalt; war seit 1875 im Wiener Gemeinderat, seit 1885 Mitglied des Reichsrats. Lueger vertrat besonders die Interessen des Kleinbürgertums, nutzte die in dieser sozialen Schicht vorhandenen antisemitischen Strömungen für seine politischen Ziele. Er fasste die verschiedenen christlich-sozialen Gruppierungen 1891 in der Christlichsozialen Partei unter seiner Führung zusammen. Dem 1895 zum Bürgermeister von Wien gewählten Lueger versagte der Kaiser auf Antrag der Staatsregierung trotz vierfacher Wahlwiederholung die Amtsbestätigung. Erst nach der Wahl von 1897 konnte Lueger sein Amt als Bürgermeister antreten. Während seiner Amtszeit wurde Wien zur modernen Großstadt ausgebaut. In der Reichspolitik wandte sich Lueger gegen die dualistischen Verfassung Österreich-Ungarns.

Luise, Königin von Preußen (seit 1797), *Hannover 10. 3. 1776, †Hohenzieritz (bei Neustrelitz) 19. 7. 1810; Tochter Herzog Karls von Mecklenburg-Strelitz. Luise wurde 1793 mit dem späteren König Friedrich Wilhelm III. von Preußen verheiratet und ist die Mutter Friedrich Wilhelms IV. sowie Wilhelms I. Sie wurde zur Symbolfigur des Widerstandes gegen Napoleon I. Nach der Niederlage von Jena und Auerstedt (1806) mit der königlichen Familie in das preußische Königsberg geflohen, setzte sie sich im Juli 1807 in einer Unterredung mit Napoleon I. vergeblich für mildere Friedensbedingungen ein. Durch ihr Engagement sowie ihr anmutiges Wesen sehr volkstümlich und bereits zu Lebzeiten idealisiert, wurde sie nach ihrem frühen Tod als Verkörperung weiblicher Tugend und Vaterlandsliebe mystifiziert.

Luitpold, Prinzregent von Bayern (seit 1886), *Würzburg 12. 3. 1821, †München 12. 12. 1912; dritter Sohn König Ludwigs I.; übernahm angesichts der geistigen Umnachtung Ludwigs II. und Ottos I. am 10. 6. 1886 die Regentschaft.

Lumumba, Patrice, kongolesischer Politiker, *Onalua (Kasai) 2. 7. 1925, †Elisabethville 18. 1. 1961; war 1958 Mitgründer des »Mouvement National Congolais« (MNC). Lumumba setzte sich für einen zentralistischen und »fortschrittlichen« Einparteienstaat ein. Am 23. 6. 1960 wählte ihn das Parlament zum Ministerpräsidenten der Zentralregierung der ab 30. 6. 1960 unabhängigen Demokratischen Republik Kongo (1971–97 Zaire). Nach dem Militärputsch vom September 1960 und dem Einsatz von UN-Truppen wurde Lumumba am 2. 12. 1960 verhaftet, nach Katanga verschleppt und in der Nacht vom 17. zum 18. 1. 1961 unter ungeklärten Umständen ermordet. (→Kongokrise)

Lunéville [lyne'vil], **Frieden von,** der in der lothringischen Stadt Lunéville geschlossene Frieden vom 9. 2. 1801 zwischen Frankreich und Österreich; beendete den Krieg der zweiten Koalition gegen Frankreich (→Französische Revolutionskriege) und bestätigte den Frieden von Campoformio. Frankreich erlangte die Anerkennung der Batavischen, der Helvetischen und der Ligurischen Republik und erhielt das linke Rheinufer. Die deutschen Fürsten wurden für die linksrheinischen Verluste im Reichsdeputationshauptschluss entschädigt.

Lusitania-Zwischenfall, die Versenkung des u.a. auch Munition transportierenden britischen Passagierschiffes »Lusitania« (auf der Rückreise von New York) vor der irischen Küste durch das deutsche U-Boot U20 am 7.5.1915, wobei 1198 Menschen umkamen. Die Erregung in der amerikanischen Öffentlichkeit veranlasste Präsident Woodrow Wilson zu Protestnoten, die im Ersten Weltkrieg zu einer vorübergehenden Einschränkung des deutschen U-Boot-Kriegs führten.

Lusitania-Zwischenfall. Mit seiner U-Boot-Waffe versuchte Deutschland zu Beginn des Ersten Weltkriegs, dem mithilfe einer Fernblockade geführten britischen Handelskrieg zu begegnen. Die Versenkung des britischen Dampfers »Lusitania« (zeitgenössisches Aquarell) sorgte auch in den USA für empörte Proteste.

Luther,

1. Hans, deutscher Politiker, *Berlin 10. 3. 1879, †Düsseldorf 11. 5. 1962; Verwaltungsjurist; war 1918–22 Oberbürgermeister von Essen, 1922–23 Reichsernährungs-, 1923–25 Reichsfinanzminister; hatte 1923/24 entscheidenden Anteil an der Stabilisierung der Währung und der Sanierung des Reichshaushaltes. Im Januar 1925 zum Reichskanzler gewählt, leitete der parteilose, der DVP nahe stehende Luther eine bürgerliche Mehrheitsregierung; sie setzte innenpolitisch u.a. eine Steuerreform durch. Unter der maßgeblichen Verhandlungsführung ihres Außenministers Gustav Stresemann schloss die Regierung Luther im Oktober 1925 die Locarnoverträge ab. Nach dem Austritt der DNVP aus der Regierungskoalition (Oktober 1925) bildete Luther im Januar 1926 eine bürgerliche Minderheitsregierung, die jedoch im Mai 1926 anlässlich der Flaggenfrage gestürzt wurde. 1930–33 war Luther Reichsbankpräsident, 1933–37 Botschafter in Washington (D. C.).

2. Martin, deutscher Theologe und Reformator, *Eisleben 10. 11. 1483, †ebenda 18. 2. 1546.

UNIVERSITÄTSKARRIERE UND »THESENANSCHLAG«: Seine Schulbildung erhielt Luther, der Sohn des Bergmanns Hans Luther und dessen Frau Margarethe, in Mansfeld, Magdeburg und Eisenach. Seit 1501 besuchte er die Universität Erfurt und begann 1505 nach dem Magisterexamen auf Wunsch seines Vaters das Studium der Jurisprudenz, das er jedoch bereits nach zwei Monaten abbrach. Den äußeren Anlass hatte das Erlebnis eines schweren Gewitters gegeben, bei dem Luther in Todesangst das Gelübde ablegte: »Hilf du, heilige Anna, ich will ein Mönch werden!«, das er zwei Wochen später (17. 7. 1505) mit seinem Eintritt ins Kloster der Augustinereremiten in Erfurt erfüllte. In der Folge führte er ein strenges Mönchsleben. 1507 empfing Luther die Priesterweihe und nahm das Studium der Theologie auf, in dem er in seinem theologischen Denken wesentliche Anregungen seitens der Erfurter Nominalistenschule empfing (besonders deren scharfe Trennung von Vernunft und Glaube). 1510/11 wurde Luther in Ordensangelegenheiten nach Rom gesandt. Von dort zurückgekehrt, wurde er in den Konvent von Wittenberg versetzt. Er promovierte 1512 zum Doktor der Theologie und übernahm die Professur für Bibelauslegung.

Eng verbunden mit seiner exegetischen Arbeit war sein persönliches religiöses Erleben. Ausschlaggebend waren dabei sein starkes Sündenbewusstsein und die wachsende Gewissheit, dass der Mensch nicht aus eigener Kraft und auch nicht durch die von der Kirche angebotenen Mittel vor Gott bestehen und das Heil erlangen könne. Zur Schlüsselerfahrung wurde das »Turmerlebnis« (1515/16 oder spätestens Anfang 1518; benannt nach Luthers Studierzimmer im Turm des Wittenberger Augustinerklosters): Ausgehend von Römer 1, 17 (»Denn im Evangelium wird die Gerechtigkeit Gottes offenbart aus Glauben zum Glauben, wie es in der Schrift heißt: Der aus Glauben Gerechte wird leben.«), kam Luther zu der Erkenntnis, die in der Folge zur Grundaussage der reformatorischen Theologie wurde: dass die Rechtfertigung des Menschen vor Gott nicht durch seine eigene Leistung be-

LUTHER. ***Teuflische Ehe?***

Für das Jahr 1525 hatten astrologische Prognosen eine von vielen erwartete Weltkatastrophe vorhergesagt. Dass damals in Deutschland der Bauernkrieg ausbrach, ein Aufruhr, gegen den sich Martin Luther vehement wandte, schien alle Befürchtungen zu bestätigen. Auch sonst gaben die Ereignisse dieses Jahres der Mitwelt zu denken, trat doch am 13. 6. Luther mit Katharina von Bora vor den Traualtar: Nach mittelalterlichem Aberglauben sollte aus der Heirat eines aus dem Orden ausgetretenen Mönches und einer entlaufenen Nonne der Sendbote des Teufels, der Antichrist, geboren werden. Luther dagegen verstand seine Ehe als gottgewolltes Zeichen gegen Zölibat und Mönchsgelübde: *»Ich hoffe, es sollen die Engel lachen und alle Teufel weinen.«*

wirkt werden könne, sondern ein Geschenk (Gnade) Gottes sei, und dass der Mensch nichts anderes zu tun habe, als dieses Geschenk in Demut anzunehmen.

In den Vorlesungen der Jahre 1513–18 war diese theologische Erkenntnis herangereift. Dabei wurde sich Luther immer stärker seines Gegensatzes zur scholastischen Theologie bewusst. Er dachte jedoch an keinen Bruch mit der Kirche, als er, veranlasst durch die Ablasspredigt Johannes Tetzels und die Erfahrungen, die er als Seelsorger im Beichtstuhl mit den Wirkungen des Ablasses gemacht hatte, 1517 in Wittenberg seine 95 Thesen über die Kraft des Ablasses veröffentlichte, um nach dem akademischen Brauch der Zeit zu einer Disputation darüber aufzufordern. Diese Thesen, die in der Öffentlichkeit bald ein gewaltiges, für Luther völlig überraschendes Echo fanden, bedeuteten den faktischen Beginn der Reformation.

DURCHSETZUNG DER REFORMATION: Anzeigen in Rom führten zu einem Ketzerprozess gegen Luther. Sein Landesherr, Kurfürst Friedrich III., der Weise, von Sachsen, konnte durchsetzen, dass Luther nicht in Rom, sondern in Augsburg von Kardinal Thomas Cajetan im Auftrag des Papstes vernommen wurde (12.-14. 10. 1518). Die Verhandlung verlief jedoch ergebnislos; Luther lehnte den geforderten Widerruf ab, der Kurfürst verweigerte Luthers Auslieferung nach Rom. 1519 kam es in Leipzig zur Disputation zwischen Luther und Johannes Eck, während der der Gegensatz Luthers zu Rom deutlich wurde. Die Antwort der Kurie war die Androhung des Banns in der Bulle »Exsurge Domine« vom 15. 6. 1520. Statt binnen 60 Tagen zu widerrufen, antwortete Luther mit einer Gegenschrift (»An den christlichen Adel deutscher Nation«) und verbrannte am 10. 12. 1520 die Bulle zusammen mit scholastischen Schriften vor dem Elstertor in Wittenberg. Damit war der Bruch mit der Kirche vollzogen.

Am 23. 10. 1520 war in Aachen Karl V. zum Kaiser gekrönt worden. Mit Rücksicht auf die Reichsstände gab er Luther unter Zusicherung freien Geleits die Gelegenheit, sich vor dem Reichstag in Worms zu verantworten. In zwei Verhandlungen (17./18. 4. 1521) verteidigte Luther seine Positionen, die er v. a. in den reformatorischen Hauptschriften (»An den christlichen Adel deutscher Nation«, »Von der babylonischen Gefangenschaft der Kirche«, »Von der Freiheit eines Christenmenschen«, alle 1520) niedergelegt hatte, und lehnte auch hier jeglichen Widerruf ab. Darauf wurde über ihn und seine Anhänger im Wormser Edikt die Reichsacht verhängt (8. 5.). Die Gefahr für Luther voraussehend, ließ ihn Friedrich der Weise auf dem Rückweg von Worms »überfallen« (3. 5.) und zu seinem Schutz auf die Wartburg bringen, wo er die folgenden zehn Monate als »Junker Jörg« verbrachte. Auf der

LUTHER | ***Thesenanschlag in Wittenberg***

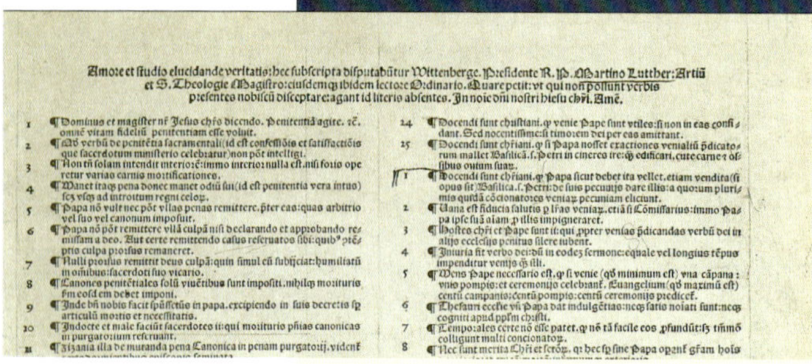

Amore et studio elucidande veritatis: hec subscripta disputabuntur Wittenberge. Presidente R. P. Martino Luther: Artiũ et S. Theologie Magistro: eiusdemque ibidem lectore Ordinario. Quare petit: ut qui non possunt verbis presentes nobiscũ disceptare: agant id literis absentes. In noĩe dñi nostri hiesu chri. Amẽ.

1 Dominus et magister nr̃ Jesus chrs dicendo. Penitentiã agite. &c. omnẽ vitam fideliũ penitentiam esse voluit.
2 Quod verbũ de penitẽtia sacramentali (id est confessiõis et satisfactiõis que sacerdotum ministerio celebratur) non põt intelligi.
3 Non tñ solam intendit interiorẽ: immo interior nulla est. nisi foris operetur varias carnis mortificationes.
4 Manet itaque pena donec manet odiũ sui (id est penitentia vera intus) scz usque ad introitum regni celorum.
5 Papa nõ vult nec põt ullas penas remittere. preter eas: quas arbitrio vel suo vel canonum imposuit.
6 Papa nõ põt remittere ullã culpã nisi declarando et approbando remissam a deo. Aut certe remittendo casus reseruatos sibi: quibus contẽptis culpa prorsus remaneret.
7 Nulli prorsus remittit deus culpã: quin simul eũ subijciat: humiliatũ in omnibus: sacerdoti suo vicario.
8 Canones penitẽtiales solũ viuẽtibus sunt impositi. nihilque morituris fm eosdem debet imponi.
9 Inde bñ nobis facit spũssctũs in papa. excipiendo in suis decretis semper articulũ mortis et necessitatis.
10 Indocte et male faciũt sacerdotes ii: qui morituris pñias canonicas in purgatorium reseruant.
11 Zizania illa de mutanda pena Canonica in penam purgatorij. videntur …

24 Docendi sunt christiani. quod venie Pape sunt utiles: si non in eas confidant. Sed nocentissime: si timorem dei per eas amittant.
25 Docendi sunt chriani. quod si Papa nosset exactiones venialiũ pdicatorum mallet Basilicã. s. Petri in cineres ire: quam edificari. cute carne et ossibus ouium suarum.
1 Docendi sunt chriani. quod Papa sicut debet ita vellet. etiam vendita (si opus sit) Basilica. s. Petri: de suis pecunijs dare illis: a quorum plurimis quidã cõcionatores veniarum pecuniam eliciunt.
2 Vana est fiducia salutis p lras veniarum. etiã si Cõmissarius: immo Papa ipse suã aiam p illis impigneraret.
3 Hostes chri et Pape sunt ii: qui propter venias pdicandas verbũ dei in alijs ecclesijs penitus silere iubent.
4 Iniuria fit verbo dei: dũ in eodem sermone: equale vel longius tẽpus impenditur venijs quam illi.
5 Mens Pape necessario est. quod si venie (quod minimum est) una cãpana: unis pompis: et ceremonijs celebrantur. Euangelium (quod maximũ est) centũ campanis: centũ pompis: centũ ceremonijs predicetur.
6 Thesauri eccl'ie unde Papa dat indulgẽtias: neque satis noiati sunt: neque cogniti apud ppl'm christi.
7 Temporales certe nõ esse patet. quod nõ tã facile eos pfundũt: sed tantummodo colligunt multi concionatorum.
8 Nec sunt merita Chri et scõrum. quia hec semper sine Papa operantur gratiam hoĩs …

Seit dem Ausgang des Mittelalters befand sich das Papsttum infolge weltlicher Herrschaftsansprüche und maßloser Prachtentfaltung in einer finanziellen Dauerkrise. Eines der Mittel, diese zu bewältigen, war der Verkauf von Ablassbriefen, die dem Inhaber das Seelenheil garantierten. Gegen diese Garantie wandte sich Martin Luther in seinen 1517 in lateinischer Sprache veröffentlichten 95 Thesen. Ob er sie wirklich an der Tür der Wittenberger Schlosskirche ausgehängt hat, ist zweifelhaft; ohne Luthers Wissen wurden sie freilich mithilfe des neuartigen Buchdrucks vervielfältigt und in für damalige Verhältnisse großer Auflage verbreitet (Ausschnitt eines Erstdrucks aus Nürnberg, 1517). Auch wenn Luthers Thesen lediglich als theologischer Diskussionsbeitrag gedacht und nicht an die breite Öffentlichkeit gerichtet waren, so wurden sie doch schnell populär, vor allem da sie den Unwillen der Laien über das Finanzgebaren der Kirche widerspiegelten.

Papst Leo X. hielt die Auseinandersetzungen, die Luthers Thesen auslösten, zunächst für belangloses »Mönchsgezänk«. Der von Luther beabsichtigte theologische Disput führte indes im Ergebnis zur Auflösung der Einheit der lateinischen Kirche und brachte den Protestantismus als neue christliche Konfession hervor. Politisches Resultat der Reformation war die konfessionelle Spaltung Deutschlands, vordergründig religiös motivierte Kriege erschütterten bis zum Westfälischen Frieden (1648) ganz Europa.

Nachdem sich Luther bei seiner Verteidigungsrede auf dem Wormser Reichstag 1521 geweigert hatte, seiner Lehre abzuschwören – die berühmten Worte *»Hier stehe ich, ich kann nicht anders«* sind wohl nicht authentisch –, wurde über den Reformator die Reichsacht verhängt.

Wartburg entstanden Postillen (Sammlungen von Musterpredigten), das »Gutachten über die Mönchsgelübde«, das vielfach eine Auflösung des Klosterlebens bewirkte, sowie die Übersetzung des Neuen Testamentes. Anfang März 1522 kehrte Luther gegen den Befehl des Kurfürsten nach Wittenberg zurück, um die radikalen Kirchenreformen, die dort eingeführt worden waren, wieder rückgängig zu machen. Am 13. 6. 1525 heiratete Luther die frühere Nonne Katharina von Bora. Aus dieser Ehe stammen drei Söhne und drei Töchter.

Der Zeit des reformatorischen Beginns folgten nun Jahre der inneren Festigung der Reformation. Es erfolgte die Neuordnung des Gottesdienstes. Die Kirchen- und Schulvisitationen standen am Anfang des neu entstehenden evangelischen (Landes-)Kirchen- und Schulwesens in Kursachsen und den anderen evangelischen Gebieten, für die der Reichstag zu Speyer (1526) die erste Rechtsgrundlage schuf. Während des Augsburger Reichstages von 1530 hielt sich Luther, da er als Geächteter nicht teilnehmen konnte, auf der Veste Coburg auf und unterstützte von hier aus seine Freunde in den Verhandlungen um die Anerkennung des protestantischen Bekenntnisses. Das für die reichsrechtliche Existenz des Protestantismus grundlegende Augsburgische Bekenntnis, im Wesentlichen ein Werk Philipp Melanchthons, fand Luthers Billigung. 1536 gelang mit der Wittenberger Konkordie die Beilegung des Abendmahlsstreites mit den Oberdeutschen, nicht jedoch mit den Schweizern. Im selben Jahr verfasste Luther für die im Schmalkaldischen Bund vereinigten evangelischen Stände im Hinblick auf das seit 1532 von Kaiser Karl V. geforderte Konzil die Schmalkaldischen Artikel. Die Durchsetzung der Reformation erwies sich als mühsames Unterfangen, der konfessionelle Friede war ständig gefährdet. Luther selbst äußerte sich in seinen letzten Lebensjahren zunehmend polemisch und meinte, den »Feinden Christi« mit schärfstem Zorn begegnen zu müssen, so etwa in den Schriften »Von den Juden und ihren Lügen« (1543) und »Wider das Papsttum zu Rom, vom Teufel gestiftet« (1545).

Bis 1545 hielt Luther in Wittenberg Vorlesungen. Im Januar 1546 reiste er trotz schwacher Gesundheit über Halle nach Eisleben, um im Streit der Grafen von Mansfeld zu vermitteln. Er starb dort an einem schon längere Zeit währenden Herzleiden. Sein Leichnam wurde nach Wittenberg überführt und am 22. 2. 1546 in der Schlosskirche beigesetzt.

LEHRE: Die wesentlichen Elemente der Theologie Luthers lassen sich auf die Formel »solus Christus, sola fides, sola gratia, sola scriptura« (»allein Christus, allein der Glaube, allein die Gnade, die Schrift«) bringen. Basis ist die Erfahrung der Rechtfertigung des Sünders allein durch den Glauben. Die Stellung des Menschen vor Gott gründet sich nicht in einer (sittlichen) Leistung, sondern allein in der gläubigen Hinnahme des gerechten Urteils Gottes über ihn. Wenn der Mensch sein Ungenügen und sein Versagen erkennt, sich vor Gott als Sünder bekennt und ihn um Barmherzigkeit und Gnade anruft, dann darf er sich – trotz all seiner Sündhaftigkeit – der »gerecht« machenden Gnade Gottes gewiss sein. Dieses Verständnis der Rechtfertigung, das sich zwar auf die theologische Tradition (Paulus, Augustinus) berufen konnte, diese jedoch radikalisierte, indem es die Rechtfertigung ausschließlich und unmittelbar in Jesus Christus begründete und damit die Kirche und ihre Einrichtungen als Vermittlungsinstanzen aufhob, musste zum Gegensatz mit der mittelalterlichen Kirche führen. Indem Luther die Bibel als »Wort Gottes« über die Autorität des kirchlichen Lehramtes stellte, steigerte sich dieser Gegensatz zum Normenkonflikt.

Von den sieben Sakramenten der Kirche behielt Luther nur Taufe und Abendmahl bei, weil er allein für sie einen zureichenden Grund in der Schrift fand. In der Abendmahlslehre lehnte er die Anschauung von der stofflichen Verwandlung des Brotes und Weines in Leib und Blut Jesu Christi (Transsubstantiation) ab, hielt aber gegen Zwingli an der wirklichen Gegenwart (Realpräsenz) von Leib und Blut fest. Den Opfercharakter der Messe lehnte er ab und betonte den Aspekt der Versammlung der christlichen Gemeinde um Gottes Wort und Sakrament. Gesellschaftlicher Stand, Beruf und Familie waren für Luther die konkreten »Orte«, an die Gott die Menschen gestellt hat, ihren Glauben zu bewähren. Luthers Auffassungen von der staatlichen Obrigkeit (dem »weltlichen Regiment«) als des von Gott eingesetzten Garanten der äußeren (Rechts-)Ordnung der Welt und der Kirche als Trägerin des »geistlichen Regiments« fanden ihren Ausdruck in der Zweireichelehre.

Die Drucklegung von Luthers Werken leistete einen entscheidenden Beitrag zur Förderung und Vereinheitlichung der deutschen Sprache: Von den 1523 erschienenen 935 deutschen Drucken entfallen 392 auf Schriften Luthers; allein seine Bibelübersetzung erschien bis zu seinem Tod (1546) in über 400 Ausgaben.

Luther King, Martin, →King, Martin Luther.

Lützen, Schlacht bei, während des Dreißigjährigen Krieges am 16. 11. 1632 nördlich von Lützen (heute Sachsen-Anhalt) geschlagene Schlacht, bei der die Schweden unter König Gustav II. Adolf über wallensteinsche Truppen siegten. Nach Gustav Adolfs Tod behaupteten Herzog Bernhard von Sachsen-Weimar und Generalmajor Dodo von Knyphausen das Schlachtfeld gegen die wallensteinschen Truppen, auf deren Seite der

MARTIN LUTHER
*** 1483 † 1546**

- setzte 1517 mit seinen 95 Thesen über die Kraft des Ablasses die Reformation in Gang
- lehnte jeglichen Widerruf ab und verfiel daher dem Kirchenbann und der Reichsacht
- lebte 10 Monate lang als »Junker Jörg« auf der Wartburg
- übersetzte das Neue Testament ins Deutsche
- bestand auf der Rechtfertigung des Sünders allein durch den Glauben

Reitergeneral Gottfried Heinrich Graf zu Pappenheim fiel.

Luxemburg, französisch **Luxembourg** [lyksa'bu:r], amtlich luxemburgisch **Grousssherzogtum Lëtzebuerg,** französisch **Grand-Duché de Luxembourg** [grady'ʃe də -], deutsch **Großherzogtum Luxemburg,** Staat in Europa, der im Osten an Deutschland, im Westen an Belgien und im Südwesten an Frankreich grenzt.

GESCHICHTE: Das zunächst von Kelten besiedelte Gebiet geriet im 1. Jh. v. Chr. unter römische Herrschaft. Die im 10. Jh. entstandene Grafschaft der späteren Luxemburger wurde 1354 Herzogtum; 1355 mit Brabant vereinigt, wurde es 1443 an Burgund verkauft. Mit dem größten Teil Burgunds fiel es 1477 an das Haus Österreich, 1555 an die spanischen Habsburger, gehörte aber als Teil des Burgundischen Reichskreises weiterhin zum Heiligen Römischen Reich. 1659 ging der südliche Teil an Frankreich verloren, das restliche Gebiet erhielt 1714 Österreich, 1795 Frankreich. 1815 wurde Luxemburg Großherzogtum und Mitglied des Deutschen Bundes, stand aber in Personalunion mit den Niederlanden. 1830 trat es den größeren westlichen Landesteils an Belgien ab. Der Versuch Napoleon III., das nach 1866 selbstständige Luxemburg zu erwerben, endete mit der Neutralisierung des Landes (1867–1948). 1958 wurde das Benelux-Abkommen mit Belgien und den Niederlanden unterzeichnet. Staatsoberhaupt ist seit 2000 Großherzog Henri.

ROSA LUXEMBURG
***1870 †1919**

war zu Beginn des 20. Jh. die führende marxistische Theoretikerin

kritisierte als Kriegsgegnerin die Burgfriedenspolitik der SPD

wurde gemeinsam mit Karl Liebknecht Vorsitzende der neu gegründeten KPD

gilt bis heute als Symbolfigur der Linken in Deutschland

Luxemburg, Rosa, Politikerin polnischer Herkunft, *Zamość bei Lublin (Polen) 5. 3. 1870, †(ermordet) Berlin 15. 1. 1919. Luxemburg, die Tochter einer jüdischen Kaufmannsfamilie, schloss sich schon als Schülerin der sozialistischen Arbeiterbewegung an. 1889 emigrierte sie nach Zürich und studierte dort Nationalökonomie. Mit ihrem langjährigen Lebensgefährten Leo Jogiches beteiligte sie sich 1893 führend an der Gründung der im Untergrund tätigen Sozialdemokratischen Arbeiterpartei Polens. Nach ihrer Übersiedlung nach Berlin (1899) und dem Eintritt in die SPD entwickelte Luxemburg sich zur führenden Theoretikerin des linken Parteiflügels (→Revisionismus). 1905 ging sie in den unter russischer Herrschaft stehenden Teil Polens und nahm in Warschau an Demonstrationen und Kämpfen gegen die russische Staatsmacht teil. Vom 4. 3. bis 28. 6. 1906 in Warschau in Haft, kehrte sie über Finnland nach Deutschland zurück. Am 1. 10. 1907 wurde sie Dozentin an der Parteihochschule der SPD in Berlin.

Schon im Vorfeld – u. a. auf den Internationalen Sozialistenkongressen (1907, 1912, 1914) und in der II. Internationale – aktiv gegen die Kriegsgefahr eintretend, bekämpfte sie im Ersten Weltkrieg 1914–18 die Burgfriedenspolitik der SPD (»Die Krise der Sozialdemokratie«, unter dem Pseudonym Junius, deshalb auch »Junius-Broschüre« genannt, 1916). Zusammen mit Karl Liebknecht initiierte sie die »Gruppe Internationale«, für die sie Mitherausgeberin der Zeitschrift »Die Internationale« war (ab 1915; →Spartakusbund). Vom 31. 3. 1915 bis 18. 2. 1916 sowie ab 10. 7. 1916 war sie als Kriegsgegnerin in Berlin, Wronke (Posen) sowie Breslau inhaftiert. Nach ihrer Freilassung (9. 11. 1918) ging sie nach Berlin. Nach dem Sturz der Monarchie strebte sie eine Rätedemokratie an. Ihre im Dezember verfasste Schrift »Was will der Spartakusbund?« wurde zur programmatischen Grundlage der am 31. 12. 1918 /1. 1. 1919 gegründeten KPD, zu deren Vorsitzenden sie gemeinsam mit Liebknecht gewählt wurde. Im Januar 1919 unterstützte sie aus Gründen der Parteiräson den Aufstand des Spartakusbundes in Berlin, von dessen Scheitern sie überzeugt war und den sie deswegen missbilligt hatte. Sie wurde von Freikorpsoffizieren ermordet.

In den Beiträgen Luxemburgs zur Entwicklung der sozialistischen Gesellschaftstheorie lassen sich im Wesentlichen vier Schwerpunkte erkennen: 1) Im Gegensatz zum Revisionismus Eduard Bernsteins sah Luxemburg in der Revolution den einzig erfolgreichen Weg zur Errichtung einer sozialistischen Gesellschaftsordnung (»Sozialreform oder Revolution?«, 1899). 2) In zahlreichen Reden und Beiträgen kritisierte sie Militarismus und Kolonialismus. 3) In ihrem theoretischen Hauptwerk »Die Akkumulation des Kapitals« (1912) vertrat sie die These, dass der Imperialismus die notwendige Folge einer in der kapitalistischen Dynamik angelegten Gesetzmäßigkeit sei. 4) Im Gegensatz zu Lenins Auffassung von der straff gelenkten »Partei neuen Typs« als »Avantgarde der Arbeiterklasse« war sie überzeugt, dass das Proletariat in seiner Gesamtheit am Aufbau des Sozialismus teilhaben müsse, wenn dieser gelingen solle; Lenin verwechsle die Klassendiktatur (d. h. die Diktatur des Proletariats) mit den technischen Mitteln diktatorischer Herrschaft.

Maastrichter Vertrag, Bezeichnung für den am 7. 2. 1992 in Maastricht, der Hauptstadt der Provinz Limburg im Süden der Niederlande, unterzeichneten und am 1. 11. 1993 in Kraft getretenen Vertrag über die →Europäische Union. (→Europäische Gemeinschaften)

MacArthur [mәk'ɑ:θә], Douglas, amerikanischer General, *Little Rock (Ark.) 26. 1. 1880, †Washington (D. C.) 5. 4. 1964; übernahm im Zweiten Weltkrieg 1941 den Oberbefehl über die amerikanischen Streitkräfte im Fernen Osten, musste jedoch im März 1942 nach Australien fliehen. 1942 wurde MacArthur Oberbefehlshaber der alliierten Streitkräfte im Südwestpazifik und konnte nach verschiedenen erfolgreichen Offensiven gegen die Japaner 1944–45 auch die Philippinen zurückerobern. Im April 1945 erhielt er das Kommando über die gesamten amerikanischen Streitkräfte im Pazifik. Am 2. 9. 1945 nahm er im Rang eines Armeegenerals die Kapitulation Japans entgegen und führte nach Kriegsende als Oberbefehlshaber der Besatzungstruppen in Japan 1945–51 die amerikanische Demokratisierungs- und Entmilitarisierungspolitik durch. Im →Koreakrieg leitete MacArthur, seit 1950 Oberbefehlshaber der UN-Streitkräfte, die Gegenoffensive gegen Nordkorea, geriet aber als Befürworter einer Ausweitung des Kriegsschauplatzes auf das Gebiet der VR China, mit dem Risiko eines Nuklearkrieges, in Konflikt mit Präsident Harry Truman, der ihn am 11. 4. 1951 entließ.

MacDonald [mәk'dɔnәld], James Ramsay, britischer Politiker, *Lossiemouth (Verwaltungsdistrikt Moray) 12. 10. 1866, †auf einer Seereise nach Südamerika 9. 11. 1937; schloss sich 1886 der Fabian Society, 1894 auch der Independent Labour Party an; war 1900 Mitbegründer des Labour Representation Committee (LRC, der späteren Labour Party), dessen Sekretär er wurde. 1906–18 und seit 1922 war er Mitglied des Unterhauses, 1911–14 parlamentarischer Führer seiner Partei. MacDonald wandte sich gegen den Eintritt Großbritanniens in den Ersten Weltkrieg. Von 1924 an führte MacDonald als Premierminister (zugleich Außenminister) die erste Regierung der Labour Party in der britischen Geschichte. Seine Bemühungen beim Völkerbund, zu einer Übereinkunft über eine friedliche Regelung internationaler Streitfragen zu gelangen, schlugen sich im »Genfer Protokoll« (2. 10. 1924 nieder. Nach dem Wahlsieg seiner Partei bildete MacDonald im Juni 1929 erneut eine Labour-Regierung, die jedoch im August 1931 unter dem Druck der Weltwirtschaftskrise zurücktrat. Gegen den entschiedenen Widerstand seiner Partei führte MacDonald 1931–35 eine von den bürgerlichen Kräften bestimmte Koalitionsregierung (National Government).

Machiavelli [makja'vɛlli], Niccolò, italienischer politischer Schriftsteller, *Florenz 3. 5. 1469, †ebenda 22. 6. 1527. Machiavelli wurde nach humanistisch-juristischen Studien 1498 Vorsteher der Zweiten Kanzlei, die sich mit der inneren Verwaltung und Kriegssachen der Republik Florenz befasste. Darüber hinaus führten ihn diplomatische Missionen zu König Ludwig XII. von Frankreich, Kaiser Maximilian I., Cesare Borgia und Papst Julius II. In seinen Gesandtschaftsberichten (»Legazioni«) beschrieb er scharf und unbeteiligt das politische Handeln. Bereits 1500 erkannte er im Feldlager vor Pisa die militärisch-strategische Unbrauchbarkeit ausländischer Söldner. Die von ihm angeregte Organisation einer Bürgermiliz aus dem Landvolk leitete er seit 1505/06. Sie versagte jedoch bei ihrem ersten Einsatz 1512 gegen die spanische Infanterie vor Prato und besiegelte mit dem Schicksal der Republik auch Machiavellis Karriere. Er wurde entlassen und 1513 nach einer fehlgeschlagenen Verschwörung unschuldig verhaftet und gefoltert, aber nach der Wahl des ersten Medici-Papstes Leo X. amnestiert.

Douglas MacArthur. Mit der Unterzeichnung der japanischen Kapitulationserklärung am 2. 9. 1945 wurde das Ende des Zweiten Weltkriegs endgültig besiegelt.

In der erzwungenen Untätigkeit auf seinem Landgut in Sant'Andrea bei San Casciano entstand von Juli bis Dezember 1513 »Il principe« (erschienen 1532; »Der Fürst«), den Machiavelli den Medici widmete. Er schloss sich dem florentinischen Humanistenkreis der »Orti Oricellari« an, schrieb Komödien und verteidigte 1521 in seinen »Sette libri dell'arte della guerra« (»Kriegskunst«) das republikanische Milizheer. Zugleich nahm er die Arbeit an den »Discorsi sopra la prima deca di Tito Livio« (1531; »Betrachtungen über die ersten zehn Bücher des Livius«) wieder auf. Daneben bemühte sich Machiavelli stets um die Gunst der Medici, die ihn zwar nicht in die praktische Politik zurückholten, aber Ende 1520 damit betrauten, die Geschichte der Stadt Florenz darzustellen. Kurz nachdem die Truppen Kaiser Karls V. Rom 1527 erobert und geplündert hatten, wurden die Medici vorübergehend aus

Niccolò Machiavelli

Florenz vertrieben. Damit büßte auch Machiavelli seine Stellung ein.

Den Schriften Machiavellis liegt ein gemeinsames Anliegen zugrunde: die theoretisch fundierte Untersuchung der als unzureichend beurteilten politischen Praxis mit dem Ziel, diese zu verändern. In »Il principe« stellt Machiavelli die generell abstrakte Frage nach den Bedingungen erfolgreicher Politik. Seine empirisch-systematischen Untersuchungen zwingen Machiavelli methodisch und inhaltlich zum Bruch mit der Tradition christlich-metaphysischer Staatstheorie. Mit dem antiker Ethik verpflichteten Begriff der »virtù« tritt an die Stelle der christlichen Tugenden des Herrschers als Voraussetzung dauerhafter politischer Herrschaft dessen Fähigkeit, politische Macht zu erwerben und zu erhalten und – unter dem Aspekt des fremdbeherrschten Italien – die nationale Einheit herzustellen. Unter Ablehnung der jenseitsgerichteten Ethik der mittelalterlich-theokratischen Reichehierarchie gibt Machiavelli dem staatlichen Zusammenschluss seinen antiken Wert für das Leben der Individuen zurück. Die Frage nach der Erhaltung des Staates ist für Machiavelli so zentral, dass er den Herrscher unter der Voraussetzung des Staatsnotstandes vom Zwang, nach ethischen Normen zu handeln, befreien will. Damit begründet Machiavelli, ohne schon den Begriff zu verwenden, die Lehre von der Staatsräson. Die individuelle »virtù« des Herrschers wird durch den Fortbestand der von ihm eingerichteten politischen Ordnung zur Quelle einer durch Erziehung vermittelten kollektiven »virtù«, die als politische Kultur über den zukünftigen Zustand des Gemeinwesens entscheidet. Daher besteht zwischen dem als »Handbuch für Tyrannen« missverstandenen »Il principe« und den am republikanischen Prinzip ausgerichteten »Discorsi« auch keine Unvereinbarkeit.

Marie Edme Patrice Graf von Mac-Mahon

Als Vorläufer einer erklärenden Geschichtswissenschaft und einer theoretischen Wissenschaft von der Politik hat Machiavelli einen kaum zu überschätzenden Einfluss auf die Staatsphilosophie des 16., 17. und 18. Jh. ausgeübt.

Machtergreifung, propagandistische Bezeichnung für die Übernahme der Regierungsgewalt in Deutschland durch die NSDAP, die mit der Ernennung Adolf Hitlers zum Reichskanzler (30. 1. 1933) begann, auch für die sich daran unmittelbar anschließende Errichtung der NS-Diktatur in Deutschland (→Nationalsozialismus).

Mac-Mahon [makma'ɔ̃], Marie Edme Patrice Graf von, Herzog von Megenta (seit 1859), französischer Marschall (seit 1859) und Politiker, *Schloss Sully (bei Autun) 13. 6. 1808, †Schloss La Forêt (bei Montargis) 17. 10. 1893; stammte aus einer altirischen Familie. Mac-Mahon nahm als General am Krimkrieg teil, unterwarf 1857 die Kabylen und schlug im Krieg Sardinien-Piemonts und Frankreichs gegen Österreich 1859 bei Magenta die österreichischen Truppen. Im Mai 1871 schlug er den Aufstand der Pariser →Kommune nieder und wurde dadurch zum Symbol einer konservativen Ordnung. Nach dem Sturz von Adolphe Thiers am 24. 5. 1873 wählte ihn die monarchistisch-klerikale Mehrheit der Nationalversammlung zum zweiten Präsidenten der Dritten Republik. Der Restauration der Bourbonen war er abgeneigt, hielt jedoch auch nach der endgültigen Einrichtung der Republik 1875 an seinen konservativen Anschauungen fest. Er trat 1879 zurück.

James Madison

Macmillan [mək'mɪlən], Harold, Earl of Stockton (seit 1984), britischer Politiker, *London 10. 2. 1894, †Chelwood Gate (County East Sussex) 29. 12. 1986; trat 1921 in den Familienverlag Macmillan & Co. Ltd. ein. 1924–64 war Macmillan mit kurzer Unterbrechung für die Konservativen Mitglied des Unterhauses. In den 1930er-Jahren bekämpfte er die Appeasementpolitik des Premierministers Arthur Neville Chamberlain. 1942–45 vertrat er die britische Regierung im alliierten Hauptquartier in Nordafrika. Nach dem Zweiten Weltkrieg setzte sich Macmillan für die britische Beteiligung am Schumanplan ein. 1954–55 war er Verteidigungs-, 1955 Außenminister und 1955–57 Schatzkanzler. Als Premierminister (1957–63) konnte Macmillan das durch den Suezkrieg 1956 getrübte britisch-amerikanische Verhältnis verbessern. Seine Verteidigungspolitik gründete sich auf die britische NATO-Mitgliedschaft und den Aufbau einer eigenen Nuklearstreitmacht. Auf der Bahamakonferenz 1962 vereinbarte er mit John F. Kennedy eine »multilaterale Atomstreitmacht«. 1963 war er maßgeblich beteiligt am Abschluss des Vertrags über die Einstellung von Kernwaffenversuchen.

Madison ['mædɪsn], James, 4. Präsident der USA (1809–17), *Port Conway (Va.) 16. 3. 1751, †Montpelier (Va.) 28. 6. 1836; arbeitete im Verfassungskonvent 1787 den »Virginia-Plan« für eine starke Zentralregierung aus und hinterließ mit seinen Aufzeichnungen die wichtigste Quelle für diese Versammlung. Madison wirkte nachdrücklich für die Annahme der Verfassung, als deren geistiger Vater er vielfach gilt und die der Kongress auf seine Anregung hin um den Grundrechtskatalog erweiterte. Ein ausbalanciertes System von Parteien, föderalistischer Struktur und garantierten persönlichen Freiheitsrechten sollte eine starke nationale Regierung auf demokratischer Grundlage ermöglichen. Er war 1801–09 Außenminister unter Thomas Jefferson und ließ sich als Präsident in einen Krieg mit Großbritannien (1812–14) ziehen. Die Gründung einer neuen Nationalbank und die Einführung eines gemäßigten Schutzzolls, beides 1816, deuteten auf eine zunehmende Übernahme der Wirtschaftspolitik der Föderalisten.

Magalhães [magaˈʎaiʃ], Fernão de, spanisch **Fernando de Magallanes** [maɣaˈʎa-], portugiesischer Seefahrer, *Sabrosa (bei Vila Real) um 1480, †(gefallen) auf der Insel Mactan (bei Cebu) 27. 4. 1521; stand anfangs in portugiesischen, seit 1517 in spanischen Diensten. Magalhães' von Karl I. bewilligter Plan, die Molukken auf dem Westweg zu erreichen, führte 1519–22 zu einer Fahrt um die Erde. Mit fünf Schiffen verließ er am 20. 9. 1519 Sanlúcar de Barrameda. Über Teneriffa und Guinea erreichte er am 10. 1. 1520 die Mündung des Río de la Plata und fand am 21. 10. 1520 den Eingang in die nach ihm benannte Magellanstraße zwischen dem südamerikanischen Festland und Feuerland. Am 6. 3. 1521 erreichte Magalhães die Ladronen (Marianen) und am 16. 3. die Lazarusinseln (Philippinen), wo er im Kampf mit der einheimischen Bevölkerung fiel. Seinem Nachfolger Juan Elcano gelang die Weiterfahrt zu den Molukken und die Rückreise nach Spanien und damit die Vollendung der ersten Weltumsegelung, die die Kugelform der Erde endgültig bewies. Das von Kolumbus entdeckte Land wurde nun als eigener Kontinent erkannt. Von dem Mitreisenden Antonio Pigafetta liegt eine Beschreibung der Fahrt vor.

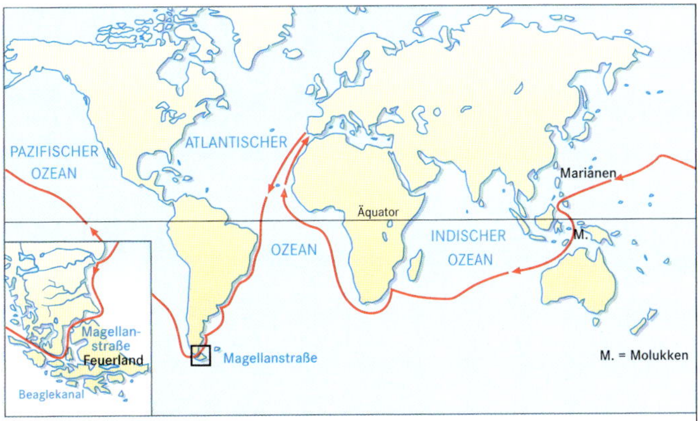

Fernão de Magalhães. Reiseroute der Weltumseglung

Magellan, portugiesischer Seefahrer, → Magalhães, Fernão de.

Maginotlinie [maʒiˈno-], nach dem französischen Politiker und Kriegsminister André Maginot benanntes, 1929–36 errichtetes, nach dem Zweiten Weltkrieg nicht mehr in seiner eigentlichen Funktion genutztes Festungssystem an der französischen Nordostgrenze und der Grenze gegenüber Italien. Den Kern des in insgesamt 25 befestigte Abschnitte eingeteilten Befestigungsgürtels bildeten 45 große Artilleriewerke und 62 kleinere Infanteriewerke, zu denen über 400 schwere Einzelbunker, Hindernisse, Verkehrs-, Versorgungs- und Kommunikationsanlagen kamen. Im Zweiten Weltkrieg wurde die Maginotlinie von den deutschen Truppen umgangen.

Magna Charta [-k-], **Magna Carta, Magna Charta Libertatum** [latein. »große Urkunde der Freiheiten«], englisch **Great Charter** [ˈgreɪt ˈtʃaːtə], das wichtigste englische Grundgesetz. Die Magna Charta wurde am 15. 6. 1215 König Johann I. ohne Land von Adel und Geistlichkeit abgerungen. Vom König zunächst anerkannt, in der Folgezeit jedoch widerrufen und von Papst Innozenz III. für nichtig erklärt, wurde sie in modifizierter Form 1216 und mit weiteren Änderungen 1217 vom Regentschaftsrat für den minderjährigen König Heinrich III. bestätigt und erhielt 1225 ihre endgültige Fassung. Die meisten der 63 Artikel betrafen das Lehnsrecht und wandten sich dabei v.a. gegen die maßlose Fiskalisierung der Lehnspflichten. Andere Bestimmungen erstreckten sich jedoch auch auf Bereiche, die nicht im unmittelbaren Interesse der Barone lagen, wie Bauernschutz oder Rechtsschutzgarantie für Freie, und lassen so das Bestreben erkennen, die Widerstandsbewegung gegen die Krone auf eine möglichst breite Grundlage zu stellen.

Zur Sicherung dieser Zugeständnisse war in der Magna Charta ursprünglich sogar ein Fehderecht vorgesehen, das ein Ausschuss von 25 gewählten Baronen unter bestimmten Umständen gegen die Krone wahrnehmen konnte. Dieses staatlich institutionalisierte Widerstandsrecht wurde jedoch in die späteren Fassungen nicht übernommen. Zunächst als ein Vertrag zur Beschränkung königlicher Willkür und zur Wiederherstellung der feudalen Rechtsordnung gedacht, wurde die Magna Charta im Lauf der Zeit zum fundamentalen Grundgesetz des englischen Verfassungsrechts aufgewertet. – Bild S. 542

Fernão de Magalhães

Magyaren [maˈdʒaːrən], **Madjaren**, ungarisch **Magyarok** [ˈmɔdjɔrok; wohl aus Megyer, der Name eines Stammes der Magyaren], heute nicht mehr verbreitete Bezeichnung für die Ungarn.

Die im 9. Jh. aus dem Gebiet zwischen Ural und Wolga einwandernden und landnehmenden Magyaren assimilierten bald die im Karpatenbecken sesshaft gebliebenen Stammesreste der Germanen, Slawen und Dakoromanen, später auch u.a. die Kumanen. Streif- und Beutezüge führten nomadisierende Magyaren im 9. Jh. ins Großmährische Reich, im 10. Jh. v.a. in ostfränkisch-deutsche Gebiete (»Ungarneinfälle«). Bis zum Ende des 19. Jh.

MAGNA CHARTA. ***Kommunale Freiheit***

Neben zahlreichen anderen Regelungen enthält die Magna Charta auch eine Bestätigung der kommunalen Freiheiten: *»Und die City of London soll all ihre alten Freiheiten und das Recht zur freien Zollerhebung sowohl zu Land als auch zu Wasser haben. Außerdem gewähren wir, dass alle anderen Cities, Boroughs, Towns und Häfen alle ihre Freiheiten und das Recht zur freien Zollerhebung haben sollen.«*

MAGNA CHARTA *Anfänge des Parlamentarismus*

Das englische Parlament geht in seinen Wurzeln auf die lehnsrechtliche Pflicht der Kronvasallen zurück, dem König nicht nur bewaffnete Hilfe zu leisten, sondern ihn auch zu beraten. Innerhalb des königlichen Beratergremiums wurde zwischen einer ständigen und einer von Fall zu Fall tagenden Ratsversammlung, zu der ein erweiterter Personenkreis hinzugezogen wurde (Großer Rat), unterschieden, wobei sich im Lauf des 13. Jh. für den Großen Rat die Bezeichnung »Parlament« (von lateinisch »parlamentum«, Besprechung, Versammlung) herausbildete. Das Parlament entwickelte sich im Verlauf des 13. und 14. Jh. zu einer eigenständigen Institution mit einem neuen Selbstverständnis.

Bereits mit der Magna Charta von 1215 waren der englischen Krone Zugeständnisse abgetrotzt worden. Nun zwangen aufständische Barone unter der Führung Simons von Montfort König Heinrich III., 1264 und 1265 zwei »Parlamente« einzuberufen, die zur Hälfte aus gewählten Vertretern der Barone bestanden und zu denen neben Kronvasallen erstmals auch Vertreter der Grafschaftsritter und der Städte hinzugezogen wurden. Noch weiter ging dann König Eduard I., der 1295 das »Model Parliament« einberief. Diese repräsentative Ständeversammlung, zu der niedrige Bevölkerungsschichten jedoch nicht zugelassen waren, beanspruchte bereits, dem König gegenüber die Gesamtheit des Reiches zu vertreten und bei wichtigen politischen Fragen wie bei der Erhebung von Steuern mitzubestimmen.

blieben die Magyaren im alten Ungarn in der Minderheit. Durch die Assimilierung von in Ungarn lebenden Nationalitäten, der Magyarisierung besonders nach 1848, vergrößerte sich der Anteil der Magyaren erheblich.

Mahdi [ˈmaxdi, auch ˈmaːdi], **al-Mahdi,** eigentlich **Mohammed Ahmed Ibn Saijid Abd Allah** [-ˈaxmed-], islamischer Reformator und Staatsgründer im Sudan, *Labab (Distrikt Dongola, Nordsudan) 12. 8. 1844, †Omdurman 22. 6. 1885; schloss sich 1861 dem Derwischorden der Sammanija an und begann früh, selbst Schüler um sich zu versammeln, die so genannten Mahdisten. Er erklärte am 29. 6. 1881 öffentlich, der vom Propheten verheißene Mahdi zu sein, verkündete den heiligen Krieg gegen Ägypten, das seit 1830 das ganze Niltal besetzt hielt, und eroberte 1882 im Mahdiaufstand Kordofan. Das britische Generalgouvernement erkannte den Mahdi als Oberhaupt eines unabhängigen Staates im Landesteil Kordofan an. Der Mahdi war nach der Eroberung Khartums am 26. 1. 1885 unbestrittener Herrscher über den Ostsudan, starb aber bald darauf. Der Staat Mahdis existierte unter dessen Nachfolger Abd Allah Ibn Saijid Mohammed bis zur britisch-ägyptischen Invasion (1896–98).

Mailänder Edikt, →Toleranzedikt von Mailand.

Maiunruhen, Bezeichnung für die Studentenunruhen, die in Paris nach dem 3. 5. 1968 in Verbindung mit einer durch die Gewerkschaften am 13. 5. ausgelösten Streikbewegung ausbrachen. Studenten, Gewerkschaften und Linksparteien kritisierten scharf die gesellschaftlichen und politischen Verhältnisse.

Maizière [mɛˈzjɛːr], Lothar de, deutscher Politiker, *Nordhausen 2. 3. 1940; war zunächst ab 1965 Musiker, ab 1975 Rechtsanwalt; war seit 1986 Vizepräses der Synode der Evangelischen Kirchen in der DDR. Maizière war ab dem 10. 11. 1989 Vorsitzender der CDUD und in der Koalitionsregierung unter Ministerpräsident Hans Modrow vom 13. 11. 1989 bis 12. 4. 1990 stellvertretender Ministerpräsident und Minister für Kirchenfragen. Nach dem Wahlsieg der »Allianz für Deutschland« am 18. 3. 1990 förderte er als Ministerpräsident der DDR (12. 4.–2. 10. 1990) den Einigungsprozess der beiden deutschen Staaten. Als amtierender Außenminister (ab August 1990) unterschrieb er am 12. 9. 1990 den Zwei-plus-Vier-Vertrag. Seit 1. 10. 1990 stellvertrender Bundesvorsitzender der CDU, war Maizière ab 3. 10. 1990 Bundesminister ohne Geschäftsbereich und MdB (bis 1991). Wegen Vorwürfen einer angeblichen Tätigkeit als »informeller Mitarbeiter« (IM) des Staatssicherheitsdienstes trat er am 17. 12. 1990 als Bundesminister und am 6. 9. 1991 als stellvertretender Bundesvorsitzender der CDU und Landesvorsitzender der CDU in Brandenburg (ab November 1990) zurück.

Majdanek, ein Stadtteil von Lublin, Polen, in dem sich 1941–44 ein nationalsozialistisches Konzentrations- und Vernichtungslager befand, das 1941–43 offiziell als »Kriegsgefangenenlager der Waffen-SS Lublin« und 1943–44 als »KL Lublin« geführt wurde. Von den rund 500 000 Insassen aus 28 Ländern starben zwischen 250 000 und 360 000 Menschen u.a. an Hunger und Krankheit bzw. wurden in Gaskammern ermordet, v.a. Juden, oder in Massenerschießungen hingerichtet, v.a. sowjetische Kriegsgefangene.

Makedonien, Mazedonien,

1. historische Großlandschaft in Südosteuropa, die das heutige Griechenland, die Republik Makedonien und Bulgarien umfasste.

GESCHICHTE: Das antike Makedonien war in historischer Zeit von Makedonen besiedelt, einem den Griechen verwandten Stamm. Unter seinen Königen Philipp II., der 359–336 v.Chr. regierte, und Alexander dem Großen, der 336–323 v.Chr. herrschte, erlangte Makedonien die Vorherrschaft in Griechenland. Nach Alexanders Tod war Makedonien eines der Diadochenreiche, verlor schließlich 215–168 in den drei Makedonischen Kriegen mit den Niederlagen bei Kynoskephalai 197 und bei Pydna 168 seine Vorrangstellung an Rom und wurde 148 v.Chr. römische Provinz. Seit dem 4. Jh. n.Chr. gehörte Makedonien zum Byzantinischen Reich, geriet dann unter die Herrschaft der Bulgaren, später der Serben und kam 1317 zum Osmanischen Reich. Die Bestätigung dieses Besitzstandes auf dem Berliner Kongress 1878 führte zu Aufständen gegen die osmanische Herrschaft, die sich in Auseinandersetzungen zwischen Griechenland, Bulgarien und Serbien fortsetzten. Die v.a. deshalb ausgebrochenen Balkankriege 1912/13 endeten mit der Aufteilung Makedoniens zwischen diesen drei Staaten, der größte Teil gelangte an Serbien, das »Vardarmakedonien«, und Griechenland, das »Ägäismakedonien«. »Vardarmakedonien« kam 1918 als Teil Serbiens zum späteren Jugoslawien.

2. amtlich makedonisch **Republika Makedonija,** Staat in Südosteuropa, der im Norden an Jugoslawien bzw. Serbien, im Osten an Bulgarien, im Süden an Griechenland und im Westen an Albanien grenzt.

GESCHICHTE: Die ersten freien Parlamentswahlen gewann 1990 die Innere Makedonische Revolutionäre Organisation (IMRO), die für die nationale Einheit des jugoslawischen, griechischen und bulgarischen Makedonien in einer Balkanföderation eintrat. Nach der Erklärung der Unabhängigkeit am 15. 9. 1991 wurde eine neue Verfassung angenommen, mit der sich Makedonien als selbstständiger Staat konstituierte, der bis April 1993 v.a. wegen griechischen Einspruchs nicht international anerkannt wurde. Der Konflikt mit Griechenland aufgrund der griechischen Forderung des Verzichtes auf den Namen Makedonien wurde erst 1995 beigelegt. Schwere Kämpfe zwischen Armee und extremistischen albanischen Freischärlern (UÇK), die das Ziel einer ethnischen Föderalisierung, d.h. einer Teilung Makedoniens verfolgten, weiteten sich ab 2000 zum Konfliktfall für die gesamte Balkanregion aus. Nach Vermittlung der EU konnte 2001 ein Friedensvertrag unterzeichnet werden; NATO-Truppen begleiteten den Friedensprozess (erste NATO-Militäraktion unter alleiniger deutscher Führung).

Makkabäer [wohl von hebräisch maqqvay »hammerartig«], auch **Hasmonäer,** jüdisches Hohepriester- und Königsgeschlecht. Sein Name geht auf den Beinamen des Judas Makkabi aus dem Geschlecht der Hasmonäer zurück, der in der Nachfolge seines Vaters Mattathias im Kampf gegen Antiochos IV. Epiphanes die Herrschaft der Seleukiden über die Judäer zu brechen vermochte. Seine Brüder Jonatan und Simon vollendeten die Wiederherstellung des jüdischen Staates 141 v.Chr., der unter Simons Sohn Hyrkanos I. seinen Höhepunkt erreichte. 63 v.Chr. geriet der Staat in Abhängigkeit von den Römern.

Malta, Staat im Mittelmeer, der die Inseln Malta, Gozo, Comino, Cominotto und Filfla umfasst.

GESCHICHTE: Malta war ein Zentrum der Megalithkulturen. Nach phönikischer Kolonisation (8./7. Jh. v.Chr.) und karthagischer Oberhoheit (7./6. Jh.) wurde es 218 v.Chr. römische Kolonie. Nach byzantinischer, arabischer, normannischer und aragonesischer Herrschaft war es 1530–1798 im Besitz des →Malteserordens. 1802 unterstellte es sich Großbritannien (1814 Kronkolonie). 1947 erlangte Malta volle Autonomie, 1974 wurde es unabhängige parlamentarische Republik. Seit 2004 ist es Mitglied der EU.

Malteserorden, eigentlich **Souveräner Malteser-Ritterorden vom Hospital des Heiligen Johannes von Jerusalem, genannt von Rhodos, genannt von Malta,** seit seiner Belehnung mit Malta (1530) Kurzbezeichnung für den →Johanniterorden, heute die Bezeichnung für den 1852 als selbstständigen geistlichen Ritterorden wieder hergestellten evangelischen Zweig.

Malthus ['mælθəs], Robert, englischer Nationalökonom und Sozialphilosoph, * Rookery (bei Guildford) 14. 2. (nach anderen Angaben 17. 2.) 1766, † Bath 23. 12. 1834; war seit 1805 Professor für Geschichte und politische Ökonomie am Kollegium der Ostindischen Kompanie zu Haileybury bei Hertford. Malthus, einer der führenden Theoretiker der klassischen Nationalökonomie, wurde v.a. durch seine pessimistische Bevölkerungslehre bekannt. Er führte das menschliche Elend seiner Zeit auf das Anwachsen der Bevölkerung zurück, die stets die Tendenz zeige, stärker als der Nahrungsmittelspielraum zu wachsen. In seiner Lohntheorie nimmt er eine Steigerung der Reallöhne an, welche freilich durch die dadurch ausgelöste Bevölkerungsvermehrung wieder aufgezehrt werde. In seiner Wachstumstheorie unterstellt er, dass der Volkswohlstand bei steigendem Angebot nur dann zunehme, wenn auch die effektive Nachfrage wachse. Er hielt es auch für möglich, dass die Tendenz der Wirtschaft zum Gleichgewicht – z. B. durch übermäßiges Sparen – dauerhaft gestört und sogar aufgehoben werden kann.

Mandarin.
Um ein höherer Staatsbeamter zu werden, musste der Bewerber mehrere Prüfungen ablegen. Die zwei sitzenden Mandarine mit ihren Dienern illustrieren eine historische Karte von 1655.

Mamelucken [italien. mammalucco, von arabisch mamlūk »in Besitz genommen«, »Sklave«, zu malaka »besitzen«], **Mamluken,** Bezeichnung der Kaufsklaven türkisch-kaukasischer Herkunft, die, nach sorgfältiger Ausbildung und Bekehrung zum Islam freigelassen, unter den → Aijubiden in Ägypten und Syrien Kriegsdienst leisteten, aber auch im Staatsdienst eingesetzt wurden. Die Einrichtung der Militärsklaverei geht bis ins 9. Jh. zurück, zahlenmäßig und politisch bedeutsam wurden die Mamelucken jedoch erst gegen Ende der Aijubidenherrschaft. Generäle der Mamelucken ergriffen 1250 schließlich selbst die Macht und beherrschten bis zur osmanischen Eroberung 1516/17 von Kairo aus Ägypten mit Syrien.

Nach der Eroberung Bagdads durch die Mongolen 1258 verlagerte sich das politische, religiöse und kulturelle Schwergewicht der arabisch-islamischen Welt in das von den Mamelucken beherrschte Ägypten. In der Folge wurden die letzten Stützpunkte der Kreuzfahrer in Syrien und Palästina erobert. Als Feldherren und Staatsmänner ragten v. a. die Sultane Baibars I. und Kalaun hervor. Die Anwesenheit abbasidischer Schattenkalifen erhöhte die Legitimität und das Prestige der Mameluckensultane. Auch nach der osmanischen Eroberung spielten die Mamelucken in der Politik und Verwaltung Ägyptens noch jahrhundertelang eine wichtige Rolle, bis 300 ihrer führenden Beis 1811 auf Befehl Mehmed Alis einem Massaker in der Zitadelle von Kairo zum Opfer fielen.

Manchestertum ['mæntʃɪstə-], Bezeichnung für den extremen wirtschaftlichen Liberalismus des frühen 19. Jahrhunderts. Im Manchestertum wird das freie Spiel der wirtschaftlichen Kräfte ohne staatliche Eingriffe als Grundprinzip der außenwirtschaftlichen wie v. a. auch der binnenwirtschaftlichen Ordnung postuliert. Das englische Manchestertum warb u. a. für den Pazifismus als Grundlage wirtschaftlicher Wohlfahrt, weil anders keine weltweite Arbeitsteilung zu begründen sei. Die Bezeichnung »Manchestertum« ist abgeleitet von der Stadt Manchester, deren Handelskammer erfolgreich gegen die Getreidezölle kämpfte. Während in Großbritannien die Gegenbewegung zum Manchestertum vom Chartismus, vom Konservatismus und vom politischen Liberalismus selbst ausging, wurde in Deutschland die Ausprägung des Liberalismus zum Manchestertum durch das aus der Tradition des Kameralismus herrührende wirtschaftliche Übergewicht des Staates, später auch durch die soziale Frage verhindert. Im Allgemeinen nennt man Manchestertum – meist abwertend – die Lehre, die als treibende Kraft in Wirtschaft und Gesellschaft nur den Egoismus des Einzelnen kennt.

Mandarin [portugies. mandarim (in Anlehnung an mandar »befehlen«), über malaiisch mantari und Hindi mantri von Sanskrit mantri(n) »Ratgeber«, »Minister«], europäische Bezeichnung für die chinesischen Staatsbeamten, die die politische und soziale Führungsschicht des traditionellen China bildeten. Die Mandarine stammten fast ausschließlich aus den führenden lokalen Familien. In ihr Amt gelangten sie v. a. durch Ablegung von Staatsprüfungen oder z. B. auch durch Ämterkauf. Mit der Abschaffung des Prüfungssystems 1905 und mit der Revolution von 1911/12 brach der traditionelle chinesische Beamtenstaat und damit der Stand der Mandarine zusammen.

Mandela, Nelson, südafrikanischer Politiker, * Qunu (Transkei) 18. 7. 1918; Rechtsanwalt. Mandela ist seit 1944 Mitglied des → African National Congress (ANC) und seit 1949 Mitglied des ANC-Exekutivausschusses. Er organisierte 1952 die »Defiance-Campaign« (Missachtungskampagne), mit der der ANC durch gewaltfreie Übertretung von Rassengesetzen gegen die 1948 eingeleitete → Apartheid protestierte. Mandela, seit 1952 ANC-Vizepräsident, wurde deswegen zu neun Monaten Haft auf Bewährung verurteilt und anschließend mit Hausarrest und dem Verbot jeglicher politischer Tätigkeit belegt. Er blieb jedoch im Untergrund aktiv und formulierte die 1955 proklamierte »Freiheitscharta« des ANC maßgeblich mit. Nach dem Verbot des ANC formierte Mandela 1961 die auf Sabotageunternehmen ausgerichtete Militärorganisation »Umkonto we Sizwe« (»Speer der Nation«)

und wurde deren Befehlshaber. 1962 wegen Beteiligung an verschiedenen Protestaktionen zu fünf Jahren Haft verurteilt, wurde Mandela im Oktober 1963 im »Rivonia-Prozess« des Hochverrats, der Sabotage und Verschwörung angeklagt und im Juni 1964 zu lebenslänglicher Haft verurteilt. Im Februar 1985 lehnte er seine Entlassung unter der von der Regierung gestellten Bedingung, auf Gewalt künftig zu verzichten, ab und forderte stattdessen die Legalisierung des ANC und die Abschaffung der Apartheid.

Unter dem Druck der schwarzafrikanischen Bevölkerung und der Weltöffentlichkeit wurde Mandela am 11. 2. 1990 aus der Haft entlassen. Im März 1990 wählte ihn der wieder zugelassene ANC zu seinem Vizepräsidenten, im Juli 1991 zu seinem Präsidenten. Auf der Seite des ANC leitete Mandela die Verhandlungen mit der weißen Minderheitsregierung, die schließlich zum Ende der Apartheid und zum friedlichen Übergang Südafrikas zu einer gemischtrassigen Demokratie führten. Dafür erhielt er zusammen mit Frederik de Klerk 1993 den Friedensnobelpreis. Am 10. 5. 1994 wurde Mandela, nach dem Sieg des ANC in den Wahlen vom April, als erster schwarzer Staatspräsident der Republik Südafrika vereidigt. Im Dezember 1997 trat Mandela als Präsident des ANC zurück. Bei den Wahlen im Juni 1999 verzichtete Mandela auf eine Kandidatur, sein Nachfolger als Staatspräsident wurde Thabo Mbeki.

Mandschu, Manchu, Mandschuren, Volk aus der Sprachgruppe der Tungusen, das Ende des 16. Jh., nach der Einigung der bisher dem Mingreich botmäßigen Stämme, zur ostasiatischen Großmacht aufstieg und 1644 Peking erobern konnte. Damit wurde die Qingdynastie (1644–1911) begründet, die auf die Mingdynastie (1368–1644) folgte (→China). Bis zum Ende des Kaiserreichs im Jahre 1911 stand China damit unter einer Fremdherrschaft.

Manfred, König von Sizilien (seit 1258), *1232, † (gefallen) Benevent 26. 2. 1266; erbte als natürlicher Sohn Kaiser Friedrichs II. von seinem Vater 1250 das Fürstentum Tarent und die Statthalterschaft in Italien für seinen Halbbruder Konrad IV., für dessen Sohn Konradin er 1254 die Regentschaft übernahm. 1258 zum König von Sizilien gekrönt, erweiterte er seine Macht auch auf Kosten des Kirchenstaates, sodass Papst Urban IV. Karl I. von Anjou zu Hilfe rief. Manfred fiel im Kampf mit Karl I. in der Schlacht von Benevent.

Mansfeld, Ernst II. Graf von, deutscher Söldnerführer, *Luxemburg 1580, † Rakowiza (bei Sarajevo) 29. 11. 1626; gehörte zu den zeittypisch gewinnorientierten Kriegsunterneh-

NELSON MANDELA
***1918**

- engagierte sich früh im African National Congress (ANC)
- verbrachte fast dreißig Jahre in Haft und wurde dort zur Symbolfigur der Antiapartheidbewegung
- führte Südafrika zusammen mit Frederik de Klerk zu einer gemischtrassigen Demokratie
- amtierte 1994-99 als erster schwarzer Staatspräsident der Republik Südafrika

MANDELA — *Ende der Apartheid*

1992 entschied sich die weiße Bevölkerung der Republik Südafrika in einem Referendum für die Abschaffung der Apartheid, der seit 1948 angewendeten Politik der Rassentrennung im öffentlichen wie privaten Leben. Nach dem Rücktritt von Staatspräsident Pieter Willem Botha (1989), unter dem sich der außenpolitische Druck und die innenpolitische Lage verschärft hatten, leitete sein Nachfolger Frederik de Klerk eine radikale Wende in der Innenpolitik ein. Neben der Legalisierung verbotener Organisationen wie des African National Congress (ANC), der Freilassung politischer Gefangener wie Nelson Mandela, der 28 Jahre in verschiedenen Hochsicherheitsgefängnissen inhaftiert war, und der Aufhebung des seit 1986 bestehenden Ausnahmezustandes setzte er 1991 die Grundpfeiler des Apartheidsystems außer Kraft. Nach Gesprächen zwischen de Klerk und Mandela trat im Dezember 1991 in Johannesburg ein »runder Tisch« zusammen, um über eine neue Verfassung zu beraten. Die im April 1994 durchgeführten Parlamentswahlen erbrachten eine deutliche Mehrheit von 62, 7 % für den ANC, die Partei Nelson Mandelas, der hier neben einem Wahlplakat abgebildet ist. Am 9. 5. wählte das neue Parlament Mandela zum Staatspräsidenten.

Aufgrund seiner stark personalisierten Politik richteten viele schwarze Südafrikaner ihre Hoffnungen auf Aufschwung und Stabilität auf den populären ANC-Vorsitzenden. De Klerk wurde zum Zweiten Vizepräsidenten ernannt. Mit dem friedlichen politischen Umbruch konnte Südafrika auch aus der außenpolitischen Isolierung heraustreten und wurde wieder Mitglied wichtiger internationaler Organisationen.

mern. Er kämpfte als Söldnerführer im Dreißigjährigen Krieg auf protestantischer Seite und wurde am 25. 4. 1626 von Wallenstein besiegt. Mit französischen Mitteln stellte er ein neues Heer auf, das er von Venedig aus als Gegner Habsburgs anbieten wollte. Er starb auf dem Weg nach Italien.

Manteuffel, Otto Freiherr von, preußischer Politiker, *Lübben/Spreewald 3. 2. 1805, †Crossen (Oder) 26. 11. 1882; leitete 1848–50 das Innenministerium. Manteuffel setzte sich für die Einführung des Dreiklassenwahlrechts 1849 und die Umgestaltung der Verfassung 1850 ein. Als Ministerpräsident und Außenminister verfolgte er seit Dezember 1850 einen streng konservativen Kurs. Im Rahmen der Politik der »Neuen Ära« wurde Manteuffel 1858 von König Wilhelm I. entlassen.

Manuel I. Komnenos, Kaiser des Byzantinischen Reichs (seit 1143), *1120, †Konstantinopel 24. 9. 1180; versuchte die ursprüngliche Größe des Reichs wieder herzustellen, v.a. durch den Rückgewinn Italiens im Kampf gegen die Normannen. Kilikien, die lateinischen Kreuzfahrerreiche, Ungarn und Serbien erkannten Manuels Lehnshoheit an. Die Politik Friedrichs I. Barbarossa isolierte allerdings Manuel. 1176 vernichtete der Seldschukensultan Kilidsch-Arslan II. bei Myriokephalon Manuels Heer und brach die Machtstellung von Byzanz.

Manuel II. Palaiologos, Kaiser des Byzantinischen Reichs (seit 1391), *1350, †Konstantinopel 21. 7. 1425; wurde 1373 Mitregent seines Vaters Johannes V. Palaiologos. Sein Reich bestand nur noch aus Konstantinopel und Teilen von Morea. 1403 schloss Manuel einen Friedensvertrag mit Sultan Mehmed I., dessen Nachfolger Murad II. jedoch 1422 erneut Konstantinopel belagerte. 1424 geriet Byzanz wieder in Abhängigkeit vom Osmanischen Reich.

Manufaktur [engl. manufacture, eigentlich »Handarbeit«, zu latein. manus »Hand« und factura »das Machen«], Frühform des kapitalistischen industriellen Betriebes, die, zunächst von Großkaufleuten zur Befriedigung des Massenbedarfs bei bestimmten Gütern organisiert, später eine den Merkantilismus wesentlich mitprägende Erscheinung wurde und ihre Blütezeit im 17./18. Jh. hatte. Der Produktionsprozess in der Manufaktur ist gekennzeichnet durch Spezialisierung, Arbeitsteilung, Serienfertigung für überlokale Märkte und Vorherrschen von Handarbeit bei geringem Einsatz von Maschinen. Charakteristisch ist ferner die innerbetriebliche Trennung von Leitung und ausführender Arbeit. In Deutschland im 18. Jh. weit verbreitet und gefördert, insbesondere durch fürstliche Geldgeber und Abnehmer, dienten Manufakturen der kapitalintensiven, rationellen und oft aufwendigen Produktion von Waren, die technisch, sozial oder künstlerisch von den in Zünften organisierten Handwerkern nicht hergestellt werden konnten. Sozial erfasste die Manufaktur überwiegend die außerzünftige städtische Bevölkerung. Der Übergang zur Industrie ist v.a. in der ersten Hälfte des 19. Jh. fließend.

Mao Zedong, Mao Tse-tung, chinesischer Politiker, *Shaoshan (Provinz Hunan) 26. 12. 1893, †Peking 9. 9. 1976.

REVOLUTION UND BÜRGERKRIEG: Mao Zedong, der Sohn eines Bauern, wandte sich 1913 von den überlieferten Denktraditionen ab und bekannte sich zum Marxismus. 1921 beteiligte sich Mao Zedong in Schanghai an der Gründung der Kommunistischen Partei Chinas (KPC). 1923 wurde er Mitglied des ZK und des Politbüros der KPC. Als sich diese 1922 zum Zusammenschluss mit der Kuo-min-tang entschloss, übernahm er auch in dieser Partei führende Funktionen. 1927 kam es zum Bruch zwischen der Kuo-min-tang und der KPC, in der Folge zur blutigen Unterdrückung der Kommunisten durch die von Chiang Kai-shek geführten Kuo-min-tang-Truppen. Mit Zhu De, der aus kommunistischen Guerillaverbänden eine chinesische Rote Armee schuf, baute Mao Zedong nach sowjetischem Vorbild und nach Durchführung einer Agrarrevolution in der Provinz Jiangxi in Südostchina eine chinesische Räterepublik auf. Unter dem Druck der »Vernichtungsfeldzüge« der Kuo-min-tang-Regierung gegen das kommunistische Herrschaftsgebiet in Jiangxi entschloss sich Mao Zedong, mit seinen Truppen und Parteikadern nach Norden auszuweichen. Auf dem →Langen Marsch 1934/35, der von Jiangxi nach Yanan in der Provinz Shaanxi in Nordwestchina führte, gewann er endgültig die politische Führung der KPC.

Als Chiang Kai-shek von einem Teil seiner eigenen Truppen gefangen genommen worden war, zwang Mao Zedong ihn zum Waffenstillstand mit den Kommunisten und zu einer »Einheitsfront« gegen Japan, dessen Truppen 1931 in die Mandschurei eingedrungen waren. Im Chinesisch-Japanischen Krieg 1937–45 hielt Mao Zedong die chinesische Rote Armee jedoch weitgehend aus der direkten Konfrontation mit den japanischen Truppen heraus und konzentrierte sich in seinem Machtbereich auf dessen militärische und politische Sicherung. Nach der militärischen Niederlage

MAO ZEDONG
***1893 †1976**

- war Mitbegründer der Kommunistischen Partei Chinas
- führte 1934/35 den »Langen Marsch« an
- trat 1949 an die Spitze der neu ausgerufenen Volksrepublik China
- leitete die radikale gesellschaftliche Umgestaltung Chinas ein
- setzte 1965/66 die Kulturrevolution in Gang

MAO ZEDONG. ***Gewalt und Macht***

1938 äußerte Mao Zedong grundlegende Überlegungen zum Thema »Probleme des Krieges und der Strategie«: *»Die zentrale Aufgabe und die höchste Form der Revolution ist die bewaffnete Machtergreifung, ist die Lösung des Problems durch den Krieg. Dieses revolutionäre Prinzip des Marxismus-Leninismus hat allgemeine Gültigkeit, es gilt überall, in China wie im Ausland… Die politische Macht kommt aus den Gewehrläufen.«*

Japans im August/September 1945 bemühte er sich in Verhandlungen mit Chiang Kai-shek um die Bildung einer Koalitionsregierung von KPC und Kuo-min-tang. Als diese Gespräche scheiterten, brach der Bürgerkrieg wenige Monate später erneut aus.

HERRSCHAFT ÜBER DIE VOLKSREPUBLIK CHINA: Angesichts der Eroberung ganz Chinas durch die Rote Armee rief Mao Zedong am 1. 10. 1949 in Peking die Volksrepublik China aus. Er selbst trat als Vorsitzender der »Zentralen Volksregierung« an die Spitze des Staates. Nach der Verabschiedung einer neuen Verfassung wurde er 1954 Staatspräsident. Unter Ausschaltung der alten Führungselite leitete Mao Zedong gemäß seiner Deutung des Marxismus-Leninismus eine radikale Umgestaltung der chinesischen Gesellschaft ein, v. a. mit der Bodenreform, der Gleichstellung der Frau und der Verstaatlichung von Schwerindustrie und Außenhandel. Außenpolitisch herrschte zunächst Einvernehmen zwischen Mao Zedong und der kommunistischen Führung in der UdSSR. Nach dem Tod Stalins 1953 und der von seinem Nachfolger Nikita Chruschtschow 1956 eingeleiteten Entstalinisierung in der UdSSR entwickelten sich erhebliche Meinungsverschiedenheiten zwischen Mao Zedong und der sowjetischen Partei- und Staatsführung. Der Konflikt, der um 1960 zu einem über den Tod Mao Zedongs hinausführenden langfristigen sowjetisch-chinesischen Bruch führte, entzündete sich besonders an den unterschiedlichen Auffassungen über die Entwicklung der Weltrevolution, das Prinzip der »friedlichen Koexistenz« und den Entwicklungsstand der chinesischen Gesellschaft.

Als sich jedoch das Scheitern der Politik einer endgültigen Durchsetzung der Industrialisierung und Agrarrevolution abzeichnete und Mao Zedong sich innerparteilich einer starken Gruppe von Kritikern wie Liu Shaoqi, Peng Zhen, Deng Xiaoping u. a. gegenübergestellt sah, trat er im April 1959 zugunsten von Liu Shaoqi als Staatspräsident zurück, behielt jedoch den Parteivorsitz. Er zog sich auf die Position des führenden Ideologen der KPC zurück. Im Machtkampf mit seinen innerparteilichen Gegnern, die einen stärker pragmatischen, mehr am volkswirtschaftlichen Wachstum orientierten Entwicklungskurs vertraten, hielt Mao Zedong an seiner Auffassung fest, dass allein die »revolutionären Massen« Motor des gesellschaftlichen Fortschritts sein können. Um einer »spontanen Tendenz zum Kapitalismus« entgegenzuwirken und das »bürgerlich-reaktionäre Denken«, das in der Partei Platz gegriffen habe, zu bekämpfen, setzte Mao Zedong 1965/66 die Große Proletarische →Kulturrevolution in Gang, mit der er seine innerparteilichen Gegner ausschaltete, den Partei- und Staatsapparat zerschlug und ihn durch Revolutionskomitees ersetzen ließ. Er baute in dieser Zeit einen Führerkult um seine Person als »großer Vorsitzender und Steuermann« auf. Eine Auswahl seiner Gedanken und Aussprüche wurde als das »Rote Buch« verbreitet und in viele Sprachen übersetzt.

In seinen letzten Lebensjahren trat Mao Zedong in der Öffentlichkeit immer weniger

MAO ZEDONG

Gründung der Volksrepublik China

Nach dem Zweiten Weltkrieg brach in China erneut ein Bürgerkrieg zwischen den Kommunisten und dem Kuo-min-tang-Regime Chiang Kai-sheks aus. Mao Zedongs Truppen schlugen die Regierungstruppen mit sowjetischer Unterstützung, Chiang Kai-shek musste sich nach Taiwan zurückziehen. Nach der Machtübernahme proklamierte Mao Zedong am 1. 10. 1949 vom »Tor des himmlischen Friedens« (Foto um 1990) aus die Volksrepublik China. Anstelle von Nanking wurde nun Peking Hauptstadt, Mao trat als Präsident des Zentralrats der Volksregierung an die Spitze des Staats.

Gemäß ihrer spezifischen Deutung des Marxismus-Leninismus, dem Maoismus, leitete die kommunistische Partei eine radikale Umgestaltung der Gesellschaft ein. Dies war mit mehreren Säuberungswellen verbunden, denen einige Millionen Menschen zum Opfer fielen. Eines der hauptsächlichen Ziele der Kommunistischen Partei war, China von einem Agrar- in einen Industriestaat umzuwandeln. Bei der Verstaatlichung der Industrie lehnte sich China an das sowjetische Vorbild an. Im Rahmen einer umfassenden Bodenreform wurde zwar eine ausgeglichenere Verteilung des Landbesitzes erreicht, doch kam es im Zuge der Enteignungen zu brutaler, millionenfacher Liquidierung von Grundbesitzern.

Margarete von Valois

MARIA STUART
***1542 †1587**

brachte als Katholikin die protestantischen Lords gegen sich auf

verbrachte mehr als 18 Jahre in der Gefangenschaft Elisabeths I.

wurde wegen einer angeblichen Verschwörung hingerichtet

hervor, galt aber weiterhin als höchste Autorität im kommunistischen China. Nach seinem Tod wurden seine engsten Mitarbeiter politisch ausgeschaltet, seine Parteifeinde, u.a. Deng Xiaoping, rehabilitiert und die von ihm verfolgte Politik einer grundsätzlichen Revision unterzogen. Erst in den 1980er-Jahren wurden die »Mao-Zedong-Ideen« wieder offizieller Bestandteil der kommunistischen Ideologie in der VR China. Der Leichnam von Mao Zedong wurde 1977 in einem Mausoleum am »Platz des Himmlischen Friedens« in Peking aufgebahrt.

Marat [ma'ra], Jean Paul, französischer Revolutionär, *Boudry (Schweiz) 24. 5. 1743, † (ermordet) Paris 13. 7. 1793; wurde in der Revolution von 1789 einer der radikalsten Volksführer und gab seit September 1789 den »Publiciste Parisien« heraus, den er bald in den »Ami du Peuple« umwandelte. Nach dem Sturz des Königtums am 10. 8. 1792 schloss er sich Georges Danton an, hatte an den Septembermorden entscheidenden Anteil und wurde Mitglied des Konvents. Im Frühjahr 1793 begann er als Präsident des Jakobinerklubs einen fanatischen Kampf zur Vernichtung der Girondisten. Kurz darauf wurde er von Charlotte Corday erstochen. Von den Sansculotten fast kultisch verehrt, galt er deren politischen Gegnern als Symbolfigur revolutionärer Ausschreitungen.

Marathon, antiker Ort in Attika, Griechenland, nordöstlich von Athen beim heutigen Dorf Vrana, südlich des heutigen im Randbereich der Agglomeration Athen liegenden Ortes Marathon. Er wurde bekannt durch die Schlacht von Marathon 490 v. Chr., in der die Athener unter Miltiades über die Perser unter Datis und Artaphernes siegten; ein Läufer soll die Siegesnachricht nach Athen gebracht haben, wo er tot zusammengebrochen sei. Der Grabhügel (Soros) in der Ebene für die gefallenen Athener ist heute noch erhalten.

Marbacher Bund, 1405 in Marbach am Neckar zwischen Erzbischof Johann II. von Mainz, Markgraf Bernhard I. von Baden, Graf Eberhard dem Milden von Württemberg und 17 schwäbischen Reichsstädten geschlossener Bund zum »Schutz ihrer Rechte und Freiheiten«. Der Bund war gegen die Reichs- und Territorialpolitik König Ruprechts von der Pfalz gerichtet. Durch Sondervereinbarungen gelang diesem 1407/08 eine Aushöhlung des Marbacher Bundes.

Marbod, lateinisch **Maroboduus,** König der Markomannen, † Ravenna um 37 n. Chr.; trat als junger Mann zeitweilig in römische Kriegsdienste. Um 9 v. Chr. führte er sein Volk aus dem Maingebiet nach Böhmen und gründete hier eine Herrschaft, um die sich zahlreiche andere Stämme gruppierten. Nachdem ihm Kaiser Tiberius Hilfe gegen den Angriff des Cheruskers Arminius verweigert und der abtrünnige gotische Adlige Catualda 19 n. Chr. seine Residenz erobert hatte, brach Marbods Reich zusammen. Er floh zu den Römern, die ihm Ravenna als Wohnsitz zuwiesen.

Marco Polo, venezianischer Asienreisender, → Polo, Marco.

Marcus Antonius, römischer Staatsmann, → Antonius.

Margarete I., dänisch **Margarethe I.,** Königin von Dänemark und Norwegen (seit 1387) sowie Schweden (seit 1389), *Søborg (Seeland) März 1353, † Flensburg 28. 10. 1412; Tochter des dänischen Königs Waldemar IV. Atterdag; heiratete 1363 König Håkon VI. Magnusson von Norwegen und Schweden. Nach dem Tod ihres Sohnes Olaf Håkonsson 1387 wurde Margarete in Dänemark und Norwegen zur Herrscherin gewählt. In Schweden setzte sie sich 1389 gegen König Albrecht von Mecklenburg durch. Mit Schaffung der Kalmarer Union sicherte sie 1397 die Einheit der drei Reiche. Gleichzeitig setzte sie den ihr verwandten Erich VII. von Pommern zu ihrem Nachfolger ein, wahrte aber ihren Einfluss.

Margarete Maultasch, Gräfin von Tirol (1335–63), *wohl Schloss Maultasch (bei Terlan) 1318, † Wien 3. 10. 1369; erhielt nach dem Tod ihres Vaters, Herzog Heinrich VI. von Kärnten, 1335 Tirol; heiratete 1342 nach dem Scheitern ihrer ersten Ehe mit Johann Heinrich von Böhmen den Markgrafen Ludwig den Älteren von Brandenburg. Nach dem Tod ihres einzigen Sohnes überließ sie 1363 Tirol Herzog Rudolf IV. von Österreich.

Margarete von Anjou [-ã'ʒu], Königin von England, *Pont-à-Mousson (bei Nancy) 23. 3. 1430, † Dampierre-sur-Loire (bei Saumur) 25. 8. 1482; wurde 1445 mit Heinrich VI. von England vermählt. Sie beherrschte mit ihren Günstlingen den regierungsunfähigen König und war während der Rosenkriege die eigentliche Führerin der Lancasterpartei. In der Schlacht bei Tewkesbury am 4. 5. 1471 gegen Eduard IV. fiel ihr Sohn Eduard. Sie selbst geriet in Gefangenschaft und wurde erst 1475 durch Vermittlung Ludwigs XI. nach Frankreich freigelassen.

Margarete von Navarra, Margarete von Angoulême [-ãgu'lɛ:m], Herzogin von Alençon, Königin von Navarra, *Angoulême 11. 4. 1492, † Odos (bei Tarbes) 21. 12. 1549; war seit 1509 mit Herzog Karl IV. von Alençon und seit 1527 mit Heinrich von Albret, dem König von Navarra, verheiratet. Ihr Enkel Heinrich IV. wurde als erster Bourbone König von Frankreich. Von hoher Bildung, zog Margarete Gelehrte an ihren Hof und regte die Übersetzung vieler Werke der italienischen Literatur an. Tief religiös, vertrat sie einen an der Rechtfertigungslehre orientierten Protestantismus, gewährte verfolgten Protestanten Zuflucht an ihrem Hof in Nérac, bekannte sich jedoch nie zum reformierten Glauben, sondern brach 1545 alle Beziehungen zu Calvin ab.

Margarete von Österreich, Statthalterin in den Niederlanden (1507–15 und 1518/19–30), *Brüssel 10. 1. 1480, †Mecheln 1. 12. 1530; Tochter Kaiser Maximilians I. und der Maria von Burgund; wurde 1507 von ihrem Vater zur Statthalterin in den Niederlanden ernannt und leitete die Regierung der Niederlande, Burgunds und Savoyens im Sinn des habsburgischen Hausinteresses. Margarete war maßgeblich an der Liga von Cambrai 1508 und am Damenfrieden von Cambrai 1529 beteiligt.

Margarete von Valois [-va'lwa], genannt **La Reine Margot** [la 'rɛ:n mar'go], Königin von Navarra und Frankreich, *Saint-Germain-en-Laye 14. 5. 1553, †Paris 27. 3. 1615; heiratete 1572 Heinrich III. von Navarra, den späteren Heinrich IV. von Frankreich. Ihre Hochzeit war als Zeichen der Verständigung zwischen Katholiken und Hugenotten gedacht, wurde aber der Auftakt zur →Bartholomäusnacht. Die Ehe wurde 1599 wegen Kinderlosigkeit für ungültig erklärt. Margarete war gebildet und sammelte nach der Scheidung einen Kreis von Schriftstellern und Gelehrten um sich. Sie war letzter legitimer Spross der Valois.

Maria I., die Katholische, Maria die Blutige, englisch **Bloody Mary** ['blʌdɪ 'meərɪ], auch **Maria Tudor** [-'tju:də], Königin von England (seit 1553), *Greenwich (heute zu London) 18. 2. 1516, †London 17. 11. 1558; Tochter Heinrichs VIII. und der Katharina von Aragonien; folgte ihrem Halbbruder Eduard VI. auf den Thron. Ihr Versuch, England zum Katholizismus zurückzuführen, war mit zahlreichen Hinrichtungen führender Protestanten verbunden. Im Krieg mit Frankreich ging 1558 Calais verloren.

Maria Stuart [-'stjʊət], Königin von Schottland (1542–68), *Linlithgow 7. oder 8. 12. 1542, †(hingerichtet) Fotheringhay Castle (County Northamptonshire) 8. 2. 1587; Tochter Jakobs V. von Schottland; war seit 1558 in erster Ehe mit Franz II. von Frankreich verheiratet; kehrte nach dessen Tod 1560 im folgenden Jahr nach Schottland zurück. Zu Elisabeth I. von England stand Maria Stuart politisch in Gegensatz, da sie sich der schottisch-französischen Verbindung verpflichtet fühlte. Als Urenkelin Heinrichs VII. galt sie den Katholiken auch als rechtmäßige Erbin des englischen Throns. 1565 heiratete sie ihren Vetter Lord Darnley, mit dem sie sich noch vor der Geburt ihres Sohnes Jakob VI., als englischer König ab 1603 Jakob I., überwarf. Ihren katholisierenden Bestrebungen trat in offener Empörung die Mehrzahl der protestantischen Lords entgegen, die sich erhoben, sie zeitweilig in ihre Gewalt brachten und sie zur Abdankung zugunsten ihres Sohnes Jakob zwangen, für den der Earl of Murray als Regent eingesetzt wurde. Maria Stuart zog nach einer Niederlage ihrer Truppen am 13. 5. 1568 bei Langside (heute zu Glasgow) die Flucht nach England vor, offenbar in der Hoffnung, Elisabeth I. würde ihr aus monarchischem Gemeinschaftsgefühl helfen. Diese ließ sie jedoch für die folgenden mehr als 18 Jahre gefangen setzen. Mit dem Vorwurf der Teilnahme an der Verschwörung Anthony Babingtons setzte Lord Burghley Maria Stuarts Verurteilung und Hinrichtung durch. Von ihren katholischen Zeitgenossen wurde Maria Stuart als Märtyrerin empfunden.

Maria Theresia, Erzherzogin von Österreich, Königin von Böhmen und Ungarn (seit 1740), *Wien 13. 5. 1717, †ebenda 29. 11. 1780. Maria Theresia, die Erbtochter Kaiser Karls VI., war seit 1736 mit Herzog Franz Stephan von Lothringen verheiratet; nach der Wahl ihres Ehemannes zum Kaiser (Franz I., 1745), wurde sie als Kaiserin bezeichnet. Sie war die Stammmutter des Hauses Habsburg-Lothringen und Mutter u. a. der späteren Kaiser Joseph II. und Leopold II., von Kurfürst Maximilian Franz von Köln sowie von Marie Antoinette und Maria Carolina.

Nach dem Tod ihres Vaters übernahm Maria Theresia aufgrund der Pragmatischen Sanktion 1740 die Regierung der habsburgischen Gesamtlande, sah sich aber zahlreichen Erbansprüchen anderer europäischer Herrscher ausgesetzt. König Friedrich II., der Große, von Preußen löste mit seinem Angriff auf Schlesien den →Österreichischen Erbfolgekrieg (1740–48) aus, in dem die Königin von Ungarn (ungarisch Mária Terézia) ihre Länder – ausgenommen Schlesien sowie Parma und Piacenza – mithilfe Großbritanniens behauptete.

Die Außenpolitik, seit 1753 unter der Leitung von Wenzel Graf von Kaunitz, richtete sich auf die Wiedergewinnung Schlesiens und war infolge der Allianz mit Frankreich von 1756 gegen das jetzt mit Großbritannien verbündete Preußen durch die Umkehr der Bündnisse geprägt. Im →Siebenjährigen Krieg (1756–63) musste Maria Theresia endgültig auf Schlesien verzichten. Nach dem Tod Franz' I. 1765 setzte sie ihren ältesten Sohn Joseph als Mitregenten ein. In der ersten Teilung Polens

MARIA THERESIA
***1717 †1780**

- war die Stammmutter des Hauses Habsburg-Lothringen
- behauptete sich im Österreichischen Erbfolgekrieg
- verlor im Siebenjährigen Krieg Schlesien an Preußen
- prägte mit der »theresianischen Staatsreform« für fast 100 Jahre das österreichische Staatswesen
- ebnete dem Josephinismus den Weg

MARIA THERESIA. ***Familie und Staat***

Maria Theresias Regierung ist von einer enormen Lebens- und Schaffenskraft erfüllt. 16 Kinder brachte sie auf die Welt; mit ihnen blieb sie zeitlebens in engem Kontakt. Hauptaufgabe der jungen Frau war nach dem Tod ihres Mannes jedoch die Leitung des Staates. Dabei stellte sie, die sich dem Grafen Khevenhüller gegenüber als *»eine von der ganzen Welt verlassene Königin«* bezeichnete, sich Friedrich II., dem Großen, in den Weg. Dem ironischen Weltbild des Preußenkönigs antwortet sie: *»Die Welt ist jetzt so leichtfertig, so wenig wohlwollend. Alles wird ins Lächerliche gezogen… Unsere Deutschen verlieren hierdurch die besten Eigenschaften… ein wenig schwerfällig und rau zu sein, aber gerade, wahrhaftig und fleißig.«*

MARIA THERESIA | *Preußisch-österreichischer Dualismus*

Friedrich II. von Preußen hatte von seinem Vater Friedrich Wilhelm I. einen straff organisierten Staat und eine schlagkräftige Armee übernommen. Am 16. 10. 1740 eröffnete er den Krieg gegen die hier mit sechs ihrer Kinder abgebildete Maria Theresia um den Besitz Schlesiens. Mit den Schlesischen Kriegen begann ein jahrzehntelanges Ringen mit Österreich und somit der preußisch-österreichische Dualismus in Deutschland. In den 1850er-Jahren trat die Rivalität zwischen den beiden Großmächten innerhalb des Deutschen Bundes in eine neue Phase ein. Nach dem Scheitern der Einigungspläne der Frankfurter Nationalversammlung 1848/49 lehnte Otto von Bismarck als preußischer Patriot einen Vorsitz Österreichs im Bundestag in Frankfurt am Main ab. Er strebte vielmehr danach, die ungeliebte Konkurrenzmacht aus dem Staatenverband herauszudrängen und die deutsche Einigung unter preußischer Führung zu vollenden. Nach dem Sieg eines von Bismarck erzwungenen preußisch-österreichischen Militärbündnisses im Deutsch-Dänischen Krieg 1863 nutzte dieser 1866 das inzwischen eingetretene Zerwürfnis zwischen den ehemaligen Partnern dazu, militärisch gegen Österreich vorzugehen. Am 3. 7. 1866 besiegten die preußischen Truppen das österreichische Heer in der Schlacht bei Königgrätz. Österreich wurde im Frieden von Prag (23. 8. 1866) zwar zuvorkommend behandelt, musste aber der Auflösung des Deutschen Bundes zustimmen. Aus diesem entstand nördlich der Mainlinie unter Führung eines vergrößerten Preußens der Norddeutsche Bund, in dessen Verfassung sich bereits die Gestalt des späteren Deutschen Reiches abzeichnete; die Dualismussituation in Deutschland war damit beendet.

Maria von Medici

1772 erhielt sie Galizien und festigte 1775 mit dem Erwerb der Bukowina Österreichs Stellung in Ostmitteleuropa. Durch den Bayerischen Erbfolgekrieg kam 1779 das Innviertel zu Österreich.

Beraten besonders von Friedrich Graf von Haugwitz, begründete Maria Theresia mit der ab 1749 vorsichtig und maßvoll gehandhabten Reform der inneren Verwaltung, der »theresianischen Staatsreform«, die bis 1848 bestehende Form des österreichischen Staatswesens, v.a. mit der Schaffung neuer Landesbehörden und einer einheitlichen Zentralgewalt, die die nur lose miteinander verbundenen Länder zusammenfasste. Sie förderte außerdem (Textil-)Industrie und Handel, veranlasste 1768 die Schaffung eines neuen Strafgesetzbuchs, die »Constitutio Criminalis Theresiana«, und 1776 die Abschaffung der Folter, milderte die bäuerliche Leibeigenschaft und die Frondienste, hob die Steuerfreiheit von Adel und Klerus auf, setzte der Kirche staatliche Grenzen und wurde 1774 die eigentliche Gründerin des Volksschulwesens in Österreich. Auch wenn sie selbst der Aufklärung distanziert gegenüberstand, waren ihre Berater davon geprägt, wodurch sie dem späteren Josephinismus den Weg ebnete.

Maria Theresias Persönlichkeit, ihre tiefe Frömmigkeit sowie ihre Mütterlichkeit – aus der Ehe mit Franz I. stammten 16 Kinder – ließen sie zu einer volkstümlichen Herrscherin werden.

Maria von Burgund, Herzogin von Burgund (seit 1477), * Brüssel 13. 2. 1457, † Brügge 27. 3. 1482; Erbtochter Karls des Kühnen; war seit 1477 mit dem späteren Kaiser Maximilian I. verheiratet. Marias früher Tod ließ ihr burgundisches Erbe an das Haus Österreich fallen.

Maria von Medici [-ˈmeːditʃi], Königin von Frankreich, * Florenz 26. 4. 1573, † Köln 3. 7. 1642; übernahm nach der Ermordung ihres Ehemannes König Heinrich IV. von Frankreich 1610 die Regentschaft für ihren Sohn Ludwig XIII. Maria betrieb eine Politik der Annäherung an Spanien und der Konzessionen gegenüber dem Adel. Nach einer Hofintrige verwies Ludwig XIII. sie nach Blois. Nach ihrer Rückkehr an den Hof 1622 führte sie – erfolglos – die Opposition des Hochadels gegen Richelieu. Aus der Haft in Compiègne entfloh sie 1631 ins Ausland.

Marie Antoinette [-ãtwaˈnɛt], Königin von Frankreich, *Wien 2. 11. 1755, † (hingerichtet) Paris 16. 10. 1793; Tochter von Kaiser Franz I. und von Maria Theresia; wurde 1770 zur Festigung des Bündnisses mit Frankreich mit dem Dauphin, dem späteren Ludwig XVI., vermählt. Die hochgebildete, lebensfrohe Königin war ihrer politischen Aufgabe nicht gewachsen. Seit 1789 richtete sich der Volkshass gegen die »Autrichienne« (»Österreicherin«), die es nicht verstand, die Sympathien gemäßigter Revolutionäre wie des Grafen von Mirabeau zu nutzen, und die sogar an den Vorverhandlungen zum preußisch-österreichischen Feldzug von 1792 mitwirkte. Nach dem Sturm auf die Tuilerien am 10. 8. 1792 mit Ludwig XVI., der am 21. 1. 1793 hingerichtet wurde, im Temple inhaftiert, wurde der als »Witwe Capet« bezeichneten Marie Antoinette der Prozess gemacht (Todesurteil am 14. 10. 1793).

Marius, Gaius, römischer Feldherr und Politiker, *Cereatae bei Arpinum (heute Arpino) 156 v. Chr., †Rom 13. 1. 86 v. Chr.; entstammte dem volskischen Landadel und führte 107 v. Chr. den Krieg gegen Jugurtha, den er mithilfe Sullas 105 erfolgreich beendete. Angesichts der von den Germanen drohenden Gefahr wurde er anschließend fünfmal hintereinander zum Konsul gewählt. Marius besiegte 102 die Teutonen bei Aquae Sextiae (Aix-en-Provence) und 101 mit Lutatius Catulus die Kimbern bei Vercellae (Vercelli, Piemont). Er leitete die Umwandlung des Milizheeres in ein Berufsheer ein und verstärkte dessen Schlagkraft. Am Bundesgenossenkrieg von 91–88 nahm er als Heerführer teil. Als 88 seine Anhänger ihn anstelle Sullas mit dem Oberbefehl im Krieg gegen Mithridates betrauen wollten,

Mark Aurel. Das Reiterstandbild Mark Aurels (um 173 n. Chr.; Rom, Kapitolsplatz) ist eines der wenigen erhaltenen antiken Denkmäler dieser Gattung.

MARK AUREL. ***Ein »stoischer« Kaiser***

Zu den Hauptvertretern der jüngeren stoischen Philosophenschule zählen Seneca, Epiktet und Mark Aurel. Die »Selbstbetrachtungen« des Kaisers, der bereits als Zwölfjähriger die Lehren der Stoa in sich aufnahm, wurden zu einem der berühmtesten »Erbauungsbücher« der Geschichte. Die stoischen Tugenden des Mutes, der Unerschütterlichkeit und der Pflichttreue prägten Mark Aurels Lebensführung und sein staatsmännisches Handeln. *»Asien, Europa – Winkel der Welt; der ganze Ozean – ein Tropfen des Alls! Der Athos – eine winzige Scholle des Weltganzen; die ganze Gegenwart – ein Augenblick der Ewigkeit!«* Ein Herrscher, der solches sagen konnte, war gegen Caesarenwahn gefeit.

kam es zum Bürgerkrieg, in dessen Verlauf Marius geächtet nach Afrika floh. Nach Sullas Aufbruch zum Krieg gegen Mithridates eroberte Marius mit Cinna Rom zurück und ließ sich für 86 zum siebenten Mal zum Konsul wählen.

Mark Anton, römischer Staatsmann, →Antonius.

Mark Aurel, Marcus Aurelius Antonius, ursprünglich **Marcus Annius Verus** (bis 138), Kaiser des Römischen Reiches (seit 161), *Rom 26. 4. 121, †Vindobona (heute Wien) 17. 3. 180; wurde 138 auf Anregung Hadrians von seinem Onkel Antoninus Pius adoptiert, dessen Tochter Faustina er 145 heiratete. Nach dem Tod des Antoninus Pius am 7. 3. 161 übernahm Mark Aurel die Herrschaft, die er mit seinem Adoptivbruder Lucius Verus und seit 177 mit seinem Sohn Commodus teilte. Mark Aurel musste in dauernden Kriegen das Reich vor dem Zusammenbruch bewahren. Eine parthische Offensive wurde 162–166 unter der nominellen Leitung des Verus abgewehrt. Eine von den zurückkehrenden Truppen eingeschleppte Pestepidemie verursachte in der Bevölkerung schwere Verluste. Trotzdem gelang es Mark Aurel nach dem Tod des Verus 169, die Einfälle der Markomannen abzuwehren und die Donaulinie zu behaupten.

Marie Antoinette

Von dem hochgebildeten, von der stoischen Philosophie geprägten Mark Aurel existieren noch Briefe an seinen Lehrer Fronto in lateinischer Sprache und »Selbstbetrachtungen« in griechischer Sprache. Seine ursprünglich vergoldete Bronzestatue in Rom ist das einzige vollständig erhaltene Reiterstandbild der Antike.

Markomannen, lateinisch **Marcomanni** [»Bewohner einer Mark«], elbgermanischer Stamm, der erstmals 58 v. Chr. im Heer des Ariovist genannt wurde und zunächst im Maingebiet siedelte. Nach einer Niederlage gegen die Römer unter Drusus 9 v. Chr. und der Besetzung ihres Landes wurden die Markomannen von König Marbod nach Böhmen geführt, wo sie den Mittelpunkt eines mächtigen Völkerbundes bildeten. Viele Grabfunde belegen ihr hoch stehendes Kunsthandwerk, das weit nach Norden wirkte. Bereits im 1. Jh.

Gaius Marius

sind wohl markomannische Stammesteile nach Mähren abgewandert. Mit den verwandten Quaden fielen die zwischen oberer Elbe und Donau wohnenden Markomannen 170 tief ins Römische Reich ein und verwickelten die Römer in den Markomannenkriegen von 166 bis 180 in schwere Kämpfe. Nach dem 4. Jh. wurden sie kaum noch genannt und gingen in den germanischen Stämmen Böhmens auf, die eventuell den Kern der Baiern bildeten. Andere Stammesteile siedelten sich – nach archäologischen Zeugnissen – im 5. Jh. im Rhein-Main-Gebiet an.

John Churchill, Herzog von Marlborough

Marlborough ['mɔ:lbərə], John Churchill, 1. Herzog von Marlborough (seit 1702; seit 1689 Earl of Marlborough), Reichsfürst von Mindelheim (seit 1710), britischer Feldherr und Staatsmann, * Ashe (County Devonshire) 26. 5. 1650, † auf Cranbourn Lodge in Windsor 16. 6. 1722; begann 1667 seine militärische Laufbahn und wurde, inzwischen geadelt, 1685 zum General ernannt. 1688 wirkte er am Übertritt der Armee zu Wilhelm von Oranien entscheidend mit. 1701 wurde Marlborough mit der Führung der britischen Truppen in Flandern beauftragt und im September 1701 handelte er gegen Frankreich die Haager Allianz (Große Allianz) aus. Marlborough bestimmte seit 1702 maßgebend die britische Politik und siegte als Oberbefehlshaber der britisch-niederländischen Armee im Spanischen Erbfolgekrieg zusammen mit dem Prinzen Eugen mehrfach gegen Ludwig XIV. Mit Geschick hielt er die Koalition gegen Frankreich zusammen. Innenpolitisch gerieten er und sein Freund Sidney Godolphin jedoch in wachsende Abhängigkeit von den Whigs, die den Krieg befürworteten. 1710 erreichten die für einen Frieden eintretenden Tories die Abberufung Godolphins und 1711 auch Marlboroughs Entlassung.

George Marshall

Marneschlacht, Bezeichnung für die Kampfhandlungen zu Beginn des Ersten Weltkriegs zwischen deutschen und alliierten Truppen in Nordfrankreich vom 5. bis 9. 9. 1914. Anfang September hatte der rechte Flügel des deutschen Westheeres, die 1.–5. Armee, etwa den Raum zwischen Paris und Verdun erreicht, die 1.–3. Armee überschritten die Marne Richtung Süden. Da die deutsche Führung auf die im Schlieffenplan ursprünglich vorgesehene Westumfassung von Paris aus Kräftemangel kurzfristig verzichten musste, bot sich die Möglichkeit, aus dem Festungsbereich Paris heraus in die nur schwach gedeckte rechte Flanke der deutschen 1. Armee vorzustoßen.

Der die Marneschlacht einleitende französische Angriff östlich von Paris zwang die deutsche 1. Armee zum Abzug Richtung Norden an den Ourcq. So entstand zwischen ihr und der 2. Armee eine Lücke, in die ab dem 8. 9. im Zuge der am 6. 9. eingeleiteten allgemeinen Gegenoffensive britische und französische Kräfte eindrangen und die deutschen Truppen zum Rückzug hinter die Marne zwangen. Die Absetzbewegung, der sich zwangsläufig alle Nachbararmeen anschlossen, kam erst am 13./14. 9. hinter der Aisne und der Vesle zum Stehen.

Mit dem Ausgang der Marneschlacht war die Absicht der Obersten Heeresleitung gescheitert, die alliierten Truppen entscheidend zu besiegen, um so einem langen Zweifrontenkrieg zu entgehen.

Marokkokrisen, Bezeichnung zweier internationaler Krisen um Marokko, jeweils ausgelöst durch das Bestreben des Deutschen Reichs und Frankreichs, den eigenen Einfluss in Marokko zu verstärken.

Der Versuch der deutschen Regierung, mit dem Besuch von Kaiser Wilhelm II. beim Sultan von Tanger 1905 die seit 1904 verstärkt einsetzende französische Expansion in Marokko zu verhindern und ein deutsches Mitspracherecht in den dieses Land betreffenden Fragen zu sichern, führte zur 1. Marokkokrise. Mit der Algeciras-Konferenz 1906 wurde die Krise beigelegt.

Als Frankreich wirtschaftliche Sanktionen gegen das Land verhängte und zudem Rabat und Fès besetzte, löste die Zurschaustellung militärischer Macht seitens der deutschen Regierung durch die Entsendung des Kanonenboots »Panther« nach Agadir 1911 die 2. Marokkokrise aus. Das Deutsche Reich konnte im folgenden Marokko-Kongo-Vertrag vom 4. 11. 1911 unter Anerkennung der französischen Schutzherrschaft über Marokko zwar Kompensationen für die Besetzung dieses Landes erlangen, geriet auf diplomatischer Ebene jedoch zusehends in Isolation.

Marshall [ma:ʃl], George, amerikanischer General und Politiker, * Uniontown (Pa.) 31. 12. 1880, † Washington (D. C.) 16. 10. 1959; organisierte als Generalstabschef 1939–45 den Aufbau der Armee auf der Grundlage der allgemeinen Wehrpflicht und hatte als oberster militärischer Berater von Präsident Franklin D. Roosevelt starken Einfluss auf die strategische Planung der Alliierten. Als Außenminister 1947–49 leitete er die Politik des → Containment durch Stabilisierung und Stärkung der wirtschaftlichen und politischen Widerstandskraft der westeuropäischen Staaten ein. 1950/51 war Marshall Verteidigungsminister. Er erhielt 1953 den Friedensnobelpreis.

Marshallplan ['mɑ:ʃl-], Bezeichnung für das auf Initiative des US-Außenministers George Marshall geschaffene Hilfsprogramm zum Wiederaufbau Europas nach dem Zweiten Weltkrieg (→ ERP).

Marsilius von Padua, eigentlich Marsilio dei Mainardini, italienischer Staatstheoretiker, * Padua um 1275, † München 1342 oder 1343; wandte sich in der Schrift »Defensor pacis« 1324 gegen den weltlichen Herrschaftsanspruch des Papstes und entwickelte eine auf die Volkssouveränität gegründete Staatslehre, verbunden mit Forderungen nach Unabhängigkeit der staatlichen Gewalt von der kirchlichen und nach einem allgemeinen Konzil. Nach Bekanntwerden der Verfasserschaft 1326 floh Marsilius nach Nürnberg zu Ludwig IV., dem Bayern, dessen Berater er wurde. 1327 wurden fünf Thesen des »Defensor pacis« für häretisch erklärt und Marsilius als Ketzer verurteilt. In seinem »Tractatus de iurisdictione imperatoris« von 1342 unterstellte er das Eherecht dem weltlichen Herrscher und billigte ihm das Scheidungsrecht zu. Marsilius galt später einerseits als gläubiger kirchlicher Reformator, andererseits als irreligiöser Vorgänger Niccolò Machiavellis und hat die moderne weltliche Staatstheorie mitgeprägt.

Martell, Karl, fränkischer Hausmeier, → Karl Martell.

Martin V., Papst (1417–31), früher Oddo Colonna, *Genazzano (bei Rom) 1368, †Rom 20. 2. 1431; wurde während des Konzils von Konstanz 1417 als Kompromisskandidat gewählt (damit wurde das Abendländische Schisma beendet). Er bemühte sich in Rom um den Wiederaufbau der Kurie und um die Festigung des Kirchenstaates. Innerkirchlich verhielt er sich restaurativ. Kurz vor seinem Tode berief er noch das Konzil nach Basel.

Marx,

1. Karl, deutscher Philosoph, Historiker und Journalist, *Trier 5. 5. 1818, †London 14. 3. 1883; zusammen mit Friedrich Engels der Begründer des → Marxismus.

LEBEN: Marx studierte zunächst in Bonn, dann ab 1836 in Berlin, zunächst Rechtswissenschaften, später vorwiegend Philosophie. In Berlin verkehrte er im »Doktorklub«, der Keimzelle des Linkshegelianismus. Er wurde 1841 in Jena promoviert, übersiedelte nach Köln und wurde Mitarbeiter, später Chefredakteur der linksliberalen »Rheinischen Zeitung«, die er zu einem führenden Oppositionsblatt machte. Nach dem Verbot der Zeitung durch die preußische Zensur ging Marx im Herbst 1843 nach Paris, hier gab er zusammen mit Arnold Ruge die »Deutsch-Französischen Jahrbücher« heraus. Zuvor hatte er seine langjährige Verlobte Jenny von Westphalen geheiratet. In Paris lernte Marx Lehren und Anhänger der wichtigsten Vertreter des französischen Sozialismus kennen und beschäftigte sich zunehmend mit der politischen Ökonomie. Auch die lebenslange Freundschaft und Zusammenarbeit mit Engels nahm in Paris

MARX | *Manifest der Kommunistischen Partei*

Manifest
der
Kommunistischen Partei.

Veröffentlicht im Februar 1848.

Proletarier aller Länder vereinigt euch

London.
Gedruckt in der Office der „Bildungs-Gesellschaft für Arbeiter"
von J. E. Burghard
46, Liverpool Street, Bishopsgate.

Das »Manifest der Kommunistischen Partei« (im Bild das Titelblatt) von Karl Marx und Friedrich Engels erschien 1848 als Programmschrift des »Bundes der Kommunisten«, einer 1847 in London gegründeten Geheimorganisation emigrierter deutscher Intellektueller und Handwerker. Seine Thesen, die als Grundriss des in vielen Bänden errichteten Gebäudes der marxistischen Theorie gelten können, wurden alsbald von der Arbeiterbewegung aufgegriffen, die sich in den west- und mitteleuropäischen Ländern im Zuge der sich mehr und mehr verschärfenden sozialen Lage formierte.

Aufgrund der These, die Geschichte aller bisherigen Gesellschaften sei die Geschichte von Klassenkämpfen, stellen Marx und Engels fest, dass sich in der bürgerlichen Gesellschaft, nachdem diese den Feudalismus überwunden habe, die Klassengegensätze auf den Konflikt zwischen Bourgeoisie und dem von ihr notwendig hervorgebrachten Proletariat zuspitzten. Dieses aber werde gewaltsam das private Eigentum an Produktionsmitteln abschaffen und die Diktatur des Proletariats als Übergangsphase zwischen der proletarischen Revolution und der klassenlosen Gesellschaft herbeiführen. Weit ihrer noch vom Nationalstaatsgedanken geprägten Zeit voraus und in Vorwegnahme des Begriffs der Globalisierung gaben Marx und Engels die internationalistische Parole: *»Proletarier aller Länder, vereinigt euch!«* aus, die als ein Motto sämtlicher nachfolgenden kommunistischen Bewegungen weiterlebte.

KARL MARX
*** 1818 † 1883**

verfasste 1847 das »Manifest der Kommunistischen Partei«

wurde 1849 aus Preußen ausgewiesen und lebte dann in London im Exil

schrieb mit »Das Kapital« eines der grundlegenden Werke der politischen Ökonomie

behauptete die gesetzmäßige Entwicklung der Gesellschaft zum Sozialismus

Wilhelm Marx

ihren Anfang. In seinen Beiträgen für die »Jahrbücher« entwickelte Marx ein Ideengebäude, in dem er die Verwirklichung des Sozialismus im Unterschied zu den französischen Frühsozialisten zunehmend mit der welthistorischen Rolle des Proletariats in Zusammenhang brachte.

Von der französischen Regierung ausgewiesen, ging Marx 1845 nach Brüssel, wo er gemeinsam mit Engels die gegen den Linkshegelianismus gerichteten Streitschriften »Die heilige Familie« und »Die deutsche Ideologie« verfasste. Die Bildung des »Kommunistischen Korrespondenz-Komitees« 1846 wird im Allgemeinen als der Beginn von Marx' und Engels' Bemühungen um die Organisation einer revolutionären proletarischen Partei angesehen. Im Auftrag des Londoner »Bundes der Gerechten« schrieb Marx 1847 das »Manifest der Kommunistischen Partei«.

Wegen seiner politischen Aktivitäten musste Marx 1848 Belgien verlassen. Von der provisorischen Revolutionsregierung zunächst nach Paris eingeladen, reiste er bald nach Deutschland zurück und übernahm in Köln die Herausgabe der »Neuen Rheinischen Zeitung«, die ein Bündnis der demokratischen Kräfte gegen die alten Mächte propagierte. Nach dem Sieg der konservativen Kräfte wurde Marx im Mai 1849 von der preußischen Regierung als Ruhestörer ausgewiesen. Über Paris ging er nach London ins Exil, wo er bis zu seinem Tod lebte und arbeitete. Wegen seines bürgerlichen Lebensstils oft in finanzieller Not, war er auf den Ertrag journalistischer Arbeiten für verschiedene Zeitungen und die Unterstützung seines Freundes Engels angewiesen.

Bereits in den 1850er-Jahren schrieb Marx umfangreiche Entwürfe zur Kritik der politischen Ökonomie, zu einem Themenkreis, der ihn lebenslang beschäftigte. 1867 erschien der erste Band seines Hauptwerkes »Das Kapital«. An den weiteren Bänden hat Marx bis zu seinem Tod gearbeitet, sie jedoch aufgrund inhaltlicher wie konzeptioneller Probleme nicht abgeschlossen und veröffentlicht. Als zweiter und dritter Band wurden sie nach seinem Tod von Engels 1885 und 1894 redigiert und ediert.

Seit den 1860er-Jahren suchte Marx auf die Organisation der Arbeiterbewegung Einfluss zu nehmen. Unter seiner Mitwirkung wurde 1864 in London die Erste →Internationale (Internationale Arbeiter-Associazion, IAA) gegründet. Bald kam es jedoch zu heftigen Konflikten zwischen der durch Marx und Engels vertretenen Richtung und anarchistischen Strömungen, die auf dem Kongress der Internationale in Den Haag 1872 zum Ausbruch kamen und 1876 deren Auseinanderbrechen zur Folge hatten. Marx zog sich seitdem von derartigen politisch-organisatorischen Aktivitäten zurück. In der Schrift über den »Bürgerkrieg in Frankreich« feierte Marx zwar die Pariser Kommune von 1871 als erste kommunistische Revolution, ging aber im Weiteren davon aus, dass sich der Schwerpunkt der revolutionären Entwicklung von Frankreich nunmehr nach Deutschland verlagert habe. Zur deutschen →Arbeiterbewegung hatte Marx jedoch ein kritisches Verhältnis. Davon zeugt seine scharfe »Kritik des Gothaer Programms« der →Sozialdemokratie von 1875, die erst 1891 veröffentlicht wurde.

WERK: In einer frühen Phase seiner theoretischen Entwicklung hatte Marx die Aufhebung der Philosophie gefordert, das heißt ihre Umsetzung in die Wirklichkeit. Marx ging von einer Kritik der Philosophie Georg Wilhelm Friedrich Hegels aus, die er in der Pariser Zeit zum ersten Mal formulierte. Er übernahm Hegels dialektische Denkfigur von der Entfremdung des Menschen und ihrer Aufhebung als Resultat des Arbeitsprozesses, kritisierte aber, dass Hegel den Menschen nur als Selbstbewusstsein, nicht als ein in der gegenständlichen Welt tätiges Gattungswesen aufgefasst habe. Diese und ähnliche Überlegungen wurden von Engels u.a. zur materialistischen Geschichtsauffassung – heute meist als dialektischer Materialismus bzw. Marxismus bezeichnet – ausgearbeitet.

Ihr gemäß ist es das gesellschaftliche Sein der Menschen – ihr materieller Lebensprozess –, das ihr Bewusstsein bestimmt. Die Leugnung dieses Zusammenhangs ist nach Marx charakteristisch für Ideologien, sie spiegeln Klasseninteressen wider und sind gesellschaftlich notwendiger Schein. Da für die materialistische Geschichtsauffassung die Formen entscheidend sind, in denen sich die Produktion und Reproduktion des gesellschaftlichen Lebens vollziehen, mündet sie in eine Kritik der politischen Ökonomie. Diese Kritik sollte den Nachweis erbringen, dass die Gesetze der kapitalistischen Warenproduktion nur für eine historisch begrenzte Phase Geltung haben und gerade durch ihre Entfaltung auf ihre eigene Aufhebung und damit auf eine sozialistische Gesellschaftsordnung hinwirken.

2. Wilhelm, deutscher Politiker, *Köln 15. 1. 1863, †Bonn 5. 8. 1946; schloss sich politisch der Zentrumspartei an. 1899–1918 war Marx Mitglied des preußischen Abgeordnetenhauses, 1919/20 Mitglied der Nationalversammlung. 1922–28 war er Vorsitzender des Zentrums. Als Reichskanzler führte Marx vom 30. 11. 1923 bis 15. 12. 1924 und vom 17. 5. 1926 bis 29. 6. 1928 bürgerliche Koalitionsregierungen. In seiner ersten Amtszeit suchte er, durch Ausgabensenkung und Steuererhöhungen den Staatshaushalt auszugleichen. Durch Gesetz vom 30. 8. 1924 führte seine Regierung die »Reichsmark« als Währungseinheit ein. In seiner zweiten Amtszeit verabschiedete der

Reichstag am 16. 7. 1927 das Gesetz über die Arbeitslosenversicherung. Bei den Reichspräsidentenwahlen 1925 stellten ihn die Parteien der Weimarer Koalition, die SPD, Zentrumspartei und DDP, im zweiten Wahlgang im Rahmen eines »Volksblocks« als Kandidaten für das Amt des Reichspräsidenten auf. Er unterlag jedoch knapp Paul von Hindenburg.

Marxismus, zunächst Bezeichnung für die von Karl Marx in Zusammenarbeit mit Friedrich Engels entwickelte ökonomische, soziale und politische Theorie, bald auch auf jene Theorien ausgeweitet, die sich unter Berufung auf Marx als eine Weiterentwicklung seines Systems verstanden. Mit dem Beginn dieser »Schulbildung« entstanden auch die ersten innermarxistischen Kontroversen um die Frage, was als der eigentliche Gehalt der marxschen Theorie anzusehen sei. Die Geschichte des Marxismus wurde so sehr bald auch zu einer Geschichte »offizieller« und abweichender Lehrmeinungen, wobei die »offizielle« Lehre in der Regel von den Führungsgremien der zur Macht gelangten kommunistischen Parteien festgelegt wurde. Der folgenreichste Versuch bei der Ausbildung einer marxistischen Orthodoxie war die bereits mit Engels' Popularisierung des Marxismus beginnende und dann von Karl Kautsky, Georgij Plechanow und Lenin weitergeführte Entwicklung einer marxistischen Weltanschauung, die als dialektischer Materialismus bezeichnet wurde. Die Geschichte des Marxismus nach Marx bestimmen somit zwei Entwicklungsstränge: seine Weiterführung und Ausweitung durch die sich auf Marx berufenden Theoretiker und seine Einengung zur Restform des dialektischen Materialismus.

Die Bedeutung des Marxismus liegt v. a. auf politischem Gebiet: Soziale Bewegungen und Parteien haben sich auf den Marxismus berufen oder tun dies noch. Die russische Oktoberrevolution, die chinesische, die kubanische und die vietnamesische Revolution wurden mit den Lehren des Marxismus legitimiert. Seine Anwendung im politischen Kampf hat zur Ausbildung verschiedener Richtungen geführt, u. a. zum Sowjetmarxismus, Maoismus und zur linken Sozialdemokratie.

QUELLEN: Einer berühmten Formulierung Lenins zufolge entspringt die marxsche Theorie aus drei Quellen: der deutschen idealistischen Philosophie, der englischen Nationalökonomie und dem französischen Sozialismus. Insbesondere in seinen Frühschriften wurde Marx' Denken durch die hegelsche Philosophie geprägt, deren zentraler Gedanke der dialektischen Bewegung der Geschichte, des Aufhebens, in der dreifachen Bedeutung von »überwinden«, »bewahren« und »auf eine höhere Stufe heben«, der Gegensätze von These und Antithese in der Synthese, für Marx entscheidend war. Im Gegensatz zu Georg Wilhelm Friedrich Hegel, der das Bestehende in seiner Vernünftigkeit erklären wollte, ging es Marx jedoch um den Entwurf einer in den Bestand der Welt verändernd-emanzipatorisch eingreifenden Philosophie. War für Hegel die Geschichte eine Projektion des Geistes, in deren dialektischer Bewegung der Geist zur Anschauung seiner selbst gelangte, so wurde sie von Marx als die »Selbstentfaltung des Menschen« in der tätigen Auseinandersetzung mit der ihn umgebenden Natur begriffen. Mit dem Begriff der »Entfremdung« suchte Marx den Kontrast zwischen den geschichtlichen Möglichkeiten des Menschen als eines autonomen Wesens und seiner verkrüppelten Realität in der zeitgenössischen Gesellschaft zu bezeichnen. V. a. die wachsende Arbeitsteiligkeit im Zeitalter des Kapitalismus wurde für Marx zum Inbegriff der Entfremdung: Sowohl das Produkt als auch der Produktionsprozess traten dem Produzierenden immer stärker als ein Fremdes, für ihn Unüberschaubares und sich seinem Wollen Entziehendes gegenüber.

Im Zentrum der marxschen Frühschriften steht seine Religionskritik. Hegel versteht die Religion als »Selbstbewusstsein des absoluten Geistes«, wovon das subjektive, endliche Bewusstsein nur ein Moment ist. Andererseits ist der absolute Geist auf das endliche Bewusstsein angewiesen, wenn er zum Bewusstsein seiner selbst gelangen will. Unter Betonung des subjektiven Moments kann in diesem dialektischen Zusammenhang die Religion auch als Produkt des um Selbstbewusstsein ringenden endlichen Menschen begriffen werden. Für Marx ist die Religion zugleich der Ausdruck der menschlichen Sehnsucht nach vollständiger Entfaltung seiner Wesensmöglichkeiten und der Protest gegen die gesellschaftliche Wirklichkeit. So bezeichnet er sie als »Opium des Volkes«, nicht aber, wie es fälschlich oft heißt, als »Opium für das Volk«. Kritik der Religion ist für Marx der Auftakt zur Kritik all der Verhältnisse, die die religiöse Vertröstung des Menschen erforderlich machen. Die Kritik der Religion leitet über zur Kritik des Kapitalismus. Für die Verelendung des Proletariats machte er das Privateigentum an Produktionsmitteln und die darauf beruhende kapitalistische Wirtschaftsweise verantwortlich.

MENSCHENBILD: Marx' anthropologische Aussagen knüpfen an Ludwig Feuerbachs Konzeption vom Menschen als konkret-sinnliches Gattungswesen an. Durch die Übernahme der hegelschen Lehre vom tätigen, sich in den Formen seiner Entfremdung entfaltenden Geist hat Marx diese Konzeption dynamisiert. Der Mensch ist Gattungswesen in dem Sinn, dass er sein eigenes Wesen und damit auch das der Gattung in freier, bewusster Tätigkeit hervorbringt. Indem er sein Wesen in der Arbeit entäußert, vergegenständlicht er es in seinem Produkt und schaut sich in ihm an. Die Wiederaneignung des vergegenständlichten Wesens durch den Menschen ist bisher jedoch an den gesellschaftlichen Verhältnissen gescheitert. Die Entäußerung des Arbeiters in seinem Produkt führt unter den Bedingungen des Kapitalismus zu einer vierfachen Entfremdung: 1) zur Entfremdung des Arbeiters von seinem Produkt; 2) zur Entfremdung von seiner Arbeit, die zur »Zwangsarbeit« wird; 3) zur Entfremdung von seiner Natur und damit von seinem Gattungswesen und 4) zur Entfremdung der Menschen untereinander. Geld und Kapital verkörpern die »verkehrte« soziale Welt. Die menschlichen Bedürfnisse werden unter der »Geldherrschaft« zum bloßen Mittel herabgesetzt, andere in ökonomische Abhängigkeit zu bringen. Die Arbeit, von Marx als die Selbsterzeugung des Menschen gefasst, hat sich unter den Bedingungen des Kapitalismus in das Gegenteil dessen verkehrt: Sie ist zur Entäußerung und Entwirklichung des Menschen geworden. Je mehr Werte der Arbeiter produziert, desto wertloser wird er selbst, da die von ihm hervorgebrachten Produkte sich zu einer ihm entgegentretenden Macht (Kapital) verdichten. Das Los der Arbeiter, die den Reichtum zur Befriedigung der menschlichen Bedürfnisse produzieren, sind Armut und abstumpfende Tätigkeit. Eine Rückkehr des Menschen zu sich und damit eine Auflösung des Widerstreits zwischen Mensch und Natur setzt eine Aufhebung des Privateigentums an den Produktionsmitteln voraus.

GESCHICHTSAUFFASSUNG: Die von Marx und Engels in der »Deutschen Ideologie« entwickelte Geschichtsauffassung knüpft unmittelbar an den anthropologischen Befund an. Der historische Prozess wird vom Widerspruch zwischen Produktivkräften und den Produktionsverhältnissen vorangetrieben, die die Menschen zwecks ihrer physischen Reproduktion miteinander eingehen. Zu diesem Widerspruch kommt es, weil die Menschen die Produktivkräfte ständig fortentwickeln, um ihre immer neu und erweitert entstehenden Bedürfnisse befriedigen zu können. In diesem Prozess werden mit fortschreitender Arbeitsteilung auch die Produktivkräfte weiter entfaltet. Arbeitsteilung und die spezifische Struktur der mit bestimmten Eigentumsformen verknüpften Produktionsverhältnisse bewirken, dass Erzeugung und Genuss des gesellschaftlichen Reichtums qualitativ und quantitativ ungleich an die Menschen verteilt werden. So entstehen unterschiedliche soziale Interessen, die die unterschiedlichen sozialen Klassen durchzusetzen versuchen. Archaisches Stammeseigentum, antikes Gemeinde- und Staatseigentum, feudales und ständisches Eigentum und das in der bürgerlichen Gesellschaft vorherrschende Privateigentum charakterisieren jeweils bestimmte Produktionsverhältnisse oder Produktionsweisen. Ihnen entsprechen als subjektives Moment des historischen Prozesses kämpfende Klassen, die sich in einem Widerspruch gegenüberstehen: Freie und Sklaven in der Antike, Feudalherren und Leibeigene im Mittelalter, Bourgeoisie und Proletariat als die Hauptklassen der kapitalistischen Gesellschaft. In seinen ökonomischen Schriften begründete Marx die globale These, dass in der Entwicklung der Produktivkräfte eine Stufe eintritt, auf der diese unter den bestehenden Verhältnissen in Destruktivkräfte umschlagen: Wie sich die feudalen Strukturen aufgelöst hätten, weil sie Schranken für eine ungehinderte Kapitalverwertung bildeten, so werde auch die kapitalistische Wirtschaftsweise untergehen, weil Ausbeutung und das daraus resultierende Gesetz vom tendenziellen Fall der Profitrate keine Verstetigung einer zureichenden Kapitalverwertung zuließen. In den daraus entstehenden ökonomischen und politischen Krisen werde das organisierte Proletariat die Strukturen der bürgerlichen Gesellschaft zerstören und damit deren Entfremdungszusammenhang beseitigen. Zeitgleich führt die kapitalistische Konkurrenz zur Konzentration und Zentralisation des Kapitals in den Händen einer immer kleiner werdenden Gruppe von Produktionsmittelbesitzern und zur Proletarisierung der traditionellen Mittelschichten. Diese Polarisierung der Gesellschaft ist für Marx die Voraussetzung der proletarischen Revolution. In ihr wird das Proletariat zum Träger einer geschichtlichen Zukunft ohne Unterdrückung und Not, da seine Emanzipation nicht an die Unterdrückung und Ausbeutung einer anderen Klasse geknüpft ist. Insofern begreift Marx die Emanzipation des Proletariats als die Emanzipation der gesamten Menschheit.

SOZIOLOGIE UND POLITISCHE THEORIE: Marx begreift die Ökonomie als einen objektiven, krisenhaften Strukturzusammenhang; das subjektive Moment, das die kapitalistische Produktionsweise beseitigen wird, ist das Proletariat. Mit der Bourgeoisie, den industriellen Kapitalisten und Grundeigentümern, bildet es die Klassen der modernen bürgerlichen Klassengesellschaft. In ihr besteht die soziale Differenz darin, dass die Bourgeoisie die Produktionsmittel, das Proletariat nur seine Arbeitskraft besitzt.

Im Polarisierungsprozess, im Klassenkampf zwischen Proletariat und Bourgeoisie, werden die dazwischen stehenden Mittelstände auf lange Sicht zerrieben. Exakt an diesem Punkt setzt die so genannte revisionistische Kritik an. So wurde aufgrund empirischer Untersuchungen gegen die marxsche Theorie eingewandt, dass die von Marx prognostizierte Polarisierung der Gesellschaft nicht eingetreten sei, sondern immer neue Mittelschichten nachwüchsen und auch die Löhne der Arbeiter entgegen den marxschen Prognosen angestiegen seien. Marx dagegen ging davon aus, dass sich das Proletariat über lokale Zwischenstufen als Klasse zur politischen Partei organisieren werde. Sein Kampf um die »politische Herrschaft« sei am besten in einer »demokratischen Republik« zu führen. Habe es die Staatsgewalt ergriffen, so verwandele es die Produktionsmittel zunächst in Staatseigentum. Damit hebe es aber sich selbst als Proletariat, alle Klassenunterschiede und damit auch den Staat auf. Im »Kommunistischen Manifest« wird die so entstehende Gesellschaft auch als Assoziation gesehen, »in der die freie Entwicklung eines jeden die Bedingung für die freie Entwicklung aller ist«.

SYSTEMATISIERUNG UND AUSDEUTUNG DES MARXISMUS DURCH ENGELS: Als Materialisten waren Marx und Engels von der Existenz einer realen Welt vor und außerhalb des menschlichen Bewusstseins überzeugt. Marx befasste sich jedoch ausschließlich mit den Implikationen, die sich daraus für die Tätigkeit des Menschen und die von ihm erzeugte materielle gesellschaftliche Welt ergaben. Sie stellen sich ihm als widerspruchsvolle, deshalb dialektisch zu begreifende Bewegung dar. Engels hingegen meinte, dass auch die Ergebnisse der modernen Naturwissenschaften dialektisch aufgefasst werden müssen: Dialektik in Form allgemeiner Bewegungsgesetze wirkt – nach Engels – in Natur und Geschichte wie im Denken als Reflex der dialektischen Bewegung der wirklichen Welt. Diese umfassende Philosophie unterbreitete er im »Anti-Dühring« 1878 besonders dem deutschen sozialdemokratischen Publikum. Sie wurde als Grundlage des dialektischen Materialismus (DIAMAT) und des historischen Materialismus (HISTOMAT) zur marxistischen Weltanschauung. Ersterer stellt dabei nach Lenin die Entwicklung »des gesamten konkreten Inhalts der Welt und ihrer Erkenntnis« dar. Demgegenüber umfasst der historische Materialismus das entscheidende Lehrstück der marxistischen Gesellschafts- und Geschichtstheorie. Im Zentrum stehen die Erklärung der Zweckgerichtetheit historischer Sachverhalte und das Postulat, dass die Geschichte nicht von Ideen oder Begriffen, sondern von »wirklichen« Menschen gestaltet wird. Damit war der Übergang von der marxschen Theorie zur proletarischen Weltanschauung vollzogen.

REZEPTION IN DER DEUTSCHEN SOZIALDEMOKRATIE: Nach dem Tod von Engels 1895 galt Karl Kautsky als führender Theoretiker des Marxismus. Er interpretierte ihn im Licht der damaligen materialistischen und darwinistischen Zeitströmung. Er übernahm die marxsche Ökonomie und Klassenkampftheorie, gab ihnen aber einen evolutionistischen Akzent. Überzeugt von der Richtigkeit der marxschen Prognosen hinsichtlich der Zukunft des Kapitalismus, interpretierte er den von Marx beschriebenen Niedergang aber als einen quasinaturgesetzlichen Prozess, an dessen Ende dem Proletariat und seiner Partei ganz von selbst die Macht zufallen werde. Revolutionäre Anstrengungen seien bei der Erreichung dieses Ziels nicht erforderlich. Nach dem Ersten Weltkrieg plädierte er in heftigen Kontroversen mit anderen Marxisten, besonders mit Lenin, denen er »Terrorismus« vorwarf, für die demokratische Republik als die zur Verwirklichung des Sozialismus geeignete Herrschaftsform.

Rosa Luxemburg lehnte die Schlussfolgerung Eduard Bernsteins, man könne ohne Revolution zu einer sozialistischen Gesellschaftsordnung gelangen, als Reformismus ab. Sie vertrat die These vom notwendigen Zusammenbruch des Kapitalismus. Nach ihren Erfahrungen in der russischen Revolution von 1905 glaubte sie, dass das eigentliche revolutionäre Kampfmittel des Proletariats der spontane Massenstreik sei, der Lernprozesse auslöse und verstärkt Klassenbewusstsein erzeuge. Rosa Luxemburgs Vertrauen auf die revolutionäre Spontaneität des Proletariats, die durch keinerlei Führungsgruppe »geleithammelt« werden dürfe, war v. a. eine Kritik an der leninschen Parteitheorie.

Wie Lenin wies auch Rosa Luxemburg die Einwände Bernsteins gegen die marxschen Prognosen durch die Entwicklung einer Imperialismustheorie zurück, der zufolge es dem Kapitalismus in seiner imperialistischen Phase gelungen sei, die ihm eigenen Tendenzen zur Proletarisierung der Mittelschichten und Polarisierung der Gesellschaft durch imperialistische Extraprofite zu dämpfen bzw. Teile des Proletariats zu bestechen und in eine »Arbeiteraristokratie« zu verwandeln. Da jedoch auch der Imperialismus in absehbarer Zeit an seine Grenzen stoßen werde, würden die marxschen Prognosen nach dem Zusammenbruch des Imperialismus im Ersten Weltkrieg wieder voll zur Geltung kommen. Mit der Verhärtung der marxistischen Orthodoxie nach dem Sieg der Oktoberrevolution in Russland ließ die theoretische Fruchtbarkeit innermarxistischer Kontroversen nach, zumal theoretische Diskussionen sehr bald zum Kampf zweier politischer »Linien« wurden und die jeweilige Parteiführung mit dem Beginn des Stalinismus kritische Köpfe immer häufiger zum Schweigen brachte.

Erst nach dem Ende des Zweiten Weltkriegs wurde mit dem Neomarxismus, der sich außerhalb der an der marxistischen Orthodoxie zunächst festhaltenden kommunistischen Parteien in Westeuropa ansiedelte, die marxistische Diskussion wieder belebt.

Marxismus-Leninismus, inoffizielle Abk. **ML,** seit Anfang des 20. Jh. eine der

Hauptströmungen des →Marxismus. Im Gegensatz zum so genannten »westlichen Marxismus«, der von Intellektuellen ohne politische Macht getragen und entwickelt wird, ist der Marxismus-Leninismus von seinen Anfängen an mit den Deutungs- und Orientierungsfragen der praktischen Politik verbunden. So gründet sich der Marxismus-Leninismus auf die von Wladimir Lenin vorgenommene Anpassung der Lehren von Karl Marx und Friedrich Engels an die sozialen und politischen Verhältnisse Russlands im frühen 20. Jh., die er mit einer Erklärung für das Ausbleiben der Revolution in den fortgeschrittenen kapitalistischen Gesellschaften und einer Kritik an der Politik der dort agierenden sozialistischen Parteien verknüpft. Der Leninismus begründet die Weiterentwicklung und teilweise Revision der marxschen Theorie mit dem Eintritt des Kapitalismus in das Stadium des →Imperialismus, durch den eine tief greifende Veränderung der politisch-strategischen Konstellationen erfolgt sei. Der Marxismus-Leninismus vertritt die Auffassung von einer »ungleichmäßigen Entwicklung« der verschiedenen Gesellschaften, worauf die Vorstellung fußt, die revolutionäre Veränderung müsse nicht in den sozioökonomisch fortgeschrittensten, sondern könne auch in zurückgebliebenen Gesellschaften der kapitalistischen Entwicklung beginnen. Die Nachfolger Lenins, v. a. Stalin, bauten den Marxismus-Leninismus zu einer Weltanschauungslehre mit dogmatischen Zügen und dem Anspruch auf Universalität und Wissenschaftlichkeit aus.

SOWJETMARXISMUS: Der Sowjetmarxismus geht auf Lenins Interpretation und Weiterentwicklung des Marxismus der 1890er-Jahre zurück. Lenins Parteitheorie trug den zurückgebliebenen Verhältnissen in Russland wie der ausbleibenden Revolution in Westeuropa Rechnung. Die Arbeiterklasse kann – nach Lenin – aus eigenen Kräften nur ein »gewerkschaftliches« Bewusstsein entwickeln. Infolge des verschiedenen Entwicklungsgrades unterschiedlicher Gesellschaften können in fortgeschrittenen Gesellschaften Extraprofite entstehen, die unter dem Druck gewerkschaftlicher Organisation teilweise an das Proletariat weitergegeben werden, wodurch dieses an die kapitalistische Gesellschaftsordnung gebunden wird und sein Interesse an deren revolutionärer Überwindung verliert. Wissenschaftlich begründetes Klassenbewusstsein vermögen danach allein die Intellektuellen ins Proletariat hineinzutragen. Die Partei soll eine von Berufsrevolutionären geführte straffe, z. T. konspirativ arbeitende Organisation, eine revolutionäre »Avantgarde« des Proletariats sein. Nach Lenins Imperialismustheorie ist der moderne Kapitalismus durch die Entstehung von Monopolen, durch die in Politik und Wirtschaft führende Rolle von Großbanken sowie durch internationale Kartelle und koloniale Ausbeutung gekennzeichnet. Der Kampf der Großmächte um Anlagemöglichkeiten für Kapital und um Rohstoffquellen führt zu einer verschärften Konkurrenz und schließlich zu Kriegen. Dies und die Ungleichmäßigkeit der weltwirtschaftlichen Entwicklung ermöglicht es, dass auch in rückständigen Ländern wie in Russland Revolutionen ausbrechen können. Bis Anfang der 1920er-Jahre war Lenin jedoch davon überzeugt, dass die Revolution in rückständigen Ländern nur erfolgreich sein könne, wenn sie zur Initialzündung der Weltrevolution werde. Der Sowjetmarxismus hat diese teilweise taktischen Überlegungen Lenins zur Theorie des staatsmonopolistischen Kapitalismus (Stamokap) weiterentwickelt.

Lenin verabsolutierte die bei Marx verschiedentlich anzutreffende Aussage, dass der bürgerliche Staatsapparat zerschlagen und eine revolutionäre Diktatur des Proletariats unter der Führung der Partei errichtet werden müsse. Er betonte die Gewaltsamkeit dieses Vorgangs und wies den bereits von Engels vertretenen Gedanken zurück, der Sozialismus könne auch mit parlamentarischen Methoden errichtet werden. Lenin unterschied eine niedere und eine höhere Phase des Kommunismus. In der Letzteren würden alle Menschen in der Lage sein, selbstständig die gesellschaftliche Produktion zu leiten, sodass es staatlicher Lenkung und Kontrolle nicht mehr bedürfe.

Stalin vollendete die Dogmatisierung der Lehren von Marx und Engels zur »Weltanschauung der marxistisch-leninistischen Partei«. Stalin stellte die Lehre von der Möglichkeit des Aufbaus des Sozialismus in einem Land auf, weil die von Marx, Engels und Lenin erwartete Weltrevolution ausgeblieben war. Voraussetzung des Absterbens des Staates sei die höchste Steigerung der staatlichen Macht (Stalinismus). Unter Nikita Chruschtschow und Leonid Breschnew setzten neue Versuche ein, den Sowjetmarxismus verbindlich zu fassen. Er sollte umfassen 1) den dialektischen und historischen Materialismus als Philosophie und theoretische Grundlage des Marxismus-Leninismus; 2) die politische Ökonomie des Kapitalismus und des Sozialismus, die die Entwicklung der Produktionsverhältnisse erforsche; 3) den wissenschaftlichen Sozialismus und Kommunismus, d. h. Theorie und Taktik der kommunistischen Bewegung und die Lehre vom Aufbau des Sozialismus und Kommunismus.

IDEOLOGISCHE KONTROVERSEN: Mit der Entstalinisierung 1956 traten in der kommunistischen Staatenwelt zunehmend Systemkritiker hervor, die eine Liberalisierung des Sowjetsystems forderten. Tito versuchte, unter Berufung auf die ursprüngliche marxsche Lehre einen Kommunismus aufzubauen, in dem die gesellschaftliche Produktion von den Produzenten selbst und nicht von staatlichen Bürokratien geleitet wird (Titoismus). In der Auseinandersetzung mit dem Marxismus-Leninismus sowjetischer Prägung entwickelte Mao Zedong eine neue Perspektive der proletarischen Revolution, wobei er entsprechend den sozioökonomischen Verhältnissen der Dritten Welt und den chinesischen Erfahrungen v.a. die bäuerliche Bevölkerung als Träger der Revolution ansieht (Maoismus).

Der tschechoslowakische Ökonom und Wirtschaftsreformer Ota Šik stellte der überkommenen zentralistischen Planwirtschaft eine Theorie der sozialistischen Marktverhältnisse entgegen. In Ungarn kritisierte die »Budapester Schule« im Anschluss an György Lukács, dass es den Gesellschaften sowjetischen Typs nicht gelungen sei, zu einer wirklichen Humanisierung der gesellschaftlichen Strukturen zu gelangen. In der DDR kritisierte besonders Robert Havemann die bürokratischen Strukturen des »realen Sozialismus« als einen Verstoß gegen das marxistische Prinzip einer »sozialistischen Demokratie«.

In seiner dogmatischen Erstarrung war der offizielle Marxismus-Leninismus nicht in der Lage, sich mit diesen Kritiken auseinander zu setzen, sondern reagierte darauf mit administrativer Unterdrückung oder Ausgrenzung. Mit dem Zusammenbruch der sozialistischen Staaten verschwand auch der Marxismus-Leninismus.

Märzgefallene, Bezeichnung für die zu Beginn der Märzrevolution in Berlin am 18./19. 3. 1848 bei Barrikadenkämpfen mit preußischen Truppen ums Leben gekommenen 254 Demonstranten. Sie wurden am 22. 3. 1848 im Park Friedrichshain feierlich beigesetzt, nachdem König Friedrich Wilhelm IV. am 19.3. die im Berliner Schlosshof Aufgebahrten geehrt hatte.

Märzrevolution, Revolution von 1848/49, die durch die französische →Februarrevolution im März 1848 ausgelöste revolutionäre Bewegung in den Staaten des Deutschen Bundes. Sie war v.a. eine bürgerliche Revolution, in der sich die Forderung des →Vormärz nach liberalen Reformen mit der Frage nach nationaler Einheit verband, wodurch v.a. in Schleswig und in den nicht deutsch besiedelten Gebieten Österreichs Nationalitätenprobleme aufbrachen. Die auf Volksversammlungen und Straßendemonstrationen erhobenen liberalen Forderungen wurden in Bayern, Württemberg, Baden, Hessen-Darmstadt, Sachsen, Hannover und einigen deutschen Kleinstaaten fast widerstandslos er-

MÄRZREVOLUTION

Frankfurter Nationalversammlung

Nachdem der revolutionäre Funke auch auf Preußen übergesprungen war und es dort bei Barrikadenkämpfen 254 Tote gegeben hatte – Adolph Menzels Gemälde von 1848 zeigt die »Aufbahrung der Märzgefallenen« in Berlin (Hamburg, Kunsthalle) –, bewilligte der preußische König eine verfassunggebende Versammlung und machte damit auch den Weg zur Einberufung einer deutschen Nationalversammlung frei.

Am 18. 5. 1848 trat in der Frankfurter Paulskirche das erste gesamtdeutsche Parlament, die Frankfurter Nationalversammlung, zusammen; sie bestand aus 585 Abgeordneten, die gemäß den jeweiligen Landesverfassungen gewählt worden waren. Diese Volksvertreter gehörten in ihrer überwiegenden Mehrheit den führenden Schichten des gebildeten Bürgertums an und entsprachen in ihrer Zusammensetzung nicht der sozialen Gliederung des Volkes – nur vier Abgeordnete kamen aus dem Handwerk, Arbeiter waren überhaupt nicht vertreten.

Organisierte politische Parteien gab es noch nicht, doch bildeten sich sogleich politische Gruppierungen oder Klubs, aus denen dann später die Parteien entstanden sind. Als provisorische Zentralgewalt wurde die Position des »Reichsverwesers« geschaffen; man einigte sich auf die Person des österreichischen Erzherzogs Johann. Es stellte sich jedoch bald heraus, dass es dieser Regierung an wirklicher politischer und militärischer Macht mangelte. Als die Nationalversammlung sich schließlich für die »kleindeutsche« Lösung und die Wahl des preußischen Königs zum Kaiser des neuen Reichs entschieden hatten, lehnte dieser es ab, die Kaiserkrone aus der Hand der Revolutionäre entgegenzunehmen – die Nationalversammlung war gescheitert.

Märzrevolution. Friedrich Wilhelm IV. von Preußen (hier vor einer Deputation der verfassunggebenden Nationalversammlung Preußens) beugte sich im März 1848 den Aufständischen, die für ihre Freiheitsrechte gekämpft hatten. Die Wahl zum »Kaiser der Deutschen« lehnte er im April 1849 aber ab, da er die Krone nicht aus den Händen von Revolutionären entgegennehmen zu können glaubte.

füllt oder es wurde ihre Verwirklichung versprochen: konstitutionelle Verfassung, Reformministerien, Pressefreiheit, Schwurgerichte, Volksbewaffnung und schließlich die Wahl eines gesamtdeutschen Parlaments, die am 18. 5. in der Paulskirche eröffnete → Frankfurter Nationalversammlung. Ein radikal-republikanischer Aufstand in Baden mit der Ausrufung der Republik in Konstanz am 12. 4. 1848 durch Friedrich Hecker wurde niedergeschlagen.

In Preußen, wo nach Straßen- und Barrikadenkämpfen am 29. 3. von König Friedrich Wilhelm IV. ein liberales Kabinett unter Ludolf von Camphausen berufen worden war, hatte sich am 22. 5. noch eine verfassunggebende Versammlung konstituiert und eine Verfassung beraten, die am 5. 12. aufgelöst wurde. Doch bereits im Frühsommer vereinigte das später so genannte Junkerparlament die schärfsten Gegner der Märzrevolution und besiegte sie ab 9. 11. schließlich mithilfe der preußischen Armee.

In Österreich ließen nach dem Sturz des Staatskanzlers Klemens Wenzel Fürst von Metternich am 13. 3. 1848 die Unruhen bis hin zu den bürgerkriegsähnlichen Maiaufständen in Wien vom 15.–25. 5. Kaiser Ferdinand I. mit seiner Familie am 17. 5. nach Innsbruck fliehen, von wo aus er die Gegenrevolution einleitete. Militärisch niedergeschlagen wurden die Aufstände in Oberitalien und Böhmen. In Ungarn gingen nach der Märzrevolution in der zweiten Phase, der »Septemberrevolution«, Truppen gegen das Reformministerium unter Lajos Graf Batthyány vor. Der ab 6. 10. 1848 in Wien wegen der Ereignisse in Ungarn ausbrechende Aufstand wurde blutig niedergeschlagen. Der konstituierende österreichische Reichstag in Wien am 22. 7. scheiterte an der Nationalitätenfrage, die mit den Konzeptionen zur Lösung der → deutschen Frage nicht in Übereinstimmung zu bringen war. Die Autonomiebestrebungen der einzelnen Länder gaben zudem den antirevolutionären, konservativen Kräften Auftrieb. Mit der oktroyierten Verfassung vom 4. 3. 1849 wurde die Märzrevolution in Österreich endgültig beendet und der Antagonismus zwischen Österreich und Preußen verstärkt.

Durch die Ereignisse in den beiden größten deutschen Staaten scheiterte die Frankfurter Nationalversammlung in ihrem Verfassungswerk. Die Ablehnung der Reichsverfassung vom 27. 3. 1849 durch die beiden deutschen Großmächte und die größten Mittelstaaten sowie das Erstarken der antirevolutionären Kräfte, die die Maiaufstände 1849 niederschlugen, führte zur Niederlage der revolutionären Bewegung.

Masada, Massada, arabisch **Kasr es-Sebbe,** ein Felsplateau auf der Westseite des Toten Meeres, 441 m über dessen Spiegel gelegen, 15 km nördlich von Arad in Israel. Von Herodes dem Großen 36–30 v. Chr. ausgebaut, war Masada der letzte Stützpunkt der Juden im Krieg gegen Rom. Masada ist in der Bibel nicht erwähnt, wird aber von Josephus Flavius ausführlich beschrieben. Die Festung leistete nach dem Fall von Jerusalem 70 n. Chr. den Römern erbitterten Widerstand, wurde belagert und 73 n. Chr. eingenommen. Nach dem Bericht des Josephus fanden die Eroberer nur sieben Überlebende vor, die Übrigen hatten Selbstmord verübt.

Masaryk [-rik], Tomáš, tschechischer Philosoph, Soziologe und Politiker, * Göding 7. 3. 1850, † Schloss Lány (bei Prag) 14. 9. 1937; wurde 1882 Professor für Philosophie in Prag. Politisch nahm er Stellung gegen das Haus Habsburg und die Vorherrschaft der Deutschen und Ungarn im Bereich der Donaumonarchie. 1891–93 vertrat er die Jungtschechen, 1907–14 die von ihm gegründete Realistenpartei im österreichischen Reichsrat.

Die in seiner Philosophie gründende demokratische Staatsauffassung, die zugleich die Humanität zum Programm erhob, führte ihn 1914 auf die Seite der Ententemächte. Von London aus forderte er im Ersten Weltkrieg die tschechische Eigenstaatlichkeit. Mit Edvard Bene gründete er 1916 den »Tschechoslowakischen Nationalrat« und organisierte die Tschechische Legion in Russland. Mit slowakischen Organisationen in den USA schloss Masaryk 1918 den Pittsburgher Vertrag über den staatlichen Zusammenschluss von Tschechen und Slowaken. Nach Gründung der Tschechoslowakei wurde Masaryk 1918 Staatspräsident, 1935 trat er zurück. Den Widerspruch zwischen idealistisch-demokratischem Humanismus einerseits und den Forderungen des Selbstbestimmungsrechts von Sudetendeutschen, Ungarn und autonomistisch gesinnten Slowaken andererseits konnte er nicht lösen. Seine persönliche Integrität verschaffte ihm hohes Ansehen.

Masinịssa, König von Numidien, → Massinissa.

Mason and Dixon Line ['meɪsn ænd 'dɪksn 'laɪn], die im Auftrag des britischen Kronrates 1763–67 von den britischen Landmessern Charles Mason und Jeremiah Dixon auf ca. 39° 43' nördlicher Breite festgelegte Grenze zwischen den Kolonien Maryland und Pennsylvania. Die 1769 von der britischen Krone bestätigte Linie wurde 1784 nach Westen als Grenze zu Virginia hin verlängert. Sie galt vor dem Sezessionskrieg als Demarkation zwischen den Staaten mit und denen ohne Sklaverei.

Massinịssa, Masinịssa, griechisch **Massanạsses,** König von Numidien, *nach 240 v. Chr., †149/148 v. Chr.; trat gegen Ende des 2. Punischen Krieges zu Rom über. Es gelang ihm, Numidien zu einem großen Reich zusammenzufügen. Sein Konflikt mit Karthago gab 149 v. Chr. den Anlass für den 3. Punischen Krieg.

Mạthịlde, Markgräfin von Tuszien, *1046, †Bondeno (bei Ferrara) 24. 7. 1115; heiratete nach dem Tod ihres Stiefvaters Gottfried II., des Bärtigen, dessen Sohn Gottfried III., den Buckligen, und übernahm nach dessen Tod 1076 als Alleinerbin des Hauses Canossa die Regierung in Tuszien. Im Verlauf ihrer langen Herrschaft war sie während des → Investiturstreits die verlässlichste Bundesgenossin der Päpste, die sie finanziell, militärisch und diplomatisch unterstützte. Auf ihrer Burg Canossa leistete Kaiser Heinrich IV. 1077 Kirchenbuße. Wohl 1079 vermachte Mathilde dem Heiligen Stuhl ihre weitläufigen Besitzungen in Mittelitalien, erhielt sie aber vom Papst als Lehen zur freien Verfügung zurück. 1111 setzte sie Kaiser Heinrich V. zum Erben ein. Der Streit zwischen Kaiser und Papst um diese Güter dauerte, bis Kaiser Friedrich II. 1213 formell auf die Ansprüche verzichtete. Mit dem Tod Mathildes erlosch das Haus Canossa.

Mạthịlde, Thronerbin von England, *London 1102, †bei Rouen 10. 9. 1167; Tochter Heinrichs I. von England; war seit 1114 mit Kaiser Heinrich V. kinderlos verheiratet. Nach dessen Tod 1125 kehrte Mathilde nach England zurück, konnte aber, seit 1128 mit Graf Gottfried V. von Anjou verheiratet, nach dem Tod ihres Vaters 1135 ihren Thronanspruch gegen ihren Vetter Stephan I. von Blois nicht behaupten. Nach langen Kämpfen musste Mathilde sich in die Normandie zurückziehen. Ein Vertrag mit Stephan von 1153 sicherte ihrem Sohn Heinrich (II.) die Thronfolge. Damit wurde Mathilde zur Stammmutter der Dynastie Plantagenet.

Mạthy [-ti], Karl, badischer Politiker, *Mannheim 17. 3. 1806, †Karlsruhe 3. 2. 1868; war seit 1842 Führer der Liberalen in der badischen Zweiten Kammer, gehörte 1848/49 in der Frankfurter Nationalversammlung zu den Erbkaiserlichen und setzte sich danach für die preußische Unionspolitik ein. Seit 1864 badischer Handelsminister, bat er am 30. 6. 1866 nach dem Eintritt Badens an der Seite Österreichs in den Deutschen Krieg um seine Entlassung und wurde nach dem Krieg am 28. 8. 1866 an die Spitze der Regierung berufen. Er bereitete Badens Beitritt zum Norddeutschen Bund vor.

Matteọtti, Giacomo, italienischer Politiker, *Fratta Polesine (Provinz Rovigo) 22. 5. 1885, †(ermordet) Rom 10. 6. 1924; war 1924 Generalsekretär des Partito Socialista Italiano. Als kompromissloser Gegner Benito Mussolinis hielt er in der neu gewählten Abgeordnetenkammer am 30. 5. 1924 eine Aufsehen erregende Rede, in der er den Faschisten Wahlfälschung vorwarf und die Gültigkeit der Wahl bestritt. Seine Entführung und Ermordung wenige Tage später durch einen faschistischen Stoßtrupp veranlasste die antifaschistischen Abgeordneten (Aventianer) aus der Kammer auszuziehen.

Tomáš Masaryk

Matthịas, Kaiser des Heiligen Römischen Reichs (seit 1612), *Wien 24. 2. 1557, †ebenda 20. 3. 1619; übernahm gegen seinen Bruder, Kaiser Rudolf II., im April 1606 in einem Geheimvertrag als Haupt des Hauses Habsburg anerkannt, als Erzherzog die Regierung in Österreich sowie die Führung des Krieges gegen die Türken und die aufständischen Ungarn um István Bocskay. Im Vertrag von Lieben bei Prag vom 25. 6. 1608 musste Rudolf die Regierung in Österreich abtreten, ebenso in Mähren und Ungarn, dort war Matthias als Mátyás II. König bis Juli 1618. Nach der erzwungenen Abdankung Rudolfs am 23. 5. 1611 wählten ihn auch die böhmischen Stände zum König bis 1617. Nach Rudolfs Tod wurde Matthias am 13. 6. 1612 zum König und Kaiser des Heiligen Römischen Reichs gewählt. Matthias suchte vergebens zwischen Protestanten und Katholiken zu vermitteln, der Prager Fenstersturz am 23. 5. 1618 führte zum Ausbruch des → Dreißigjährigen Krieges. 1615 sah er sich aufgrund versagter Reichsmittel zu einem ungünstigen Friedensschluss mit den Türken gezwungen (→ Türkenkriege). Am 20. 3. 1617 willigte der kinderlose Kaiser in die Nachfolge Erzherzog Ferdinands ein, der seither die Politik prägte.

Matthias,
Kaiser des Heiligen Römischen Reichs

Matthịas I. Corvịnus [latein. »Rabe«], ungarisch eigentlich **Mátyás Hunyadi** ['maːtjaːʃ 'hunjɔdi], König von Ungarn (seit 1458) und von Böhmen (seit 1469), *Klausenburg 23. 2. 1443, †Wien 6. 4. 1490; wurde am 24. 1. 1458 vom ungarischen Adel zum König gewählt und konnte sich bis 1463 auch gegen seinen Rivalen, Kaiser Friedrich III., am 17. 2. 1459 von einer Gegenpartei erhoben, durchsetzen sowie die königliche Macht stärken. Am 29. 3. 1464 wurde Matthias in Stuhlweißenburg gekrönt. Der böhmische König Ge-

Prinz Max von Baden

MAXIMILIAN I.
*1459 †1519

- suchte das Heilige Römische Reich zu reformieren
- vergrößerte den Besitz der Habsburger
- war finanziell von Jakob Fugger abhängig
- gilt als der »letzte Ritter«
- war ein vielseitig gebildeter Herrscher

org von Podiebrad und Kunštát, sein damaliger Schwiegervater, musste ihm im 2. Hussitenkrieg 1468–71 Schlesien, die beiden Lausitzen und Mähren überlassen, deren Besitz ihm auch dessen Nachfolger Wladislaw II. 1479 zugestehen musste. Am 3. 5. 1469 hatte die katholische Minderheit der böhmischen Stände Matthias in Olmütz bereits zum König von Böhmen gewählt. Matthias versuchte vergeblich, die römische Königskrone zu gewinnen. Mit dem Ziel, ein mitteleuropäisches Großungarisches Reich aufzubauen, eroberte er bis 1485 Niederösterreich, Steiermark sowie Kärnten und vertrieb Kaiser Friedrich III. aus Wien, 1485–90 von Matthias besetzt und dessen Residenz. Auch die Türkengefahr in Bosnien und Serbien konnte er 1479–83 noch einmal mit seinen Söldnerheeren bannen. Unter dem hochgebildeten Matthias stieg Ungarn zur politischen Großmacht und zu einem Zentrum der Renaissancekultur sowie des Humanismus auf. Er richtete in Ofen die Bibliotheca Corviniana ein und gründete die Universität Preßburg.

Maultasch, Margarete, Gräfin von Tirol, →Margarete Maultasch.

Mauren, spanisch **Moros,** Bezeichnung für die Muslime arabischer und berberischer Herkunft, die 711–1492 in weiten Teilen der Iberischen Halbinsel und Nordwestafrikas herrschten und die maurische Kultur und Kunst schufen.

Maurus, Hrabanus, mittellateinischer Schriftsteller, →Hrabanus Maurus.

Maurya, Maurja, altindisches Herrschergeschlecht. Um 322 v. Chr. von Candragupta begründet, entfalteten die Maurya von Magadha aus ihre Macht und beherrschten unter Candraguptas Enkel Ashoka den größten Teil Indiens. Die Hauptstadt der Mauryadynastie war Pataliputra (heute Patna). Nach Ashokas Tod 232 v. Chr. setzte der Niedergang des Mauryareiches ein. Der letzte Angehörige der Dynastie wurde um 185 v. Chr. getötet.

Mauthausen, oberösterreichische Marktgemeinde im Bezirk Perg. Im August 1938 errichtete die SS im Bereich von Mauthausen ein Außenkommando des KZ Dachau, das seit März 1939 zum selbstständigen Lager mit verschiedenen Nebenlagern ausgebaut wurde. Bis Mai 1945 waren etwa 335 000 Menschen, auch zahlreiche Kinder und Jugendliche, dort inhaftiert; 120 000 starben bzw. wurden ermordet.

Max, Prinz von Baden, eigentlich Maximilian Alexander Friedrich Wilhelm, deutscher Reichskanzler (1918), *Baden-Baden 10. 7. 1867, †Salem 6. 11. 1929; wurde aufgrund der Kinderlosigkeit des Großherzogs Friedrich I. 1907 zum badischen Thronfolger als Nachfolger seines Vetters Friedrich II. designiert. Er schied 1911 als Generalmajor aus dem aktiven preußischen Militärdienst aus und widmete sich während des Ersten Weltkriegs der Kriegsgefangenenfürsorge. In der durch die sofortige Waffenstillstandsforderung des Generals Erich Ludendorff am 20. 9. 1918 ausgelösten inneren Krise berief Kaiser Wilhelm II. den Prinzen am 3. 10. 1918 zum Reichskanzler. An der Spitze einer Mehrparteienkoalition von SPD, Fortschrittlicher Volkspartei und Zentrum richtete er am 3./4. 10. 1918 ein Friedensangebot und ein Waffenstillstandsersuchen an den amerikanischen Präsidenten Woodrow Wilson, das dessen Vierzehn Punkten folgte. Im Innern stimmte er der Einführung des parlamentarischen Regierungssystems zu, konnte aber den Ausbruch der Novemberrevolution nicht verhindern. Am 9. 11. 1918 verkündete er, ohne die Abdankungserklärung abzuwarten, eigenmächtig die Absetzung des Kaisers und trat das Amt des Reichskanzlers an Friedrich Ebert ab.

Maxentius, Marcus Aurelius Valerius, Kaiser des Römischen Reiches (seit 306), *um 279, †Rom 28. 10. 312; war zunächst von seinem Vater Maximian als Nachfolger ausersehen, aber 305 mit dessen Zustimmung übergangen worden. Maxentius wurde 306 in Rom von den Prätorianern zum Kaiser ausgerufen, aber von den regierenden Augusti nicht anerkannt. Er behauptete im Kampf gegen Severus, Galerius und den Usurpator Alexander die Herrschaft über Italien und Afrika, bis er mit seinem Heer von seinem Schwager Konstantin dem Großen an der Milvischen Brücke bei Rom geschlagen wurde und dort im Tiber ertrank.

Maximian, lateinisch **Marcus Aurelius Valerius Maximianus,** Beiname Herculius, Kaiser des Römischen Reiches (286–305, Usurpation 307/308 und 310), Mitregent Diokletians, *bei Sirmium (heute Sremska Mitrovica) in Pannonien um 240, †in Gallien 310; war ein Freund und Landsmann Diokletians, der ihn 285 zum Caesar und 286 zum Augustus mit Zuständigkeit für den Westen ernannte. Nach der Begründung der Tetrarchie 293 herrschte er dort mit seinem Schwiegersohn, dem Caesar Constantius Chlorus, und legte 305 zugleich mit Diokletian sein Amt nieder. Er griff aber 306 zugunsten seines Sohnes Maxentius wieder in die Politik ein, usurpierte im Februar 307 die Herrschaft und nahm auch Verbindung zu Konstantin dem Großen auf, dem er seine Tochter Fausta vermählte. 308 erneut zur Abdankung gezwungen, wurde er, als er in Südgallien wieder die Herrschaft erlangen wollte, von Konstantin gefangen genommen und zum Selbstmord veranlasst.

Maximilian, eigentlich Ferdinand Maximilian, Erzherzog von Österreich, Kaiser von Mexiko, *Wien 6. 7. 1832, †(erschossen) Querétaro 19. 6. 1867; nahm im April 1864 die ihm auf Betreiben Napoleons III. angetragene mexikanische Kaiserkrone an in dem Glauben, das mexikanische Volk selbst habe ihn gerufen.

Maximilian, jüngerer Bruder von Kaiser Franz Joseph I., konnte aber in Mexiko nicht Fuß fassen. Er entfremdete sich durch seine liberale, auf Ausgleich und Mäßigung bedachte Politik die ihn stützenden Konservativen und die Kirche. Der liberale Präsident Benito Juárez bekämpfte Maximilians Intervention, das Land spaltete sich in einem Bürgerkrieg. Als die USA unter Berufung auf die Monroedoktrin 1866 den Abzug der französischen Hilfstruppen erzwangen, weigerte sich Maximilian, Mexiko mit ihnen zu verlassen. Durch Verrat geriet er am 15. 5. 1867 in die Hände von Juárez. Von einem Kriegsgericht wurde er zum Tode verurteilt und erschossen.

Maximilian I., König (seit 1486) und Kaiser (seit 1508) des Heiligen Römischen Reichs, *Wiener Neustadt 22. 3. 1459, † Wels 12. 1. 1519. Der Habsburger Maximilian, der Sohn Kaiser Friedrichs III., der Vater von Philipp I., dem Schönen, von Spanien und Großvater der Kaiser Karl V. und Ferdinand I., wurde am 16. 2. 1486 zum Römischen König gewählt, die Krönung fand am 9. 4. in Aachen statt. Er trat am 19. 8. 1493 die Nachfolge im Reich an, wo er sich streng von der Reichsidee leiten ließ. Nach dem frühen Tod seiner Frau Maria von Burgund 1482 konnte er sich sowohl gegen den französischen König Ludwig XI. als auch gegen die niederländischen Stände im Vertrag von Senlis 1493 die Grafschaften Charolais, Nevers und Artois sowie die Freigrafschaft Burgund sichern, während das Herzogtum Burgund und die Picardie faktisch bei Frankreich blieben. Nach dem Tod von Matthias I. Corvinus am 6. 4. 1490 gelang ihm die Rückeroberung der habsburgischen Erblande, deren Verwaltung er reformierte. Nach dem Tod seines Vaters 1493 und seines Vetters, Erzherzogs Sigmund von Tirol 1496, den er am 16. 3. 1490 zur Abtretung Tirols und der Vorlande bewogen hatte, beherrschte Maximilian alle habsburgischen Länder. 1491 hatte er im Frieden von Preßburg bereits die habsburgischen Erbfolge in Ungarn gefestigt und war seitdem Titularkönig von Ungarn. Der »Schwabenkrieg« 1499 hatte die faktische Loslösung der Schweiz vom Heiligen Römischen Reich zur Folge. Dagegen gewann Maximilian durch Heiratspolitik 1506/16 auch die spanische Krone und 1515 die Anwartschaft auf Böhmen und Ungarn für das Haus Habsburg.

Die Reichsstände unterstützten Maximilian in seiner dynastischen Politik nicht, brachten aber zusammen mit dem König auf dem Wormser Reichstag 1495 den Ewigen Landfrieden, ein vom Kaiser unabhängiges Reichskammergericht und eine »Handhabung Friedens und Rechts« zustande. Mit dem Gemeinen Pfennig sollte das Reichssteuerproblem gelöst werden. Das Reichsregiment, ein ständiger Ausschuss von Reichsständen zur Überwachung und Beschränkung des Königs, konnte erst 1500 eingerichtet werden und bestand nur zwei Jahre. Dem Reichskammergericht stellte Maximilian 1497 den Reichshofrat entgegen, mit gleichen Befugnissen und nur von ihm abhängig. Die Einteilung des Reichs in zehn Reichskreise 1512 bildete die Grundlage für die Landfriedenssicherung.

Maximilian, der am 4. 2. 1508 ohne päpstliche Krönung, aber mit der nachträglichen Billigung Julius' II. den Kaisertitel im Dom zu Trient annahm, war ein vielseitig gebildeter Fürst, der jedoch auch die Zwiespältigkeit seiner Epoche verkörperte. Er beherrschte die ritterlichen Künste und Fertigkeiten nach dem burgundischen Vorbild überlegen, vervollkommnete zugleich das Geschützwesen und führte geschickt von ihm ausgebildete Landsknechtheere. Durch seinen Finanzier Jakob Fugger wurde er von der frühkapitalistischen Wirtschaft abhängig.

Maximilians literarische und künstlerische Bestrebungen sind aufs Engste mit seiner politischen Biografie verknüpft. Gemeinsames Motiv allen literarischen Engagements, so auch des Auftrags zur Anlage des Ambraser Heldenbuches, war für Maximilian die programmatische Idee des »Gedächtnus«, die v. a. drei Aspekte umfasst: religiös-liturgische »memoria«, Stilisierung der eigenen Biografie und historische Dokumentation.

Maximilian I., Herzog (seit 1597) und Kurfürst (seit 1623) von Bayern, *München 17. 4. 1573, † Ingolstadt 27. 9. 1651; wurde von Jesuiten in Ingolstadt erzogen und übernahm die Regierung 1598, nachdem sein Vater, Herzog Wilhelm V., abgedankt hatte. Als Gegengewicht zur protestantischen Union gründete der bayerische Wittelsbacher Maximilian 1609 die katholische Liga, mit der er den späteren Kaiser Ferdinand II. im Böhmischen Aufstand unterstützte. 1635 vermählte er sich in 2. Ehe mit dessen Tochter Maria Anna. Am 25. 2. 1623 erlangte Maximilian die Friedrich V. aberkannte pfälzische Kurstimme und erhielt 1628 die Oberpfalz. Im Dreißigjährigen Krieg war Maximilian einer der Hauptführer der katholischen Partei, ohne ein unbedingter Anhänger der Habsburger zu sein, deren zentralistische Bestrebungen er ablehnte. Maximilian hatte Anteil am Restitutionsedikt 1629 und an der Entlassung Wallensteins 1630. Die Not seines Landes veranlasste ihn ab 1639 zur Annäherung an Frankreich. Bei den Friedensverhandlungen zu Münster 1645–48 führten ihn katholische Interessen an dessen Seite, wodurch er die Kurwürde und die Oberpfalz behielt. In seinem Territorium brach Maximilian die Macht der Landstände, schuf eine ausgezeichnete Landesverwaltung, ein schlagkräftiges Heer unter Johann von Tilly, eine für seine Zeit fortschrittliche Gesetzessammlung, den »Codex Maximilianeus« sowie eine solide Finanzgrundlage.

Maximilian I. »Gnadenpfennig« mit einem Porträt Maximilians I. von Bayern (um 1625/30; Pforzheim, Schmuckmuseum)

Maximilian II., Kaiser des Heiligen Römischen Reichs (seit 1564), *Wien 31. 7. 1527, †Regensburg 12. 10. 1576; Sohn Kaiser Ferdinands I., Vater der Kaiser Rudolf II. und Matthias; wurde 1548 mit seiner Cousine Maria, der Tochter seines Onkels Karl V., verheiratet und war 1548–50 Statthalter in Spanien. Nach seiner Rückkehr blieb der Habsburger Maximilian, der früh der lutherischen Lehre zugeneigt war, um einen Ausgleich der Konfessionen bemüht. Er fand aber keinen Rückhalt bei den lutherischen Fürsten, schwor deshalb vor seiner Wahl zum Römischen König und Kaiser am 30. 11. 1562, stets katholisch zu bleiben, und folgte seinem Vater am 7. 2. 1564 als Kaiser. Mit der Sicherung des Augsburger Religionsfriedens von 1555 sorgte er für eine lang anhaltende Zeit der Ruhe. Gegen die Türken kämpfte Maximilian unglücklich. Die ihm 1573 und 1575 angetragene polnische Krone vermochte er nicht in Besitz zu nehmen. In seinen österreichischen Ländern stärkte er Luthertum und Ständewesen. Auf Reichsebene konnte er sich in den ständig schärfer werdenden Gegensätzen nicht durchsetzen.

Maximilian II. Emanuel, Kurfürst von Bayern (seit 1679), *München 11. 7. 1662, †ebenda 26. 2. 1726; Enkel von Maximilian I. und Vater von Kaiser Karl VII.; löste Bayern seit 1680 aus französischer Gefolgschaft. Maximilian II. Emanuel zeichnete sich in den Türkenkriegen 1686–88 als Verbündeter Kaiser Leopolds I. aus, dessen Tochter Maria Antonia er 1685 geheiratet hatte. 1689/90 sicherte er im Pfälzischen Erbfolgekrieg 1688–97 die Rheingrenze und wurde 1691 bis 1699/1714 zum Statthalter der Spanischen Niederlande ernannt. Der frühe Tod seines zum Erben der spanischen Krone bestimmten Sohnes Joseph Ferdinand führte zum Spanischen Erbfolgekrieg 1701–13/14 und Maximilian in der Hoffnung, die Spanischen Niederlande als Königtum zu gewinnen, an die Seite Frankreichs. Er wurde aber 1704 bei Höchstädt an der Donau geschlagen, geächtet und vertrieben und Bayern von Österreich besetzt. Auch die Niederlande verlor er in der Schlacht bei Ramillies 1706. Durch die Friedensschlüsse von Rastatt und Baden 1714/15 erhielt er Bayern zurück. In der Wittelsbacher Hausunion suchte er 1724 die Macht der Wittelsbacher in Bayern, in der Pfalz, in Pfalz-Sulzbach, Köln, Trier und Münster zusammenzufassen.

Maximilian II. Joseph, König von Bayern (seit 1848), *München 28. 11. 1811, †ebenda 10. 3. 1864; Vater von König Ludwig II.; bestieg nach der Abdankung seines Vaters Ludwig I. den Thron am 20. 3. 1848. Seine Regierungszeit war besonders von der →deutschen Frage geprägt. Im Innern wurde die Trennung von Justiz und Verwaltung vollzogen und die Ministerverantwortlichkeit durchgesetzt.

Maximilian IV. Joseph, Kurfürst von Bayern (1799–1806), als König von Bayern (seit 1806) Maximilian I. Joseph, *Mannheim 27. 5. 1756, †München 13. 10. 1825; pfälzischer Wittelsbacher; regierte seit 1795 in Pfalz-Zweibrücken und folgte 1799 Karl Theodor als Kurfürst von Bayern; trat an die Seite Napoleons I., wurde 1806 Mitglied des Rheinbunds und erlangte die Königswürde für Bayern. In der napoleonischen Zeit wurde Bayern unter Maximilian IV. Joseph um fränkische und schwäbische Gebiete erheblich vergrößert. Beraten von Minister Maximilian von Montgelas, leitete er nach französischem Vorbild wegweisende Reformen ein und förderte so den Ausbau zum modernen Staat.

Maximinus, Gaius Iulius Verus, genannt Maximinus Thrax (»der Thraker«), Kaiser des Römischen Reiches (seit 235), *in Thrakien 173(?), †bei Aquileja 10. 5. 238; diente sich zum Offizier hoch und wurde im März 235 als erster »Soldatenkaiser« in Moguntiacum (Mainz) zum Kaiser ausgerufen. Er kämpfte 236/237 erfolgreich gegen Germanen, Sarmaten und Daker. Seine nur dem Heer dienende Politik führte zur Erhebung des vom Senat anerkannten Gegenkaisers Gordian I. und dessen Sohnes Gordian II. in Afrika. Nach ihrer Niederlage ernannte der römische Senat seine Mitglieder Pupienus und Balbinus zu Kaisern. Im Kampf mit Pupienus wurde Maximinus von eigenen meuternden Soldaten erschlagen.

Maya, indianische Völker- und Sprachfamilie im südlichen Mesoamerika, in Süd- und Nordostmexiko, Guatemala, Honduras und Belize.

In vorkolumbischer Zeit waren die Maya Träger einer hoch entwickelten Kultur, deren Blüte um 300 n. Chr. begann und die mit der spanischen Eroberung endete. Älteste Zeugnisse der Mayakultur sind Keramiken aus der Mitte des 3. Jt. v. Chr. Für die Zeit um 650 v. Chr. sind im gesamten Kulturgebiet Hunderte von Siedlungen nachzuweisen. Wichtigste Zentren dieser vorklassischen Periode bis 300 n. Chr. waren Izapa und Kaminaljuyú im Hochland, in klassischer Zeit 300–900 Tikal, El Mirador, Palenque, Yaxchilán, Copán, Piedras Negras, Quiriguá und Uaxactún im südlichen Tiefland, in der Nachklassik 900–1540 Chichén Itzá, Uxmal, Mayapán und Tulum im nördlichen Tiefland und Iximché und Zaculeu im Hochland. Diese Städte und Stadtstaaten wurden von Königen oder Statthaltern regiert. Die Mittelschicht bildeten die Angehörigen der weltlichen und religiösen Verwaltung. Basis der Gesellschaft waren als unterste Schicht die Bauern. Brandrodungsfeldbau war die gebräuchlichste Agrarform für den Anbau von Mais und Bohnen.

Kunst und Architektur der Maya stellen unter den altamerikanischen Hochkulturen einen Höhepunkt dar. Verschiedene regional begrenzte Stilregionen lassen sich feststellen: im Süden das Hochland von Guatemala, die Südostregion, die Usumacinta-Region, die Westregion, der Petén und im Norden der Puuc-, Chenes- und Río-Bec-Stil. Trotz regionaler Unterschiede drückt sich die Homogenität des Kulturraumes in vielen Merkmalen aus. In der Architektur sind es das »falsche Gewölbe«, die auf den Pyramiden errichteten Tempel, die niedrigen, lang gestreckten Paläste und die Ballspielplätze. Dazu gehört auch die von den Maya entwickelte Hieroglyphenschrift, die auf Stelen, Altären, Türstürzen, Wandtafeln und Treppenstufen eingemeißelt wurde.

Die Inschriften dieser Steinmonumente geben Auskunft über die dynastische Geschichte der jeweiligen Städte. In den Texten werden Geburt, Inthronisation, Heirat, geführte Kriege, errungene Titel und Tod der Herrscher angegeben. Diese Informationen sind eingebunden in ein hoch entwickeltes Kalendersystem und werden oft durch bildliche Herrscherdarstellungen ergänzt. Die vier überlieferten Bilderhandschriften der Maya enthalten u.a. auch kalendarische, astronomische und astrologische Berechnungen. Auf der Keramik sind in Schrift und Bild Nachrichten über die Unterwelt und die Mythen der Maya festgehalten.

Oberster der zahlreichen Götter war wohl Itzamná, der Himmelsgott. In Yucatán hatte der Regengott Chac große Bedeutung. Die Götter konnten auch jeweils in mehreren Gestalten erscheinen. In immer neuen Zusammenstellungen waren sie für die Maya im Zusammenhang mit ihrem Wahrsagekalender von Bedeutung. Die Wahrsagepriester befragten mithilfe von Orakeln den Einfluss der Götter auf das Schicksal des einzelnen Menschen. Die Priester waren auch zuständig für die Beobachtung der Gestirne, für Astrologie sowie für Berechnungen für den Kalender, denn die Beschäftigung mit der Zeit nahm im Denken der Maya eine zentrale Stelle ein.

Mayflower ['meɪflaʊə], Name des Segelschiffs, mit dem die Pilgerväter am 16. 9. 1620 von Plymouth (England) nach Neuengland aufbrachen. Vor der Landung am 21. 11. 1620 bei Cape Cod (heute Provincetown, Mass.) schlossen 41 Männer den Mayflower Compact, in dem sie sich zur Aufrichtung einer gesetzlichen Ordnung in der zu gründenden Siedlung Plymouth verpflichteten. Das Übereinkommen, bedingt durch das Fehlen eines gültigen Freibriefes, ist eine Nachbildung des puritanischen Gemeindebundes und war Vorläufer ähnlicher für Gemeinde- und Kirchenverwaltung grundlegender Verträge.

Mazarin [maza'rɛ̃], Jules, eigentlich Giulio Mazarini, Herzog von Nevers (seit 1659), französischer Staatsmann und Kardinal italienischer Herkunft , *Pescina (Provinz L'Aquila) 14. 7. 1602, †Vincennes 9. 3. 1661; trat nach zweijährigem Rechtsstudium in Spanien 1624 in die päpstliche Armee ein, dann in den diplomatischen Dienst der Kurie. Als päpstlicher Diplomat begegnete Mazarin Richelieu 1630 in Lyon und wirkte seitdem an der Kurie für dessen Politik. Er trat 1640 in französische Dienste und erhielt 1641 auf Betreiben der französischen Krone die Kardinalswürde. Nach Richelieus Tod 1642 nahm Ludwig XIII. ihn in den Kronrat auf. Anna von Österreich, die für den minderjährigen Ludwig XIV. die Regentschaft führte, machte ihn 1643 zum leitenden Minister. In dieser Stellung konzentrierte sich Mazarin ganz auf seine außenpolitische Hauptaufgabe: den für Frankreich günstigen Abschluss der Verhandlungen in Münster, die zum Westfälischen Frieden 1648 führten. Dagegen beachtete er die kritische innerfranzösische Lage nicht genügend, sodass ihn der Ausbruch der → Fronde 1648–53 unvorbereitet traf. Er wurde persönlich in den »Mazarinaden« verunglimpft und zweimal zur Flucht ins Ausland gezwungen. Nach der Niederwerfung der Fronde blieb Mazarin als Vertrauter Ludwigs XIV. bis zu seinem Tod der unbestrittene Herr Frankreichs. Er schloss 1659 den → Pyrenäenfrieden mit Spanien und vermittelte 1660 den Frieden von Oliva. Auf diesen Friedensschlüssen, zusammen mit dem Westfälischen Frieden, beruhte die europäische Vormachtstellung Frankreichs in der zweiten Hälfte des 17. Jahrhunderts.

Maya.
Auf bis zu 60 m hohen, steinverkleideten Stufenpyramiden standen die Tempel gebäude der Maya, die vermutlich dem Ahnenkult der Herrscherfamilie dienten (Pyramide des Kukulcán in Chichén Itzá, Mexiko).

Mazedonien, → Makedonien.

Mazowiecki [mazɔ'vjɛtski], Tadeusz, polnischer Politiker, *Płock 18. 4. 1927; war 1961–71 als Mitglied der katholisch orientierten Fraktion der »Znak« Abgeordneter des Sejm. Seit der Streikbewegung von 1980 war er enger Berater Lech Wałęsas und der Solidarność. Nach Verhängung des Kriegsrechts und dem Verbot der Solidarność wurde er 1981–82 interniert. Danach war Mazowiecki publizistisch im Untergrund aktiv. Im Frühjahr 1989 nahm er als Vertreter der wieder zugelassenen Solidarność an den Gesprächen am »Runden Tisch« teil. Im August 1989 wählte ihn der Sejm zum Ministerpräsidenten. Nach seinem Scheitern bei den Präsidentschaftswahlen vom 25. 11. 1990 trat er als Regierungschef zurück. 1990–95 war er Vorsitzender der »Demokratischen Union« bzw. der 1994 gegründeten »Union der Freiheit«. 1992–95 wirkte er als Sonderberichterstatter der UN in Bosnien und Herzegowina.

Giuseppe Mazzini

Mazzini, Giuseppe, italienischer Freiheitskämpfer, *Genua 22. 6. 1805, †Pisa 10. 3. 1872; geistiger Führer der radikalrepublikanischen, laizistischen und unitaristischen Richtung des →Risorgimento. Mazzini schloss sich 1828/29 der →Carboneria an und wurde 1830 verhaftet. Im Exil in Marseille gründete er 1831 die →Giovine Italia und forderte Karl Albert, den neuen König von Savoyen-Piemont, vergebens auf, die Einigung Italiens anzuführen. 1833/34 scheiterten seine republikanischen Umsturzversuche in Savoyen. 1836 auf österreichischen Druck ausgewiesen, organisierte er in London die italienischen Arbeiter und agitierte gegen die Fremdherrschaft in Italien. In der Revolution 1848 scheiterte er mit seinen Ideen in Mailand, leitete dann aber 1849 als einer der Triumvirn die kurzlebige Römische Republik. Wieder im Exil in London, gründete Mazzini u. a. mit Lajos Kossuth ein europäisches Zentralkomitee der Demokraten. Die auf die Zusammenarbeit von Krone und Nationalbewegung gestützte Einigung Italiens nach 1859 lehnte er ab. Die Ablehnung der Klassenkampftheorie führte ihn zu scharfer Kritik an Anarchismus und marxistischem Sozialismus. Obwohl Mazzini politisch erfolglos blieb, trugen seine Ideen wesentlich zur Einigung der italienischen Nation bei.

McCarthy [məˈka:θɪ], Joseph, amerikanischer Politiker, *Grand Chute (Wis.) 14. 11. 1908, †Bethesda (Md.) 2. 5. 1957; wurde 1947 republikanischer Senator für Wisconsin und verschaffte sich 1950 öffentliche Aufmerksamkeit mit seiner Behauptung von einer angeblichen Unterwanderung der amerikanischen Regierungsbehörden, v. a. des State Department, durch Kommunisten. Im Zuge des Kalten Krieges war McCarthy 1950–54 die treibende Kraft einer antikommunistischen Verfolgungswelle in der Verwaltung und im öffentlichen Leben der USA. Diese mobilisierte die Furcht vor der »roten Gefahr« und antiintellektuelle, nationalistische sowie antisemitische Vorurteile in der Bevölkerung und klang erst ab, als McCarthy, der seine Angriffe schließlich auch gegen die Armee und Präsident Dwight D. Eisenhower richtete, vom Ausschussvorsitz abgelöst und im Dezember 1954 vom Senat offiziell gerügt wurde.

McCloy [məˈklɔɪ], John, amerikanischer Politiker, *Philadelphia (Pa.) 31. 3. 1895, †Stamford (Conn.) 11. 3. 1989; führte als stellvertretender Verteidigungsminister 1941–45 das Lend-Lease-Programm durch. 1947–49 war McCloy Präsident der Weltbank. Als Hoher Kommissar für Deutschland 1949–52 spielte er eine zentrale Rolle bei der Etablierung der Bundesrepublik Deutschland als souveränem Staat. 1961–63 war McCloy Sonderbeauftragter John Kennedys für Abrüstungsfragen. 1961–74 stand er dem Beraterkomitee des Präsidenten für Abrüstungsfragen vor.

McKinley [məˈkɪnlɪ], William, 25. Präsident der USA (1897–1901), *Niles (Oh.) 29. 1. 1843, †Buffalo (N. Y.) 14. 9. 1901; setzte als republikanischer Abgeordneter im Repräsentantenhaus 1877–83 und 1885–91 eine Politik hoher Schutzzölle durch. Enge Beziehungen zu dem mit der Geschäftswelt verbundenen Flügel der Republikanischen Partei verschafften ihm 1896 die Nominierung zum Präsidentschaftskandidaten. Er gewann die Wahl – wie auch die nächste 1900 – u. a. durch sein Eintreten für den Goldstandard. Seine Politik in der kubanischen Frage führte 1898 zum →Spanisch-Amerikanischen Krieg. Die weitere Politik McKinleys strebte mehr eine wirtschaftliche Durchdringung aufgrund der neuen weltpolitischen Position der USA an. McKinleys Präsidentschaft bildet den Übergang zur modernen Präsidentschaft in den USA. Er starb an den Folgen eines anarchistischen Attentats am 6. 9. 1901.

Mecklenburg, historisches Territorium zwischen Pommern, Brandenburg und Schleswig-Holstein.

GESCHICHTE: In römischer Zeit war Mecklenburg von Langobarden, Sachsen u. a. germanischen Stämmen bewohnt, ab etwa 600 von Slawen. Karl der Große machte die Obotriten und Liutizen vom Fränkischen Reich abhängig. Heinrich der Löwe setzte nach 1147 die Christianisierung in Mecklenburg durch. Im 14. Jh. kam es zu Gebietserwerbungen, 1304 Stargard, 1314/23 Rostock und 1358 Schwerin sowie 1348 zur Verleihung von Herzogwürde und Reichsstandschaft an die Nachkommen der Obotritenfürsten. Ab 1555 wurde das Territorium mehrfach geteilt, zunächst in die Linien und Herzogtümer Mecklenburg-Schwerin und Mecklenburg-Güstrow, das 1695 erlosch, 1701 in Mecklenburg-Schwerin und Mecklenburg-Strelitz, dessen Territorium im Wesentlichen aus dem Fürstentum Ratzeburg und der Herrschaft Stargard bestand. 1808 traten die beiden Herzogtümer Mecklenburg-Schwerin und Mecklenburg-Strelitz dem Rheinbund bei und wurden 1815 Großherzogtümer. 1919/20 erhielten beide Länder demokratische Verfassungen. 1934 wurden sie zum

Land Mecklenburg vereinigt, 1945 um Vorpommern und Rügen erweitert. 1952 wurden im Gebiet von Mecklenburg, einschließlich der aus Brandenburg ausgegliederten Gebiete Uckermark und Westprignitz, die Bezirke Schwerin, Rostock und Neubrandenburg errichtet (→ Mecklenburg-Vorpommern).

Mecklenburg-Vorpommern, Land im Nordosten der Bundesrepublik Deutschland.

GESCHICHTE: Zur Geschichte vor 1990 → Mecklenburg, → Pommern. Mecklenburg-Vorpommern wurde 1990 aus den 1952 in der DDR gebildeten Bezirken Neubrandenburg (ohne die Kreise Prenzlau und Templin), Rostock und Schwerin (ohne den Kreis Perleberg) als Land wiederhergestellt. Ministerpräsidenten waren Alfred Gomolka (CDU, 1990–92), Berndt Seite (CDU, 1992–98) und seit 1998 Harald Ringstorff (SPD).

Meder, westiranisches Reitervolk mit indogermanischer Sprache, im Altertum die Bewohner von → Medien.

Mediationsakte, die Verfassung der Schweiz 1803–13/14, mit weitgehender Souveränität der 19 Kantone.

Mediatisierung [französ.], im Heiligen Römischen Reich die Aufhebung der immediaten Stellung, der Reichsunmittelbarkeit, eines weltlichen Reichsstandes unter gleichzeitiger Annexion seines Territorialbesitzes durch einen mächtigeren Reichsstand. Mediatisierungen wurden seit dem Mittelalter üblich, in größerem Umfang erfolgten sie durch den Reichsdeputationshauptschluss 1803 und die Rheinbundakte 1806. Den Mediatisierten wurden in der Bundesakte von 1815 Vorrechte zugesichert, die bis 1918 bestanden, eine Anerkennung als regierende Häuser konnten sie jedoch nicht erreichen.

Mediävistik [latein.], Sammelbezeichnung für verschiedene wissenschaftliche Disziplinen, die sich der Erforschung des europäischen → Mittelalters widmen.

Medici ['mɛːditʃi], herausragende florentinische Familie, die aus dem Umland von Florenz stammte und durch Handel, Bankgeschäfte und ihre Verbindung mit den Popolanen zu einer führenden Rolle in der mittelalterlichen Republik Florenz aufstieg. Seit dem 15. Jh. waren die Medici, außer 1494–1512 und 1527–30, faktisch Herren der Stadt, seit 1531 als Herzöge und seit 1569 als Großherzöge der Toskana. In der zweiten Hälfte des 13. Jh. sind erstmals Medici in Zunft- und Stadtämtern nachgewiesen. Mit Giovanni di Bicci begann der Aufstieg des späteren Hauptzweiges der Medici di Cafaggiolo. Er wurde zum Bankier der Kurie und taktierte in der Stadt geschickt zwischen der Oligarchie des alten Stadtadels und dem Volk. Seine Söhne Cosimo der Alte und Lorenzo begründeten die ältere (bis 1537) und die jüngere Linie der Medici (bis 1743). Florenz blieb zunächst unter der Führung der älteren Linie. Auf Cosimo den Alten folgte sein Sohn Piero (I) der Gichtige und dann Lorenzo (I) der Prächtige, dessen zunächst mitregierender Bruder Giuliano (I) der Verschwörung der Pazzi zum Opfer fiel. Der jüngste von Lorenzos drei Söhnen, Giuliano (II), stieg als Erster der Familie als Herzog von Nemours in den französischen Adel auf und der mittlere, Giovanni, wurde 1513 als erster Medici zum Papst Leo X. gewählt. 1523 wurde noch sein Vetter Giulio, ein illegitimer Sohn Giulianos (I), als Klemens VII. Papst. Er leitete mit der Kaiserkrönung Karls V. 1530 in Bologna die Rückkehr des kurzzeitig wieder republikanischen Florenz unter die Herrschaft seiner Familie ein. Letzter Medici-Papst war 1605 für wenige Wochen als Leo XI. Alessandro Ottavione aus einem heute noch existierenden Seitenzweig der Medici.

Der älteste Sohn Lorenzos, Piero (II) der Unglückliche, wurde 1494 aus Florenz vertrieben. Pieros Sohn Lorenzo (II) wurde 1516 von seinem Onkel, Papst Leo X., zum Herzog von Urbino erhoben; seine Tochter Caterina (Katharina) wurde durch ihre Heirat mit Heinrich II. Königin von Frankreich. Alessandro de' Medici wurde als Stadtherr 1532 Herzog in Florenz, mit seiner Ermordung 1537 durch Lorenzino aus der jüngeren Linie erlosch die ältere Linie. Doch nun setzte sich der Sohn des Söldnerführers Giovanni (II) de' Medici, genannt dalle Bande Nere, Cosimo I., in Florenz durch und erwarb nach dem Scheitern seiner Hoffnungen auf die Königskrone Korsikas 1569 von Papst Pius IV. den herausgehobenen Titel eines Großherzogs der Toskana. Sein Sohn und Nachfolger Francesco (Franz I.) erhielt 1575 den Großherzogstitel von Kaiser Maximilian II., mit dessen Schwester Johanna er verheiratet war, bestätigt. Ihre Tochter Maria wurde durch ihre Ehe mit Heinrich IV. Königin von Frankreich. Die Nachfolge in der Toskana trat 1587 nach Francescos plötzlichem Tod sein Bruder Ferdinand I. an, der zuvor Kardinal war. Auf ihn folgten Cosimo II., der Beschützer Galileo Galileis, dann Ferdinand II., Cosimo III. und als Letzter der jüngeren Linie Gian Gastone. Seine ihn überlebende Schwester Anna Maria vermachte den Kunstbesitz der Familie der Stadt Florenz. Die Toskana fiel durch Vereinbarung der europäischen Großmächte an Franz Stephan von Lothringen, den Mann der Kaiserin Maria Theresia.

Bedeutende Vertreter:

1. Caterina de', Königin von Frankreich, → Katharina von Medici.

2. Cosimo de', genannt »der Alte«, italienisch il Vecchio, * Florenz 1389, † Villa Careggi (heute zu Florenz) 1. 8. 1464; wurde von den Albizzi aus Florenz verbannt, kehrte aber bald zurück und lenkte die äußerlich immer noch bestehende Republik, u. a. durch Änderungen bei Ämterstruktur und Wahlgesetzen. Er förderte alle frühhumanistischen Bestrebungen, ließ den Stadtpalast der Medici, den Palazzo Medici-Riccardi, errichten und begründete die Biblioteca Medicea Laurenziana.

3. Lorenzo de', genannt »der Prächtige«, italienisch il Magnifico, *Florenz 1. 1. 1449, †Villa Careggi (heute zu Florenz) 8. 4. 1492; erhielt mit seinem Bruder Giuliano (I.) eine umfassende humanistische Ausbildung und übernahm mit ihm nach dem Tod seines Vaters Piero (I) 1469 die Führung der Republik Florenz. 1478 verschwor sich die alteingesessene Adelsfamilie der Pazzi mit dem Erzbischof von Pisa und Papst Sixtus IV. gegen die neue Herrschaft der Medici und ließ am 26. 4. Giuliano im Florentiner Dom ermorden, Lorenzo entkam dabei verwundet. Da er hinter sich das florentinische Volk wusste und ein Bündnis mit König Ferdinand I. von Neapel schloss, mussten die Verschwörer 1480 aufgeben. Danach war Lorenzo de facto Alleinherrscher und dominierte klar den neuen Rat der Siebzig an der Spitze der Republik, der nun die Machtbasis der Familie in Florenz bildete. Selbst literarisch tätig, förderte er viele Humanisten und Künstler, u.a. Sandro Botticelli und den jungen Michelangelo.

Cosimo de' Medici

Lorenzo de' Medici

Medien, altiranisch **Mada,** im Altertum das gebirgige Hochland mit fruchtbaren Hochebenen von Nordwestiran mit den Hauptstädten Ekbatana (heute Hamadan) und Rhagai (heute Raj, die südliche Vorstadt Teherans). Berühmt waren die Gestüte der »nisäischen Ebene« beim heutigen Bachtaran. Die Bewohner Mediens, die Meder, waren ein Reitervolk, das wohl gleichzeitig mit den sprachverwandten Persern in den Nordwesten Irans eingewandert ist.

In den Annalen des Assyrerkönigs Salmanassar III., der sich ihrer Unterwerfung rühmte, werden die Meder 835 v. Chr. erstmals genannt. Sie waren in zahlreiche Stämme geteilt, die teils von den Assyrern abhängig waren, teils gegen sie kämpften, teils mit ihnen Allianzen eingegangen sind. Ihre Einigung wird von Herodot um 715 v. Chr. einem Deiokes zugeschrieben, der auch die Hauptstadt Ekbatana gegründet haben soll. Von der Assyrerherrschaft befreiten sich die Meder endgültig etwa 645–623 v. Chr. unter ihrem König Phraortes. Auf ihn folgte als bedeutendster Mederkönig sein Sohn Kyaxares, dessen rund 40-jährige Herrschaft 28 Jahre lang von der Besetzung durch Skythen geprägt wurde. Kyaxares verband sich 616 mit Nabopolassar von Babylon, eroberte 614 Assur und stürzte 612 das Assyrerreich durch die Eroberung von dessen Hauptstadt Ninive. Medien, das inzwischen schon den größten Teil des Iran umfasste, erweiterte seinen Herrschaftsbereich noch um Nordmesopotamien, Armenien und Kappadokien. Im Jahr 585 v. Chr. wurde der Halys (heute Kızılırmak in Anatolien) zum Grenzfluss zwischen Medien und dem Lyderreich bestimmt. Damals war Medien auf dem Höhepunkt seiner Machtentfaltung angelangt. Kurz danach starb Kyaxares. Sein Sohn Astyages wurde von Kyros II., dem Großen, 550 v. Chr. besiegt. Medien ging im persischen Weltreich der Achaimeniden auf und verlor Armenien und Kappadokien, behielt aber Sagartien, das alte assyrische Kernland um das heutige Erbil in Irak. Ein letzter Versuch, Medien wieder unabhängig zu machen, scheiterte 521, als Dareios I., der Große, einen Aufstand niederschlug. Die Meder wurden im Reich der Achaimeniden das zweite Staatsvolk nach den Persern, die von ihnen Staatsverwaltung und Hofzeremoniell und viele Elemente der medischen Kunst übernahmen.

Als Alexander der Große 330 v. Chr. Iran eroberte, wurde Medien geteilt. Den Südteil erhielt der Makedonier Peithon, den Nordteil der persische Satrap Atropates, nach dem dieses Gebiet Atropatene (heute Aserbaidschan) hieß. Während Großmedien von den Seleukiden um 150 v. Chr. an den Partherkönig Mithridates I. kam, konnte sich die Atropatene noch bis ins 1. Jh. n. Chr. unabhängig erhalten, ehe das Gebiet im Partherreich aufging.

Medizin, Sonderartikel S. 570/571.

Meerssen ['me:rsə], Gemeinde in der Provinz Limburg, Niederlande. In der ehemaligen karolingischen Pfalz Meerssen wurde am 8. 8. 870, nach anderen Angaben am 9. 8. 870 zwischen Ludwig (II.) dem Deutschen und Karl dem Kahlen der Vertrag von Meerssen geschlossen. Durch ihn wurde das Reich ihres Neffen König Lothar II. nach dessen Tod zwischen ihnen aufgeteilt. Das östlich der Linie Maas-Ourthe-Mosel-Saône gelegene Land kam an Ludwig, der westlich gelegene Teil an Karl. Die Grenzlinie folgte im Wesentlichen der Sprachgrenze, nahm aber auf politisch und kirchlich gewachsene Strukturen keine Rücksicht, sodass der Vertrag bereits 880 durch den von Ribemont korrigiert wurde.

Megalithkultur, Sammelbezeichnung für europäische Kulturgruppen des ausgehenden 5., v.a. aber des 4. und 3. Jt. v. Chr., die durch Errichtung von Großsteinbauten charakterisiert sind: Steinreihen, z.B. in Carnac, Steinkreise, Hengemonumente, Steinsäulen (Menhire) und v.a. Megalithgräber. Aus den gemeinsamen Grundzügen wird weitgehend auf einheitliche Glaubensvorstellungen geschlossen. Die megalithischen Bodendenkmäler sind sichtbarer Ort eines differenzierten Totenkults, dem wohl ein entwickelter Jenseitsglaube zugrunde liegt.

Megalithische Kulturen sind als früh- oder mitteljungsteinzeitlich, z.T. sogar schon als kupferzeitlich zu bezeichnen. Die Megalithbauweise ist bereits für das 4. Jt. v. Chr. auf der Iberischen Halbinsel nachweisbar, von wo aus sie sich allmählich über Westeuropa bis zu den

Britischen Inseln, Norddeutschland und Südskandinavien ausgebreitet haben soll. Neueste Forschungsergebnisse lassen jedoch Zweifel an dieser Theorie aufkommen. Mithilfe der Radiokarbonmethode konnten einige der ältesten in der Bretagne entdeckten Megalithgräber auf 4500 v. Chr., die ältesten megalithischen Bauten auf den Britischen Inseln auf 4000 v. Chr. datiert werden, was mindestens für eine »zeitgleiche« Entwicklung zu sprechen scheint.

Im außereuropäischen Raum finden sich Megalithdenkmäler stets in Verbindung mit Ahnenverehrung und hierarchischer Gesellschaftsordnung, besonders in Nord- und Westafrika, Vorder- und Ostasien, Indien, Indonesien und Ozeanien. In Amerika sind im Gebiet von den Großen Seen bis nach Mittelchile in einem Zeitraum von über 2000 Jahren megalithische Steinsetzungen und monolithische Skulpturen erstellt worden.

Mehmẹd II. Fạtih [mɛx-; »der Eroberer«], Sultan des Osmanischen Reiches (1444–46 und seit 1451), *Adrianopel (heute Edirne) 30. 3. 1432, †Hunkörâayırı (bei Gebze) 3. 5. 1481; übernahm im Auftrag seines 1444 zurückgetretenen Vaters Murad II. die Regierungsgeschäfte, wurde jedoch nach mehreren Unruhen der Janitscharen 1446 von Murad wieder abgelöst und nach Manisa verbannt. Nach dem Tod seines Vaters bestieg er am 18. 2. 1451 ein zweites Mal den Thron. Die von ihm geleitete Eroberung Konstantinopels am 29. 5. 1453 besiegelte das Ende des Byzantinischen Reichs. Mit der Angliederung Kosovos an das Osmanische Reich 1459, der Eroberung der Peloponnes 1460, Trapezunts 1461, Bosniens 1463 und – nach dem Tod Skanderbegs 1468 – Albaniens baute er seine Macht aus. Mehmed, der für europäische Souveräne zum Inbegriff orientalischer Despotie wurde, stand v. a. mit den italienischen Höfen und Handelsrepubliken in lebhaften Beziehungen.

Mehmed Alị [mɛx'mɛd-], arabisch **Muhạmmad Alị,** Statthalter von Ägypten, *Kavala (Makedonien) 1769, †Alexandria 2. 8. 1849; war albanischer Herkunft; kam 1798 nach Ägypten; wurde 1805 vom Osmanischen Reich als Statthalter bestätigt. 1811 ließ Mehmed Ali die Führer der → Mamelucken ermorden. In Innerarabien bekämpfte sein Sohn Ibrahim Pascha 1811–18 die → Wahhabiten. 1831 überwarf sich Mehmed Ali mit der Pforte und besetzte Syrien bis zum Taurus; die Großmächte intervenierten und zwangen ihn, sich (1841) mit der erblichen Herrschaft über Ägypten unter osmanischer Oberhoheit zu begnügen. Im Inneren führte er despotisch Reformen durch und zog französische Fachleute ins Land. Er schuf eine nationale ägyptische Armee und förderte Bildung, Wissenschaft sowie Landwirtschaft und Industrialisierung. Seine Nachkommen herrschten als Vizekönige (»Khediven«) und Könige von Ägypten bis 1953.

Megalithkultur. Megalithgräber wie dieses aus Fontanaccia bei Sartène in Südkorsika erinnern an einen steinernen Tisch und wurden deshalb gelegentlich für heidnische Opferaltäre gehalten.

Mehrheitssozialisten, Mehrheitssozialdemokraten, bis 1922 häufig gebrauchte Bezeichnung für die in der SPD verbliebene Mehrheit der Sozialdemokraten (MSPD) nach Abspaltung der Sozialdemokratischen Arbeitsgemeinschaft 1916 und Bildung der USPD 1917.

Meier [althochdeutsch maior, meiur, gekürzt aus mittellatein. maior domus (regiae) »königlicher Hausverwalter«], ursprünglich ein Verwaltungsbeamter (→ Hausmeier), dann der auf einem Fronhof (Meierhof, Curia villicalis) sitzende herrschaftliche Gutsverwalter (Villicus), in der Regel selbst ein Höriger, der die Hörigen beaufsichtigte. In Nordwestdeutschland gingen die Grundherren seit dem 13. Jh. dazu über, die Fronhöfe an die Meier in Zeitpacht zu vergeben. Im 16./17. Jh. wurde daraus ein erbliches Nutzungsrecht. Der Meier entrichtete einen niedrigen Meierzins und konnte vom Herrn »entsetzt« werden. Im 19. Jh. wurden die Meiergüter Volleigentum der Meier.

Meijireform [meɪdʒi-], auch **Meijirestauration,** zusammenfassende Bezeichnung für die Maßnahmen, mit denen Japan nach der Thronbesteigung des Meiji-Tenno Mutsuhito nach 1868 zu einem konstitutionellen Regierungssystem und zu einem Staat moderner Prägung geführt wurde. Mit der Erhebung des heutigen Tokio zur Hauptstadt wurde das Reformprogramm 1868 symbolisch eingeleitet. Seine wichtigsten Bestandteile waren u. a. die Revision der Rechtsgrundlagen, eine Währungsreform sowie der Bau eines ganz Japan umfassenden Eisenbahnnetzes. Daneben wurde nach einer kurzen kaiserlichen Herrschaft, ein Rückgriff auf die japanische Frühzeit, mit dem »Konstitutionellen Dokument« die Grundlage für den Übergang zu einem den europäischen konstitutionellen Regierungs-

Fortsetzung S. 572

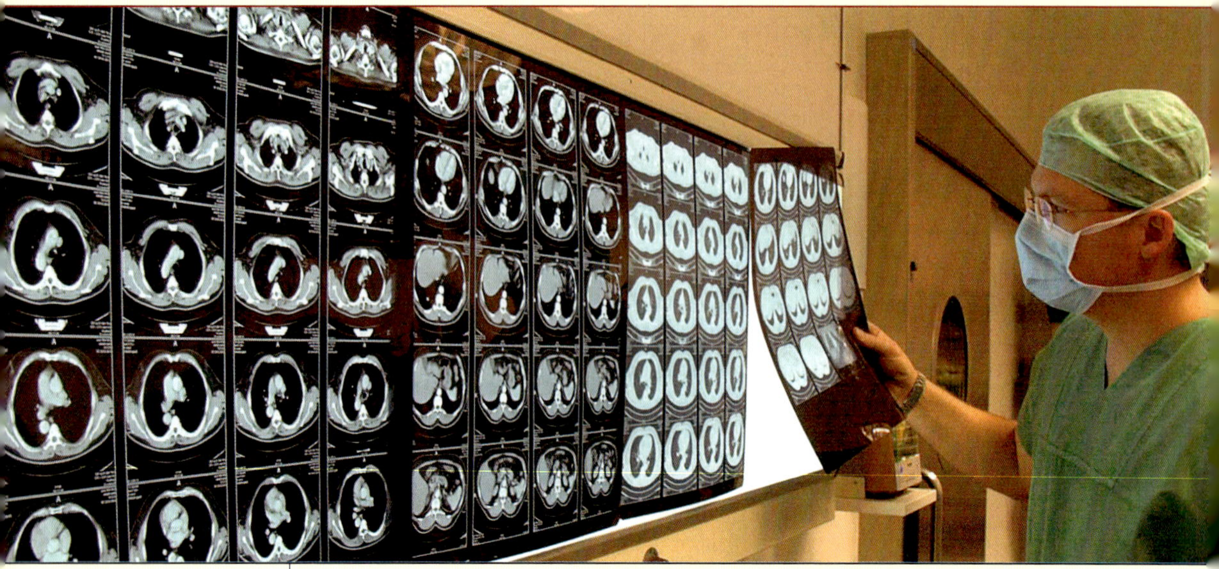

1

MEDIZIN

1) Die »X-Strahlen«, die Wilhelm Conrad Röntgen am 8. 11. 1895 bei Experimenten mit einer Kathodenstrahlröhre entdeckte, erlaubten erstmals in der Geschichte der Menschheit Einblicke in den lebenden menschlichen Körper. Neue diagnostische Verfahren wie die Computertomographie revolutionierten im 20. Jh. die medizinische Diagnose und Therapie.

Die Medizin ist neben der Astronomie die älteste Wissenschaft. Schon im antiken Griechenland gab es medizinische Einrichtungen; sie befanden sich vornehmlich in den Tempeln des Heilgottes Äskulap. Hippokrates brach mit der Tradition einer auf Göttern, Magie und Traumdeutung beruhenden Medizin und stützte seine Arbeit auf sorgfältige Beobachtung, medizinische Prognose und natürliche Heilung. Er gilt als »Vater der Medizin« und Begründer des ärztlichen Berufes. Die nach ihm benannte, noch heute gültige ethische Richtlinie des Arztberufes, der hippokratische Eid, ist allerdings wohl nicht von ihm formuliert worden.

Anatomie und Antisepsis

Der bedeutendste Arzt der Antike nach Hippokrates war der im 2. Jh. n. Chr. lebende Galen von Pergamon. Er erkannte die Funktion von Nieren und Blase, beschrieb erstmals die Herzklappen und bemerkte den Unterschied zwischen Venen und Arterien, allerdings ohne dass ihm dabei der Gedanke des Blutkreislaufs kam; dieser wurde erst 1628 entdeckt. Galen fasste Krankheiten als Störungen im Gleichgewicht der vier bestimmenden Körpersäfte auf: Blut, Schleim, Galle und schwarze Galle. Er war der Meinung, dass von Gehirn und Nerven geistige Essenzen ausgehen, die das Denken ermöglichen. Galen blieb bis in die frühe Neuzeit hinein die unumstrittene Autorität für Anatomie und Physiologie.

Im Jahre 1543 veröffentlichte der belgische Anatom Andreas Vesalius sein Buch »Über den Bau des menschlichen Körpers«, das den Beginn der wissenschaftlichen Anatomie der Neuzeit markiert. Es war für die Medizin ähnlich revolutionär wie für die Astronomie die im gleichen Jahr erschienene Arbeit von Nikolaus Kopernikus über das heliozentrische Weltbild. Anhand von heimlich durchgeführten Leichensektionen hatte Vesalius erkannt, dass viele der seit Aristoteles und Galen gültigen Lehrmeinungen auf fundamentalen anatomischen Fehlern aufbauten. Die zahlreichen Illustrationen seines Buches zeichnen sich durch einen nie zuvor gesehenen Detailreichtum aus und beschreiben auch erstmals einzelne Organe.

Der auf Galen und den arabischen Arzt Avicenna zurückgehende Irrglaube, dass Verunreinigungen der Luft die Körpersäfte ins Ungleichgewicht brächten und somit für die Ausbreitung von Seuchen verantwortlich seien, hielt sich noch bis ins 19. Jh. und behinderte immer wieder wirksame Vorbeugungsmaßnahmen gegen Infektionen.

Ein erster Erfolg in der Seuchenabwehr war die Eindämmung der Pest in der ersten Hälfte des 18. Jh. durch die Errichtung von undurchdringlichen Sanitätskordons und durch eine rigorose Hygiene. Im Jahr 1796 gab es die erste Schutzimpfung gegen Pocken. Erst Mitte des 19. Jh. setzte sich dagegen die Händedesinfektion von Ärzten vor Untersuchungen und Operationen durch. Vorkämpfer der Antisepsis war der ungarische Gynäkologe Ignaz Semmelweis.

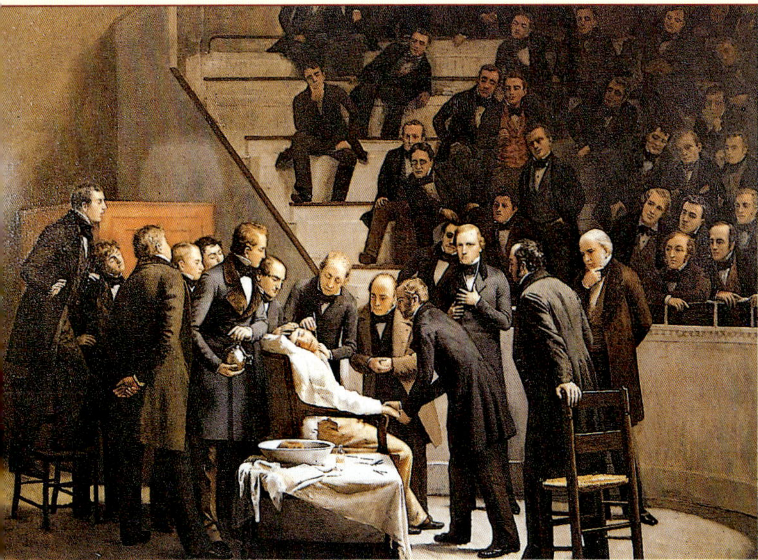

2

3

Medizin als Wissenschaft

Die von Robert Koch und Louis Pasteur in den 1870er-Jahren formulierte Theorie der bakteriellen Ursache von Krankheiten markiert den eigentlichen Beginn der wissenschaftlichen Medizin. Die Zwangsimpfungen gegen Pocken und die Eindämmung der Malaria und Cholera durch die Trockenlegung von Sümpfen bzw. den Bau von Trinkwasser- und Kanalisationssystemen trugen maßgeblich zur Erhöhung der durchschnittlichen Lebenserwartung bei.

Mit der Entdeckung des Antibiotikums Penicillin durch Alexander Fleming 1928 stand der Medizin erstmals ein wirksames Heilmittel zur Bekämpfung von bakteriellen Infektionskrankheiten zur Verfügung. Weitere Meilensteine in der Entwicklung von Heilmitteln waren 1921 der Einsatz von Insulin zur Behandlung von Diabetes und 1954 die Entwicklung eines Serums gegen die Kinderlähmung. Der Fortschritt der Medizin wurde aber auch durch die Entwicklung von Instrumenten und Geräten zur Diagnose beschleunigt, z. B. durch das Stethoskop (1819), die Röntgenröhre (1896) und das EKG (1922).

Mit der erstmals 1846 in Boston durchgeführten Äthernarkose war es möglich, den Operationsschmerz zu überwinden. War die Chirurgie bis dahin vor allem Notfallchirurgie gewesen, so konnte man nun operative Eingriffe planen. In der Folge sorgten insbesondere Chirurgen immer wieder für Aufsehen, so etwa Theodor Billroth, der um die Mitte des 19. Jh. die Körperhöhlen operativ erschloss, und Ferdinand Sauerbruch, der zu Beginn des 20. Jh. mit dem von ihm entwickelten Druckdifferenzverfahren die Grundlagen für die Chirurgie im Brustraum schuf. 1967 gelang dem südafrikanischen Chirurgen Christiaan Barnard die erste Herzverpflanzung. Die Transplantationsmedizin verdankt ihren Erfolg dabei nicht zuletzt der Entwicklung von Medikamenten zur Überwindung der immunologischen Abwehrreaktion des Körpers auf das neue Organ.

Die Autorität der modernen Medizin basiert wesentlich auf ihrer engen Verzahnung mit den Naturwissenschaften. So werden die meisten Arzneimittel heute chemisch entwickelt und synthetisiert. Biochemie und Genetik eröffnen der Medizin völlig neuartige Möglichkeiten zur Behandlung von Krankheiten, und auch moderne physikalische Hilfsmittel wie Computertomographie (CT), Positronenemissionstomographie (PET) und Magnetresonanzimaging (MRI) sind aus der medizinischen Diagnose nicht mehr wegzudenken.

Das 20. Jh. war aber auch das Jahrhundert des institutionalisierten Missbrauchs der Medizin. In der Sowjetunion etwa wurde sie zur Repression von politischen Häftlingen mithilfe von Psychopharmaka benutzt. Im nationalsozialistischen Deutschland und im Südafrika der Apartheid wurde sie Teil einer Menschen verachtenden Rassenpolitik. So steht die Medizin sowohl für großartige Leistungen wie auch für pseudowissenschaftliche Menschenversuche.

2) Ohne die Narkose wäre der Aufstieg der modernen Chirurgie nicht möglich gewesen. Eine Betäubung mit Äther führte erstmals William Morton am 16. 10. 1846 bei einer Kieferoperation in Boston öffentlich vor (Gemälde von Robert Hinckley, 1882; Boston, Mass., Massachusetts General Hospital).

3) Jahrhundertelang glaubte man, dass Seuchen aufgrund von üblen Ausdünstungen ausbrächen. Mit einer Maske, deren Schnabel mit Essigtüchern ausgestopft war, suchte sich dieser römische Pestarzt des 17. Jh. zu schützen.

MEIJIREFORM | *Öffnung Japans*

Am 12. 10. 1868 bestieg Kaiser Mutsuhito – auf diesem nach einer Fotografie erstellten Stich (um 1890) ist er zusammen mit seiner Familie in europäisierender Hoftracht zu sehen – den japanischen Thron und gab seiner Regierungszeit den Namen »Meiji« (»erleuchtete Regierung«). Im Rahmen der von ihm eingeleiteten Reformen führte Mutsuhito sein Land zu einem konstitutionellen Regierungssystem und unter Aufgabe der bisherigen Feudalstrukturen zu einem Staat moderner Prägung. Die Gesellschaftsordnung, das Rechtswesen, die Währung und das Heerwesen wurden modernisiert, der westliche Kalender übernommen sowie die allgemeine Schulpflicht eingeführt. Man begann mit dem Bau eines ganz Japan umfassenden Eisenbahnnetzes und führte ein zeitgemäßes Kommunikationswesen ein.

Trotz der umfangreichen Reformen stieß die Regierung nur 1877 auf nennenswerten Widerstand, als sich im Satsuma-Aufstand die Gegner der Reformen sammelten. Die Reformbewegung gipfelte schließlich in der Verfassung vom 11. 2. 1889, die nach preußischem Vorbild ausgearbeitet worden war. 1890 wurde das erste Parlament einberufen, doch konnte sich die parlamentarische Regierungsform aufgrund der starken Stellung von Körperschaften wie dem »Rat der Älteren Staatsmänner« (»Genro«) nicht durchsetzen. Daneben etablierte sich das westeuropäisch instruierte Militär als unabhängige Gewalt unterhalb der Souveränitätsebene des Kaisers. Durch Bündnisse mit Großbritannien sowie Verhandlungen mit Russland gelang es Japan, sich noch vor dem Ersten Weltkrieg als Großmacht und anerkannte Vormacht in Ostasien zu etablieren.

Fortsetzung von S. 569

formen angenäherten Regierungssystem geschaffen. Die nach langen Beratungen 1889 verkündete Meijiverfassung gab dem japanischen Staatswesen seine moderne Gestalt.

Meinecke, Friedrich, deutscher Historiker, * Salzwedel 30. 10. 1862, † Berlin 6. 2. 1954; wurde 1901 Professor in Straßburg, 1906 in Freiburg im Breisgau und 1914 bis 1928 in Berlin. 1948 wurde er der erste Rektor der unter seiner Mitwirkung gegründeten Freien Universität Berlin. Der Ausgangspunkt seiner Forschungen war das Zeitalter der deutschen Erhebung gegen Napoleon I. Dem Begründer der politischen Ideengeschichte ging es weniger um den Ablauf des Geschehens als vielmehr um die Erhellung der in der Geschichte wirkenden Ideen, v. a. der Spannung zwischen Staat und Ethos. Im Historismus als der vorwiegend auf das Historische ausgerichteten Betrachtungsweise in allen Geisteswissenschaften sah er den wichtigsten deutschen Beitrag zum abendländischen Denken seit der Reformation.

Im Ersten Weltkrieg wurde Meinecke zu einem Gegner der Annexionspolitik und rechnete sich seitdem der bürgerlichen Linken zu. Den Nationalsozialismus lehnte er bedingungslos ab und warnte bis 1933 öffentlich vor ihm. Mit seinem Buch »Die deutsche Katastrophe« versuchte er 1946, die Frage nach historischer Sinngebung nach 1945 zu beantworten. Durch sein wissenschaftliches Werk wie durch seinen Schülerkreis prägte Meinecke wie kein zweiter Historiker im 20. Jh. die Entwicklung der deutschen Geschichtsschreibung vom Kaiserreich bis zur staatlichen Neuordnung nach 1945.

Meir, Golda, früher Meyerson, israelische Politikerin, * Kiew 3. 5. 1898, † Jerusalem 8. 12. 1978; schloss sich in den USA der sozialistisch-zionistischen Bewegung an und ging 1921 nach Palästina, wo sie im Rahmen der Gewerkschaften und der Arbeitspartei (Mapai) politisch tätig wurde. Als Mitglied der Jewish Agency gehörte sie am 14. 5. 1948 zu den Unterzeichnern der Proklamation über die Gründung des Staates Israel. Sie versuchte erfolglos, den drohenden militärischen Konflikt mit den arabischen Staaten zu verhindern. Meir trat der provisorischen Regierung des Staates Israel bei. Sie war 1949–74 Abgeordnete der Knesset, 1949–56 Ministerin für Arbeit und soziale Sicherheit, 1956–65 Außenministerin und 1969–77 Generalsekretärin der Israelischen Arbeitspartei. Als Ministerpräsidentin 1969–74 suchte sie unter Beachtung der sicheren Grenzen Israels direkte Gespräche mit den arabischen Nachbarstaaten.

Meißner, Otto, deutscher Jurist, * Bischweiler 13. 3. 1880, † München 27. 5. 1953; war 1920–35 Leiter des Büros des Reichspräsidenten und 1935–45 Chef der Präsidialkanzlei. Am 23. 5. 1945 verhaftet, wurde Meißner am 14. 4.

1949 im Nürnberger »Wilhelmstraßenprozess« freigesprochen.

Melanchthon, Philipp, eigentlich Philipp Schwarzert, deutscher reformatorischer Theologe und Humanist, *Bretten 16. 2. 1497, †Wittenberg 19. 4. 1560. Melanchthon schloss sich 1519 der →Reformation an und wurde der engste Mitarbeiter Martin Luthers. Er begleitete ihn 1519 zur Leipziger Disputation und veröffentlichte 1521 die erste systematische Darstellung der reformatorischen Theologie. Im Jahr 1529 nahm er am Marburger Religionsgespräch teil und war auch an den Religionsgesprächen in Worms 1540 und Regensburg 1541 beteiligt. Sein Anliegen war dabei stets, die Reformen unter bewusstem Verzicht auf Gewalt durchzusetzen und die Einheit der abendländischen Kirche zu erhalten. Das auf Melanchthon zurückgehende Augsburgische Bekenntnis von 1530, die Apologie der Augustana von 1530/31 und die Schrift »Tractatus de potestate papae« von 1537 zählen zu den grundlegenden Bekenntnisschriften der Reformation. In deren Konsolidierungsphase beeinflusste Melanchthon entscheidend die Organisation und Ausgestaltung des entstehenden evangelischen Kirchen- und Schulwesens. Bleibende Verdienste erlangte Melanchthon auch als Organisator des Hoch- und Lateinschulwesens.

Nach seinem anfänglich bedingungslosen Anschluss an Luther kam es im Lauf der Zusammenarbeit verstärkt auch zu Differenzen in Fragen der reformatorischen Theologie und der dauerhaften Sicherung der Ergebnisse der Reformation. In beiden Fragen war Melanchthon darauf bedacht, den christlichen mit dem humanistischen Denkansatz und die kirchliche Tradition mit der reformatorischen Neubesinnung zu verbinden. Die immer auf Ausgleich mit den Katholiken bedachte Haltung, die ihm aus dem Lager der Reformatoren zum Teil heftige Kritik eintrug, behielt Melanchthon auch dann konsequent bei, als ihm nach Luthers Tod die Führungsrolle im Protestantismus zugefallen war. Dass es ihm in dieser Funktion nicht gelang, in den zwischen seinen Anhängern und den Gnesiolutheranern nun aufgebrochenen und von beiden Seiten oft erbittert geführten Lehrstreitigkeiten um Luthers authentisches theologisches Erbe zu vermitteln, führte in seinen letzten Lebensjahren zunehmend zu Enttäuschung und Verbitterung.

Melfi, Stadt in der Provinz Potenza, Italien. Melfi wurde bekannt durch die Synoden (1059, 1067, 1089 und 1100) und durch die von Kaiser Friedrich II. als Abschluss der sizilianischen Reichsreform von 1231 verkündeten Konstitutionen von Melfi. In ihnen wurde das Verwaltungsrecht des Königreichs Sizilien kodifiziert, sie waren das erste systematische Gesetzbuch des Mittelalters.

Mende, Erich, deutscher Politiker, *Groß Strehlitz 28. 10. 1916, †Bonn 6. 5. 1998; war 1945 Mitbegründer der FDP, 1949–80 MdB und 1957–63 Fraktionsvorsitzender seiner Partei im Bundestag. Als Bundesvorsitzender der FDP 1960–68 stimmte er trotz einer gegenteiligen Aussage im Wahlkampf 1961 der Wiederwahl Konrad Adenauers zum Bundeskanzler zu. Als Vizekanzler und Bundesminister für gesamtdeutsche Fragen trat Mende in der Deutschland- und Ostpolitik für eine Politik der kleinen Schritte gegenüber der UdSSR und der DDR ein. Nach Bildung der SPD-FDP-Koalition 1969 wandte er sich gegen den Kurs der FDP, die er 1970 mit Wechsel zur CDU verließ.

Menelek II. ['me:nelɪk-, auch 'mɛnelɪk-], Kaiser von Äthiopien, *Ankober 17. 8. 1844, †Addis Abeba 12. 12. 1913; ließ sich 1889 zum Kaiser ausrufen; erweiterte das Staatsgebiet im Süden, betrieb eine behutsame Innenpolitik und gründete Addis Abeba als neue Hauptstadt.

Menschewiki [russ. »Minderheitler«, zu men'še »weniger«], **Men'ševiki** [-ʃ-], die gemäßigte Richtung der ehemaligen russischen Sozialdemokratie, die 1903 auf dem zweiten Parteitag der »Rossijskaja Sozialdemokratitscheskaja Rabotschaja Partija« (RSDRP, deutsch »Sozialdemokratische Arbeiterpartei Russlands«) in Brüssel und London nach dem Auszug der jüdischen Bundisten gegenüber den Leninisten (→Bolschewiki) bei den Wahlen zum ZK und zur Besetzung der Redaktion der Parteizeitung in der Minderheit blieb. Die endgültige Spaltung der Partei nahmen die Bolschewiki 1912 einseitig auf der Prager Konferenz vor. Im Gegensatz zu Lenins Kaderpartei der Berufsrevolutionäre hielten die Menschewiki am Prinzip der Massenpartei fest. Nach ihrer Auffassung musste der sozialistischen eine bürgerliche Revolution vorausgehen.

Die Menschewiki spielten eine aktive Rolle in der russischen Revolution 1905–07. In Georgien gewannen sie 1918–21 eine beherrschende Stellung. Nach der Februarrevolution 1917 waren sie – gemeinsam mit den Sozialrevolutionären – auch im Petrograder Sowjet und gehörten zeitweilig 1917 der Provisorischen Regierung Russlands an. Die bewaffnete Machtergreifung der Bolschewiki in der Oktoberrevolution 1917 lehnten sie ab. Danach allmählich aus allen politischen Gremien verdrängt und zunehmend verfolgt, wirkten die Menschewiki im Untergrund oder gingen ins Exil.

Menschikow, Menšikov [-ʃ-], Aleksandr Fürst (seit 1707), russischer Staatsmann und Feldherr, *Moskau 16. 11. 1673, †Berjosowo (Gebiet Tjumen) 23. 11. 1729; war lange der einflussreichste Vertraute und Günstling Peters I., des Großen, wurde 1703 Generalgou-

PHILIPP MELANCHTHON
***1497 †1560**

war der engste Mitarbeiter Martin Luthers

wollte die Einheit der abendländischen Kirche erhalten

übernahm nach Luthers Tod die Führungsrolle im Protestantismus verneur von Ingermanland, leitete den Bau von Sankt Petersburg und der Festung Kronstadt und hatte im Nordischen Krieg 1700–21 großen Anteil an den Siegen über die Schweden. 1725 setzte er die Thronbesteigung Katharinas I. durch, in deren Regierungszeit er faktisch die russische Politik bestimmte. 1727 wurde er gestürzt und nach Westsibirien verbannt.

Merkantilismus [französ., zu latein. mercari »Handel treiben«], zusammenfassende Bezeichnung für die zwischen dem 16. und 18. Jh. durch Interventionismus und Dirigismus geprägten Eingriffe des Staates in den Wirtschaftsprozess sowie für bestimmte, in sich nicht geschlossene wirtschaftstheoretische und -politische Konzeptionen. Den von Adam Smith in der zweiten Hälfte des 18. Jh. geprägten Begriff übernahmen spätere Autoren; heute ist umstritten, ob von einer eigenständigen merkantilistischen Wirtschaftspolitik sprechen kann.

Ausgangspunkt wirtschaftlicher Umorientierung im 16./17. Jh. war der vermehrte Finanzbedarf des absolutistischen Staates, der zur Finanzierung seiner Aufgaben bedeutender Geldmengen bedurfte. Über die Steigerung des wirtschaftlichen Wohlstands des Landes sollte eine Steigerung der Finanzkraft des Landesherrn erzielt werden. Kernpunkt war die Förderung besonders des Außenhandels. Geld galt als ein Mittel, die Wohlfahrt des Staates sowie der Bürger zu steigern und einströmendes Geld sollte der Wirtschaft neue Impulse verleihen. Mit der Errichtung großgewerblicher Betriebsformen, Verlag, Manufaktur oder Fabrik, sollte kostengünstig und in ausreichender Menge produziert werden, zugleich begründete der Staat in gewinnträchtigen Bereichen mit der Errichtung von Manufakturen seine Monopolstellung oder verteidigte eine bereits bestehende Vormachtstellung durch Maßnahmen des Protektionismus, Import- oder Exportverbote und entsprechenden Abnahmezwang. Durch die Gründung von Handelskompanien sollte der Bezug von Rohstoffen, u. a. durch die koloniale Erschließung Afrikas, Asiens und Amerikas, gesichert und zugleich neue Absatzmärkte erschlossen werden. Innere Handelshemmnisse wie Binnenzölle wurden abgeschafft, das Maß-, Münz- und Gewichtssystem im Land vereinheitlicht. Außenhandelskontrollen schützten die heimische Wirtschaft. Zu diesen nahezu allen Staaten eigenen Merkmalen traten je nach politischem und wirtschaftlichem Entwicklungsstand in den einzelnen europäischen Staaten weitere Charakteristika.

Die merkantilistische Politik der Privilegierung und Monopole wurde langfristig zu

MERKANTILISMUS *Wirtschaftsprozess im Absolutismus*

Das Ziel merkantilistischer Politik war die Sanierung der Staatsfinanzen durch eine aktive Handelsbilanz; zu diesem Zweck empfahlen die Theoretiker und Praktiker des Merkantilismus eine Reihe von Maßnahmen, die die wirtschaftliche Kraft eines Landes auf Kosten der anderen Staaten stärken sollten.

Der hier abgebildete Hof eines Zollhauses in Kombination mit dem Packhof eines Handelshauses (Gemälde von Nicolas Bernard Lépicié, 1775; Madrid, Sammlung Thyssen-Bornemisza) ist typisch für die protektionistische Zollpolitik dieser Epoche; der Maßnahmenkatalog beinhaltete zudem die Ausbeutung von Kolonien und die Förderung der heimischen Produktion, vor allem der Luxusindustrie, durch Qualitätskontrollen, Schutzmaßnahmen und staatliche Zuschüsse. Die charakteristische Betriebsform war die Manufaktur, wobei erste Großbetriebe vor allem im Bereich der Metall- und Tabakverarbeitung, in der Salz- und Zuckersiederei sowie in der Porzellanherstellung, Papier- und Pulverproduktion entstanden. Auch die Veredelung von im handwerklichen Verlagssystem hergestellten Produkten wie die Färberei von Stoffen fiel in den Zuständigkeitsbereich der Manufakturen. Kennzeichnend für die Epoche des Merkantilismus und seiner deutschen Sonderform, des Kameralismus, war auch die Errichtung von Spinn- und Arbeitshäusern sowie von Zuchthausmanufakturen. Die nötigen Investitionen wurden von einer frühkapitalistischen Unternehmerschicht wie den »Hoffaktoren« getätigt, die mit staatlichem Kapital, mit Gewinnen aus gewerblichen Unternehmen und vor allem der einträglichen Versorgung der Höfe und Armeen zu Reichtum gelangten.

einem Hindernis der wirtschaftlichen Entwicklung. Sie förderte die Bestechlichkeit der Beamten und schwächte den Innovationsgeist, indem sie mit Subventionen und Einfuhrverboten oder -hindernissen den Unternehmern Risiken abnahm. In Auseinandersetzungen mit diesen Missbräuchen entwickelte sich die klassische Nationalökonomie. Der Liberalismus löste den Merkantilismus ab.

Gegen Ende des 19. Jh. griff der Staat erneut in den wirtschaftlichen Bereich ein. Die bis zur Weltwirtschaftskrise betriebene interventionistische Wirtschaftspolitik wird wegen der Ähnlichkeit ihres Maßnahmenkatalogs zum Merkantilismus auch als Neomerkantilismus bezeichnet. Er war v. a. gekennzeichnet durch die Abkehr vom freien Warenverkehr auf der Basis der Goldwährung, verbunden mit der Errichtung wirksamer Handelshemmnisse über die bestehenden Zölle hinaus.

Merkel, Angela, deutsche Politikerin, *Hamburg 17. 7. 1954; Physikerin; war im Herbst 1989 Mitbegründerin des »Demokratischen Aufbruchs«; wurde 1990 Mitglied der CDU und MdB; war 1991–94 Bundesministerin für Frauen und Jugend sowie 1994–98 Bundesministerin für Umwelt, Naturschutz und Reaktorsicherheit; wurde 1998 CDU-Generalsekretärin, 2000 Bundesvorsitzende der CDU, 2002 Vorsitzende der Bundestagsfraktion der CDU/CSU, 2005 Kanzlerkandidatin der CDU/CSU.

Merowinger, Königsgeschlecht der salischen Franken, erscheint erstmals mit Chlodio um 425 und dem namengebenden Merowech um 455. Chlodwig I. beseitigte die spätrömische Herrschaft in Gallien sowie die vielen fränkischen Kleinkönigtümer zugunsten seiner Alleinherrschaft im →Fränkischen Reich. Spätere Eroberungen vergrößerten das Reich der Merowinger. Mehrere Reichsteilungen, besonders 511 und 561, sowie Familienfehden schwächten die Macht der Merowinger, die nach Dagoberts I. Tod 638 oder 639 ausschließlich an deren Hausmeier überging. Die Absetzung König Childerichs III. 751 durch Pippin den Jüngeren bedeutete gleichzeitig das Ende der Merowinger und den Aufstieg der →Karolinger. – Stammtafel S. 576

Mesopotamien [griech. »(Land) zwischen den Strömen«], eine Großlandschaft in Vorderasien, das Gebiet am mittleren und unteren Euphrat und Tigris, in Syrien und Irak. Mesopotamien ist neben Kurdistan der eigentliche Lebensraum von Irak. Ursprünglich war Mesopotamien nur das Gebiet zwischen Euphrat und Tigris nördlich der Gegend von Bagdad. Heute wird der Name oft auch auf das südlich anschließende →Babylonien sowie das Kulturland östlich des Tigris bezogen. In diesem Sinne ist Mesopotamien eine die historischen Länder Assyrien und Babylonien umfassende Großregion des Alten Orients.

Messalina, Valeria, Kaiserin des Römischen Reiches, *um 25 n. Chr., †48; wurde um 40 die dritte Frau von Kaiser Claudius, den sie völlig beherrschte und dem sie Octavia, die erste Frau Neros, und Britannicus gebar. Messalina, bekannt durch ihre Intrigen, Ausschweifungen und ihre Habsucht, ließ die ihr unbequemen Personen beseitigen, sie trug auch die Hauptschuld an der Verbannung Senecas.

Messalla, Marcus Valerius, genannt Corvinus, literarisch hochgebildeter römischer Redner und Politiker, *64 v. Chr., †13 n. Chr.; stand bei Philippi aufseiten der Caesarmörder, schloss sich dann Antonius und 36 v. Chr. Octavian, dem späteren Kaiser Augustus, an, unter dem er gegen Sextus Pompeius und später bei Actium mitkämpfte. Er war 31 Konsul, triumphierte 27 über die Aquitanier und wurde 26 erster Stadtpräfekt von Rom. 2 v. Chr. beantragte er für Augustus den Titel Pater Patriae.

Metöken, griechisch **Metoikoi** [»Mitbewohner«], in Athen u. a. altgriechischen Staaten die ortsansässigen Fremden, die durch Zahlung einer Kopfsteuer das Recht des Wohnsitzes, des Rechtsschutzes, der freien Ausübung von Handel und Gewerbe und der Teilnahme an den meisten Kulten erworben hatten. Die Metöken hatten keine politischen Rechte und durften keinen Grundbesitz erwerben. Vor Gericht wurden sie durch einen Bürger vertreten. Die Steuerlasten der Bürger mussten sie mittragen und auch Kriegsdienst leisten.

Metternich, Klemens Wenzel Fürst von (seit 1803), österreichischer Staatsmann, *Koblenz 15. 5. 1773, †Wien 11. 6. 1859. Metternich trat nach umfangreichem Studium in österreichische Dienste und wurde 1801 Gesandter in Dresden, 1803 in Berlin und 1806 Botschafter in Paris. Der schon früh als Gegner der Französischen Revolution und des mit ihr einhergehenden nationalen Gedankens hervortretende Metternich trug durch seine Berichterstattung aus Paris wesentlich zum Kriegsentschluss Kaiser Franz' I. von Österreich 1809 bei. Nachdem die Niederlage 1809 das Scheitern der auf eine nur nationale Erhebung hinzielenden Politik offenbart hatte, wurde Metternich zum Leiter der auswärtigen Angelegenheiten berufen. Mit seiner vom Realismus geprägten Politik verschaffte er Österreich eine Atempause im Kampf gegen Frankreich, die er zur Besserung der österreichischen Ausgangsposition zu nutzen suchte. Im Sommer 1813 vollzog Metternich die Hinwendung zur antifranzösischen Koalition und übernahm die diplomatische Führung während der letzten Phase der Befreiungskriege. Im Interesse des europäischen Gleichgewichts bemühte er sich auf dem von ihm geleiteten und weitgehend bestimmten →Wiener Kongress 1814–15, die territorialen Verluste Frankreichs möglichst

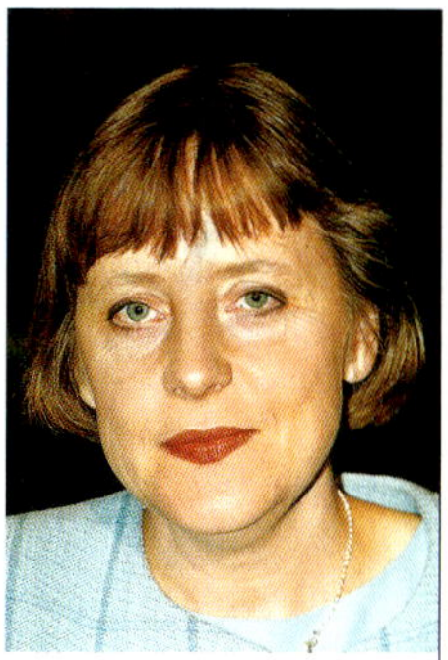
Angela Merkel

KLEMENS WENZEL FÜRST VON METTERNICH
***1773 †1859**

führte ab 1813 auf diplomatischer Ebene die antifranzösische Koalition

leitete und bestimmte den Wiener Kongress

kämpfte gegen nationale, liberale und revolutionäre Bewegungen

MEROWINGER *Stammtafel (Auswahl)*

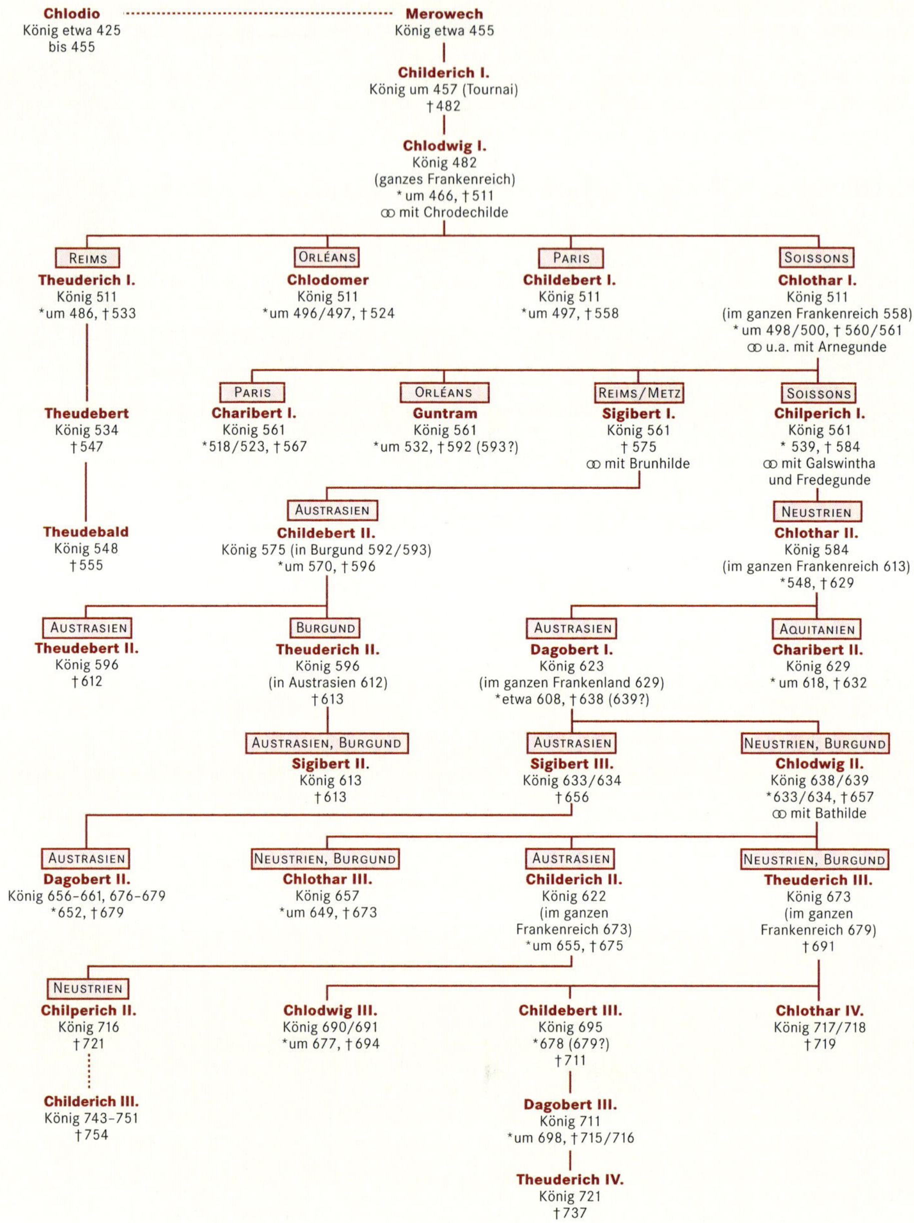

gering zu halten und die Einbindung des bourbonischen Staates in das europäische Mächtesystem vorzubereiten.

So schuf er ein Gefüge von aufeinander abgestimmten politischen Leitlinien, denen die österreichische und darüber hinaus die europäische Politik des →Vormärz weitgehend folgte. Die Ziele des Metternichschen Systems waren die Erhaltung der 1815 wiederhergestellten vorrevolutionären politischen und sozialen Ordnung, der Kampf gegen alle nationalen, liberalen und revolutionären Bewegungen sowie die Sicherung des europäischen und deutschen Gleichgewichts. Der Demagogenverfolgung dienten die →Karlsbader Beschlüsse 1819, durch die u.a. die Pressefreiheit mit polizeistaatlichen Methoden unterdrückt wurde. Bald verringerte sich Metternichs Einfluss auf die europäische Politik. Auch in der Innenpolitik wurde er allmählich in den Hintergrund gedrängt. Seit 1836 war er Mitglied der »Staatskonferenz«, die für Kaiser Ferdinand I. die Regentschaft führte. Als Symbolfigur reaktionärer Politik wurde er bei Ausbruch der Märzrevolution in Wien am 13. 3. 1848 gestürzt. Er floh nach London und kehrte über Brüssel 1851 nach Wien zurück, von wo aus er bis zu seinem Tod versuchte, auf die innere und europäische Politik Einfluss zu nehmen.

Mexiko, spanisch **México** ['mɛxiko], amtlich **Estados Unidos Mexicanos** [mɛxi-], Staat in Mittelamerika, der im Norden an die USA, im Osten an den Golf von Mexiko, im Südosten an Belize und Guatemala sowie im Süden und Westen an den Pazifik grenzt.

PRÄKOLUMBISCHE GESCHICHTE: Auf etwa 20000 v. Chr. werden die ältesten bisher bekannten Funde datiert. Erste Pyramiden und Zeremonialzentren, Großskulpturen aus Stein und der Beginn sozialer Schichtung kennzeichnen die Kultur der Olmeken, etwa 1200 bis nach 400 v. Chr. Das Hochtal von Mexiko wurde politisches und kulturelles Zentrum des Reiches von Teotihuacán; die Periode von 200–650 war Blütezeit dieses Reiches, der Mayakultur und der zapotekischen Kultur. Zunehmendes Eindringen von nördlichen Fremdgruppen, Mixteken, Tolteken und Azteken, führte zum Untergang dieser Kulturen und im 15. Jh. zum Aufbau des aztekischen Reiches, das sich über weite Teile von Mexiko ausdehnte.

KOLONIALGESCHICHTE: Als erster Spanier landete Francisco Hernández de Córdoba 1517 an der Nordostspitze der Halbinsel Yucatán. Hernán Cortés traf am 22. 4. 1519 bei San Juan de Ulloa ein und besetzte am 8. 11. 1519 Tenochtitlán. Das durch die spanische Eroberung der Reiche der Azteken, der Maya und angrenzender Territorien entstandene Vizekönigreich Neuspanien bestand fast 300 Jahre als feudale und katholische Kolonie, in der Beamte aus dem Mutterland regierten und die indianische Bevölkerung fast völlig unterdrückt war. Unter dem Einfluss revolutionärer Ideen und unter dem Druck finanzieller Forderungen Spaniens entwickelten sich wachsende Spannungen zwischen den im Mutterland geborenen Spaniern, dem besitzenden Klerus und den Kreolen. 1810 begann der Kampf um die Unabhängigkeit. 1824 gab sich Mexiko seine erste republikanisch-bundesstaatliche Verfassung.

UNABHÄNGIGKEIT: Die katastrophale wirtschaftliche Lage und die krassen sozialen Gegensätze führten in den Jahrzehnten bis 1854 zu Anarchie und Gewaltherrschaft. Durch die Verwicklungen mit den USA verlor Mexiko etwa die Hälfte seines Territoriums. 1855 führte Benito Juárez eine neue Verfassung ein, die neben der radikalen Trennung von Kirche und Staat auch die weitgehende Enteignung des Kirchengutes und der Latifundien beinhaltete. Seine Präsidentschaft 1858 rief den erbitterten Widerstand der Konservativen hervor und führte zu einem Bürgerkrieg, der die bewaffnete Intervention Frankreichs, Großbritanniens und Spaniens nach sich zog. Die französische Intervention gipfelte 1864 in der Krönung des österreichischen Erzherzogs Maximilian zum Kaiser von Mexiko, dessen Regime jedoch nach dem Abzug der französischen Truppen zusammenbrach. Ab 1876 bestimmte General Porfirio Díaz die Geschicke Mexikos 35 Jahre lang.

20. JAHRHUNDERT: In dem nach der Wiederwahl von Díaz 1910 ausbrechenden Bürgerkrieg, der Züge sozialen Kampfes trug, spielten die legendären Führer Pancho Villa und Emiliano Zapata führende Rollen. 1917 einigten sich die Revolutionäre, mit Ausnahme der Anhänger Villas und Zapatas, auf eine neue, am Vorbild von 1855 orientierte Verfassung, die, wenn auch mehrmals geändert, heute noch in Kraft ist. Insbesondere die Verstaatlichung der Bodenschätze wurde zu einem beherrschenden Faktor für die Politik der nächsten Jahre. 1938 gelang Präsident Lázaro Cárdenas die Verstaatlichung der in ausländischem Besitz befindlichen Ölgesellschaften. Die Agrarreform wurde immer wieder aufgegriffen; bis 1952 wurden über 36,5 Millionen Hektar Land an die Bauern verteilt.

Nach dem Zweiten Weltkrieg, in dem Mexiko seit 1942 auf der Seite der Alliierten stand, waren die Präsidenten, die alle der Partei der Institutionalisierten Revolution (PRI) angehörten, bestrebt, den wirtschaftlichen Aufbau zu fördern und sich aus der Abhängigkeit von den USA zu lösen. Dabei entwickelte sich Mexiko zunehmend zu einem Wortführer der Staaten der Dritten Welt. 1982 musste Mexiko seine Zahlungsunfähigkeit erklären; die durch den Verfall der Erdölpreise verschärfte Wirtschaftskrise führte 1986 zur Privatisierung bzw. Liquidation staatlicher Unternehmen. 1994 trat Mexiko der amerikanisch-kanadischen Freihandelszone (NAFTA) bei. 1994 erschütterte im Süden des Landes, v. a. im Gliedstaat Chiapas, ein Aufstand der indianischen Landbevölkerung, organisiert von der Zapatistischen Nationalen Befreiungsarmee, das Land. Mit der Wahlrechtsreform 1996 begann ein grundlegender Wechsel des politischen Systems, das jahrzehntelang durch die Verquickung von Staat, Partei der Institutionalisierten Revolution (PRI) und Wirtschaft gekennzeichnet gewesen war. Nach den Präsidentschaftswahlen von 2000 wurde mit Vicente Fox, dem Kandidaten der bürgerlichen Partei der Nationalen Aktion (PAN), erstmals ein Politiker Staatsoberhaupt, der nicht der PRI angehört.

MGH, Abk. für →Monumenta Germaniae Historica.

Michael, russisch Michail Fjodorowitsch, Zar von Russland (seit 1613), *Moskau 22. 7.

1596, †ebenda 23. 7. 1645; begründete die Dynastie der Romanows. Nach der »Zeit der Wirren« am 21. 2. 1613 zum Zaren gewählt, überließ Michael die Regierung zunächst seinen Beratern, v.a. bis 1633 seinem 1619 aus polnischer Gefangenschaft zurückgekehrten Vater, dem Patriarchen von Moskau Filaret, der die Sicherheit nach außen und im Inneren die Zarengewalt festigen konnte. Die sozialen und wirtschaftlichen Probleme des Landes blieben jedoch ungelöst.

Michael Kerullarios, Patriarch von Konstantinopel (1043–58), *Konstantinopel um 1000, †Madyta (bei Konstantinopel) 1058; während seiner Amtszeit verschärften sich die Spannungen zwischen der abendländischen, lateinischen, und der östlichen, griechischen Kirche und führten schließlich 1054 zum Bruch, dem →Morgenländischen Schisma.

Michael VIII. Palaiologos, Kaiser des Byzantinischen Reiches (seit 1259 in Nikaia, nach der Beseitigung des Lateinischen Kaiserreichs seit 1261 in Konstantinopel), *1224, †bei Selymbria (heute Silivri, Provinz Istanbul) 11. 12. 1282; war der Begründer der Dynastie der Palaiologen und Erneuerer der byzantinischen Großmacht. Als Feldherr der Exilkaiser Johannes III. Dukas Vatatzes und Theodoros II. Laskaris erlangte Michael nach dem Tod des Letzteren 1258 die Regentschaft in Nikaia und wurde 1259 Mitkaiser des unmündigen Thronerben Johannes IV. Laskaris, den er später blenden ließ. Michael verbündete sich mit Genua und befreite Konstantinopel 1261 von dem lateinischen Kaiser Balduin II. Durch geschickte Diplomatie wehrte Michael die Eroberungspläne des sizilianischen Königs Karl I. von Anjou ab, den er durch Unterstützung der →Sizilianischen Vesper 1282 stürzen half. Innere Wirren, die wirtschaftliche Vormacht der italienischen Republiken, der Druck des Serbenreiches im Nordwesten und die im schutzlosen Kleinasien keimende Osmanengefahr leiteten beim Tod Michaels den Niedergang des spätbyzantinischen Reiches ein.

Erich Mielke

Mielke, Erich, deutscher Politiker, *Berlin 28. 12. 1907, †ebenda 21. 5. 2000; trat 1925 der KPD bei und wurde in deren militärischem »Selbstschutz« leitend tätig. Der Ermordung von zwei Polizeioffizieren angeklagt, floh Mielke 1931 mit sowjetischer Hilfe nach Belgien und wurde 1934–35 in der UdSSR geschult. Nach Gründung der DDR 1949 war er maßgeblich am Aufbau des →Staatssicherheitsdienstes beteiligt. Als Minister für Staatssicherheit 1957–89 baute er das Ministerium zu einem weit verzweigten Kontroll- und Unterdrückungsinstrument der SED-Führung aus, der er selbst angehörte. 1989 verlor er alle Ämter; er wurde wegen Machtmissbrauchs und Korruption verhaftet und vor Gericht gestellt, jedoch 1994 aufgrund seiner Verhandlungsunfähigkeit entlassen.

Mieszko I. [ˈmjɛʃkɔ], Herzog von Polen (seit etwa 960), †25. 5. 992; stammte aus dem Herrschergeschlecht der Piasten und war Vater Bolesławs I. Chrobry. Er stand seit 963 in einer zunächst nicht klar definierten Abhängigkeit zum Heiligen Römischen Reich, die 986 in ein Lehnsverhältnis umgewandelt wurde. Nach seiner Heirat mit der böhmischen Prinzessin Dubravka (965/966) nahm er 966/967 das Christentum nach lateinischem Ritus an. Mieszko unterwarf 967–972 Pommern und eroberte 990 Teile Schlesiens, verlor aber 981 im Osten Grenzgebiete an das Kiewer Reich. Mit der Reichsgewalt stand er trotz gelegentlicher Konflikte in gutem Verhältnis. Um 990 unterstellte er sein Land dem Heiligen Stuhl.

Mikojan, Anastas, sowjetischer Politiker armenischer Herkunft, *Sanain (bei Tiflis) 25. 11. 1895, †Moskau 21. 10. 1978; schloss sich 1915 den Bolschewiki an. Als enger Mitarbeiter Stalins wurde er 1935 bis 1966 Mitglied des Politbüros der KPdSU. 1926–46 leitete er als Volkskommissar, 1946–55 als Minister verschiedene Ressorts in der Unionsregierung. Nach dem Tod Stalins unterstützte er Nikita Chruschtschow in den Bemühungen um die Entstalinisierung. 1964–65 war er als Vorsitzender des Präsidiums des Obersten Sowjets formelles Staatsoberhaupt.

Millerand [milˈrã], Alexandre, französischer Politiker, *Paris 10. 2. 1859, †Versailles 6. 4. 1943; war 1912–13 und 1914–15 Kriegsminister, 1919–20 Generalkommissar für Elsass-Lothringen, Januar bis September 1920 Ministerpräsident und Außenminister und 1920–24 Staatspräsident. Nach dem Wahlsieg des »Cartel des gauches« (»Linkskartell«) musste der ehemalige Sozialist zurücktreten. Danach übernahm er die Führung der Rechten im Senat.

Milošević [miˈlɔʃeviç], Slobodan, jugoslawischer Politiker, *Požarevac 29. 8. 1941; war seit 1959 Mitglied des »Bundes der Kommunisten Jugoslawiens« (KP); wurde 1989 vom serbischen Parlament zum Staatspräsidenten Serbiens gewählt (1990 und 1992 bestätigt); war seit 1990 auch Vorsitzender der Sozialistischen Partei Serbiens (SPS).

Milošević trug durch seinen extrem serbisch-nationalistisch bestimmten Kurs hohe Mitverantwortung am Auseinanderbrechen Jugoslawiens 1989–91 und dem Einsatz militärischer Gewalt in den blutigen Kriegen in Kroatien sowie Bosnien und Herzegowina 1991–95. 1992 betrieb er erfolgreich den Zusammenschluss von Serbien und Montenegro zu einem neuen jugoslawischen Staat. Unter internationalem Druck zum Abkommen von Dayton am 21. 11. 1995 und zum Frieden von Paris am 14. 12. 1995 gezwungen, sah er sich 1996/97 wegen seines autoritär-repressiven Führungsstils mit Massenprotesten konfrontiert. 1997 zum Präsidenten Jugoslawiens gewählt, war Milošević hauptverantwortlich für die Eskalation der internationalen Kosovokrise 1998/99. Im Mai 1999 wurde er vom Internationalen Kriegsverbrechertribunal für Jugoslawien in Den Haag angeklagt. Nach dem Wahlsieg des Oppositionsbündnisses »Demokratische Opposition Serbiens« (DOS) bei den jugoslawischen Präsidentschaftswahlen vom 24. 9. 2000 wurde Milošević nach einer »friedlichen Revolution« am 5. 10. 2000 zum Rücktritt gezwungen; nach seiner Auslieferung an das UN-Kriegsverbrechertribunal in Den Haag wurde er vor Gericht gestellt.

Miltiades, griechischer Staatsmann und Feldherr aus dem Adelshaus der Philaiden, *um 550 v.Chr., †Athen um 489 v.Chr.; war etwa seit 516 v.Chr. als Tyrann auf der Thrakischen Chersones persischer Vasall. Nach dem Scheitern des Ionischen Aufstandes floh er 493 v.Chr. vor den Persern nach Athen, wurde hier leitender Staatsmann und trug entscheidend zum Sieg bei Marathon 490 v.Chr. bei. Er starb an einer Verwundung, die er während einer gescheiterten Unternehmung gegen die Insel Paros (489) erlitten hatte.

Ming [chines. »die Helle«], chinesische Dynastie (1368–1644), mit der die Herrschaft der Mongolen beendet wurde. Der Kaiser errichtete eine absolute Monarchie. In dieser Zeit gelangten erste Europäer an den chinesischen Hof und verbreiteten die Kenntnis des Christentums und der abendländischen Wissenschaften (→China).

Ministerialen [mittellatein., zu latein. ministerialis »im (kaiserlichen) Dienst Stehender«, »Beamter«], **Mannen,** im Heiligen Römischen Reich die Oberschicht ursprünglich unfreier Dienstmannen im Hof-, Verwaltungs- und Kriegsdienst. Seit dem 11. Jh. waren Ministerialen ritterlich lebende Dienstleute mit eigener oder delegierter Herrschaft sowie politischem Einfluss, u.a. bei der Ausübung der Hofämter. Mit dem zunehmenden Bedarf an Hof-, Verwaltungs- und Kriegsdiensten sowie der Festlegung ihrer zunächst unbestimmten Pflichten und Rechte in salischer Zeit 1024–1125 wurden die Ministerialen ein neuer, vielfältig differenzierter Stand. Seit König Konrad II. wurden sie als Vögte oder Burggrafen und Landrichter zur Verwaltung des Reichsguts und, in den Landesherrschaften, der Landesgüter herangezogen. Als Reichsministerialen stützten sie die salische und besonders die staufische Reichspolitik. Im 12. Jh. schwanden allmählich die Reste der Unfreiheit, die Dienstlehen wurden zu echten erblichen Lehen, auch weil häufig verarmte Edelleute unter Vorbehalt ihrer Freiheitsrechte freiwillig in den Ministerialenstand übertraten. Da die Ministerialen seit dem 13./14. Jh. im niederen Adel aufgegangen waren, bildeten sie seit Beginn des 15. Jh. den Kern des Ritterstandes.

Slobodan Milošević. Für die schweren Menschenrechtsverletzungen, die während des Bürgerkriegs in Jugolawien von serbischen Einheiten begangen wurden, musste sich der frühere jugoslawische Präsident vor dem UN-Kriegsverbrechertribunal in Den Haag verantworten.

minoische Kultur [nach dem sagenhaften König Minos], ägäische bronzezeitliche Kultur auf Kreta im 3. und 2. Jt. v. Chr., deren Blütezeit in der ersten Hälfte und Mitte des 2. Jt. v. Chr. lag. Kretische Fundorte sind neben den ausgegrabenen Palästen von Knossos, Phaistos, Hagia Triada, Mallia, Kato Zakros u.a. Amnisos, Archanes, Chania, Gurnia, Kommos, die Ebene von Messara, Mochlos, Myrtos, Palaikastro, Psira, Pyrgos und Tylissos. Den Seehandel sicherten Stützpunkte auf Melos, Keos (Kea), Thera, Kythera, Ägina, Milet und Rhodos, wo sich die minoische Kultur schnell verbreitete und von dort aus weitervermittelt wurde.

GESELLSCHAFT: Mittelpunkt der Gesellschaft war der königliche Palast, in dem die sakralen und die wirtschaftlichen Funktionen konzentriert waren. Hier fanden kultische

Ming. Typisch für die Mingdynastie ist die Herstellung von Porzellan mit Unterglasurmalerei in mehrfarbigem Emaille in Verbindung mit Blau (Vase aus dem späten 16. Jh.; Paris, Musée des Arts Asiatiques Guimet).

Veranstaltungen statt. Bei der Versammlung der Menge vor dem Heiligtum kam die Hauptrolle den Frauen und Priesterinnen zu, besonders der Priesterin, die im kultischen Geschehen die große Muttergöttin verkörperte. Bei den Stierspielen voltigierten junge Frauen und Männer über einen Stier. Wirtschaftlich gesehen war der Palast Verwaltungszentrum, von dem aus Landwirtschaft und Handel zentral organisiert wurden. In den eng bebauten Städten gab es in der Regel auch stattlichere Häuser, außerdem waren herrschaftliche Landsitze über die Insel verstreut. Ohne die Annahme

minoische Kultur. In Palästen, Heiligtümern und Siedlungen fand man auf Kreta monumentale, stark stilisierte Stierhörner, die Fassaden und Wände schmückten (Rekonstruktion von »Kulthörnern« auf der Südterrasse des Palastes von Knossos).

völliger Befriedung und Beherrschung der Seewege für den Export von Luxusgütern lässt sich ein verständliches Bild des wirtschaftlichen Hintergrunds der minoischen Kultur nicht gewinnen. Die Paläste waren selbst Zentren handwerklich-künstlerischer Produktion, teils für den Eigengebrauch, teils für den Export. Als Zahlungsmittel konnten große Bronzebarren dienen. Die Entlohnung der z. T. sehr spezialisierten Arbeiter erfolgte wohl in Naturalien. Träger der minoischen Kultur war eine altägäische Bevölkerung. Ob die Minoer eine Literatur besaßen, lässt sich nicht mehr erschließen, die aufgefundenen Tontäfelchen der Palastarchive enthalten nur Verwaltungsnotizen. Musikinstrumente sind verschiedentlich dargestellt, z.B. wird auf der »Schnittervase« aus Hagia Triada der Zug der Olivenarbeiter von einem Spieler, der ein Sistrum spielt, und drei Sängern angeführt.

RELIGION: Die Forschung ist auf die Deutung der minoischen Bildwelt angewiesen und versucht Verbindungen zu knüpfen zu späteren mythologischen Vorstellungen wie zu Zeugnissen zeitgleicher Kulturen oder der vorangehenden Epochen der ägäischen Kultur. Die minoische Kultur kannte keine Kultbilder. Mehrfach dargestellt findet sich jedoch die Fassade des Heiligtums der »Großen Göttin«, wie es auch in den Palästen als dreigeteilte Anlage nachgewiesen ist. Stellvertretend für Kultbau bzw. Kultfassade kann auch ein einziges Element stehen. Die Göttin wurde auch in Bergheiligtümern und in Höhlen verehrt und vielleicht auch im mehrfach dargestellten Baumkult. Zugeordnet sind ihr als Kultsymbole Hörner und Doppelaxt. In der griechischen Mythologie stehen ihr Artemis und Rhea nahe. Mit Sicherheit gab es keinen Stiergott oder -kult, sondern der Stier spielte als Opfer für die Göttin seine bedeutende Rolle. Der Kult war im Wesentlichen ein Vegetationskult, der um Geburt, Tod und Wiedergeburt der Natur kreiste.

Miquel ['mi:kwel], Johannes von (seit 1897), deutscher Politiker, * Neuenhaus (Landkreis Grafschaft Bentheim) 19. 2. 1828, † Frankfurt am Main 8. 9. 1901; gehörte 1859 zu den Gründern des Nationalvereins. 1866 nahm er an der Gründung der Nationalliberalen Partei teil. Im preußischen Abgeordnetenhaus 1867–82 sowie im Reichstag 1867–82 und 1887–90 trat Miquel als Führer des rechten Flügels der Nationalliberalen hervor. 1867 setzte er sich mit Eduard Lasker nachdrücklich für die Aufnahme der süddeutschen Staaten in den Norddeutschen Bund ein. Nach dem Sturz Otto von Bismarcks, an dem er wesentlich Anteil hatte, wurde er im Juni 1890 preußischer Finanzminister und setzte eine Reihe von Maßnahmen durch, die das deutsche Steuersystem nachhaltig beeinflussten, die Einführung einer progressiven Einkommensteuer, ergänzt durch eine Vermögensteuer und die Umwandlung der Gewerbe- und Grundsteuer von Staats- zu Gemeindesteuern. Auf Miquel geht auch der bei der Beratung der Reichsverfassung gefundene Kompromiss zurück, der die Finanzierung der Reichsausgaben durch Matrikularbeiträge nur als ergänzende Maßnahme vorsah und dem Reich die spätere Erweiterung seiner Steuerhoheit ermöglichen sollte. Seit 1897 Vizepräsident des Staatsministeriums, näherte er sich konservativen Positionen und musste 1901 wegen seiner ablehnenden Haltung zum Bau des Mittellandkanals zurücktreten.

Mirabeau [mira'bo], Honoré Gabriel du Riqueti, Graf von, französischer Politiker und Publizist, * Le Bignon (heute Le Bignon-Mirabeau, Département Loiret) 9. 3. 1749, † Paris 2. 4. 1791; wirkte nach einem Aufenthalt in England 1784/85 als gefürchteter Publizist in Paris. 1786/87 war Mirabeau, mit einer geheimen Mission betraut, in Berlin. Er wurde von

Friedrich dem Großen empfangen und schrieb 1788 mithilfe Jakob Mauvillons das Werk »De la monarchie prussienne sous Frédéric le Grand« (»Über die preußische Monarchie unter Friedrich dem Großen«), in dem er die Schwächen des preußischen Staates aufzeigte. Am 4.4.1789 ließ sich Mirabeau, vom Adel der Provence zurückgewiesen, in Aix-en-Provence vom dritten Stand in die Generalstände wählen und beherrschte nach der Sitzung vom 23.6.1789 die Nationalversammlung mit überlegener Beredsamkeit. Mirabeau erstrebte eine konstitutionelle Reform nach englischem Vorbild. Mit seiner Forderung nach dem absoluten Vetorecht für den König geriet er in Konflikt mit den »Patrioten«. Die feudalen Vorrechte bekämpfte er leidenschaftlich. Im Dezember 1790 wurde er Präsident des Jakobinerklubs, im Februar 1791 auch der Nationalversammlung. Sein plötzlicher Tod begünstigte die radikale Entwicklung der Revolution.

Mithridates VI. Eupator, eigentlich **Mithradates** [persisch-griech. »von Mithras geschenkt«], König von Pontos (seit 120 v. Chr.), * Sinope (heute Sinop) um 130 v. Chr., † Pantikapaion (heute Kertsch) 63 v. Chr.; wurde 112 v. Chr. nach der Ermordung seiner Mutter Alleinherrscher. Mithridates gewann nach Siegen über die Krimskythen 107 das Bosporanische Reich, die Kaukasusgebiete und Galatien. Mit Armenien verbündet, nutzte er die Schwäche Roms während des Kimberneinfalls und im Bundesgenossenkrieg, um seine Macht nach Süden und Westen zu erweitern. Das führte zum 1. Mithridatischen Krieg 89–84, zur Eroberung der Provinz Asia durch Mithridates, zum Blutbefehl von Ephesos, der Ermordung von 80 000 Italikern in Kleinasien und zur Besetzung Griechenlands. Von Sulla in Böotien besiegt, verpflichtete sich Mithridates 85, die eroberten Gebiete zurückzugeben und seine Flotte auszuliefern. Einen römischen Einfall in Pontos wehrte er im 2. Mithridatischen Krieg 83–81 ab. Verbündet mit den Seeräubern und mit Sertorius besetzte er im 3. Mithridatischen Krieg 74–63 Bithynien, wurde aber 74/73 erst von Lucullus bei Kyzikos und 66 von Pompeius am Lykosfluss geschlagen. Mithridates floh auf die Krim und ließ sich nach dem Abfall seines Sohnes Pharnakes II. von einem Leibwächter töten.

Mittelalter, in der europäischen Geschichte Bezeichnung für den Zeitraum zwischen Altertum und Neuzeit. Seiner Erforschung widmet sich die Mediävistik. Der sprachlich an sich wertfreie Begriff geht auf die Humanisten zu Ende des 15., Beginn des 16. Jh. zurück, die überzeugt waren, dass mit dem Mittelalter eine sich an die Antike anschließende »dunkle« Zeitepoche, geprägt durch den allgemeinen Verfall der lateinischen Sprache und Bildung, zu Ende gegangen sei und nun einer neuen, »hellen« Zeit der Wiedergeburt antiker Gelehrsamkeit, der Renaissance, Platz gemacht habe. Die hier anklingende negative Bewertung des »finsteren Mittelalters« wurde von der Aufklärung im 18. Jh. verstärkt aufgegriffen. Trotz grundsätzlicher Bedenken gegen die seit dem 17. Jh. in historischen Handbüchern üblich gewordene Dreiteilung des Geschichtsverlaufes in Altertum, Mittelalter und Neuzeit hat sich dennoch der Begriff Mittelalter – zumindest für die europäische Geschichte – als Epochenbezeichnung behauptet, zumal der früher v. a. von der marxistischen Forschung vorgeschlagene Alternativbegriff »Feudalzeitalter« wesentliche Erscheinungen der zu beschreibenden Epoche, wie die Entwicklung der Kirche und des städtischen Lebens, nicht ausreichend berücksichtigte.

ZEITLICHE EINGRENZUNG: Umstritten sind sowohl Epochencharakter sowie Beginn und Ende des Mittelalters wie auch die Periodisierung innerhalb des Mittelalters in die Teilepochen Früh-, Hoch- und Spätmittelalter, da die wesentlichen Entwicklungen in den Bereichen politische Geschichte, Verfassungs-, Wirtschafts-, Sozial-, Kultur- und Geistesgeschichte sowie auch in den einzelnen Ländern nicht immer synchron verlaufen sind.

Die Problematik zeigt sich besonders bei der Abgrenzung des Frühmittelalters von der Antike, wo man auf eine Fülle von Periodisierungen trifft, die sich über einen Zeitraum von nahezu einem halben Jahrtausend – von der Krise des Römischen Reiches im 3. Jh. bis zur Kaiserkrönung Karls des Großen (800) – erstreckten und sich vorwiegend an der politischen Ereignisgeschichte orientierten. Eine gewisse Einigkeit besteht allerdings darüber, dass Epochengrenzen sich nicht punktuell festlegen lassen, sondern die Annahme einer längeren Übergangszeit voraussetzen.

Als eine solche wurde das Zeitalter der Völkerwanderung im 4.–6. Jh. angesehen. Wenn auch in dieser Zeit in der Begegnung von römischer Antike, germanischen Traditionen und Christentum wesentliche Grundla-

Honoré Gabriel du Riqueti, Graf von Mirabeau

MITTELALTER. ***Ästhetisches Verbrechen?***

Giorgio Vasari, Künstler und Kunstschriftsteller, verurteilte Mitte des 16. Jh. die Gotik als ästhetisches Verbrechen: *»Zahllose Werke dieser Art verseuchen die Welt ... Erfinder dieser Manier waren die Goten.«* Die Gotik galt ihm als Inbegriff des Mittelalters, eines »mittleren« Säkulums, das sich zwischen die Antike und die Renaissance geschoben hatte, eine finstere, von Fanatismus und Aberglauben geprägte Epoche. Die Literatur der Aufklärung und der Französischen Revolution brandmarkte noch im 18. Jh. Feudalismus und Sklaverei als »absurdités gothiques«. Die mittelalterliche Welt stand, wie man behauptete, der vernunftbestimmten Mündigkeit des Menschen im Weg. Erst das späte 18. Jh. und die Romantik begannen, das Mittelalter positiv zu sehen.

gen der frühmittelalterlichen Welt geschaffen wurden, so ist auch dieser zeitliche Ansatz nicht unumstritten. Zwar machte die ältere »Katastrophentheorie« den Einbruch der Germanen in das Römische Reich verantwortlich für den Untergang der römisch-antiken Kulturwelt, doch erstrebten die Germanen zunächst eine Teilhabe am Imperium, wenn auch unter eigenen Königen, erzwangen aber auch die Landnahme, wenn sie ihnen verwehrt wurde, und erschienen schließlich als Eroberer, die eigenständige Staatsgebilde errichteten. Die Geschichte der Kirche und des Christentums in diesen Jahrhunderten widerspricht ebenfalls der These vom absoluten Verfall. Allerdings ist die im Wesentlichen von der Wirtschafts- und Sozialgeschichte her konzipierte Antithese der »Kontinuitätstheorie« anfechtbar, wenn auch nicht zu bezweifeln ist, dass sich v. a. im Bereich der Institutionen und Kultureinrichtungen über eine sehr lange Zeit ein tief greifender Unterschied erhalten hat zwischen den Landschaften, die jahrhundertelang von römischer Herrschaft geprägt worden sind, und jenen, die niemals zum Römischen Reich gehört haben.

Eine andere Auffassung setzt die entscheidende Zäsur mit dem zerstörenden Einbruch des Islam in die Mittelmeerwelt im 7./8. Jh. an. Auch diese These ist wesentlich von der Wirtschaftsgeschichte her begründet, und die Spezialforschung hat auch in diesem Fall ihre Einseitigkeit korrigiert, aber die historische Tragweite der Geschehnisse ist richtig erfasst. Die antike Einheit des Mittelmeerraumes wurde durch den »Arabersturm« gesprengt. Als Ergebnis von Völkerwanderungszeit und islamischer Expansion bildete sich bis zur Mitte des 8. Jh. das Mächtesystem heraus, in dem Byzanz, das Reich der Kalifen und die aufsteigende Macht des Westens, das Fränkische Reich, die dominierenden Faktoren darstellten. Das Papsttum aber trat, indem es die Aufrichtung der karolingischen Monarchie durch Pippin III. 751 unterstützte, aus dem Rahmen der alten Reichskirche heraus und entging damit der Gefahr, in eine seine Freiheit aufhebende Abhängigkeit vom byzantinischen Kaiser zu geraten. Dies war eine Entscheidung von größter Bedeutung, die sich in der Kaisererhebung Karls des Großen 800 vollendete, wodurch die politische und geistige Trennung des lateinisch geprägten Abendlandes vom griechischen Osten besiegelt wurde.

FRÜHMITTELALTER: Die frühmittelalterliche Sozialstruktur wurde von einer arbeitsteilig noch wenig differenzierten Agrargesellschaft geprägt, die weitgehend von der Naturalwirtschaft lebte. Der auf dieser Grundlage entstehende mittelalterliche Staat erscheint seinem Wesen nach als eine Summierung von Personenverbänden. Öffentliche Gewalt und private Rechtsbefugnis wurden begrifflich nicht unterschieden; beides floss untrennbar in der mittelalterlichen »Herrschaft« zusammen, die – hervorgegangen aus der Verfügungs- und Herrschaftsgewalt des Hausherrn über Grund und Boden und die hierauf lebenden Personen – in den Formen der Grund-, Gefolgs- und später Lehnsherrschaft regelmäßig als elitäre Adelsherrschaft erscheint. An der Spitze dieses »Personenverbandsstaates« stand der König, dessen Stellung durch die enge Einbindung der christlichen Kirche in seinen Herrschaftsverband und das Ritual der christlichen Königsweihe eine bedeutsame herrschaftliche und charismatische Aufwertung erfuhr. Die Gesellschaft erhielt zunehmend eine starre hierarchische Anordnung.

HOCHMITTELALTER: Auch bei der Abgrenzung zwischen Früh- und Hochmittelalter kam die Forschung in den einzelnen europäischen Ländern unter dem Eindruck des jeweiligen »nationalen« Geschichtsverlaufs zu ganz unterschiedlichen Ergebnissen. So war es in Deutschland lange üblich, das Hochmittelalter mit der Entstehung des »Reichs der Deutschen« aus dem Ostfränkischen Reich in den ersten Jahrzehnten des 10. Jh. beginnen und mit dem Zusammenbruch der Stauferherrschaft um 1250 enden zu lassen. Demgegenüber orientiert sich eine neuere Forschungsrichtung weniger an der dynastischen Geschichte der deutschen Kaiserzeit, sondern versucht vielmehr, das Hochmittelalter als gesamteuropäische Epoche zu begreifen. Folgt man dieser Sichtweise, wird man den Epochenbeginn wesentlich später, etwa gegen Mitte des 11. Jh., ansetzen, da um diese Zeit fast im gesamten Abendland ein tief greifender Wandlungsprozess einsetzte, der nahezu alle Lebensbereiche erfasste und einen allgemeinen »Aufbruch« der mittelalterlichen Gesellschaft zu neuen Lebens- und Bewusstseinsformen auslöste.

Initiiert wurde dieser Prozess durch ein stetiges Bevölkerungswachstum, das sich im 12. und 13. Jh. dramatisch beschleunigte und bis ins 14. Jh. hinein anhielt. Um den gestiegenen Nahrungsbedarf zu decken, wurden verbesserte Anbau- und Arbeitsmethoden entwickelt und neue Anbauflächen durch Neusiedlung und Rodung erschlossen. Die hierdurch ausgelöste wirtschaftliche Dynamik erfasste neben dem Agrarbereich auch Handwerk, Gewerbe und Handel, was wiederum zum Aufschwung der Geldwirtschaft wie auch zur Entstehung eines dichten Netzes von Märkten und Städten führte. Motor dieses Wandlungsprozesses war eine beeindruckende »horizontale« und »vertikale« Mobilität der bisher unfreien Landbevölkerung, der es gelang, im Rahmen der Neusiedlungsbewegung, durch Abwanderung in die entstehenden Städte oder durch sozialen Aufstieg im Herrendienst die archaischen Formen bodengebundener Abhängigkeit von unmittelbarer Herrengewalt zu sprengen. Der sich aus Vasallen, in Deutschland auch aus Ministerialen ausbildende Ritterstand wurde zum Träger eines besonderen Standesethos und einer eigenen übernationalen höfischen Kultur.

Im Rahmen dieser allgemeinen Neuorientierung wurde auch die Kirche von einer religiösen Erneuerungsbewegung erfasst, die die Befreiung der Kirche von weltlicher Herrschaft und Verstrickung in weltliche Angelegenheiten erstrebte. In dem hierdurch ausgelösten Investiturstreit zwischen Kaisertum und Papsttum 1075–1122 zerbrachen die frühmittelalterlichen Ordnungsvorstellungen vom gleichberechtigten Nebeneinander der geistlichen und der weltlichen Gewalt und wurden vom Herrschaftsanspruch des Papsttums abgelöst. Mit dem kirchlichen Erneuerungsprozess wurde endlich auch eine große Blütezeit des europäischen Geisteslebens ausgelöst, deren Zentrum in Frankreich lag und die neben den ersten Universitätsgründungen in Paris und Bologna auch eine neue Theologie, die Scholastik, hervorbrachte.

SPÄTMITTELALTER: Die für das Hochmittelalter prägende demographische und wirtschaftliche Wachstumsphase reichte bis in das zweite Jahrzehnt des 14. Jh., als katastrophale Missernten eine erste Agrarkrise auslösten. Dennoch neigt die Forschung dazu, den Beginn des Spätmittelalters in Deutschland wesentlich früher anzusetzen. So wird meist der Zusammenbruch der Stauferherrschaft um 1250 mit dem nachfolgenden Interregnum von 1254 bis 1273 als die entscheidende Zäsur gesehen, die das Spätmittelalter eingeleitet habe. Ein Teil der Forschung neigt sogar dazu, diesen Zeitpunkt noch weiter, auf den Beginn des 13. Jh., vorzuverlegen. Während sich in Westeuropa gegen Ende des 12. Jh. bei der Nachfolge in der Königsherrschaft das dynastische Erbprinzip endgültig durchsetzte, trugen in Deutschland das Scheitern des Erbreichsplanes Kaiser Heinrichs VI. und die Doppelwahl von 1198 entscheidend dazu bei, dass hier der Gedanke der freien Wahl mit der Ausbildung besonderer Königswähler, der Kurfürsten, den Sieg davongetragen hat. Bereits mit der Doppelwahl wurde außerdem deutlich, dass der Versuch des staufischen Königtums, mithilfe der Reichsministerialität eine allgemeine Reichsverwaltung aufzubauen, gescheitert war, was dazu führte, dass das Heilige Römische Reich bis an sein Ende 1806 nie über behördenmäßig organisierte Verwaltungsinstitutionen verfügen sollte.

Auf europäischer Ebene sprechen Ereignisse wie die 1187 erfolgte Eroberung Jerusalems durch die Muslime, der erfolglose dritte Kreuzzug und die Pervertierung des Kreuzzugsgedankens durch die Eroberung Konstantinopels und die Begründung des »Lateinischen Kaisertums« in Byzanz 1204, der Zusammenbruch des Angevinischen Reiches und der Aufstieg der französischen Monarchie 1214 sowie das Pontifikat Innozenz' III. 1199–1216 für die Annahme eines tiefen Einschnitts und damit den Beginn einer neuen Epoche um die Wende vom 12. auf das 13. Jahrhundert.

Nach herkömmlicher Auffassung endete das Spätmittelalter mit dem ausgehenden 15. und einsetzenden 16. Jh., wobei zur Stützung dieser Ansicht auf ganz unterschiedliche Tatbestände wie den Beginn der Reformation 1517, die Einleitung des »Zeitalters der großen Entdeckungen«, die Entfaltung des Humanismus oder den Italienzug des französischen Königs Karl VIII. 1494/95 verwiesen wird. Der Vorschlag einzelner Autoren, diesen Zeitpunkt um mindestens zwei Jahrhunderte vorzuverlegen, hat sich in der Praxis nicht durchgesetzt. Wenn auch zuzugeben ist, dass bestimmte Grundlagen moderner Staatlichkeit bereits im 13. und 14. Jh. gelegt wurden, so kommt man doch kaum an der Einsicht vorbei, dass erst mit der Reformation die mittelalterlichen Ordnungsvorstellungen endgültig zerbrochen sind.

Die Epoche des Spätmittelalters erscheint als eine Krisenzeit, die jedoch nicht allein von Depression und Resignation, sondern auch von vitaler Widerstandskraft, Kreativität, Individualität und schöpferischem Neubeginn geprägt wurde. So lösten im 14. Jh. Hungersnöte und Pestepidemien mit ihren dramatischen Menschenverlusten zwar eine lang anhaltende Agrardepression aus. Andererseits profitierte ein großer Teil der Überlebenden von der nun im Wert gestiegenen menschlichen Arbeitskraft. Zu der wirtschaftlichen Krise trat nach den überzogenen Herrschaftsansprüchen Papst Bonifatius' VIII. eine Krise des Papsttums, die sich bald zu einer allgemeinen Krise der Kirche steigerte. Dass auch in weiten Teilen der Bevölkerung ein gewisses Krisenbewusstsein bestand, machen die sich rasch radikalisierende Bewegung der Flagellanten und die von Südfrankreich ausgehenden blutigen Judenverfolgungen der Jahre 1348–49 deutlich. Die Zunftkämpfe in den deutschen Städten sind nur ein Teilaspekt der Volksbewegungen, die seit dem Beginn des 14. Jh. das westliche und südliche Europa erschütterten und sich um 1380 auch in den ost- und südosteuropäischen Raum ausweiteten. Es waren Elendsrevolten, städtische Aufruhrbewegungen und Bauernaufstände, die vor dem Hintergrund des allgemeinen Rückgangs der Prosperität mannigfache politische, wirtschaftliche und soziale Ursachen hatten. Dabei war nicht der Umsturz der bestehenden Sozialordnung, sondern die Abstellung von Missständen das Hauptziel.

Geprägt wurde das Spätmittelalter aber auch durch das Aufblühen der Stadtkultur, die

François Mitterrand. Die britische Königin Elisabeth II. und der französische Staatspräsident weihten am 6. 5. 1994 den Eurotunnel zwischen Frankreich und England ein – auch dieses Ereignis war aus Sicht Mitterands ein Schritt zur europäischen Integration.

frühkapitalistischen Wirtschaftsformen zum Durchbruch verhalf. Ermöglicht wurde diese Entwicklung nicht zuletzt auch durch neue Formen der Bildungsvermittlung wie auch neue Bildungsinhalte, die einerseits in der Mystik zu einem Höhepunkt verinnerlichter Frömmigkeit führten, andererseits aber auch mit der Aristoteles-Rezeption die Grundlagen für den Aufstieg der modernen Naturwissenschaften schufen und damit einer neuen »Rationalität« den Weg ebneten.

Mittelmächte, im Ersten Weltkrieg die Bezeichnung für die Bündnispartner Deutsches Reich und Österreich-Ungarn nach ihrer geographischen Lage zwischen den Ententemächten, dann auch für ihre Verbündeten Türkei und Bulgarien.

Mitterrand [mitɛˈrã], François, französischer Politiker, *Jarnac (Département Charente) 26. 10. 1916, †Paris 8. 1. 1996. Mitterrand gehörte 1944 der Provisorischen Regierung de Gaulles an und war in der Vierten Republik 1945–58 führendes Mitglied der Union Démocratique et Socialiste de la Résistance (UDSR), Abgeordneter und mehrmals Minister. Nach Gründung der Fünften Republik (1958) sammelte er v. a. in Opposition zur Verfassungs- und Innenpolitik Präsident de Gaulles erfolgreich die Linkskräfte in Frankreich. 1971 verschmolz er die von ihm 1970 gegründete »Convention des Institutions Républicaines« (»Vereinigung zugunsten der republikanischen Institutionen«) mit dem Parti Socialiste (PS), dessen Generalsekretär er 1971–80 war. Unter seiner maßgeblichen Mitwirkung schlossen sich 1972 Sozialisten, Kommunisten und Linksradikale auf der Basis eines gemeinsamen Programms zur Union de la Gauche zusammen.

Bei den Präsidentschaftswahlen 1974 unterlag er nur knapp Valéry Giscard d'Estaing, 1981 löste er ihn im Amt des Staatspräsidenten ab. Gestützt auf die absolute Mehrheit des PS in der Nationalversammlung und die von ihm als Staatspräsident getragenen Regierungen (1981–86), führte Mitterrand einen Kurswechsel durch, u. a. durch Festsetzung von Mindestlöhnen und Verstaatlichung von Banken und Schlüsselindustrien. Nach den Parlamentswahlen von 1986, bei denen der PS die absolute Mehrheit verlor, musste Mitterrand 1986–88 mit einer bürgerlichen Regierung unter Premierminister Jacques Chirac zusammenarbeiten. Im Mai 1988 wurde er erneut zum Staatspräsidenten gewählt. In der Außenpolitik setzte Mitterrand die von Präsident de Gaulle begründete eigenständige Konzeption der französischen Nuklearverteidigung fort und förderte den Prozess der europäischen Integration; die deutsche Vereinigung unterstützte er nach anfänglichem Zögern. Überschattet wurde seine großherrschaftliche Züge tragende Amtsführung von zahlreichen Korruptionsaffären.

FRANÇOIS MITTERRAND
***1916 †1996**

einigte die französische Linke

war ab 1981 Staatspräsident Frankreichs

förderte maßgeblich den Prozess der europäischen Integration

ML, Abk. für → Marxismus-Leninismus.

Moawija I., Muawija I., erster Kalif (seit 661) aus der Dynastie der Omaijaden, *Mekka um 605, †Damaskus April 680; bekam als Vertrauter Mohammeds nach der Schlacht von Siffin 657 in einem Schiedsgericht gegen den vierten Kalifen Ali Ibn Abi Talib die Kalifenwürde zuerkannt. Nach Alis Tod 661 rechtmäßiger Kalif, begründete er das Großreich der Omaijaden. Wegen seiner Feindschaft zu Ali genießt er bei den Schiiten keine Verehrung.

Mobutu Sese-Seko, eigentlich Joseph Désiré Mobutu, Politiker in Zaire, *Lisala (Provinz Equateur) 14. 10. 1930, †Rabat 7. 9. 1997; wurde nach der Entlassung Belgisch-Kongos in die Unabhängigkeit 1960 zum Generalstabschef der Armee ernannt. Im September 1960 übernahm er nach einem Putsch die Macht, ließ seinen Vorgänger Patrice Lumumba verhaften und lieferte ihn 1961 nach Katanga aus. Nach Wiedereinsetzung Joseph Kasavubus als Staatspräsident 1961 behielt Mobutu den Oberbefehl über die Armee. Nach einem erneuten Militärputsch im November 1965 ernannte er sich zum Staatspräsidenten, entmachtete 1966 das Parlament, übertrug sich das Recht der Gesetzgebung und übernahm außerdem bis 1991 das Amt des Ministerpräsidenten. Gestützt auf den 1967 gegründeten und von ihm geführten »Mouvement Populaire de la Révolution« (MPR) regierte er autoritär. Im Zuge einer Kampagne für »afrikanische Authentizität« legte er 1972 seinen christlichen Taufnamen ab. Anfang Mai 1997 kündigte Mobutu nach dem Vordringen der Truppen unter Laurent Kabila seinen Rückzug aus der Politik an, gab am 16. 5. 1997 alle seine Machtbefugnisse ab und ging nach Marokko ins Exil.

Moctezuma II., eigentlich Moctezuma Xocoyotzin, Herrscher der Azteken, *um 1466, †Tenochtitlán 30. 6. 1520; wurde 1502 zum Herrscher gewählt. Durch weitere Eroberungen konnte er das Aztekenreich arrondieren. Da die Ankunft der Spanier unter Hernán

Cortés den Azteken zunächst als die geweissagte und erwartete Wiederkehr des Gottes Quetzalcoatl galt, hieß er Cortés willkommen, dieser ließ ihn jedoch bald darauf gefangen nehmen. Als Moctezuma von den Spaniern veranlasst wurde, die nach Zerstörung ihrer Heiligtümer rebellierenden Azteken zu beruhigen, erlitt er durch Steinwürfe Verletzungen, denen er erlag.

Moeller van den Bruck ['mœlər fan-], Arthur, deutscher Schriftsteller, *Solingen 23. 4. 1876, †(Selbstmord) Berlin 30. 5. 1925; übte als geistiger Mittelpunkt des »Juniklubs« einen nachhaltigen Einfluss auf die Jungkonservativen aus; bekämpfte Liberalismus und Parlamentarismus und suchte nationale und soziale Vorstellungen miteinander zu verbinden; vertrat v.a. die Idee einer »konservativen Revolution«. Der Titel seines Buches »Das dritte Reich« (1923) diente den Nationalsozialisten als Schlagwort.

Mogul [persisch mughul, eigentlich »der Mongole«], muslimische Dynastie türkisch-mongolischer Abstammung in Indien (1526–1857/58). Die Mogulherrscher (Mogulkaiser) werden auch mit dem Titel Großmogul bezeichnet.

Mogulreich, Reich der Moguln in Indien, gegründet von Babur, der von Afghanistan aus Nordindien vom Pandschab bis an die Grenze von Bengalen eroberte. Sein Sohn Humayun konnte das Erbe nicht halten und musste nach Persien fliehen, eroberte aber Delhi und Agra. Erst sein Sohn Akbar (1556–1605) war der eigentliche Begründer des Mogulreichs. Akbars Reich erstreckte sich bei seiner größten Ausdehnung von Ahmadnagar auf dem Dekhan bis nach Kaschmir und umfasste Belutschistan und Teile von Afghanistan. Sein Enkel Shah Jahan (1628–58), Bauherr des Taj Mahal, brachte das Reich durch übermäßige Bautätigkeit und fehlgeschlagene Kriegszüge an den Rand des Zusammenbruchs. In den Nachfolgekämpfen zwischen seinen Söhnen siegte der strenggläubige Aurangseb (1658–1707). Unter dessen Regierung wurden Hindus von öffentlichen Ämtern ausgeschlossen, Schulen und Tempel zerstört und die von Akbar abgeschaffte Ungläubigensteuer wieder eingeführt. Er bekämpfte die Sikhs und ließ ihren Führer hinrichten. Diese Politik forderte den offenen Widerstand der Rajputen, Jats und Sikhs im Norden und der Marathen im Süden heraus. Zwar erreichte unter Aurangsebs Herrschaft das Reich durch Annexion von Bijapur und Golconda seine größte Ausdehnung, aber nach seinem Tod zerfiel es rasch. Einzelne Teile machten sich unter Gouverneuren und Abenteurern selbstständig. Die Kriegszüge der Marathen, die Einfälle der Perser und Afghanen und schließlich das Eingreifen der Briten besiegelten das Schicksal des Mogulreichs. Seit 1803 waren die Moguln nur noch Titularkaiser und Pensionäre der Briten; der letzte war Bahadur Schah II. (1837–57/58).

Mohács ['moha:tʃ], Stadt im Süden Ungarns. In der Schlacht bei Mohács schlugen die Türken unter Sultan Süleiman II. am 29.8.1526 König Ludwig II. von Ungarn und Böhmen, der auf der Flucht ertrank. Danach zerfiel Ungarn in drei Teile. Am Berg Harsan bei Mohács siegten am 12. 8. 1687 die Kaiserlichen unter Herzog Karl V. Leopold von Lothringen und Markgraf Ludwig Wilhelm I. von Baden-Baden, dem »Türkenlouis«, entscheidend über die Türken unter Sultan Mehmed IV.; nach diesem Sieg konnten Ungarn und Siebenbürgen völlig von der türkischen Herrschaft befreit werden.

Mogulreich. Harmonie, Eleganz und perfekte Proportionen zeichnen den Taj Mahal in Agra aus, das Marmorgrabmal zum Andenken an die verstorbene Kaiserin Mumtaz Mahal (erbaut 1632–48); es gilt als vollkommenste Schöpfung der Mogul-Baukunst.

Mohammed, Muhammad [arabisch -'xa-; »der Gepriesene«], eigentlich **Abu l-Kasim,** der Stifter des Islam, *Mekka um 570, †Medina 8. 6. 632. Mohammed wuchs bei seinem Großvater Abd al-Muttalib und nach dessen Tod bei seinem Onkel Abu Talib auf. Die Familie gehörte zu einem verarmten Zweig der in Mekka sozial und wirtschaftlich führenden Koraisch. Um 595 heiratete er die reiche Kaufmannswitwe Chadidja, die ihm u.a. Fatima gebar. Als Kaufmann erweiterte er auf Handelsreisen, die ihn vielleicht bis nach Syrien führten, seine Bildung und kam mit monotheistischen Lehren in Berührung. Um 610 glaubte er sich durch Gesichte und Stimmen zum Gesandten Gottes berufen. Von nun an war Mohammed überzeugt, fortan göttliche Mitteilungen zu erhalten. Sie wurden zum Teil noch zu seinen Lebzeiten aufgezeichnet und im Koran zusammengefasst. Mohammed ist – trotz vorhandener jüdischer, christlicher und vorislamisch-arabischer Einflüsse – als eigenständige, große religiöse Persönlichkeit zu werten. Er verstand sich als Letzter, als »Siegel der Propheten«, der die Religion Abrahams

MOHAMMED

Ausbreitung des Islam

Im Alter von ungefähr vierzig Jahren folgte Mohammed der Legende nach einer religiösen Botschaft, die ihm in der Einsamkeit einer Berghöhle bei Mekka durch den Erzengel Gabriel verkündet worden war. Inhalt dieser Botschaft war der Koran, den Mohammed gegen großen Widerstand zunächst in Mekka verkündete, bis er 622 unter dem Druck seiner Umgebung nach Medina auswandern musste (Hidjra). Diese Flucht vor seinen Widersachern – die osmanische Miniatur aus dem 17. Jh. zeigt den Propheten auf der Hidjra in einer Höhle versteckt (Dresden, Sächsische Landesbibliothek) – hat für den Islam, eine Religion, zu der sich heute über 20 Prozent der Weltbevölkerung bekennen, solch fundamentalen Charakter, dass sie zum Ausgangspunkt seiner Zeitrechnung wurde.

In Medina, dem Zentrum der frühislamischen Gemeinde, wurde die Botschaft des Korans vervollständigt, sodass die Gesamtzahl seiner Suren auf 114 anwuchs. Hier wurde Mohammed zum Staatsmann und geistlichen Führer. Als er 632 starb, stand ganz Arabien unter seiner Herrschaft.

Die unmittelbaren Nachfolger Mohammeds, die Kalifen, setzten das Werk ihres Religionsstifters fort und festigten es, indem sie Persien, Syrien und Ägypten eroberten. Dies gilt vor allem für den zweiten Herrscher, Omar. So entstand ein großes, theokratisch geprägtes Reich, in dem der Kalif im Namen Allahs die islamische Gemeinschaft politisch und religiös regierte.

wieder herstellte, wie dies vor ihm bereits Moses und Jesus versucht hatten.

Anfänglich umfasste seine Anhängerschaft neben Verwandten nur wenige Einflussreiche, z. B. Abu Bakr, vielfach aber sozial niedrig Stehende und Sklaven. Eine v. a. soziale Deutung seines Wirkens wird seinem primär religiösen Streben jedoch nicht gerecht. Seitens der mekkanischen Kaufmannschaft wurde in einer Propaganda gegen die altarabische Religion allerdings eine Gefahr gesehen, die die Einkünfte der Kaufleute aus dem Kult um die Kaaba gefährdete. Wirklicher Erfolg wurde Mohammed erst zuteil, als er sich 622 zur Hidjra nach Medina entschloss, wohin ihn zwei verfeindete arabische Stämme eingeladen hatten. Dort festigten sich sein religiöses und staatsmännisches Ansehen wie auch sein Selbstbewusstsein rasch. Mohammed gelang es, die beiden medinischen Araberstämme miteinander auszusöhnen, die mekkanischen Auswanderer anzusiedeln, die jüdischen Stämme durch Vertreibung oder Hinrichtungen auszuschalten sowie die Mekkaner in der Schlacht bei Badr 624 und in der Grabenschlacht 627 vor Medina militärisch empfindlich zu treffen.

Da die Christen und Juden ihn nicht als Propheten anerkannten, ließ Mohammed manche Zugeständnisse an sie fallen und fasste den Islam bewusst als eigene Religion. 630 konnte Mohammed aufgrund seiner wachsenden Macht nach mehreren Anläufen Mekka besetzen und die dortige Kaaba als Mittelpunkt seiner Religion und Ziel des Hadjdj in Besitz nehmen. Als Herr weiter Teile Arabiens Sieger über mehrere andere Propheten und im Bewusstsein, eine neue Religion gestiftet zu haben, starb Mohammed nach kurzer Krankheit in seiner Wahlheimat Medina. Sein Grab in der »Großen Moschee« von Medina ist nach Mekka die wichtigste Wallfahrtsstätte der Muslime.

MOHAMMED. ***Erste Anhänger***

Auf dem Berg Hira in der Nähe Mekkas suchte Mohammed bisweilen Ruhe vor dem Getriebe der Stadt. Dort soll er eines Tages, etwa im Jahr 610, sein erstes Berufungserlebnis gehabt haben. Zu Tode erschrocken, von panischer Furcht ergriffen, stürzte er nach Hause. In seinen Überzeugungen wurde Mohammed von seiner Ehefrau Chadidja bestärkt. Sie war erheblich älter als er und hatte den damals Mittellosen, der dem angesehenen Klan der Banu Haschim angehörte, geheiratet, nachdem sie verwitwet war. Chadidja, eine Kauffrau, und einige andere Verwandte und Freunde hielten Mohammed auch noch die Treue, als er sich seit etwa 613 mehr und mehr an die Öffentlichkeit wagte und mit seinen Offenbarungen auf vehemente Widerstände stieß.

Mohammed Ibn Abd Al Wahhab, islamischer Reformer, Begründer der Wahhabiten, * Ujaina um 1793, † Ad-Darijja (Saudi-Arabien) 1793; verkündete eine Lehre, die sich gegen alle Glaubensformen und Sitten wendet, die dem von ihm als ursprünglich deklarierten Islam nicht entsprechen. Um 1740 schloss sich ihm die Dynastie der Ibn Saud an.

Moi, Daniel, eigentlich Toroitich arap Moi, Politiker in Kenia, * im Distrikt Baringo (nördlich von Nakuru) 1924; war 1955–63 Mitglied des Gesetzgebenden Rates Kenias und führte 1960–64 die »Kenya African Democratic Union« (KADU), die im Interesse der kleineren Völker Kenias eine föderative Verfassung anstrebte. 1962–64 war er Minister für innere Selbstverwaltung. 1964 ging seine Partei in der »Kenya African National Union« (KANU) auf. Nach Ausrufung der Republik am 12. 12. 1964 war er 1964–78 Innenminister und 1967–78 auch Vizepräsident. Nach dem Tod von Präsident Jomo Kenyatta wurde Moi 1978 Staatspräsident und Vorsitzender der KANU (bis 2003).

Moldawien, amtlich moldawisch **Moldova**, **Republica Moldova,** Staat in Osteuropa, der im Norden, Osten und Süden an die Ukraine und im Westen an Rumänien grenzt.

GESCHICHTE: 1924 errichtete die sowjetische die überwiegend von Rumänen bewohnte Moldauische ASSR, die die sowjetischen Ansprüche auf Bessarabien demonstrieren sollte. 1940 wurde sie mit den nach ultimativer Forderung von Rumänien abgetretenen Gebieten Bessarabien und der nördlichen Bukowina zur Moldauischen SSR vereinigt. Letztere erklärte im August 1991 ihre Unabhängigkeit. Im Dezember 1991 wurde Mircea Snegur in ersten freien Wahlen als Staatspräsident bestätigt. 1991/92 kam es zu heftigen Kämpfen zwischen der russischen Minderheit, die im Gebiet östlich des Dnjestr eine eigene Republik ausgerufen hat, und der moldauischen Armee. Im Juli 1992 wurden diese durch Stationierung einer Friedenstruppe beigelegt, ohne dass der Konflikt jedoch politisch bereinigt werden konnte. Bei den Parlamentswahlen von 1994 setzte sich die regierende Demokratische Agrarpartei durch. 1994 stimmten in einem Referendum 90% der Bevölkerung gegen einen Anschluss an Rumänien und für die weitere Unabhängigkeit.

1994 trat Moldawien der GUS bei, der es bereits 1991–93 angehört hatte. Bei den Präsidentschaftswahlen 1996 siegte Petru Lucinschi. Aus den Parlamentswahlen 1998 ging die Kommunistische Partei als stärkste Kraft hervor. Ministerpräsident wurde Ion Ciubuc, sein Amtsnachfolger wurde Ion Sturza, den das Parlament jedoch bereits im November 1999 durch ein Misstrauensvotum stürzte. Staatspräsident ist seit 2001 Wladimir Woronin, der einen Kurs der Annäherung an Russland verfolgte.

Molotow [zu russ. molot »Hammer«], seit 1906 Deckname von Wjatscheslaw Skrjabin, sowjetischer Politiker, * Nolinsk (heute Sowjetsk, Gebiet Kirow) 9. 3. 1890, † Moskau 8. 11. 1986; schloss sich 1906 den Bolschewiki an. Nach der Oktoberrevolution 1917 übte er verschiedene Parteifunktionen in der Provinz aus. Von Lenin in die Parteizentrale nach Moskau zurückgerufen, wurde Molotow 1921–30 Sekretär des ZK. Als einer der engsten Mitarbeiter Stalins unterstützte er dessen Aufstieg zur Herrschaft über Partei und Staat. Molotow gehörte unter Stalin zum inneren Führungskreis der KPdSU und war 1926–52 Vollmitglied des Politbüros, ab 1952 des Präsidiums des ZK. 1930–41 war er Vorsitzender des Rates der Volkskommissare, 1939–46 Volkskommissar des Äußeren und 1946–49 Außenminister. Mehr als ein Jahrzehnt vertrat er die UdSSR bei allen wichtigen internationalen Verhandlungen. Im August 1939 unterzeichnete er den Hitler-Stalin-Pakt. Nach dem deutschen Angriff auf die UdSSR 1941 vertrat er im Zweiten Weltkrieg die sowjetische Außenpolitik bei den Konferenzen der Anti-Hitler-Koalition.

Nach dem Tod Stalins 1953 erneut Außenminister, musste er 1956 als schärfster Kritiker der Entstalinisierungs- und Koexistenzpolitik Nikita Chruschtschows zurücktreten. Im Machtkampf mit Chruschtschow unterlegen, musste er 1957 alle seine Ämter niederlegen. 1957–60 war er Botschafter in der Mongolischen VR und 1960–62 sowjetischer Vertreter bei der Internationalen Atomenergieorganisation.

Moltke, mecklenburgisches Uradelsgeschlecht. Bedeutende Vertreter:

1. Helmuth Graf (1870) von, preußischer Generalfeldmarschall (1871), * Parchim 26. 10. 1800, † Berlin 24. 4. 1891; war seit 1819 Offizier zunächst in der dänischen, dann seit 1822 in der preußischen Armee und 1857–88 Chef des Generalstabs der Armee. Als solcher machte Moltke die detaillierte Vorbereitung von Mobilmachung und Aufmarsch zur Grundlage der strategisch-operativen Planung. Er war ständig um ein hohes Niveau der Ausbildung der Offizieranwärter und der künftigen Generalstabsoffiziere bemüht. Nachdem am 2. 6. 1866 der Chef des Generalstabs erstmals das Recht erhalten hatte, den Kommandobehörden des preußischen Feldheeres Befehle direkt zu erteilen, oblag Moltke die unmittelbare Führung der militärischen Operationen im Deutschen Krieg von 1866 sowie im Deutsch-Französischen Krieg von 1870/71.

Aufgrund vieler unwägbarer Faktoren im Ablauf eines Feldzuges hielt Moltke nur dessen Beginn für planbar. Er sah seine Aufgabe v. a. in der umfassenden Vorbereitung der militärischen. Auseinandersetzung unter Ausnutzung aller Möglichkeiten und betrachtete die Strategie im Verlauf eines Krieges als ein »System von Aushilfen«. Konkret verfolgte Moltke in beiden von ihm geführten Feldzü-

MOHAMMED
*** um 570 † 632**

- lebte und arbeitete zunächst als wohlhabender Kaufmann
- fühlte sich durch Stimmen zum göttlichen Gesandten berufen
- stiftete den Islam
- machte ab 630 Mekka zum Mittelpunkt seines weite Teile Arabiens umfassenden Reiches

Helmuth Graf von Moltke

gen das Ziel, den Gegner auf dessen Territorium anzugreifen und dort durch Umfassung entscheidend zu schlagen. Operatives Mittel hierzu war die Vorgehensweise des »Getrennt marschieren, vereint schlagen«.

2. Helmuth James Graf von, deutscher Widerstandskämpfer, *Kreisau (Schlesien) 11. 3. 1907, †(hingerichtet) Berlin-Plötzensee 23. 1. 1945; Urgroßneffe von Helmuth Graf von Moltke; war entschiedener Gegner der Nationalsozialisten und sammelte ab 1940 im →Kreisauer Kreis Regimegegner um sich, die für eine rechtsstaatliche Ordnung im Geist des Christentums und der sozialen Gerechtigkeit eintraten; wurde am 19. 1. 1944 verhaftet und am 11. 1. 1945 zum Tode verurteilt.

Theodor Mommsen

Mommsen, Theodor, deutscher Historiker, *Garding 30. 11. 1817, †Charlottenburg (heute zu Berlin) 1. 11. 1903; nahm 1848 als Redakteur in Rendsburg an der Märzrevolution teil. Im gleichen Jahr wurde er aufgrund seiner ersten Arbeiten zum römischen Recht Professor in Leipzig, aber 1850 wegen seiner Kritik an der sächsischen Regierung entlassen. 1852 wurde Mommsen Professor des römischen Rechts in Zürich, 1854 in Breslau, 1858 Beamter der Preußischen Akademie der Wissenschaften und 1861 Professor der alten Geschichte in Berlin.

Der Jurist und Epigraphiker erwies sich in seiner »Römischen Geschichte«, für die er als erster Deutscher 1902 den Nobelpreis für Literatur erhielt, als Meister der Kritik und der Darstellung. In ihrem Mittelpunkt stand die Verherrlichung Caesars und der römischen Militärmonarchie. Mommsens Name ist v. a. mit der großen Sammlung der lateinischen Inschriften (»Corpus Inscriptionum Latinarum«) verknüpft, die er ins Leben rief und bis zu seinem Tod betreute, sowie mit dem monumentalen »Römischen Staatsrecht«, das er selbst als seine bedeutendste Leistung ansah. Als scharfer Gegner der Politik Otto von Bismarcks und des Antisemitismus Heinrich von Treitschkes betrachtete Mommsen seit dem Ende der 1870er-Jahre mit wachsender Sorge die innere Entwicklung Deutschlands.

Mongolen, zum tungiden Zweig der Mongoliden gehörende Völkergruppe, v. a. in Zentral-, Nord- und Ostasien.

GESCHICHTE: Vorfahren der Mongolen auf dem Territorium der Mongolei sollen im 5./6. Jh. n. Chr. die Xianbi gewesen sein, Viehzüchterstämme, deren Siedlungsgebiet in der östlichen Mongolei und südlichen Mandschurei lag. In den Annalen der chinesischen Tangdynastie (618–907) finden sich Namen wie Mengwa oder Mengwu. Im April 1084 erwähnen Schriftstücke der chinesischen Liaodynastie (907–1125) das entfernte Land der Mengku. Im 13. Jh. werden die Mongolen in chinesischer Sprache als »Mengku« bezeichnet. Die Mongolen selbst nennen sich zu dieser Zeit bereits »Mongol«. Unter vier Khanen aus dem mongolischen Stamm der Bordschigid (»Wildentenleute«) errichteten die Mongol in der ersten Hälfte des 12. Jh. zwischen den Flüssen Onon und Kerulen im Nordosten der heutigen Mongolei ihr erstes Reich. Nach kurzer Blüte um 1147 löste es sich wieder auf.

Temüdschin (»Schmied«), ein niederrangiger Spross des Stammes der Bordschigid, schuf gegen alle Widerstände der mongolischen Steppenaristokratie und ihrer Hierarchie eine auf ihn als alleinigen Mittelpunkt ausgerichtete, auch mehrere unterworfene fremde Ethnien umfassende und für Fremde offene Gemeinschaft. 1206 wählte ihn eine Fürstenversammlung zum »Dschingis Khan« (»ozeangleicher Herrscher«, »Weltherrscher«). Berater veranlassten Dschingis Khan, die Wehrpflichtigen seiner Streitmacht, in der die gebürtigen Mongolen in der Minderheit waren, über die mongolische Steppe hinaus gegen Fremdstaaten wie 1209 den der Tanguten, 1211 das chinesische Jinreich und 1219–21 Charism in den Krieg zu schicken. 1223 besiegten seine Truppen ein Heer der Russen und Polowzer. Die von Dschingis Khan mit massiver Fremdhilfe eroberten Gebiete wurden nach seinem Tod 1227 von fünf Nachfolgern zum Mongolischen Großreich mit der 1220 gegründeten Hauptstadt Karakorum erweitert. Das sich vom Gelben Meer bis fast zur Ostsee erstreckende Mongolische Imperium zerbrach 1260 an Zwistigkeiten innerhalb des Herrscherclans der Dschingisiden endgültig in Teilreiche, das Reich des Großkhans Kubilai (Khanat China) mit der Hauptstadt Daidu, dem späteren Peking, bis 1368, das Reich Dschagatai mit der Hauptstadt Almalyk und das Reich der Ilchane mit den Hauptstädten Täbris und Sultaniye (beide Khanate bestanden bis um die Mitte des 14. Jh.) sowie das Reich Kiptschak mit der Hauptstadt Saraj. Nur in China und Innerasien hielten sich die Mongolen.

Im 15./16. Jh. kam es zu Konflikten zwischen den aus China ins Ursprungsland zurückgezogenen Mongolen und den Westmongolen, den Oiraten oder Dsungaren. Teile des Oiratenbundes zogen 1616–32 nach Westen, der Rest gründete 1635/36 ein westmongolisches Großreich in Innerasien, das Tibet und Sinkiang umfasste. Die Ostmongolen kamen unter die Herrschaft der chinesischen Mand-

MONGOLEN. ***Herrscherfreuden***

1253 begab sich der Franziskaner Wilhelm von Rubruk als Abgesandter des französischen Königs Ludwig IX., des Heiligen an den Hof des Mongolenkhans in Karakorum. Er berichtete über die Bankette des Großkhans, die immer in feierlichen Trinkgelagen zu enden pflegten. Von Kubilai weiß man aus anderen Quellen, dass er oft angeheitert oder völlig betrunken war – wohl aufgrund der ständigen Gelage, die zusammen mit den sexuellen Ausschweifungen geradezu ein Kennzeichen höchster Macht gewesen zu sein scheinen.

Mongolen. Zerfall des Mongolenreichs nach 1259

schukaiser, und die Gebiete ihrer Stämme bildeten neben den mongolischen Minderheitengebieten in China, Russland und Afghanistan eine Innere und eine Äußere Mongolei, die unterschiedliche Entwicklungen nahmen.

Monnet [mɔ'nɛ], Jean, französischer Politiker, *Cognac 9. 11. 1888, †Montfort-L'Amaury (Département Yvelines) 16. 3. 1979; leitete 1940 das französisch-britische Koordinierungskomitee für die gemeinsame Kriegsrüstung und hielt sich 1940–43 im britischen Auftrag in den USA auf. Monnet arbeitete dort den amerikanischen Plan zur Umstellung der Kriegs- auf die Nachkriegsproduktion aus. 1943–44 war er Mitglied des Comité Français de Libération Nationale. Als Leiter des Planungsamtes stellte er 1946/47 Modernisierungsprogramme für die französische Wirtschaft und 1948 für die überseeischen Gebiete Frankreichs auf. 1950–52 war er Präsident der Pariser Schumanplankonferenz und 1952–55 Präsident der Hohen Behörde der Montanunion. 1953 erhielt Monnet den internationalen Karlspreis der Stadt Aachen. 1976 wurde er von den Regierungschefs der EG zum ersten »Ehrenbürger von Europa« ernannt.

Monophysitismus, auf dem Boden der alexandrinischen Theologie seit Mitte des 5. Jh. entstandene christologische Auffassung, der zufolge es in Jesus Christus nicht zwei Naturen (eine göttliche und eine menschliche) gegeben habe, sondern nur die eine Natur des Fleisch gewordenen Wortes Gottes. Als erster bedeutender Vertreter des Monophysitismus vertrat Eutyches die Ansicht, nach der Vereinigung der göttlichen mit der menschlichen Natur in Christus könne man nur noch von einer göttlichen Natur sprechen, die die Menschheit Christi ganz in sich aufsauge. Von der »Räubersynode« von Ephesos (449) als rechtgläubig bestätigt, konnte sich der Monophysitismus ungeachtet der 451 durch das Konzil von Chalkedon erfolgten Verurteilung in weiten Kreisen des orientalischen Mönchtums behaupten. In der Folge diente der Monophysitismus einigen orientalischen Nationalkirchen in ihren Auseinandersetzungen mit der griechisch geprägten Reichskirche auch als »Abgrenzungsargument«. Unter dem von der byzantinischen Reichskirche erhobenen Vorwurf des Monophysitismus kam es zur Verselbstständigung einiger Kirchen.

Monroe [mən'rəʊ], James, 5. Präsident der USA (1817–25), *Westmoreland (Va.) 28. 4. 1758, †New York 4. 7. 1831; handelte 1803 in besonderer Mission mit Robert Livingston den Ankauf von Louisiana aus. 1811–17 war Monroe Außenminister, 1814/15 zusätzlich Kriegsminister. Er wurde 1816 als Kandidat der damaligen »Democratic Republicans« zum Präsidenten gewählt. Seine Präsidentschaft war eine Zeit der nationalen Konsolidierung und einer erfolgreichen Außenpolitik, obwohl sich die politischen und sozialen Konflikte der Folgezeit bereits ankündigten und die Einparteienherrschaft zu neuen Parteiungen führte. 1823 verkündete Monroe die →Monroedoktrin, die lange Zeit die isolationistische und hegemoniale Außenpolitik der USA bestimmte.

Monroedoktrin [mən'rəʊ-], der von Außenminister John Adams formulierte Teil der Jahresbotschaft vom 2. 12. 1823 von Präsident James Monroe, wonach die USA auf jede Einmischung in Europa verzichten, aber alle Kolonisationsversuche, Gebietsübertragungen und Interventionen nicht amerikanischer Mächte gegenüber unabhängigen Staaten der westlichen Hemisphäre als unfreundliche Akte betrachten wollten. Die im Hinblick auf die Interessenübereinstimmung mit der britischen Seemacht einseitig abgegebene Erklärung richtete sich gleichermaßen gegen die russische Expansion in Alaska wie die Interventionsabsichten der Heiligen Allianz in den abgefallenen Kolonien. Im Zusammenhang mit der britisch-deutsch-italienischen Seeblockade 1902/03 über Venezuela erweiterte Theodore Roosevelt am 6. 12. 1904 die Monroedoktrin im Sinne einer internationalen Polizeifunktion der USA in der westlichen Hemisphäre. Die gegen die europäischen »Rivalen« gerichtete Komponente der Monroedoktrin wurde nach 1929 aufgegeben. Im Zuge des Ost-West-Konflikts erhielt die Monroedoktrin, unter Betonung der nationalen Sicherheit, eine gegen die Sowjetunion bzw. gegen kommunistische Regierungen in Lateinamerika gerichtete Funktion.

Montagnards [mɔ̃taˈɲaːr], Bezeichnung für die Mitglieder der →Bergpartei.

Montesquieu [mɔ̃tɛsˈkjø], Charles de Secondat, Baron de la Brède et de Montesquieu, französischer Schriftsteller und Staatsphilosoph, *Schloss La Brède (bei Bordeaux) 18. 1. 1689, †Paris 10. 2. 1755. Montesquieu wurde 1714 Parlamentsrat, 1716–26 Präsident des Parlaments von Bordeaux, bereiste dann fast alle europäischen Länder und wurde Mitglied mehrerer Akademien.

Charles de Secondat, Baron de la Brède et de Montesquieu

Mit seinem Hauptwerk, »De l'esprit des lois« (»Vom Geist der Gesetze«), erhob Montesquieu 1748 die Staatswissenschaft in den Rang einer umfassenden Kulturphilosophie. Ausgehend von der antiken Lehre der drei Staatsformen Demokratie, Monarchie und Despotie, untersucht er jede dieser Formen in ihrer Abhängigkeit von natürlichen, besonderen geographischen und klimatischen Bedingungen. Seine eigentliche Leistung besteht darin, dass er einen Staat nicht nur als politisches System auffasst, sondern in Verbindung bringt mit allen gesellschaftlichen, rechtlichen, wirtschaftlichen und moralischen Eigentümlichkeiten einer Nation, die sowohl in ihren organischen Beziehungen untereinander als auch in ihrer gemeinsamen Prägung durch die jeweilige Natur gedeutet werden. Obwohl er mit den naturwissenschaftlichen Begriffen des Gesetzes und der mechanischen Kausalität arbeitet, ist Montesquieu zu einem der wichtigsten Begründer des historischen Denkens geworden, weil er an die Stelle der Staatsutopie und der einheitlichen, von der Vorsehung gelenkten Universalgeschichte die Anschauung der nationalen Individualitäten setzt. Obwohl er die Demokratie antiken Stils bevorzugt, wünscht er realpolitisch nur eine Beseitigung des Absolutismus, dessen Gesellschaftsstruktur er in einer noch heute unübertroffenen Weise durchleuchtet hat, zugunsten einer nach englischem Vorbild entworfenen konstitutionellen Monarchie. »De l'esprit des lois«, eines der wichtigsten Werke der französischen Aufklärung, wirkte wesentlich auf die Verfassung der Französischen Revolution von 1791 und auf die der USA, darüber hinaus durch die Lehre von der Gewaltenteilung auf die moderne Demokratie.

Montez [-s], Lola, eigentlich Maria Dolores Gilbert, irische Tänzerin, *Limerick (Irland) 25. 8. 1818, †New York 17. 1. 1861; kam nach abenteuerlichem Leben nach München, wo sie die Gunst König Ludwigs I. gewann, den sie zunehmend beeinflusste. Ihre Erhebung zur Gräfin von Landsfeld ließ 1847 das Kabinett Abel aus Protest zurücktreten. Die damit verbundenen Irritationen zogen Anfang 1848 ihre Verbannung nach sich. Das Gerücht ihrer bevorstehenden Rückkehr zwang in Verbindung mit den Unruhen am Vorabend der Märzrevolution Ludwig am 20. 3. 1848 zum Thronverzicht. Sie lebte danach in England und Spanien, seit 1852 in Nordamerika.

Montezuma, aztekischer Herrscher, →Moctezuma II.

Montgelas [mɔ̃ʒəˈla], Maximilian de Garnerin, Graf von (seit 1809), bayerischer Staatsmann, *München 12. 9. 1759, †ebenda 14. 6. 1838; wurde unter Maximilian IV. Joseph ab 1795 zu einem bedeutenden Vertreter des aufgeklärten Rationalismus und ab 1799 die maßgebende politische Persönlichkeit im Bayern der napoleonischen Zeit. Seit 1799 als Geheimer Staats- und Konferenzminister für die Innen- und Außenpolitik Bayerns verantwortlich, schuf Montgelas durch die Verwirklichung seines umfangreichen Reformprogramms die Grundlagen des modernen Verfassungsstaats. So versuchte er die 1803 erworbenen Gebiete durch straffen Zentralismus und Beseitigung der ständischen Einrichtungen mit den altbayerischen Gebieten zu verschmelzen. Seine Reformpolitik gipfelte in der Verfassung vom 1. 5. 1808, die die überkommenen Rechte der Kirche, des Adels, der ständischen Korporationen und Gemeinden beseitigte. Die starke Opposition vermochte Montgelas aufgrund seiner Machtfülle unbeschadet zu überstehen. Im Vertrag von Ried 1813 gelang ihm außenpolitisch der Wechsel der Allianzen von der Seite Napoleons I. auf die seiner Gegner, sodass er 1815 erfolgreich gegen jede Einschränkung der bayerischen Souveränität vorgehen konnte. Als er bei der Vorbereitung der neuen bayerischen Verfassung in scharfen Gegensatz zu Kronprinz Ludwig und der ihn unterstützenden Ministerialbürokratie geriet, wurde er im Februar 1817 entlassen.

Montgomery [məntˈgʌmərɪ], Bernard Law, 1. Viscount Montgomery of Alamain (seit 1946), britischer Feldmarschall (seit 1944), *Kensington (heute zu London) 17. 11. 1887, †Isington Mill (bei Alton, County Hampshire) 24. 3. 1976; befehligte im Zweiten Weltkrieg 1942–43 die britische 8. Armee bei der erfolgreichen Offensive von El-Alamein nach Tunis, bei der Landung der Alliierten auf Sizilien und beim Vormarsch durch Süditalien, 1944 die britische 21. Heeresgruppe bei der Landung der

Alliierten in der Normandie und 1944 beim Vormarsch nach Nordwestdeutschland. 1945–46 war Montgomery Oberbefehlshaber der britischen Besatzungstruppen in Deutschland und Mitglied des Alliierten Kontrollrates, 1946–48 Chef des britischen Empire-Generalstabs und 1951–58 Stellvertreter des Oberbefehlshabers der NATO-Streitkräfte.

Monumenta Germaniae Historica, Abk. **MGH,** die größte und bedeutendste Sammlung mittelalterlicher Quellentexte zur deutschen und europäischen Geschichte, zugleich Name der Vereinigung damit befasster Gelehrter in einer Körperschaft öffentlichen Rechts. Träger war zunächst die vom Reichsfreiherrn Karl vom und zum Stein 1819 gegründete »Gesellschaft für Deutschlands ältere Geschichtskunde«. Sie wurde durch die deutschen Bundesstaaten finanziert. Ziel war für Stein eine durch Studium der Geschichtsquellen vermittelte nationale Selbstbesinnung. Seit Erscheinen des ersten Bandes 1826 setzten die hier entwickelten editorischen Methoden internationale Standards und begründeten wesentlich den Ruf der deutschen Mediävistik. 1875 erfolgte eine grundlegende Umstrukturierung in eine Zentraldirektion aus Vertretern der preußischen, der österreichischen und der bayerischen Akademie der Wissenschaften sowie zugewählten Fachleuten. Nach der Umwandlung in ein »Reichsinstitut für ältere deutsche Geschichtskunde« wurde 1946 die Zentraldirektion als »MGH Deutsches Institut für Erforschung des Mittelalters« wieder gegründet, seit 1948 mit Sitz in München. Die ursprüngliche Gliederung der Editionen umfasst die fünf Abteilungen Scriptores (erzählende Quellen), Leges (Gesetze), Diplomata (Urkunden der deutschen Könige und Kaiser), Epistolae (Briefe) und Antiquitates (u.a. latein. Dichter, Toten- und Memorialbücher).

More [mɔː], Sir Thomas, latinisiert Morus, englischer Staatsmann und Humanist, *London 7. 2. 1477 oder 1478 (?), †(hingerichtet) ebenda 6. 7. 1535; war 1504–29 Mitglied des Unterhauses und fiel bei Heinrich VII. in Ungnade, weil er dessen Steuergesetzgebung angriff. Heinrich VIII. dagegen ließ sich immer häufiger von More beraten. Die erfolgreiche Abwicklung diplomatischer Missionen im Ausland führte 1518 zu Mores Aufnahme in den Geheimen Rat. Im gleichen Jahr wählte das Unterhaus ihn zu seinem Sprecher. 1529 trat More die Nachfolge von Thomas Wolsey als Lordkanzler an. Er unterstützte die Kirchenpolitik des Königs, soweit sie sich gegen den Protestantismus richtete. Hingegen lehnte er, der sich zuerst als Diener Gottes und des Papstes verstand, die Errichtung einer Staatskirche ab und trat 1532, als Heinrich VIII. die Unterwerfung der englischen Priesterschaft forderte, von seinem Amt zurück. Seine Weigerung, den Suprematseid zu leisten, bestimmte Heinrich VIII., ihn aufgrund eines Hochverratsprozesses zum Tode verurteilen und enthaupten zu lassen.

Trotz seiner zahlreichen Ämter hielt More engen Kontakt u.a. zu den Humanisten John Colet und seit 1499 zu Erasmus von Rotterdam. Lateinische Gedichte und Epigramme, eine Übertragung griechischer Dialoge Lukians ins Lateinische sowie sein 1516 erschienenes Hauptwerk »De optimo rei publicae statu deque nova insula Utopia« weisen ihn als einen der überragenden Latinisten seiner Zeit aus. Die Wirkung des Werkes liegt weniger in dem darin entworfenen Modell als vielmehr darin, dass die politische Intention Mores eine neue Literaturgattung, die Utopie, entscheidend beeinflusst hat.

Morgenländisches Schisma, die auf das Jahr 1054 datierte Trennung zwischen der lateinisch-abendländischen, katholischen Kirche und den vier ostkirchlichen Patriarchaten Konstantinopel, Alexandria, Antiochia und Jerusalem. Sie war das Ergebnis eines über Jahrhunderte dauernden Entfremdungsprozesses, zu dem sowohl die politische und kulturelle Entwicklung als auch zunehmend dogmatische Differenzen, divergierende kirchenrechtliche und kirchendisziplinäre Gewohnheiten sowie die im Rahmen der gregorianischen Reform formulierten Primatsansprüche des Papstes beigetragen hatten. Der Konflikt spitzte sich zu, als es um die Frage der Jurisdiktion über die christianisierten Bulgaren, die Gebiete Süditaliens, Siziliens und des Erzbistums von Saloniki ging. 1053 reiste im Auftrag von Papst Leo IX. eine Delegation unter Leitung von Kardinal Humbert von Silva Candida zu Verhandlungen mit dem Patriarchen Michael Kerullarios nach Konstantinopel. Als keine Einigung zustande kam, legte Humbert am 16. 7. 1054 in der Hagia Sophia eine Exkommunikationsbulle gegen Michael Kerullarios nieder. Im Gegenzug bannte dieser die Verfasser der Bulle. Versuche einer Wiederannäherung, wie die Unionskonzilien von Lyon 1274 und Ferrara-Florenz-Rom 1438–45, blieben ohne Erfolg.

Erst während des 2. Vatikanischen Konzils gaben am 7. 12. 1965 der Patriarch Athenagoras I. und Papst Paul VI. eine Erklärung ab, mit der sie die wechselseitige Exkommunikation »vergessen lassen wollten«. In der Folge verbesserten sich die Beziehungen zwischen den Kirchen, aus orthodoxer Sicht sind sie aber seit der Wiedererrichtung der unierten Kirchen in der Ukraine und in Rumänien 1989/90 erneuten Belastungen ausgesetzt. Beide Kirchen halten jedoch an dem 1965 eingeleiteten Dialog fest, was besonders in der gemeinsamen Erklärung Patriarch Bartholomaios' I. und Papst Johannes Pauls II. anlässlich des Besuches des ökumenischen Patriarchen 1995 in Rom zum Ausdruck kommt. – Bild S. 592

Maximilian de Garnerin, Graf von Montgelas

MORGENLÄNDISCHES SCHISMA *Trennung der West- und Ostkirche*

Als am 16. 7. 1054 der päpstliche Gesandte Humbert von Silva Candida das Scheitern der Verhandlungen mit der Ostkirche dadurch dokumentierte, dass er auf dem Altar der Hagia Sophia (im Bild eine Innenansicht) eine Bannbulle gegen seinen Verhandlungspartner, den Patriarchen Michael Kerullarios von Konstantinopel, niederlegte, war Papst Leo IX., in dessen Auftrag Humbert die Verhandlungen geführt hatte, bereits tot. Obwohl diese Maßnahme für die westliche Kirche von zweifelhafter Bindungswirkung war, löste sie dennoch mit dem entsprechenden Gegenbann kurz darauf das Morgenländische Schisma aus, das bis heute nicht überwunden werden konnte.

Zwischen den Parteien war aus theologischer Sicht das »Filioque« (Ausgang des Heiligen Geistes vom Vater und vom Sohn) besonders strittig, das der Westen einseitig ins Glaubensbekenntnis eingebracht hatte. Ein weiteres Problem war die im Osten zulässige Priesterehe, während der Westen im Begriff stand, den Zölibat einzuführen. Strittig war auch der Primatsanspruch des Papstes über die Gesamtkirche. Aber nicht allein diese und andere Gegensätze, die schließlich in die Bannbullen mündeten, führten zum endgültigen Bruch zwischen den Kirchen; ursächlich hierfür waren vor allem die wirtschaftlichen und politischen Spannungen zwischen Byzanz und den italienischen Seestädten, die sich 1182 in einem Blutbad unter den Lateinern in Konstantinopel und 1204 in dessen Eroberung und Plünderung entluden.

Mọrgenthau [engl. ˈmɔːgənθɔː], Henry, amerikanischer Politiker, *New York 11. 5. 1891, †Poughkeepsie (N. Y.) 6. 2. 1967; enger Freund und Berater Franklin D. Roosevelts; war Agrarpolitiker und 1934–45 Finanzminister; entwarf 1944 den (nicht realisierten) Morgenthau-Plan, der u. a. die Entmilitarisierung, Verkleinerung und Aufteilung Deutschlands, die Internationalisierung des Ruhrgebiets und die Demontage von Industrieanlagen vorsah und Deutschlands Volkswirtschaft einen vorwiegend agrarisch bestimmten Charakter verliehen hätte.

Mọritz, Herzog von Sachsen (seit 1541) und erster albertinischer Kurfürst (seit 1547), *Freiberg 21. 3. 1521, †bei Sievershausen (heute zu Lehrte) 11. 7. 1553; kämpfte, obgleich Protestant und zunächst um Neutralität bemüht, im Schmalkaldischen Krieg ab dem 27. 10. 1546 auf der Seite Kaiser Karls V. gegen seinen Schwiegervater, Landgraf Philipp I. von Hessen, und seinen ernestinischen Vetter Kurfürst Johann Friedrich I. von Sachsen. Am 24. 2. 1548 wurde Moritz vom Kaiser mit der Kurwürde und dem Ostteil der ernestinischen Lande belehnt. Gegen das Streben Karls V. nach unumschränkter Herrschaft und wegen der Gefangenschaft seines Schwiegervaters setzte sich Moritz im Oktober 1550 unerwartet an die Spitze der Fürstenverschwörung. Nachdem er Heinrich II. von Frankreich im Vertrag von Chambord am 15. 1. 1552 Metz, Toul und Verdun zugesichert hatte, griff Moritz den Kaiser an und zwang ihn zur Anerkennung des Passauer Vertrags vom 15. 8. 1552 und damit zur Machtbalance im Reich. Im 2. Markgräfler Krieg gegen Markgraf Albrecht Alcibiades von Brandenburg-Kulmbach, gleichzeitig zur Verteidigung des Passauer Vertrags, wurde Moritz in der Schlacht bei Sievershausen am 9. 7. 1553 tödlich verwundet.

Konfessionspolitisch nicht gebunden, aber von machtpolitischer Energie und Pragmatismus getrieben, schuf Moritz die Grundlage für den Aufstieg des albertinischen Sachsen. Moritz förderte den Ausbau der Universität Wittenberg und die Reform der Universität Leipzig und ist der Gründer der sächsischen Fürstenschulen.

Morus, latinisierter Name des englischen Staatsmannes und Humanisten Sir Thomas →More.

Moskauer Konferenzen, Bezeichnung für politisch bedeutsame Konferenzen, die in Moskau stattgefunden haben.

1. Moskauer Konferenz von 1943 (19. 10.–1. 11.), Konferenz, bei der die Außenminister Chinas, Fu Ping-Ch'ang, Großbritanniens, Anthony Eden, der UdSSR, Wjatscheslaw Molotow, und der USA, Cordell Hull, beschlossen, den Krieg gemeinsam bis zur bedingungslosen Kapitulation der Achsenmächte fortzusetzen, nach dem Ende der Kampfhandlungen gemeinsam die Erhaltung des Friedens zu sichern und möglichst bald eine Organisation zur Erhaltung der internationalen Sicherheit zu schaffen. Darüber hinaus wurden »Erklärungen« verabschiedet über die Zerschlagung aller faschistischen Einrichtungen in Italien, die Wiederherstellung der Unabhängigkeit Österreichs und die strafrechtliche Verfolgung aller vom nationalsozialistischen Deutschland in Europa begangenen Grausamkeiten. Jene Deutschen, die an Massakern und Exekutionen teilgenommen hatten, sollten an die Länder ausgeliefert werden, in denen sie die Verbrechen verübt hatten.

2. Moskauer Konferenz von 1944 (9.–20. 10.), Unterhandlungen zwischen Winston Churchill und Stalin, bei der Griechenland zur britischen, Bulgarien und Rumänien zur sowjetischen Einflusssphäre zugeschlagen wurden.

3. Moskauer Konferenz von 1945 (16.–26. 12.), Unterhandlungen zwischen den Außenministern Großbritanniens, Ernest Bevin, der UdSSR, Wjatscheslaw Molotow, und der USA, James Byrnes; bereitete die Friedensverträge mit Italien, Rumänien, Bulgarien, Ungarn und Finnland vor, setzte einen Alliierten Rat für Japan ein und bekannte sich zur Errichtung eines unabhängigen Staates Korea unter demokratischer Regierung.

4. Moskauer Konferenz von 1947 (10. 3.–24. 4.), Unterhandlungen zwischen den Außenministern Frankreichs, Georges Bidault, Großbritanniens, Ernest Bevin, der UdSSR, Wjatscheslaw Molotow und der USA, George Marshall, bei denen die Bemühungen der vier Besatzungsmächte in Deutschland um eine gemeinsame Deutschlandpolitik scheiterten. Außerdem wurde über einen Staatsvertrag mit Österreich gesprochen und die Triestfrage behandelt.

5. Moskauer Konferenz von 1990 (12. 9.), die Abschlusskonferenz für den →Zwei-plus-Vier-Vertrag.

Moskauer Vertrag, Deutsch-Sowjetischer Vertrag, Vertrag vom 12. 8. 1970 zwischen der Bundesrepublik Deutschland und der UdSSR über einen umfassenden Gewaltverzicht und die territoriale Unverletzlichkeit aller Staaten in Europa auf der Basis der bestehenden Grenzen. Er trat am 3. 6. 1972 in Kraft. Im Zuge der neuen Ostpolitik der sozialliberalen Bundesregierung unter Willy Brandt und zur Förderung der Entspannung in Europa erklärten beide Vertragspartner u. a., dass sie keine Gebietsansprüche gegen irgendjemanden hätten und solche in Zukunft auch nicht erheben würden. Sie betrachteten die Grenzen aller Staaten in Europa als unverletzlich, einschließlich der Oder-Neiße-Linie als Westgrenze Polens und der innerdeutschen Grenze. Damit erkannte erstmals eine Bundesregierung die territorialen Veränderungen des Zweiten Weltkrieges für Deutschland an. Der Vertrag selbst schuf eine neue Grundlage für die deutsch-sowjetischen Beziehungen. In einem Brief zur deutschen Einheit stellte die Bundesrepublik fest, dass der Vertrag nicht im Widerspruch zu ihrem Ziel stehe, auf einen Friedenszustand in einem Europa hinzuwirken, in dem das deutsche Volk in freier Selbstbestimmung seine Einheit wiedererlange. Die deutsche Frage wurde weiterhin als offen erklärt.

MSPD, Abk. für den von »Mehrheitssozialdemokraten« getragenen Flügel der →Sozialdemokratischen Partei Deutschlands, der sich 1917 mit der Abspaltung der →Unabhängigen Sozialdemokratischen Partei Deutschlands bildete und bis zu deren Auflösung (1922) bestand.

Moritz von Sachsen

Moskauer Vertrag. Bundeskanzler Willy Brandt (rechts) schreitet nach seiner Ankunft am 11. 8. 1970 mit seinem sowjetischen Amtskollegen, Ministerpräsident Aleksej Kossygin, eine Ehrenformation ab. Einen Tag später wurde der Deutsch-Sowjetische Vertrag über den gegenseitigen Verzicht auf Gewaltanwendung und -androhung unterzeichnet.

Muawija I., arabischer Kalif, Begründer der Dynastie der Omaijaden, → Moawija I.

Mubarak, Hosni, ägyptischer Offizier und Politiker, * Kafr al-Musailaha (Provinz Menufija) 4. 5. 1928; war 1969–71 Stabschef der Luftwaffe, 1972–75 als stellvertretender Verteidigungsminister Oberbefehlshaber der Luftwaffe und schied 1975 als Luftmarschall aus dem aktiven Militärdienst aus. Als Vizepräsident 1975–81 war er Sondergesandter der Friedensinitiativen von Präsident Anwar as-Sadat. Nach dessen Ermordung 1981 wählte die Bevölkerung Mubarak zum Nachfolger (1987, 1993 und 1999 durch Wahlen bestätigt). Trotz eines vorsichtigen Dialogs mit der gemäßigten Opposition konnte Mubarak die politischen und wirtschaftlichen Spannungen in Ägypten nicht entschärfen. Außenpolitisch setzte er die Politik Sadats fort und bemühte sich um die Rückkehr Ägyptens in den politischen Kreis der arabischen Staaten. Er verurteilte den Einmarsch Iraks in Kuwait 1990 und entsandte ägyptische Truppen an den Persischen Golf. In seinen diplomatischen Initiativen vermittelte Mubarak bei den Nahostfriedensverhandlungen; er hatte entscheidenden Anteil am Zustandekommen des Gaza-Jericho-Abkommens von 1993.

Hosni Mubarak

Mugabe, Robert, Politiker in Simbabwe, * Kutoma (Maschonaland) 21. 2. 1924; schloss sich 1960 in Rhodesien der »National Democratic Party« (NDP) an und beteiligte sich nach deren Verbot 1961 führend am Aufbau schwarzafrikanischer Befreiungsbewegungen. Dabei entwickelte sich zwischen ihm und Joshua Nkomo eine starke Rivalität um die politische Führung. 1963 wurde er Generalsekretär, 1974 Präsident der »Zimbabwe African National Union« (ZANU). 1964–74 inhaftiert bzw. interniert, nahm Mugabe 1979 an der Konferenz in London teil, die die Entlassung Rhodesiens als Simbabwe in die Unabhängigkeit beschloss. Nach dem Wahlsieg der ZANU im Februar 1980 wurde er Premier- und Verteidigungsminister, setzte mit der Verfassungsänderung von 1987 die Einparteienherrschaft der ZANU durch und führte das Präsidialsystem ein. Am 31. 12. 1987 wurde Mugabe als neuer Staatspräsident vereidigt und seither mehrfach im Amt bestätigt.

Münchener Abkommen. Mit Konzessionsbereitschaft glaubte der britische Premierminister Arthur Neville Chamberlain, Deutschlands aggressivem Vorgehen in Europa entgegentreten zu können. Doch knapp ein Jahr nach der Unterzeichnung des Münchener Abkommens am 30. 9. 1938 (von links nach rechts: Chamberlain, Édouard Daladier, Adolf Hitler, Benito Mussolini, Galeazzo Ciano) entfesselte Hitler den Zweiten Weltkrieg.

Mühlberg/Elbe, Stadt im Landkreis Elbe-Elster. In der Schlacht bei Mühlberg an der Elbe wurde am 24. 4. 1547 im Schmalkaldischen Krieg der sächsische Kurfürst Johann Friedrich I., der Großmütige, von Kaiser Karl V. besiegt und gefangen genommen.

Mühldorf am Inn, Kreisstadt in Oberbayern. In der Schlacht bei Mühldorf setzte sich am 28. 9. 1322 König Ludwig IV., der Bayer, gegenüber dem Habsburger Friedrich (III.), dem Schönen, Herzog von Österreich, durch. Sie gilt als letzte große Ritterschlacht auf deutschem Boden.

Müller,

1. Hermann, deutscher Politiker, * Mannheim 18. 5. 1876, † Berlin 20. 3. 1931; wurde 1906 Mitglied des SPD-Parteivorstandes. 1916–18 und 1920–28 war Müller MdR, 1920–28 Vorsitzender der Reichstagsfraktion der SPD und 1919–27 einer der Vorsitzenden der SPD. Als Außenminister 1919–20 unterzeichnete er am 28. 6. 1919 zusammen mit Verkehrsminister Johannes Bell den Versailler Vertrag. Von März bis Juni 1920 auf der Basis der »Weimarer Koalition« Reichskanzler, leitete er von Juni 1928 bis März 1930 die letzte von einer Parlamentsmehrheit getragene Regierung der Weimarer Republik, in der die Lösung der Reparationsfrage im Vordergrund stand. Das Scheitern der zweiten Regierung Müller hatte erheblichen Einfluss auf die Krise der Demokratie in Deutschland.

2. Josef, deutscher Politiker, * Steinwiesen (bei Kronach) 27. 3. 1898, † München 12. 9. 1979; arbeitete seit 1939 in der Abwehrabteilung des Oberkommandos Wehrmacht. Als Vertreter der Widerstandsbewegung um Generaloberst Ludwig Beck und Admiral Wilhelm Canaris verhandelte er 1939/40 mit der Kurie und der britischen Regierung. Müller suchte, unter der Voraussetzung eines Sturzes Adolf Hitlers, die Möglichkeiten eines Verständigungsfriedens zu erkunden. Seit 1944 war er in Gestapohaft. Er wurde zum Mitgründer der CSU, war 1945–49 deren Vorsitzender und 1947–49 stellvertretender Ministerpräsident von Bayern.

Münchener Abkommen, am 29. 9. 1938 in München zwischen dem Deutschen Reich, Großbritannien, Frankreich und Italien geschlossener, am 30. 9. durch Adolf Hitler, Arthur Neville Chamberlain, Édouard Daladier und Benito Mussolini unterzeichneter Vertrag. Er beendete die »Sudetenkrise« und beseitigte zunächst die durch Hitlers ultimative Drohungen an die Tschechoslowakei (ČSR) entstandene Kriegsgefahr. Er regelte die deutsche Besetzung und Abtretung der überwiegend von Deutschen bewohnten Grenzgebiete Böhmens und Mährens an das Deutsche Reich. In der Folge musste die ČSR auch Gebietsteile an Polen und Ungarn abtreten. Dafür sollten Bestand und Sicherheit der restlichen ČSR von den Unterzeichnerstaaten garantiert werden, eine Zusage, die Hitler, wie auch die anderen Unterzeichner, nicht einhielt.

VORGESCHICHTE: Seit Gründung der ČSR 1918 belasteten Spannungen zwischen der zentralistischen Politik der Prager Regierungen und den verschiedenen nationalen Minderheiten, besonders den Sudetendeutschen, das Land. Sahen sich die Sudetendeutschen 1918/19 gegen ihren Willen in den neuen Staat einbezogen, so fühlten sie sich seither gegenüber den Tschechen wirtschaftlich und politisch benachteiligt. Die von Berlin unterstützte Sudetendeutsche Partei (SdP) war für Hitler ein Instrument, die Sudetenkrise anzuheizen.

Nach dem erzwungenen »Anschluss« Österreichs an das Deutsche Reich im März 1938 forderte die SdP auf Weisung Berlins in ihrem Karlsbader Programm am 24. 4. 1938 die volle Gleichberechtigung, schließlich die »Einverleibung« in das Deutsche Reich. Für Hitler waren diese Forderungen nur eine taktische Durchgangsstation für die angestrebte Vernichtung der ČSR.

VERHANDLUNGEN: Die Drohungen und ultimativen Forderungen des nationalsozialistischen Deutschen Reiches verschärften die internationalen Spannungen und veranlassten Großbritannien und Frankreich, die auf eine militärische Auseinandersetzung nicht vorbereitet waren, zu Vermittlungsaktionen und Konzessionen. Bei seinem Treffen mit Hitler in Berchtesgaden am 15. 9. 1938 machte der britische Premierminister Chamberlain deutlich, dass er zu Zugeständnissen in der Sudetenfrage nur bereit wäre, wenn gegen die ČSR keine Gewalt eingesetzt werde. Die zweite Verhandlung Chamberlains mit Hitler am 22.–24. 9. 1938 in Bad Godesberg scheiterte nun an der weitergehenden Forderung Hitlers nach einer Besetzung des Sudetengebietes durch deutsche Truppen ab 28. 9. Auf Vermittlung Mussolinis kam es daraufhin am 29. 9. zum Treffen in München.

FOLGEN: Die ČSR verlor nicht nur wirtschaftlich und strategisch wichtige Gebiete, das Münchener Abkommen löste auch einen von Berlin aus unterstützten inneren Auflösungsprozess der restlichen ČSR aus. Mit dem Münchener Abkommen waren die großdeutsch-nationalstaatlichen Forderungen erfüllt. Doch für Hitler ging es in Wirklichkeit nicht um das Selbstbestimmungsrecht der Deutschen, sondern um die Eroberung neuen Raumes im Osten. Die Zerschlagung der ČSR, die Hitler dann im März 1939 endgültig durchsetzte, war eine Etappe auf diesem Weg.

Müntefering, Franz, deutscher Politiker, *Neheim-Hüsten (heute zu Arnsberg) 16. 1. 1940; war 1995–98 Bundesgeschäftsführer, 1999–2002 Generalsekretär der SPD; wurde 2002 Vorsitzender der SPD-Bundestagsfraktion und 2004 Bundesvorsitzender der SPD.

Müntzer, Thomas, deutscher evangelischer Theologe und Anführer im Bauernkrieg, *Stolberg/Harz 1486 oder 1489/90, †(hingerichtet) bei Mühlhausen (Thüringen) 27. 5. 1525. Müntzer wurde bereits 1519 von Martin Luther für die Reformation gewonnen und 1520 von ihm als Prediger nach Zwickau gesandt. Hier kam er mit der Gruppe der Zwickauer Propheten in Kontakt und entwickelte eine mystische Theologie des Mitleidens mit Jesus Christus. Durch seine mehr und mehr gesellschaftsverändernden radikalen Vorstellungen geriet er zunehmend in Gegensatz zu Luther. Müntzer musste deshalb im April 1521 aus Zwickau fliehen und ging nach Böhmen, wo er im November 1521 das »Prager Manifest« verfasste, das erstmals die Grundlage seiner Theologie enthielt: die Vorstellung von der unmittelbaren Wirkung des göttlichen Wortes durch den Heiligen Geist und von der praktischen Realisierbarkeit des Evangeliums in einem Reich Gottes auf Erden. Vor Ostern 1523 wurde er Pfarrer in Allstedt und führte dort den Gottesdienst in deutscher Sprache ein, für den er eine Gottesdienstordnung schuf.

Im Frühjahr 1524 begann er in Allstedt Bürger, Bauern und Bergleute um sich zu sammeln, um im Geiste des ursprünglichen Christentums einen »Bund getreulichen und göttlichen Willens« gegen die Gottlosen aufzurichten. Nachdem Müntzers Versuch, den sächsischen Kurfürsten auf seine Seite zu ziehen, u. a. an Luthers »Brief an die Fürsten von Sachsen« gescheitert war, wurde er aus Allstedt und danach aus Mühlhausen vertrieben und floh nach Nürnberg. 1524/25 nahm Müntzer Kontakt zu den Täufern sowie den aufständischen Bauern Oberdeutschlands auf und kehrte Ende Februar 1525 nach Mühlhausen zurück, wo er zum Pfarrer gewählt wurde. Von Mühlhausen aus, wo er eine radikaldemokratische Verfassung durchgesetzt hatte, wurde Müntzer zum Anführer im Bauernkrieg in Thüringen. Nach der vernichtenden Niederlage des Bauernheeres bei Frankenhausen am 15. 5. 1525 wurde Müntzer gefangen genommen, gefoltert und danach enthauptet.

Münzenberg, Wilhelm (Willi), deutscher Politiker und Publizist, *Erfurt 14. 8. 1889, †bei Saint-Marcellin (Département

THOMAS MÜNTZER
***1486 oder 1489/90**
†1525

geriet als Reformator bald in Gegensatz zu Luther

wollte das Reich Gottes auf Erden realisieren

wurde zum Anführer im Bauernkrieg

BENITO MUSSOLINI
***1883 †1945**

verband sozialistisches Gedankengut mit der Idee vom Übermenschen

begründete in Italien den Faschismus

wurde nach dem »Marsch auf Rom« italienischer Ministerpräsident

errichtete in Italien einen faschistischen Staat

stand im Zweiten Weltkrieg auf der Seite Hitlers

wurde 1943 gestürzt und 1945 von Widerstandskämpfern erschossen

Isère) vermutlich Juni 1940; lebte 1910–18 in Zürich und arbeitete dort eng mit Wladimir Lenin zusammen. Ab 10. 11. 1918 in Deutschland, wurde er Mitglied des Spartakusbundes und 1919 der KPD. Münzenberg gründete die Kommunistische Jugendinternationale (KJI) und 1921 die kommunistisch gelenkte Internationale Arbeiterhilfe (IAH). 1924 wurde Münzenberg Mitglied des Reichstags und 1927 Mitglied des ZKs der KPD. Er leitete ihren Propagandaapparat und wurde zum Organisator kommunistischer Verlage und Filmunternehmen. 1933 emigrierte er nach Paris und rief dort den Verlag »Éditions du Carrefour« ins Leben. Mit publizistischen Mitteln bekämpfte Münzenberg die nationalsozialistische Diktatur in Deutschland. 1937 wurde er wegen seiner wachsenden Abkehr vom Kurs Jossif Stalins aus der KPD ausgeschlossen. 1938 gründete er den Verlag »Éditions Sebastian Brant«, in dem er »Die Zukunft«, eine Zeitschrift, und Bücher linksgerichteter deutscher Emigranten herausgab. 1940 interniert, kam er auf der Flucht vor den deutschen Truppen unter ungeklärten Umständen ums Leben.

Murat [myˈra], Joachim, französischer Marschall (seit 1804), als Joachim Großherzog von Kleve und Berg (1806–08), als Gioacchino König von Neapel (1808–15), *Labastide-Fortunière (heute Labastide-Murat, Département Lot) 25. 3. 1767, †(hingerichtet) Pizzo (Provinz Catanzaro) 13. 10. 1815; wurde 1796 Adjutant Napoleon Bonapartes im Italienfeldzug und 1799 Divisionsgeneral. Murat unterstützte Bonaparte beim Staatsstreich des 18. Brumaire am 9. 11. 1799 und heiratete 1800 dessen jüngste Schwester Caroline Bonaparte. Militärisch erfolgreich und von Ehrgeiz getrieben, wurde er 1804 Marschall, 1805 kaiserlicher Prinz und 1806 rheinbündischer Großherzog. Am 15. 7. 1808 bestimmte ihn Napoleon I. zum Nachfolger Joseph Bonapartes als König von Neapel. Hier reformierte er, ähnlich wie in Kleve und Berg, Wirtschaft und Gesellschaft und schuf ein beispielhaft geordnetes Staatswesen. Nach dem Russlandfeldzug von 1812 kam es zum Bruch mit Napoleon. 1814 verbündete sich Murat mit Österreich, schloss sich während der Hundert Tage 1815 aber wieder Napoleon an und wurde beim Versuch, das bourbonische Neapel zurückzuerobern, gefangen genommen und standrechtlich erschossen.

Murten, Bezirkshauptort im Kanton Freiburg, Schweiz. In der Schlacht bei Murten am 22. 6. 1476 schlugen die Eidgenossen in den Burgunderkriegen die Truppen Herzog Karls des Kühnen, die Murten belagert hatten.

Mussolini, Benito, italienischer Politiker, *Predappio (Provinz Forlì-Cesena) 29. 7. 1883, †(erschossen) Giulino di Mezzegra (Provinz Como) 28. 4. 1945.

BEGRÜNDUNG DES FASCHISMUS: Mussolini, Sohn eines republikanisch-sozialistisch engagierten Lokalpolitikers und einer kirchlich orientierten Lehrerin, ging 1902 als Lehrer in die Schweiz, agitierte dort bei italienischen Arbeitern für die Sozialisten und besuchte Vorlesungen an verschiedenen Schweizer Universitäten. Ideologisch verband er den Klassenkampfgedanken nach Louis Blanqui und Karl Marx mit der Idee vom »Übermenschen« und der Verherrlichung aktionistischer Gewalt bei Georges Sorel zu einem voluntaristisch geprägten Sozialismus. Nach Ableistung seines Militärdienstes bis 1906 in Italien, ging er 1909 in das österreichische Trentino. Er bekämpfte dort die Verfechter des politischen Katholizismus und schloss sich der »Irredenta« an. Nach seiner Ausweisung aus Österreich organisierte Mussolini in seiner Heimatprovinz den »Partito Socialista Italiano« (PSI) und schuf sich eine eigene Machtbasis. Auf dem Parteitag des PSI in Reggio nell'Emilia 1912 gelang es der von ihm geführten internationalistischen Richtung, die Parteispitze zu stürzen.

Der Ausbruch des Ersten Weltkrieges führte zum Bruch mit den Sozialisten. Da Mussolini im Zuge seines militanten revolutionären Aktionismus den Eintritt Italiens in den Krieg forderte, schloss ihn der für die strikte Neutralität des Landes eintretende PSI aus. Im November 1914 gründete Mussolini seine u.a. von der italienischen Industrie finanzierte Zeitung »Il Popolo d'Italia«. Seit dem Kriegseintritt Italiens 1915 verband er immer stärker nationalistisch-sozialrevolutionäre Ressentiments mit annexionistischen Ambitionen. Am 23. 3. 1919 gründete Mussolini die Bewegung »Fascio di combattimento«, die im November 1921 zum »Partito Nazionale Fascista« (PNF) umgewandelt wurde. In der Symbolik des →Faschismus und im Mythos vom »Duce«, ein Titel, den sich Mussolini zugelegt hatte, fand die weit verbreitete Sehnsucht nach Autorität, Führertum und Gefolgschaft emotionalen Ausdruck. Im Bündnis mit den Liberalen gelangte Mussolini 1921 an der Spitze von 21 faschistischen Abgeordneten ins Parlament. Diese erfolgreichen Bemühungen, im politisch-parlamentarischen Raum Fuß zu fassen, waren begleitet von antisozialistischen Gewaltakten faschistischer Terrorgruppen in ganz Norditalien. Unter Hinwendung zur

MUSSOLINI. ***Auf dem Boden der Gewalt***

Den Weg zur Macht sowie Aufbau und Zweck des »Partito Nacionale Fascista« beschreibt Mussolini wie folgt: *»Das Problem muss meiner Meinung nach so gelöst werden: Wir haben eine Partei zu gründen, die so sicher und diszipliniert gegliedert ist, dass sie im Notfall auch zu einem Heer werden kann, das auf dem Boden der Gewalt manövrierbar ist, sei es zum Angriff oder zur Verteidigung ... man muss der Partei eine Seele geben, ein Programm. Die theoretischen und praktischen Forderungen müssen revidiert und erweitert, einige auch aufgegeben werden.«*

Monarchie und im Bündnis mit etablierten Kräften in Wirtschaft, Armee, Verwaltung und Kirche errang Mussolini im Oktober 1922 die Macht im Staat.

DIKTATUR: Unter dem Eindruck des faschistischen »Marsches auf Rom« ernannte König Viktor Emanuel III. am 31. 10. 1922 Mussolini zum Ministerpräsidenten. Mussolini bildete eine Regierung, in der die konservativbürgerlichen Elemente überwogen, jedoch die Faschisten die Schlüsselpositionen besetzten. Mussolini nutzte seine weitgehenden Vollmachten zur Disziplinierung der freien Presse, zu einer Amnestie für faschistische Gewaltakte und zu neuen Übergriffen. Er setzte sich Ende 1922 an die Spitze des von ihm ernannten »Gran Consiglio del Fascismo«, der seit 1928 sogar die Krone als Staatsorgan neutralisieren sollte.

Die schwere innenpolitische Krise nach der Ermordung des sozialistischen Abgeordneten Giacomo Matteotti im Juni 1924 zwang Mussolini, am 3. 1. 1925 vor dem Parlament propagandistisch die Verantwortung für die Rechtsbrüche zu übernehmen. Unter dem Druck des radikalen Flügels der faschistischen Bewegung schritt Mussolini jedoch seit dem 5. 1. 1925 tatsächlich zum Aufbau einer Einparteiendiktatur. Die nicht faschistischen Parteien und Gewerkschaften wurden ausgeschaltet und die persönliche Vormachtstellung Mussolinis wurde institutionell abgesichert. Die im Parlament verbliebenen Abgeordneten stimmten 1925/26 den entsprechenden Gesetzen zu. Mussolini war nun »Capo del Governo« (Haupt der Regierung), Kommandant der Miliz und Präsident des »Gran Consiglio del Fascismo«. Unter Instrumentalisierung der Massenmedien kultivierte er einen Mythos um seine Person als »Duce del Fascismo« und begann den Aufbau einer Staats- und Gesellschaftsordnung auf korporativer Grundlage. Im Gegensatz zum Machtanspruch Mussolinis fand seine Herrschaft Grenzen v. a. im Bereich der Krone und des von ihr ernannten Senats, des Militärs sowie der katholischen Kirche, der er 1929 in den Lateranverträgen autonome Organisationsmöglichkeiten beließ.

Seit Beginn der 1930er-Jahre, als Mussolini auf dem Höhepunkt seiner persönlichen Machtentfaltung als Diktator stand, verfolgte er zunehmend eine imperialistische Außenpolitik. Nach der Ermordung des österreichischen Bundeskanzlers Engelbert Dollfuss 1934 konnte er Adolf Hitler von der gewaltsamen Annexion Österreichs durch das Deutsche Reich noch zurückhalten. Nach einem Kolonialabkommen mit Frankreich ließ er 1935 italienische Truppen in Äthiopien einmarschieren, um die Grundlage eines italienischen Reiches im Mittelmeerraum zu legen. Unter dem Eindruck der Sanktionen des Völkerbundes gegen seine expansionistische Politik näherte sich Mussolini dem nationalsozialistischen Deutschland. Gemeinsam intervenierten Hitler und Mussolini im Spanischen Bürgerkrieg von Juli 1936 bis März 1939 und begründeten im Oktober 1936 die Achse Berlin–Rom. Im März 1938 musste Mussolini den »Anschluss« Österreichs an das Deutsche Reich hinnehmen. Die Vermittlung Mussolinis in der Sudetenkrise September 1938 bei Abschluss des →Münchener Abkommens blieb für ihn ein kurzlebiger persönlicher Propagandaerfolg. Seine Politik geriet seitdem immer stärker in die Abhängigkeit vom nationalsozialistischen Deutschland. Weitere Bündnisabschlüsse sowie der Eintritt Italiens an der Seite Deutschlands in den Zweiten Weltkrieg im Juni 1940 vertieften die politische Abhängigkeit Mussolinis von Hitler.

In Verbindung mit militärischen Misserfolgen Italiens im Zweiten Weltkrieg führten innere Krisen zum Ende der Herrschaft Mussolinis. Nach Massenstreiks im März 1943 und der Invasion der Westalliierten in Sizilien am 9./10. 7. stürzte der »Gran Consiglio del Fascismo« am 25. 7. den Diktator und übergab den militärischen Oberbefehl an den König. Dieser ließ Mussolini noch am selben Tage verhaften.

Aus der Haft auf dem Campo Imperatore am Gran Sasso d'Italia am 12. 9. 1943 von deutschen Fallschirmjägern befreit, führte Mussolini in völliger Abhängigkeit von Deutschland die Repubblica Sociale Italiana, deren Staatsgebiet angesichts des Rückzuges der deutschen Truppen in Norditalien ständig schrumpfte. Kurz vor Kriegsende 1945 wurde Mussolini mit seiner Geliebten Clara Petacci auf der Flucht von italienischen Widerstandskämpfern gefangen genommen und erschossen.

Mykale, altgriechischer Name einer Bergkette an der Westküste Kleinasiens zwischen Ephesos und Milet. Hier siegten im Jahr 479 v. Chr die Griechen über die Perser zu Land und zu Wasser.

mykenische Kultur, ägäische Kultur der späten Bronzezeit, deren Blüte im 14. und 13. Jh. v. Chr. lag. Sie formierte sich im 16. Jh. v. Chr., ihre Wurzeln liegen einerseits in der helladischen Kultur des griechischen Festlands, andererseits in der →minoischen Kultur Kretas. Die mykenische Kultur verbreitete sich in ganz Griechenland und auf den ägäischen Inseln, auf Zypern, z. T. auch an der von den Hethitern kontrollierten Westküste Kleinasiens. Zu den wichtigsten befestigten und unbefestigten Palästen und Herrensitzen mit zugehörigen Siedlungen gehörten Mykene, Tiryns, Argos, Asine, Dendra und Pylos auf der Peloponnes sowie Athen, Theben, Orchomenos und Iolkos im nördlichen Griechenland. Träger der mykenischen Kultur waren Griechen.

GESELLSCHAFT: Der Beginn der mykenischen Kultur im 16. Jh. v. Chr. steht in engem

Zusammenhang mit dem Auftreten fürstlicher Bestattungen, von Palästen und Verwaltungszentren. Diese Fürsten, die ihre Position besonders im 14. und 13. Jh. v. Chr. ausbauen konnten, waren Krieger, erfüllten sakrale Funktionen und kontrollierten die Wirtschaft. Diese redistributive Palastwirtschaft ähnelte der der minoischen Kultur. In den bei den Palästen liegenden mehr oder weniger städtischen Siedlungen fallen einige reiche Häuser, offenbar Handelshäuser, auf. Im 13. Jh. v. Chr. wurden diese in die Paläste integriert. In der Kopais wurden schon in mittelhelladischer Zeit Dämme gebaut, der größte Kanal entstand im 15./14. Jh. v. Chr., von Orchomenos ausgehend, am Nordrand des Beckens, durch den sowohl große Anbauflächen als auch Siedlungsland erschlossen wurden. Wasserbauten sind auch in der Argolis nachzuweisen. Außerdem gibt es hier Reste von Straßentrassen und besonders von Brücken. Nach den Bestattungen zu urteilen, liebten die mykenischen Fürsten von Beginn an den Prunk. Anscheinend war es Sitte, kostbare Gastgeschenke auszutauschen, wodurch mykenische Metallgefäße bis nach Deutschland und England gelangten. Auch mykenische Schwerter sind vielfach gefunden worden. Die mykenischen Handelswege reichten nicht nur weit über Land, sondern auch über das Mittelmeer; im Westen erreichten sie Unteritalien und Sizilien. Mykenische Händler belieferten die ganze Ägäis, Zypern, Syrien und Ägypten mit ihrer offenbar sehr begehrten Keramik, mit parfümierten Salben und vermutlich mit Wein und Olivenöl.

RELIGION: Im Zusammenhang mit der Auflistung der Opfergaben tauchen eine Reihe von Götternamen auf, die auch in das antike Pantheon gehören. Gesichert sind Hera, Zeus und Poseidon, beide auch in weiblicher Form, Artemis, Hermes und Dionysos. In Abbildungen begegnet mehrfach eine Schildgöttin, und kleine, elfenbeinerne Schilde in der Form einer Acht dienten als Ornament, u. a. für Möbelbeschläge. Es gab eine differenzierte Priesterschaft beiderlei Geschlechts. In der Wandmalerei der Paläste sind Prozessionszüge belegt. Ahnenkult bezeugen die großen Kuppelgräber. In spätmykenischer Zeit wurden Tonidole in Menschengestalt aufgestellt. Kleine Vogelfiguren symbolisieren wohl die Epiphanie der Gottheit, die im Zentrum der minoischen Religion stand.

MYKENISCHE KULTUR — *Mythos vom Trojanischen Krieg*

Die Übergangszeit vom Ende der nach Mykene benannten Periode bis zur Herausbildung der klassischen griechischen Polis (ca. 1100–800 v. Chr.) bleibt bis heute in vielem dunkel; das archäologische Material deutet auf eine beträchtliche materielle Verarmung hin, sogar die Kenntnis der Schrift scheint in den Wirren der Wanderungsbewegungen zwischen 1200 und 1000 verloren gegangen zu sein. Im 8. Jh. hingegen trat bald nach der Übernahme und Anpassung der aus Phönikien stammenden Buchstabenschrift die griechische Literatur mit zwei unter dem Namen Homer überlieferten Meisterwerken hervor: mit der »Ilias« und der »Odyssee«.

Die in Westkleinasien entstandenen Epen sind von zwei Epochen geprägt: der mykenischen Zeit, deren Heroen der Dichter verherrlicht, und der Zeit des Autors selbst. Die Frage der Historizität des in der »Ilias« geschilderten Trojanischen Krieges ist nach wie vor umstritten. Einige Forscher gehen von realen Ereignissen in der zweiten Hälfte des 13. Jh. aus, der Zeit der mykenischen Kolonisation in Kleinasien. Sicherlich liegen der »Ilias« und dem legendären Trojanischen Pferd – hier eine griechische Darstellung auf einer Reliefamphore (um 670 v. Chr.; Mykonos, Museum) – historische Ereignisse zugrunde, doch wird die Gleichsetzung des homerischen Troja mit dem im 8. Jh. von aiolischen Griechen wieder besiedelten Ilion in Westkleinasien nicht durch archäologische Funde bestätigt. In Troja sind bis heute Archäologen am Werk; ihre Erkenntnisse sind aber teilweise widersprüchlich und führen immer wieder zu mitunter äußerst heftigen Streitigkeiten unter den Wissenschaftlern.

Nagasaki. Der zweite Atombombenabwurf auf Japan innerhalb von drei Tagen am 9. 8. 1945 war äußerst umstritten: Die schnelle Beendigung des Zweiten Weltkriegs mussten Zehntausende Japaner mit dem Leben bezahlen.

Nabatäer, in der Antike ein mächtiger nordwestarabischer Volksstamm, der im 6. Jh. v. Chr. nach Edom einwanderte, im 5./4. Jh. v. Chr. sesshaft wurde und ein Königreich bildete. Ursprünglich Nomaden und Karawanenführer, wurden sie durch die Kontrolle der Handelswege von Südarabien ins Mittelmeergebiet allmählich auch politisch bedeutsam. Neben dem Handel betrieben die Nabatäer Bewässerungsfeldbau in den Lössgebieten des Negev. Ende des 4. Jh. v. Chr. dehnten sie ihre Macht nach Syrien aus, wo König Aretas III. (87–62 v. Chr.) Damaskus eroberte. Sowohl die Handelsmetropole Hegra (heute Madain Salih, Saudi-Arabien) als auch die Hauptstadt Petra waren schwer zugängliche Wüstenstädte. 106 n. Chr. wandelte der römische Kaiser Trajan das Königreich zur römischen Provinz Arabia Petraea um.

Die Nabatäer schrieben ihre aramäische, stark arabisch gefärbte Sprache (Nabatäisch) in einer Variante der aramäischen Konsonantenschrift. Ihre Kunst und Kultur standen stark unter hellenistischen Einfluss.

Nachtigal, Gustav, deutscher Afrikaforscher, * Eichstedt/Altmark (bei Stendal) 23. 2. 1834, † (an Bord) bei Kap Palmas 20. 4. 1885; ging als Arzt 1861 nach Algerien, 1863 nach Tunesien. 1869 reiste er im Auftrag des Königs von Preußen zum Sultan von Bornu. Anschließend durchquerte Nachtigall von Tripolis aus Fessan und das ziemlich unerforschte Tibesti. Als erster Europäer erkundete er 1872–74 Bagirmi, Wadai und Darfur und kehrte über Kairo 1875 nach Deutschland zurück. Ab 1882 war er deutscher Generalkonsul in Tunis. 1884 leitete er im Auftrag Otto von Bismarcks die Schutzherrschaft des Deutschen Reiches über Togo und Kamerun ein.

Nagasaki, Hafenstadt in Japan. Dem zweiten amerikanischen Atombombenangriff auf Japan, der nach Hiroshima am 9. 8. 1945 Nagasaki zum Ziel hatte, fielen 25 000–75 000 Menschen zum Opfer.

Nagy [nɔdj], Imre, ungarischer Politiker, * Kaposvár 7. 6. 1896, † (hingerichtet) Budapest 16. 6. 1958; schloss sich 1918 den Bolschewiki an, war 1921–28 illegal in der ungarischen Bauernbewegung tätig und wurde zudem Mitglied der Kommunistischen Partei. 1944 mit den sowjetischen Truppen nach Ungarn zurückgekehrt, führte Nagy als Landwirtschaftsminister (bis 1945) eine Bodenreform mit einer Enteignung des Großgrundbesitzes durch. 1948/49 wandte sich Nagy gegen willkürliche Kollektivierungen, weshalb er 1949–51 aus dem Politbüro ausgeschlossen wurde. Als Verfechter eines »neuen Kurses« wurde er im Juli 1953 Ministerpräsident, musste aber unter dem Druck der stalinistischen Parteiführung um Generalsekretär Mátyás Rákosi im April 1955 zurücktreten. Am 23./24. 10. 1956 als populärer Reformkommunist erneut zum Ministerpräsidenten berufen, bildete Nagy eine Koalitionsregierung und stellte sich mit ihr an die Spitze des ungarischen Volksaufstandes. Nach dessen Niederschlagung durch sowjetische Truppen am 3./4. 11. 1956 wurde Nagy 1957 in einem u. a. vom sowjetischen Geheimdienst angestrengten Geheimprozess zum Tode verurteilt. Am 16. 6. 1989 wurde Nagy in einem Staatsakt rehabilitiert.

Nahostkonflikt, im Nahen Osten ausgetragener Konflikt zwischen Israel und den arabischen Staaten sowie der → Palästinensischen Befreiungsorganisation (PLO) mit seinen regionalen und weltpolitischen Interessenverflechtungen.

Imre Nagy. Vor seinem Sturz 1955 spricht der ungarische Ministerpräsident vor den Abgeordneten der Volkskammer; zu seiner Rechten sitzt sein Widersacher Mátyás Rákosi.

VORGESCHICHTE: Noch vor Gründung der Zionistischen Weltorganisation 1897 begann um 1882 – im Zeichen des →Zionismus – die Einwanderung verfolgter russischer Juden in das zum Osmanischen Reich gehörende Palästina. Angesichts der schnell wachsenden jüdischen Bevölkerung kam es zu ersten blutigen Konflikten zwischen Juden und Arabern.

Im Ersten Weltkrieg Gegner des Osmanischen Reiches, suchte Großbritannien das türkische Erbe im Nahen Osten anzutreten. Die britische Regierung versprach das Gebiet Palästina sowohl der arabischen Nationalbewegung als auch der zionistischen Bewegung (→Balfour-Deklaration vom 2. 11. 1917), wobei jedoch nur die Gründung einer »Heimstätte« für das jüdische Volk in Palästina, nicht ein jüdischer Staat zugesichert wurde. Nach dem Zusammenbruch des Osmanischen Reiches im Oktober 1918 wurde Palästina – rechtskräftig seit 29. 9. 1923 – zum britischen Mandatsgebiet.

Die steigende Zahl jüdischer Einwanderer nach dem Ersten Weltkrieg und infolge der nach 1933 beginnenden nationalsozialistischen Judenverfolgung in Deutschland (→Holocaust) führte vermehrt zu blutigen Übergriffen von Palästinensern auf die jüdische Bevölkerung Palästinas. Höhepunkt dieser Entwicklung zwischen den Weltkriegen war der »arabische Aufstand« von 1936 bis 1939, der sich v.a. gegen die britische Mandatsregierung und deren »prozionistische« Politik richtete: Großbritannien hatte beiden Bevölkerungsgruppen vorgeschlagen, jeweils eigene Selbstverwaltungsorgane aufzubauen.

Während die palästinensisch-arabische Nationalbewegung dieses Modell verwarf, nahm es die zionistische Bewegung als »Notlösung« an und baute politische, wirtschaftliche, gesellschaftliche, kulturelle und zunächst geheime militärische Strukturen auf; sie wurden zu Grundlagen des späteren Staates Israel. Während sich die sozialdemokratisch orientierten Mehrheitszionisten im Hinblick auf eine zu schaffende jüdische Staatlichkeit seit 1942 zunehmend auf die USA hin orientierten, suchten die extrem nationalistischen Minderheitszionisten unter Menachem Begin den bewaffneten Kampf sowohl gegen die britischen Mandatsregierung als auch gegen die Palästinenser. Seit Oktober 1946 drängte der amerikanische Präsident Harry Truman die britische Regierung zur Aufgabe Palästinas. Im Februar 1947 überantwortete diese das Palästinaproblem den Vereinten Nationen; deren Generalversammlung stimmte schließlich am 29. 11. 1947 für die Teilung des Mandatsgebietes, wo

NAHOSTKONFLIKT — *Gründung Israels*

Seit dem Ersten Weltkrieg unterstand das Mandatsgebiet Palästina, auf dessen Gebiet das heutige Israel gegründet wurde, der britischen Regierung. Diese sicherte 1917 der zionistischen Bewegung, die für die Rückkehr der Juden ins »Land der Väter« eintrat, die Errichtung einer nationalen »Heimstätte« der Juden auf dem Gebiet Palästinas zu. Die darauf folgende sich steigernde jüdische Einwanderung verschärfte die Spannungen zwischen den in Palästina lebenden Juden und Arabern. Gegen den Widerstand der Araber trieben die palästinensischen Juden die Errichtung eines jüdischen Staates voran. Gleichzeitig wuchs die illegale jüdische Einwanderung.

Nachdem die Vereinten Nationen im November 1947 die Teilung Palästinas in einen jüdischen und einen arabischen Teil sowie die Internationalisierung Jerusalems beschlossen hatten, löste Großbritannien im Mai 1948 seine Mandatsherrschaft über Palästina auf und überließ es seinen Bewohnern. Am 14. Mai 1948 proklamierte David Ben Gurion im Stadtmuseum von Tel Aviv den Staat Israel (Foto). Zwar wurde dieser sofort von den USA und der Sowjetunion diplomatisch anerkannt, doch drangen am folgenden Tag Truppen der arabischen Nachbarländer nach Palästina ein und eröffneten damit den 1. israelisch-arabischen Krieg. Bis heute spielt dieser Konflikt, der vom Gegensatz zwischen arabischem Nationalismus und politischem Zionismus sowie dem unvereinbaren Anspruch beider Parteien auf dasselbe Territorium geprägt ist, eine herausragende Rolle in der Weltpolitik.

je ein jüdischer und ein palästinensisch-arabischer Staat entstehen sollte. Danach brachen Kampfhandlungen zwischen den jüdisch-zionistischen und den palästinensisch-arabischen Kräften aus. Am 14. 5. 1948 – nach Abzug der britischen Truppen – verkündete David Ben Gurion gegen den Widerstand der Araber den unabhängigen jüdischen Staat Israel.

VON DER GRÜNDUNG ISRAELS BIS »CAMP DAVID« (1948–78): Im Palästinakrieg bzw. 1. israelisch-arabischen Krieg (15. 5. 1948–15. 1. 1949), der von israelischer Seite als Unabhängigkeitskrieg betrachtet wird, schuf sich der neue Staat Israel ein Staatsgebiet, das über das den Juden zugedachte Gebiet im UN-Teilungsplan vom 29. 11. 1947 hinausging. Der den palästinensischen Arabern verbliebene Teil des Westjordanlandes einschließlich Ostjerusalems wurde von dem 1923 als Emirat eingerichteten Transjordanien, dem heutigen Jordanien, annektiert; der v. a. von ägyptischen Truppen behauptete »Streifen« um die Stadt Gaza im Süden des früheren Mandatsgebietes wurde fortan von Ägypten verwaltet. Zwischen 500 000 und 900 000 Palästinenser flohen oder wurden vertrieben.

Seit 1949/50 lösten palästinensisch-arabische Untergrundkämpfer (»Fedajin«) mit ihren militärischen Operationen gegen Israel dessen Vergeltungsschläge gegen ihre Stützpunkte im Gazastreifen und im Westjordanland aus. Als der ägyptische Präsident Gamal Abd el-Nasser die wichtige Meerenge von Tiran im Golf von Akaba für israelische Schiffe sperrte, unternahm Israel einen militärischen Präventivschlag gegen Ägypten. Im engen militärischen Zusammenspiel mit Großbritannien und Frankreich, die damit die Verstaatlichung des Suezkanals durch Ägypten vom 26. 7. 1956 rückgängig machen wollten, besetzten israelischen Truppen im Suezkrieg, dem 2. israelisch-arabischen Krieg (29. 10.–8. 11. 1956), die Sinaihalbinsel und den Gazastreifen. Unter dem Druck der USA und der UdSSR sahen sich Frankreich und Großbritannien zum Rückzug vom Suezkanal, Israel vom Gazastreifen und von der Sinaihalbinsel gezwungen.

Im Sechstagekrieg, dem 3. israelisch-arabischen Krieg (5.–10. 6. 1967), führte Israel erneut einen Präventivkrieg gegen Ägypten, zugleich auch gegen Jordanien und Syrien. Es eroberte das Westjordanland einschließlich Ostjerusalems, die Sinaihalbinsel, den Gazastreifen und die syrischen Golanhöhen und war nicht bereit, der Rückzugsaufforderung der UN nachzukommen. Durch von Jordanien und Libanon ausgehende Terroraktionen gegen Ziele in Israel und jüdische Einrichtungen außerhalb Israels suchte die 1964 von Nasser gegründete Palästinensischen Befreiungsorganisation der Schaffung eines palästinensischen Staates näher zu kommen. Im Jom-Kippur- (Oktober-) bzw. 4. israelisch-arabischen Krieg (6.–22./25. 10. 1973), von Ägypten und Syrien gegen Israel begonnen, erlitt Israel dann zunächst schwere Verluste, konnte jedoch im Laufe des Krieges mit seinen Truppen z. T. bis über den Suezkanal vordringen und weitere Teile der Golanhöhen erobern. Auf Initiative v. a. des amerikanischen Außenministers Henry Kissinger kam es 1974/75 zu israelisch-arabischen Truppenentflechtungsabkommen; der seit 1967 gesperrte Suezkanal wurde ab 5. 6. 1975 wieder geöffnet.

Nahostkonflikt. Das Abkommen von Camp David bildete die Grundlage des ägyptisch-israelischen Friedensvertrags, der erstmals den Kriegszustand zwischen Israel und einem seiner Nachbarländer beendete (Anwar as-Sadat, Jimmy Carter und Menachem Begin am 26. 3. 1979 nach der Unterzeichnung des Friedensvertrags vor dem Weißen Haus in Washington, D. C.).

Kurz danach stellten Israel und Ägypten v. a. auf Initiative des ägyptischen Präsidenten Anwar as-Sadat ihr gegenseitiges Verhältnis auf eine neue Grundlage: So schlossen die beiden Länder unter Vermittlung des amerikanischen Präsidenten Jimmy Carter das ägyptisch-israelische Abkommen von Camp David (17. 9. 1978) sowie den ägyptisch-israelischen Separatfriedensvertrag (26. 3. 1979), der u. a. bis April 1982 die Räumung der Sinaihalbinsel durch Israel vorsah. Abgelehnt wurde von Israel jedoch der von der PLO und der EG unterstützte »Fahd-Plan« des damaligen saudischen Kronprinzen vom August 1981, nach dem u. a. Israel durch die arabischen Staaten anerkannt, aber auch alle israelischen Siedlungen im Westjordanland und im Gazastreifen aufgelöst sowie ein Palästinenserstaat mit der Hauptstadt Ostjerusalem gegründet werden sollte.

INTIFADA UND PALÄSTINENSERSTAAT (SEIT 1978): In Reaktion auf zahlreiche Überfälle palästinensisch-arabischer Gruppen von Stützpunkten im Libanon auf Siedlungen in Nordisrael marschierten israelische Truppen im Juni 1982 im Libanon ein und zwangen im 5. israelisch-arabischen Krieg die PLO, mit ihren Militäreinheiten den Libanon zu verlassen. Von Januar bis Juni 1985 musste auch Israel nach dem Abzug italienischer, britischer, amerikanischer und französischer Kontingente aus Beirut den Libanon weitgehend räu-

Nahostkonflikt. Israels territoriale Entwicklung

men. Am 9.12.1987 brach im Gazastreifen und im Westjordanland ein Aufstand v.a. jugendlicher Palästinenser aus (→Intifada), der bis 1990 etwa 700 Tote forderte.

Nachdem Jordanien am 31.7.1988 zugunsten der PLO auf das Westjordanland verzichtet hatte, rief die PLO am 15.11.1988 in Algier einen unabhängigen Palästinenserstaat in den von Israel besetzten Gebieten aus, zu dessen Präsidenten im April 1989 Jassir Arafat ausgerufen wurde; eine internationale Anerkennung blieb dem Staat jedoch versagt.

In der innerisraelischen Auseinandersetzung propagierten die Verfechter einer harten Linie gegenüber der palästinensisch-arabischen Nationalbewegung (»Falken«) die Errichtung eines Palästinenserstaates im Gebiet des Königreichs Jordanien, das bis 1921 ohnehin faktisch Teil Palästinas gewesen war und aus demographischer Sicht einen stark palästinensisch-arabischen Charakter hat. Eine Minderheit, die den Forderungen der palästinensisch-arabischen Nationalbewegung entgegenkam (»Tauben«), befürwortete nach der Maßgabe »Land für Frieden« die Rückgabe des Westjordanlandes und des Gazastreifens an Jordanien. Mit dem Libanonkrieg von 1982 nahm der innerisraelische Konflikt zwischen »Falken« und »Tauben« ständig zu. Einerseits entstand die »Peace-now«-(»Frieden-jetzt«)-Bewegung, andererseits radikalisierte sich aber auch v.a. unter dem Eindruck der Intifada seit Ende der 1980er-Jahre die Haltung zahlreicher Israelis zur Lösung des Palästinenserproblems.

Die palästinensisch-arabische Nationalbewegung verfolgte zunächst zwei verschiedene Ziele: zum einen die Verwirklichung des palästinensischen Selbstbestimmungsrechts im Rahmen eines gesamtarabischen Staates, der »arabischen Nation«, zum anderen die Schaffung eines selbstständigen palästinensischen Staates. Nach dem Scheitern der panarabischen Pläne Nassers gewann v.a. für die PLO unter Führung Arafats die Schaffung eines eigenen Staates eindeutig Vorrang. Die nach 1967 von jüdischen Siedlern begonnene forcierte Landnahme in diesen Gebieten wurde von der neuen israelischen Regierung unter Begin (Likud) mit ihrem Amtsantritt 1977 zur offiziellen Siedlungspolitik. Diese erhöhte die Furcht der palästinensisch-arabischen Nationalbewegung, die Gebiete könnten ihre Funktion als Basis eines palästinensischen Staates verlieren. Der Widerstand der Israelis gegen einen autonomen oder gar unabhängigen Palästinenserstaat sowie die israelische Siedlungs- und Besatzungspolitik im Westjordanland und im Gazastreifen lösten daher die →Intifada aus (1987).

Nachdem der Region im Zweiten Weltkrieg beispielsweise beim Kampf gegen das deutsche Afrikakorps eine strategische Schlüsselfunktion zugekommen war, wurde der Nahostkonflikt weltpolitisch v.a. vom Ost-West-Konflikt überlagert. Die zunehmende Bindung Israels an die USA gipfelte 1981 im Abschluss eines Abkommens über strategische Zusammenarbeit, während die UdSSR seit 1955 verstärkt die palästinensisch-arabische Nationalbewegung unterstützte. In den 1990er-Jahren trat der Nahostkonflikt dann zunächst in den Schatten innerarabischer Konflikte und der Konfrontationen der arabischen mit der westlichen Welt.

In der Gesamtpolitik der arabischen Staaten spielte die Frage der Errichtung eines Palästinenserstaates eine unterschiedliche Rolle. So ist die Mehrheit der heutigen Bevölkerung Jordaniens palästinensisch-arabischer Herkunft, steht dem haschimitischen Königshaus weitgehend ablehnend gegenüber. In Jordanien (1967–70) und im Libanon (1967–82) entwickelten sich daher die von der PLO geführ-

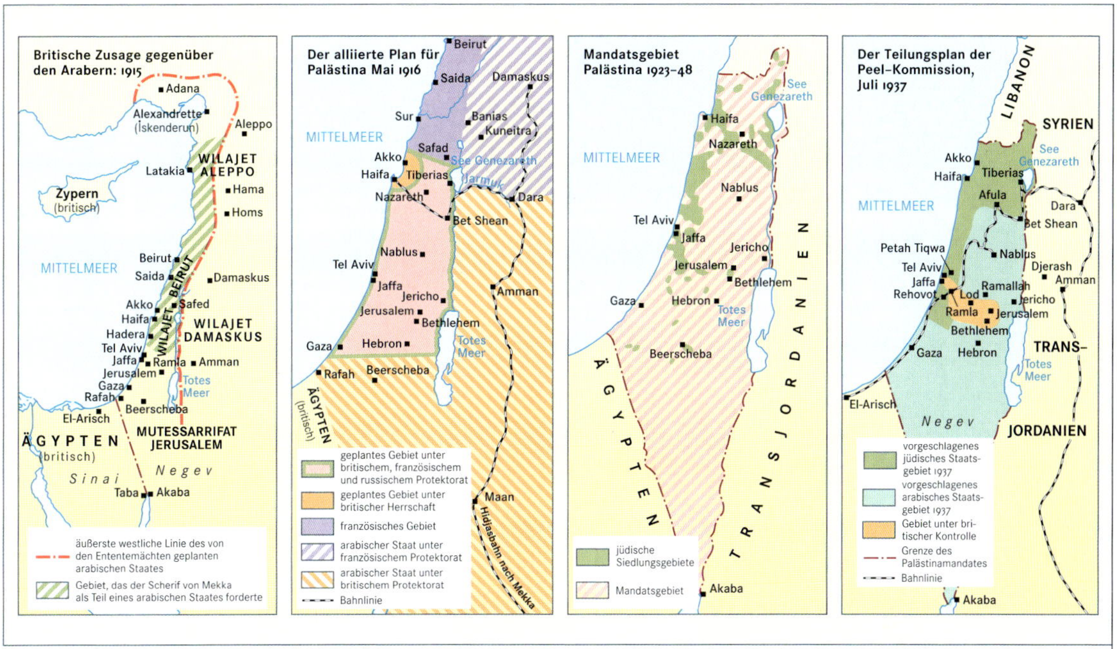

Nahostkonflikt. Palästina 1915–48

ten Palästinenser zu einem Staat im Staate. Mit den von den Territorien dieser Länder gelenkten Terroraktionen gegen die israelische Bevölkerung zog die PLO diese Staaten in ihre Konfrontation mit Israel hinein. Ägypten, Syrien und Irak suchten angesichts ihrer nationalen Interessen, einen innerarabischen Führungsanspruch durchzusetzen. Islamistische Organisationen wie Hamas und Djihad Islami, die neben terroristischen Aktionen auch Sozialarbeit betreiben, nutzten die Krisen indes, um besonders jugendliche Palästinenser zu rekrutieren.

Nach dem 2. Golfkrieg (1991) und der Schwächung der PLO verstärkten sich die v.a. von den USA und der UdSSR seit 1989 forcierten Bemühungen um eine Lösung des Nahostkonflikts. Kernproblem der am 30. 10. 1991 unter dem Vorsitz des amerikanischen Präsidenten George H. W. Bush und des sowjetrussischen Präsidenten Michail Gorbatschow eingeleiteten Madrider Nahostfriedenskonferenz wurde der Ausgleich zwischen Israel und Palästinensern/PLO. Möglich geworden waren die ersten direkten Gespräche zwischen den beiden Hauptkontrahenten auch durch die rasche Zustimmung Syriens zu der Formel »Land gegen Frieden«. Israel forderte die endgültige Anerkennung seiner Existenz in einem umfassenden Friedensvertrag mit den arabischen Staaten und strebte dabei vorrangig eine Vereinbarung über den Status der besetzten Gebiete im Gazastreifen und im Westjordanland an. Die seit 1992 amtierende Koalitionsregierung unter Itzhak Rabin bzw. – nach dessen Ermordung 1995 – unter Simon Peres (beide Israelische Arbeitspartei) stellte Mitte 1992 mit dem Stopp staatlicher und der Unterbindung privater Siedlungsprogramme die Besiedlungspolitik in den besetzten Gebieten ein (»Land für Frieden«) und hob wenig später das Kontaktverbot israelischer Bürger mit der PLO auf. Damit war die Grundlage für ein besseres israelisch-arabisches Gesprächsklima geschaffen. Weiteres Ziel der Regierung Rabin war eine umfassende Friedensregelung v.a. mit Syrien und Jordanien.

Geheimverhandlungen unter norwegischer Vermittlung in Oslo führten im August 1993 zur Annäherung zwischen Israel und der PLO, am 9./10. 9. 1993 zur gegenseitigen Anerkennung. Mit dem erklärten Ziel, den Palästinensern stufenweise Selbstverwaltung in den besetzten Gebieten zu gewähren, unterzeichneten beide Seiten am 13. 9. 1993 in Washington eine Rahmenvereinbarung. Dieser Grundlagenvertrag, der als Gaza-Jericho-Abkommen mit dem »Kairoer Abkommen« vom 4. 5. 1994 als »Oslo I« genannt wird, führte, ergänzt durch das Autonomieteilabkommen vom August 1995 sowie das erweiterte Autonomie- bzw. Interimsabkommen für das Westjordanland vom 28. 9. 1995 (auch »Oslo II«), ab 1994 zur (Teil-)Autonomie im Gazastreifen und in Jericho, 1995 im Westjordanland. Mit den Abkommen legten Israel und die PLO den als vorläufig aufgefassten territorialen Umfang und den stufenweisen Rückzug der israelischen Streitkräfte bis 1999 aus diesen Gebieten fest. Die Vereinbarungen wurden 1997 durch das Hebronabkommen, 1998 und 1999 durch die Wye-Abkommen konkretisiert. Die prak-

Edikt von Nantes. Nach seinem Übertritt zum katholischen Glauben bestätigte Heinrich IV. im Edikt von Nantes das katholische Bekenntnis als Staatsreligion, gewährte aber den Reformierten neben Gewissens- und örtlicher Kultfreiheit auch rund hundert »Sicherheitsplätze« (Quarzrelief von Henri Bouchard, um 1916; Genf, »Denkmal der Genfer Reformation«).

tische Umsetzung der Autonomieabkommen wie v.a. der Truppenabzug Israels gestalteten sich aber, begleitet von anhaltendem Terror seitens Hamas bzw. Djihad Islami sowie Protesten extremistischer jüdischer Siedler, äußerst schwierig.

Mit der »Erklärung von Washington« vom 25. 7. 1994 beendeten Israel und Jordanien den seit 1948 bestehenden Kriegszustand; zudem unterzeichneten die Länder am 17. 10. 1994 ein Abkommen über Grenz- und Wassernutzungsfragen und schlossen am 26. 10. 1994 einen Friedensvertrag. Im Spannungsbogen zwischen israelischer Sicherheitspolitik und syrischem Souveränitätsanspruch blieb die Frage der Kontrolle über die Golanhöhen Kernpunkt der israelisch-syrischen Verhandlungen. Trotz des Attentats auf Rabin (4. 11. 1995) und weiterer Rückschritte 1996 wurde der immer fragiler werdende Friedensprozess zunächst nicht abgebrochen, sodass es im Dezember 1995 u.a. zum Rückzug der israelischen Truppen aus großen Orten des Westjordanlands gemäß der Autonomieverträge oder am 20. 1. 1996 zu den Wahlen eines palästinensischen Autonomierats kam.

Unter der von Benjamin Netanjahu (Likud-Block) im Juni 1996 in Israel gebildeten Koalitionsregierung kam der Friedensprozess aber, bedingt v.a. durch den wieder verstärkten Ausbau bestehender Siedlungen sowie durch palästinensische Selbstmordattentate, nahezu zum Stillstand. Auch die zwei zwischen 1998 und September 1999 beschlossenen Wye-Abkommen konnten eine Dauerkrise im Friedensprozess letztlich nicht vermeiden.

Nach Auslaufen der Interimsverträge vom 4. 5. 1999 begann Barak im September 1999 Verhandlungen über den Endstatus der palästinensischen Autonomiegebiete. Die für den 4. 5. 1999 geplante Proklamierung eines palästinensischen Staates war von der PLO – verbindlich geregelt durch »Wye II« – bis zum 13. 9. 2000 ausgesetzt worden und musste dann sowohl im September als auch im November 2000 vertagt werden. Im Juli 2000 rangen die Konfliktparteien unter Vermittlung von Bill Clinton auf dem Nahostgipfel in Camp David erstmals um eine umfassende Lösung des Nahostkonflikts. Hauptthemen der Verhandlungen von Barak und Arafat (11.–25. 7. 2000) waren neben der Absicherung einer palästinensischen Staatlichkeit, einschließlich der Grenzfestlegung, vor allem die Frage des Rückkehrrechts der Flüchtlinge von 1948/49 sowie der Zukunft der 140 000 bis 200 000 israelischen Siedler im Gazastreifen und im Westjordanland als die palästinensischen Kernprobleme. Als Schlüsselproblem des Nahostkonflikts erwies sich auf der Gipfelkonferenz aber erneut die Frage des Status von Jerusalem, das beide Seiten als Hauptstadt beanspruchten. Trotz weitestgehender Zugeständnisse Baraks scheiterten die Verhandlungen am Widerstand Arafats.

Ende September 2000 suchte der israelische Oppositionsführer Ariel Scharon (Likud) den Tempelberg in Jerusalem auf, eine Handlung, die von palästinensischer Seite als Provokation empfunden wurde. Dies löste neue blutige Unruhen aus (»zweite Intifada«). In der erneuten Eskalation äußerte sich auch die Enttäuschung vieler Palästinenser über die ausbleibende Endstatus-Regelung und die aus ihrer Sicht zu dürftigen Ergebnisse des 1993 begonnenen Friedensprozesses. Die Parlamentswahlen in Israel am 6. 2. 2001 kamen in dieser Situation einer Volksabstimmung über den weiteren Kurs Isarels gleich: Barak verlor die Wahl, das Amt des Regierungschefs ging an den »Falken« Scharon. Der im Verlaufe des Jahres 2001 zunehmenden Eskalation suchte Scharon mit drastischen Maßnahmen zu begegnen. Dazu gehörte vor allem der gezielte Angriff auf palästinensische Polizeistationen und andere Einrichtungen der Autonomiebehörde sowie die menschenrechtswidrige gezielte präventive »Liquidation« von Personen, die die israelischen Sicherheitskräfte des Terrorismus verdächtigten. Dessen ungeachtet kam es im israelischen Kernland immer wieder zu teilweise sehr folgenschweren Selbstmordattentaten, zu denen sich häufig Angehörige der Hamas oder des Djihad Islami bekannten. Am 5. 5. 2001 legte eine auf dem Gipfeltreffen in Scharm-esch-Scheich im Oktober 2000 vereinbarte Kommission unter Leitung des ehemaligen US-Senators George Mitchell den »Mitchell-Bericht« über die Ursachen der palästinensischen Unruhen vor, der die außerordentliche Gewaltanwendung beider Seiten als Grund für die Eskalation des Konflikts kritisierte.

Nach den Terroranschlägen vom 11. 9. 2001 auf New York und Washington versuchte die US-Regierung unter George W. Bush eine internationale Koalition gegen den Terror zu schließen; um sich hierbei auch der arabischen und islamischen Staaten zu versichern, bemühte sich Bush nach längerem Zögern, den Friedensprozess im Nahen Osten neu zu beleben. 2001 erklärte Scharon Arafat für »nicht mehr relevant«, ließ seine Residenz in Gaza abriegeln und Arafat unter Hausarrest stellen. Heftige Gefechte, Selbstmordanschläge und gezielte Liquidierungen (u.a. 2004 die Ermordung des Gründers der Hamas, Scheich Jassins) forderten auf palästinensischer wie israelischer Seite zahlreiche Menschenleben. Nach dem Irakkrieg (2003) und dem Tod Arafats (2004), dem Mahmud Abbas im Amt des palästinensischen Präsidenten folgte, begann sich eine vorsichtige Entspannung abzuzeichnen. Am Unvermögen beider Seiten scheiterten jedoch bislang substanzielle Fortschritte im Lösen der immer wieder vertagten Kernprobleme des Konflikts: die Fragen der palästinensischen Staatlichkeit, einschließlich der Grenzfestlegung, des Rückkehrrechts der Flüchtlinge, der Zukunft der israelischen Siedler im Gazastreifen und Westjordanland sowie der jüdischen Bewohner Ost-Jerusalems und die Klärung der Statusfrage Jerusalems.

Nanking, Vertrag von, am Ende des britisch-chinesischen Opiumkrieges am 29. 8. 1842 in der Hauptstadt der chinesischen Provinz Jiangsu geschlossener Vertrag, der die Periode der »ungleichen Verträge« einleitete.

Nantes, Edikt von [- nãt], am 13. 4. 1598 von König Heinrich IV. erlassenes Edikt, das die französischen Hugenottenkriege beendete. Es bestätigte das katholische Bekenntnis als Staatsreligion, gewährte aber den Anhängern der »reformierten Religion« Gewissens- und örtlich beschränkte Kultfreiheit. Die Reformierten bekamen Zutritt zu öffentlichen Ämtern. Weiterhin wurden konfessionell gemischte Gerichtshöfe gegründet. Außerdem erhielten sie etwa 100 »Sicherheitsplätze«, an denen sie auf Staatskosten Garnisonen unterhalten konnten. Obwohl Richelieu im Interesse der Staatseinheit den Reformierten diese Plätze 1629 entzog, blieb das Edikt die Grundlage ihrer religiösen und bürgerlichen Rechte bis zu seiner Aufhebung durch Ludwig XIV. im Edikt von Fontainebleau (18. 10. 1685).

Napoleon I., Kaiser der Franzosen (1804–14/15), ursprünglich Napoleone Buonaparte, *Ajaccio (Korsika) 15. 8. 1769, †Longwood (Sankt Helena) 5. 5. 1821; Vater von Napoleon II., Onkel von Napoleon III.

JUGEND UND MILITÄRISCHER AUFSTIEG: Nach dem Willen des Vaters Carlo Maria Buonaparte französisch erzogen, blieb Napoleon auf den Militärschulen von Brienne 1779–84 und Paris 1784–85 auch als Leutnant der Artillerie (Oktober 1785) ein Landfremder. Erst nach dem Bruch mit der korsischen separatistischen Bewegung 1793, der ihn, seine Mutter Maria Letizia Buonaparte und seine Geschwister zur Flucht auf das französische Festland zwang, schloss sich Napoleon ganz der herrschenden →Bergpartei an.

Der erfolgreiche Plan zur Rückeroberung von Toulon im Dezember 1793 brachte ihm die Beförderung zum Brigadegeneral ein. Nach dem Sturz Maximilien de Robespierres 1794 für kurze Zeit inhaftiert und am 15. 9. 1795 aus der Armee entlassen, wurde Napoleon im Oktober 1795 mit der Niederschlagung des royalistischen Aufstandes in Paris beauftragt und nach dem Sieg über die Pariser »Sektionen« am 5. 10. 1795 zum Befehlshaber der »Armee des Innern«, dann zum Oberbefehlshaber der Italienarmee ernannt. Am 9. 3. 1796 heiratete er Joséphine de Beauharnais; diese Ehe sicherte ihm die angestrebte Stellung in der Gesellschaft des →Direktoriums. Mit dem oberitalienischen Feldzug 1796/97 (→Französische Revolutionskriege) begann endgültig Napoleons Aufstieg zur Macht. Nachdem er im Dezember 1797 nach Paris zurückgekehrt war, übertrug ihm das Direktorium den Oberbefehl über die England-Armee, beauftragte ihn jedoch dann 1798 mit der Durchführung seines Planes der →ägyptischen Expedition.

KONSULAT UND KAISERREICH: Die Popularität Napoleons ermöglichte am 9./10. 11. 1799 den Sturz des Direktoriums. Die Konsularverfassung vom 13. 12. 1799, die ihn zum ersten unter drei auf zehn Jahre bestimmten Konsuln machte, war ganz auf die alleinige Machtausübung Napoleons zugeschnitten. Ferner installierte er ein zentralistisches Ordnungssystem. 1801 beendete er den Kirchenkampf der Revolution durch das Konkordat mit Papst Pius VII., 1804 erließ er den Code civil (auch Code Napoléon), der das bürgerliche Recht in Frankreich bis heute bestimmt und die europäische Rechtsentwicklung entscheidend beeinflusste. Den zweiten Koalitionskrieg beendete er siegreich mit den Friedensschlüssen von Lunéville (1801) und Amiens (1802). Gestützt auf Plebiszite, machte Napoleon sich 1802 zum Konsul auf Lebenszeit und krönte sich am 2. 12. 1804 in der Kathedrale Notre-Dame zu Paris selbst zum erblichen

NAPOLEON I.
***1769 †1821**

- entstammte der korsischen Familie Buonaparte
- ebnete sich durch militärische Erfolge den Weg zur Macht
- krönte sich 1804 zum Kaiser der Franzosen
- unterwarf das europäische Festland der französischen Hegemonie
- verbreitete die Errungenschaften der Französischen Revolution in Europa
- dankte nach der Niederlage im Russischen Feldzug ab
- wurde endgültig 1815 in der Schlacht bei Waterloo besiegt
- starb 1821 im Exil auf Sankt Helena

NAPOLEON I. ***Tod auf Sankt Helena***

Als Napoleon am 5. 5. 1821 auf Sankt Helena starb, war die Todesursache vermutlich Magenkrebs, obgleich immer wieder die Theorie auftaucht, der Korse sei systematisch von den Engländern vergiftet worden. Zahllose Gemälde, Stiche und Lithographien halten den Augenblick fest, in dem Napoleon, von wenigen Getreuen umringt, den Geist aufgab oder, nach einem Wort Chateaubriands, »den mächtigsten Lebensodem, der jemals menschlichen Lehm beseelt hat.« Sehr viel nüchterner beurteilte Talleyrand die Nachricht vom Ableben des einst so mächtigen und gefürchteten Mannes: *»Es ist nur noch eine Neuigkeit, aber kein Ereignis mehr.«*

»Kaiser der Franzosen«, worauf ihn der Papst weihte. Überdies krönte sich Napoleon am 26. 5. 1805 in Mailand zum König von (Ober-)Italien.

Napoleon erhob seine Brüder Joseph in Spanien, Louis in Holland, Jérôme in Westfalen wie auch seinen Schwager Joachim Murat in Neapel zu Königen der von Frankreich abhängigen Territorien. Eine repräsentative klassizistische Kunst verherrlichte die kaiserliche Macht, wohingegen das geistige Leben einer drückenden Zensur unterlag. Die durch den Reichsdeputationshauptschluss 1803 eingeleitete territoriale Neuordnung Deutschlands wurde fortgesetzt durch den unter Napoleons Protektorat am 12. 7. 1806 gebildeten →Rheinbund, der zur Auflösung des Heiligen Römischen Reiches führte.

Der Gegensatz zwischen napoleonischem und britischem Imperialismus führte schon 1803 zum Wiederausbruch des Krieges mit Großbritannien. Mehrere Kontinentalkriege verbanden sich damit (→Napoleonische Kriege, →Kontinentalsperre). Nach der Niederwerfung Österreichs 1805 in der Schlacht von Austerlitz und Preußens 1806 in der Schlacht von Jena und Auerstedt sowie dem Bündnis mit Alexander I. von Russland 1807 stand Napoleon, der 1807/08 seinen politischen Einfluss auch auf Spanien ausdehnte, auf dem Gipfel der Macht. Nach dem erneuten Sieg über Österreich 1809 ließ Napoleon seine kinderlose Ehe mit Joséphine scheiden und heiratete am 2. 4. 1810 die österreichische Kaisertochter Marie Louise, mit der er einen Sohn hatte. 1809 annektierte er die Illyrischen Provinzen, 1810 Holland, die deutsche Nordseeküste und Lübeck, um so die Kontinentalsperre zu verschärfen; Interessengegensätze über diese führten 1812 zum Bruch mit Alexander I.

Napoleon bot zum Krieg gegen Russland alle seine Vasallen und Verbündeten auf und führte die Große Armee in den Russischen Feldzug von 1812, der zur Wende der napoleonischen Herrschaft in Europa wurde. Die →Befreiungskriege, besonders die Völkerschlacht bei Leipzig am 16.–19. 10. 1813, führten zum Rückzug Napoleons auf französischen Boden. Dort hatten die Last der Aushebungen, die Steuern und die Polizeiherrschaft die Unzufriedenheit des französischen Volkes anwachsen lassen. Nach der Besetzung von Paris durch die Verbündeten sprach der Senat am 2. 4. 1814 die Absetzung des Kaisers aus, am 6. 4. dankte Napoleon in Fontainebleau ab. Die Sieger wiesen ihm die Insel Elba als souveränen Besitz zu; der Kaisertitel verblieb ihm.

NAPOLEON I. | ***Ende des Heiligen Römischen Reichs***

Nachdem Napoleon 1805 Österreich und Russland in der »Dreikaiserschlacht« von Austerlitz vernichtend geschlagen hatte, war Frankreich – wenn auch nur vorübergehend – Hegemonialmacht Europas geworden; einziger Widersacher war nun noch Großbritannien (zeitgenössische englische Karikatur »John Bull, mit Napoleon boxend«). Österreich wurden im Diktatfrieden von Preßburg zugunsten von Bayern, Baden und Württemberg, die mit Napoleon verbündet waren, erhebliche Gebietsverluste aufgezwungen. Mit der Gründung des Rheinbunds im Juli 1806 begaben sich zusammen mit diesen süddeutschen Ländern insgesamt 16 Reichsstände in direkte Abhängigkeit von Frankreich, was ihnen aber durch Gebietsgewinne auf Kosten geistlicher (Säkularisierung) und reichsritterlicher (Mediatisierung) Herrschaften schmackhaft gemacht wurde. Die Unterzeichner der Rheinbundakte erklärten zunächst ihre Souveränität gegenüber dem Reich und wenig später ihren Austritt.

Nachdem infolge dessen das Heilige Römische Reich Deutscher Nation zur staatsrechtlichen Fiktion geworden war – niemand hätte seine Einheit wieder herstellen können –, verfügte Kaiser Franz II. im August 1806 seine Auflösung. Bereits 1804 hatte er – als Franz I. – das alle Erblande zusammenfassende Kaisertum Österreich proklamiert. Eine gewisse Kompensation für den demütigenden Akt der Reichsauflösung mag später seine Beteiligung am Zusammenbruch der napoleonischen Herrschaft gewesen sein.

Dem Rheinbund traten bis 1808 zahlreiche weitere Staaten bei, wie das zum Königreich erhobene Sachsen und das von Napoleon neu gegründete Königreich Westfalen.

Napoleon I. Feldzüge und Schlachten (1796–1815)

Noch einmal griff Napoleon nach der Macht. Seine Herrschaft der Hundert Tage begann mit seiner überraschenden Landung bei Cannes am 1. 3. 1815 und endete mit seiner Niederlage bei Waterloo am 18. 6. Im Interesse der politischen Beruhigung wurde Napoleon auf Lebenszeit auf die englische Insel Sankt Helena verbannt, wo er 1821 starb. Seine Leiche wurde 1840 nach Paris überführt und im Invalidendom beigesetzt.

BEDEUTUNG UND NACHWIRKUNG: Napoleon verband in seinem Wirken Ideen der Französischen Revolution mit absolutistischem Herrscherwillen und grenzenlosem Machtdrang. Ideenreich, aber auch brutal als Staatsmann, zerstörte er in Europa das Ancien Régime. In Verwaltung, Gesellschaft und Rechtssystem prägt er Frankreich bis heute. In Italien und in Deutschland verhalf er dem modernen Staats- und Nationsgedanken zum Durchbruch, wobei feudale Sonderrechte und kleinstaatliche Zersplitterung überwunden wurden.

Als Feldherr und Truppenführer genoss er großes Ansehen, von seinen Truppen wurde er vergöttert, von seinen Gegnern nachgeahmt. Die Durchführung schneller Märsche, die überraschende Truppenkonzentration an strategisch entscheidender Stelle, die systematische Verwendung der Artillerie erklären neben anderem seine Erfolge. Dabei machte er sich die von der Revolution heraufgeführte Umgestaltung der Kriegstechnik zunutze und stützte darauf seine strategischen Pläne und operativen Maßnahmen. Den Wirtschaftskrieg baute er erstmals im großen Stil aus.

Sein Regierungssystem war die Militärdiktatur, die anfangs mit demokratischen Formen wie den Volksabstimmungen von 1802 und 1804 verbrämt war. Die Rücksichtslosigkeit seiner kriegerischen Politik trieb ihn im Kampf mit Großbritannien zur Eroberung des ganzen Kontinents, die ungeheure Blutopfer forderte. Anfangs vielerorts als Befreier begrüßt, hat er den Freiheitsdrang der europäischen Völker erweckt, der später zu seinem Sturz beitrug. Die »napoleonische Legende«, nach der sein Ziel die Freiheit der Völker gewesen wäre, woran ihn nur seine Feinde, besonders Großbritannien, gehindert hätten, hat er selbst auf Sankt Helena geschaffen. Von Napoleon III. verbreitet, wirkt sie bis heute nach.

In der französischen Geschichtsschreibung über Napoleon wechselten zunächst Bewunderung und Hass, bevor ein unbefangeneres, wissenschaftlich begründetes Urteil möglich wurde. In der deutschen Historiographie wurde er lange als Genie gefeiert oder – aus Feindschaft gegen England – heroisiert.

Napọleon II., einziger legitimer Sohn von Napoleon I., → Reichstadt, Napoléon Herzog von.

Napọleon III., Kaiser der Franzosen (1852–70), ursprünglich Charles Louis Napoléon Bonaparte [napole'ɔ̃ bɔna'part], genannt Louis Napoléon, * Paris 20. 4. 1808, † Chislehurst (heute zu London) 9. 1. 1873; Sohn von Louis Bonaparte, einem Bruder von Napoleon I., und der Hortense, Stieftochter von Napoleon I.

HAUPT DER BONAPARTES: Seit 1815 lebte Napoleon mit seiner Mutter im schweizerischen und deutschen Exil. Er beteiligte sich als Anhänger liberaler Ideen mit seinem älteren Bruder Napoléon Louis an dem erfolglosen Aufstand Ciro Menottis in Mittelitalien (Februar 1831). Seit dem Tod seines Vetters, des Herzogs von Reichstadt (1832), galt Napoleon als das Haupt der Familie Bonaparte und fühlte sich zur Wiedererrichtung des napoleonischen Kaisertums berufen. Nach Putschversuchen gegen König Louis Philippe 1836 und 1840 wurde er zu lebenslänglicher Haft verurteilt, floh aber 1846 nach London. In diesen Jahren hat Napoleon sein politisches Programm in mehreren Schriften niedergelegt, in denen sein Bestreben, die Verehrung Napoleons I. mit Elementen des Prinzips der Volkssouveränität zu verbinden (»plebiszitärer Cäsarismus«), deutlich wird.

NAPOLEON III.
*** 1808 † 1873**

war ein Neffe Napoleons I.

wurde nach Putschversuchen gegen König Louis Philippe 1846 zu lebenslanger Haft verurteilt

siegte in den Präsidentschaftswahlen

STAATSSTREICH UND KAISERREICH: 1848 kehrte Napoleon nach Frankreich zurück und gewann im Dezember 1848 die Präsidentschaftswahl mit 74% der Stimmen gegen seinen Hauptgegner, den General und amtierenden Regierungschef Louis Cavaignac. Der »Prince-Président« Louis Napoléon, der nach seinem Staatsstreich vom 2. 12. 1851 umfassende Regierungsvollmachten erhielt, wurde nach einem Plebiszit am 2. 12. 1852 zum erblichen Kaiser der Franzosen ausgerufen. In der ersten Phase des Zweiten Kaiserreiches (»Second Empire«) vermochte Napoleon die politische Opposition klein zu halten, musste aber in der zweiten Phase von 1860 bis 1870 den oppositionellen Forderungen nach größeren politischen Freiheiten schrittweise nachgeben.

Sein außenpolitisches Ziel war es, die europäische Ordnung des Wiener Kongresses von 1815 zum Vorteil Frankreichs zu verändern. Er bediente sich dabei der modernen Forderung nach Durchsetzung des Nationalitätenprinzips auf der Basis des Selbstbestimmungsrechts. Durch seine Beteiligung am →Krimkrieg gelang es ihm, die »Umgestaltung der europäischen Landkarte« in Bewegung zu setzen. Der Pariser Kongress (1856) war Höhepunkt seines außenpolitischen Ansehens. Danach unterstützte er die nationalen Bewegungen in Italien, auf dem Balkan und in Polen. Ihr Siegeszug brachte ihm jedoch mehr Nachteile als Vorteile. Durch die deutsche Nationalbewegung, von Otto von Bismarck gelenkt, wurde schließlich sein Sturz verursacht. In den →Deutsch-Französischen Krieg von 1870/71 war er hineingetrieben worden, ohne ihn ernsthaft gewollt zu haben (→Emser Depesche). Durch die Kapitulation von Sedan am 2. 9. 1870 geriet Napoleon in preußische Gefangenschaft. Nach rund sechsmonatiger Inhaftierung ging er nach Chislehurst, wo er 1873 starb.

Die Geschichtsschreibung hat Napoleon lange Zeit ungünstig beurteilt, weil seine Innen- wie auch seine Außenpolitik letztlich ohne Erfolg blieben. Tatsächlich zeigt seine Herrschaft ein Doppelgesicht. Während die einen ihre plebiszitären Züge und die Existenz eines aus allgemeinen Wahlen hervorgegangenen Parlaments als demokratische Ansätze deuten, betonen andere die autoritären Merkmale wie das Fehlen einer wirksamen parlamentarischen Opposition, die Pressezensur oder das Verbot von Gewerkschaften und Streiks. Das soziale Problem seiner Zeit hat Napoleon zwar erkannt, es aber trotz Verbesserung der Lage der unteren Schichten – so mittels Arbeitsbeschaffung durch öffentliche Aufträge – nicht gelöst. Den wirtschaftlichen Aufschwung des Landes hat er gefördert, doch kam dieser in erster Linie dem wohlhabenden Bürgertum zugute.

Napoleonische Kriege, die von Napoleon I. geführten Kriege, die 1803 den →Französischen Revolutionskriegen folgten.

Das Vorgehen Napoleons in Italien, der Schweiz, den Niederlanden und im Reich sowie die Weigerung Großbritanniens, Malta zu räumen, entzogen dem Frieden von Amiens vom 27. 3. 1802 die Grundlage. Am 18. 5. 1803 nahm Großbritannien den Krieg wieder auf. Frankreich besetzte das mit Großbritannien in Personalunion verbundene Kurfürstentum Hannover, jedoch verhinderte die britische Seeüberlegenheit französische Landungspläne in England. Admiral Horatio Nelsons Sieg bei Trafalgar am 21. 10. 1805 vernichtete die französisch-spanische Flotte und sicherte die britische Seeherrschaft.

Um das Gleichgewicht in Europa wieder herzustellen, schloss Großbritannien am 11. 4. 1805 ein Bündnis mit Russland, dem Österreich am 9. 8. 1805 beitrat (»3. Koalition gegen Frankreich«); Schweden hatte sich schon im Dezember 1804 mit Großbritannien, im Januar 1805 mit Russland verbündet. Preußen blieb neutral. Im Feldzug von 1805 wandte sich Napoleon, unterstützt von Baden, Württemberg und Bayern, sofort gegen Österreich, erzwang die Kapitulation der österreichischen Armee in Ulm, nahm Wien ein und siegte am 2. 12. bei Austerlitz entscheidend über Österreicher und Russen. Preußen war nun zum Bündnis mit Frankreich bereit; es verzichtete im Vertrag von Schönbrunn (15. 12.) u.a. auf Ansbach und erhielt dafür Hannover. Österreich dagegen verlor im Frieden von Preßburg (26. 12.) Venetien, Tirol und Vorderösterreich und war damit aus Deutschland und Italien verdrängt. Der Sieg Napoleons schuf die Voraussetzungen zur Bildung des →Rheinbundes.

Nachdem Napoleon den Briten Hannover angeboten sowie Ansbach und Bayreuth besetzt hatte, forderte ihn das preußische Ultimatum vom 26. 9. 1806 zur Räumung Süddeutschlands auf. Ohne es zu beantworten, rückte der Kaiser nach Thüringen vor und schlug am 14. 10. die preußische Hauptmacht der 4. Koalition gegen Frankreich in der Doppelschlacht von Jena und Auerstedt vernichtend. Am 27. 10. zog Napoleon in Berlin ein. Hier verfügte er am 21. 11. die →Kontinentalsperre, um Großbritannien zum Frieden zu zwingen.

Der nach Ostpreußen geflohene preußische König Friedrich Wilhelm III. setzte mit russischer Hilfe den Krieg fort. Napoleon versuchte hierauf, Preußen zum Abfall von Russland zu bewegen. Preußen und Russland antworteten mit dem Abschluss eines Schutz- und Trutzbündnisses, doch nach seiner schweren Niederlage bei Friedland am 14. 6. fand sich Kaiser Alexander I. unter dem Druck nationalrussischer Kräfte in der Armee zur Verständigung bereit. Im Frieden von Tilsit (7.–9. 7.) rettete Russland zwar die Existenz Preußens, das jedoch durch territoriale Verluste westlich der Elbe und in Polen zu einer Macht zweiten Ranges herabsank. Russland trat der Kontinentalsperre bei und erhielt freie Hand zum Erwerb des schwedischen Finnland. Napoleon, dem sich auch Dänemark anschloss, stand jetzt auf dem Höhepunkt seiner Macht.

Der Krieg auf der Pyrenäenhalbinsel 1808–14 führte zu ersten Rückschlägen: Da Portugal, verbündet mit Großbritannien, der Kontinentalsperre nicht beitrat, erklärte Napoleon die Dynastie Bragança für abgesetzt; eine französische Armee besetzte das Land. 1808 gab ein dynastischer Streit in Spanien Napoleon Gelegenheit, König Karl IV. und den Kronprinzen zum Thronverzicht zugunsten seines Bruders Joseph zu zwingen. Der dadurch provozierte Aufstand des spanischen Volkes, der durch eine britische Armee unter Wellington unterstützt wurde, führte zum persönlichen Eingreifen Napoleons. Trotz mehrerer Siege und der zeitweiligen Vertreibung der Briten aus Spanien gelang Wellington am 21. 6. 1813 schließlich bei Vitoria der entscheidende Sieg über die französische Hauptarmee. Ein Waffenstillstand wurde aber erst nach Napoleons Abdankung geschlossen (18. 4. 1814).

Ermutigt durch den Widerstand, den Napoleon in Spanien fand, und in der Hoffnung auf eine allgemeine Erhebung in Deutschland plante Österreich seit Ende 1808 den Krieg gegen Frankreich. Bald nach der Erhebung in Tirol unter Andreas Hofer rückte die österreichische Hauptarmee seit April 1809 in Bayern ein. Erzherzog Karl konnte zwar bei Aspern am 21./22. 5. Napoleon die erste Niederlage beibringen, wurde jedoch bei Wagram wenig Wochen später geschlagen. Am 12. 7. wurde der Waffenstillstand von Znaim geschlossen. Die Hoffnung Österreichs auf deutsche Bundesgenossen, besonders auf Preußen, und auf russische Unterstützung war fehlgeschlagen. Im Frieden von Schönbrunn verlor Österreich am 14. 10. seine adriatischen Küstenländer (»Illyrischen Provinzen«), Westgalizien und einen Teil Ostgaliziens, Salzburg und das Innviertel. Die Napoleonischen Kriege fanden ihre Fortsetzung im Russischen Feldzug von 1812 und in den →Befreiungskriegen.

Nasriden. Die aus dem 13. und 14. Jh. stammende Palaststadt Alhambra (»die Rote«) gibt noch heute eine Vorstellung dessen, was die nasridischen Herrscher im Süden der Iberischen Halbinsel als Erbe hinterließen. Bei der Reconquista fiel Granada schließlich 1492 als letzte islamische Bastion.

Narodniki [russ. »Volkstümler«], die Anhänger einer in Russland von den 1860er-Jahren bis um die Jahrhundertwende weit verbreiteten literarischen und politischen Richtung. Durch das Studium des Lebens auf dem Lande und der sozialen und sittlichen Vorstellungen der Bauern kamen die Narodniki zu der Forderung, dass aus der Kraft und der Tradition des russischen Landvolks eine neue Gesellschaftsordnung – abseits und ungestört vom System des westlichen Kapitalismus – erwachsen müsse. Sie gingen hierbei von einem Agrarkommunismus aus, der durch gezielte Agitation im Volk für die gesellschaftliche Erneuerung in Russland nutzbar gemacht werden sollte. Die Partei der Sozialrevolutionäre führte die Gedanken der Narodniki weiter.

Narses, Feldherr des byzantinischen Kaisers Justinian I., * im persischen Armenien um 480, † Rom 574; Eunuch und Günstling der Theodora. Seit der Niederschlagung des Nikaaufstands 532 leitete Narses Hofhaltung und Leibwache. Als Nachfolger Belisars in Italien schlug er 552 die Ostgotenkönige Totila und Teja sowie die nachziehenden Alemannen und Franken. Narses reorganisierte bis zu seiner Abberufung 567 die Verwaltung Italiens.

Nasriden, Banu l-Ahmar [-ˈax-], die letzte arabische Dynastie in Granada, begründet 1232 von Mohammed Ibn Jusuf Ibn Nasr, genannt Ibn al-Ahmar, als Sultan Mohammed I., der 1237 Granada einnahm. Unter der Herrschaft der Nasriden blühte der maurische Stil, bezeugt u. a. durch den Bau der Alhambra. Der letzte nasridische Herrscher Mohammed XII. unterlag 1492 den Katholischen Königen.

Nasser, Abd el-Nasser, Abd an-Nasir, Gamal, ägyptischer Politiker, * Beni Mor (Provinz Assiut) 15. 1. 1918, † Kairo 28. 9. 1970; war Offizier und Oberst; zeichnete sich im Palästinakrieg (1948–49) aus. Nasser beteiligte sich maßgeblich an der Gründung des »Komitees der freien Offiziere«, das im Juli 1952 den König von Ägypten, Faruk I., stürzte. Bis April 1954 gelang es Nasser als Oberbefehlshaber der Streitkräfte, stellvertretender Ministerpräsident und Innenminister seinen Gegner General Ali Nagib als Ministerpräsident und im November 1954 auch als Staatspräsident zu verdrängen; 1956 wurde Nasser – nach Einführung des Präsidialsystems – von der Bevölkerung zum Staatspräsidenten gewählt. Mit der Verstaatlichung des Suezkanals (1956) und der Verteidigung dieser Maßnahme in einer internationalen politisch-militärischen Kraftprobe gewann er im gesamten arabischen Raum eine Führerstellung, besonders im Kampf gegen Israel. Im Sinn der panarabischen Bewegung unterstützte er den algerischen »Front de Libération Nationale« (FLN) im Kampf um die Unabhängigkeit Algeriens von Frankreich (1954–62). 1958 führte er den Zusammenschluss von Syrien und Ägypten zur »Vereinigten Arabischen Republik« (VAR) herbei, deren Präsident er gleichzeitig wurde. Das Engagement Ägyptens im jemenitischen Bürgerkrieg bewirkte jedoch innerarabische Spannungen. Nach dem Scheitern der VAR 1961 suchte Nasser die Wirtschafts- und Sozialstruktur seines Landes unter der Leitidee eines »arabischen Sozialismus« zu verbessern und bemühte sich daher – ohne Rücksicht auf den Ost-West-Konflikt – um Wirtschaftshilfe aus den hoch industrialisierten Ländern Europas und Nordamerikas. 1964 wurde er als Staatspräsident wieder gewählt.

International trat Nasser als ein Sprecher der blockfreien Staaten und als Förderer der Unabhängigkeit der Völker Afrikas hervor. In der Auseinandersetzung mit Israel lehnte er sein Land eng an die kommunistischen Staaten an, besonders an die UdSSR. Mit der Sperrung des Golfes von Akaba für israelische Schiffe löste Nasser 1967 den Sechstagekrieg (→Nahostkonflikt) aus.

GAMAL NASSER
* 1918 † 1970

- war 1952 maßgeblich am Sturz des ägyptischen Königs Faruk I. beteiligt
- wurde 1956 zum Staatspräsidenten gewählt
- erreichte die Verstaatlichung des Suezkanals
- trat für einen Panarabismus ein
- löste 1967 mit der Sperrung des Golfes von Akaba für israelische Schiffe den Sechstagekrieg aus

Nation [französ., von latein. natio, nationis »das Geborenwerden«, »Geschlecht«, »Volk(sstamm)«], Begriff, der im historischen und politischen, aber auch im kulturphilosophischen und staatsrechtlichen Denken des 19. und 20. Jh. den Rahmen bezeichnet, innerhalb dessen sich Menschen neben kultureller Eigenständigkeit v. a. eine politische Selbstständigkeit (Souveränität) unter dem Verweis auf eine als gemeinsam angenommene Geschichte, Tradition, Kultur und Sprache zumessen.

Die politische Zielsetzung drückt sich dabei insbesondere in der Tendenz aus, Nation und (National-)Staat zur Deckung zu bringen. Der seit der Französischen Revolution (1789) und den antinapoleonischen Befreiungsbewegungen in Europa in den Vordergrund getretene Nationsbegriff zielt v. a. auf die politische Handlungsfähigkeit des Nationalstaates, sowohl im Hinblick auf die politische Souveränität im internationalen Zusammenhang als auch auf die Garantie von Menschen- und Bürgerrechten im Rahmen eines Verfassungsstaats oder hinsichtlich innenpolitischer autonomer Handlungs- und Entscheidungsmöglichkeiten. Die Zuordnung einzelner Bevölkerungsteile kann dabei zwischen verschiedenen Nationen strittig sein; sie verläuft teilweise in Konkurrenz, teilweise in Überschneidung zu anderen Zuordnungsmöglichkeiten. Die Nation beansprucht seit dem 19. Jh. für sich allgemein die höchste Loyalität.

GESCHICHTE: In der Antike und noch lange im Mittelalter bezeichnete der lateinische Begriff »natio« die Abstammung oder den Herkunftsort einer Person, v. a. in Bezug auf politisch nicht organisierte Bevölkerungen. Im Rahmen der seit dem Hochmittelalter entstandenen Universität wurde Nation als Herkunftsbezeichnung im Sinne der Zurechnung zu einer Region oder Landschaft benutzt. Die Konzilien des Spätmittelalters brachten einen weiteren, bereits auf den modernen Gebrauch vorausweisenden Bedeutungszusammenhang, der das Prinzip der Repräsentation aufnahm, indem der Begriff Nation verwendet wurde, um abstimmungsberechtigte Untergruppen zu bezeichnen. Hiermit gewann der Begriff seine Qualität als Rahmenkategorie, zugleich trat aber das Dilemma der Abgrenzung und der Verbindlichkeit der jeweils als Nation angesprochenen Menschengruppe auf.

Bis ins 18. Jh. standen regionale und soziale Bezeichnungen gleichberechtigt neben anderen Definitionen des Nationsbegriffs, in denen zunehmend der Aspekt politischer Souveränität hervortrat, wie er in den frühneuzeitlichen Territorialstaaten und im Zuge der Ausbildung absolutistischer Herrschaft entwickelt worden war. Während Montesquieu noch auf die Gruppenordnung der ständischen Gesellschaft Bezug nahm und bei Goethe noch ein vorpolitischer sozialer Zusammenhang nachweisbar ist, gewann der moderne Nationsbegriff seine auf Staatsnation und Staatsvolk abzielende, explizit politische Bedeutung zunächst in den Auseinandersetzungen um die politische Herrschaft in der Zeit der Französischen Revolution anlässlich der Frage, wer der legitime Repräsentant der Gesellschaft sei.

Eine weitere Stufe der Ausformulierung des Begriffs in einem modernen Sinn stellten die Reaktionen liberaler, auf Unabhängigkeit und politische Selbstbestimmung zielender antinapoleonischer Bewegungen in den von Frankreich okkupierten Ländern dar, aber auch die Erhebungen gegen die spanische Kolonialherrschaft in Lateinamerika. In Europa entwickelten sich weitere nationale Bewegungen in Reaktion auf die durch den Wiener Kongress von 1814/15 bewirkte Restauration und prägten in der Zeit des Vormärz in vielfältiger Weise die Politik (u.a. Befreiungskampf der Griechen gegen das Osmanische Reich, polnische Aufstände gegen die russische Herrschaft).

Während sich in der ersten Hälfte des 19. Jh. v.a. in den Strömungen gegen bestehende Herrschaftsordnungen egalitäre, demokratische und auf politische Souveränität zielende Vorstellungen verbanden, setzte sich in der zweiten Hälfte des 19. Jh. der auf politische Unabhängigkeit, dann aber auch auf Hegemonie, Suprematie und Dominanz (»Chauvinismus«) zielende Aspekt durch. Dabei wurde der Mangel demokratischer Teilhabe am Staat durch politisch instrumentalisierte Feindbestimmungen und den Hinweis auf angeblich wachsende äußere Bedrohungen der Staatsnation kompensiert. Durch die Berufung auf äußeren Druck konnte so im Namen der Nation innere Homogenität erzwungen werden (z.B. »Burgfriede« der Fraktionen des Deutschen Reichstages von 1914). Demgegenüber hat gerade die Erfahrung der nationalen Hybris als Ursache der beiden Weltkriege in der zweiten Hälfte des 20. Jh. verstärkt zur kritischen Infragestellung der Nation als Rahmenvorstellung politischen Handelns geführt. Wachsende internationale Verflechtungen und Abhängigkeiten – aber auch abermals nun verschiedenen Nationen gemeinsame Feindbilder – und nicht zuletzt der Eindruck einer verbindenden Verantwortung gegenüber der nuklearen Bedrohung führten zur Entwicklung vielfältiger Formen übernationaler Zusammenarbeit wie u.a. im Rahmen der Vereinten Nationen. Zugleich wurden die Vorstellungen wieder stärker betont, die den Begriff Nation mit der Realisierung innerstaatlicher Gleichheit, mit den Möglichkeiten eines geregelten inner- und zwischenstaatlichen Zusammenlebens sowie mit politischer Partizipation und der Gewährung von Menschenrechten verbanden.

Die Auflösung des Ostblocks und der Zerfall der UdSSR am Beginn der 1990er-Jahre spiegeln neben dem Verlangen nach Menschen- und Bürgerrechten sowie dem Wunsch nach ökonomischem Fortschritt v.a. auch eine Renaissance des Nationendenkens wider. Dieser Wunsch, eine politische Einheit auf der Basis einer als Nation vorgestellten Gemeinschaft zu schaffen, führt aber nicht nur zu Konflikten mit jeweils dominierenden (nationalen) Gruppen und Herrschaftseliten, sondern auch zu erneuten Zurechnungs- und Abgrenzungsproblemen wie z.B. den »ethnischen Säuberungen« im ehemaligen Jugoslawien. Zeitgleich mit diesen Entwicklungstendenzen vollzieht sich in weiten Teilen der Dritten Welt eine Hinwendung zu anderen Integrationsideen bzw. Bezugsgrößen (z.B. Religion, Ethnie), die ihrerseits Ansatzpunkte für eine Nationenbildung sein können (z.B. Kaschmir, Kurden) und sich zum Teil (wieder) auf eine überstaatliche Idee (z.B. Panarabismus, Islam) stützen.

Nationalismus, eine Ideologie, die auf der Grundlage eines bestimmten Nationalbewusstseins den Gedanken der Nation und des Nationalstaates militant nach innen und außen vertritt. Sie sucht durch nationale Identifikation, aber auch durch Assimilation oder gewalttätige Gleichschaltung soziale Großgruppen zu einer inneren Einheit zu verbinden und gegen eine anders empfundene Umwelt abzugrenzen. In seinen vielfältigen Erscheinungsformen ist der Nationalismus an keine bestimmte Gesellschafts- oder Staatsform gebunden.

NATIONALISMUS. ***»Wunder von Wankdorf«***

Durch Völkermord und Krieg diskreditiert, trug der Nationalismus in Europa nach 1945 neue Züge. Nationaler Überschwang zeigte sich besonders bei sportlichen Wettkämpfen. So hatte der Erfolg der Fußballnationalmannschaft um Sepp Herberger und Fritz Walter bei der Weltmeisterschaft von 1954 zweifellos größere Auswirkungen auf die damalige deutsche Gesellschaft als irgendein anderes Sportereignis zuvor. Nicht wenige halten jenen 4. 7. 1954 und das im folgende Hochgefühl des »Wir sind wieder wer!« für einen Wendepunkt im nationalen Selbstbewusstsein. DFB-Präsident Peco Bauwens bezeichnete den 3:2-Sieg über Ungarn, errungen im Berner Wankdorf-Stadion, in sprachlich entgleisender Art sogar als *»Repräsentanz besten Deutschtums im Ausland«*. Bundespräsident Theodor Heuss wies ihn daraufhin zurecht: *»Der gute Bauwens... meint offenbar, gutes Kicken ist schon gute Politik.«*

Das Bewusstsein eines Anders- und Besondersseins verbindet sich im Nationalismus oft mit einem starken Sendungsbewusstsein. Die Hochschätzung der eigenen Nation, der Vorrang, der ihren Rechten und Interessen besonders auf territorialem oder wirtschaftlichem Gebiet eingeräumt wird, geht häufig einher mit der Geringschätzung, gar Verachtung anderer Völker oder nationaler Minderheiten. Das nationale Interesse wird zum alleinigen Maßstab des politischen Handelns, besonders im Chauvinismus.

GESCHICHTE: Historisch gesehen, entsteht der Nationalismus als Ideologie von Gesellschaftsschichten (z. B. des Bürgertums), die infolge wirtschaftlicher und sozialer Wandlungsprozesse aufsteigen, oder als Ideologie eines sich seiner Originalität bewusst werdenden Volkes gegenüber einem übernationalen Herrschaftsverband oder einer Kolonialmacht. Als politische Maxime gewann der Nationalismus seit der Französischen Revolution von 1789 infolge seiner Verbindung mit der liberalen Idee der Selbstbestimmung und dem demokratischen Gedanken der Volkssouveränität große Bedeutung. Unter Einschluss von Gewalt suchten im 19. Jh. bestimmte Nationalbewegungen z. B. in Griechenland, Italien, Ungarn und Deutschland ihre soziale Großgruppe, meist durch die Vorstellung einer gemeinsamen Geschichte, Kultur und Sprache verbunden, als Nation politisch in einem Nationalstaat zusammenzufassen. Bestehende Nationalstaaten aktivierten den Nationalismus nicht allein zur inneren Festigung der Nation, sondern auch zur Ausdehnung ihres Territoriums und ihrer Macht nach außen. So war der Gewinn der »Rheingrenze« ein besonderes Anliegen des französischen, der Gewinn der »Brennergrenze« ein Ziel des italienischen Nationalismus. In der nationalistisch bestimmten Außenpolitik v. a. von Großmächten trat das Streben nach Vorherrschaft hervor. Im Wettlauf um Einfluss und Weltgeltung, um Rohstoffquellen und Absatzmärkte entwickelte sich der Nationalismus seit dem 19. Jh. zur Triebfeder von →Kolonialismus und →Imperialismus. All diese Tendenzen fanden ihren Höhepunkt zu Beginn des 20. Jh. im Ersten Weltkrieg. Dabei spielte im Hinblick auf Deutschland und Japan die enge Verbindung von Nationalismus und Militarismus eine große Rolle. Nach 1918 traten besonders der →Faschismus und der →Nationalsozialismus als die aggressivsten Formen des Nationalismus hervor, nach innen in Gestalt einer totalitären Diktatur, nach außen durch unbedenklich ausgelöste Angriffskriege. Nach 1945 wurde der Nationalismus in Europa (z. T. auch als Folge der Weltkriegserfahrungen) von neuen internationalen Bündnisbeziehungen sowie supranationalen Integrationsvorgängen überlagert, bis 1989/91 auch geprägt durch die Bipolarität im Ost-West-Konflikt.

Im Rahmen der Entkolonialisierung in Asien, Afrika und Ozeanien wirkte der Nationalismus als Mittel sozialer Integration und innerer Stabilisierung und trug zur Überwindung der kolonialen Abhängigkeit bei. In Verknüpfung mit sozialrevolutionären Kräften entfaltete er im Rahmen von Guerillabewegungen eine starke militärische Kraft (→Indochinakrieg, →Vietnamkrieg). Mit dem Erstarken des islamischen Fundamentalismus nach 1979 gewann der Nationalismus besonders im arabischen Raum an politischer Bedeutung. Durch die globale Wende 1989/91, dem Ende des Kalten Krieges, wurde der Nationalismus häufig zum neuen Orientierungsmodell und führte mit dem Zerfall multinationaler Staaten (UdSSR, Jugoslawien) z. T. zu ethnischen Konflikten. Mit der fortschreitenden Verschmelzung der Weltwirtschaft (»Globalisierung«) sowie der Schaffung neuer politischer Großeinheiten wie z. B. der EU gehen Prozesse der »Renationalisierung« und Regionalisierung einher.

Eine besondere Spielart des Nationalismus sind in seiner Entwicklung die »Pan«-Bewegungen wie z. B. die →panarabische Bewegung oder der →Panslawismus.

Nationalkomitee »Freies Deutschland«, Abk. **NKFD,** im Zweiten Weltkrieg von der sowjetischen Regierung gestützte Organisation deutscher Kriegsgefangener (v. a. Überlebende der Schlacht von Stalingrad) und kommunistischer Emigranten (u. a. Wilhelm Pieck, Walter Ulbricht, Erich Weinert). Das NKFD wurde am 12./13. 7. 1943 in Krasnogorsk gegründet; es verschmolz im September 1943 mit dem »Bund Deutscher Offiziere« (BdO). Beide Organisationen gaben das Wochenblatt »Freies Deutschland« heraus. Präsident wurde Weinert, Vizepräsident General Walther von Seydlitz. Durch Flugblätter, Rundfunksendungen (Sender »Freies Deutschland«) und Lautsprecheransagen rief das NKFD die in Russland kämpfenden Angehörigen der deutschen Wehrmacht zum Sturz Adolf Hitlers und zur Beseitigung des nationalsozialistischen Regimes auf. Nach 1945 erhielten zahlreiche Angehörige des NKFD, das im November 1945 aufgelöst wurde, Schlüsselstellungen in der Sowjetischen Besatzungszone bzw. DDR.

Nationalkonvent,

1. 1792–95 die französische Volksvertretung, deren Ausschüsse, u. a. der →Wohlfahrtsausschuss, die Exekutive ausübten. (→Französische Revolution)

2. in den USA Bezeichnung für die seit 1832 alle vier Jahre stattfindenden Parteikongresse, deren von den Einzelstaaten und Territorien bestimmte Delegierte die Kandidaten für die Ämter des Präsidenten und Vizepräsidenten wählen und das Wahlprogramm formulieren.

Nationalliberale Partei, aus der Deutschen Fortschrittspartei zunächst als »neue Fraktion der nationalen Partei« am 17. 11. 1866 hervorgegangene politische Gruppierung, die sich im Februar/März 1867 im Norddeutschen Reichstag als »Fraktion der Nationalliberalen Partei« bezeichnete und am 12. 6. 1867 ihr Gründungsprogramm veröffentlichte. Zunächst verstand sich die Nationalliberale Partei als Partei des Besitz- und Bildungsbürgertums, vielfach auch des Mittelstandes. Nach der Reichsgründung, die die Nationalliberale Partei unter Hintanstellung ihrer liberalen

Grundsätze unterstützte, wurde sie 1871–81 stärkste Partei im Reichstag. Während des →Kulturkampfs waren die Nationalliberalen die parlamentarische Stütze Otto von Bismarcks, jedoch spaltete dessen Schutzzollpolitik 1879 die Partei. Nach dem Austritt einer schutzzöllnerisch orientierten Gruppe und dem Sichablösen der Liberalen Vereinigung verblieb die Nationalliberale Partei eine Partei mittlerer Größe, die ihre Stellung mit der deutlichen Betonung der nationalstaatlichen Interessen sowie dem weiteren Eintreten für die Politik Bismarcks nochmals festigte.

Der seit der Gründung bestehende Gegensatz zwischen nationalstaatlicher Machtstaatsidee und liberalem Rechtsstaatsdenken stürzte die Partei im Ersten Weltkrieg in eine Existenzkrise. Mit dem politischen Neubeginn setzte ein innerer Auflösungsprozess ein, der nach der Novemberrevolution 1918 zur Auflösung der Nationalliberalen Partei führte. Ein Teil ihrer Anhänger schloss sich der →Deutschen Demokratischen Partei an, ein anderer trat der von Gustav Stresemann gegründeten →Deutschen Volkspartei bei, während eine Minderheit sich 1924 in der Nationalliberalen Reichspartei fand, die 1925 in der Deutschnationalen Volkspartei aufging.

Nationalsozialer Verein, im November 1896 auf Betreiben von Friedrich Naumann, Max Weber u.a. gegründete politische Vereinigung, die sich besonders an die nicht konservativen Mitglieder der Christlich-sozialen Partei wandte. Der Nationalsoziale Verein trat für die Umgestaltung von Staat und Wirtschaft, ein »soziales Kaisertum« sowie die Gewinnung der Arbeiterschaft im Sinne nationalen und staatsbejahenden Gedankenguts ein. Mit seinem Ziel, eine politische Organisation als Gegenpol zur SPD aufzubauen, scheiterte der v.a. das politisch interessierte Bildungsbürgertum ansprechende Nationalsoziale Verein; 1903 löste er sich auf.

Nationalsozialismus, völkisch-antisemitisch-national-revolutionäre Bewegung in Deutschland (1919–45), die sich 1920 als Nationalsozialistische Deutsche Arbeiterpartei (NSDAP) organisierte und unter Führung Adolf Hitlers in Deutschland 1933 eine Diktatur errichtete. Der Nationalsozialismus wird – in Wissenschaft und Publizistik nicht unumstritten – auch als besonders radikale Form des →Faschismus gesehen.

ANFÄNGE: Die NSDAP ging aus der Deutschen Arbeiterpartei hervor, einer der vielen Protestgruppen im völkisch-antisemitischen Milieu Münchens, gegründet am 5. 1. 1919 von dem Schlosser Anton Drexler. Im September 1919 schloss sich Hitler der Partei an. Am 24. 2. 1920 gab die in NSDAP umbenannte Partei ihr von Drexler und Hitler zusammengestelltes 25-Punkte-Programm bekannt, das eine wirksame Kombination von kleinbürgerlichem Vulgärsozialismus (→Sozialismus), den damals gängigen völkisch-nationalistischen Ideen, einem radikalen →Antisemitismus und Rassismus darstellte; Ziele waren u.a. die Schaffung eines Großdeutschland in den »Volkstumsgrenzen«, die Rückgewinnung der Kolonien, die Verstaatlichung der Großunternehmen, die »Brechung der Zinsknechtschaft« sowie die Verweigerung der Staatsbürgerrechte gegenüber den Juden und ihre Ausweisung aus dem Deutschen Reich.

NATIONALSOZIALISMUS. ***»Gleichschaltung« Deutschlands***

Mit der Ausschaltung des Reichstags im Rücken und gestützt auf die in Kraft bleibenden und neu hinzukommenden Notverordnungen, leitete die Regierung Adolf Hitlers im Frühjahr 1933 die Politik der »Gleichschaltung« ein. Die Länder verschwanden ebenso wie die politischen Parteien und die Gewerkschaften, NS-Parteifunktionäre gelangten in großer Zahl in staatliche und kommunale Ämter. Mit dem Ziel einer Verschmelzung von Staat und Gesellschaft, also der Abschaffung dessen, was zu den Errungenschaften der westlichen Moderne gehörte, entfaltete sich in Deutschland ein »Doppelstaat«, gekennzeichnet durch das Nebeneinander von überkommenem »Normenstaat« und nationalsozialistischem »Maßnahmenstaat« (wie der Jurist Ernst Fraenkel, einer von rund 300000 deutschen Juden, denen die Flucht vor der Vernichtung gelang, treffend konstatierte).

Hitler, zunächst Werbeobmann der NSDAP, wurde nach innerparteilichen Differenzen mit Drexler im Juli 1921 Vorsitzender der Partei und erhielt in einer neuen Parteisatzung eine fast unangreifbare Führungsstellung. Von den anderen »rechten« Parteien unterschied sich die NSDAP v.a. durch die Intensität und Radikalität ihrer Propaganda und die extreme antisemitische Agitation unter Verwendung aggressiver Werbemaßnahmen. Hitler gewann bald einflussreiche Gönner und Freunde aus Bürokratie, Militär (u.a. Erich Ludendorff) und Großbürgertum, die der Exaltiertheit des Agitators eine gesellschaftliche Absicherung boten. Die Mitglieder der NSDAP kamen zunächst aus den aufgelösten militärischen und paramilitärischen Verbänden (Freikorps). Das führte zu einem schnellen Anwachsen der →SA, die mehr und mehr zu einem parteiunabhängigen, wenngleich auf Hitler verpflichteten Wehrverband wurde. Zulauf erhielt die NSDAP auch aus vorwiegend mittelständischen Schichten, die von Inflation und sozialem Statusverlust betroffen waren. Sie wurden von der radikalen Agitation gegen den Friedensvertrag von Versailles und gegen die Weimarer Republik angezogen.

Die frühe NSDAP verstand sich nicht als Partei, sondern als revolutionäre Bewegung, die auf dem Weg eines Putsches nach dem Vorbild von Benito Mussolinis »Marsch auf Rom« (1922) die verhasste Weimarer Republik von Bayern aus beseitigen wollte. Im

Herbst 1923 glaubte Hitler, der von Putschplänen nationalkonservativer und militärischer Kreise wusste, den schweren Konflikt zwischen der bayerischen Regierung, vertreten durch Generalstaatskommissar Gustav Ritter von Kahr, und der Reichsregierung nutzen zu können, um das Zeichen zu einer »nationalen Erhebung« gegen die Reichsregierung und zur Errichtung einer »nationalen Diktatur« zu geben. Der →Hitlerputsch am 8./9. 11. 1923 brach jedoch mit der blutigen Auflösung eines bewaffneten Demonstrationszuges am 9. 11. 1923 zusammen. Die NSDAP wurde verboten und Hitler am 1. 4. 1924 in einem Hochverratsverfahren zu fünf Jahren Festungshaft in Landsberg verurteilt, aus der er aber bereits am 20. 12. 1924 vorzeitig entlassen wurde.

WELTANSCHAUUNG UND PROGRAMM: Die nationalsozialistische Weltanschauung, die Hitler v. a. in »Mein Kampf« (1924/25) und in seinem »Zweiten Buch« (1928) darlegte, ist keine im Einzelnen ausgearbeitete, von Widersprüchen freie Lehre. Im Zentrum stehen ein radikaler, universaler, rassisch begründeter Antisemitismus und die Lebensraumdoktrin. Ausgangspunkt ist die Auffassung von Geschichte als einem stetigen Kampf der Völker um Selbsterhaltung und um Sicherung und Vermehrung des dazu notwendigen »Lebensraums«. Siegreich bleibe jeweils das stärkere, d. h. »rassisch wertvollere« Volk; als Endziel der Geschichte propagierte Hitler die Herrschaft eines »Herrenvolkes«. Im Rahmen dieses rassistischen, die Ebenbürtigkeit aller Menschen verneinenden Denkschemas bildet sich die »rassisch wertvolle« Persönlichkeit aus, die einen Führungsanspruch gegenüber der sich unterordnenden Volksgemeinschaft erheben dürfe. Im Zuge dieser Vorstellungen entwickelte Hitler das →Führerprinzip. Im Judentum sah Hitler den Gegner dieser »Naturgesetze«: Unfähig, einen Staat zu bilden, versuche das jüdische Volk, durch Vermischung mit rassisch höheren und Versklavung von produktiv tätigen Völkern sich selbst zu erhalten; als Mittel dienten ihm dabei Kapital und Propaganda. In den Bahnen seines rassistischen Denkens schrieb Hitler diesen Bestrebungen des jüdischen Volkes neben dem Kapitalismus auch die Existenz aller internationalen Bewegungen zu (z. B. Marxismus, Bolschewismus, Demokratie, Pazifismus, Liberalismus), da sie den unterschiedlichen Rassenwert missachteten und die Völker vom naturgewollten Lebenskampf abhielten. Für das deutsche Volk ergab sich nach Hitlers Lesart daher die zentrale Aufgabe, die Juden zu bekämpfen und im wiederhergestellten Lebenskampf neuen Lebensraum zu erobern. Der Krieg galt dabei als ein legitimes Mittel.

Zur Verwirklichung seiner Ziele entwickelte Hitler 1919–26/28 vor dem Hintergrund seiner Bewertungen des Ersten Weltkrieges und der Weimarer Republik ein politisches Konzept, in dem der Außenpolitik der Primat eingeräumt wurde und die anderen Bereiche der Politik in deren Dienst gestellt wurden. Dem Staat kam dabei die Aufgabe der weltanschaulichen Ausrichtung der gesamten Bevölkerung zu. Es lassen sich zunächst drei Phasen unterscheiden: 1) innere Erneuerung des Volkes, Aufrüstung, Bündnisabschluss mit Großbritannien und Italien; 2) Krieg gegen Frankreich, um dessen Hegemonie zu beseitigen und die eigentliche Expansion nach Osten abzusichern; 3) Eroberungskrieg gegen die Sowjetunion zur Gewinnung neuen Lebensraumes für das deutsche Volk. Demgegenüber hatte das Parteiprogramm der NSDAP von 1920 wenig Bedeutung. Weite Teile wurden totgeschwiegen und völlig missachtet (z. B. die Punkte sozialistischen Inhalts).

AUFSTIEG ZUR MASSENPARTEI: Nach seiner Entlassung aus der Haft wurde Hitler zum Sammelpunkt beim Wiederaufbau der NSDAP, die durch eine veränderte politische Strategie und einen anderen Parteiaufbau ein neues Profil erhielt: So wurde die Putschtaktik durch eine Legalitätstaktik ersetzt, ohne dass damit der politischen Gewalt abgeschworen wurde; überdies wurde die am 27. 2. 1925 neu gegründete Partei auf ganz Deutschland ausgedehnt, regional gegliedert und auf Reichsebene straff organisiert. Die paramilitärische Parteigliederung der SA hatte sich nun der politischen Führung unterzuordnen.

1926 wurde als Jugendorganisation der nationalsozialistischen Kampfverbände der Bund deutsche Arbeiterjugend, die spätere →Hitler-Jugend (HJ), gegründet. Weitere Sonderorganisationen und Berufsverbände folgten mit dem Ziel der Mobilisierung und Erfassung der heterogenen Mitglieder- und Anhängerschaft. Mit der am 9. 11. 1925 zum Schutz der Parteiführerschaft gegründeten »Schutzstaffel« (→SS) wurde eine konkurrierende Gruppierung zur SA geschaffen. Seit 1925/26 gelang es der Münchner Reichsleitung der Partei um Hitler, sich allmählich gegen zentrifugale Tendenzen durchzusetzen und auch die ideologisch-propagandistische Alleinvertretung zu behaupten. Die Erfolge der NSDAP blieben 1924–29 dennoch beschränkt (2,6% der Stimmen bei den Reichstagswahlen von 1928).

Seit 1929/30 begann vor dem Hintergrund der Weltwirtschaftskrise und der deutschen Staatskrise der Aufstieg der NSDAP zur Massenpartei. Sie wurde seit der Reichstagswahl vom 14. 9. 1930, bei der sie 18,3% der Stimmen erhielt, zu einem großen Machtfaktor, dessen radikale Agitation die politische Krise der Weimarer Republik noch beschleunigte. Mit der Verschärfung der Wirtschafts- und Staatskrise stieg ihre Erfolgskurve bei den folgenden Landtags- und Reichstagswahlen stark an. Ihren Höhepunkt erreichte sie bei den Reichstagswahlen am 31. 7. 1932 mit 37,8 % der Stimmen. Was die NSDAP attraktiv machte, waren nicht konkrete soziale und politische Programme, sondern die Wirksamkeit des Kults um Hitler, der als Retter und Erneuerer erwartet und bejubelt wurde. Der naive Glaube an die Erneuerungskraft und die Überwindung der Partei- und Klassenspaltungen in einer neuen »Volksgemeinschaft« erhielt im Augenblick einer tiefen sozialen und mentalen Krise durch die Radikalität des Auftretens der »Hitlerpartei« zusätzliche Nahrung. Die Volksgemeinschaftsparole sprach darüber hinaus restaurative Sehnsüchte nach Erhalt vormoderner Sozialordnungen sowie die Hoffnungen anderer Gruppen auf soziale Mobilität und Modernisierung an. Die NSDAP verband Methoden der Daueragitation und Massenregie mit terroristischer Gewalt in Form von Saal- und Straßenschlachten und der Sprengung gegnerischer Veranstaltungen.

Eine kontinuierliche finanzielle Förderung der NSDAP durch die Großindustrie ist nicht belegt. Die Finanzierung der gewaltigen Propagandakampagnen der NSDAP erfolgte in erster Linie durch die Mitglieder und ihre Beiträge, dann durch Hilfe von Sympathisanten sowie v. a. durch kleinere und mittlere Betriebe. Wichtiger war die Rolle der Großwirtschaft und anderer traditioneller Machteliten bei der Zerstörung der parlamentarischen Demokratie zugunsten einer autoritären Staatsform, die sich am Ende gegen den Ansturm der nationalsozialistischen Massenbewegung nicht behaupten konnte.

Hitlers Weg zur Macht war weder geradlinig noch unaufhaltsam. Seine Doppelstrategie des Ausbaus einer eigenen, ungeteilt verfügbaren Massenbewegung und taktischer Bündnisse mit den traditionellen Machtgruppen in Politik, Bürokratie, Militär und Wirtschaft war in der NSDAP nicht unumstritten und erfuhr immer wieder Rückschläge entweder durch terroristische Ausbrüche der SA oder durch Zurückweisungen seitens der erhofften konservativen Bündnispartner. Dabei erhofften sich die nationalkonservativen Kräfte vom Bündnis mit der wählerstärksten Partei eine Massenbasis und eine plebiszitäre Legitimation ihres autoritären politischen und gesellschaftlichen Programms. Hitler brauchte

NATIONALSOZIALISMUS — ***»Machtergreifung«***

Die Frage, ob der Aufstieg Adolf Hitlers unaufhaltsam war, ist schwer zu beantworten. Es hängt nicht zuletzt vom Standpunkt des Historikers ab, ob er in den gegebenen Verhältnissen der Weimarer Republik einen Spielraum für eine alternative Entwicklung sieht. Von besonderem Interesse ist zudem die Frage, ob es die Zerstrittenheit der Linken oder die an einem »starken« Staat interessierte Rechte war, die die NS-Diktatur ermöglichte.

Unbestreitbar aber ist, dass Hitler auf legalem Weg Reichskanzler wurde. Der von den Nationalsozialisten geprägte und heute noch oft gebrauchte Begriff der »Machtergreifung« ist insofern unangemessen. Als Reichspräsident Paul von Hindenburg auf Drängen des rechten Zentrumspolitikers Franz von Papen am 30. 1. 1933 Hitler zum Kanzler ernannte, war dies ein völlig normaler Regierungswechsel innerhalb des Präsidialregimes der Weimarer Republik. Dem neuen »Kabinett der nationalen Konzentration« gehörten außer Hitler nur noch zwei Nationalsozialisten an. Doch Hitler ließ sich von den starken Persönlichkeiten, die ihn in dem konservativen Kabinett einrahmten, nicht etwa »zähmen«, wie es Papen erhofft hatte, sondern konnte innerhalb von wenigen Monaten alle rechtlichen Hindernisse beseitigen, die seinem diktatorischen Machtanspruch entgegenstanden. Dazu instrumentalisierte er Ereignisse wie den Reichstagsbrand (27. 2. 1933), den er erfolgreich zum Anlass für die Suspendierung der wichtigsten Grundrechte nahm, die u. a. eine Welle von Verhaftungen, vor allem kommunistischer Funktionäre, zur Folge hatte.

umgekehrt ihre Unterstützung, um die Kluft zu schließen, die seine nicht etablierte Protestpartei trotz ihrer Wahlerfolge noch immer von der Macht trennte. Zugleich schrumpfte der politische Handlungsspielraum der verfassungstreuen Kräfte, bis sich in der Endphase die Präsidialregierung unter Franz von Papen nur noch auf extrem rechte Gruppen stützen konnte und dabei der NSDAP durch eine Politik der Vorleistungen entgegenkam. Angesichts der nach den Reichstagswahlen vom Juli 1932 unternommenen vergeblichen Versuche Hitlers, gegenüber dem Reichspräsidenten Paul von Hindenburg die »volle Regierungsverantwortung« zu erreichen, trat der Flügel um Gregor Strasser für die Beteiligung der NSDAP an der autoritären Regierung ein, die der Reichskanzler Kurt von Schleicher (seit Dezember 1932) zu bilden versuchte. Letztlich setzte sich Hitler jedoch gegenüber Strasser durch: Verhandlungen auf informeller persönlicher Ebene führten zwischen Hitler und seinen Partnern aus der »Nationalen Front« zum Plan einer Reichsregierung, in der die konservativen Kräfte im Rahmen eines »Zähmungskonzeptes« den Kanzler Hitler »einrahmen« sollten. Nach massiver Einflussnahme auf den Reichspräsidenten wurde Hitler von diesem am 30. 1. 1933 zum Reichskanzler ernannt.

»MACHTERGREIFUNG«: Vom 30. 1. 1933 bis zum 2. 8. 1934, als Hitler nach Hindenburgs Tod die Ämter des Regierungschefs und des Reichspräsidenten als »Führer und Reichskanzler« auf sich vereinigte, vollzog sich die »Machtergreifung«, der Aufbau der nationalsozialistischen Diktatur. Im Zuge einer gleitenden, scheinbar legal ablaufenden Entwicklung ging die nationalsozialistische Führung unter Verwendung der Parole von der »nationalen Erhebung« und mittels der →Gleichschaltung des politischen, gesellschaftlichen und öffentlichen Lebens daran, allmählich die machtpolitisch entscheidenden Positionen einzunehmen und Deutschland tief greifend umzugestalten. Charakteristisch für das nationalsozialistische Herrschaftssystem war das Nebeneinander von überkommenen und neuen Elementen (Tradition und Revolution), von Legalität und Terror. Nach der propagandistischen Verklärung des 30. 1. 1933 als Tag der »nationalen Erhebung«, die die nationalsozialistischen Machtansprüche noch verbarg, wurden Vizekanzler von Papen und der Reichsminister für Wirtschaft und Ernährung, Alfred Hugenberg, bald politisch ausgeschaltet. Das Zentrum der Machtergreifung lag zunächst in Preußen, wo Hermann Göring mit dem Innenministerium auch über den Polizeiapparat verfügte und eine Hilfspolizei von 50000 Mann überwiegend aus SA- und SS-Männern aufstellte.

Im Vorfeld der Reichstagswahlen vom März 1933 kam es zu terroristischen Ausschreitungen der SA, die von keiner staatlichen Macht mehr gezügelt wurde. Ziel des Terrors waren die politischen Gegner, v. a. die Kommunisten und Sozialdemokraten. Grundlage der Verfolgungspraxis war neben einer heftigen antimarxistischen Propaganda das präsidiale Notverordnungsrecht nach Artikel 48 der Weimarer Verfassung, das schon in den ersten Februartagen dazu diente, die Tätigkeit der anderen Parteien zu behindern, die Pressefreiheit einzuschränken und sich den Beamtenapparat gefügig zu machen. Höhepunkt dieser Praxis war die Notverordnung vom 28. 2. 1933 »Zum Schutz von Volk und Reich«, die, sofort nach dem →Reichstagsbrand erlassen, die formelle Grundlage für groß angelegte Verfolgungsmaßnahmen und für den permanenten Ausnahmezustand bildete. Sie wurde zur eigentlichen »Verfassungsurkunde« der Diktatur Hitlers und seiner Partei. Alle bürgerlichen Grundrechte wurden außer Kraft gesetzt. Dennoch brachten die Reichstagswahlen, die in einem Klima der »legalisierten« Rechtsunsicherheit stattfanden, der NSDAP (43,9%) nur zusammen mit dem deutschnationalen Bündnispartner (8%) die absolute Mehrheit. Der »Tag von Potsdam« (Staatsakt zur ersten Sitzung des neuen Reichstages am 21. 3. 1933) sollte mit dem Treffen zwischen Hitler und Hindenburg das Bündnis des kaiserlichen Deutschland mit dem neuen Reich zur Schau stellen.

Das →Ermächtigungsgesetz vom 23. 3. 1933, das mithilfe der bürgerlichen Mitte- und Rechtsparteien und bei bereits vollzogener Eliminierung der KPD-Abgeordneten gegen die Stimmen der SPD verabschiedet wurde, machte Hitler vom präsidialen Notverordnungsrecht und der Kontrolle des Reichstages unabhängig. Der Regierung wurde zugestanden, außerhalb oder abweichend von der Verfassungsordnung Reichsgesetze zu erlassen, soweit sie nicht die Einrichtung des Reichstages oder des Reichsrates an sich betrafen. Im Zuge der Gleichschaltung wurden in den Ländern NSDAP-Gauleiter als Reichsstatthalter eingesetzt. Mit dem »Gesetz zur Wiederherstellung des Berufsbeamtentums« vom 7. 4. 1933 und den antijüdischen Aktionen v. a. der Parteibasis leitete die Regierung Hitler die →Judenverfolgung ein. Zudem wurden die Gewerkschaften in einer Doppelstrategie von Verführung und Gewalt ausgeschaltet (2. 5. 1933) und die Parteien, einschließlich des deutschnationalen Bündnispartners, im Juni und Juli 1933 aufgelöst oder zur Selbstauflösung gezwungen. Begleitet und unterstützt wurde dieser beispiellose Vorgang durch die Gleichschaltung von Verbänden und Vereinen und die ersten Verfolgungs- und Boykottmaßnahmen gegen jüdische Bürger. Zur Lenkung der Presse und der Kultur gründete der neu ernannte Reichspropagandaminister Joseph Goebbels die →Reichskulturkammer.

Nach einem halben Jahr hatte Hitler das parlamentarische System, den Föderalismus und die Parteien ausgeschaltet und durch eine Einparteienherrschaft ersetzt. Abgeschlossen wurde die Machteroberung ein Jahr später. Hitler nutzte im Bündnis mit der Reichswehrführung und der SS den →Röhm-Putsch am 30. 6. 1934 zu einer Mordaktion gegen innerparteiliche Rivalen und die SA-Führung unter Ernst Röhm sowie gegen konservative Opponenten und andere politisch missliebige Personen. Unter ihrem neuen Chef, Viktor Lutze, blieb die SA fortan ohne politische Bedeutung. Die SS unter »Reichsführer« Heinrich Himmler wurde aus der SA herausgelöst und begann mit dem Ausbau ihrer Sonderstellung, die sie bereits mit dem Zugriff auf die politische Polizei und die →Konzentrationslager begründet hatte. Die Reichswehr, die zum Komplizen dieser Mordaktion geworden war, unterwarf sich, als Hindenburg starb, am 2. 8. 1934 durch einen persönlichen Treueid auf Hitler. Damit gab es keine verfassungsmäßige Institution mehr, die Hitlers Stellung hätte eingrenzen können.

FÜHRERSTAAT: Im Sommer 1934 waren »Machtergreifung« und Gleichschaltung im Wesentlichen abgeschlossen. Es folgte ein Prozess der Vertiefung des Einflusses, in dem auch die alten Machteliten, die Hitler bei der Konsolidierung des nationalsozialistischen Staates und bei der Vorbereitung und Durchführung seiner Rüstungspolitik benötigte, wichtige Positionen aufgeben mussten. Im gleichen Zug übernahm Hitler den Oberbefehl über die Wehrmacht und ersetzte den Außenminister Konstantin von Neurath durch den Nationalsozialisten Joachim von Ribbentrop. Die politische Durchdringung und Beherrschung der Gesellschaft wurde mit dem Ausbau der Gliederungen der NSDAP, der angeschlossenen Verbände und nationalsozialistischen Berufs- und Standesorganisationen sowie massiver Mitgliederwerbung vorangetrieben. Im Sinne der Verbindung mit dem Staat ersetzte z. B. die HJ als Staatsorganisation die Vielfalt der Jugendverbände der Weimarer Zeit. Demselben Ziel dienten die Überwachung der Bevölkerung durch die →Geheime Staatspolizei (Gestapo), die Einweisung Oppositioneller oder sonst missliebiger Personen in Konzentrationslager und die ständige Verschärfung von Strafandrohung und Rechtsprechung bei politischen, später auch kriegswirtschaftlichen Delikten. Doch konnte der Totalitätsanspruch des Nationalsozialismus, trotz vielfacher Eingriffe in die Privatsphäre, in letzter Konsequenz nicht durchgesetzt werden, es blieben immer noch Freiräume. Auch der Grundsatz der Einheit von Staat und Partei ließ sich nicht im eigentlichen Sinne verwirklichen.

Der nationalsozialistische Führerstaat war zu keinem Zeitpunkt ein von oben nach unten hierarchisch aufgebauter, monolithischer Herrschaftsblock (wie es die nationalsozialistische Propaganda behauptete). Hinter der Fassade des allumfassenden Führerwillens gab es Machtkämpfe zwischen der NSDAP und ihren Untergliederungen einerseits und den nationalsozialistischen wie konservativen Inhabern staatlicher Ämter andererseits. So blieb es bei einem ungeklärten Zustand eines Neben- und Gegeneinanders zentraler und partikularer Gewalten. In den Kompetenzkonflikten und in der Anarchie konkurrierender Zentralbehörden und Sonderverwaltungen verloren die zentralen Instanzen zunehmend die Kontrolle über die regionalen Entscheidungs- und Machtträger. Das waren meist die nationalsozialistischen Gauleiter, die während des Krieges ihre Macht durch die unterschiedlichsten Sondervollmachten ausdehnten.

Gleichwohl führte diese »Polykratie der Ressorts« als ein Element der hitlerschen Herrschaftstechnik nicht zum Zusammenbruch von Herrschaft, sondern sie produzierte eine Dynamik, die den Zielen Hitlers diente und es ihm ermöglichte, sich bis zum Ende des Regimes als unentbehrlicher Schiedsrichter und Bezugspunkt aller rivalisierenden Machtgruppen zu behaupten. Der Führermythos ließ Hitler zum Bezugspunkt aller parteiinternen Bewegungen und eines wachsenden öffentlichen Konsenses werden und garantierte den Zusammenhalt des Regimes, dem bis zu seinem Ende ein großes Maß an Loyalität entgegengebracht wurde, wie auch die gleichzeitige Ausweitung von Kontrolle, Terror und Vernichtung. Getragen wurden Führermythos und Konsens von den Resultaten der nationalsozialistischen Wirtschafts- und Sozialpolitik wie z. B. des Abbaus der Massenarbeitslosigkeit oder des Wirtschaftsaufschwungs und mehr noch von Hitlers außenpolitischen Erfolgen. Wenngleich vieles am nationalsozialistischen »Wirtschaftswunder« von der Propaganda übertrieben wurde und die wichtigsten Daten wie Beschäftigungsgrad, Löhne und Volkseinkommen erst 1937/38 die Werte von 1929 erreichten, konnte sich das Regime damit ein Vertrauens- und Zustimmungskapital erwerben, das neben inflationären Tendenzen v. a. die Tatsache, dass der Wirtschaftsboom im Wesentlichen ein Resultat der Kriegsrüstung war, nicht beachtete. Die Wirtschaft konnte sich für geraume Zeit eine relative Selbstständigkeit erhalten, wurde aber von Anfang an auf die Kriegsvorbereitung ausgerichtet. Die Bereiche Ein- und Ausfuhr, Rohstoffe, Aufträge, Kredite, Preise, Devisen und Arbeitskräftepotenzial wurden bei grundsätzlicher Erhaltung des Privateigentums an Wirtschaftsgütern und Unternehmen zunehmend der staatlichen Lenkung unterworfen.

In der Arbeits- und Sozialpolitik wurde nach Zerstörung der Gewerkschaften und der Tarifautonomie durch Verbot von Streik und

Aussperrung, durch die Einführung staatlicher Tarifordnungen, durch ein autoritäres Arbeitsrecht und die weitgehende Erfassung der in der Wirtschaft Tätigen in der →Deutschen Arbeitsfront (DAF) ein Lenkungsinstrumentarium geschaffen, das zu einer temporären Leistungssteigerung im Bereich der Investitionsgüter und zu einer Drosselung bei den Konsumgütern führte. Zur Ablenkung vom Verlust politischer und sozialer Autonomie und zur systemstabilisierenden Befriedigung massenzivilisatorischer Bedürfnisse wurde die nationalsozialistische Gemeinschaft »Kraft durch Freude« (KDF) mit ihrem großen Freizeitangebot bei gleichzeitiger Kontrollmöglichkeit der »Volksgenossen« geschaffen.

Im Bereich der Kultur- und Medienpolitik erstreckte sich der Machtanspruch des Nationalsozialismus auf die weltanschauliche Ausrichtung und Kontrolle des Pressewesens, des Rundfunks, der literarischen und künstlerischen Tätigkeit, der Erziehung sowie der wissenschaftlichen Forschung und Lehre. Auf dem Erziehungssektor wurde speziell der Gedanke der Elitenbildung in Adolf-Hitler-Schulen, Nationalpolitischen Erziehungsanstalten oder SS-Ordensburgen unter Betonung kämpferischer und rassistischer Denkmuster propagiert, der im Bereich der »Volksgesundheit« mit »Höherzüchtung« mittels »wertvollen Erbgutes« (→Lebensborn e.V.), mit »Vernichtung unwerten Lebens« (→Euthanasie) sowie mit Zwangssterilisierungen korrespondierte (Eugenik). Nach der Verdrängung der progressiven und avantgardistischen Musik, Literatur und Kunst (unter dem diffamierenden Schlagwort »entartete Kunst«) konnte sich zunächst noch eine Vielfalt künstlerischer und kultureller Entwicklungen auf der Basis einer begrenzten Autonomie der bürgerlichen Kultur behaupten, die freilich mit der Zäsur von 1937/38 immer stärker kontrolliert und eingeengt wurde. Schließlich waren auch die christlichen Kirchen massiven Beeinflussungs- und Unterwerfungsversuchen ausgesetzt (→Deutsche Christen, →Kirchenkampf).

Die nationalsozialistische »Rechtsvorstellung«, nach der alle »Gemeinschaftsfremden« auszuschalten seien, wurde besonders drastisch in der Judenpolitik des NS-Regimes verwirklicht (→Holocaust). Freilich lag dem keine detaillierte Planung zugrunde. Die zunehmende Radikalisierung wies verschiedene Phasen und Erscheinungsformen auf, die auch nebeneinander bestanden. Die erste Phase umfasste v.a. Boykottmaßnahmen, rechtliche Diskriminierung (→Nürnberger Gesetze, 1935; →Rassengesetze), wirtschaftliche Entrechtung (→Arisierung) und persönliche Bedrohung. Eine zweite Phase ab 1939 war zunächst vom Gedanken einer »territorialen Endlösung«, d.h. vom Plan einer Deportation eines Großteils der europäischen Juden nach Madagaskar oder Sibirien, geprägt. Dann setzte mit dem deutschen Angriff auf die Sowjetunion eine dritte Phase ein, die auf die »physische Endlösung« zielte. Sie begann mit den unmittelbar seit dem 22. 6. 1941 durchgeführten Erschießungen durch die Einsatzgruppen des →Sicherheitsdienstes (SD) und der »Sicherheitspolizei« (Sipo) und führte mit der Errichtung von Gaskammern zur systematisch betriebenen und technisch perfektionierten Ermordung von Millionen unschuldiger Opfer in den →Vernichtungslagern des Ostens.

AUSSENPOLITIK: Die nationalsozialistische Außenpolitik zeigte sich zunächst als Bündnispolitik, die Großbritannien und Italien zu primären Partnern bestimmte. Auch in der Außenpolitik herrschte eine Polykratie der Konzeptionen und Entscheidungsträger. Beteiligt waren neben dem Auswärtigen Amt u.a. die nationalsozialistischen Kräfte in der Dienststelle Ribbentrops, das Außenpolitische Amt und die Auslandsorganisation der NSDAP. Dennoch blieb Hitler selbst in diesem für ihn zentralen Bereich der Politik ausschlaggebend. In der ersten Phase wurden die politischen und rüstungswirtschaftlichen Aggressionsvorbereitungen mit einer Strategie der Verharmlosung abgeschirmt (z.B. »Friedensrede« Hitlers im Reichstag am 17. 5. 1933; Deutsch-Polnisches Nichtangriffsabkommen vom 26. 1. 1934); sie unterschied sich nach außen hin kaum von den traditionellen Forderungen nach Revision des Versailler Vertrages und Wiederherstellung der nationalen »Größe«. Der erste Akt der Aggression mit dem Versuch des gewaltsamen »Anschlusses« von Österreich an Deutschland scheiterte 1934 und verstärkte die seit dem Austritt aus dem Völkerbund am 14. 10. 1933 bestehende diplomatische Isolierung des Deutschen Reiches. Die Veränderung der internationalen Konstellationen – insbesondere Benito Mussolinis Äthiopienkrieg 1935, der Spanische Bürgerkrieg 1936–39 und die permanenten Spannungen in Ostasien – und die dadurch verstärkte Bindung Großbritanniens im Mittelmeerraum und in Ostasien nutzte Hitler zu einer forcierten Revisionspolitik: Deren Kernpunkte waren die Wiedereinführung der allgemeinen Wehrpflicht im März 1935, der Abschluss des Deutsch-Britischen Flottenabkommens am 18. 6. 1935 und der Einmarsch deutscher Truppen in die entmilitarisierte Zone des Rheinlands am 7. 3. 1936, was dem Bruch der Verträge von Versailles und von Locarno gleichkam. Begünstigt wurde diese Politik durch den britisch-sowjetischen Gegensatz in Europa, die britische Politik des →Appeasement und das Verlangen der westeuropäischen Öffentlichkeit nach Aufrechterhaltung des Friedens.

Nach dem gescheiterten Werben um ein Bündnis mit Großbritannien, das im Sinne von

Hitlers außenpolitischen Zielvorstellungen die Basis für seine kontinentalen Eroberungs- und Herrschaftspläne hätte bilden sollen, gelang es Hitler, seinem Programm entsprechend, das faschistische Italien für sich zu gewinnen (»Achse Berlin–Rom«, seit Oktober 1936). Während des Spanischen Bürgerkrieges beteiligte sich das nationalsozialistische Deutschland neben Italien an der militärischen Unterstützung der Aufständischen unter General Francisco Franco. Der Abschluss eines Militärbündnisses (→Stahlpakt, 22. 5. 1939) bekräftigte die Achse Berlin–Rom. Durch eine Vereinbarung mit Japan, den Antikominternpakt vom 25. 11. 1936, dem Italien am 6. 11. 1937 beitrat, entstand eine Konstellation, die Großbritannien entweder neutral halten oder doch noch zum Einlenken bringen sollte. Auf der anderen Seite zerfiel überdies das von Frankreich gestützte Bündnissystem der südost- und osteuropäischen Staaten.

Im Spätherbst 1937 nutzte Hitler Meinungsverschiedenheiten innerhalb der militärischen und außenpolitischen Führungsgruppen in Deutschland, um seine außen- und kriegspolitischen Zielvorstellungen vor den Spitzen der Wehrmacht und des Auswärtigen Amtes zu entwickeln (→Hoßbachniederschrift) und zu manifestieren. Der Durchbruch zur offenen Expansionspolitik erfolgte dann mit der von den österreichischen Nationalsozialisten provozierten innenpolitischen Krise Österreichs, die den Vorwand für den militärischen »Anschluss« Österreichs im März 1938 lieferte. Das unter politisch-militärischem Druck zustande gekommene →Münchener Abkommen vom 29. 9. 1938, das die Abtretung der sudetendeutschen Gebiete an Deutschland bestimmte, band Hitler gegen seinen Willen in ein multilaterales Abkommen ein, machte ihn zum Gefangenen seiner eigenen Volkstumspolitik und verzögerte die eigentlich beabsichtigte Zerschlagung der Tschechoslowakei. Bei der weiteren Verfolgung seines Konzeptes, bei der zum Ausbau eines einheitlichen Aufmarschgebietes gegen Osten die »Erledigung der Resttschechei« am 15. 3. 1939 ohnehin feststand und die »Lösung der Polenfrage« in den Mittelpunkt rückte, musste Hitler v. a. mit britischem Widerstand rechnen, da seine eigentlichen Ziele damit deutlich zutage traten. Der Widerstand der Westmächte gegen Hitlers Expansionsbestrebungen zeigte sich in der britisch-französischen Garantieerklärung für Polen (31. 3. 1939).

Da sich seine außenpolitischen Ziele gegen den Widerstand Großbritanniens nicht verwirklichen ließen, war Hitler jetzt bereit, durch ein Bündnis mit der Sowjetunion eine gemessen an seinem Konzept verkehrte und daher antibritische Frontstellung einzugehen. Der →Hitler-Stalin-Pakt (23. 8. 1939) ermöglichte es ihm, am 1. 9. 1939 »den Krieg gegen Polen zu eröffnen«, der die zweite Stufe seines Planes (Westfeldzug) absichern sollte, sich aber zwei Tage später zu einem europäischen und spätestens 1941 zu einem →Weltkrieg ausweitete. Nach dem Sieg Deutschlands über Frankreich im Sommer 1940 und den mehrfach verschobenen und schließlich abgebrochenen Angriffsplanungen auf Großbritannien begann Hitler – nun auf dem Höhepunkt seiner Macht – im Juni 1941 mit dem planmäßigen Angriff auf die Sowjetunion. Geplant war zur Vermeidung eines Zweifrontenkrieges ein blitzartiger Eroberungs- und Vernichtungskrieg mit dem Ziel der weitgehenden Vernichtung der slawischen Völkerschaften (Generalplan Ost) und der dauernden Sicherung eines Großgermanischen Reiches. Mit dem Scheitern dieses »Blitzkrieges« und der Kriegserklärung an die USA im Dezember 1941 erfuhr der Krieg seine entscheidende Wende und führte trotz erheblicher Erfolge der deutschen Armeen im Osten seit 1943 mit den Verlusten bei Stalingrad und El-Alamein zum Rückschlag und schließlich zur totalen militärischen Niederlage und Zerstörung des Deutschen Reiches; dennoch hielt Hitler bis zum Schluss an seiner ideologisch bestimmten Politik des Alles oder Nichts, von Weltmacht oder Untergang, starr fest.

Begleitet wurde der Eroberungs- und Vernichtungskrieg nicht nur von dem massenhaften Völkermord an den europäischen Juden, sondern auch von der stetigen Radikalisierung des Herrschafts- und Verfolgungssystems im Innern, einer gewaltigen Steigerung der Kriegswirtschaft durch den millionenfachen Einsatz von Fremd- und Zwangsarbeitern und einer Anspannung aller Ressourcen bei gleichzeitiger Verhängung drakonischer Strafen. Alle Bemühungen der →Widerstandsbewegung gegen den Nationalsozialismus scheiter-

Nationalsozialismus. Mit überdimensionalen Großveranstaltungen, Fahnenaufmärschen und gottesdienstähnlichen Kultfeiern suchte die nationalsozialistische Propaganda die völlige Übereinstimmung des deutschen Volkes mit der NSDAP und dem »Führer« Adolf Hitler zum Ausdruck zu bringen. In seiner Rede vom 18. 2. 1943 erhielt Joseph Goebbels im Berliner Sportpalast Unterstützung für den »totalen Krieg«.

ten; der v.a. von konservativen Kreisen getragene Versuch, mit einem Attentat auf Hitler das Regime zu stürzen (→Zwanzigster Juli 1944), endete mit einer weiteren Konzentrierung aller Machtpositionen in der nationalsozialistischen Führungsgruppe und der SS. Erst aufgrund der völligen militärischen Niederlage brach das Regime endgültig zusammen; Hitler entzog sich der Verantwortung am 30. 4. 1945 durch Selbstmord.

Nationalsozialistische Deutsche Arbeiterpartei, Abk. **NSDAP,** nationalistisch-antisemitische Partei, gegründet am 5. 1. 1919 als Deutsche Arbeiterpartei (DAP), nach der Ernennung Adolf Hitlers zum Reichskanzler am 30. 1. 1933 und dem anschließenden Verbot aller anderen Parteien die einzige zugelassene Partei in Deutschland. Die NSDAP wurde nach der bedingungslosen Kapitulation Deutschlands am 8. 5. 1945 mit allen ihren Neben- und Sonderorganisationen von den Siegermächten des Zweiten Weltkrieges am 10. 10. 1945 verboten.

IDEOLOGIE UND ORGANISATION: Die NSDAP war die politische Plattform des →Nationalsozialismus und die Agitationsbasis Hitlers. Das 25-Punkte-Programm der NSDAP von 1920 verlor im Laufe der 1920er-Jahre seine Verbindlichkeit zugunsten der Vorstellungen Hitlers, die er in dem Buch »Mein Kampf« (1924/25) und in seinem »Zweiten Buch« (1928) formuliert hatte. Im Mittelpunkt standen jetzt ein radikaler, universaler, rassisch begründeter Antisemitismus und die Lebensraumdoktrin. Endziel der Geschichte war nach nationalsozialistischer Vorstellung die nach dem →Führerprinzip gestaltete Herrschaft eines »Herrenvolkes«; Instrument dieser Politik war das deutsche Volk.

Die NSDAP sah sich als politische Bewegung mit militärischen Charakter, die programmatisch wie auch organisatorisch ganz auf die Person Hitlers ausgerichtet war. Aus der nicht immer genau bestimmbaren Relation von Führerideologie und Parteiorganisation ergaben sich Kompetenzkonflikte, bei denen der »Führer« als unbestrittene Instanz angerufen wurde. Dieses in der Ideologie der Partei angelegte »Führungschaos« trat nach dem Aufbau der nationalsozialistischen Diktatur (seit 1933) auf staatlicher Ebene als »Polykratie der Ressorts« in Erscheinung.

Nach ihrem Verbot im November 1923 und ihrer Neugründung vom Februar 1925 entwickelte sich die NSDAP in mehreren Stufen folgende Gliederungsstruktur: An oberster Stelle stand der »Führer« mit der »Kanzlei des Führers«. Neben dem »Stellvertreter des Führers« bestand unterhalb dieser Spitze die »Reichsleitung«; die einzelnen Reichsleiter stellten kein kollegiales Organ dar, sondern waren je einzeln allein Hitler verantwortlich. Auf der mittleren Ebene gliederte sich die NSDAP in Gaue (Gauleiter), auf der unteren in Kreise (Kreisleiter) und Blöcke (Blockleiter). Gliederungen besonderer Art innerhalb der Partei waren u.a. die →SA, die →SS, die →Hitler-Jugend, die NS-Frauenschaft und der NS-Studentenbund (NSDStB).

Das Parteiabzeichen war das von einem Eichenkranz umzogene und einem stilisierten Adler in die Fänge gegebene Hakenkreuz. Flaggen und Fahnen der NSDAP waren Hakenkreuzflaggen, gegebenenfalls mit Beizeichen. Die Standarten ahmten die Vexilla, die altrömischen Feldzeichen, nach.

GESCHICHTE: Seit der Übernahme der Parteiführung durch Hitler (1921) war die Entwicklung der NSDAP eng verbunden mit dessen Strategie und Ideologie. Gestützt auf die SA, trat die Partei im süddeutschen Raum als lautstärkste nationalistische, antisemitische und antirepublikanische Gruppe auf. Inzwischen auf 55 000 Mitglieder angewachsen, suchte sie, geführt von Hitler, im November 1923 einen Konflikt zwischen Bayern und der deutschen Reichsregierung zu einem Umsturz im Deutschen Reich auszunutzen (→Hitlerputsch), scheiterte aber. In der Folge wurde sie verboten, ihre Führer, v.a. Hitler, inhaftiert und verurteilt.

Nach der Entlassung Hitlers und der Wiedergründung der NSDAP blieben deren Erfolge in der Konsolidierungsphase der Weimarer Republik (1924–29) beschränkt. Vor dem Hintergrund der Weltwirtschaftskrise wurde die Partei dann aber zunehmend zu einem Machtfaktor. Bei den Reichstagswahlen von 1930 erhielt sie 18,3 % der Stimmen. Ihre größten Erfolge bei dieser Wahl hatte sie dabei in vorwiegend evangelischen und agrarischen Wahlkreisen und in agrarisch-kleingewerblichen Bezirken erreicht. Noch stärker wurde die NSDAP bei den folgenden Wahlen: Bei der Reichspräsidentenwahl im März/April 1932 entfielen auf Hitler 36,8 % der Stimmen, bei den Landtagswahlen in Preußen im April 1932 37,8 % und bei der Reichstagswahl im Juli 1932 ebenfalls 37,8 %. Durch ihre Erfolge veränderte die NSDAP das politische Gefüge Deutschlands revolutionär; sie sog v.a. Wähler und Mitglieder der bürgerlichen Parteien auf. Dagegen konnten sich die Parteien, die im katholischen Milieu (v.a. Zentrum) oder in der organisierten Arbeiterbewegung (SPD, KPD) verankert waren, gegen die NSDAP behaupten.

Die Zahl der Mitglieder wuchs bis 1932 auf 1 002 000 an. Die soziale Basis rekrutierte sich besonders aus dem breiten Spektrum des evangelischen Mittelstandes; Selbstständige, Angestellte und Beamte waren – gemessen am Anteil der jeweiligen Gruppe an der Zahl der Berufstätigen – in der NSDAP überrepräsentiert, Arbeiter unterrepräsentiert. Die NSDAP schnitt nach 1930 bei Wahlen in Wohnvierteln der Oberschichten und der oberen Mittelklassen überdurchschnittlich gut ab. Sie entwickelte sich zu einer »Integrationspartei« aller sozialen Schichten, zur »nationalistischen Volkspartei«. Methodisch verband die NSDAP Massenkundgebungen und regionale Versammlungswellen mit den Mitteln der Gewalt; sie setzte dabei zugleich Plakate, Zeitungen, Filme, Fahnen, Uniformen und Marschmusik als Propagandamittel ein. Die Finanzierung der Parteitätigkeit erfolgte v.a. durch die Beiträge der Mitglieder.

Ihren Kampf um die Macht führte die NSDAP im Zuge der Strategie Hitlers auf zwei Ebenen: auf der politisch-parlamentarischen Bühne nach der parteioffiziellen »Legalitätsstrategie« und auf der Straße durch Terrorisierung des politischen Gegners. Der Stimmenrückgang für die NSDAP bei der Wahl im November 1932 sowie finanzielle Schwierigkeiten stürzten die Partei in eine Krise. Nach dem Scheitern des Planes vonseiten des Reichskanzlers Kurt von Schleicher, Spaltungstendenzen in der NSDAP gegen Hitler auszunutzen, sowie aufgrund von dessen Verhandlungen auf informeller Ebene ernannte Reichspräsident Paul von Hindenburg am 30.1. 1933 Hitler zum Reichskanzler.

Im Zuge der »Machtergreifung« und des Ausbaus der nationalsozialistischen Diktatur stützte sich Hitler auf ein »Gemisch« parteiamtlicher oder staatlicher, von der Partei durchdrungener Institutionen. Eine für die Machtsicherung wichtige Parteigliederung wie die SS konnte dabei tief in den Verwaltungsapparat eindringen und sich die Polizeifunktionen aneignen, ohne ihre Selbstständigkeit zu verlieren. Die NSDAP wurde durch das »Gesetz zur Sicherung der Einheit von Partei und Staat« (1. 12. 1933) als »Trägerin des deutschen Staatsgedankens und mit dem Staate unlösbar verbunden« gegenüber dem Staatsapparat optisch aufgewertet, doch entsprach dem keine eindeutige institutionelle Zuordnung. Das beschränkte die Funktion der Partei im nationalsozialistischen Deutschland weitgehend auf propagandistische Indoktrination und politisch-ideologische Kontrolle der Bevölkerung im Privat- und Kommunalbereich. Einfluss auf die Reichspolitik nahm die Partei v.a. durch den Stellvertreter des Führers (seit 21. 4. 1933), Rudolf Heß, der seit Juli 1934 in den Gesetzgebungs- und Verordnungsprozess aller Reichsressorts verbindlich eingeschaltet wurde. Während des Krieges wuchs bestimmten Funktionsträgern der NSDAP, insbesondere dem Leiter der Parteikanzlei (seit 29. 5. 1941) und Sekretär des Führers (seit 12. 4. 1943), Martin Bormann, und den im Herbst 1942 zu Reichsverteidigungskommissaren ernannten Gauleitern zusätzliche Macht gegenüber den staatlichen Hoheitsträgern zu.

Nationalversammlung, Bezeichnung für die zur Beratung oder Beschlussfassung der Grundfragen einer Nation und ihres staatlichen Gemeinwesens, v.a. der Verfassunggebung, gewählte Volksvertretung. Die Bezeichnung entstand bei der Umprägung der ständischen Assemblée zur Nationalversammlung in der Französischen Revolution 1789; die Nationalversammlung wurde 1792 durch den Nationalkonvent abgelöst.

Nationalversammlung. Im Dezember 1918 beschloss der Reichsrätekongress demokratische Wahlen zu einer verfassunggebenden Nationalversammlung für das folgende Jahr. Erstmals wurden in der deutschen Geschichte auch Frauen zur Wahl aufgerufen.

In der deutschen Geschichte erfolgte 1848/49 die Berufung der →Frankfurter Nationalversammlung, in Preußen die einer verfassunggebenden Nationalversammlung (22. 5. bis 5. 12. 1848) und 1919 die der Weimarer Nationalversammlung. Bei der Auflösung Österreich-Ungarns 1918 proklamierte eine provisorische deutsch-österreichische Nationalversammlung die Republik Deutschösterreich; 1919 wurde für die Republik Österreich eine österreichische Konstituierende Nationalversammlung gewählt.

NATO, Abk. für **North Atlantic Treaty Organization** [nɔːθ ətˈlæntɪk ˈtriːtɪ ɔːgənaɪˈzeɪʃn; engl. »nordatlantische Vertragsorganisation«], **OTAN,** Abk. für französisch **Organisation du Traité de l'Atlantique-Nord** [ɔrganizaˈsjɔ̃ dytrɛˈte dəlatlɑ̃ˈtɪk nɔːr], **Nordatlantikpakt, Atlantische Gemeinschaft,** am 4. 4. 1949 in Washington (D. C.) geschlossenes Bündnis, das die Mitglieder neben der politischen und wirtschaftlichen Zusammenarbeit zur gemeinsamen militärischen Verteidigung verpflichtet. Der Sitz der NATO befindet sich in Brüssel.

Gründungsmitglieder sind Belgien, Dänemark, Frankreich, Großbritannien, Island, Italien, Kanada, Luxemburg, die Niederlande, Norwegen, Portugal und die USA. 1952 wurde die Allianz um Griechenland und die Türkei erweitert. Nachdem die Gründung der Europäischen Verteidigungsgemeinschaft (EVG) 1954 in der französischen Nationalversammlung gescheitert war, wurde zur politischen und militärischen Einbindung der Bundesrepublik Deutschland der Brüsseler Pakt zur Westeuropäischen Union erweitert, deren Mitglied die Bundesrepublik am 5. 5. 1955 mit Erlangung ihrer (Teil-)Souveränität wurde; tags darauf trat sie auch der NATO bei (→ Pariser Verträge). 1966 zog sich Frankreich aus der integrierten militärischen Struktur des Bündnisses zurück, blieb aber Mitglied der politischen Allianz (seit 1996 Mitarbeit im Militärausschuss). Im Verlauf der Zypernkrise von 1974 verließ Griechenland die integrierte Militärorganisation, trat ihr jedoch 1981 wieder bei. 1982 wurde Spanien Mitglied, 1999 wurden Polen, Ungarn und die Tschechische Republik, 2004 Slowenien, die Slowakische Republik, Rumänien, Bulgarien, Estland, Lettland und Litauen in die NATO aufgenommen. Island unterhält als einziger Bündnispartner keine Streitkräfte.

NATO.
Am 12. 3. 1999 traten mit der Unterzeichnung des Ratifizierungsdokuments durch die Außenminister Tschechiens (Jan Kavan, am Tisch sitzend), Ungarns (János Martonyi) und Polens (Bronisław Geremek, rechts) erstmals ehemalige Staaten des Warschauer Pakts der NATO bei.

GESCHICHTE: Die Gründung der NATO 1949 erfolgte unter dem Eindruck des sich ausdehnenden kommunistischen Machtbereichs in Europa (1945–48). Vor dem Hintergrund des → Kalten Krieges sollte das Bündnis der als Bedrohung empfundenen militärischen Präsenz der Sowjetunion als Gegengewicht ein Streitkräftepotenzial im westlichen Europa entgegensetzen.

Das militärische Konzept der NATO war von Anfang an von dem Grundgedanken bestimmt, gegenüber der Androhung oder Anwendung von kriegerischen Gewaltmaßnahmen gegen das Bündnis abschreckend und damit kriegsverhindernd zu wirken sowie – falls es zu einem Angriff käme – die territoriale Integrität des nordatlantischen Gebiets so rasch wie möglich wiederherstellen zu können. Im Gründungsjahr der NATO standen in Kontinentaleuropa 14 westliche gegen 200 sowjetische Divisionen. Aufgrund der damit gegebenen konventionellen Unterlegenheit waren die westeuropäischen Staaten von den USA abhängig. Das strategische Konzept, das sich aus dieser Lage ergab, war die 1950 beschlossene Vorwärtsstrategie (»Forward strategy«), die einen Angreifer so weit östlich wie möglich abwehren sollte. Die »Schwert-Schild-Doktrin« löste 1957 die Vorwärtsstrategie ab und sah vor, dass konventionelle Streitkräfte als »Schildkräfte« begrenzte Angriffe abwehren, bei einer groß angelegten Aggression die nuklearen »Schwertkräfte« zum Einsatz kommen sollten. Diese Strategie konnte jedoch nur so lange als kriegsverhindernd gelten, wie sowjetische Kernwaffen die USA nicht erreichen konnten. Dies änderte sich aber in der ersten Hälfte der 1960er-Jahre.

Als Konsequenz aus der veränderten Lage billigte die NATO 1968 die Strategie der flexiblen Reaktion (»Flexible response«). Sie sah vor dem Hintergrund des eintretenden atomaren Patts im Gegensatz zur massiven Vergeltung keinen nuklearen Automatismus vor. Stattdessen sollte auf jede Art von Aggression angemessen und flexibel reagiert werden.

Grundlage der Sicherheitspolitik des Bündnisses war seit Ende der 1960er-Jahre die im Harmelbericht (1967) formulierte politische Gesamtstrategie: Auf der Basis eines militärischen und politischen Gleichgewichts zwischen den Blöcken sei durch Dialog und Zusammenarbeit in allen Bereichen ein stabileres Verhältnis zwischen den Staaten in Ost und West anzustreben. Basierend auf dem Harmelbericht versuchte die NATO seit Ende der 1960er-Jahre, den Weg für Abrüstungsverhandlungen mit dem → Warschauer Pakt zu ebnen. Um angesichts der kritisch anwachsenden Überlegenheit des Warschauer Paktes im Bereich der nuklearen Mittelstreckenwaffen – hervorgerufen v. a. durch die Stationierung der SS-20-Raketen ab Mitte der 1970er-Jahre – eine glaubhafte Abschreckungs- und Verteidigungsfähigkeit zu erhalten, fasste das Bündnis aber im Dezember 1979 den NATO-Doppelbeschluss, der die Aufstellung neuer bodengestützter nuklearer Mittelstreckenwaffen bei einem gleichzeitigen Angebot an die UdSSR zu Abrüstungsverhandlungen vorsah. In der zweiten Hälfte der 1980er-Jahre verbesserte sich das Klima zwischen NATO und Warschauer Pakt dann grundlegend. Im November 1990 legte der Wiener Vertrag über konventionelle Streitkräfte in Europa (KSE-Vertrag) die Obergrenzen der Waffenpotenziale der beteiligten Staaten fest.

Bedingt durch den Umbruch in der Sowjetunion und die umwälzenden Veränderungen in den übrigen Staaten Mittel- und Osteuropas sowie den damit einhergehenden Zerfall des Warschauer Paktes verringerte sich die militärische Bedrohung für die NATO entscheidend. Als Konsequenz aus dieser Entwicklung bekräftigte die Allianz auf dem Londoner Gipfeltreffen am 6. 7. 1990 ihre Bereitschaft zur Freundschaft und Zusammenarbeit mit den Staaten Osteuropas. Am 19. 11. 1990 unterzeichneten Vertreter der NATO und des Warschauer Pakts die »Pariser Erklärung«, in der sie feierlich das Ende des Kalten Krieges erklärten und sich zu freiheitlichen und demokratischen Prinzipien für die Gestaltung einer Friedensordnung in Europa bekannten. Daran anknüpfend beschloss der NATO-Rat am 7./8. 11. 1991 in Rom ein neues strategisches Konzept, das vor allem auf Dialog, Krisenbewältigung und Konfliktverhütung sowie eine veränderte Streitkräfte- und Kommandostruktur setzte. Gleichzeitig wurde trotz einer umfassenden Truppenreduzierung der NATO zur Abschreckung potenzieller Aggressoren eine angemessene Fähigkeit zur kollektiven Verteidigung aufrechterhalten.

Das bisherige Aufgabenspektrum ausweitend, orientierte sich die NATO in ihrem 1999 verabschiedeten neuen strategischen Konzept verstärkt auf Konfliktprävention, Krisenmanagement und militärische Krisenreaktion sowie Abwehr des Terrorismus, die Verhinderung der Weitergabe von Massenvernichtungswaffen sowie die Zusammenarbeit mit Nichtbündnismitgliedern. Dieses Engagement soll auf den euroatlantischen Raum beschränkt bleiben beziehungsweise einen Bezug zum Vertragsgebiet aufweisen sowie im Einklang mit dem Völkerrecht und den Prinzipien der UN-Charta stehen und in der Regel mit UN-Mandat erfolgen. Neben den Veränderungen in Strategie und Streitkräftestruktur wurde seit 1990/91 die Frage einer »Osterweiterung« der NATO kontrovers diskutiert.

1992 erklärten sich die NATO-Mitgliedstaaten bereit, ihre Streitkräfte bereitzustellen, wenn die KSZE (ab 1995 OSZE) oder die Vereinten Nationen ein Mandat für friedenserhaltende Maßnahmen in einer europäischen Region erteilen sollte. Auf dieser Grundlage begann im Juli 1992 der Adria-Einsatz zur Überwachung der Einhaltung des UN-Embargos gegen die Republik Jugoslawien. Vom 12. 4. 1993 an wurde das bereits im Oktober 1992 von den Vereinten Nationen verhängte Flugverbot über Bosnien-Herzegowina von der NATO militärisch durchgesetzt; dies war der erste Kampfeinsatz in der Geschichte der NATO. Am 20. 12. 1995 begann schließlich der auf zwölf Monate befristete Einsatz von Einheiten der »Implementation Force« (engl. »Umsetzungstruppe«, Abk. IFOR) in Bosnien und Herzegowina. Dies war die bis dahin größte militärische Operation unter Führung der NATO, die auch nicht zur NATO gehörende Staaten einschloss und mit der »Stabilization Force« (engl. »Stabilisierungstruppe«, Abk. SFOR) ihre Fortsetzung fand.

Nachdem politische Bemühungen der internationalen Staatengemeinschaft zur Beendigung der Krise im Kosovo gescheitert waren, begann am 24. 3. 1999 die NATO eine militärische Aktion gegen die Republik Jugoslawien. Da der NATO-Einsatz ohne UN-Mandat erfolgte, war er umstritten. Nach einem Abkommen zwischen NATO und jugoslawischer Führung über den Abzug jugoslawischer Truppen aus dem Kosovo wurden die Angriffe ab 10. 6. 1999 ausgesetzt, am 20. 6. 1999 eingestellt. Unter UN-Mandat steht seit 10. 6. 1999 die von der NATO beziehungsweise dem Eurokorps geführte internationale Friedenstruppe der »Kosovo Force« (Abk. KFOR) zur Gewährleistung der Sicherheit im Kosovo. Am 27. 8. 2001 begann eine auf 30 Tage befristete NATO-Operation zur Entwaffnung der UÇK in Makedonien, der ein Einsatz folgte, mittels dessen eine internationale zivile Beobachtermission der OSZE und EU in Makedonien militärisch geschützt wurde.

Nach den Terroranschlägen vom 11. 9. 2001 auf New York und Washington (D. C.) stimmte der NATO-Rat am 12. 9. 2001 darin überein, dass dies nach Artikel 5 des NATO-Vertrages als ein Angriff auf das gesamte Bündnis angesehen wird. Aufgrund der Indizien, die für eine Beteiligung des Terroristenführers Osama Bin Laden und der von ihm geleiteten Organisation »al-Qaida« sprachen, rief die NATO am 2. 10. 2001 erstmals in ihrer Geschichte den Bündnisfall aus. In der Folge dieser Ereignisse kam es – mehr als ein Jahrzehnt nach dem Zerfall der Sowjetunion – zu einer Intensivierung der Zusammenarbeit zwischen der NATO und Russland. Am 12. 8. 2003 übernahm die NATO das Oberkommando über die internationale Friedenstruppe in Afghanistan (Abk. ISAF). Im Vorfeld des Irakkriegs baten die USA am 15. 1. 2003 die NATO um militärische Unterstützung beim Schutz der Türkei; erstmals in der Geschichte der NATO kam es zu Konsultationen nach Artikel 4 des NATO-Vertrags (Bedrohung eines Mitgliedsstaates).

Natur, Sonderartikel S. 624/625.

Naumann, Friedrich, deutscher Politiker, *Störmthal (bei Leipzig) 25. 3. 1860, †Travemünde 24. 8. 1919; war 1890–97 Vereinsgeistlicher der Inneren Mission in Frankfurt am Main. Naumann arbeitete im Evangelisch-sozialen Kongress, wo er Mittelpunkt eines reformorientierten, liberalen Kreises wurde, der sich seit 1895 zunehmend gegen einen politischen Konservativismus innerhalb des Kongresses stellte. Nach Begegnungen u.a. mit Max Weber vollzog Naumann 1896 durch die Gründung des → Nationalsozialen Vereins den Bruch mit den Christlich-Sozialen. Sprachrohr seines im Ergebnis erfolglosen Bemühens, die innere Verbindung von nationalem und sozialem Gedankengut zu schaffen, waren die von ihm 1895 gegründete Zeitschrift »Die Hilfe«

Fortsetzung S. 626

Friedrich Naumann

1

NATUR

1) Die antike und mittelalterliche Technik verstand sich im Wesentlichen als eine Kunst, der Natur etwas »abzulisten«, lieferte die Natur dem Menschen doch alles, was er zum Überleben unbedingt benötigte, v. a. die Nahrung (Erntedarstellung in einer französischen Buchmalerei des 15. Jh.).

»Zurück zur Natur«: Unter diesem Motto steht das Werk, das Jean-Jacques Rousseau im Jahr 1750 unter dem Titel »Discours sur les arts et les sciences« (»Abhandlung: Ob die Wissenschaften etwas zur Läuterung der Sitten beigetragen haben?«) veröffentlichte. Rousseau vertrat in diesem Werk die damals revolutionäre Ansicht, der Mensch habe sich durch Kultur und Wissenschaft von seinem naturhaften Urzustand entfernt und müsse zu den alten Normen der Freiheit, Tugend und Unschuld zurückkehren. Rousseau gehört damit zu denjenigen Persönlichkeiten der Geschichte, die die Natur positiv beurteilten.

Natur und Religion

Mit dem Begriff Natur bezeichnet man heute die Gesamtheit dessen, was wahrnehmbar ist und sich nach eigenen Trieben und Gesetzen gestaltet. Sie wird damit in Gegensatz zu Kultur und Geist gestellt. Für den Menschen ist die Natur aber zunächst seine Umgebung und der Lieferant seiner Nahrung. Daher wurde sie in der Frühzeit als göttlich angesehen. Sie konnte zugleich segensreich und strafend sein und musste ehrfürchtig behandelt werden.

In Griechenland und Rom entwickelten sich die Gottheiten direkt aus der Natur und ihren Naturerscheinungen. Dem Gott Zeus schrieb man beispielsweise Blitz und Donner zu, Poseidon war für Erdbeben verantwortlich, Demeter für die Fruchtbarkeit. Bereits im 6. Jh. v. Chr. fragte man aber auch schon nach den Gesetzmäßigkeiten der Natur und dem Urstoff der Erde, versuchte, sie mit rationalen Mitteln zu erklären. Thales aus Milet wollte im Wasser diesen Urstoff erkannt haben. Im antiken Rom übernahm man die Götter der Griechen zwar weitgehend, gab der Natur aber auch einen künstlerischen Aspekt. Sie fand Eingang in die Wandmalereien der römischen Villen. Einen besonderen Platz nahm sie in der Wohnkultur der Römer ein. Sie holten sich die Natur sozusagen ins Haus, indem sie nach Möglichkeit große Gärten innerhalb ihrer Stadthäuser anlegten. Sie betrachteten die Natur also auch vom ästhetischen Standpunkt aus.

Im Mittelalter hatte die Natur fast ausschließlich als Nahrungslieferant Bedeutung. Die Religion wurde in Europa vom Christentum dominiert. Auch die Kunst und die Wissenschaften standen vollkommen unter diesem Einfluss. Die Natur musste nicht erklärt werden, sie war von Gott gegeben, und der Mensch galt als sein Ebenbild. Eine Ausnahme bilden die Psalmen Franz von Assisis, die die Natur und die christliche Religion in Einklang brachten.

Natur und Wissenschaft

Erst im späten Mittelalter entdeckte man die Landschaft als Hintergrundmotiv von Tafelbildern. Im 17. Jh. trat sie dann v. a. in den Landschaftsmalerei der Niederlande in den Vordergrund. Schon in der Renaissance hatte sich jedoch ein neuer Realismus durchgesetzt. Francesco Petrarca hatte den Menschen zum autonomen Vernunftwesen erklärt, dem es gelingen sollte, sich gegen die Natur durchzusetzen. Nun war nicht mehr alles von Natur aus gegeben, es konnte mit dem Geist erklärt werden. Zudem war es Galileo Galilei gelungen, die ersten Naturgesetze zu formulieren, die den Grundstein

2

3

für die Naturwissenschaften legen sollten. Naturwissenschaftler wie Isaac Newton konnten unumstößliche Gesetze formulieren, denen die Natur gehorchte.

Da die Natur aber auch immer eine Bedrohung darstellte, versuchte man auch stets, sie zu beherrschen. Seinen extremsten Ausdruck hat das in der Zeit des Barock und der absolutistischen Herrscher gefunden. In den Gärten der Barockschlösser, beispielsweise in Versailles, bezwang man die Pflanzen, indem man sie in gerade und unnatürliche Formen schnitt. Der »Sonnenkönig«, Ludwig XIV. von Frankreich, demonstrierte so seine Herrschaft über die Welt. Auch in der Schäferdichtung dieser Zeit dient die Natur lediglich als Hintergrund der Gesellschaft, als schönes Beiwerk, das keine Bedrohung darstellt und gebändigt werden konnte.

Natur und Kunst

In der Zeit der Romantik fand auch die Natur eine Verklärung in der Kunst und setzte sich schließlich in Religion und Philosophie durch. Baruch de Spinoza gilt als der bedeutendste Wegbereiter des Pantheismus. Aber auch Johann Wolfgang von Goethe ging davon aus, dass Gott in allem, insbesondere in der Umgebung anwesend ist, sich in jeder Pflanze und in jedem Tier materialisiert. In starkem Gegensatz dazu steht der Naturalismus des 19. Jh., der in der Folge der industriellen Revolution entstand. Die Naturalisten verbannten alles Göttliche aus der Natur und akzeptierten nur das als existent, was man sehen konnte. Während der industriellen Revolution nahm die Dominanz der Technik so extreme Formen an, dass die Kunst sich als Gegenreaktion der Natur zuwandte. Wegbereiter war der Maler Claude Monet, der 1887 ein Bild mit dem Namen »Felder im Frühling« malte. Dabei verzichtete er vollkommen auf Linien und ließ alle Formen verschwimmen. Der Eindruck zählte und brachte Malern wie ihm die Bezeichnung »Impressionisten« ein. Das Naturgefühl stand vollkommen im Vordergrund und führte auch zu einem neuen Freizeitverhalten. Die Menschen gingen nun aus der Stadt hinaus und genossen ein Picknick im Grünen.

Erst in der Gegenbewegung des Expressionismus nahm man auch wieder die negativen Seiten der Natur war, aber nicht mehr nur in Form der Bedrohung durch Katastrophen, sondern im ganz Alltäglichen und Kleinen. Bert Brecht und Gottfried Benn beschrieben in ihren Gedichten die Fäulnis und den Verfall der Stoffe und der Gesellschaft.

Natur und Umwelt

Gleichgültig, ob man die Natur nun positiv oder negativ beurteilt hat, man ging immer davon aus, dass ihre Ressourcen unerschöpflich seien. Erst in den 1960er-Jahren erkannte man, dass der Mensch und die Technik die natürliche Umgebung erheblich schädigen. Zum ersten Mal entstand ein Umweltbewusstsein, das nichts mit künstlerischer oder religiöser Verarbeitung zu tun hatte, sondern sich ganz konkret mit den Pflanzen und Tieren selbst beschäftigte. In vielen Ländern wurden Naturschutzmaßnahmen eingeführt, deren Wirksamkeit sich in der Zukunft noch erweisen wird.

2) Das Verständnis des Menschen als Gottes Ebenbild wurde im 19. Jh. mit der Evolutionstheorie Charles Darwins infrage gestellt. »Der Mensch ist bloß ein Wurm« lautet denn auch der Untertitel dieser Karikatur aus »Punch's Almanack for 1882«.

3) Der Natur ausgeliefert sein oder mit ihr eins sein: Diese beiden Pole der menschlichen Naturerfahrung lässt Hokusais Holzschnitt «Die Woge» (aus den »36 Ansichten des Berges Fuji«, 1831) lebendig werden.

Fortsetzung von S. 623
sowie seine zahlreichen Schriften: In »Demokratie und Kaisertum« (1900) forderte er im Rahmen eines »sozialen Kaisertums« die Verknüpfung des demokratischen Staatswesens mit dem autoritär-elitären Führungsgedanken. Mit der Schrift »Neudeutsche Wirtschaftspolitik« (1902) mahnte er Reformen an.

1903 schloss sich Naumann der Freisinnigen Vereinigung, 1910 der Fortschrittlichen Volkspartei an; 1907–12 und 1913–18 war er Mitglied des Reichstags. Sein Programm für eine mitteleuropäische föderalistische Wirtschaftsgemeinschaft unter deutscher Führung (»Mitteleuropa«, 1915) stieß auf breite Zustimmung. 1917 setzte er sich entschieden für die Friedensresolution des Reichstags ein. 1918 war er Mitgründer der DDP, 1919 wurde er in die Weimarer Nationalversammlung gewählt.

Nebukadnezar II. Die Pracht des babylonischen Großreiches, wie sie an der Außenwand des Thronsaals Nebukadnezars II. (6. Jh. v. Chr.; Berlin, Vorderasiatisches Museum) sichtbar wird, dokumentiert die Macht des Königs, der seine Herrschaft bis Südpalästina ausdehnte und 597 Jerusalem eroberte.

Navigationsakte, Bezeichnung für die englischen Gesetze, die zur Förderung der nationalen Schifffahrt erlassen wurden. Die erste Navigationsakte stammt von 1381. Die vom englischen Parlament 1651 beschlossene Navigationsakte sollte die englische Schifffahrt gegenüber dem niederländischen Zwischenhandel begünstigen und die Abhängigkeit der englischen Kolonien vom Mutterland festigen. Waren aus den Kolonien durften danach ausschließlich auf englischen Schiffen oder Schiffen der Kolonialländer mit überwiegend englischer Besatzung, die wichtigsten Güter aus Europa und sämtliche Waren aus Russland und dem Osmanischen Reich nur auf englischen Schiffen oder Schiffen des Ursprungslandes der Güter nach England eingeführt werden. Die englische Küstenschifffahrt und der Verkehr der englischen Kolonien untereinander blieben englischen Schiffen vorbehalten. Mit dem Sieg des Freihandels wurde die Navigationsakte 1849/54 aufgehoben.

Nebukadnezar II., babylonisch **Nabukudurri-usur** [»(Gott) Nebo, schütze meinen Erbsohn«], hebräisch und biblisch-aramäisch **Nebukadrezar,** griechisch **Nabuchodonosor,** König von Babylonien (605–562 v. Chr.); stammte aus der chaldäischen Dynastie und war Sohn und Nachfolger Nabopolassars. 605 v. Chr. drang Nebukadnezar bis an die Grenze Ägyptens vor. In Kämpfen in Syrien und Palästina drängte er den Machtanspruch Ägyptens auf diese Gebiete zurück. Bei diesen Feldzügen eroberte er 597 v. Chr. Jerusalem; 587 v. Chr. zerstörte er die Stadt und löschte Juda aus (→ Babylonisches Exil). Er baute seine Residenz Babylon mit verschwenderischer Pracht aus (u. a. Prozessionsstraße mit Ischtartor, Stadtschloss mit »Hängenden Gärten«) und schützte sie durch einen doppelten Mauerring. Sein Land schirmte er gegen die Feinde aus dem Norden durch die »Medische Mauer« ab. Seine überragende Persönlichkeit regte die Juden und Griechen zur Legendenbildung an.

Necker ['nɛkɔr, französ. nɛ'kɛ:r], Jacques, französischer Bankier und Politiker, *Genf 30. 9. 1732, †Coppet 9. 4. 1804; war seit 1768 als Gesandter der Republik Genf in Paris, wo er ein erfolgreicher Bankier wurde. 1777 an die Spitze der Finanzverwaltung berufen, versuchte Necker eine Finanzreform mithilfe der Privilegierten durch Wiederbelebung der Provinzialstände. Zudem lockerte er die wirtschaftliche Reglementierung und ermöglichte durch Anleihen Frankreichs Teilnahme am amerikanischen Unabhängigkeitskampf. Die öffentliche Darlegung der Staatsfinanzen 1781 führte zwar zu seiner Entlassung, machte ihn aber zum populärsten Staatsmann des ausgehenden Ancien Régime. Dass er dabei die Finanzlage günstiger darstellte, als sie in Wirklichkeit war, hat unter seinen Nachfolgern dazu beigetragen, dass eine Beseitigung des Defizits nicht zustande kam. Ludwig XVI. machte ihn am 26. 8. 1788 angesichts leerer Staatskassen wieder zum Finanzminister, bevor er die Generalstände einberief. Necker erstrebte einen Bund zwischen Königtum und drittem Stand und erreichte die Verdoppelung von dessen Abgeordnetenzahl. Wegen seiner liberalen Politik geriet er bald in Gegensatz zum Hof, seine Entlassung am 11. 7. 1789 war einer der Anlässe zum Sturm auf die Bastille. Zurückberufen, konnte er den Lauf der Revolution nicht mehr beeinflussen und trat im September 1790 zurück.

Nehru, Jawaharlal, indischer Politiker, *Allahabad 14. 11. 1889, †Delhi 27. 5. 1964; stammte aus einer Brahmanenfamilie Kaschmirs und führte den Titel »Pandit« (»Gelehrter«). Seit 1905 in Großbritannien lebend, studierte er 1907–10 Naturwissenschaften in Cambridge, 1910–12 Jura in London. Nach seiner Rückkehr nach Indien wurde er 1912 Mitglied des →Indischen Nationalkongresses (INC) und war seit 1916 als Anwalt in Allahabad tätig.

Im Rahmen der 1916 entstandenen »Home Rule League« (»Liga für Selbstregierung«) engagierte Nehru sich für die Unabhängigkeit Indiens. Er wurde stark beeinflusst von den Ideen Mahatma Gandhis, dem er erstmals 1916 begegnete. Im Zusammenhang mit der ersten von Gandhi eingeleiteten Kampagne des zivilen Ungehorsams (1920–22) wurde Nehru 1921 verhaftet. 1923–25 und 1927–29 war er Generalsekretär des INC; 1929 wurde er dessen Präsident. 1930 nahm er an der zweiten Kampagne des zivilen Ungehorsams teil, weswegen er 1930–35 (mit Unterbrechungen) erneut in Haft war. 1936 wurde er wieder Präsident des INC. Nach dem Scheitern von Verhandlungen inhaftierte die britisch-indische Regierung 1942 Gandhi, Nehru und andere Vertreter der Unabhängigkeitsbewegung. 1945 freigelassen, wurde Nehru 1946 abermals zum Kongresspräsidenten gewählt.

1946 beauftragten ihn die Briten mit der Bildung einer Interimsregierung. Nach der Teilung des indischen Subkontinents im August 1947 war er 1947–64 der erste Premierminister und Außenminister des mehrheitlich von Hindus bewohnten unabhängigen Indien. Entgegen Gandhi ließ sich Nehru stärker von westlich-europäischen Ideen leiten; Demokratie und Sozialismus, staatliche Einheit und säkulares Denken waren die Richtpunkte seiner Innen- und Gesellschaftspolitik. Die Lage der Armen sollte verbessert, die Kastenlosen sollten in die Gesellschaft eingegliedert werden. In Auseinandersetzung v. a. mit den indischen Fürsten setzte seine Regierung eine neue föderative Ordnung durch (1949/50). Nach dem freiwilligen Rückzug Frankreichs aus seinen indischen Besitzungen (bis 1954) ließ Nehru 1961 die portugiesischen Kolonien Goa, Daman und Diu besetzen. In seiner Außenpolitik trat er für die Blockfreiheit Indiens ein und verfocht das Prinzip der friedlichen Koexistenz. 1955 prägte er die Bandungkonferenz wesentlich mit und wurde in deren Folge zu einem Wortführer der Dritten Welt. Die militärische Niederlage Indiens im Grenzkonflikt mit China (1962) führte innenpolitisch zu scharfer Kritik v. a. an seiner Verteidigungspolitik.

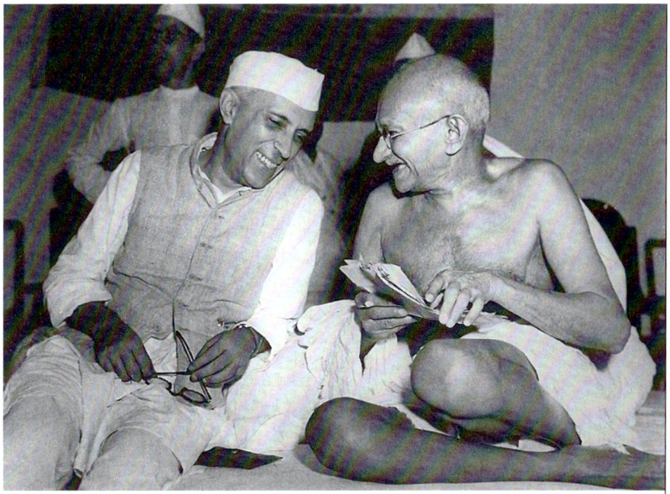

Jawaharlal Nehru. Im August 1946 wurde Nehru (links) vom britischen Vizekönig Lord Wavell zum Premierminister einer Interimsregierung Indiens ernannt. Nach der Teilung des Subkontinents in seinem Amt bestätigt, entfernte sich Nehru ideologisch von seinem langjährigen Weggefährten Mahatma Gandhi (rechts).

Nelson [nelsn], Horatio, Viscount (seit 1801), seit 1798 Baron of the Nile, seit 1800 Herzog von Brontë, englischer Admiral, *Burnham Thorpe (County Norfolk) 29. 9. 1758, † (gefallen) bei Trafalgar 21. 10. 1805; ging früh zur See und kommandierte bereits im Alter von 21 Jahren im nordamerikanischen Unabhängigkeitskrieg eine englische Fregatte. Nach Erfolgen im Seekrieg gegen das revolutionäre Frankreich übernahm Nelson 1798 den Oberbefehl über die britische Flotte im Mittelmeer. Am 1. 8. 1798 vernichtete er vor Abukir die französische Flotte der →ägyptischen Expedition Napoleons. 1801 zum Vizeadmiral ernannt, erhielt Nelson beim Wiederausbruch des Krieges 1803 (→Napoleonische Kriege) erneut den Oberbefehl im Mittelmeer, wo er die französisch-spanische Flotte in der für England entscheidenden Schlacht bei Trafalgar am 21. 10. 1805 schlug. Häufig verwundet und hoch dekoriert, wurde er zu einem der populärsten Militärs der englischen Kriegsgeschichte.

Jacques Necker

Neolithikum [zu griech. neós »neu«, »jung« und líthos »Stein«] die →Jungsteinzeit.

NEP [Abk. für russ. **N**owaja **E**konomitscheskaja **P**olitika »Neue Ökonomische Politik«], 1921 von Lenin in Sowjetrussland eingeführtes Wirtschaftsprogramm. Die NEP sollte die katastrophale Ernährungslage der Bevölkerung am Ende des Bürgerkriegs verbessern. Sie ersetzte in der Landwirtschaft die willkürliche Zwangsabgabe von Agrarprodukten durch eine feste, deutlich geringere Naturalsteuer, ließ freien Binnenhandel wie privates Kleinunternehmertum wieder zu und gewährte Konzessionen an ausländische Privatpersonen zur Gründung industrieller Unternehmungen. 1927/28 beendete Stalin die NEP.

Horatio Nelson

Nero, ursprünglich Lucius Domitius Ahenobarbus, nach Adoption durch Claudius (50)

Nero Claudius Caesar, Kaiser des Römischen Reiches (seit 54), * Antium (heute Anzio) 15. 12. 37 n. Chr., † (Selbstmord) bei Rom 9. 6. 68; Sohn von Domitius Ahenobarbus und Agrippina der Jüngeren, die ihn nach Beseitigung des Claudius, dessen Tochter Octavia Nero 53 geheiratet hatte, auf den Thron brachte (13. 10. 54), um selbst gemeinsam mit dem Prätorianerpräfekten Sextus Afranius Burrus und Seneca dem Jüngeren, Neros Erziehern, zu regieren. Aber Nero überwarf sich schon 55 – nach der Vergiftung seines Stiefbruders Britannicus – mit seiner Mutter, die er 59 ermorden ließ. 62 beseitigte er Octavia, um Poppaea Sabina heiraten zu können; im gleichen Jahr starb Burrus. Seneca zog sich vom Hof zurück, der zunehmend despotisch regierende Kaiser, der öffentlich als Sänger, Schauspieler und Wagenlenker auftrat, umgab sich mit Günstlingen. Als 64 mehrere Bezirke Roms niederbrannten, lenkte Nero den wohl unbegründet gegen ihn gerichteten Verdacht der Brandstiftung auf die Christen, die er grausam verfolgte. 65 schlug er die »Pisonische Verschwörung« nieder; Seneca, der Teilnahme beschuldigt, musste sich das Leben nehmen. 68 führten Aufstände in Gallien und Spanien, der Abfall der Prätorianergarde und die Ächtung durch den Senat zu Neros Selbstmord. Mit ihm erlosch das julisch-claudische Geschlecht.

In der Zeit des Nero, die späteren Generationen teils als die des Antichrist, teils als Erfüllung des Hellenentums galt, standen dem Römischen Reich hervorragende Militärs zur Verfügung wie u. a. die späteren Kaiser Galba und Vespasian. Die Grenzen an der unteren Donau und im Osten (Armenien) wurden durch energische Vorstöße gesichert, Aufstände in Britannien und Judäa erfolgreich bekämpft.

NERO
***37 †68**

- war letzter Vertreter der julisch-claudischen Dynastie auf dem Kaiserthron Roms
- wurde von dem Philosophen Seneca erzogen und beraten
- lenkte den gegen ihn gerichteten Verdacht der Brandstiftung in Rom auf die Christen
- nahm sich nach der Ächtung durch den Senat und dem Abfall der Prätorianer das Leben

Nerva, Marcus Cocceius, Kaiser des Römischen Reiches (seit 96 n. Chr.), * Narnia (heute Narni) 8. 11. 30, † Rom 25. 1. 98; war 71 und 90 Konsul. Nach der Ermordung Domitians vom Senat zum Kaiser ausgerufen, suchte Nerva nach Ausgleich, musste aber 97 seine Stellung durch Adoption Trajans, mit der er zugleich die Reihe der → Adoptivkaiser begründete, sichern. Nerva führte ein Alimentationsinstitut ein, das an die italische Landwirtschaft Hypotheken vergab und die Erträge u. a. für Erziehungsbeihilfen verwendete; er ließ das Nerva-Forum (»Forum Transistorium«) errichten und eine Wasserleitung in Rom anlegen.

NERO. ***Kolossale Projekte***

Nach dem Brand Roms im Jahre 64 ließ sich Nero eine gigantische Villenanlage bauen, die als »Domus aurea«, als »Goldenes Haus des Nero« bekannt und in imposanten Resten ergraben wurde. Der Komplex umfasste auch ausgedehnte Gärten mit Teichen und Wiesen und griff selbst auf Teile des Forums über. Die 30 Meter hohe Kolossalstatue des Kaisers, später zum Bild des Sonnengottes umfunktioniert und unter Hadrian neben jenes Amphitheater versetzt, das nach ihr den Namen »Kolosseum« erhielt, wurde zu einem unbekannten Zeitpunkt eingeschmolzen.

Neue Ökonomische Politik, → NEP.

Neuer Kurs,

1. Bezeichnug für die nach Otto von Bismarcks Sturz durch Reichskanzler Leo von Caprivi (1890) entscheidend mitbestimmte Umorientierung der Innen-, Sozial-, Wirtschafts- und Kulturpolitik, wodurch unter Wahrung der konstitutionellen Regierungsform die bisherige Opposition gewonnen und auch Zeitströmungen Rechnung getragen werden sollte.

2. Bezeichnung für die vom sowjetischen Ministerpräsidenten Georgij Malenkow nach dem Tod Stalins 1953 eingeschlagene innenpolitische Linie, die v. a. auf eine Steigerung der Konsumgüterproduktion zulasten der Schwerindustrie, auf steuerliche Erleichterungen für Bauern und einen Schuldenerlass für die Kolchosen gerichtet war. Die Politik des Neuen Kurses, bereits 1955 mit der Ablösung Malenkows als politisch verfehlt verworfen, stand in enger Verbindung mit der Politik des Neuen Kurses in der DDR.

3. Bezeichnung für die vom Politbüro der SED auf Initiative der sowjetischen Regierung unter Georgij Malenkow am 9. 6. 1953 beschlossene, nach dem Aufstand vom → Siebzehnten Juni 1953 am 26. 7. 1953 bestätigte politische Linie, durch die die bedrohte innere Stabilität der DDR gesichert werden sollte. Die Maßnahmen stellten u. a. in Aussicht: Erweiterung der Planauflagen für die Leicht- und Konsumgüterindustrie, Rücknahme der Kampfansage an den besitzenden Mittelstand, stärkere Entfaltung des privaten Handels, Stopp der Kollektivierung der Landwirtschaft, eine flexiblere Kirchenpolitik, beschränkte Amnestie. Nach dem Sturz Malenkows 1955 machte die SED ihren Neuen Kurs rückgängig und ging forciert zum »Aufbau des Sozialismus« über.

Neurath, Konstantin Freiherr von, deutscher Diplomat, * Kleinglattbach (heute zu Vaihingen an der Enz) 2. 2. 1873, † Leinfelderhof (heute zu Vaihingen an der Enz) 14. 8. 1956; war 1922–30 Botschafter in Rom, 1930–32 in London; war 1932–38 Außenminister, danach Reichsminister ohne Geschäftsbereich und Vorsitzender des Geheimen Kabinettsrates, 1939–43 (1941 beurlaubt) Reichsprotektor in Böhmen und Mähren. Seit 1937 Mitglied der NSDAP, wurde Neurath 1943 Obergruppenführer der SS. Im Nürnberger Prozess gegen die Hauptkriegsverbrecher wurde er am 1. 10. 1946 zu 15 Jahren Gefängnis verurteilt; aus gesundheitlichen Gründen im November 1954 aus der Haft im Kriegsverbrechergefängnis Berlin-Spandau entlassen.

Nero.
Insbesondere die christliche Geschichtsschreibung verdammte den Sänger, Schauspieler und Wagenlenker Nero: Wenn auch »Die Fackeln des Nero« (Gemälde von Henryk Siemiradzki, 1876; Krakau, Muzeum Narodowe) nicht den verheerenden Brand Roms im Jahr 64 entfachten, so wurden sie doch den »andersgläubigen« Christen zum Verhängnis.

Neustrien [»Neu-(West)land«?], **Neuster,** seit dem 7. Jh. belegter – wahrscheinlich schon um 600 aufgekommener – Name des Westteils des Merowingerreiches, ursprünglich wohl nur auf das Kleinreich Chlothars II. mit der Hauptstadt Rouen bezogen, dann auch auf die Francia des Teilreiches von Soissons und die Gebiete zwischen Seine und Loire. Neustrien übernahm zeitweise die Führung des merowingischen Gesamtreiches, die mit dem Aufstieg der Karolinger im austrasischen Hausmeieramt an das Ostreich (Austrien) verloren ging.

Neuzeit, Bezeichnung für die an das →Mittelalter anschließende und bis in die Gegenwart reichende Epoche.

BEGRIFF UND PERIODISIERUNG: Der Begriff wurde schon im 15. Jh. verwendet, ist als Periodisierungsbegriff allgemein üblich geworden und wie die Begriffe Alte und Mittlere Geschichte (Altertum, Mittelalter) aus der europäischen Geschichte abgeleitet. Insofern aber der geschichtliche Raum Europas sich im 15. Jh. durch die Entdeckungsfahrten der Portugiesen und Spanier erweiterte, kann der Begriff Neuzeit auch als Bezeichnung einer neuen Phase in der menschlichen Geschichte angesehen werden und hat dann allgemeinere Bedeutung.

Lange Zeit sind die Entdeckung Amerikas 1492 und der Beginn der →Reformation Martin Luthers 1517 als Anfang der Neuzeit betrachtet worden. Mit dem →Humanismus, einer sich wandelnde Gesellschaftsstruktur und einem sich formierenden europäischen Staatensystem wurden jedoch schon zuvor wichtige Grundzüge des neuen Zeitalters erkennbar. Die neuere historische Forschung hat daher den Beginn der Neuzeit auf die Mitte des 15. Jh. oder doch zumindest auf eine »Schwellenzeit« zwischen 1450 und 1500 angesetzt.

Der Eroberung Konstantinopels durch die Osmanen (1453) wird dabei für die neuere Geschichte Europas unter folgenden Gesichtspunkten ein epochaler Charakter zugeschrieben: Zum einen wurde nun Russland zur Schutzmacht der orthodoxen Christen des Ostens, zum anderen bewirkte die Sperrung der Landwege des Indienhandels durch die Osmanen nicht nur den allmählichen Niedergang Venedigs, sondern auch eine wachsende Bedeutung der portugiesischen und spanischen Seefahrer, die auf vielerlei Routen den Seeweg nach Indien suchten und auf dieser Suche unter der Leitung von Christoph Kolumbus 1492 Amerika entdeckten. Überdies bewirkte die Flucht zahlreicher griechischer Gelehrter nach Italien für ein dortiges Aufblühen des Humanismus. Diese Vielfalt der Neuansätze charakterisiert die Übergangsphase vom Mittelalter zur Neuzeit, in der im Verlauf einiger Jahrzehnte die meisten Lebensbereiche des europäischen Menschen grundlegend verändert wurden.

Fundamentale Bedeutung hatte der geistige Wandlungsprozess, der durch den Humanismus und seine Rückbesinnung auf die Antike in Gang kam und der in seiner langfristigen Wirkung zu einem kritischen Bewusstsein und zu einer säkularisierten Auffassung des Christentums bei bestimmten bürgerlichen Schichten geführt hat. Diese Säkularisierung kam auch in der abnehmenden Bedeutung der Geistlichkeit zum Ausdruck, die das kulturelle Leben im Mittelalter stark geprägt hatte. In Verbindung mit der wenig später einsetzenden Reformation wurde so die Einheit der mittelalterlichen Kirche aufgehoben.

An die Stelle der »Res publica christiana« des Mittelalters trat fortan das moderne europäische Staatensystem, das zugleich eine weitere Grundlage der Neuzeit war. Sowohl in Europa als auch in Übersee markierte dabei erstmals das Jahr 1494 einen Einschnitt, an dem ein globales Mächtesystem erkennbar wurde, das seither in vielen Wandlungen die Neuzeit geprägt hat: Im Vertrag von Tordesillas bestimmte Papst Alexander VI. am 7. 6. 1494, dass die (von Europa aus betrachtet) überseeischen Gebiete in eine östliche, portugiesische und in eine westliche, spanische Hälfte geteilt werden sollten. In Europa selbst war das inzwischen entstandene Mächtesystem erstmals 1494 anlässlich des Italienzuges des französischen Königs Karl VIII. deutlich in Erscheinung getreten. Denn als dessen Einrücken in Italien zum Zusammenbruch des inneritalienischen Staatensystems führte, vereinigten sich die übrigen Mächte Europas gegen Frankreich, um das Gleichgewicht in Italien wieder herzustellen.

In den Kämpfen um Italien gelangte das moderne europäische Staatensystem zu einem ersten Abschluss. Italien hatte in seinen politischen, gesellschaftlichen und kulturellen wie wirtschaftlichen Verhältnissen bereits einen Entwicklungsgrad erlangt, der in vielem für die Neuzeit allgemein kennzeichnend wurde. Auch ist der moderne Gedanke des Mächtegleichgewichts in den äußeren Beziehungen zuerst im Italien des 15. Jh. zu einer Theorie entwickelt worden. Der Friede von Lodi (1454), in dem die italienischen Verhältnisse zwischen den fünf Mittelstaaten Mailand, Venedig, Florenz, Kirchenstaat und Neapel zu einem gewissen Gleichgewichtszustand geführt worden waren, galt in der Folge als Musterbeispiel einer auswärtigen Balancepolitik.

NEUZEIT. ***Plus ultra***

Bis auf den heutigen Tag ist die Antike ein Bezugspunkt für die Bewertung der eigenen Epoche. Ihre »Wiedergeburt« in der Renaissance ließ ein Gefühl der eigenen Ebenbürtigkeit entstehen; aber erst das Zeitalter des Barock glaubte, sich über die Antike erheben zu können. Dieser Einschnitt hat vor allem mit der Überwindung von Raumgrenzen zu tun, die für die Antike als nicht überschreitbar galten. So war nach antiker Vorstellung der Erdkreis durch zwei Pfosten begrenzt, die nur um den Preis des Lebens zu passieren waren: die Säulen des Herkules. Errichtet am Ende der Welt, symbolisierten sie die Geschlossenheit der bewohnbaren Welt und die Häuslichkeit des denkbaren Wissens. Als Francis Bacon 1620 seinen Entwurf einer umfassenden Erneuerung der Wissenschaft publizierte, hatte sich die Perspektive jedoch verkehrt: Für zwei schwer beladene Galeonen bilden diese Säulen auf dem Titelblatt nun Landzeichen für die Rückkehr aus der Weite des Ozeans. Während die Antike das »Nicht weiter« (»nec plus ultra«) verlangt hatte, war nun das »Noch weiter« (»plus ultra«) das Motto.

Der für die Neuzeit charakteristische Zug der Zweckrationalität, wie er in diesen Methoden der Gestaltung auswärtiger politischer Beziehungen zum Ausdruck kam, erwuchs aber auch aus dem gewandelten Denk- und Arbeitsstil, wie er sich schon zu Anfang des 15. Jh. in den italienischen Stadtgemeinden herausgebildet hatte. Besonders in Venedig und Florenz wurde ein hoher Stand der Handels- und Wirtschaftstechniken erreicht, der selbst wiederum das Ergebnis einer stärkeren Rationalisierung und Mathematisierung der Handels- und Gewerbetätigkeit war. Zudem lag die Besonderheit der italienischen Entwicklung in der engen Verbindung des Wirtschaftslebens mit der Politik und in den Beziehungen der oberen bürgerlichen Gesellschaftsschichten zu den Gelehrten, v. a. zu den Humanisten der Zeit.

Die Verbindung von Staatsamt und Gelehrtendasein war ein wichtiges Kennzeichen dieser ersten Phase einer neuen Zeit. Der Geist analytisch-wissenschaftlicher Betrachtung wurde wie auf die neue Kunst (Renaissance) auch auf die Welt der Politik angewendet. Die Realität der innerstaatlichen Machtkämpfe der Parteien und das komplizierte Geflecht der auswärtigen Beziehungen des 15. Jh. sind von Niccolò Machiavelli zuerst analysiert und in einer Theorie abgebildet worden. Die moderne Idee der Staatsräson wird der Sache nach in seiner 1513 entstandenen Schrift »Il principe« (»Der Fürst«) begründet. Die Politik wurde hier erstmals als autonom betrachtet. Die Moral des Herrschers (»virtù«) wurde nicht an einen ethischen Tugendkanon gebunden, sondern an die Fähigkeit zur Gewinnung und Erhaltung von politischer Macht als Voraussetzung für einen stabilen Staat. Eine gleichsam mechanistische Betrachtung auch der politischen Verhältnisse, wie sie später Thomas Hobbes versuchte, wurde durch den starken Aufschwung der Naturwissenschaften nahe gelegt. Die Entdeckungsfahrten bestätigten die Lehre von der Kugelgestalt der Erde. Das heliozentrische System wurde von Nikolaus Kopernikus 1543 auch astronomisch untermauert (»kopernikanische Wende«).

GRUNDZÜGE: Die Geschichte der Neuzeit ist politisch die Geschichte von Staatensystemen, in denen sich auch die gesellschaftliche und geistige Entwicklung vollzog. Dabei ist es von grundlegender Bedeutung gewesen, dass sich diese Systeme überwiegend als Ordnungen von Nationalstaaten bildeten und zum Teil noch heute bilden. Die europäischen Staaten der Neuzeit sind meist als Nationalstaaten aufgetreten oder haben sich doch überwiegend eine nationale Interpretation gegeben. Die Wurzeln hierzu lagen schon im Spätmittelalter, die Verwirklichung des Nationalstaates wurde z. B. in England oder Frankreich im 14. Jh. erreicht, in Spanien im 15. Jh., in Italien und Deutschland erst in den nationalen Einigungen des 19. Jahrhunderts.

Der Begriff → Nation ist zum Teil eng mit dem für die neuzeitliche Staatengeschichte zentralen Begriff der Souveränität verbunden. Am Beginn der Neuzeit war es in Frankreich, England und Spanien, wo sich schon im 14./15. Jh. ein nationales Königtum und eine Nationalkirche entwickelt hatten, kaum umstritten, dass der Träger der Souveränität das

Königtum war. Doch während hier noch die Rechtfertigung der zentralen Herrschergewalt gleichzeitig eine Bindung an göttliches und Naturrecht bedeutete, ging Hobbes weiter und begründete die Lehre von der absoluten Gewalt des Souveräns, vor der es auch keine Glaubens- oder Gewissensfreiheit geben könne.

Neben diesen Theorien, die für die Herrschaftslegitimation des fürstlichen und monarchischen →Absolutismus des 16.–18. Jh. wesentlich geworden sind, steht als zweite Entwicklungslinie die Idee vom Volksstaat, die Machiavelli in den zwischen 1513 und 1521 verfassten »Discorsi« beschrieben hat. Wenn die dort entworfene Konzeption auch nicht im modernen Sinne als Demokratie bezeichnet werden kann, so bildete dieser Ansatz doch den Beginn einer neuzeitlichen Legitimationstheorie, die über die auf dem Gedanken der Volkssouveränität fußende Staatslehre von John Locke zum Begriff der Volkssouveränität bei Jean-Jacques Rousseau und zur modernen Lehre von der Gewaltenteilung bei Montesquieu geführt hat.

Diese Theorien waren zum Teil Deutungen einer tatsächlichen staatlichen und gesellschaftlichen Entwicklung der Neuzeit, die v.a. durch ein starkes emanzipatorisches Moment gekennzeichnet war. Dabei handelte es sich zunächst in erster Linie um eine Emanzipation des Bürgertums gegenüber dem Adel. Das Bürgertum war in der Stadtkultur und in der schnell wachsenden Geldwirtschaft der Neuzeit zu Reichtum und zu einer gewissen Macht gekommen. Der vom Bürgertum des 15. und 16. Jh. getragene Frühkapitalismus der Fugger, Welser oder Medici hat zudem durch seine weit reichenden Handels- und Kapitalverbindungen den Welthandel und das Weltverkehrssystem der Neuzeit wesentlich mitbegründet.

Dennoch bedeutete die relativ starke Wirtschaftsmacht des Bürgertums noch nicht das Ende der seit dem Mittelalter bestehenden politischen Vorherrschaft des Adels und der Geistlichkeit. Es ist deshalb auch die These vertreten worden, dass erst die politische und gesellschaftliche Umwälzung der →Französischen Revolution von 1789 den eigentlichen Beginn der Neuzeit darstellte. Aufgrund der vielen Neuansätze allein schon zwischen 1450 und 1517 erscheint es jedoch richtiger, die Zäsur des Jahres 1789 als Kulminationspunkt und als Durchbruch einer ganzen Reihe von nationalstaatlichen, geistigen und gesellschaftlich-emanzipatorischen Tendenzen zu sehen.

HISTORISCHE GLIEDERUNG: Das in der historischen Wissenschaft mit kleineren Abweichungen übliche Schema einer Gliederung der Neuzeit in eine Phase der frühen Neuzeit zwischen etwa 1450 und 1650 sowie in eine etwa 1650 einsetzende »jüngere Neuzeit« ist eine Grobeinteilung. Dabei kommt der Zäsur des Jahres 1648 eine besondere Bedeutung zu. Der →Westfälische Frieden brachte das definitive Ende einer universalen Ordnungsvorstellung, die durch den religiösen Alleingeltungsanspruch des Papsttums und durch die universale Herrschaftsidee des Kaisertums gekennzeichnet war. Überdies wurden im Westfälischen Frieden die beiden protestantischen Konfessionen, von denen die lutherische schon seit 1555 reichsrechtlich anerkannt war, in der Reichsverfassung legitimiert.

Neuzeit. Nichts hat die endgültige Ablösung des mittelalterlichen Weltbildes so nachhaltig bewirkt wie die Ersetzung der aus der Antike überkommenen geozentrischen Astronomie durch die heliozentrische Astronomie: Nicht die Erde, sondern die Sonne sollte das Zentrum des Universums sein (Christoph Cellarius, Darstellung der »Harmonia Macrocosmica«, 1660).

Die Aufhebung der feudalklerikalen Privilegien in Frankreich 1789 zugunsten der bürgerlichen Gleichheit und Freiheit war vorbereitet durch die Philosophie des Rationalismus und der →Aufklärung. Neue Wissenschaften wie Nationalökonomie, dann auch Soziologie und Psychologie wurden von relativ großen Kreisen mit Verständnis und Interesse aufgenommen. Die arbeitsteilige bürgerliche Leistungs- und Erwerbsgesellschaft führte eine neue Funktionalität des Staatswesens herbei, die darin bestand, dass der Staat nicht nur die Existenz seiner Mitglieder sichern, sondern auch Glück und Wohlfahrt des Individuums fördern sollte. Dabei sollten die Freiheitsrechte des Einzelnen möglichst geschützt sein. Dieser Liberalismus war nicht nur politisch, sondern auch gesellschaftlich und wirtschaftlich orientiert. Er führte zunächst aber nur zu größerer Macht der führenden Schichten des Bürgertums, nicht aber der übrigen bürgerlichen Gesellschaft und der unteren Volksschichten. Hieraus entwickelten sich jedoch später neue Kräfte, die nach 1789 immer mehr an Gewicht gewannen.

Wenn man die Französische Revolution von 1789 innerhalb der seit etwa 1650 zu rechnenden »jüngeren Neuzeit« als Beginn einer

New Deal.
Die Einführung der Sozialversicherung in den USA durch den Social Security Act (1935) war eine der wichtigsten Errungenschaften der New-Deal-Politik: Nicht nur die New Yorker Briefträger blickten mit den Antragsformularen in ihren Händen hoffnungsvoll in eine Zukunft, die nach den Wirren der Weltwirtschaftskrise nun etwas rosiger aussehen sollte.

neuesten Zeit bezeichnet, so war diese neue Phase auch durch die fast gleichzeitig sich vollziehende →industrielle Revolution bestimmt, die von Großbritannien ausging und nach dem »französischen« sozusagen ein »britisches« Zeitalter heraufführte. Die Mechanisierung der Produktion setzte einen Prozess in Gang, der die gewerbliche Produktion durch den Übergang zur Industriewirtschaft vollkommen veränderte und das äußere Erscheinungsbild und die innere Struktur der Neuzeit grundlegend wandelte. Bedingt durch den Wandel von der Agrar- zur Industriegesellschaft, der in den einzelnen Ländern Europas zeitversetzt und in sehr unterschiedlicher Intensität vonstatten ging, entstand die →soziale Frage.

Die Einführung von Arbeits- und Antriebsmaschinen zwang zur Abschaffung des Zunftwesens und führte damit zu einer fundamentalen Veränderung der Arbeitsverfassung. Sie entlastete die menschliche Arbeitskraft, erschloss aber zugleich neue Möglichkeiten, Menschen als Arbeitskräfte einzusetzen. Es ist jedoch nicht zu übersehen, dass die allgemeine Verwirklichung der bürgerlichen Revolutionsideen von 1789 im Zuge der industriellen Revolution zunächst einen starken Rückschlag erlitten hat. Freiheit und Gleichheit waren für die während der Industrialisierungsbewegung entstandenen Massen des Proletariats kaum zu erreichen; die neue Klasse der Lohnarbeiter im freien Kapitalverhältnis musste sich zunächst organisieren, ehe der Kampf um die Verbesserung ihrer sozialen Situation Aussicht auf Erfolg haben konnte (→Arbeiterbewegung). Erst der »wissenschaftliche Sozialismus« im Sinne u.a. von Karl Marx setzte sich zum Ziel, die auf dem Privateigentum an Produktionsmitteln fußende bürgerliche Gesellschaft durch den Sozialismus in Gestalt einer Diktatur des Proletariats und danach durch den Kommunismus zu ersetzen.

Der Sieg des Bolschewismus in Russland veränderte die Machtverhältnisse zwischen den großen Mächten entscheidend. Das Jahr 1917 bildet daher auch für eine Untergliederung der Neuzeit eine wichtige Zäsur, die durch die Revolutionen in Mittel-, Ost- und Südosteuropa 1989/90 faktisch »eingeebnet« worden ist. Die →Oktoberrevolution war der Beginn einer ideologischen Blockbildung zwischen Ost und West, die bis zum Fall der Berliner Mauer (1989) und zur Auflösung des Warschauer Paktes (1991) bestand (→Ost-West-Konflikt). Diese neuartige Blockbildung wurde schon unmittelbar nach dem Ersten Weltkrieg deutlich. Aber dieser Krieg hat nach seinem Ende auch Entwicklungen freigesetzt, die auf eine allmähliche Emanzipation der vom →Kolonialismus und →Imperialismus der europäischen Mächte im 19. Jh. erschlossenen und eroberten Überseegebiete hinausliefen. Eine wichtige Zäsur kam 1917 zuletzt auch darin zum Ausdruck, dass die USA als Großmacht in den Weltkrieg eintraten und ihn damit entschieden. Das Schwergewicht der weltpolitischen Macht liegt seitdem nicht mehr in Europa. Die »jüngste Phase der Neuzeit« (ab 1917), hat man auch als →Zeitgeschichte bezeichnet.

New Deal ['nju: 'di:l; engl. »neues Geben« (im Kartenspiel)], Franklin D. Roosevelts plakative Bezeichnung für sein 1933–39 durchgeführtes staatsinterventionistisches Reformprogramm zur Neubelebung der amerikanischen Wirtschaft und Politik im Zeichen der Chancengleichheit für alle, das die Folgen der Weltwirtschaftskrise überwinden sollte.

In der Frühphase (1933–35) überwogen Notstandsmaßnahmen zur Stabilisierung des Bank- und Börsenwesens (u.a. Trennung von Depositen- und Investitionsgeschäft, Kontrolle des Wertpapiermarktes), daneben solche zur Eindämmung von Produktion und Konkurrenz der Landwirtschaft und Industrie. Hinzu kam ein groß angelegtes Entwicklungsprojekt für das sieben Staaten umfassende Stromgebiet des Tennessee. Unmittelbarer Not begegneten Unterstützungsmaßnahmen für Farmer und Hauseigentümer sowie Arbeitsbeschaffungsprogramme. Inflationär wirkende Geld- und Währungspolitik wie u.a. die Abwertung des Dollars und eine aktive Außenwirtschaftspolitik sollten durch höhere Inlandspreise und Exportsteigerung den Aufschwung fördern, der jedoch ausblieb. So wuchs die politische Opposition, die den stärker reformerischen Zug der zweiten Phase des New Deal zwischen 1935 und 1938/39 prägen half: Es folgten Maßnahmen zur Disziplinierung der Großunternehmer und eine für breite Bevölkerungsschichten, namentlich die Arbeiterschaft, gedachte Sozialgesetzgebung. Das nationale Bankwesen wurde strenger geregelt und eine beweglichere Diskontpolitik ermöglicht. Auch der Not leidenden landwirtschaftlichen Arbeiter und Pächter und der besonders betroffenen Indianer nahm sich der New Deal jetzt an, kaum allerdings der Frauen und der Schwarzen. Als der Supreme Court 1935/36 u.a. die wirtschaftlichen Maßnahmen als verfassungswidrig außer Kraft setzte, wurden sie für bestimmte Teilgebiete durch Neufassungen ersetzt; eine grundsätzliche Auseinandersetzung mit dem Supreme Court wurde in der Folge durch beiderseitiges Taktieren entschärft. Das anfängliche Misstrauen der Gewerkschaften ließ sich so rasch überwinden, ihre gesellschaftliche und politische Stellung ausbauen, wenn auch schwere Arbeitskämpfe und ein durch vorzeitige Aufgabe defizitärer Haushaltspolitik ausgelöster Konjunktureinbruch (1938) den Prozess behinderten und die Arbeitslosenzahlen wieder über zehn Millionen stiegen. Groß angelegte Arbeitsbeschaffungsprogramme änderten dies kaum.

Zwar war der New Deal wirtschaftspolitisch nur teilweise erfolgreich, doch er bewirkte eine allgemeine Aufbruchsstimmung und förderte das Prinzip des modernen Sozialstaats, dem zufolge die Öffentlichkeit, repräsentiert durch die Bundesregierung, für das Wohlergehen der Gesamtgesellschaft verantwortlich ist. Diese Stärkung der Zentralgewalt bedeutete eine Veränderung der traditionellen Grundlagen des politischen Denkens in den USA.

Ney [nɛ], Michel, Herzog von Elchingen (seit 1808), Fürst von der Moskwa (seit 1813), französischer Marschall (seit 1804), *Saarlouis 10. 1. 1769, †Paris 7. 12. 1815; wurde 1796 Brigadegeneral und trug durch seinen Sieg bei Elchingen (bei Ulm) am 14. 10. 1805 wesentlich zur Kapitulation der Österreicher bei. 1812 tat Ney sich besonders bei Borodino hervor. Ludwig XVIII. ernannte ihn 1814 zum Pair; 1815 ging er wieder zu Napoleon I. über und führte bei Waterloo die alten Garden. Nach Rückkehr der Bourbonen wurde er auf der Flucht ergriffen und als Hochverräter standrechtlich erschossen.

Nicäa, Konzile von, zwei in Nikaia (heute İznik, Türkei) abgehaltene ökumenische Konzile des Altertums.

Das 1. Konzil von Nicäa im Jahr 325 wurde von Kaiser Konstantin I., dem Großen, als erste Reichssynode in den kaiserlichen Sommerpalast einberufen. Rund 250 Bischöfe nahmen teil. Das Konzil verurteilte den Arianismus, formulierte als Zusammenfassung der künftig verbindlichen Christologie das Nicänische Glaubensbekenntnis und legte die Berechnung des Ostertermins fest. Die Beschlüsse wurden vom Kaiser bestätigt und als Reichsgesetze verkündet. Die Diskussion über die nicänische Theologie kam nach heftigen Kontroversen erst auf dem Konzil von Chalkedon 451 zum Abschluss.

Das 2. Konzil von Nicäa im Jahr 787 wurde von Kaiserin Irene einberufen. Rund 350 Bischöfe nahmen daran teil. Es entschied im Bilderstreit, dass die Bilderverehrung erlaubt sei, und erließ 22 weitere Reformdekrete.

Niederlande, niederländisch **Nederland,** amtlich niederländisch **Koninkrijk der Nederlanden** [ˈkoːnɪŋkrɛi̯k dər ˈneːdərlandə], Staat in Europa, der im Westen und Norden an die Nordsee, im Osten an Deutschland und im Süden an Belgien grenzt.

MITTELALTER UND FRÜHE NEUZEIT: Für das Gebiet um Schelde, Maas und Niederrhein kam im 11. Jh. die geographische Bezeichnung Niederlande auf. Die sich in diesem Raum konsolidierenden Territorien kamen im 14. und 15. Jh. größtenteils an die aufsteigenden Herzöge von Burgund, 1477 durch Maria von Burgund an das Haus Österreich. Die seit dem Spätmittelalter kulturell und wirtschaftlich blühenden Territorien, die ihre Ständeversammlungen behielten, unterstanden Provinzialstatthaltern unter einem Generalstatthalter. Nach der Teilung der habsburgischen Gebiete unter Karl V. waren die Niederlande mit Spanien verbunden.

NIEDERLANDE. ***»Goldenes Zeitalter«***

Die Universität Leiden, wenige Monate nach Abzug der Spanier im Februar 1575 als erste Hochschule der freien Niederlande gegründet, übertraf alle späteren Hochschul- und Akademiegründungen auf niederländischem Boden. Sie wurde zur führenden europäischen Hochschule des 17. Jh., ohne deren Forschungen die moderne europäische Kultur nicht zu denken wäre. Insbesondere haben damals an ihr mehr Deutsche studiert als an irgendeiner anderen Universität des Auslandes. Die Entwicklung der Universität bildet den Auftakt für jene alle Lebensbereiche umfassende Prosperität des kleinen Landes, das sich im Barock, in seinem »Goldenen Zeitalter« zu einer Höhe aufschwang, die man mit der perikleischen Ära in Athen verglichen hat.

Die religiöse Repression und die Missachtung der ständischen Freiheiten durch Philipp II. trieben Adel und Städte zum Aufstand, der sich nach der Entsendung des spanischen Herzogs Alba und den von diesem veranlassten Hinrichtungen der Grafen von Egmont und Horne 1568 zum Freiheitskampf ausweitete (→Achtzigjähriger Krieg). Dieser wurde seit 1572 von Wilhelm I. von Oranien angeführt, der sich v.a. auf die →Geusen stützte. 1576 schlossen sich die gesamten Niederlande zu einem Friedens- und Freundschaftsbund zusammen (»Genter Pazifikation«). Die spanische Politik beschwor jedoch eine Radikalisierung der Protestanten v.a. in Holland und Seeland herauf und führte zu einer Polarisierung der Konfessionen, sodass sich 1579 unter dem Einfluss des neuen Statthalters Alexander von Parma die südlichen Provinzen wieder dem spanischen König zu Gehorsam verpflichteten

(»Union und Friede von Arras«), während die nördlichen Provinzen den Kampf weiterführten (»Union von Utrecht«). Die nördlichen Provinzen sagten sich 1581 ganz von den Habsburgern los und gründeten 1587 die Republik der Vereinigten Niederlande, auch →Generalstaaten genannt.

Während die südlichen Niederlande 1713 an die österreichischen Habsburger kamen, erreichte die Republik der Vereinigten Niederlande im Westfälischen Frieden von 1648 die Anerkennung ihrer Unabhängigkeit. Die sieben Provinzen bildeten einen Staatenbund, in dem die Souveränität bei den Provinzen lag; tonangebend war die Provinz Holland. Das Amt des Provinzialstatthalters blieb erhalten; das Haus Oranien-Nassau, im 17./18. Jh. sogar erblicher Träger dieses Amtes, vermochte seine Machtstellung auszubauen.

Im 17. Jh. zunächst führende europäische See-, Handels- und Kolonialmacht und kulturell in hoher Blüte, verloren die Niederlande bald ihre Vormachtstellung auf See an England (→englisch-niederländische Seekriege), konnten sich jedoch in vier Kriegen 1667–1714 gegen Frankreich behaupten. Im 1. Koalitionskrieg 1795 französisch besetzt, wurden die Vereinigten Niederlande zunächst zur Batavischen Republik erklärt, von Napoleon I. 1806 in das Königreich Holland unter seinem Bruder Ludwig umgewandelt und 1810 Frankreich eingegliedert. 1814/15 wurde die ehemalige Republik mit den südlichen Niederlande und dem Fürstbistum Lüttich als Königreich der Vereinigten Niederlanden unter dem Oranier Wilhelm I. (1814–40) zusammengefügt; der Süden wurde jedoch nach einem Aufstand 1831 als Königreich Belgien vom Königreich der Niederlande getrennt.

KÖNIGREICH DER NIEDERLANDE NACH 1832: Unter Wilhelm II. kam es im Sinne des liberalen Führers Johan Rudolf Thorbecke zu Reformen u. a. der Verfassung (1848), die unter Wilhelm III. u. a. mit einer Sozialgesetzgebung fortgesetzt wurden. Im Ersten wie im Zweiten Weltkrieg betrieben die Niederlande eine strenge Neutralitätspolitik. Trotzdem wurden sie am 10. 5. 1940 von deutschen Truppen überfallen; Königin Wilhelmina und das Kabinett wichen nach Großbritannien aus, bis die Niederlande zwischen September 1944 und April 1945 durch die Alliierten befreit wurden. An die Stelle der Neutralitätspolitik traten die Öffnung der Niederlande zum Westen und das Bemühen um eine europäische Einigung. 1948 dankte Königin Wilhelmina zugunsten ihrer Tochter Juliana ab. Das zunächst gespannte Verhältnis zur Bundesrepublik Deutschland wurde mit zwei Verträgen 1960 und 1963 geregelt. Das Bemühen um eine Wirtschaftsunion mit Belgien und Luxemburg führte 1958 zur Beneluxunion. 1963 zogen sich die Niederlande aus West-Neuguinea zurück, 1975 entließen sie Surinam in die Unabhängigkeit. Nach der Abdankung Königin Julianas bestieg 1980 ihre Tochter Beatrix den Thron. Die Regierungen der Nachkriegszeit waren Koalitionskabinette; bei den Parlamentswahlen 1994 verlor die Regierungskoalition zwischen Christdemokraten (CDA) und Sozialdemokraten (PvDA) unter Rudolphus Lubbers ihre absolute Mehrheit; Ministerpräsident wurde Wim Kok (1998 bestätigt). Die Parlamentswahl von 2002 entschied die CDA unter Jan Peter Balkenende für sich.

Niedersachsen, Land im Norden der Bundesrepublik Deutschland.

GESCHICHTE: Die unter britischer Besatzung neu gebildeten Länder Braunschweig, Oldenburg und Schaumburg-Lippe sowie die Provinz Hannover wurden von der britischen Militärregierung am 1. 11. 1946 zum Land Niedersachsen zusammengefasst. Ministerpräsidenten waren Hinrich Wilhelm Kopf (SPD, 1946–55 und 1959–61), Heinrich Hellwege (Deutsche Partei, 1955–59), Georg Diederichs (SPD, 1961–70), Alfred Kubel (SPD, 1970–76), Ernst Albrecht (CDU, 1976–90), Gerhard Schröder (SPD, 1990–98), Gerhard Glogowski (SPD, 1998/99), Sigmar Gabriel (SPD, 1999 bis 2003) und Christian Wulff (CDU, seit 2003).

Niemöller, Martin, deutscher Theologe, *Lippstadt 14. 1. 1892, †Wiesbaden 6. 3. 1984; war ursprünglich Seeoffizier, im Ersten Weltkrieg U-Boot-Kommandant. Nach dem Studium der evangelischen Theologie und seiner Ordination (1924) war Niemöller zunächst Geschäftsführer der Inneren Mission in Münster. 1931 wurde er Pfarrer in Berlin-Dahlem. Dort gründete er 1933 den »Pfarrernotbund« (→Kirchenkampf). Als einer der entschiedensten Gegner der nationalsozialistischen Kirchenpolitik war er die prägende Persönlichkeit der →Bekennenden Kirche. 1937 wurde Niemöller verhaftet und kam als »persönlicher Gefangener Hitlers« 1938 in das KZ Sachsenhausen, 1941 in das KZ Dachau und 1945 nach Südtirol, wo er befreit wurde.

Nach dem Zweiten Weltkrieg übernahm Niemöller führende Ämter in der Evangelischen Kirche in Deutschland und in der Ökumene. Wegen seiner engagierten Äußerungen zu politischen Fragen wurde Niemöller innerhalb und außerhalb der Kirche heftig kritisiert. Er war überzeugt von der Mitschuld der Kirche am Aufkommen und an den Verbrechen des Nationalsozialismus; er wandte sich gegen die Entstehung und die Westorientierung der Bundesrepublik Deutschland, bekämpfte den Antikommunismus und die Atomrüstung und suchte schon früh Kontakte mit den Kirchen und den Völkern des Ostblocks. In den 1950er-Jahren wurde er, u. a. durch ein Gespräch mit Otto Hahn über die Wirkungen von Kernwaffen, überzeugter Pazifist und war bis zu seinem Tod aktives Mitglied der Friedensbewegung.

MARTIN NIEMÖLLER
***1892 †1984**

- war im Ersten Weltkrieg Seeoffizier und U-Boot-Kommandant
- studierte später Theologie
- bekämpfte als prägende Persönlichkeit der Bekennenden Kirche die nationalsozialistische Kirchenpolitik
- war seit 1938 in diversen Konzentrationslagern inhaftiert

Nikephoros, Kaiser des byzantinischen Reiches (seit 963), *in Kappadokien 912, †(ermordet) Konstantinopel 10./11. 12. 969; war bedeutender Feldherr unter Romanos II., dessen Witwe Theophano er heiratete. Als Kaiser setzte er mit der Eroberung Zyperns (965) und der Rückgewinnung Antiochias und Aleppos (969) seine siegreichen Kämpfe gegen die Araber fort. Gegen die Bulgaren rief er den Kiewer Fürsten Swjatoslaw zu Hilfe. Im Innern stärkte er die feudalen Kräfte. Er erlag einem Anschlag der Theophano und seines Verwandten Johannes I. Tzimiskes.

Nikias, athenischer Feldherr und Politiker, *um 470 v. Chr., †(hingerichtet) Syrakus 413 v. Chr.; war Anhänger des Perikles und Gegner des Kleon. Nikias vermittelte im April 421 den für 50 Jahre vereinbarten Frieden mit Sparta (»Nikiasfrieden«), der jedoch nicht lange vorhielt (→Peloponnesischer Krieg). Er schloss sich dann zu einem Zweckbündnis seinem Rivalen Alkibiades an und leitete zunächst mit diesem und Lamachos, zuletzt allein, die Sizilische Expedition, vor der er ursprünglich gewarnt hatte. Sein Zaudern vor Syrakus trug wesentlich zur Vernichtung des athenischen Heeres bei. Zusammen mit dem Feldherrn Demosthenes wurde Nikias nach der Kapitulation Ende 413 hingerichtet.

Nikolaus I., russisch Nikolaj I. Pawlowitsch, Kaiser von Russland (seit 1825), *Zarskoje Selo (heute Puschkin) 6. 7. 1796, †Sankt Petersburg 2. 3. 1855; dritter Sohn Pauls I.; seit 1817 ⚭ mit Charlotte von Preußen (in Russland Alexandra Fjodorowna), der Tochter Friedrich Wilhelms III. Nach der Niederwerfung des Aufstandes der →Dekabristen fühlte sich Nikolaus als Hüter des monarchischen Prinzips, das er mit polizeistaatlichen Methoden auch im Innern verteidigte. Die von ihm eingesetzten Kommissionen zur Vorberatung über eine russische Agrarreform kamen über kleine gesetzgeberische Einzelmaßnahmen nicht hinaus. Die Kriege gegen Persien (1826–28) und die Türkei (1828/29) brachten dem Russischen Reich Landgewinn. Als »Gendarm Europas« unterdrückte Nikolaus den polnischen Aufstand 1830/31 und – in einer von Österreich erbetenen Invasion – 1849 auch die nationale Revolution in Ungarn.

Nikolaus II., russisch Nikolaj II. Alexandrowitsch, Kaiser von Russland (1894–1917), *Zarskoje Selo (heute Puschkin) 18. 5. 1868, †(ermordet) Jekaterinburg 16./17. 7. 1918; letzter russischer Monarch und zugleich letzter Herrscher aus der Dynastie Romanow(-Holstein-Gottorp); seit 1894 ⚭ mit Alice von Hessen-Darmstadt (in Russland Alexandra Fjodorowna). Nikolaus führte zunächst das autokratische Regiment seines Vaters Alexander III. fort, ohne die sozialen und politischen Konsequenzen aus der von Sergej Witte betriebenen Industrialisierungspolitik zu ziehen. Allerdings veranlassten ihn die Niederlage im Russisch-Japanischen Krieg von 1904/05 und v. a. die Revolution von 1905, im Oktobermanifest vom 30. 10. 1905 wesentliche Grundrechte, das allgemeine Wahlrecht und die Schaffung einer gesetzgebenden Volksvertretung (»Duma«) zu gewähren. Jedoch sorgte er durch den so genannten Staatsstreich vom 16. 6. 1907 für eine konservative Mehrheit in der Duma. Durch seine Frau geriet Nikolaus unter den Einfluss von Mystikern und Scharlatanen, was zum Prestigeverlust der Monarchie beitrug.

Auf seine persönliche Initiative wurde die Erste Haager Friedenskonferenz (1899) einberufen. Im Übrigen folgte er den traditionellen Zielen der russischen Außenpolitik, die 1914 für die Erhaltung des russischen Einflusses auf dem Balkan auch den Krieg riskierte. Im Hauptquartier ohne Kenntnis der Lage im Inneren, abhängig von unverantwortlichen Ratgebern und zum Teil unfähigen Ministern, dankte Nikolaus angesichts der →Februarrevolution am 15. 3. 1917 ab. Zunächst in Zarskoje Selo interniert und – nachdem Bemühungen um ein Asyl in Großbritannien gescheitert waren – im August 1917 nach Tobolsk (Sibirien), anschließend im April 1918 nach Jekaterinburg verbannt, wurde er zusammen mit der Kaiserin, dem Thronfolger Aleksej Nikolajewitsch und den vier Töchtern von Bolschewiki ermordet. Erst 1991 entdeckte man das wahrscheinliche Grab der Zarenfamilie in einem Wald bei Jekaterinburg wieder; Ende Februar 1998 beschloss die russische Regierung die Beisetzung der Gebeine für den 17. 7. 1998 in Sankt Petersburg.

NIKOLAUS II.
***1868 †1918**

- herrschte als letzter Zar über Russland
- bezweckte mit dem Oktobermanifest von 1905 eine vorsichtige Lockerung des straffen Regiments
- riskierte für die Aufrechterhaltung des russischen Einflusses auf dem Balkan 1914 den Ersten Weltkrieg
- dankte im Laufe der Februarrevolution 1917 ab
- wurde 1918 nach Jekaterinburg verbannt und dort von Bolschewiki ermordet

Nikolsburg, Friede von, Name zweier Friedensschlüsse, die im südmährischen Nikolsburg (tschechisch Mikulov) unterzeichnet wurden:

1. der am 31. 12. 1621 geschlossene Friede zwischen Gabriel Bethlen von Iktár und Kaiser Ferdinand II., von diesem bestätigt im Frieden von Wien (8. 5. 1624), nach dem Bethlen auf den ungarischen Königstitel verzichtete und die Stephanskrone zurückgab. Als Ersatz wurden ihm sieben oberungarische Gespanschaften auf Lebenszeit zugesprochen, zudem wurde er als Reichsfürst Herr der schlesischen Herzogtümer Oppeln und Ratibor.

2. Vorfrieden, der am 26. 7. 1866 den →Deutschen Krieg von 1866 beendete. Österreich trat Venetien an Italien ab, erkannte die Auflösung des Deutschen Bundes an, gab Preußen freie Hand zu einer neuen bundesstaatlichen Gestaltung Deutschlands und zu den beabsichtigten norddeutschen Annexionen, verzichtete zugunsten Preußens auf Schleswig-Holstein und zahlte 40 Millionen Taler Kriegsentschädigung; dagegen blieb es, ebenso wie das mit ihm verbündete Sachsen, von Gebietsabtretungen an Preußen verschont. Dem Vorfrieden folgte der Friede von Prag (23. 8.).

Nimwegen, Friedensschlüsse von, die in der niederländischen Stadt Nimwegen vereinbarten Friedensschlüsse von 1678/79, die den Niederländisch-Französischen Krieg beendeten. Die Niederlande konnten ihren Besitzstand im Wesentlichen wahren und die Räumung ihres Gebietes durch die Franzosen erreichen. Frankreich gewann die Franche-Comté und 15 Grenzfestungen in den spanischen Niederlanden sowie Freiburg im Breisgau und die elsässischen Städte.

Richard Nixon. Als einer der ersten westlichen Politiker setzte Richard Nixon im Verhältnis mit der Volksrepublik China ein Zeichen der Entspannungspolitik. Sein Besuch in Peking und das Zusammentreffen mit Mao Zedong Februar 1972 waren Ausdruck einer Annäherung, die Nixon auch als logische Folge des sich normalisierenden Verhältnisses mit der Sowjetunion betrachtete.

Nixon [nɪksn], Richard, 37. Präsident der USA (1969–74), *Yorba Linda (Kalifornien) 9. 1. 1913, †New York 22. 4. 1994; stammte aus einer Quäkerfamilie irischer Abstammung. Nixon diente 1942–46 als Marineoffizier im Südpazifik. Als Abgeordneter (1947–50) der Republikanischen Partei und Senator von Kalifornien (1951–53) kämpfte Nixon gegen die Korruption und trat als scharfer Gegner des Kommunismus auf. 1953–61 war Nixon unter Dwight D. Eisenhower Vizepräsident, 1960 unterlag er in den Präsidentschaftswahlen knapp John F. Kennedy.

Seit 1969 Präsident, bemühte er sich mit seinem außenpolitischen Berater und späteren Außenminister Henry Kissinger um eine weltweite Umorientierung der amerikanischen Außenpolitik, die fortan eine Verbesserung der Beziehungen zu den kommunistischen Vormächten suchte, und einen »ehrenhaften Frieden« im Vietnamkrieg. Um Letzteres zu erreichen, betrieb Nixon einerseits den Abbau des militärischen Engagements der USA in Vietnam. Andererseits versuchte er mit der Intensivierung des Bombenkriegs die amerikanische Verhandlungsposition zu stärken; 1969 ordnete er unter Umgehung des Kongresses die Bombardierung, 1970 die Invasion in das neutrale Kambodscha an. Daraufhin konnte erst nach langwierigen Verhandlungen im Januar 1973 ein Waffenstillstand mit Vietnam erreicht werden. Nixons Reise nach Peking im Februar 1972 beendete die Periode der Nichtanerkennung der VR China. Ein Staatsbesuch in Moskau (22.–29. 5. 1972) führte zum SALT-I-Abkommen und zu einer Vereinbarung über die Grundlagen der Beziehungen. Auf wirtschaftlichem Gebiet gelang es Nixon nicht, die Stagflation zu überwinden. Seine Politik der extremen Polarisierung der Öffentlichkeit führte u. a. zu einer Verlangsamung der Reformtätigkeit, besonders bei der Herstellung von Chancengleichheit für die Schwarzen. Als Repräsentant eines entschiedenen Konservativismus wurde er im November 1972 mit großer Mehrheit wieder gewählt. Dabei belastete sein zunehmend autoritärer Regierungsstil das Verhältnis zum Kongress schwer. Wegen der →Watergate-Affäre erklärte Nixon als erster Präsident der USA am 8. 8. 1974 seinen Rücktritt, um einer Amtsenthebung durch ein Impeachment-Verfahren zuvorzukommen. Seine umstrittene Begnadigung durch seinen Nachfolger Gerald Ford entzog ihn am 8. 9. 1974 einer möglichen Strafverfolgung.

Nkomo, Joshua, Politiker in Simbabwe, *Semokwe (bei Bulawayo) 19. 6. 1917, †Harare 1. 7. 1999; gründete 1961 die Zimbabwe African People's Union (ZAPU). 1964–74 war Nkomo in Haft bzw. in der Verbannung. Unter Zurückstellung tief greifender Gegensätze verband sich 1976–79 die ZAPU mit der ZANU (Zimbabwe African National Union unter Robert Mugabe) zur Patriotic Front. In deren Rahmen leiteten Nkomo und Mugabe den Guerillakrieg gegen die weiße Minderheitsregierung in Rhodesien. Nach der Entlassung Rhodesiens als Simbabwe in die Unabhängigkeit (April 1980) unterlag Nkomo nach z. T. militanten Auseinandersetzungen Mugabe im Kampf um die Führung des Landes. 1987 musste er die Eingliederung der ZAPU in die ZANU hinnehmen. 1990–96 war er zweiter Vizepräsident Simbabwes.

Nkrumah, Kwame, eigentlich Francis Nwia Kofie Nkrumah, Politiker in Ghana, *Nkroful (bei Axim, Western Province) 18. 9. 1909, †Bukarest 27. 4. 1972; studierte 1935–45 in den USA, wo er sich mit den Werken des Marxismus-Leninismus, aber auch mit der Zielsetzung der »Zurück-nach-Afrika-Kampagne« von Marcus Garvey befasste. Auf der Basis sozialistischer Grundvorstellungen entwickelte er panafrikanische Ideen.

1947 wurde Nkrumah Generalsekretär der United Gold Coast Convention (UGCC). Als Sprecher des radikalen Flügels der antikolonialen Unabhängigkeitsbewegung gründete er 1949 die Convention People's Party (CPP). Am 21. 1. 1950 verhafteten ihn die britischen Kolonialbehörden, nachdem er eine »Kampagne der Nichtzusammenarbeit« gestartet hatte. Nach dem Wahlsieg seiner Partei am 12. 2. 1951 wurde er aus dem Gefängnis entlassen und zum Regierungschef ernannt. Am 6. 3. 1957 wurde das Land unter dem Namen Ghana unabhängig. Mit dem In-Kraft-Treten einer republikanischen Verfassung (1960) ließ Nkrumah sich zum Staatspräsidenten wählen. Er verfolgte einen sozialistischen Kurs und verband ihn mit altafrikanisch-genossenschaftlichen Ideen (»Consciencismus«). Nach Ausschaltung innenpolitischer Gegner führte er 1964 das Einparteiensystem ein und ließ sich zum Präsidenten auf Lebenszeit wählen. Gleichzeitig förderte er einen Kult um seine Person. Angesichts starker sozialer Spannungen und zunehmend diktatorischer Herrschaftsformen wurde Nkrumah im Februar 1966 durch einen Militärputsch gestürzt; er fand in Guinea Asyl.

NKWD, Abk. für russisch **N**arodnyj **K**omissariat **W**nutrennych **D**el (»Volkskommissariat für innere Angelegenheiten«), 1934 gebildetes sowjetisches Unionsministerium, dem als wichtigstes Ressort die →GPU eingegliedert war. Zuständig war es v. a. für politische Überwachung, Nachrichtendienst, politische Strafjustiz und Verwaltung der Straf- und Verbannungslager (→GULAG); so wurde es das Instrument des stalinistischen Terrors zur Zeit der Großen →Tschistka. 1943 erfolgte die Herauslösung der politischen Geheimpolizei als NKGB (Abk. für Narodnyj Komissariat Gossudarstwennoj Besopasnosti, »Volkskommissariat für Staatssicherheit«), das 1946 mit der Spionageorganisation »Smersch« (»Tod den Spionen«) zum MGB (Abk. für Ministerstwo Gossudarstwennoj Besopasnosti, »Ministerium für Staatssicherheit«) zusammengefasst wurde. Im selben Jahr erfolgte die Umwandlung des NKWD in das MWD (Abk. für Ministerstwo Wnutrennych Del, »Ministerium für innere Angelegenheiten«).

Nofretete, Nefertiti, Nafteta [ägyptisch »die Schöne ist gekommen«], ägyptische Königin des 14. Jh. v. Chr.; war Gemahlin von Amenophis IV., bis zu dessen 12. Regierungsjahr sie häufig an seiner Seite dargestellt ist. Ihre Modellbüste aus bemaltem Kalkstein (Berlin, Ägyptisches Museum) wurde 1912 bei Ausgrabungen in Amarna gefunden.

Nonkonformist, im engeren Sinne seit dem 19. Jh. übliche Bezeichnung für →Dissenter.

Nordamerika, der nördliche Teil Amerikas, der außer dem Festland mit dem im Norden vorgelagerten Kanadisch-Arktischen Archipel auch Grönland, das französische Übersee-Département Saint-Pierre-et-Miquelon (vor der Küste Kanadas) und die britischen Bermudainseln (im Atlantik, rund 1 000 km östlich von Kap Hatteras, USA) umfasst.

Nofretete.
Ob an der Seite ihres Gemahls Amenophis IV. oder – wie hier – als Bildhauermodell (um 1340 v. Chr.; Berlin, Ägyptisches Museum): Königin Nofretete galt schon den Zeitgenossen als Inbegriff zeitloser Schönheit.

VORGESCHICHTE: Nach heutigen Erkenntnissen setzte die Besiedlung Nordamerikas durch die Indianer erst gegen Ende der letzten Eiszeit (Wisconsin-Eiszeit) vor etwa 12 000 Jahren ein. Gruppen von Jägern und Sammlern zogen von Nordostasien über die damals vorhandene Beringlandbrücke nach Alaska, von dort durch einen eisfreien Korridor zwischen den vergletscherten Gebieten des heutigen Kanada hindurch weiter nach Süden. Die älteste paläoindianische Kultur ist die Cloviskultur (Clovisspitzen um 9500 bis 9000 v. Chr.). An diese schließt sich die durch ungekehlte Folsomspitzen gekennzeichnete Folsomkultur an. Die jüngste Phase des Paläoindianertums wird von den Planokulturen der Prärie gebildet; deren oft gestielte Projektilspitzen sind auf 8000–5000 v. Chr. zu datieren.

Das Archaikum (ab spätestens 5000 v. Chr.) ist belegt durch die Hinterlassenschaften einfacher Jäger-, Sammler- und Fischerkulturen, die sich v. a. an Flüssen im Osten und endglazialen Seen im Westen finden. Neben Geschossspitzen treten nun erstmals Mahlsteine (Desert Culture, Cochisekultur), später auch einfache Keramik und die beginnende Pflanzendomestikation auf. Im Anschluss an die noch vor- bis frühformative Adenakultur und ähnliche Kulturmanifestationen am Mississippi und seinen östlichen Nebenflüssen entstand ab 200 v. Chr. die formative Hopewellkultur, die von ihrem Kerngebiet, dem Ohiotal, aus mit einem weit reichenden Fernhandelsnetz fast das gesamte östliche Waldland bis zum Golf von Mexiko beeinflusste. Ab 700 n. Chr. setzte das urbane Formativum ein, das in der Mississippikultur seinen prägnantesten Ausdruck fand. Entscheidend war die Einführung neuer, ergiebiger Maisarten im mittleren Mississippital (um 900 n. Chr.). Es entstanden große Siedlungs- und Kultzentren (z. B. Cahokia); um 1250 wurde in der religiösen Kunst des »Südlichen Totenkultes« ein Höhepunkt erreicht. Im westlichen Nordamerika entwickelten sich aus archaischen Kulturen drei formative Kulturtraditionen: die Anasazikultur, die Hohokamkultur und die Mogollonkultur.

In der Arktis, an der Nordwestküste sowie in Kalifornien zeichneten sich in vorgeschichtlicher Zeit ebenfalls frühformative Entwicklungen ab, doch erreichten sie hier nicht das kulturell-zivilisatorische Niveau des Südwestens und des Ostens. Bemerkenswert ist die eigenständige Entwicklung in der westlichen Arktis, wo sich zahlreiche Lokalkulturen (z. B. Okvik, Punuk und die Ipiutakkultur) ganz auf die Ausbeutung der maritimen Ressourcen konzentrierten. Ab 2500 v. Chr. entstanden im Fraserdelta Siedlungen, aus denen man Stein- und Knochenskulpturen bergen konnte. In Kalifornien entwickelten sich ab 500 n. Chr. aus archaischen Vorläufern sesshafte Lokalkulturen mit frühformativem Charakter, basierend auf einer intensiven Eichelsammelwirtschaft im Binnenland sowie Meeressäugetierjagd und Fischfang mit Plankenbooten an der südkalifornischen Küste.

ENTDECKUNGSGESCHICHTE: Die ersten Entdecker Amerikas waren Wikinger. Ausgehend von Island, fand Erich der Rote 982 Grönland; sein Sohn Leif Eriksson segelte um das Jahr 1000 bis nach Neufundland. Die nordamerikanische Festlandküste erreichte dann erstmals Giovanni Caboto 1497. Sichere Kenntnisse vom Verlauf der Ostküste Nordamerikas erbrachten die Fahrten der portugiesischen Brüder Gaspar Cortereal und Miguel Cortereal in den Jahren 1500/01 und des Spaniers Juan Ponce de León, der 1513 Florida entdeckte. Die Eroberung des Aztekenreiches durch Hernán Cortés (1519–21) leitete dann die Inbesitznahme und weitere Erforschung des nordamerikanischen Kontinents durch die Europäer ein.

Das Gebiet der Vereinigten Staaten westlich des Mississippi war mit Ausnahme der Küstengebiete nach dem Unabhängigkeitskrieg noch weithin unerforscht. Seit Anfang des 19. Jh. begannen mit der Erweiterung des staatlichen Territoriums die Vorstöße nach Westen durch Trapper, Siedler (Squatter) und Händler und militärische Erkundungen, aber auch durch planmäßige Erforschung. Die Lewis-and-Clark-Expedition 1804–06 im Auftrag von Präsident Thomas Jefferson in die Rocky Mountains erreichte an der Mündung des Columbia River den Pazifischen Ozean. Weitere Expeditionen erbrachten bis 1845 u. a. ein erstes Gesamtbild der mittleren Überlandverbindung zwischen Mississippi und Westküste. Die wachsende Zahl europäischer Einwanderer seit etwa 1830, der Zustrom von Goldsuchern nach Kalifornien nach 1848, die systematische wissenschaftliche Erforschung des Landes nach Beendigung des Bürgerkriegs (1861–65) sowie der Bau der Transkontinentalbahnen nach 1862 rundeten die Kenntnis des Landes bald ab.

In Kanada, das besonders durch Pelztierjäger und Händler der Hudson's Bay Company erkundet wurde, begannen systematische Forschungen durch die Geologen Robert Bell (seit 1857) zwischen den Kanadischen Seen und der Hudsonbai und Charles Dawson 1873–1900 in den kanadischen Rocky Mountains. Alaska, das 1741 durch Vitus Jonassen Bering von Asien aus entdeckt worden war, wurde erst nach Goldfunden 1880 und 1896–99 systematisch erforscht.

KOLONIALZEIT: Neben Spanien, das zunächst Florida, Mexiko und den Südwesten in seinen Besitz gebracht hatte, waren hauptsächlich Großbritannien u. a. in Neuengland und Frankreich in Louisiana sowie anfangs auch die Niederlande, Schweden und z. T. Russland in Alaska an der Kolonisation beteiligt; diese hatte tief greifende Auswirkungen auf die nordamerikanischen Ureinwohner. Die →Indianer – auch in die Kolonialrivalitäten einbezogen – wurden immer mehr aus ihren Gebieten verdrängt und durch Kriege dezimiert. Demgegenüber trat der zivilisatorische Effekt der europäischen Besiedlung stark zurück. Von Anfang an wehrten sich die Indianer gegen Landraub und Entrechtung.

Im 18. Jh. wurde die dominierende Stellung der allmählich bis an die Appalachen reichenden britischen Kolonien an der Ostküste gegen die spanischen Besitzungen im Süden mit der Übernahme der beiden Carolinas (1720/29) und der Gründung Georgias (1732/33) als wehrhafter Grenzkolonie abgesichert. Obwohl durchweg von der britischen Krone oder Eigentümern abhängig und damit der auf den Vorteil des Mutterlandes bedachten Politik der Zentralregierung (»Board of Trade«) unterworfen, erreichten alle Kolonien ein hohes Maß an Selbstregierung, wobei namentlich die Abgeordnetenkammern der Kolonialparlamente immer selbstbewusster ihre Stellung im politischen System analog zu der des britischen Unterhauses ausbauten. Die Bewohner entwickelten ein amerikanisches Zusammengehörigkeitsgefühl; doch scheiterte noch 1754 auf dem Albany-Kongress ein Zusammenschluss der Kolonien. Britisch-französische Kämpfe um das Ohiotal lösten den »French and Indian War« (1754–63) aus, der in die Auseinandersetzungen des →Siebenjährigen Krieges mündete.

Spannungen ergaben sich aus dem Bestreben des Mutterlandes, die Kolonien als Rohstofflieferanten und Absatzmärkte für Fertigwaren in Abhängigkeit zu halten, sie jedoch für die Lasten der Verteidigung und Verwaltung mit heranzuziehen und ihre Ausdehnung westlich der Alleghenies vorerst nicht zuzulassen. Da die Kolonien eine gewisse Reife der gesellschaftlichen Entwicklung erreicht hatten, die französische Bedrohung 1763 weggefallen war und Provokationen beiderseits nicht ausblieben (→Boston Tea Party), führte der Verfassungsstreit über das Besteuerungsrecht (»no taxation without representation«) bald zur Unabhängigkeitsbewegung.

Die weitere Entwicklung Nordamerikas wurde Ende des 18. und in der ersten Hälfte des 19. Jh. durch die Gründung und rasche Expansion der Vereinigten Staaten von Amerika auf Kosten britischen, französischen und spanischen Territoriums, durch die Begründung von Gebietsansprüchen im fernen Nordwesten und Gewinnen im Südwesten bestimmt. 1867 kam ferner Alaska durch Verkauf von Russland an die USA. Im Norden der USA entwickelte sich Kanada auf englischer und französischer Bevölkerungsgrundlage zur selbstständigen Nation, die trotz wirtschaftlicher und kultureller Anziehungskraft der USA im Verband des Commonwealth verblieb.

Nọrdamerikạnischer Unabhängigkeitskrieg, →Amerikanischer Unabhängigkeitskrieg.

Nọrddeutscher Bund, nach dem →Deutschen Krieg von 1866 anstelle des →Deutschen Bundes unter Ausschaltung Österreichs durch Otto von Bismarck geschaffener deutscher Bundesstaat, bestehend aus Preußen und 17 norddeutschen Kleinstaaten. Am 18. 8. 1866 wurde das grundlegende Bündnis geschlossen, die zwischen der Regierung und einem verfassunggebenden Norddeutschen Reichstag vereinbarte Verfassung trat am 1. 7. 1867 in Kraft.

Der Norddeutsche Bund war als Provisorium gedacht, da der französische Widerstand 1866 den Weg zu einer formell-nationalstaatlichen Lösung der →deutschen Frage versperrt hatte. Die liberalen und föderalistischen Elemente des Norddeutschen Bundes waren ein Entgegenkommen an die süddeutschen Staaten, seine Tendenz zur Absicherung der preußischen Hegemonie Ausdruck der Reichsgründung »von oben«. Zu Beginn des →Deutsch-Französischen Krieges 1870/71 schlossen sich die süddeutschen Staaten dem Norddeutschen Bund an, der durch Reichstagsbeschluss vom 10. 12. 1870 den Namen →Deutsches Reich annahm.

Nordirland, englisch **Northern Ireland** ['nɔ:ðən 'aɪələnd], Landesteil von →Großbritannien und Nordirland, umfasst den Nordostteil der Insel →Irland.

GESCHICHTE: 1920 wurden die sechs mehrheitlich protestantischen Grafschaften der Provinz Ulster vom übrigen, mehrheitlich katholischen Irland getrennt. Im Rahmen ei-

Norddeutscher Bund. Entwicklung vom Norddeutschen Bund zum Deutschen Reich (1866–71)

Nordische Kriege. Staaten und Schlachten

ner Union mit Großbritannien erhielt Nordirland Autonomie mit eigenem Parlament (Stormont) und eigener Regierung. Schwere soziale und religiöse Spannungen zwischen der protestantischen Mehrheit und der katholischen Minderheit führten seit 1969 zu bürgerkriegsähnlichen Unruhen. Dem Terror der katholischen Irisch-Republikanischen Armee (IRA) begegnete die protestantische Ulster Defence Association (UDA) mit Gegenterror. 1969 verlegte Großbritannien Truppen nach Nordirland, 1972/73 und erneut ab 1974 übernahm die britische Regierung die direkte Verwaltung in Nordirland (Ernennung eines Nordirlandministers). Trotz der Ausweitung der Attentats- und Sabotageakte der Terrorgruppen unternahmen die britischen und irischen Regierungen seit den 1980er-Jahren verstärkte Versuche zur politischen Lösung des Nordirlandkonflikts (u.a. 1985 Unterzeichnung eines britisch-irischen Abkommens, das der Regierung der Republik Irland eine begrenzte Mitsprache bei der Verwaltung Nordirlands einräumte). Die Abgabe von Gewaltverzichtserklärungen durch die katholischen und protestantischen Untergrundorganisationen 1994 hatten rege diplomatische Bemühungen der britischen, irischen und US-amerikanischen Regierung um eine Friedensregelung zur Folge. Diese führten 1998 zu einer Übereinkunft, die in einem Referendum sowohl in Nordirland als auch in der Republik Irland gebilligt wurde und die einen halbautonomen Status Nordirlands sowie die Schaffung gesamtirischer Gremien vorsieht. In den folgenden Wahlen zum nordirischen Parlament konnten sich die gemäßigten Parteien durchsetzen; der gemäßigte Protestantenführer David Trimble wurde zum Premierminister der Provinz gewählt. Aufgrund ausbleibender Erfolge bei der Entwaffnung der Untergrundbewegungen suspendierte die britische Regierung die Autonomie 2000 und 2002 zeitweise.

Nordische Kriege, Bezeichnung für zwei im 17./18. Jh. geführte militärische Auseinandersetzungen um die Vormachtstellung in Nordeuropa.

Der 1. Nordische Krieg (auch Schwedisch-Polnisch-Dänischer Krieg genannt, 1655–60) entstand, als König Johann II. Kasimir von Polen nach Abdankung der Königin Christine von Schweden als letzter Wasa Anspruch auf Schweden erhob. Hierauf griff Karl X. Gustav, um die neu erworbene Großmachtstellung zu erhalten, 1655 Polen an, das sich im Krieg mit Russland befand. Verbündet mit Brandenburg, siegte Schweden bei Warschau (28.–30. 7. 1656). Wegen des schwedischen Machtzuwachses schlossen Kaiser Leopold I. und Dänemark ein Bündnis mit Polen. Brandenburg verließ das aufgezwungene Bündnis mit Schweden, schloss Frieden mit Polen und erhielt die Souveränität in Preußen. Aus Polen vertrieben, wandte sich Karl X. Gustav gegen Dänemark und erreichte im Frieden von Roskilde (1658) die Abtretung von Südschweden, Trondheim und Bornholm. Seit 1659 versuchte Frankreich einen Frieden zu vermitteln, um die Machtverhältnisse im Norden zu erhalten. Nach dem Tod Karls X. Gustav wurde der Friede von Oliva (3. 5. 1660) geschlossen, der die Verhältnisse von 1655 wiederherstellte und die brandenburgische Souveränität in Preußen bestätigte. Im Frieden von Kopenhagen (6. 6. 1660) gab Schweden Trondheim und Bornholm an Dänemark zurück.

Der von den Verbündeten Dänemark, Sachsen-Polen und Russland gegen Schweden geführte 2. Nordischer Krieg (auch Großer Nordischer Krieg genannt, 1700–21) verfolgte das Ziel, die schwedische Hegemonie in Nordeuropa zu brechen. Der schwedische König Karl XII. wandte sich 1700 zunächst gegen Dänemark, das im Frieden von Traventhal (18. 8. 1700) aus der Koalition ausschied. Am 30. 11. 1700 schlug Karl XII. Zar Peter I., den Großen, bei Narwa. Er vertrieb die Sachsen aus Polen und ließ 1704 Stanislaus Leszczyński zum polnischen König wählen. Im Frieden von Altranstädt (24. 9. 1706) musste August der Starke auf die polnische Krone verzichten und das Bündnis mit Russland lösen. Auf dem Feldzug in die Ukraine unterlag Karl XII. bei Poltawa (8. 7. 1709) dem russischen Heer, das in der Folge Riga und Reval eroberte. Die Türkei, die Karl XII. Asyl gewährte, griff hiernach in den Krieg ein; Peter I. wurde am Pruth eingeschlossen, erlangte jedoch durch die Abtretung von Asow an die Türkei den Frieden. 1713 eroberten die Russen Finnland. 1715 traten Preußen und Hannover der antischwedischen Koalition bei und verdrängten mit Dänemark die Schweden aus Deutschland. Karl XII., aus der Türkei zurückgekehrt, fiel 1718, woraufhin Schweden in den Friedensschlüssen mit Hannover auf Bremen und Verden, mit Preußen auf Stettin und Vorpommern bis zur Peene sowie mit Dänemark auf Schleswig verzichtete. Im Frieden von Nystad (10. 9. 1721) schließlich trat Schweden Livland, Estland, Ingermanland und Karelien an Russland ab.

Nordrhein-Westfalen, Land im Westen der Bundesrepublik Deutschland.

GESCHICHTE: Das Land Nordrhein-Westfalen wurde durch Verordnung der britischen Militärregierung vom 23. 8. 1946 aus der preußischen Provinz Westfalen und dem nördlichen Teil der preußischen Rheinprovinz gebildet; am 21. 1. 1947 trat ihm das Land Lippe bei. Ministerpräsidenten waren Karl Arnold (CDU, 1947–56), Fritz Steinhoff (SPD, 1956–58), Franz Meyers (CDU, 1958–66), Heinz Kühn (SPD, 1966–78), Johannes Rau (SPD, 1978–98), Wolfgang Clement (SPD, 1998–2002), Peer Steinbrück (SPD, 2002–05) und Jürgen Rüttgers (CDU, seit 2005).

Nord-Süd-Konflikt, der Gegensatz zwischen den unter dem Begriff der Dritten Welt zusammengefassten Entwicklungsländern Asiens, Afrikas sowie Lateinamerikas und den entwickelten Industrieländern. Der Konflikt zwischen diesen Ländergruppen beruht auf ihrer ungleichen Position im System der internationalen Beziehungen und der Weltwirtschaft, die sich seit der Entstehung und weltweiten Expansion des Kapitalismus herausgebildet hat. In der Dritten Welt konzentrieren sich im wachsenden Gegensatz zu den industriell entwickelten Regionen der Erde die Länder mit geringem Bruttosozialprodukt, niedrigem Pro-Kopf-Einkommen, verbreiteten Erscheinungen der sozialen Degradation wie extremer Armut, Hunger, geringen Bildungschancen und Analphabetismus, niedriger Lebenserwartung, hoher Kindersterblichkeit, starkem Bevölkerungswachstum, Landflucht und chaotischer Urbanisierung, verbunden mit zunehmenden Umweltzerstörungen, wachsender Polarisation zwischen Elend und Reichtum, ethnischen Konflikten und erheblichen Gefährdungen der gesellschaftlichen Stabilität. Diese globale Divergenz wurde durch die Teilung der Welt in Kolonialmächte einerseits und koloniale, halbkoloniale und abhängige Territorien andererseits vorgeformt und nahm mit dem Zusammenbruch des Kolonialsystems nach 1945 und der Entstehung einer Gruppe neuer Nationalstaaten in Asien und Afrika den Charakter einer neuen, regional differenzierten Konstellation von Konflikten an.

GRUNDZÜGE: Die Bezeichnung Nord-Süd-Konflikt ist teilweise schematisierend. Weder finden sich die beiden Ländergruppen antipodisch in der nördlichen bzw. südlichen Hemisphäre verteilt, noch sind sie in einer eindeutigen Nord-Süd-Ausrichtung zu lokalisieren. Dennoch ergibt die globale Anordnung einer einerseits vergleichsweise kleinen Ländergruppe, die hauptsächlich auf der Nordhalbkugel der Erde angesiedelt und mit hohem wirtschaftlichen Entwicklungsgrad, durchschnittlich hohen Sozialstandards und einer über historische Zeiträume starken Entwicklungsdynamik ausgestattet ist, und andererseits einer hauptsächlich südlich davon gelegenen großen Gruppe von Ländern mit geringem Entwicklungsniveau und gewaltigen gesellschaftlich-strukturellen Defiziten das Bild eines deutlichen Gegensatzes. Das Verhältnis der beiden Ländergruppen repräsentiert einen strukturellen Bruch, der als Verhältnis von Zentrum und Peripherie der modernen Entwicklung interpretiert wird. Auch das Hervortreten einer kleinen Gruppe von Entwicklungsländern v. a. in Ost- und Südostasien sowie in Lateinamerika, die im Hinblick auf bestimmte ökonomische und soziale Wachstumsgrößen Anschluss an die entwickelten Industrieländer gefunden haben (»Schwellenländer«), hebt den Nord-Süd-Gegensatz nicht auf, zeigt aber, dass die strukturellen Grundlagen der Konfliktkonfiguration in Bewegung sind.

Nicht zuletzt angesichts der unterschiedlichen Entwicklungsniveaus in den Regionen der Dritten Welt wurde die Polarität des Nord-Süd-Verhältnisses zunehmend relativiert: Globalisierung steht heute als Charakteristikum der gegenwärtigen Weltsituation im Vordergrund. Insbesondere die Notwendigkeit, die globalen Probleme der Gegenwart durch Kooperation in der »Einen Welt« gemeinsam zu überwinden, ist nicht mit einer prinzipiell unvereinbaren Interessenkonstellation zweier gegnerischer Lager in Verbindung zu bringen. Gegen diese Interpretation wird jedoch eingewandt, dass sie die Anwendung des Konfliktbegriffs unzulässigerweise stark auf ein direkt konfrontatives Freund-Feind-Denken reduziert und verkennt, dass hochkomplexe kollektive Handlungssubjekte stets sozial differenziert sind und sich intern nicht als in jeder Hinsicht bündnis-, organisations- oder konfliktfähig erweisen. Im Zentrum steht dabei ein materieller Verteilungskonflikt um Entwicklungsressourcen, der aus der Sicht der Dritten Welt über die materiellen Aspekte hinaus mit vielschichtigen emanzipatorischen Ansprüchen einhergeht und in vielfältigen Formen (ethisch, kulturell, religiös) ideologisiert und politisiert wird.

Der Nord-Süd-Konflikt existiert nicht isoliert von anderen internationalen Kräftekonstellationen. Bis zum Ende der 1980er-Jahre stand er im Spannungsfeld der Systemauseinandersetzung (→ Ost-West-Konflikt) zwischen dem von der Weltmacht USA angeführten Bündnissystem westlicher Demokratien (»Erste Welt«) und dem von der UdSSR dominierten sozialistischen Lager (»Zweite Welt«). Japan und v.a. China besetzten als bedeutende Größen der Weltwirtschaft und Weltpolitik ebenfalls wichtige Positionen im Verhältnis zu den Staaten der Dritten Welt. Im Rahmen des Ost-West-Konflikts versuchten die miteinander rivalisierenden Hauptgegner sich geo- und regionalstrategische Vorteile zu verschaffen, indem sie einzelne Länder oder Regionen der Dritten Welt in verschiedene Formen wirtschaftlicher, politischer und militärischer Hilfe und Zusammenarbeit einbezogen und damit bestehende Abhängigkeitsverhältnisse ausnutzten, verfestigten oder schufen. Der zwischen den Machtblöcken geführte → Kalte Krieg zog auch innerhalb der Dritten Welt scharfe Konfrontationen nach sich, die z.B. in Afrika und Südostasien die Form von militärischen Auseinandersetzungen bis hin zu verlustreichen Bürgerkriegen (»Stellvertreterkriege«) annahmen.

Zugleich gelang es den Entwicklungsländern aber auch über die Zweckallianzen des Kalten Krieges und die ideologische Anlehnung an westliche oder östliche Legitimationsformen politischer Herrschaft hinaus, ihren emanzipatorischen Anspruch auf Gleichberechtigung und Entwicklung international zur Geltung zu bringen und sich als politische Bewegung zu formieren. Dies manifestierte sich in verschiedenen Organisationsformen und politischen Strömungen wie z.B. der Blockfreienbewegung, der Gruppe der 77 und Konzepten der positiven Neutralität, der Äquidistanz (zu den beiden Hauptblöcken) und der »Collective Selfreliance«. Die UN erweisen sich bis in die Gegenwart als ein wichtiger Handlungsrahmen, in dem die Entwicklungsländer relativ geschlossen ihre gemeinsamen Interessen vertreten und sich in einem völkerrechtlich geregelten System gegen die Vormacht des Nordens stellen.

Mit der Entspannungspolitik der 1980er-Jahre, dem »neuen Denken« und dem Ende der Blockkonfrontation verlor auch der Nord-Süd-Konflikt einen Teil seiner Brisanz, die er etwa während der → Kubakrise oder der → Suezkrise zutage gefördert hatte. Die Initiative des Nordens richtete sich nun auf die Gestaltung einer »neuen Weltordnung«. Angesichts einer wachsenden Zahl militärischer Auseinandersetzungen und Bürgerkriege in den Regionen der Dritten Welt, die durch einen schwunghaften Waffenexport des Nordens genährt werden, setzen sich neue Szenarien der Konfliktschlichtung und Konfliktbereinigung durch, die aber nur begrenzt erfolgreich sind, wie eine Reihe von Beispielen in Südostasien (Kambodscha) oder Afrika (Angola, Ruanda, Zaire/Demokratische Republik Kongo) zeigt, oder aber gänzlich scheiterten (Afghanistan, Somalia). Der 2. → Golfkrieg (1991) wird von einigen Friedens- und Konfliktforschern als eine Zäsur des Umschwungs in der ordnungspolitischen Weltkonfliktlage von Ost-West nach Nord-Süd interpretiert. Eine ambitionierte Militärmacht des Südens wurde als regionaler Störfaktor in die Schranken gewiesen und dem unter hegemonialen Gesichtspunkten neu definierten Reglement der internationalen Gemeinschaft unterworfen, dem Irak sich aber bald wieder durch provokative Aktionen und diplomatische Winkelzüge zu entziehen suchte. In dieser Auseinandersetzung verknüpfte sich der (vordergründige) Weltordnungskonflikt mit einem strategischen Ressourcenkonflikt (Erdöl) und einem Machtkonflikt um die Kontrolle und Beherrschung strategischer Einflusszonen, wobei v.a. die geostrategischen Orientierungen und ordnungspolitischen Optionen des Nordens, insbesondere der Supermacht USA, zum Tragen kamen.

Auch die Globalisierungstendenzen in Produktion, Technologie und Kommunikation, die Liberalisierung des Welthandels im Rahmen der neu geschaffenen Welthandelsorganisation WTO und die Expansion der internationalen Finanzmärkte verstärken die Dominanz des entwickelten Nordens im Weltsystem. Entscheidende Weichenstellungen der Weltwirtschaft, wie das internationale Management der Schuldenkrise, die Währungsstabilisierung, die Zinspolitik und die Beeinflussung der Rohstoffpreise liegen mittels u.a. der internationalen Finanz- und Währungsinstitute Weltbank und Internationaler Währungsfonds (IWF) weiterhin maßgeblich in der Hand des Nordens. Der größte Teil der Entwicklungsländer ist infolge der geringen Leistungskraft und Finanznot ihrer Wirtschaften sowie ihrer internationalen Marktabhängigkeit auf Kredite ausländischer Geber angewiesen und in der Konsequenz international hoch verschuldet. Die für sie überlebenswichtige wirtschaftliche und finanzielle Zusammenarbeit ist mit z.T. rigorosen Auflagen der Kreditgeber verbunden. Erhebliche Eingriffe in die Wirtschaft und Verwaltung der Entwicklungsländer, die Einschnitte in den sozialen Leistungen des Staates nach sich ziehen und die soziale Situation von Bevölkerungsgruppen negativ beeinflussen, gehen von

NORD-SÜD-KONFLIKT

Ölkrise

Als ein Ausdruck des Nord-Süd-Konflikts hatte die Anfang der 1970er-Jahre ausgelöste Ölkrise einschneidende Auswirkungen auf die Industriestaaten. Die Organisation der Erdöl exportierenden Länder (Organization of Petroleum Exporting Countries, OPEC) war 1960 in Bagdad von Irak, Iran, Kuwait, Saudi-Arabien und Venezuela mit dem Ziel gegründet worden, die Erdölpolitik der Mitgliederstaaten zu koordinieren und die Erlöse aus dem Erdölexport zu stabilisieren. Während weitere Erdöl exportierende Staaten der Muttervereinigung beitraten, formierten sich die arabischen OPEC-Staaten zur »Organization of Arab Petroleum Exporting Countries« (OAPEC), die zusätzlich Ägypten, Bahrain und Syrien umfasste.

Während und nach dem Jom-Kippur-Krieg suchten die Länder der OAPEC mit ihrer Erdölpolitik Druck auf die westlichen Staaten auszuüben, die Israel unterstützten. Gegen die USA und die Niederlande wurde ein Lieferboykott verhängt, der sich auf ganz Westeuropa auswirkte. Die OPEC konnte gegenüber 1970 eine Vervierfachung des Ölpreises durchsetzen. Die drastischen Ölpreiserhöhungen, die in den Abnehmerländern u.a. zu starken Preisanstiegen auch in anderen Wirtschaftssektoren führten, trugen ab 1973/74 zu einer weltweiten Wirtschaftskrise bei. In den westlichen Industriestaaten löste dies erste Energiesparmaßnahmen und eine verstärkte Forschung zur Nutzung alternativer Energien aus. Auch die Rückbesinnung auf erdölfreie Energieträger kam wieder in Mode – der Besitzer dieses mit Holzvergaser ausgestattetem »Adler Diplomat« (Baujahr 1936) war von Benzinknappheit und Preiserhöhungen nicht betroffen.

Strukturanpassungsprogrammen aus, die unter der Kontrolle von Weltbank und IWF konzipiert und verhandelt, d.h. aus der Sicht der Entwicklungsländer letztlich oktroyiert werden. Seit Beginn der 1990er-Jahre wird die Gewährung von öffentlicher Entwicklungshilfe auch mit politischen Auflagen verbunden, die den Positionen des Nordens im Hinblick auf die Gestaltung des politischen Systems (Demokratisierung), die Menschenrechtsproblematik und das Verhältnis von Militär- und Sozialausgaben in den Staatshaushalten der armen Länder entsprechen.

Die Gegenreaktion der Dritten Welt bewegt sich zum einen auf deklarativer und diplomatischer Ebene. Auf der 10. Konferenz der Staats- und Regierungschefs der blockfreien Staaten in Jakarta vom 1. bis 6. 9. 1992 konstatierten die Teilnehmer die rapiden Veränderungen in den internationalen Beziehungen. Die sich weitende Kluft zwischen Nord und Süd wurde als zentrale Gefahr für die internationale Sicherheit und Stabilität angesprochen. Die Teilnehmer wandten sich gegen die Vorherrschaft einiger bedeutender Länder und riefen zur »vollen Respektierung der nationalen Souveränität unter allen Umständen« auf.

Zum anderen provoziert die Wahrnehmung der Ungleichheit in Ländern der Dritten Welt in Verbindung mit dem Bewusstsein der chronischen Entwicklungskrise politische Gegenbewegungen von nicht zu unterschätzender Militanz. Dabei kommt die Ablehnung einer »westlichen« Kulturdominanz ins Spiel, die sich z.T. in radikalen Formen politisiert. Dagegen stehen Legitimationsformen für Politik und Herrschaft, in denen die Rückbesinnung auf die eigene Kultur, Religion und Tradition wesentliche Bezugsgrößen bilden und als Instrumente für Selbstbehauptung und Machtgewinn eingesetzt werden (»Ethnopolitisierung«). Mit diesem Legitimationsanspruch formieren sich auch fundamentalistische Bewegungen innerhalb großer Religionsgemeinschaften. Besonders augenfällig, weil mit einer merklichen Stoßrichtung gegen den Westen ausgestattet, ist ein radikaler Islamismus zu beobachten, dessen Vertreter in einigen Ländern (z.B. in Iran, Afghanistan, Sudan) bereits an die Macht kamen oder aber um zunehmenden politischen Einfluss ringen und sich dabei auch terroristischer Methoden bedienen (z.B. in Algerien, Ägypten). Im Norden wird die Abwehr westlicher Kulturmuster in der Dritten Welt als Bedrohung empfunden und tendenziell übersteigert. Doch wird verkannt, dass der Nord-Süd-Konflikt nicht auf der Ebene eines unversöhnlichen Kulturkampfes ausgetragen wird, sondern dass Kulturwerte von Machtansprüchen instrumentalisiert werden, die sich wiederum aus Erfahrungen der Ungleichheit und massiver sozialer Frustrationen speisen.

ENTWICKLUNGSPHASEN: Obwohl durch lange historische Prozesse vorgeprägt (→Imperialismus, →Kolonialismus), entstand der Nord-Süd-Konflikt als Folge der Ergebnisse des Zweiten Weltkriegs. Ein Teil der späteren Dritten Welt, die lateinamerikanischen Staaten, hatten bereits um die Mitte des 19. Jh. ihre formale Selbstständigkeit erreicht, jedoch gerieten sie unter die Vorherrschaft der USA, mit denen sie sich in der Nachkriegszeit im Rahmen des Rio-Pakts (1947) und der »Organization of American States« (1948) verbündeten. Seinen eigentlichen Anstoß erhielt der Nord-Süd-Konflikt durch die Entstehung »junger Nationalstaaten« beim Zerfall des europäischen Kolonialsystems. In den 1940er- und 1950er-Jahren erlangte die Mehrheit der ehemaligen Kolonialgebiete Südostasiens, des Vorderen Orients (→Nahostkonflikt) und Nordafrikas die staatliche Selbstständigkeit. Zu dieser Zeit war das System internationaler Beziehungen durch die Siegermächte des Zweiten Weltkrieges in seinen Grundzügen errichtet worden.

Für die entstehende Staatengruppe der Entwicklungsländer kam seit Ende der 1940er-Jahre der Begriff »Dritte Welt« in Gebrauch, dem mit der Vision eines dritten Weges gesellschaftlicher Entwicklung in Abgrenzung vom ehemals kolonisierenden kapitalistischen Westen und vom kommunistischen Osten ein positiver Sinn zugrunde gelegt wurde. Ein erster Höhepunkt der Etablierung dieser Staatengruppe im System der internationalen Beziehungen war die Bandungkonferenz von 1955. Das Zehnpunkteprogramm der Bandungstaaten, unter denen Indien, China, Ägypten und Indonesien eine führende Rolle einnahmen, bestimmte den Inhalt der Blockfreienbewegung. Diese erste Phase des Nord-Süd-Konflikts reichte bis zum Ende des Jahrzehnts, als das Kolonialsystem mit Ausnahme des portugiesischen und spanischen Kolonialismus im Wesentlichen überwunden war und die Revolution auf Kuba stattfand (1959), die in unmittelbarer Nähe der USA eine neue Konfliktsituation mit internationaler Tragweite einleitete.

In den 1960er-Jahren erweiterte und radikalisierte sich das blockpolitische Aktionsspektrum des Südens erheblich. Das weit auslegbare Konzept der »positiven Neutralität« führte einige Länder wie Kuba und Ägypten zu Bündnisbeziehungen mit der Sowjetunion, andere Staaten bewahrten ihre engen vertraglichen Verflechtungen mit ihrer ehemaligen Kolonialmacht. Von entscheidender Bedeutung war die soziale und ökonomische Anreicherung der Programmatik des Südens, bei der sich auch lateinamerikanische Staaten wie Mexiko, Chile oder Kuba, aber auch Algerien stark profilierten. Seit 1964 formierte sich die Gruppe der 77, die 1967 in Algier formell gegründet wurde, schnell wuchs und sich als wirtschaftlicher Interessenverband der Entwicklungsländer versteht.

Die 1970er-Jahre waren das Jahrzehnt schärfster Konfrontation zwischen den Entwicklungsländern und dem industrialisierten Norden. Die Gruppe der 77 trug vehement die Forderung nach einer »Neuen Weltwirtschaftsordnung« (NWWO) vor, die die Benachteiligung der Entwicklungsländer in den internationalen Wirtschaftsbeziehungen beseitigen sollte. 1974 mündete die Debatte in die Verabschiedung wichtiger Grundsatzdokumente durch die UN-Vollversammlung gegen den Widerstand der westlichen Industrieländer: die Erklärung und das Aktionsprogramm zur Errichtung einer NWWO und die »Charta der Rechte und Pflichten der Staaten«. Die Entwicklungsländer erstrebten mit ihren Forderungen einen Ausgleich für die Schäden, die sie durch koloniale Ausbeutung und ungerechte Handelsbeziehungen erfahren hatten, sowie Gleichberechtigung durch den Abbau von Handelsrestriktionen seitens der Industrieländer und einen Ressourcentransfer von Kapital und Technologie in die Dritte Welt. Der verbale Schlagabtausch wurde durch die Wahrnehmung gesteigerter Konfliktfähigkeit bestärkt, nicht zuletzt im Zusammenhang mit der so genannten Erdölkrise (1973), der Erfolglosigkeit der USA im →Vietnamkrieg und der Überwindung der portugiesischen Kolonialherrschaft in Afrika nach langjährigen blutigen Kolonialkriegen (1974/75).

In den 1980er-Jahren verflachte die Auseinandersetzung. Die weltwirtschaftliche Rezession und die tief greifende Entwicklungskrise, die zahlreiche Länder der Dritten Welt erfasste, sowie die wachsende Differenzierung dieser Ländergruppe beeinträchtigten die Kohärenz ihres internationalen Auftretens. Vieles deutete auf den Sachverhalt, dass die Industrieländer die Offensive der Dritten Welt abgewehrt, insgesamt wenig Zugeständnisse gewährt und ihre Vormachtstellung im Nord-Süd-Verhältnis bewahrt hatten. Kennzeichnend für die Entschärfung des Nord-Süd-Konflikts war auch die relative Auflösung der Nord-Süd-Debatte zugunsten einer allgemeineren Diskussion der globalen Zukunftsfragen. In den 1990er-Jahren boten insbesondere Weltgipfelkonferenzen zu fundamentalen Problemen der Gegenwart (Umwelt, Entwicklung, Welthandel, Menschenrechte, Bevölkerungsentwicklung, Ernährungssicherheit, Klima) Foren der Auseinandersetzung zwischen den Vertretern kollektiv verstandener Interessen des Südens und des Nordens.

Das Zusammentreffen vielfältiger Erscheinungen von Krise und Transformation zu

Beginn der 1990er-Jahre rief das verbreitete Bewusstsein eines weltgesellschaftlichen Umbruchs von großer Tragweite hervor. Auffassungen, die in diesem Zusammenhang das »Ende der Dritten Welt« postulierten, blieben jedoch nicht unwidersprochen. Ebenso haben sich Prognosen, dass sich die Nord-Süd-Dimension als die wichtigste Konfliktlinie der nächsten Jahrzehnte herausstellen werde, bisher jedenfalls nicht im Sinne einer weltweiten Zuspitzung und erneuten Gesamtradikalisierung bestätigt.

Normannen, bereits im Mittelalter Bezeichnung für diejenigen → Wikinger, die als Händler, Krieger, Entdecker, Siedler und in der Folge manchmal auch als Staatengründer in Westeuropa auftraten und damit vorübergehend oder auf Dauer ihre nordeuropäische Heimat (Skandinavien und Dänemark) verließen. In Osteuropa bis zum Kaspischen Meer sowie bis Byzanz und bis zu den östlichen Kalifaten (Bagdad) waren sie als Rus und → Waräger bekannt, die überwiegend aus Schweden kamen.

Im engeren Sinn werden diejenigen Wikinger als Normannen bezeichnet, die sich in Nordfrankreich (»Normandie«) niederließen und von dort aus nach England und Süditalien übergriffen. Bedeutung erlangte die 911 vertraglich abgesicherte Niederlassung der Normannen als Vasallen des westfränkischen Königs in der Normandie, wo sie einen straff gegliederten Lehnsstaat schufen. Von hier aus gelangten Normannen zu Beginn des 11. Jh. nach Unteritalien, anfangs als Söldner, ab 1057 als Eroberer. Robert Guiscard gewann dort die byzantinischen und langobardischen Besitzungen, sein Bruder Roger I. vertrieb die Sarazenen.

In Apulien und auf Sizilien entstanden so Normannenstaaten, die 1130 zu einem Königreich vereinigt wurden. Dieses erlebte in der zweiten Hälfte des 12. Jh. als Beamtenstaat seine Blüte und ging 1194 an die Staufer über. In dem von Wikingereinfällen besonders stark heimgesuchten England erlangte 1016 der zeitweilig auch über Norwegen herrschende dänische König Knut der Große die Königswürde, sodass für einige Jahre ein zusammenhängendes Nordseereich entstand. Durch solche angelsächsisch-wikingischen Verbindungen ist letztlich auch der Anspruch Wilhelms von der Normandie auf die englische Krone begründet. Als Wilhelm der Eroberer nahm er 1066 England ein. In der Folge kam es dort zur Ausbildung einer anglonormannischen Kultur.

Norwegen, amtlich norwegisch **Kongeriket Norge** [-ŋərikət -], Staat in Nordeuropa, der im Westen und Norden an das Europäische Nordmeer, im Nordosten an Finnland und Russland, im Osten an Schweden, im Sü-

NORMANNEN

Als Eduard der Bekenner, König von England, 1066 starb, folgte ihm zunächst Harold II. nach, obwohl Herzog Wilhelm von der Normandie zum Erben bestimmt war. Daraufhin landete dieser mit einem Invasionsheer an der Südküste Englands, um seine Ansprüche durchzusetzen. Nachdem Wilhelm im Oktober 1066 in der Schlacht bei Hastings Harold II. besiegt hatte – der abgebildete Ausschnitt des Teppichs von Bayeux zeigt den über seinem Pferd zusammensinkenden, tödlich getroffenen letzten angelsächsischen König Harold II. –, ließ er sich in Westminster zum König krönen, womit ein Zeichen der Kontinuität gesetzt wurde.

Die Eroberer führten mit dem kontinentalen Lehnswesen ein für England neues Herrschafts- und Organisationsprinzip ein, das das Verhältnis zwischen König und Adel einschließlich des höheren Klerus grundlegend änderte. Zugleich wurden die bisherigen Besitzverhältnisse umgestaltet, da an die Stelle der angelsächsischen Großen die Gefolgsleute Wilhelms traten und hohe Kirchen- und Staatsämter besetzten wie auch fast alle Kronvasallen stellten. Aus der Verbindung der normannischen Feudalmonarchie mit den volksrechtlichen Traditionen des angelsächsischen Königtums wurde die Grundlage für eine dauerhafte monarchische Zentralgewalt geschaffen. England aber wurde durch die normannische Eroberung endgültig dem romanischen Kulturkreis geöffnet.

Schlacht bei Hastings

den an das Skagerrak sowie im Südwesten an die Nordsee grenzt.

MITTELALTER: Harald I. Hårfagre überwand in Norwegen erstmals das herrschende Kleinkönigtum. In dieser Zeit wanderte rund ein Drittel der Bevölkerung aus, u. a. wurde Island besiedelt (seit 875); Olaf I. Tryggvasson setzte um die Jahrtausendwende die Christianisierung mithilfe englischer Missionare durch, Olaf II. Haraldsson unterstellte die Kirche dem Erzbischof von Bremen. Diese Abhängigkeit endete mit der Errichtung des Erzbistums Lund (1104) für ganz Skandinavien. Das 1236 gegründete Handelskontor der Hanse in Bergen beherrschte den norwegischen Außenhandel im Spätmittelalter. Nach dem Erlöschen des norwegischen Königtums im Mannesstamm (1319) trugen 1380/87 bis Anfang 1814 die dänischen und von Ende 1814 bis 1905 die schwedischen Könige die norwegische Krone. Die Witwe König Håkons VI. Magnusson von Norwegen und Schweden und Tochter des dänischen Königs, Margarete, verhalf ihrem Großneffen Erich (Erich VII.; König von Dänemark, Norwegen und Schweden) auf den Thron der drei skandinavischen Reiche (1397 Krönung in Kalmar; Kalmarer Union). 1523 erklärte Gustav I. Wasa Schwedens Austritt aus der Kalmarer Union. Norwegen, das durch die Union von Bergen (1450) enger mit Dänemark verbunden war als Schweden, wurde 1536 zu einem Teil Dänemarks erklärt. Als historische und soziale Einheit blieb Norwegen jedoch erhalten.

Gustav Noske

SCHWEDISCH-NORWEGISCHE UNION: Europas Seehandelsinteressen richteten sich durch die Verlagerung des Schwerpunkts der Außenpolitik nach dem europäischen Westen auf den Atlantik. Im Kieler Frieden (Januar 1814) zwang der gewählte schwedische Thronfolger Karl (XIV.) Johann Dänemark zum Verzicht auf Norwegen – mit Ausnahme der ehemaligen norwegischen Besitzungen Island, Grönland und Färöer – zugunsten Schwedens; die im Mai 1814 auf der Grundlage der Gewaltenteilung (Storting, Kabinett) beschlossene norwegische Verfassung blieb während der Union mit Schweden gültig. Während der Zeit der schwedisch-norwegischen Union standen Bemühungen um größere Selbstständigkeit im Zentrum der norwegischen Politik. 1884 errang die Linke (Venstre) die große Mehrheit im Storting und bildete die Regierung; diese erreichte 1898 das allgemeine Wahlrecht für Männer (1913 wurde es auch den Frauen zuerkannt). Nachdem eine Volksabstimmung (13. 8. 1905) eine Mehrheit von fast 100% für die Auflösung der Union erbracht hatte, stimmte Schweden zu. Am 18. 11. 1905 wurde der dänische Prinz Karl aus dem Haus Glücksburg zum König von Norwegen gewählt (als Håkon VII. König von Norwegen).

KÖNIGREICH NORWEGEN: Im Ersten Weltkrieg bewahrte Norwegen trotz britischen Drucks und trotz der Eröffnung des uneingeschränkten U-Boot-Kriegs durch Deutschland (1917) die Neutralität. Inflation und Arbeitslosigkeit führten in den 1920er-Jahren zu einer Radikalisierung der 1887 gegründeten Arbeiterpartei, die sich 1927 mit den Sozialdemokraten zusammenschloss. Deutschland machte im Zweiten Weltkrieg das norwegische Bemühen um Beibehaltung der Neutralität mit dem Einmarsch von Truppen in Norwegen (9. 4. 1940) zunichte; 1942 bildete Vidkun Quisling eine von Reichskommissar Josef Terboven abhängige Regierung. Die Wahlen vom Oktober 1945 brachten der Arbeiterpartei die absolute Mehrheit. Ministerpräsident Einar Gerhardsen führte die norwegische Innenpolitik auf dem vom schwedischen Sozialismus beeinflussten Weg weiter. Außenpolitisch gab Norwegen seine Neutralität auf und trat 1949 der NATO bei; 1960 schloss sich Norwegen der EFTA an. Nachdem ein EG-Beitritt im September 1972 in einer Volksabstimmung abgelehnt worden war, schloss Norwegen 1973 einen Freihandelsvertrag mit der EG. Nach dem Tod von König Olaf V. bestieg Harald V. 1991 den Thron. Der 1993 gestellte Antrag Norwegens auf Aufnahme in die EU wurde in einer Volksabstimmung im November 1994 abgelehnt.

Noske, Gustav, deutscher Politiker, * Brandenburg/Havel 9. 7. 1868, † Hannover 30. 11. 1946; ursprünglich Arbeiter; war 1893–1918 Schriftleiter sozialdemokratischer Zeitungen, befasste sich als Mitglied des Reichstags (1906–18) v. a. mit Heeres- und Marinefragen. Während der Novemberrevolution stellte Noske 1918 als Beauftragter der Reichsregierung deren Autorität in Kiel (Matrosenaufstand) wieder her. Als Mitglied des Rates der Volksbeauftragten übernahm er das Militärressort; er ließ im Januar 1919 den Spartakistenaufstand in Berlin niederschlagen. Als Reichswehrminister (Februar 1919 bis März 1920) sicherte Noske die Weimarer Republik gegen weitere Umsturzversuche in verschiedenen Teilen des Reiches, schuf auf der Basis des Versailler Vertrages eine neue Heeresorganisation und damit die Grundlagen der Reichswehr. Nach dem Kapp-Putsch setzten innerparteiliche Kritiker 1920 seinen Rücktritt durch. 1920–33 war Noske Oberpräsident von Hannover; 1939 und 1944 in Haft.

Notverordnung, gesetzesvertretende Verordnung, die im Notstandsfall aufgrund verfassungsrechtlicher oder gesetzlicher Ermächtigung von der Exekutive erlassen wird. Sie steht nach ihrer Geltungskraft den Gesetzen gleich und kann bestehende Gesetze ändern oder aufheben.

Im konstitutionellen Verfassungssystem des 19. Jh. war der König zum Erlass von Notverordnungen berechtigt, wenn das Parlament nicht versammelt war und deshalb keine Gesetze beschließen konnte. Sie mussten diesem aber alsbald zur Genehmigung vorgelegt werden (Art. 63 der Preußischen Verfassung von 1850). Ein Notverordnungsrecht besaßen auch die Militärbefehlshaber, wenn der Belagerungszustand verhängt war – so im Ersten Weltkrieg.

In der Weimarer Republik wurden als Notverordnungen besonders diejenigen Verordnungen bezeichnet, die der Reichspräsident aufgrund seiner Diktaturbefugnisse nach Art. 48 Abs. 2 der Weimarer Reichsverfassung erlassen konnte, »wenn im Deutschen Reich die öffentliche Sicherheit oder Ordnung erheblich gestört oder gefährdet« war. Danach durften Grundrechte ganz oder z.T. außer Kraft gesetzt werden. Die Verordnungen waren dem Reichstag unverzüglich zur Kenntnis zu bringen und auf sein Verlangen außer Kraft zu setzen. Zahlreiche Notverordnungen ergingen in den Jahren 1919–23 und 1930–33. Sie dienten zunächst dem Schutz der öffentlichen Sicherheit und Ordnung, dann auch der Überwindung von Wirtschaftskrisen. In der Endphase der demokratisch verfassten Weimarer Republik wurde die Rechtsetzung durch Notverordnungen zu einem Instrument autoritärer Präsidialdemokratie und damit begründet, dass der für die Gesetzgebung zuständige Reichstag mangels entscheidungsfähiger Mehrheiten nicht handlungsfähig war. Notverordnungen auf der Grundlage von Ermächtigungsgesetzen ergingen 1923/24.

In der Bundesrepublik Deutschland kennt das Grundgesetz auch im Fall des Notstands kein Notverordnungsrecht, sondern nur ein vereinfachtes Gesetzgebungsverfahren (Art. 115 GG). Bei Regierungskrisen, in denen sich die Bundesregierung nicht mehr auf eine parlamentarische Mehrheit stützen kann, kommt schließlich das Verfahren des Gesetzgebungsnotstandes in Betracht.

Das in Österreich dem Bundespräsidenten eingeräumte Notverordnungsrecht, dem für den Landesbereich ein solches der Landesregierung entspricht (Art. 18 Abs. 3–5, Art. 97 Abs. 3 und 4 B-VG), wurde wegen des Missbrauchs des Verordnungsrechts des kriegswirtschaftlichen Ermächtigungsgesetzes 1917, das 1934 sogar als formelle Grundlage einer neuen Verfassung diente, absichtlich so kompliziert gestaltet, dass bislang kein Gebrauch davon gemacht wurde. Der Schweizer Bundesrat kann, gestützt auf die polizeiliche Generalklausel und im Rahmen von Art. 102 Ziff. 10 Bundesverfassung, zur Wahrung der inneren Sicherheit polizeiliche Notverordnungen erlassen.

Novemberrevolution, politische Revolution im Deutschen Reich und in Österreich (1918/19). Die Novemberrevolution führte zum Sturz der Monarchien und – im Endergebnis – zur Errichtung parlamentarischer Republiken; eine Umwälzung der gesellschaftlichen Verhältnisse unterblieb. Unmittelbarer Anlass war die sich abzeichnende militärische Niederlage des Deutschen Reiches und Österreich-Ungarns im Ersten Weltkrieg; Ursachen der Novemberrevolution waren die jahrzehntelange Verweigerung innerer Reformen sowie die wirtschaftliche Notlage besonders auf dem Gebiet der Ernährung.

Novemberrevolution. Die Meuterei der deutschen Hochseeflotte in Wilhelmshaven (29. 10.) und Kiel (3./4. 11.) war der letzte Funken, der – auf die Bevölkerung übergesprungen – aus der allgemeinen Kriegsmüdigkeit die Novemberrevolution entfachte (Ansprache des Beauftragten der Reichsregierung Gustav Noske an die U-Boot-Mannschaften).

VERLAUF: In Deutschland wurde die Novemberrevolution durch eine Meuterei der deutschen Hochseeflotte in Wilhelmshaven (29. 10. 1918) und Kiel (3. und 4. 11. 1918) sowie die schnelle Ausbreitung von Unruhen in vielen deutschen Großstädten ausgelöst. Am 7. 11. 1918 rief Kurt Eisner in München die »demokratische und soziale Republik Bayern« aus. In Berlin brach am 9. 11. spontan ein für den 11. 11. geplanter Generalstreik vorzeitig aus, in dessen Verlauf sich die Arbeiter mit den Soldaten verbanden. Um der Umsturzbewegung entgegenzuwirken, legte Reichskanzler Prinz Max von Baden Kaiser Wilhelm II. und dem Kronprinzen die Abdankung nahe. Da die Abdankungserklärung ausblieb, gab Max von Baden den Thronverzicht am 9. 11. ohne weitere Rücksprache mit dem Kaiser bekannt. Um 14 Uhr rief der Sozialdemokrat Philipp Scheidemann am Reichstag die »deutsche Republik« aus. Zwei Stunden später proklamierte Karl Liebknecht am Berliner Schloss eine »freie sozialistische Republik«. Der Kaiser und alle deutschen Fürsten dankten ab; die deutschen Länder erklärten sich zu Frei- bzw. Volksstaaten.

Überall im Deutschen Reich bildeten sich →Arbeiter-und-Soldaten-Räte als Organe der revolutionären Gewalt. Der Arbeiter-und-Soldaten-Rat von Berlin erklärte sich zum Reichszentralorgan und wählte einen Vollzugsrat. Dieser trat jedoch die von ihm bean-

Nürnberger Prozesse. Obwohl sich die Konfliktlinien zwischen den Westalliierten und der Sowjetunion bereits deutlich abzeichneten, fand der Nürnberger Hauptprozess des Internationalen Militärtribunals vom 20. 11 1945 bis 1. 10. 1946 unter Beteiligung aller vier Besatzungsmächte statt (Aufnahme des Gerichtssaals vom 12. 1. 1946).

spruchte Regierungsgewalt am 10. 11. an den →Rat der Volksbeauftragten ab, an dessen Spitze Friedrich Ebert trat. Den Streit zwischen SPD und USPD, ob der revolutionäre Weg zur Errichtung einer Räterepublik oder zu einer auf allgemeinen Wahlen beruhenden deutschen Nationalversammlung führen sollte, entschied der Reichskongress der Arbeiter-und-Soldaten-Räte (16.–20. 12.) zugunsten der von der SPD bevorzugten parlamentarischen Lösung. Die USPD verließ nach dieser Entscheidung den Rat der Volksbeauftragten, in dem sie bis dahin mit drei Mitgliedern vertreten war. Im Rahmen des Ebert-Groener-Paktes (10. 11.) schlugen Einheiten des deutschen Heeres Aufstände linksrevolutionärer Kräfte nieder (»Spartakusaufstand«; Dezember 1918 bis Januar 1919); Armeeangehörige ermordeten am 15. 1. 1919 Karl Liebknecht und Rosa Luxemburg. Mit den Wahlen zur Nationalversammlung am 19. 1. 1919 entstand die →Weimarer Republik. Mit der Wahl Eberts zum Reichspräsidenten (11. 2. 1919) und der Bildung einer parlamentarischen Regierung (13. 2. 1919) schloss der revolutionäre Prozess in Deutschland ab.

Über den Charakter der Novemberrevolution als spontaner Volksbewegung (»deutsche Revolution«), ihre Ergebnisse und angeblichen Versäumnisse und ihre historische Bedeutung bestehen in der Geschichtswissenschaft unterschiedliche Ansichten.

In Österreich kam es seit November 1918 v. a. in Wien zu Unruhen. Auf der Grundlage des Völkermanifests von Kaiser Karl I. vom 16. 10. 1918 bildete sich am 21. 10. 1918 aus Mitgliedern aller deutschsprachigen Parteien des Reichsrates eine provisorische Nationalversammlung des »selbstständigen deutsch-österreichischen Staates«. Kaiser Karl erklärte am 11. 11. 1918 seine Bereitschaft, auf eine »Teilhabe an den Staatsgeschäften« zu verzichten. Am 12. 11. 1918 erklärte die provisorische Nationalversammlung Deutschösterreich zum Bestandteil der »Deutschen Republik«.

NSDAP, Abk. für →Nationalsozialistische Deutsche Arbeiterpartei.

Nujọma, Shafiishuna Samuel (Sam), Politiker in Namibia, * Ongandjera (Ovamboland) 12. 5. 1929; führendes Mitglied der Ovamboland People's Organization (OPO). Nujoma organisierte im Dezember 1959 Protestaktionen der schwarzen Bevölkerung Windhuks gegen Umsiedlungspläne der südafrikanischen Regierung. Kurzfristig in Haft, floh Nujoma außer Landes. Zusammen mit anderen Führern der OPO gründete Nujoma 1960 die South West Africa People's Organization (SWAPO). Er selbst trat an ihre Spitze und führte sie vom Exil aus. Nujoma verfolgte einen auf die Unabhängigkeit Namibias gerichteten Kurs und trat für einen sozialistisch orientierten Staat ein; eine Föderalisierung Namibias auf ethnischer Grundlage lehnte er ab. Nach seiner Rückkehr aus dem Exil (September 1989) und dem Rückzug der Republik Südafrika aus Namibia wählte ihn die verfassunggebende Versammlung am 16. 2. 1990 zum Staatspräsidenten (seit 21. 3. 1990 im Amt); Nujoma wurde seither mehrfach durch Wahlen bestätigt (2005 schied er aus dem Amt).

Nụrnberger Gesetze, Sammelbezeichnung für das »Reichsbürgergesetz« und das »Gesetz zum Schutze des deutschen Blutes und der deutschen Ehre«, auf Anordnung Adolf Hitlers kurzfristig ausgearbeitet und vom Reichstag anlässlich des Nürnberger Parteitags der NSDAP am 15. 9. 1935 einstimmig verabschiedet. Danach sollten die »vollen politischen Rechte« zukünftig nur den Inhabern des »Reichsbürgerrechts« zustehen, das neben die »Reichs- und Staatsangehörigkeit« treten und nur an »Staatsangehörige deutschen oder artverwandten Blutes« verliehen werden sollte. Das »Blutschutzgesetz« verbot bei Gefängnis- oder Zuchthausstrafe u. a. die Eheschließung zwischen Juden und »Staatsangehörigen deutschen oder artverwandten Blutes« (Tatbestand der »Rassenschande«).

Die Nürnberger Gesetze leiteten die systematische Verwirklichung des antisemitischen Programms der NSDAP von 1920 und aus Hitlers »Mein Kampf« ein und schufen für die bereits 1933 begonnenen Verfolgungsmaßnahmen eine juristische »Absicherung« (→Holocaust). Der Ministerialbürokratie gelang es in den Ausführungsverordnungen zu den Gesetzen zwar zunächst, gegen die Parteiforderungen eine noch relativ enge Definition des Begriffs »Jude« durchzusetzen, doch verbreiterten die Nürnberger Gesetze die juristische Basis für die Diskriminierung und Verfolgung der Juden in Deutschland außerordentlich, besonders die (bis 1943) 13 Verordnungen zum »Reichsbürgergesetz«; die Nürnberger Gesetze gelten deshalb als Inbegriff der Pervertierung des Rechtsstaatsgedankens durch den Nationalsozialismus. (→ Rassengesetze)

Nürnberger Prozesse, Gerichtsverfahren, die 1945–49 von einem Internationalen Militärtribunal oder von amerikanischen Militärgerichten in Nürnberg zur Ahndung von nationalsozialistischen Verbrechen durchgeführt wurden.

Auf der Grundlage der Moskauer Dreimächteerklärung vom 30. 10. 1943, des Potsdamer Abkommens vom 2. 8. 1945 und des Londoner Abkommens vom 8. 8. 1945 bildeten Frankreich, Großbritannien, die USA und die UdSSR einen Internationalen Militärgerichtshof (IMG), vor dem am 18. 10. 1945 in Berlin Anklage gegen ursprünglich 24 »Hauptkriegsverbrecher« erhoben wurde. Amerikanischer Hauptankläger war Robert Jackson (später auch Robert Kempner). Dieser Hauptprozess, der in Nürnberg vom 20. 11. 1945 bis zum 1. 10. 1946 stattfand, schloss mit 12 Todesurteilen gegen hohe NS-Funktionäre und Militärs – davon wurden zehn am 16. 10. 1946 vollstreckt – sowie sieben Urteile zu Haftstrafen zwischen zehn Jahren und lebenslänglich und drei Freisprüchen. Als verbrecherische Gruppen und Organisationen wurden SS, SD, Gestapo und Führerkorps der NSDAP, nicht jedoch Reichsregierung, Generalstab, OKW und SA eingestuft.

In den Nürnberger Folgeprozessen standen mit 177 Einzelpersonen jeweils bestimmte politische, militärische oder wirtschaftliche Führungsgruppen im Mittelpunkt der Anklage. Gegenstand der Anklage waren u. a. medizinische Versuche an KZ-Häftlingen und Kriegsgefangenen sowie die Euthanasie-Aktion, rechtswidrige Verfolgung von Juden und NS-Gegnern durch hohe Justizbeamte sowie »Arisierung« jüdischen Vermögens, die Verwaltung von Konzentrationslagern, die Beschäftigung ausländischer Zwangsarbeiter und von KZ-Häftlingen, Geiselnahmen und -erschießungen im Partisanenkrieg, Mordtaten von SS-Einsatzgruppen, Anwendung des Kommissarbefehls. Der Holocaust spielte im RSHA-Prozess sowie im Wilhelmstraßen-Prozess eine vorrangige Rolle. Von 24 Todesurteilen wurden zwölf vollstreckt, 35 Angeklagte wurden freigesprochen, die verhängten Haftstrafen bis 1956 aufgehoben.

Von den drei Verbrechenskomplexen, die in den Nürnberger Prozessen verhandelt wurden, waren Kriegsverbrechen (wie Mord und Misshandlung von Kriegsgefangenen und Zivilpersonen, Deportation der ausländischen Zivilbevölkerung, Plünderung) vom geltenden Völkerrecht definiert, die Zulässigkeit ihrer Ahndung durch die Sieger stand außer Frage. Auch bei den Verbrechen gegen die Menschlichkeit, die nun als völkerrechtliche Verbrechen definiert wurden, handelte es sich um grundsätzlich schon immer strafbare Taten. Zweifelhaft war allerdings, ob nach dem bis 1945 geltenden Völkerrecht die deutschen Angriffskriege als »Verbrechen gegen den Frieden« strafbar waren. Obwohl die Nürnberger Prozesse ein beträchtliches Element an »politischer Justiz« enthielten und daher im Rahmen der Entnazifizierung nur begrenzt positiv wirkten, stellen sie einen bedeutenden Einschnitt in der Entwicklung des Völkerrechts dar. Nach ihrem Vorbild richteten die UN, die mit ihrer Resolution vom 11. 12. 1946 die durch die Nürnberger Prozesse begründeten neuen Prinzipien des Völkerrechts ausdrücklich anerkannt hatten, 1993 bzw. 1994 neue internationale Strafgerichte ein.

Nyerere, Julius, Politiker in Tansania, *Butiama (am Victoriasee) 1922, †London 14. 10. 1999. Unter Nyereres Führung entwickelte sich die 1954 von ihm mitbegründete Tanganyika African National Union (TANU) zur maßgeblichen politischen Kraft in Tanganjika. Als Ministerpräsident (Mai 1961–Januar 1962) führte Nyerere sein Land im Dezember 1961 in die Unabhängigkeit; 1962 wurde er zum Staatspräsidenten gewählt. Nach der Vereinigung von Tanganjika und Sansibar zur Vereinigten Republik von Tansania (1964) war er bis 1985 Staatspräsident von Tansania, 1977–90 Vorsitzender der Partei Chama Cha Mapinduzi (CCM, »Partei der Revolution«).

Julius Nyerere

1967 wies Nyerere mit der »Erklärung von Arusha« den Weg einer Politik des »Sozialismus und der Eigenständigkeit«. Unter dem Schlagwort »Ujamaa« (Swahili »Gemeinsinn«) suchte er eine sozialistische Form der Landwirtschaft mit den traditionellen Lebens- und Arbeitsweisen der afrikanischen Großfamilie zu verbinden. Das Konzept fand international weite Beachtung, blieb jedoch innenpolitisch umstritten. Außenpolitisch verfolgte er als einer der Wortführer der Dritten Welt eine Politik der Blockfreiheit. Innerhalb Afrikas unterstützte Nyerere die antikolonialen Befreiungsbewegungen und bekämpfte v. a. die weißen Minderheitsregierungen in Rhodesien (Simbabwe) und in der Republik Südafrika. 1978/79 führte er durch eine militärische Intervention in Uganda den Sturz von Präsident Idi Amin Dada herbei.

Nystad, Friede von, in der schwedischen Stadt Nystad (heute zu Finnland, Uusikaupunki) am 10. 9. 1721 unterzeichneter Friedensvertrag zwischen Schweden und Russland, der den 2. Nordischen Krieg beendete. Der Friede von Nystad bestimmte, dass Ingermanland, Estland (einschließlich der vorgelagerten Inseln Ösel, Dagö und Moon), Livland und Teile Kareliens an Russland kamen; Schweden erhielt Finnland und bekam finanzielle Entschädigungen zugesichert.

O

Oberste Heeresleitung, Abk. **OHL,** im Ersten Weltkrieg die dem Kaiser als oberstem Kriegsherrn unterstehende oberste deutsche Kommandobehörde, geführt vom Chef des Generalstabes des Feldheeres.

Octavianus, Octavian, Namen des späteren Kaisers →Augustus nach seiner Adoption.

Oder-Neiße-Linie, Staatsgrenze zwischen Deutschland und Polen, die von der Ostsee unmittelbar westlich von Swinemünde durch das Kleine Haff des Stettiner Haffs und den anschließenden Neuwarper See, über Land bis Mescherin, dann die Oder entlang bis zur Einmündung der Lausitzer Neiße und diese entlang bis zur tschechischen Grenze verläuft.

Forderungen der polnischen Exilregierung in London auf Gebietserweiterungen Polens nach Westen wurden entscheidend verstärkt durch die Forderungen der UdSSR, das 1939 eingegliederte Gebiet östlich der »Curzon-Linie« zu behalten und Polen dafür im Norden und Westen mit deutschen Gebieten zu entschädigen. Informelle Absprachen über eine »Westverschiebung« Polens auf Kosten deutschen Territoriums wurden schon auf der Konferenz von Teheran im Dezember 1943 getroffen. Auf der Jalta-Konferenz (4.–11. 2. 1945) schlug Stalin die Oder und Lausitzer Neiße als Westgrenze Polens vor; Präsident Franklin D. Roosevelt (USA) und Premierminister Winston Churchill (Großbritannien) stimmten der Westverschiebung Polens prinzipiell zu, vermieden aber eine konkrete Festlegung. Als die Potsdamer Konferenz vom 17. 7. bis 2. 8. 1945 zusammentrat, hatte die UdSSR bereits die Gebiete östlich der von ihr vorgeschlagenen Oder-Neiße-Linie an die provisorische polnische Regierung übergeben, die im März 1945 die Einrichtung polnischer Wojwodschaften verkündete und die deutsche Bevölkerung zu großen Teilen auswies.

Oder-Neiße-Linie. Im Görlitzer Abkommen erkannte die DDR am 6. 7. 1950 die Oder-Neiße-Linie als »Friedensgrenze« zwischen Deutschland und Polen an (Unterzeichnung des Abkommens durch die Ministerpräsidenten Otto Grotewohl [links] und Jozef Cyrankiewicz in Zgorzelec).

Das Potsdamer Abkommen vom 2. 8. 1945, das die endgültige Grenzziehung einer späteren Friedenskonferenz vorbehielt, legte durch die Zustimmung zur Ausweisung der deutschen Bevölkerung und durch die Reparationsbestimmungen die Oder-Neiße-Linie als Westgrenze Polens de facto fest; es berücksichtigte dabei sowjetische Territorialforderungen. Somit kamen die »deutschen Ostgebiete« unter sowjetische und polnische Verwaltung. In dieser Ausdehnung umfassten die vom Deutschen Reich (Gebietstand vom 31. 12. 1937) abgetrennten Gebiete 114 296 km² mit (1939) 9,56 Mio. Einwohnern. Im polnisch-sowjetischen Vertrag vom 17. 8. 1945 wurde – unter Vorbehalt eines Friedensvertrages mit Deutschland analog dem Potsdamer Abkommen – die Grenzlinie beider Staaten in Ostpreußen festgelegt. Polen und die Sowjetunion, die die Oder-Neiße-Linie als endgültig betrachteten, integrierten die ehemaligen deutschen Ostgebiete in ihr Staatsgebiet und besiedelten die Gebiete neu.

Die DDR stimmte in der Warschauer Deklaration und im Görlitzer Abkommen (1950) nebst dem Rechtsakt zur Grenzmarkierung (1951) der Oder-Neiße-Linie zu. Die Bundesrepublik Deutschland erkannte die Oder-Neiße-Linie erst unter der von Willy Brandt geführten sozialliberalen Koalition – vorbehaltlich früher von den vertragsschließenden Parteien geschlossener oder sie betreffender internationaler Vereinbarungen – an (→Moskauer Vertrag und →Warschauer Vertrag).

Nachdem die »Gemeinsame Entschließung« von Bundestag und Volkskammer (21. 6. 1990) die Unverletzlichkeit der Grenze und den generellen Verzicht auf Gebietsansprüche bekräftigt hatte, wurde bei den Pariser Zwei-plus-Vier-Gesprächen am 17. 7. 1990 der Abschluss eines Grenzvertrages zwischen dem neu vereinten Deutschland und Polen vereinbart. Dieser Deutsch-Polnische Grenzvertrag, am 14. 11. 1990 in Warschau geschlossen, schrieb die Endgültigkeit der polnischen Westgrenze nun verbindlich fest. Die Zugehörigkeit des nördlichen Ostpreußen zur UdSSR (Russland) wurde durch den Deutsch-Sowjetischen Partnerschaftsvertrag (»Generalvertrag«) vom 9. 11. 1990 anerkannt.

Odoaker, Odowakar, germanischer Heerführer aus dem Stamm der Skiren, Regent des Weströmischen Reiches (seit 476), * um 430, † (ermordet) Ravenna 15. 3. 493; trat 469/470 in römischen Dienst und gehörte der kaiserlichen Leibgarde in Ravenna an. Odoaker setzte den letzten weströmischen Kaiser Romulus Augustulus ab und wurde von den germanischen Söldnern in Italien am 23. 8. 476 zum (Heer-)König ausgerufen. Er erkannte die Oberhoheit des oströmischen Kaisers an und wurde vom römischen Senat unterstützt. Odoaker erreichte 476/477 von den Wandalen die Abtretung Siziliens, gewann 481 Dalmatien wieder und vernichtete 487/488 das Reich der Rugier in Noricum. 489 unterlag er bei Verona dem Ostgotenkönig Theoderich dem Großen, wurde von diesem bis 493 in Ravenna belagert und nach der Übergabe der Stadt erschlagen.

Offenburger Versammlung, Zusammenkunft badischer Liberaler und Demokraten am 12. 9. 1847 in Offenburg, die unter der Leitung von Friedrich Hecker und Gustav von Struve u.a. die Aufhebung der →Karlsbader Beschlüsse (1819), ein nationales Parlament und Unterstützung der Arbeit gegen das Kapital forderten.

Öffentlichkeit, Sonderartikel S. 652/653.

Oktavian, andere Schreibung für Octavian, →Augustus.

Oktoberdiplom, Manifest Kaiser Franz Josephs I. vom 20. 10. 1860, das dem österreichischen Gesamtstaat eine konstitutionelle Verfassung gab, nach der die Kompetenzen des Reichsrats zugunsten der Landtage eingeschränkt werden sollten. Daneben sah das Oktoberdiplom noch eine stark eingeschränkte Legislative der Landtage und des Reichsrats sowie die Einführung eines administrativen Föderalismus vor. Die aus unterschiedlichen Gründen sich gegen das Oktoberdiplom formierende Opposition führte zum Februarpatent, ein am 26. 2. 1861 erlassenes österreichisch-ungarisches Staatsgrundgesetz.

Oktoberrevolution, die Machtübernahme der Bolschewiki im Jahr 1917 in Petrograd in der Nacht vom 25. auf den 26. Oktober (nach dem damals in Russland üblichen julianischen Kalender; nach dem heutigen gregorianischen Kalender: am 7./8. November). Dieses Ereignis war der Höhepunkt einer mehrmonatigen revolutionären Entwicklung in Russland. Nach dem Sturz des Zaren durch die →Februarrevolution war es der Provisorischen Regierung unter Ministerpräsident Georgij Lwow und Außenminister Pawel Miljukow nicht gelungen, die Kontrolle über das Land zu gewinnen. Der Petrograder Sowjet bildete in Konkurrenz zur Regierung ein Provisorisches Exekutivkomitee des Arbeiterrates. Regierungsumbildungen und die Ablösung Lwows durch Aleksandr Kerenskij brachten nicht die erhoffte Wende.

Mit seiner in den Aprilthesen erhobenen Forderung »Alle Macht den Sowjets« leitete Lenin eine Gegenbewegung von unten ein, die den Bolschewiki bis zum Sommer zur Mehrheit in den Fabrikkomitees und in den Stadtteilsowjets in Petrograd verhalf und im Herbst die Führung im Petrograder und Moskauer Sowjet brachte. Am 25. 9./8. 10. wurde Leo Trotzkij zum Präsidenten des Petrograder Sowjets gewählt und bereitete über das zur Abwehr »konterrevolutionärer« Gefahren gegründete »Militärrevolutionäre Komitee« den bewaffneten Aufstand vor, der auf einer Geheimsitzung des ZK am 10./23. 10. beschlossen worden war. Im Laufe des 24. und 25. 10. (6. und 7. 11.) besetzten Rotgardisten die strategisch wichtigsten Punkte der Stadt. Die 13 Minister der Provisorischen Regierung wurden in der Nacht vom 25. zum 26. 10. (7. zum 8. 11.) beim »Sturm auf das Winterpalais« verhaftet; Kerenskij war die Flucht aus Petrograd gelungen. Gegen den Protest der Menschewiki und der (rechten) Sozialrevolutionäre billigte noch in der gleichen Nacht der 2. Allrussische Kongress der Arbeiter- und Soldatenräte den Alleingang der Bolschewiki und bildete bis zum Zusammentritt einer konstituierenden Versammlung eine provisorische Arbeiter- und Bauernregierung (»Rat der Volkskommissare«) unter dem Vorsitz Lenins. Moskau fiel erst nach blutigen Straßenkämpfen am 3./16. 11. in die Hand der Bolschewiki. Ein 1918 ausbrechender Bürgerkrieg, in dem antibolschewistische Kräfte (Weißgardisten) gegen die bolschewistische Rote Armee kämpften, und die militärische Intervention der ehemaligen ausländischen Verbündeten Russlands konnten die Entwicklung nicht mehr aufhalten.

Der in der Sowjetunion und den anderen kommunistischen Staaten als »Große Sozialistische Oktoberrevolution« bezeichnete bolschewistische Aufstand leitete eine radikale politisch-soziale und wirtschaftliche Umwäl-

Fortsetzung S. 654

OFFENBURGER VERSAMMLUNG. ***Der Freiheit zugewandt***

Für den Vormärz kennzeichnende Forderungen erhoben die Delegierten der Offenburger Versammlung: *Art. 2. Wir verlangen Pressfreiheit. Art. 3. Wir verlangen Gewissens- und Lehrfreiheit. ... Art. 5. Wir verlangen persönliche Freiheit. ... Art. 9. Wir verlangen, dass die Bildung durch Unterricht allen gleich zugänglich werde. ... Art. 11. Wir verlangen Gesetze, welche freier Bürger würdig sind und deren Anwendung durch Geschworenengerichte. ... Art. 13. Wir verlangen Abschaffung aller Vorrechte.*

OKTOBERREVOLUTION. ***Film und Propaganda***

Die Oktoberrevolution hat auch den politischen Film geboren. Zwischen 1919 und 1925 wuchs dieser in Russland aus dem Erlebnis der gesellschaftlichen Umwälzungen hervor. Lenin hatte sofort erkannt, dass »für uns von allen Künsten der Film die wichtigste« sei, weil er als politisches Mittel zu verwenden war. Sergej Eisenstein trieb die Aktivierung des Publikums am weitesten mit seiner, wie er es nannte, »Montage der Attraktionen«. Im »Panzerkreuzer Potemkin« von 1925 ist es eine Montage des Schocks: verfaultes, madenwimmelndes Fleisch, Matrosen, die revoltieren und unter einem Segeltuch als anonymer Haufen erschossen werden. Eines der Opfer schreit, was das Publikum verinnerlichen soll: »Brüder, auf wen schießt ihr?«

1

ÖFFENTLICHKEIT

1) Zwischen Hamburg und Augsburg betrug die Laufzeit eines Briefes per Schnellpost im 17. Jh. noch bis zu fünf Tage. Mit dem technischen Fortschritt (hier die Eröffnung der ersten öffentlichen Eisenbahnstrecke von Stockton-on-Tees nach Darlington im Jahr 1825) wurde jedoch der Transport von Informationen spürbar erleichtert.

In der heutigen Gesellschaft ist es fast unmöglich, dass ein bedeutender Vorgang oder ein wichtiges Ereignis unbemerkt bleiben. Zeitungen, Rundfunk, Fernsehen, zunehmend auch modernste elektronische Medien wie das Internet sorgen dafür, dass die Menschen Tag für Tag über nahezu alles informiert werden, was auf der Welt passiert.

Damit wird ein bisher nie gekanntes Maß an Öffentlichkeit hergestellt, und das im doppelten Sinn des Wortes: zum einen als Chance, Anteil an den Geschehnissen nehmen zu können, zum anderen als der Kreis derjenigen Personen, die diese Chance auch nutzen. Bei der Flut der heute zur Verfügung stehenden Informationen gelingt es allerdings niemandem mehr, den Überblick über das Ganze zu behalten. Das Ergebnis ist eine mehr oder weniger selektive Wahrnehmung und insofern eine geteilte Öffentlichkeit.

Zensur und Pressefreiheit

Gleichwohl gilt der ungehinderte Zugriff auf Informationen als ein wesentlicher Bestandteil der demokratisch-freiheitlichen Kultur, insbesondere auch als ein Mittel zur Kontrolle der politischen Führung. Ebenso allerdings werden die Medien umgekehrt von den Politikern eingesetzt, um ihre jeweiligen Vorstellungen der Öffentlichkeit zu vermitteln oder die »öffentliche Meinung« in ihrem Sinn zu beeinflussen. In totalitären Regimen wie dem faschistischen Italien, dem nationalsozialistischen Deutschland und der kommunistischen Sowjetunion wurde die Information der Bevölkerung allerdings systematisch zu propagandistischen Zwecken missbraucht. Umgekehrt wurden alle oppositionellen Bewegungen unterdrückt und deshalb die Medien einer strengen Zensur unterworfen.

In den demokratischen Staaten gilt dagegen heute allgemein das Gebot der Pressefreiheit, historisch eine Errungenschaft der europäischen Revolution von 1848. In Deutschland wurde sie nach dem Ende der nationalsozialistischen Gewaltherrschaft mit der Gründung der Bundesrepublik wieder hergestellt.

Technische Voraussetzungen

Die Entwicklung der modernen Kommunikationstechnologien im 20. Jh. stellt einen Meilenstein auf dem Weg zur Herstellung von Öffentlichkeit dar. Doch die Geschichte der Medien ist wesentlich älter. Das Zeitungswesen geht auf das frühe 17. Jh. zurück. Im 19. Jh. entstand in vielen europäischen Staaten, zuerst in Frankreich, eine Massenpresse, die sich nicht allein auf politische Themen beschränkte, sondern das Publikum auch mit Informationen aus Wirtschaft und Kultur versorgte. Sie löste den von Napoleon I. begründeten Typus der so genannten Staatszeitung ab, eine von der Regierung kontrollierte und gelenkte Form der Information der Öffentlichkeit. Unabhängige Blätter, auch die Publikationen von Parteien, hatten lange mit der staatlichen Zensur zu kämpfen.

Die technischen Voraussetzungen für die Entstehung der Informationsgesellschaft schuf

2

3

im 15. Jh. Johannes Gutenberg mit der Erfindung des Buchdrucks mit beweglichen Metalllettern. Freilich war die Verbreitung des gedruckten Wortes durch eine hohe Quote von Analphabeten lange Zeit erheblich eingeschränkt. Noch um 1800 lag die Lesefähigkeit in Deutschland bei 25 Prozent, und das war schon ein deutlicher Fortschritt gegenüber der vorangangenen Zeit. Erst mit der Einführung der Elementarschulen im 19. Jh. stieg die Rate deutlich an. Mit Schrifterzeugnissen war also lange Zeit nur die Schicht der Gebildeten zu erreichen.

Im Mittelalter und in der Antike war das nicht anders gewesen. Geschrieben wurde hier (meist in den Schreibstuben der Klöster) auf Pergament oder Papyrus, die Texte mussten zur Verbreitung mühevoll kopiert werden und waren deswegen nur in begrenzter Zahl und zu hohen Preisen auf dem Markt. Die mittelalterlichen Herrscher waren allerdings, wie auch später die Könige in der Zeit des Absolutismus, wenig an einer Öffentlichkeit interessiert. Politik fand hinter verschlossenen Türen, im »Kabinett«, statt und war allenfalls gegenüber dem Adel oder dem Klerus zu erläutern und zu rechtfertigen. Das Volk stellte man im Mittelalter damit zufrieden, dass man es an traurigen Schauspielen wie den öffentlichen Hinrichtungen teilnehmen ließ.

Die römischen Kaiser der Antike dagegen mussten mehr in die Offensive gehen, da ihre verfassungsrechtliche Stellung eher schwach war. Sie erreichten die Öffentlichkeit v. a. mit Standbildern, Büsten und mit massenhaft geprägten Münzen, deren Bilder und Legenden die Maximen der Regierungspolitik erläuterten. Öffentlichkeit wurde weiterhin durch Prozessionen an den zahlreichen Feiertagen hergestellt, und aus Anlass von Gladiatorenspielen in Amphitheatern wie dem Kolosseum in Rom präsentierte sich der Kaiser seinem Volk, wobei er die Gelegenheit nutzte, mit seinen Untertanen zu kommunizieren.

Öffentlichkeit als politisches Prinzip

Von der Idee her war der Stadtstaat der antiken Griechen, die »Polis«, ganz auf Öffentlichkeit ausgerichtet. Die, von Ausnahmen wie Athen und Sparta abgesehen, meist nicht mehr als 1000 Bürger der jeweiligen Stadt kannten sich alle persönlich, und zudem spielte sich das Leben, nicht zuletzt wegen der günstigen klimatischen Bedingungen, ohnehin mehr unter freiem Himmel als in den Wohnungen ab. Bezeichnenderweise nannten die Griechen jemanden, der sich vom öffentlichen Leben ausschloss und sich v. a. seinem Privatleben widmete, einen »Idiotes« (d. h. einen »Laien« oder »Stümper«). In der Demokratie der Athener wurde das Prinzip der Öffentlichkeit konsequent auf die Politik übertragen. Alle Bürger bildeten die Öffentlichkeit, die für den Staat wichtigen Entscheidungen wurden von allen gemeinsam in der Volksversammlung getroffen. Funktionieren konnte dies allerdings nur deswegen, weil die Zahl der Bürger so überschaubar war, dass sich wirklich alle unmittelbar am Unternehmen Demokratie beteiligen konnten.

2) Denken – (noch) erlaubt, Öffentlichkeit herstellen – verboten: Das ist die Botschaft dieser zeitgenössischen Karikatur auf die »Karlsbader Beschlüsse« von 1819, mit denen auf Betreiben Metternichs die Pressezensur eingeführt wurde.

3) In modernen Demokratien ist die öffentliche Wirkung von Parteien und Kandidaten – hier ein SPD-Parteitag – von ihrer mediengerechten Präsentation abhängig.

Oktoberrevolution. Petrograd (heute Sankt Petersburg), seit 1712 die Hauptstadt Russlands, war der Hauptschauplatz der revolutionären Ereignisse. Militär und Fabrikarbeiterschaft waren die treibenden Kräfte beim Sturm auf das Winterpalais in der Nacht vom 25. zum 26. 10. 1917.

Erich Ollenhauer

Fortsetzung von S. 651
zung in Russland ein. Im Ergebnis der Oktoberrevolution entstand der erste kommunistisch regierte Staat der Erde: 1918 wurde die »Russische Sozialistische Föderative Sowjetrepublik« gegründet, aus der 1922 die →Sowjetunion hervorging.

Olaf I. Tryggvasson, norwegischer König (seit 995), *um 964, † (gefallen) bei Svolder (bei Rügen ?) 1000; ließ sich 994 in England taufen, erlangte 995 die Herrschaft über Norwegen, wo er die Christianisierung gewaltsam durchzuführen begann. 997 gründete Olaf Tryggvasson das heutige Trondheim; er fiel in einer Seeschlacht gegen die Könige von Dänemark und Schweden sowie einen mit ihnen verbündeten norwegischen Häuptlingssohn.

Olaf II. Haraldsson, auch Olaf der Heilige, norwegischer König (1015–28), *um 995, † (gefallen) Stiklestad (heute zu Verdal) 29. 7. 1030; führte mit rücksichtsloser Strenge die unter Olaf I. Tryggvasson begonnene Christianisierung Norwegens fort. 1028 musste er vor einer Koalition seiner innernorwegischen Gegner mit dem dänischen König Knut dem Großen nach Russland fliehen. Beim Versuch, sein Reich wiederzuerobern, fiel Olaf.

Oldenbarnevelt, Barnevelt, Johan van, niederländischer Staatsmann, *Amersfoort 14. 9. 1547, † (hingerichtet) Den Haag 13. 5. 1619; seit 1570 Anwalt für den Hof von Holland, seit 1576 Pensionär von Rotterdam; war maßgeblich beteiligt an der Bildung der Union von Utrecht (1579). 1585 sprach sich Oldenbarnevelt, mittlerweile einer der führenden aristokratisch-liberalen Politiker, für die Ernennung des Prinzen Moritz von Oranien zum Statthalter der Provinz Holland und Seeland aus und wurde 1586 Landesadvokat von Holland. Das anfängliche Einvernehmen zwischen ihm und Moritz mündete nach der Befürwortung eines spanisch-niederländischen Waffenstillstands (1609–21) durch Oldenbarnevelt in einen Machtkonflikt v.a. über Fragen der Religion und des Militärs. 1618 ließ Moritz Oldenbarnevelt verhaften und nach einem Gerichtsverfahren in Den Haag enthaupten.

Oldenburg, historisches Territorium.

GESCHICHTE: Im alten Stammesherzogtum Sachsen entwickelte sich im 9./10. Jh. die Grafschaft Oldenburg um die heutige Stadt Oldenburg (Oldenburg), der späteren Residenz. Als Stammvater des Grafengeschlechts gilt Herzog Egilmar I., der um 1100 urkundlich erwähnt wird. Nach dem Sturz Heinrichs des Löwen 1180 erlangten die Grafen Unabhängigkeit; Reichslehen wurde Oldenburg nach Anerkennung der Reichsgewalt erst 1531. Von ihrem Herrschafts- und Einflussgebiet vermochten die Grafen nur das Ammerland zu behaupten. Lediglich im Norden gelang eine Ausdehnung auf Kosten der freien friesischen Landgemeinden; sie gewannen Stedingen (1234, den friesischen Rest 1513), die Oberhoheit über die Herrschaft Varel (1386), Neuenburg und Zetel (1428) sowie Stadland und Butjadingen (1499/1523) sowie 1575 erstmals die Herrschaft Jever. Als 1667 das Grafenhaus erlosch, regierte in Oldenburg die dänische Hauptlinie durch einen Statthalter, ab 1773 die jüngere, »fürstbischöfliche« Nebenlinie Holstein-Gottorp des Hauses Oldenburg. Seit 1777 Herzogtum, vergrößerte Oldenburg ab 1803 sein Territorium beträchtlich. Nach napoleonischer Annexion 1815 als Großherzogtum wieder hergestellt, wurde Oldenburg in drei Landesteilen regiert: neben Oldenburg die Fürstentümer Lübeck und Birkenfeld. 1866/67 wurde Oldenburg Gliedstaat des Norddeutschen Bundes, 1870/71 des Deutschen Reiches. Nach Ausrufung der »Republik Oldenburg-Ostfriesland« am 10. 11. 1918 verzichtete Großherzog Friedrich August am 11. 11. auf den Thron. Am 17. 6. 1919 verkündete der neu gewählte Landtag die Verfassung des »Freistaates Oldenburg«. 1946 wurde Oldenburg als Verwaltungsbezirk dem neu geschaffenen Land Niedersachsen eingefügt.

Oliva, polnisch **Oliwa,** ehemals selbstständiger Ort nahe der Danziger Bucht, seit 1926 Stadtteil von Danzig. Mit dem Frieden von Oliva (3. 5. 1660) endete der 1. Nordische Krieg. Schweden gab nach dem Tod König Karls X. Gustav seine Expansionspolitik auf; Estland und weite Teile Livlands verblieben in Schwedens Besitz. Auf der Gegenseite entsagten die polnischen Wasa allen Ansprüchen auf die schwedische Krone. Brandenburg erreichte von Polen die Anerkennung seiner Souveränität über das außerhalb des Heiligen Römischen Reichs gelegene Ostpreußen.

Ollenhauer, Erich, deutscher Politiker, *Magdeburg 27. 3. 1901, †Bonn 14. 2. 1963; war 1928–33 Vorsitzender der Sozialistischen Arbeiterjugend. 1933 wurde Ollenhauer Mitglied des Parteivorstandes der SPD und ging mit diesem ins Exil. Er kehrte 1946 nach Deutschland zurück und beteiligte sich führend am Wiederaufbau der SPD. 1946–52 war er stellvertretender Vorsitzender seiner Partei, seit 1949 auch MdB und 1949–52 stellvertretender Fraktionsvorsitzender der SPD im Bundestag, 1952–63 Vorsitzender der SPD. Ollenhauer trat bei den innerparteilichen Diskussionen um das Godesberger Programm (1959) für eine Einigung ein. 1951–63 war er Vizepräsident, 1963 Präsident der Sozialistischen Internationale.

Olmützer Punktation, am 29. 11. 1850 in Olmütz geschlossener Vertrag zwischen Österreich und Preußen. Unter österreichischem und russischem Druck verzichtete Preußen auf die kleindeutsche Unionspolitik und stimmte der Bundesexekution in Hessen-Kassel und Schleswig-Holstein zu; der Deutsche Bund war damit wieder hergestellt.

Omaijaden, Omajjaden, Umajjaden, die erste Dynastie der →Kalifen, regierte 661–749/750 in Damaskus und dann 756–1031 in Córdoba (Spanien). Moawija I. (661–680), ein Nachkomme des Mekkaners Omaija legte im Kampf gegen den vierten Kalifen, Ali (Ali Ibn Abi Talib), den Grundstein zu einem selbstständigen Reich. Seit 684 herrschte eine Seitenlinie, die Merwaniden, deren bedeutendste Vertreter Abd al-Malik (685–705) und seine Söhne Walid I. (705–715), Sulaiman (715–717), Jasid II. (720–724) und Hischam Ibn Abd al-Malik (724–743) waren. 749/750 wurden die Omaijaden im Osten von den Abbasiden gestürzt. Abd ar-Rahman I. entkam nach Spanien, wo er 756 das Emirat (929 Kalifat) von Córdoba gründete.

Omar I., Omar Ibn al-Chattab [-xat-], genannt al-Faruk (»der Scharfsinnige«), der zweite Kalif (seit 634), *Mekka um 586, †(ermordet) 3. 11. 644; war mit seinem Vorgänger Abu Bakr Ratgeber Mohammeds; schuf mithilfe eines gut organisierten Heeres ein islamisches Großreich, das Mesopotamien, Teile Persiens und Kaukasiens, Syrien/Palästina (640) und Ägypten (640–642) umfasste.

Opiumkrieg, englisch-chinesischer Krieg 1840–42, mit dem die Periode der Unterwerfung Chinas unter die v.a. wirtschaftlichen Ansprüche westlicher Mächte begann. Als 1839 die chinesische Regierung versuchte, die Einfuhr von Opium durch die Briten aus Indien zu unterbinden, griffen überlegene britische Flotteneinheiten China an, das am 29. 8. 1842 den Friedensvertrag von Nanking unterzeichnen musste.

Oppenheimer, Süß-Oppenheimer, Josef Süß, genannt Jud Süß, deutscher Finanzier (Hoffaktor), *Heidelberg 1698 oder 1699 (nach anderen Quellen 1692 oder 1693), †(hingerichtet) Stuttgart 4. 2. 1738; wurde 1736 von Herzog Karl Alexander von Württemberg als Geheimer Finanzrat sowie politischer Ratgeber nach Stuttgart berufen und genoss einen rasanten sozialen Aufstieg. Oppenheimer steigerte die herzoglichen Einnahmen durch merkantilistisch-staatsmonopolistische Neuerungen. Da er dabei die Zustimmung der Stände nicht eingeholt hatte, wurde er noch am Todestag Karl Alexanders (12. 3. 1737) verhaftet und wegen angeblichen Verfassungsbruchs zum Tod verurteilt.

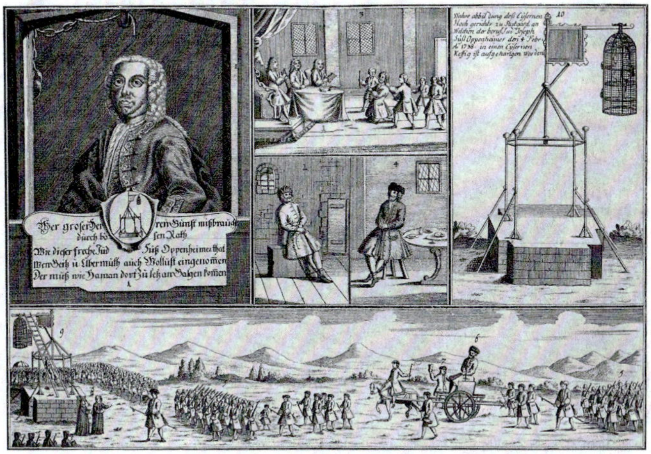

Josef Süß Oppenheimer. Auf Majestätsbeleidigung, Hochverrat und Münzfrevel lautet die Anklageschrift, der sich Oppenheimer ausgesetzt sah. Ausschlaggebend für seine Verurteilung (zeitgenössische Illustration) waren allerdings Neid, Furcht vor Machtverlust und Judenhass.

Optimaten [latein. optimates, zu optimus »der Beste«], im antiken Rom Bezeichnung des Senatorenstandes, die dessen Führungsanspruch ausdrückt; seit den Parteikämpfen der Gracchenzeit (2. Jh. v. Chr.) Bezeichnung für jenen Teil des Senats, der sich zur überlieferten Staatsordnung und zur Monopolstellung der Nobilität bekannte und sich daher als konservative, staatstragende Schicht verstand.

Organisation Consul, Abk. **O. C.,** rechtsradikale Geheimorganisation, gegründet 1920 von Hermann Ehrhardt nach Auflösung des von ihm geführten Freikorps, der »Brigade Ehrhardt«. Die Organisation Consul zählte bis zu 5000 Mitglieder und vertrat

OMAIJADEN. *Kunstimport*

Den Höhepunkt der Omaijaden-Zeit markiert die unter Walid I. (705–715) gebaute Große Moschee in Damaskus. Nach Erdbeben und Bränden ist von ihrem Mosaikschmuck immerhin genug erhalten, das die einstige Pracht erahnen lässt. Als ein neues Thema entstanden damals Architekturdarstellungen in Landschaften, die belegen, wie sehr hier antike und spätantike Vorbilder aufgegriffen wurden: Fresken in pompejanischer Art, wie sie in einer Villa in Boscoreale gefunden worden sind, oder Mosaiken aus Antiochia. Vielleicht wurden die Mosaizisten sogar aus Byzanz nach Damaskus geschickt, wo sie dann in streng islamischem Sinn arbeiteten und auf jegliche Menschen- und Tierwiedergabe verzichteten.

Organisation Consul. Dass die Weimarer Republik durch die Morde der Organisation Consul bis in ihre Grundfesten erschüttert war, zeigt dieses Plakat, mit dem die Regierung auf die Ermordung des Reichsaußenministers Walther Rathenau am 24. 6. 1922 reagierte.

Aufruf!

Der Mord an dem Reichsminister Dr. Rathenau

wohl vorbereiteter Anschläge auf die Republik.

„Die Republik ist in Gefahr“

Da Gefahr im Verzug ist, muss schnell gehandelt werden.

Es lebe die Republik!

Die Reichsregierung
Dr. Wirth.

Der Reichspostminister
Giesberts.

antidemokratische, antiparlamentarische und antisemitische Ziele. Sie war für die Ermordung von Matthias Erzberger (1921) und Walther Rathenau (1922) sowie das Attentat auf Philipp Scheidemann (1922) verantwortlich; mit ihren Terrorakten wollte sie einen Putsch links gerichteter Kreise provozieren, nach dessen Niederschlagung sie die Errichtung einer Diktatur in Deutschland plante. Nach dem Mord an Erzberger erließ Reichspräsident Friedrich Ebert das Republikschutzgesetz. Nach Auflösung der Organisation Consul schlossen sich ihre Mitglieder 1923–28 im »Bund Wiking« zusammen.

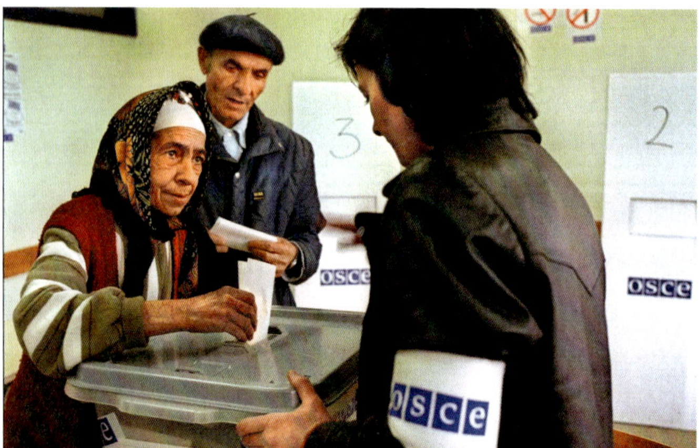

Organisation für Sicherheit und Zusammenarbeit in Europa. Unter der Aufsicht einer OSZE-Vertreterin gibt eine Kosovo-Albanerin am 17. 11. 2001 bei den ersten freien Parlamentswahlen im Kosovo ihre Stimme ab.

Organisation für Sicherheit und Zusammenarbeit in Europa, Abk. **OSZE,** englisch **Organization for Security and Co-operation in Europe** [ɔ:gənaɪˈzeɪʃn fɔ: sɪˈkjʊərɪtɪ ənd kəʊɔpəˈreɪʃn ɪn ˈjʊərəp], Abk. **OSCE,** eine Staatenverbindung mit (2005) 55 Vollmitgliedern, hervorgegangen aus der →Konferenz über Sicherheit und Zusammenarbeit in Europa (KSZE). Der Sondergipfel von Paris (19.–21. 11. 1990) mit der dort verabschiedeten »Charta von Paris für ein neues Europa« rief die KSZE auf, sich den neuen Herausforderungen nach dem Ende des Ost-West-Konflikts zu stellen; auf dem Budapester Folgetreffen (5./6. 12. 1994) wurde beschlossen, die KSZE mit Wirkung vom 1. 1. 1995 in OSZE umzubenennen, um der institutionellen Aufwertung des Zusammenschlusses Ausdruck zu verleihen. So sollte nun die OSZE das wichtigste Instrument sein, Krisen zu lösen, Konflikte zu vermeiden und vor deren Entstehen zu warnen.

Auf Anregung der Europäischen Union schlossen die OSZE-Teilnehmerländer am 20./21. 3. 1995 einen »Stabilitätspakt für Europa«. Die erste Mission der OSZE wurde, vertraglich geregelt im »Abkommen von Dyton«, 1995 nach Bosnien und Herzegowina entsandt; gemeinsam mit der internationalen Friedenstruppe SFOR übernahm hier die OSZE wichtige Aufgaben bei der Vorbereitung und Überwachung des Wahlprozesses sowie der Menschenrechte und hatte Hilfestellung bei Verhandlungen über vertrauensbildende Maßnahmen und Rüstungskontrolle zu leisten. Die 1998 in das Kosovo entsandte Abordnung musste 1999 unmittelbar vor dem militärischen Eingreifen der NATO abziehen. Auf dem OSZE-Gipfeltreffen am 2./3. 12. 1996 in Lissabon wurde die »Erklärung über ein gemeinsames, umfassendes Sicherheitsmodell Europas für das 21. Jh.« sowie ein »Rahmen für Rüstungskontrolle« verabschiedet. Am 19. 11. 1999 unterzeichneten die Mitgliedstaaten auf ihrem Gipfeltreffen in Istanbul eine Sicherheitscharta, die Menschenrechte, Demokratie und Rechtsstaatlichkeit im OSZE-Raum fördern soll, sowie eine Neufassung des Vertrages über konventionelle Streitkräfte in Europa.

Orléans [ɔrleˈã], seit 1344 Herzogstitel verschiedener Seitenzweige des französischen Königshauses, denen das Herzogtum Orléans (Orléanais) als Apanage verliehen wurde. Die Söhne des 2. Herzogs von Orléans, Louis (Ludwig) I., begründeten die Linien Orléans und Angoulême des Hauses Valois. Mit Ludwig XII. gelangten 1498 Erstere, mit Franz I. 1515 Letztere auf den französischen Thron. 1626 verlieh Ludwig XIII. das Herzogtum seinem Bruder Gaston, der keinen Erben hinterließ. Mit der Belehnung durch Ludwig XIV. (1660) wurde dessen Bruder Philippe I. Stammvater des jüngsten Hauses Orléans, der wichtigsten Nebenlinie der Dynastie Bourbon. Von den übrigen Besitzungen, die Philippe noch erhielt, stammen die Titel der Prinzen des Hauses, von denen der älteste stets »Herzog von Chartres« hieß. Mit Louis Philippe war ein Angehöriger dieses Hauses auf dem Königsthron (1830–43). Die Familie Orléans wurde 1848 und wieder durch das Prinzenverbannungsgesetz von 1886 aus Frankreich verbannt. Nach dem Tod von Henri de Bourbon, Graf von Chambord (1883) gingen die dynastischen Ansprüche auf das Haus Orléans über.

Bedeutende Vertreter:

1. Louis Philippe II. Joseph, Herzog von Orléans (seit 1785), genannt Philippe Égalité, *Saint-Cloud 13. 4. 1747, †Paris 6. 11. 1793; wurde 1789 Mitglied der Generalstände; schloss sich dem dritten Stand an, stimmte im Nationalkonvent 1793 für den Tod des Königs. Als sein Sohn, der spätere König Louis Philippe, emigrierte, wurde er verhaftet und guillotiniert.

2. Louis Philippe III., Herzog von Orléans, →Louis Philippe.

3. Philippe I., Herzog von Orléans (seit 1660), genannt Monsieur (seit 1643), *Saint-Germain-en-Laye 21. 9. 1640, †Saint-Cloud 9. 6. 1701, Vater von Philippe II.; einziger Bruder Ludwigs XIV.; ⚭ mit Henriette Anna von England (1661–70) und mit Elisabeth Charlotte (Liselotte) von der Pfalz (seit 1671).

4. Philippe II., Herzog von Orléans (seit 1701), genannt »der Regent«, *Saint-Cloud 2. 8. 1674, †Versailles 2. 12. 1723, Sohn von Philippe I.; übernahm nach dem Tod Ludwigs XIV. (1715) die Regentschaft für den noch unmündigen Ludwig XV. Unter der »Régence« lockerte sich das absolutistische Regime zugunsten der Hocharistokratie. Außenpolitisch näherte sich Frankreich Großbritannien, die Wirtschaft erlebte durch das Finanzexperiment des John Law schwere Turbulenzen. Jedoch begünstigte die freiere geistige Atmosphäre die Entfaltung der Frühaufklärung.

Louis Philippe II. Joseph,
Herzog von Orléans

Osmanen, veraltet **Ottomanen,** von Osman I. Ghasi begründete Dynastie, deren Sultane von etwa 1300 bis 1922 das nach ihr benannte Osmanische Reich (→Türkei) beherrschten; im weiteren Sinne Bezeichnung

OSMANEN

1354 fassten die Osmanen bei den Dardanellen erstmals auf dem europäischen Kontinent Fuß. Innerhalb weniger Jahrzehnte unterwarfen sie in einem beispiellosen Eroberungsfeldzug die christlichen Balkanvölker und konnten den zusammenschrumpfenden byzantinischen Staat und seine Hauptstadt Konstantinopel zu Lande völlig einschließen. Vergeblich versuchten die byzantinischen Kaiser die Hilfe des christlichen Abendlandes zu mobilisieren. Nur ein genuesisches Hilfskontingent harrte bei den Verteidigern aus, als Sultan Mehmed II. im Mai 1453 die Erstürmung Konstantinopels befahl, die nach wochenlangen erbitterten Kämpfen auch erfolgte (die Miniatur, die nur zwei Jahre später in einer französischen Werkstatt gemalt wurde, sucht eine Vorstellung des Heerlagers der Türken vor der byzantinischen Hauptstadt zu gewinnen (Paris, Bibliothèque Nationale de France).

Der Untergang der Kaiserstadt am Bosporus und damit das Ende des Oströmischen Reichs verstörte die abendländische Christenheit und Türkenfurcht griff um sich. In Südosteuropa richteten sich die Freiheitshoffnungen der orthodoxen Christen bald auf den russischen Herrscher. Das Erbe der altgriechischen Kultur blieb in einer weit gestreuten Diaspora lebendig und wurde von Humanistenkreisen in ganz Europa sorgsam gepflegt.

Mehmed II., nun »Fatih« (»Eroberer«) genannt, sah sich als Nachfolger des byzantinischen Kaisers und machte Istanbul, wie Konstantinopel inzwischen hieß, zur Hauptstadt des Osmanischen Reichs. Umgehend setzten deren Besiedelung mit muslimischen Türken, symbolträchtig war auch die Umwandlung der Hagia Sophia in eine Moschee.

Eroberung Konstantinopels

Carl von Ossietzky. Als Chefredakteur der »Weltbühne« kritisierte Ossietzky in den 1920er-Jahren scharf die Aufrüstung der Reichswehr. Nach der Machtübernahme der Nationalsozialisten wurde er im Konzentrationslager Sachsenhausen interniert.

des Stammesverbandes und der herrschenden muslimischen Oberschicht, die in ihrem Ursprung auf das Turkvolk der Ogusen zurück gehen; später auch Bezeichnung der weiteren vom Sultan unterworfenen, muslimisch gewordenen Bevölkerungsgruppen. Die Osmanen richteten bis 1683 ihr Expansionsstreben nach Südosteuropa – 1453 eroberten sie Konstantinopel – und erlangten im 17. Jh. die Vormachtstellung im islamischen Orient.

Ossietzky, Carl von, deutscher Publizist, *Hamburg 3. 10. 1889, †Berlin 4. 5. 1938; arbeitete u. a. für die Deutsche Friedensgesellschaft, war Redakteur der »Berliner Volks-Zeitung«, bei den Zeitschriften »Das Tage-Buch« und »Montag Morgen« und ab 1926 Mitarbeiter und später Redakteur und Herausgeber der »Weltbühne«. Ossietzky attackierte Monarchie, Bürokratie und Militarisierung und erwies sich als entschiedener Vertreter einer republikanischen Gesinnung und der parlamentarischen Demokratie. 1931 wurde er wegen »Landesverrats« und »Verrats militärischer Geheimnisse« zu 18 Monaten Gefängnis verurteilt, 1932 aufgrund einer Amnestie freigelassen. 1933 wurde er nach dem Reichstagsbrand verhaftet und 1934 in das KZ Esterwegen gebracht. 1936 erhielt er den Friedensnobelpreis für 1935. Der nach weltweiten Protesten aus dem KZ freigelassene Ossietzky starb an den Folgen der Haft.

ÖSTERREICH. ***k.k. und k. u. k.***

Als Robert Musil 1938 aus dem an das nationalsozialistische Deutschland »angeschlossenen« Österreich floh, arbeitete er an seinem Roman »Der Mann ohne Eigenschaften«. Das Meisterwerk, monumentales Fragment geblieben, bietet ein unvergleichliches Bild der Wiener Gesellschaft am Ende der Habsburgermonarchie: *»Wie vieles Merkwürdige ließe sich über dieses versunkene Kakanien sagen! Es war zum Beispiel kaiserlich-königlich und war kaiserlich und königlich; eines der beiden Zeichen k. k. oder k. u. k. trug dort jede Sache und Person, aber es bedurfte trotzdem einer Geheimwissenschaft, um immer sicher unterscheiden zu können, welche Einrichtungen und Menschen k. k. und welche k. u. k. zu rufen waren.«*

Österreich, amtlich **Republik Österreich,** Staat in Europa, der im Nordwesten an Deutschland, im Nordosten an die Tschechische und Slowakische Republik, im Osten an Ungarn, im Süden an Slowenien und Italien sowie im Westen an die Schweiz und Liechtenstein grenzt.

BAYERISCHE UND BABENBERGISCHE HERRSCHAFT (6. JH.–1246): Der Raum des späteren Österreich wurde von der Errichtung der Provinz Noricum in der augusteischen Expansionsphase bis ins 5. Jh. durch die Römer, danach durch die Auseinandersetzung zwischen germanischen und slawischen Stämmen bestimmt. Das bayerische Herzoggeschlecht der Agilolfinger konnte vom 6. bis 8. Jh. durch Ausdehnung seines Territoriums bis zu den Hohen Tauern und zum Wienerwald eine Vormachtstellung im Südosten erreichen, die erst 787/788 durch Karl den Großen mit der Beseitigung des älteren bayerischen Stammesherzogtum und seiner Eingliederung in das Fränkische Reich endete. Keimzelle des späteren Österreich wurde die bayerische Ostmark, die 976 als Reichslehen bei bayerischer Lehnsabhängigkeit den Babenbergern verliehen wurde. Diesen gelang es seit Mitte des 11. Jh., durch Erwerb von Adelsherrschaften, Vogteirechten und Kirchenlehen, durch Rodung, Landesausbau und Heiratspolitik eine von Bayern unabhängige Machtposition aufzubauen. 1156 kam es zur Verselbstständigung der Mark als Herzogtum Österreich.

BEGINN DER HABSBURGISCHEN HERRSCHAFT (1246–1546): Nach dem Aussterben des babenbergischen Mannesstammes (1246) konnte sich der mit den Babenbergern verschwägerte spätere König Ottokar II. von Böhmen eines von Böhmen bis zur Adria reichenden Herrschaftskomplexes bemächtigen. Nach dem Tod Ottokars (1278) belehnte König Rudolf I. von Habsburg seine Söhne 1282/83 mit Österreich und der Steiermark bzw. Krain und führte durch habsburgisch-przemyslidische Doppelheirat seine Dynastie auf den Weg zum Hausmachtkönigtum, woraus sich die mehr als 600-jährige habsburgische Herrschaft in Österreich ergab. Friedrich III. konnte sich in der Wahl zum Römischen König behaupten und erhob 1453 die österreichischen Erblande zum Erzherzogtum. Mit dem 1477 angefallenen burgundischen Erbe wurde der erste Schritt zu einer europäischen Großmachtstellung getan; 1491 konnte Maximilian I. die österreichischen Erblande unter einer Herrschaft vereinen. Das Haus Österreich erreichte durch Beerbung der spanischen Kronen durch Karl V. (1516) eine hegemoniale Herrschaftsbasis.

AUFSTIEG ZUR GROSSMACHT (1526/27–1740): Ferdinand I. folgte ständi-

ÖSTERREICH *Staatsoberhäupter*

Babenberger
Luitpold I. . . . . 976 - 994
Heinrich I. . . . . 994 - 1018
Adalbert der Siegreiche . . . . 1018 - 1055
Ernst . . . . 1055 - 1075
Luitpold II. . . . . 1075 - 1095
Leopold III., der Heilige . . . . 1095 - 1136
Leopold IV. . . . . 1136 - 1141
(Herzog von Bayern 1139 - 1141)
Heinrich II. Jasomirgott . . . . 1141 - 1177
(Herzog von Bayern 1143 - 1156)
Leopold V. . . . . 1177 - 1194
(Herzog von Steiermark 1192 - 1194)
Friedrich I. . . . . 1194 - 1198
Leopold VI.,
der Glorreiche . . . . 1198 - 1230
(Herzog von Steiermark 1194 - 1230)
Friedrich II.,
der Streitbare . . . . 1230 - 1246
(Herzog von Steiermark 1230 - 1246)
Hermann . . . . 1248 - 1250
(Markgraf von Baden 1243 - 1250)
Ottokar II. Přemysl . . . . 1251 - 1276
(König von Böhmen 1253 - 1278)

Habsburger
Albrecht I. . . . . 1282/83 - 1308
(Herzog von Steiermark;
König seit 1298)
Friedrich III., der Schöne . . . . 1308 - 1330
(König seit 1314)
Albrecht II., der Lahme . . . . 1330 - 1358
Rudolf IV., der Stifter . . . . 1358 - 1365
Albrecht III. und
Leopold III. . . . . 1365 - 1379

albertinische Linie
(Ober- und Niederösterreich)
Albrecht III. . . . . 1379 - 1395
Albrecht IV. . . . . 1395 - 1404
Albrecht V. . . . . 1404 - 1439
(König [Albrecht II.] seit 1438)
Ladislaus Posthumus . . . . 1439/52 - 1457
(König von Ungarn und Böhmen
[Ladislaus V.] 1440/1453)

leopoldinische [steirische] Linie
(Inner-, Vorderösterreich und Tirol)
Leopold III. . . . . 1379 - 1386
Wilhelm der Freundliche . . . . 1386 - 1406

jüngerer steirischer Zweig
(Innerösterreich)
Leopold IV. . . . . 1406 - 1411
Ernst der Eiserne . . . . 1411 - 1424
Friedrich V. . . . . 1424/35 - 1493
(König/Kaiser [Friedrich III.]
seit 1440/1452)

älterer Tiroler Zweig
(Vorderösterreich und Tirol)
Friedrich IV. . . . . 1406 - 1439
Sigmund . . . . 1439 - 1490

Habsburger
Maximilian I. . . . . 1493 - 1519
(König/Kaiser seit 1486/1508)
Karl I. 1519 - 1521/22
(König/Kaiser [Karl V.] seit 1519/30;
König von Spanien seit 1516)
Ferdinand I. . . . . 1521/22 - 1564
(König/Kaiser seit 1531/58;
König von Ungarn und Böhmen
seit 1526/27)

österreichische Hauptlinie
(Österreich unter und ob der Enns
[»niederösterreichische Lande«])
Maximilian II. . . . . 1564 - 1576
Rudolf II. 1576 - 1612
Matthias . . . . 1612 - 1619

steirische Linie (Innerösterreich)
Karl II. . . . . 1564 - 1590
Ferdinand II. . . . . 1590/1619 - 1637
(Kaiser seit 1619)

Tiroler Linie (Vorderösterreich und Tirol
[»oberösterreichische Länder«])
Ferdinand II. . . . . 1564 - 1595
Maximilian III. . . . . 1602 - 1618
Leopold V. . . . . 1618/25 - 1632
Ferdinand Karl . . . . 1632/46 - 1662
Sigmund . . . . 1662 - 1665

Habsburger
Ferdinand III. . . . . 1637 - 1657
Leopold I. . . . . 1657 - 1705
Joseph I. 1705 - 1711
Karl VI. . . . . 1711 - 1740
Maria Theresia . . . . 1740 - 1780

Habsburg-Lothringer
Joseph II. 1780 - 1790
Leopold II. . . . . 1790 - 1792
Franz II. 1792 - 1835
(Kaiser 1792 - 1806;
Kaiser von Österreich seit 1804)
Ferdinand I. . . . . 1835 - 1848
Franz Joseph I. . . . . 1848 - 1916
Karl I. . . . . 1916 - 1918

Bundespräsidenten
Erste Republik
Karl Seitz . . . . 1919 - 1920
Michael Hainisch . . . . 1920 - 1928
Wilhelm Miklas . . . . 1928 - 1938

Zweite Republik
Karl Renner . . . . 1945 - 1950
Theodor Körner . . . . 1951 - 1957
Adolf Schärf . . . . 1957 - 1965
Franz Jonas . . . . 1965 - 1974
Rudolf Kirchschläger . . . . 1974 - 1986
Kurt Waldheim . . . . 1986 - 1992
Thomas Klestil . . . . 1992 - 2004
Heinz Fischer . . . . seit 2004

Markgrafen der bayrischen Ostmark bzw. von Österreich (976 - 1156); Herzöge (1156 - 1453) und regierende Erzherzöge (seit 1453) von Österreich; Könige von Ungarn und Böhmen (seit 1526/27); König/Kaiser des Heiligen Römischen Reichs (»Römische Kaiser«); Kaiser von Österreich (seit 1804) schen Forderungen, als er in Vorbildfunktion für die deutschen Territorialstaaten kollegiale Zentralbehörden errichtete, mit denen die Habsburger die altösterreichischen, böhmischen und ungarischen Länder übergreifend regierten. Die Ausbreitung der Reformation vollzog sich in Österreich v.a. im Herrschaftsbereich Kaiser Maximilians II. und in Innerösterreich bis 1572/78. Die Abkehr von einer Politik der religiösen Zugeständnisse für »Türkenhilfe« begann mit den gegenreformatorischen Maßnahmen Ferdinands II. ab 1590/95; dagegen formierte sich die vom protestantischen Adel geführte böhmische Konföderation in dem Willen, die böhmischen und niederösterrischen Länder zu einem antihabsburgischen ständischen Bund zusammenzuschließen. Das Scheitern dieses Böhmischen Aufstandes 1620 führte in den Dreißigjährigen Krieg. Ferdinand II. behauptete 1627/28 in den »Verneuerten Landesordnungen« für Böhmen und Mähren das Haus Österreich gegen ständische Macht.

Kaiser Leopold I. stellte sich im Zweifrontenkrieg (ab 1672) dem Expansionsstreben Ludwigs XIV. und seit 1663 den die österreichischen Erblande und das Heilige Römische Reich bedrohenden Osmanen. Die Auseinandersetzung mit Frankreich endete ungünstig für das Haus Österreich, doch begründeten die Türkenkriege (1663/64 und 1683–99) den Aufstieg des Herrschaftsbereichs der deutschen Linie des Hauses Österreich im Osten zur europäischen Großmachtstellung. Im Spanischen Erbfolgekrieg (1701–13/14) gewann das Haus Österreich die europäischen Nebenländer Spaniens, darunter die ertragreichen Niederlande. Der Türkenkrieg 1714–18 brachte Nordserbien, Nordbosnien, die kleine Walachei und v.a. das Banat unter die habsburgische Herrschaft; 1718/20 erhielt Österreich Sizilien im Tausch gegen Sardinien und erreichte damit seine größte territoriale Ausdehnung. Die Politik Karls VI. zielte auf eine Dauersicherung dieses Bestandes der österreichischen Monarchie; in ihr sollte auch die weibliche habsburgische Thronfolge möglich sein (Pragmatische Sanktion, 1713).

VOM ABSOLUTISMUS ZUM DEUTSCHEN KRIEG (1740–1866): Die Behauptung Maria Theresias in den Schlesischen Kriegen und im Österreichischen Erbfolgekrieg gegen eine europäisch ausgeweitete Koalition konnte den Verlust Schlesiens nicht verhindern. Die sichtbar gewordene, durch ständische Eigen- und Länderinteressen verursachte Schwäche der Monarchie wurde durch eine grundlegende Staatsreform beseitigt. Die Länder verloren ihr Recht auf eigene Verwaltung und die Stände ihr Mitspracherecht in der Wiener Zentrale. Das ständische Steuerbewilligungsrecht wurde in Zehnjahresbeschlüsse umgewandelt. Da die theresianische Staatsreform nur für die böhmisch-österreichischen Erblande galt, die österreichischen Niederlande und v.a. die ungarischen Länder ihren ständestaatlichen Charakter bewahrten, wurde der spätere österreichisch-ungarische Dualismus fixiert.

Joseph II., seit 1765 Mitregent, erwarb 1772/75 Galizien und die Bukowina, im Bayerischen Erbfolgekrieg das Innviertel. Seit 1780 Alleinherrscher, setzte er die wohlfahrtsstaatlichen Ansätze Maria Theresias mit der Besiedlung Südungarns, Galiziens und der Bukowina, mit der Verbesserung des Grundschul-, des Gesundheits- und des Rechtswesens fort. Seine antiständische und antiföderalistische Politik führte an die Grenze revolutionärer Erhebungen. In der Auseinandersetzung mit dem revolutionären und napoleonischen Frankreich stand Österreich nach dem Ausscheren Preußens im Basler Frieden 1795 schließlich allein. Die Zerstörung des europäischen Mächtegleichgewichts in den Koalitionskriegen und den napoleonischen Kriegen führte zu gravierenden Territorialverlusten, zur Auflösung des Heiligen Römischen Reiches und zur Errichtung des Kaisertums Österreich.

Seit 1810 bzw. 1813 suchte Klemens Wenzel Fürst von Metternich, erst in Anlehnung an Napoleon I., dann im Kampf gegen ihn, Österreichs Stellung als Großmacht zu bewahren. Auf dem Wiener Kongress (1815) wurde Österreich zur Donaumonarchie; es wurde im Umfang von 1797 bzw. 1803/05 wieder hergestellt, verlagerte aber sein politisches Gewicht nach Süden und Südosten. Die sich aus der raschen Industrialisierung ergebenden sozialen Spannungen wurden nicht gelöst. Das Verlangen des Besitz- und Bildungsbürgertums, aber auch eines Teils des Adels nach Systemveränderungen, die Lage der Bauern und die Auswirkungen der Wirtschaftskrise seit den 1840er-Jahren förderten den Ausbruch der Märzrevolution 1848. Sie verband sich mit dem Aufbegehren der in Galizien durch politische Zugeständnisse, in Kroatien und der Lombardei mit polizeistaatlichen Mitteln unterdrückten Nationalitäten und erschütterte nicht nur das Herrschafts- und Sozialgefüge, sondern auch die historisch gewachsene Existenz der Habsburgermonarchie. Zentren der Revolution waren Wien, Prag, Lombardo-Venetien und Ungarn. Mit der Niederschlagung der Aufstände war auch die Zurücknahme zahlreicher politischer Zugeständnisse verbunden. Im März 1849 zwang die Regierung Kaiser Franz Josephs I. den Reichstag zur Annahme einer oktroyierten Verfassung, die unter Zurückweisung aller staatsrechtlichen Begehren der Nationalitäten und unter Auflösung der Einheit der Länder der Stephanskrone einen großen österreichischen Einheitsstaat schaffen sollte. Die erstarkte konservative Großmacht Österreich erneuerte ihren Führungsanspruch im Deutschen Bund und wollte den Verzicht Preußens auf die kleindeutsche Lösung erzwingen.

Die österreichische Außenpolitik 1853–60 trennte Österreich im Krimkrieg (1853/54–56) mit verhängnisvollen Folgen für die Balkanfrage von Russland, im Sardinisch-Französich-Österreichischen Krieg (1859/60) auch von Frankreich. Innenpolitisch hatten die territorialen Verluste und eine verfehlte Handelspolitik eine Vertrauenskrise zur Folge. Der bedrohlich gewachsene Widerstand Ungarns gegen das neoabsolutistische System machte eine Verfassungsreform unumgänglich. Die österrische Niederlage im Deutschen Krieg 1866 veränderte die politische Gesamtsituation des Kaisertums. Die Gefährdung der Großmachtstellung Österreichs nach Verdrängung aus dem Deutschen Bund durch den sich bildenden preußisch-kleindeutschen Nationalstaat verlangte den Ausgleich mit den von Ungarn geführten Ländern der Stephanskrone und ließ die Nationalitätenfrage zum innenpolitischen Hauptproblem werden.

ÖSTERREICH-UNGARN (1867–1918): Die Folgen der Umwandlung zur Doppelmonarchie Österreich-Ungarn 1867 durch den österreichisch-ungarischen Ausgleich bestimmten die weitere innenpolitische Entwicklung der Donaumonarchie: Die 1867 garantierte gesamtpolitische Gleichberechtigung der Nationalitäten setzte v.a. die durch die Autonomiebewegungen komplizierte Lösung der Nationalitätenfrage voraus, die aber weder in der zisleithananischen Reichshälfte noch in Ungarn und in der Tschechoslowakei gelang. Besonders in Ungarn setzte sich die Tendenz durch, keine Veränderung des Systems der dualistischen Realunion zuungunsten Ungarns zuzulassen. Die Herausforderung von Krone, Armee und Bürokratie, der bisherigen Staatsführung, durch neu gebildete soziale und nationale Massenparteien und Interessenverbände markierte eine politische Gesamtzäsur, von der die allein von der Krone bestimmte Außenpolitik scheinbar unberührt blieb. Die Eingliederung Österreich-Ungarns in das Bündnissystem Bismarcks legte die Donaumonarchie bereits vor der sich anbahnenden europäischen Mächteblockbildung fest. Die österreichische Reichsführung wies Präventivkriegsforderungen im Hinblick auf die offensive russische Balkanpolitik zwar zurück, schritt im Aufruf zur Selbstbehauptung der Habsburgermonarchie nach dem Attentat von Sarajevo in der Julikrise 1914 aber doch zur Kriegsauslösung gegen Serbien (28. 7.).

Im Ersten Weltkrieg geriet Österreich-Ungarn in wachsende militärische Abhängigkeit vom Deutschen Reich. Kaiser Karl I., der 1916 die Nachfolge Kaiser Franz Josephs I. angetreten hatte, zeigte sich der Kriegs- und innenpolitischen Krisensituation nicht gewachsen. Mit dem militärischen Zusammenbruch ab September 1918 begann der Zerfall der Habsburgermonarchie; am 31. 10. 1918 trennte sich Ungarn von Österreich; in den Verträgen von Saint-Germain-en-Laye (1919) und Trianon (1920) wurde die Auflösung der Donaumonarchie bestätigt. Als Nachfolgestaaten konnten sich die Tschechoslowakei, Österreich, Ungarn und das spätere Jugoslawien konstituieren, Teile der ehemaligen Habsburgermonarchie kamen an Italien, Polen und Rumänien.

ERSTE REPUBLIK UND »ANSCHLUSS« AN DEUTSCHLAND (1918–45): Eine provisorische, für das gesamte geschlossene deutsche Siedlungsgebiet Zisleithaniens gebildete Nationalversammlung (30. 10. 1918) schuf auf der Basis der Dezemberverfassung von 1867 die Provisorische Verfassung (30. 10.), bildete aus ihren Reihen eine Exekutive mit Karl Renner als erstem Kanzler und proklamierte am 12. 11. Deutsch-Österreich als demokratische Republik und deren Anschluss an das Deutsche Reich. Österreich wurde in den Völkerbund aufgenommen, ein Anschluss an das Deutsche Reich entsprechend dem Versailler Vertrag (Art. 80) verboten. Am 1. 10. 1920 trat die auf der Basis der Provisorischen Verfassung von 1918 ausgearbeitete demokratische Verfassung für den österreichischen Bundesstaat (Republik Österreich) in Kraft.

Innenpolitisch bestimmend wurden die zunehmend gewalttätigen Auseinandersetzungen zwischen den nicht staatlichen bewaffneten Selbstschutzformationen der Parteien. Mit dem Wahlsieg (April 1932) der bis dahin unbedeutenden österreichischen Nationalsozialisten bei Landtags- und Gemeindewahlen und mit der Regierungsbildung durch Engelbert Dollfuß (Mai 1932) führte die innenpolitische Labilität in Österreich zum Ende der Regierung bürgerlicher Parteien und der Demokratie und zur Bildung eines autoritären Regimes. Die von den Heimwehren ausgelösten Februarunruhen 1934 führten zur Ausschaltung der SPÖ und zum Erlass der Maiverfassung 1934. Sie vollzog in Verbindung von autoritärem Katholizismus und Heimwehrfaschismus unter der Ideologie des Ständestaats eine grundsätzliche Abkehr von demokratischen Prinzipien.

Nachfolger von Dollfuß, der bei einem gescheiterten nationalsozialistischen Putschversuch (25. 7. 1934) ermordet worden war, wurde Kurt Schuschnigg. Seine Politik der Stützung der österreichischen Unabhängigkeit durch das neuerliche Bündnis mit Italien als Schutzmacht (22. 8. 1934) geriet mit der Annäherung zwischen Mussolini und Hitler ins Wanken und zwang Schuschnigg zum deutsch-österreichischen Abkommen vom 11. 7. 1936. Dieses Juliabkommen garantierte zwar die staatliche Integrität Österreichs und sicherte die innenpolitische Nichteinmischung Deutschlands zu, verpflichtete aber Österreich zu an Deutschland orientierter Außenpolitik und zu politischer Amnestie der nationalen Opposition. Schuschnigg musste unter nationalsozialistischem Druck am 11. 3. 1938 zurücktreten, am 13. 3. wurde der »Anschluss von Österreich an das Deutsche Reich« durch Arthur Seyß-Inquart vollzogen. Die österreichischen Landesregierungen und die Bundesländer wurden aufgelöst und sieben Reichsgaue gebildet.

ÖSTERREICH ***Bundeskanzler der Republik Österreich***

Karl Renner	SPÖ	April – Dezember 1945 (Staatskanzler)
Leopold Figl	ÖVP	1945–1953
Julius Raab	ÖVP	1953–1961
Alfons Gorbach	ÖVP	1961–1964
Josef Klaus	ÖVP	1964–1970
Bruno Kreisky	SPÖ	1970–1983
Fred Sinowatz	SPÖ	1983–1986
Franz Vranitzky	SPÖ	1986–1997
Viktor Klima	SPÖ	1997–2000
Wolfgang Schüssel	ÖVP	seit 2000

DIE ZWEITE REPUBLIK (SEIT 1945): 1943 beschlossen die Alliierten auf der Moskauer Konferenz, Österreich als eigenen Staat wieder herzustellen; auf der Konferenz von Jalta (Februar 1945) wurde die Aufteilung des Landes in vier Besatzungszonen vereinbart. Die zweite republikanische Staatsbildung erfolgte in dem ab Ende März 1945 von sowjetischen Truppen eroberten östlichen Österreich durch Bildung einer provisorischen Staatsregierung unter Karl Renner. Sie erklärte am 27. 4. die Unabhängigkeit und die Wiederinkraftsetzung der 1929 novellierten Verfassung von 1920. Der provisorische Übergangsstatus endete nach den ersten Nationalrats- und Landtagswahlen (25. 11. 1945), bei denen die Österreichische Volkspartei (ÖVP) die absolute Mehrheit errang, mit dem Zusammentritt der Bundesversammlung und der Wahl Renners zum Bundespräsidenten.

Behindert durch den Ost-West-Konflikt, führten die Verhandlungen zur Beendigung des Besatzungsstatuts erst am 15. 5. 1955 im Österreichischen Staatsvertrag zur Unabhängigkeit und (teilweise eingeschränkten) Souveränität unter Erneuerung des politischen und wirtschaftlichen Anschlussverbots an Deutschland (bei freiwilliger Verpflichtung zu immer währender Neutralität). Noch im selben Jahr wurde Österreich in die Vereinten Nationen aufgenommen, 1960 erfolgte die Aufnahme in den Europarat. Mit dem Beitritt zur Europäischen Freihandelsassoziation (1960) erfolgte der Anschluss an die wirtschaftliche Weltkonjunktur. Bis 1969 wurde die Südtirolfrage gelöst.

Die Ära der sozialdemokratischen Alleinregierungen (seit 1970) unter Bruno Kreisky ging 1983 zu Ende. Zu heftigen Kontroversen kam es 1986 anlässlich der Wahl von Kurt Waldheim zum Bundespräsidenten, dessen Vergangenheit als Offizier der deutschen Wehrmacht zu erheblichen außenpolitischen Belastungen führte. In den 1980er- und 1990er-Jahren regierten große Koalitionen – zunächst aus SPÖ und FPÖ, ab 1987 aus SPÖ und ÖVP. 1995 trat Österreich der EU bei. Nach Parlamentswahlen übernahm 2000 eine FPÖ-ÖVP-Koalition unter Wolfgang Schüssel (ÖVP) die Regierung (2002 bestätigt); die Regierungsbeteiligung der rechtspopulistischen FPÖ führte national und international zu heftigen Kontroversen. 2004 wurde Heinz Fischer Bundespräsident.

Österreich, Haus, lateinisch **Domus Austriae,** italienisch **Casa d' Austria** [k-], 1306 erstmals nachweisbare, seit dem 15. Jh. gültige Bezeichnung des Gesamtherrschaftsbereichs und der Gesamtdynastie der Habsburger. Mit Kaiser Friedrich III., der Heiratspolitik Maximilians I., der Entstehung einer spanischen und einer deutschen Linie durch die Enkel – die Kaiser Karl V. und Ferdinand I. – und dem Erwerb der Länder der Stephans- und der Wenzelskrone (1526) gelang der Aufstieg des Hauses Österreich zur Großmacht. Der Zusammenhalt dieses Machtkomplexes beruhte seit den Hausverträgen 1521/22 auf dem politischen Bund, der aus kontinuierlichen dynastischen Verbindungen, entsprechenden Erbrechten und der spanisch-burgundischen Erziehung der Erzherzöge erwachsen war. Stabilisierend traten die gemeinsame Politik und Interessenslage hinzu. Der Niedergang des Hauses Österreich nach den Einbrüchen 1648 und 1659 war bedingt durch die europäische Regelung der Spanischen Erbfolgefrage und durch den Spanischen Erbfolgekrieg nach dem Aussterben des spanischen Zweiges. Die Formierung einer gesamtstaatlichen Realunion durch die Pragmatische Sanktion von 1713 und ihre im Österreichischen Erbfolgekrieg erzwungene europäische Anerkennung war noch die Basis, auf der 1804 das Kaisertum Österreich begründet wurde. Erst im 19. Jh., durch die nachrevolutionäre Staatstheorie, verlor die Bezeichnung »Haus Österreich« ihre geschichtliche Bedeutung.

Österreichischer Erbfolgekrieg, der 1740/41 bis 1748 um die weibliche Erbfolge Maria Theresias in den österreichischen Erblanden geführte europäische Krieg. Obwohl die Pragmatische Sanktion von 1713 zuvor allgemeine Anerkennung gefunden hatte, erhob u.a. Kurfürst Karl Albrecht von Bayern nach dem Tod Kaiser Karls VI. (1740) Erbansprüche auf die habsburgischen Länder sowie die Kaiserkrone und wurde dabei von Frankreich, Sachsen-Polen, Spanien, Kurköln, Schweden und Neapel unterstützt; Großbritannien und die Niederlande traten auf Österreichs Seite. Zudem erhob Brandenburg-Preußen Ansprüche auf Schlesien, die König Friedrich II., der

Große im gleichzeitigen 1. und 2. Schlesischen Krieg durchsetzte. Ein französisch-bayerisches Heer drang am 12. 9. 1741 in Oberösterreich und später in Böhmen ein, worauf Kurfürst Karl Albrecht am 7./29. 12. 1741 in Prag zum König von Böhmen gewählt und gekrönt wurde (ab 24. 1. 1742 als Karl VII. auch Kaiser). Nachdem Österreich 1742 Ober- und Niederschlesien sowie Glatz an Brandenburg-Preußen abgetreten hatte, führte ein österreichischer Gegenstoß zur Besetzung Bayerns; die von England geführte »Pragmatische Armee« schlug die Franzosen am 27. 6. 1743 bei Dettingen. Nach dem Tod Karls VII. verzichtete sein Sohn Maximilian III. Joseph im Frieden von Füssen (22. 4. 1745) auf seine Ansprüche. Der Krieg wurde dann, als Sardinien sich Österreich anschloss, v.a. in der Lombardei und in den Österreichischen Niederlanden geführt, wobei die Franzosen zwar Erfolge errangen, aber Russland, seit 2. 6. 1746 mit Österreich verbündet, einzugreifen begann. Zur See siegten die Engländer über die Franzosen bei Kap Finisterre (3. 5. 1747). Nach längeren Verhandlungen kam es am 18. 10. 1748 zum Aachener Frieden, in dem Österreich Parma und Piacenza an eine Nebenlinie der spanischen Bourbonen abtrat; die Pragmatische Sanktion wurde allgemein anerkannt.

Österreichischer Staatsvertrag, der am 15. 5. 1955 in Schloss Belvedere in Wien zwischen Österreich und den vier Besatzungsmächten (USA, UdSSR, Großbritannien und Frankreich) geschlossene Vertrag, der Österreich als freien, unabhängigen und demokratischen Staat völkerrechtlich wieder herstellte (Art. 1 und 2). Eine politische und wirtschaftliche Vereinigung zwischen Österreich und Deutschland wurde verboten (Art. 4), die Grenzen Österreichs wurden nach dem Stand vom 1. 1. 1938 bestimmt (Art. 5). Der Vertrag enthält darüber hinaus Bestimmungen über den Schutz der Menschenrechte (Art. 6), die Minderheitenrechte von Slowenen und Kroaten (Art. 7), die Garantie einer demokratischen Regierung (Art. 8), Bestimmungen über die Auflösung aller NS-Organisationen (Art. 9) sowie militärische Bestimmungen. Mit In-Kraft-Treten des Österreichischen Staatsvertrags (27. 7.) endete das Besatzungsrecht der vier alliierten Mächte, deren Truppen bis 31. 12. 1955 Österreich verlassen sollten (Art. 20).

1947–49 arbeitete eine Konferenz der stellvertretenden Außenminister der vier Besatzungsmächte den Entwurf eines Staatsvertrages mit Österreich aus. Im Zeichen des sich verschärfenden Ost-West-Konflikts verknüpfte die UdSSR ihre Zustimmung zum Vertrag mit Sicherheitsgarantien. Mit dem Eintritt einer gewissen Entspannung nach Stalins Tod (1953) gab die UdSSR die Verbindung der deutschen Frage mit Österreich auf und akzeptierte den Vorschlag des österreichischen Außenministers Leopold Figl, Österreich durch eine dauernde Neutralität aus dem Spannungsfeld der internationalen Politik herauszuhalten. Nach der politischen Verpflichtungserklärung zu einer »immer währenden Neutralität« unterzeichneten die Außenminister Österreichs und der vier Besatzungsmächte am 15. 5. 1955 den Österreichischen Staatsvertrag. Nachdem die Besatzungstruppen bis zum 24. 10. 1955 abgezogen waren, erklärte der Nationalrat am 26. 10. 1955 (seit 1965 Nationalfeiertag) die »immer währende Neutralität« Österreichs. Seit 1989/90 gilt die mit dem Österreichischen Staatsvertrag verbundene freiwillige Verpflichtung zur Neutralität in Österreich nicht mehr als unumstößliche Doktrin.

Österreichischer Staatsvertrag. Am 15. 5. 1955 unterzeichneten die Außenminister der drei Westmächte USA, Frankreich, Großbritannien sowie der Sowjetunion und der österreichische Außenminister im Wiener Schloss Belvedere den Staatsvertrag – Österreichs Souveränität war wieder hergestellt.

Österreichische Volkspartei, Abk. **ÖVP,** österreichische Partei, gegründet in Wien am 17. 4. 1945 von Felix Hurdes, Leopold Figl, Hans Perntner u. a. Die ÖVP erhob in ihren programmatischen Grundsätzen seit 1945 die »Demokratie der Gesinnung« (1947) zur Leitidee ihres Handelns. Darüber hinaus bekannte sie sich von Anfang an zur Idee der österreichischen Nation, zum Föderalismus und zur katholischen Soziallehre. Die ÖVP als konservativ-christliche Partei unterscheidet sich durch das strikte Bekenntnis zur Demokratie und zu Österreich von der Christlichsozialen Partei vor 1945.

Politisch geführt wird die ÖVP auf Bundesebene von einem Bundesobmann. (1945: Leopold Kunschak, 1945–52: Leopold Figl, 1952–60: Julius Raab, 1960–63: Alfons Gorbach, 1963–70: Josef Klaus, 1970/71: Hermann Withalm, 1971–75: Karl Schleinzer, 1975–79: Josef Taus, 1979–89: Alois Mock, 1989–91: Josef Riegler, 1991–95: Erhard Busek, seit 1995 Wolfgang Schüssel).

1945–70 war die ÖVP die stärkste Partei im Nationalrat und besaß dort 1945–49 und

1966–70 die absolute Mehrheit. Bis 1970 stellte sie den Bundeskanzler, bis 1947 in Koalition mit SPÖ und KPÖ, bis 1966 in großer Koalition mit der SPÖ. 1966–70 führte sie eine Alleinregierung; 1970–87 stand sie in der Opposition. 1987–99/2000 war sie innerhalb einer zweiten großen Koalition mit der SPÖ Regierungspartei. Im Februar 2000 kam es – nach gemeinsamer Verpflichtung mit der FPÖ auf die »Grundwerte der europäischen Demokratie« – zur Bildung einer Koalition mit der FPÖ unter Bundeskanzler Wolfgang Schüssel.

österreichisch-ungarischer Ausgleich, die 1867 nach langwierigen Verhandlungen getroffenen Abmachungen zur Umwandlung des Kaisertums Österreich in die »Österreichisch-Ungarische Monarchie« (offizieller Titel seit 14. 11. 1868) unter Festlegung des staatsrechtlichen Verhältnisses zwischen Ungarn und der im Reichsrat vertretenen zisleithanischen Reichshälfte. Nach mehrjährigen Vorverhandlungen erzwang die österreichische Niederlage im Deutschen Krieg von 1866 den baldigen Ausgleich mit Ungarn. Er kam zustande nach Bildung eines konstitutionellen ungarischen Ministeriums (Februar 1867), nach dem Vertrag vom 15. 3. 1867 und durch die kaiserliche Sanktionierung zweier Gesetzeskomplexe: des ungarischen Ausgleichgesetzes (1867) als Vertrag zwischen dem Kaiser als König von Ungarn und der im eigenen Reichstag vertretenen ungarischen Nation und des Delegationsgesetzes (1867) der übrigen »im Reichsrat vertetenen Königreiche und Länder«. Der Ausgleich schuf, ergänzt durch die österreichische Dezemberverfassung 1867, die Doppelmonarchie →Österreich-Ungarn.

Österreich-Ungarn, amtlich 1869 bis 1918 **Österreichisch-Ungarische Monarchie,** volkstümlich auch **Donaumonarchie,** ehemaliger Vielvölkerstaat in Mittel- und Südosteuropa, mit 676 615 km² und (1914) 52,8 Millionen Einwohner. Österreich-Ungarn war bis 1914 nach Russland die territorial zweitgrößte europäische Großmacht und umfasste 1910 neben den beiden Staatsvölkern (Deutsche, Magyaren) Tschechen und Slowaken, Polen, Ukrainer, Serben und Kroaten, Slowenen, Rumänen, Italiener.

Staatsrechtlich war Österreich-Ungarn eine Personal- und Realunion (Doppelmonarchie) der im Reichsrat vertretenen Königreiche und Länder (Kaiserreich Österreich; Zisleithanien) und der Länder der ungarischen Stephanskrone (Königreich Ungarn; Transleithanien). In beiden Reichsteilen war die Krone erblich im Haus Habsburg-Lothringen (Pragmatische Sanktion). Gemeinsam verwalteten beide die 1878 besetzten, 1908 als Reichslande einverleibten osmanischen Provinzen Bosnien und Herzegowina. Die staatsrechtliche Verbindung der zwei Reichshälften wurde im österreichisch-ungarischen Ausgleich 1867 durchgeführt; danach erfolgte die Gesamtregierung der Donaumonarchie in den als gemeinsam bestimmten Angelegenheiten durch kaiserliche und königliche (k. u. k.) Ministerien, den Gemeinsamen Ministerrat bzw. Delegationen. In den übrigen innenpolitischen Angelegenheiten handelten beide Reichshälften in abgestufter Selbstständigkeit: durch eigene kaiserlich-königliche (k. k.) bzw. königlich-ungarische Regierungen und eigene Zweikammervolksvertretungen.

Eine einheitliche Verfassung für die gesamte Monarchie kam nicht zustande. Die Verfassung des Kaiserreichs Österreich beruhte auf der Dezemberverfassung vom 21. 12. 1867. Der Kaiser übte die gesetzgebende Gewalt gemeinsam mit dem Reichsrat, in Landesangelegenheiten mit den Landtagen der Kronländer aus. Der Reichsrat bestand aus dem Herrenhaus und dem Abgeordnetenhaus. Die Staatsverwaltung in Wien führten zeitweise 12 Minister, die Staatsverwaltung in den Kronländern führte die Statthalterei, die Selbstverwaltung der Landesausschuss. Im ungarischen Reichsteil übte die Gesetzgebung der König mit dem Reichstag aus, der aus der Magnatentafel (Oberhaus) und der Repräsentantentafel bestand.

Ostfränkisches Reich, nach den Reichsteilungen des 9. Jh. (Verträge von Verdun, 843, Meerssen, 870 und Ribemont, 880) der Ostteil des →Fränkischen Reiches, das spätere »Reich der Deutschen« (»Regnum Teutoni[cor]um«), aus dem das Heilige Römische Reich hervorging.

Ostgoten, Ostrogothen, Greutungen [»Steppen- und Strandbewohner«], Teilgruppierung der →Goten, der um die Mitte des 4. Jh. n. Chr. unter Ermanarich ein Reich im Norden des Schwarzen Meeres gründete, aber 375/376 von den Alanen und Hunnen unterworfen wurde. Nach dem Zerfall des Hunnenreiches (bald nach Attilas Tod 453) ließen sich die Ostgoten unter römischer Oberhoheit in Pannonien nieder. Die Stammesfürsten der Ostgoten gehörten zum Geschlecht der Amaler.

474 wurde Theoderich der Große zum König erhoben. Er zog 488 als Feldherr des oströmischen Kaisers Zenon nach Italien gegen Odoaker, den er 493 besiegte. Das von Theoderich gegründete Reich bestand bis 552 und blieb Bestandteil des römischen Imperiums; es umfasste Italien mit Sizilien, Dalmatien, Slawonien, das Alpengebiet und seit 510 auch die Provence. Das Westgotenreich in Spanien stand seit 511 unter Theoderichs Vormundschaft. Die Ostgoten hatten sich im Reich Theoderichs des Großen besonders in Nord- und Mittelitalien niedergelassen; sie bildeten den Kriegerstand und waren von den Römern rechtlich und konfessionell geschie-

den. Rechtsgrundlage war das »Edictum Theoderici« von Theoderich. Nach Theoderichs Tod (526) verfiel unter Amalasuntha und Theodahad das Reich; es erlag schließlich den byzantinischen Feldherren Belisar und Narses. Erst 555 wurden die letzten Ostgoten unterworfen; sie gingen später in der italischen Bevölkerung auf. Auf der Krim und zu beiden Seiten der Straße von Kertsch waren Ostgoten zurückgeblieben, die Krimgoten und die Trapeziten (fälschlich Tetraxiten).

Ostindische Kompanie, englisch **East India Company** ['i:st 'ɪndjə 'kʌmpəni], 1600 gegründete englische Handelskompanie, die das Privileg auf das Monopol im Indienhandel erhielt. Die Ostindische Kompanie baute ihren Handel mit dem indischen Festland, mit Persien und China aus. Seit der zweiten Hälfte des 17. Jh. mit souveränen Rechten ausgestattet, wurde sie zum Organisator und Herrscher von Britisch-Indien. Die Ostindische Kompanie verlor 1813 ihr Monopol in Indien, 1833 im Chinahandel; im selben Jahr musste sie alle Handelsgeschäfte in Indien einstellen. Nach der Auflösung der Ostindischen Kompanie (1858) wurde Indien der britischen Krone unterstellt.

Ostpolitik, im weiteren Sinn die deutsche Außenpolitik gegenüber den Staaten Ostmittel- und Osteuropas, im engeren Sinn die in den 1960er-Jahren eingeleitete, in der Vertragsdiplomatie (»Ostverträge«) der sozialliberalen Koalition 1969–82 gipfelnde Außenpolitik gegenüber der UdSSR, Polen und der Tschechoslowakei. Die »neue Ostpolitik«, besonders unter Bundeskanzler Willy Brandt (1969–74), stand in engem Zusammenhang mit ihrer Deutschlandpolitik; sie trug zum Abbau des →Ost-West-Konflikts in Europa bei (Einberufung der KSZE, 1973) und erleichterte das Zusammenleben der Deutschen sowie die innerdeutschen Beziehungen.

Ostpreußen, preußische Provinz im Nordosten des Mitteleuropäischen Tieflands, südlich und östlich der Ostseeküste; umfasste die Regierungsbezirke Königsberg, Gumbinnen, Allenstein und (bis 1939) den Regierungsbezirk →Westpreußen; Hauptstadt war Königsberg (Pr) (heute Kaliningrad).

GESCHICHTE: Das Gebiet des späteren Ostpreußen wurde erst während des Neolithikums (etwa ab 3000 v. Chr.) besiedelt. Im 2. und 3. Jh. n. Chr. bewohnten Goten den Raum, ihnen folgten die baltischen Prußen, die namengebend für das Land wurden. Erste Versuche ihrer Christianisierung scheiterten im 9./10. Jh. Ein erneuter, mit Unterstützung des polnischen Herzogs Konrad von Masowien vorangetriebener Missionierungsversuch scheiterte ebenfalls. Im Winter 1225/26 wandte sich Konrad mit der Bitte um Hilfe an den Deutschen Orden, dem er das Culmer Land überließ. Das spätere Ostpreußen ging

Ostindische Kompanie. Die Herrscherattitüde der Beamten der englischen Ostindischen Kompanie wird in der Darstellung dieses Mannes deutlich, der in der Haltung eines Mogulfürsten auf einer Terrasse sitzt und eine Wasserpfeife raucht. Abgebildet ist vermutlich William Fullarton, der Mitte des 18. Jh. in Bengalen und Bihar als Arzt tätig

aus dem Ostteil des Deutschordenslandes hervor, das 1525 in das Herzogtum Preußen übergeführt, 1618 in Personalunion mit Brandenburg vereinigt und im Frieden von Oliva (1660) aus polnischer Lehnshoheit gelöst wurde; es war die Keimzelle des Königreichs Preußen (am 18. 1. 1701 Krönung des Kurfürsten Friedrich III. zum »König in Preußen« in Königsberg). Im Siebenjährigen Krieg war Ostpreußen 1758–62 von den Russen besetzt. Im Ersten Weltkrieg erlitt Ostpreußen durch die Kämpfe mit den eingedrungenen russischen Truppen (1914/15) große Schäden.

Im Vertrag von Versailles (1919) fielen die Stadt Soldau sowie das umliegende Gebiet an Polen, das Memelgebiet wurde an die Alliierten abgetreten. Westpreußen rechts von Weichsel und Nogat kam als Regierungsbezirk zu Ostpreußen. Danzig erhielt den Status einer Freien Stadt. Weitere Abtretungen wurden durch Volksabstimmungen 1920 vermieden. Infolge der Gebietsverluste des Deutschen Reiches (Polnischer Korridor) war Ostpreußen vom übrigen Reichsgebiet abgeschnitten. 1939–44 war das Memelgebiet wieder mit Ostpreußen vereinigt. Durch die Kriegsereignisse 1944/45 erlitt die Bevölkerung hohe Verluste. Sowjetische Truppen nahmen von Januar bis April 1945 das Gebiet vollständig ein. Hunderttausende Deutsche flüchteten oder wurden vertrieben. Im Potsdamer Abkommen (2. 8. 1945) wurde der nördliche Teil unter sowjetische, der südliche unter polnische Verwaltung gestellt. Im Zwei-plus-Vier-Vertrag vom 12. 9. 1990 und im Deutsch-Polnischen Grenzvertrag vom 14. 11. 1990 erklärten die Vertragspartner die 1945 entstandenen Grenzen für endgültig.

Ostrakismos [griech.], **Ostrazismus, Scherbengericht,** in Athen vermutlich durch Kleisthenes gesetzlich eingeführte, zuerst 487 v. Chr. angewendete Maßregel, durch die das Volk die Verbannung einzelner Bürger auf zehn Jahre aussprechen konnte. Die Bürger mussten den Namen des zu Verbannenden auf Tonscherben (Ostraka) schreiben, die Mehrheit der Stimmen entschied. Der Ostrakismos bewirkte keinen Verlust der bürgerlichen Rechte und des Vermögens. Ursprünglich als Instrument gegen Anhänger der Tyrannis gedacht, diente der Ostrakismos zur Ausschaltung missliebiger Politiker. Der letzte Ostrakismos fand 416 v. Chr. statt.

Oströmisches Reich, Kurzbezeichnung **Ostrom,** →Byzantinisches Reich.

Ost-West-Konflikt. US-Präsident Jimmy Carter (links) und der sowjetische Staats- und Parteichef Leonid Breschnew (rechts) besiegelten am 18. 6. 1979 in Wien das gemeinsame Vertragswerk SALT II über die Begrenzung strategischer Atomwaffen. Der Vertrag wurde jedoch nie ratifiziert.

Ost-West-Konflikt, historisch-politischer Begriff für die – vorrangig 1946/47 bis 1989/90 die Weltpolitik prägende – Systemauseinandersetzung zwischen den unter die Vorherrschaft der UdSSR geratenen kommunistischen Staaten sowie den mit ihr verbündeten Ländern einerseits und der von den USA geführten Gruppe von parlamentarischen Demokratien andererseits.

KALTER KRIEG: Schon am Ende des Zweiten Weltkriegs (1945) zeichnete sich das Zerbrechen der Kriegskoalition zwischen der UdSSR und den Westmächten ab, schlug aber erst in der Folge der Sowjetisierung der Staaten Ostmittel- und Südosteuropas mit der Verkündung der →Truman-Doktrin (1947) in den Kalten Krieg um. Der amerikanische Präsident Harry Truman leitete die Politik des →Containments ein, um der auf Ausdehnung der sowjetischen Einflusssphäre gerichteten Politik Stalins entgegenzuwirken. Andrej Schdanow formulierte die »Zwei-Lager-Theorie«, derzufolge es in der Weltpolitik nicht nur eine machtpolitisch-militärische und ökonomische, sondern auch eine ideologische Bipolarität gebe, deren Hauptmächte die USA und die UdSSR seien. Unter dem Eindruck einer wachsenden Bedrohung ihres Staatsmodells durch die von der sowjetischen Armee gestützten kommunistischen Einparteienherrschaft gründeten die »westlichen« Staaten unter Führung der USA (1949) die →NATO. In Konsequenz der sich verschärfenden Gegensätze zwischen »Ost« und »West« scheiterte daran auch eine gemeinsame Deutschlandpolitik der Siegermächte des Zweiten Weltkriegs. Mit der Spaltung Berlins (1948/49 Berliner Blockade) sowie der Gründung von zwei deutschen Staaten (1949) wurde die Teilung Europas für lange Zeit besiegelt. Diese erste Hauptphase des Ost-West-Konflikts, vielfach mit dem →Kalten Krieg gleichgesetzt, schloss 1955 mit der Aufnahme der Bundesrepublik Deutschland in die NATO und der DDR in den neu gegründeten →Warschauer Pakt ab.

Nach dem Tod Stalins (1953) bemühten sich seine Nachfolger Nikita Chruschtschow und Nikolaj Bulganin um eine partielle Entspannung zwischen ihrem Land und den Westmächten. Auf der Genfer Gipfelkonferenz (Juli 1955) suchten die führenden Staatsmänner der USA, der UdSSR, Frankreichs und Großbritanniens mit Verhandlungen über die Deutschlandfrage und die allgemeine Abrüstung, die Ost-West-Beziehungen zu entspannen. Mit der Niederschlagung des Volksaufstands in Ungarn durch sowjetische Truppen (November 1956) und den massiven Drohungen Chruschtschows in der →Suezkrise (Oktober/Novemer 1956) verflog der entspannungsorientierte »Geist von Genf« allmählich.

PHASEN DER ENTSPANNUNG: Die kurze Entspannungsphase endete 1958 mit der zweiten Krise um Berlin, die im August 1961 mit dem Bau der Berliner Mauer ihren Höhepunkt fand. Als die UdSSR auf Kuba 1962 eine Militär- und Raketenbasis errichten wollte, geriet der Ost-West-Konflikt an den Rand einer militärischen Auseinandersetzung einschließlich des Einsatzes von Atomwaffen (→Kubakrise).

Mit dem Teststoppabkommen zwischen den USA und Großbritannien sowie der UdSSR und mit der amerikanisch-sowjetischen Vereinbarung über die Einrichtung eines heißen Drahtes setzte 1963 eine lange Entspannungsphase ein. 1968 schlossen die USA und die UdSSR unter britischer Beteiligung den Kernwaffensperrvertrag. 1969 begannen amerikanisch-sowjetische Verhandlungen über die Begrenzung der strategischen Kernwaffenarsenale (SALT), die 1972 zu einem ersten Abkommen (SALT I) zwischen den beiden Weltmächten führten.

OST-WEST-KONFLIKT

»Dies ist ein kleiner Schritt für mich, aber ein großer Sprung für die Menschheit.« So kommentierte Neil Armstrong (Foto), der am 20. 7. 1969 als erster Mensch den Mond betreten hat, eine der spektakulärsten technischen Leistungen des 20. Jh., die zudem in einem gigantischen Medienereignis zelebriert wurde – ein Viertel der Weltbevölkerung verfolgte die Landung am häuslichen Fernseherät.

Vorausgegangen war zwölf Jahre zuvor der so genannte Sputnik-Schock, als die Sowjets am 4. 10. 1957 mit »Sputnik 1« den ersten künstlichen Erdsatelliten ins All geschossen und damit das Zeitalter der Raumfahrt eröffnet hatten. Zwar konnten die Amerikaner bereits am 31. 1. 1958 mit ihrem ersten Erdsatelliten »Explorer 1« nachziehen, doch war es wiederum die Sowjetunion, der auch der erste Schritt in die bemannte Raumfahrt gelang: Am 12. 4. 1961 startete sie die »Wostok I«, ein bemanntes Raumschiff, mit dem der Kosmonaut Jurij Gagarin die Erde umkreiste. Auch hier konnten die USA ein knappes Jahr später gleichziehen – im Februar 1962 umkreiste John Glenn in einer »Mercury«-Kapsel die Erde gleich dreimal.

Danach geriet der Mond ins Visier von Politik und Weltraumbehörden der konkurrierenden Supermächte. Diesen Wettlauf zum Mond gewannen die Amerikaner und konnten so einen enormen Prestigeerfolg für die westliche Hemisphäre verbuchen. Erst damit war der Sputnik-Schock endgültig überwunden.

Wettlauf im All

Wissenschaftlicher Zweck des Apollo-Programms der Amerikaner, in dessen Rahmen mehrere Mondlandungen durchgeführt wurden, war das Sammeln und Untersuchen von Mondgestein, das Aufstellen von Messgeräten und die fotografische Dokumentation des Erdtrabanten. Die Gesteinsproben vom Mond erwiesen sich als mindestens 16 bis 20 Milliarden Jahre alt, womit auch das Mindestalter des Universums bestimmbar wurde.

Der Einmarsch von Truppen des Warschauer Paktes in die Tschechoslowakei (1968) und die ihm zugrunde liegende Auffassung der sowjetischen Führung von der begrenzten Souveränität der sozialistischen Staaten (Breschnew-Doktrin) zeigten, dass die UdSSR an der Lagertheorie festhielt.

Im Zeichen der internationalen Entspannungstendenzen seit Mitte der 1960er-Jahre in einen Zugzwang geraten, leitete die Bundesrepublik Deutschland unter Bundeskanzler Willy Brandt eine Neuorientierung der Beziehungen zu ihren kommunistischen Nachbarstaaten ein. Diese Ostpolitik, die zu einer vertraglich abgesicherten Anerkennung des territorialen und politischen Status quo in Mitteleuropa führte, schuf die Basis, auf der die →Konferenz über Sicherheit und Zusammenarbeit in Europa (KSZE; 1973–75) in der »Schlussakte von Helsinki« die Prinzipien vereinbaren konnte, die fortan die Beziehungen der Staaten zueinander leiten sollten.

Der Abschluss der KSZE war Höhe- und zugleich Wendepunkt der 1963 eingeleiteten Entspannungsphase. Die zweite amerikanisch-sowjetische Vereinbarung über die Begrenzung der strategischen Waffensysteme (SALT II) wurde nicht mehr ratifiziert. Die NATO beantwortete die sowjetische Rüstungspolitik im Bereich der Mittelstreckenraketen im Dezember 1979 mit dem NATO-Doppelbeschluss. Der sowjetische Einmarsch in Afghanistan (Dezember 1979) hatte eine Verhärtung der Ost-West-Beziehungen zur Folge. Das Scheitern der Abrüstungsverhandlungen (1983) führte zur Aufstellung von Mittelstreckenraketen im europäischen NATO-Bereich. Darüber hinaus suchten die USA mit dem SDI-Programm ihre technologische Überlegenheit auf dem Rüstungssektor zu wahren.

DAS ENDE DES OST-WEST-KONFLIKTS: Nach dem Amtsantritt Michail Gorbatschows als Generalsekretär der KPdSU (1985) entspannte sich das Ost-West-Verhältnis wieder. Die Politik des »neuen Denkens« und der »Perestroika« in der UdSSR ermöglichte u. a. 1987 den Abschluss eines Vertrages über die Reduktion der Mittelstreckenwaffen (INF) sowie 1988–89 den Abzug der sowjetischen Truppen aus Afghanistan. Die Aktivitäten der in den 1980er-Jahren erstarkenden Bürger(rechts)bewegungen in den kommunistischen Staaten Europas führten 1989/90 zum Zusammenbruch der kommunistischen Herrschaftssysteme zunächst in Polen und Ungarn, dann in der DDR, in der Tschechoslowakei, in Bulgarien und Rumänien sowie (1991) in Albanien. Mit der Wiederherstellung der Einheit Deutschlands, völkerrechtlich gegründet auf den Zwei-plus-Vier-Vertrag (12. 9. 1990) entfiel einer der wichtigsten Gegensätze im Ost-West-Konflikt; mit der Auflösung der wirtschaftlichen und militärisch-politischen Strukturen des Ostblocks sowie dem Zerfall der Sowjetunion 1991 wurden ihm die Grundlagen entzogen.

OSZE, Abk. für → Organisation für Sicherheit und Zusammenarbeit in Europa.

Ottheinrich, eigentlich Otto Heinrich, Pfalzgraf bei Rhein, seit 1556 Kurfürst, * Landshut 10. 4. 1502, † Heidelberg 12. 2. 1559; pfälzischer Wittelsbacher, Sohn Pfalzgraf Ruprechts; erhielt 1505 mit seinem Bruder Philipp die »Junge Pfalz« (Pfalz-Neuburg, Oberpfalz). 1542 trat Otto zum Luthertum über und führte die Reformation ein. 1556 erhielt Otto auch die Kurpfalz, wo er ebenfalls die bereits geduldete Reformation einführte. Da Otto kinderlos war, ordnete er 1557 die Nachfolge in der Kur zugunsten der Linie Simmern, während Pfalz-Neuburg an Zweibrücken kam. Er gestaltete die Universität Heidelberg im protestantisch-humanistischen Geist neu; 1556–59 ließ er das Heidelberger Schloss um den Ottheinrichsbau erweitern.

Otto, König von Griechenland (1833–62), * Salzburg 1. 6. 1815, † Bamberg 26. 7. 1867, Wittelsbacher, Sohn Ludwigs I. von Bayern; wurde auf Vorschlag der Großmächte von der griechischen Nationalversammlung zum König gewählt und bestieg am 6. 2. 1833 den Thron. Bis zu seiner Volljährigkeit (1835) führte ein Regentschaftsrat die Regierung. 1844 musste Otto eine Verfassung gewähren. Er wurde am 22. 10. 1862 durch eine Militärrevolte gestürzt und zum Verlassen des Landes gezwungen.

Otto I., König von Bayern (1886–1913), * München 27. 4. 1848, † Schloss Fürstenried (heute zu München) 11. 10. 1916; Wittelsbacher; folgte, obwohl eine geistige Erkrankung seit 1872 offenkundig war, seinem Bruder Ludwig II. auf dem Thron. Als Prinzregenten führten Luitpold (1886–1912) und Ludwig (bis 1913) die Amtsgeschäfte.

Otto I., der Große, König (seit 936) und Kaiser des Heiligen Römischen Reichs (seit 962), * 23. 11. 912, † Memleben (bei Nebra/Unstrut) 7. 5. 973; Sohn König Heinrichs I. und

OTTO I.

Schlacht auf dem Lechfeld

Als die Ungarn 955 das von Bischof Ulrich verteidigte Augsburg belagerten, gelang es Otto I., dem Großen, am 10. 8., dem Tag des von den Ottonen besonders verehrten Heiligen Laurentius, die Eindringlinge mit einem zahlenmäßig unterlegenen Reiterheer in der Schlacht auf dem Lechfeld vernichtend zu schlagen. Der imperiale Charakter von Ottos Königtum war nach diesem Sieg unbestritten: Als Sieger über die Ungarn und Beschützer der Christenheit, der zusätzlich Missionserfolge im slawischen Osten seines Reiches aufweisen konnte – zumindest hatte er hier zwischen 937 und 948 mehrere Klöster und Bistümer gegründet – sowie als Herr über andere Könige, war Otto kaisergleich, nur der offizielle Kaisertitel, fehlte ihm noch. Am 2. 2. 962 konnte er aber auch dieses erwerben – auf seinem zweiten Italienfeldzug wurde Otto durch Papst Johannes XII. in der Peterskirche in Rom zum Kaiser gekrönt.

Dieses Ereignis sollte weit reichende Folgen für die europäische Geschichte haben: Seit diesem Zeitpunkt war einerseits das Kaisertum mit dem ostfränkisch-deutschen Königtum und seiner Thronfolge verbunden, andererseits wurde endgültig entschieden, dass nur dem Papst in Rom die Befugnis zur Kaiserkrönung zustand. Der sächsische Mönch Widukind von Corvey beschreibt Otto I., der hier bei der Einsetzung eines Abtes zu sehen ist (Handschrift aus dem 13. Jh.; Paris, Bibliothèque Nationale de France), in seiner »Sachsengeschichte« als vorbildlichen Herrscher und Menschen, der sich durch Frömmigkeit, Belesenheit und Würde ausgezeichnet habe.

Mathildes der Heiligen, 929 ⚭ mit Editha, der Schwester des angelsächsischen Königs Aethelstan, Vater Ottos II. Durch den Vater designiert, wurde Otto am 7. 8. 936 in Aachen zum König erhoben. Die ersten Regierungsjahre Ottos waren geprägt von den Auseinandersetzungen mit den Herzögen von Lothringen und Franken sowie dem Kampf gegen die bayerischen Luitpoldinger. Daneben standen der Halbbruder Thankmar und der Bruder Heinrich, deren Herrschaftsrechte durch die neue, die Individualsukzession und Unteilbarkeit des Reiches durchsetzende Thronfolgeregelung ausgeschaltet worden waren, gegen Otto. Die Überwindung der Krise eröffnete nach 941 die Möglichkeit einer Neuordnung des Reiches, durch die die Herzogtümer in enge Verbindung mit der regierenden Dynastie gebracht wurden: 944 wurde der Salier Konrad der Rote, seit 947 Schwiegersohn Ottos, Herzog von Lothringen, 948 der Bruder Heinrich Herzog von Bayern, 949 der Sohn Liudolf Herzog von Schwaben; Sachsen und Franken blieben in unmittelbarer Verfügungsgewalt des Königs. Die Rivalität zwischen den regierenden Karolingern (Ludwig IV.) und den Robertinern/Kapetingern im Westfrankenreich verschaffte Otto hier eine schiedsrichterliche Stellung, der burgundische König Konrad I. (937–993) erkannte seine Lehnshoheit an, die Ostgrenze des Reiches wurde abgesichert durch Errichtung von Marken und Gründung neuer Bistümer für die Slawenmission seit 948 und für die Skandinavienmission.

Süddeutsche Interessen und die Burgundpolitik erforderten Ottos Eingreifen in Italien, als nach dem Tode König Lothars II. von Italien (950) dessen Witwe Adelheid und ihre Anhänger ihn um Hilfe baten gegen den Markgrafen Berengar von Ivrea, der sich als Berengar II. zum König von Italien hatte erheben lassen. Auf seinem ersten Italienzug (951/952) erwarb Otto die Herrschaft über das Regnum Italiae und vermählte sich mit Adelheid. Der von Konrad dem Roten und den Luitpoldingern unterstützte Aufstand seines Sohnes Liudolf (953/954) ließ Ottos Familienpolitik bei der Ämtervergabe scheitern und stürzte das Reich noch einmal in eine schwere Krise, die durch Einfälle der Ungarn verschärft wurde. Jedoch mussten sich die Empörer unterwerfen, die Ungarn wurden am 10. 8. 955 auf dem Lechfeld bei Augsburg entscheidend geschlagen.

In der Folge machte Otto nun die Reichskirche zur Stütze der königlichen Herrschaft. Ein Hilfeersuchen Papst Johannes' XII., ausgelöst durch Übergriffe Berengars II. auf den Kirchenstaat, war der Anlass zum zweiten Italienzug (961–965), auf dem Otto am 2. 2. 962 die Kaiserkrone empfing. Die Erneuerung des Kaisertums im Westen warf das Problem der Gestaltung des Verhältnisses zu Byzanz auf, zumal Otto auf seinem dritten Italienzug (966–972) byzantinische Machtinteressen berührte. Mit der Ehe (972) seines Sohnes und Mitkaisers (seit 967) Otto (II.) mit Theophano, einer Verwandten Kaiser Johannes' I. Tzimiskes, erreichte er die Anerkennung seines Kaisertums durch Byzanz.

Auf den von seinem Vater, Heinrich I., geschaffenen Grundlagen aufbauend, führte Otto das Reich zur Hegemonialstellung in Europa und hinterließ mit der in karolingischer Tradition stehenden Erneuerung des Kaisertums seinen Nachfolgern die Aufgabe der Schirmvogtei über die römische Kirche. Otto wurde im Magdeburger Dom beigesetzt.

OTTO I., DER GROSSE
***912 †973**

- schlug 955 die Ungarn auf dem Lechfeld
- ließ sich 962 vom Papst zum Kaiser krönen
- stützte seine Herrschaft auf die Reichskirche
- erreichte durch geschickte Familienpolitik die Anerkennung seines Kaisertums durch Byzanz

Otto I. von Wittelsbach, Herzog von Bayern (seit 1180), *um 1120, † Pfullendorf 11. 7. 1183; Großvater von Otto II., dem Erlauchten, Sohn des bayerischen Pfalzgrafen Otto V.; war einer der engsten Berater Kaiser Friedrichs I. Barbarossa; wurde 1180 nach dem Sturz Heinrichs des Löwen mit dem verkleinerten und machtpolitisch verringerten Herzogtum Bayern belehnt; begründete dort die bis 1918 währende Herrschaft der Wittelsbacher.

Otto II., König (seit 961) und Kaiser des Heiligen Römischen Reichs (seit 967), *955, † Rom 7. 12. 983; Sohn von Otto I., Vater von Otto III.; 961 zum König erhoben, am 25. 12. 967 zum Mitkaiser gekrönt; seit 14. 4. 972 ⚭ mit Theophano. Ottos erste Regierungsjahre waren bestimmt von Auseinandersetzungen mit seinem Vetter Heinrich II., dem Zänker, den Luitpoldingern und den niederlothringischen Herzögen. Der Versuch König Lothars von Frankreich, Lothringen Frankreich einzugliedern, wurde vereitelt. Auf seinem im Oktober 980 begonnenen Italienzug sicherte Otto die Stellung des Papsttums gegen den stadtrömischen Adel. Sein Versuch, in Süditalien die byzantinische Herrschaft zu beseitigen und die von Sizilien übergesetzten Sarazenen zu vertreiben, endete in einer vernichtenden Niederlage (13. 7. 982) seines Heeres beim Capo Colonne (bei Crotone). Auf dem Reichstag von Verona im Mai 983 ließ er seinen Sohn Otto (III.) zum König wählen. Seinen Italienzug konnte er ebenso wenig erneuern wie dem Aufstand der Dänen und Slawen begegnen, die 983 fast das ganze Aufbauwerk seines Vaters östlich von Saale und Elbe zerstörten. Otto, den geistigen Fragen seiner Zeit zugewandt, zog viele Gelehrte an seinen Hof. Als einziger Kaiser des Mittelalters wurde er in Rom (in der Peterskirche) beigesetzt.

Otto III., König (seit 983) und Kaiser des Heiligen Römischen Reichs (seit 996), *Juli 980, † Paternò 24. 1. 1002; Sohn von Otto II. und Theophano; zum König gewählt auf dem Reichstag von Verona im Mai 983, gekrönt Weihnachten 983 in Aachen. Gegen den letztlich auf den Gewinn der Krone abzielenden

Anspruch des abgesetzten Herzogs Heinrich des Zänkers von Bayern, die Vormundschaft über den minderjährigen König zu übernehmen, formierte sich der Widerstand, geführt von Erzbischof Willigis von Mainz, der den Kaiserinnen Theophano und Adelheid (Ottos

Otto III. Auf diesem Huldigungsbild, einem Werk der Reichenauer Malerschule, thront Otto III. mit den Insignien seiner Macht zwischen je zwei geistlichen und weltlichen Standesvertretern (Ende des 10. Jh.; München, Bayerische Staatsbibliothek).

Großmutter) als wichtigster Ratgeber zur Seite stand. 985 unterwarf sich Heinrich und erhielt Bayern zurück; Theophano (bis 991) und Kaiserin Adelheid führten darauf unangefochten die Regentschaft. Die durch den großen Slawenaufstand (983) verloren gegangenen Positionen konnten in dieser Zeit nur teilweise zurückgewonnen werden; der Aufstieg Polens im Osten und die Ablösung der Karolinger durch die Kapetinger in Frankreich (987) beeinträchtigten die Vormachtstellung des Reiches. 994 wurde Otto mündig.

Sein erster Italienzug (996/997) stand im Zeichen der innerrömischen Auseinandersetzungen. Nach dem Tod Papst Johannes' XV. ernannte Otto einen Verwandten, den Hofkaplan Brun, zum Papst (Gregor V.), der ihn am 21. 5. 996 zum Kaiser krönte. Der Widerstand des römischen Adels gegen einen Nichtrömer auf dem Päpstlichen Stuhl entlud sich nach Ottos Rückkehr nach Deutschland in einer Revolte der Crescentier und der Erhebung eines Gegenpapstes. Otto setzte sich auf seinem zweiten Italienzug (begonnen Dezember 997) schnell durch und erhob nach dem Tod Gregors V. seinen Lehrer Gerbert von Aurillac zum Papst (999; Silvester II.). In engem Einvernehmen mit ihm versuchte er nun, seine Konzeption von der Erneuerung des Römischen Reiches zu verwirklichen. Von Rom aus sollte das Reich regiert werden, an das auch die im Osten entstandenen Staaten der Piasten (Polen) und Arpaden (Ungarn) enger gebunden werden sollten. Ein Aufstand der Römer 1001 zwang den Kaiser zum Verlassen der Stadt; mit der Erhebung des Markgrafen Arduin von Ivrea zum König nach Ottos Tod brach Herrschaft in Italien zusammen.

Otto IV.

Otto IV. von Braunschweig, König (seit 1198) und Kaiser des Heiligen Römischen Reichs (seit 1209), * in der Normandie um 1177, † auf der Harzburg (heute Bad Harzburg) 19. 5. 1218; Welfe, Sohn Heinrichs des Löwen. Otto wuchs in England am Hof seines Onkels, König Richard I. Löwenherz, auf, der ihn 1196 mit der Grafschaft Poitou belehnte und zum Herzog von Aquitanien ernannte. Eine von Erzbischof Adolf I. von Köln angeführte antistaufische Oppositionsgruppe innerhalb der Fürsten wählte ihn nach dem frühen Tod Heinrichs VI. und der Thronerhebung Philipps von Schwaben am 9. 6. 1198 in Köln zum (Gegen-)König. Nach dem Tod von Richard Löwenherz (1199) konnte sich Otto trotz der Anerkennung durch Papst Innozenz III. nicht durchsetzen. Seine Herrschaftsgewalt blieb zunächst weitgehend auf den niederrheinischen Raum mit Zentrum Köln sowie die welfischen Erblande beschränkt. Erst nach der Ermordung Philipps (21. 6. 1208) wurde Otto allgemein anerkannt und lenkte nun in die bisherige staufische Italienpolitik ein. Als er bald nach seiner Kaiserkrönung (4. 10. 1209) einen Vorstoß gegen das unter päpstliche Lehnshoheit stehende Königreich Sizilien unternahm, bannte ihn Innozenz III. und setzte mit französischer Unterstützung die Erhebung Friedrichs (II.) von Sizilien, des Sohns Heinrichs VI., zum Römischen König durch (1211 bzw. 1212). Zum Rückzug aus Italien gezwungen, suchte Otto im Bund mit England die Entscheidung gegen Friedrich und das ihn unterstützende Frankreich. Er wurde von dessen König Philipp II. Augustus in der Schlacht von Bouvines (27. 7. 1214) besiegt und blieb bis zu seinem Tod auf sein braunschweigisches Erbland beschränkt.

Ottokar I. Přemysl ['prʃe-], König von Böhmen (seit 1198), * um 1155, † 15. 12. 1230, Sohn Wladislaws II., Großvater von Ottokar II. Přemysl; erwirkte durch wechselnde Parteinahme im staufisch-welfischen Thronstreit 1198 bei König Philipp von Schwaben, 1203 beim Papst und 1212 bei Kaiser Friedrich II. die Bestätigung des Erbkönigtums für Böhmen, das er auch kulturell und wirtschaftlich förderte. Im Zuge seiner ausgreifenden Ehepolitik heiratete sein Sohn Wenzel (seit 1228 Mitkönig) die Stauferin Kunigunde.

Ottokar II. Přemysl ['prʃe-], genannt »der eiserne König« oder »der goldene König«, König von Böhmen (seit 1253), * um 1233, † (gefallen) 26. 8. 1278, Enkel von Ottokar I. Přemysl, Sohn König Wenzels I. und der Kunigunde, in erster Ehe (seit 1252) ⚭ mit Margarete von Österreich, in zweiter (seit 1261) mit Kunigunde von Tschernigow; wurde 1247 Markgraf von Mähren, 1248 »jüngerer König«.

Im Kampf um das Erbe der 1246 ausgestorbenen Babenberger bemächtigte er sich 1251 Österreichs, das Kaiser Friedrich II. unter Reichsverwaltung gestellt hatte. 1260 erwarb er während des von den Staufern hinterlassenen Machtvakuums auch die Steiermark, 1269 Kärnten und Krain.

Der Erwerb der Königskrone des Heiligen Römischen Reichs misslang trotz enger Anlehnung an die Kurie zweimal (1256 und 1273). Als 1273 Rudolf I. von Habsburg zum Römischen König gewählt wurde, verweigerte ihm Ottokar Huldigung und Herausgabe der eigenmächtig besetzten Reichslehen, wurde aber zum Verzicht auf Österreich, Steiermark und Kärnten gezwungen. Bei dem Versuch, sie zurückzugewinnen, wurde er in der Schlacht bei Dürnkrut auf dem Marchfeld (1278) von Rudolf und den verbündeten Ungarn geschlagen und auf der Flucht getötet. Sein Sohn Wenzel II. behielt Böhmen und Mähren.

Ottonen, Liudolfinger, altsächsisches Adelsgeschlecht, das mit Graf Liudolf eine führende Stellung im Osten Sachsens, mit dessen Söhnen Brun und Otto die sächsische Herzogswürde erlangte. Ottos Sohn wurde 919 König im deutschen Regnum, dem werdenden Heiligen Römischen Reich (Heinrich I.), dessen Sohn, Otto I., 962 Kaiser. Über Otto II., Otto III. und Heinrich II., mit dem sie ausstarben, regierten die Ottonen – auch »sächsische Kaiser« genannt – bis 1024. Ihre Nachfolger wurden die →Salier. – Stammtafel S. 672

Otto von Freising, mittellateinischer Geschichtsschreiber und Bischof, *Neuburg (heute Klosterneuburg) um 1112, †Kloster Morimond (Burgund) 22. 9. 1158; Sohn des Babenberger Markgrafen Leopold III. von Österreich und von Agnes, Tochter Kaiser Heinrichs IV. Nach dem Studium in Paris wurde Otto Zisterzienser im Kloster Morimond, dort 1138 Abt. Kurz darauf berief ihn König Konrad III. zum Bischof von Freising. Auf Bitten seines Neffen Friedrich I. Barbarossa widmete er ihm 1157 seine »Historia de duabus civitatibus«, in der er 1143–46 die Weltgeschichte geschildert sowie theologisch als heilsgeschichtliches Ringen zwischen Welt- und Gottesstaat gedeutet hatte. Er stellte sodann den Aufstieg der Staufer und v.a. Friedrich I. Barbarossas Taten in den »Gesta Friderici I. imperatoris« dar, die sein Sekretär Rahewin 1158 fortsetzte.

ÖVP, Abk. für →Österreichische Volkspartei.

Owen [ˈəʊɪn], Robert, britischer Unternehmer und Sozialreformer, *Newtown (County Powys) 14. 5. 1771, †ebenda 17. 11. 1858. Als Mitbesitzer und Leiter einer Baumwollspinnerei in New Lanark in Schottland versuchte Owen durch Verbesserung der materiellen und sozialen Lage der Fabrikarbeiter Voraussetzungen für eine effektive Produktion zu schaffen. Durch seine Mitwirkung bei

Ottonen. Heiliges Römisches Reich im 10./11. Jh.

der Reform der Fabrikgesetzgebung regte er die ersten britischen Arbeitsschutzgesetze an. Der Kindererziehung maß er besondere Bedeutung bei; seine Siedlung wirkte vorbildhaft mit den darin eingerichteten Schulen. Seine philosophischen Anschauungen stellte er in »A new view of society« (1813–14; »Eine neue Auffassung von der Gesellschaft«) dar. Er entwickelte Vorstellungen über eine umfassende Gesellschaftsreform auf der Basis von Gemeinschaftssiedlungen mit gleichem Anteil aller am Ertrag der Produktionsstätten und versuchte diese 1825–29 in seiner Siedlung »New Harmony« (Indiana, USA) in die Tat umzusetzen. Durch eine rege publizistische Tätigkeit verbreitete er in Großbritannien seine sozialreformerischen Ideen, wobei ihm die Einführung des Begriffs »socialist« zugeschrieben wird. Owen gilt als einer der bedeutendsten britischen Frühsozialisten.

Oxenstierna [schwed. ˈuksənʃæ:rna], Axel Graf Oxenstierna von Södermöre (seit

OTTONEN *Stammtafel (Auswahl)*

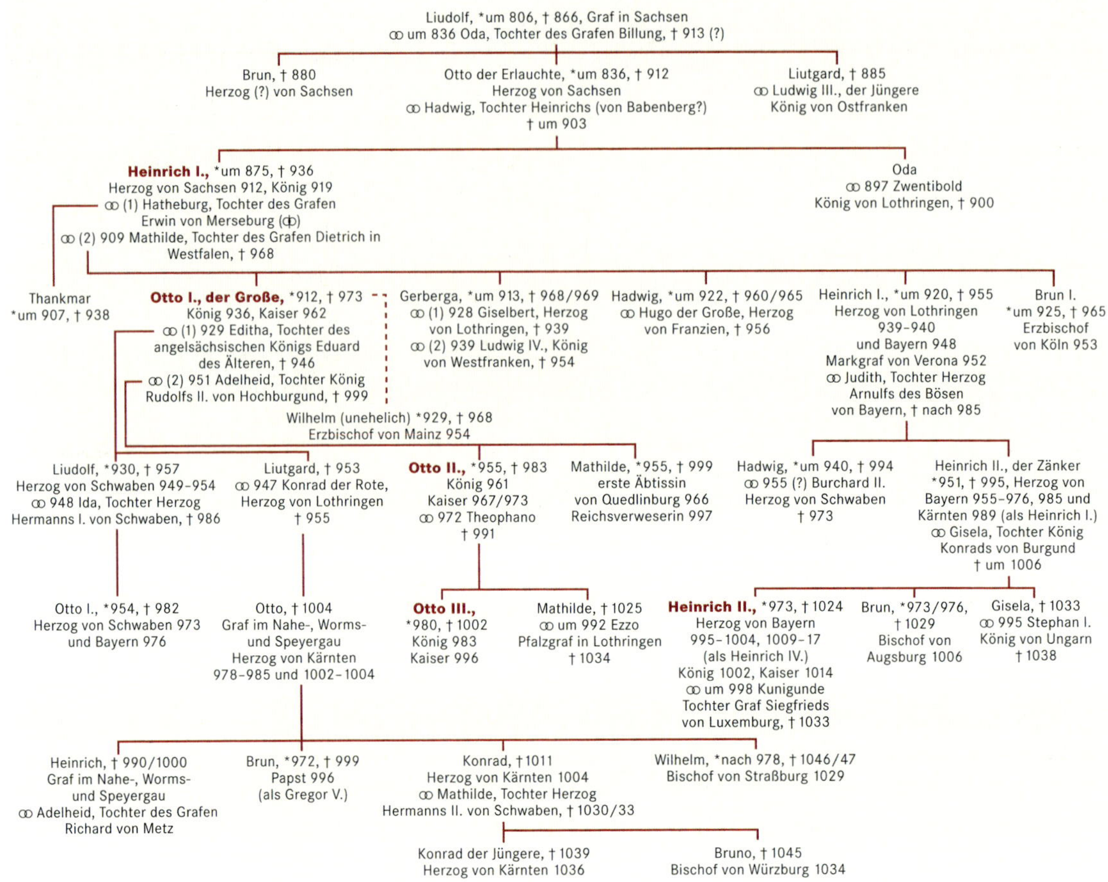

1645), Staatsmann, * Gut Fånö (heute zu Enköping) 26. 6. 1583, † Stockholm 7. 9. 1654; von Gustav II. Adolf 1612 zum Reichskanzler ernannt. Oxenstierna schloss 1613 mit Dänemark den Frieden zu Knäred. Seit 1621 beteiligte er sich an den Feldzügen gegen Polen und wurde 1626 Generalgouverneur von Preußen. 1629 schloss er mit Polen einen Waffenstillstand, der Gustav II. Adolf ungehindert in den Dreißigjährigen Krieg eingreifen ließ. Seit Ende 1631 war Oxenstierna schwedischer Bevollmächtigter am Rhein und leitete nach dem Tod Gustavs II. Adolf (1632) die schwedische Politik in Deutschland. 1633 gelang ihm der Abschluss des Heilbronner Bundes, der sich aber infolge des Sieges der kaiserlichen Truppen bei Nördlingen 1634 wieder auflöste. 1636 kehrte er nach Schweden zurück und wurde Leiter der Vormundschaftsregierung (seit 1632) für die junge Königin Christine. Nach dem Krieg mit Dänemark (1643–45) führte er in Brömsebro mit Erfolg die Friedensverhandlungen.

Oxenstierna bewirkte tief greifende Verbesserungen auf administrativem, wirtschaftlichem, sozialem und kulturellem Gebiet: Die Adelsprivilegien (1612), die Reichstagsordnung (1617), die Ritterhausordnung (1626), das Verwaltungsgesetz (1634) waren größtenteils sein Werk. 1645 wurde er Kanzler der Universität Uppsala.

Paine [peın], **Payne** [peın], Thomas, amerikanischer Publizist und Politiker, *Thetford (County Norfolk, Großbritannien) 29. 1. 1737, †New York 8. 6. 1809; ging mit Benjamin Franklins Unterstützung 1774 nach Philadelphia. Paines wortgewaltige Flugschriften verhalfen dem Gedanken der Unabhängigkeit in den Kolonien zum Durchbruch (»Common sense«, 10. 1. 1776, etwa 500 000 Exemplare). In verschiedenen amtlichen Stellungen und publizistisch beteiligte er sich weiter am Kampf gegen England, kehrte aber 1787 dorthin zurück, um seine Idee einer Eisenbrücke zu verwirklichen. Seine als Erwiderung auf Edmund Burkes »Reflections« zur Rechtfertigung der Französischen Revolution veröffentlichte Schrift »Rights of man« (1791–92), in der er eine rationalistisch-naturrechtliche Staatslehre im Geiste Jean-Jacques Rousseaus leidenschaftlich vortrug, wurde in England unterdrückt. Paine wurde französischer Staatsbürger und Abgeordneter für das Département Pas-de-Calais im Nationalkonvent. Als Girondist 1793 inhaftiert, 1794 wieder freigelassen, begann er seine deistische, gegen wörtliche Bibelauslegung gerichtete Abhandlung »The age of reason« (1794–95) und kehrte 1802 nach Amerika zurück, wo er verarmt und unbeachtet starb.

Pakistan, amtlich Urdu **Islami Jumhuriya-e Pakistan** [-dʒʊm-], deutsch **Islamische Republik Pakistan**, Staat in Asien, der im Südwesten an Iran, im Westen, Nordwesten und Norden an Afghanistan, im Nordosten an China, im Osten an Indien sowie im Süden an Indien und den Indischen Ozean grenzt.

GESCHICHTE: Pakistan entstand am 15. 8. 1947 aus den vorwiegend muslimischen Gebieten Britisch-Indiens als neuer Staat und britisches Dominion. Die 1950er-Jahre waren gekennzeichnet von heftigen Kontroversen zwischen Westpakistan und Ostpakistan, dessen Regionalpartei, die Awami-Liga, für die Loslösung des ostpakistanischen Landesteils von der westpakistanischen Zentralverwaltung eintrat. 1956 trat die erste pakistanische Verfassung in Kraft; Pakistan wurde »islamische Republik«. General (später Feldmarschall) Mohammed Ayub Khan, seit 1958 Ministerpräsident, Staatschef und Verteidigungsminister, begann, gestützt auf die Armee, mit einer Reihe von Reformmaßnahmen, jedoch führte der Druck der Opposition 1969 zu seinem Rücktritt. Bei den ersten freien und direkten Wahlen zur Nationalversammlung 1970 bekam die Pakistanische Volkspartei (PPP) des ehemaligen Außenministers Zulfikar Bhutto die Mehrheit der Stimmen in Westpakistan, während die Awami-Liga Scheich Mujibur Rahmans die Mehrheit der Sitze des Gesamtstaates erreichte und am 26. 3. 1971 die Unabhängigkeit Ostpakistans als Bangladesh durchsetzte. Im Dezember 1971 wurde Bhutto Staatspräsident, 1972 verließ Pakistan das Commonwealth.

1977 übernahm das Militär unter General Mohammed Zia ul-Haq in einem unblutigen Putsch die Macht, Bhutto wurde zum Tode verurteilt und 1979 hingerichtet. Den sowjetischen Einmarsch in das Nachbarland Afghanistan Ende 1979 verurteilte Pakistan scharf. Innenpolitisch verfolgte Zia ul-Haq bei scharfer Unterdrückung aller politischen Gegner einen Kurs der Islamisierung. 1985 wurden das seit 1977 bestehende Kriegsrecht aufgehoben, die Verfassung von 1973 in geänderter Form wieder eingeführt und Parteien zugelassen. 1988 fiel Zia ul-Haq einem Attentat zum Opfer. Die Wahlen 1988 gewann Benazir Bhutto, die die erste Regierungschefin eines islamischen Landes wurde. 1990 entließ Staatspräsident Ghulam Ishaq Khan Benazir Bhutto und löste das Parlament auf. Die Neuwahlen im Oktober 1990 gewann das Parteienbündnis Islamische Demokratische Allianz; neuer Ministerpräsident wurde Mian Nawaz Sharif. 1993 kam es zu einem Konflikt um die Vollmachten des Staatspräsidenten zwischen dem Staats- und dem Ministerpräsidenten, an dessen Ende beide im Juli 1993 zurücktraten. Bei Neuwahlen 1993 siegte Benazir Bhutto, die 1996 wegen Korruption als Ministerpräsidentin entlassen wurde; Nachfolger wurde Nawaz Sharif. 1999 kam es zu einem unblutigen Putsch, bei dem der zuvor aus dem Amt entlassene Generalstabschef Pervez Musharraf Sharif stürzte und selbst die Macht übernahm. Im 2001 nach dem Terroranschlag auf New York und Washington begonnenen Krieg gegen Afghanistan unterstützte Pakistan die USA. Grenzkonflikte um Kaschmir führten bis heute wiederholt zu militärischen Auseinandersetzungen mit Indien.

Palacký ['palatski:], František, tschechischer Historiker und Politiker, *Hodslavice (Nordmähr. Gebiet) 14. 6. 1798, †Prag 26. 5. 1876; war seit 1839 böhmischer Landeshistoriograph, wirkte mit seiner zuerst in deutscher Sprache erschienenen »Geschichte von Böhmen« (1836–67) auf das entstehende tschechische Nationalbewusstsein. An der nationalen Bewegung von 1848 nahm er lebhaft Anteil, lehnte aber die Teilnahme an der Frankfurter Nationalversammlung als Tscheche ab; 1848 leitete er den Slawenkongress in Prag, war Führer der Slawenpartei auf dem Reichstag von Kremsier (1848/49) und seit 1861 Führer der Alttschechen im österreichischen Herrenhaus. Aus Enttäuschung über die österreichische Nationalitätenpolitik wandte er sich dem Panslawismus zu.

Palaiologen, Paläologen, griechisch **Palaiologoi,** letzte Kaiserdynastie im Byzantinischen Reich (1259–1453), begründet von Michael VIII. (1259/61–82). In Sekundogenitur herrschten die Palaiologen im Despotat Morea (oder Mistra) 1382–1460 und erloschen im Mannesstamm 1502. Durch seine Heirat (1472) mit Zoë, der Nichte des letzten Palaiologenkaisers Konstantin XI. (1449–53), begründete Iwan III. Wassiljewitsch von Moskau seinen Anspruch auf das geistige Erbe von Byzanz. Ein Zweig der Palaiologen hatte 1305–1536 die Markgrafschaft Montferrat im Besitz.

Paläolithikum [zu griech. líthos »Stein«] die → Altsteinzeit.

Palästina [»Land der Philister«], seit dem 5. Jh. v. Chr. Bezeichnung für die Philister (»Palaistinoi«) bzw. abgeleitet davon das Gebiet der Philister (»Palaistine«, »Philisterland«). Im griechisch-lateinischen Sprachgebrauch erweiterte sich die Bedeutung schließlich etwa auf das »Land Israel« bzw. das Heilige Land (Gelobtes Land) jüdisch-christlicher Tradition, was ungefähr das Gebiet der heutigen Staaten Israel und Jordanien (außer den Wüstengebieten im Nordosten und Südosten) ist. Maßgebend wurde die römische Provinzbezeichnung Palaestina, die in den Sprachgebrauch des lateinischen Mittelalters überging. Eine kontinuierliche territoriale Begrenzung ist wegen des wechselhaften politischen und ethnographischen Schicksals dieses Gebietes kaum möglich. Als Heiliges Land blieb Palästina religiös-nationaler Bezugspunkt für das Judentum. Konkurrierend dazu erwuchs aufgrund der jeweiligen heiligen Stätten auch ein christlicher und ein islamischer Anspruch auf das Land (besonders auf Jerusalem als »Heilige Stadt«), das so Ziel für Pilger dieser drei Weltreligionen wurde.

GESCHICHTE: Nach dem gescheiterten Aufstand des Bar Kochba gegen die Römer (135 n. Chr.) wurde die römische Provinz Judäa in Syria Palaestina umbenannt, um 300 Palästina insgesamt in »Palaestina prima«, »Palaestina secunda« und »Palaestina tertia (salutaris)« geteilt.

Nach der Teilung des Römischen Reiches (395) gehörte Palästina zum Oströmischen (Byzantinischen) Reich. 614 wurde Palästina durch einen Persereinfall schwer erschüttert, 634 von Kalif Omar erobert und 636 unter arabische Herrschaft gestellt. Durch die Kreuzzüge bildeten sich im 12. Jh. christliche Lehnsstaaten (v. a. das Königreich Jerusalem); nach 1187 entstanden kleinere, von Ägypten abhängige Herrschaften in Damaskus, Gaza, Kerak und Safed. 1516 fiel Palästina an die osmanischen Türken; 1831–40 besetzte Mehmed Ali von Ägypten Palästina. Schon im 16. Jh. waren, angezogen durch die Toleranz und Dynamik des Osmanischen Reiches, zahlreiche jüdische Flüchtlinge nach Palästina gekommen; Anfang des 18. Jh. folgten Zuwanderungen aus osteuropäisch-chassidischen, im 19. Jh. auch aus anderen orthodoxen Kreisen. Ebenfalls im 19. Jh. setzte eine christliche Missionsbewegung ein. Ab 1882 (Pogrome in Russland) begann die verstärkte osteuropäische jüdische Palästina-Besiedlung, die durch den Zionismus zunahm: 1909 wurde Tel Aviv gegründet, 1911 entstanden erste Kibbuzim.

Im Ersten Weltkrieg eroberte Großbritannien im Krieg gegen das Osmanische Reich 1917/18 Palästina; nach dem Zusammenbruch des Osmanischen Reiches (1918) musste dessen Regierung im Frieden von Sèvres (10. 8. 1920) Palästina an Großbritannien abtreten, das sich dieses Gebiet als Mandat des Völkerbundes übertragen ließ. Bereits 1921 unterstellte die britische Regierung den östlich des Jordans gelegenen Teil Palästinas als Emirat Transjordanien der arabischen Dynastie der Haschimiten, das jedoch bis 1946 völkerrechtlich weiterhin Teil des britischen Mandatsgebietes blieb und einem britischen Hochkommissar unterstand.

Es kam zu wachsenden Konflikten zwischen Arabern und Juden, deren Interessen die 1922 gegründete → Jewish Agency for Palestine wahrnahm; diese Konflikte mündeten mit der Forderung nach einem unabhängigen arabischen Staat Palästina in einen – v. a. von der Muslimbruderschaft unterstützten – arabischen Palästinaaufstand (1936–39). Die Londoner Konferenz vom 17. 5. 1939 beschloss die Errichtung eines unabhängigen binationalen Staates innerhalb von zehn Jahren. Dagegen forderte am 11. 5. 1942 eine zionistische Konferenz in New York die Bildung eines jüdischen Staates in Palästina (»Biltmore-Programm«). Gestützt auf ihre militärischen Organisationen trieben die palästinensischen Juden in den 1940er-Jahren die Errichtung eines jüdischen Staates voran; die illegale jüdische Einwanderung wuchs. Schließlich brachte Großbritannien die Palästinafrage vor die UN (2. 4. 1947), deren Vollversammlung am 29. 11. 1947 die Zweiteilung Palästinas in einen jüdischen (14 000 km²) und einen arabischen Staat (11 100 km²) bei wirtschaftlicher Einheit und Internationalisierung Jerusalems empfahl (»Resolution 181 [II]«). Diese Empfehlung – von den Arabern abgelehnt – führte mit Abzug der britischen Truppen und Erlöschen des britischen Mandats (14./15. 5.) zur Ausrufung des Staates Israel am 14. 5. 1948.

Im Ergebnis des 1. israelisch-arabischen Kriegs (»Palästinakrieg«, 1948/49) fiel das nach dem UN-Teilungsplan für den arabischen palästinensischen Staat vorgesehene Gebiet an mehrere Krieg führende Mächte; Israel hatte sein Gebiet beträchtlich erweitert (u. a. um Galiläa und Alt-Jerusalem) und sprach fortan den Palästinensern das Recht auf einen eigenen Staat ab. Im Gegenzug verweigerten die arabischen Staaten Israel das Existenzrecht. Der Gazastreifen kam 1949 unter ägyptische Treuhandverwaltung; Ostpalästina, der östliche, seit 1948 von den Arabern militärisch behauptete Teil des Westjordanlandes (einschließlich des Ostteils Alt-Jerusalems), wurde als »Westjordanien« Jordanien eingegliedert (23. 4. 1950). Auf dem Territorium Ägyptens, Jordaniens, Libanons und Syriens sammelten sich die aus Israel geflüchteten oder vertriebenen Palästinenser; sie wurden von der United Nations Relief and Works Agency for Palestine Refugees (gegründet 1949) betreut.

Der Kampf zwischen Israel und den arabischen Staaten um Palästina eskalierte nach 1948/49 zum →Nahostkonflikt, der zu mehreren kriegerischen Auseinandersetzungen führte. Im Kampf gegen Israel bildeten sich v.a. in den palästinensischen Flüchtlingslagern seit den 1950-er Jahren Guerillaorganisationen, deren Aktivität sich besonders ab 1967 steigerte. Die →Palästinensische Befreiungsorganisation (PLO) wurde 1964 gegründet, Vorsitzender ihres Exekutivrats wurde 1969 Jasir Arafat. Bis heute ist die Palästinafrage eines der brennendsten Probleme der Weltpolitik, dessen Lösung trotz mancher Fortschritte auf dem Weg zu einer palästinensischen Autonomie nicht absehbar ist; auch die Schaffung eines eigenständigen Staates Palästina scheiterte bislang.

Palästinensische Befreiungsorganisation, englisch **Palestine Liberation Organization** ['pæləstaın lıbə'reıʃn ɔ:gənaı'zeıʃn], Abk. **PLO,** 1964 gegründeter politischer und militärischer Dachverband der für einen unabhängigen arabischen Staat →Palästina kämpfenden arabischen Befreiungsbewegungen, seit 1969 von Jasir Arafat geführt, mit Hauptquartier seit 1994 in Gaza. Die PLO umfasst die meisten palästinensischen Guerillaorganisationen; den Kern bildet, seit ihrem Beitritt zur PLO (1968), die Al Fatah. Zu den radikalen Untergruppen gehört die Volksfront für die Befreiung Palästinas (PFLP), die 1967 gegründet wurde. Seit der Gipfelkonferenz der Arabischen Liga in Rabat (26.–30. 10. 1974) von allen arabischen Staaten als einzige rechtmäßige Vertreterin des palästinensischen Volkes anerkannt, seit 1974 bei der Generalversammlung der UN (Beobachterstatus) zugelassen, wurde die PLO 1976 Vollmitglied der Arabischen Liga. Das oberste Organ der PLO ist der Palästinensische Nationalrat (PNC). Die Präambel der PLO-Charta von 1964 schrieb (seit 1968) die Beseitigung des Staates Israel und den Anspruch der Palästinenser auf das gesamte frühere Palästina fest; nach Verzichtserklärung (1993) wurden diese Passagen 1996 gestrichen.

GESCHICHTE: Seit 1948/49 unternahmen palästinensisch-arabische Untergrundkämpfer (»Fedajin«) vom Gazastreifen und vom Westjordanland aus militärische Operationen gegen Israel. Unter Führung von Ahmed Schukeiri konstituierte sich 1964 die PLO. Nach 1967 verlagerte die PLO ihr politisches und militärisches Schwergewicht nach Jordanien, entwickelte sich dort zu einem Staat im Staat und gewann ab 1968 größeres politisches Eigengewicht im →Nahostkonflikt. Kontroversen innerhalb der PLO stellten den Zusammenhalt immer wieder infrage. Nach der Vertreibung aus Jordanien (1970) verlagerte die PLO ihren organisatorischen Schwerpunkt nach Beirut; mit terroristischen Mitteln verschärfte sie ihre Aktivitäten auch über den arabischen Raum hinaus. Nach ihrer Niederlage (1982) verlegte die PLO ihre Stützpunkte aus Beirut in acht arabische Länder und ihren Sitz nach Tunis (bis 1993/94). Ab Ende 1987 an der Spitze der →Intifada stehend, erhielt sie Konkurrenz von der islamistischen Hamas bzw. Djihad Islami. Die Parteinahme für Saddam Husain im 2. Golfkrieg 1991 führte mit dem Ausbleiben finanzieller Zuwendungen v.a. Saudi-Arabiens zur Krise der PLO und zum (nicht unumstrittenen) 1993 beginnenden Ausgleich mit Israel.

Palästinensische Befreiungsorganisation. Dass US-Präsident Bill Clinton Arafat 1999 seine Unterstützung für den Aufbau palästinensischer Staatlichkeit zusagte, werten die Palästinser als Pendant zur Balfour-Deklaration. Trotz Unterstützung seines Volkes gelang Arafat der Abschluss eines Friedensabkommens mit Isarel auch auf dem Nahostgipfel in Camp David (Juli 2000) nicht.

Nach Geheimverhandlungen in Oslo kam es ab August/September 1993 zwischen Israel und der PLO zur gegenseitigen Anerkennung und am 13. 9. 1993 in Washington zur Annahme eines Rahmenplanes zur langfristigen Verwirklichung des Selbstbestimmungsrechtes der Palästinenser (»Gaza-Jericho-Abkommen «). Am 12. 10. 1993 billigte der PLO-Zentralrat mit breiter Mehrheit das Abkommen und ernannte Jasir Arafat zum Vorsitzenden der Palästinensischen (Nationalen) Behörde in Gaza und Jericho. Im Rahmen des Taba-Abkommens von 1995 konnte die PLO/Al-Fatah am 20. 1. 1996 bei den ersten Wahlen zum Palästinensischen (Autonomie- bzw. Legislativ-)Rat in den Autonomiegebieten einen hohen Wahlsieg erringen; gleichzeitig wurde Arafat zum Präsidenten (»Rais«) der Palästinensischen (Autonomie- bzw. Legislativ-)Behörde gewählt. Ab 1999 verstärkten sich zwischen Israel und der PLO Bemühungen um Verhandlungen über den Endstatus. Am 15. 2. 2000 kam es zum Abkommen der PLO mit dem Vatikan über ein international garantiertes Statut für Jerusalem. Anfang Juli 2000 ermächtigte der Zentralrat der PLO-Vorsitzenden Arafat, nach einer Einigung mit Israel über ein Grundsatzabkommen die – 1999 verschobene – Proklamierung eines palästinensischen Staates im Gazastreifen und im Westjordanland vorzunehmen (ab 13. 9. 2000). Diese einseitige Staatsproklamation musste aber sowohl im September als auch im November 2000 wegen fehlender internationaler Unterstützung unterbleiben. Auf dem Nahostgipfel in Camp David (11.–25. 7. 2000) scheiterten trotz der US-amerikanischen Vermittlungsbemühungen die ersten umfassenden Verhandlungen zwischen Israel und der PLO über die endgültige Friedensregelung. Im Zuge der im September 2000 ausgebrochenen »zweiten Intifada« kam es zu Selbstmordanschlägen der Palästinenser, die Israel mit militärischer Gewalt beantwortete; Arafat wurde unter Hausarrest gestellt. Nach Arafats Tod (2004) übernahm Mahmud Abbas die Führung der PLO.

Henry John Temple, 3. Viscount Palmerston

Palmerston [ˈpɑːməstən], Henry John Temple, 3. Viscount (seit 1802), britischer Politiker, *Broadlands (County Hampshire) 20. 10. 1784, †Brocket Hall (County Hertfordshire) 18. 10. 1865; zunächst Tory, dann den Whigs eng verbunden; war 1809–28 Kriegminister. Als Außenminister (1830–34, 1835–41 und 1846–51) und Premierminister (1855–58 und 1859–65) förderte Palmerston die europäischen nationalen und liberalen Bewegungen in den Grenzen der britischen Interessen, so in Belgien (1830/31), Griechenland (1830–32, Überlassung der Ionischen Inseln 1864), Spanien (1834) und Italien (1848/49 und 1859/60). Er setzte sich für die Erhaltung des Gleichgewichts der Großmächte ein, unterstützte daher Österreich und das Osmanische Reich in der Orientkrise 1839/40 und im Krimkrieg 1853/54–56. 1864 setzte er sich vergeblich für Dänemark ein. Palmerstons Innenpolitik (1852–55 Innenminister) war konservativ; er wandte sich v. a. gegen eine Ausweitung des Wahlrechts.

Panamaskandal, Bestechungsaffäre in Frankreich im Zusammenhang mit dem Bau des Panamakanals. Die 1879 gegründete französische Kanalgesellschaft unter Führung von Ferdinand de Lesseps geriet 1888 in eine finanzielle Krise und musste 1889 Konkurs anmelden. 1892/93 beschuldigten französische Nationalisten eine Anzahl von Abgeordneten der Nationalversammlung, wegen der Genehmigung der letzten Prämienanleihen mit Kanalaktien bestochen worden zu sein. Die Regierung Loubet musste zurücktreten. Ein Prozess endete 1897 mit Freispruch aller Angeklagten.

panarabische Bewegung, Panarabismus, politische Bemühungen im arabischen Raum, die arabischen Staaten und ihre Bevölkerung auf der Grundlage eines gemeinsamen, historisch, sprachlich und kulturell begründeten Bekenntnisses zur »Arabischen Nation« zu gemeinsamem Handeln, letztlich zum supranationalen Zusammenschluss zu bewegen. Im Gegensatz zum Panislamismus sucht die panarabische Bewegung auch nichtislamische (z. B. christliche) Kräfte zu integrieren. Als Gesprächs- und Verhandlungsforum entstand 1945 die Arabische Liga.

Im 19. Jh. drangen nationalstaatliche Ideen aus Europa in den arabischen Raum ein und förderten seit etwa 1880 ein gesamtarabisches Bewusstsein, das sich zunächst vornehmlich gegen die Oberherrschaft des Osmanischen Reiches, nach dem Ersten Weltkrieg jedoch v. a. gegen den Imperialismus der europäischen Kolonialmächte wandte. Nach deren Rückzug aus dem Nahen Osten (seit 1945) fanden sich die ideologisch oft sehr unterschiedlichen Kräfte der panarabischen Bewegung im Kampf gegen Israel und für die Errichtung eines palästinensisch-arabischen Staates zusammen (→Nahostkonflikt). Eine der bedeutenden Integrationsfiguren der panarabischen Bewegung war in den 1950er- und 1960er-Jahren der ägyptische Präsident Gamal Abd el-Nasser. Die besonders von ihm geförderte, 1958 in der Vereinigten Arabischen Republik vollzogene Vereinigung von Ägypten und Syrien scheiterte 1961. Nach seinem Tod (1970) suchte sich v. a. der libysche Revolutionsführer Moamar al-Gaddhafi als Förderer der panarabischen Bewegung zu profilieren; der Plan einer Föderation von Ägypten, Syrien und Libyen (1971) konnte ebenso wenig realisiert werden wie ein Zusammenschluss von Libyen mit Tunesien (1974), Syrien (1980) und Marokko (1984). Wichtigstes Ferment der panarabischen Bewegung blieben der Kampf gegen Israel und die Schaffung eines Staates der palästinensischen Araber.

Pankhurst [ˈpæŋkhəːst], Emmeline, geborene Goulden, britische Frauenrechtlerin, *Manchester 14. 7. 1858, †London 14. 6. 1928; gründete 1903 die »Women's Social and Political Union«, die bis 1914 radikalste Organisation der Frauenwahlrechtsbewegung (→Suffragetten), die auf ihrem Höhepunkt etwa 260 000 Anhängerinnen hatte und sich bei der Verfolgung ihrer Ziele auch militanter Mittel bediente. Pankhurst war häufig inhaftiert; ihre

Töchter Christabel Harriette und Estelle Sylvia beteiligten sich an ihrer Arbeit. Bei Ausbruch des Ersten Weltkriegs 1914 stellte Pankhurst ihre Aktionen ein und wandelte die Union in einen militärisch-nationalistischen Verband um. Nach Aufenthalten in den USA und Kanada wurde sie nach ihrer Rückkehr 1926 konservatives Unterhausmitglied.

Panslawismus, wissenschaftlicher Begriff für die Verwandtschaft der slawischen Sprachen, der nach 1830 bald zur politischen Parole der westslawischen Intelligenz für eine allslawische Einigungsbewegung wurde. Der Wunsch nach kultureller »slawischer Wechselseitigkeit« zur Stärkung der kleinen slawischen Völker im germanisch-romanischen Kulturbereich, das Bekenntnis zur Zusammengehörigkeit der Slawen in der Donaumonarchie (→Austroslawismus), der Widerwille gegen die russischen Vormachtansprüche kamen auf dem Prager Slawenkongress 1848 zum Ausdruck.

Von anderer Art war der Panslawismus in Russland. Dort spielte die Glaubensgemeinschaft der orthodoxen Kirche eine wesentliche Rolle. Das Zarenreich war schon im 17. Jh. als Schutzmacht der slawischen Balkanvölker angerufen worden, und der Volkstumsgedanke der Slawophilen führte zur Idee eines Zusammenschlusses aller slawischen Völker unter russischer Führung. In Russland wurde der Panslawismus vor dem Ausbruch des Russisch-Türkischen Krieges 1876/77 vorübergehend eine bestimmende Macht der öffentlichen Meinung, in den 1880er-Jahren wurde er jedoch vom »Panrussismus« abgelöst.

Eine neue, nationaldemokratische Wendung setzte mit der russischen Revolution von 1905 ein (Neopanslawismus, Slawenkongresse 1908–10). Im Ersten Weltkrieg war der Panslawismus besonders wirksam bei Tschechen und Serben (großserbischer Gedanke). Infolge der erbitterten Feindschaft der slawischen Völker untereinander (Polen und Ukrainer, Tschechen und Slowaken, Serben und Kroaten) verlor der Panslawismus nach dem Ersten Weltkrieg seine Wirksamkeit. Im Zweiten Weltkrieg lebte er in der »Slawischen Solidarität« gegen Adolf Hitler von neuem auf. Das »Slawische Komitee« in Moskau (gegründet 1941) bemühte sich, den Panslawismus wach zu halten, aber die nationalen Gegensätze der slawischen Völker waren zu stark, wie sich auf dem Slawenkongress in Belgrad (1946) zeigte.

Panthersprung nach Agadir, zeitgenössische Bezeichnung für die symbolische Zurschaustellung militärischer Macht seitens der deutschen Regierung durch die Abordnung des Kanonenboots »Panther« nach Agadir (1. 7. 1911), die mit dem von deutschen Handelshäusern erbetenen Schutz ihrer Interessen nach der französischen Besetzung von Fès und Rabat begründet wurde. Die hierdurch ausgelöste 2. Marokkokrise konnte zwar beigelegt werden, doch geriet das Deutsche Reich auf diplomatischer Ebene zunehmend in Isolation.

Emmeline Pankhurst. Die Forderung nach dem Frauenstimmrecht war ein zentrales Ziel der Frauenbewegung, deren radikale Aktivistinnen in Großbritannien Suffragetten genannt wurden. Emmeline Pankhurst wurde achtmal wegen Vergehens gegen die öffentliche Ordnung, Brandstiftung und anderer Taten zu Gefängnisstrafen verurteilt.

Papadopulos, Georgios, griechischer Offizier und Politiker, *Eleochorion (Arkadien) 5. 5. 1919, †Athen 27. 6. 1999; war in verschiedenen militärisch-politischen Funktionen tätig und beteiligte sich führend an der Vorbereitung und Durchführung des Militärputsches vom 21. 4. 1967. Die konservative Offiziersgruppe um Papadopulos errichtete ein diktatorisches Regierungssystem. Von Dezember 1967 bis Oktober 1973 war Papadopulos Ministerpräsident und Verteidigungsminister. Mit der Verfassung von 1968 suchte er die diktatorische Herrschaftsordnung zu festigen. Am 1. 6. 1973 proklamierte er die Republik und ließ sich zum Staatspräsidenten wählen. Im November 1973 wurde er jedoch von einer rivalisierenden Offiziersgruppe durch einen Putsch gestürzt. Nach dem Zusammenbruch der Militärdiktatur (1974) wurde Papadopulos im August 1975 wegen Hochverrats in einem Strafverfahren zum Tode verurteilt, später jedoch zu lebenslänglicher Haft begnadigt.

Papandreu, Andreas, griechischer Politiker, *auf Chios 5. 2. 1919, †Athen 23. 6. 1996; studierte Jura und Volkswirtschaft; opponierte gegen die Militärdiktatur unter Ioannis Metaxas; emigrierte 1940 in die USA, wo er 1946–59 an verschiedenen Hochschulen Wirtschaftswissenschaften lehrte; kehrte 1960 nach Griechenland zurück. 1965 war Papandreu Minister für wirtschaftliche Koordination. Nach Errichtung der Militärdiktatur (21. 4. 1967) war er zeitweilig in Haft. Im Zuge der Wiederherstellung einer demokratischen Ordnung in Griechenland (seit 1974) gründete er die »Panhellenische Sozialistische Bewegung« (PASOK). Im Zeichen eines angekündigten »großen Wandels« setzte Papandreu als Ministerpräsident (1981–89 und 1993–96) innenpolitisch einige Reformen durch. Seine Politik gegenüber der NATO und der EG blieb – trotz Vorbehalten – in den Bahnen seiner Vorgänger.

Franz von Papen

Papen, Franz von, deutscher Politiker, *Werl 29. 10. 1879, †Obersasbach (heute zu Sasbach, Ortenaukreis) 2. 5. 1969; Offizier, 1918 Stabschef der türkischen 4. Armee in Palästina; war 1920–28 und 1930–32 Mitglied des Landtags von Preußen. Reichspräsident Paul von Hindenburg ernannte Papen am 1. 6. 1932 zum Reichskanzler. Gestützt auf das Notverordnungsrecht des Reichspräsidenten, regierten Papen und sein »Kabinett der Barone« weitgehend unabhängig vom Reichstag, der ihm am 12. 9. das Misstrauen aussprach. Es hob das von der Regierung Brüning verfügte Verbot der SA auf (16. 6.). Am 20. 7. beseitigte Papen in einem staatsstreichartigen Akt die preußische Regierung unter Otto Braun (SPD) und übernahm als Reichskommissar die Macht in Preußen (»Preußenschlag«). Nachdem ihm weder nach der Reichstagswahl vom 31. 7. noch nach der vom 6. 11. 1932 die Bildung einer von der Parlamentsmehrheit getragenen Regierung möglich gewesen war und der Reichspräsident ihm keine diktatorischen Vollmachten eingeräumt hatte, trat Papen am 3. 12. 1932 zurück. Auf der Konferenz von Lausanne (16. 6.–9. 7. 1932) konnte er das Ende der deutschen Reparationsleistungen durchsetzen.

Nach dem Sondierungstreffen vom 4. 1. 1933 trug Papen maßgeblich zum Sturz seines Amtsnachfolgers Kurt von Schleicher bei und ebnete Adolf Hitler den Weg zur Macht, in dessen Regierung er am 30. 1. 1933 als Vizekanzler und Reichskommissar für Preußen eintrat. Nachdem sein Versuch, Hitler in der Regierungsverantwortung zu »zähmen«, gescheitert war, trat er am 30. 7. 1933 zurück. Als Gesandter (1934–36) und Botschafter (1936–38) in Wien schirmte er diplomatisch Hitlers Politik gegenüber Österreich ab. 1939–44 war er Botschafter in Ankara. 1946 wurde er im Nürnberger Prozess freigesprochen, jedoch im Spruchkammerverfahren 1947 zu acht Jahren Arbeitslager verurteilt (1949 entlassen).

Gottfried Graf zu Pappenheim

Pappenheim, Gottfried Graf zu, Reitergeneral und kaiserlicher Feldmarschall (seit 1630) des Dreißigjährigen Krieges, *Treuchtlingen 29. 5. 1594, †Leipzig 17. 11. 1632; kämpfte 1620 am Weißen Berg, 1623–25 in der Lombardei, warf 1626 den oberösterreichischen Bauernaufstand nieder, half Johann von Tilly im Niedersächsisch-Dänischen Krieg und hatte 1631 Anteil an der Erstürmung Magdeburgs ebenso wie an Tillys Niederlage bei Breitenfeld. 1632 unterstützte er Albrecht von Wallenstein bei der Eroberung Leipzigs; bei Lützen (16. 11. 1632) wurde Pappenheim tödlich verwundet.

Papsttum, Amt und Institution des Oberhauptes der römisch-katholischen Kirche.

GESCHICHTE: Nach den Zeugnissen des N.T. kam Petrus unter den Jüngern Jesu wie auch in der »Urgemeinde« nach Jesu Tod eine herausragende Rolle zu. Sein Aufenthalt in Rom, wo bereits eine Christengemeinde mit kollegialer Leitung bestand, und sein (historisch nicht nachweisbarer) Märtyrertod ließen seit Ende des 2. Jh. die Tradition entstehen, dass der Bischof von Rom Nachfolger des Petrus sei und ihm innerhalb der Gesamtkirche besondere Bedeutung zukomme. Diese Überlieferung sowie die politische und kulturelle Bedeutung Roms als Hauptstadt des Römischen Reiches verhalfen der römischen Kirche zu Ansehen und verschafften ihr allmählich eine Vorrangstellung.

Nach der konstantinischen Wende im 4. Jh. und mehr noch nach Verlegung der kaiserlichen Residenz von Rom nach Byzanz (Konstantinopel) erhöhte sich die Stellung des Bischofs von Rom, zumal ihm seither auch weltliche Aufgaben zufielen. Von dem Zeitpunkt an erhoben die Bischöfe von Rom immer deutlicher Anspruch auf den Jurisdiktionsprimat über die gesamte Kirche und den Universalepiskopat über alle Bischöfe. Während der Zeit der Völkerwanderung (5./6. Jh.) wuchs neben der geistlichen auch die politische Autorität des Papsttums.

Für die Beziehungen zwischen Kirche und Staat wurde in der Folge die von Gelasius I. (492–496) formulierte Zweigewaltenlehre richtungweisend, die dem Papst die oberste geistliche und dem Kaiser die höchste weltliche Gewalt zuteilte. Von entscheidender Bedeutung für die Erlangung der im Mittelalter überragenden machtpolitischen Stellung des Papsttums waren die Annahme des römisch-katholischen Christentums durch den Merowingerkönig Chlodwig I. (496) und die Franken, die Einführung der zentralen Verwaltung des päpstlichen Grundbesitzes (Patrimonium Petri) durch Gregor I., das Entstehen des →Kirchenstaates und das politische Bündnis mit dem Fränkischen Reich. Hieran anknüpfend, diente die Kaiserkrönung Karls des Großen durch Leo III. Weihnachten 800 in Rom den Päpsten im 11./12. Jh. als Beweis für die These, der Papst habe das Kaisertum von den Byzantinern auf die Franken und danach auf die Deutschen übertragen (Translatio imperii). Umgekehrt beriefen sich manche Kaiser bei ihren Auseinandersetzungen mit dem Papsttum auf die ihnen von früheren Päpsten zugewiesene Funktion des Schutzherrn der Kirche (Patricius Romanorum).

Im 10. Jh. wurde das Papsttum, das zu einem begehrten Objekt römischer Adelsgeschlechter geworden war (Saeculum obscurum), durch König Otto I., den Großen, und das ottonisch-salische Reichskirchensystem einerseits wieder aufgewertet, andererseits gerieten Papst und Bischöfe dadurch in weit reichende Abhängigkeiten von weltlichen Regenten. Die zur selben Zeit von der Benediktinerabtei Cluny ausgehende →kluniazensische Reform weitete sich zu einer gesamtkirchlichen Bewegung, die sich unter Leo IX. (1049–54) ausbreitete, aber erst unter Gregor VII. die ganze abendländische Kirche erfasste. Bei päpstlichen Generalkonzilen, die die ökumenischen Konzile des ersten Jahrtausends ablösten, und römischen Synoden galt der Kampf hauptsächlich der Simonie (Verleihung geistlichen Ämter gegen Geld) und Priesterehe sowie der Laieninvestitur (Einsetzung in das geistliche Amt durch den König). Der den Kampf zwischen dem König des Heiligen Römischen Reichs und dem Papst prägende →Investiturstreit erreichte in der Bannung König Heinrichs IV. durch Papst Gregor VII. (1076) seine schärfste Zuspitzung, die den Machtfaktor des Papsttums (→Dictatus Papae) deutlich werden ließ.

Das Verhältnis zwischen der durch das Papsttum repräsentierten lateinischen Kirche und der griechischen byzantinischen Reichskirche war vor dem Hintergrund der z.T. auf kirchenrechtlichen Fälschungen (Konstantinische Schenkung, Pseudoisidorische Fälschungen) gestützten Ansprüche einiger Päpste auf den Jurisdiktionsprimat in der Gesamtkirche seit dem 5. Jh. durch eine zunehmende Entfremdung gekennzeichnet. Deren Ausdruck waren besonders die Absetzungen der Patriarchen von Konstantinopel Akakios durch Papst Felix II. (484), Photios durch Nikolaus I. (863) und Michael Kerullarios, die 1054 zum Morgenländischen Schisma führten.

Seit dem 12. Jh. bauten die Päpste die päpstlichen Institutionen systematisch als oberste Verwaltungsbehörden (römische Kurie) und oberste kirchliche Gerichtsbehörde (Inquisition) aus. Das Papsttum des 12. und 13. Jh. ist gekennzeichnet durch die Bekämpfung der häretischen Bewegungen im Westen (Katharer, Waldenser) und die Kreuzzüge mit dem Ziel der Rückeroberung an den Islam verlorener Territorien (besonders in Palästina), besonders aber durch seine Konflikte mit den Staufern Friedrich I. Barbarossa und Friedrich II. Diese führten allerdings sowohl zur Schwächung des Kaisertums wie des

PAPSTTUM | ***Avignonesisches Exil***

Der monumentale, festungs- und klosterartige Papstpalast in Avignon zeugt bis heute von der Verlagerung der Residenz des Papstes von Rom in die südfranzösische Stadt im 14./15. Jahrhundert. Die Grundlage dafür bildete ein Machtkonflikt (1302/03) zwischen Papst Bonifatius VIII. und König Philipp IV., dem Schönen, von Frankreich; Bonifatius hatte 1302 in seiner Bulle »Unam sanctam« in nicht zu überbietender Schärfe den Machtanspruch des Papsttums in geistlichen wie in weltlichen Angelegenheiten verkündet und die Exkommunikation des französischen Königs beschlossen. Bevor diese öffentlich verkündet werden konnte, wurde er jedoch am 7. 9. 1303 von Wilhelm von Nogaret, einem engen Vertrauten Philipps, und dessen Gefolge in seiner Sommerresidenz Anagni überfallen und festgesetzt. Er wurde zwar wieder befreit, starb aber wenige Tage später.

Sein Nachfolger Benedikt XI. setzte auf eine Verhandlungslösung, und als 1305 mit Klemens V. ein Franzose in Lyon zum Papst gekrönt wurde, war der Konflikt zugunsten der französischen Krone entschieden. Der neue Papst verlegte 1309 auch aufgrund der damals unsicheren italienischen Verhältnisse seine Residenz nach Avignon. Somit begab sich die Kurie in den Machtbereich der französischen Krone, und das »babylonische Exil« der Kirche hatte begonnen, in dessen Verlauf der von 1334 bis 1364 erbaute Papstpalast und sein (heute abgetragener) Vorgängerbau von 1316 bis 1367 ständig und von 1370 bis 1403 mit Unterbrechungen als Residenz diente. Das avignonesische Exil war erst beendet, als Papst Gregor XI. die Kurie 1376 wieder endgültig nach Rom verlegte.

PAPSTTUM

Petrus † 64/67 (?)
Linus 67–76 (?)
Anaklet I. 76–88 (?)
Klemens I. 90/92–101 (?)
Evaristus 97–105 (?)
Alexander I. 105–115 (?)
Sixtus I. 115–125 (?)
Telesphorus 125–136 (?)
Hyginus 136–140 (?)
Pius I. 140–154/155 (?)
Anicetus 154/155–166 (?)
Soter 166–174 (?)
Eleutherus 174–189 (?)
Viktor I. 189–198 (?)
Zephyrinus 199–217 (?)
Kalixt I. 217–222
Hippolyt 217–235
Urban I. 222–230
Pontianus 230–235
Anteros 235–236
Fabianus 236–250
Cornelius 251–253
Novatian 251–258 (?)
Lucius I. 253–254
Stephan I. 254–257
Sixtus II. 257–258
Dionysius 259/260–267/268 (?)
Felix I. 268/269–273/274 (?)
Eutychianus 274/275–282 (?)
Cajus 282/283–296
Marcellinus 296–304
Marcellus I. 307–308 (?)
Eusebius 309/310
Miltiades 311–314 (?)
Silvester I. 314–335
Markus 336
Julius I. 337–352
Liberius 352–366
Felix (II.) 355–365
Damasus I. 366–384
Ursinus 366–367
Siricius 384–399
Anastasius I. 399–401
Innozenz I. 402–417
Zosimus 417–418
Bonifatius I. 418–422
Eulalius († 423) 418–419
Cölestin I. 422–432
Sixtus III. 432–440
Leo I. 440–461
Hilarus 461–468
Simplicius 468–483
Felix II. 483–492
Gelasius I. 492–496
Anastasius II. 496–498
Symmachus 498–514
Laurentius 498–506
Hormisdas 514–523
Johannes I. 523–526
Felix III. 526–530
Bonifatius II. 530–532
Dioskur 530
Johannes II. 533–535
Agapet I. 535–536
Silverius 536–537

Vigilius 537–555
Pelagius I. 556–561
Johannes III. 561–574
Benedikt I. 575–579
Pelagius II. 579–590
Gregor I. 590–604
Sabinianus 604–606
Bonifatius III. 607
Bonifatius IV. 608–615
Deusdedit (Adeodatus I.) 615–618
Bonifatius V. 619–625
Honorius I. 625–638
Severinus 640
Johannes IV. 640–642
Theodor I. 642–649
Martin I. († 655) 649–653
Eugen I. 654–657
Vitalian 657–672
Adeodatus II. 672–676
Donus 676–678
Agatho 678–681
Leo II. 682–683
Benedikt II. 684–685
Johannes V. 685–686
Konon 686–687
Theodor 687
Paschalis († 692?) 687
Sergius I. 687–701
Johannes VI. 701–705
Johannes VII. 705–707
Sisinnius 708
Konstantin I. 708–715
Gregor II. 715–731
Gregor III. 731–741
Zacharias 741–752
Stephan (II.) 752
Stephan II. 752–757
Paul I. 757–767
Konstantin II. 767–768
Philippus 768
Stephan III. 768–772
Hadrian I. 772–795
Leo III. 795–816
Stephan IV. 816–817
Paschalis I. 817–824
Eugen II. 824–827
Valentin 827
Gregor IV. 827–844
Johannes (VIII.) 844
Sergius II. 844–847
Leo IV. 847–855
Benedikt III. 855–858
Anastasius (III.) († 879) 855
Nikolaus I. 858–867
Hadrian II. 867–872
Johannes VIII. 872–882
Marinus I. 882–884
Hadrian III. 884–885
Stephan V. 885–891
Formosus 891–896
Bonifatius VI. 896
Stephan VI. 896–897
Romanus 897
Theodor II. 897
Johannes IX. 898–900

Benedikt IV. 900–903
Leo V. († 904) 903
Christophorus 903–904
Sergius III. 904–911
Anastasius III. 911–913
Lando 913–914
Johannes X. 914–928
Leo VI. 928
Stephan VII. 928–931
Johannes XI. 931–935/36
Leo VII. 936–939
Stephan VIII. 939–942
Marinus II. 942–946
Agapet II. 946–955
Johannes XII. 955–964
Leo VIII. 963–965
Benedikt V. († 966) 964
Johannes XIII. 965–972
Benedikt VI. 973–974
Bonifatius VII. 974, 984–985
Benedikt VII. 974–983
Johannes XIV. 983–984
Johannes XV. 985–996
Gregor V. 996–999
Johannes XVI. († 1001) 997–998
Silvester II. 999–1003
Johannes XVII. 1003
Johannes XVIII. 1003–1009
Sergius IV. 1009–1012
Benedikt VIII. 1012–1024
Gregor (VI.) 1012
Johannes XIX. 1024–1032
Benedikt IX. († 1055/56) 1032–1045, 1047–1048
Silvester III. 1045–1046
Gregor VI. († 1047) 1045–1046
Klemens II. 1046–1047
Damasus II. 1048
Leo IX. 1049–1054
Viktor II. 1055–1057
Stephan IX. 1057–1058
Benedikt X. 1058–1059
Nikolaus II. 1058–1061
Alexander II. 1061–1073
Honorius (II.) († 1072?) 1061–1064
Gregor VII. 1073–1085
Klemens (III.) 1080–1100
Viktor III. 1086–1087
Urban II. 1088–1099
Paschalis II. 1099–1118
Theoderich († 1102) 1100
Albert 1101
Silvester (IV.) 1105–1111
Gelasius II. 1118–1119
Gregor (VIII.) († 1137) 1118–1121
Kalixt II. 1119–1124
Honorius II. 1124–1130
Cölestin (II.) († vor 1127) 1124
Innozenz II. 1130–1143
Anaklet II. 1130–1138
Viktor (IV.) 1138
Cölestin II. 1143–1144
Lucius II. 1144–1145
Eugen III. 1145–1153

Anastasius IV. 1153–1154
Hadrian IV. 1154–1159
Alexander III. 1159–1181
Viktor (IV.) 1159–1164
Paschalis (III.) 1164–1168
Kalixt (III.) 1168–1178
Innozenz (III.) 1179–1180
Lucius III. 1181–1185
Urban III. 1185–1187
Gregor VIII. 1187
Klemens III. 1187–1191
Cölestin III. 1191–1198
Innozenz III. 1198–1216
Honorius III. 1216–1227
Gregor IX. 1227–1241
Cölestin IV. 1241
Innozenz IV. 1243–1254
Alexander IV. 1254–1261
Urban IV. 1261–1264
Klemens IV. 1265–1268
Gregor X. 1271–1276
Innozenz V. 1276
Hadrian V. 1276
Johannes XXI. 1276–1277
Nikolaus III. 1277–1280
Martin IV. 1281–1285
Honorius IV. 1285–1287
Nikolaus IV. 1288–1292
Cölestin V. († 1296) 1294
Bonifatius VIII. 1294–1303
Benedikt XI. 1303–1304
Klemens V. 1305–1314
Johannes XXII. 1316–1334
Nikolaus (V.) († 1333) 1328–1330
Benedikt XII. 1334–1342
Klemens VI. 1342–1352
Innozenz VI. 1352–1362
Urban V. 1362–1370
Gregor XI. 1370–1378
Urban VI. 1378–1389
Klemens (VII.) 1378–1394
Bonifatius IX. 1389–1404
Benedikt (XIII.) 1394–1423
Innozenz VII. 1404–1406
Gregor XII. († 1417) 1406–1415
Alexander V. 1409–1410
Johannes (XXIII.) († 1419) 1410–1415
Martin V. 1417–1431
Klemens (VIII.) († 1446) 1423–1429
Benedikt (XIV.) 1425–1430
Eugen IV. 1431–1447
Felix V. († 1451) 1439/40–1449
Nikolaus V. 1447–1455
Kalixt III. 1455–1458
Pius II. 1458–1464
Paul II. 1464–1471
Sixtus IV. 1471–1484
Innozenz VIII. 1484–1492
Alexander VI. 1492–1503
Pius III. 1503
Julius II. 1503–1513
Leo X. 1513–1521
Hadrian VI. 1522–1523
Klemens VII. 1523–1534

PAPSTTUM *(Fortsetzung)*

Paul III. 1534-1549	Leo XI. 1605	Innozenz XIII. 1721-1724	Leo XIII. 1878-1903
Julius III. 1550-1555	Paul V. 1605-1621	Benedikt XIII. 1724-1730	Pius X. 1903-1914
Marcellus II. 1555	Gregor XV. 1621-1623	Klemens XII. 1730-1740	Benedikt XV. 1914-1922
Paul IV. 1555-1559	Urban VIII. 1623-1644	Benedikt XIV. 1740-1758	Pius XI. 1922-1939
Pius IV. 1559-1565	Innozenz X. 1644-1655	Klemens XIII. 1758-1769	Pius XII. 1939-1958
Pius V. 1566-1572	Alexander VII. 1655-1667	Klemens XIV. 1769-1774	Johannes XXIII. . . . 1958-1963
Gregor XIII. 1572-1585	Klemens IX. 1667-1669	Pius VI. 1775-1799	Paul VI. 1963-1978
Sixtus V. 1585-1590	Klemens X. 1670-1676	Pius VII. 1800-1823	Johannes Paul I. 1978
Urban VII. 1590	Innozenz XI. 1676-1689	Leo XII. 1823-1829	Johannes Paul II. . . 1978-2005
Gregor XIV. 1590-1591	Alexander VIII. . . . 1689-1691	Pius VIII. 1829-1830	Benedikt XVI. . . . . . seit 2005
Innozenz IX. 1591	Innozenz XII. 1691-1700	Gregor XVI. 1831-1846	
Klemens VIII. 1592-1605	Klemens XI. 1700-1721	Pius IX. 1846-1878	

Ungewisse oder umstrittene Daten sind mit Fragezeichen versehen. Die Namen der im Annuario Pontificio als Gegenpäpste genannten Päpste sind eingerückt. Ordnungszahlen sind eingeklammert, wenn die Zählung der als rechtmäßig geltenden Päpste die so gekennzeichneten nicht berücksichtigte. Sterbejahre sind nicht angegeben, wenn sie mit dem letzten Regierungsjahr übereinstimmen oder unbekannt sind.

Papsttums und hatten in ihrem Ergebnis die weitgehende Abhängigkeit des Papsttums vom französischen Königtum zur Folge. Gegenüber dem von Bonifatius VIII. in der Bulle »Unam sanctam« (1302) uneingeschränkt beanspruchten Vorrang der geistlichen vor der weltlichen Gewalt demonstrierte Philipp IV. die völlige Autonomie des Staates und setzte durch, dass Klemens V. 1309 die päpstliche Residenz von Rom nach Avignon verlegte. Das bis 1376 dauernde »Exil« der Päpste in Frankreich zeichnete sich aus durch ausgeklügelte Finanzwirtschaft (Benefizienverleihung), üppiges Mäzenatentum und politisch beeinflusste Papstwahlen.

Obwohl Rom 1376/77 wieder Sitz des Papstes geworden war, dauerte die avignonesische Linie fort, sodass seit 1378 zwei Päpste miteinander um die Rechtmäßigkeit rivalisierten. Das so entstandene →Abendländische Schisma (seit 1409 mit drei konkurrierenden Päpsten) wurde erst 1417 mit der Wahl Martins V. durch das Konzil von Konstanz beendet. Das 14. und 15. Jh. standen im Zeichen zahlreicher innerkirchlicher Reformbestrebungen, die jedoch nicht zur Überwindung der Krise des Papsttums führten. Deren schwerwiegendste Folge war das Auseinanderbrechen der abendländischen Kircheneinheit im Gefolge der →Reformation. Erst das in Abgrenzung zu den Positionen der Reformation durchgeführte Konzil von Trient (Tridentinum) hatte eine innere Erneuerung des Papsttums zur Folge (→Gegenreformation).

Unter dem Pontifikat Sixtus' V. begann der Ausbau der römischen Kurie zum zentralen Verwaltungsorgan der Gesamtkirche, mittels dessen die Kirche v. a. im 17. und 18. Jh. im Sinne eines strikten päpstlichen Zentralismus und Absolutismus geleitet wurde. Die kirchlichen Auseinandersetzungen des ausgehenden 18. und des 19. Jh. hatten vonseiten des Papsttums drei Zielrichtungen: politisch gegen den Liberalismus; kirchenpolitisch gegen verschiedene nationalkirchlichen Bestrebungen (Gallikanismus, Febronianismus, Josephinismus); theologisch gegen den Modernismus. Innerkirchlich wurden die Neuscholastik und der Ultramontanismus bestimmend. Die papalistische Bewegung erlebte ihren Höhepunkt beim 1. Vatikanischen Konzil (1869–70) mit der Dogmatisierung von Jurisdiktionsprimat und Unfehlbarkeit des Papstes, musste jedoch 1870 mit dem Verlust des Kirchenstaates auch eine große Niederlage hinnehmen. Den sozialen Problemen des Industriezeitalters wandte sich als Erster Leo XIII. mit der Enzyklika Rerum novarum (1891) zu.

Bedeutende Ereignisse der Geschichte des Papsttums im 20. Jh. waren die Bildung des souveränen Staates der Vatikanstadt (1929; →Lateranverträge) und die Einberufung des 2. Vatikanischen Konzils (→Vatikanische Konzile) durch Johannes XXIII. An Geist und Positionen des 2. Vatikanischen Konzils haben alle Nachfolger Johannes' XXIII. festgehalten. Das Pontifikat Johannes Pauls II. war einerseits durch die Betonung der päpstlichen Autorität und des »römischen Zentralismus« gekennzeichnet, worin verschiedene Seiten inner- und außerhalb der katholischen Kirche das durch das 2. Vatikanische Konzil Erreichte in Teilen zumindest gefährdet sahen, andererseits jedoch, besonders in Verbindung mit der Ausrufung des Jahres 2000 zum heiligen Jahr, von dem Wunsch nach einer neuen Qualität der ökumenischen Gemeinschaft der christlichen Kirchen getragen.

Pariser Bluthochzeit, die →Bartholomäusnacht.

Pariser Frieden, Frieden von Paris, Vertrag von Paris, Bezeichnung für Friedensschlüsse und Verträge, die in Paris unterzeichnet wurden:

1. Pariser Frieden vom 10. 2. 1763, zur Beendigung des →Siebenjährigen Krieges, abgeschlossen zwischen Großbritannien und Portugal einerseits sowie Frankreich und Spanien

andererseits: Frankreich trat Kanada, einige Inseln der Kleinen Antillen und das Mündungsgebiet des Senegal an Großbritannien ab und erhielt von diesem die Inseln Saint-Pierre und Miquelon; Spanien trat Florida und seine Gebiete westlich des Mississippi an Großbritannien ab.

2. Pariser Frieden vom 3. 9. 1783 zwischen den USA und Großbritannien, Vertrag zur Beendigung des →Amerikanischen Unabhängigkeitskrieges, in dem Großbritannien die Unabhängigkeit der 13 Vereinigten Staaten von Amerika anerkannte.

3. Pariser Frieden vom 30. 5. 1814 und 2. Pariser Frieden vom 20. 11. 1815, zur Beendigung der →Befreiungskriege, abgeschlossen zwischen Großbritannien, Österreich, Preußen und Russland einerseits und Frankreich andererseits: Im 1. Pariser Frieden wurde Frankreich auf die Grenzen vom 1. 1. 1792 beschränkt, im 2. Pariser Frieden erhielt es nur eine Zusicherung für die Grenzen des Jahres 1790.

Pariser Konferenzen. Blick in den Sitzungssaal des Palais du Luxembourg während der Außenministerkonferenz in Paris 1946

4. Pariser Frieden vom 30. 3. 1856, beendete den →Krimkrieg.

5. Pariser Frieden vom 10. 12. 1898, beendete den →Spanisch-Amerikanischen Krieg.

6. Pariser Friedensverträge 1919/20, beendeten den Ersten Weltkrieg, →Pariser Vorortverträge.

7. Pariser Friedensverträge, nach der Pariser Friedenskonferenz (»Konferenz der 21 Nationen«; 29. 7.–15. 10. 1946) abgeschlossen am 10. 2. 1947 zwischen den Mächten der Anti-Hitler-Koalition sowie den ehemaligen Kriegsverbündeten Deutschlands im Zweiten Weltkrieg (Bulgarien, Finnland, Italien, Rumänien, Ungarn). Die Großmächte respektierten gegenseitig ihre Einflusssphären, legten u. a. Reparationsleistungen sowie Entmilitarisierungsbestimmungen fest und trafen v. a. folgende Gebietsregelungen zur Wiederherstellung der Vorkriegsgrenzen bzw. zur Bestätigung von Abtretungen in der Endphase des Krieges: Italien verlor Istrien, die Adriainseln sowie Fiume und Rijeka an Jugoslawien, den Dodekanes an Griechenland; Ungarn musste – bei Annullierung der beiden Wiener Schiedssprüche – Nordsiebenbürgen an Rumänien, den Großteil der Batschka an Jugoslawien sowie drei Dörfer an die Slowakei abtreten und erhielt die Zusage, dass die ungarische Minderheit nicht aus der Slowakei vertrieben werde. Bulgarien behielt die Süddobrudscha, musste aber das eroberte Vardar-Makedonien, Südostserbien und Westthrakien wieder abtreten; Rumänien verlor Bessarabien und die Nordbukowina wieder an die UdSSR, die außerdem von Finnland erneut Karelien sowie zusätzlich die Provinz Petsamo erhielt.

8. Pariser Frieden vom 14. 12. 1995, die aus dem Abkommen von Dayton resultierende Friedensregelung in Bosnien und Herzegowina.

Pariser Kommune, →Kommune.

Pariser Konferenzen, Bezeichnung für verschiedene Konferenzen, die in Paris stattfanden:

1. Pariser Entente-Konferenz (24.–29. 1. 1921), forderte in den »Pariser Beschlüssen« deutsche Reparationen in Höhe von insgesamt 269 Milliarden Goldmark. Nachdem das Deutsche Reich diese Forderungen abgelehnt hatte, stellten ihm die Ententemächte das →Londoner Ultimatum.

2. Pariser Sachverständigenkonferenz (11. 2.–7. 6. 1929), eine Konferenz von Vertretern Belgiens, Frankreichs, Großbritanniens, Italiens und Japans einerseits und Deutschlands andererseits, beschloss unter dem Vorsitz von Owen D. Young die Ablösung des Dawesplans durch den Youngplan.

3. Pariser Außenministerkonferenzen (25. 4.–16. 5. und 15. 6.–12. 7. 1946; 23. 5.–20. 6. 1949), Konferenzen der Außenminister Frankreichs, Großbritanniens, der UdSSR und der USA, erzielten in der Deutschlandfrage (u. a. Entwaffnung, Zonenzusammenlegung, Friedensvertrag, Reparationen) keine Einigung.

4. Pariser Sechsmächtekonferenz (20. 6. 1950–18. 4. 1951), Konferenz der Außenminister Belgiens, der Bundesrepublik Deutschland, Frankreichs, Italiens, Luxemburgs und der Niederlande, beschloss die Errichtung der Europäischen Gemeinschaft für Kohle und Stahl.

5. Pariser Vietnamkonferenz (13. 5. 1968), Beratungen der USA und der Republik (Süd-)Vietnam einerseits sowie der Demokratischen Republik (Nord-)Vietnam und der provisorischen Revolutionsregierung Süd-Vietnams andererseits über die Beendigung des Vietnamkrieges. Am 27. 1. 1973 billigten die Teilnehmer offiziell den in amerikanisch-nordvietnamesischen Geheimgesprächen ausgehandelten Waffenstillstandsvertrag.

6. Pariser Außenministerkonferenzen, vier Konferenzen (19.–23. 10. 1954), die die →Pariser Verträge beschlossen: 1) die Viermächtekonferenz (Westmächte und Bundesrepublik Deutschland) beendete das Besatzungsregime in der Bundesrepublik (Protokoll C; →Deutschlandvertrag), 2) die Londoner Neunmächtekonferenz (→Londoner Konferenzen und Verträge) errichtete in Ergänzung des Brüsseler Pakts die →Westeuropäische Union, 3) die 15-Mächte-Konferenz (14 Mitgliedsstaaten der NATO und die Bundesrepublik Deutschland) nahm Deutschland in diese Organisation auf, 4) die Außenminister (und Regierungschefs) Frankreichs und der Bundesrepublik vereinbarten das Saarstatut.

Pariser Verträge, ein internationales Vertragswerk, unterzeichnet in Paris am 23. 10. 1954 (→Pariser Konferenzen), in Kraft getreten am 5. 5. 1955, verband völkerrechtlich die Aufhebung des Besatzungsregimes in der Bundesrepublik Deutschland mit deren Verteidigungsbeitrag im Rahmen der Westeuropäischen Union (WEU) und der NATO. Bis zum In-Kraft-Treten des Zwei-plus-Vier-Vertrages (15. 3. 1991) bildeten die Pariser Verträge die völkerrechtliche Grundlage der Bundesrepublik Deutschland in ihren äußeren Beziehungen.

INHALT: Das Vertragswerk besteht aus verschiedenen Protokollen, die in die Abschnitte A, B, C und D gegliedert sind. Das Protokoll A, 3 wandelt den Brüsseler Pakt, der ursprünglich der Abwehr eines deutschen Angriffs dienen sollte, im Rahmen der Integration Europas in das Verteidigungsbündnis der WEU um, in das die Bundesrepublik Deutschland einbezogen wurde. Neben einem Protokoll über die Streitkräfte der WEU (A, 4) enthält der Abschnitt A ein Protokoll über zusätzliche Rüstungsbeschränkungen der Bundesrepublik Deutschland (A, 5); dieser Vertragsteil sollte französischen Sicherheitsbedürfnissen entgegenkommen. Das Protokoll im Abschnitt B enthält die Aufnahme der Bundesrepublik Deutschland in die NATO. Das Protokoll C, 2 enthält unter Modifizierung des Deutschlandvertrages den Vertrag über die Beendigung des Besatzungsregimes in der Bundesrepublik Deutschland. Unbeschadet der Tatsache, dass die Bundesrepublik Deutschland »die volle Macht eines souveränen Staates über ihre inneren und äußeren Angelegenheiten erhält«, behalten sich die drei früheren Besatzungsmächte »die bisher von ihnen ausgeübten oder innegehabten Rechte und Verantwortlichkeiten in Bezug auf Berlin und Deutschland als Ganzes einschließlich der Wiedervereinigung Deutschlands und einer friedensvertraglichen Regelung« vor. Unter Anpassung an die durch das Vertragswerk neu geschaffenen militärischen Verpflichtungen der Bundesrepublik Deutschland nimmt dieses Protokoll den Vertrag über die Rechte und Pflichten ausländischer Streitkräfte und ihrer Mitglieder und den Finanzvertrag wieder auf. Der Abschnitt D enthält das deutsch-französische Abkommen über das Saargebiet: das »Europäische Saarstatut«, das jedoch schon bald vom deutsch-französischen Saarvertrag vom 27. 10. 1956 abgelöst wurde.

Pariser Vorortverträge, die Friedensverträge zwischen den Entente- und den Mittelmächten nach dem Ersten Weltkrieg:

1. Friedensvertrag von Versailles, abgeschlossen am 28. 6. 1919 zwischen den 27 alliierten und assoziierten Mächten (den Ententemächten) und dem Deutschen Reich, →Versailler Vertrag.

2. Friedensvertrag von Saint-Germain-en-Laye, abgeschlossen am 10. 9. 1919 zwischen den Ententemächten und Österreich, das als Nachfolgestaat Österreich-Ungarns als besiegter Staat behandelt wurde. Gemeinsam mit Deutschland und Ungarn wurde es mit der alleinigen Kriegsschuld belastet sowie zu Wiedergutmachungsleistungen verpflichtet. Es musste auf den Namen Deutschösterreich sowie auf den Zusammenschluss mit dem Deutschen Reich verzichten und die neuen Staaten ČSR, Polen sowie das Königreich der Serben, Kroaten und Slowenen (das spätere Jugoslawien) anerkennen. Mit dem Vertrag (in Kraft seit 30. 6. 1920) wurde die bereits faktisch vollzogene Trennung zwischen Österreich und Ungarn auch völkerrechtlich wirksam.

3. Friedensvertrag von Neuilly-sur-Seine, abgeschlossen am 27. 11. 1919 zwischen den Ententemächten und Bulgarien, in dem Bulgarien zu einer Kriegsentschädigung von 2,25 Milliarden Goldfranken verpflichtet wurde. Kleinere Grenzbezirke und der Strumicabogen im Westen fielen an das Königreich der Serben, Kroaten und Slowenen (das spätere Jugoslawien). Griechenland erhielt das westliche Thrakien, Rumänien wieder die Süddobrudscha.

4. Friedensvertrag von Trianon, abgeschlossen am 4. 6. 1920 zwischen den Ententemächten und Ungarn, das ebenso wie Deutschland und Österreich als besiegtes, am Krieg allein schuldiges Land betrachtet und zu Wiedergutmachungsleistungen verpflichtet wurde. Ungarn verlor zwei Drittel seines Staatsgebiets an Rumänien (Siebenbürgen mit der Bukowina und dem Großteil des Banats), das spätere Jugoslawien (Kroatien, Batschka, Westbanat, Slawonien sowie Bosnien mit der Herzegowina), Österreich (Burgenland) und die Tschechoslowakei (Slowakei; 17 Komitate). Ungarn übergab den Vertrag am 26. 7. 1921.

5. Friedensvertrag von Sèvres, abgeschlossen am 10. 8. 1920 zwischen den alliierten und assoziierten Mächten (ohne die USA) und dem Osmanischen Reich. Einzelbestimmungen: Besetzung Konstantinopels und der Meerengen durch die Alliierten, Wiederherstellung der Kapitulationen zugunsten ausländischer Personen, militärische Kontrolle und Finanzaufsicht über die Türkei. Diese trat an Griechenland ab: Thrakien (bis zur Tschataldschalinie), alle Ägäischen Inseln (außer den Italien zugeeigneten) und Smyrna; an Frankreich: Syrien und Kilikien, an Großbritannien: Mesopotamien (Irak) und Palästina und die Schutzherrschaft über Arabien; an Italien: den Dodekanes einschließlich Rhodos. Türkisch-Armenien wurde unabhängig, Kurdistan erhielt Autonomie. Die Türkei wurde auf Konstantinopel und das Gebiet bis zur Tschataldschalinie und Kleinasien beschränkt. Revision des Vertrages durch den Frieden von Lausanne (1923).

Parlamentarischer Rat, zur Ausarbeitung einer Verfassung am 1. 9. 1948 in Bonn zusammengetretene Versammlung, die aus 65 von den Landtagen der elf westdeutschen Länder delegierten Mitliedern bestand (CDU/CSU und SPD je 27, FDP fünf, Deutsche Partei, KPD und Zentrum je zwei Delegierte, fünf Vertreter Berlins mit beratendem Stimmrecht). Zum Präsidenten wurde Konrad Adenauer gewählt. Der Parlamentarische Rat verabschiedete das Grundgesetz am 8. 5. 1949 gegen die Stimmen der Deutschen Partei, der KPD, des Zentrums und von sechs Abgeordneten der CSU.

Parlamentarismus, im weiteren Sinne Bezeichnung für alle Regierungsformen, in denen das Parlament als gewählte Repräsentation des Volkes (oder der Nation) eine zentrale Rolle spielt, d. h. Gesetzgebungs- und Budgethoheit besitzt und im Hinblick auf die Kontrolle der Regierung das Interpellations- und Enqueterecht wahrnimmt.

Die Wurzeln des Parlamentarismus reichen in England zurück bis in die Zeit der Verkündung der →Magna Charta (1215). In der Neuzeit entwickelte er sich in engem historischem Zusammenhang mit der Überwindung feudaler Gesellschafts- und absolutistischer Herrschaftsformen durch das Bürgertum. Im Zeichen von Aufklärung und Liberalismus setzte sich allmählich das für den Parlamentarismus bezeichnende Prinzip der parlamentarischen Verantwortlichkeit der Regierung durch. In Deutschland setzte diese Entwicklung erst mit der Verkündung der Weimarer Reichsverfassung (1919) ein.

ENGLAND: Im englischen Parlament hat das Parlament moderner Prägung sein Vorbild. In England bedurfte das Königtum seit alters her der (oft formlosen oder stillschweigenden)

PARLAMENTARISCHER RAT — *Gründung der Bundesrepublik*

Der Parlamentarische Rat gab dem neuen Staatsgebilde, das aus dem Zusammenschluss der drei Westzonen mit der Verkündung des Grundgesetzes entstanden war, einen neuen Namen. Der Begriff »Bundesrepublik« bezeichnete die Staatsform mit der den Bundesrat kennzeichnenden Aufteilung der staatlichen Aufgaben zwischen dem Bund als Gesamtstaat und den Ländern als Gliedstaaten (Föderalismus). Die Hinzufügung »Deutschland« sollte darauf hinweisen, dass dieser Teilstaat den Anspruch erhob, für das ganze Deutschland zu sprechen. Aus diesem Grund wurde die neutrale Bezeichnung »Grundgesetz« gewählt, da man der Ansicht war, daß eine neue »Verfassung« die Spannungen zwischen Ost und West weiter verschärfen könnte.

Bei der Ausgestaltung des Amtes des Bundespräsidenten hatte man sich bemüht, die Fehler der Weimarer Verfassung von vornherein auszuschalten und hatte deshalb nicht nur dessen Amtszeit auf fünf Jahre mit einmaliger möglicher Wiederwahl begrenzt, sondern vielmehr auch auf eine direkte Wahl durch das Volk verzichtet und das höchste Staatsamt auf im Wesentlichen rein repräsentative Aufgaben beschränkt. Am 12. 9. 1949 wurde Theodor Heuß als erster Bundespräsident vereidigt; drei Tage später trat Konrad Adenauer sein neues Amt als erster Bundeskanzler der Bundesrepublik Deutschland an.

Auf dieser Aufnahme ist die Schlussabstimmung im Parlamentarischen Rat über das Grundgesetz am 8. 5. 1949 zu sehen, in der ersten Reihe (von links) Max Reimann (KPD), Walter Menzel (SPD), Carlo Schmid (SPD), Theodor Heuss (FDP), Franz Blücher (FDP), Jakob Kaiser (CDU) und Thomas Dehler (FDP).

Zustimmung des Volkes, das seit der Normannenzeit von dem feudalen Hoftag (Curia Regis) vertreten wurde. Er bewilligte die Staatsausgaben und übte Teile der königlichen Gerichtsbarkeit aus. In der Magna Charta von 1215 wurde die Erhebung neuer staatlicher Abgaben von der Zustimmung des »Allgemeinen Rates« abhängig gemacht, dem zunächst die großen Lehensträger, später auch Vertreter des niederen Adels und der Städte angehörten und für den sich unter Heinrich III. der Name »Parlament« einbürgerte. Im 14. Jh. entwickelte sich die Trennung des Unterhauses (House of Commons) vom Oberhaus (House of Lords). Seit etwa 1340 wirkte das Parlament an der Gesetzgebung mit, zunächst in Form von an den König gerichteten Bitten (»petition«), später in Form der vom Parlament formulierten, vom König genehmigten Bill. Im 14. und 15. Jh. konnten zeitweilig weitere Rechte des Parlaments durchgesetzt werden, so die Überwachung der Finanzen, die Mitwirkung bei der Auswahl der Minister und deren Verantwortlichkeit vor dem Parlament. In der Petition of Right von 1628 wurde u.a. das Steuerbewilligungsrecht des Parlaments bestätigt; in der Declaration of Rights von 1689 wurden außerdem die Aufhebung von Gesetzen und die Unterhaltung eines stehenden Heeres in Friedenszeiten an die Einwilligung des Parlaments gebunden sowie die regelmäßige Einberufung des Parlaments und die parlamentarische Redefreiheit gewährleistet. Träger des parlamentarischen Regierungssystems wurden die großen politischen Parteien; der König musste sich auf die Partei stützen, die im Parlament die Mehrheit besaß, und aus ihren Führern den königlichen Rat (das Kabinett) bilden. Die Rechte des Oberhauses wurden mehr und mehr zugunsten des Unterhauses zurückgedrängt; dieses wurde nach verschiedenen Änderungen des Wahlgesetzes im 19. Jh. und Anfang des 20. Jh. in allgemeinen, gleichen, unmittelbaren und geheimen Wahlen gebildet.

FRANKREICH: Das französische Parlament war ursprünglich ein ständiger Gerichtshof, der sich im 13. Jh. aus der Curia Regis entwickelt hat und als oberste Berufungsinstanz auch für die Lehensfürstentümer zuständig war. Neben dem Parlament von Paris bildeten sich im Lauf der Zeit auch in anderen Städten Parlamente. Ein Parlament im modernen Sinn ist in Frankreich jedoch erst mit der Französischen Revolution durch Einberufung der »Generalstände«, später durch die Wahl der Nationalversammlung, dann der Kammern eingeführt worden.

DEUTSCHLAND: In Deutschland stellten die Parlamente zunächst keine Volksvertretungen, sondern Ständeversammlungen dar, in denen der Adel, der Klerus und das Stadtpatriziat vertreten waren. Der Reichstag des Heiligen Römischen Reichs wie auch die Landstände (Kammern) der einzelnen Territorialstaaten konnten in den ihrer Mitwirkung unterliegenden Fragen nur gemeinsam mit dem Staatsoberhaupt (Kaiser oder Landesherr) entscheiden. Im Absolutismus gingen diese Ständeversammlungen bis auf wenige Ausnahmen unter. In der ersten Hälfte des 19. Jh. wurden (z.B. in Preußen) die landständischen Vertretungskörperschaften wieder hergestellt, z.T. unter Aufnahme von Vertretern der bis dahin ausgeschlossenen Bauern. Ein Parlament im modernen Sinn erhielt Preußen erst durch die Verfassung von 1848/50. Die süddeutschen Länder gingen demgegenüber schon in der ersten Hälfte des 19. Jh. durch Übernahme des britischen Zweikammersystems zur Repräsentativverfassung über und begründeten damit den Konstitutionalismus in Deutschland. Diese Parlamente waren (zusammen mit dem Monarchen) für die Gesetzgebung zuständig. Ein förmliches Ausgabenbewilligungsrecht (Budgetrecht) entwickelte sich erst allmählich. Das erste gesamtdeutsche Parlament bildete die Frankfurter Nationalversammlung von 1848/49. Die Reichstage des Norddeutschen Bundes (1867–70), des Deutschen Reiches und der Weimarer Republik waren Parlamente von Bundesstaaten.

Parmenion, makedonischer Feldherr, *um 400 v.Chr., †(ermordet) Ekbatana 330 v.Chr.; diente Philipp II. und Alexander dem Großen; spielte eine führende Rolle in den Kämpfen gegen Persien; wurde auf Befehl Alexanders als angeblicher Mitwisser der Verschwörung seines Sohnes Philotas ermordet.

Partei des Demokratischen Sozialismus, Abk. **PDS,** politische Partei, hervorgegangen am 9. und 17. 12. 1989 aus der →Sozialistischen Einheitspartei Deutschlands (SED), die im Herbst 1989 als allein herrschende Staatspartei in der DDR gestürzt worden war. Die PDS trat zunächst unter dem Kürzel SED-PDS auf, beschränkte sich jedoch seit dem 4. 2. 1990 auf ihren jetzigen Namen, um die ideologische und organisatorische Distanz zur früheren SED zu betonen. Geprägt von einer Vielfalt innerparteilicher Gruppierungen und Plattformen sucht sich die PDS im gesamtdeutschen Parteienspektrum als linke sozialistische Oppositionspartei mit besonderem Blick auf die Probleme der neuen Länder darzustellen. Ihr Anspruch, eine erneuerte Partei zu sein, wird v.a. beeinträchtigt durch die in der Öffentlichkeit als unzureichend eingeschätzte Vergangenheitsbewältigung, den dubiosen Umgang mit dem z.T. durch die SED unrechtmäßig erworbenen Vermögen sowie unausgereifte programmatische Vorstellungen. Vorsitzende waren Gregor Gysi (1989–93), Lothar Bisky (1993–2000), Gabriele Zimmer (2000–03) und erneut Bisky (seit 2003).

Parther, ursprünglich iranischer Stamm im Gebiet des westlichen Khorasan, um 555 v. Chr. von Kyros II., dem Großen, unterworfen, der Hystaspes, den Vater Dareios I., des Großen, zum Statthalter (»Satrapen«) von Parthien ernannte. Nach dem Untergang des Achaimenidenreiches rückte ein Volksstamm der ebenfalls iranischen, (halb)nomadischen Parner in die seleukidische Satrapie Parthia ein. Diese nahmen den Namen der Parther an und gewannen im 3. Jh. v. Chr. durch ihre iranische Reichsgründung unter Arsakes I. geschichtliche Bedeutung. Ihre Hauptstadt war zunächst Nisa am Westrand der Wüste Karakum. Mithridates I. gründete am Tigris Ktesiphon, das 129 v. Chr. Hauptresidenz des Partherreiches wurde. Auf dem Höhepunkt ihrer Macht seit dem 2. Jh. v. Chr. beherrschten die → Arsakiden das Gebiet vom Euphrat bis zum Indus, besonders die Ost-West-Handelswege. Für die Römer waren die Parther seit 92 v. Chr. eine ständige Bedrohung (Partherkriege). 224 ging das Partherreich im neuen Perserreich der → Sassaniden auf.

Paschalis II. [pas'ça:lɪs, auch pa'ʃa:lɪs], Papst (1099–1118), * Bieda di Galeata (bei Ravenna), † Rom 21. 1. 1118; beendete den Investiturstreit in England und Frankreich. In Deutschland unterstützte er zunächst Heinrich V. gegen dessen Vater und verhandelte später mehrfach mit ihm bis zum Vertrag von Sutri (1111), der jedoch am Widerstand der Bischöfe scheiterte.

Passy [pa'si], Frédéric, französischer Politiker und Nationalökonom, * Paris 20. 5. 1822, † Neuilly-sur-Seine 19. 6. 1912; Mitbegründer der Internationalen Friedensliga (1867) und der Interparlamentarischen Union (1888); war 1881–89 Abgeordneter; setzte sich für Abrüstung ein und forderte internationale Schiedsgerichtsbarkeit. Mit Henry Dunant erhielt er 1901 den ersten Friedensnobelpreis.

Patricius, im antiken Rom der → Patrizier. Seit Konstantin I., dem Großen, ein Ehrentitel (»Vater des Staates«), verliehen an höchste Würdenträger (Konsuln, Magistri militum), später auch an Nichtrömer im römischen Dienst, z. B. an germanische Heerführer und Könige wie Odoaker und Theoderich den Großen. Im frühen Mittelalter war Patricius Titel des Schutzherrn von Rom, den der Exarch von Ravenna führte, 754 von Papst Stephan II. als Patricius Romanorum dem fränkischen König Pippin III. und dessen Nachfolgern verliehen; im 10. Jh. Titel in der Familie der Crescentier in deren Funktion als Stadtherren. Daran anknüpfend führten nach 1046 die Kaiser Heinrich III. und Heinrich IV. den Titel und verbanden ihn mit dem Anspruch des Römischen Königs, als Patricius Romanorum entscheidenden Einfluss auf die Erhebung des Papstes zu nehmen. Mit dem Sieg des Reformpapsttums verschwand der Titel.

Patrick ['pætrɪk], Missionar, Apostel Irlands, * in Britannien um 385, † in Nordirland 461; wurde mit 16 Jahren von Iren nach Irland entführt und als Sklave verkauft. 407 (?) konnte er nach Britannien fliehen, ging zum Studium nach Gallien, lebte einige Jahre als Mönch in Lérin sowie als Kleriker unter Bischof Germanus in Auxerre und besuchte Italien und die Mönchskolonien auf den Inseln des Tyrrhenischen Meeres. 432 (?) wurde er zum Nachfolger des ersten irischen Missionars Palladius bestellt; er missionierte v. a. in Nord- und Westirland und trug wesentlich zur Organisation der iroschottischen Kirche bei. Als sein Bischofssitz gilt seit dem 7. Jh. Armagh.

Patrimonium Petri, der → Kirchenstaat.

Patrizier, lateinisch **Patricii,** im antiken Rom die Nachkommen der in der Frühzeit der Republik mit der senatorischen Ratsfähigkeit ausgezeichneten Geschlechter- und Sippenhäupter, der »patres«, die den aus den großen Grundbesitzern bestehenden römischen Geburtsadel des Patriziats bildeten. Ausschließlich Patrizier stellten ursprünglich die berittene Truppe (Reiteradel). Die Patrizier waren der ausschlaggebende Faktor bei der Beseitigung des Königtums zu Beginn des 5. Jh. v. Chr.; sie übernahmen durch den patrizischen Senat und die patrizischen Konsuln die alleinige Staatsführung und bildeten allein das römische Staatsvolk im eigentlichen Sinne. Auch als nach den Ständekämpfen (5.–3. Jh. v. Chr.) der Aufstieg der führenden plebejischen Familien zur Bildung eines neuen Adels (»Nobilität«) führte, behielten die Patrizier noch einige ihrer früheren Vorrechte. Ihre Bedeutung war bereits erloschen, als Konstantin I., der Große, den Titel → Patricius einführte.

Im spätmittelalterlichen und neuzeitlichen Europa bezeichnet der Begriff Patrizier die Angehörigen städtischer Oberschichten, sobald sie eine geburtsständische Abschließung oder die Ebenbürtigkeit zum niederen Adel erreicht hatten. Vorläufer der Patrizier erscheinen schon seit dem 11. Jh. als »meliores« (Ministerialen des Stadtherrn, vom Land zugezogener Adel, reiche Kaufleute). Sie bildeten unter wechselnden Bezeichnungen die ratsfähigen Geschlechter. Im 14. Jh. kam es in fast allen Städten zu Kämpfen der → Zünfte gegen die Patrizier, deren Bedeutung auch infolge der Geldentwertung abnahm. Im Heiligen Römischen Reich bis 1806 konnte das Patriziat auch durch kaiserliche Verleihung erlangt werden.

Paul I., Kaiser von Russland (seit 1796), * Sankt Petersburg 1. 10. 1754, † (ermordet) ebenda 24. 3. 1801; Sohn Peters III. und Katharinas II., die ihn von allen Staatsgeschäften fernhielt. Als Paul im November 1796 auf den Thron gelangte, stellte er sich in scharfen Gegensatz zur Politik seiner Mutter. Positive

Paul III. Mit diesem Bildnis des Papstes mit seinen Nepoten Kardinal Alessandro Farnese und Herzog Ottavio Farnese schuf Tizian eine neue Gattung des ganzfigurigen Gruppenporträts (1545; Neapel, Museo e Gallerie Nazionali di Capodimonte).

Leistungen waren die Neuordnung der Thronfolge (Einführung der Primogenitur 1797) und die Weiterentwicklung der Fachministerien sowie Maßnahmen zum Schutz der leibeigenen Bauern. Nach der Besetzung Maltas durch Napoleon 1798 schloss sich Paul der Zweiten Koalition (→Französische Revolutionskriege) an. Als Paul sich jedoch trotz großer russischer Erfolge von Österreich und England übervorteilt und im Stich gelassen fühlte, schied er Ende 1799 aus der Koalition aus. 1800 trat er offen auf Napoleons Seite und bemühte sich, die mittleren und kleinen Seemächte zu einem Bund gegen England zu vereinen; mit der Annexion Georgiens (1801) versuchte er, eine Eroberung Indiens vorzubereiten. Pauls krankhaft despotisches Auftreten, seine willkürliche Strenge in der Armee und die Planlosigkeit seiner Außenpolitik machten ihn verhasst und führten zu einer Offiziersverschwörung; der Kaiser wurde in seinem Schlafgemach erdrosselt.

Paul III., Papst (1534–49), früher Alessandro Farnese der Ältere, *Canino (Prov. Viterbo) Februar 1468, †Rom 10. 11. 1549; wurde 1493 von Alexander VI. zum Kardinal erhoben, erst 1519 zum Priester geweiht und war seit 1524 Kardinalbischof von Ostia. Sein Pontifikat brachte in vielfacher Hinsicht einen Neuanfang. Paul berief reformfreudige Männer ins Kardinalskollegium, bildete eine Reformkommission (1536), unterstützte neue Orden (1540 Anerkennung der Jesuiten) und drängte auf Einhaltung der bischöflichen Residenzpflicht. 1542 ordnete er die Inquisition neu durch Einführung des »Sanctum Officium«. Die seit 1535 laufenden Vorbereitungen für die Einberufung eines Konzils führten erst 1545 mit der Eröffnung des Konzils von Trient zum Erfolg.

Paul VI., Papst (1963–78), früher Giovanni Battista Montini, *Concesio (bei Brescia) 26. 9. 1897, †Castel Gandolfo 6. 8. 1978; war 1922–54 im Päpstlichen Staatssekretariat tätig, wurde 1954 Erzbischof von Mailand, 1958 Kardinal, am 21. 6. 1963 zum Papst gewählt. Sein Pontifikat war geprägt vom 2. Vatikanischen Konzil (1962–65), das von Paul weitergeführt und zum Abschluss gebracht wurde. Zeichen einer Öffnung der katholischen Kirche gegenüber anderen Kirchen wie auch gegenüber der nicht christlichen Welt waren die Einrichtung der päpstlichen Sekretariate für die Nichtchristen (1964) und die Nichtglaubenden (1965) und die Reisen Pauls, zu den UN in New York (1965) und zum Ökumenischen Rat der Kirchen in Genf (1969), wie auch die Bemühung um bessere Beziehungen zu den osteuropäischen Staaten im Rahmen der von Paul initiierten »Vatikanischen Ostpolitik«. Schwerpunkt der ökumenischen Bestrebungen Pauls war die Annäherung an die orthodoxe Kirche. Der Dialog mit der anglikanischen Kirche wurde mit dem Besuch des Erzbischofs von Canterbury Arthur Ramsey bei Paul in Rom (1966) offiziell eingeleitet.

Paulskirche, ehemalige evangelische Kirche in Frankfurt am Main; der Tagungsort der →Frankfurter Nationalversammlung, deshalb auch synonym mit dieser gebraucht. Der ovale Zentralbau wurde 1789 begonnen (1829–33 vollendet); nach 1945 Wiederaufbau als Versammlungsraum.

Paulus, jüdischer Name **Saul**, latinisiert **Saulus**, christlicher Missionar (»Apostel der Heiden«) und Theologe, Verfasser der ältesten

Paulus. Von Antiochia aus begann der »Heidenapostel« Paulus sein weit ausgreifendes Missionswerk, das für die Ausbreitung des Christentums von entscheidender Bedeutung wurde. Ab 60 n. Chr. lebte er in Rom, wo er den Märtyrertod erlitt (Relief des frühchristlichen »Sarkophags der Reisenden«; Marseille, Saint-Victor).

Schriften des Neuen Testaments, *Tarsus Anfang des 1. Jh., †Rom 60 oder 62 (?).

BEKEHRUNGSERLEBNIS: Paulus entstammte einer streng jüdischen Familie, besaß tarsisches und römisches Bürgerrecht und war von Beruf »Zeltmacher«. Im hellenistischen Diasporajudentum religiös sozialisiert, verband er eine pharisäisch-theologische Bildung mit einer verhältnismäßig hohen griechischen Allgemeinbildung. Die in Apostelgeschichte 22,3 erwähnte theologische Ausbildung in Jerusalem bei dem Pharisäer Gamaliel dem Älteren lässt sich aus Paulus' Briefen nicht belegen. Aufgrund seiner religiösen Formung durch den Pharisäismus stand Paulus den thorakritischen Christen zunächst ablehnend gegenüber und war sogar an Christenverfolgungen beteiligt. Die existenzielle Zäsur seines Lebens war die visionäre Begegnung mit Jesus Christus vor Damaskus, die Paulus selbst den Ostererfahrungen anderer Auferstehungszeugen zuordnet und als das Grunddatum seiner Berufung zum Apostel versteht. Im Anschluss an dieses »Damaskuserlebnis« missionierte Paulus zunächst in der Arabia (32–34), hielt sich in Jerusalem auf, um Petrus kennen zu lernen (34), und verlegte dann seinen Wirkungskreis nach Nordsyrien und Kilikien. Seit 36/37 hielt er sich zwölf Jahre lang bei der aus juden- und heidenchristlichen Mitgliedern bestehenden Gemeinde im syrischen Antiochia auf. Unter ihrer Ägide unternahm er (vor 48) mit dem ebenfalls in Antiochia wirkenden Barnabas eine erste Missionsreise über Zypern in das südliche Kleinasien.

Robert Peel

MISSIONSREISEN: Die erfolgreiche Heidenmission Antiochias führte zu einer heftigen Auseinandersetzung mit den der jüdischen Glaubenswelt noch stärker verbundenen Judenchristen, die eine Relativierung der Thora und die Möglichkeit kultischer Unreinheit durch den Kontakt mit Heidenchristen befürchteten. Eine Klärung der Frage, ob auch Heidenchristen dem jüdischen Gesetz und seinen Kultvorschriften verpflichtet seien oder ob der Glaube an Christus ausreiche, sollte das Apostelkonzil in Jerusalem bringen (48/49), auf dem Paulus und Barnabas die antiochenische Delegation anführten. Die dort erwirkte Zustimmung zur »gesetzesfreien« Heidenmission wurde für die Folgezeit von grundsätzlicher Bedeutung.

Der an der Frage der Kultgesetzlichkeit aufgebrochene Konflikt zwischen Paulus und Petrus motivierte wohl Paulus zum Verlassen Antiochias und zum Beginn seiner eigenständigen Mission (seit 49). Auf seiner zweiten Missionsreise gründete er Gemeinden in Nordgalatien, in Philippi und Thessalonike sowie in Korinth, wo er sich längere Zeit aufhielt (50–52). Eine gegen Paulus erhobene Anklage seitens der jüdischen Gemeinde von Korinth vor dem ansässigen Prokonsul Lucius Iunius Gallio Annaeus wurde zu Paulus' Gunsten abgewiesen. Von Korinth brach Paulus nach Ephesos auf (dritte Missionsreise). Dort blieb er etwa drei Jahre (52–55/56) und missionierte im Umfeld von Ephesos in der Provinz Asia. Danach reiste er erneut nach Korinth, von dort aus weiter nach Jerusalem. Nach Darstellung von Apostelgeschichte 21 ff., der einzigen biblischen Quelle für Paulus' letzte Lebensphase, führte ein Eklat in Jerusalem zu Paulus' von jüdischer Seite initiierter Inhaftierung (57/58) und späteren Überführung nach Rom (58/60). Unter Nero soll er als Märtyrer gestorben sein.

Quellen für die Biografie des Paulus sind v. a. seine im N. T. enthaltenen, zwischen 50 und 56 verfassten Briefe (Paulusbriefe) an die christlichen Gemeinden in Rom, Korinth, Galatien, Philippi, Thessalonike und an Philemon.

Paulus, Friedrich, deutscher Generalfeldmarschall (seit 1943), *Breitenau (heute zu Guxhagen, Schwalm-Eder-Kreis) 23. 9. 1890, †Dresden 1. 2. 1957; war im Zweiten Weltkrieg seit Mitte 1940 Oberquartiermeister I im Generalstab des Heeres, seit Anfang 1942 Oberbefehlshaber der 6. Armee. Nach deren Einschließung im Raum Stalingrad verzichtete Paulus entgegen besserer militärischer Einsicht auf Befehl Adolf Hitlers auf einen Ausbruch, am 31. 1. 1943 kapitulierte er auf eigene Verantwortung. In Kriegsgefangenschaft trat Paulus 1944 dem Bund Deutscher Offiziere bei und sagte 1946 als Zeuge der sowjetischen Anklagebehörde vor dem Nürnberger Kriegsverbrecherprozess aus. Nach seiner Entlassung aus der Gefangenschaft (1953) lebte er in der DDR.

Pauperismus [zu latein. pauper »arm«], in den 1840er-Jahren gebräuchlich gewordene Bezeichnung für die Armut großer Schichten der Bevölkerung, die, losgelöst von Grundherrschaft oder Zunftverfassung, kaum den notdürftigsten Unterhalt erwerben konnten und von Unterstützungen leben mussten. Dieser vorindustriellen Form der Massenarmut lagen ein Wachstum der Bevölkerung zugrunde, das langfristig viel stärker stieg als die Produktivität der Wirtschaft, und eine Umstrukturierung der Produktionssektoren von der Landwirtschaft zur industriellen Massenproduktion. Mit dem Durchbruch der industriellen Revolution verschmolz das Problem des Pauperismus mit der →sozialen Frage.

Pausanias, griechischer Feldherr aus dem spartanischen Königshaus der Agiaden, †Sparta 467 oder 466 v. Chr.; schlug als Oberbefehlshaber der verbündeten Griechen 479 v. Chr. die Perser bei Plataiai (Platää) und eroberte 478 v. Chr. als Führer der Bundesflotte den größten Teil Zyperns und dann Byzanz. Von dort wurde Pausanias wegen Selbstherrlichkeit und Konspiration mit Persien abberufen, ging jedoch nach seinem Freispruch zurück und herrschte eigenmächtig. Nach Jahren durch Kimon aus Byzanz vertrieben, kehrte er (469 v. Chr.?) nach Sparta zurück und wurde wegen Umsturzabsichten und Helotenaufwiegelung angeklagt. Er floh in den Tempel der Athena, wo ihn die Ephoren einmauern ließen.

Pavia, Schlacht bei, Schlacht am 24. 2. 1525, in der König Franz I. von Frankreich eine vollständige Niederlage durch das spanisch-deutsche Heer Kaiser Karls V. unter Georg von Frundsberg erlitt und gefangen genommen wurde.

PDS, Abk. für →Partei des Demokratischen Sozialismus.

Pearl Harbor ['pəːl 'haːbə], Flottenstützpunkt der USA an der Südküste der Hawaii-Insel Oahu, westlich von Honolulu. Am 7. 12. 1941 gelang es den Japanern, kurz vor der Kriegserklärung an die USA mit einem Überraschungsangriff trägergestützter Kampfflugzeuge zahlreiche im Hafen von Pearl Harbor liegende amerikanische Kriegsschiffe zu versenken. Das strategische Ziel der Ausschaltung der US-Pazifikflotte konnte jedoch nicht erreicht werden. Der im Einzelnen kontrovers diskutierte Vorgang führte in den USA zu einmütiger Unterstützung der Politik von Präsident Franklin D. Roosevelt.

Peel [piːl], Sir Robert, britischer Politiker, *Bury (County Lancashire) 5. 2. 1788, †London 2. 7. 1850; wurde 1809 als Tory ins Unterhaus gewählt, war 1812–18 Minister für Irland und 1822–27 und 1828–30 Innenminister. In diese Zeit fallen die Reform des Strafrechts und 1829 die Gründung der Londoner Polizei. Peel modernisierte die Konservative Partei. Als Premierminister (1834–35 und 1841–46) führte er 1842 die Einkommensteuer wieder ein. Mit der Bankakte von 1844 erhielt die Bank von England die vollständige Kontrolle über den Notenumlauf. V. a. war seine Amtszeit geprägt durch die Durchsetzung des Freihandels mit der Abschaffung der Getreidezölle 1846 als Höhepunkt. Dies führte jedoch zur Spaltung der Konservativen Partei und zu Peels Sturz durch die Anhänger der Schutzzölle.

Peinliche Gerichtsordnung, die Constitutio Criminalis →Carolina.

Peisistratos, Tyrann von Athen, *um 600 v. Chr., †528/527 v. Chr.; einer der bedeutendsten Staatsmänner seiner Zeit. Peisistratos gelangte in den Auseinandersetzungen um die Verfassung nach den Reformen Solons u. a. gegen die Alkmaioniden an die Macht, erstmals um 560, endgültig wohl 539 v. Chr. Als Tyrann ließ Peisistratos bestehende Institutionen ungeschmälert, verbesserte jedoch die durch die Solonischen Reformen nicht genügend stabilisierten wirtschaftlich-sozialen und politisch-rechtlichen Verhältnisse (u. a. durch Aufteilung des Großgrundbesitzes, Kreditgewährung an Kleinbauern). Außenpolitisch sicherte und vergrößerte er Athens Einfluss am Bosporus, am Strymon (heute Struma), auf der Thrakischen Chersones (Halbinsel Gallipoli), auf Naxos und Delos.

Pearl Harbor. Ohne vorherige Kriegserklärung griffen japanische Flugzeuge am 7. 12. 1941 die US-amerikanische Marinebasis auf Hawaii an. Zahlreiche Kriegsschiffe wurden versenkt oder beschädigt, rund 3500 Soldaten starben.

Peloponnesischer Krieg, 431–404 v. Chr. geführter Krieg zwischen Athen (Attischer Seebund) und Sparta (Peloponnesischer Bund) um die Vorherrschaft in Griechenland. Auf Spartas Seite standen die Peloponnesier (außer Argos und Achaia), die meisten mittelgriechischen Staaten sowie die Kolonien Korinths, auf Athens Seite die Städte des Attischen Seebundes, Thessalien und Teile Westgriechenlands.

Da Athen zu Lande unterlegen, zur See beherrschend war, gab Perikles, indem er die Bevölkerung im Mauerring Athens konzentrierte, das attische Land den Peloponnesiern preis, die unter König Archidamos II. im Archidamischen Krieg (431–421) fast jedes Jahr einfielen; inzwischen sollte die athenische Flotte den Gegner zermürben, indem sie die Küsten der Peloponnes heimsuchte. Dieser Kriegsplan bewährte sich, obgleich eine Seuche, an der auch Perikles starb (429), zeitweilig eine kritische Lage schuf. Perikles' Nachfolger, v. a. Kleon, gaben den wohl durchdachten Plan zugunsten hemmungsloser Offensiv- und Machtpolitik auf. So zerschlugen sich Friedensaussichten, die die Gefangennahme von 180 Spartiaten auf der Insel Sphakteria bot (424), durch maßlose Forderungen. Bald verschlechterte sich Athens Lage durch eine Niederlage bei Delion (424) und den Angriff des Spartaners Brasidas auf die Bundesstädte auf der Chalkidike. Erst als er und Kleon vor Amphipolis gefallen waren (422), kam durch den Athener Nikias 421 ein Friede zustande, der Athens Machtstellung wahrte. Bald stellten sich aber die alten Fronten wieder her, schon 418 kam es zu Kämpfen, und als die Sizilische Expedition scheiterte (413), brach der Krieg von neuem aus.

William Penn

PERIKLES
*** kurz nach 500 v. Chr.**
† 429 v. Chr.

leitete seit 443 als Stratege die Politik Athens

führte die Bürger der Stadt in den Kämpfen gegen Sparta und in den Perserkriegen

provozierte den Peloponnesischen Krieg

war der bedeutendste Redner seiner Zeit

ließ Athen zum Zentrum der klassischen Kultur Griechenlands ausbauen

Auf Rat des geflüchteten athenischen Feldherrn und Politikers Alkibiades besetzte der Spartanerkönig Agis die attische Feste Dekeleia (Dekeleischer Krieg 413–404). Kurz darauf folgten die ionischen Seebundstädte dem Ruf zum Abfall, und Sparta erhielt durch Alkibiades' Vermittlung von Persien hohe Beträge zur Ausrüstung einer Flotte. Als Alkibiades wieder auf Athens Seite trat, vermochte er bedeutende Erfolge zu erringen (Schlacht bei Kyzikos 410). Aber sein Sturz (407) und die enge Verbindung des Spartaners Lysander mit dem persischen Prinzen Kyros dem Jüngeren besiegelten das Schicksal der Athener, das ein verlustreicher Seesieg bei den Arginusen (406) nicht zu wenden vermochte. Lysander zwang Athen durch Einschließung zur Kapitulation (404). Anstelle Athens wurde Sparta zur neuen griechischen Vormacht. (→ Griechenland)

Penn, William, englischer Quäker, Gründer von Pennsylvania, *London 14. 10. 1644, †Ruscombe (bei Reading, England) 30. 7. 1718; war nach seiner Konversion zu den Quäkern (1667) Verfolgungen ausgesetzt, besaß aber als Sohn des stuarttreuen Admirals Sir William Penn weiterhin Einfluss bei Hof. Als Zufluchtsort für seine verfolgten Glaubensbrüder erwarb er 1674–82 West Jersey, 1681 in Ablösung ererbter Schuldforderungen an die Krone ein großes Gebiet nördlich von Maryland, zu Ehren seines Vaters Pennsylvania genannt, und 1682 noch Delaware.

Penn schuf mit seinem »heiligen Experiment« (Religionsfreiheit, freundnachbarliche Beziehungen zu den Indianern, günstige Bedingungen für den Landerwerb) eine Freistatt für Quäker und andere Sekten. Bei Aufenthalten in seiner Kolonie (1682–84 und 1699–1701) ordnete er mit Geschick deren Angelegenheiten. Als Anhänger Jakobs II. verlor Penn nach der Glorreichen Revolution 1692–94 vorübergehend die Kontrolle über seine Kolonie; seine Versuche, wegen eigener Schulden rückständige Zahlungen einzutreiben, brachten ihn in Konflikt mit den Siedlern, was Pennsylvania 1708–10 in ein Chaos zu stürzen drohte. Ab 1710 normalisierten sich Penns Beziehungen zu seiner Kolonie. Sein Friedensplan für einen europäischen Völkerbund (1693) fand so wenig Erfüllung wie sein Vorschlag einer Union der englischen Kolonien in Nordamerika (1697).

Pentarchie [griech.], die Herrschaft der fünf europäischen Großmächte (Großbritannien, Frankreich, Russland, Österreich, Preußen), die zwischen dem Ende des Siebenjährigen Krieges und der Französischen Revolution (1763–89) sowie zwischen Wiener Kongress und dem Beginn des Krimkrieges (1815–53) den Frieden in Europa sicherte.

Peres, Shimon, früher Shimon Persky, israelischer Politiker, *Wotożyn (Weißrussland) 15. 8. 1923; lebt seit 1934 in Palästina; hatte nach 1948 im israelischen Verteidigungsministerium maßgeblichen Anteil am Aufbau der israelischen Armee; war 1959–65 stellvertretender, 1974–77 Verteidigungsminister. Nach seinem Bruch mit der Mapai und der Gründung der Rafi (1965) war Peres deren Generalsekretär (1965–68); 1968 schloss er sich der Israelischen Arbeitspartei an und war 1977–92 sowie 1995–97 deren Vorsitzender (1977–84 sowie 1996/97 Oppositionsführer). Peres, u.a. auch 1970–74 Minister für Transport und Post, 1989–90 Finanzminister, amtierte mehrfach im Wechsel mit Itzhak Rabin als Ministerpräsident, ohne in Wahlen bestätigt zu werden (April bis Mai 1977, 1984–86 in einer großen Koalition mit dem Likud). Er war 1986–88 Außenminister und zuletzt 1995–96 Ministerpräsident, zuvor war er 1992–95 Außenminister unter Rabin. Er trat immer wieder für Verhandlungen mit Jordanien, dann mit den Palästinensern ein und gilt als Architekt des 1993 eingeleiteten Friedensprozesses im Nahostkonflikt, wofür er gemeinsam mit Rabin und Jasir Arafat den Friedensnobelpreis 1994 erhielt. 1996 unterlag Peres in der ersten Direktwahl eines Ministerpräsidenten knapp Benjamin Netanjahu. 1999–2001 war Peres Minister für regionale Kooperation im Kabinett Barak. 2000 kandidierte er gegen Moshe Katsav (Likud) für das Amt des Staatspräsidenten und unterlag ebenfalls knapp. 2001/02 war er unter Scharon Außenminister.

Perestroika [russ. »Umbau«, »Umgestaltung«, zu perestroit' »umbauen«, »verändern«], Schlagwort für die von Michail Gorbatschow nach seinem Amtsantritt (1985) als Generalsekretär der KPdSU eingeleiteten politischen und wirtschaftlichen Reformen in der →Sowjetunion. Die Forderung nach einem »Umbau« erwuchs aus der verstärkt seit den 1980er-Jahren auftretenden allseitigen gesellschaftlichen Stagnation im Land. Gorbatschow (ab 1990 auch Präsident der UdSSR mit großen Vollmachten) und die sich um ihn gruppierenden Reformer suchten darum innerhalb der marxistisch-leninistisch geprägten Gesellschaftsstruktur größere Effizienz, Produktivität und Eigenverantwortlichkeit v.a. in der Wirtschafts- und Staatsverwaltung durchzusetzen und damit besonders Korruption und Misswirtschaft zu bekämpfen. Mit einer Wirtschaftsreform sollte eine »regulierte Marktwirtschaft« aufgebaut werden. Die von einer breiten öffentlichen Diskussion (»Glasnost«) begleitete Perestroika zielte auf einen Abbau der stalinistischen Strukturen im Sinne einer stärkeren Demokratisierung von Staat und Gesellschaft. Außen- und sicherheitspolitisch manifestierte sie sich in einem »neuen Denken«, das die Beendigung des Kalten Krieges ermöglichte.

Seit dem Ende der 1980er-Jahre geriet die Perestroika in eine tiefe Krise. Der mit ihr verbundene Abbau des Machtmonopols der

KPdSU in Staat und Gesellschaft löste im Funktionärsapparat der Partei starke Widerstände aus. Im Spannungsfeld zwischen Radikalreformern und orthodox-kommunistischen Kritikern versuchte Gorbatschow, in seiner Machtstellung vielfach angegriffen, eine mittlere Linie der Reform einzuhalten. Das endgültige Scheitern der Perestroika, stark beschleunigt durch die sich zuspitzenden Wirtschaftsprobleme, durch Machtkämpfe (besonders der konservative Putsch vom August 1991) und Unabhängigkeitsbestrebungen der Unionsrepubliken, führte schließlich zum Zerfall der UdSSR.

Perikles, athenischer Staatsmann, * Athen kurz nach 500 v. Chr., † ebenda 429 v. Chr.; Sohn des Xanthippos und der Agariste, einer Nichte des Kleisthenes, ∞ in zweiter Ehe mit Aspasia; Gegner und 463 Ankläger Kimons. Seit 443 leitete Perikles, fast jährlich als Stratege wieder gewählt, die Geschicke der athenischen Demokratie. Die Innenpolitik des Perikles ist gekennzeichnet durch eine Beschränkung des Bürgerrechts auf Personen, deren Elternteile beide Athener waren, durch die Einführung von Tagegeldern für die Teilnehmer am Volksgericht und an den Festspielen, durch die Öffnung des Archontats für die 3. Klasse der Zeugiten und durch ein großzügiges Bauprogramm, das aus der Kasse des Attischen Seebundes finanziert wurde. Das Perikleische Zeitalter war eine Glanzzeit Athens und ein Höhepunkt klassisch-griechischer Kultur (enge Verbindungen des Perikles zu Sophokles, Phidias, Anaxagoras, Herodot, Hippodamos, Protagoras), doch erschütterte eine stetige Opposition seine Stellung (Prozesse gegen Phidias, Anaxagoras, Aspasia).

Nach dem Bau der Langen Mauern, die Athen mit dem Hafen Piräus verbanden, folgte die Unterwerfung von Aigina (456 v. Chr.). Der Dualismus mit Sparta führte mehrfach zu Kriegshandlungen (457–451/446 v. Chr.) und schwächte Athen in seinem Kampf gegen die Perser. 449/448 schloss Perikles Frieden mit Persien, 445 mit Sparta. Nach

PERIKLES. *Interessante Kopfform*

Wer Plutarchs Biografie des Perikles aufschlägt, wird daraus vieles über das Leben und die Taten des großen Mannes erfahren. Welche dieser Angaben allerdings zuverlässig sind, ist eine andere Frage. Wie Perikles aussah, vermitteln uns die aus dem Altertum erhaltenen Büsten, die wohl ausnahmslos Repliken des berühmten Vorbilds aus der Hand des Kresilas sind. Zusätzlich haben sich die Komödiendichter permanent über die eigenartige Kopfform des Perikles lustig gemacht, die sie als zwiebelförmig karikieren. Dieser Gegenstand des Spottes hatte als Angehöriger einer vornehmen Familie eine allerbeste Erziehung genossen, u. a. zählten zu seinen Lehrern die Philosophen Zenon von Elea und Anaxagoras.

PERIKLES — *Entstehung der Demokratie*

Der Übergang vom Adelsstaat zur Demokratie erfolgte in Athen im Verlauf einer langen Entwicklung. Um 621 v. Chr. beseitigte Drakon durch die Aufzeichnung des geltenden Rechts die größte Willkür in der Rechtsprechung, 594 gab Solon Athen die erste Verfassung, die das ganze Volk, allerdings in vier Vermögensklassen eingeteilt, an der Regierung beteiligte. Tyrannen wie Timophanes, der sich im 4. Jh. v. Chr. die Alleinherrschaft in Korinth angemaßt hatte, mussten dafür oft ein tödliches Risiko tragen.

An der faktischen Machtverteilung änderte diese neue Ordnung infolge der wirtschaftlichen Überlegenheit des Adels zunächst nichts, doch war sie insofern zukunftsweisend, als sie, der gesellschaftlichen Mobilität Rechnung tragend, politische Statusveränderungen mit wirtschaftlichen und sozialen verband. Mit der Verfassung des Kleisthenes, der Attika in zehn territorial gegliederte Phylen einteilte, bekamen 508 v. Chr. alle männlichen Bürger, unabhängig von ihrem Besitz und ihrer Herkunft, die gleichen politischen Rechte in der Ratsversammlung.

Der Sieg der Athener über die Perser bei Marathon 490 v. Chr. stärkte das Selbstbewusstsein der Bürger, die als Schwerbewaffnete maßgeblich zum Sieg beigetragen hatten, und erleichterte 487 die politische Entmachtung der neun höchsten Beamten. Im selben Jahr wurde wurde erstmals der Ostrakismos angewendet: Bürger schrieben die Namen von zu verbannenden Personen (hier einigen missliebig gewordenen Staatsmännern; 5. Jh. v. Chr., Athen, Archäologisches Nationalmuseum) auf Tonscherben, die Mehrheit der Stimmen entschied. 462 wurden die Kompetenzen des Areopags, des höchsten Regierungs- und Gerichtsorgans, auf die Blutgerichtsbarkeit und sakrale Aufgaben beschränkt. Perikles vollendete schließlich nach 461 durch die Einführung von Tagegeldern für die Ratsherren und die Geschworenen sowie durch sein Bürgerrechtsgesetz die Herrschaft des Volkes, die »Demokratie«.

Juan Perón. 1946 zum Präsidenten gewählt, setzte Perón (Mitte) in Argentinien Reformen der Sozialgesetzgebung durch. Seine Frau, die im Volk äußerst beliebte Filmschauspielerin »Evita« Perón (links), begleitet ihn hier am Nationalfeiertag 1949 bei einem Empfang.

Konflikten mit Korinth provozierte Perikles durch eine Handelssperre gegen Megara 431 v. Chr. den →Peloponnesischen Krieg und wurde 430 abgesetzt.

Periöken [griech. »Nachbarn«, eigentlich »Umwohner«], griechisch **Perioikoi,** im Altertum besonders die im Umland Spartas in eigenen Städten (Lakonien) wohnenden, politisch minderberechtigten Lakedämonier.

Perserkriege. Gebiete und Schlachten

Perọn,

1. María Eva Duarte de, genannt Evita Perón, argentinische Politikerin, *Los Toldos (Provinz Buenos Aires) 7. 5. 1919, †Buenos Aires 26. 7. 1952; Sängerin und Filmschauspielerin; unterstützte Juan Perón (Heirat im Dezember 1945) zunächst als Rundfunksprecherin und organisierte im Oktober 1945 den Marsch der Descamisados (»Hemdlose«; Industriearbeiter), der ihm den Weg zur Präsidentschaft ebnete. Als »Presidenta« und Vorsitzende des Partido Peronista Feminino setzte sie die Schaffung sozialer Einrichtungen durch und trat für das Frauenwahlrecht ein (1947 eingeführt). Im August 1951 ließ sie sich zunächst zur Kandidatur für das Amt des Vizepräsidenten drängen, zog sie jedoch wieder zurück.

2. Juan, argentinischer General und Politiker, *Lobos (Provinz Buenos Aires) 8. 10. 1895, †Olivos 1. 7. 1974; war 1936–39 Militärattaché, beteiligte sich innerhalb einer Offiziersjunta an dem Staatsstreich von 1943, war 1943 Kriegs-, bald darauf auch Arbeitsminister, im Juni 1944 zugleich Vizepräsident und stieg 1946 zum General auf. Mithilfe des Partido Laborista (Peronisten) gewann Perón am 24. 2. 1946 die Präsidentschaftswahlen. Die Verfassung vom 16. 3. 1949 erweiterte seine Machtbefugnisse und ermöglichte ihm die Wiederwahl 1951. Perón entfaltete im Innern eine zunehmend autoritäre Herrschaft. Seinen populistischen gesellschafts-, wirtschafts-, sozial- und verfassungspolitischen Maßnahmen suchte Perón im Justizialismus (Peronismus) eine ideologische Grundlage zu geben. Argentiniens führende Stellung unter den südamerikanischen Staaten stärkte er gegenüber dem Geltungsanspruch der USA. Die Verschlechterung der Wirtschaftslage, die zunehmenden Spannungen mit den feudal-konservativen Kräften und mit der katholischen Kirche schwächten das System.

Nach einem misslungenen Putschversuch 1951 im gleichen Jahr erneut zum Präsidenten gewählt, nahm Perón seine nationalistische Wirtschaftspolitik etwas zurück. Eine am 16. 6. 1955 von Marineoffizieren getragene Revolte schlug fehl; durch den Aufstand vom 16. bis 21. 9. 1955, den auch der größte Teil des Heeres unterstützte, wurde Perón gestürzt. Er ging nach Venezuela ins Exil, 1958 nach Spanien. Von dort aus versuchte er, unterstützt durch die immer noch zahlreichen Peronisten in Argentinien, Einfluss auf die Politik seines Landes zu nehmen. Unter der Regierung von General Alejandro Lanusse (1971–73), nach Wiederzulassung der politischen Parteien, konnte Perón am 20. 6. 1973 endgültig nach Argentinien zurückkehren; er gewann im September 1973 zwar die Präsidentschaftswahlen, doch gelang es ihm nicht, die zunehmenden innenpolitischen Unruhen in den Griff zu bekommen.

PERSERKRIEGE

Konfrontation zwischen Europa und Asien

Die Perserkriege, eine Epoche langer Auseinandersetzungen zwischen den Griechen und den von ihnen als »barbarisch« betrachteten Persern, fanden erst mit dessen Zerstörung durch Alexander den Großen ihren endgültigen Abschluss (Blick vom Thermopylenpass in das Tal des Flusses Spercheios). Seit der zweiten griechischen Kolonisationsbewegung, die um 800 v. Chr. überall dort Kolonien entstehen ließ, wo nicht phönikische, karthagische oder etruskische Interessen berührt wurden, bezeichneten sich die Griechen selbst als »Hellenen«; dies geschah aufgrund einer bewussten Abgrenzung von den »Barbaren«, jenen Völkerschaften, deren Kultur und Organisationsform die Griechen als der ihren unterlegen sahen.

Die Ansiedlungen im östlichen Mittelmeerraum führte die Griechen dennoch näher an orientalische Kulturen heran, von denen einzelne Elemente, darunter auch das Alphabet, übernommen wurden. Die Struktur der »Polis« (Stadtstaat), die als Personenverband der Bürger eine politische, wirtschaftliche, religiöse und kulturelle Gemeinschaft darstellte, spielte bei der Entstehung der griechischen Philosophie, Literatur sowie der Einzelwissenschaften (Mathematik, Astronomie, Medizin, Geographie) eine entscheidende Rolle. Das ethnisch vielfältige persische Großreich, in dem im Gegensatz zur Götterwelt der Griechen eine monotheistische Religion praktiziert wurde, gilt nach heutigen Kriterien keineswegs als »barbarisch«: Eine tolerante Herrschaftspraxis ließ Sprache, Kultur und Religion der unterworfenen Gebiete unangetastet.

Perserkriege, die kriegerischen Auseinandersetzungen zwischen Griechen und Persern 500/490–448 v. Chr. Den Anlass bot der vergebliche →Ionische Aufstand in Kleinasien gegen die persische Herrschaft (500–494 v. Chr.), der anfangs von Athen und Eretria unterstützt wurde, während Sparta sich fern hielt. Eine persische Flottenexpedition unter Führung des Mardonios an die Nordküste der Ägäis scheiterte am Athosgebirge (492 v. Chr.). Danach sandte der Perserkönig Dareios I., der Große, 490 v. Chr. Datis und Artaphernes mit einem Heer über See gegen Eretria und Athen. Eretria wurde zerstört, der Sieg der Athener und Platäer bei Marathon veranlasste die Perser zur Rückkehr nach Asien.

Ab 483 setzte Themistokles sein Flottenbauprogramm durch; Ende 481 schlossen sich die Griechen zu einem Bund (Hellenische Symmachie) unter Führung Spartas zusammen. Im Hochsommer 480 wurden die Griechen unter Leonidas I. an den →Thermopylen geschlagen, worauf sich die griechische Flotte bei Artemision zurückziehen musste. Durch Mittelgriechenland, das ihm kampflos zufiel, rückte Xerxes I. (der Nachfolger des Dareios) in Attika ein und zerstörte Athen. Als er jedoch, von Themistokles herausgefordert, die im nahen Sund von Salamis liegende griechische Flotte angriff, wurde er in dem engen Gewässer vernichtend geschlagen. Die Reste der persischen Flotte kehrten darauf nach Asien zurück, das Heer überwinterte unter Mardonios in Thessalien. Im Frühjahr 479 v. Chr. zerstörte dieser abermals Athen und ging dann nach Böotien zurück, wo ihn die verbündeten Griechen unter Pausanias bei Plataiai entscheidend besiegten. Mardonios fiel, die restlichen persischen Truppen zogen sich aus Griechenland zurück. Etwa gleichzeitig vernichtete eine griechische Flotte unter Leotychidas II. am Vorgebirge Mykale gegenüber Samos den Rest der persischen Flotte. Daraufhin fielen die meisten kleinasiatischen Griechenstädte und die vorgelagerten Inseln von Persien ab und schlossen sich den verbündeten Griechen an. Diese befreiten die Orte am Hellespont und unter Pausanias' Führung auch Zypern und Byzanz von der persischen Herrschaft.

Die weitere Führung des Kampfes übernahm mit der Gründung des 1. Attischen Seebundes Athen (477 v. Chr.). Um 465 (?) siegte Kimon vor der Mündung des Eurymedon,

Philippe Pétain. Im von deutschen Truppen nicht besetzten Teil Frankreichs errichtete der »Chef de l'État Français« ein autoritäres Regime mit Sitz in Vichy. Nach der Landung der Westalliierten in der Normandie und der Befreiung von Paris wurde Pétain (Bildmitte) der Prozess gemacht.

doch die antipersische Expedition des Bundes nach Ägypten (das eine persische Satrapie war) 460–454 v. Chr. endete mit dem Untergang des athenischen Expeditionsheeres in einer militärischen Katastrophe. Athen unter Perikles schloss, trotz des 449 errungenen glänzenden Seesieges beim zyprischen Salamis, 449/448 den →Kalliasfrieden ab.

persische Geschichte, die Geschichte Persiens bis 1934 (→Iran). 550/549 unterwarf der Achaimenidenherrscher Kyros II., der Große (559–529), das Mederreich, 539 das Neubabylonische Reich und errichtete ein Weltreich; weiter ausgedehnt wurde dieses durch Kambyses II. (529–522) und Dareios I., den Großen (522–486). Die →Perserkriege gegen Griechenland beendeten die persische Ausdehnung nach Westen. Unter Dareios III. (336–330) erfolgte die Invasion Alexanders des Großen. 323–250 beherrschten die Seleukiden Persien, dann die Parther, die 224 n. Chr. durch die Sassaniden unter Ardaschir I. (224–241) abgelöst wurden; es kam wiederholt zu Kämpfen mit den Römern. Unter Chosrau I. (531–578/579) begann trotz andauernder Kämpfe gegen Byzanz eine neue Blüte.

636/637–642 kam es zur Eroberung durch die Araber, worauf ein Wechsel zum Islam stattfand und arabische Statthalter eingesetzt wurden. Unter dem Kalifat der Abbasiden (ab 749/750) wurde Bagdad Hauptstadt. Im 9. Jh. wurden einheimische Dynastien gegründet, die die persische Tradition und Kultur wieder belebten. Nach mongolischer Herrschaft (1258–1405) und der Niederwerfung der Turkmenen durch die Safawiden (1502–1722) schuf Schah Abbas I., der Große (1587–1629), eine persische Großmacht. Die seit 1722 herrschenden Afghanen wurden 1729 von dem Turkmenen Schah Nadir (1729–47) vertrieben, das Reich wurde im Osten bis zum Indus ausgedehnt. Unter der Dynastie der Kadjaren (1794–1925) kam es zu großen Landverlusten an Russland, das seit 1809 mit Großbritannien um Einfluss in Persien rang. Im russisch-britischen Petersburger Vertrag (1907) über Persien wurde eine nördliche russische, eine südliche britische und eine mittlere, neutrale Zone festgelegt, die jedoch im Ersten Weltkrieg trotz formeller Neutralität von türkischen, britischen und russischen Truppen besetzt wurde. Nach dem Staatsstreich des persischen Kosakenkommandeurs und Kriegsministers (1921) Resa Khan verzichtete die Sowjetunion vertraglich auf alle Rechte in Persien.

Pétain [pe'tɛ̃], Philippe, französischer Marschall und Politiker, *Cauchy-à-la-Tour (Département Pas-de-Calais) 24. 4. 1856, †Port-Joinville (Insel Yeu) 23. 7. 1951; Berufssoldat, nach Beginn des Ersten Weltkrieges zum General (1914) befördert, zeichnete sich als Kommandeur der 2. Armee bei der Offensive in der Champagne (September 1915) aus und wurde als Verteidiger von Verdun 1916/17 zum Nationalhelden. Im November 1918 wurde Pétain zum Marschall ernannt. 1920–31 war er Vizepräsident des Obersten Kriegsrates, 1922–31 Generalinspekteur der Armee und leitete 1925 den Feldzug gegen die Rifkabylen. 1931–34 war er Inspekteur der Luftverteidigung, 1934 Kriegsminister, ab 1939 Botschafter in Madrid. Die antiparlamentarische und antisemitische Orientierung offenbarte sich seit den 1930er-Jahren.

Nach dem deutschen Angriff auf Frankreich 1940 wurde Pétain stellvertretender Ministerpräsident in der Regierung Reynaud (18. 5.). Angesichts der sich abzeichnenden französischen Niederlage plädierte Pétain für einen Waffenstillstand. Nach Paul Reynauds Rücktritt zum Ministerpräsidenten (17. 6. 1940) ernannt, konnte er sich durchsetzen (22./24. 6. Waffenstillstand mit dem Deutschen Reich und Italien). In Vichy (nach der Übersiedlung von Regierung und Nationalversammlung) übertrugen ihm die verbliebenen Abgeordneten alle legislativen und exekutiven Vollmachten, die Kontrolle der Jurisdiktion und die Ausarbeitung einer neuen Verfassung (10./11. 7. 1940). Als »Chef de l'État Français« (»Chef des französischen Staates«), der die Funktionen von Staats- und Ministerpräsident vereinigte, verfolgte Pétain das Konzept einer »nationalen Revolution«, die auf die Erneuerung traditioneller Werte und Wiederherstellung der Einheit der Nation zielte und antirepublikanische Maßnahmen sowie antisemitische Gesetzgebung einschloss. Außenpolitisch suchte Pétain die Zusammenarbeit mit dem Deutschen Reich, um in einem neuen Europa deutscher Ordnung die Stelle eines Partners einzunehmen und einer sowjetischen Hegemonie vorzubeugen. Nach dem deutschen Einmarsch in das unbesetzte Frankreich (November 1942) immer stärker unter Druck, stimmte er schließlich dem Eintritt von Faschisten in das Kabinett Laval zu und tolerierte die Ausbildung eines Zwangs- und Polizeistaates. Nach seiner Internierung durch die Deutschen in Belfort (ab 20. 8. 1944) und Sigmaringen (ab 8. 9.) ging Pétain im April 1945 in die Schweiz und stellte sich wenig später den französischen Behörden. Am 15. 8. 1945 wurde Pétain vom Obersten Gerichtshof wegen Hoch- und Landesverrats zum Tode verurteilt, wegen seines hohen Alters wurde die Strafe ausgesetzt und Pétain auf die Insel Yeu verbannt.

Peter I., portugiesisch Pedro I., Kaiser von Brasilien (1822–31), als Peter IV. König von Portugal (1826), *Lissabon 12. 10. 1798, †ebenda 24. 9. 1834; Vater von Peter II.; Sohn des portugiesischen Königs Johann VI. Peter flüchtete 1807 mit diesem vor den Franzosen nach Brasilien, wurde 1816 Prinz von Brasilien und 1821 Prinzregent, als sein Vater nach der Revolution von 1820 nach Portugal zurückkehrte. Er widersetzte sich der Absicht der portugiesischen Cortes, Brasilien wieder zur Kolonie zu machen. Am 7. 9. 1822 rief er die Unabhängigkeit Brasiliens aus, am 1. 12. wurde er zum Kaiser gekrönt. Nach dem Tod seines Vaters (10. 3. 1826) nahm er den Titel eines Königs von Portugal an, trat jedoch schon am 5. 5. zurück zugunsten seiner minderjährigen Tochter Maria II. da Glória, für die sein Bruder Michael Regent wurde. In Brasilien wegen innen- und außenpolitischer Misserfolge immer unpopulärer, dankte Peter am 7. 4. 1831 zugunsten seines fünfjährigen Sohnes Peter II. ab und ging als »Herzog von Bragança« nach Frankreich. Von dort führte er eine erfolgreiche Expedition zur Rettung des Throns seiner Tochter Maria II. gegen Michael (seit 1828 König).

Peter I., der Große, russisch Pjotr I. Alekseјewitsch, Zar (seit 1682) und Kaiser (seit 1721) von Russland, *Moskau 9. 6. 1672, †Sankt Petersburg 8. 2. 1725; Sohn des Zaren Aleksej Michajlowitsch; wurde nach dem Tod seines Halbbruders Fjodor III. zunächst zum Zaren ausgerufen, jedoch erzwangen die aufrührerischen Strelitzen die Mitregierung seines schwachsinnigen Halbbruders Iwan V. und ermöglichten es seiner Halbschwester Sophia, die Regentschaft an sich zu reißen und bis zur Volljährigkeit Peters (1689) zu behaupten. Peter war in erster Ehe (1689–98) mit Jewdokija Fjodorowna (Eudoxia) Lopuchina, in zweiter Ehe (seit 1712) mit Martha Skawronskaja, der späteren Kaiserin Katharina I., verheiratet.

Mit einer neuen Kriegsflotte gelang Peter 1696 die Einnahme der türkischen Festung Asow. 1697 schloss sich Peter inkognito der »Großen Gesandtschaft« an, zu deren Leiter er Franz Lefort bestimmt hatte: Er hielt sich u. a. auf den Werften in den Niederlanden und in England auf, traf mit zahlreichen Gelehrten zusammen und bemühte sich an mehreren europäischen Höfen, v. a. bei Kaiser Leopold I., vergeblich um Beistand für den Kampf gegen die Türken. Auf der durch den Aufstand der Strelitzen in Moskau erzwungenen vorzeitigen Rückreise vereinbarte er mit August II., dem Starken, im August 1698 einen Angriffskrieg gegen Schweden. Der 2. Nordische Krieg (1700–21) sicherte Russland nach dem entscheidenden Sieg über Karl XII. von Schweden in der Schlacht von Poltawa (8. 7. 1709) den Zugang zur Ostsee; nach dem Frieden von Nystad (10. 9. 1721) war Russland die überragende Macht an der Ostsee.

Im Innern leitete Peter nach der blutigen Abrechnung mit den Strelitzen (Massenhinrichtungen 1698/99) umfassende, an westeuropäischen Standards orientierte Reformmaßnahmen ein. 1721 nahm Peter den Kaisertitel an. Über Eheschließungen der Nichten und zweier seiner Kinder verband er die außenpolitischen Interessen Russlands mit deutschen Fürstenhäusern (Kurland, Mecklenburg, Braunschweig-Wolfenbüttel, Holstein-Gottorp). Peter geriet in einen tiefen Gegensatz zu seinem Sohn aus erster Ehe, den Zarewitsch Aleksej Petrowitsch, den er nach dessen Flucht nach Russland zurückholen ließ, enterbte und dem er wegen Hochverrats den Prozess machte. Unter dem Eindruck der Auseinandersetzung mit Aleksej erließ Peter zwar 1722 eine neue Thronfolgeordnung, die verfügte, dass der russische Herrscher unter Umgehung des Geblütsrechts seinen Nachfolger selbst wählen könne, versäumte es aber, sein Lebenswerk durch eine rechtzeitige Bestimmung des Thronfolgers zu sichern. – Bild S. 696

Peter III., russisch Pjotr III. Fjodorowitsch, Kaiser von Russland (1762), als Herzog von Holstein-Gottorp (seit 1739) Karl Peter Ulrich, *Kiel 21. 2. 1728, †Ropscha (bei Petrodworez) 17. 7. 1762; Sohn von Anna Petrowna, einer Tochter Peters I., des Großen, und des Herzogs Karl Friedrich von Holstein-Gottorp. Von seiner Tante, Kaiserin Elisabeth Petrowna, 1742 als Thronfolger nach Russland gerufen und 1745 mit Sophie Friederike Auguste von Anhalt-Zerbst, der späteren Kaiserin Katharina II., vermählt, bestieg er nach Elisa-

PETER I., DER GROSSE
***1672 †1725**

wurde 1682 zum Zaren ausgerufen, musste die Regentschaft jedoch bis zu seiner Volljährigkeit an seine Halbschwester abtreten

führte den Großen Nordischen Krieg gegen Schweden und sicherte Russland den Zugang zur Ostsee

nahm 1721 den Kaisertitel an

führte an westeuropäischen Standards orientierte innere Reformen durch

machte seinem Sohn wegen Hochverrats den Prozess

PETER I., DER GROSSE. ***Bildungsreisen***

Neben Alkohol, Frauen und Freunden bestimmte Peters Leben der Plan, Russland, »seine größte Liebe«, der westlichen Zivilisation zu öffnen. Doch die musste er selbst erst einmal kennen lernen. So organisierte er 1697 eine im Gefolge von 200 Personen durchgeführte Studienreise ins Ausland. Niemals zuvor hatte ein Zar sein Land verlassen, um »Ungläubige« zu besuchen! Peter holte dies trotz der Proteste konservativer Kreise nach. In Preußen etwa beschäftigte er sich mit den Geheimnissen der Artillerie, in Holland arbeitete er unter dem Namen »Meister Peter« auf den Schiffswerften – eine willkommene Episode für Albert Lortzing, die er 1837 für die komische Oper »Zar und Zimmermann« verwendete.

PETER I., DER GROSSE — *Öffnung Russlands*

Die Herrschaft Peters I., des Großen, stellt eine Zäsur in der Geschichte Russlands dar. Aufgrund der von ihm eingeleiteten Modernisierung des Reichs und seiner außenpolitischen Erfolge sicherte er die russische Vorrangstellung in Osteuropa und erhob das Land zur Großmacht. Durch den Großen Nordischen Krieg (1700–21) gewann Russland nach dem entscheidenden Sieg über Karl XII. von Schweden (1709) und der Einverleibung Livlands, Estlands, Ingermanlands und Teilen Kareliens den Zugang zur Ostsee. Im Inneren begann Peter Reformen einzuleiten, die den Bruch mit der Vergangenheit bedeuteten.

Peter führte die westeuropäische Etikette und Kleiderordnung ein – so wurde von allen, die sich weigerten, sich den traditionellen Bart abnehmen zu lassen (Holzstich, um 1890, nach einem Gemälde von G. von Urlaub), eine Strafsteuer erhoben –, stellte die Zeitrechnung zum 1. 1. 1700 auf den julianischen Kalender um, gründete 1703 mit Sankt Petersburg die künftige, ausdrücklich schon durch ihre geographische Lage nach Westen orientierte Hauptstadt, veranlasste 1710 eine Schriftreform und reorganisierte den gesamten Staatsapparat nach rationalen Gesichtspunkten (Städtereform 1699; Gouvernements-Ordnung 1708–19). Hinzu kam die Bildung neuer Regierungsbehörden (Regierender Senat, 1711; Kollegienverwaltung, 1717; Fiskale, Heiligster Regierender Synod, 1721; Generalprokurat, 1722). Peter förderte die Einrichtung von Fachschulen und der Akademie der Wissenschaften (1724) und schuf sich einen Dienstadel, der im Geiste der europäischen Frühaufklärung nur nach dem Leistungsprinzip rekrutiert werden sollte.

beths Tod (5. 1. 1762) den Thron. Peter schloss sofort Frieden mit Friedrich II., dem Großen (Rückgabe des von den Russen besetzten Ostpreußen); er verfügte die Aufhebung der Dienstpflicht des Adels, die Abschaffung der Geheimen Kanzlei sowie die Säkularisierung der Kirchengüter. Peter wurde von einer Verschwörung, an deren Spitze sich Katharina stellte, am 9. 7. 1762 gestürzt und unter nie ganz geklärten Umständen in Ropscha ermordet.

Peters, Carl, deutscher Kolonialpolitiker, * Neuhaus/Elbe (heute Amt Neuhaus, Kr. Lüneburg) 27. 9. 1856, † Woltorf (heute zu Peine) 10. 9. 1918; entwickelte Pläne für eine koloniale Expansion Deutschlands und gründete 1884 die »Gesellschaft für deutsche Kolonisation«. Peters erwarb bei einer Expedition nach Ostafrika im Hinterland des Sultanats Sansibar durch Schutzverträge mit einheimischen Häuptlingen das Kernland des späteren Deutsch-Ostafrika (1885 kaiserlicher Schutzbrief), 1887 weitere Gebiete an der ostafrikanischen Küste und schloss mit dem Kabaka von Buganda einen Schutzvertrag, der jedoch im Helgoland-Sansibar-Vertrag (1890) nicht anerkannt wurde. Mit der Übernahme der Verwaltung des Schutzgebietes durch das Deutsche Reich 1891 wurde Peters zum Reichskommissar für das Kilimandscharogebiet ernannt (bis 1893). Schwere Vorwürfe wegen Willkür gegenüber den Einheimischen führten 1897 zu seiner Entlassung aus dem Staatsdienst.

Petersberger Abkommen, im Hotel Petersberg (bei Königswinter), dem Sitz der drei Alliierten Hohen Kommissare für die Bundesrepublik Deutschland, am 22. 11. 1949 geschlossenes Abkommen zwischen der Bundesregierung unter Konrad Adenauer und der Alliierten Hohen Kommission (AHK), die erste Etappe bei den Bemühungen der Regierung Adenauer um die Revision des Besatzungsstatuts. Es ermöglichte der Bundesrepublik Deutschland u. a., sich an internationalen Organisationen zu beteiligen sowie der Internationalen Ruhrbehörde und dem Europarat beizutreten. Es erlaubte der Bundesrepublik, mit den Gremien der Marshallplanhilfe ein Abkommen abzuschließen sowie mit den Staaten des Westens Konsular- und Handelsbeziehungen aufzunehmen. Das Petersberger Abkommen regelte die Gesetzgebung auf dem Gebiet der Entflechtung der Kartelle und stoppte die Demontage bestimmter Produktionen und Werke der Chemie- und Stahlindustrie.

Petition of Right [pɪˈtɪʃn əv ˈraɪt; engl. »Bittschrift um Herstellung des Rechts«], von Sir Edward Coke am 8. 5. 1628 im englischen

Unterhaus formulierte, am 28. 5. von beiden Häusern verabschiedete und am 7. 6. von König Karl I. angenommene Bittschrift, in der der König aufgefordert wurde, u.a. folgende Rechte zu bestätigen: keine zusätzlichen Besteuerungen ohne Zustimmung des Parlaments, keine Zwangseinquartierungen in Privathäusern, Aufhebung des Kriegsrechts, keine Verhaftungen ohne Angabe des Grundes, Garantie für ein ordentliches Gerichtsverfahren. Die Petition of Right galt in der Folge als Bollwerk bürgerlicher Freiheit; an ihrer Auslegung entzündete sich u.a. der englische Bürgerkrieg. Später wurde sie durch die Habeas-Corpus-Akte (1679) und die Bill of Rights (1689) vervollständigt.

Petrus, aus dem Aramäischen abgeleitet auch Kephas [»Stein«, »Fels«], eigentlich Simon, Apostel und führende Persönlichkeit im Jüngerkreis Jesu und in der Urgemeinde, †Rom (?) zwischen 64 und 67 (?); Chronologie und Lebenslauf des Petrus sind lediglich in der Bibel belegt und können daher nur ungefähr rekonstruiert werden.

Petrus stammte aus Betsaida (heute et-Tell, nahe der Mündung des Jordan in den See Genezareth), wo er als Fischer tätig war. Zur Zeit seiner Berufung durch Jesus lebte er als verheirateter Mann in Kapernaum. Er trat als Wortführer der Jünger auf, gehörte zum Kreis der engeren Vertrauten Jesu und wird in den Listen der »Zwölf« (Apostel) an erster Stelle genannt. Das Neue Testament berichtet von der besonderen Nähe Petrus' zu Jesus, aber auch von seinem Versagen während der Passion Jesu. In alter Tradition erscheint Petrus auch als Erstzeuge der Auferstehung. Nach Darstellung in der Apostelgeschichte 1–12 ergriff Petrus die Initiative bei der nachösterlichen Sammlung der Jesusjünger (»Pfingstpredigt« des Petrus). Über mehrere Jahre stand er in leitender Position der Jerusalemer Urgemeinde, zunächst als Erster der »Zwölf«, später als wohl führendes Mitglied eines Dreierkollegiums (nach Galater 2, 9 die »Säulen« Petrus, der »Herrenbruder« Jakobus und der Apostel Johannes). Der Bedrohung durch Herodes Agrippa I. entzog er sich durch Flucht (möglicherweise nach Antiochia am Orontes, 41). Er widmete sich der Judenmission, wobei ihn seine Frau auf seinen Reisen begleitete. Beim Apostelkonzil (48/49) befand er sich wieder in Jerusalem. Während er dort die gesetzesfreie Heidenmission, wie sie Paulus praktizierte, befürwortete, kam es kurz darauf in Antiochia am Orontes wegen Petrus' widersprüchlichen Verhaltens zum Konflikt mit Paulus. Ende der 50er- oder Anfang der 60er-Jahre gelangte Petrus nach Rom. Über seinen Lebensausgang sind kaum verlässliche Nachrichten überliefert.

Pfalz [von latein. palatium »kaiserlicher Palast«], im mittelalterlichen Fränkischen und Heiligen Römischen Reich ein auf Königsgut angelegter Gebäudekomplex. Die Pfalz diente dem reisenden Herrscher zum Aufenthalt (Kaiserpfalz bzw. Königshof) und zur Abhaltung von Hoftagen; solche Verwaltungsmittelpunkte des Reichsland bestanden z.B. in Aachen, Gelnhausen, Goslar, Ingelheim, Worms und Speyer.

Pfalz, historisches Territorium in Deutschland.

GESCHICHTE: Ausgehend von der Pfalzgrafschaft Lothringen am Niederrhein, verlagerte sich der pfalzgräfliche Machtbereich im Laufe des 11./12. Jh. in den Eifel-, Mosel- und Neckarraum (seit dem 13. Jh. mit Heidelberg als Zentrum). 1214 wurde die Pfalzgrafschaft bei Rhein von Kaiser Friedrich II. den Wittelsbachern verliehen. 1329 wurde die Pfalz mit der Oberpfalz von Bayern getrennt. Die Gol-

Petersberger Abkommen. Bundeskanzler Konrad Adenauer (Zweiter von rechts) gab am 21. 9. 1949 auf dem Petersberg bei Bonn, dem Sitz der Alliierten Hohen Kommission, den drei Alliierten Hohen Kommissaren die Zusammensetzung seiner Regierung bekannt. Indem er sich auf die Ecke des Teppichs stellte, auf dem auch die Kommissare standen, beanspruchte er »gleiche Augenhöhe«.

Petrus. Bei der Gefangennahme Jesu soll sich Petrus mit einem Schwerthieb zur Wehr gesetzt haben. Papstnahe Theologen schlossen daraus, dass den Nachfolgern Petri nicht nur das geistliche, sondern auch das weltliche Schwert und damit die weltliche Herrschaft anvertraut sei (Malerei an der Holzdecke von Sankt Martin in Zillis).

Phalanx.
Auf dieser Malerei, die von einer in einem Etruskergrab bei Veji gefundenen korinthischen Vase aus der Zeit um 630 v. Chr. stammt (Rom, Museo Nazionale di Villa Giulia), ist eine Phalanx dargestellt, die unter antreibenden Klängen der Doppelflöte voranschreitet.

dene Bulle (1356) sprach die auch von Bayern beanspruchte Kurstimme der Pfalz (Kurpfalz) zu. Nach dem Tode Ruprechts III. gründeten seine Söhne vier Linien: Kur- und Rheinpfalz (1559 erloschen), Oberpfalz (1448 ausgestorben), Zweibrücken-Simmern, Mosbach (1499 erloschen). Durch Kurfürst Friedrich I. wurde die pfälzische Vormachtstellung am Oberrhein begründet.

Mit dem Wechsel der Linien beim Regierungsantritt Friedrichs III. (1559; mittlere Kurlinie Pfalz-Simmern) wurde die Pfalz zu einem Zentrum des aktiven reformierten Protestantismus (Heidelberger Katechismus), verbunden mit reichsständischer Opposition gegen den Kaiser. Kurfürst Friedrich V. ließ sich als Haupt der unter Friedrich IV. 1608 gegründeten protestantischen Union 1619 zum böhmischen König wählen, verlor jedoch nach der Schlacht am Weißen Berg (1620) sowohl sein kurzzeitiges Königtum als auch sein Stammland mit der Kur an Bayern; erst sein Sohn Karl Ludwig konnte Letzteres, verbunden mit einer neu geschaffenen 8. Kurwürde, jedoch ohne die Oberpfalz, 1648 durch den Westfälischen Frieden wiedergewinnen. Nach Erlöschen der mittleren Kurlinie 1685 führten die Erbansprüche, die Ludwig XIV. erhob, zum →Pfälzischen Erbfolgekrieg. Der Regierungsantritt der katholischen Linie Pfalz-Neuburg (junge Kurlinie) bescherte der Pfalz eine Art nachgeholte Gegenreformation. Mit der Hausunion von 1724 fand der jahrhundertealte Gegensatz zu den bayerischen Wittelsbachern ein Ende. 1742 folgte mit Karl Theodor, dem Erben Pfalz-Neuburgs, die Linie Pfalz-Sulzbach und 1799 die Linie Pfalz-Zweibrücken-Birkenfeld. 1801 wurden die linksrheinischen Gebiete der Pfalz an Frankreich abgetreten, der rechtsrheinische Teil gelangte 1803 an Baden, Leiningen, Nassau und Hessen-Darmstadt. Bei der politischen Neugliederung der linksrheinischen Gebiete des Deutschen Bundes wurde 1816 der Bayerische Rheinkreis gebildet, seit 1838 Rheinpfalz und heute Pfalz genannt, der seit 1946 größtenteils zu →Rheinland-Pfalz gehört.

Pfälzischer Erbfolgekrieg, Orléansscher Krieg [ɔrleˈɑ̃-], 1688–97 um Teile der Pfalz zwischen Frankreich und dem Heiligen Römischen Reich geführter Krieg, ausgelöst durch die Ansprüche, die König Ludwig XIV. von Frankreich nach dem Tod (1685) des Kurfürsten Karl II. von der Pfalz für seine Schwägerin Elisabeth Charlotte, Herzogin von Orléans und Tochter des Kurfürsten Karl Ludwig, geltend machte. Deshalb schloss Kaiser Leopold I. – durch den »Großen Türkenkrieg« gebunden – 1686 die Augsburger Allianz und nach der Eröffnung des Krieges (Herbst 1688) durch Frankreich die Große Allianz mit den Niederlanden (Wien, 12. 5. 1689), der England, 1690 Spanien und Savoyen sowie einzelne Reichsfürsten beitraten. Die Feldzüge begannen mit der Verwüstung der Pfalz; in den Niederlanden unterlagen die Verbündeten bei Fleurus (1690), Steenkerken (3. 8. 1692) und Neerwinden (1693). Dagegen war die vereinigte englisch-niederländische Flotte bei La Hogue siegreich (Mai 1692). Von der Blockade durch die Seemächte geschwächt, begann Frankreich separate Verhandlungen; 1696 schied Savoyen aus der Allianz aus. Mit England, den Niederlanden und Spanien wurde am 20. 9. 1697 in Rijswijk Frieden geschlossen, dem der Kaiser am 30. 10. beitrat und in dem – bis auf Straßburg und die elsässischen Reunionen – der Vorkriegsstatus wieder hergestellt wurde.

Pfarrernotbund, der von Martin Niemöller 1933 organisierte Bund von Pfarrerbruderschaften, die sich zum Widerstand gegen die Deutschen Christen zusammenschlossen (→Bekennende Kirche).

Phalanx [griech., eigtl. »Balken«, »Baumstamm«], im Militärwesen Schlachtformation der frühantiken Heere, eine ununterbrochene mehrgliedrige Linearaufstellung von wechselnder Tiefe (meist acht, gelegentlich bis zu 25 Mann), gebildet in der Regel von den Schwerbewaffneten. Die Entscheidung im Kampf zwischen zwei sich aufeinander zu bewegenden Phalangen wurde meist durch den ersten Zusammenprall herbeigeführt, wobei sich diejenige Partei als die stärkere erwies, bei

PHILHELLENEN. ***»Aufstand ist Aufstand«***

Ehe Bayern unter Ludwig I. ein Zentrum des Philhellenentums wurde, hatten es hier die Anhänger Griechenlands nicht leicht. Im Juli 1821 rief Friedrich Thiersch in Zeitungen dazu auf, den Griechen eine deutsche Legion zu Hilfe zu schicken. Klemens Wenzel Fürst von Metternich veranlasste sofort Preußen zu einer scharfen Protestnote gegen den gesetzlosen, aufrührerischen Professor aus München. Auch der bayerische König Max II. Joseph witterte Gefahr seitens der Philhellenen und der Hellenen selbst. Den Architekten Leo von Klenze, der ihm die legitimen Gründe der griechischen Rebellion gegen die türkischen Zwingherren nahe zu bringen suchte, herrschte er an: *»Aufstand ist Aufstand, und wer seinem Herrn nicht gehorcht, ist ein Rebell und damit Punktum!«*

der sich der Kampfwille in eine im Verhältnis zum Gegner größere »Aufprallwucht« umsetzte.

Pharsalos, Schlacht bei, Entscheidungsschlacht zwischen Caesar und Pompeius (9. 8. 48 v. Chr.) bei Pharsalos (Thessalien, Griechenland), die mit der Niederlage des Pompeius endete.

Philhellenen [griech. »Griechenfreunde«], schon in der Antike verwendeter Ausdruck, im Humanismus und im 18. Jh. Bezeichnung für Freunde der altgriechischen Kultur. Im 19. Jh. erhielt der Begriff eine politische Deutung und bezeichnete Personen, die sich für die politischen Ziele des griechischen Volkes einsetzten, besonders während des Unabhängigkeitskrieges (1821–30). Der Philhellenismus entstand aus der Verherrlichung der griechischen Antike und dem christlichen Eifer gegen die muslimischen Türken. Er verbreitete sich über fast ganz Europa.

Philipp I., der Großmütige, Landgraf von Hessen, *Marburg 13. 11. 1504, †Kassel 31. 3. 1567; folgte (bis 1518 unter der Vormundschaft seiner Mutter) 1509 seinem Vater Wilhelm II. Beteiligt an der Niederschlagung des Ritteraufstands Franz von Sickingens (1522/23) und des Bauernkrieges in Hessen und Thüringen, bekannte er sich ab 1524 zur Reformation und wurde einer ihrer politischen Führer. Die Neuordnung der Kirche und des Kirchenguts in Hessen führte er 1526/27 durch. Eine Einigung der Protestanten erstrebte Philipp durch das Marburger Religionsgespräch (1529). Über den Schmalkaldischen Bund (1530/31) hinausgehend, suchte er die Reichsstände und selbst das Ausland gegen Kaiser Karl V. zu verbünden; 1534 war er maßgeblich an der Rückführung des von den Habsburgern verbannten Herzogs Ulrich von Württemberg in sein Stammland beteiligt. Den Oberbefehl im Schmalkaldischen Krieg führte Philipp gemeinsam mit Kurfürst Johann Friedrich I. von Sachsen. Nach dessen Niederlage bei Mühlberg wurde Philipp vom Kaiser in Gefangenschaft genommen 1547, aus der ihn erst 1552 der Passauer Vertrag befreite.

Philipp I., der Schöne, spanisch **Felipe el Hermoso** [ɛrm-], Regent und König von Kastilien (1504/06), *Brügge 22. 7. 1478, †Burgos 25. 9. 1506; einziger Sohn Kaiser Maximilians I. und der Maria von Burgund, Vater der Kaiser Karl V. und Ferdinand I., Großvater von Philipp II.; verwaltete seit 1494 die burgundischen Länder. Seit 1496 ⚭ mit Johanna (der Wahnsinnigen) von Kastilien, für die sowohl Philipp wie auch sein Schwiegervater Ferdinand II. von Aragonien die Regentschaft beanspruchten. Philipps und Johannas Königtum wurden 1506 von den kastilischen Cortes anerkannt.

Philipp II., König von Makedonien (seit 359 v. Chr.), *um 382 v. Chr., †(ermordet) Aigai 336 v. Chr.; Sohn Amyntas' III., Vater Alexanders des Großen; führte nach dem Tod seines Bruders Perdikkas III. im Illyrischen Krieg 359 für dessen unmündigen Sohn Amyntas die Regentschaft so geschickt, dass ihn das Volk zum König ausrief. Als solcher schuf er den makedonischen Einheitsstaat, dem er auch Griechenland anzugliedern wusste. Er war mit der Epirotin Olympias, der Mutter Alexanders des Großen, und seit 337 auch mit der Makedonin Kleopatra vermählt.

Philipp I., der Großmütige

Philipp II., König von Spanien (seit 1556) und von Portugal (seit 1580), *Valladolid 21. 5. 1527, †El Escorial 13. 9. 1598; Enkel von Philipp I., Sohn Kaiser Karls V. und der Isabella von Portugal, Vater von Philipp III.; heiratete 1543 Maria von Portugal, die nach der Geburt des Infanten Don Carlos starb. Seine 1554 geschlossene Ehe mit Maria I. Tudor, Königin von England, blieb kinderlos; der Plan, Elisabeth I. von England zu heiraten, scheiterte. Aus der Ehe (seit 1559) mit Elisabeth von Valois gingen zwei Töchter hervor, der Ehe (seit 1570) mit Anna von Österreich entstammte der Thronfolger Philipp III. Nach der Abdankung Karls V. als spanischer König (Januar 1556) trat Philipp, seit 1543 Regent der spanischen Gebiete, das ausgedehnte Erbe an. Es umfasste – außer Spanien und den spanischen Kolonien – die Niederlande, die Franche-Comté, Mailand, Neapel, Sizilien und Sardinien. Karls Plan, Philipp auch die Kaiserwürde zu verschaffen, scheiterte am Widerstand der deutschen Fürsten und seines Bruders Ferdinand (I.).

PHILIPP II. ***Passionen***

Philipp II. gilt als Musterbeispiel des zutiefst gläubigen katholischen Monarchen im Zeitalter der Gegenreformation. Doch der spanische König hatte auch andere Seiten. So begeisterte er sich für Malerei: Dass der Prado, das spanische Nationalmuseum in Madrid, heute zahlreiche Hauptwerke der niederländischen Malerei, etwa von der Hand Hieronymus Boschs und Rogiers van der Weyden, besitzt, verdankt er vor allem der Sammelleidenschaft Philipps. Außerdem förderte der König die Naturwissenschaften, die im 16. und 17. Jh. ihren Siegeszug antraten: Er gründete eine Akademie der Mathematik, interessierte sich für Gartenbau und Botanik und ließ Pflanzen aus der Neuen Welt sammeln und katalogisieren (darunter die damals in Europa noch exotische Kartoffel). Und auch der Optik gegenüber war er aufgeschlossen: Als einer der ersten Monarchen Europas trug er beim Aktenstudium eine Brille.

Die Umklammerung Frankreichs durch spanische Besitzungen führte zum Konflikt mit Frankreichs Verbündetem Papst Paul IV. und dann zum Krieg mit Frankreich (1557). Philipp behauptete seine Machtstellung im Frieden von Cateau-Cambrésis; durch seine Heirat mit Elisabeth, der Tochter Heinrichs II. von Frankreich, kam es zu einer Annäherung der beiden katholischen Mächte. 1561 verlegte

Philipp seine Residenz nach Madrid; 1563 ließ er den Bau der Klosterresidenz El Escorial beginnen.

Philipps harte gegenreformatorische Haltung führte in den Niederlanden zur Aufstandsbewegung (→Achtzigjähriger Krieg 1568–1648). Es gelang, die südliche Hälfte des Landes in spanischem Besitz zu behaupten. Im Kampf gegen die Osmanen war Don Juan de Austria, Philipps Halbbruder, 1571 bei Lepanto siegreich. 1580 sicherte sich Philipp nach dem Erlöschen der Dynastie Avis als nächster Erbe den Besitz Portugals, scheiterte aber bei dem Versuch, der Einmischung Englands in den Niederlanden und der Bedrohung der spanischen Seewege durch die Entsendung der →Armada (1588) eine Ende zu setzen. Ein neuer Krieg mit Frankreich (1594–98) endete ohne greifbare Ergebnisse (Friede von Vervins). Philipps Versuch, die Gegenreformation voranzutreiben, scheiterte. In Spanien selbst konnte er zwar die Macht der Stände zurückdrängen, aber weder den vollen königlichen Absolutismus noch einen Einheitsstaat begründen.

PHILIPP II.
***1527 †1598**

trat 1556 sein Erbe an

heiratete nach einem Krieg mit Frankreich die Tocher Heinrichs II. von Frankreich

provozierte mit seiner gegenreformatorischen Haltung in den Niederlanden Aufstandsbewegungen

konnte elner Einmischung Englands keinen Einhalt gebieten

scheiterte mit dem Versuch, die Gegenreformation voranzutreiben,

Philipp II. Augustus, bekannt als **Philipp II. August,** französisch **Philippe Auguste** [fiˈlip oˈgyst], König von Frankreich (seit 1180), *Paris 21. 8. 1165, †Mantes-la-Jolie 14. 7. 1223; Sohn Ludwigs VII.; erwarb für die Krondomäne das Artois, ferner Amiens, Valois und Vermandois. Vom 3. Kreuzzug kehrte Philipp vorzeitig zurück, um den 1186 begonnenen Kampf gegen die englischen Könige fortzusetzen. 1202 erklärte ein Pairshof König Johann I. ohne Land wegen Treuebruchs seiner französischen Lehen für verlustig, worauf Philipp den englischen Festlandsbesitz (→Angevinisches Reich) bis auf Teile Aquitaniens eroberte. 1214 schlug er bei →Bouvines die Koalition seiner englischen und deutschen Gegner (seither Beiname Augustus). Wegen der zeitweiligen Verstoßung seiner zweiten Frau Ingeborg und einer dritten Eheschließung verhängte Innozenz III. den Bann über ihn und das Interdikt über sein Land. Mit Philipp verschwand die Königswahl zugunsten der Erbmonarchie.

Philipp II., der Kühne, französisch **Philippe le Hardi** [fiˈlip ləarˈdi], Herzog von Burgund (seit 1363), *Pontoise 17. 1. 1342, †Halle (Brabant) 27. 4. 1404; Großvater von Philipp III., Sohn König Johanns II. von Frankreich, von dem er 1363 das Herzogtum Burgund erhielt. Durch seine Heirat (1369) mit Margarete von Flandern erhielt er 1384 die Grafschaften Flandern, Artois, Nevers, Rethel und die Franche-Comté; 1390 kaufte er die Grafschaft Charolais. Philipp bereitete durch geschickte Politik den späteren Anfall der Herzogtümer Brabant und Limburg an sein Haus vor und schuf die Grundlage für einen mächtigen Staat zwischen Frankreich und dem Heiligen Römischen Reich.

Philipp III., der Gute, französisch **Philippe le Bon** [fiˈlip ləˈbɔ̃], Herzog von Burgund (seit 1419), *Dijon 31. 7. 1396, †Brügge 15. 6. 1467, Enkel von Philipp II., Sohn Johanns I. ohne Furcht. Um dessen Ermordung zu rächen, erkannte Philipp 1420 im Vertrag von Troyes Heinrich V. von England als Nachfolger König Karls VI. auf dem französischen Thron an, setzte mit den Engländern den Krieg gegen den französischen König Karl VII. fort, schloss aber mit diesem 1435 den Frieden von Arras. Durch die Erwerbung von Holland, Hennegau, Namur, Brabant, Limburg und Luxemburg stieg Burgund unter Philipp zu höchster Macht auf und wurde ein Zentrum der abendländischen Kultur. Bei seiner Vermählung mit Isabella von Portugal stiftete Philipp 1430 den Orden vom Goldenen Vlies. 1465 überließ er seinem Sohn Karl dem Kühnen die faktische Herrschaft.

Philipp IV., der Schöne, französisch **Philippe le Bel** [fiˈlip ləˈbɛl], König von Frankreich (seit 1285), *Fontainebleau 1268, †ebenda 29. 11. 1314; Sohn von Philipp III., Onkel von Philipp VI.; ∞ seit 1284 mit Johanna von Navarra, Erbin Navarras und der Champagne. Philipp vergrößerte die Krondomäne um Lille und Douai und um die Besitzungen der Grafschaft Bar links der Maas auf Kosten des Heiligen Römischen Reichs.

Die Finanzbedürfnisse der Krone führten zur Ausplünderung der Juden, Münzverschlechterung und Einführung intensiver Besteuerung, deren Ausdehnung auf den Klerus 1296 und 1301 den Zusammenstoß mit Papst Bonifatius VIII. hervorrief. Philipp nutzte die anfechtbare Wahl des Papstes und dessen Schwierigkeiten in Italien aus (Gefangennahme des Papstes, 1303). 1309 verlegte der französische Papst Klemens V. seine Residenz nach Avignon; unter königlichem Druck musste er seit 1312 die Vernichtung des finanzstarken Templerordens zugestehen.

Philipp V., spanisch **Felipe,** König von Spanien (1700 bis Januar 1724 und seit September 1724), vorher als französischer Prinz aus dem Haus Bourbon Herzog von Anjou, *Versailles 19. 12. 1683, †Madrid 9. 7. 1746; Sohn des Dauphins Ludwig, Enkel Ludwigs XIV. von Frankreich; bestieg als Erbe Karls II. den spanischen Thron, der im →Spanischen Erbfolgekrieg gegen den späteren Kaiser Karl VI. behauptet wurde. Die spanische Politik bestimmten Philipps Gemahlinnen Marie Luise von Savoyen und Elisabeth Farnese sowie deren Berater G. Alberoni. Der Versuch, 1717–20 die im Frieden von Utrecht verlorenen spanischen Besitzungen in Italien zurückzuerobern, scheiterte zunächst. Jedoch brachte Elisabeths dynastische Politik 1731 das Herzogtum Parma und Piacenza an die spanischen Bourbonen, die im Polnischen Thronfolgekrieg (1733–35/38) auch das Königreich

Neapel-Sizilien als Sekundogenitur gewannen.

Philipp von Schwaben, König des Heiligen Römischen Reichs (seit 1198), *um 1178, †(ermordet) Bamberg 21. 6. 1208; jüngster Sohn Kaiser Friedrichs I. Barbarossa und der Beatrix von Burgund. Den ursprünglich zum Geistlichen Bestimmten bezog sein Bruder, Kaiser Heinrich VI., 1195 durch Belehnung mit dem Herzogtum Tuszien und den Mathildischen Gütern sowie 1196 durch die Belehnung mit dem Herzogtum Schwaben in seine dynastische Politik ein. Nach Heinrichs Tod scheiterte Philipp mit dem Versuch, seinem Neffen Friedrich, dem späteren Friedrich II., als Reichsverweser die Krone zu erhalten. Um der antistaufischen Opposition zuvorzukommen, ließ er sich am 6. 3. 1198 zum König wählen. In den Auseinandersetzungen mit seinem Gegenspieler Otto IV. (von Braunschweig), der 1200/01 Unterstüzung von Papst Innozenz III. erhielt, konnte Philipp sich sowohl militärisch als auch diplomatisch durchsetzen. Kurz vor Abschluss der Ausgleichsverhandlungen mit der Kurie wurde Philipp von dem bayerischen Herzog Otto von Wittelsbach ermordet.

Philippe Égalité [fi'lip egali'te], →Orléans, Louis Philippe Joseph, Herzog von.

Philippi, griechisch **Philippoi,** antike Stadt in Ostmakedonien, nordwestlich des heutigen Kavala gelegen. Im Herbst 42 v. Chr. siegten in der Doppelschlacht von Philippi Marcus Antonius und Octavianus über die Caesarmörder Marcus Iunius Brutus und Gaius Cassius Longinus. 49/50 n. Chr. entstand beim ersten Besuch des Apostels Paulus in Philippi eine Christengemeinde (Philipperbrief).

Physiokraten [französ., zu Physis und griech. kratein »herrschen«], Gruppe französischer Wirtschaftswissenschaftler in der zweiten Hälfte des 18. Jh., die die erste nationalökonomische Schule entwickelten. Als Begründer gilt François Quesnay, weitere Vertreter waren Victor de Riqueti Marquis von Mirabeau und Anne Robert Turgot.

Vom Naturrecht ausgehend, unterschieden die Physiokraten zwischen einer unveränderlichnen und vollkommenen (»ordre naturel«) und einer zeitbedingten und vorübergehenden Ordnung (»ordre positif«). Letztere sollte durch Gesetze den Geboten des »ordre naturel« weitestgehend angenähert werden.

Anknüpfend an die Entdeckung des Blutkreislaufs (William Harvey, 1628) entwickelte Quesnay das Modell eines natürlichen Wirtschaftskreislaufs in einem Staat ohne Außenwirtschaftsbeziehungen (»Tableau économique«, 1758), der sich durch eine endlose Kette von Tauschakten zwischen den sozialen Klassen vollzieht. Dabei wird der Begriff der sozialen Klasse allein vom ökonomischen

Philipp IV., der Schöne. Seine herausragende Machtstellung bewies der französische König, als es ihm gelang, den Sitz des Papsttums nach Avignon zu verlagern. Auf dieser Buchmalerei (Paris, Bibliothèque Nationale de France) huldigt ihm mit König Eduard I. von England ein weltlicher Herrscher.

Standpunkt aus definiert. Als wichtigste Klasse (»classe productive«) galt die landwirtschaftlich tätige Bevölkerung (Bauern, Pächter). Die Klasse der Grundeigentümer (»classe propriétaire«; Adel, Kirche, König) erwirtschaftet zwar keine Güter, setzt aber die an sie abgeführten Grundrenten in Umlauf und vermehrt so den volkswirtschaftlichen Reinertrag (»produit net«). Kaufleute, Handwerker u. a. bildeten die dritte, unproduktive Klasse (»classe stérile«), die den Gütern im Wirtschaftsprozess nur ihre eigene Arbeit hinzufügen, ohne neue Werte zu schöpfen. Sinn des Kreislaufs war die jährliche Reproduktion des von den einzelnen Klassen in den Wirtschaftsprozess eingebrachten Betriebskapitals.

Der Physiokratismus hat nur eine kurze Blüte erlebt, da er bald durch die von Adam Smith begründete klassische Nationalökonomie verdrängt wurde, doch haben verschiedene theoretische Erkenntnisse weitergewirkt. Das Modell eines Wirtschaftskreislaufs hat sich für ein theoretisches Verständnis des Wirtschaftsprozesses als unentbehrlich erwiesen, auch die Lehren von Karl Marx von Umschlag und Reproduktion des Kapitals gehen auf physiokratische Einsichten zurück. Quesnays »Tableau économique« gilt als erstes Beispiel einer volkswirtschaftlichen Gesamtrechnung.

Piasten, polnisches und schlesisches Herrschergeschlecht, dessen Stammvater Piast als Herzog die polnischen Stämme zusammengefasst haben soll. Der erste historische Vertreter, Mieszko I., dehnte den Staat der Piasten nach Westen aus. Mieszkos Sohn, Bolesław I. Chrobry, festigte die Vormachtstellung Polens unter den westslawischen Fürstentümern. 1138 erfolgte die Teilung des Reiches unter die Söhne Bolesławs III. Krzywousty,

Wilhelm Pieck. Nachdem die Bemühungen der Siegermächte um eine gemeinsame Deutschlandpolitik gescheitert waren, kam es 1949 zur Teilung Deutschlands. Am 7. 10. wurde die Deutsche Demokratische Republik gegründet; ihr Staatspräsident wurde Wilhelm Pieck (links), Ministerpräsident Otto Grotewohl (rechts).

und es entstanden eigenständige piastische Linien in Schlesien (bis 1675), Großpolen (bis 1296) und Kleinpolen (bis 1279) sowie, durch Teilungen der kleinpolnischen Linie, in Masowien (bis 1526) und Kujawien (bis 1370/89). Die kujawische Linie erneuerte 1320 mit Wladislaw I. Łokietek das polnische Königtum, starb aber mit Wladislaws Sohn, Kasimir III., dem Großen, dem letzten Piasten auf dem polnischen Königsthron, aus.

Piccolomini, Ottavio, Fürst (seit 1650) Piccolomini-Pieri, Herzog von Amalfi (seit 1639), kaiserlicher Feldmarschall (1634) und Generalleutnant, *Florenz 11. 11. 1599, †Wien 11. 8. 1656; trat nach Einsätzen in Italien, Böhmen und im Mantuanischen Erbfolgekrieg in das Heer Wallensteins ein, dessen Vertrauen er sich seit 1627 als Kapitän der Leibgarde erworben hatte. Piccolomini entdeckte dem Kaiser Wallensteins eigenmächtige Pläne und wurde mit dessen Festnahme beauftragt. Er besiegte 1634 die Schweden bei Nördlingen, kämpfte 1636–39 im spanischen Heer gegen die Franzosen und Holländer, dann im kaiserlichen gegen die Schweden, die ihn bei Breitenfeld besiegten (2. 11. 1642). Als kaiserlicher Vertreter führte er die 1648 in Prag aufgenommenen und 1649 in Nürnberg fortgeführten Verhandlungen mit Schweden über die Durchführung des Westfälischen Friedens.

Ottavio Piccolomini

Pieck, Wilhelm, deutscher Politiker, *Guben 3. 1. 1876, †Berlin 7. 9. 1960; Tischler, trat 1895 der SPD bei und schloss sich später dem linken Flügel der Partei an. Pieck war Mitbegründer des Spartakusbundes (1917) und der KPD (1918/19), deren Führung er seitdem angehörte. 1921–28 war Pieck Mitglied des Landtags von Preußen, 1928–33 Mitglied des Reichstags und 1930–32 Mitglied des preußischen Staatsrats. 1933 emigrierte er nach Frankreich und ging von dort in die UdSSR. Anstelle des inhaftierten Ernst Thälmann wurde er 1935 auf der »Brüsseler Konferenz« (in Moskau) zum Vorsitzenden der Exil-KPD gewählt. 1938–43 arbeitete Pieck als Generalsekretär der Komintern. 1943 war er einer der führenden Mitbegründer des Nationalkomitees »Freies Deutschland«. 1945 mit der Roten Armee nach Deutschland zurückgekehrt, wurde er Vorsitzender der KPD. Pieck betrieb maßgeblich den Zusammenschluss der SPD mit seiner Partei zur SED (1946), deren Vorsitz er mit Otto Grotewohl bis 1954 innehatte. Vom 11. 10. 1949 bis zu seinem Tod war Pieck Präsident der DDR mit nur geringem politischen Einfluss.

Pikten [latein. picti »die Bemalten«], römischer Name für die vorkeltischen oder keltischen Stämme in Nordschottland nördlich des Antoninuswalls (zwischen Forth- und Clydemündung), die wiederholt die Grenzen des römischen Britannien bedrängten. Sie wurden von den Römern 83 (oder 84) n. Chr. unter Agricola am Mons Gropius (Lage unbekannt) besiegt. Cassius Dio nannte Ende des 2. Jh. Kaledonier und Maiaten als die führenden Stämme der Pikten; Ammianus Marcellinus erwähnte um 360 die Stämme der Dikalidonen und Vekturionen. Weder indogermanisch noch keltisch ist die matrilineare Königsfolge bei den Pikten, als sie um die Mitte des 6. Jh. mit ihrem König Bruide (auch Brude oder Bridei) mac Maelchon, der etwa 554–584 regierte, historisch fassbar werden. Der Skotenkönig Kenneth I. MacAlpin von Dalriada vereinigte schließlich um 850 sein Reich mit dem der Pikten zu einem schottischen Großkönigreich.

Pilatus, Pontius, fünfter römischer Statthalter in Judäa (Praefectus Judaeae, 26–36 n. Chr.), an der Hinrichtung Jesu beteiligt. Pilatus wird in außerbiblischen Quellen aufgrund seiner antijüdischen Haltung sehr negativ beurteilt. Seine durch Willkür und Grausamkeit geprägte Amtsführung führte zu seiner Absetzung. Nach einer christlichen Überlieferung soll er im Jahr 39 Selbstmord begangen haben. Die eher positive Darstellung des Pilatus in den Evangelien sowie die Legendenbildung führten im 6./7. Jh. zu seiner Verehrung in der koptischen Kirche.

Pilgerväter, englisch **Pilgrim Fathers** [ˈpɪlgrɪm ˈfɑːðəz], die ersten puritanischen Ansiedler in Neuengland (v. a. separatistische Kongregationalisten), die mit anderen Siedlern 1620 auf der Mayflower den Atlantik überquerten und die Kolonie Plymouth gründeten. – Bild S. 704

Pillnitzer Konvention, Ergebnis einer Zusammenkunft im Schloss Pillnitz vom 25. bis 27. 8. 1791 zwischen Kaiser Leopold II., König Friedrich Wilhelm II. von Preußen und Graf Artois, dem späteren König Karl X. von Frankreich. Mit der Pillnitzer Konvention wurde die Grundlage für die erste europäische Fürstenkoalition gegen das revolutionäre Frankreich geschaffen.

Piłsudski [piu̯ˈsutski], Józef, polnischer Politiker, Marschall von Polen (seit 1920), *Zułowo (heute Sulowo, bei Wilna) 5. 12. 1867, †Warschau 12. 5. 1935; entstammte einer ursprünglich litauisch-polnischen Adelsfamilie. 1887 wurde Piłsudski wegen konspirativer Tätigkeit für fünf Jahre nach Sibirien verbannt. 1893 war er Mitbegründer der Polnischen Sozialistischen Partei (PPS), in der er eine führende Rolle spielte. 1900 in Lodz verhaftet, konnte er 1901 entfliehen. Seit 1902 wirkte er in Galizien. Programmatisch stellte er den Kampf um die Unabhängigkeit Polens vor die soziale Revolution. 1906 übernahm er die Führung der »revolutionären Fraktion« der PPS. Als »Kommandant« leitete Piłsudski die Befreiungsorganisation der »Schützen« und bereitete den Kampf um die Wiedererrichtung eines unabhängigen polnischen Staates an der Seite der Mittelmächte vor. Am 6. 8. 1914 stieß er nach Russisch-Polen vor, konnte aber den erhofften Aufstand nicht entfachen. Im Rahmen der mit Unterstützung Österreichs gebildeten polnischen Legionen führte er 1914–16 die 1. Brigade. Nach der Proklamation des Königreichs Polen durch die Mittelmächte (5. 11. 1916) wurde er Mitglied des Staatsrats, am 11. 11. 1918 vom Regentschaftsrat zum Oberbefehlshaber ernannt. In dieser Funktion fiel ihm kurz darauf als »Staatschef« (Naczelnik) auch die politische Gewalt zu, die das im Januar 1919 gewählte Parlament am 20. 2. 1919 bestätigte. Er versuchte den Plan einer osteuropäischen Föderation unter polnischer Führung durch militärische Vorstöße nach Osten zu verwirklichen. Dem Vormarsch bis Kiew (Mai 1920) folgte aber der bolschewistische Gegenschlag bis vor Warschau (Juli/August 1920). Als Oberbefehlshaber der polnischen Streitkräfte konnte er dank seiner strategischen Fähigkeiten die drohende militärische Niederlage in einen Sieg wenden (»Wunder an der Weichsel«) und im Frieden von Riga (1921) die polnische Ostgrenze um etwa 250 km vorschieben.

1923 legte Piłsudski das Amt des Generalstabschefs nieder; seit Juli 1923 lebte er als Privatmann in Sulejówek bei Warschau, behielt aber Einfluss auf das Heer. Im Mai 1926 führte er einen Staatsstreich durch und errichtete ein autoritäres System, in dem jedoch weder die Verfassung aufgehoben noch das Parlament beseitigt wurde. Er begnügte sich meist mit dem Amt des Kriegsministers und des Generalinspekteurs und war nur von Oktober 1926 bis Juni 1928 und von August bis Dezember 1930 auch Ministerpräsident. Er schreckte vor Verfassungsbrüchen und vor Gewalttaten gegenüber seinen parlamentarischen Gegnern nicht zurück, stützte sich aber im Allgemeinen auf das Heer und seit 1928 auf einen »Unparteiischen Block« im Parlament. Erst unmittelbar vor seinem Tode wurde die von ihm inspirierte autoritäre »Aprilverfassung« verkündet. Außenpolitisch leitete Piłsudski die Politik des Aufbaus Polens zur Führungsmacht in Ostmitteleuropa und der Annäherung an Deutschland ein, die durch das Nichtangriffsabkommen von 1934 besiegelt wurde.

Pontius Pilatus. Der römische Statthalter in Judäa ist bis heute bekannt, weil während seiner Herrschaft Jesus Christus den Kreuzestod erlitt. Die Miniatur, die Christus vor Pontius Pilatus zeigt, entstand vermutlich auf dem Berg Athos (12. Jh.; Athen, Nationalbibliothek).

Pinochet [pinoˈtʃɛt], Augusto, chilenischer General und Politiker, *Valparaíso 25. 11. 1915; war seit 1969 Stabschef beim Oberbefehlshaber des Heeres; wurde im August 1973 von Präsident Salvador Allende Gossens zum Oberbefehlshaber der Streitkräfte ernannt; leitete im September 1973 den blutigen Militärputsch, durch den die Regierung Allende gestürzt wurde. Im selben Jahr wurde Pinochet Chef der Militärjunta, ab Dezember 1974 formell Staatspräsident. Auf der Grundlage der seine Machtbefugnisse erweiternden autoritären Verfassung von 1981 wurde er erneut Präsident, Ministerpräsident und Oberbefehlshaber des Heeres. Die mehrfache Verhängung des Ausnahmezustands, Parteienverbot (1981), repressive Maßnahmen gegen Andersdenkende (der Diktatur fielen Tausende Menschen zum Opfer) und eine monetaristische Wirtschaftspolitik führten zu politischen und sozialen Spannungen. Ein Volksentscheid (1988) über eine Verlängerung seiner Amtszeit zwang ihn, sein Amt als Präsident im März 1990 aufzugeben. Er blieb bis März 1998 Oberbefehlshaber des Heeres und wurde nach der Verabschiedung – trotz vielfältiger Proteste – zum Senator auf Lebenszeit ernannt. Bei einem Besuch in Großbritannien im Oktober 1998 wurde er aufgrund eines von Spanien erlassenen Haftbefehls festgenommen; Großbritannien lehnte jedoch die Auslieferung an Spanien ab und ließ Pinochet im März 2000 nach Chile ausreisen; dort wurde ihm die Immunität entzogen. Ein Anklageverfahren wegen schwerer Menschenrechtsver-

JÓZEF PIŁSUDSKI
***1867 †1935**

war Mitbegründer der Polnischen Sozialistischen Partei

spielte eine führende Rolle im Kampf um die Wiedererrichtung eines unabhängigen polnischen Staates

wurde nach der Proklamation des Königreichs Polen Mitglied des Staatsrats und 1919 offiziell zum »Staatschef« ernannt

führte 1926 einen Staatsstreich durch und errichtete ein autoritäres System letzungen wurde im Juli 2001 aufgrund des Gesundheitszustandes von Pinochet vorläufig eingestellt.

Pippin I., der Ältere, Pippin von Landen, austrasischer Hausmeier, † um 640; Großvater von Pippin II.; erhob sich mit Arnulf von Metz als Anführer der austrasischen Adelsopposition gegen Königin Brunhilde (613), wurde von Chlothar II. zum Hausmeier für Austrasien und Berater Dagoberts I. eingesetzt. Durch die Ehe seiner Tochter Begga mit Ansegisel, dem Sohn Arnulfs von Metz, ist er Ahnherr der Karolinger.

Pippin II., der Mittlere, Pippin von Herstal (Heristal), austrasischer Hausmeier, * um 635, † 714; Enkel von Pippin I., Großvater von Pippin III.; erlangte als Hausmeier und »Dux« von Austrasien 687 durch den Sieg über den neustrischen Hausmeier Berchar bei Tertry die faktische Herrschaft im gesamten Frankenreich, dessen politischer Schwerpunkt sich aus dem romanischen Neustrien in das germanische Austrasien verlagerte. Pippin verhinderte den weiteren Zerfall des Reiches und beseitigte das selbstständige Stammesherzogtum der Thüringer. Seine Nachfolge erkämpfte sich sein Sohn Karl Martell.

Pippin III., der Jüngere, später auch fälschlich »der Kleine« (französisch le Bref, »der Kurze«), Hausmeier (seit 741) und König der Franken (seit 751), * um 715, † Saint-Denis 24. 9. 768; als Sohn Karl Martells Enkel von Pippin II.; ⚭ mit Bertha; erhielt beim Tod des Vaters 741 als Hausmeier Neustrien, Burgund und die Provence, sein älterer Bruder Karlmann Austrasien, Alemannien und Thüringen. 743 setzten die Brüder den Merowinger Childerich III. als König ein. Nach dem Rückzug Karlmanns in ein Kloster (747) und der Absetzung Childerichs (751) ließ sich Pippin Ende 751 in Soissons zum König wählen und durch die kirchliche Salbung legitimieren. 754 und 756 unterstützte er Papst Stephan II. gegen die Langobarden und begründete durch die → Pippinsche Schenkung an die Kirche den Kirchenstaat. In Bayern erhob Pippin den jungen Tassilo III. zum Herzog, der ihm als Vasall huldigte. Vor seinem Tod teilte Pippin das → Fränkische Reich unter seine Söhne Karlmann und Karl (den Großen).

PILGERVÄTER *Aufbruch in die Neue Welt*

Am 19. 11. 1620 erreichten die »Pilgerväter« mit der »Mayflower« (Stahlstich um 1850) New Plymouth in der Massachusetts Bay. Sie gehörten dem radikalen Flügel des Puritanismus an, der sich von der englischen Staatskirche gelöst hatte. Der große Exodus englischer Puritaner nach Nordamerika setzte allerdings erst einige Jahre später ein. Unter Führung des Aristokraten John Winthrop segelten etwa 1 000 Auswanderer auf vier Schiffen, finanziert von der »Massachusetts Bay Company«, von Southampton zur nordamerikanischen Ostküste, wo sie am 12. 6. 1630 in Salem eintrafen. Bis 1643 siedelten bereits 20 000 von ihnen in Massachusetts.

Die Hauptanstrengungen der Puritaner richteten sich auf die Errichtung und äußere wie innere Festigung ihres eigenen Gemeinwesens, in dem sie ihre religiös-politischen Idealvorstellungen von einem »neuen Jerusalem« verwirklichen konnten. Die allumschließende Ordnung der Institutionen, des geschriebenen Gesetzes und der Hierarchie diente angesichts einer kargen Umgebung und gefahrvollen Umwelt als Halt, führte aber auch zu dogmatischer Engstirnigkeit. Tatsächlich schufen das puritanische Arbeitsethos und das Bewusstsein, Gottes auserwähltes Volk (»God's chosen people«) zu sein, die besten Voraussetzungen, in der Neuen Welt zu bestehen. Unnachgiebig gingen die Puritaner daran, in einer »orthodoxen Theokratie« ihre religiös-politischen Anschauungen und ihre Lebensführung in dem von ihnen kontrollierten Teil der Welt durchzusetzen. Und wie sie sich selbst als das »neue Israel« sahen, erblickten sie nach dem Auszug aus »Ägypten« in dem vorgefundenen Indianerland das ihnen von Gott geschenkte »neue Kanaan«: Es den Indianern fortzunehmen und sie mit Feuer und Schwert auszurotten, entsprach nach ihrem alttestamentlichen Bibelverständnis dem »offenbaren« Willen Gottes und seinem Heilsplan.

PIPPINSCHE SCHENKUNG *Anfänge des Kirchenstaats*

Die Pippinsche Schenkung gilt als Grundlage für die Entstehung des Kirchenstaats um Rom und Ravenna. Aufgrund der Bedrohung Roms durch die Langobarden und der Untätigkeit des byzantinischen Kaisers Konstantin V. war der fränkische König Pippin III., der Jüngere, Papst Stephan II. militärisch zu Hilfe gekommen. Den Widerstand des Langobardenkönigs Aistulf brach Pippin in zwei Feldzügen (754, 756), die mit der hier abgebildeten Entscheidungsschlacht (Kupferstich von Matthäus Merian dem Älteren, 1630) endeten; damit erzwang er die Rückgabe der eroberten Gebiete, die er nun unmittelbar an den Papst übertrug, obwohl dieser Besitz offiziell zum byzantinischen Reich gehörte und der Franke hierüber keinerlei Verfügungsgewalt besaß.

Die undurchsichtige Rechtslage, die durch die Hinwegsetzung Pippins über byzantinisches Herrschaftsrecht entstanden war, gab dann wahrscheinlich Anlass zu einer der berühmtesten Fälschungen des Mittelalters, der »Konstantinischen Schenkung«: Sie behauptet, dass Kaiser Konstantin I., der Große, Papst Silvester I. Rom mit den westlichen Reichsteilen geschenkt habe. Seit dem Hochmittelalter benutzte das Papsttum die Schrift immer wieder als propagandistische Waffe zur Durchsetzung seiner Herrschaftsansprüche. Karl der Große bestätigte 781 zwar den von Pippin verliehenen Umfang des Kirchenstaats, verweigerte dem Papst aber einen Gebietsanspruch auf Mittelitalien sowie die Aufgabe der Oberherrschaft über das übertragene Gebiet; da auch seine Nachfolger gleichermaßen verfuhren, legte Kaiser Lothar I. 824 fest, dass der Papst nach seiner Wahl einen Treueeid zu leisten habe und dass dem Kaiser die Kontrolle über die päpstliche Herrschaft zustehe.

Pippinsche Schenkung, lateinisch **Donatio Pippini,** im Zusammenhang mit dem fränkisch-päpstlichen Bündnis und den Langobardenfeldzügen des fränkischen Königs Pippin III., des Jüngeren (754/756), erfolgte, als Restitution verstandene Schenkung bestimmter von den Langobarden besetzter, vorher römisch-byzantinischer Gebiete an den Papst, die die Grundlage des →Kirchenstaats schuf. Da die ersten darüber ausgestellten Urkunden nicht erhalten sind, ist der territoriale Umfang der Schenkung nicht genau zu bestimmen. Nach der Einigung zwischen Karl dem Großen und Papst Hadrian I. (781/787) umfasste der Kirchenstaat den Dukat von Rom, das Exarchat Ravenna, die Pentapolis und die Emilia, die Sabina und das südliche Tuszien.

Pisa, Konzile von, zwei in Pisa abgehaltene Konzile, die von der katholischen Kirche nicht zu den ökumenischen Konzilen gezählt werden.

Das 1. Konzil (1409) wurde zur Beendigung des →Abendländischen Schismas (zwischen Benedikt XIII. in Avignon und Gregor XII. in Rom) von den Kardinälen beider Anhängerschaften einberufen, gegen den Willen beider Päpste, die ihrerseits Synoden in Perpignan bzw. Cividale (Friaul) versammelten. Das Konzil setzte beide Päpste ab und wählte Alexander V. zum Papst.

Das 2. Konzil (1511/12) wurde gegen Julius II. von neun Kardinälen mit Unterstützung von Kaiser Maximilian I. und Ludwig XII. von Frankreich einberufen, dann nach Mailand, Assisi und Lyon verlegt. Es erklärte Julius II. für abgesetzt, der als Reaktion darauf das 5. Laterankonzil einberief.

PIPPINSCHE SCHENKUNG. *Zweifelhafte Grundlage*

Pippin erhielt 754 den Besuch Papst Stefans II. Dabei kam es zu der von langer Hand vorbereiteten Pippinschen Schenkung, die eigentlich, wie der Papst betonte, keine Schenkung, sondern »Zurückgabe« von Territorialbesitz war. Der kuriale Anspruch darauf beruhte ebenso wie das angebliche Recht Stefans, Pippin zum Patricius Romanorum, zum militärischen Schutzherrn der Römer zu ernennen, auf einer Fälschung des späten 5. Jh., wonach Kaiser Konstantin I., der Große, ausgedehnte Gebiete in Italien und der westlichen Welt dem Papst geschenkt habe, obendrein den Lateranpalast als Amtssitz und das Recht, kaiserliche Gewänder und Insignien zu tragen und »consules« und »patricii« zu ernennen. Pippin dürfte kaum geahnt haben, auf welch fraglichen Anspruch er sich eingelassen hatte.

William Pitt der Jüngere

Pitt,

1. William, der Ältere, 1. Earl of Chatham (seit 1766), britischer Politiker, *London 15. 11. 1708, †Hayes (heute zu London) 11. 5. 1778; Vater von Pitt dem Jüngeren; war seit 1735 Abgeordneter im Unterhaus, wo er mit rednerischem Schwung besonders den Premierminister Robert Walpole und die Verbindung der britischen Politik mit den Hannoveraner Interessen Georgs II. bekämpfte. 1746–55 war Pitt Kriegszahlmeister, 1756–57 und nach kurzer Unterbrechung 1757–61 leitender Minister. Im See- und Kolonialkrieg mit Frankreich (→Siebenjähriger Krieg), in dem er als Bundesgenosse Preußens auftrat, führte seine Politik zur Zerschlagung der französischen Macht auf den Meeren und in Übersee. Nach dem Regierungsantritt Georgs III. (1760), der den Krieg möglichst rasch abbrechen wollte, musste Pitt 1761 zurücktreten; der Frieden von Paris (10. 2. 1763) wurde entgegen seinen Wünschen abgeschlossen. 1766–68 war er wieder leitender Minister, ohne jedoch die politische Führung behalten zu können.

Pius VI.

2. William, der Jüngere, britischer Politiker, *Hayes (heute zu London) 28. 5. 1759, †Putney (heute zu London) 23. 1. 1806; Sohn von Pitt dem Älteren; Anwalt; wurde bereits 1781 Abgeordneter des Unterhauses, wo er sich durch sein Redetalent und sein finanzpolitisches Wissen auszeichnete. 1782/83 war Pitt Schatzkanzler. Im Dezember 1783 von König Georg III. gegen die Parlamentsmehrheit zum Premierminister ernannt, konnte er schon 1784 einen hohen Wahlsieg erringen. Nun auf eine Parlamentsmehrheit der Tories gestützt, baute er eine wirksame Kabinettsorganisation auf mit dem Premierminister als dem verantwortlichen Leiter der Politik. Pitts Regierung bedeutete damit einen Wendepunkt in der britischen Verfassungsentwicklung, da erstmals ein Dreiecksverhältnis von Regierung, Parlament und Wählerschaft erreicht wurde, ohne die königliche Prärogative formell zu beschneiden.

Pius VII.

Bis 1793 galt Pitts Wirken hauptsächlich der inneren Konsolidierung, dem Aufbau einer sparsamen Verwaltung sowie Reformen wie der des Wahlrechts. Der Eintritt Großbritanniens in die europäische Koalition gegen das revolutionäre Frankreich 1793 brachte auch im Innern eine veränderte Politik, die von der Unterdrückung aller Reformkräfte durch die Regierung geprägt war. Den Krieg gegen Frankreich führte Pitt mit dem Ziel, das europäische Gleichgewicht wieder herzustellen und den britischen Besitzstand in Übersee gegenüber Frankreich auszubauen. Der Aufstand in Irland wurde 1798 mit Härte niedergeschlagen. Pitt erreichte daraufhin 1800 vom irischen Parlament die Zustimmung zur Union mit dem britischen Parlament. Der von Pitt erstrebten, vollen bürgerlichen Gleichberechtigung der Katholiken versagte Georg III. seine Zustimmung; Pitt trat deshalb 1801 zurück. 1804–06 stand er erneut an der Spitze der Regierung.

Pius X.

Pius V., Papst (1566–72), früher Michele Ghislieri, *Bosco Marengo (bei Alessandria) 17. 1. 1504, †Rom 1. 5. 1572; Dominikaner (seit 1518); wurde 1556 Bischof von Sutri und Nepi (Prov. Viterbo), 1557 Kardinal, 1558 Großinquisitor. Pius' Papstwahl wurde durch Karl Borromäus unterstützt. Hauptanliegen des asketisch lebenden Pius war die katholische Reform nach den Beschlüssen des Konzils von Trient. Er gründete neue Kardinalskongregationen, drang auf Einhaltung der Reformdekrete und veröffentlichte 1566 den »Catechismus Romanus«, 1568 das »Breviarium Romanum« und 1570 das »Missale Romanum«. Er war ein harter Verfechter der Inquisition und des Kampfes gegen die Hugenotten. Die Bannbulle gegen Elisabeth I. von England (1570) löste in England die Verfolgung der Katholiken aus. Pius' größter politischer Erfolg war der Seesieg der Heiligen Allianz über die Türken bei Lepanto (1571).

Pius VI., Papst (1775–99), früher Giovanni Angelo Braschi, *Cesena 25. 12. 1717, †Valence 29. 8. 1799; war nach langer Tätigkeit in der Verwaltung des Kirchenstaates seit 1773 Kardinal. Sein Pontifikat war gekennzeichnet durch staatskirchlich motivierte Auseinandersetzungen. Pius bekämpfte Josephinismus, Jansenismus und Febronianismus und verurteilte die Emser Punktation (1786). In der Auseinandersetzung mit der Französischen Revolution verurteilte Pius die Erklärung der Menschen- und Bürgerrechte und die Zivilverfassung des Klerus. Im Mai 1791 erfolgte der Abbruch der diplomatischen Beziehungen zwischen Frankreich und dem Heiligen Stuhl; am 25. 2. 1798 wurde nach dem Einmarsch französischer Truppen in Rom die Römische Republik proklamiert und der Papst für abgesetzt erklärt und gegen seinen Willen nach Frankreich gebracht.

Pius VII., Papst (1800–23), früher Luigi Barnaba Chiaramonti, *Cesena 14. 8. 1742, †Rom 20. 8. 1823; Benediktiner (seit 1758); wurde 1782 Bischof, 1785 Kardinal. Unterstützt durch Ercole Consalvi, reorganisierte er den teilweise restituierten Kirchenstaat und erreichte durch Kompromissbereitschaft gegenüber den kirchenpolitischen Forderungen Napoleons I. (Konkordat von 1801) den Wiederaufbau der französischen Kirche. Nach der Kaiserkrönung in Paris (1804), an der Pius mitwirkte, verschärften sich die Spannungen zwischen ihm und Napoleon, der nach der Besetzung Roms (1808) den Kirchenstaat mit Frankreich vereinigte (1809) und Pius gefangen setzte. Erst nach dem Sturz Napoleons konnte Pius zurückkehren (1814). Hauptereignisse seines späteren Pontifikats waren die Wiederherstellung des Jesuitenordens (1814), die Rückgabe und Neubegründung des Kirchenstaates (Wiener Kongress 1815) sowie der Versuch einer Neuordnung der kirchlichen Verhältnisse fast aller Länder Europas.

Pius IX., Papst (1846–78), früher Graf Giovanni Maria Mastai-Ferretti, *Senigallia 13. 5. 1792, †Rom 7. 2. 1878; wurde 1827 Erzbischof von Spoleto, 1832 Bischof von Imola, 1840 Kardinal. Politisch war Pius' Pontifikat geprägt von der Römischen Frage und dem Untergang des Kirchenstaates. Die anfängliche Reformbereitschaft Pius' wich nach der Revolution von 1848 und unter dem Druck der italienischen Einigungsbestrebungen (Risorgimento) einer restriktiven Regierung. Kirchenpolitisch wurde das Pontifikat Pius' durch den Ultramontanismus geprägt. 1854 dogmatisierte Pius die Unbefleckte Empfängnis Marias. Auf Empörung stieß in liberalen Kreisen die Veröffentlichung des Syllabus zusammen mit der Enzyklika »Quanta cura« (1864), einer Zusammenstellung der vermeintlichen Irrtümer der modernen Zeit in Politik, Kultur und Wissenschaft. Nicht weniger umstritten war die Verkündung des Dogmas von der päpstlichen Unfehlbarkeit 1870 auf dem 1. Vatikanischen Konzil, auf die die nicht katholische Welt mit heftiger Kritik und Unverständnis und eine Minderheit der Katholiken mit Widerstand (Altkatholiken) reagierte. In den Auseinandersetzungen um die (Neu-)Bestimmung des Verhältnisses von Staat und katholischer Kirche im 1871 gegründeten Deutschen Reich war Pius der Hauptgegner Bismarcks in der ersten Phase des Kulturkampfs.

Pius X., Papst (1903–14), früher Giuseppe Sarto, *Riese (bei Treviso) 2. 6. 1835, †Rom 20. 8. 1914; wurde 1884 Bischof von Mantua, 1893 Patriarch von Venedig und Kardinal. Kirchenpolitisch wandte sich Pius vom Kurs seines Vorgängers Leo XIII. ab, der eine Annäherung der französischen Katholiken an die Republik verfolgt hatte; dies führte unter Pius zum Abbruch der politisch-diplomatischen Verbindungen mit Frankreich. Seine Ablehnung jeglicher demokratisch-parlamentarischer Tendenzen wurde deutlich in seiner Kritik am politischen Katholizismus und in der Parteinahme zugunsten der »Berliner Richtung« im deutschen Gewerkschaftsstreit. Theologisch verurteilte Pius den Modernismus, womit innerkirchlich eine förmliche Hetzjagd ausgelöst wurde, der zahlreiche liberal- oder reformkatholische Theologen durch Indizierung oder Suspendierung zum Opfer fielen. 1910 wurde der Antimodernisteneid vorgeschrieben. Kennzeichnend für das Pontifikat Pius' waren andererseits die Bemühungen dieses persönlich bescheidenen und tieffrommen »konservativen Reformpapstes« um die religiöse Hebung der Kirche (Neuorganisation der Kurie, Förderung des Bibelstudiums, Verbesserung der Priesterausbildung, Reform in Liturgie und Kirchenmusik).

Pius IX.
Bismarcks Absicht, mit kirchenpolitischen Maßnahmen das »Zentrum«, die oppositionelle katholische Parteigruppierung, zu zerschlagen, schlug fehl. Der »Kulturkampf« (in dieser zeitgenössischen Karikatur ausgetragen als Schachspiel zwischen Bismarck und Pius IX.) führte vielmehr zu einem Schulterschluss der katholischen Bevölkerung mit ihrer unter Druck geratenen Geistlichkeit.

Pius XI., Papst (1922–39), früher Achille Ratti, *Desio 31. 5. 1857, †Rom 10. 2. 1939; wurde 1882 Professor am Mailänder Priesterseminar, 1888 Bibliothekar an der Ambrosiana, 1907 an der Vatikanischen Bibliothek; war ab 1918 Apostolischer Visitator und Nuntius in Polen. 1921 wurde Pius Erzbischof von Mailand und Kardinal. Als Papst propagierte er die »Ausbreitung des Gottesreiches«, zu der die Katholische Aktion beitragen sollte, ebenso die Errichtung neuer Bistümer, die Förderung des einheimischen Klerus in den Missionsgebieten sowie die Lösung der Römischen Frage durch die →Lateranverträge (1929). Während seines Pontifikats wurden zahlreiche Konkordate konzipiert. Umstritten ist bis heute das Reichskonkordat (1933), das einen großen Prestigegewinn für das nationalsozialistische Regime bedeutete. Mit der Enzyklika »Mit brennender Sorge« (1937) wandte sich Pius noch einmal den deutschen Verhältnissen zu und verurteilte die nationalsozialistische Lehre und Kirchenpolitik und die mit ihnen einhergehenden Konkordatsverletzungen.

Pius XII., Papst (1939–58), früher Eugenio Pacelli, *Rom 2. 3. 1876, †Castel Gandolfo 9. 10. 1958; trat nach seiner Priesterweihe 1899 in den Dienst der Kurie; wurde 1917 Titularerzbischof und Nuntius für Bayern (bis 1925); 1920–29 Nuntius für das Deutsche Reich. 1929 wurde Pius Kardinal, 1930 Staatssekretär Pius' XI. Die ersten Monate seines Pontifikats im Frühjahr 1939 standen unter dem Eindruck mehrerer vergeblicher Friedensinitiativen. Auch während des Krieges und in der Nachkriegszeit bemühte er sich um humanitäre Hilfsprogramme. Untrennbar verbunden ist sein Name mit der Frage, ob das päpstliche Schweigen gegenüber dem Holocaust diesen nicht gefördert, wenn nicht gar erst ermöglicht habe und ob ein massiver Protest seitens des Heiligen Stuhls den Völkermord hätte verhindern können. Der über die Gräueltaten genau informierte Papst war der Überzeugung, dass ein Eingreifen seinerseits die Situation nur

Pius XI.

noch verschlimmert hätte; er trug jedoch durch von ihm direkt initiierte geheime Hilfsaktionen und seine weltweiten diplomatischen Möglichkeiten maßgeblich dazu bei, dass Tausende Juden vor Deportation und Ermordung bewahrt werden konnten. Politisch blieb Pius dem von seinen Vorgängern vorgezeichneten Grundsatz der strikten Neutralität treu, wobei er im Vergleich zum Kommunismus die Diktaturen in Deutschland und Italien als die »kleineren Übel« betrachtete.

Francisco Pizarro

Pizarro [pi'θarrɔ], Francisco, spanischer Konquistador, Eroberer Perus, *Trujillo 1478, †(ermordet) Ciudad de Los Reyes (heute Lima) 26. 6. 1541; ging 1502 nach Westindien und nahm 1510 an einer Fahrt Alonso de Hojedas nach Urabá und 1513 an dem Zug Vasco Núñez de Balboas über die Landenge von Panama teil. Mit Diego de Almagro und dem Pater Hernando de Luque verband er sich zur Eroberung Perus und unternahm von Panama aus zunächst Erkundungsfahrten (1524/25, 1526), wobei er die Küste von Peru bei Tumbes erreichte. 1529 ließ er sich in Spanien von Kaiser Karl V. zum Statthalter und Generalkapitän von Peru ernennen; 1531 trat er die Fahrt nach Peru an. Von Tumbes aus drang er 1532 über die Anden ins Innere vor. Durch eine List kam der Inkaherrscher Atahualpa in Cajamarca in spanische Gefangenschaft; Pizarro ließ ihn hinrichten (1533), obwohl das geforderte hohe Lösegeld bezahlt worden war. Nach einem langen Marsch zog Pizarro in der Hauptstadt Cuzco ein und hob unter dem Protektorat des Königs von Spanien den Inka Manco Capac II. auf den Thron. 1535 gründete er Lima. Unter der Führung Manco Capacs erhoben sich die Indianer und belagerten 1536 Cuzco, das von den Halbbrüdern Pizarros verteidigt wurde. Nachdem der aus Chile zurückgekehrte Almagro 1537 die Stadt entsetzt hatte, kam es zum Krieg zwischen Almagro, der Cuzco für sich beanspruchte, und Pizarro; Almagro wurde von Hernando Pizarro in der Schlacht von Salinas (26. 4. 1538) geschlagen und auf Pizarros Befehl hingerichtet. Später ließ Almagros Sohn Pizarro ermorden.

Plantagenet [plæn'tædʒɪnɪt], **Anjou-Plantagenet** [ã'ʒu-], englisches Königshaus, das 1154–1399 in direkter Linie und 1399–1485 in den Linien Lancaster und York regierte. Der Name stammt vom Ginsterbusch (latein. planta genista), den Gottfried V., Graf von Anjou, genannt Gottfried Plantagenet, als Helmzier trug. Sein Sohn Heinrich aus der Ehe mit Mathilde, der Tochter Heinrichs I. von England und Witwe Kaiser Heinrichs V., bestieg 1154 als Heinrich II. den englischen Thron und begründete die Dynastie Plantagenet; diese erlosch 1499 mit Edward, Earl of Warwick.

Plechanow, Georgij, russischer Revolutionär, *Gudalowka (Gebiet Lipezk) 11. 12. 1856, †Terijoki (heute Selenogorsk) 30. 5. 1918; Sohn eines adligen Grundbesitzers; schloss sich als Student den »Narodniki« an und war nach deren Spaltung 1877 einer der Führer der gemäßigten Gruppe der »Schwarzen Umverteilung«. Plechanow emigrierte 1880 und gründete 1883 in Genf den marxistischen Bund »Oswoboschdenije truda« (»Befreiung der Arbeit«), eine Keimzelle der Sozialdemokratischen Arbeiterpartei Russlands. Plechanow war 1889 russischer Delegierter der Zweiten Internationale und bis 1904 Mitglied ihrer Exekutive. Gegen den reformerischen Ökonomismus gründete er u.a. mit Lenin 1900 in Leipzig die Zeitschrift »Iskra«. Auf dem 2. Parteitag der russischen Sozialdemokratie in Brüssel und London (1903), der zur Spaltung der Partei in Bolschewiki und Menschewiki führte, stand er zunächst an der Seite Lenins, schloss sich dann den Menschewiki an. 1917 kehrte er nach Russland zurück und wandte sich mit der sozialdemokratischen Gruppe um die Zeitschrift »Jedinstwo« (Einheit) gegen die Aprilthesen Lenins und den Revolutionskurs der Bolschewiki.

PLO, Abk. für **Palestine Liberation Organization,** →Palästinensische Befreiungsorganisation.

Plötzensee, Strafanstalt im Berliner Verwalzungsbezirk Charlottenburg. Hier wurden während der nationalsozialistischen Herrschaft 1933–45 über 2000 Widerstandskämpfer, u.a. die Mitglieder der Roten Kapelle und die Männer des 20. Juli 1944, hingerichtet.

Podiebrad und Kunštát ['pɔdjɛbrat - 'kunʃta:t], Georg von, König von Böhmen (1458–71), →Georg von Podiebrad und Kunštát.

RAYMOND POINCARÉ
***1860 †1934**

- pflegte als Ministerpräsident und Außenminister intensive Beziehungen zu England und Russland
- verfolgte gegenüber Deutschland eine Politik der Stärke
- war 1913 bis 1920 Staatspräsident
- provozierte den Sturz von Ministerpräsident Aristide Briand

Poincaré [pwɛ̃ka're], Raymond, französischer Politiker, *Bar-le-Duc 20. 8. 1860, †Paris 15. 10. 1934; Rechtsanwalt; war 1887–1903 progressiv-republikanischer Abgeordneter, 1895–98 Vizepräsident der Kammer, ab 1903 Senator; 1893 und 1895 Unterrichts-, 1894 und 1906 Finanzminister. Angesichts der militärischen Stärke Deutschlands überzeugt, dass nur eine starke Allianz Sicherheit biete, pflegte Poincaré als Ministerpräsident und Außenminister (1912/13) intensiv die französisch-britischen und französisch-russischen Beziehungen, unterstützte Russland auf dem Balkan, suchte Armee und Marine zu stärken und war gegenüber Deutschland kompromisslos. Als Staatspräsident (1913–20) bemühte er sich während des Ersten Weltkrieges um eine »Union sacrée« aller Parteien zur Verteidigung der Republik und plädierte für eine Annexion des Rheinlandes und der Saar.

Von Februar bis Mai 1920 war er Vorsitzender der Reparationskommission und trat für die extensive Auslegung des Versailler Vertrages ein. 1922 provozierte er den Sturz von Ministerpräsident Aristide Briand, dessen konziliante Haltung gegenüber Deutschland er ablehnte. 1922–24 erneut Ministerpräsident und Außenminister, verweigerte Poincaré jedes Zugeständnis in der Reparations- und Abrüstungsfrage, ließ im Januar 1923 wegen des Verzuges der deutschen Lieferungen das Ruhrgebiet besetzen (→Ruhrbesetzung) und unterstützte den rheinischen Separatismus. Poincarés Erwartungen, aus einer Position der Stärke mit Großbritannien und den USA eine definitive Regelung des Reparations- und Schuldenproblems im Interesse Frankreichs zu treffen, wurden jedoch nicht erfüllt. Nach dem Wahlsieg des »Linkskartells« trat Poincaré am 1. 6. 1924 zurück, wurde 1926, gestützt auf das Parteienbündnis der »Union nationale«, wiederum Ministerpräsident und zugleich Finanzminister; es gelang ihm, die französische Finanzkrise durch Stabilisierung des Franc zu bewältigen.

Polen, amtlich polnisch **Rzeczpospolita Polska** [ʒɛtʃpɔsˈpɔlita -], Staat in Europa, der im Nordosten an das russische Gebiet Kaliningrad und an Litauen, im Osten an Weißrussland, im Südosten an die Ukraine, im Süden an die Tschechische und die Slowakische Republik, im Westen an Deutschland und im Norden an die Ostsee grenzt.

DER FRÜHE PIASTENSTAAT (10. JH. BIS 1138): Um Posen und Gnesen, das Siedlungsgebiet der Polanen, das »ältere« Großpolen, konnten im 10. Jh. die Gebiete einiger früherer slawischer Stammesverbände in straffer Organisation zusammengefasst und auch Kujawien (Goplanen) sowie das mittlere Weichselgebiet (Masowien) einbezogen werden. Erster historischer Herrscher Polens war Mieszko I., der 966 zum Christentum übertrat. Die schlesischen Stämme und das »jüngere« Kleinpolen an der oberen Weichsel wurden um 990 der polnischen Herrschaft unterstellt, die von ausländischen Chronisten um 1000 erstmals »Polen« genannt wurde. Mieszkos Sohn Boleslaw I. Chrobry konnte in langen, bis 1018 dauernden Kämpfen gegen Kaiser Heinrich II. und die Przemysliden die Lausitz, Teile von Mähren und der Slowakei sowie Schlesien und Pommern an Polen angliedern und 1025 die Königswürde erwerben. Nach dem Tod von Boleslaw I. Chrobry (1025) gingen die eroberten Gebiete nach und nach wieder verloren.

DIE ZEIT DER TEILFÜRSTENTÜMER (1138–1320): Boleslaw III. Krzywousty führte 1138 eine Senioratserbordnung ein, die zur Entstehung von Teilherzogtümern führte. Pommern schied 1181 endgültig aus der losen Abhängigkeit aus, während Schlesien ab 1163 eine Sonderentwicklung nahm und sich um 1300 der böhmischen Lehnshoheit unterstellte. Die religiöse Einheit sowie das Bewusstsein der gemeinsamen Vergangenheit, das in dem Begriff der polnischen Nationalität seinen Ausdruck fand, verhüteten eine völlige Auflösung des polnischen Staates. Seit dem 12. Jh. versuchten Fürsten und kirchliche Institutionen, neue Siedler für ihre Güter heranzuziehen. Durch den Mongolensturm bis nach Schlesien (1241) und spätere Tatareneinfälle wurde Polen allerdings weiter geschwächt. Zur Abwehr der zunehmenden Raubüberfälle der Pruzzen (Preußen), Jadwiger und Litauer rief Herzog Konrad I. von Masowien 1226 den Deutschen Orden nach Polen. Nach der 1283 abgeschlossenen Unterwerfung der Pruzzen weitete der Orden seine weltliche Herrschaft 1309 über das von Polen beanspruchte Pomerellen aus. Die Auseinandersetzung mit dem Deutschen Orden sowie das Erstarken der Bürgerschaft und des Adels prägten das 14. und 15. Jahrhundert.

DIE PIASTEN (1320–70): Der Aufstieg Böhmens, Litauens und Galitsch-Wladimirs sowie das Vordringen der Askanier lösten Ende des 13. Jh. in Großpolen Versuche zur Wiedererlangung der staatlichen Einheit aus. Der Herzog von Kujawien, Wladislaw I. Lokietek erreichte die Vereinigung seiner Provinzen mit Großpolen und Kleinpolen und 1320 die Königskrönung. Besonders unter seinem Nachfolger Kasimir III., dem Großen, konnte der Staat innerlich konsolidiert und durch geschickte Bündnis- und Heiratspolitik auch außenpolitisch abgesichert werden. 1349/66 gelangen die Eingliederung des konfessionell orthodoxen, ethnisch ukrainischen (ruthenischen) Fürstentum Galitsch-Wladimir (Rotreußen) mit Lemberg sowie die Anerkennung der Lehnshoheit durch Masowien.

DAS HAUS ANJOU (1370–86) UND DIE JAGIELLONEN (1386–1572): Ludwig I., der Große, Kasimirs Neffe, musste die Regelung der Nachfolge mit großzügigen Privilegien für den Adel erkaufen. In den Unionen von Krewo und Krakau 1385/86 wurde festgelegt, dass sich der bisher heidnische Großfürst Jagiello von Litauen taufen lassen und die Tochter Ludwigs I., Hedwig (Jadwiga), zur Frau nehmen würde. Als König Wladislaw II. vereinigte er das multinationale und mehrkonfessionelle Doppelreich Polen-Litauen in Personalunion (1569 Realunion). Polen-Litauen stieg nicht zuletzt in den Kriegen mit dem Deutschen Orden (1409–11, 1419–22, 1431–38)

POLEN. ***»Christus der Völker«***

Der polnische Nationaldichter Adam Mickiewicz sieht Polen als Christus der Völker, ausersehen, die Welt von der Despotie zu befreien: *»Das polnische Volk ist nicht gestorben; sein Leib liegt im Grab, und seine Seele hat die Erde, das öffentliche Leben, verlassen, um hinabzusteigen zum Abgrund, das ist zum häuslichen Leben der Völker, die Knechtschaft leiden daheim und in der Ferne, um ihre Leiden zu sehen. Und am dritten Tage wird die Seele in den Leib zurückkehren, und das Volk wird auferstehen, und es wird alle Völker Europas aus der Knechtschaft befreien.«*

zur politischen und militärischen Führungsmacht in Osteuropa auf. Nach der Beseitigung der Gefahr durch den Ordensstaat festigte der Anschluss Kurlands und Livlands 1561 die polnische Machtposition an der Ostsee. Litauen dagegen führte 1486–1522 vier Abwehrkriege gegen das nach Westen expandierende Großfürstentum Moskau und musste auf große Gebiete verzichten. Der Adel, die »Schlachta«, zunehmend an den Regierungsgeschäften beteiligt, konnte seine privilegierte Stellung weiter ausbauen. Im Reichstag (Sejm) war das Bürgertum nicht vertreten; die Bauern gerieten in zunehmende Abhängigkeit von adligen Grundherren, bald in totale Erbuntertänigkeit. In seinem »goldenen Zeitalter« im 16. Jh. kontrollierte Polen den böhmischen und den ungarischen Thron und erlebte unter Sigismund I., dem Alten, und Sigismund II. August eine kulturelle Blüte.

DAS WAHLKÖNIGTUM (1572–1795): Nach dem Aussterben der Jagiellonen wurde Polen 1572 eine Wahlmonarchie. Bei der Wahl des weitgehend entmachteten Königs durch den Adel suchten zunehmend ausländische Mächte einzugreifen. 1660/67 verlor Polen Livland, die Ukraine bis zum Dnjepr mit Kiew und Smolensk und musste die Unabhängigkeit Preußens anerkennen. Die längst überfälligen inneren Reformen konnten auch unter den beiden Sachsenkönigen August II., dem Starken, und August III. wegen der russischen und preußischen Intervention nicht durchgeführt werden. Interne Auseinandersetzungen der Adelsgruppen, die 1706 und 1733 zur Wahl Stanislaus' I. Leszczyńskis, führten, lösten eine weitgehende Lähmung des öffentlichen Lebens aus.

1764 wurde auf russischen Druck Stanislaus II. August (Poniatowski) zum letzten König gewählt. Die ausländischen Nachbarn verstrickten die zerstrittenen Adelsparteien in einen Bürgerkrieg (Konföderation von Bar, 1768) und nahmen mit der 1. Polnischen Teilung (1772) Polen fast 30 % seines Gebietes und 35 % seiner Einwohner. Mit der Nationalen Erziehungskommission (1773) und dem Immerwährenden Rat (1775) erhielt Polen moderne Zentralbehörden. Das 1788 eingeleitete Reformwerk fand in der Verfassung vom 3. 5. 1791 einen Abschluss. Die unter russischem Einfluss 1792 gebildete Adelsopposition bot aber Russland und Preußen 1793 die Möglichkeit. Polen in der 2. Teilung zu einem Reststaat zu reduzieren. Der 1794 von Tadeusz Kościuszko geführte Aufstand lieferte den drei Teilungsmächten (Österreich, Preußen, Russland) den Vorwand, in der 3. Polnischen Teilung die polnische Eigenstaatlichkeit 1795 zu liquidieren.

UNTER DER HERRSCHAFT DER TEILUNGSMÄCHTE (1795–1918): Das durch Napoleon I. 1807 errichtete Herzogtum Warschau wurde auf dem Wiener Kongress 1815 um Posen und Krakau verkleinert und als Königreich Polen (»Kongresspolen«) in Personalunion mit Russland vereinigt. Versuche zur Wiederherstellung des Nationalstaates (u. a. Novemberaufstand 1830/31) wurden blutig niedergeschlagen. Der Ausbruch des Ersten Weltkriegs belebte die nationalen Hoffnungen der Polen. Der amerikanische Präsident Woodrow Wilson forderte die Bildung eines unabhängigen polnischen Staates mit einem Zugang zur See (8. 1. 1918). Der Ausrufung eines unabhängigen Polens durch den Regentschaftsrat im Oktober 1918 folgte die Proklamation der Republik Polen am 11. 11. 1918.

DIE REPUBLIK POLEN (1918–39): Seine territoriale Gestalt fand Polen jedoch erst in den folgenden Jahren. Durch den Versailler Vertrag und nach Volksabstimmungen wurde die Grenze zum Deutschen Reich festgelegt. Gegenüber Sowjetrussland hatte die Pariser Friedenskonferenz 1919 eine Demarkationslinie (→ Curzon-Linie) gezogen. Polen löste durch seinen Angriff den polnisch-sowjetischen Krieg 1920 aus und erreichte im Frieden von Riga (18. 3. 1921) eine Grenzziehung mehr als 200 km östlich der Curzon-Linie. Mit Ausnahme von Rumänien hatte Polen mit allen Nachbarstaaten bei der Festlegung seiner Grenzen schwere Konflikte riskiert. Die innere Konsolidierung wurde erschwert durch die politische Zersplitterung, die wirtschaftliche Rückständigkeit, die in der Teilungszeit entstandenen unterschiedlichen Wirtschafts-, Bildungs-, Justiz-, Verwaltungs- und Verkehrssysteme und durch die Existenz starker nationaler Minderheiten. Außenpolitisch wurde Polen in das französische Allianzsystem einbezogen. Die restriktive Politik gegenüber der deutschen Minderheit, die deutsche Weigerung, die neue deutsche Ostgrenze anzuerkennen, ein »Zollkrieg« um die oberschlesische Kohle, andererseits der politisch-ideologische Gegensatz zum Sowjetsystem schlossen eine Kooperation Polens mit seinen beiden größten Nachbarn aus.

Am 12. 5. 1926 übernahm Marschall Józef Piłsudski in einem Staatsstreich die Macht, errichtete unter formaler Beibehaltung von Verfassung und Parlament ein autoritäres System und setzte 1935 eine autoritäre Präsidialverfassung durch. Zur außenpolitischen Absicherung wurden der Nichtangriffsvertrag mit der Sowjetunion 1932 und der Deutsch-Polnische Nichtangriffspakt 1934 abgeschlossen. Außenminister Józef Beck strebte den Aufstieg Polens zur ostmitteleuropäischen Führungsmacht im Rahmen eines Dritten Europa von der Ostsee bis zur Adria an.

Nach dem Tod Piłsudskis 1935 wurden die Militärs unter Marschall Edward Rydz-Śmigły staatsbestimmend; militärische Pressionen gehörten fortan zum außenpolitischen Instrumentarium. Die Verschärfung der Minderheitenpolitik, auch gegenüber der deutschen

Volksgruppe, engte die außenpolitische Manövrierfähigkeit ein. Im März 1938 wurde Litauen zur Grenzanerkennung und die ČSR im Oktober 1938 zur Abtretung des Olsagebietes gezwungen. Der verstärkte Druck des Deutschen Reiches seit Oktober 1938 veranlasste Polen wieder zu engerer Anlehnung an die Westmächte. Die Kündigung des Deutsch-Polnischen Nichtangriffspakts durch Hitler (28. 4. 1939) hoffte Polen durch die britische Garantieerklärung (31. 3. 1939) und das polnisch-britische Beistandsabkommen (25. 8. 1939) ausgleichen zu können. Doch im Deutsch-Sowjetischen Nichtangriffspakt vom 23. 8. 1939 war in einer Geheimklausel u. a. die Aufteilung Polens vereinbart worden. Am 1. 9. 1939 begann der deutsche Angriff auf Polen.

ZWEITER WELTKRIEG (1939–44): Das polnische Heer konnte sich nicht gegen die deutsche Wehrmacht und die seit 17. 9. 1939 einrückende Rote Armee behaupten. Polen wurde entlang dem Fluss Bug zwischen dem Deutschen Reich und der Sowjetunion aufgeteilt. Die v. a. von Ukrainern und Weißruthenen bewohnten östlichen Gebiete wurden der Ukrainischen SSR und der Weißrussischen SSR eingegliedert. 1940/41 wurden weit über 1 Million Polen nach Zentralasien und Sibirien zwangsdeportiert. Westpolen wurde dem Deutschen Reich eingegliedert, der Rest am 26. 10. 1939 als Deutsches Generalgouvernement Polen organisiert. Die seit September 1939 durchgeführten nationalsozialistischen Terrormaßnahmen nahmen bald mit der bestialischen Ausrottung – anfangs der jüdischen, später auch der übrigen polnischen Bevölkerung – in den Konzentrations- und Vernichtungslagern immer größere Ausmaße an. Zwischen 1939 und 1945 kamen etwa 6 Millionen Polen, unter ihnen rund 3 Millionen Juden, ums Leben.

Die am 30. 9. 1939 in Paris unter General Władysław Sikorski gebildete, später von London aus operierende Exilregierung, die sich v. a. der Aufstellung einer Exilarmee widmete, wurde von den Alliierten als Krieg führender Bundesgenosse anerkannt. Sie schloss am 30. 7. 1941 ein Bündnis mit der Sowjetunion, das aber nach der Entdeckung der Massengräber polnischer Offiziere bei Katyn im April 1943 auseinander brach. Die Exilregierung, von Juli 1943 bis November 1944 unter Stanisław Mikołajczyk, danach unter Tomasz Arciszewski, wurde von Großbritannien zu einem Ausgleich mit der Sowjetunion gedrängt, lehnte aber die Anerkennung der Curzon-Linie als polnisch-sowjetische Grenze ebenso ab wie eine kommunistische Regierungsbeteiligung im befreiten Polen. Im Juli 1945 wurde der Exilregierung die Anerkennung der Alliierten entzogen. Im sowjetischen Exil konnten sich polnische Kommunisten erst seit 1943 stärker durchsetzen. Sie beteiligten sich an der Seite der Roten Armee an der militärischen Befreiung Polens. In Polen selbst waren bereits im September 1939 Widerstandsorganisationen entstanden, 1942 die »Armee im Lande« (AK), die der Londoner Exilregierung unterstellt war. Am 21. 7. 1944 wurde das kommunistisch geführte Lubliner Komitee gegründet, die erste von der Sowjetunion getragene Nachkriegsregierung auf polnischem Boden. Gegen ihren politischen Führungsanspruch gerichtet war der von der AK am 1. 8. 1944 ausgelöste Warschauer Aufstand, der am 2. 10. 1944 wegen fehlender alliierter Hilfe zusammenbrach. Das Lubliner Komitee übernahm in den von der Roten Armee freigekämpften Gebieten einschließlich Danzigs und der deutschen Gebiete östlich von Oder und Görlitzer Neiße die Regierungsgewalt.

NACHKRIEGSZEIT UND VOLKSDEMOKRATIE (1944–89): Die Zwangsaussiedlung der nicht zuvor evakuierten oder geflohenen deutschen Bevölkerung setzte schon vor der Potsdamer Konferenz ein und erreichte den Höhepunkt 1945/46. Im Vertrag mit der Sowjetunion vom 16. 8. 1945 wurde die Ostgrenze weitgehend entlang der Curzon-Linie festgelegt. Mit Ausnahme der Polnischen Bauernpartei (PSL) wurden alle Parteien im »Demokratischen Block« zusammengefasst, der von der kommunistischen Polnischen Arbeiterpartei (PPR) unter Generalsekretär Władysław Gomułka beherrscht wurde und bei der Parlamentswahl (19. 1. 1947) die Mehrheit gewann. Nach Säuberungen wurden am 21. 12. 1948 PPR und Sozialistische Partei (PPS) zur Polnischen Vereinigten Arbeiterpartei (PZPR) zusammengeschlossen. Die nach 1949 forcierte Industrialisierung brachte eine völlige Umgestaltung der Wirtschaftsstruktur. Mit dem Abschluss des Warschauer Paktes (14. 5. 1955) wurde auch Polens Zugehörigkeit zum sowjetischen Einflussbereich vertraglich abgesichert.

Unter dem Eindruck der »Entstalinisierung« in der Sowjetunion kam es zum Posener Aufstand (28. 6. 1956); Gomułka änderte den politischen Kurs: Verurteilung führender Staatssicherheitsfunktionäre, Wiedereinführung der bäuerlichen Privatwirtschaften, Fortsetzung der Industrialisierung unter Verstärkung des Konsumgütersektors, Begrenzung der sowjetischen Stationierungstruppen, Normalisierung der Beziehungen zur katholischen Kirche. Die vorbehaltlose polnische Beteiligung an der Besetzung der ČSSR (August 1968) sicherte Gomułka die sowjetische Unterstützung bei der Zurückdrängung seiner Gegner im Innern und beim Abschluss des Deutsch-Polnischen Vertrages (7. 12. 1970). Im Dezember 1970 kam es zu Streiks und blutig niedergeschlagenen Arbeiteraufständen in den Küstenstädten, die am 19. 12. 1970 zur Entlassung Gomułkas und zur Machtübernahme durch Edward Gierek führten, dem zusammen mit dem Ministerpräsidenten Piotr Jaros-

Polis.
Der Vollbürger einer Polis konnte einerseits durch Wahl, andererseits durch Losentscheid in den Rat berufen werden. Als Hilfsmittel für Letzteren diente das Kletorion, eine Losmaschine mit nummerierten Kugeln (3./2. Jh. v. Chr.; Athen, Agora-Museum).

zewicz in kurzer Zeit eine politische und wirtschaftliche Konsolidierung gelang.

Ausgelöst durch wirtschaftliche Schwierigkeiten, kam es im Juli/August 1980 zu einer Streikbewegung im ganzen Land, deren Zielsetzung sich bald politisch ausweitete (Zulassung freier Gewerkschaften mit Streikrecht) und die Ende August mit förmlichen Vereinbarungen zwischen Staat und Streikenden beendet wurde. Der Dachverband der neuen unabhängigen Gewerkschaften »Solidarność« unter Führung von Leszek Wałęsa wurde am 17. 9. 1980 gegründet und am 10. 11. gerichtlich bestätigt. Gierek wurde als 1. Sekretär der PZPR Anfang September 1980 durch Stanisław Kania ersetzt. Am 11. 2. 1981 übernahm General Wojciech Jaruzelski das Amt des Ministerpräsidenten, am 18. 10. 1981 auch das des 1. Sekretärs. Am 13. 12. 1981 verhängte er das Kriegsrecht über Polen: Ein »Militärrat der Nationalen Rettung« unter General Jaruzelski setzte auf allen Verwaltungsebenen und in Wirtschaftseinheiten Militärkommissare ein. Streiks und sonstige Tätigkeiten von Gewerkschaften und gesellschaftlichen Organisationen wurden verboten, Tausende wurden interniert. Anfänglicher Widerstand in den Betrieben wurde gewaltsam unterdrückt, die Gewerkschaft »Solidarność« durch das Gewerkschaftsgesetz vom 9. 10. 1982 verboten. Das Kriegsrecht wurde am 12. 12. 1982 zwar ausgesetzt (aufgehoben am 22. 7. 1983), fast alle Internierten freigelassen, doch blieben zahlreiche Beschränkungen aufrechterhalten.

DIE REPUBLIK (SEIT 1989): Zur Überwindung der innenpolitischen und wirtschaftlichen Dauerkrise wurden Anfang Februar 1989 Gespräche mit der Opposition aufgenommen, die die Ablösung der kommunistischen Herrschaft und die Hinwendung zu einem demokratischen System einleiteten. Ergebnis dieser Verhandlungen waren zunächst die Wiederzulassung der Gewerkschaft »Solidarność« (April 1989), die Zulassung oppositioneller Medien und die Einrichtung einer zweiten Parlamentskammer. Die Parlamentswahlen vom 4. 6. 1989 brachten einen überwältigenden Sieg der Opposition. Der bisherige Vorsitzende des Staatsrats, Jaruzelski, wurde am 19. 7. zum Staatspräsidenten gewählt, am 24. 8. wählte das Parlament den Oppositionspolitiker Tadeusz Mazowiecki zum ersten nicht kommunistischen Regierungschef seit dem Zweiten Weltkrieg. 1990 löste sich die PZPR auf. Nachdem Jaruzelski sich zum vorzeitigen Rücktritt als Staatspräsident bereit erklärt hatte, wählte die Bevölkerung im Dezember 1990 Wałęsa zum Staatspräsidenten; Ministerpräsident Mazowiecki trat daraufhin zurück.

Am 14. 11. 1990 schloss Polen mit der Bundesrepublik Deutschland einen Grenzvertrag, am 16. 6. 1991 einen Nachbarschaftsvertrag. Vor dem Hintergrund der Auflösung des Warschauer Paktes wandte sich Polen ab 1991 stärker den westlichen Demokratien und deren Organisationen zu. Mit den wachsenden wirtschaftlichen und sozialen Problemen büßte die Solidarność-Bewegung an Popularität ein; das polnische Parteiensystem zersplitterte, die Regierungen wechselten in rascher Folge. Die Präsidentschaftswahl 1995 konnte Aleksander Kwasniewski für sich entscheiden (2000 bestätigt). 1999 wurde Polen Mitglied der NATO, 2004 der EU.

Polis, im antiken Griechenland der Stadtstaat; ursprünglich, nach mykenischen Zeugnissen, die »Burg« und die damit verbundene Siedlung. In archaischer Zeit Bezeichnung der Siedlung, die den politischen Mittelpunkt des umliegenden Gebietes bildete (Sitz der Beamten, Tagungsort von Rat und Volksversammlung), schließlich Bezeichnung für das Siedlung und Umland umfassende Gemeinwesen, den Stadtstaat, im Gegensatz zu den ländlichen Stammesstaaten.

Die Polis verstand sich als Gemeinschaft der Bürger (Politen, griech. Politai), auf deren ursprünglich stammesmäßigen kultisch-sozialen Verbänden (Phylen, Phratrien) sie sich aufbaute. Sie war gekennzeichnet durch Selbstverwaltung, in deren Rahmen der Einzelne politische Rechte und Pflichten hatte, die durch die Politeia (»politische Ordnung«, »Verfassung«) festgelegt waren. Die Verfassung konnte oligarchisch oder demokratisch sein, je nachdem, ob nur die Grundbesitzer und die Vermögenden oder alle Bürger an den politischen Rechten vollen Anteil hatten. Neben den politisch vollberechtigten Bürgern spielten die minderberechtigten ortsansässigen Fremden (→Metöken) besonders wirtschaftlich eine bedeutende Rolle. Die Vollbürger, die sich in Krieg und Frieden der Polis zur Verfügung zu stellen hatten, traten im städtischen Mittelpunkt (Agora) regelmäßig zur Volksversammlung (Ekklesia) zusammen und konnten in den dort tagenden Rat (Bule) gewählt oder durch Losung aufgenommen werden. Als politische und soziale Einheit verfocht die Polis das Recht, nach eigenen Gesetzen zu leben (Autonomie), und strebte nach wirtschaftlicher Unabhängigkeit (Autarkie). »Homonoia« (Eintracht) aller Bürger war politisch-ethisches Postulat.

Trotz Minderung ihrer Selbstständigkeit unter den hellenistischen Königen und später im Römischen Reich konnte die Polis ihr Eigenleben behaupten und blieb stets kulturelles und geistiges Zentrum.

Polnische Teilungen, die drei (1772, 1793, 1795) durch Russland, Preußen und Österreich erzwungenen Gebietsabtretungen Polens.

Der wachsende Einfluss Russlands in Polen und sein erfolgreiches Vorgehen im Türkenkrieg 1768–74 sowie die Aussichten auf territoriale Kompensationen veranlassten Preußen und Österreich, sich an der 1. Polnischen Teilung (Vertrag vom 5. 8. 1772) zu beteiligen. Nach dieser Teilung, durch die Österreich weite Teile Rotreußens und Kleinpolens, Preußen das Ermland, das »Preußen königlichen polnischen Anteils« und den Netzedistrikt und Russland den Nordosten bis zu Düna und Dnjepr gewann, blieb Polen-Litauen noch ein lebensfähiger Staat.

Als Reaktion auf die in der polnischen Verfassung von 1791 eingeleiteten Staatsreformen intervenierten Russland und Preußen militärisch und schlossen am 23. 1. 1793 einen 2. Teilungsvertrag (2. Polnische Teilung), durch den das Gebiet östlich der Linie Dünaburg–Chocim an Russland und ganz Großpolen bis zur Pilica sowie Danzig und Thorn an Preußen fielen. Das verbleibende Staatsgebiet, ohne natürliche Grenzen und heterogen zusammengesetzt, konnte trotz seines noch großen Umfanges nicht mehr als Staat betrachtet werden.

Die Niederschlagung eines von Tadeusz Kościuszko geführten Aufstandes wurde mit der 3. Polnischen Teilung (Verträge vom 3. 1. und 24. 10. 1795) beendet, durch die Österreich das Land zwischen Pilica und Bug (»Westgalizien«), Preußen »Neuschlesien« sowie »Neuostpreußen« und Russland das Gebiet bis an Bug und Memel erhielt.

Die durch den Wiener Kongress 1815 vollzogene Teilung des 1807 gebildeten Herzogtums Warschau wird gelegentlich als 4. Polnische Teilung, die Aufteilung Polens in Interessengebiete durch den Hitler-Stalin-Pakt (1939) als 5. Polnische Teilung bezeichnet.

Polo ['po:lo], Marco, venezianischer Asienreisender und Kaufmann, *Venedig (?) 1254, †ebenda 8. 1. 1324; begleitete nach eigener Darstellung seinen Vater Niccolò und dessen Bruder Maffeo 1271–75 auf einer Reise nach Zentralasien und Nordchina an den Hof des Mongolenherrschers Kubilai. Polo, in der Gunst des Großkhans stehend, soll von diesem

Polnische Teilungen

1275–92 zu verschiedenen Missionen eingesetzt worden sein. Laut den Berichten Polos erhielten er und seine Verwandten 1292 vom Großkhan die Erlaubnis, nach Europa zurückzukehren, und fuhren über See nach Hormus, von wo aus sie die Reise über Persien, Armenien und Trapezunt nach Konstantinopel fortsetzten und von dort mit einem Schiff nach Venedig gelangten (1295). Den Bericht über seine Reisen diktierte Polo als genuesischer Gefangener (September 1298 bis Juli 1299) seinem Mitgefangenen Rustichello da Pisa; er wurde bald in verschiedene Sprachen übersetzt.

Polo hatte großen Einfluss auf die geographischen Vorstellungen des 14./15. Jahrhun-

MARCO POLO. ***Empfang beim Khan***

In Peking wartet Marco Polo auf die Audienz bei Großkhan Kubilai. Wie alle anderen Besucher hat er Lederpantoffeln mitgebracht, die er anziehen musste, damit er nicht die herrlichen Teppiche in den kaiserlichen Gemächern mit Straßenkot beschmutzte. Und wie die anderen hält er ein elegantes Gefäß in der Hand, in das sie spucken können, solange sie sich im Vorzimmer befinden. Schließlich erzählt Marco dem Khan, was er auf einer Reise nach Yunnan gesehen hat.
Die Genauigkeit des Berichts beeindruckt so sehr, dass der junge Mann in kaiserliche Dienste aufgenommen wird. Seinen eigenen Worten zufolge wurde ihm der Titel »Messer« verliehen, wie er den mongolischen Titel »Nöyök« ins Venezianische übersetzt. So begann eine Laufbahn, die siebzehn Jahre dauern sollte.

derts. Die Authentizität seines schon zu Lebzeiten angezweifelten Berichtes über seine Reise nach China wurde wiederholt in Zweifel gezogen, da Polo vieles, was die Kultur Chinas wohl unübersehbar prägte (u.a. die Große Mauer), nie erwähnte und weil bisher für seinen Aufenthalt dort keine hinreichenden schriftlichen chinesischen Belege gefunden wurden.

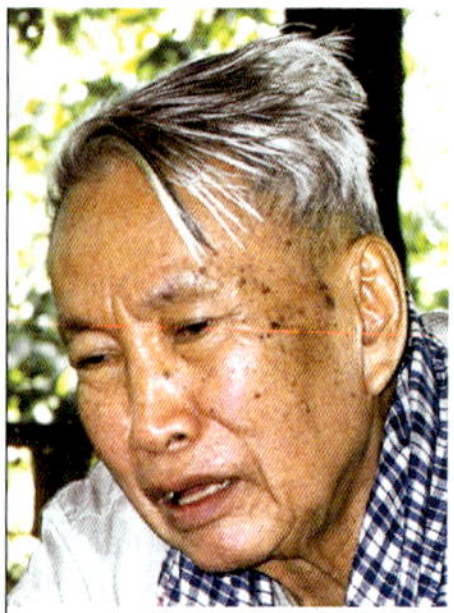
Pol Pot

Pol Pot, eigentlich Saloth Sar, kambodschanischer Politiker, * Memot (Provinz Kompong Thom) 19. 5. 1928, † im Grenzgebiet zu Thailand 15. 4. 1998; arbeitete nach seinem Studium in Frankreich (1949–53) als Lehrer in Phnom Penh; beteiligte sich an der Gründung (1960) der KP Kambodschas, deren Leitung er 1963 als Sekretär des ZK übernahm. Gestützt auf die → Roten Khmer, kämpfte er 1970–75 gegen die »Khmerrepublik« unter Lon Nol; nach dem Sieg seiner Truppen (1975) errichtete er als Ministerpräsident (1976–79) ein Terrorregime, dem etwa 2 Millionen Kambodschaner zum Opfer fielen. 1979 wurde Pol Pot durch eine militärische Intervention Vietnams gestürzt und ging danach in den Untergrund. 1979 wegen Völkermordes in Abwesenheit zum Tode verurteilt, führte er von den Dschungelgebieten an der thailändischen Grenze aus einen Guerillakrieg gegen die von Vietnam unterstützte kambodschanische Regierung der »VR Kampuchea«. Obwohl er 1985 offiziell von der Spitze der Roten Khmer zurücktrat, bestimmte der inzwischen schwer erkrankte Pol Pot weiterhin deren Aktivitäten. Im Juni 1997 wurde er von rebellierenden Truppenteilen der Roten Khmer festgesetzt und im Juli 1997 in ihrem Stützpunkt Anlong Veng durch ein »Volksgericht« zu lebenslangem Arrest verurteilt, aber nicht an die kambodschanische Regierung ausgeliefert.

Pommern, Großlandschaft südlich der Ostsee von der Darßer Nehrung im Westen bis zum Zarnowitzer See im Osten.

GESCHICHTE: Im 2. Jh. v. Chr. durchzogen germanische Stämme Pommern. Ihnen folgten von Osten her Slawen, die bis zum 6.–7. Jh. die Gebiete an der unteren Oder um Pyritz und Stargard sowie um Cammin, Kolberg und Belgard besiedelten und das Land Pomorje (»Küstenland«) nannten. Im 10./11. Jh. behaupteten sie sich gegen die nach Pommern drängenden Deutschen, Polen und Dänen; es entstanden das slawische Herzogtum der Samboriden mit Sitz in Danzig (das spätere Pommerellen), westlich davon das Herrschaftsgebiet des slawische Fürstenhauses der Greifen, deren Stammburg Stettin war. Um 1120 gelang König Boleslaw III. von Polen die Eroberung Pommerns bis über die Peene; er leitete die Christianisierung ein (Otto von Bamberg; 1124–28); 1140 wurde das Bistum Wollin gegründet und 1176 nach Cammin verlegt. In Lübeck erkannte Friedrich I. Barbarossa 1181 Bogislaw I. (1156–87) als Herzog von Pommern (vermutlich auch als Reichsfürsten) an und belehnte ihn mit Pommern, wodurch die seit etwa 1000 ständig erneuerte Oberherrschaft von Polen beendet wurde. Nach seiner Lehnsunterwerfung unter König Knut VI. beherrschte Dänemark 1185–1227 Vorpommern.

Mit der Preisgabe der Uckermark an die brandenburgischen Askanier sicherte Herzog Barnim I. (1220–78) im Vertrag von Hohen Landin (1250) die Belehnung Pommerns durch Brandenburg. Am 12. 6. 1348 erkannte Kaiser Karl IV. die umstrittene Reichsunmittelbarkeit Pommerns an. Ende 1478 vereinigte Herzog Bogislaw X. (1474–1523) das Land in seiner Hand. Sein Sohn Georg I. (1523–31) sicherte im Grimnitzer Vertrag mit Kurfürst Joachim I. Nestor von Brandenburg (26. 8./25. 10. 1529; ergänzt durch einen Erbvertrag, 23. 12.) Pommern die Reichsunmittelbarkeit. 1532, endgültig 1541 und wiederum 1569 wurde Pommern geteilt. Als Herzog Bogislaw XIV. (seit 1606; seit 1625 von ganz Pommern) 1637 ohne Erben verstarb, trat der Erbvertrag mit Brandenburg in Kraft, doch konnte dieses seine Ansprüche in dem seit 1638 von Schweden wie eine eigene Provinz verwalteten Pommern nicht durchsetzen. Im Westfälischen Frieden (1648) erreichte es lediglich die Herausgabe der Gebiete östlich der Oder (Hinterpommern), während Vorpommern mit Stettin bei Schweden ebenso verblieb wie das nahezu unabhängige Stralsund (»Schwedisch-Pommern«). Mit dem Erwerb »Schwedisch-Pommerns« von Dänemark (Frieden von Kiel, 1814; formelle Übergabe 1815, fortan »Neu-Vorpommern«) konnte Preußen das gesamte frühere Herzogtum Pommern seinem Staat eingliedern. Nach dem Potsdamer Abkommen vom 2. 8. 1945 kamen Hinterpommern, Stettin und Swinemünde unter polnische Verwaltung; seit dem Deutsch-Polnischen Grenzvertrag 1990 gehören diese Gebiete völkerrechtlich anerkannt zu Polen. Vorpommern kam 1945 innerhalb der SBZ an das Land Mecklenburg(-Vorpommern) und gehörte ab 1952 zu den DDR-Bezirken Rostock und Neubrandenburg, die 1990 im Bundesland → Mecklenburg-Vorpommern aufgingen.

Pompadour [pɔ̃pa'du:r], Jeanne Poisson, Marquise de Pompadour (seit 1745), genannt Madame de Pompadour, Mätresse Ludwigs XV. von Frankreich, * Paris 29. 12. 1721, † Versailles 15. 4. 1764; von bürgerlicher Herkunft, heiratete 1741 den Unterfinanzpächter Charles Guillaume Le Normant Seigneur d'Étiolles, von dem sie sich im Juni 1745 offiziell trennte, nachdem sie im Februar 1745 Favoritin des Königs geworden war. Sie förderte Künstler und Literaten; ihr politischer Einfluss war geringer, als lange angenommen wurde. An den Bündnisverhandlungen Frankreichs mit Österreich 1756 wirkte sie mit, während des folgenden Siebenjährigen Krieges nahm sie auch auf die Ernennung von Heerführern Einfluss.

Pompeius, Gnaeus Pompeius Magnus, römischer Feldherr und Politiker, *29. 9. 106 v. Chr., †in Ägypten 28. 9. 48 v. Chr.; leistete unter seinem Vater Gnaeus Pompeius Strabo (Konsul 89 v. Chr.) Kriegsdienst und griff 83 mit einer selbstständig ausgehobenen Legion aufseiten Sullas gegen die Anhänger des Marius ein. Trotz seiner Jugend und mangelnder Qualifikation wurde er von Sulla als »Imperator« begrüßt und erzwang 79 nach Erfolgen in Afrika einen Triumph. 76–72 besiegte er Sertorius und dessen Anhänger in Spanien und vernichtete 71 – bei seiner Rückkehr nach Italien – ein Aufgebot aufständischer Sklaven. 70 v. Chr. mit Marcus Licinius Crassus zum Konsul gewählt, stellte er die von Sulla eingeengten Befugnisse der Volkstribunen wieder her.

67 und 66 v. Chr. erhielt Pompeius gegen den Widerstand der Optimaten vom Volk außerordentliche Vollmachten für den Kampf gegen die Seeräuber und gegen Mithridates VI. Eupator. Er befreite das Mittelmeer von den Seeräubern und besiegte Mithridates sowie Tigranes von Armenien, erschien in Syrien und belagerte 63 Jerusalem. Bei der Neuordnung des Ostens richtete er die Provinz Syrien ein. Als er nach der Rückkehr loyal seine Truppen entlassen hatte, erhielt er zwar den Triumph (61) und den Beinamen Magnus (»der Große«), doch verweigerte ihm der Senat die Bestätigung seiner Maßnahmen im Osten und die Versorgung seiner Veteranen. Pompeius verbündete sich daher mit Crassus und Caesar (erstes Triumvirat, 60 v. Chr.). Die Erneuerung dieses Abkommens (56) sicherte Pompeius das Konsulat für 55 und die Verwaltung Spaniens auf fünf Jahre.

Nach dem Tod seiner vierten Gattin, Caesars Tochter Julia (54), und nach dem Ende des Crassus (53) verschlechterte sich das Verhältnis zu Caesar. Als Caesar seine Machtstellung bedroht sah, eröffnete er 49 den Bürgerkrieg und schlug Pompeius 48 bei Pharsalos. Pompeius suchte in Ägypten Zuflucht, wurde aber bei der Landung ermordet.

POMPEIUS. ***Blendender Feldherr***

Nicht umsonst bekam Pompeius schon von seinem Gönner Sulla den Beinamen »der Große«, erinnerte er, dieser Abgott der Soldaten, diese blendende und tatkräftige Persönlichkeit, doch die Zeitgenossen an den Alexander den Großen. Nach der Niederwerfung eines Aufstandes in Spanien wurde die Unterdrückung der Seeräuberplage zur zweiten Bewährungsprobe dieses neuen Sterns am politischen Himmel Roms. In Kilikien und Lykien sowie auf den griechischen Inseln hatte sich eine Anzahl einheimischer Piratenstaaten gebildet, die sogar Italiens Kornversorgung gefährdeten. Pompeius erhielt ein Landheer und eine Flotte von 500 Schiffen zur Verfügung gestellt. Innerhalb von drei Monaten machte er dem Spuk ein Ende.

Pompidou [pɔ̃piˈdu], Georges, französischer Politiker, *Montboudif (Département Cantal) 5. 7. 1911, †Paris 2. 4. 1974; Gymnasiallehrer. Pompidou wurde 1944 von General Charles de Gaulle in dessen persönlichen Stab berufen. 1946–54 bekleidete er verschiedene Ämter im Staatsrat. 1956–62 war Pompidou Generaldirektor der Rothschild-Bank; 1958/59 Kabinettsdirektor de Gaulles; 1959–62 Mitglied des Verfassungsrates, 1961/62 maßgeblich am Zustandekommen des Vertrages von Évian-les-Bains über die Zukunft Algeriens beteiligt. Am 15. 4. 1962 wurde Pompidou von de Gaulle zum Premierminister berufen. Seine entschiedene und taktisch geschickte Politik zur Aufrechterhaltung der staatlichen Autorität während der Maiunruhen 1968 trug bei den Wahlen im Juni 1968 wesentlich zum Gewinn der absoluten Mehrheit der Gaullisten (UDR) bei. Am 10. 7. 1968 in seinem Amt als Premierminister abgelöst, setzte sich Pompidou bei den Präsidentschaftswahlen im Juni 1969 im zweiten Wahlgang gegen Alain Poher durch. Er trieb die wirtschaftliche Modernisierung voran, soziale Reformen beschränkte er dagegen. In der Außenpolitik stimmte er – im Gegensatz zur bisherigen Haltung der französischen Regierung – dem EG-Beitritt Großbritanniens und anderer Staaten zu und befürwortete die politische Einigung Europas. Pompidou bemühte sich auch um die Verbesserung des Verhältnisses zu den USA.

Gnaeus Pompeius Magnus

Portugal, amtlich portugiesisch **Republica Portuguesa** [-ˈgesa], Staat in Europa, der im Norden und Osten an Spanien sowie im Süden und Westen an den Atlantik grenzt. Zu Portugal gehören die Azoren und Madeira.

DIE ANFÄNGE BIS ZUR ERRICHTUNG DES KÖNIGTUMS: 154–139 v. Chr. kämpften die Römer gegen die im Süden von Portugal siedelnden Lusitanier; unter Augustus wurde 26–19 v. Chr. die römische Kolonisation abgeschlossen. Die römische Herrschaft wurde im 5. Jh. n. Chr. durch germanische Reiche abgelöst (Sweben, Westgoten). Nach dem Sieg muslimischer Berbertruppen über die Westgoten (711) fiel Portugal an das arabische Emirat (später Kalifat) von Córdoba; nur im äußersten Nordwesten der Iberischen Halbinsel blieben christliche Reiche (v. a. Asturien) bestehen. Die eigentliche Reconquista begann erst unter Ferdinand I., dem Großen, von Kastilien und León. Alfons VI., der Tapfere, belehnte seinen Schwiegersohn Heinrich von Burgund mit der Grafschaft Portugal, der schließlich eine weitgehende Unabhängigkeit von Kastilien und León erreichte. Nach einem Sieg über die Mauren (1139) nahm Alfons I., der Eroberer, den Königstitel an. 1147 konnte Lissabon mithilfe eines Kreuzfahrerheeres eingenommen werden.

AUFSTIEG ZUR WELTMACHT: Alfons III. (1245–79) vollendete die Befreiung von der maurischen Herrschaft. Unter Dionysius

(1279–1325) erlebte Portual eine erste Blütezeit. Alfons IV. (1325–57) schlug 1340 den letzten maurischen Invasionsversuch zurück. Gegen die Ansprüche Johanns I. von Kastilien wurde 1385 der illegitime Sohn Peters I., Johann I., von den Cortes zum König proklamiert und setzte sich mit englischer Unterstützung durch (Sieg bei Aljubarrota 1385). Im 14./15. Jh. stieg Portugal zur führenden See- und Kolonialmacht Westeuropas auf; Heinrich der Seefahrer veranlasste seit 1418 regelmäßige Fahrten zur Erkundung der afrikanischen Küste, zugleich wurden Madeira, die Azoren und die Kapverdischen Inseln besiedelt. 1498 gelangte Vasco da Gama als Erster auf dem Seeweg um Afrika herum nach Ostindien, wo Vizekönige rasch Handelsniederlassungen errichteten; nach der Eroberung Ceylons (1518) und der Molukken (1512/29) beherrschte Portugal den ganzen Handel im Indischen Ozean. Weitere Niederlassungen entstanden u. a. in China (Macau 1597) sowie in West- und Ostafrika (Luanda, Moçambique, Mombasa); 1500 entdeckte Pedro Cabral Brasilien. In den Verträgen von Tordesillas (1494) und Saragossa (1529) einigten sich Portugal und Kastilien auf eine Aufteilung der Welt in eine portugiesische und eine kastilische Interessensphäre. Als 1580 das portugiesische Königshaus ausstarb, besetzte Philipp II. von Spanien ganz Portugal; 1581 riefen die Cortes ihn als Philipp I. zum König von Portugal aus.

SPANISCHES INTERREGNUM UND ZEIT DES ABSOLUTISMUS: Zwar behielt Portugal während der Personalunion mit Spanien seine Eigenständigkeit, wurde jedoch in die spanischen Kriege hineingezogen und verlor seine wertvollsten ostindischen Kolonien. Nach der erfolgreichen portugiesischen Revolte gegen Spanien (Dezember 1640) wurde deren Führer als Johann IV. König. Die Regierungszeit Johanns V. (1706–50) gilt wegen der großen Menge eingeführten brasilianischen Goldes als eine der glänzendsten in der portugiesischen Geschichte. Unter Joseph I. (1750–77) regierte Minister Pombal im Geist des aufgeklärten Absolutismus. 1807 besetzte ein französisches Heer den britischen Bündnispartner Portugal (1811 von einem britischen Heer befreit); der portugiesische Hof flüchtete nach Brasilien (bis 1820).

KONSTITUTIONELLE MONARCHIE (1822 BIS 1910) UND PARLAMENTARISCHE REPUBLIK (1910–26): Am 1. 10. 1822 beschwor Johann VI. die von den außerordentlichen Cortes ausgearbeitete Verfassung, die bürgerliche Freiheiten und weitgehende Rechte der Cortes gegenüber dem König beinhaltete. Sein ältester Sohn Peter (seit 1822 als Peter I. Kaiser von Brasilien) erließ 1826 eine neue, weniger demokratische Verfassung mit weitgehenden königlichen Rechten gegenüber dem Zweikammerparlament; er verzichtete auf den Thron zugunsten seiner Tochter Maria II. da Glória unter der Regentschaft seines Bruders Dom Miguel; dieser ließ sich 1828 als Michael I. zum König ausrufen, wurde 1834 jedoch von Peter mit britischer Unterstützung besiegt. Trotz Ausdehnung des Kolonialbesitzes in Afrika blieb Portugal ein rückständiges Agrarland. Am 1. 2. 1908 wurde ein Attentat auf König und Thronfolger verübt, die Monarchie geriet in eine Krise. Am 5. 10. 1910 erfolgte die Ausrufung der Republik: Rivalitäten der Parteien, soziale Auseinandersetzungen, permanente Agitation auf den Straßen und die Beteiligung am Ersten Weltkrieg (ab 1916) ließen keine Stabilität der neuen Regierungsform zu.

DER AUTORITÄRE STAAT (1926–74): Nach dem Staatsstreich von 1926 wurde das Parlament aufgelöst und die Verfassung aufgehoben. Staatspräsident General Óscar de Fragoso Carmona (1928–51) berief António de Oliveira Salazar 1928 zum Finanzminister, 1932 zum Ministerpräsidenten; dieser verankerte in der Verfassung von 1933 den ständisch-autoritären »Neuen Staat«. Jede Opposition zu der einzigen offiziellen Partei, der Nationalen Union (União Nacional), wurde von der Geheimpolizei PIDE unterdrückt. Außenpolitisch blieb Portugal im Zweiten Weltkrieg neutral; es trat der NATO (1949) und den UN (1955) bei. Gegebenenfalls auch mit militärischem Einsatz bemühte sich Portugal, seine Kolonien zu halten.

DIE REPUBLIK (SEIT 1974): Am 25. 4. 1974 stürzte die Oppositionsgruppe »Bewegung der Streitkräfte« in der unblutigen »Nelkenrevolution« die seit 1968 amtierende Regierung Marcello das Neves Alves Caetano (seit 1968). Der ehemalige stellvertretende Generalstabschef António de Spínola trat an die Spitze der revolutionären Junta; nach einem Putschversuch im März 1975 floh er ins Ausland. In den Wahlen zur Verfassunggebenden Versammlung wurden die Sozialisten 1975 stärkste Partei. Seit 1974 verfolgte Portugal einen sozialistischen Kurs (Verstaatlichung von Großbetrieben, Enteignung von Großgrundbesitz). Die Überseeprovinzen wurden zwischen 1974 und 1976 in die Unabhängigkeit entlassen. Mit der Wahl von General Antonio Eanes zum Staatspräsidenten (1976) setzten sich gemäßigtere Kräfte durch. Der Großgrundbesitz wurde zurückgegeben, eine Verfassungsreform schaffte 1982 den Revolutionsrat ab, die Staatsbetriebe wurden reprivatisiert. Nach den Wahlen von 1983 bildete Ministerpräsident Mario Soares eine sozialistisch-sozialdemokratische Regierungskoalition, nach deren Scheitern und Neuwahlen Ministerpräsident Anibal Cavaco Silva ein sozialdemokratisches Minderheitenkabinett bildete. 1986 trat Portugal der EG bei. Soares wurde 1986 zum Staatspräsidenten gewählt (1991 bestätigt). Nachdem aus den Wahlen von 1987 und 1991 die Sozialdemokraten unter Ministerpräsident Cavaco Silva als Sieger hervorgegangen waren, verfehlten bei den Wahlen von 1995 die Sozialisten unter António Guterres die absolute Mehrheit nur knapp; Ministerpräsident wurde Guterres. Die Präsidentschaftswahl von 1996 gewann der Sozialist Jorge Sampaio (2001 bestätigt). Die Wahlen von 2002 gewann die konservativ-liberale Sozialdemokratische Partei unter José Manuel Durão Barroso, die Wahlen von 2005 die Sozialistische Partei unter José Sócrates.

Posadowsky-Wehner, Arthur Graf von, Freiherr von Postelwitz, deutscher Politiker, *Glogau 3. 6. 1845, †Naumburg/Saale 23. 10. 1932; war 1897–1907 Staatssekretär des Reichsamts des Innern, zugleich Vizekanzler und preußischer Staatsminister ohne Geschäftsbereich; führte wichtige sozialpolitische Reformen durch; war 1912–18 Mitglied des Reichstags (fraktionslos), 1919/20 Mitglied der Nationalversammlung (DNVP).

Potempa-Prozess, Prozess in Beuthen, Oberschlesien, in dem fünf SA-Männer aufgrund einer Verordnung der Reichsregierung Papen vom 9. 8. 1932 wegen der brutalen Ermordung eines Kommunisten in dem oberschlesischen Dorf Potempa (heute Potepa bei Gleiwitz) zum Tode verurteilt wurden. Hitler, der sich öffentlich mit den Mördern solidarisiert hatte, verfügte nach der Machtübernahme die Freilassung der Verurteilten, die schon auf Empfehlung Papens zu lebenslänglicher Zuchthausstrafe begnadigt worden waren.

Potjomkin, Potemkin [-ˈtjɔm-], Grigorij Fürst, Reichsfürst (seit 1776), Fürst Tawritscheskij (seit 1783), russischer Generalfeldmarschall (seit 1784), Diplomat und Politiker, *Tschischowo (Gebiet Smolensk) 24. 9. 1739, †bei Jassy 16. 10. 1791; war an der Palastrevolution 1762 beteiligt, zeichnete sich im Türkenkrieg 1768–74 aus; seit 1774 Günstling und enger politischer Ratgeber Katharinas II. 1783 annektierte er die Krim und leitete den Aufbau der Schwarzmeerflotte. 1784 war er Präsident des Kriegskollegiums, 1787–91 Oberkommandierender des Heeres und der Flotte im Krieg gegen die Türkei. Potjomkins Bedeutung liegt in seiner Kolonisationspolitik in vom Zarenreich neu erworbenen Gebieten an der nördlichen Schwarzmeerküste (Neurussland), wo neben der ländlichen Kolonisation auch zahlreiche Städtegründungen (Cherson, Sewastopol, Jekaterinoslaw) auf ihn zurückgehen. Seine z. T. fantastischen Projekte wurden allerdings nur teilweise realisiert.

Potsdam, Edikt von, am 8. 11. 1685 erlassenes Edikt von Kurfürst Friedrich Wilhelm von Brandenburg, mit dem er den in Frankreich verfolgten →Hugenotten in Brandenburg und Preußen Niederlassungsfreiheit, Glaubensfreiheit und wirtschaftliche Privilegien gewährte. Daraufhin wanderten etwa 20 000 Hugenotten nach Brandenburg-Preußen ein.

Potsdam, Tag von, propagandistische Bezeichnung für den Festakt in der Potsdamer Garnisonskirche vom 21. 3. 1933, bei dem die NS-Führung anlässlich der Konstituierung des am 5. 3. gewählten Reichstags ihre Verbundenheit mit dem preußischen Staatsgedanken und den preußischen Traditionen herauszustellen suchte.

Potsdamer Abkommen, ungenaue, aber im Sprachgebrauch etablierte Bezeichnung für das am 2. 8. 1945 zwischen Harry Truman, Stalin und Clement Attlee, der ab 28. 7. als britischer Premier an die Stelle Winston Churchills getreten war, zum Abschluss der →Potsdamer Konferenz verabschiedete Kommuniqué, das einen Minimalkonsens über Deutschlands Stellung im Nachkriegseuropa fand. Das nicht eingeladene Frankreich stimmte der Deklaration am 7. 8. unter Vorbehalten zu.

INHALT: Das wesentliche Interesse der Alliierten galt der Errichtung eines Provisoriums, das die Frage der deutschen Einheit noch offen hielt, jedoch die Verantwortung der Deutschen als Gesamtheit für die nationalsozialistischen Verbrechen betonte. Das Potsdamer Abkommen präzisierte so in seinem Artikel III die Übereinkünfte der →Jalta-Konferenz: gänzliche Entmilitarisierung Deutschlands sowie dessen militärische Besetzung, Errichtung eines Alliierten Kontrollrats in Berlin, der aber den einzelnen Militärgouverneuren die faktische politische Macht gab, Vernichtung des Nationalsozialismus. In folgenden politischen und wirtschaftlichen Grundsätzen konnte diesbezüglich Einigung erzielt werden: Ent- bzw. Denazifizierung, Demokratisierung sowie Dezentralisierung der deutschen Wirtschaft und Verwaltung.

Als eine der wichtigsten besatzungspolitischen Bestimmungen wurde festgelegt, die alliierter Kontrolle unterworfene deutsche Wirtschaft als Einheit zu betrachten und zu fördern (Artikel III, 14 und 15). Dem stand allerdings das im Artikel IV vereinbarte Prinzip der Reparationsentnahme aus der jeweiligen Besatzungszone entgegen. Die – im Gegensatz zu Jalta – nicht fixierte Reparationssumme ging zu 50 % an die UdSSR und wurde lediglich auf industrielle Ausrüstung und das deutsche Auslandsguthaben beschränkt. Neben das Verbot deutscher Kriegsproduktion trat die Demontage der für Reparationszwecke entbehrlichen Produktionskapazität der »deutschen Friedenswirtschaft«.

Zwar wurden – vorbehaltlich einer endgültigen friedensvertraglichen Regelung – im Artikel VI und IX die Stadt Königsberg und der Nordteil Ostpreußens unter sowjetische, die übrigen deutschen Gebiete östlich der →Oder-Neiße-Linie unter polnische »Verwaltung« gestellt, was für Deutschland den Verlust von einem Viertel der gesamtwirtschaftlichen Nutzfläche zur Folge hatte, die Festlegung der West- und Nordgrenze Polens wurde aber insofern präjudiziert, als unter Druck der UdSSR die ehemaligen deutschen Ostgebiete als Basis für polnische Reparationsentnahmen bestimmt wurden. Im Artikel XIII war die »geordnete Überführung« der zurückgebliebenen deutschen Bevölkerung im nunmehrigen Polen, in der Tschechoslowakei und in Ungarn nach Deutschland verfügt worden.

Der Wert des Abkommens liegt wesentlich darin, eine gemeinsame Verantwortung der Alliierten für Deutschland als Ganzes festgestellt und damit das Fortbestehen der Antihitlerkoalition über das Kriegsende hinaus bestätigt zu haben. Das Potsdamer Abkommen bestimmte die alliierte Deutschlandpolitik nach 1945 zunächst entscheidend; einige der kodifizierten Kompromissformeln wurden ab 1947 zu den wichtigsten Konfliktlinien des Kalten Krieges.

Potsdamer Konferenz, Zusammenkunft (17. 7.–2. 8. 1945) in Potsdam (Schloss Cecilienhof) zwischen Harry Truman (USA), Stalin (UdSSR) und Winston Churchill (Großbritannien), an dessen Stelle am 28. 7. Clement Attlee trat. Die Konferenz beschloss die Potsdamer Deklaration (26. 7.; ultimative Aufforderung an Japan zur bedingungslosen Kapitulation) und das →Potsdamer Abkommen (2. 8.). In einer Geheimabsprache erklärte sich die UdSSR bereit, dem Krieg gegen Japan beizutreten, falls dieses die Potsdamer Deklaration ablehnen würde.

Prag, Frieden von,

1. Frieden vom 30. 5. 1635 zwischen Kaiser Ferdinand II. und Kurfürst Johann Georg I. von Sachsen mit dem Ziel, über alle politischen und konfessionellen Gegensätze hinweg die kriegerischen Auseinandersetzungen im Reich zu beenden und dessen Integrität gegenüber Frankreich und Schweden zu schützen. Für das Bündnis mit dem Kaiser erhielt Sachsen die Ober- und Niederlausitz sowie die böhmischen Lehen. Nahezu alle Reichsstände traten dem bilateralen Vertrag bei, dessen Kernstück staatsrechtlich neuartige Bestimmungen für eine Reichsarmee unter kaiserlichem Oberkommando waren; der Vertrag scheiterte jedoch.

2. Frieden vom 23. 8. 1866, der den Deutschen Krieg von 1866 zwischen Preußen und Österreich beendete und der Neugestaltung Deutschlands unter preußischer Vorherrschaft den Weg ebnete.

Prager Fenstersturz,

1. Bezeichnung für den sich aus einer Prozession entwickelnden Sturm auf das Neustädter Rathaus in Prag am 30. 7. 1419, bei dem ein tschechischer Richter und 13 katholische

POTSDAMER KONFERENZ — *Festlegung der Nachkriegsordnung*

Spätestens bei der Potsdamer Konferenz (17. 7. – 2. 8. 1945) wurde deutlich, dass die Anti-Hitler-Koalition nur ein Zweckbündnis gewesen war; denn nach dem Sieg über das nationalsozialistische Deutschland traten die ideologischen Gegensätze zwischen den westlichen Alliierten und der Sowjetunion offen zutage.

Schon zu Beginn der Konferenz – auf dem Foto von links nach rechts Churchill (Großbritannien), Truman (USA) und Stalin (UdSSR) – kam es zum Konflikt, weil Stalin absprachewidrig in den nun unter seinem Einfluss stehenden osteuropäischen Ländern keine freien Wahlen zugelassen, sondern kommunistische Satellitenregime installiert hatte. Zudem hatte er in der von ihm so genannten »Westverschiebung Polens« eigenmächtig Polen für an die UdSSR abzutretendes Gebiet mit ostdeutschem Territorium entschädigt. Dies führte letztlich zur De-facto-Anerkennung der Oder-Neiße-Linie durch die USA und Großbritannien. Auch fanden sich die Westmächte mit der »Aussiedlung« genannten Vertreibung von Millionen Deutschen aus den deutschen Ostgebieten und anderen Teilen Osteuropas ab.

Bezüglich der politischen Neuordnung Deutschlands wurde dessen Entnazifizierung, Entmilitarisierung und Demokratisierung vereinbart. Die umstrittene Frage der Reparationen wurde dahin gehend geregelt, dass jedes Land seine Ansprüche im Wesentlichen mithilfe der Ressourcen der eigenen Besatzungszone befriedigen sollte, die Sowjetunion aber zusätzlich 10 Prozent der Reparationsentnahmen aus den Westzonen erhalten sollte.

Ratsherren aus den Fenstern geworfen und getötet wurden. Er war die Folge der Ausweisung hussitischer Priester durch König Wenzel IV. und leitete einen Aufstand der Hussiten sowie die Hussitenkriege ein.

2. Bezeichnung für den Auftakt zum Böhmischen Aufstand, der den →Dreißigjährigen Krieg einleitete: An der Spitze einer Demonstration drangen am 23. 5. 1618 Vertreter der böhmischen Stände unter Heinrich Matthias Graf Thurn in den Hradschin ein und warfen zwei kaiserliche Statthalter aus den Fenstern, die aber überlebten. Hierbei entlud sich der Widerstand der böhmischen Protestanten gegen gegenreformatorische Maßnahmen und der der Stände gegen die habsburgische Macht.

Prager Frühling, Bezeichnung für den Liberalisierungs- und Demokratisierungsprozess in der Tschechoslowakei von Januar bis August 1968, in dessen Verlauf die neue Parteiführung unter Alexander Dubček einen »Sozialismus mit menschlichem Antlitz« zu verwirklichen suchte. Das Experiment wurde durch die militärische Intervention der UdSSR und vier weiterer Staaten des Warschauer Paktes am 20./21. 8. 1968 gewaltsam unterbunden. Die Nationale Volksarmee der DDR war umfassend in die Vorbereitung und Planung der Aktionen integriert. Im »Moskauer Protokoll« vom 26. 8. 1968 wurde das in die UdSSR verschleppte Politbüro der KPČ gezwungen, dem Abbau der Reformen zuzustimmen. Die Niederwerfung des Prager Frühlings brachte das Ende reformkommunistischer Versuche; in der ČSSR entstanden informelle Gruppen, Repräsentanten des Prager Frühlings wurden zu Trägern der sich formierenden Bürgerbewegung (→Charta 77). – Bild S. 720

Pragmatische Sanktion,

1. der am 7. 7. 1438 durch Karl VII. von Frankreich in Bourges verkündete Erlass mit Gesetzeskraft, der den Einfluss des Papstes auf Stellenbesetzung und Gerichtsbarkeit in der französischen Kirche zugunsten des Königtums beschränkte und u.a. das Wahlrecht der Kapitel und Konvente wiederherstellte. Die Pragmatische Sanktion von Bourges, die auf den von einer französischen Synode abgeänderten Reformdekreten des Basler Konzils beruhte, wurde 1461 und 1467 von Ludwig XI. aufgehoben und 1516 durch ein dem Papst günstigeres Konkordat ersetzt; sie blieb aber Grundlage des Gallikanismus.

2. von Kaiser Karl VI. in seiner Eigenschaft als Familienvorstand des Hauses Habsburg am 19. 4. 1713 verkündetes grundlegendes Hausgesetz, das die Unteilbarkeit des habsburgischen Hausbesitzes bestimmte und die Erbfolge nach dem Erstgeburtsrecht im männlichen und weiblichen Stamm festlegte. Für den Fall des Aussterbens der männlichen Linie sollten die Töchter Karls VI. und nicht die seines Vorgängers Josephs I. erbberechtigt sein. 1720–23 nahmen die Landstände der einzelnen Erbländer die Pragmatische Sanktion an; der ungarische Reichsrat erkannte 1722 den künftigen Erben in Österreich als König in Ungarn an. 1724 wurde die Pragmatische Sanktion zum Staatsgrundgesetz erhoben. Vorbehalte aufgrund eigener Erbmöglichkeiten erhoben Sachsen und Bayern. Die Zustimmung der europäischen Mächte konnte Karl VI. nur mit Mühe und unter großen politischen Zugeständnissen gewinnen.

3. das Gesetz zur Regelung der spanischen Thronfolge; bereits 1789 von den Cortes unter Aufhebung des 1713 von Philipp V. erlassenen Erbfolgegesetzes beschlossen, aber erst 1830 von Ferdinand VII. verkündet, um die Thronbesteigung seiner Tochter Isabella (II.) zu sichern. Die Nichtanerkennung der Pragmatischen Sanktion durch die Karlisten führte zu den Karlistenkriegen.

Prätorianer, Prätorianergarde, lateinisch **Praetoriani, Praetoriae cohortes,** seit dem 2. Jh. v. Chr. die Garde römischer Feldherren, seit Augustus die Leibwache der Kaiser. Zuerst vom Kaiser selbst befehligt, unterstanden die aus 9–16 Kohorten (Infanterie und Kavallerie) bestehenden Prätorianer seit 2 v. Chr. zwei Prätorianerpräfekten. Diese gehörten dem Ritterstand an und gewannen bald eine bedeutende Machtstellung nicht nur im militärischen, sondern in der späteren Kaiserzeit auch immer stärker im zivilen Bereich (Gerichtsbarkeit).

Přemysl [ˈprʃɛmisl], tschechisch **Přemysl Oráč** [- aːtʃ, »Přemysl der Pflüger«], **Przemysl** [ˈpʃɛ-], **Primizl,** nach der Chronik des Cosmas von Prag (1119/21–25) ein böhmischer Bauer, der als Gemahl der Libussa im ersten Viertel des 8. Jh. Stammvater der Dynastie der Přemysliden (Przemysliden) wurde, dem führenden Geschlecht Böhmens bis 1306. Historisch fassbar mit Herzog Bořiwoj (850–894), der den Stamm der Tschechen (Čechi) zu einen ver-

Prager Fenstersturz. Nach erregtem Wortwechsel warf am 23. 5. 1618 eine Gruppe böhmischer Adliger zwei habsburgische Statthalter aus dem Südwestfenster des »Grünen Zimmers« der Böhmischen Kanzlei im Prager Hradschin (Stich von Matthäus Merian dem Älteren).

mochte und sich Weihnachten 869 mit seiner Gemahlin Ludmilla taufen ließ; die Přemysliden als Herzöge von Böhmen anerkannten 929 und 950 die Lehnshoheit der Könige des Heiligen Römischen Reichs, sie erwarben 1198 die (seit 1212) erbliche Königswürde, machten Böhmen zur Großmacht und starben 1306 mit König Wenzel III. im Mannesstamm aus.

Pressburg, Frieden von,

1. der am 7. 11. 1491 zwischen Maximilian I. und König Wladislaw II. von Böhmen geschlossene Frieden, der die habsburgische Anwartschaft auf die Kronen beider Länder begründete.

2. der am 26. 12. 1805 geschlossene Frieden, mit dem Frankreich und Österreich den 3. Koalitionskrieg beendeten. Die von Frankreich diktierten Friedensbedingungen verlangten von Österreich die Abtretung Venetiens an Frankreich, das seine italienischen Eroberungen behielt, sowie die Anerkennung eines mit dem französischen Kaisertum verbundenen Königtums in Italien. Daneben erhielt das neu geschaffene Königreich Bayern von Österreich Tirol, Vorarlberg, die Fürstbistümer Eichstätt, Brixen mit Trient und Passau. Vorderösterreich wurde unter dem neu geschaffenen Königreich Württemberg und dem zum Großherzogtum erhobenen Baden aufgeteilt. Als territoriellen Zugewinn verzeichnete Österreich Salzburg und Reichenhall, dessen vormaliger Besitzer mit dem bislang bayerischen Würzburg entschädigt wurde.

Preuß, Hugo, deutscher Staats- und Verwaltungsrechtslehrer, *Berlin 28. 10. 1860, †ebenda 9. 10. 1925; wurde 1906 Professor an der Handelshochschule Berlin; war als Schüler von Otto von Gierke Anhänger von dessen Genossenschaftstheorie mit Betonung des Selbstverwaltungsgedankens, zugleich entschiedener Demokrat. Preuß verfasste Anfang 1919 den ersten Entwurf zur Weimarer Reichsverfassung. Im November 1918 war er Staatssekretär des Innern, von Februar bis Juni 1919 erster Reichsinnenminister.

Preußen,

1. ehemaliges Herzogtum der Hohenzollern, entstanden durch die im Krakauer Vertrag (8. 4. 1525) vereinbarte Umwandlung des Ordensstaates in ein weltliches Herzogtum unter polnischer Lehnshoheit. 1618 an die brandenburgische Linie der Hohenzollern gelangt, wurde Preußen bis 1660 (Frieden von Oliva) souverän. Mit der Krönung Friedrichs III. zum »König in Preußen« (1701) ging die Geschichte des Herzogtums in der des fortan Preußen genannten brandenburgischen Gesamtstaats auf.

2. Königreich und größtes Land des Deutschen Reiches.

PRAGER FRÜHLING — *Bürgerbewegung in der ČSSR*

Nach 1945 war ganz Osteuropa mehr oder weniger direkt sowjetischer Herrschaft unterstellt. Nach dem Tod Stalins und der in der Sowjetunion ansatzweise erfolgten Entstalinisierung regten sich in den europäischen Satellitenstaaten oppositionelle Strömungen. Doch die Regierungen der Satellitenstaaten reagierten darauf mit aller Härte; waren sie jedoch nicht selbst in der Lage, die Opposition zu unterdrücken, so intervenierte sowjetisches Militär. Dies geschah 1953 in der Deutschen Demokratischen Republik, 1956 in Ungarn und 1968 in der Tschechoslowakei (ČSSR).

Dabei stellte die ČSSR in zweierlei Hinsicht einen Sonderfall dar: Zum einen wollte sie sich dem Joch der sowjetischen Hegemonie zu einer Zeit entwinden, da im Ost-West-Konflikt eine Periode des »Tauwetters« begonnen hatte, zum anderen ging die Reformbewegung nicht nur von der Bevölkerung aus – auf dem Foto sieht man junge Leute, die mit Lastwagen in die Prager Innenstadt fahren, um dort an den Aktionen teilzunehmen –, sondern stand in Einklang mit dem von der Kommunistischen Partei der ČSSR verfolgten Kurs: Seit Januar 1968 stand ihr mit Alexander Dubček ein Mann vor, der einen Sozialismus mit »menschlichem Antlitz« und eine »sozialistische Marktwirtschaft« herbeiführen wollte. So kam es innerhalb der kurzen Zeit des »Prager Frühlings« zu einer weit reichenden Liberalisierung der ČSSR. Doch machte der Einmarsch von Truppen des Warschauer Pakts am 20. 8. 1968 alle Hoffnungen, auch des Auslands und hier insbesondere der Linken, die auf einen »demokratischen Sozialismus« gehofft hatte, zunichte. Binnen kurzem war die Restauration des orthodoxen Sozialismus vollzogen.

AUFSTIEG ZUR GROSSMACHT (1701–88): Am 18. 1. 1701 krönte sich Kurfürst Friedrich III. von Brandenburg mit Zustimmung Kaiser Leopolds I. als Friedrich I. zum »König in Preußen«. Dieser Titel galt zunächst nur für das Land Preußen (die spätere Provinz Ostpreußen), das nicht zum Heiligen Römischen Reich gehörte; seit Friedrich II., dem Großen, nannten sich die preußischen Herrscher »König von Preußen«. Die höfische Prunkentfaltung und die Pflege von Kunst und Wissenschaft unter Friedrich I. führte Preußen an den Rand des finanziellen Ruins. Sparsamkeit und harte Pflichterfüllung kennzeichnen die Regierungszeit des »Soldatenkönigs« Friedrich Wilhelm I., der in Heerwesen und Verwaltung die Grundlagen des preußischen Militär- und Verwaltungsstaats legte. Das Heer wurde auf mehr als das Doppelte vergrößert, das Bürgertum sollte gegen eine Befreiung von der Rekrutierung für den Unterhalt der Armee aufkommen; es stellte darüber hinaus das neue Beamtentum in Zentral-, Provinzial- und Lokalbehörden. Die Vorherrschaft des Militärischen vor dem Zivilen und uneigennützige Pflichterfüllung und Treue des Beamten wurden für Preußen charakteristisch. 1720 erwarb Friedrich Wilhelm I. von Schweden Vorpommern bis zur Peene.

Mit der in Europa relativ größten und schlagkräftigsten Armee führte Friedrich II., der Große, die drei Schlesischen Kriege (1740–42; 1744/45; 1756–63), die Preußen zu einer europäischen Großmacht machten und den österreichisch-preußischen Dualismus begründeten. Durch den Erbanfall Ostfrieslands (1744) und den Erwerb Westpreußens, des Ermlands und des Netzedistrikts in der 1. Polnischen Teilung (1772) wuchs das preußische Staatsgebiet um fast zwei Drittel. Im Innern verfolgte Friedrich II., der Große, den weiteren Ausbau des Heeres und den Wiederaufbau des in den Kriegen verwüsteten Landes. Das merkantilistische Wirtschaftssystem wurde weiter ausgebaut und die Landwirtschaft gefördert. Im Zeichen eines aufgeklärten Absolutismus wurde eine Justizreform vorangetrieben (1794 kodifiziert im Preußischen Allgemeinen Landrecht) und die Glaubens- und Gewissensfreiheit gewährt.

ZUSAMMENBRUCH, REFORM UND WIEDERAUFSTIEG (1789–1815): Friedrich Wilhelm II. leitete durch die Verständigung mit Österreich eine Umorientierung in der Außenpolitik ein. 1792 führte Preußen zusammen mit Österreich den 1. Koalitionskrieg gegen das revolutionäre Frankreich, aus dem sich Preußen 1795 unter Überlassung des linken Rheinufers an die Franzosen im Basler Frieden (1795) vorzeitig zurückzog. Durch die 2. und 3. Polnische Teilung (1793, 1795) erhielt Preußen Danzig und Thorn sowie Südpreußen und Neuostpreußen. Im Reichsdeputationshauptschluss 1803 wurde der rheinisch-westfälische Besitz erweitert; nach der Niederlage im 4. Koalitionskrieg bei Jena und Auerstedt verlor Preußen jedoch unter Friedrich Wilhelm III. im Frieden von Tilsit (1807) etwa die Hälfte seines Territoriums und wurde französisch besetzt. Mit Freiherr vom und zum Stein, Hardenberg, Scharnhorst, Gneisenau und Wilhelm von Humboldt begannen im Geiste des erwachenden deutschen Nationalgefühls, des britischen Wirtschaftsliberalismus und der Philosophie Kants die →preußischen Reformen, die den Übergang vom Absolutismus zum Verfassungsstaat des 19. Jh. brachten. Preußen beteiligte sich an den Befreiungskriegen gegen Frankreich 1813/14 und der endgültigen Niederwerfung Napoleons 1815. Auf dem Wiener Kongress (1815) wurden Preußen Posen, Westfalen, das Rheinland, die Provinz Sachsen und das Saargebiet zugesprochen.

RESTAURATION, REVOLUTION UND REICHSGRÜNDUNG (1815–71): Die liberalen und nationalen Ideen der Befreiungskriege wurden mit der Restauration nach dem Wiener Kongress besonders in Preußen zurückgedrängt. 1819 traten die letzten Reformminister zurück. Im gleichen Jahr setzten nach den Karlsbader Beschlüssen die Demagogenverfolgungen und eine Pressezensur ein, die in Preußen besonders rigoros durchgeführt wurden. Die 1815 erworbenen Gebiete wurden zu Zentren der beginnenden Industrialisierung, die durch eine liberale Wirtschaftspolitik gefördert wurde. Durch die Gründung des Deutschen Zollvereins 1834 wurde auf wirtschaftlichem Gebiet die deutsche Einigung unter preußischer Führung und unter Ausschluss Österreichs vorbereitet. Die Verarmung breiter Bevölkerungsschichten führte zur verstärkten Auswanderung und entlud sich in ersten Aufständen (u.a. Schlesischer Weberaufstand 1844). Die Errichtung von Provinzialständen und -landtagen (1823) sowie eines ersten Ver-

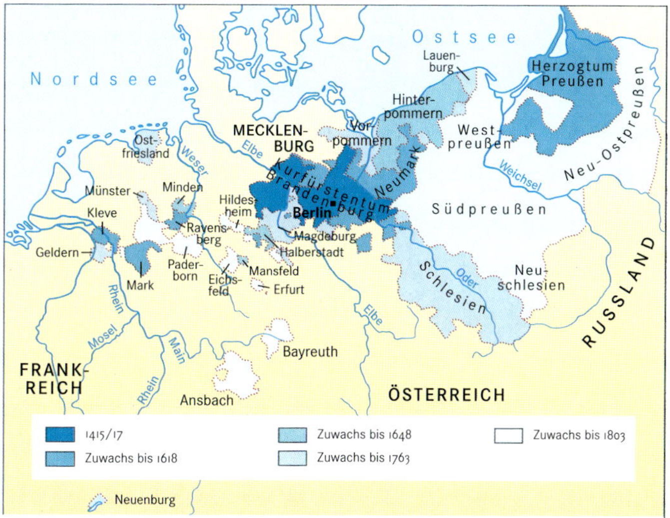

Preußen. Territoriale Entwicklung 1415–1803

einigten Landtags (1847) konnte die vom König versprochene Verfassung nicht ersetzen.

Unter Friedrich Wilhelm IV. verschärfte sich der Gegensatz zum bürgerlichen Liberalismus. Auf die →Märzrevolution 1848 reagierte er mit der Aufhebung der Pressezensur und einer Proklamation zur Umgestaltung des Deutschen Bundes, berief ein liberales Ministerium unter Ludolf Camphausen (29. 3.) und ließ eine preußische Nationalversammlung wählen, in der die demokratische Linke dominierte. Bereits am 2. 11. 1848 berief der König jedoch ein konservatives Ministerium unter Friedrich Graf von Brandenburg, löste die Nationalversammlung auf und oktroyierte eine Verfassung (konstitutionelle Monarchie, Legislative bei König und Landtag, Budgetrecht allein beim Landtag). Die »revidierte« oktroyierte Verfassung von 1850 führte das Dreiklassenwahlrecht ein, das bis 1918 die liberale und sozialdemokratische Opposition stark benachteiligte. 1849 hatte König Friedrich Wilhelm IV. die ihm von der Frankfurter Nationalversammlung angetragene Kaiserkrone abgelehnt. Seinen Versuch, eine kleindeutsche Union unter preußischer Führung zu schaffen, scheiterte am russischen Widerstand (Olmützer Punktation 1850); danach herrschte unter Edwin von Manteuffel eine hochkonservative »Kamarilla«.

Die »Neue Ära« unter Wilhelm I. führte im »preußischen Verfassungskonflikt« um die Heeresverstärkung (1860–66) zum Machtkampf zwischen Krone/Regierung und Parlament, den Bismarck (seit 1862 Ministerpräsident und Außenminister) mit aller Entschiedenheit führte. Ihm gelang es, nach dem Deutsch-Dänischen Krieg 1864 und dem Deutschen Krieg 1866, Österreich aus der deutschen Politik auszuschließen. Mit der Annexion Hannovers, Schleswig-Holsteins, Nassaus, Kurhessens und Frankfurts sowie der Bildung des Norddeutschen Bundes 1867 im Deutsch-Französischen Krieg 1870/71 konnte er die deutsche Frage im kleindeutschen Sinne unter preußischer Führung lösen.

PREUSSEN IM DEUTSCHEN REICH (1871–1945/47): Mit der Reichsgründung und der Proklamation des preußischen Königs zum Deutschen Kaiser 1871 ging die preußische Geschichte in die deutsche Geschichte über. In der Reichsverfassung war die preußische Hegemonie abgesichert, zusätzlich gestützt v.a. durch die enge personelle Verzahnung der preußischen Ministerien mit den entsprechenden Reichsämtern. Nach Kaiser Friedrich III. trat unter Wilhelm II. das preußische Königtum hinter dem Kaisertum zurück. Nach der Novemberrevolution 1918, in deren Verlauf Wilhelm II. auch als preußischer König abdankte, erhielt Preußen mit der Verfassung vom 30. 11. 1920 – wie die anderen Länder des Deutschen Reichs – den Status eines Freistaats mit demokratisch-parlamentarischer Verfassung. Im Unterschied zum Reich blieben die Regierungen in Preußen relativ stabil; ab 1919 wurde Preußen von der Weimarer Koalition regiert, bis der Staatsstreich Papens die nur noch geschäftsführende Regierung am 20. 7. 1932 beseitigte und Preußen unter Reichsverwaltung stellte (»Preußenschlag«). Unter dem nationalsozialistischen Ministerpräsidenten Hermann Göring wurde auch für Preußen die Gleichschaltung vollzogen. Das Gesetz Nr. 46 des Alliierten Kontrollrats vom 25. 2. 1947 besiegelte die Auflösung des 1945 auf die Besatzungszonen aufgeteilten Preußens als Staat.

Preußenschlag, Preußenputsch, Bezeichnung für die verfassungswidrige Absetzung der preußischen Minderheitsregierung Otto Braun durch die Reichsregierung Papen aufgrund der Notverordnung vom 20. 7. 1932. Der Preußenschlag stand mit Plänen einer autoritär ausgerichteten Reichsreform im Zusammenhang. Papen übernahm als Reichskommissar die Leitung der preußischen Regierungsgeschäfte. Der Preußenschlag ebnete Hitler den Weg zur Macht.

preußische Reformen, politisch-gesellschaftlich-militärische Reformen, die unter der Leitung der Minister Heinrich Friedrich Karl Reichsfreiherr vom und zum Stein und Karl Fürst von Hardenberg nach dem Zusammenbruch von 1806/07 in Preußen Voraussetzungen für den Übergang vom absolutistisch regierten Stände- und Agrarstaat zum bürgerlichen Verfassungs-, National- und Industriestaat des 19. Jh. schufen.

Die →Bauernbefreiung (1807, 1811, abgeschlossen 1850) sollte durch Beseitigung der bäuerlichen Erbuntertänigkeit samt Gesindezwang und Schollenbindung einen freien Bauernstaat schaffen. In der Steinschen Städteordnung (19. 11. 1808) wurde das Prinzip der Selbstverwaltung auf kommunaler Ebene eingeführt. Danach war die Stadtverordnetenversammlung Träger gemeindlicher Rechtsetzung und Verwaltung; der von ihr gewählte Magistrat stand als abhängiges Vollzugsorgan an der Spitze der Stadtverwaltung. Die Städte erlangten die volle Finanzgewalt. Die städtischen Bürger wurden ein in sich gleichberechtigter, staatsunmittelbarer Stand, dessen Mitwirkung an der Selbstverwaltung aber an Besitz und Bildung gebunden blieb. 1811 wurden die Zunftordnungen zugunsten der Gewerbefreiheit aufgehoben, 1812 wurde die bürgerliche Gleichstellung der Juden erreicht. Es wurden die fünf klassischen Ministerien für Inneres, Auswärtiges, Finanzen, Krieg und Justiz mit dem Staatskanzler als Vorsitzendem des Ministerrats (1808/10) geschaffen. Aus dem Innenministerium wurde 1817 das Kultusministerium ausgegliedert. Die 1807 begonnene Heeresreform Scharnhorsts, Gneisenaus und

Boyens schuf mit der Erneuerung des Offizierskorps und dem Wegfall des Adelsprivilegs, der Bildung der Landwehr und des Landsturms, mit der Einführung des Krümpersystems bzw. der allgemeinen Wehrpflicht (1814) ein »Volk in Waffen« und bereitete die Befreiung Preußens von der französischen Vorherrschaft vor, wofür auch die Schaffung eines modernen Generalstabs entscheidend war. Mit der Gründung der für die Universitäten im 19. Jh. beispielhaften Berliner Friedrich-Wilhelm-Universität (1809; heute Humboldt-Universität zu Berlin) im Rahmen der von Wilhelm von Humboldt eingeleiteten Erziehungs- und Bildungsreform, die sich auf alle Stufen des Unterrichts erstreckte, wollte der preußische Staat eine Erziehung zu Selbstständigkeit und Nationalbewusstsein im humanistischen Sinn erreichen.

Die Ziele der Reformer, »demokratische Grundsätze in einer monarchischen Regierung« zu verwirklichen und den Ideen von 1789 in Richtung auf eine »Revolution im guten Sinn« in Preußen Eingang zu verschaffen, konnten jedoch nur teilweise realisiert werden. Die Selbstverwaltung auch für die Landgemeinden, die Aufhebung der gutsherrlichen Patrimonialgerichtsbarkeit und Polizeigewalt, eine allgemeine Einkommensteuer und Grundsteuer scheiterten ebenso wie eine Nationalrepräsentation am erbitterten Widerstand des Junkertums und blieben mit dem Einsetzen der Restaurationsepoche ab 1815 vollends der Zukunft überlassen.

preußischer Verfassungskonflikt, die Auseinandersetzungen in Preußen zwischen Krone und Regierung sowie Abgeordnetenhaus um die seit 1860 betriebene Heeresreform. Ein 1860 vorgelegter Gesetzesentwurf (»Heeresvorlage«) sah die Verstärkung der Friedenspräsenz des Heeres bzw. die Erhöhung der jährlichen Rekrutenzahl unter Beibehaltung der dreijährigen Dienstzeit und eine Einbeziehung von Teilen der Landwehr in das Heer vor. Gegen die Aufwertung der Armee auf Kosten der Landwehr, v. a. aber gegen die dreijährige Dienstzeit wandte sich die Mehrheit des Abgeordnetenhauses und verlangte neben einer Verkürzung der Dienstzeit eine Verstärkung des parlamentarischen Budgetrechts. Der Verfassungskonflikt entstand nach dem Wahlsieg der die Heeresvorlage ablehnenden Deutschen Fortschrittspartei: Nachdem das Abgeordnetenhaus die begonnene Reorganisation der Armee 1860 und 1861 mit der jeweils für ein Jahr geltenden Haushaltszustimmung vorläufig gestützt hatte, verweigerte es im September 1862 mit seiner liberalen Mehrheit die Zustimmung zum Etat. Die folgende Krise, auch verursacht durch das starre Festhalten von König Wilhelm I. an überkommenen absolutistischen Rechten und begleitet von der Androhung seiner Abdankung, führte mit der Entlassung der liberalen Minister zum Ende der »Neuen Ära« in Preußen. Auf dem Höhepunkt der Krise, der Ablehnung des Militäretats durch das Parlament am 23. 9. 1862, berief der König am 24. 9. 1862 Otto von Bismarck zum Ministerpräsidenten. Bismarck regierte zunächst aufgrund der von ihm aufgestellten »Lückentheorie«, wonach bei fehlendem Haushaltsbeschluss des Parlaments die Regierung berechtigt sei, die Verwaltung wie bisher fortzuführen. Mit Unterstützung v. a. der Nationalliberalen endete im Deutschen Krieg von 1866 der Verfassungskonflikt politisch mit der Gründung des Norddeutschen Bundes (1867); verfassungsrechtlich wurde er mit der Annahme der Indemnitätsvorlage am 3. 9. 1866 beigelegt (nachträgliche Billigung der Staatshaushalte seit 1862).

Preußisches Allgemeines Landrecht →Allgemeines Landrecht.

Primogenitur [mittellatein., zu latein. primus »Erster« und genitus »geboren«], Nachfolgeordnung nach dem Erstgeburtsrecht. Nach der seit dem 14. Jh. in den deutschen Fürstenhäusern zur Vermeidung der Zersplitterung des Hausgutes gebildeten Primogeniturordnung ist zur Thronfolge und zur Erbfolge in das Hausgut der Erst- oder Ältestgeborene des regierenden Hauses mit Ausschluss aller jüngeren Linien berufen. Die Primogenitur galt zuerst für die Kurfürsten durch die Goldene Bulle (1356).

Prinzipat [latein. principatus, zu princeps »der Erste«], auch im antiken Rom inoffizielle Bezeichnung der von Augustus 27 v. Chr. geschaffenen neuen Staatsform der Herrschaft eines ersten Bürgers (»princeps«), die v. a. auf der Häufung von verliehenen Amtsgewalten, dem Oberbefehl über das Heer und einem erhöhten Ansehen (»auctoritas«) beruhte.

Protektorat Böhmen und Mähren, propagandistische Bezeichnung für die unter Bruch des →Münchener Abkommens (29. 9. 1938) von Adolf Hitler im März 1939 ihrer Souveränität beraubten und dem Deutschen Reich (bis zum 8. 5. 1945) angegliederten Gebiete der »Rest-ČSR«. (→Tschechoslowakei).

Protestation, Protest, v. a. der Einspruch von 19 evangelischen Reichsständen auf dem Reichstag von Speyer 1529 gegen den Beschluss der altkirchlichen Mehrheit, entgegen dem Reichsabschied des Speyerer Reichstages von 1526 am Wormser Edikt von 1521 festzuhalten.

Proudhon [pruˈdɔ̃], Pierre, französischer Sozialist und Schriftsteller, *Besançon 15. 1. 1809, †Paris 19. 1. 1865; Schriftsetzer; aus handwerklich-bäuerlichen Verhältnissen stammend; Autodidakt. In seiner 1840 erschienenen Schrift »Qu'est-ce que la propriété? Ou, Recherches sur le principe du droit et du gouvernement« (1840; »Was ist Eigenthum, oder Untersuchungen über den letzten Grund des

Rechts und des Staates«), die ihn mit einem Schlag berühmt machte, griff Proudhon die bestehende Eigentumsordnung an, mit der These »Eigentum ist Diebstahl!«, womit er nicht das Prinzip des Privateigentums, sondern dessen ungleiche und ungerechte Verteilung meinte. Proudhon forderte die gleichmäßige Verteilung des Produktionseigentums zulasten des gewerblichen Großeigentums und zugunsten einer Vielzahl von Kleinproduzenten, die ihre mit eigenen Arbeitsinstrumenten produzierten Waren an einer Tauschzentrale gegen Tauschbons abliefern sollten.

Nachdem die französische Nationalversammlung 1848 Proudhons Vorschlag zur Einrichtung von Tauschzentralen, den er als Abgeordneter eingebracht hatte, verworfen hatte, gründete er 1849 eine (allerdings nur ein halbes Jahr bestehende) Volksbank, die kostenlos Kredite vergab. Den zentralistischen Staat kritisierte Proudhon als Ursprung der Unterdrückung, seine neue Gesellschaftsordnung wollte er ohne Staatsmacht errichten. Proudhon wurde von marxistischer Seite v.a. vorgeworfen, er habe mit seiner Theorie versucht, die mit dem Kapitalismus entstandenen Klassen zu versöhnen und zwischen ihnen zu vermitteln, weiter habe er durch eine unzulängliche Auffassung von historischer Dialektik u.a. die relative Progressivität des kapitalistischen Konzentrationsprozesses verkannt.

Samuel Freiherr von Pufendorf

Provinzialstände, französisch **États provinciaux** [e'ta prɔvɛ̃'sjo], in Frankreich im Unterschied zu den Generalständen die Vertretungen der einzelnen Provinzen. Sie kamen nach Vorstufen im 14. Jh. auf, erwarben zumeist bestimmte administrative und politische Zuständigkeiten, v.a. das Recht der Steuerbewilligung.

Przemysliden [pʃɛmis-], die Přemysliden (→ Přemysl).

Ptolemäer [nach dem Herrschernamen Ptolemaios], **Ptolemaier, Lagiden** [nach Lagos, dem Vater Ptolemaios' I.], die makedonische Dynastie, die seit dem Tod Alexanders des Großen Ägypten beherrschte (323–30 v.Chr.) und von diesem Kern aus das Ptolemäerreich errichtete. Ihre Herrschaft bedeutete innenpolitisch die Fortführung der alten sozialen und wirtschaftlichen Verhältnisse, jedoch bei verstärkter Zentralisierung von Landbesitz, Einkünften und Staatsverwaltung in königlicher Hand mithilfe einer griechischen Bürokratie. Umfassende staatliche Monopolwirtschaft und zielbewusste Förderung von Produktion und Handel verstärkten die Einflussmöglichkeiten der Ptolemäer in außerägyptischen Ländern. Die Errichtung großer Kulturinstitutionen in Alexandria machten es zum wichtigsten Zentrum hellenistischer Bildung und Wissenschaft. Außenpolitisch folgte auf eine maßvolle Expansion bis etwa zur Mitte des 3. Jh. v.Chr. eine Periode der Schwäche, die zur Anlehnung an Rom führte und etwa seit der Mitte des 2. Jh. v.Chr. den Fortbestand des Reiches in römisches Belieben stellte. Dynastie und Reich endeten 30 v.Chr. mit dem Tod Kleopatras und ihres Sohnes.

Ptolemaios I. Soter [»Retter«], lateinisch **Ptolemaeus,** König des hellenistischen Ägyptens (seit 305 v.Chr.), *366 v.Chr., †283 v.Chr.; Sohn des Makedonen Lagos, Vater von Ptolemaios II. Philadelphos; ⚭ seit 317 mit Berenike I.; Leibwächter und Feldherr Alexanders des Großen, erhielt von diesem 323 die Satrapie Ägypten, die er zielbewusst zum selbstständigen Territorialstaat ausbaute und in den Diadochenkriegen behauptete.

Pufendorf, Samuel Freiherr von (seit 1694), deutscher Jurist und Historiker, *Dorfchemnitz (bei Chemnitz) 8. 1. 1632, †Berlin 26. 10. 1694; wurde 1661 Professor des Natur- und Völkerrechts in Heidelberg, ab 1668 in Lund, 1677 schwedischer Historiograph und Staatssekretär in Stockholm, 1688 brandenburgischer Historiograph und Geheimer Rat in Berlin. Auf der Grundlage der herrschenden rationalistischen Naturrechtsauffassungen entwickelte Pufendorf das im aufgeklärten Absolutismus führende System der Staatslehre und des Vernunftrechts; er führte die Lehren Hugo Grotius' fort, die von der Erkenntnis der ursprünglichen Hilflosigkeit (»imbecillitas«) und des damit verbundenen Geselligkeitsbedürfnisses (»socialitas«) des mit freiem Willen begabten und nach Selbsterhaltung strebenden Menschen ausgehen. Die Bereitschaft des Menschen, seine Freiheit staatlicher Herrschaft zu unterwerfen, sei Ausdruck seines Willens, sich mit einem Schutz zu umgeben gegen die Übel, die ihm von den Menschen drohen. Die humanistischen Ideale der Menschenwürde und Freiheit verschmolz Pufendorf mit den neuen Gesetzen des Staates, der Staatsräson und der Souveränität in einer Recht und Moral streng trennenden Pflichtenlehre und durch ein naturrechtlich begründetes Völkerrecht.

Die unter dem Pseudonym Severinus de Monzambano veröffentlichte Schrift »De statu imperii germanici ...« (1667) zeigte die Irregularität der Reichsverfassung nach den Maßstäben des modernen souveränen Staates, wonach das Heilige Römische Reich, staatsrechtlich betrachtet, einem Monstrum vergleichbar (»monstro simile«) sei. Pufendorfs Lehren, besonders sein Hauptwerk »De jure naturae et gentium libri octo« (1672), gewannen in Deutschland beherrschenden Rang, der bis Immanuel Kant fortdauerte.

Pugatschow, Pugačev [-'tʃɔf], Jemeljan, Führer eines russischen Volksaufstandes, *Staniza Simowejskaja-na-Donu um 1742, †(hingerichtet) Moskau 21. 1. 1775; Donkosak; stellte sich, indem er sich für den (ermordeten) Kaiser Peter III. ausgab, an die Spitze eines Aufstandes (1773–75) unter den Uralkosaken, der u.a. von

Baschkiren, Raskolniki und Leibeigenen starken Zulauf hatte. Pugatschows Ziel war die Errichtung eines Bauernstaates unter einem Bauernzaren. Nach anfänglichen Erfolgen wurde er 1774 von Regierungstruppen besiegt und von seinen Mitstreitern ausgeliefert.

Pulververschwörung, englisch **Gunpowder Plot** ['gʌnpaʊdə plɔt], Verschwörung von katholischen Edelleuten in England unter Mitwissen englischer Jesuiten, um Jakob I. und das Parlament bei der Parlamentseröffnung am 5. 11. 1605 in die Luft zu sprengen. Am 4. 11. wurde der Plan verraten.

Punische Kriege, die drei Kriege zwischen Römern und Karthagern (Punier), durch die Rom die Herrschaft im westlichen Mittelmeer und die ersten überseeischen Besitzungen erlangte.

Nach längerer Zeit der Freundschaft zwischen Rom und Karthago entbrannte der 1. Punische Krieg (264–241 v. Chr.) durch den Streit der Mamertiner von Messina mit Syrakus und entwickelte sich zu einem Kampf um Sizilien zwischen Rom und Karthago, in dem Syrakus 263 römischer Bundesgenosse wurde und die Landmacht Rom eine Kriegsflotte bauen musste. Diese errang mehrere Seesiege, so 260 bei Mylai (heute Milazzo), 256 bei Eknomos und schließlich, kriegsentscheidend, 241 bei den Ägadischen Inseln, während eine römische Landung in Afrika unter Marcus Atilius Regulus (256/255) misslang. Bei Kriegsende fiel Sizilien, mit Ausnahme des Königreichs Syrakus, an Rom und wurde 227 als Provinz eingerichtet. 237 hatte Rom bereits Sardinien und Korsika besetzt, die ebenfalls 227 römische Provinz wurden.

Der 2. Punische Krieg (218–201 v. Chr.) begann in Spanien, als Hannibal nach der Eroberung von Sagunt gegen die Bestimmungen des von seinem Schwager Hasdrubal mit den Römern geschlossenen Vertrages den Ebro überschritt. Nach Hannibals Zug über die Alpen (218) siegten die Karthager am Ticinus (heute Tessin) und an der Trebia (heute Trebbia), 217 am Trasimenischen See und 216 bei Cannae. Trotz des Abfalls mehrerer italischer Bundesgenossen (darunter Capua) von Rom konnte Hannibal die römische Herrschaft über Italien nicht ernsthaft gefährden. Auch das Bündnis Karthagos mit Philipp V. von Makedonien (Anlass zum 1. Makedonischen Krieg, 215–205 v. Chr.) blieb wirkungslos. Zwischen 212 und 209 v. Chr. trat die Wende ein: Die Römer eroberten 212 Syrakus, 211 Capua, 209 Neukarthago (heute Cartagena) in Spanien. Als Scipio der Ältere, der die Karthager aus Spanien vertrieben hatte, 204 v. Chr. nach Afrika übersetzte, musste Hannibal folgen. Bei Zama fiel 202 v. Chr. durch den Sieg Scipios die Entscheidung: Im Frieden von 201 v. Chr. wurde Karthago auf sein afrikanisches Gebiet beschränkt und durfte – auch wenn es um Selbstverteidigung ging – nur noch mit Erlaubnis Roms Krieg führen. Dies setzte Karthago den Angriffen des numidischen Königs Massinissa aus, der mit Rom verbündet war. Diese Übergriffe und die Agitation der Karthagerfeinde in Rom, die einen Wiederaufstieg Karthagos fürchteten, führten zum 3. Punischen Krieg (149–146 v. Chr.). Er endete mit der Eroberung und Zerstörung Karthagos durch Scipio den Jüngeren.

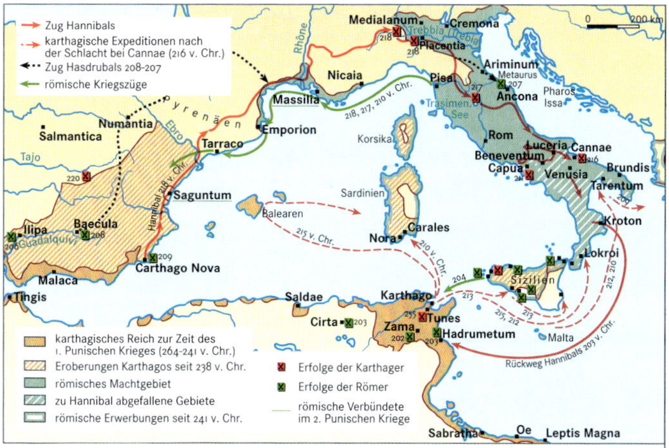

Punische Kriege. Verlauf des 2. Punischen Kriegs (218–201 v. Chr.)

Puritanische Revolution [nach den Puritanern als den religiösen Gegnern Karls I. von England], Bezeichnung für den 1642 ausgebrochenen englischen Bürgerkrieg, in dessen Verlauf das von Oliver Cromwell geführte Parlamentsheer König Karl I. besiegte (1644 und 1645) und schließlich, nach der Verurteilung und Hinrichtung des Königs (30. 1. 1649), das »Commonwealth of England« gebildet wurde. – Bild S. 726

Putin, Wladimir, russischer Politiker, * Leningrad (heute Sankt Petersburg) 7. 10. 1952; Jurist; wirkte 1975–91 im KGB, war 1994–96 Erster stellvertretender Oberbürgermeister von Sankt Petersburg; arbeitete ab 1996 im Verwaltungsapparat von Boris Jelzin in Moskau; wurde 1998 Chef des russischen Inlandsgeheimdienstes FSB, im März 1999 Sekretär des Sicherheitsrates und im August 1999 Ministerpräsident (bis Mai 2000). Nach dem Rücktritt Jelzins am 31. 12. 1999 übernahm Putin übergangsweise das Amt des Staatspräsidenten. Die Präsidentschaftswahlen von 2000 konnte er als Vertreter einer »gelenkten Demokratie« für sich entscheiden (2004 bestätigt).

Wladimir Putin

Puttkamer, Robert von deutscher Politiker, * Frankfurt/Oder 5. 5. 1828, † Karzin (bei Stolp) 15. 3. 1900; war seit 1860 im preußischen Staatsdienst; wurde 1877 Oberpräsident von Schlesien. Als Kultusminister (1879–81) begann Puttkamer den Abbau der während des Kulturkampfs erlassenen Maigesetze und führte 1880 eine Rechtschreibreform durch. Als Innenminister (1881–88) setzte er die preu-

PURITANISCHE REVOLUTION | *Sturz Karls I.*

Karl I. von England war zutiefst überzeugt vom göttlichen Recht der Könige. Sein Ziel war die Aussöhnung mit Rom und die uneingeschränkte Souveränität, weshalb er 1629 das englische Parlament auflöste und nun allein regierte. In Oliver Cromwell, einem dem niederen Landadel entstammenden strengen Puritaner und Mitglied des Unterhauses, fand er jedoch einen mächtigen Gegenspieler.

Als ein Aufstand in Irland 1641 die Entsendung eines Heeres nötig machte, kam es zum Streit darüber, ob dieses dem König oder dem von ihm widerwillig wieder einberufenen Parlament zu unterstellen sei. Im daraus erwachsenden Bürgerkrieg standen sich ab 1642 die Königstreuen (»Cavahiers«) und die Anhänger des Parlaments (»Roundheads«) gegenüber. Die anfängliche Überlegenheit der Königlichen fand ein Ende, als Cromwell das Parlamentsheer reorganisierte und mit ihm die Entscheidung im Bürgerkrieg erzwang. Nach der Flucht Karls und dessen Verbündung mit den Schotten besiegte Cromwell diese 1648 bei Preston, vertrieb die gemäßigteren Presbyterianer aus dem Parlament und ließ Karl von den verbleibenden Parlamentariern zum Tode verurteilen. Am 30. 1. 1649 wurde der König enthauptet (der Kupferstich von 1649 stilisiert ihn zum Märtyrer).

Noch im gleichen Jahr wurde England (unter Vermeidung des Begriffs Republik) zum Commonwealth of England erklärt, das in der Protektoratsverfassung 1653 auch Schottland und Irland einbezog. Die Verfassung gab Cromwell gleichzeitig als Lordprotector eine gleichsam monarchische Stellung. Aus dieser Position heraus begründete er durch mehrere siegreiche Kämpfe zur See gegen die holländische und spanische Kolonialmacht schließlich die Weltstellung Englands.

ßische Verwaltungsreform fort und trat für eine scharfe Anwendung des Sozialistengesetzes ein. 1891–99 war Puttkamer Oberpräsident von Pommern.

Pym [pɪm], John, englischer Politiker, *Brymore (County Somerset) 1583/84, †London 8. 12. 1643; seit 1621 Mitglied des englischen Unterhauses, unterstützte 1628 die Petition of Right und nahm in der Zeit der Parlamentsaufhebung (1629–40) Verbindung zur puritanischen Opposition auf, deren Führer im Kampf gegen Karl I. er ab 1640 im Langen Parlament war. 1643 erreichte er für die Parlamentspartei ein Bündnis mit den Schotten.

Pyrenäenfrieden, zwischen Frankreich und Spanien am 7. 11. 1659 geschlossener Frieden, der den seit 1635 geführten Krieg beendete und die durch den Frieden von Cateau-Cambrésis (1559) geschaffene Situation grundlegend revidierte. Spanien trat die Grafschaften Roussillon und Cerdagne nördlich der Pyrenäen ab, ferner Teile des Artois, des Hennegaus, von Flandern und Luxemburg und verzichtete auf die Gebiete, die Frankreich im Westfälischen Frieden von Österreich erhalten hatte. Frankreich gab den unter seinem Einfluss verbleibenden Herzögen von Lothringen, Savoyen und Modena ihre Besitzungen zurück. Der Pyrenäenfrieden beendete die spanisch-habsburgische Vormachtstellung in Europa.

Pyrrhos I., lateinisch **Pyrrhus,** König der Molosser (306–302 und 297–272 v. Chr.) und Hegemon von Epirus, *319 v. Chr., †(gefallen) Argos 272 v. Chr.; wuchs bei den Illyrern auf, die ihn 306 v. Chr. als König der Molosser einsetzten. 302 verlor er die Herrschaft an Kassander, erhielt sie aber 297 mithilfe Ptolemaios' I. zurück. 287–284 gewann er die Herrschaft über Makedonien, Thessalien und Illyrien, die er im Kampf mit Lysimachos 284 jedoch wieder verlor. 280 setzte er, von Tarent gegen Rom um Hilfe ersucht, nach Italien über und schlug die Römer 280 bei Herakleia (Lukanien) und 279 bei Ausculum (heute Ascoli Satriano) unter hohen eigenen Verlusten (»Pyrrhussieg«). 278–276 führte er auf Sizilien gegen Karthago Krieg, kehrte dann nach Italien zurück, wo er 275 von den Römern bei Benevent geschlagen wurde. 274 eroberte Pyrrhos I. Makedonien zurück; 272 fiel er in Argos im Straßenkampf.

Qin Shi Huangdi [tʃin ʃi -; chinesisch »Erster Göttlich Erhabener von Qin«], erster chinesischer Kaiser (221–210 v. Chr.), *um 259 v. Chr., †210 v. Chr.; trug als König (seit 246 v. Chr.) des nordwestchinesischen Teilstaates Qin den Namen Zheng und nahm 221 v. Chr. den Titel »Göttlich Erhabener« (Huangdi) an (von nun an die Selbstbezeichnung der Zentralherrscher von China). Qin Shi Huangdi unterwarf in einem Bürgerkrieg gegen die anderen Lehensstaaten ganz China, das er mit der Ideologie des »Legalismus« (bedeutendste Theoretiker Han Feizi und Shang Yang) in einen zentralistischen Einheitsstaat umwandelte. Eine Reihe von brutalen Maßnahmen, die der Sicherung der Dynastie dienen sollten, darunter die Umsiedlung besiegter Adelsgeschlechter, die Zerstörung der Fürstenchroniken (mit Ausnahme der Chronik von Qin), das Verbot aller philosophischen Lehren (außer des des Legalismus), die Vernichtung aller »staatsgefährdenden« Schriften und die angebliche Hinrichtung Hunderter von Konfuzianern ließ ihn in der konfuzianischen Geschichtsschreinbung zum Prototypen des Tyrannen werden. 1974 wurde östlich von Lintong die gigantische unterirdische Grabanlage des Kaisers, eine Nachbildung seines Hofstaats mit einer Armee von mehreren Tausend Terrakottakriegern, entdeckt.

Quadrupelallianz, politisches Bündnis zwischen vier Mächten, z. B. die Quadrupelallianz von Warschau (8. 1. 1745) zwischen Österreich, Sachsen, Großbritannien und den Niederlanden mit dem Ziel, im Österreichischen Erbfolgekrieg Schlesien zurückzugewinnen, die Quadrupelallianz von Chaumont (1. 3. 1814, am 20. 11. 1815 erneuert) zwischen Großbritannien, Österreich, Preußen und Russland gegen Frankreich, die Quadrupelallianz von London (15. 7. 1840) zwischen Großbritannien, Österreich, Preußen und Russland zur Stützung der Türkei.

Quisling, Vidkun, norwegischer Offizier und Politiker, *Fyresdal (Provinz Telemark) 18. 7. 1887, †(hingerichtet) Oslo 24. 10. 1945; näherte sich, im Amt des Kriegsministers 1931–33, der faschistischen Bewegung und gründete 1933 nach nationalsozialistischem Vorbild die »Nasjonal Samling«. 1939 trat er Hitler gegenüber für die präventive Besetzung Norwegens durch deutsche Truppen ein. Nach der Okkupation Norwegens war Quisling von April bis September 1941 Vorsitzender eines Norwegen regierenden Verwaltungsrates. Er übernahm 1942–45 die Führung einer eng mit der Besatzungsmacht zusammenarbeitenden Regierung, die letztlich vom deutschen Reichskommissar Josef Terboven abhing. Nach der Kapitulation der deutschen Truppen wurde Quisling am 9. 5. 1945 verhaftet und wegen Hochverrats von einem norwegischen Gericht zum Tod verurteilt. Sein Name wurde zum Synonym für einen Landesverräter und Kollaborateur.

QIN SHI HUANGDI

Gründung des Kaiserreichs China

China betrat um 2200 v. Chr. mit der Dynastie der – heute kaum mehr nachweisbaren – Xia die Bühne der Geschichte. Doch erst rund 2000 Jahre später war das riesige Territorium mit seinen sich ständig ändernden Grenzen unter einer Zentralgewalt geeint, nachdem König Zheng von Qin in einem Bürgerkrieg die Unterwerfung von sechs anderen Teilreichen gelungen war. Um seine brutal durchgesetzte Alleinherrschaft zu legitimieren und sein Gottesgnadentum zu demonstrieren, nahm Zheng 221 v. Chr. den Kaisertitel an und ließ sich als »Qin Shi Huangdi« (»Erster Göttlich Erhabener von Qin«) verehren. Von seiner Macht zeugt das 1974 entdeckte Mausoleum des ersten chinesischen Zentralherrschers, das von einer Armee von 7000 lebensecht gestalteten Terrakottafiguren bewacht wurde.

An die Stelle der einst unabhängigen Fürstentümer traten Regierungsbezirke mit ihnen unterstehenden Kreisen, verwaltet von Beamten, die der Zentralregierung unmittelbar verantwortlich waren. Der Strafrechtskodex der Qin galt nun reichsweit, auch waren jetzt alle – außer dem Kaiser – vor dem Gesetz gleich. Steuern, das Münzwesen, der Kalender, Maße und Gewichte bis hin zum Radabstand der Lastkarren wurden vereinheitlicht. Im Rahmen der Standardisierung der Schrift legte man die Schreibweise der Zeichen fest. Die folgenden Generationen haben all diese Reformen übernommen, Qin Shi Huangdis Idee des Einheitsstaates überdauerte seine schon 206 v. Chr. erloschene Dynastie bis zum Ende des Kaiserreichs (1912).

R

Rabin, Itzhak, israelischer General und Politiker, *Jerusalem 1. 3. 1922, † (ermordet) Tel Aviv-Jaffa 4. 11. 1995; wurde 1941 Mitglied, später Kommandeur der Palmach, einer jüdischen Selbstverteidigungsorganisation in Palästina. Als Generalstabschef (1964–68) leitete Rabin im Juni 1967 die israelischen Operationen im Sechstagekrieg. Danach war Rabin Botschafter (1968–73) in Washington (D. C.) sowie Vorsitzender der Israelischen Arbeitspartei (1974–77 und 1992–95) und ab Januar 1974 Abgeordneter der Knesset. In seiner ersten Amtszeit als Ministerpräsident (1974–77) bemühte er sich um den Abschluss von Truppenentflechtungsabkommen mit Syrien (Mai 1974) und Ägypten (September 1975). 1984–90 war er Verteidigungsminister und wurde im Juli 1992 erneut zum Ministerpräsidenten gewählt. In diesem Amt förderte Rabin die Aussöhnung zwischen Israel und den Palästinensern/PLO; nach dem Abschluss des Gaza-Jericho-Abkommens (13. 9. 1993) erhielt er zusammen mit dem israelischen Außenminister Shimon Peres und PLO-Führer Jasir Arafat den Friedensnobelpreis 1994. Im Anschluss an eine Großveranstaltung zugunsten des Friedensprozesses im Nahen Osten fiel Rabin dem Attentat eines israelischen Extremisten zum Opfer.

Joseph Graf Radetzky

Radek, Karl, eigentlich Karl Sobelsohn, sowjetischer Politiker, *Lemberg 1885, † in einem sowjetischen Straflager 1939; Journalist; arbeitete zunächst für sozialdemokratische Zeitungen in Deutschland und ging zu Beginn des Ersten Weltkriegs in die Schweiz. Dort arbeitete Radek mit Lenin zusammen, begleitete diesen 1917 auf der Fahrt nach Russland und schloss sich dort den Bolschewiki an. 1918/19 beteiligte er sich in Deutschland am Aufbau der KPD. Während er dort von Februar bis Dezember 1919 inhaftiert war, wurde er in Russland in das ZK der KP gewählt. Seit 1920 war er Sekretär des Exekutivkomitees der Komintern. Als entschiedener Anhänger Leo Trotzkijs in dessen Auseinandersetzung mit Stalin wurde Radek 1924 aus allen seinen Parteiämtern, 1927 aus der Partei selbst ausgeschlossen und nach Sibirien deportiert (bis 1929). Nach Unterwerfung unter die Linie Stalins wurde er 1930 wieder in die Partei aufgenommen, fiel aber im Zuge der Großen Säuberung (1935–39) endgültig in Ungnade; 1936 wurde er erneut aus der Partei ausgeschlossen und in einem Schauprozess, dem »Prozess der Siebzehn« (1937), zu zehn Jahren Gefängnis verurteilt.

Itzhak Rabin. Die israelische Tageszeitung »Jediot Achronot« veröffentlichte auf ihrer Titelseite vom 19. 12. 1995 ein Foto des Attentats auf Rabin, das einem Amateurvideo entnommen war: Der Attentäter Jigal Amir (rechter Pfeil) feuert aus einem Meter Entfernung die tödlichen Schüsse auf den Ministerpräsidenten (linker Pfeil) ab.

Radetzky, Joseph Graf, eigentlich Joseph Graf Radetzky von Radetz, österreichischer Feldmarschall (seit 1836), *Trebnitz (bei Leitmeritz) 2. 11. 1766, † Mailand 5. 1. 1858; wurde zu Beginn der Befreiungskriege Generalstabschef und hatte maßgeblichen Anteil an Planung und Durchführung der Feldzüge gegen Napoleon 1813/14. Als Kommandeur der österreichischen Truppen (ab 1831) bzw. Generalgouverneur (1850–57) in der Lombardei und Venetien musste er nach Ausbruch des italienischen Aufstandes in Mailand (18. 3. 1848) seine Streitkräfte zunächst zurücknehmen, stellte dann aber durch die Siege bei Custoza (25. 7. 1848) und Novara (23. 3. 1849) die österreichische Herrschaft in Oberitalien wieder her. Radetzky war der volkstümlichste Heerführer Österreichs im 19. Jh.; nach ihm wurde der Radetzkymarsch (1848) von Johann Strauß (Vater) benannt.

RAF, Abk. für → Rote-Armee-Fraktion.

Raiffeisen, Wilhelm, deutscher Sozialreformer, *Hamm (Sieg) 30. 3. 1818, † Neuwied 11. 3. 1888; begründete Mitte des 19. Jh. das ländliche Genossenschaftswesen. Die damalige Not in der Landwirtschaft durch Überschuldung, Wucherzinsen und Zwangsversteigerungen ließ in Raiffeisen die Idee ländlicher Genossenschaften reifen, die er zunächst als rein karitative Einrichtung ansah. Bei späteren Gründungen von Kreditgenossenschaften (Heddesdorfer Spar- und Darlehenskassenverein von 1864) betonte er dann aber stärker den solidarischen Selbsthilfegedanken. Bei Raiffeisens Tod bestanden bereits 423 der nach ihm benannten Genossenschaftsvereine. Das von ihm entwickelte Organisationsschema für das ländliche Genossenschaftswesen mit örtlichen Kreditgenossenschaften, Zentralkassen und Revisionsverband hat bis heute Bestand.

Rainald von Dassel, Erzbischof von Köln (seit 1159), *um 1120, † vor Rom 14. 8. 1167; führte als Reichskanzler (1156–59) die Amtsgeschäfte Kaiser Friedrich Barbarossas

Ramses II. Kolossal-Statue des Pharao in Karnak (13. Jh. v. Chr.)

und war danach dessen engster Berater. Als leidenschaftlicher Verfechter des Kaisertums trat Rainald von Dassel auch nach seiner Ernennung zum Erzbischof von Köln für die Unterwerfung Reichsitaliens und des Papsttums unter die kaiserliche Gewalt ein. Seine Politik sollte die Reichsgewalt stärken; sie richtete sich gegen Papst Alexander III., gegen den er die Wahl Paschalis' III. durchsetzte, und zielte auf die Unterwerfung der Lombardei (1158) und die Zerstörung Mailands (1162). Rainald brachte 1164 die Dreikönigsreliquien von Mailand nach Köln und initiierte 1165 die Heiligsprechung Karls des Großen.

Rákosi ['ra:koʃi], Mátyás, ungarischer Politiker, *Ada 9. 3. 1892, †Gorkij (heute Nischnij Nowgorod) 5. 2. 1971; war ab 1945 Generalsekretär der ungarischen KP und zwang, gestützt auf die sowjetische Armee, 1948 die Sozialdemokratie in Ungarn, sich mit den Kommunisten unter seiner Führung zusammenzuschließen. Rákosi hatte entscheidenden Anteil an der Umwandlung Ungarns in einen kommunistischen Staat nach volksdemokratischem Muster. Er förderte den Personenkult und hielt durch Säuberungen sowie Schauprozesse Partei- und Staatsführung auf streng stalinistischer Linie; 1952–53 war er auch Ministerpräsident. Im Juli 1956 seiner Ämter enthoben, ging Rákosi in die UdSSR. 1962 wurde er auch aus seiner Partei ausgeschlossen.

Raleigh ['rɔ:lɪ], Sir (seit 1585) Walter, englischer Seefahrer, Entdecker und Schriftsteller, *Hayes Barton (County Devon) 1554 (?), †(hingerichtet) London 29. 10. 1618; war als Günstling Königin Elisabeths I. von England durch seine zahlreichen Raub- und Entdeckungsfahrten nach Übersee ein Vorkämpfer der englischen Seeherrschaft gegen Spanien. Ab 1584 initiierte Raleigh die ersten englischen Siedlungsversuche in North Carolina, die aber erfolglos blieben. 1600 wurde er Gouverneur von Jersey. Unter Jakob I. wegen Hochverrats ab 1603 im Tower inhaftiert, verfasste er eine bis ins 2. Jh. v. Chr. reichende Weltgeschichte (»The history of the world«, 1614). 1616 freigelassen unternahm er eine Fahrt nach Guayana, wo es zu Kämpfen mit den Spaniern kam. Daraufhin wurde er im Interesse der spanienfreundlichen Politik Jakobs I. hingerichtet.

Wilhelm Raiffeisen

Ramses II., ägyptisch **Ramesse** [»Re hat ihn geboren«], König von Ägypten (1279–1213, nach anderer Chronologie 1290–1224 v. Chr.) der 19. Dynastie; Sohn des Pharaos Sethos I. Ramses versuchte, die Hethiter aus Nordsyrien zu verdrängen, musste sich aber im fünften Jahr seiner Regierung nach der verlorenen Schlacht bei Kadesch zurückziehen. In seinem 21. Regierungsjahr beendete er die Kriege mit den Hethitern durch einen in Hieroglyphen und Keilschrift erhaltenen Bündnisvertrag. Ramses war einer der bedeutendsten Bauherren Altägyptens (u. a. ließ er Abu Simbel, das Ramesseum in Theben und Teile des Karnaktempels erbauen); seine Residenz war die »Ramsesstadt« Auaris im Nildelata.

Walter Raleigh

Ranke, Leopold von (seit 1865), deutscher Historiker, *Wiehe (bei Artern/Unstrut) 21. 12. 1795, †Berlin 23. 5. 1886; wurde nach dem Studium der Theologie und Philologie Gymnasiallehrer in Frankfurt/Oder (bis 1825). Hier entstand sein erstes großes Werk, die »Geschichte der romanischen und germanischen Völker von 1494–1535« (erschienen 1824). Ab 1825 war Ranke Professor für Geschichte in Berlin, wurde 1841 Historiograph des preußischen Staates, 1858 der erste Vorsitzende der Historischen Kommission bei der Bayerischen Akademie der Wissenschaften in München. Ranke beendete seine akademische Laufbahn 1871, arbeitete aber bis zu seinem Tod an seiner »Weltgeschichte« (16 Bände, 1881–88) und an der Herausgabe seiner »Sämtlichen Werke« (54 Bände, 1867–90), zu denen u. a. »Die römischen Päpste« (3 Bände, 1834–36), »Deutsche Geschichte im Zeitalter der Reformation« (6 Bände, 1839–47) und »Neun Bücher preußische Geschichte« (5 Bände, 1874) gehören.

Leopold von Ranke

Ranke hatte entscheidenden Anteil am Entstehen der modernen Geschichtswissen-

Rapallovertrag. Reichskanzler Joseph Wirth (Zweiter von Links), der sowjetische Volkskommissar für Außenhandel, Leonid Krassin (dritter von rechts), und der Volkskommissar des Äußeren, Georgij Tschitscherin (zweiter von rechts), am 16. 4. 1922 während der Konferenz von Rappallo

schaft. Seinen Grundsatz, der Historiker solle nicht richten und lehren, sondern nur zeigen, »wie es eigentlich gewesen«, setzte er durch das Zurückgehen auf die ursprünglichen Quellen und durch deren Kritik um. Er versuchte die Vergangenheit aus sich heraus zu verstehen, nicht von der Gegenwart her zu werten. Durch ihn wurden die methodischen Grundsätze der Quellenforschung und -kritik im akademischen Lehrbetrieb zu allgemeiner Geltung gebracht. Über Deutschland hinaus wirkte Rankes kritische Methode zur Erschließung der Quellen und zur Feststellung des geschichtlichen Tatbestands (»historische Methode«) auch auf die Geschichtswissenschaft in den USA und Großbritannien ein. Die deutsche Geschichtswissenschaft blieb bis in die Mitte des 20. Jh. dem Historismus Rankes stark verpflichtet.

Rasputin. Der angeblich mit hypnotischen Kräften ausgestattete russische »Wunderheiler« und »Gottesmann« (zweiter von links) erfuhr regen Zulauf aus den Kreisen der feinen Petersburger Gesellschaftsschicht.

Rapacki [ra'patski], Adam, polnischer Politiker, *Lemberg 24. 12. 1909, †Warschau 10. 10. 1970; wurde 1947 in den Sejm gewählt und war 1948–68 Mitglied des ZK und 1956–68 des Politbüros der Polnischen Vereinigten Arbeiterpartei. Als polnischer Außenminister (1956–68) legte Rapacki der Generalversammlung der UN 1957 den so genannten Rapacki-Plan vor, der die Schaffung einer kernwaffenfreien Zone in Mitteleuropa vorsah. In Polen, der CSSR und den beiden deutschen Staaten sollten die Herstellung und Stationierung von Atomwaffen verboten werden. Der Plan wurde aber von westlicher Seite abgelehnt.

Rapallovertrag, Bezeichnung für das am 16. 4. 1922 zwischen dem Deutschen Reich und (Sowjet-)Russland geschlossene Abkommen. Beide Staaten verzichteten darin auf die Erstattung der militärischen und zivilen Kriegsschäden, Deutschland darüber hinaus auf das von sowjetischer Verstaatlichung betroffene deutsche Eigentum; der Vertrag regelte auch die beiderseitigen Wirtschaftsbeziehungen auf der Grundlage der Meistbegünstigung sowie die Aufnahme diplomatischer Beziehungen.

Der Rapallovertrag war der erste Schritt einer eigenständigen deutschen Außenpolitik nach 1918, mit ihm wollte der deutsche Außenminister Walther Rathenau die Isolierung Deutschlands überwinden. Für die noch junge Sowjetunion bedeutete die Übereinkunft eine internationale Aufwertung. Großbritannien und Frankreich fühlten sich durch den Rapallovertrag brüskiert; mittelbar führte er 1923 zur Besetzung des Ruhrgebiets.

Raskolniki [russ. »Schismatiker«], in der russischen Kirchengeschichte abwertende Bezeichnung für die Anhänger des bis heute bestehenden »Raskol« (»Spaltung«) in der russisch-orthodoxen Kirche. Die Raskolniki beharren auf der altrussischen Tradition im kirchlichen Brauchtum, Ritus und der Liturgie und bezeichnen sich selbst als Altgläubige oder Altritualisten. Sie entstanden im 17. Jh., als sie die Reformen des Patriarchen Nikon bekämpften, wurden 1666/67 als Ketzer verurteilt und verfolgt. An ihrer Spitze stand der Oberpriester Petrowitsch Awwakum, der 1682 verbrannt wurde. Der 1667 gegen die Raskolniki ausgesprochene Kirchenbann wurde erst 1971 aufgehoben.

Rasputin, Grigorij, russischer Wanderprophet und Günstling der Zarenfamilie, *Pokrowskoje (bei Tjumen) 22. 1. 1869, †(ermordet) Petrograd (Sankt Petersburg) 30. 12. 1916; war ursprünglich Bauer und trat als »Gottesmann« und »Wunderheiler« auf. 1904 kam Rasputin nach Sankt Petersburg. Dort gewann er durch seine angebliche Fähigkeit, dem an der Bluterkrankheit leidenden Thronfolger Aleksej Nikolajewitsch durch hypnotische

Kräfte zu helfen, steigenden Einfluss auf das Kaiserpaar, Nikolaus II. und Alexandra Fjodorowna, und lebte seit 1907 ständig am Zarenhof. Als sich seine Anmaßungen und Ausschweifungen zu einer Belastung für die Monarchie auswuchsen, wurde er von Angehörigen der Hofgesellschaft ermordet.

Rassengesetze, allgemein Bezeichnung für Gesetze, die der Diskriminierung, Ausgrenzung und Vernichtung ethnischer, nationaler, religiöser und sozialer Gruppen dienen, denen bestimmte ethnische oder rassische Merkmale zugeschrieben werden. Am bekanntesten sind die →Judengesetze und die Gesetze der →Apartheid; im engeren Sinn die Gesetze der nationalsozialistischen Reichsregierung zur Verwirklichung ihrer Rassenideologie und Genozidpolitik. Sie betrafen die so genannten Nichtarier, v. a. jüdische Staatsbürger, aber auch andere stigmatisierte gesellschaftliche Minderheiten, die als »rassisch minderwertig« (z. B. Sinti und Roma) bzw. »erbkrank« (psychisch Kranke, geistig Behinderte; →Euthanasie) oder »gemeinschaftsfremd« (u. a. »Asoziale«, Prostituierte, Homosexuelle) galten.

Mit dem »Gesetz zur Wiederherstellung des Berufsbeamtentums« (7. 4. 1933) wurden Juden aus dem öffentlichen Dienst entlassen (→Ariernachweis). Weitere Gesetze schlossen sie auch aus freien Berufen (z. B. Rechtsanwälte, Kassenärzte, Steuerberater) und Ehrenämtern (z. B. Schöffen) aus und beschränkten die Zulassung von jüdischen Schülern und Studenten. Die →Nürnberger Gesetze (15. 9. 1935) bewirkten dann eine umfassende Entrechtung und Isolierung der »Nichtarier«. Ab Ende 1936 zielte die Gesetzgebung auf die Enteignung der Juden: Jüdische Unternehmen wurden geschlossen oder »arisiert«, Grundeigentum, Kapitalvermögen, Schmuck, Kunstgegenstände wurden eingezogen. Hinzu kam eine große Zahl von persönlichen Rechtsbeschränkungen für Juden wie z. B. Besuchsverbot von öffentlichen Veranstaltungen. Eine besondere Kennzeichnung erhielten die Juden in Reisepässen und Kennkarten, durch zusätzlich verordnete Zwangsvornamen (»Israel« für Männer, »Sara« für Frauen) und seit 1941 durch das Tragen des »Davidsterns«. Die Rassengesetze stellten eine erste Phase in der nationalsozialistischen Rassenpolitik dar, der im Zweiten Weltkrieg die Deportation und Vernichtung der europäischen Juden, der Slawen (in den besetzten Gebieten im Osten) und Angehörigen anderer verfolgter Gruppen folgte (→Holocaust).

Rastatt, Friede von, Friedensschluss zwischen Österreich und Frankreich vom 6. 3. 1714, in dem unter Bestätigung des Utrechter Friedens von 1713 der →Spanische Erbfolgekrieg beendet wurde. Das Heilige Römische Reich schloss sich dem Friedensschluss am 7. 9. 1714 im Frieden von Baden an.

Rat der Europäischen Union, ein Organ der →Europäischen Gemeinschaften.

Rat der Volksbeauftragten, die vorläufige Regierung in Deutschland während der →Novemberrevolution, gebildet am 9. 11. 1918. Dem Rat der Volksbeauftragten gehörten die SPD-Politiker Friedrich Ebert, Philipp Scheidemann und Otto Landsberg sowie die USPD-Mitglieder Hugo Haase, Wilhelm Dittmann und Emil Barth an. Am 10. 11. 1918 bestätigte der Berliner Arbeiter-und-Soldaten-Rat den Rat der Volksbeauftragten. Am 29. 12. 1918 schieden die USPD-Vertreter aus und wurden durch zwei weitere Mitglieder der SPD, Gustav Noske und Rudolf Wissell, ersetzt. Nach Konstituierung der Weimarer Nationalversammlung trat der Rat der Volksbeauftragten am 10. 2. 1919 zurück.

Rätesystem, eine Herrschaftsform, die auf Verwirklichung der direkten Demokratie mithilfe von gewählten Räten und damit auf die Herrschaftsausübung »von unten nach oben« zielt. Vollversammlungen der Urwähler auf der Ebene von Wohn- und Betriebseinheiten wählen örtliche Räte, die wiederum über Bezirks- und Regionalräte einen Zentralrat auf staatlicher Ebene wählen. Die Räte haben auf jeder Ebene die uneingeschränkte gesetzgebende, ausführende und richterliche Gewalt; sie sind ihrerseits aber auch an die Aufträge ihrer Wähler gebunden (imperatives Mandat) und können jederzeit ihres Mandates entbunden (Recall) und ersetzt (Rotationsprinzip) werden. Im Rätesystem gibt es keine Gewaltenteilung; auch die Existenz von Parteien und Interessenverbänden als zwischengeschaltete Mittler ist unvereinbar mit der Räteidee.

Die Räteidee im heutigen Sinne wurde von dem französischen Sozialisten Pierre Proudhon, dem Anarchisten Michail Bakunin, v. a. aber von Karl Marx und Lenin entwickelt. In Deutschland verfocht v. a. Rosa Luxemburg den Gedanken, den revolutionären sozialistischen Staat auf der Basis des Rätesystems aufzubauen. In der russischen Revolution von 1905 formierten sich revolutionäre Selbstverwaltungsorgane in Gestalt spontan gebildeter »Sowjets« (»Räte«). Mit seiner Forderung »Alle Macht den Sowjets!« suchte Lenin nach der Februarrevolution 1917 das Rätesystem als revolutionäre Herrschaftsform in Russland durchzusetzen, nach der Oktoberrevolution 1917 wurde es zur Grundlage des bolschewistischen Verfassungssystems, obwohl die Alleinherrschaft der kommunistischen Partei die Räteidee eigentlich infrage stellte. Während der Novemberrevolution 1918 bildeten sich in Deutschland →Arbeiter-und-Soldaten-Räte; 1919 bestanden kurzlebige Räterepubliken (Bayern, Ungarn).

Walther Rathenau

Rathenau, Walther, deutscher Industrieller und Politiker, * Berlin 29. 9. 1867, † (ermordet) ebenda 24. 6. 1922; war 1892–99 Direktor der Elektrochemischen Werke Bitterfeld, 1902–07 Geschäftsinhaber der »Berliner Handelsgesellschaft« und ab 1915 Aufsichtsratsvorsitzender der AEG. Nach Ende des Ersten Weltkriegs trat Rathenau der DDP bei. Als wirtschaftspolitischer Sachverständiger für die Reichsregierung beteiligte er sich 1919 an der Versailler Friedenskonferenz, 1920 an der Konferenz in Spa und 1921 an der Vorbereitung der Londoner Konferenz. Als Wiederaufbauminister (1921) und als Sonderbotschafter schloss er mehrere Abkommen zur Regelung der deutschen Reparationszahlungen. Ab 1. 2. 1922 Reichsaußenminister, wurde Rathenau v.a. durch den Abschluss des →Rapallovertrags bekannt, mit dem er den Osten Europas mit dem Westen zu verbinden suchte. Rathenaus politisches Konzept zielte darauf, Deutschland dauerhaft und kooperativ im Kreis der europäischen Demokratien zu verankern, wurde aber von nationalistischer und antisemitischer Seite heftig bekämpft. Er fiel dem Attentat zweier Offiziere der rechtsextremen »Organisation Consul« zum Opfer.

Als sozial- und kulturphilosophischer Schriftsteller war Rathenau einer der meistgelesenen Autoren seiner Zeit (»Zur Kritik der Zeit«, 1912; »Die neue Gesellschaft«, 1919).

Johannes Rau

Rau, Johannes, deutscher Politiker, *Wuppertal 16. 1. 1931; ursprünglich Buchhändler; war 1952 Mitbegründer der Gesamtdeutschen Volkspartei (GVP), trat jedoch 1957 zur SPD über. In Nordrhein-Westfalen war Rau 1958–99 Mitglied des Landtags (1967–77 Fraktionsvorsitzender), 1970–78 Wissenschaftsminister, 1977–98 Landesvorsitzender der SPD und 1978–98 Ministerpräsident. Bei der Bundestagswahl von 1987 unterlag er als Kanzlerkandidat der SPD dem amtierenden Bundeskanzler Helmut Kohl, bei der Wahl des Bundespräsidenten 1994 im dritten Wahlgang Roman Herzog. 1999–2004 war er als Nachfolger Herzogs Bundespräsident.

Ravensbrück, Ortsteil von Fürstenberg/Havel. In dem im Mai 1939 errichteten nationalsozialistischen Frauen-Konzentrationslager Ravensbrück (ab 1941 auch für Männer) wurden bis 1945 etwa 135 000 polnische, deutsche, russische, ukrainische, französische, jüdische u.a. Frauen, Mädchen und Kinder sowie Sinti und Roma inhaftiert. Schätzungsweise 92 000 der Häftlinge fielen der »Vernichtung durch Arbeit«, den ab Sommer 1942 bestialisch durchgeführten medizinischen Experimenten sowie Massenmorden (zunächst durch Erschießungen; ab Februar 1945 in Gaskammern) zum Opfer.

Ronald Reagan. Hatte Präsident Reagan in seiner ersten Amtszeit versucht, die politische und militärische Stärke der USA weltweit auch im Alleingang zur Geltung zu bringen, so schlug er nach seiner Wiederwahl einen moderateren Kurs auch gegenüber der UdSSR ein (Reagan und Michail Gorbatschow beim Genfer Gipfeltreffen 1985).

Reagan ['regən], Ronald, 40. Präsident der USA (1981–89), *Tampico (Ill.) 6. 2. 1911, †Bel Air (bei Los Angeles) 5. 6. 2004; war zunächst Radioreporter, ab 1937 Filmschauspieler. 1962 trat Reagan in die Republikanische Partei ein und machte sich bald als streng konservativer Politiker einen Namen. 1967–75 war er Gouverneur von Kalifornien. 1980 wurde er erstmals zum Präsidenten der USA gewählt (1984 bestätigt). Am 30. 3. 1981 überstand er ein Attentat.

Reagans politisches Programm erstrebte die Erneuerung der internationalen Führungsposition der USA v.a. im wirtschaftlichen und militärischen Bereich sowie die Stärkung des Selbstbewusstseins der amerikanischen Bevölkerung. Reagan versuchte durch drastische Einsparungen v.a. im Sozialbereich und gleichzeitige Steuersenkungen die Wirtschaft zu beleben (»Reaganomics«). Gleichzeitig wurden die Rüstungsausgaben stark erhöht. Seine Außenpolitik war geprägt von Antikommunismus, traditioneller Sicherheitspolitik (NATO-Doppelbeschluss) und der Entwicklung visionärer Verteidigungskonzepte (SDI). Dennoch kam es 1985 unter dem Eindruck eines allmählichen Wandels in der Sowjetunion (v.a. seit dem Amtsantritt Michail Gorbatschows) zu Verhandlungen über Mittelstreckenraketen in Europa und schließlich zum Abschluss des INF-Vertrags (1987). Reagans Lateinamerikapolitik zielte auf Eindämmung bzw. Umsturz linksgerichteter Regierungen (z.B. durch Unterstützung der Contra-Bewegung in Nicaragua) und gewährte gleichzeitig amerikafreundlichen Regierungen Hilfe, ungeachtet der von diesen zum Teil begangenen Menschenrechtsverletzungen (z.B. in El Salvador). Militäraktionen wie gegen die Karibikinsel Grenada (Invasion 1983) dienten Reagan zur Demonstration der militärischen Macht der USA. Die Iran-Contra-Affäre, die Reagans Glaubwürdigkeit stark kompromittierte, führte zu verstärkter Kritik an seinem Führungsstil.

Recht, Sonderartikel S. 734/735.

Reconquista [rrekɔŋ'kɪsta, span.], historiographische Bezeichung für die Rückeroberung der ab 711 von den Mauren besetzten Iberischen Halbinsel durch christliche Heere. Die Reconquista begann bereits im 8. Jh. von den christlichen Rückzugsgebieten, den Gebirgen Asturiens aus, erreichte ihre eigentliche Dynamik aber erst im 11. Jh. unter den Königen Sancho III. von Navarra, Ferdinand I. und Alfons VI. von Kastilien und León. Die Reconquista erfolgte in drei Stoßrichtungen: in das Zentrum der Halbinsel durch die kastilischen Könige, entlang der Atlantikküste mit Abschluss im Jahre 1297 durch die Könige (bis 1139 Grafen) von Portugal und entlang der Mittelmeerküste v. a. durch das Königreich Aragonien. Im 14. Jh. und Anfang des 15. Jh. stagnierte die Reconquista; sie wurde erst 1492 mit der Eroberung des andalusischen Granada durch die »Katholischen Könige« Isabella I. von Kastilien und León sowie Ferdinand II. von Aragonien abgeschlossen. – Bild S. 736

Reconstruction [riːkən'strʌkʃn; engl. »Wiederaufbau«], nach dem →Sezessionskrieg in den USA die Periode der Wiedereingliederung der elf Südstaaten in die Union (1865–77). Sie wurde durch verschiedene soziale und politische Probleme erschwert: die Verwüstung und Verarmung des Südens sowie die Emanzipation und Eingliederung der ehemaligen Sklaven, die von der Mehrheit der weißen Bevölkerung in den Südstaaten abgelehnt und z. T. massiv bekämpft wurde (z. B. durch Sondergesetzgebung für Schwarze in den »Black Codes« und Einschüchterung und Terror durch den →Ku-Klux-Klan). Die Reconstruction wurde von den radikalen Republikanern beherrscht, die dem Süden ihre Politik aufzwangen, was von den dortigen Weißen als Demütigung empfunden wurde. Als die Reconstruction durch den Abzug der letzten Besatzungstruppen 1877 beendet wurde, war die Politik der Nordstaaten gescheitert. Ihr Erbe, die Feindseligkeit zwischen den Rassen und die Rivalität zwischen Norden und Süden, ist bis heute nicht völlig überwunden.

Reeducation ['riːedjʊ'keɪʃn; engl. »Umerziehung«], Bezeichnung für die Maßnahmen, mit denen die vier Besatzungsmächte nach dem Zweiten Weltkrieg versuchten, das politische Leben in Deutschland auf demokratischer Grundlage umzugestalten. Die Reeducation war inhaltliches Gegenstück der Entnazifizierung; sie zielte auf die demokratische Neuorientierung der deutschen Bevölkerung (»Reorientation«), wobei es allerdings besonders in der alliierten Schul-, Bildungs- und Kulturpolitik zwischen den einzelnen Besatzungszonen Unterschiede gab.

Reconquista. Die Iberische Halbinsel (12.–15. Jh.)

Reformation [von latein. reformatio »Umgestaltung«, »Erneuerung«], die spätmittelalterlichen Bemühungen um eine Erneuerung der Kirche; seit dem 17. Jh. v. a. Bezeichnung für die durch Martin Luther ausgelöste kirchliche Reformbewegung. In einem innerkirchlichen Bestreben um geistliche Erneuerung wollte die Reformationsbewegung zunächst die Wiederherstellung einer dem Evangelium gemäßen Kirche erreichen, führte in der nachfolgenden Entwicklung jedoch zur Auflösung der kirchlichen Einheit der lateinischen Kirche und zur Herausbildung eigenständiger »evangelischer« Kirchen und Gemeinschaften (reformierte Kirchen) und zur Formierung des Protestantismus.

URSACHEN: Voraussetzungen der Reformation waren die Krisen des Spätmittelalters und der beginnenden Renaissance: das →Abendländische Schisma, die Überspannung des päpstlichen Herrschaftsanspruchs und die Vernachlässigung des geistlichen Amtes durch die Renaissancepäpste, die Finanzpraktiken der Kirche, hier Anfang des 16. Jh. besonders der Ablasshandel (→Ablass), eine von der Bibel entfernte und z. T. dogmatisch erstarrte spätscholastische Theologie (→Scholastik) und die mangelnde theologische Bildung großer Teile des Klerus. Die Klage über die kirchlichen Missstände hatte zwar zu vielfältigen Reformversuchen, doch nicht zu deren Beseitigung geführt. Neu setzte die Kritik des Humanismus an der Lebensführung des geistlichen Standes ein; diese führte, ebenso wie der Individualismus der Mystik, zu einer schleichenden Erosion der kirchlichen Autorität und ver-

Fortsetzung S. 736

1

RECHT

1) Inbegriff der grundlegenden Rechtssätze über Organisation und Funktionsweise der Staatsgewalt sowie die Rechtsstellung des Einzelnen ist die Verfassung eines Staates. Am 8. 5. 1949 verabschiedete der Parlamentarische Rat das Grundgesetz der Bundesrepublik Deutschland - fünf Minuten vor Mitternacht!

Als Reaktion auf eine schwere Krise in vielen griechischen Staaten wurde im 7. Jh. v. Chr., besonders in Athen, erstmals in Europa das geltende Recht aufgezeichnet. Damit entstand eine gewisse Rechtssicherheit. In diesem Zusammenhang stand das Werk des Atheners Drakon, der wohl 621/620 v. Chr. Gesetze schriftlich fixierte und so der Öffentlichkeit zugänglich machte. Einen Schritt weiter ging der attische Reformer Solon, der um 594 v. Chr. eine erste umfassende Gesetzessammlung schuf, in der er insbesondere das Familien- und das Prozessrecht kodifizierte.

Während in der griechischen Polis das geschriebene Recht ohne Abweichung angewandt wurde, war im Römischen Reich grundsätzlich die Möglichkeit zur Interpretation des geltenden praetorischen Rechts vorhanden. Der Interpretationsspielraum war durch die ethischen Werte der Treue (»fides«) und der auf Gleichheit ausgerichteten Billigkeit (»aequitas«) vorgegeben, wobei das grundsätzliche Rechtsverständnis die Sicherung der Freiheit im weitesten Sinne war. Eine erste römische Rechtskodifikation entstand Mitte des 5. Jh. v. Chr. mit dem Zwölftafelgesetz, das im Wesentlichen Bestimmungen zum Zivilprozess-, Familien-, Sachen-, Straf- und Sakralrecht beinhaltete und für viele Jahrhunderte die Rechtsentwicklung im Reich bestimmte.

Erst Theodosius II. veranlasste 438 n. Chr. wieder eine Kodifikation mit dem »Codex Theodosianus«, in dem die kaiserlichen Gesetze gesammelt wurden. Schließlich schuf Justinian I., der Große, mit dem »Corpus Iuris Civilis« die bislang bedeutendste Konstitutionensammlung; sie enthält einleitend ein Lehrbuch mit Gesetzeskraft (»Institutiones«), eine Sammlung des für das römische Recht unverzichtbaren Juristenrechts von 100 v. Chr. bis 250 n. Chr. (»Digesta«) und des Kaiserrechts seit Hadrian (»Codex Iustinianus«) sowie die Gesetzesnovellen Justinians (»Novellae«).

Mittelalter und frühe Neuzeit

Im frühen Mittelalter galt für die germanischen Volksstämme ein jeweils eigenes Volks- bzw. Stammesrecht, wie z. B. die fränkische »Lex Salica« (um 500), die Karl der Große 800 nochmals hatte redigieren lassen. Die »Lex Romana Visigothorum«, die unter dem Westgotenkönig Alarich II. 506 entstand und stark von spätantiker Kaisergesetzgebung beeinflusst war, wurde in Südfrankreich und Burgund erst im 13. Jh. durch das römische Recht des »Corpus Iuris Civilis« ersetzt. Daneben gab es seit der Herrschaft Karls des Großen die Kapitularien, die v. a. Verwaltungsanweisungen an Würdenträger enthielten und kirchliche Belange regelten.

Das Gerichtswesen im Früh- und Hochmittelalter funktionierte vornehmlich über Gau- und Königsgerichte. Die Gaugerichte tagten an verschiedenen Gerichtsstätten in einem Ring. Jeder konnte auf Aufforderung waffenlos in den Ring treten und Anklage erheben, worauf sich der Beklagte verantworten musste. Erschien dieser dreimal hintereinander nicht, so wurde er in die Acht gestellt, d. h., jeder konnte ihn tö-

)DE CIVIL

DES

FRANÇAIS.

)N ORIGINALE ET SEULE OFFICIELLE.

GRAND JUGE ET MINISTRE DE LA JUSTICE.

À PARIS,

MPRIMERIE DE LA RÉPUBLIQUE.

AN XII. 1804.

2

3

ten. Das Urteil fällten die umstehenden Gerichtsgenossen mehrheitlich nach Vorschlägen von vier bis acht erfahrenen Beisitzern. In schwierigen Fällen kam es zum Gottesurteil, bei dem z. B. ein Zweikampf zwischen Kläger und Angeklagtem entschied.

Im Spätmittelalter entstanden Rechtsbücher, die das zeitgenössische Recht in Form von Rechtssätzen fixierten, so um 1220/30 der »Sachsenspiegel« von Eike von Repgow, der das sächsische Recht formulierte. Besonders auf dem Land wurde das Recht durch Weistümer geprägt, abstrakte Urteile, die einem bestimmten Rechtssatz autoritativ Gültigkeit verliehen.

Bereits seit Beginn des 12. Jh. wurde in Bologna anhand des »Corpus Iuris Civilis« das römische Recht studiert und mit weiteren Kommentaren versehen. Gleichzeitig entstand das kirchliche bzw. kanonische Recht, das auf der Heiligen Schrift, den Schriften der Kirchenväter, Konzile und Synoden sowie päpstlichen Rechtssetzungsakten beruhte. Aus der Verbindung beider ging das römisch-kanonische Recht hervor, das bis ins 18. Jh. hinein wirkte. In Deutschland galt das römische Recht verbindlich seit der Reichskammergerichtsordnung von 1495 und ersetzte das alte Herkommen. Damit einher ging die Verwissenschaftlichung der Rechtspflege, die allerdings beim juristisch nicht gebildeten Volk teils zu Protesten gegen die Anwendung des gelehrten römischen Rechts führte, weil das Verständnis für die Rechtsgrundsätze fehlte. Daneben entstanden im 16. Jh. Polizeiordnungen, die die gute Ordnung im Gemeinwesen festigen sollten. Diese regelten besonders das sittliche und privatrechtliche Leben.

Entwicklung bis in die Gegenwart

Im 17. Jh. diskutierten rationalistische Philosophen wie Hugo Grotius eine neue Rechtsordnung auf der Basis des Naturrechts, das analytisch als ideales, der Vernunft entsprechendes Recht definiert wurde, welches in einem idealen Staat gelten sollte. Samuel Pufendorf stellte 1672 auf dieser Grundlage ein Naturrechtssystem mit Rechten und Pflichten eines jeden Einzelnen gegenüber sich und anderen sowie innerhalb von kleineren und größeren Gruppen für die gesamte Rechtsordnung auf. Die Prinzipien waren dabei die Freiheit, Gleichheit und Würde aller Menschen. Aufgrund solcher Überlegungen entstand das Bedürfnis zur Differenzierung des Naturrechts in ein lückenloses Normensystem, wie es sich in Preußen 1794 im »Preußischen Allgemeinen Landrecht« oder in Frankreich 1804 im »Code civil« konkretisierte, die aus einer Mischung wissenschaftlichen Naturrechts, römischen Rechts und gewohnheitsrechtlicher Ordnungen bestanden.

In der Kritik am Naturrecht entwickelte sich Ende des 19. Jh. der Rechtspositivismus, der das Recht mit den gesetzten Normen gleichsetzte: Der liberale Rechtsstaat entstand. 1871 wurde das Reichsstrafgesetzbuch verkündet, das mit Veränderungen bis heute in Deutschland gilt. Am 1. 1. 1900 trat schließlich das Bürgerliche Gesetzbuch in Kraft.

2) Der Code civil, auf Veranlassung Napoleons I. erarbeitet und am 23. 3. 1804 in Kraft gesetzt, übte aufgrund seiner verständlichen Sprache und seiner fortschrittlichen Grundgedanken erheblichen Einfluss auf Gesetzgebung und Rechtspraxis in Europa aus.

3) Berechtigung und Zweckmäßigkeit der Todesstrafe wurden bis zur Mitte des 18. Jh. nicht bezweifelt. Besonders in Kriegszeiten galt auch den Richtern das Leben eines Menschen nur wenig (»Galgenbaum« aus Jacques Callots Kupferstichfolge »Misères et mal-heures de la guerre«, 1633).

Fortsetzung von S. 733
stärkte die Neigung, an die Ursprünge des Christentums anzuknüpfen, was durch die philologischen Studien des →Humanismus gefördert wurde. Die breite Wirkung der Reformation ergab sich auch aus der Reibung zwischen den aufstrebenden Städten und der Kirche sowie aus dem Erstarken des Landesfürstentums, das seinen Einfluss auf die Kirche zu steigern suchte. Kam in vielen volkstümlichen Flugschriften gegen Papst und Klerus die soziale Unzufriedenheit der Laien zum Ausdruck, die Priester und Mönche als Nichtstuer ansahen, so förderte die Erfindung des Buchdrucks die Verbreitung dieser Gedanken.

VERLAUF: Als Beginn der Reformation wird traditionell die Veröffentlichung der 95 Thesen Martin Luthers über den Ablass (31. 10. 1517) in Wittenberg angesehen. Diese von Luther als Aufruf zu einer akademischen Disputation gedachten Thesen fanden ein für ihn überraschendes Echo in der Öffentlichkeit.

Die Frühphase der Reformation (1517–21) war gekennzeichnet durch das öffentliche Auftreten Luthers, die Herausbildung und Formulierung seiner reformatorischen Lehren, den eskalierenden Konflikt zwischen ihm und dem Papsttum sowie die schnelle Ausbreitung der lutherischen Ideen und endete mit dem Kirchenbann gegen Luther und seine Anhänger (1520) sowie der Verhängung der Reichsacht durch das →Wormser Edikt (1521). Zugleich wurden in dieser Phase viele der später wichtigsten Reformatoren für das Anliegen einer grundlegenden Reformation der Kirche gewonnen.

Ungeachtet der Reichsacht breitete sich die reformatorische Bewegung in den folgenden Jahren (1521–25) aus. Geistige Unterstützung erhielt die Reformation durch die Humanisten (z. B. Erasmus von Rotterdam). Auf politischer Ebene verbanden zeitweilig antirömisch-nationale (die →Reichsritterschaft) und sozialrevolutionäre Kräfte (die aufständischen Bauern, die ihre Forderungen im →Bauernkrieg durchsetzen wollten) ihre Anliegen mit dieser Bewegung. Unterstützung fand die Reformation durch das Stadtbürgertum und verschiedene Reichsfürsten (v. a. durch Kurfürst Friedrich III., den Weisen, von Sachsen); ihre Ausbreitung als eine Bewegung »von unten« erfolgte jedoch v. a. durch das Wirken von zahlreichen umherziehenden Predigern.

In diese Phase fallen auch die ersten theologischen Auseinandersetzungen innerhalb der reformatorischen Bewegung. So entwickelte sich v. a. in der Schweiz von Ulrich Zwingli ausgehend eine reformatorische Gruppierung, die sich besonders im Abendmahlsverständnis von den Wittenberger

RECONQUISTA | ***Aufstieg Spaniens***

Als am 19. 10. 1469 der 17-jährige Ferdinand, der das Königreich Aragonien (bestehend aus Aragon, Katalonien, Valencia, Sardinien und Sizilien) erben sollte, und die ein Jahr ältere Isabella von Kastilien und León heirateten, war das ein entscheidender Schritt zur Herstellung der Einheit Spaniens. Zwar blieben beide Reiche zunächst noch weitgehend getrennt, aber da das gegenseitige Erbrecht der Ehepartner in dem jeweiligen Königreich bereits sehr früh feststand, war eine gemeinsame Entwicklung absehbar. Seit 1487 bildete die Inquisition, die in Spanien ganz in königlicher Hand lag, die erste gemeinsame Behörde für beide Herrschaften. Als gemeinsame Aufgabe wurde auch die Reconquista verstanden, die mit dem Fall Granadas 1492 ihren militärischen Abschluss fand (Holzrelief von Philippe Vigarny, 1520–22, »Einzug der Katholischen Könige in Grenada«).

Eine weitere erhebliche Steigerung der Macht Spaniens brachten die von Kolumbus eröffneten Möglichkeiten in Übersee. In Spanien erwies sich schließlich Johanna die Wahnsinnige, die Tochter Ferdinands und Isabellas, als alleinige Erbin. Da sie mit Philipp I., dem Schönen, dem Sohn Kaiser Maximilians, verheiratet war, stand auch das habsburgische Erbe zu erwarten. Nach dem Tod Isabellas (1504), Philipps (1506) und Ferdinands (1516) erbte Johanna die beiden Königreiche. Da die Königin jedoch geisteskrank war, wurde ihr Sohn Karl, der spätere Kaiser Karl V., als Prinzregent eingesetzt. Die Grundlagen für das heraufziehende spanische Weltreich waren damit gelegt.

Theologen um Luther (u.a. Philipp Melanchthon und Johannes Bugenhagen) unterschied. Sie stand unter der Bezeichnung »Reformierte« nach dem Scheitern vielfältiger Ausgleichsbemühungen (u.a. vonseiten der Straßburger Reformatoren um Martin Bucer) seit der Mitte des 16. Jh. zusammen mit dem von Johannes Calvin geprägten →Kalvinismus dem »Luthertum« gegenüber. Daneben entstanden auf dem Boden der Reformation auch spiritualistische Bewegungen, deren Frömmigkeit und Theologie stark mystisch und durch ein prophetisches Sendungsbewusstsein gekennzeichnet war; sie verbanden die theologischen Anliegen der Reformation mit sozialen und politischen Anliegen, aber auch mit noch radikaleren Forderungen nach der Wiederherstellung des ursprünglichen Christentums (besonders die →Täufer um Thomas Müntzer). Gegenüber diesen spiritualistisch-reformatorischen Bewegungen, die von der neueren Kirchengeschichtsschreibung auch als »linker Flügel der Reformation« bezeichnet werden, grenzte sich Luther 1525 entschieden ab, was in besonderer Weise in seiner Haltung gegenüber Müntzer und den aufständischen Bauern zum Ausdruck kam.

Nach 1525 war die Reformation ausschließlicher als zuvor eine Sache der Landesherren (»Fürstenreformation«). Sie wurde jetzt in den Territorien durch von der Obrigkeit geleitete Kirchen- und Schulvisitationen durchgeführt, erstmals 1526 in Kursachsen. Es entstanden die evangelischen Landeskirchen, wobei der Landesherr im Rahmen des von ihm ausgeübten »landesherrlichen Kirchenregiments« an die Spitze der Kirche seines Landes trat. Infolge des zunehmenden Einflusses der Landesherren auf die Kirchenangelegenheiten und durch die materiellen Gewinne aus dem umfangreichen Einzug von Kirchengütern (Säkularisation) erfuhren die deutschen Territorien einen erheblichen Machtzuwachs.

Nachdem die sich zur Reformation bekennenden Reichsstände 1529 auf dem Reichstag in Speyer gegen eine Majorisierung in Glaubensdingen protestiert hatten (→Protestation), wurden die theologischen Grundlagen der Reformation erstmals 1530 in dem auf dem Augsburger Reichstag vorgelegten →Augsburgischen Bekenntnis niedergelegt. Kaiser Karl V. versagte sich auf diesem Reichstag der Reformation, konnte ihr aber aus außenpolitischen Gründen (Kampf gegen Frankreich und das Osmanische Reich) und wegen der mangelnden Unterstützung durch die katholischen Reichsstände, die einen zu mächtigen Kaiser ebenso fürchteten wie die evangelischen, nicht entgegentreten. Daraufhin kam es zur konfessionellen Spaltung des Reichs. Die Protestanten schlossen sich 1531 im →Schmalkaldischen Bund zusammen, und Karl V. musste die Reformation de facto anerkennen.

Reformation.
In der konfessionellen Propaganda der Reformationszeit spielte kritisch-satirische Grafik eine große Rolle. Der kolorierte Einblattholzschnitt von Erhard Schön mit dem Kopf Martin Luthers als »Des Teufels Dudelsack« (um 1530; Gotha, Schlossmuseum) wurde als Flugblatt verteilt.

Um 1540 schien die Reformation im ganzen Heiligen Römischen Reich zu siegen. Nachdem sich schon eine große Zahl von weltlichen Reichsständen zu ihr bekannt hatten, standen jetzt auch andere geistliche Fürstentümer vor der Säkularisation. Doch nachdem der Kaiser durch einen Friedensschluss mit Frankreich (1544) freie Hand gewonnen und die evangelischen Fürsten in Sicherheit gewiegt hatte, gelang es ihm, die protestantischen Stände 1547 im →Schmalkaldischen Krieg niederzuwerfen und damit den Fortbestand der Reformation im Reich infrage zu stellen. Das 1548 verfügte →Augsburger Interim sollte einen Ausgleich in der Glaubensfrage vorbereiten. Nach dem Verzicht Karls V. auf die Leitung der deutschen Angelegenheiten wurde 1555 im →Augsburger Religionsfrieden die Reformation von König Ferdinand I.

REFORMATION. ***Ein jeder für sich selbst vor Gott***

In einer »Protestation« wehrten sich die evangelischen Reichsstände am 20. 4. 1529 gegen den Speyerer Reichsabschied: *»(Es muss) in den Angelegenheiten, die Gottes Ehre sowie unserer Seelen Heil und Seligkeit angehen, ein jeder für sich selbst vor Gott stehen und Rechenschaft geben…, sodass sich da keiner mit Mehrheitsbeschlüssen entschuldigen kann und damit, dass er überstimmt worden sei… (Sollten ihre Beschwerden nicht fruchten), so protestieren wir und bezeugen wir hiermit öffentlich vor Gott, unserem alleinigen Schöpfer, Beschützer, Erlöser und Heilsbringer (der, wie schon gesagt, allein unser aller Herzen erforscht und erkennt, auch demnach recht richten wird), auch vor allen Menschen und Kreaturen, dass wir… in alle Rechtshandlungen und angebliche Reichstagsbeschlüsse, die, wie oben angedeutet, in den angeführten oder anderen Angelegenheiten wider Gott, sein Heiliges Wort, unser aller Seelenheil und gutes Gewissen… verfertigt werden, nicht… einwilligen, sondern… (dass wir sie) für nichtig und nicht verbindlich halten.«*

REFORMATION

Augsburger Religionsfriede

Als Vorschlag zur Verständigung mit den Katholiken verfasste Philipp Melanchton auf der Basis der früheren Schriften Martin Luthers das Augsburgische Bekenntnis. Diese grundlegende Bekenntnisschrift der lutherischen Kirche wurde am 25. 6. 1530 in deutscher Sprache verlesen und Kaiser Karl V. von den Protestanten überreicht, um deutlich zu machen, dass die protestantischen Christen keine neue Kirche gründen wollten, sondern sich vielmehr als erneuerte katholische Kirche verstanden (Gedenkblatt zum 100. Jahrestag 1630; Kupferstich von Johann Dürr).

Allzu bald sollte ihre Anerkennung und Legitimation aber nicht folgen. Friede und gegenwärtiger Besitzstand wurden den Anhängern des Augsburger Bekenntnisses erst am 25. 9. 1555 mit dem Augsburger Religionsfrieden gesichert. Nach Verhandlungen zwischen König Ferdinand I. und den Reichsständen wurde dieser Religionsfrieden auf dem Augsburger Reichstag als Reichsgesetz verkündet. Von nun an galt die Religionsfreiheit für die Landesherren (»cuius regio, eius religio«). Den weltlichen Reichsständen wurde also die Religionsfreiheit gewährt, die Untertanen dagegen hatten die Religion ihres Landesherrn zu übernehmen – oder auszuwandern, worauf ihnen immerhin das Recht eingeräumt worden war. Der Augsburger Religionsfriede wird im Allgemeinen als Abschluss des Reformationszeitalters in Deutschland betrachtet; mit ihm wurde zudem die bis heute andauernde Spaltung der abendländischen Kirche endgültig besiegelt.

reichsrechtlich anerkannt. Die weltlichen Reichsstände (die Landesherren) – nicht die Untertanen – erhielten das Recht der freien Religionswahl (→cuius regio, eius religio), was zur religiösen Spaltung des Reiches führte.

In Reaktion auf die Ausbreitung der Reformation in ganz Europa leitete die katholische Kirche mit dem Konzil von Trient (1545–63) ihrerseits eine Kirchenreform ein; in der →Gegenreformation, deren blutiger Höhepunkt der Dreißigjährige Krieg (1618–48) war, versuchte sie, die Entwicklung umzukehren. Sie war damit zwar teilweise erfolgreich (etwa in Böhmen), erreichte jedoch ihr Hauptziel, die vollständige Rekatholisierung Europas, nicht. Die gewaltsamen Auseinandersetzungen wurden 1648 mit dem Abschluss des →Westfälischen Friedens beendet, in dem der Augsburger Religionsfriede erneut anerkannt und auf die Reformierten als die dritte christliche Konfession (neben Katholiken und Lutheranern) ausgedehnt wurde.

Außerhalb des Heiligen Römischen Reichs breitete sich die Reformation v.a. in Skandinavien und im Baltikum aus und fand in Ungarn und Polen starke Verbreitung. In England erhielt sie in der →anglikanischen Kirche eine eigene Prägung. Ein selbstständiger Typ entstand auch in der im 16. Jh. nominell noch zum Reich gehörenden Schweiz durch Zwingli. Eine Phase der Stagnation in der Schweizer Reformation nach Zwinglis Tod 1531 wurde durch Calvin überwunden, der sie seit 1536 zunehmend prägte. Die vorherrschende Form der Reformation in West- und Nordwesteuropa (v.a. Niederlande und Schottland) wurde der Kalvinismus, der, wenn es ihm auch nicht gelang, Frankreich zu gewinnen (→Hugenotten), im Gefolge der englischen und niederländischen kolonialen Expansion weltweite Verbreitung fand.

BEDEUTUNG: Die Reformation ist zusammen mit Renaissance und Humanismus Bestandteil eines allgemeinen Kulturwandels, der in der frühen Neuzeit nicht nur das geistig-religiöse, sondern auch das wirtschaftlich-soziale und das politische Leben tief greifend veränderte. Die Reformation ist daher nicht allein von kirchlicher Bedeutung; sie trug auch dazu bei, dass die Uniformität mittelalterlichen Glaubens und Denkens überwunden wurde und zu einer Pluralität der nach der Wahrheit fragenden Kräfte und so zur Gewissensfreiheit führte. Sie hat maßgeblich zur Entwicklung des heutigen säkularen Staatsverständnisses und (v.a. im Kalvinismus und in den Freikirchen) zur Ausprägung freiheitlicher Verfassungsnormen beigetragen.

Reformatio Sigismundi [»Umgestaltung Siegmunds«; latein.], Bezeichnung für eine Flugschrift mit sozialrevolutionären, z.T. utopischen Zügen, die 1439 während des Basler Konzils von einem unbekannten Autor verfasst und bald weit verbreitet wurde. Die Reformatio Sigismundi bediente sich des Namens Kaiser Siegmunds für ihre Forderungen: Trennung zwischen geistlichem und weltlichem Bereich, Verzicht der Kirche auf weltliche Herrschaftsrechte, weitgehende Säkularisierung des Kirchenguts, Aufhebung der bäuerlichen Leibeigenschaft u.a. Die Reformatio Sigismundi hatte starken Einfluss auf die Forderungen der aufständischen Bauern von →Bundschuh und →Bauernkrieg.

Reformismus, politischer Begriff, der im weiteren Sinn jene politisch-gesellschaftlichen Strömungen bezeichnet, die Verbesserungen in Staat und Gesellschaft mit Reformen durchzusetzen versuchen, im engeren Sinn jene Kräfte in der Arbeiterbewegung, die die Überwindung des »Kapitalismus« und die Verwirklichung einer sozialistischen Gesellschaftsordnung nicht auf dem Weg des »Klassenkampfes«, der »proletarischen Revolution« und der Errichtung der »Diktatur des Proletariats« erstreben, sondern durch schrittweise, gesetzlich abgesicherte, friedliche Veränderungen im Rahmen einer demokratischen Verfassungsordnung.

Regalien [von mittellatein. regale »Königsrecht«, zu latein. regalis »königlich«], lateinisch **Iura regalia,** im 11. Jh. entstandene Bezeichnung für die dem König zustehenden Hoheitsrechte, die sich auf Nutzungsrechte (z.B. Zoll-, Münz-, Markt-, Jagdrecht), die Gerichtsbarkeit und auch auf das Befestigungsrecht an Burganlagen erstreckten. Regalien konnten vom König zur Nutzung vergeben werden; insbesondere wurden die niederen Regalien an Fürsten und Städte zur wirtschaftlichen Nutzung verliehen. Der Inhaber der Regalien hatte die sich daraus ergebenden Pflichten wahrzunehmen (so bezog z.B. das Münzrecht die Sorge um eine vollwertige Münze ein, Wegezölle die Instandhaltung von Straßen). In Deutschland konnte das erstarkende Fürstentum immer mehr Regalien an sich ziehen und für den Ausbau seiner Landeshoheit einsetzen.

Im 19. Jh. wurde die Regalität eingeschränkt oder beseitigt oder in andere Rechtsfiguren überführt (z.B. Münzhoheit, Zollhoheit); nur die »niederen« (wirtschaftlich nutzbaren) Regalien wurden als dem Staat ausschließlich zustehende Erwerbsrechte genutzt (z.B. Post-, Branntwein-, Salzregal).

Regency Act [engl. ˈriːdʒənsɪ ækt], Gesetz zur Regelung der englischen Thronfolge von 1705, das eine Regentschaft für die Zeit zwischen dem Tod der Königin Anna und der Thronbesteigung Georgs I. vorsah. Inhaber öffentlicher Stellen wurden von der Aufnahme ins Unterhaus ausgeschlossen; mit den »alten« Ämtern (vor allem Ministerposten) war die Unterhausmitgliedschaft jedoch vereinbar.

Reichsämter, 1) im Heiligen Römischen Reich bis 1806 die →Erzämter und die →Erbämter. 2) im Deutschen Reich 1871 bis 1918 die obersten, von Staatssekretären geleiteten Verwaltungsbehörden, Vorläufer der Reichsministerien in der Weimarer Republik: So entstanden 1871 das Auswärtige Amt, 1877 das Reichsjustizamt und 1889 das Reichsmarineamt.

Reichsarbeitsdienst, →Arbeitsdienst.

Reichsbanner Schwarz-Rot-Gold, Bund Deutscher Kriegsteilnehmer und Republikaner, 1924 von sozialdemokratischer Seite gegründeter Wehrverband zur Verteidigung der Weimarer Republik und ihrer Verfassungsordnung (1932: 3,5 Millionen Mitglieder); er schloss sich 1931 mit den Freien Gewerkschaften und anderen Verbänden zur →Eisernen Front zusammen (1933 aufgelöst).

Reichsdeputationshauptschluss. Die »Allegorie auf die Beschirmung Bayerns und Würzburgs« spielt auf die Wiederherstellung »geordneter Verhältnisse« in Bayern und Franken nach dem Reichsdeputationshauptschluss von 1803 an (Gemälde von Johann Martin von Wagner, um 1803; Würzburg, Martin-von-Wagner-Museum).

Reichsdeputationshauptschluss, Beschluss der letzten außerordentlichen Reichsdeputation des Heiligen Römischen Reiches vom 25.2.1803 zur Entschädigung der von der Abtretung des linken Rheinufers an Frankreich betroffenen weltlichen Fürsten. Die Reichsdeputation (bestehend aus Kurmainz, Böhmen, Sachsen, Brandenburg, Pfalz-Bayern, dem Hoch- und Deutschmeister, Württemberg und Hessen-Kassel) nahm weitreichende territoriale, staats- und kirchenrechtliche Veränderungen zur Neugestaltung des Reichs vor: Fast alle geistlichen Fürstentümer wurden aufgehoben und die Säkularisation des Kirchenguts gestattet; vorläufig nicht säkularisiert wurden der Deutsche Orden und der Malteserorden sowie der erzbischöfliche Stuhl von Mainz, der, übertragen auf das Bistum Regensburg, mit dem Fürstentum Aschaffenburg das Territorium des Reichskanzlers und Fürstprimas von Deutschland, Karl Theodor von Dalberg, bildete. Die Reichsstädte wurden bis auf Augsburg, Bremen, Frankfurt am Main, Hamburg, Lübeck und Nürnberg mediatisiert. Die Folge war eine starke Gebietsvergrößerung der süd- und westdeutschen Mittelstaaten sowie Preußens. Die Vernichtung der geistlichen Fürstentümer und die Schaffung von drei neuen protestantischen Kurfürstentümern (Baden, Württemberg, Hessen-Kassel) und nur einem katholischen (Salzburg) beendete das Übergewicht der katholischen Reichsstände.

Reichskulturkammer. Plakat einer Ausstellung beschlagnahmter Kunstwerke »entarteter Kunst«, die 1936 im Weißen Saal der Münchner Polizeidirektion im Auftrag der Joseph Goebbels unterstellten Reichskulturkammer stattfand

Reichserbämter, Hofämter am Königshof im Heiligen Römischen Reich, deren Inhaber stellvertretend für die fürstlichen Inhaber der →Erzämter den tatsächlichen, mit der Funktion des Amtes zusammenhängenden Dienst am Hofe versahen; später ließen aber auch sie sich durch Unterbeamte vertreten. Die Reichserbämter waren seit dem 13. Jh. im erblichen Besitz adliger Geschlechter (z. B. Reichserbmarschälle zu Pappenheim); die Titel der wichtigsten Erbämter konnten bei lang dauernder Vererbung in einer Familie zum Namensbestandteil werden, wie etwa bei den Grafen Schenk von Stauffenberg als Schenken der staufischen Herzöge von Schwaben.

Reichsinsignien, lateinisch **Insignia regalia,** die den Herrschern des Heiligen Römischen Reichs bei der Krönung feierlich überreichten Herrschaftszeichen, die in rechtssymbolischer Bedeutung den Besitzer als legitimen Herrscher auswiesen. Zu den Reichsinsignien im engeren Sinn zählten Kaiserkrone, Reichsapfel (Weltkugel mit Kreuz), Reichsschwert und -zepter. Außerdem gehörten zu den Reichsinsignien im weiteren Sinn auch noch die Reichskleinodien: u. a. Krönungsornat, Reichsevangeliar sowie die von König Heinrich I. erworbene Heilige Lanze, die als Reichsheiligtum nicht bei der Krönung überreicht wurde. Nach neuerer Forschung soll der Besitz der Reichsinsignien für den Herrschaftsanspruch nützlich, für die Rechtmäßigkeit des Herrschaftsantritts aber nicht zwingend erforderlich gewesen sein.

Reichskanzlei, 1878/79–1945 das Büro des Reichskanzlers, das diesen über die laufenden Geschäfte der Reichspolitik zu unterrichten und seine Entscheidungen vorzubereiten hatte; vermittelte den Verkehr mit den obersten Reichsbehörden. Seit 1919 erledigte die Reichskanzlei auch die laufenden Geschäfte der →Reichsregierung. Anfänglich ein bloßes »Zentralbüro«, erhielt sie wachsende politische Bedeutung. Im nationalsozialistischen Deutschland bestand Kompetenzkonkurrenz zwischen der Reichskanzlei und der Parteikanzlei der NSDAP unter Martin Bormann.

Reichskanzler,

1. im Deutschen Reich (Kaiserreich) 1871–1918 der höchste, vom Kaiser ernannte Regierungsbeamte und der einzige Minister des Reichs, zugleich Vorsitzender des Bundesrats und meist auch preußischer Ministerpräsident und preußischer Außenminister. Der Reichskanzler bestimmte zusammen mit dem Kaiser die Richtlinien der Reichspolitik und leitete die gesamte Verwaltung des Reichs.

2. im Deutschen Reich (Weimarer Republik) seit 1919 laut Weimarer Reichsverfassung der Leiter der kollegialen →Reichsregierung. Der Reichskanzler wurde vom Reichspräsidenten ernannt und entlassen, war dem Reichstag verantwortlich und bestimmte die Richtlinien der Politik. Auf seinen Vorschlag ernannte und entließ der Reichspräsident die Reichsminister. Die doppelte Abhängigkeit des Reichskanzlers vom Reichstag und vom Reichspräsidenten trug wesentlich zur Krise des parlamentarischen Regierungssystems in der Weimarer Republik bei. Da sich die Reichskanzler seit 1930 im Reichstag auf keine parlamentarische Mehrheit mehr stützen konnten, waren sie politisch zunehmend abhängig vom Wohlwollen des Reichspräsidenten; 1931–33 regierten sie mithilfe des Notverordnungsrechts in dessen Auftrag (Präsidialkabinette). Nach seiner Ernennung zum Reichskanzler (30. 1. 1933) entwickelte Adolf Hitler, gestützt v. a. auf das Ermächtigungsgesetz (23. 3. 1933), eine vom →Führerprinzip bestimmte Diktatur; nach dem Tod des Reichspräsidenten Paul von Hindenburg ernannte er sich zum »Führer und Reichskanzler« (2. 8. 1933) und gewann allmählich unumschränkte Machtfülle.

Reichskommissar, der Inhaber einer höheren oder obersten Amtsstelle im Deutschen Reich, bis 1918 dem Reichskanzler, seit 1919 dem Reichspräsidenten, dem Reichskanzler oder einem Reichsminister unterstellt. Es gab Reichskommissare für Daueraufgaben der Reichsverwaltung (z. B. 1871–1918 Reichskommissare für das Auswanderungswesen sowie für Zölle und Verbrauchsteuern) und für vorübergehende oberste Verwaltungsaufgaben (etwa 1920 Reichskommissar für Entwaffnung und 1932 für Preisüberwachung). Nach 1933 weitete Hitler die Einrichtung des Reichskommissars als ein Instrument seines diktatorischen Herrschaftssystems aus und setzte auch in den im Zweiten Weltkrieg eroberten Gebieten Reichskommissare ein (z. B. Reichskommissar für das Ostland).

Reichskonkordat, das 1933 zwischen dem Deutschen Reich und dem Heiligen Stuhl abgeschlossene Konkordat, durch das dieser die katholische Kirche und ihre Einrichtungen in Deutschland gegenüber dem Totalitätsanspruch des nationalsozialistischen Staates zu sichern versuchte. Das nationalsozialistische Regime erreichte durch das Reichskonkordat außen- wie innenpolitisch einen Prestigegewinn. Das Konkordat garantierte die bestehenden Länderkonkordate und regelte darüber hinaus reichsrechtlich die zentralen Fragen zwischen Staat und Kirche (Rechtsstellung des Klerus, Besetzung kirchlicher Ämter, besonders der Bischofsstühle, Fortbestand der katholischen Fakultäten, Militärseelsorge, Schulen, Vereine, Religionsunterricht). Seitens der nationalsozialistischen Machthaber setzten jedoch schon bald und stetig zunehmend Vertragsbrüche ein, gegen die Pius XI. 1937 mit der Enzyklika »Mit brennender Sorge« protestierte.

Nach 1945 entbrannte eine Auseinandersetzung um die Fortdauer der Gültigkeit des Reichskonkordats. 1957 entschied das Bundesverfassungsgericht, dass das gültig zustande gekommene Vertragswerk weiterhin Bestand habe.

Reichskreise, im Heiligen Römischen Reich bis 1806 die Bezirke, die je einen Beisitzer für das Reichsregiment delegieren und seit 1507 die Beisitzer zum Reichskammergericht wählen sollten. Unter Maximilian I. wurden nach mittelalterlichem Vorbild 1500 zuerst sechs Reichskreise (Fränkischer, Bayerischer, Schwäbischer, Rheinischer (später Oberrheinischer), Niederrheinisch-Westfälischer (später Westfälischer) und Sächsischer (später Niedersächsischer) Kreis geschaffen, ab 1512 kamen weitere vier hinzu (Kurrheinischer, Obersächsischer, Österreichischer und Burgundischer Kreis). An der Spitze jedes Reichskreises stand im Allgemeinen der vom Kreistag gewählte Kreishauptmann (seit 1555 Kreisoberst). Den jeweiligen Kreistag beriefen ein oder zwei Kreisausschreibende Fürsten (Reichsstände) ein. Aufgaben der Reichskreise waren u. a. seit 1555 Vollstreckung der Urteile des Reichskammergerichts und Wiederherstellung des Landfriedens, seit 1559 Aufsicht über das Münzwesen, seit 1681/82 Aufstellung und Unterhalt des Reichsheers.

Reichskristallnacht, die →Reichspogromnacht.

Reichskulturkammer, die im Zuge der nationalsozialistischen Gleichschaltung 1933 durch das Propagandaministerium eingerichtete berufsständische Zwangsorganisation aller im weitesten Sinne künstlerisch und kunstgewerblich Tätigen. Die Reichskulturkammer gliederte sich in sieben Einzelkammern (Reichsschrifttums-, Reichspresse-, Reichstheater-, Reichsfilm-, Reichsmusikkammer, Reichskammer für bildende Künste, bis 1939 Reichsrundfunkkammer); ihr Präsident war Propagandaminister Joseph Goebbels. Die Reichskulturkammer diente der Steuerung des kulturellen Lebens im Dienst des NS-Staates und förderte die Ausschaltung aller missliebigen Personen, da die Zugehörigkeit zur Kammer Voraussetzung für die Berufsausübung war und dafür arische Abstammung bzw. Eignung durch positive Begutachtung nachzuweisen war.

Reichsland, im Heiligen Römischen Reich jedes zum Reich gehörende Gebiet; im engeren Sinn im Deutschen Reich 1871–1918 Bezeichnung für das Reichsland Elsass-Lothringen; in Österreich-Ungarn wurden seit 1908 Bosnien und Herzegowina als Reichsland bezeichnet.

Reichspogromnacht, NS-offizielle Bezeichnung **Reichskristallnacht,** auch **Kristallnacht** [vermutlich im Hinblick auf die

Reichspogromnacht. Bei den nationalsozialistischen Terroraktionen der »Reichspogromnacht« vom 9. zum 10. 11. 1938 wurden Synagogen in Brand gesteckt, Geschäfte und Wohnungen jüdischer Mitbürger demoliert, Menschen verprügelt, verschleppt, ermordet.

zahlreichen zertrümmerten Fensterscheiben geprägt], der in der Nacht vom 9. zum 10. 11. 1938 von den Nationalsozialisten organisierte Pogrom gegen die jüdischen Bürger Deutschlands (→Antisemitismus, →Holocaust).

Reichspräsident, 1919–34 das Staatsoberhaupt des Deutschen Reiches. Der vom Volk auf sieben Jahre gewählte Reichspräsident besaß in beabsichtigter Konkurrenz zum Reichstag eine eigene demokratische Legitimation. Neben den repräsentativen Aufgaben (Vertretung des Reiches nach außen, Ernennung der Beamten, Ausfertigung und Verkündung der Reichsgesetze, Begnadigungen) ernannte und entließ er den Reichskanzler und die Reichsminister, hatte das Recht, den Reichstag aufzulösen, und führte den Oberbefehl über die Reichswehr. Seine Machtfülle gipfelte im Diktaturparagraphen (Art. 48 Weimarer Reichsverfassung) mit dem Recht zur Verhängung des Ausnahmezustandes und zum Erlass von Notverordnungen. Während der erste Reichspräsident, Friedrich Ebert (1919–25), diese Rechte im Sinne der Erhaltung der demokratischen Institutionen einsetzte, entwickelte sich unter Paul von Hindenburg (1925–34) ein demokratisch nicht legitimiertes Präsidialregime. Das NS-Regime änderte zunächst formal wenig an den Amtsbefugnissen des Reichspräsidenten; nur die Ausfertigung der Reichsgesetze ging auf den Reichskanzler über. Nach dem Tod Hindenburgs 1934 vereinigte Hitler das Amt des Reichspräsidenten mit dem des Reichskanzlers (»Führer und Reichskanzler«).

Reichsrat,

1. in Dänemark, Norwegen und Schweden eine aristokratische Körperschaft, die seit dem späten Mittelalter neben dem König an der Regierung teilnahm und besonders während der →Kalmarer Union große politische Bedeutung hatte. Eine führende Stellung nahm der Reichsrat nochmals 1634–80 und 1718–72 (»Freiheitszeit«) in Schweden ein. Die in Dänemark 1854–63 für die Gesamtmonarchie anstelle des Reichstags bestehende Körperschaft hatte beratende Funktion.

2. in Russland die 1801 als »Ständiger Rat« gegründete, 1810 in den Reichsrat (»gossudarstwennyj sowjet«) umgebildete höchste beratende Zentralbehörde; seit der Verfassung von 1906 Oberhaus aus 98 ernannten und 98 gewählten Mitgliedern, in der Gesetzgebung mit der Reichsduma als zweiter Kammer gleichberechtigt.

3. in Bayern 1818–1918 Bezeichnung für die erste Kammer des Landtags, die Kammer der Reichsräte.

4. in Österreich-Ungarn 1867–1918 Bezeichnung für die gemeinsame Vertretung (Herrenhaus und Abgeordnetenhaus) der Königreiche und Länder der österreichischen Reichshälfte.

5. im Deutschen Reich 1919–34 die Vertretung der Länder bei der Reichsgesetzgebung und der Reichsverwaltung. Der Reichsrat (1928 66 Stimmen, davon 26 aus Preußen) trat an die Stelle des Bundesrats der (bismarckschen) Reichsverfassung von 1871, jedoch mit wesentlich geringeren Befugnissen. Er hatte bei der Gesetzgebung nur ein Einspruchsrecht; über das Veto konnte sich der Reichstag durch einen erneuerten Beschluss hinwegsetzen. Der Reichsrat konnte dem Reichstag nur über die Reichsregierung Gesetzesvorlagen unterbreiten. Die Mitglieder des Reichsrats waren an Instruktionen ihrer Landesregierungen gebunden. Im Zuge der Gleichschaltungspolitik Adolf Hitlers wurde der Reichsrat 1934 beseitigt.

Reichsregierung, Reichskabinett, im Deutschen Reich 1919–45 das zentrale Organ der vollziehenden Gewalt. Die Reichsregierung war ein Kollegialorgan und bestand aus dem →Reichskanzler und den Reichsministern. Der Reichskanzler führte den Vorsitz und bestimmte als »Primus inter pares« die Richtlinien der Politik. Die vom Reichspräsidenten auf Vorschlag des Reichskanzlers ernannten Reichsminister leiteten innerhalb dieser Richtlinien ihr Ressort selbstständig. Der Reichskanzler und jeder Reichsminister waren vom Vertrauen des Reichstags abhängig. An der Gesetzgebung hatte die Reichsregierung Anteil durch die Gesetzesinitiative; sie hatte ferner das Recht, Verwaltungsverordnungen zu erlassen. In der Krisenzeit der Weimarer Republik (1930–32) traten an die Stelle einer von der Mehrheit des Reichstags abhängigen Reichsregierung Präsidialkabinette, die auf das Vertrauen des Reichspräsidenten angewiesen waren.

Im Verlauf der Errichtung der NS-Diktatur erlangte die Reichsregierung durch das Ermächtigungsgesetz vom 23. 3. 1933 neben den Aufgaben der Exekutive auch die Kompetenz zum Erlass von Reichsgesetzen und Verfassungsänderungen. Im Zuge der vom Führerprinzip bestimmten Regierungstätigkeit verlor die Reichsregierung ihren Charakter als Kollegialorgan; ihre letzte Sitzung fand Anfang 1938 statt.

Reichsritterschaft, im Heiligen Römischen Reich der hauptsächlich aus den Ministerialen hervorgegangene reichsunmittelbare niedere Adel in Süd- und Westdeutschland, der nicht zur vollen Landeshoheit und Reichsstandschaft gelangte. Die Reichsritterschaft wurde im Ewigen Landfrieden 1495 reichsrechtlich anerkannt, blieb 1500/12 außerhalb der Einteilung in Reichskreise und zeigte auch sonst starkes Unabhängigkeitsstreben. 1524–26 beteiligten sich Mitglieder der Reichsritterschaft (z. B. Florian Geyer) aufseiten der Bauern am Bauernkrieg. Weder der Adelsaufstand unter Franz von Sickingen noch die Reformation brachten einen Zerfall des adligen Personalverbands, der sich zwischen 1540 und 1570 gegen den Widerstand der Landesfürsten aus den Landständen und Landtagen löste. Im Augsburger Religionsfrieden (1555) wurde die Reichsritterschaft den reichsunmittelbaren Ständen gleichgestellt und 1559 ihre Territorialstaatlichkeit vom Kaiser formal bestätigt. 1577 vereinigten sich die Ritterschaften zu einer Körperschaft, die in die Ritterkreise Schwaben, Franken und am Rhein mit 14 Kantonen (Orten) gegliedert war. Den Kantonen stand ein Ritterhauptmann (später Ritterschaftsdirektor) mit mehreren Ritterräten vor. Als Körperschaft besaß die Reichsritterschaft eigenes Besteuerungs- und Satzungsrecht; sie übte beschränkte landesherrliche Gewalt aus und besaß den bevorrechteten Gerichtsstand der Reichsunmittelbaren. Sie war reichs- und kreissteuerfrei, zahlte aber anstelle der Kriegsdienste Beisteuern.

Gegen Ende des Heiligen Römischen Reichs umfasste die Reichsritterschaft ein Gebiet von zusammen etwa 5000 km² mit 200000 Einwohnern. Die Rheinbundakte von 1806 mediatisierte die Reichsritterschaft zugunsten der sie umschließenden Staaten, nachdem diese schon 1805 die Gebiete der Reichsritterschaft besetzt hatten.

Reichsstädte, im Heiligen Römischen Reich die reichsunmittelbaren Städte (im Unterschied zu den Landstädten unter einem Landesherrn). Die Reichsstädte entstanden auf Reichs- oder Hausgut der Herrscher oder wurden vom König auf kirchlichem Grund errichtet und waren ihm zu Diensten sowie Abgaben verpflichtet; andere erlangten durch Vertrag, gewaltsame Verselbstständigung, Erlöschen der Landesherrschaft oder königliche Verleihung Reichsunmittelbarkeit. Von diesen (zeitweilig bis zu 83) Reichsstädten sind zu unterscheiden die Reichsvogteistädte, in denen der König nur die Vogtei besaß, die Stadtherrschaft aber von der Kirche ausgeübt wurde, auf deren Grund die Stadt errichtet worden war. Ursprünglich übten königliche Beamte (Burggrafen, Vögte, Schultheißen) die Hoheitsrechte und die oberste Gerichtsbarkeit aus; seit 1250 brachten die Reichsstädte die meisten dieser Rechte und die Vogtei in ihren Besitz. Die Unterschiede zu den →Freien Städten verwischten sich allmählich; Freie Städte und Reichsstädte wurden später vielfach auch unter der Bezeichnung »Freie Reichsstädte« zusammengefasst.

Seit dem Interregnum (1254–73) wurden die Reichsstädte zu den Reichstagen zugezogen, seit 1489 regelmäßig (Reichsstädtekollegium; Schwäbische und Rheinische Städtebank). Durch den Reichsdeputationshauptschluss 1803 wurden die Reichsstädte bis auf Augsburg, Nürnberg, Frankfurt am Main, Bremen, Hamburg und Lübeck, die jedoch in

Reichsritterschaft. Franz von Sickingen, 1522 das Oberhaupt des Bundes der schwäbischen und rheinischen Ritterschaft und Wortführer des Adels, starb am 7. 5. 1523 bei einer Schlacht um Burg Nanstein (Kupferstich von Matthäus Merian dem Älteren, 1630).

den Napoleonischen Kriegen ebenfalls ihre Selbstständigkeit verloren, mediatisiert.

Reichsstände, im Heiligen Römischen Reich bis 1806 die unmittelbaren Glieder des Reichs, die in einem der drei Kollegien des Reichstags Sitz und Stimme hatten (Reichsstandschaft). Die Reichsstände mussten an den Reichstagen teilnehmen, Truppenkontingente zum Reichsheer stellen und die vom Reichstag bewilligten Reichssteuern aufbringen. Seit 1495 kämpften die Reichsstände (gegen den Kaiser) für eine ständisch-föderalistische Ausprägung der Reichsverfassung.

Reichsstatthalter, im nationalsozialistischen Deutschland 1933 geschaffenes Amt, das der Durchsetzung der von Adolf Hitler aufgestellten politischen Richtlinien in den Ländern dienen sollte. Der Reichsstatthalter, vom Reichspräsidenten auf Vorschlag des Reichskanzlers (ab 1934 nur noch von Hitler) ernannt, galt auch als eigentlicher Repräsentant der Ländersouveränität, ausgestattet mit dem Recht zur Ernennung von Landesregierung und -beamten sowie zur Begnadigung. Zu Reichsstatthaltern wurden fast ausschließlich Gauleiter des jeweiligen Gebietes ernannt, was zu Rivalitäten zwischen staatlicher und Parteiebene führte. In Preußen übertrug Hitler die Ausübung der Reichsstatthalterrechte dem Ministerpräsidenten Hermann Göring. 1934 wurden die Reichsstatthalter formal der Dienstaufsicht des Reichsministeriums des Inneren unterstellt. Die Institution der Reichsstatthalter förderte entgegen der ursprünglichen Absicht die partikulare Machtbildung und behinderte die Zentralisation des Reiches. (→Gleichschaltung)

Reichstadt, Napoléon Herzog von, als Kaiser der Franzosen Napoleon II., eigentlich Napoléon Bonaparte, *Paris 20. 3. 1811, †Schloss Schönbrunn 22. 7. 1832; einziger Sohn Napoleons I. aus dessen Ehe mit Marie

Louise; erhielt bei seiner Geburt den Titel »König von Rom«. Nach den wiederholten Abdankungen seines Vaters zu seinen Gunsten (1814/15) wurde der Herzog von Reichstadt am Hof Kaiser Franz' I. von Österreich erzogen; 1817 seiner Erbansprüche beraubt, erhielt er 1818 die zum Herzogtum erhobene nordböhmische Herrschaft Reichstadt.

Reichstag. Feierlich eröffnet Kaiser Wilhelm II. am 25. 6. 1888 den Deutschen Reichstag im Weißen Saal des Berliner Schlosses (Gemälde von Anton von Werner, 1888; Berlin, Sammlung E. Werner des Johanniterordens).

Reichstag,

1. lateinisch **Curia Regis,** im Heiligen Römischen Reich bis 1806 die Vertretung der Reichsstände. Der Reichstag entwickelte sich aus den Volksversammlungen der fränkischen Zeit über die seit dem 12. Jh. zunächst formlosen Hoftage mit beratender Funktion zu einer Einrichtung, an deren Zustimmung der König/Kaiser gebunden war. Der Reichstag wurde von Fall zu Fall in eine Bischofs- oder Reichsstadt einberufen; seit 1663 tagte er permanent als Gesandtenkongress in Regensburg (Regensburger Reichstag, Immerwährender Reichstag). Seit 1489 gliederte sich der Reichstag in Kurfürstenkollegium, Reichsfürstenrat (Fürsten, Reichsgrafen, Prälaten) und Reichsstädtekollegium (mit der Rheinischen und der Schwäbischen Städtebank). Für das Zustandekommen eines Reichsgesetzes waren übereinstimmende Beschlüsse der drei getrennt beratenden Kollegien und die Zustimmung des Königs/Kaisers erforderlich. Gewohnheitsrechtlich wirkte der Reichstag seit Ende der Stauferzeit (1250/68) bei Reichsgesetzen, Errichtung von Reichsfürstentümern, Reichsheerfahrten und Auferlegung von (Reichs-)Steuern mit; verfassungsrechtlich wurde dies erst durch den Westfälischen Frieden (1648) festgesetzt.

2. im Deutschen Reich (Kaiserreich) 1871–1918 (ebenso im Norddeutschen Bund 1867–71) die Vertretung des Volkes. Der Reichstag verkörperte neben dem Kaiser die Einheit des Reichs. Gemeinsam mit dem Bundesrat übte er die Reichsgesetzgebung aus und besaß die Mitentscheidung über das Haushaltsgesetz. Der Reichskanzler hatte sich ihm gegenüber zu verantworten. Der Reichstag bestand 1871 aus 382, seit 1874 aus 397 Abgeordneten, die in allgemeiner, gleicher, direkter und geheimer Wahl in Einmannwahlkreisen mit absoluter Mehrheit gewählt wurden. Die Abgeordneten waren Vertreter des gesamten Volkes und an Weisungen nicht gebunden; sie genossen parlamentarische Immunität und Indemnität. Die Wahlperiode betrug zunächst drei, seit 1888 fünf Jahre. Der Reichstag musste alljährlich vom Kaiser einberufen werden; zu seiner Auflösung war ein Beschluss des Bundesrates unter Zustimmung des Kaisers erforderlich.

3. im Deutschen Reich (Weimarer Republik) 1919–33 oberster Träger der Reichsgewalt als Vertretung des souveränen Volkes, nach der Weimarer Reichsverfassung von 1919 alle vier Jahre in allgemeiner, gleicher, geheimer, unmittelbarer Wahl nach dem Verhältniswahlrecht (ein Abgeordneter auf 60000 Stimmen) zu wählen. Der Reichstag beschloss die Reichsgesetze und war zuständig für den Beschluss über den Haushaltsplan, die Entscheidung über Krieg und Frieden sowie die Bestätigung bestimmter Staatsverträge. Er konnte durch den Reichspräsidenten aufgelöst werden. Reichskanzler und/oder Reichsminister mussten zurücktreten, wenn der Reichstag ihnen das Vertrauen entzog. In den Krisenjahren der Weimarer Republik (1931–33) gelang es dem Reichstag nicht mehr, einen einheitlichen politischen Willen zu bilden; mit seiner Tolerierung der Präsidialkabinette schaltete er sich in wachsendem Maß aus dem politischen Entscheidungsprozess aus.

Nach dem Reichstagsbrand gab der neue Reichstag mit der Zustimmung zum Ermächtigungsgesetz (23. 3. 1933) Adolf Hitler den Weg frei zur Errichtung einer Diktatur. Mit dem Verbot der Linksparteien und der Selbstauflösung der Mitte- und Rechtsparteien wurde der Reichstag ein von der NSDAP bestimmtes Einparteienparlament; seine letzte Sitzung fand am 26. 4. 1942 statt.

Reichstagsbrand, die Zerstörung des Reichstagsgebäudes in Berlin durch Brandstiftung am 27. 2. 1933. Die Nationalsozialisten, die den Reichstagsbrand als Fanal eines Aufstandes den Kommunisten zuschrieben und die Sozialdemokraten der Komplizen- bzw. Mitwisserschaft verdächtigten, begannen unmittelbar nach dem Reichstagsbrand eine umfangreiche Propaganda- und Verfolgungsaktion gegen KPD und SPD und nutzten den Vorfall für den Erlass der Notverordnung des Reichspräsidenten »zum Schutz von Volk und Staat« (»Brandverordnung«, 28. 2. 1933), die die politischen Grundrechte der Weimarer Reichsverfassung außer Kraft setzte und damit die Verfolgung politischer Gegner scheinbar legalisierte.

Im Reichstagsbrandprozess vor dem Reichsgericht in Leipzig (21. 9.–23. 12. 1933) wurde der niederländische Kommunist Marinus van der Lubbe aufgrund seines Geständnisses zum Tode verurteilt, die übrigen Angeklagten (u.a. Ernst Torgler, Fraktionsvorsitzender der KPD; Georgi Dimitrow, bulgarisches Mitglied des Komintern) aus Mangel an Beweisen freigesprochen. Während die Nationalsozialisten an ihrer These von der Existenz eines kommunistischen Brandstiftungskommandos festhielten, wurden sie selbst lange Zeit der Urheberschaft bezichtigt. Ab den 1960er-Jahren ging die Geschichtswissenschaft jedoch zunehmend von einer Alleintäterschaft van der Lubbes aus. Erst Archivmaterial aus der Deutschen Demokratischen Republik ließ Ende der 1990er-Jahre die Sachlage nicht mehr so eindeutig erscheinen.

Reichsverfassung,

1. im Heiligen Römischen Reich bis 1806 die Gesamtheit der das staatliche Zusammenleben regelnden Reichsgrundgesetze.

2. die von der →Frankfurter Nationalversammlung ausgearbeitete Verfassung vom 28.3.1849, die infolge der Ablehnung durch die größeren deutschen Staaten nicht in Kraft trat. Träger der Exekutive sollte das Reichsoberhaupt mit dem Titel »Kaiser der Deutschen« sein. Der Reichstag sollte aus zwei Häusern bestehen, dem Staatenhaus, das je zur Hälfte von den Regierungen und den Landtagen besetzt werden sollte, und dem Volkshaus, dessen Abgeordnete nach dem allgemeinen, gleichen, öffentlichen und direkten (Männer-)Wahlrecht und nach dem Grundsatz der absoluten Mehrheit zu wählen waren. Die Frankfurter Reichsverfassung enthielt einen verfassungsgeschichtlich bedeutsamen Grundrechtskatalog und mehr demokratische Elemente als die Reichsverfassung von 1867/71.

3. im Deutschen Reich (Kaiserreich) (1871–1918) die Verfassung vom 16.4.1871, die weitgehend mit der Verfassung des Norddeutschen Bundes von 1867 übereinstimmte. Nach ihr war das Deutsche Reich ein Bundesstaat aus 22 monarchisch geleiteten Einzelstaaten, drei freien Städten und dem Reichsland Elsass-Lothringen mit dem König von Preußen als »Deutschem Kaiser« an der Spitze. Er ernannte und entließ den Reichskanzler, war Oberbefehlshaber der bewaffneten Macht und verkündete die Reichsgesetze; er konnte bei Angriffen auf das Reich (sonst nur mit Zustimmung des Bundesrats) den Krieg erklären; bei einer Bedrohung der öffentlichen Sicherheit konnte er den Kriegszustand verhängen. Die Vertretung des Volkes war der Reichstag, der gleichberechtigt mit dem Bundesrat über Gesetze und den Haushaltsplan zu beschließen hatte. Der Kanzler war dem Reichstag auskunftspflichtig; jedoch konnte er nicht durch ein Misstrauensvotum des Reichstags gestürzt werden.

4. die Verfassung der Weimarer Republik von 1919, →Weimarer Reichsverfassung.

Reichswehr, ab 1921 amtlicher Name der Streitkräfte des Deutschen Reichs (1919–21 »Vorläufige Reichswehr«). Die Reichswehr wurde 1935 in →Wehrmacht umbenannt.

Die Reichswehr bestand gemäß den Bestimmungen des →Versailler Vertrages aus Heer und Marine; Luftstreitkräfte waren verboten. Die Stärke des Reichsheeres durfte 100000 Mann, die der Reichsmarine 15000 Mann nicht überschreiten. Art und Umfang der Bewaffnung unterlagen strikten Begrenzungen, v.a. der Besitz von U-Booten, Panzern, schwerer Artillerie und Kampfgas war nicht erlaubt. Das Personal bestand aus freiwilligen Berufssoldaten mit 12-jähriger (Offiziere mit 25-jähriger) Dienstzeit. Oberbefehlshaber der Reichswehr war der Reichspräsident, unter dem der Reichswehrminister die Befehlsgewalt ausübte. Als höchster Soldat vertrat der Chef der Heeresleitung den Reichswehrminister in der Ausübung der Kommandogewalt.

Die Reichswehr begann sich ab Ende 1918 aus Teilen der nach dem Waffenstillstand vom 11. 11. 1918 in die Heimat zurückgeführten Streitkräfte des Kaiserreichs zu formieren. Mit der →Schwarzen Reichswehr bildeten sich 1919 und 1921 zusätzliche militärische Verbände, die jedoch seit 1923 rasch an Bedeutung verloren. Die Reichswehr verhielt sich prinzipiell staatstreu; aufgrund der Vorbehalte gegenüber der parlamentarischen Demokratie, die besonders im weitgehend monarchistisch orientierten Offizierskorps verbreitet waren, traten jedoch Loyalitätskonflikte auf, so v.a. während des →Kapp-Putsches. Zusammen mit dem Ausschluss vom Wahlrecht führte dies zu einer Abkapselung vom politischen Leben, die Reichswehr wurde zum »Staat im Staate«. Nach 1925 versuchte die Reichswehrführung die Grundlage für die spätere Einführung von Waffensystemen zu schaffen, die durch den Versailler Vertrag verboten waren (z.B. durch geheime Kooperation mit der Roten Armee).

Die Haltung der Reichswehrführung gegenüber der nationalsozialistischen Staatsführung war zwiespältig: Sie misstraute einerseits den sozialrevolutionären Vorstellungen der SA, hoffte andererseits aber auf eine Revision der Beschränkungen des Versailler Vertrages durch die Außenpolitik Hitlers. Nach Einführung der allgemeinen Wehrpflicht 1935 wurden die Soldaten der Reichswehr zum Kader- und Ausbildungspersonal beim Aufbau der Wehrmacht.

Reisen, Sonderartikel S. 746/747.

Religion, Sonderartikel S. 748/749.

Religionskriege, Glaubenskriege, allgemein die vordergründig aus religiösen Motiven geführten Kriege; im engeren Sinn

Fortsetzung S. 750

1

REISEN

1) Durch Reisen lernt man die Welt kennen. In den »neuen Gefilden« Amerikas, des Nord- und Südpols sind in dieser 1589 entstandenen Weltkarte noch »weiße Flecken« zu entdecken. Die älteste »Weltkarte« stammt übrigens aus spätbabylonischer Zeit (um 600 v. Chr.), griechische Geographen entwickelten dann in der Antike die wissenschaftliche Kartographie.

»Die besten Reisen, das steht fest, sind die oft, die man unterlässt!« Reisen im ursprünglichen Sinn bezeichnet die Bewegung von einem Ort zum anderen. Sehr unterschiedlich sind allerdings die Gründe, die jemanden zu einer Reise bewegen können, und auch die Mittel der Fortbewegung.

Transportmittel

Die einfachste Methode ist die Reise zu Fuß, in der Geschichte die Fortbewegung der ärmeren Schichten. Der größte Nachteil ist die mangelnde Geschwindigkeit. Wer es sich leisten konnte, zog es daher vor, ein schnelleres Fortbewegungsmittel zu finden. Zunächst standen hier Reittiere, v.a. das Pferd, zur Verfügung. Nach der Erfindung des Rades konnte man auch in einem Wagen reisen und mehr Gepäck mit sich führen. Für kürzere Strecken gab es für Reiche, insbesondere in den Städten, auch die Möglichkeit einer Sänfte. Die schnellste Möglichkeit zu reisen war aber schon in der Antike die Fahrt mit einem Schiff. Das Meer und auch die Flüsse boten die beste Verbindung.

Jede dieser Reisearten hatte jedoch einen Nachteil: die extreme Abhängigkeit von den Witterungsbedingungen. Reisen war bis in die Neuzeit nur im Frühjahr und Sommer möglich. Im Herbst und Winter waren die Wege unpassierbar, und auf dem Meer drohten Stürme. Nur im Notfall reiste man deshalb zu diesen Jahreszeiten. Das änderte sich schlagartig mit der Eröffnung von Eisenbahnstrecken im 19. Jahrhundert. Der Zug war nicht nur das bis dahin schnellste Transportmittel, er war auch kaum noch vom Wetter abhängig. Die Einteilung in unterschiedliche Klassen machte die Fahrt auch für Ärmere erschwinglich. Das Automobil gab ab 1885 Einzelnen die Möglichkeit, schnell und individuell zu reisen. Mit der Erfindung des Fließbandes und der Verbilligung des Autos wurde das Reisen für fast jeden bezahlbar. Das Flugzeug macht heute jeden Ort der Welt innerhalb von Stunden erreichbar. Damit scheint die Welt nicht nur kleiner geworden zu sein, auch das von den Reisenden früherer Tage hoch geschätzte Erlebnis der Reise selbst tritt manchmal vollkommen in den Hintergrund. Unverändert bleibt jedoch, dass sich jeder, der sich auf eine Reise begibt, vielerlei Gefahren aussetzt: Wegelagerer und Piraten auf See haben Reisende immer bedroht.

Motivation

Die ursprünglichste Form des Reisens betrieben die Nomaden. Sie waren durch die Nahrungssuche zum ständigen Ortswechsel gezwungen. Mit dem Sesshaftwerden kamen andere Gründe zum Reisen auf. Wollte man das besiedelte Land verteidigen oder vergrößern, musste man in den Krieg ziehen. Der Marsch Alexanders des Großen von Griechenland über Ägypten bis nach Indien führte die Soldaten in bis dahin unbekannte Regionen der Welt. Der

2

3

Krieg und die Verlegung von Soldaten boten noch bis ins 20. Jh. einen der häufigsten Gründe für eine Ortsveränderung.

Häufig unterwegs waren und sind auch die Händler. Zum Handeltreiben ist es notwendig, die Ware entweder an einen entfernten Ort zu bringen oder sie von dort zu holen. Händler waren die eifrigsten, aber auch die am meisten gefährdeten Reisenden in der Geschichte. Um sich und ihre Ware zu schützen, schlossen sie sich im Mittelalter zu großen Kolonnen zusammen. Ein weiterer berufsbedingter Grund für das Reisen ist die Diplomatie. Kontakte und Verhandlungen mit anderen Ländern setzen den Ortswechsel eines oder mehrerer Diplomaten voraus. Auch die Post konnte nur befördert werden, indem ein Bote sie transportierte oder ein anderer Reisender sie mitnahm. Beruflich unterwegs waren ferner die fahrenden Sänger und Gaukler sowie die Ärzte. Im Mittelalter befand sich nicht einmal der König dauerhaft an einem Ort. Da seine Untertanen einen Anspruch darauf hatten, ihn zu sehen und ihre Bitten an ihn zu richten, sich eine Reise aber nicht leisten konnten, musste er ständig von einem Platz zum anderen durch sein Reich reisen.

Für Privatleute ist die Gesundheit einer der Hauptgründe zu reisen. Luft- und Ortsveränderungen helfen häufig bei der Genesung, aber auch das Aufsuchen bestimmter Orte ist von Bedeutung. In der Antike suchte man Tempel, v. a. die des Heilgottes Asklepios, auf, um kuriert zu werden. Pilgerreisen zu bestimmten heiligen Orten gehörten im Mittelalter zu den häufigsten Reiseanlässen, auch für die ärmeren Leute. In der gesamten Geschichte ist man wegen des Glaubens immer wieder zu bestimmten Orten gepilgert, um Buße zu tun oder um an einem religiösen Fest teilzunehmen. Die Entdeckung neuer Welten war insbesondere nach der Reise des Christoph Kolumbus 1492 nach Amerika eine neue Aufgabe für Seefahrer. Der Erwerb von Bildung hat schon in der Antike Anlass zur Ortsveränderung gegeben, wurde aber mit der »Grand Tour« v. a. im 18. Jh. beliebt.

Aus diesen Bildungsreisen entwickelten sich die Reisen Einzelner, die aus Interesse am Reiseziel unterwegs waren. Das war auch der Anfang des modernen Tourismus, der mit dem ersten, 1845 von Thomas Cook gegründeten Reisebüro einsetzte. Ermöglicht wurde dies aber erst durch steigenden Wohlstand und die Verbilligung des Transports.

Zuvor war das Interesse an fernen Ländern für die meisten nur über die Reiseliteratur befriedigt worden. Ihre Tradition reicht bis in die Antike mit Schriftstellern wie Herodot (5. Jh. v. Chr.) und Pausanias (2. Jh. n. Chr.) zurück. Im späten Mittelalter schrieb Marco Polo als Händler über das ferne China. In der Neuzeit konnte derjenige, der sich eine Reise nicht selbst leisten konnte, zu den »Reisebildern« Heinrich Heines oder der Beschreibung von Goethes »Italienischer Reise« greifen.

2) Das Römische Reich verfügte über ein Netz gut ausgebauter Straßen. Dieses Relief aus dem 1. Jh. n. Chr., das man später in die Außenwand der spätgotischen Wallfahrtskirche Mariä Himmelfahrt in Maria Saal (Kärnten) einmauerte, zeigt einen Reisewagen; pro Tag konnte man in ihm rund 30 Meilen zurücklegen.

3) Die Wallfahrt (»Hadjdj«) nach Mekka gehört zu den fünf religiösen Pflichten des Islam. Sie bewirkte eine hohe physische Mobilität der Muslime und führte auch zur Entstehung von Reiseliteratur.

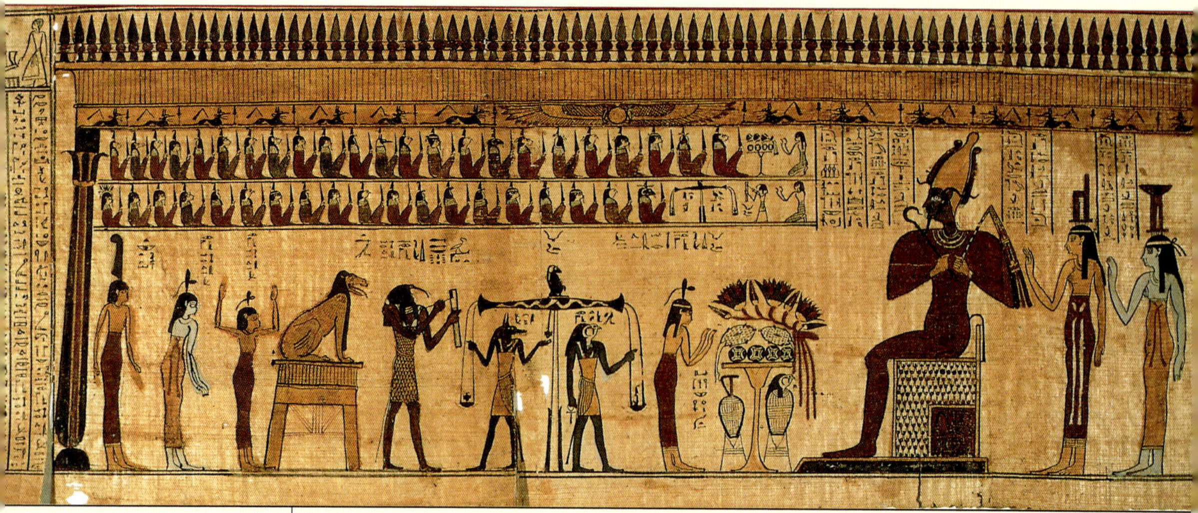

1

RELIGION

1) Seit alters stellen sich die Menschen die Frage nach der Sinnhaftigkeit der Naturwelt und der Ordnung des Kosmos. Erlösergottheiten wie die ägyptische Isis boten ihnen eine verheißungsvolle Jenseitsperspektive (Totenbuch-Papyrus, 4. Jh. v. Chr.; Berlin, Ägyptisches Museum).

An keinem anderen Ort der Welt ist Religion so unmittelbar greifbar wie in Jerusalem. Die Stadt ist der historische Platz dreier monotheistischer Weltreligionen: des Judentums, des Christentums und des Islam. Auf Jerusalem beziehen sich die Anhänger Jahwes, die Anhänger Jesu Christi und die Anhänger Mohammeds. Und in Jerusalem befinden sich die heiligen Stätten dieser drei Religionen. Von einem friedlichen Miteinander sind sie aber immer weit entfernt gewesen. Seit der Antike ist Jerusalem ein religiöser Krisenherd, und daran hat sich bis in die heutige Zeit nichts geändert.

Die Religion gehört zu jenen Faktoren, die am stärksten und am nachhaltigsten auf die Geschichte eingewirkt haben. Seit den frühesten Zeiten und in allen Teilen der Welt glaubten Menschen an höhere Mächte, die sie verehrten und von denen sie sich Trost und Hilfe erhofften. Wie die historische Erfahrung zeigt, wird dieses menschliche Grundbedürfnis um so stärker, je schwieriger sich die Lebensverhältnisse gestalten. Und immer war die Religion auf das Engste mit der Politik verbunden. Wegen der Religion (oder in ihrem Namen) wurden zahllose Kriege geführt. Wie ein roter Faden zieht sich auch der Machtkampf zwischen Staat und Kirche durch die Geschichte.

Antike

Judentum, Christentum und Islam sind sich von ihrem religiösen Gehalt her sehr viel näher als andere Religionen, insbesondere durch ihren Glauben an einen einzigen Gott. Sie entwickelten sich in einer religiösen Landschaft, die vom Polytheismus, dem Glauben an viele Götter, geprägt war. Die Griechen schufen sich ihre Götterfamilie auf dem Olymp, die, mit Zeus an der Spitze, alle Dinge auf der Welt lenkte. Die Götter wurden in Tempeln verehrt und mit Opfergaben gnädig gestimmt. Die Römer übernahmen die Götterwelt der Griechen und pflegten ähnliche Kultpraktiken. Auf die Dauer aber waren diese Götter nicht geeignet, die religiösen Bedürfnisse der Menschen zu befriedigen. So wandte man sich den Mysterienreligionen des Orients zu. Man hatte in die eine Erlösergottheit, wie den persischen Mithras oder die ägyptische Isis, mehr Zutrauen als in die unpersönlichen Götter auf dem Olymp. Die neuen Götter wurden auch deswegen so populär, weil sie den Menschen eine attraktive Jenseitsperspektive verhießen. Die traditionelle Religion bot nur ein trauriges Dasein im Schattenreich des Hades. Die Götter Ägyptens und Mesopotamiens versprachen dagegen die Wiederauferstehung in einer besseren Welt. Im Sog dieser Entwicklungen konnte dann auch das Christentum seinen Siegeszug antreten. Seinen Erfolg verdankte es auch einem intensiven Missionsgedanken, der dem Judentum immer fremd gewesen war.

Nach einer langen Zeit der Verfolgung wurde das Christentum am Ende des 4. Jh. vom römischen Kaiser Theodosius I., dem Großen, zur Staatsreligion erhoben. Nun waren die christlichen Instanzen ihrerseits bemüht, die »heidnischen« Religionen zu bekämpfen. Gleichzeitig brachen innerhalb des Christentums schwer wiegende Konflikte aus. Aufgrund unterschiedlicher Traditionen vollzog sich eine

2

3

Spaltung zwischen der Kirche des Ostens (in Konstantinopel) und der des Westens (in Rom). Die Masse der Gläubigen wurde zusätzlich durch Streitigkeiten der Theologen untereinander verunsichert. Hohe Wellen schlug in der Spätantike der Arianische Streit, in dem es v. a. um die Frage des Verhältnisses zwischen Gottvater und Gottsohn ging. Auf dem Spiel stand die Erlöserfunktion Jesu Christi und damit letztlich die Heilsgewissheit.

Mittelalter

Das europäische Mittelalter wurde zu einem »Zeitalter des Glaubens«. In keiner anderen Epoche hat die Religion in allen Lebensbereichen eine größere Rolle gespielt. Die einfachen Menschen lebten in einer intensiven privaten Frömmigkeit, gottergeben durchschritten sie das irdische »Jammertal« und warteten auf den Eintritt in das Reich der Endzeit. Auf der politischen Ebene stritten sich die geistlichen und weltlichen Mächte um Einfluss und Herrschaft.

Im 11. und 12. Jh. eskalierten diese Gegensätze im Investiturstreit zwischen Königtum und Papsttum, in dessen Verlauf König Heinrich IV. seinen berühmten Gang nach Canossa zu Papst Gregor VII. unternahm. Von den mittelalterlichen Päpsten kam auch das Signal zu den Kreuzzügen, hervorgerufen durch die Eroberung des Heiligen Landes durch die türkischen Seldschuken. Jedoch vermischten sich hier mit den religiösen Motiven handfeste politische und wirtschaftliche Interessen. Einen Kreuzzug anderer Art stellte die von der katholischen Kirche betriebene Inquisition dar, mit der Ketzer und Häretiker entlarvt werden sollten. Die in diesem Zusammenhang erfolgten Hexenprozesse sind ein besonders trauriges Kapitel mittelalterlicher Kirchengeschichte.

Neuzeit und Zeitgeschichte

Die neuzeitliche Religionsgeschichte wurde mit der von Martin Luther durchgeführten Reformation eingeleitet. Neben die katholische Kirche trat jetzt im abendländischen Europa der Protestantismus. Als eine einflussreiche religiöse Bewegung etablierte sich im 17. Jh. der Pietismus, der in Abkehr von den überkommenen kirchlichen Formen eine persönliche, ernst- und tugendhafte Frömmigkeit predigte.

Durch die v. a. von Intellektuellen getragene Aufklärung gerieten dann im 18. Jh. viele religiöse Dogmen und Grundsätze ins Wanken. Der Volksglaube aber wurde durch das aufklärerische Werben für Toleranz und Vernunft nicht berührt. Im Gegenteil: Im 19. Jh. vollzog sich in weiten Teilen Europas eine allgemeine Rückbesinnung auf religiöse Werte. Der Einfluss der Kirche wurde jedoch zunehmend schwächer. Hervorgerufen durch Bismarcks Kulturkampf, erfolgte in Deutschland eine bis heute spürbare Säkularisierung des Staates. In anderen Teilen der Welt verhält sich dies allerdings grundlegend anders. Stichwort Jerusalem: Der Nahostkonflikt mit den anhaltenden Auseinandersetzungen zwischen dem jüdischen Staat und den muslimischen Palästinensern beweist, dass das Zeitalter der Religionskriege auch im 21. Jh. noch nicht vorüber ist.

2) Mit dem Judentum trat die erste monotheistische Religion in die Welt (Gottesdienst in der Synagoge der jüdischen Gemeinde Leipzigs).

3) Die Vertreter der Aufklärung (hier Schattenriss und Unterschrift Immanuel Kants) kritisierten alle autoritätsbezogenen, nicht von der Vernunft bestimmten Denkweisen, besonders das Weltbild des christlichen Offenbarungsglaubens sowie jede Form von Übersinnlichem und Aberglauben.

KARL RENNER
***1870 †1950**

gilt als führender Vertreter des Austromarxismus

war von Oktober 1918 bis Juni 1920 Staatskanzler der Republik Österreich

bildete 1945 eine provisorische österreichische Regierung

war seit Dezember 1945 österreichischer Bundespräsident

Fortsetzung von S. 745
Bezeichnung für die Konfessionskriege des 16. und 17. Jh. in Europa, besonders die Hugenottenkriege (→ Hugenotten) in Frankreich.

Renner, Karl, österreichischer Politiker, *Untertannowitz (bei Nikolsburg) 14. 12. 1870, † Wien 31. 12. 1950; Parlamentsbibliothekar; wurde Führer der österreichischen Sozialdemokratie und 1907 Mitglied des Reichsrats. Als führender Vertreter des Austromarxismus sah Renner in einer »fortschreitenden Durchstaatlichung der Ökonomie« die Möglichkeit, die kapitalistische Gesellschaftsordnung in eine sozialistische umzuformen. In der Nationalitätenfrage forderte er ein gleichberechtigtes Nebeneinander aller in Österreich-Ungarn lebenden Völker.

Nach dem Zusammenbruch Österreich-Ungarns (1918) war Renner von Oktober 1918 bis Juni 1920 Staatskanzler, 1919–20 zugleich Staatssekretär des Äußeren; 1919 unterzeichnete er den Vertrag von Saint-Germain-en-Laye. Mit der Ausarbeitung einer provisorischen Verfassung, der Verabschiedung des Habsburger-Gesetzes und einer umfangreichen Sozialgesetzgebung legte seine Regierung die Grundlagen der Ersten Republik. In den 1920er-Jahren widmete sich Renner dem Aufbau des Genossenschaftswesens. 1930–33 war er Erster Präsident des Nationalrats; seinen Rücktritt nutzte Bundeskanzler Engelbert Dollfuß zur Ausschaltung des Nationalrats. 1938 erklärte Renner sich für den »Anschluss« Österreichs an Deutschland. Am 27. 4. 1945 bildete er (als Staatskanzler) eine provisorische österreichische Regierung (bis Dezember 1945), die die Voraussetzungen für die Errichtung der Zweiten Republik schuf. Von Dezember 1945 bis zu seinem Tod war Renner Bundespräsident.

Reparationen. Abtransport landwirtschaftlicher Maschinen aus Deutschland, die nach dem Versailler Vertrag als Reparationsleistungen an Frankreich geliefert werden mussten

Reparationen [spätlatein. reparatio »Instandsetzung«, zu latein. reparare »wieder herstellen, erneuern«], im Völkerrecht Geld-, Sach- und Dienstleistungen, die dem Besiegten eines Krieges zur Wiedergutmachung von Verlusten und Schäden von den Siegerstaaten auferlegt werden. Als Rechtfertigung der Auferlegung von Reparationen wird seit dem → Versailler Vertrag die völkerrechtswidrige Kriegseröffnung angesehen.

Der Versailler Vertrag (1919) erlegte dem Deutschen Reich die allgemeine Verpflichtung zu Reparationszahlungen an die alliierten und assoziierten Mächte auf. Ihre Höhe wurde durch eine Reparationskommission auf den Konferenzen in Boulogne-sur-Mer und Spa (1920) sowie Paris (1921) festgelegt. Die Forderungen der Pariser Beschlüsse, die eine bis 1963 abzutragende Reparationsschuld von 223 Milliarden Goldmark vorsahen, lehnte das Deutsche Reich ab. Die am 5. 5. 1921 in London (→ Londoner Konferenzen) festgesetzte Reparationsschuld von 132 Milliarden Goldmark und jährlich 26 % vom Wert der deutschen Ausfuhr wurde schließlich anerkannt. Nach dem durch die Reparationsleistungen wesentlich mitverursachten Zusammenbruch der deutschen Währung 1923 versuchten der Dawesplan (1924) und der → Youngplan (1930) die Reparationszahlungen der deutschen Zahlungsfähigkeit anzupassen. Nach dem Hoovermoratorium (1931), das die Reparationen für ein Jahr stundete, regelte das Abkommen von Lausanne (1932) die endgültige Ablösung der Reparationen durch die Abgabe von Schuldverschreibungen in Höhe von 3 Milliarden Reichsmark; zu einer Verwirklichung dieses Abkommens kam es nicht.

Die deutschen Reparationen nach dem Zweiten Weltkrieg bestanden in Sachleistungen, die aus dem deutschen Auslandsvermögen und durch Demontage von Industrieausrüstungen zu erbringen waren; sie wurden auf den Konferenzen in Quebec, Jalta, Moskau, Potsdam, London und Paris festgelegt. Die deutschen Reparationen an die Westmächte betrugen 517 Millionen Dollar (Handelsflotte, Auslandswerte, Erträge von Demontagen). Die UdSSR zog nach westlichen Angaben Reparationsleistungen im Wert von 13 Milliarden Dollar aus ihrer Besatzungszone (Demontagen, Beschlagnahmungen, Lieferungen aus der laufenden Produktion). 1954 verzichtete sie gegenüber der Deutschen Demokratischen Republik auf weitere Reparationen. Die Pariser Verträge von 1954 beendeten die Reparationsleistungen der Bundesrepublik Deutschland.

Die Endregelung für Österreich brachte der Staatsvertrag von 1955. In den Friedensverträgen von 1947 wurden Finnland, Italien, Ungarn, Rumänien und Bulgarien Reparationen auferlegt, Japan im Vertrag von 1951.

Reptilienfonds [-fɔ̃], ursprünglich ironische Bezeichnung für Geldmittel, die Bismarck zur Unterstützung der regierungsfreundlichen Presse verwendete, ohne über Zweck und Summe Rechenschaft ablegen zu müssen. Die Bezeichnung geht zurück auf eine Bismarck-Rede von 1869, in der er die Agenten der nach dem Deutschen Krieg 1866 abgesetzten Herrscher von Hannover und Kurhessen als »bösartige Reptilien« bezeichnet hatte, die es gelte »zu verfolgen bis in ihre Höhlen hinein, um zu beobachten, was sie treiben«.

Resa Pahlawi [paxlɛˈvi], Mohammed, Schah von Iran (1941–79), *Teheran 26. 10. 1919, †Kairo 27. 7. 1980; verheiratet seit 1951 in zweiter Ehe mit Soraya (Scheidung 1958), seit 1959 in dritter Ehe mit Farah Diba. Resa Pahlawi bestieg nach Abdankung seines Vaters Resa Schah am 16. 9. 1941 den Thron. 1953 kam es zu einem Verfassungskonflikt mit dem Ministerpräsidenten Mohammed Mossadegh. Nach dessen Sturz (1953) kehrte der ins Ausland geflüchtete Schah zurück. Gestützt auf ein autoritäres Regierungssystem, v.a. auf die berüchtigte Geheimpolizei (Savak) und eine auch als innenpolitisches Instrument dienende starke Armee, führte Resa Pahlawi unter dem Schlagwort »weiße Revolution« u.a. eine Landreform durch und intensivierte mithilfe der Öleinnahmen die Industrialisierung. In seiner Außenpolitik neigte er den USA und den Staaten in Westeuropa zu. Nach der Geburt des Thronfolgers Kyros Resa (1960) fand am 26. 10. 1967 die Kaiserkrönung statt (seitdem führte Resa Pahlawi den Titel Schahinschah).

Der Unmut über die Korruption in Staat und Gesellschaft, über die Verwestlichung und die Vernachlässigung religiöser Werte des Islam steigerte die von der Geistlichkeit geführte Opposition gegen die Herrschaft des Schahs. Am 16. 1. 1979 verließ Resa Pahlawi nach Einsetzung eines Kronrates das Land. Nach Ausrufung der »Islamischen Republik« (April 1979) verurteilte ein Revolutionsgericht den Schah und Angehörige seiner Familie in Abwesenheit zum Tode. Als er sich zur Behandlung eines Krebsleidens in den USA aufhielt, nahmen revolutionäre iranische Studenten – um seine Auslieferung an den Iran zu erzwingen – am 4. 11. 1979 das Personal der amerikanischen Botschaft in Teheran als Geiseln (Freilassung erst am 20. 1. 1981). Im März 1980 ging Resa Pahlawi ins Exil nach Ägypten.

Résistance [rezisˈtɑ̃s; französ., zu résister, von latein. resistere »stehen bleiben«, »widerstehen«], französische Widerstandsbewegung im Zweiten Weltkrieg gegen die deutschen Besatzung und das Vichy-Regime unter Marschall Philippe Pétain. Nach der Niederlage Frankreichs gegen Deutschland rief General Charles de Gaulle 1940 über den Londoner Rundfunk zur Fortsetzung des Kampfes auf. Er wurde von der britischen Regierung als Chef des freien Frankreich anerkannt und bildete 1941 das französische Nationalkomitee als Kern einer Exilregierung. Zeitgleich entstanden in Frankreich – nach isolierten Aktionen Einzelner – kleine, voneinander unabhängige Widerstandsgruppen, die neben der Verbreitung illegaler Druckschriften, Informationssammlung für die Alliierten und Sabotageakten schließlich auch militärische Verbände (Maquis) organisierten.

Resa Pahlawi. Nach der erzwungenen Abdankung seines Vaters wurde Mohammed Resa Pahlawi 1941 zum Schah ausgerufen. Seine Kaiserkrönung 1967 sollte eher an die altpersische Großmachtstellung anknüpfen als an die muslimischen Traditionen des Iran, denen etwa die Erhebung von Farah Diba (zweite von links) zur Kaiserin widersprach.

Die Résistancegruppen waren politisch heterogen, gehörten aber mehrheitlich dem linken Spektrum an. 1942 bildeten sie acht größere Organisationen, darunter der von Kommunisten organisierte, aber aus Anhängern unterschiedlichster politischer Lager bestehende »Front National«. Bemühungen de Gaulles, die Résistancegruppen unter seiner Führung zu einen, führten wegen deren abweichenden Vorstellungen von Funktion und politischer Mission der Résistance nur schrittweise zum Erfolg. Erst im Januar 1943 schlossen sich die großen Gruppen der Südzone zu den »Mouvements Unis de la Résistance« (MUR) zusammen, im März wurde im Norden ein Koordinierungskomitee gebildet. Im Mai 1943 gelang es dann, alle großen Organisationen mit Vertretern der traditionellen Parteien und Gewerkschaften in einem »Conseil National de la Résistance« (CNR) zusammenzufassen, der de Gaulle als Sprecher der Résistance gegenüber den Alliierten akzeptierte. Nach deren Landung in Nordafrika (November 1942) leitete de Gaulle ab Juni 1943 von Algier aus das »Comité Français de Libération National« (CFLN) und betrieb die Erweiterung des CFLN um Vertreter der Résistance auf französischem Boden und der Parteien. Mit der Verschärfung des deutschen Zugriffs erhielt die Résistance weiteren Zulauf, wodurch v.a. der bewaffnete Maquis beträchtlich verstärkt wurde.

Trotz eines jetzt breiten Umfeldes von Sympathisanten bildete die Résistance weiterhin eine Minderheit in der Bevölkerung. Zur Vorbereitung des Befreiungskampfes schlossen sich die militärischen Widerstandsorganisationen »Armée secrète« und die von Kommunisten organisierten »Francs-tireurs et Partisans« im Frühjahr 1944 zu den »Forces Françaises de l'Intérieur« (FFI) zusammen. Nach der Landung der Alliierten in der Normandie (6. 6. 1944) gingen sie in vielen Départements zum Aufstand über. Soweit sie damit, z. T. unter hohen Verlusten, erfolgreich waren, übernahmen sie mit »Befreiungskomitees« die öffentliche Gewalt. De Gaulle gelang es, die Einsetzung eines alliierten Besatzungsregimes zu verhindern und dem CFLN im September 1944 die Anerkennung als provisorische Regierung des befreiten Frankreich zu sichern.

Résistance. Zu den Aktionsformen der französischen Widerstandsbewegung gegen die deutschen Besatzer gehörten auch Sabotageakte – hier bringt ein französischer Partisan an einem Schienenstrang eine Sprengladung an.

Resistenza [italien. »Widerstand«], die im →Antifaschismus wurzelnde italienische Widerstandsbewegung, die sich nach dem Waffenstillstand zwischen dem Königreich Italien und den Alliierten (September 1943) gegen die in Italien kämpfenden deutschen Truppen und die mit ihnen zusammenarbeitenden faschistischen Kräfte unter Benito Mussolini (Repubblica Sociale Italiana) wandte. Die Untergrundparteien, besonders Kommunisten, Sozialisten, Christliche Demokraten und Linksliberale, schlossen sich im »Comitato di Liberazione Nazionale« (CLN) zusammen. Die militärischen Kräfte der Resistenza wurden 1944 im »Corpo Volontari della Libertà« unter einheitlichem Oberbefehl zusammengefasst.

Restauration [latein. »Erneuerung«, »Wiederherstellung«], allgemein die Wiederherstellung eines früheren, oft durch eine Revolution beseitigten politischen und gesellschaftlichen Zustands. In der englischen Geschichte bezeichnet der Begriff die Wiedereinsetzung der Stuart-Dynastie (1660–88). Als Epochenbezeichnung (Restaurationszeit) meint Restauration die Zeit von 1815 bis 1830, als in allen europäischen Staaten versucht wurde, die politischen Verhältnisse der Zeit vor der Französischen Revolution wieder herzustellen.

Restitutionsedikt, Erlass Kaiser Ferdinands II. vom 6. 3. 1629. Das Restitutionsedikt ordnete die Rückgabe aller seit dem Passauer Vertrag (2./15. 8. 1552) von den Protestanten eingezogenen Stifte und Kirchengüter an die Katholiken an, schloss die Reformierten vom Religionsfrieden aus, gestattete den katholischen Reichsständen, ihre Untertanen zu rekatholisieren, und setzte den →geistlichen Vorbehalt in Kraft, wodurch geistliche Fürsten bei Übertritt zum Protestantismus ihre weltlichen Herrschaftsrechte verloren. Im Prager Frieden (30. 5. 1635) verzichtete Ferdinand auf die weitere Durchführung des Restitutionsedikts.

Reuter, Ernst, deutscher Politiker, *Apenrade 29. 7. 1889, †Berlin (West) 29. 9. 1953; war ab 1912 Mitglied der SPD. Reuter schloss sich als deutscher Kriegsgefangener in Russland Lenin an und war kurzfristig Volkskommissar in der Wolgadeutschen Republik. 1918 nach Deutschland zurückgekehrt, trat Reuter der KPD bei und baute die Berliner KPD-Organisation auf; 1921 war er Generalsekretär der KPD, kehrte aber nach seinem Parteiausschluss 1922 zur SPD zurück. 1931–33 war Reuter Oberbürgermeister von Magdeburg, 1932–33 auch Mitglied des Reichstags. Nach 1933 politisch verfolgt, ging er 1935 in die Türkei und lehrte dort 1939–45 als Professor in Ankara.

Nach Deutschland zurückgekehrt, wurde er am 24. 6. 1947 von der Stadtverordnetenversammlung zum Oberbürgermeister von Berlin gewählt; ein sowjetisches Veto verhinderte jedoch seinen Amtsantritt. Nach der Spaltung der Gesamtberliner Verwaltung (September bis November 1948) und der Wahl vom 5. 12. 1948, die nur in Berlin (West) durchgeführt werden konnte, übernahm Reuter am 7. 12. 1948 als Oberbürgermeister die Regierung der Stadt. In der Zeit der →Berliner Blockade (Juni 1948 bis Mai 1949) konnte er den Widerstandswillen der Berliner Bevölkerung stärken. Aufgrund der neuen Verfassung von 1950 wurde Reuter am 18. 1. 1951 vom Abgeordnetenhaus zum Regierenden Bürgermeister gewählt; seit 1951 war er auch Präsident des Deutschen Städtetages.

Revisionismus, im weitesten Sinn Schlagwort für die Bemühungen, bestehende Verhältnisse, Verfassungen, Gesetzeswerke oder Staatsgrenzen zu verändern oder ideologische Positionen zu modifizieren; im engeren Sinn die Richtung in der internationalen Arbeiterbewegung um 1900, zentrale Aussagen des Marxismus neu zu bewerten und zu revidieren. Insbesondere die von Eduard Bernstein entwickelte Theorie des Revisionismus stand im Gegensatz zu fundamentalen Thesen des orthodoxen Marxismus. Er stellte u. a. fest, dass die von Marx vorausgesagte »Verelendung des Proletariats«, die »Konzentration des Kapitals« und die »Polarisierung der Gesellschaft in Unternehmer und Handarbeiter« (d.h. ein sich ständig verschärfender Klassenkampf) ausgeblieben seien. Der bestehende Staat sei weniger ein Ausdruck der Klassenherrschaft als ein Instrument für das Proletariat, die Gesellschaft im legalen Rahmen neu zu gestalten. Die durch den Druck von Arbeiterparteien und Gewerkschaften erreichten Sozialreformen zeigten, dass auch im Rahmen der bestehenden Gesellschaftsordnung Verbesserungen erreichbar seien. Bernstein forderte daher die Sozialdemokratie auf, sich nicht auf die Revolution vorzubereiten, sondern auf parlamentarischem Weg gesellschaftliche Reformen anzustreben und gegebenenfalls mit nicht sozialistischen Parteien zusammenzuarbeiten. In der SPD waren die Thesen Bernsteins lange Zeit umstritten (Revisionismusstreit). Von Rosa Luxemburg, Lenin und anderen auf das Heftigste bekämpft, bestimmte der Revisionismus jedoch immer stärkere Kreise der Sozialdemokratie, auch außerhalb Deutschlands. 1925 übernahm die SPD die Grundzüge des Revisionismus in ihr Heidelberger Programm.

Rheinbund, Name zweier Bündnisse deutscher Staaten unter französischer Führung.

1. französisch **Alliance du Rhin** [aljãsdy'rɛ̃], das am 15. 8. 1658 in Frankfurt am Main auf Betreiben des Mainzer Kurfürsten Johann Philipp von Schönborn geschlossene Bündnis zwischen den Rheinkreisen, mehreren westdeutschen Fürsten sowie Braunschweig-Lüneburg und dem schwedischen Bremen-Verden, dem auch Frankreich beitrat. Der Rheinbund, dreimal erneuert und erweitert, war v.a. gegen Österreich gerichtet und bezweckte die Aufrechterhaltung des Westfälischen Friedens; er blieb bis zu seiner Auflösung 1668 ein Instrument der französischen Einflussnahme im Heiligen Römischen Reich.

2. französisch **Confédération du Rhin** [kɔ̃federasjɔ̃dy'rɛ̃], Konföderation von zunächst 16 süd- und westdeutschen Fürsten unter dem Protektorat Napoleons I. Der Rheinbund wurde am 12. 7. 1806 auf Betreiben Napoleons gegründet und sollte der französischen Beherrschung Westdeutschlands und der Beseitigung der Reichsgewalt dienen. Bis 1811 schlossen sich dem Bündnis alle deutschen Staaten außer Preußen, Österreich, Braunschweig und Kurhessen an.

Die wichtigsten Gründungsmitglieder waren das Fürstentum Regensburg (der Staat des ehemaligen Erzkanzlers und Mainzer Kurfürsten Karl Theodor, Reichsfreiherr von Dalberg, der Fürstprimas des Rheinbunds wurde), die neu erhobenen Königreiche Bayern und Württemberg, die neu erhobenen Großherzogtümer Baden, Hessen-Darmstadt, Kleve, Berg und das zum Herzogtum aufgewertete Nassau. Die Rheinbundfürsten erklärten sich für souverän und sagten sich am 1. 8. 1806 förmlich vom Heiligen Römischen Reich los; Franz II. legte daraufhin am 6. 8. die Kaiserwürde nieder. Gemäß der Verfassung des Rheinbunds (Rheinbundakte) mussten die Rheinbundfürsten als Bundesgenossen Frankreichs starke Heereskontingente für die Feldzüge Napoleons stellen. Dafür erhielten sie eine Standeserhöhung und ihre Staaten wurden z.T. auf Kosten der kleineren Reichsstände vergrößert (Mediatisierung). Mehrere Rheinbundstaaten übernahmen den französischen Code civil (→Code).

Nach der Niederlage Preußens (1806) traten bis 1808 Würzburg, Sachsen und weitere mittel- und norddeutsche Kleinstaaten dem Rheinbund bei; das neu geschaffene Königreich Westfalen wurde 1807 zum Rheinbundstaat erklärt. 1811 umfasste der Rheinbund vier Königreiche, fünf Großherzogtümer, elf Herzogtümer, 16 Fürstentümer mit 283 100 km^2 und 13,3 Millionen Einwohnern. Nach rechtzeitigem Anschluss der meisten Mitgliedstaaten des Rheinbunds an das preußisch-russisch-österreichische Bündnis löste sich der Rheinbund während der Befreiungskriege im Oktober 1813 auf.

Rheinland-Pfalz, Land im mittleren Westen der Bundesrepublik Deutschland.

GESCHICHTE: Durch Verordnung der französischen Militärregierung vom 30. 8. 1946 wurde Rheinland-Pfalz aus der früheren bayrischen Pfalz, dem ehemaligen preußischen Regierungsbezirk Koblenz und Trier, vier Kreisen der ehemaligen preußischen Provinz Hessen-Nassau und dem linksrheinischen Teil Hessens (Rheinhessen) gebildet. Ministerpräsidenten waren Peter Altmeier (CDU, 1947–69), Helmut Kohl (CDU, 1969–76), Bernhard Vogel (CDU, 1976–88), Carl-Ludwig Wagner (CDU, 1988–91), Rudolf Scharping (SPD, 1991–94) und seit 1994 Kurt Beck (SPD).

Rhense, Kurverein von, Zusammenschluss von sechs Kurfürsten am 16. 7. 1338 im heutigen Rhens zur Verteidigung des Reichsrechts und ihres Wahlrechts gegen jedermann, besonders aber gegen päpstliche Ansprüche; der nicht anwesende König von Böhmen gab später seine Zustimmung. Mit der gesetzlichen Erklärung, dass die Königswahl allein durch die Kurfürstenmehrheit rechtens sei und dass der Gewählte der päpstlichen Anerkennung oder Bestätigung nicht bedürfe, nahmen die Kurfürsten zugunsten Kaiser Ludwigs IV., des Bayern, gegen das Papsttum von Avignon (Johannes XXII.) Stellung.

Rhodes [rəʊdz], Cecil, südafrikanischer Politiker, *Bishop's Stortford (bei Hertford) 5. 7. 1853, †Muizenberg (heute zu Kapstadt)

Ernst Reuter

Cecil Rhodes

26. 3. 1902; wanderte 1869 nach Südafrika aus und erwarb sich dort seit 1878 im Diamantengeschäft ein großes Vermögen (1880 Gründung der De Beers Consolidated Mines Ltd.), wurde 1882 Abgeordneter, 1890 Premierminister der Kapkolonie. Rhodes veranlasste 1884 die Eroberung des Betschuanalandes und gründete 1889 die British South Africa Company, die in den folgenden Jahren die Gebiete des 1895 nach Rhodes benannten Rhodesien erwarb, und betrieb (zunächst friedlich, später mit Gewalt) die Angliederung der Burenrepubliken Transvaal und Oranje-Freistaat an das britische Südafrika. Nach dem Scheitern des von ihm unterstützten Putschversuchs in Transvaal, dem so genannten Jameson Raid, trat Rhodes 1896 zurück.

Riade, nicht sicher zu lokalisierender Ort an der thüringisch-sächsischen Grenze (vermutlich am Unstrut-Helme-Zusammenfluss), an dem König Heinrich I. 933 die Magyaren besiegte. In der neueren Forschung wird Riade zumeist als Ritteburg (Ortsteil von Kalbsrieth südöstlich von Artern/Unstrut) gedeutet; nach anderer Lesart fand die »Ungarnschlacht« zwischen Bad Dürrenberg und Markranstädt statt.

Ribbentrop, Joachim von (seit 1925), deutscher Politiker, *Wesel 30. 4. 1893, †(hingerichtet) Nürnberg 16. 10. 1946; wurde nach freiwilligem Dienst in der Armee (1914–19) Kaufmann; trat 1932 in die NSDAP, 1933 in die SS ein. Nach der nationalsozialistischen »Machtergreifung« 1933 war Ribbentrop zunächst wichtigster außenpolitischer Berater Hitlers (Leiter der »Dienststelle Ribbentrop«). Gestützt auf Hitlers Vertrauen und die Zusammenarbeit mit Himmler, wurde er im April 1934 Sonderbeauftragter der Reichsregierung für Abrüstungsfragen und führte die Verhandlungen über das Deutsch-Britische Flottenabkommen (abgeschlossen am 18. 6. 1935). 1936–38 war Ribbentrop als Botschafter in Großbritannien damit beauftragt, ein deutsch-britisches Bündnis abzuschließen, wurde aber zum strikten Gegner Großbritanniens, als er die Unvereinbarkeit von nationalsozialistischer und britischer Politik erkannte. Im Februar 1938 wurde Ribbentrop Außenminister (bis April 1945).

Ehrgeizig, Hitler bis zum Schluss treu ergeben und ohne wirklich eigene Konzeption, war Ribbentrop bestrebt, für seinen »Führer« Bündnisse abzuschließen, die die Nationalsozialisten propagandistisch gut verwerten konnten (besonders Antikominternpakt 1936, Stahlpakt 1939); als sein größter Erfolg galt der Abschluss des Deutsch-Sowjetischen Nichtangriffspaktes (23. 8. 1939; →Hitler-Stalin-Pakt) und des Grenz- und Freundschaftsvertrages mit der UdSSR (28. 9. 1939). Nach Kriegsausbruch am 1. 9. 1939, den er wesentlich mit herbeigeführt hatte, verlor Ribbentrop zunehmend an Einfluss. Er war maßgeblich an der Umsetzung der Pläne zur »Endlösung der Judenfrage« (→Holocaust) beteiligt. Am 14. 6. 1945 verhaftet, wurde Ribbentrop im Nürnberger Hauptkriegsverbrecherprozess am 1. 10. 1946 zum Tod verurteilt.

Ribemont [rib'mɔ̃], Ort im französischen Département Aisne. Der Vertrag von Ribemont, geschlossen im Februar 880 zwischen dem ostfränkischen König Ludwig III., dem Jüngeren (876–882), und den Söhnen des westfränkischen Königs Ludwig II., des Stammlers (877–879), Ludwig III. (879–882 westfränkischer König im nördlichen Reichsteil) und Karlmann (879–884 im südlichen Reichsteil), sprach den im Vertrag von →Meerssen (870) an das Westfränkische Reich gelangten Westteil Lotharingiens dem ostfränkischen König zu. Damit war die spätere Grenze zwischen Frankreich und Deutschland vorgegeben.

Richard I., genannt **Richard Löwenherz,** englisch **Richard the Lion-heart** oder **lion-hearted** ['rɪtʃəd ðə 'laɪənha:t, 'laɪənha:tɪd], französisch **Richard Cœur de lion** [ri'ʃa:r kœ:r də li'ɔ̃], König von England (seit 1189), *Oxford 8. 9. 1157, †Châlus (bei Limoges) 6. 4. 1199; dritter Sohn Heinrichs II. von England und der Eleonore von Aquitanien; erhielt schon als Kind das mütterliche Erbe Aquitanien (1168) und wurde 1172 Herzog von Poitiers. 1190–92 nahm Richard Löwenherz am 3. Kreuzzug teil. Dabei brachte er 1191 Zypern in seine Gewalt, eroberte mit dem Kreuzfahrerheer Akko, schlug Sultan Saladin bei Arsuf (nördlich von Jaffa) und zwang diesen 1192 zu einem Waffenstillstand. Auf der Rückreise wurde er im Dezember 1192 bei Wien durch Herzog Leopold V. von Österreich gefangen genommen und auf Burg Dürnstein festgehalten, 1193 an Kaiser Heinrich VI. ausgeliefert (Gefangenschaft auf Burg Trifels in der Pfalz), der ihn 1194 gegen hohes Lösegeld und nach Leistung des Lehnseides freiließ. Der Bericht von der Befreiung des Königs durch den Sänger Blondel ist Sage. In seinen letzten Regierungsjahren musste sich Richard gegen seinen jüngsten Bruder Johann (I.) ohne Land durchsetzen und seine festländischen Besitzungen gegen den französischen König Philipp II. Augustus verteidigen, mit dem er 1199 einen Waffenstillstand abschloss.

Richard repräsentiert mehr den abenteuernden Ritter als den zielstrebigen Herrscher; seine Aufenthalte in England waren gezählt. In einer Fehde mit dem Vizegrafen von Limoges wurde er bei einer Belagerung durch einen Pfeil tödlich verwundet. Seine Gebeine ruhen neben denen seiner Eltern in der Abtei Fontevrault in Frankreich.

Richard II., König von England (1377–99), *Bordeaux 6. 1. 1367, †Pontefract Castle (bei Leeds) 14. 2. 1400; Sohn des »Schwarzen Prinzen« Eduard, Enkel Eduards III. Richard bewies bereits als Vierzehnjähriger persönlichen Mut und Umsicht, als im Bauernaufstand von 1381 die Bauernheere London plünderten; er stand bis 1386 unter der Vormundschaft seines Onkels John of Gaunt, Herzog von Lancaster, und 1386–89 v. a. unter dem Einfluss von Thomas Woodstock, Herzog von Gloucester, und einem Kontrollausschuss (Lords Appellant). Erst 1389 übernahm er selbst die Regierung. Innenpolitisch verstrickt in schwere Auseinandersetzungen mit Teilen des Hochadels, schloss Richard während des Hundertjährigen Krieges 1396 einen Waffenstillstand mit Frankreich, der durch eine Heirat mit der französischen Königstochter Isabella bekräftigt wurde. 1397/98 gelang es ihm, seine innenpolitischen Widersacher auszuschalten und ein autokratisches Willkürregiment zu errichten. Dies führte jedoch 1399 zur Erhebung von John of Gaunts Sohn Heinrich (dem späteren König Heinrich IV.), der ihn mit Zustimmung des Parlaments zur Abdankung (30. 9. 1399) zwang; als Gefangener wurde Richard wahrscheinlich ermordet.

Richard III., König von England (seit 1483), * Fotheringhay Castle (bei Corby) 2. 10. 1452, † (gefallen) Bosworth 22. 8. 1485; Herzog von Gloucester (seit 1461), Bruder Eduards IV., dem er wertvolle Dienste leistete. Nach dessen Tod (1483) brachte Richard den Thronfolger Eduard V. in seine Gewalt, ließ die Ehe Eduards IV. für ungültig erklären und setzte seine Erhebung zum König durch (Beginn seiner Herrschaft am 26. 6. 1483, Krönung am 6. 7. 1483). Seine Gegner ließ er hinrichten oder einkerkern. Auf sein Geheiß oder zumindest mit seiner Duldung wurden wohl auch seine beiden Neffen Eduard V. und Richard von York im Tower ermordet (1483). Richard fiel in der Schlacht bei Bosworth. Die zeitweise sehr negative Beurteilung Richards wurde durch die moderne Forschung nicht bestätigt.

Richard von Cornwall [-ˈkɔːnwəl], König des Heiligen Römischen Reichs (seit 1257), * Winchester 5. 1. 1209, † Berkhampstead Castle (bei Hemel Hempstead) 2. 4. 1272; Sohn des englischen Königs Johann I. ohne Land; wurde als Gegenkandidat zu Alfons X. von Kastilien und León am 13. 1. 1257 von den Kurfürsten von Köln (stellvertretend auch für Mainz) und von der Pfalz vor den Toren von Frankfurt am Main zum König des Heiligen Römischen Reichs gewählt und am 17. 5. 1257 in Aachen gekrönt. Vertreter König Ottokars I. von Böhmen billigten die Wahl nachträglich. Das Königtum Richards, der während seiner Regierungszeit nur knapp vier Jahre in Deutschland verbrachte, blieb wie das seines Gegenkönigs Alfons von Kastilien so bedeutungslos, dass diese Zeit als →Interregnum bezeichnet wird.

Richelieu [riʃəˈljø], Armand-Jean du Plessis, Herzog von, französischer Staatsmann und Kardinal (seit 1622), * Paris 9. 9. 1585, † ebenda 4. 12. 1642. Zunächst für eine militärische Laufbahn bestimmt, wurde Richelieu 1607/08 Bischof von Luçon in der Vendée (bis 1624). Er unterstützte die Politik der Regentin Maria von Medici, die ihn 1616 zum Staatssekretär ernannte. Nach Entlassung und zeitweiliger Verbannung vom Hof wurde Richelieu dorthin zurückberufen und 1624 Erster Minister im Staatsrat Ludwigs XIII., was er bis zu seinem Tod blieb. Richelieus Politik verfolgte drei Hauptziele: Beseitigung der Sonderstellung der →Hugenotten, Entmachtung des Hochadels, Befreiung Frankreichs aus der Umklammerung durch den spanisch-habsburgischen Gegner. Das erste Ziel hat Richelieu früh erreicht. Nach dem Fall ihres Stützpunkts La Rochelle mussten die Hugenotten ihre politischen und militärischen Sonderrechte aufgeben, während ihnen religiöse Duldung und ihre kirchliche Organisation erhalten blieben (Gnadenedikt von Alès, 1629). Um sein zweites Ziel zu erreichen, musste Richelieu der Verschwörungen seiner höfischen Gegner Herr werden, den politischen Einfluss der Königinmutter ausschalten und mehrere Adelserhebungen niederschlagen oder im Keim ersticken. Sein drittes, außenpolitisches Ziel verfolgte Richelieu zunächst im »verdeckten«, seit 1635 »offenen« Krieg gegen die spanisch-habsburgische Macht, indem er in den Dreißigjährigen Krieg eingriff. Er unterstützte die

Richard I.
Angriff Richards I. Löwenherz auf den französischen König Philipp II. Augustus bei Gisors 1198 (französische Buchmalerei, um 1325/50; Chroniques de Saint-Denis, London, British Library).

RICHELIEU. *Ungeliebter Präsident*

Die Académie française in Paris war 1635 ein zwangloser, kleiner Schriftstellerzirkel, hinter dem der Kardinal freilich intellektuelle Opposition witterte. Deshalb bot Richelieu der Académie staatliche Protektion an. Viele Mitglieder wollten solche »Ehre« wegen der in ihr steckenden Bevormundung ablehnen. Aber Richelieu, so hieß es, werde die Weigerung als Beleidigung empfinden *»und er könne sich dafür an jedem Einzelnen von ihnen rächen. Zum Mindesten könne er, da ja durch die Gesetze des Königreiches alle Arten von Zusammenkünften ohne Genehmigung des Herrschers verboten seien, die ihrigen beim geringsten Verdacht… unterbinden«.* Folgerichtig erhielt die Akademie ihr königliches Privileg und Richelieu wurde ihr erster Präsident.

RICHELIEU
*** 1585 † 1642**

schuf die Voraussetzungen des französischen Absolutismus und der Vormachtstellung Frankreichs im 17. Jh.

war seit 1624 Erster Minister im Staatsrat

richtete seine Politik gegen die Hugenotten, den Hochadel und den spanisch-habsburgischen Gegner aus

agierte im Dreißigjährigen Krieg zusammen mit den deutschen Fürsten und Schweden gegen die Habsburger

Cola di Rienzo

deutsche Fürstenopposition gegen den Kaiser und schloss ohne konfessionelle Bedenken ein Bündnis mit dem protestantischen schwedischen König Gustav II. Adolf (Vertrag von Bärwalde, 1631). Nach der Kriegserklärung an Spanien 1635 setzte er alle Machtmittel des Staates für den Kampf gegen Spanien und den Kaiser ein und verhinderte dadurch schließlich den Sieg der habsburgischen Front im Dreißigjährigen Krieg. Die Vorverhandlungen zum Westfälischen Frieden leitete er 1641 noch selbst ein.

Richelieus weit gespannte wirtschafts- und sozialpolitischen Reformpläne konnten angesichts der militärischen Belastungen nicht verwirklicht werden. Die dem Land auferlegten Abgaben führten zu zahlreichen Bauernaufständen. Seine Politik schuf die Voraussetzungen für die Blüte des Absolutismus unter Ludwig XIV. und für die französische Vormachtstellung im europäischen Staatensystem des 17. Jahrhunderts. Mit der Gründung der Académie française (1635) stellte er auch Sprache und Literatur in den Dienst des absolutistischen Gesellschaftsideals.

Rienzo, Rienzi, Cola di, eigentlich Nicola di Lorenzo, italienischer Staatsmann und Humanist, *Rom um 1313, † (ermordet) ebenda 8. 10. 1354; Sohn eines Schankwirts und einer Wäscherin; wurde Notar und erwarb sich eine bedeutende literarische und historische Bildung. Als glänzender Redner, Gegner der Adelspartei und Sprecher der Handel treibenden, wirtschaftlich aktiven Bürgerschicht errang Rienzo im öffentlichen Leben Roms bald Ansehen. 1343–44 war er Gesandter der römischen Volkspartei in Avignon, wo er vom Papst zum Notar der städtischen Kammer in Rom ernannt wurde. Am 20. 5. 1347 nahm er in einem Handstreich das Kapitol ein, vertrieb die adligen Senatoren mithilfe des Volkes und nahm den Titel »Tribun« an. Sein Ziel war die Erneuerung Roms und Italiens, die zur Freiheit und Größe der altrömischen Republik zurückfinden sollten. Rienzo traf Maßnahmen für Rechtssicherheit und finanzielle Sanierung, verbitterte aber seine Anhänger durch finanzpolitische Härte, Prunksucht und Ungerechtigkeit. Vom Papst gebannt, musste er am 15. 12. 1347 Rom verlassen und flüchtete in die Abruzzen. 1350 wandte Rienzo sich an Kaiser Karl IV. nach Prag; statt der erhofften Unterstützung (Zug nach Rom) wurde er jedoch in Haft gesetzt und 1352 nach Avignon ausgeliefert. Papst Innozenz VI. schickte ihn 1354 als päpstlichen Senator im Interesse seiner Politik erneut nach Rom, wo er jedoch nach kurzer gewalttätiger Regierung in einem Volksaufstand erschlagen wurde.

Rijswijk, Frieden von ['rɛi̯swɛi̯k-], Friedensschluss vom 20. 9. 1697 zwischen Frankreich, England, Spanien und den Niederlanden, dem sich Kaiser und Reich am 30. 10. 1697 anschlossen und der den → Pfälzischen Erbfolgekrieg beendete. Frankreich erkannte Wilhelm III. von Oranien als König von England an und verpflichtete sich zur Rückgabe Oraniens. Des Weiteren gab Frankreich die katalanischen und niederländischen Eroberungen an Spanien zurück, einigte sich mit den Niederlanden auf einen gegenseitigen Forderungsverzicht und den Abschluss eines Handelsabkommens. Gegenüber Kaiser und Reich verzichtete Frankreich auf die rechtsrheinische Annexion und die Reunionen mit Ausnahme des Elsass und Straßburgs. Die Ansprüche auf Lothringen wurden aufgegeben. Über die Erbansprüche der Elisabeth Charlotte von der Pfalz, Herzogin von Orléans, auf die Pfalz sollte ein päpstliches Schiedsgericht entscheiden.

Risorgimento [risɔrdʒi'mento; italien. »Wiedererstehen«, »Wiedergeburt«], in der italienischen Geschichte Bezeichnung für die Bestrebungen v. a. im 19. Jh., die nationale Einheit Italiens herzustellen. Der Name geht auf die 1847 in Turin von Camillo Cavour mitgegründete Zeitung »Il Risorgimento« zurück. Als Epochenbegriff bezeichnet Risorgimento die Zeit von 1815 bis 1870 (auch bis 1918); neben Cavour waren dabei insbesondere Giuseppe Mazzini und Giuseppe Garibaldi aktiv. Während dieser Zeit wurde in zahlreichen politischen Programmen um die zukünftige Gestalt Italiens gerungen; erfolgreich war schließlich die von den Liberalkonservativen unter Cavour verfochtene monarchische Lösung unter Führung Sardinien-Piemonts.

Rittertum, die Gesamtheit der durch den mittelalterlichen Berufskriegerstand der Ritter entwickelten sozialen, rechtlichen, wirtschaftlichen und kulturellen Verhältnisse. Das Rittertum hatte seine Ursprünge im germanischen Gefolge: Die karolingischen Hausmeier und Könige schufen ein schlagkräftiges Heer von Gefolgsleuten, die gegen Überlassung von Grund und Boden als Lehen Reiterdienste in schwerer Rüstung leisteten. So trat allmählich neben das germanische Volksheer ein berittenes Berufskriegerheer, das im Hochmittelalter das alte Volksaufgebot schließlich verdrängte. Seine höchste Blüte erlebte das Rittertum im Zeitalter der Kreuzzüge und unter den staufischen Kaisern.

Die ritterliche und höfische Kultur war ein Kennzeichen des Abendlandes; die Ausbildung ihrer verschiedenen Formen verdankte sie hauptsächlich der französischen Ritterschaft. Den Kern der ritterlichen Ethik bildeten die »Zucht« und das »Maßhalten« in allen Lebenslagen. Aus den höfischen Anschauungen erwuchs auch der Frauendienst (Minne). Die ritterliche Vorstellungswelt prägte sich in der höfischen Liebeslyrik (Minnesang) und im höfischen Epos aus. Das Rittertum forderte die Treue gegen den Lehnsherrn, den Schutz von Witwen, Waisen und Bedrängten, einen

RITTERTUM

Höfische Kultur im Mittelalter

Die Ritterturniere wurden ab dem frühen 12. Jh. zu einer wichtigen Schaubühne für höfisch-ritterliches Verhalten und boten den Teilnehmern gleichzeitig eine Möglichkeit, sich in der Kriegskunst zu üben. Solche Begegnungen zwischen einzelnen Gegnern oder ganzen Parteien liefen ab dem 14. Jh. nach einem strengen Regelwerk ab und konnten entweder friedlich oder feindlich ausgerichtet sein.

Bei feindlichen Turnieren kamen scharfe, kriegstaugliche Waffen zum Einsatz, während man bei der friedlichen Variante auf abgestumpfte Lanzen und Schwerter zurückgriff. Auch die Wahl des vom Teilnehmer getragenen Abzeichens hing unmittelbar vom Charakter der Begegnung ab – war diese feindlich, trug ein Ritter sein Familienwappen als Kriegsabzeichen, bei einem Freundschaftsturnier ein entsprechendes »friedliches« Pendant. Die abgebildete französische Buchmalerei, die das Ritterturnier zu Saint-Inglevert bei Calais im Jahr 1389 zeigt, verdeutlicht die bei einer solchen Veranstaltung übliche Farbenpracht der Rüstungen, Schilde und Pferdedecken.

Anhand der individuellen farblichen Gestaltung der Ausrüstungsgegenstände wurde der höfischen Gesellschaft die Identifizierung einzelner Ritter und deren jeweiligen Status ermöglicht; zudem ließen die

Farben auch Rückschlüsse auf die jeweils geltenden Kampfregeln zu. Diese waren von einem ritterlichen Ehrenkodex bestimmt, der sich im 12. Jh. von Frankreich ausgehend über ganz Europa verbreitet hatte und sich vor allem auf Charaktermerkmale wie Ehre, Mut und Loyalität bezog.

christlichen Lebenswandel, Beherrschung des Waffenhandwerks und kriegerische Tüchtigkeit. Höfisch-ritterliches Standesideal war besonders zur Zeit der Kreuzzüge der »christliche Ritter«. Den Schutz der Kirche und auch der Schwachen sah der Ritter als eine seiner ersten Pflichten. Durch die Beteiligung des Rittertums an den Kreuzzügen trat neben das weltlich-höfische ein mönchisch-asketisches Rittertum, das in den Ritterorden (→Templer, →Johanniterorden, →Deutscher Orden) des 12. Jh. seine Ausprägung fand.

Sorgfältige Standeserziehung genoss schon der ritterbürtige (von ritterlichen Ahnen oder Ministerialen abstammende) Knabe, der seit dem siebenten Lebensjahr als Page diente. Mit dem 14. Lebensjahr trat er als Knappe in den Dienst, bis er etwa mit dem 21. Jahr den Ritterschlag (Schwertleite, Schwertnahme) erhielt, durch den er wehrhaft und mündig wurde.

Im späteren Mittelalter und zu Beginn der Neuzeit konnte sich das Rittertum nur schwer gegen den erstarkenden Stand der Landesfürsten einerseits und den emporstrebenden Bürgerstand andererseits halten. Hinzu kamen die sinkende militärische Bedeutung aufgrund neuer Waffen und die sich daraus ergebenden gefechtstaktischen Veränderungen. Aus sozialem Niedergang und wirtschaftlicher Not entstand das Raubrittertum. Vielfach schlossen sich die Ritter nun zur Wahrung ihrer Stellung in ständischen Korporationen zusammen. Diese Vereinigungen der Ritterschaft erlangten im 15. und 16. Jh. in den meisten Territorien Beteiligung an der Landesherrschaft, sofern ihre Mitglieder burgsässig oder später Inhaber landtagsfähiger Rittergüter waren. Die →Reichsritterschaft konnte zwar ihre reichs-

RITTERTUM. *Wider die Etikette*

1246 setzte Herzog Friedrich II. von Österreich gegen das böhmische Heer König Wenzels I. Bogenschützen ein. Darüber beklagten sich die böhmischen Ritter: *»Ihr Herren aus Österreich, ihr seid doch alle Helden. Ihr sollt ritterlich mit uns kämpfen und sollt die Schwerter benutzen und sollt um aller Damen willen höfisch mit uns fechten. Ihr schießt die Bolzen auf uns, durch die eisernen Pferdedecken hindurch, sodass wir zu Boden fallen. Das ist nicht ritterlich getan. Wer euch mit dem Schwert umgürtet hat, der soll verflucht sein; und wer euch den Schild gesegnet hat, dessen Seele soll niemals gerettet werden. Er hätte euch damals lieber einen Köcher voller Pfeile segnen sollen: Mit einem solchen heidnischen Brauch wäret ihr gut bedient.«*

unmittelbare Stellung wahren, Anteil an der Reichsherrschaft jedoch nicht erlangen.

Robert Guiscard [-'gɪskart, französ. gis-'ka:r, zu altfranzösisch Viscart »der Verschlagene«], normannischer Herzog von Apulien (seit 1059), *1016, †Kephallenia 17. 7. 1085; kam 1046 nach Süditalien und vollendete, seit 1057 Führer der Normannen in Apulien und Kalabrien, die normannische Eroberung Kalabriens. Am 23. 8. 1059 wurde Robert von Papst Nikolaus II., dem er den Lehnseid leistete, als Herzog von Apulien anerkannt. Die Aufgabe, Sizilien von den Sarazenen zu befreien, übertrug Robert seinem Bruder Roger (I. von Sizilien). 1071 besetzte Robert das byzantinische Bari, 1076 eroberte er Salerno. Obwohl 1073 gebannt, wurde Robert im Investiturstreit zu einem Haupthelfer Gregors VII., leistete diesem 1080 den Lehnseid und rettete ihn 1084 vor der Gefangennahme durch Kaiser Heinrich IV. aus der Engelsburg. Dabei wurde Rom von den Normannen eingenommen und geplündert; der Papst suchte daraufhin Asyl bei Robert in Salerno. 1081 besiegte Robert den byzantinischen Kaiser Alexios I. bei Dyrrhachium (heute Durrës), das 1082 kapitulierte; er starb nach der Neuaufnahme der Kämpfe an der Pest.

Maximilien de Robespierre

Maximilien de Robespierre. Am 27. 7. 1794 wurde Robespierre verhaftet und am nächsten Tag durch die Guillotine hingerichtet.

Robespierre [rɔbɛs'pjɛ:r], Maximilien de, französischer Revolutionär, *Arras 6. 5. 1758, †(hingerichtet) Paris 28. 7. 1794; seit 1781 angesehener Advokat in Arras. Robespierre war Anhänger der radikalen Aufklärung. Als Vertreter des dritten Standes war er 1789 Mitglied der Generalstände, dann der Konstituierenden Nationalversammlung und trat dort für Presse- und Religionsfreiheit, die politische Gleichheit aller Bürger und gegen das Vetorecht des Königs ein. Bald nahm Robespierre eine führende Stellung im Klub der →Jakobiner ein. Er widersetzte sich dem von den Girondisten angestrebten Krieg (Frühjahr 1792) und betrieb die Absetzung und Hinrichtung Ludwigs XVI. (1792/93). Im Konvent wurde er einer der Führer der →Bergpartei. Als Mitglied des Wohlfahrtsausschusses (seit Juli 1793) sicherte er sich allmählich eine fast unumschränkte Machtstellung und bekannte sich zur Schreckensherrschaft (»Terreur«) als Mittel zur Überwindung der Krise von 1793. Im Frühjahr 1794 ließ er seine Gegner (u.a. Jacques Hébert, Georges Danton, Camille Desmoulins) hinrichten. Die Verschärfung des Terrors (»La Grande Terreur«) im Juni 1794 einigte die übrigen Konventsmitglieder gegen ihn; sie stürzten Robespierre am 27. 7. 1794 (9. Thermidor II). Am folgenden Tag wurde er mit seinen politischen Freunden und seinem Bruder Augustin guillotiniert.

Als Schüler Jean-Jacques Rousseaus lehnte Robespierre den Atheismus ab; 1794 führte er den Kult des höchsten Wesens ein. Eigentlich Anhänger einer freien Wirtschaft, betrieb Robespierre unter dem Druck der →Sansculotten, auf deren Unterstützung er angewiesen war, eine von der Not des Landes diktierte Zwangswirtschaft.

Roderich, spanisch **Rodrigo** [rɔ'ðriɣo], letzter König der Westgoten (seit 710), †(gefallen) am Rio Barbate (südlich von Jerez de la Frontera) 19. 7. 711; verlor sein Leben im Kampf gegen das arabisch-berberische Heer des Tarik, zu dem Teile des westgotischen Adels überliefen. Sein Tod gab bald zu Sagenbildungen Anlass.

Roger II., König von Sizilien (seit 1130), *22. 12. 1095, †Palermo 26. 2. 1154; Sohn von Roger I. und Neffe Robert Guiscards; wurde nach dem Tod seines Vaters Graf von Sizilien und vereinte später die einzelnen normannischen Herrschaften in Süditalien zu einem Großreich (Hauptstadt Palermo), das Papst Anaklet II. am 27. 9. 1130 zum Königreich erhob. Roger trug den Titel eines »Königs von Sizilien, Kalabrien und Apulien«. Beeinflusst von byzantinischen Vorlagen, errichtete er ein auf Erbfolge beruhendes, gottunmittelbares Königtum mit autokratisch-beamtenstaatlicher Organisation, die in den »Assisen von Ariano« (1140) eine Rechtsordnung erhielt. Rogers Erbtochter Konstanze heiratete den Staufer und späteren Kaiser Heinrich VI.

Röhm, Ernst, deutscher Offizier und Politiker, *München 28. 11. 1887, †(ermordet) ebenda 1. 7. 1934; war Reichswehroffizier (bis 1923) und als Stabsoffizier im Freikorps Epp an der Niederschlagung der Münchener Räterepublik beteiligt. Durch seine enge Verbindung mit Adolf Hitler (ab 1919) wurde Röhm Mitglied der Deutschen Arbeiterpartei, dann der NSDAP, war maßgebend am Aufbau der Partei und der →SA beteiligt. Nach seiner Haft wegen Teilnahme am Hitlerputsch 1923 geriet Röhm über die Stellung der SA innerhalb der

Partei in Konflikt mit Hitler, trat am 1. 5. 1925 zurück und lebte 1928–30 als Truppenausbilder in Bolivien. Nach einer Revolte der Berliner SA im September 1930 von Hitler zurückgerufen und im Januar 1931 zum Stabschef der SA ernannt, baute Röhm die SA zu einer Bürgerkriegsarmee aus. Seine Bemühungen nach Hitlers »Machtergreifung« (Januar 1933), die Bedeutung der SA aus der »Kampfzeit« zu erhalten und sie als unabhängiges Machtinstrument der Eingliederung in das nationalsozialistische Herrschaftssystem zu entziehen, führten ihn in wachsenden Gegensatz zu Hitler. Während dieser das offizielle Ende der »nationalsozialistischen Revolution« verkündete, um sich die Loyalität der konservativen Reichswehr zu sichern, proklamierte Röhm eine »zweite (soziale) Revolution« und die Bildung eines nationalsozialistischen Volksheeres unter Führung der SA. Im Zuge des →Röhm-Putsches wurde Röhm, der einzige selbstständige Rivale Hitlers, am 30. 6. 1934 verhaftet und einen Tag später erschossen.

Röhm-Putsch, nationalsozialistische Bezeichnung für eine angebliche Verschwörung der →SA unter Ernst Röhm, die zum Vorwand genommen wurde, um die SA-Führung zu beseitigen. Dies geschah in einer dreitägigen Mordaktion ab dem 30.6.1934 (»Nacht der langen Messer«), die von Adolf Hitler persönlich geleitet, von →SS und →Gestapo organisiert und von der Reichswehr unterstützt wurde. Ziel des Röhm-Putsches war es, den Störfaktor SA auszuschalten, Hitlers Macht zu festigen, der konservativen Forderung nach einem Ende der »nationalsozialistischen Revolution« nachzukommen und die Reichswehr von der Sorge vor einem Konkurrenten zu befreien. Von Reichswehr und innerparteilichen Gegnern Röhms (u.a. Göring, Himmler und Heydrich) in seiner Kritik an der SA bestärkt, entschloss sich Hitler spätestens ab Frühjahr 1934 zum Vorgehen gegen Röhm, dem Verrat und Homosexualität vorgeworfen wurden. Die Verhaftung und Erschießung der SA-Führer anlässlich einer Tagung in Bad Wiessee wurden genutzt, um auch konservative Gegner und sonstige missliebige Personen (u.a. Edgar Jung, Gustav von Kahr, Kurt von Schleicher, Gregor Strasser) umbringen zu lassen. Durch Gesetz vom 3. 7. 1934 wurden die Mordtaten, denen nach Schätzungen mindestens 100 Personen zum Opfer fielen, von der Reichsregierung als »Staatsnotwehr« legalisiert.

Romanow, russische Zarendynastie, die 1613–1917 (ab 1762 in der Linie Romanow-Holstein-Gottorp) regierte. Der Aufstieg der Familie begann, als Anastasia Romanowa 1547 den Zaren Iwan IV. heiratete und ihr Bruder Nikita Romanowitsch eine hervorragende Stellung am Zarenhof einnahm. Dessen Sohn Fjodor Romanow (→Filaret) unterlag nach dem Aussterben der Rurikiden (1598) Boris Godunow im Streit um den Thron. 1613 setzten die zahlreichen Anhänger der Romanows die Wahl von Filarets 16-jährigem Sohn Michail Romanow zum Zaren durch. Ihm folgten Aleksej Michajlowitsch, Fjodor III. Aleksejewitsch und Peter I., der Große, der 1721 den Kaisertitel annahm. Die Dynastie starb in männlicher Linie 1730 mit Zar Peter II., dem Enkel Peters des Großen, und in direkter weiblicher Linie 1762 mit Elisabeth Petrowna, der Tochter Peters des Großen, aus. Den Thron bestieg Peter III., ein Sohn aus der Ehe von Anna, der älteren Tochter Peters des Großen, mit dem Herzog Karl Friedrich von Schleswig-Holstein-Gottorp. Unter Peter III. und seinen Nachfahren blieb der Name in der Linie Romanow-Holstein-Gottorp erhalten, deren Herrschaft nach Ausbruch der russischen Februarrevolution mit der Abdankung von Zar Nikolaus II. (15. 3. 1917) endete.

Berliner Ausgabe

Extra-Ausgabe

VÖLKISCHER BEOBACHTER

Eigenbericht des „V.B." über die Reinigungsaktion

So räumte der Führer auf!

Schonungslose Aufdeckung und Ahndung von Verfehlungen charakterloser Elemente
Scharfe Befehle und Anordnungen für die S.A.-Führer und Politischen Leiter

Das persönliche Eingreifen Adolf Hitlers

Wie der Führer die Verhaftungen vornahm

Hitlers Befehl an die S.A.

Der Führer verlangt schärfstes Durchgreifen der Dienststellen

Ruhe und Ordnung im gesamten Reichsgebiet

Die Ausstoßung Röhms

Viktor Lutze zum Stabschef ernannt

Röhm-Putsch. Die Mordaktion gegen die innerparteiliche Opposition wurde propagandistisch vom »Völkischen Beobachter«, der Parteizeitung der NSDAP, begleitet (hier die Titelseite der Berliner Extra-Ausgabe vom 30. 6. 1934).

Römische Frage, der Konflikt zwischen Kirche und Staat in Italien als Folge der italienischen Einigungsbewegung (→Risorgimento). Der sich seit 1859 in Etappen vollziehende Untergang des →Kirchenstaates stieß auf erbitterten Widerstand Pius' IX. und seines Kardinalstaatssekretärs Giacomo Antonelli. Bis zum Ausbruch des Deutsch-Französischen Kriegs im Juli 1870 sicherte eine französische Garnison die Stadt Rom, deren Eroberung im September 1870 durch italienische Truppen endgültig die tausendjährige weltliche Herrschaft der Päpste beendete. Pius IX. erklärte sich zum »Gefangenen im Vatikan« und lehnte das 1871 von Italien erlassene Garantiegesetz ab, das dem Papst die freie Ausübung der Kirchenregierung, seine Stellung als Souverän, exterritorialen Besitz des Vatikan, des Lateran und der Villa Castel Gandolfo sowie eine beachtliche finanzielle Dotation

Römisches Reich. Römisches Reich unter Augustus (27 v. Chr. bis 14 n. Chr.)

zusicherte. Die Wiederherstellung des Kirchenstaates blieb politisches Ziel der Päpste. Die Römische Frage belastete das Staat-Kirche-Verhältnis in Italien für Jahrzehnte schwer und auch in anderen Ländern kam es seitens der Katholiken zu Solidaritätsbekundungen mit dem Heiligen Stuhl, in Deutschland beispielsweise seitens des Zentrums im Kulturkampf. Endgültig geklärt wurde die Römische Frage erst durch die 1929 geschlossenen →Lateranverträge.

Römisches Reich, lateinisch **Imperium Romanum,** in der Antike der Herrschaftsbereich der Römer.

KÖNIGSZEIT UND REPUBLIK (6. JH. BIS 27 V. CHR.): Der antiken Überlieferung von der Gründung Roms am 21. 4. 753 v. Chr. sowie der Zahl und der Geschichte der sieben römischen Könige kommt kein historischer Wert zu. Im 6. Jh. v. Chr. standen die römischen Hügelsiedlungen unter der Herrschaft etruskischer Könige, die sie zu einem Gemeinwesen verbanden. Nach der Beseitigung des Königtums (der Überlieferung nach 510/509 v. Chr.; heute u. a. Datierung in das Jahr 470 v. Chr.) wählten die römischen Patrizier aus ihrer Mitte zwei Jahresbeamte (Prätoren, später Konsuln genannt). Der Ständekampf brachte den Plebejern um 450 die Kodifikation des Rechts im Zwölftafelgesetz, 367/366 (363?) den Zugang zum Konsulat, 300 zu den Priesterämtern.

Außenpolitisch gelang es Rom trotz der Niederlage gegen die Kelten (»Gallier«) an der Allia (387; Besetzung Roms mit Ausnahme des Kapitols), seinen Einflussbereich auszudehnen: In mehreren Kriegen (Latinerkrieg 340–338 v. Chr., Samnitenkriege 343–341, 328–304 und 298–290 v. Chr., Keltenkrieg 285–283 v. Chr.) konnten die Römer ihr Herrschaftsgebiet auf Süditalien ausdehnen. Mit der Unterwerfung der Messapier 266 v. Chr. war diese Entwicklung abgeschlossen.

Die erste außeritalische Auseinandersetzung erfolgte mit Karthago im 1. Punischen Krieg (264–241), in dem Rom ganz Sizilien mit Ausnahme des verbündeten Königreichs Syrakus gewann. 237 wurden auch Sardinien und Korsika römisch. Im 2. Punischen Krieg (218–201) zog Hannibal über die Alpen nach Italien und drohte Rom zu zerstören. Er wurde jedoch nach der römischen Eroberung Spaniens von Publius Cornelius Scipio Africanus dem Älteren 202 bei Zama in Afrika vernichtend geschlagen. Kriege gegen Philipp V. von Makedonien (200–197 v. Chr.) und den Seleukidenkönig Antiochos III. (188 Friede von Apameia) endeten mit der Zerschlagung von deren Reichen (3. Makedonischer Krieg 172/171–168 v. Chr.). Karthago wurde trotz Unterwerfung unter Rom im 3. Punischen Krieg (149–146) restlos zerstört (Einrichtung der Provinz Africa), ebenso Korinth nach dem gleichzeitigen Krieg zwischen Rom und dem Achäischen Bund. Kämpfe in Spanien (154–133) endeten mit der Zerstörung von Numantia (133). Rom war danach Herr im Mittelmeerraum.

Die rapide Ausweitung des römischen Herrschaftsgebietes hatte schwere ökonomi-

RÖMISCHES REICH. ***Augustinus' Glaube***

In einer Rede, die der heilige Augustinus 410, also im Jahr der Einnahme Roms durch Alarich hielt, propagiert er ein neues Rezept für die Unvergänglichkeit des Römischen Reiches: *»Ja, der Heide sagt: Rom stirbt in den christlichen Zeiten. Vielleicht stirbt Rom aber nicht, vielleicht wurde es nur gegeißelt, aber nicht getötet, vielleicht nur gezüchtigt, nicht aber vernichtet. Vielleicht stirbt Rom nicht, wenn die Römer nicht untergehen. Und sie werden nicht untergehen, wenn sie Gott preisen ... Denn was ist Rom, wenn nicht die Römer? Es handelt sich ja nicht um Steine und Holz, um hohe Häuser und um breite Mauern. Diese waren errichtet, um manchmal zerstört zu werden«.* In der Tat: Die Christianisierung des Römischen Reiches hat seinen Weiterbestand garantiert.

sche und soziale Strukturkrisen hervorgerufen (Dezimierung und Besitzverlust des mittleren Bauerntums, wachsender Reichtum der Nobilität und des Ritterstandes, der »Equites«, Latifundienwirtschaft mit großem Sklavenbedarf). Gegen die Missstände trat 133 der Volkstribun Tiberius Sempronius Gracchus mit einem Ackergesetz hervor, das den Besitz an Staatsland (Ager publicus) beschränkte. Wie er scheiterte auch sein jüngerer Bruder Gaius Sempronius Gracchus 123/122. In dieser Zeit kamen die »Partei«-Bezeichnungen Optimaten und Popularen auf.

Die Schäden an Staat und Gesellschaft enthüllten der Jugurthinische Krieg (111–105) und die Kämpfe gegen die Kimbern, Teutonen, Ambronen u.a. (113 bis 101): Der damals fähigste Heerführer Gaius Marius konnte diese Kriege nur durch Rekrutierung von Proletariern beenden, die aus der Staatskasse besoldet wurden (Übergang zum stehenden Berufsheer), womit er aber das Problem der Veteranenversorgung schuf. Durch den Bundesgenossenkrieg (91–89 bzw. 82) erhielten alle Bewohner südlich des Po das römische Vollbürgerrecht.

Nach der siegreichen Beendigung des 1. Mithridatischen Kriegs (89–84) und des römischen Schreckensregiments der Popularen unter Lucius Cornelius Cinna (87–84) durch Lucius Cornelius Sulla wurde dieser im Dezember 82 Diktator (Rücktritt 79). Pompeius beendete den 3. Mithridatischen Krieg (74–63). Der Privatbund des 1. Triumvirats zwischen Pompeius, Caesar und Crassus brachte Caesar das Konsulat für 59 und das Prokonsulat für Gallien, das er 58–52 unterwarf. Die Frage seiner Bewerbung um ein neues Amt in Abwesenheit von Rom und die Forderungen nach Entlassung seines Heeres führten 49 zum Bürgerkrieg, der mit den Niederlagen der Pompejaner 48 bei Pharsalos, 46 bei Thapsus und 45 bei Munda (heute Montilla) endete.

Caesar war damit alleiniger Herr von Rom; sein Streben nach der Königswürde dürfte der letzte Anstoß zu seiner Ermordung am 15. 3. 44 gewesen sein. Sein Großneffe und Adoptivsohn Gaius Octavius (Oktavian; → Augustus) verband sich 43 v. Chr. mit Marcus Antonius und Marcus Aemilius Lepidus zum 2. Triumvirat. Die Triumvirn teilten das Reich unter sich auf und schlugen die Mörder Caesars 42 bei Philippi. Lepidus wurde 36 von Oktavian zur Abdankung gezwungen. Den Krieg mit Antonius und der ägyptischen Königin Kleopatra VII. entschied Oktavian durch die Schlacht von Aktium (31) und die Einnahme Alexandrias (30) für sich.

RÖMISCHES REICH

Gründung Roms

Rom wurde – nach einer im 1. Jh. v. Chr. von dem Gelehrten Varro angestellten, aber unhaltbaren Berechnung – am 21. 4. 753 v. Chr. gegründet. Dem Mythos zufolge landete der aus dem brennenden Troja geflohene Aeneas in Latium. Die von ihm abstammenden, nach ihrer Aussetzung von einer Wölfin gesäugten Zwillinge Romulus und Remus – die etruskische Bronzefigur (Ende 5./Anfang 4. Jh. v. Chr.; Rom, Museo Capitolino; Zwillinge im 15./16. Jh. hinzugefügt) zeigt diese legendäre Szene – gründeten die Stadt. Romulus wurde, nachdem er seinen Bruder im Streit erschlagen hatte, erster König.

Aufgrund archäologischer Funde lassen sich am Ort des heutigen Rom eine latinische Siedlung bis ins 10. und eine sabinische ins 8. Jh. v. Chr. zurückverfolgen. Für die Wahl des Platzes sprachen eine Furt und eine Insel im Tiber, die das Überqueren des Flusses ermöglichten. Im 7. Jh. schlossen sich wohl die Siedlungen auf etruskische Initiative hin zur Stadt Rom – benannt nach dem etruskischen Geschlecht Rume – zusammen. Der etruskische Einfluss erstreckte sich auf das politische, sakrale und kulturelle Leben Roms, latinischen Ursprungs waren die Sprache und die Familie als Grundeinheit der sozialen Ordnung. Der Stadtstaat Rom war eine Monarchie, beherrscht von etruskischen, mit dem indogermanischen Namen »Rex« benannten Königen, die zugleich oberste Feldherren, Richter und Priester waren. Erst mit der Errichtung der Republik um 509 v. Chr. beginnt Rom die mythisch verdunkelte Zeit seiner frühen Geschichte zu verlassen.

RÖMISCHES REICH *Kaiser*

Julisch-Claudisches Haus	
Augustus	27 v. Chr.–14 n. Chr.
Tiberius	14–37
Caligula	37–41
Claudius	41–54
Nero	54–68
Vierkaiserjahr	
Galba	68–69
Otho	69
Vitellius	69
Flavier	
Vespasian	69–79
Titus	79–81
Domitian	81–96
Adoptivkaiser	
Nerva	96–98
Trajan	98–117
Hadrian	117–138
Antoninus Pius	138–161
Mark Aurel	161–180
Lucius Verus	161–169
Commodus	(177) 180–192
Fünfkaiserjahr	
Pertinax	193
Didius Iulianus	193
Pescennius Niger	193–194
Clodius Albinus	193–197
Severische Dynastie	
Septimius Severus	193–211
Caracalla	(198) 211–217
Geta	(209) 211–212
Macrinus	217–218
Diadumenianus	218
Heliogabal	218–222
Alexander Severus	222–235
Soldatenkaiser	
Maximinus Thrax	235–238
Gordian I.	238
Gordian II.	238
Pupienus	238
Balbinus	238
Gordian III.	238–244
Philippus Arabs	244–249
Decius	249–251
Trebonianus Gallus	251–253
Volusianus	251–253
Aemilianus	253
Valerian	253–260
Gallienus	253–268
Claudius II. Gothicus	268–270
Quintillus	270
Aurelian	270–275
Tacitus	275–276
Florianus	276
Probus	276–282
Carus	282–283
Carinus	283–285
Numerianus	283–284
Gallische Gegenkaiser	
Postumus	260–269
Laelianus	269
Marius	269
Victorinus	269–271
Tetricus	271–274
Palmyrenische Gegenkaiser	
Zenobia	270/271–272
Vaballathus	270/271–272
Tetrarchenzeit	
Diokletian	284–305
Maximian	286–305
Galerius	305–311
Constantius I. Chlorus	305–306
Flavius Severus	306–307
Maxentius	306–312
Licinius	308–324
Maximinus Daia	310–313
Kaiser von Konstantin bis Theodosius	
Konstantin I., der Große	306–337
Konstantin II.	337–340
Constantius II.	337–361
Constans	337–350
Julian Apostata	361–363
Jovian	363–364
Valentinian I.	364–375
Valens	364–378
Gratian	367–383
Valentinian II.	375–392
Theodosius I., der Große	379–395
Weströmische Kaiser nach der Reichsteilung	
Honorius	395–423
Constantius III.	421
Johannes	423–425
Valentinian III.	425–455
Petronius Maximus	455
Avitus	455–456
Majorian	457–461
Libius Severus	461–465
Interregnum	465–467
Anthemius	467–472
Olybrius	472
Glycerius	473–474
Julius Nepos	474–475/480
Romulus Augustus	475–476

Mit- und Gegenkaiser sind nur in Auswahl aufgeführt.

DIE KAISERZEIT (27 V. CHR. BIS 476 N. CHR.): Oktavian (Augustus) stellte 27 v. Chr. die Republik formal wieder her; die tatsächliche Führung lag aber bei ihm (Prinzipat). Der vom Prinzeps garantierte Friede (Pax Augusta) führte zur Konsolidierung des Reiches und zu kultureller Blüte. Die Nachfolger des Augustus im →julisch-claudischen Haus (14–68) führten die defensive Friedenspolitik im Wesentlichen fort. Aus den Wirren des Vierkaiserjahres 68/69 ging Vespasian als Sieger hervor (Begründer der 1. flavischen Dynastie 69–96). Er ließ den jüdischen Aufstand (66–70) durch seinen Sohn Titus niederwerfen. Domitian sicherte die Rhein- und Donaugrenze u. a. durch den Baubeginn des obergermanischen und rätischen Limes (etwa 83).

Der vom Senat aus seinen Reihen zum Prinzeps bestimmte Nerva führte bei der Nachfolgeregelung das Adoptionsprinzip (Adoptivkaiser) ein. Unter Trajan erreichte das Imperium 106–117 durch Einrichtung der Provinzen Dakien, Arabien, Mesopotamien, Armenien und Assyrien seine größte Ausdehnung, während Hadrian diese Provinzen außer Dakien und Arabien wieder aufgab. Erschüttert wurde das Römische Reich durch den jüdischen Aufstand des Bar Kochba (132–135), die Markomannenkriege (167–175; 177/178–180) und die aus dem Partherkrieg 166 eingeschleppte Pest. Das »Philosophenkaisertum« des 2. Jh. endete mit dem Tod Mark Aurels 180.

Der Afrikaner Septimius Severus, der als Sieger aus den auf die Ermordung von Kaiser Commodus folgenden Wirren hervorging, begründete die Dynastie der Severer (193–235), unter der die reine Militärdespotie an die Stelle des Prinzipats trat. Sein Sohn Caracalla verlieh durch die Constitutio Antoniniana von 212 allen freien Reichsangehörigen das römische Bürgerrecht.

235 erhoben die Legionen den Thraker Maximinus zum Kaiser; damit begann die Epoche der rund 40 Soldatenkaiser. Unter Gallienus erfolgte die völlige staatliche Auflö-

sung in ein im Wesentlichen auf Italien beschränktes Kerngebiet sowie ein gallisches und ein syrisches Sonderreich; Letztere wurden 272/273 durch Aurelian beseitigt. Die Kämpfe gegen Alemannen und Goten zwangen zur Aufgabe des Dekumatlandes (260) und der Provinz Dakien (271).

Der Dalmatiner Diokletian schuf die Herrschafts- und Thronfolgeordnung der →Tetrarchie, die jedoch 306 durch die Ausrufung Konstantins I., des Großen, zum Augustus scheiterte. Zugleich formten Diokletian und Konstantin I., der Große, den Prinzipat vollends zum Dominat um. Das auf Zwang beruhende Verwaltungs- und Militärsystem kannte nur noch zwei Untertanengruppen in Gestalt der Beamten und Soldaten sowie der sie erhaltenden Steuerzahler. Konstantin I., der 330 Konstantinopel als zweite Hauptstadt gründete und zum Schöpfer der 2. flavischen Dynastie wurde, tolerierte nach den Verfolgungen Diokletians das Christentum. 395 wurde das Reich in eine West- und eine Osthälfte geteilt. Durch die Einfälle der Germanen, die 410 (Westgoten) und 455 (Wandalen) Rom plünderten und eigene Staaten auf römischem Reichsboden gründeten, löste sich das Westreich auf und endete nach allgemeiner Beurteilung mit der Entthronung des Romulus Augustulus durch Odoaker (476) bzw. mit dem Tod des Julius Nepos (480). Das Oströmische Reich, in dem sich das römische Kaisertum halten konnte, existierte als →Byzantinisches Reich bis zur Einnahme Konstantinopels durch die Türken (1453) weiter.

Römische Verträge, am 25. 3. 1957 geschlossene Verträge, die die Europäische Wirtschaftsgemeinschaft und die Europäische Atomgemeinschaft begründeten. Die Römischen Verträge wurden im Zeichen der europäischen Einigungsbemühungen in Rom von den Regierungschefs und Außenministern Belgiens, der Bundesrepublik Deutschland, Frankreichs, Italiens, Luxemburgs und der Niederlande unterzeichnet.

Rommel, Erwin, deutscher Generalfeldmarschall (seit 1942), *Heidenheim an der Brenz 15. 11. 1891, †(Selbstmord) Herrlingen (heute zu Blaustein) 14. 10. 1944. Rommel kommandierte im Zweiten Weltkrieg während des Frankreichfeldzugs 1940 die 7. Panzerdivision, führte seit Februar 1941 das Deutsche Afrikakorps, seit Anfang 1942 die deutsch-italienische »Panzerarmee Afrika«;

RÖMISCHE VERTRÄGE — *Anfänge der europäischen Einigung*

Schwerpunkt der Außenpolitik der 1949 gegründeten Bundesrepublik war die Westintegration. In militärischer Hinsicht mündete diese Orientierung in den Beitritt zur NATO (1955), in wirtschaftlicher Hinsicht kam es mit den Römischen Verträgen (die Abbildung zeigt ein Blatt der Römischen Verträge mit den Unterschriften der Vertreter der Mitgliedsstaaten) und der Gründung der Europäischen Wirtschaftsgemeinschaft (EWG) zur Anbindung an die westlichen Demokratien.

Bereits im Juni 1955 waren die Außenminister der beteiligten Staaten in Messina zusammengekommen und hatten beschlossen, einen neuen Schritt »auf dem Wege der europäischen Integration« zu tun und »diese Etappe zunächst auf wirtschaftlichem Gebiet zurückzulegen«. Doch obwohl die EWG, wie auch ihr Name sagt, als ein Zusammenschluss von Staaten zur Förderung der Wirtschaft gegründet wurde, kam ihr im Zeichen des Ost-West-Konflikts auch eine Funktion als politisches Bündnis zu – zumal schon damals, 1957, die Errichtung einer politischen Union als Fernziel formuliert wurde.

Der gemeinsame Markt, der mit der EWG geschaffen wurde, sollte eine Hebung des allgemeinen Lebensstandards bewirken. Im Gegensatz zur konkurrierenden Europäischen Freihandelszone (EFTA) wollte die EWG

Fait à Rome, le vingt-cinq mars mil neuf cent cinquante-sept.

Geschehen zu Rom am fünfundzwanzigsten März neunzehnhundertsiebenundfünfzig.

Fatto a Roma, il venticinque marzo millenovecentocinquantasette.

Gedaan te Rome, de vijfentwintigste maart negentienhonderd zevenenvijftig.

nach und nach einheitliche Rahmenbedingungen für die Wirtschaft herstellen. Das Beispiel der Währungsunion zeigt freilich, dass die Integration Europas aufgrund nationaler Interessen wesentlich zäher voranschritt, als es sich die Gründungsmitglieder der EWG in ihrer anfänglichen Euphorie vorgestellt hatten.

Erwin Rommel

mit ihr drang Rommel, der wegen seiner listenreichen Kriegführung »Wüstenfuchs« genannt wurde, im Sommer 1942 bis El-Alamein vor. Von Februar bis März 1943 war Rommel Oberbefehlshaber der Heeresgruppe Afrika (»Tunis«), von Dezember 1943 bis Juli 1944 der Heeresgruppe B in Nordfrankreich. Rommel, der lange das besondere Vertrauen Hitlers genoss, sympathisierte seit Frühjahr 1944 mit der militärischen Widerstandsbewegung, war aber nicht aktiv an der Verschwörung vom 20. Juli 1944 beteiligt. Von Hitler jedoch in diesem Zusammenhang verdächtigt, wurde er zum Selbstmord gezwungen.

Ronkalische Felder, Ebene in der Emilia-Romagna, benannt nach dem Ort Roncaglia (heute zu Piacenza); im Mittelalter Heerlager der Könige und Kaiser des Heiligen Römischen Reiches auf ihren Romzügen, auf denen sie Heerschau, Gericht und Reichstage abhielten. Der so genannte Ronkalische Reichstag wurde am 11. 11. 1158 von Friedrich I. Barbarossa auf den Ronkalischen Feldern abgehalten. Dieser Reichstag diente der Neuorganisation der Reichsherrschaft in Italien; dazu ließ der Kaiser durch eine Kommission von 28 Vertretern der lombardischen Städte und vier Bologneser Juristen unter Berufung auf römisches Recht in Form eines Weistums (»Ronkalische Gesetze«) die königlichen Rechte (Regalien) feststellen.

Roon, Albrecht Graf (1871) von, preußischer Generalfeldmarschall (seit 1873) und Politiker, *Pleushagen (bei Kolberg) 30. 4. 1803, †Berlin 23. 2. 1879; wurde 1859 preußischer Kriegsminister und führte eine Heeresreform durch. 1862 veranlasste Roon die Berufung Otto von Bismarcks zum Ministerpräsidenten. 1861–71 war er auch Marineminister, seit Januar 1873 preußischer Ministerpräsident. Im November 1873 legte er alle Ämter nieder.

FRANKLIN D. ROOSEVELT
***1882 † 1945**

war der 32. Präsident der USA (1933–45)

versuchte mit seinem New-Deal-Programm der Folgen der Weltwirtschaftskrise Herr zu werden

trat 1941 entgegen isolationistischen Tendenzen in den USA in den Krieg gegen die Achsenmächte und Japan ein

befürwortete für die Nachkriegszeit ein internationales System kollektiver Sicherheiten

Roosevelt ['ro:zəvɛlt],

1. Franklin D[elano], 32. Präsident der USA (1933–45), *Hyde Park (New York) 30. 1. 1882, †Warm Springs (Georgia) 12. 4. 1945; wurde 1910 als demokratischer Kandidat in den Senat von New York gewählt; war 1913–20 Unterstaatssekretär für die Marine. Obwohl Roosevelt 1921 durch Kinderlähmung schwer gehbehindert wurde, kehrte er in die aktive Politik zurück, wurde 1928 (erneut 1930) zum Gouverneur von New York gewählt. Unter Ankündigung eines Reformprogramms (→New Deal) gewann er 1932 die Präsidentschaftswahlen.

Konfrontiert mit den Folgen der →Weltwirtschaftskrise (seit 1929), versuchte Roosevelt in der ersten Phase seiner Amtszeit, mit einer Politik der Verknappung und gleichzeitig verstärkten Investitionen der Stagnation in Wirtschaft und Landwirtschaft und ihren gesellschaftlichen Auswirkungen entgegenzuwirken. Seine Sozial- und Wirtschaftspolitik brachte zunächst nur begrenzt Besserung, daraufhin forcierte Roosevelt 1935 seine Politik, wodurch sich seine Anziehungskraft v. a. auf bisher benachteiligte Gruppen (Arbeiter, Immigranten, Farbige) noch erhöhte. Die Wahlen von 1936 gewann er mit großer Mehrheit.

Außenpolitisch begann Roosevelt 1933 eine »Politik der guten Nachbarschaft« gegenüber Lateinamerika. Im November 1933 erfolgte die Anerkennung der UdSSR. Angesichts der isolationistischen Tendenz in der Bevölkerung und einem großen Teil des Kongresses (Neutralitätsgesetze 1935–39) versuchte er v. a. seit dem Ausbruch des Zweiten Weltkriegs die amerikanische Öffentlichkeit davon zu überzeugen, dass Deutschland, Italien und Japan die Sicherheit der USA gefährdeten und ihre nationalen Interessen durch eine Strategie der globalen Vorwärtsverteidigung gewahrt werden müssten. Im März 1941 setzte Roosevelt das Programm des »Lend-and-Lease-Systems« (Leih-und-Pacht-Systems) durch, das es erlaubte, den Alliierten ohne sofortige Bezahlung Waffen zu überlassen; damit gingen die USA offen zur Unterstützung der Kriegsgegner Deutschlands über.

Abweichend von der politischen Tradition in den USA, die nur zwei Amtsperioden erlaubt, wurde Roosevelt 1940 und 1944 als Präsident wieder gewählt. Ein weiterer Schritt im Rückzug aus der Neutralität war seine Verkündung der →Atlantikcharta am 14. 8. 1941 zusammen mit Winston Churchill. Roosevelts Hauptaugenmerk war auf die Niederwerfung des nationalsozialistischen Deutschlands gerichtet (»Germany first«, »Deutschland zuerst«). Aber auch gegenüber Japan steuerte er mit einem Handelsembargo (1940) und der Sperrung japanischer Guthaben (1941) einen harten Kurs, was die japanischen Expansionsbestrebungen eindämmen sollte, aber zum Scheitern der Verhandlungen und zum japanischen Überfall auf →Pearl Harbor (7. 12. 1941) führte.

Nach dem Kriegseintritt der USA am 8. 12. 1941 spielte Roosevelt sowohl bei militärischen Planungen als auch auf zahlreichen Kriegskonferenzen u. a. in Casablanca und Teheran (beide 1943) sowie in Jalta (1945) die führende Rolle beim Aufbau des Bündnisses gegen die Achsenmächte. Es gelang ihm, die gewaltigen Ressourcen der USA für den Kriegseinsatz zu mobilisieren. Von zentraler Bedeutung war für Roosevelt die Zusammenarbeit mit der Sowjetunion; er war zur Kooperation und Anerkennung legitimer Interessen bereit, was ihm den Vorwurf eintrug, er habe allzu optimistisch und leichtfertig eine Machterweiterung der Sowjetunion hingenommen. Während Roosevelt eine harte Linie gegenüber Deutschland befürwortete (Unterstützung für den Morgenthau-Plan, nach dem Deutschland zum reinen Agrarland werden sollte), entwickelte er die Idee eines machtpolitisch ausgerichteten Systems kollektiver Sicherheit, in dem die USA die Rolle eines von vier »Weltpolizisten« (neben Großbritannien, Sowjetunion, China) übernehmen sollten; diese Konzeption spiegelt sich im Sicherheitsrat der Vereinten Nationen wider.

2. Theodore, genannt »Teddy«, 26. Präsident der USA (1901–09), *New York 27. 10. 1858, †Sagamore Hill (Oyster Bay, New York) 6. 1. 1919; war 1882–84 republikanischer Abgeordneter im Parlament des Staates New York. Als Polizeichef (1895–97) und Gouverneur von New York (1899–1900) trat der Republikaner Roosevelt als gemäßigter Reformer gegen herrschende Korruption auf. Als Vertreter einer amerikanischen Großmachtpolitik war er als Unterstaatssekretär für die Marine (1897–98) an der Einbeziehung der Philippinen in den Krieg mit Spanien beteiligt, in dem er mit seinem Freiwilligenregiment »Rough Riders« große Popularität erlangte. 1900 zum Vizepräsidenten unter William McKinley gewählt, übernahm Roosevelt nach dessen Tod (14. 9. 1901) das Präsidentenamt, in das er 1904 wieder gewählt wurde.

Innenpolitisch betrieb Roosevelt eine Politik der öffentlichen Kontrolle über die großen Wirtschaftsinteressen und der Erhaltung der Wald- und Wasserreserven sowie der Bodenschätze. In seiner Außenpolitik setzte er auf die Wirkung einer starken Flotte, für die er den Slogan prägte: »Speak softly and carry a big stick« (»Sprich leise und bringe einen großen Knüppel mit«). Er trat für das Prinzip des Mächtegleichgewichts in Europa und Ostasien sowie für einen Aufsichtsanspruch der USA über die Staaten Mittelamerikas und der karibischen Region ein; im Zuge dieser Politik kam es auch zum völkerrechtlich umstrittenen Erwerb der Kanalzone von Panama (1903). 1905 vermittelte er den Frieden von Portsmouth im Russisch-Japanischen Krieg und erhielt dafür 1906 den Friedensnobelpreis.

Nachdem Roosevelt in der amerikanischen Bundespolitik dem »Progressive Movement« den Weg geebnet hatte, ließ er sich 1912 als Präsidentschaftskandidat der »Progressive Party« aufstellen und spaltete damit die Republikanische Partei; bei den Wahlen musste er sich aber dem Demokraten Woodrow Wilson geschlagen geben.

Rosenberg, Alfred, deutscher Politiker und Publizist, *Reval (heute Tallinn) 12. 1. 1893, †(hingerichtet) Nürnberg 16. 10. 1946; Architekt; gilt als Schöpfer des Führerkults, durch den er 1919 zur NSDAP stieß; wurde 1923 Leiter des Parteiorgans »Völkischer Beobachter« und war am Hitlerputsch (1923) beteiligt. Die von Rosenberg in dieser Zeit entwickelte Ideologie war v. a. durch Ablehnung des Bolschewismus, durch Antisemitismus und eine Aversion gegen Christentum und Kirche gekennzeichnet. In seinem Hauptwerk »Der Mythus des 20. Jahrhunderts« (1930) suchte Rosenberg, der sich als Hüter der nationalsozialistischen Weltanschauung verstand, seine rassistische Geschichtsdeutung durch Mystizismus religiös zu überhöhen.

Rosenberg führte ab 1933 als Reichsleiter das Außenpolitische Amt der NSDAP (»Amt Rosenberg«) und war ab 1934 zugleich »Beauftragter des Führers für die Überwachung der gesamten geistigen und weltanschaulichen Schulung und Erziehung der NSDAP«. 1939 ließ er für sein »Institut zur Erforschung der Judenfrage« v. a. jüdische Bibliotheken und Archive plündern; ab Oktober 1940 leitete er den Raub von Kunstschätzen und Kulturgütern aus den besetzten Ländern. Am 17. 7. 1941 zum »Reichsminister für die besetzten Ostgebiete« ernannt, konnte Rosenberg sich aber weder gegen Himmler noch die ihm formal unterstellten Reichskommissare behaupten. Seine Politik der Gettoisierung und Ausrottung unterschied sich dabei im Ziel nicht von der des Reichssicherheitshauptamts (RSHA). 1946 wurde er in Nürnberg zum Tod verurteilt.

Rosenkriege, Bezeichnung für die englischen Thronfolgekriege 1455–85 zwischen den beiden Plantagenet-Seitenlinien →Lancaster (rote Rose im Wappen) und →York (weiße Rose im Wappen). Nach wechselhaften Kämpfen erlangte Eduard IV. aus dem Hause York am 4. 3. 1461 das Königtum; König Heinrich VI. aus dem Hause Lancaster, der seit 1453 geistig umnachtet war, dessen Ansprüche aber von seiner Gemahlin Margarete von Anjou aufrechterhalten wurden, unterlag militärisch am 29. 3. 1461 bei Towton und nach seiner Wiedereinsetzung als König 1470 am 4. 5. 1471 bei Tewkesbury. Mit dem Sieg Heinrichs (VII.) Tudor über Richard III., den Bruder Eduards IV., in der Schlacht bei Bosworth (22. 8. 1485) setzte sich der Erbe des Hauses Lancaster durch; Heinrich VII. vereinte 1486 durch die Heirat mit Elisabeth, der Tochter Eduards IV., die Ansprüche beider Häuser und begründete die Tudor-Dynastie.

Roskilde, Frieden von [ˈrɔskilə], Friedensschluss vom 26. 2. 1658, in dem Dänemark nach dem Einfall schwedischer Truppen unter König Karl X. Gustav Schonen, Blekinge, Hal-

ROOSEVELT. ***Aufbruchstimmung***

In seiner Antrittsrede vom 4. 3. 1933 versuchte der neu gewählte Präsident Franklin D. Roosevelt, den von der Weltwirtschaftskrise gebeutelten Amerikanern das Selbstvertrauen zurückzugeben: *»Wir brauchen nicht davor zurückzuschrecken, uns ehrlich mit den Zuständen in unserem Land auseinander zu setzen. Diese große Nation wird durchhalten, wie sie immer durchgehalten hat, sie wird wieder zu Leben erwachen und wieder zu Wohlstand kommen. Deshalb lassen Sie mich zuallererst meinen festen Glauben daran zum Ausdruck bringen, dass das Einzige, was wir wirklich zu fürchten haben, die Furcht selbst ist«.*

THEODORE ROOSEVELT
***1858 †1919**

- war der 26. Präsident der USA (1901–09)
- vertrat den gemäßigt reformerischen Flügel der Republikanischen Partei
- verfolgte eine öffentliche Kontrolle über Wirtschaftsinteressen und Ressourcen
- gilt als ein Verfechter amerikanischer Großmachtpolitik
- erhielt 1906 für die Vermittlung im Russisch-Japanischen Krieg den Friedensnobelpreis

land, Bohuslän, Trondheim und Bornholm an Schweden abtreten musste. Trondheim und Bornholm fielen im Frieden von Kopenhagen (6. 6. 1660) an Dänemark zurück.

Rote-Armee-Fraktion. Arbeitgeberpräsident Hanns-Martin Schleyer befand sich im Herbst 1977 sechs Wochen lang in der Gewalt der RAF-Terroristen. Am 18. 10. fand man seine Leiche in Mülhausen.

Rote-Armee-Fraktion, Abk. **RAF,** selbst gewählter Name einer linksextremistischen terroristischen Vereinigung in der Bundesrepublik Deutschland. Die RAF wurde 1968–70 als »Stadtguerilla« von Andreas Baader, Gudrun Ensslin und Ulrike Meinhof (daher auch Baader-Meinhof-Gruppe genannt) gegründet. Trotz Verhaftung des harten Kerns der ersten RAF-»Generation« (etwa 20 Mitglieder; u. a. ehemalige APO-Aktivisten) bis 1972 und ihrer Verurteilung (→ Baader-Meinhof-Prozesse) blieb ein terroristischer Sympathisantenkreis im Untergrund erhalten. Im Juni 1974 begann die zweite RAF-»Generation« eine neue Serie von Gewalttaten (v. a. unter dem Namen »Bewegung 2. Juni«), die 1977 ihren Höhepunkt erreichte: Ermordung von Generalbundesanwalt Siegfried Buback (7. 4.), des Bankiers Jürgen Ponto (30. 7.), Entführung des Präsidenten der Bundesvereinigung der Deutschen Arbeitgeberverbände Hanns-Martin Schleyer durch ein RAF-Kommando (5. 9.) und der Lufthansamaschine »Landshut« durch palästinensische Luftpiraten (13. 10.), womit jeweils die Freilassung der in Stuttgart-Stammheim inhaftierten RAF-Täter erpresst werden sollte. Mit der Erstürmung der »Landshut« in Mogadischu (17./18. 10.) durch ein Kommando der Grenzschutzgruppe (GSG) 9, der Ermordung von Schleyer (18. 10.?) sowie dem Selbstmord inhaftierter RAF-Täter (17./18. 10.) endete der »deutsche Herbst«. Die RAF war nun auch in der »linken Szene« weitgehend isoliert.

Die »Kommandoebene« setzte den »bewaffneten Kampf« mit Terrorakten fort. Zu den weiteren Opfern zählten der Vorstandsvorsitzende der Deutschen Bank Alfred Herrhausen (1989) sowie vermutlich der Chef der Treuhandanstalt Detlef Rohwedder (1990).

Mithilfe des Ministeriums für Staatssicherheit der DDR konnten in den 1980er-Jahren mehrere RAF-Aussteiger nach ihren Straftaten mit einer neuen Identität in der DDR untertauchen; nach deren Zusammenbruch (1989/90) wurden dort im Juni 1990 ehemalige RAF-Terroristen verhaftet und später verurteilt. Nach der öffentlichen »vorläufigen« Gewaltabsage (1992) erklärte die RAF 1998 ihre Selbstauflösung; aus einem früher RAF-nahen Spektrum entwickelten sich danach neue linksterroristische heterogene Gruppierungen.

Rote Kapelle, von der Gestapo bzw. der deutschen Abwehr geprägte Bezeichnung für eine der größten deutschen Widerstandsorganisationen mit Schwerpunkten in Berlin und Hamburg, die besonders im Zweiten Weltkrieg nach dem deutschen Angriff auf die UdSSR (22. 6. 1941) aktiv wurde. 1940 schloss sich die seit 1932/33 bestehende Gruppe um den Oberregierungsrat im Reichswirtschaftsministerium Arvid Harnack und seine Frau Mildred mit dem etwa seit 1934/35 bestehenden Kreis um den Oberleutnant im Reichsluftfahrtministerium Harro Schulze-Boysen zusammen. Die »Schulze-Boysen/Harnack-Organisation«, die über 100 Mitglieder unterschiedlicher Herkunft, Weltanschauung, politischer Überzeugung und Konfession umfasste, nahm Kontakt zu dem in Westeuropa agierenden Spionagering um den polnischen Kommunisten jüdischer Herkunft Leopold Trepper auf und trennte ab 1941 nicht mehr direkt zwischen Spionage (Funkverkehr mit sowjetischen Agenten) und Untergrund (Flugblätter und -schriften, illegale Zeitung »Die innere Front« u. a.). Ziel dieses Widerstandsnetzes war es, den Zusammenbruch der NS-Herrschaft zu beschleunigen, die militärische Schwächung Deutschlands durch Weitergabe wichtiger Informationen an verschiedene Nachrichtendienste (v. a. den sowjetischen Geheimdienst) von innen zu betreiben, die deutsche Eigenstaatlichkeit zu sichern und schließlich angesichts des Holocausts den Krieg sofort zu beenden.

Nach sechswöchiger Überwachung wurde die Rote Kapelle zwischen Ende August 1942 und Frühjahr 1943 von der Gestapo zerschlagen; neben 126 Mitgliedern der Roten Kapelle wurden insgesamt etwa 600 Personen verhaftet sowie fast 60 hingerichtet (neben Schulze-Boysen und dem Ehepaar Harnack u. a. auch Erika Gräfin Brockdorff, Hans Coppi und Adam Kuckhoff; Greta Kuckhoff wurde zu 10 Jahren Zuchthaus verurteilt).

Rote Khmer, französisch **Khmer Rouge** [kmɛr ruːʒ], eine kommunistisch orientierte Guerillabewegung in Kambodscha, hervorgegangen aus der Kommunistischen Partei Kampucheas (gegründet 1960). Die Roten Khmer bekämpften in einem Bürgerkrieg die von Lon Nol geführte »Khmer-Republik« (1970–75) und errichteten nach deren Sturz 1975 unter der Führung von Pol Pot sowie Khieu Samphan und Ieng Sary ein Terrorregime, dem etwa 2 Millionen Kambodschaner zum Opfer fielen. 1979 durch vietnamesische Truppen und einer von kambodschanischen Pol-Pot-Gegnern gegründeten »Einheitsfront für die nationale Rettung Kambodschas« gestürzt, führten die von China unterstützten Roten Khmer seitdem v.a. vom thailändisch-kambodschanischen Grenzgebiet aus einen Guerillakrieg gegen die kommunistische Regierung in Phnom Penh sowie die im Land stationierten vietnamesischen Truppen und brachten einen Teil des kambodschanischen Territoriums unter ihre Kontrolle.

Als Bestandteil einer 1982 gebildeten Exilkoalition stimmten die Roten Khmer im Oktober 1991 einem Friedensabkommen zu. Sie widersetzen sich jedoch ihrer Entwaffnung und boykottierten die Wahlen zur verfassunggebenden Versammlung 1993. Im Juli 1994 verbot die kambodschanische Nationalversammlung die Rebellenorganisation. Blutige Rivalitätskämpfe zwischen verschiedenen Gruppierungen, die Desertion zahlreicher Guerillakämpfer und der Abfall einzelner Führungsmitglieder (z.B. Ieng Sarys 1996) von Pol Pot, der 1997 von seinen ehemaligen Anhängern in einer Art Schauprozess zu lebenslangem Arrest verurteilt wurde und 1998 starb, schwächten die Roten Khmer entscheidend. 1998 scheiterten Friedensgespräche zwischen der Regierung und den restlichen Verbänden der Roten Khmer, die von der kambodschanischen Armee unter Druck gesetzt wurden.

Rousseau [ru'so], Jean-Jacques, französisch-schweizerischer Philosoph und Schriftsteller, *Genf 28. 6. 1712, †Ermenonville (bei Senlis) 2. 7. 1778; verlebte eine unglückliche Kindheit und floh 1728 nach Annecy zu Baronin de Warens, die als mütterliche Freundin und Geliebte großen Einfluss auf ihn ausübte, ihn zum Übertritt zur katholischen Kirche veranlasste und ihm intensive Lektüre und Musikstudien ermöglichte. 1742 ging Rousseau nach Paris und nahm dort Stellungen als Hauslehrer an. Er begann früh zu komponieren (Singspiel »Le devin du village«, 1752), lernte Denis Diderot und die Enzyklopädisten kennen und verfasste für die »Encyclopédie« 1748–50 einen Teil der Artikel zur Musik. Er lebte in freier (erst 1768 legalisierter) Ehe mit Thérèse Levasseur, deren fünf von ihm stammende Kinder er im Findelhaus aufziehen ließ.

Als die Akademie von Dijon die Preisfrage ausschrieb, »ob die Wiederherstellung der Wissenschaften und Künste zur Läuterung der Sitten beigetragen habe«, antwortete Rousseau verneinend mit dem »Discours sur les sciences et les arts« (1750; »Abhandlung: ob die Wissenschaften etwas zur Läuterung der Sitten beygetragen haben?«); er erhielt den Preis und wurde damit berühmt.

In den folgenden Jahren lebte Rousseau vom Notenabschreiben; er kehrte 1754 ins kalvinistische Genf zurück, überwarf sich dort aber mit fast allen Freunden und Gönnern. Seelisch und körperlich dem Untergang nahe, fand er ab 1756 Zuflucht in Montmorency nahe Paris. Dort vollendete er in den Jahren 1756–62 seine Hauptwerke, von denen »Du contrat social« (1762; »Der Gesellschaftsvertrag«) das bedeutendste ist, da es als ein Grundbuch der modernen Demokratie gilt. Das scharfsinnige Werk stand in Gegensatz zum absolutistischen Machtstaat und orientierte sich am antiken Ideal der Polis, einem kleinen Stadtstaat. Darin setzte Rousseau an die Stelle des freien Naturmenschen den politisch mündigen Bürger. Eine legitime politische Ordnung, die alle an das Gesetz bindet und in der jeder Einzelne dennoch so frei ist wie zuvor, sei aber nur möglich durch die freiwillige vollkommene Entäußerung des Individuums mit allen seinen Rechten an die Gemeinschaft, die den Gemeinwillen (Volonté générale) repräsentiert. Durch die Bindung aller an das Gesetz, das sie sich selbst gegeben haben, gewinnen sie eine höhere Art von Gleichheit und Freiheit. Ebenfalls 1762 erschien das erzählerisch angelegte pädagogische Lehrbuch »Émile ou De l'éducation« (»Émile, oder über die Erziehung«), in dem Rousseau die Entwicklung eines »imaginären Schülers« von der Geburt bis zur Heirat beschreibt; darin stellt er durch seine Forderung nach freier Entfaltung der Persönlichkeit des Kindes völlig neue Erziehungsgrundsätze auf. Rousseaus Briefroman »Julie ou La Nouvelle Héloise« (1761; »Julie oder die neue Heloise«) fand in Europa große Verbreitung.

Um der Verfolgung durch die staatliche Zensur und die Kirche zu entgehen, verbrachte Rousseau seit 1762 mehrere Jahre im Ausland, zunächst in der Schweiz, 1766/67 in England. In Paris, wo er seit 1770 wieder lebte,

Jean-Jacques Rousseau

ROUSSEAU.

In seinem staatsphilosophischen Werk »Der Gesellschaftsvertrag« (1762) entwickelte Jean-Jacques Rousseau die Idee einer in Freiheit gegründeten Übereinkunft aller Mitglieder einer Gesellschaft: *»Wenn man vom Gesellschaftsvertrag alles fernhält, was nicht zu seinem Wesen gehört, so wird man finden, dass er sich auf folgende Begriffe zurückführen lässt: Jeder von uns stellt gemeinsam seine Person und seine ganze Kraft unter die höchste Leitung des allgemeinen Willens; und als Köperschaft nehmen wir jedes Mitglied als untrennbaren Teil des Ganzen auf. Im Augenblick bringt dieser Akt der Vergesellschaftung statt der besonderen Person jedes Vertragsschließenden eine Körperschaft hervor, die aus ebenso vielen Gliedern besteht wie die Versammlung Stimmen hat und die durch eben diesen Akt ihre Einheit, ihr gemeinsames Ich, ihr Leben und ihren Willen empfängt.«*

vollendete er seine Memoiren. Die letzten Jahre verbrachte Rousseau menschenscheu und in dem Gefühl, von allen verfolgt zu sein, in Einsamkeit.

Rubikon, lateinisch **Rubico,** im Altertum Name eines kleinen Flusses in Oberitalien, der südlich von Ravenna in die Adria mündete, wahrscheinlich der frühere Fiumicino, seit 1932 in Rubicone umbenannt. Der Rubikon bildete seit Sulla die Grenze zwischen Italien und Gallia Cisalpina. Caesars Überschreitung des Rubikon (10. 1. 49 v. Chr.) und das Vordringen seines Heeres in das seit Sulla de facto entmilitarisierte Italien lösten den Bürgerkrieg aus.

Rudolf
Erzherzog und Kronprinz von Österreich

Rubruk, Ruysbroeck ['rœjsbru:k], Wilhelm von, flämischer Franziskaner und Asienreisender, *Rubrouck (bei Dünkirchen) um 1210, um 1270; unternahm 1253–55 im Auftrag von Papst Innozenz IV. und König Ludwig IX. von Frankreich eine Gesandtschaftsreise an den Hof des mongolischen Großkhans Möngke in Karakorum. Sein in lateinischer Sprache verfasster Reisebericht ist eine wertvolle historische Quelle für West- und Zentralasien.

Rückversicherungsvertrag, Geheimvertrag zwischen dem Deutschen Reich, vertreten durch Otto von Bismarck, und Russland vom 18. 6. 1887, der beide Mächte auf drei Jahre zu wohlwollender Neutralität im Kriegsfall verpflichtete. Ausgenommen waren ein deutschen Angriffskrieg gegen Frankreich und ein russischer gegen Österreich-Ungarn. Das Deutsche Reich erkannte Russlands Einfluss in Bulgarien und in einem »ganz geheimen« Zusatzprotokoll die russischen Interessen am Bosporus an. Nach Bismarcks Sturz (1890) lehnte Reichskanzler Leo von Caprivi die Verlängerung des Rückversicherungsvertrags ab.

Rudolf, Erzherzog und Kronprinz von Österreich, *Schloss Laxenburg 21. 8. 1858, †(vermutlich Selbstmord) Schloss Mayerling 30. 1. 1889; einziger Sohn Kaiser Franz Josephs I. und der Kaiserin Elisabeth; neigte aufgrund seiner liberalen Erziehung den Deutschliberalen zu und lehnte zu enge Verbindungen mit dem Deutschen Reich ab. Rudolf, eine sensible, zur Psychopathie neigende Persönlichkeit, starb mit der 17-jährigen Baronesse Mary Vetsera – unter nicht restlos aufgeklärten Umständen – vermutlich den Freitod.

Rudolf I. von Habsburg, König des Heiligen Römischen Reichs (seit 1273), *Schloss Limburg (heute zu Sasbach, Landkreis Emmendingen) 1. 5. 1218, †Speyer 15. 7. 1291, Stammvater aller späteren Habsburger. Rudolf baute als Parteigänger der Staufer seinen Besitz in Südwestdeutschland konsequent aus. Auf Drängen von Papst Gregor X. wählten die

RUDOLF I. VON HABSBURG

Aufstieg des Hauses Habsburg

Friedrich Schiller, der auch Historiker war, sprach von »der kaiserlosen, der schrecklichen Zeit« des Interregnums, das 1254 mit dem Erlöschen des staufischen Herrscherhauses in Deutschland begann und erst mit der Wahl Rudolfs I. von Habsburg zum König des Heiligen Römischen Reichs im Jahre 1273 endete.

Das Interregnum war allerdings zumindest keine königlose Zeit, im Gegenteil – aufgrund des Doppelkönigtums von Alfons X. von Kastilien und Richard von Cornwall gab es sogar zwei Monarchen. Infolge deren beiderseitiger Ansprüche wurde jedoch die Zentralgewalt so sehr geschwächt, dass Frieden und Recht gegenüber dem Egoismus der einzelnen Territorialgewalten nicht mehr durchgesetzt werden konnten. Erst dem nicht zuletzt auf Druck von Papst Gregor X. gewählten Rudolf gelang die Wiederherstellung der Autorität des Königtums, auch indem er persönlich gegen Landesfriedensbrecher zu Felde zog.

Mit ihren Stammlanden im Aargau, am Oberrhein, im Elsass und im Schwarzwald sowie den von Rudolf in der Auseinandersetzung mit dem Böhmenkönig Ottokar II. erworbenen Herzogtümern Österreich, Steiermark und Krain verfügten die Habsburger nunmehr über den größten Länderkomplex im Reich. Der Aufstieg einer der erfolgreichsten europäischen Dynastien war eingeleitet. Albrecht Altdorfers Zeichnung des Stammbaumes der Habsburger (um 1515) zeigt deren Herrscher als Blüten einer üppigen Ranke.

Kurfürsten ihn am 1. 10. 1273 zum König und beendeten damit das → Interregnum. Zunächst musste sich Rudolf mit König Ottokar II. Přemysl von Böhmen auseinander setzen, der die Wahl nicht anerkannte und die Lehnshuldigung sowie die Herausgabe der eigenmächtig besetzten Reichslehen verweigerte. Durch Rudolfs Vorstoß nach Wien wurde Ottokar 1276 zur Unterwerfung und zum Verzicht auf Österreich, Steiermark und Kärnten gezwungen. Seine Niederlage und sein Tod (nach der Schlacht bei Dürnkrut auf dem Marchfeld 1278) brachten Rudolf endgültig den Sieg. Böhmen und Mähren verblieben Ottokars Sohn Wenzel II., den Rudolf mit seiner Tochter Guta verheiratete. Österreich und die Steiermark (mit Krain und Egerland) fielen 1282 an Rudolfs Söhne Albrecht und Rudolf; diese Belehnung seiner Söhne begründete die habsburgische Hausmacht.

Rudolfs weitere Politik zeichnete sich durch Landfriedenswahrung (z.B. in Thüringen), Revindikation (Rückgewinnung verlorenen Reichsguts) und straffe Verwaltung des Reichsguts (Einsetzung von Reichsvögten) sowie die Begünstigung der Städte aus. Die bis zu seinem Tod mit der Kurie geführten Verhandlungen über eine Kaiserkrönung blieben erfolglos.

Rudolf II., Kaiser des Heiligen Römischen Reichs (seit 1576), *Wien 18. 7. 1552, † Prag 20. 1. 1612, Habsburger, Sohn Kaiser Maximilians II.; erhielt als Rudolf I. 1572 die ungarische (bis 1608), 1575 die böhmische Krone (bis 1611) und folgte 1576 seinem Vater im Heiligen Römischen Reich und in den Erblanden auf den Thron. Der in Spanien erzogene Rudolf war ein talentvoller, hochgebildeter Herrscher, aber auch eigenmächtig in seinen Entscheidungen. Trotz seiner religiös strengen Erziehung zeichnete sich Rudolf durch konfessionelle Toleranz aus. Die zunehmende Untätigkeit angesichts der Türkengefahr und des Ausbruchs eines ungarischen Aufstands (1604) nahmen die Verwandten Rudolfs zum Anlass, den sich immer stärker in sein Privatleben zurückziehenden Kaiser zu zwingen, zugunsten seines Bruders Matthias auf die Herrschaft in Österreich, Ungarn und Mähren zu verzichten (1608). Mit dem Böhmischen Majestätsbrief von 1609, in dem er den protestantischen Ständen in Böhmen Religionsfreiheit zusicherte, suchte Rudolf diese für sich einzunehmen, doch konnte sich Matthias auch hier durchsetzen (erzwungene Abdankung Rudolfs am 23. 5. 1611).

Der seit 1582 in Prag (auf dem Hradschin) residierende Kaiser förderte als Sammler sowie Mäzen Künste und Wissenschaft und versammelte Naturwissenschaftler, Philosophen und Esoteriker um sich (u.a. Johannes Kepler). Er ließ 1602 die habsburgische (»rudolfinische«) Hauskrone anfertigen.

Rudolf IV., der Stifter, Herzog von Österreich (seit 1358), *Wien 1. 11. 1339, † Mailand 27. 7. 1365; erlangte 1363 durch einen Erbvertrag mit Margarete Maultasch Tirol, stiftete 1365 die Universität Wien und ließ den Bau des Stephansdoms fortsetzen. Rudolf, der die Nichtprivilegierung des Hauses Habsburg in der Goldenen Bulle (1356) als unbefriedigend empfand, veranlasste um 1358/59 zur Erhöhung seines Hauses die Erstellung des »Privilegium maius«, einer Fälschung, mit deren Hilfe er den Habsburger eine Angleichung ihrer Herrschaft an die der Kurfürsten und eine nahezu reichsunabhängige Stellung verschaffen wollte. Der Erbvertrag mit Kaiser Karl IV. (1364) sah eine künftige Vereinigung der österreichischen, böhmischen und ungarischen Länder vor. Mit seinen Brüdern Albrecht III. und Leopold III. einigte er sich auf die »rudolfinische Hausordnung« zum gemeinsamen Besitz der ungeteilten habsburgischen Länder mit Erbvorrecht des Ältesten (18. 11. 1364).

Rudolf von Rheinfelden, Rudolf von Schwaben, Herzog von Schwaben (1057–77), Gegenkönig im Heiligen Römischen Reich (1077–80), † (gefallen) bei Hohenmölsen 15. 10. 1080; nahm in der Fürstenopposition gegen Heinrich IV., dem er aufgrund seiner Heirat mit einer Schwester von Heinrichs Frau Bertha verwandtschaftlich verbunden war, eine führende Rolle ein, v.a. wegen seiner Hinwendung zu den die Kirchenreform tragenden Kreisen. Am 15. 3. 1077 wurde Rudolf in Forchheim zum König gewählt. Heinrich setzte daraufhin Rudolf als Herzog von Schwaben ab und übertrug Schwaben den Staufern.

Ruhrbesetzung, die Besetzung des Ruhrgebiets durch französische und belgische Truppen 1923–25. Nachdem bereits 1921 Düs-

RUDOLF I. VON HABSBURG
***1218 †1291**

- war Stammvater aller späteren Habsburger
- wurde 1273 zum König des Heiligen Römischen Reichs gewählt
- setzte sich 1278 gegen den böhmischen Kontrahenten Ottokar II. Přemysl durch
- erwarb Österreich, die Steiermark und Kärnten
- versuchte vergeblich, die Kaiserwürde zu erlangen

Rudolf II.
Das ungewöhnliche Porträt des am kaiserlichen Hof in Prag tätigen Malers Giuseppe Arcimboldo glorifiziert Kaiser Rudolf II. in einer verschwenderischen Fülle herbstlicher Früchte und Blumen (1591; Schloss Skokloster).

seldorf, Duisburg und Ruhrort besetzt worden waren, kam es am 11. 1. 1923 wegen geringer Rückstände in den deutschen Reparationszahlungen zur Besetzung des gesamten Ruhrgebiets. Nach Maßgabe der französischen Regierung sollte die Ruhrbesetzung den Siegermächten des Ersten Weltkriegs ein Pfand liefern, um deren Reparationsforderungen gegenüber Deutschland Nachdruck zu verleihen. Die Reichsregierung unter Wilhelm Cuno beantwortete das französisch-belgische Vorgehen mit einem Aufruf zum passiven Widerstand. Der »Ruhrkampf«, von der Mehrheit der Bevölkerung getragen, musste jedoch von der Regierung des Reichskanzlers Gustav Stresemann v. a. aus wirtschaftlichen und finanzpolitischen Gründen (Inflation) am 26. 9. 1923 abgebrochen werden. Nach der Einigung über den Dawesplan (August 1924) wurde das Ruhrgebiet bis zum August 1925 geräumt.

Ruhrkampf, der passive Widerstand der Bevölkerung während der →Ruhrbesetzung.

Ruhrstatut, Abkommen vom 28. 4. 1949, abgeschlossen auf der Londoner Sechsmächtekonferenz (zwischen den Beneluxstaaten, Frankreich, Großbritannien und den USA); es setzte die Internationale Ruhrbehörde ein, die die Produktion des Ruhrgebiets an Kohle, Koks und Stahl kontrollieren, diese Güter auf dem deutschen und internationalen Markt verteilen und zugleich eine wirtschaftliche Konzentration verhindern sollte. Mit dem Petersberger Abkommen (22. 11. 1949) trat die Bundesrepublik Deutschland dem Ruhrstatut bei. Nach Errichtung der Montanunion wurde mit dem Auflösungsvertrag (19. 10. 1951) das Ruhrstatut außer Kraft gesetzt.

Rumänien, amtlich **România** [romi'nia], Staat in Europa, der im Norden und Nordosten an die Ukraine und Moldawien, im Südosten an das Schwarze Meer, im Süden an Bulgarien, im Südwesten an Serbien sowie im Westen an Ungarn grenzt.

VON DER ANTIKE BIS 1856: Das heutige Rumänien umfasst im Wesentlichen die historischen Gebiete der Moldau, der Walachei und Siebenbürgens (Banat, Bessarabien, Bukowina, Dobrudscha). Die ältesten, ethnisch klar einzuordnenden Bewohner waren Daker und Geten. Nach der Römerherrschaft (römische Provinz Dakien 106–270) verschmolzen die zurückgebliebenen Teile der römischen Zivilbevölkerung mit den Dakern, die ihre Sprache annahmen. In den folgenden Jahrhunderten wurde das Gebiet von mehreren Völkerwellen aus dem Osten überzogen: im 3. Jh. von den Goten, im 4./5. Jh. von den Hunnen. Ihnen folgten die Gepiden (bis 567). Im 7. Jh. ließen sich die Slawen nieder. Dann brachen Nomadenvölker ein: 6.–8. Jh. Awaren, 11. Jh. Petschenegen, 11.–13. Jh. Kumanen. Im 9./10. Jh. erfolgte die magyarische Landnahme in Siebenbürgen, das bald teils von Magyaren, teils (ab etwa 1150) von den Siebenbürger Sachsen kolonisiert wurde.

Im 13. Jh. werden die Rumänen erstmals urkundlich als Volk erwähnt (Vlahi, Wlachen). Die Donaufürstentümer Walachei und Moldau entstanden 1310 und 1352/53 (oder 1354); sie erkauften sich eine weitgehende innere Selbstständigkeit gegenüber den Osmanen bis zu Beginn des 18. Jh. durch Tributzahlungen. Dem walachischen Fürsten Michael dem Tapferen (1593–1601) gelang es, sein Land mit Siebenbürgen und der Moldau für kurze Zeit zu vereinigen (1599/1600). Die Unzuverlässigkeit der einheimischen Fürsten veranlasste die Osmanen in der Moldau ab 1711, in der Walachei ab 1716, griechische Adlige, Phanarioten genannt (nach dem Griechenviertel in Konstantinopel, dem Phanar), auf den Fürstenthron zu setzen (bis 1822). Die Kleine Walachei (Oltenien) gehörte 1718–39 zu Österreich, die Bukowina fiel 1775 an Österreich, Bessarabien 1812 an Russland. Seit dem Frieden von Küçük Kaynarca (1774) gerieten die Donaufürstentümer zunehmend unter russischen Einfluss (russische Besetzung 1828 bis 1834). Nach der Niederlage Russlands im Krimkrieg (1853/54–56) endete das russische Protektorat; die Fürstentümer blieben unter osmanischer Oberhoheit, jedoch unter Protektorat der sieben europäischen Unterzeichnermächte des Pariser Friedens; die Moldau erhielt Süd-Bessarabien zurück.

FÜRSTENTUM UND KÖNIGREICH RUMÄNIEN (1859/62–1947): 1859 wurde der moldauische Oberst Alexandru Ioan Cuza zum gemeinsamen Fürsten der Moldau und der Walachei gewählt. Am 24. 1. 1862 rief Cuza die Vereinigung der beiden Fürstentümer unter dem Namen Rumänien aus. Unter seinem Nachfolger Karl I. (ab 1866, 1881 zum König proklamiert) aus dem Hause Hohenzollern-Sigmaringen erkannte der Berliner Kongress (1878) die volle Souveränität von Rumänien an; es musste jedoch erneut Süd-Bessarabien an Russland abtreten, erhielt aber die nördliche Dobrudscha, nach dem 2. Balkankrieg (1913) auch die südliche Dobrudscha. In den Friedensverträgen von 1919/20 wurde der Anschluss der Bukowina, der ganzen Dobrudscha, Siebenbürgens und des östlichen Banats bestätigt.

Im März 1923 wurde eine neue Verfassung angenommen. Die Unzufriedenheit mit den großen Parteien stärkte rechtsgerichtete Gruppierungen, insbesondere die 1927 gegründete faschistische Legion Erzengel Michael (Eiserne Garde). Innenpolitische Krisen gingen auch von der Krone aus. Karl II. übte eine ausgeprägte Willkürherrschaft aus, die 1938 in eine offene Diktatur mündete. Im Zweiten Weltkrieg suchte Rumänien eine Annäherung an die »Achse Berlin–Rom«; 1940 verlor es Bessarabien und die nördliche Bukowina an die Sowjetunion, Nord-Siebenbürgen an Ungarn und trat die südliche Dobrudscha an Bulgarien ab. Der zum Ministerpräsidenten mit unbeschränkten Vollmachten ernannte General Ion Antonescu rief nach der erzwungenen Abdankung Karls II. (6. 9.) dessen Sohn Michael I. zum König aus und errichtete eine profaschistische Militärdiktatur, die dem Dreimächtepakt beitrat. Rumänien trat am 22. 6. 1941 an der Seite des Deutschen Reiches in den Krieg gegen die Sowjetunion ein. Am 23. 8. 1944 wurde das Regime Antonescu unter Mitwirkung des Königs gestürzt; es kam zur bedingungslosen Kapitulation; die sowjetischen Streitkräfte besetzten das Land; am 24./25. 8. erfolgte die Kriegserklärung an das Deutsche Reich. Der Friedensvertrag (Paris 10. 2. 1947) brachte die Wiedervereinigung Nord-Siebenbürgens mit Rumänien. Am 6. 3. 1945 wurde eine Koalitionsregierung der Nationaldemokratischen Front gebildet, in der die Kommunistische Partei (RKP) zu immer größerem Einfluss gelangte. Nach dem Verbot der gegnerischen Parteien (1947) wurde König Michael am 30. 12. 1947 zur Abdankung gezwungen, die Volksrepublik Rumänien wurde ausgerufen.

VOLKSREPUBLIK RUMÄNIEN (1948–89): Nach der Verabschiedung der Verfassung am 13. 4. 1948 wurden im Juni 1948 alle Industriebetriebe, Banken, Transportunternehmen und Versicherungsgesellschaften verstaatlicht. Die Industrialisierung des Agrarlandes Rumänien wurde rasch vorangetrieben. 1944–65 wurde die rumänische Politik durch Gheorghe Gheorghiu-Dej geprägt. Rumänien integrierte sich in den Ostblock (Kominform 1947, Rat für gegenseitige Wirtschaftshilfe 1949 und Warschauer Pakt 1955).

Unter Staats- und Parteichef Nicolae Ceaușescu (ab 1965) praktizierte Rumänien eine Außenpolitik der »Öffnung nach allen Seiten«: Rumänien nahm nicht an der Besetzung der ČSSR durch Truppen des Warschauer Pakts 1968 teil und distanzierte sich von der sowjetischen Besetzung Afghanistans 1979. Ceaușescus Bild vom »ehrlichen Makler« zwischen den Blöcken kam ins Wanken, als im Westen seine stalinistische Innenpolitik bekannt wurde. Die katastrophale wirtschaftliche Lage und die stalinistischen Herrschaftspraktiken führten im Dezember 1989, ausgehend von der Stadt Temesvar, zu einem Volksaufstand; in dessen Verlauf kam es zu Kämpfen zwischen den Anhängern von Staats- und Parteichef Ceaușescu – v. a. der Geheimpolizei Securitate – und dem Militär, das sich auf die Seite der Demonstranten gestellt hatte. Ceaușescu wurde am 22. 12. gestürzt und zusammen mit seiner Frau Elena am 25. 12. hingerichtet. Die neu gebildete »Front der Nationalen Rettung« ernannte das ehemalige ZK-Mitglied der Kommunistischen Partei, Ion Iliescu, zum provisorischen Staatspräsidenten.

REPUBLIK RUMÄNIEN (SEIT 1989): Massenproteste, die die Informationspolitik und die Maßnahmen gegen die Opposition scharf verurteilten, bewirkten 1990 die Auflösung des Rats der Front der Nationalen Rettung. Neuwahlen gewann 1990 Staatspräsident Iliescu überlegen. Erneute Protestdemonstrationen v. a. der Bergarbeiter erzwangen 1991 die Ablösung der rumänischen Regierung. Die Parlaments- und Präsidentschaftswahlen 1996 gewann die Opposition; neuer Staatspräsident wurde Emil Constantinescu. 2000 wurde Iliescu erneut zum Staatspräsidenten gewählt. Ihm folgte 2004 Traian Basescu im Amt nach. 2004 wurde Rumänien Mitglied der NATO.

Rundköpfe, englisch **Roundheads** ['raʊndhedz], Spitzname (nach der Haartracht mancher Puritaner) für die Anhänger des Parlaments im englischen Bürgerkrieg ab 1642. Ihr Anführer war Oliver Cromwell, ihre Gegner die »Kavaliere«.

Ruprecht von der Pfalz, König des Heiligen Römischen Reiches (seit 1400), * Amberg 5. 5. 1352, † auf Burg Landskron in Oppenheim 18. 5. 1410; Sohn des wittelsbachischen Kurfürsten Ruprecht II. von der Pfalz; folgte 1398 seinem Vater als Ruprecht III. in der Kurwürde; stand an der Spitze der Fürstenopposition gegen König Wenzel. Nach dessen Absetzung (20. 8. 1400) wurde Ruprecht von der Pfalz am 21. 8. 1400 in Rhens durch die Kurfürsten von Mainz, Köln und Trier sowie mit der eigenen Stimme zum König des Heiligen Römischen Reiches gewählt und, da Aachen die Wahl nicht anerkannte, in Köln gekrönt (6. 1. 1401). Ruprecht stieß auf heftigen Widerstand im Reich und konnte sich nur teilweise durchsetzen.

Russland, Russische Föderation, russisch **Rossijskaja Federazija,** Staat in Osteuropa und Nordasien (mit Sibirien und dem Fernen Osten), der im Nordwesten an Norwegen, Finnland, Estland und Lettland sowie mit der Exklave des Gebiets Kaliningrad an Litauen und Polen, im Norden an das Nordpolarmeer, im Nordosten an die Beringstraße, im Osten an den Pazifik, im Südosten an das Japanische Meer, Nordkorea und China, im Süden an China, die Mongolei und Kasachstan, im Südwesten an das Kaspische Meer, Aserbaidschan und Georgien sowie im Westen an das Schwarze Meer, die Ukraine und Weißrussland grenzt.

MITTELALTER: Nach dem Bericht der altrussischen Nestorchronik beginnt die russische Geschichte mit der Herrschaftsübernahme des Warägerfürsten Rurik in Nowgorod (862). Ruriks Nachfolger Oleg eroberte 882 Kiew, machte es zu seiner Residenz und legte durch die Vereinigung Nowgorods mit dem Süden den Grund zum Kiewer Reich. In der zweiten Hälfte des 10. Jh. setzte sich das slawische Element der Bevölkerungsmehrheit auch in der herrschenden Schicht durch; erster Kiewer Fürst mit slawischem Namen war Swjatoslaw (ab 945/969). Unter Wladimir I., dem Heiligen, mit dessen Taufe 988 das Christentum von Byzanz aus Einzug hielt, und dessen Sohn Jaroslaw Mudry (bis 1054) erreichte die Macht des Kiewer Reiches ihren Höhepunkt. Als weitere Machtzentren traten daneben im Südwesten das Fürstentum Galitsch-Wolynien und im Nordwesten das Fürstentum Nowgorod, die sich untereinander ständig bekriegten. 1252 musste Alexander Newski, der Großfürst von Wladimir (Residenz des Kiewer Reichs seit 1169), die mongolische Oberhoheit anerkennen. Von dem 1263 gebildeten Teilfürstentum Moskau aus (ab 1326 Sitz des Metropoliten, ab 1328 Großfürstentum) begann die »Sammlung der russischen Erde« (Wiedervereinigung der Gebiete des Kiewer Reichs). Großfürst Dmitri Iwanowitsch Donskoi gelang es 1380, die Tataren (Mongolen) der Goldenen Horde erstmals zu schlagen und damit den Moskauer Führungsanspruch endgültig durchzusetzen.

DAS MOSKAUER REICH VON 1480 BIS ZUR VERLEGUNG DER RESIDENZ NACH PETERSBURG (1703): Unter Iwan III., dem Großen, wurde Russland ein autokratischer Einheitsstaat; nach der Heirat mit einer Nichte des letzten byzantinischen Kaisers (1473) verkündete er den Anspruch Moskaus, der Erbe von Byzanz und damit das »Dritte Rom« zu sein. Iwan IV., genannt der Schreckliche, wurde 1547 zum ersten »Zaren von ganz Russland« gekrönt und konsolidierte den Staat nach innen und außen. Im Westen suchte er einen Zugang zur Ostsee zu gewinnen; der mit dem Einfall in Livland bewirkte Krieg (1558–82/83) endete jedoch mit dem Verlust aller Eroberungen und führte zum wirtschaftlichen und sozialen Niedergang des russischen Staates. Anfang der 1560er-Jahre begann Iwan IV. einen Vernichtungskampf gegen die Fürsten- und Bojarenaristokratie; 1565 schuf er die »Opritschnina«, durch Massenumsiedlungen und andere Gewaltmaßnahmen enteignete Ländereien, die er seinen Leibgardisten übertrug. Nach dem Tod des Zaren Boris Godunow (1605) begann die »Smuta« (Zeit der Wirren), aus der die Autokratie des Zaren jedoch ungeschwächt hervorging (ab 1613 Haus Romanow).

RUSSLAND UNTER DEN ROMANOWS: 1694 übernahm Peter I., der Große, die Regierungsgeschäfte. Seine Politik zielte darauf ab, die »Europäisierung« Russlands verstärkt weiterzutreiben. 1700 griff er Schweden an, um die baltischen Länder zu erobern; im Verlauf des 2. Nordischen Krieges erreichte er mit der Einnahme von Narwa und Dorpat (1704) seine wichtigsten Kriegsziele. Mit dem Sieg über die Schweden bei Poltawa (1709) übernahm Russland die Vormacht im Ostseeraum; im Frieden von Nystad (1721) wurde es europäische Großmacht. Im Innern kam es, u.a. wegen Erhöhung vorhandener und Einführung neuer Steuern, zu mehreren Aufständen. Unter Peters Tochter Elisabeth Petrowna (ab 1741) nahm Russland am Siebenjährigen Krieg an der Seite Österreichs und Frankreichs gegen Preußen teil. Katharina II., die Große, gewann in zwei Türkenkriegen (1768–74 und 1787–92) die Nordküste des Schwarzen Meeres und schob in den Polnischen Teilungen (1772, 1793, 1795) die russische Westgrenze bis an Bug und Memel vor. Ihre in einer aufklärerischen Geisteshaltung begonnene Innenpolitik (Reorganisation der Zentralbehörden 1763) wurde zunehmend reaktionär, als die mit Rücksicht auf den Adel vorgenommene Verschärfung der bäuerlichen Leibeigenschaft Bauern- und Kosakenaufstände auslöste.

1801 geriet Georgien, 1809 Finnland und 1812 Bessarabien unter russische Herrschaft. Nach dem militärischen Fiasko Napoleons I. bestimmte Alexander I. auf dem Wiener Kongress 1815 die neue Ordnung des Kontinents maßgeblich mit und wurde mit der Begründung der Heiligen Allianz zum Wahrer des monarchischen Prinzips in Europa. Hauptziel der Expansion unter Nikolaus I. (ab 1825) blieb das Osmanische Reich, wobei Russland jedoch zunehmend in Konflikt mit den anderen europäischen Großmächten geriet, der sich im →Krimkrieg (1853/54–56) entlud. Im Russisch-Türkischen Krieg von 1877/78 blieb Russland siegreich, musste sich jedoch einem Schiedsspruch der europäischen Mächte beugen und seine Gebietsansprüche zurückschrauben. Einen empfindlichen Prestigeverlust erlitt es durch die Niederlage im Russisch-Japanischen Krieg 1904/05 (Zurückdrängung des russischen Einflusses in Korea und der südlichen Mandschurei). 1907 gelang der Ausgleich der russischen und britischen Interessengebiete in Asien: Russland zog sich aus Afghanistan und Tibet zurück, behielt jedoch eine Einflusssphäre in Nordpersien.

Die Aufhebung der Leibeigenschaft der Bauern 1861 löste nur die zivilrechtlichen, nicht aber die wirtschaftlichen Probleme der

RUSSLAND. *Tor zum Westen*

Am 16. 5. 1703 gründete Zar Peter I., der Große, Stadt und Festung Sankt Petersburg. Ein Adler sei über dem Ort des Geschehens gekreist, als man in die erste ausgehobene Grube Reliquien des Apostels Andreas senkte. Dann fällte der Zar zwei Birken und verband ihre Kronen zu einem symbolischen Tor. Aus den Lüften habe sich der Adler auf das Tor geschwungen – allerdings handelte es sich nach dem Zeugnis von Ortsansässigen um einen dressierten Vogel! Wie auch immer: Mit der Anlage von Sankt Petersburg manifestierte sich die angestrebte Öffnung Russlands nach Westen, schon hundert Jahre später war die Stadt zur Hauptstadt Russlands geworden, Residenz der kaiserlichen Familie und wichtigster Ostseehafen.

RUSSLAND ***Regenten und Staatsoberhäupter***

Rurikiden

Fürsten bzw. Großfürsten von Kiew

Oleg	882–912
Igor	912–945
Olga (Regentin)	945–962
Swjatoslaw Igorjewitsch	945–972/973
Jaropolk Swjatoslawitsch	972/973–980
Wladimir der Heilige	980–1015
Swjatopolk	1015–1016 und 1018–1019
Jaroslaw der Weise	1016–1018 und 1019/36–1054
Isjaslaw I. Jaroslawitsch	1054–1073 und 1077–1078
Swjatoslaw Jaroslawitsch	1073–1076
Wsewolod I. Jaroslawitsch	1078–1093
Swjatopolk Isjaslawitsch	1093–1113
Wladimir II. Monomach	1113–1125
Mstislaw I. Wladimirowitsch	1125–1132
Jaropolk Wladimirowitsch	1132–1139
Wsewolod II. Olgowitsch	1139–1146
Isjaslaw II. Mstislawitsch	1146–1154
Jurij Dolgorukij	1149–1151 und 1155–1157
Rostislaw Mstislawitsch	1154, 1159–1167
Isjaslaw III. Dawidowitsch	1154–1155 und 1157–1159
Mstislaw II. Isjaslawitsch	1167/68–1169

Großfürsten von Wladimir

Andrej Bogoljubskij	1169–1174
Michail Jurjewitsch	1174–1176
Wsewolod III. Jurjewitsch	1176–1212
Jurij Wsewolodowitsch	1212–1238
Jaroslaw Wsewolodowitsch	1238–1246
Swjatoslaw Wsewolodowitsch	1246–1248
Michail Jaroslawitsch	1248
Andrej Jaroslawitsch	1248–1252
Alexander Newskij	1252–1263
Jaroslaw Jaroslawitsch	1264–1271
Wassilij Jaroslawitsch	1272–1276
Dmitrij Alexandrowitsch	1276–1281 und 1282–1294
Andrej Alexandrowitsch	1281–1282 und 1294–1304
Michail Jaroslawitsch (von Twer)	1305–1317
Jurij Danilowitsch	1317–1322
Dmitrij Michailowitsch	1322–1326
Alexander Michailowitsch	1326–1327

Großfürsten von Wladimir – Moskau

Iwan I. Kalita	1325/28–1340
Simeon der Stolze	1340–1353
Iwan II., der Schöne	1353–1359
Dmitrij Iwanowitsch Donskoij	1359–1389
Wassilij I. Dmitrijewitsch	1389–1425

Großfürsten von Moskau

Wassilij II., der Geblendete	1425–1433/34 und 1434–1462
Jurij Dmitrijewitsch (von Galitsch)	1433 und 1434
Iwan III.	1462–1505
Wassilij III. Iwanowitsch	1505–1533

Zaren bzw. (seit 1721) Kaiser von Russland

Iwan IV., der Schreckliche	1533/47–1584
Fjodor I. Iwanowitsch (letzter Rurikide)	1584–1598
Boris Godunow	1598–1605
Fjodor II. Borissowitsch	1605
Wassilij IV. Iwanowitsch Schujskij	1606–1610
Interregnum	1610–1613

Haus Romanow

Michail Fjodorowitsch	1613–1645
Alexej Michailowitsch	1645–1676
Fjodor III. Alexejewitsch	1676–1682
Sophie (Regentin)	1682–1689
Iwan V.	1682–1696
Peter I., der Große	1682/96–1725
Katharina I.	1725–1727
Peter II.	1727–1730
Anna Iwanowna	1730–1740
Iwan VI.	1740–1741
Elisabeth Petrowna	1741–1762
Peter III.	1762
Katharina II., die Große	1762–1796
Paul I.	1796–1801
Alexander I.	1801–1825
Nikolaus I.	1825–1855
Alexander II.	1855–1881
Alexander III.	1881–1894
Nikolaus II.	1894–1917

Sowjetrussland

Vorsitzende des Allrussischen Zentralen Exekutivkomitees

Jakow Swerdlow	1917–1919
Michail Kalinin	1919–1922

Russische Föderation

Staatspräsidenten

Boris Jelzin	1991–1999
Wladimir Putin	seit 1999

Neuordnung; auch die übrigen Reformen Alexanders II. (ab 1855) brachten nicht den Anschluss an die liberale Entwicklung in Westeuropa; seine Ermordung durch die radikale Opposition führte unter seinem Sohn Alexander III. zu einer scharfen Unterdrückungspolitik und zur rücksichtslosen Russifizierung der nicht russischen Völker des Reiches.

In der Revolution von 1905 vereinigten sich das Verlangen der Intelligenz nach einer liberalen Verfassung, die Landforderung der Bauern und der Versuch der marxistisch geführten Arbeiterschaft, die staatliche Ordnung grundlegend zu verändern. Als Nikolaus II. den Liberalen mit der Schaffung der Duma, einer gewählten Repräsentativversammlung mit gesetzgebender Funktion, entgegenkam (Oktober 1905), hatten die Sozialdemokraten den Kampf zunächst verloren; die sozialistischen Mehrheiten in der Duma wurden 1907 durch eine Wahlrechtsänderung ausgeschaltet. Einen für den Ausbruch des Ersten Weltkrieges mitentscheidenden Schritt tat Russland mit der überstürzten Mobilmachung vom 27. 7. 1914. Nach Anfangserfolgen musste das russische Heer bereits 1915 den Rückzug antreten, 1916 stand Russland vor der wirtschaftlichen Katastrophe. Die →Februarrevolution (Februar/März 1917) brachte das Ende des Zarenreiches (Abdankung Nikolaus' II.), die

→Oktoberrevolution (Oktober/November 1917) endete mit der Machtergreifung der Bolschewiki und der Errichtung Sowjetrusslands.

SOWJETRUSSLAND (1918–91): Am 10. 7. 1918 wurde die erste Verfassung der Russisch Sozialistischen Föderativen Sowjetrepublik (RSFSR) angenommen; 1918–20/21 musste sich Sowjetrussland in einem Bürgerkrieg gegenrevolutionärer Kräfte und einer Intervention der Ententemächte sowie Deutschlands und Polens erwehren. Verschiedene Gebiete des ehemaligen russischen Reichs wurden wieder von sowjetrussischen Truppen besetzt (Kaukasien, die Ukraine und Weißrussland). Am 30. 12. 1922 schlossen sich die RSFSR, die Ukraine, Weißrussland und die Transkaukasische Föderation zur Union der Sozialistischen Sowjetrepubliken (→Sowjetunion) zusammen.

Im Zweiten Weltkrieg war Russland ab 1941 der osteuropäische Hauptkriegsschauplatz; der zunächst rasche Vorstoß deutscher Truppen wurde im Dezember 1941 vor Moskau gestoppt; entscheidende Niederlagen erlitt die deutsche Wehrmacht 1942/43 bei Stalingrad und 1943 bei Kursk; 1944 hatte die Rote Armee das Territorium der RSFSR befreit. Die Wolgadeutsche Republik (1924 gegründet) wurde 1941 aufgelöst; die Russlanddeutschen wurden zwangsweise v.a. nach Zentralasien umgesiedelt. Das 1945 annektierte nördliche Ostpreußen wurde als Gebiet Kaliningrad der RSFSR eingegliedert, 1954 die Krim per Parlamentsbeschluss aus der RSFSR herausgelöst und der Ukraine zugeschlagen; die Karelische ASSR kam 1956 zur RSFSR.

Die seit Mitte der 1980er-Jahre von Michail Gorbatschow eingeleitete Reformpolitik entwickelte sich in der RSFSR unter Führung von Boris Jelzin zu einer breiten politischen Bewegung, die eine radikale Staats- und Wirtschaftsreform sowie größere Selbstständigkeit der RSFSR gegenüber der Zentralregierung der UdSSR durchsetzen wollte. Mit der Wahl zum Vorsitzenden des Obersten Sowjets der RSFSR erlangte Jelzin im Mai 1990 das höchste russische Staatsamt. Im Juni 1990 erklärte die RSFSR ihre Souveränität; im selben Monat wählte die Bevölkerung Jelzin zum ersten Staatspräsidenten der RSFSR. Im August 1991 stellte sich Jelzin an die Spitze des Widerstands gegen den Putsch konservativer kommunistischer Führungskräfte.

Am 8. 12. 1991 gründete die RSFSR im Verein mit den beiden anderen slawischen Teilrepubliken Weißrussland und Ukraine die als lockeren Staatenbund konzipierte →Gemeinschaft Unabhängiger Staaten (GUS), der am 21. 12. mit Ausnahme der baltischen Republiken und Georgiens auch die anderen ehemaligen Sowjetrepubliken beitraten. Mit der endgültigen Auflösung der UdSSR erfolgte Ende Dezember 1991 die Umbenennung der RSFSR in Russische Föderation.

DIE RUSSISCHE FÖDERATION (SEIT 1991): Die Entwicklung in der Russischen Föderation war geprägt von den Schwierigkeiten der politischen und wirtschaftlichen Umwandlung des Landes von einem bürokratisch-kommunistischen System mit Planwirtschaft in eine parlamentarische Demokratie mit Marktwirtschaft. Diese Schwierigkeiten äußerten sich nicht zuletzt in einem dramatischen Rückgang der Wirtschaftsleistung, einem explosionsartigen Anschwellen der Kriminalität und einem drastischen Verfall der staatlichen Autorität. Der innere Aufbau des Staates wurde am 31. 3. 1992 in einem »Föderationsvertrag« festgelegt, der die Beziehungen zwischen den russischen Zentralorganen und den autonomen Gebieten und Republiken der Föderation regelte; mit ihm konnte ein Auseinanderfallen Russlands verhindert werden.

Jelzin berief im April 1993 eine Verfassungskonferenz ein, die im Juli 1993 einen Verfassungsentwurf vorlegte, der jedoch vom Parlament blockiert wurde. Daraufhin erklärte der Präsident im September 1993 das Parlament (ohne Rechtsgrundlage) für aufgelöst und setzte Neuwahlen und ein Verfassungsreferendum für Dezember an. Der Konflikt gipfelte Anfang Oktober in gewaltsamen Auseinandersetzungen und der Eroberung des Parlamentsgebäudes durch die Armee. Im Dezember 1993 billigte die Bevölkerung die neue Verfassung in einem Referendum und wählte ein neues Zweikammerparlament, in dessen erster Kammer national-konservative und kommunistische Kräfte abermals eine Mehrheit errangen. Unter Ausnutzung der in der Verfassung verankerten starken Machtposition des Präsidenten suchte die Regierung unter Ministerpräsident Wiktor Tschernomyrdin die verlangsamte Reformpolitik fortzusetzen.

Außenpolitisch erlangte Russland 1994 durch seine Aufnahme in den Kreis der G-7-Staaten zwar die Anerkennung seiner Großmachtstellung; das gewaltsame Vorgehen gegen die nach Unabhängigkeit strebende Kaukasusrepublik Tschetschenien offenbarte jedoch den Einfluss militärischer Kreise auch auf außenpolitische Belange. In den Präsidentschaftswahlen 1996 wurde Jelzin bestätigt. 1998 entließ Jelzin Tschernomyrdin, neuer Ministerpräsident wurde Sergej Kirijenko, kurz danach Jewgenij Primakow. Im August 1999 setzte Jelzin Wladimir Putin als Ministerpräsidenten ein; am 31. 12. 1999 trat er als Staatspräsident vorzeitig zurück und übergab die Amtsgeschäfte Putin, der durch Wahlen 2000 als Staatspräsident bestätigt wurde (erneut 2004). Putin setzte den Kurs einer Annäherung an Westeuropa und die USA ebenso fort wie die harte Linie gegenüber Tschetschenien; innenpolitisch leitete er einen Prozess der Stärkung der staatlichen Zentralgewalt ein.

S

SA, Abk. für **Sturmabteilung,** uniformierte und bewaffnete politische Kampftruppe der → Nationalsozialistischen Arbeiterpartei (NSDAP).

Die SA ging aus dem organisierten Saalschutz (ab 1921 in gesonderten Formationen) hervor und wurde zunächst aus Angehörigen von Freikorps und Bürgerwehrverbänden gebildet. Adolf Hitler nutzte die SA als schlagkräftige Hilfstruppe für seine Propagandakampagnen. Unter dem Einfluss von außerhalb der Partei stehenden rechtsradikalen Offizieren wurde die SA dann zu einem parteiunabhängigen, auf Hitler verpflichteten Wehrverband unter Führung Hermann Görings (ab 1923; etwa 2000 Mitglieder) innerhalb der »Arbeitsgemeinschaft der Vaterländischen Kampfverbände« umgestaltet. Nach dem Hitlerputsch (1923) war sie bis 1925 verboten. Mit der Neugründung der NSDAP 1925 und dem Abrücken Hitlers von der Putschtaktik wurde die SA mit dem Ziel einer klaren Unterordnung unter die politische Organisation als paramilitärisch auftretende Parteiarmee neu formiert. 1925–30 unter Führung von Franz Pfeffer von Salomon, nach erneuter Umstrukturierung ab 1931 infolge der Revolte der Berliner SA unter der Leitung des Stabschefs Ernst Röhm stehend, diente sie in der Spätphase der Weimarer Republik als Terror- und Propagandatruppe, die mit ihrem gewaltsamen Vorgehen besonders im Saal- und Straßenkampf das politische Leben zunehmend bestimmte. Gleichzeitig kam es immer wieder zu Machtproben zwischen der NSDAP und der zu einem herausfordernden Machtfaktor gewordenen Massenorganisation mit eigener Subkultur (1930 rund 90 000 Mitglieder, 1933 rund 700 000).

Die SA stellte offen den Legalitätskurs der Parteiführung infrage; während der nationalsozialistischen »Machtergreifung« war sie wichtigstes Terrorinstrument des Regimes. Die zunehmend eigenmächtigen Aktionen der sich verselbstständigenden und von Röhm militarisierten SA liefen aber Hitlers Zielen zuwider; die Forderung nach einer »zweiten (sozialen) Revolution« gefährdete zudem Hitlers Führungsanspruch. Nach der Ermordung ihrer Führer 1934 (→ Röhm-Putsch) verlor die mit »Stahlhelm« und »Kyffhäuserbund« fusionierte SA unter Viktor Lutze an politischer Bedeutung und wurde von der aus ihr hervorgegangenen Schutzstaffel (→ SS) abgelöst.

Saarland, Land im Westen der Bundesrepublik Deutschland.

GESCHICHTE: Aufgrund des Versailler Vertrags wurden 1920 Teile der ehemaligen preußischen Rheinprovinz und der ehemaligen bayerischen Rheinpfalz als Saargebiet für 15 Jahre der Verwaltung des Völkerbunds unterstellt. 1935 kam dieses aufgrund einer Volksabstimmung (rund 90 % für den Anschluss) wieder an das Deutsche Reich (1935–40 mit der Pfalz zum Gau Saarpfalz vereinigt, 1940–45 Westmark genannt).

Nach dem Zweiten Weltkrieg kamen am 2. 1. 1946 die ehemaligen reichseigenen Saargruben unter französische Verwaltung. Am 15. 12. 1947 trat die Verfassung in Kraft; Ministerpräsident wurde Johannes Hoffmann (Christliche Volkspartei, 1947–55), die Regierung wurde von einem französischen Hohen Kommissar beaufsichtigt. Am 1. 4. 1948 trat eine Zollunion mit Frankreich in Kraft. 1954 handelten Frankreich und die Bundesrepublik Deutschland im Rahmen der Pariser Verträge das Saarstatut (23. 10.) aus, das eine »Europäisierung« des Saarlandes im Rahmen der Westeuropäischen Union vorsah; es wurde in der Volksabstimmung vom 23. 10. 1955 mit $^2/_3$-Mehrheit abgelehnt, Ministerpräsident Hoffmann trat zurück. In der Landtagswahl vom 18. 12. 1955 setzten sich die die Angliederung an die Bundesrepublik Deutschland befürwortenden Parteien durch. Der am 27. 10. 1956 abgeschlossene deutsch-französische Saarvertrag trug dem Rechnung und gliederte das Saarland der Bundesrepublik Deutschland am 1. 1. 1957 politisch, im Juli 1959 wirtschaftlich ein. Ministerpräsidenten waren Franz-Josef Röder (CDU, 1959–79), Werner Zeyer (CDU, 1979–85), Oskar Lafontaine (SPD, 1985–98), Reinhard Klimmt (SPD, 1998/99) und seit 1999 Peter Müller (CDU).

Sacco di Roma [-k-; italien. »Plünderung Roms«], die wochenlange Verwüstung und Plünderung Roms durch die spanischen und deutschen Söldner Karls V., die die Stadt im Krieg gegen die Liga von Cognac am 6. 5. 1527 eingenommen hatten. Die Gefangennahme Papst Klemens' VII. durch die Söldner festigte die spanische Vormachtstellung in Italien.

Sachsen, lateinisch **Saxones**, germanischer Stamm, Teil der Nordseegermanen (→ Germanen), später Stammesverband, der sich im 2. und 3. Jh. an der Nordseeküste bis zum Niederrhein ausdehnte und seit Beginn des 5. Jh. z. T. nach Britannien auswanderte (→ Angelsachsen). Die auf dem Festland verbliebenen Sachsen breiteten sich schließlich im ganzen Raum zwischen Eider, Elbe und Saale, Werra und Unstrut sowie dem Niederrhein aus. 772–804 wurden sie von Karl dem Großen gewaltsam dem Fränkischen Reich eingegliedert.

Sachsen, historisches Territorium und Land der Bundesrepublik Deutschland.

GESCHICHTE: Das (jüngere) Stammesherzogtum Sachsen, entstanden um 900 auf der Grundlage des alten Sachsenstammes unter Führung der Liudolfinger, seit 1137/42 an die Welfen vergeben, wurde nach dem Sturz Heinrichs des Löwen, unter dem es seine größte Ausdehnung erreicht hatte, 1180 auf ein östliches, an der Elbe gelegenes Restherzogtum reduziert; das übrige Sachsen kam z.T. an das Erzstift Köln, z.T. bildete es später das Herzogtum Braunschweig-Lüneburg.

Das Restherzogtum Sachsen fiel an die Askanier, die es 1260 in die Herzogtümer Südlauenburg und Südwittenberg teilten. Letzteres fiel 1423 zusammen mit der 1356 (durch die »Goldene Bulle«) erworbenen Kurwürde und dem Herzogtitel an die wettinischen Markgrafen von Meißen. Die Markgrafschaft Meißen, 982 aus den Markgrafschaften Merseburg, Zeitz und Meißen gebildet und 1089/1125 an das Haus Wettin gelangt, umfasste seit Mitte des 13. Jh. ein Gebiet von der Oder bis zur Werra, vom Erzgebirge bis zum Harz. Auf dieses Gebiet übertrug sich 1423 der Name des Kurfürstentums Sachsen (Kursachsen oder Obersachsen, während man das alte Land der Sachsen jetzt Niedersachsen nannte).

Moritz Graf von Sachsen

1485 kam es zur Teilung des Hauses Wettin in die Ernestinische Linie, die in den Besitz der Hauptmasse Thüringens (ab 1572 Aufspaltung in die Sächsischen Herzogtümer) und (bis 1547) des Kurlandes Sachsen gelangten sowie in die Albertinische Linie, die die Markgrafschaft Meißen, das Leipziger Gebiet, das nördliche Thüringen, 1547 das Kurland Sachsen mit der Kurwürde und 1623/1635 beide Lausitzen erhielt. Unter der absolutistischen Herrschaft Augusts II., des Starken, wurde das Kurfürstentum Sachsen in Personalunion mit Polen verbunden (bis 1763).

1806 wurde Sachsen Mitglied des Rheinbundes und durch Napoleon I. zum Königreich erhoben. Durch den Wiener Kongress (1815) kam die Nordhälfte des Königreiches an Preußen, das aus Gebieten an der unteren Saale und mittleren Elbe die neue, wirtschaftlich reiche preußische Provinz Sachsen errichtete, die 1945 mit dem Land Anhalt zur Provinz Sachsen vereinigt wurden (1947–52, seit 1990 Sachsen-Anhalt). 1831 erhielt das Königreich Sachsen eine Verfassung, die ein Zweikammersystem vorsah. 1866 erfolgte der Beitritt zum Norddeutschen Bund. Seitdem nahm Sachsen einen wirtschaftlichen Aufschwung.

Sachsenspiegel. Der 1224/25 entstandene niederdeutsche »Sachsenspiegel« des Eike von Repgow ist die erste systematische Aufzeichnung des bestehenden und ungeschriebenen Gewohnheitsrechts des Sachsenlandes (Seite aus der Dresdener Bilderhandschrift, um 1350; Dresden, Sächsische Landesbibliothek).

Am 10. 10. 1918 wurde in Dresden von den Arbeiter- und Soldatenräten die Republik Sachsen ausgerufen, am 1. 11. 1920 nach Weimarer Vorbild eine Verfassung im Land Sachsen erlassen. 1945 kam dieses mit Teilen Niederschlesiens zur sowjetischen Besatzungszone. Mit der Aufhebung der Verfassung vom 28. 2. 1947 durch die Verwaltungsreform der DDR am 25. 7. 1952 wurde das Land Sachsen in die Bezirke Leipzig, Dresden und Karl-Marx-Stadt (Chemnitz) aufgeteilt. 1990 wurde das Land Sachsen im Zuge des Einigungsprozesses der DDR mit der Bundesrepublik Deutschland wieder errichtet. Ministerpräsidenten waren Kurt Biedenkopf (CDU, 1990–2002) und seit 2002 Georg Milbradt (CDU).

Sachsen, Moritz Graf von, genannt **Maréchal de Saxe** [mareˈʃal də ˈsaks], Marschall von Frankreich (seit 1744), * Goslar 28. 10. 1696, † Chambord 30. 11. 1750; natürlicher Sohn König Augusts II., des Starken, von Polen-Sachsen aus der Verbindung mit Aurora Gräfin von Königsmarck, 1711 legitimiert. Seit 1720 in französischen Diensten, stieg er im Österreichischen Erbfolgekrieg (u.a. Sieg in Fontenoy) zum Generalfeldmarschall aller französischen Armeen auf. Seine wissenschaftlichen Ausführungen zum Kriegshandwerk (»Les Rêveries, ou Mémoires sur l'art de la guerre«, entstanden 1732; »Einfälle über die Kriegskunst«) beeinflussten die militärischen Ansichten König Friedrichs II., des Großen, von Preußen.

Sachsen-Anhalt, Land im Osten der Bundesrepublik Deutschland.

GESCHICHTE: Sachsen-Anhalt wurde 1947 aus der ehemaligen preußischen Provinz Sachsen (mit Ausnahme des Regierungsbezirks Erfurt, der schon 1944 zu Thüringen gekommen war) und dem ehemaligen Land Anhalt gebildet. Bereits 1952 erfolgte die Aufteilung in die Bezirke Halle und Magdeburg durch die Verwaltungsreform der DDR. 1990 wurde im Zuge des Einigungsprozesses der DDR mit der Bundesrepublik Deutschland das Land Sachsen-Anhalt wieder errichtet. Ministerpräsidenten waren Gerd Gies (CDU, 1990/91), Werner Münch (CDU, 1991–93), Christoph Bergner (CDU, 1993/94), Reinhard Höppner (SPD, 1994–2002) und Wolfgang Böhmer (CDU, seit 2002).

Sachsenhausen, ehemalige selbstständige Gemeinde, heute Stadtteil von Oranienburg, Brandenburg. In Sachsenhausen bestand, von der Berliner SA-Führung eingerichtet, 1933–35 eines der ersten nationalsozialistischen Konzentrationslager (KZ), in dem v.a.

Sozialdemokraten und Kommunisten inhaftiert waren; es wurde 1936 von der →SS zu einem Groß-KZ ausgebaut, in dem bis 1945 mehr als 200 000 Menschen, v.a. politische Häftlinge, Juden und sowjetische Kriegsgefangene, inhaftiert waren (schätzungsweise 100 000 Todesopfer); 1956–61 wurde das Areal als Mahn- und Gedenkstätte gestaltet.

Als »Speziallager Nr. 7« diente Sachsenhausen 1945–50 der Sowjetischen Militäradministration in Deutschland (SMAD) und dem Volkskommissariat für innere Angelegenheiten (russisch »NKWD«) als größtes Internierungslager in der Sowjetischen Besatzungszone (SBZ), zunächst für deutsche Kriegsgefangene, dann für vom sowjetischen Militärtribunal Verurteilte oder schuldlos Verschleppte (etwa 50 000 Insassen; bis zu 25 000 Todesopfer).

Sachsenspiegel, das bedeutendste, gemeinsam mit dem Mühlhäuser Reichsrechtsbuch älteste Rechtsbuch des deutschen Mittelalters und zugleich erstes bedeutendes Werk der mittelalterlichen, deutschsprachigen Prosaliteratur, um 1224/25 vom sächsischen Ritter Eike von Repgow nach einer lateinischen Urfassung in mittelniederdeutscher Sprache verfasst.

Der Sachsenspiegel ist eine private Rechtsaufzeichnung, die das bestehende, ungeschriebene, v.a. durch Gerichtsgebrauch überlieferte Gewohnheitsrecht des Sachsenlandes im Sinne erzieherisch-vorbildhafter Lebensregeln wiedergibt (daher »Spiegel«). Inhaltlich gliedert er sich in das Landrecht als das Recht der freien Leute (Grundstücks- und Erbrecht, Ehegüter-, Nachbar-, Straf-, Gerichtsverfahrensrecht) und das Lehnsrecht (Heerschildordnung, Lehnspyramide, Lehnsgericht). Der Sachsenspiegel erlangte bald gesetzesgleiches Ansehen und bildete die Vorlage der beiden oberdeutschen Rechtsbücher, dem Deutschenspiegel und Schwabenspiegel, und des Meißener Rechtsbuches. Auf dem Sachsenspiegel beruhen das Magdeburger Recht und das gemeine Sachsenrecht. Sein Einflussbereich erstreckte sich über das deutsche Reichs- und Sprachgebiet hinaus. In Thüringen und Anhalt blieb er bis 1900 in Kraft.

Sadat, Mohammed Anwar as-Sadat, ägyptischer Politiker, *Mit Abul Kom (Nildelta) 25. 12. 1918, †(ermordet) Kairo 6. 10. 1981; Offizier; 1942 auf britische Initiative hin wegen deutschfreundlicher Aktivitäten verhaftet, 1943 Mitbegründer des Komitees der »Freien Offiziere« im Untergrund, seit dessen erfolgreichem Staatsstreich gegen König Faruk (1952) als Oberst Mitglied des Revolutionsrates. Saddat war nach Ausrufung der Republik (1953) mehrfach Minister, 1957–61 Generalsekretär der Einheitspartei »Nationale Union«, 1960–69 Präsident der Nationalversammlung.

Als Vizepräsident (1969–70) trat Sadat nach dem plötzlichen Tod des Staatspräsidenten Gamal Abd el-Nasser (28. 9. 1970) dessen Nachfolge an (am 15. 10. 1970 durch Wahl bestätigt; 1976 wieder gewählt); 1973/74 war er auch Ministerpräsident. Innenpolitisch duldete Sadat ein – von ihm kontrolliertes – Mehrparteiensystem. Er ließ vermehrt marktwirtschaftliche Bedingungen zu.

Außenpolitisch beendete Sadat nach heftigen Auseinandersetzungen in der ägyptischen Führungsspitze 1972 die Zusammenarbeit mit der UdSSR und konzentrierte sich auf eine Zusammenarbeit mit den USA. Gemeinsam mit Syrien leitete er im Oktober 1973 einen Angriff auf Israel ein. In Abkehr von der bisherigen ägyptischen Nahostpolitik unternahm er vom 19. bis 21. 11. 1977 einen Versöhnungsbesuch in Jerusalem. Unter Vermittlung des amerikanischen Präsidenten Jimmy Carter (Abkommen von Camp David, 17. 9. 1978) schloss Sadat mit Israel unter dem Ministerpräsidenten Menahim Begin einen Friedensvertrag (26. 3. 1979). Gemeinsam mit Begin erhielt Sadat für seine Bemühungen um eine Minderung des Nahostkonfliktes 1978 den Friedensnobelpreis. Die von ihm eingeleitete Versöhnungspolitik trug Sadat innerhalb der arabischen Welt, v.a. unter den radikalen Gegnern Israels, viele Feinde ein. 1981 fiel er einem Attentat islamischer Extremisten zum Opfer.

MOHAMMED ANWAR AS-SADAT
***1918 †1981**

trat 1970 die Nachfolge Nassers als ägyptischer Staatspräsident an

startete 1973 gemeinsam mit Syrien einen Angriff auf Israel

schloss 1978 mit Israel ein Friedensabkommen in Camp David

erhielt zusammen mit Menachem Begin 1978 den Friedensnobelpreis

Saddam Husain, irakischer Politiker, →Husain, Saddam.

Saint-Germain-en-Laye [sɛ̃ʒɛrmɛ̃ɑ'lɛ], **Friedensvertrag von,** in enger Anlehnung an den →Versailler Vertrag geschlossener Frieden, der am 10. 9. 1919 von Österreich und den Ententemächten unterzeichnet wurde. Österreich musste auf den Anschluss an das Deutsche Reich verzichten, der Trennung von Ungarn zustimmen, die neuen Staaten Tschechoslowakei, Polen und Jugoslawien sowie die entstandenen Gebietsverluste anerkennen, außerdem die Begrenzung der Gesamtstärke seiner Streitkräfte auf 30 000 Mann hinnehmen.

Saint-Just [sɛ̃'ʒyst], Louis Antoine de, französischer Revolutionär, *Decize (Département Nièvre) 25. 8. 1767, †(hingerichtet) Paris 28. 7. 1794; war als Mitglied des Nationalkonvents (1792) und des Wohlfahrtsausschusses (1793) ein entschiedener Anhänger Maximilien de Robespierres. Saint-Just betrieb den Sturz der Girondisten und Georges Dantons. Als Konventskommissar war er einer der Hauptverantwortlichen für die Durchsetzung der jakobinischen Schreckensherrschaft im Elsass. Saint-Just wurde gemeinsam mit Robespierre gestürzt und hingerichtet.

Louis Antoine de Saint-Just

Saint-Simon [sɛ̃si'mɔ̃], Henri de Rouvroy, Graf von, französischer Sozialtheoretiker, *Paris 17. 10. 1760, †ebenda 19. 5. 1825; kämpfte im amerikanischen Unabhängigkeitskrieg; zu

Säkularisation. Der zeitgenössische Kupferstich »Das unersättliche Tier der Nationalversammlung« kommentiert den im Verlauf der Französischen Revolution gefassten Beschluss vom 16. 2. 1790, die klösterlichen Güter Frankreichs in staatlichen Besitz zu überführen.

Beginn der Französischen Revolution erwarb er ein Vermögen durch Spekulationen mit Nationalgütern, verarmte jedoch bald wieder. Seine Gedanken wirkten sich auf den Positivismus, die Entwicklung der Soziologie, den Sozialismus, die Idee eines vereinten Europa und den Pazifismus aus.

Aus der Analyse des Feudalismus und des beginnenden Industrialisierungsprozesses suchte Saint-Simon Folgerungen für die gesellschaftliche Ordnung zu ziehen. Die wirtschaftliche Elite, zu der er alle produktiv Tätigen (»la classe industrielle«), d.h. Arbeiter, Bauern, Unternehmer und Bankiers, zählte, galt für ihn als Hauptstütze einer hierarchisch organisierten Gesellschaft. Der arbeitenden Elite obliege es, Arbeit für alle zu schaffen und den angestrebten Wohlstand den Angehörigen der zahlreichsten und ärmsten Klasse zugute kommen zu lassen. Mit technokratischen Mitteln sollte die von ihm scharf kritisierte Ausbeutung, deren Grund er im bestehenden Eigentumsrecht erkannte, überwunden und die Freiheit der Menschen verwirklicht werden. Das Privateigentum sollte dabei nicht abgeschafft, sondern besser genützt werden.

Säkularisation, die ohne kirchliche Genehmigung erfolgte Einziehung oder Nutzung kirchlichen Eigentums durch weltliche Gewalten, in der Regel durch den Staat.

Der Begriff wurde in diesem engeren Sinn erstmals 1646 bei den Vorverhandlungen zum →Westfälischen Frieden benutzt. Das Phänomen der Säkularisation ist indes weit älter und beruht auf der Vorstellung einer staatlichen Oberhoheit über kirchlichen Grundbesitz. So gehören in diesen Zusammenhang die Belehnung des Adels mit Kirchengütern durch die Karolinger im 8. und 9. Jh., die Einziehung des Vermögens des Templerordens durch die französische Krone im 14. Jh. sowie im Zusammenhang mit der Reformation die Aufhebung von Klöstern in England unter Heinrich VIII. und die Umwandlung zahlreicher Klöster und Stifte in meist karitative Einrichtungen durch die evangelisch gewordenen Territorien in Deutschland.

Säkularisationen größeren Stils bildeten die Umwandlung des Deutschordensstaates in das erbliche Herzogtum Preußen 1525 durch Albrecht den Älteren, die Einverleibung des weltlichen Territoriums des Bistums Utrecht durch Burgund 1528, die Aneignung der Territorien der Bistümer Metz, Toul und Verdun 1552 durch Frankreich sowie die Aufhebung und Einziehung der Bistümer Brandenburg, Havelberg und Lebus durch Brandenburg sowie der Bistümer Meißen, Merseburg, Naumburg-Zeitz durch (Kur-)Sachsen im 16. Jh., ebenfalls im Zuge der Reformation. Der im Augsburger Religionsfrieden von 1555 vereinbarte »geistliche Vorbehalt« (Reservatum ecclesiasticum) sollte u.a. die weitere Säkularisation reichsunmittelbarer Territorien verhindern, jedoch erwies sich diese Bestimmung als unzureichend und war eine der Ursachen des →Dreißigjährigen Krieges. Im Westfälischen Frieden 1648 wurden die Säkularisation der Hochstifte Halberstadt, Cammin und Minden sowie die Anwartschaft Brandenburg-Preußens auf Magdeburg bestätigt, weitere Säkularisationen allerdings verboten. Absolutismus und Aufklärung leisteten dem Gedanken der Säkularisation weiteren Vorschub. 1772 wurde das Bistum Ermland säkularisiert, in Österreich wurden unter Kaiser Joseph II. mehr als 700 »unnütze« Klöster aufgehoben.

Im Gefolge der Französischen Revolution war schon 1789 der gesamte Kirchenbesitz in Frankreich zum Nationaleigentum erklärt worden. Umfassend wurde 1802/03 die eigentliche Säkularisation in Deutschland (Beseitigung der Reichskirche): Der →Reichsdeputationshauptschluss vom 25. 2. 1803 legitimierte die vielfach bereits erfolgte und in früheren Friedensschlüssen (Basel 1795, Campoformio 1797, Lunéville 1801) vereinbarte Inbesitznahme der geistlichen Territorien durch weltliche Fürsten als Entschädigung für an Frankreich verlorene linksrheinische Besitzungen (Säkularisation der Hoheitsrechte von vier Erzbistümern, 18 Bistümern und etwa 300 Abteien, Stiften und Klöstern). Ausnahmen bildeten der Malteser- und der Deutsche Orden sowie das Hochstift Regensburg als Teil des neu geschaffenen Kurerzkanzlerstaates.

Auch der Klosterbesitz wurde der »Disposition der Landesherrn überlassen«, was Aufhebung und Enteignung der geistlichen Institute bedeutete. Wenn auch in geringerem Umfang, war auch die evangelische Kirche von der Säkularisation betroffen. Die bis dahin größte politische und territoriale Umwälzung in Deutschland führte zur politischen Entmachtung der katholischen Kirche. Mit der Säkularisation einher ging der Verlust vieler bedeutender Kulturschätze. Heutige kirchliche Ansprüche an Staatsleistungen (Grundgesetz, Art. 140) gründen letztlich auf der Säkularisation, z. B. die Kirchensteuer.

Saladin, arabisch **Salah ad-Din** [-'laːx-], Jusuf Ibn Aijub, Sultan von Ägypten und Syrien (seit 1175), *Tikrit (am Tigris nördlich von Samarra) 1138, †Damaskus 4. 3. 1193; Sohn eines kurdischen Militärführers. Saladin nahm 1168/69 an einer Militärexpedition im Auftrag des Sengidenfürsten Nur ad-Din von Damaskus nach Ägypten teil, wo er 1169 Wesir des letzten Fatimidensultans wurde, die Herrschaft der Fatimiden ablöste und 1171 die Dynastie der Aijubiden gründete. Nach dem Tod Nur ad-Dins besetzte er 1174 Damaskus und Mittelsyrien und nahm 1175 den Sultanstitel an; 1181 nahm er Aleppo ein. Bei Hittim (westlich von Tiberias) schlug er 1187 ein großes christliches Heer. Danach eroberte er Akko und andere Plätze sowie Jerusalem, das auch nach dem Friedensschluss mit dem englischen König Richard I. Löwenherz (1192) unter muslimischer Herrschaft blieb. Saladin – sunnitischer Muslim und Gegner der Schiiten – genoss im Abendland hohe Achtung.

Salamis, buchtenreiche Insel im Saronischen Golf, Griechenland. In der Seeschlacht im Sund von Salamis besiegten im September 480 v. Chr. die Griechen unter Themistokles die persische Flotte unter Xerxes I. (→Perserkriege).

Salazar [-'zar], António de Oliveira, portugiesischer Politiker, *Santa Comba Dão (Distrikt Viseu) 28. 4. 1889, †Lissabon 27. 7. 1970; war ab 1916 Professor der Volkswirtschaftslehre in Coimbra; bekleidete zwischen 1928 und 1940 das Amt des Finanzministers. Als Ministerpräsident (1932–68) führte Salazar, parteipolitisch auf die União Nacional gestützt, ein diktatorisches Regierungssystem (Verfassung von 1933) auf ständisch-korporativer Grundlage (»Estado Novo«). Salazar war zugleich Kriegs- (1936–44) und Außenminister (1936–47). Im Zweiten Weltkrieg verfolgte er außenpolitisch eine neutrale Linie. Nach 1945 suchte er die enge Zusammenarbeit mit der westlichen Staatenwelt, besonders auf militärpolitischem Gebiet (1949 Beitritt Portugals zur NATO). Unabhängigkeitsbestrebungen in den portugiesischen Kolonien bekämpfte er besonders seit Beginn der 1960er-Jahre mit militärischen Mitteln.

António de Oliveira Salazar

Salier, fränkisches Adelsgeschlecht mit dem Macht- und Besitzschwerpunkt im Nahe-, Speyer- und Wormsgau. Der Name wird in der Forschung überwiegend abgeleitet von

SALIER *Stammtafel (Auswahl)*

Werner, Graf im Nahe-, Worms- und Speyergau
†919 (?)

Konrad der Rote
Herzog von Lothringen 944–953, †955
⚭ 947 Liutgard, Tochter Kaiser Ottos I., des Großen, †953

Otto, Graf im Nahe-, Worms- und Speyergau
Herzog von Kärnten 978–985 und 1002–1004
†1004

Heinrich, Graf im Nahe-, Worms- und Speyergau
†990/1000
⚭ Adelheid, Tochter des Grafen Richard von Metz

Brun, Papst 996 (als Gregor V.)
*972, †999

Konrad, Herzog von Kärnten 1004, †1011
⚭ Mathilde, Tochter Herzog Hermanns II. von Schwaben, †1030/33

Wilhelm, Bischof von Straßburg 1029
*nach 978, †1046/47

Konrad der Jüngere
Herzog von Kärnten
1036, †1039

Bruno, Bischof von
Würzburg 1034, †1045

Konrad II., König 1024, Kaiser 1027
*um 990, †1039
⚭ 1016 Gisela, Tochter Herzog Hermanns II. von Schwaben, †1043

Heinrich III., König 1028/39,
Kaiser 1046, *1017, †1056
⚭ (1) 1036 Gunhild (Kunigunde), Tochter König Knuts des Großen von Dänemark, †1038
⚭ (2) 1043 Agnes von Poitou, Tochter Herzog Wilhelms V. von Aquitanien, †1077

Beatrix, Äbtissin von Quedlinburg 1045
*1037, †1062

Adelheid, Äbtissin von Quedlinburg und Gandersheim 1062
*1045, †1096

Mathilde, *1048, †1060
⚭ 1059 **Rudolf von Rheinfelden**
Herzog von Schwaben 1057, Gegenkönig 1077, †1080

Judith (Sophie), *1054, †1092/96
⚭ (1) nach 1066 Salomon, König von Ungarn, †1087
⚭ (2) 1088 Wladislaw I. Herman Herzog von Polen, †1102

Heinrich IV., König 1056, Kaiser 1084, *1050, †1106
⚭ (1) 1065 Bertha von Susa Tochter Graf Ottos von Savoyen, †1087
⚭ (2) 1089 Adelheid, Eupraxia (Praxedis), Tochter der Großfürsten Wsewolod I. von Kiew, † 1109

Konrad, König 1087–98,
ab 1093 Gegenkönig, König von Italien 1093, *1074, †1101
⚭ 1095 Maximilla, Tochter Graf Rogers I. von Sizilien

Agnes, *1072 (?), †1143
⚭ (1) nach 1079 Friedrich I., Herzog von Schwaben, †1105
⚭ (2) 1106 Leopold III., der Heilige Markgraf von Österreich, †1136

Heinrich V., König 1106
Kaiser 1111, *1086, †1125
⚭ 1114 Mathilde, Tochter König Heinrichs I. von England, †1167

althochdeutsch »sal« (»Herrschaft«). Genealogische Zusammenhänge bestanden mit den Widonen/Lambertinern der Karolingerzeit, verwandtschaftliche Beziehungen zu den Konradinern. Der eigentliche Aufstieg des Geschlechtes begann mit Konrad dem Roten (944–953 Herzog von Lothringen), der durch seine Ehe mit Liutgard, Tochter von Kaiser Otto I., dem Großen, die Königsnähe herstellte. Mit Konrad des Roten Urenkel Konrad II. gelangten die Salier 1024 zur Königsherrschaft im Heiligen Römischen Reich; 1125 erlosch die Dynastie mit dem kinderlos verstorbenen Heinrich V. Privaterben der Salier waren die →Staufer.

Salò, Luftkurort in der Provinz Brescia, Italien, der 1943–45 Sitz der Regierung der Repubblica Sociale Italiana (»Republik von Salò«) war (→Italien).

Salzburger Exulanten, die 1731–33 im Zuge der Gegenreformation aus dem Erzbistum Salzburg vertriebenen Protestanten, die sich meist in Ostpreußen ansiedelten.

Sand, Karl Ludwig, *Wunsiedel 5. 10. 1795, †(hingerichtet) Mannheim 20. 5. 1820; gehörte als Theologiestudent in Jena dem radikalen Flügel der Burschenschaft um Karl Follen an. Aus schwärmerischer Freiheitsliebe erdolchte Sand am 23. 3. 1819 in Mannheim den Dramatiker August von Kotzebue, den er für einen Hauptvertreter der Reaktion hielt. Sand wurde verhaftet und zum Tode verurteilt. Seine Tat gab u. a. den Anlass zu den →Karlsbader Beschlüssen.

Sansculotten [sãsky'lɔtən; französ. eigentlich »ohne Kniehosen«], französisch **Sans-culottes** [-ky'lɔt], in der Französischen Revolution ursprünglich Spottname für Revolutionäre, die im Unterschied zur aristokratischen Mode keine Kniehosen (»culottes«), sondern lange Hosen (»pantalons«) trugen. Danach wurde »Sansculotten« im zeitgenössischen Verständnis zum Synonym für »Republikaner« und bezeichnete eine Gruppierung von Revolutionären, die mit zunehmender Militanz egalitäre Ziele verfocht und sich v. a. aus dem Kleinbürgertum rekrutierte.

San Stefano, Vorfriede von, in San Stefano (türkisch Yeşilköy, Vorort von Istanbul) am 3. 3. 1878 geschlossener (Präliminar-)Friede, der den Russisch-Türkischen Krieg von 1877–78 beendete. Da er die russische Position an den Meerengen festigte, kam es auf britischen und österreichischen Einspruch hin zum →Berliner Kongress.

SAP, Abk. für →Sozialistische Arbeiterpartei.

Sarajevo, Attentat von, Anschlag vom 28. 6. 1914, bei dem in Sarajevo, der Hauptstadt von Bosnien und Herzegowina, der österreichische Thronfolger Franz Ferdinand ermordet wurde. Dieses Attentat wurde zum Anlass für den Ersten Weltkrieg (→Weltkrieg).

Sarazenen, im Altertum Name für die einen Teil des nordwestlichen Arabiens und der Halbinsel Sinai bewohnenden →Araber. Bei den Byzantinern und den christlichen Schriftstellern des Mittelalters wurde der Name ausgedehnt auf alle Araber und später auf alle Muslime der Mittelmeerwelt, besonders auf die Gegner der Kreuzfahrer.

Sargon II., König von Assyrien (721–705 v. Chr.), bestieg nach Salmanassar V. den Thron und gründete die Dynastie der Sargoniden, die das neuassyrische Reich zur größten Machtentfaltung führte. Zahlreiche Klientelstaaten wurden in assyrische Provinzen umgewandelt. Er unternahm Feldzüge u. a. nach Urartu und (710 v. Chr.) nach Babylon, dessen Königswürde er annahm. Neue Hauptstadt wurde Dur-Scharrukin.

Sargon von Akkad, erster Herrscher der Dynastie von Akkad (um 2235–2180 v. Chr.), entstammte einem halbnomadischen Milieu; unternahm ausgedehnte Feldzüge nach Syrien, Assyrien und Südwestiran und begründete das erste Großreich in Mesopotamien mit der Hauptstadt Akkad. Nach einer Legende soll Sargon von seiner Mutter in einem Korb auf dem Euphrat ausgesetzt und von einem Bauern gefunden und adoptiert worden sein.

Sassaniden, Sasaniden, persische Dynastie (224–651), benannt nach Sassan (Sasan), einem Teilfürsten der Persis (Fars) und Vorsteher des Heiligtums der Göttin Anahita in Istachr bei Persepolis. Dessen Enkel Ardaschir I. (224–241) beendete die Herrschaft der Parther (Arsakiden) und begründete das zweite persische Großreich, in dem eine zoroastrische Staatskirche entstand.

Die Sassaniden führten ihre Abkunft auf die Achaimeniden zurück und pflegten deren Vorstellungen von einem Weltreich. Schapur I. (242–272) kämpfte erfolgreich gegen das Römische Reich. Von ihrer glanzvollen Hauptstadt Ktesiphon aus verbreiteten die Sassaniden altpersische Kultur bis über den Hindukusch hinaus nach Osten. Eine Zeit überragender Macht erlebte Iran unter Chosrau I. (531–579), Hormisd IV. (579–590) und Chosrau II. (588/591–628) mit mehrfachen erfolgreichen Feldzügen u. a. gegen Byzanz. 642 erlagen die Sassaniden dem Ansturm der islamischen Araber unter Omar I. Der letzte Sassanide, Jesdgerd III. (seit 632), wurde 651 ermordet.

Saud, Ibn Abd Al Asis, eigentlich Abd al-Asis III. Ibn Abd ar-Rahman Ibn Saud, König von Saudi-Arabien (seit 1932), *Riad 24. 11. 1880, †Taif 9. 11. 1953; aus der Dynastie der Sauditen, eroberte 1902 nach der Vertreibung seiner Dynastie aus dem Nedjd (1880) den Herrschersitz Riad zurück und stellte in wenigen Jahren die Herrschaft seiner Familie über den Nedjd wieder her. Gestützt auf die muslimische Gemeinschaft der Wahhabiten, machte er seit 1912 viele Beduinenstämme sesshaft und baute auf dieser Basis ein autokratisch-feudales Herrschaftssystem auf.

Im Ersten Weltkrieg näherte er sich politisch Großbritannien und vertrieb im Sinne der Ausweitung seines Gebietes die türkischen Garnisonen aus dem Nordosten der Arabischen Halbinsel. 1921 von Großbritannien als unabhängiger Sultan anerkannt, unterwarf Ibn Saud 1921/22 das Emirat Hail. 1924/25 eroberte er das Königreich Hidjas. Am 8. 1. 1926 ließ sich Ibn Saud selbst zum König von Hidjas ausrufen und nahm 1927 den Königstitel an. Danach annektierte er schrittweise das Emirat Asir und sicherte die Nordgrenze durch Verträge mit Transjordanien (1927) und Irak (1932). 1932 gab er seinem Land den Namen »Saudi-Arabien«. Seit 1933 zog Ibn Saud aus der Vergabe von Konzessionen zur Erdölförderung an ausländische Firmen hohe Gewinne, die nicht nur seinem Privatvermögen, sondern auch dem Staatshaushalt zur Modernisierung des Landes zuflossen. Im Zweiten Weltkrieg wahrte er Neutralität, ebenso im Palästinakrieg (1948/49). Dem Panarabismus stand er kritisch gegenüber.

Savonarola, Girolamo, spätmittelalterlicher Bußprediger, *Ferrara 21. 9. 1452, †(hingerichtet) Florenz 23. 5. 1498; wurde 1476 in Bologna Dominikanermönch, 1482 Bibelvorleser und -ausleger am Kloster San Marco in Florenz und bereiste als Prediger mehrere oberitalienische Städte. Nach visionären Erlebnissen 1484 verbanden sich seine Bußpredigten mehr und mehr mit apokalyptischen Heimsuchungsankündigungen für Italien und die Kirche. Als Prior von San Marco (ab 1491) begann er dort mit der Einführung einer strengen Reform.

Mit dem Siegeszug Karls VIII. von Frankreich durch Italien und dem Sturz der Medici in Florenz schienen sich Savonarolas Prophezeiungen zu erfüllen. Seine nun auch politisch führende Rolle in Florenz nutzte Savonarola zum Erlass einer demokratischen Verfassung und strenger Sittengesetze auf theokratischer Basis, um den Aufstieg von Florenz zum »neuen Rom« einzuleiten. Dabei setzte er auf ein Bündnis mit Karl VIII. Als Reaktion auf diese politische Haltung und Savonarolas hartnäckiges Anprangern des Sittenverfalls der Kurie erließ Alexander VI. 1495 ein Predigtverbot gegen Savonarola. Die Gehorsamsverweigerung Savonarolas, seine Ungültigkeitserklärung der 1497 gegen ihn ausgesprochenen Exkommunikation und die Machtübernahme seiner politischen Gegner in Florenz führten 1498 zur Verhaftung und zum Prozess. Die unter der Folter erpressten Geständnisse widerrief Savonarola, bevor er als Schismatiker und Häretiker gehängt und verbrannt wurde.

Savoyen, französisch **Savoie** [sav'wa], historisches Gebiet in den französischen Alpen, zwischen Genfer See, Rhône und Mont-Cenis-Gruppe.

Sassaniden. Die Kriegszüge Schapurs I. erschütterten das Römische Reich in seinen Grundfesten – Schapurs Heere drangen vorübergehend bis nach Antiochia und Kappadokien vor. Dabei fiel zum ersten Mal ein römischer Kaiser in Feindeshand – dieses Felsrelief bei Naksch-e Rostam (3. Jh.) zeigt den Kniefall Kaiser Valerians (links) vor dem Sassanidenkönig.

GESCHICHTE: Das Gebiet Savoyens, im Altertum von keltischen Allobrogern bewohnt, kam 121 v. Chr. unter römische Herrschaft. 443 n. Chr. siedelte Aetius die Burgunder in Savoyen an. Nach deren Unterwerfung durch die Franken (532) Teil des fränkischen Teilreiches Burgundia, kam Savoyen 1032/34 als Teil des Königreichs Burgund an das Heilige Römische Reich. Das von Kaiser Konrad II. eingesetzte burgundische Grafengeschlecht der Humbertiner erwarb im 11. Jh. das Aostatal, das Chablais, das obere Isèretal sowie das obere Wallis und gelangte um 1050 durch Heirat in den Besitz eines Teils der Markgrafschaft Turin, womit der Grundstock zur Herrschaft in Piemont gelegt war. Nachdem Kaiser Karl IV. Savoyen bereits 1361 vom Königreich Arelat (Burgund) getrennt und es unmittelbar dem Reich unterstellt hatte, wurde es 1416 vom späteren Kaiser Siegmund zum Herzogtum erhoben.

Im 15. Jh. waren die Herzöge von Savoyen die mächtigsten und einflussreichsten Fürsten Norditaliens. Sie erhielten nach dem Ende des Spanischen Erbfolgekrieges (1713/14) das Königreich Sizilien, das sie jedoch bereits 1720 unter Beibehaltung des Königstitels gegen Sardinien eintauschen mussten. Das neue Königreich Sardinien (auch Sardinien-Piemont), das 1796–1814 zu Frankreich gehörte, wurde im 19. Jh. zum Vorkämpfer der nationalstaatlichen Einigung Italiens; das Haus Savoyen (in der Nebenlinie Savoyen-Carignano) stellte ab 1861 dessen Könige.

Girolamo Savonarola

Saxo Grammaticus, altdänischer Geschichtsschreiber, *wahrscheinlich auf Seeland um 1150, †Anfang des 13. Jh.; war vermutlich Geistlicher und Schreiber des Erzbischofs Absalon von Lund. Seine »Gesta Danorum«, eine Volksgeschichte in 16 Büchern, sind eine wichtige Quelle für die dänische Geschichte.

SBZ, Abk. für **S**owjetische **B**esatzungs**z**one Deutschlands.

Gerhard von Scharnhorst

Ariel Scharon

Walter Scheel

Scaliger [sk-], italienisch **Scaligeri** [-dʒ-], **Della Scala,** norditalienische ghibellinische Adelsfamilie. Seit dem 11. Jh. bezeugt, waren die Scaliger in Verona seit 1259 sehr einflussreich und hatten dort 1277–1387 die Stadtherrschaft (Signorie) inne. Nach der Vertreibung des Stadtherrn Antonio Scaliger durch Gian Galeazzo Visconti (19. 10. 1387) ging der weiter bestehende Zweig der Familie (später unter dem deutschen Namen »von der Leiter«) allmählich im bayerischen Landadel auf; 1598 starb die Familie im Mannesstamm aus.

Schacht, Hjalmar, deutscher Bankier und Politiker, *Tinglev (bei Tondern) 22. 1. 1877, †München 3. 6. 1970; leitete ab 1916 die (private) Nationalbank für Deutschland, die er 1922 mit der Darmstädter Bank vereinigte. Schacht trug als Reichswährungskommissar (seit 1923) zur Sanierung der deutschen Währung bei und war als Reichsbankpräsident (1924–30) an den Verhandlungen über den Dawesplan (1924) und den Young-Plan (1929) beteiligt. Aus Protest gegen die Politik der Reichsregierung trat er im März 1930 zurück und näherte sich, 1918 Mitbegründer der Deutschen Demokratischen Partei (DDP, Austritt 1926), schließlich der Nationalsozialistischen Arbeiterpartei (NSDAP). Schacht unterstützte 1931 die → Harzburger Front und drängte schon im November 1932 auf die Ernennung Hitlers zum Reichskanzler, dem er Kontakte zu Hochfinanz und Großindustrie vermittelte.

Ab März 1933 erneut Reichsbankpräsident, ab Juli 1934 zugleich Wirtschaftsminister, initiierte Schacht auf der Grundlage des »Neuen Planes« zur Ankurbelung der Wirtschaft und der für die Aufrüstung notwendigen Devisenbeschaffung eine Exportoffensive und sorgte mit den »Mefo-Wechseln« für die finanzielle Absicherung der Aufrüstung. Am 31. 5. 1935 wurde er Generalbevollmächtigter für die Wehrwirtschaft. Mit der stärkeren Einflussnahme von Staat und Partei auf die Wirtschaft im Rahmen von Hitlers Autarkieprogramm (ab 1936) zunehmend im Gegensatz zu Hitler und Göring stehend, wurde Schacht im November 1937 als Wirtschaftsminister, am 2. 1. 1939 als Reichsbankpräsident entlassen; bis 1943 war er Reichsminister ohne Geschäftsbereich. Wegen loser Kontakte zu Widerstandskreisen um Carl Goerdeler wurde er am 29. 7. 1944 verhaftet (bis 1945 im Konzentrationslager Ravensbrück bzw. Flossenbürg).

Im Nürnberger Hauptkriegsverbrecherprozess wurde Schacht 1946 freigesprochen, 1947 von einer deutschen Entnazifizierungs-Spruchkammer zu acht Jahren Arbeitslager verurteilt. Nach dem endgültigen Freispruch (1950) war Schacht ab 1953 Mitinhaber der von ihm gegründeten Privatbank Schacht & Co., Düsseldorf.

Scharnhorst, Gerhard von (seit 1802), preußischer General, *Bordenau (heute zu Neustadt am Rübenberge) 12. 11. 1755, †Prag 28. 6. 1813; trat 1778 in die Hannoversche Armee ein, wurde dort 1796 Generalquartiermeister. 1801 trat Scharnhorst als Oberstleutnant in preußische Dienste über. Am Krieg von 1806 nahm er als Stabschef der von Herzog Karl Wilhelm Ferdinand von Braunschweig geführten Hauptarmee teil. Im Juli 1807 ernannte König Friedrich Wilhelm III. von Preußen den zum Generalmajor beförderten Scharnhorst zum Vorsitzenden der Militär-Reorganisationskommission.

Kernpunkte der Reform waren v. a. die Öffnung des Offizierkorps für Bürgerliche, die Abschaffung der Prügelstrafe und die Einführung einer neuen Exerzierordnung. Scharnhorst propagierte die Notwendigkeit der Schaffung eines »Volksheeres« zunehmend auf der Basis der allgemeinen Wehrpflicht. Seit Ende 1808 war Scharnhorst Direktor des neu geschaffenen Allgemeinen Kriegsdepartements; 1809 und 1811 setzte er sich vergeblich für die Wiederaufnahme des Krieges gegen Frankreich ein. 1810 verlor Scharnhorst, v. a. auf Drängen Napoleons I., vorübergehend an Einfluss. 1813 wurde er als Stabschef Gebhard Blüchers in der Schlacht von Großgörschen schwer verwundet (2. 5. 1813); während der von ihm geführten Verhandlungen mit Österreich über den Beitritt zur antinapoleonischen Koalition erlag er seinen Verletzungen.

Scharon, Ariel (»Arik«), eigentlich Ariel Scheinerman, israelischer Politiker, *Kfar Malal (bei Tel Aviv-Jaffa) 26. 2. 1928; zeichnete sich als militärischer Befehlshaber im → Sechstagekrieg (1967) sowie im Jom-Kippur-Krieg (1973) aus; war Mitbegründer der konservativen Likud-Partei, Abgeordneter der Knesset und Minister mit unterschiedlichen Ressorts. Als Verteidigungsminister (1981–83) war Scharon u. a. verantwortlich für den Libanonfeldzug 1982, in dem sich das Massaker in den palästinensischen Flüchtlingslagern Sabra und Schatila durch libanesische Phalangisten ereignete. Sein demonstrativer Besuch des Tempelberges am 28. 9. 2000 wurde zum Auslöser der »zweiten Intifada«.

Nach seinem Wahlsieg über Ehud Barak wurde Scharon 2001 Ministerpräsident (2003 im Amt bestätigt). Durch den Kurswechsel seiner »Regierung der nationalen Eintracht« (bis 2002 unter Einschluss der Israelischen Arbeitspartei) gegenüber den Palästinensern kam es ab 2001 zur neuen Frontenbildung und Verhärtung im Nahostkonflikt, die sich u. a. in zahlreichen Selbstmordattentaten von Palästinensern sowie in israelischen Militäraktionen ausdrückte.

Schauprozesse, Gerichtsverfahren mit politischem Demonstrationseffekt in diktatorischen Staaten, meist im Rahmen von politischen Säuberungen. Sie dienen dazu, propa-

gandistische Wirkungen in der breiten Öffentlichkeit zu erzielen, politisch missliebige Personen zu beseitigen und zugleich die Bevölkerung einzuschüchtern.

Der Ablauf eines Schauprozesses ist vielfach zwischen Gericht und Anklagebehörde verabredet; die Öffentlichkeit im Gerichtssaal wird durch ein ausgesuchtes, regimetreues Publikum nur scheinbar hergestellt. Charakteristisch für Schauprozesse sind weit gehende, oft erpresste Schuldbekenntnisse und hohe Strafen.

Schauprozesse waren u. a. die Gerichtsverfahren in der Sowjetunion, besonders zur Zeit der Großen →Tschistka (Höhepunkt die drei Moskauer Schauprozesse 1936–38), im nationalsozialistischen Deutschland gegen Kommunisten (→Reichstagsbrand) und vor dem »Volksgerichtshof« gegen die Angehörigen der →Widerstandsbewegung.

Schdanow, Andrej, sowjetischer Politiker, *Mariupol 26. 2. 1896, †Moskau 31. 8. 1948; schloss sich 1915 den Bolschewiki an, stieg als Anhänger Stalins innerhalb des Apparates der Kommunistischen Partei auf und hatte an der Durchführung der Großen →Tschistka (1935–39) großen Anteil. Im Zweiten Weltkrieg bereitete Schadanow 1940 die Annexion der baltischen Staaten vor und gehörte 1941–44 dem Militärrat der Leningrader Front an. Schdanow, der schon in den 1930er-Jahren die sowjetische Kulturpolitik mit geprägt hatte (sozialistischer Realismus), war seit 1944 als Sekretär des Zentralkomitees der Kommunistischen Partei der Sowjetunion (KPdSU) tätig und versuchte als Leiter der Agitations- und Propagandaabteilung seit 1946 rigoros, Kunst und Wissenschaft auf das Prinzip der bolschewistischen Parteilichkeit festzulegen (»Schdanowschtschina«). 1947–48 stand er an der Spitze des Kominform.

Scheel, Walter, deutscher Politiker, *Höhscheid (heute zu Solingen) 8. 7. 1919; war 1953–74 MdB (FDP), 1961–66 Bundesminister für wirtschaftliche Zusammenarbeit und 1967–69 Vizepräsident des Deutschen Bundestages; setzte sich als Vorsitzender (1968–74) für die programmatische Neuorientierung der FDP (»Freiburger Programm«) und für ein Regierungsbündnis seiner Partei mit der SPD ein. Als Außenminister (1969–74) und Vizekanzler hatte Scheel maßgeblichen Anteil an der Entwicklung, Formulierung und parlamentarischer Durchsetzung der von der sozialliberalen Koalition unter Bundeskanzler Willy Brandt eingeleiteten deutschen Ostpolitik. 1974–79 war Scheel Bundespräsident.

Scheidemann, Philipp, deutscher Politiker (SPD), *Kassel 26. 7. 1865, †Kopenhagen 29. 11. 1939; Buchdrucker, später Journalist; war 1903–18 Mitglied des Reichstags, seit 1911 im Vorstand der SPD, seit 1913 einer der Führer der SPD-Fraktion im Reichstag; vertrat die gemäßigte, von der Mehrheit seiner Partei getragene politische Linie (»Mehrheitssozialist«). In der Regierung von Max Prinz von Baden (3. 10. bis 9. 11. 1918) war Scheidemann Staatssekretär ohne Geschäftsbereich. Nach Ausbruch der →Novemberrevolution rief Scheidemann am 9. 11. 1918 die Republik aus und war Mitglied des Rates der Volksbeauftragten (November 1918 bis Januar 1919). 1919/20 war er Abgeordneter der Weimarer Nationalversammlung, 1920–33 Mitglied des Reichstags. Seit Februar 1919 Ministerpräsident an der Spitze einer Koalition aus SPD, Zentrum und Deutscher Demokratischer Partei (DDP; »Weimarer Koalition«), trat Scheidemann schon im Juni 1919 zurück, da er den Versailler Vertrag für unannehmbar hielt. 1920–25 war er Oberbürgermeister von Kassel. Unter dem Eindruck der einsetzenden NS-Diktatur ging er 1933 ins Exil.

Philipp Scheidemann

Schenk von Stauffenberg, Claus Graf, deutscher Offizier und Widerstandskämpfer, *Schloss Jettingen (heute zu Jettingen-Scheppach, Landkreis Günzburg) 15. 11. 1907, †(hingerichtet) Berlin 20. 7. 1944. Als Anhänger einer »konservativen Revolution« war Schenk von Stauffenberg konservativ-katholisch in seiner Grundeinstellung, aber sozialem Wandel gegenüber aufgeschlossen. Im Zweiten Weltkrieg als Stabsoffizier von 1940 bis Januar 1943 im Oberkommando des Heeres (OKH) tätig, bemühte er sich seit dem deutschen Angriff auf die UdSSR (1941) als Leiter der Abteilung »Fremde Heere Ost« um den Aufbau einer an der Seite Deutschlands kämpfenden russischen Freiwilligenarmee.

Während er zunächst Hitlers Außenpolitik begrüßte, wandelte sich Schenk von Stauffenberg – besonders unter dem Eindruck der Pogrome (1938) sowie der Vernichtungspolitik Hitlers im Zweiten Weltkrieg – ab 1942 zum Gegner der nationalsozialistischen Herrschaft. Nach schwerer Verwundung in Nordafrika (April 1943) seit Oktober 1943 Stabschef beim Allgemeinen Heeresamt, arbeitete er mit einer Gruppe von Gleichgesinnten (→Widerstandsbewegung) generalstabsmäßig einen Umsturzplan aus, der mit einem Attentat auf Hitler verbunden war. Er selbst entschloss sich Anfang Juli 1944, Hitler zu töten und den Staatsstreich in Berlin zu leiten.

Am 1. 7. 1944 als Oberst im Generalstabsdienst zum Stabschef beim Befehlshaber des Ersatzheeres ernannt, gewann er unmittelbaren Zugang zu Hitler. Anlässlich einer militärischen Lagebesprechung brachte er am 20. 7. 1944 im Hauptquartier Hitlers (»Wolfsschanze«) bei Rastenburg eine Bombe zur Explosion, flog nach Berlin zurück und löste im Bendlerblock (Heeresleitung) mit seinen Mitverschworenen den Staatsstreich aus (→Zwanzigster Juli). Nach dem Scheitern der Aktion ließ Generaloberst Friedrich Fromm Schenk von Stauffenberg und

CLAUS GRAF SCHENK VON STAUFFENBERG
***1907 †1944**

- war 1940–43 als Stabsoffizier im Oberkommando des Heeres tätig
- wandelte sich seit 1942 zum Gegner des Nationalsozialismus
- beteiligte sich am 20. 7. 1944 führend am Attentat auf Adolf Hitler

Oskar Schindler. Rund 1200 Juden konnte der Fabrikant (hier bei einem Wiedersehen in Israel 1962) im Zweiten Weltkrieg vor der Ermordung durch die nationalsozialistischen Machthaber retten. Seine Lebensgeschichte wurde durch Steven Spielbergs Film »Schindlers Liste« (1993) weltweit berühmt.

drei Mitverschworene standrechtlich im Bendlerblock (heute »Gedenkstätte Deutscher Widerstand«) erschießen.

Scherbengericht, → Ostrakismos.

Schewardnadse, Eduard, georgischer Politiker, *Mamati (Georgien) 25. 1. 1928; wurde 1948 Mitglied der Kommunistischen Partei (KP) der Sowjetunion (KPdSU); wurde 1976 Vollmitglied des Zentralkomitees (ZK) der KPdSU, 1985 auch ihres Politbüros. Als Außenminister der Sowjetunion (1985–90) setzte Schewardnadse die Impulse der von Michail Gorbatschow eingeleiteten Reformpolitik außenpolitisch um. 1992 kehrte er nach Georgien zurück, das mittlerweile die Unabhängigkeit von der UdSSR erlangt hatte; dort wurde er noch im gleichen Jahr zunächst zum Vorsitzenden des neu gebildeten Staatsrates, dann zum Parlamentspräsidenten (Staatsoberhaupt) gewählt. 1995 wurde Schewardnadse zum Staatspräsidenten gewählt (2000 bestätigt); nach anhaltenden, von Unruhen begleiteten Protesten gegen seine Amtsführung trat er 2003 von diesem Amt zurück.

Schiller, Karl, deutscher Politiker, *Breslau 24. 4. 1911, †Hamburg 26. 12. 1994; war 1947–72 Professor an der Universität Hamburg und Direktor des Instituts für Außenhandel und Überseewirtschaft; wurde 1946 Mitglied der SPD, 1948–53 Wirtschaftssenator in Hamburg, 1961–65 in Berlin; war 1965–72 MdB. Als Bundeswirtschaftsminister (1966–72) erarbeitete Schiller, Verfechter des Keynesianismus und Befürworter der Globalsteuerung, gemeinsam mit Franz Josef Strauß das Stabilitätsgesetz (1967) und suchte durch die »konzertierte Aktion« die Zusammenarbeit der Sozialpartner zu fördern.

Schindler, Oskar, Fabrikant, *Zwittau 28. 4. 1908, †Hildesheim 9. 10. 1974; Sudetendeutscher; übernahm 1939 jüdische Betriebe in Krakau und errichtete eine eigene Emaillierfabrik, in der er v.a. jüdische Arbeiter aus dem Arbeitslager Płaszów beschäftigte, von denen er 1944/45 – auch dank guter Kontakte zu deutschen Stellen – über 1200 vor dem Tod bewahrte. Nach 1945 erhielt er dafür den jüdischen Ehrentitel »Gerechter unter den Völkern«.

Schirach, Baldur von, deutscher Politiker, *Berlin 9. 5. 1907, †Kröv 8. 8. 1974; trat 1925 in die Nationalsozialistische Arbeiterpartei (NSDAP) ein, wurde 1928 Leiter des nationalsozialistischen Studentenbundes, 1931 Reichsjugendführer der NSDAP. Nach der Gleichschaltung der Jugendverbände am 17. 6. 1933 zum »Jugendführer des Deutschen Reiches« ernannt, baute Schirach die → Hitler-Jugend zur »Staatsjugend« aus. Seine Bemühungen, die gesamte Jugenderziehung an sich zu ziehen, führten zu Konflikten mit konkurrierenden Kräften in Staat und Partei. Seit Kriegsbeginn entglitt ihm zunehmend die Kontrolle über seine Organisation. Nach der Teilnahme am Westfeldzug wurde Schirach am 7. 8. 1940 Gauleiter und Reichsstatthalter in Wien, zugleich »Beauftragter für die Inspektion der gesamten Hitler-Jugend«, ab September 1940 auch zuständig für die »Kinderlandverschickung«. 1946 wurde er in Nürnberg wegen Beteiligung an der Deportation österreichischer Juden zu 20 Jahren Gefängnis verurteilt.

Schiwkow [ʒ-], Todor, bulgarischer Politiker, *Prawez (Gebiet Sofia) 7. 9. 1911, †5. 8. 1998; seit 1932 Mitglied der Kommunistischen Partei (KP); war im September 1944 führend am kommunistischen Umsturz beteiligt; wurde 1948 Mitglied des Zentralkomitees (ZK), 1950 ZK-Sekretär und 1951 Mitglied des Politbüros. Als Erster Sekretär des ZK der KP (1954–89; seit 1981 Generalsekretär) hatte Schiwkow maßgeblichen Anteil am Ausbau von Staat und Gesellschaft nach marxistisch-leninistischem Muster sowie an der engen Anlehnung Bulgariens an die UdSSR; 1962–71 war er zugleich Ministerpräsident und 1971–89 Vorsitzender des Staatsrates (Staatspräsident).

Mit einer verschärften Politik der »Zwangsbulgarisierung« der türkischen Minderheit löste er in den von Bulgarotürken bewohnten Gebieten im Mai 1989 schwere Unruhen aus. Am 10. und 17. 11. 1989 wurde er von der Bürgerbewegung zum Rücktritt gezwungen. Wenig später auch aus der KP ausgeschlossen, wurde Schiwkow verhaftet (18. 1. 1990) sowie wegen Veruntreuung zu Hausarrest verurteilt (bis 20. 1. 1997).

Schleicher, Kurt von, deutscher General und Politiker, *Brandenburg/Havel 7. 4. 1882, †(ermordet) Neubabelsberg (heute zu Potsdam) 30. 6. 1934; war seit 1913 im Großen Ge-

neralstab, während des Ersten Weltkriegs in der Obersten Heeresleitung tätig, arbeitete 1918–19 als Referent in politisch-militärischer Doppelfunktion im Stab General Wilhelm Groeners, dann im Truppenamt als enger Mitarbeiter General Hans von Seeckts. 1926 übernahm Schleicher die Leitung der neu gebildeten Wehrmachtsabteilung im Reichswehrministerium.

Unter Reichswehrminister Groener (Januar 1926–Mai 1932) gewann er – zum Generalmajor befördert und zum Chef des Ministeramtes im Reichswehrministerium ernannt – wachsenden politischen Einfluss, besonders durch seine Einwirkung auf den Reichspräsidenten Paul von Hindenburg. Gestützt auf dessen Vertrauen, bestimmt von dem Ziel, eine stärker autoritär ausgerichtete Staatsführung aufzubauen, betrieb Schleicher seit Ende 1929 den Sturz der parlamentarisch getragenen Reichsregierung unter Heinrich Müller (SPD) und bewog Hindenburg, den Zentrumspolitiker Heinrich Brüning zum Reichskanzler zu ernennen. Im Mai 1932 trug Schleicher entscheidend zum Sturz Brünings bei. Auf Schleichers Initiative hin ernannte Hindenburg am 1. 6. 1932 Franz von Papen zum Reichskanzler, in dessen Regierung Schleicher Reichswehrminister wurde. Vom 2. 12. 1932 bis 28. 1. 1933 selbst Reichskanzler (und Reichswehrminister), bemühte er sich vergeblich um Rückhalt bei Gewerkschaften und Parteien. Seinen Vorschlag einer befristeten Diktatur, um die Regierungsbildung durch Hitler zu verhindern, lehnte Hindenburg Ende Januar 1933 ab und entzog ihm sein Vertrauen. Im Verlauf des →Röhm-Putsches wurde Schleicher von der SS ermordet.

Schlesien, polnisch **Śląsk** [ɕlɔ̃sk], tschechisch **Slezsko** [ˈslɛskɔ], historisches Gebiet in Mitteleuropa, in Polen, der kleinere Südwestteil in Sachsen, ein kleiner Südteil in der Tschechischen Republik (Hultschin), umfasst das Einzugsgebiet der oberen und mittleren Oder und reicht im Südwesten bis etwa zur Wasserscheide der Sudeten, im Südosten zur Oberschlesischen Platte (Oberschlesische Hochfläche).

GESCHICHTE: Die 1000 gegründete Diözese Breslau deutet erstmals eine räumliche Einheit von Schlesien an, das als Teilgebiet der polnischen Dynastie der Piasten ab 1138 eine Sonderentwicklung nahm. Durch die Erbteilungen unter den schlesischen Piasten entstanden bis zu 17 Teilherzogtümer, hinzu kam das geistliche Fürstentum Breslau-Neiße. 1335/48 erfolgte die Lehnsbindung an Böhmen, mit dem Schlesien 1526/1527 an das Haus Österreich kam. Im Prager und im Westfälischen Frieden (1635 bzw. 1648) blieben Sondervergünstigungen unter internationaler Garantie für die letzte Piastenlinie und die Stadt Breslau, verstärkt 1707 durch die Konvention von Altranstädt. Durch die drei →Schlesischen Kriege (1740–63) wurden $^6/_7$ des Landes preußisch; $^1/_7$ blieb bis 1918 österreichisch (nach 1804 Kronland) und wurde dann zwischen Polen und der Tschechoslowakei geteilt.

Das Ende des Ersten Weltkrieges brachte Mittelschlesien und Oberschlesien Gebietsverluste und schließlich die Teilung zwischen Polen und dem Deutschen Reich. Nach dem Zweiten Weltkrieg kam Schlesien durch das Potsdamer Abkommen mit Ausnahme des kleinen Gebiets westlich der Lausitzer Neiße unter polnische Verwaltung. In Niederschlesien gibt es aufgrund von Flucht und Ausweisung – während der Hauptwelle 1945/46 waren es rund 1,4 Millionen Menschen – bzw. wegen der Spätaussiedlungen heute nur noch eine kleine deutsche Minderheit. Aus dem 1921 beim Deutschen Reich belassenen Teil von Oberschlesien wurden bis Ende 1947 rund 170 000 Personen ausgewiesen, rund 150 000 wanderten zwischen 1956 und 1965 aus. Mit dem Deutsch-Polnischen Vertrag von 1970 begann eine weitere Aussiedlungsphase. Im Deutsch-Polnischen Grenzvertrag wurde Schlesien als zu Polen gehörig anerkannt.

Schlesische Kriege, die Kriege, die der preußische König Friedrich II., der Große, um den Besitz von Schlesien gegen Österreich führte.

Als nach dem Tod Kaiser Karls VI. (1740) trotz weit gehender Anerkennung der Pragmatischen Sanktion von 1713 die Erbfolge Maria Theresias in den habsburgischen Landen bestritten wurde, nahm Friedrich ältere brandenburgische Ansprüche auf das Fürstentum Jägerndorf zum Vorwand, um in Schlesien einzumarschieren (16. 12. 1740). Er erstürmte im 1. Schlesischen Krieg (1740–42) die seit 22. 12. 1740 eingeschlossene österreichische Festung Glogau (9. 3. 1741), siegte bei Mollwitz nahe Brieg (10. 4. 1741) über ein österreichisches Heer und schloss am 4. 6. 1741 ein Bündnis mit Frankreich, wodurch sich der Krieg zum →Österreichischen Erbfolgekrieg ausweitete. Nach dem preußischen Sieg bei Chotusitz nahe Tschaslau (tschechisch Chotusice; 17. 5. 1742) kam nach dem Vorfrieden von Breslau (11. 6. 1742) der Berliner Friede (28. 7. 1742) zustande; Maria Theresia verzichtete auf Niederschlesien, Teile Oberschlesiens und Glatz.

1744 nahm Friedrich den Krieg gegen Österreich wieder auf (2. Schlesischer Krieg, 1744/45), weil die im Österreichischen Erbfolgekrieg erzielten Erfolge Maria Theresias und ihr Bündnis mit Sachsen den Besitz Schlesiens gefährdeten . Friedrich erneuerte das Bündnis mit Frankreich (5. 6. 1744) und dehnte es zu einer Offensivallianz aus. Er eroberte Prag (16. 9. 1744), musste es aber bald wieder räumen. Um die militärischen Erfolge zu nutzen, schloss Österreich sich mit Sachsen, Großbritannien und den Niederlanden zur Warschauer »Qua-

Kurt von Schleicher

drupelallianz« zusammen. Nach kleineren Gefechten setzte sich Preußen bei Hohenfriedeberg (4. 6. 1745) durch, jedoch war Maria Theresia erst nach den preußischen Siegen bei Soor nahe Trautenau über die Österreicher am 30. 9. und bei Kesselsdorf nahe Dresden über die Sachsen am 15. 12. zum Frieden bereit. Im Frieden von Dresden (25. 12. 1745) sicherte sich Friedrich II. den Besitz Schlesiens und erkannte Franz I., den Gemahl Maria Theresias, als Kaiser an.

Der 3. Schlesische Krieg (1756–63) weitete sich zum →Siebenjährigen Krieg aus.

Alfred Graf von Schlieffen

Schleswig, ehemaliges Herzogtum an Eider und Schlei. Es umfasste ein seit der Karolingerzeit zwischen Dänen und Fränkischem Reich umstrittenes Gebiet, in dem der dänische König Göttrik eine Wallanlage errichten ließ (Danewerk). Schleswig kam zwischen 1025 und 1035 an den Dänenkönig Knut dem Großen. Seit Ende des 11. Jh. war es weitgehend selbstständiges Herzogtum (→Holstein).

Schleswig-Holstein, Land im Norden der Bundesrepublik Deutschland.

GESCHICHTE: 1375/86 erhielten die Schauenburger Grafen, die seit 1110 in der Grafschaft (seit 1474 Herzogtum) →Holstein regierten, das Herzogtum →Schleswig als dänisches Lehen. Nach ihrem Aussterben wurde 1460 der dänische König Christian I. Landesherr von Holstein und Schleswig unter der Zusage, dass beide Lande »ewig ungeteilt« zusammenbleiben sollten. Dennoch kam es 1490, 1544, 1564 und 1581 zu Landesteilungen, die schließlich mit einem Kondominium von zwei Fürsten aus dem Hause Oldenburg endeten, von denen einer zugleich König von Dänemark, der andere nur Herzog (Dynastie Gottorf) war. Die Reformation festigte durch die gemeinsame Kirchenverfassung Johannes Bugenhagens (1537/42) den Zusammenhalt der Herzogtümer. Nach politischem Machtverlust des Adels wurde 1675 der letzte vollständige Landtag der Herzogtümer einberufen. Erst 1773 waren die beiden Länder wieder unter einer Krone Teil des dänischen Gesamtstaates. Ihre Regierungsorgane unterstanden der Deutschen Kanzlei in Kopenhagen. 1806 gliederte der dänische König das herrenlose Holstein ein, trat jedoch 1815 als Herzog von Holstein und Lauenburg dem Deutschen Bund bei.

Das Aufkommen nationaler und liberaler Ideen führte zu verstärkten Spannungen im Gesamtstaat: Die »Schleswig-Holsteiner« erstrebten den Anschluss beider Herzogtümer an das künftige Deutsche Reich; die »Eiderdänen« wollten ganz Schleswig fest mit Dänemark verbinden. Als Friedrich VII. am 21. 3. 1848 die Annexion Schleswigs durch Dänemark proklamierte, kam es zur schleswig-holsteinischen Erhebung in Kiel, die sich durch das Eingreifen des Deutschen Bundes zum Deutsch-Dänischen Krieg (1848–50) ausweitete. Es folgten der Deutsch-Dänische Krieg von 1864 und der Deutsche Krieg (1866), die mit der Einverleibung von Schleswig-Holstein als preußische Provinz (ab 1876 mit dem Herzogtum Lauenburg, ab 1890 mit Helgoland) endeten. 1920 kam Nordschleswig durch Volksabstimmung an Dänemark.

1946 wurde aus der preußischen Provinz das Land Schleswig-Holstein gebildet. Ministerpräsidenten waren Hermann Lüdemann (SPD, 1947–49), Bruno Diekmann (SPD, 1949/50), Walter Bartram (CDU, 1950/51), Friedrich Wilhelm Lübke (CDU, 1951–54), Kai-Uwe von Hassel (CDU, 1954–63), Helmut Lemke (CDU, 1963–71), Gerhard Stoltenberg (CDU, 1971–82), Uwe Barschel (CDU, 1982 bis 1987), Björn Engholm (SPD, 1987–93), Heide Simonis (SPD, 1993–2005, als erste Ministerpräsidentin eines Bundeslandes überhaupt) und Peter Harry Carstensen (CDU, seit 2005).

Schlieffen, Alfred Graf von, preußischer Generalfeldmarschall (seit 1911), *Berlin 28. 2. 1833, †ebenda 4. 1. 1913; war 1891–1905 Chef des Generalstabs der preußischen Armee. Schlieffen versuchte, durch den Aufbau technischer Truppen den Erfordernissen des modernen Krieges zu entsprechen. Er sah die höchste Führungskunst in der doppelseitigen Umfassung und anschließenden Vernichtung des Gegners (Vorbild: Schlacht von Cannae).

Schlieffenplan, von Alfred Graf von Schlieffen 1905 entwickelter strategisch-operativer Aufmarsch- und Feldzugsplan zur Führung eines Einfrontenkrieges gegen Frankreich bzw. eines Zweifrontenkrieges gegen Frankreich und Russland. Grundgedanke des Schlieffenplans war die Konzentration der Masse des deutschen Feldheeres im Westen

Schmalkaldischer Krieg. Kurfürst Johann Friedrich I., von Sachsen wurde während der Schlacht bei Mühlberg am 24. 4. 1547 von Karl V. gefangen genommen, seine Ehefrau Sybille bat den Kaiser kniefällig um Gnade (Ausschnitt eines Gemäldes aus der Cranach-Werkstatt, nach 1554).

bei gleichzeitiger strategischer Defensive im Osten. Operatives Ziel war die Vernichtung des französischen Heeres in wenigen Wochen bei fehlender eigener Überlegenheit; im Fall des Krieges auch gegen Russland sollte anschließend unverzüglich der Schwerpunkt nach Osten verlegt werden. Da ein frontaler Angriff auf den französischen Festungsgürtel zwischen Belfort und Verdun keine Aussicht auf Erfolg bot, sollte das französische Heer umgangen und gegen den Festungsgürtel sowie die schweizerische Grenze gedrückt werden (bei Bruch der belgischen, luxemburgischen und niederländischen Neutralität). Schlieffens Nachfolger, Generaloberst Helmuth von Moltke, modifizierte den Schlieffenplan, ohne vom Grundgedanken abzugehen. Der Schlieffenplan beeinflusste die Kriegsführung der deutschen Heeresleitung am Beginn des Ersten Weltkriegs entscheidend.

Schmalkaldischer Bund, das am 27. 2. 1531 in Schmalkalden zur Verteidigung der protestantischen Sache gegen die drohende Reichsexekution (»Augsburgischer Reichstagsabschied« von 1530) geschlossene Bündnis zwischen dem Landgrafen Philipp I., dem Großmütigen, von Hessen, dem Kurfürsten Johann Friedrich I., dem Großmütigen, von Sachsen, den Herzögen Philipp von Braunschweig-Grubenhagen und Ernst dem Bekenner von Braunschweig-Lüneburg, den Grafen von Anhalt-Bernburg und Mansfeld sowie drei nieder- und acht oberdeutschen Reichsstädten.

Die »Verfassung zur eilenden Hilfe und Gegenwehr« von 1533 setzte den Landgrafen von Hessen und den Kurfürsten von Sachsen als Bundeshauptleute ein; von ihnen war nach Beschluss der Bundesversammlung die Streitmacht des Bundes zur Verteidigung des Glaubens ins Feld zu führen. Die politische Bedeutung des Schmalkaldischen Bundes wuchs mit der Rückeroberung Württembergs und der Wiedereinsetzung Herzog Ulrichs in sein Amt (1534). Der Schmalkaldische Bund wurde zu einem europäischen Machtfaktor; Kaiser, Papst und ausländische Mächte verhandelten mit ihm, doch war er in sich uneins: Kursachsen folgte der Abneigung Martin Luthers gegen kriegerische Handlungen, Hessen wurde durch die Doppelehe des Landgrafen Philipp und die aus ihr folgenden reichsrechtlichen Schwierigkeiten geschwächt. Philipp schloss schließlich 1541 mit dem Kaiser einen Geheimvertrag. So konnte der Kaiser nach dem Scheitern der Unionsverhandlungen in Regensburg (1546) im Schmalkaldischen Krieg den Gegenschlag führen.

Schmalkaldischer Krieg, der Feldzug Karls V. gegen den →Schmalkaldischen Bund. Nach dem Frieden von Crépy (1544) konnte Karl V. offen gegen den Schmalkaldischen Bund vorgehen und die Bundeshauptleute, Johann Friedrich I. von Sachsen und Philipp I. von Hessen, 1546 in die Reichsacht erklären. Karl V. gewann im Donaufeldzug die Oberhand. Als Johann Friedrich nach Thüringen zurückkehrte, um sein von seinem albertinischen Vetter, Herzog Moritz von Sachsen, besetztes Land zurückzugewinnen, unterwarf sich Süddeutschland dem Kaiser. In der Schlacht auf der Lochauer Heide bei Mühlberg/Elbe (24. 4. 1547) unterlag Johann Friedrich und geriet in Gefangenschaft; Landgraf Philipp ergab sich. Der Bund war damit aufgelöst, nur Magdeburg behauptete sich. Da der neue Kurfürst Moritz von Sachsen mit der Fürstenverschwörung wieder vom Kaiser abfiel, vermochte Karl V. keinen dauernden politischen Gewinn aus seinem Sieg zu ziehen.

Carlo Schmid

Schmid [ʃmiːt, ʃmɪt], Carlo, deutscher Politiker, *Perpignan 3. 12. 1896, †Bonn 11. 12. 1979; wurde 1946 Professor für Völkerrecht in Tübingen, 1953 Professor für politische Wissenschaften in Frankfurt am Main. Schmid beteiligte sich nach 1945 in der französischen Besatzungszone führend am Aufbau des Landes Württemberg-Hohenzollern; er war dort u. a. 1947–48 stellvertretender Ministerpräsident. Als Mitglied des Parlamentarischen Rates (1948/49) und Vorsitzender seines Hauptausschusses hatte er maßgeblichen Anteil an der Gestaltung des Grundgesetzes. 1949–72 war er MdB (SPD), 1949–66 und 1969–72 Vizepräsident des Bundestages, 1963–66 Präsident der parlamentarischen Versammlung der Westeuropäischen Union (WEU), 1966–69 Bundesminister für Angelegenheiten des Bundesrates und der Länder und 1969–79 Koordinator für die deutsch-französische Zusammenarbeit.

Schmidt, Helmut, deutscher Politiker, *Hamburg 23. 12. 1918; Diplomvolkswirt; trat 1946 der SPD bei; war 1953–62 und 1965–87 MdB. 1961–65 war Schmidt Innensenator in Hamburg, während der großen Koalition (1966–69) Vorsitzender der SPD-Bundestagsfraktion, 1968–83 stellvertretender Vorsitzender der SPD. Nach Bildung der sozialliberalen Koalition unter Bundeskanzler Willy Brandt führte Schmidt als Bundesverteidigungsminister (1969–72) Reformen in der Bundeswehr durch; von Juli bis Dezember 1972 war er Bundeswirtschafts- und Finanzminister, von Dezember 1972 bis Mai 1974 Bundesfinanzminister. Nach dem Rücktritt Brandts als Bundeskanzler (7. 5. 1974) wählte der Bundestag Schmidt am 16. 5. 1974 zu dessen Nachfolger; Schmidt setzte die Koalition von SPD und FDP fort. Die Bundestagswahlen von 1976 und 1980 bestätigten Schmidt im Amt.

HELMUT SCHMIDT
***1918**

- war 1961–65 Innensenator in Hamburg und 1969–74 Bundesminister verschiedener Ressorts
- wurde 1974 vom Bundestag zum Bundeskanzler gewählt
- bekämpfte entschieden den Terrorismus der RAF
- war maßgeblich an der Formulierung des NATO-Doppelbeschlusses beteiligt
- wurde 1982 durch ein konstruktives Misstrauensvotum als Bundeskanzler abgelöst

Die Politik unter Schmidt war innenpolitisch von den Herausforderungen einer Wirtschaftsrezession geprägt: Bewältigung der Arbeitslosigkeit, Förderung des wirtschaftlichen Wachstums, Erhaltung der Geldwertstabilität, Sanierung des Rentensystems und Kostendämpfung im Gesundheitswesen. Besonders als Wirtschafts- und Finanzpolitiker gewann er großes Ansehen im In- und Ausland. Seine Regierung weitete 1976 den Bereich der Unternehmensmitbestimmung aus. Angesichts steigender Erdölpreise in den 1970er-Jahren, der Hauptursache der Rezession, setzte sich Schmidt für den begrenzten Ausbau der friedlich genutzten Kernenergie ein. Die größte innenpolitische Herausforderung in seiner Amtszeit war der Terrorismus der RAF (»Rote-Armee-Fraktion«), der seinen Höhepunkt im »Deutschen Herbst« 1977 hatte, und den er entschlossen im Rahmen rechtsstaatlicher Normen bekämpfte.

Helmut Schmidt. Durch die Bewältigung wirtschafts- und innenpolitischer Krisen und durch seine energisch, hohen moralischen Grundsätzen verpflichtete Amtsführung als Bundeskanzler erwarb sich Schmidt hohes Ansehen im In- und Ausland, blieb aber innerhalb der SPD umstritten.

Außenpolitisch setzte Schmidt die Politik Brandts fort, besonders in den Bemühungen um Entspannung im Ost-West-Konflikt, u.a. auf der Konferenz über Sicherheit und Zusammenarbeit in Europa (KSZE, 1973–75) und ihren Folgekonferenzen; zugleich verfolgte er die von Brandt begonnene Vertragspolitik gegenüber der UdSSR, Polen und der DDR weiter. Angesichts der von der UdSSR betriebenen Politik der Hochrüstung setzte der von Schmidt maßgeblich mitformulierte NATO-Doppelbeschluss (1979) neue Akzente in der internationalen Entspannungs- und Abrüstungsdiskussion. Auf Gipfelkonferenzen der führenden marktwirtschaftlich strukturierten Staaten engagierte sich Schmidt bei der Lösung wirtschafts- und sozialpolitischer Probleme auf europäischer Ebene. Mit dem französischen Staatspräsidenten Valéry Giscard d'Estaing initiierte er das Europäische Währungssystem. Wachsende Spannungen zwischen SPD und FDP über wirtschafts- und sozialpolitische Fragen führten am 17. 9. 1982 zum Bruch der sozialliberalen Koalition; Schmidt übernahm zusätzlich das Amt des Außenministers. Am 1. 10. 1982 wurde Schmidt als (bisher einziger) Bundeskanzler im Rahmen eines konstruktiven Misstrauensvotums vom Deutschen Bundestag abgelöst und Helmut Kohl (CDU) zu seinem Nachfolger gewählt. Seit 1983 ist er Mitherausgeber der Wochenzeitung »Die Zeit«.

Scholastik [mittellatein. scholastica »Schulwissenschaft«, »Schulbetrieb«, zu latein. scholasticus »zur Schule gehörend«, von griech. scholastikós »studierend«]; 1) die »mittelalterliche« Philosophie als Schullehre, 2) im engeren Sinne die in Schulen des Mittelalters (besonders Laon, Melun, Paris, Schulen von Saint-Victor und Chartres) ausgebildete Theologie und Philosophie. Inhaltlich ist sie gekennzeichnet durch die harmonische Verbindung der christlichen Offenbarungslehre mit philosophischem Denken auf dem Grund einer angenommenen Einheit des menschlichen Geistes, methodisch durch die scholastische Methode: klares Herausarbeiten der Fragen (»Quaestio«), scharfe Abgrenzung und Unterscheidung der Begriffe (»Distinctio«), logisch geformte Urteile und geführte Beweise sowie Erörterung der Gründe und Gegengründe in formstrenger Disputation.

FRÜHSCHOLASTIK (9.–12. JH.): Aus dem Unterricht in den sieben freien Künsten (Artes liberales) an den Dom- und Klosterschulen erwuchs die scholastische Philosophie, aus der Unterweisung in der christlichen Glaubenslehre die scholastische Theologie. Die Lehrer des frühen Mittelalters beschränkten sich darauf, die vorzeitliche Weisheit zu sammeln und weiterzugeben; nur Johannes Scotus Eriugena ragt in dieser Zeit hervor. Die gegensätzlichen Aussprüche der Autoritäten suchte dann das 11. Jh. mithilfe der Dialektik auszugleichen. So entstand die scholastische Methode des »Sic et non« (»Ja und nein«) durch Petrus Abaelardus.

Anselm von Canterbury erstrebte das Verständnis des Glaubensinhalts. Von philosophischen Fragen bewegte v.a., ob den Allgemeinbegriffen (Universalien) Seinscharakter oder nur die kennzeichnende Eigenschaft von Namen zukomme. So genannte Sentenzenbücher fassten jetzt das Wissen systematisch zusammen und suchten es spekulativ zu durchdringen, z.B. die Sentenzenbücher des Petrus Lombardus.

HOCHSCHOLASTIK (13. JH.): Zur Blüte trieb sie das Bekanntwerden auch naturphilosophischer Schriften des Aristoteles und der arabisch-jüdischen Philosophie, u.a. Averroes, Avicenna, Moses Maimonides, der Zusammenschluss der Schulen zu Universitäten und schließlich der Eintritt der Dominikaner und Franziskaner in die Wissenschaft. Ihren literarischen Ausdruck fand die Scholastik jetzt v.a. in großen systematischen Werken, den »Sum-

SCHOLASTIK | *Anfänge der Universitäten*

Das Bildungswesen des frühen Mittelalters war durch Kloster- und Kathedralschulen geprägt, denen aber nur eine örtliche oder regionale Bedeutung zukam. Sie dienten primär der Ausbildung für eine Position in Kirche oder Staat. Mit der wachsenden Bedeutung der Städte, der breiten Rezeption der arabischen Wissenschaft sowie der Wiederentdeckung von Aristoteles, dem bedeutendsten Philosophen und Gelehrten der Antike, kam es zu Zusammenschlüssen von Lehrern und Studenten. Diese soziale Einheit – nicht die Gesamtheit der Wissenschaften – ist mit dem mittelalterlichen Begriff der »universitas« gemeint.

Bologna und Paris beanspruchen für sich, jeweils die älteste europäische Universität zu beherbergen – im Bild erteilt der französische König Philipp II. Augustus im Jahre 1200 den Magistern und Studenten der Universität Paris das erste königliche Privileg (französische Buchmalerei, 13. Jh.; Paris, Bibliothèque Nationale de France). Erst im 13. und 14. Jh. wurden nach diesen beiden Vorbildern neue Universitäten förmlich gegründet, darunter mit Prag (1348) die erste Universität auf dem Boden des heiligen Römischen Reichs. Im Jahr 1500 gab es in Europa bereits 100 Universitäten, davon 16 im Heiligen Römischen Reich.

Unter dem Schutz von Papst, Kaiser und Königen entwickelten sich die Universitäten zu internationalen Zentren mittelalterlicher Gelehrsamkeit. Ihre Absolventen, die mit führenden Aufgaben in kirchlicher, staatlicher und städtischer Verwaltung betraut wurden, stellten die Elite in der mittelalterlichen Gesellschaft.

men« (Summa), etwa der »Summa theologica« des Thomas von Aquin. Drei Richtungen traten besonders hervor: Zu dem konservativen Augustinismus der älteren Franziskanerschule, namentlich Bonaventura, stand der von kirchlich-theologischer Seite vielfach angegriffene Averroismus im schroffsten Gegensatz. Der fortschrittliche christliche Aristotelismus (Albertus Magnus, Thomas von Aquin) setzte sich jedoch im Kampf gegen beide Richtungen durch; dem Thomismus erwuchs dann aber in der jüngeren Franziskanerschule des Johannes Duns Scotus ein mächtiger Gegner. Die Naturforschung wurde durch Denker wie Roger Bacon gefördert. Kennzeichnend war auch die enge Verbindung der Scholastik mit der Mystik.

SPÄTSCHOLASTIK (14. UND 15. JH.): Mit dem von Wilhelm von Ockham eingeleiteten spätmittelalterlichen Nominalismus begann die Auflösung der großen Einheit des mittelalterlichen Denkens. Bezeichnend waren die Auseinandersetzungen zwischen den verschiedenen Ordensdoktrinen, zwischen der Via moderna (»moderner Weg«) und der Via antiqua (»alter Weg«). Allmählich löste sich die Philosophie von der Theologie ab. Wegbereitend für die Physik der Neuzeit waren Bereicherungen der Naturforschung, Logik und Wissenschaftslehre (u.a. Ockham). Neben die alten Schulen der Thomisten und Skotisten trat die neue Jesuitenschule. Besonders einflussreich war Francisco Suárez, dessen Philosophie neben den katholischen auch eine große Anzahl von protestantischen Universitäten für sich gewann. Von seiner Schule führen Verbindungslinien zu Gottfried Wilhelm Leibniz und Christian Freiherr von Wolff.

WIRKUNGSGESCHICHTE: Über Wiederbelebungsversuche der Scholastik seit Mitte des 19. Jh. (Neuscholastik) und kirchengeschichtliche und dogmatischen Fragen (Neuthomismus) hinaus geht es heute um die (Neu-)Bewertung einzelner Zeitabschnitte der Scholastik und der Leistungen einzelner Denker des Mittelalters wie auch um die Erforschung der Bedeutung von mittelalterlicher Logik und Mathematik für die Entstehungsgeschichte der Naturwissenschaften.

Scholl,

1. Hans, deutscher Widerstandskämpfer, * Ingersheim (heute zu Crailsheim) 22. 9. 1918, † (hingerichtet) München 22. 2. 1943; Bruder von Sophie Scholl; war während seiner Schulzeit Mitglied der HJ und Anhänger des Nationalsozialismus; wurde 1937 wegen bündischer Jugendarbeit verhaftet; studierte seit 1939 Medizin; wurde 1940 als Sanitätssoldat eingesetzt. Kriegseindrücke und Einflüsse katholischer Gegner des NS-Regimes machten Scholl zum Widerstandskämpfer. Zusammen mit Freunden gründete er 1942 an der Münchener Uni-

Gerhard Schröder. Mit einem pragmatischen Kurs gelang es dem niedersächsischen Ministerpräsidenten, bei der Bundestagswahl von 1998 die »neue Mitte« der Gesellschaft als Wähler für sich zu gewinnen. Der Sieg der SPD (hier Schröder am Wahlabend) besiegelte das Ende der 16-jährigen Regierungszeit Helmut Kohls.

versität die Widerstandsgruppe →Weiße Rose. Bei einer Flugblattaktion mit seiner Schwester wurde er am 18. 2. 1943 verhaftet und am 22. 2. vom Volksgerichtshof zum Tode verurteilt.

2. Sophie, deutsche Widerstandskämpferin, *Forchtenberg 9. 5. 1921, †(hingerichtet) München 22. 2. 1943; Schwester von Hans Scholl; studierte seit 1942 Biologie und Philosophie; schloss sich der von ihrem Bruder Hans gegründeten →Weißen Rose an.

Schottland, englisch **Scotland** ['skɔtlənd], Landesteil von →Großbritannien und Nordirland, umfasst den Nordteil der Insel Großbritannien sowie die Hebriden, die Orkney- und die Shetlandinseln.

GESCHICHTE: Zur Zeit der Antike war das nördliche Schottland von den Pikten bewohnt, gegen die die Römer den Hadrianswall und den Antoniuswall errichteten. Seit dem frühen 5. Jh. n. Chr. wanderten irische Skoten ein. Sie verschmolzen mit den Pikten und bildeten 844 das Königreich Alba. Sitz der Könige wurde Ende des 11. Jh. Edinburgh. Das Verhältnis zu England war einerseits durch politisch-kulturelle Verbindungen geprägt (Lehnssystem nach normannischem Muster), andererseits durch den Versuch, die Eigenständigkeit zu wahren.

Hermann Schulze-Delitzsch

Nach dem Aussterben der Dynastie Canmore 1286 zwang der englische König Eduard I. Schottland unter seine Lehnsoberhoheit. Erst Robert I. Bruce errang nach der Schlacht von Bannockburn 1314 die Unabhängigkeit zurück, jedoch geriet das Königtum in der Folgezeit wiederholt in starke Abhängigkeit vom schottischen Adel (Familien Albany, Arran, Douglas). Nach dem Erlöschen des Hauses Bruce 1371 gelangte das Haus Stuart auf den Thron. Jakob IV. begründete durch seine Ehe mit einer Tudor den Erbanspruch der Stuarts auf die englische Krone. Die Reformation entwickelte sich, vom Adel unterstützt, unter der Führung von John Knox nach kalvinistischem Vorbild. Die katholische Politik Maria Stuarts führte zu ihrer Niederlage und Flucht nach England. Ihr Sohn Jakob VI. wurde 1603 als Jakob I. auch König von England.

England und Schottland wurden im 17. Jh. in Personalunion regiert; seit 1707 sind sie in Realunion verbunden. Trotz des Zusammenwachsens mit England in politischer und wirtschaftlicher Hinsicht hat sich Schottland stets Eigenständigkeit gegenüber London bewahrt.

Schröder, Gerhard, deutscher Politiker (SPD), *Mossenberg (heute zu Blomberg) 7. 4. 1944; Rechtsanwalt; seit 1963 Mitglied der SPD; war 1978–80 Bundesvorsitzender der Jungsozialisten, 1980–86 MdB (wieder seit 1998), 1986–98 Mitglied des Landtags von Niedersachsen und 1990–98 Ministerpräsident Niedersachsens. 1999–2004 war er Bundesvorsitzender der SPD.

1998 wurde Schröder Bundeskanzler einer Koalition aus SPD und Bündnis 90/Die Grünen (durch die Bundestagswahl von 2002 im Amt bestätigt); er stand damit auf Bundesebene dem ersten Regierungsbündnis in der Geschichte der Bundesrepublik vor, das sich ausschließlich aus Parteien zusammensetzte, die dem linken Lager des Parteienspektrums zugerechnet werden. Unter seiner Kanzlerschaft beteiligte sich Deutschland an der NATO-Militäraktion im Kosovo (1999) und am Einsatz amerikanischer Truppen in Afghanistan (ab 2001). Am Irakkrieg (2003) beteiligte sich Deutschland unter Schröders Führung jedoch explizit nicht. In der Wirtschafts-, Sozial-, Innen- und Umweltpolitik leitete Schröder v. a. in seiner zweiten Amtszeit punktuell tief greifende Reformen ein (»Agenda 2010«), die innerhalb der SPD zunehmend auf Widerstand stießen. Die vorgezogene Bundestagswahl von 2005, die von Schröder durch eine (negativ beschiedene) Vertrauensfrage herbeigeführt worden war, führte zum Ende der rot-grünen Regierungskoalition.

Schroeder ['ʃrø-], Louise, deutsche Politikerin, *Altona (heute zu Hamburg) 2. 4. 1887, †Berlin 4. 6. 1957; war 1919/20 Abgeordnete in der Nationalversammlung und 1920–33 Mitglied des Reichstags (SPD). Schroeder war maßgeblich an der Gründung der Arbeiterwohlfahrt beteiligt; sie wurde 1946 Bürgermeisterin von Berlin. Am 8. 5. 1947 als amtierende Oberbürgermeisterin von Berlin eingesetzt, vertrat sie bis zum 14. 1. 1949 den zum Oberbürgermeister gewählten, aber auf ein sowjetisches Veto hin von der Alliierten Kommandantur nicht bestätigten Ernst Reuter (SPD). 1949–51 war sie stellvertretende Oberbürgermeisterin, 1949–57 Abgeordnete (Berlins) im Bundestag.

Schukow, Georgij, Marschall der Sowjetunion (seit 1943), *Strelkowka (bei Kaluga)

1. 12. 1896, †Moskau 18. 6. 1974; war seit 1918 in der Roten Armee; kämpfte im Bürgerkrieg als Kavallerist, befehligte 1939 eine Armeegruppe der sowjetisch-mongolischen Truppen gegen die in die Mongolische Volksrepublik eingedrungenen Japaner. Von Februar bis Juli 1941 war Schukow Generalstabschef und stellvertretender Volkskommissar für Verteidigung, nach dem deutschen Angriff auf die UdSSR (22. 6. 1941) Oberbefehlshaber verschiedener Fronten (u. a. der Westfront 1941–42 in der Schlacht um Moskau), 1942–45 Stellvertreter des Oberkommandierenden. Er koordinierte 1942–43 die sowjetischen Militäraktionen in den Schlachten um Stalingrad und am Kursker Bogen.

Als Oberbefehlshaber der 1. Weißrussischen Front (seit 1944) stieß Schukow mit seinen Truppen nach Berlin vor und nahm am 8./9. 5. 1945 in Berlin-Karlshorst die deutsche Kapitulation entgegen. 1945–46 war er Oberbefehlshaber der sowjetischen Truppen in Deutschland und Chef der Sowjetischen Militäradministration (SMAD). 1946–53 auf zweitrangige Posten versetzt (Befehlshaber des Militärbezirks in Odessa, später im Ural), wurde Schukow nach dem Tode Stalins (1953) stellvertretender Verteidigungsminister (1955–57 offiziell im Amt), 1953–57 Vollmitglied des Zentralkomitees der Kommunistischen Partei der Sowjetunion (KPdSU), 1957 dann auch des Präsidiums der Partei. 1957 unterstützte er Nikita Chruschtschow im innerparteilichen Machtkampf mit der Gruppe um Wjatscheslaw Molotow, musste jedoch noch im selben Jahr unter dem Vorwurf des »Bonapartismus« zurücktreten.

Schulze-Delitzsch, Hermann, deutscher Sozialpolitiker und Jurist, *Delitzsch 29. 8. 1808, †Potsdam 29. 4. 1883; Mitglied der preußischen Nationalversammlung (1848), des preußischen Abgeordnetenhauses (1861), des Norddeutschen Reichstags (ab 1867) und ab 1871 Mitglied des Reichstags; war Mitbegründer des Deutschen Nationalvereins und der Deutschen Fortschrittspartei. Schulze-Delitzsch gründete ab 1849 auf Selbsthilfe basierende Genossenschaften, darunter die »Assoziation« der Schuhmacher und Tischler. Größte Verbreitung fanden seine Kreditgenossenschaften (Volksbanken); die erste gründete er 1850 als »Vorschussverein« in Delitzsch. Zur Lösung der sozialen Frage schwebte ihm ursprünglich die vollkommene genossenschaftliche Selbsthilfe in Form der Produktivgenossenschaft vor. 1859 schloss er die ihm nahe stehenden Genossenschaften zum »Allgemeinen Verband der deutschen Erwerbs- und Wirtschaftsgenossenschaften« zusammen. Wirtschaftspolitisch war er Vertreter des Liberalismus, wobei er eine »Interessenharmonie« zwischen Kapital und Arbeit forderte.

Kurt Schumacher bei einer Kundgebung der SPD in Frankfurt am Main (1947)

Schumacher, Kurt, deutscher Politiker, *Culm 13. 10. 1895, †Bonn 20. 8. 1952; war Kriegsfreiwilliger im Ersten Weltkrieg; wurde 1918 Mitglied der SPD; war 1920–24 Redakteur bei der sozialdemokratischen »Schwäbischen Tagwacht«, 1924–31 Mitglied des Landtags von Württemberg, 1930–33 Mitglied des Reichstags; war während der nationalsozialistischen Herrschaft mit kurzer Unterbrechung in verschiedenen Konzentrationslagern inhaftiert.

Ab Mai 1945 wirkte Schumacher von Hannover aus (»Büro Schumacher«) an der Wiedergründung der SPD maßgeblich mit. Entschieden wandte er sich gegen eine Vereinigung von SPD und KPD, konnte sich jedoch damit nur in den westlichen Besatzungszonen durchsetzen; 1946 wurde Schumacher dort Vorsitzender der SPD. Sein Leitbild war der demokratische Sozialismus. Der Gründung eines deutschen Staates allein auf dem Gebiet der westlichen Besatzungszonen stand er kritisch gegenüber, beteiligte sich jedoch an der Ausarbeitung des Grundgesetzes.

SCHUMACHER. *Gezeichnet*

Schumachers politisches Handeln wurde immer auch bedroht und beeinträchtigt durch seine angeschlagene Gesundheit. Im Ersten Weltkrieg 1914 schwer verwundet, konnte sein Leben nur durch die Totalamputation seines rechten Arms gerettet werden. Granatsplitter, die aus seinem Körper nicht entfernt werden konnten, verursachten ihm lebenslange Schmerzen. Nach der »Machtergreifung« der Nationalsozialisten verhaftet und ins Konzentrationslager gesteckt, musste Schumacher eine »Sonderbehandlung« erdulden: Der Einarmige hatte bei brütender Hitze Kieselsteinchen in einem Eimer zu sammeln und wurde bei halber Essensration in einem Bunker gefangen gehalten. Im März 1943 wurde Schumacher nahezu todkrank aus der Haft entlassen. Während einer Englandreise im April 1948 stellten die Ärzte dann bei Schumacher einen thrombotischen Verschluss der Beinarterien fest: Ihm musste ein Bein amputiert werden.

Wolfgang Schüssel

Seit August 1949 war Schumacher MdB, seit September 1949 Vorsitzender der Bundestagsfraktion der SPD. Bei der Wahl des Bundespräsidenten (September 1949) unterlag er Theodor Heuss. In den folgenden Jahren übte Schumacher scharfe Kritik an der Politik Konrad Adenauers; er lehnte besonders die enge Bindung der Bundesrepublik Deutschland an die westlichen Besatzungsmächte und die Politik der Westintegration – als der deutschen Wiedervereinigung hinderlich – ab.

Schuman [ˈʃu:man, französ. ʃuˈman], Robert, französischer Politiker, *Luxemburg 29. 6. 1886, †Scy-Chazelles (Département Moselle) 4. 9. 1963; stammte aus lothringischer Familie, war nach dem Studium in Deutschland Rechtsanwalt in Metz; war ab 1919 Abgeordneter in der Kammer als Mitglied des seinerzeit einflussreichen Parti Démocrate Populaire; war März–Juli 1940 als Unterstaatssekretär zuständig v. a. für Flüchtlingsfragen. Im September 1940 wurde Schuman nach Deutschland deportiert, konnte aber 1942 fliehen und schloss sich der Résistance an. 1944 war er Mitbegründer des christdemokratischen Mouvement Républicain Populaire (MRP), 1945–46 Mitglied beider Konstituanten, 1946–62 Abgeordneter in der Nationalversammlung; 1946–56 war er mehrmals Minister, 1947/48 Ministerpräsident. Als Außenminister (Juli 1948–Januar 1953) schlug er, auf Anregung Jean Monnets, die Schaffung einer →Europäischen Gemeinschaft für Kohle und Stahl vor. Ziel dieses Schumanplans war es, durch die Übertragung der Richtlinienkompetenz über die europäischen Großindustrien auf ein supranationales Gremium die europäische Einigung zu fördern, gleichzeitig eine westdeutsche Dominanz zu verhindern und Frankreich eine führende Rolle im vereinten Europa und Unabhängigkeit von den USA in der Weltpolitik zu sichern. Schuman trat auch für die Bildung einer Europäischen Verteidigungsgemeinschaft ein. 1955–58 war er Präsident der Europäischen Bewegung, 1958–60 des Europäischen Parlaments.

Schuschnigg, Kurt (von), österreichischer Politiker, *Riva del Garda 14. 12. 1897, †Mutters (Tirol) 18. 11. 1977; Rechtsanwalt; war 1927–33 als Mitglied der Christlichsozialen Partei (CP) im Nationalrat, 1932–34 Justiz- und Unterrichtsminister; wurde nach der Ermordung des Bundeskanzlers Engelbert Dollfuss am 30. 7. 1934 dessen Nachfolger; leitete 1934–36 auch das Unterrichts-, 1934–38 das Außenministerium. Im Kampf gegen Sozialdemokraten und Nationalsozialisten suchte Schuschnigg die ständisch autoritäre »Maiverfassung« zu behaupten. In der Fortsetzung der Politik von Dollfuss bemühte er sich, durch die Pflege guter Beziehungen zum faschistischen Italien die Unabhängigkeit seines Landes gegenüber dem nationalsozialistischen Deutschland zu stärken. Nach Rücktritt des Heimwehrführers und Vizekanzlers Ernst Fürst von Starhemberg übernahm Schuschnigg 1936 auch die Leitung der Vaterländischen Front.

Unter dem Eindruck der Annäherung Italiens an Deutschland suchte Schuschnigg durch das österreichisch-deutsche Abkommen vom 11. 7. 1936 den Gegensatz zum Deutschen Reich zu überbrücken; unter wachsendem deutschen Druck übernahm er widerstrebend die von Staatssekretär Guido Schmidt formulierte Politik einer engeren Anbindung an Deutschland. Am 12. 2. 1938 schloss Schuschnigg in Berchtesgaden mit Hitler ein Abkommen, das ihn praktisch zur Aufgabe einer eigenständigen Politik zwang. Die von ihm kurzfristig angeordnete Volksabstimmung über die österreichische Unabhängigkeit nahm Hitler zum Anlass, mit dem Einmarsch deutscher Truppen den »Anschluss« Österreichs auf dem Wege der Annexion gewaltsam zu vollziehen. Am 11. 3. 1938 trat Schuschnigg zurück. Bis Kriegsende war Schuschnigg in Sonderhaft. 1945 ging er in die USA und wurde 1948 Professor in Saint Louis (Mo.).

Schüssel, Wolfgang, österreichischer Politiker, *Wien 7. 6. 1945; Jurist; Mitglied der Österreichischen Volkspartei (ÖVP); seit 1979 Abgeordneter im Nationalrat; war 1989–95 Wirtschaftsminister; wurde 1995 zum Bundesobmann der ÖVP gewählt; war 1995–2000 Vizekanzler und Außenminister in einer großen Koalition mit der SPÖ. Nach den Nationalratswahlen von 1999, durch die die rechtspopulistische Freiheitliche Partei Österreichs (FPÖ) unter Jörg Haider knapp vor der ÖVP erstmals zweitstärkste Partei wurde, bildete Schüssel trotz Protesten aus dem In- und Ausland eine ÖVP-FPÖ-Koalition und wurde am 4. 2. 2000 als Bundeskanzler vereidigt. Sanktionen der EU, die wegen der Regierungsbeteiligung der FPÖ in Kraft traten und zu einer Isolation Österreichs führten, blieben ohne Erfolg. 2002 errang Schüssel einen deutlichen Wahlsieg und setzte die Koalition fort.

Schutzstaffel, Gliederung der NSDAP, →SS.

Schwaben, ehemaliges Stammesherzogtum, nach den germanischen Sweben benannt. Das Gebiet umfasste das Elsass, den westlichen Bodenseeraum, die Baar sowie das Gebiet der oberen Donau und des oberen Neckars. 746 wurde das ältere Herzogtum der Alemannen beseitigt und Schwaben ins Fränkische Reich eingegliedert. 917 begründete Burchard I. das neue Herzogtum (danach Amtsherzogtum, ab 1079 unter den Staufern). Hauptnutznießer der territorialen Auflösung nach 1268 wurden die Grafen von Württemberg.

Schwabenkrieg, Schweizerkrieg, die militärische Auseinandersetzung zwischen dem Schwäbischen Bund und den ihn stark beeinflussenden Habsburgern einerseits und der Schweizerischen Eidgenossenschaft andererseits. Ausgelöst wurde der Konflikt durch die habsburgische Territorialpolitik im heutigen Graubünden, v.a. aber durch den Versuch, die Reformbeschlüsse des Wormser Reichstags von 1495 auf die Eidgenossenschaft auszudehnen. Den in militärischen Einzelaktionen zerfallenden Schwabenkrieg erklärte König Maximilian I. im April 1499 zum Reichskrieg. Schweizerische Siege, u.a. bei Dornach (22. 7. 1499), bereiteten den Frieden von Basel (22. 9. 1499) vor, der die Lösung der Schweiz vom Heiligen Römischen Reich einleitete.

Schwäbischer Bund, 1488 gegründete Vereinigung der schwäbischen Reichsstände zur Sicherung des Landfriedens, der später auch die Kurfürsten von der Pfalz, Mainz und Trier, ferner Hessen, Bayern und die meisten oberdeutschen Stände beitraten.

Der Schwäbische Bund, an dessen Spitze ein Bundesrat aus Vertretern der Fürsten, Städte und Ritter stand, wurde besonders unter Kaiser Maximilian I. zur wichtigen Stütze der habsburgischen Politik in Oberdeutschland; 1519 führte er den Feldzug gegen Herzog Ulrich von Württemberg, dessen Land an Habsburg fiel. Im Bauernkrieg 1525 besiegte der Feldhauptmann des Schwäbischen Bundes, Georg Truchsess von Waldburg, die Bauern; das Raubrittertum wurde bekämpft. Infolge der Reformation lockerte sich der Schwäbische Bund und löste sich 1533/1534 auf.

Schwäbischer Städtebund, ursprünglich Zusammenschluss von 14 schwäbischen Reichsstädten zur Wahrung ihrer Reichsunmittelbarkeit; gegründet 1376 unter Führung Ulms, später auf 89 Städte – vom Elsass bis Bayern – angewachsen. Der Schwäbische Städtebund wurde von Kaiser Karl IV. geächtet und erfolglos bekämpft, von König Wenzel 1387 widerwillig anerkannt, von Graf Eberhard II. von Württemberg am 23. 8. 1388 bei Döffingen (bei Stuttgart) besiegt; danach verlor er seine politische Bedeutung.

Schwarze Hand, serbisch **Crna ruka** ['tsr-], eigentlich **Ujedinjenje ili smrt** [»Einheit oder Tod«], serbischer Geheimbund, am 9.5. 1911 v.a. von Offizieren aus dem Kreis der Mörder König Alexanders I. Obrenović unter Führung von Dragutin Dimitrijević gegründet; kämpfte für die Befreiung aller noch unter türkischer und österreichischer Oberhoheit stehenden Serben und plante das Attentat auf den österreichischen Thronfolger Franz Ferdinand (28. 6. 1914); wurde 1917 von der serbischen Regierung zerschlagen.

Schwarzenberg, Felix Fürst zu, österreichischer Politiker, * Krumau 2.10.1800, † Wien 5. 4. 1852; seit 1824 im diplomatischen Dienst, Feldmarschallleutnant (1848). Als Ministerpräsident (ab 21. 11. 1848) versuchte Schwarzenberg, die durch die Märzrevolution 1848 erschütterte staatliche Autorität, die Einheit des Staates und dessen europäische Machtstellung wieder herzustellen. Er setzte die Thronbesteigung Kaiser Franz Josephs I. durch, löste den in Kremsier tagenden Reichstag auf und setzte eine gesamtstaatliche Verfassung durch (4. 3. 1849). Er behauptete die führende Stellung Österreichs in Deutschland (→ Olmützer Punktation), erreichte jedoch nicht die Aufnahme des Gesamtstaats in den Deutschen Bund oder den Deutschen Zollverein. Mit der Aufhebung der Verfassung von 1849 durch das so genannte Silvesterpatent (1851) kehrte er zur absolutistischen Politik zurück, wobei wesentliche Probleme Österreichs, z.B. die Nationalitätenfrage, ungelöst blieben.

Felix Fürst zu Schwarzenberg

Schwarze Reichswehr, im engeren Sinne Bezeichnung für »Arbeitskommandos«, im weiteren Sinne auch für »Zeitfreiwillige«, die 1919 und 1921 im Einvernehmen mit der Reichswehr eingerichtet und von ihr finanziell unterstützt wurden; sie bestanden meist aus Angehörigen aufgelöster Freikorps und anderen republikfeindlichen Organisationen. Die Aufstellung dieser Verbände verstieß gegen die Bestimmungen des Versailler Vertrags. Da sich die »Arbeitskommandos« zunehmend gegen die republikanischen Institutionen richteten, wurden sie 1923 aufgelöst; die »Zeitfreiwilligen« wurden in die Reichswehr übernommen.

schwarzer Freitag, Bezeichnung für einen Tag, an dem die Aktienkurse erheblich sinken (Kurssturz, Börsenkrach); ursprünglich Bezeichnung für Freitag, den 24. 9. 1869, an dem durch Manipulationen amerikanischer Spekulanten auf dem Goldmarkt viele Anleger ruiniert wurden, und Freitag, den 9.5. 1873, mit dem der Beginn der großen Depression verbunden wird.

Später wurde die Bezeichnung auf Freitag, den 13. 5. 1927, übertragen, an dem infolge einer Änderung der Devisenbewirtschaftung starke Kursverluste an den deutschen Effektenbörsen eintraten, gefolgt von einer anhaltenden Baisse.

Auch der 10. 7. 1931 ging als schwarzer Freitag in die Geschichte ein, als die Darmstädter und Nationalbank ihre Zahlungen einstellte. Damit begann in Deutschland eine Bankenkrise, die in Zusammenhang stand mit den Kursstürzen an der New Yorker Börse im Oktober 1929, wobei oft der 25. 10. 1929 als schwarzer Freitag bezeichnet wird, die größten Kursrückgänge des Dow-Jones-Aktienindex mit 12,8% bzw. 11,7% aber am 24. und 29. 10. 1929 festgestellt wurden (→ Weltwirtschaftskrise).

Schwarzhemden, Bezeichnung für die Faschisten (→ Faschismus), besonders in Italien unter Benito Mussolini (nach dem schwarzen Hemd ihrer Uniform).

Schwarz-Rot-Gold, → deutsche Farben.

Schwarz-Weiß-Rot, →deutsche Farben.

Schweden, amtlich schwedisch **Konungariket Sverige** ['ko:nʊŋari:kət 'sværjə], Staat in Europa, der im Westen an Norwegen, im Nordosten an Finnland sowie im Osten und Süden an die Ostsee grenzt.

VON DER FRÜHZEIT BIS ZUR KALMARER UNION: Um 300 n. Chr. treten Svear und Gauten (Göten) als Stämme im heutigen Mittelschweden hervor. Große Grabhügel, besonders bei den alten Kult- und Herrscherstätten Alt-Uppsala und Vendel (Verwaltungebiet Uppsala), und Schiffsbeisetzungen zeugen von den Stammeskönigtümern des Ynglingargeschlechts. Im 9./10. Jh. erschlossen schwedische Kriegerkaufleute (Waräger) die östlichen Ostseeküsten und die Stromgebiete von Wolga und Dnjepr einem regelmäßigen Handel.

König Olaf III. Skötkonung nahm mit der Taufe zugleich die Bischofsverfassung und die in Mitteleuropa ausgebildeten staatlichen Verwaltungsformen für Schweden an. Die folgenden Fehden zwischen christlichen Gauten und heidnischen Svear, deren Gegenkönige die neue Staatsform zu beseitigen suchten, endeten mit der Gründung des eigenen Erzbistums Uppsala (1164). Bemerkenswert ist die stets freie Stellung des schwedischen Bauerntums, sodass sich scharfe ständische Unterschiede nicht ausgebildet haben. 1364 wurde Herzog Albrecht von Mecklenburg zum König gewählt; als er 1389 von einem dänischen Heer besiegt und gefangen genommen wurde, fiel ganz Schweden der Dänenkönigin Margarete I. zu, die in Kalmar die Vereinigung der drei skandinavischen Reiche erklärte (Kalmarer Union, 1397). Gustav Eriksson Wasa beseitigte die Dänenherrschaft und wurde als Gustav I. zum König gekrönt.

EXPANSION UND GROSSMACHTSTELLUNG: Die Einführung der Reformation mit Einziehung des Kirchenguts, die Neuordnung der Landesverteidigung, der Staatsfinanzen und der Verwaltung kennzeichneten die Regierungstätigkeit Gustavs I. Der Anspruch auf die führende Rolle im Ostseeraum wurde für anderthalb Jh. das bestimmende Ziel der schwedischen Großmachtpolitik (Ausgreifen in das Baltikum, norddeutsche Gebietsgewinne durch Teilnahme am Dreißigjährigen Krieg ab 1630). Die machtpolitischen Voraussetzungen hatte Gustav II. Adolf mit der Modernisierung des Militärwesens und der Staatsverwaltung sowie mit der Schaffung einer Flotte gelegt. Der Nachfolger von Gustav Adolfs Tochter Christine, ihr Vetter Karl X. Gustav aus dem Hause Pfalz-Zweibrücken, suchte das von einer katholischen Wasa-Linie regierte Polen im Bündnis mit Brandenburg auszuschalten, wogegen sich jedoch eine russisch-polnisch-dänische Koalition bildete (1. Nordischer Krieg, 1655–60). Die Friedensschlüsse von Roskilde (1658) und Oliva (1660) bedeuteten den Höhepunkt der schwedischen Expansion; doch nach dem verlorenen 2. Nordischen Krieg (1700–21) verblieb Schweden von seinen festländischen Erwerbungen nur Vorpommern westlich der Peene.

VON 1718 BIS ZUR NEUTRALITÄTSPOLITIK IM ZWEITEN WELTKRIEG: Die nach dem Tod Karls XII. durchgesetzte Ständeherrschaft (»Freiheitszeit«) wurde von Gustav III. beseitigt, der im Stil des aufgeklärten Absolutismus regierte. In der napoleonischen Zeit glaubten die schwedischen Stände mit der Wahl des französischen Marschalls Jean-Baptiste Bernadotte zum Thronfolger (1810) eine Garantie für die Integrität ihres Landes zu finden. 1814 wurde Norwegen eine Personalunion aufgezwungen, die erst nach erheblichem militärischem Widerstand vollzogen wurde. Bernadotte hielt als König Karl XIV. Johann Schweden aus äußeren Konflikten heraus. Der als liberal geltende Oskar I. trat für die gesamtskandinavische Bewegung ein, für deren Durchsetzung er im Deutsch-Dänischen Krieg 1848–50 Dänemark Truppenhilfe gab und nach dem Waffenstillstand von 1849 in Nordschleswig ein schwedisches Militärgouvernement einrichtete.

Seit dem Krimkrieg ist Schweden neutral. 1905 löste sich Norwegen aus der Personalunion mit Schweden; 1909 wurde für die 2. schwedische Kammer das allgemeine Wahlrecht und für beide Kammern das Verhältniswahlrecht eingeführt. Seit den Wahlrechtsreformen von 1918/19 wurde 1920 die erste rein sozialdemokratische Regierung unter Hjalmar Branting gebildet, der weitere Kabinette vornehmlich sozialdemokratischer Zusammensetzung folgten. Im Zweiten Weltkrieg vermochte Schweden seine Neutralität aufrechtzuerhalten. Das Hilfegesuch Finnlands im Finnisch-Sowjetischen Winterkrieg 1939/40 wurde abgelehnt.

SCHWEDEN NACH 1945: In den Nachkriegsjahrzehnten wurde Schweden zum Muster des modernen Wohlfahrtsstaats unter sozialdemokratischer Führung (Ministerpräsidenten: 1946–69 Tage Erlander, 1969–76 Olof Palme). Wachsende Unzufriedenheit infolge wirtschaftlicher Schwierigkeiten, aber auch die umstrittene Frage des Ausbaus der Kernenergie führten seit den 1970er-Jahren zu mehrfachem Regierungswechsel. Seit den Wahlen von 1994 führen wieder die Sozialdemokraten, bis März 1996 unter Ingvar Carlsson, seither unter Göran Persson, die Regierung. Nach einer Volksabstimmung trat Schweden 1995 der EU bei.

Schweiz, französisch **Suisse** [sɥis], italienisch **Svizzera**, bündnerromanisch **Svizra**, amtliche Namen: **Schweizerische Eidgenossenschaft, Confédération Suisse** [kɔ̃federa'sjɔ̃ sɥis], **Confederazione Svizzera, Confederaziun Svizra,** Staat in Europa, der im Norden an Deutschland, im Nordosten und Osten an Österreich und Liechtenstein, im Südosten und Süden an Italien sowie im Westen an Frankreich grenzt.

ANTIKE UND MITTELALTER: 58 v. Chr. wurde durch Caesar der keltische Stamm der Helvetier in der mittleren und westlichen Schweiz als Verbündeter ins Römische Reich eingegliedert, 15 v. Chr. folgten die östlichen und alpinen Gebiete der Räter. Nach dem Rückzug der römischen Legionen (Anfang des 5. Jh.) entstanden die vier heute noch greifbaren historischen Räume: die südlichen alpinen Randgebiete, die ab 568 zum lombardischen Raum gehörten, der rätische Raum (großenteils identisch mit dem Bistum Chur), das Mittelland vom Bodensee bis in die Aaregegend als Teil des Herzogtums Alemannien (später Schwaben) und der zum Königreich Burgund gehörige Westen. 497 wurde Alemannien, 534 Burgund, 539 Rätien, 773/774 die Lombardei in das Fränkische Reich eingegliedert. Das Herzogtum Schwaben wurde im 12./13. Jh. im Reich durch die Staufer bedeutsam.

DIE ENTSTEHUNG DER EIDGENOSSENSCHAFT: Im 13. Jh. kristallisierten sich drei Bündnissysteme von Städten und Talschaften heraus: Bünde der Städte Bern und Freiburg im burgundischen Raum, Bund der Waldstätte Uri, Schwyz und Unterwalden (Bundesbrief von 1291, erneuert 1315; Befreiungssage erst im 15. Jh. belegt) im Gotthardgebiet, Bünde von Zürich und Städten um den Bodensee. Die Waldstätten erweiterten ab 1315 (Schlacht am Morgarten) ihr Bündnissystem mit Luzern, Zürich, Zug, Glarus und Bern zum Bund der »Acht alten Orte«. Militärisch entscheidend war der Sieg von Sempach (1386) gegen die Habsburger im Rahmen des oberdeutschen Städtekrieges. Im 15. Jh. bildete sich ein festes Staatssystem, die Eidgenossenschaft der Schweizer; sie umfasste die Dreizehn alten Orte: aristokratisch-zünftige Stadtrepubliken (Zürich, Bern, Luzern, Basel, Freiburg, Solothurn und Schaffhausen) und »demokratische« Länder (Uri, Schwyz, Unterwalden, Glarus, Appenzell), außerdem das halb städtische, halb ländliche Zug. Dazu traten Verbündete als »zugewandte Orte«, v. a. die Städte Sankt Gallen, Biel (BE), Rottweil (bis ins 17. Jh.), Mülhausen und Genf, die Abtei Sankt Gallen, das Fürstentum Neuenburg und das Bistum Basel (erst 1579). Schließlich hatten die beiden Alpenrepubliken, das Wallis und Graubünden mit der Eidgenossenschaft engeren Kontakt. Die Dreizehn alten Orte und ein Teil der zugewandten Orte waren durch Zweierdelegationen an der Tagsatzung vertreten. Diese wachte als Gesandtenkongress über die gemeinsamen Angelegenheiten, unbeschadet der Souveränität des einzelnen Ortes (Kantons).

Der Bund der Schweizer gelangte zu internationalem Ansehen durch die unerwarteten Siege über Karl den Kühnen von Burgund (Grandson und Murten 1476; Nancy 1477). Der Versuch, in den großen Italienkrieg zwischen den Valois und den Habsburgern selbstständig einzugreifen (1511–15), misslang jedoch nach anfänglichen Erfolgen gegen Frankreich (1515 Niederlage von Marignano). Nach dem Schwabenkrieg von 1499 war die Eidgenossenschaft faktisch aus dem Heiligen Römischen Reich ausgeschieden (formell erst 1648).

SCHWEIZ. ***Nationalepos der Eidgenossen***

Als sich Uri, Schwyz und Unterwalden 1291 aus einem im Grunde nichtigen Anlass zu einem Bündnis zusammenfanden, ging es noch keineswegs um die Loslösung vom Heiligen Römischen Reich. Man wollte nur den Verkehr über die neu gebaute Gotthardstraße und seine Zölle unter sich aufteilen. Dass Wilhelm Tell – wenn es ihn denn je gegeben hat – einen Totschlag an einem Habsburger Beamten beging, der in den Bergen einen Mordfall schlichten wollte, wäre Zeichen reinen politischen Unverstandes gewesen. Doch der Bündnisbrief der drei Waldstätte entwickelte sich zum Symbol, die Tell-Legende zum Nationalepos (das freilich erst Friedrich Schiller unter dem Einfluss der Französischen Revolution in seiner endgültigen Form geschaffen hat).

DIE KONFESSIONELLE SPALTUNG: In Ulrich Zwingli fand Zürich einen Reformator, der sowohl die theologisch-kirchliche als auch die politsch-soziale Seite der Neuordnung in Angriff nahm. 1523/25 beschloss die Stadt Zürich die Reformation. Ihr folgte die Mehrzahl der Städte (1528 Bern). Die Fünf Orte (Luzern, Uri, Schwyz, Unterwalden, Zug) organisierten den katholischen Widerstand. 1531 kam es zum konfessionellen Krieg; Zwingli fiel am 11. 10. in der Schlacht von Kappel. Der 2. Landfrieden von Kappel (20. 11.) schuf eine katholische Hegemonie. Fortan gab es zwei Blöcke; die katholische Schweiz (Fünf Orte, Freiburg und Solothurn, Wallis, Abtei Sankt Gallen, Rottweil, Ennetbergische Vogteien) und die reformierte Schweiz (Zürich, Bern, Basel, Schaffhausen, Stadt Sankt Gallen, Biel [BE], Mülhausen, Neuenburg, Genf). Paritätisch entwickelten sich Glarus, Appenzell, Graubünden, Toggenburg und die meisten gemeinen Herrschaften diesseits der Alpen.

In der »Confessio Helvetica posterior« (1566) schlossen sich die schweizerischen Zwinglianer und Kalvinisten zu einer Glaubensgemeinschaft zusammen. Der reformierten Neuorganisation folgte bald die katholische (Goldener Bund, 1586). Die Dreizehn alten Orte entwickelten während des Dreißigjährigen Krieges ihre grundsätzliche Neutralität, die sich in der Folge in allen europäischen Kriegen des 17./18. Jh. bewährte. Innerhalb der Schweiz kam es jedoch, abgesehen von regional beschränkten Unruhen, in den beiden Villmerger Kriegen (1656, 1712) zum gesamteidgenössischen Bürgerkrieg zwischen den führenden reformierten Kantonen Zürich und Bern und den katholischen Fünf Orten.

DIE STAATSKRISE (1798–1848): Nach dem Frieden von Campoformio (1797) wurde die Schweiz in die imperialen Ziele des französischen Direktoriums einbezogen. Nach kurzer Gegenwehr kapitulierten die meisten Kantone im März 1798. Die Verfassung der Helvetischen Republik (1798–1803; Helvetik) machte dem bisherigen Föderalstaat ein Ende; die Kantone (territorial teils stark verändert) wurden bloße Verwaltungsbezirke. Die Verfassung garantierte Bürgerrechte und politische Gleichheit.

Schon im Frühjahr 1799 wurde die Schweiz Kriegsschauplatz des 2. Koalitionskrieges. Bis Ende 1800 geriet sie wieder vollständig in französische Hände. Die Helvetische Regierung zerfiel im Parteihader zwischen konservativen (Föderalisten) und fortschrittlichen (Unitarier) Gruppierungen (1802 Bürgerkrieg). Frankreich vermittelte eine neue Verfassung, diesmal die konservativen Kräfte stützend (Mediationsakte, 1803–13). Äußerlich blieb es bei der Abhängigkeit im napoleonischen System; innerlich wurden die Dreizehn alten Orte wieder selbstständig, ergänzt um Graubünden und fünf neue Kantone aus ehemaligen Untertanengebieten (Sankt Gallen, Aargau, Thurgau, Tessin, Waadt).

Der Wiener Kongress erkannte die Schweiz 1815 als unabhängigen Staat an und garantierte die Fortführung der Neutralität als immer während, ferner die Zusammensetzung der Schweiz aus 22 Kantonen (zu den 19 von 1803 kamen die unter Napoleon I. französisch gewordenen Kantone Genf, Neuenburg und Wallis). Die Verfassung von 1815 (Bundesvertrag) betonte noch stärker die Unabhängigkeit der Kantone. Nach einer Phase der Restauration gelangte eine starke nationale Bewegung mit liberalen, demokratischen und zentralistischen Zügen in der Mehrheit der Kantone an die Macht (Regeneration, 1830–48).

Es bildeten sich zwei Kantonsgruppen: konservative, agrarische und katholisch-klerikale Kantone einerseits, die 1845 den Sonderbund gründeten (Fünf Orte mit Freiburg und Wallis), andererseits die weit überlegene Gruppe der liberalen bzw. radikalen, industrialisierten und protestantischen bzw. freisinnig-katholischen Kantone. Der Sieg der Majorität im Sonderbundskrieg (1847) ermöglichte die Annahme einer neuen Bundesverfassung (1848), die im Wesentlichen heute noch in Kraft ist; sie schuf bürgerliche Gleichheit, allgemeines und gleiches Wahlrecht (nur für Männer) und garantierte die liberalen Grundrechte. Bern wurde Bundeshauptstadt.

DIE VORHERRSCHAFT DES FREISINNS (1848–1914): Mit der Gründung des Roten Kreuzes (1863) begann eine bewusste Politik der Beteiligung an internationalen Organisationen und der Einbindung der Schweiz in ein größeres Netz europäischer Einheiten. In der Innenpolitik dominierten die Freisinnigen. Als Volksbewegung mit einem breiten Meinungsspektrum konnten sie allerdings die Gegensätze zwischen liberaler Unternehmerschaft und konservativem bäuerlich-kleingewerblichem Mittelstand oft nur schwer meistern. Der Kulturkampf fand in erster Linie auf kantonaler Ebene statt (und in den großen Städten Genf, Basel, Bern) und führte zu teilweise bis heute nicht völlig überwundenen Spaltungen zwischen Altkatholiken, romorientierten Katholiken und Protestanten.

Einer starken, von kleinbürgerlichen Schichten getragenen Bewegung innerhalb des Freisinns gelang es seit den 1860er-Jahren, die Beteiligung des Volkes an der politischen Willensbildung auf Bundesebene auszubauen und die Sozialpolitik voranzutreiben (u.a. 1877 Fabrikgesetz). Die Freisinnigen förderten konsequent eine weitere Vereinheitlichung und Zentralisation in Verwaltung und Rechtswesen; die Streitkräfte wurden vom alten Kontingentsystem zu einer einheitlichen Bundesarmee umgebildet (1874 bzw. 1907). Auf wirtschaftspolitischem Gebiet wurde der Freihandel von protektionistischen Maßnahmen abgelöst. Im Zuge der Verschärfung der sozialen Gegensätze in den 1890er-Jahren und mit dem Aufstieg der Sozialdemokratie löste sich die ursprüngliche Verbindung der frühen Arbeiterbewegung mit dem Freisinn, der seinerseits näher an die Konservativen rückte.

DIE ENTWICKLUNG ZUR KONSENSDEMOKRATIE (SEIT 1914): Die Neutralität der Schweiz im Ersten Weltkrieg wurde von den Krieg führenden Mächten respektiert; wirtschaftlich aber stand das Land unter starkem Druck der Entente. Die 1920er-Jahre waren durch den Gegensatz zwischen Bürgerblock (Freisinnige, Bauern-, Gewerbe- und Bürgerpartei, katholische Konservative) und Sozialdemokratie geprägt. Außenpolitisch sicherte sich die Schweiz 1938 durch die Rückkehr zur integralen Neutralität ab. Nach dem Krieg schloss sich die Schweiz zwar nicht den Vereinten Nationen an, betätigte sich aber in deren nicht politischen Sonderorganisationen. Auch den westeuropäischen Integrationsbestrebungen blieb das Land fern.

Eine lang anhaltende Hochkonjunktur führte die Schweiz wirtschaftlich in die Spitzengruppe der europäischen Staaten. Seit 1943 stellen die Sozialdemokraten einen, seit 1959 zwei Mitglieder des Bundesrates (Vollendung der »Konsensdemokratie«). Erst 1971 wurde auf Bundesebene den Frauen Stimm- und Wahlrecht gewährt. Die Jurafrage wurde 1978 nach einer Volksabstimmung durch Bildung eines eigenen Kantons gelöst. Seit der Finanzaffäre um die 1989 zurückgetretene Justizministerin Elisabeth Kopp und v.a. seit den Wahlen von 1991 wird verstärkt Kritik an der »Zauberformel« für die Vertretung der Parteien im Bundesrat geübt; eine Regierungskrise konnte im März 1993 nach der Ablehnung Christiane Brunners (SPS) durch die Wahl von Ruth Dreifuss (SPS) zur Bundesrätin abgewendet werden. Nachdem 1992 die Bevölkerung in einem Referendum den Beitritt zum Europäischen Wirtschaftsraum abgelehnt hatte, stellte die Schweiz den Antrag auf Aufnahme in die EU zurück. 2002 trat die Schweiz den UN bei. Nach den Wahlen zum Nationalrat von 2003 wurde Christoph Blocher (SVP) – unter Neudefinition der »Zauberformel« zulasten der CVP – zum zweiten Bundesrat seiner Partei gewählt; erstmals erfolgte dabei die Abwahl eines Bundesrats im Amt.

Schwertbrüderorden, lateinisch **Fratres militiae Christi,** 1202 unter Mitwirkung des Bischofs Albert I. von Riga mit zunächst zehn Rittern gegründeter Ritterorden für die Mission in Livland. Namengebend für die nach der Templerregel lebenden Schwertbrüder war das rote Schwert auf der linken Schulter ihres weißen Mantels. Nachdem der Schwertbrüderorden im September 1236 bei Schaulen eine verlustreiche Niederlage gegen die Litauer erlitten hatte, schloss er sich 1237 dem Deutschen Orden an.

Schwertleite, Bezeichnung für die zeremonielle Erhebung zum Ritter (→Rittertum).

Scipio [latein. »Stab«, »Stock«], Beiname (Cognomen) einer römischen Patrizierfamilie. Bedeutende Vertreter:

1. Publius Cornelius Scipio, genannt Scipio Africanus maior, Scipio der Ältere, römischer Feldherr und Politiker, *um 235 v. Chr., †Liternum (Kampanien) 183 v. Chr.; Konsul 205 und 194, Zensor und Princeps Senatus 199 v. Chr. 211 erhielt Scipio den Oberbefehl gegen die Karthager in Spanien. Er eroberte 209 Neukarthago (heute Cartagena) und verdrängte bis 206 die Karthager von der Iberischen Halbinsel. 204 setzte er mit etwa 35 000 Mann nach Afrika über und besiegte 202 Hannibal in der entscheidenden Schlacht des 2. Punischen Krieges bei Zama. 190/189 nahm er als Legat am Krieg gegen Antiochos III. von Syrien teil, in dem sein Bruder Lucius Scipio Asiaticus den Oberbefehl hatte. Sein überragendes Ansehen forderte Angriffe politischer Gegner (u. a. von Cato dem Älteren) heraus, die 187/184 v. Chr. zu Prozessen (Scipionenprozesse) führten, in denen sich Scipio und sein Bruder wegen Bestechung und Unterschlagung rechtfertigen mussten.

2. Publius Cornelius Scipio Aemilianus, genannt Scipio Africanus minor, Scipio der Jüngere, römischer Feldherr und Politiker, *um 185 v. Chr., †129 v. Chr.; Sohn des Aemilius Paullus, Enkel von Scipio dem Älteren durch Adoption; Konsul 147 und 134, Zensor 142. Scipio eroberte und zerstörte am Ende des 3. Punischen Krieges (146 v. Chr.) Karthago. 134 übernahm er das Kommando in Spanien und zerstörte 133 die Stadt Numantia (deshalb auch Beiname Numantinus). Innenpolitisch war Scipio ein Gegner der Gracchen. Er stand unter dem Einfluss griechischer Bildungsideale und war mit dem Historiker Polybios befreundet. Der »Scipionenkreis« (literarischer Zirkel des Scipio und seiner Freunde) ist möglicherweise eine Fiktion Ciceros.

SD, Abk. für →Sicherheitsdienst.

SDAP, Abk. für →Sozialdemokratische Arbeiterpartei.

Sechstagekrieg, 3. israelisch-arabischer Krieg vom 5. bis 10. 6. 1967, ausgelöst durch die Sperrung des Golfs von Akaba für israelische Schiffe durch Ägypten. Sein Ausgang, die israelische Besetzung angrenzender Gebiete im ehemaligen Palästina, einschließlich Ostjerusalems, bestimmte nachhaltig die weitere Entwicklung des →Nahostkonfliktes.

SED, Abk. für →Sozialistische Einheitspartei Deutschlands.

Sedan [französ. sə'dã], **Schlacht von,** die Schlacht bei der französischen Stadt Sedan (Département Ardennes), bei der im Deutsch-Französischen Krieg von 1870/71 eine französische Armee unter Marschall Marie Edme MacMahon eingeschlossen, geschlagen und zur Kapitulation gezwungen wurde (2. 9. 1870). Kaiser Napoleon III. geriet dabei in Gefangenschaft.

Seeckt, Hans von, deutscher Generaloberst, *Schleswig 22. 4. 1866, †Berlin 27. 12. 1936; war im Ersten Weltkrieg Generalstabschef der 11. Armee (1915–16); wurde 1916 Oberstabschef der österreichischen 7. Armee, Ende 1917 Chef des Generalstabs der türkischen Armee. Seeckt leitete 1919 im Auftrag der Obersten Heeresleitung die Rückführung des deutschen Ostheeres; im selben Jahr beriet er die deutsche Friedensdelegation in Versailles. Als Chef des Truppenamtes (ab November 1919) nahm Seeckt beim Kapp-Putsch (März 1920) eine abwartende Haltung ein (»Truppe schießt nicht auf Truppe«). Monarchistisch gesinnt wie viele Offiziere, formte er als Chef der Heeresleitung (1920–1926) die Reichswehr im Sinne der Traditionen des alten Heeres, suchte sie »unpolitisch« zum gegebenen Staat zu halten und verhinderte damit ihre Integration in die Republik.

Im November 1923 übertrug ihm Reichspräsident Friedrich Ebert die vollziehende Gewalt zur Sicherung des Reiches gegen innere Gefahren (bis Februar 1924). Während Seeckt die Reichswehr 1923 gegen linksradikale Aufstandsversuche direkt einsetzte, suchte er beim Hitlerputsch – in Distanz zur Reichsregierung – zu verhandeln, v. a. um die innere Einheit der Reichswehr aufrechtzuerhalten. 1930–32 war Seeckt Mitglied des Reichstags (Deutsche Volkspartei), 1934/35 militärischer Berater Chiang Kai-sheks.

Scipio der Ältere

Hans von Seeckt

Seevölker. Ägyptische Krieger im Kampf gegen die Seevölker (Detail aus einem Relief an der Umfassungsmauer des Tempels Ramses' III. in Medinet Habu, Ende des 12. Jh. v. Chr.)

Seevölker, aus der Ägäis und vielleicht auch aus anderen Teilen des Mittelmeeres (Adria, Tyrrhenisches Meer) kommende Völker, die in der Zeit der Völkerverschiebungen während des Übergangs von der späten Bronzezeit zur Eisenzeit (Ende 13.–12. Jh. v. Chr.) die politischen Strukturen des östlichen Mittelmeerraumes zerstörten.

Seit der »Amarnazeit« (benannt nach der Residenz Amarna, Mitte 14. Jh. v. Chr.) standen Scherdani oder Schardana genannte Seevölkerkrieger in ägyptischen Diensten. Kurz vor 1200 v. Chr. traten sie zunächst als kampfstarke Seefahrer auf, die u. a. das Handelszentrum Ugarit zerstörten. Für die bald darauf erfolgte Zerstörung des Hethiterreiches waren die Seevölker aber nur mittelbar mitverantwortlich. Größere Gruppen von Seevölkern setzten sich an der südlichen Levante fest, darunter die Peleset (Philister), deren Name sich im Landesnamen »Palästina« gehalten hat. Pharao Ramses III. besiegte 1175 v. Chr. die Seevölker, die von Palästina her Ägypten bedrohten, in einer See- und Landschlacht im östlichen Nildelta.

Karl Seitz

Seidenstraße, spätestens seit dem 2. Jh. v. Chr. benutzter Handelsweg von China durch Zentralasien an die Küsten des Mittelmeeres und des Schwarzen Meeres. Ihre Benennung leitete Ferdinand von Richthofen im 19. Jh. von der wichtigsten Handelsware ab. Die Seidenstraße umfasste ein ganzes Netz von Karawanenwegen mit v. a. zwei Hauptrouten, einer nördlichen (Hami–Turfan–Kuqa–Kaschgar) und einer südlichen (Dunhuang–Hotan–Suoche [Yarkand]–Kaschgar), die dann weiter nach Westen führten.

Der Handel brachte Glas, Edelmetalle u. a. Luxuswaren nach dem Osten, Seide, Gold und auch den Namen »China« (ursprünglich »Sina«) nach dem Westen. Auch viele Kulturpflanzen und -tiere erreichten China über die Seidenstraße, ebenso viele Religionen, u. a. der Buddhismus, Manichäismus, das Judentum, der Islam.

Seitz, Karl, österreichischer Politiker, *Wien 4. 9. 1869, †ebenda 3. 2. 1950; Lehrer und Mitglied der Sozialdemokratischen Partei (SPÖ). 1901–18 war Seitz Abgeordneter im Reichsrat, nach dem Zusammenbruch Österreich-Ungarns (Oktober 1918) bis Februar 1919 einer der drei gleichberechtigten Präsidenten der Provisorischen Nationalversammlung, von Februar 1919 bis Dezember 1920 Erster Präsident der Konstituierenden Nationalversammlung und damit Staatsoberhaupt der Republik; 1920–34 leitete Seitz als Obmann seine Partei.

Als Bürgermeister und Landeshauptmann von Wien (1923–34) forcierte er den Wohnungsbau und baute das Fürsorgewesen aus. Im Zuge des sozialdemokratischen Februaraufstandes von 1934 setzte ihn die Regierung Engelbert Dollfuß ab und inhaftierte ihn zeitweilig. Wegen seiner Verbindung zur deutschen Widerstandsbewegung im Zweiten Weltkrieg inhaftierte ihn das nationalsozialistische Regime 1944 und verschleppte ihn in das Konzentrationslager Ravensbrück. Nach Wiedererrichtung der Republik Österreich war er seit 1945 Mitglied des Nationalrates und Ehrenvorsitzender der SPÖ.

Sekundogenitur [zu latein. secundo »zweitens« und genitura »Geburt«], in fürstlichen Häusern eine anderen Abkömmlingen als dem Erstgeborenen (→Primogenitur) zustehende Erb- oder Vermögensfolge sowie die Anwartschaft der Zweitgeborenen auf bestimmte Herrschafts- oder Amtsstellungen.

Seldschuken, alttürkisches Herrschergeschlecht (um 1040–1157, in Anatolien bis 1308), stammte von Seldschuk (um 1000) ab, einem Häuptling der Ogusen in Turkestan, der mit seinem Stammesverband den islamischen Glauben angenommen und sich im Dienst der persischen Samaniden in Transoxanien niedergelassen hatte.

Seldschuks Enkel Tschagribeg und Togrilbeg besiegten 1040 den Ghasnawidenherrscher Masud I. (1030–41). Tschagribeg wurde Herrscher in Ostiran (Khorasan), während Togrilbeg sich nach Westen wandte. 1055 zog er in Bagdad ein und befreite den Kalifen von der Herrschaft der schiitischen Bujiden. Tschagribegs Sohn Alp Arslan (1063–72) erbte beide Reichsteile. Unter ihm und seinem Sohn Melikschah (1072–92) wurde das Reich der Großseldschuken zum mächtigsten Staat im Vorderen Orient. Durch die Gründung von Hochschulen, wo die bedeutendsten Gelehrten der damaligen Zeit lehrten, war ein Wiedererstarken des sunnitischen Islam zu verzeichnen.

Alp Arslans Sieg über Byzanz bei Mantzikert (1071) öffnete den Seldschuken den Weg nach Anatolien und zeitweise bis nach Syrien und Mesopotamien. Das großseldschukische Reich zerfiel seit 1092 unter rivalisierenden Prinzen. Das Reich löste sich in Kleinfürstentümer unter verschiedenen seldschukischen Linien auf, von denen die Rumseldschuken (Rum) die wichtigste war.

In Kleinasien begründete ein entfernter Verwandter Alp Arslans, der Seldschukenprinz Süleiman, in den 70er-Jahren des 11. Jh. eine Herrschaft, aus der das Sultanat der Rumseldschuken (Hauptstadt Konya) entstand. Die Rumseldschuken drängten das Byzantinische Reich zurück (1176 Sieg bei Myriokephalon). Sie entfalteten eine blühende Bautätigkeit, von der heute z. B. Konya und Kayseri zeugen. Auch die Literatur gelangte zu hoher Blüte.

Die wichtigsten Herrscher der Rumseldschuken waren Kilidsch Arslan II. (1156–92), Kaikawus I. (1210–19) und v. a. Kaikobad I. (1219–36), unter dem das Reich seine größte Ausdehnung erreichte (von Ostanatolien bis weit in den Westen Kleinasiens hinein). Sie legten den Grund zur Türkisierung Anatoliens. 1243 eroberten die Mongolen das Land. Sie duldeten die Rumseldschuken als Vasallen bis etwa 1308.

Seldte, Franz, deutscher Politiker, * Magdeburg 29. 6. 1882, † Fürth 1. 4. 1947; Fabrikant, war 1914–16 im Fronteinsatz; gründete im Dezember 1918 den deutschnationalen Frontkämpferbund →Stahlhelm, dessen Agitation gegen den Versailler Vertrag (1919) und die Verfassungsordnung der Weimarer Republik gerichtet war. Seit der gemeinsamen Opposition gegen den Youngplan 1929 näherte sich Seldte der Nationalsozialistischen Deutschen Arbeiterpartei; mit Hitler und Alfred Hugenberg bildete er im Oktober 1931 die Harzburger Front. 1933–45 war Seldte Reichsarbeitsminister, 1933/34 auch Reichskommissar für den Arbeitsdienst. In Nürnberg wurde er angeklagt und starb in der Haft.

Seidenstraße. Die letzte authentische, komplett erhaltene Karawanserei an der Seidenstraße, Tash Rabat, ist in Kirgisien etwa 29 km von Naryn zu finden. Einst führte durch das heute abgelegene Gebiet der wichtigste Handelsweg zwischen Ostasien und Europa.

Seleukiden, makedonische Dynastie, 312–64 v. Chr., gegründet von Seleukos I. Nikator östlich des Euphrat. Das Seleukidenreich umfasste beim Tod Seleukos' I. (281 v. Chr.) fast ganz Vorderasien und reichte im Osten beinahe bis zum Indus; aber schon im 3. Jh. gingen große Teile Irans an die Parther und durch den Abfall Baktriens verloren. Dazu kamen die Verluste an die Ptolemäer in den Syrischen Kriegen (ab 274); 188 ging Westkleinasien an Pergamon und Rhodos, 129 Mesopotamien wiederum an die Parther verloren.

Kernland des Reichs war Nordsyrien (Hauptstadt seit etwa 300 v. Chr. Antiochia am Orontes). Antiochos III., der Große (223–187 v. Chr.), stellte noch einmal für kurze Zeit den ganzen Umfang des Reiches wieder her; doch schon mit seinem Krieg gegen Rom begann der endgültige Niedergang (Schlacht bei Magnesia am Sipylos, heute Manisa, 190 v. Chr.). Den letzten Seleukiden, Philipp II. (65/64 v. Chr.), setzte Pompeius ab, der Syrien zur römischen Provinz machte.

Die Einteilung des Seleukidenreichs in Satrapien nach persischem Vorbild konnte wegen der Heterogenität der Reichsteile zu keiner funktionierenden Staatsverwaltung führen; sie förderte im Gegenteil die Selbstständigkeit von Statthaltern und Lokaldynasten. Die Sonderstellung einzelner Stadtstaaten, von Tempelstaaten und von Dynasten komplizierte den Staatsaufbau weiter.

Energische Bemühungen der Seleukiden um Ausbreitung griechischer Zivilisation und Kultur, besonders die Neu- und Wiedergründung von Städten im Mittelmeerraum, z. B.

Seleukiden. Von ihrer Residenz in Antiochia am Orontes aus trugen die Seleukidenherrscher wesentlich zur Hellenisierung Klein- und Vorderasiens bei (Odalisken aus Alabaster mit Goldauflagen, 3. Jh. v. Chr.; Paris, Louvre).

Antiochia und Apameia am Orontes, Dura-Europos, Latakia, Seleukeia am Tigris, Antiochia in Pisidien, machten ihre Epoche trotz deutlicher Spuren von einheimischer Opposition zu einer Phase allgemeinen Fortschritts in den betroffenen Ländern. Unter den Seleukiden breitete sich hellenistische Kultur weit nach Osten aus, ihr Einfluss reichte (über die →Seidenstraße) bis Zentralasien sowie nach Nordindien, wo er in der Kunst fassbar wird.

Sempach, Schlacht von, Schlacht bei Sempach im schweizerischen Kanton Luzern, in der am 9. 7. 1386 luzernisch-eidgenössische Fußtruppen das Ritterheer Herzog Leopolds III. von Österreich besiegten, der fiel. Mit dieser Niederlage begann das Ende der Habsburgerherrschaft in der Schweiz.

Senat. Roms Senatoren, gekennzeichnet durch einen breiten Purpurstreifen an Toga und Tunika und den roten Senatorenschuh, durften Italien nicht ohne Genehmigung verlassen und keinen Handel treiben; sie tagten in einem Tempel Roms oder in der Curia Hostilia am Forum Romanum.

Senat [latein. senatus, eigentlich »Rat der Alten«, zu senex »alt«], im antiken Rom offizielles Beratungsgremium des römischen Staates. Der Senat setzte sich in der Königszeit aus patrizischen Geschlechtern (patres) zusammen, wohl vom 5. Jh. v. Chr. an kamen minderberechtigte angesehene Plebejer hinzu (als conscripti »Zugeschriebene«, daher Anrede »patres conscripti«). Die Gesamtzahl der Mitglieder betrug seitdem 300 (unter Sulla 600, Caesar 900, Augustus wieder 600) Personen; sie wurden zunächst vom König, dann von den Konsuln, wohl ab 312 v. Chr. von den Zensoren berufen; seit dem 2.–1. Jh. v. Chr. hatten ehemalige Magistrate Anspruch auf Aufnahme; die Zugehörigkeit zum Senat war lebenslänglich.

Abzeichen der senatorischen Würde waren der rote Senatorenschuh und der breite Purpurstreifen an Toga und Tunika. Die Senatoren mussten Grundbesitz in Italien und seit Augustus ein Mindestvermögen von 1 Million Sesterzen nachweisen. Die Ausübung eines Handelsgeschäfts, eines Handwerks oder Gewerbes war ihnen verboten (seit 218 v. Chr.; Lex Claudia). Die Einberufung des Senats in die Curia Hostilia oder in einen Tempel Roms oblag Magistraten mit Imperium, ab 287 v. Chr. auch Volkstribunen. Der Senat besaß keine durch die Verfassung garantierten Rechte, seine Machtstellung beruhte auf der Autorität (auctoritas) der ihm angehörenden früheren Obermagistrate, den Mitgliedern der Nobilität. Er hatte die Aufsicht über Gesetzgebung, Magistrate und Finanzen und leitete die Außenpolitik. Ein Senatsbeschluss (senatus consultum) war eine bindende Weisung an die ausführenden Beamten, bei Einspruch der Volkstribunen nur Willenserklärung, Empfehlung ohne Rechtskraft (senatus auctoritas).

Im 1. Jh. v. Chr. gewannen die Volksversammlungen (Komitien) größeres Gewicht, doch besaß der Senat das Recht, den Staatsnotstand zu proklamieren (senatus consultum ultimum). Die Kaiser behandelten den Senat in der Regel mit Rücksicht, um die Fiktion der Verfassungskontinuität aufrechtzuerhalten. Zwar verlor der Senat seine politischen Kompetenzen, doch erhielt er mit der Übertragung der Beamtenwahlen und als Standesgerichtshof neue Aufgaben. Bis ins 3. Jh. n. Chr. blieben dem Senatorenstand, der erblich geworden war (Aufnahme von Senatorensöhnen) und vom Kaiser auch aus dem Ritterstand ergänzt wurde, zivile und militärische Spitzenpositionen in der Reichsverwaltung vorbehalten. Als Rom aufhörte, Kaiserresidenz zu sein, schwand die Bedeutung des Senats rasch, doch bildeten die Senatoren (viri clarissimi) weiterhin die oberste Gesellschaftsschicht und einen privilegierten Grundadel. 580 n. Chr. wird der römische Senat letztmals erwähnt.

Septembermorde, Bezeichnung für die während der Französischen Revolution u. a. durch Jean Paul Marat veranlassten Massenmorde (etwa 1100 Tote) vom 2. bis 6. 9. 1792, die der Bergpartei im Nationalkonvent zum Wahlsieg verhalfen.

Septennat [zu latein. sept(u)ennis »siebenjährig«], im Deutschen Reich die vom Reichstag auf Antrag Otto von Bismarcks wiederholt (1874, 1880, 1887) beschlossene, siebenjährige Geltungsdauer des Militäretats und der Friedenspräsenzstärke des Heeres, 1893 durch ein Quinquennat (fünfjährige Laufzeit, Dauer einer Legislaturperiode) ersetzt.

Septimius Severus, eigentlich Lucius Septimius Severus Pertinax, Kaiser des Römischen Reiches (seit 193), *Leptis Magna 11. 4. 146, †Eburacum (heute York) 4. 2. 211; wurde am 13. 4. 193 von den Truppen in Carnuntum zum Kaiser ausgerufen und am 9. 6. 193 vom Senat anerkannt; erlangte er bis 197 die Alleinherrschaft. Im Kampf gegen die Parther eroberte Septimius Severus 198 u. a. Ktesiphon und richtete eine Provinz Mesopotamia ein. In Rom ersetzte er die Prätorianerkohorten durch eine Garde aus Elitesoldaten der Provinzialtruppen und förderte die Rechtspflege. Durch vermehrte Verwendung von Rittern in der zentralisierten Verwaltung und durch zahlreiche Vergünstigungen für die Soldaten stärkte er die Herrschaft seines Hauses und förderte die Vereinheitlichung des Reiches. Das Heer wurde zu einem entscheidenden Machtfaktor. 208 zog Septimius Severus nach Britannien, wo er die Grenze nach Kaledonien sicherte. Nachfolger wurden seine Söhne aus zweiter Ehe mit Julia Domna, Caracalla und Geta, die Septimius Severus schon zu Lebzeiten zu Mitregenten ernannt hatte.

Serbien und Montenegro, Staat in Südosteuropa, bestehend aus den Teilrepubliken Serbien und Montenegro, der im Norden an Ungarn, im Osten an Rumänien und Bulgarien, im Süden an Makedonien und Albanien, im Westen an das Adriatische Meer, Bosnien und Herzegowina sowie Kroatien grenzt.

GESCHICHTE: Nach dem Zerfall des nach dem Ersten Weltkrieg entstandenen Bundesstaats Jugoslawien hatten sich Serbien und Montenegro 1992 zum Reststaat →Jugoslawien zusammengeschlossen. 2003 wurde »Rest-Jugoslawien« mit der Verabschiedung einer neuen Verfassung aufgelöst und der neue Staat Serbien und Montenegro gebildet.

Severing, Carl, deutscher Politiker, *Herford 1. 6. 1875, †Bielefeld 23. 7. 1952; Schlosser; Mitglied der SPD; war zunächst Gewerkschaftssekretär, dann Redakteur der sozialdemokratischen »Volkswacht«, 1907–12 und 1920–33 Mitglied des Reichstags, 1919–20 Abgeordneter in der Nationalversammlung. 1921–33 Mitglied des Landtags von Preußen, bemühte Severing sich 1919 und 1920 als preußischer Staatskommissar für Westfalen erfolgreich um die friedliche Beilegung von Unruhen im Ruhrgebiet. Als preußischer Innenminister (1920–26 mit kurzer Unterbrechung) baute er anstelle der alten königlichen eine stärker republikanisch orientierte Polizei auf.

Von Juli 1928 bis März 1930 war Severing Reichsinnenminister in der Regierung der großen Koalition unter Reichskanzler Hermann Müller, mit dem er gemeinsam eine vermittelnde »staatspolitische Linie« einnahm, um ein Ende des parlamentarischen Systems in Deutschland zu verhindern. Ab Oktober 1930 wieder preußischer Innenminister, lehnte Severing nach der staatsstreichartigen Absetzung der preußischen Regierung durch Reichskanzler Franz von Papen im Juli 1932 die formelle Übergabe seines Amtes an seinen kommissarischen Nachfolger ab. Nach 1945 beteiligte sich Severing am Wiederaufbau der SPD; 1947 wurde er Mitglied des Landtags in Nordrhein-Westfalen.

Sèvres [sɛ:vr], **Friede von,** am 10. 8. 1920 zwischen den Siegermächten des Ersten Weltkriegs und dem Osmanischen Reich in Sèvres bei Paris geschlossener Friedensvertrag (→Pariser Vorortverträge). Kemal Atatürk erkannte diesen Frieden nicht an, durch den Griechisch-Türkischen Krieg (1921/22) wurde der Friede von Sèvres hinfällig.

Sezessionskrieg. Unionssoldaten erholen sich im Winterquartier »Pine Cottage« von den Strapazen des Kriegsdienstes.

Seymour ['si:mɔ:], Jane, →Johanna Seymour, Königin von England.

Seyß-Inquart, Arthur, österreichischer Politiker, *Stonařov (bei Iglau) 22. 7. 1892, †(hingerichtet) Nürnberg 16. 10. 1946; ab 1918 Rechtsanwalt in Wien, Mitglied völkisch-nationalistischer Verbände, ab 1931 in Verbindung mit der österreichischen Nationalsozialistischen Arbeiterpartei (NSDAP), der er 1938 beitrat. Ab 1937 Staatsrat im Kabinett unter Kurt (von) Schuschnigg, diente Seyß-Inquart als Mittelsmann zur »nationalen Opposition« und zum nationalsozialistischen Deutschland. Mit dem bei einem Treffen mit Schuschnigg in Berchtesgaden erzwungenen Abkommen (12. 2. 1938) setzte Hitler die Ernennung von Seyß-Inquart zum österreichischen Innenminister (16. 2. 1938) durch, sodass dieser die Verfügungsgewalt über die Sicherheitskräfte erlangte. Das deutsche nationalsozialistische Regime bediente sich seiner bei der Vorbereitung und Durchführung des Anschlusses von Österreich an das Deutsche Reich und erreichte ultimativ die Ernennung Seyß-Inquarts zum Bundeskanzler (11. 3. 1938).

Vom 13. 3. 1938 bis 30. 4. 1939 war er Reichsstatthalter der »Ostmark«, vom 1. 5. 1939 bis 30. 4. 1945 Reichsminister ohne Geschäftsbereich, ab 19. 5. 1940 zugleich Reichskommissar für die besetzten Niederlande. Dort war er für die Ausbeutung der Wirtschaft, Unterdrückungsmaßnahmen, die Deportation von Arbeitskräften nach Deutschland sowie von 117 000 Juden in die Vernichtungslager verantwortlich. In seinem Testament sah Hitler ihn als Außenminister vor; 1946 wurde er vom Internationalen Militärgerichtshof in Nürnberg zum Tode verurteilt.

Sezessionskrieg, Amerikanischer Bürgerkrieg, War between the States [wɔ: bɪ'twi:n ðə 'steɪts], Krieg 1861–65 zwischen den Nordstaaten der USA und elf aus der Union ausgetretenen Südstaaten.

URSACHEN: Die Ursachen des Sezessionskriegs liegen in der zunehmenden Auseinanderentwicklung von industrialisiertem Norden und agrarischem Süden der USA (und den daraus resultierenden wirtschaftlichen und gesellschaftlichen Spannungen). Die damit aufs Engste verbundene Auseinandersetzung um die →Sklaverei war dabei nur ein, wenn auch zunehmend wichtiges Motiv (z.B. Frage der States' Rights, Schutzzölle).

Die Wahl Abraham Lincolns zum Präsidenten, des Kandidaten der Republikanischen Partei, die sich v.a. gegen die Ausbreitung der Sklaverei wandte, veranlasste den Austritt (Sezession) South Carolinas (20. 12. 1860) und sechs anderer Südstaaten aus der Union. Im Februar 1861 schlossen sie sich in Montgomery (Ala.) unter Präsident Jefferson Davis zu den →Konföderierten Staaten von Amerika zusammen, während die Unionsstaaten das Recht zum Austritt bestritten und die Verteidigung ihres Eigentums ankündigten.

Nach Ausbruch der Kampfhandlungen (12. 4. 1861) mit Angriff der Südstaaten auf das Bundesfort Sumter in Charleston (S. C.) schlossen sich vier weitere Staaten den Konföderierten an; vier »Border States« (Grenzstaaten) mit Sklaverei (Delaware, Kentucky, Maryland, Missouri) und das westliche Virginia, das 1863 ein eigener Staat wurde, blieben bei der Union, die die Wahrung der nationalen Einheit zum primären Kriegsziel machte.

Die Südstaaten stürtzten sich v.a. auf den Kampfeswillen ihrer weißen Bevölkerung und die Einnahmen aus ihren bedeutenden Baumwollexporten, die Nordstaaten zeigten sich demgegenüber an Menschen, Material und Wirtschaftskapazität weit überlegen. Die letztlich wirksame Seeblockade, das Fehlen eigener Ressourcen und das Schwinden der Finanzierungs- und Ernährungsgrundlage führten schließlich zur völligen Zermürbung der Südstaaten.

SCHAUPLÄTZE: Der Sezessionskrieg konzentrierte sich auf einen östlichen Schauplatz zwischen Washington (D. C.) und Richmond (Va.), der Hauptstadt der Konföderierten, einen westlichen im Mississippital (ab Herbst 1863 verlagert ins Grenzgebiet zwischen Tennessee und Georgia) und das Meer. Während sich die Südstaaten unter General Robert Lee im Osten bis Sommer 1863 gegen die Versuche der Unionstruppen, nach Richmond vorzudringen, behaupteten und auch auf nordstaatliches Gebiet vordrangen, waren die Nordstaaten ab 1862 mit der Einnahme von New Orleans (29. 4.) durch Admiral David Farragut und mit dem Vormarsch General Ulysses Grants im Westen erfolgreich.

Die Proklamation der Emanzipation der Sklaven in den aufständischen Gebieten (1. 1. 1863) wirkte sich für die Union außenpolitisch günstig aus. Die eigentliche Wende zugunsten der Nordstaaten erfolgte durch den Sieg der Unionstruppen bei Gettysburg (Pa.) am 1.–3. 7. 1863 und durch die Einnahme von Vicksburg (Miss.) am 4. 7. 1863. Aufgrund der hierdurch

SEZESSIONSKRIEG — ***Ende der Sklaverei***

Die Bewegung gegen die Sklaverei, im Menschenrechtsdenken theoretisch fundiert, setzte im späten 18. Jh. ein. Die britischen Abolitionisten (von englisch »abolition«, »abschaffen«) begannen 1783 mit öffentlichen Kampagnen und erreichten 1807 ein Verbot des Sklavenhandels in den britischen Kolonien, 1833 die Abschaffung der Sklaverei dort insgesamt. Auch in die Akte des Wiener Kongresses 1815 wurde das Verbot aufgenommen.

In den Vereinigten Staaten hingegen, in denen 1790 rund 700 000 und 1860 über vier Millionen Sklaven lebten, waren entsprechende Forderungen zwar schon in der Kolonialzeit erhoben worden, doch standen der Abschaffung der Sklaverei deutliche Widerstände entgegen, denn die Plantagenwirtschaft in den Südstaaten schien ohne billige schwarze Arbeitskräfte nicht überlebensfähig zu sein. Insofern gerieten die Südstaaten der USA zum urbanen, sich industrialisierenden Norden in scharfen Gegensatz; sie verließen 1860 die Union, nachdem mit Abraham Lincoln ein Republikaner und moderater Gegner der Sklaverei zum amerikanischen Präsidenten gewählt worden war. 1861 eröffneten sie den Sezessionskrieg. Nach dem Ende des Krieges und dem Sieg des Nordens wurde die Sklaverei auch in den Südstaaten abgeschafft.

ermöglichten Kontrolle des Mississippitals durch die Unionstruppen wurde das Gebiet der Südstaaten zweigeteilt, die Nachschublinien der Konföderierten wurden unterbrochen; die Vollendung der Seeblockade unterband die im Süden benötigte Rohstoff- und Lebensmittelzufuhr. Nach der Festigung der Macht der Unionstruppen im Westen gelang es Grant als Oberbefehlshaber der Unionsarmee 1864, Lees Armee aufzureiben. Durch Verwüstungszüge der Unionstruppen (1864) zusätzlich geschwächt, kapitulierten die Konföderierten 1865 schließlich.

FOLGEN: Rund 1,5 Millionen Soldaten standen im Dienst der Nordstaaten (rund 360 000 Tote), im Dienst der Südstaaten rund 800 000 bis 1 Millionen (rund 260 000 Tote); die genaue Zahl der zivilen Opfer ist unbekannt. Der Sezessionskrieg, in dem erstmals militärtechnische Neuerungen, z. B. gepanzerte Schiffe, Maschinengewehre, Eisenbahn und Telegraf, bedeutend waren, beschleunigte im Norden das wirtschaftliche Wachstum, vernichtete aber weitgehend die Wirtschaftskraft der Südstaaten. Mit der Emanzipation der rund 4 Millionen Sklaven war die Wirtschafts- und Sozialstruktur des Südens zerstört, eine Aussöhnung in der Zeit der →Reconstruction infolge tiefer Verbitterung und eines wachsenden Rassismus im Süden und Rachegefühlen im Norden erschwert. Der Sezessionskrieg stellt einen wesentlichen Einschnitt in der amerikanischen Geschichte dar, da die nationale Einheit der USA gesichert und in der Folge die Zentralgewalt gestärkt wurde.

Sforza, italienische Adelsfamilie, die von Muzio Attendolo abstammt, der als Condottiere u. a. im Dienst von Perugia, Mailand und Florenz sowie der Könige von Neapel den Beinamen Sforza (»Bezwinger«) erwarb. Von 1450 bis zum Erlöschen der Hauptlinie (1535) herrschten die Sforza als Herzöge über Mailand.

Sherman [ˈʃəːmən], William Tecumseh, amerikanischer General, *Lancaster (Oh.) 8. 2. 1820, †New York 14. 2. 1891; wurde nach Ausbruch des →Sezessionskrieges im Mai 1861 zum Colonel der Unionsarmee ernannt, zeichnete sich auf dem westlichen Schauplatz aus und wurde dort als Nachfolger General Ulysses Grants im März 1864 Oberbefehlshaber. Auf seinem »Marsch zur See« durch Georgia von Atlanta (2. 9. eingenommen) nach Savannah ließ Sherman einen rund 100 km breiten Streifen verwüsten, um die Südstaaten vom Nachschub abzuschneiden und den Kampfeswillen der Zivilbevölkerung und der Konföderierten Armee zu brechen. Unter noch größerer Verwüstung des Landes wandte er sich dann nach Norden und nahm am 26. 4. 1865 bei Durham (N. C.) die Kapitulation der letzten Konföderierten Armee unter General Joseph Johnston entgegen. 1869–84 war Sherman Oberkommandierender der amerikanischen Armee.

Sezessionskrieg. Nordstaaten und Südstaaten (1861–65)

Shōgun [ʃo-; japan. »Feldherr«], **Schogun,** eigentlich **Seii Taishōgun** [japan. »Großmarschall zur Unterwerfung der Barbaren«], in Japan ursprünglich ein im 8. Jh. erstmals verliehener militärischer Titel für den Oberbefehlshaber der Truppen im Kampf mit den Ainu. Der seit dem 9. Jh. in Vergessenheit geratene Titel lebte im 12. Jh. wieder auf; er wurde u. a. 1184 vom Kaiser verliehen an Minamoto Yoshinaka (nach der Besetzung Kyōtos). 1192 wurde er vom Kaiser auf Minamoto no Yoritomo, den Begründer der Militärregierung von Kamakura, übertragen. Fortan übte der Shōgun im Namen des Kaisers, der nominell Staatsoberhaupt blieb, die Regierung aus. Bis zur Auflösung des Shogunats 1867/68 verblieb der Titel beim Haus Minamoto, dem auch die regierenden Ashikaga (1338–1573) und Tokugawa (1603–1867/68) entstammten.

Sicherheitsdienst, Sicherheitsdienst des Reichsführers SS, Abk. **SD,** als Teil der SS unter Heinrich Himmler 1931 gegründeter Nachrichtendienst unter Leitung von Reinhard Heydrich, ab September 1932 unter der Bezeichnung SD; diente zunächst der Beschaffung von Informationen über politische Gegner und Oppositionelle innerhalb der Nationalsozialistischen Arbeiterpartei Deutschlands (NSDAP), ab 1933 zielte er, als Zentralamt mit eigener Organisation im gesamten Reichsgebiet, auf die politische Kontrolle der Bevölkerung. Der SD übernahm 1934 den gesamten Nachrichten- und Abwehrdienst der NSDAP.

William Tecumseh Sherman

Franz von Sickingen

Der Sicherheitsdienst, der nach Heydrichs Vorstellungen die staatliche Sicherheitspolizei verdrängen sollte, wurde auf allgemeine nachrichtendienstliche Aufgaben wie Berichte über die Verhältnisse auf verschiedenen Gebieten des öffentlichen Lebens beschränkt (»Meldungen aus dem Reich«, »Sonderberichte«). Zunehmend zog der Sicherheitsdienst auch die militärische Spionageabwehr an sich.

Die Ernennung Himmlers zum Chef der Deutschen Polizei und Heydrichs zum Chef der Sicherheitspolizei (Sipo) und des SD (1936), dessen Tätigkeit 1938 auch staatlich sanktioniert wurde, trieb die institutionelle Verschmelzung beider Einrichtungen voran; 1939 erfolgte der Zusammenschluss von Sipo und Sicherheitsdienst im Reichssicherheitshauptamt (RSHA). Aus dem Sicherheitsdienst rekrutierten sich Führungskräfte der Sipo, die im Zweiten Weltkrieg als Führer von Einsatzgruppen in den besetzten Gebieten (in der Sowjetunion u.a. verantwortlich für die Ermordung von Juden und politischen Gegnern) und in maßgebenden Positionen des RSHA tätig waren. Ab Januar 1943 leitete Ernst Kaltenbrunner den Sicherheitsdienst. Der Internationale Militärgerichtshof in Nürnberg erklärte 1946 den Sicherheitsdienst zur verbrecherischen Organisation.

Sickingen, Franz von, Reichsritter, *Ebernburg (heute zu Bad Münster am Stein-Ebernburg) 2. 3. 1481, †Burg Nanstein (oberhalb Landstuhl) 7. 5. 1523; schuf sich durch zahlreiche Fehden eine starke Stellung am Mittelrhein; wurde 1515 wegen einer Fehde gegen Worms geächtet; trat 1516 zunächst in französische, danach in kaiserliche Dienste und war seit 1517 Feldhauptmann Kaiser Maximilians I., dann Karls V., dessen Wahl er 1519 unterstützt hatte und für den er 1519 gegen Herzog Ulrich von Württemberg und 1521 gegen Frankreich zog. Durch Ulrich von Hutten für die Reformation gewonnen, gewährte Sickingen den Anhängern der neuen Lehre Zuflucht auf der Ebernburg. Als Hauptmann der oberrheinischen Ritterschaft (Landauer Bund) begann er den Kampf gegen Trier, wohl um selbst Fürst des Kurfürstentums zu werden, wurde von den verbündeten Fürsten von Trier, Hessen und der Pfalz in seiner Burg eingeschlossen und belagert. Er starb am Tag der Übergabe.

Siebenjähriger Krieg, der Krieg, den Österreich 1756–63 im Bündnis mit den meisten europäischen Mächten um Schlesien gegen Preußen führte (3. Schlesischer Krieg), gleichzeitig der See- und Kolonialkrieg zwischen Großbritannien und Frankreich.

Die seit 1754 zunehmenden britisch-französischen Spannungen in Nordamerika und Indien veranlassten Großbritannien zur Westminster-Konvention (16. 1. 1756) mit Preußen, um Hannover vor einem französischen Angriff zu schützen. Dadurch entfremdete sich Preußen von Frankreich, das nun am 1. 5. 1756 mit dem Vertrag von Versailles ein Defensivbündnis mit Österreich schloss (»Umsturz der Bündnisse«). Russland schloss sich nach der britisch-preußischen Annäherung dem Bündnis zwischen Frankreich und Österreich an (11. 1. 1757). Angesichts der offenkundigen Kriegsvorbereitung Österreichs und Russlands entschloss sich der preußische König Friedrich II., der Große, zum Präventivkrieg.

GESCHICHTE: Am 29. 8. 1756 begann Friedrich mit der Besetzung Kursachsens, das nach der Einnahme Dresdens (9. 9.) und dem preußischen Sieg bei Lobositz (1. 10.) am 16. 10. kapitulierte. Der Regensburger Reichstag beschloss am 17. 1. 1757 die Reichsexekution gegen Preußen, das außer Großbritannien-Hannover nur Hessen-Kassel, Braunschweig-Wolfenbüttel und Sachsen-Gotha-Altenburg auf seiner Seite hatte; am 31. 1. trat das Heilige Römische Reich offiziell in den Krieg ein. In einem neuen Offensivbündnis (1. 5. 1757) sicherte Frankreich Österreich aktive Teilnahme am Krieg zu; auch Schweden (Bündnis vom 21. 3.) und Sachsen waren der antipreußischen Koalition beigetreten.

Zwischen dem 18. und 22. 4. 1757 fiel Friedrich in Böhmen ein und siegte bei Prag (6. 5.); doch nach der Niederlage bei Kolin (18. 6.) musste er Böhmen wieder räumen. Gleichzeitig zwangen die Franzosen den mit der Verteidigung Hannovers betrauten Wilhelm August Herzog von Cumberland zur Neutralität und Auflösung seiner Armee (Oktober 1757 widerrufen). Russische Truppen rückten in Ostpreußen (Ende Juni; Sieg am 30. 8. bei Großjägerndorf), schwedische in die Uckermark ein (12. 9.; Besetzung von Teilen Pommerns). Friedrich schlug die mit einem französischen Korps heranrückende Reichsarmee bei Roßbach (5. 11.) und die Österreicher bei Leuthen (5. 12.). Seit Anfang 1758 drängte Herzog Ferdinand von Braunschweig die

SIEBENJÄHRIGER KRIEG. *Fritzisch gesinnt*

Am 5. 11. 1757 stieß Friedrich II., der Große, mit seinen Truppen bei Roßbach im Bezirk Halle auf das französische Heer und die Reichsarmee, die zusammen fast doppelt so stark waren wie das preußische Heer. Nach nur anderthalbstündigem Kampf hatte die Kavallerie des Generals Friedrich Wilhelm von Seydlitz die Verbündetenarmee in die Flucht geschlagen. Der Sieg des Preußenkönigs fand einen großen Widerhall in Deutschland. Dass der als Friedensbrecher gebrandmarkte Monarch die Armee des Reiches in den Staub geworfen hatte, interessierte dabei niemanden. *»Und kommt der große Friedrich und klopft nur auf die Hosen, so läuft die ganze Reichsarmee, Panduren und Franzosen«* spottete man landauf, landab. Man war *»fritzisch gesinnt: denn was ging uns Preußen an«,* schrieb Goethe in seinen Erinnerungen. Auch das verbündete Großbritannien feierte Friedrich als großen Helden; davon zeugen auch die in kurzer Zeit entstandenen Wirtshausschilder mit der Aufschrift »The King of Prussia«.

Siebenjähriger Krieg. Kriegsverlauf in Mitteleuropa (1756–63)

Franzosen über den Rhein zurück. Friedrich besiegte die Russen bei Zorndorf nördlich von Küstrin (25. 8.) und zwang sie zur Räumung der Neumark und Pommerns. Schließlich konnte er den österreichischen Feldmarschall Leopold von Daun zur Aufgabe Sachsens zwingen.

Die Lage Preußens verschlechterte sich. Gegen die 250 000 Mann der vereinigten Österreicher und Russen konnte Friedrich 1759 nur 130 000 Mann aufbieten. Er erlitt bei Kunersdorf (12. 8. 1759) seine schwerste Niederlage. Bis Mitte 1760 blieb die Koalition erfolgreich; russische Truppen besetzten sogar Berlin. Durch seinen Sieg bei Liegnitz (15. 8.) über den österreichischen General Gideon von Laudon rettete sich Friedrich aus der drohenden Umklammerung.

Mit dem Tod der Kaiserin Elisabeth von Russland (5. 1. 1762) trat eine entscheidende Wendung zugunsten Preußens ein. Ihr Nachfolger Peter III. schloss mit Friedrich Frieden (5. 5. 1762) und einen Bündnisvertrag (17. 6.); am 22. 5. hatte auch Schweden in einen Friedensvertrag eingewilligt. Nach dem Sturz Peters (9. 7.) wurde der Friedensvertrag mit Katharina II. aufrechterhalten. Nach preußischen Erfolgen über Reichsarmee und Österreicher, die zum Rückgewinn Schlesiens und Sachsens führten, erklärte das Reich die Neutralität (Ende 1762). Großbritannien und Frankreich verständigten sich am 3. 11. 1762 über die Beendigung des Krieges, sodass Österreich zum Frieden bereit war. Am 15. 2. 1763 kam es zum Frieden von Hubertusburg.

Mit dem Siebenjährigen Krieg in Europa war ein britisch-französischer Kolonialkrieg verflochten. Nach Anfangserfolgen Frankreichs übernahm Großbritannien nach Siegen seiner Flotte über die französische Mittelmeer- und über die französische Atlantikflotte 1759 in der Bucht von Quiberon die Kontrolle über die überseeischen Nachschublinien und entschied somit den Krieg für sich. In Nordamerika hatten die Franzosen durch Befestigungen im Ohiotal dem Expansionsdrang der britischen Kolonien einen Riegel vorgeschoben, wogegen sich die Kolonisten wehrten. Nach der Kriegserklärung 1756 mussten die Franzosen nach der Schlacht von Quebec (13. 9. 1759) und der Kapitulation Montreals (8. 9. 1760) Kanada sowie bis 1762 die Besitzungen im Karibischen Meer aufgeben. Nach dem Kriegseintritt Spaniens (1761) besetzten die Briten auch Kuba (Juni 1762) und die Philippinen (September).

In Afrika eroberten die Briten im Mai 1758 die französischen Stützpunkte im Mündungsgebiet des Senegal; in Indien konnte man sich im Verlauf des Krieges durchsetzen. Nach dem Sieg bei Plassey (23. 6. 1757) gegen den Nawab von Bengalen, der Großbritannien den reichsten Teil Indiens brachte, und bei Vandivash (Januar 1760) fiel im Januar 1761 der letzte französische Stützpunkt, Pondicherry. Dem Vorfrieden von Fontainebleau, in dem Frankreich Louisiana z. T. an Spanien abtrat, folgte der Pariser Friede (10. 2. 1763). Frankreich behielt im Norden Amerikas nur ein paar Inseln und von Französisch-Indien fünf Hafenplätze.

Die Friedensschlüsse dieses weltweiten Krieges festigten Preußens Rolle als Großmacht v. a. gegenüber Österreich und bestätigten seine Erwerbungen in den →Schlesischen Kriegen. Den größten Gewinn verbuchte Großbritannien, das seine Führungsrolle als Kolonialmacht ausbauen konnte.

Siebzehnter Juni, Datum des v. a. von Industriearbeitern in den Großstädten und Industriezentren ausgelösten spontanen (Arbeiter- und Volks-)Aufstandes gegen das Parteiregime der Sozialistischen Einheitspartei Deutschlands (SED) in der DDR 1953, auch Juniaufstand genannt. Die aus einem lohnpolitischen Konflikt erwachsene erste und (bis 1989) mächtigste Protestbewegung gegen die Politik des SED-Politbüros und der von der SED getragenen Regierung war Ausdruck einer Krise in der DDR 1952/53. Im Rahmen des auf der II. SED-Parteikonferenz (Juli 1952) verkündeten Aufbaus des Sozialismus beschloss der Ministerrat der DDR am 28. 5. 1953 eine kurzfristige Erhöhung der Arbeitsnormen für Industriebetriebe um generell 10 %, was eine reale Verminderung des Arbeitslohns bewirkt hätte. Nachdem am 9. 6. 1953 das SED-Politbüro den »Neuen Kurs« beschlossen hatte und das FDGB-Organ »Tribüne« diese Regelung am 16. 6. 1953 bestätigte, formierten sich die Bauarbeiter der Stalinallee in Berlin (Ost) zu einem Demonstrationszug zum »Haus der Ministerien« (Sitz der Regierung). Mit dem Marsch von etwa 12 000 Beschäftigten des Stahl- und Walzwerkes Hennigsdorf am 17. 6. zum Regierungsviertel weitete sich die Demonstration zu einer Bewegung aus,

SIEBZEHNTER JUNI — *Aufstand in der DDR*

Die ungleichen Entwicklungen der 1949 gegründeten Bundesrepublik und der Deutschen Demokratischen Republik sind ein Lehrstück für das unterschiedliche Leistungsvermögen markt- bzw. planwirtschaftlicher Systeme. Zeigten sich in der Bundesrepublik 1953 erste Anzeichen kommenden Wohlstands, so litt die Bevölkerung der DDR – neben ihrer politischen Unfreiheit – unter gravierenden Versorgungsengpässen.

Am 5. 3. 1953 starb der sowjetische Partei- und Regierungschef Stalin. Von seinem Nachfolger erwartete man ein Nachlassen des innenpolitischen Terrors. Auch in der Deutschen Demokratischen Republik keimte Hoffnung auf eine Verbesserung der drückenden Verhältnisse auf. Tatsächlich machte das SED-Politbüro Ende Mai 1953 einige wirtschaftliche Zugeständnisse, nahm aber eine kurz zuvor verfügte Erhöhung der Arbeitsnormen für Industrie- und Bauarbeiter – was massiven Lohnkürzungen gleichkam – nicht zurück.

Die Folge waren Streiks und Demonstrationen, die in Ost-Berlin begannen, dann aber auf das gesamte Land übergriffen. Bald wurden über die wirtschaftliche Zielsetzung hinausgehend auch die Forderungen nach freien Wahlen und der Wiedervereinigung Deutschlands erhoben. Da das DDR-Regime des Aufstands nicht Herr wurde, schlugen ihn sowjetische Truppen am 17. Juni 1953 nieder (im Bild ein Panzer auf dem Potsdamer Platz in Ostberlin). Bis zur Wiederherstellung der deutschen Einheit im Jahre 1990 wurde der 17. Juni in der Bundesrepublik als »Tag der Deutschen Einheit« begangen.

die mehr als 250 Orte, darunter alle Industriezentren und Großstädte, v.a. Leipzig, Halle (Saale), Bitterfeld, Magdeburg, Jena und Gera, erfasste. An verschiedenen Orten bildeten sich Streikleitungen, die jedoch untereinander keine Verbindung herstellen konnten.

Die Demonstranten besetzten Rathäuser, Gemeindeämter, SED-Kreisleitungen, Dienststellen des Ministeriums für Staatssicherheit (MfS) und der Volkspolizei und öffneten Gefängnisse. Es wurden Forderungen nach Rücktritt der Regierung und Abhaltung freier, geheimer Wahlen (mit Blick auf die Wiederherstellung der Einheit Deutschlands) laut.

Nach Verhängung des Ausnahmezustandes durch den sowjetischen Stadtkommandanten in Berlin (Ost) sowie in 167 der 217 Stadt- und Landkreise der DDR schlugen im Verlauf des 17. 6. sowjetische Truppen den Aufstand nieder (offiziell 51 Tote, bis 30. 6. 1953 6200 Verhaftete). Streiks und Demonstrationen gab es aber in mehr als 560 Orten noch nach dem 17. 6.; eine neue Streikwelle im Juli 1953 (Höhepunkt: Buna-Werke Schkopau, 15.–17. 7.) erfasste v.a. die Dörfer. Bis gegen Ende der 1960er-Jahre wurden (in der Bundesrepublik Deutschland) 21 vollstreckte Todesurteile nachgewiesen und 1386 zu langjährigen Freiheitsstrafen verurteilte Demonstranten festgestellt. Nach Auswertung ab 1990 zugänglicher Materialien geht man inzwischen von mindestens 125 Todesopfern (48 standrechtlich Erschossene) aus.

In der Geschichtsschreibung der DDR galt der Aufstand des Siebzehnten Juni 1953 als »konterrevolutionärer, faschistischer Putsch(versuch)«. In der Bundesrepublik Deutschland wurde der 17. 6. nach dem Gesetz vom 4. 8. 1953 als »Tag der Deutschen Einheit« zum nationalen Feiertag (1953–90); seit 1990 gilt er als »Nationaler Gedenktag des deutschen Volkes«.

Siegmund, Sigismund, König (seit 1410) und Kaiser des Heiligen Römischen Reiches (seit 1433), * Nürnberg 15. 2. 1368, † Znaim 9. 12. 1437; (letzter) Luxemburger; Sohn Kaiser Karls IV.; erbte 1378 die Markgrafschaft Brandenburg, erwarb durch seine Heirat mit Maria von Anjou (Tochter König Ludwigs I. von Ungarn und Polen) Erbansprüche auf beide Länder und wurde am 31. 3. 1378 zum König von Ungarn gekrönt. Um die Mittel für seine Kämpfe gegen die Adelsopposition in Ungarn und dessen Verteidigung gegen die Türken aufbringen zu können (Niederlage bei Nikopol, 1396), verpfändete Siegmund die Kurmark 1388 seinem Vetter Jobst von Mähren und verkaufte 1402 die Neumark an den Deutschen Orden. 1410 wählten die Kurfürsten ihn und Jobst von Mähren in einer Doppelwahl zu Königen des Römischen Reiches. Nach Jobsts Tod (1411) erhielt Siegmund in einer zweiten Wahl auch die übrigen Stimmen.

Siegmund veranlasste die Einberufung des Konzils von Konstanz. Wegen der Verbrennung von Jan Hus (1415) verweigerte Böhmen Siegmund, der 1420 in Prag durch einen Teil der Stände zum König erhoben worden war, die Anerkennung. Er rief 1420 zu einem Kreuzzug gegen die Hussiten auf; erst nach deren Niederlage bei Lipany (1434) wurde Siegmund am 25. 7. 1436 auch als König von Böhmen anerkannt. Am 29. 1. 1433 wurde Siegmund in Rom zum Kaiser gekrönt.

Sieyès [sjeˈjɛs, sjɛs], Emmanuel Graf (seit 1809), genannt Abbé Sieyès, französischer Revolutionär und Politiker, *Fréjus 3. 5. 1748, †Paris 20. 6. 1836; Geistlicher, wurde 1788 Kanzler der Diözese Chartres. 1788/89 wirkte Sieyès durch mehrere Reformschriften auf den Wahlkampf für die Generalstände von 1789, deren Mitglied er wurde, ein: »Qu'est-ce que le tiers état?« (»Was ist der dritte Stand?«) wurde zur auflagenstärksten und einflussreichsten Flugschrift der Französischen Revolution. Darin forderte er eine Nation gleichberechtigter Bürger und verwarf jedes Standesprivileg. Auf seinen Antrag hin erklärten sich die Vertreter des dritten Standes am 17. 6. 1789 zur Nationalversammlung. 1793 – als Mitglied des Konvents – stimmte Sieyès für den Tod des Königs. Als Mitglied des Direktoriums unterstützte er 1799 den Staatsstreich Napoléon Bonapartes, wurde Konsul, dann aber politisch kaltgestellt. 1815 wurde er als Königsmörder verbannt, lebte bis 1830 in Brüssel und kehrte dann zurück. Als Theoretiker nahm er in seinen Schriften die liberale Repräsentativverfassung des 19. Jh. vorweg; sein Denken hat v. a. die französische Verfassung von 1791 beeinflusst.

Sigismund, Kaiser des Heiligen Römischen Reiches, →Siegmund.

Sigismund I., der Alte, Sigismund I., der Große, polnisch **Zygmunt I. Stary** [ˈzik-], Großfürst von Litauen und König (seit 1506), *Krakau 1. 1. 1467, †ebenda 1. 4. 1548; jüngster Sohn Kasimirs IV., 1499–1508 Herzog von Glogau. Sigismund beendete die Auseinandersetzungen mit den Habsburgern um die Vorherrschaft in Ostmitteleuropa durch den Ausgleich im Kongress von Preßburg und Wien (1515). Außerdem legte er den Streit mit dem Ordensstaat durch dessen Säkularisierung zum Herzogtum Preußen unter polnischer Lehnshoheit (Vertrag von Krakau, 8. 4. 1525) bei und sicherte die polnische Ostgrenze. Im Inneren bemühte er sich, die Königsmacht gegenüber dem Adel zu stärken und das Vordringen der Reformation zu erschweren. Kulturell war seine Regierungszeit, besonders unter dem Einfluss seiner zweiten Frau, Bona Sforza, durch die Prägung von Renaissance und Humanismus gekennzeichnet, sodass sie als das »goldene Zeitalter« Polens gilt.

Sikorski, Władysław, polnischer General und Politiker, *Tuszów Narodowy (bei Mielec) 20. 5. 1881, †Gibraltar 4. 7. 1943; leitete 1914–17 das Militärdepartement des Obersten Nationalkomitees in Krakau und vertrat in dieser Stellung den Gedanken, einen polnischen Staat im Verbund mit Österreich-Ungarn zu errichten (»austropolnische Lösung«). 1920 war Sikorski Armeeführer, 1921–22 Chef des Generalstabs, 1922–23 Ministerpräsident, 1924–25 Kriegsminister; 1928 nahm er als Gegner Jósef Piłsudskis den Abschied. 1936 versuchte er vergeblich, eine Opposition gegen das autoritäre polnische Regierungssystem aufzubauen. Am 30. 9. 1939 übernahm Sikorski in Paris das Amt des Ministerpräsidenten der polnischen Exilregierung und den Oberbefehl der polnischen Truppen im Exil. Am 30. 7. 1941 schloss er unter britischem Druck gegen eine starke Opposition ein Bündnis mit der UdSSR. Im Dezember 1941 verhandelte er ohne sichtbaren Erfolg mit Stalin. Im April 1943 ließ er es zum Bruch mit der sowjetischen Regierung kommen. Sein Tod, dessen Umstände nicht völlig geklärt sind, schwächte die Stellung der polnischen Exilregierung entscheidend.

Emmanuel Graf Sieyès

Silvester II., Papst (999–1003), früher Gerbert von Aurillac, *in der Auvergne um 940/950, †Rom 12. 5. 1003; Domscholaster in Reims. Um 983 wurde Silvester Abt von Bobbio, 991 Erzbischof von Reims (ohne päpstliche Anerkennung). Sein Schüler, der spätere Kaiser Otto III., ließ ihm 998 das Erzbistum Ravenna übertragen und veranlasste seine Wahl zum Papst. Silvester trat mit Otto III. für die Erneuerung des Römischen Reiches im Sinne einer christlichen Theokratie (»Renovatio imperii Romanorum«) ein und organisierte mit kaiserlicher Unterstützung die Kirche in Polen und Ungarn (Errichtung der Erzbistümer Gnesen und Gran).

Simonie, im katholischen Kirchenrecht der vorsätzliche Austausch (»Verkauf«) eines geistlichen Gutes (z. B. eines kirchlichen Amtes) oder geistlich-weltlichen Gutes (z. B. eines kirchlichen Benefiziums) gegen einen zeitlichen Wert (z. B. Geld). Im Früh- und Hochmittelalter führte das Rechtsinstitut der Eigenkirche zu starken simonistischen Missbräuchen, die eine der Ursachen des →Investiturstreites waren.

Eduard von Simson

Simson, Eduard von (seit 1888), deutscher Jurist und Parlamentarier, *Königsberg (heute Kaliningrad) 10. 11. 1810, †Berlin 2. 5. 1899; war 1848/49 Mitglied der Frankfurter Nationalversammlung (seit 18. 12. 1848 deren Präsident), leitete als führendes Mitglied der Erbkaiserlichen am 3. 4. 1849 die Abordnung, die Friedrich Wilhelm IV. die Kaiserkrone anbot.

Seit 1859 war Simson Mitglied des Preußischen Abgeordnetenhauses, als Nationalliberaler 1867–76 Mitglied des Reichstags (1867–73 dessen Präsident). Er überbrachte am 18. 12. 1870 dem preußischen König Wilhelm I. in Versailles die Bitte des Reichstags des Norddeutschen Bundes um Annahme der Kaiserwürde.

Simson hat die deutsche Parlamentsgeschichte mitgeprägt. Schon in der Paulskirchenversammlung bemühte er sich um die Einrichtung eines Reichsgerichts; als dessen erster Präsident (1879–91) versuchte er, dem Reichsgericht in Leipzig eine unabhängige und selbstständige Stellung im Staatsaufbau zu verschaffen.

Sixtus IV.
Bleibende Verdienste erwarben sich die Renaissancepäpste als Förderer der Künste und der Wissenschaften. Sixtus IV. initiierte den Bau der nach ihm benannten »Sixtinischen Kapelle« im Vatikan (1473–81) und förderte die Vatikanische Bibliothek (Fresko von Melozzo da Forlì, 1476/77; Rom, Vatikanische Sammlungen).

Sinn Féin [ˈʃɪn ˈfeɪn; irisch »wir selbst«], 1905 gegründete irische republikanische Partei. Als Trägerin der Unabhängigkeitsbewegung propagierte Sinn Féin einen kulturellen Nationalismus, protektionistische Wirtschaftspolitik und die Nichtanerkennung der Autorität des britischen Parlaments für Irland. Ursprünglich auf die Durchsetzung ihrer Ziele mit politischen Mitteln bedacht, wurde Sinn Féin nach dem Osteraufstand von 1916 zum Sammelbecken der radikalen nationalistischen und republikanischen Kräfte. Seit 1917 unter Führung von Eamon de Valera stehend, spaltete sie sich an der Frage, ob der angloirische Vertrag über die Errichtung eines Irischen Freistaats unter Abtrennung eines Teils der Provinz Ulster (1921) anzuerkennen sei: Befürworter des Vertrages bildeten 1923 die »Vereinigung der Gaelen«, aus der die Partei Fine Gael hervorging; von den als Sinn Féin verbleibenden Gegnern des Vertrages spaltete sich 1926 eine Mehrheit als Fianna Fáil ab. Nach Beginn der Unruhen in Nordirland (1969) schloss sich der linke Flügel der Arbeiterpartei an, die nationalistische Faktion gründete die Provisional Sinn Féin, den politischen Arm der →IRA. Unter dem Einfluss des Parteipräsidenten Gerry Adams suchte sich die Sinn Féin in den 1990er-Jahren an einer politischen Lösung des Nordirlandkonflikts zu beteiligen.

Sinowjew, Grigorij, früher Grigorij Radomylskij (nach neueren Angaben Owsej-Gerschen Aronowitsch Radomyschelski-Apfelbaum), sowjetischer Politiker, *Jelisawetgrad 11. 9. 1883, †(hingerichtet) 25. 8. 1936; wurde 1901 Mitglied der Sozialdemokratischen Arbeiterpartei Russlands (SDAPR) und war ein enger Mitarbeiter Lenins. 1917 trat Sinowjew gegen dessen Kurs eines bewaffneten bolschewistischen Aufstandes auf; ab 1917 war er Vorsitzender des Petrograder Sowjets, 1919–26 Vorsitzender des Exekutivkomitees der Komintern und 1921–26 Mitglied des Politbüros der Kommunistischen Partei Russlands KPR(B) bzw. der Sowjetunion KPdSU(B); gehörte ab 1923/24 der »Troika« Stalin–Sinowjew–Kamenew an, die eine kollektive Führung über die Partei ausübte; geriet als Kopf der »Neuen Opposition« 1925 in Konflikt mit Stalin, verlor 1926/27 alle Parteiämter und war 1927–28, 1932–33 und seit Dezember 1934 aus der Partei ausgeschlossen. 1935 zu 10 Jahren Gefängnis, im ersten Moskauer Schauprozess 1936 zum Tode verurteilt. 1988 wurde er postum rehabilitiert.

Sixtus IV., Papst (1471–84), früher Francesco della Rovere, *Celle (heute Celle Ligure, Provinz Savona) 21. 7. 1414, †Rom 12. 8. 1484; trat früh den Franziskanerkonventualen bei, lehrte u.a. an der Ordenshochschule, wurde 1464 Ordensgeneral, 1467 Kardinal. Sein Pontifikat ist durch einen ausgeprägten Nepotismus (umgangssprachlich »Vetternwirtschaft«), damit verbundene politische Auseinandersetzungen mit italischen Fürsten (Medici, Colonna), eine aufwendige Hofhaltung und die Unterstützung der Wissenschaft und Künste, u.a. Förderung der Vatikanischen Bibliothek und Bau der »Sixtinischen Kapelle«, gekennzeichnet und gilt als Beginn des eigentlichen Renaissancepapsttums. Innerkirchlich förderte Sixtus Bettelorden und Marienfrömmigkeit. 1483 erneuerte er das Verbot der Appellation an ein allgemeines Konzil.

Sixtus V., Papst (1585–90), früher Felice Peretti, *Grottammare (bei Ascoli Piceno) 13. 12. 1521, †Rom 27. 8. 1590; trat als Kind den Franziskanerkonventualen bei, wurde 1566 General des Ordens und Bischof von Sant' Agata de' Goti, 1570 Kardinal, 1571 Bischof von Fermo. Als energischer Verfechter der katholischen Reform ist Sixtus einer der bedeutendsten Päpste der frühen Neuzeit. Seine Reform der Kurie durch Einrichtung von 15 Einzelressorts, den Kardinalskongregationen (Kurienkongregationen), und des Kardinalskollegiums durch Festlegung der Höchstzahl der Kardinäle auf 70 hatte bis ins 20. Jh. Bestand. Sixtus forcierte den römischen Zentralismus durch die Neuregelung der bischöflichen Rombesuche (Berichtspflicht) und richtete die Vatikanische Druckerei ein, die 1590 eine von ihm überarbeitete, allerdings fehlerhafte und schon 1592 revidierte amtliche Ausgabe der Vulgata, die »Sixtina«, besorgte.

Sizilianische Vesper, Aufstand der Bürger Palermos gegen die Herrschaft Karls I. von Neapel-Sizilien (aus dem Haus →Anjou), der am Ostermontag (30. 3.) 1282 zur Vesper ausbrach und auf ganz Sizilien übergriff.

Mit der Intervention Peters III. von Aragonien (Erbansprüche als Schwiegersohn des Staufers Manfred) nahm der Konflikt europäische Ausmaße an. Die auf Eroberung Konstantinopels und Schaffung eines angevinischen Mittelmeerreiches abzielende Politik Karls hatte gleichzeitig den byzantinischen Kaiser Michael VIII. in die antiangevinische Koalition getrieben. Die Niederlage Karls bedeutete die Preisgabe Siziliens an Aragonien, eine entscheidende Voraussetzung für den Aufstieg des späteren Spanien zur Weltmacht.

Skagerrak [dän. ˈsgaːɣərag], Teil der Nordsee zwischen Dänemark, Norwegen und Schweden. Die Seeschlacht vor dem Skagerrak am 31. 5./1. 6. 1916 zwischen der deutschen Hochseeflotte und der britischen Grand Fleet war die einzige große Seeschlacht im Ersten Weltkrieg. Sie entwickelte sich zufällig, da sowohl der deutsche Flottenchef, Vizeadmiral Reinhard Scheer, als auch der britische Admiral John Jellicoe glaubten, nur auf feindliche Teilstreitkräfte zu stoßen. Insgesamt standen sich in der Schlacht 37 britische und 21 deutsche Großkampfschiffe gegenüber. Obwohl in Verlauf und Ergebnis ein taktischer Erfolg der deutschen Flotte, änderte der Ausgang der Schlacht nichts an der allgemeinen strategischen Seekriegslage.

Skanderbeg, türkisch **Iskander-Beg,** albanisch **Skënderbeu** [skən-], eigentlich Gjergj Kastrioti, albanischer Feldherr und Nationalheld, *1405, † Alessio (heute Lezhë) 17. 1. 1468; Sohn des mittelalbanischen Fürsten von Emathia; seit 1423 als Geisel am Hof des Sultans in Adrianopel (heute Edirne), wo er zum Islam übertrat und eine militärische Ausbildung erhielt; nach 1438 diente er als Beg in Krujë. Nach dem Sieg János Hunyadis bei Niš (1443) wechselte er die Seite, kehrte zum Christentum zurück, gründete 1444 die Fürstenliga von Alessio und wurde zum Generalkapitän von Albanien proklamiert. Er wehrte mehrere Angriffe der Türken, u. a. die Belagerung Krujës durch Murad II., ab und verteidigte mit venezianischer Unterstützung die Unabhängigkeit Albaniens, das nach seinem Tod aber wieder unter türkische Herrschaft kam.

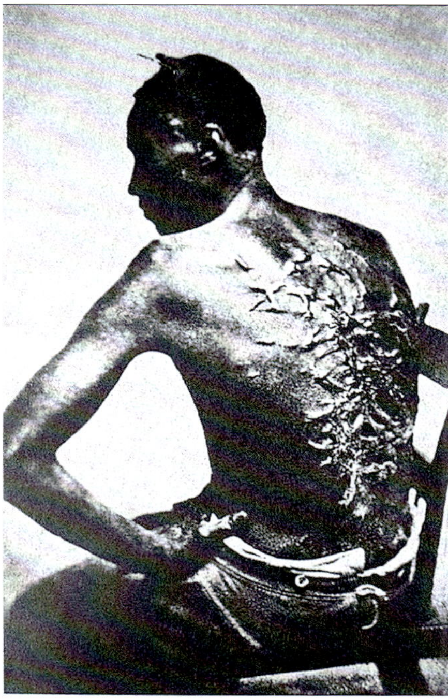

Sklaverei. Obwohl die schwarzen Plantagensklaven in den Südstaaten der USA wesentliche Stützen der Landwirtschaft waren, genossen sie keine Rechte. Das 1863 in Baton Rouge (La.) aufgenommene Foto zeigt die Spuren, die eine brutale Auspeitschung auf dem Rücken eines entflohenen Sklaven hinterlassen hat.

Sklaverei [zu mittelhochdeutsch s(c)lave »Sklave«, von mittellatein. s(c)lavus »Unfreier«, »Leibeigener«, von mittelgriech. sklábos »Sklave«, eigentlich »Slawe« (da im Mittelalter die Sklaven im Orient meist Slawen waren)], Bezeichnung für die völlige rechtliche und wirtschaftliche Abhängigkeit eines Menschen von einem anderen. Der in solcher Abhängigkeit stehende Mensch erfuhr eine substanzielle Minderung seiner Existenz als Mensch. Der Sklavenhalter konnte einzelne oder alle mit dem Eigentumsrecht verbundenen »dinglichen« Befugnisse ausüben, im Extremfall die Sklaven auch verkaufen oder töten. Sklaverei wird deshalb von der →Leibeigenschaft, mit der kein Eigentumsrecht verbunden ist, unterschieden. Nach verbreiteter Ansicht entstand sie, als der Brauch, im Krieg

SKLAVEREI. *Menschenunwürdig*

1782 schildert ein Schweizer alltägliche Plantagenarbeit schwarzer Sklaven auf Santo Domingo: *»Es waren etwa hundert, Männer und Frauen verschiedenen Alters, alle von ihnen damit beschäftigt, Furchen in ein Zuckerrohrfeld zu graben. Die Sonne strahlte unbarmherzig auf ihre Köpfe herab; der Schweiß floss ihnen von allen Teilen des Körpers; ihre Glieder, schwer von der Hitze, ermüdet vom Gewicht ihrer Hacken... machten die größten Anstrengungen, alle Hindernisse zu überwinden. Das unbarmhherzige Auge des Aufsehers beobachtete die Arbeitsgemeinschaft, und mehrere Wärter mit langen Peitschen... schlugen von Zeit zu Zeit hart selbst auf jene ein, welche die Müdigkeit zwang, ihre Arbeit zu verlangsamen..., Männer oder Frauen, Junge oder Alte.«*

die Besiegten ausnahmslos zu töten, aufgegeben wurde. Fördernd war darüber hinaus die Herausbildung früher Eigentumsverhältnisse.

VERBREITUNG: In Europa erreichte die Sklaverei ihren ersten Höhepunkt im antiken Griechenland und im Römischen Reich. Zu einem weltweiten Phänomen wurde sie im Zeichen des europäischen Kolonialismus vom 16. bis 18. Jahrhundert. Im Zuge der Aufklärung setzte sich langsam, verstärkt im 19. Jh., die Auffassung durch, dass kein Mensch eines anderen Menschen Eigentum sein könne. Die internationale Zusammenarbeit zur Bekämpfung der Sklaverei wurde 1926 vom Völkerbund durch die Antisklavereiakte verstärkt. Trotz Ächtung der Sklaverei in der Menschenrechtskonvention der Vereinten Nationen (1948) gibt es bis heute im Teufelskreis von Armut und Gewalt sklavereiähnliche Formen der Abhängigkeit (Menschenhandel).

Die Stellung der Weltreligionen zur Sklaverei ist weitgehend zeitgebunden. Das Alte Testament kennt die Sklaverei, wenn auch unterschiedlich gewichtet. Auch im Neuen Testament wird Sklaverei als gegeben vorausgesetzt und nicht grundsätzlich infrage gestellt. Die frühe Kirche übernahm diese Haltung, die in der naturrechtlichen Ethik der katholischen Kirche bis in das 19. Jh. galt. Nach Einzelstellungnahmen schon in früherer Zeit verurteilte offiziell erst das 2. Vatikanische Konzil 1965 jegliche Sklaverei. Für den Protestantismus bestätigte Martin Luther noch die traditionelle Haltung, dagegen lehnten Ulrich Zwingli und Johannes Calvin jede Form der Unfreiheit ab.

Der Islam duldet zwar die Sklaverei, die Stellung der Sklaven wurde jedoch durch Vorschriften des Korans erheblich verbessert. Die Regel, dass ein Muslim einen anderen Muslim nicht versklaven durfte, wurde in der Praxis nicht immer befolgt. Viele reiche Herren hatten Sklaven in größerer Zahl (z. B. Eunuchen als Haremswächter, Sklavinnen z. T. als Konkubinen). Seit dem 9. Jh. wurden Sklaven zum militärischen Söldnerdienst herangezogen (→Mamelucken, →Janitscharen).

In China war die Versklavung von Kriegsgefangenen besonders in frühester Zeit häufig; daneben gab es Staatssklaverei im Zusammenhang mit dem Strafrecht. Nach 1911 wurde die Sklaverei offiziell abgeschafft (bis 1949 mancherorts weiterbetrieben). Anders als in der Mittelmeerwelt gab es in Indien vorwiegend Haussklaven. Zu Sklaven wurden Kriegsgefangene, Schuldner oder Verbrecher. In Japan war die Sklaverei zwischen 300 v. Chr. bis 300 n. Chr. mit Haus- und Feldsklaven bekannt. Kinder aus Verbindungen mit Sklaven wurden Staatssklaven. Ab dem 8. Jh. n. Chr. konnten sie Land erhalten und bekleideten die Rolle von Halbsklaven und Pächtern; mit Beginn des Lehnswesens im 11. Jh. wurde das Sklavensystem bedeutungslos.

GESCHICHTE: Ursachen der antiken Sklaverei waren besonders die Kriegsgefangenschaft, danach Menschenraub (v. a. Piraterie), Verschuldung, unfreie Geburt und Kindesaussetzung. Die Sklaverei wurde in der Antike meist als natürliche Einrichtung angesehen. Die Möglichkeit der Freilassung war immer gegeben. In Griechenland wird die Sklaverei etwa in den Werken Homers angedeutet. Um 600 v. Chr. bewirkte die einsetzende Geldwirtschaft eine rasche Zunahme der Sklaverei.

In Rom ist die Sklaverei bereits in früher Zeit z. B. durch das Zwölftafelgesetz belegt. Eine Besonderheit der römischen Sklaverei bestand bei der Freilassung darin, dass im Gegensatz zu Griechenland dem Freigelassenen das Bürgerrecht verliehen wurde. Ihren eigentlichen Aufschwung fand die Sklaverei im 2. Jh. v. Chr. als Folge der römischen Eroberungskriege im Osten. Die damit verbundene Verelendung, besonders der Landarbeitersklaven, verursachte die großen Sklavenaufstände (u. a. 73–71 v. Chr. der Aufstand des Spartacus). Wie bei den Römern war die Sklaverei auch bei den Germanen eine feste Einrichtung.

Die Sklaverei erfuhr in den christlichen Staaten Europas v. a. seit dem 10. Jh. einen erneuten Aufschwung im Zusammenhang mit der Missionierung Osteuropas und durch den Kampf gegen den Islam. Hierbei wurden von christlicher und islamischer Seite v. a. Kriegsgefangene versklavt. Da jedoch die Versklavung von Christen durch Christen verboten war, blieb die Sklaverei in Europa selbst quantitativ ein Randphänomen, während sie in den Kolonialgebieten der Europäer eine neue Dimension annahm.

Die vorkolonialen Gesellschaften Afrikas südlich der Sahara kannten durchgängig Sklaverei, ebenso wie die islamischen Gesellschaften Nordafrikas und des restlichen Vorderen Orients – wenn sie im Sozialgefüge auch nur eine Nebenrolle spielte. An der Küste Westafrikas entstand mit der Entdeckung Amerikas durch Christoph Kolumbus 1492 jedoch eine neue Lage. Auf Vorschlag des Dominikaners Bartolomé de Las Casas hob Kaiser Karl V. 1517 das 1503 erlassene Verbot auf, schwarze Sklaven von dort in die spanischen Kolonien der Neuen Welt zu importieren. Bis Ende des 17. Jh. blieb der Sklavenhandel das Vorrecht privilegierter Handelskompanien.

Schätzungen gemäß erreichten während des 16. Jh. durchschnittlich 1 800 Sklaven pro Jahr Nord- und Südamerika, im 17. Jh. 13 400, im 18. Jh. 55 000, im 19. Jh. (bis 1870) 31 600; insgesamt bedeutet das eine Zwangseinwanderung von mehr als 9 Millionen Afrikanern. Die Sterblichkeit der Sklaven auf den europäischen Schiffen schwankte während der Überfahrt zwischen 10 und 20 %.

Europäische Proteste gegen die Sklaverei wurden zuerst in England um 1785 laut; dazu trug neben der christlichen Gewissenserforschung auch der schwindende wirtschaftliche Einfluss der amerikanischen Kolonien im Vergleich mit den ostindischen, wo keine Sklavenwirtschaft herrschte, bei. 1807 setzten die von William Wilberforce geführten Abolitionisten durch, dass das Londoner Unterhaus den Sklavenhandel auf englischen Schiffen verbot. 1815 brandmarkte der Wiener Kongress den Sklavenhandel.

In Ostafrika verstärkte sich der Sklavenhandel im 19. Jh. erheblich. Der Elfenbein- und Sklavenhändler Tippu Tip errichtete um 1870 einen Staat im Osten der heutigen Demokratischen Republik Kongo, regierte ihn zunächst im Einvernehmen mit dem Sultan von Sansibar und 1886–92 als Gouverneur des belgischen Königs Leopold II. Der Sklavenmarkt auf Sansibar musste unter britischem Druck 1873 geschlossen werden, es wurden jedoch bis 1907 »Haussklaven« in Ostafrika geduldet. In Deutsch-Ostafrika wurde 1904 verfügt, dass alle nach dem 31. 12. 1905 von Sklavinnen geborenen Kinder frei sein sollten.

In Süd- und Mittelamerika bedienten sich die europäischen Einwanderer der Sklaverei, wie sie im präkolumbischen Amerika verbreitet war. Diese Form unterschied sich wesentlich von der altweltlichen Sklaverei: Sklaven konnten z. B. von ihrem Herrn weder getötet noch (mit Ausnahmen) gegen ihren Willen verkauft werden und mussten gut behandelt werden, und ihre Kinder waren gewöhnlich frei. Die Versklavung der indianischen Bevölkerung scheiterte daran, dass die Indianer sich nicht für schwere körperliche Arbeit eigneten und anfällig gegen eingeschleppte Seuchen waren. 1542 verboten die spanische Krone für Spanisch-Amerika und 1570 bzw. 1758 die portugiesische Krone für Brasilien unter dem Einfluss der katholischen Kirche die Versklavung der Indianer. In den britischen Besitzungen Nordamerikas entwickelte sich die Sklaverei nur langsam, wuchs aber in der ersten Hälfte des 18. Jh. als Folge der Ausbreitung der Plantagenwirtschaft rasch an. In den niederländischen und britischen Besitzungen sowie in den USA wurde den Sklaven keine eigene Rechtspersönlichkeit zugebilligt. In den Kolonien katholischer Länder regelten Gesetze einheitlich die Behandlung der Sklaven, im französischen Bereich z. B. der relativ humane »Code Noir« (1685). Die Plantagensklaven erfuhren eine besonders harte Behandlung.

In Amerika wurde die Abschaffung der Sklaverei durch eine aufklärerische Bewegung herbeigeführt, dem Abolitionismus: 1794 (endgültig 1848) Abschaffung der Sklaverei in den karibischen Besitzungen Frankreichs, in den aus den spanischen Kolonien hervorgegangenen Staaten in der ersten Hälfte des 19. Jh., im britischen Kolonialreich ab 1833, in den dänischen Kolonien 1848, in den niederländischen 1863. Die spanischen Besitzungen Kuba und Puerto Rico folgten 1870 bzw. 1873, Brasilien 1888. In den USA, wo 1790 rund 700 000, 1860 über 4 Millionen Sklaven lebten, erreichte die religiös-humanitär motivierte Gegnerschaft die Beseitigung der Sklaverei bis 1804 nur im Norden und Nordwesten, wo sie ohnehin nur geringe Bedeutung hatte. Trotz des Verbots der Sklaveneinfuhr in die USA (1. 1. 1808) wurde die Sklaverei im Gefolge der industriellen Revolution und der Ausdehnung des Baumwollanbaus im Süden zum Fundament des südstaatlichen Arbeits- und Wirtschaftssystems.

Wurden die Abschaffungstendenzen in der ersten Hälfte des 19. Jh. von der Öffentlichkeit noch wenig unterstützt, entwickelte sich die Sklaverei zunehmend zu einem Konfliktpunkt. Die Auseinandersetzung um die Sklaverei wurde durch verschiedene offizielle »Kompromisse« vorläufig beigelegt, gefährdete aber zunehmend den Bestand der Union; sie bildete ein Hauptmotiv des →Sezessionskrieges, der zur Emanzipation der Sklaven (1. 1. 1863; 13. Verfassungszusatz 1865) führte. Staatsbürgerliche Rechte erhielten die Schwarzen jedoch erst 1868 bzw. 1870. Die Nachwirkungen der Sklaverei auf den Rassenkonflikt in den USA sind jedoch bis heute spürbar.

Skythen, Sammelbezeichnung für die Bewohner der eurasischen Steppe im 1. Jt. v. Chr., die allgemein Nomadenstämme mit skythischer Kultur umfasst; im engeren Sinn die ab dem 7. Jh. v. Chr. nachweisbaren Skythen des nördlichen Schwarzmeergebietes zwischen Donau und Don, die sich selbst Skoloten nannten.

Das pontische Skythien, über das Herodot ausführlich berichtet, bestand aus verschiedenen Völkerschaften, die durch eine auf das Reiterkriegertum gestützte Dynastie beherrscht wurden. Die Ethnographie der Skythen ist seit der Mitte des 19. Jh. durch die Archäologie wesentlich erweitert worden. Ausgrabungen haben die antiken Berichte über die Bestattungsbräuche und den Goldreichtum der Skythenkönige bestätigt.

Durch die Beherrschung der nördlichen und östlichen Handelswege und die Sicherung der Getreideausfuhr über die griechischen Städte Olbia und Pantikapaion (heute Kertsch) erreichte die Macht der pontischen Skythen im 5. und 4. Jh. v. Chr. ihren Höhepunkt. Der erfolglos verlaufene Skythenfeldzug Dareios' I. (513/512 v. Chr.) festigte ihre Eigenständigkeit. Im 3. Jh. v. Chr. wurden sie aber von den von Osten über den Don vorstoßenden Sarmaten entmachtet oder verdrängt. Nur die Krimskythen konnten ihre kulturelle und ethnischen Eigenart noch länger erhalten. Historisch und epigraphisch überlieferte Eigennamen geben Hinweise auf die iranische Sprachzugehörigkeit der Skythen.

Slánský ['sla:nski:], Rudolf, tschechoslowakischer Politiker, *Nezvěstice (bei Pilsen) 31. 7. 1901, † (hingerichtet) Prag 3. 12. 1952; war ab 1929 Mitglied des Zentralkomitees (ZK) und des Politbüros der Kommunistischen Partei (KP), ab 1945 deren Generalsekretär; beteiligte sich führend an der kommunistischen Machtübernahme vom Februar 1948 in der Tschechoslowakei. Auf Betreiben stalinistischer Kräfte (besonders Klement Gottwald auf Drängen Stalins) wurde Slánský am 6. 9. 1951 als Generalsekretär abgesetzt und am 23./24. 11. 1951 verhaftet. In einem Schauprozess gegen Slánský und 13 leitende Funktionäre (Slánský-Prozess, 20.–27. 11. 1952) u.a. des Verrats und der Spionage beschuldigt, wurde er wie zehn weitere »bürgerlich-nationalistische Volksfeinde« zu Unrecht wegen »titoistischer und zionistischer Umtriebe« zum Tode verurteilt. 1963 hob der Oberste Gerichtshof das Urteil auf; 1968 wurde Slánský rehabilitiert.

Jan Smuts

Slowakische Republik, Slowakei, amtlich **Slovenská Republika,** Staat im östlichen Mitteleuropa, der im Norden an Polen, im Osten an die Ukraine, im Süden an Ungarn, im Südwesten an Österreich und im Nordwesten an die Tschechische Republik grenzt.

GESCHICHTE: Nach der Zerschlagung des Awarenreiches durch Karl den Großen bildete sich um 800 in der Mittel- und Westslowakei ein selbstständiges Fürstentum, das Mitte des 9. Jh. im Großmährischen Reich aufging. Seit dessen Untergang 906 stand die Slowakei (»Oberungarn«) bis 1918 unter ungarischer Herrschaft. Im 19. Jh. scheiterten wiederholte Versuche der erwachenden Nationalbewegung, eine größere politische Eigenständigkeit zu erlangen; nach dem österreichisch-ungarischen Ausgleich 1867 betrieb die ungarische Verwaltung eine rigorose Magyarisierungspolitik. Ein Zusammengehen mit den Tschechen schien daher die Gewähr für die Aufhebung der Entnationalisierung und Rückständigkeit zu bieten. Verwirklicht am 28. 10. 1918, sanktionierten die Friedensverträge von Saint-Germain-en-Laye (1919) und Trianon (1920) den Zusammenschluss mit den böhmischen Ländern zur → Tschechoslowakei.

Die Verweigerung zugesicherter Autonomierechte innerhalb des neuen Staates schuf die Grundlage für das Erstarken einer slowakischen Opposition, die sich in der »Slowakischen Volkspartei« (Vorsitzende 1918–38 Andrej Hlinka, 1938–45 Jozef Tiso) zusammenfand. Unter starkem Druck des nationalsozialistischen Deutschland erklärte die Slowakei 1939 ihre Unabhängigkeit (Slowakische Republik) und wurde ein mit Deutschland eng verbundener »Schutzstaat« mit einem autoritären Regierungssystem unter Staatspräsident Tiso.

Nach der Besetzung durch sowjetische Truppen wurde die Slowakei wieder ein Teil der (ab 1948) kommunistisch regierten Tschechoslowakei. Als Nachwirkung der reformkommunistischen Bestrebungen von 1968 erhielt sie zum 1. 1. 1969 als Slowakische Sozialistische Republik Teilautonomie (eigene Verfassung, Parlament, Regierung). Nach dem Zusammenbruch des kommunistischen Regimes 1989/90 erfolgte die Umwandlung in eine föderative Republik innerhalb der ČSFR. Bei den Wahlen zum Bundes- und Landesparlament setzte sich 1992 die nationalslowakische »Bewegung für eine Demokratische Slowakei« (HZDS) unter Vladimír Mečiar durch; Ministerpräsident Mečiar proklamierte daraufhin am 17. 7. 1992 die Souveränität der Slowakischen Republik, die zum 1. 1. 1993 in Kraft trat. 1993 wurde Michal Kováč zum ersten Präsidenten des unabhängigen Staates gewählt. 2004 wurde die Slowakische Republik Mitglied der NATO und der EU.

Slowenien, amtlich **Republika Slovenija,** Staat in Mitteleuropa, der im Westen an Italien, im Norden an Österreich, im Nordosten an Ungarn, im Osten und Süden an Kroatien sowie im Südwesten an das Adriatische Meer grenzt.

GESCHICHTE: Kerngebiet des slowenischen Siedlungsgebiets ist das ehemalige Herzogtum Krain, das 1282 an die Habsburger gelangte. Die 1918 an das neu gegründete Königreich der Serben, Kroaten und Slowenen (ab 1929 Jugoslawien) gefallenen Teile der ehemaligen österreichischen Kronländer Krain, Kärnten und Steiermark wurden mit dem ehemaligen ungarischen Übermurgebiet zum Verwaltungsgebiet Slowenien vereinigt. 1941 wurde Slowenien unter Deutschland, Italien und Ungarn aufgeteilt, nach dem Zweiten Weltkrieg wieder hergestellt, vergrößert um wesentliche Teile Julisch-Venetiens. Nach der Umbenennung zur Republik und ersten freien Parlamentswahlen 1990 erklärte Slowenien 1991 seine Unabhängigkeit, die nach dem Scheitern einer kriegerischen Intervention der jugoslawischen Bundesarmee und Serbiens 1992 international anerkannt wurde. 2004 wurde Slowenien Mitglied der NATO und der EU.

SMAD, Abk. für → Sowjetische Militäradministration in Deutschland.

Smuts [smœts], Jan, südafrikanischer Politiker und Offizier/Feldmarschall, *Bovenplaats (Kapprovinz) 24. 5. 1870, † Irene (bei Pretoria) 11. 9. 1950; studierte 1891–95 in Cambridge Jura; wurde 1898 vom Präsidenten Transvaals, Paulus Krüger, zum juristischen Berater der Regierung ernannt. Im Burenkrieg (1899–1902) führte Smuts 1902 die Invasion eines Guerillakommandos in die Kapkolonie. Nach dem Krieg trat er für den Ausgleich mit Großbritannien ein, erreichte 1904 die Wiedergewinnung der Autonomie für die Weißen in den früheren »Buren«-Republiken. In der 1910 begründeten Südafrikanischen

Union wurde er Innen- und Kriegsminister. 1916–17 befehligte er die Empire-Truppen gegen Deutsch-Südwestafrika und Deutsch-Ostafrika, 1917–18 war er Luftfahrtminister im britischen Empire-Kriegskabinett unter David Lloyd George; als Vertreter seines Landes auf der Versailler Konferenz entwarf Smuts Grundsätze des Völkerbundes und seines Mandatssystems für die ehemaligen deutschen Kolonien. 1919–24 war Smuts Premierminister der Südafrikanischen Union, 1933–39 Justizminister. Als Anhänger einer Beteiligung Südafrikas am Zweiten Weltkrieg gegen Deutschland stürzte er 1939 Premierminister James Hertzog und übernahm die Regierung. 1945 arbeitete er an der Gründung der UN mit. Nach der Wahlniederlage der von ihm geführten United Party (UP) 1948 zog Smuts sich aus der Politik zurück.

Soares [sʊ'arɪʃ], Mario, portugiesischer Politiker, *Lissabon 7. 12. 1924; Rechtsanwalt; seit Ende der 1940er-Jahre führend in der Opposition gegen das diktatorische Regierungssystem António de Oliveira Salazars tätig; war 1970–74 im Exil; wurde 1973 Generalsekretär der (im Exil mithilfe der SPD) neu gegründeten Sozialistischen Partei. Soares war nach dem Umsturz vom 25. 4. 1974 Außenminister (1974/75); in dieser Funktion betrieb er die Entlassung der portugiesischen Kolonien in die Unabhängigkeit. Als Verfechter eines demokratischen Sozialismus und einer pluralistischen Gesellschaft geriet er zur selben Zeit in Konflikt mit der Kommunistischen Partei. Nach den Wahlen von 1976 war Soares Ministerpräsident bis 1978, danach erneut 1983–85. 1986–96 war Soares Staatspräsident.

Sobieski, Jan, König von Polen, →Johann III. Sobieski.

Societas Jesu [neulatein. »Gesellschaft Jesu«), Abk. **SJ,** die →Jesuiten.

Sokolowskij, Wassilij, sowjetischer Marschall (seit 1946), *Koźliki (Woiwodschaft Białystok) 21. 7. 1897, †Moskau 10. 5. 1968; war im Zweiten Weltkrieg 1943/44 Oberbefehlshaber der Westfront, (1946–49) als Oberkommandierender der sowjetischen Streitkräfte in Deutschland, Militärgouverneur in der SBZ und 1952–60 Generalstabschef der Streitkräfte der UdSSR.

Soldatenkaiser, die überwiegend durch Akklamation der Soldaten erhobenen römischen Kaiser in der Krisenzeit des 3. Jh. n. Chr. (seit 235).

Solferino, Gemeinde in der Provinz Mantua, Italien. Im Italienkrieg kam es am 24. 6. 1859 im Raum von Solferino zwischen den Verbündeten französischen und piemontesisch-sardischen sowie den österreichischen Truppen zu einer Schlacht. Nach Durchbrechen ihrer zentralen Stellung gaben die Österreicher den Kampf verloren und zogen sich geordnet nach Osten hinter den Mincio zurück; die Niederlage zeitigte starke innenpolitische Folgen in Österreich (Ende des Neoabsolutismus). Die Schlacht, die über 22 000 Tote und Verwundete forderte, gab den Anstoß zur Gründung des Roten Kreuzes durch Henri Dunant.

Solidarność [-nɔɕtɕ; poln. »Solidarität«], Kurzbezeichnung für die 1980 entstandene Dachorganisation unabhängiger polnischer Gewerkschaften.

Nach einer Streikwelle im Juli/August 1980 und dem Danziger Abkommen (31. 8. 1980) zwischen Danziger Streikkomitee und Regierung konstituierte sich im September 1980 der Niezależny Samorządny Związek Zawodowy »Solidarność« (Abk. NSZZ »Solidarność«); zum Vorsitzenden wurde im selben Monat Lech Wałęsa gewählt (bis 1990 in dieser Funktion). Am 24. 10. 1980 erreichte die Solidarność ihre Registrierung, am 10. 11. 1980 ihre gerichtliche Bestätigung. Innerhalb weniger Monate wurde der Gewerkschaftsverband zur Massenbewegung für eine Demokratisierung Polens, der sich rund 10 Millionen Mitglieder anschlossen. Obwohl das Danziger Abkommen parteipolitische Neutralität der Gewerkschaften festlegte, entwickelte sich Solidarność zu einer politischen Bewegung, die das kommunistische Herrschaftssystem grundsätzlich infrage stellte. Nach der unter sowjetischem Druck zustande gekommenen Verhängung des Kriegsrechts (13. 12. 1981) wurde die Solidarność unterdrückt, am 8. 10. 1982 offiziell verboten, Solidarność-Vertreter wurden interniert. Im Untergrund und im Ausland bestand die Solidarność jedoch weiter. Sie wurde zum wichtigsten Akteur der kontrollierten politischen Umgestaltung Polens, die am »Runden Tisch« (Februar–April 1989) durch Vereinbarungen zwischen Regierung/PZPR und Vertretern der Opposition eingeleitet wurde.

Mario Soares

Am 17. 4. 1989 wurde die Solidarność wieder legalisiert; aufgrund der übernommenen politischen Verantwortung (Vertretung in Parlament und Regierung) und der damit verbundenen Zurückhaltung (Streikverzicht) konnte sie 1990 nur noch rund 2 Millionen Mitglieder binden. Der Erfolg der Bürgerkomitees bei den Wahlen zum Sejm und Senat (4./18. 6. 1989), die Ernennung von Tadeusz Mazowiecki zum Ministerpräsidenten (24. 8. 1989) und die Wahl von Wałęsa zum Staatspräsidenten (9. 12. 1990) verdeutlichten ihre Doppelfunktion als Gewerkschaft und politische Bewegung.

Der Aufbau eigenständiger Parteien (z. T. aus der Sejm-Fraktion der Solidarność) und die Neuwahlen zum Sejm, dem polnischen Parlament (Oktober 1991), verstärkten wieder ihre gewerkschaftliche Funktion. Der dritte Solidarność-Kongress (Februar 1991) wählte den Pragmatiker Marian Krzaklewski zum neuen Vorsitzenden (1995 im Amt bestätigt). Die von ihm 1996 unter Einbeziehung von rund 30 kleinen Parteien gegründete Wahl-

SOLIDARNOŚĆ *Öffnung Mittel- und Osteuropas*

Die wirtschaftliche Talfahrt in Polen und das hohe Prestige der verbotenen Gewerkschaft Solidarność und ihres Führers Lech Wałęsa – hier 1980 bei einer Streikansprache auf der Danziger Leninwerft – hatte die Führung der Polnischen Vereinigten Arbeiterpartei (PVAP) bereits 1987 dazu gezwungen, mittels der zum Teil durch die Vermittlung der einflussreichen katholischen Kirche entstandenen informellen Kontakte die Bereitschaft der Opposition auszuloten, konstruktiv bei der Lösung gravierender Notstände mitzuwirken.

Der Forderung von Solidarność nach Wiederzulassung sowie nach einem politischen und gewerkschaftlichen Pluralismus kam die Regierung unter Mieczyslaw Rakowski aber nur zögernd entgegen; nach schwierigen Verhandlungen am »Runden Tisch« wurde am 5. 4. 1989 vereinbart, im Juni die ersten freien Wahlen Polens nach 1945 durchzuführen; am 17. 4. 1989 wurde Solidarność legalisiert.

Der Abbau der kommunistischen Alleinherrschaft wurde von einem als »unumkehrbar« bezeichneten Erneuerungsprozess auf allen wichtigen Gebieten begleitet; die PVAP löste sich im Januar 1990 selbst auf. Der erste nicht kommunistische Regierungschef Tadeusz Mazowiecki konnte nun die Voraussetzungen für die ersten freien Präsidentschaftswahlen in Polen seit dem Zweiten Weltkrieg schaffen, die Lech Walesa 1990 in das höchste Staatsamt brachten. Die harte Stabilitätspolitik seiner Regierung, die der Durchsetzung marktwirtschaftlicher Prinzipien dienen sollte, verlangte der Bevölkerung jedoch hohe materielle Opfer ab und dämpfte in den Jahren nach der Wende den Enthusiasmus über den anfänglich von einer gefährlichen Parteienzersplitterung begleiteten Demokratisierungsprozess.

aktion der Solidarność (Akcja Wyborcza Solidarność, Abk. AWS) gewann die Parlamentswahlen von 1997.

Solon, athenischer Gesetzgeber, *Athen um 640 v. Chr., †ebenda nach 561 v. Chr.; stammte aus dem athenischen Königsgeschlecht (?) der Medontiden. Solon rief im Krieg gegen Megara zur Befreiung der Insel Salamis auf. 594 wurde er zum Archon und Schlichter in den sozialen und politischen Kämpfen zwischen dem athenischen Adel und den großenteils in Schuldknechtschaft geratenen Bauern gewählt. Solon verfügte eine allgemeine Schuldentilgung und die Abschaffung der Schuldknechtschaft, veranlasste eine Reform der Maße und Gewichte und verbesserte besonders das Familien- und Erbrecht. Die Bürgerschaft gliederte Solon auf der Grundlage der jährlichen Ernteerträge in vier Klassen: Pentakosiomedimnoi (»Fünfhundertscheffler«), Hippeis (»Ritter«) mit mindestens 300, Zeugiten mit mindestens 200 Scheffeln Getreide und Theten (Lohnarbeiter). Die beiden ersten Klassen stellten sich beritten, die dritte als →Hopliten zum Heeresdienst. Archonten konnten nur Männer der obersten Klasse werden. Die Theten hatten nur das aktive Wahlrecht. Solon schuf ferner einen neuen Rat mit 400 Mitgliedern und ein Volksgericht (»Heliaia«). Später galt er als Begründer der athenischen Demokratie.

Sommeschlacht [französ. sɔm-], eine der größten Materialschlachten des Ersten Weltkriegs. Das von der Somme in der Picardie durchflossene Gebiet v. a. zwischen Saint-Quentin und Amiens war oftmals Schauplatz heftiger Kämpfe, besonders von Juni bis November 1916 (die eigentliche Sommeschlacht). Trotz des erstmaligen Einsatzes von britischen Panzern gelang den Westallierten kein strategisch bedeutsamer Durchbruch.

Sonderbund, am 11. 12. 1845 gegründetes Schutzbündnis der schweizerischen katholisch-konservativen Kantone Luzern, Uri, Schwyz, Unterwalden, Zug, Freiburg und Wallis, mit dem sie dem Druck der freisinnig-radikalen bzw. liberalen Kantone sowie der radikalen Freischaren (u. a. Luzern) standzuhalten suchten.

Der Sonderbund gründete einen Kriegsrat der Sonderbundkantone mit weit gehenden Vollmachten. Diesen Verstoß gegen den Bundesvertrag von 1815 verurteilte die Tagsatzung am 20. 7. 1847. Vermittlungsversuche scheiterten; die Abgeordenten der Sonderbundkantone verließen am 29. 10. die Tagsatzung, die am 4. 11. die Auflösung des Sonderbunds beschloss.

Im folgenden Sonderbundkrieg wurde das Heer des Sonderbundes (30 000 Mann) von den Tagsatzungstruppen unter General Guillaume Dufour (100 000 Mann) nach der Kapitulation von Freiburg (14. 11. 1847) und Zug (21. 11.) bei Gisikon und Meierskappel (beide Kanton Luzern; 23. 11.) besiegt und Luzern am 24. 11. eingenommen; bis 29. 11. kapitulierten die übrigen Kantone, und der Sonderbund wurde aufgelöst.

Sonnenkönig, französisch **Roi Soleil** [rwa sɔ'lɛj], Beiname →Ludwigs XIV. von Frankreich.

Sowjetische Besatzungszone, Abk. **SBZ,** der 1945 – gemäß alliierter Vereinbarungen – von sowjetischen Truppen besetzte und der →Sowjetischen Militäradministration in Deutschland (SMAD) unterstellte Teil Deutschlands, 1949–90 das Staatsgebiet der Deutschen Demokratischen Republik.

Sowjetische Militär-Administration in Deutschland, Abk. **SMAD,** 1945–49 die höchste sowjetische Besatzungsbehörde in der Sowjetischen Besatzungszone Deutschlands mit Sitz in Berlin-Karlshorst. Die SMAD übte die Hoheitsgewalt aus und vertrat die sowjetische Deutschland-Politik im Alliierten Kontrollrat. Nach Gründung der DDR im Oktober 1949 durch die »Sowjetische Kontrollkommission« (SKK) abgelöst.

Sowjetunion, Union der Sozialistischen Sowjetrepubliken, Abk. **UdSSR,** ehemaliger Bundesstaat aus 15 Unionsrepubliken in Osteuropa und Nordasien, der im Westen an das Schwarze Meer, an Rumänien, Ungarn, die Tschechoslowakei und Polen, im Nordwesten an Finnland und Norwegen, im Norden an das Nordpolarmeer, im Nordosten an die Beringstraße, im Osten an den Pazifischen Ozean, im Südosten an das Japanische Meer, Nordkorea und China, im Süden an China, die Mongolei und Afghanistan sowie im Südwesten an Iran und die Türkei grenzte.

OKTOBERREVOLUTION, BÜRGERKRIEG UND DIE ERRICHTUNG DER UDSSR: Die in →Russland nach der Februarrevolution und der Abdankung Zar Nikolaus' II. im März 1917 von bürgerlich-liberalen Kräften gebildete provisorische Regierung unter Aleksandr Kerenskij verlor angesichts der sich verschlechternden inneren und äußeren Situation zunehmend an Boden; unter den aus Arbeiter- und Soldatendeputierten gebildeten Räten (»Sowjets«) bestritt besonders der Petrograder Sowjet die Legitimation der Regierung. In dieser Phase entschlossen sich die Bolschewiki unter Führung von Lenin und Trotzkij zur Übernahme der Macht. Am 25. 10. (7. 11.) 1917 besetzten bolschewistische Truppen und Arbeitermilizen alle wichtigen Zentren Petrograds. Trotzki erklärte die provisorische Regierung für abgesetzt und das »Militärrevolutionäre Komitee« des Petrograder Sowjets zum Träger der Staatsgewalt (→Oktoberrevolution).

Der 2. Allrussische Sowjetkongress verabschiedete am 26./27. 10. 1917 (8./9. 11.) wichtige Dekrete. Das Dekret über den Frieden bot allen Krieg führenden Staaten Frieden an, doch führte es schließlich nur zum Bruch mit den bisherigen Verbündeten und zu dem verlustreichen Frieden von →Brest-Litowsk (3. 3. 1918) mit den Mittelmächten. Das Dekret über das Land enteignete die Grundbesitzer entschädigungslos. Das 3. Dekret setzte als provisorische Arbeiter-und-Bauern-Regierung den Rat der Volkskommissare unter dem Vorsitz Lenins ein. Nach dem Misserfolg bei den Wahlen zur Konstituierenden Versammlung, die von den Bolschewiki gewaltsam aufgelöst wurde (5./18. 1. 1918), konzentrierte sich Lenins Innenpolitik auf die völlige Ausschaltung aller nicht bolschewistischen Kräfte (1918 Entstehung erster Zwangsarbeitslager, Gründung der Staatssicherheitspolizei »Tscheka«). Die Aufhebung der Pressefreiheit, die rigorose Trennung von Kirche und Staat sowie die Verstaatlichung von Banken, Handel und Industrie sicherten die bolschewistische Macht, führten jedoch bald zu einem drastischen Rückgang der Industrieproduktion, sie sank auf $^1/_7$ der Vorkriegsleistung. Umfangreiche Streiks in Petrograd und ein blutig niedergeschlagener Aufstand der Kronstädter Matrosen 1921 hatten einen weiteren Ausbau der Doktrin von der unumschränkten Herrschaft der bolschewistischen Partei zur Folge. Der radikale wirtschaftspolitische Kurswechsel vom Kriegskommunismus zur Neuen Ökonomischen Politik (NEP) im März 1921 ermöglichte eine wirtschaftliche Erholung.

Zu den inneren Schwierigkeiten des Sowjetregimes kamen äußere Gefährdungen: Im Frieden von Riga nach dem Krieg mit Polen 1920/21 musste Sowjetrussland einen Teil Weißrusslands und Wolyniens abtreten. Den fast dreijährigen Bürgerkrieg gegen Monarchisten, bürgerliche Demokraten, Sozialrevolutionäre und Menschewiki (»Weiße«) konnte die von Trotzkij 1918 formierte Rote Armee

SOLON. ***Allseits sichtbar***

Auf seiner Suche nach Gesetzen und Ordnungen für einen Idealstaat der Griechen studierte Aristoteles nicht weniger als 158 verschiedene Verfassungen und Stadtrechte. Anders als die Gesetze des Drakon (621 v. Chr.) in ihrer Härte und Maßlosigkeit der Strafen schienen ihm die Reformen des Solon besonders lobenswert, da sie einen engen Zusammenhang zwischen Rechtszustand und sozialen Fragen herstellten und das private Element aus dem Strafverfahren zu verdrängen suchten. Solon hatte seine Gesetze auf weiße Tafeln schreiben lassen, die zu dreiflächigen Pfeilern zusammengefügt wurden und drehbar waren wie heutige Ansichtskartenständer. Sie wollten »allseits« sichtbar sein und zum Ausdruck bringen, dass sie sich an die allgemeine Öffentlichkeit wandten.

Solon

Sowjetunion. Lenin (links) begründete die aus der Oktoberrevolution hervorgegangene UdSSR, Stalin (rechts) stieg als Generalsekretär der Kommunistischen Partei Russlands nach Lenins Tod zum unumschränkten Alleinherrscher der Sowjetunion auf (Fotografie von 1922).

erst nach harten Kämpfen für sich entscheiden. Bei den »weißen« Armeen unter den Generalen Aleksandr Koltschak, Nikolai Judenitsch, Anton Denikin und Petr Wrangel trugen politische, soziale und nationale Gegensätze, mangelhafte Koordination der militärischen Aktionen und das Fehlen eines konstruktiven gesellschaftlichen Programms entscheidend zur Niederlage (endgültig um die Jahreswende 1921/1922) bei. Die 1924 ratifizierte erste Verfassung der durch Unionsvertrag im Dezember 1922 gegründeten UdSSR organisierte den Staat als Bundesstaat nach dem Nationalitätenprinzip.

DIE DIKTATUR STALINS: Nach dem Tod Lenins (21. 1. 1924) schaltete Stalin, 1922 zum Generalsekretär des Zentralkomitees der Kommunistischen Partei ernannt, alle Gegner und Konkurrenten aus dem politischen Leben aus. Die politischen »Säuberungen« (»Große Tschistka«) 1935–39 mit → Schauprozessen und Todesurteilen gegen Stalins Konkurrenten (Lew Kamenew, Nikolaj Bucharin u.a.) löschten die revolutionäre Elite von 1917 aus; Trotzkij, 1925/27 aller Partei- und Staatsämter enthoben und seit 1929 im Exil, wurde 1940 im Auftrag Stalins ermordet. Mit der Errichtung eines zentralistisch geführten, bürokratischen Verwaltungsapparats und durch den Einsatz der staatlichen Geheimpolizei (seit 1922 GPU, seit 1934 NKWD) suchte Stalin die Bevölkerung in allen Lebensbereichen zu überwachen und mit repressiven Mitteln bis zu terroristischen Maßnahmen (Deportationen, Erschießungen) jegliche Opposition niederzuhalten. Zugleich erfolgte eine allmähliche politische Indoktrination und Gleichschaltung (Erziehung zum »Sowjetpatriotismus«, doktrinäre Auslegung des Marxismus-Leninismus, Ideologisierung von Kunst und Kultur durch den »sozialistischen Realismus«).

Nach dem Ausbleiben der von den Bolschewiki erwarteten »Weltrevolution« stellte sich die sowjetische Innen- und Wirtschaftspolitik auf die Bedingungen der »kapitalistischen Umkreisung« ein. Die Beendigung der NEP (1927), die zwangsweise Kollektivierung der Landwirtschaft und eine radikale Industrialisierung unter Bevorzugung der Grundstoff-, Investitionsgüter- und Rüstungsindustrie, die mit der Erstellung erster Fünfjahrespläne und dem Aufkommen einer staatlich initiierten Wettbewerbsbewegung (»Stachanowbewegung«) einherging, kennzeichneten die stalinistische Wirtschaftspolitik. Die Zwangskollektivierung begann mit der Liquidierung der bäuerlichen Mittelschicht (Kulaken); die Konsequenz war die Verringerung der Erträge und eine Hungersnot mit etwa 10–11 Millionen Toten.

AUSSENPOLITIK BIS 1949: Die sowjetische Außenpolitik vertrat seit Beginn der 1930er-Jahre das Konzept der »kollektiven Sicherheit«. Verstärkt wurde v.a. die 1922 (Rapallovertrag) eingeleitete sowjetisch-deutsche Zusammenarbeit auf wirtschaftlichem und militärischem Gebiet. 1932 schloss die Sowjetunion Nichtangriffsverträge mit Finnland, Lettland, Estland, Polen und Frankreich. Nach De-jure-Anerkennung durch die USA (1933) und andere westlichen Staaten erfolgte 1934 die Aufnahme in den Völkerbund (Ausschluss im Dezember 1939 wegen des sowjetischen Angriffs auf Finnland). 1935 wurden militärische Beistandsverträge mit Frankreich und der SR abgeschlossen.

Angesichts der außenpolitischen Isolierung der Sowjetunion wegen der stalinschen Säuberungen sah sich die Sowjetunion zum → Deutsch-Sowjetischen Nichtangriffspakt vom 23. 8. 1939 bewogen, aufgrund dessen sie im September 1939 Ostpolen annektierte und die baltischen Staaten zu militärischen Beistandspakten zwang; 1940 folgte deren staatli-

SOWJETUNION. *Morde per Gerichtsurteil*

In drei großen Schauprozessen zwischen August 1936 und März 1938 ließ Stalin 54 ehemalige Weggefährten vor Gericht stellen. Viele von ihnen, unter ihnen Grigorij Sinowjew, Lew Kamenew und Nikolaj Bucharin gehörten im ersten Jahrzehnt nach der Oktoberrevolution zur Parteiprominenz; 21 von ihnen waren Vollmitglieder oder Kandidaten des Zentralkomitees der KPdSU gewesen. Nun wurde ihnen vorgeworfen, Spionage betrieben, höchste Staatsgeheimnisse an fremde Dienste verraten, Mordanschläge auf Stalin und die amtierende politische Führung vorbereitet, Terror- und Sabotageakte in Betrieben und auf Eisenbahnstrecken geplant und ausgeführt zu haben.
47 der Angeklagten wurden zum Tode verurteilt und unmittelbar nach dem Prozess erschossen. Keiner von denen, die noch zusammen mit Lenin und Stalin im Politbüro gesessen hatten, überlebte die Zeit der »Großen Tschistka«. Als letzten traf Trotzkij 1940 im mexikanischen Exil der Eispickel eines Geheimdienstagenten.

che Integration in die Sowjetunion als Sowjetrepubliken. Nur Finnland widersetzte sich im Finnisch-Sowjetischen Winterkrieg (1939/40) der Erpressungspolitik. 1940 zwang die Sowjetunion Rumänien, Bessarabien und die Nordbukowina an sie abzutreten.

Am 22. 6. 1941 begann der deutsche Angriff auf die Sowjetunion, der die deutschen Truppen schnell bis Leningrad, Moskau und an den Zugang des Kaukasus führte. Bei der Organisation der Verteidigung des Landes stützte sich Stalin auf den nationalen Widerstandswillen der Bevölkerung (»Großer Vaterländischer Krieg«). Die Sowjetunion traf mit den westlichen Alliierten militärische und wirtschaftliche Vereinbarungen. Die entscheidende Wende im Kriegsverlauf erfolgte durch die deutschen Niederlagen bei Stalingrad (November 1942/Februar 1943) und am Kursker Bogen (Juli/August 1943); bis 1944 wurde das sowjetische Gebiet vollständig befreit. Auf den Konferenzen von Teheran (1943), Jalta und Potsdam (beide 1945) konnte Stalin seine Kriegsziele weitgehend durchsetzen. Die Einflusssphäre der Sowjetunion reichte nunmehr von Deutschland, Ostmitteleuropa, Finnland und dem Adriatische Meer bis zur Mandschurei, die sie nach der Kriegserklärung an Japan (8. 8. 1945) besetzte (ebenso den Süden der Insel Sachalin sowie die Kurilen).

KALTER KRIEG UND FRIEDLICHE KOEXISTENZ: Das Scheitern einer gemeinsamen Deutschlandpolitik der Alliierten und die Sowjetisierung Ostmitteleuropas (einschließlich der Sowjetischen Besatzungszone) lösten vor dem Hintergrund der grundsätzlichen ideologischen und interessenpolitischen Gegensätze den →Ost-West-Konflikt und den ihn begleitenden →Kalten Krieg aus. Höhepunkte dieses Konflikts waren die Berliner Blockade (1948/49) und der Koreakrieg (1950–53). Stalin konsolidierte seinen unmittelbaren deutschen Machtbereich durch die Gründung der DDR 1949. 1949 wurde der Rat für Gegenseitige Wirtschaftshilfe (RGW bzw. COMECON) gegründet. Mit der Gründung der Volksrepublik China erwuchs der Sowjetunion 1949 ein ranggleicher kommunistischer Gegenspieler.

Zeitgleich zur Auflockerung im Innern (»Tauwetter«) und zur Entstalinisierung (nach Stalins Tod am 5. 3. 1953) wurde eine Politik der Entspannung und begrenzten Kooperation eingeleitet (koreanisches Waffenstillstandsabkommen 1953, Österreichischer Staatsvertrag 1955). Die Einbeziehung der Bundesrepublik Deutschland in die NATO beantwortete die Sowjetunion 1955 mit dem Abschluss des →Warschauer Pakts. In Konfrontation zur VR China geriet Nikita Chruschtschow, Stalins Nachfolger, 1956 mit der Theorie der friedlichen Koexistenz, die den Beginn der sowjetisch-amerikanischen Annäherung ausdrückte. Diese wurde auch durch die Phase aggressiver sowjetischer Außenpolitik (Berlin-Ultimatum 1958, Kubakrise 1962) nicht nachhaltig beeinträchtigt (Atomteststoppabkommen 1963, Atomwaffensperrvertrag 1968), während die Spannungen mit China 1969 in Grenzkämpfen gipfelten.

Nach den durch innenpolitische Misserfolge bedingten Sturz Chruschtschows 1964 wurde die kollektive Führung mit Leonid Breschnew als erstem Parteisekretär (seit 1966 Generalsekretär), Aleksej Kossygin als Ministerpräsident und Nikolaj Podgorny als Staatsoberhaupt an der Spitze wieder hergestellt. Während die Sowjetunion die eigenständige rumänische Außenpolitik tolerierte, schritt sie gegen die reformkommunistischen Bestrebungen der KP der ČSSR (»Prager Frühling«) im August 1968 militärisch ein (»Breschnew-Doktrin«). Ihr Ziel der Festschreibung der Nachkriegsgrenzen verfolgte die Sowjetunion mit dem →Deutsch-Sowjetischen Vertrag von 1970 (→Berlinabkommen) und mit der Konferenz über Sicherheit und Zusammenarbeit in Europa (KSZE). Die seit 1969 geführten Gespräche mit den USA über die Begrenzung strategischer Rüstungen (SALT) führten im Mai 1972 zu einem ersten SALT-Abkommen. Schließlich unterzeichneten Breschnew und Jimmy Carter im Juni 1979 ein zweites SALT-Abkommen, das jedoch durch den US-Senat infolge des sowjetischen Einmarsches in Afghanistan im Dezember 1979 nicht ratifiziert wurde. Dennoch blieb das Bemühen der beiden Supermächte vorherrschend, v. a. auf dem Gebiet der Abrüstung den Dialog nicht abreißen zu lassen; nach dem Beginn der Stationierung nuklearer Mittelstreckenwaffen in Westeuropa (NATO-Doppelbeschluss) brach die Sowjetunion bis 1985 sämtliche Abrüstungsverhandlungen ab.

SOWJETUNION ***Staatsoberhäupter***

Vorsitzender des Zentralen Exekutivkomitees der UdSSR

Michail Kalinin	1922–1938

Vorsitzender des Präsidiums des Obersten Sowjets

Michail Kalinin	1938–1946
Nikolaj Schwernik	1946–1953
Kliment Woroschilow	1953–1960
Leonid Breschnew	1960–1964
Anastas Mikojan	1964–1965
Nikolaj Podgornyj	1965–1977
Leonid Breschnew	1977–1982
Jurij Andropow	1983–1984
Konstantin Tschernenko	1984–1985
Andrej Gromyko	1985–1988
Michail Gorbatschow	1988–1990

Staatspräsident

Michail Gorbatschow	1990–1991

INNERE REFORMEN UND ZERFALL: Nach dem Tod Breschnews im Mai 1982 folgten in schnellem, durch Tod bedingtem Wechsel Jurij Andropow und Konstantin Tschernenko im Amt des Generalsekretärs der KPdSU. Die Wahl Michail Gorbatschows zum Parteichef 1985 leitete einen Generationswechsel in der sowjetischen Führung und innen- und wirtschaftspolitisch einen Kurs der Liberalisierung ein. Diese Umgestaltung (»Perestroika«) auch mittels öffentlicher Information und Diskussion (»Glasnost«) zielte auf eine Modernisierung, wenn auch weiterhin auf eine kommunistisch geprägte sowjetische Gesellschaft unter Beibehaltung der Führungsrolle der KPdSU. Wirtschaftliche Reformen verknüpften sich eng mit politischen Veränderungen. Die mit dieser Reformpolitik verbundene Abkehr der UdSSR von ihrem Hegemonialanspruch über die Staaten des Warschauer Pakts lockerte die starre Unterordnung dieser Länder unter die sowjetischen Interessen und ermöglichte den Umbruch in Mittel- und Osteuropa 1989–91.

Die von Gorbatschow und Außenminister Eduard Schewardnadse eingeleitete Entspannungsdiplomatie (Rückzug der sowjetischen Truppen aus Afghanistan 1988/89) führte zu einer schrittweisen Verbesserung der sowjetisch-amerikanischen Beziehungen, zu Fortschritten bei den Abrüstungsverhandlungen und zur Beendigung des Kalten Kriegs in Europa. Die häufig nur im Ansatz verwirklichten Reformen zogen seit Ende der 1980er-Jahre wachsende wirtschaftliche und soziale Schwierigkeiten nach sich. Die seit Jahrzehnten unterdrückten Nationalitätenkonflikte entluden sich in einer Reihe ethnisch geprägter Bürgerkriege (z.B. zwischen Armenien und Aserbaidschan oder zwischen Georgiern und Abchasen). Das Unabhängigkeitsstreben zahlreicher Unionsrepubliken führte zu starken Spannungen zwischen der Unionsführung (Gorbatschow) und den Unionsrepubliken, v.a. der Russischen Sozialistischen Föderativen Sowjetrepublik (RSFSR), der seit 1990 Boris Jelzin (seit 1991 als gewählter Präsident) vorstand.

Gegen den Widerstand Gorbatschows erklärten die baltischen Staaten Estland, Lettland und Litauen 1990 ihre Unabhängigkeit von der Sowjetunion und setzten diese gegen die gewaltsame Intervention der Zentralregierung durch. Diesem beginnenden Zerfall der Union suchte Gorbatschow, seit 1988 Vorsitzender des Präsidiums des Obersten Sowjets (Staatsoberhaupt bzw. seit 1989 Präsident des Obersten Sowjets), gegen innerparteilichen Widerstand durch die Errichtung eines Präsidialsystems und einen neuen Unionsvertrag, zu begegnen, der für die einzelnen Teilrepubliken mehr Rechte vorsah. Bis Dezember 1990 erklärten sich jedoch alle Unionsrepubliken für souverän. Mit der völligen Auflösung des RGW und des Warschauer Pakts 1991 büßte die Sowjetunion die früher von ihr dominierten Bündnissysteme ein. Am 19. 8. 1991 unternahm eine Gruppe orthodox-kommunistischer Kräfte einen Staatsstreich, rief den Ausnahmezustand aus und erklärte Gorbatschow für abgesetzt; der Staatsstreich scheiterte jedoch am Widerstand der Bevölkerung, an der Uneinigkeit der Armee und am diplomatischen Boykott der westlichen Länder. Nach dem Rücktritt Gorbatschows als Generalsekretär (24. 8. 1991) wurde die KPdSU verboten. Nachdem sich alle Teilrepubliken der Sowjetunion für unabhängig erklärt hatten, löste sich die UdSSR mit der Gründung eines lockeren Staatenbundes zwischen Russland, Weißrussland und der Ukraine (8. 12. 1991) und dessen Erweiterung (21. 12. 1991) zur →Gemeinschaft Unabhängiger Staaten (GUS) faktisch auf; am 25. 12. 1991 trat Gorbatschow als Präsident der Sowjetunion zurück.

Sozialdemokratie, aus der →Arbeiterbewegung hervorgegangene politische Richtung des →Sozialismus, die in einer gerechten und solidarischen Gesellschaft grundlegende Rechte des Menschen durch eine Demokratisierung aller wirtschaftlichen, sozialen und staatlichen Bereiche zu verwirklichen sucht. Historisch als Trägerin sozialrevolutionärer wie auch sozialreformerischer Ideen oft sehr unterschiedlich in ihrer Zielsetzung, sucht die Sozialdemokratie heute unter dem Leitwort des »demokratischen Sozialismus« die Prinzipien der Demokratie mit den Grundvorstellungen von Freiheit, Gerechtigkeit und Solidarität zu verbinden.

GESCHICHTE DER SOZIALDEMOKRATIE IN DEUTSCHLAND: Das Wort »Sozialdemokratie« wurde in Deutschland erstmals 1848 von Friedrich Hecker benutzt. Viele Mitglieder der 1848 gegründeten »Allgemeinen Deutschen Arbeiterverbrüderung« bezeichneten sich als »Sozial-Demokraten«. Karl Marx verlieh der Bezeichnung Sozialdemokratie einen

SOZIALDEMOKRATIE. ***Mann der Arbeit, aufgewacht!***

Arbeiterbewegung und marxistische Theorie übten zwar scharfe Kritik am Industriekapitalismus; doch beseitigen wollten sie nur dessen soziale Gestalt, die »Klassengesellschaft«, aber nicht dessen ökonomische Grundlage, die Industrie. Auf dem »Arbeiter-Chronometer«, der Taschenuhr August Bebels, ist das Programm der Sozialdemokratie, die Bebel wie kein anderer repräsentierte, knapp und prägnant dargestellt: *»Wir wollen 8 Stunden zur Arbeit, 8 Stunden um uns auszubilden, 8 Stunden um uns auszuruhen«,* fordert ein Schriftband auf der Vorderseite. Die Rückseite blickt bildhaft in die Zukunft: Unter den Fortschrittssymbolen ist auch ein Fabrikschornstein zu sehen, der kraftvoll raucht. Industrie schafft Leben – daran zweifelten auch die Gegner des Kapitalismus nicht. Sie gehörten vielmehr zu den Triebkräften der Industrialisierung, welche die Lebensverhältnisse der Menschen grundlegend veränderte.

SOZIALDEMOKRATIE

Gründung der SPD

Der Drechslermeister August Bebel schloss sich 1861 der deutschen Arbeiterbewegung an und wurde 1867 Vorsitzender des »Verbandes der deutschen Arbeiterbildungsvereine«. Unter dem Einfluss von Wilhelm Liebknecht wandte er sich dem Marxismus zu und trat innerhalb der Arbeiterbewegung als ein scharfer Kritiker Ferdinand Lassalles hervor. Gemeinsam mit Liebknecht rief Bebel 1869 in Eisenach die »Sozialdemokratische Arbeiterpartei« (SDAP) ins Leben. In der Folge stieg er zum unbestrittenen Führer der deutschen Sozialdemokratie auf und konnte ihren inneren Zusammenhalt auch während ihres Verbots durch die Reichsregierung zwischen 1876 und 1890 festigen.

Während dieser Zeit wurde er zum Hauptankläger der Regierung. Nach mehrfacher Verurteilung zu Festungshaft (1872 wegen Hochverrats und Majestätsbeleidigung, 1886 wegen Geheimbündelei) baute er die 1890 in »Sozialdemokratische Partei Deutschlands« (SPD) umbenannte Partei in den 1890er-Jahren zu einer zentralistischen Massenorganisation aus, die nach und nach zur stärksten Partei Deutschlands wurde (Foto der Reichstagsabgeordneten der SPD, 1889, dritter von links stehend Wilhelm Liebknecht, dritter von links sitzend August Bebel). In der wechselseitigen Abhängigkeit von politischer Praxis und ideologischem Überbau gelang es Bebel, einen Mittelweg zu finden, den er gegen den Revisionismus von Eduard Bernstein wie gegen die radikalen Marxisten in der SPD verteidigte.

proletarisch-revolutionären Sinn. Anhand von Programm und Praxis des Bundes der Kommunisten einerseits und der Arbeiterverbrüderung andererseits wird bereits in der Frühphase der Arbeiterbewegung der Dualismus von Revolution und Reform, von Klassen- und Staatspolitik, von revolutionärer Diktatur und von Bemühungen zur Demokratisierung des Gesamtstaates und seiner Teileinheiten deutlich. Mit der Gründung von Parteien im Rahmen der Arbeiterbewegung begann zugleich die innerparteiliche Auseinandersetzung um die Ziele der Sozialdemokratie.

Das Programm des →Allgemeinen Deutschen Arbeitervereins (ADAV) beruht auf dem »Offenen Antwortschreiben« (1. 3. 1863) Ferdinand Lassalles an das Leipziger Zentralkomitee zur Berufung eines allgemeinen Arbeiterkongresses. Neben dem Kampf für ein allgemeines, gleiches und direktes Wahlrecht forderte er die Beteiligung der Arbeiter – mit staatlicher Hilfe – an der Produktion von »Produktiv-Assoziationen«. Johann von Schweitzer, Nachfolger Lassalles in der Führung des ADAV, bereitete die Gründung einer »Social-Demokratischen Partei« vor. Unter dem Einfluss der revolutionär orientierten »Internationalen Arbeiter Association« (IAA, Erste →Internationale) bezeichnete die →Sozialdemokratische Arbeiterpartei (SDAP), von August Bebel und Wilhelm Liebknecht 1869 gegründet, in ihrem Eisenacher Programm u.a. als ihr Ziel: Überwindung der privatkapitalistischen Produktionsweise, Abschaffung aller Klassenherrschaft, Zugutekommen des »vollen Arbeitsertrags« für jeden Arbeiter, Errichtung eines »freien Volksstaates« mit einer »Volkswehr« und Durchsetzung des allgemeinen, gleichen und direkten Wahlrechts. Das bei der Vereinigung von ADAV und SDAP zur →Sozialistischen Arbeiterpartei (SAP) 1875 verabschiedete →Gothaer Programm ist ein Kompromiss zwischen den »Lassalleanern« und den »Eisenachern«. In Deutschland setzte sich unter dem Druck staatlicher Verfolgung (Sozialistengesetzes, 1878) der →Marxismus in den Zielvorstellungen der Sozialdemokratie in größerer Breite durch.

Das 1891 verabschiedete →Erfurter Programm der →Sozialdemokratischen Partei Deutschlands (SPD; gegründet 1890) ging in seinem theoretischen, von Karl Kautsky verfassten ersten Teil von der Überzeugung aus, dass die kapitalistische Gesellschaft »naturgesetzlich« zusammenbrechen und der Sozialismus sich durchsetzen werde. In seinem von Eduard Bernstein verfassten praktisch-politischen zweiten Teil erkannte das Erfurter Programm den Staat als Rahmen machtpolitischer Durchsetzung sozialdemokratischer Einzelziele (u.a. Wahlrecht, Gleichberechtigung der Frauen, Achtstundentag, Verbot der Kinder-

und Nachtarbeit) an. Im Zeichen der von Bernstein später geforderten Revision marxistischer Theoreme (→Revisionismus) entwickelte sich in der deutschen Sozialdemokratie ein Grundsatzstreit (»Revisionismusstreit«), in den sich besonders Kautsky, Bebel und Rosa Luxemburg einschalteten. Unter dem Eindruck praktischer Gewerkschaftspolitik setzten sich in der SPD ab 1899/1900 allmählich immer stärker reformistische Zielvorstellungen durch. Das Erfurter Programm und der innerparteiliche Streit um seine praktische Verwirklichung übten einen starken Einfluss auf die sich in den 1890er-Jahren bildenden sozialistischen und sozialdemokratischen Parteien in Europa aus.

Unter dem Eindruck besonders der →Oktoberrevolution in Russland (1917) schieden nach dem Ende des Ersten Weltkriegs (1918) die revolutionären Sozialisten endgültig aus der sozialdemokratischen Bewegung aus und organisierten sich nach dem Vorbild der russischen →Bolschewiki im Rahmen der →Kommunistischen Internationalen (Komintern) als kommunistische Parteien neu. Zahlreiche sozialdemokratische Parteien, besonders in Nordeuropa, setzten den reformistischen Weg, nun auch unter dem Eindruck der Labour-Bewegung in Großbritannien, fort und suchten die Idee des »Wohlfahrtsstaates« schwedischer Prägung zu verwirklichen.

Das →Görlitzer Programm der SPD (1921), von Bernstein entworfen, sah die SPD als Volkspartei, in der alle »körperlich und geistig Schaffenden, die auf den Ertrag eigener Arbeit angewiesen sind«, für »Demokratie und Sozialismus« zusammengeführt werden sollten. Nach der Verschmelzung der 1916/17 entstandenen →Unabhängigen Sozialdemokratischen Partei Deutschlands (USPD) mit der SPD entstand unter Federführung von Kautsky 1925 das Heidelberger Programm, das das Bekenntnis des Görlitzer Programms zum parlamentarisch-demokratischen Staat erheblich abschwächte. Die Programmdiskussion der Sozialdemokratie befasste sich in der Mitte der 1920er-Jahre v. a. mit der Durchsetzung einer Wirtschaftsdemokratie.

In der Zeit der nationalsozialistischen Diktatur (1933–45) in Deutschland politisch verfolgt, griff die Sozialdemokratie im Exil wieder sozialrevolutionäre Gedanken auf; im »Prager Manifest« (1934) forderte sie u. a. den »Kampf der geeinten Arbeiterklasse« gegen die Diktatur Hitlers und die »totale moralische, geistige, politische und soziale Revolution« in Deutschland. Unter dem Einfluss der Reformpolitik der Sozialdemokratie in Schweden, aber auch der britischen Labour Party setzte sich unter deutschen und österreichischen Sozialdemokraten im Exil (z. B. Erich Ollenhauer, Bruno Kreisky) eine Neubesinnung auf die freiheitlichen Grundlagen der westeuropäischen Demokratie durch.

Nach 1945 erlangte das →Godesberger Programm der SPD von 1959 mit seinem Bekenntnis zu einem demokratischen Sozialismus, der sich an Wertvorstellungen christlicher Ethik, an klassischer Philosophie und Humanismus orientiert, europäische Wirkung. Nach dem Umbruch in Mittel- und Osteuropa 1989/90 wurde die unter kommunistischer Vorherrschaft ausgelöschte Sozialdemokratie in Mittel-, Ost- und Südosteuropa wieder belebt.

Sozialdemokratische Arbeiterpartei, Abk. **SDAP,** 1869 von Wilhelm Liebknecht und August Bebel auf dem Eisenacher Kongress gegründete Partei. In ihrem »Eisenacher Programm« orientierte sich die SDAP an den Theorien und programmatischen Grundsätzen von Karl Marx; sie schloss sich der Internationalen Arbeiter Association (IAA), der Ersten →Internationalen, an. 1875 ging sie in der →Sozialistischen Arbeiterpartei auf.

Sozialdemokratische Partei Deutschlands, Abk. **SPD,** politische Partei, 1890 hervorgegangen aus der →Sozialistischen Arbeiterpartei (SAP), die ihrerseits 1875 aus der Vereinigung des →Allgemeinen Deutschen Arbeitervereins (ADAV; gegründet 1863) mit der →Sozialdemokratischen Arbeiterpartei (SDAP; gegründet 1869) entstanden war. Die SPD ist seit 1890 die Organisation der deutschen →Sozialdemokratie.

ORGANISATION: Das Statut von 1891 legte die Grundlagen der Parteiorganisation fest. Beim Wiederaufbau der 1933 zerschlagenen Parteiorganisation baute die SPD dieses Organisationsschema in der Bundesrepublik Deutschland aus: Oberstes Organ ist heute der Parteitag, der den Bundesvorsitzenden, seine Stellvertreter und alle übrigen Mitglieder des Vorstandes wählt. Dieser bestellt aus seiner Mitte das Parteipräsidium als geschäftsführenden Vorstand. Vertreter der Bezirke und Landesverbände, die sozialdemokratischen Regierungschefs der Länder, die SPD-Fraktionsvorsitzenden in Bund und Ländern und die sozialdemokratischen Mitglieder der Bundesregierung bilden den Parteirat. Gliederungen unterhalb der Bezirke, der Grundlage der Organisation, sind Unterbezirke (Kreisverbände) und Ortsvereine.

GESCHICHTE: Seit den 1870er-Jahren war August Bebel unbestrittener Führer der deutschen Sozialdemokratie. Nach Gründung der SPD (1890) und Verabschiedung ihres Erfurter Programms (1891) bekämpfte er im »Revisionismusstreit« die ideologischen Positionen Eduard Bernsteins. Besonders unter dem Einfluss der Gewerkschaften setzte sich in der SPD eine gemäßigt reformistische Linie durch. Bei Reichstagswahlen konnte sich die Partei von (1890) 27,2% der Stimmen auf (1912) 34,8% steigern, zugleich stand ihr die geschlossene Gegnerschaft der anderen Reichstagsfraktionen gegenüber. Gesellschaftlich isoliert, entwickelte sie mit den befreundeten Organisationen – u. a. Arbeitersport- und Arbeitergesangvereine, Bildungs- und Konsumvereine, freie religiöse Gemeinden – eine eigene Lebenswelt.

Nach Ausbruch des Ersten Weltkriegs stimmte die SPD im Reichstag für die Gewährung von Kriegskrediten (4. 8. 1914), innerparteiliche Gegner dieser Politik des »Burgfriedens« sammelten sich 1916 in der »Gruppe Internationale« (→Spartakusbund) sowie 1916/17 in der →Unabhängigen Sozialdemokratischen Partei Deutschlands (USPD). Im weiteren Verlauf des Krieges forderte die SPD – vielfach »Mehrheitssozialisten« genannt – innenpolitische Reformen (Abschaffung des Dreiklassenwahlrechts in Preußen) und einen Verständigungsfrieden. Am 3. 10. 1918 trat sie in die Reichsregierung unter Prinz Max von Baden ein.

Im Zuge der →Novemberrevolution errangen SPD und USPD mit der Übernahme des Reichskanzleramts durch Friedrich Ebert de facto die provisorische Regierungsgewalt; beide bildeten zunächst gemeinsam den →Rat der Volksbeauftragten. Mit Billigung der Reichsversammlung der →Arbeiter-und-Soldaten-Räte strebte dieses Gremium, in dem die SPD ab 29. 12. allein vertreten war, Wahlen zu einer verfassunggebenden Nationalversammlung an. In der Nationalversammlung (1919/20) und im Reichstag (1920–32, mit Unterbrechung 1924) stellte sie die stärkste Fraktion. Ebert war 1920–24 Reichspräsident, Paul Löbe 1920–32 Reichstagspräsident.

Im Rahmen der →Weimarer Koalition trug die SPD bis 1920 Regierungsverantwortung unter dem Ministerpräsidenten Philipp Scheidemann und den Reichskanzlern Gustav Bauer (1919–20) und Hermann Müller (1920). 1923 beteiligte sie sich an der Regierung der »großen Koalition«, blieb dann jedoch bis 1928 in der Opposition. In Preußen behielt sie bis 1932 die politische Führung (Ministerpräsident Otto Braun). 1928 stand Müller als Reichskanzler einer »großen Koalition« vor. In der 1929 beginnenden Weltwirtschaftskrise schwankte die SPD zwischen einer Rolle als »Klassenpartei« und einer Funktion als »staatstragender«, d. h. die parlamentarisch-demokratische Republik verteidigender Partei. Der innerparteiliche Richtungsstreit führte auch zum Sturz der Regierung Müller. Von der KPD als »Sozialfaschisten« bekämpft, erlitten die Sozialdemokraten bei den Reichstagswahlen starke Einbußen; sie fielen von 24,5 % (1930) auf (1933) 18,3 % der Stimmen. Der Staatsstreich der Reichsregierung unter Franz von Papen gegen die sozialdemokratisch geführte Landesregierung in Preußen (»Preußenschlag«) schwächte die politische Abwehrkraft der SPD gegen den Nationalsozialismus.

Nach dem Regierungsantritt Hitlers (30. 1. 1933) suchte sich die Partei mit der Ablehnung des Ermächtigungsgesetzes im Reichstag im März 1933 der sich etablierenden nationalsozialistischen Diktatur entgegenzustellen. Bis 1945 wurden ihre Mitglieder und Anhänger verfolgt oder ins Exil getrieben; viele starben in Konzentrationslagern oder Zuchthäusern. Der Vorstand der Exil-SPD (»SoPaDe«) amtierte 1933–37 in Prag (u. a. »Prager Manifest«; 1934), 1938–40 in Paris, 1940–45 in London. Die im Deutschen Reich illegal tätigen SPD-Gruppen wurden größtenteils 1938/39 zerschlagen; etliche SPD-Mitglieder schlossen sich der →Widerstandsbewegung an.

Sozialdemokratische Partei Deutschlands. Willy Brandt, Helmut Schmidt und Herbert Wehner (von links nach rechts) – hier im Dezember 1979 zusammen mit dem hessischen Ministerpräsidenten Holger Börner auf dem Bundesparteitag der SPD in Berlin – bildeten während der sozialliberalen Koalition das Führungstrio der Partei.

Im Juni 1945 wurde die SPD in den vier Besatzungszonen wieder gegründet; der in Berlin gebildete »Zentralausschuss« fungierte 1945/46 als zonales Führungsorgan. Die programmatische Entwicklung nahm in den westlichen Besatzungszonen Deutschlands einerseits und in der Sowjetischen Besatzungszone (SBZ) andererseits einen gegensätzlichen Verlauf. In der SBZ sah sich die SPD unter Otto Grotewohl im April 1946 zum Zusammenschluss mit der KPD zur →Sozialistischen Einheitspartei Deutschlands (SED) genötigt. Später waren ehemalige SPD-Mitglieder bei der Stalinisierung der SED Säuberungswellen unterworfen.

Wegweisend für die Programmdiskussion der SPD in den westlichen Besatzungszonen Deutschlands wurden die politischen Richtlinien Kurt Schumachers (1945/46; Bundesvorsitzender: 1946–52), die eine enge Verbindung von Sozialismus und Demokratie und den Aufbau eines pluralistischen Parteiensystems forderten. In deutlicher politischer Abgrenzung zur KPD nahm die SPD einen raschen Aufstieg. Bei den Beratungen im Parlamentarischen Rat über das Grundgesetz der Bundesrepublik Deutschland (1948/49) setzte sich die SPD neben gesellschaftspolitischen Fragen stark für eine bundesstaatliche Ordnung ein. Innenpolitisch lehnte sie zunächst die soziale Marktwirtschaft, die Westintegration sowie die Wiederbewaffnung Deutschlands als der Wiedervereinigung hinderlich ab. 1952–64 war Erich Ollenhauer, 1964–87 Willy Brandt Vorsitzender der Partei. Beeinflusst von Herbert Wehner, wandte sich die SPD im →Godesberger Programm (1959) von marxistischen Denkansätzen ab und der Konzeption einer linken Volkspartei zu. Sie akzeptierte die soziale Marktwirtschaft und bekannte sich zur Westbindung der Bundesrepublik.

Nach Stimmengewinnen bei den Bundestagswahlen 1961 und 1965 beteiligte sich die SPD 1966–69 an der Regierung einer großen Koalition (CDU/CSU-SPD). Nachdem SPD und FDP im März 1969 die Wahl Gustav Heinemanns (SPD) zum Bundespräsidenten (1969–74) durchgesetzt hatten, bildeten beide Parteien im Anschluss an die Bundestagswahlen von 1969 die Regierung. Unter den Bundeskanzlern Willy Brandt (1969–74) und Helmut Schmidt (1974–82) nahm die sozialliberale Koalition eine Neuorientierung der Deutschland- und Ostpolitik vor und leitete innere Reformen ein. 1982 geriet die SPD auf Bundesebene in die Opposition. Mit dem heftig kritisierten Dialog der 1980er-Jahre mit der SED suchte sie die Entspannungspolitik fortzusetzen. Im Herbst 1989 entstand als Teil der Bürgerbewegung eine Sozialdemokratische Partei in der DDR (SDP; gegründet am 7. 10. 1989); im September 1990 schloss sie sich mit der SPD zu einer gesamtdeutschen Partei zusammen. Auf dem Programmparteitag in Berlin trat 1989 ein neues Grundsatzprogramm in Kraft: Es fordert den ökologischen Umbau der Industriegesellschaft, stärkere plebiszitäre Elemente im Verfassungsleben und die Lösung globaler Probleme.

Bundesvorsitzende der SPD waren 1987–91 Hans-Jochen Vogel, 1991–93 Björn Engholm, Mai/Juni 1993 amtierend Johannes Rau, 1993–95 Rudolf Scharping, 1995–99 Oskar Lafontaine, 1999–2004 Gerhard Schröder und seit 2004 Franz Müntefering. 1998 konnte die SPD die Bundestagswahl für sich entscheiden (mit 40,9% der Stimmen wurde sie zum zweiten Mal nach 1972 stärkste Partei im Bundestag) und bildete unter Bundeskanzler Schröder mit Bündnis 90/Die Grünen eine rot-grüne Regierung. 1999 wählte die Bundesversammlung Johannes Rau zum Bundespräsidenten. Bei der Bundestagswahl von 2002 erhielt die SPD 38,5% der Stimmen; Bundeskanzler Schröder setzte die rot-grüne Koalition fort. Bei der vorgezogenen Bundestagswahl von 2005 erzielte die SPD 34,3% der Stimmen (222 Abgeordnete).

Sozialdemokratische Partei Österreichs, Abk. **SPÖ,** politische Partei, hervorgegangen 1888/89 aus der Sozialdemokratischen Arbeiterpartei Österreichs (gegründet 1874). Nach ihrer Verfolgung in der Zeit des österreichischen Ständestaates (1933–38) und der nationalsozialistischen Gewaltherrschaft (1938–45) 1945 als Sozialistische Partei Österreichs wieder gegründet, nennt sie sich seit 1991 wieder Sozialdemokratische Partei Österreichs.

GESCHICHTE: Auf dem Hainfelder Parteitag gelang es Victor Adler, die auseinander strebenden Kräfte der österreichischen Sozialdemokratie zusammenzuführen. Um dem Nationalitätenkonflikt im österreich-ungarischen Teil der Donaumonarchie entgegenzuwirken, gab sich die Partei 1897 eine föderative Struktur und 1899 das »Brünner Nationalitätenprogramm«. Seit 1904 entwickelte sich in der Partei der →Austromarxismus. Nach Einführung des allgemeinen Wahlrechts wurde die SPÖ 1907 zweitstärkste Partei im österreichischen Reichsrat. Bei Ausbruch des Ersten Weltkriegs wandte sie sich (im Gegensatz zur pazifistischen Grundhaltung vor 1914) der allgemeinen nationalistischen Stimmung zu. Mit der Ermordung von Ministerpräsident Karl Graf Stürgkh (1916) durch Friedrich Adler verstärkte sich in der SPÖ die Opposition gegen den Krieg. 1917 übernahm Otto Bauer die Führung der »Linken« in der Partei und forderte die Auflösung des Vielvölkerstaates und den »Anschluss« Deutschösterreichs an das Deutsche Reich.

Nach dem Zusammenbruch Österreich-Ungarns (Oktober 1918) wurde die SPÖ bei den Wahlen zur Konstituierenden Nationalversammlung (1919) stärkste Partei. Mit Karl Renner stellte sie von Oktober 1918 bis Juni 1920 den Regierungschef. Bemühungen der SPÖ, Deutschösterreich mit dem Deutschen Reich zu verschmelzen, scheiterten. Seitdem die Partei ab 1920 wieder in der Opposition stand, betonte sie – jetzt mit Hauptstützpunkt Wien – in der politischen Auseinandersetzung stark ihre revolutionären Grundprinzipien (v.a. unter dem Einfluss von Otto Bauer). Mithilfe der →Heimwehren engte die österreichische Regierung den politischen Spielraum der SPÖ ein; 1934 lösten Maßnahmen der Regierung Dollfuß die Februarunruhen aus. Nach deren Niederschlagung wurde die Partei verboten; viele ihrer Mitglieder wurden inhaftiert oder emigrierten.

Gegen Ende des Zweiten Weltkriegs schlossen sich die »alten Sozialdemokraten« und die »Revolutionären Sozialisten« im April 1945 zur Sozialistischen Partei Österreichs zusammen. Unter dem Eindruck der Besetzung durch die Truppen der Siegermächte und des Versuches der Kommunisten, mithilfe der sowjetischen Besatzungsmacht politische Strukturen nach volksdemokratischem Muster in Österreich durchzusetzen, akzeptierte die Partei Bauers Koalitionen v.a. mit der konservativen ÖVP; so beteiligte sich die SPÖ

SOZIALE FRAGE | ***Entstehung der Gewerkschaften***

Bereits am Ende des 18. Jh. schlossen sich als Reaktion auf die zunehmende Verelendung der Arbeiterschaft im Zuge der beginnenden Industrialisierung Europas in Großbritannien erste gewerkschaftsähnliche Organisationen zusammen. Sie kämpften für höhere Löhne, kürzere Arbeitszeiten und sozialere Arbeitsbedingungen, wurden jedoch recht schnell verboten, da die Unternehmer, die die Vorgänge der Französischen Revolution vor Augen hatten, den Verlust ihrer Privilegien fürchteten.

Erst 1825 wurden diese ersten Gewerkschaften wieder legalisiert. Danach entstanden in einem Industriezweig nach dem anderen Gewerkschaften – vor allem Schiffbauer und Spinnereiarbeiter organisierten sich. Vor diesem Hintergrund entwarf der sozialistische Reformer Robert Owen bereits 1833 Pläne zur Vereinigung sämtlicher britischer Arbeiter zur »Grand National Trade Union«, die sich aber als nicht realisierbar erwiesen.

In Deutschland bildeten sich in der Mitte des 19. Jh. neben der Druckindustrie vor allem in der Zigarrenindustrie erste Arbeiterverbände (Fahnen der Berliner Zigarrenarbeiter, 1858; Berlin, Märkisches Museum). Die aus solchen Vereinen hervorgegangenen sozialistischen und christlichen Gewerkschaften sowie die liberalen Hirsch-Dunkerschen Gewerkschaftsvereine konnten sich jedoch erst zu Ende des 19. Jh. nach der Aufhebung des von Bismarck erlassenen Verbots der freien Gewerkschaften und dem Bergarbeiterstreik 1889 auf breiter Ebene etablieren.

1945–66 an einer großen Koalition mit der ÖVP. Neben der ÖVP entwickelte sich die SPÖ dabei zur staatstragenden Partei. 1966–70 in der Opposition, stellte sie 1970–99/2000 den Bundeskanzler: Bruno Kreisky (Bundesobmann 1967–83), Fred Sinowatz (Bundesobmann 1983–88), Franz Vranitzky (Bundesobmann 1988–97) und Viktor Klima (Bundesobmann 1997–2000). 2000 wurde Alfred Gusenbauer neuer Bundesobmann. 1945–86 und wieder seit 2004 stellte die SPÖ auch den Bundespräsidenten. (→Sozialdemokratie)

soziale Frage, schlagwortartige, im 19. Jh. geprägte Bezeichnung für tief greifende Strukturmängel der Gesellschaft, bei benachteiligten Schichten Ursache politischer Unzufriedenheit, zugleich auslösendes Element reformerischer oder revolutionärer Aktivitäten; im erweiterten Sinne die sozioökonomische Lage der Arbeiterschaft, die sich im 19. Jh. im Zuge der →industriellen Revolution herausbildete.

Der Umbruch von der feudalen Agrargesellschaft zur kapitalistisch bestimmten Industriegesellschaft, die Auflösung der traditionellen patriarchalischen Ordnungen, die auch die soziale Sicherung durch Großfamilie und Grundherrn beendete, sowie der Niedergang der Agrar- und Zunftverfassung führten zu krassen sozialen Missständen. Die soziale Situation verschärfte sich durch Bevölkerungsexplosion und Landflucht, die das Angebot an Arbeitskräften vermehrten; dies wiederum drückte die Löhne und führte zur Ausnutzung der billigeren Frauen- und Kinderarbeit, sodass nur durch die Tätigkeit mehrerer Personen einer Familie das Existenzminimum erarbeitet werden konnte. Die Folge waren z. B. Armut und fehlende Ausbildung.

Das aufgeklärte, liberale Bürgertum sah sich durch die Entstehung des Proletariats in seinem Selbstverständnis infrage gestellt und engagierte sich, zumal nach dem Entstehen einer v. a. am Marxismus orientierten →Arbeiterbewegung in der zweiten Hälfte des 19. Jh., bei der Beseitigung von Missständen.

Erste staatliche Maßnahmen gegen die Verelendung erfolgten Anfang des 19. Jh. in Großbritannien, ab 1839 in Preußen. Das bürgerliche Engagement fand seinen Ausdruck z. B. in der Organisierung von Genossenschaften. Beginnend mit der Sozialpolitik Bismarcks, der politischen Gleichberechtigung der Arbeiterschaft durch Beseitigung des

soziale Frage. Das aufkommende Industriezeitalter bedeutete für breite Bevölkerungsschichten härteste Arbeit und Verelendung. Auch Kinderarbeit wie hier in einem englischen Kohlebergwerk war an der Tagesordnung (kolorierte Lithographie von 1844).

Dreiklassenwahlrechts, später durch den Ausbau eines Systems der sozialen Sicherung und zunehmenden materiellen Wohlstand wurde die soziale Frage weitgehend gelöst; jedoch sind neue soziale Fragen zum Aufgabenfeld der Politik geworden.

Sozialfaschismus, 1928–35 Kampfbegriff der → Komintern zur diffamierenden Bezeichnung sozialdemokratischer politischer Positionen: Sozialdemokratie und Nationalsozialismus seien keine Gegensätze, sondern »Zwillingsschwestern« des Faschismus, die SPD sei im Vergleich zur NSDAP der gefährlichere Gegner der Kommunisten, da sie stärker den »Klassencharakter« des kapitalistischen Staates verschleiere; sie sei daher als »Hauptfeind« zu bekämpfen. Mit dem Übergang zur Taktik der → Volksfront modifizierte die Komintern 1935 ihre Haltung gegenüber der Sozialdemokratie.

SOZIALE FRAGE. ***Engels' Erfahrungen***

Was er während seines fast zweijährigen Aufenthaltes in England sah und erlebte, hielt Friedrich Engels in dem 1845 in Leipzig veröffentlichten Buch »Die Lage der arbeitenden Klasse in England« fest. Engels schildert darin die Auswirkungen der industriellen Revolution auf der Insel, das grausame Elend des Großstadtproletariats, Hunger, soziale Entwurzelung, verzweifelte Hoffnungslosigkeit der ausgebeuteten Arbeiter und ihrer Familien: *»Jede große Stadt hat ein oder mehrere schlechte Viertel, in denen sich die arbeitende Klasse zusammendrängt. Diese schlechten Viertel sind in England in allen Städten ziemlich egal eingerichtet – die schlechtesten Häuser in der schlechtesten Gegend der Stadt; meist zweistöckige oder einstöckige Ziegelgebäude in langen Reihen ... Die Straßen selbst sind gewöhnlich ungepflastert, höckerig, schmutzig, voll vegetablischen und animalischen Abfalls, ohne Abzugskanäle oder Rinnsteine, dafür aber mit stehenden stinkenden Pfützen versehen.«*

Sozialgeschichte, ursprünglich eine Spezialdisziplin der Geschichtswissenschaft, die sich im Gegensatz zur traditionellen, an der politischen Geschichte orientierten Geschichtsschreibung v.a. mit der Geschichte der sozialen Klassen und Gruppen, Institutionen und Strukturen befasste; heute ein methodisches Prinzip, mit dem die Verfassung-, Wirtschafts-, Ideen- und Pollitikgeschichte auf ihre gesellschaftlichen Trägergruppen, Ursachen und Bedingungen hin untersucht.

Die ältere Sozialgeschichte erfuhr u.a. durch Gustav von Schmoller und Otto Hintze bedeutende Anstöße und erlangte mit Max Webers Forschungen universalhistorische Weite. Bahnbrechend wirkten der Belgier Henri Pirenne sowie die französische École des Annales (v.a. Marc Bloch, Lucien Febvre, Fernand Braudel), seit den 1960er-Jahren aber auch Hans Rosenberg, Hans-Ulrich Wehler, Eric Hobsbawm und Norbert Elias. Seit den 1970er-Jahren ist die Sozialgeschichte in Erweiterung begriffen; es eröffneten sich Felder der Frauen- und Geschlechtergeschichte, der Mentalitäts-, der Alltags- und der Kulturgeschichte.

Sozialismus, im 19. Jh. entstandene, v.a. von der → Arbeiterbewegung getragene, heute ideologisch unterschiedlich akzentuierte und politisch vielfältig organisierte Bewegung. Der Sozialismus will eine auf Gleichheit, Solidarität und Gerechtigkeit beruhende Gesellschaft verwirklichen und steht dabei der auf dem Privateigentum an den Produktionsmitteln beruhenden Wirtschaftsweise des Kapitalismus kritisch, vielfach völlig ablehnend gegenüber.

ZIELE: Im Sinne ihres tendenziell optimistischen Menschenbildes, das Gedanken des → Humanismus aufnimmt, suchen die verschiedenen Spielarten des Sozialismus mit der Neuordnung des sozioökonomischen Bereichs die mit der Entwicklung der Industriegesellschaft verbundenen Missstände (→ soziale Frage) theoretisch zu analysieren und praktisch zu lösen. Ziel aller sozialistischen Ideen, Bewegungen und Organisationen ist die Begründung einer Staats-, Gesellschafts- und Wirtschaftsordnung, in der die von der Französischen Revolution von 1789 aufgestellten Grundsätze der Freiheit, Gleichheit und Brüderlichkeit für alle Angehörigen und Gruppen der Gesellschaft realisiert sind.

Die radikaleren Verfechter des Sozialismus fordern die Umgestaltung der Eigentumsverfassung besonders durch die Sozialisierung des Eigentums an den Produktionsmitteln oder durch allgemeine Güterverteilung, durch Beseitigung des arbeitslosen Einkommens aus Grundrente und Kapitalzins, durch Beseitigung oder starke Beschränkung des Erbrechts. Sie setzen an die Stelle von privatwirtschaftlicher Produktionsstätten Genossenschaften auf der Basis der Belegschaft (z.B.

»Arbeiterproduktivgenossenschaften«) oder gemeinwirtschaftl. Unternehmensformen. Sie treten ein für die ausschließliche oder vorwiegende Planung und Lenkung der Güterversorgung und -verteilung durch den Staat (Zentralverwaltungswirtschaft, Planwirtschaft). Die gemäßigteren Vertreter des Sozialismus lassen im Prinzip das Institut des Privateigentums an den Produktionsmitteln bestehen, streben aber Gewinnbeteiligung, Mitbestimmung und Miteigentum der Arbeitnehmer an. Darüber hinaus möchten sie mit (mehr oder weniger intensiven) planerischen Eingriffen die marktwirtschaftliche Ordnung steuern. Die radikaleren Verfechter des Sozialismus verfolgen ihre Ziele meist auf dem Weg der Revolution, so die Vertreter des →Marxismus, besonders des →Marxismus-Leninismus und des →Anarchismus. Die gemäßigten Kräfte des Sozialismus suchen ihre Ziele auf dem Wege von Reformen zu verwirklichen.

GESCHICHTE: Der Frühsozialismus der vormarxistischen Zeit, beeinflusst von der aufklärerischen Idee einer allgemeinen Weltverbesserung, trat v.a. in Frankreich auf (François Babeuf, Étienne Cabet) und trug utopische Züge (»utopischer Sozialismus«); Gleiches gilt für die Ideen Wilhelm Weitlings in Deutschland. Neben diesen mehr utopischen Entwürfen zielte nach der französischen Julirevolution (1830), etwa bei Jean Simonde de Sismondi, Louis Blanc und Pierre Proudhon, die Kritik an den konkreten Eigentumsverhältnissen auf Verbesserung der sozialen Lage in den Zwischenschichten (kleine Handwerker, Landlose, Proletarier). Es wurde eine sozialistische Wirtschaftsordnung (z.B. Arbeiterassoziationen) konzipiert, die jede Ausbeutung unmöglich machen sollte, und in der jeder entsprechend seinen Fähigkeiten und seiner Leistung entlohnt werden würde. Charles Fourier und Robert Owen in Großbritannien plädierten für genossenschaftliche Organisationsformen der Arbeiter (»Genossenschaftssozialismus«).

Die Theoretiker des Staatssozialismus wollten über den Einsatz staatlicher Machtmittel die gesellschaftlichen Missstände beseitigen. Johann Rodbertus erblickte in der Monopolstellung der Kapitalisten und Grundbesitzer und dem darauf beruhenden »Gesetz der fallenden Lohnquote« die Ursache der Massenverelendung. Das kapitalistische Wirtschaftssystem bildete ihm zufolge jedoch nur eine Übergangsphase auf dem Weg zur Staatswirtschaft ohne Grund- und Kapitaleigentum. Auch Ferdinand Lassalle, der die Formel vom »ehernen Lohngesetz« prägte, sah die Lösung der sozialen Probleme in der politischen und sozialen Integration der Arbeiter und in der nachfolgenden Umwandlung der kapitalistischen Wirtschaft in eine staatssozialistische Arbeiterproduktivgenossenschaften.

Karl Marx und Friedrich Engels suchten den Beweis zu erbringen, dass die kapitalistische Gesellschaftsordnung zusammenbrechen werde und durch die proletarische Revolution in eine sozialistische Gesellschaft umgewandelt werden müsse; diese vollende sich ihrerseits in der klassenlosen Gesellschaft. Der Marxismus erlangte im 20. Jh. weltgeschichtliche Bedeutung, v.a. in der von Lenin geschaffenen Form des Marxismus-Leninismus. Im Ablauf des Klassenkampfes ist nach Lenin Sozialismus jene Phase der Geschichte, in der nach erfolgreicher Revolution das Proletariat, gestützt auf die »Partei neuen Typs« (die kommunistische Partei), als führende Klasse den Übergang zum →Kommunismus, zur klassenlosen Gesellschaft, vollzieht. Die Abkehr reformistischer Gruppen vom revolutionären Sozialismus fand ihren ersten Niederschlag im →Revisionismus, der die Sozialdemokratie von der Revolutionserwartung zur reformorientierten Mitarbeit in Staat und Gesellschaft lenkte. In Großbritannien entwickelte die →Fabian Society entgegen dem Marxismus ein reformistisches Programm, das 1918 von der Labour Party aufgenommen wurde.

In Auseinandersetzung v.a. mit der leninschen Ausprägung des Marxismus bemühten sich im 20. Jh. marxistische Theoretiker, im Rückgriff auf die Frühschriften von Marx dessen Werk neu zu deuten (Neomarxismus). In den parlamentarisch-demokratisch verfassten Staaten entstand seit etwa 1960 die »neue Linke«. Unter radikaler Kritik an der Marktwirtschaft der hoch industrialisierten Staaten Westeuropas und Nordamerikas auf der einen Seite und der entschiedenen Infragestellung der theoretischen Konzeptionen der »alten Linken« auf der anderen Seite (sozialdemokratische und kommunistische Parteien) suchte sie im Kampf gegen die »kapitalistische Konsumgesellschaft« neue revolutionäre Strategien zu entwickeln. Ihre Kritik an der Konsumgesellschaft beeinflusste stark die in den 1970er-Jahren sich entfaltende Alternativ- und Ökologiebewegung. In Auseinandersetzung mit Ideologie und Praxis des Marxismus-Leninismus stellten seit dem Ende der 1960er-Jahre einige kommunistischen Parteien, besonders die italienische und spanische KP, Grundpositionen des Marxismus-Leninismus (z.B. Diktatur des Proletariats) infrage (→Eurokommunismus). Mit der seit Mitte der 1980er-Jahre eingeleiteten »Perestroika« suchte Michail Gorbatschow unter Berufung auf die leninsche Interpretation des Marxismus die bürokratisch-diktatorischen Strukturen in der sowjetischen Gesellschaft abzubauen. Der Sozialismus marxistisch-leninistischer Prägung geriet jedoch besonders in Europa in eine Krise, in deren Folge die kommunistischen Herrschaftssysteme und die UdSSR selbst zusammenbrachen. Sozialistische Theoretiker der

Sozialistische Einheitspartei Deutschlands. Die Deutsche Demokratische Republik war von ihrer Gründung an ein Staat, der sich als Diktatur des Proletariats verstand und nach sowjetischem Modell eine sozialistische Gesellschaft unter Führung der Staatspartei SED zu verwirklichen suchte (Parteitag der SED im Palast der Republik in Ost-Berlin).

Dritten Welt (z. B. Léopold Senghor, Julius Nyerere) bemühten sich, die in den Industriestaaten Europas formulierten Ziele des Sozialismus mit Gesellschaftsmustern zu verbinden, die in der eigenen Gesellschaft wurzeln. In der dort sich vollziehenden staatlichen Emanzipation von der Kolonialherrschaft europäischer Staaten verband sich in diesen Ländern mit dem Sozialismus oft ein starker Nationalismus. Unter dem Einfluss sozialrevolutionärer Theoretiker (besonders Mao Zedong, Ernesto »Che« Guevara) entstanden in Asien, Afrika und Lateinamerika Guerillabewegungen, die sozialistische und nationalistische Ziele auf revolutionärem Weg verwirklichen wollten.

Sozialistengesetz, Bezeichnung für das nach zwei von Bismarck den Sozialdemokraten zu Unrecht angelasteten Attentaten auf Kaiser Wilhelm I. am 21. 10. 1878 vom Reichstag mit den Stimmen der Konservativen und Nationalliberalen verabschiedete Ausnahmegesetz »gegen die gemeingefährlichen Bestrebungen der Sozialdemokratie«. Es sollte die sozialdemokratische Parteiorganisation im Deutschen Reich durch Versammlungs-, Organisations- und Publikationsverbot, das sich auch auf die Gewerkschaftspresse erstreckte, zerschlagen und ermöglichte darüber hinaus die verschärfte polizeiliche Kontrolle aller Versammlungen sowie das Verbot der öffentlichen Verbreitung von Druckschriften. Die von den Bestimmungen ausgenommene sozialdemokratische Parlamentsfraktion wurde im Wahlkampf behindert. Das Sozialistengesetz war auf zweieinhalb Jahre befristet, wurde aber bis 1890 regelmäßig verlängert.

Sozialistische Arbeiter-Internationale, Abk. **SAI,** → Internationale.

Sozialistische Arbeiterpartei, Abk. **SAP,** 1875 gegründeter Zusammenschluss der → Sozialdemokratischen Arbeiterpartei mit dem → Allgemeinen Deutschen Arbeiterverein auf der Basis des → Gothaer Programms, der lassalleanischen und marxistischer Elemente miteinander verband. Unter dem Druck des → Sozialistengesetzes (1878) wurde die SAP in die Illegalität gedrängt. In dieser Zeit setzte sich der Marxismus als programmatische Grundkonzept der Partei durch. Nach dem Auslaufen des Sozialistengesetzes (1890) organisierte sich die SAP als → Sozialdemokratische Partei Deutschlands (SPD) neu.

Sozialistische Einheitspartei Deutschlands, Abk. **SED,** Staat und Gesellschaft beherrschende Partei der Deutschen Demokratischen Republik, gegründet am 21. 4. 1946 in Berlin (Ost) durch den Zusammenschluss von KPD und SPD in der Sowjetischen Besatzungszone (SBZ). Zunächst als Zusammenfassung aller sozialistischen Kräfte herausgestellt, entwickelte sich die SED seit 1948 zunehmend nach dem Prinzip des demokratischen Zentralismus zu einer marxistisch-leninistischen Kaderpartei. Im Verlauf einer friedlichen Revolution im Herbst 1989 wurde das von ihr errichtete Herrschaftssystem gestürzt; sie selbst wandelte sich 1989/90 in die → Partei des Demokratischen Sozialismus (PDS) um.

GESCHICHTE: Unter der Formel »Aufbau einer antifaschistisch-demokratischen Ordnung in ganz Deutschland« leitete die SED mit Unterstützung der SMAD von Anfang an eine Umwandlung der gesellschaftlichen Struktur der SBZ nach sowjetischem Vorbild ein (»Sowjetisierung«). Mithilfe des Blocksystems (seit 1949 im Rahmen der »Nationalen Front des Demokratischen Deutschland«) suchte sie schon früh, sich die führende Rolle im politischen Kraftfeld der SBZ zu sichern (Nationale Front der DDR).

Mit den Auseinandersetzungen im Ostblock um die Außen- und Innenpolitik Titos rückte die SED seit 1948 von der Vorstellung eines deutschen Sonderweges zum Sozialismus ab. Im Zuge der »Stalinisierung« glich sie sich in ihrer organisatorischen Struktur als »Partei neuen Typs« immer mehr der KPdSU an und gab sich auf dem Parteitag von 1950 ein entsprechendes Parteistatut. Seit der 1. Parteikonferenz vom Januar 1949 wurde der → Marxismus-Leninismus die für alle Parteimitglieder verbindliche politische Leitlinie, besonders für Führungskräfte.

Auf der 2. Parteikonferenz der SED vom 2. bis 12. 7. 1952 beschloss die SED das Programm des »planmäßigen Aufbaus des Sozialismus« in der DDR. So sicherte sie sich endgültig im Rahmen einer volksdemokratischen Ordnung das Machtmonopol im Staat, ordnete den Wirtschafts- und Staatsapparat ihrer Befehlsgewalt unter und leitete die Kollektivierung der Landwirtschaft ein. Das Aufbauprogramm des Sozialismus wurde nach dem Tod Stalins (März 1953) und dem Aufstand vom 17. 6. 1953 unter Verkündung eines »Neuen Kurses« zeitweilig gebremst. Nach Festigung der durch den Aufstand infrage gestellten SED-Herrschaft wurde jedoch die Umwandlung der DDR im kommunistischen Sinne fortgeführt und erreichte einen Höhepunkt mit der erzwungenen Vollkollektivierung der Landwirtschaft (1960). In der Gestaltung der Deutschlandpolitik adaptierte die SED die sowjetische Außenpolitik. Nach einer intensiv geführten Propaganda für die Einheit Deutschlands ließ sie seit 1955 den Gedanken der Wiedervereinigung Deutschlands zugunsten einer »Zweistaatentheorie« fallen. Mit der Errichtung der →Berliner Mauer erreichte diese Politik einen ersten Höhepunkt. Walter Ulbricht setzte sich mit einer Gruppe Getreuer innerhalb der SED durch, wurde aber schließlich 1971 Opfer parteiinterner Intrigen, indem er von Erich Honecker als Parteichef abgelöst wurde.

Nach der Vollkollektivierung der Landwirtschaft und der Abriegelung der innerdeutschen Grenze (1961) beschloss die SED auf dem VI. Parteitag (1963) v. a. Maßnahmen zur Konsolidierung und Forcierung der Wirtschaft der DDR. Durch ein »Neues Ökonomisches System« (NÖS) bemühte sie sich, das Wirtschaftssystem zu modernisieren, den Lebensstandard der Bevölkerung zu erhöhen, v. a. jedoch den Export in die Sowjetunion zu steigern.

Die unter Bundeskanzler Willy Brandt mit dem Ziel der politischen Entspannung eingeleitete neue Deutschland- und Ostpolitik der Bundesrepublik Deutschland veranlasste die SED-Führung, über die Politik der »Abriegelung« hinaus seit 1971 das Konzept einer Abgrenzung zu entwickeln, um Gefahren der »Aufweichung« oder des »Sozialdemokratismus« möglichst entgegenzuwirken. Der IX. Parteitag (1976) schrieb die Parteilinie in einem neuen Programm fest: Im Rahmen der Gestaltung einer »entwickelten sozialistischen Gesellschaft« sollte in den ökonomischen Planungen das Schwergewicht auf der Einheit von Wirtschafts- und Sozialpolitik liegen. Der X. Parteitag (1981) bestätigte ebenso wie der XI. Parteitag (1986) die Orientierung auf eine allgemeine Anhebung des Lebensniveaus; die damit einhergehenden wirtschaftlichen Defizite konnten aber nicht bewältigt werden.

Hatte die SED in ihrer Programmatik noch 1963 die Lösung der »nationalen Frage in Deutschland« angestrebt, so stand nunmehr die Entwicklung einer »sozialistischen Nation« in der DDR im Vordergrund. Die stets betonte enge ideologische Verbundenheit mit der KPdSU geriet ab 1986 unter dem Eindruck der von Michail Gorbatschow eingeleiteten Politik, der »Perestroika«, in eine Krise; denn die SED-Führung, besonders Honecker, lehnte die Notwendigkeit von Reformen in der DDR ab. Wirtschaftlicher Niedergang, eine zunehmende politische Stagnation, verbunden mit der etablierten Bürgerbewegung (Herbst 1989) führten Ende 1989 zum Sturz des Herrschaftssystems der SED in der DDR. Am 18. 10. 1989 musste Honecker als Generalsekretär der SED zugunsten von Egon Krenz zurücktreten. Am 1. 12. strich die Volkskammer den Führungsanspruch der SED aus der Verfassung. ZK und Politbüro traten am 3. 12. zurück. Nachdem die Partei auf einem Sonderparteitag (9.–17. 12. 1989) Gregor Gysi zu ihrem Vorsitzenden gewählt und ihrem Namen den Zusatz »Partei des Demokratischen Sozialismus« (SED/PDS) beigefügt hatte, suchte sie sich in der Folgezeit ein neues politisches Profil zu geben.

Sozialistische Internationale, Abk. **SI,** gegründet 1951 in Frankfurt am Main als Zusammenschluss sozialistischer und sozialdemokratischer Parteien, bekennt sich zum demokratischen →Sozialismus. Hervorgegangen aus dem »Committee of International Socialist Conferences« (Abk. Comisco; entstanden 1947), knüpft die SI an die Traditionen der Sozialistischen Arbeiter-Internationale an (→Internationale).

Spalatin, Georg, eigentlich Georg Burckhardt, lutheranischer Theologe, *Spalt 17. 1. 1484, †Altenburg 16. 1. 1545. Als Hofkaplan und Rat des sächsischen Kurfürsten Friedrich des Weisen war Spalatin Mittelsmann zwischen diesem und Martin Luther; er war wesentlich dafür verantwortlich, dass Luther die Unterstützung Friedrichs für die Reformation erhielt. Nach Friedrichs Tod (1525) hatte Spalatin als Pfarrer und Kirchenvisitator maßgeblichen Anteil an der Ausgestaltung der sächsischen Landeskirche.

Spanien, spanisch **España** [ɛsˈpaɲa], Staat in Europa, der im Norden an den Atlantik, an Frankreich und Andorra, im Osten und Südosten an das Mittelmeer, im Süden an Gibraltar sowie im Westen an Portugal und den Atlantik grenzt. Zu Spanien gehören außerdem die Kanarischen Inseln, die Balearen, Melilla und Ceuta sowie einige kleinere Inseln.

ALTERTUM UND VÖLKERWANDERUNG: Wahrscheinlich noch während des Neolithikums wanderten die Iberer von Afrika her nach Spanien ein. Von etwa 1100 v. Chr. bis ins 6. Jh. v. Chr. setzten sich die Phöniker entlang der gesamten Südküste fest. Seit dem 7. Jh. v. Chr. griff auch die griechische Kolonisation nach Spanien über. Seit der Mitte des 6. Jh. v. Chr. gerieten weite Teile unter karthagische Herrschaft; nach dem 2. Punischen Krieg (218–201) musste Karthago sein gesamtes spanisches Gebiet an Rom abtreten.

Bis in die Zeit des Augustus dehnten die Römer ihre Herrschaft über die ganze Pyrenäenhalbinsel aus. 409 n. Chr. strömten Sweben, Alanen und Vandalen tief nach Spanien ein, kurz darauf auch die Westgoten, die in Südfrankreich und Spanien das 475 von Rom unabhängige Tolosanische Reich errichteten. Nach dem Sieg des Frankenkönigs Chlodwig I. über die Westgoten (507) beschränkte sich deren Reich auf Spanien, wo sie sich nach ihrem Übertritt vom arianischen zum katholischen Bekenntnis an die hispano-romanische Bevölkerung assimilierten. Ihre Herrschaft endete mit dem Eingreifen der in Thronstreitigkeiten zu Hilfe gerufenen nordafrikanischen, muslimischen Araber (Mauren), die unter ihrem Feldherrn Tarik das Heer des Thronkandidaten Roderich 711 bei Jerez de la Frontera schlugen. In wenigen Jahren unterwarfen sie fast ganz Spanien.

MAURISCHES SPANIEN UND DIE ZEIT DER RECONQUISTA: Seit 756 bildete das muslimische Spanien das selbstständige Emirat (ab 929 Kalifat) von Córdoba unter der Dynastie der Omaijaden. Unter wirtschaftlichen und kulturellen Gesichtspunkten bedeutete die religiös weitgehend tolerante muslimische Herrschaft eine Blütezeit mit Ausstrahlung auf das mittelalterliche Abendland. 1030 zerfiel das Kalifat nach dem Sturz des letzten Omaijaden in eine Reihe von Teilfürstentümern (Taifa), die in der Folgezeit ein Opfer der christlichen Reconquista wurden.

Das früheste christliche Herrschaftszentrum seit dem Untergang des Westgotenreichs lag in Asturien, von wo die christliche Reconquista unter König Pelayo 722 begann. Im Pyrenäenraum stieg die Grafschaft Barcelona als ein Teil der zu Beginn des 9. Jh. eingerichteten Spanischen Mark des Fränkischen Reiches zu bestimmendem Einfluss in Katalonien auf. Auch Navarra kam im 10./11. Jh. zu einer bedeutenden Staatsbildung. Kastilien stieg als selbstständiges Königreich seit 1035 rasch auf. Im Verlauf des 13. Jh. wurden Córdoba, Murcia, Sevilla, Cádiz, Algeciras und Gibraltar erobert. Als einziges muslimisches Reich in Spanien konnte sich Granada behaupten. Im seit 1035 selbstständigen Aragonien gelang es den Königen, den Muslimen Sarragossa zu entreißen (1118), den Herrschafts- bzw. Siedlungsbereich bis zum Ebro auszuweiten, 1137 durch Heirat Katalonien zu erringen, 1229–87 die Balearen, etwa 1238 Valencia zu erobern sowie Sizilien (1282), sodann Sardinien (1323–25) und Neapel (1442) zu erwerben.

SPANIEN UNTER DEN KATHOLISCHEN KÖNIGEN UND DEN HABSBURGERN (1479–1700): Nach jahrhundertelangen Rivalitäten wurden die beiden Königreiche Kastilien und Aragonien als Folge der Heirat Isabellas I. von Kastilien-León (1474–1504) und Ferdinands II. von Aragonien (1479–1516) nach dem Kastilischen Erbfolgekrieg 1479 in einer Personalunion vereinigt, blieben jedoch in ihrer jeweils besonderen Verfassungs- und Sozialordnung erhalten. Die »Katholischen Könige« (so der ihnen vom Papst 1496 verliehene Titel) stärkten die Macht der Krone gegenüber Adel und Bischöfen und eroberten das letzte maurische Reich Granada (1492). Die Entdeckung Amerikas durch Kolumbus im gleichen Jahr sowie der Vertrag von →Tordesillas (1494) schufen die Grundlagen für die überseeischen Reiche der Krone Kastiliens.

Nach dem Tode Ferdinands II. (1516) wurde dessen Enkel Karl, Sohn der Erbtochter Johanna der Wahnsinnigen und des Habsburgers Philipp des Schönen von Burgund, spanischer König. Von mütterlicher Seite Erbe der spanischen Reiche, war Karl von väterlicher Seite zugleich Herr der habsburgischen Besitzungen in Österreich und Burgund einschließlich der Niederlande; 1519 wurde er überdies als Karl V. zum König des Heiligen Römischen Reichs gewählt (seit 1530 Kaiser). Obwohl Karl 1521 die österreichischen Erblande an seinen Bruder Ferdinand abtrat, stieg Spanien in mehreren Kriegen gegen Frankreich und durch die Vorherrschaft in Italien zur europäischen Hegemonialmacht auf. Die Konquistadoren Hernán Cortez und Francisco Pizarro eroberten gleichzeitg riesige Gebiete in Nord-, Mittel- und Südamerika für die nun führende Kolonialmacht. Philipp II., der die Kaiserwürde nicht erbte, konnte 1559 gegenüber Frankreich im Frieden von Cateau-Cambrésis die spanische Vorherrschaft in Italien wie in ganz Europa behaupten (abgesehen von den erst unterschätzten aufständischen niederländischen Generalstaaten).

Spanien, die Heimat des Jesuitenordens, wurde zur Vormacht des europäischen Katholizismus und der Gegenreformation. Mit dem Seesieg von Lepanto (1571) wurde die Seeherrschaft der Osmanen im westlichen Mittelmeer gebrochen. Die Annexion Portugals mitsamt seinen überseeischen Kolonien (1580) legte den Grund für die Verlagerung der Außenpolitik auf den atlantischen Raum mit dem Hauptgegner England; 1588 erlitt die spanische →Armada eine schwere Niederlage. Das Jahrhundert vom Tode Philipps II. bis zum Aussterben der spanischen Habsburger mit Karl II. war für Spanien trotz einer Blütezeit (»siglo de oro«) eine Epoche des Niedergangs. 1648 musste Spanien, das aufseiten der österreichischen Habsburger in den Dreißigjährigen Krieg eingegriffen hatte, die Unabhängigkeit der niederländischen Generalstaaten und ihrer Kolonien anerkennen. 1640 erklärte Portugal seine Unabhängigkeit (1668 von Spanien anerkannt). Niederländer, Franzosen und Engländer brachten weite Teile des spanischen Kolonialreichs an sich, seit der Mitte des 17. Jh. dominierte die englische Flotte im Atlantik.

SPANIEN UNTER DEN ERSTEN BOURBONEN (1700–1808): Im →Spanischen Erbfolgekrieg (1701–13/14) konnte der Bourbone Philipp V. sein Königtum behaupten, sein Herrschaftsbereich wurde im Utrechter Frieden von 1713 auf Kastilien (unter Verlust Gibraltars und Menorcas an Großbritannien), Aragonien und die amerikanischen Reiche beschränkt, dabei gingen die spanischen Nebenländer, die spanischen Niederlande, Mailand, Neapel-Siziliens und Sardinien im Wesentlichen an Österreich verloren. Wichtigster Bündnispartner war seit den Bourbonischen Familienpakten (1733, 1743, 1761) Frankreich. Die darauf folgenden verlustreichen Auseinandersetzungen mit Großbritannien und Portugal (Vernichtung der französisch-spanischen Flotte bei Trafalgar, 1805) führten zur Abhängigkeit von Frankreich; 1808 zwang Napoleon I. Ferdinand VII. zum Thronverzicht und machte seinen Bruder Joseph zum König von Spanien.

VON DER FRANZÖSISCHEN FREMDHERRSCHAFT BIS ZUR REPUBLIK (1808–74): Am 2. 5. 1808 brach in Madrid ein Volksaufstand aus, der sich zum spanischen Unabhängigkeitskrieg gegen die französischen Besatzer ausweitete. 1812 verabschiedeten die in Cádiz zusammengetretenen Cortes eine Verfassung national-liberalen Geistes; 1813 konnten die Franzosen mit britischer Hilfe vertrieben werden. 1814 kehrte Ferdinand VII. zurück, weigerte sich jedoch, auf die Verfassung von 1812 den Eid abzulegen, und regierte nach der Niederschlagung der liberalen Revolution von 1820 absolutistisch mit Unterstützung konservativer Kreise. Unter ihm gingen die spanischen Kolonien in Lateinamerika bis auf Kuba und Puerto Rico verloren. Thronfolger Ferdinands VII. war seine Tochter Isabella II. Der jüngste Bruder Ferdinands erkannte jedoch die weibliche Erbfolge nicht an und ließ sich als Karl V. zum Gegenkönig ausrufen. Der folgende blutige Bürgerkrieg zwischen den →Karlisten und den Anhängern der Regentin entschied den Thronfolgestreit zugunsten Isabellas. Die wegen ihrer klerikal-absolutistischen Neigungen bei fast allen Parteien verhasste Königin wurde 1868 durch eine Militärrevolte gestürzt. Der im November 1870 von den Cortes zum König gewählte Amadeus, der Sohn König Viktor Emanuels II. von Italien, verzichtete angesichts eines neuen Karlistenkrieges (1872–76) 1873 auf den Thron. Alfons, der Sohn Isabellas, wurde 1874 durch einen Generalsputsch zum König proklamiert (Alfons XII.).

VON DER RESTAURATION BIS ZUM BOURBONISCHEN EXIL (1875–1931): Das politische System der Restauration war durch eine enge Verbindung liberaler und konservativer Prinzipien im Interesse von Landbesitz und Industriebürgertum bestimmt, weder die Landbevölkerung noch die neu entstandene Industriearbeiterschaft v.a. Kataloniens wurden in das politische und gesellschaftliche System integriert. Im →Spanisch-Amerikanischen Krieg 1898 verlor Spanien Kuba, Puerto Rico und die Philippinen. 1899 wurden die Karolinen, Marianen und die Palauinseln an das Deutsche Reich verkauft. Im Ersten Weltkrieg blieb Spanien neutral. Im September 1923 errichtete Miguel Primo de Rivera y Orbaneja mit Zustimmung des Königs eine Militärdiktatur; die erwünschte Legitimation durch das Volk erreichte er nicht. Nach einem Wahlsieg der Republikaner im April 1931 verließ Alfons XIII. ohne förmliche Abdankung das Land; unmittelbar darauf wurde die Republik proklamiert.

ZWEITE REPUBLIK UND BÜRGERKRIEG (1931–39): Die Regierung Manuel Azaña y Díaz suchte Spanien zu einem demokratischen (Verfassung von 1931), regionalistischen und laizistischen Staat umzuformen, traf aber auf eine breite Opposition. Nach dem knappen Wahlsieg der Volksfront (Republikaner, Sozialisten und Kommunisten) im Februar 1936 verschärften sich die innenpolitischen Gegensätze; im Juli 1936 kam es im (spanischen) Marokko zu einer Militärrevolte nationalistisch-autoritärer Kräfte, die sofort auf das Mutterland übergriff und zum →Spanischen Bürgerkrieg (1936–39) führte. Die Führer des Aufstandes bildeten eine Junta, die im September General Francisco Franco zum Chef der nationalspanischen Regierung und des spanischen Staates ausrief. Nach der Anerkennung seiner Regierung (schon im November 1936) durch Deutschland und Italien wurde sie von diesen politisch wie militärisch unterstützt. Nach der Eroberung Barcelonas brach Anfang 1939 die Republik zusammen; am 28. 3. 1939 zogen die nationalspanischen Truppen in Madrid ein.

DIKTATUR FRANCOS (1936/39–75): Das Regime Francos beruhte auf der Verbindung von traditionell konservativen Vorstellungen mit faschistischen Prinzipien; demokratische und regionalistische Tendenzen wurden unterdrückt. Die politischen Sympathien Francos mit den Achsenmächten ließen Spa-

SPANIEN. ***Tor zur Neuen Welt***

Spanien ist Europas Brücke nach Lateinamerika. Von hier aus brach Kolumbus zur Entdeckung der Neuen Welt auf, hierher gelangten zunächst die eroberten Schätze. Weltpolitische Bedeutung erlangte im 16. Jh. Sevilla, der einzige Umschlagplatz des Überseehandels; hier wurde fast das ganze Gold aus den Kolonien umgeschmolzen, hier landeten bei ihrer Rückkehr die Kolonisten mit sagenhaften Reichtümern. Die überwältigende Pracht der damals reichsten Stadt Europas beschreibt 1587 ein Zeitgenosse: *»Es ist ein wahres Wunder, all die Reichtümer zu sehen, die sich in den Straßen Sevillas häufen, ... nämlich Gold, Silber, Perlen, Kristalle, Edelsteine, Emailarbeiten, Korallen, Brokate, kostbare Stoffe, alle Arten von Seiden und feinsten Tuchen«.*

nien nach dem Zweiten Weltkrieg, in dem das Land neutral geblieben war, zunächst in Isolation geraten. Ende der 1950er-Jahre wurden u.a. mithilfe des Internationalen Währungsfonds umfassende Stabilisierungs- und Entwicklungsprogramme realisiert, die zum »spanischen Wirtschaftswunder« führten. Die Reihe der spanischen Verfassungsgesetze von 1940–67 brachte eine allmähliche Milderung der diktatorischen Züge des Franco-Regimes. Zeitgleich regte sich politischer Widerstand. Für die Nachfolge Francos war bereits 1947 die Wiedereinführung der Monarchie vorgesehen worden. Unter den verschiedenen Thronprätendenten der Bourbonen und Karlisten entschied Franco sich für Juan Carlos, den Enkel Alfons' XIII. (seit 1971 Stellvertreter des Staatschefs). Zwei Tage nach dem Tode Francos wurde er im November 1975 als Juan Carlos I. zum spanischen König proklamiert.

DEMOKRATIE (SEIT 1975): Mit der Ernennung von Adolfo Suárez zum Ministerpräsidenten im Juli 1976 kam die Demokratisierung in Gang. Aus den ersten demokratischen Wahlen seit dem Bürgerkrieg im Juni 1977 ging die konservative Union des Demokratischen Zentrums (UCD) unter Suárez als stärkste Gruppierung, wenn auch ohne absolute Mehrheit, hervor. Eine demokratische Verfassung wurde am 7. 12. 1978 vom Volk angenommen. Nach den Wahlen von 1979, in denen die UCD eine relative Mehrheit gewann, wurden Autonomiestatuten für das Baskenland und Katalonien (Autonome Gemeinschaften) in Volksabstimmungen 1979, für Galicien 1980 angenommen, während das andalusische Autonomiestatut erst 1982 zustande kam. Bis Anfang 1983 billigte der Kongress der Deputierten 13 Autonomiestatuten für das übrige Spanien (außer Ceuta und Melilla). Nach dem Rücktritt von Ministerpräsident Suárez Anfang 1981 kam es vor der Bestätigung des von der UCD zu seinem Nachfolger nominierten stellvertretenden Ministerpräsidenten Leopoldo Calvo Sotelo zu einem Putschversuch rechtsgerichteter Militärs, der jedoch durch das öffentliche Eintreten des Königs für die Demokratie zusammenbrach.

Die Parlamentswahlen 1982 und 1986 brachten den Sozialisten (PSOE) unter Führung von Felipe González die absolute Mehrheit im Parlament; sie bildeten die erste rein sozialistische Regierung Spaniens, die auch durch den denkbar knappen Verlust der absoluten Mehrheit von 1989 nicht gefährdet wurde. Unter ihrer Leitung verblieb Spanien nach heftigen innenpolitischen Auseinandersetzungen in der NATO und wurde 1986 Mitglied der EG. Bei den Wahlen von 1993 verlor die PSOE die absolute Mehrheit, bildete jedoch eine Minderheitsregierung. Aus den Wahlen von 1996 gingen die Konservativen unter José Maria Aznar (PP) als stärkste Partei hervor; die erfolgreiche Wirtschaftspolitik brachte Aznar 2000 die Wiederwahl mit absoluter Mehrheit. Die Wahlen von 2004 konnten die Sozialisten für sich entscheiden; neuer Ministerpräsident wurde José Luis Zapatero.

Spanisch-Amerikanischer Krieg, militärischer Konflikt (1898) zwischen der Kolonialmacht Spanien und den Vereinigten Staaten von Amerika, die sich wegen des 1895 auf Kuba ausgebrochenen Aufstands ihren politischen und wirtschaftlichen Interessen entsprechend für die Unabhängigkeit Kubas einsetzten. Nachdem Präsident William McKinley nur unzulängliche Konzessionen erwirkt hatte, nahm er u.a. die ungeklärte Explosion des amerikanischen Kriegsschiffes »Maine« im Hafen von Havanna (15. 2. 1898, 260 Tote) zum Anlass, Spanien den Krieg zu erklären (21./25. 4. 1898).

Fast alle Entscheidungen des Kriegs fielen zur See: Im Pazifik wurde die veraltete spanische Flotte am 1. 5. 1898 in der Bucht von Manila, im Atlantik nach der Erstürmung der Höhen von San Juan (1. 7.) bei Santiago de Cuba vernichtet (3. 7.). Im Frieden von Paris (10. 12. 1898) gab Spanien alle Ansprüche auf Kuba auf, das daraufhin in Abhängigkeit von den USA geriet (u.a. Militärverwaltung bis 1902); die USA erhielten die Philippinen (gegen 20 Millionen US-$ Entschädigung), die spanischen Besitzungen Guam und Puerto Rico sowie die ebenfalls schon während des Krieges besetzten Inseln Wake und Hawaii. Der (erstmalige) Erwerb von Kolonialbesitz für die USA löste eine heftige innenpolitische Debatte aus. Während Spanien seine Bedeutung als Kolonialmacht verlor, gewannen die USA die Vormacht in der Karibik sowie die aus wirtschaftlichen Gründen angestrebte unmittelbare Präsenz in Ostasien und legten den Grund für ihre Rolle als Weltmacht.

Spanischer Bürgerkrieg, kriegerische Auseinandersetzung als Folge des Aufstands nationalistischer, autoritärer und konservativ-traditionalistischer Kräfte unter Führung spanischer Militärs gegen die Zweite Republik (1936–39). Im Spanischen Bürgerkrieg entluden sich die Spannungen zwischen autonomistischem und zentralistischem Staatsdenken, zwischen traditionell-katholischen und liberal-sozialistischen Auffassungen. Hinzu kamen die Gegensätze zwischen Großgrundbesitzern und Unternehmern auf der einen Seite sowie Bauern und Arbeitern auf der anderen Seite. Streiks, politisch motivierte Morde sowie Angriffe auf Kirchen und Klöster verschärften die gesellschaftlichen Gegensätze. Unmittelbar ausgelöst wurde der Spanische Bürgerkrieg durch die Ermordung des konservativen Cortesabgeordneten José Calvo Sotelo am 13. 7. 1936.

MILITÄRISCHER VERLAUF: Gestützt auf die spanische Fremdenlegion und die maurischen (marokkanischen) »Regulares« leitete General Francisco Franco am 17. 7. 1936 den Aufstand gegen die Zweite Republik ein. Seit dem 18. 7. versuchten aufständische Truppenführer, meist unterstützt von bewaffneten Falangisten und Karlisten, die örtlichen und regionalen Verwaltungsorgane unter ihre Kontrolle zu bringen. Es gelang den Rebellen, bis September 1936 große Teile Spaniens zu kontrollieren.

Die Aufständischen konnten das westliche Andalusien erobern und große Gebiete des westlichen und nördlichen Spanien unter ihre Herrschaft bringen. Außerdem errichteten sie einen Korridor zwischen ihrem andalusischen und ihrem westspanischen Machtbereich. Mit der Besetzung von San Sebastián und Irún im September 1936 wurde ein wichtiger Verbindungsweg des republikanischen Spanien nach Frankreich blockiert. Nach Beginn des Bürgerkrieges richteten die Aufständischen in Burgos eine Aufstandsregierung (Militärjunta) ein, an deren Spitze am 1. 10. 1936 General Franco trat.

Im republikanischen Teil Spaniens ließ die von der Volksfront getragene Regierung Waffen an republikanisch gesinnte Zivilisten, besonders Gewerkschafter der anarchistischen CNT (»Confederación Nacional del Trabajo«) und der sozialistischen UGT (»Unión General de Trabajadores«) verteilen, da der größte Teil der regulären Armee zu den Aufständischen übergegangen war. Es bildeten sich Verteidigungskomitees und Milizen, die in der ersten Phase des Spanischen Bürgerkriegs in der Hauptsache die Verteidigung der Republik trugen. Schließlich gelang es der Regierung, eine republikanische Armee aufzubauen.

Mit Beginn des Bürgerkrieges wandten sich beide Parteien um Hilfe an das Ausland. Während das nationalsozialistische Deutschland und das faschistische Italien die Aufständischen mit Truppen (Deutschland mit der →Legion Condor) und schwerem Kriegsgerät von Anfang an unterstützten, suchten sich die mit der Republik sympathisierenden Staaten (mit Ausnahme der UdSSR) aus dem Konflikt herauszuhalten. Auf freiwilliger Basis bildeten sich aufseiten der Republik die Internationalen Brigaden.

Mit der Belagerung von Madrid (November 1936 bis Januar 1937) erreichte die erste Phase des Bürgerkriegs ihren Höhepunkt. Am 7. 11. 1936 begann der Angriff auf Madrid. Die Eroberung scheiterte jedoch am entschlossenen Widerstand der Belagerten und deren Unterstützung durch die Internationalen Brigaden.

Nach dieser Niederlage der Nationalisten suchten sie, das von ihnen kontrollierte Gebiet im Südosten und Norden Spaniens zu erweitern. Im Februar 1937 eroberten sie Málaga. In der Schlacht um Guadalajara (18. 3. 1937) erlitten jedoch italienische Freiwilligenverbände eine schwere Niederlage. Der Angriff auf das Baskenland im Norden stieß auf den entschlossenen Widerstand der Bevölkerung. Am 26. 4. 1937 zerstörten Flugzeuge der Legion Condor die Stadt Guernica und lösten damit weltweite Empörung aus. Am 18. 6. 1937 nahmen die Aufständischen Bilbao ein. Im August folgte die Einnahme von Santander, im Herbst 1937 die Eroberung Asturiens.

Spanischer Bürgerkrieg. Internationale Brigaden aufseiten der Republik, deutsche und italienische Kampfverbände aufseiten Francos: Der grausam geführte und von unversöhnlichen Hassgefühlen bestimmte Spanische Bürgerkrieg bewegte in den 1930er-Jahren Europa und ließ viele Spanier ins benachbarte Frankreich fliehen (Foto aus dem Jahr 1939).

Zwischen März und Dezember 1938 gelang es den Aufständischen, mit der Eroberung der Provinz Castellón bis zum Mittelmeer vorzustoßen und damit das Herrschaftsgebiet der Republik zu teilen. In der Schlacht am Ebro errangen die republikanischen Kräfte im Juli 1938 zwar noch einmal einen Sieg, mussten aber im November ihre Stellungen aufgeben und erlitten in der vierten Phase (Dezember 1938 bis März 1939) eine endgültige Niederlage. Zügig nahmen die Truppen Francos Katalonien ein, das als eine der Hauptstützen der Republik galt. Am 26. 1. 1939 fiel Barcelona. Am 10. 2 besetzten aufständische Truppen die Pyrenäengrenze, am 28. 3. 1939 Madrid. Am 1. 4. 1939 verkündete Franco das Ende des Bürgerkriegs. Dieser hatte etwa 600 000–800 000 Tote gefordert, etwa die Hälfte von ihnen waren Zivilisten. Franco ließ nach seinem Sieg noch Tausende Anhänger der republikanischen Seite ermorden.

INNENPOLITISCHE ASPEKTE: Gleichzeitig mit der Bewaffnung der Gewerkschaften bildeten sich neben den verfassungsmäßigen Gesetzgebungs- und Regierungsorganen Ausschüsse, die meist mit den Verteidigungskomitees identisch waren. Diese Ausschüsse, geführt entweder von der sozialistischen UGT oder der anarchistischen CNT, setzten v. a. mit der Abschaffung des Privateigentums an den Produktionsmitteln und der Enteignung des Großgrundbesitzes eine soziale Revolution in

Gang; die unterschiedliche Auffassung über ihre Durchführung führte zu Spannungen zwischen den politischen Gruppen und leistete damit der allmählichen Desintegration der Republik Vorschub, wie der anarchistische Aufstand in Barcelona am 4. 5. 1937 zeigt.

Staatstragende Partei war im Rahmen der Volksfront der Partido Socialista Obrero Español (PSOE), er stellte zwar die Ministerpräsidenten, war aber oft in Fragen der Kriegführung zerstritten. Im Zuge der Verteidigung von Madrid gewannen die Kommunisten erheblichen politischen Einfluss. Vor dem Hintergrund der politischen Säuberungen Stalins in der UdSSR (1934–39) initiierten die Kommunisten eine Verfolgungswelle gegen den Partido Obrero de Unificación Marxista (POUM). Anfang März 1939 ergriff im republikanischen Madrid eine Junta die Macht, die mit den Aufständischen verhandeln wollte.

Im Aufstandsgebiet waren nur die →Falange und die →Karlisten als politische Organisationen zugelassen. Die Aufständischen vertraten einen Traditionalismus, der sich an der überkommenen Gesellschaftsordnung sowie der staatstragenden Funktion von Militär und katholischer Kirche orientierte.

AUSSENPOLITISCHE ASPEKTE: Von Anfang an erregte der Spanische Bürgerkrieg in der internationalen Öffentlichkeit starke Anteilnahme. Während sich Frankreich und Großbritannien an das Prinzip der »Nichtintervention« hielten, unterstützten Deutschland und Italien von Anfang an die Aufständischen, die UdSSR nach einigem Zögern die republikanische Seite. Als Gründe für die deutschen Intervention gelten die Lösung Italiens vom britischen Einfluss, eine antikommunistische Grundeinstellung, die Chance zur Erprobung neuer Waffensysteme und ökonomische Interessen.

Das ursprüngliche Interesse Stalins an Spanien war nicht offensiv-strategischer Art, sondern stand in Zusammenhang mit der von ihm in den 1930er-Jahren verfolgten Politik der kollektiven Sicherheit. Im Oktober 1936 wechselte er den Kurs seiner Spanienpolitik zugunsten der Intervention, im November 1938 zugunsten eines politischen Rückzuges aus Spanien. Die USA verfolgten eine strenge Neutralitätslinie.

Spanischer Erbfolgekrieg, der 1701–1713/14 um das Erbe des letzten spanischen Habsburgers Karl II. geführte europäische Krieg.

VORGESCHICHTE: Aufgrund ihrer Ehen mit Schwestern Karls II. vermochten sowohl König Ludwig XIV. von Frankreich für das Haus Bourbon als auch Kaiser Leopold I. (bis 1705) für das Haus Habsburg Erbansprüche geltend machen. Bemühungen, die spanische Erbfolge einvernehmlich durch Erbverträge zu regeln, scheiterten. Um eine von den Großmächten vorgesehene Teilung des spanischen Besitzes zu verhindern, setzte Karl II. den bayerischen Kurprinzen Joseph Ferdinand zum Erben ein. Als dieser am 6. 2. 1699 im Alter von sieben Jahren starb, bestimmte Karl im Oktober 1700 Philipp von Anjou, den Enkel Ludwigs XIV., zum Alleinerben.

Nach dem Tod Karls II. (1. 11. 1700) ließ Ludwig XIV. Philipp als Philipp V. zum spanischen König ausrufen und bestätigte zugleich entgegen dem Testament Karls die Ansprüche Philipps auf den französischen Thron. Daraufhin wandten sich England, die Generalstaaten und für Österreich der Kaiser in der (Haager) Großen Allianz vom 7. 9. 1701 gegen das französische Übergewicht; ihr schlossen sich die wichtigsten Territorien des Heiligen Römischen Reiches (u. a. Brandenburg-Preußen) sowie Portugal (16. 5. 1703) an. Auf französischer Seite standen nur die wittelsbachischen Kurfürsten von Köln und Bayern sowie Savoyen (bis 1703). Die Kriegserklärung der Haager Allianz an Frankreich erfolgte am 5. 5. 1702; am 20. 9. 1702 wurde der Reichskrieg gegen Frankreich erklärt.

Zu den Kriegsschauplätzen gehörten v. a. Oberitalien, die Spanischen Niederlande, Süddeutschland und Spanien. Da Kastilien auf der Seite Philipps V., Katalonien auf der Erzherzog Karls stand, dessen Thronanspruch Österreich 1700 reklamiert hatte, und dieser am 5. 9. 1703 mit englischer und niederländischer Unterstützung vom Kaiser als Karl III. zum spanischen König proklamiert worden war, wurde der Spanische Erbfolgekrieg auch zu einem spanischen Bürgerkrieg.

VERLAUF: Zwischen März und September 1703 waren zunächst die französischen und bayerischen Truppen in Süddeutschland erfolgreich. Markgraf Ludwig Wilhelm I. von Baden-Baden und der Herzog von Marlborough besiegten die bayerischen Truppen unter Kurfürst Maximilian II. Emanuel am Schellenberg bei Donauwörth (2. 7. 1704), Prinz Eugen von Savoyen-Carignan und Marlborough siegten bei Höchstädt a. d. Donau (13. 8.), die englische Flotte eroberte Gibraltar und ermöglichte Erzherzog Karl die Landung in Barcelona. Marlborough eroberte durch den Sieg bei Ramillies nahe Tienen (23. 5. 1706) fast die ganzen Spanischen Niederlande, Prinz Eugen verdrängte mit dem Sieg bei Turin (7. 9. 1706) die Franzosen aus Oberitalien. Weitere französische Niederlagen (Oudenaarde 11. 7. 1708, Malplaquet, eine der blutigsten Schlachten in der frühen Neuzeit, am 11. 9. 1709) führten zu einem Friedenskongress, der trotz der Konzessionsbereitschaft Ludwigs XIV. an überzogenen Forderungen der Verbündeten scheiterte (Juli 1710).

Als Kaiser Joseph I. (1705–11) starb und sein Bruder Karl, der spanische Gegenkönig, als Karl VI. sein Nachfolger wurde, stellte

Großbritannien aus Furcht vor einer Vereinigung der spanischen und deutschen Länder Habsburgs den Kampf ein; die Große Allianz löste sich auf.

Nach langwierigen Verhandlungen wurde am 11. 4. 1713 der Frieden von Utrecht geschlossen, dem der Kaiser im Frieden von Rastatt (7. 3. 1714), das Heilige Römische Reich im Vertrag von Baden (Schweiz) am 7. 9. 1714 beitraten. Philipp V. wurde als spanischer König anerkannt. Österreich erhielt die Spanischen Niederlande, Mailand, Mantua, Neapel, Sardinien; Sizilien fiel an Savoyen, Großbritannien erhielt von Frankreich umfangreichen Kolonialbesitz in Nordamerika, von Spanien Gibraltar und Menorca und war damit eigentlicher Gewinner des Spanischen Erbfolgekriegs.

Sparta, griechische Stadt in der südöstlichen Peloponnes (heute Sparti); auch Bezeichnung für den von Sparta aus gegründeten Flächenstaat.

GESCHICHTE: Den spartanischen Staat gründeten die am Ende des 2. Jt. v. Chr. in die Eurotasebene einwandernden Dorer. Sparta unterwarf schon in der ersten Hälfte des 8. Jh. v. Chr. Südlakonien und brachte in den folgenden beiden Jahrhunderten auch Nordlakonien, Teile Südarkadiens und das Grenzgebiet zur Argolis in seine Abhängigkeit. Schon im 8. Jh. griff Sparta auch auf Messenien über (1. Messenischer Krieg) und eroberte es im 7. Jh. (2. Messenischer Krieg). Der Boden wurde in Landlose (»Kleroi«) aufgeteilt und an die Spartiaten vergeben, die die Schicht der Vollbürger bildeten. Die Bewohner Messeniens wurden ebenso wie die achaiische Bevölkerung Lakoniens zu Leibeigenen (»Heloten«) der Eroberer.

In den Grenzgebieten Lakoniens und später auch in Messenien entstanden außerdem von Sparta abhängige Städte (mit lokaler Selbstverwaltung) der Periöken, die als Bürger minderen Rechts auch zu den Lakedämoniern gehörten. An der Spitze des Staates standen zwei Könige aus den Geschlechtern der Agiaden und der Eurypontiden. Ihre Macht wurde allerdings immer mehr eingeschränkt. Mit 28 auf Lebenszeit gewählten adligen Geronten bildeten die Könige den Ältestenrat (»Gerusia«).

Vom 30. Lebensjahr an hatten alle Spartiaten Zutritt zur Volksversammlung (»Apella«). Die hohe Blüte der spartanischen Adelskultur bzw. jener von Literatur und Kunsthandwerk fand schon im 6. Jh. ihr Ende. Der Adel verlor seine Vorrechte zugunsten einer Gesellschaft der Gleichen (»Homoioi«), d. h. aller Spartiaten, die den Geld- und Naturalbeitrag zu den gemeinsamen Mahlzeiten leisten konnten. Der Zwang, sich gegenüber der zahlenmäßig weit größeren Schicht der Heloten zu behaupten, führte zu einer allgemeinen Militarisierung des Lebens, die schon in der Jugend begann (ab dem 7. Lebensjahr), sodass Sparta die »Verfassung eines Heerlagers« (Platon) erhielt. Durch die Gründung des Peloponnesischen Bundes konnte Sparta im 6. Jh. seine Macht weiter ausdehnen. Als allgemein anerkanntem Prostates (»Vorsteher«) der Griechen fiel ihm im Perserkrieg 480/479 die Führung zu.

Mit der Gründung des 1. Attischen Seebundes (477 v. Chr.) durch Athen begann der Dualismus zwischen diesem und Sparta. Den Sieg im Peloponnesischen Krieg konnte Sparta fast ausschließlich mit persischer Hilfe erringen. Der rücksichtslose Imperialismus, den Sparta seitdem betrieb, ging einher mit einer zunehmenden inneren Zersetzung seiner Staats- und Lebensordnung. Mit der Niederlage bei Leuktra (371 v. Chr.) und der Errichtung eines selbstständigen messenischen Staates (369) endete auch außenpolitisch Spartas große Zeit. Nach der Unterwerfung durch die Römer (146 v. Chr.) blieb Sparta formell ein Freistaat mit sehr beschränktem Gebiet innerhalb der späteren Provinz Achaea.

Im Mittelalter stand es als Lakedaimonia anfänglich unter byzantinischer Herrschaft und war Basis der Christianisierung und Gräzisierung der Slawen des Taygetos. Ab dem 13. Jh. trat es hinter Mistra zurück und verfiel.

Sparta.
Aus dem keltischen Prunkgrab von Vix in Burgund stammt das größte erhaltene Bronzegefäß des Altertums, ein Weinmischkrater für etwa 1,2 m³ Inhalt; vermutlich entstand es um 570/560 v. Chr. in Sparta (Châtillon-sur-Seine; Musée Archéologique). Um den Hals des Gefäßes läuft ein Fries von Hopliten und Kriegern im Streitwagen.

SPARTA. ***Heros Leonidas***

Der Widerstand des Spartanerkönigs Leonidas gegen das persische Landheer an den Thermopylen ist bis heute das Synonym für spartanische Disziplin. Drei Tage lang versuchten die Perser im Jahr 488 v. Chr., die Verteidigungslinie der Hellenen am Engpass zu durchzubrechen. Nur durch Verrat gelang es ihnen, in den Rücken der Griechen zu gelangen. In dieser ausweglosen Lage gab Leonidas dem Gros seines Heeres den Rückzugsbefehl, harrte aber selbst mitsamt rund 1000 Getreuen, ein Drittel davon aus Sparta, aus bis zum bitteren Ende. Nachdem die Perser alle Griechen niedergemacht hatten, ließ ihr König Xerxes den Kopf vom Leichnam des Königs abtrennen und den Körper ans Kreuz schlagen.

Spartakusbund. Bewaffnete Spartakistengruppen, hier in Berlin, spielten bei der Novemberrevolution 1918/19, die zum Sturz der Monarchie in Deutschland führte, während des »Spartakusaufstandes« eine maßgebliche Rolle.

1834 wurde Sparta nach einem regelmäßigen Plan in der Nähe der antiken Stadt neu gegründet.

Spartacus, Spartakus, Führer im 3. römischen Sklavenkrieg, † (gefallen) in Lukanien 71 v. Chr.; Thraker; entfloh 73 v. Chr. mit 70 Thrakern und Kelten aus einer Gladiatorenschule in Capua. Durch Zulauf von Sklaven und entrechteten Freien brachte er ein Heer von zeitweilig 40 000 Mann zusammen und kontrollierte einen Teil Süditaliens. Auf dem Vormarsch nach Oberitalien besiegte Spartacus mehrfach römische Truppen. Erst Marcus Licinius Crassus konnte Spartacus nach Süditalien zurückdrängen. In der Entscheidungsschlacht in Lukanien fand Spartacus mit dem größten Teil seiner Gefolgsleute den Tod; etwa 6 000 von ihnen wurden gefangen genommen und entlang der Via Appia hingerichtet.

Spätantike. Die Villa Romana del Casale bei Piazza Armerina in Sizilien (3./4. Jh. n. Chr.) ist eine der größten spätantiken Villenanlagen. Ihre berühmten Fußbodenmosaiken haben neben mythologischen Darstellungen auch Szenen des Alltags – wie hier die Gymnastikübungen junger Mädchen – zum Gegenstand.

Spartakusbund, um 1915/16 aus den radikalen Gegnern der Burgfriedenspolitik innerhalb der SPD entstandene Gruppe um Rosa Luxemburg, Karl Liebknecht und Franz Mehring, nach ihrem Organ zunächst »Gruppe Internationale«, ab 1916 nach den so genannten Spartakusbriefen »Spartakusgruppe« genannt. Der Bund schloss sich im April 1917 der USPD an, vertrat aber weiter eigene Vorstellungen einer radikalen sozialistischen Demokratie. In der Novemberrevolution am 11. 11. 1918 zum Spartakusbund formiert, forderten die radikalen Linken das Rätesystem und beteiligten sich maßgeblich an den Aufständen im Dezember 1918 und Januar 1919 (»Spartakusaufstand«). Nach dem Bruch mit der USPD (Dezember 1918) gründeten die Spartakisten am 30. 12. 1918/1. 1. 1919 die KPD.

Spätantike, von dem Kunsthistoriker Alois Riegl 1889 geprägter Epochenbegriff für die ausgehende → Antike. Die Spätantike beginnt nach der gängigsten unter den Historikern verbreiteten Auffassung mit dem Regierungsantritt Diokletians (284 n. Chr.) und reicht bis zum Tod Justinians (565); gelegentlich rechnet man ihr auch den Beginn der arabischen Invasion im 7. Jh. hinzu. In der Spätantike erreichte das Kaisertum des → Römischen Reichs seine letzte Ausprägung; eine geschlossene Gesellschaft mit einer komplizierten Rang- und Standesordnung entstand. Zugleich etablierte sich das Christentum als Staatsreligion. Im Westen drangen germanische Stämme ins Römische Reich ein.

SPD, Abk. für → Sozialdemokratische Partei Deutschlands.

Speer, Albert, deutscher Architekt und Politiker, * Mannheim 19. 3. 1905, † London 1. 9. 1981; war ab Januar 1931 Mitglied der Nationalsozialistischen Arbeiterpartei Deutschlands (NSDAP). Besonders ab 1933 erhielt Speer von Goebbels, Hitler und anderen NS-Parteiführern Aufträge für monumentale Repräsentationsbauten v. a. in Berlin, München und Nürnberg sowie für die Gestaltung von Massenkundgebungen. Am 30. 1. 1937 wurde er zum »Architekten des Führers« und zum »Generalbauinspektor für die Reichshauptstadt Berlin« ernannt; als Städteplaner »Germanias« betrieb er Massendeportationen von Juden aus Berlin. Nach dem Tod Fritz Todts' erhielt er 1942 außerdem die Benennung »Reichsminister für Bewaffnung und Munition«; zudem übernahm er das Amt des Generalinspektors für Straßenwesen und Festungsbau sowie für Wasser und Energie. Mit ständig erweiterten Vollmachten ausgestattet, bewirkte Speer, ab 2. 9. 1943 »Reichsminister für Rüstung und Kriegsproduktion«, durch Konzentration und Rationalisierung der Produktion sowie durch den Einsatz von Hunderttausenden von Zwangsarbeitern eine erhebliche Rüstungssteigerung, die Mitte 1944 ihren Höhepunkt erreichte.

Im Nürnberger Prozess bekannte sich Speer 1946 zu seiner Mitverantwortung und wurde zu 20 Jahren Haft verurteilt, die er in Spandau verbüßte. Nach seiner Entlassung inszenierte er sich mit Publikationen, in denen er über seine Aktivitäten für das NS-Regime reflektierte, unter Vernachlässigung seiner aktiven Beteiligung am Terror- und Vernichtungssystem als unpolitischer Technokrat.

Speranskij, Michail Graf (seit 1839), russischer Politiker, *Tscherkutino (Gebiet Wladimir) 12. 1. 1772, †Sankt Petersburg 23. 2. 1839; war 1803–07 Direktor eines Departments im Innenministerium. Als Staatssekretär (seit 1807) und engster Vertrauter Kaiser Alexanders I. schuf er 1809 den ersten auf strikter Gewaltentrennung basierenden Verfassungsentwurf und nahm 1810 eine Neuordnung des Reichsrats vor. 1812 wurde Speranskij durch Hofintrigen gestürzt. 1816 ernannte man ihn zum Gouverneur von Pensa; zwischen 1819 und 21 leitete er als Generalgouverneur von Sibirien eine umfassende Verwaltungsreform ein. Als Leiter (seit 1826) der II. (Kodifikations-)Abteilung der Eigenen Kanzlei des Kaisers führte er eine Kodifikation und Edition der russischen Reichsgesetze durch.

Spiegelaffäre, üblich gewordene Bezeichnung für einen schweren innenpolitischen Konflikt, besonders für eine zeitweilig tiefe Vertrauenskrise zwischen der Regierung Adenauer und der Öffentlichkeit.

Ausgelöst wurde die Affäre durch eine Aktion der Polizei und Staatsanwaltschaft gegen das Nachrichtenmagazin »Der Spiegel«: die Festnahme des Herausgebers Rudolf Augstein und mehrerer Redakteure (u. a. des stellvertretenden Chefredakteurs Conrad Ahlers) in Verbindung mit der Besetzung und Durchsuchung der Verlagsräume am 27. 10. 1962. Der Vorwurf lautete: publizistischer Landesverrat und Beamtenbestechung. Das Blatt hatte in seiner Ausgabe vom 10. 10. 1962 unter dem Titel »Bedingt abwehrbereit« einen Beitrag von Ahlers über die Herbstübung der NATO (»Fallex 62«) veröffentlicht, was eine rechtspolitische Diskussion über die gegenseitige Abwägung der Verfassungsgrundsätze der Staatssicherheit und der Meinungsfreiheit auslöste. Im Zuge dieser Krise mussten der damalige Bundesverteidigungsminister Franz Josef Strauß und zwei Staatssekretäre zurücktreten. Am 13. 5. 1965 lehnte der 3. Strafsenat des Bundesgerichtshofs die Eröffnung des Hauptverfahrens gegen Ahlers und Augstein ab. Die Verfassungsbeschwerde des Spiegel-Verlags wurde durch Beschluss des Bundesverfassungsgerichts vom 5. 8. 1966 zurückgewiesen; allein die Hauptanträge der Beschwerde, den Durchsuchungsbefehl und die Beschlagnahmebeschlüsse betreffend, wurden als zulässig erkannt.

Spiegelaffäre. Studenten demonstrieren im Oktober 1962 vor der Frankfurter Hauptwache mit einem Sitzstreik für die Pressefreiheit.

Spießrutenlaufen, seit Mitte des 16. Jh. überlieferte Militärstrafe für Fahnenflucht, Trunkenheit und das Betreiben verbotener Glücksspiele. Der zum Spießrutenlaufen Verurteilte musste durch eine von etwa 100 bis 300 Soldaten gebildete Gasse laufen, wobei er von diesen durch Vorhalten der Langspieße getötet wurde. Ende des 16. Jh. traten anstelle der Spieße Ruten, mit denen man dem Delinquenten Hiebe auf den entblößten Rücken verabreichte, oft ebenfalls mit tödlichem Ausgang. Das Spießrutenlaufen wurde endgültig in Preußen 1807, in Österreich in den 1850er-Jahren abgeschafft.

Splendid Isolation ['splendɪd aɪsə'leɪʃn; engl., eigentlich »glanzvolles Alleinsein«], Schlagwort für die britische Außenpolitik im 19. Jh., die Bündnisse vermied, um politische Handlungsfreiheit zu wahren.

SPÖ, Abk. für →Sozialdemokratische Partei Österreichs.

Sporenschlacht, Bezeichnung für eine Schlacht, bei der sich am 11. 7. 1302 der flandrische Städtebund bei Kortrijk (Courtrai), einer Stadt in der Provinz Westflandern (Belgien) durch den erstmaligen Sieg von Bewaffneten

SPIESSRUTENLAUFEN. ***Strafe oder Folter?***

Ulrich Bräker beschreibt in seiner 1789 erschienenen Autobiographie »Lebensgeschichte und natürliche Ebentheuer des Armen Mannes im Tockenburg« den unmenschlichen Drill beim preußischen Heer: *»Bald alle Woche hörten wir… neue ängstigende Geschichten von eingebrachten Deserteurs… Da mussten wir zusehen, wie man sie durch 200. Mann, achtmal die lange Gasse auf und ab Spißruthen laufen ließ, bis sie athemlos hinsanken - und des folgenden Tags aufs neue dran mußten; die Kleider ihnen vom zerhackten Rücken heruntergerissen, und wieder frisch drauflosgehauen wurde, bis Fetzen geronnenen Bluts ihnen über die Hosen hinabhingen.«*

zu Fuß über ein französisches Ritterheer die Unabhängigkeit sicherte. Der Name rührt von der Zurschaustellung von etwa 800 erbeuteten goldenen Sporen gefallener französischer Adeliger und Ritter als Siegestrophäen in der Onze-Lieve-Vrouwkerk bis 1382.

SS, Abk. für **Schutzstaffel,** Sonderformation der →Nationalsozialistischen Deutschen Arbeiterpartei (NSDAP) mit v. a. Sicherungs- und Überwachungsaufgaben.

1925 ging die SS aus der »Stabswache« zum persönlichen Schutz Hitlers hervor. Obwohl eigentlich dem Stabschef der SA (Sturmabteilung) unterstellt (ab 1926), entwickelte sich die SS mit der Ernennung von Heinrich Himmler zum »Reichsführer SS« (RFSS) 1929 zu einer Sonderformation mit eigener Zielsetzung. Nach der Beteiligung der SS an den Mordaktionen im Zusammenhang mit dem →Röhm-Putsch 1934 wurde die SS völlig von der SA gelöst und als selbstständige Gliederung innerhalb der NSDAP Hitler unmittelbar unterstellt.

Nach Himmlers Idee bildete die SS auf der Grundlage der biologischen Auslese einen »Orden« mit Führungsanspruch. Ihr Anspruch, als reinste Verkörperung der nationalsozialistischen Weltanschauung die entsprechende Elite zu bilden, machte die SS für die Verwirklichung sozialer Aufstiegswünsche attraktiv: 1929 hatte sie 280 Mitglieder, 1932 rund 52 000 und 1933 rund 209 000.

Die SS vertrat eine extreme Rassenideologie auf der Basis eines Germanenkultes mit scharfer antichristlicher Ausrichtung und verfocht den Gedanken der Rassenauslese bzw. Züchtung zur Festigung des Anspruchs der »germanischen Herrenrasse« (→Lebensborn). Orientiert an Himmlers Leitbild eines »politischen Soldatentums« verstand sich die SS als Instrument des »Führerwillens« und erstrebte eine permanente Ausdehnung ihrer Einflusssphären.

Bis Ende 1930 gelang es Himmler, die SS zu einer »Parteipolizei« der NSDAP zu machen. Ab 1933 bestand der Führungsapparat aus dem SS-Amt (ab 1935 SS-Hauptamt) für die allgemeine Führung und Verwaltung, ab 1934 u. a. zuständig für die Konzentrationslager (KZ), aus dem Amt des →Sicherheitsdienstes (SD), das, zunächst als parteiinternes Überwachungsorgan eingerichtet, zunehmend die politische Kontrolle des öffentlichen Lebens beanspruchte, und dem Rasse- und Siedlungsamt (ab 1935 Hauptamt), zuständig für die »rassemäßige Ausrichtung« und die »Planung und Förderung des Siedlungswesens« der SS, sowie der Adjutantur des RFSS (ab 1934 Persönlicher Stab RFSS, ab 1935/36 Hauptamt).

Als Unterorganisationen entstanden ab 1933 auch bewaffnete und militärisch ausgebildete Verbände: die aus den Sonderkommandos der »Politischen Bereitschaften« und der »Leibstandarte Adolf Hitler« gebildete SS-Verfügungstruppe und die aus den SS-Wachmannschaften der KZ hervorgegangenen SS-Totenkopfverbände. Mit der Erhebung des SD, der Verfügungstruppe und der Totenkopfverbände zu quasistaatlichen Funktionsträgern begann das Ausgreifen der SS über den Parteirahmen hinaus mit dem Ziel, ein umfassendes »Staatsschutzkorps« zu schaffen. Nach Eroberung und Durchdringung der Polizei der Länder (→Gestapo) wurden mit der Ernennung des RFSS zum »Chef der Deutschen Polizei« (1936) Partei- und Staatsamt verbunden; die staatliche Sicherheits- und Ordnungspolizei unterstand damit der SS.

Unter Beibehaltung ihrer staatlichen Verwaltungsorganisation wurde die Polizei aus der Staatsaufsicht herausgelöst und insbesondere durch den Zusammenschluss von Sicherheitspolizei und SD im Reichssicherheitshauptamt (RSHA) zu einem Instrument der Führergewalt umgeformt. Zur Verklammerung der verschiedenen Funktionen der SS für den Mobilmachungsfall wurden 1937 höhere SS- und Polizeiführer eingesetzt, die auf mittlerer Ebene Himmlers Kompetenzen spiegelten. Zur Ausweitung ihres Anspruchs suchte die SS Einfluss auf die Wissenschaft, die neuen Eliteschulen und auf die staatliche Bürokratie bis hin zum Auswärtigen Amt zu gewinnen.

Durch »Fördererkreise« stellte Himmler die Verbindung zur Wirtschaft her. Mit Kriegsbeginn entwickelte sich neben der Allgemeinen SS (1938: rund 215 000 Mitglieder) die →Waffen-SS, in der die SS-Verfügungstruppe und die SS-Totenkopfverbände aufgingen. Sie verkörperte den weitestgehenden Anspruch der SS auf Ausbau und Sicherung des Reiches nach außen. Ab 1939/40 wurden die drei ursprünglichen Hauptämter auf zwölf erweitert. Nach der Ernennung Himmlers zum »Reichskommissar für die Festigung deutschen Volkstums« (7. 10. 1939) war die SS mit entsprechendem Stabshauptamt und dem Hauptamt Volksdeutscher Mittelstelle (ab Juni 1941) maßgeblich an der Umsiedlung und »Germanisierung« in den eroberten Ostgebieten beteiligt.

Dem 1942 gebildeten Wirtschafts- und Verwaltungshauptamt (WVHA) unterstanden neben zahlreichen Wirtschaftsbetrieben der SS, die u. a. durch Kredite deutscher Banken und durch das Vermögen enteigneter Juden finanziert wurden, die Verwaltung der KZ und die wirtschaftliche Ausbeutung der Häftlinge. Während des Krieges wurde die SS zum Instrument der nationalsozialistischen Vernichtungspolitik. Seit dem Polenfeldzug und mit dem Angriff auf die Sowjetunion nahmen so genannte Einsatzgruppen von Sicherheitspolizei und SD Massenexekutionen vor. Schließlich führte das RSHA vom Spätherbst 1941 bis zum Oktober 1944 in den Vernichtungslagern in Polen den technisch-bürokratischen Massenmord v.a. an den europäischen Juden durch. Ihren Höhepunkt erreichte die Machtstellung der SS mit der Ernennung Himmlers zum Reichsinnenminister (25. 8. 1943) und zum Oberbefehlshaber des Ersatzheeres (21. 7. 1944; →Volkssturm).

Durch ihre personelle und organisatorische Verflechtung mit der Gestapo, die Verwaltung der KZ, durch die Massenexekutionen der Einsatzgruppen und die systematische Ermordung der Juden war die SS Hauptträgerin von Terror und Vernichtungspolitik im NS-Herrschaftssystem. Vom Internationalen Militärgerichtshof in Nürnberg 1946 wurde die SS mit allen Untergliederungen (außer Reiter-SS) zur verbrecherischen Organisation erklärt.

Staat, Sonderartikel S. 838/839.

Staatssicherheitsdienst, Abk. **SSD,** Bezeichnung für das **Ministerium für Staatssicherheit der DDR,** Abk. **MfS,** das umgangssprachlich meist unter dem Begriff »Stasi« (für »Staatssicherheit«) bekannt ist. Der Staatssicherheitsdienst war eines der wichtigsten Herrschaftsinstrumente der Sozialistischen Einheitspartei Deutschlands (SED) in der Deutschen Demokratischen Republik; er verband die Sicherung der Parteiherrschaft nach innen mit der Spionage nach außen. In ihm bündelten sich Aufgaben einer politischen Geheimpolizei, einer mit exekutiven Befugnissen ausgestatteten Untersuchungsbehörde für politische Strafsachen und eines geheimen Nachrichtendienstes. Der Staatssicherheitsdienst erwies sich als ein weit verzweigtes, personalstarkes Instrument zur umfassenden Beaufsichtigung der Bevölkerung und ihrer Ausrichtung auf die Ziele von Partei und Staat.

In der Sowjetischen Besatzungszone begannen die sowjetischen Sicherheitsorgane 1948 mit dem geheimen Aufbau einer politischen Polizei (K 5; Kommissariate 5 der Volkspolizei). Nach Gründung der Deutschen Demokratischen Republik (1949) wurde im Innenministerium die »Hauptverwaltung zum Schutz des Volkseigentums« gebildet, die am 8. 2. 1950 als MfS unter Wilhelm Zaisser organisatorisch verselbstständigt wurde. Unter der Leitung eines Staatssekretärs gab es nach dem Aufstand vom 17. 6. 1953 erneut im Innenministerium ein »Staatssekretariat für Staatssicherheit« (SfS); 1955–89 bestand unter Ernst Wollweber (1955–57) und Erich Mielke (1957–89) wieder das MfS. Von Beginn an war der Staatssicherheitsdienst am KGB orientiert; bis Mitte 1952 direkt von ihm geführt, waren danach sowjetische »Berater« für die enge Zusammenarbeit verantwortlich. Während der Amtszeit von Erich Honecker (1971–89) erfolgte ein deutlicher Ausbau des Staatssicherheitsdienstes: so gab es 1989 etwa 91 000 hauptamtliche und etwa 171 000 inoffizielle Mitarbeiter in der DDR und vermutlich über 20 000 inoffizielle Mitarbeiter in der Bundesrepublik Deutschland.

Staatssicherheitsdienst. Nahezu unüberschaubar ist der vom Staatssicherheitsdienst in den rund 40 Jahren seines Bestehens zusammengetragene Aktenbestand, den die Mitarbeiter der Gauck-Behörde sichten, bearbeiten und seit dem 1. 1. 1992 auf Antrag zur personenbezogenen Einsichtnahme bereitstellen.

Im Zuge des Umsturzes von 1989 zunächst in »Amt für Nationale Sicherheit« umbenannt, wurde der Staatssicherheitsdienst bis Mitte 1990 unter Kontrolle von Bürgerkomitees und eines Sonderausschusses der Volkskammer aufgelöst. Am 3. 10. 1990 übernahmen der Bundesbeauftragte für die Unterlagen des Staatssicherheitsdienstes der DDR (1990 bis 2000: Joachim Gauck, ab 2000: Marianne Birthler) und seine Behörde die Verantwortung für die Aufbewahrung und Sicherung der hinterlassenen Unterlagen und Dateien.

Stadt, Sonderartikel S. 840/841.

Stahlhelm, eigentlich **Stahlhelm, Bund der Frontsoldaten,** Wehrverband, im Dezember 1918 von Franz Seldte gegründet als Vereinigung von Soldaten des Ersten Weltkriegs. Neben der →SA war der Stahlhelm die größte paramilitärische Organisation während der Weimarer Republik. Nominell überparteilich, war der Stahlhelm, dem ab 1924 auch Nichtkriegsteilnehmer angehörten, deutschnational ausgerichtet; er neigte zunehmend der antidemokratischen Rechten zu und beteiligte sich ab 1931 an der Harzburger Front. Bei der Reichstagswahl im März 1933 errangen der Stahlhelm und die mit ihm in der »Kampffront Schwarz-Weiß-Rot« verbündete Deutschnationale Volkspartei 8% der Stimmen. Im Juli 1933 wurden die bis 35 Jahre alten Mitglieder des Stahlhelms als »Wehrstahlhelm« in die SA

Fortsetzung S. 842

1

STAAT

1) In Antike und Mittelalter war der Staat ein Personenverband und umfasste manchmal nur die Bewohner einer einzigen Stadt, etwa Athens (Parthenon auf der Akropolis). Erst nach der Ablösung feudalrechtlicher Herrschaftsverhältnisse entstanden im 16. Jh. räumlich gegeneinander abgegrenzte Herrschaftsbereiche, die Souveränität nach innen und außen beanspruchten und über feste Ämter und Bürokratien verfügten.

»Der Staat bin ich«, soll der französische König Ludwig XIV., den man auch den »Sonnenkönig« nannte, behauptet haben. Als Monarch glaubte er, die Verkörperung des Staates darzustellen, und wurde damit zum Inbegriff des absoluten Herrschers. Diese extreme Auffassung steht in einem krassen Widerspruch zu den Kategorien des modernen Staats- und Völkerrechts. Ein Staat kann, wie natürlich auch bereits Ludwig XIV. wusste, nicht aus einer einzigen Person bestehen.

Drei Säulen machen nach heutigen Vorstellungen einen Staat aus: die Staatsgewalt, das Staatsvolk und das Staatsgebiet. Je nach der Art der Verfassung liegt die Staatsgewalt bei einem Einzelnen (Monarchie), bei einer Gruppe (Aristokratie) oder beim ganzen Volk (Demokratie). Das Staatsvolk besteht aus allen dieser Staatsgewalt unterworfenen Menschen (mit Ausnahme der Ausländer, soweit sie nicht im Besitz der Staatsbürgerschaft des Landes sind, in dem sie leben). Das Staatsgebiet ist das meist durch Grenzen markierte Territorium, innerhalb dessen nur die eigene Staatsgewalt Hoheitsbefugnisse ausüben darf.

Antike und Mittelalter

Mit diesen drei Säulen sind die Wesensmerkmale des Staates gekennzeichnet, wie er sich historisch in Europa allerdings erst in der Neuzeit herausgebildet hat. Auch in der Antike und im Mittelalter hat es zwar bereits staatsähnliche Gebilde gegeben; ihnen fehlten aber wesentliche Elemente des modernen Staates. So spielte v.a. das Staatsgebiet im politischen Denken der Griechen nur eine untergeordnete Rolle. Für sie war der »Staat« in erster Linie ein Personalverband, entsprechend der grundlegenden Erkenntnis des Philosophen Aristoteles, wonach der Mensch ein »zoon politikon«, ein von Natur aus zur Gemeinschaft strebendes Lebewesen, sei.

Das antike Griechenland bestand aus einer Vielzahl kleiner, selbstständiger Stadtstaaten (»poleis«) mit einer jeweils eigenen Regierung und Gesetzgebung. Am politischen Geschäft durften sich allerdings nur die vollberechtigten Bürger – in der Regel die wehrfähigen Männer – beteiligen. Frauen, Fremde und Sklaven hatten selbst in der damals fortschrittlichen Demokratie der Athener keine Möglichkeit, politisch aktiv zu werden. Gemäß dem personalen Prinzip nannten die Griechen ihre Gemeinwesen nicht nach dem Territorium, das sie bewohnten, sondern nach dem Staatsvolk (z. B. »Athener«, »Korinther«). Unbekannt war den antiken Griechen die heute häufig beklagte »Staatsverdrossenheit«: Da der Staat als die Summe seiner Bürger verstanden wurde, konnte er von den Menschen auch nicht als eine unpersönliche, bürokratische Institution empfunden werden.

Dem griechischen Begriff der Polis entsprach bei den Römern die Bezeichnung des Staates als »res publica«, was eigentlich nur »die öffentliche Sache« bedeutet. Daraus entwickelte sich der neuzeitliche Begriff der »Republik«, heute als Gegensatz zur Monarchie gebraucht, bei den Römern jedoch als Abgrenzung zur »res privata«, dem Privatleben, verwendet. Als die Römer ihr Weltreich erobert hatten, gin-

2

3

gen sie äußerst großzügig mit der Verleihung des Bürgerrechts an die unterworfenen Völker um. Für sie gab es keine römische Nation, sondern nur eine Rechtsgemeinschaft von Bürgern.

Die mittelalterliche Staatenwelt ging aus den Bedingungen der Völkerwanderung hervor. Einzelne Stämme wurden auf dem Gebiet des ehemaligen Römischen Reiches sesshaft, die Heerkönige der Wanderungszeit übernahmen die Herrschaft und bildeten zusammen mit dem starken Adel die führenden Schichten in den neu entstandenen Herrschaftsgebieten. Das Mittelalter war geprägt von einer zunehmenden Konkurrenz zwischen Staat und Kirche. Bestimmend wurde hier die Auffassung des Kirchenvaters Augustinus vom »Gottesstaat«, der an die Stelle des sündhaften weltlichen Staates treten müsse. Seitdem beanspruchten die kirchlichen Autoritäten das Recht der Mitsprache in den weltlichen Angelegenheiten, was zu heftigen Kontroversen zwischen König und Papst führte.

Von der Aufklärung bis heute

Der Einfluss der Kirche auf den Staat begann erst im Zeitalter der Aufklärung zu schwinden, das auch das Ende des absolutistischen Staates bewirkte. Federführend waren hier die Ideen von Jean-Jacques Rousseau, der den Gedanken der Volkssouveränität sowie der Freiheit des Individuums und dessen freiwillige Unterordnung unter die Staatsgewalt propagierte. Durch die Französische Revolution von 1789 fanden diese Forderungen Eingang in die praktische Politik und bestimmten das Profil der sich nun herausbildenden Nationalstaaten. Sicherheit und Schutz der Bürger sowie wirtschaftliches Wohlergehen wurden jetzt als neue Zweckbestimmungen des Staates formuliert.

Staaten müssen keine Gebilde für die Ewigkeit sein. So können Staaten untergehen, indem sie von fremden Mächten annektiert und in deren Herrschaftsbereich integriert werden. Dies geschah etwa mit jenen Reichen, die von den Römern erobert wurden. Aufgelöst werden kann ein Staat aber auch dadurch, dass er sich in mehrere selbstständige Staaten spaltet. In der jüngsten Vergangenheit geschah dies beim Zerfall der Sowjetunion in die »Gemeinschaft Unabhängiger Staaten« (GUS). Eine spezielle Variante der Staatsauflösung war 1990 der freiwillige Beitritt der Deutschen Demokratischen Republik zur Bundesrepublik Deutschland.

Immer wieder haben sich in der Geschichte Staaten zu Bundesstaaten oder zu Staatenbünden zusammengeschlossen. Bei einem Bundesstaat handelt es sich um eine dauerhafte staatsrechtliche Vereinigung von bisher souveränen Staaten. In Deutschland setzte die 1949 entstandene Bundesrepublik die mit dem Deutschen Reich (seit 1871) und der Weimarer Republik (seit 1919) begründete Tradition der Bundesstaatlichkeit fort. Bei einem Staatenbund (wie dem Deutschen Bund von 1815) entsteht kein neuer Staat, die Mitglieder verfügen weiterhin über die Souveränität. Doch büßen in einem Staatenbund, wie die modernen Beispiele Vereinte Nationen und Europäische Union zeigen, die Angehörigen in der Realität viele ihrer politischen, militärischen und wirtschaftlichen Kompetenzen ein.

2) Thomas Hobbes sah die Willkür der einzelnen Untertanen durch die rechtsetzende Gewalt des absolutistischen Staates überwunden und so den inneren Frieden gesichert (Titelblatt der Originalausgabe des »Leviathan«, 1651).

3) Im Zuge der Revolutionen des 18. und 19. Jh. bildete sich die bürgerliche Gesellschaft als politisch handlungsfähig und eigenständig heraus und entwickelte neue Staatssymbole, etwa die Trikolore (»Die Freiheit führt das Volk«, Gemälde von Eugène Delacroix, 1830; Paris, Louvre; Ausschnitt).

1

STADT

1) Die Individualität der mittelalterlichen Stadt – hier San Gimignano – fand ihren Ausdruck im räumlichen Aufbau (mit der durch Kirchen, Rathaus, Bürgerhäuser und Mauerring bestimmten Silhouette und deutlicher Betonung der »Stadtkrone«), in zentralen Markt- und Platzanlagen sowie in der von innen nach außen abnehmenden Höhe und Dichte der Bebauung.

»Stadtluft macht frei« – so lautete im Mittelalter eine allgemein bekannte Devise. Heutige Stadtbewohner, lärm- und abgasgeplagt, werden sich dieser Aussage wohl kaum anschließen wollen. Doch die mittelalterlichen Menschen meinten damit auch gar nicht eine besondere Qualität der Atemluft. Ganz im Gegenteil: In den Städten des Mittelalters waren die hygienischen Verhältnisse alles andere als optimal, waren Seuchen und Epidemien an der Tagesordnung. »Stadtluft macht frei« bezog sich vielmehr auf eine bestimmte Rechtspraxis in den mittelalterlichen Städten Deutschlands: Unfreie Personen, die ein Jahr lang in der Stadt gewohnt hatten, ohne dass sie von ihren Herren zurückgefordert wurden, erhielten die Freiheit.

Wegen dieser attraktiven Aussicht zogen viele Unfreie in die Städte. Dennoch lebten in dieser Zeit die meisten Menschen auf dem Land. Um 1200 vollzog sich, v. a. als Folge des Aufblühens von Wirtschaft und Handel, ein rasanter Aufschwung des Städtewesens. Manche Städte, z. B. Köln und Trier oder die Städte Italiens, waren bereits seit der Antike besiedelt, andere, wie Lübeck oder Stralsund, wurden an ökonomisch günstigen Plätzen völlig neu gegründet. Die alten Städte boten im Hinblick auf Wohnarchitektur und Verkehr wenig Komfort, da sie sich an den vorgefundenen engräumigen Verhältnissen zu orientieren hatten. Dagegen war es bei den Neugründungen möglich, die Stadtanlage großzügiger zu gestalten, mit einem Marktzentrum und breiten Straßen. Um 1500 gab es bereits, nach damaligen Kategorien, Großstädte wie Paris, London oder Venedig, die mehr als 50 000 Einwohner hatten. Andere verfügten zwar über das Stadtrecht, waren aber, mit einer Einwohnerzahl von knapp 1000 Menschen, nach heutigen Maßstäben eher Dörfer.

Begriffsbestimmung

Dass solche kleinen Siedlungen das Stadtrecht hatten und auch in ihrer Zeit als Städte bezeichnet wurden (das Wort »stat«, d. h. »Stelle« bzw. »Wohnstätte«, taucht erstmals in hochmittelalterlichen Quellen auf), genügt vielen Historikern nicht. So unterscheidet man heute zwischen einem rechtlich-politischen und einem siedlungsgeographischen Stadtbegriff.

So handhabten dies im Übrigen schon die antiken Griechen. Im 2. Jh. n. Chr. kam der griechische Reiseschriftsteller Pausanias in einen kleinen Ort in der Landschaft Phokis. Er wunderte sich, dort weder Amtsgebäude, Gymnasium, Theater oder Markt anzutreffen, nicht einmal eine ordentliche Wasserleitung, stattdessen nur armselige Behausungen. Aber der Ort durfte sich »Stadt« (»polis«) nennen, weil man Grenzen zu den Nachbarn hatte und weil man Vertreter in die Versammlung von Phokis schickte. Hier stimmten also nur die politischen, nicht aber die architektonischen und urbanen Voraussetzungen.

Um einen Ort als Stadt bezeichnen zu können, verlangen die Forscher heute Geschlos-

2

3

senheit der Siedlung, eine Bevölkerungszahl von mindestens 1000 Einwohnern, arbeitsteilige Strukturen und soziale Differenzierung, urbanen Lebensstil und schließlich eine Funktion der Siedlung als Zentralort für das Umland.

Stadtplanung

Der von Pausanias beschriebene Ort stellte durchaus den Normalfall von »Stadt« in der Antike dar. Nur wenige Siedlungen in Griechenland und im Römischen Reich erreichten die magische Zahl von 1000 Einwohnern. Innerhalb der Stadtmauern gab es ein paar Wohnhäuser, dazu viel agrarisch genutzte Fläche: Der Städter der Antike war im Allgemeinen auch Bauer. Eine mittlere Kategorie bildeten Städte wie Athen, das in seiner besten Zeit, im 5. Jh. v. Chr., nicht nur eine große Anzahl von beeindruckenden Tempeln und öffentlichen Gebäuden aufwies, sondern auch Stadtteile, in denen Händler und Gewerbetreibende arbeiteten.

An der Spitze standen Städte wie Rom, Karthago und Konstantinopel, deren Einwohnerzahl in die Hunderttausende ging. In Rom wurden die Verhältnisse so chaotisch, dass sich Caesar 45 v. Chr. gezwungen sah, ein Fahrverbot für Wagen zu verhängen: Damit schuf er die erste städtische Fußgängerzone Europas! Zu einer Millionenstadt entwickelte sich das ägyptische Alexandria, eine Gründung Alexanders des Großen (331 v. Chr.). Sie wurde nach dem in der Antike sehr beliebten rechtwinkligen Stadtplan angelegt. Um zwei Hauptachsen gruppierten sich, einem Schachbrettmuster gleich, die Nebenstraßen, zwischen denen die Häuserzeilen lagen. Im Schnittpunkt der beiden Hauptstraßen befanden sich die öffentlichen Gebäude.

Die regelmäßige Stadtanlage wurde in der frühen Neuzeit auch typisch für die Residenzen von Königen und Fürsten. Wie die Beispiele Mannheim und Karlsruhe zeigen, waren die Straßenzüge von Städten, die man im Zeitalter des Absolutismus neu errichtete, ganz auf das Schloss zentriert. Lag hier hauptsächlich das Streben nach Repräsentation zugrunde, so dienten später andere großzügige, gleichmäßige Anlagen dem Sicherheitsbedürfnis der Herrschenden. Das bekannteste Beispiel ist Paris, wo im 19. Jh. Georges Eugène Haussmann im Auftrag Napoelons III. jenes noch das heutige Stadtbild der französischen Hauptstadt prägende System von Avenuen, Boulevards und Straßen (mit einer Gesamtlänge von über 100 Kilometern) konstruierte. Die Übersichtlichkeit hatte hier den Zweck, bei etwaigen Volksunruhen dem Militär dazu zu verhelfen, die Kontrolle über Aufständische zu behalten.

Vor ganz neue Herausforderungen wurden die Stadtplaner durch die industrielle Revolution im 19. Jh. gestellt. Die Explosion der Einwohnerzahlen schuf erhöhten Bedarf an Wohnraum, es entstanden Arbeitersiedlungen. Im 20. Jh. ging man dazu über, die Wohnsiedlungen an der Peripherie und, nach amerikanischem Vorbild, in Vororten anzulegen.

2) Industrialisierung, Bevölkerungswachstum und Revolutionierung der Verkehrsverhältnisse machten im 19. Jh. den Umbau der Großstädte Europas notwendig (Stadtansicht Wiens nach Anlage der Ringstraße, 1873; Wien, Historisches Museum).

3) Platzmangel, drastisch steigende Grundstückspreise und bautechnische Neuerungen führten im 20. Jh. in den Metropolen der Welt zum Bau von Hochhäusern (Empire State Building in New York, 1931 fertig gestellt).

Fortsetzung von S. 837
eingegliedert, der übrige Stahlhelm wurde 1934 in »Nationalsozialistischer Deutscher Frontkämpferbund« umbenannt und 1935 aufgelöst.

Stahlpakt, italienisch **Patto d'acciaio** [-at'tʃaio], propagandistische Bezeichnung für den am 22. 5. 1939 in Berlin unterzeichneten Freundschafts- und Bündnisvertrag zwischen dem nationalsozialistischen Deutschland und dem faschistischen Italien. Im Stahlpakt sicherten sich beide Mächte bei kriegerischen Verwicklungen gegenseitig vollen militärischen Beistand sowie Zusammenarbeit auf militärischem und kriegswirtschaftlichem Gebiet zu. Der Stahlpakt, der die ab 1936 bestehende »Achse Berlin–Rom« bekräftigte, ging in seiner Zielsetzung weit über ein Defensivbündnis hinaus und richtete sich besonders gegen die westlichen Demokratien. Trotz konkurrierender Interessen war der Stahlpakt für Benito Mussolini ein Mittel, gegen den Widerstand v.a. Großbritanniens die Machtstellung Italiens im Mittelmeerraum zu stärken und einer Annäherung zwischen Großbritannien und Deutschland entgegenzuwirken. Hitler diente der Stahlpakt nach dem Scheitern seiner Bemühungen um ein Bündnis mit Großbritannien als Druckmittel gegenüber den Westmächten.

Stalhof [niederdeutsch stal »(zum Verkauf ausgelegtes) Muster«], fälschlich Stahlhof, seit dem 15. Jh. die Niederlassung (Kontor) der hansischen Kaufleute in England (in London in der Thames Street gelegen). Mit dem Verlust der hansischen Privilegien ging die Bedeutung des Stalhofs verloren. Nach Schließung (1598) und Wiedereröffnung als Handelsplatz wurde er 1853 von den Städten Lübeck, Bremen und Hamburg verkauft.

STALIN
***1879 †1953**

- wurde 1922 Generalsekretär der Kommunistischen Partei Russlands (Bolschewiki)
- errichtete in der Sowjetunion eine diktatorische Herrschaft mit Personenkult
- schaltete in der Großen Tschistka alle inneren Gegner aus
- verfolgte während des Zweiten Weltkriegs eine expansive Außenpolitik
- installierte nach 1945 sozialistische Regime in Ostmittel- und Südosteuropa

Stalin [der »Stählerne«], eigentlich Jossif Dschugaschwili, sowjetischer Revolutionär und Politiker georgischer Herkunft, *Gori 21. 12. 1879 (nach neueren Erkenntnissen 18. 12. 1878), †Kunzewo (heute zu Moskau) 5. 3. 1953.

OKTOBERREVOLUTION: Stalin, der Sohn eines Schuhmachers, trat 1894 in das orthodoxe Priesterseminar in Tiflis ein. Er befasste sich in dieser Zeit u.a. mit den Schriften von Karl Marx und schloss sich 1898 der Sozialdemokratischen Arbeiterpartei Russlands an. Wegen seiner Organisation von Demonstrationen und Streiks unter dem Decknamen »Koba« schloss ihn 1899 das Priesterseminar aus. Nach Spaltung der russischen Sozialdemokratie (1903) folgte Stalin der Linie der Bolschewiki. 1903 nach Sibirien verbannt, entwickelte er nach seiner Flucht (Januar 1904) im Kaukasus neue revolutionäre Aktivitäten. 1905 lernte er Lenin kennen. In der folgenden Zeit wurde er mehrfach verhaftet und nach Sibirien in die Verbannung geschickt (zuletzt 1914–16).

Von Lenin als Organisator geschätzt, wurde Stalin 1912 in das Zentralkomitee (ZK) der Bolschewiki aufgenommen und arbeitete maßgeblich an der Parteizeitung »Prawda« mit. In seiner Schrift »Nationalitätenfrage und Sozialdemokratie« (1913) postulierte er die Lösung der Nationalitätenfrage im Gebiet des Russischen Reiches auf der Grundlage des revolutionären Konzepts der Bolschewiki. Im März 1917 wurde Stalin in der Petrograder Parteiorganisation der Bolschewiki aktiv. Mit Lew Kamenew und Grigorij Sinowjew nahm er gegenüber der provisorischen Regierung unter Aleksandr Kerenskij zunächst eine abwartende Haltung ein, schloss sich aber nach der Ankunft Lenins in Petrograd dessen radikaler Bekämpfung der provisorischen Regierung an.

Nach dem Sieg der Bolschewiki in der Oktoberrevolution gehörte er als Volkskommissar für Nationalitätenfragen (1917–23), später auch als Volkskommissar für die Arbeiter- und Bauerninspektion (1919–22) der Regierung unter Lenin an. Mit der Umbenennung der Partei in Kommunistische Partei Russlands (Bolschewiki), Abkürzung KPR(B), und ihrer Neuorganisation (1919) trat er den Polit- und Organisationsbüros bei. Im Bürgerkrieg war Stalin politischer Kommissar der Roten Armee. In dieser Funktion war er 1918 mit Kliment Woroschilow an der erfolgreichen Verteidigung von Zarizyn (1925–61 Stalingrad bzw. Wolgograd) beteiligt. Als Einziger im Führungskreis der KPR(B) sowohl Mitglied des Polit- als auch des Organisationsbüros, war er an allen Entscheidungen der Partei wesentlich beteiligt.

Als Volkskommissar für Arbeiter- und Bauerninspektion bestimmte er auch maßgeblich die personelle Zusammensetzung des Staatsapparates. Stalin baute das neu geschaffene Amt des Generalsekretärs, das er seit 1922 innehatte, zu einer Schlüsselstellung im Parteiapparat und zu einem persönlichen Kampfinstrument aus. Entgegen Lenins Empfehlung, Stalin als Generalsekretär der Partei abzulösen, konnte sich dieser nach Lenins Tod (Januar 1924) behaupten.

DIKTATUR: Zwischen 1924 und 1929 gelang es Stalin, seine Konkurrenten um die Nachfolge in der Partei- und Staatsführung nacheinander auszuschalten, zunächst Leo Trotzkij, dann Sinowjew und Kamenew, zuletzt Nikolaj Bucharin und Alexej Rykow, und die mit diesen Personen verbundenen Strömungen in der Partei, ab 1925 KPdSU (B), zugunsten seiner eigenen Machtstellung zu unterdrücken. Seit etwa 1928/29 war er der unangefochtene Führer (»Woschd«) von Partei und Staat. Nach der Ermordung des Parteisekretärs von Leningrad, Sergej Kirow, im Dezember 1934 löste Stalin eine blutige Säuberung aus, die Große →Tschistka (→Schauprozesse).

Unter der ideologischen Prämisse des »Aufbaus des Sozialismus in einem Lande« leitete Stalin im Zuge einer »Revolution von oben« einen tief greifenden Wandel in der Sowjetunion ein. Er forcierte mit schärfster Gewalt die Zwangskollektivierung der Landwirtschaft (1928–37) und die Industrialisierung.

Unter dem Eindruck des Scheiterns revolutionärer Bestrebungen z.B. in Deutschland und China betrieb Stalin eine Außenpolitik, die v.a. die Sicherung der revolutionären Entwicklung in der Sowjetunion zum Ziel hatte. Gestützt auch auf die allmählich ganz von der Sowjetunion beherrschte Kommunistische Internationale (→Komintern), ging er um 1930 zu einer defensiven Gleichgewichtspolitik über. Angesichts des Münchener Abkommens (1938) sah sich Stalin jedoch in seiner Ansicht bestätigt, dass die »imperialistischen« Mächte die aggressive Politik der »faschistischen« Staaten auf die Sowjetunion ablenken wollten. Unter dem Primat der Sicherheit verhandelte Stalin 1939 sowohl mit den Westmächten als auch mit dem nationalsozialistischen Deutschland. In diesem Sinne schloss er den →Hitler-Stalin-Pakt (1939) und das Neutralitätsabkommen mit Japan (1941). Mit dem geheimen Zusatzprotokoll zum Hitler-Stalin-Pakt zeigten sich auch die expansiven Tendenzen seiner Außenpolitik. Nach dem deutschen Angriff auf die UdSSR (Juni 1941) übernahm er – er hatte bereits den Vorsitz des Rates der Volkskommissare inne – die Führung des Staatskomitees für Verteidigung (bis 1945), wenig später auch das Volkskommissariat (seit 1945 Ministerium) für Verteidigung (bis 1947).

Im Bündnis und mithilfe der westlichen Gegner Deutschlands (v.a. USA und Großbritannien) konnte er während des Zweiten Weltkriegs im Rahmen der »Anti-Hitler-Koalition« den deutschen Angriff abwehren und erhielt 1945 den Titel eines »Generalissimus«. Auf den Konferenzen von Teheran (1943), Jalta und Potsdam (beide 1945) erweiterte er durch zielbewusste Verhandlungsstrategien die sowjetische Macht- und Einflusssphäre in Europa und Asien. Die von ihm mithilfe der Roten Armee in den Ländern Ostmittel- und Südosteuropas erzwungene Herrschaft kommunistischer Kaderparteien und die Überzeugung einer prinzipiellen Gegensätzlichkeit von Kapitalismus und Sozialismus trugen wesentlich zur Entstehung des →Kalten Krieges bei.

Innenpolitisch setzte Stalin nach 1945 seine Politik verschärfter Repressionen fort. Bestimmt von wachsendem Misstrauen und Ehrgeiz, opferte Stalin Millionen von Menschen seinen Zielen. Mit seinem Herrschaftssystem, dem Stalinismus, prägte er die UdSSR sehr stark. Im Zuge der →Entstalinisierung verstärkte Nikita Chruschtschow 1956 den nach Stalins Tod eingeleiteten Versuch, die von Stalin praktizierte Alleinherrschaft wieder zugunsten einer kollektiven Führung abzubauen. 1961 wurde die Leiche Stalins aus dem Mausoleum am Roten Platz in Moskau entfernt und dort an der Kremlmauer beigesetzt.

Stalingrad, 1925–61 Name der russischen Stadt Wolgograd. Die Schlacht um Stalingrad Ende August 1942 bis Anfang Februar 1943 war eine der bedeutendsten Schlachten des Zweiten Weltkriegs; sie entwickelte sich aus der Absicht Hitlers, den deutschen Vorstoß ins Kaukasusgebiet im Sommer 1942 durch Besetzung der Landbrücke zwischen Don und Wolga bei Stalingrad abzusichern und Stalingrad selbst als Rüstungs- und Verkehrszentrum auszuschalten, sowie aus der Entschlossenheit Stalins, keine weiteren Gebietsverluste hinzunehmen. Je länger die Schlacht dauerte, desto mehr wurde sie für Hitler und Stalin zu einer Prestigefrage.

Stalingrad. Nach der Kapitulation der sechsten Armee in Stalingrad Ende Januar/Anfang Februar 1943 befanden sich Tausende von deutschen Gefangenen auf dem Marsch in russische Kriegsgefangenenlager. Nur etwa 6000 von ihnen kehrten nach Kriegsende zurück.

Nachdem am 23.8.1942 erste Teile der von General Friedrich Paulus geführten 6. Armee in den Nordteil von Stalingrad eingedrungen waren, konnten die deutschen Truppen bis Mitte November fast neun Zehntel der Stadt erobern; ein kleiner Teil an der Wolga wurde weiterhin von der 62. sowjetischen Armee unter General Wassilij Tschujkow gehalten.

Am 19./20. 11. 1942 begann nordwestlich bzw. südlich von Stalingrad eine sowjetische Großoffensive, in deren Verlauf die 6. Armee am 22. 11. eingeschlossen wurde. Hitler befahl der Armee, sich »einzuigeln« und Entsatz von außen abzuwarten; nachdem der Vorstoß der deutschen 4. Panzerarmee (12.-23. 12.) gescheitert war, begann am 10. 1. 1943 die sowjetische Offensive zur Zerschlagung des Kessels; am 25. 1. wurde er in zwei Teile gespalten. Am 31. 1.

kapitulierte der Großteil der Truppen im Südkessel, nachdem sich Paulus mit seinem Stab ergeben hatte, zwei Tage später General Karl Strecker im Nordkessel. Meist wird davon ausgegangen, dass sich zu Anfang mindestens 250 000 Mann im Kessel befanden. Bis Ende Januar 1943 konnten knapp 34 000 Verwundete und Spezialisten ausgeflogen werden. Nach sowjetischen Angaben gerieten insgesamt rund 110 000 Soldaten in Gefangenschaft (davon 91 000 am 31. 1./2. 2.) und rund 140 000 tote Gegner (Deutsche und deren Verbündete sowie russische Hilfswillige) fand man auf dem Schlachtfeld. Da die Zahl der auf deutscher Seite gefallenen Soldaten nach realistischen Schätzungen etwa 60 000 beträgt, dürfte die Gefangenenzahl erheblich höher gewesen sein. Über die sowjetischen Verluste gibt es keine Angaben. Von den deutschen Kriegsgefangenen kehrten nur etwa 6000 zurück.

Stanislaus I. Leszczyński

Stanislaus I. Leszczyński [lɛʃˈtʃĩ̃ski], König von Polen (1704/06–09 und 1733–36), *Lemberg 20. 10. 1677, †Lunéville 23. 2. 1766; Wojewode von Posen. Stanislaus wurde 1704 unter schwedischer Protektion von einer Minderheit zum König gewählt (Kronverzicht Augusts II., des Starken, erst im Frieden von Altranstädt 1706), musste aber nach der Niederlage Karls XII. bei Poltawa (1709) Polen verlassen und ging ins Exil nach Zweibrücken. Durch die Ehe (1725) seiner Tochter Maria mit Ludwig XV. von Frankreich wuchs sein Einfluss: 1733 wurde er erneut zum König gewählt, konnte sich aber im Polnischen Thronfolgekrieg nicht gegen den von Russland und Österreich unterstützten August III. behaupten und entsagte der polnischen Krone am 26. 1. 1736. 1735/38 wurde er mit den Herzogtümern Lothringen und Bar abgefunden (1766 an Frankreich).

Stanislaus II. August Poniatowski

Stanislaus II. August Poniatowski, letzter König von Polen (1764–95), *Wołczyn (Polesien) 17. 1. 1732, †Sankt Petersburg 12. 2. 1798; Sohn von Stanisław Graf Poniatowski; war 1755–56 und 1757–58 als Sekretär des britischen Botschafters, dann als sächsischer Gesandter in Sankt Petersburg Günstling der späteren Kaiserin Katharina II., die am 7. 9. 1764 seine Wahl durchsetzte. Obwohl er auf russische Unterstützung angewiesen war, suchte er gegen russische Wünsche Reformen zu verwirklichen. Russische und preußische Interventionen führten zu einer Schwächung seiner Position, zum Erstarken der inneren Opposition und 1772 zur ersten der →Polnischen Teilungen. Danach bemühte er sich mit Erfolg um die wirtschaftliche und politische Gesundung des Staates, sodass mit seinem Namen auch eine kulturelle Blüte verbunden ist. Nach der von ihm mitinitiierten Verfassung von 1791 musste er der von Russland gegen diese Verfassung organisierten Konföderation von Targowica beitreten und die 2. Polnische Teilung (1793) hinnehmen. Aufgrund der 3. Polnischen Teilung, durch die der polnische Staat vollends liquidiert wurde, war Stanislaus am 25. 11. 1795 zur Abdankung gezwungen.

Starhemberg [ˈʃta:rəm-], Ernst Fürst von (bis 1919), österreichischer Politiker, *Eferding 10. 5. 1899, †Schruns 15. 3. 1956; war nach 1918 Mitglied des Freikorps »Oberland« in Oberschlesien. Starhemberg nahm 1923 am Hitlerputsch in München teil. Im Herbst 1930 war er kurzzeitig Innenminister, 1930–36 Bundesführer der Heimwehren, die sich unter seiner Führung zur Kampforganisation des Austrofaschismus entwickelten. Starhemberg unterstützte Bundeskanzler Engelbert Dollfuß bei der Errichtung eines autoritären Ständestaates in Österreich sowie im Kampf gegen Sozialdemokratie und Nationalsozialismus. 1934–36 war er Vizekanzler und Bundesführer der Vaterländischen Front; 1938–55 im Exil (ab 1942 in Südamerika).

Stasi, umgangssprachliche Kurzbezeichnung für den →Staatssicherheitsdienst der DDR.

Staufer, in der älteren Literatur auch **Hohenstaufen,** schwäbisches Adelsgeschlecht, dessen Anfänge in die erste Hälfte des 11. Jh. zurückreichen.

GESCHICHTE: Als Stammsitz erscheint zunächst Büren (heute Wäschenbeuren, Landkreis Göppingen); Friedrich von Büren gründete das Kloster Lorch im Remstal als Grablege der Familie. Durch seine Ehe mit der elsässischen Grafentochter Hildegard erlangte die Familie Besitz im Elsass. Ihr Sohn Friedrich I. wurde 1079 von König Heinrich IV. zum Herzog von Schwaben ernannt und gelangte durch seine Vermählung mit der Königstochter Agnes in unmittelbare Nähe zum König. Friedrich I. erbaute auf dem Hohenstaufen einen (neuen?) namengebenden Stammsitz (Burg Stauf). Im Dienst der →Salier vollzog sich der Aufstieg der Staufer.

Nach dem Aussterben der Salier (1125) traten sie deren Erbe an; Herzog Friedrich II. von Schwaben erhob 1125 zudem Anspruch auf die Nachfolge im Königtum. Die Wahl Lothars III. und seine verwandtschaftliche Verbindung mit den Welfen begründeten den staufisch-welfischen Gegensatz. Die Erhebung Konrads III. zum Gegenkönig 1127 blieb zunächst erfolglos, erst 1138, nach Lothars Tod, setzte er seine Wahl zum König durch. Unter Friedrich I. Barbarossa (als Friedrich III. Herzog von Schwaben) und Heinrich VI. gelangte die Dynastie auf den Höhepunkt ihrer Geltung: In ihrem Selbstverständnis sah sie sich in antiker und karolingischer Tradition als die Kaiserdynastie schlechthin. Der Erbanfall Siziliens und der Machtverfall des Königtums im staufisch-welfischen Thronstreit (1198–1214/15) verlagerten das Schwergewicht ihrer Herrschaft in den unteritalischen Normannenstaat.

STAUFER *Stammtafel (Auswahl)*

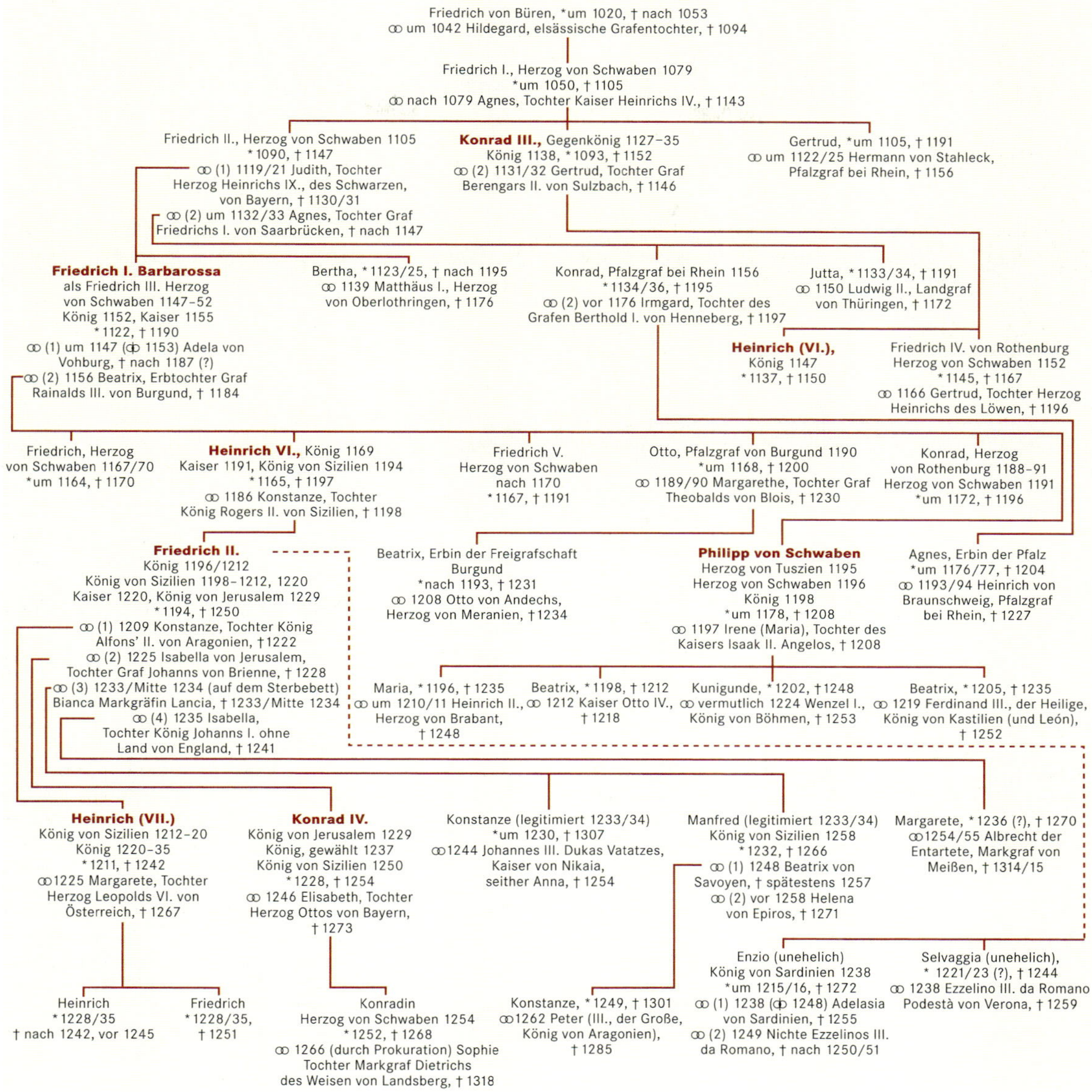

Unter Friedrich II. erreichte der Konflikt mit dem Papsttum einen Höhepunkt. Mit Konradins Tod (1268) erlosch die Dynastie. – Bild S. 846

Stauffenberg, schwäbisches Uradelsgeschlecht, → Schenk von Stauffenberg.

Stein, Heinrich Friedrich Karl Reichsfreiherr vom und zum, preußischer Politiker, *Nassau 26. 10. 1757, † Schloss Cappenberg (heute zu Selm) 29. 6. 1831; trat 1780 in den preußischen Staatsdienst ein. 1804 wurde Stein preußischer Finanz- und Wirtschaftsminister. Die von ihm ergriffenen wirtschaftspolitischen Maßnahmen dienten dazu, Preußen für den Kampf gegen Napoleon I. zu rüsten. Die Ersetzung der königlichen Kabinetts- durch eine Ministerialregierung konnte er gegen das altpreußische Traditionsdenken nicht durchsetzen. Nach der preußischen Niederlage von Jena und Auerstedt lehnte er das Amt des Außenministers ab und wurde von König Friedrich Wilhelm III. am 3. 1. 1807 entlassen. 1807 fasste er die Erkenntnisse seiner politischen Tätigkeiten zusammen und legte sie in der »Nassauer Denkschrift« nieder. Hier forderte er für Provinzen, Kreise und Gemeinden die

STAUFER | *Falkenbuch Friedrichs II.*

»Unser Bestreben ist es, ... das, was ist, so wie es ist, darzustellen«, liest man im Prolog des Buches über die »Kunst, mit Vögeln zu jagen« (»De arte venandi cum avibus«), das Friedrich II. um 1246 als Prachthandschrift verfassen ließ (Rom, Vatikanische Bibliothek); die Miniatur, die dieses frühe Meisterwerk beobachtender Naturwissenschaft einleitet, zeigt den Staufer als Herrscher mit Falken und deutet damit Eigenschaften wie Machtwillen und Modernität an.

Auch für Mathematik und Philosophie zeigte der hoch begabte und gebildete Kaiser Interesse. 1224 gründet er in Neapel die erste »Staatsuniversität« des Abendlands. In Salerno richtete er den ersten Lehrstuhl für Anatomie ein; dort erlaubte er das Sezieren von Leichen, was aus religiösen Gründen in der damaligen Zeit sonst verboten war. Friedrichs Förderung von Wissenschaft und schönen Künsten zog Gelehrte an seinen Hof in Palermo, dazu Poeten, die erstmals in italienischer Sprache dichteten; auch der Kaiser selbst verfasste volkssprachliche Verse. Die Herkunft der Gelehrten um Friedrich macht deutlich, dass der staufische Hof damals ein Ort war, wo sich Angehörige des arabischen, griechischen und lateinischen Kulturkreises begegneten und wo wissenschaftliches und literarisches Schrifttum übersetzt und ausgetauscht wurde, oft vermittelt durch jüdische Gelehrte. Von hier aus erreichte eine Vielzahl von Schriften, deren Spektrum von bislang unbekannten Werken des Aristoteles bis hin zu indischen Tierfabeln reichte, erstmals Europa.

Selbstverwaltung, um eine Erneuerung Preußens durch die Beteiligung aller Bürger an der Mitgestaltung des Staatslebens zu erreichen.

Nach dem Frieden von Tilsit wurde Stein auf Drängen Napoleons am 10. 7. 1807 erneut als Staatsminister berufen und begann sofort mit der Durchführung der vorbereiteten »preußischen Reformen«: Das Edikt vom 9. 10. 1807 hob die bäuerliche Erbuntertänigkeit in ganz Preußen auf und beseitigte alle ständischen Beschränkungen; die Städteordnung vom 19. 11. 1808 führte die Selbstverwaltung ein; das Edikt vom 24. 11. 1808 schuf ein modernes Staatsministerium mit Fachressorts. Nachdem ein Brief, in dem Stein Aufstandspläne andeutete, den Franzosen in die Hände gefallen war, bat er um seine Entlassung.

Von Napoleon geächtet, flüchtete Stein nach Brünn, Troppau und Prag, bis ihn Kaiser Alexander I. 1812 als Berater nach Russland rief. Nach Napoleons Niederlage im Russischen Feldzug von 1812 veranlasste er den Kaiser, den Kampf über die russische Grenze hinauszutragen. Im Januar 1813 ging er in russischem Auftrag nach Königsberg (Kaliningrad) und rief die ostpreußischen Stände zur Erhebung auf. Dann initiierte er in Breslau das preußisch-russische Bündnis und wurde Präsident der vorläufigen Verwaltung der befreiten Gebiete (1813–14). Am Wiener Kongress 1814/15 nahm er nur als Vertrauensmann des russischen Kaisers teil. Er wollte einen deutschen Bundesstaat durchsetzen und kämpfte gegen die Wiederherstellung der alten politischen Verhältnisse. 1819 regte er die Gründung der »Gesellschaft für ältere deutsche Geschichtskunde« an (→Monumenta Germaniae Historica). Ab 1826 war er Marschall (Präsident) der ersten drei westfälischen Provinziallandtage.

Steinzeit, Zeitabschnitt der Vorgeschichte, in der Metalle noch unbekannt waren und Gerätschaften aus Stein, Knochen oder Holz gefertigt wurden. Die Steinzeit wird im Allgemeinen unterteilt in →Altsteinzeit und →Jungsteinzeit.

Stellungskrieg, Form der Kriegführung, bei der sich die Gegner über einen längeren Zeitraum hinweg in ausgebauten Stellungen gegenüberstehen.

Stempelakte, englisch **Stamp Act** [stæmp ækt], britisches Gesetz von 1765, das zur Deckung der Militärkosten in den amerikanischen Kolonien für Dokumente und Druckwerke aller Art, Spielkarten und Würfel eine Stempelsteuer vorschrieb. Dieser Versuch der direkten Besteuerung, der fundamentale Verfassungsgrundsätze und verfassungsmäßige Rechte infrage stellte, rief einen Sturm der Entrüstung hervor und belebte die Diskussion über die Rechtsstellung der Kolonien innerhalb des Empire. Britische Einfuhren wurden weithin boykottiert; es kam zu gewaltsamen Aktionen – besonders der Organisation »Sons of Liberty« – gegen die britische Regierung.

Im Oktober 1765 protestierte ein nach New York einberufener (illegaler) Stamp Act Congress mit Vertretern aus neun Kolonien unter Hinweis auf die Verletzung der Rechte freier Engländer gegen jede Besteuerung ohne Zustimmung der Betroffenen oder ihrer Vertreter (»no taxation without representation«). Unter dem Druck britischer Kaufleute hob das Parlament 1766 die Steuer auf, hielt aber an seinem Gesetzgebungsrecht für die Kolonien fest. Damit waren die verfassungsrechtlichen Probleme der späteren Unabhängigkeitserklärung aufgeworfen.

Stẹnnes, Walther, deutscher SA-Führer, *Fürstenberg (heute zu Wünnenberg bei Paderborn) 12. 4. 1895, †1989; war 1920–30 bei der der Sicherheitspolizei, der Schwarzen Reichswehr und der militärischen Abwehr tätig. Ab 1928 baute Stennes daneben den SA-Bereich Ostdeutschland auf. Konflikte zwischen SA und Parteiorganisation 1930/31 führten zum offenen Bruch mit Hitler (»Stennesputsch«, 1. 4. 1931). 1939–49 war Stennes Militärberater bei Chiang Kai-shek.

Stẹphan I., der Heilige, ungarisch **István** [ˈiʃtvaːn], Fürst von Ungarn (seit 997), König von Ungarn (seit 1000), *um 974, †Gran 15. 8. 1038; Sohn des Fürsten Géza, seit 996 ⚭ mit Gisela, Schwester des späteren Kaisers Heinrich II.; vollzog mit der Errichtung eines an karolingischen Vorbildern anknüpfenden Staatskirchentums (um 1000 Gründung des Erzbistums Gran), der Ausschaltung der heidnisch-stammesfürstlichen Opposition und dem Aufbau einer zentralistischen Königsherrschaft den Anschluss Ungarns an das abendländische Europa. 1000 nahm er den Königstitel an und ließ sich am 25. 12., nach neuerer historischer Forschung vermutlich erst am 1. 1. 1001, mit einer angeblich vom Papst übersandten Krone (»Stephanskrone«) krönen.

Stẹphan II., Papst (752–757), †Rom 26. 4. 757; römischer Diakon. Im Zerwürfnis mit dem Kaiser des Oströmischen Reiches und in der schweren Bedrohung durch die Langobarden realisierte Stephan den Bund des Papsttums mit den Franken: 754 salbte er Pippin III., den Jüngeren, zum König und verlieh ihm den Titel Patricius Romanorum; nach zwei siegreichen Feldzügen gegen die Langobarden schuf Pippin mit der Pippinschen Schenkung (754/756) die Grundlage des Kirchenstaates.

Stẹphan IV. Báthory [-ri], Fürst von Siebenbürgen (seit 1571), König von Polen und Großherzog von Litauen (seit 1575/76), *Şimleul Silvaniei 27. 9. 1533, †Grodno 12. 12. 1586; entstammte einem siebenbürgischen Fürstengeschlecht. Humanistisch gebildet, zeichnete sich Stephan aus als Anhänger der Gegenreformation, als hervorragender Feldherr und sparsamer Administrator. 1575 wurde er zum König von Polen gewählt und übernahm nach Ausschaltung seines Rivalen Kaiser Maximilian II. und der Heirat mit der Tochter Sigismunds I., Anna, 1576 die Regierung. Nach der Niederwerfung des aufständischen Danzig (1576/77) eroberte er in drei Feldzügen gegen den Zaren Iwan IV. Livland und Polozk zurück (Waffenstillstand von Jam Sapolskij 1582), konnte aber das Festsetzen Schwedens und Dänemarks im Baltikum nicht verhindern. Durch seine außenpolitischen Erfolge, seine gerechte Regierung und die Reform des Bildungs-, Finanz- und Heerwesens gilt Stephan als einer der bedeutendsten Herrscher Polens.

Stẹphan IV. Dušan Uroš [-ˈduʃan ˈurɔʃ], König von Serbien (seit 1331), Zar von Serbien (seit 1346), *um 1308, †Dabolis 20. 12. 1355; nutzte byzantinische Thronstreitigkeiten zu planmäßigen Eroberungen (1343 Albanien, 1345 Makedonien, 1348 Epirus und Thessalien) und errichtete ein serbisches Großreich; am 16. 4. 1346 wurde er in Skopje zum Zaren der Serben und Griechen gekrönt. Unter seiner Herrschaft wurde das serbisch-orthodoxe Erzbistum Peć zum Patriarchat erhoben und ein Gesetzbuch (Zakonik 1349/54) zusammengestellt. Nach seinem Tod zerfiel das Reich.

Steuben, Friedrich von, amerikanischer General deutscher Herkunft, *Magdeburg 17. 9. 1730, †Steuben (N. Y.) 28. 11. 1794; stieg während des →Siebenjährigen Krieges (1756–63) in der preußischen Armee zum Stabskapitän auf und war nach seiner Verabschiedung 1764–75 Hofmarschall beim Fürsten von Hohenzollern-Hechingen. Danach wurde Steuben Oberst im badischen Heer. Nach einem Aufenthalt in Frankreich, wo er mit den amerikanischen Repräsentanten Benjamin Franklin und Silas Deane in Kontakt kam, trat er 1777 in den Dienst der amerikanischen Kontinentalarmee und gewann das Vertrauen George Washingtons. Von diesem mit der Ausbildung der Armee beauftragt, vermittelte Steuben der Revolutionsarmee die für den Kampf mit den britischen Truppen notwendigen taktischen Kenntnisse – zur Erinnerung daran wird alljährlich am Sonnabend nach dem 17. 9. in New York die »Steubenparade« veranstaltet; er hatte auch mit eigenen Truppenkommandos Anteil am amerikanischen Sieg.

Stịlicho, Flavius, römischer Reichsfeldherr wandalischer Herkunft, *um 365, †(hingerichtet) Ravenna 22. 8. 408; ⚭ mit einer Nichte des Kaisers Theodosius I.; übernahm nach dessen Tod (395) die Regentschaft für den unmündigen Honorius und stieg so zum lei-

HEINRICH FRIEDRICH KARL REICHSFREIHERR VOM UND ZUM STEIN
*1757 †1831

führte seit 1807 die preußischen Reformen durch

wurde nach der Ächtung durch Napoleon I. 1812 zum Berater des russischen Kaisers Alexander I.

strebte nach der Niederlage Napoleons I. einen deutschen Bundesstaat an

Friedrich von Steuben

tenden Staatsmann im Weströmischen Reich auf. Aus Anlass von Kämpfen gegen die Westgoten in Thessalien musste Stilicho dem Oströmischen Reich unter Arkadios die Diözesen Makedonien und Dakien überlassen. In Afrika warf er 398 den Aufstand des Befehlshabers Gildo nieder, in Mittelitalien wehrte er 406 die Germanen unter Radagais ab. Nach dem Sieg über den westgotischen König Alarich I. (402) erreichte er dessen Abzug aus Italien. Als Stilicho 408 Forderungen Alarichs, der erneut in Italien einzufallen drohte, unterstützte, wurde er gestürzt.

Stoecker ['ʃtœ-], Adolf, deutscher evangelischer Geistlicher und Politiker, *Halberstadt 11. 12. 1835, †Gries (heute zu Bozen) 7. 2. 1909; war 1874–89 Hof- und Domprediger in Berlin. Religiös orthodox und politisch konservativ, suchte Stoecker die Arbeiterschaft in christlich und monarchisch-nationalem Sinn zu beeinflussen und gründete 1878 die Christlich-soziale Arbeiterpartei. Stärker wirkte er durch seinen Antisemitismus, der sich v.a. in der »Berliner Bewegung« artikulierte. Als Mitglied des preußischen Abgeordnetenhauses (1879–98) und Mitglied des Reichstags (1881–93, 1898–1908) wurde er der Führer des äußersten rechten Flügels der Deutschkonservativen Partei. 1890 war Stoecker Mitgründer des evangelisch-sozialen Kongresses, den er 1896 nach Meinungsverschiedenheiten mit Friedrich Naumann verließ. 1897 gründete er die Kirchlich-soziale Konferenz.

Stoiber, Edmund, deutscher Politiker, *Oberaudorf (Landkreis Rosenheim) 28. 9. 1941; Jurist; wurde 1974 MdL von Bayern; amtierte unter seinem politischen Mentor Franz Josef Strauß 1978–83 als Generalsekretär der CSU; leitete 1982–88 die bayrische Staatskanzlei; war 1988–93 bayrischer Innenminster; wurde 1993 Ministerpräsident Bayerns (1994, 1998 und 2003 bestätigt) und 1999 Vorsitzender der CSU; kandidierte bei den Bundestagswahlen 2002 als Kanzlerkandidat erfolglos gegen Gerhard Schröder.

Stoph, Willi, deutscher Politiker, *Berlin 9. 7. 1914, †ebenda 13. 4. 1999; trat 1931 der KPD bei und wurde 1946 Mitglied der Sozialistischen Einheitspartei Deutschlands (SED). 1948–50 führte Stoph die Wirtschaftsabteilung beim Parteivorstand (später Zentralkomitee, ZK) der SED; 1950 wurde er Mitglied des ZK, 1953 auch des Politbüros seiner Partei. Im Staatsapparat war er 1951–52 Leiter des Büros für Wirtschaftsfragen und gleichzeitig für die Bewaffnung zuständig. Als Innenminister (1952–56) baute er die Kasernierte Volkspolizei (KVP) auf; als (erster) Verteidigungsminister (1956–60) hatte er maßgeblichen Anteil an der Bildung der Nationalen Volksarmee (NVA). Stoph war 1964–73 und 1976–89 Ministerpräsident der DDR; 1973–76 war er als Vorsitzender des Staatsrates Staatsoberhaupt.

Nach seinem durch die demokratische Revolution erzwungenen Rücktritt als Ministerpräsident und als Mitglied des Politbüros sowie des ZK der SED im November 1989 wurde Stoph am 3. 12. aus der Partei ausgeschlossen. Nach der Einleitung eines Ermittlungsverfahren wegen des Verdachts des Amtsmissbrauchs (8. 12. 1989) war Stoph bis Februar 1990 inhaftiert. Wegen Mitverantwortung am Schießbefehl und damit der Tötung von Menschen an der innerdeutschen Grenze bis zur Haftverschonung erneut in Haft (1991/1992), wurde Stoph am 12. 11. 1992 mit Erich Honecker und anderen Mitgliedern der ehemaligen Partei- und Staatsführung unter Anklage gestellt, gleichzeitig aber für verhandlungsunfähig erklärt; das Verfahren gegen ihn wurde am 21. 7. 1993 endgültig eingestellt.

Störtebeker, Klaus (Claas), Freibeuter, †(hingerichtet) Hamburg 1401; war seit 1394 mit Godeke Michels Führer der →Vitalienbrüder; galt als Beschützer der Armen und Schwachen; ist seit dem 16. Jh. legendärer volkstümlicher Held zahlreicher Lieder und Sagen.

Strasser,

1. Gregor, deutscher Politiker, *Geisenfeld 31. 5. 1892, †(ermordet) Berlin 30. 6. 1934; wurde nach dem Ersten Weltkrieg als Oberleutnant entlassen; war ab 1920 Apotheker in Landshut. Strasser entwickelte die Idee eines »deutschen Sozialismus« und einer organischen, ständisch gegliederten Volksgemeinschaft. Als Mitglied des Freikorps Epp baute Strasser das »Sturmbataillon Niederbayern« auf und kam in Berührung mit General Erich Ludendorff und der Münchener Nationalsozialistischen Arbeiterpartei (NSDAP). Ab 1921 Mitglied der NSDAP, schloss er seine Formation der Sturmabteilung (SA) an und nahm als Führer der »Sturmabteilung Niederbayern« 1923 am Hitlerputsch teil.

Während der Haftzeit Hitlers leitete Strasser die Nationalsozialistische Freiheitspartei, eine Ersatzorganisation der NSDAP, und wurde im April 1924 in den bayerischen Landtag gewählt; ab Dezember 1924 MdR, war Strasser eine der wichtigsten völkischen Führungspersönlichkeiten. Nach der Wiedergründung der NSDAP 1925 baute er die Parteiorganisation in Nord- und Westdeutschland auf; dabei trat v.a. die von Strasser gegründete »Arbeitsgemeinschaft der nordwestdeutschen Gaue der NSDAP« als Wortführerin der nationalsozialistischen Linken mit einem antikapitalistischen und ständestaatlichen Programm hervor und wurde zur innerparteilichen Kontrahentin der Münchener NSDAP.

Im September 1926 übernahm Strasser die Reichspropagandaleitung der NSDAP; ab Januar 1928 Reichsorganisationsleiter, setzte er die Gau- und vertikale Lenkungsstruktur der Partei durch. Obwohl Strasser nicht auf einen Bruch mit Hitler aus war, der für ihn die nationalsozialistische Bewegung verkörperte, brachte ihn seine weit über die NSDAP hinausreichende Popularität in Rivalität zu Hitler. Zu einem offenen Konflikt kam es, als Strasser sich Ende 1932 für eine Beteiligung der NSDAP an einer Regierung unter Kurt von Schleicher aussprach. Als er sich damit gegen Hitler nicht durchsetzen konnte, legte er am 8. 12. 1932 alle Parteiämter nieder. Beim »Röhm-Putsch« 1934 wurde Strasser in einem Racheakt umgebracht.

2. Otto, deutscher Politiker und Publizist, *Windsheim (heute Bad Windsheim) 10. 9. 1897, †München 27. 8. 1974; war ab 1914 als Freiwilliger im Ersten Weltkrieg, studierte danach Wirtschaftswissenschaften in Berlin, wo er sich der SPD anschloss; beteiligte sich am Widerstand gegen den Kapp-Putsch. Nach seinem Bruch mit der SPD (April 1920) stand Strasser unter dem Einfluss unterschiedlichster politischer Denkrichtungen vom revolutionären Sozialismus bis hin zu konservativen und nationalrevolutionären Konzepten. Von seinem Bruder Gregor um Hilfe bei der Ausarbeitung einer besonders an den wirtschaftlichen und sozialen Bedingungen Norddeutschlands ausgerichteten nationalsozialistischen Ideologie gebeten, schloss sich Strasser 1925 der NSDAP an, ohne sich um ein offizielles Amt zu bemühen. Als Mitgründer und Leiter des Berliner Kampf-Verlags (ab 1926) vertrat Strasser eine eigene antikapitalistische, stark antimodernistische Konzeption des Nationalsozialismus und geriet als führender Kopf der nationalsozialistischen Linken in Gegensatz zu Hitler und Joseph Goebbels, dann auch zu seinem Bruder. Im Machtkampf unterlegen, verließ Strasser mit seinen Anhängern im Juli 1930 die Partei und gründete die »Kampfgemeinschaft Revolutionärer Nationalsozialisten« (KGRNS; Schwarze Front). Nach dem Verbot der KGRNS 1933 emigrierte Strasser und führte vom Ausland seine Agitation gegen Hitler fort. 1956 gründete er in der Bundesrepublik Deutschland die bedeutungslos gebliebene Deutsch-Soziale Union (DSU).

Stratege, im antiken Griechenland Heer- oder Flottenführer, dann auch hoher Beamter mit militärischen und zivilen Kompetenzen. In Athen bestand seit Kleisthenes ein Kollegium von zehn jährlich gewählten Strategen. Durch ihre unbeschränkte Wiederwählbarkeit konnten Einzelne von ihnen, z.B. Perikles, großen Einfluss auf die Politik gewinnen.

Strauß, Franz Josef, deutscher Politiker, *München 6. 9. 1915, †Regensburg 3. 10. 1988; war 1945 Mitgründer, 1949–52 Generalsekretär, 1952–61 stellvertretender Vorsitzender und 1961–88 Vorsitzender der CSU. Strauß formte seine Partei zu einer mitgliederstarken Organisation und gab ihr – neben der landespolitischen Orientierung – einen eigenständigen bundespolitischen Zuschnitt. Auf Bundesebene war Strauß 1949–78 MdB, 1953–55 Bundesminister für Sonderaufgaben, 1955–56 für Atomfragen. Als Bundesminister der Verteidigung (1956–62) leitete er die Aufbauphase der Bundeswehr (Rücktritt wegen der →Spiegelaffäre). Als Bundesminister der Finanzen (1966–69) arbeitete er eng mit Bundeswirtschaftsminister Karl Schiller (SPD) in der Regierung der großen Koalition zusammen.

Nach 1969 entwickelte sich Strauß zum vehementen Kritiker der Deutschland- und Ostpolitik der Regierung unter Willy Brandt (SPD). Nach der verlorenen Bundestagswahl von 1976 suchte er, auch in Auseinandersetzung mit CDU-Politikern wie Helmut Kohl, die Wahlchancen der Unionsparteien mit Ideen zur Ausweitung der CSU auf das ganze Bundesgebiet zu erhöhen. 1978 folgte Strauß Alfons Goppel als Ministerpräsident von Bayern nach, ohne jedoch seine bundespolitischen Ambitionen aufzugeben; während seiner Amtszeit setzte sich Bayerns Entwicklung zu einem der wirtschaftlich leistungsstärksten Bundesländer fort, zugleich wurde sie durch zahlreiche Affären belastet. 1980 unterlag Strauß als Kanzlerkandidat von CDU und CSU dem amtierenden Bundeskanzler Helmut Schmidt (SPD).

Streicher, Julius, deutscher Politiker und Publizist, *Fleinhausen (heute im Landkreis Augsburg) 12. 2. 1885, †(hingerichtet) Nürnberg 16. 10. 1946; führte ab 1919 die nationalistisch-antisemitische Deutsch-Sozialistische Partei, die er 1922 der NSDAP eingliederte. 1923 war Streicher maßgeblich am Hitlerputsch beteiligt; hatte ab 1925 die organisatorische Leitung der NSDAP in Nordbayern, war 1928–40 Gauleiter in Franken, 1933–45 Mitglied des Reichstags. Als Vertreter eines radikalen Antisemitismus erlangte er mit seinem Wochenblatt »Der Stürmer« (gegründet 1923)

Willi Stoph. 1970 trafen sich Bundeskanzler Willy Brandt und Willi Stoph (am Zugfenster stehend), der zu dieser Zeit das Amt des Ministerpräsidenten der DDR innehatte, zu innerdeutschen Begegnungen in Erfurt und in Kassel. Die deutsch-deutsche Annäherung war bei beiden Besuchen von tumultartigen Kundgebungen begleitet.

Franz Josef Strauß

und der darin zügellos betriebenen antisemitischen Hetze eine große Publizität, zog damit aber auch starke öffentliche Aversionen auf sich. Während der nationalsozialistischen Herrschaft war Streicher Hauptträger der antisemitischen Propaganda und ein maßgeblicher Initiator der antijüdischen Maßnahmen; nach vielen Skandalen wurde er 1940 von allen Parteiämtern beurlaubt. 1946 verurteilte ihn der Internationale Militärgerichtshof in Nürnberg wegen Verbrechens gegen die Menschlichkeit zum Tode.

Stresafront, inoffizielle Bezeichnung für die auf der Konferenz der Regierungschefs von Frankreich, Großbritannien und Italien in Stresa (Provinz Novara; 11.–14. 4. 1935) vereinbarte gemeinsame Abwehr der deutschen Politik der »einseitigen Aufkündigung von Verträgen«. Anlass waren die am 16. 3. 1935 unter Verletzung des Versailler Vertrages erfolgte Wiedereinführung der allgemeinen Wehrpflicht im nationalsozialistischen Deutschland und die Aufhebung der bestehenden Rüstungsbeschränkungen. Das deutsch-britische Flottenabkommen vom 18. 6. 1935 und der italienische Angriff auf Abessinien im Oktober 1935 setzten der Zusammenarbeit jedoch bald ein Ende.

GUSTAV STRESEMANN
***1878 †1929**

- rief 1918 zur Gründung der liberalen Deutschen Volkspartei auf
- war 1923 Reichskanzler
- suchte als Außenminister (1923–29) einen Ausgleich mit Frankreich und Russland
- strebte die Revision des Versailler Vertrags an
- erhielt 1926 für den Abschluss der Locarnoverträge den Friedensnobelpreis

Stresemann, Gustav, deutscher Politiker, *Berlin 10. 5. 1878, †ebenda 3. 10. 1929; Nationalökonom; war 1902–18 Syndikus des Verbandes sächsischer Industrieller; stand politisch zunächst dem Nationalsozialen Verein Friedrich Naumanns nahe, schloss sich später der Nationalliberalen Partei und dem Alldeutschen Verband an, war 1907–12, 1914–18 und 1920–29 Mitglied des Reichstags, 1919/20 Mitglied der Nationalversammlung.

Im Reichstag arbeitete Stresemann eng mit Ernst Bassermann zusammen und trat dort 1917 dessen Nachfolge als Fraktionsvorsitzender der Nationalliberalen an. Den Ersten Weltkrieg betrachtete er als Kampf des Deutschen Reiches um machtpolitische Gleichberechtigung. Bei der Formulierung der Kriegsziele trat er als entschiedener Verfechter eines »Siegfriedens« (im Gegensatz zu einem »Verständigungsfrieden«) und weitgehender Annexionen zugunsten des Deutschen Reiches hervor. Er befürwortete seit Januar 1917 den »uneingeschränkten« U-Boot-Krieg. Im Juli 1917 lehnte er die Friedensresolution des Reichstags ab. In der Innenpolitik trat Stresemann als entschiedener Gegner des Reichskanzlers Tilman von Bethmann Hollweg hervor, an dessen Sturz er – neben anderen – wesentlichen Anteil hatte. Als Stabilisierungsfaktor und damit als Voraussetzung einer deutschen Weltmachtstellung forderte er Verfassungsreformen (besonders die Abschaffung des Dreiklassenwahlrechts in Preußen) und die Weiterentwicklung der staatlichen Sozialpolitik; zugleich wünschte er die Einbeziehung der SPD in die Staatsführung.

Nach der Novemberrevolution 1918 beteiligte er sich an der Neuformierung des politischen Lebens der (späteren) »Weimarer Republik«. Im Dezember 1918 rief er zur Gründung der Deutschen Volkspartei (DVP) auf, die er als Vorsitzender (1918–29) aus ihrer anfänglichen Ablehnung der Weimarer Republik in die Verantwortung für diesen Staat führte.

Am 13. 8. 1923 wurde Stresemann Reichskanzler und Reichsaußenminister einer Regierung der »großen Koalition« (DVP, SPD, Zentrum, DDP). Mit dem Abbruch (26. 9. 1923) des passiven Widerstandes (seit dem 11. 1. 1923) gegen die Besetzung des Ruhrgebiets durch französische und belgische Truppen und die Einführung der Rentenmark am 15. 11. 1923 legte seine Regierung die Grundlagen für die Gesundung der Reichsfinanzen sowie – außenpolitisch – für eine Politik des Verhandelns mit den Siegermächten des Ersten Weltkrieges. Im Konflikt mit Bayern und Sachsen konnte Stresemann die Einheit des Deutschen Reiches wahren. Die auf das Recht des Reichspräsidenten gestützte »Reichsexekution« (Artikel 48,1 der Weimarer Verfassung) gegen die sozialdemokratisch-kommunistische Regierung in Sachsen (29. 10. 1923) führte am 2. 11. 1923 zum Rücktritt der SPD-Minister aus der Reichsregierung und zum Sturz der Regierung Stresemann am 22. 11. 1923.

Den folgenden Reichsregierungen gehörte Stresemann als Außenminister (bis zu seinem Tod) an. Im Rahmen einer Verständigung mit Frankreich, verbunden mit dem Aufbau eines kollektiven Sicherheitssystems in Europa, strebte er eine Revision des Versailler Vertrags und die Wiederherstellung der deutschen Großmachtposition an. Während er die deutsch-französische und deutsch-belgische Grenze anerkannte, hielt Stresemann die Revision der deutschen Ostgrenze offen.

Innerhalb des europäischen Mächtesystems nach dem Ersten Weltkrieg betrieb Stresemann eine Politik der Balance; er wollte v. a. eine britisch-französische und französisch-russische Verständigung – wie vor dem Ersten

STRESEMANN. ***Friedensphrasen***

Stresemanns Wirken in der Weimarer Republik war nicht immer widerspruchsfrei. Den zur Schau gestellten Pazifismus fasse er *»gleichsam mit Gummihandschuhen (an), um auch nur die kleinste Infektion zu vermeiden«,* schrieb schon Carl von Ossietzky. Zur Antikriegsstimmung in der Bevölkerung hieß es in einem von Stresemanns Ministerium verfassten Schreiben 1925: *»Diesem Misstrauen müsste in Reden durch salbungsvollen Ton und … durch entsprechende Aufmachung, insbesondere durch Konzilianz in der Form, Rechnung getragen werden.«* Stresemanns Parteifreund Graf Stolberg-Wernigerode schrieb in einem Geheimmemorandum von Friedensphrasen, die man leider gebrauchen müsse – Stresemann leitete das Statement an den Präsidenten weiter.

Weltkrieg – verhindern. Der Abschluss des Dawesplanes (1924), die Locarnoverträge (1925), die Aufnahme Deutschlands in den Völkerbund (1926), der Berliner Vertrag (1926) und die Vorbereitung des Youngplanes auf der 1. Haager Konferenz (August 1929) waren die Höhepunkte der Außenpolitik Stresemanns. Durch die Widerstände, die Außenminister Aristide Briand in Frankreich und Stresemann in Deutschland fanden, geriet der deutsch-französische Verständigungsprozess ins Stocken; 1926 erhielten beide Politiker den Friedensnobelpreis.

Struensee [ˈʃtru:ənze:, dänisch ˈsdru:ənsə], Johann Graf von (seit 1771), dänischer Staatsmann deutscher Herkunft, *Halle (Saale) 5. 8. 1737, †(hingerichtet) Kopenhagen 28. 4. 1772; war seit 1758 Stadtarzt im (dänischen) Altona. 1769 wurde Struensee Hofarzt des geisteskranken dänischen Königs Christian VII.; 1770 bewirkte er die Absetzung von Johann Graf von Bernstorff als Außenminister und ließ sich 1771 zum Geheimen Kabinettsminister ernennen. Im Geist der Aufklärung, aber mit absolutistischem Herrschaftsgebaren leitete er eine Reihe von Reformen ein. Seine Machtfülle stieß auf Widerstand in der Hofaristokratie, auf deren Betreiben er in der Nacht vom 16. zum 17. 1. 1772 verhaftet und danach wegen seines Verhältnisses mit Königin Karoline Mathilde zum Tode verurteilt wurde.

Stru̲ve, Gustav von, deutscher Politiker, *München 11. 10. 1805, †Wien 21. 8. 1870; Rechtsanwalt; entwickelte sich, der badischen Zweiten Kammer angehörend, während des Vormärz zum radikalen Demokraten und bekämpfte als Publizist das vormärzliche Regierungssystem. Unter Führung von Friedrich Hecker und Struve proklamierten »Republikaner« in Offenburg am 12. 9. 1847 die »Forderungen des Volkes in Baden« (»Offenburger Programm«). Im Vorparlament zur →Frankfurter Nationalversammlung scheiterte er mit seinem föderativ-republikanischen Verfassungsentwurf (30. 3.–4. 4. 1848). Mit Hecker leitete er 1848 den Aprilaufstand in Baden (→Märzrevolution) und unternahm im Herbst 1848 (Septemberunruhen) sowie im Frühjahr 1849 weitere Aufstandsversuche in Baden. Nach deren Scheitern emigrierte er 1849 in die Schweiz und 1851 in die USA; 1863 kehrte Struve nach seiner Amnestierung nach Europa zurück.

Stuart [ˈʃtu:art, ˈstu:-, engl. ˈstʊət, ˈstju:ət], **Steuart, Stewart** [ˈstʊət, ˈstju:ət], schottisches Geschlecht, dessen Anfänge bis ins 11. Jh. zurückzuführen sind und das sich nach dem Amt des »Stewart« benannte.

Nachdem Walter Fitzalan um 1136 in die Dienste des schottischen Königs getreten war, wurde seiner Familie 1157 das Amt des Stewart von Schottland fest übertragen. Als der schottische König David II. Bruce 1371 ohne Erben

Studenten-bewegung. Ab dem 3. 5. 1968 kam es in Paris zu schweren Studentenunruhen (»Maiunruhen«), die in Verbindung mit einer durch die Gewerkschaften am 13. 5. ausgelösten Streikbewegung den Bestand der Fünften Republik infrage stellten.

starb, erlangte Robert, Sohn seiner mit Walter Stuart verheirateten Schwester Maria als Robert II. den schottischen Thron. Die direkte königliche Linie der Stuarts endete mit Jakob V. (1513–42), dessen Tochter Maria die Krone 1567 an ihren Sohn Jakob VI. abtreten musste. Dieser wurde 1603 auch König von England (als Jakob I.). Nach der Absetzung Jakobs II. 1688/89 wurde mit dem →Act of Settlement 1701 die katholische Linie der Stuarts von der Regierung ausgeschlossen. Jakobs II. protestantische Tochter Anna war 1702–14 die letzte Stuart auf dem Thron; ihr katholischer Halbbruder Jakob Eduard und dessen Sohn Karl Eduard beanspruchten die Thronfolge bis 1746. Die männliche Linie erlosch 1807.

Studẹntenbewegung, Studẹntenopposition, 1) allgemeine Bezeichnung für die Gesamtheit der von Studenten ausgehenden Demonstrationen, Forderungen nach Hochschul-, Gesellschafts- oder politischen Reformen (z. B. die Bewegung der Burschenschaft); 2) im engeren Sinn in der Bundesrepublik Deutschland und in anderen westlichen Industriestaaten Bezeichnung für die Bestrebungen der Studentenschaft, die sich in den 1960er-Jahren formierte, um eine über einzelne Reformmaßnahmen hinausgehende Veränderung der Hochschule und ihres Verhältnisses zur Gesellschaft zu verwirklichen.

Die deutsche Studentenbewegung stand u. a. in Verbindung mit den Studentenbewegungen Frankreichs und der USA. In der Bundesrepublik gewann sie 1966 unter Führung des Sozialistischen Deutschen Studentenbunds (SDS) politischen Charakter; im Sommersemester 1967 breitete sich die Protestbewegung von der Freien Universität in Berlin (West) auf viele westdeutsche Hochschulen aus; sie richtete sich u. a. gegen das militärische Engagement der USA in Vietnam und gegen die 1968 verabschiedeten Notstandsgesetze. Der SDS übernahm eine Führungsrolle in der sich bildenden →außerparlamentarischen Opposition (APO). Seit Mitte der 1960er-Jahre

Johann Graf von Struensee

Gustav von Struve

brachte die Studentenbewegung eine neue studentische Einstellung und Leitbilder für das Studium hervor. Dies artikulierte sich in der Forderung nach Demokratisierung und Partizipation in der Gesellschaft in all ihren Bereichen und einer kritischen Haltung gegenüber den Anpassungsanforderungen der »kapitalistischen Leistungsgesellschaft« und der Unbeweglichkeit der überkommenen Hochschulstrukturen (»neue Linke«). Die Proteste der Studentenbewegung und der »Achtundsechziger« veränderten das Bewusstsein weiter Teile der Bevölkerung. Seit 1969 folgte eine Phase der ideologischen und strategischen Zersplitterung der führenden Gruppen, bis um 1975 eine Ernüchterung eintrat.

Sturmabteilung, Gliederung der NSDAP, →SA.

Adolfo Suárez

Suárez ['su̯arɛð], Adolfo, spanischer Politiker, *Cebreros (Provinz Ávila) 25. 9. 1932; als Jurist Inhaber öffentlicher Ämter; vertrat nach dem Tod General Francisco Francos (1975) den Movimiento Nacional (früher Falange) in der Regierung. Von König Juan Carlos I. zum Ministerpräsidenten ernannt, leitete er den Demokratisierungsprozess in Spanien ein. Bei den Wahlen von 1977 und 1979 wurde die von ihm mitgegründete und geführte Unión del Centro Democrático (UCD) stärkste Partei in den Cortes; er selbst wurde als Ministerpräsident 1977 und 1979 bestätigt, trat jedoch 1981 wegen Spannungen innerhalb der Regierung und der sie tragenden UCD zurück, verließ die auseinander fallende Partei und gründete das Centro Democrático y Social (CDS), dessen Vorsitz er bis 1991 innehatte. Die Partei verlor danach schnell an Bedeutung und wurde 1995 aufgelöst.

Südafrika, amtliche Namen: englisch **Republic of South Afrika** [rɪ'pʌblɪk əv saʊθ 'æfrɪkə], afrikaans **Republiek van Suid-Afrika** [- van sœjd-], Staat in Afrika, der im Westen, Süden und Osten an den Atlantischen bzw. Indischen Ozean, im Norden an Namibia und Botswana sowie im Nordosten an Simbabwe, Moçambique und Swasiland grenzt.

VON DER NIEDERLÄNDISCHEN ZUR BRITISCHEN KAPKOLONIE: Seit 1652 entstand, ausgehend von einer Verpflegungsstation in der Tafelbucht, die niederländische Kapkolonie, in der die nomadisch lebenden »Treck-Buren« (Viehzüchter) und die sesshaften Weißen (die sich seit etwa 1800 »Afrikaander« nennen) als Herrenschicht zusammen mit den Mischlingen (Coloureds) lebten; die ursprünglich hier lebenden Hottentotten wurden verdrängt.

1779 begann die Eroberung des Landes der Xhosa; die daraus resultierenden »Kaffernkriege« dauerten fast 100 Jahre. 1806 annektierte Großbritannien die niederländische Kapkolonie. Um der britischen Herrschaft zu entgehen, zogen 14000 Buren (ein Sechstel aller Weißen) nach 1835 in benachbarte Gebiete (»Großer Treck«) und stießen in blutigen Kämpfen mit den dort lebenden Völkern (Ndebele, Zulu) zusammen. Seit 1838 ließen sich die weißen »Vortrekker« in Natal, dem Oranjegebiet und Transvaal nieder und gründeten mehrere Republiken. Zwischen 1852 und 1860 erkannte Großbritannien den Oranjefreistaat und die Südafrikanische Republik (das heutige Transvaal) an, die jedoch 1867 und 1877 (bis zur Niederlage gegen die Buren 1881) unter britische Herrschaft gerieten. Nach dem britischen Versuch, im Jameson Raid die Südafrikanische Republik zu annektieren, brach der →Burenkrieg (1899–1902) aus, der mit der Kapitulation der Buren endete; ihre Republiken wurden britische Kolonien (ab 1907 mit voller Selbstregierung).

DIE SÜDAFRIKANISCHE UNION: 1910 konstituierte sich als Vereinigung der britischen Kolonien in Südafrika das Dominion Südafrikanische Union unter Premierminister Louis Botha. Gegen die Beschränkung der politischen Rechte der Schwarzen kam es zu Protesten schwarzer Intellektueller, u. a. 1912 zur Gründung des →African National Congress (ANC). Nach der Fusion der weißafrikanisch antibritischen National Party mit der oppositionellen probritischen Südafrikanischen Partei zur Vereinigten Partei (1934) spaltete sich ihr radikaler Flügel als »gereinigte« National Party ab; unter ihrer Regierung (ab 1948) begann die durch strikte Rassentrennung gekennzeichnete Politik der →Apartheid. Die Schwarzen leisteten unter Führung des ANC gewaltfreien Widerstand, den die Regierung mit immer härteren »Staatsschutzgesetzen« beantwortete.

1959 spaltete sich der militante »Panafrikanische Kongress« (PAC) vom ANC ab. Demonstrationen von Schwarzen führten 1960 zum Massaker von Sharpeville (67 Tote). Auf das gegen ANC und PAC ausgesprochene Verbot folgte ein anhaltender Kampf gegen die Regierung aus dem Untergrund und Exil. Die Organization of African Unity (OAU) erkannte 1963 ANC und PAC als Befreiungsbewegungen an.

DIE REPUBLIK SÜDAFRIKA: 1961 trat Südafrika aus dem Commonwealth aus und wurde Republik. Unter Premierminister Balthasar Vorster (1966–78; 1978/79 Staatspräsident) begann die Entlassung der »Homelands« in die staatliche Unabhängigkeit (Transkei 1976; Bophuthatswana 1977; Venda 1979; Ciskei 1981). Unruhen 1976 in Soweto wurden durch die Polizei blutig unterdrückt, Organisationen und Presseorgane der Schwarzen sowie weiße Antiapartheidgruppen wurden verboten (1977). Premierminister Willem Botha (1978–84) bemühte sich um eine Modifizierung der Apartheidpolitik und setzte eine neue Verfassung für Südafrika durch; zugleich sicherte er sich mit dem Präsidentenamt (1984–89) die entscheidende Machtposition. In Bezug auf Namibia, das bis 1966 Mandatsgebiet (durch UN entzogen) von Südafrika war und seitdem widerrechtlich von diesem besetzt gehalten wurde, kam es 1989 unter internationalem Druck zu einer politischen Lösung. Der Nachfolger Bothas als Staatspräsident, Frederik de Klerk, betrieb eine weitere Lockerung der Apartheidpolitik. Ende Februar 1990 begnadigte er den Führer des ANC, Nelson Mandela, und hob gleichzeitig das Verbot des ANC auf. Im Juni 1991 wurden mit der Abschaffung der Gesetze über die Registrierung der Bevölkerung, über rassenmäßig getrennte Wohngebiete und über den Bodenbesitz wichtige Grundlagen der bisherigen Apartheidpolitik beseitigt. Darauf hin lockerte sich die politisch-wirtschaftliche Isolation. Im März 1992 billigte die weiße Bevölkerungsminderheit in einem Referendum die Abschaffung der Apartheidgesetze. Trotz wiederholter Unruhen gelang es einer Allparteienkonferenz, die von ANC und der weißen Regierung dominiert wurde, bis Ende 1993 eine Übergangsverfassung auszuarbeiten, auf deren Grundlage im April 1994 die ersten freien, gemischtrassigen Wahlen abgehalten wurden. Der ANC ging aus diesen als klarer Wahlsieger hervor; neuer Staatspräsident wurde Mandela.

Gemäß der Übergangsverfassung wurde eine Koalitionsregierung zwischen ANC, National Party und Inkatha Freedom Party gebildet; gleichzeitig wurden alle Homelands in die neu errichteten neun Provinzen eingegliedert. Im Mai 1996 wurde eine neue Verfassung verabschiedet, die im Januar 1997 in Kraft trat. Ende Juni 1996 verließ die National Party die Regierung. Bei den Wahlen im Juni 1999, bei denen der ANC die Zweidrittelmehrheit nur um ein Mandat verfehlte, wurde Thabo Mbeki neuer Staatspräsident (2004 im Amt bestätigt); Mandela hatte nicht mehr kandidierte.

Südamerika, viertgrößter Kontinent der Erde, der südliche Teil des Doppelkontinents Amerika; umfasst einschließlich der umgebenden Inseln (auch der Falkland- und Galápagosinseln) insgesamt rund 17,85 Millionen km², das sind rund 12 % der Landfläche der Erde.

VORGESCHICHTE: Weg und Zeit der Besiedlung des Kontinents sind nicht endgültig geklärt. Auch sind viele Datierungen umstritten, neue Forschungsmethoden und Fundstätten weisen auf immer frühere Zeiträume: So werden die Siedlungsspuren im Nationalpark Serra da Capivara im Nordosten Brasiliens auf 50 000 v. Chr. datiert (die Malereien um 12 000 v. Chr.). Von der peruanischen Küste sind Funde aus der Zeit um 19 000 v. Chr. nachgewiesen, im tropischen Tiefland (Venezuela) von etwa 15 000 v. Chr. Um 8000 v. Chr. begannen im Becken von Ayacucho Bodenbau und Viehzucht (Lamas, Meerschweinchen), an der Nordwestküste wurde etwa seit dem 5. Jt. v. Chr. Ackerbau betrieben. Als älteste Kultur gilt die von Huaca Prieta (Nordperu, 3./2. Jt. v. Chr.). Wichtige Kulturpflanzen waren neben Baumwolle Mais, Bohnen, Kürbis und Chili. Die ältesten Steinbauten (um 3300 v. Chr.) und die ältesten Zeugnisse der Metallbearbeitung (Goldschmiedearbeiten, um 1500 v. Chr.) wurden auch in Nordperu gefunden.

Umstritten ist die Zeit des frühesten Vorkommens von Keramik, reichhaltige Beispiele liefert erst die Valdiviakultur (4. Jt. v. Chr.); die in Nordwest-Guyana und im brasilianischen Bundesstaat Pará gefundene Keramik wird auf etwa 3000 v. Chr. datiert, etwa 1000 Jahre später erscheint sie im zentralen Andengebiet, noch später im südlichen Brasilien. An dessen Küste geben die »Sambaquis« genannten Haufen aus Muscheln und Siedlungsabfall Aufschluss über eine erste Sesshaftwerdung (seit 5000 v. Chr.). Der Süden des Kontinents (Südchile, Patagonien, Feuerland) war bis zur Entdeckung durch die Europäer von Nomadengruppen besiedelt (nachweisbar seit etwa 8500 v. Chr.); Nordwestargentinien und Nordchile waren in unterschiedlicher Weise von der kulturellen Entwicklung des zentralen Andengebiets beeinflusst (Keramik und Anbau von Kulturpflanzen ab etwa 500 v. Chr.). In Nordwestargentinien finden sich in der Kultur von La Aguada die ältesten Bronzen von ganz Amerika.

Aus diesen zeitlich und räumlich z. T. weit voneinander entfernten Prozessen entstanden im 2. Jt. v. Chr. Hochkulturen, die regional stärker zersplittert waren. Aus den Bauten der Ausgrabungsstätten von Cerro Sechín und Chavín kann man schließen, dass dort um 1500 v. Chr. staatliche Strukturen vorhanden waren. Chavín hatte weit reichenden Einfluss auf die andinen Hochkulturen, die bedeutendsten des Kontinents, die im Großreich der Inka den Gipfel ihrer Machtentfaltung und zivilisatorischen Entwicklung erreichten. Mit der Entdeckung (durch Kolumbus 1498) und Eroberung Südamerikas durch die Europäer war diese Entwicklung zwar zu Ende, ihre Traditionen sind jedoch in vielfältiger Weise in die lateinamerikanische Kultur eingegangen (→ Lateinamerika).

Sudetenkrise, Bezeichnung für die kritische Zuspitzung der politischen Lage in Europa ab Mai 1938, hervorgerufen durch die aggressive Politik Adolf Hitlers gegenüber der Tschechoslowakei mit dem Ziel ihrer Zerschlagung; führte zum Abschluss des → Münchener Abkommens am 29./30. 9. 1938.

Südtirol, italienisch **Alto Adige** [- ˈaːdidʒe], 1948–72 amtliche deutsche Bezeichnung **Tiroler Etschland,** südlich des Brenners gelegener Teil der ehemaligen Grafschaft → Tirol, heute die italienische autonome Provinz Bozen innerhalb der autonomen Region Trentino-Südtirol.

Suezkrise. Das israelische Militär – hier eine Panzerkolonne in Tel Aviv während der Mobilmachung – besetzte im 2. israelisch-arabischen Krieg (»Suezkrieg«) Oktober/November 1956 die Sinaihalbinsel und den Gazastreifen.

GESCHICHTE: Im Friedensvertrag von Saint-Germain-en-Laye (10. 9. 1919) musste Österreich Südtirol an Italien abtreten. Gegen die deutschsprachige Bevölkerungsmehrheit betrieb die faschistische Regierung eine unnachgiebige Italienisierungspolitik (u.a. Unterdrückung der deutschen Sprache). Der deutsch-italienische Umsiedlungsvertrag von 1939 – 86% der deutschsprachigen Bevölkerung entschieden sich für die deutsche Staatsbürgerschaft und damit für die Umsiedlung – wurde wegen des Krieges nur begrenzt realisiert, ebenso das Gruber-De-Gasperi-Abkommen vom 5. 9. 1946, das der deutschsprachigen Bevölkerung Gleichberechtigung und weitgehende Autonomie gewähren sollte. Die österreichisch-italienischen Verhandlungen (seit 1956) und damit die Südtirolfrage fanden erst 1969 durch Annahme des Südtirolpakets ihren Abschluss; dabei wurde bis 1992 über praktische Bestimmungen verhandelt.

Suezkrise, Sueskrise, internationaler Konflikt, ausgelöst im Juli 1956 durch die Verstaatlichung des Suezkanals seitens der ägyptischen Regierung unter Präsident Gamal Abd el-Nasser. Die Suezkrise führte zum Suezkrieg (Oktober–November 1956), in dem britische und französische Truppen im Bereich von Suez und Port Said einen Luftlandeangriff gegen Ägypten unternahmen und israelische Streitkräfte die Halbinsel Sinai und den Gazastreifen besetzten. Der Suezkanal wurde geschlossen. Mit dem von den USA und der UdSSR diplomatisch erzwungenen Rückzug der französischen und britischen Verbände aus den von ihnen besetzten Gebieten und der Entsendung einer UN-Friedenstruppe (Dezember 1956) an die israelisch-ägyptische Grenze wurde die Krise im März 1957 (Abzug auch der israelischen Truppen) beigelegt und im April der Suezkanal für die internationale Schifffahrt wieder geöffnet.

Suharto

Suharto, indonesischer General und Politiker, *Kemusu (bei Yogyakarta) 8. 6. 1921; in der niederländischen Kolonialarmee ausgebildet; wurde nach Ausrufung der unabhängigen Republik Indonesien (1945) Partisanenführer in Mitteljava gegen die niederländischen Streitkräfte; stieg dann in der indonesischen Armee bis 1962 zum Generalmajor, bis 1966 zum Generalleutnant auf. Den von einer Offiziersgruppe und der Kommunistischen Partei unternommenen Umsturzversuch vom 30. 9./1. 10. 1965 schlug Suharto mit loyalen Truppenteilen nieder. Suharto schob sich an die Spitze der Streitkräfte und entmachtete Präsident Achmed Sukarno allmählich: 1966 übernahm er die Führung der Regierung; 1967 wurde er amtierender, 1968 gewählter Staatspräsident; 1998 wurde er zum siebenten Mal im Amt bestätigt. 1968–73 war er auch Oberbefehlshaber der Streitkräfte und 1967–73 Sicherheits- bzw. Verteidigungsminister.

Gestützt auf das Militär, später auch auf die politsche Organisation »Gologan Karya« (»Golkar«), errichtete Suharto ein stark auf seine Person zugeschnittenes, zunehmend korruptes Regierungssystem. Die Wirtschaftsentwicklung löste er im Rahmen einer »neuen Ordnung« vom staatlichen Dirigismus. 1975 ließ er Portugiesisch-Timor (Ost-Timor) besetzen. Außenpolitisch hielt Suharto am Prinzip der Neutralität fest, neigte jedoch den USA und den europäischen Demokratien zu. Schwere, durch eine Wirtschaftskrise ausgelöste Unruhen zwangen ihn im Mai 1998 zum Rücktritt.

Suhr, Otto, deutscher Politiker, *Oldenburg (Oldenburg) 17. 8. 1894, †Berlin (West) 30. 8. 1957; Mitglied der SPD; war 1921–33 Sekretär des Allgemeinen Deutschen Gewerkschaftsbundes (ADGB); wurde nach dem Zweiten Weltkrieg politisch in Berlin tätig. Im Frühjahr 1946 widersetzte Suhr sich dem Zwangszusammenschluss von KPD und SPD zur SED. 1946 bis 1948 war er Stadtverordnetenvorsteher von Berlin, 1948–50 von Berlin (West), 1949–55 Direktor der Deutschen Hochschule für Politik, 1951–55 Präsident des Abgeordnetenhauses von Berlin (West). Von 1955 bis zu seinem Tod war Suhr Regierender Bürgermeisters von Berlin (West). Außerdem war er 1948/49 Mitglied des Parlamentarischen Rates, 1949–52 des Bundestages.

Sukarno, Achmed, indonesischer Politiker, *Surabaya 6. 6. 1901, †Jakarta 21. 6. 1970; war schon früh in der Unabhängigkeitsbewegung aktiv; gründete 1927 die »Partai Nasionalis Indonesia« (PNI) und übernahm deren Führung. Ziel seiner Partei war die Gründung eines »freien Indonesien«. 1929–31 war Sukarno in Haft; 1933 verbannte ihn die niederländische Kolonialregierung auf die Insel Flores, 1938 nach Benkulen (Südwestsumatra). 1942 von den Japanern befreit, arbeitete er mit diesen im Sinne der indonesischen Unabhängigkeitsbewegung zusammen. Seit 1945 hatte Sukarno maßgeblichen Anteil an der Umwandlung von Niederländisch-Indien in einen unabhängigen Staat mit dem Namen »Indonesien«. Am 1. 6. 1945 formulierte er als geistig-politische Grundlage dieses Staates die »fünf Prinzipien« (»Panca Shila«), in denen er hindujavanische Traditionen mit Vorstellungen des Islams und des Sozialismus verband: 1) Nationalismus, 2) Internationalismus und Humanismus, 3) Solidarität und Demokratie, 4) Wohlstand, 5) Glaube an einen Gott.

Am 17. 8. 1945 rief er die Unabhängigkeit der Republik Indonesien aus und übernahm das Amt des Staatspräsidenten. Während einer niederländischen Militäraktion wurde Sukarno im Dezember 1948 für kurze Zeit erneut verhaftet. Nach der Anerkennung des unabhängigen Indonesien durch die Niederlande (1949) als Staatspräsident bestätigt, gelang es Sukarno in den Folgejahren, die Republik der vielen Inseln zu einem Staat zusammenzufassen.

Gestützt auf sein persönliches Ansehen, führte Sukarno 1959 das System der »gelenkten Demokratie« ein und übernahm auch das Amt des Ministerpräsidenten. Außerdem suchte er die politischen Kräfte Indonesiens, v.a. die Streitkräfte, die religiösen Gruppierungen und die Kommunistische Partei auszubalancieren. Außenpolitisch verfolgte Sukarno eine Politik des »Nonalignment« (»Bündnislosigkeit«). In diesem Sinne war er einer der Initiatoren der Bandungkonferenz (1955). Je stärker er sich 1959/60 der Volksrepublik China näherte, desto mehr trat ein antiwestlicher Akzent in seiner Außenpolitik hervor. Mit der Eingliederung von Niederländisch-Neuguinea (als Westirian) in den indonesischen Staatsverband (1963) erreichte er einen persönlichen Erfolg; seine Politik der »Konfrontation« gegenüber Malaysia (1963–65) scheiterte. Nach dem Putschversuch einer Gruppe von Offizieren und der sie unterstützenden indonesischen Kommunistischen Partei am 30. 9./1. 10. 1965, bei dem Sukarno eine undurchsichtige Haltung eingenommen hatte, verlor er an politischem Rückhalt. 1966 musste er das Amt des Ministerpräsidenten an General Suharto abtreten, der ihn 1967 auch als Staatspräsident ablöste; seitdem stand Sukarno unter Hausarrest.

Süleiman I., der Prächtige, von den Türken der »Gesetzgeber« (»Kanunî«) genannt, Sultan (seit 1520), *Trapezunt (heute Trabzon) 6. 11. 1494 (oder 27. 4. 1495), †bei Szigetvár (bei Fünfkirchen) 6./7. 9. 1566; einziger Sohn Selims I. Süleiman erweiterte das Reich durch die Eroberung von Belgrad (1521), Rhodos (1522), Ungarn (entscheidende Schlacht bei Mohács, 29. 8. 1526) und Mesopotamien (Bagdad 1534), ließ von September bis Oktober 1529 vergeblich Wien belagern und beherrschte durch seine Flotte das Mittelmeer und das Rote Meer. Er organisierte das Heer neu, regelte das Lehnswesen und das Strafrecht und initiierte eine reiche Bautätigkeit. 1562 nahm er Siebenbürgen in Besitz. Auf seinem 13. Feldzug starb Süleiman kurz vor dem Fall der Festung Szigetvár. Sein Tod konnte von Großwesir Mehmed Sokollu verheimlicht werden, bis die Thronfolge Selims II. in Konstantinopel gesichert war.

Sulla, Lucius Cornelius, römischer Politiker, *138 v. Chr., †bei Puteoli (heute Pozzuoli) 78 v. Chr.; entstammte dem Patriziergeschlecht der Cornelier. Sulla beendete als Quästor unter Gaius Marius den Krieg gegen Jugurtha (105). Im Jahr 101 zeichnete er sich in den Kämpfen gegen die Kimbern und Teutonen aus, im Bundesgenossenkrieg kämpfte er 89 erfolgreich in Kampanien gegen die Samniten. 88 war Sulla Konsul; der Senat übertrug ihm den Oberbefehl gegen Mithridates VI. von Pontos, der ihm als dem Exponenten der Optimaten jedoch auf Volksbeschluss (durch die Popularen) wieder entzogen und Marius übertragen wurde. Daraufhin marschierte Sulla mit seinen Legionen nach Rom und besetzte die Stadt (Eröffnung des ersten Bürgerkrieges). Nachdem er seine Gegner vertrieben hatte, begann er den Feldzug gegen Mithridates (87), den er fortsetzte, obwohl seine Gegner Marius und Lucius Cornelius Cinna mit ihrem Anhang in Rom die Herrschaft an sich bringen konnten und Sulla zum Staatsfeind erklärten.

Bis Ende 86 brachte Sulla Griechenland in seine Gewalt und schloss 85 mit Mithridates den Frieden von Dardanos. Er reorganisierte die Provinz Asia und trieb von ihr riesige Summen ein. Im Frühjahr 83 landete er in Italien und besiegte 83/82 die mit den Samniten verbündeten Marianer. Er schaltete seine Gegner brutal durch Proskriptionen aus und versorgte seine Veteranen (etwa 120 000 Mann) großzügig mit Land. Als Diktator »für Gesetzgebung und Wiederherstellung des Staates« (seit 82) erneuerte er die Senatsherrschaft, u. a. unter Beschränkung der Rechte der Volkstribunen und auf Kosten des Ritterstandes, und leitete Reformen von Gesetzgebung, Gerichtswesen und Verwaltung ein. Im Jahr 80 wieder Konsul, verzichtete Sulla 79 freiwillig auf die Diktatur.

Sully [sy'li], Maximilien de Béthune, Herzog von (seit 1606), französischer Staatsmann, *Rosny-sur-Seine (bei Mantes-la-Jolie) 13. 12. 1560, †Villebon (bei Chartres) 22. 12. 1641; wurde im reformatorischen Bekenntnis erzogen und mit dem jungen Heinrich von Navarra, dem späteren französischen König Heinrich IV., unterrichtet. 1571 ging Sully zum Studium nach Paris, wo er 1572 dem Massaker der →Bartholomäusnacht entging. Seit 1576 kämpfte Sully in den Hugenottenheeren. Sein militärisches und politisches Geschick sowie

Achmed Sukarno

Süleiman I., der Prächtige

Maximilien de Béthune, Herzog von Sully

die Festigkeit seiner religiösen Überzeugung zogen ihm das besondere Vertrauen Heinrichs zu, der ihn nach seiner Thronbesteigung in den Finanzrat berief. 1593 riet Sully dem König zur Konversion. In der Stellung eines »Surintendant des Finances« (seit 1598) reformierte und vereinfachte er das Steuer- und Zollwesen, tilgte die erheblichen Staatsschulden, förderte Gewerbe und Landwirtschaft und ließ Straßen und Wasserwege ausbauen. Nach der Ermordung des Königs (1610) wurde er durch Maria von Medici vom Hof verdrängt, beriet aber in der Folgezeit dennoch manchmal Ludwig XIII.; 1634 wurde er zum Marschall von Frankreich ernannt. Sully verfasste staats- und wirtschaftstheoretische Schriften; er gilt als der Urheber des »großen Plans« (»grand dessein«) Heinrichs IV. zur Neuordnung Europas.

SUN YAT-SEN
***1866 †1925**

bereitete die chinesische Revolution vom Oktober 1911 vor

übernahm 1920 die Führung einer chinesischen Regierung in Kanton

ging 1921 ein Bündnis mit der Kommunistischen Partei Chinas ein

Sumerer, die Bewohner von Sumer in Südmesopotamien im letzten Drittel des 4. und im 3. Jt. v. Chr. Sie sind unbekannter Herkunft, ihre Sprache ist mit keiner anderen verwandt. Die Sumerer Südbabyloniens und die Semiten Nordbabyloniens schufen die städtische Kultur und das Bewässerungssystem des Zweistromlandes.

Unter wechselnder Vormachtstellung einzelner Stadtstaaten (u.a. Uruk, Ur, Lagasch und Umma) bestimmte die von einer gut organisierten Priester- und Beamtenschaft getragene sumererische Kultur, neben der ägyptischen die früheste Hochkultur des →Alten Orients, das Geschehen im 3. Jt. v. Chr. Nach der Herrschaft der ersten semitischen Dynastie, der Dynastie von Akkad (um 2235–2094 v. Chr.), und der Fremdherrschaft der Gutäer kam es unter der 3. Dynastie von Ur (um 2047–1940 v. Chr.) zum letzten Mal zu einer »sumererischen Renaissance« (→Babylonien). Die Sumerer haben die Keilschrift entwickelt.

Sun Yat-sen, Sun Yixian, eigentlich Sun Wen, chinesischer Revolutionär und Politiker, *Cuiheng (Provinz Guangdong) 12. 11. 1866, †Peking 12. 3. 1925; ⚭ mit Song Qingling. Sun Yat-sen, der Sohn eines Bauern, wanderte 1879 nach Honolulu aus, wo er eine Missionsschule der Kirche von England besuchte. In dieser Zeit trat er zum Christentum über. 1886 ging er nach Kanton, später nach Hongkong und wurde Arzt. Die Berührung mit der westlichen Welt und dem Christentum, begleitet von der Ablehnung der in China regierenden Qingdynastie, löste die ersten politischen Schritte Sun Yat-sens aus. 1894 gründete er die Organisation »Xing-zhong« (»Vereinigung zur Wiederherstellung Chinas«). Nach seinem ersten erfolglosen Aufstandsversuch 1895 in Kanton floh er nach Japan. In dieser Zeit ausgedehnter Reisen bildete Sun Yat-sen ein revolutionäres politisches Programm aus: gewaltsamer Sturz der Qingdynastie und Aufbau einer Republik nach den »Drei Prinzipien des Volkes« – Nationalismus, Demokratie, soziale Neugestaltung. Unter diesen Prinzipien verstand er v.a. die Wiederherstellung der wirtschaftlichen und politischen Unabhängigkeit Chinas, die Regierung durch das Volk sowie eine Bodenreform.

Mit der Neugründung einer revolutionären Partei, der Tong-meng-hui (»Schwurbrüderschaft«), 1905 in Tokio tat Sun Yat-sen den ersten Schritt weg von der traditionellen chinesischen Geheimgesellschaft zur politischen Kaderpartei. Von der chinesischen Regierung zur unerwünschten Person erklärt, war er ständig auf der Flucht. Der Ausbruch der chinesischen Revolution im Oktober 1911, der Sun Yat-sen mit seinen Ideen die Ziele gewiesen hatte, traf ihn und seine Anhänger machtpolitisch unvorbereitet. Zwar wurde Sun Yat-sen am 1. 1. 1912 zum provisorischen Präsidenten der Republik China gewählt, musste jedoch schon am 13. 2. 1912 sein Amt an den mächtigen Marschall Yuan Shikai abtreten, einen Militärbefehlshaber in Nordchina. Im Interesse der friedlichen Einigung des Landes erkannten Sun Yat-sen und seine Partei die Herrschaft Yuan Shikais in einem Vertrag an. Im selben Jahr schloss sich die Tong-meng-hui mit anderen Parteien zur →Kuo-min-tang (KMT; »Nationale Volkspartei«) zusammen, die zunehmend in Konflikt mit dem restaurativen Kurs Yuan Shikais geriet. Während China ab 1913 für Jahrzehnte in blutige Bürgerkriege versank und regionale Machthaber (»Warlords«) das Land in Einflusssphären aufteilten, ging Sun Yat-sen wieder nach Japan ins Exil.

Nach dem Tod Yuan Shikais 1916 versuchte Sun Yat-sen bis 1922 vergeblich, China zu einen. 1921 ließ er sich in Kanton zum außerordentlichen Präsidenten einer Regierung der Republik China wählen. Erst nachdem Sun Yat-sen ein Bündnis mit der 1921 gegründeten Kommunistischen Partei Chinas eingegangen war, konnte er sich in Kanton erstmals eine starke politische Basis schaffen. Unter Mitwirkung von Beratern der Komintern und der sowjetischen Regierung begann er, die Kuo-min-tang nach dem Vorbild einer kommunistischen Kaderpartei zu reorganisieren und eine Parteiarmee aufzubauen. Im Januar 1924 wurde Sun Yat-sen zum Vorsitzenden der Kuo-min-tang auf Lebenszeit gewählt. Die Gründung der Militärakademie Whampoa (bei Kanton) im Mai 1924 stärkte seine Position im Machtkampf mit den Warlords des Nordens. Als er in Peking mit Zhang Zuolin zu einer Einigung zu kommen suchte, starb er.

Suprematsakte, englisch **Act of Supremacy** [ækt əv sʊˈpreməsɪ], Bezeichnung für zwei englische Parlamentsgesetze des 16. Jh., durch die die Loslösung der englischen Kirche von Rom besiegelt wurde. Die unter Heinrich VIII. eingeführte Suprematsakte von 1534 (»An Act concerning the King's Highness to be Supreme Head of the Church of England…«, kurz »Supreme Head Act«) bestätigte den König als »irdisches Oberhaupt der Kirche von England, genannt Ecclesia Anglicana«. Der König hatte fortan das Recht, in Organisation und Lehre der Kirche einzugreifen. Ein im selben Jahr erlassenes Hochverratsgesetz (»Treason Act«) sicherte die Durchsetzung der Suprematsakte. Die unter Elisabeth I. verabschiedete Suprematsakte von 1559 – erforderlich geworden wegen der Wiederherstellung der päpstlichen Autorität durch Maria I., die Katholische – gab dem Souverän den noch heute gültigen Titel »Supreme governor« der Kirche von England.

Suprematseid, der in England 1534 für alle Geistlichen und Beamten eingeführte Eid auf den König als Oberhaupt der Kirche von England; 1689 zu einem Treueid gemildert. Die Verweigerung schloss bis 1793 von jedem Staatsamt aus. 1829 wurde der Suprematseid teilweise, 1867 ganz abgeschafft.

Süß-Oppenheimer, Josef, genannt Jud Süß, → Oppenheimer, Josef Süß.

Sutri, Synode von, nach Sutri (Provinz Viterbo, Italien) einberufene Synode, die am 20. 12. 1046 unter dem beherrschenden Einfluss König Heinrichs III. die das päpstliche Schisma beseitigte. Gregor VI. und Silvester III. wurden in Sutri, Benedikt IX. in Rom abgesetzt und das Papsttum aus der Abhängigkeit von den römischen Adelsparteien befreit. Am 24. 12. nominierte Heinrich als neuen Papst Klemens II., der ihn gleich nach seiner Inthronisation zum Kaiser krönte.

Suttner, Bertha Freifrau von, geborene Gräfin Kinsky von Wchinitz und Tettau, Pseudonym Bertha Oulot, österreichische Pazifistin und Schriftstellerin, *Prag 9. 6. 1843, †Wien 21. 6. 1914; begründete 1891 die »Österreichische Gesellschaft der Friedensfreunde« (seit 1964 »Suttner-Gesellschaft«); war Vizepräsidentin des »Internationalen Friedensbureaus« in Bern und regte die Stiftung des Friedensnobelpreises an, den sie selbst 1905 erhielt. Weltruhm errang ihr Roman »Die Waffen nieder!« (1889), mit dem sie weite Kreise für die pazifistische Bewegung gewann. Die gleichnamige Monatsschrift (1892–99) stand wie ihre weiteren Werke im Dienste eines sozialethischen Pazifismus. Daneben schrieb sie kulturphilosophische und sozialkritische Romane.

Svarez [-ts], Carl Gottlieb, fälschlich manchmal Suarez (der Familienname Svarez ist eine Umbildung von »Schwarz« bzw. »Schwartz«), deutscher Jurist, *Schweidnitz 27. 2. 1746, †Berlin 14. 5. 1798; wurde 1771 Mitarbeiter des schlesischen Justizministers und späteren preußischen Staatskanzlers Johann Heinrich Casimir Graf von Carmer in Breslau. Hier war Svarez an der Reform des landwirtschaftlichen Kreditsystems, des Schulwesens und des Zivilprozesses beteiligt. 1780 folgte er von Carmer nach Berlin und schuf in enger Zusammenarbeit mit ihm die preußische Hypothekenordnung (1785), die Allgemeine Gerichtsordnung (1795) und v. a. das 1794 in Kraft getretene Preußische Allgemeine Landrecht. 1790/91 übernahm er den rechtswissenschaftlichen Unterricht des preußischen Kronprinzen, des späteren Königs Friedrich Wilhelm III. Nach allgemeiner Ansicht wurzelt Svarez' Gedankenwelt in der Aufklärung und im späten Naturrecht. Daneben fand seine deutschrechtliche Ausbildung ihren Niederschlag in allen Gesetzgebungsarbeiten und zeigt sich in seinem erfolgreichen Bemühen um eine eigenständige deutsche Gesetzessprache.

Bertha Freifrau von Suttner

Sybel, Heinrich von, deutscher Historiker, *Düsseldorf 2. 12. 1817, †Marburg 1. 8. 1895; war Schüler Leopold von Rankes; wurde 1844 Professor in Bonn, 1846 in Marburg, 1856 in München und 1861 erneut in Bonn. Die Verankerung im nationalliberalen Bürgertum bestimmte sein Geschichtsbild. Als einer der Hauptvertreter der kleindeutschen Geschichtsschreibung bewertete er im Streit mit der großdeutschen Richtung die universalistische Politik der mittelalterlichen Kaiser negativ. Ursprünglich Gegner Bismarcks, wurde er nach 1866 zu dessen Bewunderer. Bismarck machte Sybel, der ab 1875 Direktor der preußischen Staatsarchive war, preußische Akten zur Geschichte der Reichsgründung zugänglich und beeinflusste wesentlich Sybels Darstellung (»Die Begründung des Deutschen Reiches durch Wilhelm I.«, 1889–94). Mit Heinrich von Treitschke trat Sybel für einen starken Staat ein. 1862–64 und 1874–80 war er Mitglied des preußischen Abgeordnetenhauses.

Heinrich von Sybel

Symmachus, Papst (498–514), †Rom 19. 7. 514; konnte sich gegen den Gegenpapst Laurentius (und die noch aus der Zeit seines Amtsvorgängers Anastasius II. bestehende Spaltung des römischen Klerus, die sich in heftigen Straßenkämpfen entlud) erst durch die Unterstützung des Ostgotenkönigs Theoderich des Großen durchsetzen (»Laurentianisches Schisma«; beendet 506). Die wegen der fortgesetzten Unruhen und Verunglimpfungen des Symmachus einberufene Palmensynode (501) lehnte seine Verurteilung ab; an diese Erklärung schloss sich eine Fälschung an, derzufolge der Papst von niemandem gerichtet werden könne (»Symmachianische Fälschungen«).

T

Taboriten, radikale Richtung der Hussiten, →Hussitenkriege.

Tacitus, Publius (?) Cornelius, römischer Geschichtsschreiber, *um 55 n. Chr., †nach 115; wurde 88 Prätor, 97 Konsul, um 112/113 Prokonsul der Provinz Asia; war ein Freund Plinius' des Jüngeren und wie dieser ein gefeierter Redner.

Als Schriftsteller trat Tacitus erst nach der Gewaltherrschaft Domitians hervor. 98 veröffentlichte er eine Biografie seines Schwiegervaters und die Schrift über Germanien (»De origine et situ Germanorum«, kurz »Germania«), die einzige aus der römischen Literatur bekannte länderkundliche Monographie und das wichtigste Zeugnis über Altgermanien (mit zum Teil gegenüber dem angeblichen Sittenverfall Roms idealisiertem Germanenbild). Später wandte sich Tacitus der Kaisergeschichtsschreibung zu. In den »Historiae« (wohl 14 Bücher, 105–110, fortgesetzt von Ammianus Marcellinus; »Historien«) beschrieb er die Zeit der Flavier; erhalten ist nur die Darstellung der Jahre 69/70. Von seinem Alterswerk, den »Annales« (»Annalen«), die die Zeit vom Tod des Augustus bis zu dem Neros (14–68) behandeln, sind die Bücher I–IV (Tiberius, 14–37) und XII–XV (Claudius und Nero, 47–66) ganz, die Bücher V, VI, XI und XVI nur unvollständig erhalten.

Das Werk des Tacitus, bedeutendstes Zeugnis und Schlusspunkt der senatorischen Geschichtsschreibung, will den politischen und moralischen Verfallsprozess unter der Monarchie aufzeigen. Mit seinen Charakterisierungen und in der starken Berücksichtigung der Geschichte Roms und der Kaiser, hinter der die des Reichs und der Provinzen zurücksteht, hat er durch die Jahrhunderte auf die Geschichtsschreibung gewirkt.

CHARLES MAURICE DE TALLEYRAND
***1754 †1838**

- musste 1792, der Verbindung mit dem enthronten König Frankreichs verdächtigt, in die USA emigrieren
- wurde nach seiner Rückkehr 1797 zum Außenminister ernannt
- unterstützte den Staatsstreich Napoleons
- förderte nach der Niederlage Napoleons 1814 die Rückkehr der Bourbonen
- trat für ein engeres Zusammengehen mit Großbritannien und Österreich ein

Talleyrand [taleˈrã], Charles Maurice de, Fürst von Benevent, Herzog (seit 1807) von Talleyrand-Périgord und (seit 1815 neapolitanischer) Herzog von Dino, *Paris 13. 2. 1754, †ebenda 17. 5. 1838; er wurde 1780 Generalagent des Klerus, 1788 Bischof von Autun. Als Mitglied der Generalstände von 1789 trat Talleyrand für Reformen ein und schloss sich der Nationalversammlung an. Er beantragte am 10. 10. 1789 die Einziehung der Kirchengüter zur Tilgung der Staatsschulden und leistete 1791 den Eid auf die Zivilkonstitution des Klerus; daraufhin belegte ihn der Papst mit dem Kirchenbann. Der Verbindung mit dem enthronten König verdächtigt, musste Talleyrand 1792 Frankreich verlassen und emigrierte in die USA. Nach seiner Rückkehr erhielt er 1797 das Amt des Außenministers, das er zunächst bis 1799, dann – nach der Unterstützung des Staatsstreichs Napoleons – bis 1807 innehatte.

Talleyrand strebte ein engeres Zusammengehen mit Großbritannien und Österreich an und hielt nach dem Frieden von Amiens (1802) die Ziele Frankreichs für erreicht. Die Eroberungspolitik Napoleons lehnte er ab und sammelte nach seiner Entlassung eine versteckte Opposition gegen den Kaiser um sich. Nach dessen Niederlage 1814 förderte er entscheidend die Rückkehr der Bourbonen. Auf dem →Wiener Kongress gelang es ihm, Frankreichs europäische Stellung wieder zu festigen. Nach den »Hundert Tagen« Napoleons kam er als Außenminister wieder in die Regierung, konnte sich gegen das Misstrauen Ludwigs XVIII. nicht halten und trat im September 1815 zurück. 1830 unterstützte er die Thronbesteigung Louis Philippes; als Botschafter in London (1830–34) betrieb er die Zusammenarbeit zwischen Frankreich und Großbritannien besonders bei der Entstehung des belgischen Staates. Kurz vor seinem Tod söhnte er sich mit der katholischen Kirche aus.

Talleyrands Anpassung an die wechselnden Regierungsformen erscheint opportunistisch. Seine überragenden diplomatischen Fähigkeiten nutzte er für die Wahrung und den Ausbau der französischen Großmachtstellung. Der Gedankenwelt der Aufklärung verbunden, ließ er niemals das Ziel des europäischen Gleichgewichts aus den Augen.

Tamerlan, transoxanischer Herrscher, →Timur.

Tannenberg, polnisch **Stębark** [ˈstɛmbark], Dorf in der Woiwodschaft Ermland-Masuren, Polen, in den westlichen Masuren, heute Teil der Gemeinde Grunwald. In der Schlacht bei Tannenberg (in der polnischen Geschichtsschreibung: Schlacht bei Grunwald) am 15. 7. 1410, einer der größten Schlachten des Mittelalters, erlitt der Deutsche Orden durch ein polnisch-litauisches Heer unter König Wladislaw II. (Jagiełło) eine vernichtende Niederlage.

Im Ersten Weltkrieg wurde östlich von Tannenberg vom 26. bis 31. 8. 1914 die russische Narewarmee durch die deutsche 8. Armee unter Paul von Hindenburg durch Umfassung geschlagen.

Tarik Ibn Sijad, arabischer Feldherr berberischer Herkunft, †um 720; Freigelassener des Heerführers Musa ibn Nusair; setzte in dessen Auftrag 711 mit 7000 Mann von Ceuta nach Spanien über und landete nahe dem Berg Calpe, der daraufhin nach ihm benannt wurde (Djebel al-Tarik, heute Gibraltar). Tarik Ibn Sijad schlug die Westgoten unter Roderich bei Jerez de la Frontera (19. 7. 711) und eroberte Córdoba und Toledo. An der Seite Musa ibn Nusairs, der im Juni 712 mit einem Heer von etwa 18000 Arabern ebenfalls in Spanien eingetroffen war, unterwarf er bis 714 den größten Teil der Iberischen Halbinsel.

Tarquinius Superbus [»der Hochmütige«], Lucius, der Sage nach der siebte und letzte König Roms (534–509 v. Chr.); war ein Schwiegersohn des Servius Tullius, den er ermorden ließ. Seine Regierungszeit wird als Tyrannenherrschaft beschrieben. Nachdem sein Sohn Sextus Lucretia geschändet hatte, wurde Tarquinius vertrieben. Nach Errichtung der Republik versuchte er vergeblich zurückzukehren.

Tassilo III., Herzog von Bayern aus dem Haus der Agilolfinger, * um 741, † Lorsch 11. 12. (frühestens) 794; ab 757 Vasall Pippins III., des Jüngeren; betrieb jedoch eine faktisch unabhängige Politik in Bayern (763 Weigerung, Pippin Heeresdienst zu leisten); 788 wurde er von Karl dem Großen unter der Anschuldigung, sich mit den Awaren verbündet und die Treue gegenüber dem Lehnsherrn verletzt zu haben, mit seiner Familie zu lebenslanger Klosterhaft verurteilt (das Herzogtum Bayern wurde dem Fränkischen Reich eingegliedert).

Täufer, Wiedertäufer, Anabaptisten, von der Kirchengeschichtsschreibung geprägte zusammenfassende Bezeichnung für in der Reformationszeit entstandene christliche Gemeinschaften, die die Kindertaufe als unbiblisch ablehnen und an ihrer Stelle die Erwachsenentaufe üben. Kirchengeschichtlich werden die Täufer weitgehend dem spiritualistischen Flügel der Reformation zugerechnet. Die Grundlagen des Täufertums bilden das Verständnis der Erwachsenentaufe als »Glaubenstaufe« (bewusst vollzogen im individuellen Bekenntnisakt) und der christlichen Gemeinde als freiwilliger Zusammenschluss mündiger Christen, die das Christentum authentisch leben wollen. Die von den Täufergemeinschaften angestrebte Wiederherstellung des wahren Christentums in der Welt ist nach dem täuferischen Verständnis wesentlich auch mit der Herstellung sozial gerechter Verhältnisse verbunden, für die die Gemeinden Beispiele sein wollen.

Die erste Täufergemeinde entstand in Zürich, als sich Conrad Grebel 1523 von Ulrich Zwingli trennte, weil dieser die Durchführung der Reformation vom Rat der Stadt erwartete. 1525 vollzog Grebel die erste Erwachsenentaufe. Radikale Auffassungen innerhalb des an sich »friedfertigen« Täufertums (wohl v. a. unter dem Druck einsetzender Verfolgungen entstanden) führten 1534 zur Errichtung des Täuferreichs von Münster, das 16 Monate bestand und unter seinen Führern Johann Bockelson, Bernhard Rothmann und Bernhard Knipperdolling die Form einer Schreckensherrschaft annahm, durch die das Täufertum insgesamt für lange Zeit zu Unrecht diskreditiert wurde. So verschärfte sich nach dem Ende des Täuferreichs die Verfolgung der Täufergemeinschaften (z. B. Mennoniten und Hutterer), die aus Deutschland weitgehend verdrängt wurden und zunächst v. a. in Polen und Mähren, später besonders in Russland und

Täufer. Das Schreckensregiment des Täuferreichs von Münster wurde 1535 nicht minder schrecklich durch bischöfliche Truppen beendet. In Käfigen am Turm der Lambertikirche wurden die Gefangenen zur Schau gestellt, bevor sie öffentlich verbrannt wurden.

Nordamerika eine neue Heimat fanden, wo das Täufertum heute in verschiedenen Gemeinschaften (z. B. den Amischen in den USA) fortlebt.

Technik, Sonderartikel S. 860/861.

Tecumseh [ˈteːkʊmzeː, engl. tɪˈkʌmsə], Häuptling der Shawnee-Indianer, * bei Old Piqua (Oh.) um 1768, † (gefallen) bei Thamesville (Ontario) 5. 10. 1813; versuchte seit etwa 1805, die Indianerstämme des Mittelwestens und Südostens gegen das Vordringen der weißen Siedler über die Appalachen zu einigen, scheiterte jedoch, nachdem sich sein Bruder Tenskwatawa (genannt »der Prophet«) während Tecumsehs Abwesenheit einem Gefecht mit den Truppen des Gouverneurs William Harrison am Tippecanoe River (7. 11. 1811) stellte und unterlag. Tecumseh kämpfte im Krieg 1812/13 als Brigadegeneral auf britischer Seite gegen die Amerikaner.

Teheran, Konferenz von, erste gemeinsame Konferenz von Winston Churchill, Franklin D. Roosevelt und Stalin (28. 11.–1. 12. 1943) während des Zweiten Weltkriegs. Die von Stalin geforderte Errichtung einer zweiten Front in Europa durch Landung alliierter Truppen in der Normandie und Südfrankreich im Sommer 1944 wurde mit der gleichzeitigen sowjetischen Offensive koordiniert. Zudem wurden die sowjetische Beteiligung am Krieg gegen Japan nach dem Sieg in Europa in Aussicht gestellt und die »Westverschiebung« Polens zugunsten der Sowjetunion geplant.

Teja, Theia, Teia, letzter König (seit Juli 552) der Ostgoten in Italien, † (gefallen) am Mons Lactarius (südlich des Sarno, bei Stabiae) Oktober 552; wurde als erfolgreicher Heerführer in Oberitalien Nachfolger des Totila.

Fortsetzung S. 862

1

TECHNIK

1) Die Brüder Wilbur und Orville Wright beschäftigten sich ab 1900 mit Flugversuchen: Mit ihrem Doppeldecker »Flyer I« führten sie am 17. 12. 1903 in Kitty Hawk (N. C.) geradlinig gerichtete Motorflüge von bis zu 255 m Länge aus und setzten damit einen Meilenstein in der Technikgeschichte.

Die Geschichte der Menschheit lässt sich auch als Geschichte ihrer technischen Errungenschaften und Fertigkeiten darstellen. Die Frühgeschichte ist sogar fast ausschließlich Technikgeschichte: die Geschichte der Herstellung von Werkzeugen und Schmuckstücken. Eine frühe Schlüsseltechnik war die Beherrschung des Feuers. Es sorgte für Licht, bot Schutz vor wilden Tieren und diente zum Kochen. Etwa eine Million Jahre lang war das Feuer sozialer und kultureller Mittelpunkt der Menschen. Es bewirkte zudem wichtige pyrotechnische Errungenschaften wie etwa die Töpferei oder die Metallurgie.

Frühgeschichte und Antike

Die Metallurgie begann schon in der Jungsteinzeit. Zunächst wurden die Metalle kalt bearbeitet. Erst im 4. Jt. v. Chr. begannen die Ägypter mit dem Abbau und Schmelzen von Erzen. Bald erkannten sie, dass sich Kupfer durch den Zusatz von Zinn härten ließ. Das hieraus resultierende Produkt Bronze übte in der Folge großen Einfluss auf viele Kulturen aus und gab schließlich einer ganzen Epoche ihren Namen. Etwa 2000 Jahre später begann mit der Verarbeitung von Eisen der Siegeszug eines weiteren metallurgischen Produkts, der bis heute anhält.

Während sich die hellenistische Zeit durch eine Blüte der Naturwissenschaft auszeichnete, war es im Römischen Reich v. a. die Technik, die entscheidend mit zur Ausdehnung und Macht des Reiches beitrug: Eine hoch entwickelte Marine- und Militärtechnik sicherte Überlegenheit über ihre Gegner. Bautechniker schufen mit einem verzweigten System von Landstraßen und Aquädukten die Infrastruktur des riesigen Reiches. Doch nicht nur in Südeuropa blühte die Technik. Besonders das China der Han-Dynastie (um 200 v. Chr. bis 220 n. Chr.) zeichnete sich durch zahlreiche technische Neuerungen wie Papier, Kompass, Buchdruck, Porzellan und Schießpulver aus. Die wohl bedeutendsten Leistungen der chinesischen Zivilisation waren die Große Mauer und der Große Kanal.

Mittelalter und frühe Neuzeit

Im Mittelalter trug die Landwirtschaft maßgeblich dazu bei, dass sich Europa aus seiner kulturellen Rückständigkeit befreien und zur naturwissenschaftlich und industriell führenden Region in der Welt aufsteigen konnte. Die Notwendigkeit einer effizienteren Landwirtschaft ergab sich aus einem stetigen Bevölkerungsanstieg in Verbindung mit zunehmendem Landmangel. Flurzwang, Dreifelderwirtschaft und agrartechnische Neuerungen (Beetpflug, Balkenegge) erhöhten die Produktivität und gewährleisteten damit die Sicherung der Nahrungsmittelversorgung. Der Handel nahm zu und das städtische Handwerk florierte.

Die Verfeinerung des handwerklichen Könnens schuf auch die Voraussetzung für die Entwicklung von zuverlässigen Zeitmessern. Zwar waren schon seit dem 5. Jh. v. Chr. Wasseruhren bekannt, doch erst im 13. Jh. wurden die ersten mechanischen Räderuhren und 1570 von Peter Henlein in Nürnberg die erste Taschenuhr ge-

2

3

baut. Einen Aufschwung erlebte das Uhrmachergewerbe dann im 18. Jahrhundert. Da die exakte Längengradbestimmung von Schiffspositionen die Kenntnis der genauen Lokalzeit voraussetzte, lobte die britische Regierung 1717 einen Preis für eine genaue Methode zur Längengradbestimmung aus. In der Folge wurden von zahlreichen Uhrmachern immer genauere und kleinere Chronometer entwickelt.

Industrialisierung

Ab Mitte des 18. Jh. begann Maschinenarbeit immer mehr die Handarbeit zu verdrängen. Die industrielle Revolution, die durch den massenhaften Einsatz von kraft- und ortsverändernden Maschinen (Dampfmaschine, Lokomotive) geprägt war, markiert den Beginn des technischen Zeitalters. Dieses lässt sich besonders deutlich am Beispiel der Verkehrstechnik zeigen. Dauerte eine Reise zu Pferd oder mit der Kutsche von Stadt zu Stadt zu Beginn des 19. Jh. noch mehrere Tage, so ließ sich am Ende des Jahrhunderts die gleiche Reise in wenigen Stunden zurücklegen.

Die Dampfmaschine blieb bis zum Ende des 19. Jh. der Hauptantrieb für Industrie und Transportwesen. Die Entwicklung von kompakten Benzinmotoren schuf die Voraussetzung für eine neue Antriebstechnik, die mit dem Bau des ersten Automobils durch Gottlieb Daimler im Jahre 1886 den Grundstein zur Individualisierung des Verkehrs legte. Doch nicht nur das wichtigste Verkehrsmittel des 20. Jh. veränderte das alltägliche Leben revolutionär: Die Entdeckung der Elektrizität und des Elektromagnetismus ermöglichte bisher ungeahnte Kommunikationstechniken und ließ ab 1879 die Straßen und Wohnungen der Großstädte erleuchten. Die Entdeckung des Elektrons 1897 schuf zudem die Grundlage für die Elektronik, die heute mehr denn je in Computern und Lasern allgegenwärtig ist. Neue Baumaterialien und -techniken trieben zu Beginn des 20. Jh. Brücken in die Länge und Hochhäuser in die Höhe. Auch Radio und Fernsehen veränderten das Leben der Menschen. Und schließlich trug die Technisierung der Landwirtschaft entscheidend dazu bei, dass immer weniger Bauern eine schneller wachsende Bevölkerung ernähren konnten.

Kehrseite der Medaille

In der Zeit der »Automobilisierung« vollzog sich die Entwicklung des Flugzeugs. 1891 flog Otto Lilienthal mit dem ersten »Schwerer als Luft«-Flugapparat. Hundert Jahre später ist auch das Flugzeug längst Massenverkehrsmittel geworden. Von Beginn an wurden Flugzeuge auch als Waffen eingesetzt. Ebenso rasant entwickelte sich die Raketentechnik. Vom Start der ersten Fernrakete im Jahre 1942 bis zur Mondlandung vergingen nur 27 Jahre. Heute kann jedes Land der Erde innerhalb von Stunden mit einem Verkehrsflugzeug erreicht werden; genauso aber kann jeder beliebige Ort von einer Interkontinentalrakete mit nuklearem Sprengkopf getroffen werden. In der Tat zeigt sich die Janusköpfigkeit der Technik nirgendwo so beängstigend wie in der Luft- und Raumfahrt.

2) Gottlieb Daimler (im Fahrzeug hinten sitzend) demonstrierte 1887 mit der Erstfahrt die Einsatzfähigkeit seines vierrädrigen Kraftwagens und legte damit den Grundstein zur Individualisierung des Verkehrs.

3) Überwindung von Zeit und Raum: Das Internet, ein weltweites, dezentrales Netz von miteinander verbundenen Computernetzen, revolutionierte am Ende des 20. Jh. den Austausch von Informationen.

Fortsetzung von S. 859
Tejas Heer wurde von den Byzantinern unter Narses in der Nähe des Vesuvs geschlagen, er selbst fiel in der Schlacht. Nach Tejas Tod wählten die Goten in Italien keinen König mehr.

Templer.
In Frankreich bezichtigte Philipp IV. die Templer der Ketzerei, um sich so der reichen Besitztümer des Ordens bemächtigen zu können. Die zeitgenössische Darstellung zeigt, wie Templer verhaftet und ins Gefängnis geführt werden (Buchmalerei aus den »Chroniques de France«; London, British Library).

Templer, Tempelherren, Tempelritter, ursprünglich die Mitglieder des 1119 von Hugo von Payens in Jerusalem unter dem Namen »Pauperes Commilitones Christi templique Salomonis« (»Arme Ritter Christi vom Tempel Salomonis«) zum Schutz der christlichen Pilger und der heiligen Stätten gegründeten geistlichen Ritterordens; nach dem Ordenssitz auf dem Jerusalemer Tempelberg auch »Fratres militiae templi« (»Ritter vom Tempel«) genannt. Die von Bernhard von Clairvaux redigierte Ordensregel wurde 1128 bestätigt, der Orden 1139 unmittelbar dem Papst unterstellt. Als Ordenstracht trugen die Templer weiße Mäntel mit einem roten Tatzenkreuz. Verschiedene Gründe, besonders der wachsende Einfluss des Ordens aufgrund seiner führenden Rolle im Handel mit dem Orient und im Kreditgeschäft, verstärkt durch vielfältige Privilegien, sowie seine universalistische Religionspolitik, die wohl auch gnostisch-esoterisches Traditionsgut aufnahm, führten zum wirtschaftlichen und geistigen Aufstieg des Ordens bis zum Fall der Stadt Akko (1291). Wahrscheinlich um sich ihr Vermögen anzueignen, begann der französische König Philipp IV. gegen die Templer vorzugehen und die Aufhebung des Ordens zu betreiben. Bei der Inquisition wurde ein Verfahren wegen Häresie, Blasphemie und Unzucht eingeleitet. Papst Klemens V. gab, obgleich von der Haltlosigkeit der Vorwürfe überzeugt, dem Druck des französischen Königs nach. 1307 ließ Philipp IV. die führenden Persönlichkeiten der Templer verhaften und ihr Vermögen beschlagnahmen. Klemens V. verfügte 1312 auf dem Konzil von Vienne die Aufhebung des Templerordens, nicht jedoch seine Verurteilung.

Im Gegensatz zu Frankreich fanden die gegen die Templer erhobenen Vorwürfe in Schottland, Portugal und Norditalien keine Anerkennung, sodass sich die Templer als militärischer christlicher Laien-Ritterorden neu formieren konnten (1705 Verabschiedung der Ordensstatuten). In Frankreich gestattete Napoleon I. die Wiederzulassung des Templerordens. Die seit 1845 gewünschte Wiederanerkennung durch die katholische Kirche konnte bislang nicht erreicht werden. Sitz des Templerordens, seit 1996 »Ordo Militiae Christi Templi Hierosolymitani« (»Christlicher Ritterorden vom Tempel zu Jerusalem«), ist seit 1991 Jerusalem; Sitz des internationalen Generalsekretariats ist Köln.

Terrorismus, politisch motivierte Form der Gewaltkriminalität; die Androhung und Anwendung von Gewalt gegen staatliche oder gesellschaftliche Funktionsträger im Rahmen längerfristiger Strategien, um mit der Verbreitung von Furcht und Schrecken bestehende Herrschaftsverhältnisse zu erschüttern. Terrorismus ist ein Produkt extremistischen Denkens. Abzugrenzen ist der Terrorismus besonders von der allgemeinen Gewalttat, der das politische Moment fehlt.

THEORIE: Aktivitäten des gewaltsamen politischen Umsturzes in Gestalt des individuellen (d.h. gegen Personen gerichteten) Terrors sind von alters her bekannt, z.B. der Tyrannenmord. Im Mittelalter entwickelten im Nahen und Mittleren Osten die →Assassinen terroristische Aktivitäten. Eine Doktrin des Terrorismus gibt es aber erst seit Beginn des 19. Jahrhunderts. In Verbindung mit Theorieansätzen des →Anarchismus war Michail Bakunin davon überzeugt, dass die »Lust an der Zerstörung auch ein schöpferischer Drang« sei. Im Gegensatz zur organisierten Arbeiterbewegung, die die gesellschaftliche Veränderung durch disziplinierte Organisation bewirken wollte, forderte er »direkte Aktionen« und die »Propaganda der Tat«, d.h. individuelle terroristische Anschläge gegen bekannte Vertreter und Einrichtungen von Staat und Wirtschaft. Der Grundgedanke ist immer, dass der »Terror von unten« die natürliche und berechtigte Reaktion gegen die »Vergewaltigung von oben« ist, dass eine kleine Zahl entschlossener Menschen einen unverhältnismäßig großen Einfluss ausüben kann, wenn sie systematisch und ohne Bedenken, gleichsam als »humane Tat«, die Stützen der bekämpften Gesellschafts- und Staatsordnung angreift (der »Schlag gegen das Zentrum«).

MOTIVE UND FORMEN: Wie sich bereits in der Geschichte des Terrorismus zeigt, gibt es – entsprechend den Motiven – unterschiedliche Erscheinungsformen: den irredentistisch-sezessionistischen, den ideologisch-gesellschaftspolitischen, den fremdenfeindlich-nationalistischen, den befreiungsideologischen und den religiös-fundamentalistischen Terrorismus. In der Realität sind Mischformen möglich.

Nach der Teilung Irlands (1920/21) kämpfte die katholisch-nationalistische Irish Republican Army (IRA) mit Terror gegen die britische Herrschaft in Nordirland und für dessen Vereinigung mit der Republik Irland. Neben dem irredentistisch-sezessionistischen Grundmotiv spielten dabei auch konfessionelle und soziale Gründe (gesellschaftliche Benachteiligung des katholischen Bevölkerungsteils) eine stimulierende Rolle. In dem Ende der 1960er-Jahre ausgebrochenen Bürgerkrieg traf der IRA-Terror auf den Gegenterror radikaler protestantisch-unionistischer Untergrundbewegungen; der Konflikt, dem in den folgenden knapp drei Jahrzehnten mehr als 3000 Menschen zum Opfer fielen, konnte auch nicht durch die Stationierung britischer Truppen, die zunehmend selbst in den Kreislauf der Gewalt involviert wurden, und durch die Übernahme der direkten Verwaltung durch die britische Regierung eingedämmt werden. Erst angesichts der Aussichtslosigkeit, mit terroristischen Mitteln zum Ziel zu gelangen, und aufgrund der nachlassenden Akzeptanz der Bevölkerung für den blutigen Kampf der katholischen und protestantischen Untergrundorganisationen fanden sich diese zu Waffenstillständen bereit, die den Weg zu einer längerfristigen politischen Lösung des Konflikts eröffneten (Stormont-Friedensabkommen vom 10. 4. 1998).

Im Kampf gegen den spanischen Zentralstaat entstand die Euskadi Ta Azkatasuna (ETA), die auf dem Wege des Terrorismus die staatliche Verselbstständigung des Baskenlandes erzwingen will. In der Zeit der Diktatur von Francisco Franco verkörperte sie den Überlebenswillen und das Selbstwertgefühl der baskischen Nation. Im Zuge der Demokratisierung Spaniens verlor der ETA-Terrorismus in der baskischen Gesellschaft zwar an Rückhalt, erschüttert aber immer wieder durch brutale Aktionen die spanische Gesellschaft.

Getragen von Theoremen des Marxismus, besonders des Neomarxismus, entwickelte sich in der Bundesrepublik Deutschland als radikales Zerfallsprodukt der studentischen Protestbewegung gegen Anfang der 1970er-Jahre der Linksterrorismus, der besonders von der Baader-Meinhof-Gruppe, dann von der →Rote-Armee-Fraktion (RAF) getragen wurde. Die deutschen Terroristen zogen das Abtauchen in den Untergrund, den »bewaffneten Kampf«, dem von der Mehrheit der Studentenbewegung geforderten »langen Marsch durch die Institutionen« vor. Getragen von ihrem Bewusstsein, einer intellektuellen Elite anzugehören, formulierten sie ein Widerstandsrecht gegen »repressive Gewalt« und »kapitalistische Ausbeutung« in den Industriestaaten (mit marktwirtschaftlichem Wirtschaftssystem) wie auch in der Dritten Welt.

Im engen Kontext einer »linken Kultur« entwickelten in Italien sozialrevolutionäre Kräfte Ideologien, die die Revolutionsidee mystifizierten und die parlamentarische Demokratie als eine die »Ausbeutung verdeckende Maske« charakterisierten. Vor diesem Hintergrund lösten Mitte der 1970er-Jahre die Dauerherrschaft der Democrazia Cristiana, die Einbindung der Kommunistischen Partei in die Regierungsverantwortung sowie die reformistische Politik der Gewerkschaften aufseiten der extremen Linken terroristische Aktivitäten aus, die v. a. von den Roten Brigaden getragen wurden. In Frankreich spielte die Action directe eine ähnliche Rolle.

Terrorismus.
Am 5. 9. 1972 überfielen palästinensische Terroristen der Gruppe »Schwarzer September« in München die israelische Olympiamannschaft, töteten zwei Sportler und verlangten die Freilassung von 200 arabischen Häftlingen in Israel. Beim Schusswechsel auf dem Flughafen Fürstenfeldbruck explodierten zwei Hubschrauber des Bundesgrenzschutzes, die neun Geiseln und fünf Attentäter sowie ein Polizist starben.

In der Zeit der Entkolonialisierung war Terrorismus – besonders in Asien und Afrika – mit befreiungsideologischen Vorstellungen verbunden. Der Terrorismus arabischer Organisationen gegen den Staat Israel ist – je nach Organisation – unterschiedlich akzentuiert: Während bei der Fatah das irredentistisch-nationalistische, bei PFLP (innerhalb der PLO) lange Zeit das sozialrevolutionäre Element überwog, sind Amal und Hizbollah, seit etwa 1988 besonders Hamas vom islamischen Fundamentalismus geprägt. Den 1991 eingeleiteten Friedensprozess im Nahen Osten versuchen neben arabischen Terrorgruppen auch extremistische jüdische Siedler immer wieder durch Anschläge in Israel und in den Autonomiegebieten zu torpedieren. Seit dem Militärputsch von 1992 in Algerien sind dort über 100 000 Menschen dem Terrorismus zum Opfer gefallen, der nicht nur auf den Front Islamique du Salut (FIS) zurückgeht, sondern angesichts der weit gehenden Auflösung des staatlichen Gewaltmonopols infolge der ge-

TERRORISMUS *Anschlag auf das World Trade Center*

Als am 11. 9. 2001 um 8.42 Uhr Ortszeit in New York ein Flugzeug in einen der beiden Türme des World Trade Centers raste, glaubte die Welt zunächst noch an einen schrecklichen Unfall. Doch mit dem Einschlag einer zweiten Passagiermaschine in den zweiten Turm des New Yorker Wahrzeichens der USA nur wenige Minuten später, um 9.00 Uhr (Foto), erhärtete sich der Verdacht, dass es sich um einen terroristischen Angriff handelte. Und weitere Schreckensnachrichten folgten: Um 9.35 Uhr stürzte ein Flugzeug auf das Verteidigungsministerium in Arlington bei Washington nieder und verwüstete einen Teil des riesigen Gebäudes, um 10.29 Uhr stürzte bei Pittsburgh eine Boeing 727 ab. Die Nachrichten lösten eine weltweite Schockwelle aus – der internationale Terrorismus war in eine bis dahin nicht für möglich gehaltene neue Dimension des Schreckens eingetreten.

Sehr bald verdichteten sich die Hinweise, dass die islamistische Terrororganisation al-Qaida des saudi-arabischen Multimillionärs Osama Bin Laden die schrecklichen Attentate, denen insgesamt mehr als 3000 Menschen zum Opfer fielen, mithilfe von speziell dafür ausgebildeten Selbstmordattentätern begangen hatte. Die US-Regierung reagierte angesichts der schockierenden Erfahrung, dass die USA nun auch im eigenen Land massiven äußeren Bedrohungen ausgesetzt waren, erstaunlich besonnen: Über mehrere Wochen schmiedete die US-Diplomatie eine bis dahin nicht gekannte weltweite Einheitsfront gegen den Terror. Erst dann begannen die USA mit militärischen Schlägen gegen das Taliban-Regime in Afghanistan, das im Verdacht stand, Bin Laden und seiner Organisation Unterstützung und Schutz gewährt zu haben. Die Taliban wurden mithilfe auch ihrer inneren Gegner innerhalb weniger Monate vernichtend geschlagen.

sellschaftlichen Zerklüftung auch auf deren Gegner. Vor dem Hintergrund ethnischer und religiöser Spannungen im asiatischen Raum griffen z.B. in Sri Lanka die Liberation Tigers of Tamil Eelam sowie in Indien extremistische Vertreter der Sikhs zu terroristischen Mitteln. In Lateinamerika steht einem (für die gesellschaftliche Gleichstellung der benachteiligten Bevölkerungsschichten) »revoltierenden« Terrorismus (z.B. die Aktionen der Tupamaros in Uruguay oder des Sendero Luminoso in Peru) ein »repressiver« (d.h. ein auf den Erhalt bestehender Verhältnisse gerichteter) Terrorismus entgegen (besonders die »Todesschwadronen« in verschiedenen Ländern).

Der nahezu weltweite Zusammenbruch des »realen Sozialismus« bedeutete für den Terrorismus, zumal für den sozialrevolutionär ausgerichteten, eine Zäsur. Hatten terroristische Aktionen schon vorher nachgelassen, so wurden dem ideologisch-gesellschaftspolitischen Terrorismus nun die letzten ideologischen Bastionen entzogen. In Deutschland gab die RAF im April 1998 aus dem Untergrund ihre Auflösung bekannt. Auch bei anderen Formen des Terrorismus in der Welt zeichnete sich durch die Agonie der kommunistischen Staatenwelt in den 1990er-Jahren ein gewisser Rückgang der Aktivitäten ab. Allerdings geben die weltweit weiter bestehenden oder neu entstandenen Konfliktherde dem Terrorismus neue Schubkraft. Auf eine große Zahl von Opfern auf engstem Raum zielten u.a. Giftgasanschläge der japanischen Aum-Sekte 1995 mit dem Nervengift Sarin auf die U-Bahn in Tokio, das Bombenattentat amerikanischer Rechtsextremisten auf ein Bürogebäude in Oklahoma City 1995 oder die Anschläge auf die U-Bahn in Madrid 2004. Auch der Anschlag auf das New Yorker World Trade Center am 11. 9. 2001 durch Selbstmordattentäter, die dem internationalen Terrornetzwerk »al-Qaida« von Osama Bin Laden zugerechnet werden, zeigt, dass ein international operierender Terrorismus durch Angriffe auf hoch empfindliche Schaltstellen wie Verwaltungs- und Kommunikationszentren die Verwundbarkeit der hoch entwickelten Gesellschaften ausnutzen kann und dass etwa die Gefahr des Einsatzes von Massenvernichtungswaffen in den Händen von Terroristen eine äußerst ernst zu nehmende Gefahr darstellt.

OPERATIVE ZIELE UND TAKTISCHE MITTEL: Die Aktionen v.a. des irredentistisch-sezessionistischen, des ideologisch-gesellschaftspolitischen und des befreiungsideologischen Terrorismus (Sabotage, Entführung und Ermordung führender Vertreter des bekämpften Staats- und Gesellschaftssystems aus Politik, Justiz und Wirtschaft), von verdeckt operierenden Kommandos vorbereitet und durchgeführt, zielen darauf, das Gewaltmonopol des Staates infrage zu stellen, den Staat als hilflos »vorzuführen«, die politische Ordnung zu destabilisieren, ein Klima der Unsicherheit in der Bevölkerung zu fördern und so mittel- oder langfristig eine »revolutionäre Situation« herbeizuführen. Die für die innere Sicherheit zuständigen Organe (besonders Polizei, Staatsanwaltschaft, Gerichte) sollen zu Überreaktionen herausgefordert, die Stärke des in eine Aktions-Reaktions-Spirale gedrängten Gegners soll gegen ihn selbst gerichtet werden. Über eine bewusst einkalkulierte Berichterstattung der Massenmedien wirkt die »Propaganda der Tat« in die Bevölkerung hinein. Operatives Wunschziel terroristischer Aktivitäten ist damit – neben der Einschüchterung der »Herrschenden« – eine Solidarisierung größerer Bevölkerungsgruppen.

Im Gegensatz zu einer aggressiven Kriegführung zielt der Terrorismus nicht »auf den Raum«, sondern »auf das Denken«. Wichtig für den terroristischen Kampf ist die Existenz eines Umfelds von Sympathisanten, die zu gelegentlichen Hilfsdiensten wie Finanzierung, Gewährung von Unterschlupf, Wohnungsanmietung, als Nachrichtenübermittler oder zu logistischer Unterstützung bereit sind. Viele der vorgenannten Terrororganisationen erfuhren darüber hinaus seitens bestimmter Staaten – je nach deren politischer Interessenlage – Unterstützung, z.B. durch die Bereitstellung von Geldmitteln, gefälschten Personaldokumenten, Waffen, militärische Ausbildungsgelegenheiten, Logistik und die Gewährung von Zuflucht. Unterstützungshandlungen der genannten Art wurden in der jüngeren Vergangenheit bekannt besonders von den bis 2001 in Afghanistan herrschenden Taliban, von Irak, Syrien, Libyen und Iran (gegenüber den antiisraelischen Terrororganisationen) sowie von der Deutschen Demokratischen Republik (gegenüber der RAF v.a. als Rückzugsraum, gegenüber arabischen Terroristen als Operationsbasis). Auch durch Kontakte zu terroristischen Gruppen in anderen Ländern versuchen Terrororganisationen ihre internationalen Aktionsmöglichkeiten auszuweiten.

TERRORISMUSBEKÄMPFUNG: Nach dem Aufkeimen terroristischer Aktivitäten besonders zu Beginn und Mitte der 1970er-Jahre in der Bundesrepublik Deutschland wurde das bestehende allgemeine rechtliche Instrumentarium zur Bekämpfung dieser Art der Kriminalität vom deutschen Gesetzgeber für nicht ausreichend erachtet. Er schuf jedoch kein Sonderrecht dafür. Den Kern der Normen zur Terrorismusbekämpfung bilden nur relativ wenige Bestimmungen des materiellen und des Verfahrens- und Vollstreckungsrechts. Durch das Antiterrorgesetz vom 18. 8. 1976 wurde als neuer Straftatbestand §129a in das StGB eingefügt, der die Bildung terroristischer Vereinigungen unter Strafe stellt. Der Terrorismusbekämpfung dienten zahlreiche (mehr oder minder erfoglreiche) Gesetzesverschärfungen ebenso wie polizeiliche Regelungen über die Einrichtung von Kontrollstellen, verbesserte Fahndungsmethoden und Informationssysteme. Auch die Einführung fälschungssicherer Personalausweise ist ein Produkt der Terrorismusbekämpfung.

Die Bekämpfung des Terrorismus ist wegen seiner internationalen Verbreitung und seiner teilweise globalen Zielsetzungen auch eine internationale Aufgabe. Im Rahmen der EU gibt es auf der Ebene der Innenminister die Arbeitsgemeinschaft TREVI (Abk. für Terrorisme, Radicalisme, Extrémisme, Violence), die sich in verschiedenen Arbeitsstäben v.a. der Bekämpfung des Terrorismus widmet. Am 27. 1. 1977 wurde zudem das »Europäische Übereinkommen zur Bekämpfung des Terrorismus« geschlossen. Auch im Zusammenhang mit der Öffnung der europäischen Grenzen für den internationalen Warenverkehr sind neue Risiken erwachsen, die den Terrorismus begünstigen; diesen Risiken versuchen z.B. die Schengener Abkommen zu begegnen.

Tetrarchie [griech. tetrarchía »Viererherrschaft«] in der Antike durch Vierteilung eines Territoriums entstandenes Herrschafts-

Tetrarchie. Diokletian erhob 286 und 293 n. Chr. drei mögliche Usurpatoren zu Mitkaisern. Die in der Porphyrgruppe (um 300; Venedig, Außenseite von San Marco) den Untertanen verkündete Botschaft sollte die Bürgerkriege vergessen lassen: Vier Kaiser, in enger Umarmung dargestellt, zeugen von Harmonie und Effektivität der in der Tetrarchie erneuerten Monarchie.

Ernst Thälmann

MARGARET THATCHER
***1925**

wurde 1979 als erste Frau in der britischen Geschichte zur Premierministerin gewählt

führte eine Wende in der britischen Innenpolitik hin zur Betonung marktwirtschaftlicher Prinzipien herbei

trat nach der Niederlage bei der Wahl zum Parteivorsitz 1990 zurück

gebiet (z. B. in Thessalien), meist unter einem eigenen Dynasten (Tetrarch »Vierfürst«); später wurden zahlreiche orientalische Fürsten, denen der Königstitel versagt blieb, Tetrarchen genannt (so die Erben des Herodes in Judäa). Tetrarchie hieß auch das Regierungssystem Diokletians (seit 293), wonach jeweils zwei Kaiser (Augusti) und zwei Unterregenten (Caesares) zusammen das Römische Reich regierten.

Teutoburger Wald, Höhenzug in Nordrhein-Westfalen und Niedersachsen, benannt nach dem bei Tacitus (Annalen 1,60) erwähnten Schauplatz (»Teutoburgiensis saltus«) der Varusschlacht (→Varus, Publius Quinctilius).

Thälmann, Ernst, deutscher Politiker, *Hamburg 16. 4. 1886, †(ermordet) KZ Buchenwald 18. 8. 1944; Transportarbeiter; trat 1903 der SPD und 1918 der USPD bei, deren Vorsitzender er 1919 wurde. Zugleich war Thälmann Abgeordneter in der Hamburger Bürgerschaft. 1920 trat er mit dem linken Flügel der USPD zur KPD über. Bei den heftigen innerparteilichen Richtungskämpfen unterstützte er die Parteiliste um Arkadij Maslow und Ruth Fischer, die unter der Losung der »Bolschewisierung« der Partei den Marxismus leninscher Prägung fest verankern wollte und 1924 die Führung der KPD übernahm. Nachdem Maslow und Fischer als »Linksabweichler« unter dem Druck Stalins aus der Parteiführung entfernt worden waren, wurde Thälmann zum Vorsitzenden der KPD gewählt. Unter seiner Führung vollzog sich nun die Gleichschaltung der KPD mit der KPdSU und ihre Unterordnung unter das stalinistische System. In Anlehnung an den Personenkult Stalins wurde Thälmann als »unfehlbarer Führer« der KPD herausgestellt. Mit volkstümlicher Beredsamkeit vertrat er die politische Linie der KPD, die innenpolitisch in der SPD ihren Hauptgegner sah (»Sozialfaschismus«). Seit 1924 MdR, kandidierte er 1925 und 1932 für das Amt des Reichspräsidenten. 1933 wurde Thälmann bei der Verfolgung der KPD durch die Nationalsozialisten verhaftet und später im KZ Buchenwald ermordet.

Thatcher ['θætʃə], Margaret, Baroness (seit 1992) Thatcher of Kesteven, britische Politikerin, *Grantham 13. 10. 1925; Chemikerin und Rechtsanwältin; war 1959–92 Abgeordnete der Konservativen im Unterhaus, 1970–74 Ministerin für Erziehung und Wissenschaft; übernahm im Februar 1975 den Vorsitz der Konservativen; war 1975–79 Oppositionsführerin. 1979–90 war Thatcher als erste Frau in der britischen Geschichte Premierministerin.

Zum rechten Parteiflügel gehörend und sich durch einen rigiden Führungsstil auszeichnend (deshalb »Eiserne Lady« genannt), leitete Thatcher unter Betonung marktwirtschaftlicher Prinzipien, privater Initiative und Selbstverantwortung eine Wende in der britischen Innen-, speziell Wirtschaftspolitik (Thatcherismus) ein und behauptete sich dabei gegen den Widerstand v. a. der Gewerkschaften.

In der Außenpolitik bekräftigte sie Großbritanniens besonderes Verhältnis (»special relationship«) zu den USA und die Bündnistreue zur NATO bei gleichzeitigem Ausbau der eigenen Nuklearstreitkräfte mit dem Ziel, ein unabhängiges Abschreckungspotenzial aufrechtzuerhalten. In ihre Amtszeit fielen 1980 die ordnungsmäßige Unabhängigkeit Simbabwes, 1982 der militärische Erfolg im Falklandkrieg gegen Argentinien sowie 1984 der Vertrag mit China über die Rückgabe der Kronkolonie Hongkong. In der Nordirlandfrage betonte Thatcher die Zugehörigkeit Nordirlands zum Vereinigten Königreich. Am 11. 10. 1984 entging sie in Brighton nur knapp einem Bombenattentat der IRA. Ihre konzessionslose Innenpolitik (von sozialen Unruhen begleitete Einführung einer Kopfsteuer [»poll-tax«]) und starre Europapolitik (u. a. Ablehnung einer weit gehenden Integration Großbritanniens in die EG) sowie ihr Führungsstil stießen gegen Ende der 1980er-Jahre auf zunehmenden Widerstand, auch in der eigenen Partei. Bei den Wahlen zum Parteivorsitz verfehlte Thatcher im November 1990 die Mehrheit und trat zurück. In der Folgezeit übte sie heftige Kritik an ihrem Nachfolger als Parteichef und Premierminister John Major, besonders an seinem europapolitischen Kurs. 1992 wurde Thatcher Mitglied im Oberhaus.

Theia, ostgotischer König, →Teja.

Themistokles, athenischer Feldherr und Staatsmann, *Athen um 525 v. Chr., †Magnesia am Mäander kurz nach 460 v. Chr.; ließ 493/492 als Archon den Hafen Piräus ausbauen. Angesichts der Rüstungsanstrengungen der Perser vor dem Feldzug Xerxes' I. (→Perserkriege) setzte Themistokles seit 483/482 v. Chr. den Bau einer großen Flotte (200 Trieren) durch, finanziert durch Einnahmen aus neuen Silberminen bei Laurion, und begründete so die attische Seemacht. Als Stratege der athenischen Schiffe siegte er 480 v. Chr. im Sund von Salamis über die Perser. 479/478 setzte der wenig beliebte Themistokles – ihm wurde u. a. Prunksucht vorgeworfen – gegen spartanischen Widerstand die Ummauerung Athens durch. 471 v. Chr. (?) wurde er durch →Ostrakismos verbannt und später auf Betreiben Spartas, das ihn des Hochverrats (er soll in seinem Verbannungsort Argos die antispartanische Bewegung auf der Peloponnes geschürt haben) und der Konspiration mit den Persern verdächtigte, in Athen in Abwesenheit zum Tode verurteilt. Er starb als persischer Vasall.

Theoderich der Große, Teilkönig (seit 471), König der Ostgoten (seit 474, in Italien seit 493), *in Pannonien 451(?), †Ravenna 30. 8. 526; Sohn des Thiudimir aus dem Geschlecht der Amaler; lebte etwa 459–469 als Geisel in Konstantinopel. Theoderich wurde vom oströmischen Kaiser Zenon 476/483 zum Heermeister und Patricius ernannt und war 484 Konsul. Seit 488 bekämpfte er im Auftrag Zenons die Herrschaft des Skiren Odoaker in Italien, drängte diesen nach Verona zurück, wo er ihn im September 489 besiegte; es folgte eine mehr als zweijährige Belagerung Ravennas, wohin Odoaker geflohen war (die »Rabenschlacht« der Sage um Dietrich von Bern). Nachdem er 493 Odoaker ermordet hatte, wurde Theoderich Regent Italiens als Stellvertreter des oströmischen Kaisers, der ihn erst 497 als König des westlichen Reiches anerkannte (Theoderich nannte sich »Flavius Theodericus rex«). Seine in Wirklichkeit unabhängige Herrschaft dehnte er durch Bündnisse bis in den Alpen- und Donauraum aus. Trotz intensiver Heiratspolitik mit den benachbarten germanischen Königreichen (Westgoten, Burgunder, Franken) gelang deren erhoffte Vereinigung innerhalb des Weströmischen Reiches nicht.

Theoderichs Regierungszeit gilt als »goldene Epoche«. Er behielt die römischen Staatseinrichtungen bei und war um die Erhaltung antiker Kultur bemüht, die nochmals eine Blüte erlebte; hervorragende Römer (Cassiodor, Boethius) betraute er mit Ämtern. Das Heerwesen blieb den Goten vorbehalten; zu einer Vermischung der arianischen Goten mit den Römern kam es nicht.

Theodosius I., der Große, Kaiser des Römischen Reiches (seit 383, Mitkaiser seit 379), *Cauca (heute Coca) 11. 1. 347, †Mediolanum (heute Mailand) 17. 1. 395, Großvater von Theodosius II. Durch Gratian 379 zum Augustus des Ostens erhoben, legte Theodosius 382 den Konflikt mit den Westgoten durch deren vertragliche Ansiedlung als Föderaten in Thrakien bei. Der Sieg über die Usurpatoren Magnus Maximus (388) und Eugenius (394) unterwarf auch den Westteil des Reiches seiner Herrschaft, sodass das Römische Reich zum letzten Mal in einer Hand vereint war. Erst 380 getauft, beendete Theodosius mit dem 1. Konzil von Konstantinopel (381, 2. ökumenisches Konzil) den Kirchenstreit seit 325 und erklärte die katholische Lehre zur Staatsreligion; 391/392 verbot er alle heidnischen Kulte, 394 die Olympischen Spiele. Die Aufteilung des Imperiums unter die Söhne Arkadios und Honorius bedeutete das Ende der Reichseinheit. Eine Tochter von Theodosius war Galla Placidia.

Theodosius II., griechisch **Theodosios II.,** Kaiser des Oströmischen (Byzantinischen) Reiches (seit 408), *Konstantinopel 30. 8. 401, †ebenda 28. 7. 450, Enkel von Theodosius I.; stand zunächst unter der Vormundschaft seiner Schwester Pulcheria und nach seiner Eheschließung (421) unter dem Einfluss seiner gelehrten Gattin Aelia Eudokia. Theodosius ließ das römische Recht – die seit Konstantin dem Großen erlassenen Kaiserkonstitutionen – kodifizieren (Codex Theodosianus, 438). Den Krieg gegen die Perser (421/422) beendete er durch einen Friedensvertrag; der Friedensschluss mit den Hunnen (um 434) erlegte dem Oströmischen Reich riesige Tributleistungen auf.

Theophano, Theophania, Theophanu, Kaiserin des Heiligen Römischen Reiches, *um 955, †Nimwegen 15. 6. 991; war eine Verwandte des byzantinischen Kaisers Johannes I. Tzimiskes; heiratete am 14. 4. 972 in Rom Kaiser Otto II. und wurde zur Kaiserin gekrönt. Die hochgebildete Theophano nahm großen Einfluss auf die Politik und bereitete als Regentin nach 983 ihren unmündigen Sohn Otto III., unterstützt von Erzbischof Willigis von Mainz, auf das Kaisertum vor.

Theresienstadt, tschechisch **Terezín** ['tɛrɛziːn], Stadt im Nordböhmischen Gebiet, Tschechische Republik.

In Theresienstadt bestand neben dem Gestapo-Gefängnis (ab Juni 1940) in der Kleinen Festung November 1941 bis Mai 1945 ein Konzentrationslager (KZ), das nach Evakuierung aller nicht jüdischen Bewohner (bis Juli 1942) die gesamte Stadt umfasste. Theresienstadt war zunächst v.a. zentrales Sammellager für Juden aus dem Protektorat Böhmen und Mähren, ab Anfang 1942 Getto für Juden über 65 Jahre (»Altersgetto«) und »Vorzugslager« für »privilegierte« Juden wie schwer geschädigte oder hoch ausgezeichnete jüdische Teilnehmer des Ersten Weltkriegs. Im Rahmen der NS-Vernichtungspolitik diente die angebliche »jüdische Mustersiedlung« Theresienstadt der Aufrechterhaltung der »Umsiedlungslegende« und zur Zerstreuung ausländischer Kritik, aber auch als Sammelstelle bzw. Durchgangslager innerhalb der Deportationen der Juden Mittel- und Westeuropas in die Vernichtungslager. Bis April 1945 wurden rund 141 000 Personen nach Theresienstadt verschleppt, rund 35 000 starben dort, 85 000 in den Vernichtungslagern; nur 19 000 überlebten. Bei der Befreiung (8. 5. 1945) befanden sich 17 000 Menschen in Theresienstadt. Bei der Vertreibung der Sudetendeutschen war Theresienstadt Internierungslager.

Thermopylen, griechisch **Thermopylai** [»warme Tore«], im Altertum der Engpass zwischen dem Kallidromosgebirge und dem Malischen Golf, durch den die Straße zwischen Mittel- und Nordgriechenland führte und der an besonders enger Stelle befestigt war. Heute ist die Landschaft durch die Anschwemmungen des Spercheios gänzlich verändert. Am Fuß des Gebirges entspringen Schwefelthermen, die den Thermopylen den Namen gaben.

Im Jahr 480 v. Chr. versuchten die Griechen, den Vormarsch Xerxes' I. nach Mittelgriechenland (→Perserkriege) bei den Thermopylen aufzuhalten, wobei die vom spartanischen König Leonidas I. befehligten Truppen vernichtet wurden.

Adolphe Thiers

Thiers [tjɛːr], Adolphe, französischer Politiker und Historiker, *Marseille 14. 4. 1797, †Saint-Germain-en-Laye 3. 9. 1877; war seit 1821 ein Wortführer des Liberalismus, unter Louis Philippe 1836 und 1840 Ministerpräsident und Außenminister. Als gemäßigter Republikaner bekämpfte Thiers das Kaiserreich Napoleons III.; nach dessen Sturz ersuchte er im Herbst 1870 vergeblich die Großmächte um Hilfe gegen Preußen. Seit Februar 1871 war er Chef der Exekutivgewalt, seit 31. 8. 1871 erster Präsident der Dritten Republik. Thiers warf im Mai 1871 die Pariser →Kommune nieder und führte später die Friedensverhandlungen mit Bismarck. Am 24. 5. 1873 trat er unter dem Druck der monarchistischen Mehrheit in der Nationalversammlung zurück. Als Historiker trug Thiers durch seine »Histoire de la Révolution française« (1823–27; »Geschichte der französischen Staatsumwälzung«) wesentlich zu einer liberalen Idealisierung der Revolution von 1789 bei, während er durch seine »Histoire du Consulat et de l'Empire« (1845–62; »Geschichte des Consulats und des Kaiserreichs«) die nationale Napoleonlegende förderte.

THRAKER. ***»Nach den Indern das größte Volk«***

Bei einem Nachtangriff tötete eine Kampfabteilung der Troja belagernden Griechen den Thrakerkönig Rhesos und sein Gefolge im Lager der mit der kleinasiatischen Stadt Verbündeten. Unter den Beutestücken riefen die goldstrotzenden Rüstungen der Gemordeten und die prächtigen Geschirre der rassigen Rösser höchstes Erstaunen und Bewunderung hervor. Diese Episode aus der »Ilias« Homers ist die älteste Erwähnung der Thraker. Kontakte pflegten die Thraker zur mykenischen Kultur, zu den Persern, Skythen und Griechen. Ein eigenes Schrifttum ist von ihnen jedoch ebenso wenig überliefert wie eine eigene Architektur oder Plastik. So bilden die prächtigen Kunstwerke aus Metall und die griechischen Quellen die einzigen Zeugnisse thrakischer Geschichte und Kultur – oder die Erinnerung an zwei der bekanntesten Thraker: Orpheus, den mythischen Sänger und Leierspieler, und Spartacus, den Gladiator.

Thomas Becket, genannt Thomas von Canterbury, englischer Lordkanzler, Erzbischof von Canterbury, →Becket, Thomas.

Thomas Morus, englischer Staatsmann und Humanist, →More, Sir Thomas.

Thorner Frieden, zwei Friedensschlüsse zwischen dem →Deutschen Orden und Polen: Im 1. Thorner Frieden vom 1. 2. 1411 gelang es dem Deutschen Orden durch das diplomatische Geschick Heinrichs von Plauen (Hochmeister 1410–13), trotz der vernichtenden Niederlage bei Tannenberg (1410) sein Gebiet bis auf geringe Ausnahmen zu behaupten. Der 2. Thorner Frieden vom 19. 10. 1466 beendete die seit 1454 ausgetragenen Kämpfe zwischen dem Deutschen Orden und dem Preußischen Bund, der sich dem polnischen König als Lehnsherrn unterstellt hatte. Der Orden musste Pommerellen, das Culmer Land, das Ermland sowie neben den bereits 1454 abgefallenen Mitgliedern des Preußischen Bundes die Gebiete Elbing, Marienburg, Christburg und Stuhm an die polnische Krone abtreten. Für das verbliebene Land (das östliche Preußen mit Königsberg) musste der Hochmeister die Oberhoheit des polnischen Königs anerkennen und diesem einen persönlichen Eid ablegen.

Thraker, griechisch **Thrakes,** lateinisch **Thraces,** indogermanisches Volk des Altertums in Südosteuropa und Vorderasien, nach Herodot das zweitgrößte Volk der damaligen Zeit (nach den Indern). Thraker und verwandte Stämme siedelten seit dem 2. Jt. v. Chr. außerhalb Thrakiens nördlich der unteren Donau, so die Daker und die Geten, auf vorgelagerten Inseln (besonders Thasos, Samothrake) und in Nordkleinasien (besonders Mysien, Bithynien). Unter den vielen Einzelstämmen waren die Odrysen in den Tälern des Hebros (heute Maritza) und Tonzos (heute Tundscha) von besonderer Bedeutung. Der odrysische König Teres einigte um 450 v. Chr. erstmals die verschiedenen Stämme und gründete ein Reich, das unter seinem Nachfolger Sitalkes (um 440 bis 424 v. Chr.) seine größte Ausdehnung erreichte, als es im Norden auch das Gebiet bis zur Donau umfasste. Nach makedonischer und keltischer Herrschaft gerieten die Thraker schließlich unter römische und byzantinische Oberhoheit.

Vom 6./7. Jh. an beschleunigte sich der Untergang der Thraker infolge der beginnenden Slawisierung der Balkanhalbinsel.

Thukydides, griechischer Geschichtsschreiber, *Athen um 460 v. Chr., †nach 400 v. Chr.; nahm 424 v. Chr. als athenischer Flottenkommandant am Peloponnesischen Krieg teil, konnte den Fall von Amphipolis nicht verhindern und wurde von den Athenern verbannt; seine Rückkehr nach Athen nach Aufhebung der Verbannung (404 v. Chr.) ist ungewiss.

Sein Geschichtswerk schildert im ersten Buch die Vorgeschichte und die Ursachen des Peloponnesischen Kriegs, den er als die bis dahin gewaltigste Auseinandersetzung begriff: Die »Archäologie« fasst die älteste griechische Geschichte zusammen, die »Pentekontaëtie« gibt einen Abriss der Zeit zwischen Perserkriegen und Peloponnesischem Krieg. Die eigentliche Darstellung des Peloponnesischen Kriegs findet sich streng chronologisch in den Büchern zwei bis acht. Die Schilderung der Ereignisse ist knapp, überall auf Tatsachen bedacht (Namen, Zahlen, Chronologie); sie verwendet Augenzeugenberichte, Ergebnisse aus sprachlichen, ethnologischen, archäologischen Befunden und zieht Urkunden zum Teil im Wortlaut heran. Thukydides gilt damit als Begründer der politischen Geschichtsschreibung. Statt der Götter bestimmen für ihn die menschliche Natur, besonders das Streben nach Macht, und der Zufall den Gang der Geschichte. Besonders in den eingefügten, vom Denken der Sophistik beeinflussten (im Wesentlichen frei erfundenen) Reden will Thukydides die historisch wirkenden Kräfte und die Motive der Politiker herausarbeiten; so würdigt die »Gefallenenrede« des Perikles die athenische Demokratie im Perikleischen Zeitalter. Die von Thukydides getroffene analytische Unterscheidung zwischen Anlässen und wirklichen Ursachen historischer Geschehnisse wurde zur Grundkategorie der Geschichtswissenschaft bis heute. Mitten im achten Buch bricht die Darstellung im Jahr 411 v. Chr. ab; das Werk ist unvollendet.

Obwohl Thukydides' Stil schwierig ist, hat er im Altertum stark gewirkt. Seine Darstellung wurde fortgesetzt von Xenophon, Theopompos und Kratippos. Sallust und Tacitus haben Elemente seiner andeutenden Knappheit übernommen. In der Neuzeit war er u. a. für Thomas Hobbes, David Hume, Thomas Macaulay und Leopold von Ranke von Bedeutung; für Friedrich Nietzsche war er der »echteste« Grieche.

Thüringen, Land in der Mitte Deutschlands.

GESCHICHTE: Anfang des 5. Jh. gründeten Thüringer in diesem Raum ein Königreich. Nach der Niederlage bei Burgscheidungen (?, 531) geriet der auf das Gebiet zwischen Harz und Unstrut sowie Thüringer Wald, Werra und Saale eingeengte Stamm unter fränkischen Einfluss und wurde im 8. Jh. missioniert. Seit dem Übergang des Königtums auf die Ottonen gehörte das Land zum Kerngebiet des (späteren) Heiligen Römischen Reichs (Pfalzen in Erfurt, Tilleda, Wallhausen, Allstedt; Kloster Memleben). Im 11. und 12. Jh. traten mächtige Adelsgeschlechter hervor, deren bedeutendstes, die Ludowinger, auch reichen hessischen Besitz erworben hatte und um 1130 von König Lothar III. mit der Landgrafenwürde ausgezeichnet wurde (seit 1122 Herrschaftsverbindung mit Hessen). Der Aufbau eines einheitlichen Territorialstaats gelang ihnen jedoch nicht. Als sie mit Heinrich Raspe, ab 1246 Gegenkönig von Friedrich II., 1247 im Mannesstamm ausstarben, kam es zum Thüringer Erbfolgekrieg (bis 1263/64); der hessische Anteil der Ludowinger fiel an die Grafen von Brabant (Heinrich I., das Kind), Thüringen kam an die Wettiner Markgrafen von Meißen (Heinrich III.).

Durch die Leipziger Teilung von 1485 zersplitterten die Wettiner ihren Besitz in Thüringen: Die Hauptmasse kam an die sächsische Kurlinie der Ernestiner, der Norden an die albertinische Linie (später zahlreiche Teilungen). Die albertinischen Teile, seit 1547 (Wittenberger Kapitulation) kursächsisch (Thüringer Kreis, Kreis Schleusingen), seit 1806 königlich sächsisch, fielen 1815 an Preußen (Provinz Sachsen), das schon 1803 Erfurt, das Eichsfeld, Nordhausen und Mühlhausen gewonnen hatte. Erst 1920 wurden die verbliebenen thüringischen Kleinstaaten – vier ernestinische sächsische Herzogtümer, die Fürstentümer Schwarzburg (Rudolstadt und Sondershausen) und Reuß (jüngere und ältere Linie) – zum Land Thüringen vereinigt. 1934 verlor es seine Eigenständigkeit, 1944 kamen von der preußischen Provinz Sachsen der Regierungsbezirk Erfurt und vom preußischen Hessen-Nassau der Kreis Schmalkalden an Thüringen.

Nach kurzer amerikanischer Besetzung 1945 wurde Thüringen Teil der Sowjetischen Besatzungszone (SBZ). 1952 erfolgte die Auflösung in die Bezirke Erfurt, Gera und Suhl. 1990 wurde das Land Thüringen wieder errichtet, 1993 die Landesverfassung verabschiedet. Ministerpräsidenten waren Josef Duchač (CDU, 1990–92), Bernhard Vogel (CDU, 1992 bis 2003) und Dieter Althaus (seit 2003).

Thutmosis I., ägyptischer König der 18. Dynastie (1506/05–1493 v. Chr.); Schwiegersohn und Nachfolger Amenophis' I. und Vater der Hatschepsut; drang in Syrien als erster Pharao bis zum Euphrat vor (Kämpfe mit dem neu gebildeten Mitannireich) und eroberte Nubien bis zum 4. Nilkatarakt; damit

Thukydides

Thutmosis I.
Mit der Herrschaft Thutmosis' I. begann eine Periode in der ägyptischen Geschichte, in der die Pharaonen ganz bewusst eine Großmachtstellung im Geflecht der internationalen Beziehungen und in Nubien den Status einer Kolonialmacht anstrebten (Sitzstatue des Pharao, 18. Dynastie, um 1500 v. Chr.; Turin, Ägyptisches Museum).

TIBERIUS
***42 v. Chr.**
†37 n. Chr.

war der zweite Kaiser des römischen Reiches

kämpfte als erfolgreicher Feldherr 20–9 v. Chr. in Armenien, Rätien, Vindelicien, Pannonien und Dalmatien

wurde 4 n. Chr. von Augustus adoptiert und neun Jahre später endgültig zu dessen Nachfolger bestimmt

zog sich 26 n. Chr. nach Capri zurück

Johann Graf von Tilly

erhob er Ägypten zur Weltmacht. Sein Felsgrab ist das älteste im Tal der Könige.

Thutmosis III., ägyptischer König der 18. Dynastie (1490–1436 v. Chr.); Sohn Thutmosis' II. (1493–1490) und einer Nebenfrau, zunächst Mitregent seiner Stiefmutter und Tante Hatschepsut. Zu Beginn seiner Alleinregierung (1468 v. Chr.) siegte er bei Megiddo über eine Koalition syrischer Fürsten; danach kam es zu lang dauernden Kämpfen gegen das hurritische Mitannireich. Thutmosis errichtete bedeutende Bauten, v. a. in Karnak.

Tiberius, eigentlich Tiberius Iulius Caesar Augustus, vor der Adoption Tiberius Claudius Nero, Kaiser des Römischen Reiches (14–37), *Rom 16. 11. 42 v. Chr., †Misenum (am heutigen Kap Miseno, bei Neapel) 16. 3. 37 n. Chr.; stammte als Sohn des Tiberius Claudius Nero und der Livia Drusilla aus dem Geschlecht der Claudier; wurde im Haus seines Stiefvaters Augustus erzogen. Als Feldherr griff Tiberius 20 v. Chr. in Armenien ein und machte den Enkel des Tigranes II. zum König, unterwarf 15–13 v. Chr. mit seinem Bruder Drusus Rätien und Vindelicien, befriedete 10/9 v. Chr. Pannonien und Dalmatien und übernahm dann nach Drusus' Tod den Oberbefehl in Germanien. Nach seiner von Augustus erzwungenen Scheidung von Vipsania Agrippina und Heirat mit Julia ging Tiberius nach Rhodos in freiwillige Verbannung (6 v. Chr. bis 2 n. Chr.). Er wurde 4 n. Chr. von Augustus adoptiert und musste gleichzeitig Germanicus adoptieren. 6–9 n. Chr. warf er den pannonischen Aufstand nieder; nach der Niederlage des Varus sicherte er die Rheingrenze. 13 n. Chr. wurde ihm von Augustus das Imperium und damit die Mitregentschaft übertragen. Nach dem Tod des Augustus legte Tiberius Wert auf die Wahl zum Princeps durch den Senat.

Tiberius war auf eine gerechte Verwaltung der Provinz und auf sparsame Finanzwirtschaft bedacht. Er knüpfte an die republikanische Tradition an und suchte in seiner Politik das Einvernehmen mit dem Senat. 26 n. Chr. zog er sich nach Capri zurück und überließ die Regierung dem Prätorianerpräfekten Sejan, den er aber 31 n. Chr. verhaften und hinrichten ließ. Das schon von antiken Geschichtsschreibern gezeichnete düstere Persönlichkeitsbild eines menschenscheuen, misstrauischen Mannes wird ihm wohl nicht gerecht.

Tientsin, amtliches chinesisch **Tianjin** [-dʒɪn], Stadt im Norden Chinas, südöstlich von Peking. Die Stadt wurde im Westen v. a. durch die Verträge von Tientsin (1858) bekannt, die die Errichtung von Gesandtschaften in Peking und die ungehinderte Missionstätigkeit der christlichen Kirchen in China regelten. Die Öffnung als Vertragshafen (1860) ließ die Stadt rasch aufblühen.

Tiglatpileser III., König des assyrischen Reiches (745–727 v. Chr.); reorganisierte das assyrische Reich nach einer Phase des Machtverfalls, eroberte Babylon und nahm dort unter dem Thronnamen Pulu ebenfalls die Königswürde an; kämpfte erfolgreich gegen das ostanatolische Reich Urartu und gliederte Syrien in das assyrische Provinzsystem ein (732 v. Chr. Eroberung von Damaskus).

Tilly, Johann Graf von (seit 1623), kaiserlicher Feldherr, *Schloss Tilly (bei Nivelles) Februar 1559, †Ingolstadt 30. 4. 1632; zunächst im spanischen, dann im kaiserlichen Heerdienst; erwarb sich im Krieg gegen die Türken militärische Erfahrung. Auf Wunsch Herzog Maximilians I. von Bayern trat Tilly 1610 an die Spitze des Heeres der katholischen Liga, deren Generalleutnant er 1620 wurde. Er formte das Heer zu einer schlagkräftigen Truppe, v. a. dessen bayerisches Kontingent, mit dem er am 8. 11. 1620 die Schlacht am Weißen Berg bei Prag entschied. In der Folge setzte er sich mit dem Ligaheer im Nordwesten des Heiligen Römischen Reichs fest, wo er durch Siege bei Wimpfen (6. 5. 1622), Höchst (20. 6. 1622) und Stadtlohn (6. 8. 1623; seither Reichsgraf) der Rekatholisierung den Weg bereitete. Am 27. 8. 1626 schlug er König Christian IV. von Dänemark bei Lutter am Barenberge und wurde 1630 Generalissimus der kaiserlichen und der ligistischen Truppen. 1631 belagerte und erstürmte Tilly Magdeburg, wurde aber am 17. 9. 1631 vom schwedischen König Gustav II. Adolf bei Breitenfeld geschlagen. Bei dem Versuch, das Vordringen schwedischer Truppen nach Bayern zu verhindern, wurde er in der Schlacht bei Rain am Lech (15. 4. 1632) tödlich verwundet.

Tilsit, Friede von, das in Tilsit (seit 1946 Sowjetsk) geschlossene Friedensabkommen zwischen Frankreich und Russland (7. 7. 1807) und Frankreich und Preußen (9. 7.), das den 4. Koalitionskrieg (1806/07) beendete. Kaiser Alexander I. sicherte in persönlichen Verhandlungen mit Napoleon I. den Fortbestand Preußens, das jedoch fast alle Erwerbungen aus der 2. und 3. Polnischen Teilung und die Gebiete links der Elbe verlor, die weitgehend zur Bildung des Herzogtums Warschau und des Königreichs Westfalen verwendet wurden. Preußen und Russland traten der Kontinentalsperre bei.

Timur [osttürk. temür »Eisen«], bei den Persern **Timur-i Läng** [»Timur der Lahme«], daraus entstellt **Tamerlan,** asiatischer Eroberer aus Transoxanien, *bei Käsch (heute Schahr-i säbs, bei Samarkand) 8. 4. 1336 (traditionell überliefertes, wohl nur angenähertes Datum), †Otrar (bei Tschimkent) 18. 2. 1405; turkisierter muslimischer Mongole aus der Stammeskonföderation Dschagatai. Timur erkämpfte sich bis 1369/70 die Herrschaft über die turkisierten und Turkstämme Transoxaniens. Da nur Abkömmlinge Dschingis Khans den Khantitel führen durften, nahm Timur den Titel Emir an, war aber neben Marionettenkhanen aus dem Dschagatai-Clan der eigentliche Herrscher. In den folgenden Jahrzehnten unternahm er mit seinen nomadischen und halbnomadischen Truppen weit ausgreifende Eroberungszüge, die von Gräueltaten begleitet waren und ihm den Ruf barbarischer Grausamkeit eintrugen. Um 1379 annektierte er Charism, zwischen 1380/81 (Einnahme Herats) und 1385 zog er nach Persien und unterwarf Khorasan im Osten, Sistan im Süden sowie Nordiran. 1386 wandte er sich nach Westen und eroberte Zentralpersien (Zerstörung Isfahans), Aserbaidschan, Georgien und Armenien, 1388–91 und 1395 brachte er der Goldenen Horde vernichtende Niederlagen bei; auf einem der Züge drang er bis Moskau vor. Daneben konsolidierte er seine Herrschaft in Persien und weitete sie bis nach Mesopotamien aus (Plünderung Bagdads). In einem kurzen Feldzug nahm er 1398 Delhi ein und wandte sich dann gegen die Mamelucken in Syrien und nach Anatolien, wo er 1402 den osmanischen Sultan Bajasid I. besiegte und gefangen nahm. Ende 1404 brach er zur Eroberung Chinas auf, starb aber wenige Wochen später. Seine Hauptstadt Samarkand, in der er Handwerker und Künstler ansiedelte und persische Kunst und Literatur förderte, ließ er mit prächtigen Bauwerken ausstatten. Nach Timurs Tod zerfiel das Reich rasch in kleinere Einheiten. Seine Nachkommen, die Timuriden, beherrschten große Teile Irans und Zentralasiens bis 1506/07.

Tirol, Bundesland Österreichs, setzt sich (infolge der Abtrennung →Südtirols) aus den räumlich getrennten Teilen Nordtirol und Osttirol zusammen; Hauptstadt ist Innsbruck.

GESCHICHTE: Das alpenländische Einzugsgebiet von Lech, Inn, Drau und Etsch war zunächst von Illyrern bewohnt, seit Ende des 5. Jh. v. Chr. drangen Kelten auf ihren Wanderungen dorthin vor und wurden sesshaft. Die Römer unterwarfen das Gebiet und gliederten es 16/15 v. Chr. den Provinzen Rätien und Noricum sowie der Region Venetia et Histria ein. Später drangen Alemannen, Slawen und Langobarden ein, die im 6. bis 8. Jh. n. Chr. von den Baiern verdrängt wurden. Die bairische Herrschaft reichte schließlich im Süden bis Bozen und ins Pustertal.

788 wurde das Gebiet von Karl dem Großen dem Fränkischen Reich einverleibt. Nachdem Otto I., der Große, Italien dem (werdenden) Heiligen Römischen Reich eingegliedert hatte, unterstellte er 952 die Mark Verona dem Herzogtum Bayern, das sie jedoch bereits 976 wieder an das neu gegründete Herzogtum Kärnten verlor. Zwischen 1004 und 1094 kamen die karolingischen Grafschaften nördlich und südlich des Brenners an die Bischöfe von Brixen und Trient. Seit dem 11. Jh. strebten die Grafen von Eppan, die Grafen von Andechs

Friede von Tilsit. Mit einem Handschlag zwischen Napoleon I., Alexander I. und Friedrich Wilhelm III. wurde der Friedensvertrag von Tilsit besiegelt und damit der 4. Koalitionskrieg beendet.

(seit 1180 Herzöge von Meranien) und die Grafen von Tirol, nach deren Stammsitz bei Meran das Gebiet seinen heutigen Namen trägt, nach der Herrschaft, bis die Grafen von Tirol die Vogtei der Hochstifte Trient (Mitte des 12. Jh.) und Brixen (1210) sowie 1248 nach dem Aussterben der Andechs-Meranier deren Grafen- bzw. Herzogsrechte gewannen. Mit dem Tod Alberts III. 1253, dem Aussterben der Grafen von Tirol, fiel das Land als Erbe an die Grafen von Görz, die sich seit Meinhard III. Grafen von Görz und Tirol nannten und sich 1271 in die Linien Görz und Tirol teilten (Meinhardiner). Unter ihnen blühten besonders die Städte Bozen, Meran, Trient, Brixen und Innsbruck auf. In ihrer Regierungszeit wurde Tirol zur landrechtlichen Einheit; seit 1289 ist eine Landsgemeinde nachweisbar, 1305 verlieh König Albrecht I. Tirol Hoheitsrechte. Es entstanden sozial freie und wehrfähige Bauerngemeinden und Gerichte, die seit dem 14. Jh. als eigene Kurie auf den Landtagen vertreten waren.

1363 gab Margarete Maultasch Tirol mit Zustimmung der Stände an ihren habsburgischen Vetter Herzog Rudolf IV., den Stifter, von Österreich. Dessen Neffe Herzog Friedrich IV., der seit 1406 Graf von Tirol war, verlegte 1420 seine Residenz von Meran nach Innsbruck. Unter seiner Herrschaft blühte das Land durch Salz- und Silbererzbergbau auf. Die deutsche Sprachgrenze verschob sich bis zum Ende des Mittelalters bis zur Salurner Klause nach Süden, während deutsche Sprachinseln bis in den Trienter Raum zu finden sind. Seit dem 15. Jh. galt Tirol als »gefürstete Graf-

Alfred von Tirpitz

JOSIP TITO
***1892 †1980**

- war als Ministerpräsident (1943–53) und Staatspräsident (seit 1953) der bedeutendste Politiker der Volksrepublik Jugoslawien
- war zudem seit 1937 Generalsekretär der KP Jugoslawiens
- wies die sowjetischen Hegemonieansprüche zurück
- trat nach dem sowjetisch-jugoslawischen Ausgleich 1955 als Sprecher der blockfreien Staaten auf

schaft«. Nachdem der spätere Kaiser Maximilian I. 1490 Tirol erworben hatte, wurden die Süd- und Nordostgrenze festgelegt. Im Landshuter Erbfolgekrieg gewann er 1505 von Bayern die Landgerichte Kitzbühel, Kufstein und Rattenberg; bereits 1500 war er in den Besitz der Grafschaft Görz gelangt. 1564 kam es zur Bildung einer Tiroler Linie des Hauses Österreich (Habsburg), die bis zu ihrem Aussterben 1665 in Innsbruck residierte. Danach vereinigte Kaiser Leopold I. alle habsburgischen Länder in seiner Hand.

Die wirtschaftliche Blüte des Landes ging im 18. Jh. durch die Einstellung des Bergbaus zurück. 1803 wurden die beiden Hochstifte Brixen und Trient säkularisiert und mit Tirol vereinigt; 1805 fiel Tirol an Bayern. Unter Andreas Hofer kam es im April 1809 zu einem Aufstand, der nach anfänglichen Erfolgen von bayerischen, französischen und italienischen Truppen am 1. 11. 1809 in der letzten Schlacht am Bergisel niedergeschlagen wurde (Tiroler Freiheitskampf); Tirol wurde geteilt. Der Norden kam an Bayern, der Süden an das Königreich Italien, der Osten wurde Teil der Illyrischen Provinzen (Illyrien), jedoch fiel 1814 das gesamte Land erneut an Österreich. Im Frieden von Saint-Germain-en-Laye (1919) musste Österreich das Gebiet Tirols südlich des Brenners an Italien abtreten (Südtirol); der Rest Tirols bildete 1919–38 das österreichische Bundesland Tirol, nach dem »Anschluss« Österreichs an das Deutsche Reich (1938) zusammen mit Vorarlberg einen »Gau« des Deutschen Reichs. Nach Wiedererrichtung der Republik Österreich (1945) wurde es – in den Grenzen von 1919 – wieder österreichisches Bundesland (Landesordnung von 1953).

Tirpitz, Alfred von (seit 1900), deutscher Großadmiral (seit 1911), *Küstrin 19. 3. 1849, †Ebenhausen (heute zu Schäftlarn) 6. 3. 1930; war ab 1865 in der preußischen Marine, 1877 mit der Entwicklung der Torpedowaffe betraut, ab 1892 Stabschef des Oberkommandos der Marine, ab 1897 Staatssekretär des Reichsmarineamts. Durch die Flottengesetze (1898, 1900, letzte Novelle 1912) stellte Tirpitz den Ausbau der kaiserlichen Marine sicher, die das Deusche Reich zur zweitstärksten Seemacht (nach Großbritannien) machte. Unterstützt von Kaiser Wilhelm II., konnte er sich gegen wachsende politische Bedenken der Reichsregierung im Hinblick auf das deutsch-britische Verhältnis durchsetzen und trug damit zum Scheitern des von Reichskanzler Theobald von Bethmann Hollweg angestrebten Ausgleichs mit Großbritannien bei (»Haldane-Mission«, 1912). Sein Hauptgedanke, die deutsche Flottenstärke werde Großbritannien von einem Krieg gegen Deutschland abhalten, erwies sich 1914 als verfehlt. Im Ersten Weltkrieg trat Tirpitz für den sofortigen Einsatz der Hochseeflotte und den uneingeschränkten U-Boot-Krieg ein, geriet dadurch erneut in Gegensatz zu Bethmann Hollweg und nahm 1916 seinen Abschied. 1917 gründete er mit Wolfgang Kapp die Deutsche Vaterlandspartei.

Tito [serbokroatisch 'titɔ], Josip, eigentlich Josip Broz, jugoslawischer Politiker und Marschall (seit 1943), *Kumrovec (Kroatien) 25. 5. 1892, †Ljubljana 4. 5. 1980; geriet 1915 als Feldwebel der österreichisch-ungarischen Armee in russische Gefangenschaft; schloss sich 1918 der Roten Armee an. 1920 nach Kroatien zurückgekehrt, beteiligte Tito sich dort am Aufbau der Kommunistischen Partei und war nach deren Verbot (1921) mehrfach in Haft, zuletzt 1928–34. Danach Mitglied des ZK, dann auch des Politbüros der KP, 1935 Mitarbeiter der Balkansektion der Komintern, arbeitete er unter verschiedenen Tarnnamen im Untergrund. Von der Komintern 1937 zum Generalsekretär der jugoslawischen KP ernannt (1940 von dieser gewählt), organisierte er die illegalen Kader.

Nach dem deutschen Angriff auf die UdSSR (22. 6. 1941) organisierte Tito von seinem Hauptquartier in Užice aus den kommunistischen Widerstand gegen die deutschen und italienischen Streitkräfte, die ab April 1941 Jugoslawien besetzt hielten. Tito verband seinen Aufruf zum allgemeinen Aufstand in Jugoslawien mit dem Versprechen, nach Wiederherstellung eines unabhängigen jugoslawischen Staates allen jugoslawischen Nationalitäten eine gleichberechtigte Stellung zu geben. Gestützt auf die rasch wachsende kommunistische Partisanenarmee, suchte er in den von ihr kontrollierten Gebieten, v.a. im Bereich von Užice, einen revolutionären Staat nach marxistisch-leninistischem Muster zu errichten. Er geriet damit in Konflikt mit der jugoslawischen Exilregierung und den von Dragoljub Mihailović geführten Četnici. Durch eine deutsche Offensive im November 1941 aus der Region von Užice vertrieben, konnte Tito mit seinen Partisanenverbänden ab 1942 v.a. in Bosnien eine neue militärische Plattform errichten, sich dort gegen verschiedene deutsche Offensiven behaupten und zugleich konkurrierende Widerstandsgruppen, besonders die Četnici, aufreiben. Am 26./27. 11. 1942 berief er in Bihać einen »Antifaschistischen Volksbefreiungsrat« (AVNOJ) ein; er selbst trat an die Spitze eines »Antifaschistischen Volksbefreiungskomitees«. Nach dessen Umbildung in eine provisorische Regierung (Jajce; 29. 11. 1943) wurde er Ministerpräsident; über die Zahl der Opfer des folgenden innerjugoslawischen Bürgerkriegs zwischen Tito-Partisanen, Četnici, Ustascha u.a. nationalen Kräften, im Grenzgebiet von Triest (Italien) besteht keine abschließende Klarheit.

Seit der Umformung Jugoslawiens zur »Föderativen Volksrepublik Jugoslawien« (29. 11. 1945) wurde Tito als Generalsekretär der KP (seit 1952 »Bund der Kommunisten Jugoslawiens«, BdKJ), Ministerpräsident (1943–53) und Staatspräsident (seit 1953; 1963 auf Lebenszeit gewählt) die beherrschende Persönlichkeit in Partei und Staat. Als Tito in seiner Gesellschaftspolitik eigene Vorstellungen entwickelte und in seiner Außenpolitik sowjetische Hegemonieansprüche zurückwies, kam es 1948 zum Bruch mit Stalin, der ihn v.a. mithilfe des Kominform zu stürzen versuchte. Auch Pläne Titos, die Balkanstaaten stärker miteinander zu verbinden, stießen auf das Misstrauen Stalins. Unter Betonung des Rechts eines jeden Landes auf den »eigenen Weg zum Sozialismus« entwickelte Tito ein in der Verfassung von 1953 festgeschriebenes Modell einer sozialistisch bestimmten (Arbeiter-)Selbstverwaltung der Wirtschaft. Mit der Annäherung an die westlichen Staaten (besonders die USA) suchte er dem sowjetischen Versuch einer Wirtschaftsblockade gegen Jugoslawien zu begegnen. Nach dem sowjetisch-jugoslawischen Ausgleich (1955) gewann er großes internationales Ansehen als einer der Sprecher der blockfreien Staaten. Innenpolitisch setzte der selbstherrlich herrschende Tito einerseits oft mit großer Härte den Repressionsapparat seines diktatorischen Regierungssystems ein, z.B. gegenüber innerparteilichen Kritikern wie Djilas oder im »kroatischen Frühling« 1971; andererseits suchte er mit Verfassungsreformen (1963 und 1974) durch größeren Föderalismus historische Konfliktpotenziale abzubauen, kompensierte dies aber durch den Zentralismus der stark von Serben bestimmten Partei- und Staatsbürokratie in Belgrad. Da Tito in seiner Person die Einigkeit und Unabhängigkeit des Vielvölkerstaats verkörpert hatte, wurden nach seinem Tod die nationalen Fliehkräfte wieder wirksam und führten 1989–91/92 zum Zusammenbruch Jugoslawiens in der von Tito geprägten Form.

Titus, eigentlich Titus Flavius Vespasianus, Kaiser des Römischen Reiches (seit 79), *Rom 30. 12. 39, †Aquae Cutiliae bei Reate (heute Rieti) 13. 9. 81; Sohn des Vespasian, der ihm nach seiner Erhebung zum Kaiser (69) Ende des Jahres den Oberbefehl im Jüdischen Krieg übertrug. Nach der Zerstörung von Jerusalem im August/September 70 feierte Titus mit Vespasian den Triumph, der auf dem Titusbogen dargestellt ist. Titus erhielt daraufhin den Imperatortitel und die Tribunicia Potestas (→Tribun) und war als Prätorianerpräfekt und mehrmaliger Konsul Mitregent seines Vaters. Als Kaiser ernannte er 79 seinen Bruder Domitian zum Nachfolger, vollendete das Kolosseum und die nach ihm benannten Thermen. In seine Regierungszeit fielen der Vesuvausbruch vom 24. 8. 79 (Pompeji) und ein Brand Roms (80). Titus zeichnete sich

TITUS — ***Aufstand in Judaea***

Für den jüdischen Aufstand, der im Jahre 66 n. Chr. ausbrach und vier Jahre später mit der Eroberung und Plünderung Jerusalems endete, sind verschiedene Faktoren ursächlich gewesen. Die Vorstellung der göttlichen Erwähltheit des Volkes Israel und der Glaube an die Aufrichtung eines starken jüdischen Gottesstaates stießen sich an der Realität bedrückender römischer Fremdherrschaft. Die lang angestauten antirömischen Gefühle entluden sich in einer allgemeinen Rebellion, unter deren Trägern allerdings unüberwindliche Differenzen herrschten.

Nach einer militärischen Niederlage im Jahr 66 erkannte Kaiser Nero die Bedeutung der Aufstandsbewegung und übertrug seinem General Vespasian deren Niederschlagung. Vespasian ließ im Frühjahr 67 seinen Sohn Titus gegen die Rebellen ziehen. Die Aktionen konzentrierten sich auf Galiläa, das im Herbst 67 wieder in römischer Hand war. Wenig später (April 68) unterstanden auch Peraea und Westjudaea der Kontrolle Vespasians. Die Aufständischen zogen sich nach Jerusalem und in einige Festungen am Roten Meer zurück. Dass Vespasian den jüdischen Aufstand nicht schon im Jahr 68 endgültig niederschlug, hing mit den Kämpfen um die Nachfolge Neros zusammen.

Vespasian gelang es im Jahre 70, Alleinregent zu werden.

Am 10. 8. dieses Jahres eroberte sein Sohn Titus Jerusalem, der Tempel wurde zerstört und geplündert (nur seine Westmauer, heute unter dem Namen »Klagemauer« bekannt, existiert noch). Die Kriegsbeute aus dem Tempelschatz, darunter den berühmten siebenarmigen Leuchter, schleppten Soldaten im Triumphzug auf das Kapitol in Rom (Relief des Titusbogens auf dem Forum Romanum in Rom, nach 81 n. Chr.).

durch friedliche und milde Herrschaft aus, war wohlwollend gegenüber dem Senat und wurde bei seinem Tod allgemein betrauert.

Todt, Fritz, deutscher Politiker, *Pforzheim 4. 9. 1891, † (Flugzeugabsturz) bei Rastenburg 8. 2. 1942; Ingenieur, ab Januar 1922 Mitglied der NSDAP, wurde 1931 SA-Oberführer. Am 30. 6. 1933 ernannte ihn Hitler zum »Generalinspekteur für das deutsche Straßenwesen« und schuf damit die erste »führerunmittelbare« Sonderbehörde außerhalb der Reichsministerien und ihrer Verwaltungsorgane. Todt leitete den Bau der Reichsautobahn und ab 1938 die Errichtung des Westwalls. Gleichzeitig entstand aus dem Zusammenwirken von Bauverwaltungen, privaten Baufirmen und dienstverpflichteten Arbeitskräften unter Todts Leitung die nach ihm benannte Organisation Todt (OT). Seine Ernennung zum »Generalbevollmächtigten für die Regelung der Bauwirtschaft« (Dezember 1938) durch den Beauftragten für den Vierjahresplan Hermann Göring und seine von Hitler gegen den Willen der Wehrmacht verfügte Ernennung zum Reichsminister für Bewaffnung und Munition (März 1940) stärkten die Sonderstellung Todts und der OT; ab 1941 war Todt auch »Generalinspekteur für Wasser und Energie«.

TOLERANZEDIKT VON MAILAND. ***Religionsfreiheit***

Bischof Eusebius von Caesarea hat in seiner um 315 n. Chr. vollendeten »Kirchengeschichte« eine Art Edikt beschrieben, das Konstantin und sein späterer Gegner Licinius 313 in Mailand erarbeiteten. Hier heißt es: *»In der Erkenntnis, dass die Religionsfreiheit nicht verwehrt werden dürfe, dass es vielmehr einem jeden gemäß seiner Gesinnung und seinem Willen verstattet sein solle, nach eigener Wahl sich religiös zu betätigen, haben wir bereits früher den Befehl erlassen, auch den Christen das Schutzversprechen für ihre Gemeinschaft und ihren Kult sorgfältig angedeihen zu lassen. ... Es geschah dies in der Absicht, dass jede Gottheit und jede himmlische Macht, die es je gibt, uns und allen, die unter unserer Herrschaft leben, gnädig sein möge.«*

Toleranzedikt von Mailand, die zwischen den Kaisern Konstantin I. und Licinius im Februar 313 geschlossene Übereinkunft, die – in Fortführung des Edikts des Galerius (311) – den Christen freie Religionsausübung einräumte und die Rückgabe der während der Verfolgungen konfiszierten Liegenschaften an die Gemeinden verfügte. Nach neueren Untersuchungen handelte es sich dabei lediglich um ein Reskript des Licinius an östliche Statthalter. Die Zusammenkunft der Kaiser in Mailand diente v. a. der Abgrenzung ihrer Einflusssphären (Teilung in West und Ost) sowie der Proklamierung einer allgemeinen Religionsfreiheit und stand so weitgehend in der Tradition spätrömischer Religionspolitik.

Tongking-Zwischenfall, die angebliche Beschießung von zwei US-amerikanischen Zerstörern durch nordvietnamesische Kriegsschiffe während des →Vietnamkriegs am 2. und 4. 8. 1964.

Tordesillas [tɔrdeˈsiʎas], **Vertrag von,** im Kloster Santa Clara in Tordesillas (Provinz Valladolid, Spanien) am 7. 6. 1494 nach einem Schiedsspruch von Papst Alexander VI. zwischen Spanien und Portugal geschlossener Vertrag, der die damals bekannte Neue Welt und noch zu entdeckende Gebiete zwischen den beiden Mächten aufteilte: Alle Territorien östlich einer Demarkationslinie 370 Meilen westlich der Kapverdischen Inseln wurden Portugal, alle westlich davon Spanien zugesprochen.

Torgauer Artikel, Ende März 1530 dem Augsburger Reichstag erstattetes Gutachten über kirchliche Zeremonien, das Philipp Melanchton, Martin Luther, Justus Jonas und Johannes Bugenhagen für Kurfürst Johann von Sachsen abgefasst hatten. Die Torgauer Artikel wurden im zweiten Teil des Augsburgischen Bekenntnisses verarbeitet.

Totila, eigentlich wohl **Baduila** [»der Streiter«, »der Kämpfer«], König (seit 541) der Ostgoten in Italien, † Caprae (heute Caprara, Gemeinde Gualdo Tadino, Provinz Perugia) Ende Juni/Anfang Juli 552; nahm 542–550 den Byzantinern Rom und fast ganz Italien – außer Ravenna – wieder ab. Totila versuchte, an Theoderich den Großen anknüpfend, das Verhältnis der Goten zur einheimischen Bevölkerung friedlich zu regeln. 551 wurde die neu geschaffene gotische Flotte, mit der Totila Sizilien, Sardinien und Korsika erobert und die griechische Küsten gebrandschatzt hatte, bei Sena Gallica (heute Senigallia) geschlagen; 552 wurde Totila beim Versuch, den Byzantinern unter Narses den Übergang über den Apennin zu verwehren, in der Schlacht auf der Hochebene Busta Gallorum tödlich verwundet.

Trajan, eigentlich Marcus Ulpius Traianus, Kaiser des Römischen Reiches (seit 98), *Italica (Spanien) 18. 9. 53, † Selinus (Kilikien) 8. 8. 117; erster aus einer Provinz stammender Kaiser; als Statthalter der Provinz Germania superior 97 von Nerva adoptiert und zum Caesar ernannt. Unter Trajan erreichte das Römische Reich seine größte Ausdehnung. 106 wurden die Provinz Dakien und Arabia Petraea (das Königreich der →Nabatäer) angegliedert, im Partherkrieg 114–117 Armenien, Assyrien und Mesopotamien als Provinz gewonnen (von seinem Nachfolger Hadrian wieder aufgegeben). Trajan starb auf der Heimreise vom Partherfeldzug, seine Asche wurde in der Trajanssäule beigesetzt. Trotz seiner absolutistisch-zentralistischen Regierungsform stand Trajan in gutem Einvernehmen mit dem Senat. Literatur und Kunst blühten, Trajansforum und Trajansthermen in Rom wurden gebaut, ferner Straßen, Kanäle und Brücken, neue Städte und Kolonien wurden gegründet. Die mit Trajan beginnende Epoche der Adoptivkaiser erscheint in zeitgenössischer und späterer Deutung dank seiner Person als eine der glücklichsten der römischen Geschichte.

Trauttmansdorff, Maximilian Graf (seit 1623) von und zu, österreichischer Diplomat, *Graz 23. 5. 1584, †Wien 8. 6. 1650; hatte als Vertrauter Kaiser Ferdinands II. entscheidenden Anteil am Abschluss des Bündnisses mit Herzog Maximilian I. von Bayern (Münchener Vertrag, 1619). Zu Beginn des Dreißigjährigen Kriegs gewann Trauttmansdorff die Kurie und Spanien für die kaiserliche Politik und schloss 1622 den Frieden von Nikolsburg mit Gabriel Bethlen von Iktár. Trauttmansdorff war am Sturz Wallensteins beteiligt und handelte den Frieden von Prag (1635) aus. Als österreichischer Hauptbevollmächtigter bestimmte er wesentlich die Friedensverhandlungen in Münster und Osnabrück 1644–48 (Westfälischer Frieden).

Treblinka, Dorf in der Woiwodschaft Ostrołęka, Polen, nordöstlich von Warschau, am linken Ufer des Westlichen Bug.

Ab Mai/Juni 1942 wurde in Treblinka von der SS ein Vernichtungslager (Treblinka II) eingerichtet, in dem insgesamt mehr als 974 000 Menschen, meist Juden aus Ost- und Westeuropa, darunter etwa 320 000 Juden aus dem Warschauer Getto, in Gaskammern durch Motorabgase getötet wurden. Während eines Aufstands im August 1943 brachen 200 Häftlinge aus; etwa 60 überlebten. Danach wurde das Lager geschlossen. Anfang November 1943 wurden die letzten Häftlinge nach Sobibór gebracht und das Lager abgerissen (seit 1964 Mahnmal). In der Nähe des Vernichtungslagers befand sich von Dezember 1941 bis Juli 1944 ein Arbeitslager (Treblinka I) für nicht jüdische Polen, in dem rund 10 000 Menschen inhaftiert waren; rund 7 500 kamen dort ums Leben (heute ebenfalls Gedenkstätte).

Treitschke, Heinrich von, deutscher Historiker und politischer Publizist, *Dresden 15. 9. 1834, †Berlin 28. 4. 1896; wandte sich, wegen fast völliger Taubheit in öffentlich-politischer Tätigkeit behindert, der Wissenschaft zu. Treitschke wurde 1863 Professor für Staatswissenschaft in Freiburg im Breisgau. In zahlreichen, meist in den »Preußischen Jahrbüchern« veröffentlichten Aufsätzen, trat er für die deutsche Einigung unter preußischer Führung ein und lehrte, dass persönliche Freiheit den starken Staat zur Voraussetzung habe. Als sich 1866 Baden den Gegnern Preußens anschloss, legte Treitschke seine Professur nieder und wurde in Berlin einer der wichtigsten publizistischen Mitarbeiter Bismarcks, der »Herold der Reichsgründung«. 1866 wurde Treitschke Professor der Geschichte in Kiel, 1867 in Heidelberg, 1874 in Berlin. Als Mitglied des Reichstages 1871–84

Trajan. Mit dem rund 200 m langen Reliefband der Trajanssäule, die zugleich als Trajans Grabmonument diente, ließ Trajan seine Siege gegen die Daker verewigen. Nur einen geringen Anteil nehmen die Kampfszenen ein, immer wieder wird der Kaiser (vierter von rechts) bei Ansprachen oder Opferhandlungen gezeigt.

(anfangs nationalliberal, nach 1879 parteilos) trat er für eine zentralistische Reichsführung ein und bekämpfte den Sozialismus. Daneben vertrat er v.a. im Widerspruch zu Theodor Mommsen antisemitische Positionen. In seinen viel besuchten Vorlesungen über Politik vertrat er den Gedanken des Machtstaats, der allerdings ethisch gebunden sein sollte. Sein Hauptwerk, die »Deutsche Geschichte im 19. Jh.« (1879–94) hat das Geschichtsbild des deutschen Bürgertums entscheidend bestimmt und im Ausland das Deutschlandbild geprägt. Mit seiner antisemitischen, antisozialistischen und anglophoben Grundhaltung hat Treitschke auch zur Verfestigung entsprechender Feindbilder im Bürgertum beigetragen und so auf den deutschen Nationalismus eingewirkt.

Treuga Dei [mittellatein. »Gottesfriede«], besondere Form des »Gottesfriedens«, ein absolutes Fehdeverbot für bestimmte »heilige« Zeiten (Donnerstag bis Sonntag als Passionstage, Advent, Fastenzeit usw.), dessen Bruch v.a. mit kirchlichen Strafen (u.a. mit Bann oder Interdikt) geahndet wurde.

Heinrich von Treitschke

Treuhandgebiete, die 1946 in die Treuhandschaft der UN übernommenen noch vorhandenen Mandatsgebiete (die seit 1919 im Namen des Völkerbundes treuhänderisch von einzelnen Staaten verwalteten ehemaligen deutschen Kolonien und die ehemaligen türkischen Gebiete Vorderasiens). Nachdem Palau als letztes Treuhandgebiet am 1. 10. 1994 unabhängig geworden war, wurde die Arbeit des UN-Treuhandschaftsrates am 1. 11. 1994 formell suspendiert.

Trianon [tria'nɔ̃], **Friede von,** am 4. 6. 1920 zwischen den Ententemächten und Ungarn abgeschlossener Friedensvertrag. Ungarn wurde ebenso wie Deutschland und Österreich als besiegtes, am Krieg allein schuldiges Land betrachtet und zu Wiedergutmachungs-

Tridentinum. Zwischen 1545 und 1563 tagte in Trient das 19. ökumenische Konzil in drei Sitzungsperioden (zeitgenössischer Kupferstich einer Sitzung in der Kathedrale von Trient). In Reaktion auf die Reformation präzisierte es die Lehre der katholischen Kirche und führte Institutionen zur Kontrolle des Glaubens ein.

leistungen verpflichtet. Es verlor zwei Drittel seines Staatsgebiets an Rumänien (Siebenbürgen mit der Bukowina und dem Großteil des Banats), das spätere Jugoslawien (Kroatien, Batschka, West-Banat, Slawonien sowie Bosnien mit der Herzegowina), Österreich (Burgenland) und die Tschechoslowakei (Slowakei; 17 Komitate). Ungarn übergab den Vertrag am 26. 7. 1921.

Tribun [latein. tribunus, zu tribus »Bezirk«], im antiken Rom Bezeichnung für Beamte und Offiziere. Der Ärartribun (tribunus aerari|i) war ursprünglich ein Beamter der Tribus, der den Soldaten den Sold (stipendium) auszahlte; im 1. Jh. v. Chr. ein eigener, durch den Census bestimmter Stand, der zu den Geschworenengerichten herangezogen wurde. Der Militärtribun (tribunus militum) war einer der je sechs Stabsoffiziere einer Legion; Militärtribunen gab es auch bei den Prätorianern, den Vigiles, den Hilfstruppen und der Flotte. In der Kaiserzeit waren die Militärtribunen Anwärter auf die senatorische oder ritterliche Ämterlaufbahn. Der Konsulartribun (tribunus militum consulari potestate) war im 5./4. Jh. v. Chr. Mitglied eines Kollegiums mit konsularischen Befugnissen. Der Volkstribun (tribunus plebis) war ein Sonderbeamter zum Schutz der Plebs gegen die Willkür patrizischer Magistrate. Seit dem Abschluss des Ständekampfes 287 v. Chr. war der Volkstribun selbst Magistrat. Jeder der von der Plebs – zuerst von den Volksversammlungen, den Concilia Plebis, dann von den Tributkomitien – auf ein Jahr gewählten zehn Volkstribunen war unverletzlich (sakrosankt), hatte das Recht, die Plebs zu Volksversammlungen einzuberufen, sowie ein Vetorecht (ius intercessionis) gegen jede Amtshandlung eines Kollegen oder eines anderen Magistrats oder gegen Volks- und Senatsbeschlüsse, sofern diese den Interessen der Plebs zuwiderliefen. Seit dem 3. Jh. v. Chr. konnten die Volkstribunen den Senat zusammenrufen, seit 149 v. Chr. hatten sie nach Ablauf der Amtszeit Anspruch auf Aufnahme in den Senat. Seit Augustus übernahmen die Kaiser, ohne selbst Volkstribunen zu sein, deren Vollmachten und Vorrechte (tribunicia potestas, tribunizische Amtsgewalt); die Zählung der Jahre der tribunicia potestas entsprach den Regierungsjahren des Kaisers.

Tridentinum, Tridentinisches Konzil, Konzil von Trient, Trienter Konzil, das zwischen 1545 und 1563 in Trient tagende Konzil; nach Zählung der katholischen Kirche das 19. ökumenische Konzil. Seit Ende des 14. Jh. wurden im Rahmen der von vielen Seiten angestrebten inneren Erneuerung der Kirche wiederholt Forderungen nach Abhaltung eines Konzils laut (u. a. Konzilappellation Luthers 1518), die Päpste vermieden aber zunächst aus Furcht vor einem Wiederaufleben des Konziliarismus die Einberufung eines allgemeinen Konzils. Nach langen Auseinandersetzungen um Beschickung und Tagungsort (seit 1535) wurde dieses im Dezember 1545 durch Papst Paul III. in Trient eröffnet. Das Tridentinum tagte in drei Perioden (1545–47, 1551–52 und 1562–63) und einer Zwischenperiode (»Bologneser Tagungsperiode«, 1547–48), in der es jedoch nicht zur Verabschiedung von Dekreten kam.

Die wichtigsten dogmatischen Verhandlungsthemen waren: die Frage nach den Offenbarungsquellen, die Erbsünde, Rechtfertigungslehre, Siebenzahl der Sakramente und deren Einsetzung durch Jesus Christus, Eucharistie (Realpräsenz), Krankensalbung, Weihe, Opfercharakter der Messe, Reinigungsort (Fegefeuer), Ehe, Buße, Heiligen- und Bilderverehrung, Ablass. Die Beschlüsse fanden ihren Niederschlag auch im Tridentinischen Glaubensbekenntnis. Dazu kamen Reformdekrete über die Residenzpflicht der Bischöfe und Pfarrer, Ordensreform, religiöse Unterweisung, Einrichtung von Priesterseminaren, Verpflichtung der Bischöfe zur Abhaltung von regelmäßigen Provinzial- bzw. Diözesansynoden und zur regelmäßigen Visitation ihres Sprengels.

TRIDENTINUM. *Wahl des Tagungsorts*

Zunächst dachte man an Mantua, dann an Vicenza als Tagungsort des Konzils, auch Verona, Mailand, Basel und Cambrai kamen ins Gespräch. Was Trient auszeichnete, war die geografische Lage und die staatsrechtliche Stellung der Bischofsstadt. Ihr überwiegend italienischer Charakter schien der Kurie ein Vorteil, während ihre politische Zugehörigkeit zum Heiligen Römischen Reich der Forderung der Reichsstände nach einem Konzil in deutschen Landen Rechnung trug. Mit solchen Argumenten überzeugte Kardinal Bernhard von Cles, Fürstbischof von Trient und Administrator von Brixen, die Verantwortlichen. Trient zählte damals an die 1500 Häuser mit etwa 8000 Einwohnern, war also in der Lage, eine nicht allzu große Kirchenversammlung zu beherbergen.

Der Verlauf des Tridentinums war mehrfach durch politische Kontroversen beeinträchtigt: Der Protest Kaiser Karls V. (1548) gegen die Verlegung des Konzils (wegen Flecktyphusgefahr) nach Bologna führte zur Suspension der Verhandlungen. 1552 musste das Konzil vertagt werden, nachdem die protestantische Fürstenopposition den Kaiser zur Flucht aus Innsbruck gezwungen hatte. In der Schlusssitzung des Tridentinums am 3. 12. 1563 wurden sämtliche Dekrete aus allen Tagungsperioden verlesen und von allen anwesenden Bischöfen gegengezeichnet. Die Bestätigung durch den Papst (Pius IV.) erfolgte 1564.

Das Tridentinum hat den neuzeitlichen Katholizismus so entscheidend geprägt, dass theologiegeschichtlich die folgende Zeit bis zum 2. Vatikanischen Konzil (1962–65) als »nachtridentinisch« bezeichnet wird; v.a. wurde eine einheitliche, erneuerte (tridentinische) Liturgie durchgesetzt. Theologisch trug das Tridentinum durch seine dogmatischen Beschlüsse und Reformdekrete zu einer Erneuerung der katholischen Kirche bei, brachte zugleich aber auch zum Ausdruck, dass sich die katholische Kirche in Auseinandersetzung mit der Reformation nun zu einer Konfession entwickelt hatte, die sich deutlich von den anderen Konfessionen abgrenzte. Innerkirchlich festigte das Tridentinum die in den vorangegangenen Jahrzehnten in Misskredit geratene päpstliche Gewalt.

Trient, Konzil von, das →Tridentinum.

Tripelentente [-ãtãt], **Tripleentente** [triplã'tãt, französ.], **Dreiverband,** Bündnisverhältnis zwischen Großbritannien, Frankreich und Russland das aus der russisch-französischen Militärkonvention (17. 8. 1892), der britisch-französischen →»Entente cordiale« (8. 4. 1904) und dem britisch-russischen Ausgleich in Persien, Afghanistan und Tibet (31. 8. 1907) hervorging. 1911/12 durch wechselseitige militärische Abmachungen ergänzt und gefestigt, richtete sich die Tripelentente gegen den →Dreibund; ihre Herausbildung war ein wesentlicher Schritt zur Formierung der antagonistischen Bündnisblöcke im Vorfeld des Ersten Weltkriegs.

Triumvir [latein., zu tres, trium »drei« und vir »Mann«], im antiken Rom Mitglied eines Dreimännerkollegiums (Triumvirat), wie es für verschiedene staatliche Aufgaben, besonders für Landansiedlungen und Koloniegründungen, eingesetzt wurde. Das erste Triumvirat von Caesar, Pompeius und Crassus (60 v. Chr.) war ein politisches Bündnis ohne gesetzliche Grundlage. Bedeutsam wurde das im November 43 v. Chr. geschlossene (zweite) Triumvirat von Marcus Antonius, Octavian (dem späteren Kaiser Augustus) und Lepidus, ein zur »Wiederherstellung des Staates« geschaffenes Ausnahmeamt.

Trizone, ehemaliges Wirtschaftsgebiet in Deutschland, entstanden im April 1949 durch Zusammenschluss der →Bizone mit der französischen Besatzungszone; aus der Trizone ging die Bundesrepublik Deutschland hervor.

Trotzkij, Leo (Lew), seit 1902 Deckname von Leib Bronschtein, russischer Revolutionär, *Janowka (Gebiet Cherson) 7. 11. 1879, †(ermordet) Coyoacán (bei Mexiko) 21. 8. 1940; gründete 1897 den revolutionären »Südrussischen Arbeiterbund«. 1898 verhaftet und 1899 nach Sibirien verbannt, konnte Trotzkij 1902 ins Ausland fliehen. Er gewann 1902–04 als Redakteur bei der Zeitschrift »Iskra« eine führende Stellung in der russischen Sozialdemokratie. Auf deren zweitem Parteitag geriet er 1903 besonders über Fragen des Parteistatuts und der personellen Besetzung der »Iskra«-Redaktion in einen erbitterten, langjährigen Gegensatz zu Lenin. Nach der Spaltung der russischen Sozialdemokratie (1903) neigte er zunächst den Menschewiki zu, suchte aber dann zwischen diesen und den Bolschewiki zu vermitteln. Trotzkij entwickelte seit 1904 den Gedanken der »permanenten Revolution«. In der russischen Revolution von 1905/06 nahm er von Oktober bis Dezember 1905 eine führende Stellung im Sankt Petersburger Sowjet ein. Im Dezember verhaftet, konnte er erneut aus der Verbannung ins Ausland fliehen. Als Publizist lebte er in Wien (1907–14), Paris (1914–16) und zuletzt in den USA (1917). Seit Beginn des Ersten Weltkrieges wandte sich Trotzkij wieder stärker Lenin zu, da dieser am Ziel der Revolution konsequent festhielt.

Nach dem Ausbruch der Februarrevolution 1917 kehrte Trotzkij im Mai 1917 nach Russland zurück und schloss sich im Juli den Bolschewiki an. Mit großer Energie und Beredsamkeit ausgestattet, stieg er schnell in die Führungsspitze der Bolschewiki auf. Dank seiner agitatorischen Fähigkeiten gewannen die Bolschewiki seit September 1917 die Mehrheit der Delegierten im Petrograder Sowjet. An der Spitze eines am 9. 10. 1917 gebildeten »Militärrevolutionären Komitees« organisierte Trotzkij den Aufstand der Bolschewiki vom 25. 10. (7. 11.) 1917 gegen die Provisorische Regierung unter Alexandr Kerenskij (→Oktoberrevolution).

Am 26./27. 10. 1917 übernahm Trotzkij im Rat der Volkskommissare unter Lenin das Amt des Außenkommissars. Seit Ende Dezember 1917 leitete er zugleich die Regierungsdelegation bei den Friedensverhandlungen mit den Mittelmächten in Brest-Litowsk. In der Erwartung, dass die russische Revolution sich zur »Weltrevolution« ausweiten und besonders auch Deutschland und Österreich-Ungarn ergreifen würde, trat er – im Gegensatz zu Lenin – für eine Ablehnung der harten Friedensbedingungen und eine Politik des Abwartens unter der Formel »weder Krieg noch

LEO TROTZKIJ
***1879 †1940**

war russischer Revolutionär und Weggefährte Lenins

gründete 1897 den »Südrussischen Arbeiterbund«

organisierte 1917 maßgeblich die Oktoberrevolution

baute nach seiner Ernennung zum Kriegskommissar 1918 die Rote Armee auf

wurde von Stalin 1927 entmachtet und zwei Jahre später aus der UdSSR verbannt

Harry Truman.
In Anwesenheit von US-Präsident Truman (zweiter von links) unterzeichnet der amerikanische Außenminister Dean Acheson am 4. 4. 1949 den Nordatlantikpakt.

Frieden« ein. Da im Februar 1918 die Mittelmächte die Annahme ihrer Friedensbedingungen erzwangen, trat Trotzkij vor Unterzeichnung des Friedensvertrages (3. 3. 1918) als Außenkommissar zurück.

Nach seiner Ernennung zum Kriegskommissar (März 1918) baute Trotzkij die Rote Armee auf. Als ihr Organisator und Oberbefehlshaber hatte er großen Anteil am Sieg des bolschewistischen Russland im Bürgerkrieg (1918–21/22). Seit dem Tod Lenins (1924) entwickelten sich langjährige Spannungen zwischen Trotzkij und Stalin zu einem Machtkampf. Die Auseinandersetzung kreiste um die steigende Machtfülle Stalins und ihren Missbrauch sowie um die Rolle der Sowjetunion bei der Vorbereitung der Weltrevolution (Trotzkismus). Im Bunde mit Grigorij Sinowjew und Lew Kamenew gelang es Stalin, Trotzkij zu entmachten. Nach seiner Absetzung als Kriegskommissar (1925) musste Trotzkij 1926 das Politbüro, 1927 das ZK der Partei verlassen. 1928 wurde er nach Kasachstan verbannt und 1929 aus der Sowjetunion ausgewiesen. Als Emigrant (zuletzt in Mexiko) setzte er seinen Kampf gegen Stalin unter der Devise »Verrat der Revolution« fort und veranlasste 1938 seine Anhänger, die »Trotzkisten«, zur Gründung der IV. Internationale. Trotzkij wurde am 20. 8. 1940 in seinem Haus von dem Spanier Ramón Mercader, einem Agenten der sowjetischen Geheimpolizei, tödlich verwundet; er starb einen Tag später.

HARRY TRUMAN
*** 1884 † 1972**

- war der 33. Präsident der USA (1945–53)
- wurde 1944 zunächst Vizepräsident und nach Roosevelts Tod 1945 dessen Nachfolger im Weißen Haus
- befahl im gleichen Jahr den Abwurf der Atombomben auf Hiroshima und Nagasaki
- etablierte 1947 den Geheimdienst CIA
- initiierte 1948 die Luftbrücke zur Versorgung Berlins

Truman ['tru:mən], Harry, 33. Präsident der USA (1945–53), *Lamar (Missouri) 8. 5. 1884, †Kansas City (Missouri) 26. 12. 1972; übte verschiedene berufliche Tätigkeiten aus (u.a. Bankangestellter), bewirtschaftete 1906–17 die Farm der Familie; kämpfte im Ersten Weltkrieg in Frankreich; gründete dann ein Konfektionsgeschäft in Kansas City (1921 Bankrott); schloss sich der Demokratischen Partei an. Als Senator des Staates Missouri (1934–44) erlangte Truman bald Ansehen, u.a. als Vorsitzender des Special Committee Investigating National Defense. 1944 wurde Truman als Kompromisskandidat Franklin D. Roosevelts Vizepräsident. Nach dessen Tod (12. 4. 1945) kam er ohne jede außenpolitische Erfahrung ins Amt, gewann jedoch bald eigenes politisches Profil. Er hielt zwar an den Kriegszielen der Alliierten (bedingungslose Kapitulation Deutschlands, Italiens, Japans) fest, nahm aber gegenüber Großbritannien in der Frage des Lend-Lease-Systems eine strengere Haltung ein und zeigte sich zunehmend ablehnend gegenüber den sowjetischen Machtansprüchen in Ost-, Südost- und Mitteleuropa. Auf der Potsdamer Konferenz 1945 fand er mit Stalin und dem britischen Premierminister Clement Attlee einen Kompromiss über die Behandlung Deutschlands in der Nachkriegszeit. Im August 1945 befahl Truman den Abwurf der Atombomben auf Hiroshima und Nagasaki, den er zur Niederwerfung Japans ohne das Risiko größerer eigener Verluste für erforderlich hielt; zugleich handelte es sich hierbei um eine Demonstration militärischer Stärke gegenüber der Sowjetunion im Vorfeld des Kalten Kriegs.

Innenpolitisch sah sich Truman nach Kriegsende v.a. mit ökonomischen und sozialen Spannungen (Inflation, Streiks, Rassenkonflikten) und ab 1946 mit einem von den Republikanern beherrschten Kongress konfrontiert. 1948 überraschend wieder gewählt, suchte Truman ab 1949 mit seinem in Fortführung von Roosevelts New Deal konzipierten Reformprogramm des Fair Deal den inneren Problemen zu begegnen, setzte sich aber nur selten gegen den Kongress durch.

Mit dem Aufbrechen der Interessengegensätze zwischen UdSSR und USA nach Kriegsende suchte Truman durch eine Stabilisierung der »freien Welt« v.a. mittels einer weltweiten Militär- und Wirtschaftspolitik, die von beiden amerikanischen Parteien getragen wurde, eine Ausweitung des sowjetischen Einflussbereichs zu verhindern. Ihren Ausdruck fand diese Politik des Containments besonders in der Truman-Doktrin, in der Marshallplanhilfe zum Wiederaufbau Westeuropas (→ERP) sowie im Punkt-Vier-Programm und der Gründung der NATO. Vor dem Hintergrund des Ost-West-Konflikts etablierte Truman den Geheimdienst CIA (1947), initiierte angesichts der Berliner Blockade 1948 die Luftbrücke, beschleunigte nach dem Verlust des Atomwaffenmonopols der USA (1949) die Entwicklung der Wasserstoffbombe und entsandte 1950 Truppen nach Korea. Der Eindruck äußerer und innerer Gefährdung (v.a. Angst vor einem Vordringen des Kommunismus) schuf in den USA eine Atmosphäre von

Unsicherheit und Misstrauen und schwächte das Ansehen der Regierung Truman erheblich.

Truman-Doktrin ['tru:mən-], das vom amerikanischen Präsidenten Harry Truman in einer Rede vor dem Kongress am 12. 3. 1947 entwickelte Programm einer Militär- und Wirtschaftshilfe in Höhe von 400 Millionen US-$ für Griechenland und die Türkei. Ausgehend von einer globalen Einteilung in freiheitlich-demokratische und totalitär-kommunistische Regierungssysteme betonte er »die Verpflichtung der USA, alle freien Völker zu unterstützen, die sich der Unterwerfung durch bewaffnete Minderheiten oder durch Druck von außen widersetzen«. Vor dem Hintergrund der wirtschaftlichen und strategischen Bedeutung des östlichen Mittelmeers zielte die Truman-Doktrin mit bewusst überzogener Bewertung des sowjetischen Expansionswillens auf die Mobilisierung des Kongresses und der amerikanischen Öffentlichkeit zu einem auch finanziellen Engagement in der Politik des →Containment.

Tschechische Republik, Tschechien, amtlich **Česká Republika** ['tʃɛska: -], Staat im östlichen Mitteleuropa, der im Westen und Nordwesten an Deutschland, im Nordosten an Polen, im Osten an die Slowakei und im Süden an Österreich grenzt.

GESCHICHTE: Die ehemaligen tschechischen Kronländer →Böhmen, Mähren und →Schlesien gehörten 1620–1918 zu Österreich-Ungarn, ab 1918 zur →Tschechoslowakei. Nach der Niederschlagung des →Prager Frühlings und der Umwandlung der ČSSR in einen Föderativstaat wurden die tschechischen Länder zum 1. 1. 1969 als Tschechische Sozialistische Republik zu einem der beiden offiziell gleichberechtigten Nationalstaaten der ČSSR (eigene Verfassung, Regierung und Parlament). Die tatsächliche Umwandlung in eine föderative Republik innerhalb der ČSFR erfolgte allerdings erst nach dem Zusammenbruch des kommunistischen Regimes 1989/90. Die ersten freien Wahlen zum Bundes- und Landesparlament im Juni 1990 gewann das Bürgerforum, das im tschechischen Landesteil eine Koalitionsregierung unter Petr Pithart bildete. Nach der Aufspaltung des Bürgerforums 1991 gewann im Juni 1992 die aus ihm hervorgegangene ODS die Wahlen zum Bundes- und Landesparlament; Ministerpräsident von Tschechien wurde Václav Klaus.

Mit der nach der Unabhängigkeitserklärung der Slowakei durch Verhandlungen vereinbarten Auflösung der ČSFR wurde Tschechien zum 1. 1. 1993 ein eigenständiger Staat. Zum ersten Präsident wurde im Januar 1993 Václav Havel gewählt (1998 bestätigt). 1997 musste Klaus wegen einer Parteispendenaffäre zurücktreten; die Regierungen wechselten in der Folgezeit häufig. 2003 wurde Klaus als Nachfolger Havels zum Staatspräsidenten gewählt. 1999 trat die Tschechische Republik der NATO, 2004 der EU bei.

Truman-Doktrin. In einer Rede vor dem bis hoch in die Tribünen besetzten Kongress formulierte Truman am 12. 3. 1947 die Truman-Doktrin. Mit seinem Appell für Freiheit und Demokratie gelang es ihm, den Kongress zur Gewährung des finanziellen Engagements Amerikas in Europa zu bewegen.

Tschechoslowakei, tschechisch **Československo** ['tʃɛskɔslɔvɛnskɔ], amtlich 1918–39 und 1945–60 **Československá Republika** ['tʃɛskɔslɔvɛnska: -], Abk. **ČSR** [tʃɛ:ɛs'ɛr], 1960–89 **Československá Socialistická Republika** [-stitska: -], Abk. **ČSSR** [tʃɛ:ɛsɛs'ɛr], 1990–92 **Česká a Slovenská Federatívní Republika** ['tʃɛska:a, 'slɔvɛnska: 'fɛdɛrati:vni: -], Abk. **ČSFR** [tʃɛ:ɛsɛf'ɛr], historischer Staat im östlichen Mitteleuropa.

DIE ERSTE REPUBLIK (1918–39): Am 28. 10. 1918 wurde die Tschechoslowakische Republik (Abk. ČSR) in Prag als slawischer Nachfolgestaat der österreich-ungarischen Monarchie ausgerufen; sie fasste die wirtschaftlich und sozial entwickelten Gebiete Böhmen, Mähren und Schlesien mit der rückständigen Slowakei und dem unterentwickelten Karpato-Russland in einem Nationalitätenstaat zusammen: 9,75 Millionen Tschechen und Slowaken, 3,32 Millionen Deutsche, 720 000 Ungarn und 100 000 Polen (1930). 1920 wurde ohne Mitwirkung der Minderheitenvertreter eine zentralistische Verfassung verabschiedet. Außenpolitisch war die Tschechoslowakei seit 1921 in das französische Paktsystem und die Kleine Entente einbezogen. Unter dem Gründerpräsident Tomáš Masaryk (1918–35) stabilisierte sich rasch das politische Leben mit einer Vielzahl von Parteien. Doch die Weltwirtschaftskrise seit 1929 und die Erfolge Hitlers in Deutschland führten zu einer Radikalisierung der nationalen Minderheiten. Im Münchner Abkommen (29. 9. 1938) stimmten Großbritannien und Frankreich der Übergabe der deutschen, bald danach der polnischen und ungarischen Siedlungsgebiete an die Nachbarstaaten zu. Das Restgebiet wurde am 14./15. 3. 1939 als »Protektorat Böhmen und Mähren« dem Deutschen Reich angegliedert; die Slowakei wurde ein dem deutschen Einfluss ausgelieferter »Schutzstaat«.

PROTEKTORAT UND SCHUTZSTAAT (1939–45): Im »Protektorat Böhmen und Mähren«, dem eine Selbstverwaltung unter strikter deutscher Oberaufsicht zugestanden wurde, blieb der Einfluss der Widerstandsorganisationen gering. Nach dem geglückten Attentat auf Reinhard Heydrich (27. 5. 1942) wurde die Zerstörung des Dorfes Lidice und die Ermordung von dessen männlicher Bevölkerung zum Symbol nationalsozialistischer Willkürherrschaft. Im »Schutzstaat« Slowakei schlossen sich 1943 tschechoslowakisch orientierte Politiker mit den Kommunisten zusammen und lösten am 29. 8. 1944 den Slowakischen Nationalaufstand aus. Die in London gebildete »Provisorische Regierung der Tschechoslowakei« wurde 1940 von den Alliierten anerkannt. Eine Auslandsarmee wurde in Großbritannien und in der UdSSR aufgebaut. 1942 distanzierten sich die Westalliierten vom → Münchener Abkommen und stellten nach dem Sieg über Deutschland die Wiederherstellung der ČSR in den Grenzen von 1937 in Aussicht.

DIE VOLKSDEMOKRATIE (1945–89): 1945 wurde die Tschechoslowakei wiederhergestellt. Die neue Regierung unter dem Sozialdemokraten Zdeněk Fierlinger proklamierte am 5. 4. 1945 ihr Programm: Wohlfahrtsstaat, Verstaatlichung der Grundindustrien, Banken und Versicherungen, Verwaltungsreform. Die rasche Aussiedlung der Sudeten- und Karpatendeutschen erschütterte das bisherige Sozialgefüge. Aufgrund ihrer Kontrolle über Schlüsselministerien und Massenmedien wurde die KP stärkste politische Kraft. Der von der Sowjetunion erzwungene Verzicht auf die Teilnahme am Marshallplan (Juli 1947) erschwerte den Wiederaufbau der Wirtschaft. Die demokratischen Parteien suchten seit Herbst 1947 die KP aus ihrer dominierenden Stellung zu verdrängen. Den Rücktritt bürgerlicher Minister nutzte die KP und erzwang unter Androhung des Generalstreiks die Ernennung eines neuen Koalitionskabinetts unter dem Kommunisten Klement Gottwald am 25. 2. 1948.

Die KP, der die Sozialdemokraten in beiden Landesteilen im Juni bzw. September 1948 zwangsweise eingegliedert worden waren, ging unter Abbau der slowakischen Autonomie daran, die gesamte Staats- und Wirtschaftsorganisation nach sowjetischem Vorbild zu ordnen und der Kontrolle der Partei zu unterwerfen. 1949 wurde die Tschechoslowakei Mitglied des Rates für gegenseitige Wirtschaftshilfe, 1955 des Warschauer Pakts. Dem Kampf gegen die Kirchen 1949–51 folgten stalinistische Säuberungen innerhalb der KP. Die Entstalinisierung in der UdSSR ab 1956 wirkte sich in der Tschechoslowakei kaum aus. Erst nach 1962 sah sich Präsident Antonín Novotný zu einem liberaleren Kurs gezwungen. Die öffentliche Diskussion über die Ursachen der stalinistischen Terrorprozesse wie auch die Forderung der Slowaken nach echter Föderalisierung entfachten jedoch Unruhe. Am 5. 1. 1968 wurde Novotný als 1. Sekretär des ZK der KP von Alexander Dubček abgelöst.

Die nun folgende Reformphase des → Prager Frühlings brachte breite wirtschafts- und gesellschaftspolitische Diskussionen inner- und außerhalb der KP, wobei jedoch das Bündnis mit der Sowjetunion nicht infrage gestellt wurde. Mit diplomatischem Druck gelang es der Sowjetunion nicht, die Reformen zu stoppen. Erst die militärische Besetzung der Tschechoslowakei durch Truppen des Warschauer Pakts am 21. 8. 1968 beendete den »Prager Frühling«. Dubček wurde im April 1969 von Gustáv Husák abgelöst, der 1975 auch Staatspräsident wurde. 1973 schlossen die Bundesrepublik Deutschland und die Tschechoslowakei einen Gewaltverzichtsvertrag. Das rigorose Vorgehen gegen den »Prager Frühling« und gegen die Menschenrechtsbewegung → Charta 77 seit 1978 schadeten weltweit dem Ansehen der Tschechoslowakei. 1987 gab Parteichef Husák sein Amt auf.

DER DEMOKRATISCH-FÖDERATIVE STAAT (1989/90–92): Mit Massendemonstrationen erzwang das Volk im November 1989 den Dialog zwischen Regierung und Oppositionsgruppen, die sich im Bürgerforum zusammengeschlossen hatten; dessen Sprecher, der Schriftsteller Václav Havel, wurde nach dem Rücktritt von Präsident Husák (10. 12.) am 30. 12. 1989 zu dessen Nachfolger gewählt. Im April 1990 erfolgte die Umbenennung in Tschechische und Slowakische Föderative Republik (ČSFR). Die Neuwahlen zum Bundesparlament im Juni 1990 gewann mit 46,2 % der Stimmen das Bürgerforum, das bis zu seiner Spaltung im Frühjahr 1991 seine dominierende Stellung bewahren konnte. Präsident Havel wurde im Juli 1990 für zwei Jahre im Amt bestätigt. Bei Wahlen zu den Landesparlamenten im Juni 1992 errangen in Tschechien die liberal-konservativen Nachfolgegruppierungen des ehemaligen Bürgerforums, in der Slowakei separatistische Kräfte die Mehrheit. Nach der Proklamierung der slowakischen Souveränität am 17. 7. 1992 legte Präsident Havel sein Amt nieder. Im August 1992 einigten sich die Ministerpräsidenten der beiden Landesteile, Václav Klaus und Vladimir Mečiar, auf die friedliche Teilung der ČSFR. Am 25. 11. 1992 beschloss das Bundesparlament bei knapper Mehrheit im dritten Anlauf das Ende der ČSFR zum 31. 12. 1992; zum Stichtag 1. 1. 1993 gingen damit alle Kompetenzen auf Parlamente und Regierungen der →Tschechischen Republik und der →Slowakischen Republik über.

Tscheka, Kurzwort für russisch Tschreswytschajnaja Komissija po Borbes Kontr-revoljuziej i Sabotaschem (»Außerordentliche Kommission zum Kampf gegen Konterrevolution und Sabotage«), 1917–22 die politische Polizei Sowjetrusslands; trug als Instrument des »Roten Terrors« und Gegenterrors besonders während des Bürgerkriegs (u.a. Einrichtung von Konzentrationslagern für »Klassenfeinde«, Erschießung Tausender bereits 1918) zur Konsolidierung der Herrschaft der Bolschewiki bei; wurde 1922 in die →GPU umgewandelt.

Tschistka [russ. čistka »Säuberung«], Bezeichnung für die Entfernung politisch verdächtiger oder missliebiger Personen in der Sowjetunion. Die Tschistka war eine in unregelmäßigen Abständen wiederholte Form der politischen Säuberung im sowjetischen Partei- und Staatsgefüge.

Die Große Tschistka (1935–39) war die umfassendste Säuberung unter der Herrschaft Stalins mit schwerwiegenden Folgen für die Entwicklung der Sowjetunion. Ausgelöst durch die Ermordung von Sergej Kirow am 1.12.1934, erreichte sie zwischen 1936 und 1938 ihren Höhepunkt. Sie erstreckte sich auf alle Ebenen des Partei-, Staats-, Wirtschafts- und Kulturapparats und ergriff auch die Rote Armee. Darüber hinaus betraf sie die in der Sowjetunion lebenden ausländischen Kommunisten. Gestützt auf →NKWD und Staatsanwaltschaft, ließ Stalin unter mannigfaltigen Beschuldigungen nicht nur seine ehemaligen innerparteilichen Gegner, sondern auch eine sehr große Zahl von Parteimitgliedern und Sowjetbürgern verhaften, wobei die im Klima von Angst, wachsendem Terror und Rivalität blühende Denunziation innerhalb der Bevölkerung gezielt instrumentalisiert wurde. Während man die Masse der meist willkürlich Beschuldigten auf administrativem Wege verurteilte, ließ Stalin seine Konkurrenten aus der Zeit der innerparteilichen Machtkämpfe in Schauprozessen verurteilen (viele von ihnen zum Tode). 1937/38 wurde die Führung der Roten Armee, darunter ein großer Teil der höheren Offiziere und der größte Teil der Generalität, in Geheimprozessen verurteilt und hingerichtet.

In der Großen Tschistka ging die Mitgliederzahl der KPdSU von (1933) 3,6 Millionen auf (1938) 1,9 Millionen zurück. Diese Entwicklung schloss die Liquidierung der Alt-Bolschewiki ein. Von den 1934 gewählten 140 Mitgliedern des ZK der KPdSU gehörten 1937 nur noch 15 diesem Gremium an. 1936–38 waren rund 5% der damaligen Gesamtbevölkerung der Sowjetunion in Gefängnissen inhaftiert. In Nordrussland und Sibirien entstand ein Netz von Straflagern mit Millionen von Insassen (→GULAG).

Die Große Tschistka ersetzte die alte revolutionäre Führungsschicht durch die technische Intelligenz und Apparatschiks, die Stalin ganz ergeben waren.

Tschitscherin, Čičerin [tʃitʃ-], Georgij, sowjetischer Politiker, *Karaul (Gebiet Tambow) 24.11.1872, †Moskau 7.7.1936; ab 1897 Beamter im Außenministerium, schloss sich 1904 der russischen Sozialdemokratie an; 1904–17 war Tschitscherin Emigrant, zunächst in Berlin, dann in Paris und London. Nach der Oktoberrevolution wurde Tschitscherin von der britischen Regierung zunächst verhaftet, dann ausgewiesen. Im März 1918 wurde er Nachfolger Leo Trotzkijs als Volkskommissar des Äußeren. Tschitscherin unterzeichnete den Frieden von Brest-Litowsk und trat für engere Beziehungen zu Deutschland ein; 1922 war er maßgeblich am Abschluss des Rapallovertrags beteiligt.

Georgij Tschitscherin

Tudor ['tju:də], englisches Königshaus (1485–1603), das einem ab 1232 nachweisbaren walisischen Geschlecht entstammte. Owen Tudor, der in den Diensten Heinrichs V. stand, heiratete dessen Witwe Katharina von Valois und kämpfte mit seinem Sohn Edmund Tudor, Earl of Richmond, in den →Rosenkriegen aufseiten des Hauses →Lancaster. Edmunds Sohn Heinrich gründete seinen umstrittenen Thronanspruch auf die Herkunft seiner Mutter Margaret Beaufort, einer Urenkelin des John of Gaunt (Stammtafel →Plantagenet). Die Entscheidung brachte schließlich Heinrichs Sieg bei Bosworth (1485) über Richard III., nach dem er als Heinrich VII. den Thron bestieg; durch seine Heirat (1486) mit Elisabeth, der Tochter Eduards IV., erreichte er den Ausgleich mit dem Haus →York. Ihm folgten sein Sohn Heinrich VIII. (1509–47) und dessen Kinder Eduard VI. (1547–53), Maria I. (1553–58) und Elisabeth I. (1558–1603). Nach Elisabeths Tod wurde der Thronanspruch des schottischen Königshauses →Stuart wirksam.

Henri de La Tour d'Auvergne, Vicomte de Turenne

Turenne [ty'rɛn], Henri de La Tour d'Auvergne, Vicomte de, französischer Marschall (seit 1643) und Militärtheoretiker, *Sedan 11.9.1611, †(gefallen) bei Sasbach (Ortenaukreis) 27.7.1675; mütterlicherseits Enkel Wilhelms I. von Oranien, im kalvinistischen Glauben erzogen. Nach militärischer Lehrzeit in den Niederlanden trat Turenne 1630 als Oberst in französische Dienste und kämpfte im Dreißigjährigen Krieg zunächst in Italien, dann unter Bernhard von Sachsen-Weimar am Oberrhein. Er eroberte 1640 Turin, 1642 das Roussillon und wurde 1643 mit der Leitung der Operationen am Oberrhein betraut; in vier Feldzügen schlug er mit dem Großen Condé (Louis II. de Bourbon, 4. Prince de Condé) und General Carl Wrangel die kaiserlichen und bayerischen Kräfte im südwestdeutschen Raum und sicherte Frankreich eine militärisch günstige Position für die Friedensverhandlungen in Münster. Während der Fronde stand er anfangs gegen den Hof, ermöglichte aber 1652 Ludwig XIV. die Rückkehr nach Paris. Im Krieg gegen Spanien eröffnete er 1658 durch seinen Sieg bei Dünkirchen den Weg zum Pyrenäenfrieden. Turenne hat den →Devolutionskrieg (1667/68) gegen die Spanischen Niederlande strategisch geplant und geführt. 1668 trat er zum katholischen Glauben über. Turenne war neben Condé und Montecuccoli der bedeutendste Feldherr seiner Zeit und wie Letzterer auch ein herausragender Militärschriftsteller.

Anne Robert Turgot

Turgot [tyr'go:], Anne Robert, Baron de l'Aulne, französischer Staatsmann und Nationalökonom, *Paris 10. 5. 1727, †ebenda 20. 3. 1781; war 1761–74 Intendant der Generalität von Limoges, 1774–76 Generalkontrolleur der Finanzen unter Ludwig XVI. In sechs großen Reformedikten suchte Turgot die wirtschaftliche und soziale Struktur Frankreichs zu modernisieren. Die von ihm grundsätzlich bejahte absolute Monarchie wollte er durch eine Stufenfolge von Selbstverwaltungskörperschaften (»municipalités«) mit beratender Funktion ergänzen. Sein Reformwerk scheiterte jedoch an der Verschwendungssucht und den Intrigen des Hofes sowie am Widerstand der privilegierten Stände. Ludwig XVI. entließ ihn.

Turgots Hauptwerk »Réflexions sur la formation et la distribution des richesses« (1766; »Betrachtungen über die Bildung und Verteilung des Reichtums«) weist ihn als Schüler François Quesnays und Vertreter der Physiokraten aus. Er folgte jedoch nicht ihrer Lehre von der alleinigen Produktivität des Bodens, sondern erkannte die Bedeutung von Arbeit und Kapital als Produktionsfaktoren. Turgot formulierte als Erster das Ertragsgesetz.

TÜRKEI. ***Politik mit Hut***

In einer 36 Stunden währenden Rede, der »Nutuk«, rechtfertigte Kemal Atatürk seine Maßnahmen: *»Es war notwendig, den Fes zu beseitigen, der auf unseren Köpfen saß wie ein Zeichen der Unwissenheit, des Fanatismus, des Hasses auf den Fortschritt der Zivilisation, und an seine Stelle den als Kopfbedeckung der ganzen zivilisierten Welt üblichen Hut zu setzen und unter anderem dadurch zu zeigen, dass zwischen der türkischen Nation und der großen Familie der Zivilisation kein Unterschied in der Denkweise bestand.«*

Türkei, amtlich türkisch **Türkiye Cumhuriyeti** [dʒʊm-], Staat in Asien (Anatolien) und Europa (Ostthrakien), der im Westen an das Ägäische Meer, im Nordwesten an Griechenland und Bulgarien, im Norden an das Schwarze Meer, im Norden an Georgien, Armenien und Aserbaidschan, im Osten an Iran, im Süden an Irak und Syrien sowie an das Mittelländische Meer grenzt.

BEGINN UND AUSDEHNUNG DER OSMANENHERRSCHAFT: Nach dem Sieg der Seldschuken unter Alp Arslan über Byzanz (1071 bei Mantzikert im Ararathochland) drang mit turkmenischen Nomadenstämmen der Islam in Anatolien ein. Um 1300 begründete Osman I. Ghasi die Dynastie der →Osmanen. Das 1361 eroberte Adrianopel (heute Edirne) wurde Hauptstadt des Osmanischen Reichs, dem das →Byzantinische Reich tributpflichtig wurde. Thrakien und Makedonien kamen 1371 nach dem Sieg über die Heere Serbiens, Ungarns, Bulgariens und Bosniens an der Maritza in osmanischen Besitz. Nach dem Sieg Murads I. auf dem Amselfeld 1389 wurde Serbien tributpflichtig, 1395 die Walachei; Bulgarien und Thessalien wurden erobert.

Trotz der Niederlage gegen Timur 1402 bei Ankara blieb das Osmanische Reich in seinem Grundbestand erhalten und konnte den letzten Kreuzzug zur Rettung des Byzantinischen Reiches 1444 abwehren. Mehmed II. Fatih annektierte das restliche Byzantinische Reich, eroberte Konstantinopel am 29. 5. 1453 und machte es zur Hauptstadt des Osmanischen Reichs, das in den folgenden 100 Jahren seine größte Macht und Ausdehnung erfuhr. 1454–63 wurden Serbien, Trapezunt und Bosnien annektiert. Der Krieg mit Venedig 1463–79 brachte die Peloponnes und Athen ein und sicherte die Herrschaft über Albanien. Das Osmanische Reich wurde zur beherrschenden Seemacht im östlichen Mittelmeer. Der Sultan trug seit 1517 auch den Kalifentitel und übernahm den Schutz der heiligen Stätten des Islam in Mekka und Medina. Süleiman der Prächtige besetzte Belgrad und nach der Schlacht von Mohács (1526) große Teile Ungarns; 1529 drang er bis Wien vor. Algier kam 1519, Tripolitanien 1551, Zypern 1570/71, Tunesien 1574 unter osmanische Herrschaft.

NIEDERGANG DES OSMANISCHEN REICHES (1566–1920/23): Mit dem Vorstoß bis Wien 1683 und dessen vergeblicher Belagerung war die Kraft der osmanischen Armee erschöpft. Der folgende Große Türkenkrieg (1683–99) mit der Heiligen Liga von 1684 endete in den Friedensverträgen von Karlowitz und Konstantinopel (1699/1700) mit dem Verlust der Peloponnes, Athens, des westlichen Dalmatiens, Ungarns, des größten Teils Kroatiens mit Slawonien, Siebenbürgens, Podoliens, der polnischen Ukraine und Asows. In der zweiten Hälfte des 18. Jh. wurde Russland zum Hauptgegner der Osmanen, die es in den Friedensschlüssen von Kütschük Kainardschi (heute Kainardscha, Bulgarien; 1774) und Jassy (1792) zwang, alle Gebiete im Norden des Schwarzen Meeres bis zum Dnjestr aufzugeben. Frankreich, Großbritannien und Russland setzten nach dem Sieg über die türkisch-ägyptische Flotte bei Navarino (20. 10. 1827) die Unabhängigkeit der Griechen durch. Nach dem Russisch-Türkischen Krieg von 1828/29 musste der Sultan die Autonomie Serbiens, der Moldau und der Walachei anerkennen.

In der Folge des verlorenen →Krimkrieges 1853/54–56 musste das Osmanische Reich die Zahlungsunfähigkeit erklären. Nach dem Russisch-Türkischen Krieg 1877/78 erhielten Serbien, Montenegro und Rumänien auf dem Berliner Kongress 1878 die volle Unabhängigkeit, Bosnien und Herzegowina kamen zu Österreich, Zypern zu Großbritannien. Frankreich besetzte 1881 Tunesien, Großbritannien 1882 Ägypten. Die liberal-reformerischen und panislamisch ausgerichteten »Jungtürken« setzten 1909 Sultan Abd Hamid II. ab und entmachteten seinen Nachfolger Mohammed V. Doch die Schwächung des Reichs setzte sich fort: Unabhängigkeit Bulgariens 1908; Verlust von Tripolis, der Cyrenaika und des Dodekanes im Italienisch-Türkischen Krieg 1911/12; fast völliger Verlust der verbliebenen europäischen Besitzungen in den Balkankriegen 1912/13.

Ansätze einer inneren Erneuerung verhinderte der Kriegseintritt auf der Seite der Mittelmächte am 1. 11. 1914. Die von der jungtürkischen Führung 1915 verfügte Zwangsumsiedlung der armenischen Bevölkerung aus dem »Kampfgebiet« in Ostanatolien in die südlich gelegenen Wüstengebiete Syriens und Mesopotamiens führte (angesichts unmenschlicher Deportationsbedingungen und zahlreicher Massaker) zum Tod Hunderttausender Armenier; 1917/18–21 kam es zu weiteren Armenierverfolgungen. Im Ersten Weltkrieg gingen Irak, Palästina und Syrien verloren. Im Vertrag von Sèvres 1920 musste sich die Türkei auf Kleinasien und einen Zipfel des europäischen Festlands beschränken und kam unter alliierte Militär- und Finanzkontrolle. Die Griechen besetzten 1919–22 Izmir; Istanbul und die Meerengen kamen 1918–23 unter alliierte Verwaltung. Die vollständige Demobilisierung wurde von Mustafa Kemal Pascha verhindert, der sich 1919 in Anatolien an die Spitze der nationalen Widerstandsbewegung stellte und die Griechen aus den von ihnen besetzten westanatolischen Gebieten vertrieb (Griechisch-Türkischer Krieg 1919–22). Im Frieden von Lausanne 1923 gewann die Türkei Teile Ost-Thrakiens sowie die volle Kontrolle über Anatolien zurück.

DIE REPUBLIK (SEIT 1923): Nach der Absetzung Mohammeds VI. wurde am 29. 10. 1923 die Republik ausgerufen. Mustafa Kemal Pascha (ab 1934 →Kemal Atatürk), ihr erster Präsident, bemühte sich, die Türkei zu einem europäisch orientierten, säkularen Nationalstaat zu formen (u.a. Einführung der lateinischen Schrift) und außenpolitisch durch Ausgleich mit den Siegermächten und den Nachbarstaaten abzusichern. Im Zweiten Weltkrieg blieb die Türkei zunächst neutral; im Februar 1945 schloss sie sich der Anti-Hitler-Koalition an. 1952 wurde sie Mitglied der NATO, 1955 des Bagdadpakts. 1961 wurde eine neue Verfassung verabschiedet. Die ungelöste Zypernfrage, blutige Studentenunruhen und zahlreiche Terrorakte führten nach dem Militärputsch von 1960 erneut 1971 zum Eingreifen des Militärs in die innenpolitischen Belange.

Ministerpräsident Bülent Ecevit von der Republikanischen Volkspartei (ab 1974) löste durch sein Vorgehen im Konflikt mit Griechenland, v.a. durch die Besetzung des Nordteils von Zypern durch türkische Truppen 1974, nationale Begeisterung aus. Die immer instabilere innenpolitische Situation ab 1975 mit z.T. bürgerkriegsähnlichen Zuständen beendete das Militär am 12. 9. 1980 durch einen unblutigen Militärputsch unter Generalstabschef Kenan Evren. Es kam zu zahlreichen willkürlichen Verhaftungen, Hinrichtungen und anderen Menschenrechtsverletzungen (v.a. Verfolgung der Kurden). Eine neue, im Auftrag des Militärregimes ausgearbeitete Verfassung wurde 1982 in einer Volksabstimmung gebilligt und General Evren zum Staatspräsidenten gewählt.

Die Parlamentswahlen 1983 und 1987 gewann jeweils die Mutterlandspartei unter Turgut Özal. Dieser wurde 1990 zum Nachfolger Evrens gewählt; neben der wirtschaftlichen Konsolidierung trachtete er während und nach einer Hegemonialposition der Türkei über die muslimisch geprägten früheren Sowjetrepubliken. Das militärische Vorgehen der Türkei gegen die nach Autonomie strebenden Organisationen in Kurdistan weitete sich 1992/93 zu einem faktischen Krieg aus. War bei den Parlamentswahlen von 1995 die (1998 verbotene) islamisch-fundamentalistische »Wohlfahrtspartei« unter Necmettin Erbakan erfolgreich gewesen, siegte 2002 die als gemäßigt islamistisch geltende »Partei für Gerechtigkeit und Entwicklung« (AKP); Ministerpräsident Recep Tayyip Erdoğan setzte innenpolitische Reformen und eine Annäherung an die westeuropäischen Staaten durch.

Türkenkriege, die Kriege der christlichen Staaten Europas gegen das in Südosteuropa eingedrungene und nach Westen ausgreifende islamische Osmanische Reich. In die Auseinandersetzungen waren neben Österreich, das sich im 1526 ererbten Königreich Ungarn behaupten musste, noch Venedig, Polen und v.a. seit dem 18. Jh. Russland, das zunächst den Zugang zum Schwarzen Meer und später die Kontrolle über die Meerengen anstrebte, verstrickt. Die Türkenkriege trugen anfänglich den Charakter von Kreuzzügen, dann traten politische Motive in den Vordergrund. Erschwert wurde der Kampf gegen die

Türkenkriege. Kriegszüge und Schlachten im 17. und 18. Jh.

Türken durch deren Bündnisse mit Frankreich, das seine expansive Politik durch die militärische Bindung Österreichs im Osten stützen wollte.

1354 fassten die Osmanen mit einem Stützpunkt auf der Halbinsel Gallipoli (heute Gelibolu) erstmals in Europa Fuß. Abwehrversuche der Serben und ihrer Verbündeten an der Maritza (1371) und auf dem Amselfeld (28. 6. 1389) konnten die osmanische Expansion ebenso wenig aufhalten wie ein Kreuzfahrerheer, das bei Nikopolis geschlagen wurde (25. 9. 1396). Der Versuch, in einem letzten Kreuzzug (1441–44) die Türken vom Balkan zu vertreiben, endete bei Warna mit einer vernichtenden Niederlage. Die Eroberung Konstantinopels durch Mehmed II. (29. 5. 1453) gab dem Osmanischen Reich ein neues Zentrum.

TÜRKISCH-VENEZIANISCHE KRIEGE: Venedig, als führende Seemacht im östlichen Mittelmeer im Interesse seines Handels in den Kreuzzügen meist nicht eindeutig als Vorkämpfer der Christenheit exponiert, versuchte der osmanischen Expansion erst einen Riegel vorzuschieben, als diese sich dem Adriatischen Meer zuwandte. Nach dem 1. Türkisch-Venezianischen Krieg (1423–30) gestand es den Osmanen 1432 Saloniki zu, um seine Handelsprivilegien im Osmanischen Reich zu erhalten. Nach dem Fall Konstantinopels begannen die Osmanen im 2. Türkisch-Venezianischen Krieg (1463–79), die Venezianer vom griechischen Festland (v.a. Peloponnes und Athen) und den Inseln (1470 Fall Negropontes, heute Euböa) zu vertreiben. Ein osmanischer Brückenkopf in Italien musste 1481 wegen innerer Wirren nach dem Tod von Mehmed aufgegeben werden. Diese Schwierigkeiten nutzten die Venezianer zur Erwerbung Zyperns (1489). Im 3. Krieg (1499–1503) wurde Venedig von Spanien, Portugal, Frankreich, den Johannitern und dem Kirchenstaat unterstützt, musste aber den Osmanen weitere griechische Städte (Lepanto, Navarino) und Festungen sowie Durazzo überlassen und Tributzahlungen zusagen. Da die Venezianer auch im 4. Krieg (1537–40) keinen erfolgreichen Widerstand leisten konnten, ließ Kaiser Karl V., dessen Politik gleichzeitig gegen das Osmanische Reich und gegen das mit diesem seit 1536 verbündete Frankreich gerichtet war, eine Flotte unter Andrea Doria gegen die Osmanen fahren, die sich letztlich nicht entscheidend durchsetzte. Venedig schloss einen Separatfrieden, um seine Handelsprivilegien zu retten, musste aber seine letzten Besitzungen auf der Peloponnes, in Dalmatien und der Ägäis aufgeben. Als die Osmanen im 5. Krieg 1570/71 Zypern erobert hatten, schlossen Spanien, der Kirchenstaat und Venedig eine →Heilige Liga (20. 5. 1571), deren Flotte unter Don Juan de Austria die osmanische Flotte bei Lepanto vernichtete (7. 10. 1571). Doch der Sieg wurde nicht genutzt, da die Venezianer in einem Separatfrieden (1573) auf Zypern verzichteten und 300 000 Dukaten zahlten. Im 6. Krieg (1645–69) versuchte Venedig aus dem Niedergang der osmanischen Macht Nutzen zu ziehen, musste nach anfänglichen Erfolgen aber Kreta aufgeben (1669). Das Bemühen, im Bündnis mit Kaiser Leopold I. an dessen Erfolgen im Krieg 1683–99 teilzuhaben, brachte zunächst Landgewinn in Griechenland, aber nach dem nächsten Krieg (1714–18) gingen im Frieden von Passarowitz (21. 7. 1718) die letzten Stützpunkte auf Kreta und der Peloponnes verloren. Venedig spielte in den Türkenkriegen keine Rolle mehr.

TÜRKENKRIEGE DER HABSBURGER UND IHRER VERBÜNDETEN: Der Vorstoß Sultan Süleimans I., des Prächtigen, in Südosteuropa (Eroberung Belgrads 29. 8. 1521, Schlacht bei Mohács 29. 8. 1526) brachte das Osmanische Reich in unmittelbaren Kontakt zum habsburgischen Länderkomplex, da der spätere Kaiser Ferdinand I. die Nachfolge des bei Mohács gefallenen Königs Ludwig II. von Ungarn und Böhmen antrat. Das Bündnis zwischen Süleiman und dem von einer ungarischen Partei gegen Ferdinand zum König gewählten siebenbürgischen Fürsten Johann I. Zápolya stellte erstmals die den Habsburgern später noch oft gefährliche Verbindung von innerer Opposition und äußeren Gegnern im Südosten her. Die kaiserlichen Truppen fielen in Mittelungarn ein (1528), wurden aber von Süleiman zurückgeschlagen und bis Wien getrieben (1. Belagerung Wiens 29. 9.–14. 10. 1529). Schlechte Witterungsverhältnisse und Versorgungsschwierigkeiten zwangen den Sultan zum Rückzug und zum

Friedensschluss auf der Basis des Status quo (22. 6. 1533). Im Krieg 1540–47 besetzte Süleiman den größten Teil Ungarns; Siebenbürgen wurde endgültig osmanischer Vasallenstaat, wenngleich die Habsburger ihren Oberhoheitsanspruch nicht aufgaben. Die folgenden Türkenkriege (1551–62, 1566–68) wurden auf beiden Seiten als Zerstörungsfeldzüge und ohne großen Einsatz geführt. Den »Langen Türkenkrieg« (1593–1606/15) begann Kaiser Rudolf II., unterstützt von Reichstruppen und Spanien, mit dem Sieg bei Stuhlweißenburg (1593), aber nach der Niederlage bei Erlau (1596) und dem Aufstand der Ungarn unter István Bocskay (1604–06) einigte man sich mit den von den persischen Safawiden bedrängten Türken im Frieden von Zsitvatorok (11. 11. 1606). Der 1611 wieder aufflammende Kampf wurde 1615 mit der Erneuerung des Friedens von 1606 beendet. Erst 1663 rückten die Türken wieder gegen Österreich vor, wurden aber am 1. 8. 1664 von Raimund Graf von Montecuccoli bei Sankt Gotthard an der Raab geschlagen. Um im Westen freie Hand zu haben, schloss Kaiser Leopold I. den Frieden von Vasvár (10. 8. 1664), in dem der Sultan die Oberhoheit über Siebenbürgen behauptete.

Im Polnisch-Türkischen Krieg (1672–76) musste Polen die polnische Ukraine den vom Sultan abhängigen Kosaken überlassen und Podolien an das Osmanische Reich abtreten. Großwesir Kara Mustafa zog fast unbehelligt bis vor Wien, das unter Ernst Rüdiger Graf von Starhemberg der Belagerung vom 14. 7. bis 12. 9. 1683 standhielt. Ein Waffenstillstand mit Frankreich und ein Bündnis mit Polen und Venedig ermöglichten Österreich die Konzentration auf die Türkenfront, wo die Feldherren Karl V. Leopold von Lothringen, Maximilian II. Emanuel von Bayern und v. a. Markgraf Ludwig Wilhelm I. von Baden (»Türkenlouis«) und Prinz Eugen von Savoyen-Carignan rasch vordrangen; der Große Türkenkrieg (1683–99) leitete die Phase der Vertreibung der Osmanen aus Europa ein. 1685 fiel Neuhäusel, 1686 Buda; die 2. Schlacht bei Mohács (12. 8. 1687) öffnete den Weg nach Südosteuropa; Slawonien und Siebenbürgen wurden unterworfen, 1688 fielen Banja Luka und Belgrad. 1690 eroberten die Türken in einer Gegenoffensive Bulgarien, Serbien, Siebenbürgen und Belgrad zurück, da Österreich wieder gegen das zeitweilig mit der Türkei verbündete Frankreich kämpfen musste. Nach der vernichtenden Niederlage bei Novi Slankamen (19. 8. 1691) gegen den badischen Markgrafen mussten die Osmanen 1692 auch Großwardein räumen. 1697 hatte Prinz Eugen den Oberbefehl gegen die Osmanen übernommen und sie bei Senta besiegt (11. 9. 1697). Im Frieden von Karlowitz (26. 1. 1699) mussten sie Siebenbürgen sowie Ungarn abtreten. 1716 schloss sich Österreich den Venezianern in ih-

TÜRKENKRIEGE

Schlacht am Kahlenberg

Im 17. Jh. gehörte mit der Balkanhalbinsel und dem größten Teil Ungarns ganz Südosteuropa zum Osmanischen Reich. Aufgrund des längst nicht gestillten Expansionsdrangs der Türken war eine ernsthafte Bedrohung der abendländischen Staatengemeinschaft gegeben. So wurde die Abwehr der Türkengefahr Aufgabe aller christlichen Herrscher Europas. Beim Kampf gegen die Türken fielen für den Kaiser die Interessen seines eigenen Landes, des dem Osmanischen Reich benachbarten Österreich, mit seinen kaiserlichen Pflichten als Schirmherr der Christenheit zusammen.

Im Juli 1683 marschierte ein 200 000 Mann starkes türkisches Heer bis vor Wien und belagerte die österreichische Hauptstadt. Doch ein zahlenmäßig unterlegenes Entsatzheer befreite Wien im September 1683 infolge des Siegs am Kahlenberg. Dieser Triumph, den ein anonymer Zeitgenosse als üppiges Panoramabild festgehalten hat – links der Kahlenberg, von dem aus die Hilfstruppen vorstoßen, im Vordergrund Johann III. Sobieski mit seinen polnischen Husarenreitern, links von ihm sein Sohn Jakub (Wien, Heeresgeschichtliches Museum) –, führte den Wendepunkt im bis 1699 dauernden Großen Türkenkrieg herbei. Nun gingen die kaiserlichen Truppen ihrerseits zum Angriff über und erfochten in den folgenden Jahren bedeutende Siege. Im Frieden von Karlowitz mussten die Türken 1699 Siebenbürgen sowie den größten Teil des von ihnen beherrschten Ungarn an Österreich abtreten. Die Befreiung der Balkanchristen von der türkischen Herrschaft wurde fortan eines der Hauptziele der österreichischen Politik.

rem Türkenkrieg an und erhielt nach dem Sieg Prinz Eugens bei Peterwardein (5. 8. 1716) im Frieden von Passarowitz (21. 7. 1718) das Banat, Nordserbien und die Kleine Walachei. Bis auf die Abtretung der Bukowina an Österreich (1775) blieb die Grenze zwischen Österreich und dem Osmanischen Reich dann bis 1878 stabil. Österreich, in den Türkenkriegen zur europäischen Großmacht aufgestiegen und mit der Konsolidierung seines Besitzes beschäftigt, überließ die Initiative hinfort dem aufstrebenden Zarenreich, das nach Landerwerb und freiem Zugang zum Mittelmeer strebte.

RUSSISCH-TÜRKISCHE KRIEGE: 1686 bis 1700 beteiligte sich Russland als Verbündeter der Heiligen Liga von 1684 am Türkenkrieg und führte 1687 und 1689 wenig erfolgreiche Feldzüge gegen die Krimtataren. Der Türkenkrieg Russlands und Österreichs 1735–39 brachte Russland nach erfolgreichen Kämpfen (17. 8. 1739 erster Feldsieg über die Türken in der Schlacht von Stawutschane) den endgültigen Besitz von Asow, für Kaiser Karl VI., der 1736 in den Krieg eintrat, jedoch den Verlust aller 1718 gewonnenen Gebiete mit Ausnahme des Temescher Banats (Frieden von Belgrad, 18. 9. 1739). Durch den Türkenkrieg Russlands 1768–74 kam Russland nach mehreren Siegen endgültig in den Besitz der Nordküste des Schwarzen Meeres. Im Frieden von Kütschük Kainardschi (21. 7. 1774) erhielt Russland außerdem freie Schifffahrt im Schwarzen Meer und freie Durchfahrt durch die Meerengen für Handelsschiffe. Das Khanat der Krimtataren wurde zwar für unabhängig erklärt, geriet aber schon 1783 unter russische Herrschaft. Der Türkenkrieg Russlands (1787–92) und Österreichs (1788–91) brachte Russland im Frieden von Jassy (9. 1. 1792) das Gebiet zwischen Bug und Dnjestr und bestätigte es im Besitz der Krim (seit 1783); damit war die gesamte Nordküste des Schwarzen Meeres russisch. Österreich konnte die Eroberung Belgrads (1789) wegen Unruhen in Ungarn und den Österreichischen Niederlanden nicht ausnutzen; der Friede von Sistowa (4. 8. 1791) bestätigte den Status quo. Nach dem Türkenkrieg Russlands 1806–12 erhielt es im Frieden von Bukarest (28. 5. 1812) Bessarabien; der Pruth wurde neue Grenze. Der Türkenkrieg Russlands 1828–29, der nach russischen Siegen auf rumänischem und bulgarischem Boden sowie im Kaukasus mit dem Frieden von Adrianopel (14. 9. 1829) beendet wurde, brachte Russland das Donaudelta mit den Inseln in der Donaumündung, die Ostküste des Schwarzen Meeres sowie Protektoratsrechte über die Donaufürstentümer Moldau und Walachei und Handelsfreiheit im Osmanischen Reich. Der Russisch-Türkische Krieg 1877/78 endete mit dem → Berliner Kongress. (→ Balkankriege)

Türkenlouis [-lu:i], Beiname von → Ludwig Wilhelm I., Markgraf von Baden.

Tut-ench-A̲mun, Tutancha̲mun, [ägypt. »vollkommen an Leben ist Amun«], König von Ägypten (etwa 1347–1339 v. Chr.) der 18. Dynastie, verheiratet mit einer Tochter Amenophis' IV. (Echnaton), mit diesem wohl auch selbst verwandt. Er hieß ursprünglich nach dem von seinem Schwiegervater verehrten Sonnengestirn (Aton) Tut-ench-Aton. Unter seiner Regierung wurde die Sonnenreligion Amenophis' IV. wieder aufgegeben und die Residenz von Amarna nach Memphis verlegt. Als Regent für den minderjährigen (bei seinem Tod etwa 18-jährigen) König amtierte Haremhab.

Das nahezu unberührte Grab des Königs wurde 1922 im Tal der Könige von dem britischen Archäologen Howard Carter entdeckt. In der ausgemalten Sargkammer bargen vier ineinander gestellte Holzschreine einen Quarzitsarkophag; dieser enthielt zwei Holzsärge in Mumienform und als innersten einen aus massivem Gold in Gestalt von Tut-ench-Amun und Osiris, worin die Mumie des Königs lag.

UdSSR, Abk. für **Union der Sozialistischen Sowjetrepubliken,** →Sowjetunion.

Ukraine, ukrainisch **Ukraïna,** amtlich **Respublika Ukraïna,** Staat in Osteuropa, der im Westen an Ungarn, die Slowakische Republik und Polen, im Nordwesten an Weißrussland, im Nordosten, Osten und Südosten an Russland, im Süden an das Asowsche und das Schwarze Meer sowie im Südwesten an Rumänien und Moldawien grenzt.

GESCHICHTE: Als Kerngebiet ostslawischer Stämme bildete die Ukraine seit dem 10. Jh. das Zentrum des von Byzanz aus christianisierten Kiewer Reichs. Nach der Verwüstung durch den Mongoleneinfall (1240) fiel die Ukraine im 14. Jh. an Litauen und 1569 an Polen. 1654 unterstellten sich die Kosaken der Ukraine der russischen Herrschaft, die Ukraine wurde russische Provinz. 1918/19 bestand eine Ukrainische Nationalrepublik, die von den Bolschewiki zerschlagen wurde. Diese gründeten die Ukrainische SSR (1919–91), die 1922 Gründungsmitglied der →Sowjetunion wurde. Der westliche Teil der Ukraine fiel 1921 an Polen; er wurde 1939 durch die Sowjetunion annektiert und der Ukrainischen SSR zugeschlagen, ebenso 1945 die Karpatoukraine. Zur Ukrainischen SSR kam 1945 auch die Nordbukowina (von Rumänien). 1954 wurde die Krim angegliedert (zuvor zu Russland).

Ende der 1980er-Jahre verstärkten sich die Unabhängigkeitsbestrebungen. Nachdem die Ukraine 1990 ihre Souveränität innerhalb der UdSSR erklärt hatte, proklamierte sie am 24. 8. 1991 die Unabhängigkeit; der frühere Parlamentspräsident Leonid Krawtschuk wurde zum Präsidenten gewählt. Als Mitglied der GUS betrieb die Ukraine eine auf betonte Selbstständigkeit gegenüber Russland zielende Politik, die im Streit um die ehemalige sowjetische Schwarzmeerflotte und um die Verfügungsgewalt über die in der Ukraine stationierten ehemals sowjetischen Kernwaffen gipfelte. 1992 erhielt die Krim ein Autonomiestatut. Bei den Parlamentswahlen 1994 wurde die 1993 neu gegründete Kommunistische Partei stärkste Fraktion, die Präsidentschaftswahlen gewann der frühere Ministerpräsident Leonid Kutschma (1999 im Amt bestätigt). Aus der Parlamentswahl 2002 ging mit dem Wahlbündnis »Unsere Ukraine« um den früheren Ministerpräsidenten Viktor Juschtschenko erstmals in einem der Nachfolgestaaten der UdSSR eine prowestlich eingestellte, marktwirtschaftliche Reformen befürwortende Partei als Sieger hervor.

Ulbricht, Walter, deutscher Politiker, *Leipzig 30. 6. 1893, †Berlin (Ost) 1. 8. 1973; Tischler; war ab 1912 Mitglied der SPD, ab 1919 der KPD; wurde 1923 in die Parteizentrale gewählt, wo er v.a. als Organisator hervortrat. 1924/25 arbeitete Ulbricht in Moskau im Apparat der Komintern. 1926–29 war er Mitglied des Landtags von Sachsen, 1928–33 Mitglied des Reichstags; ab 1927 gehörte er dem ZK, ab 1929 auch dem Politbüro der KPD an. Nach der nationalsozialistischen Machtübernahme 1933 emigrierte Ulbricht zunächst nach Frankreich, dann 1938 in die UdSSR. Er gewann in dieser Zeit eine programmatisch richtungweisende Funktion in der Exil-KPD. 1936–1938 nahm er als politischer Kommissar auf republikanischer Seite am Spanischen Bürgerkrieg teil. Nach dem deutschen Angriff auf die UdSSR beteiligte er sich führend an der Gründung des →Nationalkomitees Freies Deutschland.

Als Vertrauensmann Stalins kehrte Ulbricht im Zuge des sowjetischen Vorstoßes auf Berlin am 30. 4./1. 5. 1945 an der Spitze der »Gruppe Ulbricht« nach Berlin zurück. Gestützt auf die SMAD, organisierte er als Mitglied des Sekretariats nach der deutschen Kapitulation (7. bzw. 8./9. 5. 1945) den Wiederaufbau der KPD und setzte 1946 den Zusammenschluss von KPD und SPD zur SED durch. Er war 1946–50 Mitglied ihres Zentralsekretariates und stellvertretender Parteivorsitzender und nahm in diesen Funktionen entscheidenden Einfluss auf die Umwandlung der SED in eine marxistisch-leninistische Kaderpartei; 1949 wurde er Mitglied ihres Politbüros. 1950 übernahm er die Führung der SED, zunächst als Generalsekretär, später (ab 1953) als Erster Sekretär.

Die Deutsche Demokratische Republik formte Ulbricht zu einem kommunistischen Staat nach volksdemokratischem Muster; er folgte dabei – sowohl ideologisch als auch

Walter Ulbricht. Als die DDR-Führung am 13. 8. 1961 mit Zustimmung Moskaus über Nacht mit dem Bau einer Mauer begann, durch die der Ostteil der Stadt hermetisch von den Westsektoren abgeriegelt wurde, beschränkten sich die Westmächte auf verbale Proteste. Ulbricht begründete den Mauerbau, den er wenige Wochen zuvor noch abgestritten hatte, mit den »Störmaßnahmen« und dem »Menschenhandel« des Westens.

praktisch-politisch – den Wendungen der sowjetischen Politik. Innerparteiliche Gegner schaltete er mit rigorosen Methoden aus. Nach dem Tod des Staatspräsidenten Wilhelm Pieck (1960) übernahm er neben seinen führenden Parteiämtern den Vorsitz des neu gebildeten Staatsrates (1960–73) und die Leitung des Nationalen Verteidigungsrates (1963–72). Nach dem Bau der Berliner Mauer (1961) bemühte er sich innenpolitisch um Ausbau und Reform der Wirtschaft und außenpolitisch erfolgreich um die internationale Anerkennung der Deutschen Demokratischen Republik. Seit Mitte der 1960er-Jahre suchte er deren Bewegungsfreiheit unter sowjetischer Vorherrschaft zu vergrößern; gegen Moskauer Verdikt unterhielt er Kontakte zu bundesdeutschen Politikern, ab 1969 zur sozialliberalen Koalition. Sowjetisches Misstrauen und Meinungsverschiedenheiten in der SED-Spitze führten zu einem parteiinternen Putsch, infolge dessen es zum Rücktritt Ulbrichts als SED-Chef kam (3. 5. 1971); Nachfolger wurde Erich Honecker.

Ụlfilas, → Wulfila.

Uljạnow, Familienname von → Lenin.

Ụlrich, Herzog von Württemberg (1498–1519, wieder 1534–50), * Reichenweier 8. 2. 1487, † Tübingen 6. 11. 1550; wurde 1498 anstelle seines vom Kaiser abgesetzten Onkels Eberhard II. Herzog; bis zu seiner Volljährigkeit (1503) führte ein Regimentsrat die Regierung. Im Landshuter Erbfolgekrieg konnte Ulrich 1503–05 im Bund mit Bayern beträchtliche Gebietsgewinne erzielen. Den Bauernaufstand des Armen Konrad vermochte er 1514 nur mithilfe der Stände niederwerfen, geriet in der Folge jedoch in Konflikt mit ihnen. Nach der Ermordung (1515) des Ritters Hans von Hutten wurde Ulrich im Oktober 1516 geächtet. Nach einem Überfall auf die Reichsstadt Reutlingen wurde Württemberg vom Schwäbischen Bund besetzt und Ulrich vertrieben. 1526 fand er Aufnahme bei Landgraf Philipp I., dem Grossmütigen, von Hessen. Im Bund mit diesem konnte er 1534 sein Herzogtum zurückerobern, musste aber der Umwandlung des Landes in ein österreichisches Afterlehen zustimmen. 1534 führte er in Württemberg die Reformation ein und schloss sich 1536 dem Schmalkaldischen Bund an.

Ultramontanịsmus [mittellatein. ultramontanus »jenseits der Berge« (d.h. der Alpen)], im 18. Jh. aufgekommene, meist als Schlagwort benutzte Bezeichnung für einen streng papsttreuen Katholizismus. In den Auseinandersetzungen um den Gallikanismus und den Febronianismus wurzelnd, war der Ultramontanismus im 19. und Anfang des 20. Jh. die herrschende Strömung innerhalb des Katholizismus und bildete auch den Hintergrund für die Entscheidungen des 1. Vatikanischen Konzils. In Deutschland wurde der Begriff in polemischer Weise im → Kulturkampf verwendet; in der Publizistik der Weimarer Republik stand er für als reichs- und fortschrittsfeindlich angesehene Entwicklungen innerhalb des Katholizismus, die auf politischer Ebene v.a. durch das → Zentrum verkörpert wurden.

Umbẹrto I., König von Italien (seit 1878), * Turin 14. 3. 1844, † (ermordet) Monza 29. 7. 1900; Sohn Viktor Emanuels II.; regierte konsequent konstitutionell und schloss 1882 wegen kolonialer Gegensätze zu Frankreich mit dem Deutschen Reich und Österreich-Ungarn den → Dreibund.

UN, Abk. für **United Nations** [juːˈnaɪtɪd neɪʃnz, engl.], → Vereinte Nationen.

Unabhängige Soziạldemokratische Partei Deutschlands, Abk. **USPD,** am 6. 4. 1917 gegründete politische Partei. Die USPD entstand aus der am 24. 3. 1916 gegründeten Sozialdemokratischen Arbeitsgemeinschaft (SAG), in der sich die Mitglieder der → Sozialdemokratischen Partei Deutschlands versammelt hatten, die die von der Mehrheit der SPD während des Ersten Weltkriegs getragene Politik des »Burgfriedens« ablehnten. Sie forderte die sofortige Vergesellschaftung bestimmter Industriezweige, der Banken und des Großgrundbesitzes. In der → Novemberrevolution (1918/19) arbeitete die USPD v.a. in den Arbeiter- und Soldatenräten mit. Vom 9. 11.–29. 12. 1918 gehörten mit Hugo Haase, Wilhelm Dittmann und Emil Barth führende Mitglieder der USPD dem → Rat der Volksbeauftragten an. Nach der Entscheidung für die Errichtung einer parlamentarischen Republik in Deutschland beteiligte sich die Partei an den Wahlen zur Weimarer Nationalversammlung (1919) und zum Reichstag (1920). Nachdem sich die Partei in der Frage eines Beitritts zur Dritten (Kommunistischen) Internationale über die von Lenin gestellten Aufnahmebedingungen nicht hatte einigen können, trat die »Parteilinke« 1921 zur → Kommunistischen Partei Deutschlands über, während sich die »Parteirechte« wieder der SPD näherte und

WALTER ULBRICHT
*** 1893 † 1973**

setzte 1946 in der Sowjetischen Besatzungszone den Zusammenschluss von KPD und SPD zur SED durch

übernahm 1950 die Führung der SED als Generalsekretär, ab 1953 als Erster Sekretär

übernahm 1960 den Vorsitz des Staatsrats

trat nach einem gegen ihn gerichteten parteiinternen Putsch 1971 vom Amt des SED-Chefs zurück

Ulrich von Württemberg. Zunächst betrog Herzog Ulrich seinen Stallmeister und Freund Hans von Hutten mit dessen Ehefrau, dann ermordete er ihn 1515 eigenhändig während eines Jagdausflugs im Böblinger Forst; ein Jahr später verfiel Ulrich deswegen der Acht.

sich ihr anschloss (1922). Eine Gruppe um Georg Ledebour ging 1931 in der Sozialistischen Arbeiterpartei (SAP) auf.

Unabhängigkeitserklärung, Declaration of Independence [deklə'reɪʃn əv ɪndɪ'pendəns, engl.], Erklärung, mit der sich die 13 amerikanischen Kolonien als Vereinigte Staaten von Amerika von Großbritannien lösten. Von einem Ausschuss des 2. Kontinentalkongresses unter Thomas Jefferson vorbereitet, wurde die Unabhängigkeitserklärung am 4. 7. 1776 durch die Delegierten der Kolonien in Philadelphia (Pa.) angenommen; New York trat am 9. 7. bei. Auf dem Gedankengut der Aufklärung und angelsächsischen Rechtstraditionen basierend, postuliert die Unabhängigkeitserklärung in der Präambel unter Berufung auf das Naturrecht die Freiheit und Gleichheit aller Menschen sowie das Prinzip der Volkssouveränität. Mit der Unabhängigkeitserklärung wurden die völkerrechtliche Anerkennung der Amerikaner als Krieg führende Partei und Hilfe durch andere Mächte ermöglicht.

Unabhängigkeitskrieg, →Amerikanischer Unabhängigkeitskrieg.

Ungarn, amtlich ungarisch **Magyar Köztársaság** ['mɔdjɔr 'køztaːrʃɔʃaːg], Staat in Europa, der im Norden an die Slowakische Republik, im Nordosten an die Ukraine, im Osten an Rumänien, im Süden an Kroatien und Serbien sowie im Westen an Österreich grenzt.

KÖNIGREICH UNGARN (BIS 1526): Seit 896 besetzten die Magyaren unter ihrem Fürsten Árpád das Pannonische Becken, assimilierten die hier lebenden Völker (Germanen, Slawen, Dakoromanen u.a.) und unternahmen Raubzüge in ganz Europa. Stephan I., der Heilige, ließ sich im Jahre 1000 mit einer von Papst Silvester II. verliehenen Krone (»Stephanskrone«) zum König krönen. 1091 wurde Kroatien (samt Dalmatien) erobert und 1102 in Personalunion mit Ungarn verbunden. Ab etwa 1150 wurden die Siebenbürger Sachsen angesiedelt. 1239 wurden die Kumanen aufgenommen, was den Mongolen als Vorwand zur Besetzung des Landes (1241/42) diente.

Nach dem Aussterben der Arpaden (1301) folgten Herrscher aus verschiedenen Häusern. Sigismund von Luxemburg wandte sich nach der Niederlage gegen die Osmanen bei Nikopolis (1396) stärker der Reichspolitik zu, mit dem Ziel einer europäischen Koalition gegen die Osmanen. Aber erst Janós Hunyadis Sieg bei Belgrad (1456) bannte die osmanische Gefahr für Jahrzehnte. Sein Sohn Matthias I. Corvinus eroberte Mähren, Schlesien und die Lausitz, Niederösterreich und die Steiermark. 1485 zog er in Wien ein und machte es bis 1490 zu seiner Residenz. Unter seinem Nachfolger, dem Jagiellonen Wladislaw II., verfiel die Zentralmacht.

UNGARN UNTER DEN OSMANEN UND DEN HABSBURGERN (1526–1918): Johann I. Zápolya (1526–40) konnte mit osmanischer Unterstützung den Machtbereich seines habsburgischen Gegenkönigs Ferdinand I. auf Oberungarn (die Slowakei) und einen schmalen Streifen im Westen des Landes beschränken. Die Mitte des Landes mit Slowenien blieb ab 1541 als Paschalik Buda in osmanischer Hand. Fürst Stephan Báthory legte die Grundlagen eines starken siebenbürgischen Staates, dessen Unabhängigkeit 1606 von König Rudolf anerkannt wurde. Nach der vergeblichen türkischen Belagerung Wiens 1683 sowie der raschen Befreiung Ungarns durch kaiserliche Truppen (1686 Fall Budas, 1697 Sieg bei Zenta) traten die Osmanen im Frieden von Karlowitz 1699 Ungarn mit Ausnahme des Banats, Kroatiens und Slawoniens an die Habsburger ab. Nach dem ungarischen Freiheitskampf 1703–11 (Friede von Sathmar 1711) wurde die Unteilbarkeit des Habsburgerreiches gesetzlich festgelegt, indem der ungarische Landtag 1722/23 der Pragmatischen Sanktion zustimmte.

Die Kolonisation im 18. Jh. ließ die Magyaren im Lande zur Minderheit werden. Die Reformpolitik Josephs II. scheiterte am Widerstand des Adels. Nach einem aus Revolutionsfurcht hervorgegangenen Polizeiregime unter Franz II. brach unter dem Eindruck der Revolutionen in Paris und Wien am 15. 3. 1848 in Pest die ungarische Revolution aus, deren führende Gestalt Lajos Kossuth wurde und die

Unabhängige Sozialdemokratische Partei Deutschlands.
Trotz ihres energischen Wahlkampfs – wie hier zu den Landtagswahlen in Preußen am 20. 2. 1921 – gelang es der USPD nicht, sich im linken Parteienspektrum der Weimarer Republik zwischen Mehrheitssozialdemokraten und Kommunisten zu behaupten.

UNABHÄNGIGKEITSERKLÄRUNG. *Selbstverständlich*

Zur Rechtfertigung der Loslösung vom Mutterland stellten die Delegierten des 2. Kontinentalkongresses der Unabhängigkeitserklärung einige »selbstverständliche Wahrheiten« voran: *»Wir halten diese Wahrheiten für selbstverständlich, dass alle Menschen gleich geschaffen wurden, dass sie von ihrem Schöpfer mit gewissen unveräußerlichen Rechten ausgestattet sind, darunter Leben, Freiheit und Streben nach Glück; dass zur Sicherung dieser Rechte Regierungen eingesetzt sind, die ihre gerechten Vollmachten von der Einwilligung der Regierten herleiten.«*

mit russischer Hilfe im August 1849 erstickt wurde. Das um Siebenbürgen, Kroatien mit Slawonien und das Banater Gebiet verkleinerte Ungarn wurde nun nach dem Muster eines österreichischen Kronlandes regiert. 1867 wurde der Gesamtstaat Österreich durch den österreichisch-ungarischen Ausgleich in die österreichisch-ungarische Monarchie (Österreich-Ungarn) umgewandelt. Der kroatisch-ungarische Ausgleich vom Juni 1868 regelte das Verhältnis zu Kroatien mit Slawonien; die Union Siebenbürgens mit Ungarn wurde im Dezember 1868 endgültig vollzogen. Das Banat war bereits 1860 wieder an Ungarn gekommen. Für die Zukunft folgenschwer wurde die nun einsetzende Magyarisierungspolitik.

UNGARN. ***Der Eiserne Vorhang fällt***

Am 27. 6. 1989 durchschnitten der ungarische Außenminister Gyula Horn und sein österreichischer Kollege Alois Mock symbolisch den Eisernen Vorhang an einem der letzten noch nicht demontierten Grenzzäune. Auf ungarischer Seite hatte sich das Politbüro auch um die ökonomischen Folgen der Demontage der Grenzsicherungsanlagen Gedanken gemacht: Es sei zu erwarten, dass der Abbau der Anlagen die Entwicklung der wirtschaftlichen und fremdenverkehrsmäßigen Beziehungen zu Österreich und anderen westlichen Ländern günstig beeinflussen werde.

DIE REPUBLIK UNGARN UND DIE RESTAURATION (1918–45): Die Niederlage im Ersten Weltkrieg führte zur Ausrufung der Republik am 16. 11. 1918. Ungarn musste weite Gebiete im Süden und Osten des Landes räumen. Kroatien-Slawonien hatte bereits am 29. 10. die staatsrechtliche Verbindung mit Ungarn gelöst. Der Budapester Arbeiterrat proklamierte am 21. 3. 1919 die Räterepublik (bis 1. 8. 1919). Die im Januar 1920 gewählte Nationalversammlung wählte am 1. 3. 1920 Miklós Horthy zum Reichsverweser. Der Friedensvertrag von Trianon wurde am 4. 6. 1920 unterzeichnet. Ungarn verlor 68 % seines früheren Staatsgebietes. Die Nationalversammlung sprach am 6. 11. 1921 die Thronenthebung der Habsburger aus. Die Wiener Schiedssprüche von 1938/40 und die Teilnahme am Angriffskrieg gegen Jugoslawien 1941 brachten Ungarn einen Teil der im Ersten Weltkrieg verlorenen Gebiete zurück. Am 19. 3. 1944 besetzten deutsche Truppen das Land; Ferenc Szálasi wurde Horthys Nachfolger. Die Sowjets besetzten das Land bis zum 4. 4. 1945. Am 22. 12. 1944 hatte sich inzwischen eine provisorische Gegenregierung gebildet, die mit den Sowjets einen Waffenstillstand schloss und Deutschland den Krieg erklärte.

VOLKSDEMOKRATIE UND KOMMUNISTISCHE HERRSCHAFT (1945–89): Der Pariser Friede vom 10. 1. 1947 stellte die ungarischen Grenzen vom 1. 2. 1938 wieder her. 1946–49 vollzog sich die sozialistische Umgestaltung des Landes nach sowjetischem Muster. Die treibende Kraft der innenpolitischen Entwicklung waren die Kommunisten, die von der sowjetischen Militärmacht unterstützt wurden. Die Parteien wurden bis zum Sommer 1948 verboten oder lösten sich selbst auf, die Sozialdemokraten wurden gezwungen, sich mit der KP zur Partei der Ungarischen Werktätigen zu vereinigen (ab 1956 Ungarische Sozialistische Arbeiterpartei, USAP). Durch die Verfassung vom 18. 8. 1949 wurde Ungarn eine Volksrepublik. 1953 wurde Imre Nagy Ministerpräsident, der bis 1955 politische und wirtschaftliche Reformen durchführte. 1956 wurde Mátyás Rákosi durch den dogmatischen Stalinisten Ernő Gerő als Generalsekretär abgelöst. Dessen starre und unbesonnene Haltung führte am 23. 10. 1956 zum ungarischen Volksaufstand, der nur durch das militärische Eingreifen der sowjetischen Streitkräfte niedergeschlagen werden konnte. Parteisekretär János Kádár betrieb wieder eine prosowjetische Politik. Ungarn erholte sich politisch und wirtschaftlich und schlug den Weg einer vorsichtigen Liberalisierung ein (»Gulaschkommunismus«).

DIE REPUBLIK (SEIT 1989): Im Zuge der sowjetischen Reformpolitik wurde die Liberalisierung u. a. durch die Zulassung von Parteien ab 1987 forciert. Nach der Entmachtung von Kádár im Mai 1988 wurde Károly Grosz neuer Parteichef der USAP, deren Reformkräfte durch den Rücktritt des gesamten Politbüros im April 1989 und die folgende Neuwahl gestärkt wurden. Im Oktober 1989 löste sich die USAP auf. Im Mai 1989 begann Ungarn mit der Grenzöffnung zu Österreich; die Ausreise zahlreicher Bürger der DDR in den Westen besaß Signalcharakter für das Ende des SED-Regimes. Die ersten freien Wahlen im März und April 1990 gewann das konservativ ausgerichtete Ungarische Demokratische Forum (UDF). Mit der Rehabilitierung der Opfer des Aufstandes von 1956, der Aufnahme in den Europarat (1990) und der assoziierten Mitgliedschaft in der NATO bei gleichzeitigem Abzug der sowjetischen Truppen (1991) bestätigte Ungarn seine Annäherung an Westeuropa. Die Parlamentswahlen 1994 entschieden die Sozialisten mit absoluter Mehrheit für sich; Ministerpräsident wurde Gyula Horn. Nachdem Ungarn zwischen 1998 und 2002 von der nationalkonservativen Partei »Fidesz« unter Viktor Orban regiert worden war, war bis 2004 der Sozialist Peter Medgyessy Ministerpräsident. 2004 trat Ungarn der EU bei.

Union [latein.], **protestantische Union, evangelische Union,** auf Betreiben der Kurpfalz 1608 in Auhausen geschlossenes Bündnis süd- und westdeutscher protestantischer Reichsstände zur Abwehr von Rechtswidrigkeiten und Gewalttätigkeiten. Als katholisches Gegenbündnis bildete sich 1609 die →Liga. Durch Geldmangel, Streitigkeiten zwischen Lutheranern und Kalvinisten, das Fernbleiben

Kursachsens und der norddeutschen protestantischen Fürsten in ihrer Handlungsfähigkeit von Anfang an eingeschränkt, war die Union dennoch ein Stütz- und Mittelpunkt aller antikatholischen und antihabsburgischen Bestrebungen. Bei Ausbruch des Dreißigjährigen Krieges in Böhmen erwies sich die Union als der Liga nicht gewachsen; sie schloss ein Neutralitätsabkommen mit der Liga und löste sich im Mai 1621 auf.

Union der Sozialistischen Sowjetrepubliken, Abk. **UdSSR,** →Sowjetunion.

United Kingdom of Great Britain and Northern Ireland [ju'naɪtɪd 'kɪŋdəm əv 'greɪt 'brɪtn ənd 'nɔːðn 'aɪələnd], das Vereinigte Königreich von →Großbritannien und Nordirland.

United Nations [ju'naɪtɪd neɪʃnz], Abk. **UN** [engl. juː'en], →Vereinte Nationen.

United Nations Organisation [juː'naɪtɪd neɪʃnz ɔːgənaɪ'zeɪʃn], Abk. **UNO,** →Vereinte Nationen.

United States of America [ju'naɪtɪd 'steɪts əv ə'merɪkə], Abk. **USA** [engl. jues'eɪ], die →Vereinigten Staaten von Amerika.

UNO, Abk. für **United Nations Organization** [juː'naɪtɪd neɪʃnz ɔːgənaɪ'zeɪʃn], →Vereinte Nationen.

Urban II., Papst (1088–99), früher Odo von Châtillon (oder Lagery), *bei Châtillon-sur-Marne (?, bei Reims) um 1035, †29. 7. 1099; studierte bei Bruno von Köln in Reims, wurde später Mönch in Cluny, um 1080 Kardinalbischof von Ostia; war 1084/85 Legat Gregors VII. in Deutschland. Im Investiturstreit konnte Urban die Gegensätze mildern und das gregorianische Reformpapsttum einem neuen Höhepunkt zuführen. Auf der Synode von Clermont (1095) rief Urban zum (ersten) Kreuzzug auf.

Urban VI., Papst (1378–89), früher Bartolomeo Prignano, *Neapel um 1318, †Rom 15. 10. 1389; wurde 1363 Erzbischof von Acerenza (Provinz Potenza), 1377 von Bari; war seit der Rückkehr Gregors XI. von Avignon nach Rom Leiter der päpstlichen Kanzlei. Urban wurde unter starkem Druck des römischen Volkes, das einen Italiener forderte, gewählt und schien zunächst anerkannt. Er überwarf sich jedoch bald mit den Kardinälen, die die Wahl Urbans für ungültig erklärten. Mit der Wahl Klemens' (VII.) zum Papst, der nachträglich auch von den italienischen Kardinälen anerkannt wurde und nach Avignon ging, begann das Abendländische Schisma.

Urban VIII., Papst (1623–44), früher Maffeo Barberini, *Florenz 5. 4. 1568, †Rom 29. 7. 1644; Nuntius in Paris, 1606 Kardinal, 1608–17 Bischof von Spoleto, 1611–14 Legat von Bologna; Dichter, Förderer der Künste und Wissenschaften. Im Gegensatz zu seinen Vorgängern Paul V. und Gregor XV. stellte Urban die Subsidienzahlungen an die katholische Partei (Kaiser und Liga) ein, unterstützte Frankreich gegen Habsburg und damit indirekt die protestantische Partei, drängte aber 1632 zum Frieden. Sein Pontifikat war geprägt von einem hemmungslosen Nepotismus sowie einer für den Kirchenstaat ruinösen Finanzpolitik. Als folgenschwer erwiesen sich die Bekämpfung des Gallikanismus und Jansenismus sowie die Verurteilung Galileo Galileis.

Urkantone, die drei Waldstätte Uri, Schwyz und Unterwalden, die 1291 den Ewigen Bund schlossen (→Schweiz).

USA [engl. jues'eɪ], Abk. für **United States of America** [ju'naɪtɪd 'steɪts əv ə'merɪkə], die →Vereinigten Staaten von Amerika.

USPD, Abk. für →Unabhängige Sozialdemokratische Partei Deutschlands.

Ustascha, Ustaša [-ʃ-; kroat. »Aufrührer«, »Aufständischer«], kroatische Organisation radikaler Nationalisten, die ab Frühjahr 1929 von Ante Pavelić – aus Protest gegen die Errichtung der »Königsdiktatur« in Jugoslawien durch König Alexander I. – vom italienischen Exil aus aufgebaut wurde. Ideologisch unter dem Einfluss des italienischen Faschismus stehend, kämpfte sie, von Italien und Ungarn unterstützt, für die staatliche Unabhängigkeit Kroatiens. Sie löste im September 1932 einen Aufstand im Velebitgebirge aus und organisierte das Attentat auf Alexander I. am 9. 10. 1934 in Marseille. In dem unter deutschem und italienischem Protektorat am 10. 4. 1941 ausgerufenen »Unabhängigen Staat Kroatien« (USK) war sie die tragende politische Kraft eines diktatorischen Regierungssystems; Pavelić wurde Staatschef. Juden, orthodoxe Christen und Muslime wurden von diesem faschistischen System grausam verfolgt. Nach 1945 kam es zu Bemühungen kroatischer Kräfte um Pavelić, vom argentinischen Exil aus die Ustascha neu zu beleben.

U Thant, Sithu, birmanischer Politiker, *Pantanaw (Verwaltungsgebiet Irrawaddy) 22. 1. 1909, †New York 25. 11. 1974; zunächst im Schuldienst tätig; war ab 1943 Funktionär der Anti-Fascist People's Freedom League. Ab 1949 war U Thant Informationsminister, ab 1957 ständiger Vertreter bei den UN, 1961–71 deren Generalsekretär. U Thant setzte sich für die Aufnahme der Volksrepublik China in die UN und die Schlichtung internationaler Krisen ein (u. a. Kubakrise, Kongokrise) und kritisierte das amerikanische Engagement in Vietnam.

Utraquisten [zu latein. sub utraque specie »(Abendmahl) unter beiderlei Gestalt«], die Mehrheit der Hussiten (→Hussitenkriege).

Utrecht [niederländ. 'yːtrɛxt], **Frieden von,** in Utrecht geschlossenes Vertragswerk, das mit den Verträgen zwischen Frankreich und Großbritannien, den Generalstaaten, Preußen, Portugal und Savoyen (11. 4. 1713) sowie den Verträgen Spaniens mit Großbritannien, Savoyen (13. 7. 1713), den Generalstaaten (26. 6. 1714) und Portugal (6. 2. 1715) den →Spanischen Erbfolgekrieg beendete.

Urban VIII.

V

Valentinian I., eigentlich Flavius Valentinianus, römischer Kaiser (seit 364), *Cibalae (heute Vinkovci, Kroatien) 321, †Brigetio (heute Komárom-Szőny, Ungarn) 17. 11. 375; wurde am 25. 2. 364 in Nikaia (heute İznik) vom Heer zum Kaiser erhoben; ernannte drei Tage später seinen Bruder Valens und 367 seinen Sohn Gratian zu Mitregenten. Valentinian sicherte als Kaiser des westlichen Reichsteils erfolgreich die Reichsgrenze an Rhein und Donau. Sein Feldherr Theodosius stellte 368 in Britannien die römische Herrschaft wieder her. Valentinian residierte v.a. in Augusta Treverorum (heute Trier). 375 begab er sich zur Abwehr von Quaden und Sarmaten nach Pannonien, wo er bei Verhandlungen starb; er wurde in Konstantinopel beigesetzt.

Valera [vəˈleərə], Eamon de, irischer Politiker amerikanischer Herkunft, *New York 14. 10. 1882, †Dublin 29. 8. 1975; lebte ab 1886 in Irland; engagierte sich ab 1913 in der irischen Unabhängigkeitsbewegung. Als einer der Führer des Osteraufstands 1916 in Dublin von einem britischen Gericht zum Tode verurteilt, wurde de Valera nach Umwandlung der Strafe in lebenslange Zwangsarbeit bei der Generalamnestie 1917 freigelassen. Als gefeierter Nationalheld übernahm er 1917 den Vorsitz von Sinn Féin und wurde Abgeordneter im britischen Unterhaus. 1918 erneut verhaftet, wurde de Valera 1919 in Abwesenheit zum Präsidenten der neu proklamierten Irischen Republik gewählt. Zur Beendigung der gewaltsamen Auseinandersetzungen zwischen irischen und britischen Truppen schloss er 1921 mit der Regierung Lloyd George einen Waffenstillstand. Aus Protest gegen den angloirischen Vertrag über die Errichtung des Irischen Freistaats (unter Abtrennung der Provinz Ulster) trat er 1922 als Präsident zurück. Im folgenden Bürgerkrieg führte de Valera die Vertragsgegner gegen die gemäßigte Regierung des neuen Freistaats. An der Spitze der von ihm 1926 gegründeten Fianna Fáil, mit der er Irland zur vollen Unabhängigkeit führen wollte, gewann er 1932 die Wahlen und war danach bis 1948 sowie 1951–54 und 1957–59 Premierminister. Im Zweiten Weltkrieg vertrat er eine strikte Neutralitätspolitik. 1959–73 war er Staatspräsident.

Valerian [v-], eigentlich Publius Licinius Valerianus, Kaiser des Römischen Reiches (seit 253), *um 200, †nach 262 (?); von den Truppen in Rätien oder Noricum zum Kaiser ausgerufen; setzte seinen Sohn Gallienus als Mitregenten ein. Valerian suchte im Osten die Einfälle der Goten und der Perser abzuwehren, in deren Hände er schließlich fiel. 257 veranlasste Valerian eine Christenverfolgung.

Valmy [valˈmi], Gemeinde im Département Marne, Frankreich. In der Kanonade von Valmy (am 20. 9. 1792) stand die französische Revolutionsarmee unter Charles Dumouriez und François Kellermann den preußisch-österreichischen Verbündeten unter dem Herzog Karl Wilhelm Ferdinand von Braunschweig gegenüber. Die Episode, die den Rückzug des Heeres der ersten Koalition veranlasste, stellte einen psychologischen Sieg der schlecht ausgestatteten und kaum ausgebildeten französische Freiwilligenarmee dar.

Valois [valˈwa], historische französische Grafschaft. Aus der Erbschaft der Grafen von Valois gelangten die Grafschaften Valois und Montdidier an die Grafen von Vermandois und mit deren Besitz 1076 an eine Seitenlinie der →Kapetinger. 1213 mit der Krondomäne vereinigt, wurde Valois mehrfach als Apanage verliehen, so 1285 an Karl von Valois; dessen Sohn bestieg 1328 als Philipp VI. den französischen Thron, den das Haus Valois in direkter Linie bis 1498 und in den Linien Orléans und Angoulême bis 1589 innehatte.

Vandalen [v-], germanischer Stamm, →Wandalen.

Vansittart [vænˈsɪtət], Robert, Baron (seit 1941), britischer Diplomat, *Farnham (County Surrey) 25. 6. 1881, †Denham (County Buckinghamshire) 14. 2. 1957; war 1930–38 ständiger Unterstaatssekretär im Außenministerium; forderte eine rigorose antideutsche Politik (Vansittartismus) und warnte die britische Regierung vor dem nationalsozialistischen Regime.

Varus [v-], Publius Quinctilius (Quintilius), römischer Statthalter und Oberbefehlshaber in Germanien, *um 46 v. Chr., †9 n. Chr.; wurde 13 v. Chr. Konsul, wohl 7/6 Prokonsul der Provinz Africa, 6–4/3 Statthalter (Legat) in Syrien. Ab 7 n. Chr. war Varus Legat in Germanien, wo er die Romanisierung des Gebiets zwischen Rhein und Elbe durch Intensivierung der Verwaltung voranzutreiben und so die Provinzialisierung einzuleiten suchte. Varus wurde 9 n. Chr. aus dem Sommerlager an der Weser tief in rechtsrheinisches Gebiet gelockt. Im September (?) schlugen Germanen unter dem Cherusker Arminius im »Teutoburgiensis saltus« die römischen Truppen in der drei Tage lang andauernden Varusschlacht (»clades Variana«) vernichtend; Varus beging Selbstmord, den Plan der Grenzverlegung an die Elbe gab Kaiser Augustus auf. Wo genau der bei Tacitus (Annalen 1,60) erwähnte Schlachtort lag, ist nicht gesichert; diskutiert wurden bisher das Gebiet des heutigen Teutoburger Walds – der seinen Namen erst im 17./18. Jh. in gelehrter Anspielung an Tacitus erhielt –, das Gebiet von dort bis zur Weser, der Nordrand des Wiehen- und Wesergebirges, das Bergland südlich der Münsterländer Bucht und die Kalkrieser-Niederwedder Senke.

Vasa [v-], schwedisches Adelsgeschlecht, →Wasa.

Vasall [v-; mittelhochdeutsch vassal, von mittellateinisch vassalus, zu mittellateinisch-

Valmy.
Nach der »Kanonade von Valmy« (Gemälde von Horace Vernet, 1831) und dem Rückzug der preußischen Armee erklärte der französische Nationalkonvent am 21. 9. 1792 die Abschaffung der Monarchie. Nicht zu Unrecht äußerte Goethe daher gegenüber preußischen Offizieren: »Von hier und heute geht eine neue Epoche der Weltgeschichte aus, und Ihr könnt sagen, Ihr seid dabei gewesen.«

galloromanisch vassus, eigentlich »Mann«, »Knecht«, aus dem Keltischen], im Mittelalter der in einem persönlichen, durch einen besonderen symbolischen Übergabeakt (Kommendation) begründeten Treueverhältnis zu einem höherrangigen Schutzherrn stehende Mann, meist freien Ursprungs. (→Lehnswesen)

Vasco da Gama [v-], portugiesischer Seefahrer, →Gama, Dom Vasco da.

Vaterländische Front, Abk. **VF,** 1933–38 eine politische Organisation in der Republik Österreich. Gegründet am 21. 5. 1933 von Bundeskanzler Engelbert Dollfuß, vertrat die VF programmatisch den Aufbau einer autoritär-ständischen Gesellschaftsordnung und geriet damit in scharfen Gegensatz zur österreichischen Sozialdemokratie. Im Kampf gegen den Nationalsozialismus in Österreich suchte sie die staatliche Unabhängigkeit zu verteidigen. Nach In-Kraft-Treten der Verfassung vom 1. 5. 1934 war die VF einzige Trägerin der politischen Willensbildung; sie war nach dem Führerprinzip organisiert und gliederte sich in eine Zivil- und eine v. a. von den →Heimwehren getragene Wehrfront. Nach der Ermordung von Dollfuß (25. 7. 1934) trat Ernst Rüdiger Fürst von Starhemberg an die Spitze der VF; danach übernahm Bundeskanzler Kurt (von) Schuschnigg die Führung. Im Zuge des »Anschlusses« Österreichs an das Deutsche Reich wurde die VF aufgelöst.

Vaterländischer Krieg, in Russland bzw. der Sowjetunion Bezeichnung für den Krieg Russlands 1812 gegen die Große Armee Napoleons I. (in Anspielung auf die 1941 im Krieg gegen das nationalsozialistische Deutschland geprägte Bezeichnung →Großer Vaterländischer Krieg).

Vatikanische Konzile [v-], die nach ihrem Tagungsort, der Peterskirche im Vatikan, benannten Konzile der katholischen Kirche; nach der Zählung der katholischen Kirche das 20. und 21. ökumenische Konzil,

1. (Vaticanum I; 1869/70), von Pius IX. am 8. 12. 1869 eröffnet, am 20. 10. 1870 nach der Einnahme Roms durch italienische Truppen abgebrochen. Verabschiedet wurden die Konstitution »Dei Filius«, die im Sinne des Syllabus die katholische Lehre gegenüber den modernen Zeitströmungen bekräftigte, und die Konstitution »Pastor aeternus«, in der der Primat des Papstes und die päpstliche Unfehlbarkeit dogmatisiert wurden. Bereits vor der Konzilseröffnung hatten Gerüchte über eine geplante Dogmatisierung der Unfehlbarkeit zu heftigen Auseinandersetzungen geführt.

2. (Vaticanum II; 1962–65), von Johannes XXIII. am 25. 1. 1959 angekündigt und am 11. 10. 1962 eröffnet, ab 1963 von Paul VI. weitergeführt. Ziel des von Johannes XXIII. einberufenen Konzils war die Erneuerung der Lehre und des Lebens der Kirche, verbunden mit der »Öffnung« der katholischen Kirche zur modernen Welt und der Neubestimmung ihres Verhältnisses zu den anderen christlichen Kirchen und den nicht christlichen Religionen. Zu den bedeutendsten Ergebnissen des 2. Vatikanischen Konzils gehören die Liturgiereform, die Stärkung der Ortskirchen und der nationalen Bischofskonferenzen sowie die Öffnung gegenüber den nicht katholischen Kirchen und nicht christlichen Religionen.

Vercingetorix [v-], Keltenfürst aus dem Stamm der Arverner, *um 82 v. Chr., †Rom 46 v. Chr.; leitete 52 v. Chr. die letzte große Er-

Vatikanische Konzile.
Nachdem Papst Johannes XXIII. 1962 noch im Jahr der Eröffnung des 2. Vatikanischen Konzils gestorben war, setzte es der neue Papst Paul VI. im Folgejahr fort (Einzug der Bischöfe in den Petersdom).

hebung der Gallier gegen Caesar im Gallischen Krieg; nahm als Oberbefehlshaber der verbündeten gallischen Verbände den Königstitel an. Nach dem Sieg bei der Festung Gergovia konnte er die mit Caesar verbündeten Stämme (u.a. die Äduer) zum Abfall bewegen, sodass dessen gallischen Erfolge infrage gestellt waren. In Alesia eingeschlossen und zur Kapitulation gezwungen, wurde Vercingetorix 46 v. Chr. im Triumphzug Caesars mitgeführt und anschließend hingerichtet.

Verdun [vɛr'dœ̃], **Schlacht um,** im Ersten Weltkrieg eine bei Verdun-sur-Meuse (Département Meuse, Frankreich) geführte Schlacht (Februar bis Dezember 1916). Ausgelöst wurde sie durch die Entscheidung des Chefs des deutschen Generalstabes, General Erich von Falkenhayn, Verdun zum Ziel einer begrenzten Angriffsoperation zu machen; in deren Verlauf sollte die französische Armeeführung gezwungen werden, für die Behauptung des psychologisch und militärisch wichtigen Punktes immer neue Kräfte einzusetzen. Durch stärksten Artillerieeinsatz auf deutscher Seite glaubte Falkenhayn, hierbei das französische Heer zum »Verbluten« bringen zu können. Der Angriff begann am 21. 2. 1916 auf dem Frontabschnitt östlich der Maas. Nach anfänglichen Erfolgen kam die Operation gegen den stärker werdenden französischen Widerstand fast zum Stillstand. Auf engstem Raum entwickelte sich eine Material- und Zermürbungsschlacht – die »Hölle von Verdun« –, die Anfang Juni ihren Höhepunkt erreichte und erst nach Scheitern eines letzten deutschen Angriffs Mitte Juli abflaute. Ab Oktober eroberten die französischen Truppen einen Teil des Geländes zurück. Die deutsche Armee verlor dabei etwa 337 000, die französische Armee etwa 377 000 Mann.

Verdun [vɛr'dœ̃], **Vertrag von,** 843 geschlossener Vertrag, der die Aufteilung des →Fränkischen Reichs unter die drei Söhne Kaiser Ludwigs des Frommen regelte.

Verein für Socialpolitik, 1873 in Eisenach u.a. von Gustav von Schmoller, Lujo Brentano und Adolph Wagner gegründeter Verein, der sich an den Lehren der historischen Schule der Nationalökonomie orientierte. Er war v.a. gegen den strikten Freihandel, befürwortete eine den nationalen Interessen entsprechende Wirtschaftspolitik und förderte Bestrebungen zu einer reformerisch orientierten Sozialpolitik, die v.a. auf eine Verbesserung der Lage der Arbeiterschaft zielte. Von 1905 bis zu seiner freiwilligen Auflösung 1936 wandte sich der Verein zunehmend Fragen der Wirtschaftstheorie und -politik zu. 1948 wurde er in Marburg neu gegründet; seit 1956 trägt er den Namen »Gesellschaft für Wirtschafts- und Sozialwissenschaften - Verein für Socialpolitik«.

Vereinigte Ostindische Kompanie, niederländisch **Vereenigde Oost-Indische Compagnie** [far'e:nəxde o:stindiʃe kɔmpa'ni:], 1602 durch den Zusammenschluss mehrerer Handelsgesellschaften entstandene niederländische Handelskompanie, die bis zu ihrer Auflösung (1798) erfolgreich beim Aufbau des niederländischen Kolonialreichs in Südostasien mitwirkte. 1619 wurde das heutige Jakarta ihr Verwaltungszentrum in Übersee.

Vereinigte Staaten von Amerika, amtlich englisch **United States of America** [ju'naɪtɪd 'steɪts əv ə'merɪkə], Abk. **USA** [engl. jues'eɪ], Staat in Nordamerika und im Pazifik. Der zusammenhängende festländische Teil wird im Westen vom Pazifik, im Norden von Kanada, im Osten vom Atlantik und im Süden vom Golf von Mexiko sowie von Mexiko begrenzt. Außerdem gehören Alaska und Hawaii zum Staatsgebiet. Zur Vorgeschichte, Entdeckungs- und Kolonialgeschichte →Nordamerika.

UNABHÄNGIGKEITSKRIEG, KONSOLIDIERUNG UND EXPANSION (1763–1850): Den Anlass für die Loslösung der 13 britischen Kolonien an der Ostküste Nordamerikas vom Mutterland bildete der Versuch Großbritanniens, einen Teil seiner im siegreichen Krieg gegen Frankreich (Siebenjähriger Krieg, 1756–63) entstandenen beträchtlichen Schulden durch die Kolonien abtragen zu lassen. Der rasch zunehmende Widerstand der Kolonien (Boston Tea Party 1773) richtete sich besonders gegen die Erhebung neuer Steuern, strengere Handels- und Zollgesetze sowie britische Bestrebungen zur Zentralisierung der Verwaltung. Nachdem es nach dem 1. Kontinentalkongress, auf dem außer Georgia und den kanadischen Provinzen alle britischen Kolonien vertreten waren, zu den ersten Gefechten zwischen britischen Truppen und amerikanischer Miliz gekommen war, veranlasste der 2. Kontinentalkongress 1775 die Bildung einer gemeinsamen Armee unter dem Oberbefehl von George Washington und nahm die von Thomas Jefferson entworfene →Unabhängigkeitserklärung am 4. 7. 1776 an (»Amerikanische Revolution«).

Der →Amerikanische Unabhängigkeitskrieg (1775–83), in dem die Kolonien von Frankreich unterstützt wurden, führte nach wechselvollem Verlauf zur britischen Niederlage. Im Pariser Frieden (1783) erkannte Großbritannien die Unabhängigkeit seiner ehemaligen Kolonien an und verzichtete auch auf deren westliches Hinterland bis zum Mississippi. Die neuen Verfassungen, die sich elf Staaten zwischen 1776 und 1780 gaben, garantierten Grundrechte und sahen Gewaltenteilung vor. Mit den 1781 in Kraft getretenen Konföderationsartikeln schlossen sich die souveränen Einzelstaaten zu einem lockeren Staatenbund zusammen. Dessen Umwandlung in einen Bundesstaat mit gestärkter Zentralgewalt erfolgte erst durch die 1787 formulierte und 1788 ratifizierte Verfassung. Erster Präsident wurde George Washington.

Mit dem Kauf des westlichen Louisiane von Frankreich (1803) begann die territoriale Ausdehnung der USA westlich des Mississippi. 1812–14 führten die USA einen ergebnislosen Krieg mit Großbritannien um den Besitz Kanadas. Zur Verhinderung einer Einmischung der Heiligen Allianz in den aufständischen spanischen Kolonien in Mittel- und Südamerika sowie zur Abwehr der Ansprüche Russlands auf die Nordwestküste Nordamerikas verkündete Präsident James Monroe 1823 die →Monroedoktrin. 1845 wurde Texas Gliedstaat, 1846–48 im Mexikanischen Krieg das Gebiet von New Mexico bis Kalifornien annektiert; die Erwerbung von Florida (1810/19) und die Teilung Oregons (1846) brachten die USA im Wesentlichen auf ihren heutigen territorialen Stand. Der Landhunger der nach Westen vordringenden Siedler führte zur Verdrängung der →Indianer; den Überlebenden der Ausrottungskriege und Deportationen wurden erst 1924 die Bürgerrechte zuerkannt, ohne dass dadurch ihre wirtschaftliche und soziale Lage entscheidend verbessert worden wäre.

KAMPF UM DIE NATIONALE EINHEIT (1850–65): Dem Mittleren Westen bzw. Nordwesten mit relativ breit gestreutem landwirtschaftlichem Privateigentum standen um die Mitte des 19. Jh. der industrialisierte Nordosten und das auf Sklaverei beruhende Plantagensystem des Südens gegenüber. Besonders die wirtschaftspolitischen Vorstellungen der Industrie – Wirtschaftsexpansion, gefördert durch Schutzzölle und liberalistische Arbeitsmarktpolitik – waren mit den statischen gesellschaftspolitischen Vorstellungen der Sklaven- und Plantagenbesitzer nicht vereinbar. Den wirtschaftlichen Interessen des Nordens kam die Bewegung der Abolitionisten entgegen, die die Sklaverei aus humanitären Gründen abzuschaffen suchten. Umstritten war auch der von der Verfassung bestimmte Primat der Union vor den Einzelstaaten, den insbesondere die Südstaaten bekämpften. Der Wahlsieg des populären, der Sklaverei kritisch gegenüberstehenden republikanischen Präsidentschaftskandidaten Abraham Lincoln (1860), der den Kapital- und Industrie-Interessen Schutzzölle und Privatbanken, den unteren Einkommensschichten freies Siedlungsland versprach, veranlasste elf Südstaaten, sich unter dem Präsidenten Jefferson Davis als »Konföderierte Staaten von Amerika« vom Norden zu lösen. In dem mit äußerster Erbitterung geführten →Sezessionskrieg (1861–65) zerbrach das Plantagensystem der Südstaaten; zugleich kam es zu einem kriegsbedingten konjunkturellen Aufschwung in den Nordstaaten, deren Sieg die Einheit der Union wieder herstellte.

INDUSTRIALISIERUNG UND AUFSTIEG ZUR WELTMACHT (1865–1920): Die Periode der →Reconstruction (1865–77), in der sich zwar die regionalen wirtschaftlichen Unterschiede verringerten, die Situation der Schwarzen hingegen trotz Abschaffung der Sklaverei auf lange Sicht kaum veränderte, leitete eine Phase der explosionsartigen Industrialisierung ein. Diese Entwicklung wurde begleitet von der fortschreitenden Erschließung des Kontinents (1869 Vollendung der ersten transkontinentalen Eisenbahnlinie) und – trotz mehrerer Krisen – begünstigt durch hohe Schutzzölle, Erschließung reicher Rohstoffvorkommen (»Gold Rush« nach Kalifornien 1848/49), Einwanderung (etwa 15 Millionen Menschen zwischen 1865 und 1900), Westwanderung (Mythos vom »Wilden Westen«) und Laissez-faire-Politik bei gleichzeitiger Verschärfung der sozialen Gegensätze.

Außenpolitisch war für die von außerhalb ihrer Grenzen nicht bedrohten USA in der zweiten Hälfte des 19. Jh. die Absicherung wirtschaftlicher Interessen bestimmend (u. a. gewaltsame Öffnung Japans für den Handel 1854). Erst die gegen Ende des 19. Jh. rasch anwachsenden privaten Auslandsinvestitionen, v. a. im politisch unruhigen Lateinamerika, führten in zunehmendem Maße zu Interventionen der USA. Diese Phase des »Dollarimperialismus« leitete über zu einer Politik des Erwerbs von Außenterritorien unter Anwendung der nunmehr expansiv umgedeuteten Monroedoktrin. Durch den Spanisch-Amerikanischen Krieg (1898) gewannen die USA Puerto Rico, Kuba (1902 formal unabhängig), die Philippinen und Guam; ebenfalls 1898 wurde Hawaii annektiert. Unter Präsident Theodore Roosevelt veranlassten die USA die Abspaltung Panamas von Kolumbien (1903) und sicherten sich die Rechte an Bau und Nutzung des Panamakanals.

Nach anfänglicher Neutralität im Ersten Weltkrieg traten die USA 1917 nach der Proklamierung des uneingeschränkten U-Boot-Kriegs durch Deutschland aufseiten der Westmächte in den Krieg ein. Als Grundlage für die Friedensverhandlungen verkündete Präsident Woodrow Wilson 1918 seine »Vierzehn Punkte«; der Senat lehnte jedoch 1919/20 die Ratifizierung des Versailler Vertrags ab, die USA blieben somit außerhalb des Völkerbundes und kehrten weitgehend zur Nichteinmischung in die politischen Verhältnisse in Europa zurück.

ZWISCHENKRIEGSZEIT UND ZWEITER WELTKRIEG (1920–45): Da die USA durch den Ersten Weltkrieg zum Gläubiger der meisten europäischen Länder geworden waren, nahmen sie wirtschaftspolitisch in Europa verstärkt Einfluss; nach dem Separatfrieden mit Deutschland (1921) wirkten sie maßgebend an

VEREINIGTE STAATEN VON AMERIKA *Präsidenten*

1.	George Washington	Föderalist	1789–1797
2.	John Adams	Föderalist	1797–1801
3.	Thomas Jefferson	Demokratischer Republikaner	1801–1809
4.	James Madison	Demokratischer Republikaner	1809–1817
5.	James Monroe	Demokratischer Republikaner	1817–1825
6.	John Quincy Adams	Unabhängiger	1825–1829
7.	Andrew Jackson	Demokrat	1829–1837
8.	Martin Van Buren	Demokrat	1837–1841
9.	William Harrison	Whig	1841
10.	John Tyler	Whig (später Demokrat)	1841–1845
11.	James Polk	Demokrat	1845–1849
12.	Zachary Taylor	Whig	1849–1850
13.	Millard Fillmore	Whig	1850–1853
14.	Franklin Pierce	Demokrat	1853–1857
15.	James Buchanan	Demokrat	1857–1861
16.	Abraham Lincoln	Republikaner	1861–1865
17.	Andrew Johnson	Demokrat	1865–1869
18.	Ulysses S. Grant	Republikaner	1869–1877
19.	Rutherford Hayes	Republikaner	1877–1881
20.	James Garfield	Republikaner	1881
21.	Chester Arthur	Republikaner	1881–1885
22.	Grover Cleveland	Demokrat	1885–1889
23.	Benjamin Harrison	Republikaner	1889–1893
24.	Grover Cleveland	Demokrat	1893–1897
25.	William McKinley	Republikaner	1897–1901
26.	Theodore Roosevelt	Republikaner	1901–1909
27.	William Taft	Republikaner	1909–1913
28.	Woodrow Wilson	Demokrat	1913–1921
29.	Warren G. Harding	Republikaner	1921–1923
30.	Calvin Coolidge	Republikaner	1923–1929
31.	Herbert C. Hoover	Republikaner	1929–1933
32.	Franklin D. Roosevelt	Demokrat	1933–1945
33.	Harry Truman	Demokrat	1945–1953
34.	Dwight D. Eisenhower	Republikaner	1953–1961
35.	John F. Kennedy	Demokrat	1961–1963
36.	Lyndon B. Johnson	Demokrat	1963–1969
37.	Richard Nixon	Republikaner	1969–1974
38.	Gerald Ford	Republikaner	1974–1977
39.	Jimmy Carter	Demokrat	1977–1981
40.	Ronald Reagan	Republikaner	1981–1989
41.	George H. W. Bush	Republikaner	1989–1993
42.	Bill Clinton	Demokrat	1993–2001
43.	George W. Bush	Republikaner	seit 2001

der Lösung der Reparationsfrage durch den Dawesplan (1924) und Youngplan (1929) mit. Unter den republikanischen Präsidenten Warren Harding und Calvin Coolidge begann eine neue Periode des »Bigbusiness« (1919–29), die von Korruptionsskandalen erschüttert wurde. Die 1920–33 gültige Prohibition war von einem Aufschwung der organisierten Kriminalität begleitet. Zur Überwindung der Weltwirtschaftskrise (1929–33) leitete Präsident Franklin D. Roosevelt die Politik des New Deal ein, die erstmals staatliche Eingriffe in das Wirtschaftsleben vorsah.

Nach Beginn des Zweiten Weltkriegs lieferten die USA Kriegsmaterial an die westlichen Alliierten, später auch an die Sowjetunion; nach dem japischen Überfall auf Pearl Harbor und der deutschen und italienischen Kriegserklärung (Dezember 1941) traten sie selbst in den Krieg ein. Ihr Einsatz auf dem europäischen Kriegsschauplatz trug entscheidend zur bedingungslosen Kapitulation Deutschlands im Mai 1945 bei. Der Abwurf der beiden ersten Atombomben auf Japan (6./9. 8. 1945) führte im September 1945 zur japanischen Kapitulation und wies die USA als erste Nuklearmacht der Welt aus.

FÜHRUNGSMACHT IM KALTEN KRIEG UND INNERE KRISEN (1945–81): Bald nach Kriegsende zerbröckelte die Allianz mit der UdSSR aufgrund der abweichenden Auffassungen über die Gestaltung des Friedens; der daraus entstehende Kalte Krieg wurde zuerst außenpolitisch (1947/48 Berliner Blockade, 1949 Gründung der NATO, 1950–53 Koreakrieg), unter Präsident Dwight D. Eisenhower aber auch innenpolitisch geführt (Kommunistengesetze 1954, Senatsausschuss zur Verfolgung unamerikanische Umtriebe unter Joseph McCarthy); Außenminister John Foster Dulles formulierte in Abkehr von Präsident Harry Trumans Politik der Eindämmung des Ostblocks (Containment) die Politik der Zurückdrängung (Rollback).

Präsident John F. Kennedys verstärkt nach der Kubakrise (1962) einsetzende Entspannungsbemühungen wurden teilweise durch den militärischen Einsatz in Vietnam belastet, der sich unter den Präsidenten Lyndon Johnson und Richard Nixon bis Anfang der 1970er-Jahre stetig steigerte (→Vietnamkrieg). Das Ausbleiben dauerhafter Erfolge und die ab 1965 von den Universitäten ausgehende Protestbewegung gegen die amerikanische Kriegsbeteiligung führten 1973 zum Abzug der amerikanischen Truppen. Durch den Vietnamkrieg war in weiten Teilen der amerikanischen Gesellschaft nicht nur der Glaube an die Unbesiegbarkeit der USA und an ihre Rolle als »Weltpolizist« sowie die beherrschende Stellung des Dollars im Weltwährungssystem verloren gegangen, sondern auch das Vertrauen auf die moralische Integrität und die Glaubwürdigkeit der Regierung. Teilerfolge erzielten Nixon und Außenminister Henry Kissinger jedoch mit ihrer Entspannungspolitik gegenüber den beiden kommunistischen Großmächten (Abkommen mit der Sowjetunion, Normalisierung der Beziehungen zu China, SALT-, MBFR- und KSZE-Verhandlungen).

Innenpolitisch war während der 1960er-Jahre, die durch die sozial- und wirtschaftspolitischen Programme Kennedys (Forderung nach einem Aufbruch zu »neuen Grenzen«, »New Frontiers«) und Johnsons (»Great Society«) gekennzeichnet waren, die Rassenfrage das brisanteste Problem. Das Bürgerrechtsgesetz von 1964 gewährte den Schwarzen Schutz bei der Ausübung des Wahlrechts, förderte die Schulintegration und verbot Rassendiskriminierung in öffentlichen Einrichtungen. Die dennoch fortdauernde wirtschaftlich-soziale Benachteiligung der Schwarzen mündete zum Teil in Radikalisierung (→Blackpower) und Gewalt (Gettoaufstände 1966/67, Ermordung Martin Luther Kings 1968).

Bestärkt wurde das Krisenbewusstsein durch den massivsten politischen Skandal der Geschichte der USA, die →Watergate-Affäre, die mit dem Rücktritt von Präsident Nixon am 9. 8. 1974 endete. Präsident Jimmy Carter, der 1977 Gerald Ford folgte, vermittelte im Nahostkonflikt einen Sonderfrieden zwischen Ägypten und Israel. Seine Entspannungspolitik (1979 Unterzeichnung des SALT-II-Abkommens) geriet durch den sowjetischen Einmarsch in Afghanistan im Dezember 1979 in eine schwere Krise. Die islamische Revolution in Iran 1979 brachte die USA, die das Schah-Regime gestützt hatten, in außenpolitische Verwicklungen, die im November 1979 in der Besetzung der Teheraner US-Botschaft und der bis Januar 1981 währenden Festsetzung von über 50 US-Bürgern als Geiseln gipfelten.

WELTMACHT UND WIRTSCHAFTLICHE PROSPERITÄT (SEIT 1981): Nach dem Amtsantritt des Präsidenten Ronald Reagan (1981) rückten neben dem Wechsel zu einer angebotsorientierten, staatliche Regulierungen abbauenden Wirtschaftspolitik (»Reagonomics«) die Stärkung der Weltmachtstellung und die innere »Erneuerung« der USA in den Mittelpunkt. Neben dem Streben nach militärischer Überlegenheit gegenüber der Sowjetunion, das mit der beträchtlichen Erhöhung der Militärausgaben (SDI-Programm) trotz drastischer Sparmaßnahmen im Gesamthaushalt zu einem hohen Haushaltsdefizit führte, betonte Reagan die Rolle der USA als Ordnungsmacht in Mittelamerika. Die Stationierung amerikanischer Mittelstreckenraketen in Westeuropa ab 1983 führte zwar zum Abbruch der 1981/82 aufgenommenen Abrüstungsverhandlungen (START); doch nach seiner Wiederwahl (1984) suchte Reagan einen Ausgleich mit der Sowjetunion zu erreichen, der durch die 1985 begonnene Reformpolitik Michail Gorbatschows und den Abzug der sowjetischen Truppen aus Afghanistan (1988/89) ermöglicht wurde. 1987 wurde mit der Unterzeichnung des INF-Vertrags zur Beseitigung der Mittelstreckenraketen beider Länder erstmals ein Erfolg bei Abrüstungsinitiativen im Bereich der atomaren Waffen erzielt.

Die Auflösung des Ost-West-Gegensatzes und das von Präsident George H. W. Bush im Oktober 1990 verkündete Ende des Kalten Krieges führten im Weltsicherheitsrat der UN zu einer allmählich enger werdenden Zusammenarbeit zwischen der Sowjetunion und den USA. Bei den Verhandlungen über die Vereinigung der beiden deutschen Staaten (1990) und während des 2. Golfkriegs (1991) konnten die USA ihre Weltmachtposition stärken und nach dem Zerfall der Sowjetunion (1991) ausbauen. Präsident Bill Clinton, seit 1992 im Amt, bemühte sich um wirtschaftliche Konsolidierung, um staatliche Reformprogramme und um außenpolitische Kontinuität (u. a. Intervention in Jugoslawien, Vermittlung im Nahost- bzw. Nordirlandkonflikt); trotz unzweifelhafter wirtschafts- und außenpolitischer Erfolge geriet Clinton 1998 im Zusammenhang mit Vorwürfen des Meineids und der Anstiftung zum Meineid in massive innenpolitische Schwierigkeiten (»Lewinsky-Affäre«).

Die Stimmauszählung der Präsidentschaftswahlen von 2000 erbrachte ein äußerst knappes Ergebnis; der Oberste Gerichtshof in Washington (D. C.) führte eine Entscheidung zugunsten von George W. Bush herbei. Infolge der Anschläge auf das World Trade Center in New York und das Pentagon (11. 9. 2001) unternahmen die USA militärische Schritte im Kampf gegen den internationalen Terroris-

VEREINIGTE STAATEN VON AMERIKA. ***Führungsmacht***

Waren die US-Amerikaner spätestens seit dem Ende des Zweiten Weltkriegs die uneingeschränkte Führungsmacht des Westens, so fiel ihr diese Rolle nach dem Zusammenbruch der Sowjetunion auch weltweit zu. Der wohl populärste amerikanische Präsident des 20. Jh., John F. Kennedy, formulierte den Führungsanspruch in seiner Regierungsantrittsrede vom 20. 1. 1961 in zurückhaltenden Worten: *»Und daher, meine amerikanischen Mitbürger: Fragt nicht, was euer Land für euch tun kann – fragt, was ihr für euer Land tun könnt. Meine Mitbürger in der Welt: Fragt nicht, was Amerika für euch tun wird, sondern was wir zusammen für die Freiheit der Menschheit tun können.«*

Vereinte Nationen. Mit der UN-Menschenrechtskonferenz in Wien, die Generalsekretär Boutros Boutros-Ghali am 14. 6. 1993 eröffnete, gaben die Vereinten Nationen ihrer besonderen Sorge um den Schutz der Menschenrechte ein weiteres Forum.

mus: 2001 wurde die Taliban-Regierung Afghanistans, die im Verdacht stand, dem Terroristenführer Osama Bin Laden Unterschlupf zu gewähren, von Truppen unter Führung der USA gestürzt; 2003 brachten die USA im Irakkrieg das Regime Saddam Husains zu Fall. Innenpolitisch steuerte Bush, der 2004 bei den Präsidentschaftswahlen im Amt bestätigt wurde, einen von konservativ-christlichen Werten geprägten Kurs.

Vereinte Nationen, englisch **United Nations** [ju:ˈnaɪtɪd neɪʃnz], Abk. **UN,** zur Bezeichnung der »Organisation der Vereinten Nationen« englisch **United Nations Organization** [- - ɔ:gənaɪˈzeɪʃn], Abk. **UNO,** bzw. französisch **Organisation des Nations Unies** [ɔrganizasˈjɔ̃ dɛ nasˈjɔ̃zyˈni], Abk. **ONU,** Staatenverbindung zur Sicherung des Weltfriedens und zur Förderung der internationalen Zusammenarbeit. Ihr Hauptsitz ist New York, daneben Genf und Wien. Ziele der UN sind die Erhaltung des Friedens und der internationalen Sicherheit durch kollektiven Beistand gegen Angriffskrieg oder Gewaltanwendung, friedliche Schlichtung aller Streitigkeiten, freundschaftliche Zusammenarbeit der Mitglieder sowie der Schutz der Menschenrechte und Grundfreiheiten. Die UN bekennen sich zu den Grundsätzen Gleichheit der Staaten, Vertragstreue, Verzicht auf Gewaltanwendung in internationalen Beziehungen sowie Selbstbestimmungsrecht der Völker. Den UN gehören (2004) 191 Mitgliedsstaaten an, d.h. alle Staaten außer der Westsahara, Taiwan und Vatikanstaat. Hauptorgane sind die Generalversammlung, der Sicherheitsrat, das Sekretariat, der Wirtschafts- und Sozialrat, der Treuhandschaftsrat (Tätigkeit seit 1994 suspendiert) und der Internationale Gerichtshof.

Besondere Aufmerksamkeit widmen die UN dem Schutz der Menschenrechte, so u.a. durch die Menschenrechtskommission, den Hohen Kommissar der UN für Menschenrechte sowie das Menschenrechtszentrum. Ferner treten die UN für die Fortentwicklung des Völkerrechts, für die Lage der Flüchtlinge und die Verfolgung von Kriegsverbrechen (Kriegsverbrechertribunal) ein. Eine weitere wichtige Aufgabe versuchen die UN bei der Aufrechterhaltung des Weltfriedens und der internationalen Sicherheit zu erfüllen, v.a. durch die UN-Friedenstruppe (auch »Blauhelme« genannt).

GESCHICHTE: Gestützt auf die →Atlantikcharta vom 14. 8. 1941, schlossen sich am 1. 1. 1942 im »Washington-Pakt« 26 gegen die Achsenmächte kämpfende Staaten zu den UN zusammen. Auf ihrer Moskauer Konferenz beschlossen die Außenminister Chinas, Großbritanniens, der UdSSR und der USA am 1. 11. 1943, nach der Niederwerfung der Achsenmächte eine Weltorganisation zur Aufrechterhaltung des internationalen Friedens zu schaffen. Die Konferenz von →Dumbarton

VEREINTE NATIONEN

Nachdem 1944 die Prinzipien der Weltfriedensorganisation auf der Konferenz von Dumbarton Oaks ausgearbeitet worden waren, erfolgte am 26. 6. 1945 nach zweimonatigen Verhandlungen die Gründung der Vereinten Nationen (UN) in San Francisco.

Gründung der UN

Tagungsort war das Opernhaus des Civic Center von San Francisco – hier ein Blick in den Saal. Am 24. 10. 1945 trat die UN-Charta in Kraft, nachdem die fünf Großmächte (USA, UdSSR, Großbritannien, Frankreich und China) sowie die Mehrheit der anderen Unterzeichnerstaaten die Ratifikationsurkunden bei der US-Regierung hinterlegt hatten.

Der Aufbau der Weltorganisation ähnelt in gewisser Weise dem eines Staates, auch wenn das System der Vereinten Nationen keine Gewaltenteilung kennt und die gesellschaftliche Ebene in ihm überhaupt nicht vertreten ist. An der Spitze steht der Sicherheitsrat, das Exekutivorgan. Ihm eigentlich übergeordnet, faktisch aber nachgeordnet ist die Generalversammlung aller Mitgliedstaaten, sozusagen das Parlament. Der Internationale Gerichtshof ahmt die dritte Gewalt, die Judikative, nach. Den dazwischen angesiedelten Wirtschafts- und Sozialrat kann man sich als Kombination eines Wirtschafts-, Arbeits-, Sozial- und Entwicklungshilfeministeriums vorstellen. Das Sekretariat mit dem Generalsekretär an der Spitze enthält die Ministerialbürokratie der Vereinten Nationen.

Oaks entwarf 1944 eine Satzung der geplanten Organisation. Bei ihren Gesprächen in Jalta im Februar 1945 bemühten sich Winston Churchill, Franklin D. Roosevelt und Stalin um die Klärung strittiger Fragen. Auf der Konferenz von San Francisco (April–Juni 1945), an der alle Mächte teilnehmen durften, die vor dem 1. 3. 1945 Deutschland den Krieg erklärt hatten, verabschiedeten 51 Nationen am 26. 6. 1945 die Charta der UN. Die Mächte, die im Zweiten Weltkrieg gegen die Alliierten standen, sollten als »Feindstaaten« von der Organisation der UN ausgeschlossen bleiben und sich nicht auf die Charta berufen dürfen (Feindstaatenklausel). Am 24. 10. 1945 traten die Organe der UN in New York zu ihrer ersten Sitzung zusammen. Die UN ersetzten den →Völkerbund, der seine Aufgaben im April 1946 auf die UN übertrug.

Die Geschichte der UN ist bestimmt v. a. vom →Ost-West-Konflikt sowie dem Prozess der →Entkolonialisierung. Der Ost-West-Konflikt verhinderte die Schaffung des friedenssichernden Systems einer »Weltpolizei« und aufgrund der Rivalität der beiden Weltmächte USA und Sowjetunion die Einstimmigkeit. Dabei waren die Auseinandersetzungen im Sicherheitsrat, dem fünf ständige Mitglieder und zehn nicht ständige Mitglieder angehören, durch das Veto der einen oder anderen Großmacht gekennzeichnet. Die Generalversammlung, in der sämtliche Mitglieder der UN mindestens einmal im Jahr zusammentreten, wurde dagegen zunehmend zum Austragungsort von Auseinandersetzungen, mit denen nach 1955 v. a. unter den blockfreien Staaten jeweils Verbündete gesucht wurden. Erst das nukleare Patt und der darauf folgende Beginn des Entspannungsprozesses führten zu gemeinsamen Vorschlägen der Weltmächte, etwa für die Nichtweitergabe von Kernwaffen. Der Prozess der Entkolonialisierung veränderte die UN quantitativ und qualitativ und führte dazu, dass sich die Zahl der Mitglieder verdreifachte und die Gruppe der Industrieländer gegenüber den Entwicklungsländern in der Generalversammlung an Gewicht stark abgenommen hat. Eine bedeutende Veränderung erfuhren die UN 1971, als die USA ihre unbedingte Unterstützung der Republik China (Taiwan) aufgaben und die Volksrepublik China deren Sitz im Sicherheitsrat und in der Generalversammlung der UN erhielt.

Im Sinne ihrer Aufgabe, den Frieden in der Welt zu fördern und zu sichern, bemühten sich die UN seit ihrer Gründung um die Beilegung von Konflikten. Im Wesentlichen mussten sich die UN auf vermittelnde Tätigkeiten beschränken, z. B. seit 1948 in den verschiedenen Krisen des →Nahostkonflikts, 1960 in der Kongo- und 1964 in der Zypernkrise, 1965/66 in Kaschmir, 1988 in Angola oder 1989/90 in Namibia. Mit dem Ende des Ost-West-Konflikts (1989/90) konnten sich die UN stärker als zuvor bei Frieden schaffenden Maßnahmen durchsetzen (2. Golfkrieg, Bürgerkrieg im ehemaligen Jugoslawien), blieben aber dabei an die Interessen der Welt- und Großmächte und deren Konsens untereinander gebunden.

Verlagssystem, frühe Form der arbeitsteiligen und dezentralisierten Gütererzeugung; Übergangsstadium von der handwerklichen Produktion zur Manufaktur und zum späteren Fabrikbetrieb, das sich im 14. und 15. Jh. in Norditalien und Flandern herausbildete. Im Verlagssystem geraten ehemalige selbstständige Handwerker in die Abhängigkeit von Großkaufleuten (Verleger), die ihnen die Rohstoffe zur Produktion in Heimarbeit »vorlegen« und dafür Abnahme und Absatz des Produkts garantieren. Das besonders im 17. und 18. Jh. von den absolutistischen Staaten geförderte Verlagssystem passte sich wegen mangelnder Arbeitsteilung dem steigenden Bedarf nicht an und stand der weiteren Entwicklung der industriellen Produktion im Wege. Die Ablösung des Verlagssystems führte zu sozialen Unruhen, z. B. dem Weberaufstand 1844 in Schlesien.

Vernichtungslager, nationalsozialistische Lager im besetzten Polen, die – im Unterschied zu den →Konzentrationslagern – der systematischen Ermordung der europäischen Juden dienten. Opfer waren aber auch viele Menschen nicht jüdischer Herkunft (v. a. Zigeuner und sowjetische Kriegsgefangene). Die Vernichtungslager wurden im Rahmen der geheimen »Endlösung der Judenfrage« (→Holocaust) von der SS ab Herbst 1941 entweder neu oder durch Erweiterung bestehender KZ eingerichtet. Reine Vernichtungslager entstanden in Culm (poln. Chelmno; ab Herbst 1941), in

Vernichtungslager. In unhygienischen Verhältnissen wurden die von den Nationalsozialisten Inhaftierten auf engstem Raum zusammengepfercht. Von der Zwangsarbeit gezeichnet, konnten ihre ausgehungerten Körper oft nur wenige Wochen den unmenschlichen Strapazen standhalten. Viele starben infolge sadistischer Quälerei und wurden in Massengräbern verscharrt.

Versailler Vertrag. Einteilung Europas (1918/19)

Bełżec (ab November 1941), in Sobibór (ab März 1942) und Treblinka (ab Mai/Juni 1942); die drei Letztgenannten gehörten zu dem von Heinrich Himmler befohlenen »Einsatz Reinhard« zur Ermordung der Juden in Ostpolen. Arbeitslager und Vernichtungslager zugleich waren dagegen Auschwitz und Majdanek. Dort erfolgte schon bei der Ankunft im Lager die »Selektion« von Häftlingen durch SS-Ärzte: Als arbeitsfähig Eingestufte kamen in die Zwangsarbeitslager, die anderen sofort in den zur Vernichtung der Menschen bestimmten Lagerbezirk.

Die zunehmend perfektionierte Ermordung erfolgte in Kulmhof in stationären Gaswagen, in allen anderen Vernichtungslagern in Gaskammern durch Motorabgase, in Auschwitz durch das Gift »Zyklon B« (Blausäure), das dann auch in Majdanek angewendet wurde. Bei der »Vergasung« griff man technisch und personell auf Erfahrungen aus der »Aktion T4« zurück, in der v.a. körperlich und geistig Behinderte getötet worden waren (→Euthanasie). Daneben wurden auch Massenerschießungen durchgeführt. Viele Menschen starben infolge sadistischer Quälerei, von Seuchen und Hunger oder an bzw. nach medizinischen Experimenten. Die Leichen wurden in Massengräbern begraben, später exhumiert und verbrannt oder gleich in Einäscherungsanlagen (»Krematorien«) verbrannt. Mit dem Vorrücken der sowjetischen Armee von Osten her wurden, um die Spuren der industriemäßig betriebenen Massenvernichtung zu beseitigen, auf Befehl Himmlers ab 1943 (zuletzt in Auschwitz ab November 1944) die Tötungen eingestellt, die Vernichtungsanlagen zerstört und die Vernichtungslager unter erheblichen Menschenverlusten nach Westen evakuiert (»Todesmärsche«).

Insgesamt starben in den Vernichtungslagern durch Giftgas rund 3 Millionen Juden: in Culm 152 000, in Bełżec 600 000, in Sobibór 250 000, in Treblinka 700 000, in Majdanek 60 000–80 000, in Auschwitz-Birkenau etwa 1 Million (Angaben oft schwankend).

Versailler Vertrag [vɛrˈzajər-], der am 28. 6. 1919 in Versailles, einer Stadt im südwestlichen Vorortbereicht von Paris, unterzeichnete, am 10. 1. 1920 in Kraft getretene Friedensvertrag zwischen dem Deutschen Reich und den Ententemächten; er gehört zu den Pariser Vorortverträgen, die den Ersten Weltkrieg völkerrechtlich beendeten.

WAFFENSTILLSTAND: Nachdem die deutsche Oberste Heeresleitung (OHL) Ende September 1918 den Krieg verloren gegeben hatte, ersuchte auf ihr Drängen hin die neue Reichsregierung unter Prinz Max von Baden am 3./4. 10. 1918 den amerikanischen Präsidenten Woodrow Wilson um Vermittlung eines Friedens auf der Basis der →Vierzehn Punkte. Im Zuge eines deutsch-amerikanischen Notenwechsels wurden durch den amerikanischen Außenminister Robert Lansing die Bedingungen der USA und der Ententemächte übermittelt. Am 11. 11. 1918 nahm die deutsche Waffenstillstandsdelegation unter der Leitung von Matthias Erzberger auf Weisung der OHL im Wald von Compiègne die Bedingungen der Alliierten an; sie machten eine Wiederaufnahme des Krieges durch Deutschland unmöglich.

AUSARBEITUNG UND ANNAHME: Am 18. 1. 1919 trat in Paris die Friedenskonferenz zusammen, von der die besiegten Staaten ebenso ausgeschlossen waren wie das bolschewistische Russland. Der Schwerpunkt der Verhandlungen lag beim Rat der Vier: Wilson, David Lloyd George, Georges Clemenceau, Vittorio Orlando. Wilson verfolgte v.a. das Ziel, mit der Bildung eines →Völkerbundes ein Instrument kollektiver Friedenssicherung zu schaffen und damit eine dauerhafte Friedensordnung zu begründen. Clemenceaus Hauptanliegen waren die Sicherheit Frankreichs gegenüber einem wieder erstarkenden Deutschland, die Anerkennung der alleinigen Kriegsschuld Deutschlands und schadensorientierte Reparationen Deutschlands. Lloyd George, v.a. interessiert an der Ausschaltung der deutschen Konkurrenz auf dem Weltmarkt, suchte darüber hinaus im Sinne der britischen Gleichgewichtspolitik die Lebensfähigkeit Deutschlands zu erhalten, auch im Blick auf die vom bolschewistischen Russland ausgehenden Gefahren. Am 28. 6. 1919 wurde der Vertrag im Spiegelsaal des Versailler Schlosses von Deutschland sowie 26 »Alliierten und assoziierten Mächten« unterzeichnet.

BESTIMMUNGEN: Der Versailler Vertrag umfasste 440 Artikel in 15 Teilen. Wilsons Willen entsprechend wurde die Völkerbundssatzung als Teil I allen Pariser Friedensverträgen vorangestellt. Eine Revision des Versailler Vertrags war gemäß § 19 der Satzung möglich. Deutschland blieb zunächst aus dem Völkerbund ausgeschlossen. Die Teile II und III legten die neuen Grenzen Deutschlands und die politischen Bestimmungen über Europa fest. Die deutschen Gebietsverluste umfassten im Westen v. a. Elsass-Lothringen und Eupen-Malmedy; das Saargebiet wurde für 15 Jahre unter die Verwaltung des Völkerbundes gestellt; danach sollte die Bevölkerung des Saargebietes in einer Volksabstimmung über ihre staatliche Zugehörigkeit entscheiden. Im Norden kam nach Volksabstimmung der größte Teil Nordschleswigs zu Dänemark. Im Osten fielen die Provinz Posen und Westpreußen bis auf Restgebiete an Polen; Danzig wurde »Freie Stadt« unter der Hoheit des Völkerbundes. Das um das Memelgebiet verkleinerte Ostpreußen wurde durch den Polnischen Korridor vom übrigen Reichsgebiet getrennt; das Hultschiner Ländchen fiel an die Tschechoslowakei. In Masuren, Oberschlesien und Nordschleswig wurden Volksabstimmungen vorgesehen. Der im November 1918 gebildeten Republik Deutschösterreich wurde der »Anschluss« an das Deutsche Reich verboten. Die deutschen Kolonien fielen als Mandatsgebiete an den Völkerbund (Teil IV). Insgesamt wurden vom Reichsgebiet (ohne Kolonien) 70 579 km^2 mit 7,3 Millionen Einwohnern abgetrennt. Die großen deutschen Flüsse wurden internationalisiert. In einer entmilitarisierten Zone links des Rheins und in einem 50 km breiten Streifen rechts des Rheins durfte Deutschland keine Befestigungen und Heereskräfte unterhalten (Art. 42–44). Teil V enthielt militärische Bestimmungen: Das Landheer wurde bei Abschaffung der allgemeinen Wehrpflicht und des Generalstabs auf 100 000 Mann begrenzt. Schwere Artillerie, Panzer und Luftwaffe wurden verboten. Die Marine wurde auf sechs Linienschiffe, sechs kleine Kreuzer, 12 Zerstörer und 12 Torpedoboote beschränkt. Diese Bestimmungen sollten das Deutsche Reich schwächen, ihm aber nach Osten eine Grenzsicherung ermöglichen und für den Einsatz gegen revolutionäre Erhebungen im Innern genügend Kräfte belassen.

Die Teile VIII und IX behandelten die Reparationen. Sie wurden mit der allein Deutschland und seinen Verbündeten zuge-

VERSAILLER VERTRAG

»Dolchstoßlegende«

Die militärische Niederlage, die die Oberste Heeresleitung am 2. 10. 1918 öffentlich vor den Parteiführern eingestand, wirkte auf die deutsche Bevölkerung wie ein furchtbarer Schock. Nach all den Siegesmeldungen, selbst noch aus den letzten Monaten, wollte man die Niederlage nicht zur Kenntnis nehmen. Schon bei der Begrüßung heimkehrender Fronttruppen tauchte das Wort »im Felde unbesiegt« auf. Bald schon erschien der Begriff »Dolchstoß« in der Rechtspresse, wurde die Revolution für die Niederlage verantwortlich gemacht. Die Dolchstoßlegende – im Bild eine Illustration zu einem Wahlplakat der Deutschnationalen Volkspartei (DNVP) für die Reichstagswahlen am 7. 12. 1924 – war geboren: Die Heimat sei der kämpfenden Front in den Rücken gefallen. Hindenburg untermauerte diese Deutung des Zusammenbruchs, indem er sich am 18. 11. 1919 vor dem Untersuchungsausschuss der Nationalversammlung auf die Aussage eines britischen Generals berief und erklärte, die deutsche Armee sei von hinten erdolcht worden.

Das unverändert hohe Ansehen, das der ehemalige Feldmarschall noch immer im deutschen Volk genoss, sorgte dafür, dass die Dolchstoßlegende – obwohl sachlich völlig unhaltbar – rasch eine außerordentlich große Verbreitung erfuhr und eine entsprechende Wirkung erzielte. Sie wurde von der politischen Rechten ständig als Waffe im innenpolitischen Kampf gegen die Weimarer Parteien verwendet. Schließlich wurde sie in der Propaganda der Nationalsozialisten zum tödlichen Dolchstoß gegen die erste deutsche Republik.

Vespasian

Amerigo Vespucci

wiesenen Kriegsschuld begründet. Die Festlegung ihrer Höhe erfolgte erst 1921 im Londoner Ultimatum. Erhebliche Sachlieferungen, die Auslieferung fast der ganzen Handelsflotte, die Liquidierung des deutschen Eigentums im Ausland und andere wirtschaftlichen Bestimmungen sollten das Wiedererstarken der deutschen Wirtschaftsmacht verhindern (Teile X–XII). Teil XIV bestimmte den Rückzug der deutschen Truppen aus den ehemals russischen Gebieten und die alliierte Besetzung des Saargebietes; das Gebiet links des Rheins mit rechtsrheinischen Brückenköpfen bei Köln, Koblenz und Mainz wurde in drei Zonen aufgeteilt, die für 5, 10 bzw. 15 Jahre unter alliierter Besetzung bleiben sollten. Art. 231 wies dem Deutschen Reich die Alleinschuld am Ausbruch des Kriegs zu; er belastete das Verhältnis Deutschlands zu den Siegermächten schwer und war der umstrittenste Teil des Vertrages. Unausgeführt blieben die Strafbestimmungen (Art. 227–230): Anklage gegen Kaiser Wilhelm II. sowie gegen deutsche »Kriegsverbrecher«. Der Versailler Vertrag wurde von den USA nicht ratifiziert. Doch übernahm der deutsch-amerikanische Friedensschluss im Berliner Vertrag vom 25. 8. 1921 u. a. die Bestimmungen über Reparationen, Kolonien, Entwaffnung und Rheinlandbesetzung.

WIRKUNG: Das Bemühen um Revision des Versailler Vertrags wurde das zentrale außenpolitische Ziel aller Regierungen der Weimarer Republik. Im Vordergrund stand daher eine vorzeitige Rückgewinnung des besetzten Rheinlandes und die Lösung der Reparationsfrage. Beides konnte bis 1930 bzw. 1932 erreicht werden. In seinem friedensstiftenden Wert bleibt der Versailler Vertrag umstritten. Bei vielen Deutschen verband sich die Ablehnung des »Diktats von Versailles« mit dem Unvermögen, die Wirklichkeit der schweren Niederlage anzuerkennen (→ Dolchstoßlegende). Dies bot v. a. am Ende der Weimarer Republik den Nationalsozialisten die Möglichkeit, propagandistisch gegen das »System von Versailles« zu Felde zu ziehen. Nach 1933 erfolgte der offene Bruch des Vertrages durch die NS-Regierung, durch einseitiges Aufkündigen am 30. 1. 1937 wurde der Versailler Vertrag auch offiziell beendet.

Vertreibung, die mit Drohung und/oder Gewalt bewirkte Ausweisung oder Zwangsumsiedlung von Personen oder Personengruppen (v. a. von Minderheiten) aus den Heimatgebieten, in der Regel über die Grenzen des vertreibenden Staates hinweg, aber auch innerhalb von Staatsterritorien wie im Falle von »ethnischen Säuberungen« in Vielvölkerstaaten. In Deutschland assoziiert man Vertreibung häufig mit der Ausweisung der deutschen Bevölkerung aus den ehemaligen Ostgebieten des Deutschen Reiches, östlich der → Oder-Neiße-Linie, aus Polen, der Tschechoslowakei und Südosteuropa im Gefolge des Zweiten Weltkriegs (1945–47/48). Sie erfolgte mit Duldung der Siegermächte, aber im Gegensatz zu Art. 13 des Potsdamer Abkommens vom 2. 8. 1945 nicht in »geordneter und humaner Weise«. Diese Vertreibung muss aber als Teilgeschehen der Weltgeschichte und der Geschichte des Zweiten Weltkriegs, der rund 50 Millionen Menschen aus ihren Heimatgebieten vertrieb und damit die bisher größte Vertreibung in der Weltgeschichte auslöste, begriffen werden.

GESCHICHTE: Aussiedlung, Flucht, Verschleppung und Vertreibung gibt es in der gesamten Menschheitsgeschichte. Das jüdische »Volk Gottes auf Wanderschaft« bildet geradezu den Archetypus für Vertreibung und Flucht, angefangen vom babylonischen Zwangsexil über die Zerstreuung im ganzen Römischen Reich, die Massenausweisung aus Spanien (1492), die Judenverfolgungen des Mittelalters und der frühen Neuzeit im Heiligen Römischen Reich, die Vertreibung durch Pogrome in Russland (19. Jh.) bis hin zum → Holocaust (1933–45), der wiederum die Vorgeschichte zur Vertreibung der Palästinenser aus Israel bildete (1948/49; → Nahostkonflikt). In der ersten Hälfte des 20. Jh. waren durch Vertreibungen ausgelöste Massenzwangswanderungen auf Europa bzw. Randeuropa konzentriert. Nach dem Ende des Zweiten Weltkriegs (1945) verlagerte sich der Schwerpunkt von Flucht und Vertreibung in die im Zuge der Entkolonialisierung entstehende Dritte Welt.

Vertreibung. Oft nur mit den Kleidern an ihrem Leib und mit wenigen Habseligkeiten versehen, mussten rund 50 Millionen Menschen infolge des Zweiten Weltkrieges die Flucht aus ihren Heimatgebieten antreten. Zumeist war die Bevölkerung der ehemaligen Ostgebiete des Deutschen Reiches betroffen.

Vespasian [v-], eigentlich Titus Flavius Vespasianus, Kaiser des Römischen Reiches (seit 69), *Falacrinae (bei Reate, heute Rieti)

17. 11. 9 n. Chr., † Aquae Cutiliae (bei Reate) 24. 6. 79; zeichnete sich 41 im Britannienfeldzug des Claudius aus, wurde 51 Konsul, 66 von Nero mit der Niederwerfung des jüdischen Aufstands beauftragt. Im Juli 69 wurde Vespasian von den Legionen des Ostens zum Kaiser ausgerufen und nach der Beseitigung des Vitellius am 22. 12. 69 vom römischen Senat anerkannt. Vespasian betrieb eine strenge Finanz- und Steuerpolitik, um die durch die Bürgerkriege des Jahres 69 entstandenen Schäden zu beseitigen. Er förderte die Romanisierung der westlichen Provinz; zahlreichen spanischen Städten verlieh er das latinische Recht. In Rom baute er den zerstörten Jupitertempel auf dem Kapitol wieder auf und ließ u.a. das Kolosseum errichten. 70 wurde Jerusalem (durch Vespasians Sohn Titus) zerstört und der Bataveraufstand des Gaius Iulius Civilis niedergeschlagen. Auf Vespasian folgten seine Söhne Titus und Domitian (1. flavische Dynastie 69–96).

Vespucci [vesˈputtʃi], Amerigo, italienischer Seefahrer, * Florenz 9. 3. 1451 (nach anderen Angaben 1452 oder 1454), † Sevilla 22. 2. 1512, kam 1491 nach Spanien, wo er an der Vorbereitung der zweiten und dritten Reise von Christoph Kolumbus beteiligt war; unternahm nach eigenen (z. T. angezweifelten) Angaben zwischen 1497 und 1504 vier Entdeckungsreisen, von denen lediglich zwei sicher belegt sind: 1499–1500 als Navigator der spanischen Flotte zur Nordostküste Südamerikas sowie 1501–02 in portugiesischem Auftrag zur brasilianischen Küste. 1497–98 will er unter spanischer Flagge das Gebiet um den Golf von Mexiko befahren und 1503–04 in portugiesischen Diensten unter Gonzalo Coelho an einer weiteren Reise teilgenommen haben. Er war überzeugt, vor der Küste eines Festlands gewesen zu sein. Daraufhin nannte der Kosmograph Matthias Ringmann 1507 in der Schrift »Cosmographiae Introductio« ihn als Entdecker und veranlasste Martin Waldseemüller, die Bezeichnung »America« – nach Vespuccis Vornamen – auf einer Karte und einem kleinen Globus einzutragen. Obwohl der Name einschränkend nur für das von Vespucci betretene und beschriebene Gebiet verwendet wurde, verbreitete er sich als Bezeichnung für den Erdteil sehr schnell, auf einer Karte von Gerhard Mercator wurde er 1538 erstmals für die gesamte »Neue Welt« verwendet.

Vichy-Regime [viˈʃi reˈʒiːm], das in Frankreich nach der Niederlage gegen das nationalsozialistische Deutschland 1940–44 bestehende Regime unter Marschall Philippe Pétain (offiziell État Français) mit Sitz in Vichy, das auf »moralische Erneuerung« im Inneren und Anerkennung als Partner des nationalsozialistischen Deutschlands zielte (→ Kollaboration) und zunächst recht populär war. Trotz großer Anpassung geriet es zunehmend unter deutschen Druck. Im April 1942 akzeptierte Pétain Pierre Laval als »Regierungschef«. Ab Sommer 1942 wirkte das Regime aktiv an der Deportation von Juden v.a. nach Auschwitz mit. Nach der Besetzung des südlichen Frankreichs durch deutsche Truppen (November 1942) wurden Franzosen zum Arbeitsdienst in Deutschland verpflichtet. Ab November 1943 dominierten radikale Faschisten die Exekutive des Vichy-Regimes, das sich nun endgültig zum Zwangs- und Polizeistaat entwickelte. Obwohl gegenüber dem Vichy-Regime zunehmend auf Distanz, unterstützte bis zum Beginn der Befreiung im Juni 1944 nur eine Minderheit der Bevölkerung aktiv die → Résistance.

Vienne [vjɛn], **Konzil von,** in Vienne (Département Isère, Frankreich) abgehaltenes Konzil. Es tagte unter Leitung von Papst Klemens V. vom 16. 10. 1311 bis zum 6. 5. 1312; nach der Zählung der katholischen Kirche das 15. ökumenische Konzil. Die bedeutendste Entscheidung war die Aufhebung des Templerordens (→ Templer). Darüber hinaus befasste es sich mit dem franziskanischen Armutsstreit, verurteilte theologische Lehren des Petrus Olivi und diskutierte die Freiheit der Kirche gegenüber den weltlichen Gewalten.

Viererbande. Mao Zedongs Witwe Jiang Qing musste sich im November 1980 als Mitglied der »Viererbande« vor einem Sondergericht in Peking für »konterrevolutionäre Verbrechen« während der Kulturrevolution verantworten. Sie wurde zum Tode verurteilt, die Vollstreckung wurde allerdings vorläufig ausgesetzt.

Viererbande, abwertende Bezeichnung der kommunistischen Partei- und Staatsführung Chinas seit 1976 für eine Gruppe von vier Spitzenpolitikern der chinesischen KP – Mao Zedongs Witwe Jiang Qing, Wang Hongwen, Zhang Chunqiao, Yao Wenyuan –, die sich als Verfechter radikal-ideologischer Positionen dem mehr pragmatisch ausgerichteten Kurs der Partei nach dem Tod Mao Zedongs widersetzten. Sie wurden am 6. 10. 1976 inhaftiert und 1977 offiziell aus der Partei ausgeschlossen. Sie sollen u.a. Unruhe in den Provinzen gestiftet, die Produktionsanstrengungen sabotiert und die Lehren Mao Zedongs absichtlich falsch interpretiert haben, um die Macht in Partei und Staat an sich zu reißen. In einem

Prozess (November 1980 bis Januar 1981) wurden Jiang Qing und Zhang Chunqiao zum Tode verurteilt (1983 zu lebenslanger Haft begnadigt; Jiang Qing wurde wegen schwerer Erkrankung bereits 1984 aus der Haft entlassen); Wang Hongwen erhielt eine lebenslängliche und Yao Wenyuan eine 20-jährige Haftstrafe.

Vierte Internationale, → Internationale.

Vierte Republik, französisch **Quatrième République** [katri'jɛm repy'blik], Bezeichnung für den republikanisch verfassten französischen Staat, der nach dem Zusammenbruch des Vichy-Regimes mit der Etablierung der provisorischen Regierung de Gaulles ab August 1944 entstand. Die Vierte Republik wurde am 28. 9./4. 10. 1958 durch die Fünfte Republik abgelöst (→ Frankreich).

Vierzehn Punkte, die vom amerikanischen Präsidenten Woodrow Wilson in seiner Jahresbotschaft an den Kongress vom 8. 1. 1918 formulierten Grundsätze für eine Friedensordnung nach dem Ersten Weltkrieg: 1) Öffentlichkeit internationaler Verhandlungen und Friedensverträge; 2) Freiheit der Meere in Krieg und Frieden, höchstens eingeschränkt durch international sanktionierte Kriegsmaßnahmen; 3) Beseitigung von Schranken und Ungleichheiten im Handelsverkehr; 4) internationale Abrüstung; 5) unparteiische Regelung aller kolonialen Ansprüche unter Berücksichtigung der Interessen der Kolonialvölker; 6) Räumung der besetzten russischen Gebiete durch die Mittelmächte und Einladung an das bolschewistische Russland zur internationalen Kooperation; 7) Wiederherstellung Belgiens; 8) Räumung der besetzten französischen Gebiete und Rückgabe Elsass-Lothringens; 9) Bereinigung der italienischen Grenzen entsprechend »klar erkennbaren Nationalitätengrenzen«; 10) autonome Entwicklung für die Völker der Donaumonarchie; 11) Räumung und Restitution Rumäniens, Serbiens und Montenegros; 12) autonome Entwicklung für die Völker des Osmanischen Reichs und Öffnung der Dardanellen für die internationale Schifffahrt; 13) Errichtung eines unabhängigen polnischen Staats unter Einschluss aller Gebiete mit unzweifelhaft polnischer Bevölkerung und mit freiem Zugang zum Meer; 14) allgemeiner Zusammenschluss der Nationen zur gegenseitigen Garantie von politischer Unabhängigkeit und territorialer Integrität (Völkerbund).

Wilsons Friedensprogramm zielte v. a. darauf, die politische Öffentlichkeit in den Mittelmächten zu gewinnen und dem Entwurf Lenins einer kommunistischen Umgestaltung der Welt eine an westlich-liberalen Vorstellungen orientierte Friedensordnung entgegenzustellen. Erst angesichts der Aussichtslosigkeit eines Siegfriedens griff Deutschland im Waffenstillstandsersuchen vom 3./4. 10. 1918 die Vierzehn Punkte auf, um einen harten Frieden zu vermeiden. Nur mit zwei wichtigen Einschränkungen erklärten sich die Alliierten schließlich bereit, die Vierzehn Punkte als Basis des Waffenstillstands und der künftigen Friedensverhandlungen anzuerkennen. Die endgültigen Regelungen des → Versailler Vertrags, besonders die damit verbundenen Reparationsleistungen, in denen der Gedanke einer Bestrafung Deutschlands seinen Ausdruck fand, wurden in Deutschland als Verstoß gegen die Vierzehn Punkte angesehen und ließen den Vorwurf der Täuschung durch Wilson laut werden.

Vietcong [viɛt-], Abk. für **Viet Nam Cong San** [»Kommunisten von Vietnam«], im → Vietnamkrieg (1957/58–1975) die kommunistisch geführten Guerillakämpfer, seit 1960 im Front National de Libération du Viêt-nam du Sud (FNL) zusammengefasst. Die Vietcong bildeten 1969 in enger Verbindung mit dem kommunistischen Nordvietnam die Provisorische Revolutionsregierung Südvietnams. Diese übernahm 1975 nach dem militärischen Sieg der Kommunisten die Regierung in Südvietnam.

Vietminh [viɛt-], Abk. für **Viet Nam Doc Lap Dong Minh Hoi** [»Liga der Verbände für

Vietnamkrieg. Kampfgebiete 1964–75

die Unabhängigkeit Vietnams«], 1941 von Ho Chi Minh gegründete politische Bewegung. Der Vietminh suchte im Kampf für eine unabhängige Republik Vietnam alle sozialrevolutionären und nationalistischen Kräfte Tongkings, Annams und Cochinchinas zusammenzufassen. Von Anfang an stand der Vietminh unter dem beherrschenden Einfluss der vietnamesischen Kommunisten, führte unter Vo Nguyen Giap 1941–45 Krieg gegen die japanische Besatzungsmacht, 1946–54 gegen die nach Indochina zurückgekehrte französische Kolonialmacht. 1954 errang er im Indochinakrieg einen entscheidenden Sieg über das französische Expeditionskorps bei Dien Bien Phu. Später ging der Vietminh politisch in der kommunistischen Partei der Werktätigen Vietnams und in der Vaterländischen Front auf. Die militärischen Verbände des Vietminh bildeten den Grundbestandteil der nordvietnamesischen Armee.

Vietnamkrieg [viɛtˈnam-, viˈɛtnam-], 1946–75 der Krieg um die Einheit und Unabhängigkeit Vietnams, dessen erste Phase (1946–54) auch als eigenständiger Krieg (→Indochinakrieg) betrachtet wird.

VERLAUF: Nach dem militärischen Zusammenbruch Japans 1945 und dem Abzug seiner Truppen aus Indochina konstituierte sich, gestützt auf die antikoloniale, kommunistisch geführte Liga der Verbände für die Unabhängigkeit Vietnams (→Vietminh), am 2. 9. 1945 die Demokratische Republik Vietnam. Unter ihrem Präsidenten Ho Chi Minh erhob sie einen uneingeschränkten Souveränitätsanspruch auf ganz Vietnam und geriet daher seit 1946 in einen militärischen Konflikt mit Frankreich, das dort seine Kolonialherrschaft wieder herstellen wollte. Nach dem Sieg der Vietminh-Verbände bei Dien Bien Phu (1954) über französische Streitkräfte wurde auf der Genfer Indochinakonferenz (1954) ein Waffenstillstand beschlossen. Die französischen Streitkräfte und die mit ihnen verbündeten Truppen zogen sich in eine südliche, die Vietminh-Verbände in eine nördliche Zone zurück. Im Norden etablierte sich nunmehr die kommunistisch geführte Demokratische Republik Vietnam unter Präsident Ho Chi Minh, im Süden die 1949 von der französischen Kolonialmacht geschaffene, nach dem Rückzug Frankreichs aus Indochina seit 1955 v.a. von den USA gestützte Republik Vietnam.

Der Eintritt des Vietnamkriegs in seine zweite Phase (1957/58–1975) entsprang sowohl nationalen als auch internationalen Ursachen. Die Demokratische Republik Vietnam (Nordvietnam) forderte, die auf der Genfer Indochinakonferenz beschlossenen Wahlen für ganz Vietnam abzuhalten und eine gesamtvietnamesische Regierung zu bilden. Das lehnte, mit amerikanischer Rückendeckung, Ngo Dinh Diem, Präsident der Republik Vietnam (Südvietnam), ab, da sein Regierungssystem nur von einer Minderheit getragen wurde. In dieser nationalen Konfliktsituation lag auch die Ursache ihrer internationalen Ausweitung. Mit der politischen, militärischen und wirtschaftlichen Unterstützung des südlichen Vietnam suchten die USA unter Präsident Dwight D. Eisenhower die Ausbreitung kommunistischer Staats- und Gesellschaftssysteme zu verhindern. Die Sowjetunion, der von ihr geführte europäische Ostblock und die VR China unterstützten Nord-Vietnam.

Vietnamkrieg. Der beinahe undurchdringbare Dschungel Vietnams behinderte einen Einsatz von US-Bodentruppen erheblich. Durch das Versprühen von Entlaubungsmittel (»Agent Orange«) suchte die Armeeführung den Kampf gegen den Vietcong zu unterstützen - mit erheblichen, bis heute anhaltenden Schädigungen von Mensch und Natur.

Mit Überfällen begannen südvietnamesische, mit Nordvietnam sympathisierende Guerillakämpfer (Vietcong) 1957 den Kampf gegen die Regierung in Saigon. Sie nutzten dabei das weit verzweigte Nachschubsystem, das noch aus der Zeit des Indochinakrieges bestand, und bauten es mit Unterstützung Nordvietnams zum →Ho-Chi-Minh-Pfad aus, über den Waffen, später auch Truppen in den Süden, d.h. in das Aufstandsgebiet, geschleust wurden. Als politisches Führungsorgan des Aufstandes entstand 1960 der Front National de Libération du Viêt-nam du Sud (FNL). Die USA antworteten darauf zunächst mit vermehrter Militärhilfe und der Entsendung von Militärberatern nach Südvietnam. Vor dem Hintergrund schwerer innenpolitischer Spannungen sahen sich die südvietnamesischen Streitkräfte ständig auf dem Rückzug. Die aufständischen Vietcong beherrschten bald große Teile der abgelegenen ländlichen Gebiete des südlichen Vietnam und bauten ein eigenes Verwaltungs- und Rekrutierungssystem auf.

In seine heiße Phase trat der Vietnamkrieg mit dem direkten militärischen Eingreifen der USA im Gefolge des nie ganz aufgeklärten Tongking-Zwischenfalls, der angeblichen Be-

VIETNAMKRIEG | *Entkolonialisierung Asiens*

Nach dem Ende des Zweiten Weltkrieges bemühten sich die Franzosen, ihre Kolonialherrschaft in Indochina wieder herzustellen. Sie besetzten den Süden des Landes und errichteten in Saigon ihren Regierungssitz, während im Norden bereits am 2. 9. 1945 der Führer der Unabhängigkeitsbewegung Vietminh, Ho Chi Minh, in Hanoi die demokratische Republik Vietnam (DRV) ausgerufen hatte.

Entgegen einem französisch-vietnamesischen Abkommen vom 6. 3. 1946, das der DRV den Status eines freien Staates innerhalb der Französischen Union, einer neu gebildeten Gemeinschaft, die Frankreich, die französischen Überseedepartements und -territorien sowie assoziierte Gebiete und Staaten umfassen sollte und 1958/60 von der Französischen Gemeinschaft (Communauté Française) abgelöst wurde, zuerkannte, betrieb Frankreich mit Unterstützung der USA eine Rekolonialisierungspolitik, der der Vietminh politischen und militärischen Widerstand entgegensetzte. Der vietnamesichen Befreiungsarmee gelang es schließlich am 7. 5. 1954, das französische Expeditionskorps bei Dien Bien Phu einzuschließen, was dessen Kapitulation zur Folge hatte.

Auf der Genfer Indochinakonferenz 1954 – im Bild die französische (links) und die Vietminh-Delegation (rechts) am Verhandlungstisch – wurde Vietnam in eine kommunistisch regierte nördliche Zone und eine südliche, die spätere Republik Süd-Vietnam (ab Oktober 1955), geteilt. Frankreich verzichtete endgültig auf seine kolonialen Ansprüche im südostasiatischen Raum. Um den von der UdSSR und China unterstützten Kommunisten entgegenzuwirken, begannen dann jedoch die USA ab 1964 mit der Bombardierung Nordvietnams und mit der Bekämpfung des Vietcong.

schießung von zwei amerikanischen Zerstörern durch nordvietnamesische Kriegsschiffe im Golf von Tongking am 2. und 4. 8. 1964. Am 5. 8. folgten amerikanische »Gegenaktionen« in Form strategischer Bombardierungen in Nordvietnam und am 7. 8. 1964 erteilte der amerikanische Kongress mit nur zwei Gegenstimmen Präsident Lyndon B. Johnson praktisch uneingeschränkte Vollmacht zur Kriegführung in Vietnam. Nach Vietcong-Angriffen auf Militärstützpunkte an der Demarkationslinie begannen im Februar 1965 unter der Devise »Rolling thunder« amerikanische Luft- und Bodenaktionen, um den Gegner »an den Verhandlungstisch zu bomben«, und ständige Truppenverstärkungen. Den nordvietnamesischen Truppen und den Vietcong-Verbänden (Ende 1969: etwa 240 000 Mann) gelang es immer wieder, das strategische Gleichgewicht herzustellen, obwohl die USA auf dem Höchststand im März 1969 541 000 Mann in Südvietnam stationiert hatten und überdies Truppen aus Südkorea, Thailand und Australien teilnahmen.

Die militärisch zwar gescheiterte, politisch-psychologisch jedoch sehr erfolgreiche Tet-Offensive nordvietnamesischer Truppen ab Ende Januar 1968 zeigte die Instabilität der militärischen Situation in Südvietnam; sie förderte zugleich auf beiden Seiten die Verhandlungsbereitschaft. Nach der von Nordvietnam geforderten Einstellung der amerikanischen Bombenangriffe auf sein Gebiet begannen am 13. 5. 1968 in Paris Waffenstillstandsgespräche (→ Pariser Konferenzen). Die Kämpfe im südlichen Vietnam gingen jedoch weiter. Die Amerikaner konnten durch den Einsatz ihrer überlegenen Luftwaffe und Anwendung neuer Kampfmethoden – z. B. massierte Hubschraubereinsätze zur Bekämpfung der Partisanen – zwar einen militärischen Gesamterfolg ihres Gegners verhindern, aber keinen Sieg erzwingen. Unter dem Eindruck wachsenden Widerstandes gegen den Vietnamkrieg in den USA selbst und in der Erkenntnis, dass der Krieg nicht zu gewinnen war und die amerikanische Wirtschaft immer stärker belastete, stellte Präsident Richard Nixon das Programm einer »Vietnamisierung« des Vietnamkriegs auf: stufenweiser Abzug der amerikanischen Truppen und Übertragung der Kriegführung in die alleinige Verantwortung Südvietnams. Im Sinne der Vietnamisierung des Vietnamkriegs zogen sich die Truppen

Südkoreas, Thailands und Australiens bis 1971, die amerikanischen Bodentruppen bis 1973 aus Südvietnam zurück.

Um Nordvietnam zu Zugeständnissen zu zwingen, nahmen die USA während der vertraulichen Gespräche zwischen dem Sicherheitsberater Präsident Nixons, Henry Kissinger, und Le Duc Tho über einen Waffenstillstand die Luftangriffe gegen nordvietnamesische Ziele zeitweilig wieder auf und verminten die Häfen. Am 18. 12. 1972 ordnete Nixon erneut Bombenangriffe auf Nordvietnam an, von denen besonders das Gebiet um Hanoi und Haiphong betroffen war. Das nach langwierigen Verhandlungen geschlossene Waffenstillstandsabkommen vom 27. 1. 1973 bestimmte den Abzug des gesamten militärischen Personals der USA, doch weitere Verhandlungen blieben ergebnislos. Stattdessen versuchten die Saigoner Regierung und die kommunistischen Truppen, die von ihnen kontrollierten Gebiete mit Waffengewalt zu vergrößern. Nach Einstellung der finanziellen Hilfe durch die USA und dem Fall einiger militärischer Stützpunkte zogen sich die südvietnamesischen Regierungstruppen rasch zurück und lösten sich unter dem Druck der nachrückenden kommunistischen Truppen auf. Am 21. 4. 1975 trat der südvietnamesische Präsident Nguyen Van Thieu zurück und Saigon wurde am 30. 4. von Einheiten der nordvietnamesischen Armee besetzt, die von FNL-Truppen tatkräftig unterstützt wurden; ein großer Flüchtlingsstrom setzte ein. Im Gefolge dieser letzten Phase des Vietnamkriegs kam es am 2. 7. 1976 zur Wiederherstellung eines gesamtvietnamesischen Staates unter kommunistischer Führung, der Sozialistischen Republik Vietnam.

AUSWIRKUNGEN: Der Vietnamkrieg hat die Zivilbevölkerung in weiten Teilen Vietnams auf das Schwerste in Mitleidenschaft gezogen und die ökologische Struktur Vietnams stark geschädigt, u.a. durch Flächenbombardements, den Einsatz von Napalm und Entlaubungsmitteln seitens der amerikanischen und südvietnamesischen Streitkräfte, mit denen diese den »Dschungel entlauben«, also den Guerillakrieg offen legen und die Nachschubwege abschneiden wollten. Hunderttausende von Menschen verloren durch Flucht, Umsiedlungsaktionen in »Wehrdörfer« oder direkte Kriegseinwirkung ihre Heimat. Hinzu kamen Ausschreitungen auf beiden Seiten gegen die nicht kämpfenden Teile der Bevölkerung; u.a. die Ermordung von Zivilisten seitens der Vietcong und seitens amerikanischer Einheiten bzw. südvietnamesischer Truppen. Die amerikanischen Luftangriffe schadeten der Infrastruktur Nordvietnams enorm und machten es abhängig von sowjetischer sowie chinesischer Rüstungs- und Wirtschaftshilfe, sie wirkten aber zugleich innenpolitisch solidarisierend und behinderten den Nachschub nach Südvietnam nicht ernsthaft.

Insgesamt fielen auf amerikanischer Seite etwa 58000 Soldaten. Vietnam hatte rund eine Million gefallene Soldaten und zwei Millionen tote Zivilisten zu beklagen; weitere zwei Millionen Menschen wurden verstümmelt und zusätzlich zwei Millionen giftigen Chemikalien ausgesetzt.

Ab Mitte der 1960er-Jahre entwickelte sich in den USA eine Protestbewegung gegen den Vietnamkrieg, die zugleich auf die Bürgerrechtsbewegung einwirkte und in eine allgemeine Auflehnung gegen die bestehende Gesellschaftsordnung überging. Die aus der Protestbewegung entstehende neue Linke interpretierte den Vietnamkrieg als Manifestation des internationalen Klassenkampfs der Dritten Welt gegen Kapitalismus und Imperialismus. Der Protest gegen den Vietnamkrieg griff auch auf die westeuropäischen Staaten, besonders auf die Studentenbewegung, über.

Zum ersten Mal in ihrer Geschichte hatten die USA einen Krieg nicht gewonnen; die amerikanische Gesellschaft suchte diese Tatsache längere Zeit zu verdrängen. Auch die politische und militärische Führung der USA brauchte fast zwei Jahrzehnte, um das Trauma des erfolglosen Kriegs zu überwinden. Das »Vietnam-Syndrom« bezeichnete die mangelnde Bereitschaft zu erneuten massiven militärischen Einsätzen. Mit der War Powers Resolution vom November 1973 suchte das Repräsentantenhaus militärische Aktionen unter bessere politische Kontrolle zu stellen. Erst mit dem Golfkrieg 1991, in dem diese Bedingungen erfüllt waren, schienen in den die psychologischen Folgen des Vietnamkriegs überwunden.

Die politische Annäherung zwischen den USA und Vietnam war v.a. von der Kriegsgefangenen- und Vermisstenfrage belastet. Erst 1994 hob Präsident Bill Clinton das Handelsembargo auf; am 5. 8. 1995 stellten die amerikanische und die vietnamesische Regierung wieder volle diplomatische Beziehungen her.

Viktor Emanuel II.,
König von Italien

Viktor Emanuel II., italienisch **Vittorio Emanuele II,** König von Sardinien (1849–61), dann von Italien (seit 1861), *Turin 14. 3. 1820, †Rom 9. 1. 1878; Großvater von Viktor Emanuel III.; gelangte durch die Abdankung seines Vaters Karl Albert auf den Thron und ließ seinem Minister Camillo Graf Cavour freie Hand in der Politik, die zur Einigung Italiens fürhte; nahm am 17. 3. 1861 den Titel eines Königs von Italien an. Viktor Emanuels Amtsführung trug wesentlich zur Festigung des neuen Königreichs bei. Zu Papst Pius IX. unterhielt er persönlich gute Beziehungen, auch nach dem offiziellen Bruch mit dem Vatikan.

Viktor Emanuel III.,
König von Italien

Viktor Emanuel III., italienisch **Vittorio Emanuele III,** König von Italien (1900–46),

Kaiser von Abessinien (Äthiopien) (1936–41), König von Albanien (1939–43), *Neapel 11. 11. 1869, †Alexandria (Ägypten) 28. 12. 1947; Sohn Umbertos I., Enkel von Viktor Emanuel II.; bestieg nach der Ermordung seines Vaters den Thron und regierte konstitutionell. Unter den Bürgerkriegsdrohungen der Faschisten, besonders unter dem Eindruck des »Marsches auf Rom«, sah Viktor Emanuel sich am 29. 10. 1922 gezwungen, Benito Mussolini an die Spitze der Regierung zu berufen. In der Matteotti-Krise (1924) nahm er gegenüber den Forderungen der Opposition nach einem Rücktritt Mussolinis eine zögernde Haltung ein. Politisch in den Hintergrund gedrängt, ließ er Mussolini freie Hand in der Innen- und Außenpolitik. Im Zusammenwirken mit den Gegnern Mussolinis im Faschistischen Großrat übernahm er jedoch 1943 den tatsächlichen Oberbefehl über die Streitkräfte und setzte Mussolini als Regierungschef am 25. 7. 1943 ab. Nach der vorzeitigen Bekanntgabe (8. 9. 1943) des Waffenstillstands mit den westlichen Alliierten floh Viktor Emanuel wegen der drohenden deutschen Besetzung Italiens nach Brindisi. Nach der Einnahme Roms durch die Alliierten (4. 6. 1944) verzichtete er zugunsten seines Sohnes Umberto auf die Ausübung der Herrschaft, dankte am 9. 5. 1946 ab und ging nach Ägypten ins Exil.

Viktoria, Königin von Großbritannien und Irland

Viktoria, Victoria [vɪkˈtɔːrɪə], Königin von Großbritannien und Irland (seit 1837) und Kaiserin von Indien (seit 1876), letzte Herrscherin aus dem Hause Hannover, *Kensington Palace (heute zu London) 24. 5. 1819, †Osborne (bei Cowes, Isle of Wight) 22. 1. 1901; Mutter von Viktoria (von Preußen); einziges Kind des Herzogs Eduard von Kent, des 4. Sohnes König Georgs III., und einer Prinzessin aus dem Haus Sachsen-Coburg-Gotha. 1837 folgte Viktoria ihrem Onkel Wilhelm IV. auf dem britischen Thron und vermählte sich 1840 mit ihrem Vetter Prinz Albert von Sachsen-Coburg-Gotha. Sie fügte sich trotz starken Selbstbewusstseins stets einer parlamentarischen Regierungsweise. Unter dem Einfluss des liberal-konservativen Prinzgemahls war sie zwar deutschfreundlich gesinnt, stand aber der Politik Otto von Bismarcks ablehnend gegenüber. Premierminister Benjamin Disraeli veranlasste 1876 ihre Erhebung zur Kaiserin von Indien. In ihrer langen Regierungszeit vermittelte Viktoria der britischen Monarchie eine Stabilität, die ihren Tod überdauerte. Das Viktorianische Zeitalter ist als Glanzperiode mit höchster politischer Machtentfaltung, wirtschaftlichem Wohlstand und imperialistischer Expansion, aber auch kultureller Verflachung und Prüderie in die Geschichte Großbritanniens eingegangen.

Viktoria, Kaiserin (ab 1888) und Königin von Preußen, *London 21. 11. 1840, †Schloss Friedrichshof (heute zu Kronberg im Taunus) 5. 8. 1901; älteste Tochter von Viktoria (von Großbritannien) und Prinz Albert von Sachsen-Coburg-Gotha; heiratete 1858 Kronprinz Friedrich Wilhelm von Preußen, den späteren Kaiser Friedrich III. Mit ihrem Mann teilte sie, politisch entschieden liberal eingestellt, die Abneigung gegen die preußische Macht- und Militärtraditionen sowie die autoritär-machtbewusste Realpolitik Otto von Bismarcks, der ihr seinerseits misstrauisch gegenüberstand. Den Regierungsstil ihres Sohnes, Kaiser Wilhelms II., kritisierte sie scharf.

Viktor II., Papst (1055–57), früher Gebhardt von Eichstätt, †Arezzo 28. 7. 1057; entstammte einer Grafenfamilie des fränkisch-schwäbischen Grenzgebiets; war ab 1042 Bischof von Eichstätt; Vertrauter Kaiser Heinrichs III., der ihn im Herbst 1054 zum Nachfolger Leos IX. bestimmte. Erst im März 1055 nahm Viktor die Nachfolge an, behielt aber das Bistum Eichstätt bei und wurde am 13. 4. 1055 in Rom inthronisiert. Viktor setzte die kirchlichen Reformbestrebungen in enger Verbindung mit dem Kaiser fort.

Virginia Declaration of Rights [vəˈdʒɪnjə dekləˈreɪʃn əv ˈraɪts], im Wesentlichen von George Mason entworfene Grundrechtserklärung des Staates Virginia (12. 6. 1776), die in der Folge zum Vorbild für Bürger- und Menschenrechtskataloge in den USA (u. a. Bill of Rights in zehn Amendments zur Bundesverfassung von 1789) und anderswo (u. a. Frankreich 1789) wurde.

Visconti [v-], lombardische Adelsfamilie, seit dem 11. Jh. bezeugt. Ottone Visconti, seit 1262 Erzbischof von Mailand, besiegte als Führer der Ghibellinen 1277 bei Desio die von den Della Torre geführten Guelfen und begründete die Stadtherrschaft (Signoria) über Mailand. Seine Nachfolger dehnten im 14. Jh. die Herrschaft über die Lombardei und fast ganz Oberitalien aus. Seit 1395 waren sie durch Giangaleazzo Visconti, dessen erfolgreiche Eroberungspolitik ihn zum Herrn über weite Teile Ober- und Mittelitaliens gemacht hatte, im Besitz des Herzogtitels; Giangaleazzo plante sogar ein italienisches Gesamtkönigtum, starb jedoch, bevor er sein Vorhaben verwirklichen konnte. Die Hauptlinie der Viscontis erlosch 1447 mit seinem Sohn Filippo Maria Visconti, dessen Tochter Bianca Maria seit 1441 mit Francesco Sforza verheiratet war; dieser trat 1450 das Erbe der Viscontis in Mailand an.

Vitalienbrüder [v-], **Viktualienbrüder,** Bezeichnung für vom Ende des 14. bis ins 15. Jh. in der Nord- und Ostsee auftretende Freibeuter, die zunächst als Hilfstruppen König Albrechts von Schweden im Kampf gegen Königin Margarete I. das seit 1389 eingeschlossene Stockholm von der See her mit Lebensmitteln (Viktualien) versorgten. Die Vitalienbrüder führten dann auch auf eigene Faust den Kaperkrieg mit Gewinnteilung, wurden daher auch »Liekedeler« oder »Like[n]deeler« genannt, und machten sich dabei die Losung »Gottes Freund, der Welt Feind« zu Eigen. 1398 vertrieb sie der Deutsche Orden von ihren Stützpunkten auf Gotland; sie verlegten ihre Aktionen in die Nordsee, wo sie den hanseatischen Flandern- und Englandfahrern erheblichen Schaden zufügten. 1400/01 gelang es einer hanseatischen Flotte unter Führung Hamburgs, die Vitalienbrüder vor Helgoland und in der Emsmündung vernichtend zu schlagen. 1401 wurden ihre Führer Klaus Störtebeker und Godeke Michels mit weiteren Spießgesellen in Hamburg hingerichtet. Reste der Vitalienbrüder hielten sich noch bis in die 1430er-Jahre.

VN, Abk. für →Vereinte Nationen.

Vogt [althochdeutsch fogat, von mittellatein. vocatus »Sachwalter«], lateinisch **Advocatus,** im mittelalterlichen Staatswesen von einer weltlichen oder geistlichen Herrschaft eingesetzter Vertreter zur Wahrnehmung ihrer Herrschaftsrechte. Es wurde unterschieden zwischen Reichsvogt und Kirchenvogt, der ursprünglich als Laie einen Geistlichen, eine Kirche, ein Kloster in weltlichen Dingen, v.a. vor Gericht, vertrat; allmählich übernahm der Vogt auch die Verwaltung des Kirchenguts. Nachdem mit der Ausbildung kirchlicher Immunitäten die Gerichtsbarkeit an diese gefallen war, gelang es den Vögten, diese Gerichtsbarkeit an sich zu ziehen. Damit wurden sie, besonders nachdem sich gegen Ende des 11. Jh. die Erblichkeit der Vogteien weitgehend durchgesetzt hatte, seit dem 12. Jh. zu einem wesentlichen Faktor bei der Ausbildung der Landesherrschaft (Schirmvogt, Schutzvogt). Dagegen versuchte die Kirche, die Rechte der Vögte, die sich vom frei gewählten Vogt der Karolingerzeit zum Edel- oder Herrenvogt des Hochmittelalters entwickelt hatten, festzuschreiben oder sie durch eigene Amtsträger zu ersetzen. Im Spätmittelalter war »Vogt« auch Bezeichnung für landesherrliche Verwaltungsbeamte oder für Unterbeamte des Amt- oder Oberamtmanns; in den deutschen Städten war der Stadtvogt der vom Stadtherrn mit der hohen Gerichtsbarkeit Beauftragte.

Völkerbund, französisch **Société des Nations** [sɔsjeˈte: dɛ naˈsjɔ̃], englisch **League of Nations** [li:g əv ˈneɪʃnz], 1920–46 eine Vereinigung von Staaten zur Sicherung des Weltfriedens; Sitz war Genf. Oberstes Organ war die Bundesversammlung (BV), die den Völkerbundsrat (VR) wählte. Bei Aufnahme seiner Arbeit hatte der VR vier ständige Mitglieder – Frankreich, Großbritannien, Italien, Japan – und vier nicht ständige. Hauptanliegen des Völkerbunds war die Förderung der Zusammenarbeit unter den Nationen und die Gewährleistung des internationalen Friedens und der internationalen Sicherheit.

Völkerbund. Der deutsche Außenminister Gustav Stresemann – hier während einer Rede vor der Bundesversammlung – war zusammen mit seinem französischen Kollegen Aristide Briand einer der Politiker, die dem Völkerbund in der zweiten Hälfte der 1920er-Jahre zu großem Ansehen verhalfen. Für ihre Mitwirkung am Zustandekommen der Locarno-Verträge erhielten sie 1926 den Friedensnobelpreis.

GESCHICHTE: 1918 regte der amerikanische Präsident Woodrow Wilson in seinen →Vierzehn Punkten die Bildung einer Weltorganisation an, um politische Unabhängigkeit und territoriale Unversehrtheit zu gewährleisten. Die Bildung des Völkerbunds wurde auf der Pariser Friedenskonferenz am 14. 2. 1919 beschlossen; seine Satzung (Völkerbundakte) vom 28. 4. 1919 trat als Teil des →Versailler Vertrages am 10. 1. 1920 in Kraft. Die Siegermächte des Ersten Weltkriegs spielten im Völkerbund eine führende Rolle mit Ausnahme der USA, die ihm fernblieben, nachdem der Senat im März 1920 den Versailler Vertrag abgelehnt hatte. Der Völkerbund war beteiligt an der Durchführung der Pariser Vorortverträge, u.a. bei der Grenzziehung, bei der Aufsicht über die Freie Stadt Danzig und der Verwaltung des Saargebietes. Er vergab die früheren deutschen Kolonien und die vorderasiatischen Gebiete des Osmanischen Reiches als Mandatsgebiete und setzte sich für den Schutz nationaler Minderheiten ein. In der Flüchtlingshilfe entfaltete er eine ausgedehnte Tätigkeit. Im Sinne der Erhaltung des von den Pariser Vorortverträgen geschaffenen europäischen Staatensystems gewährte der Völkerbund 1922 der Republik Österreich in den Genfer Protokollen unter strikten Auflagen eine Finanzhilfe. Die von den Außenministern Aristide Briand und Gustav Stresemann betriebene deutsch-französische Entspannungspolitik führte mit den →Locarnoverträgen (1925) das Ansehen des Völkerbunds auf einen Höhepunkt; Deutschland trat ihm 1926 bei und erhielt einen Sitz im VR als ständiges Mitglied.

Das Scheitern der 1932 in Genf begonnenen Abrüstungsverhandlungen (→Genfer Konferenzen) und das Unvermögen des Völkerbunds, der aggressiven Expansionspolitik besonders Japans, Deutschlands und Italiens

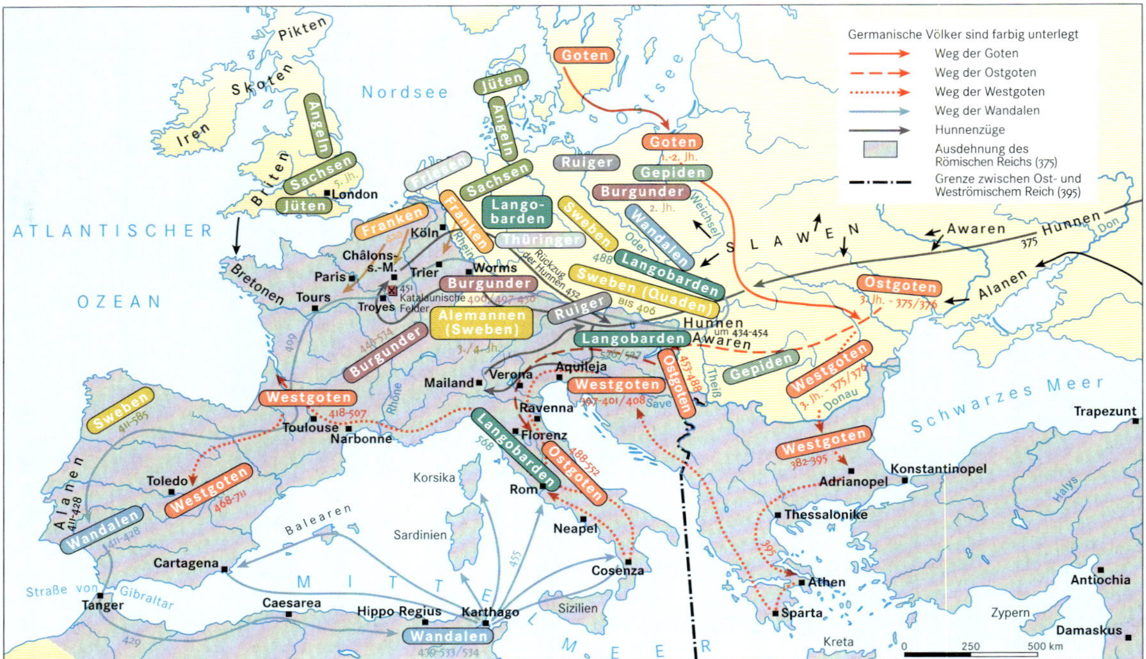

Völkerwanderung. Wanderungsbewegung germanischer Völker

wirksam entgegenzutreten, minderte in den 1930er-Jahren das internationale Ansehen des Völkerbunds. Der Beitritt neuer Staaten (u.a. 1931 Mexiko, 1932 Türkei, 1934 UdSSR) wog den Verlust an Einfluss nicht auf, den der Völkerbund durch den Austritt entspannungspolitisch bedeutsamer Staaten erlitt: Japan trat 1933 aus, da der Völkerbund die Besetzung der Mandschurei durch japanische Truppen missbilligt hatte. Im selben Jahr verließ Deutschland die Genfer Abrüstungskonferenz und den Völkerbund; 1935 verurteilte der Völkerbund die einseitige Lossagung Deutschlands von den Rüstungsbeschränkungen des Versailler Vertrags als Vertragsbruch. 1937 trat Italien aus dem Völkerbund aus. Die Remilitarisierung des Rheinlandes, der »Anschluss« Österreichs und die Zerschlagung der Tschechoslowakei durch das Deutsche Reich sowie der deutsche Angriff auf Polen am 1.9.1939 bewiesen die wachsende Ineffektivität des Völkerbunds. Während des Zweiten Weltkriegs schloss der Völkerbund die UdSSR wegen ihres Angriffs auf Finnland im Dezember 1939 aus. Auf einer Sitzung vom 8. bis 18.4.1946 übertrug er seine Aufgaben auf die →Vereinten Nationen.

Völkerschlacht bei Leipzig, Schlacht, die den Herbstfeldzug der →Befreiungskriege am 16. bis 19.10.1813 entschied. Das Vorgehen der Verbündeten – Preußen, Österreicher, Russen und Schweden – zwang Napoleon I., sich von Dresden nach Leipzig zurückzuziehen. In der Entscheidungsschlacht am 18.10. schlugen die Verbündeten nach heftigen Kämpfen die Truppen Napoleons, der sich zum Rückzug entschließen musste. Am 19.10. erstürmten die Verbündeten in Straßenkämpfen Leipzig; Napoleon entkam mit Mühe, der sächsische König Friedrich August I. geriet in Gefangenschaft.

Völkerwanderung, im weiteren Sinne die seit Ende des 3. Jt. v.Chr. auftretenden Wanderungen ganzer Völker oder Stämme, die v.a. durch Landnot, Klimawechsel oder Einfall fremder Völker hervorgerufen wurden (z.B. die dorische Wanderung im 12. Jh. v.Chr.; die keltischen Wanderungen im 7. Jh. und ab 400 v.Chr.); im engeren Sinn die Züge meist germanischer Stämme aus ihren Ursprungsgebieten nach Süd- und Westeuropa, die ihren Höhepunkt vom 4. bis zum 6. Jh. n.Chr. fanden und zu Reichsbildungen auf dem Boden des auseinander brechenden Römischen Reiches führten.

Frühe germanische Wanderungen gab es bereits vor der Zeitenwende, z.B. die der Bastarnen im 3. Jh. v.Chr. nach Südosteuropa, Kimbern und Teutonen im 2. Jh. v.Chr. in das Römische Reich. Bedeutender waren im 2./3. Jh. n.Chr. die Wanderungen der Goten, Gepiden und Wandalen nach Südrussland und in die Karpaten sowie die Vorstöße von Markomannen, Alemannen und Franken über Donau und Rhein, die um 260 zum Fall des Limes führten. Im 4. Jh. wurden zunehmend fränkische Söldner in Gallien angesiedelt.

Der Einbruch der Hunnen nach Südrussland 375, gewöhnlich als Beginn der Völkerwanderung bezeichnet, bewirkte erst in den folgenden Jahrzehnten nach und nach die Abwanderung auch geschlossener Volksstämme, von denen sich einige zu »Wanderbünden« zusammentaten, so 406 die Wandalen, Alanen und Sweben. Die Masse der Ostgoten kam erst nach Attilas Tod (453) nach Ungarn, 488 nach Italien. Westgoten zogen 401 nach Italien, später nach Südfrankreich und Spanien.

Die ständige Einwanderung von Franken in Gallien ab 350 erleichterte die Gründung und Ausbreitung des Fränkischen Reichs unter Childerich I. und Chlodwig I. im 5./6. Jh. Ab dem frühen 5. Jh. gelangten Stammesteile der Sachsen, Angeln und Jüten nach Britannien und gründeten dort eigene Königreiche. Mit dem Zug der Langobarden 568 nach Italien fand die germanische Völkerwanderung einen vorläufigen Abschluss. Vom 8. bis 10. Jh. klangen die Völkerwanderungen in Europa mit den Wikingerzügen aus.

Die germanische Völkerwanderung war kein einheitlicher Vorgang, sondern die Summe von Bevölkerungsbewegungen unterschiedlicher Zeitstellung und Ursachen. So bewirkte u. a. die Überlagerung der Stämme an Oder und Weichsel durch nordgermanische Traditionsgruppen unter aristokratischer Führung (→ Goten) einen sozialen Wandel. Dieser und die Verschlechterung der Wirtschaftslage mögen u. a. zu Vorstößen in südliche Richtung geführt haben. Außerdem zog die römische Welt mit ihrer höheren Kultur und ihren besseren Lebensbedingungen die Germanen stets aufs Neue an. Die spätere Bildung der Großstämme hat in der Völkerwanderung ihre Wurzeln.

Zu den Ergebnissen der germanischen Völkerwanderung gehören die tief greifenden Bevölkerungsumgruppierungen in ganz Europa, die mitverantwortlich sind für das Ende des Römischen Reiches. Insgesamt ergab sich dabei eine Westverlagerung der Germanen und der nachdrängenden Slawen. Neben dem spanischen Westgotenreich war nur den Staatsgründungen der Franken, Angelsachsen und Langobarden auf ehemaligem Reichsgebiet eine längere Lebensdauer beschieden. Die dort erfolgte Tradierung spätantiker Zivilisa-

VÖLKERWANDERUNG

Als eigentliche Völkerwanderung gelten die Wanderungsbewegungen germanischer Stämme, die nach 370 durch den Einbruch der Hunnen in Europa ausgelöst wurden. Als die Hunnen das Gotenreich in der heutigen Ukraine zerstörten, wich der größere Teil der Goten über die Donau auf römisches Gebiet aus. Kaiser Theodosius I., der Große, schloss 382 mit ihnen Frieden. Unter Alarich fiel der später »Westgoten« genannte Teil 401 in Italien ein und plünderte 410 Rom. Nach Alarichs Tod wandten sich die Westgoten Südgallien zu und errichteten nunmehr als Verbündete Roms ein Reich mit der Hauptstadt Tolosa (Toulouse), das sich allmählich bis nach Spanien verlagerte, wo die Westgoten 711 dem Ansturm der Araber erlagen.

Der Westgoteneinfall in Italien begünstigte die Westwanderung der Sweben, Wandalen, Burgunder und Alanen. Die Wandalen und Alanen setzten unter Geiserich 429 nach Nordafrika über, das sie bis 439 (Fall Karthagos) eroberten. 455 wurde Rom erneut heimgesucht, dieses Mal von Geiserichs Truppen. Nach der Niederlage Gelimers gegen den byzantinischen Feldherrn Belisar 534 brach das Wandalenreich jedoch zusammen.

Doch auch dies konnte den Niedergang des Weströmischen Reiches nicht aufhalten. Der Skire Odoaker, der von den die Mehrheit des römischen Heeres stellenden germanischen Truppen 476 zum König ausgerufen worden war, beseitigte das bereits machtlose

Ende des Römischen Reichs

weströmische Kaisertum, wurde selbst jedoch 493 in Ravenna von dem Ostgoten Theoderich – hier dessen Mausoleum in Ravenna (um 530) – ermordet. Die Herrschaft der Ostgoten endete mit der Eroberung Italiens durch den byzantinischen Feldherrn Narses (533). Doch schon 568 fielen neue Eroberer, die Langobarden, in Oberitalien ein und schufen ein Reich mit dem Zentrum Pavia, das Karl der Große 774 vernichtete.

Volksfront. Die Wahl zur französischen Deputiertenkammer 1936 brachte einen Erfolg für die Volksfront aus Sozialisten, Kommunisten und Liberalen. Léon Blum, der Vorsitzende der sozialistischen Fraktion, übernahm das Amt des Ministerpräsidenten.

tion prägte wesentlich die abendländische Kultur des frühen Mittelalters.

Volksfront, Bezeichnung für ein politisches Bündnis verschiedener linksorientierter Kräfte und Parteien, v. a. für eine Wahl- bzw. Regierungskoalition zwischen Kommunisten, Sozialisten (Sozialdemokraten) und bürgerlichen Linken. Die Volksfrontpolitik erfährt durch die Koalitionspartner oft eine unterschiedliche Akzentuierung; besonders die Kommunisten verbinden mit dem Volksfrontgedanken das Ziel, unter ihrer Führung die Revolution nach marxistisch-leninistischen Maßstäben zu fördern.

In Abkehr von der kommunistischen Frontstellung gegenüber den Sozialisten (Sozialdemokraten) empfahl die Komintern (Generalsekretär Georgi Dimitrow) 1935 das Volksfrontmodell als taktische Maßnahme gegen das Anschwellen von Faschismus und Nationalsozialismus. 1944/45 entwickelten kommunistische Kräfte im Einflussbereich der vorrückenden sowjetischen Truppen das Volksfrontmodell weiter zum Blocksystem als Basis des von ihnen angestrebten Machtmonopols im Rahmen des Konzepts der Volksdemokratie.

In China hatten die Kommunisten schon während der nationalen Unabhängigkeitsbewegung in den 1920er-Jahren auf Anregung Lenins eng mit den »antiimperialistischen« Kräften der Kuo-min-tang (KMT) in einer »nationalen Einheitsfront« zusammengearbeitet. 1927 löste Chiang Kai-shek, der nach dem Tod Sun Yat-sens (1925) die Führung der KMT übernommen hatte, in einer blutigen Aktion das Bündnis mit der KP auf. Angesichts des japanischen Einfalls in China (ab 1931) erzwangen Gegner Chiang Kai-sheks innerhalb der KMT 1936 die Erneuerung der »Einheitsfront« mit der KP, die jedoch 1945 zerbrach.

In Spanien schlossen sich im Februar 1936 Sozialisten, Kommunisten und Linksrepublikaner zur Volksfront (»Frente Popular«) zusammen, die nach Ausbruch des Bürgerkriegs (Juli 1936) im September 1936 die Regierung übernahm.

In Frankreich bezeichnet »Volksfront« das Wahlbündnis von Sozialisten, Kommunisten und linksbürgerlichen Radikalsozialisten, das von Juni 1936 bis Oktober 1938 die Regierung stellte und besonders unter Ministerpräsident Léon Blum 1936/37 weit reichende Sozialreformen auf den Weg brachte, jedoch vor dem Hintergrund wirtschaftlicher Probleme weder einen dauerhaften Konsens herstellen noch die Gegenkräfte in Schranken halten konnte. Die »tripartistische« Regierungskoalition von Sozialisten, Kommunisten und Christdemokraten 1944/45–47 knüpfte ebenso an die Volksfronttradition an wie die 1972 unter Führung von François Mitterrand gebildete Union de la Gauche.

Volkskommissar, russisch **Narọdnyj Komissạr,** kurz **Narkọm,** 1917–46 Bezeichnung für die Minister in Sowjetrussland bzw. in der UdSSR; diese bildeten den Rat der Volkskommissare.

Volkssturm, Deutscher Volkssturm, im Zweiten Weltkrieg das letzte militärische Aufgebot des nationalsozialistischen Deutschlands zur Unterstützung der Wehrmacht bei der Verteidigung des Reichsgebiets. Durch einen Erlass Hitlers vom 25. 9. 1944 wurden alle bis dahin nicht zum Militärdienst eingezogenen 16- bis 60-jährigen waffenfähigen Männer zum Volkssturm verpflichtet. Aufgestellt wurde der Volkssturm durch die Gauleiter u. a. Parteidienststellen der NSDAP; politisch verantwortlich war für ihn der Leiter der Parteikanzlei Martin Bormann. Den Kampfeinsatz befehligte der Reichsführer SS und Befehlshaber des Ersatzheeres Heinrich Himmler. Während ihres Einsatzes waren die Angehörigen des Volkssturms Soldaten im Sinne des Wehrgesetzes. Unzureichend ausgebildet und ausgerüstet, erlangte der Volkssturm nur an der Ostfront eine gewisse Bedeutung, wo seine Einheiten bei den erbitterten Abwehrkämpfen gegen die Rote Armee starke Verluste erlitten. Am 12. 2. 1945 wurden »Frauen und Mädchen« zum Hilfsdienst für den Volkssturm aufgerufen.

Volkstribun, → Tribun.

Vọrderösterreich [f-], **Vorlande,** der südwestdeutsche Landbesitz der → Habsburger. Vorderösterreich umfasste seit Maximilian I. zunächst die habsburgischen Gebiete am Oberrhein (Breisgau, Sundgau, Waldstädte), die lose mit den Landvogteien des Unterelsass und der Ortenau verbunden waren. Ab 1752 wurden die schwäbischen Herrschaften Österreichs (Burgau, Hohenberg, Nellenburg, Tettnang, Landvogtei Oberschwaben), 1752–82 auch Vorarlberg an Vorderösterreich angegliedert. Bei den habsburgischen Länderteilungen im 15. und 16./17. Jh. wurde Vorderösterreich mit Tirol zu einem Teilfürstentum zusammengefasst. Im Westfälischen Frieden (1648) mussten die Habsburger die elsässischen Besitzungen an Frankreich, im Preßburger Frieden (1805) die übrigen vorderösterreichischen Gebiete an die Rheinbundstaaten Baden, Württemberg und Bayern abtreten.

Vorgeschichte, Prähistorie, Urgeschichte, 1) die Geschichte der Menschheit von den Anfängen bis zum Einsetzen schriftlicher Quellen; 2) Wissenschaftszweig (Vorgeschichtsforschung, prähistorische Archäologie), der sich der Erforschung und Interpretation aller sichtbaren bzw. sichtbar zu machenden Überreste menschlichen Wirkens in diesem Zeitraum widmet.

Vorgeschichtliche Überreste wurden vereinzelt bereits in der Antike beachtet, jedoch nur selten, z. B. bei Thukydides, historisch interpretiert. Die systematische Erforschung der Vorgeschichte setzte im frühen 19. Jh. ein. Der Däne Christian Jürgensen Thomsen begründete durch methodische Ordnung des Fundmaterials das Dreiperiodensystem: Zwischen Stein- und Eisenzeit wies er eine Bronzezeit nach, was zwar schon seit Hesiod angenommen wurde, aber bis dahin als Mythos galt. Die Entdeckung der Pfahlbauten in der Schweiz seit 1853/54 erregte das Interesse weiter Kreise. 1859 wurde die These des Franzosen Jaques Boucher de Perthes, dass Menschen Zeitgenossen einer Tierwelt waren, die nach der bisherigen Theorie vor der Entstehung des Menschen existiert haben müsste, von den

VORMÄRZ | *Frankfurter Wachensturm*

In Deutschland war die vor allem in den Befreiungskriegen 1813–15 erstarkte liberale Bewegung von Anfang an eng verbunden mit der nationalen Bewegung, die für ein geeintes deutsches Vaterland angetreten war. Nach der Gründung des Deutschen Bundes, den sowohl die Liberalen wie auch die Nationalen als unvollkommene Lösung strikt ablehnten, fanden wenigstens in den süddeutschen Staaten, in denen die Landesfürsten Verfassungen gegeben hatten, die Liberalen in den Landtagen ein politisches Betätigungsfeld. In den Anfängen der Industrialisierung war die liberale Bewegung bereits früh mit konkreten wirtschaftlichen Interessen verbunden. So forderte der Tübinger Professor Friedrich List den Wegfall der Zollschranken zugunsten eines vereinigten größeren Wirtschaftsgebietes.

Die Fürsten und die den absolutistischen Fürstenstaat tragenden Kräfte, deren herausragende Symbolfigur Metternich war, sahen in der liberalen und nationalen Bewegung und ihren Forderungen Anzeichen der Auflösung und Zerstörung der alten Ordnung, die herannahende Revolution – hier der Frankfurter Wachensturm vom 3. 4. 1833. Entsprechend wurden die Vorkämpfer dieser Ideen mit der ganzen Schärfe der in den Karlsbader Beschlüssen verordneten Maßnahmen verfolgt. Aber nicht nur die Durchsetzung liberaler Forderungen, sondern auch die Verwirklichung des Nationalstaatsgedankens sollte sich als schwieriges Unterfangen erweisen.

führenden britischen und französischen Gelehrten anerkannt. Erst damit war eine neue Zeitdimension gewonnen, die auch durch die wachsende Zahl der Funde notwendig wurde. Zwischen 1880 und 1912 wurden die noch heute gültigen chronologischen Systeme für die europäische Vorgeschichte geschaffen. Da aber die meisten für die Chronologie verwendeten Begriffe kulturelle Einheiten bezeichnen, sind sie entweder nur regional begrenzt gültig (z.B. Hallstattzeit) oder kommen in den einzelnen Regionen mit zeitlichen Verschiebungen vor. Die seit etwa der Mitte des 20.Jh. entwickelten naturwissenschaftlichen Methoden der Altersbestimmung ermöglichen es mehr und mehr, einen Überblick über gleichzeitige Vorgänge auch in den anderen Erdteilen zu gewinnen.

Nach der auf Benjamin Franklin zurückgehenden Definition des Menschen als »Werkzeug herstellendes Lebewesen« beginnt das Forschungsgebiet der Vorgeschichte mit den frühesten mit einer bestimmten Technik für einen bestimmten Zweck hergestellten Werkzeugen, d.h. mit der Steinzeit, deren erste und längste Phase als →Altsteinzeit (Paläolithikum) bezeichnet wird. Während man um 8000 v.Chr. in Europa im Wesentlichen noch in alten Lebensformen verharrte (Mittelsteinzeit), kam es im Bereich des Fruchtbaren Halbmonds in Babylonien zur Herausbildung produktiver Wirtschaftsformen, ein Prozess, der sich zeitverzögert über Kleinasien und die Balkanhalbinsel im übrigen Europa fortsetzte (→Jungsteinzeit). Verbunden mit der Entwicklung der Landwirtschaft und der Domestikation von Tieren war eine Bevölkerungsvermehrung, die stadtartige Konzentrationen (z.B. Jericho) und damit die Entwicklung von Hochkulturen ermöglichte. Die frühesten historischen Staatenbildungen in Ägypten, Vorderasien, später auch in Indien und Ostasien waren von Kulturen getragen, die teils der Bronze- oder der Kupferzeit, teils einer Spätphase der Steinzeit zugeordnet werden müssen.

vorkolumbische Kulturen, die Kulturen in Amerika vor der europäischen Entdeckung und Eroberung. Die im Bereich der vorkolumbischen Kulturen entstandenen andinen und mesoamerikanischen Hochkulturen sind gekennzeichnet durch Städte- und Staatsbildung, monumentale Tempelbauten, organisierte Staatsreligion, höhere handwerkliche und künstlerische Techniken sowie z.T. die Entwicklung von Schrift, Kalender und Wissenschaften.

Vormärz, Epochenbezeichnung für die Periode der deutschen Geschichte zwischen dem Wiener Kongress (1815) und der Märzrevolution (1848), z.T. auch nur für den Zeitraum zwischen 1830 und 1848, sowie Bezeichnung für die nationalen und liberalen Kräfte, die schließlich die →Märzrevolution herbeiführten; auch übertragen auf die Literatur dieser Zeit (Junges Deutschland).

Der Vormärz ist gekennzeichnet durch äußeren Frieden und gewaltsam erzwungene innere Ruhe, durch Zersplitterung Deutschlands in zeitweise 39 Einzelstaaten, durch eine reaktionäre Knebelung aller nationalen und liberalen Bewegungen im »metternichschen System«, durch zögernd einsetzende Industrialisierung und ein wachsendes Massenelend. Die Forderungen des Vormärz nach Schwurgerichten, Pressefreiheit, Bauernbefreiung und Reform frühkonstitutioneller Verfassungen blieben weitgehend unerfüllt. Das aus Revolutionsfurcht und Reformunfähigkeit resultierende Abbremsen des Prozesses einer politischen Emanzipation des Bildungs- und Besitzbürgertums führte in die Märzrevolution. – Bild S. 913

Vorparlament, ohne Wahl und Mandat gebildete, sehr ungleichmäßig (Preußen: 141, Österreich: 2 Vertreter) zusammengesetzte Versammlung von 574 Mitgliedern, die von 31. März bis 3. April 1848 in Frankfurt am Main tagte und die Wahlen zur →Frankfurter Nationalversammlung vorbereitete.

Vorpommern, bei der Landesteilung 1532 vom übrigen →Pommern abgeteilter westlicher Landesteil, auch Westpommern genannt. Vorpommern kam 1648 an Schweden 1720 (Vorpommern bis zur Peene) bzw. 1815 an Preußen und bildete 1815–1945 den Westteil der preußischen Provinz Pommern. Vorpommern kam 1945 im Hauptteil zur Sowjetischen Besatzungszone; es bildete 1945–52 und bildet seit 1990 den östlichen Teil des Landes →Mecklenburg-Vorpommern; ein kleiner Teil kam 1945 an Polen.

VR, Abk. für Volksrepublik.

W

Waffen-SS, ab 1939/40 offizielle Bezeichnung für die bewaffneten Verbände der →SS, die ab Sommer 1940 eine selbstständige militärische Organisation bildeten, deren Feldeinheiten neben der Wehrmacht an der Front sowie zur Sicherung der besetzten Gebiete eingesetzt wurden.

Zur Waffen-SS, die vom Reichsministerium für Finanzen unterhalten wurde, gehörten als Vorläufer die »SS-Verfügungstruppe«, die aus den »Politischen Bereitschaften der SS« gebildet worden war, und die als Wachmannschaften der KZ eingesetzten »SS-Totenkopfverbände«, die am 17. 8. 1938 zur stehenden bewaffneten Truppe der SS erklärt worden waren, die Verstärkung der SS-Totenkopfverbände (»Polizeiverstärkung«) und die »SS-Junkerschulen«, an denen das Führungspersonal aller SS-Sparten ausgebildet wurde; darüber hinaus auch die gesamte KZ-Organisation, bis 1942 mit Bildung des Wirtschafts- und Verwaltungshauptamts (WVHA) die Zuständigkeit der Waffen-SS auf Bewaffnung und Ausbildung der Wachmannschaften eingeschränkt wurde. Nach dem »Polenfeldzug« 1939 wurden die SS-Verfügungsdivision »Das Reich« und die SS-Totenkopfdivision aufgestellt, die den Grundstock zum Ausbau der Waffen-SS bildeten. Die Konkurrenzsituation zur Wehrmacht bei der Rekrutierung und die Kriegslage führten dazu, dass zunehmend Volksdeutsche und ausländische Freiwillige aus fast allen europäischen Ländern in die Waffen-SS aufgenommen wurden. Ab 1943 wurden verstärkt auch Wehrpflichtige zur Waffen-SS eingezogen.

Die Entwicklung der bewaffneten Macht der SS war Teil der permanenten Ausweitung und Ausdifferenzierung des SS-Herrschaftsbereichs. Die am 17. 8. 1938 von Hitler bestimmte Unabhängigkeit der bewaffneten SS-Verbände von der Wehrmacht wurde durch die Einrichtung einer SS-Sondergerichtsbarkeit (17. 10. 1939) noch verstärkt. Im Zweiten Weltkrieg kämpften die aktiven Verbände der Waffen-SS jedoch taktisch im Rahmen des Heeres. Trotz gleichzeitiger Lösungstendenzen von der übrigen SS blieb die Waffen-SS ein Teil der SS und unterstand als ein Organ der Führergewalt unmittelbar den Weisungen Hitlers. Sie war zum Kriegsende hin mit ihrem starken Anwachsen keine geschlossene Elitetruppe mehr. Die zunehmende Verknüpfung mit dem Heer, die Aufgabe des Freiwilligkeitsprinzips und die wachsende Multinationalität machten die Waffen-SS schließlich zu einer heterogenen Organisation. Zahlreiche ihrer Einheiten und Angehörigen, die sich durch besonders grausames Vorgehen auszeichneten, waren verantwortlich für Kriegsverbrechen, u.a. in dem französischen Oradour-sur-Glane, in dem Angehörige der Waffen-SS am 10. 6. 1944 642 Menschen ermordeten; als Waffenträger der Einsatzgruppen war die Waffen-SS zudem an der Ermordung von Juden im Rahmen des Holocaust beteiligt.

Wahhabiten, die Anhänger einer puritanischen Bewegung des Islam, deren Begründer Mohammed Ibn Abd al-Wahhab aus Ujaina (Nedjd) in Anlehnung an die Lehren des hanbalitischen Theologen Ahmad Ibn Taimija den Islam auf seine ursprüngliche Form zurückführen und alle nachkoranischen Neuerungen ausmerzen wollte. Die Wahhabiten selbst bezeichnen sich als Muwahhidun (»Unitarier«), d.h. Bekenner der Einheit Gottes, und stützen sich auf Koran, Sunna und Hadith. Im Hinblick auf die alleinige Verehrung Gottes lehnen sie jede Art von Totenkult und Heiligenverehrung (einschließlich der Person Mohammeds) ab. Das koranische Alkoholverbot dehnen sie auf alle Genussmittel aus. Wer am Freitagsgottesdienst (Djuma) nicht teilnimmt oder die Almosensteuer (Zakat) nicht entrichtet, wird als Ungläubiger (Kafir) behandelt. Die altarabischen Strafgesetze, wie Steinigung der Ehebrecherin oder Abhacken der Hand des Diebes werden strikt eingehalten. Infolge des Bilderverbots sind Film- und Theatervorstellungen untersagt.

Mohammed Ibn Abd al-Wahhab kehrte nach Aufenthalten in Basra, Bagdad, Kurdistan und Isfahan nach Ujaina zurück und verkündete dort seine neuen Lehren. Um 1740 gewann er in Darija (Stadtstaat bei Riad) den Stammesscheich Mohammed Ibn Saud, dessen Nachfolger die Lehre über ganz Zentralarabien ausbreiteten und den ersten Staat der saudischen Dynastie begründeten (Sauditen). Sie eroberten 1804 Medina, 1806 Mekka und bedrohten die osmanische Herrschaft über Arabien. Nachdem der mit den Osmanen verbündete Ibrahim Pascha 1818 Darija, die Hauptstadt der Saudis, eingenommen und die Wahhabiten besiegt hatte, verloren die Sauditen die Führung an die einflussreiche Familie der Raschid. 1883 wurde das Haus Ibn Saud (Sauditen) aus Riad vertrieben und fand Zuflucht in Kuwait. 1902 gelang es (Abd al-Asis III.) Ibn Saud, nach Riad zurückzukehren und die Macht seiner Dynastie wieder aufzubauen.

Wahlkapitulation, im Mittelalter und in der Neuzeit schriftlich fixierter Vertrag, durch den Wähler einem zu Wählenden Bedingungen für seine künftige Regierung stellten. Die Notwendigkeit der Bindung des Herrschers an das Recht führte ab dem 9. Jh. zu Königsversprechen und Krönungsgelübden. Während diese in Frankreich vom frühen Mittelalter bis zur Französischen Revolution im Wesentlichen unverändert blieben, entwickelte sich daraus z.B. in England im Spätmittelalter ein langer Katalog von Zusagen. In Ungarn bestätigte der König vor der Krönung die Privilegien des Landes im Inauguraldiplom. Der Doge von Venedig musste ab 1192 eine Promissio beschwören. Im Heiligen Römischen Reich wurde es seit Beginn des 13. Jh. in den geistlichen Territorien üblich, dass die Domkapitel ihre starke Stellung bei der Wahl zur Vorlage von Wahlkapitulation ausnutzten, in denen es um ständische Forderungen ging. Diese Praxis wurde auf das Kaisertum übertragen: 1519 musste Karl V. als erster Römischer Kaiser einer solchen Wahlkapitulation (capitulatio caesarea) zustimmen, die seit 1711 zur ständigen, unveränderlichen Wahlkapitulation (capitulatio perpetua) wurde.

Währungsreform. Als am 21. 6. 1948 in den drei westlichen Besatzungszonen die Deutsche Mark die Reichsmark ablöste, erhielt in den Umtauschstellen jede natürliche Person ein »Kopfgeld« von 40 DM, im August 1948 dann nochmals 20 DM; die Arbeitgeber wurden für jeden Arbeitnehmer mit 60 DM ausgestattet.

Währungsreform, die Neuordnung des Geldwesens eines Landes nach einer vollständigen Zerrüttung durch die Wiederherstellung einer funktionsfähigen Geldwirtschaft mit Stabilität des Geldwertes und voller Konvertibilität der Währung.

GESCHICHTE: Die deutsche Währungsreform von 1923 wurde durch die Finanzierung der Kriegführung und der Kriegsfolgen des Ersten Weltkrieges nötig, wodurch der Wert der Mark 1923 auf ein Billionstel ihres Nennwertes gesunken war. Diese Währungsreform wurde mit der Schaffung der Rentenmark durchgeführt.

1948 beendete die Währungsreform in den drei westlichen Besatzungszonen Deutschlands eine »zurückgestaute« Inflation, die durch die »geräuschlose« Rüstungs- und Kriegsfinanzierung, Preis- und Lohnstopp und eine vollständige Devisenbewirtschaftung etwa seit 1936 hervorgerufen worden war. Ziel der Währungsreform war es, den entstandenen Geldüberhang von rund 250 Milliarden Reichsmark (RM) zu beseitigen. Die Währungsreform wurde durch Erlass gleich lautender Gesetze zur Neuordnung des Geldwesens der amerikanischen, britischen und französischen Militärregierungen durchgeführt: Das Währungsgesetz enthielt grundlegende Bestimmungen über die Einführung der neuen Währung, über Anmeldung und Ablieferung von Altgeld sowie über die Erstausstattung mit neuem Geld. Das Emissionsgesetz verlieh der Bank deutscher Länder das Notenausgaberecht und enthielt Bestimmungen über die Haltung von Mindestreserven. Im Umstellungsgesetz wurde die Überleitung von Verbindlichkeiten in alter Währung in neue Währung sowie die Ausstattung der Kreditinstitute, Versicherungen und Bausparkassen mit Ausgleichsforderungen geregelt, durch das Festkontogesetz die endgültige Höhe der aus alter in neue Währung überführten Bankguthaben. Mit Wirkung vom 21. 6. 1948 löste die Deutsche Mark (DM) die Reichsmark ab; die in den westlichen Sektoren Berlins ausgegebenen neuen Banknoten wurden mit einem B gestempelt (»Bärenmark«). Im Zusammenhang mit dem gleichzeitigen Übergang zur Marktwirtschaft erwies sich die Währungsreform als besonders erfolgreich (Beginn des »Wirtschaftswunders«).

In Österreich wurde nach dem Zweiten Weltkrieg durch eine erste Währungsreform (Schillinggesetz vom 30. 11. 1945) wieder die Schillingwährung (S) eingeführt (1 S = 1 RM). Eine zweite Währungsreform (Währungsschutzgesetz vom 19. 11. 1947, in Kraft getreten am 10. 12. 1947) schuf die Grundlage für die wirtschaftliche Entwicklung des Landes.

Für die DDR war die mit dem Staatsvertrag über die Schaffung einer Währungs-, Wirtschafts- und Sozialunion vom 18. 5. 1990 verbundene Umstellung ihres Währungssystems auf D-Mark eine weitere Währungsreform, für die Bundesrepublik Deutschland eine Erweiterung des Währungsgebiets.

Waldburg, Georg Truchsess von Waldburg, genannt der Bauernjörg, Feldhauptmann, * Waldsee (heute Bad Waldsee) 25. 1. 1488, † ebenda 29. 5. 1531; aus welfisch-staufischem Ministerialengeschlecht; befehligte das Heer des Schwäbischen Bundes 1519 gegen Herzog Ulrich von Württemberg und 1525 im deutschen → Bauernkrieg. Auch in Bamberg wie im Allgäu warf er den Aufstand grausam nieder. Danach wurde er österreichischer Statthalter von Württemberg. Für seine Verdienste um das kaiserliche Haus, u. a. als Rat bei diplomatischen Missionen, Begleiter von Erzherzog Ferdinand (I.), dem späteren Kaiser, im Türkenkrieg, wurde ihm 1525 der Titel »Reichserbtruchsess« verliehen.

Waldemar I., der Große, dänisch **Valdemar den Store** [v-], König von Dänemark (seit 1157), * 14. 1. 1131, † Vordingborg (Seeland) 12. 5. 1182; Vater von Waldemar II., dem Sieger; beendete die seit 1131 andauernden inneren Wirren; erkannte 1162 die Lehnsoberhoheit Friedrichs I. Barbarossa an, um Hilfe gegen Herzog Heinrich den Löwen, dessen Expansionspolitik im norddeutschen Raum den Bestand von Waldemars Herrschaft bedrohte, zu erhalten. Waldemar besiegte die Wenden (Eroberung Rügens 1168) und erweiterte das Danewerk um die Waldemarsmauer.

Waldemar IV. Atterdag, dänisch **Valdemar Atterdag** [v-], König von Dänemark (seit 1340), * um 1320, † Schloss Gurre (westlich von Helsingør) 24. 10. 1375; jüngster Sohn König Christophs II., sicherte nach Beendigung von Thronstreitigkeiten das dänische Stammland unter Aufgabe von Randgebieten. Schonen mit den angrenzenden Landschaften kam 1360 wieder zu Dänemark. Im selben Jahr erkannte Waldemar durch die Handfeste von Kalundborg die Ständerechte an. Durch die Eroberung Visbys (1361) geriet Waldemar in einen Krieg mit der Hanse, die ihre Vormachtstellung in der Ostsee bedroht sah und Waldemars Streitkräfte 1368 besiegte. Daraufhin schlossen die dänischen Stände eigenmächtig den Frieden von Stralsund (1370) und erkannten die Vormacht der Hanse an. Waldemar, auf der Suche nach Hilfe 1368–72 im Ausland, musste den Friedensschluss bestätigen.

Waldenser, ursprünglich auch die Armen von Lyon genannt, die Anhänger der von Petrus Waldes um 1175 in Lyon begründeten religiösen Bewegung, deren Ziel die Verkündigung des Evangeliums und ein Leben in Armut nach Jesu Vorbild war. Sie wurden wegen ihrer Praxis der Laienpredigt schon bald vom Bischof von Lyon verboten und 1184 von Papst Lucius III., der gemeinsam mit Kaiser Friedrich I. Barbarossa gegen die Waldenser und andere »Ketzer« vorging, exkommuniziert. Die dadurch einsetzende Vertreibung und Emigration der Waldenser aus Lyon führte zu einer Verbindung mit anderen Strömungen der religiösen Laienbewegung (Katharer, Humiliaten), aber auch zu inneren Gegensätzen, die 1205 und 1218 die Trennung in französische und lombardische Waldenser zur Folge hatte. Während die französischen Waldenser, die jede Arbeit zum Lebensunterhalt ablehnten, z. T. durch die päpstliche Inquisition unter Innozenz III. gewaltsam in die Kirche zurückgeführt wurden und im 14. Jh. verschwanden, fanden die den Armutsbegriff weiter vertretenden lombardischen Waldenser mit ihrem Anspruch, die wahre Kirche zu sein, rasche Verbreitung in Frankreich, Nordspanien, Italien, Deutschland, der Schweiz, Österreich, Böhmen, Ungarn und Polen. Vom 13. bis 16. Jh. ständig Verfolgungen ausgesetzt, schlossen sie sich der schweizerischen Reformation an, wurden aber durch die Gegenreformation im 17. Jh. schwer getroffen. Der Einfluss der reformiert-kalvinistischen Genfer Erweckungsbewegung brachte den Waldensern ab 1815 eine geistig-kirchliche Erneuerung (»Chiesa Evangelica Valdese«) und eine ausgedehnte Diaspora.

Waldersee, Alfred Graf von, preußischer Generalfeldmarschall (seit 1900), * Potsdam 8. 4. 1832, † Hannover 5. 3. 1904; wurde 1882 Generalquartiermeister, 1888 Nachfolger Helmuth von Moltkes als Generalstabschef. Als Prototyp eines politisierenden Militärs suchte er die Selbstständigkeit des Generalstabs gegenüber dem Kriegsministerium zu verstärken. Er befürwortete Präventivkriegspläne gegen eine 1887 denkbare russisch-französische Verständigung und geriet dadurch in Gegensatz zu Bismarck, zu dessen Sturz (1890) er beitrug. Waldersee verlor jedoch bald die Gunst Kaiser Wilhelms II. und wurde 1891 als Kommandierender General des IX. Armeekorps nach Altona versetzt. 1900/01 hatte er den Oberbefehl über die europäischen Truppen zur Niederwerfung des chinesischen Boxeraufstandes.

Waldes, Valdes, Petrus, Begründer der Waldenserbewegung, † zwischen 1184 und 1218; war ein wohlhabender Kaufmann in Lyon; erlebte um 1175 aufgrund von Evangelientexten und der Legende vom heiligen Alexius eine Bekehrung zur apostolischen Armut und Nachfolge Christi; schenkte seinen Besitz den Armen und zog mit seinen Anhängern als Wanderprediger umher; übersetzte Teile der Bibel in die provenzalische Volkssprache; wurde 1184 mit seinen Anhängern als Ketzer exkommuniziert, da er als Laie über Glaubensfragen gepredigt hatte.

Waldheim, Kurt, österreichischer Politiker, * Sankt Andrä-Wördern (NÖ) 21. 12. 1918; nahm als Ordonnanzoffizier der deutschen Wehrmacht am Zweiten Weltkrieg teil. Ab 1945 war Waldheim im diplomatischen Dienst der Republik Österreich, 1956–58 Gesandter, 1958–60 Botschafter in Ottawa, 1964–68 und 1970/71 ständiger Vertreter bei den UN. Als Außenminister (1968–70) trug Waldheim wesentlich zum Abschluss des »Südtirolpaketes« bei und förderte die Beziehungen zur EG.

Als Generalsekretär der UN (1972–81) bemühte sich Waldheim besonders um Lösungen in den Konflikten um Zypern und Namibia sowie um eine Deeskalation des Nahostkonfliktes. Am 8. 6. 1986 wurde er als Kandidat der ÖVP im zweiten Wahlgang zum österreichischen Bundespräsidenten gewählt; seine Amtszeit (1986–92) war überschattet von Vorwürfen, als Offizier der Wehrmacht an NS-Kriegsverbrechen auf dem Balkan beteiligt gewesen zu sein; eine internationale Historikerkommission stellte aber keine persönliche Schuld im strafrechtlichen Sinne fest.

Wałęsa [va'u̯ɛ̃sa], Leszek (Lech), polnischer Gewerkschafter und Politiker, * Popowo (Woiwodschaft Bromberg) 29. 9. 1943; Elektromonteur. Wałęsa beteiligte sich 1977/78 an der Gründung einer »Freien Gewerkschaft des Küstengebiets«. Im Zuge der großen Streikbewegung (ab Juli 1980) trat er als Vorsitzender des Streikkomitees der Leninwerft in Danzig im August 1980 an die Spitze eines überbetrieblichen Streikkomitees und setzte bei Verhandlungen mit der kommunistischen Regierung im Danziger Abkommen zentrale politi-

Kurt Waldheim

LECH WAŁĘSA
***1943**

- war 1980 in Polen die führende Persönlichkeit der landesweiten Streikbewegung
- wurde zum Vorsitzenden der Gewerkschaftsorganisation Solidarność gewählt
- erhielt 1983 den Friedensnobelpreis
- wurde 1990 zum Staatspräsidenten Polens gewählt

ALBRECHT VON WALLENSTEIN
***1583 †1634**

war einer der bedeutendsten Feldherrn des Dreißigjährigen Krieges

vertrieb 1627 Christian IV. von Dänemark aus Norddeutschland

wurde 1629 von Ferdinand II. in den Reichsfürstenstand erhoben

erlangte 1632 in der Göllersdorfer Kapitulation unbeschränkte Vollmachten für Kriegsführung und Friedensverhandlungen

führte 1632 bei Lützen die Truppen gegen Gustav II. Adolf von Schweden

sche Forderungen durch. Im September 1980 wählte ihn die neu gegründete Gewerkschaftsorganisation Solidarność zu ihrem Vorsitzenden. An ihrer Spitze gewann Wałęsa im In- und Ausland hohes Ansehen. Nach Verhängung des Kriegsrechts in Polen (13. 12. 1981) verbot die polnische Regierung die Solidarność und stellte Wałęsa (bis November 1982) unter Hausarrest. 1983 erhielt er »als Exponent der aktiven Sehnsucht nach Frieden und Freiheit« den Friedensnobelpreis. Gestützt auf ein Mandat der (in der Illegalität weiterhin aktiven) Solidarność, erreichte er in einem »Gesellschaftsvertrag« (5. 4. 1989) mit der Regierung die Öffnung Polens zu stärker demokratisch-pluralistischen Strukturen und die Wiederzulassung der Solidarność (17. 4. 1989).

Im Dezember 1990 wurde Wałęsa zum Staatspräsidenten gewählt; den Vorsitz der Solidarność gab er im selben Jahr ab. Mit einer Stärkung des Präsidentenamtes suchte er zugleich die Reformkräfte zu unterstützen. Der Wahlsieg des von der Sozialdemokratie der Republik Polen getragenen Linksbündnisses SLD 1993 bedeutete für seine Gesamtstrategie einen Rückschlag. Außenpolitisch setzte sich Wałęsa für den Beitritt seines Landes zur EU und zur NATO ein. Bei den Neuwahlen zum Amt des Staatspräsidenten 1995 unterlag er im zweiten Wahlgang (Stichwahl) Aleksander Kwaśniewski. 1998 wurde Wałęsa Vorsitzender der 1997 von ihm gegründeten Partei »Christdemokratie der Dritten Polnischen Republik«. Als Präsidentschaftskandidat seiner Partei erhielt Wałęsa bei den Wahlen von 2000 nur noch 0,9 % der Stimmen; danach verkündete er seinen Rückzug aus der Politik.

Wallenstein, Albrecht von, Herzog von Friedland (seit 1625) und Mecklenburg (seit 1629), Fürst von Sagan (seit 1628), genannt »der Friedländer«, Feldherr des Dreißigjährigen Krieges, *Hermanitz (heute Heřmanice, Tschechische Republik) 24. 9. 1583, †(ermordet) Eger 25. 2. 1634; aus dem Adelsgeschlecht Waldstein (tschechisch Valdštejn oder Valdštýn). Wallenstein wuchs unter deutsch-protestantischem Einfluss auf. Nach kurzem Studium in Altdorf bei Nürnberg (1599) empfing er auf Reisen besonders in Italien (bis 1602) entscheidende Eindrücke. Ab 1604 im militärischen Dienst der Habsburger stehend, sicherte er seinen Aufstieg 1606 (1601?) mit dem Übertritt zum Katholizismus. 1609 heiratete er die Witwe Lucretia von Vičkov, die ihm reiche Grundherrschaften in Mähren hinterließ.

Während des Böhmischen Aufstands (1618/19) zu Beginn des →Dreißigjährigen Krieges blieb Wallenstein kaisertreu, verlor deshalb seinen gesamten Besitz, kämpfte als Obrist eines eigenen Kürassierregiments gegen die Rebellen, wurde nach der Schlacht am Weißen Berg (bei Prag) am 8. 11. 1620 Militärbefehlshaber in Nordböhmen und 1621 Mitglied des Wiener Hofkriegsrats. 1622 zum »Gubernator des Königreichs Böhmen« ernannt, zeichnete Wallenstein für die Militärverwaltung des Landes verantwortlich und damit für die Konfiskation der Güter der vertriebenen Aufständischen. Als Mitglied des Prager Münzkonsortiums erwarb Wallenstein durch Spekulationen große Ländereien im Nordosten Böhmens (mit Friedland, Jitschin, Reichenberg) und avancierte zu einem der mächtigsten Grundherren. 1623 heiratete er Elisabeth Isabella Katharina von Harrach, die Tochter von Karl Graf von Harrach, einem der engsten Vertrauten des Kaisers, wurde zum Generalwachtmeister ernannt und in den Reichsfürstenstand erhoben (1624; Fürstentum Friedland).

Als 1625 Christian IV. von Dänemark gemeinsam mit Ernst II. von Mansfeld zur Unterstützung des Niedersächsischen Reichskreises gegen den Kaiser und die Liga aufbrach, bot Wallenstein auf eigene Kosten ein Heer von 24 000 Mann zur Verstärkung der Truppen der Liga unter Johann Graf von Tilly auf und wurde zum »oberstkommandierenden« General (»Generalissismus«) ernannt. Im August 1625 marschierte Wallensteins Armee ins Reich, vereinigte sich im Oktober mit den Truppen Tillys und unterbrach den dänischen Vormarsch. 1626 schlug er Ernst II. von Mansfeld an der Dessauer Elbbrücke (25. 4.); 1627 vertrieb er Christian IV. von Dänemark und stieß nach Zerschlagung des dänischen Heeres bis nach Nordjütland (Oktober 1627) vor. Im von Wallenstein mit Christian IV. ausgehandelten Verständigungsfrieden von Lübeck (22. 5. 1629) erreichte die Macht des Kaisers ihren Höhepunkt. Unter Erlass der kaiserlichen Schulden erhob Ferdinand II. 1629 Wallenstein in den Reichsfürstenstand, verlieh ihm die Herzogtümer der geächteten Herzöge von Mecklenburg und bestätigte den Besitz des Fürstentums Sagan (seit 1628). Gleichzeitig ernannte er Wallenstein zum »General des ozeanischen und baltischen Meeres«.

Aufgrund seiner eigenen und der kaiserlichen Machtfülle stieß Wallenstein zunehmend auf Kritik. Die in Opposition stehenden

WALLENSTEIN. ***Palast in Prag***

Wallenstein hatte seine Besitzungen im Norden Böhmens mit der Residenzstadt Jitschin zu einer Art Musterkolchose entwickelt, in der jedermann den höchstmöglichen Ertrag für den Herzog erwirtschaften sollte. Offenbar mit Erfolg, denn kurz nach der Schlacht auf dem Weißen Berg konnte Wallenstein am Fuße des Hradschin in Prag die Grundstücke von 25 Häusern aufkaufen. Ab 1623 ließ er hier das »Friedländer Haus« errichten, einen italianisierenden Palazzo mit einer Front aus achtzehn Fensterachsen, zu dem auch ein eleganter Park und eine Reithalle gehörten, die auch als Marstall für 300 Pferde dienen konnte – in ihr waren selbst die Futterkrippen aus Marmor. Bewohnt hat Wallenstein den Palast bis zu seiner Ermordung 1634 nie.

Reichsfürsten um Maximilian I. von Bayern und die mit diesem verbündeten Jesuiten erzwangen auf dem Regensburger Kurfürstentag (1630) die Absetzung Wallensteins. Zur gleichen Zeit landete der schwedische König Gustav II. Adolf mit 13 000 Mann auf Usedom. Sein unaufhaltsamer Vormarsch und die Eroberung nahezu ganz Deutschlands durch die Schweden veranlassen den Kaiser, Wallenstein dringend um die Übernahme des Kommandos zu bitten. Nach langem Zögern willigte Wallenstein ein und erhielt in der Göllersdorfer Kapitulation (13. 4. 1632) unbeschränkte Vollmacht für Kriegführung und Friedensverhandlungen. Er manövrierte im Frühjahr 1632 Gustav II. Adolf aus Bayern heraus, lieferte ihm Anfang September die Abwehrschlacht an der Alten Veste bei Nürnberg und traf am 16. 11. erneut mit ihm in der Schlacht bei Lützen zusammen, in der der König sein Leben verlor.

Nach dem Tod Gustav II. Adolfs gewannen die Gegner Wallensteins erneut beim Kaiser die Oberhand. Ihre Hauptmotive waren Wallensteins reichspolitisches Konzept, sein Widerstand gegen das direkte Eingreifen Spaniens in Deutschland, seine Konzessionsbereitschaft Sachsen gegenüber, seine religiöse Toleranz und seine Überzeugung, dass ein rascher Friede um des Reiches willen notwendig und möglich sei. Nach dem als Rebellion gewerteten erste »Pilsener Revers« vom 11. 1. 1634 entschloss sich Kaiser Ferdinand II., Wallenstein erneut abzusetzen. Ausschlaggebend war die Unterstellung eines geplanten Hochverrats. Nach der Ächtung fielen fast alle Offiziere von Wallenstein ab. Er wurde mit seinen Vertrauten Christian Freiherr von Ilow, Adam Terzka und Wilhelm Kinsk am 25. 2. 1634 in Eger ermordet.

Walpole [ˈwɔːlpəʊl], Sir (seit 1725) Robert, 1. Earl of Orford [-əv ˈɔːfəd] (seit 1742), britischer Staatsmann, *Houghton (County Norfolk) 26. 8. 1676, †London 18. 3. 1745; wurde als Anhänger der Whigs 1708 Kriegsminister, 1710 Schatzmeister der Flotte. Nach dem Machtantritt der Tories wurde Walpole 1712 der Korruption beschuldigt, aus dem Unterhaus ausgeschlossen (bis 1713) und vorübergehend im Tower eingekerkert. 1715–17 und 1721–42 stand er als Erster Schatzlord (First Lord of the Treasury) und Schatzkanzler (Chancellor of the Exchequer) an der Spitze der Regierung. Die Stützen seiner Macht waren das Vertrauen der ersten beiden Könige aus dem Haus Hannover (Georg I. und Georg II.) und sein Einfluss im Unterhaus; er war der erste eigentliche »Premierminister« Großbritanniens. Es gelang ihm, die hannoversche Thronfolge und die verfassungspolitischen Ergebnisse der Glorreichen Revolution von 1688 zu sichern. Durch seine Friedenspolitik und eine Neuordnung der Staatsfinanzen sicherte er den Aufschwung der Wirtschaft, der Industrie und des britischen Überseehandels. Nachdem Großbritannien gegen Walpoles Willen 1739 in den Krieg mit Spanien, dann mit Frankreich eingetreten war, trat er 1742 zurück.

Albrecht von Wallenstein. Von nahezu all seinen Offizieren und engsten Vertrauten verlassen, war Wallenstein ein tragisches Ende beschieden: Am 25. 2. 1634 wurde er, nach dem unbewiesenen Vorwurf eines Hochverrats durch Ferdinand II., in Eger erstochen (Foto vom Zimmer der Ermordung).

Wandalen, Vandalen, lateinisch **Vandali, Vandilii,** das Hauptvolk der germanischen Kultgemeinschaft der Lugier. Die bedeutendsten Teilstämme der Hasdingen und Silingen (nach Letzteren ist Schlesien benannt) sind zunächst als im Oder-Warthe-Raum ansässig belegt. Unbewiesen ist die These über die Herkunft der Wandalen aus Nordjütland oder Schweden. Während der Markomannenkriege (166–180) ließen sich Heerhaufen der Wandalen am Ostabhang der Karpaten, später im Theißbecken nieder. 406/407 überquerten die Wandalen unter Gunderich (406–428) mit Sweben (Quaden) und Resten der Alanen den Rhein und drangen 409 nach Spanien vor, wo sie 411 als römische Föderaten Landzuweisungen erhielten – die Hasdingen und Sweben im heutigen Galicien, die Silingen im heutigen Andalusien. Letztere wurden 418 von den Westgoten unter Wallia vernichtend geschlagen. 429 führte der Hasdinger Geiserich (428–477) etwa 80 000 Wandalen und Alanen nach Nordafrika, wo er als erster unabhängiger germanischer Herrscher auf römischem Boden ein eigenes Reich gründete mit dem 439 von ihm eroberten Karthago als Residenz.

Robert Walpole

Die wandalische Reichsverwaltung orientierte sich am Vorbild der römischen Zivilverwaltung und Rechtsprechung. Die einheimischen Gutsbesitzer wurden vertrieben oder lebten als Abhängige auf ihren Gütern weiter. Als strenge Arianer gerieten die Wandalen in Gegensatz zur katholischen Kirche, besonders seit Hunerich (477–484) kam es zu harten Verfolgungen. Die Absetzung des byzanzfreundlichen Hilderich (523–530) durch Gelimer (530–534) war zwar ein innerdynastischer Konflikt, löste jedoch die byzantinische Landung unter Belisar und die Vernichtung des Wandalenreiches (533/534) aus. Die meisten überlebenden Wandalen wurden außer Landes gebracht.

Warschauer Pakt. Als die Vertreter der sechs Mitgliedsstaaten (im Vordergrund links der sowjetische Außenminister Alexander Bessmertnych, rechts der sowjetische Verteidigungsminister Dimitri Jasow) am 31. 3 1991 in Budapest das Dokument unterzeichneten, mit dem der Warschauer Pakt aufgelöst wurde, war das Ende des »Ostblocks« besiegelt.

Wannseekonferenz, Bezeichnung für eine am 20. 1. 1942 abgehaltene Besprechung von 15 hohen Beamten der obersten Reichs-, NSDAP- und SS-Behörden des nationalsozialistischen Deutschlands unter dem Vorsitz Reinhard Heydrichs in Berlin-Zehlendorf in einem Gästehaus des Sicherheitsdienstes der SS (SD) in der Straße »Am Großen Wannsee 56–58«. Zweck der Konferenz war, den Teilnehmern zu verdeutlichen, dass die »Endlösung der Judenfrage«, mit deren Planung Heydrich auf sein eigenes Verlangen hin am 31. 7. 1941 von Hermann Göring offiziell beauftragt worden war, ausschließlich Heydrichs und Himmlers Befugnis unterlag; vorrangig sollte aber die reibungslose Zusammenarbeit der beteiligten Dienststellen gesichert werden, die für einen störungsfreien Fortgang des systematischen Massenmords an den europäischen Juden nötig war. Ferner machten die Teilnehmer der Wannseekonferenz ihre grundsätzliche Bereitschaft deutlich, den von den Nürnberger Gesetzen betroffenen Personenkreis um so genannte Halb- bzw. Vierteljuden sowie Juden in »Mischehen« zu erweitern und diese damit ebenfalls der Verfolgung und physischer Vernichtung preiszugeben; eine gemeinsame Entschließung kam jedoch nicht zustande.

Auf der Wannseekonferenz wurde mithin nicht der Beschluss zum →Holocaust gefasst; sie war vielmehr Teil der Maßnahmen zur administrativen Umsetzung der grundsätzlichen Entscheidung zur Vernichtung der europäischen Juden, die bereits während der Vorbereitungen zum Krieg gegen die Sowjetunion durch Adolf Hitler gefallen war.

Waräger, altnordisch **Væringjar** ['vɛː-], russisch **Varjagi,** Bezeichnung für die vornehmlich aus Schweden stammenden →Wikinger, die zwischen dem 9. und 11. Jh. in Osteuropa bis zum Kaspischen Meer sowie bis Byzanz und zum arabischen Kalifat (Bagdad) auftraten. Die Bezeichnung findet sich erstmals im Berufungsbericht der »Nestorchronik« für die neben Slawen und anderen Völkerschaften an der Entstehung des altrussischen Reiches (Kiewer Rus) beteiligten Nordleute (»Normannen«), die auch Rus genannt wurden. In der Geschichte wurden die Waräger v. a. berühmt als Stützen der kaiserlichen Garde in Byzanz (altnordisch Miklagard).

Warschauer Aufstand,

1. die Erhebung der Juden des Warschauer Gettos gegen die deutsche Besatzungsmacht vom 19. 4. bis 16. 5. 1943. Nach dem Abtransport von rund 300 000 Juden in nationalsozialistische Vernichtungslager im September 1942 suchten die verbliebenen Warschauer Juden durch Widerstand gegen die von den deutschen Behörden geplante Auflösung des Gettos ihr Leben zu retten. Die 1942 im Untergrund entstandenen jüdischen Kampforganisationen setzten der vom SS- und Polizeiführer Jürgen Stroop geleiteten brutalen Räumungsaktion erbitterten Widerstand entgegen; gestützt auf ein unterirdisches Bunkersystem im Getto, aber schlecht bewaffnet, unterlagen sie nach 27-tägigem Kampf von Haus zu Haus den SS-Truppen, die die Gebäude systematisch abbrannten.

2. die Erhebung einer polnischen Untergrundarmee, der Armia Krajowa (AK), gegen die deutsche Besatzungsmacht in Polen von August bis Oktober 1944. Ziel des am 1. 8. ausgelösten Aufstandes war, die Stadt noch vor der heranrückenden Roten Armee zu befreien und diese mit einer schon etablierten polnischen Verwaltung zu empfangen, um damit das von kommunistischen Kräften dominierte Lubliner Komitee auszuschalten. Die Aufständischen gewannen in den ersten Augusttagen handstreichartig den größten Teil der Stadt, vermochten jedoch nicht, die Weichselbrücken zu besetzen und Verbindung mit den bis zum 9. 9. 1944 untätig östlich der Weichsel bleibenden sowjetischen Einheiten herzustellen. Auch die Bahnhöfe und einzelne Stützpunkte blieben in deutscher Hand, sodass die Gegenaktion (ab 5. 8.) unter Erich von dem Bach-Zelewski das Aufstandsgebiet spalten konnte. Ein sowjetischer Vorstoß zwischen dem 10. und 14. 9., mitgetragen von polnischen Soldaten, erreichte zwar die Vorstadt Praga und kurzzeitig das andere Weichselufer, wurde dann aber nicht weitergeführt. Hitler ordnete die Zerstörung Warschaus an.

Warschauer Pakt, Abk. **WP, Warschauer Vertragsorganisation,** Abk. **WVO,** 1955–91 bestehendes Militärbündnis kommunistischer Staaten Europas unter Führung der Sowjetunion. Der Warschauer Pakt war neben dem Rat für gegenseitige Wirtschaftshilfe die wichtigste multilaterale Organisation dieser Staaten. Gegründet wurde der Warschauer Pakt am 14. 5. 1955 in Warschau mit dem von Albanien, Bulgarien, der DDR, Polen, Rumänien, der Sowjetunion, der Tschechoslowakei und Ungarn unterzeichneten »Vertrag über Freundschaft, Zusammenarbeit und gegenseitigen Beistand« (Warschauer Vertrag).

Der Vertrag, in Kraft getreten am 4. 6. 1955 mit einer Laufzeit von 20 Jahren und 1985 verlängert, verpflichtete zu Konsultationen in allen wichtigen Fragen der internationalen Politik, v. a. bei Gefahr für die Sicherheit eines der Vertragspartner (Art. 3), zu gegenseitigem militärischem Beistand bei einem bewaffneten Überfall in Europa auf einen oder mehrere Teilnehmerstaaten (Art. 4) sowie zur Unterstellung der Streitkräfte unter ein Vereintes Kommando (Art. 5).

GESCHICHTE: Nach Unterzeichnung der →Pariser Verträge und damit der Aufnahme der Bundesrepublik Deutschland in die NATO und die Westeuropäische Union (WEU) wollte die Sowjetunion vertraglich gesicherte Rechte zur Stationierung ihrer Truppen in den Staaten Mittel-, Ost- und Südosteuropas erhalten und damit ein Gegengewicht zur NATO bilden, die Streitkräfte der europäischen kommunistischen Staaten einheitlich zusammenfassen und diese Staaten möglichst eng an sich binden. Das Warschauer-Pakt-Bündnis wurde durch bilaterale Verträge mit allen Mitgliedsstaaten sowie durch Truppenstationierungsverträge der Sowjetunion mit Polen (1956), der DDR (1957), Rumänien (1957), Ungarn (1957) und der Tschechoslowakei (Oktober 1968) ergänzt. Die Kündigung der Mitgliedschaft durch Ungarn 1956 (im Verlauf des ungarischen Volksaufstandes) wurde durch die bewaffnete Intervention von sowjetischen Truppen unwirksam gemacht. Nach dem Einmarsch von Warschauer-Pakt-Truppen in die Tschechoslowakei (1968), trat Albanien aus dem Bündnis aus, die DDR am 24. 9. 1990. Am 25. 2. 1991 beschlossen die Mitgliedsstaaten, die Militärstruktur und damit die gegenseitige militärische Beistandsverpflichtung zum 1. 4. 1991 aufzulösen. Am 1. 7. 1991 wurde in Prag ein Abschlussprotokoll über die endgültige Auflösung des Warschauer Pakts, d. h. auch der politischen Organisation, unterzeichnet.

Warschauer Vertrag, Vertrag zwischen der Bundesrepublik Deutschland und der VR Polen, unterzeichnet am 7. 12. 1970, in Kraft getreten am 3. 6. 1972. Der Warschauer Vertrag enthält die Feststellung beider Seiten, dass die →Oder-Neiße-Linie »die westliche Staatsgrenze der VR Polen bildet« (Art. I). Beide Vertragspartner verpflichteten sich, in ihren gegenseitigen Beziehungen auf die Drohung mit Gewalt oder die Anwendung von Gewalt zu verzichten (Art. II). Laut Artikel IV berührte dieser Vertrag nicht »die von den Parteien früher geschlossenen oder sie betreffenden zweiseitigen oder mehrseitigen internationalen Vereinbarungen«. Ein Briefwechsel zwischen der Bundesrepublik Deutschland und den drei Westmächten stellte klar, dass der Warschauer Vertrag die Rechte und Verantwortlichkeiten der »Vier Mächte« in Bezug auf Deutschland als Ganzes und Berlin nicht berührte.

Mit In-Kraft-Treten des →Zwei-Plus-Vier-Vertrages (vom 12. 9. 1990), des Deutsch-Polnischen Grenzvertrages (vom 14. 11. 1990) und des Deutsch-Polnischen Vertrages über gute Nachbarschaft und freundschaftliche Zusammenarbeit (vom 17. 6. 1991) war der Warschauer Vertrag politisch überholt.

Wartburgfest, auf Einladung der Jenaischen Burschenschaft zum Gedenken an den Beginn der Reformation 1517 und die Völkerschlacht bei Leipzig 1813 am 18. 10. 1817 er-

Warschauer Aufstand. Gnadenlos rechneten die Deutschen mit den Aufständischen des Warschauer Gettos ab: Zahlreiche Juden wurden noch in Warschau umgebracht, die wenigen Überlebenden in die Vernichtungslager abtransportiert.

Wartburgfest. Zum Gedenken an das Reformationsjahr 1517 und die Leipziger Völkerschlacht von 1813 kamen am 18. 10. 1817 patriotisch gesinnte Studenten auf der Wartburg bei Eisenach zusammen (Holzstich um 1880).

folgte Zusammenkunft von etwa 500 (meist protestantischen) Studenten aus elf deutschen Universitäten auf der Wartburg (bei Eisenach). Besonders durch die Verbrennung »reaktionärer« Schriften und absolutistischer Symbole Aufsehen erregend, wurde das Wartburgfest zu einer Demonstration patriotischer und liberaler Kräfte gegen die metternichsche Reaktion und gilt als bedeutende Manifestation der frühen deutschen Nationalbewegung.

Wasa, schwedisch **Vasa** [nach dem eine Garbe, schwed. »vase«, zeigenden Wappenbild], schwedisches Adelsgeschlecht; stammt aus dem Uppland, seit Mitte des 13. Jh. urkundlich bezeugt. Die Wasa gelangten 1523 mit Gustav Eriksson Wasa, als König Gustav I., auf den Thron und vermochten 1544 das Erbkönigtum für ihr Haus gegenüber dem Reichstag durchzusetzen. Auf Gustav I. folgte 1560 dessen Sohn Erich XIV., den 1568 seine Brüder absetzten. Der Sohn des ihm folgenden Johann III. (1568–92), Sigismund III. Wasa, begründete 1587 die polnische Linie des Hauses, verlor aber 1599 die Herrschaft in Schweden an seinen Onkel Karl von Södermanland, der bis 1611 regierte. Mit dem Thronverzicht von Christine, der Tochter des herausragenden Königs und Feldherrn Gustav II. Adolf (1611–32), endete 1654 die Herrschaft der Wasa in Schweden. In Polen hielt sich die dortige Linie bis zu König Johann II. Kasimir, der 1668 abdankte.

GEORGE WASHINGTON
*** 1732 † 1799**

wurde 1775 zum Oberbefehlshaber der amerikanischen Revolutionstruppen ernannt

erlangte 1781 mit französischer Unterstützung die Kapitulation der britischen Hauptarmee

wurde 1787 einstimmig zum Präsidenten des Verfassungskonvents, 1789 zum ersten Präsidenten der USA gewählt

Washington ['wɔʃɪŋtən], George, amerikanischer General und erster Präsident der USA (1789–97), * Wakefield (Westmoreland County, Virginia) 22. 2. 1732, † Mount Vernon (Virginia) 14. 12. 1799. Nach Anfängen als Landvermesser (ab 1749) brachte Washington es als Pflanzer durch Erbschaft (Landgut Mount Vernon, 1752), durch die Hochzeit (1759) mit der vermögenden Witwe Martha Dandrige Custis und durch Landerwerb zu Reichtum. 1754–58 kämpfte er als Milizoffizier im Ohiogebiet gegen Franzosen und Indianer; 1755 wurde er zum Befehlshaber der Truppen Virginias ernannt. Ab 1759 gehörte er als Abgeordneter dem House of Burgesses in Virginia an; 1760–74 war er zugleich Friedensrichter in der Fairfax County (Va.).

Früh im Widerstand der amerikanischen Kolonien gegen die britische Regierung engagiert, wurde Washington als einer der Delegierten Virginias 1774 und 1775 in den Kontinentalkongress gewählt und am 15. 6. 1775 zum Oberbefehlshaber der amerikanischen Revolutionstruppen ernannt. Mithilfe europäischer Offiziere (u. a. Friedrich von Steuben) gelang es Washington, eine schlagkräftige Armee aufzubauen. Nach zahlreichen Siegen konnte schließlich bei Yorktown (Va.) im Oktober 1781 die britische Hauptarmee mit französischer Unterstützung zur Kapitulation gezwungen werden. 1783 zog sich Washington zunächst ins Privatleben zurück, beteiligte sich dann aber besonders unter dem Eindruck der Shays' Rebellion 1786/87 an den Bestrebungen zur Stärkung der Bundesgewalt.

1787 als Delegierter Virginias einstimmig zum Präsidenten des Verfassungskonvents gewählt, trug er durch sein hohes Ansehen wesentlich zur Akzeptanz der Verfassungsreform bei. 1789 wurde Washington einstimmig zum ersten Präsidenten der USA gewählt (Wiederwahl 1792). Unterstützt von einem Kabinett, in dem er die widerstreitenden Parteien der Federalists und der Democratic-Republicans gleichermaßen berücksichtigte, erreichte Washington durch die Ordnung der Finanzen, den Aufbau eines nationalen Regierungssystems und eine streng neutrale, auf die Verbesserung der auswärtigen Beziehungen und die Wahrung der nationalen Identität gerichtete Politik eine rasche Konsolidierung des jungen amerikanischen Bundesstaats. Washington, der stärker den Federalists zuneigte, erfuhr jedoch auch heftige Kritik, v. a. für seine Neutralitätspolitik in den britisch-französischen Auseinandersetzungen nach der Französischen Revolution und wegen des Abschlusses des Jay's Treaty mit Großbritannien (1794). 1797 zog sich Washington aus dem politischen Leben zurück. In der Gefahr eines Krieges mit Großbritannien 1798 übernahm er noch einmal nominell den Oberbefehl über die Streitkräfte. Bereits zu Lebzeiten erfuhr Washington als einer der Gründerväter der USA weite Verehrung.

George Washington. Militärische Erfolge ziehen bisweilen politische Ämter nach sich: So wurde der Befehlshaber der Kontinentalarmee im Amerikanischen Unabhängigkeitskrieg 1789 einstimmig zum ersten Präsidenten der Vereinigten Staaten von Amerika gewählt (»Übergang Washingtons über den Delaware« (1850/51, New York, Metropolitan Museum of Art).

Watergate-Affäre ['wɔːtəgeɪt-], nach einem Büro- und Hotelgebäudekomplex in Washington (D. C.) benannter politischer Skandal in den USA, ausgelöst durch den während des Präsidentschaftswahlkampfs 1972 vom Komitee für die Wiederwahl Präsident Robert Nixons veranlassten Einbruch (17. 6.) in das

Hauptquartier des demokratischen Kandidaten George McGovern in den Watergate-Appartements zur Anbringung von Abhörgeräten.

Im Zuge der Aufklärung des Vorfalls, die zunächst bei den Bundesjustizbehörden, ab Februar 1973 auch bei einem Senatsausschuss unter Vorsitz des Demokraten Samuel Ervin lag, wurde Nixon der Anstiftung und Mitwisserschaft bei der Vertuschung der Angelegenheit beschuldigt. Im April 1973 veranlasste Nixon, der eine persönliche Verstrickung bestritt, eine Untersuchung der Watergate-Affäre durch einen Sonderermittler. Nachdem bekannt geworden war, dass sämtliche Gespräche im Amtszimmer des Präsidenten auf versteckten Tonbändern mitgeschnitten worden waren, forderten das Ervin-Komitee und der Sonderermittler Archibald Cox am 23. 7. 1973, die Aufzeichnungen von Gesprächen Nixons mit seinen Mitarbeitern herauszugeben. In dem sich entspinnenden verfassungsrechtlichen Streit um die Verpflichtung des Präsidenten zur Herausgabe der Bänder wurde Cox von Nixon am 20. 10. 1973 entlassen. Nach Bekanntwerden weiterer illegaler Aktivitäten des Weißen Hauses im Verlauf der angestrengten Verfahren gegen engste Mitarbeiter Nixons vor dem Bundesbezirksgericht leitete der Kongress ein Verfahren zur Amtsenthebung des Präsidenten ein. Am 24. 7. 1974 ordnete der Supreme Court die Herausgabe aller Tonbänder an. Mit großer Mehrheit stimmte der Rechtsausschuss des Repräsentantenhauses auf seiner Sitzung vom 27. bis 30. 7. 1974 für die Anklageerhebung zur Amtsenthebung. Um dieser zuvorzukommen, trat Nixon, dessen persönliche Verantwortung für die Vertuschungsaktion am 5. 8. eindeutig belegt worden war, auf Drängen von Parteifreunden am 9. 8. 1974 als erster Präsident der USA von seinem Amt zurück. Die umstrittene Begnadigung durch seinen Nachfolger Gerald Ford bewahrte Nixon vor einer Strafverfolgung.

Die Watergate-Affäre schädigte besonders das Ansehen der Republikanischen Partei, die sich erst mit der Wahl Ronald Reagans zum Präsidenten (1980) von dem Skandal erholte, und ließ das Vertrauen der Bürger in die staatlichen Institutionen schwinden.

Waterloo ['vaːtərloː, französ. vatɛr'lo, niederländ. 'waːtərloː], Gemeinde in der Provinz Wallonisch-Brabant, Belgien. Südlich von Waterloo fand am 18. 6. 1815 die letzte Schlacht der Befreiungskriege statt. Nach dem Sieg über die von Feldmarschall Gebhard Leberecht Fürst Blücher geführte preußische Armee bei Ligny (16. 6.) wandte sich Napoleon I., der die Preußen auf dem Rückzug zum Rhein glaubte, gegen die aus britischen, niederländischen und deutschen Kontingenten bestehende Koalitionsarmee des Herzogs von Wellington. Dem frontalen Angriff der Franzosen konnten die Alliierten mit Mühe standhalten, bis die (nach Verwundung Blüchers) von August Graf Neidhardt von Gneisenau entgegen der Annahme Napoleons nach Norden in Richtung Brüssel geführte preußische Armee in der rechten französischen Flanke auftauchte und durch sofortigen Angriff die Entscheidung zugunsten der Koalitionsarmee herbeiführte. Die Verfolgung des fliehenden Gegners durch Gneisenau trug wesentlich zur fast völligen Aufreibung des letzten napoleonischen Heeres bei.

Watergate-Affäre. Großes Medieninteresse begleitete den Untersuchungsausschuss zur Watergate-Affäre (in der Mitte der ehemalige Verwaltungschef des Weißen Hauses, Bob Haldeman, während seiner Aussage am 31. 7. 1973). Dem daraufhin eingeleiteten Amtenthebungsverfahren kam Richard Nixon am 9. 8. 1974 zuvor und trat als erster Präsident der USA von seinem Amt zurück.

Weberaufstand, Schlesischer Weberaufstand, spontane Erhebung (Hungerrevolte) der schlesischen Weber in Peterswaldau (Eulengebirge) und Langenbielau vom 4. bis 6. 6. 1844 als Folge jahrzehntelanger Ausbeutung und Verelendung, hervorgerufen durch ständige Lohnkürzungen und Arbeitszeitverlängerungen, mit deren Hilfe die Fabrikanten die Preise ihrer Leinen- und Baumwollerzeugnisse niedrig zu halten suchten, um der britischen Konkurrenz begegnen zu können. Gleichzeitig war der Weberaufstand auch Ausdruck der Angst der Hausweber vor der drohenden Existenzvernichtung durch das Aufstellen maschineller Webstühle.

Der Weberaufstand entzündete sich an der Verhaftung eines Webers, der auf der Straße von Peterswaldau »aufrührerische Lieder« gesungen hatte. An die 3000 Weber stürmten daraufhin die Fabriken und zerstörten Maschinen und die Geschäftsbücher der Fabrikanten und Verleger. Preußische Truppen schlugen den Weberaufstand blutig nieder.

Wehner, Herbert, deutscher Politiker, * Dresden 11. 7. 1906, † Bonn 19. 1. 1990; kaufmännischer Angestellter, dann Journalist. Wehner war bis 1923 Mitglied der Sozialistischen Arbeiterjugend (SAJ), dann der Syndikalistischen Arbeiterföderation. 1927 trat er der KPD bei; er war 1930/31 Mitglied des Landtags von Sachsen und stellvertretender Vorsitzen-

Herbert Wehner

Wehrmacht. Erneuten Anlass zur kontrovers geführten Diskussion um die Mitverantwortung der Wehrmacht an dem Völkermord in Osteuropa während des Zweiten Weltkrieges bot die Wanderausstellung der »Hamburger Stiftung für Sozialgeschichte des 20. Jahrhunderts«.

der der KPD-Landtagsfraktion. Ab 1933 wirkte Wehner bis zu seiner Emigration (1935) in Deutschland im Untergrund gegen die NS-Diktatur, danach (als Mitglied des Politbüros der Exil-KPD) u.a. in Belgien, den Niederlanden und Frankreich. Ab 1937 arbeitete er in der UdSSR beim Exekutivkomitee der Komintern (EKKI) und war als Mittäter sowie Opfer in innerkommunistische Säuberungen verstrickt. Im Auftrag des EKKI 1941 illegal in Stockholm, um eventuelle Kontakte deutscher Kommunisten mit der Gestapo aufzudecken und den Widerstand zu reorganisieren, wurde er 1942 verhaftet und von einem schwedischen Gericht wegen »Gefährdung der schwedischen Freiheit und Neutralität« zu einem Jahr Gefängnis, dann wegen Spionage für die UdSSR zu einem Jahr Zwangsarbeit verurteilt (bis 1944 in Haft). Wegen angeblichen Verrats in Abwesenheit in Moskau inzwischen aus der KPD ausgeschlossen, vollzog Wehner im Herbst 1946 den Bruch mit dem Kommunismus.

Kurz nach seiner Rückkehr nach Deutschland schloss sich Wehner (1946) der SPD an und gehörte bald zum engsten Kreis um Kurt Schumacher. Wehner, 1949–83 MdB, entwarf als entschiedener Befürworter einer Wiedervereinigung Deutschlands zusammen mit anderen Sozialdemokraten einen Deutschlandplan der SPD. Nach dem Tod Schumachers gewann Wehner, 1958–83 stellvertretender Bundesvorsitzender der SPD, eine Schlüsselstellung in seiner Partei. Er hatte entscheidenden Anteil an der innerparteilichen Durchsetzung des Godesberger Programms (1959) und damit an der Umformung der SPD in eine linksgerichtete Volkspartei. Gleichzeitig förderte er mit großem Nachdruck die Annäherung seiner Partei an die bis dahin von ihr bekämpfte Außenpolitik der Bundesregierung unter Konrad Adenauer (CDU) und betrieb die Regierungsbeteiligung der SPD im Rahmen einer großen Koalition mit der CDU/CSU. Unter Georg Kiesinger (CDU) war er 1966–69 Bundesminister für gesamtdeutsche Fragen. Nach der Bildung der sozialliberalen Koalition vertrat Wehner als Vorsitzender der SPD-Bundestagsfraktion (1969–83) mit Vehemenz die von Bundeskanzler Willy Brandt konzipierte Ostpolitik.

Wehrmacht, mit dem Gesetz über den Aufbau der deutschen Wehrmacht vom 16. 3. 1935 eingeführte amtliche Bezeichnung für die deutschen Streitkräfte, die bis dahin als →Reichswehr bezeichnet wurden.

Als Staatsoberhaupt war Hitler auch »Oberster Befehlshaber der Wehrmacht«, unter ihm übte zunächst der Reichskriegsminister Werner von Blomberg als »Oberbefehlshaber der Wehrmacht« den Befehl über die Wehrmachtteile Heer, Kriegsmarine und Luftwaffe aus. Oberbefehlshaber des Heeres wurde der bisherige Chef der Heeresleitung Werner von Fritsch, Oberbefehlshaber der Kriegsmarine der bisherige Chef der Marineleitung Erich Raeder, Oberbefehlshaber der Luftwaffe der Reichsminister für Luftfahrt Hermann Göring. Jeder Oberbefehlshaber erhielt als oberste Kommando- und Verwaltungsbehörde für seinen Wehrmachtteil ein »Oberkommando« (Heer: OKH, Kriegsmarine: OKM, Luftwaffe: OKL). Nach dem erzwungenen Rücktritt Blombergs und der Entlassung Fritschs übernahm Hitler am 4. 2. 1938 selbst den unmittelbaren Oberbefehl über die Wehrmacht; als sein Führungsinstrument ließ er das »Oberkommando der Wehrmacht« (OKW) errichten. Nachfolger Fritschs wurde Walther von Brauchitsch. Nach dessen Verabschiedung am 19. 12. 1941 übernahm Hitler auch noch den Oberbefehl über das Heer; am 31. 1. 1943 wurde Raeder durch Karl Dönitz ersetzt, am 27. 4. 1945 Göring durch Robert Ritter von Greim.

Nachdem 1933/34 mit der Vergrößerung des Heeres und ersten getarnten Maßnahmen zur Aufstellung von Luftstreitkräften begonnen worden war, vollzog sich der Aufbau der Wehrmacht nach Verkündigung des Gesetzes vom 16. 3. 1935 und der Wiedereinführung der allgemeinen Wehrpflicht in einem sehr raschen Tempo; das schnelle Ansteigen der Truppenstärke führte jedoch zu Ausrüstungsdefiziten, da trotz des Vierjahresplans der Ausbau der Rüstungskapazitäten nur langsam voranging. Die auf 1944 terminierten Ausbauziele einer gigantischen See- und Luftmacht befanden sich 1939 trotz beschleunigter Bau- und Beschaffungsprogramme erst am Anfang. Insgesamt dienten etwa 17 Millionen Männer in der Wehrmacht; 4,8 Millionen verloren ihr Leben.

Bereits frühzeitig erfolgte die »Selbstgleichschaltung« und fortschreitende Anpassung an die nationalsozialistische Staatsführung. Die Entscheidung Hitlers, die Macht der SA zu brechen (→Röhm-Putsch; 1934), bestätigte zwar die Position der Wehrmacht, sie geriet jedoch infolge der »Blomberg-Fritsch-Krise« 1938 in völlige Abhängigkeit von Hitler.

Als eine moderne Massenarmee überstand die Wehrmacht fast sechs Jahre totaler und industrieller Kriegführung. Besonders in der ersten Kriegshälfte bewies sie in »Blitzfeldzügen« ihre operativ-taktische Überlegenheit, während in der zweiten Kriegshälfte Defizite in der Zusammenarbeit der Wehrmachtteile sichtbar wurden.

Besonders in ihrer Eigenschaft als Besatzungstruppe im Zweiten Weltkrieg war die Wehrmacht einerseits in verbrecherische Aktionen von SS, SD, Gestapo und Einsatzgruppen einbezogen, andererseits war sie selbst für Verstöße gegen das Kriegsvölkerrecht verantwortlich. V.a. als Reaktion auf die Entwicklung der Kriegslage, aber auch auf die Verstrickung der Wehrmacht mit dem nationalsozialistischen Herrschaftssystem und aus politisch-moralischer Ablehnung des Nationalsozialismus formierten sich im Offizierskorps oppositionelle Gruppen (→Widerstandsbewegung), deren Aktivitäten im Attentat auf Hitler und dem Umsturzversuch vom →Zwanzigsten Juli 1944 gipfelten. In der Endphase des Kriegs (ab Mitte 1944) wirkte die Wehrmachtführung mit dem Ziel, Auflösungserscheinungen zu verhindern und den Durchhaltewillen zu mobilisieren. Erst nach dem Selbstmord Hitlers (30. 4. 1945) war die Wehrmachtführung zur bedingungslosen Kapitulation bereit. Die Siegermächte waren entschlossen, den preußisch-deutschen Militarismus auszulöschen, lösten die Wehrmacht auf und stellten eine Reihe von Generälen und Soldaten als Kriegsverbrecher vor Gericht.

Weimarer Koalition, 1919–22 Regierungsbündnis von SPD, Zentrum und DDP. Die Weimarer Koalition besaß 1919/20 in der Weimarer Nationalversammlung die Mehrheit und bestimmte entscheidend den Aufbau der Weimarer Republik, besonders die Beratung und Verabschiedung der →Weimarer Reichsverfassung. Regierungen der Weimarer Koalition waren die Kabinette unter Philipp Scheidemann (1919), Gustav Bauer (1919/20), Hermann Müller (1920), Joseph Wirth (1921) und (erneut) Wirth (1921/22). In Preußen bestand 1919/20 unter Paul Hirsch, 1920–32 (mit kurzen Unterbrechungen) unter Otto Braun eine Weimarer Koalition (1921–1925 um die DVP erweitert).

Weimarer Nationalversammlung, das verfassunggebende Parlament der Weimarer Republik, nach der →Novemberrevolution 1918 aufgrund einer Verordnung (30. 11. 1918) des Rates der Volksbeauftragten und einer Entscheidung (19. 12. 1918) des Reichskongresses der Arbeiter- und Soldatenräte Deutschlands am 19. 1. 1919 gewählt. Damit wurde die Entwicklung des Deutschen Reiches zu einer Räterepublik gestoppt und der Weg zu einer parlamentarisch-demokratischen Republik gewiesen. Wegen des Aufstands linksradikaler Kräfte in Berlin (»Spartakusaufstand«) trat die Nationalversammlung am 6. 2. 1919 nicht in der Hauptstadt, sondern in Weimar zusammen.

Die Weimarer Nationalversammlung schuf zunächst eine vorläufige Regierungsgewalt (Gesetz vom 10. 2. 1919) und wählte am 11. 2. 1919 Friedrich Ebert (SPD) zum vorläufigen Reichspräsidenten. Mit der →Weimarer Koalition bildete sich in ihr eine regierungsfähige Mehrheit heraus. Auf der Grundlage eines von Hugo Preuss vorbereiteten Regierungsentwurfs beriet die Weimarer Nationalversammlung v.a. eine Verfassung für das Deutsche Reich. Am 31. 7. 1919 stimmte sie – nach erheblichen Änderungen an der von Preuss ausgearbeiteten Regierungsvorlage – mit großer Mehrheit der →Weimarer Reichsverfassung zu. Außenpolitisch sah sie sich v.a. mit dem von den Siegermächten des Ersten Weltkrieges vorgelegten Friedensvertrag (→Versailler Vertrag) konfrontiert, den sie am 12. 5. 1919 zunächst ablehnte, am 22. 6. 1919 jedoch unter ultimativem Druck der Siegermächte annahm.

Die Weimarer Nationalversammlung, die bis zum Zusammentreten des ersten Reichstags dessen gesetzgeberische Aufgaben übernahm, tagte ab 30. 9. 1919 in Berlin und löste sich am 21. 5. 1920 auf.

Weimarer Reichsverfassung, die von der →Weimarer Nationalversammlung am 31. 7. 1919 verabschiedete Verfassung der Weimarer Republik (verkündet am 11. 8., in Kraft seit 14. 8. 1919). Die Weimarer Reichsverfassung bewahrte trotz Stärkung der Zentralgewalt bzw. der Kompetenzen des Gesamtstaats den bundesstaatlichen Aufbau. Die »Länder« blieben der Sache nach Staaten; nach Art. 17 der Weimarer Reichsverfassung mussten sie eine »freistaatliche Verfassung« mit vom Volk gewählten Landtagen und eine von deren Vertrauen abhängige Landesregierung haben. Preußen blieb die »Klammer des Reiches«. Eine territoriale Neugliederung des Deutschen Reiches war vorgesehen (Art. 18; Reichsreform). Das Reich war für wesentliche Gegenstände der Gesetzgebung (u.a. Beziehungen zum Ausland, Veränderung der Reichsgrenzen, Staatsangehörigkeit, Wehrverfassung, Münz-, Zoll-, Telegrafen- und Fernsprechwesen, Neubildung von Ländern innerhalb des Reiches, Grundrechte der Deutschen) zuständig; die Länder behielten außer der Gerichtsbarkeit v.a. die überwiegende Zuständigkeit in der Verwaltung.

Als Reichsoberhaupt wurden dem →Reichspräsidenten im Notstandsfall Dikta-

WEIMARER REPUBLIK | *Weltwirtschaftskrise*

Nach der Währungsreform von 1923 erholte sich die deutsche Wirtschaft nach langen Jahren der Krise. Mithilfe vor allem amerikanischer Kredite war die Investitionsbereitschaft der Unternehmer kräftig unterstützt worden – Produktion und Konkurrenzfähigkeit von Industrie und Landwirtschaft konnten erheblich gesteigert werden. Mit ihrer Geldpolitik und ihrer Vorrangstellung am Weltmarkt erlebten die USA – der Finanzier des Wiederaufbaus in Europa – nach dem Ersten Weltkrieg eine lange Phase der Hochkonjunktur. Doch diese Blüte führte zu übermäßigen Investitionen und Aktienkäufen. Als im Oktober 1929 das ganze Ausmaß der Überproduktion sichtbar wurde und viele Aktionäre ihre Bestände verkauften, sanken die Kurse rapide. Ein Börsenkrach war die Folge, der »Schwarze Freitag« am 25. 10. 1929 (Straße in New York).

Der daraufhin schlagartig einsetzende Abzug kurzfristiger amerikanischer Kredite führte in Europa und besonders in Deutschland zu einer Katastrophe mit Firmenzusammenbrüchen und Massenentlassungen. Die Zahl der Arbeitslosen in Deutschland stieg sprunghaft an, von September 1929 bis September 1931 von 1,6 Millionen auf 4,3 Millionen. In den anderen europäischen Ländern wurden die Folgen der Krise allmählich überwunden, in Deutschland dagegen weitete sie sich wegen seiner instabilen innenpolitischen Verhältnisse zu einer Staatskrise mit einer dramatischen Radikalisierung im linken und rechten Parteispektrum aus. Sie mündete bei den Reichstagswahlen im September 1930 in den ersten sensationellen Stimmengewinn der Nationalsozialisten, der ihnen eine Steigerung von 12 auf 107 Reichstagsmandate brachte.

turbefugnisse eingeräumt (Art. 48); oberstes Verwaltungsorgan war die →Reichsregierung, oberster Träger der Reichsgewalt der →Reichstag. Der →Reichsrat stand an staatsrechtlicher Bedeutung weit hinter dem Bundesrat in der Verfassung von 1871 zurück. Die Weimarer Reichsverfassung enthielt auch starke plebiszitäre Elemente (z.B. Volksbegehren, Volksentscheid). Dem Einzelnen sicherte die Weimarer Reichsverfassung im zweiten Hauptteil Grundrechte zu, verband sie jedoch gleichzeitig mit Grundpflichten; die Grundrechte galten jedoch nicht unmittelbar, sondern als Auftrag des Staates. Mit besonderem Nachdruck bekannte sie sich zu den Grundsätzen des Rechts- und des Sozialstaates.

Weimarer Republik, das Deutsche Reich in seiner durch die →Weimarer Reichsverfassung von 1919 bestimmten Staats- und Regierungsform, eine demokratisch-parlamentarische und föderative Republik; zugleich Bezeichnung für eine Periode der deutschen Geschichte (1919–33), benannt nach dem ersten Tagungsort der verfassunggebenden →Weimarer Nationalversammlung.

GESCHICHTE: Das Deutsche Reich umfasste zur Zeit der Weimarer Republik in den Grenzen des →Versailler Vertrages – ohne das Saargebiet – (1925) 469 000 km² mit 64,4 Millionen Einwohnern. Nach der Ausrufung der Republik zu Beginn der →Novemberrevolution (9. 11. 1918) und der verfassungspolitischen Entscheidung gegen die Einführung eines Rätesystems erhielt das Deutsche Reich mit der am 31. 7. 1919 von Reichspräsident Friedrich Ebert (1919–25) unterzeichneten Verfassung ein demokratisch-parlamentarisches Regierungssystem.

In enger Verbindung mit der gesellschaftlichen Neuordnung, der von den Siegermächten des Ersten Weltkriegs Deutschland auferlegten Reparationsleistungen und der fortschreitenden Inflation (Höhepunkt: November 1923) sah sich der demokratische Staat bedroht von divergierenden politischen Kräften (→Kapp-Putsch 1920); Auseinandersetzungen zwischen der Reichsregierung und den Ländern kulminierten 1923 in dem Konflikt zwischen dem Reich und den Ländern Sachsen und Bayern (→Hitlerputsch). Die französische Deutschlandpolitik verschärfte diese Situation (→Ruhrbesetzung 1923). Mit der Währungsreform (1923) und dem Versuch, die Reparationsfrage zu lösen (Dawesplan, 1924), setzte eine Phase wirtschaftlicher Aufwärtsentwicklung und politischer Beruhigung ein, begleitet von einer deutsch-französischen Ausgleichspolitik

(Locarnoverträge, 1925; Eintritt Deutschlands in den Völkerbund, 1926). Nach Ausbruch (1929) der → Weltwirtschaftskrise verband sich die wirtschaftlich-soziale Krise 1932 mit einer politischen Krise, die im Zeichen politischer Radikalisierung zum Aufstieg des → Nationalsozialismus unter Adolf Hitler führte.

Begünstigt wurde der Zerfall der Weimarer Republik durch die auf das Notverordnungsrecht des Reichspräsidenten, Paul von Hindenburg, gestützten Reichsregierungen ab 1930, die unter Heinrich Brüning, Franz von Papen und Kurt von Schleicher immer stärkere autoritäre Züge entwickelten und eine fortschreitende Entparlamentarisierung bewirkten. Eine schwere Belastung für den Staat war die Tatsache, dass es den staatsbejahenden Kräften nicht gelungen war, das aus der Zeit der Monarchie überkommene Verwaltungs- und Rechtssystem zugunsten einer republikanischen und demokratischen Neuorientierung durchgreifend zu verändern, um die inneren Vorbehalte von weiten Teilen des Bürgertums, der Justiz und des Militärs, das den Denkmustern und Ritualen der Monarchie verpflichtet blieb, zu zerstreuen. Dieses gesellschaftsstrukturelle Defizit zeigte sich offenkundig in der Person des zweiten Reichspräsidenten (1925–34), des früheren Generalfeldmarschalls Hindenburg. Die Ernennung Hitlers zum Reichskanzler (30. 1. 1933) durch Hindenburg und die Errichtung der NS-Diktatur zerstörte in Deutschland nicht allein ein demokratisches Verfassungssystem, sondern auch ein vielgestaltiges kulturelles Leben, dessen Kristallisationspunkt Berlin war.

Weißer Berg, tschechisch **Bílá hora** ['bi:la'-], Berg in der Tschechischen Republik, östlich von Prag. In der Schlacht am Weißen Berg (8. 11. 1620) besiegten die von Johann Graf von Tilly, Herzog Maximilian I. von Bayern und Karl Graf von Buquoi geführten Truppen Kaiser Ferdinands II. und der Liga das Heer des Kurfürsten Friedrich V. von der Pfalz, des »Winterkönigs«, unter Fürst Christian I. von Anhalt-Bernburg. Die Niederlage beendete den Böhmischen Aufstand, der den → Dreißigjährigen Krieg (1618–48) eingeleitet hatte.

Weiße Rose, Die Weiße Rose, aus Freundeskreisen entstandene studentische Widerstandsgruppe an der Universität München 1942/43. Die Mitglieder der Weißen Rose klagten aus christlich motivierter Protesthaltung v.a. in Flugblattaktionen, aber auch mit Wandparolen die NS-Gewaltherrschaft an und forderten Studentenschaft und Bevölkerung zum Widerstand und zur moralischen Erneuerung Deutschlands auf. Schritte zur Ausdehnung in andere Städte Deutschlands und Österreichs sowie zum aktiven Widerstand blieben im Ansatz stecken. Nach Zerschlagung der Weißen Rose (seit 18. 2. 1943) verurteilte der Volksgerichtshof die führenden Mitglieder in zwei Prozessen zum Tode: am 22. 2. 1943 die Geschwister Hans und Sophie Scholl sowie Christoph Probst, am 19. 4. 1943 Kurt Huber, Alexander Schmorell und Willi Graf. (**BILD** → Widerstandsbewegung)

Weimarer Republik. Schonungslos geißelt George Grosz in seinem berühmten Gemälde die »Stützen der Gesellschaft« (1926; Berlin, Nationalgalerie) – das Militär, die Justiz und das Großbürgertum der Weimarer Republik – als hohle Fratzen des Stumpfsinns und der Reaktion. Der Gewaltherrschaft, der staatlichen Willkür und dem sozialen Chaos sind Tür und Tor geöffnet.

Weißrussland, Staat in Osteuropa, grenzt im Westen an Polen, im Nordwesten an Lettland und Litauen, im Norden und Osten an Russland, im Südosten und Süden an die Ukraine.

GESCHICHTE: Ab dem 9. Jh. gerieten die von den ostslawischen Stämmen der Dregowitschen, Radimitschen und Kriwitschen begründeten Fürstentümer unter die Herrschaft der Kiewer Großfürsten, die das Christentum

WEIMARER REPUBLIK. *Der Kaiser dankt ab*

Die Titelseite der zweiten Extraausgabe des Berliner Volksblattes »Vorwärts« vom 9. 11. 1918 verkündete das Ende einer alten und den Beginn einer neuen Zeit: *»Der Kaiser hat abgedankt! Der Reichskanzler hat folgenden Erlass herausgegeben: Seine Majestät der Kaiser und König haben sich entschlossen, dem Throne zu entsagen. Der Reichskanzler bleibt noch so lange im Amte, bis die mit der Abdankung Seiner Majestät, dem Thronverzichte Seiner Kaiserlichen und Königlichen Hoheit des Kronprinzen des Deutschen Reichs und von Preußen und der Einsetzung der Regentschaft verbundenen Fragen geregelt sind.«* Und der noch amtierende Reichskanzler Prinz Max von Baden ordnet, wie es weiter heißt, abschließend an: *»Es wird nicht geschossen!«*

Richard von Weizsäcker

Arthur Wellesley, Herzog von Wellington

einführten. Seit Beginn des 13. Jh. dehnten die Großfürsten von Litauen ihre Herrschaft auf das heutige Weißrussland aus. Anfang des 16. Jh. wurde das Gebiet Streitobjekt zwischen Litauen und dem Großfürstentum Moskau, jedoch erst mit den Polnischen Teilungen (1772, 1793, 1795) kam es an Russland.

Im Ersten Weltkrieg von deutschen Truppen besetzt, wurde am 25. 12. 1918 die Weißrussische Sowjetrepublik proklamiert. 1920 von Polen besetzt, verzichtete die Sowjetunion im Frieden von Riga (18. 3. 1921) auf die westlichen Gebiete, gliederte sie aber nach der militärischen Niederlage Polens 1939 wieder in die Weißrussische SSR ein. Der Grenzverlauf zwischen Polen und Weißrussland entspricht seit der 1945 erfolgten Rückgabe des Gebietes Bialystok an Polen der Curzon-Linie. Nach der Erklärung der Souveränität 1990 bzw. der Unabhängigkeit 1991 wurde Weißrussland Mitglied der GUS. 1994 wurde eine neue Verfassung verabschiedet. Die Präsidentschaftswahlen 1994 gewann der Altkommunist Aleksandr Lukaschenka (2001 bestätigt), der ein autoritäres Präsidialsystem errichtete.

Weitling, Wilhelm, Frühsozialist, * Magdeburg 5. 10. 1808, † New York 25. 1. 1871; kam auf seiner Wanderschaft als Schneidergeselle nach Paris, wo er sich 1836 dem Bund der Geächteten anschloss, aus dem später der Bund der Gerechten hervorging. 1839 beteiligte sich Weitling am missglückten Aufstand von Auguste Blanqui und emigrierte 1841 in die Schweiz. 1843 wurde er dort wegen angeblicher politischer Agitationen verhaftet und gerichtlich belangt. Er wanderte in die USA aus, kehrte 1848–49 nochmals nach Deutschland zurück, konnte hier aber keinen politischen Einfluss mehr gewinnen. Erneut politisch verfolgt, ging Weitling über London, wo er mit Karl Marx brach, in die USA zurück; dort zog er sich nach dem misslungenen Aufbau einer kommunistischen Kolonie verbittert von der Politik zurück.

Weizsäcker, Richard Freiherr von, deutscher Politiker, * Stuttgart 15. 4. 1920; Wirtschaftsjurist und Rechtsanwalt; war 1964–70 und 1979–81 Präsident des Deutschen Evangelischen Kirchentages, 1969–84 Mitglied der Synode und des Rates der Evangelischen Kirche in Deutschland sowie des Zentral- und Exekutivausschusses des Weltkirchenrates. Als MdB (1969–81; 1979–81 Vizepräsident des Deutschen Bundestags) und stellvertretender Fraktionsvorsitzender der CDU/CSU nahm Weizsäcker bei den Debatten um die Verabschiedung der Ostverträge der Regierung Brandt eine vermittelnde Stellung zwischen Regierung und Opposition ein. Im Mai 1974 kandidierte Weizsäcker für das Amt des Bundespräsidenten, unterlag jedoch Walter Scheel. 1981–84 war er Regierender Bürgermeister von Berlin (West). Als Bundespräsident (1984–94) vermochte er – in einem v. a. ethischen Verständnis von politischer Kultur – seinem Amt konsensstiftend neue Geltung zu verschaffen und das internationale Ansehen der Bundesrepublik Deutschland zu erhöhen (Rede vor dem Deutschen Bundestag am 8. 5. 1985 zum vierzigsten Jahrestag der Kapitulation Deutschlands).

Welfen, fränkisches Adelsgeschlecht. Die Welfen stammten aus dem karolingischen Kernraum um Maas und Mosel, wo Ruthard, der als einer der Stammväter des Geschlechts gilt, nach 746 Besitz erwarb; seit der Mitte des 8. Jh. waren sie auch in Schwaben (Weingarten) begütert. Mit Graf Welf I. beginnt die gesicherte Stammreihe des bald in Linien geteilten Geschlechts. Die Eheverbindungen seiner Töchter Judith mit Kaiser Ludwig I., dem Frommen, und Emma mit König Ludwig I., dem Deutschen, trugen wesentlich zum Aufstieg der Familie bei. Von Welfs Sohn Konrad, dem Älteren, stammen die burgundische und die schwäbische Linie der älteren Welfen ab; erstere gelangte 888 in Hochburgund zur Königsherrschaft.

Auf der Machtgrundlage umfangreichen Allodial- und Lehnbesitzes in Schwaben, Rätien und Bayern wurden die Welfen zu einer der bedeutendsten deutschen Adelsdynastien im Hochmittelalter. Mit Welf III. (1047–55 Herzog von Kärnten) erlosch die ältere Linie im Mannesstamm; das Erbe ging über auf seinen Neffen aus dem italischen (langobardischen) Haus Este, Welf IV., Sohn seiner Schwester Kunigunde mit Markgraf Albert Azzo II. von Este. König Heinrich IV. belehnte Welf IV. 1070 mit dem Herzogtum Bayern; als Welf I. wurde er damit zum Begründer der jüngeren Welfen (Linie Welf-Este). Heinrich IX., der Schwarze, durch seine Ehe mit der Billungerin Wulfhild, und sein Sohn Heinrich X., der Stolze, durch die Ehe mit Gertrud, der Tochter Kaiser Lothars III., begründeten die sächsische Machtstellung des Hauses. Der Aufstieg zum Königtum gelang den Welfen nach Lothars Tod 1138 jedoch nicht. Der Stauferkaiser Friedrich I. Barbarossa führte zunächst einen Ausgleich mit seinem welfischen Vetter Heinrich dem Löwen herbei, dem er neben Sachsen auch das Herzogtum Bayern zugestand (1156), 1180 zerschlug er jedoch nach Interessenkollisionen den welfischen Machtkomplex. Heinrichs Sohn Otto IV. erlangte 1198 die Römische Königskrone, 1209 die Kaiserkrone, wurde aber 1214 von König Friedrich II. und dem verbündeten französischen König Philipp II. Augustus bei Bouvines besiegt (staufisch-welfischer Thronstreit 1198–1214/15). Die süddeutschen Welfen starben mit Welf VI., dem Onkel Heinrichs des Löwen, im Mannesstamm aus.

Wellington ['welɪŋtən], Arthur Wellesley, Namensform bis 1798 Wesley, Herzog von (seit 1814), britischer Feldmarschall (seit 1815) und Politiker, *Dublin 1. 5. 1769, †Walmer Castle (County Kent) 14. 9. 1852; war seit 1796 als Offizier in Indien, wurde 1807 Staatssekretär für Irland. Seit 1808 leitete er das britische Expeditionskorps auf der Pyrenäenhalbinsel (→Napoleonische Kriege). Er besetzte Madrid, wurde 1813 auch Oberbefehlshaber der spanischen Truppen und drängte die französischen Truppen unter Marschall Nicolas Soult über die Pyrenäen bis nach Toulouse zurück. 1815 wurde Wellington als Nachfolger Viscount Castlereaghs Hauptbevollmächtigter seines Landes beim Wiener Kongress, übernahm während der »Hundert Tage« den Befehl über eine Armee in den Niederlanden und siegte mit den Preußen unter Generalfeldmarschall Gebhard Fürst Blücher bei Waterloo über Napoleon I. 1828–30 war er Premierminister einer Toryregierung, 1834–35 Außenminister sowie 1841–46 im zweiten Kabinett Peel Minister ohne Geschäftsbereich.

Wels, Otto, deutscher Politiker, *Berlin 15. 9. 1873, †Paris 16. 9. 1939; Tapezierer; war 1907–17 Bezirkssekretär der SPD in der Provinz Brandenburg, 1918 in Berlin, seit 1913 Mitglied des Vorstandes der SPD, 1912–18 und 1920–33 Mitglied des Reichstags, 1919–20 Mitglied der Weimarer Nationalversammlung; verhinderte zu Beginn der Novemberrevolution 1918 als Stadtkommandant von Berlin (November bis Dezember 1918) eine Machtergreifung der radikalen Linken. Seit 1919 mit Hermann Müller, seit 1931 alleiniger Vorsitzender der SPD, suchte Wels auf dem Boden einer republikanischen und parlamentarischen Grundordnung im Kampf gegen Rechts- und Linksextremismus eine sozialistische Gesellschaftsordnung zu verwirklichen. Außenpolitisch begrüßte er die Locarnoverträge und setzte sich für eine allseitige Abrüstung ein. Nach dem Regierungsantritt Hitlers (30. 1. 1933) begründete Wels am 23. 3. 1933 vor dem Reichstag die Ablehnung des →Ermächtigungsgesetzes seitens der SPD. 1933–39 führte er die Exil-SPD, zunächst in Prag, 1938–39 in Paris.

Welser, seit etwa 1240 in Augsburg bezeugtes rats- und gerichtsfähiges Geschlecht, gründete in Augsburg und Nürnberg mehrere Handels- und Bergbauunternehmen. Anton Welser der Ältere gründete 1498 die große Augsburger Handelsgesellschaft; sein Schwiegersohn war Conrad Peutinger. Die Handelsgesellschaft betrieb internationalen Waren- und Seehandel und beteiligte sich erheblich am Anleihen- und Finanzgeschäft, womit sie auch in die Politik, z.B. bei der Kaiserwahl Karls V., eingriff. Schon vorher Pionier des deutschen Handels, führte sie 1505/06 die erste Seefahrt deutscher Kaufleute nach Ostindien an.

Bartholomäus Welser und Anton Welser der Jüngere begründeten 1525 den Handel mit Spanisch-Amerika und unterhielten damit die in dieser Zeit vermutlich bedeutendste Warenhandels- und Reedereigesellschaft der Welt. Karl V. verlieh den Welsern 1528 das Kolonisationsrecht an einem Gebiet, das sich in der Breite der Küste Venezuelas über ganz Südamerika erstreckte; Feldhauptleute, Statthalter und Faktoren im Dienst der Welser waren Ambrosius Dalfinger, Heinrich Ehinger, Nikolaus Federmann, Georg Hohermuth und Philipp von Hutten. Bis zur Ermordung von Huttens (1546) wurde die Kolonie im Küstengebiet Venezuelas mit Erfolg behauptet; danach zogen sich die Welser, auch aufgrund der Anfeindungen nach der Abdankung Kaiser Karls V. (1556), vom Handel mit Spanisch-Amerika zurück. Als Gläubiger Frankreichs, Spaniens und der Niederlande erlitt das Augsburger Haus durch deren Staatsbankrotte und die Folgen der Religionskriege beträchtliche Verluste und machte 1614 Konkurs. Die Hauptlinie erlosch 1797; Nebenlinien der Welser waren die Ulmer Linie und die Nürnberger Linie (1878 erloschen). Bedeutende Vertreter:

1. Bartholomäus, *Memmingen (?) 25. 6. 1484, †Amberg (bei Bad Wörishofen) 28. 3. 1561; Sohn von Anton Welser dem Älteren; war neben den Fuggern bedeutendster Bankier Kaiser Karls V.; leitete 1519–51 die Warenhandels- und Reedereigesellschaft der Welser; rüstete 1528 in Spanien eine Expedition von drei Schiffen aus, die unter dem Befehl Dalfingers einen Teil der Küste Venezuelas in Besitz nahm; wurde 1532 von Karl V. geadelt.

2. Markus, *Augsburg 20. 6. 1558, †ebenda 23. 6. 1614; Großneffe von Bartholomäus Welser; war Ratsherr (seit 1592), kaiserlicher Rat und Stadtpfleger in Augsburg (seit 1600), Geschichtsschreiber und Altertumsforscher sowie Verfasser lateinischer Werke über die Geschichte Augsburgs und Bayerns.

Weltkrieg, englisch **World War** [wəːld wɔə], französisch **Guerre Mondiale** [gɛːr mɔ̃ˈdjal], ein globaler, zahlreiche Staaten und Völker einbeziehender militärischer Konflikt, bei dem die Kampfhandlungen sich auf fast alle Kontinente und Weltmeere erstrecken und (wie in den beiden Weltkriegen des 20. Jh.) auch den Luftraum erfassen können.

Im Unterschied zu früher geführten »Kabinettskriegen« bzw. zu militärischen Auseinandersetzungen zwischen einzelnen Staaten oder begrenzten Bündnissen war für die Weltkriege des 20. Jh. charakteristisch: Konfrontation von Millionenheeren, Einsatz einer gewaltigen Militärmaschinerie mit entsprechenden logistischen und Nachschubproblemen, erstmalige Verwendung von Luft- und Panzerwaffen (am Ende des Zweiten Weltkriegs der Kernwaffen), die völlige Ausrichtung der nationalen Wirtschaften auf die Bedürfnisse des Krieges. Die Zivilbevölkerung wurde in

WELTKRIEG. ***Notstands- und Kriegskredite***

Auf einem illegalen Flugblatt der »Gruppe Internationale« vom Dezember 1914 schrieb Karl Liebknecht: *»Die Notstandskredite bewillige ich in der verlangten Höhe ... Nicht minder stimme ich allem zu, was das harte Los unserer Brüder im Felde, der Verwundeten und Kranken, denen mein unbegrenztes Mitleid gehört, irgend lindern kann; auch hier geht mir keine Forderung weit genug. Unter Protest jedoch gegen den Krieg, seine Verantwortlichen und Regisseure, gegen die kapitalistische Politik, die ihn heraufbeschwor, gegen die kapitalistischen Ziele, die er verfolgt, gegen die Annexionspläne, gegen den Bruch der belgischen und luxemburgischen Neutralität, gegen die Militärdiktatur ... lehne ich die geforderten Kriegskredite ab.«*

einem bis dahin unbekannten Maße in die Kriegshandlungen einbezogen; die Zerstörung materieller und kultureller Güter führte zur Verwüstung großer Territorien. Beide Weltkriege zogen z.T. gesellschaftliche Umwälzungen nach sich oder riefen grundlegende Veränderungen im internationalen Staatensystem bzw. der politischen Weltordnung hervor; auch die Machtkonstellation zwischen den Ländern veränderte sich erheblich. Unter dem Eindruck der Kriegskatastrophe waren nach beiden Weltkriegen internationale Bemühungen darauf gerichtet, den Frieden weltweit zu sichern, u.a. durch einen Kriegsächtungspakt (→Briand-Kellogg-Pakt von 1928), besonders aber durch die Gründung zwischenstaatlicher Organisationen (1919/20 Völkerbund, 1945 Vereinte Nationen), deren Effizienz jedoch häufig unter den Interessengegensätzen der Weltmächte litt.

ERSTER WELTKRIEG

VORGESCHICHTE: Die Vorgeschichte des Ersten Weltkriegs, der »Urkatastrophe des 20.Jh.«, ist außerordentlich facettenreich. Unmittelbar auslösendes Moment, seinerseits jedoch wiederum mit einer komplizierten vorangegangenen Entwicklung behaftet (Balkanfrage), war die südslawische Nationalbewegung auf dem Balkan. Sie war im 19.Jh. mit dem Osmanischen Reich und nach dessen Verdrängung aus Europa im 1. Balkankrieg (1912/13) mit Österreich-Ungarn in Konflikt geraten. Dieser sich zuspitzende Konflikt führte zur Ermordung des österreichischen Thronfolgers Franz Ferdinand und seiner Frau durch den serbischen Nationalisten Gavrilo Princip im Attentat von Sarajevo (28. 6. 1914), das über die Julikrise 1914 zum Beginn des Ersten Weltkriegs führte.

Erster Weltkrieg. Nach dem Attentat, das der serbische Nationalist Gavrilo Princip am 28. 6. 1914 in Sarajevo auf den österreichischen Thronfolger Erzherzog Franz Ferdinand und seine Frau verübte, ließ diplomatisches Unvermögen aus der »Julikrise« einen europäischen Flächenbrand werden.

Die europäischen Großmächte (Großbritannien, Frankreich, Deutschland, Österreich-Ungarn, Italien, Russland) sowie das Osmanische Reich, ergänzt um die beiden überseeischen Großmächte USA und Japan, stellten mit ihrer imperialistisch ausgerichteten Politik das entscheidende Konfliktpotenzial bereit, durch das mittels eines scheinbar nebensächlichen Faktors der bewaffnete Zusammenstoß ausgelöst wurde.

Gegenüber Großbritannien und Frankreich mit ihrem ausgedehnten Kolonialbesitz in Übersee und gegenüber Russland mit seinen quasikolonialen Territorien auf dem asiatischen Kontinent waren Italien und das Deutsche Reich als Nationalstaaten relativ spät (1861 bzw. 1871) entstanden und dementsprechend bemüht, sich als Großmächte Geltung zu verschaffen. Österreich-Ungarn dagegen stand in der Tradition des alten österreichischen Kaiserreichs und setzte diese trotz der Niederlage gegen Preußen (1866) in neuer Form für ein halbes Jahrhundert fort. Von der Peripherie Europas her balancierte Großbritannien als stärkste See- und Wirtschaftsmacht die übrigen europäischen Großmächte durch seine Politik des Gleichgewichts dergestalt aus, dass das Empire in Übersee unbehelligt blieb.

Dieses europäische Gleichgewicht (»Balance of power«) sahen die Großmächte durch die deutsche Reichsgründung ins Wanken geraten. Die Eingliederung Elsass-Lothringens ins Deutsche Reich ließ einen Abbau der nach dem Krieg von 1870/71 mehr oder weniger stark bestehenden deutsch-französischen Spannungen nicht zu, und das weltpolitische Ausgreifen des Deutschen Reiches, besonders nach 1890, wurde von Großbritannien in Zusammenhang mit dem deutschen Flottenbau als direkte Bedrohung empfunden. Russlands Vordringen auf dem Balkan zog wiederum Reaktionen Österreich-Ungarns nach sich, das seine Interessensphäre beeinträchtigt sah. Der deutsche Versuch, die Orientkrise durch den Berliner Kongress (1878) zu lösen, war im Grundsätzlichen erfolgreich, konnte jedoch die österreichisch-russischen Spannungen nicht beseitigen, zumal Russland in der Folge verstärkt zu einer panslawistischen Prestigepolitik auf dem Balkan überging, was wiederum den Interessen Österreich-Ungarns zuwiderlief.

Die im Anschluss an den Berliner Kongress betriebene deutsche Bündnispolitik (1879 Zweibund mit Österreich-Ungarn, 1882 durch den Beitritt Italiens zum Dreibund erweitert) zog eine Gegenkoalition nach sich: 1893/94 wurde der russisch-französische Zweiverband geschlossen, der durch ein System bilateraler Absprachen Großbritanniens mit Frankreich (Entente cordiale, 1904) und Russland (Petersburger Vertrag, 1907) zur Tripelentente erweitert wurde. Entscheidend für die Abwendung Großbritanniens vom Deutschen Reich war vor allem die Aufrüstung der kaiserlichen Marine durch das tirpitzsche Flottenbauprogramm, durch das Großbritannien seine Vormachtstellung auf den Meeren und damit das Gleichgewicht der Macht gefährdet sah.

Die Politik des gegenseitigen feindseligen Misstrauens verstärkte sich in einer Reihe von diplomatischen Spannungen, die abwechselnd im Westen und Osten angesiedelt waren und die in etwa den späteren Kriegsfronten entsprachen: Nach Bildung der Entente cordiale (1904) nahm die deutsche Reichsregierung die Niederlage Russlands im Russisch-Japanischen Krieg (1904/05) sowie die sich anschließende erste russische Revolution zum Anlass, das durch die Lähmung der russischen Politik auf dem Kontinent fast völlig isolierte Frankreich mit der ersten der beiden Marokkokrisen (1905/06) unter Druck zu setzen. Der deutsche Versuch, die Entente cordiale zu sprengen, scheiterte jedoch, die britisch-französische Zusammenarbeit verstärkte sich in der Folge.

Die nächste große Krise, die bosnische Annexionskrise (1908/09), war im Osten lokalisiert: Die Annexion von Bosnien und Herzegowina, die 1878 nur okkupiert worden waren, durch Österreich-Ungarn rief einen scharfen Protest Serbiens hervor, das sich von Russland unterstützt sah. Deutschland zwang mit einem verhüllten Ultimatum das militärisch noch immer geschwächte Russland zum Nachgeben, das seinerseits Serbien zum Rückzug veranlasste. Es blieben die wachsende Erbitterung in Serbien und in Bosnien und Herzegowina. Diese und weitere Spannungen machten den Balkan zum »Pulverfass Europas« und förderten eine großserbische Agitation, die das Ziel der Unabhängigkeit der südslawischen Völker verfolgte und den Weg bereitete für das vom serbischen Geheimbund »Schwarze Hand« 1914 organisierte Attentat von Sarajevo.

In der 2. Marokkokrise (1911) manövrierte das Deutsche Reich bereits hart am Rand des

WELTKRIEG *Stellungskrieg an der Westfront*

Die militärhistorische Bedeutung des Ersten Weltkriegs liegt nicht nur in seiner globalen Dimension. Auch die in ihm erstmalig eingesetzten Massenvernichtungsmittel zeigten einen einschneidenden Wandel in der Kriegführung an. Zwar hatte die Haager Landkriegsordnung von 1907 ausdrücklich den Einsatz von Gift und Gas verboten, doch trotzdem arbeiteten die Großmächte an der Entwicklung von chemischen Kampfstoffen.

Ohne die tätige Mitwirkung von Wissenschaft und Industrie wäre solches nicht möglich gewesen. So stellte etwa der deutsche Chemiker und Nobelpreisträger (1918) Fritz Haber nach Kriegsausbruch sein Institut dem preußischen Militär zur Verfügung und engagierte sich alsbald unermüdlich in der Entwicklung von Chlorgaswaffen.

Im April 1915 setzten die deutschen Truppen an der Westfront, in der Nähe der belgischen Stadt Ypern, Chlorgas ein. Im Stellungskrieg, in dem sich die alliierten und die deutschen Truppen auf einer Frontlänge von 700 km von der belgischen Küste bis zur schweizerischen Grenze nahezu bewegungslos gegenüberstanden, schien ihnen mit konventionellen Mitteln kein Geländegewinn zu erzielen zu sein. 5000 alliierte Soldaten starben, 10 000 wurden schwer verletzt. Nun fühlten sich

auch die Ententemächte nicht mehr an die Haager Landkriegsordnung gebunden. Beide Seiten produzierten immer gefährlichere Kampfstoffe, am berüchtigtsten wurde das von den Deutschen entwickelte Senfgas (Lost). Das Foto zeigt zwei Soldaten mit Gasmaske, auch der Maulesel ist mit ihr ausgerüstet.

Erster Weltkrieg. Verdun, der Eckpfeiler des Verteidigungssystems an der Ostgrenze Frankreichs, wurde zum grausamen Symbol für die unmenschlichen Härten des Stellungskriegs; traurige Berühmtheit erlangte auch Fort Douaumont. Die monatelange Materialschlacht um Verdun kostete 338 000 Deutsche und 364 000 Franzosen das Leben.

Weltkriegs, erstmals unter dem starken Druck einer vom Alldeutschen Verband aufgebrachten öffentlichen Meinung, der sich die meisten bürgerlichen Parteien im Reichstag anschlossen. Auf dem Höhepunkt der Krise wich die Reichsregierung vor einer britischen Warnung zurück, fühlte sich aber »eingekreist« und in ihrer Politik gehemmt. Im Nachklang der 2. Marokkokrise scheiterte im Februar 1912 der letzte britische Versuch einer beiderseitigen Flottenrüstungsbeschränkung (Haldane-Mission) an der deutschen Forderung nach britischer Neutralität in einem Kontinentalkrieg, und zwar ohne Rücksicht darauf, wer der Angreifer sei.

Den letzten großen Konflikt vor Ausbruch des Ersten Weltkriegs stellten die beiden Balkankriege als logische Fortführung der orientalischen bzw. der Balkanfrage und der damit verbundenen europäischen Krise im 19. Jh. dar: Der militärische Zusammenbruch des Osmanischen Reichs im 1. Balkankrieg (1912/13) und des von Österreich-Ungarn protegierten Bulgarien im 2. Balkankrieg (1913) kam indirekt einer Niederlage des Deutschen Reichs und Österreich-Ungarns gleich.

Die Krise zwischen dem Deutschen Reich und Russland um die Entsendung einer 1913 berufenen Militärdelegation unter Otto Liman von Sanders ins Osmanische Reich zur Reorganisation des türkischen Heeres spitzte die Auseinandersetzung zwischen beiden Staaten weiter zu und verwies erneut auf einen seit einem Jahrhundert weltpolitisch neuralgischen Punkt: Konstantinopel und die Meerengen. Dagegen zeichnete sich durch die Vereinbarungen über eine eventuelle Aufteilung der portugiesischen Kolonien in Afrika (August/Oktober 1913), über die Fortführung des Baus der Bagdadbahn sowie über die Region des Persischen Golfs (Juni 1914) eine deutsch-britische Détente am Vorabend des Ersten Weltkriegs ab.

Nach der Ermordung des österreichischen Thronfolgers Franz Ferdinand in Sarajevo am 28. 6. 1914 lag die Initiative zunächst bei Wien. Dort drängte eine Kriegspartei unter Generalstabschef Franz Graf Conrad von Hötzendorf und Außenminister Leopold Graf Berchtold auf rasche Ausnutzung des Attentats zu einem militärischen Schlag gegen das politisch längst unbequem gewordene Serbien. Zur Absicherung war jedoch die deutsche Rückendeckung gegen Russland unerlässlich, weshalb es Berlin oblag, durch den »Blankoscheck« vom 5./6. 7. 1914 Österreich-Ungarn ein Signal zum Handeln zu geben. Berlin wagte den »Sprung ins Dunkle« (Bethmann Hollweg), damit Wien seinen Rang als Großmacht und seinen Wert als Bündnispartner des Deutschen Reichs durch eine umgehende »Kraftäußerung« auf dem Balkan beweisen konnte. Deutschland hoffte, die Großmächte aus dem Konflikt heraushalten zu können (Lokalisierung des Krieges), nahm aber das Risiko eines großen Krieges in Kauf. Vermittlungsversuche der übrigen Mächte nach Überreichung des österreichisch-ungarischen Ultimatums an Serbien (23. 7.) wehrte Deutschland ab. Erst als Großbritannien noch nach der österreichisch-ungarischen Beschießung Belgrads den Vorschlag für eine Botschafterkonferenz unterbreitete (29. 7.), versuchte Berlin erfolglos, Wien zu bewegen, den Krieg gegen Serbien abzubrechen. Jetzt setzten sich die deutschen Militärs angesichts der Teilmobilmachung in Russland vom 29. 7. (Anordnung zur Generalmobilmachung am 30. 7.) mit ihrem Präventivkriegskonzept durch, zumal sie in dieser Situation auf Österreich-Ungarn als Bündnispartner setzen konnten.

So entwickelte sich die Julikrise 1914 nach der Kriegserklärung Österreich-Ungarns an Serbien (28. 7.) innerhalb einer Woche aus dem vom Deutschen Reich angestrebten Balkankrieg über den einkalkulierten und durch die Starrheit der militärischen Planung zwangsläufigen Kontinentalkrieg mit Kriegserklärungen des Reichs an Russland (1. 8.) und Frankreich (3. 8.) zu dem für Deutschland unerwünschten und durch den Durchmarsch durch das neutrale Belgien provozierten Weltkrieg, der mit der britischen Kriegserklärung am 4. 8. 1914 Wirklichkeit wurde.

Da Italien als Mitglied des Dreibunds den Bündnisfall nicht erfüllt sah und zunächst neutral blieb, ergab sich folgende Mächtekonstellation: der ursprüngliche Zweibund Deutschland und Österreich-Ungarn, später erweitert durch das Osmanische Reich (November 1914) und Bulgarien (Oktober 1915), als Mittelmächte gegen die Tripelentente (Großbritannien, Frankreich, Russland), dazu Serbien und Belgien (nach dem deutschen Einmarsch am 4. 8. 1914) und Japan (23. 8.). Die Tripelentente, ein ursprünglich lockeres Arrangement, schloss sich erst am 5. 9. 1914 im Londoner Vertrag zu einem förmlichen Bündnis zusammen, mit Verbot des Separatfriedens, wie es auch der Zweibund bzw. Dreibund vorsah. Diesem Kriegsbündnis der Ententemächte schlossen sich die übrigen Gegner der Mittelmächte als »Alliierte« an, später auch die USA, die als »Assoziierte« auf eine gewisse Distanz hielten. Wichtigste Kriegsteilnehmer aufseiten der Alliierten waren später Italien – mit Kriegserklärung an Österreich-Ungarn (Mai 1915) und an Deutschland (August 1916) – sowie Rumänien, Portugal (1916), die USA, Griechenland, China, Brasilien und die meisten anderen lateinamerikanischen Staaten (1917). Neutral blieben bis zuletzt im Wesentlichen die Schweiz, die Niederlande, Dänemark, Schweden, Norwegen, Spanien.

MILITÄRISCHE DIMENSION DES KRIEGES: Kampfhandlungen fanden wegen der globalen Ausdehnung des Mächtesystems auf fast allen Kontinenten und den meisten großen Meeren, daneben auch schon im Luftraum statt. Schwerpunkt der Kämpfe zu Land war Europa mit je zwei Hauptfronten (West- und Ostfront) und Nebenfronten (Südosten mit wechselnden Schauplätzen: Serbien, Rumänien, Salonikifront; Südfront: Italien, ab 1915). Hinzu kamen als Verlängerung der Südostfront drei Fronten des Osmanischen Reichs: gegen Russland im Kaukasus und in Armenien, gegen Großbritannien in Irak und an der Suezfront (bzw. ab Ende 1917 in Palästina), vorübergehend auch im Kampf um die Meerengen (1915).

VOM BEWEGUNGS- ZUM STELLUNGSKRIEG AN DER WEST- UND AN DER OSTFRONT (1914): Gemäß dem durch Generalstabschef Helmuth von Moltke modifizierten Schlieffenplan erfolgte der deutsche Aufmarsch mit dem Schwerpunkt gegen Frankreich (7 Armeen im Westen). Um den Festungsgürtel Frankreichs zu umgehen und dessen Heer in einer großen Umfassungsoperation zu besiegen, war die Durchquerung des neutralen Belgien mit einem starken rechten Flügel vorgesehen. Nach der Besetzung Luxemburgs (2. 8.) und Lüttichs (7. 8.) begann am 18. 8. der Vormarsch aller deutschen Armeen (20. 8. Einnahme von Brüssel). Die Grenzschlachten Ende August brachten keine Entscheidung; die deutschen Truppen überschritten Anfang September die Marne östlich von Paris. Die erfolgreiche Gegenoffensive der Entente (6.–9. 9.) zwischen Paris und Verdun zwang die deutschen Armeen zum Rückzug hinter die Aisne.

Die →Marneschlacht war der erste Wendepunkt im Verlauf des Krieges; mit ihr scheiterte die deutsche Strategie zur Vermeidung eines Zweifrontenkrieges; es kam zu einer Führungskrise in der Obersten Heeresleitung (OHL) Deutschlands (14. 9. Chef des Generalstabes von Moltke durch Erich von Falkenhayn abgelöst). Gegenseitige Überflügelungsversuche im Herbst dehnten die Front bis zur Nordsee aus (»Wettlauf zum Meer«). In den folgenden zwei Schlachten in Flandern (Oktober/November) mit dem Schwerpunkt bei Ypern schlugen alle deutschen Versuche fehl, zur französischen Kanalküste vorzudringen. Danach erstarrte die Westfront im Stellungs- und Grabenkrieg.

Der in Ostpreußen eingefallenen russischen Njemen-Armee trat die deutsche 8. Armee am 20. 8. bei Gumbinnen entgegen. Auf die Nachricht vom Anmarsch der Narew-Armee brach der deutsche General M. von Prittwitz die Schlacht ab und befahl den Rückzug hinter die Weichsel. Er wurde durch General Paul von Hindenburg ersetzt, der sich zum Angriff auf die Narew-Armee entschloss. Nach deren Vernichtung bei →Tannenberg (26.–31. 8.) wandte sich Hindenburg gegen die Njemen-Armee und besiegte sie an den Masurischen Seen (6.–14. 9.).

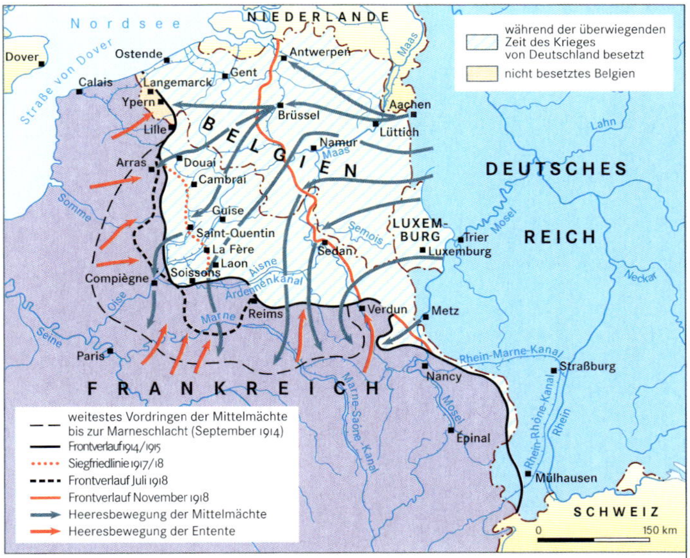

Erster Weltkrieg.
Westfront 1914–18

Das österreichisch-ungarische Heer stieß auf Lublin und Lemberg vor, musste jedoch im September vor der russischen Übermacht in die Karpaten und hinter die Wisłoka zurückweichen. Zu seiner Unterstützung wurde die aus Teilen der 8. gebildete deutsche 9. Armee unter Hindenburg nördlich von Krakau eingesetzt. Sie drang im Oktober bis Iwangorod und südlich von Warschau vor; von Umfassung bedroht, zog sie sich nach Oberschlesien zurück. Infolgedessen mussten auch die inzwischen an den San und bis Iwangorod vorgegangenen österreichisch-ungarischen Armeen wieder in die Karpaten und nach Krakau zurückgenommen werden. Am 1. 11. wurde Hindenburg Oberbefehlshaber Ost. Unter seinem Kommando wurden die Russen hinter die Bzura und obere Pilica und bei Krakau zurückgedrängt. Danach ging auch die Ostfront zum Stellungskrieg über.

Der Feldzug gegen Serbien begann am 12. 8. mit einem erfolglosen österreichisch-ungarischen Vorstoß über die Drina. Ein neuer Angriff im September führte nach schweren Kämpfen am 2. 12. zur Einnahme Belgrads; er endete infolge eines serbischen Gegenstoßes mit dem Rückzug hinter Drina und Save.

KÄMPFE IM WESTEN UND OSTEN (1915): In der Winterschlacht in der Champagne (16. 2.–19. 3.), der Frühjahrsschlacht im Artois (9. 5.–18. 6.) und der Herbstschlacht im Artois und in der Champagne (22. 9.–14. 10.) versuchten die Franzosen und Briten unter steigendem Kräfte- und Materialeinsatz vergeblich, die deutsche Abwehrfront im Westen zu durchbrechen. Ein deutscher Angriff zur Abschnürung des Ypern-Bogens (22. 4.–24. 5.) kam über Anfangserfolge nicht hinaus (am 22. 4. bei Ypern durch die Deutschen erster großer Gasangriff in der Kriegsgeschichte).

Erster Weltkrieg.
Ostfront 1914–18

Im Osten, wo schon am 31. 1. 1915 erstmals von deutscher Seite (9. Armee) bei Bolymow (rd. 50 km westlich von Warschau) in den Kämpfen Giftgas eingesetzt worden war, das aber aufgrund niedriger Temperaturen wenig wirksam wurde, schlug Hindenburg den russischen Nordflügel vernichtend in der Winterschlacht in Masuren (7.–27. 2.). Die im Januar an der österreichisch-ungarischen Karpatenfront eingesetzte deutsche Südarmee warf die nach Ungarn vorgedrungenen Russen wieder zurück. Nach der Kapitulation der österreichischen Festung Przemyśl (22. 3.) rückten russische Truppen erneut in die Karpaten vor. Zur Entlastung des Verbündeten griff die deutsche 11. Armee unter Mackensen am 2. 5. bei Gorlice-Tarnów an und durchbrach die russische Front in Galizien. Mitte Mai wurde der San überschritten, am 3. 6. Przemyśl, am 22. 6. Lemberg eingenommen. Dann stießen die Verbündeten zwischen Bug und Weichsel nach Norden vor. Mitte Juli traten die deutschen Armeen in Polen und Litauen zum Angriff an. In schneller Folge fielen im August und September Iwangorod, Warschau, Kowno, Brest-Litowsk, Grodno und Wilna. Ende September wurde die Offensive in einer von der Bukowina über Pinsk nach Dünaburg und längs der Düna zur Rigaer Bucht verlaufenden Linie eingestellt.

EREIGNISSE AUF DEN NEBENFRONTEN (1915): Italien schloss sich nach ergebnislosen Verhandlungen mit Wien über territoriale Kompensationen (Trentino) der Entente an und erklärte am 23. 5. Österreich-Ungarn den Krieg (dem Deutschen Reich erst am 28. 8. 1916). Generalstabschef General Luigi Cadorna setzte die Masse des Heeres am Isonzo zum Durchbruch auf Laibach ein; in den ersten vier →Isonzoschlachten (Juni–November) konnten die schwachen österreichisch-ungarischen Kräfte nur auf ihre Hauptstellung zurückgedrängt werden.

Das Osmanische Reich hatte im August 1914 mit Deutschland ein Bündnis geschlossen und trat im November in den Krieg ein. Die von Kriegsminister Enver Pascha geführten Hauptkräfte versammelten sich um Konstantinopel. Ein türkischer Angriff auf die russischen Truppen im Kaukasus endete im Januar 1915 mit einem schweren Rückschlag. Ebenso scheiterte ein Vorstoß gegen den Suezkanal. Nach einem erfolglosen britisch-französischen Flottenangriff auf die Dardanellen (18. 3.) landeten die Alliierten am 25. 4. auf der Halbinsel Gallipoli, konnten aber die türkische Abwehrfront nicht durchbrechen und mussten Ende 1915 abziehen. Vom Persischen Golf auf Bagdad vorstoßende britische Truppen wurden von den Türken am 22. 11. bei Ktesiphon geschlagen und in Kut al-Amara eingeschlossen, wo sie am 29. 4. 1916 kapitulierten.

Um Landverbindung mit der Türkei zu erhalten, entschlossen sich die deutsche und die österreichisch-ungarische Heeresleitung im Spätsommer 1915 zum Angriff auf Serbien. Bulgarien verpflichtete sich in einer Militärkonvention (6. 9.) zur Teilnahme. Unter Mackensen erzwangen die deutsche 11. und die österreichisch-ungarische 3. Armee im Oktober den Übergang über Donau und Save. In schweren Kämpfen wurden die Serben im Oktober und November vernichtend geschlagen. Zu ihrer Unterstützung landeten am 5. 10. britisch-französische Truppen (»Orientarmee«) bei Saloniki. Sie drangen im November nach

Makedonien vor und wurden im Dezember von den Bulgaren über die griechische Grenze zurückgeworfen. Mit der Eroberung Montenegros und Albaniens durch österreichisch-ungarische Kräfte im Januar/Februar 1916 schloss der Balkanfeldzug der Mittelmächte ab.

KÄMPFE AN DER WEST- UND OSTFRONT UND GEGEN ITALIEN (1916): Anfang 1916 entschloss sich Falkenhayn zum Angriff auf Verdun, der am 21. 2. mit einem tiefen Einbruch begann. Die Schlacht um Verdun (Februar–Dezember), mit der der Gegner »ausgeblutet« werden sollte, entwickelte sich dann aber zu einer Material- und Zermürbungsschlacht um jeden Fußbreit Boden, in der beide Seiten schwere Verluste erlitten. Ein am 15. 5. einsetzender österreichisch-ungarischer Angriff in Tirol zur Entlastung der Isonzofront musste wieder eingestellt werden, als am 4. 6. die russische Brussilow-Offensive gegen den Süden der Ostfront begann. Sie konnte erst im August zum Stehen gebracht werden. Ein am 24. 6. begonnener britisch-französischer Großangriff an der Somme wurde in fünfmonatigem Kampf abgewehrt.

Der Misserfolg vor Verdun, die Sommekrise und die rumänische Kriegserklärung an Österreich-Ungarn (27. 8.) führten am 29. 8. zur Ablösung Falkenhayns als Generalstabschef durch Hindenburg, dem Erich Ludendorff als Erster Generalquartiermeister zur Seite gestellt wurde. Die neue Oberste Heeresleitung stellte den Angriff auf Verdun ein und entschloss sich zur Offensive gegen Rumänien. Ein bulgarischer Vorstoß in die Dobrudscha (Anfang September) endete im Oktober mit der Besetzung Konstanzas und Cernavodăs. Die deutsche 9. Armee unter Falkenhayn besiegte die nach Siebenbürgen vorgestoßenen Rumänen bei Hermannstadt (26.–29. 9.) und Kronstadt (7./8. 10.). Im November erkämpfte sie den Übergang über die Südkarpaten (Transsilvanische Alpen) und drängte den Gegner gemeinsam mit der am 23. 11. bei Swischtow über die Donau gegangenen Donau-Armee nach Osten zurück. Nach schwerer Niederlage am Argeș (1.–3. 12.) räumten die Rumänen die Walachei. Die Verbündeten besetzten am 6. 12. Bukarest. An der makedonischen Front wehrten deutsch-bulgarische Kräfte im Herbst einen großen Angriff der Saloniki-Armee ab. Am Isonzo versuchten die Italiener in fünf weiteren Schlachten (Juni–November) erfolglos, die österreichisch-ungarischen Stellungen zu durchbrechen. Eine russische Offensive in Armenien warf die Türken weit zurück.

Trotz des Sieges über Rumänien und der Abwehr aller Angriffe war die Lage der Mittelmächte Ende 1916 ernst. Die 1914 errichtete britische Fernblockade in der Nordsee und im Kanal begann zu wirken (Hungersnot in Deutschland, »Kohlrübenwinter« 1916/17). Die Donaumonarchie wurde durch die innere Opposition der Slawen und den Tod Kaiser Franz Josephs I. (21. 11.) erschüttert; Versuche seines Nachfolgers, Karls I., einen Sonderfrieden zu erreichen, bewirkten eine Entfremdung zu Deutschland. Im Deutschen Reich sprengte der Streit um die Kriegsziele die nationale Einheitsfront der politischen Parteien; die Proklamation eines Königreichs Polen (5. 11.) brachte nicht die erhoffte polnische Unterstützung. Das Friedensangebot der Mittelmächte (12. 12.) wurde von der Entente abgelehnt. Zur Fortführung des Krieges forderten Hindenburg und Ludendorff die Heranziehung aller zivilen Kräfte zur Ankurbelung der Rüstungsindustrie und Ernährungswirtschaft.

WEST- UND OSTFRONT (1917) UND DER ZUSAMMENBRUCH RUSSLANDS: Während es im Westen trotz extremem Kräfte- und Materialeinsatz nicht zu entscheidenden Veränderungen kam, brach in Russland am 12. 3. (nach julianischem Kalender 27. 2.) die Februarrevolution aus, Zar Nikolaus II. dankte am 15. 3. ab. Die neue provisorische Regierung entschloss sich auf Drängen der Entente zu einer Offensive (Kerenskij-Offensive), die am 1. 7. begann und die österreichisch-ungarische Front in Galizien teilweise zurückdrückte. Der Gegenangriff der Verbündeten bei Tarnopol (19. 7.) verdrängte die Russen aus Ostgalizien und der Bukowina; die Eroberung Rigas (3. 9.) und der baltischen Inseln (Ösel, Dagö, Moon, 12.–21. 10.) vollendete deren militärische Niederlage. Mit der Oktoberrevolution kamen am 7. 11. (nach julianischem Kalender 25. 10.) die Bolschewiki an die Macht. Sie schlossen am 5./15. 12. Waffenstillstand und traten am 22. 12. in Friedensverhandlungen ein, die am 3. 3. 1918 zum »Diktatfrieden« von Brest-Litowsk führten. Den Kriegszustand mit Rumänien beendete am 7. 5. 1918 der Friede von Bukarest. Finnland schloss am 7. 3. 1918 einen Sonderfrieden mit dem Deutschen Reich und vertrieb danach mithilfe deutscher Truppen unter General Rüdiger Graf von der Goltz die Bolschewiki.

KÄMPFE GEGEN ITALIEN, IN MAKEDONIEN UND IN DER TÜRKEI (1917): Die Lage an der Isonzofront war nach weiteren italienischen Angriffen im Frühjahr und August/September 1917 aufs äußerste gespannt. Zur Entlastung griffen deutsche und österreichisch-ungarische Kräfte am 24. 10. am oberen Isonzo an. Sie durchbrachen die italienischen Stellung bei Flitsch-Tolmein, besiegten die Italiener bei Udine (28. 10.–3. 11.) und warfen sie hinter die Piave zurück. Die deutsch-bulgarische Front in Makedonien trotzte allen Angriffen der Alliierten, denen sich Griechenland nach Abdankung König Konstantins am 27. 6. anschloss. Im Irak drängten die Briten die Türken im März bis über Bagdad zurück. Eine britische

Offensive auf Palästina führte am 10. 12. zur Einnahme Jerusalems.

SITUATION VON 1917 UND DIE DEUTSCHE OFFENSIVE VON 1918: Durch den Zusammenbruch Russlands und den Sieg in Oberitalien waren die Mittelmächte entlastet worden. Andererseits hatte der nach schweren politischen Auseinandersetzungen von Deutschland am 1. 2. 1917 begonnene uneingeschränkte U-Boot-Krieg nicht die erhoffte entscheidende Wirkung gehabt, führte aber zum Kriegseintritt der USA (6. 4.). Die Verschlechterung der Ernährungs- und Rohstofflage, Zerfallserscheinungen in der Donaumonarchie, die durch die Friedensresolution des Reichstags (19. 7.) gewachsene innenpolitische Spannung in Deutschland und das zu erwartende Eingreifen amerikanischer Truppen erforderten eine baldige Beendigung des Krieges. Die Oberste Heeresleitung entschloss sich, eine militärische Entscheidung durch eine große Offensive im Westen zu suchen. Der am 21. 3. 1918 zwischen Arras und La Fère in 70 km Breite eingeleitete Angriff wurde nach großen Anfangserfolgen am 4. 4. östlich von Amiens gestoppt; ein am 9. 4. beginnender Angriff beiderseits von Armentières kam nach Erstürmung des Kemmelberges (25. 4.) ebenfalls zum Stehen. Um die gegnerischen Reserven aus Flandern abzuziehen, erfolgte am 27. 5. ein neuer großer Angriff zwischen Soissons und Reims; er führte in wenigen Tagen bis zur Marne bei Château-Thierry, blieb jedoch mit dem rechten Flügel am 13. 6. vor Compiègne und Villers-Cotterêts stecken. Weitere deutsche Offensiven zwischen Montdidier und Noyon (9.–14. 6.) sowie an der Marne und in der Champagne (15.–17. 7.) scheiterten ebenso.

GEGENOFFENSIVE DER ENTENTE UND DER ZUSAMMENBRUCH DER MITTELMÄCHTE: Auf alliierter Seite hatte General Ferdinand Foch im April 1918 den Oberbefehl über alle Landstreitkräfte übernommen. Er begann seine Gegenoffensive am 18. 7. mit einem Flankenstoß aus dem Wald von Villers-Cotterêts, der zur Zurücknahme der deutschen Front hinter die Vesle führte. Weitere am 8. 8. (»Schwarzer Tag des deutschen Heeres«) östlich von Amiens einsetzende, von Tanks und Flugzeugen unterstützte Angriffe drängten die Deutschen zurück. Ende September traten die Alliierten in Flandern, im Artois und in der Champagne zur Generaloffensive an. Unter zähem Widerstand wichen die Deutschen im Oktober und Anfang November allmählich in die Antwerpen-Maas-Stellung zurück. Ursachen für diese Erfolge der Alliierten waren neben der völligen Erschöpfung der deutschen Kräfte das mit dem Eintreffen der Amerikaner (seit Juni 1918) rasch steigende Übergewicht an Personal und Material sowie der Masseneinsatz von Tanks.

Inzwischen hatte Bulgarien nach dem Zusammenbruch der makedonischen Front (Mitte September) am 29. 9., die Türkei nach schweren Niederlagen in Palästina am 30. 10. Waffenstillstand mit der Entente geschlossen. Am 28. 10. durchbrachen die Alliierten die österreichisch-ungarische Front an der Piave. Daraufhin bat auch die Wiener Regierung um Waffenstillstand, der am 3. 11. in Kraft trat. Die neue Reichsregierung unter Reichskanzler Prinz Max von Baden (seit 3. 10.) hatte auf Drängen Ludendorffs (29. 9.) widerstrebend am 5. 10. den amerikanischen Präsidenten Wilson um Waffenstillstand und Einleitung von Friedensverhandlungen aufgrund seines Friedensprogramms vom 8. 1. 1918 ersucht (→ Vierzehn Punkte). Am 26. 10. wurde Ludendorff durch General Wilhelm Groener ersetzt. Im Deutschen Reich vermochte die Einführung des parlamentarischen Regierungssystems den Zusammenbruch nicht mehr aufzuhalten. Aus Meutereien bei der Hochseeflotte entwickelte sich die Novemberrevolution, die am 9. 11. zur Ausrufung der Republik durch Philipp Scheidemann mit nachfolgendem Thronverzicht des Kaisers und des Kronprinzen führte. Am 11. 11. 1918 wurde im Wald von Compiègne mit den Alliierten ein Waffenstillstand geschlossen, der u. a. die Räumung der besetzten Gebiete und Elsass-Lothringens binnen 14, die des linken Rheinufers mit den Brückenköpfen Mainz, Koblenz und Köln binnen 30 Tagen vorsah; weiterhin legte er die Freilassung aller Kriegsgefangenen ohne Gegenleistung, die Auslieferung der U-Boote sowie großer Mengen Waffen und rollenden Materials, die Internierung des Hauptteils der deutschen Hochseeflotte in Scapa Flow (Selbstversenkung am 21. 6. 1919) und die Fortdauer der Blockade fest.

SEEKRIEG (1914–18): Für den Krieg auf den Meeren und in Übersee lagen die Vorteile von vornherein bei Großbritannien, dessen Potenzial verstärkt wurde durch die Flotten und Hilfsmittel Frankreichs im Mittelmeer, Japans im Fernen Osten und (ab 1917) der USA im Atlantik. Die deutschen Überseekreuzer verschwanden in den ersten Kriegsmonaten von den Weltmeeren: Der moderne Schlachtkreuzer »Goeben« und der Kleine Kreuzer »Breslau«, die im Mittelmeer stationiert waren, brachen zu Kriegsbeginn nach Konstantinopel durch und bildeten unter osmanischer Flagge den Kern der osmanischen Flotte, die gegen die russische Schwarzmeerflotte kämpfte. Das deutsche ostasiatische Kreuzergeschwader besiegte zunächst schwächere britische Seestreitkräfte bei Coronel (1. 11. 1914), wurde aber im Gegenzug von einem überlegenen britischen Geschwader bei den Falklandinseln vernichtet (8. 12. 1914).

Die Unterseebootwaffe war zunächst nur Aushilfsmittel gegen die überlegene britische

Flotte. Gleichwohl führte der Anfangs- und Überraschungserfolg von »U 9« durch Versenkung von drei britischen Großen Kreuzern vor der niederländischen Küste (22. 9. 1914) in Deutschland zu einer Überbewertung der technischen und strategischen Möglichkeiten der Unterseeboote bis hin zur Erwartung, Großbritannien durch den uneingeschränkten Unterseebootkrieg in die Knie zwingen, später das militärische Eingreifen der USA an der Westfront verhindern zu können.

Tatsächlich jedoch fiel zu Kriegsbeginn eine folgenschwere Vorentscheidung im Seekrieg gegen Deutschland. Anstelle der in Deutschland erwarteten engeren Blockade der Mündungen von Elbe, Weser und Ems verhängte Großbritannien sofort die weitere Blockade (Fernblockade): Die britische Home Fleet sperrte Kanal und Nordsee zwischen Norwegen und Schottland für die deutsche Schifffahrt. Mit ihrem nur bis Großbritannien reichenden Aktionsradius konnte die deutsche Hochseeflotte weder die Fernblockade brechen noch Teile der Home Fleet unter günstigen Bedingungen stellen und vernichten. In der Ostsee waren die deutschen Seestreitkräfte der russischen Flotte überlegen, doch fiel beim Auflaufen des Kleinen Kreuzers »Magdeburg« auf eine russische Mine (26. 8. 1914) das deutsche Codebuch in russische Hände und wurde der britischen Admiralität übergeben, die fortan den Funkverkehr der deutschen Flotte überwachen konnte.

Nach der Niederlage im Seegefecht bei Helgoland (28. 8. 1914) wurde die deutsche Hochseeflotte zurückgehalten. Der Vorstoß gegen die britische Ostküste führte zu dem ebenfalls für die deutsche Marine ungünstigen Seegefecht auf der Doggerbank (24. 1. 1915) mit dem Verlust des Schlachtkreuzers »Blücher«. Daraufhin begann Deutschland den uneingeschränkten Unterseebootkrieg (4. 2. 1915) mit der Torpedierung von Krieg führenden und neutralen Handelsschiffen ohne Vorwarnung in den zum Seekriegsgebiet erklärten Gewässern rings um Großbritannien. Nach der Torpedierung des britischen Passagierdampfers »Lusitania« (7. 5. 1915 →Lusitania-Zwischenfall), bei der zahlreiche amerikanische Passagiere den Tod fanden, zwang die Kriegsdrohung der USA die deutsche Führung zum Einlenken: Deutschland kehrte zum eingeschränkten Unterseebootkrieg in den britischen Gewässern zurück. Trotz vereinzelter Erfolge konnte die britische Seeüberlegenheit nicht infrage gestellt werden. Die deutsche Schlachtflotte blieb zur Untätigkeit in der Nordsee verurteilt. Kurzfristige Folgen waren der abermalige Entschluss zum uneingeschränkten Unterseebootkrieg, der am 1. 2. 1917 in Kraft trat, anschließend der Kriegseintritt der USA gegen Deutschland (6. 4. 1917); als mittelfristige Folge kam es zur Demoralisierung der Flotte, die bei Kriegsende in Marinemeutereien offenkundig wurde.

Erster Weltkrieg. Als die deutschen Soldaten 1914 an die Front aufgebrochen waren, konnten sie nicht ahnen, dass ihnen ein unerwartet langer Krieg bevorstand, an dessen Ende der Untergang des Kaiserreichs und die Demokratisierung Deutschlands stehen sollten.

KOLONIALKRIEG: Bei Kriegsbeginn griff die Entente sofort die deutschen Kolonien an. Togo wurde im August 1914 von Briten und Franzosen besetzt. Die Schutztruppe in Deutsch-Südwestafrika unterlag im Sommer 1915 zehnfacher südafrikanischer Übermacht. Die Schutztruppe in Kamerun behauptete sich bis Anfang 1916 gegen weit überlegene alliierte Kräfte und trat dann auf spanisches Gebiet über. Deutsch-Ostafrika verteidigte General Paul von Lettow-Vorbeck bis Februar 1916 erfolgreich gegen alle Einfälle der Alliierten; am 14. 11. 1918 gab er auf Befehl der Reichsregierung endgültig auf. Tsingtau fiel am 7. 11. 1914 in die Hände der Japaner. Die deutschen Südseeinseln wurden 1914 von Japanern und Australiern besetzt.

LUFTKRIEG (1914–18): Zunächst spielte die gelegentliche Fernaufklärung, nach dem Übergang zum Stellungskrieg die Nahaufklärung durch Flugzeuge eine Rolle. Zu Luftkämpfen kam es erst allmählich im Verlauf des Krieges; das ging einher mit einer gezielten Bewaffnung der Flugzeuge sowie einer Entwicklung verschiedener Flugzeugtypen. Zeppelin-Luftschiffe warfen 1914 nachts Bomben über Antwerpen und 1915/16 u.a. über Lon-

Erster Weltkrieg. In den Millionenheeren, die mit Massenvernichtungswaffen kämpften, wurden auch Truppen aus den britischen und französischen Kolonialgebieten eingesetzt (Hindus und Senegalschützen im Wald von Villers-Cotterêts).

don und Paris ab. Deutsche Kampfgeschwader wurden 1916 bei Verdun eingesetzt. Im Oktober 1916 fasste man alle deutschen Flieger- und Fliegerabwehrkräfte unter einem Kommandierenden General der »Luftstreitkräfte« zusammen. Bis zum Kriegsende wurden die Fliegerstreitkräfte bei den Mittelmächten und den Alliierten erheblich verstärkt. Der Einsatz von Tieffliegern und Bombern gegen die Bodentruppen steigerte sich bis zu den beiderseitigen Offensiven von 1918 beträchtlich; gegen Ende des Krieges zeichnete sich immer deutlicher die Luftüberlegenheit der Alliierten ab.

Der Erste Weltkrieg war militärisch durch den Masseneinsatz neuer technischer Kampfmittel gekennzeichnet; die Produktion von Flugzeugen, Panzern (Tanks) und Maschinengewehren stieg sprunghaft an; chemische Waffen (Gas) und Flammenwerfer wurden erstmals verwendet. Mit der Weiterentwicklung der Kriegstechnik entstanden neue Teilstreitkräfte und Waffengattungen (Flieger-, Panzer-, Nachrichten- und Gastruppen); die Feuerkraft der Infanterie und Artillerie nahm beträchtlich zu. Für die Panzer- und Fliegerabwehr wurden spezielle Geschütze entwickelt.

POLITISCHE DIMENSION DES KRIEGES: Der Erste Weltkrieg, in dessen Kampfhandlungen mindestens 10 Millionen Menschen den Tod fanden, hatte als ein reiner Machtkrieg begonnen, gewann aber durch die russische Revolution 1917, den Kriegseintritt der USA und die →Vierzehn Punkte des amerikanischen Präsidenten Woodrow Wilson sowie mit der Forderung nach nationaler Selbstbestimmung und durch die soziale Revolution in den meisten Krieg führenden Staaten als Antwort von unten auf den Krieg eine neue politische Dimension: Die Mittelmächte unter der Führung Deutschlands waren überwiegend einem mehr oder minder autoritären monarchischen Regierungssystem verhaftet. Spätestens seit der russischen Februarrevolution 1917 waren die Alliierten, verstärkt durch die USA, im Innern überwiegend demokratisch-parlamentarisch organisiert, sodass von nun an die Parole vom »Krieg der Demokratie gegen die Autokratie« eine innere Berechtigung hatte. Die Konfrontation von Demokratie und Autokratie erklärt u.a. auch einen erheblichen Teil der inneren Schwäche der Mittelmächte, so z.B. die Konflikte mit den nationalen Minderheiten v.a. in Österreich-Ungarn und im Osmanischen Reich. Im Ergebnis des Krieges hatte sich die weltpolitische Landkarte durch den Zusammenbruch dreier Vielvölkerreiche (Donaumonarchie, Russland und Osmanisches Reich) und den Sturz der dortigen monarchischen Ordnungen, von dem auch Deutschland betroffen war, erheblich verändert.

Die Kriegsziele des Deutschen Reichs spiegelten in ihrer Kombination von traditionellen Annexionen und moderneren Formen der ökonomischen Herrschaftsausübung die innere Struktur des Deutschen Reichs mit seiner Kombination von modernen (ökonomischen, technischen) und traditionellen (politischen, ideologischen) Elementen wider. Nach dem Frieden von Brest-Litowsk mündeten die unterschiedlichen Kriegszielvorstellungen in die Vision eines autarken und von den beiden Seemächten USA und Großbritannien unangreifbaren »Großraums« im Osten, dessen Realisierungsversuche im Sommer 1918 von Umsiedlungs- und Kolonisierungsplänen begleitet waren und in vielen Zügen auf Maßnahmen des nationalsozialistischen Deutschland im Zweiten Weltkrieg vorauswiesen.

Innere Spannungen wurden im Deutschen Reich zunächst mit einstimmiger Bewilligung der Kriegskredite (4. 8. 1914) überspielt, schlugen aber mit der Dauer des Krieges und dem Schwinden der Erfolgsaussichten zunächst v.a. in der SPD durch. Entsprechend sammelten sich auf der Rechten die Kräfte, denen die Kriegführung der Reichsleitung nicht energisch genug war, in der Vaterlandspartei (gegründet 1917). Die Polarisierung zwischen links und rechts führte zum Sturz des Reichskanzlers Bethmann Hollweg und ermöglichte die verschleierte Militärdiktatur Ludendorffs als faktischen Leiter der 3. OHL (1916–18). Die Polarisierung entzündete sich anfangs an der Debatte um die deutschen Kriegsziele, weitete sich aber später auf sozial- und klassenpolitische Bereiche aus. Im Januar 1918 kam es in der deutschen Rüstungsindustrie zu Streiks, an denen etwa 1 Million Arbeiter beteiligt waren. Ihre Parole »Frieden, Freiheit und Brot« fand in der Arbeiterschaft großen Widerhall. Der Regierung gelang es erst mit dem militärischen Machtmittel des Belagerungszustandes, die Streiks zu beenden. Die militärische Niederlage setzte die angestauten inneren Spannungen frei, die sich auch nicht mehr durch die Parlamentarisierung und das Waffenstillstandsersuchen unter Reichskanzler Prinz Max von Baden auf Druck der OHL kanalisieren ließen. So sind der Sturz der Monarchie und die Novemberrevolution 1918 als Reaktionen auf die militärische Niederlage und die Verschleppung grundlegender Strukturreformen im von Preußen geprägten deutschen Kaiserreich anzusehen.

Österreich-Ungarn und das Osmanische Reich waren innenpolitisch noch schwächer. Hier trugen im Wesentlichen nur die führenden Reichsvölker (Deutsche, Ungarn; Türken) die Kriegsanstrengungen ihrer Regierungen. Namentlich Tschechen und Slowaken (durch Massendesertionen) und Araber nahmen bereits die Auflösung der Donaumonarchie bzw. des Osmanischen Reichs nach der militärischen Niederlage Ende Oktober 1918 vorweg, sodass nach Kriegsende Österreich,

Ungarn und die Türkei als Nationalstaaten auf verkleinertem Territorium übrig blieben. Hinzu kamen neue oder erweiterte Nachfolgestaaten auf dem Balkan und selbstständige oder halbautonome arabische Staaten im Vorderen Orient, von denen zumindest die neuen Nationalstaaten in Ost- und Südosteuropa (Tschechoslowakei, Jugoslawien) mit starken nationalen Minderheiten durch Versuche einer Assimilierungspolitik die innere Problematik der untergegangenen Donaumonarchie fortsetzten. Im ehemals osmanischen Palästina entwickelte sich im Schutz des britischen Völkerbundmandats (1920) die jüdische zionistische Siedlung im Konflikt zur arabischen Umwelt – eine elementare Voraussetzung des späteren Nahostkonflikts.

Am augenfälligsten wirkte sich der Zusammenhang zwischen militärischer Niederlage und politischer Krise in Russland aus. Die Entstehung Sowjetrusslands, das sich sofort mit einem existenzbedrohenden Bürger- und Interventionskrieg (1918–20/21) konfrontiert sah (→ Sowjetunion), war wohl das bedeutendste und folgenreichste Ergebnis des Ersten Weltkriegs, in dessen Folge auch Polen als selbstständiger Staat wieder erstand. Aus dem ehemals russischen Machtbereich erlangte Finnland seine Unabhängigkeit. Während die Eigenständigkeit Armeniens, Aserbaidschans und Georgiens nur kurze Zeit währte (bis 1920/21), konnten die neu entstandenen baltischen Staaten (Estland, Lettland und Litauen) rund zwei Jahrzehnte (bis 1940) ihre Selbstständigkeit bewahren.

Auch die übrigen Alliierten gingen im Krieg durch politische Krisen und wurden nach dem Krieg von den üblichen Folgen großer Kriege betroffen: Inflation, Wirtschaftskrisen, Verschärfung innerer Konflikte, die früher oder später Auswirkung zeigten.

Wesentliches Ergebnis in Großbritannien war der Zerfall der Liberal Party, der den Aufstieg der Labour Party zur Regierungspartei erleichterte. Hinzu kamen der irische Osteraufstand von Dublin (1916) als Ausgangspunkt für den Kleinkrieg der Irisch-Republikanischen Armee gegen die britischen Polizeikräfte (1919–21), die Teilung Irlands (1921/22) und der innerirische Bürgerkrieg (1922/23). Die Unabhängigkeit Irlands kennzeichnete die beginnende Auflösung des britischen Empire, die sich nach dem Zweiten Weltkrieg in vollem Umfang fortsetzte.

In Frankreich behauptete sich die Dritte Republik; das Land war jedoch innerlich erschüttert durch die Verluste an Menschen, die Zerstörungen in den nordöstlichen Grenzgebieten sowie durch zahlreiche Kabinettskrisen während des Krieges. Die vollen Auswirkungen zeigten sich erst zu Beginn des Zweiten Weltkriegs im raschen Zusammenbruch Frankreichs.

In Italien führten die in der Folge des Ersten Weltkriegs verschärften sozialen Spannungen in Verbindung mit der allgemeinen Unzufriedenheit über die Ergebnisse des Sieges zu einer Polarisierung der politischen Kräfte, die den Aufstieg des Faschismus (»Marsch auf Rom«, Oktober 1922) begünstigte. Selbst die zum größten Gläubigerland der Erde aufgestiegenen USA und auch Japan, einzige ökonomische Gewinner des Ersten Weltkriegs, wurden durch innere Konflikte im Krieg und in der unmittelbaren Nachkriegszeit erschüttert.

Durch Erweiterung des innenpolitischen Spektrums nach links (→ Kommunismus) und rechts (→ Faschismus) in der Folge des Krieges entstand jene Polarisierung in zahlreichen Ländern und in den internationalen Beziehungen, die das internationale System des Versailler Vertrags sowie die politische Ordnung in vielen Staaten in der Zwischenkriegszeit zerrieb. So ist der Erste Weltkrieg stets im inneren Zusammenhang mit dem Zweiten Weltkrieg zu sehen, der zahlreiche seiner Methoden (rücksichtslose Mobilisierung von Wirtschaft und Gesellschaft, Brutalisierung der Führung eines industriellen Massenkriegs, Einbeziehung der Zivilbevölkerung) fortsetzte und steigerte.

FRIEDENSSCHLÜSSE: Nach den Sonderfriedensschlüssen der Mittelmächte mit Sowjetrussland (Brest-Litowsk, 3. 3. 1918) und Rumänien (Bukarest, 7. 5. 1918) sowie nach den Waffenstillstandsabkommen der Alliierten mit Bulgarien (29. 9.), dem Osmanischen Reich (30. 10.), Österreich-Ungarn (3. 11.) und Deutschland (11. 11. 1918) fand der Erste Weltkrieg völkerrechtlich seinen Abschluss in den → Pariser Vorortverträgen: dem → Versailler Vertrag mit Deutschland (28. 6. 1919) und den Friedensverträgen von Saint-Germain-en-Laye mit Österreich (10. 9. 1919), Trianon mit Ungarn (4. 6. 1920), Neuilly-sur-Seine mit Bulgarien (27. 11. 1919) und Sèvres mit dem Osmanischen Reich (10. 8. 1920). 1919/20 entstand der → Völkerbund.

ZWEITER WELTKRIEG

VORGESCHICHTE: Die nach dem Ersten Weltkrieg geschaffene politische Ordnung Europas und Ostasiens, die auf dem ökonomischen und machtpolitischen Übergewicht der Siegermächte Großbritannien, Frankreich und USA sowie der weitgehenden Isolierung der UdSSR beruhte, geriet mit Beginn der 1930er-Jahre als Folge der Weltwirtschaftskrise und der inneren Schwäche der westeuropäischen Führungsmächte in eine Krise und wurde dann durch die aggressive Expansionspolitik von drei revisionistischen Staaten, des nationalsozialistischen Deutschland unter Hitler (ab 1933), des faschistischen Italien unter Benito Mussolini und des militaristisch-nationalistischen Japan, schwer erschüttert. Deutschland, dem durch den Versailler Vertrag besonders harte Bedingungen auferlegt worden waren, sowie Italien und Japan, die sich alle drei als internationale »Habenichtse« verstanden, strebten unter Ausnutzung der für sie günstigen internationalen Konstellationen nach einer Neuverteilung der Macht- und Einflusssphären, der Rohstoffquellen und Absatzmärkte.

1931 nutzte Japan, dessen Politik auf die Beherrschung Asiens zielte, die Schwäche des internationalen Systems, um die Mandschurei zu besetzen (1932 Errichtung des Marionettenstaats Mandschukuo), womit sich das im Völkerbund institutionalisierte Prinzip der kollektiven Sicherheit als funktionsunfähig erwies. 1937 begann Japan einen Krieg zur Beherrschung ganz Chinas.

1935/36 eroberte Italien, das unter Mussolini schon ab den 1920er-Jahren die Vorherrschaft im Mittelmeerraum und die Wiederherstellung imperialer Größe erstrebte, Abessinien und besaß damit zusammen mit Libyen zwei große, zusammenhängende Kolonialgebiete in Afrika. Im April 1939 wurde Albanien von Italien besetzt und annektiert.

Die Außenpolitik des nationalsozialistischen Deutschland orientierte sich an dem rassenideologisch begründeten Programm, das Hitler 1919–26/28 entwickelt hatte: Nach Aufrüstung und Gewinnung Großbritanniens und Italiens als Bündnispartner und kleineren, regional begrenzten Kriegen (»Blitzkriege«) im Westen (v.a. gegen Frankreich) zur Absicherung der als Hauptziel betrachteten Expansion nach Osten sollte ein Eroberungskrieg gegen die kommunistische UdSSR mit ihrer als »minderwertig« bezeichneten Bevölkerung geführt werden, um für das deutsche Volk neuen »Lebensraum im Osten« und Autarkie in einer blockadefesten »Großraumwirtschaft« zu gewinnen; zugleich sollten die Juden in dem von Deutschland beherrschten Europa ausgerottet werden. Ziel war die Erringung einer Weltmachtstellung für ein »rassereines germanisches Reich deutscher Nation«.

An diesem Programm orientiert, betrieb das nationalsozialistische Deutschland zur Abschirmung der politischen und rüstungswirtschaftlichen Aggressionsvorbereitungen zunächst eine an den traditionellen Forderungen nach Revision des Versailler Vertrags angelehnte Politik. Ab 1935 nutzte es die Verlagerung der weltpolitischen Brennpunkte nach Afrika, in den Mittelmeerraum sowie nach Süd- und Ostasien und damit die Bindung des auch innenpolitisch stark belasteten Großbritannien zu einer forcierten Revisionspolitik, die mit dem Bruch der Verträge von Versailles und Locarno einherging.

Schon 1933 war Deutschland aus dem Völkerbund ausgetreten und hatte seine Teilnahme an der Abrüstungskonferenz beendet. Während das von Hitler angestrebte Bündnis mit Großbritannien, das v.a. am Erhalt des kontinentalen Kräftegleichgewichts interessiert war, aufgrund der Interessengegensätze nicht zustande kam, verbanden sich das nationalsozialistische Deutschland und das faschistische Italien 1936 in der Achse Berlin–Rom, die 1939 im →Stahlpakt bekräftigt und besonders durch den →Dreimächtepakt (1940) zur Achse Berlin–Rom–Tokio erweitert wurde. Der im November 1936 zwischen Deutschland und Japan geschlossene →Antikominternpakt, dem Italien 1937 beitrat, zielte darauf, Großbritannien künftig mindestens neutral zu halten. Währenddessen zerfiel das Bündnissystem, das das innenpolitisch instabile und machtpolitisch schwache Frankreich zum Schutz vor einem wieder erstarkten Deutschland mit osteuropäischen Partnern aufgebaut hatte. Das Kernstück der französischen »Einkreisung« – Polen – hatte Hitler schon 1934 durch einen überraschend abgeschlossenen Nichtangriffsvertrag paralysiert. Hitler empfahl sich auch den anderen Staaten als »Bollwerk gegen den Bolschewismus« und bot vorteilhafte Handelsbeziehungen. Insgesamt ermunterten die britische Politik des →Appeasement, die konfliktvermeidende Haltung Frankreichs sowie der Isolationismus der USA das nationalsozialistische Deutschland bei der Verfolgung seiner Ziele.

Mit dem »Anschluss« Österreichs im März 1938, der Angliederung des Sudetenlands im September 1938 (Sudetenkrise, →Münchener Abkommen) und der Zerschlagung des verbliebenen tschechoslowakischen Staats im März 1939 (Errichtung des →Protektorats Böhmen und Mähren) begann die aggressive Phase der Großraum- und Expansionspolitik des nationalsozialistischen Deutschland.

Als deutlich wurde, dass Hitler sich nach der Zerschlagung der Tschechoslowakei nun zum Aufbau eines einheitlichen Aufmarschgebiets gegen Osten in ähnlicher Weise der Lösung der »Polenfrage« zuwandte, gab Großbritannien eine (von Frankreich unterstützte) Garantieerklärung für die staatliche Unabhängigkeit Polens (31. 3. 1939). Damit hoffte die britische Regierung, die ab Januar 1939 einen deutschen Angriff auf den Westen fürchtete, Deutschland von einem europäischen Krieg abzuhalten. Jedoch wurde dadurch Hitlers Entscheidung zur Vorbereitung eines Feldzugs gegen Polen beschleunigt. In dieser Situation gewann die UdSSR eine Schlüsselstellung. Stalin fürchtete, in einen von den Westmächten auf die UdSSR abgelenkten Krieg verwickelt zu werden. Großbritannien und Frankreich begannen zwar Verhandlungen mit der UdSSR über ein Bündnis. Als jedoch Stalin erkannte, dass Großbritannien nicht bereit war, auf seine Forderungen nach territorialer Expansion zur Sicherung des europäischen Vorfelds der UdSSR, einem gegenseitigen Beistandspakt und einer Militärkonvention einzugehen, signalisierte er – nach entsprechenden deutschen Angeboten – Bereitschaft zu einem die sowjetischen Sicherheitsinteressen wahrenden Abkommen. Am 23. 8. 1939 schlossen Deutschland und die UdSSR einen Nichtangriffspakt (→Hitler-Stalin-Pakt), in dessen Geheimem Zusatzprotokoll die Teilung Polens und die Ausdehnung der jeweiligen Machtbereiche vereinbart wurden.

Hitler nahm nunmehr die »Danzigfrage« zum Anlass des Überfalls auf Polen; nach einem von der SS inszenierten Überfall auf den Sender Gleiwitz, der das deutsche Vorgehen als Reaktion auf polnische Übergriffe erscheinen lassen sollte, leitete er am 1. 9. 1939 um 4 Uhr 45 mit der Beschießung der Westerplatte auf breiter Front den Angriff auf Polen (»Fall Weiß«) ein. Großbritannien und Frankreich antworteten am 3. 9. 1939 mit der Kriegserklärung an Deutschland; die Commonwealthstaaten Australien, Neuseeland, Indien, Südafrika und Kanada schlossen sich an. Das militärisch unvorbereitete Italien erklärte sich für »nicht Krieg führend«.

Für Hitler war der Zweite Weltkrieg von Beginn an ein ideologischer und totaler Krieg um Sieg oder Untergang. Der Befehl zur physischen Vernichtung des Gegners und der Versuch einer »völkischen Flurbereinigung« im Rücken der Front, v. a. der Genozid an den europäischen Juden (→Holocaust), unterschieden diesen Krieg von allen anderen. Die militärische Kriegführung geriet immer stärker in den Sog der ideologisch motivierten Vernichtungspolitik. Besonders Polen wurde zum Exerzierfeld der nationalsozialistischen Rassenideologie und Bevölkerungspolitik. Zugleich wurden mit Kriegsbeginn Terror und Repression in Deutschland verstärkt, ebenso das propagandistische Werben um die Zustimmung seiner Bevölkerung u. a. durch Ankündigung künftiger Sozial-, Siedlungs- und Wohlstandspolitik; der Prozess der nationalsozialistischen Durchdringung von Gesellschaft und Verwaltung im »Führerstaat« setzte sich fort.

VOM ANGRIFF AUF POLEN BIS ZUR BESETZUNG DÄNEMARKS UND NORWEGENS: Infolge der Konzentration des Gros der deutschen Heeres- und Luftwaffenkräfte im Osten und der Passivität der Westmächte, die selbst noch unzureichend gerüstet waren und die militärische Stärke Deutschlands überschätzten, gelang die militärische Eroberung Polens in kurzer Zeit. Nachdem die polnische Regierung und das Oberkommando auf rumänisches Gebiet übergetreten waren, rückten am 17. 9. sowjetischen Truppen in Ostpolen ein und drangen bis zur Weichsel vor; die Regierung der UdSSR begründete die Militäraktion mit der Behauptung, dass sie angesichts des Zusammenbruchs des polnischen Staates »zum Schutz« der dortigen weißrussischen und ukrainischen Bevölkerung erfolge. Offiziell blieb die sowjetische Regierung neutral, unterstützte aber die deutsche Kriegführung politisch-propagandistisch und durch strategisch wichtige Wirtschaftslieferungen.

Zweiter Weltkrieg. Mit dem Überfall der Wehrmacht auf Polen, der in den Morgenstunden des 1. 9. 1939 unter dem Decknamen »Fall Weiß« begann, löste Deutschland den Zweiten Weltkrieg aus.

Warschau kapitulierte vor den deutschen Truppen am 27./28. 9., Modlin am 29. 9. Am 30. 9. 1939 konstituierte sich in Paris eine polnische Exilregierung, die (nach Zwischenaufenthalten in Angers und Bordeaux) im Juni 1940 ihren Sitz nach London verlegte. Der letzte militärische Widerstand Polens erlosch am 6. 10. 1939.

Aufgrund des am 28. 9. 1939 in Moskau unterzeichneten deutsch-sowjetischen Grenz- und Freundschaftsvertrages wurde (in Abänderung der Vereinbarungen vom 23. 8. 1939) nun auch Litauen der sowjetischen Interessensphäre zugewiesen; den deutschen Anteil am polnischen Gebiet erweiterte man hingegen bis zum Bug. Nach der Eingliederung Danzigs, Westpreußens, Posens und beträchtlicher altpolnischer Gebiete in das Deutsche Reich (»eingegliederte Ostgebiete«) und der Errichtung des →Generalgouvernements aus dem verbliebenen polnischen Gebiet begann im Winter 1939/40 mit der systematischen Ausrottung der Intelligenz die nationalsozialistische Besatzungspolitik, die die Polen als »Untermenschen« brutal behandelte. Polen aus den angegliederten Ostgebieten wurden ins Generalgouvernement deportiert oder nach Deutschland zur Zwangsarbeit verschleppt. Die polnischen Juden wurden in Großgettos (u. a. in Warschau) zusammengefasst und später größtenteils in →Vernichtungslagern ermordet. Die meisten der von der Roten Armee gefangen genommenen 14 500 polnischen Offiziere wurden 1940 im Auftrag Stalins von Angehörigen des sowjetischen NKWD ermordet (Katyn). Aufgrund von erzwungenen Beistandspakten mit Estland, Lettland und Litauen errichtete die sowjetische Regierung in diesen Ländern im Oktober 1939 Stützpunkte für ihre Streitkräfte, um die »Angliederung« der baltischen Staaten an die UdSSR vorzubereiten. Am 30. 11. 1939 eröffnete die UdSSR ohne Kriegserklärung Kampfhandlungen gegen Finnland (Finnisch-Sowjetischer Winterkrieg), konnte aber ihre Ziele zunächst nicht erreichen.

Nachdem sein »Friedensappell« vom 6. 10. 1939 (mit der Forderung nach Anerkennung des Status quo in Ostmitteleuropa) ergebnislos geblieben war, drängte Hitler auf eine militärische Entscheidung gegen Frankreich schon im November 1939. Doch die schlechte Wetterlage, Bedenken der Generalität und die Uneinigkeit in der Wehrmachtführung hinsichtlich des Angriffsplans erzwangen eine mehrfache Verschiebung des Angriffs auf das Frühjahr 1940. Es kam zwischen der Heeresführung, die ein Scheitern der Offensive und einen Stellungskrieg befürchtete, und Hitler zu einer Vertrauenskrise, die bis an den Rand eines Staatsstreiches führte.

Der Abschluss des finnisch-sowjetischen Friedensvertrages vom 12. 3. 1940, bei dem Finnland unter Gebietsverlusten seine Selbstständigkeit wahren konnte, durchkreuzte die Absichten der Westmächte, unter dem Vorwand, Finnland zu Hilfe zu kommen, das für Deutschland wichtige schwedische Erzgebiet zu besetzen. Ende Januar 1940 entschloss sich Hitler, durch eine überraschende Landung Norwegen zu besetzen und zur Sicherung der Verbindungen auch Dänemark einzunehmen; durch Weisung vom 1. 3. 1940 wurde die Militäroperation (Unternehmen »Weserübung«) vorbereitet. Der Oberste Kriegsrat der Alliierten beschloss am 28. 3. 1940 die Verminung der norwegischen Hoheitsgewässer zur Unterbindung der deutschen Erztransporte sowie die Besetzung der westnorwegischen Häfen. Am

Zweiter Weltkrieg. Europa und Nordafrika 1939–42

9. 4. 1940 marschierten deutsche Truppen in Dänemark ein, ohne auf nennenswerte Gegenwehr zu stoßen. Die Landung in Norwegen hingegen rief heftigen Widerstand hervor, doch am 10. 6. kapitulierten die letzten norwegischen Truppen; König Håkon VII. ging mit seiner Regierung nach London ins Exil. Hitler unterstellte Norwegen einer deutschen Zivilverwaltung; ab Februar 1942 konnte Vidkun Quisling eine eigene Nationalregierung einrichten, die völlig von Deutschland abhängig war. Dänemark behielt zunächst seine Vorkriegsregierung (bis August 1943).

WESTFELDZUG: Nachdem es trotz britischer und französischer Kriegserklärungen an Deutschland zwischen September 1939 und Mai 1940 zu keinen nennenswerten Kampfhandlungen im Westen gekommen war, begann hier am 10. 5. 1940 der deutsche Feldzug (»Fall Gelb«) mit dem Ziel, unter Verletzung der Neutralität der Niederlande, Belgiens und Luxemburgs eine rasche Entscheidung in Nordfrankreich zu erzwingen. Nach einer vollständigen militärischen Niederlage Frankreichs hoffte Hitler, doch noch ein Arrangement mit Großbritannien treffen zu können.

Der Schwerpunkt der deutschen Offensive lag in der Mitte der Angriffsfront (Stoß durch die Ardennen über die Maas hinweg auf die Sommemündung zu; Unternehmen »Sichelschnitt«). Nachdem das niederländische Heer bereits am 14. 5. den Kampf eingestellt hatte und die belgische Kapitulation bevorstand (28. 5.), sahen sich die in Belgien eingerückten französischen Armeen und das britische Expeditionskorps (seit Erreichen der Sommemündung durch die deutschen Panzer von Süden her umfasst) in fast aussichtsloser Situation. Hitler, durch den rücksichtslosen Vorstoß General Heinz Guderians nervös geworden, hatte jedoch am 24. 5. die auf Dünkirchen vorrückenden deutschen Panzer angehalten. So gelang es trotz deutscher Luftangriffe, rund 338 000 britische, französische und belgische Soldaten auf die britische Insel zurückzuführen (»Wunder von Dünkirchen«). Der neue britische Premierminister Winston Churchill (ab 10. 5. 1940) zog die britischen Luftstreitkräfte zum Schutz der Insel vom Kontinent ab. Die vom neuen französischen Oberbefehlshaber Maxime Weygand aufgebaute improvisierte Verteidigungslinie an Somme und Aisne ließ sich gegenüber der neuen deutschen Offensive (ab 5. 6., »Fall Rot«) nicht halten. Paris wurde kampflos am 14. 6. von deutschen Truppen besetzt. Die deutsche Heeresgruppe C durchbrach am selben Tag südlich von Saarbrücken die Maginotlinie und überquerte am 16. 6. den Rhein bei Colmar. Am 17. 6. erreichten die deutschen Panzertruppen – im Rücken der Maginotlinie von Norden vorrückend – die Schweizer Grenze und hatten damit die französischen Ostarmeen eingeschlossen. Am 10. 6. 1940 war Italien in den Krieg gegen Frankreich und Großbritannien eingetreten; es kämpfte allerdings erfolglos an der Alpenfront. Deshalb stießen deutsche Panzer- und Gebirgstruppen von Lyon in die Alpen vor, um den Italienern die von der französischen Alpenarmee verteidigten Pässe zu öffnen.

In Auseinandersetzung mit Churchill, der eine Union Großbritannien-Frankreich vorschlug und für die Fortsetzung des französischen Widerstands von Nordafrika aus plädierte, entschied sich die Mehrheit des nach Bordeaux ausgewichenen französischen Kabinetts für ein Waffenstillstandsersuchen. Das am 17. 6. gebildete Kabinett des Marschalls Philippe Pétain ließ am 22. 6. 1940 in Compiègne einen Waffenstillstandsvertrag unterzeichnen, der nach Abschluss auch eines Waffenstillstandsvertrages mit Italien am 25. 6. in Kraft trat.

Deutsche Truppen besetzten die Atlantikküste bis zur spanischen Grenze, doch blieben das französische Kolonialreich und die französische Flotte in der Verfügungsgewalt der Regierung Pétain. Diese siedelte am 1. 7. 1940 in die unbesetzte Zone in Südfrankreich nach Vichy über (bis 1944 Sitz des »État Français«). Der bisherige Unterstaatssekretär Charles de Gaulle kündigte am 18. 6. von London aus die Fortsetzung des Krieges durch das Freie Frankreich an. Die Niederlande wurden einem deutschen Reichskommissar unterstellt; unter deutsche Militärverwaltung kamen Belgien und Nordfrankreich sowie der größte Teil des besetzten Frankreich. Das Gebiet von Nizza und Bereiche an der Alpengrenze fielen unter italienische Militärverwaltung, Luxemburg und Elsass-Lothringen wurden im August 1940 de facto annektiert, Eupen-Malmedy offiziell ins Deutsche Reich zurückgegliedert. Deutschland beutete die finanziellen, industriellen und personellen Ressourcen der besiegten Länder aus; besonders entscheidend war die Einbindung des Industriepotenzials und der Arbeitskräfte in die deutsche Kriegswirtschaft, die die Fortsetzung des Krieges bis Mai 1945 ermöglichte. Die Haltung der Bevölkerung in den vom nationalsozialistischen Deutschland eroberten Ländern Westeuropas und Skandinaviens reichte vom Widerstand über die resignative Hinnahme der Besetzung bis zur →Kollaboration.

Nach dem schnellen Sieg im Westen befand sich Hitler auf dem Gipfel seiner Popularität in Deutschland. Das Deutsche Reich beherrschte den Kontinent vom Nordkap bis zur spanischen Grenze. Die gegen die Skepsis führender Militärs errungenen Blitzsiege entzogen den oppositionellen Kräften in der Heeresführung den Boden. Auch bei eigentlichen Gegnern seines außenpolitischen Kurses genoss Hitler nun uneingeschränkte Autorität.

Doch blieb das für Hitler außenpolitisch und strategisch entscheidende Problem, die unnachgiebige Haltung Großbritanniens, weiter bestehen.

Von besonderer Bedeutung waren die neutralen Staaten, die gezwungen wurden, ihre Handelspolitik noch stärker auf das nationalsozialistische Deutschland auszurichten. Portugal mit seinen Vorkommen an Wolframerzen (Panzerstahl) konnte ebenso wie die Türkei noch am stärksten von den Alliierten beeinflusst werden; doch auch diese beiden Länder lieferten bis 1944 gegen Devisen und Waffen wichtige Rohstoffe an Deutschland. Angesichts ihrer miltärisch bedrohlichen Lage waren Schweden und die Schweiz bis 1943 stärker zu Vorleistungen bereit und belieferten die deutsche Rüstung mit wichtigen Maschinen, Kugellagern, hochwertigen Erzen und sogar Waffen. Damit sicherten sie die Beschäftigung und das Überleben ihrer Bevölkerung, machten sich aber durch die Inzahlungnahme von geraubten Gold- und Devisenbeständen zum Profiteur nationalsozialistischer Eroberungs- und Vernichtungspolitik (Raubgold).

SELBSTBEHAUPTUNG GROSSBRITANNIENS UND DIE HALTUNG DER USA: Die mit Kriegsbeginn einsetzende britische Blockade beantwortete Deutschland mit einem Handelskrieg gegen die feindliche und die im Dienst der Alliierten fahrende neutrale Schifffahrt. Nach dem Sieg über Frankreich hoffte Hitler mit Großbritannien zu einem »Ausgleich« zu gelangen (»Friedensappell« vom 19. 7. 1940), blieb dabei jedoch erfolglos. Bereits am 16. 7. hatte er die Vorbereitung einer Landung in Großbritannien (Unternehmen »Seelöwe«) befohlen. Die Invasionsvorbereitung fiel der deutschen Luftwaffe zu, v. a. den Luftflotten der Generalfeldmarschälle Albert Kesselring und Hugo Sperrle. Der seit dem 13. 8. 1940 (»Adlertag«) verstärkte deutsche Luftkrieg richtete sich zunächst mit Großoffensiven gegen die britische Luftwaffe, ihre südenglischen Flugplätze und Produktionsanlagen; im August 1940 begann die Bombardierung großer Städte; dieser Luftkrieg forderte hohe Opfer unter der Zivilbevölkerung. Seit Mai 1940 flog die britische Luftwaffe Angriffe auf deutsche Städte. Die am 25./26. 8. von der »Royal Air Force« vorgenommenen Bombenangriffe auf Berlin nahm Hitler zum Anlass, um »Vergeltungsangriffe« einzuleiten; das führte in der Folgezeit zu einer nicht abreißenden Kette von Terror- und Gegenterror aus der Luft. Die »Luftschlacht um England« (1940/41) erreichte ihren Höhepunkt am 15. 9. 1940, als bei einem Großangriff auf London zahlreiche deutsche Flugzeuge abgeschossen wurden und sich die Abwehrkraft der Briten als ungebrochen erwies. Es gelang der deutschen Luftwaffe nicht, die für eine erfolgreiche Landungsoperation notwendige Luftherrschaft zu gewinnen. Im ebenfalls verschärften Handelskrieg wurden (August 1940 bis Juni 1941) 5,1 Millionen BRT versenkt. Die Zahl der deutschen U-Boote war jedoch zu gering, um von den neu gewonnenen Basen in Westfrankreich aus die Zufahrtswege über den Atlantik ernsthaft zu gefährden.

Die Festigung der deutschen Herrschaft auf dem Kontinent und der weiter forcierte Ausbau der deutschen Flotte bedeuteten mittelfristig eine Bedrohung der für die Versorgung Großbritanniens lebenswichtigen Seeverbindungen durch den Atlantik und das Mittelmeer zu den Dominions und Kolonien, die es unbedingt abzuwehren galt; sie waren zugleich eine globale Herausforderung der britischen Machtstellung. Infolge seiner Isolierung als Krieg führende Macht – nach der Niederlage Frankreichs – sah sich Großbritannien jedoch im Sommer 1940 zur Defensive verurteilt.

Währenddessen unterstützten die USA Großbritannien immer nachhaltiger. Nach der Niederlage Frankreichs und der zweiten Wiederwahl Franklin D. Roosevelts zum Präsidenten (November 1940) vollzog sich der Übergang von der »parteiischen Neutralität« zum »unerklärten Krieg« seitens der USA, die sich als »Arsenal der Demokratien« betrachteten. Am 11. 3. 1941 wurde der Präsident durch das Leih- und Pachtgesetz ermächtigt, solche Staaten mit Kriegsmaterial und Versorgungsgütern zu unterstützen, die er für die Verteidigung der USA als lebenswichtig ansah. Der Großteil dieser Hilfe von insgesamt rund 50 Milliarden US-$ kam Großbritannien zugute.

HITLERS STRATEGISCHE PLÄNE: Da zunehmend deutlich wurde, dass Roosevelt aufgrund der Bedrohung der strategischen, wirtschaftlichen und ideellen Interessen der USA eine Konfrontation mit Deutschland und Japan für unausweichlich hielt, gewann der »Faktor Amerika« im Hinblick auf die Verwirklichung von Hitlers Zielen immer größere Bedeutung. Im Herbst 1940 trat zunächst der von Außenminister Joachim von Ribbentrop entwickelte, von Hitler nur widerwillig akzeptierte Plan in den Vordergrund, durch die Bildung eines »Kontinentalblocks« von Spanien bis Japan (unter Einschluss der UdSSR) eine so gewaltige Machtstellung aufzubauen, dass Großbritannien aufgeben und die USA sich politisch auf den amerikanischen Doppelkontinent zurückziehen würden.

Die weit gespannte politische Kombination gelang jedoch nur teilweise. Zwar schloss Deutschland mit Japan und Italien am 27. 9. 1940 einen Dreimächtepakt, der den Kriegseintritt der Partner vorsah, wenn einer von ihnen von den USA angegriffen würde; doch wurde auf Betreiben Japans in einem geheimen Notenwechsel mit Deutschland die Bündnisautomatik aufgehoben. Auch konnten Spanien und das Vichy-Regime in Frankreich nicht in die Bündnisgruppierung einbezogen werden. Die UdSSR war zum Beitritt zu einem »Viermächtepakt« durchaus bereit, d.h. zu einer strategischen Partnerschaft auf gleichberechtigter Basis bei weiteren territorialen Zugeständnissen Hitlers, auf dessen konkrete Angebote Stalin wie im Vorjahr wartete.

Hitler dachte jedoch nicht an einen ernsthaften Dialog und hatte schon im Spätherbst 1940 einen improvisierten Gesamtkriegsplan für das Jahr 1941 entwickelt. Dieser beruhte auf seiner im Sommer gewonnenen Erkenntnis, dass die Zeit gegen ihn arbeite und seine Ziele nur zu verwirklichen seien, wenn Großbritannien und den USA durch eine Zerschlagung der UdSSR der letzte »Festlandsdegen« genommen würde. Bereits im Juli 1940 hatte er sich daher entschlossen, den Angriff auf die Sowjetunion als Kernstück seiner imperialen Weltmachtpläne vorzuziehen. Neben der damit verbundenen Verbreiterung der eigenen strategischen und wirtschaftlichen Basis sah Hitler in der gleichzeitigen Aufwertung Japans die Möglichkeit, die USA von einem weiteren Engagement im Atlantik aufgrund eines dann drohenden Zwei-Ozean-Krieges abzuschrecken.

Der Gesamtkriegsplan sah nach einem Blitzkrieg gegen die UdSSR, verbunden mit der Verwirklichung der rassenpolitischen Ziele Hitlers, eine Zangenoperation vor: über den Kaukasus nach Iran, von Bulgarien aus nach Syrien und Irak und von Libyen aus nach Palästina; nach dem Aufbau einer deutschen Basis in Afghanistan sollte ein Vorstoß auf das britische Indien erfolgen, zeitgleich dazu ein Vorstoß Japans nach Süden, um nach der Eroberung Singapurs Indien von Osten aus zu bedrohen; schließlich sollte nach der Eroberung Gibraltars eine deutsche Bastion in Nordwestafrika für einen möglichen Konflikt mit den USA errichtet werden. Da Spanien nach einer Zusammenkunft Hitlers mit Francisco Franco am 23. 10. 1940 im französischen Hendaye im Dezember desselben Jahres die Beteiligung an einem Angriff auf Gibraltar endgültig ablehnte, gab Hitler einen entsprechenden Plan auf.

AUSWEITUNG DES KRIEGES AUF DEN BALKAN UND IN DEN MITTELMEERRAUM: Der von Mussolini ohne vorherige Unterrichtung Hitlers begonnene »Parallelkrieg« (ab September 1940, von Libyen aus in Richtung Ägypten) zum Ausbau der italienischen Machtstellung im Mittelmeerraum führte nach schweren italienischen Niederlagen gegen britische Truppen zu deutschen Unterstützungsmaßnahmen im Mittelmeerbereich. Das Scheitern des überraschenden italienischen Angriffs auf Griechenland (ab 28. 10. 1940) veranlasste die Vorbereitung eines deutschen militärischen Eingreifens auf dem Balkan, um ein mögliches Festsetzen der britischen Armee in diesem Raum zu verhindern und eine Flankenbedrohung für den geplanten Angriff auf die UdSSR auszuschalten. Schon im Sommer 1940 hatten das sowjetische Ultimatum an Rumänien zur Abtretung Bessarabiens und der Nordbukowina sowie die Revisionsansprüche Ungarns und Bulgariens gegenüber Rumänien zu einem deutschen Engagement in Südosteuropa geführt (2. Wiener Schiedsspruch, 30. 8. 1940).

Zweiter Weltkrieg. Mit dem Unternehmen »Seelöwe« erhoffte sich die deutsche Führung im Sommer 1940, Großbritannien aus der Luft eine entscheidende Niederlage beizubringen. Doch den deutschen Flugzeugstaffeln gelang es nicht, in der »Luftschlacht über England« die Luftherrschaft über dem Kanal und dem geplanten südenglischen Invasionsgebiet zu erlangen.

Nachdem Ende Oktober 1940 britische Truppen auf Kreta gelandet waren, begann am 9. 12. 1940 die britische Nilarmee eine Offensive gegen die italienischen Kräfte in Nordafrika. Sie eroberte bis Anfang Februar 1941 die Cyrenaika. Auf einen Hilferuf Mussolinis hin entsandte Hitler ein deutsches Fliegerkorps nach Sizilien, das im Januar 1941 heftige Angriffe gegen Malta einleitete und den Nachschub nach Tripolitanien entlastete. Mitte Februar 1941 trafen erste Teile des von Erwin Rommel befehligten Deutschen Afrikakorps in Libyen ein; sie griffen ab 24. 3. an und stießen bis Mitte April 1941 bis zur libysch-ägyptischen Grenze vor (Rückeroberung der Cyrenaika), konnten jedoch das von den Briten festungsartig ausgebaute Tobruk zunächst nicht einnehmen.

Zur Absicherung des deutschen Entlastungsvorstoßes nach Griechenland strebte Hitler die Einbeziehung der Donau- und Balkanstaaten in den Dreimächtepakt an. Ungarn, Rumänien und die Slowakei entsprachen der Aufforderung im November 1940, Bulgarien folgte am 1. 3. 1941 und ließ danach deutsche Truppen von Rumänien aus einrücken. Gegen den Beitritt Jugoslawiens (25. 3. 1941) richtete sich am 27. 3. 1941 ein Putsch in Belgrad. Hitler entschloss sich daraufhin, Jugoslawien in den gegen Griechenland vorbereiteten Angriff einzubeziehen und darüber hinaus Jugoslawien als Staat zu zerschlagen.

Der Angriff begann am 6. 4. 1941 mit einer Luftbombardierung Belgrads. Das von drei Seiten aus umfasste jugoslawische Heer brach rasch zusammen. Am 12./13. 4. wurde Belgrad besetzt, am 17. 4. 1941 die Kapitulation der jugoslawischen Streitkräfte unterzeichnet. Nach dem Vorstoß deutscher Verbände in den Rücken der sich noch in Südalbanien haltenden griechischen Epirus-Armee kapitulierte diese am 21. 4. 1941. Am 27. 4. rückten deutsche Truppen in Athen ein. Vom 20. 5. bis 1. 6. 1941 folgte durch Luftlandung (deutscher Fallschirm- und Gebirgsjäger) gegen heftigen britischen Widerstand unter beiderseits hohen Verlusten die Eroberung Kretas.

Griechenland wurde in ein italienisches und ein deutsches Besatzungsgebiet aufgeteilt, behielt aber eine den Besatzungsmächten unterstellte eigene Regierung. Der deutsche Einfluss wurde durch den Reichsbevollmächtigten sowie die Einrichtung von drei Militärkommandanturen gesichert. Jugoslawien hingegen wurde aufgelöst. Italien gliederte sich den größten Teil Sloweniens sowie Dalmatien und Montenegro an. Bulgarien besetzte Makedonien und Griechisch-Thrakien. Mit Unterstützung Deutschlands und Italiens gründete die kroatische Ustascha den »Unabhängigen Staat Kroatien«, der auch Bosnien und Herzegowina einschloss; das Ustascha-Regime betrieb eine brutale »Kroatisierungspolitik« und führte »ethnische Säuberungen« durch, die sich besonders gegen die in seinem Machtbereich lebenden Serben wandte. Das auf das Kerngebiet beschränkte Serbien wurde einer deutschen Militärverwaltung unterstellt. Gegen die politische Aufteilung des jugoslawischen Raumes und die Unterdrückung der Serben richteten sich der Widerstand der serbisch-nationalistischen Bewegung der Četnici sowie der Kampf der kommunistischen Partisanen unter Tito. Als die Wehrmacht nicht mehr allein Herr der Lage war, wurden Besatzungsaufgaben in Serbien auch an Bulgarien übertragen. Die politisch gegensätzlichen Partisanengruppen bekämpften sich bald untereinander mit großer Härte. Die sich ausbreitenden und von Großbritannien unterstützten Aufstandsbewegungen in Jugoslawien und Griechenland banden deutsche Kräfte immer stärker in Südosteuropa.

Die Machtverschiebung im Frühjahr 1941 im östlichen Mittelmeerraum zugunsten der Achsenmächte trug dazu bei, in Irak einen Aufstand gegen die britische Mandatsmacht auszulösen (April/Mai 1941). Doch da Hitler mit Blick auf den Vorrang seines Ostkriegs nicht zu größerer Hilfeleistung bereit war, brach der Aufstand am 30. 5. 1941 zusammen. Anschließend zwangen britische und freifranzösische Truppen die Truppen des Vichy-Regimes in Syrien zur Übergabe (7. 6.–14. 7. 1941). Der Abschluss des deutsch-türkischen Freundschaftsvertrages vom 18. 6. 1941 wog diese Konsolidierung der britischen Nahostposition nicht auf.

PLÄNE HITLERS ZUM ANGRIFF AUF DIE UDSSR: Die im Sommer 1940 auf Befehl Hitlers angelaufenen Vorbereitungen für einen Überfall auf die Sowjetunion führten zu Hitlers »Weisung Nr. 21: Fall Barbarossa« vom 18. 12. 1940; diese stellte der Wehrmacht die Aufgabe, »auch vor Beendigung des Krieges gegen England Sowjetrussland in einem schnellen Feldzug niederzuwerfen«. In der v. a. von General Friedrich Paulus geleiteten Angriffsplanung war vorgesehen, durch einen überraschenden Vorstoß in drei Hauptangriffsrichtungen (Leningrad, Moskau, Kiew) unter Einsatz von starken Panzergruppierungen die Hauptkräfte der Roten Armee im Westen der UdSSR zu zerschlagen und das sowjetische Territorium in einem »Blitzkrieg« bis zur Linie Archangelsk–Astrachan zu besetzen.

Deutsche Militärs gingen bei Beginn des Feldzugs am 22. 6. 1941 in Verkennung des tatsächlichen sowjetischen Potenzials davon aus, den Krieg gegen die UdSSR noch vor Einbruch des Winters beenden zu können. Hitler und die nationalsozialistische Führung planten den Krieg gegen die Sowjetunion als »Vernichtungskampf« gegen das »jüdisch-bolschewistische System«, als einen »Krieg zweier Weltanschauungen« für die Umsetzung des Programms zur Gewinnung von »Lebensraum im Osten«, das die brutale »Germanisierung« der eroberten Gebiete und die territoriale Zerstückelung des Landes vorsah. Der Kommissarbefehl vom 6. 6. 1941 ordnete die Vernichtung der kommunistischen Führungsschicht an. Ein Erlass Hitlers vom 13. 5. 1941 zur Kriegsgerichtsbarkeit bestimmte, dass für Handlungen der deutschen Soldaten gegen feindliche Zivilpersonen »kein Verfolgungszwang (besteht), auch dann nicht, wenn die Tat zugleich ein militärisches Verbrechen oder Vergehen ist«. Damit war die Einbeziehung der Wehrmacht in nationalsozialistische Verbrechen in den zu erobernden Ostgebieten vorprogrammiert. Diese sollten in mehrere Reichskommissariate gegliedert werden. Japan sollte auf Befehl Hitlers nicht über den bevorstehenden Angriff auf die UdSSR unterrichtet, jedoch in seinen Expansionsbestrebungen in Richtung Südostasien bestärkt werden.

KRIEG JAPANS IN OSTASIEN: Das an Rohstoffen arme Japan hatte in seinem Bestreben, zur Vormacht einer großostasiatischen »Neuen Ordnung« aufzusteigen, bis 1941 fast ein Drittel Chinas besetzt. Der von den USA unterstützte chinesische Widerstand und die

Gefahr eines größeren Konflikts mit der UdSSR veranlassten die Japaner jedoch, sich stärker nach Süden zu wenden. Dem durch die Niederlage gegen Deutschland geschwächten Frankreich nahmen sie im September 1940 das nördliche Indochina ab. Durch einen Nichtangriffsvertrag mit der UdSSR (13. 4. 1941) hielt Japan sich den Rücken frei für eine weitere Expansion in den rohstoffreichen Süden und den Pazifik; ab 24. 7. 1941 wurde Südindochina besetzt. Damit war im innerjapanischen Konflikt zwischen der Marine, die in den Pazifik strebte, und der Heeresführung, die den Vorstoß in China und in Richtung Sibirien bevorzugte, die Entscheidung gefallen.

DER DEUTSCHE ANGRIFF AUF DIE UDSSR: Am 22. 6. 1941 zwischen 3 Uhr und 3 Uhr 30 fiel die Wehrmacht ohne vorherige Kriegserklärung und unter Bruch des Nichtangriffspaktes in die Sowjetunion ein. Rumänien, Ungarn, Italien, die Slowakei und die Blaue Division aus Spanien schlossen sich dem Angriff an; auch Finnland trat am 26. 6. in den Krieg gegen die UdSSR ein (»Fortsetzungskrieg«) und kämpfte für die Wiedergewinnung der nach dem Winterkrieg abgetretenen Gebiete. Die Ausrüstung der Verbände glich einem »Flickenteppich«. Die für den Russlandfeldzug aufgestellten Rüstungspläne konnten nicht eingehalten werden. In großer Zahl musste Beutematerial zur Ausstattung der Wehrmachtsverbände eingesetzt werden, für das es keinen Nachschub und kaum Ersatzteile gab. Bedenken wegen der unzureichenden Ausrüstung und geringer Nachschubmöglichkeiten erhielten kein Gewicht, weil die nationalsozialistische Führung mit einer schnellen Kriegsentscheidung rechnete, die es möglich machen sollte, in der Rüstungsindustrie die notwendigen Voraussetzungen für die danach anvisierte Weiterführung des Kampfes gegen Großbritannien zu schaffen. Die Umstellung auf den See-/Luftkrieg begann bereits, als die größte militärische Landoperation gerade erst eingesetzt hatte, d. h. die deutschen Ostarmeen mussten den Feldzug aus ihrer Substanz führen.

Die deutsche Absicht, die Masse der sowjetischen Truppen an der europäischen Front in einem weiteren Blitzkrieg zu schlagen, wurde dadurch begünstigt, dass Stalin trotz gegenteiliger Anzeichen und Warnungen bis zuletzt nicht mit einem deutschen Überfall zu diesem Zeitpunkt gerechnet und die Umstrukturierung seiner Armee nicht beendet hatte; zudem war das Gros der Offiziere der Roten Armee während der blutigen Säuberungen 1937/38 ermordet oder inhaftiert worden. Allerdings führte Hitler mit dem Angriff auf die Sowjetunion das nationalsozialistische Deutschland in einen Zweifrontenkrieg. Die deutsch-sowjetische Front entwickelte sich in der Folgezeit zur Hauptfront des Zweiten Weltkriegs. Der Angriff ging von drei Heeresgruppen aus und führte u. a. rasch zur Einnahme von Smolensk, dem Finnischen Meerbusen und Kiew.

Der Wehrmacht und den an ihrer Seite kämpfenden Einheiten der →Waffen-SS folgten vier Einsatzgruppen, die sofort damit begannen, die jüdische Bevölkerung in den besetzten Gebieten systematisch zu ermorden. Es wurden zwei »Reichskommissariate« gebildet: »Ostland« (Baltische Länder und Weißrussland) sowie »Ukraine«. Waren die eindringenden deutschen Soldaten anfangs v. a. im Baltikum und in der Ukraine von Teilen der Bevölkerung als Befreier von der stalinistischen Gewaltherrschaft angesehen worden, sodass sich eine größere Zahl zur Kollaboration bereit fand und sich sogar z. T. am Genozid an den Juden in den Reihen der Hilfspolizei beteiligte oder in Freiwilligenformationen auf deutscher Seite kämpfte, so führte die sich verschärfende deutsche Gewaltpolitik in den eroberten Gebieten dazu, dass der Widerstand auch unter den nichtrussischen Nationalitäten zunahm und Ansätze, diese als Verbündete gegen das kommunistische System zu gewinnen, zunichte gemacht wurden. Zudem reagierte die sowjetische Führung auf jeden Ansatz bzw. nur die Möglichkeit einer Zusammenarbeit mit der deutschen Besatzungsmacht, indem sie z. B. unter dem zu Unrecht erhobenen Vorwurf kollektiver Kollaboration ganze Völker (1941 die Wolgadeutschen, 1944 eine Reihe kaukasischer Bergvölker) nach Zentralasien bzw. Sibirien deportieren und deren nationale Gebietseinheiten (ASSR o. Ä.) auflösen ließ. Stalin, der den Vorsitz des am 30. 6. 1941 gebildeten »Staatlichen Verteidigungskomitees« übernahm, setzte bei der Organisation der Landesverteidigung auf den Sowjetpatriotismus und propagierte den »Großen Vaterländischen Krieg«.

Das sowjetisch-japanische Nichtangriffsabkommen erlaubte der Regierung der UdSSR, Verstärkungen aus dem Osten heranzuführen. Es gelang ihr außerdem, mehr als 1500 Industriebetriebe und etwa 10 Millionen Menschen rechtzeitig vor der herannahenden Front in den Osten zu evakuieren.

Die stark strapazierten deutschen Truppen litten hingegen zunehmend unter Versorgungsschwierigkeiten. Trotzdem verwarf Hitler im August 1941 den Rat des Oberkommandos des Heeres (OKH), die Kräfte zusammenzufassen und die Entscheidung im Vorstoß auf das Zentrum Moskau zu suchen. Stattdessen befahl er zunächst den Vorstoß auf Leningrad im Norden und die Besetzung der Ukraine im Süden. Am 8. 9. 1941 wurde Leningrad von allen Landverbindungen abgeschnitten (Blockade); in den fast 900 Tagen der Belagerung der Stadt (bis 27. 1. 1944) starben Hunderttausende an Hunger, Seuchen, Erfrierungen,

Luft- und Artilleriebombardements. Der Angriff auf Moskau (Unternehmen »Taifun«) verzögerte sich bis zum 2. 10. Die Heeresgruppe Mitte drang bis Kalinin (14. 10.) sowie Klin (90 km nordwestlich von Moskau, 23. 11.) vor. Die Offensive der weder auf die herbstliche Schlammperiode noch auf den rasch einbrechenden Winter vorbereiteten deutschen Truppen, die zudem erschöpft waren und sich mit dem Versagen der Motoren sowie ihrer automatischen Waffen konfrontiert sahen, blieb dann etwa 30 km vor der sowjetischen Hauptstadt stecken, aus der sich am 16. 10. die Regierung, nicht aber Stalin, zurückzog. Das Scheitern der Blitzkriegsstrategie vor Moskau bedeutete die entscheidende Wende für Hitlers gesamten Kriegsplan. Die Rote Armee hatte zwar Niederlagen und schwere Einbußen erlitten, verfügte aber weiter über große Reserven und war wesentlich leistungsfähiger und besser ausgerüstet als angenommen. Die Wehrmacht verzeichnete auf dem östlichen Kriegsschauplatz bis zum 1. 12. 1941 rund 162 000 Tote, 33 000 Vermisste und 572 000 Verwundete (ein Viertel ihres ursprünglichen Bestandes). Am 10. 1. 1942 verlegte Hitler, der mittlerweile selbst den Oberbefehl über das Heer übernommen hatte, das Schwergewicht der deutschen Rüstung wieder auf das Heer zurück.

Im Januar und Februar 1942 stießen sowjetische Truppen bis nördlich Smolensk und nach Westen bis Welikije Luki vor. Bei der Heeresgruppe Nord musste die am 8. 11. bis Tichwin gelangte 16. Armee Mitte Dezember hinter den Wolchow zurückweichen. Im Süden konnten sowjetische Truppen Ende Dezember die Halbinsel Kertsch wieder nehmen und im Januar 1942 bei Isjum in die deutsche Front einbrechen.

Zeitgleich zur militärischen Entwicklung erreichte die Vernichtungsstrategie gegen die Juden u. a. angeblich rassisch »Minderwertige« wie Zigeuner, an der Hitler unbeirrt festhielt, ihren Höhepunkt: Nach dem Beginn der Mordaktionen an den Juden mit dem Angriff auf die UdSSR entstanden ab Herbst 1941 die Vernichtungslager im besetzten Polen. Im November 1941 waren die organisatorischen Planungen zur Verwirklichung der »Endlösung« abgeschlossen und wurden auf der →Wannseekonferenz (20. 1. 1942) mit den beteiligten Dienststellen abgestimmt.

ENTSTEHUNG DER ANTI-HITLER-KOALITION: Hitlers Angriff auf die UdSSR brachte die große Gegenallianz, die Anti-Hitler-Koalition, zustande, die bis dahin an der Divergenz der Interessen der Mächte gescheitert war. Am 12. 7. 1941 wurde ein britisch-sowjetisches Abkommen über Hilfeleistungen unterzeichnet, das einen Separatwaffenstillstand oder Separatfrieden ausschloss. Am 25. 8. 1941 rückten britische und sowjetische Truppen in Iran ein und stellten eine Verbindung her, über die Hilfeleistungen in die UdSSR gesandt werden konnten; persische Zwangsarbeiter mussten zu diesem Zweck zwischen Abadan und der Südküste des Kaspischen Meeres eine Straße bauen. Ab August 1941 lieferten die USA Kriegsmaterial an die UdSSR, am 6. 11. 1941 konnte Roosevelt die UdSSR in das Lend-Lease-System einbeziehen.

Um möglichen deutschen Landungen zuvorzukommen, besetzten die USA am 7. 7. 1941 Island und im September 1941 Grönland. Einen Zwischenfall im Atlantik hatte der amerikanische Präsident genutzt, um am 11. 9. 1941 den Schießbefehl gegen Schiffe der Achsenmächte zu erteilen, die sich in Seegebiete wagten, deren Schutz für die amerikanische Sicherheit als notwendig erachtet wurde. In der →Atlantikcharta (14. 8. 1941) hatten sich Roosevelt und Churchill bereits vor dem Kriegseintritt der USA auf ein Kriegszielprogramm, auf die Befreiung der unterdrückten Nationen, geeinigt. Auch stand die Strategie des »Germany first« im Fall eines Zwei-Ozean-Krieges gegen Deutschland und Japan seit dem britisch-amerikanischen »ABC-1 Staff Agreement« vom 27. 3. 1941 fest.

Die Entscheidung zur Ausweitung des Krieges zum Weltkrieg im Wortsinn fiel mit der Zuspitzung des Konflikts zwischen Japan und den USA, die durch die japanische Besetzung Südindochinas ihre wirtschaftlichen Interessen auf dem asiatisch-pazifischen Markt und ihren strategischen Vorposten auf den Philippinen bedroht sahen. Am 26. 7. 1941 froren die USA, Großbritannien und die Niederlande die japanischen Bankguthaben ein und verhängten ein Ölembargo. Die dessen ungeachtet zunächst fortgeführten japanisch-amerikanischen Geheimverhandlungen (ab Mai 1941) über einen Modus Vivendi scheiterten jedoch endgültig am 26. 11. 1941 mit der amerikanischen Forderung, Japan solle sich aus ganz Indochina und China zurückziehen. Am 1. 12. 1941 entschied sich der japanische Kronrat endgültig zum Krieg gegen die USA, Großbritannien und die Niederlande.

ANGRIFF JAPANS AUF DIE USA: Den Überfall japanischer Trägerflugzeuge auf die amerikanische Pazifikflotte in Pearl Harbor am 7. 12. 1941 beantworteten die USA mit der Kriegserklärung an Japan (8. 12.). Deutschland und Italien erklärten am 11. 12. 1941 den USA den Krieg; Hitler verband damit die Hoffnung, einen raschen Sieg über Japan zu verhindern, das Vorgehen der Alliierten gegen Deutschland hinauszuzögern und doch noch das Ziel seines Ostkriegs zu verwirklichen. Damit lagen die großen politischen Fronten des Krieges fest. Es standen sich nun die Dreierpaktmächte (Achsenmächte) und die Anti-Hitler-Koalition, der sich mit der Kriegserklärung an Deutschland (9. 12.) auch die in

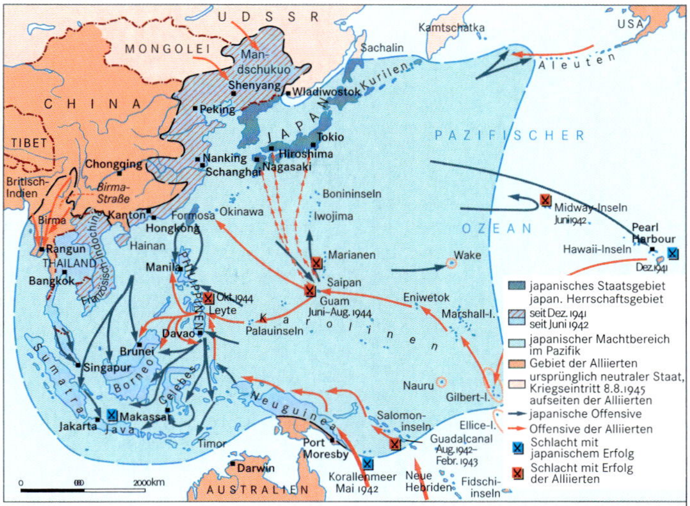

Zweiter Weltkrieg. Krieg im Pazifik 1941–45

Chongqing residierende Regierung unter Chiang Kai-shek angeschlossen hatte, gegenüber. Jedoch wahrten Japan und die UdSSR den zwischen ihnen vereinbarten Neutralitätsvertrag. Alle Bemühungen der japanischen Regierung um einen deutsch-sowjetischen Separatfrieden scheiterten an Hitlers Ablehnung.

KRIEG IN OSTASIEN UND IM PAZIFIK: Die Eroberung Südostasiens durch die Japaner vollzog sich rasch. Über Thailand, das ab dem 7. 12. 1941 besetzt wurde, drangen sie an die Ostküste von Malaya (8. 12. 1941) und nach Birma vor (Einnahme von Rangun am 8. 3. 1942). Eingenommen wurden von den Japanern auch Guam (10. 12.), Wake (23. 12.), Hongkong (25. 12.) und der größte Teil der Philippinen (Landung auf Luzon am 10. 12. 1941, Kapitulation amerikanischer Truppen in Baatan am 9. 4. 1942) sowie Singapur (15. 2. 1942). Die Eroberung Birmas bedrohte Indien und beraubte China seiner einzigen Nachschublinie (Birmastraße). Nach zahlreichen weiteren Eroberungen herrschte Japan Mitte 1942 über ein Gebiet mit 450 Millionen Menschen. Damit hatte es auch die Rohstoffquellen gewonnen, die es für eine längere Kriegführung benötigte. Sein Kriegsplan lief darauf hinaus, nun zur Defensive überzugehen und die zu erwartenden amerikanischen und britischen Gegenangriffe abzuwehren, bis sich die Chance zu einem Frieden bot.

Ein überraschender amerikanischer Luftangriff auf Tokio (18. 4. 1942) veranlasste Japan, die Sicherungslinie doch bis zu den Midway-Inseln vorzuverlegen. In der See- und Luftschlacht bei diesen Inseln (3.–7. 6. 1942) scheiterte jedoch die Absicht der Japaner, dort zu landen und die amerikanische Einsatzflotte zur Entscheidungsschlacht zu zwingen. Damit war auf dem pazifischen Kriegsschauplatz eine Wende eingetreten, die es den Amerikanern ermöglichte, zur Strategie des »Inselspringens« überzugehen, um sich Zug um Zug an das japanische Mutterland heranzutasten.

War es bereits bei der Eroberung der ostchinesischen Gebiete durch japanische Truppen immer wieder zu Gewaltexzessen gekommen, vollzog sich auch die Okkupation der südostasiatischen Territorien unter Einsatz brutaler Mittel. Konnten die Japaner in einer Reihe ehemaliger europäischer Kolonien ihr militärisches Vorrücken noch als Befreiung der asiatischen Völker von der Herrschaft des »weißen Mannes« verbrämen und sich bei der Errichtung ihrer Besatzungsordnung auf einheimische nationalistische Kreise stützen, so verstärkte sich angesichts der selbstherrlichen, von nationaler Arroganz geprägten Regime der japanischen Militärs, ihrer verfehlten Wirtschaftspolitik, die schließlich gegen Ende des Krieges zu schweren Hungersnöten führte und die mit der Zwangsaushebung von Arbeitskräften verbunden war, die Ablehnung der Neuordnung Ostasiens als »Großostasiatische Wohlstandssphäre«.

Insbesondere in China, wo der Krieg nach Schätzungen 1937–45 etwa 20 Millionen Opfer forderte, regte sich der Widerstand in Form v. a. schlagkräftiger kommunistischer Partisanenverbände, gegen die die kaiserliche Armee in »Säuberungsaktionen« mit besonderer Grausamkeit vorging. Dabei kam es zu zahlreichen Kriegsverbrechen; ungezählte chinesische Gefangene starben in japanischen Lagern an Hunger, unmenschlichen Arbeiten, wurden ermordet oder gingen an Menschenversuchen zugrunde. Ein schweres Schicksal ereilte auch die alliierten Kriegsgefangenen, von denen viele nicht überlebten. Erst am Ende seiner Besatzungsherrschaft förderte Japan die Bildung unabhängiger Regierungen (Birma 1943, Indonesien und Vietnam 1945).

Während des japanischen Vordringens war es am 18. 1. 1942 zu einer Abgrenzung von Operationszonen zwischen Deutschland und Japan gekommen. Trennlinie war der 70. Längengrad, der den größten Teil Indiens und den Indischen Ozean östlich von Madagaskar in den japanischen Operationsbereich fallen ließ. Zu einer intensiveren Zusammenarbeit zwischen den deutschen und den japanischen Streitkräften kam es jedoch nicht. Hitler lehnte die für ein Zusammenwirken mit den Japanern geforderte Schwerpunktverlagerung der deutschen Kriegführung in den Mittelmeerraum und in den Nahen Osten ab und hielt am Vorrang der Niederringung der UdSSR fest.

KRIEG IN EUROPA UND NORDAFRIKA BIS ZU SEINER MILITÄRISCHEN WENDE: Nach dem Kriegseintritt der USA verbanden sich diese und Großbritannien zu enger strategischer Planung und Kriegführung. Beim ersten Aufenthalt Churchills in Washington,

D. C. (22. 12. 1941–14. 1. 1942), wurde das Gremium der »Combined Chiefs of Staff« geschaffen, eine gemeinsame Einrichtung der britischen und amerikanischen Vereinigten Generalstäbe; darüber hinaus wurden die für die Jahre 1942–44 grundlegenden strategischen Entscheidungen bekräftigt: Deutschland blieb der Hauptgegner, dessen Ausschaltung auch Japans Zusammenbruch beschleunigen würde. Anlässlich des zweiten Zusammentreffens in Washington (Juni 1942) beschlossen beide die Landung in Nordafrika. Ausgangsbasis für die Offensive gegen Deutschland blieb – neben der Ostfront – die britische Insel. Am 19. 8. 1942 scheiterte eine als Erkundungsunternehmen durchgeführte britisch-kanadische Landeoperation bei Dieppe. Seit September 1941 forderte Stalin zur Entlastung der Roten Armee die Errichtung einer zweiten Front, eine Maßnahme, die ihm nach Kriegseintritt der USA von den Westmächten zunächst für 1942, dann für 1943 versprochen wurde. Während dieser Zeit trug die UdSSR an einer zeitweilig bis zu 3500 km breiten Front die Hauptlast des Krieges gegen Deutschland. Allerdings konnte sie ihre Kräfte auf diese eine Aufgabe konzentrieren, während die Westmächte auf vielen weit auseinander liegenden Kriegsschauplätzen zur See, in der Luft und zu Land gleichzeitig engagiert waren. Da sie ihren Nachschub weltweit organisieren mussten, waren die Aktivitäten in den einzelnen Kampfgebieten voneinander abhängig.

SEE- UND LUFTKRIEG: Seit dem Wegfall der durch die Nichtkriegführung der USA gesetzten Schranken nahmen zunächst die Erfolge der deutschen U-Boot-Kriegführung gegen die westlichen Alliierten zu. Nach einer letzten Steigerung der deutschen Versen-

Zweiter Weltkrieg
Europa und Nordafrika
1942–44

kungsziffern von August 1942 bis März 1943 zeichnete sich jedoch eine Wende ab; die alliierten Neubauten von Handelsschiffen lagen ab März 1943 höher als ihre Verluste auf diesem Gebiet. Seitdem stiegen zugleich die deutschen U-Boot-Verluste derart an, dass der Befehlshaber der U-Boote, Karl Dönitz, am 24. 5. 1943 die Bekämpfung der alliierten Geleitzüge im Atlantik abbrach. Die deutsche Überwasserkriegsführung war bereits seit der Versenkung des Schlachtschiffs »Bismarck« (27. 5. 1941) praktisch zu Ende gegangen. Eine wichtige Rolle bei der deutschen Niederlage im U-Boot-Krieg spielte »Ultra«, der erfolgreiche Versuch der Briten, den deutschen Funkcode zu entschlüsseln. Durch aufwendige Bemühungen einer Spezialistengruppe konnten bereits ab Mai 1940 deutsche Funksprüche dechiffriert werden. Die Alliierten besaßen damit einen wichtigen Vorteil in der Kriegführung.

Die gegen die deutschen Städte geführten britischen Luftangriffe nahmen mit dem Übergang zu Flächenbombardierungen den Charakter von Terrorangriffen an, ohne allerdings die angestrebte psychologische Wirkung auf die deutsche Bevölkerung zu erzielen. Seit Mitte 1943 nahm die alliierte Luftoffensive ständig an Wucht zu. Die britische Kriegführung behielt ihren Schwerpunkt, Angriff auf deutsche Großstädte, bei; u.a. wurden Hamburg (24.–30. 7. 1943) und Berlin (18. 11.–3. 12.1943) besonders schwer getroffen. Ab Frühjahr 1944 verlagerte sich unter dem Einfluss der Amerikaner das Schwergewicht der Luftangriffe auf die Zerstörung der deutschen Treibstoff-, Luftrüstungs- und Kugellagerindustrie. Auch das rumänische Erdölgebiet wurde ab 5. 4. 1944 systematisch angegriffen. Ein rapider Rückgang der Produktion war die Folge.

WENDE IN NORDAFRIKA: Im Mittelmeerraum änderte sich im Winter 1941/42 zunächst die Situation zu deutschen Gunsten, nachdem die Briten gezwungen waren, einen beträchtlichen Teil ihrer Kräfte nach Südostasien abzuziehen, um die Japaner am weiteren Vordringen zu hindern. Die zwischen Ende November 1941 und Anfang Januar 1942 bis zur Großen Syrte zurückgedrängten deutsch-italienischen Truppen unter Rommel konnten wieder bis in den Raum von Tobruk vorrücken. Rommels Offensive war zunächst erfolgreich (21. 6. Kapitulation von Tobruk), blieb jedoch am 30. 6. vor El-Alamein westlich von Alexandria stecken. Eine Fortsetzung der Offensive in Richtung Kairo und Suezkanal musste am 2. 9. abgebrochen werden.

Die sichtbare Wende auf den europäisch-afrikanischen Schauplätzen trat im Oktober/November 1942 ein. Am 23. 10. begann die 8. britische Armee den Großangriff gegen die Armee Rommel, die die El-Alamein-Stellung vom 2. 11. an aufgab, in Etappen nach Westen auswich und sich so der völligen Vernichtung entzog. Ende November 1942 stand sie wieder an der Großen Syrte. Inzwischen war am 7./8. 11. eine amerikanisch-britische Großlandung in Marokko und Algerien unter dem Oberbefehl von Dwight D. Eisenhower (Operation »Torch«) erfolgt. Damit war der Mittelmeerraum von den Westalliierten zu einer Abnutzungsschlacht großen Stils gewählt. Dabei sollten Italien ganz aus dem Felde geschlagen und so viele deutsche Kräfte gebunden werden, dass anschließend die Invasion von der britischen Insel aus in Frankreich folgen konnte. Marschall Pétain befahl der französischen Nordafrika-Armee, der alliierten Invasion Widerstand zu leisten; doch bald wurde auf Weisung des Stellvertreters Pétains, François Darlan, der Widerstand eingestellt. Darlan wurde von den USA als De-facto-Staatschef in Französisch-Nordafrika anerkannt. Rivalitäten zwischen seinem Nachfolger Henri-Honoré Giraud und de Gaulle endeten erst im Sommer 1943 mit der Ausschaltung Girauds und der Durchsetzung de Gaulles im gesamten französischen Kolonialreich.

In Reaktion auf die Vorgänge in Nordafrika befahl Hitler die Errichtung eines deutsch-italienischen Brückenkopfes in Tunesien (ab 9. 11. 1942), den Einmarsch in das bisher unbesetzte Südfrankreich (ab 11. 11.), die Besetzung des anfangs noch ausgesparten Kriegshafens Toulon (27. 11.) und die Entwaffnung des schwachen französischen Waffenstillstandsheeres. Die Regierung in Vichy wurde endgültig zu einem Satelliten der deutschen Besatzungsmacht.

Nachdem die Armee Rommel am 23. 1. 1943 Tripolis geräumt und sich nach Tunesien zurückgezogen hatte, hielt die neu geschaffene Heeresgruppe Afrika noch eine relativ breite Brückenkopfstellung, die allerdings von den Alliierten, die die absolute Luftherrschaft besaßen und den Nachschub von Sizilien unterbanden, bis Anfang Mai unter z.T. noch sehr harten Kämpfen immer weiter eingeengt wurde. Am 13. 5. 1943 kapitulierten die Reste der deutschen und italienischen Truppen.

KRIEG IN DER UDSSR: Im Sommer 1942 nahm Hitler die Offensive im Osten wieder auf. Die Verluste des ersten Kriegsjahres zwangen ihn jedoch dazu, den Angriff auf ei-

WELTKRIEG. *Schrecken von Stalingrad*

Ein Überlebender aus der Schlacht um Stalingrad berichtet: *»Klirrende Kälte, nagender Hunger, schleichendes Siechtum, feindliches Feuer wirkten zusammen in unauflöslichem Angriffsbündnis. Ruhr und Typhus hatten sich als unheimliche Gäste eingestellt, und die Läuseplage vermehrte sich von Tag zu Tag. Der Tod tanzte seinen mörderischen Reigen kreuz und quer durch den Kessel.«*

nen Teil der Front zu begrenzen. Als strategisches Angriffsziel wurde die Kaukasusregion gewählt, ein Nebenstoß auf Stalingrad sollte die nachfolgenden Operationen im Kaukasus abdecken. Nach Vorkämpfen konnte die eigentliche Sommeroffensive erst am 28. 6. 1942 beginnen. Am 3. 7. 1942 erreichte der deutsche Angriff, an dem auch eine italienische, eine ungarische und zwei rumänische Armeen teilnahmen, den Oberlauf des Don bei Woronesch und stieß dann donabwärts bis Kalatsch vor. Am 9. 7. begann der Vorstoß gegen den unteren Don, doch wie im Vorjahr gelang auch jetzt nicht die Einkesselung größerer Teile der Roten Armee.

Am 23. 7. wurde auf Weisung Hitlers – entgegen der bisherigen Planung – die Offensive zeitgleich mit gleich starken Kräften in Richtung Stalingrad und Kaukasus weitergeführt. Sie blieb nach Erreichen des Hochkaukasus dort am Terek stecken. Die Besetzung einiger Ölfelder bei Maikop (9. 8.), die zudem schwer zerstört waren, reichte nicht aus, um den Treibstoffmangel auf deutscher Seite zu beseitigen. In der daraufhin entstandenen Führungskrise entließ Hitler am 24. 9. 1942 Franz Halder als Chef des Heeresgeneralstabes. Bis zum 10. 9. 1942 waren die Verluste des Ostheeres auf 1,6 Millionen Mann gestiegen; sie konnten kaum zur Hälfte ersetzt werden. In grundlegenden Befehlen legte Hitler das Ostheer dennoch auf die Verteidigung des gewonnenen Gebietes in einer weit überdehnten Front fest. In ihr klaffte besonders in der Kalmückensteppe südlich von Stalingrad, das bis Ende Oktober 1942 in schweren Straßenkämpfen gegen den zähen Widerstand der 62. sowjetischen Armee (Wassilij Tschujkow) zum größten Teil von der 6. deutschen Armee (Friedrich Paulus) erobert werden konnte, eine mehrere Hundert Kilometer breite Lücke, in der v. a. einheimische Hilfskräfte wie das Kalmückische Kavalleriekorps eingesetzt waren.

NIEDERLAGE VON STALINGRAD: Am 19./20. 11. 1942 eröffnete die Rote Armee eine Großoffensive nordwestlich und südlich von Stalingrad, zerschlug die beiden rumänischen Armeen und schloss am 22. 11. den Ring um die 6. Armee zwischen Wolga und Don. Im weiteren Verlauf der Kämpfe wurde auch die 8. italienische Armee zerschlagen. Das Versprechen Görings, eine ausreichende Luftversorgung abzusichern, konnte nicht eingehalten werden. Die hungernden Truppen wurden auf die Stadt Stalingrad zurückgedrängt. Nur 34 000 Verwundete und Spezialisten konnten unter größten Verlusten der Luftwaffe ausgeflogen werden. Da Hitler einen Ausbruch verboten hatte und auch eine Kapitulation ablehnte, leistete die 6. Armee gegen den am 10. 1. 1943 eingeleiteten Generalangriff der Roten Armee auf den Kessel vergeblich Widerstand. Am 31. 1. ergab sich Paulus mit einem Teil der 6. Armee, am 2. 2. 1943 die Restgruppe.

In der großen Lücke, die in die südliche Ostfront geschlagen war, drang die Rote Armee weiter nach Westen, über Kursk und Charkow bis in die Gegend des Dnjepr-Knies, vor, wurde dann aber durch die Heeresgruppe Süd noch einmal über Charkow hinaus nach Nordosten zurückgedrängt (März 1943). Es bildete sich wieder eine geschlossene Front, die jedoch im Raum von Kursk einen weit nach Westen vorspringenden Bogen aufwies. Die sich ab Januar 1943 aus dem Kaukasus zurückziehenden deutschen Truppen wurden größtenteils in den Kubanbrückenkopf zurückgeführt, von dort im September/Oktober 1943 auf die Krim. Gegen den Frontbogen um Kursk richtete sich die noch stärker begrenzte deutsche Sommeroffensive 1943 (Unternehmen »Zitadelle«, ab 5. 7. 1943), aus der sich die größte Panzerschlacht des Zweiten Weltkriegs entwickelte.

Mit dem Frontalangriff gegen die gut vorbereitete und tief gestaffelte sowjetische Abwehr suchte Hitler der Roten Armee in einem Abnutzungskampf so große Verluste beizubringen, dass sich Deutschland später der alliierten Invasionsdrohung im Westen entgegenstellen konnte. Nachdem der Zangenangriff auf den Kursker Bogen jedoch gescheitert war, ließ Hitler den Angriff abbrechen, weil am 10. 7. die Westalliierten auf Sizilien gelandet waren und er eigene Kräfte nach Italien verlegen wollte. Die Initiative im Osten ging endgültig auf die sowjetische Seite über. Trotz dieser militärischen Entwicklung 1942/43 hielt Hitler an seinem ideologischen Kriegsziel, der Vernichtung der europäischen Juden, fest, und war auch zu keinem Kurswechsel in der Ostpolitik bereit, wie ihn Rosenberg und Befürworter in der Wehrmacht propagierten.

Eine schwere Belastung für die deutsche Kriegführung war die zunehmende Tätigkeit von Partisanen in den waldreichen Gebieten Kareliens, Weißrusslands, der Gebiete Smolensk, Orel und Brjansk, vor Leningrad und in der Ukraine, die besonders deutsche Verbindungs- und Nachschublinien bedrohte (u. a. »Schienenkrieg«).

VORMARSCH DER ANTI-HITLER-KOALITION: Auf der Konferenz von Casablanca verkündeten Roosevelt und Churchill am 24. 1. 1943 als ihr Kriegsziel die bedingungslose Kapitulation Deutschlands, Italiens und Japans; außerdem wurde eine Verstärkung der alliierten Bomberoffensive gegen Deutschland beschlossen, in die nunmehr auch die amerikanische Luftwaffe eingriff. Im Zusammenhang mit der Entdeckung der Massengräber polnischer Offiziere bei →Katyn (April 1943) kam es noch einmal zu einer Krise der Anti-Hitler-Koalition: Die UdSSR brach die diplomatischen Beziehungen zur polnischen Exilregierung in London ab (25. 4. 1943) und stellte ein kommunistisches polnisches Komitee als Kern einer neuen prosowjetischen polnischen Regierung bereit. Die Konferenz der Außenminister der Anti-Hitler-Koalition in Moskau (19. 10.–1. 11. 1943) und v.a. das Treffen der »Großen Drei« (Roosevelt, Churchill, Stalin) in Teheran (28. 11.–1. 12. 1943) brachten eine grundsätzliche Klärung, die im Großen und Ganzen bis zum Kriegsende in Europa anhielt. Endgültig beschlossen wurde die westalliierte Landung in Frankreich für das Frühjahr 1944. Damit war abzusehen, dass die von Osten vordringende Rote Armee mit den westalliierten Invasionstruppen in Deutschland zusammentreffen würde. Über konkrete Maßnahmen für Deutschland in der Nachkriegszeit sollte eine European Advisory Commission (EAC) befinden. Am 12. 9. 1944 wurde ein Abkommen über die künftige Ost-West-Demarkationslinie bei der Zonenaufteilung geschlossen (→ Londoner Protokolle).

LANDUNG DER WESTALLIIERTEN IN ITALIEN UND DER STURZ MUSSOLINIS: Mit ihrem Landungsunternehmen auf Sizilien (10. 7. 1943) griffen westalliierte Landstreitkräfte erstmals auf dem europäischen Kontinent ein. Nachdem sie auf nur schwachen italienischen Widerstand gestoßen waren, brachten deutsche Truppen den britisch-amerikanischen Vormarsch bei Catania vorübergehend zum Stehen. Unter dem Eindruck eines Bombenangriffs auf Rom (19. 7.) nötigte ein Misstrauensvotum des Großen Faschistischen Rates Mussolini am 25. 7. zum Rücktritt. König Viktor Emanuel III. ließ ihn noch am selben Tag verhaften und ernannte Marschall Pietro Badoglio zum Regierungschef. Dieser ließ nach Geheimverhandlungen am 3. 9. 1943 einen Waffenstillstand mit den Alliierten unterzeichnen. Am selben Tag landeten britische Truppen, nachdem ganz Sizilien am 17. 8. in alliierte Hand gefallen war, an der kalabrischen Südküste. Am 9. 9. folgte eine amerikanische Großlandung bei Salerno.

Die seit Mussolinis Sturz vorbereiteten deutschen Gegenmaßnahmen liefen sogleich nach Bekanntwerden der italienischen Kapitulation an. Am 10. 9. wurde Rom von deutschen Truppen besetzt; die italienischen Truppen in Nord- und Mittelitalien, auf dem Balkan und in Südfrankreich wurden entwaffnet, sofern es ihnen nicht gelang, sich – wie z. T. in Jugoslawien – den Partisanen anzuschließen. Jeglicher Widerstand wurde mit harten Maßnahmen und mörderischen Racheakten unterdrückt. Mussolini wurde am 12. 9. von einem deutschen Fallschirmjägerkommando auf dem Gran Sasso d'Italia befreit und Chef einer von Deutschland abhängigen faschistischen »Repubblica Sociale Italiana« (Republik von Salò). Der König und die Regierung Badoglio (in Bari) erklärten Deutschland am 13. 10. 1943 den Krieg.

Im Oktober 1943 gelang es dem deutschen Oberbefehlshaber Süd, Albert Kesselring, nördlich von Neapel eine quer über die italienische Halbinsel verlaufende Front aufzubauen. Nachdem sowohl Durchbruchsversuche der Alliierten bei Montecassino als auch die Landeoperation im Rücken der deutschen Front bei Anzio und Nettuno (22. 1. 1944) gescheitert waren, traten die Alliierten am 12. 5. 1944 in Italien zum Großangriff an. Unter Aufgabe von Rom (4. 6. 1944) zogen sich nun die deutschen Truppen auf die Apenninstellung Pisa–Florenz–Rimini zurück, die im Herbst 1944 mehrfach zurückgedrängt, aber nicht durchbrochen werden konnte. In Oberitalien traten stärkere italienische Partisanenkräfte in Erscheinung, die von den Westmächten materiell unterstützt wurden. Die deutschen Einheiten versuchten, mit hemmungslosen Vergeltungsmaßnahmen und Geiselnahmen den Aufstand niederzuwerfen.

VORMARSCH DER ROTEN ARMEE: Aus der Abwehr des deutschen Unternehmens »Zitadelle« entwickelte sich eine große sowjetische Gegenoffensive. Charkow wurde am 23. 8. 1943, Kiew am 6. 11. zurückerobert, die Krim von den Landverbindungen abgeschnitten. Im Mittelabschnitt gaben die deutschen Truppen am 24. 9. Smolensk auf und bezogen eine Stellung am oberen Dnjepr mit Witebsk und Mogiljow als Angelpunkt. Nach Kämpfen um den mittleren und unteren Dnjepr (Oktober 1943 bis Februar 1944) stieß die Rote Armee im März 1944 in der westlichen Ukraine vor und erreichte im April den östlichen Karpatenrand und den Raum östlich von Lemberg. Nachdem im Norden die Rote Armee im Januar 1944 den deutschen Belagerungsring um Leningrad gesprengt hatte, wich die deutsche Heeresgruppe Nord auf die Linie Narwa–Pleskau–Polozk zurück. Hunderttausende Menschen wurden zwangsevakuiert, zum Stellungsbau eingesetzt oder zur Zwangsarbeit nach Deutschland verschleppt. Dazwischen bewegten sich die Trecks der Russlanddeutschen; 600 000 Menschen suchten auf der Flucht vor der Roten Armee eine trügerische Sicherheit im Osten Deutschlands.

Am dritten Jahrestag des deutschen Angriffs auf die UdSSR, am 22. 6. 1944, eröffnete die Rote Armee eine Großoffensive gegen die deutsche Heeresgruppe Mitte und unterstützte damit die Westalliierten in der gut zwei Wochen zuvor eingeleiteten Invasionsschlacht. Hitler bestand auf starrem Halten der Front mit der Folge, dass es den weit überlegenen sowjetischen Armeen gelang, in wenigen Tagen die Masse der Heeresgruppe aufzureiben und die deutsche Front aufzureißen. Sie drangen bis Ende Juli zur ostpreußischen Grenze und zur mittleren Weichsel im Raum

Zweiter Weltkrieg. Alliierte Truppen landeten im Juni 1944 im Zuge der Operation »Overlord« in der Normandie. Damit eröffneten die Alliierten nach langem Zögern die – Stalin längst versprochene – »zweite Front« in Europa.

Warschau vor, ehe sie von neu herangeführten deutschen Truppen noch einmal aufgehalten wurden. Der Vorstoß sowjetischer Truppen in den Raum Riga (Besetzung der Stadt am 13. 10. 1944) zwang die Heeresgruppe Nord zum Rückzug aus Estland und dem nördlichen Lettland; im Oktober wurde sie schließlich in Kurland von den Landverbindungen abgeschnitten. Eine am 13. 7. beginnende weitere sowjetische Offensive in Galizien erreichte Ende Juli die obere Weichsel, über die – besonders bei Baranów – sowjetische Brückenköpfe gebildet wurden (29. 7.–4. 8.).

ERRICHTUNG DER ZWEITEN FRONT IM WESTEN: Nach monatelanger Vorbereitung (Bombardierung der Verkehrslinien sowie der im Aufbau befindlichen Abschussrampen der deutschen »V 1-Waffen« in Nordfrankreich und Belgien) begann am 6. 6. 1944 (»D-Day«) morgens die alliierte Großlandung in der Normandie (Operation »Overlord«) unter dem Oberbefehl von Eisenhower. Die Alliierten konnten das deutsche Abwehrsystem an der Küste (Atlantikwall) durchbrechen und ihre Landeköpfe allmählich ausweiten. Nachdem sich die deutsche Normandiefront unter schweren Verlusten mehrere Wochen lang hatte halten können, erfolgte mit dem amerikanischen Durchbruch bei Avranches (30./31. 7. 1944) der Übergang zum Bewegungskrieg, die Masse der 7. deutschen Armee wurde schließlich im »Kessel von Falaise« aufgerieben; restliche Teile zogen sich ab Mitte August über die Seine zurück. Am 25. 8. rückten amerikanische und freifranzösische Truppen in das weitgehend unzerstörte Paris ein. Inzwischen waren am 15. 8. auch an der französischen Mittelmeerküste alliierte Streitkräfte gelandet. Die deutschen Truppen in Westfrankreich erhielten den Befehl, unter Zurücklassung von Besatzungen in einigen Atlantikfestungen Anschluss an die sich aus dem Rhônetal zurückziehenden Verbände zu suchen. Dies gelang im Wesentlichen im westlichen Vorfeld der Vogesen. Die Regierung Pétain wurde am 17. 8. von deutscher Seite gezwungen, Vichy zu verlassen und nach Belfort (20. 8.), dann nach Sigmaringen (8. 9.) überzusiedeln.

In Paris übernahm de Gaulle die Regierung. Der Vormarsch der Alliierten durch Nordfrankreich und Belgien kam Anfang September westlich von Elsass-Lothringen zum Stehen. Die schließlich durchgeführte Luftlandung im Raum Eindhoven–Arnheim–Nimwegen (Operation »Market Garden«, 17.–26. 9. 1944) war nur sehr begrenzt erfolgreich. Während die Amerikaner die frontnäheren Brückenköpfe bei Nimwegen bilden konnten, wurden die Briten (Schwerpunkt der Kämpfe an der Brücke von Arnheim) von einem SS-Panzerkorps weitgehend aufgerieben.

DER 20. JULI 1944: Während der katastrophalen Niederlage der Heeresgruppe Mitte und in Erwartung des unvermeidlich bevorstehenden Zusammenbruchs der deutschen Front in der Normandie unternahm Claus Graf Schenk von Stauffenberg am 20. 7. 1944 im Hauptquartier »Wolfsschanze« (bei Rastenburg) ein Attentat auf Hitler (→Zwanzigster Juli). Durch dessen Beseitigung sollte ein erträglich schnelles Kriegsende herbeigeführt, v. a. aber eine Selbstreinigung Deutschlands von der verbrecherischen nationalsozialistischen Führung eingeleitet werden. Das Unternehmen scheiterte. In Reaktion auf den versuchten Militärputsch ernannte Hitler Heinrich Himmler, den Reichsführer SS und Chef der Heeresrüstung, zum Befehlshaber des Ersatzheeres; Goebbels proklamierte als neu ernannter Generalbevollmächtigter für den totalen Kriegseinsatz am 3. 8. 1944 zum zweiten Mal den »totalen Krieg«. Am 25. 9. wurden alle waffenfähigen Männer zwischen 16 und 60 Jahren zum Deutschen →Volkssturm aufgerufen.

FRONTWECHSEL UND DEUTSCHE ARDENNENOFFENSIVE: Der sich anbahnende, endgültige deutsche Zusammenbruch veranlasste die kleineren Verbündeten zum Ausscheiden aus dem Krieg oder zum Frontwechsel auf dem Balkan. Nachdem die Rote Armee am 20. 8. zur Großoffensive gegen Rumänien angetreten war, ließ König Michael I. am 23. 8. Antonescu verhaften und berief eine neue Regierung, die am 25. 8. dem Deutschen Reich den Krieg erklärte und am 12. 9. 1944 in Moskau einen Waffenstillstand mit den Alliierten schloss. Am 5. 9. rückte die Rote Armee nach einer Kriegserklärung der UdSSR in Bulgarien ein, das am 9. 9. 1944 die Front wechselte. Der ungarische Reichsverweser Miklós Horthy, der am 15. 10. 1944 ebenfalls einen Frontwechsel Ungarns einzuleiten versuchte, wurde durch eine deutsche Gegenaktion zur Abdankung gezwungen; das danach von Deutschland installierte Pfeilkreuzler-Regime führte den Kampf an deutscher Seite weiter. Einen Aufstand in der Slowakei ab 29. 8. 1944 konnten die deutschen Truppen bis Anfang November 1944 niederwerfen. Nach dem Abfall Rumäniens und Bulgariens wurde der deutsche Rückzug aus Griechenland eingeleitet; er vollzog sich unter Abwehr von Partisanenangriffen auch aus Albanien, Makedonien und Serbien (20. 10. 1944 Einnahme Belgrads durch die Rote Armee und Tito-Partisanen).

Wie 1943 stellte auch 1944 das Problem der künftigen Regierung Polens die schwerste Belastung für die Anti-Hitler-Koalition dar. In Cholm ließ die UdSSR am 22. 7. 1944 das Polnische Komitee der Nationalen Befreiung, das Lubliner Komitee, bilden, mit dem sie bereits am 26. 7. einen Vertrag schloss, der u. a. die →Oder-Neiße-Linie als künftige polnische Westgrenze vorsah. Die Bildung dieses Komitees löste als Reaktion auf nationalpolnischer Seite den Aufstand der Armia Krajowa (AK) in Warschau am 1. 8. 1944 aus. Die deutschen Streitkräfte konnten jedoch, da die Rote Armee auf dem Ostufer der Weichsel verhielt, den →Warschauer Aufstand niederwerfen (bis zum 2. 10. 1944). Warschau wurde danach dem Erdboden gleichgemacht. Schwierigkeiten zwischen den Mächten der Anti-Hitler-Koalition in Südosteuropa wurden durch Absprachen über Operations- oder Einflusszonen fürs Erste bereinigt. Außer in Griechenland, wo die Briten einen am 3. 12. 1944 ausgelösten Aufstand der kommunistisch beherrschten E. A. M. niederwarfen, und in Jugoslawien, wo sich sowjetischer und westlicher Einfluss die Waage halten sollten, wurde überall auf der Balkanhalbinsel die Dominanz des sowjetischen Einflusses bestätigt.

Im Dezember 1944 versuchte Hitler, mit den letzten deutschen Reserven einen Durchbruch über die Maas bis Antwerpen zu erzwingen und die britischen und amerikanischen Truppen an der Westfront voneinander zu trennen. Am 16. 12. begann – überraschend für die Alliierten – mit der Ardennenoffensive die letzte deutsche Offensive dieses Krieges. Nach Anfangserfolgen und Vordringen bis in die Nähe von Dinant blieb der Angriff angesichts der alliierten Luftüberlegenheit und Treibstoffmangels nach wenigen Tagen stecken. Der ab dem 8. 9. 1944 gegen London gerichtete Einsatz von »V 2«-Raketen wurde nun auch gegen Antwerpen und Lüttich gewendet. Die Einstellung des Beschusses von Großbritannien erfolgte am 27. 3. 1945.

DAS ENDE DES KRIEGES IN EUROPA: Die Ardennenoffensive und die anschließenden Kämpfe am Plattensee hatten die letzten operativen Reserven der Wehrmacht verbraucht. Am 12. 1. 1945 begann eine sowjetische Großoffensive, die den gesamten Raum von den Karpaten bis zur Memel umfasste und gegen das deutsche Ostheer in kurzer Zeit zu entscheidenden Erfolgen führte. Am 17. 1. nahmen die sowjetischen Truppen Warschau, am 19. 1. Krakau und Lodz. Ein Vorstoß vom Narew über Allenstein bis Elbing und ans Frische Haff schnitt Ostpreußen vom übrigen Reich ab. Königsberg (Pr) wurde Ende Januar eingeschlossen. Nur über See konnte die aus diesen Gebieten in großen Trecks flüchtende deutsche Bevölkerung noch nach Westen gelangen. Die Ostseeverbindung blieb bis zuletzt offen.

Zweiter Weltkrieg. Im Schatten der Invasion in Frankreich gelang es einer sowjetischen Großoffensive, die deutsche Heeresgruppe Mitte an der Ostfront völlig zu zerschlagen. Flüchtlinge – wie hier bei ihrer Einschiffung im ostpreußischen Hafen Pillau – mussten angesichts des sowjetischen Vordringens Tiere, Wagen und Haushaltsgegenstände zurücklassen.

Schon ab Herbst 1944 hatte die SS die Konzentrations- und Vernichtungslager mit dem Näherrücken der sowjetischen Front allmählich aufgelöst und die Lagerinsassen in »Todesmärschen« nach Westen (in die noch bestehenden Lager) getrieben. Am 30. 1. erreichte die Rote Armee die Oder zwischen Frankfurt (Oder) und Küstrin. Hitler hielt sich ab dem 16. 1. in Berlin auf. Abgesehen von Breslau, das sich bis zum 6. 5. hielt, waren der größte Teil Schlesiens sowie ganz Westpreußen und Hinterpommern bis Ende März in sowjetischer Hand. Danzig fiel am 30. 3., Königsberg am 9. 4., Pillau am 25. 4.

SCHLUSSOFFENSIVE DER WESTALLIIERTEN: Die Offensive der Westalliierten in Richtung der vorgesehenen Besatzungszonen begann am 8. 2. mit einem kanadischen Vorstoß östlich von Nimwegen, am 23. 2. mit einer amerikanischen Großoffensive an der Rur zwischen Düren und Jülich, wo die amerikanischen Truppen besonders bei den Kämpfen im Hürttgenwald große Verluste erlitten. Am 7. 3. brachen diese bis Köln durch und nahmen am selben Tag die unzerstörte Brücke bei Remagen. Britische Truppen stießen vom Raum Wesel aus (ab 24. 3. 1945) nach Norden zur Abschnürung der »Festung Holland« und nach Osten über Münster zur Elbe (19. 4. 1945), nach Holstein und Mecklenburg vor (Bremen 26. 4.; Lübeck und Wismar 2. 5.), wo sie mit der sowjetischen Armee zusammentrafen; zugleich drangen sowjetische Truppen nach Mecklenburg vor, weitere trafen am 25. 4. bei Torgau an der Elbe mit amerikanischen Einheiten zusammen. Um die Heeresgruppe B (Model) im Ruhrgebiet schloss sich am 1. 4. der Ring. Ihre Reste kapitulierten am 18. 4. Inzwischen hatten amerikanische Streitkräfte am 14. 4. bei Dessau die Elbe erreicht und besetzten am 18./19. 4. Leipzig. Am 3. 5. rückten britische Truppen in das zur offenen Stadt erklärte Hamburg ein.

Das Gros der Amerikaner wandte sich nach Süddeutschland, um zusammen mit den in Oberitalien ab dem 21. 4. vordringenden Kräften gegen die angenommene »Alpenfestung« vorzugehen. Am 29. 4. erfolgte in Caserta die Kapitulation der deutschen Truppen in Italien; in der Folge löste sich die Republik von Salò auf, Mussolini wurde auf der Flucht ermordet. Am 30. 4. nahmen die amerikanischen Truppen München ein. Französische Streitkräfte eroberten am 22. 4. Stuttgart und stießen an der oberen Donau und am Hochrhein in Richtung Bodensee vor. Die amerikanischen Streitkräfte hielten ihren Vormarsch nach Osten an der Linie Wismar–Magdeburg–Leipzig–Pilsen–Linz an und überließen die Eroberung von Berlin, Prag und Wien der Roten Armee. Am 13. 4. nahm diese Wien ein. Am 30. 4. waren Tito-Partisanen und Briten in Triest zusammengetroffen.

EROBERUNG BERLINS UND DEUTSCHE KAPITULATION: Die sowjetische Schlussoffensive begann am 16. 4. an Oder und Lausitzer Neiße. Oberbefehlshaber waren die Marschälle Georgij Schukow und Iwan Konjew; ihre Truppen konnten am 25. 4. Berlin einschließen. Am 2. 5. 1945 kapitulierte der Stadtkommandant mit den Resten der Verteidiger. Das mit Flüchtlingen überfüllte Dresden wurde durch britische und amerikanische Luftangriffe (13./14. 2. 1945) zerstört und am 8. 5. besetzt; die Einnahme Prags erfolgte am 10. 5.

Hitler, der noch am 19. 3. 1945 den »Nero-Befehl« gab (Zerstörung aller vom Feind zu nutzenden Einrichtungen in Deutschland) und bis zum Schluss Hoffnungen für einen Entsatz Berlins durch die »Armee Wenck« nährte, beging am 30. 4. 1945 im »Führerbunker« der Berliner Reichskanzlei Selbstmord, nachdem er Dönitz zu seinem Nachfolger als Staatsoberhaupt ernannt hatte. Dieser ließ, nachdem die deutschen Streitkräfte in den Niederlanden, Dänemark und Nordwestdeutschland am 4. 5. kapituliert hatten, am 7. 5. 1945 um 2.41 Uhr durch den Chef des Wehrmachtführungsstabes Alfred Jodl im alliierten Hauptquartier in Reims die bedingungslose deutsche Gesamtkapitulation unterzeichnen. Sie wurde am 9. 5. 1945 um 0.16 Uhr im sowjetischen Hauptquartier in Berlin-Karlshorst vom Chef des Oberkommandos der Wehrmacht Wilhelm Keitel wiederholt. Gemäß den Vereinbarungen von Reims trat die Kapitulation am 8. 5. 1945 um 23.01 Uhr MEZ (9. 5.

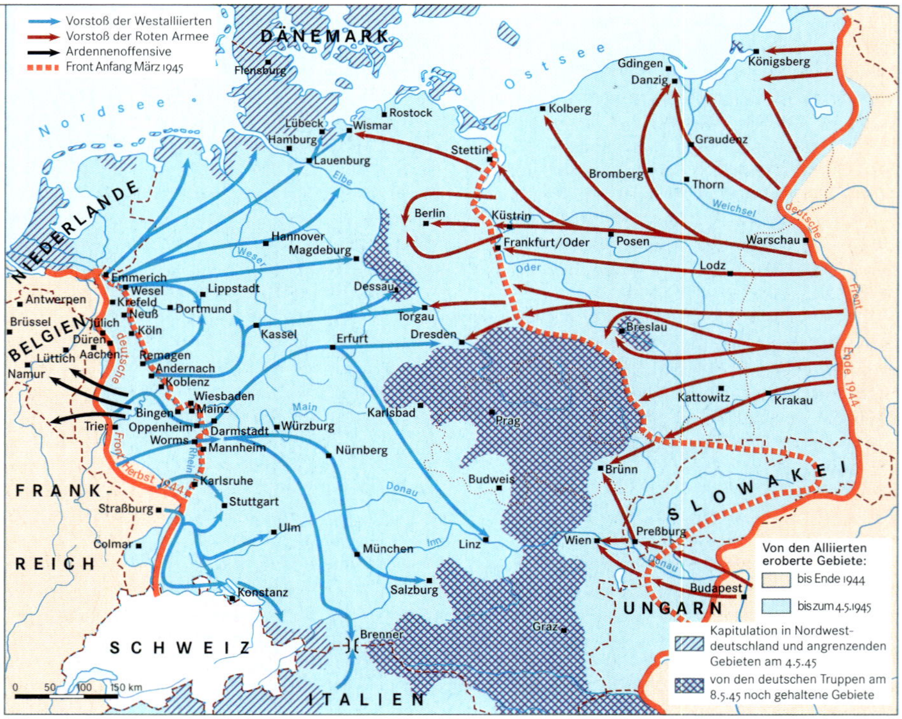

Zweiter Weltkrieg. Vormarsch der Alliierten in das Deutsche Reich 1944/45

1945 0.01 Uhr Sommerzeit) in Kraft. Mit der Verhaftung der Regierung Dönitz in Flensburg (23. 5. 1945) war die vollständige Besetzung Deutschlands und der Übergang der Macht auf die Anti-Hitler-Koalition abgeschlossen. In den letzten Tagen hatten sich noch große Teile des deutschen Ostheeres in den westlichen Machtbereich abgesetzt.

KONFERENZEN DER SIEGERMÄCHTE: Auf der →Jalta-Konferenz (4.–11. 2. 1945) hatten sich Roosevelt, Churchill und Stalin um eine Einigung über ihre Deutschland- und Polenpolitik bemüht. Eine Deklaration der »Großen Drei« verkündete Prinzipien für ein »befreites Europa«. In einem Geheimabkommen machten die USA Zugeständnisse auf Kosten der Souveränität Chinas in der Mandschurei, um einen Kriegseintritt der UdSSR gegen Japan nach Beendigung des Krieges in Europa zu erreichen.

Nach dem Tod Roosevelts (12. 4. 1945) nahm sein Nachfolger Harry Truman gegenüber den sowjetischen Machtansprüchen in Ost-, Südost- und Mitteleuropa eine zunehmend ablehnende Haltung ein. Stalin sagte sich in seiner Proklamation vom 9. 5. 1945 von dem in Jalta beschlossenen Konzept einer »Zerstückelung« Deutschlands los. Am 5. 6. 1945 verkündeten die vier alliierten Oberbefehlshaber die Übernahme der Obersten Gewalt in ganz Deutschland.

Auf der Potsdamer Konferenz (17. 7.–2. 8. 1945) fanden die Mächte der Anti-Hitler-Koalition nur noch Lösungen in Formelkompromissen (→Potsdamer Abkommen). Sie wollten einerseits eine wirtschaftliche Einheit Deutschlands erhalten, andererseits bereitete die unzulängliche Lösung des Reparationsproblems der unterschiedlichen Behandlung der Besatzungszonen in Ost und West den Weg. Die Gebiete östlich von Oder und Lausitzer Neiße wurden der Verwaltung Polens, das nördliche Ostpreußen der UdSSR unterstellt. Die Aussiedlung der deutschen Bevölkerung aus Polen, der Tschechoslowakei und Ungarn sollte »in humaner Weise« erfolgen.

KRIEG IM PAZIFIK: Die Rückgewinnung der von Japan 1941/42 eroberten Gebiete vollzog sich gegen den harten Widerstand der japanischen Inselbesatzungen und bei höchster Opferbereitschaft der japanischen Soldaten sehr langsam, obwohl 1943 etwa die Hälfte der amerikanischen Streitkräfte im Pazifik eingesetzt war.

Am 7. 8. 1942 landeten die amerikanischen Streitkräfte auf der Salomoninsel Guadalcanal, die zum Schauplatz einer monatelangen Abnutzungsschlacht wurde; erst am 8. 2. 1943 gaben die Japaner auf. Um die Landverbindung zu China (Chiang Kai-shek) wiederherzustellen, suchten die Briten Birma zurückzugewinnen. Von dort aus versuchten die Japaner ihrerseits am 4. 2. 1944 mithilfe der indischen

Zweiter Weltkrieg. Hamburg erlebte bis zum Ende des Krieges über 200 Luftangriffe, bei denen unter anderem fast 300 000 Wohnungen zerstört wurden. In ganz Deutschland prägten bis in den Mai 1945 britisch-amerikanische Flächenbombardements den Kriegsalltag: 600 000 Tote und die Zerstörung mehr als der Hälfte des städtischen Wohnraums waren die schreckliche Bilanz.

Nationalarmee einen Vorstoß nach Assam, blieben aber bereits kurz hinter der Grenze stecken. Am 17. 4. 1944 begann die japanische Armee in China eine Großoffensive, um eine Landverbindung mit Indochina herzustellen. Die Eroberung der Marianeninsel Saipan durch die Amerikaner (15. 6.–9. 7. 1944) führte zum Rücktritt des japanischen Kriegskabinetts.

Am 20. 10. 1944 eröffnete Douglas MacArthur mit der Landung auf der Insel Leyte die Rückeroberung der Philippinen. In der Seeschlacht bei den Philippinen (23.–26. 10. 1944) verloren die Japaner den Kern ihrer Flotte. Am 23. 2. 1945 wurde Manila, am 28. 2. auch die Felseninsel Corregidor zurückgewonnen. Von Saipan und Guam aus unternahmen die amerikanischen Streitkräfte von November 1944 an schwere Luftangriffe auf Tokio und andere japanische Großstädte. Am 1. 4. 1945 landeten sie auf der Ryūkyūinsel Okinawa. Sie wurde nach sehr schweren Kämpfen bis zum 21. 6. eingenommen. Damit waren die amerikanischen Luftbasen nahe an das japanische Mutterland herangeschoben. Die Briten (Lord Mountbatten) hatten ab März 1945 Birma zurückerobert und waren am 3. 5. 1945 in das von den Japanern geräumte Rangun vorgedrungen; damit war der Weg nach Singapur und Thailand offen.

Die sowjetische Regierung kündigte am 5. 4. 1945 den Neutralitätsvertrag mit Japan. Die Antwort der japanischen Regierung auf die Aufforderung der Potsdamer Konferenz vom 26. 7. 1945 zu bedingungsloser Kapitulation wurde von den Alliierten für unzureichend erklärt. Am 6. 8. 1945 warfen die USA die erste Atombombe auf Hiroshima, um eine schnellere Beendigung des Pazifikkrieges und die endgültige Kapitulation Japans zu erreichen. Tatsächlich zeichnete sich zu diesem

WELTKRIEG — ***Abwurf der Atombombe***

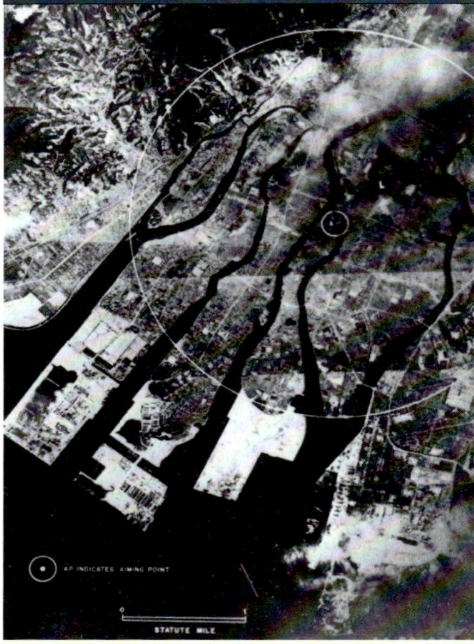

In den Pazifikschlachten 1944 und der Eroberung Okinawas durch die Amerikaner (April bis Juni 1945) war die japanische Seemacht vollständig besiegt worden, die Streitkräfte der Alliierten standen unmittelbar vor dem japanischen Mutterland. Auf der Konferenz von Potsdam forderten die USA, Großbritannien und die Sowjetunion Japan am 26. 7. 1945 ultimativ auf, die Waffen niederzulegen. Als die Japaner ablehnten, weil die Siegermächte den Fortbestand der Monarchie in Japan nicht garantieren wollten, entschloss sich der neue amerikanische Präsident Harry Truman zum Einsatz der Atombombe, die im Juli getestet worden war.

Am 6. 8. 1945 warf der US B-29-Bomber »Enola Gay« um 8.15 Uhr Ortszeit die erste amerikanische Atombombe auf Hiroshima ab (das Luftbild zeigt die zerstörte Stadt). Am 9. 8. erfolgte ein zweiter Abwurf auf die Stadt Nagasaki. In beiden Städten wurden etwa 130 000 Einwohner sofort getötet und über 100 000 verwundet. Die Anzahl der Langzeitopfer durch Verstrahlung ist nicht zu schätzen; sie steigt bis heute noch an. Bereits am 10. 8. schickte Kaiser Hirohito ein Kapitulationsangebot an die Alliierten.

Am 2. 9. unterzeichneten die japanischen Unterhändler die bedingungslose Kapitulation, der die Entwaffnung der japanischen Armee bis Ende Oktober 1945 folgte. Der Krieg im Pazifik war damit beendet. Mit dem einzigen Atomwaffeneinsatz in der Geschichte der Menschheit wurde das Zeitalter der nuklearen Aufrüstung eingeläutet.

Zeitpunkt bereits die Kapitulationsbereitschaft der Japaner ab. Am 8. 8. erklärte die UdSSR Japan den Krieg und ließ ihre Truppen am folgenden Tag in die Mandschurei einrücken, an dem Tag, an dem die USA eine zweite Atombombe auf Nagasaki abwarfen. Am 10. 8. teilte die japanische Regierung den USA ihre Kapitulationsbereitschaft mit. Am 15. 8. befahl der Kaiser allen japanischen Streitkräften die sofortige Einstellung des Kampfes. Der Vormarsch der Roten Armee ging dessen ungeachtet weiter. Am 22. 8. wurden Port Arthur und Dairen besetzt, andere sowjetische Truppen landeten auf den Kurilen und rückten in Nordkorea ein. Am 30. 8. 1945 übergaben die Japaner Hongkong wieder den Briten.

Am 2. 9. 1945 wurde die Kapitulation Japans auf dem amerikanischen Schlachtschiff Missouri in der Bucht von Tokio unterzeichnet. Am 9. 9. kapitulierte in Nanking auch die japanische Armee in China. Die Entwaffnung der japanischen Truppen war am 24. 10. 1945 beendet. Die japanische Hauptinsel sowie Südkorea wurden von den USA besetzt. Der amerikanische General MacArthur übernahm die Kontrolle über Japan.

Die Regierung Chiang Kai-shek, von Chongqing nach Nanking zurückkehrend, hatte am 14. 8. 1945 die von Roosevelt in Jalta Stalin zugestandenen Einschränkungen der Souveränität in einem »Freundschaftsvertrag« mit der UdSSR akzeptieren müssen. Beträchtliche Teile Nordchinas wurden von den kommunistischen Truppen Mao Zedongs eingenommen, die bisher in die nationale Einheitsfront gegen die Japaner eingebunden waren.

BILANZ: Der Zweite Weltkrieg als der bisher verheerendste militärische Konflikt der Weltgeschichte forderte unter der Zivilbevölkerung und den Soldaten insgesamt zwischen 55 und 62 Millionen Tote. Etwa 6 Millionen europäische Juden fielen unter nationalsozialistischer Herrschaft dem Holocaust zum Opfer. Außerdem bewirkte der Zweite Weltkrieg, dass rund 20 Millionen Menschen aus ihrer Heimat flüchten mussten oder aus ihr vertrieben, deportiert oder als Zwangsarbeiter verschleppt wurden.

Deutschland, Italien und Japan schieden als Großmächte aus dem Weltmächtesystem aus. In Europa hatten die USA und die zur Weltmacht aufgestiegene UdSSR die Entscheidung herbeigeführt. Den Macht- und Einflusssphären der USA und der UdSSR entsprechend wurde Europa (und Deutschland) nun faktisch geteilt (→Ost-West-Konflikt) und während des →Kalten Krieges in zwei gegensätzliche wirtschaftlich-politische und militärische Blöcke eingebunden. Von Westeuropa ausgehend, löste die Teilung des Kontinents verstärkte Bemühungen um Zusammenarbeit aus. Mit dem Ziel, künftig den Weltfrieden zu sichern und die internationalen Beziehungen zu fördern, entstanden 1945 die →Vereinten Nationen. In Ostasien hingegen dominierten zunächst die USA. Allerdings entstanden auch hier bis 1949 mit der VR China und der »Demokratischen Volksrepublik Korea« (Nord-Korea) zwei kommunistische Staaten, später andere in Südostasien. Der weitere Abstieg Großbritanniens und Frankreichs, auch als Kolonialmächte (→Entkolonialisierung), zeichnete sich ab, obwohl sie zu den Hauptsiegermächten zählten. Gegen verantwortliche deutsche und japanische Politiker und Militärs wurden 1945/46 in Nürnberg und 1946–48 in Tokio Kriegsverbrecherprozesse geführt.

Zu Friedensschlüssen kam es mit Italien und den kleineren Verbündeten Deutschlands (10. 2. 1947 in Paris). Die USA (nebst ihren Verbündeten) schlossen 1951 mit Japan den Friedensvertrag von San Francisco. Der wiederhergestellte Staat Österreich erhielt von den vier Siegermächten 1955 einen Staatsvertrag. Fundamentale Interessengegensätze zwischen den Weltmächten in Zentraleuropa stellten sich einem gemeinsamen Friedensschluss mit Deutschland von Anfang an entgegen. Jedoch erklärten die Westmächte 1951, die UdSSR 1955 den Kriegszustand mit ganz Deutschland für beendet. Der endgültige Schlussstrich wurde jedoch erst 1990 mit der Vereinigung der beiden deutschen Nachkriegsstaaten und den begleitenden völkerrechtlichen Verträgen gezogen.

Weltwirtschaftskrise, allgemein eine Wirtschaftskrise, die nicht auf ein Land oder eine Staatengruppe beschränkt bleibt, sondern aufgrund internationaler Wirtschaftsverflechtungen (Handel, Geld- und Kapitalverkehr) zahlreiche Staaten, besonders die wichtigsten Industrieländer, erfasst, v. a. im Sinne länger andauernder und in ihren negativen Auswirkungen heftiger konjunktureller Rezessionen; im engeren Sinne die Wirtschaftskrise, die sich nach dem Börsenkrach an der New York Stock Exchange (»schwarzer Freitag«) am 25. 10. 1929 global ausweitete und alle wichtigen, marktwirtschaftlich orientierten Industrieländer erfasste.

Ausbreitung, Schwere und Dauer der Weltwirtschaftskrise waren auf verschiedene Ursachen zurückzuführen: 1) Überschätzung des Aufschwungs der amerikanischen Wirtschaft (seit 1922), was zu Überkapazitäten führte, v. a. aber mit einer oft auch kreditfinanzierten Spekulation an den Aktienmärkten verbunden war, sodass relativ geringe Kursrückgänge ausreichten, um den Kurssturz auszulösen; 2) Absatzschwierigkeiten in der Landwirtschaft, die zu einer Agrarkrise mit einem schnellen und starken Preisverfall v. a. bei Getreide führten; 3) Behinderung des Welthandels durch protektionistische Zollpolitik; 4) starke Ausweitung des internationalen Geldverkehrs (kriegsbedingte Auslandsschulden europäischer Länder bei den USA, Reparationsverpflichtungen Deutschlands), verbunden mit einer eher kurzfristigen Kreditvergabe der USA an europäische Staaten mit hohen Inflationsraten; 5) mangelnde Fähigkeit Großbritanniens und mangelnde Bereitschaft der USA, für Freihandel und eine langfristige Finanzierung der Nachkriegswirtschaft in Europa zu sorgen.

Der Zusammenbruch der Binnenkonjunktur in den USA übertrug sich rasch auf die europäischen Industrieländer, sich wechselseitig verstärkende Preis- und Produktionsrückgänge führten schließlich zur weltweiten Rezession, die 1932 ihren Tiefpunkt erreichte. Die Weltwirtschaftskrise war verbunden mit einer Schrumpfung der Volkseinkommen, der Industrieproduktion und der Außenhandelsumsätze, v. a. mit extrem hoher Arbeitslosigkeit. In Deutschland führte sie aufgrund hoher kurzfristiger Auslandsschulden zudem zu Zahlungsunfähigkeit und zur Bankenkrise (1931). Verschärft wurde der Schrumpfungsprozess durch eine prozyklisch wirkende Finanzpolitik des Staates. Statt ihre Maßnahmen zu koordinieren, versuchten die einzelnen Industrieländer, die Weltwirtschaftskrise durch autonome Wirtschaftspolitik und verstärkte Autarkiebestrebungen zu überwinden. In Deutschland wurde z. B. eine Politik der Arbeitsbeschaffung und öffentlichen Investitionen nach der Regierungsübernahme durch Hitler mit einer Aufrüstungspolitik verknüpft.

WELTWIRTSCHAFTSKRISE. ***Nährboden für Extremisten***

Auf Deutschland, das dem Youngplan zufolge noch bis 1988 (!) Kriegsreparationen in Jahresraten hätte zahlen sollen, wirkte sich die Weltwirtschaftskrise auch politisch verheerend aus. Der Kurssturz an der New Yorker Börse vom 24. 10. 1929 entzog der auf ausländischen Krediten aufgebauten deutschen Wirtschaft die Grundlagen. Kapitalmangel, Exportrückgang, Preisverfall, Konkurse, Bankenzusammenbrüche waren die Folge und vor allem eine bedrückende Arbeitslosigkeit: Die Zahl der Artbeitslosen stieg von 1,2 Millionen im Juli 1929 auf 2,7 Millionen im Juli 1930, 4 Millionen im Juli 1931, 6 Millionen im Januar 1933 – ein Nährboden für Extremisten: Bei den Reichstagswahlen 1930 erhielt die NSDAP statt bisher 12 nun 107 Sitze.

Wẹnzel, König des Heiligen Römischen Reichs (1378–1400), als Wenzel IV., tschechisch Václav IV., König von Böhmen (1363–1419), *Nürnberg 26. 2. 1361, †Schloss Wenzelstein (Kunratitz bei Prag, heute Kunratice u Prahy) 16. 8. 1419; Luxemburger, Sohn Kaiser Karls IV.; wurde 1376 zum König des Heiligen Römischen Reichs gewählt und trat

1378 die Nachfolge seines Vaters an. Wenzel suchte dessen Politik einer Mittlerstellung zwischen Fürsten und Städten fortzusetzen, scheiterte aber im Schwäbischen Städtekrieg und vermochte das 1378 ausgebrochene Abendländische Schisma nicht beizulegen. Wenzel konnte den Landfrieden erst 1389 in der Landfriedensordnung von Eger, die ihm zudem das Bürgertum entfremdete, sichern und überwarf sich in Böhmen mit Adel und Geistlichkeit. Am 20. 8. 1400 setzten die vier rheinischen Kurfürsten den untätigen und das Reich vernachlässigenden Wenzel aus grundsätzlicher Opposition gegen die Hausmachtbestrebungen im Osten sowie wegen seiner Politik in Italien und gegenüber Frankreich als König des Heiligen Römischen Reichs ab und wählten am 21. 8. statt seiner Ruprecht von der Pfalz. Wenzel blieb König von Böhmen, wo er Jan Hus zwar unterstützte, den Hussiten aber kritisch gegenüberstand.

Wenzel I., der Heilige, tschechisch **Václav** ['va:tslaf], Herzog von Böhmen (seit 921), *um 903, † (ermordet) Altbunzlau 28. 9. 929 (nach anderen Angaben 935); Přemyslide, Enkel der heiligen Ludmilla. Wenzel förderte die Christianisierung und frühfeudale Staatsentstehung in Böhmen. 929 wurde er von König Heinrich I. tributpflichtig gemacht (Beginn des Anschlusses an das werdende Heilige Römische Reich; endgültig nach 1004). Wenzel erlag der heidnisch-nationalen Reaktion seines jüngeren Bruders Boleslaw I., der ihn ermorden ließ.

WESTFÄLISCHER FRIEDEN. ***Fürsten und Kirche***

Den Reichsfürsten gab der Westfälische Frieden die willkommene Gelegenheit, ihre Souveränität gegenüber Rom aktenkundig zu machen: *»Gegen diesen Friedensvertrag oder gegen irgendeinen Artikel oder eine Bestimmung desselben sollen keinerlei kirchengesetzliche oder bürgerliche Rechte, keine Konzilsdekrete, Unterwerfungs- oder andere Verträge oder irgendwelche weltliche oder kirchliche Dispense, Lossprechungen und andere Ausflüchte jemals herangezogen, gehört oder zugeführt werden.«* Zwei Jahre später erschien ein auf 1648 rückdatiertes päpstliches Breve, das alle Artikel des Friedensvertrages, die die Kirche verletzten, für null und nichtig erklärte. Kaiser Ferdinand III. untersagte die Verbreitung des Breves.

Westeuropäische Union, englisch **Western European Union** ['westən jʊərə'pi:ən ju:niən], Abk. **WEU,** französisch **Union de l'Europe Occidentale** [y'njɔ̃ dəlœ'rɔp ɔksidã'tal], Akb. **UEO,** internationale Verteidigungsorganisation (Sitz: Brüssel). Grundlage der WEU bildet der durch die →Pariser Verträge (1954) geänderte Brüsseler Pakt (1948), der am 6. 5. 1955 in Kraft trat. Vollmitglieder der WEU sind Großbritannien, Frankreich, die Beneluxstaaten, seit 1954 die Bundesrepublik Deutschland und Italien, seit 1988 Spanien und Portugal sowie seit 1992 Griechenland. Alle Vollmitglieder sind im Falle eines bewaffneten Angriffs gegen ein Mitglied zu bedingungslosem Beistand verpflichtet; diese Beistandsverpflichtung unterscheidet die WEU von der →NATO. Daneben versteht sich die WEU als europäischer Pfeiler der NATO und als verteidigungspolitische Komponente der Europäischen Union. Der erste Einsatz der WEU erfolgte 1987–89 anlässlich des 1. Golfkrieges, indem die Mitgliedstaaten u. a. Marinestreitkräfte in das Krisengebiet entsandten und sich an der Minenräumung beteiligten.

Westfalen, ursprünglich Teilstamm der Sachsen und selbstständiger Herrschaftsraum (Heerschaft) des sächsischen Stammesgebiets Ende des 8. Jh. (neben Engern und Ostfalen), erstreckte sich von der unteren Hunte nach Süden bis über die Ruhr, nach Osten in die Senne und nach Westen bis an die Issel. Nach Ausbildung des Herzogtums Sachsen verschwand der Name Westfalen zunächst, lebte aber mit Zerschlagung des Herzogtums 1180 wieder auf und bezog sich seit dieser Zeit auf das Land zwischen Weser und Rhein und seine Bewohner, während sich Sachsen (später Niedersachsen) als Territorialbezirk nurmehr auf das Land zwischen Weser und Elbe bezog. Der westliche Teil des ehemaligen Herzogtums Sachsen kam 1180 als Herzogtum Westfalen an das Erzstift Köln. Im Spätmittelalter zerfiel Westfalen in zahlreiche Territorien, wobei das Herzogtum Westfalen (der Kern von Westfalen) eine Hauptstütze kurkölnischer Macht wurde. Napoleon I. bildete 1807 u. a. aus Braunschweig, dem größten Teil Kurhessens, hannoverschen und sächsischen Gebieten sowie aus preußischem Territorium westlich der Elbe das Königreich Westfalen (Hauptstadt Kassel) unter seinem Bruder Jérôme, das jedoch schon 1813 wieder zerbrach. 1815 kam das heutige Westfalen außer Osnabrück, Lippe und dem Niederstift Münster wieder an Preußen, 1946 wurde Westfalen →Nordrhein-Westfalen eingegliedert.

Westfälischer Frieden, Frieden von Münster und Osnabrück, Bezeichnung für die am 24. 10. 1648 nach vierjährigen Verhandlungen von 148 Gesandten zur Beendigung des →Dreißigjährigen Krieges zwischen dem Kaiser einerseits und Frankreich und seinen Verbündeten (in Münster) sowie Schweden und seinen Verbündeten (in Osnabrück) andererseits geschlossenen Verträge, denen sich die Reichsstände durch Unterzeichnung anschlossen. Der Westfälische Frieden war bis 1806 Reichsgrundgesetz. Im Vorfeld des Westfälischen Friedens war am 30. 1. 1648, beschworen am 15. 5. 1648 in Münster, der Frieden zwischen Spanien und den Niederlanden geschlossen worden, der im Westfälischen Frieden bekräftigt wurde.

TERRITORIALE REGELUNGEN: Die wichtigsten territorialen Veränderungen waren die

Herstellung der (de jure) vollen Souveränität für die Schweiz und die Vereinigten Niederlande. Frankreich wurde der Besitz an den Bistümern Metz, Toul und Verdun bestätigt, die damit ebenfalls aus dem Reichsverband ausschieden; von Habsburg erhielt Frankreich außerdem die Landgrafschaft Ober- und Unterelsass, den Sundgau und die Landvogtei über zehn elsässische Reichsstädte (nicht Straßburg), die Festungen Breisach und Pinerolo sowie das Besatzungsrecht in Philippsburg. Schweden bekam Vorpommern mit der Odermündung und Stettin, die Inseln Rügen, Usedom und Wollin, Wismar, das Erzbistum Bremen und das Bistum Verden als Reichslehen mit Sitz und Stimme auf dem Reichstag. Brandenburg gewann Hinterpommern und Cammin, die Bistümer Halberstadt und Minden, die Grafschaft Hohenstein und die Anwartschaft auf das Erzbistum Magdeburg. Die Bistümer Schwerin und Ratzeburg fielen an Mecklenburg; Kursachsen erhielt die Ober- und Niederlausitz als erbliches böhmisches Lehen, Bayern die Oberpfalz zugesprochen.

KONFESSIONELLE REGELUNG: Der →Augsburger Religionsfriede (1555) wurde erneut anerkannt und auf die Kalvinisten als dritte Konfession (neben Katholizismus und Protestantismus) ausgedehnt. Damit wurde eine wesentliche Grundlage für religiöse Toleranz und Religionsfreiheit geschaffen. Der Grundsatz »cuius regio, eius religio« wurde beibehalten, einschränkend jedoch auf das Jahr 1624 als Normaljahr für den Besitzstand geistlicher Güter und die Konfessionszugehörigkeit festgesetzt.

REICHSVERFASSUNG: Die Reichsstände erhielten die volle Landeshoheit bestätigt, dazu das Recht, Bündnisse untereinander und mit auswärtigen Mächten zu schließen, die sich jedoch nicht gegen Kaiser und Reich richten durften. Der Kaiser wurde bei den Reichsgeschäften und der Gesetzgebung im Heiligen Römischen Reich an die Zustimmung der Reichsstände gebunden, zu denen neben Kurfürsten und Fürsten nun endgültig die Reichsstädte (3. Kurie) traten; damit verlagerte sich der politische Schwerpunkt eindeutig in die Territorien. Die Außenpolitik des Reichsoberhaupts wurde an die Zustimmung des Reichstags gebunden. Bayern behielt die 1623 gewonnene (pfälzische) Kurwürde, für die Pfalz wurde eine neue (achte) Kur geschaffen.

Mit seiner Betonung staatlicher Souveränität und zwischenstaatlicher Kooperation begründete der Westfälische Frieden eine neue europäische Ordnung prinzipiell gleichberechtigter Staaten. Erstmals in Europa gelang die Konfliktlösung durch Verhandlung.

Westgoten, Wisigoten, Wesegoten, Vesier, Terwingen [»Waldbewohner«], lateinisch **Visigothae, Vesegothae, Vesi, Tervingi,** Teilgruppierung der →Goten, 291 n. Chr. als Terwingen erstmals bezeugt. Nach einer Niederlage gegen den römischen Kaiser Aurelian (271) und dem Rückzug der Römer aus Dakien nahmen Teile der Goten, die späteren Westgoten, das Gebiet westlich von Dnjestr und Pruth sowie nördlich der Donau beiderseits der Karpaten in Besitz. Erst auf der Flucht vor den Hunnen überquerten große Teile des terwingischen Volks 376 die Donau und baten um Aufnahme in das Römische Reich. Nach der für die Goten siegreichen Schlacht von Adrianopel (378) gegen Kaiser Valens schloss dessen Nachfolger Theodosius I., der Große, mit ihnen einen Föderatenvertrag (3. 10. 382; 392 erneuert) und wies ihnen in Thrakien neue Wohnsitze zu. Von hier aus wanderten sie unter ihrem König Alarich I. 395 weiter und verwüsteten große Teile der Balkanhalbinsel. Mehrfach fiel Alarich, 397 vom oströmischen Kaiser Arkadios zum obersten Heermeister von Illyrien ernannt, in Italien ein und besetzte und plünderte 410 Rom.

Erst während der (seit dem Donauübertritt) rund vierzigjährigen Wanderung vollzog sich auf dem Boden des Römischen Reiches die Ethnogenese der Westgoten; aus dem ursprünglichen Völkergemisch entstand ein neuer Stamm.

418 erhielten die Westgoten unter König Wallia, der sich 416 den Römern ergeben hatte, Landzuweisungen in Aquitanien und begründeten als römische Föderaten das Tolosanische Reich. Als römische Verbündete kämpften sie gegen die Sweben in Spanien, wo sie 468 Fuß fassten. Mit der Niederlage von Vouillé bei Poitiers gegen die Franken verloren sie fast ganz Aquitanien (507). Das seitdem auf Spanien beschränkte westgotische Königreich von Toledo hatte bis 711 Bestand. Die Aufhebung des Mischehenverbots zwischen Westgoten und den an Zahl und Kultur überlegenen Romanen sowie der Übertritt vom Arianismus zum Katholizismus 587 förderten die rasche Romanisierung der Westgoten und die Verschmelzung von Hispaniern und Westgoten, die vornehmlich in Zentralspanien nördlich des Tajo siedelten. 711 unterlagen die Westgoten unter ihrem letzten König Roderich in der Nähe des Flusses Guadalete den Angriffen der Araber.

Westpreußen, preußische Provinz beiderseits der unteren Weichsel. Die 1466 vom Deutschen Orden an Polen abgetretenen Gebiete – das Culmer Land und Pomerellen mit den Städten Danzig, Thorn, Elbing, Marienburg sowie das nach →Ostpreußen hineinragende Bistum Ermland – wurden nach ihrer Annexion durch →Preußen 1772/93 Westpreußen genannt; 1815 wurde aus diesen Gebieten (außer dem Ostpreußen eingegliederten Ermland, aber einschließlich Marienwerder) die Provinz Westpreußen gebildet (1824/29–78 mit Ostpreußen vereinigt).

1919/20 kam der größte Teil von Westpreußen an Polen, Danzig wurde Freie Stadt; die restlichen Teile wurden Ostpreußen, Pommern und der 1922 gebildeten Provinz Grenzmark Posen-Westpreußen angeschlossen. Nach dem deutschen Überfall auf Polen wurde 1939 der Reichsgau Danzig-Westpreußen gebildet. 1945 wurde Westpreußen unter polnische Verwaltung gestellt und mit der Ratifizierung des Deutsch-Polnischen Grenzvertrages 1990 als zu Polen gehörig anerkannt.

Weströmisches Reich, die Westhälfte des →Römischen Reiches nach der Reichsteilung Theodosius' I., des Großen (395); es bestand bis 476.

Wettiner, im sächsisch-thüringischen Grenzraum beheimatetes Adelsgeschlecht. Als Ahnherr gilt der Markgraf der Sorbischen Mark (in Thüringen) Burkhard (Bukko). Seit Thimo, Graf von Wettin und von Brehna, benannte sich das Geschlecht nach der Burg Wettin. Thimos Sohn, Markgraf Konrad I., der Große, von Wettin, begründete durch den Erwerb der Mark Meißen (1123/25), der Markgrafschaft Niederlausitz, der Grafschaft Groitzsch (1135/36) sowie des Landes um Bautzen und Dresden (vor 1144) u.a. Gebiete die landesherrliche Machtstellung der Wettiner im späteren Sachsen. Markgraf Heinrich III., der Erlauchte, gewann im Thüringisch-Hessischen Erbfolgekrieg (1247–64) die Landgrafschaft Thüringen (ohne Hessen). Sein Enkel Friedrich I., der Freidige, Sohn von Margarete, einer Tochter Kaiser Friedrichs II., konnte den Territorialbesitz der Familie gegen die ab 1289 forcierte königliche Hausmachtpolitik im meißnisch-thüringischen Raum behaupten. Markgraf Friedrich IV., dem Streitbaren, wurde am 6. 1. 1423 nach dem Aussterben der Askanier das Herzogtum Sachsen-Wittenberg mit der Kurwürde übertragen.

Nachdem die »Altenburger Teilung« von 1445 mit dem Heimfall Thüringens an die Meißner Hauptlinie 1482 endete, entschlossen sich die beiden 1455 im »Sächsischen Prinzenraub« entführten und seit 1464 gemeinsam regierenden Brüder Kurfürst Ernst und Herzog Albrecht der Beherzte zur Hauptteilung des Hauses Wettin in die seitdem nebeneinander bestehende ernestinische Linie und die albertinische Linie (am 17. 6. 1485 beschlossen). Die gewollte Verzahnung der Gebiete wurde später noch mehrfach korrigiert; gemeinsam verblieb zunächst v.a. der Silberbergbau im Erzgebirge. Die im Wesentlichen bis 1918 gültige Länderaufteilung schwächte das Haus Wettin und verhinderte die Herausbildung eines großen mitteldeutschen Flächenstaates. In der Wittenberger Kapitulation (19. 5. 1547) ging die Kurwürde zugleich mit einigen territorialen Besitzungen von den zunächst bevorzugten Ernestinern auf die nunmehr neue Hauptlinie der Albertiner über.

Die ernestinische Linie blieb im Wesentlichen auf den südthüringischen Raum beschränkt. Die albertinische Linie prägte die Entwicklung des Kurfürstentums, ab 1806 des Königreichs Sachsen. Wie der populäre König Friedrich August III. – für die Albertiner – verzichteten im November 1918 die Wettiner in allen deutschen wettinischen Staaten auf den Thron.

Whigs [engl. 'wɪgz],

1. in Großbritannien vom Ende des 17. Jh. an die den Tories gegenüberstehende Parlamentsgruppe. Whigs war ursprünglich eine Bezeichnung für Viehdiebe, die in der Puritanischen Revolution auf die radikalen schottischen Presbyterianer und ab 1679 im Kampf um die katholische Thronfolge auf die Gegner Jakobs II. übertragen wurde. Während der Glorreichen Revolution 1688/89 standen die Whigs für das Widerstandsrecht gegen den monarchischen Absolutismus ein. Nach der Thronbesteigung des Hauses Hannover 1714 stellten sie fast 50 Jahre lang den Premierminister. In der Regierungszeit Georgs III. verschob sich das Gefüge der Parlamentsgruppen, ihr Einfluss nahm ab. Eine Polarisierung der Meinungen setzte erst wieder nach 1784 ein; den reorganisierten Tories unter William Pitt dem Jüngeren standen die Whigs unter Charles Fox als Interessenvertreter der religiösen Dissenters, der Industriellen und der gesellschaftlichen Reformer gegenüber. Die kontroverse Diskussion über die Haltung zur Französischen Revolution spaltete die Whigs in eine eher konservative Gruppe um Edmund Burke, die sich den Tories anschloss, und eine gemäßigtere liberale Gruppe um Fox, die erst 1830 wieder an die Macht kam. Diese setzte 1832 die erste Reform Bill (Wahlrechtsreform) durch und wurde zur modernen Liberal Party.

2. Partei in den USA, die sich um 1832 (offiziell 1834) aus Gegnern des demokratischen Präsidenten Andrew Jackson bildete, dem sie »exekutive Tyrannei« vorwarfen. Uneinigkeit der Führung und Differenzen zwischen nord- und südstaatlichem Flügel sowie zwischen Gegnern (Conscience Whigs) und Befürwortern der Sklaverei (Cotton Whigs) erschwerten eine geschlossene Parteilinie. Obwohl die Whigs 1841–45 und 1849–53 den Präsidenten stellten, konnte sich die Partei nicht festigen. Nach der Niederlage bei den Präsidentschaftswahlen 1852 zerfiel sie im Zuge des sich verschärfenden Konflikts zwischen Nord- und Südstaaten. Im Norden schlossen sich die meisten Whigs der neuen Republikanischen Partei an, im Süden vorwiegend den Demokraten.

Widerstandsbewegung, im weiteren Sinne organisierte Form der Auflehnung gegen ein Regierungs- oder Besatzungssystem, dessen Herrschaftsanspruch als unrechtmäßig, dessen Herrschaftsausübung als diktatorisch oder darüber hinaus als menschenrechtsfeindlich betrachtet wird. Im engeren Sinne wird unter Widerstandsbewegung v.a. die organisierte Opposition in Europa gegen den Faschismus und den Nationalsozialismus zwischen 1922 und 1945, besonders gegen die deutsche Besatzungsmacht in vielen Staaten Europas, verstanden. Über den organisierten Widerstand hinaus gab es in dieser Zeit zahlreiche Widerstandskämpfer, die ohne Rückendeckung einer Organisation Widerstand v.a. gegen die Diktatur des nationalsozialistischen Regimes und – im Zweiten Weltkrieg – gegen die deutsche Besatzungsmacht und die mit ihr kollaborierenden Kräfte leisteten. Der bewaffnete Kampf gegen die Herrschaft der europäischen Kolonialmächte in Asien, Afrika und Lateinamerika, besonders nach dem Zweiten Weltkrieg, trat v.a. in Gestalt von Befreiungsbewegungen hervor, die z.T. jedoch ihre organisatorischen Vorbilder in Widerstandsbewegungen des Zweiten Weltkriegs hatten. Im kommunistischen Machtbereich nach 1945 organisierte sich Widerstand gegen die jeweilige Partei- und Staatsführung in Demokratiebewegungen. Auch in demokratischen Verfassungsstaaten betrachten sich viele Organisationen der →Bürgerrechtsbewegung und der Friedensbewegung als Widerstandsorganisationen.

WIDERSTANDSBEWEGUNG GEGEN DEN NATIONALSOZIALISMUS IN DEUTSCHLAND: Mit der Machtübernahme Adolf Hitlers (30. 1. 1933) entwickelte sich in Deutschland ein organisatorisch und politisch vielschichtiger Widerstand, der dem Macht- und Terrorapparat des nationalsozialistischen Staates gegenüberstand und in der Bevölkerung nur wenig Rückhalt fand.

Unter dem Eindruck der Verhaftungswelle nach dem →Reichstagsbrand (27. 2. 1933), v.a. gegen die Mitglieder der KPD, suchten sich die deutschen Kommunisten auf breiter Basis, jedoch organisiert in kleinen Gruppen, als Widerstandsbewegung zu formieren. Es entstanden überall in Deutschland kleine, im Untergrund arbeitende Widerstandsorganisationen, die sich besonders auf die Verbreitung illegaler Publikationen verlegten. Die KPD-Mitglieder unterschätzten allerdings das sich ständig verdichtende System des nationalsozialistischen Unterdrückungsapparates; sie sahen im »Hitlerfaschismus«, besonders in den Anfangsjahren, nur eine vorübergehende Zeiterscheinung und erwarteten sein Ende in einer grundlegenden Krise des »kapitalistischen Systems«; gegenüber den ebenfalls verfolgten SPD-Mitgliedern hielten sie (bis 1935) am Vorwurf des →Sozialfaschismus fest. Die öffentliche Demonstration von Protest und Verweigerung setzte die Gestapo in die Lage, bis 1935/36 die KPD-Untergrundzellen zu zerschlagen; vielfach wurde der Kampf vom Exil aus fortgesetzt.

Die SPD-Mitglieder verfolgten zunächst unter Berufung auf die Prinzipien des Rechtsstaates und des Parlamentarismus eine Legalitätsstrategie, manifest geworden bei der Begründung der sozialdemokratischen Ablehnung des →Ermächtigungsgesetzes (23. 3. 1933) im Reichstag. Viele SPD-Mitglieder zogen

WIDERSTANDSBEWEGUNG | ***»Die Weiße Rose«***

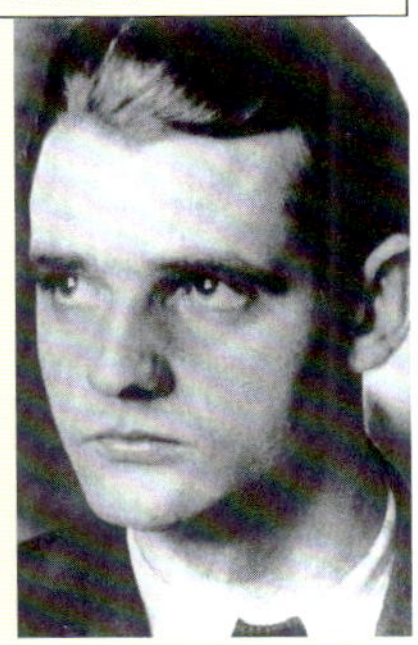

Die als Kinder eines Bürgermeisters geborenen, in Ulm aufgewachsenen Geschwister Hans und Sophie Scholl standen dem Nationalsozialismus als engagierte Mitglieder in HJ und BDM anfänglich positiv gegenüber, wurden jedoch 1937 erstmals wegen bündischer Jugendarbeit verhaftet. Hans Scholl studierte Medizin an der Universität München, seine Schwester Sophie Biologie und Philosophie.

1942 trat Hans Scholl unter dem Eindruck seiner Kriegserlebnisse als Sanitäter in der Sowjetunion in Kontakt mit Carl Muth und Theodor Haecker und organisierte unter dem Namen »Die Weiße Rose« eine gegen das nationalsozialistische Regime gerichtete Vereinigung, der Studenten und Lehrkräfte, darunter Christoph Probst, Kurt Huber, Alexander Schmorell, Willi Graf und Hans Leipelt, sowie einige Künstler angehörten. Sophie Scholl schloss sich der von einer christlichen Protesthaltung geprägten Gruppe an, die nach der verlorenen Schlacht von Stalingrad in Flugblattaktionen, aber auch mit Wandparolen die NS-Gewaltherrschaft anprangerte und zum Widerstand aufrief.

Am 18. 2. 1943 wurden Hans und Sophie Scholl sowie Christoph Probst an der Universität München festgenommen, am 22. 2. 1943 vom Volksgerichtshof unter dem Vorsitz Roland Freislers zum Tode verurteilt und noch am selben Tag hingerichtet. Im Zuge der Zerschlagung der »Weißen Rose« wurden die meisten anderen Mitglieder ebenfalls verhaftet und zum Tode verurteilt.

sich im Sinne einer demokratischen »Gesinnungspflege« in kleine Diskussionsgruppen zurück, um die Strukturen einer Neuordnung in Deutschland zu erörtern.

Aus den Reihen der deutschen Gewerkschaften gingen einzelne Mitglieder in den Widerstand. Nach der Zerschlagung der Gewerkschaften in Deutschland (2. 5. 1933) übernahm Wilhelm Leuschner, ein führender Vertreter der sozialistischen Arbeiterbewegung, die Führung gewerkschaftlicher Widerstandsgruppen im Untergrund. Zentriert im Kölner Ketteler-Haus wandten sich kleine Gruppen in der Katholischen Arbeiterbewegung (KAB), v.a. um Bernhard Letterhaus, gegen den nationalsozialistischen Staat und nahmen Kontakt zu anderen Regimegegnern auf.

Angesichts der Bestrebungen des Nationalsozialismus, im totalitären Zugriff auf den einzelnen Menschen seine rassistisch-atheistische Ideologie zur allein herrschenden Weltanschauung zu machen, entwickelte sich in den christlichen Kirchen Widerstand gegen die nationalsozialistische Kirchenpolitik und die zunehmende Kirchenverfolgung (→Kirchenkampf); der kirchliche Widerstand blieb jedoch in seiner Breitenwirkung begrenzt. Auf protestantischer Seite bildete sich in der Auseinandersetzung mit den »Deutschen Christen«, die das christliche Glaubensbekenntnis der nationalsozialistischen Ideologie anzupassen suchten, unter Führung von Martin Niemöller der »Pfarrernotbund«, später die Bekennende Kirche, die sich in der Barmer Theologischen Erklärung (1934) eine theologische Grundlage gab. Auf katholischer Seite traten neben einer größeren Anzahl von Priestern einige Bischöfe gegen den Anspruch des »totalen Staates« auf; dabei wurde von Priestern und Laien der Abschluss des Reichskonkordats (1933) scharf kritisiert. Über den kirchlichen Rahmen hinaus traten der evangelische Theologe Dietrich Bonhoeffer und der Jesuitenpater Alfred Delp in den polititischen Widerstand.

Die bürgerliche und christlich-konservative Opposition, die in Vereinen, Kreisen und Zirkeln um Alternativen zur nationalsozialistischen Gewaltherrschaft rang, war politisch stark differenziert. In zunehmender Ablehnung besonders der Rassenpolitik (v.a. der Judenverfolgung) strebte sie nach Wiederherstellung der Rechtsstaatlichkeit in Deutschland. Zu einer entscheidenden Integrationsfigur dieser zivilen Widerstandsbewegung wurde Carl Goerdeler, der über Generaloberst Ludwig Beck Verbindung zur Militäropposition sowie über Ulrich von Hassell zu Oppositionskräften im Auswärtigen Amt suchte. Neben Offizieren fanden auch ehemalige Sympathisanten und Beamte des Regimes zur Widerstandsbewegung; manche Schriftsteller und Künstler wählten den Weg der »inneren Emigration«, viele gingen ins Exil.

Die durch Hitlers aggressive Außenpolitik entfachte Kriegsgefahr in Europa verstärkte die Bedeutung der Wehrmacht als Faktor des Widerstands. Einer der wenigen frühen Gegner des Nationalsozialismus in der militärischen Führung war General Kurt Freiherr von Hammerstein-Equord. Der militärische Widerstand gegen Hitler formierte sich mit der Sudetenkrise (zwischen April und September 1938). Bei prinzipieller Übereinstimmung mit der Außenpolitik Hitlers gegenüber der Tschechoslowakei bildete sich um Generalstabschef Beck eine Militäropposition, die durch einen vorzeitigen Krieg das Ziel der angestrebten hegemonialen Großmachtstellung Deutschlands in Europa gefährdet sah. Es gelang der sich entwickelnden Militäropposition jedoch nicht, General Walther von Brauchitsch, den Oberbefehlshaber des Heeres, für ihre Pläne zu gewinnen. Nach dem Abschluss des Münchener Abkommens (30. 9. 1938) fiel die Militäropposition auseinander.

Ein von dem Schreiner Georg Elser am 8. 11. 1939 im Münchener Bürgerbräukeller ausgeführtes Sprengstoffattentat auf Hitler schlug fehl. Getrieben von moralischer Empörung über das nationalsozialistische Unrechtsregime, entstand an der Münchener Universität die →Weiße Rose. Im Protest gegen die ideologische Uniformität der Hitlerjugend bildeten sich mit den →Edelweißpiraten und der »Saring-Jugend« jugendliche Protestgruppen. Im →Kreisauer Kreis auf dem Gut Kreisau des Grafen Helmuth James von Moltke trafen sich zahlreiche Persönlichkeiten unterschiedlicher Herkunft und politischer Richtung, um über die Möglichkeiten einer Überwindung des nationalsozialistischen Regimes und über die moralische und politische Erneuerung Deutschlands nachzudenken. Mit dem deutschen Überfall auf die UdSSR (1941) verstärkte sich auch wieder der kommunistische Widerstand. Im Rahmen der →Roten Kapelle beteiligten sich auch entschlossene linksbürgerliche Kräfte am Kampf gegen den Nationalsozialismus (bis 1942 aktiv). In Rüstungsbetrieben und Konzentrationslagern unternahmen besonders Kommunisten Sabotageaktionen. Nach der deutschen Niederlage bei Stalingrad (1943) gründeten deutsche Kommunisten in der UdSSR das →Nationalkomitee Freies Deutschland, gefangene deutsche Offiziere den Bund Deutscher Offiziere. Die vielfältigen Bemühungen des bürgerlich-konservativen Kreises um Goerdeler mit der militärischen Opposition verdichteten sich zum Versuch eines Staatsstreichs unter Führung von Oberst Claus Schenk Graf von Stauffenberg am 20. 7. 1944 gegen Hitler (→Zwanzigster Juli).

WIDERSTANDSBEWEGUNGEN IM VON DEUTSCHLAND BESETZTEN EUROPA: Im Zweiten Weltkrieg entwickelten sich in allen von Deutschland eroberten und besetzten Gebieten Widerstandsbewegungen; viele Widerstandskämpfer wurden von deutschen Besatzungsorganen in Konzentrationslagern inhaftiert, viele von ihnen wurden hingerichtet.

Nach der Besetzung Norwegens im Zweiten Weltkrieg (1940) kämpften norwegische Freiwillige in »geheimen Kommandos« der britischen Streitkräfte. Gegenüber Plänen der von der deutschen Besatzungsmacht abhängigen Regierung Quisling leisteten viele Lehrer, Studenten und Geistliche passiven Widerstand. Im besetzten Dänemark sammelten sich Widerstandskämpfer im Dänischen Rat. Geheimorganisationen verhalfen einer hohen Zahl von Juden zur Flucht nach Schweden.

Nach der Niederlage Frankreichs gegen das nationalsozialistische Deutschland 1940 baute Charles de Gaulle an der Spitze des Freien Frankreich zunächst von London (Comité National Français), dann von Algier (Comité Français de la Libération Nationale) aus eine Widerstandsbewegung gegen das mit Deutschland zusammenarbeitende Vichy-Regime auf. Zeitgleich dazu entstanden Widerstandsgruppen in Frankreich selbst, die nach ihrem Zusammenschluss im französischen Nationalrat de Gaulle als Repräsentanten der französischen Widerstandsbewegung anerkannten (→ Résistance).

In den Niederlanden lösten v.a. die Judendeportationen Streikaktionen aus. Nach der alliierten Invasion in der Normandie (Juni 1944) schlossen sich im Juli 1944 mehrere Organisationen in der Grote Advies Commissie der Illegaliteit zusammen. In den nördlichen Niederlanden bildete sich im November 1944 die Nederlandse Binnenlandse Strijdkrachten. Die Widerstandsbewegung in Belgien war in mehrere Organisationen gespalten, u.a. in die von der Exilregierung in London anerkannte Légion Belge und den (linksorientierten) Front de L'Indépendance et de la Libération. Der eher von einer Minderheit der Bevölkerung getragene aktive Widerstand forderte einen hohen Blutzoll; bei der Bekämpfung der Widerstandsbewegungen in den besetzten westeuropäischen Ländern griffen u.a. SS-Einheiten zu Repressalien gegen die Zivilbevölkerung.

Bald nach der Etablierung des Faschismus in Italien traten außerhalb des Landes oppositionelle Kräfte im Zeichen des Antifaschismus hervor, allerdings mit nur geringer Resonanz in Italien selbst. Nach dem Sturz Benito Mussolinis und dem Frontwechsel Italiens (1943) bildeten sich bewaffnete Widerstandsgruppen, die sich in der folgenden Zeit immer stärker zusammenschlossen (→ Resistenza). Im Kampf gegen die deutsche Wehrmacht erlitten die italienischen Partisanen hohe Verluste; viele Widerstandskämpfer wurden in KZ-Haft genommen; zahlreiche Menschen starben durch Repressalien der SS. Nach der Kapitulation der jugoslawischen Armee (April 1941) bildeten sich v.a. zwei einander blutig bekämpfende Widerstandsbewegungen: die von Dragoljub Mihailović geführten Četnici und die kommunistischen Partisanengruppen unter Tito. Gestützt auf den Antifaschistischen Befreiungsrat (AVNOJ, 1943 gegründet), setzten sich die Tito-Partisanen gegen Ende des Zweiten Weltkriegs in ganz Jugoslawien durch. Der Kampf der verschiedenen Widerstandsbewegungen in Griechenland, besonders der E. A. M. und der E. D. E. S., gegen die Besatzungsmächte ging im Dezember 1944 in den griechischen Bürgerkrieg über.

Nach dem deutschen Angriff auf die UdSSR (Juni 1941) bildeten sich hinter den deutschen Linien kleine Kerne von Widerstandsgruppen, die sich nach dem Fehlschlag eines schnellen militärischen deutschen Sieges und dem Meinungsumschwung in der sowjetischen Bevölkerung gegenüber den Deutschen zu einer von der sowjetischen Führung zentral gelenkten militärischen Kraft entwickelte. Seit Frühjahr 1942 war die Kriegführung der Partisanenverbände eng an die Direktiven des sowjetischen Oberkommandos gebunden; die sowjetischen Partisanen banden die deutschen Kräfte 1943/44 militärisch immer stärker und demonstrierten darüber hinaus gegenüber der einheimischen Bevölkerung die »Allgegenwart« der sowjetischen Partei- und Staatsführung. Die brutalen Unterdrückungsmaßnahmen der deutschen Besatzungsmacht riefen in Polen eine starke Untergrundbewegung hervor, die alle Bevölkerungsteile erfasste. Der Abtransport der Juden aus dem Warschauer Getto in die Vernichtungslager löste 1943 den Warschauer Aufstand, das Näherrücken der sowjetischen Truppen 1944 den von der Armia Krajowa (AK) getragenen Warschauer Aufstand aus; beide Aufstände wurden von deutschen Truppen niedergeschlagen.

Wiedertäufer, in der Kirchengeschichte polemische Bezeichnung für die → Täufer.

Wiener Kongress, Zusammenkunft der europäischen Monarchen und Staatsmänner zum Zweck der politischen Neuordnung Europas nach dem Sturz Napoleons I., die vom 18.9.1814 bis 9.6.1815 in Wien stattfand. Rund 200 Staaten, Herrschaften, Städte und Korporationen waren hier vertreten. Den Vorsitz führte der österreichische Staatskanzler Klemens Wenzel Fürst von Metternich. Als Ganzes trat der am 1.11.1814 formell eröffnete Wiener Kongress aber nie zusammen. Seine Ergebnisse wurden, ein für die Zeit verhandlungstechnisches Novum, in einem Komitee der vier (später fünf) Großmächte Großbritannien, Preußen, Österreich, Russland (und Frankreich) sowie in Ausschüssen erarbeitet. Bestimmende Politiker waren neben Metter-

Wiener Kongress. Einteilung Europas (1815)

nich der russische Kaiser Alexander I., der preußische Staatskanzler Karl Fürst von Hardenberg, der britische Außenminister Robert Stewart Viscount Castlereagh sowie der französische Vertreter Charles de Talleyrand. Die Arbeit des Wiener Kongresses war gekennzeichnet durch das Spannungsverhältnis zwischen der grundlegenden Zielvorstellung des Gleichgewichts der europäischen Mächte, das auf einer Restauration vorrevolutionärer Zustände und dem Grundsatz der dynastischen Legitimität beruhen sollte, und den Rivalitäten der Großmächte untereinander sowie den Beharrungskräften der politischen Umstrukturierung im Gefolge der napoleonischen Herrschaft.

Im Mittelpunkt der Verhandlungen standen die Probleme der territorialen Neuordnung. Insbesondere der russische Anspruch auf ganz Polen und die von Preußen erhobenen Kompensationsforderungen nach Annexion Sachsens provozierten eine von Kriegsdrohungen begleitete Krise. Erst die Rückkehr Napoleons von Elba (März 1815) ermöglichte den Abschluss eines Kompromisses: Russland erhielt den größten Teil des Herzogtums Warschau (»Kongresspolen« genannt) in Personalunion als Königreich. Preußen, das ganz Sachsen beansprucht hatte, wurde dessen nördliche Hälfte (spätere Provinz Sachsen) zugesprochen. Von den Erwerbungen aus den Polnischen Teilungen 1793/95 erhielt es Thorn, Danzig und Posen zurück, ferner kamen die Rheinlande, Westfalen und – von Dänemark im Tausch gegen Lauenburg – das nordwestliche Schwedisch-Vorpommern (Neuvorpommern) an Preußen. Auch die deutschen Mittelstaaten (bis auf Sachsen) wurden erheblich vergrößert. Österreich (bekam neben seinen Besitzungen die Lombardei und Venetien) behielt seine Vormachtstellung in Oberitalien und seine Position im Südosten (Kärnten, Krain, Istrien) und Südwesten (Vorarlberg, Tirol), verzichtete aber auf den Breisgau und auf die Österreichischen Niederlande, die mit Holland als Königreich der Vereinigten Niederlande zusammengeschlossen wurden. Die Schweiz gewann mit dem Wallis, Neuenburg und Genf drei Kantone und erhielt die Garantie immer währender Neutralität. Die französische Frage wurde im 1. und 2. →Pariser Frieden geregelt. An die Stelle des 1806 aufgelösten Heiligen Römischen Reiches deutscher Nation trat als neue staatsrechtliche Form Deutschlands der am 8. 6. 1815 gegründete Deutsche Bund, dessen Bundesakte Bestandteil der Wiener Kongressakte vom 9. 6. 1815 wurde (später ergänzt durch die →Wiener Schlussakte).

Wiener Schlussakte, die auf den Wiener Ministerialkonferenzen 1819/20 erarbeiteten, die Deutsche Bundesakte von 1815 ergänzenden 64 Bestimmungen, die von der Bundesversammlung am 8. 7. 1820 als Grundgesetz des →Deutschen Bundes angenommen wurden. Die Artikel 1–24 enthielten allgemeine Erläuterungen und Ausführungen zur Deutschen Bundesakte, Artikel 25–28 Bestimmungen über die Erhaltung der inneren Ruhe und mögliche Bundesinterventionen gegen »offenen Aufruhr«. Die Artikel 31 ff. gingen auf die Bundesexekution ein. Durch Artikel 57 wurden alle Bundesstaaten auf das monarchische Prinzip festgelegt, den Grundsatz, nach dem die alleinige und einheitliche Staatsgewalt in der Hand des Monarchen liegt; dadurch wurde die Kompetenz der landständischen Vertretungen derart eingeschränkt, dass eine demokratische Repräsentanz nicht möglich war. Das dem Bund zugesprochene Gesandten- und Vertragsrecht, das Recht, Krieg zu erklären und Frieden oder Bündnisse zu schließen, blieben faktisch unwirksam. In der Hauptsache diente die Wiener Schlussakte als Grundlage für alle reaktionären Maßnahmen gegen die liberalen und nationalen Bewegungen.

WIENER KONGRESS. ***Prunk und Vergnügen***

Die 467 Diplomaten hatten während des Wiener Kongresses Gelegenheit zu Vergnügungen in Hülle und Fülle. *»Der kleine Redoutensaal«*, schildert Graf de la Garde, *»war mit Blumenvasen verziert, in welchen die schönsten Farben abwechselten, und ihm den Anblick eines Feengartens gaben. Die Tapeten waren von schönem weißen Seidenstoff, der durch Verzierungen von Silber gehoben wurde. Die Sessel prangten von Samt und Gold. 7000 bis 8000 Kerzen verbreiteten einen Glanz, der heller war als das Licht des Tages… Welche unerhörte Verschiedenheit der Uniformen… Aber vor allem welche Vereinigung von schönen Frauen!«* So tanzte der mokanten Feststellung des Fürsten von Ligne zufolge der Kongress unablässig, ohne vom Fleck zu kommen.

WIENER KONGRESS | *Neuordnung Europas*

Mit dem Pariser Frieden vom Mai 1814 waren die gegen Frankreich geführten Befreiungskriege beendet. Die Neuordnung Europas war Aufgabe des Wiener Kongresses, der von September 1814 bis Juni 1815 stattfand. Teilnehmer waren die Siegermächte Großbritannien, Österreich, Preußen, Russland, Schweden, Spanien und Portugal; Frankreich war durch seinen Außenminister Talleyrand vertreten. Der Holzstich nach Jean-Baptiste Isabeys Gemälde »Sitzung der Bevollmächtigten der acht an dem Pariser Frieden beteiligten Mächte in Wien 1814/15« zeigt unter anderem Wellington, Hardenberg, Metternich und Talleyrand.

Die Kongressleitung lag in den Händen des österreichischen Staatskanzlers Fürst von Metternich. Hauptziel des Kongresses war die Wiederherstellung der vorrevolutionären Zustände und des Gleichgewichts der europäischen Mächte. Allerdings konnten die tief greifenden politischen Veränderungen seit 1789 und die territoriale Umgestaltung Europas durch Napoleon nur teilweise rückgängig gemacht werden.

Ergebnis des Kongresses war die Bestätigung Großbritanniens als dominierende Seemacht, Russland erwarb einen Großteil des Herzogtums Warschau (Kongresspolen), Österreich löste sich mit Erwerbungen in Oberitalien, mit Dalmatien und Kroatien sowie der Abrundung in Galizien immer mehr aus Deutschland und wurde eine osteuropäische Großmacht. Preußen gewann einen Teil Sachsens, die Rheinprovinz und Westfalen sowie das bisher schwedische Vorpommern. Die Königreiche der Vereinigten Niederlande und Sardinien/Piemont wurden neu gegründet. Nachfolger des 1806 aufgelösten Heiligen Römischen Reiches Deutscher Nation wurde der Deutsche Bund.

Wikinger [altnord. víkingr »Mitglied einer Gefolgschaft«, vielleicht von nordisch vik »Bucht« oder latein. vicus »Handelsplatz«], Bezeichnung für die Bewohner Nordeuropas (Schweden, Norwegen und Dänemark) im 9.–11. Jh., die vorübergehend oder langfristig in weiten Teilen Europas als Kaufleute, räuberische Gefolgschaften und Landnehmer präsent waren. Im Westen und in Sizilien waren sie auch als → Normannen bekannt, im Osten als Rus und → Waräger.

GESCHICHTE: In ihren nordischen Heimatgebieten waren die Wikinger überwiegend Bauern, die v.a. Viehzucht, aber auch Ackerbau betrieben. Sie bewirtschafteten Dänemark, das südlichste Schweden, die Mälarregion, das Gebiet um den Oslofjord sowie weiter nordwärts gelegene Küstenzonen. Ballungszentren frühstädtischer Form entstanden erst im Lauf des 9. Jh. durch die ausgreifende Handelstätigkeit – so in Birka, im Grenzgebiet zum Fränkischen Reich in Haithabu und in geringerem Umfang in Kaupang bei Larvik in Südnorwegen. Erst um die Jahrtausendwende errichteten die Wikinger in Dänemark auch große Burgen, die als Sammlungsplätze für die Englandfahrten dienten und zur Stabilisierung des dänischen Königreichs unter Sven Gabelbart (986–1014) und Knut dem Großen (1018–35). In Schweden entwickelte sich der Kern des Reiches um den Mälarsee.

Die Christianisierung der Skandinavier, die z.T. bis ins 11. Jh. an den Hauptgottheiten Odin, Thor, Freyr, Freyja und Baldr festhielten, geschah auf zwei Wegen: Dänemark und Schweden standen unter dem Einfluss der fränkischen Mission (erste Hälfte des 9. Jh.), Norwegen und Island wurden von England aus christianisiert. Einen sichtbaren Höhepunkt erreichte die Mission in Dänemark im ausgehenden 10. Jh. am Königshof Harald Blauzahns (etwa 940–985/987) in Jelling in Jütland.

787 tauchten die ersten Wikinger in Westeuropa auf, 793 plünderten sie das Kloster Lindisfarne (Holy Island) vor der englischen Nordostküste. Seitdem erschienen sie immer häufiger in wachsenden Gruppen von Gefolgschaften bis zu großen militärischen Kontingenten als plötzliche Angreifer, deren Überraschungseffekt gefördert wurde durch ihre Überlegenheit als Seefahrer. Besonders bedrohten sie die Britischen Inseln sowie das westliche Frankenreich von Dänemark und Norwegen aus. Bald kam es auch zu ersten Überwinterungen, woraus sich an manchen Orten eine langfristige Sesshaftigkeit ergab. Im Lauf des 9. Jh. sowie noch einmal am Ende des

10. Jh. verheerten die Wikinger die Küstenbereiche und über die großen Ströme sogar das Binnenland. Bereits für die Mitte des 9. Jh. sind auch Plünderungszüge in den Mittelmeerraum belegt, die bis Pisa und Lucca führten.

In England gelang es Alfred dem Großen in der zweiten Hälfte des 9. Jh., wikingische Niederlassungen im Danelaw auf den Raum nördlich der Linie London–Chester zu begrenzen. Im Bereich des Danelaw nahmen sie die Five Boroughs (Lincoln, Stamford, Leicester, Derby und Nottingham) in Besitz und gründeten in York ein Königtum. Nach der Ermordung aller Dänen in Südengland 1002 führten dänische Könige Invasionsflotten erfolgreich gegen England. Anfängliche Überfälle auf Irland führten dort ebenfalls zu wikingischen Herrschaftsbildungen. Dabei entwickelte sich Dublin, das einer der Hauptstützpunkte der Skandinavier in Westeuropa war, zeitweilig zur Hauptstadt eines norwegisch geprägten Königreichs. Doch wie in den übrigen bisher genannten Regionen war auch hier der nordische Einfluss nicht von Dauer.

Die Färöer wurden im 9. Jh. von Norwegen aus besiedelt. Island wurde ab 870/874 von den Wikingern besiedelt; um 930 war die Landnahme abgeschlossen, damals wohnten bereits etwa 30 000 Personen als königsfreie Gemeinschaft auf Island. Grönland wurde um die Jahrtausendwende unter Führung von Erich dem Roten besiedelt. Erichs Sohn, Leif Eriksson, entdeckte von dort aus die nordamerikanische Küste (»Vinland«).

Zahlreiche archäologische Befunde bezeugen die Wikinger auch als bäuerliche Siedler, die auf den nordatlantischen Inseln neues Land suchten, sowie als Kaufleute, die ein umfangreiches Fernhandelsnetz auf den europäischen Wasserwegen errichteten. Die Skandinavier, in erster Linie Schweden (Waräger), sicherten diese Handelswege auch politisch und waren der Überlieferung nach an der Errichtung des Kiewer Reiches beteiligt. Sie gründeten eigene Hafen- und Handelsplätze als Drehscheiben zwischen Norden und Süden, Osten und Westen. Die Wikinger hatten auf diese Weise großen Anteil an der Ausbreitung des christlichen Abendlandes, an der Verände-

WIKINGER

Die Wikingerzüge vom Ende des 8. Jh. bis zur Mitte des 11. Jh., die die gesamte christliche Welt in Angst und Schrecken versetzten, hatten vielfältige Ursachen. Dazu zählten die durch das Erbrecht hervorgerufene Landnot, die Herrschaftspolitik des skandinavischen Königtums, günstige politische Konstellationen in der abendländischen Welt, aber auch schlicht die Lust am Abenteuer.

Überfall auf Kloster Lindisfarne

Der erste Wikingerüberfall erfolgte 787 an der Südwestküste Englands. 793 landeten die Wikinger dann in Nordostengland und plünderten das Kloster Lindisfarne. Von nun an traten die »Nordmänner« als Krieger, Händler und Siedler überall dort auf, wohin sie mit ihren zu höchster Perfektion entwickelten Schiffen gelangen konnten. Von ihrer Heimat in Dänemark, im südlichen Schweden, im Gebiet um den Oslofjord und den weiter nordwärts gelegenen Küstenzonen drangen sie bis nach Nordafrika und ans Kaspische Meer vor. Stützpunkte wurden in Finnland und Russland, auf den Britischen und Irischen Inseln, in der Normandie, auf den Faröerinseln, auf Island, Grönland und – für kurze Zeit – auch in Nordamerika errichtet.

Die zunächst angstgelähmte Christenheit schritt bald zur Missionierung der Heiden. Bereits um 830 errichtete Ansgar, der erste Bischof des 831 errichteten Bistums Hamburg, in Südschweden eine Missionsstation, 948 wurde in Århus ein Bistum gegründet, zwölf Jahre später nahm der Dänenkönig Harald Blauzahn das Christentum an (im Bild der »Große Runenstein« von Jelling/Ostjütland, ein Denkmal der Christianisierung Skandinaviens). Dies bedeutete indes keine Befriedung des nördlichen Europa: Die getauften Nachkommen der heidnischen Plünderer Kloster Lindisfarnes stachen nach wie vor zu ihren Eroberungszügen in See.

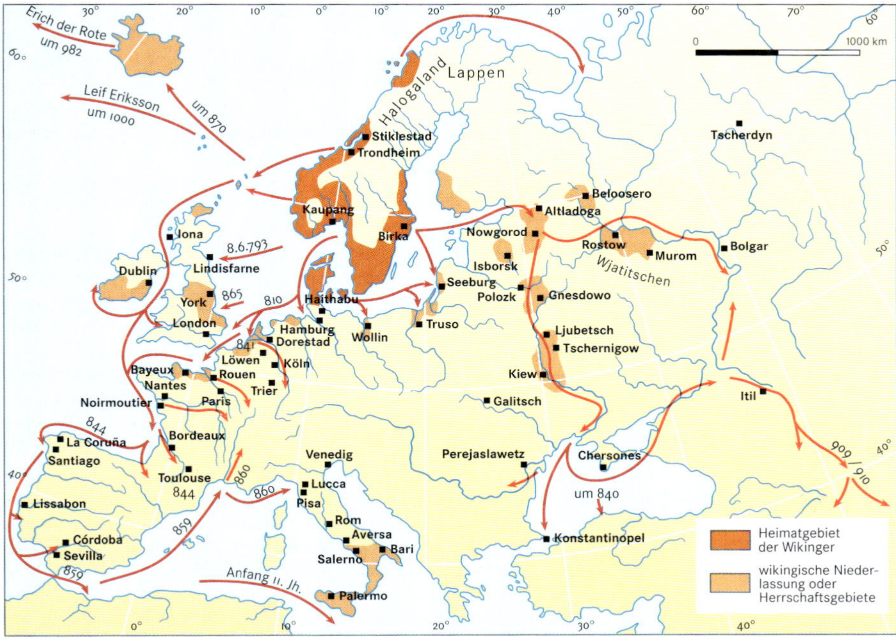

Wikinger. Eroberungszüge und Herrschaftsgebiete (8./9.Jh.)

rung der politischen Landkarte sowie an einem weit reichenden Fernhandelssystem.

Wilhelm, Kronprinz des Deutschen Reichs und von Preußen, *Potsdam 6. 5. 1882, †Hechingen 20. 7. 1951; Sohn aus erster Ehe von Wilhelm II., ⚭ mit Cecilie Prinzessin von Mecklenburg-Schwerin. Wilhelm führte nach militärischer Ausbildung und kurzem Studium im Ersten Weltkrieg zunächst die 5. Armee, ab 1916 die Heeresgruppe »Deutscher Kronprinz«. Politisch neigte er als Anhänger Alfred von Tirpitz' einem antibritischen Kurs zu und war am Sturz des Reichskanzlers Theobald von Bethmann Hollweg beteiligt. Nach der Novemberrevolution ging Wilhelm ins niederländische Exil (13. 11. 1918), aus dem er auf Vermittlung Gustav Stresemanns 1923 zurückkehren konnte.

Wilhelm I., König der Niederlande (1815–40), Großherzog von Luxemburg und Prinz von Oranien-Nassau, *Den Haag 24. 8. 1772, †Berlin 12. 12. 1843; übernahm 1806 die Regierung der nassauischen Stammländer. Nachdem der Wiener Kongress die Vereinigung der beiden Niederlande und des früheren Bistums Lüttich zu einem Königreich verfügt hatte, wurde Wilhelm am 16. 3. 1815 zum König der Niederlande und Großherzog von Luxemburg ausgerufen. Seine deutschen Stammländer musste er an Preußen und Nassau abtreten, blieb aber als Großherzog von Luxemburg deutscher Bundesfürst. Wilhelms starre Haltung in konstitutionellen und kirchenpolitischen Fragen viel zur Trennung der Vereinigten Niederlande bei. Die Loslösung Belgiens (1830) erkannten die Niederlande unter seiner Herrschaft erst im Londoner Protokoll von 1839 an. 1840 dankte Wilhelm zugunsten seines ältesten Sohnes Wilhelm (II.) ab.

Wilhelm I., König von Preußen (seit 1861), und Kaiser des Deutschen Reichs (seit 1871), *Berlin 22. 3. 1797, †ebenda 9. 3. 1888; zweiter Sohn von König Friedrich Wilhelm III. von Preußen und der Königin Luise; Großvater von Wilhelm II. Wilhelm nahm an den Befreiungskriegen 1814/15 teil und heiratete 1829 Augusta Prinzessin von Sachsen-Weimar. Mit der Thronbesteigung seines älteren und kinderlosen Bruders Friedrich Wilhelm IV. (1840) erhielt Wilhelm als Thronfolger den Titel »Prinz von Preußen«. Nach seinem Eintreten für eine gewaltsame Niederwerfung der Berliner Märzrevolution von 1848 litt Wilhelms öffentliche Reputation derart, dass er nach Großbritannien floh. Er konnte jedoch bereits im Juni 1848 zurückkehren, wurde in die preußische Nationalversammlung gewählt und leitete 1849 die Niederschlagung des pfälzischen und badischen Aufstands. 1849–54 war er Generalgouverneur von Rheinland und Westfalen, ab 1854 auch Gouverneur der Festung Mainz. Wilhelm residierte in dieser Zeit in Koblenz, wo er unter dem Einfluss seiner dem Liberalismus zugewandten Frau zunehmend in Gegensatz zur konservativen Regierung seines Bruders geriet.

Nach der Übernahme der Stellvertretung (Oktober 1857) und Regentschaft (Oktober 1858) für seinen erkrankten Bruder leitete Wilhelm mit der Entlassung des Ministeriums Manteuffel die Politik der Neuen Ära (November 1858) ein. Bald nach seiner Thronbe-

WILHELM I.
***1797 †1888**

leitete 1849 die Niederschlagung des pfälzischen und badischen Aufstands

wurde 1861 zum König von Preußen gekrönt

berief 1862 Otto von Bismarck zum Ministerpräsidenten

wurde 1871 nach dem Deutschen Krieg 1866 und dem Deutsch-Französischen Krieg 1870/71 zum Kaiser des Deutschen Reiches proklamiert

Wilhelm I. von Oranien, der Schweiger, Statthalter von Holland, Seeland und Utrecht

WILHELM II.
***1859 †1941**

- wurde 1888 Kaiser des Deutschen Reichs und König von Preußen
- veranlasste 1890 den Rücktritt des Reichskanzlers Otto von Bismarck
- wurde im Verlauf des Ersten Weltkrieges zunehmend von der Obersten Heeresleitung verdrängt
- verzichtete während der Novemberrevolution am 28. 11. 1918 auf den Thron
- ging in die Niederlande ins Exil

steigung (2. 1. 1861) geriet er mit der Landtagsmehrheit in Konflikt über die Heeresreform, der sich zum Verfassungskonflikt in Preußen ausweitete. Auf dem Höhepunkt der Krise setzten 1862 die streng konservativen Kreise um Albrecht von Roon die Berufung Otto von Bismarcks zum Ministerpräsidenten durch (23. 9. 1862). Von Bismarck ließ sich Wilhelm in der Folge meist in entscheidenden Lagen leiten, z.B. beim Abschluss des Zweibunds mit Österreich-Ungarn (1879). Trotz seiner anfänglichen Vorbehalte übernahm er im Deutsch-Dänischen Krieg 1864, im Deutschen Krieg 1866 und im Deutsch-Französischen 1870/71 den Oberbefehl sowie 1867 das Präsidium des Norddeutschen Bundes. In die Proklamation zum Kaiser (Versailles 18. 1. 1871) willigte er erst ein, als er der Zustimmung aller Bundesfürsten sicher war.

Wilhelm I., der Eroberer, englisch **William the Conqueror** [ˈwɪljəm ðə ˈkɔŋkərə], Herzog der Normandie (als Wilhelm II., seit 1035) und erster normannischer König von England (seit 1066), *Falaise (Département Calvados) um 1028, †Rouen 9. 9. 1087; illegitimer Sohn und Nachfolger Roberts I. von der Normandie. Wilhelm wurde 1051 vom kinderlosen englischen König Eduard dem Bekenner, der mütterlicherseits mit dem normannischen Herzogshaus verwandt war, zum Nachfolger auf dem englischen Thron bestimmt. Normannischen Quellen zufolge erkannte auch der englische Thronanwärter Harold Godwinson bei einem Aufenthalt in der Normandie 1064 oder 1065 den Anspruch Wilhelms an und leistete ihm den Treueid. Nach Eduards Tod am 5. 1. 1066 bestieg dennoch Harold (II.) den Thron. Wilhelm landete darauf mit einem normannischen Heer unter Zustimmung des Papstes 1066 in Sussex und schlug Harold in der Schlacht bei Hastings (14. 10. 1066). Zu Weihnachten 1066 ließ sich Wilhelm in Westminster krönen. Bis 1070 unterwarf er das ganze Land und organisierte es auf französischer Grundlage neu: Die normannischen Vasallen wurden mit Grundbesitz ausgestattet und der Krone in straffem Lehnsverhältnis untergeordnet, ihre Leistungsfähigkeit durch das Domesday Book festgelegt und die englische Kirche von meist französischen Bischöfen nach kluniazensischen Ideen reformiert. Die Verfügung über die Kirche hielt Wilhelm fest in der Hand.

Wilhelm I. von Oranien, der Schweiger, Statthalter von Holland, Seeland und Utrecht (seit 1559), von Friesland (seit 1580), *Dillenburg 24. 4. 1533, †(ermordet) Delft 10. 7. 1584; ältester Sohn von Graf Wilhelm I., dem Reichen, von Nassau-Dillenburg; erbte 1544 einen umfangreichen Besitz in den Niederlanden und das Fürstentum Oranien. Der hoch in der Gunst Kaisers Karls V. stehende Wilhelm wurde 1555 in den Staatsrat aufgenommen und durch Philipp II. 1559 zum Statthalter von Holland, Utrecht und Seeland ernannt. Ab 1561 nahm Wilhelm mit Graf von Egmont und Graf von Horne den Widerstand gegen Kardinal Antoine de Granvelle, den Berater der Generalstatthalterin Margarete von Parma, auf. Von Sorge über den drohenden Verlust der alten Privilegien und die von Philipp eingesetzte Inquisition erfüllt, verhielt Wilhelm sich lange Zeit zögernd und suchte mehrfach zu einem Ausgleich mit Philipp zu kommen. Bei der Ankunft Herzog von Albas zog er sich in seine Stammlande zurück und begann von hier aus den entschlossenen Kampf gegen Alba. Die Eroberung Brabants misslang, doch gab ihm der Aufstand der Wassergeusen 1572 in den niederländischen Seeprovinzen, die ihn zu ihrem Statthalter ernannten, eine Basis für weitere Unternehmungen. Nach Misserfolgen konnte er 1576 in der Genter Pazifikation alle niederländischen Provinzen vereinen. Als 1579 der neue spanische Statthalter Alessandro Farnese die südlichen Provinzen zurückgewann, verband Wilhelm im selben Jahr in der Utrechter Union die sieben nördlichen Provinzen sowie (vorübergehend) Brabant, Flandern und Mecheln, die sich 1581 von Philipp lossagten.

Am 10. 7. 1584 wurde Wilhelm von Balthasar Gérard in Delft erschossen.

Wilhelm II., König von Preußen und Kaiser des Deutschen Reiches (1888–1918), *Berlin 27. 1. 1859, †Doorn 4. 6. 1941; Sohn von Kaiser Friedrich III. und der englischen Prinzessin Viktoria, Vater von Kronprinz Wilhelm, Enkel von Wilhelm I.; ⚭ in erster Ehe (1881–1921) mit Auguste Victoria, ab 1922 in zweiter Ehe mit Hermine, verwitwete Prinzessin von Schönaich-Carolath. Der zu strenger Einfachheit erzogene Wilhelm stand in seiner Jugend in Opposition zu seinen liberal eingestellten Eltern und war ein großer Verehrer Otto von Bismarcks. Bald nach seiner Thronbesteigung (15. 6. 1888) geriet er jedoch durch seine sozialpolitischen Bestrebungen in schärfsten Gegensatz zu Bismarck, dessen Rücktritt er 1890 veranlasste. Seine Hoffnung, die Reichspolitik selbst zu leiten (»Persönliches Regiment«), trog ebenso wie die ungeduldige Erwartung rascher sozialpolitischer Erfolge. So wandte er sich bald wieder betont konservativen Kräften zu. Nach der →Daily-Telegraph-Affäre (1908) sah sich Wilhelm gezwungen, in einer öffentlichen Erklärung größere politische Zurückhaltung zuzusagen. In das diplomatische Geschehen vor Ausbruch des Ersten Weltkriegs griff Wilhelm nicht ernsthaft ein und trat bald in den Hintergrund. Er verstand sich als ausgleichende Kraft und begrüßte die Politik des »Burgfriedens«; im Kriegsverlauf wurde er jedoch von der Obersten Heeresleitung und dem Reichstag immer mehr zurückgedrängt. Nachdem der Reichskanzler Max Prinz von

Baden am 9. 11. 1918 eigenmächtig den Rücktritt des Kaisers verkündet hatte, ging Wilhelm auf den Rat seiner Umgebung in die Niederlande ins Exil. Am 28. 11. 1918 verzichtete er auf den Thron.

Wilhelm III. von Oranien, König von England, Schottland (als Wilhelm II.) und Irland (seit 1689), *Den Haag 14. 11. 1650, †London 19. 3. 1702; Sohn Prinz Wilhelms II. von Oranien. Wilhelm gelangte gegen den Widerstand der oranienfeindlichen Amsterdamer Handelskreise und des Ratspensionärs Johan de Witt erst nach dem Einfall der Franzosen in die Niederlande (1672) an die Spitze des niederländischen Heeres und wurde 1674 Generalstatthalter der Niederlande. 1677 heiratete er Maria Stuart, die Tochter des späteren Königs Jakob II. von England. Dessen katholisierende, zu Frankreich neigende Politik führte seit 1686 die parlamentarische Opposition in England zu Hilfegesuchen an Wilhelm, der Ende 1688 mit Truppenmacht in England landete und nach Jakobs Flucht mit seiner Frau Maria (II.) durch das englische Parlament König wurde. 1690 besiegte Wilhelm seinen nach Irland zurückgekehrten Schwiegervater an der Boyne und widmete sich dem Kampf gegen Ludwig XIV. (→Pfälzischer Erbfolgekrieg, →Spanischer Erbfolgekrieg).

Wilhelm IV., der Weise, Landgraf von Hessen-Kassel (seit 1567), *Kassel 24. 6. 1532, †ebenda 25. 8. 1592; ältester Sohn Philipps I., des Großmütigen, Vater von Moritz, dem Gelehrten; führte während der Gefangenschaft seines Vaters durch Kaiser Karl V. 1547–52 die Regierungsgeschäfte und beteiligte sich am Krieg des Kurfürsten Moritz von Sachsen gegen den Kaiser. Beim Tod seines Vaters erhielt Wilhelm die Hälfte des Landes mit Kassel. Hier führte er 1567 das Erstgeburtsrecht ein. Seinem Versuch einer gesamtprotestantischen Reichspolitik im Sinne Martin Bucers blieb der Erfolg versagt.

Wilhelm IX., Landgraf von Hessen (1785–1803), als Kurfürst (1803–21) Wilhelm I., *Kassel 3. 6. 1743, †ebenda 27. 2. 1821. Wilhelm, Sohn Landgraf Friedrichs II., der 1760 (endgültig 1764) für seinen Vater die Regentschaft in der Grafschaft Hanau-Münzenberg angetreten hatte und ihm 1785 als Landgraf gefolgt war, nahm 1793 mit Preußen am 1. Koalitionskrieg teil. Im Reichsdeputationshauptschluss wurde er 1803 für den Verlust linksrheinischer Gebiete mit der Kurwürde entschädigt. Seine zögerliche Neutralitätspolitik 1806 führte im Frieden von Tilsit (1807) zum Verlust seines Landes, das dem Königreich Westfalen zugeschlagen wurde. 1813 trat er die Herrschaft Kurhessen wieder an. Verhandlungen über eine Verfassung seines Landes scheiterten 1815/16. Wilhelm oktroyierte daraufhin 1817 ein Haus- und Staatsgesetz, das ihm eine streng autokratische Regierung gestattete.

Wilhelm von Aquitanien, Graf von Toulouse, *Mitte des 8. Jh., †Gellone (heute Saint-Guilhem-le-Désert, Département Hérault) nach 806; Enkel Karl Martells; wurde im fränkischen Unterkönigreich Aquitanien mit dem Schutz der Grenzregion gegen die Sarazenen betraut; eroberte 801 Barcelona; trat 806 in das von ihm 804 gestiftete Kloster Gellone ein.

Wilhelm von Holland, König des Heiligen Römischen Reichs (seit 1247), *1227, †bei Alkmaar 28. 1. 1256; Sohn des Grafen Florenz IV. von Holland. Wilhelm wurde am 3. 10. 1247 auf päpstliches Betreiben in Worringen (heute zu Köln) als Nachfolger Heinrich Raspes (IV.) zum Gegenkönig gegen Friedrich II. gewählt und am 1. 11. 1248 vom Kölner Erzbischof Konrad von Hochstaden in Aachen gekrönt. Nach Friedrichs Tod und Konrads IV. Hinwendung nach Italien konnte Wilhelm sich mit Unterstützung von Papst Innozenz IV. allmählich durchsetzen, nach Konrads Tod erlangte er, ab 1252 mit den Welfen und Askaniern verschwägert, allgemeine Anerkennung. Er setzte sich im Februar 1255 an die Spitze des 1254 gegründeten Rheinischen Bundes und übernahm damit die Führerschaft dieser alle Stände umfassenden Reichsreformbemühungen. Sein Tod im Kampf gegen die Friesen machte die Ansätze einer neuen politischen Ordnung im Reich zunichte.

Wilhelmina, Königin der Niederlande (1890–1948), *Den Haag 31. 8. 1880, †auf Schloss Het Loo (bei Apeldoorn) 28. 11. 1962; folgte ihrem Vater, König Wilhelm III., 1890 auf dem Thron; stand bis 1898 unter der Vormundschaft ihrer Mutter, Königin Emma; ab 1901 ⚭ mit Herzog Heinrich von Mecklenburg-Schwerin. In ihrer Regierungszeit vollzog sich die Demokratisierung der politischen Institutionen, zugleich aber auch eine Stärkung der Monarchie. Während der deutschen Besetzung der Niederlande (1940–45) mit ihrer Regierung in London im Exil, war Wilhelmina dort die treibende Kraft der niederländischen Widerstandsbewegung. 1948 dankte sie zugunsten ihrer Tochter Juliana ab.

Wilson [wɪlsn],

1. Sir (seit 1976) Harold, Baron Wilson of Rievaulx [əv ˈriːvəʊ] (seit 1983), britischer Po-

Wilhelm III. von Oranien

Wilhelm IV., der Weise

Wilhelmina

WILHELM II. ***Wie die Hunnen***

Als Kaiser Wilhelm II. am 27. 7. 1900 deutsche Truppen nach Ostasien verabschiedete, hielt er eine für den menschenverachtenden Chauvinismus dieser Zeit bezeichnende Rede: *»Kommt ihr vor den Feind, so wird derselbe geschlagen! Pardon wird nicht gegeben! Gefangene werden nicht gemacht! Wer euch in die Hände fällt, sei euch verfallen! Wie vor tausend Jahren die Hunnen … sich einen Namen gemacht, der sie noch jetzt … gewaltig erscheinen lässt, so möge der Name Deutscher in China auf tausend Jahre durch euch in einer Weise bestätigt werden, dass niemals wieder ein Chinese es wagt, einen Deutschen auch nur scheel anzusehen!«*

litiker, *Huddersfield 11. 3. 1916, †London 24. 5. 1995; war 1945–83 Abgeordneter der Labour Party und 1947–51 Handelsminister. 1963 zum Parteiführer gewählt, festigte Wilson die Einheit der Labour Party und wurde nach dem Wahlsieg im Oktober 1964 Premierminister (1966 im Amt bestätigt). Seine auf Entschärfung der angespannten Wirtschaftslage gerichtete Deflationspolitik sowie sein Bemühen, die Arbeitsbeziehungen zu verrechtlichen, brachten ihn wiederholt in Gegensatz zu den Gewerkschaften, die eine Entmachtung fürchteten. Im Rahmen eines umfassenden Sparprogramms verkündete er 1966 die Aufgabe aller militärischen Stützpunkte »östlich von Suez« (Ausnahme: Hongkong). Außenpolitisch bemühte sich Wilson um den Beitritt Großbritanniens zu den EG, schloss 1968 den Kernwaffensperrvertrag und setzte sich für eine Beendigung des Vietnamkriegs ein. Nach der Wahlniederlage 1970 wurde Wilson Oppositionsführer, 1974 erneut Premierminister; 1976 trat er überraschend als Premierminister und Parteiführer zurück.

WOODROW WILSON
***1856 †1924**

- war der 28. Präsident der USA (1913–21)
- erklärte die USA während des Ersten Weltkrieges zunächst für neutral
- forderte im April 1917 den Senat zur Kriegserklärung an Deutschland auf
- veröffentlichte 1918 die »Vierzehn Punkte«
- erhielt für sein Bemühen um eine friedliche Nachkriegsordnung den Friedensnobelpreis von 1919

2. Woodrow, 28. Präsident der USA (1913–21), *Staunton (Virginia) 28. 12. 1856, †Washington (D. C.) 3. 2. 1924. Lehrte ab 1885 Geschichte, Rechts- und politische Wissenschaften und war ab 1890 Professor in Princeton (N. J.), 1902–10 Präsident der Universität. Nachdem Wilson die Anhebung des akademischen Standards gelungen war, wandte er sich der Politik zu und kandidierte 1910 als Demokrat erfolgreich für das Amt des Gouverneurs von New Jersey. Sein Eintreten für Reformmaßnahmen wie direkte Vorwahlen, staatliche Regulierung der öffentlichen Versorgungsbetriebe und Antitrustgesetz machte ihn zum Hoffnungsträger des Progressive Movement. Als Präsidentschaftskandidat der Demokratischen Partei gewann er 1912 die Wahl gegen William Taft und Theodore Roosevelt. Innenpolitisch verwirklichte Wilson einen Großteil seines Programms des »New Freedom«, das die amerikanische Wirtschaft durch Zollsenkungen, fairen Wettbewerb und eine Reorganisation des Banken- und Kreditwesens von lähmenden Zwängen befreien sollte. Auf seine Initiative verabschiedete der Kongress 1913 u. a. den Underwood-Simmons Tariff Act, der den Zolltarif neu ordnete, den Federal Reserve Act zur besseren Kontrolle des Bankensystems sowie 1914 den Federal Trade Commission Act, der eine neue Ära der bundesstaatlichen Wirtschaftsregulierung einleitete. 1916 folgten sozialreformerische Maßnahmen wie das Verbot der Kinderarbeit und die Einführung des Achtstundentages für Eisenbahner.

Außenpolitisch führte die Verquickung des reformerischen Impulses mit wirtschaftlichen Interessen zu zahlreichen, zum Teil gewaltsamen Einmischungen in die Angelegenheiten anderer Staaten, besonders Zentralamerikas und der Karibik. Bei Ausbruch des Ersten Weltkriegs proklamierte Wilson die Neutralität der USA und hielt zunächst an diesem Kurs fest, obwohl die deutsche Seekriegführung das deutsch-amerikanische Verhältnis zunehmend belastete. Nach seinem knappen Wahlsieg (1916) entsandte Wilson seinen Vertrauten Edward House nach Europa, um Möglichkeiten für einen »Frieden ohne Sieg« auszuloten. Die deutsche Wiederaufnahme des uneingeschränkten U-Boot-Kriegs und die Zimmermann-Note bereiteten schließlich den Weg für den Kriegseintritt der USA am 6. 4. 1917. Seine Kriegsziele, die er am 8. 1. 1918 in Form der →Vierzehn Punkte veröffentlichte, wurden (mit Abstrichen) Grundlage des Waffenstillstandsabkommens. Auf der Pariser Friedenskonferenz sah sich Wilson in einigen Punkten (u. a. Kriegsschuld- und Reparationsfrage) zu Kompromissen gezwungen, um die vertragliche Verankerung des Völkerbunds zu erreichen. Die Ratifizierung des Versailler Vertrags durch die USA und damit deren Beitritt zum Völkerbund scheiterten aber trotz hohen Engagements Wilsons im März 1920 endgültig am Widerstand isolationistischer Senatoren und an Wilsons Ablehnung einer die Vorbehalte gegen die Völkerbundsatzung berücksichtigenden Kompromissformel. Aufgrund seines schwachen Gesundheitszustands konnte Wilson nicht mehr in den Präsidentschaftswahlkampf 1920 eingreifen und zog sich nach Ende seiner Amtszeit aus der Politik zurück.

Windischgrätz, Alfred Fürst zu (seit 1804), österreichischer Feldmarschall, *Brüssel 11. 5. 1787, †Wien 21. 3. 1862; wurde 1840 Generalkommandant in Böhmen. Im Juni 1848 unterdrückte Windischgrätz den Prager Pfingstaufstand und nahm, nach dem Ausbruch der Wiener »Oktoberrevolution« zum Oberkommandierenden aller österreichischen Truppen außerhalb Italiens ernannt, am 31. 10. 1848 Wien ein, wo er im Anschluss ein hartes Strafgericht durchführen ließ. Danach führte er Krieg gegen die ungarischen Aufständischen, wurde aber am 12. 4. 1849 abberufen, da er die Politik von Felix Fürst von Schwarzenberg behinderte.

Ludwig Windthorst

Windthorst, Ludwig, deutscher Politiker, *Caldenhof (heute zu Versmold) 17. 1. 1812, †Berlin 14. 3. 1891; Rechtsanwalt; war im Königreich Hannover 1849–56 Führer der Regierungspartei in der Zweiten Kammer, 1851 Kammerpräsident und 1851–53 sowie erneut 1862–65 Justizminister. Nach der Annexion Hannovers durch Preußen 1866 führte Windthorst für den entthronten König Georg V. und das Königshaus die Abfindungsverhandlungen. 1867 wurde er Mitglied des preußischen Abgeordnetenhauses und Mitglied des Reichstags im Norddeutschen Bund. Nach der Gründung des →Zentrums 1870 entwickelte er sich rasch zu dessen unbestrittenem Führer –

ohne Vorsitzender zu sein – und im Kulturkampf zum großen parlamentarischen Gegenspieler Otto von Bismarcks. Windthorst bekämpfte die Kulturkampfgesetzgebung vom Boden des bestehenden Verfassungsrechts aus und suchte die »konservative Wende« Bismarcks ab 1877 politisch zu nutzen, ohne sich voll der päpstlichen Verständigungsbereitschaft anzuschließen. Eine Unterredung mit Bismarck im Frühjahr 1890 erregte das Misstrauen von Kaiser Wilhelm II. und war mitentscheidend für den Sturz Bismarcks.

Winterkönig, Beiname Friedrichs V. von der Pfalz, bezogen auf sein kurzes, nur über einen Winter lang behauptetes Königtum in Böhmen (gewählt im August 1619, in Prag seit Oktober, gekrönt 4. 11. 1619, geflohen 8. 11. 1620 nach der Schlacht am Weißen Berg).

Wirth, Joseph, deutscher Politiker, *Freiburg im Breisgau 6. 9. 1879, †ebenda 3. 1. 1956; Lehrer; Mitglied der Zentrumspartei, war 1914–18 und 1920–33 Mitglied des Reichstags, 1919/20 Abgeordneter der Nationalversammlung, 1919/20 Reichsfinanz-, 1920/21 Reichsaußenminister, 1921/22 Reichskanzler. Als Reichskanzler nahm er 1921 das Londoner Ultimatum an, schloss 1922 (zusammen mit Außenminister Walther Rathenau) den Rapallovertrag ab und setzte – nach der Ermordung Rathenaus – im selben Jahr das Republikschutzgesetz durch. Nach 1922 trat Wirth v. a. im Reichstag als Sprecher des linken Flügels seiner Partei hervor. 1929 war er Reichsminister für die besetzten Gebiete, 1930/31 Reichsinnenminister. 1933–48 war Wirth in der Schweiz im Exil. Nach seiner Rückkehr beteiligte er sich 1953 an der Gründung des Bundes der Deutschen (BdD).

Wirtschaft, Sonderartikel S. 974/975.

Wirtschaftswunder, Schlagwort zur Beschreibung einer unerwartet schnellen und nachhaltigen wirtschaftlichen Entwicklung mit vergleichsweise hohen Wachstumsraten des realen Sozialprodukts oder des Pro-Kopf-Einkommens. Der Begriff geht zurück auf die Phase des wirtschaftlichen Wiederaufbaus nach dem Zweiten Weltkrieg, v. a. in der Bundesrepublik Deutschland, Italien und Japan.

Als Beginn des deutschen Wirtschaftswunders gilt die Währungsreform 1948, das Ende wird zum einen auf die Jahre 1957/58 datiert (Ende eines Konjunkturzyklus, vorläufiger Abschluss der Integration in die Weltwirtschaft mit vollständiger Konvertibilität der DM und Gründung der EWG), zum anderen auf die erste schwerwiegende Nachkriegsrezession 1966/67. Das Wirtschaftswunder war u. a. gekennzeichnet durch hohe jährliche Wachstumsraten des realen Sozialprodukts, wachsenden materiellen Wohlstand sowie den Abbau der Arbeitslosigkeit trotz Zustroms von Flüchtlingen. Zum Wirtschaftswunder beigetragen haben die Bedingungen der sozialen Marktwirtschaft, günstige Exportmöglichkeiten, ausländische Finanzhilfen und außenpolitische Faktoren (Einbindung der Bundesrepublik in das westliche Bündnis), sondern auch Leistungsbereitschaft und Aufbauwille von Arbeitnehmern wie Unternehmern.

Fortsetzung S. 976

WIRTSCHAFTSWUNDER *Aufschwung in den Nachkriegsjahren*

1931 begann Ferdinand Porsche ein Fahrzeug zu konzipieren, das für alle bezahlbar sein sollte. Um dieses preiswerte Massenautomobil bauen zu lassen und die Rüstungsproduktion anzukurbeln, errichtete die nationalsozialistische Regierung 1937 das »Volkswagenwerk« in Wolfsburg. Der überwältigende Erfolg des nach 1945 weiter produzierten, später liebevoll als »Käfer« bezeichneten Volkswagens war damals freilich noch nicht abzusehen.

Für die Zeit der Wirtschaftswunderjahre im Nachkriegsdeutschland ab etwa 1950 wurde der »Käfer« nachgerade zu einem Symbol. Seine jährlich geradezu explodierenden Verkaufszahlen illustrieren, welch unerwarteter Anstieg des Bruttosozialprodukts der Bundesrepublik in der Wachstumsperiode zwischen 1948, dem Jahr der Währungsreform, und 1966/67 beschert war. Lief im Mai 1949 der 50 000. VW-Käfer seit Kriegsende vom Band, so waren es 1955 – bereits eine Million: Der »Käfer« wurde zum meistverkauften Auto der Erde. Ständige Produktverbesserungen und damit auch steigende Preise – 1954 wurde z. B. die Leistung des Käfer-Motors von 25 auf 30 PS erhöht – begleiteten die stetigen Einkommenssteigerung dieser Epoche der Vollbeschäftigung und des Arbeitskräftemangels. Und nicht zuletzt brachte der »Käfer« den Deutschen den Wochenendausflug und sogar Italien näher, das Traumziel aller Urlauber.

1

WIRTSCHAFT

1) Stabile Preise sind für eine florierende Wirtschaft unerlässlich. Eine extreme Inflation – hier eine Banknote über 500 Millionen Reichsmark aus der Zeit der Weimarer Republik – führt zur Flucht in Sachwerte oder ausländische Währungen.

Im archaischen Griechenland des 8. Jh. v. Chr. war wirtschaftliche Selbstständigkeit das Idealbild der Gesellschaft. Da sie in der Realität nicht zu erreichen war, musste man notwendigerweise Handel treiben. Mit der Erfindung und Einführung des Münzgeldes Mitte des 7. Jh. v. Chr. konnte man auf den bisherigen Tauschhandel verzichten, es kam zum Aufschwung des privaten Bankwesens, Bergbaus und Schiffbaus. Nun hatten Händler, Handwerker und Kleinbauern die Möglichkeit des sozialen Aufstiegs durch Anhäufung von Gewinnen.

Im republikanischen Rom wurde umfangreicher Grundbesitz als Basis für große Unternehmen genutzt, die die gewerbliche Produktion mit dem Fernhandel kombinierten. Die Latifundien waren nach hellenistischem Vorbild mithilfe von Sklaven als agrarische Großbetriebe marktwirtschaftlich organisiert. In der römischen Kaiserzeit geriet, v. a. wegen der zunehmenden Schwierigkeit der Lebensmittelversorgung des Zentrums Rom, der Fernhandel immer stärker unter staatliche Abhängigkeit.

Mittelalter

Das Kennzeichen frühmittelalterlicher Wirtschaft war der Fronhof mit seiner gutswirtschaftlichen Ordnung. Mit steigender Bevölkerungszahl und wachsender Produktivität ab dem 10. Jh. gewannen der lokale wie auch der Fernhandel an Bedeutung und schufen langsam eine Tendenz zur Kapitalbildung.

Dieser Vorgang verstärkte ab dem späten 13. Jh. ebenso die Expansion der städtischen Märkte, die politisch, gesellschaftlich und kulturell von Kaufleuten, Geldverleihern und Handwerkern beherrscht waren, wie die Entstehung von Zünften, Gilden und einem machtvollen Finanzapparat. In diesem Zusammenhang stand der Aufstieg von Kaufmanns- und Bankiersfamilien, etwa der Fugger in Augsburg oder der Medici in Florenz, sowie von Kaufmannsgilden, deren bekannteste die Hanse war. Angesichts der sich wandelnden Verhältnisse diskutierten die Scholastiker die Frage des angemessenen Preises und des Zinswuchers, der der christlichen Ethik widersprach.

Im Laufe des 14. und 15. Jh. kam es zu einem wirtschaftlichen Niedergang, bedingt v. a. durch die Pestepidemien und Aufstände von Zünften bzw. Stadtbürgern gegen ihre Stadtherren. Dagegen versuchten die Stadträte mit wirtschaftlichem Protektionismus vorzugehen.

Neuzeit

Der Einfluss des Humanismus und technische Erfindungen, z. B. der Buchdruck oder neue Navigationsmittel, sorgten ab dem 16. Jh. in Verbindung mit den bei den Entdeckungsfahrten eroberten Kolonien der Spanier und Portugiesen für eine grundlegende Veränderung der europäischen Wirtschaft. Die zunehmende Geldwirtschaft und das Marktgeschehen erforderten vom werdenden Territorialstaat mit seinem stei-

AN
INQUIRY
INTO THE
Nature and Caufes
OF THE
WEALTH OF NATIONS.
By ADAM SMITH, LL. D. and F. R. S.
Formerly Profeffor of Moral Philofophy in the Univerfity of GLASGOW.
IN TWO VOLUMES.
VOL. I.
LONDON:
PRINTED FOR W. STRAHAN; AND T. CADELL, IN THE STRAND.
MDCCLXXVI.

2

3

2) Mit seinem Hauptwerk »An inquiry into the nature and the cause of the wealth of nations« (1776) begründete Adam Smith die klassische Nationalökonomie.

3) Indem die industrielle Revolution völlig neue Produktionsarten mit sich brachte, markierte sie im späten 18. Jh. das Ende der agrarisch strukturierten Gesellschaften Europas (»Eisenwalzwerk«, Gemälde von Adolph Menzel, 1875; Berlin, Nationalgalerie).

genden Finanzbedarf eine Politik, die ausreichende Finanzkraft im kommerziellen Bereich sicherte. Schließlich entstand im 17. Jh. vornehmlich in den absolutistischen Staaten eine Wirtschaftspolitik, die v.a. den Außenhandel und großgewerbliche Betriebsformen, Manufakturen oder Verlage, förderten, um ihre Finanzkraft und Macht zu stärken. Diese merkantilistische Politik wurde auf lange Sicht ein immer stärkeres Hindernis wirtschaftlicher Entwicklung.

Schließlich wurde der Merkantilismus vom Liberalismus abgelöst: Adam Smith bezeichnete in seiner klassischen Nationalökonomie menschliche Arbeit und Arbeitsteilung als Wohlstandsquellen. Als Voraussetzung dafür sah er allerdings einen freien Wettbewerb, bei dem der Staat keinerlei Markteingriffe vornehmen sollte. Darüber hinaus entwickelte Smith eine Wert- und Preistheorie, in der Angebot und Nachfrage die Marktpreise regulieren. Dies waren die theoretischen Voraussetzungen für die industrielle Revolution, die zwischen 1780 und 1850 zunächst in England einsetzte und deren praktische Voraussetzungen besonders die Erfindung der Dampfmaschine, die reichen Kohlelager der britischen Insel, gesteigerte Anhäufung flüssigen Kapitals und ein stetig zunehmendes Arbeitsangebot waren. Im Verlauf der ersten Hälfte des 19. Jh. setzte diese Entwicklung in fast allen europäischen Ländern, in Japan und in Nordamerika ein, was ein stark ansteigendes Sozialprodukt und wachsende Bevölkerungszahlen mit sich brachte. Eine maßgebliche Kritik an der Nationalökonomie äußerte Karl Marx, indem er die bürgerliche Wirtschaft als widersprüchlich und daher krisenhaft bezeichnete; er prognostizierte Massenarbeitslosigkeit, die Verelendung des Proletariats und zyklisch auftretende Wirtschaftskrisen.

20. Jahrhundert

Ende des 19. Jh. wurde der freie Warenverkehr auf der Basis der Goldwährung durch die Errichtung von staatlich kontrollierten Handelshemmnissen in Form von Zöllen stark erschwert. Seit Ende des Ersten Weltkriegs hatten bis auf die Sowjetunion, in der eine sozialistische Planwirtschaft eingerichtet war, bis 1945 alle und danach die der westlichen Hemisphäre angehörigen europäischen Staaten, Japan und die USA ein in wesentlichen Punkten gleiches Wirtschaftssystem, eine mehr oder weniger regulierte Marktwirtschaft. Wirtschaftliches Handeln ist hierbei an Preisen orientiert, die von Angebot und Nachfrage abhängen. Nach dem Untergang der sozialistischen Planwirtschaften gibt es heute eine immer stärkere Tendenz zur wirtschaftlichen Globalisierung, die durch die Einrichtung von Freihandelszonen (z.B. Europäische Union) und wirtschaftlichen Verflechtungen (z.B. Internationaler Währungsfonds) auf internationaler Ebene zusätzlich unterstützt wird.

Sergej Graf Witte

Fortsetzung von S. 973

Wissenschaft, Sonderartikel S. 978/979.

Witt, Johan (Jan) de, niederländischer Staatsmann, *Dordrecht 24. 9. 1625, †Den Haag 20. 8. 1672; galt ab 1652 als einer der Führer der in Opposition zu den Oraniern stehenden republikanischen Partei, die die Statthalterschaft aufzuheben suchte und eine ständische Oligarchie befürwortete. 1653 zum Ratspensionär gewählt, bestimmte Witt in der »ersten statthalterlosen Zeit« (1650–72) als oberster Leiter die Politik der niederländischen Republik. Trotz vieler Rückschläge suchte er die traditionelle Freundschaftspolitik mit England und Frankreich aufrechtzuerhalten, beide Staaten zugleich jedoch zum Nutzen der Niederlande gegeneinander auszuspielen. Diese Politik scheiterte 1670 mit dem Abschluss des Geheimvertrags von Dover. Der Ausbruch des 3. Seekriegs mit England (1672), begleitet von einer zunächst erfolgreichen französischen Landoffensive, sowie innere Schwierigkeiten führten zur Absetzung Witts und zur Berufung Wilhelms von Oranien zum Statthalter. Mit seinem Bruder Cornelis, der fälschlich eines Mordanschlags auf Wilhelm bezichtigt worden war, wurde Witt bei einem Volksauflauf gelyncht.

Witte, Sergej Graf (seit 1905), russischer Politiker, *Tiflis 29. 6. 1849, †Petrograd 13. 3. 1915; wurde 1892 Verkehrs- und Finanzminister mit weit reichendem Einfluss auf die Innen- und Außenpolitik. Witte führte 1894 das staatliche Branntweinmonopol ein und stabilisierte 1897 durch den Übergang zur Goldwährung den Rubelkurs. Seine Wirtschaftspolitik förderte durch Schutzzollsystem und Heranziehung ausländischen Kapitals in großem Stil die Industrialisierung Russlands. 1903 zum Vorsitzenden des Ministerkomitees ernannt, schloss Witte 1905 den Frieden von Portsmouth, der den Russisch-Japanischen Krieg beendete. Nach der Revolution entwarf er das Oktobermanifest Nikolaus' II. (30. 10. 1905) und bildete als erster Ministerpräsident (1905–06) die neue Regierung, wurde aber vor dem Zusammentritt der ersten Duma entlassen.

Wittelsbacher, bayerisches Herrscherhaus, das 1180 bis 1918 regierte. Erstmals quellenmäßig fassbar wurde das Haus mit Otto Graf von Scheyern, der um die Mitte des 11. Jh. als Graf und Hochstiftsvogt von Freising bezeugt ist. Graf Otto IV., der 1120 das bis 1208 bei den Wittelsbachern verbleibende Pfalzgrafenamt für Bayern erhielt, nannte sich 1115 erstmals nach der nordöstlich von Aichach ge-

WLADIMIR I. — *Entstehung des Kiewer Reichs*

Entlang den großen Flüssen Oder, Weichsel, Düna, Dnjepr und Wolga gelangten schwedische Wikinger, die Waräger (die nach der schwedischen Landschaft Roslag auch »Rus« genannt wurden), im 9. Jh. in Osteuropa bis zu den Grenzen des Bulgaren- und Chasarenreiches. In diesen Gebieten errichteten sie mehrere Herrschaftsbereiche. Das bei Kiew entstandene Herrschaftsgebiet wurde später unter der Dynastie der Rurikiden mit den weiter nördlich gelegenen Herrschaften zum Kiewer Reich vereinigt, das die Grundlage des späteren russischen Reiches bilden sollte.

Von Kiew aus, das sich im 10. und 11. Jh. zu einer der größten und reichsten Städte Europas entwickelte (hier das aus Ziegelsteinen gemauerte »Goldene Tor« von 1037, ein Überrest der ehemaligen Stadtumwallung), dehnten der Nowgoroder Fürst Oleg und sein Nachfolger Igor ihr Herrschaftsgebiet immer weiter aus; 941 misslang die Eroberung Konstantinopels. Olga, die Witwe Igors, legte dann eine wichtige Grundlage für die Christianisierung des Landes: Sie ließ sich vermutlich im Jahr 957 taufen und rief byzantinische Missionare ins Land. Als ihr Enkel Wladimir I. die byzantinische Prinzessin Anna heiratete und sich 988 taufen ließ, folgten ihm die Oberschicht und die Mehrheit der Bevölkerung ohne Widerstand auf diesem Weg. Aus Byzanz übernahmen die Russen die altslawische Liturgie, das slawische Alphabet und auch byzantinisches Recht, sodass es zu einem ersten kulturellen Aufschwung kam, der sich unter Wladimirs Sohn und Nachfolger Jaroslaw zu einer glanzvollen Blütezeit steigerte.

legenen Burg Wittelsbach. Sein Sohn Otto I. wurde 1180 nach dem Sturz Heinrichs des Löwen mit dem verkleinerten Herzogtum Bayern belehnt. Sein Sohn, Ludwig der Kelheimer, und sein Enkel, Otto II., festigten die Landesherrschaft der Wittelsbacher in Bayern; Otto brachte zudem durch Heirat mit der pfälzischen Erbtochter Agnes die ihm übertragene Pfalzgrafschaft bei Rhein in wittelsbachischen Besitz.

Nach einer ersten Teilung 1255 bestanden bis 1340 die Linien Oberbayern (mit der Rheinpfalz) und Niederbayern. Aus der oberbayerischen Linie entspross Kaiser Ludwig IV., der Bayer, unter dem durch Hausvertrag von Pavia (1329) die pfälzische Linie (mit der Oberpfalz) selbstständig wurde. Ihr sprach 1356 die Goldene Bulle die Kurwürde zu. Fortan hatten die Wittelsbacher bedeutenden Einfluss auf die Reichspolitik. Nach kurzzeitiger Vereinigung der bayerischen Gebiete stand 1349 die zweite Teilung in die Linien Ober- und Niederbayern an, 1392 folgte die dritte Teilung in die Linien Bayern-Ingolstadt (erloschen 1447), Bayern-Landshut (erloschen 1503) und Bayern-München. Letzterer gelang im Landshuter Erbfolgekrieg 1504/05 unter Albrecht IV., dem Weisen, die Vereinigung von Ober- und Niederbayern. Unter Maximilian I., dem Gründer und Führer der katholischen Liga von 1609, fiel 1623 an sie die bis dahin pfälzische Kurwürde, für die Pfalz wurde dann 1648 eine neue (8.) Kur eingerichtet. 1628 fiel die Oberpfalz an das Herzogtum Bayern. Ebenso stellte die Linie 1583–1761 die Kurfürsten von Köln und mit Karl VII. 1742–45 den Kaiser. Die pfälzische Linie hatte sich 1410 geteilt in Kurpfalz, Neumarkt (Oberpfalz), Simmern und Mosbach. Der Zweibrücker Zweig hatte 1654–1720 den schwedischen Thron inne. Als die bayerische Hauptlinie 1777 ausstarb, wurde sie von dem pfälzischen Kurfürsten Karl Theodor aus der Linie Pfalz-Sulzbach beerbt. Mit ihm starb diese Linie 1799 aus. Der wittelsbachische Besitz kam nun an den einzig noch blühenden Zweig Pfalz-Zweibrücken-Birkenfeld. 1806–1918 waren die Wittelsbacher Könige von Bayern.

Wladimir I., Wladimir der Heilige, russischer Großfürst (seit 980), † 15. 7. 1015; jüngster Sohn des Kiewer Fürsten Swjatoslaw; wurde 969 Fürst von Nowgorod; ging aus den Thronwirren nach dem Tod seines Vaters mithilfe eines Warägerheeres 980 siegreich hervor und konnte den Kiewer Staat unter seiner Herrschaft wieder einen. In mehreren Kriegszügen gelang es Wladimir, seinen Herrschaftsbereich auszudehnen und dessen Grenzen zu sichern. Als er dem im Bürgerkrieg bedrängten byzantinischen Kaiser Basileios II. 987 oder 988 die erbetenen Truppen zu Hilfe sandte, gab dieser ihm seine Schwester Anna zur Frau. Im Zusammenhang damit nahm Wladimir 988 das Christentum an und erhob es zur Staatsreligion.

Wormser Edikt. »Hier stehe ich, ich kann nicht anders, Gott helfe mir, Amen«. Mit diesen Worten soll Luther die Verteidigung seiner Lehre vor Kaiser und Reich auf dem Wormser Reichstag von 1521 beendet haben (Holzschnitt von 1557).

Wohlfahrtsausschuss, französisch **Comité de Salut Public** [kɔmi'te də sa'ly py'blik], 1793–95 das oberste Exekutivorgan des französischen Nationalkonvents. Am 1. 1. 1793 als Verteidigungsausschuss (»Comité de Défense Générale«) geschaffen, am 6. 4. erstmals zum Wohlfahrtsausschuss umgebildet, bestand der Ausschuss zunächst aus neun, seit Juni 1793 aus zwölf »Exekutivkommissaren«, die die Minister ersetzten. Unter Maximilien de Robespierres Führung (27. 7. 1793–27. 7. 1794) wurde der Wohlfahrtsausschuss zu einem der wichtigsten Organe der berüchtigten Schreckensherrschaft der Jakobiner.

Wormser Edikt, auf dem Reichstag von Worms 1521 über Martin Luther verhängtes Edikt, das das Datum (8. 5.) seiner Billigung durch Kaiser Karl V. trägt, aber erst am 26. 5. von den nicht mehr vollzählig anwesenden Reichsständen gebilligt und vom Kaiser unterzeichnet wurde. Trotz Verhängung der Reichsacht über Luther und des Verbots von Lektüre und Verbreitung seiner Schriften vermochte das Wormser Edikt, das auf dem Reichstag von Nürnberg (1524) als Reichsgesetz anerkannt wurde, der Ausbreitung der Reformation nicht entgegenzutreten.

Wormser Konkordat, am 23. 9. 1122 bei Worms verkündeter Vertrag zwischen Kaiser Heinrich V. und Papst Calixtus II. zur Beendigung des →Investiturstreits. Der Kaiser verzichtete auf die Investitur mit Ring und Stab, erhielt aber das Recht, die gewählten Bischöfe und Äbte in Deutschland vor (in Italien und Burgund nach) der Weihe mit den Regalien mittels eines Zepters zu belehnen. Das Wormser Konkordat galt nicht für den Kirchenstaat.

Wrangel, Friedrich Graf von (seit 1864), preußischer Generalfeldmarschall (seit 1856), * Stettin 13. 4. 1784, † Berlin 1. 11. 1877; war im

Fortsetzung S. 980

1

WISSENSCHAFT

1) Über Jahrtausende hinweg war Papier das wichtigste Speichermedium des Wissens. Bücher waren aber, im Gegensatz zu heute, nur einem engen Personenkreis zugänglich. Aufbewahrt wurden sie in den »Tempeln des Wissens«, den Bibliotheken (Trinity College, Dublin).

Eine der ersten wissenschaftlichen Großtaten des Abendlandes war die Voraussage einer Sonnenfinsternis, die am 28. 5. 585 v. Chr. in Kleinasien stattfand. Prophezeit hatte sie, wenn auch vielleicht nicht auf den Tag genau, der Grieche Thales von Milet. Seine Kenntnisse verdankte Thales den hochzivilisierten Kulturen des Alten Orients, die schon lange vor den Griechen wissenschaftliche Maßstäbe gesetzt hatten: Er hatte sich bei der Berechnung der Sonnenfinsternis Schaltzyklen bedient, die Astronomen in Babylonien entwickelt hatten. Doch auch durch eigene Leistungen nimmt Thales einen prominenten Platz in der Wissenschaftsgeschichte ein. Bekannt ist er bis heute als Mathematiker: Sein »Satz des Thales« gehört nach wie vor zu den Grundlagen der Geometrie. Weiterhin hat er sich als Geograph betätigt, indem er behauptete, die Erdscheibe schwimme auf dem Weltmeer, dem »Okeanos«. Geradezu revolutionär waren seine Bemühungen um die Erforschung einer der Welt und der Natur zugrunde liegenden Ursubstanz. Waren die Zeitgenossen des Thales der Meinung, dass die Natur ganz und gar göttlich durchdrungen sei, so beseitigte der Wissenschaftler aus Milet die Religion aus seiner Deutung der Welt und nahm als Grundprinzip alles Seienden das Wasser an.

Antike

Das Beispiel des Astronomen, Mathematikers, Geographen und Naturforschers Thales zeigt, dass die Wissenschaft in ihren Anfängen universal ausgerichtet war. Im Gegensatz zum heutigen Spezialistentum beschränkten sich die antiken Wissenschaftler nicht nur auf eine Disziplin. Ein Forscher wie Aristoteles, dessen Wirken im 4. Jh. v. Chr. den Höhepunkt antiker Wissenschaft darstellt, befasste sich mit Staatstheorie, Dichtkunst, Ethik, Rhetorik, Zoologie, Botanik, Astronomie, Seismologie und Meteorologie. Aristoteles übte nicht nur auf die antike Wissenschaft einen großen Einfluss aus: Dem Mittelalter galt er seit dem 12. Jh. als kanonisch, die Araber rezipierten über die Schriften des Aristoteles die antiken Erkenntnisse.

In die Antike fallen auch bereits die ersten Ansätze einer staatlichen Forschungsförderung. Im ägyptischen Alexandria errichteten seit dem 3. Jh. v. Chr. die dortigen Könige das »Museion«, in dem die fähigsten Köpfe aus der gesamten antiken Welt, von den monarchischen Sponsoren üppig bezahlt, ungestört ihrer wissenschaftlichen Tätigkeit nachgehen konnten. Das Resultat waren Spitzenleistungen etwa in der Medizin, aber auch in der Geographie (dem Gelehrten Eratosthenes gelang hier eine ziemlich exakte Berechnung des Erdumfangs) und der Astronomie.

Die Römer waren als Pragmatiker der Macht eher an der Technik interessiert und leisteten auf diesem Gebiet Bedeutendes bei der infrastrukturellen Erschließung des Reiches, indem sie mit großem technischem Aufwand überall Straßen, Brücken, Kanäle und Wasserleitungen bauten. Eine bleibende Leistung war

2

3

die Übernahme des ägyptischen Kalenders mit dem Normaljahr von 365 Tagen. Den »julianischen Kalender« hatte Caesar also aus Ägypten mitgebracht.

Vom Mittelalter bis zum 19. Jahrhundert

Das Mittelalter bedeutete speziell für die Naturwissenschaften eine Phase der Stagnation, weil sich die kirchlichen Autoritäten gegen sämtliche Erkenntnisse und Fortschritte stemmten, die geeignet waren, das christliche Weltbild ins Wanken zu bringen. Jedoch entstanden in dieser Zeit die ersten Universitäten, im 12. Jh. in Italien (Bologna) und Frankreich (Paris), im 14. Jh. auch auf dem Boden des Heiligen Römischen Reichs (Prag, Wien, Heidelberg). Gelehrt und geforscht wurde hier allerdings nur in den von der Kirche anerkannten Fächern (etwa Grammatik, Rhetorik und Philosophie).

Der Dauerkonflikt zwischen Kirche und Naturwissenschaft spitzte sich im 17. Jh. zu. Johannes Kepler, Nikolaus Kopernikus und Galileo Galilei knüpften insofern an Thales von Milet an, als sie die Natur nach deren eigenen und nicht nach den göttlichen Gesetzen zu verstehen versuchten. Das von ihnen entworfene heliozentrische Weltbild, das die Sonne in den Mittelpunkt des Universums stellte, führte zum erbitterten Widerstand der Kirche. In einem berühmten Prozess musste Galilei 1633 seine Lehre widerrufen, verteidigte aber seine These von der Drehbewegung der Erde mit dem Ausspruch »Und sie bewegt sich doch«.

Den wissenschaftlichen Fortschritt konnte die Kirche aber nicht aufhalten. Das Zeitalter der Renaissance bedeutete den Durchbruch für die Naturwissenschaften, insbesondere für die Physik, die Biologie und die Chemie. Das 18. und 19. Jh. sah revolutionäre Entdeckungen wie die Elektrizität. An der Wende zum 20. Jh. bewirkte die Erforschung der Radioaktivität eine ganz neue Dimension in der Chemie, wurde Albert Einstein mit seiner Relativitätstheorie unsterblich.

20. Jahrhundert

Freilich verloren die Naturwissenschaften, die die Geisteswissenschaften in der öffentlichen Aufmerksamkeit zunehmend verdrängten, im 20. Jh. auch einen Teil ihrer »Unschuld«. Schon Alfred Nobel musste erleben, wie das von ihm erfundene Dynamit gegen seinen Willen auch zu kriegerischen Zwecken eingesetzt wurde. Noch dramatischer verlief die Entwicklung bei der Nutzung der Kernspaltung. Die beteiligten Wissenschaftler bedachten zunächst nicht, welch militärisches Zerstörungspotenzial sie in sich barg, bevor die Atombomben auf Hiroshima und Nagasaki am Ende des Zweiten Weltkrieges eine neue Situation schufen. Probleme der Technikfolgenabschätzung warfen aber auch andere Errungenschaften des 20. Jh. auf: die Raketentechnik, mit der der Aufbruch ins Weltall gelang, die Medien der Massenkommunikation wie Fernsehen und Internet oder die Gentechnologie.

2) Die »artes liberales«, die »freien Künste«, bildeten im Mittelalter den Kanon der theoretischen Wissenschaften (Tierkreiskalender des Stundenbuchs »Les très riches heures«; zwischen etwa 1413 und 1416, Chantilly, Musée Condé).

3) Der Todeskampf des Haubenkakadus, der in Joseph Wright of Derbys Gemälde »Das Experiment mit dem Vogel in der Luftpumpe« (1768; London, National Gallery) einem Vakuum ausgesetzt wird, problematisiert den Fortschrittsoptimismus im Zeitalter der aufblühenden Naturwissenschaften.

WORMSER KONKORDAT. *Persönliche Zugeständnisse?*

Papst Calixtus II. sandte die Kardinäle Lambert von Ostia, Saxo und Gregor nach Deutschland. Die Beratungen, die ursprünglich in Würzburg stattfinden sollten, begannen am 8. 9. 1122 auf einer Synode, an der der Kaiser, die Legaten und etliche geistliche und weltliche Fürsten teilnahmen. Am 23. 9. 1122 konnte das Konkordat auf der Ebene Lobwisen bei Worms vor einer großen Menge feierlich verkündet werden. Während die in einer Originalausfertigung erhaltene königliche Urkunde für die katholische Kirche insgesamt ausgestellt war, wurde die nur in Abschrift überlieferte päpstliche Gegenurkunde für Heinrich V. persönlich erteilt. So blieb es eine offene Frage, ob die Zugeständnisse des Papstes auch nach dem Tod dieses Kaisers Geltung behalten würden.

Friedrich Graf von Wrangel

Karl Fürst von Wrede

Fortsetzung von S. 977
ersten Deutsch-Dänischen Krieg 1848 Oberbefehlshaber der deutschen Bundestruppen, anschließend Oberbefehlshaber in den Marken. In dieser Funktion unterstanden ihm die Einheiten, die im November 1848 die preußische Nationalversammlung in Berlin auseinander sprengten. Im zweiten Deutsch-Dänischen Krieg erneut Oberbefehlshaber, wurde ihm nach dem Sturm auf die Düppeler Schanzen (1864) das Kommando entzogen.

Wrede, Karl Fürst von (seit 1814), bayerischer Feldmarschall, *Heidelberg 29. 4. 1767, †Ellingen 12. 12. 1838; kämpfte in den Napoleonischen Kriegen; schloss am 8. 10. 1813 mit den Österreichern den Vertrag zu Ried und versuchte, Napoleon I. nach der Völkerschlacht bei Leipzig den Rückzug abzuschneiden, unterlag aber bei Hanau (30./31. 10. 1813); war Vertreter Bayerns auf dem Wiener Kongress (1814/15).

Wulff, Christian, deutscher Politiker, *Osnabrück 19. 6. 1959; Rechtsanwalt; wurde 1994 für die CDU Mitglied des Landtags von Niedersachsen; wurde 2003 Ministerpräsident von Niedersachsen.

Wulfila [gotisch »kleiner Wolf«], **Ulfilas, Ulfila,** westgotischer Bischof und Bibelübersetzer, *im Gotengebiet nördlich der Donau um 311, †Konstantinopel 383; wurde 341 von Eusebios von Nikomedien, dem Bischof von Konstantinopel, zum Bischof der Goten geweiht. Nach der Verfolgung durch Athanarich (369–372) zog Wulfila sich nach Mösien zurück und wirkte weiter als Missionsbischof und weltlicher Führer (Primas). Theologisch gehörte er zu den gemäßigten Arianern. Seine bedeutendste Leistung war die Übersetzung der Bibel in die gotische Sprache (um 370), wofür er eine neue (gotische) Schrift schuf.

Württemberg, historisches Land in Südwestdeutschland.

GESCHICHTE: Die Grafen (seit 1135) von Württemberg im mittleren Neckar- und im Remstal konnten im 13. Jh. beträchtliche Teile der staufischen Gebiete erwerben. Im Spätmittelalter war Württemberg stärkste Territorialmacht in Südwestdeutschland (→Schwaben). 1442 erfolgte eine Teilung in zwei neue Linien (Stuttgart und Urach), 1482 stellte Eberhard im Bart (1459–96) die Einheit wieder her. 1495 wurde Württemberg zum Herzogtum Württemberg (und Teck) erhoben; 1520–34 war es in habsburgischer Hand. 1806–13 Mitglied des Rheinbunds, wurde Württemberg souveränes Königreich und gewann umfangreiche Gebiete (v.a. Heilbronn, Hohenloher Ebene, Ellwangen, Ulm, Rottweil sowie Teile Oberschwabens und des Allgäus). 1816 trat Württemberg dem Deutschen Bund bei, 1834 dem Deutschen Zollverein. 1819 erhielt Württemberg eine konstitutionelle Verfassung; nach der Unterdrückung (1849) der Märzrevolution von 1848 vollzog sich die Rückkehr zum System der Reaktion. Gegen Preußen lehnte sich Württemberg meist an Österreich an, trat aber 1871 in das Deutsche Reich ein. 1918 wurde die Republik ausgerufen, 1919 erhielt Württemberg eine demokratische Verfassung (bis 1933). Nach dem Zweiten Weltkrieg wurde es in eine [nördliche] amerikanische (Land Württemberg-Baden) und eine [südliche] französische Besatzungszone (Land Württemberg-Hohenzollern) geteilt, 1952 mit dem Land Baden zu →Baden-Württemberg zusammengeschlossen.

Wycliffe, Wyclif, Wiclif, ['wɪklɪf], John, englischer Theologe und Kirchenreformer, *in Yorkshire vor 1330, †Lutterworth (bei Leicester) 31. 12. 1384; war Professor der Theologie in Oxford und schließlich Pfarrer in Lutterworth. Seit den 1370er-Jahren auch Berater des Königshauses, erwarb sich Wycliffe besonders das Vertrauen von John of Gaunt, Herzog von Lancaster und nahm 1374 als königlicher Gesandter in Brügge am Friedenskongress mit Frankreich teil. Seinen Widerspruch erregte zunächst der politische Anspruch des Papsttums und besonders das avignonesische Finanzsystem. Scharfe Angriffe richtete er gegen die Verderbnis des Klerus, den Besitz und die weltliche Herrschaft der Kirche und ihre kuriale Finanzpolitik sowie gegen die Klöster. Seit 1378 zog Wycliffe immer stärker theologische Konsequenzen. Er verwarf u.a. die Oberherrschaft des Papstes, den Zölibat, die Transsubstantiation, die Notwendigkeit der Ohrenbeichte, das Mönchtum.

Wycliffe initiierte die erste vollständige Bibelübersetzung ins Englische. Nach dem Bauernaufstand von 1381, für den Wycliffes Gegner seine Lehre mitverantwortlich machten, erklärte 1382 eine Synode in Oxford einige Artikel seiner Lehre für häretisch. Wycliffe wurde auf seine Pfarrei Lutterworth verwiesen, jedoch aus Furcht vor Hof, Volk und Unterhaus nicht persönlich verurteilt oder exkommuniziert. Erst das Konstanzer Konzil erklärte ihn 1415 zum Ketzer und ordnete 1418 die Verbrennung seiner Gebeine an.

X

Xenophon, griechischer Geschichtsschreiber und Schriftsteller, *Athen um 430 v. Chr., †Korinth (oder Athen?) nach 355 v. Chr.; nahm 401 als Zivilist am Zug Kyros' des Jüngeren gegen dessen Bruder, den Perserkönig Artaxerxes II. Mnemon, teil. Nach dem Tod des Kyros bei Kunaxa am Euphrat führte Xenophon die führerlos gewordenen griechischen 10 000 Söldner durch Armenien ans Schwarze Meer und von dort an den Hellespont (»Anabasis«). 396 begleitete er den Spartanerkönig Agesilaos II. nach Kleinasien und dann gegen die mit Athen verbündeten Thebaner. Nach der Schlacht bei Koroneia in Böotien (394) aus Athen verbannt, ließ sich Xenophon auf einem Landgut bei Skillus nahe Olympia nieder.

Xerxes I., altpersisch Chschajarscha [»herrschend über Helden«], im Alten Testament Ahasverus, persischer König (seit 486 v. Chr.) aus dem Haus der Achaimeniden, *um 519 v. Chr., †(ermordet) August 465; Sohn Dareios' I. und der Atossa; sicherte nach dem Tod seines Vaters das Achaimenidenreich gegen Aufstandsbestrebungen in Ägypten (485) und Babylonien (479/478). Sein Versuch einer Eroberung Griechenlands scheiterte 480 v. Chr. in der Seeschlacht bei Salamis (→Perserkriege). Xerxes I. wurde Opfer einer Palastintrige.

Y

Yorck von Wartenburg,

1. Hans Graf (seit 1814), preußischer Feldmarschall (seit 1821), *Potsdam 26. 9. 1759, †Klein Oels (bei Oels) 4. 10. 1830; schloss als Befehlshaber des preußischen Hilfskorps im Russischen Feldzug von 1812 eigenmächtig die Konvention von Tauroggen und leitete damit die preußische Erhebung gegen Napoleon I. ein. Im weiteren Verlauf der Befreiungskriege erzwang er – in der Schlesischen Armee kämpfend – am 3. 10. 1813 den Elbübergang bei Wartenburg.

2. Peter Graf, Widerstandskämpfer, *Klein Oels (bei Oels) 13. 11. 1904, †(hingerichtet) Berlin-Plötzensee 8. 8. 1944; stieß 1938 zur Widerstandsbewegung; war ab 1942 im Wehrwirtschaftsamt tätig. Yorck von Wartenburg war Mitbegründer des Kreisauer Kreises. Nach dem Scheitern des Aufstandsversuchs vom 20. 7. 1944 wurde er vom Volksgerichtshof zum Tode verurteilt.

York [jɔ:k], Nebenlinie des englischen Königshauses Plantagenet; geht auf König Eduard III. zurück, dessen fünfter Sohn Edmund of Langley 1385 den Titel eines Herzogs von York erhielt, der nach Edmunds Tod auf seinen Sohn Eduard und dann auf dessen Neffen Richard überging. Seit 1436 Regent der englischen Besitzungen in Frankreich, erneuerte Richard die schon von seinem Vater erhobenen Ansprüche auf den englischen Thron gegen den schwachen König Heinrich VI. aus dem Haus Lancaster und stürzte damit England in die →Rosenkriege. Mit der Hinrichtung Eduards, Earl of Warwick (1499), erlosch die Familie.

Youngplan ['jʌŋ-], nach Owen D. Young benannter Plan zur Neuregelung der deutschen Reparationszahlungen. Französisch-britische Befürchtungen, Deutschland könne seinen Zahlungsverpflichtungen nach den Regularien des Dawesplans von 1924 nicht mehr nachkommen, sowie deutsche Bemühungen zur Neuregelung des Zahlungsmodus führten zur Neuverhandlung des Reparationsproblems. Unter Vorsitz des amerikanischen Wirtschaftsfachmanns Owen D. Young legte eine Konferenz von Finanzsachverständigen (11. 2.–7. 6. 1929) einen neuen Zahlungsplan vor. Auf der ersten Haager Konferenz (6.–31. 8. 1929) billigten die Teilnehmer (Deutschland, Frankreich, Großbritannien, Italien, Polen, Tschechoslowakei u. a.) in einem Vertrag (31. 8. 1929) den Zahlungsplan, und Deutschland erkannte an, dass seine Zustimmung zur endgültigen Regelung seiner Reparationsleistungen die Voraussetzung zur Räumung des Rheinlandes zum 1. 7. 1930 war. Auf der zweiten Haager Konferenz (3.–20. 1. 1930) wurde der Youngplan mit der Verabschiedung der »Schlussakte« (20. 1. 1930) endgültig angenommen. Rückwirkend zum 1. 9. 1929 verabschiedete der deutsche Reichstag den Youngplan am 18. 3. 1930. Für die ersten 37 Jahre wurde die deutsche Reparationsschuld auf 30,5 Milliarden Reichsmark, für den Gesamtzeitraum von 59 Jahren (d. h. bis 1988) auf 34,5 Milliarden Reichsmark festgelegt.

Die Weltwirtschaftskrise (ab 1929/30) und die mit ihr verbundenen Folgen für die deutsche Zahlungsfähigkeit führten schon am 1. 7. 1931 – gemäß dem Hoover-Moratorium – zur Zahlungseinstellung. Mit dem Vertrag von Lausanne (9. 6. 1932) verzichteten die Siegermächte des Ersten Weltkriegs gegen eine einmalige Abfindungssumme von 3 Milliarden Reichsmark in Gestalt von Schuldverschreibungen auf weitere Reparationsleistungen.

Die von der extremen Rechten (NSDAP, DNVP und Stahlhelm) eingeleitete Kampagne gegen den Youngplan (ab Juli 1929) und das von ihr initiierte Volksbegehren (16.–29. 10. 1929) gegen den Youngplan sowie der Kampf um den Volksentscheid (22. 12. 1929) boten Hitler die Gelegenheit, gegen das demokratische System der Weimarer Republik zu agitieren. Der Volksentscheid erhielt jedoch nicht die erforderliche Stimmenzahl.

Z

Zabernaffäre, politische Krise im Deutschen Reich, 1913 ausgelöst durch die rechtswidrige Verhaftung mehrerer Personen durch die deutschen Militärbehörden, nachdem eine als Beschimpfung aller Elsässer empfundene Äußerung eines Leutnants im elsässischen Zabern zu Protestdemonstrationen geführt hatte. Die folgenden Reichstagsdebatten deckten die Unausgeglichenheit der deutschen Verfassungszustände auf. Reichskanzler Theobald von Bethmann Hollweg versuchte vergebens, den zivilen Rechtsstandpunkt gegenüber der militärischen Umgebung des Kaisers durchzusetzen, billigte dann aber öffentlich das Vorgehen des Militärs. Darauf nahm der Reichstag mit großer Mehrheit erstmals einen (politisch folgenlosen) Missbilligungsantrag gegen die Regierung an (4. 12. 1913). Indem das Militär sich in der Zabernaffäre durchsetzte, stärkte sich sein politisches Selbstbewusstsein; die Versöhnungspolitik im Elsass erlitt einen schweren Rückschlag.

Zähringer, Adelsgeschlecht in Südwestdeutschland. Die Zähringer erscheinen spätestens im 10. Jh. als Grafen des Breisgaus. Berthold I. war vorübergehend Herzog von Kärnten und Markgraf von Verona. Berthold II. war als Parteigänger Rudolfs von Rheinfelden und des Papstes 1092–98 Gegenherzog von Schwaben. Nach dem Verzicht auf Schwaben zugunsten der Staufer und dem Anfall des Rheinfelder Erbes, nannte er sich nach seiner Burg Zähringen (erbaut zwischen 1078 und 1108) bei Freiburg im Breisgau »Herzog von Zähringen«. Durch Erwerb von Klostervogteien, des Rektorats in Burgund (1127) sowie der Reichsvogtei über Zürich, durch Rodungstätigkeit (besonders im Schwarzwald) und Städtegründungen (Freiburg im Breisgau, Freiburg im Üechtland, Bern, Offenburg, Villingen), bauten die Zähringer ein Territorium auf, das von Offenburg bis in die Westschweiz reichte. 1218 starben sie im Mannesstamm aus. 1078 spaltete sich eine markgräfliche Nebenlinie ab, die in Baden fortbestand, 1187 die Linie der Herzöge von Teck.

Zama, Name zweier antiker Städte im karthagischen Gebiet Nordafrikas. Das Schlachtfeld, auf dem 202 v. Chr. im 2. Punischen Krieg Publius Cornelius Scipio, der Ältere, entscheidend über Hannibal siegte, lag wohl bei Zama Regia (vielleicht bei Maktar, Nordtunesien), der späteren Residenz des numidischen Königs Juba I.

Zarathustra, griechisch **Zoroaster,** altiranischer Prophet und Religionsstifter, * vermutlich in Rhagai (heute zu Teheran) um 628 v. Chr., † um 551 v. Chr.; begründete den nach ihm benannten Zoroastrismus oder Parsismus. Über das Leben Zarathustras gibt es nur wenige zuverlässige Angaben. Ungewissheit besteht auch über seine Lebenszeit, die zwischen 1000 und 600 v. Chr. angesetzt wird. Zarathustra entstammte der adligen Familie Spitama und war mit der Tochter des Adligen Fraschaustra verheiratet. Er wirkte als Priester und Sänger, wahrscheinlich im Osten des Iran. Nach parsistischer Überlieferung erlebte er im Alter von 30 Jahren nach zehnjähriger Wanderschaft seine Berufung zum Propheten Ahura Masdas und verkündete in der Folge dessen Botschaft. Seine Predigt war von einem hohen ethischen Anspruch geprägt, vor dessen Hintergrund er die altiranische Religion, v. a. deren Tieropfer, kritisierte. Einerseits seitens der Priesterschaft angefeindet, gewann Zarathustra andererseits die Unterstützung des charismischen Fürsten Wischtaspa (nicht identisch mit dem Vater Dareios' I., Hystaspes) und konnte einen Schülerkreis um sich sammeln. Das Zentrum der von Zarathustra verkündeten Botschaft bildet ein ethisch ausgerichteter Dualismus. Innerhalb des Avesta, der heiligen Schrift des Parsismus, gehen die Gathas unmittelbar auf Zarathustra zurück. Zarathustra soll im Alter von 77 Jahren gestorben sein.

Zeitgeschichte, allgemein der geschichtliche Zeitraum, der der Gegenwart unmittelbar vorausgeht, jüngste Phase der →Neuzeit. Als »Schwellendatum« für den Übergang von der neueren Geschichte zur Zeitgeschichte sieht man heute meist den Zeitpunkt 1917/18, d. h. den Eintritt der USA in die Weltpolitik und den Beginn der russischen Oktoberrevolution oder – ideengeschichtlich betrachtet – die beginnende Auseinandersetzung zwischen demokratischem Staatsdenken, Faschismus und Kommunismus.

Zensuswahlrecht, Wahlrecht, das dem Grundsatz der Allgemeinheit und Gleichheit der Wahl widerspricht, indem es – im Unterschied zum Pluralwahlrecht – das Wahlrecht als solches oder das Stimmengewicht an den Umfang des Vermögens oder der Steuerleistung bindet. Ein Zensuswahlrecht galt in zahlreichen Staaten Europas vom 17. bis ins 19. Jh., z. B. in Preußen in Form des →Dreiklassenwahlrechts. Das Zensuswahlrecht beruht auf dem bereits in der Antike erwogenen und (z. B. in Rom) auch umgesetzten Gedanken, dass der Umfang des Besitzes oder der Steuerleistung für die politischen Rechte des Bürgers maßgeblich sein müsse.

Zentralkomitee, Abk. **ZK,** in kommunistischen Parteien das nominelle Führungsgremium zwischen den Parteitagen. Das vom Parteitag aus seinen Reihen gewählte und ihm rechenschaftspflichtige ZK umfasst eine u. a. von der Stärke der Partei und der Größe ihres Tätigkeitsbereichs abhängige Zahl von (stimmberechtigten) Mitgliedern und (beratenden) Kandidaten. Es wählt aus seinen Mitgliedern das Politbüro und das Sekretariat (die tatsächliche Führungs- und Machtinstanzen der Partei).

Zentrum, Kurzbezeichnung für die **Deutsche Zentrumspartei,** auch **Zen-**

trumspartei, die Partei des politischen Katholizismus, genannt nach ihren Plätzen in der Mitte des Sitzungssaales im Reichstag.

GESCHICHTE: Vorläufer des Zentrums waren der »Katholische Verein« in der Frankfurter Nationalversammlung und eine »Katholische Fraktion« im preußischen Landtag ab 1852, die in der Zeit des preußischen Verfassungskonfliktes zerfiel. Im Dezember 1870 schlossen sich im Zeichen der Reichsgründung, die eine Vorherrschaft des protestantischen Preußen nach sich ziehen sollte, Katholiken, besonders des Rheinlands und Westfalens, zu einer neuen Partei des Zentrums zusammen, die im März 1871 mit 58 Abgeordneten in den Reichstag einzog. Zum Führer des Zentrums, das 1874–1914 etwa 100 Sitze behauptete, entwickelte sich bald Ludwig Windthorst. Unter ihm wurde der →Kulturkampf bestanden, der das Zentrum zwar konfessionell verengte, aber auch festigte und es zugleich zum Hort der Opposition gegen die kleindeutsch-preußische Staatsstruktur machte; die zur Zeit der Reichsgründung betont partikularistische und antipreußische »Bayerische Patriotenpartei« verschmolz 1887 mit dem Zentrum. Seit Bismarcks Übergang zur Schutzzollpolitik (1879) unterstützte das Zentrum seine Wirtschafts- und Sozialpolitik und erreichte dafür einen allmählichen Abbau der Kulturkampfgesetze. Unter Windthorsts Nachfolger, Ernst Lieber (seit 1891), verfolgte das Zentrum eine nationale und regierungsfreundliche Politik. Nach Liebers Tod (1902) trat der demokratische südwestdeutsche Katholizismus in den Vordergrund. Im Ersten Weltkrieg befürwortete das Zentrum zuerst einen »Siegfrieden« und Annexionen, schwenkte jedoch in einen gemäßigten Kurs ein, der mit Linksliberalen und Sozialdemokraten im Juli 1917 zur Reichstagsmehrheit für die Friedensresolution des Reichstags führte. Mit Georg Graf Hertling stellte das Zentrum erstmals einen Reichskanzler (November 1917–September 1918).

Im November 1918 lehnte das Zentrum die revolutionäre Umgestaltung Deutschlands ab, stellte sich aber – nach starken innerparteilichen Auseinandersetzungen – auf den Boden der am 9. 11. 1918 ausgerufenen Republik; die in ihren Grundauffassungen betont konservative bayerische Landesorganisation des Zentrums konstituierte sich am 12. 11. 1918 als eigenständige Bayerische Volkspartei (BVP). Mit den »Leitsätzen für die Politik der deutschen Zentrumspartei« (30. 12. 1918) stellte das Zentrum sozialreformerische Ziele in den Vordergrund. Bei den Wahlen zur Nationalversammlung (19. 1. 1919) wurde es (mit der BVP) die stärkste bürgerliche Partei. Im Rahmen der →Weimarer Koalition beteiligte sich die Partei (1919) maßgeblich an der Verabschiedung der Weimarer Reichsverfassung; sie engagierte sich besonders – im Sinne ihrer konfessionellen Grundausrichtung – bei der Formulierung der Kirchen- und Schulartikel. Außenpolitisch stimmte sie 1919 dem Versailler Vertrag zu.

Auf dem 1. Reichsparteitag (19.–22. 1. 1920) wurde die Institution des Parteivorsitzenden geschaffen (1920/21 Carl Trimborn, 1921–28 Wilhelm Marx). Kurz zuvor hatte die BVP die Reform der Reichsfinanzen (im Sinne der Stärkung der Reichsgewalt) zum Anlass genommen, die Fraktionsgemeinschaft mit dem Zentrum in der Weimarer Nationalversammlung aufzukündigen. Bei den Reichstagswahlen in der Folgezeit erwies sich die Wählerschaft als relativ stabil. Die Partei war bis März 1930 an allen parlamentarisch gestützten Reichsregierungen beteiligt und stellte in dieser Zeit mit Constantin Fehrenbach 1920/21, Joseph Wirth 1921/22 sowie Wilhelm Marx 1923/24 und 1926–28 den Reichskanzler. Bei den Reichspräsidentenwahlen 1925 kandidierte Marx für die Parteien der Weimarer Koalition, unterlag jedoch Paul von Hindenburg. Trotz starker ideologischer Konflikte mit der SPD arbeitete das Zentrum besonders in Preußen mit der Sozialdemokratie zusammen. Auch in Baden, Hessen und Württemberg beteiligte es sich an den Landesregierungen. Auf vielfältige Weise war es mit den christlichen Gewerkschaften verbunden.

Mit dem Übergang des Parteivorsitzes auf Prälat Ludwig Kaas (1928–33) verstärkten sich in der Partei auf Reichsebene konservative Tendenzen. Heinrich Brüning, führendes Mitglied des Zentrums und Parteivorsitzender 1933, versuchte als Reichskanzler (März 1930–Mai 1932) an der Spitze einer nur vom Vertrauen des Reichspräsidenten von Hindenburg getragenen Regierung durch Stärkung der Staatsautorität den Rechtsstaat gegen den anschwellenden Links- und Rechtsradikalismus zu sichern. Gegen Ende 1932 beteiligte sich die Partei an Versuchen, die NSDAP durch Einbindung in Regierungsverantwortung zu »zähmen«. Nach dem Regierungsantritt Hitlers verharrte sie bei ihrer taktierenden Linie gegenüber dem Nationalsozialismus und stimmte im März 1933 dem Ermächtigungsgesetz zu. Als letzte der bürgerlichen Parteien löste sich das Zentrum am 5. 7. 1933 selbst auf. Einige Persönlichkeiten (z. B. Brüning) sahen sich zur Emigration gezwungen, andere leisteten der nationalsozialistischen Diktatur Widerstand.

Im Frühjahr/Sommer 1945 riefen die meisten der überlebenden Mitglieder der früheren Führungsgeneration des Zentrums zur Gründung einer überkonfessionellen christlichen »Sammlungspartei« auf, oder sie waren, wie Konrad Adenauer, bald Mitbegründer der →Christlich Demokratischen Union Deutschlands. Die neu gegründete »Deutsche Zen-

Clara Zetkin

trumspartei« hatte zeitweilig in Nordrhein-Westfalen größere Bedeutung.

Zetkin, Clara, deutsche Politikerin, *Wiederau (heute Königshain-Wiederau, Landkreis Mittweida) 5. 7. 1857, †Schloss Archangelskoje 20. 6. 1933; Lehrerin. Zetkin schloss sich 1878 der Sozialdemokratie an; sie ging nach In-Kraft-Treten des Sozialistengesetzes ins Exil (1878, zunächst nach Zürich, 1882 nach Paris). Dort beteiligte sie sich 1889 maßgeblich an der Gründung der Zweiten Internationale. Ab 1890 organisierte sie die sozialdemokratische Frauenbewegung in Deutschland. Zetkin war 1891–1917 redaktionell tätig für die SPD-Frauenzeitung (1891 »Die Arbeiterin«, ab 1892 unter dem Titel »Die Gleichheit«) und leitete ab 1907 das im selben Jahr gegründete Frauensekretariat. Sie arbeitete eng mit Rosa Luxemburg zusammen. Nach Beginn des Ersten Weltkriegs bekämpfte Zetkin die Politik des »Burgfriedens«. Im März 1915 veranstaltete sie in Bern eine internationale sozialistische Frauenkonferenz gegen den Krieg. Von Juli bis Oktober 1915 war sie in Haft. Sie beteiligte sich 1916 an der Gründung des Spartakusbundes, 1917 an der der USPD. 1919 trat sie der KPD bei, 1919–24 und 1927–29 gehörte sie der Zentrale, später dem ZK ihrer Partei an, 1921–33 auch dem Exekutivkomitee der Komintern. Ab 1925 war sie Vorsitzende der Roten Hilfe Deutschlands, 1920–33 Mitglied des Reichstags. Als Alterspräsidentin des Reichstags forderte sie im August 1932 zum Widerstand gegen den Nationalsozialismus auf.

ZHOU ENLAI
***1898 †1976**

schloss sich 1919 der revolutionären »Vierten-Mai-Bewegung« an

gründete in Paris eine europäische Zelle der Kommunistischen Partei Chinas

war seit dem Langen Marsch einer der wichtigsten Gefolgsleute von Mao Zedong

trat ab 1949 als Ministerpräsident und Außenminister hervor

Zhou Enlai [dʒɔʊ-], **Chou En-lai, Tschou En-lai,** chinesischer Politiker, *Huai'an (Provinz Jiangsu) 1898, †Peking 8. 1. 1976; stammte aus einer Beamtenfamilie; wurde in konfuzianischer Tradition erzogen; studierte 1917–19 in Japan; schloss sich 1919 der revolutionären »Vierten-Mai-Bewegung« an. 1920–24 als Werkstudent in Europa, gründete Zhou Enlai in Paris eine europäische Zelle der chinesischen KP. Ab 1924 wieder in China, erhielt er 1924 die leitende Funktionen sowohl in der KP als auch in der mit ihr verbundenen Kuo-min-tang (KMT). Er leitete u.a. die politische Abteilung der Militärakademie in Huangpo bei Kanton.

Nach dem Bruch zwischen KMT und KP (April 1927) wählte der Parteitag Zhou Enlai im Mai 1927 in das ZK und das Politbüro der KP. Im August 1927 beteiligte er sich führend am Nanchang-Aufstand. In der von Mao Zedong gegründeten »Chinesischen Sowjetrepublik« (1931–34) in der Provinz Jiangxi war er Mitglied des Exekutivrates und des Zentralen Revolutionären Militärrates. Über militärstrategische Fragen geriet er mit Mao Zedong in Konflikt. 1933 wurde Zhou Enlai Politkommissar aller kommunistischen chinesischen Streitkräfte. Auf dem Langen Marsch (1934/35) entwickelte sich Zhou Enlai zu einem der engsten Gefolgsleute Mao Zedongs. Im Dezember 1936 beteiligte er sich auf kommunistischer Seite führend an den Verhandlungen mit Chiang Kai-shek über die Errichtung einer neuen Einheitsfront der KP mit der KMT. In diesem Sinne leitete er während des 1937 ausgebrochenen chinesisch-japanischen Krieges das Verbindungsbüro der KP zur KMT-Regierung in Chongqing.

Nach dem Scheitern dieses erneuerten Bündnisses im Zweiten Weltkrieg und dem Sieg der Kommunisten im Bürgerkrieg (1947–49) wurde Zhou Enlai am 1. 10. 1949 Ministerpräsident der VR China, 1949–58 auch Außenminister, ab 1954 auch Vorsitzender der Politischen Konsultativkonferenz des Chinesischen Volkes. Mit der Konstituierung des Ständigen Komitees des Politbüros (1956) war er auch Mitglied des höchsten Gremiums der KP. Als konsequenter, aber flexibler Verhandlungspartner trug er entscheidend zum internationalen Ansehen seines Landes bei. Seit der Bandungkonferenz (1955) suchte Zhou Enlai sein Land als Sprecher v.a. der Staaten der Dritten Welt und als eine führende Macht zwischen den Weltmächten USA und UdSSR darzustellen. Seit dem Ende der Kulturrevolution suchte er gemaßregelte oder verfolgte Kommunisten, u.a. Deng Xiaoping, zu rehabilitieren.

Zhu Rongji [dʒu ruŋdʒi], chinesischer Politiker, *Changsha (Provinz Hunan) 1. (20.?) 10. 1928; Elektromaschinenbauingenieur; wurde 1949 Mitglied der KP Chinas; war 1988–91 Oberbürgermeister und ab 1989 auch Chef der Parteiorganisation von Schanghai; war 1993–95 Chef der Zentralbank Chinas; stieg zum führenden Wirtschafts- und Finanzpolitiker seines Landes auf; verfolgte einen vorsichtigen Kurs der Modernisierung; war 1998–2003 Ministerpräsident.

Zieten, Ziethen, Hans von, preußischer General, *Wustrau (bei Neuruppin) 24. 5. 1699, †Berlin 27. 1. 1786; reorganisierte als Führer des Leibhusarenregiments Friedrichs II., des Großen, seit 1741 die preußische Reiterei; wurde 1744 Generalmajor, 1760 General. Zieten ritt mit seinem Regiment im 2. Schlesischen Krieg am 20. 5. 1745 unerkannt durch die österreichische Stellung bei Jägerndorf in Oberschlesien. Er entwickelte die Taktik der Aufklärung, beweglicher Kampfführung und kühnen Überraschungen weiter und bildete die leichte Kavallerie für schlachtentscheidende Angriffe aus, mit denen er im Siebenjährigen Krieg (1756–63) die Siege bei Leuthen, Liegnitz und Torgau erringen half.

Zimmerwalder Konferenz, eine Tagung (5.–8. 9. 1915) europäischer Linkssozialisten in Zimmerwald (Kanton Bern, Schweiz), bei der in verschiedenen Grundsatzfragen prinzipielle Unterschiede zwischen der Mehrheit der Delegierten (30) und der von Lenin geführten Zimmerwalder Linken (8) sichtbar wurden. Mit großer Mehrheit lehnte die Konferenzmehrheit die Resolution der Zimmerwalder Linken ab, den »imperialistischen Krieg« in einen Bürgerkrieg umzuwandeln.

Zionismus, im ursprünglich religiösen Verständnis innerhalb des Judentums die auf Jerusalem (den Zion) und Palästina (das »Land Israel«) gerichtete Orientierung, seit dem letzten Drittel des 19. Jh. die innerhalb des Judentums als Palästinasiedlungsbewegung entstandene politische (nationale) und soziale Bewegung zur Errichtung eines jüdischen Staates in Palästina.

GESCHICHTE: Der Begriff »Zionismus« und sein heutiger Inhalt wurden von dem Wiener Schriftsteller Nathan Birnbaum (Pseudonym Mathias Acher) in seiner Schrift »Die nationale Wiedergeburt des jüdischen Volkes in seinem Land« (1893) geprägt. Die Anfänge des Zionismus stehen – neben der religiösen Verwurzelung in der (passiven) messianischen Erwartung einer Rückkehr in das dem Volk Israel in der Bibel verheißene Gelobte Land (Palästina) und nach Zion (Jerusalem) – im Zusammenhang mit dem Aufkommen des (auch jüdischen) →Nationalismus in Europa und des modernen →Antisemitismus in Ost- und Mitteleuropa Ende des 19. Jahrhunderts. Die geistigen Grundlagen des Zionismus legten der Arzt und Schriftsteller Leon Pinsker und der Schriftsteller und Sozialist Moses Hess; Begründer der zionistischen Weltbewegung wurde der Journalist Theodor Herzl. Für Herzl wurde die →Dreyfusaffäre zum Ausgangspunkt seiner Überzeugung, dass die Juden eine Nation seien und daher die Gründung eines jüdischen Staates notwendig sei; unter den zionistischen Kreisen des Judentums stieß er damit weltweit auf große Resonanz und trug nicht unmaßgeblich zu ihrem organisatorischen Zusammenschluss bei.

Die eigentliche Gründung der zionistischen Weltbewegung erfolgte auf dem von Herzl 1897 nach Basel einberufenen und dort vom 29. bis 31. 8. tagenden 1. Zionistischen Weltkongress (ZWK). Die rund 200 gewählten Delegierten verabschiedeten ein Programm zur »Schaffung einer öffentlich-rechtlich gesicherten Heimstätte für das jüdische Volk in Palästina« und stimmten der von Herzl vorgeschlagenen Gründung der Zionistischen Weltorganisation (Zionist World Organization, Abk. ZWO) zu. Die endgültige Palästina-Orientierung der zionistischen Weltbewegung erfolgte auf dem 7. ZWK 1905 in Basel, der eine auf dem 6. ZWK (1903) vorgeschlagene jüdische Siedlungskolonie in Uganda (»Uganda-Notlösung«) ablehnte und sich für Palästina als »Heimstätte« für die Juden in aller Welt aussprach. Von weit reichender Bedeutung waren 1901 die Gründung des Jewish National Fund, mit dessen Mitteln in der Folgezeit in Palästina Land erworben und verwaltet wurde, und 1908 des Palestine Office als zentralem Organ der zionistischen Siedlungsangelegenheiten im Land. Diese Organe trugen ab 1922 unter der britischen Mandatsverwaltung, die auf der Basis der →Balfour-Deklaration (1917) die jüdische Ansiedlung (bis 1936) aktiv förderte, zum Ausbau einer effektiven, quasi staatlichen Organisation der jüdischen Bevölkerung Palästinas bei. Die seit 1918 beständig wachsende jüdische Einwanderung in Palästina führte 1922 zur Gründung der →Jewish Agency for Palestine als der Vertretung der ZWO in Palästina und hatte auch die Ausbildung von Parteien zur Folge. Mit der Resignation der Mandatarmacht und dem Teilungsplan der UN vom 29. 11. 1947 (Teilung Palästinas in einen jüdischen und einen arabischen Staat), der von den arabischen Staaten abgelehnt wurde, v.a. aber mit der Ausrufung des Staates Israel am 14. 5. 1948 wurde das Ziel der zionistischen Weltbewegung erreicht. Mit der Staatsgründung gingen die meisten Aufgaben der Jewish Agency for Palestine auf die Staatsorgane Israels über.

Hans von Zieten

Žiška z Trocnova ['ʒiʃka z'trɔtsnɔva], Jan, deutsch Johann Ziska von Trocnov, böhmischer Hussitenführer, * Trocnov (bei Budweis) um 1370, † Přibyslav (bei Deutsch-Brod) 11. 10. 1424; der bedeutendste Feldherr der Taboriten; besiegte König Siegmund am 14. 7. 1420 am Žižkaberg (Vítkov) bei Prag und, obgleich erblindet, wiederum am 8. 1. 1422 bei Deutsch-Brod.

Jan Žiška z Trocnova

Zisleithanien, Cisleithanien, in Österreich-Ungarn 1867–1918 gebräuchliche (nichtamtliche) Bezeichnung für die Länder westlich der Leitha, d.h. die im österreichischen Reichsrat vertretenen Länder.

Zisterzienser, lateinisch **Ordo Cisterciensis,** Abk. **OrdCist, OCist,** katholische Ordensgemeinschaft.

GESCHICHTE: Die Zisterzienser entstanden im 11. Jh. im Rahmen der benediktinischen Reformbewegung. Der Ordensname leitet sich her von dem 1098 durch Robert von Molesmes in Burgund südlich von Dijon gegründeten Kloster Cîteaux, dessen Abt Stephan Harding mit seiner die Benediktregel ergänzenden liturgischen und ordensrechtlichen Verfassung »Charta Caritatis« (1119 von Papst Calixtus II. bestätigt) die Entwicklung zum eigenständigen Orden einleitete. Von den Benediktinern unterscheiden sich die Zisterzienser durch eine strengere Lebensform und straffere Organisation (enge Bindung der Tochtergründungen an das Mutterkloster, Generalkapitel als oberste Instanz, jährliche Visitationen). Der Grundsatz, die Ordensregel auf dem »geradesten« Weg zu verwirklichen, führte zu der für die Zisterzienser typischen Einfachheit der Liturgie und Schmucklosigkeit ihrer Kirchen.

Der Orden verbreitete sich rasch, v.a. unter dem Einfluss Bernhards von Clairvaux (weswegen der Orden auch Bernhardiner genannt wurde); Bernhard von Clairvaux prägte v.a. die mystische und stark marianisch orientierte Frömmigkeit der Zisterzienser entscheidend. Das erste Zisterzienserkloster auf deutschem Boden wurde 1123 in Kamp (heute zu Kamp-Lintfort) gegründet. Die ausschließlich von Laienmönchen (Konversen) erbrachte, sehr effiziente Wirtschaftsweise führte zu großen Leistungen der Zisterzienser auf dem Gebiet der Landkultivierung sowie der Vieh- und Fischzucht, wodurch sie im 12. und 13. Jh. zu einem wesentlichen Träger der deutschen Ostsiedlung wurden. Anfang des 14. Jh. gehörten dem Orden rund 700 Klöster, v.a. in Frankreich, England und im Heiligen Römischen Reich, an. Im 17. Jh. einsetzende Auseinandersetzungen über eine Ordensreform mündeten im 19. Jh. in die Gründung des zisterziensischen Reformordens der Trappisten.

ZK, Abk. für →Zentralkomitee.

Zollverein, →Deutscher Zollverein.

Zoroaster, →Zarathustra.

Zünfte [althochdeutsch zumft, eigentlich »was sich fügt«, »Ordnung«], im Hochmittelalter entstandene Organisationsform von Handwerkern, Gewerbetreibenden (z.B. Kaufleute) und anderen Berufsgruppen (z.B. Musikanten, aber auch Bettler). Das Durchsetzungsvermögen der Selbstverwaltung der Zünfte beruhte auf dem Zunftzwang: Nur Mitgliedern der Zünfte war es gestattet, innerhalb eines räumlichen Geltungsbereichs (der Stadt und ihres Umfelds) ein bestimmtes Handwerk oder Gewerbe auszuüben und ihre Waren hier zu verkaufen; Menge, Güte und Preis der Produkte unterlagen der Kontrolle und Regulierung durch die Zünfte, wodurch den Zunftmitgliedern ein standesgemäßes Einkommen (»gerechte Nahrung«) gesichert wurde. Die Zünfte waren aber zugleich Gemeinschaften, die das gesellschaftliche, geistige und religiöse Leben ihrer Mitglieder maßgeblich bestimmten; mit Mitteln aus der Zunftkasse wurden soziale Risiken (z.B. Krankheit, Arbeitslosigkeit) abgefedert, Stiftungen (z.B. für das Totengedenken) eingerichtet oder Ankäufe getätigt (z.B. von Ausrüstungsgegenständen für den städtischen Militärdienst der Zünfte).

Die frühesten Urkunden über die in ganz Europa verbreiteten Zünfte entstammen dem 11./12. Jh.; Voraussetzung für den Zusammenschluss zu einer Zunft war die Anerkennung durch Stadtherrn oder Rat. In den Zunftkämpfen mit der Stadtobrigkeit (v.a. im 14. Jh.) setzten die Zünfte in vielen Städten ihre Beteiligung an der Stadtregierung (»Stadtregiment«) durch. Mit dem Ausgang des Mittelalters erstarrte das Zunftwesen. Als nach dem Dreißigjährigen Krieg die innere Auflösung des Zunftwesens deutlich wurde, ergingen zahlreiche Reichsabschiede gegen Missstände unter Meistern und Gesellen. Besondere Bedeutung hatte die Reichshandwerksordnung von 1731, die u.a. den Zugang zum Handwerk erleichterte. Seit Ende des 18. Jh. wurden mit Einführung der Gewerbefreiheit die Zünfte allmählich aufgehoben (Frankreich 1791, Preußen 1810/11, Österreich 1859, endgültig in Deutschland 1869).

Zwangsarbeit, ein Unterfall des Arbeitszwanges, bei dem die gesamte Arbeitskraft des Betroffenen über eine erhebliche Zeit zur Verfügung gestellt werden muss.

GESCHICHTE: In diktatorisch regierten Staaten wurde die Zwangsarbeit besonders im 20. Jh. als politisches Machtmittel missbraucht. In Anknüpfung an die Deportationspraxis des zaristischen Russland errichtete das kommunistische Herrschaftssystem in der UdSSR nach 1917 ein weit verzweigtes Netz von Straflagern (seit den 1930er-Jahren im Rahmen des →GULAG), in denen Millionen von Häftlingen unter meist extremen Umständen und hohen Opferzahlen Zwangsarbeit verrichten mussten, v.a. die aus politischen Gründen Inhaftierten. In den 1940er-Jahren und der ersten Hälfte der 1950er-Jahre wurden in der UdSSR auch Kriegsgefangene und z.T. deportierte ausländische Zivilpersonen zur Zwangsarbeit eingesetzt.

Mit der Verschärfung des Arbeitskräftemangels im nationalsozialistischen Deutschland, besonders ab Beginn des Zweiten Weltkriegs, wurden, um deutsche Arbeitskräfte für den Militärdienst freizumachen, zur Sicherung der landwirtschaftlichen und industriellen Produktion sowie zur Durchführung militärisch bedingter Bauvorhaben (z.B. Atlantikwall) Millionen von Menschen aus den von Deutschland besetzten Gebieten zur Zwangsarbeit nach Deutschland deportiert bzw. in diesen Gebieten direkt zur Zwangsarbeit herangezogen. Auch eine Vielzahl von Konzentrationslagern diente als Arbeitslager; in ihnen wurden – besonders ab 1942 – Kriegsgefangene und Häftlinge unter hohen Verlusten (»Vernichtung durch Arbeit«) zur Zwangsarbeit für die Kriegswirtschaft (v.a. die Rüstungsindustrie) und die Belange der SS herangezogen. Nahezu alle bekannten deutschen Großunternehmen setzten Zwangsarbeiter ein, so die I. G. Farbenindustrie AG.

Die von den Nationalsozialisten eingesetzten Zwangsarbeiter haben im Regelfall Entschädigungen nach dem Bundesentschädigungsgesetz (BEG) in der Fassung vom 29. 6. 1956 für die mit der Zwangsarbeit verbundene Freiheitsentziehung erhalten. Dadurch sollten auch weiter gehende Vergütungsansprüche (an Unternehmen) für die geleistete Zwangsarbeit mit abgegolten sein. Bereits seit Ende der 1980er-Jahre leisteten einzelne deutsche Unternehmen freiwillige Entschädigungszahlungen, so Daimler-Benz AG, Siemens AG, Krupp, AEG Aktiengesellschaft und Rheinmetall AG. Wegen der anhaltenden Entschädigungsforderungen von ehemaligen Zwangsarbeitern u.a. Opfern des Nationalsozialismus aus Ost- und Südosteuropa an deutsche Unternehmen wurde nach Verhandlungen der Bundesregierung mit den USA und Regierungsvertretern aus Israel und Osteuropa sowie Repräsentanten von Verbänden der etwa 1,5 Millionen noch lebenden Opfer in Israel, Russland, Polen, der Ukraine, Tschechien und Weißrussland sowie der deutschen Wirtschaft eine Einigung über die Entschädigung erzielt (17. 12. 1999) und ein diesbezügliches Abkommen unterzeichnet (17. 7. 2000). 2001 stellte der Deutsche Bundestag »ausreichende Rechtssicherheit« fest; damit war die rechtliche Voraussetzung für den Beginn der Entschädigungszahlungen geschaffen. Auch Österreich hat mit mehreren osteuropäischen Staaten und den USA Abkommen (24. 10. 2000) über die Entschädigung von Zwangsarbeitern geschlossen.

Zwanzigster Juli, Datum des 1944 unter Führung von Oberst Claus Graf Schenk von Stauffenberg unternommenen Attentats auf Adolf Hitler im Rahmen des wichtigsten Umsturzplans der → Widerstandsbewegung militärischer und bürgerlich-konservativer Kreise im nationalsozialistischen Deutschland.

Zentren des Widerstandes in der militärischen Führung waren 1) das Oberkommando des Heeres (OKH; die Generale Ludwig Beck und Friedrich Olbricht) sowie das Amt »Ausland/Abwehr« im Oberkommando der Wehrmacht (OKW; Admiral Wilhelm Canaris und General Hans Oster) in Berlin; 2) die Heeresgruppe Mitte an der Ostfront (Generalmajor Henning von Tresckow); die Bereiche: Militärbefehlshaber in Frankreich (General Karl-Heinrich von Stülpnagel), Oberbefehlshaber West (Generalfeldmarschall Erwin von Witzleben) und Heeresgruppe B (Generalfeldmarschall Erwin Rommel).

Ab 1943 verstärkten sich die Pläne zum Umsturz sowie zum Attentat auf Hitler. Im Sommer 1943 entwickelte Tresckow die Idee, die unter dem Namen »Walküre« bestehenden offiziellen Pläne zum Einsatz des Ersatzheeres bei Ausbruch innerer Unruhen für die Organisation des Aufstandes zu nutzen. Die Verschwörer wollten durch ihre Auslösung nach Hitlers Tod eine vom Widerstand gebildete Regierung an die Macht bringen; diese sollte den Krieg beenden und ein demokratisches Staatswesen errichten. Seit September 1943 im Allgemeinen Heeresamt des OKH tätig, arbeitete Schenk von Stauffenberg diese Umsturzkonzeption detailliert aus. Da sich viele Offiziere an ihren Fahneneid auf Hitler gebunden fühlten, war ein Attentat auf ihn für die meisten Mitglieder der Militäropposition die Voraussetzung für einen erfolgreichen Umsturz. Die inneren Unruhen, die die Auslösung der »Walküre«-Befehle und die Übernahme der vollziehenden Gewalt durch das Ersatzheer rechtfertigen sollten, mussten erst durch das Attentat herbeigeführt werden. Unter dem Vorwurf, Parteikreise versuchten der »schwer ringenden Front« in den Rücken zu fallen, sollten unter dem Stichwort »Walküre« Partei-, SS- und Gestapo-Dienststellen besetzt werden, darüber hinaus Telefon-, Telegrafen- und Rundfunkeinrichtungen, Kraftwerke und Brücken.

Schrittweise – auch unter dem Eindruck der Bildung des NKFD – erkannten die immer enger zusammenarbeitenden zivilen Verschwörer ihre fehlende Verbindung zur deutschen Bevölkerung und zur Arbeiterschaft. Carlo Mierendorff und Theodor Haubach legten Pfingsten 1943 ein Konzept für eine überparteiliche Volksbewegung vor (»Sozialistische Aktion«).

Die militärische Lage Deutschlands (alliierte Landung in der Normandie am 6. 6. 1944, Einbruch an der Ostfront) verringerte die Chancen für einen Waffenstillstand zwischen den Westmächten und einer neuen deutschen Regierung und drängte zum Handeln. Die Ernennung Schenk von Stauffenbergs zum Stabschef des Befehlshabers des Ersatzheeres (1. 7. 1944) bot den Widerstandskräften die Gelegenheit, ihren Staatsstreichsplan auszuführen. Da Schenk von Stauffenberg einerseits in seiner neuen Funktion als Einziger aus dem Verschwörerkreis ein unmittelbares Vortragsrecht bei Hitler besaß, er aber andererseits der militärischen Befehlshierarchie entsprechend auch den Befehl zur Auslösung der »Walküre«-Befehle geben musste, weil der Befehlshaber des Ersatzheeres, Generaloberst Friedrich Fromm, eine aktive Teilnahme am Aufstand verweigerte, entschloss er sich, sowohl das Attentat durchzuführen als auch die Leitung des Aufstands zu übernehmen.

Nach zwei missglückten Versuchen am 11. und 15. 7. zündete er am 20. 7. schließlich die Bombe, die er in einer Aktentasche ins Hauptquartier Wolfsschanze bei Rastenburg mitgebracht hatte, und verließ die Lagebesprechung vorzeitig. Da diese nicht wie üblich im Bunker, sondern in einer Baracke stattfand, sodass die Druckwelle der Detonation entweichen konnte, überlebte Hitler. Darüber hinaus verlor Schenk von Stauffenberg infolge seiner Doppelfunktion im Aufstandsplan für das Gelingen des Staatsstreichs wertvolle Zeit zwischen seinem Abflug von Rastenburg und seiner Ankunft im Berliner Zentrum der Verschwörung. Die Blockade der Nachrichtenverbindungen mit dem Führerhauptquartier dauerte nicht lange genug. Die Nachricht, dass Hitler überlebt habe, löste in Berlin Unentschlossenheit bei verschiedenen Eingeweihten, aber auch Gegenmaßnahmen regimetreuer Kräfte aus, sodass das Unternehmen am Abend zusammenbrach. Im Gegensatz dazu lief die Aktion in Paris planmäßig ab (Verhaftung von SS- und SD-Führung durch die Wehrmacht).

Einige der militärischen Führer des Aufstandsversuchs begingen Selbstmord, andere (z. B. Schenk von Stauffenberg, Olbricht) wurden standrechtlich erschossen; die anderen militärischen Führer des Aufstandes wurden mit den zivilen Verschwörern vor dem Volksgerichtshof ohne wirksame Verteidigung bei entehrendem Prozessverlauf zum Tode verurteilt und hingerichtet. Auf persönlichen Befehl Hitlers wurden alle Namensträger der Hauptbeteiligten am Zwanzigsten Juli in Sippenhaft genommen; Eigentum und Grundbesitz dieses Personenkreises wurden eingezogen.

Zweibund, von Otto von Bismarck gegen die russlandfreundlichen Neigungen Kaiser Wilhelms I. durchgesetztes, am 7. 10. 1879 abgeschlossenes (veröffentlicht 3. 2. 1888) Defensivbündnis zwischen dem Deutschen Reich und Österreich-Ungarn. Beide Mächte verpflichteten sich bei einem Angriff Russlands oder bei dessen Unterstützung einer anderen angreifenden Macht (Frankreich) zu gegenseitigem Beistand. Bei alleinigem Angriff einer anderen Macht auf einen Bündnispartner war der andere zu wohlwollender Neutralität verpflichtet. Der Zweibund war für Bismarck Grundlage eines auszubauenden Bündnissystems (→ Dreibund, → Dreikaiserbund, → Rückversicherungsvertrag), wurde aber nach seiner Entlassung zunehmend alleinige Grundlage der deutschen Außenpolitik.

Zweigewaltenlehre, Zweischwertertheorie, in der lateinischen Kirche entstandene Lehre über das Verhältnis von Staat und Kirche. Die Zweigewaltenlehre wurde von Papst Gelasius I. als Lehre von zwei selbstständigen und gleichberechtigten »Gewalten« unter (exegetisch nicht haltbarer) Berufung auf Lukas 22,35–38 entwickelt und beeinflusst durch die Vorstellung vom Gottesstaat bei Augustinus. Lukas 22,35–38 wurde dabei als Überreichung zweier Schwerter durch Christus gedeutet, die symbolisch für die mit ihnen verliehene weltliche und geistliche Gewalt stehen.

In den das abendländische Mittelalter lange Zeit bestimmenden Auseinandersetzungen zwischen dem römischen (deutschen) Königtum und dem Papsttum beriefen sich beide Seiten zur Legitimation ihrer (Macht-)Ansprüche auf die Zweigewaltenlehre. In der päpstlich-kurialistischen Version dieser Theorie – am deutlichsten von Bonifatius III. in der Bulle Unam sanctam (1302) formuliert – begründet die Zweigewaltenlehre die päpstliche Hegemonie gegenüber dem Reich; beide Gewalten sind dem Papst gegeben, der dann das weltliche Schwert an den Kaiser – quasi als Lehen – delegiert, der es seinerseits für die Kirche und in ihrem Auftrag zu führen habe. Die imperiale Theorie der Gewaltenteilung hingegen vertrat eine unmittelbare und paritätische Verleihung der beiden »Schwerter« an Kaiser und Papst durch Christus.

Zwei-plus-Vier-Vertrag, Kurzbezeichnung für den »Vertrag über die abschließenden Regelungen in Bezug auf Deutschland« vom 12. 9. 1990, der zur außenpolitischen Absicherung der deutschen Einheit als völkerrechtlicher Vertrag über deren äußeren Aspekte zwischen der Bundesrepublik Deutschland und der Deutschen Demokratischen Republik sowie den vier Siegermächten des Zweiten Weltkrieges (Frankreich, Großbritannien, Sowjetunion, USA) in Moskau geschlossen wurde. Durch den am 15. 3. 1991 in Kraft getretenen Vertrag wurde die volle Souveränität Deutschlands über seine inneren und äußeren Angelegenheiten wiederhergestellt.

Zweiter Weltkrieg, → Weltkrieg.

Zwingli, Ulrich (Huldrych), schweizerischer Reformator, * Wildhaus (Kanton Sankt Gallen) 1. 1. 1484, † (gefallen) bei Kappel am Albis 11. 10. 1531. Zwingli war nach dem Studium der freien Künste und der scholastischen Theologie in Wien (1498–1501) und Basel (1502–06) 1506–16 Pfarrer in Glarus und nahm in dieser Zeit auch als Feldprediger an den Schlachten von Novara (1513) und Marignano (1515) teil. 1516 wurde er Leutpriester in Maria Einsiedeln, 1519 am Großmünster in Zürich. Von prägendem Einfluss auf sein theologisches Denken war Erasmus von Rotterdam, dem er 1515 persönlich begegnet war. Der von Erasmus vertretenen Auffassung von einem auf Vernunft und Moral begründeten Christentum schloss sich Zwingli an, entwickelte in der Folgezeit allerdings über das Studium von Paulus und Augustinus sowie unter dem Eindruck persönlicher Erlebnisse (Erkrankung in der Pestzeit, 1519/20) ein darüber hinausgehendes reformatorisches Verständnis des Evangeliums. Auf dieses aufbauend formulierte Zwingli unabhängig von Martin Luther und konsequenter als dieser ein kirchliches Reformprogramm, das er seit 1523 in Zürich im Bündnis mit dem Rat der Stadt durchsetzte.

Öffentlich im Sinne der Reformation trat Zwingli erstmals 1522 mit der gegen das Fastengebot gerichteten Schrift »Von Erkiesen und Freiheit der Speisen« auf, die zum Streit mit dem Konstanzer Bischof Hugo von Hohenlandenberg führte. Ein vom Rat der Stadt Zürich gefordertes Provinzialkonzil sollte diese Frage verhandeln, kam aber nicht zustande. So billigte der Rat auf einer ersten Disputation am 29. 1. 1523 die Meinung und das Vorgehen Zwinglis. Eine zweite Disputation (26.-29. 10. 1523) leitete dann in Zürich die Ein-

ULRICH ZWINGLI
*** 1484 † 1531**

- vertrat wie Erasmus von Rotterdam ein auf Vertrauen und Moral begründetes Christentum
- formulierte seit 1515 ein reformatorisches Verständnis des Evangeliums
- setzte sein Gedankengut in Zürich und der deutschsprachigen Schweiz durch
- fiel als Feldprediger im Kappeler Krieg

ZWINGLI

Aufspaltung der Reformation

Von dem Wittenberger Reformator Martin Luther trennte Zwingli nicht nur die Radikalität seiner Maßnahmen, sondern auch tief greifende Unterschiede in der theologischen Ausrichtung. Dennoch bemühten sich beide Seiten um einen Ausgleich, um auch auf politischer Ebene gegen die katholischen Mächte einen Rückhalt zu finden. So kam 1529 auf Betreiben des Landgrafen Philipp von Hessen das »Marburger Religionsgespräch« zwischen Luther und seinem Freund Philipp Melanchthon einerseits sowie Zwingli und dem Baseler Reformator Johannes Oekolampad andererseits zustande. Es scheiterte jedoch an der Abendmahlsfrage: Während die Schweizer das Abendmahl nur als symbolisches »Wiedergedächtnis« der Erlösung durch Christi Tod gelten lassen wollten, beharrten die Wittenberger auf der leiblichen Gegenwart Christi (Realpräsenz). Damit war dem von Zwingli und Philipp von Hessen politisch angestrebten antihabsburgischen Bündnis praktisch der Boden entzogen.

In der Eidgenossenschaft engagierte sich Zwingli neben seiner seelsorgerischen Praxis – seit 1519 war er Priester am Großmünster in Zürich (Foto) – vor allem im Kampf gegen die katholisch gebliebenen Kantone Uri, Schwyz, Unterwalden, Zug und

Luzern. In den damit verbundenen kriegerischen Auseinandersetzungen fiel er 1531. Sein Nachfolger in der Leitung der Züricher Kirche Heinrich Bullinger rettete sein Erbe und einigte sich 1549 mit dem Genfer Reformator Johannes Calvin auf ein gemeinsames Bekenntnis – die Reformation war damit zweigeteilt.

führung der Reformation durch die Obrigkeit ein. Der Züricher Rat übernahm die Aufgabe der kirchlichen Obrigkeit und führte die Reformation durch, wobei nichts bestehen bleiben sollte, was nicht aus der Heiligen Schrift zu begründen war; dies führte zur Abnahme der Heiligenbilder (1524), zur Aufhebung der Klöster (1525), zur Abschaffung der Prozession, des Orgelspiels und des Gemeindegesangs, der Firmung, der letzten Ölung, Beschränkung der Feiertage und zur nur an vier Sonntagen des Jahres am weiß gedeckten Tisch mit Brotbrechen und Kelchnahme begangenen Abendmahlsfeier.

Von Zürich aus breitete sich die reformatorische Bewegung in der deutschsprachigen Schweiz und in Südwestdeutschland aus und entwickelte sich zu einem eigenständigen Zweig der Reformation. Zwinglis Versuch, die Reformation in der ganzen Schweiz durchzusetzen, führte zu politischen Konflikten mit den katholischen Kantonen und schließlich zum 2. Kappeler Krieg, in dem Zwingli als Feldprediger auf der Seite Zürichs fiel. Seine Nachfolge in der Leitung der Züricher Kirche übernahm Heinrich Bullinger.

Zwölf Artikel der Bauernschaft in Schwaben, das Ende Februar 1525 von dem Memminger Kürschner Sebastian Lotzer unter Mitwirkung des Pfarrers Christoph Schappeler verfasste Programm der aufständischen oberschwäbischen Bauern (→Bauernkrieg). Die alten Forderungen (u.a. Freiheit der Jagd, des Fischens, der Holzung) wurden ergänzt durch neuere, u.a. der Unparteilichkeit der Rechtsprechung, Abschaffung ungerechter Fronen, Aufhebung der Leibeigenschaft und Wahl der Pfarrer durch die Gemeinde.

Zwölftafelgesetz, Zwölf Tafeln, lateinisch **Lex duodecim tabularum,** ältestes bekanntes römisches Gesetzgebungswerk, etwa 451/450 v.Chr. von einer Zehnmännerkommission geschaffen und auf zwölf Bronzetafeln auf dem Forum Romanum öffentlich aufgestellt. Das Zwölftafelgesetz blieb bis in die frühe Kaiserzeit Grundlage des römischen Ius civile (Bürgerrecht); noch der Jurist Gaius verfasste einen Kommentar dazu. Vom Text sind nur Bruchstücke und auch diese nur als Zitate im Schrifttum der späteren Republik und der Kaiserzeit erhalten. Das Zwölftafelgesetz spiegelt das Recht einer noch archaisch-bäuerlichen Gesellschaft wider und umfasst inhaltlich v.a. Regeln des Zivilprozesses und der Zwangsvollstreckung, Familien- und Erbrecht, Nachbar-, Sachenrecht sowie privates Deliktsrecht, das mit Ausnahme des Hochverrats auch das Strafrecht umschloss.

Abkürzungen

Abb.	Abbildung
Abk.	Abkürzung
Ala.	Alabama
Alas.	Alaska
Ariz.	Arizona
Ark.	Arkansas
Art.	Artikel
bzw.	beziehungsweise
ca.	circa
Calif.	Kalifornien
Col.	Colorado
Conn.	Connecticut
D. C.	District of Columbia
d. h.	das heißt
DDR	Deutsche Demokratische Republik
Del.	Delaware
EG	Europäische Gemeinschaft
EU	Europäische Union
EWG	Europäische Wirtschafts-gemeinschaft
engl.	englisch
f., ff.	folgende
Fla.	Florida
französ.	französisch
Ga.	Georgia
GG	Grundgesetz
griech.	griechisch
Ha.	Hawaii
hebr.	hebräisch
hl., Hl.	heilig, Heilige(r)
Ia.	Iowa
Id.	Idaho
Ill.	Illinois
Ind.	Indiana
italien.	italienisch
Jh.	Jahrhundert
Jt.	Jahrtausend
jr.	Junior
Kans.	Kansas
KP	Kommunistische Partei
Ky.	Kentucky
La.	Louisiana
latein.	lateinisch
Mass.	Massachusetts
Md.	Maryland
MdB	Mitglied des Bundestags
MdEP	Mitglied des Europäischen Parlaments
MdL	Mitglied des Landtags
MdR	Mitglied des Reichstags
Me.	Maine
Mich.	Michigan
Minn.	Minnesota
Mio.	Million(en)
Miss.	Mississippi
mittellatein.	mittellateinisch
Mo.	Missouri
Mont.	Montana
Mrd.	Milliarde(n)
N. C.	North Carolina
n. Chr.	nach Christus
N. D.	North Dakota
N. H.	New Hampshire
N. J.	New Jersey
N. Mex.	New Mexico
N. Y.	New York
Nebr.	Nebraska
neulatein.	neulateinisch
Nev.	Nevada
niederländ.	niederländisch
Nr.	Nummer
Oh.	Ohio
Okla.	Oklahoma
Oreg.	Oregon
Pa.	Pennsylvania
portugies.	portugiesisch
Prov.	Provinz
R. I.	Rhode Island
RSFSR	Russische Sozialistische Föderative Sowjetrepublik
russ.	russisch
S.	Seite
S. C.	South Carolina
S. D.	South Dakota
schwed.	schwedisch
span.	spanisch
SSR	Sozialistische Sowjetrepublik
svw.	so viel wie
Tab.	Tabelle
Tenn.	Tennessee
Tex.	Texas
u. a.	unter anderem, und andere
UdSSR	Union der Sozialistischen Sowjetrepubliken (Sowjetunion)
USA	United States of America (Vereinigte Staaten von Amerika)
usw.	und so weiter
Ut.	Utah
v. a.	vor allem
Va.	Virginia
v. Chr.	vor Christus
vgl.	vergleiche
VR	Volksrepublik
Vt.	Vermont
W. Va.	West Virginia
Wash.	Washington
Wis.	Wisconsin
Wyo.	Wyoming
z. B.	zum Beispiel
ZK	Zentralkomitee
z. T.	zum Teil

Zeichen

*	geboren
†	gestorben
⚭	verheiratet
→	siehe
⚔	Schlacht
®	Warenzeichen

Bildquellen

aisa, Archivo iconográfico, Barcelona *143, 263, 324, 330, 357, 420, 542, 747*
akg-images, Berlin *14, 22, 26f., 34, 37, 39, 44, 46, 52, 63, 76, 95, 101, 113, 118, 130, 140, 142, 154, 157, 159, 166, 188, 192, 195, 199f., 206, 212, 215, 217, 238, 248, 254, 262, 268, 273, 278f., 286, 294, 308, 320f., 326, 331, 338, 348, 351, 355, 361, 366f., 373f., 384, 392f., 395, 398, 409, 411, 415, 422, 438, 440f., 447, 450f., 458, 464, 469, 473, 481, 485, 497, 509, 515, 519, 521, 523, 525, 534, 544, 548, 553f., 569, 571f., 574, 604, 624–626, 632, 648, 650, 652, 656, 665, 667, 682, 691, 694, 696f., 703, 705, 712, 730, 735–737, 739, 743f., 747, 752, 755, 757, 759, 761, 798f., 808f., 816, 824, 826, 831, 833f., 839, 841, 849, 854f., 859, 862, 865, 869, 873, 875f., 885, 887, 889, 898, 902, 908, 931, 937, 941, 955, 958, 967–969, 975, 977f., 985*
Bibliographisches Institut & F. A. Brockhaus, Mannheim *15, 20–22, 27–30, 41, 44, 49, 61f., 64, 66–68, 74, 77, 81, 83f., 88, 92, 94, 96, 98f., 102, 108, 110, 112, 115, 123f., 126, 129f., 141, 143–145, 147–149, 152, 155f., 161, 164, 189f., 193, 196–198, 201, 207f., 211, 213, 215–218, 220, 227, 240–242, 244–246, 249, 253–255, 261, 264f., 267, 269–272, 274f., 277, 285f., 289f., 295, 299f., 302, 306, 309, 311f., 314, 325, 327–331, 339, 341f., 345f., 348f., 353, 362, 368, 372f., 375f., 379, 381, 385, 403–405, 408, 412f., 415, 419, 425, 430–432, 434f., 437, 439, 442f., 448, 453, 456, 461f., 465f., 472, 474, 477, 479, 482–484, 487, 489, 491, 499, 501, 503f., 508, 511, 513–515, 517, 520f., 523–525, 528f., 532f., 537, 540f., 546, 548, 550–552, 554, 560–562, 566, 568, 573, 576, 580f., 587–591, 593, 596, 602f., 605–609, 623, 627f., 635, 639f., 646, 655, 657, 670–672, 676–678, 688, 690, 692f., 695, 698–700, 702f., 706–708, 713, 715, 721, 724f., 728–731, 733, 735, 749f., 753, 756, 758, 760, 764, 767–769, 776f., 779, 781–783, 786f., 790, 793, 797f., 800, 803–805, 807, 812, 815, 842, 844f., 847, 851, 855–858, 860f., 866, 868–872, 875, 877, 881f., 884, 888, 891, 900, 902, 904, 907, 910, 918f., 922, 928, 932–934, 937, 942, 949f., 956, 966, 969–972, 974, 976, 980, 984f., 988f.*
Bild und Wort, Literatur- und Medienagentur, H.-J. Rech, Kaarst *465*
Farb- und Schwarzweiß-Fotografie E. Böhm, Mainz *490*
Prof. Dr. G. Bosinski, Neuwied *35*
Bundesministerium der Justiz, Berlin *154*
Corbis, London und Düsseldorf *114, 147, 153, 199, 292, 309, 340, 356, 391, 405, 486, 522, 539, 547, 565, 585, 599, 689, 746, 801f., 841, 899*
Fremdenverkehrsamt der VR China, Frankfurt am Main *727*
Gruner & Jahr, München *258*
Prof. Dr. H. Koch/H. Hinz, Marburg *153*
MEV Verlag, Augsburg *230, 530, 679, 840*
Nobelstiftelsen, The Nobel Foundation, Stockholm *108, 850*
Photo Digital, München *6, 355, 369*
picture-alliance/akg-images, Frankfurt am Main *6, 8, 13, 16f., 26, 31, 38, 51, 53, 55, 70f., 82, 85, 88, 90, 93, 99f., 105, 107, 109, 117, 125, 127f., 131, 146, 162, 180–185, 187, 191, 194, 202, 204f., 210, 236f., 247, 250, 255–257, 264, 277, 280, 282–284, 301, 323, 332–336, 350, 354, 358f., 365, 371, 377f., 380, 383, 386f., 390, 417, 429f., 433, 436, 444, 451, 453, 457f., 463, 476, 478, 480, 487, 493, 495–497, 499f., 510, 512, 517f., 533, 535f., 559, 568, 575, 579, 586, 592, 594f., 598, 615, 619, 621, 625, 627, 629, 631, 643, 645, 647, 653f., 657, 668, 670, 684, 687, 697, 701f., 704, 707, 718f., 726, 738, 740f., 748, 750, 763, 768f., 776, 778, 786, 789, 791, 806, 823, 839, 843, 846, 851, 870, 893, 901f., 911, 913, 916, 921, 926f., 930, 945, 957, 963, 975, 979*
picture-alliance/dpa, Frankfurt am Main *18, 32f., 40, 43, 50, 53, 62, 65, 72, 75, 86, 91, 97, 106, 109, 111, 120, 123, 129, 132–134, 137, 144, 151, 156, 160, 193f., 196, 202f., 207, 229, 231, 235, 239, 243, 263, 276, 285, 288, 297, 299, 301, 303–306, 314, 320, 323, 340, 363, 372f., 381f., 394, 407, 409, 414, 423, 427, 446, 448f., 455, 459f., 471, 482, 489, 491, 538, 545, 570, 575, 578f., 584, 593f., 599–601, 610, 622, 634, 636f., 649, 653f., 656, 658, 663, 666, 675, 678, 692, 714, 720, 725, 728, 732, 734, 749, 751, 753, 766, 777, 779, 782–785, 788, 790, 792, 813f., 819, 821, 835, 837, 849, 852, 854f., 861, 863f., 866, 878f., 888, 893, 897, 903, 905f., 909, 912, 917, 920, 923f., 928, 954*
Schmuckmuseum, Pforzheim *563*
Prof. Dr. U. Sinn, Würzburg *838*
U. S. Information Service, Bonn *454, 765*
Volkswagenwerk, Wolfsburg *973*

Unsere Spezialisten

Ausführlicher gehts nicht:

Die thematischen Nachschlagewerke von Brockhaus bieten Ihnen verständliche und fundierte Informationen zu zahlreichen Wissensgebieten.
Kompetent von A bis Z, objektiv, auf dem aktuellsten Stand der Dinge.